Italia 2011

Sommario

Contents

ITALIANO

INTRODUZIONE

ENGLISH

→ USER MANUAL

DISTINZIONI 2011

→ AWARDS 2011

PER SAPERNE DI PIÙ

→ FURTHER INFORMATION

CITTÀ da A a Z 66

→ TOWNS from A to Z 66

INDICE

→ INDEX

L'ITALIA IN 40 CARTE

→ ITALIA IN 40 MAPS

Come leggere la guida

INFORMAZIONI TURISTICHE

Distanza dalle città di riferimento, uffici turismo, siti turistici locali, mezzi di trasporto, golfs e tempo libero...

ANZOLA DELL'EMILIA – Bologna (BO) – 562 J15 –
AOSTA (AOSTE) – (AO) – 561 E3 – 34 270 ab. – alt. 58
per Pila (A/R) : a Pila 1 400 / 2 750 m
Roma 746 – Chambéry 197 – Genève 139 –
Novara 139 – Torino 113
Piazza Piramidi, 057 36 02 31, apt12abeto
Aosta Arsanieres (giugno-15 ottobre). Loc
Fax 016 55 60 46
Collegiata di Sant'Orso Y : capitelli★★ de
Sant'Orso Y - Monumenti romani★ : po
Marinella
via San Giocondo 33 – 0165 23 45 45
-www.hotelmarinella.com– 15 dicemb
-15 settembre
42 cam – 60/95 € 85/130 € –
Rist San Giorgio – 0165 23 45 85
Rist La Taverna – pizzeria – Menu
In pieno centro storico, confortevo
che colonne, parquet e arredi di so
nella raffinata sala da pranzo con
La Villa
via Ponte Suaz 26 – 0165 23
– chiuso dal 2 novembre al 6
36 cam – 60/70 € 70/85
Rist – (solo per alloggiati)
Tipica atmosfera di mont
ospitale albergo ad andan
e i colori ambrati sono gli
Cavallino
via Torino 12 – 0165
– chiuso giugno, dal
Rist – (solo la sera)
Spec. Gelato al go
piena all'amaretto
L'ingresso sontu
con tavoli spazia
Riviera

GLI ALBERGHI

Da 🏨🏨 a 🏨: categorie di confort.
⌂: forme alternative di ospitalità
I più ameni: in rosso.

I MIGLIORI ESERCIZI A PREZZI CONTENUTI

Bib Hotel.
Bib Gourmand.

LE TAVOLE STELLATE

✿✿✿ Vale il viaggio.
✿✿ Merita una deviazione.
✿ Ottima cucina.

I RISTORANTI

Da XXXXX a X: categorie di confort
I più ameni: in rosso.

ALTRE PUBBLICAZIONI MICHELIN

Riferimento alla carta Michelin ed alla Guida Verde in cui figura la località.

LOCALIZZARE LA CITTÀ

Posizione della località sulla carta regionale alla fine della guida (n° della carta e coordinate).

LOCALIZZARE L'ESERCIZIO

Localizzazione sulla pianta di città (coordinate ed indice).

GLI ALBERGHI TRANQUILLI

Albergo tranquillo.

Albergo molto tranquillo.

DESCRIZIONE DELL'ESERCIZIO

Atmosfera, stile, carattere e spécialità.

INSTALLAZIONI E SERVIZI

PREZZI

Principi

« Quest'opera nasce col secolo e durerà quanto esso. »

La prefazione della prima Edizione della guida MICHELIN 1900, divenuta famosa nel corso degli anni, si è rivelata profetica. Se la guida viene oggi consultata in tutto il mondo è grazie al suo costante impegno nei confronti dei lettori.

Desideriamo qui ribadirlo.

I principi della guida MICHELIN:

La visita anonima: per poter apprezzare il livello delle prestazioni offerte ad ogni cliente, gli ispettori verificano regolarmente ristoranti ed alberghi mantenendo l'anonimato. Questi pagano il conto e possono presentarsi per ottenere ulteriori informazioni sugli esercizi. La posta dei lettori fornisce peraltro preziosi suggerimenti che permettono di orientare le nostre visite.

L'indipendenza: la selezione degli esercizi viene effettuata in totale indipendenza, nel solo interesse del lettore. Gli ispettori e il caporedattore discutono collegialmente le scelte. Le massime decisioni vengono prese a livello europeo. La segnalazione degli esercizi all'interno della guida è interamente gratuita.

La selezione: la guida offre una selezione dei migliori alberghi e ristoranti per ogni categoria di confort e di prezzo. Tale selezione è il frutto di uno stesso metodo, applicato con rigorosità da tutti gli ispettori.

L'aggiornamento annuale: ogni anno viene riveduto e aggiornato l'insieme dei consigli pratici, delle classifiche e della simbologia al fine di garantire le informazioni più attendibili.

L'omogeneità della selezione: i criteri di valutazione sono gli stessi per tutti i paesi presi in considerazione dalla guida MICHELIN.

… e un unico obiettivo: prodigarsi per aiutare il lettore a fare di ogni spostamento e di ogni uscita un momento di piacere, conformemente alla missione che la Michelin si è prefissata: contribuire ad una miglior mobilità.

Editoriale

Caro lettore,

Abbiamo il piacere di presentarle la nostra 56a edizione della guida MICHELIN Italia. Questa selezione, che comprende i migliori alberghi e ristoranti per ogni categoria di prezzo, viene effettuata da un'équipe di ispettori professionisti del settore. Ogni anno, percorrono l'intero paese per visitare nuovi esercizi e verificare il livello delle prestazioni di quelli già inseriti nella guida.

All'interno della selezione, vengono inoltre assegnate ogni anno da ✿ a ✿✿✿ alle migliori tavole. Le stelle contraddistinguono gli esercizi che propongono la miglior cucina, in tutti gli stili, tenendo conto della scelta dei prodotti, della creatività, dell'abilità nel raggiungimento della giusta cottura e nell'abbinamento dei sapori, del rapporto qualità/prezzo,ma anche della continuità.

Anche quest'anno, numerose tavole sono state notate per l'evoluzione della loro cucina. Una « **N** » accanto ad ogni esercizio prescelto dell'annata 2011, ne indica l'inserimento fra gli esercizi con una, due o tre stelle.
Desideriamo inoltre segnalare le « *promesse* » per la categoria superiore. Questi esercizi, evidenziati in rosso nella nostra lista, sono i migliori della loro categoria e potranno accedere alla categoria superiore non appena le loro prestazioni avranno raggiunto un livello costante nel tempo, e nelle proposte della carta. Con questa segnalazione speciale, è nostra intenzione farvi conoscere le tavole che costituiscono, dal nostro punto di vista, le principali promesse della gastronomia di domani.

Il vostro parere ci interessa, specialmente riguardo a queste « *promesse* ». Non esitate quindi a scriverci, la vostra partecipazione è importante per orientare le nostre visite e migliorare costantemente la vostra guida. Grazie ancora per la vostra fedeltà e vi auguriamo buon viaggio con la guida MICHELIN 2011.

Consultate la guida MICHELIN su
www.ViaMichelin.com
e scriveteci a :
laguidamichelin-italia@it.michelin.com

Categorie & simboli distintivi

LE CATEGORIE DI CONFORT

Nella selezione della guida MICHELIN vengono segnalati i migliori indirizzi per ogni categoria di confort e di prezzo. Gli esercizi selezionati sono classificati in base al confort che offrono e vengono citati in ordine di preferenza per ogni categoria.

	Gran lusso e tradizione
	Gran confort
	Molto confortevole
	Di buon confort
	Abbastanza confortevole
	Forme Alternative di Ospitalità (b&b, agriturismo)
senza rist	L'albergo non ha ristorante
con cam	Il ristorante dispone di camere

I SIMBOLI DISTINTIVI

Per aiutarvi ad effettuare la scelta migliore, segnaliamo gli esercizi che si distinguono in modo particolare. Questi ristoranti sono evidenziati nel testo con o e **Rist**.

LE MIGLIORI TAVOLE

Le stelle distinguono gli esercizi che propongono la miglior qualità in campo gastronomico, indipendentemente dagli stili di cucina. I criteri presi in considerazione sono : la scelta dei prodotti, l'abilità nel raggiungimento della giusta cottura e nell'abbinamento dei sapori, il rapporto qualità/prezzo nonché la costanza.

Una delle migliori cucine, questa tavola vale il viaggio
Vi si mangia sempre molto bene, a volte meravigliosamente.

Cucina eccellente, questa tavola merita una deviazione

Un'ottima cucina nella sua categoria

I MIGLIORI ESERCIZI A PREZZI CONTENUTI

Bib Gourmand
Esercizio che offre una cucina di qualità, spesso a carattere tipicamente regionale, a meno di 30 € (35 € nelle città capoluogo e turistiche importanti). Prezzo di un pasto, bevanda esclusa.

Bib Hotel
Esercizio che offre un soggiorno di qualità a meno di 90 € per la maggior parte delle camere. Prezzi per 2 persone, prima colazione esclusa.

GLI ESERCIZI AMENI

Il rosso indica gli esercizi particolarmente ameni. Questo per le caratteristiche dell'edificio, le decorazioni non comuni, la sua posizione ed il servizio offerto.

⌂ a 🏨 **Alberghi ameni**

X a XXXXX **Ristoranti ameni**

LE SEGNALAZIONI PARTICOLARI

Oltre alle distinzioni conferite agli esercizi, gli ispettori Michelin apprezzano altri criteri spesso importanti nella scelta di un esercizio.

POSIZIONE

Cercate un esercizio tranquillo o che offre una vista piacevole ?
Seguite i simboli seguenti :

Albergo tranquillo

Albergo molto tranquillo

Vista interessante

Vista eccezionale

CARTA DEI VINI

Cercate un ristorante la cui carta dei vini offra una scelta particolarmente interessante ?

Seguite il simbolo seguente:

Carta dei vini particolarmente interessante
Attenzione a non confrontare la carta presentata da un sommelier in un grande ristorante con quella di una trattoria dove il proprietario ha una grande passione per i vini della regione.

Installazioni & servizi

30 cam	Numero di camere
	Ascensore
	Aria condizionata (in tutto o in parte dell'esercizio)
	Esercizio con camere riservate in parte ai non fumatori. In Italia la legge vieta il fumo in tutti i ristoranti e le zone comuni degli alberghi
	Connessione Internet ad alta definizione in camera
	Connessione Internet wifi in camera
	Esercizio accessibile in parte alle persone con difficoltà motorie
	Attrezzatura per accoglienza e ricreazione dei bambini
	Pasti serviti in giardino o in terrazza
Spa	Wellness centre: centro attrezzato per il benessere ed il relax
	Cura termale, Idroterapia
	Sauna - Palestra
	Piscina: all'aperto, coperta
	Giardino – Parco
18	Campo di tennis, golf e numero di buche
	Sale per conferenze
	Saloni particolari
	Garage nell'albergo (generalmente a pagamento)
P	Parcheggio riservato alla clientela
P	Parcheggio chiuso riservato alla clientela
	Accesso vietato ai cani (in tutto o in parte dell'esercizio)
M	Stazione della metropolitana piú vicina a Roma e Milano
20 aprile-5 ottobre	Periodo di apertura (o chiusura), comunicato dal proprietario

I prezzi

I prezzi che indichiamo in questa guida sono stati stabiliti nell'estate 2010 e sono relativi all'alta stagione; potranno subire delle variazioni in relazione ai cambiamenti dei prezzi di beni e servizi.Essi s'intendono comprensivi di tasse e servizio (salvo specifica indicazione es. 15%).
Gli albergatori e i ristoratori si sono impegnati, sotto la propria responsabilità, a praticare questi prezzi ai clienti.
In occasione di alcune manifestazioni (congressi, fiere, saloni, festival, eventi sportivi...) i prezzi richiesti dagli albergatori potrebbero subire un sensibile aumento.
In bassa stagione, chiedete informazioni sulle eventuali promozioni offerte dagli albergatori.

LA CAPARRA

Alcuni albergatori chiedono il versamento di una caparra. Si tratta di un deposito-garanzia che impegna sia l'albergatore che il cliente. Chiedete di fornirvi nella lettera di conferma ogni dettaglio sulla prenotazione e sulle condizioni di soggiorno.

CARTE DI CREDITO

	Carte di credito accettate :
VISA MC AE DC S	Visa – Mastercard (Eurocard) – American Express – Diners Club – Carta SI

CAMERE

50/60 €	Prezzo minimo/massimo per una camera singola
80/100 €	Prezzo minimo/massimo per una camera per due persone
cam - 60/70 €	Prezzo della camera compresa la prima colazione
10 €	Prezzo della prima colazione(se non inclusa) (supplemento eventuale se servita in camera)

MEZZA PENSIONE

½ P 77/120 €	Prezzo minimo/massimo della mezza pensione (camera, prima colazione ed un pasto) in alta stagione per persona. Questi prezzi sono validi per la camera doppia occupata da due persone, per un soggiorno minimo di tre giorni; la persona singola potrà talvolta vedersi applicata una maggiorazione. La maggior parte degli alberghi pratica anche la pensione completa.

RISTORANTE

	Esercizio che offre un pasto semplice per meno di 23 €
	Menu a prezzo fisso: (pasto composto da: primo, piatto del giorno e dessert)
Rist - Menu15/25 €	Minimo 15 €, massimo 25 €
bc	Bevanda compresa
Rist - carta 30/46 €	**Pasto carta:** Pasto alla carta bevanda esclusa. Il primo prezzo corrisponde ad un pasto semplice comprendente: primo, piatto del giorno e dessert. Il secondo prezzo corrisponde ad un pasto più completo (con specialità) comprendente: antipasto, due piatti, formaggio o dessert. Talvolta i ristoranti non dispongono di liste scritte ed i piatti sono proposti a voce.

Le città

GENERALITÀ

20110	Codice di avviamento postale
Piacenza	Provincia alla quale la località appartiene
✉ **28042 Baveno**	Numero di codice e sede dell'Ufficio Postale
P	Capoluogo di Provincia
561 D9	Numero della carta Michelin e coordinate riferite alla quadrettatura
Toscana	Vedere la Guida Verde Michelin Toscana
108 872 ab	Popolazione residente
alt. 175	Altitudine
Stazione termale / **Sport invernali**	Genere della stazione
1500/2000 m	Altitudine della località e altitudine massima raggiungibile con gli impianti di risalita
2	Numero di funivie o cabinovie
4	Numero di sciovie e seggiovie
	Sci di fondo
EX A	Lettere indicanti l'ubicazione sulla pianta
18	Golf e numero di buche
✳ ⋞	Panorama, vista
	Aeroporto
	Trasporti marittimi
i	Ufficio Informazioni turistiche

INFORMAZIONI TURISTICHE

INTERESSE TURISTICO

★★★	Vale il viaggio
★★	Merita una deviazione
★	Interessante

UBICAZIONE

	Nella città
	Nei dintorni della città
Nord, Sud, Est, Ovest	Il luogo si trova a Nord, a Sud, a Est, a Ovest della località
per ① *o* ④	Ci si va dall'uscita ① *o* ④ indicata con lo stesso segno sulla pianta e sulla carta stradale Michelin
6 km	Distanza chilometrica

INFORMAZIONI PER L'AUTOMOBILISTA

C.I.S.	☎ 1518 (informazioni viabilitá)
A.C.I.	☎ 803 116 (soccorso stradale)

Le piante

Alberghi
Ristoranti

CURIOSITÀ

Edificio interessante
Costruzione religiosa interessante

VIABILITÀ

Autostrada, doppia carreggiata tipo autostrada
Numero dello svincolo
Grande via di circolazione
Senso unico – Via regolamentata o impraticabile
Zona a traffico limitato
Via pedonale – Tranvia
Pasteur Via commerciale – Sottopassaggio-Parcheggio
Porta – Sottopassaggio – Galleria
Stazione e ferrovia
Funicolare – Funivia, Cabinovia
Ponte mobile – Traghetto per auto

SIMBOLI VARI

Ufficio informazioni turistiche
Moschea – Sinagoga
Torre – Ruderi – Mulino a vento
Giardino, parco, bosco – Cimitero – Via Crucis
Stadio – Golf – Ippodromo
Piscina: all'aperto, coperta
Vista – Panorama
Monumento – Fontana – Fabbrica
Centro commerciale
Porto turistico – Faro – Torre per telecomunicazioni
Aeroporto – Stazione della Metropolitana – Autostazione
Trasporto con traghetto:
- passeggeri ed autovetture
③ Simbolo di riferimento comune alle piante ed alle carte Michelin particolareggiate
Ufficio postale centrale
Ospedale – Mercato coperto
Edificio pubblico indicato con lettera:
P H J Prefettura –Municipio – Palazzo di Giustizia
M T - Museo - Teatro
U - Università
POL. - Carabinieri- Polizia (Questura, nelle grandi città)

How to use this guide

TOURIST INFORMATION

Distances from the main towns, tourist offices, local tourist attractions, means of transport, golf courses and leisure activities...

HOTELS

From 🏨🏨🏨🏨🏨 to 🏨: categories of comfort.
⌂: Guesthouse, country guesthouse.
The most pleasant: in red.

GOOD FOOD AND ACCOMMODATION AT MODERATE PRICES

Bib Hotel.
Bib Gourmand.

STARS

✿✿✿ Worth a special journey.
✿✿ Worth a detour.
✿ A very good restaurant.

RESTAURANTS

From XXXXX to X: categories of comfort
The most pleasant: in red.

ANZOLA DELL'EMILIA – Bologna (BO) – 562 J15
AOSTA (AOSTE) P – (AO) – 561 E3 – 34 270 ab. – alt. 58
per Pila (A/R) : a Pila 1 400 / 2 750 m
Roma 746 – Chambéry 197 – Genève 139
Novara 139 – Torino 113
Piazza Piramidi, 057 36 02 31, apt12abet
Aosta Arsanieres (giugno-15 ottobre).
Fax 016 55 60 46
Collegiata di Sant'Orso Y : capitelli★★
Sant'Orso Y - Monumenti romani★ :
Marinella
via San Giocondo 33 – 0165 23 45 45
–www.hotelmarinella.com– 15 dicem
-15 settembre
42 cam – 60/95 € 85/130 € –
Rist San Giorgio – 0165 23 45 85
Rist La Taverna – pizzeria – Menu
• In pieno centro storico, confortev
che colonne, parquet e arredi di s
nella raffinata sala da pranzo co
La Villa
via Ponte Suaz 26 – 0165 23
– chiuso dal 2 novembre al 6
36 cam – 60/70 € 70/8
Rist – (solo per alloggiati)
• Tipica atmosfera di mon
ospitale albergo ad anda
e i colori ambrati sono g
Cavallino
via Torino 12 – 016
– chiuso giugno, d
Rist – (solo la sera)
Spec. Gelato al g
piena all'amarett
• L'ingresso son
con tavoli spaz
Riviera
località Por
chiuso d

OTHER MICHELIN PUBLICATIONS

References for the Michelin map and Green Guide which covers the area.

LOCATING THE TOWN

Locate the town on the map at the end of the guide (map number and coordinates).

LOCATING THE ESTABLISHMENT

Located on the town plan (coordinates and letters giving the location).

QUIET HOTELS

quiet hotel.
very quiet hotel.

DESCRIPTION OF THE ESTABLISHMENT

Atmosphere, style, character and specialities.

FACILITIES AND SERVICES

PRICES

Commitments

"This volume was created at the turn of the century and will last at least as long".

This foreword to the very first edition of the MICHELIN guide, written in 1900, has become famous over the years and the guide has lived up to the prediction. It is read across the world and the key to its popularity is the consistency of its commitment to its readers, which is based on the following promises.

The MICHELIN guide's commitments:

Anonymous inspections: our inspectors make regular and anonymous visits to hotels and restaurants to gauge the quality of products and services offered to an ordinary customer. They settle their own bill and may then introduce themselves and ask for more information about the establishment. Our readers' comments are also a valuable source of information, which we can then follow up with another visit of our own.

Independence: Our choice of establishments is a completely independent one, made for the benefit of our readers alone. The decisions to be taken are discussed around the table by the inspectors and the editor. The most important awards are decided at a European level. Inclusion in the guide is completely free of charge.

Selection and choice: The guide offers a selection of the best hotels and restaurants in every category of comfort and price. This is only possible because all the inspectors rigorously apply the same methods.

Annual updates: All the practical information, the classifications and awards are revised and updated every single year to give the most reliable information possible.

Consistency: The criteria for the classifications are the same in every country covered by the MICHELIN guide.

... and our aim: to do everything possible to make travel, holidays and eating out a pleasure, as part of Michelin's ongoing commitment to improving travel and mobility.

Dear reader

Dear reader,

We are delighted to introduce the 56rd edition of The MICHELIN guide Italia.

This selection of the best hotels and restaurants in every price category is chosen by a team of full-time inspectors with a professional background in the industry. They cover every corner of the country, visiting new establishments and testing the quality and consistency of the hotels and restaurants already listed in the guide.

Every year we pick out the best restaurants by awarding them from ✪ to ✪✪✪. Stars are awarded for cuisine of the highest standards and reflect the quality of the ingredients, the skill in their preparation, the combination of flavours, the levels of creativity and value for money, and the ability to combine all these qualities not just once, but time and time again.

Additionnally, we highlight those restaurants which, over the last year, have raised the quality of their cooking to a new level. Whether they have gained a first star, risen from one to two stars, or moved from two to three, these newly promoted restaurants are marked with an '**N**' next to their entry to signal their new status in 2011.

We have also picked out a selection of "*Rising Stars*". These establishments, listed in red, are the best in their present category. They have the potential to rise further, and already have an element of superior quality; as soon as they produce this quality consistently, and in all aspects of their cuisine, they will be hot tips for a higher award. We've highlighted these promising restaurants so you can try them for yourselves; we think they offer a foretaste of the gastronomy of the future.

We're very interested to hear what you think of our selection, particularly the *"Rising Stars"*, so please continue to send us your comments. Your opinions and suggestions help to shape your guide, and help us to keep improving it, year after year. Thank you for your support. We hope you enjoy travelling with the MICHELIN guide 2011.

Consult the MICHELIN guide at **www.ViaMichelin.com**
and write to us at: **laguidamichelin-italia@it.michelin.com**

Classification & Awards

CATEGORIES OF COMFORT

The MICHELIN guide selection lists the best hotels and restaurants in each category of comfort and price. The establishments we choose are classified according to their levels of comfort and, within each category, are listed in order of preference.

🏨🏨🏨🏨🏨	XXXXX	Luxury in the traditional style
🏨🏨🏨🏨	XXXX	Top class comfort
🏨🏨🏨	XXX	Very comfortable
🏨🏨	XX	Comfortable
🏨	X	Quite comfortable
⌂		Alternative accommodation (B&B, country guesthouse)
senza rist		This hotel has no restaurant
con cam		This restaurant also offers accommodation

THE AWARDS

To help you make the best choice, some exceptional establishments have been given an award in this year's Guide. They are marked ✿ or ☺ and **Rist**.

THE BEST CUISINE

Michelin stars are awarded to establishments serving cuisine, of whatever style, which is of the highest quality. The cuisine is judged on the quality of ingredients, the skill in their preparation, the combination of flavours, the levels of creativity, the value for money and the consistency of culinary standards.

✿✿✿	**Exceptional cuisine, worth a special journey** One always eats extremely well here, sometimes superbly.
✿✿	**Excellent cooking, worth a detour**
✿	**A very good restaurant in its category**

GOOD FOOD AND ACCOMMODATION AT MODERATE PRICES

☺	**Bib Gourmand** Establishment offering good quality cuisine, often with a regional flavour, for under €30 (€35 in a main city or important tourist destination). Price of a meal, not including drinks.
Bib Hotel symbol	**Bib Hotel** Establishments offering good levels of comfort and service, with most rooms priced at under €90. Price of a room for 2 people, excluding breakfast.

PLEASANT HOTELS AND RESTAURANTS

Symbols shown in red indicate particularly pleasant or restful establishments: the character of the building, its décor, the setting, the welcome and services offered may all contribute to this special appeal.

🏠 to 🏨 **Pleasant accommodations**

✗ to ✗✗✗✗✗ **Pleasant restaurants**

OTHER SPECIAL FEATURES

As well as the categories and awards given to the establishment, Michelin inspectors also make special note of other criteria which can be important when choosing an establishment.

LOCATION

If you are looking for a particularly restful establishment, or one with a special view, look out for the following symbols:

Quiet accommodation

Very quiet accommodation

Interesting view

Exceptional view

WINE LIST

If you are looking for an establishment with a particularly interesting wine list, look out for the following symbol:

Particularly interesting wine list
This symbol might cover the list presented by a sommelier in a luxury restaurant or that of a simple inn where the owner has a passion for wine. The two lists will offer something exceptional but very different, so beware of comparing them by each other's standards.

Facilities & services

30 cam	Number of rooms
	Lift (elevator)
A/C	Air conditioning (in all or part of the establishment)
	Hotel partly reserved for non smokers. In Italy, it is forbidden by law to smoke in restaurants and in the public rooms of hotels.
	High speed Internet in bedrooms
	Wireless Internet in bedrooms
	Establishment at least partly accessible to those of restricted mobility
	Special facilities for children
	Meals served in garden or on terrace
Spa	Wellness centre: an extensive facility for relaxation and well-being
	Hydrotherapy
	Sauna – Exercise room
	Swimming pool: outdoor or indoor
	Garden – Park
18	Tennis court – Golf course and number of holes
	Equipped conference room
	Private dining rooms
	Hotel garage (additional charge in most cases)
P	Car park for customers only
P	Enclosed car park for customers only
	Dogs are excluded from all or part of the establishment
M	Nearest metro station in Rome and Milan
20 aprile-5 ottobre	Dates when open (or closed), as indicated by the hotelier.

Prices

Prices quoted in this Guide are for summer 2010 and apply to high season. They are subject to alteration if goods and service costs are revised. The rates include tax and service charge (unless otherwise indicated, eg 15%).

By supplying the information, hotels and restaurants have undertaken to maintain these rates for our readers.

In some towns, when commercial, cultural or sporting events are taking place the hotel rates are likely to be considerably higher.

Out of season, certain establishments offer special rates. Ask when booking.

DEPOSITS

Some hotels will require a deposit, which confirms the commitment of customer and hotelier alike. Make sure the terms of the agreement are clear.

CREDIT CARDS

	Credit cards accepted by the establishment:
VISA MC AE DC	Visa – MasterCard (Eurocard) – American Express – Diners Club –
CartaSi	Carta Si

ROOMS

50/60€	Lowest/highest price for a single room
80/100€	Lowest/highest price for a double room
cam - 60/70€	Price includes breakfast
10€	Price of continental breakfast if not included (additional charge when served in the bedroom)

HALF BOARD

½ P 77/120€	Lowest/highest half-board price (room, breakfast and a meal) in high season, per person. These prices are valid for a double room occupied by two people for a minimum stay of three days. A single person may have to pay a supplement. Most of the hotels also offer full board terms on request.

RESTAURANT

	Establishment serving a simple meal for less than €23.
Rist - Menu 15/25€	**Set meals:** lowest €15 and highest €25
bc	House wine included
Rist - carta 30/46€	**A la carte meals:** The first figure is for a plain meal and includes entrée, main dish of the day with vegetables and dessert. The second figure is for a fuller meal (with "spécialité") and includes hors d'œuvre, 2 main courses, cheese or dessert. When the establishment has neither table d'hôte nor "à la carte" menus, the dishes of the day are given verbally.

Towns

GENERAL INFORMATION

20110	Postal code
Piacenza	Province in which a town is situated
✉ **28042 Baveno**	Postal number and name of the post office serving the town
P	Provincial capital
561 D9	Michelin map and co-ordinates or fold
Toscana	See the Michelin Green Guide Tuscany
108 872 ab	Population
alt. 175	Altitude (in metres)
Stazione termale	Spa
Sport invernali	Winter sports
1500/2000 m	Altitude (in metres) of resort and highest point reached by lifts
2	Number of cable cars
4	Number of ski and chair lifts
	Cross-country skiing
EX A	Letters giving the location of a place on the town plan
18	Golf course and number of holes
	Panoramic view, viewpoint
	Airport
	Shipping line (passengers & cars)
i	Tourist Information Centre

TOURIST INFORMATION

SIGHTS

★★★	Highly recommended
★★	Recommended
★	Interesting

LOCATION

	Sights in town
	On the outskirts
Nord, Sud, Est, Ovest	The sight lies north, south, east or west of the town
per ① *o* ④	Sign on town plan and on the Michelin road map indicating the road leading to a place of interest
6 km	Distance in kilometres

INFORMATION FOR MOTORISTS

C.I.S.	✆ 1518 (roadway information)
A.C.I.	✆ 803 116 (roadway emergencies)

Town plans

Hotels
Restaurants

SIGHTS

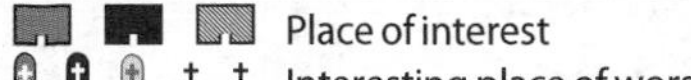

Place of interest
Interesting place of worship

ROADS

Motorway, Dual carriageway
Motorway, Dual carriageway with motorway characteristics
Number of junction
Major thoroughfare
One-way street – Unsuitable for traffic, street subject to restrictions
Area subject to restrictions
Pedestrian street – Tramway
Pasteur — Shopping street – Low headroom – Car park
Gateway – Street passing under arch – Tunnel
Station and railway
Funicular – Cable-car
Lever bridge – Car ferry

VARIOUS SIGNS

Tourist Information Centre
Mosque – Synagogue
Tower – Ruins – Windmill
Garden, park, wood – Cemetery – Cross
Stadium – Golf course – Racecourse
Outdoor or indoor swimming pool
View – Panorama
Monument – Fountain – Factory
Shopping centre
Pleasure boat harbour – Lighthouse – Communications tower
Airport – Underground station – Coach station
Ferry services:
– passengers and cars
Reference numbers common to town plans and Michelin maps
Main post office
Hospital – Covered market
Public buildings located by letter:
P H J - Prefecture – Town Hall – Law Courts
M T U - Museum – Theatre – University
POL. - Police (in large towns police headquarters)

Le distinzioni 2011

Awards 2011

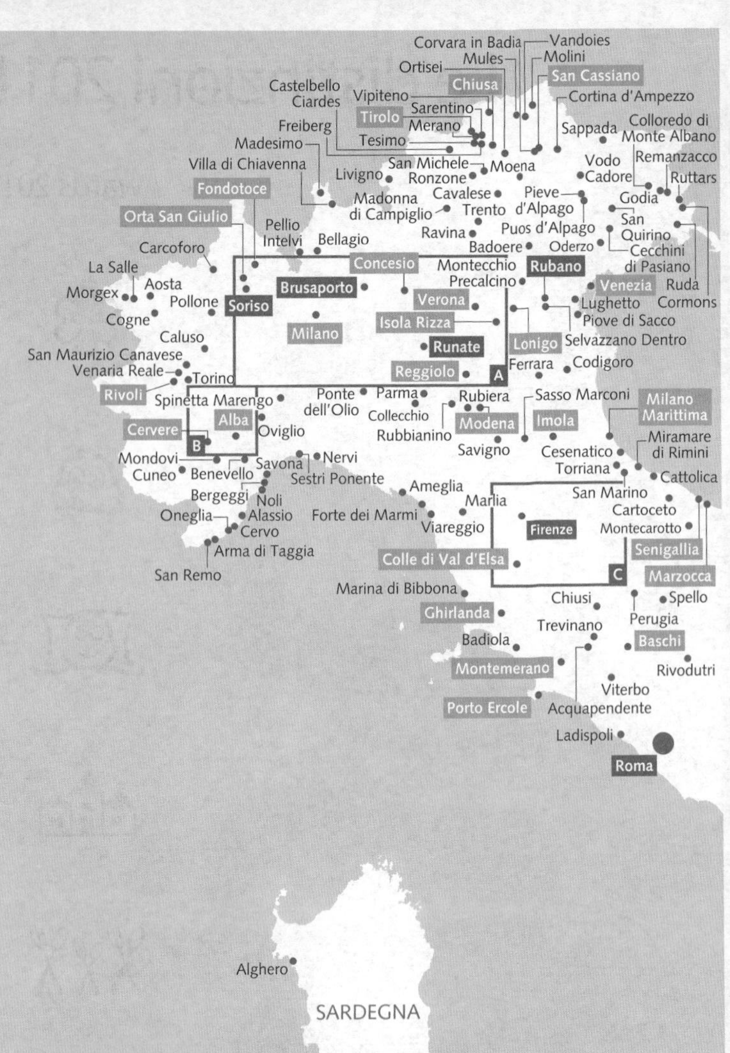
Corvara in Badia
Vandoies
Mules
Molini
Ortisei
Chiusa
San Cassiano
Castelbello
Ciardes
Vipiteno
Cortina d'Ampezzo
Sarentino
Tirolo
Merano
Freiberg
Sappada
Colloredo di
Monte Albano
Madesimo
Tesimo
Villa di Chiavenna
San Michele
Moena
Vodo
Cadore
Remanzacco
Livigno
Ronzone
Ruttars
Fondotoce
Madonna
di Campiglio
Cavalese
Pieve
d'Alpago
Godia
Trento
Orta San Giulio
Pellio
Intelvi
Bellagio
Ravina
Puos d'Alpago
San
Quirino
Carcoforo
Badoere
Oderzo
Cecchini
di Pasiano
La Salle
Concesio
Montecchio
Precalcino
Rubano
Aosta
Brusaporto
Venezia
Ruda
Morgex
Pollone
Soriso
Verona
Lughetto
Cormons
Cogne
Milano
Isola Rizza
Piove di Sacco
Caluso
Runate
Lonigo
Selvazzano Dentro
San Maurizio Canavese
Venaria Reale
Torino
Reggiolo
A
Ferrara
Codigoro
Rivoli
Spinetta Marengo
Ponte
dell'Olio
Parma
Rubiera
Sasso Marconi
Milano
Marittima
Collecchio
Alba
Cervere
Ovigilo
Rubbianino
Modena
Imola
Miramare
di Rimini
B
Savigno
Cesenatico
Mondovi
Cuneo
Benevello
Savona
Nervi
Torriana
Sestri Ponente
Cattolica
Bergeggi
Noli
Ameglia
San Marino
Marlia
Cartoceto
Oneglia
Alassio
Forte dei Marmi
Firenze
Cervo
Viareggio
Montecarotto
Arma di Taggia
Senigallia
San Remo
Colle di Val d'Elsa
C
Marzocca
Marina di Bibbona
Chiusi
Spello
Ghirlanda
Trevinano
Perugia
Badiola
Baschi
Montemerano
Rivodutri
Viterbo
Porto Ercole
Acquapendente
Ladispoli
Roma
Alghero
SARDEGNA
Portoscuso

Le Tavole stellate 2011

Il colore indica l'esercizio più stellato della località.

Roma	✻✻✻	La località possiede almeno un ristorante 3 stelle
Milano	✻✻	La località possiede almeno un ristorante 2 stelle
Taormina	✻	La località possiede almeno un ristorante 1 stella

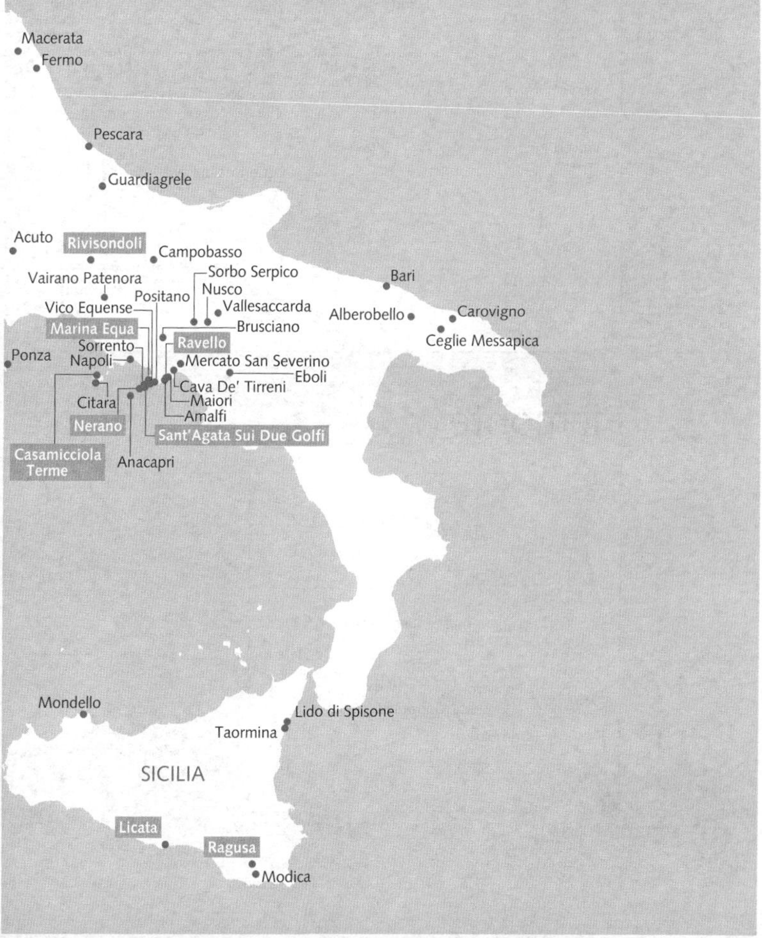

Le Tavole stellate 2011

Il colore indica l'esercizio più stellato della località.

Lombardia

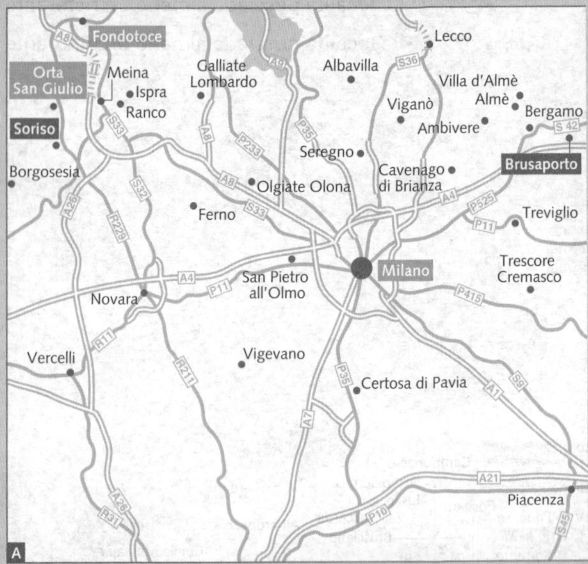

Piemonte

Malcesine
Chiuduno
Gargnano
Grumello
Del Monte
Gardone
Riviera
Altissimo
Borgonato
Concesio
Costermano
Manerba del Garda
Brescia
Bedizzole
Moniga del Garda
Verona
Sirmione
Desenzano
del Garda
Castiglione
delle Stiviere
Isola Rizza
Calvisano
Pralboino
Runate
Mantova
Quistello
Polesine Parmense
Carpaneto
Piacentino
Bersano
Reggiolo
Soragna
S42
S45B
A22
S12
P11
A4
P236
S434
P62
R10
P45B
A21
P415
P10
P482
P413
P420
S9
A1

Toscana

Prato
Bagno
di Romagna
Pennabilli
Firenze
Cerbaia
Badia a Passignano
Certaldo
Castellina in Chianti
Colle di Val d'Elsa
Castelnuovo
Berardenga
San Martino
Casole
d'Elsa
C
A11
A1
R 65
S67
R71
E45
S73
R429
S326

Gli esercizi con stelle

Starred establishments

✿✿✿ 2011

Brusaporto (BG)	Da Vittorio
Canneto Sull' Oglio/ Runate (MN)	Dal Pescatore
Firenze (FI)	Enoteca Pinchiorri
Roma (RM)	La Pergola
Rubano (PD)	Le Calandre
Soriso (NO)	Al Sorriso

✿✿ 2011

***In rosso** le promesse 2011 per ✿✿✿* → ***In red** the 2011 Rising Stars for ✿✿✿*

Alba (CN)	Piazza Duomo	
Alta Badia (BZ)	St. Hubertus	
Baschi (TR)	Vissani	
Cervere (CN)	Antica Corona Reale-da Renzo	
Cervia/ Milano Marittima (RA)	La Frasca	
Chiusa (BZ)	Jasmin	**N**
Colle di Val d'Elsa (SI)	Arnolfo	
Concesio (BS)	Miramonti l'Altro	
Imola (BO)	San Domenico	
Ischia (Isola d')/ Casamicciola Terme (NA)	Il Mosaico	
Isola Rizza (VR)	Perbellini	
Licata (AG)	La Madia	
Lonigo (VI)	La Peca	
Massa Lubrense/ Nerano (NA)	Taverna del Capitano	
Massa Marittima/ Ghirlanda (GR)	Bracali	**N**
Milano (MI)	Cracco	
Milano (MI)	Il Luogo di Aimo e Nadia	
Milano (MI)	Sadler	
Milano (MI)	Trussardi alla Scala	
Modena (MO)	Osteria Francescana	
Montemerano (GR)	Caino	
Orta San Giulio (NO)	Villa Crespi	
Porto Ercole (GR)	Il Pellicano	
Ragusa (RG)	Duomo	
Ravello (SA)	Rossellinis	
Reggiolo (RE)	Il Rigoletto	
Rivisondoli (AQ)	Reale	
Rivoli (TO)	Combal.zero	

N → *Nuovo ✿✿* → *New ✿✿*

Roma (RM)	Il Pagliaccio
Sant'Agata sui Due Golfi (NA)	Don Alfonso 1890
Senigallia (AN)	Uliassi
Senigallia/ Marzocca (AN)	Madonnina del Pescatore
Tirolo (BZ)	Trenkerstube
Venezia (VE)	Met
Verbania/ Fondotoce (VB)	Piccolo Lago
Verona (VR)	Il Desco
Vico Equense/ Marina Equa (NA)	Torre del Saracino

✿ 2011

***In rosso** le promesse 2011 per* ✿✿ → ***In red** the 2011 Rising Stars for* ✿✿

Acquapendente/ Trevinano (VT)	La Parolina
Acuto (FR)	Colline Ciociare
Alassio (SV)	Palma
Alba (CN)	Locanda del Pilone **N**
Albavilla (CO)	Il Cantuccio
Alberobello (BA)	Il Poeta Contadino
Alessandria/ Spinetta Marengo (AL)	La Fermata
Alghero (SS)	Andreini
Almè (BG)	Frosio
Alta Badia (BZ)	La Stüa de Michil
Altissimo (VI)	Casin del Gamba
Amalfi (SA)	La Caravella
Ambivere (BG)	Antica Osteria dei Camelì
Ameglia (SP)	Locanda delle Tamerici
Aosta (AO)	Vecchio Ristoro
Appiano sulla Strada del Vino/ San Michele (BZ)	Zur Rose
Arma di Taggia (IM)	La Conchiglia
Asti (AT)	Gener Neuv
Bagno di Romagna (FC)	Paolo Teverini
Barbaresco (CN)	Antinè
Bari (BA)	Bacco
Barolo (CN)	Locanda nel Borgo Antico
Bedizzole (BS)	Ortica
Bellagio (CO)	Mistral
Benevello (CN)	Villa d'Amelia **N**
Bergamo (BG)	L'Osteria di via Solata
Bergamo (BG)	Roof Garden
Bergeggi (SV)	Claudio
Besenzone/ Bersano (PC)	La Fiaschetteria
Bibbona (Marina di) (LI)	La Pineta
Borgosesia (VC)	Osteria del Borgo **N**
Bra/ Pollenzo (CN)	Guido
Brescia (BS)	Trattoria Artigliere
Brusciano (NA)	Taverna Estia
Caluso (TO)	Gardenia
Calvisano (BS)	Gambero
Campagna Lupia/ Lughetto (VE)	Antica Osteria Cera
Campobasso (CB)	Vecchia Trattoria da Tonino
Canale (CN)	All'Enoteca
Canelli (AT)	San Marco
Capri (Isola di)/ Anacapri (NA)	L'Olivo **N**
Carcoforo (VC)	Scoiattolo
Carovigno (BR)	Già Sotto l'Arco
Carpaneto Piacentino (PC)	Nido del Picchio
Cartoceto (PU)	Symposium
Casole d'Elsa (SI)	Il Colombaio
Castelbello Ciardes (BZ)	Kuppelrain
Castellina in Chianti (SI)	Albergaccio di Castellina
Castelnuovo Berardenga (SI)	La Bottega del 30
Castiglione della Pescaia/ Badiola (GR)	Trattoria Toscana-Tenuta la Badiola
Castiglione delle Stiviere (MN)	Osteria da Pietro
Cattolica (RN)	Vicolo Santa Lucia
Cava de' Tirreni (SA)	Pappacarbone
Cavalese (TN)	El Molin
Cavenago di Brianza (MB)	Devero Ristorante **N**
Ceglie Messapica (BR)	Al Fornello-da Ricci
Certaldo (FI)	Osteria del Vicario
Certosa di Pavia (PV)	Locanda Vecchia Pavia «Al Mulino»
Cervo (IM)	San Giorgio
Cesenatico (FC)	Magnolia
Chiuduno (BG)	A'anteprima
Chiusi (SI)	I Salotti
Codigoro (FE)	La Capanna di Eraclio **N**
Cogne (AO)	Le Petit Restaurant **N**
Collecchio (PR)	Villa Maria Luigia-di Ceci

N → *Nuovo* ✿✿ → *New* ✿✿

Colloredo di Monte Albano (UD) La Taverna
Cormons (GO) Al Cacciatore-della Subida
Cornaredo/San Pietro all'Olmo (MI) D'O
Corte Franca/ Borgonato (BS) Due Colombe **N**
Cortina d'Ampezzo (BL) Tivoli
Cortona/ San Martino (AR) Il Falconiere
Costermano (VR) La Casa degli Spiriti **N**
Cuneo (CN) Delle Antiche Contrade
Desenzano del Garda (BS) Esplanade
Dolegna del Collio/ Ruttars (GO) Castello di Trussio dell'Aquila d'Oro
Eboli (SA) Il Papavero **N**
Falzes/ Molini (BZ) Schöneck
Fermo (FM) Emilio
Ferno (VA) La Piazzetta
Ferrara (FE) Il Don Giovanni
Forte dei Marmi (LU) Bistrot **N**
Forte dei Marmi (LU) Lorenzo
Galliate Lombardo (VA) Ilario Vinciguerra
Gardone Riviera (BS) Villa Fiordaliso
Gargnano (BS) La Tortuga
Gargnano (BS) Villa Feltrinelli
Genova/ Sestri Ponente (GE) Baldin
Govone (CN) Pier Bussetti al Castello di Govone **N**
Grinzane Cavour (CN) Al Castello **N**
Grumello del Monte (BG) Al Vigneto
Guardiagrele (CH) Villa Maiella **N**
Imperia/ Oneglia (IM) Agrodolce
Ischia (Isola d')/ Forio (NA) Il Melograno
Isola d'Asti (AT) Il Cascinalenuovo
Ispra (VA) Schuman
Ladispoli (RM) The Cesar
La Salle (AO) La Cassolette **N**
Lecco (LC) Al Porticciolo 84
Livigno (SO) Chalet Mattias
Lucca/ Marlia (LU) Butterfly
Macerata (MC) L'Enoteca
Madesimo (SO) Il Cantinone e Sport Hotel Alpina
Madonna di Campiglio (TN) Stube Hermitage
Maiori (SA) Il Faro di Capo d'Orso
Malcesine (VR) Trattoria Vecchia Malcesine
Manerba del Garda (BS) Capriccio
Mantova (MN) Aquila Nigra
Massa Lubrense/ Nerano (NA) Quattro Passi
Meina (NO) Novecento
Merano (BZ) Sissi
Merano/ Freiberg (BZ) Castel Fragsburg
Mercato San Severino (SA) Casa del Nonno 13
Milano (MI) Innocenti Evasioni
Milano (MI) Joia
Milano (MI) Tano Passami l'Olio
Modena (MO) Hostaria del Mare
Modena (MO) L'Erba del Re
Modena (MO) Strada Facendo **N**
Modica (RG) La Gazza Ladra
Moena (TN) Malga Panna
Mondovì (CN) Il Baluardo **N**
Moniga del Garda (BS) Quintessenza
Montecarotto (AN) Le Busche
Montecchio Precalcino (VI) La Locanda di Piero **N**
Morgano/ Badoere (TV) Dal Vero
Morgex (AO) Café Quinson
Mules (BZ) Stafler
Napoli (NA) La Cantinella **N**
Napoli (NA) Palazzo Petrucci
Nervi (GE) The Cook **N**
Noli (SV) Il Vescovado-La Fornace di Barbablù
Novara (NO) Tantris
Nusco (AV) La Locanda di Bu
Oderzo (TV) Gellius
Olgiate Olona (VA) Ma.Ri.Na.
Ortisei (BZ) Anna Stuben
Oviglio (AL) Donatella
Palermo/ Mondello (PA) Bye Bye Blues **N**
Parma (PR) Al Tramezzo
Parma (PR) Parizzi
Pasiano di Pordenone/ Cecchini di Pasiano (PN) Il Cecchini
Pellio Intelvi (CO) La Locanda del Notaio **N**
Pennabilli (RN) Il Piastrino
Perugia (PG) Il Postale **N**
Pescara (PE) Café les Paillotes
Piacenza (PC) Antica Osteria del Teatro
Pieve d'Alpago (BL) Dolada
Piove di Sacco (PD) Meridiana
Polesine Parmense (PR) Antica Corte Pallavicina **N**
Pollone (BI) Il Patio
Ponte dell'Olio (PC) Riva
Ponza (Isola di)/ Ponza (LT) Acqua Pazza
Portoscuso (CI) La Ghinghetta
Positano (SA) San Pietro
Pralboino (BS) Leon d'Oro
Prato (PO) Il Piraña
Puos d'Alpago (BL) Locanda San Lorenzo
Quattro Castella/Rubbianino (RE) Ca' Matilde
Quistello (MN) Ambasciata
Ragusa (RG) La Fenice
Ragusa (RG) Locanda Don Serafino
Ranco (VA) Il Sole di Ranco
Remanzacco (UD) Bibendum
Rimini/ Miramare (RN) Guido
Rivodutri (RI) La Trota
Roma (RM) Acquolina Hostaria in Roma
Roma (RM) Agata e Romeo

N → *Nuovo* ✿✿ → *New* ✿✿

Roma (RM) Antonello Colonna
Roma (RM) Il Convivio-Troiani **N**
Roma (RM) Giuda Ballerino **N**
Roma (RM) Glass Hostaria
Roma (RM) Imàgo
Roma (RM) Mirabelle
Roma (RM) All'Oro **N**
Ronzone (TN) Orso Grigio
Rubiera (RE) Arnaldo-Clinica Gastronomica
Ruda (UD) Osteria Altran
San Casciano in Val di Pesa/ Cerbaia (FI) La Tenda Rossa
San Marino (SMR) Righi la Taverna
San Maurizio Canavese (TO) La Credenza
San Quirino (PN) La Primula
San Remo (IM) Paolo e Barbara
Santa Vittoria d'Alba (CN) Savino Mongelli
Santo Stefano Belbo (CN) Il Ristorante di Guido da Costigliole
Sappada (BL) Laite
Sarentino (BZ) Auener Hof
Sasso Marconi (BO) Marconi
Savigno (BO) Trattoria da Amerigo
Savona (SV) L'Arco Antico
Selvazzano Dentro (PD) La Montecchia
Seregno (MB) Osteria del Pomiroeu
Sirmione (BS) La Rucola
Soragna (PR) Locanda Stella d'Oro
Sorbo Serpico (AV) Marenna'
Sorrento (NA) Il Buco
Spello (PG) Bastiglia
Taormina (ME) Casa Grugno
Taormina (ME) Principe Cerami
Taormina/ Lido di Spisone (ME) La Capinera
Tavarnelle Val di Pesa/ Badia a Passignano (FI) Osteria di Passignano
Tesimo (BZ) Zum Löwen
Tigliole (AT) Vittoria
Torino (TO) Casa Vicina-Guidopereataly
Torino (TO) La Barrique
Torino (TO) Vintage 1997
Torriana (RN) Il Povero Diavolo **N**
Treiso (CN) La Ciau del Tornavento
Trento (TN) Osteria a Le Due Spade
Trento (TN) Scrigno del Duomo
Trento/ Ravina (TN) Locanda Margon **N**
Trescore Cremasco (CR) Trattoria del Fulmine
Treviglio (BG) San Martino
Udine/ Godia (UD) Agli Amici
Vairano Patenora (CE) Vairo del Volturno
Vallesaccarda (AV) Oasis-Sapori Antichi
Vandoies (BZ) La Passion
Venaria Reale (TO) Dolce Stil Novo alla Reggia
Venezia (VE) Osteria da Fiore
Vercelli (VC) Cinzia da Christian e Manuel
Verona (VR) Osteria la Fontanina
Viareggio (LU) Enoteca Henri **N**
Viareggio (LU) Piccolo Principe
Viareggio (LU) Romano
Vico Equense (NA) Antica Osteria Nonna Rosa
Vico Equense (NA) L'Accanto
Vico Equense (NA) Maxi
Viganò (LC) Pierino Penati
Vigevano (PV) I Castagni
Villa d'Almè (BG) Osteria della Brughiera
Villa di Chiavenna (SO) Lanterna Verde
Vipiteno (BZ) Kleine Flamme
Viterbo (VT) Enoteca La Torre **N**
Vodo Cadore (BL) Al Capriolo **N**

LE PROMESSE 2011 PER ✿

The 2011 Rising Stars for ✿

Aprica (SO) Gimmy's
Bologna (BO) I Portici
Capri (Isola di)/ Anacapri (NA) Il Riccio
Duino-Aurisina/ Sistiana (TS) Vanilija à la carte
Firenze (FI) Ora D'Aria
Gorizia (GO) Avenanti
Lido di Jesolo (VE) Cucina da Omar
Milano (MI) Nicola Cavallaro al San Cristoforo
Napoli (NA) Il Comandante
Priocca d'Alba (CN) Il Centro
Ravello (SA) Il Flauto di Pan
Torino (TO) Magorabin
Venezia/ Burano (VE) Venissa

N → *Nuovo* ✿✿ → *New* ✿✿

Bib Gourmand

Pasti accurati a prezzi contenuti

Good food at moderate prices

Alta Badia (BZ)	Maso Runch
Altomonte (CS)	Barbieri **N**
Andria/ Montegrosso (BT)	Antichi Sapori
Arcore (MB)	L'Arco del Re
Arezzo/ Giovi (AR)	Antica Trattoria al Principe
Argelato (BO)	L'800
Ariano Irpino (AV)	La Pignata
Arona/ Montrigiasco (NO)	Castagneto
Ascoli Piceno (AP)	Gallo d'Oro
Asiago (VI)	Locanda Aurora
Bagnara Calabra (RC)	Taverna Kerkira
Bagno di Romagna/ San Piero in Bagno (FC)	Locanda al Gambero Rosso
Barbianello (PV)	Da Roberto
Bassano Romano (VT)	La Casa di Emme
Bellinzago Novarese/ Badia di Dulzago (NO)	Osteria San Giulio
Belluno (BL)	Al Borgo
Benevento (BN)	Pascalucci
Bernalda (MT)	La Locandiera **N**
Bologna (BO)	Antica Trattoria della Gigina **N**
Bologna (BO)	Posta
Bolzano/ Signato (BZ)	Patscheider Hof
Bondeno (FE)	Tassi **N**
Bordighera (IM)	Magiargè Vini e Cucina
Borgarello (PV)	Locanda degli Eventi
Borghetto di Borbera (AL)	Il Fiorile
Borgio Verezzi (SV)	Da Casetta
Borgonovo Val Tidone (PC)	Vecchia Trattoria Agazzino
Bosco Marengo (AL)	Locanda dell'Olmo
Bra (CN)	Boccondivino **N**
Bressanone (BZ)	Fink
Brindisi (BR)	Pantagruele **N**
Calamandrana (AT)	Violetta
Calavino (TN)	Da Cipriano
Calestano (PR)	Locanda Mariella
Camigliatello Silano (CS)	Aquila-Edelweiss
Campobasso (CB)	Miseria e Nobiltà
Campogalliano (MO)	Magnagallo
Campogalliano (MO)	Trattoria Barchetta
Canale d'Agordo (BL)	Alle Codole
Candia Canavese (TO)	Residenza del Lago
Cantalupo nel Sannio (IS)	Antica Trattoria del Riccio
Cappella de' Picenardi (CR)	Locanda degli Artisti
Capri (Isola di) (NA)	Da Gelsomina **N**
Capriata d'Orba (AL)	Il Moro
Capri Leone (ME)	Antica Filanda
Caramanico Terme (PE)	Locanda del Barone
Castagneto Carducci/ Bolgheri (LI)	Osteria Magona
Castelbuono (PA)	Palazzaccio **N**
Castel Gandolfo (RM)	Il Grottino **N**
Castelmezzano (PZ)	Al Becco della Civetta
Castelnovo ne' Monti (RE)	Locanda da Cines
Castelnuovo Magra (SP)	Armanda
Cavallermaggiore (CN)	Italia
Cavatore (AL)	Da Fausto
Ceglie Messapica (BR)	Cibus
Cesenatico (FC)	Osteria del Gran Fritto **N**
Cetara (SA)	Al Convento
Chianciano Terme (SI)	Hostaria il Buco
Chiesa in Valmalenco (SO)	Malenco
Chieti (CH)	Da Gilda
Chiusi (SI)	Osteria La Solita Zuppa
Colorno/ Vedole (PR)	Al Vedel
Corte de' Cortesi (CR)	Il Gabbiano
Cortona (AR)	Hostaria la Bucaccia
Cortona (AR)	Locanda del Molino
Crodo/ Viceno (VB)	Edelweiss
Cuasso al Monte (VA)	Al Vecchio Faggio
Cuneo (CN)	Osteria della Chiocciola
Curtatone/ Grazie (MN)	Locanda delle Grazie
Cutigliano (PT)	Trattoria da Fagiolino
Enna (EN)	Centrale
Fagagna (UD)	Al Castello
Fasano (BR)	Rifugio dei Ghiottoni

N → *Nuovo* ☺ → *New* ☺

Felino (PR) Antica Osteria da Bianchini
Felino (PR) La Cantinetta **N**
Ferrara (FE) Ca' d'Frara **N**
Ferrara (FE) Quel Fantastico Giovedì **N**
Ferrara/ Gaibana (FE) Trattoria Lanzagallo
Filandari/ Mesiano (VV) Frammichè
Firenze (FI) Del Fagioli
Firenze (FI) Il Latini
Firenze (FI) Il Santo Bevitore
Firenze (FI) Trattoria Cibrèo-Cibreino
Firenze/ Galluzzo (FI) Trattoria Bibe **N**
Follonica (GR) Il Sottomarino
Forno di Zoldo/ Mezzocanale (BL) Mezzocanale-da Ninetta
Furore (SA) Hostaria di Bacco
Gallodoro (ME) Noemi
Gavirate (VA) Tipamasaro
Genova (GE) Antica Osteria di Vico Palla
Genova (GE) San Giorgio **N**
Genova/ Voltri (GE) Ostaia da ü Santü
Glorenza (BZ) Posta
Grado (GO) La Darsena **N**
Grosseto (GR) Antico Borgo
Guglionesi (CB) Terra Mia
Inverno-Monteleone (PV) Trattoria Righini
Isera (TN) Casa del Vino
Isola Dovarese (CR) Caffè La Crepa
Isola Sant' Antonio (AL) Da Manuela
La Morra/ Santa Maria (CN) L'Osteria del Vignaiolo
La Spezia (SP) Il Ristorantino di Bayon
La Spezia (SP) L'Osteria della Corte
Lavis/ Sorni (TN) Trattoria Vecchia Sorni
Lonate Pozzolo/ Tornavento (VA) La Pecora Nera **N**
Longiano (FC) Dei Cantoni
Lucca (LU) I Diavoletti **N**
Lucca/ Ponte a Moriano (LU) Antica Locanda di Sesto
Lusia (RO) Trattoria al Ponte
Macerata (MC) Le Case
Mariano del Friuli/ Corona (GO) Al Piave
Marostica/ Valle San Floriano (VI) La Rosina
Marradi (FI) Il Camino
Masio (AL) Trattoria Losanna
Massa (MS) Osteria del Borgo
Massa Lubrense/ Santa Maria Annunziata (NA) La Torre
Meldola (FC) Il Rustichello
Melfi (PZ) Novecento
Menfi (AG) Il Vigneto
Mestre (VE) Ostaria da Mariano **N**
Milano (MI) La Cantina di Manuela
Milano (MI) La Cantina di Manuela - Stazione Centrale
Milano (MI) Dongiò
Milano (MI) Da Giannino-L'Angolo d'Abruzzo
Milano (MI) Giulio Pane e Ojo
Milano (MI) Serendib
Mileto (VV) Il Normanno
Minervino Murge (BT) La Tradizione-Cucina Casalinga
Mira (VE) Dall'Antonia **N**
Mirano (VE) Da Flavio e Fabrizio «Al Teatro» **N**
Modica (RG) La Locanda del Colonnello **N**
Moena (TN) Foresta
Moncalieri/ Revigliasco (TO) La Taverna di Fra' Fiusch
Monreale (PA) Taverna del Pavone
Montegiorgio/ Piane di Montegiorgio (FM) Oscar e Amorina
Monte Sant' Angelo (FG) Medioevo
Monticelli d'Ongina (PC) Antica Trattoria Cattivelli
Montoggio (GE) Roma
Napoli (NA) La Piazzetta
Norcia (PG) Granaro del Monte
Oliena (NU) Sa Corte
Oliena (NU) Su Gologone
Ormea/ Ponte di Nava (CN) Ponte di Nava-da Beppe
Ostuni (BR) Osteria Piazzetta Cattedrale
Pacentro (AQ) Taverna De Li Caldora
Palazzago (BG) Osteria Burligo
Palazzolo sull'Oglio (BS) Osteria della Villetta
Palermo (PA) Bellotero
Palermo (PA) Lo Scudiero
Palermo (PA) Santandrea
Palermo (PA) Trattoria Biondo **N**
Parma (PR) I Tri Siochètt
Pastrengo/ Piovezzano (VR) Eva **N**
Pescara (PE) Locanda Manthonè
Pescara (PE) Taverna 58
Pesek/ Draga Sant' Elia (TS) Locanda Mario
Piadena (CR) Dell'Alba
Pietravairano (CE) La Caveja
Pigna (IM) Terme
Pisa (PI) Osteria del Porton Rosso
Pisciotta (SA) Angiolina **N**
Ponte dell'Olio (PC) Locanda Cacciatori
Pontida (BG) Hosteria la Marina
Porto Sant' Elpidio (FM) Il Baccaro
Pradipozzo (VE) Tavernetta del Tocai
Pulsano/ Marina di Pulsano (TA) La Barca
Quincinetto (TO) Da Marino **N**
Racale (LE) L'Acchiatura
Rancio Valcuvia (VA) Gibigiana

N → *Nuovo* ☺ → *New* ☺

Randazzo (CT)	Scrivano
Reggiolo (RE)	Trattoria al Lago Verde
Rieti (RI)	Bistrot
Riparbella (PI)	La Cantina
Roletto (TO)	Il Ciabot
Roma (RM)	Colline Emiliane **N**
Roma (RM)	Domenico dal 1968
Roma (RM)	Felice a Testaccio
Roma (RM)	Mamma Angelina
Roma (RM)	Profumo di Mirto **N**
Roma (RM)	Al Ristoro degli Angeli **N**
Romeno (TN)	Nerina
Rotonda (PZ)	Da Peppe
Ruvo di Puglia (BA)	U.P.E.P.I.D.D.E.
Saint-Pierre/ Rumiod (AO)	Al Caminetto
Salò (BS)	Osteria dell'Orologio
Sambuco (CN)	Della Pace
San Cipriano (GE)	Ferrando
Sangineto Lido (CS)	Convito
San Martino di Castrozza (TN)	Da Anita
Sansepolcro (AR)	Da Ventura
San Severo (FG)	La Fossa del Grano
Sant' Ambrogio di Valpolicella/ San Giorgio (VR)	Dalla Rosa Alda
Santarcangelo di Romagna (RN)	Osteria la Sangiovesa
San Vigilio di Marebbe (BZ)	Fana Ladina
San Vito di Leguzzano (VI)	Antica Trattoria Due Mori
Sarzana (SP)	La Giara
Sauris (UD)	Alla Pace
Savogna d'Isonzo/ San Michele del Carso (GO)	Lokanda Devetak
Scanno (AQ)	Osteria di Costanza e Roberto
Siderno (RC)	La Vecchia Hosteria
Siena (SI)	La Taverna di San Giuseppe
Siena (SI)	Trattoria Papei
Silvi Marina (TE)	Don Ambrosio
Sinagra (ME)	Trattoria da Angelo
Soiano del Lago (BS)	Villa Aurora
Sommacampagna (VR)	Merica
Tarcento (UD)	Osteria di Villafredda
Tavarnelle Val di Pesa (FI)	La Gramola **N**
Tavarnelle Val di Pesa/ San Donato in Poggio (FI)	La Toppa
Taviano (LE)	A Casa tu Martinu
Termoli (CB)	Da Noi Tre
Terranova di Pollino (PZ)	Luna Rossa
Tezze (TV)	Strada Vecchia
Toirano (SV)	Al Ravanello Incoronato
Torino (TO)	Goffi del Lauro **N**
Torrile/ Vicomero (PR)	Romani
Tortona (AL)	Vineria Derthona
Traversella (TO)	Le Miniere
Trecastagni (CT)	Villa Taverna
Treviso (TV)	Hosteria Antica Contrada delle due Torri
Tricesimo (UD)	Miculan
Usseaux (TO)	Lago del Laux
Valdagno (VI)	Hostaria a le Bele
Valdobbiadene/ Bigolino (TV)	Tre Noghere
Valle di Casies (BZ)	Durnwald
Varese Ligure (SP)	La Taverna del Gallo Nero
Venezia (VE)	Trattoria alla Madonna
Verbania/ Pallanza (VB)	Dei Cigni
Verona (VR)	Al Bersagliere
Verona (VR)	San Basilio alla Pergola
Verona/ San Massimo All'adige (VR)	Trattoria dal Gal **N**
Viarolo (PR)	La Porta di Felino
Vignola (MO)	La Bolognese **N**
Voltido/ Recorfano (CR)	Antica Trattoria Gianna
Zogno/ Ambria (BG)	Da Gianni

N → *Nuovo* ☺ → *New* ☺

Bib Hotel

Buona sistemazione a prezzo contenuto

Good accommodation at moderate prices

Acqui Terme (AL)	Ariston	
Agrigento (AG)	Antica Foresteria Catalana	
Alba (CN)	Agriturismo Villa la Meridiana-Cascina Reine	
Alberobello (BA)	Colle del Sole	
Almenno San Bartolomeo (BG)	Camoretti	
Alta Badia (BZ)	Ciasa Montanara	
Alta Badia (BZ)	Garni La Ciasota	
Alta Badia (BZ)	Tamarindo	
Antey-Saint-André (AO)	Des Roses	**N**
Arpino (FR)	Il Cavalier d'Arpino	
Ballabio (LC)	Sporting Club	
Bardonecchia (TO)	Bucaneve	
Barolo/ Vergne (CN)	Ca' San Ponzio	
Barzanò (LC)	Redaelli	
Bassano del Grappa (VI)	Brennero	
Boves/ Rivoira (CN)	Agriturismo La Bisalta e Rist. Locanda del Re	
Bra (CN)	L'Ombra della Collina	
Busalla (GE)	Vittoria	
Camigliatello Silano (CS)	La Tavernetta	**N**
Canale d'Agordo (BL)	Alle Codole	
Candia Canavese (TO)	Residenza del Lago	
Capriolo (BS)	Agriturismo Ripa del Bosco	
Carisio (VC)	La Bettola	
Casperia (RI)	La Torretta	
Castellina in Chianti (SI)	Villa Cristina	
Castelnuovo Magra (SP)	Agriturismo la Valle	
Cenova (IM)	Negro	
Chioggia/ Sottomarina (VE)	Sole	
Chiusa (BZ)	Ansitz Fonteklaus	
Chiusa/ Gudon (BZ)	Unterwirt	
Cimego (TN)	Aurora	
Cisano Bergamasco (BG)	Fatur	
Crandola Valsassina (LC)	Da Gigi	
Crodo/ Viceno (VB)	Edelweiss	
Dolo (VE)	Villa Gasparini	**N**
Farra d'Isonzo (GO)	Ai Due Leoni	**N**
Ferrara/ Porotto-Cassana (FE)	Agriturismo alla Cedrara	
Finale Emilia (MO)	Casa Magagnoli	**N**
Firenze (FI)	BiB Residenza Johanna	
Fontanafredda (PN)	Luna	

N → *Nuovo* → *New*

Gambara (BS)	Gambara	
Gargnano (BS)	Riviera	
Grezzana (VR)	La Pergola	
Grosotto (SO)	Le Corti	
Guglionesi (CB)	Ribo	
La Morra/ Annunziata (CN)	Red Wine	**N**
Lecco (LC)	Alberi	
Lizzano in Belvedere/ Vidiciatico (BO)	Montegrande	
Menaggio/ Nobiallo (CO)	Garden	
Merano (BZ)	Agriturismo Sittnerhof	
Montecarlo (LU)	Antica Dimora Patrizia	
Montecarlo (LU)	Nina	
Montecosaro (MC)	Luma	
Montescano (PV)	Locanda Montescano	
Morano Calabro (CS)	Agriturismo la Locanda del Parco	
Mosciano Sant' Angelo (TE)	Casale delle Arti	
Nava (Colle di) (IM)	Colle di Nava-Lorenzina	
Nicosia (EN)	Baglio San Pietro	
Noale (VE)	Due Torri Tempesta	**N**
Palmanova (UD)	Ai Dogi	**N**
Pavullo nel Frignano (MO)	Vandelli	
Pontedera (PI)	Il Falchetto	
Reggio nell'Emilia (RE)	BiB Del Vescovado	
Rezzato (BS)	La Pina	
Rimini (RN)	King	**N**
Rio di Pusteria / Mühlbach (BZ)	Giglio Bianco-Weisse Lilie	
Riva del Garda (TN)	Vittoria	
Roccabruna/ Sant'Anna (CN)	La Pineta	
Rocca di Mezzo (AQ)	Altipiano delle Rocche	
Roseto degli Abruzzi (TE)	Tonino-da Rosanna	
San Giovanni Rotondo (FG)	Le Terrazze sul Gargano	
San Lorenzo in Campo (PU)	Giardino	
San Severino Marche (MC)	Locanda Salimbeni	
San Severo (FG)	La Fossa del Grano	
Sant' Angelo Lodigiano (LO)	San Rocco	
Senigallia/ Scapezzano (AN)	Antica Armonia	
Serrungarina/ Bargni (PU)	Casa Oliva	
Sesto al Reghena (PN)	In Sylvis	**N**
Sestri Levante (GE)	Marina	
Siracusa (SR)	Dolce Casa	
Sirmione (BS)	Villa Rosa	
Sondrio/ Moia di Albosaggia (SO)	Campelli	
Tiriolo (CZ)	Due Mari	
Torregrotta (ME)	Thomas	
Treviso (TV)	Agriturismo Il Cascinale	
Varallo (VC)	Sacro Monte	
Velletri (RM)	Da Benito al Bosco	

N → *Nuovo* [symbol] → *New* [symbol]

Alberghi ameni

Particularly pleasant hotels

Arzachena/ Cala di Volpe (OT)	Cala di Volpe
Arzachena/ Romazzino (OT)	Romazzino
Arzachena/ Pitrizza (OT)	Pitrizza
Bellagio (CO)	Grand Hotel Villa Serbelloni
Capri (Isola di)/ Anacapri (NA)	Capri Palace Hotel
Capri (Isola di)/ Capri (NA)	Grand Hotel Quisisana
Cernobbio (CO)	Villa d'Este
Firenze (FI)	Four Seasons Hotel Firenze
Firenze (FI)	The Westin Excelsior
Fiuggi/ Fiuggi Fonte (FR)	Grand Hotel Palazzo della Fonte
Milano (MI)	Four Seasons
Milano (MI)	Principe di Savoia
Napoli (NA)	Grand Hotel Vesuvio
Portofino (GE)	Splendido
Positano (SA)	San Pietro
Roma (RM)	De Russie
Roma (RM)	Hassler
Savelletri (BR)	Masseria San Domenico
Venezia (VE)	Cipriani i Palazzo Vendramin
Venezia (VE)	Danieli
Venezia (VE)	Gritti Palace
Venezia (VE)	San Clemente Palace

Alta Badia (BZ)	Cappella
Alta Badia (BZ)	Rosa Alpina
Amalfi (SA)	Santa Caterina
Bagno a Ripoli/ Candeli (FI)	Villa La Massa
Breuil Cervinia (AO)	Hermitage
Casole d'Elsa/ Pievescola (SI)	Relais la Suvera
Castelnuovo Berardenga (SI)	Castel Monastero
Castiglione della Pescaia/ Badiola (GR)	L'Andana-Tenuta La Badiola
Cogne (AO)	Bellevue
Cortina d'Ampezzo (BL)	Cristallo
Erbusco (BS)	L'Albereta
Fasano (BR)	Masseria Relais del Cardinale
Fiesole (FI)	Il Salviatino
Fiesole (FI)	Villa San Michele
Firenze (FI)	Regency
Firenze (FI)	Relais Santa Croce
Gardone Riviera/ Fasano (BS)	Grand Hotel Fasano e Villa Principe
Gargnano (BS)	Grand Hotel a Villa Feltrinelli
Gargnano (BS)	Lefay Resort i SPA
Ischia (Isola d')/ Ischia (NA)	Grand Hotel Punta Molino Beach Resort i Spa
Ischia (Isola d')/ Ischia (NA)	Il Moresco
Ischia (Isola d')/ Forio (NA)	Mezzatorre Resort i Spa
Ischia (Isola d')/ Casamicciola Terme (NA)	Terme Manzi Hotel i SPA
Ladispoli (RM)	La Posta Vecchia
La Salle (AO)	Mont Blanc Hotel Village
Martina Franca (TA)	Relais Villa San Martino
Milano (MI)	Bulgari
Milano (MI)	Carlton Hotel Baglioni
Milano (MI)	Grand Hotel et de Milan
Milano (MI)	Park Hyatt Milano
Monopoli (BA)	Il Melograno
Napoli (NA)	Grand Hotel Parker's
Napoli (NA)	Romeo
Ortisei (BZ)	Gardena-Grödnerhof
Palermo (PA)	Villa Igiea Hilton
Pietrasanta (LU)	Albergo Pietrasanta
Porto Ercole (GR)	Il Pellicano
Positano (SA)	Le Sirenuse
Pula (CA)	Castello e Rist. Cavalieri
Rapallo (GE)	Excelsior Palace Hotel
Ravello (SA)	Caruso
Ravello (SA)	Palazzo Sasso
Riccione (RN)	Grand Hotel Des Bains
Rimini (RN)	Grand Hotel Rimini
Riva del Garda (TN)	Du Lac et Du Parc

Roma (RM) Grand Hotel Via Veneto
Roma (RM) Lord Byron
Roma (RM) Regina Hotel Baglioni
Roma (RM) Splendide Royal
San Casciano dei Bagni (SI) Fonteverde
San Pietro in Cariano (VR) Byblos Art Hotel Villa Amistà
Sant' Agnello (NA) Grand Hotel Cocumella
Santa Margherita Ligure (GE) Imperiale Palace Hotel
Santo Stefano Belbo (CN) Relais San Maurizio
Saturnia (GR) Terme di Saturnia Spa i Golf Resort
Savelletri (BR) Borgo Egnazia
Selva di Val Gardena (BZ) Alpenroyal Grand Hotel - Gourmet i S.p.A.
Serralunga d'Alba (CN) Il Boscareto Resort
Siena (SI) Grand Hotel Continental
Siracusa (SR) Grand Hotel Minareto
Sirmione (BS) Villa Cortine Palace Hotel
Sorrento (NA) Grand Hotel Excelsior Vittoria
Stresa (VB) Villa e Palazzo Aminta
Taormina (ME) Grand Hotel Timeo
Taormina (ME) San Domenico Palace
Taormina/ Mazzarò (ME) Grand Hotel Atlantis Bay
Taormina/ Mazzarò (ME) Grand Hotel Mazzarò Sea Palace
Tirolo (BZ) Castel
Tirolo (BZ) Erika
Torino (TO) Golden Palace
Tremezzo (CO) Grand Hotel Tremezzo
Venezia (VE) Cà Sagredo
Venezia (VE) Londra Palace
Venezia (VE) Luna Hotel Baglioni
Venezia (VE) Metropole
Venezia (VE) Palazzina Grassi
Venezia (VE) The Westin Europa e Regina
Verona (VR) Gabbia d'Oro
Viareggio (LU) Grand Hotel Principe di Piemonte

Agrigento (AG) Villa Athena
Alassio (SV) Villa della Pergola
Alba (CN) Palazzo Finati
Alghero (SS) Villa Las Tronas
Alghero/ Porto Conte (SS) El Faro
Alpe di Siusi (BZ) Seiser Alm Urthaler
Alta Badia (BZ) Fanes
Alta Badia (BZ) La Perla
Alta Badia (BZ) Sassongher
Ancona/ Portonovo (AN) Fortino Napoleonico
Arabba (BL) Sporthotel Arabba
Arcugnano (VI) Villa Michelangelo
Asolo (TV) Villa Cipriani
Augusta/ Brucoli (SR) NH Venus Sea Garden Resort
Avetrana (TA) Relais Terre di Terre
Bagno a Ripoli (FI) Villa Olmi Resort
Baia Domizia (CE) Della Baia
Bardolino (VR) Color Hotel
Bassano del Grappa (VI) Ca' Sette
Belgirate (VB) Villa dal Pozzo d'Annone
Benevello (CN) Villa d'Amelia
Bolzano (BZ) Greif
Bressanone (BZ) Elefante
Brusaporto (BG) Relais da Vittorio
Canalicchio (PG) Relais Il Canalicchio
Cannero Riviera (VB) Cannero
Cannobio (VB) Park Hotel Villa Belvedere
Capri (Isola di)/ Anacapri (NA) Caesar Augustus
Capri (Isola di)/ Capri (NA) Casa Morgano
Capri (Isola di)/ Marina Grande (NA) J.K. Place Capri
Capri (Isola di)/ Capri (NA) Punta Tragara
Capri (Isola di)/ Capri (NA) Scalinatella
Castellabate/ Santa Maria di Castellabate (SA) Palazzo Belmonte
Castelnuovo Berardenga (SI) Le Fontanelle
Castelnuovo Berardenga (SI) Relais Borgo San Felice
Castelrotto (BZ) Posthotel Lamm
Castiglione del Lago/ Petrignano di Lago (PG) Relais alla Corte del Sole
Catania (CT) Villa del Bosco i VdB Next
Cattolica (RN) Carducci 76
Champoluc (AO) Breithorn
Chiusi (SI) Il Patriarca
Cittadella del Capo (CS) Palazzo del Capo
Città di Castello/ Ronti (PG) Palazzo Terranova
Cortina d'Ampezzo (BL) Park Hotel Faloria
Cortona/ San Martino (AR) Il Falconiere Relais
Cortona/ Farneta (PI) Relais Villa Petrischio
Courmayeur/ Entrèves (AO) Auberge de la Maison
Cutrofiano (LE) Sangiorgio Resort
Dozza (BO) Monte del Re
Erba (CO) Castello di Casiglio
Ferrara (FE) Duchessa Isabella
Finale Ligure (SV) Punta Est
Firenze (FI) Cellai
Firenze (FI) Continentale
Firenze (FI) Gallery Hotel Art

Firenze (FI) J.K. Place
Firenze (FI) Lungarno
Firenze (FI) Lungarno Suites
Firenze (FI) Monna Lisa
Firenze (FI) Palazzo Magnani Feroni
Firenze (FI) Residenza del Moro
Firenze (FI) Santa Maria Novella
Firenze (FI) Torre di Bellosguardo
Follina (TV) Villa Abbazia
Forte dei Marmi (LU) Byron
Forte dei Marmi (LU) Villa Roma Imperiale
Francavilla al Mare (CH) Sporting Hotel Villa Maria
Gaeta (LT) Grand Hotel Le Rocce
Gaeta (LT) Villa Irlanda Grand Hotel
Gaiole in Chianti (SI) Castello di Spaltenna
Galatina (LE) Palazzo Baldi
Garda (VR) Regina Adelaide
Gardone Riviera/ Fasano (BS) Villa del Sogno
Garlenda (SV) La Meridiana
Gavi (AL) L'Ostelliere
Gazzo (PD) Villa Tacchi
Greve in Chianti (FI) Villa Bordoni
Grottaferrata (RM) Park Hotel Villa Grazioli
Gubbio (PG) Relais Ducale
Induno Olona (VA) Porro Pirelli
Laces (BZ) Paradies
Lana/ Foiana (BZ) Völlanerhof
Lecce (LE) Patria Palace Hotel
Lucca (LU) Noblesse
Maratea/ Fiumicello Santa Venere (PZ) Santavenere
Massa Marittima/ Valpiana (GR) Villa il Tesoro
Matera (MT) Palazzo Gattini
Merano (BZ) Castello Labers
Merano (BZ) Meister's Hotel Irma
Merano (BZ) Park Hotel Mignon
Milano (MI) The Gray
Milano (MI) De la Ville
Mira (VE) Villa Franceschi
Mira (VE) Villa Margherita
Monopoli (BA) La Peschiera
Montalcino/ Poggio alle Mura (SI) Castello Banfi-Il Borgo
Montebenichi (AR) Castelletto di Montebenichi
Montefalco/ San Luca (PG) Villa Zuccari
Montegridolfo (RN) Palazzo Viviani
Monza (MB) De la Ville
Mussolente (VI) Villa Palma
Napoli (NA) Palazzo Alabardieri
Napoli (NA) San Francesco al Monte
Naturno (BZ) Lindenhof
Nervi (GE) Villa Pagoda
Nibionno (LC) La California Relais
Norcia (PG) Palazzo Seneca
Olbia (OT) Ollastu
Olbia/ Porto Rotondo (OT) Sporting
Oliena (NU) Su Gologone
Orbetello (GR) Relais San Biagio
Orta San Giulio (NO) San Rocco
Orta San Giulio (NO) Villa Crespi
Orvieto (TR) La Badia
Palermo (PA) Grand Hotel Wagner
Palermo (PA) Principe di Villafranca
Panicale (PG) Villa di Monte Solare
Parghelia (VV) Porto Pirgos
Pasiano di Pordenone/ Rivarotta (PN) Villa Luppis
Pavone Canavese (TO) Castello di Pavone
Perugia (PG) Castello di Monterone
Perugia/ San Martino in Campo (PG) Alla Posta dei Donini
Perugia/ Cenerente (PG) Castello dell'Oscano
Pesaro (PU) Alexander Museum Palace
Pietrasanta (LU) Versilia Golf
Pigazzano (PC) Colombara
Pisa (PI) Relais dell'Orologio
Portobuffolé (TV) Villa Giustinian
Portofino (GE) Splendido Mare
Positano (SA) Palazzo Murat
Pula (CA) Le Dune
Punta Ala (GR) Cala del Porto
Ranco (VA) Il Sole di Ranco
Ravello (SA) Palumbo
Ravello (SA) Villa Cimbrone
Redagno (BZ) Villa Berghofer
Rieti (RI) Park Hotel Villa Potenziani
Rimini (RN) duoMo Hotel
Rimini (RN) i-Suite
Roma (RM) Castello della Castelluccia
Roma (RM) Fortyseven
Roma (RM) Palazzo Manfredi
Roma (RM) Raphaël
Romano Canavese (TO) Relais Villa Matilde
Ronzone (TN) Villa Orso Grigio
Salò (BS) Laurin
San Candido (BZ) Dolce Vita Family Chalet Postalpina
San Felice Circeo/ Quarto Caldo (LT) Punta Rossa
San Francesco al Campo (TO) Furno
San Gimignano (SI) La Collegiata
San Gimignano (SI) Villasanpaolo Hotel
San Giovanni la Punta (CT) Villa Paradiso dell'Etna
San Martino di Castrozza (TN) Regina
San Pietro in Cariano/ Pedemonte (VR) Villa del Quar
San Quirico d'Orcia (SI) Palazzo del Capitano

Savelletri (BR) Masseria Torre Coccaro
Savelletri (BR) Masseria Torre Maizza
Selva di Val Gardena (BZ) Granvara
Sestriere (TO) Shackleton
Sestri Levante (GE) Grand Hotel Villa Balbi
Siena (SI) Certosa di Maggiano
Siena/ Vagliagli (SI) Borgo Scopeto Relais
Sinalunga (SI) Locanda dell'Amorosa
Siracusa (SR) Grand Hotel Ortigia
Sorrento (NA) Bellevue Syrene 1820
Sovicille (SI) Borgo Pretale
Spoleto (PG) Villa Milani
Tavarnelle Val di Pesa (FI) Castello del Nero
Tivoli (RM) Torre Sant'Angelo
Todi (PG) Relais Todini
Torgiano (PG) Le Tre Vaselle
Torino (TO) Victoria
Valdaora (BZ) Mirabell
Valle di Casies (BZ) Quelle
Venezia (VE) Bauer Palladio
Venezia (VE) Ca' Maria Adele
Venezia (VE) Ca' Nigra Lagoon Resort
Venezia (VE) Ca' Pisani
Venezia (VE) Palazzo Sant'Angelo sul Canal Grande
Venezia (VE) Palazzo Stern
Venezia (VE) Quattro Fontane
Vico Equense (NA) Capo la Gala
Villa San Giovanni/ Santa Trada di Cannitello (RC) Altafiumara

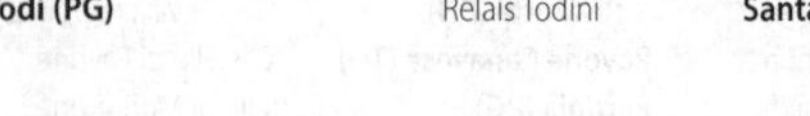

Agrigento (AG) Baglio della Luna
Albareto (PR) Borgo Casale
Aosta (AO) Milleluci
Appiano sulla Strada del Vino/ Missiano (BZ) Schloss Korb
Arezzo (AR) Badia di Pomaio
Arezzo (AR) Graziella Patio Hotel
Arzachena (OT) Tenuta Pilastru
Ascoli Piceno (AP) Residenza 100 Torri
Assisi/ Armenzano (PG) Le Silve
Avelengo (BZ) Viertlerhof
Azzate (VA) Locanda dei Mai Intees
Bergamo (BG) Petronilla
Bologna (BO) Commercianti
Bologna (BO) Il Convento dei Fiori di Seta
Bracciano (RM) Villa Clementina
Briosco (MB) LeAR
Caldaro sulla Strada del Vino (BZ) Schlosshotel Aehrental
Campitello di Fassa (TN) Villa Kofler
Caneva (PN) Ca' Damiani
Capri (Isola di)/ Capri (NA) Villa Brunella
Castelrotto (BZ) Mayr
Castiglion Fiorentino/ Polvano (AR) Relais San Pietro in Polvano
Catania (CT) Liberty
Cavalese (TN) Laurino
Cortona/ San Pietro a Cegliolo (AR) Relais Villa Baldelli
Costigliole Saluzzo (CN) Castello Rosso
Courmayeur (AO) Villa Novecento
Elba (Isola d')/ Marciana (LI) Cernia Isola Botanica
Eolie (Isole)/ Panarea (ME) Quartara
Eolie (Isole)/ Isola Salina (ME) La Salina Borgo di Mare
Eolie (Isole)/ Isola Salina (ME) Signum
Faenza (RA) Relais Villa Abbondanzi
Ferrara (FE) Principessa Leonora
Firenze (FI) Hotel Home
Firenze (FI) Inpiazzadellasignoria
Firenze (FI) Relais Uffizi
Firenze/ Galluzzo (FI) Marignolle Relais i Charme
Firenze/ Arcetri (FI) Villa Le Piazzole
Fiume Veneto (PN) L'Ultimo Mulino
Frossasco (TO) La Locanda della Maison Verte
Gallipoli (LE) Palazzo del Corso
Gallipoli (LE) Palazzo Mosco Inn
Gallipoli (LE) Relais Corte Palmieri
Gambassi Terme (FI) Villa Bianca
Gargnano (BS) Villa Giulia
Genova/ Pegli (GE) Torre Cambiaso
Gerace (RC) La Casa di Gianna e Palazzo Sant'Anna
Greve in Chianti/ Panzano (FI) Villa le Barone
Grinzane Cavour (CN) Casa Pavesi
Isola d'Asti (AT) Castello di Villa
La Morra (CN) Corte Gondina
Lucca (LU) Alla Corte degli Angeli
Madonna di Campiglio (TN) Bio-Hotel Hermitage
Maratea/ Acquafredda (PZ) Villa Cheta Elite
Marina di Arbus (VS) Le Dune
Matera (MT) Locanda di San Martino
Merano/ Freiberg (BZ) Castel Fragsburg
Milano (MI) Antica Locanda dei Mercanti
Modica (RG) Palazzo Failla

Monforte d'Alba (CN)	Villa Beccaris
Montemerano (GR)	Relais Villa Acquaviva
Montevarchi/ Moncioni (AR)	Villa Sassolini
Montorfano (CO)	Tenuta Santandrea
Napoli (NA)	Chiaja Hotel de Charme
Napoli (NA)	Costantinopoli 104
Negrar (VR)	Relais La Magioca
Novacella (BZ)	Pacherhof
Ortisei/ Bulla (BZ)	Uhrerhof-Deur
Otranto (LE)	Valle dell'Idro
Oviglio (AL)	Castello di Oviglio
Parcines/ Rablà (BZ)	Roessl
Pellio Intelvi (CO)	La Locanda del Notaio
Penango/ Cioccaro (AT)	Relais Il Borgo
Peschiera del Garda (VR)	The Ziba Hotel
Portofino (GE)	Eight Hotel Portofino
Portofino (GE)	Piccolo Hotel
Porto Santo Stefano/ Cala Piccola (GR)	Torre di Cala Piccola
Radda in Chianti (SI)	Il Borgo di Vescine
Radda in Chianti (SI)	La Locanda
Radda in Chianti (SI)	Palazzo Leopoldo
Radda in Chianti (SI)	Palazzo San Niccolò
Radda in Chianti (SI)	Relais Vignale
Ragusa (RG)	Eremo della Giubiliana
Ragusa (RG)	Locanda Don Serafino
Ragusa (RG)	Relais Parco Cavalonga
Ravenna (RA)	Cappello
Redagno (BZ)	Zirmerhof
Reggello/ Vaggio (FI)	Villa Rigacci
Reggiolo (RE)	Villa Montanarini
Renon/ Collalbo (BZ)	Kematen
Roccastrada (GR)	La Melosa
Roma (RM)	Celio
Roma (RM)	Sant'Anselmo
Saint-Pierre (AO)	La Meridiana Du Cadran Solaire
Salò (BS)	Bellerive
Saluzzo (CN)	Poggio Radicati
San Casciano in Val di Pesa (FI)	Villa il Poggiale
San Martino di Castrozza (TN)	Letizia
San Remo (IM)	Eveline-Portosole
Sauze d'Oulx/ Le Clotes (TO)	Il Capricorno
Scorzè (VE)	Villa Soranzo Conestabile
Serravalle Scrivia (AL)	Villa la Bollina
Sesto/ Moso (BZ)	Berghotel e Residence Tirol
Sestri Levante (GE)	Suite Hotel Nettuno
Siena (SI)	Palazzo Ravizza
Siena (SI)	Villa Scacciapensieri
Sinio (CN)	Castello di Sinio
Siracusa (SR)	Lady Lusya
Sorrento (NA)	Maison la Minervetta
Sovana (GR)	Sovana
Taormina (ME)	Villa Carlotta
Taormina (ME)	Villa Ducale
Tirolo (BZ)	Küglerhof
Tonale (Passo del) (BS)	La Mirandola
Torino (TO)	Town House 70
Tremosine (BS)	Villa Selene
Venezia (VE)	Palazzo Priuli
Vicchio/ Campestri (FI)	Villa Campestri Olive Oil Resort

Agropoli (SA)	La Colombaia
Appiano sulla Strada del Vino/ Pigeno (BZ)	Schloss Englar
Bergamo (BG)	Piazza Vecchia
Canazei (TN)	Stella Alpina
Castelrotto (BZ)	Cavallino d'Oro
Courmayeur/ Dolonne (AO)	Maison lo Campagnar
Eolie (Isole)/ Filicudi Porto (ME)	La Canna
Fiesole (FI)	Pensione Bencistà
Levanto (SP)	Stella Maris
Livigno (SO)	Sonne
Matera (MT)	Sassi Hotel
Milano (MI)	Antica Locanda Leonardo
Montecosaro (MC)	Luma
Morano Calabro (CS)	Villa San Domenico
Napoli (NA)	Decumani
Orta San Giulio (NO)	La Contrada dei Monti
Palazzuolo sul Senio (FI)	Locanda Senio
Pescocostanzo (AQ)	Il Gatto Bianco
Ravello (SA)	Villa San Michele
Roma (RM)	Pensione Barrett
San Giovanni d'Asso (SI)	La Locanda del Castello
Santarcangelo di Romagna (RN)	Il Villino
Sciacca (AG)	Villa Palocla
Selva di Cadore (BL)	Ca' del Bosco
Trevi (PG)	Trevi
Valtournenche (AO)	Grandes Murailles
Venezia (VE)	Antico Doge
Venezia (VE)	La Calcina
Venezia (VE)	Palazzo Abadessa
Verduno (CN)	Real Castello

Alberobello (BA) BiB Fascino Antico
Albinia (GR) Agriturismo Antica Fattoria la Parrina
Amalfi (SA) Relais Villa Annalara
Amalfi (SA) Villa Lara
Andria/ Montegrosso (BT) Agriturismo Biomasseria Lama di Luna
Aosta (AO) Maison Colombot
Apricale (IM) Locanda dei Carugi
Ascoli Piceno (AP) Agriturismo Villa Cicchi
Bagnoregio (VT) Romantica Pucci
Barolo/ Vergne (CN) Ca' San Ponzio
Bernalda (MT) Agriturismo Relais Masseria Cardillo
Bettona (PG) Country House Torre Burchio
Bevagna (PG) L'Orto degli Angeli
Bibbiena (AR) Relais il Fienile
Borgo San Lorenzo (FI) Casa Palmira
Borno (BS) Zanaglio
Canale (CN) Agriturismo Villa Cornarea
Canale (CN) Agriturismo Villa Tiboldi
Canelli (AT) Agriturismo La Casa in Collina
Capriva del Friuli (GO) Castello di Spessa
Carré (VI) Locanda La Corte dei Galli
Casacanditella (CH) Castello di Semivicoli
Casperia (RI) La Torretta
Castagneto Carducci (LI) BiB Villa le Luci
Castel d'Aiano/ Rocca di Roffeno (BO) Agriturismo La Fenice
Castel di Lama (AP) Borgo Storico Seghetti Panichi
Castellabate/ San Marco (SA) Agriturismo Giacaranda
Castel Ritaldi (PG) La Gioia
Castelvetro di Modena (MO) Locanda del Feudo
Castiglion Fiorentino/ Pieve di Chio (AR) BiB Casa Portagioia
Castroreale (ME) Country Hotel Green Manors
Città della Pieve (PG) Relais dei Magi
Corciano (PG) Palazzo Grande
Cortona (AR) Villa di Piazzano
Drizzona/ Castelfranco d'Oglio (CR) Agriturismo l'Airone
Fano (PU) Villa Giulia
Ferentillo (TR) Abbazia San Pietro in Valle
Ferrara (FE) Locanda della Duchessina
Ferrara/ Porotto-Cassana (FE) Agriturismo alla Cedrara
Ferrara/ Gaibanella (FE) Locanda della Luna
Firenze (FI) Antica Torre di via Tornabuoni N. 1
Firenze (FI) BiB Antica Dimora Firenze
Firenze (FI) BiB Le Residenze Johlea
Firenze (FI) Palazzo Galletti BiB
Firenze (FI) Palazzo Niccolini al Duomo
Firenze (FI) Villa Antea
Foiano della Chiana/ Pozzo (AR) Villa Fontelunga
Fratta Todina (PG) La Palazzetta del Vescovo
Furore (SA) Agriturismo Sant'Alfonso
Gaiole in Chianti (SI) Borgo Argenina
Gallipoli (LE) Masseria Li Foggi
Gardone Riviera (BS) Dimora Bolsone
Gazzola/ Rivalta Trebbia (PC) Agriturismo Croara Vecchia
Genova (GE) Locanda di Palazzo Cicala
Greve in Chianti (FI) Agriturismo Villa Vignamaggio
Gualdo Cattaneo/ Saragano (PG) Agriturismo la Ghirlanda
Gubbio/ Pisciano (PG) Agriturismo Le Cinciallegre
Gubbio/ Scritto (PG) Agriturismo Castello di Petroia
Imperia (IM) Agriturismo Relais San Damian
Impruneta (FI) Relais Villa L'Olmo
Labico (RM) Agriturismo Fontana Chiusa
La Morra (CN) Villa Carita
La Morra/ Annunziata (CN) Agriturismo La Cascina del Monastero
La Morra/ Rivalta (CN) Bricco dei Cogni
Levanto (SP) Agriturismo Villanova
Lucca (LU) A Palazzo Busdraghi
Lucca/ Cappella (LU) La Cappella
Lucca/ Segromigno in Monte (LU) Fattoria Mansi Bernardini
Magione (PG) Bella Magione
Manciano (GR) Le Pisanelle
Mango (CN) Villa Althea
Melizzano (BN) Agriturismo Mesogheo
Mestre/ Zelarino (VE) Al Segnavento
Modica (RG) Casa Talia
Mombello Monferrato (AL) Cà Dubini
Moncalvo (AT) Agriturismo Cascina Orsolina
Moneglia (GE) Abbadia San Giorgio
Monforte d'Alba (CN) Le Case della Saracca
Monsummano Terme (PT) Villa San Bastiano
Montaione/ San Benedetto (FI) Villa Sestilia
Montecatini Terme (PT) Villa le Magnolie
Montefiridolfi (FI) Agriturismo Fonte de' Medici
Montefiridolfi (FI) Il Borghetto Country Inn
Montepulciano (SI) Hotelito Lupaia
Montepulciano (SI) Residenza d' Epoca -Villa Poggiano

Monteriggioni/ Strove (SI) Agriturismo Castel Pietraio
Monte San Savino/ Gargonza (AR) Castello di Gargonza
Montieri (GR) Agriturismo La Meridiana-Locanda in Maremma
Morano Calabro (CS) Agriturismo la Locanda del Parco
Napoli (NA) Belle Arti
Napoli (NA) L'Alloggio dei Vassalli
Noli (SV) Palazzo Vescovile
Offida (AP) Agriturismo Nascondiglio di Bacco
Orvieto (TR) Locanda Palazzone
Ostuni (BR) Masseria Il Frantoio
Otranto (LE) Masseria Panareo
Panicale (PG) Agriturismo Montali
Panicale (PG) Villa le Mura
Parma (PR) Palazzo dalla Rosa Prati
Peccioli (PI) Tenuta di Pratello
Peio/ Cogolo (TN) Chalet Alpenrose
Pesaro (PU) Locanda di Villa Torraccia
Petralia Sottana (PA) Agriturismo Monaco di Mezzo
Pettineo (ME) Casa Migliaca
Piegaro (PG) Ca' de Principi
Pienza (SI) Relais La Saracina
Pieve San Quirico (PG) Le Torri di Bagnara
Pigna (IM) La Casa Rosa
Pinzolo/ Sant' Antonio di Mavignola (TN) Maso Doss
Pisciotta (SA) Marulivo
Positano (SA) Villa Rosa
Pozzuoli/ Cuma (NA) Villa Giulia
Proceno (VT) Castello di Proceno
Ragusa (RG) Caelum Hyblae
Rapolano Terme (SI) Villa Buoninsegna
Reggio nell'Emilia (RE) BiB Del Vescovado
Roma (RM) Arco dei Tolomei
Roma (RM) Moses Fountain
Roma (RM) Residenza A-The Boutique Art Hotel
Roma/ Casal Palocco (RM) Relais 19
Roncofreddo (FC) I Quattro Passeri
Roncofreddo/ Monteleone (FC) La Tana del Ghiro
San Casciano in Val di Pesa/ Mercatale (FI) Agriturismo Salvadonica
San Cipriano Picentino (SA) Villa Rizzo-Masseria della Nocciola
San Quirico d'Orcia (SI) Agriturismo Il Rigo
San Quirico d'Orcia (SI) Casa Lemmi
San Quirico d'Orcia/ Bagno Vignoni (SI) La Locanda del Loggiato
Sansepolcro (AR) Relais Palazzo di Luglio
Santarcangelo di Romagna/ Montalbano (RN) Agriturismo Locanda Antiche Macine
San Vincenzo (LI) Poggio ai Santi
Sappada/ Cima Sappada (BL) Agriturismo Voltan Haus
Sassetta (LI) Agriturismo La Bandita
Savelletri (BR) Masseria Cimino
Scandicci/ Mosciano (FI) Le Viste
Scarlino (GR) Relais Vedetta
Sellia Marina (CZ) Agriturismo Contrada Guido
Selva di Val Gardena (BZ) Prà Ronch
Siena (SI) Campo Regio Relais
Siena/ Santa Regina (SI) Frances' Lodge
Sinalunga (SI) San Giustino
Spoleto (PG) Palazzo Dragoni
Spoleto (PG) Palazzo Leti
Spoleto/ Silvignano (PG) Le Logge di Silvignano
Spoleto/ Pompagnano (PG) Agriturismo Convento di Agghielli
Susegana (TV) Maso di Villa
Todi (PG) Agriturismo Tenuta di Canonica
Todi/ Chioano (PG) Residenza Roccafiore
Torrita di Siena (SI) Residenza D'Arte
Trapani (TP) Ai Lumi
Trezzo Tinella (CN) Agriturismo Antico Borgo del Riondino
Ugento (LE) Masseria Don Cirillo
Urbino/ Pantiere (PU) Urbino Resort Santi Giacomo e Filippo
Venezia (VE) Charming House DD 724
Venezia (VE) La Residenza
Venezia (VE) Novecento
Verona (VR) Agriturismo Delo
Verrayes/ Grandzon (AO) Agriturismo La Vrille
Volterra (PI) Agriturismo Marcampo
Volterra (PI) Agriturismo Villa Montaperti

Ristoranti ameni
Particularly pleasant restaurants

XXXXX

Firenze (FI)	Enoteca Pinchiorri
Roma (RM)	La Pergola

XXXX

Alta Badia (BZ)	St. Hubertus
Baschi (TR)	Vissani
Brusaporto (BG)	Da Vittorio
Canneto Sull' Oglio/ Runate (MN)	Dal Pescatore
Capri (Isola di)/ Anacapri (NA)	L'Olivo
Capri (Isola di)/ Capri (NA)	Quisi
Gargnano (BS)	Villa Feltrinelli
Imola (BO)	San Domenico
Ischia (Isola d')/ Casamicciola Terme (NA)	Il Mosaico
Milano (MI)	The Park
Milano (MI)	Il Teatro
Montignoso (MS)	Il Bottaccio
Orta San Giulio (NO)	Villa Crespi
Porto Ercole (GR)	Il Pellicano
Positano (SA)	San Pietro
Quistello (MN)	Ambasciata
Ravello (SA)	Rossellinis
Roma (RM)	Hostaria dell'Orso
Roma (RM)	Imàgo
Roma (RM)	Mirabelle
Roma (RM)	La Terrazza
Sant' Agata sui Due Golfi (NA)	Don Alfonso 1890
Siena (SI)	Il Canto
Taormina (ME)	Principe Cerami
Tirolo (BZ)	Trenkerstube
Torino (TO)	Del Cambio
Venezia (VE)	Caffè Quadri
Venezia (VE)	Met

XXX

Alta Badia (BZ)	La Stüa de Michil
Bassano del Grappa (VI)	Ca'7
Benevello (CN)	Villa d'Amelia
Besenzone/ Bersano (PC)	La Fiaschetteria
Borgio Verezzi (SV)	Doc
Bra/ Pollenzo (CN)	Guido
Brescia (BS)	Castello Malvezzi
Cartoceto (PU)	Symposium
Castel Guelfo di Bologna (BO)	Locanda Solarola

Castiglione della Pescaia/ Badiola (GR) Trattoria Toscana-Tenuta la Badiola
Cattolica (RN) Vicolo Santa Lucia
Cetona (SI) La Frateria di Padre Eligio
Chiusi (SI) I Salotti
Cogne (AO) Le Petit Restaurant
Collebeato/ Campiani (BS) Carlo Magno
Cologne (BS) Cappuccini
Como (CO) Navedano
Corte Franca/ Borgonato (BS) Due Colombe
Cortona/ San Martino (AR) Il Falconiere
Costermano (VR) La Casa degli Spiriti
Dolegna del Collio/ Ruttars (GO) Castello di Trussio dell'Aquila d'Oro
Falzes/ Molini (BZ) Schöneck
Firenze (FI) Alle Murate
Follina (TV) La Corte
Fossano (CN) Antiche Volte
Gardone Riviera (BS) Villa Fiordaliso
Ladispoli (RM) The Cesar
La Salle (AO) La Cassolette
Maiori (SA) Il Faro di Capo d'Orso
Manerba del Garda (BS) Capriccio
Massa Lubrense/ Nerano (NA) Quattro Passi
Massa Lubrense/ Termini (NA) Relais Blu
Milano (MI) Don Carlos
Montefollonico (SI) La Chiusa
Montemerano (GR) Caino
Monza (MB) Derby Grill
Nibionno (LC) I Melograni
Noli (SV) Il Vescovado-La Fornace di Barbablù
Oderzo (TV) Gellius
Ortisei (BZ) Anna Stuben
Perugia (PG) Il Postale
Pescara (PE) Café les Paillotes
Piossasco (TO) La Maison dei Nove Merli
Polesine Parmense (PR) Antica Corte Pallavicina
Positano (SA) Al Palazzo
Ragusa (RG) Locanda Don Serafino
Ranco (VA) Il Sole di Ranco
Ravello (SA) Il Flauto di Pan
Ronzone (TN) Orso Grigio
San Bonifacio (VR) Relais Villabella
San Giacomo di Roburent (CN) Valentine
Santo Stefano Belbo (CN) Il Ristorante di Guido da Costigliole
Taormina (ME) Casa Grugno
Treiso (CN) La Ciau del Tornavento
Venaria Reale (TO) Dolce Stil Novo alla Reggia
Verbania/ Fondotoce (VB) Piccolo Lago
Verona (VR) Il Desco
Viareggio (LU) Piccolo Principe
Vico Equense (NA) Maxi
Vico Equense/ Marina Equa (NA) Torre del Saracino
Vodo Cadore (BL) Al Capriolo

Alghero (SS) Andreini
Almenno San Salvatore (BG) Cantina Lemine
Barberino Val d'Elsa/ Petrognano (FI) Il Paese dei Campanelli
Bee (VB) Chi Ghinn
Briaglia (CN) Marsupino
Caldogno (VI) Molin Vecio
Camaiore (LU) Emilio e Bona
Cantello (VA) Madonnina
Capri (Isola di)/ Marina Grande (NA) Da Paolino
Capri (Isola di)/ Anacapri (NA) Il Riccio
Castelraimondo/ Sant'Angelo (MC) Il Giardino degli Ulivi
Cavalese (TN) El Molin
Certaldo (FI) Osteria del Vicario
Cervere (CN) Antica Corona Reale-da Renzo
Cherasco (CN) Al Cardinal Mazzarino
Chiesa in Valmalenco (SO) Il Vassallo
Colloredo di Monte Albano (UD) La Taverna
Cormons (GO) Al Cacciatore-della Subida
Cuasso al Monte/ Cuasso al Piano (VA) Molino del Torchio
Domodossola (VB) La Stella
Fabriano (AN) Villa Marchese del Grillo
Firenze (FI) Baccarossa
Gavi (AL) La Gallina
Grottaferrata (RM) Taverna dello Spuntino
Illasi (VR) Le Cedrare
Longare/ Costozza (VI) Aeolia
Madonna di Campiglio (TN) Stube Hermitage
Malé (TN) Conte Ramponi
Mercato San Severino (SA) Casa del Nonno 13
Moncalieri (TO) La Maison Delfino
Montaione/ San Benedetto (FI) Casa Masi
Morgex (AO) Café Quinson
Oviglio (AL) Donatella
Paestum (SA) Le Trabe
Parma (PR) La Filoma

Pellio Intelvi (CO) La Locanda del Notaio
Pergine Valsugana (TN) Castel Pergine
Pieve di Soligo/ Solighetto (TV) Da Lino
Pocenia/ Paradiso (UD) Al Paradiso
Ponza (Isola di)/ Ponza (LT) Orestorante
Roseto degli Abruzzi (TE) Tonino-da Rosanna
Rubiera (RE) Osteria del Viandante
Saint-Vincent (AO) Le Grenier
Sappada (BL) Laite
Senago (MI) La Brughiera
Sorrento (NA) L'Antica Trattoria
Strongoli (KR) Dattilo
Tavarnelle Val di Pesa/ Badia a Passignano (FI) Osteria di Passignano
Tesimo (BZ) Zum Löwen
Tigliole (AT) Vittoria
Varese/ Capolago (VA) Da Annetta
Venezia/ Torcello (VE) Locanda Cipriani
Verona (VR) Osteria la Fontanina
Villa d'Almè (BG) Osteria della Brughiera
Villa di Chiavenna (SO) Lanterna Verde
Villandro (BZ) Ansitz Zum Steinbock

Alta Badia (BZ) Maso Runch
Bergamo/ San Vigilio (BG) Baretto di San Vigilio
Bobbio (PC) Enoteca San Nicola
Brescia (BS) Trattoria Porteri
Cappella de' Picenardi (CR) Locanda degli Artisti
Carate Brianza (MB) Camp di Cent Pertigh
Chiavenna/ Mese (SO) Crotasc
Cisterna d'Asti (AT) Garibaldi
Cogne (AO) Bar à Fromage
Cortina d'Ampezzo (BL) Baita Piè Tofana
Flaibano (UD) Grani di Pepe
Gravina in Puglia (BA) Madonna della Stella
Ischia (Isola d')/ Forio (NA) Da «Peppina» di Renato
Matera (MT) Don Matteo
Milano (MI) Pane Acqua
Milano (MI) Vietnamonamour
Modena (MO) Hosteria Giusti
Morgano/ Badoere (TV) Dal Vero
Pachino/ Marzamemi (SR) La Cialoma
Peccioli (PI) La Greppia
Racale (LE) L'Acchiatura
San Pellegrino (Passo di) (TN) Rifugio Fuciade
Savigno (BO) Trattoria da Amerigo
Siena (SI) La Taverna di San Giuseppe
Siena (SI) Osteria le Logge
Spiazzo (TN) 1/2 Soldo-dal 1897
Tarcento (UD) Osteria di Villafredda
Taviano (LE) A Casa tu Martinu
Trecastagni (CT) Villa Taverna
Treviso (TV) Toni del Spin
Trieste (TS) Al Bagatto
Usseaux (TO) Lago del Laux

Wellness

Centro attrezzato per il benessere ed il relax
An extensive facility for relaxation

Abano Terme (PD)	Abano Grand Hotel
Abano Terme (PD)	Bristol Buja
Abano Terme (PD)	Due Torri
Abano Terme (PD)	Europa Terme
Abano Terme (PD)	Harrys' Garden
Abano Terme (PD)	Metropole
Abano Terme (PD)	Mioni Pezzato
Abano Terme (PD)	Panoramic Hotel Plaza
Abano Terme (PD)	President
Abano Terme (PD)	Trieste i Victoria
Abano Terme (PD)	Tritone Terme
Acqui Terme (AL)	Grand Hotel Nuove Terme
Alghero (SS)	Villa Las Tronas
Alpe di Siusi (BZ)	Seiser Alm Urthaler
Alpe di Siusi (BZ)	Sporthotel Floralpina
Alta Badia (BZ)	Armentarola
Alta Badia (BZ)	Cappella
Alta Badia (BZ)	Fanes
Alta Badia (BZ)	La Majun
Alta Badia (BZ)	La Perla
Alta Badia (BZ)	Posta-Zirm
Alta Badia (BZ)	Rosa Alpina
Alta Badia (BZ)	Sassongher
Amantea (CS)	Mediterraneo Palace Hotel
Andalo (TN)	Dolce Avita Spa i Resort
Appiano sulla Strada del Vino (BZ)	Gartenhotel Moser
Appiano sulla Strada del Vino/ Missiano (BZ)	Schloss Korb
Appiano sulla Strada del Vino/ Pigeno (BZ)	Stroblhof
Appiano sulla Strada del Vino/ Cornaiano (BZ)	Weinegg
Arabba (BL)	Evaldo
Arzachena/ Cala di Volpe (OT)	Petra Bianca
Arzachena/ Porto Cervo (OT)	Cervo
Avelengo (BZ)	Miramonti
Bagno di Romagna (FC)	Ròseo Hotels Euroterme
Bagno di Romagna (FC)	Tosco Romagnolo
Bagno di Romagna/ Acquapartita (FC)	Miramonti
Baveno (VB)	Grand Hotel Dino
Bellagio (CO)	Grand Hotel Villa Serbelloni
Bertinoro/ Fratta (FC)	Grand Hotel Terme della Fratta
Bibione (VE)	Bibione Palace
Bisceglie (BT)	Nicotel
Bordighera (IM)	Grand Hotel del Mare
Brescia/ Roncadelle (BS)	President
Bressanone (BZ)	Dominik
Bressanone (BZ)	Grüner Baum
Breuil Cervinia (AO)	Hermitage
Brunico/ Riscone (BZ)	Majestic
Brunico/ Riscone (BZ)	Royal Hotel Hinterhuber
Brunico/ Riscone (BZ)	Rudolf
Brunico/ Riscone (BZ)	Schönblick
Cagliari (CA)	T Hotel
Caldaro sulla Strada del Vino (BZ)	Seeleiten
Campitello di Fassa (TN)	Gran Paradis
Campitello di Fassa (TN)	Park Hotel Rubino Executive
Campitello di Fassa (TN)	Salvan
Campo Tures (BZ)	Alphotel Stocker
Campo Tures (BZ)	Alte Mühle
Campo Tures (BZ)	Feldmilla
Canazei/ Alba (TN)	La Cacciatora
Capri (Isola di)/ Anacapri (NA)	Capri Palace Hotel
Capri (Isola di)/ Capri (NA)	Capri Tiberio Palace
Capri (Isola di)/ Capri (NA)	Grand Hotel Quisisana

Capri (Isola di)/ Marina Grande (NA) J.K. Place Capri
Caramanico Terme (PE) La Réserve
Carzago Riviera (BS) Palazzo Arzaga
Castagneto Carducci/ Marina di Castagneto Carducci (LI) Tombolo Talasso Resort
Castelbello Ciardes (BZ) Sand
Castellammare di Stabia (NA) Crowne Plaza Stabiae Sorrento Coast
Castelnuovo Berardenga (SI) Castel Monastero
Castelrotto (BZ) Posthotel Lamm
Castelverde (CR) Cremona Palace Hotel
Castiglione della Pescaia/ Badiola (GR) L'Andana-Tenuta La Badiola
Castrocaro Terme (FC) Grand Hotel Terme
Cavalese (TN) Lagorai
Cernobbio (CO) Villa d'Este
Cervia/ Milano Marittima (RA) Aurelia
Cervia/ Milano Marittima (RA) Globus
Cervia/ Milano Marittima (RA) Le Palme
Cervia/ Milano Marittima (RA) Palace Hotel
Chianciano Terme (SI) Admiral Palace
Cison di Valmarino (TV) CastelBrando
Cividale del Friuli (UD) Locanda al Castello
Cogne (AO) Bellevue
Cogne (AO) Miramonti
Cogne/ Cretaz (AO) Notre Maison
Cologne (BS) Cappuccini
Comano Terme/ Ponte Arche (TN) Cattoni-Plaza
Comano Terme/ Ponte Arche (TN) Grand Hotel Terme
Commezzadura (TN) Tevini
Corato (BA) Nicotel Wellness
Cortina d'Ampezzo (BL) Cristallo
Cortina d'Ampezzo (BL) Grand Hotel Savoia
Cortina d'Ampezzo (BL) Miramonti Majestic Grand Hotel
Cortina d'Ampezzo (BL) Park Hotel Faloria
Costermano (VR) Boffenigo
Courmayeur (AO) Grand Hotel Royal e Golf
Cutrofiano (LE) Sangiorgio Resort
Desenzano del Garda (BS) Acquaviva
Dobbiaco (BZ) Cristallo
Dobbiaco (BZ) Park Hotel Bellevue
Dobbiaco (BZ) Santer
Elba (Isola d')/ Portoferraio (LI) Hermitage
Erbusco (BS) L'Albereta
Fiè allo Sciliar (BZ) Heubad
Fiè allo Sciliar (BZ) Turm
Fiera di Primiero (TN) Iris Park Hotel
Fiera di Primiero (TN) Tressane
Firenze (FI) Four Seasons Hotel Firenze
Fiuggi/ Fiuggi Fonte (FR) Grand Hotel Palazzo della Fonte
Folgarida (TN) Alp Hotel Taller
Fondo (TN) Lady Maria
Francavilla al Mare (CH) Sporting Hotel Villa Maria
Furore (SA) Furore Inn Resort
Gabicce Mare (PU) Grand Hotel Michelacci
Gallio (VI) Gaarten
Galzignano Terme (PD) Sporting Hotel Terme
Garda (VR) Regina Adelaide
Gardone Riviera/ Fasano (BS) Grand Hotel Fasano e Villa Principe
Gargnano (BS) Lefay Resort i SPA
Grado (GO) Grand Hotel Astoria
Grado (GO) Laguna Palace
Grado (GO) Savoy
Gubbio (PG) Park Hotel ai Cappuccini
Ischia (Isola d')/ Barano (NA) Parco Smeraldo Terme
Ischia (Isola d')/ Ischia (NA) Grand Hotel Excelsior
Ischia (Isola d')/ Ischia (NA) Grand Hotel Punta Molino Beach Resort i Spa
Ischia (Isola d')/ Ischia (NA) Il Moresco
Ischia (Isola d')/ Lacco Ameno (NA) L'Albergo della Regina Isabella
Ischia (Isola d')/ Ischia (NA) Le Querce
Ischia (Isola d')/ Forio (NA) Mezzatorre Resort i Spa
Ischia (Isola d')/ Ischia (NA) NH Ischia
Ischia (Isola d')/ Casamicciola Terme (NA) Terme Manzi Hotel i SPA
Jesi (AN) Federico II
Laces (BZ) Paradies
Lana/ Foiana (BZ) Völlanerhof
Lana/ Foiana (BZ) Waldhof
Lana/ San Vigilio (BZ) Vigilius Mountain Resort
La Salle (AO) Mont Blanc Hotel Village
Levico Terme (TN) Al Sorriso Green Park
Levico Terme (TN) Grand Hotel Imperial
Lido di Camaiore (LU) Caesar
Lido di Camaiore (LU) UNA Hotel Versilia
Lignano Sabbiadoro (UD) Florida
Lignano Sabbiadoro/ Lignano Pineta (UD) Greif

Limone Piemonte (CN) Grand Palais Excelsior
Limone sul Garda (BS) Park Hotel Imperial
Livigno (SO) Baita Montana
Livigno (SO) Lac Salin Spa i Mountain Resort
Macerata (MC) Le Case
Madesimo (SO) Andossi
Madesimo (SO) Il Cantinone e Sport Hotel Alpina
Madonna di Campiglio (TN) Cristal Palace
Madonna di Campiglio (TN) Lorenzetti
Malcesine (VR) Maximilian
Malles Venosta/ Burgusio (BZ) Weisses Kreuz
Manfredonia (FG) Regio Hotel Manfredi
Maratea/ Fiumicello Santa Venere (PZ) Santavenere
Marlengo (BZ) Jagdhof
Marlengo (BZ) Marlena
Marlengo (BZ) Oberwirt
Martina Franca (TA) Relais Villa San Martino
Massa Lubrense (NA) Bellavista
Merano (BZ) Therme Meran
Merano (BZ) Adria
Merano (BZ) Alexander
Merano (BZ) Ansitz Plantitscherhof
Merano (BZ) Castel Rundegg Hotel
Merano (BZ) Meister's Hotel Irma
Merano (BZ) Meranerhof
Merano (BZ) Palace Merano-Espace Henri Chenot
Merano (BZ) Park Hotel Mignon
Merano (BZ) Pienzenau am Schlosspark
Merano/ Freiberg (BZ) Castel Fragsburg
Mezzana (TN) Val di Sole
Milano (MI) Bulgari
Milano (MI) Grand Visconti Palace
Milano (MI) Principe di Savoia
Moena (TN) Alle Alpi
Molveno (TN) Alexander
Molveno (TN) Belvedere
Monguelfo/ Tesido (BZ) Alpenhof
Monopoli (BA) Il Melograno
Monsummano Terme (PT) Grotta Giusti
Montecatini Terme (PT) Grand Hotel e La Pace
Montefiridolfi (FI) Agriturismo Fonte de' Medici
Montegrotto Terme (PD) Continental Terme
Montegrotto Terme (PD) Garden Terme
Montegrotto Terme (PD) Grand Hotel Terme
Montegrotto Terme (PD) Terme Olimpia
Montegrotto Terme (PD) Terme Sollievo
Montignoso/ Cinquale (MS) Villa Undulna
Mules (BZ) Stafler
Naturno (BZ) Feldhof
Naturno (BZ) Funggashof
Naturno (BZ) Lindenhof
Naturno (BZ) Preidlhof
Novacella (BZ) Pacherhof
Nova Levante (BZ) Engel
Nova Ponente (BZ) Pfösl
Ortisei (BZ) Adler
Ortisei (BZ) Angelo-Engel
Ortisei (BZ) Gardena-Grödnerhof
Ortisei (BZ) Genziana-Enzian
Paestum (SA) Ariston Hotel
Panicale (PG) Villa di Monte Solare
Parcines/ Rablà (BZ) Roessl
Pavia (PV) Cascina Scova
Peio/ Cogolo (TN) Kristiania Alpin Wellness
Picerno (PZ) Bouganville
Pigazzano (PC) Colombara
Pigna (IM) Grand Hotel Pigna Antiche Terme
Pinzolo (TN) Cristina
Porlezza (CO) Parco San Marco
Porretta Terme (BO) Helvetia
Pozza di Fassa (TN) Ladinia
Pré-Saint-Didier/ Pallusieux (AO) Le Grand Hotel Courmaison
Pula (CA) Castello e Rist. Cavalieri
Pula (CA) Il Borgo e Rist. Bellavista
Pula (CA) Il Villaggio
Pula (CA) La Pineta e Rist. Bellavista
Pula (CA) Le Dune
Pula (CA) Le Palme e Rist. Bellavista
Pula (CA) Villa del Parco e Rist. Belvedere
Quattordio (AL) Relais Rocca Civalieri
Radda in Chianti (SI) My One Hotel Radda
Rapallo (GE) Excelsior Palace Hotel
Rasun Anterselva/ Rasun / Rasen (BZ) Alpenhof
Rasun Anterselva/ Anterselva / Antholz (BZ) Santéshotel Wegerhof
Ravello (SA) Palazzo Sasso
Renon/ Soprabolzano (BZ) Park Hotel Holzner
Revine (TV) Giulia
Riccione (RN) Grand Hotel Des Bains

Riccione (RN) Luna
Rimini (RN) Le Meridien Rimini
Rio di Pusteria / Mühlbach/ Valles (BZ) Huber
Riva del Garda (TN) Du Lac et Du Parc
Riva del Garda (TN) Parc Hotel Flora
Roccaraso/ Aremogna (AQ) Boschetto
Roma (RM) Atahotel Villa Pamphili
Roma (RM) Crowne Plaza Rome St. Peter's e Spa
Roma (RM) Rome Cavalieri
Roma (RM) Rome Marriott Park Hotel
Roma (RM) Trilussa Palace
Roma (RM) The Westin Excelsior
Rota d'Imagna (BG) Miramonti
Salsomaggiore Terme (PR) Ritz Ferrari
San Candido (BZ) Cavallino Bianco-Weisses Rossl
San Candido (BZ) Dolce Vita Family Chalet Postalpina
San Candido (BZ) Panoramahotel Leitlhof
San Candido (BZ) Parkhotel Sole Paradiso-Sonnenparadies
San Casciano dei Bagni (SI) Fonteverde
San Cipriano Picentino (SA) Villa Rizzo-Masseria della Nocciola
San Floriano (BZ) Cristal
San Floriano (BZ) Sonnalp
San Gimignano (SI) Villasanpaolo Hotel
San Giuliano Terme (PI) Bagni di Pisa
San Martino di Castrozza (TN) Regina
San Martino in Passiria (BZ) Alpenschlössl
San Martino in Passiria (BZ) Parkresidenz
San Martino in Passiria (BZ) Quellenhof-Forellenhof
San Martino in Passiria/ Saltusio (BZ) Castel Saltauserhof
San Quirico d'Orcia (SI) Casanova
San Quirico d'Orcia/ Bagno Vignoni (SI) Adler Thermae
San Remo (IM) Royal Hotel
Santa Cristina Valgardena (BZ) Diamant Sport i Wellness
Sant'Omobono Imagna (BG) Villa delle Ortensie
Santo Stefano Belbo (CN) Relais San Maurizio
San Vigilio di Marebbe (BZ) Excelsior
San Vito di Cadore (BL) Parkhotel Ladinia
Saturnia (GR) Terme di Saturnia Spa i Golf Resort
Savelletri (BR) Borgo Egnazia
Savelletri (BR) Masseria San Domenico
Savelletri (BR) Masseria Torre Coccaro
Scansano (GR) Antico Casale di Scansano
Scena (BZ) Hohenwart
Selva di Val Gardena (BZ) Alpenroyal Grand Hotel - Gourmet i S.p.A.
Selva di Val Gardena (BZ) Chalet Portillo
Selva di Val Gardena (BZ) Granvara
Selva di Val Gardena (BZ) Pralong
Selva di Val Gardena (BZ) Welponer
Serralunga d'Alba (CN) Il Boscareto Resort
Sesto (BZ) Dolomiti-Dolomitenhof
Sesto (BZ) San Vito-St. Veit
Sesto/ Moso (BZ) Berghotel e Residence Tirol
Sesto/ Moso (BZ) Sport e Kurhotel Bad Moos
Sesto/ Passo di Monte Croce di Comelico (BL) Passo Monte Croce-Kreuzbergpass
Silandro/ Vezzano (BZ) Sporthotel Vetzan
Sirmione (BS) Grand Hotel Terme
Siusi allo Sciliar (BZ) Diana
Solda (BZ) Cristallo
Solda (BZ) Sporthotel Paradies Residence
Sommacampagna (VR) Saccardi Quadrante Europa
Sperlonga (LT) Virgilio Grand Hotel
Stresa (VB) Grand Hotel des Iles Borromées
Stresa (VB) Regina Palace
Stresa (VB) Villa e Palazzo Aminta
Taormina/ Lido di Spisone (ME) Caparena
Taormina/ Mazzarò (ME) Grand Hotel Atlantis Bay
Taormina/ Mazzarò (ME) Grand Hotel Mazzarò Sea Palace
Termini Imerese (PA) Grand Hotel delle Terme
Tires/ San Cipriano (BZ) Cyprianerhof
Tirolo (BZ) Castel
Tirolo (BZ) Erika
Tirolo (BZ) Gartner
Tirolo (BZ) Golserhof
Tirolo (BZ) Patrizia
Tirrenia/ Calambrone (PI) Green Park Resort
Tivoli (RM) Grand Hotel Duca d'Este
Todi (PG) Relais Todini
Todi/ Chioano (PG) Residenza Roccafiore
Torbole (TN) Piccolo Mondo
Torino (TO) Golden Palace

Tremezzo (CO) Grand Hotel Tremezzo

Trinità d'Agultu/ Isola Rossa (OT) Marinedda

Trinità d'Agultu/ Isola Rossa (OT) Torreruja

Ultimo/ San Nicolò / St. Nikolaus (BZ) Waltershof

Urbino/ Pantiere (PU) Urbino Resort Santi Giacomo e Filippo

Valdaora (BZ) Mirabell

Valdaora/ Sorafurcia (BZ) Berghotel Zirm

Valdaora/ Sorafurcia (BZ) Hubertus

Valdidentro/ Bagni Nuovi (SO) Grand Hotel Bagni Nuovi

Valle Aurina / Ahrntal/ Cadipietra (BZ) Alpenschlössl i Linderhof

Valle Aurina / Ahrntal/ Lutago (BZ) Schwarzenstein

Valle di Casies (BZ) Quelle

Vallelunga (BZ) Alpenjuwel

Varese (VA) Relais sul Lago

Venezia (VE) Molino Stucky Hilton

Verona (VR) San Marco

Viareggio (LU) Astor

Viareggio (LU) Grand Hotel Principe di Piemonte

Vignola (MO) La Cartiera

Villa San Giovanni/ Santa Trada di Cannitello (RC) Altafiumara

Vipiteno (BZ) Rose

Vipiteno (BZ) Wiesnerhof

Per saperne di più

Further information

L'olio d'oliva e la cucina italiana :

Un matrimonio d'amore

Almeno quanto il vino, l'olio sta attraversando un momento di eccezionale fortuna in Italia e nel mondo. E come il vino ben rappresenta il nostro paese: dal lago di Garda alla Sicilia, la coltivazione dell'olivo è presente in quasi tutte le regioni declinandosi in un numero di varietà che ben rispecchia la vocazione tradizionale e locale del Belpaese.
Diverse sono le ragioni di tanto successo. La bontà del prodotto è amplificata dalla varietà di utilizzi: pasta, carne, pesce, ora perfino i dolci dei cuochi più creativi, sono tutti esaltati da questo "matrimonio all'italiana". Ma negli ultimi anni l'olio è diventato anche un elemento immancabile nelle diete, se ne scoprono ogni giorno virtù nutrizionali e terapeutiche, da sempre consigliato nelle fritture è comparso ora anche nei centri benessere in olio-terapie.
Dovunque andrete, utilizzando la guida, lo troverete sempre in tavola!

Olive oil and Italian cooking :

a marriage made in heaven

Like wine, olive oil is experiencing a time of exceptional good fortune in Italy and throughout the world. And like wine, it represents our country very well indeed: olives are cultivated in almost all the regions, from Lake Garda to Sicily, and the number of varieties mirrors well the traditional and local vocation of the Beautiful Country.
There are many reasons for such success. The flavour of the product is increased by its many different uses: pasta, meat, fish, now even sweet dishes made by the most creative cooks, are all enhanced by this "Italian-style marriage". Over the last few years, olive oil has even become an essential part of diets, and each day brings new discoveries of its nutritional and therapeutic virtues. It has always been recommended for fried food and now it is found in wellness centres as oil-therapy.
Wherever this guide takes you, you will always find it on the table!

La Pasta,

uno stile di vita made in Italy

Quanto dobbiamo essere grati alla pasta? Fuori dall'Italia, è l'ambasciatrice della cucina italiana nel mondo; nello stivale, unisce il paese da nord a sud. Non c'è regione, spesso provincia o persino comune, che non abbia il suo formato. Mille sono le varianti: forgiate dalle mani delle sfogline o dalle trafile in bronzo di esperti artigiani, la fantasia, in ogni caso, non conosce limiti. Come gli ingredienti: grano tenero, duro, integrale, saraceno, c'è anche la pasta di farro e persino di riso. La stessa lingua idiomatica ne ha preso atto e si chiede di che pasta sei fatto. Ma non basta: la pasta si presta ad essere anche colorata ed aromatizzata, e può essere consumata fresca o secca. Infiniti, poi, sono i condimenti. Perché la pasta, proprio come gli italiani, è duttile e flessibile, va incontro a tutti, sposandosi con ogni tipo di sugo, che sia di verdura, pesce o carne. Come gli italiani, è informale e disponibile, si prepara in pochi minuti e senza difficoltà. E, soprattutto, è conviviale: sempre pronta ad esaltare una serata in compagnia, la sua presenza inaugura sorrisi e buon umore. La pasta è l'Italia.

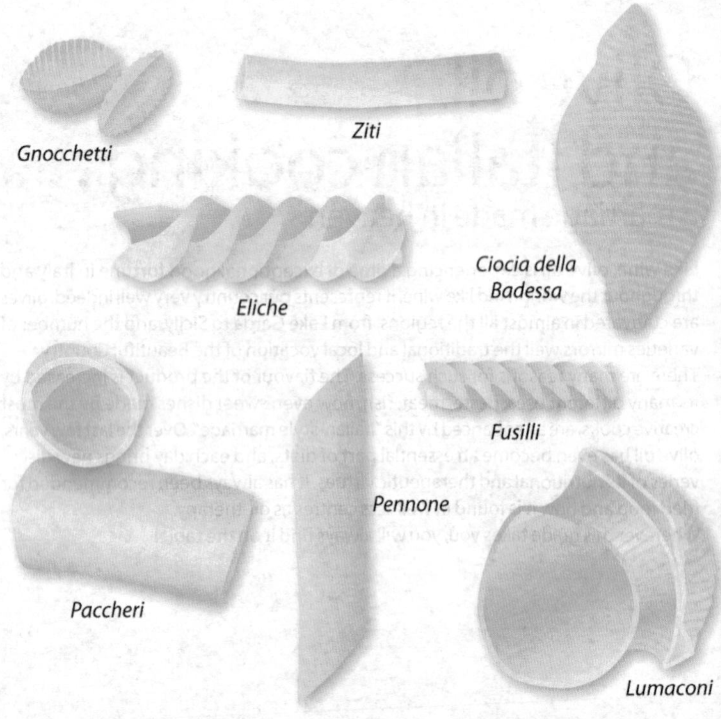

Pasta,
a lifestyle made in Italy

How much grateful should Italians be to pasta? Out of country, pasta is the ambassador of Italian cuisine in the world; in the "Stivale", pasta unites the country from north to south, for there is no region, province or even town that doesn't boast its shape of pasta. Thousand of variants are to be found: moulded by the hands of the sfogline (the women who knead pasta in the Bologna area) or by the bronze draw-plates of skilled craftsmen, imagination knows no limits. Just like the ingredients: plain f lour, hard corn, buckwheat, wholemeal, you may even get pasta made with belt or rice meal. Everyday Italian language acknowledges all this very well when asking "what kind of pasta are you made of"? But that 's not all: pasta can even be coloured and aromatized, and can be sold fresh or dried. The seasonings are countless. Because pasta, just like Italians, is ductile and f lexible, it welcomes everyone and combines with every kind of sauce, may it be prepared with vegetables, fish or meat. Like Italians, pasta is informal and ready at hand, it cooks in few minutes and with no difficulty. And, most of all, pasta is convivial: it brings joy to a party with friends, its presence kicks of f smiles and good humour. Pasta is Italy.

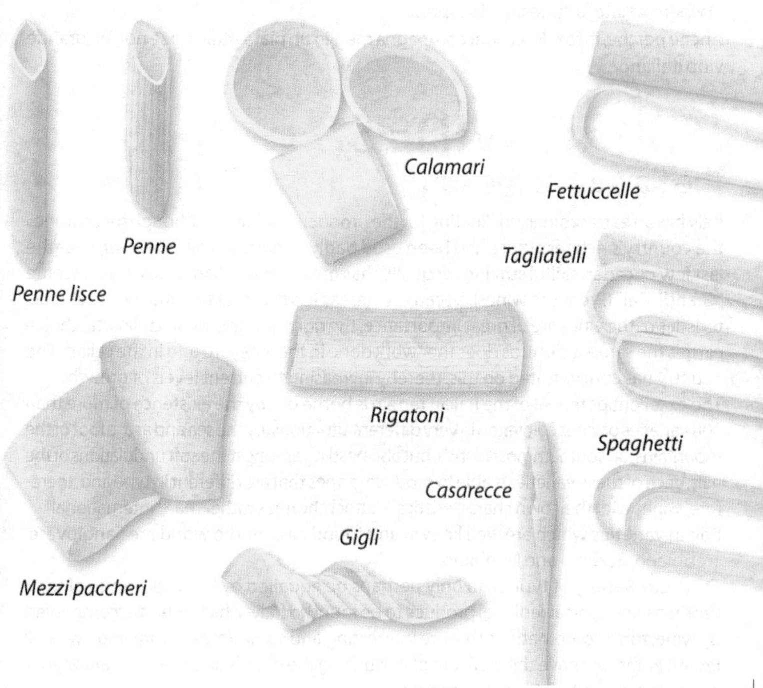

I vini d'Italia :

il sapore del sole

L'Italia è un paese straordinariamente vocato alla produzione vinicola, se per secoli tanta ricchezza territoriale è stata poco o male sfruttata, da alcuni decenni la sapiente ricerca di qualità ha permesso ai vini nazionali di divenire Grandi Vini, perché se è vero che grande importanza hanno la qualità e le caratteristiche del vitigno, altrettanto peso hanno la giusta scelta geografica e climatica e allo stesso modo il "lavoro in vigna ed in cantina" su cui il paese si è concentrato crescendo sino ai livelli attuali.
L'eccellente potenzialità del territorio italiano, d'altra parte, è testimoniata dall'esistenza di oltre 300 varietà di vitigni coltivati nelle situazioni più disparate, vicino al mare piuttosto che ai piedi delle montagne, nelle isole del profondo sud ma anche tra le morbide sinuosità delle colline, ognuna di queste varietà è capace di produrre uve di tipo diverso e, quindi, vini -autoctoni piuttosto che di taglio più internazionale- dalle caratteristiche proprie.
Vitigni italiani diffusi e conosciuti in tutto il mondo sono il Sangiovese, il Trebbiano il Barbera o il Nebbiolo.
Questa grandissima varietà di tipologie è uguagliata forse soltanto dall'ampio ventaglio di prodotti alimentari e tipicità regionali che formano le importanti diversità dello stivale e che permettono abbinamenti col vino interessanti quando non addirittura emozionanti: lasciamo ai ristoratori il piacere di illustrarvene i dettagli e, soprattutto, al vostro palato la curiosità di scoprirli.
Anche perché, in fondo, cosa accompagna meglio un piatto italiano se non un grande vino italiano?

Italian wines:

the flavour of the sun

Italy has an extraordinary inclination for the production of wine, although for centuries the country's rich resources had been used badly or hardly at all. However, over the last few decades, skilful striving for quality has meant that Italian wines have become "Grandi Vini" (Premium wines), because whereas it is true that the quality and characteristics of the vines are of great importance, the right geographic and climatic choice carries the same weight, as does the "work done in the vineyard and in the cellar". The country has concentrated on this, thereby increasing to current levels of growth.
The excellent potential of the Italian terrain is borne out by the existence of more than 300 varieties of vines cultivated in very different situations, by the sea and at the foot of the mountains, on southernmost islands, but also nestling amongst the soft undulations of the hills: each of these varieties is able to produce grapes that are different in type and, therefore, wines with their own characteristics – autochthonous rather than "international".
Italian varieties which are well known and found all over the world are Sangiovese, Trebbiano, Barbera and Nebbiolo.
This huge variety of types can only perhaps be equalled by the wide range of food products and typical regional produce to be found in Italy, which, when accompanied by wine, form combinations that are interesting and sometimes enthralling: we shall let restaurateurs have the pleasure of illustrating the details and shall also allow your palate the delight of discovering them.
After all, what better than a wonderful Italian wine to accompany an Italian dish?

Sceglicre un buon vino

Choosing a good wine

	1995	1996	1997	1998	1999	2000	2001	2004	2005	2006	2007	2008
Barbaresco	Grandi annate	Grandi annate	Grandi annate	Grandi annate	Grandi annate	Grandi annate	Grandi annate	Grandi annate	Buone annate	Grandi annate	Buone annate	Grandi annate
Barolo	Grandi annate	Grandi annate	Grandi annate	Grandi annate	Grandi annate	Grandi annate	Grandi annate	Grandi annate	Buone annate	Grandi annate	Buone annate	Grandi annate
Franciacorta	Grandi annate	Buone annate	Grandi annate	Grandi annate	Grandi annate	Buone annate	Grandi annate	Grandi annate	Buone annate	Grandi annate	Annate corrette	Grandi annate
Chianti Classico	Grandi annate	Buone annate	Grandi annate	Grandi annate	Grandi annate	Buone annate	Grandi annate	Grandi annate	Annate corrette	Grandi annate	Buone annate	Grandi annate
Brunello Di Montalcino	Grandi annate	Buone annate	Grandi annate	Grandi annate	Grandi annate	Buone annate	Grandi annate	Grandi annate	Annate corrette	Grandi annate	Grandi annate	Grandi annate
Nobile Di Montepulciano	Grandi annate	Buone annate	Grandi annate	Buone annate	Grandi annate	Buone annate	Grandi annate	Grandi annate	Annate corrette	Grandi annate	Buone annate	Grandi annate
Amarone	Grandi annate	Buone annate	Grandi annate	Buone annate	Buone annate	Grandi annate	Buone annate	Buone annate	Buone annate	Grandi annate	Buone annate	Grandi annate
Sagrantino Di Montefalco	Grandi annate	Buone annate	Grandi annate	Grandi annate	Buone annate	Grandi annate	Grandi annate	Grandi annate	Annate corrette	Grandi annate	Buone annate	Grandi annate

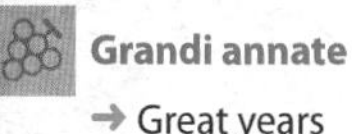

Grandi annate
→ Great years

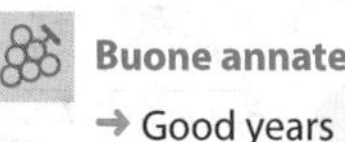

Buone annate
→ Good years

Annate corrette
→ Average years

Le grandi annate dal 1970 al 1988 :

→ The greatest vintages since 1970

1970 1971 1974 1978 1980 1982 1983 1985 1988 1990

Vini e Specialità Regionali

Vineyards & Regional Specialities

① Valle d'Aosta :

Carbonada, Fonduta alla valdostana

② Piemonte :

Peperone farcito, bagna càöda, Ravioli del plin, Vitello tonnato, Tajarin con tartufo bianco d'Alba, Brasato al Barolo, Bonèt

③ Liguria :

Trofie al pesto, Pansotti con salsa di noci, Cappon magro, Coniglio arrosto alla ligure

④ Lombardia :

Risotto allo zafferano, Tortelli di zucca, Casônsèi, Pizzoccheri alla valtellinese, Cotoletta alla milanese, Pesce in carpione, Casoeûla, panettone

⑤ Veneto :

Risotto alla marinara, Bigoli in salsa, Pasta e fagioli, Baccalà alla vicentina, Sarde in saòr, Fegato alla veneziana

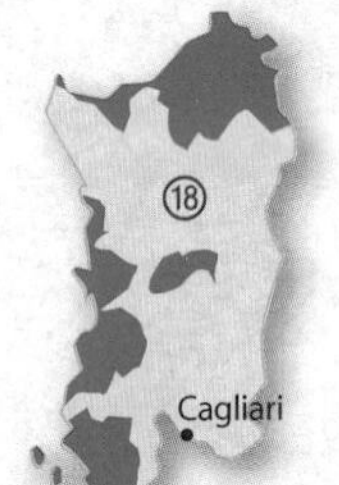

⑥ Trentino alto Adige :

Canéderli, Capriolo con salsa ai frutti di bosco, Stinco di maiale con crauti, Strudel

⑦ Friuli Venezia Giulia :

Zuppa d'orzo, Cialzóns

⑧ Emilia Romagna :

Pisari e fasö, Lasagne, Tagliatelle con ragù alla bolognese, Tortellini in brodo, Fritto misto di pesce, Bollito misto, Zuppa Inglese

⑨ Toscana :

Pappa al pomodoro, Pappardelle con la lepre, Ribollita, Triglie alla livornese, Caciucco, Costata alla fiorentina, Cantucci

⑩ Umbria :

Stringozzi al tartufo nero di Norcia, Zuppa di lenticchie, Trota alla griglia, Piccione allo spiedo

Trieste

Chianti Classico

Ancona

Nobile Di Montepulciano

Sagrantino Di Montefalco

L'Aquila

Campobasso

Bari

Napoli

Potenza

Catanzaro

Palermo

⑪ Marche :

Olive all'ascolana, Stoccafisso in potacchio, Brodetto, Coniglio in porchetta

⑫ Abruzzo-Molise :

Maccheroni alla chitarra, Agnello allo zafferano, Pecora bollita

⑬ Lazio :

Bucatini alla amatriciana, Spaghetti alla carbonara, Carciofi alla romana, Coda alla vaccinara, Trippa alla romana

⑭ Campania :

Paccheri con ragù alla napoletana, Zite con ragù alla genovese, Pizze e calzoni, Sartù di riso, Polpo affogato, Sfogliatelle, Babà, Pastiera

⑮ Puglia :

Frutti di mare crudi, Orecchiette con cime di rapa, Minestra di fave e cicoria, Agnello al forno, Seppie ripiene

⑯ Basilicata :

Pasta e ceci, Baccalà alla lucana, Maiale con peperonata

⑰ Calabria :

Pasta con sardella, Baccalà alla calabrese, Cinghiale in umido

⑱ Sardegna :

Gnocchetti sardi allo zafferano, Aragosta bollita, Maialino alla brace, Sebadas

⑲ Sicilia :

Pasta con le sarde, Pasta alla Norma, Cous-cous alla trapanese, Involtini di pesce spada, Cannoli, Cassata

Città
da A a Z

Towns
from A to Z

ABANO TERME - Padova (PD) - 562 F17 - 19 493 ab. - alt. 14 m 35 B3

- ✉ 35031 Italia

Roma 485 - Padova 11 - Ferrara 69 - Milano 246

via Pietro d'Abano 18 ☎ 049 8669055, infoabano@turismotermeeuganee.it, Fax 049 8669053

Abano Grand Hotel

via Valerio Flacco 99 – ☎ 04 98 24 81 00 – www.gbhotelsabano.it – abanograndhotel@gbhotelsabano.it BY**h**

186 cam – †150/205 € ††240/300 € – 8 suites – ½ P 150/207 €

Rist – Carta 57/110 €

♦ Esclusivo, moderno complesso con centro benessere di alto livello in un grandioso parco-giardino con piscine termali; pregevole e raffinato arredamento stile impero. Un'atmosfera di sofisticata gradevolezza nella maestosa e raffinata sala da pranzo.

Due Torri

via Pietro d'Abano 18 – ☎ 04 98 63 21 00 – www.gbhotelsabano.it – duetorri@gbhotelsabano.it – chiuso dal 9 gennaio al 25 marzo AZ**b**

136 cam – †110/150 € ††200/340 € – 13 suites – ½ P 127/172 €

Rist – Carta 40/52 €

♦ Collocato in una posizione centrale invidiabile, abbracciato dal verde del giardino-pineta, hotel storico con eleganti arredi classicheggianti e piacevoli spazi comuni. Ariosa sala ristorante, sorretta da colonne, attraverso cui ammirare il bel giardino.

Mioni Pezzato

via Marzia 34 – ☎ 04 98 66 83 77 – www.hotelmionipezzato.com – info@hotelmionipezzato.it – chiuso dall'8 al 23 dicembre e dal 10 gennaio al 12 febbraio AZ**u**

139 cam – †60/113 € ††130/226 € – 33 suites – ½ P 82/153 €

Rist – Menu 37/120 €

♦ Conduzione signorile in un grande albergo all'interno di un bel parco-giardino con piscina termale, eccellente beauty center e salotto in stile inglese. Nella signorile sala da pranzo, gustose specialità italiane.

Bristol Buja

via Monteortone 2 – ☎ 04 98 66 93 90 – www.bristolbuja.it – bristolbuja@bristolbuja.it AY**g**

123 cam – †108/128 € ††198/238 € – 16 suites – ½ P 129/144 €

Rist – Menu 38/42 €

♦ Albergo signorile improntato a quell'indiscussa eleganza che soltanto un'esperta, pluriennale, gestione familiare può garantire. Una struttura dove prendersi cura del corpo e rinfrancarsi lo spirito. Il ristorante coniuga sapientemente cucina tradizionale veneta e suggestioni gastronomiche internazionali.

Trieste & Victoria

via Pietro d'Abano 1 ✉ 35031 – ☎ 04 98 66 51 00 – www.gbhotelsabano.it – triestevictoria@gbhotelsabano.it – chiuso dal 9 gennaio al 25 marzo AZ**v**

162 cam – †110/150 € ††200/340 € – 12 suites – ½ P 127/172 €

Rist – Carta 40/52 €

♦ Storico complesso fin-de-siècle, ampliatosi negli anni fino a raggiungere le attuali imponenti dimensioni. In pieno centro, la struttura si caratterizza per le sale eleganti e le belle camere, in parte recentemente rinnovate.

President

via Montirone 31 – ☎ 04 98 66 82 88 – www.presidentterme.it – president@presidentterme.it – chiuso dal 20 novembre al 22 dicembre AY**t**

97 cam – †100/130 € ††180/200 € – 8 suites – ½ P 140/165 €

Rist – *(solo per alloggiati)* Menu 40/50 €

♦ Ambiente di classe in una residenza prestigiosa nel cuore verde della città: mobili in stile, validi servizi e camere ben accessoriate. Una panoplia di proposte nella splendida Spa: piscine termali, zona idrorelax, palestra attrezzata Technogym, ed altro ancora.

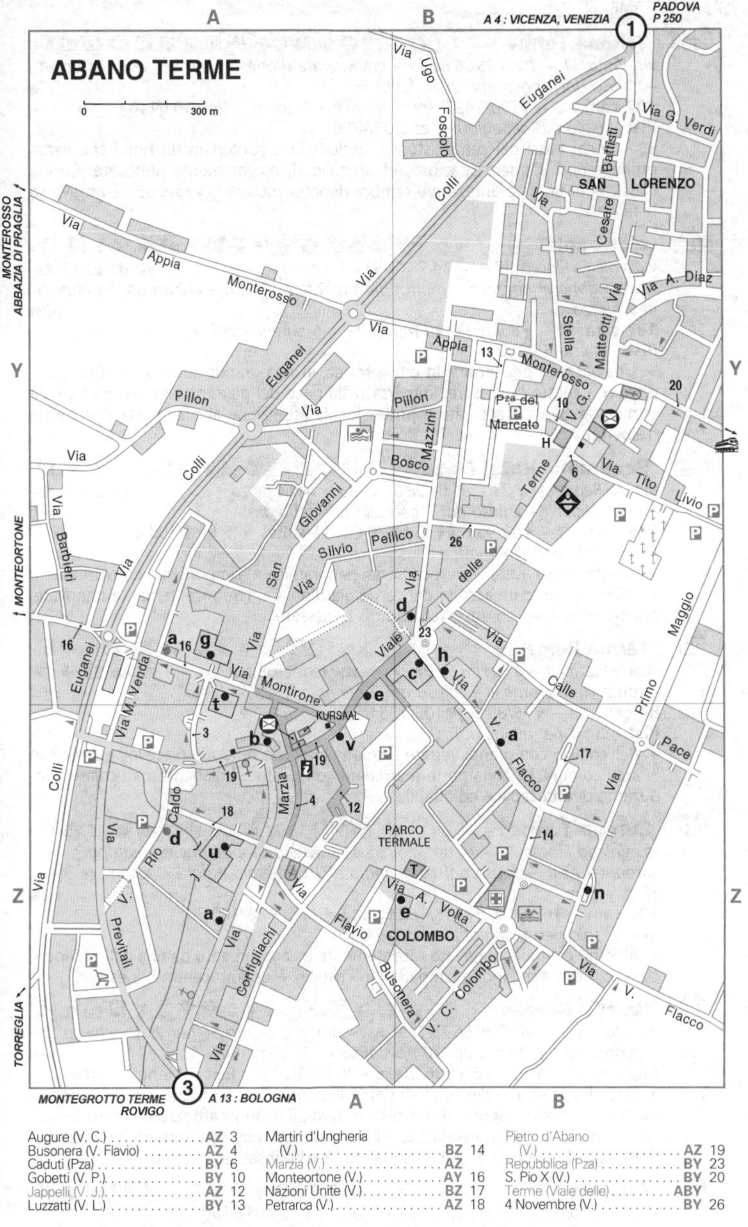

Augure (V. C.)	AZ	3
Busonera (V. Flavio)	AZ	4
Caduti (Pza)	BY	6
Gobetti (V. P.)	BY	10
Jappelli (V. J.)	AZ	12
Luzzatti (V. L.)	BY	13
Martiri d'Ungheria (V.)	BZ	14
Marzia (V.)	AZ	
Monteortone (V.)	AY	16
Nazioni Unite (V.)	BZ	17
Petrarca (V.)	AZ	18
Pietro d'Abano (V.)	AZ	19
Repubblica (Pza)	BY	23
S. Pio X (V.)	BY	20
Terme (Viale delle)	ABY	
4 Novembre (V.)	BY	26

Tritone Terme
via Volta 31 – 04 98 66 80 99 – www.termetritone.it – tritone@termetritone.it – chiuso dal 10 gennaio al 28 febbraio BZ**e**
107 cam – 100/242 € 142/190 € – 4 suites – ½ P 104/116 €
Rist – *(solo per alloggiati)* Menu 35/40 €
◆ A pochi passi dal centro storico, esclusività e confort in un hotel che vanta ottimi servizi. Camere spaziose ed accoglienti, recentemente rinnovate. Cucina classica per un ristorante, dove sembra di poter toccare la vegetazione attraverso le finestre.

Metropole
via Valerio Flacco 99 – 04 98 61 91 00 – www.gbhotelsabano.it – metropole@gbhotelsabano.it – chiuso dal 9 gennaio al 5 marzo BZ**n**
187 cam – 80/160 € 140/260 € – 5 suites – ½ P 91/149 €
Rist – Menu 35/100 €
◆ Una vacanza per sentirsi in piena forma, in una grande struttura ben accessoriata, con centro benessere, immersa nella pace del giardino con piscina termale e minigolf. Servizio accurato e professionale attenzione al cliente, classica cucina d'albergo.

Panoramic Hotel Plaza rist,
piazza Repubblica 23 – 04 98 66 93 33 – www.plaza.it – info@plaza.it – chiuso dal 7 gennaio al 9 febbraio BY**c**
132 cam – 80/95 € 134/170 € – 11 suites – ½ P 71/100 €
Rist – *(solo per alloggiati)*
◆ Svetta verso l'alto - in posizione panoramica - l'imponente costruzione di 10 piani, felicemente accolta dal verde giardino. Camere recentemente rinnovate, piscine termali ed un attrezzato centro benessere.

Terme Roma cam, rist,
viale Mazzini 1 – 04 98 66 91 27 – www.termeroma.it – roma@termeroma.it – chiuso dal 7 gennaio al 23 febbraio BY**d**
87 cam – 75/85 € 105/135 € – ½ P 75/106 €
Rist – *(solo per alloggiati)*
◆ Bell'edificio con grandi vetrate e colori chiari che rendono piacevoli e luminose le aree comuni. La zona notte è arredata con gusto ed eleganza particolari. Conduzione diretta capace ed affabile.

Europa Terme cam,
via Valerio Flacco 13 – 04 98 66 95 44 – www.europaterme.it – europa@europaterme.it – chiuso dal 10 gennaio al 10 febbraio e dal 27 novembre al 18 dicembre BZ**a**
103 cam – 65/91 € 118/162 €, 9 € – ½ P 86/102 €
Rist – *(solo per alloggiati)* Menu 29 €
◆ Albergo centrale, rinnovato recentemente e caratterizzato da una hall di sapore classico, ricchi tendaggi e lampadari in cristallo. Moderno centro benessere.

Harrys' Garden rist,
via Marzia 50 – 0 49 66 70 11 – www.harrys.it – harrys@harrys.it – chiuso dal 7 gennaio a febbraio e dal 30 novembre al 21 dicembre AZ**a**
66 cam – 60/63 € 96/100 € – ½ P 66/73 € **Rist** – Menu 24/30 €
◆ Oasi di pace e di relax ai piedi dei Colli Euganei ma non distante dal centro, il moderno edificio dispone di tre piscine termali e di un attrezzato centro benessere con docce cromoterapiche. Al ristorante si possono gustare le specialità della cucina regionale e internazionale e fresche insalate a buffet.

Atlantic rist,
via Monteortone 66, per via Monteortone – 04 98 66 90 15 – www.atlanticterme.com – info@atlanticterme.com – chiuso gennaio-febbraio
56 cam – 60 € 95 €, 9 € – ½ P 76/80 € AY
Rist – *(solo per alloggiati)* Menu 26 €
◆ Tranquillo hotel periferico con accoglienti aree comuni; annesso reparto di cure termali, recentemente rinnovato, per un soggiorno rigenerante. Piscina con fondo in quarzite.

Terme Milano
viale delle Terme 169 – ☎ 04 98 66 94 44 – www.termemilano.it – milano@termemilano.it – chiuso dal 1° al 21 dicembre e dal 7 gennaio al 28 febbraio
89 cam – †58/85 € ††100/130 € – ½ P 54/80 € AY**e**
Rist – *(solo per alloggiati)* Menu 23/30 €
◆ In pieno centro, nell'area pedonale della località, gestione diretta per un albergo dai classici confort.

Aubergine
via Ghislandi 5 – ☎ 04 98 66 99 10 – www.aubergine.it – riccardo.spadaro@gmail.com – chiuso 10 giorni in febbraio, dal 15 al 30 luglio, martedì, mercoledì
Rist – Carta 28/41 € AZ**d**
◆ Tra quadri moderni e curiose suppellettili, ristorante-pizzeria dalla calda conduzione familiare: la cucina, di mare e di terra, è nelle mani della moglie, mentre padre e figlio elargiscono suggerimenti in sala.

Victoria
via Monteortone 30 – ☎ 0 49 66 76 84 – chiuso 1 settimana in luglio, lunedì
Rist – Carta 27/54 € AY**a**
◆ Specialità di mare in un ambiente dai caldi colori, sobrio, ma elegante con grandi specchi alle pareti e décor classicheggiante; buono il rapporto qualità/prezzo.

ABBADIA LARIANA – Lecco (LC) – 561 E10 – 3 258 ab. – alt. 204 m – ✉ 23821 16 B2

Roma 636 – Como 39 – Bergamo 43 – Lecco 8

Park Hotel senza rist
via Nazionale 142 – ☎ 03 41 70 31 93 – www.parkhotelabbadia.com – info@parkhotelabbadia.com
28 cam – †70/89 € ††98/165 €
◆ Struttura di recente realizzazione all'entrata della località, adatta sia per una clientela turistica che d'affari; accoglienti interni di taglio moderno, giardino sul lago.

ABBAZIA – Vedere nome proprio dell'abbazia

ABBIATEGRASSO – Milano (MI) – 561 F8 – 31 146 ab. – alt. 120 m – ✉ 20081 18 A2

Roma 590 – Alessandria 80 – Milano 24 – Novara 29

Il Ristorante di Agostino Campari
via Novara 81 – ☎ 0 29 42 03 29 – www.agostinocampari.com – info@agostinocampari.com – chiuso dal 26 al 31 dicembre, 3 settimane in agosto e lunedì
Rist – Carta 33/55 €
◆ Curato ambiente familiare, disponibilità e cortesia in un locale classico con servizio estivo all'ombra di un pergolato; specialità d'impronta genuinamente tradizionale.

ABETONE – Pistoia (PT) – 563 J14 – 696 ab. – alt. 1 388 m – Sport invernali : 1 388/1 950 m 1 17, – ✉ 51021 Toscana 28 B1

Roma 361 – Pisa 85 – Bologna 109 – Firenze 90

piazza Piramidi ☎ 0573 60231, abetone@pistoia.turismo.toscana.it, Fax 0573 60232

Bellavista
via Brennero 383 – ☎ 0 57 36 00 28 – www.abetonebellavista.it – info@abetonebellavista.it – 3 dicembre-25 aprile e luglio-agosto
40 cam – †75/130 € ††90/190 € – ½ P 90/115 €
Rist – *(solo per alloggiati)* Menu 30/40 €
◆ Tipica struttura di montagna in pietra e legno in posizione panoramica, a pochi passi dal centro e adiacente agli impianti di risalita; camere confortevoli e spaziose.

a Le Regine Sud-Est : 2,5 km – ✉ 51020

Da Tosca
via Brennero 85 – ✆ 0 57 36 03 17 – www.albergotosca.it – datosca@abetone.com – chiuso 15 giorni in aprile o maggio
12 cam – ♦45 € ♦♦70 €, ☕ 5 € – ½ P 43/53 € **Rist** – Carta 20/39 €
◆ Tipica atmosfera di montagna e una bella cornice di boschi di faggio, per un piccolo e ospitale albergo ad andamento familiare a pochi metri dagli impianti di risalita. Il legno e i colori ambrati sono gli elementi predominanti nell'accogliente sala da pranzo.

ABTEI = Badia

ACCESA (Lago di) – **Grosseto** – **Vedere Massa Marittima**

ACERENZA – **Potenza (PZ)** – **564** E29 – **2 623 ab.** – **alt. 833 m** – ✉ **85011** **3** B1

Roma 364 – Potenza 40 – Bari 120 – Foggia 98

Il Casone
strada per Forenza località Bosco San Giuliano Nord-Ovest : 6 km – ✆ 09 71 74 11 41 – hotel.ilcasone@virgilio.it
18 cam ☕ – ♦35 € ♦♦70 € – ½ P 55 € **Rist** – Carta 23/30 €
◆ Al limitare di un bosco, struttura immersa nella completa tranquillità della natura che la circonda: camere semplicissime e funzionali. Al ristorante, la cucina locale.

ACI CASTELLO – **Catania (CT)** – **365** AZ58 – **18 197 ab.** – ✉ **95021** **40** D2
Sicilia

Catania 9 – Enna 92 – Messina 95 – Palermo 217

Castello★

President Park Hotel
via Vampolieri 49, Ovest : 1 km – ✆ 09 57 11 61 11 – www.presidentparkhotel.com – info@presidentparkhotel.com
96 cam ☕ – ♦73/93 € ♦♦80/130 € – ½ P 60/85 € **Rist** – Menu 28 €
◆ In zona residenziale, a monte della località, un complesso di struttura semicircolare, con bella piscina al centro. Sia per la clientela d'affari che turistica. Sala da pranzo di impostazione moderna.

ad Aci Trezza Nord-Est : 2 km – ✉ 95026

Faraglione dei Ciclopi★

La Cambusa del Capitano
via Marina 65 – ✆ 0 95 27 62 98 – chiuso novembre e mercoledì
Rist – Carta 34/44 €
◆ Semplicissimo ristorante in riva al mare, offre i gustosi prodotti della pescosa riviera dei Ciclopi. Simpatica atmosfera familiare, per un locale tipico ed accogliente.

a Cannizzaro Sud: 2,5 km – ✉ 95021

Sheraton Catania Hotel
cam,
via Antonello da Messina 45 – ✆ 09 57 11 41 11 – www.sheratoncatania.com – info@sheratoncatania.com
165 cam ☕ – ♦115/173 € ♦♦159/250 € – 3 suites – ½ P 112/158 €
Rist *Il Timo Gourmet* – ✆ 09 57 11 47 64 – Carta 35/55 €
◆ Hotel di classe e tono, fonde con garbo ricettività alberghiera dal confort elevato, all'intensa e ben organizzata attività congressuale. Suggestiva hall e bella piscina. Ristorante curato, adatto per gustare i sapori di Sicilia.

ACIREALE – **Catania (CT)** – **365** BA58 – **52 853 ab.** – **alt. 161 m** **40** D2
– ✉ **95024** Sicilia

Catania 17 – Enna 100 – Messina 86 – Palermo 225

via Scionti 15 ✆ 095 892129, info@acirealeturismo.it, Fax 095 893134

Piazza del Duomo★★ – Facciata★ della chiesa di San Sebastiano

Grande Albergo Maugeri
piazza Garibaldi 27 – ✆ 0 95 60 86 66 – www.hotel-maugeri.it – info@hotel-maugeri.it
59 cam – 70/131 € 70/200 € – ½ P 52/125 €
Rist ***Opera Prima*** – Carta 27/40 €
◆ Comodo per chi vuole dedicarsi allo shopping così come alla visita del centro storico, è un albergo di tradizione recentemente ristrutturato che offre camere moderne accuratamente arredate. La cucina tipica dell'isola presso il ristorante.

a Santa Tecla Nord : 3 km – ✉ 95024

Santa Tecla Palace
via Balestrate 100 – ✆ 09 57 63 40 15 – www.hotelsantatecla.it – info@hotelsantatecla.it
176 cam – 105/181 € 130/240 € – 9 suites – ½ P 120/162 €
Rist – Carta 26/83 €
◆ Situata lungo la Riviera dei limoni e ristrutturata in tempi recenti, la risorsa ospita ampi spazi comuni, nonché camere i cui mobili - realizzati partendo da materiali locali - ricordano i colori del vulcano, del cielo, del mare. Dalle cucine, i sapori e i profumi classici della tradizione gastronomica siciliana.

ACI TREZZA – Catania – **365** AZ58 – **Vedere Aci Castello**

ACQUAFREDDA – Potenza – **564** G29 – **Vedere Maratea**

ACQUALAGNA – Pesaro e Urbino (PU) – **563** L20 – **4 414 ab.** – alt. 204 m – ✉ 61041 **20** B1
Roma 247 – Rimini 89 – Ancona 95 – Gubbio 41

Il Vicolo
corso Roma 39 – ✆ 07 21 79 71 45 – rist.ilvicoloacqualagna@alice.it – chiuso dal 22 al 31 dicembre, luglio, martedì sera , mercoledì
Rist – (consigliata la prenotazione) Carta 34/59 €
◆ Bicchieri di cristallo e posate d'argento rendono elegante l'ambiente familiare di questo ristorante, che propone piatti del territorio e, in stagione, il fungo più ambito: il tartufo!

ACQUANEGRA SUL CHIESE – Mantova (MN) – **561** G13 – **2 996 ab.** – alt. 31 m – ✉ 46011 **17** C3
Roma 488 – Parma 50 – Brescia 51 – Cremona 35

verso Calvatone Sud : 2 km

Trattoria al Ponte
via Ponte Oglio 1312 ✉ 46011 Acquanegra sul Chiese – ✆ 03 76 72 71 82 – martini_dario@hotmail.it – chiuso lunedì e martedì
Rist – (consigliata la prenotazione) Carta 26/34 €
◆ Colori solari in questa simpatica ed accogliente trattoria a pochi metri dal ponte sull'Oglio. La cucina propone specialità legate al territorio, elaborate partendo da ottime materie prime. Ciliegina sulla torta: il buon rapporto qualità/prezzo.

ACQUAPARTITA – Forlì-Cesena – **562** K18 – **Vedere Bagno di Romagna**

ACQUAPENDENTE – Viterbo (VT) – **563** N17 – **5 741 ab.** – ✉ 01021 **12** A1
Roma 163 – Viterbo 52 – Orvieto 33 – Todi 69

a Trevinano Nord-Est : 15 km – ✉ 01020

B&B L'Albero Bianco senza rist
località l'Albero Bianco 8/a, Sud-Ovest: 4 km – ✆ 07 63 73 01 54 – www.alberobianco.blogspot.com – alberobiancoinfo@yahoo.it
5 cam – 50/60 € 70/80 €
◆ Sulla sommità di una collinetta - in posizione tranquilla e molto panoramica - bellissimo bed and breakfast aperto da un'intraprendente coppia di coniugi romani. Ricca prima colazione con prodotti di qualità e camere accoglienti a prezzi interessanti. Sembra un sogno, ma è realta!

XX **La Parolina** (De Cesare e Gordini)

via Giovanni Pascoli 3 – ☎ 07 63 71 71 30 – www.laparolina.it – laparolina@libero.it – chiuso 15 giorni in giugno, lunedì, martedì
Rist – Carta 46/69 €
Spec. Panzanella di manzo chianino con il suo gelato (estate). Spiedo di piccione con foie gras e cosce ripiene di spugnole. Cannolo alla siciliana aperto.
♦ In splendida posizione panoramica - al crocevia, anche gastronomico, di tre regioni - una giovane coppia propone una cucina creativa che segue, senza copiarle, le tendenze del momento. Degni di nota i gelati: elaborati anche con ingredienti salati, accompagnano diversi piatti dall'antipasto al dolce.

ACQUAVIVA – Livorno – Vedere Elba (Isola d') : Portoferraio

ACQUI TERME – Alessandria (AL) – 561 H7 – 20 426 ab. – alt. 156 m – ✉ 15011 23 C3

Roma 573 – Alessandria 35 – Genova 74 – Asti 47
piazza Levi 12 c/o Palazzo Robellini ☎ 0144 322142, iat@acquiterme.it, Fax 0144 770288
piazza Nazioni Unite, ☎ 0144 31 26 24

Grand Hotel Nuove Terme cam,

piazza Italia 1 – ☎ 0 14 45 85 55 – www.grandhotelacquiterme.it – direzione@grandhotelacquiterme.it
139 cam – 115/125 € 150/170 € – 3 suites – ½ P 105/115 €
Rist – Menu 20/30 €
♦ Ritornato al suo antico splendore, un palazzo in stile liberty del 1892 offre camere sufficientemente ampie con arredi classici, capiente sala convegni, attrezzature termali. Varie salette ristorante, cucina basata su preparazioni classiche.

Roma Imperiale rist,

via passeggiata dei Colli 1 – ☎ 01 44 35 65 03 – www.antichedimore.com – roma.imperiale@antichedimore.com
20 cam – 70/95 € 95/165 € – 6 suites – ½ P 78/113 €
Rist – *(chiuso lunedì, martedì e mercoledì)* Carta 28/37 €
♦ L'altisonanza del nome è del tutto meritata: il parco secolare, le lussuose camere, gli stucchi veneziani del bar, il moderno ascensore panoramico che tuttavia non stride con le linee classiche della struttura. Tutto concorre a rendere il soggiorno una parentesi memorabile nel turbinio della vita moderna.

Acqui & Beauty Center

corso Bagni 46 – ☎ 01 44 32 26 93 – www.hotelacqui.it – info@hotelacqui.it – aprile-novembre
30 cam – 75/80 € 100/110 € – ½ P 85/90 € **Rist** – Menu 24/30 €
♦ Completamente rinnovato, presenta ambienti signorili dal confort omogeneo. All'ultimo piano dell'edificio, piccolo ma attrezzato beauty-center per trattamenti e cure estetiche. Il ristorante propone una cucina nazionale per tutti i gusti.

Ariston cam, rist,

piazza G. Matteotti 13 – ☎ 01 44 32 29 96 – www.hotelariston.net – acquiterme@hotelariston.net – chiuso dal 19 dicembre al 30 gennaio
38 cam – 56 € 80 €, 7 € – ½ P 64 € **Rist** – Carta 24/30 €
♦ Albergo a gestione diretta, ristrutturato nel corso degli ultimi anni; classici interni nelle tonalità del legno e del nocciola, camere piacevolmente arredate.

XX **La Schiavia**

vicolo della Schiavia – ☎ 0 14 45 59 39 – www.laschiavia.it – robertoabrile@libero.it – chiuso dal 9 al 25 agosto, domenica sera, martedì
Rist – Carta 38/54 €
♦ Salite le scale di un elegante edificio storico in centro e scoprirete una saletta graziosamente ornata con stucchi e decorazioni, in cui gustare una buona cucina locale.

XX **Enoteca La Curia**
via alla Bollente 72 – ✆ 01 44 35 60 49 – www.enotecalacuria.com – info@enotecalacuria.com – chiuso lunedì
Rist – Menu 55 € – Carta 51/67 €
◆ Cucina piemontese accompagnata da un'ampia scelta di vini da assaporare sotto volte in mattoni; atmosfera giovane e dinamica in un locale di tono rustico-moderno.

ACUTO – **Frosinone (FR)** – **563** Q21 – **1 904 ab.** – **alt. 724 m** – ✉ **03010** **13** C2
Roma 77 – Frosinone 36 – Avezzano 99 – Latina 87

XXX **Colline Ciociare** (Salvatore Tassa)
via Prenestina 27 – ✆ 0 77 55 60 49 – www.salvatoretassa.it – salvatoretassa@libero.it – chiuso domenica sera, lunedì, martedì a mezzogiorno
Rist – Menu 80/95 €
Spec. Rape, tartufo e ostriche (inverno). Minestra di pomodoro e granita (estate). Terra: crema di rapa rossa, cioccolato, frumento e sorbetto di limone al timo selvatico.
◆ Scelta ridotta (solo due menu), ma fantasia infinita: dalla tradizione ciociara agli accostamenti più audaci, pochi piatti vi aprono un universo, quello di un cuoco-poeta.

ADRIA – **Rovigo (RO)** – **562** G18 – **20 549 ab.** – ✉ **45011** **36** C3
Roma 478 – Padova 60 – Chioggia 33 – Ferrara 55
piazza Bocchi 1 ✆ 0426 21675 info@prolocoadria.it Fax 0426 21675

X **Molteni** con cam
via Ruzzina 2/4 – ✆ 0 42 64 25 20 – www.albergomolteni.it – info@albergomolteni.it – chiuso dal 23 dicembre al 6 gennaio
9 cam – †50/60 € ††85/100 €
Rist – *(chiuso 2 settimane in agosto)* Carta 30/54 €
◆ Cordialità e linea gastronomica ispirata alle tradizioni locali, in un ristorante felicemente posizionato nel centro storico in riva al Canal Bianco. Camere semplici.

ADRO – **Brescia (BS)** – **7 073 ab.** – **alt. 271 m** – ✉ **25030** **19** D1
Roma 593 – Milano 75 – Brescia 40 – Bergamo 28

a Torbiato **Sud-Est: 4 km** – ✉ **25030**

X **Dispensa Pani e Vini**
via Principe Umberto – ✆ 03 07 45 07 57 – www.dispensafranciacorta.com – info@dispensafranciacorta.com – chiuso dal 10 al 21 gennaio
Rist – Carta 38/78 €
◆ La formula è quanto mai moderna: in sala, servizio classico e piatti locali rivisitati con intelligenza. Al bancone: ci si diverte a tutte le ore del giorno con simpatici assaggi della materia prima (pasta, formaggi, salumi, etc.) utilizzata dall'esperto chef.

AFFI – **Verona (VR)** – **561** F14 – **2 265 ab.** – **alt. 191 m** – ✉ **37010** **35** A2
Roma 514 – Verona 25 – Brescia 61 – Mantova 54

in prossimità casello autostradale A22 Affi Lago di Garda Sud
Est : 1 km :

Park Hotel Affi
via Crivellin 1 A ✉ 37010 – ✆ 04 56 26 60 00 – www.standardhotels.net – parkhotelaffi@standardhotels.net – chiuso dal 23 dicembre al 6 gennaio
105 cam – †77/170 € ††102/219 € – 3 suites
Rist *Il Poggio* – Carta 25/36 €
◆ Albergo dell'ultima generazione in grado di soddisfare le esigenze di chi viaggia per affari: comoda la posizione stradale, confortevoli le ampie zone comuni e le camere, arredate con gusto ed eleganza. Raffinato stile contemporaneo nella sala da pranzo à la carte. Piccola corte con fontana per il dehors.

AGAZZANO – Piacenza (PC) – **562** H10 – **2 055 ab.** – **alt. 187 m** – ✉ **29010** **8** A2

Roma 533 – Piacenza 23 – Bologna 173 – Milano 90

Castello La Bastardina strada Grintorto 1, ☎ 393 9 03 69 27

Antica Trattoria Giovanelli

via Centrale 5, località Sarturano , Nord : 4 km – ☎ 05 23 97 51 55 – www.anticatrattoriagiovanelli.it – chiuso 2 settimane in febbraio, 2 settimane in agosto, lunedì, la sera di mercoledì e dei giorni festivi

Rist – (consigliata la prenotazione) Carta 26/35 €

◆ In una piccola frazione di poche case in aperta campagna, una trattoria che esiste da sempre, dove gustare genuine specialità piacentine; grazioso cortile per servizio estivo.

AGGIUS – Olbia-Tempio (OT) – **366** P38 – **1 642 ab.** – **alt. 514 m** – ✉ **07020** **38** B1

Cagliari 260 – Nuoro 135 – Olbia 53 – Sassari 72

Agriturismo Il Muto di Gallura rist,

località Fraiga, Sud: 1 km – ☎ 0 79 62 05 59 – www.mutodigallura.com – info@mutodigallura.com

15 cam – †52/58 € ††84/96 € – ½ P 72/84 €

Rist – (prenotare) Menu 20/50 €

◆ Il nome di un bandito romantico per uno "stazzu" (fattoria) tra querce da sughero: per chi non cerca confort alberghieri; gite a cavallo in paesaggi di rara suggestione. In sala da pranzo, tanto legno ed i prodotti tipici del territorio, dal cinghiale alla zuppa gallurese.

AGLIENTU – Olbia-Tempio (OT) – **366** P37 – **1 198 ab.** – ✉ **07020** **38** B1

Cagliari 253 – Olbia 70 – Sassari 88

Santa Maria

località Larinzeddu – ☎ 0 79 60 30 21 – www.santamariahotel.info – info@santamariahotel.info – maggio-settembre

9 cam – ††70/115 € – ½ P 55/80 €

Rist – *(chiuso a mezzogiorno)* (prenotazione obbligatoria) Carta 26/48 €

◆ Atmosfera informale in un ex edificio rurale, riconvertito in agriturismo, con camere dagli arredi in ferro battuto e legno. La tranquillità regna sovrana: la risorsa si trova, infatti, fuori dal centro abitato, lungo una stradina di campagna, in posizione leggermente sopraelevata e panoramica.

AGNONE – Isernia (IS) – **564** B25 – **5 451 ab.** – **alt. 830 m** – ✉ **86081** **2** C3

Roma 220 – Campobasso 86 – Isernia 45

La Botte con cam cam,

largo Pietro Micca 44 – ☎ 0 86 57 75 77 – www.ristorantelabotte.net – info@ristorantelabotte.net

22 cam – †30/40 € ††60/70 € – ½ P 50 € **Rist** – Carta 15/21 €

◆ Luminose finestre che si aprono sulla vallata nella sala da pranzo. Ambiente e conduzione familiari in un albergo del centro storico; piccola hall, gradevole angolo bar con soffitto in pietra, camere graziose con arredi in legno chiaro.

sulla strada statale 86 Km 34 Sud-Ovest : 15 km :

Agriturismo Selvaggi cam,

località Staffoli Str.Prov. Montesangrina km 1 ✉ 86081 Agnone – ☎ 0 86 57 77 85 – www.staffoli.it – staffoli@staffoli.it – chiuso dal 10 al 23 novembre

15 cam – †37/50 € ††52/65 € – ½ P 50 €

Rist – *(chiuso lunedì)* (consigliata la prenotazione) Carta 18/28 €

◆ Un soggiorno a contatto con la natura in una fattoria del 1720, restaurata: allevamento di bovini e ovini, produzione di salumi, escursioni a cavallo; camere accoglienti.

AGRATE BRIANZA – Monza e Brianza (MB) – **561** F10 – **14 797 ab.** – **alt. 165 m** – ✉ **20041** **18** B2

Roma 587 – Milano 23 – Bergamo 31 – Brescia 77

Colleoni rist,
via Cardano 2 – ✆ 03 96 83 71
– *www.hotelcolleoni.com*
– *colleoni@hotelcolleoni.com*
156 cam – 101 € 135 € – 6 suites – ½ P 88 €
Rist – *(chiuso sabato, domenica) (chiuso a mezzogiorno) (solo per alloggiati)*
Menu 18/22 €
♦ All'interno dell'imponente, omonimo complesso sede di un importante centro direzionale, un albergo funzionale e di moderna concezione, ideale per uomini d'affari. Ristorante rischiarato da grandi vetrate.

AGRIGENTO P (AG) – **365** AQ60 – **59 136 ab.** – **alt. 230 m** – ✉ **92100** **39** B2
Sicilia

Caltanissetta 58 – Palermo 128 – Siracusa 212 – Trapani 175

piazza Pirandello ✆ 0922 596168

Valle dei Templi★★★ Y : Tempio della Concordia★★★ **A**,Tempio di Hera Lacinia★★ **B**, Tempio di Eracle★★ **C**, Tempio di Zeus Olimpio★ **D**, Tempio dei Dioscuri★★ **E** – Museo Archeologico Regionale★★ Y **M1** – Quartiere ellenistico-romano★ Y **G** – Giardino della Kolymbetra★ Y - Sarcofago romano★★ e ≤★ dalla chiesa di San Nicola Y **N** – Città moderna★ : altorilievi★ nella chiesa di Santo Spirito★ Z interno★ e soffitto ligneo★ della Cattedrale

Pianta pagina seguente

Villa Athena ≤ cam,
via passeggiata Archeologica 33 – ✆ *09 22 59 62 88* – *www.hotelvillaathena.it*
– *info@hotelvillaathena.it* Y**c**
21 cam – 150/250 € 260/400 € – 6 suites – ½ P 180/250 €
Rist ***Il Granaio di Ibla*** – Carta 55/91 €
♦ Flessuose palme svettano nel giardino-agrumeto, dove sono collocate la piscina e la villa del Settecento che ospita questa risorsa dalle splendide camere. La vista si posa sul tempio della Concordia e sulla valle dei Templi; mentre piatti locali, vini isolani e ancora il bel panorama è quanto riserva il ristorante.

Colleverde Park Hotel cam, rist,
via dei Templi – ✆ *0 92 22 95 55*
– *www.colleverdehotel.it* – *mail@colleverdehotel.it* Y**m**
50 cam – 90/120 € 120/190 € – ½ P 78/123 €
Rist – *(chiuso a mezzogiorno)* Carta 33/46 €
♦ Tra la zona archeologica e la città, edificio moderno dagli accoglienti e colorati salotti. Camere variamente arredate, alcune in stile siciliano: possibilmente, optare per quelle con vista sulla Valle dei Templi. Gustose specialità regionali al ristorante.

Antica Foresteria Catalana senza rist
piazza Lena 5 – ✆ *0 92 22 04 35*
– *www.albergoanticaforesteriacatalana.com*
– *hotelbellanapoli@tin.it* Z**c**
10 cam – 45/55 € 75/85 €, 4 €
♦ In pieno centro storico, poco lontano dal Duomo e dal teatro Pirandello. Albergo che si presenta con particolare personalità e fascino, ma anche con una certa eleganza.

XX **Trattoria dei Templi**
via Panoramica dei Templi 15 – ✆ *09 22 40 31 10*
– *www.trattoriadeitempli.com* – *trattoriadeitempli@virgilio.it*
– *chiuso dal 30 giugno al 10 luglio, domenica in luglio-agosto e venerdì negli altri mesi* Y**d**
Rist – Carta 25/38 €
♦ Nient'altro che specialità di mare, fresco e di preparazione classica. Altrettanto valida la gestione che vanta una lunga esperienza nel campo dellla ristorazione.

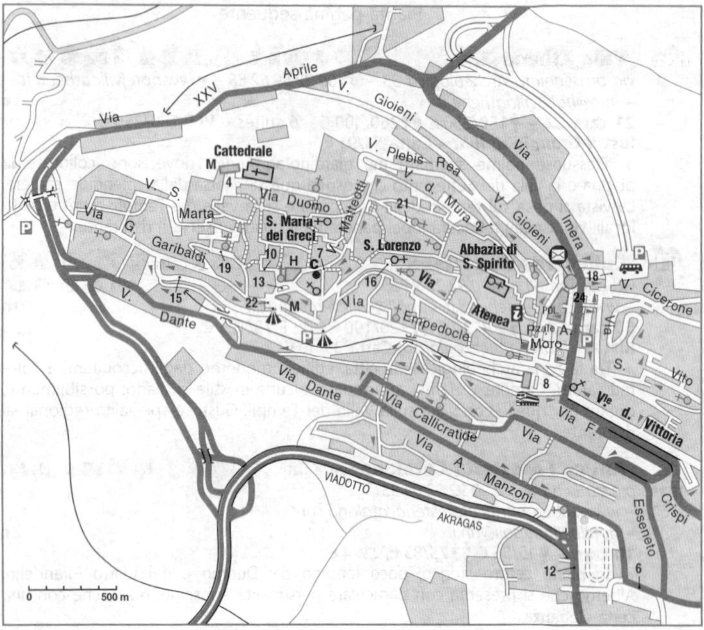

AGRIGENTO

0 — 2 km

- **A** TEMPIO DELLA CONCORDIA
- **B** TEMPIO DI HERA LACINIA
- **C** TEMPIO DI ERACLE
- **D** TEMPIO DI ZEUS OLIMPIO
- **E** TEMPIO DI CASTORE E POLLUCE
- **F** ORATORIO DI FALARIDE
- **G** QUARTIERE ELLENISTICO ROMANO
- **K** TOMBA DI TERONE
- **M¹** MUSEO ARCHEOLOGICO REGIONALE
- **N** CHIESA DI SAN NICOLA

Circolazione regolamentata nel centro città

sulla strada statale 115 per④: 3 km

Baglio della Luna

contrada Maddalusa, Valle dei Templi ✉ 92100 – ✆ 09 22 51 10 61 – www.bagliodellaluna.com – info@bagliodellaluna.com Y**b**

24 cam – 130/180 € 170/300 € – 1 suite – ½ P 123/188 €

Rist *Il Dehors* – *(chiuso lunedì a mezzogiorno)* Carta 41/61 € (+10 %)

◆ Nella pace della campagna un baglio sapientemente ristrutturato, con vista sulla Valle dei Templi, ricavato da un'antica torre d'avvistamento, cinto da un giardino fiorito. Tappa gastronomica siciliana al ristorante.

al Villaggio Mosè per ③ : 3 km :

Grand Hotel Mosè

viale Leonardo Sciascia ✉ 92100 – ✆ 09 22 60 83 88 – www.iashotels.com – grandhotelmose@iashotels.com

96 cam – 50/88 € 100/140 € – ½ P 65/85 € **Rist** – Carta 24/39 €

◆ L'edificio richiama i celebri templi, ma la clientela è commerciale come la zona in cui sorge l'albergo. Camere semplici, dalle dimensioni generose.

a San Leone Sud : 7 km Y – ✉ 92100 Agrigento

Dioscuri Bay Palace rist,

lungomare Falcone-Borsellino 1 – ✆ 09 22 40 61 11 – www.dioscurihotel.it – info@dioscurihotel.it – marzo-novembre

102 cam – 110/160 € 140/220 € – ½ P 95/135 € **Rist** – Carta 31/49 €

◆ Hotel ricavato da una ex colonia estiva degli anni Cinquanta, risulta oggi una risorsa funzionale e moderna. E in più si trova sul lungomare, con panorama sui templi. Sala da pranzo fresca e ariosa.

Leon d'Oro

via Emporium 102 – ✆ 09 22 41 44 00 – vittorio.collura@tin.it – chiuso lunedì

Rist – Carta 22/35 €

◆ Una conduzione entusiastica che si riflette in proposte di mare assai interessanti. La cantina offre validi abbinamenti, da apprezzare anche la piccola enoteca.

AGROPOLI – Salerno (SA) – 564 F26 – 20 840 ab. – ✉ 84043 7 C3

Roma 312 – Potenza 106 – Battipaglia 33 – Napoli 107

Rovine di Paestum★★★ Nord : 11 km

Il Ceppo

via Madonna del Carmine 31, Sud-Est : 1,5 km – ✆ 09 74 84 30 44 – www.hotelristoranteilceppo.com – info@hotelristoranteilceppo.com

20 cam – 55/80 € 80/90 €

Rist Il Ceppo – vedere selezione ristoranti

◆ Situato di fronte all'omonimo ristorante, piccolo albergo a conduzione familiare con piacevoli zone comuni dai colori caldi. Camere confortevoli e funzionali.

La Colombaia

via Piano delle Pere, Sud : 2 km – ✆ 09 74 82 18 00 – www.lacolombaiahotel.it – colombaia@tin.it – chiuso gennaio e febbraio

10 cam – 50/60 € 70/100 € – ½ P 55/65 €

Rist – *(maggio-settembre) (chiuso a mezzogiorno) (solo per alloggiati)* Menu 20 €

◆ In quieta posizione panoramica, bella villa di campagna ristrutturata, dotata di terrazza-giardino con piscina; accoglienti e ben curate sia le camere che le zone comuni.

Il Cormorano

via C. Pisacane 13, al Porto – ✆ 09 74 82 39 00 – www.ristoranteilcormorano.it – info@ristoranteilcormorano.it – aprile-ottobre; chiuso mercoledì escluso da giugno a settembre

Rist – Carta 32/47 € (+10 %)

◆ Caratteristica atmosfera marinara in un ambiente curato ed accogliente, dove gustare pesce fresco e piatti locali serviti anche sull'incantevole terrazza.

Il Ceppo
via Madonna del Carmine 31, Sud-Est : 1,5 km – ✆ 09 74 84 30 36 – www.hotelristoranteilceppo.com – info@hotelristoranteilceppo.com – chiuso novembre e martedì
Rist – Carta 25/57 €
◆ Appena fuori dalla località, ristorante con pizzeria serale: tre sale classiche con tocchi di rusticità, bianche pareti e pavimenti in cotto. La cucina profuma di mare.

AGUGLIANO – **Ancona (AN)** – **563** L22 – **4 713 ab.** – **alt. 203 m** **21** C1 – ✉ 60020

Roma 279 – Ancona 16 – Macerata 44 – Pesaro 67

Al Belvedere
piazza Vittorio Emanuele II, 3 – ✆ 0 71 90 71 90 – www.hotelalbelvedere.it – info@hotelalbelvedere.it
18 cam – †41/52 € ††62/73 €, ☕ 6 € – ½ P 45/56 € **Rist** – Menu 19/30 €
◆ Ubicato tra le colline marchigiane, offre la cordialità tipica di un ambiente a conduzione familiare. Camere semplici e funzionali. Ristorante dall'atmosfera rilassante con ampie vetrate che incorniciano il paesaggio agreste circostante.

AHRNTAL = Valle Aurina

ALAGNA VALSESIA – **Vercelli (VC)** – **561** E5 – **422 ab.** – **alt. 1 191 m** **22** B1 – ✉ 13021

Roma 722 – Torino 163 – Varese 124 – Vercelli 105

piazza Grober 1 ✆ 0163 922988 infoalagna@atlvalsesiavercelli.it, Fax 0163 91202

Cristallo
piazza Degli Alberghi – ✆ 01 63 92 28 22 – www.hotelcristalloalagna.com – info@hotelcristalloalagna.com – 3 dicembre-aprile e 24 giugno-18 settembre
17 cam ☕ – †105/200 € ††150/320 € – 2 suites – ½ P 130/225 €
Rist Presmell – vedere selezione ristoranti
◆ Albergo centralissimo, totalmente ristrutturato, con ampie stanze dai colori brillanti, citazioni etniche ed elementi in tipico stile walser. Ciliegina sulla torta: il piccolo centro benessere con piscina.

Montagna di Luce
frazione Pedemonte 16 – ✆ 01 63 92 28 20 – www.montagnadiluce.it – info@montagnadiluce.it – dicembre-aprile e 15 giugno-settembre
8 cam ☕ – †60/90 € ††100/140 € – ½ P 60/80 € **Rist** – Carta 20/43 €
◆ Poco lontana dal centro, in una piccola frazione che conserva intatta l'atmosfera tipica di queste montagne, una caratteristica baita Walser ristrutturata per offrire il meglio del confort moderno. Pietra a vista e rivestimenti in legno nell'originale ristorante, dove assaporere piatti legati al territorio.

B&B Casa Prati senza rist
frazione Casa Prati 7 – ✆ 01 63 92 28 02 – www.zimmercasaprati.com – casapratizimmer@libero.it – chiuso 2 settimane in giugno
6 cam ☕ – †65/95 € ††90/130 €
◆ Dalla totale ristrutturazione di una casa colonica, una piacevole risorsa in tipico stile montano dotata di camere molto graziose e di un appartamento (ideale per famiglie). L'accoglienza eccelle per cordialità.

Pressmel – Hotel Cristallo
piazza Degli Alberghi – ✆ 01 63 92 28 22 – www.hotelcristalloalagna.com – info@hotelcristalloalagna.com – 3 dicembre-aprile e 24 giugno-18 settembre
Rist – (consigliata la prenotazione) Carta 36/46 €
◆ All'interno dell'hotel Cristallo, ma con ingresso indipendente, un locale luminoso, dai toni caldi, dove le pareti colore salmone si armonizzano con il legno del decorativo soffitto a spioventi e travi a vista. Cucina di taglio contemporaneo, curata nelle presentazioni.

ALASSIO - Savona (SV) - 561 J6 - 11 319 ab. - ✉ 17021 Liguria 14 B2

Roma 597 - Imperia 23 - Cuneo 117 - Genova 98

via Mazzini 68 ✆ 0182 647027, alassio@inforiviera.it, Fax 0182 647874

Garlenda via del Golf 7, ✆ 0182 58 00 12

Località★ - Il "budello"★ (via XX Settembre e via Vittorio Veneto).

Pianta pagina seguente

Spiaggia

via Roma 78 – ✆ 01 82 64 34 03 – www.spiaggiahotel.it – info@spiaggiahotel.it – chiuso dal 15 ottobre al 27 dicembre Z**c**

88 cam – 90/150 € 150/280 €, 18 € – ½ P 125/185 €

Rist – Carta 41/65 €

◆ Distinto hotel in stile contemporaneo, con interni signorili e camere confortevoli; suggestiva piscina su terrazza panoramica per nuotare godendo di una splendida vista. Il mare si lascia contemplare anche dalle vetrate ad arco della sala da pranzo.

Diana Grand Hotel

via Garibaldi 110 – ✆ 01 82 64 27 01 – www.hoteldianaalassio.it – hotel@dianagh.it – chiuso dal 7 novembre al 4 dicembre e dal 7 gennaio al 7 febbraio Y**a**

52 cam – 70/190 € 120/270 € – ½ P 145/175 €

Rist – Menu 30/45 €

Rist *Sun Terrace* – Carta 30/57 €

◆ Una grande struttura bianca si erge maestosa di fronte al mare: un albergo di tradizione con ampi ed eleganti spazi comuni in stile ed un ameno giardino. In terrazza, piatti creativi e la tradizione ligure. Delizioso e informale il ristorante "Sun Terrace", con un invitante dehors sulla spiaggia.

Villa della Pergola senza rist

via Privata Montagù 9/1 – ✆ 01 82 64 61 30 – www.villadellapergola.com – info@villadellapergola.com – chiuso novembre

8 cam – 249/349 € 299/449 € – 4 suites Y**d**

◆ Sulla collina che domina la città ed il golfo, due ville di fine '800 immerse in un ampio parco di flora mediterranea, con laghetti, fontane e pergole: gli ambienti sono ricchi di personalità, la camere scrigni di raffinatezza. L'eleganza dell'epoca vittoriana sembra essere tornata!

Savoia

via Milano 14 – ✆ 01 82 64 02 77 – www.hotelsavoia.it – info@hotelsavoia.it – chiuso novembre Y**b**

35 cam – 75/150 € 90/210 € – ½ P 68/130 € **Rist** – Menu 28/35 €

Rist *La Prua* – ✆ 01 82 64 25 57 *(chiuso mercoledì da dicembre a giugno)* Carta 45/60 €

◆ Fronte mare, ambienti curati e di moderna concezione: pavimenti a mosaico, camere ben rifinite e confortevoli. Il mare sembra lambire la piacevole sala ristorante. A 20 m dall'hotel spunta la Prua: salette interne, veranda e dehors praticamente sulla spiaggia. In tavola: buon pesce e, perfino, una carta degli champagne.

Regina

viale Hanbury 220 – ✆ 01 82 64 02 15 – www.reginahotel.it – info@reginahotel.it – marzo-novembre Y**s**

42 cam – 60/160 € 85/220 € – ½ P 60/150 € **Rist** – Carta 28/45 €

◆ In riva al mare, albergo particolarmente adatto per le famiglie: colori caldi negli spazi comuni, ampia terrazza e camere con parquet. Presso la sobria sala ristorante, i sapori della cucina nazionale.

Dei Fiori

viale Marconi 78 – ✆ 01 82 64 05 19 – www.hoteldeifiori-alassio.it – info@hoteldeifiori-alassio.it Y**c**

65 cam – 50/115 € 70/150 €, 12 € – ½ P 70/100 €

Rist – Carta 24/39 €

◆ Nel pieno centro di Alassio, hotel gestito con cura, serietà ed esperienza, dotato di spaziose aree comuni e camere signorili; ideale per famiglie con bambini. Grande sala da pranzo in stile moderno.

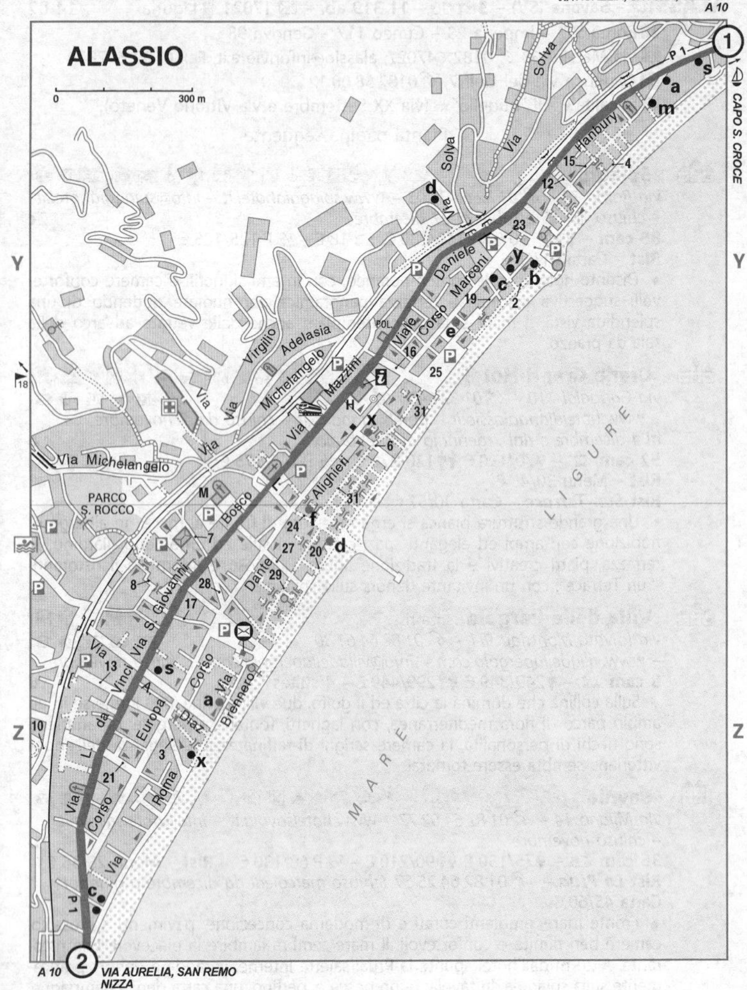

Baracca (Passeggiata F.)	Y 2	Dante Alighieri (Cso)	YZ	Londra (V.)	Z 21
Bosco (V. S. Giovanni)	Z	Dino Grollero (Passeggiata)	Z 20	Mazzini (V. G.)	Y
Boselli (V.)	Z 3	Doria (V.)	Y 12	Milano (V.)	Y 23
Brennero (V.)	Z	Ferreri (V. Paolo)	Z 13	Milite Ignoto (V.)	Z 24
Cadorna (Passeggiata M.llo)	Y 4	Garibaldi (V. G.)	Y 15	Partigiani (Pza)	Y 25
Cavour (V.)	Y 6	Gibb (V.)	Y 16	Torino (V.)	Z 27
Chiusetta (V.)	Z 7	Gioia (V. Flavio)	Z 17	Verdi (V. G.)	Z 28
Conceria (V.)	Z 8	Gramsci (V. A.)	Y 19	Vittorio Veneto (V.)	Z 29
Dall'Oro (V. Ignazio)	Z 10	Leonardo da Vinci (V.)	Z	XX Settembre (V.)	Y 31

Beau Rivage

via Roma 82 – ✆ 01 82 64 05 85 – www.hotelbeaurivage.it – info@hotelbeaurivage.it – chiuso dal 9 ottobre al 25 dicembre Zc

20 cam – 🛉62/105 € 🛉🛉127/170 € – ½ P 65/110 € **Rist** – Carta 35/42 €

◆ Signorile, accogliente casa ottocentesca di fronte al mare con interni molto curati: piacevoli salottini con bei soffitti affrescati e camere semplici, ma molto graziose. Gradevole sala da pranzo.

Lamberti
rist,

via Gramsci 57 – 01 82 64 27 47 – www.hotellamberti.it – info@hotellamberti.it – 16 aprile-15 ottobre Yy

25 cam – 50/105 € 80/150 €

Rist *Lamberti* – *(chiuso dal 16 novembre al 1° dicembre, dal 23 al 30 marzo e lunedì)* Carta 48/80 €

◆ Grazioso alberghetto centrale in un edificio degli anni '30, a pochi passi dalle spiagge, gestito con capacità e professionalità; piacevoli camere, spaziose e funzionali. All'omonimo ristorante ottima cucina di pesce in un ambiente elegante. Al piano interrato, enoteca con cantina a vista.

Beau Sejour

via Garibaldi 102 – 01 82 64 03 03 – www.beausejourhotel.it – info@beausejourhotel.it – marzo-ottobre Ym

45 cam – 70/170 € 80/230 € – ½ P 115/155 € **Rist** – Menu 30/35 €

◆ Imponente villa d'inizio secolo dotata di comodo parcheggio e ampi spazi comuni, anche esterni. Bella vista mare e camere confortevoli, in parte rinnovate. Invitante servizio ristorante estivo in terrazza tra il profumo dei fiori e la vista sul mare blu.

Corso
cam, rist,

via Diaz 28 – 01 82 64 24 94 – www.hotelcorso.it – info@hotelcorso.it – chiuso dal 2 novembre al 22 dicembre Zs

45 cam – 65/110 € 85/160 € – ½ P 74/83 € **Rist** – Carta 21/26 €

◆ Posizione centrale e ambiente familiare in un albergo ben tenuto, costantemente aggiornato (la metà delle camere è stata recentemente rinnovata). Ideale per una vacanza serena e spensierata.

Danio Lungomare
cam, rist,

via Roma 23 – 01 82 64 06 83 – www.hoteldaniolungomare.it – info@hoteldaniolungomare.it – chiuso dal 18 ottobre al 26 dicembre Zx

31 cam – 50/70 € 90/130 € – ½ P 55/85 € **Rist** – Carta 19/38 €

◆ Vi sembrerà quasi che la vostra camera sia sulla spiaggia in questo piccolo albergo familiare, ubicato proprio di fronte al mare; camere essenziali e molto pulite. Tre luminose salette ristorante e servizio estivo con vista sul golfo di Alassio.

Palma (Massimo Viglietti)

via Cavour 11 – 01 82 64 03 14 – www.ilpalma.com – massimoviglietti@uno.it – chiuso 15 giorni in gennaio, 15 giorni in novembre e mercoledì Yx

Rist – Menu 55/90 €

Spec. Sorallo (pesce) affumicato al tè verde, grano, fagioli e vinaigrette al tè. Biscotto di triglia, formaggio di capra, fave in zuppetta, salame grattuggiato. Mousse di cioccolato, mousse di funghi e frutto della passione.

◆ A pochi metri dalla spiaggia - nella zona più elegante di Alassio - il ristorante è allo stesso tempo uno dei locali storici della località, ma anche uno dei più "audaci" nel proporre piatti contemporanei e creativi. Il fil rouge della modernità non risparmia la sala.

Sail-Inn

via Brennero 34 – 01 82 64 02 32 – chiuso dal 6 gennaio al 6 marzo e lunedì

Rist – Carta 45/91 € Za

◆ Sulla passeggiata a mare, un locale che propone un'interessante linea gastronomica marinaresca e un'apprezzabile cantina (con un buon rapporto qualità/prezzo). Bella veranda a pochi passi dalla spiaggia.

BaiadelSole

corso Marconi 30 – 01 82 64 18 14 – mirella.porro@tin.it – chiuso lunedì e martedì dal 15 giugno al 15 settembre, anche mercoledì e giovedì negli altri mesi

Rist – *(chiuso a mezzogiorno)* (consigliata la prenotazione) Ye

Carta 51/67 €

◆ Un ristorante giovane ed informale, in stile moderno con vetrate che danno sul dehors, dove gustare prodotti del territorio e piatti di pesce d'ispirazione contemporanea.

Krua Siam
via Volta 22 – ☎ 01 82 66 28 93 – ermesvaldi73@hotmail.com YZf
Rist – *(chiuso a mezzogiorno)* Carta 31/46 €
Rist *Mi Do Ri* – *(chiuso lunedì)* (consigliata la prenotazione) Carta 35/60 €
◆ In un vecchio caruggio, un angolo di Thailandia con luci soffuse, musica ed ovviamente cucina asiatica: piccante e speziata. Al *Mi Do Ri*: sushi, sashimi ed altri sapori nipponici in un esotico gioco di verde e nero. Design accattivante.

ALATRI – Frosinone (FR) – **563** Q22 – **29 154 ab. – alt. 502 m** **13** C2
– ✉ **03011** Italia Centro Sud

Roma 93 – Frosinone 14 – Avezzano 89 – Latina 65
Acropoli★ : ≤★★ – Chiesa di Santa Maria Maggiore★

La Rosetta dal 1954
via Duomo 39 – ☎ 07 75 43 45 68 – s.scerrato@libero.it – chiuso dal 7 al 18 gennaio, dal 5 al 17 luglio, domenica sera, martedì
Rist – Menu 27 € – Carta 22/31 €
◆ A ridosso dell'Acropoli, atmosfere di autentica Ciociaria e genuina cucina del territorio orgogliosamente fedele alle tradizioni, in un ambiente dal fascino antico.

ALBA – Cuneo (CN) – **561** H6 – **30 994 ab. – alt. 172 m** – ✉ **12051** **25** C2
Italia

Roma 644 – Cuneo 64 – Torino 62 – Alessandria 65
Casa Do: fregio★

Palazzo Finati senza rist
via Vernazza 8 – ☎ 01 73 36 63 24 – www.palazzofinati.it – albergo@palazzofinati.it – chiuso dal 24 dicembre all'11 gennaio e 2 settimane in agosto
4 cam – †120/160 € ††150/180 € – 5 suites – ††190/240 €
◆ Crema, vermiglio, indaco, eleganza delle forme e morbidezza dei tessuti: nell'ottocentesco palazzo del centro convivono una romantica storicità e l'attenzione per il dettaglio.

I Castelli
corso Torino 14/1 – ☎ 01 73 36 19 78 – www.hotel-icastelli.com – info@hotel-icastelli.com
87 cam – †75/93 € ††100/118 € – ½ P 84/94 €
Rist – *(chiuso dal 25 luglio al 17 agosto e domenica) (chiuso a mezzogiorno)* Carta 25/33 €
◆ Imponente complesso recente di moderna concezione in vetro e cemento, dotato di ogni confort e di camere accoglienti e spaziose; ideale per una clientela di lavoro. Sala ristorante in stile contemporaneo; cucina della tradizione rivisitata in chiave moderna.

Langhe senza rist
strada Profonda 21 – ☎ 01 73 36 69 33 – www.hotellanghe.it – info@hotellanghe.it
27 cam – †65/78 € ††78/98 €
◆ In posizione tranquilla, moderna risorsa con soluzioni design che piaceranno ai *globetrotter*. Tra le 12 e le 24: piatti freddi, caldi e dessert - accompagnati da vini regionali - serviti in camera o nella piccola hall.

Agriturismo Villa la Meridiana-Cascina Reine senza rist
località Altavilla 9, Est : 1 km
– ☎ *01 73 44 01 12 – www.villalameridianaalba.it – cascinareine@libero.it*
9 cam – †70/75 € ††90/95 € – 1 suite
◆ Originale complesso agrituristico composto da una villa Liberty ed un attiguo cascinale: accoglienti interni e camere in stile. Esclusiva suite, dotata di una terrazza con splendida vista sui proverbiali vigneti locali. Relax allo stato puro.

XXX **Piazza Duomo**

vicolo dell'Arco 1, angolo piazza Risorgimento 4 – ☎ 01 73 36 61 67 – www.piazzaduomoalba.it – info@piazzaduomoalba.it – chiuso gennaio, agosto, domenica sera escluso ottobre, lunedì; anche domenica a mezzogiorno in giugno-luglio
Rist – (consigliata la prenotazione) Carta 81/105 €
Spec. Insalata 21, 31, 41, 51 tra erbe, fiori, foglie e semi. Gnocchi di patate ripieni di ricotta seirass con verdure verdi. Agnello sambucano arrosto, crema di latte di capra e camomilla.
◆ Al primo piano di un centralissimo palazzo storico, un'unica sala dall'aspetto minimalista, rosa con splendido murale. Altrettanto originale è la cucina: priva di superfluo, ma ricca di colore e fantasia. Sono le magie di Enrico Crippa.

XX **Locanda del Pilone** con cam

frazione Madonna di Como 34, Sud-Est : 5 km – ☎ 01 73 36 66 16 – www.locandadelpilone.com – info@locandadelpilone.com – chiuso dal 21 dicembre al 14 gennaio e dal 19 luglio al 22 agosto
7 cam – 130/180 € – 1 suite
Rist – *(chiuso i mezzogiorno di martedì e mercoledì in ottobre-novembre, tutto il giorno negli altri mesi)* Menu 65/85 € – Carta 68/90 €
Spec. Crudo e cotto di scampi, yogurt e frutto della passione. Pasta mista con fagioli borlotti e frutti di mare. Piccione, salsa alla vaniglia, fegato grasso, piccola tarte Tatin alle mele.
◆ In posizione dominante i celebri vigneti, la cucina piemontese si arricchisce di un contributo partenopeo: due grandi cucine, un'eccellenza gastronomica. Deliziose camere panoramche con arredi d'epoca.

XX **La Libera**

via Pertinace 24/a – ☎ 01 73 29 31 55 – www.lalibera.com – lalibera2002@libero.it – chiuso 15 giorni in febbraio, 15 giorni in agosto, domenica, lunedì a mezzogiorno
Rist – (consigliata la prenotazione) Carta 37/59 €
◆ Moderno e di design il locale, giovane ed efficiente il servizio. La cucina propone appetitosi piatti della tradizione piemontese: spesso rielaborati con tocchi di fantasia. Assai frequentato a pranzo.

X **Osteria dell'Arco**

piazza Savona 5 – ☎ 01 73 36 39 74 – www.osteriadellarco.it – info@osteriadellarco.it – chiuso 25-26 dicembre e domenica escluso ottobre
Rist – Carta 28/35 €
◆ La cucina rispolvera i piatti del territorio, rivisitati con fantasia, in questo locale del centro affacciato su un cortile interno. Ambiente informale ed accogliente, con il vino in bella mostra.

ALBA – **Trento** – **562** C17 – **Vedere Canazei**

ALBA ADRIATICA – **Teramo (TE)** – **563** N23 – **12 174 ab.** – ✉ **64011** 1 B1

Roma 219 – Ascoli Piceno 40 – Pescara 57 – Ancona 104
lungomare Marconi 1 ☎ 0861 712426, iat.albaadriatica@abruzzoturismo.it, Fax 0861 713993

Eden & Eden Park Hotel

lungomare Marconi 328 – ☎ 08 61 71 42 51 – www.hoteleden.it – info@hoteleden.it – maggio-settembre
83 cam – 70/90 € 116/156 € – ½ P 78/106 €
Rist – *(solo per alloggiati)* Carta 20/34 €
◆ In un'area che si estende dal lungomare fino all'interno, due strutture identiche nei servizi ma con camere distinte per tipologie: classiche all'Eden, più moderne al Park.

Doge cam, cam, rist,

lungomare Marconi 292 – ☎ 08 61 71 25 08 – www.hoteldoge.it – info@hoteldoge.it – 15 maggio-15 settembre
68 cam **Rist** – *(solo per alloggiati solo Pensione completa 50/95 €)*
◆ Sul lungomare, attrezzato albergo di recente ristrutturazione, con camere arredate in stile coloniale; spazioso solarium con vista dominante l'intera spiaggia.

Majestic senza rist
via Molise – ✆ 08 61 71 40 10 – www.majestichotel.net – info@majestichotel.net
28 cam – †45/60 € ††70/90 €
◆ Ubicato in posizione tranquilla leggermente arretrata rispetto al mare, un'edificio realizzato in mattoni con eco neoclassiche offre camere nuove con qualche tocco d'eleganza.

Meripol
cam, rist,
lungomare Marconi 290 – ✆ 08 61 71 47 44 – www.hotelmeripol.it – info@hotelmeripol.it – marzo-ottobre
51 cam – †50/90 € ††80/150 € – ½ P 60/105 €
Rist – Carta 25/57 €
◆ Solo una piccola pineta separa dal mare questo signorile ed imponente edificio avveniristico che dispone di camere spaziose, spesso illuminate da portefinestre con balcone. Al ristorante, i sapori della tradizione culinaria italiana.

La Pergola senza rist
via Emilia 19 – ✆ 08 61 71 10 68 – www.hotelpergola.it – info@hotelpergola.it – aprile-settembre
10 cam – †40/50 € ††65/98 €
◆ Piccola e deliziosa risorsa a gestione familiare recentemente rinnovata, offre la possibilità di consumare il primo pasto della giornata sotto il pergolato e di noleggiare biciclette per esplorare i dintorni.

Impero
lungomare Marconi 162 – ✆ 08 61 71 24 22 – www.hotelimpero.com – info@hotelimpero.com – 24 maggio-20 settembre
60 cam – †70/80 € ††80/110 €
Rist – *(solo per alloggiati)* Menu 20/30 €
◆ Albergo tradizionale, a pochi metri dal mare, con accogliente hall dipinta e arredata nelle sfumature del rosso e del rosa e comode poltrone in stile; camere eleganti.

Hostaria l'Arca
viale Mazzini 109 – ✆ 08 61 71 46 47 – www.hostariaarca.it – info@hostariaarca.it – chiuso sabato a mezzogiorno e martedì
Rist – Carta 29/50 €
◆ Come evoca il nome, il locale era un'enoteca, poi convertito in ristorante, rustico e accogliente, dalle proposte originali e sorprendenti. Piatti di terra, prodotti biologici, salumi e formaggi selezionati.

Il Palmizio
lungomare Marconi 160 – ✆ 08 61 75 13 39 – ilpalmizio@yahoo.it – chiuso 2 settimane in gennaio e lunedì a mezzogiorno
Rist – Carta 35/65 €
◆ L'Abruzzo - terra di contadini e pescatori - offre qui il migliore connubio: il pesce di giornata e i prodotti della terra. Imperdibili gli antipasti, crudi e cotti.

Mediterraneo
viale Mazzini 148 – ✆ 08 61 75 20 00 – www.ristorante-mediterraneo.com – info@ristorante-mediterraneo.com – chiuso domenica sera e lunedì
Rist – (consigliata la prenotazione) Carta 38/50 €
◆ E' una brillante ed appassionata coppia a gestire questo locale non lontano dal mare, dove si propone il meglio della materia prima regionale. In cantina molti vini, ma anche birre.

ALBANO LAZIALE – Roma (RM) – 563 Q19 – 38 997 ab. – alt. 400 m — 12 B2
– ✉ 00041 Roma

Roma 27 – Anzio 33 – Frosinone 73 – Latina 42
Villa Comunale★ – Cisternone★ - Tomba degli Orazi e dei Curiazi★ - Porta Pretoria★

Miralago
via dei Cappuccini 12, Nord-Est : 1,5 km – ✆ 0 69 32 10 18 – www.hotelmiralagorist.it – info@hotelmiralagorist.it
45 cam – 85/95 € 110/120 € – ½ P 75/80 €
Rist *Donna Vittoria* – Carta 40/55 €
◆ A pochi metri da uno scenografico belvedere sul lago Albano, moderna struttura che presenta un'atmosfera più retrò negli interni, arredati con parati e decorazioni all'inglese. Ristorante molto attivo e frequentato, tempo permettendo si può pranzare anche all'aperto, in giardino.

La Galleria di Sopra
via Leonardo Murialdo 9 – ✆ 0 69 32 27 91 – www.lagalleriadisopra.it – lagalleriadisopra@tiscali.it – chiuso dal 16 al 31 agosto e lunedì
Rist – *(chiuso a mezzogiorno escluso i giorni festivi)* Menu 37/45 € – Carta 37/52 €
◆ Nella parte alta del paese, un locale dove si respira il passato, quando la sala principale dal soffitto a botte era il fienile di un convento di suore: la dimora confina ancora oggi con la tenuta papale di Castel Gandolfo. A riposizionare l'orologio sull'era moderna ci pensa la cucina, giovane e fantasiosa!

ALBAREDO D'ADIGE – Verona (VR) – 562 G15 – 5 349 ab. – ✉ 37041 35 B3

Roma 494 – Verona 35 – Mantova 51 – Padova 71

a Coriano Veronese Sud : 5 km – ✉ 37050

Locanda Arcimboldo con cam
via Gennari 5 – ✆ 04 57 02 53 00 – www.locandadellarcimboldo.it – info@locandadellarcimboldo.it – chiuso 10 giorni in gennaio e 20 giorni in agosto
4 cam – 80 € 100/120 €
Rist – *(chiuso domenica sera e lunedì)* Carta 30/85 €
◆ Elegante casa dell'800 ristrutturata e trasformata in una signorile locanda: particolarmente curate nei particolari sia la sala che la veranda, dove potrete gustare saporiti piatti locali rivisitati. Sontuose le camere, arredate con raffinata ricercatezza.

ALBARETO – Parma (PR) – 562 I11 – 2 236 ab. – ✉ 43051 8 A2

Roma 507 – Bologna 177 – Parma 82 – La Spezia 97

Borgo Casale
località Casale, Est: 2,5 km – ✆ 05 25 92 90 32 – www.borgocasale.it – info@borgocasale.it – chiuso dal 18 gennaio al 1° febbraio
16 cam – 100/125 € 170/190 € – ½ P 118/155 €
Rist *Casimiro e voi* – Carta 29/44 €
◆ In un quadro ambientale tranquillo e charmant, un piccolo borgo di collina trasformato in accogliente relais, completo nella gamma dei servizi offerti. Da *Casimiro e voi,* il giovane chef propone una delicata cucina contemporanea, che reinterpreta con gusto le tradizioni locali.

ALBAVILLA – Como (CO) – 561 E9 – 5 928 ab. – alt. 331 m – ✉ 22031 18 B1

Roma 613 – Como 12 – Brescia 102 – Milano 46

Il Cantuccio (Mauro Elli)
via Dante 36 – ✆ 0 31 62 87 36 – www.mauroelli.com – cantuccio@mauroelli.com – chiuso dal 7 al 31 gennaio, lunedì, martedì a mezzogiorno
Rist – (coperti limitati, prenotare) Carta 49/67 €
Spec. Carciofo romano con fegato d'oca e gocce di aceto balsamico (inverno-primavera). Lasagnette di semola con pesto di pinoli e gamberi di Sicilia (primavera-estate). Zuppetta di mandorle con frutti rossi e gelato al pistacchio (primavera-estate).
◆ Fantasiosa rielaborazione di cucina tradizionale nel cuore di un verde paese della Brianza: due graziose salette, in un ambiente elegantemente rustico; cantina interessante.

ALBENGA - Savona (SV) - 561 J6 - 24 154 ab. - ✉ 17031 Italia 14 B2

Roma 589 - Imperia 32 - Cuneo 109 - Genova 90

piazza del Popolo 11 ✆ 0182 558444, albenga@inforiviera.it, Fax 0182 558740

Battistero★ nella cattedrale - Città vecchia★

Sole Mare

lungomare Cristoforo Colombo 15 – ✆ 0 18 25 27 52 – www.albergosolemare.it – hotelsolemare@tiscali.it – chiuso 2 settimane in dicembre

22 cam – †60/100 € ††90/120 €

Rist – *(luglio-agosto) (chiuso a mezzogiorno) (solo per alloggiati)* Menu 20/25 €

◆ Invidiabile posizione di fronte al mare e ambiente ospitale in una struttura semplice, dall'ottima conduzione familiare. Camere fresche, arredate sobriamente, ma funzionali.

Pernambucco

viale Italia 35 – ✆ 0 18 25 34 58 – massimoalessandri@libero.it – chiuso mercoledì

Rist – Carta 60/90 €

◆ Gestione capace e insolita collocazione all'interno di un giardino, per un locale dall'ambiente rustico ma ricercato; specialità di mare da provare.

Osteria dei Leoni

vico Avarenna 1, centro storico – ✆ 0 18 25 19 37 – www.osteriadeileoni.it – robertodepalo2006@libero.it – chiuso gennaio e martedì

Rist – Carta 32/63 €

◆ Una delle più antiche "osterie" della località, nel cuore del centro storico, propone ora ottime elaborazioni culinarie a base di pesce, con prodotti di assoluta qualità.

Babette

viale Pontelungo 26 – ✆ 01 82 54 45 56 – www.ristorantebabette.com – ristotantebabette@tiscali.it – chiuso lunedì, martedì a mezzogiorno

Rist – Menu 25/47 € – Carta 46/61 €

◆ Alle porte del centro storico, una sala curata che accoglie pochi, comodi tavoli per apprezzare piatti fantasiosi che seguono l'avvicendarsi delle stagioni.

a Salea Nord-Ovest : 5 km – ✉ 17031 Albenga

Cà di Berta senza rist

località Cà di Berta 5 – ✆ 01 82 55 99 30 – www.hoteldiberta.it – info@hotelcadiberta.it

5 cam – †70/110 € ††90/130 € – 5 suites – ††120/170 €

◆ Impreziosito da una verde cornice di palme e ulivi, l'albergo dispone di eleganti interni ed accoglienti camere: solo suite e junior-suite. Relax allo stato puro!

ALBEROBELLO - Bari (BA) - 564 E33 - 11 058 ab. - alt. 428 m - ✉ 70011 Italia 27 C2

Roma 502 - Bari 55 - Brindisi 77 - Lecce 106

piazza Ferdinando IV ✆ 080 4325171, Fax 080 4325171

Località★★★ - Trullo Sovrano★

Grand Hotel Olimpo

cam, cam,

via Sette Liberatori della Selva – ✆ 08 04 32 16 78 – www.grandhotelolimpo.it – info@grandhotelolimpo.it

40 cam – †60/80 € ††80/120 € – 2 suites – ½ P 58/80 €

Rist – Carta 20/65 €

◆ Spazi ampi e luminosi in questo nuovo albergo, dove l'utilizzo di materiali di qualità ha dato luogo a graziose camere dalle calde tonalità, che ben si abbinano agli arredi in rovere e agli inserti in pelle. Zone comuni raccolte intorno alla pianta circolare della hall, lucida di marmi e rallegrata da angoli verdi.

Colle del Sole cam,

via Indipendenza 63 – 08 04 32 18 14 – www.hotelcolledelsole.it – info@hotelcolledelsole.it

48 cam – 40/90 € 70/110 €, 5 € – ½ P 45/85 €

Rist – *(chiuso lunedì da ottobre a marzo) (chiuso a mezzogiorno)* Carta 20/26 €

◆ A soli 500 metri dalle due aree Trulli - Aia Piccola e Rione Monti – l'albergo a gestione familiare dispone di camere confortevoli, arredate con gusto moderno. La struttura propone anche attività culturali di vario tipo. Ristorante con wine-bar.

B&B Fascino Antico senza rist

strada Statale 172 per Locorotondo km 0,5 – 08 04 32 50 89 – www.fascinoantico.eu – info@fascinoantico.eu – aprile-novembre

5 cam – 50 € 80/90 €

◆ L'esperienza di alloggiare all'interno dei trulli, alcuni originali dell'Ottocento, e di concedersi un po' di riposo nella corte-giardino: un'autentica atmosfera pugliese.

Il Poeta Contadino (Marco Leonardo)

via Indipendenza 21 – 08 04 32 19 17 – www.ilpoetacontadino.it – ilpoetacontadino@tiscali.it – chiuso dal 7 al 31 gennaio e lunedì escluso da luglio a settembre

Rist – (consigliata la prenotazione) Carta 51/66 €

Spec. Sfera di patate con cicorielle. Riso venere con scampi, zucchine e frutti di mare su salsa di crostacei. Mousse di cioccolato bianco, liquirizia e ribes.

◆ A due passi dai celebri trulli, un ulivo all'ingresso è il biglietto da visita della cucina: sapori e colori del sud in uno dei locali più eleganti della regione.

Trullo d'Oro

via Cavallotti 27 – 08 04 32 39 09 – www.trullodoro.it – info@trullodoro.it – chiuso dal 7 al 28 gennaio, domenica sera e lunedì escluso agosto

Rist – Carta 26/48 €

◆ Cucina tradizionale delle Murge in un ambiente caratteristico e signorile: grande offerta di antipasti e buona scelta enologica. Bella veranda luminosa.

L'Aratro

via Monte San Michele 25/29 – 08 04 32 27 89 – www.ristorantearatro.it – info@ristorantearatro.it – chiuso dal 7 al 30 gennaio e lunedì escluso da marzo ad ottobre

Rist – Carta 27/47 €

◆ Nel caratteristico agglomerato di trulli del centro storico, piacevole trattoria dagli arredi rustici e terrazza per il dehors. Proposte del territorio, di carne e di pesce.

ALBIGNASEGO – Padova (PD) – 562 F17 – 21 927 ab. – alt. 13 m – ✉ 35020 — 36 C3

Roma 492 – Padova 13 – Rovigo 41 – Venezia 47

Il Baretto

via Europa 6 – 04 98 62 50 19 – il-baretto_lucio@libero.it – chiuso agosto, domenica, lunedì

Rist – (coperti limitati, prenotare) Carta 48/85 €

◆ Piccolo nelle dimensioni, ma grande nella cura dell'arredo e della qualità del pescato da gustare sia crudo, sia in piatti tradizionali e casalinghi.

ALBINEA – Reggio Emilia (RE) – 562 I13 – 8 533 ab. – alt. 166 m – ✉ 42020 — 8 B3

Roma 438 – Parma 41 – La Spezia 114 – Milano 161

Garden Viganò senza rist

via Garibaldi 17 – 05 22 34 72 92 – www.hotelgardenvigano.it – info@hotelgarden-vigano.it

22 cam – 55 € 77 €

◆ In collina, antica struttura di fine '700 che ospita un grazioso albergo immerso in un parco molto tranquillo; camere semplici, ma confortevoli e ben rifinite.

ALBINIA – Grosseto (GR) – **563** O15 – ✉ **58010** **29** C3

Roma 144 – Grosseto 32 – Civitavecchia 75 – Orbetello 13

Agriturismo Antica Fattoria la Parrina

strada vicinale Parrina km 146, Sud-Est : 6 km
– ✆ 05 64 86 26 26 – www.parrina.it – agriturismo@parrina.it – marzo-dicembre
9 cam – †102/170 € ††120/235 € – 3 suites – ½ P 88/146 €
Rist – (consigliata la prenotazione) Carta 37/47 €

◆ Ambiente di raffinata ospitalità in una risorsa agrituristica ricavata nella casa padronale di una fattoria ottocentesca; interni ricchi di fascino e camere confortevoli.

ALBINO – Bergamo (BG) – **561** E11 – **18 026 ab.** – **alt. 342 m** – ✉ **24021** **19** C1

Roma 621 – Bergamo 14 – Brescia 65 – Milano 67

Il Becco Fino

via Mazzini 200 – ✆ 0 35 77 39 00 – www.ilbeccofino.it – info@ilbeccofino.it – chiuso dal 1 settimana in gennaio, 2 settimane in agosto, domenica sera, lunedì
Rist – *(chiuso a mezzogiorno escluso domenica)* Carta 35/54 €
Rist *Sorsi e Bocconi* – ✆ 0 35 75 53 21 – Menu 15 € (solo a mezzogiorno)/22 € – Carta 19/40 €

◆ Piacevole collocazione in un cortile tra palazzi d'epoca, dove apprezzare una cucina moderna accompagnata da un'interessante scelta enologica. Più giovane ed economica l'enoteca *Sorsi e Bocconi* (a 50 m) con qualche piatto semplice e molti vini da gustare anche al bicchiere.

ALBISANO – Verona – Vedere Torri del Benaco

ALBISSOLA MARINA – Savona (SV) – **561** J7 – **5 606 ab.** – ✉ **17012** **14** B2

Italia

Roma 541 – Genova 43 – Alessandria 90 – Cuneo 103

piazza Lam ✆ 019 4002525 albisola@inforiviera.it Fax 019 4005358

Filanda via Poggi, località Carpineto, ✆ 019 48 96 79

Parco★ e sala da ballo★ della Villa Faraggiana

Pianta : vedere Savona

Garden

viale Faraggiana 6 – ✆ 0 19 48 52 53 – www.hotelgardenalbissola.com – info@hotelgardenalbissola.com CV**b**
46 cam – ††69/185 € – 2 suites – ½ P 55/130 € **Rist** – Carta 21/39 €

◆ Un'esposizione permanente d'arte contemporanea abbellisce gli interni di questa struttura di moderna concezione, dotata di ogni confort; a due passi dal mare. Quadri vivaci anche sulle bianche pareti dell'ariosa sala da pranzo.

ALDEIN = Aldino

ALDINO (ALDEIN) – Bolzano (BZ) – **562** C16 – **1 678 ab.** – **alt. 1 225 m** – **Sport invernali : 2 000/2 300 m** 5, – ✉ **39040** **31** D3

Roma 628 – Bolzano 34 – Cortina d'Ampezzo 112 – Trento 57

Krone con cam

piazza Principale 4 – ✆ 04 71 88 68 25 – www.gasthof-krone.it – info@gasthof-krone.it – chiuso dal 5 novembre all' 8 dicembre
12 cam – †76/99 € ††122/158 € – ½ P 75/112 €
Rist – *(chiuso lunedì)* Carta 37/47 €

◆ Il passato è una prerogativa di fascino che ancora non cede il passo alla modernità; in un piccolo paese di montagna, ristorante di antica tradizione dove gustare genuinità e tradizione. Nato come punto di riferimento per l'ospitalità, conserva tutt'oggi camere semplici e discrete dall'arredo antico.

ALESSANDRIA 🅿 (AL) – **561** H7 – **93 676 ab.** – **alt. 95 m** **23** C2

Roma 575 – Genova 81 – Milano 90 – Piacenza 94

via Gagliaudo 2 ✆ 0131 234794, iat@comune.alessandria.it Fax 0131 234794

Stazione Ferroviaria ✆ 0131 254230, Fax 0131 329836

9 La Serra strada Astigliano 42, ✆ 0131 95 47 78

36 Margara tenuta Margara, ✆ 0131 77 85 55

ALESSANDRIA

Bergamo (V.) .... Z 2
Brigata Ravenna (Viale) .... Z 3
Carducci (Pza) .... Y 4
Carlo Marx (Cso) .... Z 6
Casale (V.) .... Y 7
Cavallotti (Cso) .... Z 8
Crimea (Cso) .... Z 9
Dante Alighieri (V.) .... Y 10
Fiume (V.) .... Y 12
Garibaldi (Pza) .... Z 14
Gobetti (Pza) .... Y 15
Gramsci (V.) .... Z 16
Lamarmora (Cso) .... Z 18
Libertà (Pza della) .... Y 19
Machiavelli (V.) .... YZ 20
Magenta (Lungo Tanaro) .... Y 21
Marini (Cso Virginia) .... Y 23
Martiri (V. dei) .... Y 24
Morbelli (V.) .... Y 26
Pistoia (V. Ernesto) .... YZ 27
Pontida (V.) .... YZ 28
Roma (Cso) .... YZ
Savona (V.) .... Z 38
Solferino (Lungo Tanaro) .... Y 39
S. Caterina da Siena (V.) .... Y 35
S. Dalmazzo (V.) .... Y 30
S. Giacomo d. Vittoria (V.) .... YZ 31
S. Maria di Castello (V.) .... Y 36
S. Martino (Lungo Tanaro) .... Y 32
S. Pio V (V.) .... Y 34
Tivoli (V.) .... Z 40
Tiziano (Via Vecellio) .... Y 41
Tripoli (V.) .... YZ 42
Turati (Pza) .... YZ 43
Valfré (Pza) .... Z 44
Vittorio Veneto (Pza) .... Z 45
Vochieri (V.) .... Y 46
1821 (V.) .... Y 48

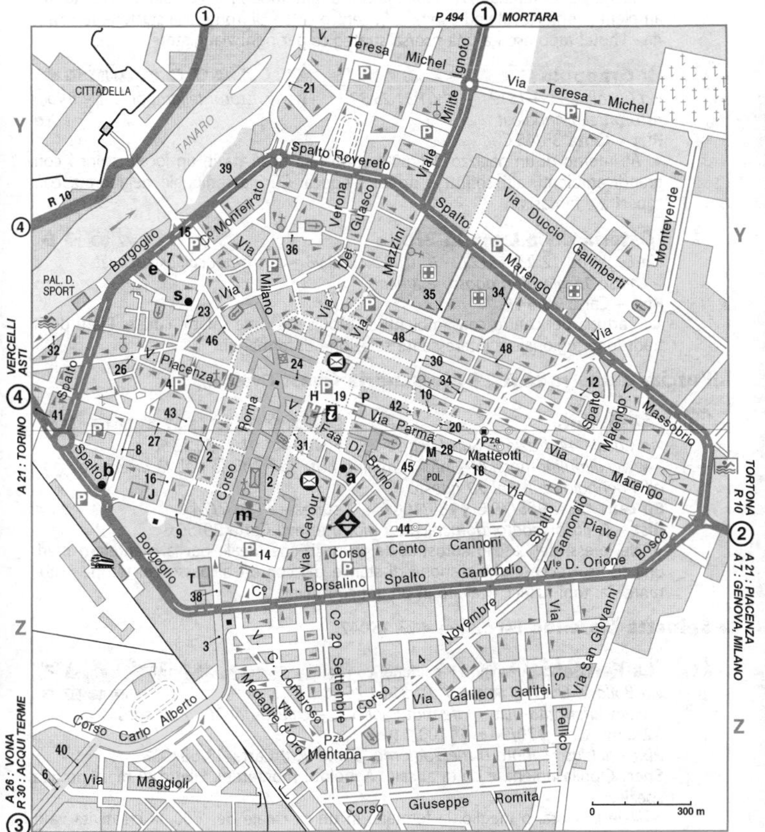

Alli Due Buoi Rossi rist,

via Cavour 32 ✉ 15121 – ✆ 01 31 51 71 71 – www.hotelalliduebuoirossi.com – info@hotelalliduebuoirossi.com Za

48 cam – ♦115/125 € ♦♦135/145 € – ½ P 83/98 €

Rist ***Alli Due Buoi Rossi*** – Carta 27/53 €

◆ Varcata la soglia si è piacevolmente immersi nell'atmosfera ovattata di un albergo riportato all'antico splendore: camere dotate di ogni confort con arredi di stile moderno. Raffinata sala ristorante con proposte sia regionali sia nazionali.

Europa senza rist

via Palestro 1 ✉ 15121 – ✆ 01 31 23 62 26 – www.hoteleuropaal.com – info@hoteleuropaal.com Ys

32 cam – ♦60/70 € ♦♦90/100 €

◆ Nel centro storico di Alessandria - a pochi passi dalla stazione ferroviaria - affidabile gestione diretta per un hotel dalle piacevoli camere arredate in stile moderno.

Londra senza rist

corso Felice Cavallotti 51 ✉ 15121 – ✆ 01 31 25 17 21 – www.londrahotel.info – info@londrahotel.info Zb

39 cam – ♦70/85 € ♦♦90/120 €

◆ Eleganza e raffinatezza coniugati alla più moderna tecnologia creano un ambiente confortevole ed ospitale. In centro città - di fronte alla stazione ferroviaria - l'hotel rappresenta una risorsa strategica per ogni viaggiatore.

XXX **Il Grappolo**

via Casale 28 ✉ 15121 – ✆ 01 31 25 32 17 – www.ristoranteilgrappolo.it – info@ristoranteilgrappolo.it Ye

Rist – Carta 35/45 €

◆ All'interno di un palazzo del '600, atmosfera ricercata in un locale storico con grandi ambienti, alti soffitti e arredi d'epoca. Cucina regionale rielaborata con capacità e fantasia.

X **Osteria della Luna in Brodo**

via Legnano 12 ✉ 15121 – ✆ 01 31 23 18 98 – patriziabocchio@tiscali.it – chiuso 15 giorni in agosto e lunedì Zm

Rist – Carta 25/34 €

◆ Trattoria del centro con ambienti distribuiti tra varie salette curate. Piatti della tradizione regionale e interessante selezione di formaggi.

all'uscita autostrada A 21 Alessandria Ovest Ovest: 4,3 km

Al Mulino rist,

via Casale 44, frazione San Michele ✉ 15040 – ✆ 01 31 36 22 50 – www.almulino-hotel.it – info@almulino-hotel.it – chiuso dal 23 dicembre all'8 gennaio, dal 5 al 20 agosto

60 cam – ♦65/75 € ♦♦85/100 € – 2 suites – ½ P 67/74 €

Rist – *(chiuso sabato, domenica e i giorni festivi)* Carta 29/50 €

◆ Nei pressi del casello autostradale, in posizione ideale per la clientela d'affari, una risorsa recente che dispone di stanze dal confort al passo coi tempi. Ristorante dai toni rustici, ricavato in un antico mulino.

a Spinetta Marengo Est : 3 km – ✉ 15047

XXX **La Fermata** (Aiachini e Ribaldone) con cam cam,

via Bolla 2, Ovest: 1 km – ✆ 01 31 61 75 08 – www.lafermata-al.it – lafermata@alice.it – chiuso dal 10 al 20 agosto

12 cam – ♦70/90 € ♦♦100/110 €

Rist – *(chiuso sabato a mezzogiorno, domenica)* Carta 48/68 €

Spec. Cipolla ripiena e cotta al sale. Agnolotti monferrini. Filetto di maialino alle spezie.

◆ Vale la sosta, o meglio: la fermata! In un cascinale del '700, la creatività va a braccetto con la tradizione in squisite proposte gastronomiche di carne e di pesce. Camere confortevoli.

ALESSANO - Lecce (LE) - 6 560 ab. - alt. 140 m - ✉ 73031 **27** D3

Roma 634 - Brindisi 99 - Lecce 61 - Taranto 135

Agriturismo Masseria Macurano

via Macurano 134, Sud-Est : 3 km - ✆ 08 33 52 42 87 - www.masseriamacurano.com - info@masseriamacurano.com - 25 aprile-ottobre

5 cam - ††70/120 € - ½ P 75/85 €

Rist - *(chiuso a mezzogiorno)* (prenotazione obbligatoria) *(solo per alloggiati)* Menu 20/25 €

♦ Ambienti spaziosi, ampie camere arredate con mobili in arte povera e qualche pezzo d'artigianato in questa masseria del '700 a gestione famliare circondata da un bel giardino. La rustica ed accogliente sala ristorante propone menù degustazione a prezzo fisso.

ALGHERO - Sassari (SS) - **366** K40 - **40 887 ab.** - ✉ **07041** Italia **38** A2

Cagliari 227 - Nuoro 136 - Olbia 137 - Porto Torres 35

di Fertilia Nord-Ovest: 11 km ✆ 079 935282

piazza Portaterra 9 ✆ 079 979054, ufficioturismo@comune.alghero.ss.it

Città vecchia★

Grotta di Nettuno★★★ Nord-Ovest : 26,5 km - Strada per Capo Caccia ★★ - Nuraghe Palmavera★ Nord-Ovest : 10 km

Villa Las Tronas rist,

lungomare Valencia 1 - ✆ 0 79 98 18 18 - www.hotelvillalastronas.it - info@hvlt.com

22 cam - †141/272 € ††200/470 € - 3 suites **Rist** - Carta 80/150 €

♦ Invidiabile posizione panoramica su un piccolo promontorio, giardino e interni d'epoca per questa residenza patrizia d'inizio '900. Piscina e solarium sulla scogliera. Atmosfera d'altri tempi e arredamento di sobria classicità nella sala da pranzo.

Florida rist,

via Lido 15 - ✆ 0 79 95 05 35 - www.hotelfloridaalghero.it - info@hotelfloridaalghero.it - marzo-ottobre

73 cam - †57/101 € ††90/142 € - ½ P 84/92 €

Rist - *(aprile-ottobre) (chiuso a mezzogiorno) (solo per alloggiati)* Menu 22/30 €

♦ Sul lungomare, ma non lontano dal centro storico, una curiosa struttura anni '70 dove le camere con balconcino sembrano cubi appoggiati l'uno sull'altro. Spazi di taglio classico semplice e confortevole, stanze omogenee nello stile e nell'arredo.

Andreini (Cristiano Andreini)

via Ardoino 45 - ✆ 0 79 98 20 98 - www.ristoranteandreini.it - mail@ristoranteandreini.it - chiuso lunedì escluso da aprile a ottobre

Rist - (consigliata la prenotazione) Menu 65/75 € - Carta 50/94 €

Rist *Appenaprima* - Carta 32/44 €

Spec. Tagliolini in crosta di pecorino romano, salvia e bottarga di muggine. Lasagnette all'uovo, crudità di mare, patate e finocchi. Maialino croccante, peperoni marinati, cipolle rosse e bietoline.

♦ Tra le spesse mura in pietra di un vecchio deposito per l'olio, ambientazione romantica e un'intera famiglia al lavoro per deliziare con ricette moderne, ma rispettose della tradizione. Frequentatissimo, la sera. Bel dehors e piatti sfiziosi, sebbene più semplici, al ristorante Appenaprima.

Il Pavone

piazza Sulis 3/4 - ✆ 0 79 97 95 84 - chiuso dal 1° al 10 novembre, domenica a mezzogiorno da giugno a ottobre, anche domenica sera negli altri mesi

Rist - Carta 40/55 €

♦ In pieno centro, locale dalla piacevole atmosfera e con un gradevole dehors estivo: la cucina sforna fragranti specialità di pesce.

Al Tuguri
via Maiorca 113/115 – ✆ 0 79 97 67 72 – www.altuguri.it – staff@altuguri.it – chiuso da dicembre a febbraio e domenica
Rist – (coperti limitati, prenotare) Carta 36/49 €
◆ Bell'ambiente caratteristico, con tavoli piccoli e serrati, in un'antica casa del centro, a due passi dai Bastioni; griglia a vista per cuocere soprattutto pesce.

a Porto Conte Nord-Ovest : 13 km – ✉ 07041 Alghero

El Faro
– ✆ 0 79 94 20 10 – www.elfarohotel.it – ask@elfarohotel.it – aprile-ottobre
88 cam – ♦90/230 € ♦♦140/400 € – ½ P 100/240 € **Rist** – Carta 41/53 €
◆ Su un piccolo promontorio dove sorgeva il vecchio faro, una romantica villa progettata negli anni '50 dal famoso architetto Simon Mossa e sapientemente ristrutturata nel 2003. Graziose camere impreziosite da marmo locale e vista mare. Sapori esclusivamente regionali e mediterranei al ristorante.

ALGUND = Lagundo

ALLEGHE – Belluno (BL) – 562 C18 – 1 362 ab. – alt. 979 m – Sport invernali : 1 000/2 100 m 2 23 (Comprensorio Dolomiti superski Civetta) a Caprile – ✉ 32022 Italia

36 C1

Roma 665 – Cortina d'Ampezzo 40 – Belluno 48 – Bolzano 84
piazza Kennedy 17 ✆ 0437 523333, alleghe@infodolomiti.it, Fax 0437 723881
Lago★
Valle del Cordevole★★ Sud per la strada S 203

a Masarè Sud-Ovest : 2 km

Barance rist,
corso Venezia 45 ✉ 32022 Masarè – ✆ 04 37 72 37 48 – www.hotelbarance.com – barance@dolomiti.com – 6 dicembre-Pasqua e 16 giugno-settembre
26 cam – ♦73 € ♦♦120 €, 11 € – ½ P 110 € **Rist** – Carta 27/37 €
◆ Interni signorili arredati nel classico stile alpino ed eleganti camere con tendaggi fioriti in questa grande casa rosa dall'ospitale gestione familiare. Tutt'intorno, sentieri per passeggiate e pareti da arrampicata. Sala da pranzo ampia e accogliente, riscaldata dal sapiente impiego del legno. Cucina creativa.

La Maison senza rist
via Masarè 58 ✉ 32022 Alleghe – ✆ 04 37 72 37 37 – www.hotellamaison.com – info@hotellamaison.com – chiuso ottobre e novembre
13 cam – ♦55/95 € ♦♦90/140 €
◆ Aspettatevi un soggiorno a tutto relax: non solo perchè la struttura si trova in una posizione un po' defilata, ma anche in virtù del fatto che le confortevoli camere non lesinano sui metri quadratati. Nuovo e moderno, il centro benessere.

a Caprile Nord-Ovest : 4 km – ✉ 32023

Alla Posta
piazza Dogliani 19 – ✆ 04 37 72 11 71 – www.hotelposta.com – hotelposta@sunrise.it – 20 dicembre-aprile e 15 giugno-25 settembre
59 cam – ♦55/80 € ♦♦90/150 €, 12 € – ½ P 90/190 €
Rist *Il Postin* – *(chiuso mercoledì)* Carta 25/70 €
◆ Imponente albergo dalla tradizione centenaria, con accoglienti ed ampi spazi interni ornati da tappeti e mobili in stile; camere confortevoli e un centro benessere ben attrezzato. Elegante sala da pranzo nella quale si alternano i sapori e i prodotti del territorio.

ALMÈ - Bergamo (BG) - 561 E10 - 5 731 ab. - alt. 294 m - ✉ 24011 19 C1

Roma 610 - Bergamo 9 - Lecco 26 - Milano 49

XXX **Frosio** (Paolo Frosio)

piazza Leminè 1 - ☎ 0 35 54 16 33 - www.frosioristoranti.it - frosioristorante@libero.it - chiuso 1 settimana in gennaio, 3 settimane in agosto, mercoledì, giovedì a mezzogiorno

Rist - Menu 60/70 € - Carta 54/72 €

Spec. Animelle di vitello con porcini e tartufo nero (autunno). Parmigiana di melanzane e burrata al basilico (estate). Tortino soffice allo yogurt e mandarino (inverno).

♦ All'interno di un signorile palazzo seicentesco, la cucina moderna rivaleggia in eleganza con la bellezza delle sale, dominate dal bianco. Carne o pesce, la qualità non muta; lo stesso dicasi per i dolci e i vini.

a Paladina Sud : 2,5 km - ✉ 24030

XX **Paladina**

via Piave 6 - ☎ 0 35 54 56 03 - chiuso mercoledì

Rist - Carta 30/53 €

♦ Una gradevole sosta nei confortevoli locali di una casa colonica, dove un tono elegante impreziosisce l'originaria rusticità. Cucina del luogo e alcuni piatti di pesce.

XX **L'Osteria** con cam

via Stazione 36, sulla S.S. Dalmine-Villa d'Almè - ☎ 0 35 54 11 19 - www.lecantined.com - info@lecantined.com

4 cam - 55 €

Rist - *(chiuso dal 23 dicembre al 7 gennaio, 15 giorni in agosto, domenica, lunedì sera)* Carta 38/62 €

♦ La modernità ha conquistato anche questa osteria di paese con enoteca e vendita di prodotti gastronomici di nicchia. La sala è piacevole con un côté un po' retrò, ma l'influenza contemporanea non si lascia mettere da parte e fa di nuovo capolino nella cucina.

ALMENNO SAN BARTOLOMEO - Bergamo (BG) - 561 E10 19 C1
- 5 841 ab. - alt. 352 m - ✉ 24030

Roma 584 - Bergamo 13 - Lecco 33 - Milano 50

via Papa Giovanni XXIII ☎ 035 548634, iatvalleimagna@virgilio.it, Fax 035 548634

Bergamo L'Albenza via Longoni 12, ☎ 035 64 00 28

Camoretti rist,

via Camoretti 2, località Longa Nord : 3,5 km - ☎ 0 35 55 04 68 - www.camoretti.it - info@camoretti.it - chiuso dal 1° al 10 gennaio e dal 16 al 30 agosto

22 cam - 50/60 € 78/90 € - ½ P 62/68 €

Rist - *(chiuso i mezzogiorno di lunedì e martedì, anche domenica sera da novembre a febbraio)* Carta 23/42 €

♦ In posizione collinare, tra il verde della campagna bergamasca, camere accoglienti ed eleganti, in una piacevole struttura dalla calda atmosfera familiare. Cucina rigorosamente casalinga al ristorante: salumi di produzione propria e pasta fresca.

XX **Antica Osteria Giubì dal 1884**

via Cascinetto 2, direzione Brembate di Sopra Sud 1,5 km - ☎ 0 35 54 01 30 - chiuso 2 settimane in settembre

Rist - (consigliata la prenotazione la sera) Menu 35 € (solo a mezzogiorno nei giorni feriali)/59 €

♦ Autentica trattoria immersa nel verde di un parco, da sempre di famiglia ed ora gestita da tre fratelli: uno si dedica alla fornitissima cantina (circa 40.000 bottiglie), il più giovane della cucina, l'altro dell'azienza agricola di confetture e verdure biologiche. Piatti del territorio.

XX **Collina**

via Ca' Paler 5, sulla strada per Roncola, Nord 1,5 km – ✆ 0 35 64 25 70 – www.ristorantecollina.it – info@ristorantecollina.it – chiuso dal 1° al 10 gennaio, lunedì, martedì

Rist – Carta 46/62 €

◆ Da una trattoria di famiglia nasce questo locale che, pur non disdegnando le proprie origini, propone piatti d'ispirazione contemporanea. Saletta con camino e sala panoramica.

ALMENNO SAN SALVATORE – Bergamo (BG) – 561 E10 19 C1

– 5 831 ab. – alt. 328 m – ✉ 24031

Roma 612 – Bergamo 13 – Lecco 27 – Milano 54

XX **Cantina Lemine**

via Buttinoni 48 – ✆ 0 35 64 25 21 – www.cantinalemine.it – info@cantinalemine.it – chiuso 1 settimana in gennaio, martedì, sabato a mezzogiorno

Rist – Carta 42/52 €

◆ Un'elegante villa ospita questo locale dal design contemporaneo, dove gustare una cucina moderna con carne e molto pesce. Il giardino, la cantina-enoteca, nonché il salottino per sigari e distillati donano ulteriore fascino al locale.

ALPE DI SIUSI (SEISER ALM) – Bolzano (BZ) – 562 C16 – alt. 1 826 m 31 C2

– Sport invernali : 1 850/2 100 m 2 19, (Comprensorio Dolomiti superski Alpe di Siusi) – ✉ 39040 Italia

Roma 674 – Bolzano 23 – Bressanone 28 – Milano 332

località Compatsch 50 ✆ 0471 727904, seiserlam@rolmail.net, Fax 0471727828

Posizione pittoresca★★

Seiser Alm Urthaler rist,

Compatsch 49 – ✆ 04 71 72 79 19 – www.alpedisiusi.com – info@alpedisiusi.com – chiuso dal 2 novembre al 3 dicembre e dall' 11 aprile al 20 maggio

51 cam – 3 suites – solo ½ P 129/204 € **Rist** – Carta 47/75 €

◆ Pietra, ferro, vetro e soprattutto legno: i materiali utilizzati per questo hotel di concezione "bio", ispirato ad un coinvolgente minimalismo. Ottimi servizi e spazi comuni.

Sporthotel Floralpina rist,

via Saltria 5, Est : 7 km – ✆ 04 71 72 79 07 – www.floralpina.com – info@floralpina.com – 18 dicembre-aprile e 14 giugno-12 ottobre

44 cam – solo ½ P 119/153 € **Rist** – Carta 24/28 €

◆ Si gode di una vista pacificatrice su monti e pinete da questo hotel immerso nella tranquillità di un parco naturale; calda atmosfera nei caratteristici ambienti interni. Originale soffitto in legno a cassettoni ottagonali nella sala da pranzo.

Seiser Alm Plaza rist,

Compatsch 33 – ✆ 04 71 72 79 73 – www.alpedisiusi.com – plaza@alpedisiusi.com – 11 dicembre-10 aprile e 10 giugno-12 ottobre

42 cam – solo ½ P 84/144 €

Rist – *(chiuso a mezzogiorno) (solo per alloggiati)*

◆ In centro, albergo in tipico stile montano, ma d'impronta moderna; gradevolmente confortevoli le aree comuni con pavimenti in parquet, camere razionali.

Compatsch rist,

Compatsch 62 – ✆ 04 71 72 79 70 – www.alpedisiusi.com – compatsch@alpedisiusi.com – 18 dicembre-10 aprile e 6 giugno-12 ottobre

32 cam – solo ½ P 52/92 € **Rist** – *(chiuso a mezzogiorno) (solo per alloggiati)*

◆ Piccolo hotel di montagna che si propone soprattutto a nuclei familiari; interni ordinati e semplici, camere ammobiliate sobriamente.

ALPE FAGGETO – Arezzo – Vedere Caprese Michelangelo

ALSENO - Piacenza (PC) - 562 H11 - 4 891 ab. - alt. 81 m - ✉ 29010 8 A2

Roma 487 - Parma 32 - Piacenza 30 - Milano 93

Castell'Arquato località Terme di Bacedasco, ✆ 0523 89 55 57

Palazzo della Commenda

località Chiaravalle della Colomba Nord : 3,5 km - ✆ 05 23 94 00 03 - www.palazzodellacommenda.it - massimiliano@palazzodellacommenda.it

16 cam - †60/70 € ††90/100 € - ½ P 60/65 €

Rist - *(chiuso lunedì, anche martedì a mezzogiorno in agosto)* Carta 22/49 €

◆ Sia una clientela d'affari che turisti di passaggio scelgono questa graziosa piccola struttura ricavata dalla ristrutturazione dell'antica dimora dell'amministratore dei beni della vicina abbazia. Anche al ristorante l'atmosfera oscilla tra il rustico e il moderno. Ampie vetrate si affacciano sulla corte interna.

a Castelnuovo Fogliani Sud-Est : 3 km - ✉ 29010

Trattoria del Ponte

strada Salsediana est 1237 - ✆ 05 23 94 71 10 - fabiogallana@gmail.com - chiuso mercoledì

Rist - (consigliata la prenotazione) Carta 17/31 €

◆ Tipica trattoria di paese per una cucina all'insegna della tradizione piacentina: a cominciare dagli ottimi salumi, tortelli e pisarei. Anche la carta dei vini si adegua, concentrandosi sulla produzione enologica della zona.

a Cortina Vecchia Sud-Ovest : 5 km - ✉ 29010

Da Giovanni

via Cortina 1040 - ✆ 05 23 94 83 04 - www.dagiovanniacortina.com - posta@dagiovanniacortina.com - chiuso dal 1° al 18 gennaio, dal 15 agosto al 5 settembre, lunedì, martedì

Rist - (consigliata la prenotazione) Carta 43/96 €

◆ La settecentesca stufa in ceramica e l'arredo d'epoca potranno far volare la fantasia dei più romantici avventori. Le certezze in ogni caso vengono dalla cucina, ispirata alla tradizione piacentina.

ALTA BADIA - Bolzano (BZ) - 562 C17 - Sport invernali : 1 568/2 778 m 31 C1

9 43, (Comprensorio Dolomiti superski Alta Badia) Italia Centro Nord

CORVARA IN BADIA (BZ) - 562 C17 - 1 313 ab. - alt. 1 568 m - ✉ 39033 31 C2

Roma 704 - Cortina d'Ampezzo 36 - Belluno 85 - Bolzano 65

via Col Alt 36 (Municipio) ✆ 0471 836176, corvara@altabadia.org, Fax 0471 836540

Alta Badia Str. Planac 9, ✆ 0471 83 66 55

La Perla

via Col Alt 105 - ✆ 04 71 83 10 00 - www.hotel-laperla.it - info@hotel-laperla.it - 3 dicembre-27 marzo e 18 giugno-19 settembre

53 cam - †145/345 € ††200/690 € - ½ P 140/410 €

Rist La Stüa de Michil - vedere selezione ristoranti

Rist - Carta 56/87 €

◆ Bella casa di montagna vicino alle piste da sci: è l'albergo-laboratorio di Michil Costa, fucina di idee e divertimento per vacanze originali ed irripetibili. Pasti serviti in una serie di stube d'epoca, dal '700 in poi: un excursus su uno degli elementi architettonici più tipici del Tirolo.

Sassongher

strada Sassongher 45 - ✆ 04 71 83 60 85 - www.sassongher.it - info@sassongher.it - 3 dicembre-3 aprile e 26 giugno-11 settembre

47 cam - †95/240 € ††140/300 € - 6 suites - ½ P 105/230 €

Rist - Carta 40/59 €

◆ Ai piedi dell'omonima cima, spazi, decorazioni e legni sono un omaggio alla più classica tradizione alberghiera di montagna: dagli anni '30, un'indiscussa signorilità. Il ristorante si apre in tipiche stube avvolte nel legno dove l'atmosfera e i sapori della montagna sono serviti a tavola.

Posta-Zirm cam, rist,
strada Col Alto 95 – ☎ 04 71 83 61 75
– www.postazirm.com – info@postazirm.com
– dicembre-marzo e giugno- settembre
59 cam – 91/335 € 162/350 € – 10 suites – ½ P 137/190 €
Rist – Carta 35/51 €
♦ Sorto nell'800 e da allora in continua mutazione, il risultato sono tre edifici distinti con camere altrettanto diverse: le ultime nate sono da preferire. Il ristorante dispone di un'ampia sala e di due calde stube tipicamente tirolesi.

La Tambra
via Sassonger 2 – ☎ 04 71 83 62 81
– www.latambra.com – info@latambra.com
– 4 dicembre-11 aprile e 12 giugno-3 ottobre
28 cam – solo ½ P 110/140 € **Rist** – Carta 27/73 €
♦ In posizione centrale e con vista sul Sassonger, grazioso albergo a conduzione familiare, recentemente rinnovato. Piccolo centro wellness ben attrezzato e camere spaziose, minimaliste negli arredi. Bar-stube tirolese per chi ama fare tardi e ottimo ristorante specializzato in grigliate.

Tablè
strada Col Alto 8 – ☎ 04 71 83 61 44 – www.table.it – hotel@table.it
– 3 dicembre-17 aprile e 20 giugno-20 settembre
34 cam – 94/334 € – ½ P 59/177 €
Rist – *(chiuso a mezzogiorno) (solo per alloggiati)*
♦ In centro paese, accogliente hall con camino e camere di due tipologie a seconda dell'ampiezza, ma sempre eleganti. Per i più golosi: rinomata pasticceria.

La Stüa de Michil – Hotel La Perla
strada Col Alt 105 – ☎ 04 71 83 10 00
– www.hotel-laperla.it – info@hotel-laperla.it
– 3 dicembre-27 marzo e 18 giugno-19 settembre; chiuso domenica
Rist – *(chiuso a mezzogiorno)* Menu 120 € – Carta 77/102 €
Spec. Filetto di maialino affumicato, spuma di patate e rafano. Ravioli di coniglio, crema di peperoni, bietole e formaggio di malga. Sella di camoscio in crosta di pan di spezie, sedano rapa.
♦ E' uno scrigno di legno che racchiude tanti gioielli: la seducente cucina di uno dei ristoranti più romantici d'Italia, una favolosa cantina e il funambolico Michil.

COLFOSCO (BZ) – alt. 1 645 m – ✉ 39033 31 C2

Roma 727 – Trento 133 – Bolzano 77 – Venezia 197
strada Peccëi 2 ☎ 0471 836145, colfosco@altabadia.org, Fax 0471 836744

Cappella
strada Pecei 17 – ☎ 04 71 83 61 83
– www.hotelcappella.com – info@hotelcappella.com
– 4 dicembre-3 aprile e 18 giugno-18 settembre
37 cam – 93/249 € 166/458 € – 9 suites – ½ P 170/260 €
Rist – Carta 50/70 €
♦ Splendida raccolta d'oggetti d'arte, perlopiù contemporanea, divagazioni etniche, infinite personalizzazioni: un albergo-museo dalle tradizioni ladine, ma affacciato sul mondo. Belle lampade del famoso designer *Tom Dixon* nel raffinato ristorante: a mezzogiorno, si può pranzare anche in terrazza.

Stria
via Val 18 – ☎ 04 71 83 66 20 – stria@rolmail.net
– chiuso novembre e lunedì in bassa stagione
Rist – Carta 45/65 €
♦ Vicino alla chiesa - nella parte alta del paese - l'ambiente è semplice, il servizio informale, ma i piatti vi sorprenderanno per cura ed inventiva.

La Villa (BZ) - alt. 1 484 m - ✉ 39030 **31** C2

Roma 750 - Trento 155 - Bolzano 99 - Venezia 190

strada Colz 75 ☎ 0471 847037, lavilla@altabadia.org, Fax 0471 847277

Christiania rist,

via Colz 109 - ☎ 04 71 84 70 16 - www.christiania.it - hotel@christiania.it - 7 dicembre-28 marzo e 20 giugno-25 settembre

33 cam - †75/238 € ††130/366 € - ½ P 116/233 €

Rist - *(chiuso a mezzogiorno)* Menu 45/60 €

♦ In centro paese, il bar con terrazza è il crocevia della vita locale: quattro categorie di camere diverse per ampiezza con arredi d'ispirazione tirolese. Una grande sala e due eleganti stube per una cucina classica.

Ciasa Lara rist,

strada Altin 9 - ☎ 04 71 84 72 57 - www.ciasalara.it - info@ciasalara.it - 2 dicembre-10 aprile e giugno-6 ottobre

26 cam - †97/128 € ††204/324 € - 2 suites - ½ P 135/175 €

Rist - *(solo per alloggiati)*

♦ Connubio ben riuscito tra stile montano ed impronta moderna in un albergo recentemente rinnovato con ampie camere ed un gradevole centro benessere.

La Majun cam, rist,

via Colz 59 - ☎ 04 71 84 70 30 - www.lamajun.it - reception@lamajun.it - chiuso dal 4 aprile al 13 maggio

32 cam - †72/156 € ††144/338 € - ½ P 140/190 € **Rist** - Carta 31/100 €

♦ Accoglienza incantevole, tutta al femminile: l'atmosfera montana riceve qui un tocco di modernità nelle luci e nelle decorazioni, design e colori approdano sulle Dolomiti. Cucina con piatti della tradizione italiana serviti anche al sole sulla bella terrazza.

Ciasa Antines rist,

via Picenin 18 - ☎ 04 71 84 42 34 - www.hotelantines.it - hotel.antines@rolmail.net - dicembre-marzo e 20 giugno-20 settembre

22 cam - 3 suites - solo ½ P 100/200 €

Rist - *(chiuso a mezzogiorno) (solo per alloggiati)*

♦ Nuova struttura vicina alla scuola di sci con ambienti luminosi ed accoglienti. Le camere sono differenziate, ma sempre arredate con ampio uso del legno, antico o moderno. Romanticismo nelle tre sale ristorante, ciascuna contraddistinta da un colore: blu, giallo e arancio.

Tamarindo senza rist

via Plaon 20 - ☎ 04 71 84 40 96 - www.tamarindo-lavilla.it - tamarindo@rolmail.net - dicembre-20 aprile e giugno-ottobre

13 cam - †35/55 € ††70/110 €

♦ Nella parte alta e più tranquilla del paese, troverete uno spassoso titolare: servizio semplice, ma incantevole e camere personalizzate a prezzi ragionevolissimi.

Garni La Ciasota senza rist

strada Colz 118 - ☎ 04 71 84 71 71 - www.garnilaciasota.it - garnilaciasota@rolmail.net

15 cam - †40/55 € ††76/110 €

♦ Gestione familiare di un b&b semplice, ma confortevole, in posizione tranquilla e strategica sia d'estate sia d'inverno. Per organizzare al top le vostre vacanze potrete contare sull'infinita esperienza dei gentilissimi titolari: particolarmente informati in ambito sportivo.

Ciasa Montanara senza rist

via Plaon 24 - ☎ 04 71 84 77 35 - www.montanara.it - ciasa@montanara.it

12 cam - †35/45 € ††70/80 €

♦ In posizione panoramica sul paese, troverete semplicità e accoglienza familiare. Le camere, recentemente rinnovate, offrono un buon confort: suggeriamo la camera numero 11, che regala - nei giorni più limpidi - una bella vista fino al passo del Falzarego.

Dolomit b&b
cam,

strada Colz 9 – ✆ 04 71 84 71 20 – www.dolomit.it – dolomit@dolomit.it
19 cam – 55/81 € 80/132 € – ½ P 60/86 €
Rist ***La Tor*** – ✆ 04 71 84 40 91 *(chiuso dal 15 al 30 novembre e dal 6 al 29 giugno)* Carta 29/50 €
◆ Cioccolato, pesca, fragola...ogni camera riceve profumi e colori dal suo nome in una tipica casa di montagna con graziosi balconi e belle terrazze. Sauna a pagamento ad uso privato. Dalle specialità ladine alle pizze cotte in forno a legna: al ristorante si trova di tutto!

PEDRACES (BZ) – alt. 1 315 m – ✉ 39036 — 31 C2

Roma 747 – Trento 153 – Bolzano 96 – Venezia 194
strada Pedraces 40 ✆ 0471 839695, badia@altabadia.org, Fax 0471 839573

Gran Ander
cam,

via Runcac 29 – ✆ 04 71 83 97 18 – www.granander.it – info@granander.it – 4 dicembre-marzo e 15 giugno-settembre
20 cam – 64/90 € 106/172 € – ½ P 84/108 €
Rist – *(chiuso a mezzogiorno) (solo per alloggiati)*
◆ Qui l'ospitalità non è una regola alberghiera, ma è autentica, calorosa e spontanea. Prenotate la camera n. 10: un'incantevole stube con vista sul Santa Croce.

Lech da Sompunt
cam,

via Sompunt 36, Sud-Ovest : 3 km – ✆ 04 71 84 70 15 – www.lechdasompunt.it – lech.sompunt@altabadia.it – dicembre-aprile e giugno-settembre
30 cam – solo ½ P 103/108 € **Rist** – Carta 28/35 €
◆ Affacciato su un laghetto, pesca e pedalò d'estate, curling e pattinaggio d'inverno, in camere semplici: un paradiso per gli amanti della natura! Al ristorante, nei periodi di alta stagione, serate gastronomiche con cucina ladina.

Maso Runch

via Runch 11 – ✆ 04 71 83 97 96 – www.masorunch.it – masorunch@yahoo.it
Rist – *(chiuso domenica)* (coperti limitati, prenotare) Menu 20/27 €
◆ Tra i boschi, cinque incantevoli stube in un maso del '700; il menu fisso è un'escursione nelle specialità ladine: minestra d'orzo, tortelli fritti e al burro, stinco e costine di maiale...

SAN CASSIANO (BZ) – alt. 1 535 m – ✉ 39030 — 31 C2

Roma 707 – Trento 159 – Bolzano 103 – Venezia 187
strada Micurà de Rü 24 ✆ 0471 849422, s.cassiano@altabadia.org, Fax 0471 849249

Rosa Alpina
rist,

Str Micura de Rue 20 – ✆ 04 71 84 95 00 – www.rosalpina.it – alpina@relaischateaux.com – 5 dicembre-5 aprile e 25 giugno-19 settembre
41 cam – 360/410 € 485/600 € – 10 suites
Rist St. Hubertus – vedere selezione ristoranti
Rist – *(chiuso martedì) (chiuso a mezzogiorno)* Carta 60/100 €
Rist ***Wine bar & Grill*** – Carta 50/66 €
◆ Emblema dell'eleganza ladina, il moltiplicarsi di spazi ed arredi si traduce in un codice di raffinata sobrietà. Eccellente servizio, siamo ai vertici dell' Alto Adige. Moderno e dinamico il ristorante. Pizza e pasta, fondute, bolliti, insalate e grigliate: al Wine bar & Grill ogni capriccio vi sarà servito!

Armentarola

via Pre de Vi 12, Sud-Est : 2 km – ✆ 04 71 84 95 22 – www.armentarola.com – info@armentarola.com – 2 dicembre-3 aprile e 17 giugno-3 ottobre
43 cam – 100/240 € 160/440 € – 4 suites – ½ P 130/240 €
Rist – Carta 43/81 €
◆ Sulla breccia da 70 anni, piacevolmente démodé, tradizionalmente montano, rinnovato in continuazione: è il simbolo delle vacanze ad alta quota. Saloni a perdivista e maneggio estivo. Oggetti della tradizione locale infondono al ristorante un calore familiare.

Fanes
Pecei 19 – ☎ 04 71 84 94 70 – www.hotelfanes.it – hotelfanes@hotelfanes.it – chiuso dal 20 aprile al 6 giugno e dal 10 al 25 novembre
54 cam – †105/155 € ††310/410 € – ½ P 170/220 € **Rist** – Menu 46/56 €
◆ In posizione panoramica sui tetti di San Cassiano, lo sfarzo delle camere più belle ha pochi eguali in regione. Come il centro benessere, di superlativo splendore. Il menu si divide equamente tra piatti locali e nazionali: tocchi di ricercatezza nella presentazione dei piatti.

Ciasa Salares
via Prè de Vi 31, Sud-Est : 2 km – ☎ 04 71 84 94 45 – www.siriolagroup.it – salares@siriolagroup.it – 3 dicembre-3 aprile e 18 giugno-25 settembre
33 cam – †216 € ††382/434 € – 17 suites – ††584/794 € – ½ P 216/242 €
Rist La Siriola – vedere selezione ristoranti
Rist – Carta 46/62 €
◆ Ancora più grande e confortevole, dopo i recenti lavori che hanno portato alla ristrutturazione di alcuni ambienti, nonché alla creazione di nuove stanze, la risorsa è sempre un ottimo riferimento in Val Badia. Tranquillità, la proverbiale ospitalità altoatesina e l'atmosfera alpina di una *ciasa* tra le Dolomiti.

Diamant
strada Micurà de Rü 29 – ☎ 04 71 84 94 99 – www.hoteldiamant.com – info@hoteldiamant.com – dicembre-Pasqua e 20 giugno-settembre
33 cam – 6 suites – solo ½ P 75/125 € **Rist** – Carta 29/37 €
◆ Per chi ama gli spazi senza tanti fronzoli e scevri da eccessi barocchi, raccomandiamo l'albergo per il rigore e l'ampiezza delle camere. Stube e sale più classiche per il ristorante.

Ciasa ai Pini senza rist
via Glira 4, Sud-Est : 1,5 km – ☎ 04 71 84 95 41 – www.ai-pini.it – aipini@rolmail.net – dicembre-Pasqua e giugno-settembre
21 cam – †36/52 € ††66/100 €
◆ Poco fuori dal paese verso Cortina, hotel ricavato da una struttura interamente rinnovata qualche anno fa. L'aspetto odierno è in linea con la tradizione locale: largo impiego di legno chiaro anche nelle ampie camere.

St. Hubertus – Hotel Rosa Alpina
Str Micura de Rue 20, a San Cassiano – ☎ 04 71 84 95 00 – www.rosalpina.it – info@rosalpina.it – 5 dicembre-5 aprile e 25 giugno-4 ottobre; chiuso martedì
Rist – *(chiuso a mezzogiorno)* Menu 129/155 € – Carta 92/129 €
Spec. Bufala e bue di malga. Risotto bianco e nero con baccalà, cipolla nera in polvere e cedro candito. Agnello di montagna in due portate: costoletta rosa su fagiolini verdi, purè di topinambur e salsa olandese alla menta, ossobuco con polenta grezza.
◆ Siamo ad altezze vertiginose, e non parliamo delle Dolomiti: la cucina di Norbert Niederkofler sublima tecnica e precisione in sapori tutti italiani, pieni e gustosi. Menzione speciale per la splendida sala e l'eccellente servizio: è la vetta dell'Alta Badia.

La Siriola – Hotel Ciasa Salares
via Pre de Vi 31, Sud-Est : 2 km – ☎ 04 71 84 94 45 – www.siriolagroup.it – salares@siriolagroup.it – 3 dicembre-27 marzo e 25 giugno-18 settembre; chiuso lunedì
Rist – *(chiuso a mezzogiorno escluso agosto)* Menu 54 € – Carta 70/98 €
◆ Cucina eclettica e sorprendente con influenze ladine, ma non solo, in un locale sobriamente moderno, "riscaldato" da una piacevole profusione di legno.

ALTAMURA – Bari (BA) – 564 E31 – 68 885 ab. – alt. 467 m – ✉ 70022 **26** B2
Italia

Roma 461 – Bari 46 – Brindisi 128 – Matera 21
Rosone★ e portale★ della Cattedrale

San Nicola rist,

via Luca De Samuele Cagnazzi 29 – ✆ 08 03 10 51 99 – www.hotelsannicola.com – info@hotelsannicola.com
26 cam – ♦60/100 € ♦♦90/150 € – 1 suite – ½ P 65/95 €
Rist *Artusi* – ✆ 08 03 14 40 03 *(chiuso dal 15 al 31 agosto, domenica sera, lunedì)* Carta 33/48 €
♦ In un antico palazzo del 1700, nel cuore del centro storico, vicino al Duomo, un albergo signorile con raffinati ambienti in stile arredati con gusto; camere spaziose. Sala ristorante con soffitto a volte e buona cura dei particolari.

ALTARE – **Savona (SV)** – **561** I7 – **2 160 ab.** – **alt. 398 m** – ✉ **17041** **14** B2

Roma 567 – Genova 68 – Asti 101 – Cuneo 80

Quintilio con cam

via Gramsci 23 – ✆ 01 95 80 00 – www.ristorante-quintilio.it – rquintilio@libero.it – chiuso gennaio e luglio
5 cam – ♦49 € ♦♦69 € – ½ P 50 €
Rist – *(chiuso domenica sera, lunedì)* Carta 32/66 €
♦ Alle porte della località, ristorante con camere confortevoli; cortesia e ospitalità in un ambiente rustico in cui si propone una buona cucina sia ligure che piemontese.

ALTAVILLA VICENTINA – **Vicenza (VI)** – **562** F16 – **11 540 ab.** – **alt. 45 m** – ✉ **36077** **37** A2

Roma 541 – Padova 42 – Milano 198 – Venezia 73

Genziana

via Mazzini 75/77, località Selva Sud-Ovest : 2,5 km – ✆ 04 44 57 21 59 – www.hotelristorantegenziana.com – hotelgenziana@abnet.it
35 cam – ♦50/120 € ♦♦80/140 €
Rist – *(chiuso sabato a mezzogiorno, domenica)* Carta 33/42 €
♦ Cordialità e ottima accoglienza familiare, in un albergo su una collina che domina la valle, immerso nel verde; camere sufficientemente spaziose in stile montano. Piacevole sala da pranzo, ammobiliata in modo semplice.

Tre Torri

via Tavernelle 71 – ✆ 04 44 57 24 11 – www.hoteltretorri.it – info@hoteltretorri.it
92 cam – ♦69/160 € ♦♦79/240 € – 1 suite – ½ P 67/148 €
Rist L'Altro Penacio – vedere selezione ristoranti
♦ Albergo di recente ristrutturazione offre un insieme classico, con camere personalizzate secondo uno stile moderno. Risorsa ideale soprattutto per la clientela d'affari.

L'Altro Penacio – Hotel Tre Torri

via Tavernelle 71 – ✆ 04 44 37 13 91 – altropenacio@infinito.it – chiuso 15 giorni in gennaio, 15 giorni in agosto, domenica, lunedì a mezzogiorno
Rist – Carta 29/57 €
♦ Nel contesto dell'hotel Tre Torri, un ristorante classico-elegante con proposte derivanti da una cucina che ama attingere alla tradizione, ma anche ai sapori del mare.

ALTEDO – **Bologna** – **562** I16 – **Vedere Malalbergo**

ALTICHIERO – **Padova** – **Vedere Padova**

ALTISSIMO – **Vicenza (VI)** – **562** F15 – **2 334 ab.** – **alt. 672 m** – ✉ **36070** **35** B2

Roma 568 – Verona 65 – Milano 218 – Trento 102

Casin del Gamba (Antonio Dal Lago)
strada per Castelvecchio, Nord-Est: 2,5 km – ✆ 04 44 68 77 09 – www.casindelgamba.eu – casindelgamba@hotmail.com – chiuso 15 giorni in gennaio, 15 giorni in agosto, domenica sera, lunedì, martedì a mezzogiorno
Rist – (consigliata la prenotazione) Carta 50/71 €
Spec. Frittura di trota e gambesecche con portentosi e prugnoli (funghi) in agrodolce su galletta integrale (primavera). Ravioli ripieni di ricotta di capra con verdure e tartufo nero (primavera-autunno). Sella di agnello in crosta di mais, semi vari e pepe verde con ortaggi in padella.
♦ Funghi, erbe aromatiche, lumache, profumi di bosco...la cucina di montagna qui è di casa, come l'affettuosa ospitalità di una deliziosa famiglia.

ALTOMONTE – **Cosenza (CS)** – **4 666 ab.** – **alt. 455 m** – ✉ **87042** **5** A1
Italia

Roma 482 – Cosenza 60 – Castrovillari 38

Tomba★ di Filippo Sangineto nella Cattedrale – San Ladislao★ di Simone Martini nel museo

Barbieri
via Italo Barbieri 30 – ✆ 09 81 94 80 72 – www.barbierigroup.it – info@barbierigroup.it – chiuso 24-25 dicembre
41 cam – †55/70 € ††85/105 € – ½ P 70/80 € **Rist** – Carta 22/56 €
♦ Un'intera famiglia al timone di questa completa struttura - in continuo rinnovo - dotata ora anche di un piccolo beauty center. Prelibatezze calabresi al ristorante: *antipasti con verdure sott'olio, salumi nostrani, zuppette e l'agnello*, solo per citarne alcune.

ALTOPASCIO – **Lucca (LU)** – **563** K14 – **14 334 ab.** – **alt. 19 m** – ✉ **55011** **28** B1

Roma 333 – Pisa 38 – Firenze 57 – Lucca 17

Il Melograno
piazza degli Ospitalieri 9 – ✆ 0 58 32 50 16 – www.ilmelogranoclub.it – chiuso dal 15 al 25 agosto
Rist – Carta 45/61 €
♦ Varcata una delle porte che interrompono le mura, una suggestiva enclave di strade e dimore storiche: una cittadella fortificata piacevolmente illuminata la sera. Al primo piano di uno di questi palazzi, rivivono ricette tradizionali di terra e di mare, non prive di vena creativa.

ALZANO LOMBARDO – **Bergamo (BG)** – **561** E11 – **13 403 ab.** – **alt. 304 m** – ✉ **24022** **19** C1

Roma 616 – Bergamo 9 – Brescia 60 – Milano 62

RistoFante
via Mazzini 41 – ✆ 0 35 51 12 13 – www.ristofante.it – ristofante@ristofante.it – chiuso 10 giorni in gennaio, 15 giorni in agosto, domenica sera, lunedì
Rist – *(chiuso a mezzogiorno escluso domenica)* Carta 38/72 €
♦ Nel centro storico, in un antico palazzo ristrutturato, ambiente elegante, confortevole e sobriamente arredato; cucina tradizionale rivisitata, servizio estivo all'aperto.

AMALFI – **Salerno (SA)** – **564** F25 – **5 391 ab.** – ✉ **84011** Italia **6** B2

Roma 272 – Napoli 70 – Avellino 61 – Caserta 85

corso Repubbliche Marinare 27 ✆ 089 871107, info@amalfitouristoffice.it, Fax 089 871107

Posizione e cornice pittoresche★★★ – Duomo di Sant'Andrea★ : chiostro del Paradiso★★ – Vie★ Genova e Capuano

Atrani★ Est : 1 km – Ravello★★★ Nord-Est : 6 km – Grotta dello Smeraldo★★ Ovest : 5 km – Vallone di Furore★★ Ovest : 7 km

Santa Caterina
via Nazionale 9 – 0 89 87 10 12 – www.hotelsantacaterina.it – info@hotelsantacaterina.it
55 cam – 467/869 € – 11 suites – ½ P 326/527 €
Rist – *(chiuso gennaio e febbraio)* Carta 75/107 €
♦ Suggestiva vista del golfo, terrazze fiorite digradanti sul mare con ascensori per la spiaggia, interni in stile di raffinata piacevolezza: qui i sogni diventano realtà! Al ristorante soffitto a crociera, colonne, eleganti tavoli rotondi: per cene di classe.

Marina Riviera senza rist
via P. Comite 19 – 0 89 87 11 04 – www.marinariviera.it – info@marinariviera.it – aprile-ottobre
31 cam – 200 € 250/380 € – 3 suites
♦ Struttura dei primi anni del '900 all'ingresso della località, in posizione panoramica; ariosi spazi comuni e camere totalmente rinnovate con gusto e sobrietà.

Aurora senza rist
piazza dei Protontini 7 – 0 89 87 12 09 – www.aurora-hotel.it – info@aurora-hotel.it – aprile-ottobre
29 cam – 155/185 €
♦ Nella zona del porto, di fronte al molo turistico, costruzione bianca con piacevoli e "freschi" interni dai colori marini; camere luminose con maioliche vietresi.

La Pergola
via Augustariccio 14, località Vettica Minore Ovest : 2 km – 0 89 83 10 88 – www.lapergolaamalfi.it – info@lapergolaamalfi.it – marzo-dicembre
12 cam – 35/100 € 40/160 € – ½ P 65/105 €
Rist – *(aprile-ottobre) (chiuso a mezzogiorno) (solo per alloggiati)*
♦ In un angolo pittoresco della costa, lungo la strada per Positano, camere di buon confort in una struttura recente, a gestione squisitamente familiare. Cucina casalinga e piatti della tradizione locale al ristorante.

Antica Repubblica senza rist
vico dei Pastai 2 – 08 98 73 63 10 – www.anticarepubblica.it – info@anticarepubblica.it
7 cam – 50/150 € 70/170 €
♦ Nel vicolo dove un tempo esercitavano i pastai, piccolo edificio tenuto a regola d'arte: camere elegantemente rifinite (due con baldacchino) ed incantevole terrazza per la prima colazione.

Villa Lara – Dimora d'epoca senza rist
via delle Cartiere 1 bis – 08 98 73 63 58 – www.villalara.it – info@villalara.it – marzo-ottobre
7 cam – 75/135 € 90/185 €
♦ Nella parte alta e più tranquilla della località, una dimora di fine '800 accuratamente ristrutturata, che presenta ai propri ospiti camere graziose, panorama e tanto charme.

Relais Villa Annalara senza rist
via delle Cartiere 1 84011 Amalfi – 0 89 87 11 47 – www.villaannalara.it – info@villaannalara.it
6 cam – 90/170 € 100/180 €
♦ Piacevole struttura in una bella villa: a disposizione un giardino ed un'ampia terrazza con vista incantevole. Camere nuovissime, personalizzate ed eleganti.

XX **Eolo**
via Comite 3 – 0 89 87 11 04 – www.eoloamalfi.it – info@eoloamalfi.it – aprile-ottobre
Rist – *(chiuso martedì) (chiuso a mezzogiorno da giugno al 15 settembre)* Carta 51/98 €
♦ Piatti tradizionali rivisitati in un piccolo ristorante dall'ambiente intimo e curato; appagante vista sul mare attraverso aperture ad arco sostenute da agili colonne.

La Caravella (Antonio Dipino)
via Matteo Camera 12 – ✆ 0 89 87 10 29 – www.ristorantelacaravella.it – info@ristorantelacaravella.it – chiuso dal 7 novembre al 2 dicembre, dal 9 gennaio al 12 febbraio e martedì
Rist – Carta 60/87 €
Spec. Crocchette di alici del golfo ripiene di provola di Agerola con salsa di colatura di alici di Cetara. Cozze ripiene di olive e mozzarella. Soufflé al limone di Amalfi.
◆ E' qui da più di mezzo secolo questo splendido locale che ha fatto la storia gastronomica della costiera amalfitana e che - ancora oggi - rimane indiscusso protagonista. Abilità e fantasia in una cucina che come poche sa esaltare i sapori del territorio.

Marina Grande
viale delle Regioni 4 – ✆ 0 89 87 11 29 – www.ristorantemarinagrande.com – info@ristorantemarinagrande.com – chiuso dal 15 novembre al 20 dicembre, dall'8 gennaio al 20 febbraio e lunedì da ottobre a maggio
Rist – Carta 31/76 €
◆ Locale sulla spiaggia: pavimento in legno nella sala lineare, dove gustare specialità campane o la proverbiale pizza. Gradevole terrazza per il servizio estivo.

Da Ciccio Cielo-Mare-Terra
via Augustariccio 21, località Vettica Minore Ovest : 3 km – ✆ 0 89 83 12 65 – www.ristorantedaciccio.com – info@ristorantedaciccio.com – chiuso dall'11 gennaio al 4 marzo, novembre, martedì , anche lunedì da novembre a marzo
Rist – Carta 36/56 €
◆ Lungo la strada per Positano, fermatevi in questo ristorante che offre uno splendido panorama su mare e costa. Se la vista è in tal modo appagata, al palato ci penserà la cucina con saporiti piatti campani ed una specialità della casa: spaghetti al cartoccio.

AMANTEA – Cosenza (CS) – 564 J30 – 13 968 ab. – ✉ 87032 — 5 A2

Roma 514 – Cosenza 38 – Catanzaro 67 – Reggio di Calabria 160

Mediterraneo Palace Hotel
via Stromboli 79 – ✆ 0 98 24 22 09 – www.mediterraneopalacehotel.it – info@mediterraneohotel.net – chiuso il 24 e 25 dicembre
57 cam – †50/75 € ††75/120 € – ½ P 90/110 €
Rist – Carta 28/36 €
◆ Nel cuore della località, ma non distante dal mare, camere spaziose e servizi completi, tra cui un centro benessere. Specialità ittiche al ristorante.

Mediterraneo
via Dogana 64 – ✆ 09 82 42 63 64 – www.mediterraneohotel.net – info@mediterraneohotel.net
31 cam – †40/60 € ††70/100 € – ½ P 80/90 €
◆ In una dimora di fine '800, una realtà più piccola rispetto al Mediterraneo Palace (di cui di fatto è una specie di dépendance): tanto fascino e un bel giardino.

La Tonnara
via Tonnara 13, Sud : 3 km – ✆ 09 82 42 42 72 – www.latonnara.it – direttore@latonnara.it – chiuso dal 1° al 20 novembre
59 cam – †45/75 € ††80/140 € – ½ P 85/105 €
Rist – Carta 30/44 €
◆ A poche decine di metri dalla spiaggia, hotel con ampie camere - quasi tutte vista mare - e attività organizzate per la ricreazione dei più piccoli nei mesi estivi. Grande sala ristorante, piacevolmente arredata, per fragranti piatti marinari.

AMBIVERE – Bergamo (BG) – 2 352 ab. – alt. 261 m – ✉ 24030 **19** C1

Roma 607 – Bergamo 18 – Brescia 58 – Milano 49

XXX **Antica Osteria dei Camelì** (Loredana Vescovi)

via G. Marconi 13 – ✆ 0 35 90 80 00 – www.anticaosteriadeicameli.it – camil.rota@tiscalinet.it – chiuso dal 2 al 9 gennaio, dal 4 al 28 agosto, lunedì, martedì sera

Rist – (consigliata la prenotazione) Carta 66/116 €

Spec. Casoncelli alla bergamasca. Fritto leggero di mare con verdure in pastella croccante. Mousse leggera di cioccolato fondente.

◆ A metà Ottocento era un'apprezzata osteria di paese, ma con costanza e passione è diventata un locale davvero elegante. Anche la cucina ha avvertito il cambiamento, creativa e saporita, sempre fedele alla tradizione.

AMBRIA – Bergamo – Vedere Zogno

AMEGLIA – La Spezia (SP) – **561** J11 – **4 583 ab.** – **alt. 89 m** – ✉ **19031** **15** D2

Roma 400 – La Spezia 18 – Genova 107 – Massa 17

Paracucchi-Locanda dell'Angelo cam,

viale XXV Aprile 60, (strada provinciale Sarzana-Marinella Sud-Est : 4,5 km) – ✆ 0 18 76 43 91 – www.paracucchilocanda.it – paracucchi@luna.it – 11 marzo-3 novembre

31 cam – 90/150 € 110/170 € – 2 suites

Rist – *(chiuso lunedì)* Carta 48/68 €

◆ In posizione tranquilla, in fondo a un grande giardino con piscina, una costruzione d'ispirazione contemporanea con camere dagli arredi semplici, in parte ristrutturate. Piacevole e luminosa sala stile anni '70, dove assaporare gustosi piatti tradizionali.

River Park Hotel rist,

via del Botteghino 17, località Fiumaretta, Sud-Est : 2 km – ✆ 01 87 64 81 54 – www.riverparkhotel.it – info@riverparkhotel.it

33 cam – 70/120 € 110/150 € – ½ P 80/100 €

Rist – *(chiuso a mezzogiorno)* Carta 40/53 €

◆ Al centro della quieta località balneare di Fiumaretta, imponente struttura di moderna concezione; zone interne confortevoli, camere spaziose, tutte con angolo salottino. Ariosa sala ristorante da cui ammirare l'invitante piscina circondata dal verde.

XXX **Locanda delle Tamerici** (Mauro Ricciardi) con cam cam, cam,

via Litoranea 106, località Fiumaretta, Sud-Est : 3,5 km – ✆ 0 18 76 42 62 – www.locandadelletamerici.com – locandadelletamerici@tin.it – chiuso dal 24 dicembre al 18 gennaio e 1 settimana in ottobre

8 cam – 120/150 € 195/220 €

Rist – *(chiuso lunedì e martedì; solo su prenotazione a mezzogiorno)* Menu 75/100 € – Carta 75/114 €

Spec. Gamberi con gazpacho di fragole e granite alla menta e avocado. Fidelini con astice ai profumi mediterranei. Crema di mascarpone con cuore di cioccolato, pan di Spagna e salsa al caffè.

◆ In un ambiente elegante e signorile, a pochi metri dal mare, specialità ittiche e cucina del territorio proposte con creatività ed accostamenti originali. Le camere sono mansardate, ricche di tessuti e con arredi in stile.

a Montemarcello Sud : 5,5 km – ✉ 19030

(maggio-settembre) via Nuova 48 ✆ 0187 600324, Fax 0187 606738

XX **Pescarino-Sapori di Terra e di Mare** con cam e senza

via Borea 52, Nord-Ovest : 3 km – ✆ 01 87 60 13 88 – ristorantepescarino@yahoo.it – chiuso dal 15 al 31 gennaio, dal 10 al 20 giugno

3 cam – 40/50 € 60/70 €

Rist – *(chiuso lunedì e martedì escluso agosto) (chiuso a mezzogiorno escluso sabato-domenica e festivi)* Carta 35/49 €

◆ Una collocazione davvero piacevole nell'oasi di pace del bosco di Montemarcello, per questo locale in stile semplice, ma di tono elegante che dà ciò che promette. Camere eleganti nella villa adiacente.

AMENDOLARA (Marina di) - Cosenza (CS) - 564 H31 - ✉ 87071 5 A1

Roma 495 - Cosenza 97 - Castrovillari 54 - Crotone 140

Grillo Hotel

viale Lagaria S.S. 106 - ✆ 09 81 91 52 56 - www.grillohotel.com - info@grillohotel.com

40 cam - 45/80 € 80/120 € - ½ P 60/100 € **Rist** - Carta 31/70 €

◆ Questa struttura moderna ed efficiente ha il pregio della poliedricità: ideale per una clientela d'affari, non deluderà il turista di passaggio. Bella piscina e buon standard di servizi. Sapori calabresi al ristorante.

Enotria

viale Calabria 20 - ✆ 09 81 91 50 26 - www.hotelenotria.it - info@hotelenotria.it

46 cam - 43/60 € 57/110 € - 2 suites - ½ P 66 €

Rist - *(chiuso lunedì)* Carta 14/34 €

◆ Vicinissimo alla Torre antica sul mare, l'hotel dispone di spazi comuni moderni e camere lineari in riposanti colori pastello. Piatti di mare nella sala da pranzo al piano terra.

ANACAPRI - Napoli - 564 F24 - Vedere Capri (Isola di)

ANAGNI - Frosinone (FR) - 563 Q21 - 21 475 ab. - alt. 424 m - ✉ 03012 Italia 13 C2

Roma 65 - Frosinone 30 - Anzio 78 - Avezzano 106

Cattedrale★★: cripta★★★ - Quartiere medievale★

Lo Schiaffo

via Vittorio Emanuele 270 - ✆ 07 75 73 91 48 - guidotagliaboschi@alice.it - chiuso dal 25 al 31 luglio, domenica sera (da novembre a febbraio), lunedì

Rist - Carta 40/52 €

◆ Il nome evoca atmosfere medievali, il riferimento al celebre schiaffo a Bonifacio VIII; la sala invece è stata completamente rinnovata e presenta un ambiente caldo e moderno.

ANCONA P (AN) - 563 L22 - 102 047 ab. Italia 21 C1

Roma 319 - Firenze 263 - Milano 426 - Perugia 166

di Falconara per ③: 13 km ✆ 071 28271

via Thaon de Revel 4 ✉ 60124 ✆ 071 358991, iat.ancona@regione.marche.it, 071 3589929

Conero via Betelico 6, frazione Coppo, ✆ 071 7 36 06 13

Duomo di San Ciriaco★ AY - Loggia dei Mercanti★ AZ **F** - Chiesa di Santa Maria della Piazza★ AZ **B** - Museo Archeologico Nazionale delle Marche AY **M**: bronzi romani da Cartoceto★

Piante pagine seguenti

Grand Hotel Passetto senza rist

via Thaon de Revel 1 ✉ 60124 - ✆ 07 13 13 07 - www.hotelpassetto.it - info@hotelpassetto.it - chiuso dal 23 dicembre al 2 gennaio CZ**d**

40 cam - 120 € 195 €

◆ Il giardino con piscina abbellisce questo hotel alle porte della città, non lontano dal mare; eleganti e sobri interni, confortevoli camere di taglio moderno.

NH Ancona

rupi di via 29 Settembre 14 ✉ 60122 - ✆ 0 71 20 11 71 - www.nh-hotels.it - nhancona@nh-hotels.com AZ**a**

89 cam - 70/120 € 120/160 € - ½ P 60/100 €

Rist - *(chiuso a mezzogiorno in agosto)* Carta 35/67 €

◆ Sulla sommità di una collinetta, a pochi passi dal centro, edificio in mattoni d'ispirazione contemporanea; ambienti raffinati e luminosi, gradevoli camere funzionali. Bella sala da pranzo con comode poltroncine e splendida vista sul porto.

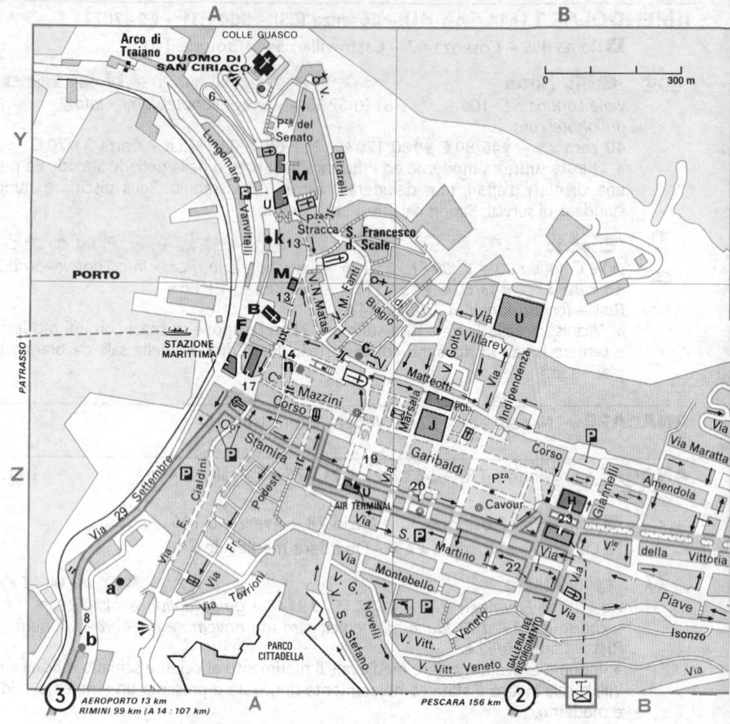

Grand Hotel Palace senza rist

lungomare Vanvitelli 24 ✉ 60121 – ✆ 0 71 20 18 13 – www.hotelancona.it – palace.ancona@libero.it – chiuso dal 22 dicembre al 7 gennaio AY**k**

40 cam – 90/130 € 120/170 €

◆ In un palazzo seicentesco austero e nobiliare, davanti al porto, albergo con "solenne" sala comune con camino; accoglienti camere in stile e appartamenti con angolo cottura.

La Moretta

piazza Plebiscito 52 ✉ 60122 – ✆ 0 71 20 23 17 – www.trattoriamoretta.com – trattoriamoretta@email.it – chiuso dal 1° al 10 gennaio, dal 13 al 18 agosto e domenica AZ**n**

Rist – Menu 28/32 € – Carta 31/42 €

◆ Ristorante della stessa famiglia dal 1897: cucina del territorio di carne e di pesce, stoccafisso e brodetto all'anconetana i classici. Servizio estivo in piazza Plebiscito.

Boccon Divino

via Matteotti 13 – ✆ 07 15 72 69 – massiboccondivino@tiscali.it – chiuso 3 settimane in agosto, sabato a mezzogiorno, domenica AZ**c**

Rist – Carta 34/43 €

◆ Vicino alla piazza del Plebiscito, ristorante accogliente con proposte di mare e di terra, da gustare d'estate nella piccola corte interna. Gestione giovane e capace.

Sot'Ajarchi

via Marconi 93 ✉ 60125 – ✆ 0 71 20 24 41 – chiuso 10 giorni a Natale, agosto e domenica CY**b**

Rist – Carta 34/65 €

◆ Ambiente informale nella piccola trattoria sotto ai portici, dove sentirsi a proprio agio consumando gustosi piatti di mare, a base di pescato fresco giornaliero.

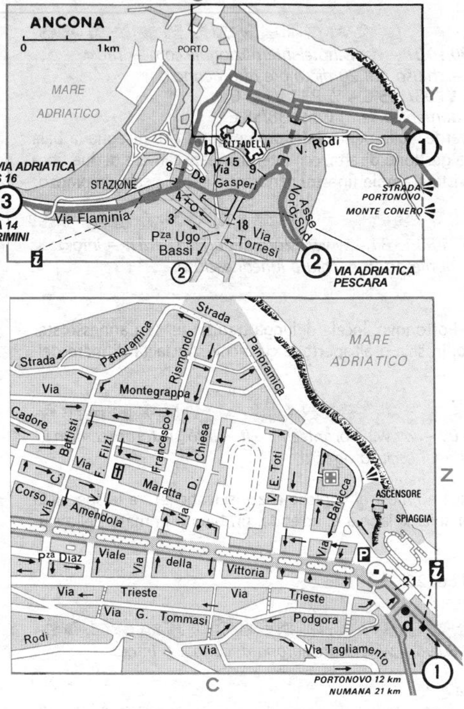

ANCONA

Bruno (V. Giordano)	CY	3
Carlo Alberto (Cso)	CY	4
Garibaldi (Cso)	ABZ	
Giovanni XXIII (V.)	AY	6
Marconi (V.)	AZ	8
Martiri d. Resistenza (V.)	CY	9
Pizzecolli (V. Ciriaco)	AYZ	13
Plebiscito (Pza)	AZ	14
Raffaello Sanzio (V.)	CY	15
Repubblica (Pza)	AZ	17
Ricostruzione (V. della)	CY	18
Roma (Pza)	AZ	19
Stamira (Cso)	AZ	
Stamira (Pza)	BZ	20
Thaon de Revel (V.)	CZ	21
Vecchini (V.)	BZ	22
24 Maggio (Piazzale)	BZ	23

X **Sale Grosso**

via Marconi 3 ✉ 60125 – ☎ 07 12 07 52 79 – salegrossoancona@alice.it – chiuso dal 23 giugno al 15 luglio e mercoledì AZ**b**

Rist – Carta 32/47 €

◆ Alla fine dei portici, davanti alla Mole Vanvitelliana, un locale giovane e sobrio con quadri moderni alle pareti. Cucina fantasiosa a base di prodotti locali di terra e mare.

a Portonovo per ① : 12 km – ✉ 60129

Chiesa di Santa Maria★

Fortino Napoleonico

via Poggio 166 – ☎ 0 71 80 14 50 – www.hotelfortino.it – info@hotelfortino.it

25 cam – †100/160 € ††180/240 € – 5 suites – ½ P 140/170 €

Rist – (consigliata la prenotazione) Carta 58/85 €

◆ Il fasto di un tempo ormai lontano rivive in una suggestiva fortezza ottocentesca sul mare, voluta da Napoleone, per concedersi un incredibile tuffo nel passato! Aristocratica ricercatezza nella maestosa sala da pranzo, splendidi tramonti dalla terrazza.

Emilia cam, cam, cam,

via Poggio 149/a, (in collina), Ovest : 2 km – ☎ 0 71 80 11 45 – www.hotelemilia.com – info@hotelemilia.com – marzo-ottobre

27 cam – †100/150 € ††210/330 € – 3 suites – ½ P 150/210 €

Rist – Carta 57/71 €

◆ Sede del premio d'arte "Ginestra d'oro", hotel con collezione di quadri d'arte moderna, situato in appagante posizione su una terrazza naturale con vista su mare e costa. Ampia sala da pranzo o servizio all'aperto, in ogni caso curata cucina di mare.

Internazionale rist,
via Portonovo – 0 71 80 10 01 – www.hotel-internazionale.com – info@hotel-internazionale.com – chiuso dal 20 dicembre al 6 gennaio
25 cam – 65/145 € 95/195 € – ½ P 110/125 €
Rist – *(chiuso gennaio e domenica sera)* Carta 38/58 €
◆ In una tranquilla oasi verde, sulle pendici del promontorio che disegna la baia di Portonovo, un albergo a gestione diretta, con interni lineari; camere di due tipologie. Pareti con pietra a vista e ampie finestre panoramiche nella sala da pranzo.

XX **Giacchetti**
via Portonovo 171 – 0 71 80 13 84 – www.ristorantedagiacchetti.it – info@ristorantedagiacchetti.it – aprile-ottobre; chiuso lunedì escluso giugno-luglio-agosto
Rist – Carta 38/54 €
◆ Nella silenziosa baia di Portonovo, locale di lunga tradizione, con annesso stabilimento balneare privato; in sala o all'aperto le classiche specialità di mare dell'Adriatico.

X **Da Emilia**
nella baia – 0 71 80 11 09 – www.ristoranteemilia.it – info@ristoranteemilia.it – marzo-ottobre; chiuso lunedì escluso agosto
Rist – Carta 34/59 €
◆ Fragrante cucina di pesce e i *moscioli* (tipiche cozze selvatiche) tra le specialità estive della casa: si pranza sulla spiaggia e, volendo, un bagno in mare nello stabilimento del ristorante.

a Torrette per ③ : 4 km – ✉ 60126

Europa senza rist
via Sentino 3 – 0 71 88 80 96 – www.hoteleuropa-ancona.it – info@hoteleuropa-ancona.it
62 cam – 70 € 94 €
◆ In posizione defilata ma comoda, ad un passo dal grande Ospedale Regionale e non lontano dal mare, camere omogenee, ben tenute e funzionali.

ANDALO – **Trento (TN)** – **562** D15 – **1 018 ab.** – **alt. 1 042 m** – **Sport invernali : 1 040/2 125 m 1 11 (Consorzio Paganella-Dolomiti)** – ✉ **38010** **30** B2
Italia Centro Nord

Roma 625 – Trento 40 – Bolzano 60 – Milano 214
piazza Dolomiti 1 0461 585836, infoandalo@visitdolomitipaganella.it Fax 0461 585570
★★ dal Monte Paganella 30 mn di funivia

Dolce Avita Spa & Resort rist,
via del Moro 1 – 04 61 58 59 12 – www.hoteldolceavita.it – info@hoteldolceavita.it – chiuso dal 27 aprile al 28 maggio e dal 21 settembre al 28 ottobre
27 cam – 98/180 € 158/270 € – 9 suites – ½ P 168/280 €
Rist – *(solo per alloggiati)*
◆ In posizione panoramica e soleggiata, hotel dagli spazi accoglienti e ben arredati: camere "romantic" con letto a baldacchino e junior suite adatte alle famiglie. 500 mq di benessere presso la moderna Spa & Beauty.

Cristallo
via Rindole 1 – 04 61 58 57 44 – www.hotelcristalloandalo.com – info@hotelcristalloandalo.com – dicembre-23 aprile e 15 giugno-15 settembre
38 cam – 60/75 € 120/140 € – ½ P 76/86 € **Rist** – Carta 23/31 €
◆ Albergo centrale, in parte rimodernato negli ultimi anni, a pochissimi metri dagli impianti di risalita; accoglienti interni in stile montano d'ispirazione moderna. Al primo piano, soffitto in legno con lavorazioni a rombi nel ristorante.

Ambiez Suite Hotel cam,

via Priori 8 – 04 61 58 55 56 – www.hotelambiez.com – info@hotelambiez.com – 4 dicembre-Pasqua e 15 giugno-25 settembre

24 cam – 3 suites – solo ½ P 104/140 € **Rist** – *(solo per alloggiati)* Menu 23 €

◆ Hotel a conduzione familiare - completamente rinnovato - con ampie camere in stile montano ed appartamenti di varie tipologie nella dépendance. Gradevole zona benessere. Piatti trentini, ma non solo, nel tipico ristorante.

Serena rist, rist,

via Crosare 15 – 04 61 58 57 27 – www.hotelserena.it – info@hotelserena.it – dicembre-22 aprile e 10 giugno-20 settembre

29 cam – 50/87 € 90/145 € – 3 suites – ½ P 68/102 €

Rist – *(solo per alloggiati)* Menu 20/30 €

◆ Non lontano dal centro, ma in posizione più tranquilla, solida gestione diretta in un albergo in gran parte rimodernato: vista panoramica su montagne maestose e camere confortevoli. Indirizzo ideale per le famiglie.

Al Penny

viale Trento 23 – 04 61 58 52 51 – www.alpenny.it – info@alpenny.it – dicembre-aprile e giugno-ottobre

Rist – Carta 33/40 €

◆ Decentrato, l'insegna che annuncia la possibilità di pizze (serali) depista da una cucina insaspettatamente curata nei prodotti e nelle presentazioni.

ANDORA – Savona (SV) – 561 K6 – 7 543 ab. – 17051 — 14 B2

Roma 601 – Imperia 16 – Genova 102 – Milano 225

largo Milano c/o Palazzo Tagliaferro 0182 681004, andora@inforiviera.it, Fax 0182 681807

Garden

via Aurelia 60 – 0 18 28 86 78 – www.hotelgardenandora.com – info@hotelgardenandora.com – chiuso dal 5 novembre al 21 dicembre

16 cam – 50/80 € 70/100 €, 10 € **Rist** – Carta 21/48 €

◆ Gestione diretta seria e attenta in questo albergo di piccole dimensioni, ideale per famiglie; spazi interni sobri e funzionali e graziose camere lineari, ma curate. Lunga, stretta sala da pranzo, molto luminosa.

Moresco rist,

via Aurelia 96 – 0 18 28 91 41 – www.hotelmoresco.com – info@hotelmoresco.com – chiuso da novembre al 22 dicembre

35 cam – 50/65 € 73/88 €, 12 € – ½ P 42/78 €

Rist – *(solo per alloggiati)* Menu 22/27 €

◆ Albergo centrale con accoglienti e razionali salette, dove rilassarsi dopo una giornata in spiaggia, nonché camere moderne recentemente ristrutturate.

La Casa del Priore

via Castello 34, Nord : 2 km – 0 18 28 73 30 – www.casadelpriore.com – ristorantepriore@gmail.com – chiuso dal 3 gennaio all'11 febbraio e lunedì

Rist – *(chiuso a mezzogiorno escluso sabato e domenica)* Carta 54/84 €

Rist *Brasserie* – *(chiuso a mezzogiorno escluso sabato e domenica)* Menu 25/35 €

◆ All'interno di un ex convento del XIII secolo, una raffinata sala con soffitto in mattoni, grande camino e arredi d'epoca. Cucina dai sapori mediterranei rivisitati. Alla "Brasserie": ambiente informale, specialità alla brace e dehors estivo.

ANDRIA – Barletta-Andria-Trani (BT) – 564 D30 – 99 249 ab. – alt. 151 m – 70031 — 26 B2

Roma 399 – Bari 57 – Barletta 12 – Foggia 82

piazza Imbriani 11 0883 290293

Cristal Palace Hotel
via Firenze 35 – ✆ 08 83 55 64 44 – www.cristalpalace.it – info@cristalpalace.it
40 cam – **†**68/78 € **††**88/110 € – ½ P 62/73 €
Rist ***La Fenice*** – ✆ 08 83 55 02 60 – Carta 23/47 €
♦ In centro, confortevole struttura di moderna concezione con interni eleganti in stile contemporaneo, abbelliti da realizzazioni artistiche; distinte camere con parquet. Vini esposti lungo le pareti, luci soffuse e ambiente raffinato in sala da pranzo.

L'Ottagono rist,
via Barletta 218 – ✆ 08 83 55 78 88 – www.hotelottagono.it – info@hotelottagono.it
43 cam – **†**55/65 € **††**80/90 € – ½ P 58/63 € **Rist** – Menu 18/40 €
♦ Alle porte della cittadina, ma non lontano dal centro, albergo d'ispirazione moderna con un grazioso giardino, spaziose zone comuni e camere lineari; campi di calcetto. Arioso ristorante nelle tonalità del beige e del nocciola.

Tenuta Cocevola
strada statale 170 Castel del Monte-Andria km 9,9, contrada Cocevola – ✆ 08 83 56 69 45 – www.tenutacocevola.com – info@tenutacocevola.com
24 cam – **†**85/100 € **††**100/120 € – ½ P 90 €
Rist – *(chiuso domenica sera, lunedì)* Carta 30/40 €
♦ Abbracciata da profumati uliveti e dalla rigogliosa macchia mediterranea, un'antica tenuta costruita in pietra e tufo accoglie camere calde arredate con legni pregiati. Semplice, caratterizzato da soffitti a botte, il ristorante propone piatti di terra e di mare e dispone anche di sale dove allestire banchetti.

a Montegrosso Sud-Ovest : 15 km – alt. 224 m – ✉ 70031

Agriturismo Biomasseria Lama di Luna
contrada Lama di Luna, Sud : 3,5 km rist,
– ✆ 08 83 56 95 05 – www.lamadiluna.com – info@lamadiluna.com – chiuso gennaio e febbraio
11 cam – **†**110 € **††**150/160 € – ½ P 100/105 €
Rist – *(chiuso a mezzogiorno) (solo per alloggiati)* Menu 25 €
♦ Masseria ottocentesca ristrutturata secondo i dettami della bioarchitettura e del Feng Shui: affascinante mix di tradizione pugliese e filosofia giapponese di vita naturale.

Antichi Sapori
piazza San Isidoro 10 – ✆ 08 83 56 95 29 – www.pietrozito.it – info@pietrozito.it – chiuso dal 23 dicembre al 3 gennaio, dal 10 al 20 luglio, dal 10 al 20 agosto, sabato sera, domenica
Rist – (coperti limitati, prenotare) Carta 25/36 €
♦ Trattoria con decorazioni di vita contadina e tappa irrinunciabile per chi desidera conoscere i sapori tradizionali pugliesi, a base di prodotti ormai quasi introvabili. Dal vicino orto, le saporite verdure presenti in menu.

ANGERA – Varese (VA) – **561** E7 – **5 648 ab.** – **alt. 205 m** – ✉ **21021** **16** A2
Italia

Roma 640 – Stresa 34 – Milano 63 – Novara 47

piazza Garibaldi 10 ✆ 0331 960256 iatangera@provincia.va.it, Fax 0331 932897

Affreschi★★ e Museo della Bambola★ nella Rocca

Dei Tigli senza rist
via Paletta 20 – ✆ 03 31 93 08 36 – www.hoteldeitigli.com – info@hoteldeitigli.com – chiuso dal 18 dicembre al 6 gennaio
31 cam – **†**95/105 € **††**130/140 €, 10 €
♦ In centro, a due passi dal pittoresco e panoramico lungolago, atmosfera familiare in un hotel con interni accoglienti: arredamento curato negli spazi comuni e nelle camere.

Lido Angera

viale Libertà 11, Nord : 1 km – ✆ 03 31 93 02 32 – www.hotellido.it – lido@hotellido.it – chiuso dal 27 al 30 dicembre e dal 1° al 5 gennaio
17 cam – 80/88 € 110/125 € – ½ P 85 €
Rist – *(chiuso lunedì a mezzogiorno)* Carta 33/59 €
♦ In posizione incantevole, leggermente rialzata, proprio a ridosso del lago, una calda risorsa a gestione familiare. Camere ampie con arredi semplici ma complete di tutto. Ristorante con ampie e panoramiche vetrate, per apprezzare specialità di lago.

ANGHIARI – Arezzo (AR) – 563 L18 – 5 867 ab. – alt. 429 m – ✉ 52031 29 D2

Toscana

Roma 242 – Perugia 68 – Arezzo 28 – Firenze 105

Cimitero di Monterchi cappella con Madonna del Parto★ di Piero dellaFrancesca Sud-Est : 11 km

La Meridiana

piazza 4 Novembre 8 – ✆ 05 75 78 81 02 – www.hotellameridiana.it – info@hotellameridiana.it
25 cam – 50 € 60/70 €, 5 € – ½ P 50 €
Rist – *(chiuso sabato)* Menu 18 €
♦ Esperta gestione familiare in un alberghetto semplice e conveniente vicino alla parte medievale di Anghiari; camere essenziali e spaziose con mobili in laminato bianco. Sala ristorante in linea con la tradizionale schiettezza della cucina.

Da Alighiero

via Garibaldi 8 – ✆ 05 75 78 80 40 – www.daalighiero.it – rist-daalighiero@libero.it – chiuso dal 15 febbraio al 10 marzo e martedì
Rist – Carta 26/41 €
♦ Piatti semplici e abbondanti dalle chiare radici toscane in questo locale dalla giovane gestione, in prossimità delle antiche porte di ingresso della città. Da assaggiare i cantucci.

ANGUILLARA SABAZIA – Roma (RM) – 563 P18 – 18 256 ab. – alt. 195 m – ✉ 00061 12 B2

Roma 39 – Viterbo 50 – Civitavecchia 59 – Terni 90

Country Relais I Due Laghi

località Le Cerque-via della Marmotta, Nord-Est : 3 km – ✆ 06 99 60 70 59 – www.iduelaghi.it – info@iduelaghi.it
31 cam – 120 € 170 € – ½ P 115 €
Rist *La Posta de' Cavalieri* – Carta 32/53 €
♦ Nella dolcezza e nella tranquillità dei colli, per arrivare all'albergo si attraversa uno dei maggiori centri equestri d'Italia presso il quale è anche possibile praticare una "finta" caccia alla volpe. Nell'elegante sala da pranzo, una cucina creativa con pesci di lago, carni e formaggi di produzione propria.

ANNONE VENETO – Venezia (VE) – 562 E20 – 3 946 ab. – alt. 9 m – ✉ 30020 36 C2

Roma 522 – Venezia 70 – Trieste 108

Il Credenziere

via Quattro Strade 12 – ✆ 04 22 76 99 22 – www.ilcredenziereristorante.it – ilcredenziere@alice.it – chiuso dal 1° al 21 gennaio, domenica sera, lunedì
Rist – Menu 45 € – Carta 35/45 €
♦ Se la sera l'atmosfera si fa piacevolmente romantica, a pranzo non mancano charme e savoir-faire. In menu: piatti prevalentemente di pesce, in chiave moderna.

ANNUNZIATA – Cuneo – Vedere La Morra

ANTAGNOD – Aosta – 561 E5 – Vedere Ayas

ANTERSELVA = ANTHOLZ – Bolzano – 562 B18 – Vedere Rasun Anterselva

ANTEY SAINT ANDRÈ – Aosta (AO) – 561 E4 – 612 ab. – alt. 1 074 m – ✉ 11020 34 B2

Roma 729 – Aosta 35 – Breuil-Cervinia 20 – Milano 167

Maison Tissiere

frazione Petit Antey 9 – ✆ 01 66 54 91 40 – www.hoteltissiere.it – info@hoteltissiere.it – chiuso dal 4 al 28 maggio e dal 4 al 26 novembre

14 cam – †80/120 € ††140/200 € – ½ P 85/125 € **Rist** – Carta 28/65 €

◆ Nella parte alta del paese, un rascard (fienile) con stalla del '700, sobriamente ristrutturato: pavimenti in pietra e larice nonché arredi dalle forme semplici e discrete per non contrastare con l'architettura contadina dell'edificio. Al ristorante, piatti piemontesi e valdostani gustosamente "alleggeriti".

Des Roses

rist,

località Poutaz – ✆ 01 66 54 85 27 – www.hoteldesroses.com – info@hoteldesroses.com – 6 dicembre-4 maggio e 21 giugno-16 settembre

21 cam – †38/46 € ††57/74 €, ☕ 7 € – ½ P 44/64 €

Rist – *(chiuso a mezzogiorno dal 6 dicembre al 4 maggio)* Menu 23/26 €

◆ Cordialità e ambiente familiare in un albergo d'altura, ambienti in stile alpino e graziosa saletta al piano terra con camino e travi a vista; camere dignitose. Ristorante decorato con bottiglie esposte su mensole, sedie in stile valdostano.

ANZIO – Roma (RM) – 563 R19 – 52 192 ab. – ✉ 00042 Italia 12 B3

Roma 52 – Frosinone 81 – Latina 25 – Ostia Antica 49

per Ponza – Caremar, call center 892 123

Da Alceste

piazzale Sant'Antonio 6 – ✆ 0 69 84 67 44 – www.alcestealbuongusto.it

Rist – Carta 44/64 € (+12 %)

◆ La sensazione è quella di essere su una palafitta, grazie alle vetrate su tre lati che lo rendono molto luminoso e permettono all'ospite di godere del panorama. Ma anche l'interno è un omaggio alla posizione: tinte mediterranee e una cucina che strizza l'occhio al mare.

ANZOLA DELL'EMILIA – Bologna (BO) – 562 I15 – 11 785 ab. – alt. 38 m – ✉ 40011 9 C3

Roma 381 – Bologna 13 – Ferrara 57 – Modena 26

Alan senza rist

via Emilia 46/b – ✆ 0 51 73 35 62 – www.alanhotel.it – info@alanhotel.it – chiuso Natale e Pasqua

61 cam – †50/120 € ††70/140 €, ☕ 10 €

◆ In comoda posizione sulla via per Bologna, questo albergo in parte recentemente ristrutturato dispone di spazi comuni personalizzati e camere ampie, ben insonorizzate.

AOSTA P (AO) – 561 E3 – 34 979 ab. – alt. 583 m – Sport invernali : funivia per Pila (A/R): a Pila 1 450/2750 m 2 9 – ✉ 11100 Italia 34 A2

Roma 746 – Chambéry 197 – Genève 139 – Martigny 72

piazza Chanoux 2 ✆ 0165 236627, aosta@turismo.vda.it, Fax 0165 34657

Aosta Arsanieres località Arsanieres, ✆ 0165 5 60 20

Collegiata di Sant'Orso Y : capitelli★★ del chiostro★ – Finestre★ del Priorato di Sant'Orso Y – Monumenti romani★ : Porta Pretoria Y **A**, Arco di Augusto Y **B**, Teatro Y **D**, Anfiteatro Y **E**, Ponte Y **G**

Valle d'Aosta★★ : Panorami★★★

Europe

rist,

piazza Narbonne 8 – ✆ 01 65 23 63 63 – www.hoteleuropeaosta.it – info@hoteleuropeaosta.it Y**c**

63 cam ☕ – †70/90 € ††100/140 € – ½ P 65/88 €

Rist – *(chiuso domenica)* Carta 32/53 €

◆ In pieno centro storico, confortevole albergo con un accogliente soggiorno in stile: pianoforte, bianche colonne, parquet e arredi di sobria eleganza; camere ben tenute. Graziosi tavolini nella raffinata sala da pranzo con soppalco e grandi vetrate.

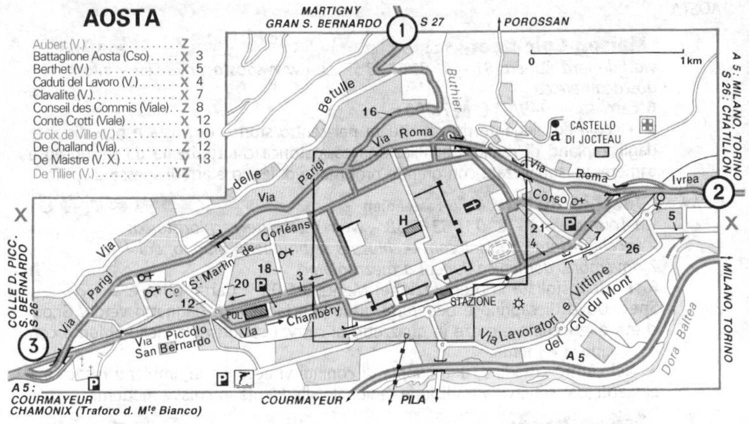

AOSTA

Aubert (V.)	Z	
Battaglione Aosta (Cso)	X	3
Berthet (V.)	X	5
Caduti del Lavoro (V.)	X	4
Clavalite (V.)	X	7
Conseil des Commis (Viale)	Z	8
Conte Crotti (Viale)	X	12
Croix de Ville (V.)	Y	10
De Challand (Via)	Z	12
De Maistre (V. X.)	Y	13
De Tillier (V.)	YZ	

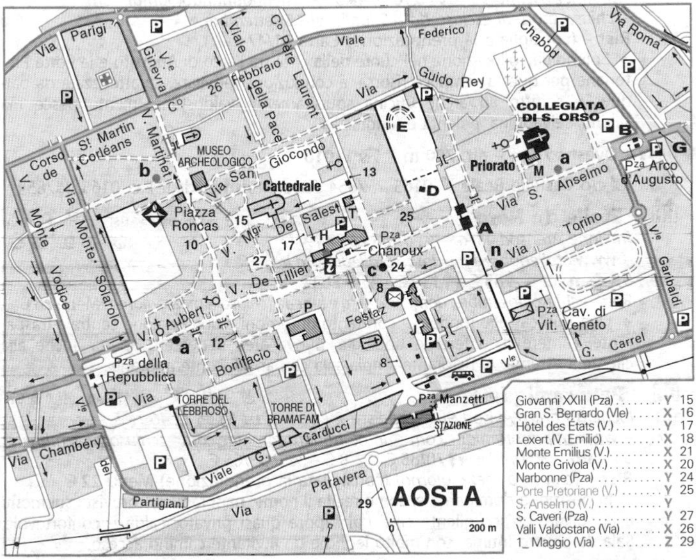

Giovanni XXIII (Pza)	Y	15
Gran S. Bernardo (Vle)	X	16
Hôtel des États (V.)	Y	17
Lexert (V. Emilio)	X	18
Monte Emilius (V.)	X	21
Monte Grivola (V.)	X	20
Narbonne (Pza)	Y	24
Porte Pretoriane (V.)	Y	25
S. Anselmo (V.)	Y	
S. Caveri (Pza)	Y	27
Valli Valdostane (Via)	X	26
1_ Maggio (Via)	Z	29

Milleluci senza rist

località Porossan Roppoz 15 – 01 65 23 52 78
– www.hotelmilleluci.com – info@hotelmilleluci.com Xa

31 cam – 120/130 € 140/190 €

◆ Albergo in posizione tranquilla e panoramica con vista sulla città; particolari gli interni con arredi, rifiniture e oggetti originali, tipici della tradizione locale.

Roma senza rist

via Torino 7 – 0 16 54 10 00 – www.hotelroma-aosta.it – hroma@libero.it
– chiuso novembre Yn

38 cam – 43/60 € 73/82 €, 7 €

◆ Atmosfera familiare e interni arredati in modo tradizionale in un hotel adiacente al centro storico; la reception si trova in una struttura circolare al centro della hall.

Maison Colombot senza rist
via Edouard Aubert, 81 – ☎ 01 65 23 57 23 – www.aostacamere.eu – info@aostacamere.eu Za
6 cam – 49/65 € 78/90 €
♦ Piccola ed elegante risorsa situata nel centro storico di Aosta e non distante dagli impianti di risalita per Pila. Una casa storica caratterizzata da sei graziose camere, personalizzate con grande profusione di legno e arredi spesso d'epoca.

Vecchio Ristoro (Alfio Fascendini)
via Tourneuve 4 – ☎ 0 16 53 32 38 – www.ristorantevecchioristoro.it – vecchioristoro@hotmail.com – chiuso 3 settimane in giugno, dal 1° al 7 novembre, domenica, lunedì a mezzogiorno Yb
Rist – (consigliata la prenotazione) Menu 60/70 € – Carta 47/69 €
Spec. Uovo di caprino e peperone giallo con fagiolini e bagnetto verde. Gnocchetti di zucchine e cozze in guazzetto al curry. Cosciotto d'agnello al forno con birra, cipolla e menta.
♦ Nel centro cittadino, una coppia di coniugi vi accoglie in ambienti rustici, ma eleganti, per servirvi la tradizione regionale alleggerita in chiave moderna.

Osteria Nando
via Sant'Anselmo 99 – ☎ 0 16 54 44 55 – osteriadanando@gmail.com – chiuso martedì escluso dal 15 luglio al 15 settembre Ya
Rist – (consigliata la prenotazione) Carta 31/47 €
♦ Splendida collocazione nel cuore della città tra l'arco di Augusto e le Porte Pretoriane per questa semplice risorsa, a conduzione familiare, caratterizzata da parquet e soffitto ad archi. Cucina squisitamente valdostana: niente pesce ma salumi, selvaggina, polenta e funghi.

a Sarre Ovest : 7 km – alt. 780 m – ✉ 11010

c/o Castello Reale ☎ 0165 257854 sarre@turismo.vda.it Fax 0165 257854

Etoile du Nord rist,
frazione Arensod 11/a – ☎ 01 65 25 82 19 – www.etoiledunord.it – info@etoiledunord.it
59 cam – 85 € 130 € – ½ P 80 €
Rist – *(chiuso novembre, domenica sera e lunedì) (chiuso a mezzogiorno)* Menu 26 €
♦ Quasi un castello moderno, con tanto di torrioni e un cupolone centrale trasparente; camere di differente tipologia, nuova area benessere aperta anche alla clientela esterna. Al ristorante ampia sala con arredi contemporanei.

Panoramique rist,
località Pont d'Avisod 90, Nord-Est : 2 km – ☎ 01 65 55 12 46 – www.htlpanoramique.com – info@htlpanoramique.com – chiuso novembre
31 cam – 50/67 € 70/85 €, 8 € – ½ P 55/65 €
Rist – *(chiuso a mezzogiorno)* (consigliata la prenotazione) Menu 22 €
♦ In posizione dominante e, come recita il nome, panoramica, con vista sui monti e la vallata, un'accogliente casa dal sapore quasi privato, calda e confortevole. Sala da pranzo intima, con molto legno e un invitante camino acceso.

a Pollein per ② : 5 km – alt. 551 m – ✉ 11020

Diana cam, cam,
via Saint Benin 1/b – ☎ 0 16 55 31 20 – www.hoteldianaaosta.com – info@hoteldianaaosta.com
30 cam – 48/60 € 76/88 € – ½ P 56/60 €
Rist *Atelier 5* – ☎ 01 65 21 85 29 21 *(chiuso mercoledì)* Carta 36/52 €
♦ Sulla strada per Pila, imponente struttura bianca abbracciata dal verde e da alte montagne; funzionali interni in stile moderno, camere con arredi in legno di ciliegio. Sala con pavimento a scacchiera, divisa centralmente da colonne; cucina eclettica.

APPIANO SULLA STRADA DEL VINO (EPPAN AN DER WEINSTRASSE) – Bolzano (BZ) – 562 C15 – 12 308 ab. – alt. 418 m – ✉ 39057

30 B2

Roma 641 – Bolzano 10 – Merano 32 – Milano 295

a San Michele (St. Michael) – ✉ **39057**

i piazza Municipio 1 ✆ 0471 662206, info@eppan.com, Fax 0471 663546

Ansitz Tschindlhof

via Monte 36 – ✆ 04 71 66 22 25 – www.tschindlhof.com – info@tschindlhof.com – 10 aprile-6 novembre

15 cam – 75/80 € 112/164 € – 4 suites

Rist – *(18 aprile-ottobre) (chiuso a mezzogiorno) (solo per alloggiati)* Menu 17 €

◆ Incantevole dimora antica piacevolmente situata in un giardino-frutteto con piscina: amabili e raffinati interni con mobili in legno lavorato, camere accoglienti.

Ansitz Angerburg cam, rist,

via dell'Olmo 16 – ✆ 04 71 66 21 07 – www.hotel-angerburg.com – info@hotel-angerburg.com – aprile-8 novembre

32 cam – 49/71 € 92/138 € – ½ P 58/81 € **Rist** – Carta 21/41 €

◆ A due passi dal centro, grande struttura abbellita da un grazioso giardino con piscina; mobili in legno scuro ravvivato da disegni floreali negli spazi comuni, camere lineari. Sala da pranzo essenziale con grandi finestre; cucina del territorio.

Schloss Aichberg senza rist

via Monte 31 – ✆ 04 71 66 22 47 – www.aichberg.com – info@aichberg.com – marzo-15 novembre

12 cam – 70/85 € 110/140 € – 5 suites

◆ Sarete affascinati dalla gradevolezza della collocazione di questo albergo, in un giardino-frutteto con piscina riscaldata; graziosi spazi comuni in stile montano.

Zur Rose (Herbert Hintner)

via Josef Innerhofer 2 – ✆ 04 71 66 22 49 – www.zur-rose.com – info@zur-rose.com – chiuso dal 24 al 26 dicembre, domenica, lunedì a mezzogiorno

Rist – Menu 65/75 € – Carta 59/89 €

Spec. Spaghetti al limone e vongole (estate). Petto di piccione con finferli e purea di sedano. Dialogo al caffè e cioccolato.

◆ Ampia scelta enologica che annovera anche etichette francesi e una cucina che passa con *nonchalance* dall'Alto Adige al Mediterraneo, in questo locale del centro storico, recentemente rinnovato. Piacevole dehors per la bella stagione.

a Pigeno (Pigen)**Nord-Ovest : 1,5 km** – ✉ **39057 San Michele Appiano**

Stroblhof rist,

strada Pigeno 25 – ✆ 04 71 66 22 50 – www.stroblhof.it – hotel@stroblhof.it – marzo-novembre

30 cam – 98/114 € 158/186 € – ½ P 92/118 €

Rist – *(chiuso lunedì)* Carta 36/60 €

◆ Abbracciata dal verde dei vigneti, una grande struttura impreziosita da un bel giardino con laghetto-piscina, adatta a una vacanza con la famiglia; camere ampie e recenti. Luce soffusa nella sala ristorante con soffitto in travi di legno; splendido dehors.

Schloss Englar senza rist

via Pigeno 42 – ✆ 04 71 66 26 28 – www.schloss-englar.it – info@schloss-englar.it – Pasqua-novembre

11 cam – 120/130 €

◆ Tranquillità della natura ristoratrice e fascino ammaliatore di un'amenità totale in un castello medioevale dove ritrovare intatta l'atmosfera di una residenza nobiliare.

a Cornaiano (Girlan)**Nord-Est : 2 km** – ✉ **39057**

Weinegg

via Lamm 22 – ✆ 04 71 66 25 11 – www.weinegg.com – info@weinegg.com

25 cam – 17 suites – solo ½ P 110/140 €

Rist *L'Arena* – Carta 36/80 €

◆ Nella tranquillità totale della natura, imponente edificio moderno con incantevole vista su monti e frutteti; ambienti in elegante stile tirolese dotati di ogni confort. Sale da pranzo con bei soffitti in legno, alcune di raffinata eleganza.

Girlanerhof rist,

via Belvedere 7 – ✆ 04 71 66 24 42 – www.girlanerhof.it – info@girlanerhof.it – Pasqua-novembre

22 cam – ♦80/93 € ♦♦140/176 € – 8 suites – ½ P 82/104 €

Rist – Carta 30/56 €

◆ Tra i vigneti, in un'oasi di pace, sobria ricercatezza e accoglienza tipica tirolese in un hotel a gestione diretta con elegante sala soggiorno in stile; camere piacevoli. Ristorante arredato con gusto e illuminato da grandi finestre ornate di graziose tende.

XX **Marklhof-Bellavista**

via Marklhof 14 – ✆ 04 71 66 24 07 – www.eppan.com/marklhof – marklhof@brennercom.net – chiuso domenica sera, lunedì

Rist – Carta 31/44 €

◆ Semplice e ben fatta la cucina, qualche ricercatezza nelle proposte di mare; l'insegna invece ammicca al piacere di fermarsi all'antico maso: delizia per gli occhi in un paesaggio di alberi da frutto.

a Monte (Berg) **Nord-Ovest : 2 km – ✉ 39057 San Michele Appiano**

Steinegger cam,

via Masaccio 9 – ✆ 04 71 66 22 48 – www.steinegger.it – info@steinegger.it – aprile-novembre

36 cam – ♦55/90 € ♦♦110/140 € – ½ P 65/80 €

Rist – *(chiuso mercoledì)* Carta 20/46 €

◆ Possente complesso in aperta campagna, con bella vista sulla vallata, ideale per famiglie per la sua tranquillità e per le buone attrezzature sportive; camere decorose. Comodi a pranzo in un ambiente in perfetto stile tirolese, impreziosito da un forno originale.

XX **Bad Turmbach** con cam cam,

via Rio della Torre 4 – ✆ 04 71 66 23 39 – www.turmbach.com – gasthof@turmbach.com – 20 marzo-22 dicembre

15 cam – ♦50/55 € ♦♦90/120 € – ½ P 63/70 €

Rist – *(chiuso martedì, mercoledì a mezzogiorno)* Menu 35/65 € – Carta 40/59 €

◆ Il servizio estivo in giardino è davvero godibile, ma anche la cucina è in grado di offrire piacevoli emozioni attraverso proposte del territorio rielaborate con fantasia.

a Missiano (Missian) **Nord : 4 km – ✉ 39057 San Paolo Appiano**

Schloss Korb

via Castello d'Appiano 5 – ✆ 04 71 63 60 00 – www.schloss-hotel-korb.com – info@schloss-hotel-korb.com – 13 aprile-8 gennaio

36 cam – ♦75/160 € ♦♦120/230 € – 10 suites – ½ P 90/145 €

Rist – Carta 47/68 €

◆ Incantevole veduta panoramica sulla vallata e quiete assoluta in un castello medioevale dai raffinati e tipici interni; molte camere nell'annessa struttura più recente. Calda, raffinata atmosfera nella sala in stile rustico con pareti in pietra; cucina locale.

ai laghi di Monticolo (Montiggler See) **Sud-Est : 6 km – ✉ 39057 San Michele Appiano**

Gartenhotel Moser rist,

lago di Monticolo 104 – ✆ 04 71 66 20 95 – www.gartenhotelmoser.com – info@gartenhotelmoser.com – marzo-novembre

32 cam – ♦86/105 € ♦♦150/182 € – 10 suites – ½ P 95/105 €

Rist – Carta 42/63 €

◆ Ideale per una distensiva vacanza con tutta la famiglia, questo albergo immerso nella pace del suo giardino-frutteto; camere confortevoli e piacevole zona fitness. Linee essenziali e colori caldi nella spaziosa sala da pranzo; servizio estivo all'aperto.

APPIGNANO – Macerata (MC) – 563 L22 – 4 307 ab. – alt. 199 m – ✉ 62010 **21** C2

R oma 302 – Ancona 45 – Macerata 15 – Perugia 138

Country House dei Segreti

via Verdefiore 41, Nord : 3 km – ✆ 07 33 57 97 86 – www.osteriadeisegreti.com – info@osteriadeisegreti.com

16 cam ☕ – 🚹35/40 € 🚹🚹60/70 € – ½ P 80/100 €

Rist *Osteria dei Segreti* – ✆ 0 73 35 76 85 *(chiuso dal 1° al 20 febbraio e mercoledì)* Carta 28/42 €

♦ Un casolare sapientemente ristrutturato nel cuore della campagna marchigiana: camere dall'arredamento sobrio, ma confortevoli e tranquille. Un ottimo indirizzo per rilassarsi e godere della natura circostante. I sapori del territorio nel menu del ristorante.

APRICA – Sondrio (SO) – 561 D12 – 1 635 ab. – alt. 1 172 m – Sport invernali : 1 181/2 600 m 2 12, – ✉ 23031 — 17 C1

Roma 674 – Sondrio 30 – Bolzano 141 – Brescia 116

corso Roma 150 ✆ 0342 746113, infoaprica@provincia.so.it, Fax 0342 747732

Derby

via Adamello 16 – ✆ 03 42 74 60 67 – www.albergoderby.it – info@albergoderby.it

50 cam ☕ – 🚹85/120 € 🚹🚹90/130 € – 1 suite – ½ P 80/120 €

Rist – *(dicembre-aprile e giugno-settembre)* Carta 24/35 €

♦ Capace conduzione diretta in un complesso di moderna concezione, ristrutturato completamente e ampliato; confortevoli spazi interni in stile contemporaneo. Massicce colonne color amaranto ravvivano la sala ristorante.

Arisch

via Privata Gemelli s.n.c. – ✆ 03 42 74 70 48 – www.hotelarisch.com – info@hotelarisch.com – chiuso maggio, ottobre, novembre

23 cam ☕ – 🚹70/145 € 🚹🚹110/230 €

Rist *Gimmy's* – *(chiuso lunedì in bassa stagione)* (consigliata la prenotazione) Carta 51/76 €

♦ Il tipico stile montano eccheggia negli ambienti, nonché nelle camere, di questa recente, piccola, struttura di valido confort e dall'intraprendente conduzione familiare. Vivamente consigliata una sosta gastronomica al Gimmy's: cucina casalinga attenta al territorio.

APRICALE – Imperia (IM) – 561 K4 – 573 ab. – alt. 273 m – ✉ 18035 — 14 A3

Roma 668 – Imperia 63 – Genova 169 – Milano 292

Locanda dei Carugi

via Roma 12/14 – ✆ 01 84 20 90 10 – www.locandadeicarugi.it – info@locandadeicarugi.it

6 cam ☕ – 🚹88/108 € 🚹🚹110/135 €

Rist La Capanna-da Bacì – vedere selezione ristoranti

♦ Non è raggiungibile in auto quest'antica locanda nel cuore di un borgo medievale tra i più suggestivi d'Italia. Travi a vista, letti in ferro battuto e *abat-jour* in stile liberty nelle camere dai nomi fortemente evocativi: Attico di Lucrezia, la Badessa, la Contessa, la Suite della Perpetua…

La Favorita con cam

località Richelmo – ✆ 01 84 20 81 86 – www.lafavoritaapricale.com – info@lafavoritaapricale.com – chiuso 15 giorni in novembre

6 cam ☕ – 🚹55/60 € 🚹🚹70/90 € – ½ P 65/70 €

Rist – *(chiuso martedì sera e mercoledì escluso agosto)* Carta 24/33 €

♦ Tante gustose specialità in un locale a 500 m dal paese: antipasti apricalesi, coniglio al Rossese con olive taggiasche, e sul camino che troneggia in sala, carni alla griglia cucinate sulla brace di legno d'ulivo. Nella bella stagione, si pranza e si cena nella magia della terrazza. Camere accoglienti a tema floreale.

La Capanna-da Bacì – Locanda dei Carugi

via Roma 16 – ✆ 01 84 20 81 37 – www.baciristorante.it – info@baciristorante.it

Rist – *(chiuso dal 7 al 31 gennaio, lunedì sera e martedì, anche mercoledì da ottobre ad aprile)* Menu 18/35 €

♦ Tra i viottoli in pietra del centro storico, un ristorante dall'atmosfera rustica: dalla veranda la vista sulle montagne e dalla cucina i sapori dell'entroterra ligure.

APRILIA – Latina (LT) – 563 R19 – 68 587 ab. – alt. 80 m – ✉ 04011 12 B2

Roma 44 – Latina 26 – Napoli 190

Oasi via Cogna 5-via Nettunense km 26,400, ☎ 06 92 74 62 52

XXX **Il Focarile** con cam

via Pontina al km 46,5 – ☎ 0 69 28 25 49 – www.ilfocarile.it – info@ilfocarile.it – chiuso 2 settimane in agosto

4 cam – 250 €

Rist – *(chiuso domenica sera, lunedì)* Menu 60/80 € – Carta 46/61 €

◆ L'ingresso sontuoso introduce degnamente in un'ampia, luminosa sala di tono elegante con tavoli spaziati; tocco toscano per una cucina ricca di tradizione e d'inventiva. Dispone anche di nuove eleganti camere.

XX **Da Elena**

via Matteotti 14 – ☎ 06 92 70 40 98 – ristorantedaelena@libero.it – chiuso agosto e domenica

Rist – Carta 29/44 €

◆ Ambiente moderno semplice, ma accogliente, e conduzione vivace per un ristorante classico a gestione familiare, con cucina tradizionale di terra e di mare.

AQUILEIA – Udine (UD) – 562 E22 – 3 494 ab. – ✉ 33051 Italia 11 C3

Roma 635 – Udine 41 – Gorizia 32 – Grado 11

via Giulia Augusta (bus Terminal) ☎ 0431 919491, info.aquileia@turismo.fvg.it, Fax 0431 919491

Basilica★★ : affreschi★★ della cripta carolingia, pavimenti★★ della cripta degli Scavicripta degli Scavi – Rovine romane★

Patriarchi

via Giulia Augusta 12 – ☎ 04 31 91 95 95 – www.hotelpatriarchi.it – info@hotelpatriarchi.it – chiuso febbraio

23 cam – 44/58 € 74/96 € – ½ P 48/73 € **Rist** – Carta 21/40 €

◆ Nel cuore del centro storico-archeologico di Aquileia, un albergo semplice e funzionale che si è recentemente dotato di una grande sala riunioni; camere confortevoli. Sala da pranzo classica, ma piacevole con ampio salone per banchetti.

ARABBA – Belluno (BL) – 562 C17 – alt. 1 602 m – Sport invernali : 35 B1

1 600/3 269 m 7 23 (Comprensorio Dolomiti superski Arabba-Marmolada) – ✉ 32020 Italia

Roma 709 – Belluno 74 – Cortina d'Ampezzo 36 – Milano 363

via Mesdì 38 ☎ 0436 79130, arabba@infodolomiti.it, Fax 0436 79300

Sporthotel Arabba rist,

via Mesdi 76 – ☎ 0 43 67 93 21 – www.sporthotelarabba.com – info@sporthotelarabba.com – 4 dicembre-11 aprile e 15 giugno-19 settembre

52 cam – 60/160 € 120/380 € – ½ P 75/205 €

Rist – Menu 20/30 €

Rist *La Stube* – Carta 35/50 €

◆ Nel cuore della località, questa grande casa di montagna offre il meglio di sé negli spazi comuni, caratterizzati da tipiche decorazioni in legno che creano una "calda" atmosfera da baita. Camere in stile o più lineari; magnifica vista. Romantiche cene a lume di candela nel raccolto ed elegante ristorante *La Stube*.

Evaldo

via Mesdì 3 – ☎ 0 43 67 91 09 – www.hotelevaldo.it – info@hotelevaldo.it – chiuso dal 15 aprile al 15 maggio e dal 15 ottobre al 30 novembre

24 cam – 80/200 € 120/340 € – 16 suites – 170/450 € – ½ P 75/190 €

Rist – Carta 31/46 €

◆ Interni signorili rivestiti in legno e calda atmosfera in questa grande casa con vista panoramica sulle Dolomiti. Essenze naturali, musica e acque rigeneranti presso l'originale centro benessere. Piatti nazionali e specialità del luogo nel ristorante dai soffitti in legno lavorato o nella tipica stube.

Alpenrose rist,

via Precumon 24 – 04 36 75 00 76 – www.alpenrosearabba.it – info@alpenrosearabba.it – dicembre-aprile e giugno-settembre

28 cam – 80/153 € 120/230 € – ½ P 70/125 € **Rist** – Carta 29/43 €

♦ Sulla strada che conduce al passo Pordoi, l'albergo propone camere in caratteristico stile montano, modernamente accessoriate. Spazi comuni signorili e gradevole zona benessere. Ristorante con terrazza panoramica e stube, dove assaporare la cucina della tradizione locale.

Mesdì cam,

via Mesdì 75 – 0 43 67 91 19 – www.hotelmesdi.com – info@hotelmesdi.com – dicembre-10 aprile e 29 maggio-settembre

19 cam – 55/125 € 80/220 € – ½ P 78/125 € **Rist** – Carta 35/44 €

♦ Di fronte alle seggiovie, l'hotel è perfetto per chi ama lo sport sulla neve, ma anche per chi preferisce tranquille passeggiate nel centro della località. Al ristorante: carne alla griglia e - a mezzogiorno (solo d'inverno) - piatti più semplici per gli sciatori frettolosi.

Chalet Barbara senza rist

via Precumon 23 – 04 36 78 01 55 – www.chaletbarbara.com – info@sporthotelarabba.com – 4 dicembre-11 aprile e 15 giugno-19 settembre

15 cam – 38/106 € 76/215 €

♦ Poco distante dal centro, una casa di quattro piani dalla facciata di gusto tirolese: è il legno antico a dominare negli spaziosi ambienti, recuperato da vecchi casolari. Se il buon giorno si vede dal mattino, la prima colazione qui è memorabile!

Laura senza rist

via Boè 6 – 04 36 78 00 55 – www.garnilaura.it – info@garnilaura.it – dicembre-15 aprile e maggio- settembre

12 cam – 100/146 €

♦ In comoda posizione centrale, ma poco distante dagli impianti di risalita, è una piacevole struttura a conduzione familiare, rinnovata in anni recenti. Il tipico stile montano lo si ritrova anche nelle belle camere.

Royal senza rist

via Mesdì 7 – 0 43 67 92 93 – www.royal-arabba.it – info@royal-arabba.it – chiuso maggio e novembre

16 cam – 40/65 € 50/110 €

♦ A poche centinaia di metri dal centro e dalle piste da sci, albergo a gestione familiare dagli spazi comuni in stile alpino; ampie camere in legno e piccola zona relax.

sulla strada statale 48 Est : 3 km :

Festungshotel-Al Forte

via Pezzei 66 – 0 43 67 93 29 – www.alforte.com – info@alforte.com – 5 dicembre-16 aprile e 15 maggio-9 ottobre

23 cam – 45/100 € 80/180 € – ½ P 55/115 €

Rist *Al Forte* – Carta 24/32 €

♦ Attenta ad ogni particolare è un'intera famiglia a gestire questo accogliente hotel in posizione panoramica. Ambienti in stile montano, piccola zona benessere e servizio navetta per gli impianti. Affascinante location per il ristorante che si trova all'interno di un antico fortino austro-ungarico. Specialità alla brace.

ARCETO – **Reggio nell'Emilia** – **562** I14 – **Vedere Scandiano**

ARCETRI – **Firenze** – **563** K15 – **Vedere Firenze**

ARCORE – **Monza e Brianza (MB)** – **561** F9 – **17 540 ab.** – **alt. 193 m** – ✉ **20043** **18** B2

Roma 594 – Milano 31 – Bergamo 39 – Como 43

Sant'Eustorgio
via Ferruccio Gilera 1 – ✆ 03 96 01 37 18 – www.santeustorgio.com – info@santeustorgio.com – chiuso dal 26 dicembre al 5 gennaio e dal 5 al 20 agosto
40 cam – †70/100 € ††100/150 € – ½ P 75/100 €
Rist – *(chiuso domenica sera, lunedì)* Carta 32/49 €
◆ Bella posizione centrale, resa ancor più gradevole e tranquilla dall'ampio e curato giardino ombreggiato che circonda l'albergo; ampie camere, in parte rinnovate. Accogliente sala ristorante con un grande camino, cucina toscana.

L'Arco del Re
via Papina 4 – ✆ 03 96 01 36 44 – www.arcodelre.it – arcodelre@fastwebnet.it – chiuso, 15 giorni in agosto, sabato a mezzogiorno, domenica, lunedì a mezzogiorno
Rist – (consigliata la prenotazione la sera) Carta 23/28 €
◆ Ambiente semplice, ma ben tenuto in un'enoteca con cucina che offre un'ottima selezione di vini (anche degustazione a bicchiere) e una grande scelta di formaggi e salumi.

ARCUGNANO – **Vicenza (VI)** – **562** F16 – **7 314 ab.** – **alt. 160 m** – ✉ **36057** **37** A2

Roma 530 – Padova 40 – Milano 211 – Vicenza 7

Villa Michelangelo
via Sacco 35 – ✆ 04 44 55 03 00 – www.hotelvillamichelangelo.com – reception@hotelvillamichelangelo.com
52 cam – †90/170 € ††130/270 € **Rist** – Carta 36/68 €
◆ Lo splendore di un nobile passato che rivive nel presente in una villa del 1700 con grande parco, in magnifica posizione tra i colli Berici, per un soggiorno esclusivo. Ambiente signorile in sala da pranzo, servizio sulla terrazza panoramica in estate.

a Lapio Sud : 5 km – ✉ **36057 Arcugnano**

Trattoria da Zamboni
via Santa Croce 73 – ✆ 04 44 27 30 79 – www.trattoriazamboni.it – info@trattoriazamboni.it – chiuso dal 2 al 10 gennaio, dal 16 al 26 agosto, lunedì e martedì
Rist – Carta 28/54 €
◆ In un imponente palazzo d'epoca, le sobrie sale quasi si fanno da parte per dare spazio al panorama sui colli Berici e alla cucina, tradizionale e rivisitata al tempo stesso.

a Soghe Sud : 9,5 km – ✉ **36057 Arcugnano**

Antica Osteria da Penacio
via Soghe 62 – ✆ 04 44 27 30 81 – info@penacio.it – chiuso 8 giorni in febbraio, 8 giorni in luglio, 8 giorni in novembre, mercoledì, giovedì a mezzogiorno
Rist – Carta 33/43 €
◆ Ristorante a conduzione familiare in una villetta al limitare di un bosco: all'interno due raffinate salette e una piccola, ma ben fornita, enoteca; cucina tradizionale.

ARDENZA – **Livorno (LI)** – **563** L12 – **Vedere Livorno**

AREMOGNA – **L'Aquila (AQ)** – **563** Q24 – **Vedere Roccaraso**

ARENZANO – **Genova (GE)** – **561** I8 – **11 672 ab.** – ✉ **16011** **14** B2

Roma 527 – Genova 24 – Alessandria 77 – Milano 151

lungomare Kennedy ✆ 010 9127581, iat@comune.arenzano.ge.it, Fax 010 9127581

piazza del Golf 3, ✆ 010 9 11 18 17

St. Anna via Bellavista 1, località Lerca, ✆ 010 9 13 53 22

Grand Hotel Arenzano ← rist, P
lungomare Stati Uniti 2 – ☎ 01 09 10 91
– www.gharenzano.it – info@gharenzano.it – chiuso dal 20 dicembre al 12 gennaio
104 cam – 85/210 € 115/238 € – 5 suites – ½ P 83/149 €
Rist – Carta 33/59 €
♦ Grande villa d'inizio secolo sul lungomare: un albergo di sobria eleganza dalle camere piacevolmente spaziose . Piccola zona benessere e fresco giardino con piscina. Al ristorante, un'atmosfera signorile per piatti regionali o creativi.

Ena senza rist
via Matteotti 12 – ☎ 01 09 12 73 79 – www.enahotel.it – info@enahotel.it – chiuso dal 24 dicembre al 27 gennaio
23 cam – 67/118 € 82/144 €
♦ In una graziosa villa liberty sul lungomare e nel centro, recentemente ristrutturata, albergo con piacevoli interni di tono elegante, arredati con gusto; camere confortevoli.

Poggio Hotel cam, P
via di Francia 24, Ovest : 2 km – ☎ 01 09 13 53 20 – www.poggiohotel.it – info@poggiohotel.it
40 cam – 62/108 € 70/134 € **Rist** – Carta 29/46 €
♦ In prossimità dello svincolo autostradale, ideale quindi per una clientela d'affari o di passaggio, hotel d'ispirazione contemporanea recentemente rinnovato. Camere funzionali e comodo parcheggio. Specialità del territorio nel ristorante di taglio moderno.

Ulivi con cam
via Olivette 12 – ☎ 01 09 12 77 12 – www.hoteluliviarenzano.it – info@hoteluliviarenzano.it – chiuso novembre
10 cam – 40/95 € 60/120 € – ½ P 55/75 €
Rist – *(chiuso lunedì escluso da giugno a settembre)* Carta 25/69 €
♦ In tempi di globalizzazione ed appiattimento, l'autenticità qui è stata preservata. Il ristorante è un mix di classico e rustico, la cucina punta sui prodotti del mare. Camere belle e confortevoli per chi volesse prolungare la sosta.

AREZZO P (AR) – **563** L17 – **98 788 ab. – alt. 296 m** – ✉ **52100** **29** D2
Toscana

Roma 214 – Perugia 74 – Ancona 211 – Firenze 81

piazza della Repubblica 28 ☎ 0575 20839, info@arezzo.turismo.toscana.it, Fax 0575 20839

Affreschi di Piero della Francesca★★★ nella chiesa di San Francesco ABY – Chiesa di Santa Maria della Pieve★ : facciata★★ BY – Crocifisso★★ nella basilica di San Domenico BY – Piazza Grande★ BY – Museo d'Arte Medievale e Moderna★ : maioliche★★ AY **M2** – Portico★ e altare★ della chiesa di Santa Maria delle Grazie AZ – Opere d'arte★ nel Duomo BY

Pianta pagina seguente

AC Arezzo P
via Einstein 4, 1 km per ① – ☎ 05 75 38 22 87 – www.ac-hotels.com – acarezzo@ac-hotels.com
79 cam – 75/185 €
Rist – *(chiuso domenica a mezzogiorno)* Carta 34/54 €
♦ Periferico, ma comodo da raggiungere dal casello autostradale, design hotel che coniuga l'essenzialità e la modernità delle forme alla sobrietà dei colori. Identico lo stile al ristorante.

Etrusco Arezzo Hotel P
via Fleming 39, 1 km per ④ – ☎ 05 75 98 40 66 – www.etruscohotel.it – etrusco@etruschotel.it
80 cam – 70/130 € 80/140 € – ½ P 63/93 €
Rist – *(chiuso dal 6 al 27 agosto, sabato, domenica) (chiuso a mezzogiorno)* Menu 23 €
♦ Alle porte della città, imponente albergo moderno dotato di ogni confort con accoglienti e spaziose aree comuni; piacevoli camere ben arredate, attrezzata area congressi. Sala da pranzo recentemente rinnovata, con arredi essenziali, ma di tono elegante.

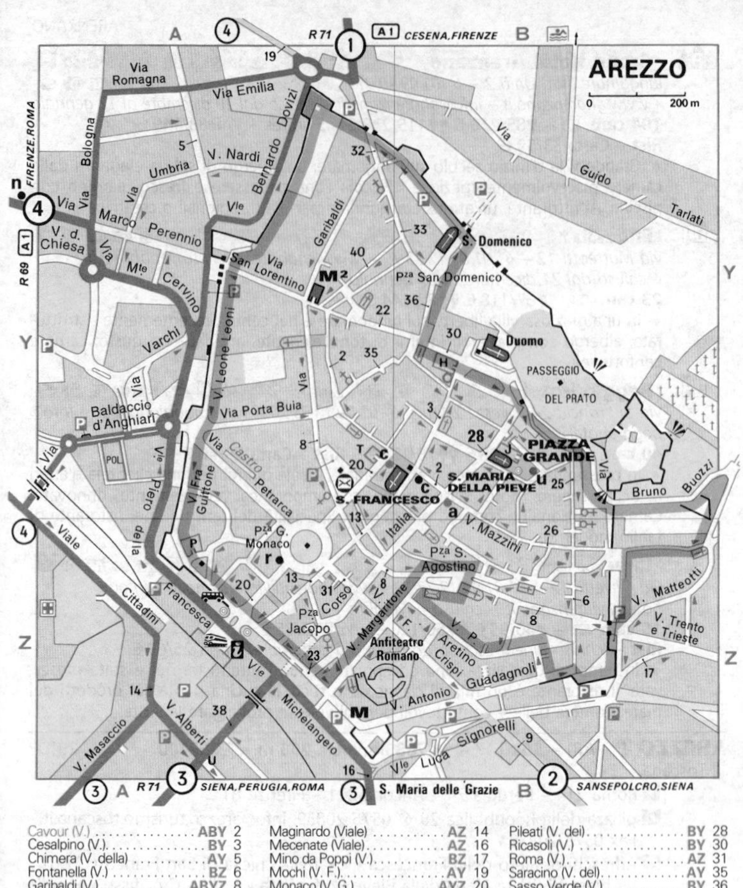

Cavour (V.) .... ABY 2	Maginardo (Viale) .... AZ 14	Pileati (V. dei) .... BY 28
Cesalpino (V.) .... BY 3	Mecenate (Viale) .... AZ 16	Ricasoli (V.) .... BY 30
Chimera (V. della) .... AY 5	Mino da Poppi (V.) .... BZ 17	Roma (V.) .... AZ 31
Fontanella (V.) .... BZ 6	Mochi (V. F.) .... AY 19	Saracino (V. del) .... AY 35
Garibaldi (V.) .... ABYZ 8	Monaco (V. G.) .... AYZ 20	Sasso Verde (V.) .... BY 36
Giotto (Viale) .... BZ 9	Murello (Piagga del) .... AY 22	S. Clemente (V.) .... AY 32
Grande (Pza) .... BY	Niccolò Aretino (V.) .... AZ 23	S. Domenico (V.) .... BY 33
Italia (Cso) .... ABYZ	Pellicceria (V.) .... BY 25	Vittorio Veneto (V.) .... AZ 38
Madonna del Prato (V.) ..... AYZ 13	Pescioni (V.) .... BZ 26	20 Settembre (V.) .... AY 40

Minerva

via Fiorentina 4 – ✆ 05 75 37 03 90 – www.hotel-minerva.it – info@hotel-minerva.it AY**n**

130 cam – 70/145 € 90/195 € – ½ P 80/100 €

Rist – *(chiuso dal 1° al 20 agosto)* Carta 25/40 € (+10 %)

◆ Hotel a vocazione congressuale, con grandi spazi interni e diverse sale riunioni; colori chiari nelle camere ariose, palestra all'ultimo piano con vista sulla città. Saloni con tavoli rotondi e quadrati armoniosamente disposti, in ambienti ben illuminati.

Badia di Pomaio

cam, VISA

località Badia di Pomaio, 6 km per via Guido Tarlati – ✆ 05 75 37 14 07 – www.hotelbadiadipomaioarezzo.it – info@badiadipomaio.it BY

17 cam – 85/100 € 125/170 € – ½ P 81/88 €

Rist – Carta 36/57 €

◆ Dai giardini e dalla piscina apprezzerete l'ampio panorama che si apre su Arezzo e sui dintorni; all'interno, ogni ambiente è stato ristrutturato avendo cura di conservare lo stile originale della badia secentesca. Il ristorante si trova nelle antiche cantine e propone una cucina basata sulla tradizione regionale.

Graziella Patio Hotel senza rist
via Cavour 23 – ✆ 05 75 40 19 62 – www.hotelpatio.it – info@hotelpatio.it – chiuso dall'11 al 27 gennaio BY**c**
8 cam – 100/130 € 155/175 € – 1 suite
♦ Segni d'Africa e d'Oriente in un albergo che presenta ambientazioni davvero originali: le camere s'ispirano, infatti, ai racconti di viaggio del romanziere Bruce Chatwin.

Continentale senza rist
piazza Guido Monaco 7 – ✆ 0 57 52 02 51 – www.hotelcontinentale.com – prenotazioni@hotelcontinentale.com AZ**r**
76 cam – 78/92 € 112 €, 9 € – 4 suites
♦ Ampia costruzione centrale con zone comuni d'impronta contemporanea; camere lineari, alcune più spaziose con arredi in stile, altre d'ispirazione più recente.

Casa Volpi
via Simone Martini 29, 1,5 km per ② – ✆ 05 75 35 43 64 – www.casavolpi.it – posta@casavolpi.it – chiuso 10 giorni in agosto
15 cam – 65/95 € 75/95 €, 9 € – 1 suite
Rist – *(chiuso dal 23 dicembre al 2 gennaio, 20 giorni in agosto e mercoledì) (chiuso a mezzogiorno escluso domenica)* Carta 22/36 €
♦ Alle porte della città, nella quiete della campagna, albergo a gestione familiare in una villa ottocentesca immersa in un parco; belle camere rustiche di tono elegante. Piatti regionali presso la piccola sala ristorante.

La Lancia d'Oro
piazza Grande 18/19 – ✆ 0 57 52 10 33 – www.lanciadoro.net – lanciadoro@loggevasari.it – chiuso dal 5 al 25 novembre, giovedì in luglio-agosto, lunedì negli altri mesi BY**u**
Rist – Carta 45/61 € (+15 %)
♦ Bel locale sito nella celebre piazza delle manifestazioni storiche, sotto le splendide logge del Vasari, dove d'estate è svolto il servizio all'aperto; cucina toscana.

Le Chiavi d'Oro
piazza San Francesco 7 – ✆ 05 75 40 33 13 – www.ristorantelechiavidoro.it – info@ristorantelechiavidoro.it – chiuso 1 settimana in febbraio, 1 settimana in novembre e lunedì ABY**c**
Rist – Carta 32/49 €
♦ Accanto alla basilica di San Francesco, il ristorante sfoggia un look originale: pavimento in parte in legno, in parte in resina, nonché sedie girevoli anni '60 ed altre di design danese; una parete di vetro consente di sbirciare il lavoro in cucina. Sulla tavola, piatti del territorio moderatamente rivisitati.

Antica Osteria l'Agania
via Mazzini 10 – ✆ 05 75 29 53 81 – www.agania.com – info@agania.com – chiuso lunedì BY**a**
Rist – Carta 16/25 €
♦ Ristorante a conduzione diretta all'insegna della semplicità: ambiente familiare e arredi essenziali in due sale dove si propone una casalinga cucina del territorio.

a Giovi per ① : 8 km – ✉ 52100

Antica Trattoria al Principe con cam
piazza Giovi 25 – ✆ 05 75 36 20 46 – www.anticatrattoriaalprincipe.it – faddatina@alice.it – chiuso dal 7 al 15 gennaio e dal 3 al 27 agosto
4 cam – 40/50 € 50/60 €, 5 € – ½ P 48/53 €
Rist – *(chiuso lunedì)* Carta 28/39 €
♦ Diverse salette in un locale completamente rinnovato qualche anno fa, dove gustare piatti del luogo e tradizionali; da provare l'anguilla al tegamaccio. Quattro belle camere in stile rustico per gli avventori del locale.

a Rigutino per ③ : 12 km – ✉ 52040

Planet
strada statale 71 Rigutino Est 161/162 – ☎ 0 57 59 79 71 – www.hotelhp.it – info@hotelhp.it
94 cam – 59/140 € – 1 suite – ½ P 50/100 €
Rist ***Da Carmelo*** – *(chiuso a mezzogiorno)* Carta 20/46 €
◆ Lungo la statale per Cortona, moderna struttura in cui spiccano gli spazi sia della hall che delle camere, generalmente ampie e con bagni in marmo. Gli appassionati di carne troveranno tanti buoni motivi per fermarsi al ristorante.

ARGEGNO – **Como (CO)** – **561** E9 – **687 ab.** – **alt. 210 m** – ✉ **22010** **16** A2
Roma 645 – Como 20 – Lugano 43 – Menaggio 15

Argegno-La Corte
via Milano 14 – ☎ 0 31 82 14 55 – www.hotelargegno.it – info@hotelargegno.it – chiuso dal 20 al 27 dicembre
14 cam – 50/60 € 75/95 € – ½ P 60/70 € **Rist** – Carta 31/40 €
◆ Buona accoglienza in un piccolo albergo centrale a gestione familiare, ristrutturato da pochi anni; camere dignitose e ben tenute, con arredi funzionali. Sala da pranzo non ampia, ma arredata con buon gusto, in un semplice stile moderno.

a Sant'Anna Sud-Ovest : 3 km – ✉ 22010 Argegno

La Griglia con cam
località Sant'Anna 1 – ☎ 0 31 82 11 47 – www.lagriglia.it – hotel@lagriglia.it – chiuso dall'11 gennaio al 13 febbraio
11 cam – 75/85 € 85/110 € – ½ P 60/75 €
Rist – *(chiuso martedì escluso luglio-agosto)* Carta 32/43 €
◆ Trattoria di campagna con camere: ambiente rustico nelle due sale completamente rinnovate; servizio estivo all'aperto e ampia selezione di vini e distillati.

Locanda Sant'Anna con cam
via per Schignano 152 – ☎ 0 31 82 17 38 – www.locandasantanna.net – locandasantanna@libero.it – chiuso dal 23 al 30 dicembre
9 cam – 50/70 € 70/110 € – ½ P 75/85 €
Rist – *(chiuso mercoledì nel periodo invernale)* Carta 34/47 €
◆ Locanda con camere in una bella casa totalmente ristrutturata; due sale da pranzo attigue, con divanetti e soffitto con travi a vista, affacciate sulla valle e sul lago.

ARGELATO – **Bologna (BO)** – **562** I16 – **9 580 ab.** – **alt. 25 m** – ✉ **40050** **9** C3
Roma 393 – Bologna 20 – Ferrara 34 – Milano 223

L'800
via Centese 33 – ☎ 0 51 89 30 32 – www.ristorante800.it – info@ristorante800.it – chiuso sabato a mezzogiorno, domenica sera, lunedì
Rist – Menu 28/35 € – Carta 30/40 €
◆ Signorile casa colonica di fine '800: un'elegante e ampia sala con grandi tavoli ornati di argenti e cristalli e una saletta più intima. Specialità da provare: lumache e rane.

a Funo Sud-Est : 9 km – ✉ 40050

Il Gotha
via Galliera 92 – ☎ 0 51 86 40 70 – www.ilgotha.com – info@ilgotha.com – chiuso dal 26 dicembre al 6 gennaio, dal 1° al 20 agosto e domenica
Rist – Carta 32/47 €
◆ Elegante ristorante dalle tonalità chiare, con vezzose sedie zebrate ed un grande trompe-l'oeil che conferisce profondità all'ambiente. La carta contempla piatti di mare classici o ricercati, ma non mancano proposte a base di carne.

ARGENTA – **Ferrara (FE)** – **562** I17 – **22 509 ab.** – ✉ **44011** **9** C2
Roma 432 – Bologna 53 – Ravenna 40 – Ferrara 34
piazza Marconi 1 ☎ 0532 330276, iatargenta@comune.argenta.fe.it, Fax 0532 330291
via Poderi 2/A, ☎ 0532 85 25 45

Agriturismo Val Campotto

strada Margotti 2, Sud-Ovest: 2 km – ✆ 05 32 80 05 16 – www.valcampotto.it – agriturismo@valcampotto.it

9 cam – 50/64 € 72/82 € – ½ P 59 €

Rist – (consigliata la prenotazione) Carta 19/34 €

◆ In un contesto bucolico, all'interno del parco del delta del Po, camere in stile rustico con qualche arredo d'epoca. Noleggio bici e birdwatching per gli amanti della natura. Si pranza all'aperto in estate, in una luminosa veranda. Curata dai titolari stessi, la cucina riscopre i sapori del territorio.

ARIANO IRPINO – Avellino (AV) – 564 D27 – 23 210 ab. – alt. 788 m – ✉ 83031 7 C1

Roma 262 – Foggia 63 – Avellino 51 – Benevento 41

La Pignata

viale Dei Tigli 7 – ✆ 08 25 87 25 71 – www.ristorantelapignata.it – ristorantelapignata@virgilio.it – chiuso dal 20 al 30 luglio, martedì

Rist – Carta 20/32 €

◆ La grande bilancia addossata al muro ricorda l'originaria funzione dell'edificio, mentre la cucina racconta la storia di oggi, saldamente legata al territorio tra fagioli, pancotto e baccalà.

ARIANO NEL POLESINE – Rovigo (RO) – 562 H18 – 4 719 ab. – ✉ 45012 36 C3

Roma 473 – Padova 66 – Ravenna 72 – Ferrara 50

a San Basilio Est : 5 km – ✉ 45012 Ariano Nel Polesine

Agriturismo Forzello senza rist

via San Basilio 5 – ✆ 33 86 65 95 75 – www.agriturismoforzello.it – info@agriturismoforzello.it – chiuso gennaio-febbraio

6 cam – 35/45 € 55/65 €

◆ Casa colonica di inizio '900 costruita sul terreno di un insediamento romano. Punto di partenza per la visita del parco, le camere di maggiore atmosfera hanno arredi d'epoca.

ARMA DI TAGGIA – Imperia (IM) – 561 K5 – ✉ 18011 14 A3

Roma 631 – Imperia 22 – Genova 132 – Milano 255

via Boselli ✆ 0184 43733, infoarmataggia@visitrivieradeifiori.it, Fax 0184 43333

Dipinti★ nella chiesa di San Domenico a Taggia★ Nord : 3,5 km

La Conchiglia (Anna Parisi)

lungomare 33 – ✆ 0 18 44 31 69 – rist.laconchiglia@virgilio.it – chiuso 15 giorni in giugno, 15 giorni in novembre, mercoledì, giovedì a mezzogiorno

Rist – Menu 45/110 € – Carta 67/89 €

Spec. Gamberi di San Remo su passata di fagioli di Conio. Zuppa di pesce "Ciuppin" rivisitata. Cremoso di cioccolato e nocciola con cuore di panna cotta, biscotto croccante, salsa ai lamponi.

◆ Una cucina leggera, dalle linee semplici, che aliena ogni tentativo di procurare eccessivo stupore: il successo risiede nella qualità del pescato, valorizzato in ogni piatto. Qualche proposta di carne.

ARMENZANO – Perugia – 563 M20 – Vedere Assisi

ARONA – Novara (NO) – 561 E7 – 14 588 ab. – alt. 212 m – ✉ 28041 24 B2

Italia

Roma 641 – Stresa 16 – Milano 40 – Novara 64

piazzale Duca d'Aosta ✆ 0322 243601, arona@distrettolaghi.it, Fax 0322 243601

Borgoticino via in Pre', Sud: 11 km, ✆ 0321 90 70 34

Lago Maggiore★★★ – Colosso di San Carlone★ – Polittico★ nella chiesa di Santa Maria – ★ sul lago e Angera dalla Rocca

XXX **Taverna del Pittore**

piazza del Popolo 39 – ✆ 03 22 24 33 66 – www.ristorantetavernadelpittore.it – bacchetta@ristorantetavernadelpittore.it – chiuso dal 18 dicembre al 21 gennaio e lunedì

Rist – Carta 64/84 € (+10 %)

◆ Ambiente distinto in un ristorante ubicato in un edificio seicentesco che si protende sul lago grazie a un'incantevole veranda con vista sulla rocca di Angera.

XX **La Piazzetta**

piazza del Popolo 35 – ✆ 03 22 24 33 16 – www.lapiazzettadiarona.com – ristlapiazzetta.arona@virgilio.it – chiuso dal 1° al 10 gennaio e lunedì

Rist – Carta 32/47 €

◆ In prossimità del lago, locale gestito da due fratelli napoletani che hanno esportato in zona lacustre la loro cucina marinara: prodotti freschi e piatti ben fatti.

a Campagna Nord-Ovest : 4 km – ✉ 28041

X **Campagna**

via Vergante 12 – ✆ 0 32 25 72 94 – www.trattoriacampagna.it – info@trattoriacampagna.it – chiuso dal 15 al 30 giugno, dal 10 al 25 novembre, lunedì sera (escluso luglio-agosto), martedì

Rist – Carta 30/39 €

◆ Trattoria a conduzione familiare, in un bel rustico ristrutturato; interni piacevoli e accoglienti dove provare piatti di cucina della tradizione elaborata con cura.

a Montrigiasco Nord-Ovest : 6 km – ✉ 28041 Arona

XX **Castagneto**

via Vignola 14 – ✆ 0 32 25 72 01 – www.ristorantecastagneto.com – info@ristorantecastagneto.com – chiuso dal 24 dicembre al 20 gennaio, 10 giorni in giugno, 10 giorni in settembre, lunedì, martedì

Rist – Carta 20/42 €

◆ Attivo da alcuni decenni, il locale ha visto avvicendarsi la nuova generazione della medesima famiglia. Lo spirito genuino è immutato così come l'atmosfera, calda e rilassata.

a Mercurago SO : 2 km – ✉ 28041

XX **Duetto**

via XXIV Aprile 5 – ✆ 0 32 24 49 03 – www.ristoranteduetto.com – mercuragoduetto@gmail.com – chiuso 15 giorni in gennaio, 10 giorni in settembre lunedì e martedì a mezzogiorno, mercoledì

Rist – Carta 19/53 €

◆ Un piccolo ed accogliente locale con due diverse proposte gastronomiche in due spazi distinti: informale ed economico il bistrot, più elegante e gourmet la sala ristorante.

ARPINO – Frosinone (FR) – 563 R22 – 7 623 ab. – alt. 447 m – ✉ 03033 13 D2

Roma 115 – Frosinone 29 – Avezzano 53 – Isernia 86

Il Cavalier d'Arpino senza rist

via Vittoria Colonna 21 – ✆ 07 76 84 93 48 – www.cavalierdarpino.it – info@cavalierdarpino.it

28 cam – †40/60 € ††53/90 €

◆ Ai margini di uno dei più bei centri storici della zona, l'albergo si trova all'interno di un palazzo settecentesco. Optate per una camera con vista.

a Carnello Nord : 5 km – ✉ 03030

XX **Mingone** con cam

via Pietro Nenni 96 – ✆ 07 76 86 91 40 – www.mingone.it – mingone@mingone.it

21 cam – †35/50 € ††47/85 € **Rist** – Carta 20/40 € (+10 %)

◆ Da oltre un secolo intramontabile rappresentante della cucina locale, ai consueti piatti laziali si aggiungono le specialità a base di trota, baccalà e gamberi di fiume.

ARQUÀ PETRARCA - **Padova (PD)** - **562** G17 - **1 862 ab.** - **alt. 80 m** **35** B3 - ✉ **35032** Italia

Roma 478 - Padova 22 - Mantova 85 - Milano 268

via Zane 2/b ✆ 042 9777327 info@arquapetrarca.com Fax 042 9776070

XX **La Montanella**

via dei Carraresi 9 – ✆ 04 29 71 82 00 – www.montanella.it – lamontanella@gmail.com – chiuso dal 10 gennaio al 12 febbraio, dall' 8 al 20 agosto, mercoledì, martedì sera da settembre a maggio

Rist – Menu 42/52 € – Carta 34/49 €

◆ Riscoperta di piatti antichi e vini di pregio, nell'eleganza di un locale in bella posizione panoramica, circondato da un giardino con ulivi secolari e fiori.

ARTA TERME - **Udine (UD)** - **562** C21 - **2 296 ab.** - **alt. 442 m** **10** B1 - ✉ **33022**

Roma 696 - Udine 56 - Milano 435 - Monte Croce Carnico 25

via Umberto I 15 ✆ 0433 929290, info.artaterme@turismo.fvg.it, Fax 0433 92104

a Piano d'Arta Nord : 2 km - alt. 564 m - ✉ 33022

Gardel rist, rist,

via Marconi 6/8 – ✆ 0 43 39 25 88 – www.gardel.it – info@gardel.it – chiuso dal 15 novembre al 20 dicembre

55 cam – †50/55 € ††65/85 € – ½ P 54/60 € **Rist** – Carta 20/25 €

◆ Ideale per una vacanza salutare e rigenerante, coccolati dalla calda accoglienza di una famiglia dalla lunga tradizione alberghiera. Attrezzato centro benessere e confortevoli camere recentemente rinnovate. L'attenzione al benessere continua a tavola, dove potrete trovare piatti leggeri e salutari.

ARTIMINO - **Prato** - **563** K15 - **Vedere Carmignano**

ARTOGNE - **Brescia (BS)** - **561** E12 - **3 493 ab.** - **alt. 266 m** - ✉ **25040** **17** C2

Roma 608 - Brescia 53 - Milano 104 - Monza 93

XX **Osteria Cà dei Nis**

via della Concordia ang. via Trento – ✆ 03 64 59 02 09 – www.cadeinis.it – info@cadeinis.it – chiuso 1 settimana in gennaio, dall'8 al 28 agosto e lunedì

Rist – *(chiuso a mezzogiorno escluso domenica)* Carta 29/42 €

◆ Due pittoresche salette completamente in pietra all'interno di un palazzo del '700 nel cuore della piccola località. Ambiente ideale per apprezzare una cucina sfiziosa.

ARVIER - **Aosta (AO)** - **561** E3 - **884 ab.** - **alt. 776 m** - ✉ **11011** **34** A2

Roma 774 - Aosta 15 - Moncalieri 161 - Rivoli 140

XX **Le Vigneron**

Via Corrado Gex 64 – ✆ 0 16 59 92 18 – www.levigneron.it – levigneron@tiscali.it – chiuso 15 giorni in giugno, martedì, da luglio a settembre solo martedì a mezzogiorno

Rist – Menu 25/50 € – Carta 30/58 €

◆ Immerso nei vigneti dell'Enfer, giovane e dinamica gestione: menu di selvaggina, turistico, enogastromico, per bambini e vegetariano...oltre a qualche inattesa specialità di pesce.

ARZACHENA - **Olbia-Tempio (OT)** - **366** R37 - **12 882 ab.** - **alt. 85 m** **38** B1 - ✉ **07021** Sardegna

Cagliari 311 - Olbia 26 - Palau 14 - Porto Torres 147

piazza Risorgimento ✆ 0789 844055 assessorato.turismo@comunearzachena.it, Fax 0789 844262

18 Pevero località Cala di Volpe, ✆ 0789 95 80 00

Tomba di Giganti di Li Golghi★, direzione Luogosanto 7 km ca - Costa Smeralda★★

sulla strada provinciale Arzachena-Bassacutena Ovest: 5 km

Tenuta Pilastru rist,

località Pilastru ✉ 07021 Arzachena – ☎ 0 78 98 29 36 – www.tenutapilastru.it – info@tenutapilastru.it

31 cam – 38/86 € 76/172 € – ½ P 94/110 €

Rist – *(chiuso a mezzogiorno escluso la domenica da ottobre a giugno)* Menu 30/35 €

◆ Abbracciato dal verde e dalla tranquillità della campagna gallurese, un cascinale ottocentesco ristrutturato ed ampliato offre ai turisti graziose camere in stile country. Degustazione di piatti tipici al ristorante, leggermente isolato e circondato dalle caratteristiche conche di granito.

sulla strada provinciale Arzachena-Porto Cervo Est : 6,5 km :

Lu Stazzu

al bivio per Baia Sardinia ✉ 07021 Arzachena – ☎ 0 78 98 27 11 – www.lustazzu.com – lustazzu@lustazzu.com – Pasqua-settembre

Rist – Carta 32/44 €

◆ In un bosco di ulivi e ginepri, ristorante a gestione familiare dove gustare la vera cucina sarda, prevalentemente di terra con qualche specialità di mare. Ariose sale e gradevole giardino estivo.

a Cannigione Nord Est : 8 km – ✉ 07020

Cala di Falco

– ☎ 07 89 89 92 00 – www.delphina.it – falco@delphina.it – maggio-20 ottobre

80 cam – 199/289 € 214/322 € – 40 suites – 322/462 € – ½ P 180/260 €

Rist – *(chiuso a mezzogiorno)* Menu 40/50 €

◆ Direttamente sul mare e immerso nel verde, un complesso di notevoli dimensioni che dispone di ambienti curati nei dettagli, sale convegni, campi da gioco e teatro all'aperto. Nelle capienti ed eleganti sale ristorante, piatti dai sapori semplici e prelibati.

La Risacca

via Lipari 181 – ☎ 07 89 89 20 25 – risaccaluna@tiscali.it – chiuso dal 6 gennaio al 6 febbraio, martedì escluso da maggio a ottobre

Rist – Carta 47/82 €

◆ Sul lungomare di Cannigione, un ristorante signorile con bella terrazza e ambienti originali, che richiamano le pietre e i colori locali. La cucina propone interessanti piatti a base di pesce, ma non solo.

COSTA SMERALDA (OT) 38 B1

a Porto Cervo – ✉ 07020

Cervo

piazzetta Cervo – ☎ 07 89 93 11 11 – www.sheraton.com/cervo – cervo@sheraton.com

94 cam – 445/965 € 1100/2680 € – 2 suites – ½ P 740/1900 €

Rist *Grill* – ☎ 07 89 93 16 21 – Carta 115/121 €

◆ Affacciata sulla piazzetta del paese, un'elegante struttura attrezzata per ogni esigenza: freschi e raffinati ambiti, camere di buon livello. In sala, sapori intensi e spettacolari paesaggi dalle vetrate.

a Poltu Quatu – ✉ 07021 Porto Cervo

Jaspe Grand Hotel Poltu Quatu

strada Provinciale Baja Sardinia Liscia di Vacca – ☎ 07 89 95 62 00 – www.poltuquatu.com – hotel@poltuquatu.com – aprile-ottobre

235 cam – 150/490 € 180/560 € – 8 suites – ½ P 560 €

Rist – Carta 70/110 €

◆ All'interno di un esclusivo complesso turistico che abbraccia l'intera località, spazi eleganti e personalizzati dove il bianco è predominante. Servizi di alto livello e camere spaziose. Nella sala ristorante dai colori del Mediterraneo, la cucina locale è interpretata in chiave creativa.

a Pitrizza – ✉ 07021 Porto Cervo

Pitrizza
– ✆ 07 89 93 06 06 – *www.luxurycollection.com/pitrizza – res066.pitrizza@starwoodhotels.com – 3 maggio-27 settembre*
49 cam – ♦980/2080 € ♦♦1800/2550 € – 7 suites – ½ P 990/1365 €
Rist – Menu 145/165 €
♦ Circondato dai colori e dai profumi del paesaggio sardo, un hotel dall'antico splendore cela negli ambienti interni lusso e ricercatezza mentre all'esterno offre spazi curati.

a Romazzino – ✉ 07021 Porto Cervo

Romazzino rist,
località Romazzino – ✆ 07 89 97 71 11
– www.luxurycollection.com/romazzino – romazzino@luxurycollection.com – maggio-ottobre
90 cam – ♦♦860/1920 € – 2 suites – ½ P 1000/1960 €
Rist – Menu 145/165 €
♦ Un'architettura bianca incorniciata dal colore e dal profumo dei fiori ospita un'accoglienza calorosa, eleganti camere dai chiari arredi e un'invitante piscina d'acqua salata. Insolito connubio tra rustico e chic nella sala ristorante con vista, dove assaporare una cucina classica in cui regna la creatività.

a Cala di Volpe – ✉ 07020 Porto Cervo

Cala di Volpe
– ✆ 07 89 97 61 11
– www.luxurycollection.com/caladivolpe – caladivolpe@luxurycollection.com – aprile-ottobre
108 cam – ♦315/1290 € ♦♦385/2515 € – 16 suites
Rist – Menu 120/175 €
♦ Dietro la facciata policroma un'oasi di quiete nello smeraldo della costa: ambienti da sogno, dove i colori e le pietre della Sardegna si fondono in una suggestiva armonia. Cucina internazionale reinterpretata con i migliori prodotti locali negli accoglienti ristoranti.

Petra Bianca cam,
– ✆ 0 78 99 60 84 – www.petrabiancahotel.com
– info@petrabiancahotel.com – 2 aprile-15 ottobre
46 cam – ♦120/450 € ♦♦190/700 € – 2 suites – ½ P 130/385 €
Rist – Carta 48/77 €
♦ In posizione dominante, la vista non può essere che spettacolare! Raffinata struttura con ambienti comuni di atmosfera mediterranea e abbondanti spazi all'aperto: nelle camere lo stile provenzale cede il passo, qua e là, a rigorosi arredi inglesi di fine '800.

Nibaru senza rist
– ✆ 0 78 99 60 38 – www.hotelnibaru.it – hotelnibaru@tiscali.it
– maggio-15 ottobre
60 cam – ♦80/160 € ♦♦120/260 €
♦ A pochi passi dal mare, una struttura orizzontale con più corpi che circondano la piacevole piscina: caldi colori mediterranei nelle rilassanti camere.

a Baia Sardinia – ✉ 07020

La Bisaccia
– ✆ 0 78 99 90 02 – www.hotellabisaccia.it – info@hotellabisaccia.it
– 20 maggio-15 ottobre
109 cam – ♦253/440 € ♦♦281/490 € – ½ P 157/260 €
Rist – Menu 70/90 €
♦ In una zona tranquilla, circondata da prati che declinano verso il mare, la struttura è ideale per una vacanza all'insegna del riposo ed ospita camere ampie e luminose. Nelle raffinate sale del ristorante, la vista sull'arcipelago e i sapori della cucina sarda.

Club Hotel

– 0 78 99 90 06 – *www.bajahotels.it* – *info@clubhotelbajasardinia.it*
– *22 aprile-9 ottobre*
107 cam – solo ½ P 112/199 €
Rist – Menu 30/40 €
◆ Direttamente sulla piazzetta e all'inizio della spiaggia, un'elegante struttura di notevoli dimensioni con camere spaziose e signorili, i cui colori ricordano le sfumature del Mediterraneo.

Mon Repos

via Tre Monti ✉ *07021* – *0 78 99 90 11*
– *www.hotelmonrepos.it* – *monrepos@tin.it*
– *maggio-ottobre*
59 cam – 50/230 € 100/260 € – 1 suite
Rist Corbezzolo – vedere selezione ristoranti
◆ A due passi dalla piazzetta ed in posizione dominante sulla baia, una conduzione familiare attenta che offre luminosi spazi e camere confortevoli nella loro semplicità.

Pulicinu

località Pulicinu, Sud : 3 km – *07 89 93 30 01*
– *www.hotelpulicinu.com* – *info@hotelpulicinu.com*
– *15 Maggio-30 settembre*
43 cam – 108/320 € 136/320 € – ½ P 147/170 €
Rist – Carta 32/55 €
◆ In posizione tranquilla e panoramica, piacevole hotel a conduzione familiare circondato da curati giardini e macchia mediterranea. La struttura ospita una piscina rigenerante e camere piccole, ma confortevoli. Dalla cucina, i saporiti piatti della cucina regionale da gustare nell'elegante e luminosa sala.

Corbezzolo – Hotel Mon Repos

piazzetta della Fontana – *0 78 99 98 93*
– *www.ristorantecorbezzolo.it* – *info@ristorantecorbezzolo.it*
– *Pasqua-15 ottobre*
Rist – Carta 38/52 €
◆ Punto forte del ristorante, oltre alla cortesia, è la cucina marinara da gustare anche sulla terrazza dalla splendida vista panoramica.

ASCIANO – Siena (SI) – 563 M16 – 7 224 ab. – alt. 200 m – ✉ 53041 — 29 C2

Toscana

Roma 208 – Siena 29 – Arezzo 46 – Firenze 100

Borgo Casabianca

località Casa Bianca, Est : 10,5 km – *05 77 70 43 62*
– *www.casabianca.it* – *casabianca@casabianca.it*
– *chiuso dal 7 gennaio al 1° aprile*
29 cam – 110/129 € 170/198 € – 2 suites – ½ P 139 €
Rist *La Tinaia* – *(chiuso mercoledì)* Carta 31/44 €
◆ Immerso in un paesaggio agreste, un borgo dai caratteristici edifici in pietra si propone per un soggiorno di relax nei suoi ambienti arredati con pezzi d'antiquariato. Rustico elegante, il ristorante è riscaldato da un piacevole caminetto e propone piatti legati al territorio, accompagnati da qualche rivisitazione.

Il nome di un ristorante in rosso evidenzia una « promessa ».
Il locale potrebbe accedere ad una categoria superiore: prima stella o stella supplementare. Tali esercizi sono elencati nella lista delle tavole stellate all'inizio della guida.

ASCOLI PICENO (AP) - 563 N22 - 51 540 ab. - alt. 154 m — 21 D3
- 63100 Italia

Roma 191 - Ancona 122 - L'Aquila 101 - Napoli 331

piazza Arringo 7 0736 253045, iat.ascoli@provincia.ap.it, Fax 0736 252391

Piazza del Popolo★★ B : palazzo dei Capitani del Popolo★, chiesa di San Francesco★, Loggia dei Mercanti★ **A** - Quartiere vecchio★ AB : ponte di Solestà★, chiesa dei Santi Vicenzo ed Anastasio★ **N** - Corso Mazzini★ ABC - Polittico del Crivelli★ nel Duomo C - Battistero★ C **E** - Pinacoteca★B **M**

Piante pagine seguenti

Palazzo Guiderocchi rist,
via Cesare Battisti 3
- 07 36 24 40 11 - www.palazzoguiderocchi.com
- info@palazzoguiderocchi.com B**c**
37 cam - 69/199 € - ½ P 90 €
Rist - *(chiuso martedì)* Carta 24/32 €
♦ Palazzo patrizio della fine del XVI secolo, centralissimo e con una pittoresca corte interna e camere in stile molto grandi. A 200 metri la dipendenza di taglio più moderno. Il ristorante è stato ricavato dagli antichi locali di guardia del palazzo.

Residenza 100 Torri senza rist
via Costanzo Mazzoni 6
- 07 36 25 51 23 - www.centotorri.com
- info@centotorri.com A**b**
12 cam - 115/175 € 128/250 € - 2 suites
♦ Nuovo hotel ricavato da un'antica filanda e dalle scuderie di un palazzo del 1700, dove fascino storico e confort aggiornati costituiscono un buon mix per un'accoglienza raffinata.

Pennile senza rist
via Spalvieri 24, per viale Napoli
- 0 73 64 16 45 - www.hotelpennile.it
- info@hotelpennile.it C**c**
33 cam - 55/60 € 65/80 €
♦ Non lontano dal centro della località, immerso nel verde e nella tranquillità, l'albergo si presenta con interni ariosi e camere semplici, ma ben tenute. Una comoda struttura per partire alla scoperta della città.

Agriturismo Villa Cicchi rist,
via Salaria Superiore 137, Sud : 3 km direzione Rosara
- 07 36 25 22 72 - www.villacicchi.it
- info@villacicchi.it - chiuso dal 15 al 29 novembre e dal 10 gennaio al 7 febbraio
6 cam - 60/190 € 80/300 € - ½ P 70/180 €
Rist - *(chiuso domenica sera, lunedì)* (consigliata la prenotazione) Carta 23/40 €
♦ Grande fascino in questa rustica dimora di fine '600, dove i proprietari hanno conservato con grande passione suppellettili artigiane e contadine. Belle camere, alcune con soffitti decorati a tempera.

Gallo d'Oro
corso Vittorio Emanuele 54
- 07 36 25 35 20 - mazzitti64@libero.it - chiuso dal 31 dicembre al 4 gennaio, dal 15 al 20 agosto, sabato a mezzogiorno, domenica C**n**
Rist - Carta 28/37 €
♦ A due passi dal Duomo, un ambiente accogliente e raffinato, caratterizzato da una bella luce proveniente da un inatteso dehors. La cucina spazia dai piatti di terra a quelli di mare (soprattutto il venerdì) ed, in stagione, funghi e tartufi. Consigliata una sosta sul fritto misto all'ascolana... per lasciarsi emozionare.

ASCOLI PICENO

Via	Zona	N.
Adriatico (V.)	BC	
Alighieri (V. D.)	C	2
Amadio (V.)	C	
Ariosto (V. L.)	C	
Arringo (Pza)	BC	3
Bengasi (V.)	A	
Bonaccorsi (V. del)	BC	5
Buonaparte (V.)	C	6
Cairoli (V.)	B	7
Canterine (V. d.)	BC	
Cappuccini (V. del)	A	
Caro (V. A.)	A	
Castellano Sisto V (Lungotevere)	B	
Cecco d'Ascoli (Pza)	A	9
Cecco (Ponte di)	C	
Corfino (V. di)	A	10
De Gasperi (Viale A.)	C	
Dino Angelini (V.)	AB	
Federici (Viale M.)	C	
Fortezza (V. della)	B	13
Lazzari Tullio (V.)	A	14
Manilia (V.)	A	15
Matteotti (Pza)	C	17
Mazzini (Corso)	ABC	
Mazzoni (V. A.)	A	
Napoli (Viale)	C	
Pacifici (V. M. E.)	B	
Piave (V.)	B	
Piazzarola (V. d.)	B	
Ponte Maggiore	C	18
Ponte Pta Cartara	A	20
Ponte Pta Tuffilla (Nuovo)	C	21
Popolo (Pza del)	B	
Porta Tufilla (V.)	C	
Pozzetto (Rua del)	A	23
Pretoriana (V.)	B	
Ricci (Viale)	A	
Roma (Pza)	B	22
Sacconi (V. G.)	C	
Scariglia (V. M.)	C	
Serafino da Montegranaro (V. S.)	A	
Soderini (V. dei)	A	
Solestà (V. di)	B	28
Sotto (Corso di)	A	
S. Agostino (Pza)	B	24
S. Angelo (V.)	B	25
S. Giuliano (V.)	A	26
Templari (V. dei)	A	29
Torri (V. delle)	B	
Trebbiani (V.)	B	32
Trento e Trieste (Cso)	B	33
Trivio (V. del)	B	34
Tucci (V.)	A	
Vellei (Viale)	C	
Vidacilio (V.)	B	35
Vittorio Emanuele (Corso)	C	
20 Settembre (V.)	B	37

✗ **Del Corso** 

corso Mazzini 277/279 – ✆ 07 36 25 67 60
– chiuso dal 24 dicembre al 6 gennaio, dal 25 al 30 aprile, 2 settimane in agosto, 1 settimana in settembre, domenica sera, lunedì Cd

Rist – (prenotazione obbligatoria domenica a mezzogiorno)
Carta 32/49 €

♦ In un antico palazzo del centro storico, il ristorante dispone di una piccolissima sala dalla pareti in pietra e volte a vela. La cucina è di mare, fragrante e gustosa: i piatti sono esposti a voce.

Bed & breakfast e agriturismi ⌂ non offrono gli stessi servizi di un hotel. Queste forme alternative di ospitalità si distinguono spesso per l'accoglienza e l'ambiente: specchio della personalità del proprietario. Quelli contraddistinti in rosso ⌂ sono i più ameni.

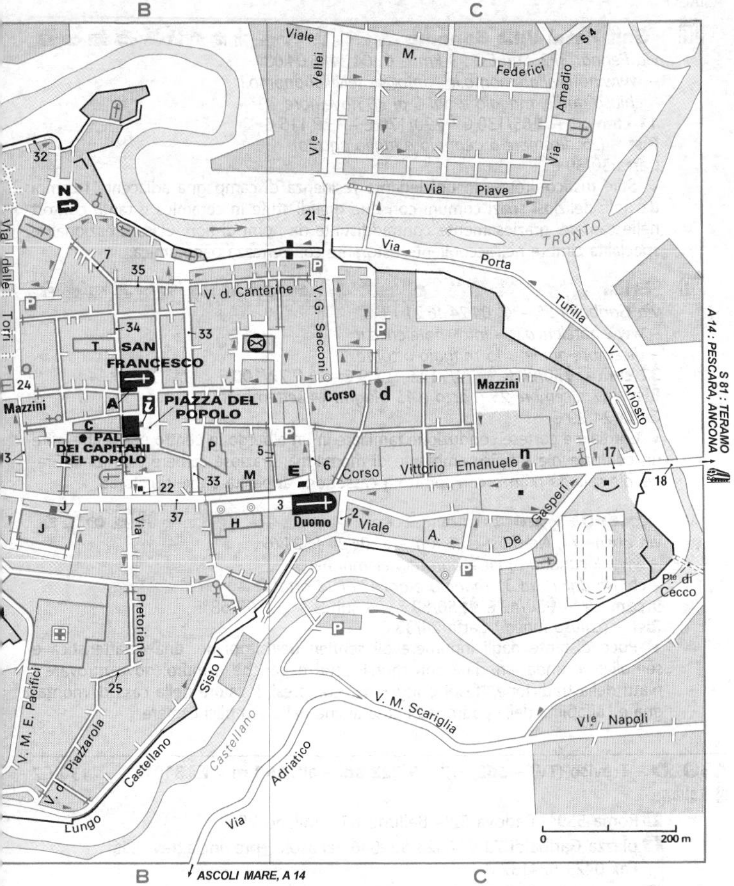

Un pasto accurato a prezzo contenuto? Cercate i Bib Gourmand 🙂.

ASIAGO – **Vicenza (VI)** – **562** E16 – **6 513 ab.** – **alt. 1 001 m** – **Sport invernali : 1 000/2 000 m** ⛷**43 (Altopiano di Asiago)** ⛷ – ✉ **36012** **35** B2

▶ Roma 589 – Trento 64 – Milano 261 – Padova 88

ℹ via Stazione 5 ☎ 0424 462661, iat.asiago@provincia.vicenza.it, Fax 0424 462445

⛳18 via Meltar, ☎ 0424 46 27 21

Europa cam, rist, **P** VISA AE

corso IV Novembre 65/67 – ☎ 04 24 46 26 59 – www.hoteleuroparesidence.it – info@hoteleuroparesidence.it

27 cam ☕ – 👤75/170 € 👥120/190 € – ½ P 115/125 €

Rist – *(chiuso lunedì)* Carta 27/50 €

♦ Signorile ed imponente palazzo nel cuore di Asiago apparentemente d'epoca ma in realtà completamente ricostruito. Al primo piano un'elegante stufa riscalda le zone comuni.

Golf Hotel Villa Bonomo
via Pennar 322, Sud-Est : 3 km – ☎ 04 24 46 04 08
– www.hotelvillabonomo.it – info@hotelvillabonomo.it
– chiuso aprile, maggio e dal 5 al 30 novembre
11 cam – 65/130 € 90/170 € – ½ P 115 €
Rist – *(25 dicembre-6 gennaio e luglio-agosto)*
Carta 30/39 €
♦ Stile rustico-tirolese in un'elegante residenza di campagna adiacente i campi da golf: deliziosi spazi comuni con due grandi stufe in ceramica e tanto confort nelle camere, graziosamente contraddistinte da nomi di fiori. Classici nazionali e specialità cimbre nell'accogliente ristorante con terrazza panoramica.

Erica cam,
via Garibaldi 55 – ☎ 04 24 46 21 13
– www.hotelerica.it – info@hotelerica.it
– dicembre-aprile e 15 maggio-ottobre
32 cam – 50/80 € 72/112 €, 9 € – ½ P 72/100 €
Rist – *(7 dicembre-25 marzo e 15 giugno-14 settembre)*
Carta 24/29 €
♦ Cordiale e cortese conduzione familiare in un albergo in centro paese che offre un confortevole e tipico ambiente di montagna; graziose camere essenziali. Gradevole sala da pranzo con soffitto a cassettoni, abbellita da vetri colorati.

Locanda Aurora con cam
via Ebene 71, Nord-Est : 1,5 km – ☎ 04 24 46 24 69
– www.locandaurora.it – aurora@telemar.net
– chiuso dal 15 al 31 maggio e dal 1° al 15 ottobre
9 cam – 30/42 € 56/80 € – 4 suites – ½ P 55/68 €
Rist – *(chiuso lunedì)* Carta 24/33 €
♦ Poco distante dagli innumerevoli sentieri dell'altopiano, una caratteristica e semplice locanda, arredata con mobili scuri e panche a muro, dove ritrovare i piatti della tradizione, "fasoi e luganiga" compresi. Il calore della casa di montagna e l'affabilità della padrona di casa anche nelle semplici camere.

ASOLO – Treviso (TV) – **562** E17 – **9 222 ab.** – **alt. 190 m** – ✉ **31011** **36** C2
Italia

Roma 559 – Padova 52 – Belluno 65 – Milano 255
piazza Garibaldi 73 ☎ 0423 529046, iat.asolo@provincia.treviso.it, Fax 0423 524137
via dei Borghi 1, ☎ 0423 94 22 41

Villa Cipriani rist,
via Canova 298 – ☎ 04 23 52 34 11 – www.ho10.net
– villacipriani@ho10.net
31 cam – 185/375 € 205/580 € – ½ P 180/367 €
Rist – Carta 64/88 €
♦ Nel verde della campagna asolana, un'elegante dimora cinquecentesca con vista sulle colline. Le camere - distribuite tra la Villa e la Casa Giardino - sono arredate con mobili in stile, i bagni ornati con piastrelle di Vietri dipinte a mano. Al ristorante: cucina internazionale, ma anche sapori locali.

Al Sole cam,
via Collegio 33 – ☎ 04 23 95 13 32
– www.albergoalsole.com – info@albergoalsole.com
– chiuso gennaio
23 cam – 115/150 € 160/225 €
Rist *La Terrazza* – *(chiuso a mezzogiorno escluso sabato e domenica)*
Carta 39/67 €
♦ Sovrastante la piazza centrale di Asolo, signorilità e raffinatezza in un hotel di charme. Camere eleganti ma il gioiello è la terrazza, per pasti e colazioni panoramiche. Cucina d'impostazione tradizionale.

Duse senza rist

via Browning 190 – ✆ 0 42 35 52 41 – www.hotelduse.com – info@hotelduse.com – chiuso dal 14 gennaio al 7 febbraio

14 cam – ♦55/65 € ♦♦120/130 €, ☕ 8 €

◆ Sull'angolo della piazza centrale, l'unico "disturbo" può provenire dalle campane del Duomo. Camere piccole ma accoglienti e ben rifinite.

ASSAGO – Milano – Vedere Milano, dintorni

ASSISI – Perugia (PG) – 563 M19 – 27 507 ab. – alt. 424 m Italia 32 B2

Roma 197 – Perugia 25 – Foligno 23 – Spoleto 46

piazza del Comune 22, ✆ 075 8138680 info@iat.assisi.pg.it Fax 075 8138686

Basilica di San Francesco★★★ A - Chiesa di Santa Chiara★★ BC - Rocca Maggiore★★ B: ≤★★★sulla città e la campagna - Via San Francesco★ AB - Piazza del Comune★ B 3 - Duomo (San Rufino)★ C: facciata★★★ - Chiesa di San Pietro★★ A

Eremo delle Carceri★★: 4 km est - Convento di San Damiano★: 2 km a sud dalla Porta Nuova - Basilica di Santa Maria degli Angeli★: 5 km a sud-ovest nella pianura

Piante pagine seguenti

Ròseo Hotel Assisi

via Giovanni Renzi 2, 2 km per ① ✉ 06081 – ✆ 07 58 15 01 – www.roseohotelassisi.com – info@roseohotelassisi.com – chiuso dal 10 gennaio al 28 febbraio

155 cam ☕ – ♦90/110 € ♦♦120/160 € – ½ P 90/140 €

Rist – *(chiuso a mezzogiorno)* Carta 36/44 €

◆ Sulle pendici del monte Subasio, un'imponente struttura moderna dotata di terrazza roof garden con vista sui dintorni: spaziosa hall e camere di medie dimensioni. L'ampiezza della sala ristorante riflette la versatilità delle preparazioni gastronomiche.

Subasio

via Frate Elia 2 ✉ 06082 – ✆ 0 75 81 22 06 – www.hotelsubasioassisi.com – info@hotelsubasioassisi.com A**f**

61 cam ☕ – ♦70/200 € ♦♦80/300 € – ½ P 65/175 € **Rist** – Carta 35/47 €

◆ Hotel di tradizione, adiacente alla Basilica di S. Francesco, con arredi in stile e atmosfere d'epoca; terrazze panoramiche a disposizione degli ospiti. Elegante ristorante, con lampadari che sembrano di pizzo e finestre che paiono infinite.

Fontebella

via Fontebella 25 ✉ 06081 – ✆ 0 75 81 28 83 – www.fontebella.com – info@fontebella.com – chiuso dal 7 gennaio al 15 febbraio B**e**

46 cam ☕ – ♦40/110 € ♦♦64/290 €

Rist Il Frantoio – vedere selezione ristoranti

◆ Hotel totalmente rinnovato, con raffinati spazi comuni in stile classico, ornati di eleganti tappeti e piacevoli dipinti alle pareti; belle camere dotate di ogni confort.

La Terrazza

via F.lli Canonichetti, 2 km per ① ✉ 06081 – ✆ 0 75 81 23 68 – www.laterrazzahotel.it – info@laterrazzahotel.it

32 cam ☕ – ♦70/90 € ♦♦90/130 € – ½ P 70/90 €

Rist – *(chiuso gennaio)* Carta 25/47 €

◆ Grande struttura di moderna concezione, ottimamente tenuta, che ben coniuga le esigenze di funzionalità con l'utilizzo di materiali del posto. Accoglienti e silenziose le camere, nuovo ed attrezzato il centro benessere. Bianche pareti ulteriormente rischiarate da piccoli lumi nell'ampia e sobria sala ristorante.

Dei Priori

corso Mazzini 15 ✉ 06081 – ✆ 0 75 81 22 37 – www.hoteldeipriori.it – info@hoteldeipriori.it B**n**

34 cam ☕ – ♦50/110 € ♦♦70/180 € – ½ P 55/110 €

Rist – *(chiuso dal 15 gennaio a febbraio)* Carta 31/43 €

◆ Vicino alla piazza centrale, imponente albergo che ben s'inserisce nel complesso storico; aree comuni con belle poltrone e divani in stile, camere confortevoli. Atmosfera raffinata e un piacevole gioco di luci, che illumina il soffitto a volte della sala.

ASSISI

Via	Griglia	N.
Aretino (V. Borgo)	C	
Brizi (V.)	B	2
Carceri (V. Eremo d.)	C	
Colle (V. del)	B	
Comune (Pza del)	B	3
Cristofani (V.)	B	
Fontebella (V.)	B	
Fortini (V. A.)	B	4
Fosso Cupo (V. del)	AB	6
Frate Elia (V.)	A	7
Galeazzo Alessi (V.)	C	8
Garibaldi (Piazzetta)	B	9
Giotto (V.)	B	10
Marconi (Viale)	A	
Matteotti (Pza)	C	
Mazzini (Corso)	B	12
Merry del Val (V.)	A	13
Metastasio (V.)	B	
Porta Perlici (V.)	C	14
Porta S. Pietro (Piazzale)	A	
Portica (V.)	B	16
Rocca (V. della)	BC	
San Francesco (V.)	AB	
Seminario (V. del)	B	28
S. Agnese (V.)	B	
S. Apollinare (V.)	B	17
S. Chiara (Pza)	BC	19
S. Croce (V.)	B	
S. Francesco (Pza)	A	20
S. Gabriele della Addolorata (V.)	BC	21
S. Giacomo (V.)	A	23
S. Paolo (V.)	B	
S. Pietro (Borgo)	AB	
S. Pietro (Pza)	A	24
S. Rufino (V.)	B	26
Torrione (V. del)	C	30
Umberto I (Viale)	C	
Villamena (V.)	C	31
Vittorio Emanuele II (Viale)	ABC	

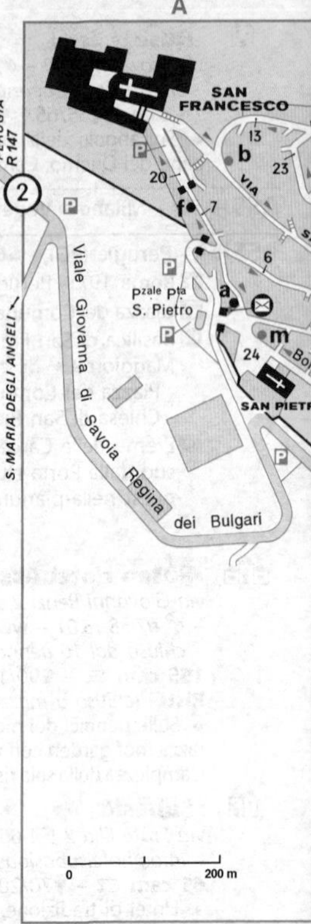

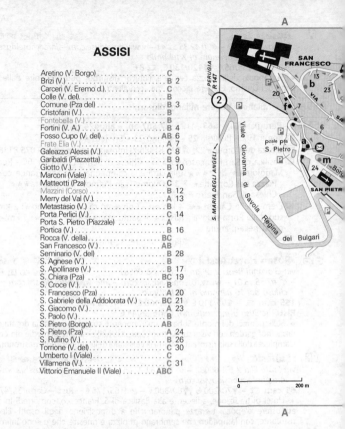

Umbra
cam, VISA AE

vicolo degli Archi 6 ✉ 06081 – ✆ 0 75 81 22 40 – www.hotelumbra.it – info@hotelumbra.it – 16 marzo-novembre Bx

24 cam – †70/80 € ††105/125 € – ½ P 77/87 €

Rist – *(chiuso domenica) (chiuso a mezzogiorno)* Carta 25/37 €

◆ Centrale, eppure silenzioso ed appartato, la calorosa ospitalità familiare vi farà sentire come a casa. Diverse camere panoramiche. Al ristorante: cucina regionale e servizio estivo in terrazza.

Sole
rist, VISA AE

corso Mazzini 35 ✉ 06081 – ✆ 0 75 81 23 73 – www.assisihotelsole.com – info@assisihotelsole.com Bz

37 cam – †26/45 € ††37/65 €, 6 € – ½ P 53 €

Rist – *(marzo-ottobre)* Carta 17/29 €

◆ Albergo costituito da due corpi separati, quello principale con ricevimento e ristorante e, dirimpetto, il secondo che ospita camere recenti e spaziose. Caratterisitca sala ristorante con soffitto a volte in mattoni.

Berti
VISA AE

piazza San Pietro 24 ✉ 06081 – ✆ 0 75 81 34 66 – www.hotelberti.it – info@hotelberti.it – chiuso dal 10 gennaio al 1° marzo Aa

10 cam – †50/80 € ††75/100 €

Rist Da Cecco – vedere selezione ristoranti

◆ Cordiale gestione familiare in un albergo recentemente rimodernato, con graziosi spazi comuni non ampi, ma accoglienti; camere arredate in modo essenziale.

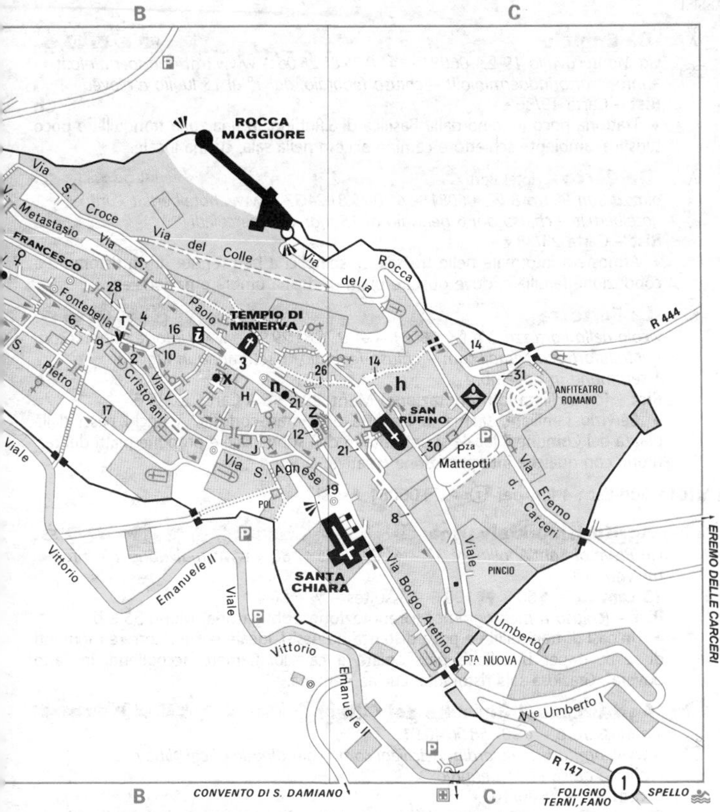

XX **San Francesco**

via San Francesco 52 ✉ 06081 – ✆ 0 75 81 23 29 – www.ristorantesanfrancesco.com – info@ristorantesanfrancesco.com – chiuso dal 1° al 15 luglio e mercoledì A**b**

Rist – Carta 37/50 €

◆ Sala curiosamente triangolare, con due pareti in pietra e una interamente a vetri, da cui si gode un'appagante vista sulla Basilica di S.Francesco; arredi curati.

XX **Buca di San Francesco**

via Brizi 1 ✉ 06081 – ✆ 0 75 81 22 04 – bucasanfrancesco@libero.it – chiuso dal 1° al 15 luglio e lunedì B**v**

Rist – Carta 24/36 €

◆ Semplice ed essenziale, come si conviene ad un doveroso omaggio al patrono d'Italia: raccolto tra pareti medievali, una pittura murale nell'angolo ritrae il Santo in preghiera. Anche la cucina segue le orme di una consolidata tradizione proponendo gustosi piatti regionali e specialità casalinghe.

XX **Il Frantoio** – Hotel Fontebella

vicolo Illuminati ✉ 06081 – ✆ 0 75 81 67 63 – www.fontebella.com – info@fontebella.com – chiuso dal 7 gennaio al 15 febbraio B**e**

Rist – (coperti limitati, prenotare) Carta 28/36 €

◆ Ristorante classico, a ridosso dell'hotel Fontebella, che propone un menù basato su una cucina tradizionale, ma anche un'eccellente cantina. Servizio estivo in giardino.

Da Erminio

via Montecavallo 19 ✉ 06081 – ✆ 0 75 81 25 06 – www.trattoriadaerminio.it – info@trattoriadaerminio.it – chiuso febbraio, dal 1° al 15 luglio e giovedì

Rist – Carta 19/36 € Ch

◆ Trattoria poco lontano dalla Basilica di S.Ruffino, in una zona tranquilla e poco turistica: ambiente schietto e camino acceso nella sala; cucina locale.

Da Cecco – Hotel Berti

piazza San Pietro 8 ✉ 06081 – ✆ 0 75 81 24 37 – www.hotelberti.it – info@hotelberti.it – chiuso dal 6 gennaio al 15 marzo e mercoledì Am

Rist – Carta 23/33 €

◆ Atmosfera informale nelle tre salette semplici e ben tenute di un ristorante a conduzione familiare, dove gustare piatti di cucina umbra e nazionale.

La Fortezza

vicolo della Fortezza 2/b ✉ 06081 – ✆ 0 75 81 29 93 – www.lafortezzahotel.com – info.lafortezza@gmail.com – chiuso febbraio, 1 settimana in luglio e 1 settimana in novembre Ch

Rist – (consigliata la prenotazione) Menu 29/43 € – Carta 25/35 €

◆ Servizio familiare, sì, ma in cravatta e di gran cortesia. A pochi passi dalla piazza del Comune il locale si presenta in due sobrie sale e propone piatti del territorio con qualche interpretazione creativa.

a Viole Sud-Est : 4 km per ① – ✉ 06081 Assisi

Agriturismo Malvarina

via Pieve di Sant'Apollinare 32 – ✆ 07 58 06 42 80 – www.malvarina.it – info@malvarina.it

13 cam – 60 € 100 € – 3 suites – ½ P 80 €

Rist – *(chiuso a mezzogiorno)* (prenotazione obbligatoria) Menu 35 € bc

◆ Un'oasi di tranquillità a poca distanza da Assisi, ideale per trascorrere momenti di relax, e per bucoliche passeggiate a cavallo. Camere accoglienti, in "arte povera". Graziosa sala ristorante, cucina genuina.

Agriturismo il Giardino dei Ciliegi

via Massera 6 – ✆ 07 58 06 40 91 – www.agriturismoilgiardinodeiciliegi.com – giardinodeiciliegi@libero.it – chiuso dall'8 al 31 gennaio

8 cam – 80/100 €

Rist – *(chiuso a mezzogiorno)* (prenotazione obbligatoria) *(solo per alloggiati)* Menu 20/30 €

◆ Una vacanza rilassante tra le dolci colline umbre in una piccola casa colonica a gestione familiare, con sobrie camere accoglienti arredate in stile "finto povero".

ad Armenzano Est : 12 km – alt. 759 m – ✉ 06081 Assisi

Le Silve

– ✆ 07 58 01 90 00 – www.lesilve.it – info@lesilve.it – 2 aprile- 30 ottobre

19 cam – 80/120 € 130/220 € – ½ P 105/150 €

Rist – Carta 39/64 €

◆ In un'oasi di pace, dove severi boschi succedono a dolci ulivi, un casale del X secolo dai sobri e incantevoli interni rustici, dove ritrovare una semplicità antica. Servizio ristorante estivo all'aperto; proposte di cucina locale rivisitata con creatività.

a Santa Maria degli Angeli Sud-Ovest : 5 km – ✉ 06081

Dal Moro Gallery Hotel

via Becchetti 2 – ✆ 07 58 04 36 88 – www.dalmorogalleryhotel.com – info@dalmorogalleryhotel.com

51 cam – 70/150 € 98/240 €, 10 € – 2 suites – ½ P 69/145 €

Rist – *(chiuso lunedì)* Carta 33/49 €

◆ Vicino alla Porziuncola di San Francesco, si può scegliere tra camere classiche o di design che ripropongono i temi moderni rappresentati nella hall. Menù capace di stimolare appetiti esigenti e attenti alla cucina del territorio. Buona cantina.

Cristallo cam,
via Los Angeles 195 – 07 58 04 35 35 – www.mencarelligroup.com – cristallo@mencarelligroup.com
52 cam – 70/90 € 110/150 € – ½ P 80/100 €
Rist – Carta 26/39 €
◆ A pochi chilometri da Assisi, albergo moderno con interni arredati in stile contemporaneo; confortevoli e funzionali le ampie camere doppie con comode poltrone e balconi. Prevalgono i colori chiari nella sala da pranzo dagli arredi essenziali.

Brilli Bistrot
via Los Angeles 83 – 07 58 04 34 33 – www.brillibistrot.com – info@billibistrot.com – chiuso 3 settimane in agosto, martedì, i mezzogiorno di sabato e domenica
Rist – (consigliata la prenotazione la sera) Carta 36/54 €
◆ A metà strada tra bistrot e ristorante, la risorsa è smaccatamente promotrice di una cucina non convenzionale, che fa della particolarità gastronomica (partendo da ottime materie prime) la propria bandiera. Ostriche e pesce crudo.

ASTI P (AT) – 561 H6 – 75 298 ab. – alt. 123 m – 14100 Italia 25 D1

Roma 615 – Alessandria 38 – Torino 60 – Genova 116
piazza Alfieri 29 0141 530357, info1@astiturismo.it, Fax 0141 538200
Città di Asti recinto San Rocco 5, 0141 20 80 33
Feudo di Asti strada Mombarone 160, Nord: 10 km, 0141 29 42 30
Battistero di San Pietro★ CY
Monferrato★ per ①

Piante pagine seguenti

Aleramo senza rist
via Emanuele Filiberto 13 – 01 41 59 56 61 – www.hotel.aleramo.it – haleramo@tin.it – chiuso agosto BZ**a**
42 cam – 70/80 € 120/140 €
◆ La passione del proprietario per il design contemporaneo prende forma in camere moderne e mai banali, dal lontano e mitico Giappone alle decorazioni in cera. Il tutto sempre molto lineare e minimalista.

Palio senza rist
via Cavour 106 – 0 14 13 43 71 – www.hotelpalio.com – info@hotelpalio.com – chiuso dal 23 al 26 dicembre e 1 settimana in agosto BZ**b**
37 cam – 75/105 € 107/155 €
◆ A pochi passi dal centro storico, la sapiente ristrutturazione avvenuta in tempi recenti ha conferito alla risorsa una nuova brillantezza: l'hotel dispone ora di camere moderne, curate nei dettagli. Originale sala colazioni - al primo piano - con vetrate sulla strada.

Rainero senza rist
via Cavour 85 – 01 41 35 38 66 – www.hotelrainero.com – info@hotelrainero.com – chiuso dal 19 dicembre al 10 gennaio BZ**c**
53 cam – 58/68 € 88/110 €
◆ Comoda ubicazione, vicino al Campo del Palio, per un albergo con spazi interni essenziali, in stile moderno; camere lineari, gradevole terrazza-solarium.

Gener Neuv (Giuseppina Bagliardi)
lungo Tanaro dei Pescatori 4, per ③ – 01 41 55 72 70 – www.generneuv.it – generneuv@atlink.it – chiuso 3 settimane in agosto, domenica sera, lunedì
Rist – (prenotare) Carta 54/70 €
Spec. Lasagne a rombi di farina di farro con ragù di coniglio. Lumache di Cherasco con pane profumato alle erbe, pomodoro confit e peperoncino. Coppa di zabaione freddo e sorbetto al cacao.
◆ Accoglienza calorosa e familiare, in questo elegante locale con camino, dove citazioni in dialetto dedicate al vino invitano all'assaggio. Storico baluardo della cucina astigiana, la carta è un compendio dei classici piemontesi.

ASTI

Alfieri (Cso Vittorio) . . . . . . ACY
Alfieri (Pza Vittorio) . . . . BY
Aliberti (V.) . . . . ABY 3
Battisti (V. Cesare) . . . . BY 5
Berruti (V. F.) . . . . AY 7
Botallo (V.) . . . . BY 8
Brofferio (V.) . . . . ABZ
Cairoli (Pza) . . . . AY 12
Caracciolo (V.) . . . . AY 14
Carmine (V. del) . . . . AZ 15
Castello (V. al) . . . . AY 17
Catena (Pza) . . . . AY 18
Cattedrale (V.) . . . . AY 20
Cavour (V.) . . . . BZ 21
D. Alighieri (Corso) . . . . . . ABY
Filiberto (V. E.) . . . . BZ 24
Garetti (V.) . . . . ABY 26
Garibaldi (V. Giuseppe) . . . . BY 27
Giolitti (Cavalcavia G.) . . . . . AZ 29
Grandi (V.) . . . . BY 30
Hope (V.) . . . . ABY 33
Libertà (Pza della) . . . . BYZ 37
Martiri della Liberazione (Largo) . . . . BY 39
Mazzini (V.) . . . . AYZ 41
Medici (Pza) . . . . BY 43
Montafia (Piazzetta) . . . . . . AZ 46
Ospedale (V.) . . . . BY 50
Roma (Pza) . . . . AY 58
Rosselli (Viale Fratelli) . . . . . CY 60
Santuario (Viale al) . . . . AZ 68
Statuto (Pza) . . . . BZ 70
S. Giuseppe (Pza) . . . . AZ 63
S. Secondo (Pza) . . . . BY 66
Vittoria (Piazzale) . . . . CY 77
1 Maggio (Pza) . . . . CY 79

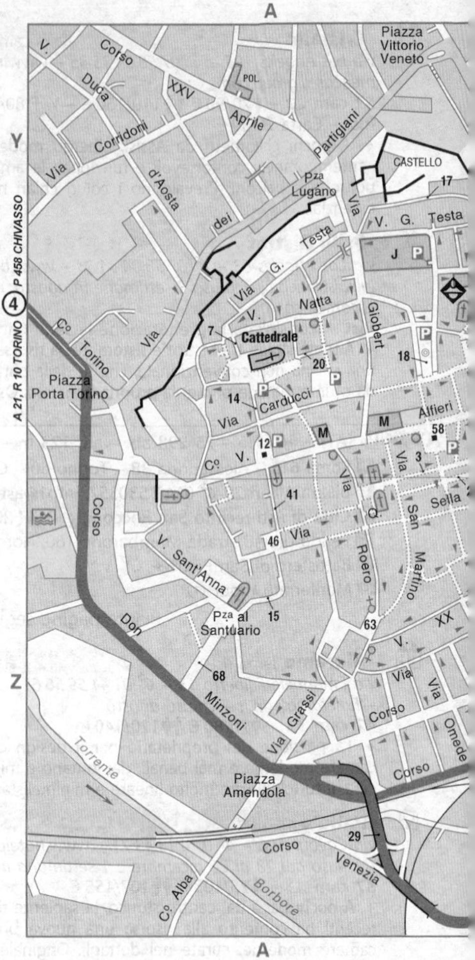

XX **Locanda Astesana**

corso Alfieri 36 – ✆ 01 41 55 67 40
– www.locandaastesana.it – info@locandaastesana.it
– chiuso sabato a mezzogiorno, domenica CY**a**
Rist – Carta 26/48 €

◆ Piccolo ed accogliente locale di tono moderno in cui gustare una cucina piemontese contemporanea, curata nella scelta delle materie prime e delle preparazioni. Per non rischiare con l'etilometro, il titolare-chaffeur alla guida del suo originale taxi inglese, vi preleverà sotto casa e vi riaccompagnerà a fine cena.

E' una questione di categoria: non aspettatevi lo stesso servizio in un ristorante X o in un albergo 🏠 rispetto ad un XXXXX o ad un 🏠🏠🏠.

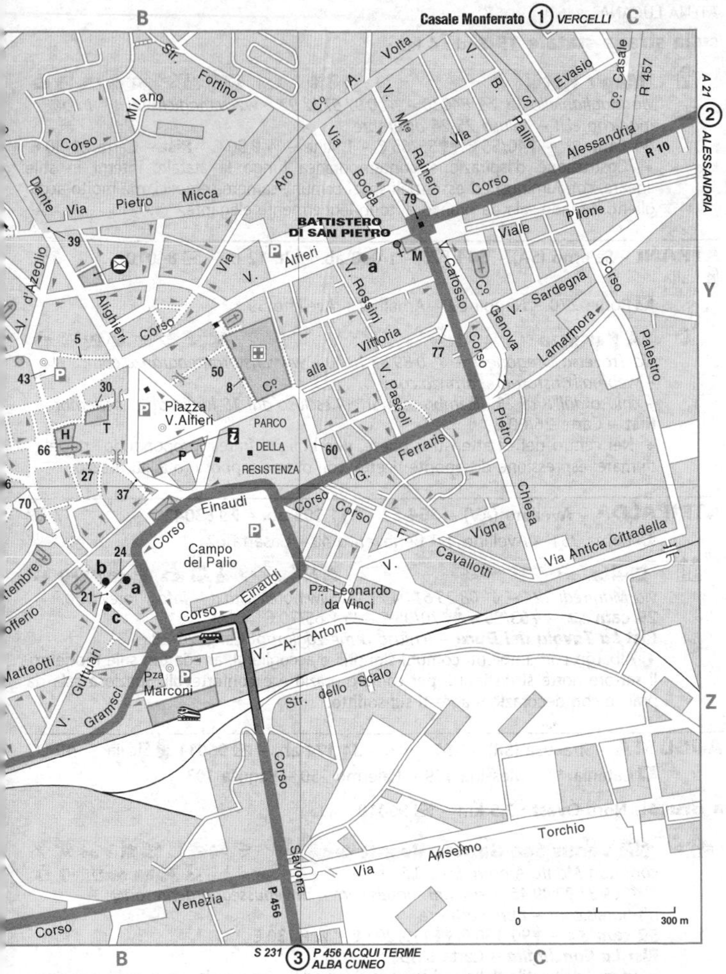

Casale Monferrato ① VERCELLI

A 21 ② ALESSANDRIA

S 231 ③ P 456 ACQUI TERME ALBA CUNEO

Budget modesto? Optate per il menu del giorno generalmente a prezzo più contenuto.

ATENA LUCANA – Salerno (SA) – 564 F28 – 2 341 ab. – alt. 625 m – ✉ 84030 — 7 D2

Roma 346 – Potenza 54 – Napoli 140 – Salerno 89

Villa Torre Antica

via Indipendenza 32 – ☎ 09 75 77 90 16 – www.hoteltorreantica.com – info@hoteltorreantica.com

14 cam – †60 € ††70 € – ½ P 60 € **Rist** – Carta 20/51 €

◆ Hotel di *charme* nato nel 2005 dal restauro di un vecchio torrione del XVIII secolo: gli interni ne conservano i muri, mentre alla modernità sono ispirati i raffinati confort.

sulla strada statale 19 Sud : 4 km

Magic Hotel – cam,
via Maglianiello 13 ✉ 84030 – ✆ 0 97 57 12 92 – www.magichotel.it – info@magichotel.it – chiuso 25-26 dicembre
44 cam – †40/55 € ††55/65 € – 1 suite – ½ P 50 € **Rist** – Carta 21/30 €
◆ Costruzione d'ispirazione contemporanea lungo la statale: interni in stile lineare, con luminosi ed essenziali spazi comuni; camere semplici, ma molto accoglienti. Grande sala da pranzo di tono leggermente elegante.

ATRANI – Salerno (SA) – 564 F25 – 1 008 ab. – alt. 12 m – ✉ 84010 6 B2

Italia

Roma 270 – Napoli 69 – Amalfi 2 – Avellino 59

'A Paranza
via Traversa Dragone 1 – ✆ 0 89 87 18 40 – www.ristoranteparanza.com – webmail@ristoranteparanza.com – chiuso dall'8 al 25 dicembre e martedì escluso dal 15 luglio al 15 settembre
Rist – Carta 26/60 €
◆ Nel centro del caratteristico paese, due brillanti fratelli propongono specialità di mare: espressione di saporite ricette, con ottimo rapporto qualità/prezzo.

ATRIPALDA – Avellino (AV) – 564 E26 – 11 203 ab. – ✉ 83042 7 C2

Roma 251 – Avellino 4 – Benevento 40 – Caserta 62

Civita
via Manfredi 124 – ✆ 08 25 61 04 71 – www.hotelcivita.it – info@hotelcivita.it
29 cam – †63/85 € ††70/95 € – ½ P 65/70 €
Rist ***La Tavola del Duca*** – *(chiuso a mezzogiorno)* Carta 26/38 €
◆ Albergo con ambienti comuni signorili e accoglienti, arredati in stile moderno. Il settore notte si distingue per camere graziose e confortevoli. Spaziosa sala da pranzo con decorazioni agresti sul soffitto.

AUGUSTA – Siracusa (SR) – 365 BA60 – 34 174 ab. – ✉ 96011 Sicilia 40 D2

Catania 42 – Messina 139 – Palermo 250 – Ragusa 103

a Brucoli Nord-Ovest : 7,5 km – ✉ 96010

NH Venus Sea Garden Resort
contrada Monte Amara, Est : 3,5 km – ✆ 09 31 99 89 46 – www.nh-hotels.com – nhvenusseagardenresort@nh-hotels.com – aprile-ottobre
59 cam – †90/156 € ††119/204 € – ½ P 130 €
Rist ***La Conchiglia*** – Carta 32/51 €
◆ Partire dallo stile delle architetture degli edifici, passando per la bella posizione fronte mare, per giungere all'apprezzabile tranquillità. Un soggiorno stupendo. Servizio ristorante estivo sulla bella terrazza panoramica.

AURONZO DI CADORE – Belluno (BL) – 562 C19 – 3 584 ab. 36 C1

– alt. 866 m – Sport invernali : 864/1 585 m 4, (Comprensorio Dolomiti superski Cortina d'Ampezzo) – ✉ 32041

Roma 663 – Cortina d'Ampezzo 34 – Belluno 62 – Milano 402

via Roma 10 ✆ 0435 9359, auronzo@infodolomiti.it, Fax 0435 400161

Panoramic
via Padova 15 – ✆ 04 35 40 01 98 – www.panoramichotel.com – prenotazioni@panoramichotel.com – 4 dicembre-febbraio e aprile-settembre
30 cam – †45/80 € ††70/120 € – ½ P 57/75 € **Rist** – Carta 21/40 €
◆ In riva al lago e in posizione panoramica, un ampio giardino avvolge la quiete di questo albergo familiare dagli ambienti in delizioso stile montano. Semplicemente gradevoli le camere, tutte rinnovate. Accattivanti proposte del territorio nella sala da pranzo di tono rustico.

La Nuovа Montanina rist,
via Monti 3 – ☎ 04 35 40 00 05 – www.lanuovamontanina.it – info@lanuovamontanina.it
17 cam – 80/110 € – ½ P 50/72 € **Rist** – Carta 19/27 €
◆ Nel centro della località, hotel a conduzione familiare - recentemente ristrutturato - offre camere confortevoli e spazi comuni caratteristici. Il ristorante propone le classiche ricette nazionali e specialità cadorine.

Cacciatori con cam
via Ligonto 26 – ☎ 0 43 59 70 17 – www.albergo-ristorante-cacciatori.eu – cacciatori@cadorenet.it – chiuso marzo
12 cam – 39/85 € 70/120 € – ½ P 67/75 € **Rist** – Carta 20/43 €
◆ Selvaggina e carni proposte in piatti dalle porzioni generose nelle due accoglienti e semplici sale di cui una ricavata dalla chiusura di una veranda con lunghe vetrate su tutto il lato. Le camere non sono di grandi dimensioni ma piacevoli e confortevoli dall'arredo minimalista in legno colorato.

AVELENGO (HAFLING) – Bolzano (BZ) – 562 C15 – 726 ab. 30 B2

– alt. 1 290 m – Sport invernali : a Merano 2000 : 1 600/2 300 m 2 5,
– ✉ 39010 Italia

Roma 680 – Bolzano 37 – Merano 15 – Milano 341
via Santa Caterina 2b ☎ 0473 279457, info@hafling.com, Fax 0473 279540

Miramonti rist,
via St. Kathrein 14 – ☎ 04 73 27 93 35 – www.hotel-miramonti.com – info@hotel-miramonti.com – chiuso dal 10 al 26 novembre
31 cam – 138/300 € – 5 suites – ½ P 99/189 € **Rist** – Carta 43/52 €
◆ Recentemente ristrutturato, l'hotel vanta arredi ed ambienti in stile moderno. Posizione deliziosamente panoramica. Ampie vetrate sulla vallata illuminano il ristorante, dove assaporare prelibatezze locali.

Viertlerhof rist,
via Falzeben 126 – ☎ 04 73 27 94 28 – www.hotel-viertlerhof.it – info@viertlerhof.it – chiuso dal 10 al 24 aprile e dal 7 novembre al 25 dicembre
27 cam – solo ½ P 70/90 € **Rist** – *(chiuso a mezzogiorno) (solo per alloggiati)*
◆ Immerso nella tranquillità d'un bel giardino, un tradizionale hotel ben accessoriato, dagli spazi interni rinnovati con molto legno in stile moderno; pregevole settore relax.

Mesnerwirt rist,
alla Chiesa 2 – ☎ 04 73 27 94 93 – www.mesnerwirt.it – info@mesnerwirt.it – chiuso dal 10 novembre al 20 dicembre
34 cam – 65/88 € 112/160 € – 7 suites – ½ P 71/88 €
Rist – Carta 26/62 €
◆ Vale sempre la pena di fermarsi in questa piacevole struttura, ma oggi ancora più di ieri, visto che nel 2010 l'hotel ha subito un importante *restyling* ed ampliamento: camere confortevoli, belle suite, nonchè un moderno centro benessere. Prodotti locali e stagionali si sposano con la creatività al ristorante.

AVELLINO P (AV) – 564 E26 – 56 939 ab. – alt. 348 m – ✉ 83100 6 B2

Roma 245 – Napoli 57 – Benevento 39 – Caserta 58
via Due Principati 38 ☎ 0825 74732, info@eptavellino.it, Fax 0825 74757

De la Ville
via Palatucci 20 – ☎ 08 25 78 09 11 – www.hdv.av.it – info@hdv.av.it
57 cam – 170/210 € 230 €, 25 € – 6 suites – ½ P 165 €
Rist *Il Cavallino* – Carta 46/56 € (+10 %)
◆ Da sempre attivi nella realtà edile, i proprietari stessi hanno ideato e costuito quest'enorme struttura con camere signorili ed ampi spazi personalizzati con molto verde. Ampia e di taglio classico-elegante, la sala da pranzo propone i piatti della tradizione.

La Maschera
rampa San Modestino 1 – ☎ 0 82 53 76 03 – www@ristorantelamaschera.com info@ristorantelamaschera.com – chiuso 10 giorni in agosto, domenica sera, lunedì
Rist – Carta 33/43 €
◆ Luci soffuse e tocchi signorili nell'arredo in sala, un fresco dehors con tavoli in ferro ed una cucina dalle proposte legate al territorio irpino, rivisitate ed alleggerite.

Antica Trattoria Martella
via Chiesa Conservatorio 10 – ℰ 0 82 53 11 17 – www.ristorantemartella.it – info@ristorantemartella.it – chiuso dal 24 al 26 dicembre, 1 settimana in agosto, domenica sera, lunedì
Rist – *(chiuso a mezzogiorno)* Carta 24/37 €
◆ Un'accogliente trattoria arredata in modo classico con tavoli quadrati, propone un buffet d'antipasti accanto ad una cucina e ad una cantina che riflettono i sapori regionali.

in prossimità casello autostra A 16 Avellino Est Nord-Est: 6 km

Bel Sito Hotel le Due Torri
strada statale 7 bis ✉ 83030 Manocalzati – ℰ 08 25 67 00 01 – www.belsitohotelduetorri.it – info@belsitohotelduetorri.it
32 cam – †65/95 € ††85/125 € – ½ P 65/75 € **Rist** – Carta 23/44 €
◆ A circa 500 metri dal casello autostradale, un piacevole albergo commerciale con stanze standard ben tenute e una buona distribuzione degli spazi comuni. Ampio e comodo il parcheggio.

AVENA (Monte) – **Belluno** – **562** D17 – **Vedere Pedavena**

AVENZA – **Carrara** – **563** J12 – **Vedere Carrara**

AVETRANA – **Taranto (TA)** – **564** F35 – **7 139 ab.** – **alt. 62 m** – ✉ 74020 **27** D3

Roma 562 – Bari 146 – Brindisi 42 – Lecce 50

Relais Terre di Terre
via per Erchie , Nord : 2 km – ℰ 09 99 70 40 99 – www.masseriabosco.it – info@masseriabosco.it – chiuso novembre
34 cam – †75/130 € ††120/210 € – ½ P 95/140 € **Rist** – Carta 32/41 €
◆ Tra il verde odoroso degli ulivi e l'azzurro del mar Mediterraneo, la struttura è composta da due masserie: caratteristiche camere con soffitto in tufo e bagni policromi in una, stanze più moderne nell'altra. L'olio dell'azienda e i piatti regionali nel suggestivo ristorante.

AVEZZANO – **L'Aquila (AQ)** – **563** P22 – **41 354 ab.** – **alt. 695 m** – ✉ 67051 **1** A2

Roma 105 – L'Aquila 52 – Latina 133 – Napoli 188

Dei Marsi
via Cavour 79/B, Sud : 3 km – ℰ 08 63 46 01 – www.hoteldeimarsi.it – booking@hoteldeimarsi.it
112 cam – †65/130 € ††85/200 € – 4 suites – ½ P 63/125 €
Rist – Carta 33/44 €
◆ Nel cuore industriale di Avezzano, efficiente struttura di moderna concezione con spazi interni funzionali e camere in stile lineare d'ispirazione contemporanea. Ampia e accogliente sala ristorante.

AVOLA – **Siracusa (SR)** – **365** AZ62 – **31 697 ab.** – **alt. 40 m** – ✉ 96012 **40** D3

Roma 879 – Palermo 279 – Siracusa 28 – Ragusa 64

Agriturismo Masseria sul Mare rist,
contrada Gallina, Nord-Est: 5 km – ℰ 09 31 56 01 01 – www.masseriasulmare.it – info@masseriasulmare.it – chiuso febbraio e novembre
20 cam – †45/75 € ††80/140 € – ½ P 63/105 €
Rist – *(chiuso a mezzogiorno)* (prenotazione obbligatoria) Menu 25/35 €
◆ 50 ettari di coltivazioni, frumento e ortaggi, circondano la masseria dagli ambienti curati e accoglienti; poco distante l'incantevole spiaggia ad accesso privato, con sabbia fine e scogli. Puntando sull'agricoltura e sull'allevamento locali, la cucina propone le tradizioni siciliane.

Agriturismo Avola Antica
contrada Avola antica, Nord: 9 Km – ✆ 09 31 81 10 08 – www.avolaantica.it – info@avolaantica.it – 15 marzo-15 ottobre
10 cam – 110 € – ½ P 75 € **Rist** – Menu 21/25 €
◆ Armatevi di pazienza e partite in salita fino ad uno spettacolare panorama di scenografiche rocce, muretti a secco e riserve naturali: la piacevolezza della struttura vi ricompenserà! Al ristorante, prodotti dell'azienda agricola in piatti siciliani.

AYAS – **Aosta (AO)** – **561** E5 – **1 281 ab.** – **alt. 1 453 m** – **Sport invernali : 1 267/2 714 m 2 (Comprensorio Monte Rosa Sky)** – ✉ **11020** **34** B2

Roma 732 – Aosta 61 – Ivrea 57 – Milano 170

ad Antagnod Nord : 3,5 km – alt. 1 699 m – ✉ 11020

Petit Prince
route Tchavagnod 1 – ✆ 01 25 30 66 62 – www.hotelpetitprince.com – info@hotelpetitprince.com – dicembre-Pasqua e 25 giugno-15 settembre
28 cam – 48/86 € 84/150 € – ½ P 64/99 €
Rist *L'Etoile* – *(chiuso a mezzogiorno)* Carta 24/40 €
◆ In splendida posizione tranquilla e panoramica, vicino agli impianti da sci, una struttura di recente costruzione; spazi comuni confortevoli e camere con arredi in legno. Caldo e tipico ristorante, ricette classiche.

AZZANO DECIMO – **Pordenone (PN)** – **562** E20 – **15 307 ab.** – **alt. 14 m** – ✉ **33082** **10** B3

Roma 591 – Udine 60 – Pordenone 11 – Treviso 65

Eurohotel
via Don Bosco 3 – ✆ 04 34 63 32 05 – www.eurohotelfriuli.it – azzano@eurohotelfriuli.it – chiuso 3 settimane in agosto
42 cam – 49/63 € 76/90 € – ½ P 60/73 €
Rist *All'Ancora* – *(chiuso venerdì sera, sabato, domenica)* Carta 27/40 €
◆ In posizione centrale e a due passi dal campo sportivo, camere comode e funzionali. L'ambiente signorile del ristorante ben predispone alle squisite specialità di pesce.

AZZATE – **Varese (VA)** – **561** E8 – **4 404 ab.** – **alt. 332 m** – ✉ **21022** **18** A1

Roma 622 – Stresa 43 – Bellinzona 63 – Como 30

Locanda dei Mai Intees
via Monte Grappa 22 – ✆ 03 32 45 72 23 – www.mai-intees.it – maiintees@tin.it
12 cam – 125/195 € 175/235 € – ½ P 128/158 €
Rist – *(chiuso a mezzogiorno)* Carta 49/63 €
◆ Incantevole fusione di due edifici di origine quattrocentesca raccolti intorno a due corti: atmosfera ricca di charme negli ameni interni signorili, con mobili in stile. Ambiente romantico nella sala da pranzo con grande camino e pareti affrescate.

Hosteria da Bruno
via Piave 43/a – ✆ 03 32 45 40 93 – dabruno1@hotmail.it – chiuso dal 1° al 24 agosto, martedì
Rist – (consigliata la prenotazione la sera) Carta 28/37 €
◆ Bruno, che dal nonno ha ereditato nome e passione, ripropone quest'insegna con oltre mezzo secolo di storia. Il ristorante è rustico, ma piacevole proprio per quest'aura di autenticità, nelle sedie impagliate, nelle panche disposte intorno ad un caminetto, nelle foto di famiglia appese alle pareti. Cucina regionale.

BACOLI – **Napoli (NA)** – **564** E24 – **27 298 ab.** – ✉ **80070** Italia **6** A2

Roma 242 – Napoli 27 – Formia 77 – Pozzuoli 8

Cento Camerelle★ – Piscina Mirabile★

Terme★★ di Baia

Cala Moresca rist,
via del Faro 44, località Capo Miseno
– 08 15 23 55 95 – www.calamoresca.it – info@calamoresca.it
34 cam – 85/90 € 130/160 € – ½ P 80/95 €
Rist – *(chiuso dal 24 al 26 dicembre)* Carta 31/51 €
♦ Una panoramica e tranquilla posizione, discesa a mare privata, camere luminose e gradevoli per questo hotel moderno e di sobria eleganza. D'estate, animazione a bordo piscina. Accomodatevi al ristorante per contemplare la scenografica vista sul golfo e sulla costa. La sera, anche pizzeria.

Villa Oteri rist,
via Miliscola 18 – 08 15 23 49 85 – www.villaoteri.it – reception@villaoteri.it
9 cam – 65/95 € 80/120 € – ½ P 65/85 €
Rist – Carta 25/41 €
♦ Villa di inizio Novecento, dall'esterno colorato ed appariscente, conserva all'interno le caratteristiche della struttura originale ed offre camere confortevoli e una speciale accoglienza. Specialità culinarie dell'area flegrea.

A Ridosso
via Mercato di Sabato 320 – 08 18 68 92 33 – www.ristoranteridosso.com – info@ristoranteridosso.com – chiuso dal 23 dicembre al 4 gennaio, dal 16 al 31 agosto, domenica sera, lunedì
Rist – *(chiuso a mezzogiorno escluso domenica)* (consigliata la prenotazione) Carta 35/60 €
♦ A ridosso di una collina, un locale piccolo ed elegante, la cui costante cura per i dettagli è testimoniata da numerose ceramiche e vetrinette. Nei piatti solo i prodotti del mare. (Su prenotazione, anche menu di terra).

BADALUCCO – Imperia (IM) – 1 231 ab. – alt. 179 m – 18010 14 A3

Roma 643 – Imperia 31 – Cuneo 124 – San Remo 24
via Marco Bianchi 1 0184 407007, Fax 0184 408561

Macine del Confluente
località Oxentina, Sud : 2,5 km – 01 84 40 70 18 – www.lemacinedelconfluente.com – info@macine.eu – chiuso novembre
6 cam – 75/85 € 90/100 € – ½ P 78 €
Rist – *(chiuso lunedì e martedì) (chiuso a mezzogiorno escluso domenica e giorni festivi)* Menu 30/35 €
♦ Due solide costruzioni in pietra riproducono l'atmosfera di un antico mulino: romantiche camere allietate da un caminetto ed una cucina dai tipici sapori regionali.

BADIA A PASSIGNANO – Firenze – 563 L15 – Vedere Tavarnelle Val di Pesa

BADIA DI DULZAGO – Novara – Vedere Bellinzago Novarese

BADICORTE – Arezzo – 563 M17 – Vedere Marciano della Chiana

BADIOLA – Grosseto – Vedere Castiglione della Pescaia

BADOERE – Treviso – Vedere Morgano

BAGNAIA – Viterbo (VT) – 563 O18 – alt. 441 m – 01031 Italia 12 B1

Roma 109 – Viterbo 5 – Civitavecchia 63 – Orvieto 52
Villa Lante★★

Biscetti con cam cam,
via Gen. A. Gandin 11/A 01100 – 07 61 28 82 52 – www.hotelbiscetti.it – reception@hotelbiscetti.it – chiuso febbraio o novembre
23 cam – 40/50 € 60/70 €, 6 € – ½ P 55/65 €
Rist – *(chiuso domenica sera, giovedì)* Carta 20/30 €
♦ Proposta di piatti locali d'impronta casalinga per un ristorante con una lunga storia. Un sicuro punto di approdo per chi ricerca la genuinità e rifugge le novità.

BAGNAIA – Livorno – 563 N13 – Vedere Elba (Isola d') : Rio nell'Elba

BAGNARA CALABRA – Reggio di Calabria (RC) – **564** M29 **5** A3
– **10 676 ab.** – **alt. 50 m** – ✉ **89011**

Roma 671 – Reggio Calabria 35 – Catanzaro 130 – Cosenza 160

Taverna Kerkira

corso Vittorio Emanuele 217 – ✆ 09 66 37 22 60 – corcira@virgilio.it – chiuso dal 20 dicembre al 15 gennaio, dal 1° agosto al 15 settembre, lunedì, martedì
Rist – Carta 29/48 €

◆ Fiori freschi sui tavoli e un'atmosfera dal sapore marinaro per questo locale accogliente e familiare; in lista le fragranze del mediterraneo, così come piatti della tradizione ellenica.

BAGNARA DI ROMAGNA – Ravenna (RA) – **562** I17 – **2 144 ab.** **9** C2
– **alt. 22 m**

Roma 55 – Bologna 55 – Acquaviva 88 – Ravenna 41

La Locanda di Bagnara rist,

piazza Marconi 10 – ✆ 0 54 57 69 51 – www.locandabagnara.it – info@locandabagnara.it – chiuso dal 10 al 20 agosto
7 cam – 70/90 € 100/190 € – 1 suite – ½ P 85/130 €
Rist *Rocca* – *(chiuso lunedì)* Carta 38/56 €

◆ Nel cuore di questa piccola frazione, edificio del 1870 restaurato su modello di una raffinata e moderna locanda: arredi eleganti e confort al passo con i tempi odierni. Cucina creativa nella suggestiva corte della Rocca, o nella saletta più rustica denominata l'Osteria.

BAGNARIA ARSA – Udine (UD) – **562** E21 – **3 491 ab.** – **alt. 18 m** **11** C3
– ✉ **33050**

Roma 624 – Udine 26 – Grado 31 – Pordenone 66

Agriturismo Mulino delle Tolle

località Sevegliano, statale Palmanova-Grado, Sud-Ovest : 2 km – ✆ 04 32 92 47 23 – www.mulinodelletolle.it – info@mulinodelletolle.it – chiuso 15 giorni in gennaio
10 cam – 55 € 77 €
Rist – *(chiuso dal 23 dicembre al 19 gennaio, dal 22 luglio al 1° agosto, lunedì, martedì, mercoledì)* Carta 18/22 €

◆ Lazzaretto secentesco o dogana di confine all'epoca degli Asburgo? Una testina votiva in cotto - oggi marchio dell'azienda - ammicca invece alla sua lunga tradizione vitivinicola. Al ristorante: proposte giornaliere di cucina regionale e piatti di terra (carni di produzione propria).

BAGNI DI LUCCA – Lucca (LU) – **563** J13 – **6 569 ab.** – **alt. 150 m** **28** B1
– ✉ **55022**

Roma 350 – Pisa 48 – Firenze 77 – Lucca 27

Regina Park Hotel senza rist

viale Umberto I° 157 – ✆ 05 83 80 55 08 – www.coronaregina.it – info@coronaregina.it – chiuso dal 15 gennaio a marzo
14 cam – 45/94 € 50/140 €

◆ In un palazzo della fine del XVIII secolo, comodo indirizzo tanto per chi sceglie una vacanza culturale, quanto per chi opta per un soggiorno di relax. Giardino con piscina sul retro.

Corona con cam rist,

frazione Ponte a Serraglio – ✆ 05 83 80 51 51 – www.coronaregina.it – info@coronaregina.it – chiuso dal 15 gennaio al 15 febbraio e mercoledì
20 cam – 40/85 € 45/95 € – ½ P 50/85 € **Rist** – Carta 29/39 €

◆ L'elgante sala offre una magnifica vista sul fiume grazie alle ampie vetrate che la circondano ed illuminano; d'estate si mangia anche in terrazza. Cucina locale, talvolta rivisitata. L'elgante sala offre una magnifica vista sul fiume grazie alle ampie vetrate che la circondano ed illuminano; d'estate si mangia anche in terrazza. Cucina locale, talvolta rivisitata.

BAGNI NUOVI – Sondrio – Vedere Valdidentro

BAGNI SAN FILIPPO – Siena (SI) – 563 N17 – ✉ 53023 29 D3

Roma 186 – Siena 62 – Firenze 135 – Grosseto 81

Terme San Filippo cam, cam,
via San Filippo 23 – ☎ 05 77 87 29 82
– www.termesanfilippo.it – direzione@termesanfilippo.it – Pasqua-2 novembre
27 cam – 58/68 € 110/120 € – ½ P 75/80 € **Rist** – Menu 22 €
♦ In un complesso di antiche origini abbracciato dal parco, l'hotel dispone di accoglienti camere dall'arredo ligneo, rilassanti zone comuni ed accesso diretto alle terme. Una piccola carta con proposte classiche di tradizione mediterranea nella semplice sala ristorante.

BAGNO A RIPOLI – Firenze (FI) – 563 K15 – 25 885 ab. – alt. 75 m 29 D3 – ✉ 50012

Roma 270 – Firenze 9 – Arezzo 74 – Montecatini Terme 63
piazza della Vittoria 1 ☎ 055 6390222, urp@comune.bagno-a-ripoli.fi.it, Fax 055 6390267

Villa Olmi Resort rist,
via degli Olmi 4/8 – ☎ 0 55 63 77 10
– www.villaolmiresort.com – info@villaolmiresort.com
59 cam – 254/330 € 269/510 € – 3 suites – ½ P 195/295 €
Rist – Carta 64/86 €
♦ Una villa del Settecento ed una più recente, collegate tra loro con un passaggio nel sottosuolo, offrono ambienti eleganti e personalizzati, arredati con pezzi di antiquariato. In sala da pranzo, antichi candelieri al soffitto, nature morte alle pareti ed una fantasiosa cucina italiana.

a Candeli Nord : 1 km – ✉ 50012

Villa La Massa
via della Massa 24 – ☎ 05 56 26 11 – www.villalamassa.it – reservations@villalamassa.it – 25 marzo-6 novembre
24 cam – 285/510 € 445/560 €, 27 € – 13 suites – ½ P 298/355 €
Rist *Il Verrocchio* – Carta 72/122 €
♦ Avvolta dal verde e dalla tranquillità dei colli, la secentesca villa medicea offre spettacolari viste sull'Arno ed ambienti arredati in stile. Servizio navetta per il centro di Firenze. Soffitto a volte, colonne e un grande camino, piatti della tradizione e menu speciali per i più piccoli: ecco il raffinato ristorante.

BAGNO DI ROMAGNA – Forlì-Cesena (FC) – 562 K17 – 6 154 ab. 9 D3 – alt. 491 m – ✉ 47021

Roma 289 – Rimini 90 – Arezzo 65 – Bologna 125
via Fiorentina 38 ☎ 0543 911046, iat@bagnodiromagnaturismo.it, Fax 0543 911026

Ròseo Hotels Euroterme
via Lungosavio 2 – ☎ 05 43 91 14 14
– www.euroterme.com – hotel@euroterme.com
254 cam – 125/170 € 200/290 €
Rist – Menu 30 € bc/50 € bc
♦ Storico hotel locale, che qualche anno fa ha cambiato gestione, subendo un radicale intervento di rinnovo. In sintesi: un buon indirizzo con attrezzato centro benessere e termale.

Tosco Romagnolo rist,

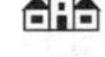

piazza Dante 2 – ☎ 05 43 91 12 60
– www.paoloteverini.it – lacasa@paoloteverini.it
46 cam – 70/220 € 140/440 € – 4 suites
Rist Paolo Teverini – vedere selezione ristoranti
Rist *Prêt-à-Porter* – Menu 19/27 € – Carta 34/43 €
♦ Ambiente raffinato, gestito da personale con esperienza nel settore. Dispone di camere spaziose, una piscina panoramica ed una Beauty spa: ideali per dimenticare la routine.

Balneum
via Lungosavio 15/17 – 05 43 91 10 85 – www.hotelbalneum.it – info@hotelbalneum.it – chiuso dal 10 gennaio all'11 febbraio
40 cam – 50/90 € 80/140 € – ½ P 60/86 €
Rist – Carta 20/28 €
◆ Tranquilla struttura a gestione familiare, situata all'ingresso del paese, che oggi si propone con camere in gran parte ristrutturate, alcune sono dotate di bagno turco. Ristorante con atmosfera informale e cucina locale.

Paolo Teverini – Hotel Tosco Romagnolo
piazza Dante 2 – 05 43 91 12 60 – www.paoloteverini.it – lacasa@paoloteverini.it – chiuso lunedì e martedì escluso agosto
Rist – *(chiuso a mezzogiorno escluso sabato e domenica)* (consigliata la prenotazione) Menu 64/88 € – Carta 68/90 €
Spec. Tartare di gamberi di fiume su crema di patate all'olio di zenzero e caviale. Cubetti di pasta fresca cucinati come un risotto ai funghi di bosco. Scamone di chianina arrostito alla frutta secca con patate al tartufo nero.
◆ In due sale - una classica, l'altra più moderna - la cucina reinterpreta le tradizioni romagnole e toscane, con un'attenzione particolare per i formaggi.

Cenacolo
via Santa Lucia 10 – 05 43 91 10 05 – www.cenacolosantalucia.it – info@cenacolosantalucia.it – chiuso mercoledì escluso da giugno a settembre
Rist – Carta 23/32 €
◆ In pieno centro storico, fra le antiche mura di una chiesetta del XIII secolo, dove un tempo si officiava la messa, oggi si celebra una gustosa cucina mediterranea. Tavoli scuri e tovagliato in stile bistrot per un ambiente giovane ed originale.

ad Acquapartita Nord-Est : 8 km – alt. 806 m – 47021 San Piero In Bagno

Miramonti
via Acquapartita 103 – 05 43 90 36 40 – www.selecthotels.it – miramonti@selecthotels.it – 24 dicembre-6 gennaio e aprile-ottobre
46 cam – 65/100 € 70/140 € – ½ P 50/80 €
Rist – Menu 25/40 €
◆ Struttura recentissima e dotata di ottimi servizi; ubicata tra i folti boschi appenninici e affacciata su un lago con pesca sportiva. Arredi di qualità e belle camere. Sala ristorante con bella vista sul lago di Aquapartita.

a San Piero In Bagno Nord-Est : 2,5 km – 47021

Locanda al Gambero Rosso con cam
via Verdi 5 – 05 43 90 34 05 – www.locandagamberorosso.it – locanda@locandagamberorosso.it
4 cam – 65 € 80 €, 5 € – ½ P 70 €
Rist – *(chiuso domenica sera, lunedì, martedì, anche mercoledì in gennaio e febbraio)* Carta 28/40 €
◆ Indirizzo giusto per chi cerca la genuinità dei piatti della cucina locale, compresa quella "povera". Salutare tuffo nel passato in un'impeccabile ambiente di gusto femminile.

BAGNOLO IN PIANO – Reggio Emilia (RE) – 562 H14 – 9 376 ab. – alt. 32 m – 42011 8 B3

Roma 433 – Parma 38 – Modena 30 – Reggio nell'Emilia 8

Trattoria da Probo
via Provinciale Nord 13 – 05 22 95 13 00 – www.trattoriadaprobo.it – info@trattoriadaprobo.it – chiuso dal 2 al 10 gennaio, le sere di domenica, lunedì e martedì; in luglio-agosto anche domenica a mezzogiorno
Rist – Menu 35 € bc – Carta 26/44 €
◆ Una vecchia trattoria di campagna che ha subito rinnovi nelle piacevoli sale, ma non nello spirito dell'accoglienza e nell'impostazione di una cucina vicina alla tradizione.

BAGNOLO SAN VITO – Mantova (MN) – 561 G14 – 5 852 ab. – alt. 19 m – ✉ 46031 — 17 D3

Roma 460 – Verona 48 – Mantova 13 – Milano 188

XX **Villa Eden**

via Gazzo 6 – ☎ 03 76 41 56 84 – www.ristorantevillaeden.it – info@ristorantevillaeden.it – chiuso dal 1° al 7 gennaio, dal 1° al 23 agosto, domenica sera, lunedì, martedì

Rist – Carta 40/50 €

◆ Una villa tra i campi, che si presenta quasi come un'ospitale abitazione privata: una cucina delicata che sa valorizzare le materie prime, in un ben riuscito mix di tradizione e moderata innovazione.

BAGNOREGIO – Viterbo (VT) – 563 O18 – 3 676 ab. – alt. 484 m – ✉ 01022 — 12 A1

Roma 125 – Viterbo 28 – Orvieto 20 – Terni 82

Civita★

Romantica Pucci — cam,

piazza Cavour 1 – ☎ 07 61 79 21 21 – www.hotelromanticapucci.it – hotelromanticapucci@libero.it – chiuso dal 15 al 28 febbraio

8 cam – ††80 €

Rist – *(chiuso lunedì)* (consigliata la prenotazione) Carta 20/35 €

◆ In un palazzo del XIV sec., piacevole risorsa caratterizzata da camere arredate con gusto e attenzioni particolari, ma tutte diverse tra loro. Si respira un'atmosfera d'intima familiarità. La cucina propone pochi piatti fatti al momento, una cucina semplice e casalinga.

XX **Hostaria del Ponte**

località Mercatello 11 – ☎ 07 61 79 35 65 – www.hostariadelponte.it – info@hostariadelponte.it – chiuso dal 25 febbraio al 9 marzo, 15 giorni in novembre, domenica sera (escluso da maggio a settembre), lunedì

Rist – Carta 23/38 €

◆ Il ponte è quello che porta al borgo di Civita: uno dei paesaggi più spettacolari della regione, imperdibile dalla terrazza del locale. Dalla cucina - invece - gli intramontabili piatti del territorio, elaborati con capacità e passione.

BAGNO VIGNONI – Siena – 563 M16 – Vedere San Quirico d'Orcia

BAIA DOMIZIA – Caserta (CE) – 563 S23 – ✉ 81030 — 6 A2

Roma 167 – Frosinone 98 – Caserta 53 – Gaeta 29

Della Baia — cam,

via dell'Erica – ☎ 08 23 72 13 44 – www.hoteldellabaia.it – info@hoteldellabaia.it – 14 maggio-26 settembre

50 cam – †95/110 € ††130/140 €, 12 € – ½ P 120/125 €

Rist – Menu 35/40 €

◆ Il gradevole e curato giardino si spinge proprio fino al limite della spiaggia, a pochi passi dal mare. La conduzione familiare è accogliente e belle le parti comuni. Affidabile e apprezzato il ristorante.

BAIA SARDINIA – Olbia-Tempio (OT) – 366 R37 – Vedere Arzachena: Costa Smeralda

BALDICHIERI D'ASTI – Asti (AT) – 1 061 ab. – alt. 173 m – ✉ 14011 — 25 C1

Roma 626 – Torino 50 – Alessandria 47 – Asti 12

Madama Vigna

via Nazionale 41 – ☎ 01 41 65 92 38 – www.madamavigna.it – info@madamavigna.it

16 cam – †50/60 € ††70/90 € – ½ P 65/75 €

Rist – *(chiuso dal 1° al 13 gennaio e dall'8 al 25 agosto e lunedì)* Carta 20/30 €

◆ Un edificio in mattoni di fine Ottocento, all'incrocio di una strada trafficata: al suo interno, confort e tranquillità nelle camere dai colori vivaci e porte dipinte a mano. Specialità piemontesi nel ristorante, assai rinomato in zona e per questo molto frequentato.

BALDISSERO TORINESE – Torino (TO) – 561 G5 – 3 731 ab. 22 B1
– alt. 421 m – ✉ 10020

Roma 656 – Torino 13 – Asti 42 – Milano 140

XXX **Osteria del Paluch**

via Superga 44, Ovest : 3 km – ☏ 01 19 40 87 50 – www.ristorantepaluch.it – info@ristorantepaluch.it – chiuso 2 settimane in gennaio, 2 settimane in novembre, domenica sera, lunedì

Rist – *(chiuso a mezzogiorno)* Carta 30/63 €

◆ Elegante e ben curato, a classica conduzione diretta, propone una cucina piemontese con predilezione verso percorsi moderni e creativi. Servizio estivo all'aperto.

a Rivodora Nord-Ovest : 5 km – ✉ 10020

X **Torinese**

via Torino 42 – ☏ 01 19 46 00 25 – ristorante_torinese@alice.it – chiuso dal 7 al 30 gennaio, dal 2 al 14 agosto, martedì e mercoledì

Rist – *(chiuso a mezzogiorno escluso sabato-domenica)* Carta 28/39 €

◆ Semplici piatti piemontesi fatti in casa delizieranno gli ospiti nelle due sale di questa tipica trattoria vecchio stile situata sulla collina di Superga, a pochi passi da Torino.

BALLABIO – Lecco (LC) – 561 E10 – 3 911 ab. – alt. 661 m – ✉ 23811 16 B2

Roma 617 – Bergamo 41 – Como 38 – Lecco 6

via Confalonieri 2/a ☏ 0341 530601 segreteria@prolocoballabio.it Fax 0341 530601

Sporting Club rist,

via Casimiro Ferrari 3, a Ballabio Superiore, Nord : 1 km – ☏ 03 41 53 01 85 – www.albergosportingclub.com – albergosporting.club@alice.it

14 cam – †65 € ††95 € – ½ P 70 € **Rist** – Carta 29/37 €

◆ Ai piedi delle Grigne, palestra per molti noti alpinisti, una risorsa moderna adatta ad un soggiorno di gradevole essenzialità. Solarium in terrazza, buoni spazi comuni. Classico ristorante d'albergo a conduzione familiare.

BARAGAZZA – Bologna – 562 J15 – Vedere Castiglione dei Pepoli

BARANO D'ISCHIA – Napoli – 564 E23 – Vedere Ischia (Isola d')

BARBARANO – Brescia – Vedere Salò

BARBARESCO – Cuneo (CN) – 561 H6 – 671 ab. – alt. 274 m 25 C2
– ✉ 12050

Roma 642 – Genova 129 – Torino 57 – Alessandria 63

XXX **Al Vecchio Tre Stelle** con cam

località Tre Stelle, Sud : 3 km – ☏ 01 73 63 81 92 – www.vecchiotrestelle.it – ristorante@vecchiotrestelle.it – chiuso dal 25 dicembre sera al 15 gennaio e dal 28 luglio al 13 agosto

6 cam – †65/90 € ††80/100 € – ½ P 80/100 €

Rist – *(chiuso lunedì, martedì)* (consigliata la prenotazione a mezzogiorno) Menu 30/70 € – Carta 41/59 €

◆ A pochi chilometri dal centro di Barbaresco, eleganza e spazi si moltiplicano all'interno di questo locale, mentre i prodotti regionali vivacizzano il menu: dalle paste fresche alle pregiate carni.

XX **Antinè** (Andrea Marino)

✿ *via Torino 16 – ☏ 01 73 63 52 94 – www.antine.it – info@antine.it – chiuso dal 27 dicembre al 25 gennaio, dal 10 al 25 agosto e mercoledì*

Rist – Menu 44/52 € – Carta 45/59 €

Spec. Lumache di Cherasco gratinate al forno alla vignaiola. Ravioli di fegato grasso e patate con cipolle rosse. Scamone di vitella con salsa di nocciole e polenta gratinata.

◆ Lungo la strada che attraversa il centro del caratteristico paese - al primo piano di un edificio d'epoca - la cucina rimane fedele ai classici di Langa, non disdegnando qua e là qualche spunto creativo.

BARBERINO DI MUGELLO – Firenze (FI) – 563 J15 – 10 789 ab. – alt. 270 m – ✉ 50031 — 29 C1

Roma 308 – Firenze 34 – Bologna 79 – Milano 273

in prossimità casello autostrada A 1 Sud-Ovest : 4 km :

XX **Cosimo de' Medici**

viale del Lago 19 ✉ 50030 Cavallina – ✆ 05 58 42 03 70 – www.ristorantecosimodemedici.com – chiuso dal 1° al 20 agosto, domenica sera, lunedì

Rist – Carta 31/45 €

◆ Storico ristorante in cui gustare una cucina tradizionale con proposte prevalentemente toscane. Professionalità e cortesia nell'unica ampia sala.

BARBERINO VAL D'ELSA – Firenze (FI) – 563 L15 – 4 263 ab. – alt. 373 m – ✉ 50021 Toscana — 29 D1

Roma 260 – Firenze 32 – Siena 36 – Livorno 109

a Petrognano Ovest : 3 km – ✉ 50021 Barberino Val D'Elsa

XX **Il Paese dei Campanelli**

località Petrognano 4 – ✆ 05 58 07 53 18 – www.ilpaesedeicampanelli.it – info@ilpaesedeicampanelli.it – chiuso 20 giorni in gennaio o febbraio, lunedì

Rist – *(chiuso a mezzogiorno escluso giorni festivi)* Carta 32/46 €

◆ Originale collocazione all'interno di un antico casale di campagna con pareti in pietra e rifiniture in legno; d'estate si mangia anche all'aperto, tra vigne e ulivi.

a Ponzano Sud : 2 km – ✉ 50021 Barberino Val D'Elsa

La Torre di Ponzano senza rist

strada di Ponzano 8 – ✆ 05 58 05 92 55 – www.ponzano.wide.it – agriponzano@hotmail.com – chiuso dal 7 al 29 gennaio

6 cam – 89/150 €

◆ Sul crinale di una collina che offre una doppia, incantevole, vista, una risorsa ricavata in parte da un edificio cinquecentesco, con camere in stile rustico-elegante ed attrezzato giardino. A disposizione anche un casale adiacente alla struttura principale con tre camere da letto.

BARBIANELLO – Pavia (PV) – 561 G9 – 840 ab. – alt. 67 m – ✉ 27041 — 16 B3

Roma 557 – Piacenza 45 – Alessandria 68 – Milano 56

X **Da Roberto**

via Barbiano 21 – ✆ 0 38 55 73 96 – www.daroberto.it – info@daroberto.it – chiuso dal 1° al 7 gennaio, luglio, lunedì

Rist – *(chiuso la sera escluso venerdì-sabato)* Menu 20/30 €

◆ Trattoria di fine '800 caratterizzata da ambienti rustici e curati: in due sale con camino, proposte tipiche dai sapori genuini presentate a voce. I secondi prevedono solo carne.

BARBIANO – Parma – Vedere Felino

BARCUZZI – Brescia – Vedere Lonato

BARDOLINO – Verona (VR) – 562 F14 – 6 628 ab. – alt. 65 m – ✉ 37011 Italia — 35 A3

Roma 517 – Verona 27 – Brescia 60 – Mantova 59

piazzale Aldo Moro 5 ✆ 045 7210078, iatbardolino@provincia.vr.it, Fax 045 7210872

Cà degli Ulivi via Ghiandare 2, ✆ 045 6 27 90 30

Chiesa★

Color Hotel

via Santa Cristina 5 – 04 56 21 08 57 – www.colorhotel.it – info@colorhotel.it – 20 marzo-ottobre

90 cam – 101/162 € 102/240 € **Rist** – Carta 44/88 €

◆ Belli gli spazi aperti tra cui una piscina grande, una piccola con cascate colorate ed un enorme idromassaggio; i balconi delle camere sono arredati con mobili coloratissimi.

San Pietro

via Madonnina 15 – 04 57 21 05 88 – www.hotelsanpietro.eu – info@hotelsanpietro.eu – 20 marzo-15 ottobre

51 cam – 79/100 € 110/173 € – ½ P 87/103 €

Rist – *(chiuso a mezzogiorno)* Carta 30/50 €

◆ A due passi dal centro, una bella struttura dalla gestione attenta e con un piccolo grazioso giardino antistante l'ingresso. Camere accoglienti, sostanzialmente di due tipologie. La sala ristorante è ampia e capiente, a pranzo servizio snack-bar.

Kriss Internazionale

lungolago Cipriani 3 – 04 56 21 24 33 – www.kriss.it – info@kriss.it – chiuso dicembre e gennaio

34 cam – 60/115 € 78/175 € – ½ P 55/122 € **Rist** – Carta 22/38 €

◆ Sulla bella passeggiata fronte lago, la casa offre camere di diverse tipologie: alcune classiche altre in stile rustico, moderne invece le ultime realizzate. Ampia proposta di piatti della tradizione italiana per soddisfare palati internazionali.

Bologna senza rist

via Mirabello 19 – 04 57 21 00 03 – www.hotelbologna.info – info@hotelbologna.info – aprile-20 ottobre

33 cam – 80/120 €

◆ Sono le due figlie dei fondatori ad occuparsi ora di questa piccola risorsa poco distante sia dal centro che dal lago; camere curate, una veranda dalle grandi vetrate e, in un terrazzino, la piscina.

Il Giardino delle Esperidi

via Mameli 1 – 04 56 21 04 77 – susannatezzon@tiscali.it – chiuso martedì, mercoledì a mezzogiorno

Rist – Carta 35/47 €

◆ In pieno centro storico, locale tutto al femminile, dove gustare una golosa ed intrigante cucina - fortemente legata ai prodotti di stagione - elaborata con curiose ricette personali.

BARDONECCHIA – Torino (TO) – 561 G2 – 3 195 ab. – alt. 1 312 m – Sport invernali : 1 312/2 750 m 1 19, – 10052

22 A2

Roma 754 – Briançon 46 – Milano 226 – Col du Mont Cenis 51

piazza De Gasperi 1 0122 99032, info.bardonecchia@turismotorino.org

Rivè

località Campo Smith – 01 22 90 92 11 – www.hotelrive.it – info@hotelrive.it – dicembre-aprile e giugno-10 ottobre

77 cam – 80/150 € 150/290 € – ½ P 75/145 € **Rist** – Carta 30/62 €

◆ Gestita da un personale giovane, moderna struttura (anche residence) a ridosso delle piste da sci, offre camere spaziose e confortevoli; ai piani inferiori, un'enorme palestra. Ampia sala ristorante, cucina con predilezione piemontese ma anche pesce.

Bucaneve

viale della Vecchia 2 – 01 22 99 93 32 – www.hbucanevebardonecchia.it – hbucaneve@tin.it – dicembre-aprile e 15 giugno-15 settembre

24 cam – 50/75 € 65/90 € – ½ P 60/90 € **Rist** – Menu 25/35 €

◆ Nelle vicinanze di una pineta e vicino agli impianti sportivi, questo albergo a gestione familiare offre camere confortevoli e graziose sale comuni, raccolte ed accoglienti. Per i pasti, due calde salette piacevolmente arredate in legno. D'estate è possibile pranzare in giardino.

La Nigritella cam, rist,

via Melezet 96 – ✆ 01 22 98 04 77 – www.lanigritella.it – nigritella@libero.it – dicembre-aprile e giugno-20 ottobre

7 cam – 50/56 € 80/95 € – ½ P 60/70 €

Rist – *(20 dicembre-aprile e 15 giugno 12 ottobre) (solo per alloggiati)*

◆ Piccola ma graziosa risorsa situata lungo la strada che porta a Melezet, dispone di camere confortevoli e di una luminosa veranda con grande stufa in ceramica, allestita per la colazione.

Locanda Biovey con cam

via General Cantore 2 – ✆ 01 22 99 92 15 – www.biovey.it – info@biovey.it – chiuso 20 giorni in maggio e 20 giorni in settembre-ottobre

8 cam – 50/60 € 80/98 € – ½ P 65/79 €

Rist – *(chiuso martedì e in bassa stagione anche il lunedì sera)* Menu 40 € – Carta 41/56 €

◆ Esercizio ospitato in una palazzina d'epoca del centro e circondato da un giardino, propone una cucina del territorio preparata con moderata creatività. Al piano superiore, camere nuove, colorate e confortevoli, arredate in stili diversi, dall'800 al Luigi XV.

BARGE – Cuneo (CN) – **561** H3 – **7 757 ab.** – **alt. 372 m** – ✉ **12032** **22** B3

Roma 694 – Torino 61 – Cuneo 50 – Sestriere 75

Alter Hotel rist,

piazza Stazione 1 – ✆ 01 75 34 90 92 – www.alterhotel.it – info@alterhotel.it

21 cam – 80/145 € 100/165 € – 1 suite – ½ P 75/118 €

Rist – *(chiuso domenica sera)* Carta 22/35 €

◆ Nato dal restauro di un'antica industria manifatturiera, un design hotel che gioca sulle tinte del bianco e del nero ed ospita ambienti originali tra cui un museo dell'auto d'epoca. Piatti del territorio, formaggi d'alpeggio, dolci tradizionali piemontesi al restaurant-bistrot.

D'Andrea

via Bagnolo 37 – ✆ 01 75 34 57 35 – www.dandrea.info – ristorante@dandrea.info – chiuso 1 settimana in gennaio e mercoledì

Rist – Carta 29/41 €

◆ Moglie in sala e marito ai fornelli, in tandem si adoperano per valorizzare i prodotti della propria zona: in carta completati anche da alcune proposte ittiche di mare e d'acqua dolce.

a Crocera **Nord-Est : 8 km – ✉ 12032 Barge**

D'la Picocarda

via Cardè 71 – ✆ 0 17 53 03 00 – www.picocarda.it – picocarda@libero.it – chiuso agosto, lunedì sera e martedì

Rist – Menu 43/49 € – Carta 35/58 €

◆ Un'intera famiglia gestisce con grande capacità questa bella casa colonica di origine seicentesca. In carta piatti del territorio, ma anche proposte di mare. Altrettanto apprezzabile la carta dei vini.

BARGECCHIA – **Lucca** – **563** K12 – **Vedere Massarosa**

BARGNI – **Pesaro e Urbino** – **563** K20 – **Vedere Serrungarina**

BARI P (BA) – **564** D32 – **320 677 ab.** Puglia **27** C2

Roma 449 – Napoli 261

di Palese per viale Europa: 9 km AX ✆080 5800358

piazza Aldo Moro 33/a ✉ 70122 ✆ 080 5242361, aptbari@pugliaturismo.com, Fax 080 5242329

Barialto SS 100 km 18, ✆ 080 6 97 71 05

Manifestazioni locali

10.09-18.09 : fiera del levante campionaria generale

Città vecchia★★ CDY: Basilica di San Nicola★★ DY, Cattedrale di S. Sabino★ DY**B**, Castello★ CY – Cristo★ in legno nella Pinacoteca Corrado Giaquinto BX**M**

Piante pagine seguenti

Palace Hotel

rist,

via Lombardi 13 ✉ 70122 – ✆ 08 05 21 65 51 – www.palacehotelbari.it – info@palacehotelbari.it CY**b**

196 cam – 99/270 € 114/305 € – 6 suites – ½ P 183 €

Rist *Murat* – *(chiuso agosto)* Carta 36/53 €

◆ Un hotel importante: non solo per la sua ubicazione centrale, ma perchè il livello di confort nelle lussuose camere a tema (business, signore, bambini,...), lo rende l'indirizzo più gettonato dalla clientela internazionale.

Mercure Villa Romanazzi Carducci

cam, rist,

via Capruzzi 326 ✉ 70124 – ✆ 08 05 42 74 00 – www.villaromanazzi.com – mercure@villaromanazzi.com

123 cam – 105/265 € 119/315 € – ½ P 98/196 € CZ**c**

Rist – Carta 35/67 €

◆ Curioso contrasto tra la villa dell'800 e l'edificio moderno che compongono questo originale, elegante complesso situato in un parco con piscina; attrezzato centro congressi. Sala ristorante avvolta da vetrate con vista sul parco.

Excelsior Congressi

cam, rist,

via Giulio Petroni 15 ✉ 70124 – ✆ 08 05 56 43 66 – www.hotelexcelsioronline.it – info@hotelexcelsioronline.it DZ**b**

146 cam – 100/200 € 140/260 € – 6 suites

Rist – Carta 30/53 €

◆ A due passi dalla stazione ferroviaria, centrale ma facilmente raggiungibile in auto, struttura ideale per una clientela d'affari e commerciale. Ambienti comuni di ampio respiro e camere funzionali nella loro sobrietà. Sapori mediterranei al ristorante.

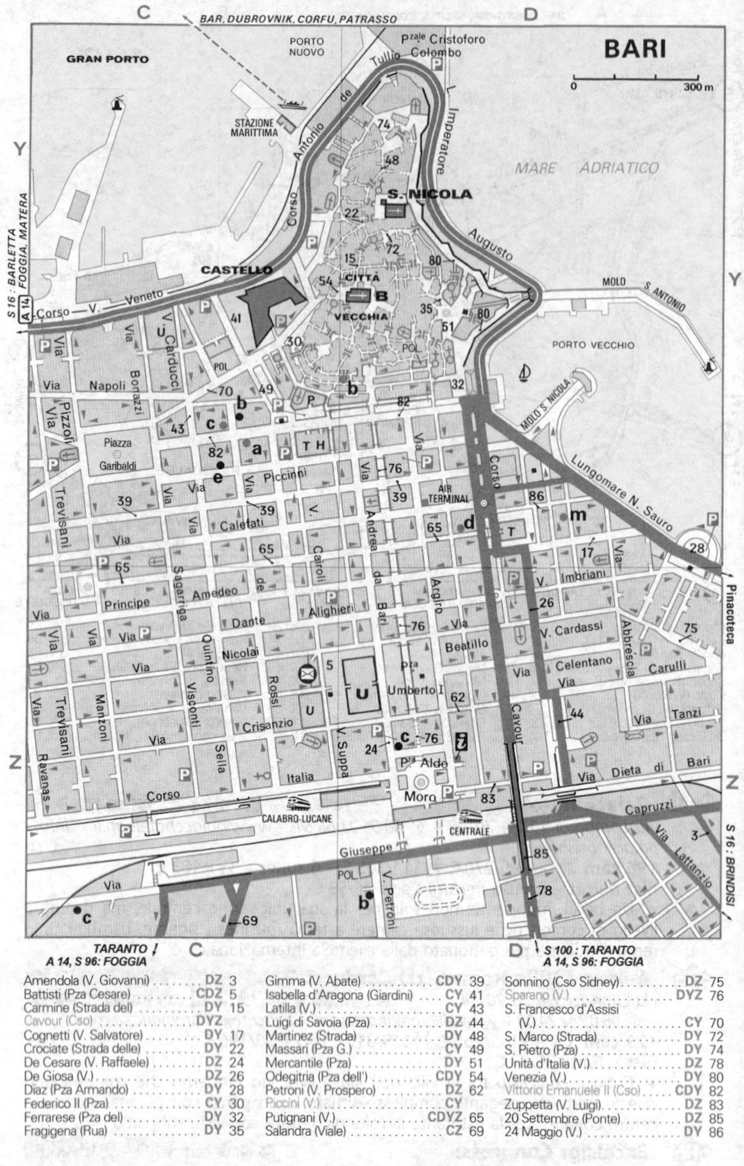

Amendola (V. Giovanni) . . . . DZ 3
Battisti (Pza Cesare) . . . . CDZ 5
Carmine (Strada del) . . . . DY 15
Cavour (Cso) . . . . DYZ
Cognetti (V. Salvatore) . . . . DY 17
Crociate (Strada delle) . . . . DY 22
De Cesare (V. Raffaele) . . . . DZ 24
De Giosa (V.) . . . . DZ 26
Diaz (Pza Armando) . . . . DY 28
Federico II (Pza) . . . . CY 30
Ferrarese (Pza del) . . . . DY 32
Fragigena (Rua) . . . . DY 35
Gimma (V. Abate) . . . . CDY 39
Isabella d'Aragona (Giardini) . . . . CY 41
Latilla (V.) . . . . CY 43
Luigi di Savoia (Pza) . . . . DZ 44
Martinez (Strada) . . . . DY 48
Massari (Pza G.) . . . . CY 49
Mercantile (Pza) . . . . DY 51
Odegitria (Pza dell') . . . . CDY 54
Petroni (V. Prospero) . . . . DZ 62
Piccini (V.) . . . . CY
Putignani (V.) . . . . CDYZ 65
Salandra (Viale) . . . . CZ 69
Sonnino (Cso Sidney) . . . . DZ 75
Sparano (V.) . . . . DYZ 76
S. Francesco d'Assisi (V.) . . . . . . CY 70
S. Marco (Strada) . . . . DY 72
S. Pietro (Pza) . . . . DY 74
Unità d'Italia (V.) . . . . DZ 78
Venezia (V.) . . . . DY 80
Vittorio Emanuele II (Cso) . . . . . . CDY 82
Zuppetta (V. Luigi) . . . . DZ 83
20 Settembre (Ponte) . . . . DZ 85
24 Maggio (V.) . . . . DY 86

Grand Hotel Leon d'Oro rist,

piazza Aldo Moro 4 ✉ *70122 –* ✆ *08 05 23 50 40 – www.grandhotelleondoro.it – info@grandhotelleondoro.it* VISA MC AE DZ**c**

80 cam – ♦100/150 € ♦♦150/200 € – ½ P 105/135 €

Rist – *(chiuso dal 6 al 25 agosto)* Carta 35/50 €

♦ Nel cuore della città, di fronte alla stazione ferroviaria, un hotel totalmente ristrutturato in grado di offrire un confort attuale. Nelle camere pavimenti in parquet. Piccolo, elegante e originale ristorante.

Hilton Garden Inn
via Don Guanella 15/I ✉ 70124 – ✆ 08 05 02 68 15 – www.bari.stayhgi.com – info.bari@hilton.com BX**a**
88 cam – ♦85/190 € ♦♦112/220 €
Rist – *(chiuso nei giorni festivi)* Carta 23/49 €
♦ Le attrattive che mancano alla zona, periferica e residenziale, sono compensate dall'albergo: un design hotel d'ispirazione scandinava con utilizzo di materiali innovativi.

Boston senza rist
via Piccinni 155 ✉ 70122 – ✆ 08 05 21 66 33 – www.bostonbari.it – info@bostonbari.it CY**e**
69 cam – ♦99/135 € ♦♦140/175 €
♦ In pieno centro, funzionalità e confort adeguato in un albergo ideale per clientela di lavoro; camere di dimensioni non ampie, ma con curato arredamento recente.

La Pignata
corso Vittorio Emanuele 173 ✉ 70122 – ✆ 08 05 23 24 81 – www.ristorantelapignatabari.com – salvincenti@vincenti.191.it – chiuso agosto e lunedì CY**c**
Rist – (consigliata la prenotazione) Carta 37/54 €
♦ Collezione di opere e dediche di personaggi famosi realizzate sui tovaglioli, il menu conquista con piatti della tradizione pugliese e gustose specialità di mare.

Bacco (Angela Campana)
corso Vittorio Emanuele II 126 ✉ 70122 – ✆ 08 05 27 58 71 – www.ristorantebacco.it – baccobari@libero.it – chiuso 1 settimana in gennaio, agosto, domenica sera, lunedì CY**a**
Rist – (consigliata la prenotazione) Carta 45/75 €
Spec. Carpaccio assortito di pesce fresco di giornata. Spaghetti ai frutti di mare. Filetto di maialino da latte in agrodolce di cipolle e vino cotto.
♦ Ristorante moderno con una buona cantina (in omaggio al nome che porta) ed una cucina di ispirazione contemporanea sia di carne sia di pesce.

Ai 2 Ghiottoni
via Putignani 11 ✉ 70121 – ✆ 08 05 23 22 40 – www.ai2ghiottoni.it – info@ai2ghiottoni.it – chiuso dal 16 al 24 agosto e lunedì DY**d**
Rist – Carta 35/61 €
♦ Ampia esposizione di pesci all'ingresso e rivestimento delle pareti in tufo leccese. Accoglienza e servizio informali, cucina d'ispirazione pugliese con gustose specialità di mare.

Al Sorso Preferito
via Vito Nicola De Nicolò 40 ✉ 70121 – ✆ 08 05 23 57 47 – www.sorso-preferito.com – chiuso 15 giorni in agosto, domenica sera, mercoledì
Rist – Carta 28/50 € DY**m**
♦ Vicino al lungomare, frequentato ristorante, a gestione familiare, dove si punta sulla freschezza delle materie prime per un ampio repertorio di cucina del luogo.

Osteria delle Travi "Il Buco"
largo Chyurlia 12 ✉ 70122 – ✆ 33 91 57 88 48 – chiuso dal 10 al 20 agosto, domenica sera, lunedì DY**b**
Rist – Carta 17/22 €
♦ Dal 1813, una delle più rinomate trattorie del borgo antico di Bari vecchia: buon vino e cucina casalinga per celebrare i sapori delle tradizione gastronomica locale.

sulla tangenziale sud-uscita 15 Sud-Est : 5 km per ① :

Majesty
via Gentile 97/B ✉ 70126 – ✆ 08 05 49 10 99 – www.hotelmajesty.it – albergo@hotelmajesty.it – chiuso dal 22 luglio al 21 agosto
105 cam – ♦87/146 € ♦♦112/191 € – ½ P 84/123 €
Rist *Amulet* – ✆ 08 05 49 46 32 – Carta 28/48 €
♦ Vicino alla tangenziale per Brindisi, le camere non sono per questo penalizzate in termini di tranquillità: ampie ed accoglienti garantiscono un buon livello di confort. Importante area congressuale e comodo parcheggio. Classico ristorante in una sala modulabile in base alle necessità.

a Carbonara di Bari Sud : 6,5 km BX – ✉ 70100

XX **Taberna**

via Ospedale di Venere 6 – ✆ 08 05 65 05 57 – chiuso dal 15 luglio al 25 agosto e lunedì

Rist – (consigliata la prenotazione la sera) Carta 30/46 €

♦ Ambiente caratteristico in un accogliente locale storico della zona (dal 1959), ricavato in vecchie cantine; la carne, anche alla brace, è elemento portante del menù.

BARILE – Potenza (PZ) – **564** E29 – **3 048 ab.** – **alt. 600 m** – ✉ **85022** **3** A1

Roma 329 – Andria 76 – Foggia 67 – Potenza 43

corso Vittorio Emanuele 28 ✆ 0972 770771 info@prolocobarile.it Fax 0972 770771

Grand Hotel Garden

località Giardino strada statale 93 km 75 – ✆ 09 72 76 15 33 – www.grandhotelgarden.com – info@grandhotelgarden.com

46 cam – †65/75 € ††110 € – ½ P 77 €

Rist – *(chiuso domenica sera)* Carta 25/35 €

♦ Poco fuori dal paese - immersa in un parco di ulivi - una struttura dalle linee sobrie e moderne: camere funzionali e curate, nonchè piccolo centro benessere. Dalle cucine, i profumi di una cucina classica nazionale arricchita da influenze contemporanee.

BARLETTA – Barletta-Andria-Trani (BT) – **564** D30 – **93 869 ab.** **26** B2 – ✉ **70051** Barletta

Roma 397 – Bari 69 – Foggia 79 – Napoli 208

corso Garibaldi 208 ✆ 0883 331331, iat@comune.barletta.ba.it, Fax 0883 337304

Colosso★★ AY – Pinacoteca De Nittis★★ BY **M** – Castello★ BY – Duomo★ BY **12** – Basilica di San Sepolcro★ AY

Nicotel senza rist

viale Regina Elena, litoranea di Levante per ① – ✆ 08 83 34 89 46 – www.nicotelhotels.com – barletta@nicotelhotels.com

62 cam – †80/120 € ††100/150 €

♦ Albergo di taglio lineare e contemporaneo, affacciato sulla passeggiata a mare, dispone di camere dotate di tutti i confort. Arredamento di design, con linee curve ricorrenti.

Dei Cavalieri rist,

via Foggia 40, litoranea di Ponente per ④ – ✆ 08 83 57 14 61 – www.hoteldeicavalieri.net – info@hoteldeicavalieri.net

94 cam – †55/80 € ††71/98 € – ½ P 54/67 € **Rist** – Carta 25/35 €

♦ Hotel recente, moderno e funzionale, ubicato alle porte della città: è quindi un punto di riferimento indicato per chi viaggia per lavoro e per turisti di passaggio. Ambiente confortevole dalle tinte delicate, tavoli ben disposti, confort e tranquillità anche per la clientela d'affari. Menù stabile con alcune proposte del giorno.

Itaca rist,

viale Regina Elena 30, litoranea di Levante per ① – ✆ 08 83 34 77 41 – www.itacahotel.it – itaca@itacahotel.it

41 cam – †57/62 € ††88/98 € – ½ P 60/67 €

Rist – *(chiuso a mezzogiorno escluso i giorni festivi)* Menu 20/25 €

♦ Architettura recente, in posizione fortunata con vista sul mare, presenta interni signorili, soprattutto nelle gradevoli e curate zone comuni; camere ampie e luminose. Sala da pranzo ariosa, contrassegnata da un tocco di ricercata eleganza.

XX **Il Brigantino**

viale Regina Elena 19, litoranea di Levante per ① – ✆ 08 83 53 33 45 – www.brigantino.it – info@brigantino.it – chiuso gennaio

Rist – Carta 27/39 € (+15 %)

♦ Un ristorante dove apprezzare una solida professionalità espressa anche attraverso l'impostazione del menù (con prevalenza di pesce). Esclusiva terrazza sul mare.

BARLETTA

Antica Cucina 1983

via Milano 73 – ✆ 08 83 52 17 18 – www.anticacucina1983.it – info@anticacucina1983.it – chiuso lunedì, martedì e la sera dei giorni festivi

Rist – Menu 30/50 € – Carta 35/51 € AZ**f**

◆ Un signorile riferimento in centro città, la sala da pranzo è un antico frantoio. Piatti della tradizione pugliese personalizzati con gusto; servizio attento e puntuale.

Baccosteria

via San Giorgio 5 – ✆ 08 83 53 40 00 – baccosteria@live.it – chiuso 2 settimane in agosto, domenica sera, lunedì BY**a**

Rist – (consigliata la prenotazione) Carta 28/48 €

◆ Nuova gestione per questo elegante bistrot del centro storico: originale il pavimento in vetro sopra la cantina a vista. A vista è anche la cucina, con piatti dove il mare è protagonista indiscusso.

BAROLO – Cuneo (CN) – 561 I5 – 747 ab. – alt. 301 m – ✉ 12060 25 C2

Roma 627 – Cuneo 68 – Asti 42 – Milano 164

Vigne del Barolo Novello località Saccati 11, Sud: 4 km, ☎ 0173 77 68 93

Locanda nel Borgo Antico (Massimo Camia)

località Boschetti 4, verso Monforte d'Alba Sud : 4 km – ☎ 0 17 35 63 55 – www.locandanelborgo.it – info@locandanelborgo.com – chiuso martedì, mercoledì a mezzogiorno

Rist – Carta 58/78 €

Spec. Spuma di fondo bruno alla crema di grana e scamone di vitella. Raviolini del plin con ricotta di pecora, guanciale affumicato e funghi di stagione. Costata di agnello cotta sulla pietra di Luserna con verdure croccanti.

♦ Cucina langarola con qualche estrosa invenzione in una struttura sorprendentemente moderna: la sobrietà della sala è interamente dedicata al panorama del paesaggio collinare, ancora più apprezzabile dalla bella veranda.

a Vergne Ovest :2 km – ✉ 12060

Ca' San Ponzio senza rist

via Rittane 7 – ☎ 01 73 56 05 10 – www.casanponzio.com – info@casanponzio.com – chiuso gennaio

12 cam – †54/60 € ††68/75 €, ☐ 8 €

♦ Un inaspettato prato all'inglese "disseminato" di noccioli, l'ingresso sotto un caratteristico balcone alla piemontese, mobili in stile e camere mansardate. Non mancano: una saletta per degustare qualche vino e la proverbiale cugnà (tipica salsina a base di frutta che accompagna i bolliti). Davvero bello!

BARONE CANAVESE – Torino (TO) – 561 G5 – 617 ab. – alt. 325 m – ✉ 10010 22 B2

Roma 673 – Torino 48 – Aosta 86 – Ivrea 18

Al Girasol

via Roma 8 – ☎ 01 19 89 85 65 – www.algirasoltrattoria.com – gerrarinaldo@alice.it – chiuso dal 7 al 31 gennaio e mercoledì

Rist – Carta 25/35 €

♦ Varcato l'ingresso è possibile vedere la cucina, mentre al piano superiore si trovano le tre salette, di cui una affrescata e riscaldata da uno scoppiettante camino. Cucina rigorosamente piemontese: a pranzo è disponibile anche un menu a prezzo più contenuto.

BARZANÒ – Lecco (LC) – 561 E9 – 5 144 ab. – alt. 370 m – ✉ 23891 18 B1

Roma 605 – Como 27 – Bergamo 36 – Lecco 19

Red's Redaelli cam, cam,

via Don Rinaldo Beretta 24 – ☎ 03 99 27 21 20 – www.redshotel.com – info@redshotel.com

34 cam ☐ – †75/140 € ††115/180 €

Rist *Zafferano Bistrot* – *(chiuso dal 5 al 21 agosto) (chiuso a mezzogiorno)* Carta 32/53 €

♦ Una nuova e moderna struttura a vocazione commerciale, omogenea ed ancora in fase di ampliamento. Design e funzionalità nelle belle camere.

Redaelli

via Garibaldi 77 – ☎ 0 39 95 53 12 – www.hotelredaelli.it – info@hotelredaelli.it – chiuso 3 settimane in agosto

16 cam – †50/56 € ††73 €, ☐ 8 € – 4 suites – ½ P 70 €

Rist – *(chiuso venerdì)* Carta 30/39 €

♦ La stessa famiglia da quattro generazioni: una garanzia per chi desidera un riferimento certo per pernottare tra le colline brianzole. Struttura semplice e ben tenuta. La particolare atmosfera da ristorante della tipica provincia italiana.

BASCAPÉ – Pavia (PV) – 561 G9 – 1 769 ab. – alt. 89 m – ✉ 27010 16 B3

Roma 560 – Milano 25 – Piacenza 59 – Pavia 25

Agriturismo Tenuta Camillo rist,
località Trognano, Nord : 2 km – 0 38 26 65 09 – www.tenutacamillo.com – info@tenutacamillo.com
9 cam – 80/140 €, 5 €
Rist – *(chiuso dal 15 settembre al 15 ottobre, negli altri mesi aperto la sera di sabato e domenica a mezzogiorno)* Menu 30/40 €
◆ Un tuffo nel passato in un tipico cascinale lombardo dei primi del '900; intorno all'aia la villa padronale e le case coloniche; camere semplici e invitante piscina nel verde.

BASCHI – **Terni (TR)** – **563** N18 – **2 846 ab.** – **alt. 165 m** – ✉ **05023** **32** B3

Roma 118 – Viterbo 46 – Orvieto 10 – Terni 70

sulla strada statale 448 km 6,600

Vissani con cam rist,
Nord : 12 km ✉ 05020 Civitella del Lago – 07 44 95 02 06 – www.casavissani.it – info@casavissani.it – chiuso dal 23 al 25 dicembre, 20 giorni in agosto, domenica sera, mercoledì e i mezzogiorno di lunedì e giovedì
7 cam – 250 € 300 €, 20 €
Rist – Menu 100/155 € – Carta 113/153 € (+15 %)
Spec. Crudo di cappesante, salmone selvaggio con gelato caldo di bernese. Zuppa di ricci di mare con sogliola di Dover, umbrichelli di rape rosse e burrata. Agnello di Pauillac con ravioli di cioccolato bianco e rucola.
◆ Geniale inventore, Vissani ha rivoluzionato la cucina italiana creando piatti barocchi e sofisticati all'interno di un degno palcoscenico, una casa-ristorante teatro di irripetibili rappresentazioni. L'eleganza prosegue nelle camere: caldo connubio di tonalità *écru*, legni e design moderno.

a Civitella del Lago Nord-Est : 12 km – ✉ 05020

Trippini
via Italia 14 – 07 44 95 03 16 – www.trippini.net – info@trippini.net – chiuso dal 10 gennaio al 1° febbraio, settembre, lunedì, anche martedì in inverno
Rist – (consigliata la prenotazione) Carta 44/56 €
◆ Panorama di grande suggestione sul lago di Corbara e sulle colline circostanti, da ammirare attraverso le vetrate della piccola sala dall'ambiente curato e ricercato.

BASELGA DI PINÈ – **Trento (TN)** – **562** D15 – **4 829 ab.** – **alt. 964 m** – ✉ **38042** **30** B3

Roma 606 – Trento 19 – Belluno 116 – Bolzano 75

a Serraia via Cesare Battisti 106 0461 557028, infopine@visitpinecembra.it, Fax 0461 557577

2 Camini con cam
via del 26 Maggio 65 – 04 61 55 72 00 – www.albergo2camini.com – info@albergo2camini.com
10 cam – 45/60 € 90/110 € – ½ P 63/78 €
Rist – *(chiuso domenica sera e lunedì escluso dal 30 giugno al 15 settembre)* Carta 22/40 €
◆ Una casa di montagna, rallegrata da colorati fiori sui balconi, il calore e la cortesia dei titolari e la tipica cucina trentina attenta al variare delle stagioni. Quasi ospiti in una casa privata. Dopo una piacevole passeggiata attraverso l'altipiano, potrete trovare ristoro nelle graziose e colorate camere.

BASSANO DEL GRAPPA – **Vicenza (VI)** – **562** E17 – **42 947 ab.** – **alt. 129 m** – ✉ **36061** Italia **35** B2

Roma 543 – Padova 45 – Belluno 80 – Milano 234

largo Corona d'Italia 35 0424 524351, info@vicenzae.org, Fax 0424 525301

Museo Civico★

Monte Grappa★★★ Nord-Est : 32 km

Ca' Sette
via Cunizza da Romano 4, Nord : 1 km – ✆ 04 24 38 33 50 – www.ca-sette.it – info@ca-sette.it
17 cam – 120/160 € 180/230 € – 2 suites
Rist Ca' 7 – vedere selezione ristoranti
◆ Design contemporaneo in una villa del 1700, un hotel in cui tradizione, storia e soluzioni d'avanguardia sono state fuse con sapienza. Un soggiorno originale ed esclusivo.

Belvedere
piazzale Gaetano Giardino 14 – ✆ 04 24 52 98 45 – www.bonotto.it – belvederehotel@bonotto.it
83 cam – 65/130 € 95/190 € – 2 suites
Rist – *(chiuso 5 giorni in gennaio, 2 settimane in agosto e domenica)*
Carta 33/43 €
◆ Attività dalla storia antica (sembrerebbe risalire al XV sec.), sorge a pochi passi dalle mura cittadine. Camere arredate secondo differenti stili ma di eguale confort. La lista propone piatti di mare e di terra, carne e pesce in misura pressoché uguale. Preparazioni accurate e classiche, così come il servizio, l'accoglienza e il confort.

Palladio senza rist
via Gramsci 2 – ✆ 04 24 52 37 77 – www.bonotto.it – palladiohotel@bonotto.it – chiuso 2 settimane in agosto
66 cam – 55/105 € 72/144 €
◆ Una struttura moderna diretta da una gestione molto attenta alle attività congressuali; camere e spazi comuni sono dotati di un omogeneo, gradevole livello di confort.

Brennero senza rist
via Torino 7 – ✆ 04 24 22 85 38 – www.hotelbrennero.com – info@hotelbrennero.com
28 cam – 47/65 € 72/80 €
◆ Lungo le mura cittadine, non lontano dal centro storico, una ristrutturazione continua delle camere assicura ambienti confortevoli e funzionali adatti alla clientela d'affari.

Al Castello senza rist
via Bonamigo 19 – ✆ 04 24 22 86 65 – www.hotelalcastello.it – info@hotelalcastello.it
11 cam – 40/60 € 70/100 €, 6 €
◆ Risorsa situata a ridosso del castello medioevale e poco lontana dal celebre Ponte Coperto; stanze non ampie, ma confortevoli, dotate di complementi d'arredo in stile.

Dal Ponte senza rist
viale De Gasperi 2/4 – ✆ 04 24 21 91 00 – www.hoteldalponte.it – info@hoteldalponte.it
24 cam – 50/75 € 75/130 €
◆ Hotel di nuova costruzione a pochi metri dal centro storico, dispone di luminosi spazi comuni e camere semplici d'arredo moderno: un buon indirizzo per ogni tipo di clientela.

Ca' 7 – Hotel Ca' Sette
via Cunizza da Romano 4, Nord : 1 km – ✆ 04 24 38 33 50 – info@ca-sette.it – chiuso dal 1° al 7 gennaio e agosto
Rist – *(chiuso domenica sera, lunedì)* Carta 42/55 €
◆ Struttura, colonne e materiali d'epoca si uniscono a quadri e illuminazione moderni in un ardito ma affascinante accostamento. In estate la magia si sposta in giardino.

Al Ponte
via Volpato 60 – ✆ 04 24 21 92 74 – www.alpontedibassano.com – info@alpontedibassano.com – chiuso lunedì, martedì a mezzogiorno
Rist – Carta 40/50 €
◆ Il nome deriva dalla "celebrità" locale, l'ambiente da uno stile caldo e con tocchi d'eleganza. Servizio estivo all'aperto, cucina che si ispira alle stagioni.

XX **Bauto**

via Trozzetti 27 – ✆ 0 42 43 46 96 – www.ristorantebauto.it – info@ristorantebauto.it – chiuso dal 10 al 22 luglio e domenica escluso aprile e maggio

Rist – Carta 28/44 €

♦ Bella saletta e veranda altrettanto accogliente per un locale ubicato nella zona industriale e che quindi presenta un buon menù d'affari; specialità: carne alla griglia.

BASSANO ROMANO – **Viterbo (VT)** – **563** P18 – **4 884 ab.** – ✉ **01030** **12** B2

Roma 58 – Viterbo 39 – Fiumicino 83 – Civitavecchia 70

X **La Casa di Emme**

via della Stazione 33 – ✆ 07 61 63 55 44 – www.lacasadiemme.it – info@lacasadiemme.it

Rist – *(chiuso a mezzogiorno)* Carta 21/30 €

♦ Le specialità proposte sono quelle della tradizione mitteleuropea ma ci si può fermare in questa taverna di campagna anche per una pausa più veloce e informale, un tagliere di salumi e formaggi con una birra o un bicchiere di vino.

BASTIA UMBRA – **Perugia (PG)** – **563** M19 – **21 339 ab.** – **alt. 202 m** – ✉ **06083** **32** B2

Roma 176 – Perugia 17 – Assisi 9 – Terni 77

sulla strada statale 147 Assisana **Est : 4 km :**

Campiglione cam,

via Campiglione 11 – ✆ 07 58 01 07 67 – www.hotel-campiglione.it – hotel@hotel-campiglione.it

42 cam – †55/68 € ††65/80 € – ½ P 50/65 €

Rist – *(chiuso dall'8 al 20 gennaio, sabato e domenica escluso da marzo ad ottobre) (chiuso a mezzogiorno)* Carta 19/26 €

♦ Lungo l'arteria stradale principale del paese, sorge quest'accogliente struttura che dispone di confortevoli camere, arredate con cura. Gestione di grande esperienza. Ristorante recentemente rinnovato, dove gustare una cucina sana e genuina.

ad Ospedalicchio **Ovest : 5 km – ✉ 06083**

Lo Spedalicchio rist,

piazza Bruno Buozzi 3 – ✆ 07 58 01 03 23 – www.lospedalicchio.it – info@lospedalicchio.it

25 cam – †55/76 € ††65/110 € – ½ P 62/75 €

Rist – *(chiuso lunedì)* Carta 31/45 €

♦ Una sistemazione capace di trasmettere quel genere di emozioni proprie delle dimore fortificate dalle origini antiche (XIV sec.). Il confort è commisurato alla struttura. Per pranzi o cene avvolti da pareti e volte in pietra e mattoni.

BATTIPAGLIA – **Salerno (SA)** – **51 045 ab.** – **alt. 72 m** – ✉ **84091** **7** C2

Roma 284 – Avellino 59 – Napoli 78 – Potenza 85

San Luca cam,

Strada Statale 18 – ✆ 08 28 30 45 95 – www.sanlucahotel.it – info@sanlucahotel.it

78 cam – †71 € ††82 € – 4 suites – ½ P 66 €

Rist ***Taverna la Falanghina*** – strada statale 18 – Carta 25/45 €

♦ Sulla strada statale, al centro di un complesso commerciale e residenziale, un'imponente struttura fornitissima nella gamma di confort e servizi. Specialità regionali e ricette di pesce nel ristorante, vocato anche all'attività banchettistica.

BAVENO – Verbano-Cusio-Ossola (VB) – **561** E7 – **4 858 ab.** – **alt. 205 m** **24** A1
– ✉ 28831 Italia

Roma 661 – Stresa 4 – Domodossola 37 – Locarno 51

piazza della Chiesa ✆ 0323 924632, turismo.baveno@ruparpiemonte.it, Fax 0323 924632

Grand Hotel Dino cam, rist,
corso Garibaldi 20 – ✆ 03 23 92 22 01
– www.zaccherahotels.com – info@zaccherahotels.com
– marzo-novembre
367 cam – 70/280 € 90/400 €, 25 € – 8 suites – ½ P 60/300 €
Rist – Carta 30/105 €
◆ Circondato da un giardino con alberi secolari, un maestoso complesso a indirizzo congressuale sulle rive del lago con spazi comuni ampi e camere dall'atmosfera principesca. L'elegante sala ristorante offre una splendida vista sul golfo e propone una cucina classica.

Splendid rist,
via Sempione 12 – ✆ 03 23 92 45 83 – www.zaccherahotels.com – info@zaccherahotels.com – chiuso dal 15 dicembre a febbraio
77 cam – 50/200 € 60/240 €, 20 € – 5 suites – ½ P 50/250 €
Rist – Carta 25/90 €
◆ In riva al lago, questa bella risorsa - completamente rinnovata - dispone ora di eleganti camere arredate con grande raffinatezza. Spiaggia privata, attrezzato centro benessere, campo da tennis e piscina per godere appieno del soggiorno. Ampie vetrate affacciate sullo splendido panorama e cucina classica al ristorante.

Simplon rist,
corso Garibaldi 52 – ✆ 03 23 92 41 12 – www.hotelsimplon.com – info@zaccherahotels.com – aprile-ottobre
112 cam – 50/260 € 60/310 €, 20 € – ½ P 50/250 €
Rist – Carta 25/75 €
◆ Immerso in un grande parco secolare a pochi passi dal centro, l'hotel dispone di eleganti ed ampie camere con vista sul lago o sulla montagna, una sala lettura e piscina. Dalla sala ristorante, illuminata da lampade in stile, una vista sul giardino all'italiana e proposte di cucina tradizionale.

Lido Palace rist,
strada statale del Sempione 30 – ✆ 03 23 92 44 44 – www.lidopalace.com
– info@lidopalace.com – 10 aprile-20 ottobre
81 cam – 98/128 € 135/220 € – 2 suites – ½ P 115/140 €
Rist – Carta 32/53 €
◆ Dalla ristrutturazione ed ampliamento dell'ottocentesca Villa Durazzo, questa bella risorsa - negli anni meta di numerosi ospiti illustri - dispone di immensi spazi comuni e camere arredate con eleganza. Cucina tradizionale al ristorante e sulla capiente terrazza con vista lago ed isole Borromee.

Rigoli rist,
via Piave 48 – ✆ 03 23 92 47 56 – www.hotelrigoli.com – hotel@hotelrigoli.com
– Pasqua-ottobre
34 cam – 65/100 € 100/125 € – ½ P 70/88 €
Rist – *(chiuso a mezzogiorno)* Carta 29/44 €
◆ Direttamente sul lago e con spiaggia privata, questa struttura a gestione familiare dispone di camere accoglienti - sobriamente eleganti - dotate di balcone. Per chi cerca una formula più indipendente: gli appartamenti con angolo cottura nel vicino Residence Ortensia.

Villa Azalea senza rist
via Domo 6 – ✆ 03 23 92 43 00 – www.villaazalea.com – info@villaazalea.com
– marzo-15 novembre
37 cam – 50/65 € 75/120 €
◆ Sita nel centro storico della località, la risorsa dispone di un'ampia zona soggiorno, camere confortevoli arredate con gusto moderno e appartamenti con angolo cottura. Piccola piscina in terrazza.

X **Il Gabbiano**

via I Maggio 19 – ✆ 03 23 92 44 96 – www.ristoranteilgabbiano.info – info@ristoranteilgabbiano.info – chiuso lunedì
Rist – *(chiuso a mezzogiorno)* (consigliata la prenotazione) Menu 35 € – Carta 29/48 €
◆ Piccolo e grazioso ristorante, le cui continue migliorie sono l'espressione di un' attenta conduzione familiare. In menu: ottime specialità di pesce (di mare), in chiave moderna.

BAZZANO – **Bologna (BO)** – **562** I15 – **6 820 ab.** – **alt. 93 m** – ✉ **40053** **9** C3

Roma 382 – Bologna 24 – Modena 23 – Reggio nell'Emilia 53

Alla Rocca rist,

via Matteotti 76 – ✆ 0 51 83 12 17 – www.allarocca.com – info@allarocca.com – chiuso 2 settimane in agosto
52 cam ☕ – 🚹80/250 € 🚹🚹120/320 € – 3 suites – ½ P 85/205 €
Rist – *(chiuso sabato a mezzogiorno, domenica)* Carta 22/54 €
◆ Struttura di gran fascino ricavata da un imponente e colorato palazzo del 1794. Lo stile della casa ha ispirato anche l'arredamento: molto classico, sia nelle zone comuni sia nelle camere. Cucina regionale nella sala ristorante e nella caratteristica taverna in mattoni.

BEDIZZOLE – **Brescia (BS)** – **561** F13 – **11 520 ab.** – **alt. 184 m** – ✉ **25081** **17** D1

Roma 539 – Brescia 17 – Milano 111 – Verona 54

La Corte senza rist

via Benaco 117 – ✆ 03 06 87 16 88 – www.albergolacorte.it – direzione@albergolacorte.it
16 cam ☕ – 🚹50/60 € 🚹🚹70/100 €
◆ Hotel a conduzione familiare ospitato negli inusuali spazi di una deliziosa cascina completamente ristrutturata. Piacevoli ambienti comuni, camere ampie e confortevoli.

XXX **Ortica** (Piercarlo Zanotti)

via Capuzzi 3 – ✆ 03 06 87 18 63 – www.ristoranteortica.it – or.ti.ca@hotmail.it – chiuso dal 1° al 7 gennaio, dal 7 al 20 agosto, domenica sera, lunedì
Rist – Menu 45/60 € – Carta 50/73 €
Spec. Insalata di fegato grasso d'oca con pan brioche. Pacchero con sapori e colori del mare leggermente piccanti. Filetto di vitello con salsa alla birra, patate e cipolle rosse di Tropea.
◆ Trasferitosi da poco a questo nuovo indirizzo, le tre piccole sale di sobria eleganza accolgono una cucina dove i prodotti del lago, dall'olio al pesce, incontrano quelli di mare con qualche proposta di carne.

BEE – **Verbano-Cusio-Ossola (VB)** – **561** E7 – **744 ab.** – **alt. 591 m** – ✉ **28813** **24** B1

Roma 682 – Stresa 27 – Locarno 50 – Milano 116

XX **Chi Ghinn** con cam

via Maggiore 21 – ✆ 0 32 35 63 26 – www.chighinn.com – info@chighinn.com – chiuso dal 7 gennaio al 7 marzo
6 cam ☕ – 🚹60 € 🚹🚹100 € **Rist** – *(chiuso martedì)* Carta 32/57 €
◆ Sita nel centro del paese, una struttura dalla giovane conduzione ospita una saletta riscaldata da un bel camino e una terrazza-giardino dove gustare una cucina contemporanea. Dispone anche di poche camere spaziose e semplici negli arredi, alcune delle quali con zona salotto.

BELGIRATE – **Verbano-Cusio-Ossola (VB)** – **561** E7 – **541 ab.** – **alt. 199 m** – ✉ **28832** **24** B2

Roma 651 – Stresa 6 – Locarno 61 – Milano 74

via Mazzini 12/14 ✆ 339 4635252, prolocobelgirate@libero.it

Villa dal Pozzo d'Annone
strada statale Sempione, 5 – 03 22 72 55 – www.villadalpozzodannone.com – info@villadalpozzodannone.com – Pasqua-ottobre
6 cam – 200/250 € – 12 suites – 280/450 €
Rist – (consigliata la prenotazione) Menu 40/50 €
♦ Un parco secolare incornicia questa splendida villa, ottocentesco dono di nozze, con ampi spazi d'atmosfera anglosassone e pezzi unici d'antiquariato. Nella dépendance il Borgo, camere ariose classico-eleganti. Gastronomia piemontese, formaggi e salumi delle valli ossolane al bistrot e wine-bar.

BELLAGIO – Como (CO) – 561 E9 – 3 033 ab. – alt. 229 m – 22021 16 B2

Italia

Roma 643 – Como 29 – Bergamo 55 – Lecco 22

per Varenna – Navigazione Lago di Como, 031 579211 e 800 551 801

piazza della Chiesa 14 031 951555 info@promobellagio.it, Fax 031 951555
piazza Mazzini (pontile Imbarcadero) 031 950204, iat@promobellagio.it, Fax 031 950204

Posizione pittoresca★★★ – Giardini★★ di Villa Serbelloni – Giardini★★ di Villa Melzi

Grand Hotel Villa Serbelloni
via Roma 1 – 0 31 95 02 16 – www.villaserbelloni.com – inforequest@villaserbelloni.com – aprile-8 novembre
91 cam – 235/275 € 375/800 € – 4 suites
Rist Mistral – vedere selezione ristoranti
Rist – Carta 69/105 €
♦ Prestigioso ed esclusivo hotel, all'estremità del promontorio di Bellagio, immerso in un parco digradante sul lago. Ha ospitato regnanti e personalità da ogni continente.

Belvedere
via Valassina 31 – 0 31 95 04 10 – www.belvederebellagio.com – belveder@tin.it – aprile-ottobre
58 cam – 90/168 € 210/378 € – 6 suites – ½ P 117/229 €
Rist – Carta 36/66 €
♦ In posizione panoramica, un romantico nido dove trascorrere un piacevole soggiorno cullati dal lago: piscina estiva nel giardino fiorito ed un centro benessere con bagno turco, doccia emozionale e trattamenti di vario tipo. Piatti regionali nella moderna sala ristorante.

Florence
piazza Mazzini 46 – 0 31 95 03 42 – www.hotelflorencebellagio.it – info@hotelflorencebellagio.it – aprile-ottobre
30 cam – 120 € 140/200 € – 1 suite
Rist – *(chiuso ottobre)* Carta 48/62 €
♦ In posizione centralissima, prospiciente il lago, una bella casa dall'allure elegante è diventata una struttura alberghiera tra le più gettonate del luogo. Le ragioni di tanto successo sono da ricercarsi nelle raffinate camere, nel moderno centro benessere o nella terrazza la cui pregevole vista regala tante emozioni.

Bellagio senza rist
salita Grandi 6 – 0 31 95 04 24 – www.bellagio.info – hotelbellagio@virgilio.it – chiuso dal 7 gennaio al 5 marzo
29 cam – 50/120 € 85/165 €
♦ Hotel ubicato in pieno centro storico, a due passi dal lungolago e dall'imbarcadero. Interamente ristrutturato ad inizio 2005, presenta camere graziose ed una bella terrazza.

XX **Mistral** - Grand Hotel Villa Serbelloni
via Roma 1 - ✆ 0 31 95 64 35 - www.ristorante-mistral.com - mistral@ristorante-mistral.com - marzo-novembre
Rist - *(chiuso a mezzogiorno da giugno a settembre)* Menu 120 € - Carta 70/115 €
Spec. Rombo assoluto cotto nello zucchero con spuma di patate, verdure al vapore, salsa ai porri. Cannelloni di calamaro ripieni di tonno crudo con pomodoro, olive e basilico. Fusilli al ferretto con ragù di pesce, crostacei, molluschi e zucchine in fiore.
◆ Sulla riva del lago, si ha la sensazione di mangiare nella stiva d'una nave in legno. Cucina "molecolare" che sperimenta cotture innovative accanto a piatti più tradizionali.

X **Barchetta** con cam
salita Mella 13 - ✆ 0 31 95 13 89 - www.ristorantebarchetta.com - info@ristorantebarchetta.com - 15 marzo-25 ottobre
4 cam - ††80 € **Rist** - *(chiuso martedì)* Carta 31/74 €
◆ Un approccio fantasioso alla tavola con proposte di mare e di lago. A disposizione, una sala indipendente con piatti più semplici e pizze anche a mezzogiorno. Apprezzatissimo il servizio estivo sulla terrazza.

BELLANO - Lecco (LC) - 3 325 ab. - alt. 202 m - ✉ 23822 — 16 B1

Roma 653 - Como 56 - Bergamo 60 - Lecco 25

XX **Pesa Vegia**
piazza Verdi 7 - ✆ 03 41 81 03 06 - www.pesavegia.it - info@pesavegia.it - marzo-ottobre; chiuso lunedì
Rist - (consigliata la prenotazione la sera) Carta 35/58 €
◆ Piccolo e grazioso ristorantino, collocato in posizione centrale e sul lungolago. Gestione giovane ed appassionata, arredi moderni, proposte di piatti rivisitati con fantasia.

BELLARIA IGEA MARINA - Rimini (RN) - 562 J19 - 18 745 ab. — 9 D2

Roma 350 - Ravenna 39 - Rimini 15 - Bologna 111

a Bellaria - ✉ 47814

via Leonardo da Vinci 2 ✆ 0541 343808, iat@comune.bellaria-igea-marina.rn.it, Fax 0541 345491

Miramare rist,
lungomare Colombo 37 - ✆ 05 41 34 41 31 - www.hotelmiramarebellaria.it - info@hotelmiramarebellaria.it - maggio-settembre
64 cam - †55/120 € ††70/180 € **Rist** - *(solo per alloggiati)* Carta 31/47 €
◆ Hotel quasi centenario, in grado di offrire ai propri clienti una certa eleganza, avvertibile nell'ariosa hall caratterizzata dalla dinamicità e fruibilità degli spazi. Esperta gestione familiare.

Orizzonte e Villa Ariosa rist,
via Rovereto 10 - ✆ 05 41 34 42 98 - www.hotelorizzonte.com - info@hotelorizzonte.com - maggio-settembre
45 cam - †55/95 € ††80/140 € - ½ P 70/130 € **Rist** - *(solo per alloggiati)*
◆ Moderno e non privo di ricercatezza, con un'annessa villa fine secolo affacciata direttamente sul mare. Bello e scenografico il piccolo centro benessere con piscina coperta.

Ermitage rist,
via Ala 11 - ✆ 05 41 34 76 33 - www.hotelermitage.it - info@hotelermitage.it - aprile-settembre
60 cam - †100/120 € ††100/140 € - 6 suites - ½ P 85/110 €
Rist - *(15 giugno-11 settembre) (chiuso a mezzogiorno)* Menu 25/40 €
◆ Posizione invidiabile - in prima fila sul mare - per questa risorsa dotata di un'ampia gamma di servizi, tra cui due belle piscine. Camere recentemente rinnovate con uno spiccato gusto per il moderno e il design.

a Igea Marina – ✉ 47813

(aprile-settembre), viale Pinzon 196 ☎ 0541 333119, Fax 0541 333119

Agostini rist,
viale Pinzon 68 – ☎ 05 41 33 15 10 – www.hotelagostini.it – info@hotelagostini.it – aprile-settembre
67 cam – 50/80 € 85/110 € – ½ P 62/104 €
Rist – *(solo per alloggiati)*
◆ Struttura a ferro di cavallo, dispone di gradevoli spazi comuni e stanze di confort e stile contemporaneo: bell'arredamento e tessuti coordinati. Proverbiale accoglienza romagnola.

Strand
viale Pinzon 161 – ☎ 05 41 33 17 26 – www.hstrand.com – info@hstrand.com – marzo-novembre
39 cam – 35/40 € 62/70 €, 10 € – ½ P 45 €
Rist – Menu 18/30 €
◆ Valida struttura caratterizzata da interni moderni, a tratti signorili, e camere - spesso diverse fra loro sia nei dettagli sia nell'arredamento - con forti elementi di personalizzazione. Tenuta impeccabile!

K2 cam, rist,
viale Pinzon 212 – ☎ 05 41 33 00 64 – www.hotelk2.it – info@hotelk2.it – aprile-ottobre
63 cam – 70/90 € 100/140 €, 15 € – 7 suites – ½ P 80/120 €
Rist – *(solo per alloggiati)*
◆ La Romagna è protagonista con una calorosa gestione familiare, il sud-est asiatico stupisce i clienti nelle camere superior: da preferire alle più tradizionali classiche.

Aris rist,
via Ennio 32/34 – ☎ 05 41 33 00 07 – www.aris-hotel.com – info@aris-hotel.com – marzo-ottobre
59 cam – 50/65 € 100/120 € – ½ P 55/70 € **Rist** – Menu 20/30 €
◆ Lungo il viale centrale, dedicato a shopping e passeggio, a cento metri dal mare, moderna e confortevole struttura che si presta anche ad esigenze di soggiorni di lavoro.

BELLINZAGO NOVARESE – **Novara (NO)** – **561** F7 – **9 120 ab.** **23** C2
– **alt. 192 m** – ✉ **28043**

Roma 634 – Milano 60 – Novara 15 – Varese 45

Novara località Castello di Cavagliano, ☎ 0321 92 78 34

a Badia di Dulzago **Ovest : 3 km** – ✉ **28043 Bellinzago Novarese**

Osteria San Giulio
– ☎ 0 32 19 81 01 – www.osteriasangiulio.it – oste98101@osteriasangiulio.it – chiuso dal 26 dicembre al 7 gennaio, agosto, domenica sera, lunedì, martedì
Rist – Carta 23/36 €
◆ Un' esperienza sensoriale a partire dalla collocazione all'interno di un'antica abbazia rurale, passando per l'accoglienza, l'atmosfera e la cucina, le porzioni generose e la complessiva genuinità.

BELLUN – **Aosta** – **Vedere Sarre**

BELLUNO Ⓟ **(BL)** – **562** D18 – **36 509 ab.** – **alt. 383 m** – ✉ **32100** **36** C1
Italia

Roma 617 – Cortina d'Ampezzo 71 – Milano 320 – Trento 112

piazza Duomo 2 ☎ 0437 940083, belluno@infodolomiti.it, Fax 0437 958716

Piazza del Mercato★ – Piazza del Duomo★: palazzo dei Rettori★, polittico★ nel Duomo – Via del Piave : ≤★

Park Hotel Villa Carpenada rist,
via Mier 158, Sud: 2,5 Km – ✆ 0 43 79 48 34
– www.hotelvillacarpenada.it – info@hotelvillacarpenada.it
34 cam – 80/120 € 130/320 €
Rist *Lorenzo III* – *(chiuso martedì)* Carta 36/56 €
◆ Abbracciata da un parco, una grande villa seicentesca dove in ogni angolo riecheggia il glorioso passato: interni signorili e mobili d'epoca, per un soggiorno esclusivo a pochi km dal centro città. I sapori del territorio conquistano la tavola, piacevolmente reinterpretati con gusto moderno.

Europa Executive senza rist
via Vittorio Veneto 158 – ✆ 04 37 93 01 96 – www.europaexecutive.it – info@europaexecutive.it
40 cam – 70/130 € 80/150 €
◆ Poco fuori dal centro - nelle adiacenze dello stadio civico - spazi comuni in stile minimalista e non ampi: a differenza delle grandi, moderne, camere.

Delle Alpi senza rist
via Jacopo Tasso 13 – ✆ 04 37 94 05 45 – www.dellealpi.it – info@dellealpi.it
40 cam – 75 € 108 € – 2 suites
◆ Camere semplici, spaziose e funzionali per questo indirizzo in comoda posizione centrale, adatto a una clientela business o per turisti di passaggio.

Al Borgo
via Anconetta 8 – ✆ 04 37 92 67 55 – www.alborgo.to – alborgosnc@libero.it – chiuso dal 24 gennaio al 7 febbraio, dal 3 al 10 ottobre, lunedì sera, martedì
Rist – Carta 25/30 €
◆ All'interno di una villa settecentesca in un antico e piccolo borgo, ambiente caldamente rustico e cucina del territorio. Eccezionali i salumi!

a Castion Sud-Est : 3 km – ✉ 32024

Nogherazza
via Gresane 78 – ✆ 04 37 92 74 61 – www.nogherazza.it – info@nogherazza.it – chiuso febbraio
7 cam – 80/100 € 80/120 € **Rist** – *(chiuso martedì)* Carta 22/34 €
◆ Piccolo borgo rurale composto da due edifici totalmente ristrutturati e ben inseriti nel contesto paesaggistico circostante. Belle e d'atmosfera le camere, rivestite in legno. Giardino atrezzato. Cucina tipica bellunese nell'intima sala da pranzo o in terrazza, da dove ammirare il sole spegnersi sulle cime.

BELMONTE CALABRO – Cosenza (CS) – 564 J30 – 2 278 ab. – alt. 262 m – ✉ 87033 — 5 A2

Roma 513 – Cosenza 36 – Catanzaro 74 – Reggio di Calabria 166

Villaggio Albergo Belmonte
località Piane, Nord : 2 km – ✆ 09 82 40 01 77
– www.vabbelmonte.it – vabbelmonte@vabbelmonte.it
46 cam – 85/105 € 120/140 € – ½ P 75/85 € **Rist** – Carta 28/52 €
◆ Struttura organizzata in diversi padiglioni (4 camere ognuno) ad un solo livello, in un contesto naturale di grande bellezza grazie alla vista mozzafiato. Pranzo e cena in compagnia del panorama, approfittando del servizio all'aperto.

BENACO – Vedere Garda (Lago di)

BENEVELLO – Cuneo (CN) – 561 I6 – 480 ab. – alt. 671 m – ✉ 12050 — 25 C2

Roma 676 – Cuneo 77 – Alessandria 86 – Genova 171

Villa d'Amelia
località Manera 1 – ✆ 01 73 52 92 25 – www.villadamelia.com
– info@villadamelia.com – chiuso dall' 11 al 31 dicembre e dal 6 gennaio al 21 aprile
37 cam – 175/250 € 215/330 € – 3 suites
Rist Villa d'Amelia – vedere selezione ristoranti
◆ Una cascina ottocentesca raccolta attorno ad una corte è diventata oggi una villa signorile, caratterizzata da interni di moderno design che si alternano ad oggetti d'epoca.

Villa d'Amelia

località Manera 1 – ℰ 01 73 52 92 25 – www.villadamelia.com – info@villadamelia.com – chiuso dall'11 al 31 dicembre, dal 6 gennaio al 21 aprile, lunedì, martedì a mezzogiorno

Rist – Menu 50/70 € – Carta 42/64 €

Spec. Agnolotti del plin ai tre arrosti. Controfiletto di fassona cotto morbido con millefoglie di patate. Tiramisù alla nocciola.

◆ Nel vecchio ricovero di attrezzi agricoli, ristorante moderno e minimalista con proposte tradizionali piemontesi reinterpretate in chiave moderna. La carta dei vini annovera le più prestigiose etichette della zona, ma anche nazionali ed internazionali.

BENEVENTO (BN) – 564 D26 – 62 507 ab. – alt. 135 m – ✉ 82100 6 B1

Italia

Roma 241 – Napoli 71 – Foggia 111 – Salerno 75

Arco di Traiano★★ – Museo del Sannio★ - S. Sofia★

Villa Traiano senza rist

viale dei Rettori 9 – ℰ 08 24 32 62 41 – www.hotelvillatraiano.it – info@hotelvillatraiano.it – chiuso agosto

40 cam – 77/100 € 120/170 €

◆ All'interno di una graziosa villa d'inizio Novecento ristrutturata con gusto. Camere molto confortevoli, sala colazioni anche all'aperto e spazio relax sul roof-garden.

sulla strada statale 7 - via Appia Sud-Ovest : 3 km

Bei Park Hotel

✉ 82100 – ℰ 08 24 36 00 16 – www.beiparkhotel.it – katering@beiparkhotel.it

50 cam – 60/80 € 80/90 € – 3 suites – ½ P 56/61 €

Rist – *(chiuso a mezzogiorno)* Carta 19/41 €

◆ Nuovo edificio lungo la via Appia, poco più a sud di Benevento. Arredi classici, discreta disponibilità di spazi e buon livello del servizio: ideale per la clientela d'affari. Cucina classica nel moderno ristorante con brace a vista.

sulla provinciale per San Giorgio del Sannio Sud-Est : 7 km :

Pascalucci con cam

via Appia 1 ✉ 82010 San Nicola Manfredi – ℰ 08 24 77 85 28 – www.pascalucci.it – pascalucci@libero.it

11 cam – 40 € 50 € – ½ P 42 € **Rist** – Carta 25/45 €

◆ Ristorante nato dalla tradizione e che oggi, oltre a proposte locali, presenta anche una cucina di pesce elaborata con capacità, a base di prodotti freschi e genuini.

BENTIVOGLIO – Bologna (BO) – 562 I16 – 5 030 ab. – alt. 19 m – ✉ 40010 9 C3

Roma 395 – Bologna 19 – Ferrara 34 – Modena 57

Centergross

via Saliceto 8, Sud: 5 km – ℰ 05 18 65 89 11 – www.zanhotel.it – bookinghotecentergross@zanhotel.it

152 cam – 79/219 € 89/249 €

Rist *Rossi Sapori* – ℰ 05 16 64 78 72 *(chiuso dal 23 al 27 dicembre e dal 12 al 21 agosto)* Carta 31/53 €

◆ La hall anticipa lo stile pomposo delle camere in questa struttura che mutua il proprio nome dal più grande centro all'ingrosso d'Europa. Il confort non si limita alle camere, ma sconfina anche nell'area benessere. Tendaggi barocchi, poltroncine in velluto rosso e cucina regionale nell'elegante ristorante.

BERCETO - Parma (PR) - 562 I11 - 2 256 ab. - alt. 808 m - ✉ 43042 8 A2

Roma 463 - Parma 60 - La Spezia 65 - Bologna 156

strada Romea 5 ☎ 0525 629027 info@puntotappa.com Fax 0525 629456

XX **Vittoria-da Rino** con cam

via Marconi 5 - ☎ 0 52 56 43 06 - www.darino.it - info@darino.it
- chiuso dal 20 dicembre al 7 gennaio
15 cam - 52/61 € 67/73 €, 7 € - ½ P 49/59 €
Rist - *(chiuso lunedì escluso dal 20 giugno a settembre)* Carta 28/61 €
◆ Bell'edificio d'epoca in centro paese: varcato il bar - recentemente rinnovato - in sala troverete un'infinità di piatti regionali, parmigiani e appenninici, presentati con iniziative tematiche stagionali. Confortevoli le stanze.

BERGAMO Ⓟ (BG) - 561 E11 - 116 677 ab. - alt. 249 m Italia 19 C1

Roma 601 - Brescia 52 - Milano 47

di Orio al Serio per ③: 3,5 km ☎035 326323

piazzale Marconi (stazione FS) ✉ 24122 ☎ 035 210204, turismo1@comune.bg.it, Fax 035 230184

Parco dei Colli via Longuelo 264, ☎035 25 00 33

Bergamo L'Albenza via Longoni 12, ☎035 64 00 28

La Rossera via Montebello 4, ☎035 83 86 00

Città alta★★★ ABY - Piazza del Duomo★★ AY **12** : Cappella Colleoni★★, Basilica di Santa Maria Maggiore★ : arazzi★★, arazzo della Crocifissione★★, tarsie★★, abside★, Battistero★ - Piazza Vecchia★ AY **39** - ≤★ dalla Rocca AY - Città bassa★ : Accademia Carrara★★BY **M1** - Quartiere vecchio★ BYZ - Piazza Matteotti★ BZ **19**

Pianta pagina seguente

 **Excelsior San Marco**

piazza della Repubblica 6 ✉ 24122 - ☎ 0 35 36 61 11
- www.hotelsanmarco.com - info@hotelsanmarco.com AZ**a**
147 cam - 150/200 € 220/280 € - 8 suites - ½ P 160/190 €
Rist Roof Garden - vedere selezione ristoranti
◆ Riferimento storico e intramontabile dell'ospitalità bergamasca, offre ampi spazi comuni e camere dall'arredo classico (se disponibili, optare per quelle con vista su Città Alta). A due passi, la lussuosa Spa.

 **NH Bergamo** rist,

via Paleocapa 1/G ✉ 24122 - ☎ 03 52 27 18 11 - www.nh-hotels.it
- nhbergamo@nh-hotels.com BZ**d**
88 cam - 90/300 € 110/320 € - ½ P 80/185 €
Rist *La Matta* - *(chiuso agosto)* Carta 35/46 €
◆ Nel cuore di Bergamo bassa, hotel dallo stile minimal-chic con largo impiego di marmi e legno: ottime camere, sia per arredo sia per confort. Piatti classici nazionali nel moderno ristorante *La Matta*.

Mercure Bergamo Palazzo Dolci senza rist

viale Papa Giovanni XXIII 100 ✉ 24121
- ☎ 0 35 22 74 11 - www.mercure.com - h3653@accor.com BZ**e**
88 cam - 130/240 € 150/270 €, 9 €
◆ Lo storico palazzo neo-rinascimentale, in posizione comoda e centrale, fa da guscio ad un albergo di design contemporaneo dalle linee pulite e armoniose. Piccolo wine-bar per spuntini veloci.

Petronilla cam,

via San Lazzaro 4 ✉ 24121 - ☎ 0 35 27 13 76 - www.petronillahotel.com
- info@petronillahotel.com
12 cam - 180/250 € 250/310 €
Rist - (prenotazione obbligatoria) *(solo per alloggiati)* Carta 26/62 €
◆ Splendido albergo del centro in cui convivono suggestioni anni '50, influenze *Bauhaus* e design contemporaneo: molti i quadri disegnati ad hoc, con dettagli d'opere di Hopper, De Chirico, Caravaggio. Un soggiorno esclusivo, perfetto per coloro che amano le raffinate personalizzazioni.

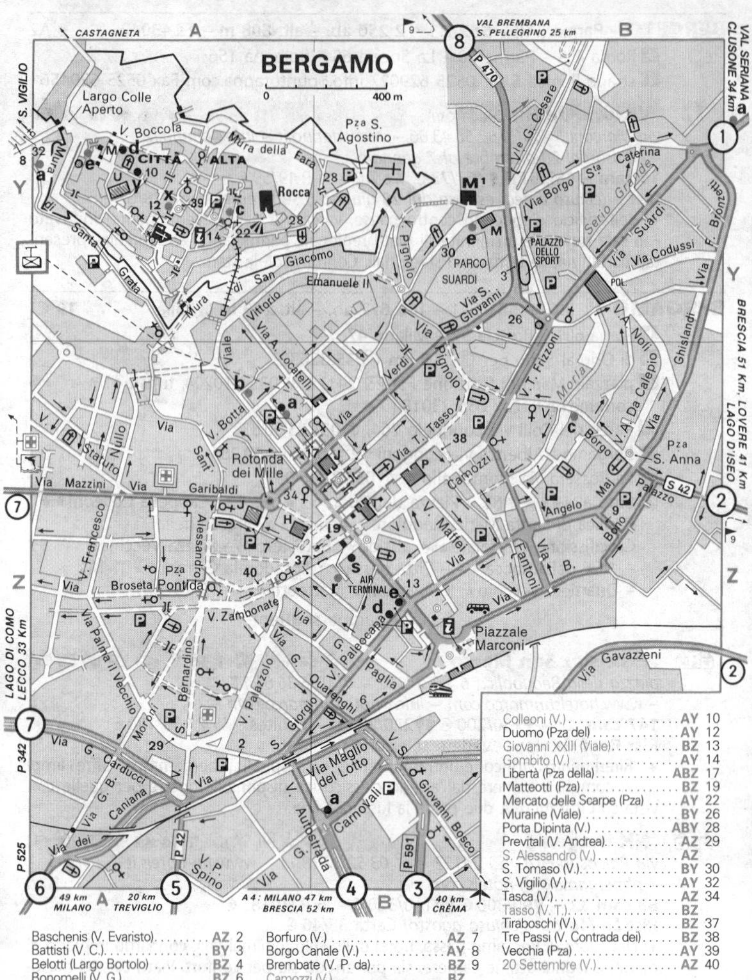

Circolazione stradale regolamentata nella Città Alta

Arli

cam, cam

largo Porta Nuova 12 ✉ 24122 – ✆ 0 35 22 20 77 – www.arli.net – hotel.arli@arli.net

66 cam – 🛉70/160 € 🛉🛉80/190 €, ☕ 18 € BZ**s**

Rist *La Delizia* – ✆ 0 35 23 08 14 – Carta 32/48 €

◆ Ottima struttura, moderna e centrale, dispone di camere omogenee nel confort (mansardate quelle all'ultimo piano) e di un attrezzato centro benessere aperto anche al pubblico.

XX Sarmassa

vicolo Bancalegno 1h ✉ 24122 – ✆ 0 35 21 92 57 – www.sarmassa.com – info@sarmassa.com – chiuso dal 1° al 12 gennaio, dal 6 al 31 agosto e domenica

Rist – Carta 39/52 €

◆ Carne, pesce, affettati e formaggi, da gustare sotto a volte ed archi duecenteschi in un locale d'indubbio fascino, che prende il nome dal rinomato vigneto di Barolo della Val Sarmassa.

XXX **Roof Garden** - Excelsior San Marco Hotel

piazza della Repubblica 6 ✉ 24122 – ☎ 0 35 36 61 59 – www.roofgardenrestaurant.it – ristorante@hotelsanmarco.com – chiuso 1 settimana in gennaio, 1 settimana in agosto e domenica sera AZ**a**

Rist – Carta 74/98 €

Spec. Ricciola cruda avvolta in olive, capperi e cipolla rossa in agrodolce (primavera-estate). Pisarei piacentini rivisitati ai frutti di mare e porro fritto. Morbido di vitello avvolto in pancetta leggermente affumicato al tè Lapsang Souchong.

◆ Lasciatevi rapire dalla vista su Città Alta in questo elegante ristorante panoramico, dove il gusto gode di una cucina ricercata e creativa che - con intelligenza e misura - valorizza le ottime materie prime.

XX **Ol Giopì e la Margì**

via Borgo Palazzo 27 ✉ 24125 – ☎ 0 35 24 23 66 – www.giopimargi.eu – info@giopimargi.eu – chiuso dal 1° all'8 gennaio, agosto, domenica sera e lunedì

Rist – Menu 30/60 € BZ**c**

◆ L'insegna ritrae la maschera bergamasca e il temperamento dei suoi concittadini, mentre la cucina è un omaggio al territorio. Rivive la tradizione e con essa la storia di una città e di una regione!

XX **Taverna Valtellinese**

via Tiraboschi 57 ✉ 24122 – ☎ 0 35 24 33 31 – www.tavernavaltellinese.it – info@tavernavaltellinese.it – chiuso lunedì BZ**r**

Rist – Carta 30/40 €

◆ Gli antichi legami tra la città e la Valtellina sono alla base di questo ristorante "riscaldato" da tanto legno ed inserti di gusto montano. In menu: specialità tradizionali, ma regina è la carne.

X **A Modo**

viale Vittorio Emanuele II 19 ✉ 24121 – ☎ 0 35 21 02 95 – www.ristoranteamodo.com – borsatticarlo@virgilio.it – chiuso domenica

Rist – Carta 48/64 € AZ**b**

◆ Sulla strada che porta alla funicolare per Città Alta, la moderna sala è impreziosita da un'originale collezione di vetri artistici. Se la sera la carta si fa importante, a mezzogiorno il menu è più ristretto e i prezzi interessanti. Cucina contemporanea.

alla città alta – alt. 249 m

i via Gombito (Torre di Gombito) ✉ 24129 ☎ 035 242226, turismo@comune.bg.it, Fax 035 242994

Piazza Vecchia senza rist

via Colleoni 3/5 ✉ 24129 – ☎ 0 35 25 31 79 – www.hotelpiazzavecchia.it – info@hotelpiazzavecchia.it AY**y**

13 cam – †115/135 € ††145/190 €, ☕ 13 €

◆ Situato in prossimità di Piazza Vecchia, che il grande architetto Le Corbusier definì come "la più bella piazza d'Europa", camere spaziose, vivaci e colorate in un'antica casa del 1300.

La Valletta Relais senza rist

via Castagneta 19, 1 km per via Castagneta ✉ 24129 – ☎ 0 35 24 27 46 – www.lavallettabergamo.it – info@lavallettabergamo.it – chiuso dal 15 dicembre al 14 febbraio AY

8 cam – †95/120 € ††120/140 €, ☕ 7 €

◆ Villino nel verde del Parco dei Colli: l'atmosfera è quella di una casa privata -signorile e raffinata - con camere personalizzate, due con terrazzino.

XXX **Colleoni & dell'Angelo**

piazza Vecchia 7 ✉ 24129 – ☎ 0 35 23 25 96 – www.colleonidellangelo.com – info@colleonidellangelo.com – chiuso lunedì AY**x**

Rist – Carta 52/80 €

◆ In un antico palazzo di piazza Vecchia - una delle più belle d'Italia, su cui per altro si apparecchia il dehors - ristorante di rara eleganza con cucina di terra, ma soprattutto di mare. Servizio all'altezza.

XX **L'Osteria di via Solata** (Ezio Gritti)

via Solata 8 ✉ 24129 – ✆ 0 35 27 19 93 – www.osteriaviasolata.it – info@osteriaviasolata.it – chiuso dal 18 al 28 febbraio, dal 5 al 25 agosto, domenica sera, martedì AY**c**

Rist – Menu 70 € – Carta 66/90 €

Spec. Burrata di Andria al cucchiaio con calamaretti spillo. Spaghetti cacio, pepe e polvere di caffé. Sogliola al mango con sciroppo di amarene vaporizzato.

◆ Nei vicoli del centro storico di Città Alta, fiori e decorazioni regalano una serata incantevole, mentre il cuoco vi consiglierà personalmente moderni piatti di carne e di pesce.

XX **La Marianna**

largo Colle Aperto 2/4 ✉ 24129 – ✆ 0 35 24 79 97 – www.lamarianna.it – lamarianna@lamarianna.it – chiuso gennaio e lunedì AY**e**

Rist – Menu 45/60 € – Carta 35/50 €

◆ Se nella bella stagione opterete per la fiorita terrazza-giardino, nei mesi invernali sarà il côté anni '50 degli interni ad intrigarvi. Sempre e comunque: la sua rinomata cucina di ricerca e - all'ingresso – la storica pasticceria con dolci di produzione propria.

X **La Colombina**

via borgo Canale 12 ✉ 24129 – ✆ 0 35 26 14 02 – www.trattorialacolombina.it – info@trattorialacolombina.it – chiuso 15 giorni in gennaio,15 giorni in luglio, lunedì, martedì AY**a**

Rist – Carta 25/33 €

◆ Semplice e accogliente trattoria fuori dalle mura della città alta, il piacevole dehors è stato recentemente cinto da vetrate per renderlo fruibile anche d'inverno. La cucina si ispira alle stagioni e alle tradizioni.

a San Vigilio Ovest: 1 km o 5 mn di funicolare AY – alt. 461 m

X **Baretto di San Vigilio**

via Al Castello 1, per via San Vigilio ✉ 24129 – ✆ 0 35 25 31 91 – www.baretto.it – baretto@baretto.it AY**b**

Rist – Menu 40/47 € – Carta 38/59 €

◆ Nella piazzetta antistante la stazione di arrivo della funicolare, caratteristico bar-ristorante di tono retrò, vagamente anglosassone, dove gustare piatti della tradizione italiana. Servizio estivo in terrazza con incantevole vista sulla città.

BERGANTINO – Rovigo (RO) – 562 G15 – 2 629 ab. – alt. 15 m – ✉ 45032 — 35 B3

Roma 477 – Venezia 136 – Rovigo 60 – Bologna 89

XX **Il Portico**

via Campo 766 – ✆ 04 25 80 51 87 – www.ristoranteilportico.it – info@ristoranteilportico.it – chiuso 1 settimana in febbraio, 2 settimane in agosto, sabato a mezzogiorno e martedì,

Rist – Carta 26/34 €

◆ In aperta campagna, ristorante con proposte gastronomiche articolate in modo tale da soddisfare gusti e budget diversi. Ottima scelta enologica e piccola cantina visitabile.

BERGEGGI – Savona (SV) – 561 J7 – 1 211 ab. – alt. 110 m – ✉ 17028 — 14 B2

Roma 556 – Genova 58 – Cuneo 102 – Imperia 63

via Aurelia ✆ 019 859777, bergeggi@inforiviera.it, Fax 019 859777

Claudio

via XXV Aprile 37 – ✆ 0 19 85 97 50 – www.hotelclaudio.it – hclaudio@tin.it – marzo-dicembre

22 cam – †80/120 € ††130/180 € – 4 suites

Rist Claudio – vedere selezione ristoranti

◆ Suggestiva collocazione con vista eccezionale sul golfo sottostante. Camere ampie ed eleganti, piscina, spiaggia privata e numerosi altri servizi a disposizione.

XXX **Claudio** (Claudio Pasquarelli)

via XXV Aprile 37 – ✆ 0 19 85 97 50 – www.hotelclaudio.it – hclaudio@tin.it – marzo-dicembre; chiuso lunedì
Rist – *(chiuso a mezzogiorno escluso sabato e i giorni festivi)*
Carta 65/85 €
Spec. Crudo di pesci e crostacei. Bouquet di crostacei agli agrumi del Mediterraneo. Zuppa di pesce nella pietra ollare.
♦ Una delle migliori cucine di pesce della zona: alla qualità indiscutibile delle materie prime, si unisce la cura estetica delle presentazioni, senza rinunciare alla generosità delle porzioni.

BERNALDA – Matera (MT) – **564** F32 – **12 207 ab.** – **alt. 126 m** – ✉ **75012** **4** D2

Roma 458 – Bari 108 – Matera 38 – Potenza 99

Agriturismo Relais Masseria Cardillo

strada statale 407 Basentana al km 97,5 – ✆ 08 35 74 89 92 – www.masseriacardillo.it – info@masseriacardillo.it – Pasqua-ottobre
10 cam – †78/101 € ††120/156 € – ½ P 78/96 €
Rist – *(chiuso a mezzogiorno)* Menu 28/35 €
♦ A pochi chilometri dal lido di Metaponto, elegante risorsa ricavata dai granai di una masseria di fine '800. Camere spaziose con terrazzini affacciati sulla campagna.

X **La Locandiera**

corso Umberto 194 – ✆ 08 35 54 32 41 – www.trattorialalocandiera.it – info@trattorialalocandiera.it – chiuso martedì in ottobre e novembre
Rist – (consigliata la prenotazione) Carta 25/35 €
♦ Una famiglia dedita all'accoglienza ed ai sapori lucani, proposti a voce, in un ambiente rustico davvero grazioso. Se non bastasse: anche un'eccezionale selezione di vini.

BERSANO – Piacenza – **561** H12 – Vedere Besenzone

BERTINORO – Forlì-Cesena (FC) – **562** J18 – **10 651 ab.** – **alt. 254 m** – ✉ **47032** Italia **9** D2

Roma 343 – Ravenna 46 – Rimini 54 – Bologna 77

piazza della Libertà 3 ✆ 0543 469213, turismo@comune.bertinoro.fc.it, Fax 0543 444588

★ dalla terrazza vicino alla Colonna dell'Ospitalità

XX **Belvedere**

via Mazzini 7 – ✆ 05 43 44 51 27 – www.belvederebertinoro.com – info@belvederebertinoro.com – chiuso mercoledì escluso luglio e agosto
Rist – Menu 25/40 € – Carta 37/57 €
♦ Sovrastante la sala l'antico soffitto a cassettoni, dalla terrazza saranno le mille luci dei centri abitati e del cielo stellato ad avvolgervi. Sapori locali secondo stagione.

a Fratta Ovest: 4 km – ✉ 47032

Grand Hotel Terme della Fratta

via Loreta 238 – ✆ 05 43 46 09 11 – www.termedellafratta.it – info@termedellafratta.it
rist,
64 cam – †75/90 € ††95/120 € – ½ P 65/95 € **Rist** – Menu 25/35 €
♦ Aperto da poco propone programmi terapeutici diversi grazie alla disponibilità contemporanea di sette tipologie diverse di acqua, note sin dall'epoca romana. Nel giardino, percorsi vita e fontane termali. Creatività e sapori della cucina romagnola e mediterranea si uniscono per realizzare piatti invitanti e genuini.

BESANA BRIANZA – Monza e Brianza (MB) – **561** E9 – **15 251 ab.** – **alt. 335 m** – ✉ **20045** **18** B1

Roma 600 – Como 27 – Bergamo 42 – Lecco 23

a Calo' Sud-Ovest : 3,5 km – ✉ 20045 Besana Brianza

Il Riservino Ungherese

via Lovati 3/5 – ✆ 03 62 17 92 96 4 – www.ilriservinoungherese.it – ilriservinoungherese@alice.it – chiuso domenica

Rist – *(chiuso a mezzogiorno)* Carta 34/67 €

♦ Ristorantino caratteristico con moltissimi richiami alla terra d'origine dei gestori: stoviglie, tovagliato, fotografie, oggettistica, oltre naturalmente alla cucina.

BESENZONE – Piacenza (PC) – **561** H11 – **992 ab.** – **alt. 48 m** – ✉ **29010** **8** A1

Roma 472 – Parma 44 – Piacenza 23 – Cremona 23

a Bersano Est : 5,5 km – ✉ 29010 Besenzone

Agriturismo Le Colombaie

cam,

via Bersano 29 – ✆ 05 23 83 00 07 – www.colombaie.it – lecolombaie@colombaie.it – chiuso gennaio

6 cam – †60/70 € ††100/120 € – 2 suites **Rist** – Carta 32/45 €

♦ Occorre percorrere un breve tratto di strada sterrata, delimitata da alberi per raggiungere questa risorsa ricavata in una vecchia cascina. La colazione è servita anche all'aperto all'ombra di un pergolato.

La Fiaschetteria (Patrizia Dadomo) con cam e senza

via Bersano 59/bis – ✆ 05 23 83 04 44 – www.la-fiaschetteria.it – info@la-fiaschetteria.it – chiuso dal 23 dicembre al 6 gennaio e agosto

3 cam – †85 € ††120 €

Rist – *(chiuso lunedì, martedì) (chiuso a mezzogiorno escluso i giorni festivi)* (consigliata la prenotazione) Carta 42/59 €

Spec. Lumache alla borgognona. Savarin di riso. Capretto al forno.

♦ Un'ottima rielaborazione della cucina emiliana, in una grande casa colonica di origine settecentesca illuminata da moderni lampadari di design e da un grande camino. Tre splendide camere: *amarcord* di eleganza in stile basso padano.

BESNATE – Varese (VA) – **561** E8 – **5 319 ab.** – **alt. 300 m** – ✉ **21010** **18** A1

Roma 622 – Stresa 37 – Gallarate 7 – Milano 45

La Maggiolina

via Gallarate 17 – ✆ 03 31 27 42 25 – chiuso dal 24 dicembre al 5 gennaio, agosto e martedì

Rist – Carta 34/59 €

♦ Un velo leggero pare essere sceso su questa risorsa. Un velo capace di fermare il tempo e di regalare ambienti, atmosfere e stili assolutamente vicini agli anni Settanta.

BETTOLA – Piacenza (PC) – **562** H10 – **3 069 ab.** – **alt. 329 m** – ✉ **29021** **8** A2

Roma 546 – Piacenza 34 – Bologna 184 – Milano 99

Agnello

piazza Colombo 70 – ✆ 05 23 91 77 60 – chiuso febbraio e martedì

Rist – Carta 25/35 €

♦ Affacciato sulla scenografica piazza del centro storico, il ristorante è idealmente diviso in due sale: la parte più antica con volte in mattoni e colonne in pietra. Curiosi e interessati potranno accedere alle cantine, dove stagionano i salumi.

BETTOLLE – Siena – **563** M17 – Vedere Sinalunga

BETTONA – Perugia (PG) – **563** M19 – **4 304 ab.** – **alt. 353 m** – ✉ 06084 **32** B2

Roma 167 – Perugia 21 – Assisi 15 – Orvieto 71

Relais la Corte di Bettona

via Santa Caterina 2 – ☎ 0 75 98 71 14 – www.relaisbettona.com – info@relaisbettona.com – chiuso sino a febbraio

39 cam – †105/248 € ††140/220 € – 3 suites – ½ P 100/130 €

Rist ***Taverna del Giullare*** – ☎ 0 75 98 72 54 – Carta 32/53 €

◆ Nel cuore del centro storico, edificio del 1300, suddiviso in due corpi distinti. L'originalità delle camere si esprime nella loro "unicità" e quelle ubicate nell'edificio più a valle godono di una spettacolare vista sulla vallata. Interessante connubio di rusticità e modernità. Piatti umbri alla Taverna del Giullare.

Country House Torre Burchio rist,

località Torre Burchio, Sud: 7 km – ☎ 07 59 88 50 17 – www.torreburchio.it – torreburchio@tin.it – chiuso dal 21 al 28 dicembre e dal 7 gennaio al 28 febbraio

18 cam – †68 € ††104 € – ½ P 75 €

Rist – *(chiuso a mezzogiorno)* Menu 25/30 €

◆ Un antico casale di caccia, circondato da una tenuta di 600 ettari di boschi abitati da ogni sorta di animali: un contesto in cui la natura è regina. Camere confortevoli. Cucina del luogo per soddisfare l'appetito di chi, passeggiando, si gode boschi e prati.

a Passaggio Nord-Est : 3 km – ✉ 06084

Il Poggio degli Olivi con cam rist,

località Montebalacca, Sud : 3 km – ☎ 07 59 86 90 23 – www.poggiodegliolivi.com – info@poggiodegliolivi.com – chiuso dal 9 gennaio al 10 febbraio

12 cam – †60/90 € ††88/135 € – ½ P 69/92 €

Rist – *(chiuso mercoledì)* Carta 28/39 €

◆ Da questo luogo, quando il cielo è più limpido, la vista arriva fino ad Assisi, pare proprio di essere parte di un dipinto. Merita quindi il servizio serale in terrazza.

BEVAGNA – Perugia (PG) – **563** N19 – **5 083 ab.** – **alt. 210 m** – ✉ 06031 **33** C2

Roma 148 – Perugia 35 – Assisi 24 – Macerata 100

Palazzo Brunamonti senza rist

corso Matteotti 79 – ☎ 07 42 36 19 32 – www.brunamonti.com – hotel@brunamonti.com – chiuso gennaio e febbraio

21 cam – †47/100 € ††70/125 €

◆ Saloni affrescati al piano nobile e fondamenta di origine romana visibili nella hall. Nel cuore dell'incantevole cittadina, l'albergo riproduce negli ambienti interni la sobria essenzialità dell'aspetto esteriore.

L'Orto degli Angeli

via Dante Alighieri 1 – ☎ 07 42 36 01 30 – www.ortoangeli.it – ortoangeli@ortoangeli.it

5 cam – †180 € ††200/220 € – 9 suites – ††280/350 €

Rist Redibis – vedere selezione ristoranti

◆ Un palazzo del XVII sec. rallegrato da un grazioso giardino pensile, che si affaccia su un palazzo medievale (sorto a sua volta sui resti di un tempio e di un teatro romano) vanta ambienti raffinati e di grande charme: quasi una dimora privata pregna di fascino e di storia.

Residenza Porta Guelfa senza rist

via Ponte delle Tavole 2 – ☎ 07 42 36 20 41 – www, residenzaportaguelfa.com – info@residenzaportaguelfa.com

12 cam – ††100/120 €

◆ Appena fuori le mura del centro storico, questa residenza dal fascino antico, ma dai confort moderni, dispone di camere arredate in stile locale ed attrezzate con angolo cottura. Gli ampi spazi esterni ospitano una bella piscina.

XX **Redibis**
via Dante Alighieri 1 – ✆ 07 42 36 01 30 – www.redibis.it – info@redibis.it – chiuso martedì
Rist – *(chiuso a mezzogiorno escluso venerdì, sabato e domenica)* Menu 35/45 € – Carta 41/65 €
◆ Sotto le alte volte delle vestigia di un teatro romano del I secolo d.C., una cucina squisitamente creativa e mobili dalle linee moderne, minimaliste: un sapiente gioco di contrasti, in un ambiente di grande suggestione.

BIANZONE – **Sondrio (SO)** – **561** D12 – **1 278 ab.** – **alt. 444 m** – ✉ **23030** **16** B1
Roma 692 – Venezia 311 – Rovigo 284 – Mantova 220

X **Altavilla** con cam rist,
via A. Monti 46 – ✆ 03 42 72 03 55 – www.altavilla.info – benvenuti@altavilla.info
14 cam – †28/42 € ††48/68 €, ☕ 8 € – ½ P 48/55 €
Rist – *(chiuso lunedì)* Carta 23/41 €
◆ Nella parte alta della località, circondato da boschi e vigneti, il ristorante propone piatti del territorio in un'atmosfera rustica ed informale. Bella terrazza panoramica.

BIBBIENA – **Arezzo (AR)** – **563** K17 – **12 727 ab.** – **alt. 425 m** – ✉ **52011** Toscana **29** D1
Roma 249 – Arezzo 32 – Firenze 60 – Rimini 113
via di Rignano 17/A ✆ 0575 593098, infocasentino@apt.arezzo.it, Fax 0575 593098
Casentino via Fronzola 6, ✆0575 52 98 10

Borgo Antico senza rist
via Bernado Dovizi 18 – ✆ 05 75 53 64 45 – www.brami.com – borgoantico@brami.com
14 cam ☕ – †42/50 € ††70/80 €
◆ Esattamente nel cuore medievale del paese, hotel classico dalla gestione giovane e spigliata, con camere dotate di buoni confort (quattro stanze particolarmente adatte alle famiglie).

Relais il Fienile senza rist
località Gressa, Nord: 6 km – ✆ 05 75 59 33 96 – www.relaisilfienile.it – info@relaisilfienile.it – aprile-ottobre
6 cam ☕ – †63/73 € ††95/136 €
◆ Come trasformare un ex fienile del '700 in una risorsa di charme, dove il confort è curatissimo, gli ambienti gradevoli e arredati con gusto. Tranquillo e panoramico.

a Soci Nord : 4 km – ✉ 52010

Le Greti senza rist
via Privata le Greti, Ovest : 1,5 km – ✆ 05 75 56 17 44 – www.legreti.it – info@legreti.it
16 cam ☕ – †45/60 € ††75/90 €
◆ Appena fuori dal centro abitato, sulla sommità di un poggio panoramico, un albergo connotato da una conduzione familiare dallo stile apprezzabile. Buoni spazi comuni.

BIBBONA – **Livorno (LI)** – **563** M13 – **3 227 ab.** – ✉ **57020** **28** B2
Roma 269 – Pisa 66 – Livorno 44 – Piombino 46

Relais di Campagna Podere Le Mezzelune senza rist
località Mezzelune 126, Ovest : 4 km – ✆ 05 86 67 02 66 – www.lemezzelune.it – relais@lemezzelune.it – chiuso dal 10 dicembre a febbraio
4 cam ☕ – ††160/180 € – 2 suites – ††180/195 €
◆ Risorsa ricavata da una casa colonica di fine '800, all'interno di una proprietà con ortaggi e ulivi (da cui la produzione di olio extravergine). Bucolica posizione per un soggiorno rilassante in ambienti signorili.

BIBBONA (Marina di) - Livorno (LI) - **563** M13 - ✉ **57020** **28** B2

Roma 277 - Pisa 69 - Grosseto 92 - Livorno 47

(stagionale) via dei Cavalleggeri Nord ✆ 0586 600699, apt7bibbona@costadeglietruschi.it

Marinetta

via dei Cavalleggeri Nord 2 - ✆ 05 86 60 05 98 - www.hotelmarinetta.it - booking@hotelmarinetta.it

137 cam - †80/240 € ††80/360 € - ½ P 80/190 € **Rist** - Carta 42/52 €

♦ Abbracciato da un parco-giardino, albergo recentemente rinnovato diviso in piu strutture. Per una vacanza immersi nella natura, senza rinunciare al confort.

La Pineta (Luciano Zazzeri)

via dei Cavalleggeri Nord 27 - ✆ 05 86 60 00 16 - ristorantelapineta@hotmail.it - chiuso dal 10 ottobre al 10 novembre, lunedì, martedì a mezzogiorno

Rist - Carta 50/73 €

Spec. Straccetti di pasta fresca con le triglie. Bollito misto di pesce, crostacei e calamari. Caciucco della pineta.

♦ Si parcheggia già sulla sabbia per raggiungere il ristorante, quasi una palafitta sull'acqua; il mare entra nei piatti con crudo, preparazioni livornesi o più classiche.

BIBIONE - Venezia (VE) - **562** F21 - ✉ **30020** **36** D2

Roma 613 - Udine 59 - Latisana 19 - Milano 352

via Maja 37/39 ✆ 0431 442111, segreteria@bibioneturismo.it, Fax 0431 439997

viale Aurora 111 (aprile-ottobre) ✆ 0431 442111, info@bibioneturismo.it, Fax 0431 439995

Bibione Palace

rist,

via Taigete 20 - ✆ 04 31 44 72 20 - www.hotelbibionepalace.it - info@hotelbibionepalace.it - 25 aprile-settembre

110 cam - †120/210 € ††160/280 € - 50 suites - ½ P 92/152 €

Rist - *(solo per alloggiati)*

♦ Centrale e contemporaneamente frontemare, le camere sono tutte terrazzate e luminose, gli spazi comuni arredati con gusto minimalista; all'esterno, piscina e parco giochi per i piccoli. Veste moderna anche per il ristorante, dalle proposte mediterrane.

Palace Hotel Regina

corso Europa 7 - ✆ 0 43 14 34 22 - www.palacehotelregina.it - info@palacehotelregina.it - 15 maggio-15 settembre

49 cam - †120 € ††180 €, 20 € - ½ P 80/120 € **Rist** - *(solo per alloggiati)*

♦ Gestione seria e dinamica per questo signorile hotel a metà strada tra centro e mare; all'interno spazi realizzati in una sobria ed elegante ricercatezza cui si uniscono funzionalità e modernità. Al ristorante, una cucina genuina e semplice, con pietanze soprattutto a base di carne, pesce e verdure.

Corallo

via Pegaso 38 - ✆ 04 31 43 09 43 - www.hotelcorallobibione.com - info@hotelcorallobibione.com - maggio-settembre

76 cam - †80/139 € ††114/198 € - ½ P 104 €

Rist - *(solo per alloggiati)* Menu 25 €

♦ Caratteristico nella particolare forma cilindrica della sua architettura, signorile hotel con ampi terrazzi che si affacciano sul mare. La piscina è proprio a bordo spiaggia.

Italy

cam,

via delle Meteore 2 - ✆ 0 43 14 32 57 - www.hotel-italy.it - info@hotel-italy.it - 19 maggio-18 settembre

67 cam - †72/98 € ††125/180 € **Rist** - *(solo per alloggiati)* Menu 25/28 €

♦ Tanta cura, a cominciare dalle camere, in un hotel frontemare non lontano dalle terme; piacevole giardino sul retro e zona relax con sabbia, vicino alla piscina.

Leonardo da Vinci rist,

corso Europa 76 – 0 43 14 34 16 – www.hoteldavinci.it – info@hoteldavinci.it – 15 maggio-20 settembre

55 cam – 50/100 € 93/150 € – ½ P 72/86 € **Rist** – Menu 18/35 €

◆ A breve distanza dalla spiaggia e dal centro della località, hotel a conduzione familiare con comodo parcheggio e terrazza con piscina. Camere in stile classico.

Concordia rist,

via Maia 149 – 0 43 14 34 33 – www.hotelconcordia.net – info@hotelconcordia.net – maggio-20 settembre

44 cam – 60 € 100 € – solo ½ P 49/78 € in giugno-agosto

Rist – *(solo per alloggiati)* Menu 25 €

◆ A pochi passi dal mare, hotel a conduzione familiare, rinnovato in anni recenti: linee e arredi di taglio moderno e colorata zona hall-bar. Specialità di pesce al ristorante.

a Bibione Pineda Ovest : 5 km – ✉ 30020

San Marco

via delle Ortensie 2 – 0 43 14 33 01 – www.sanmarco.org – mail@sanmarco.org – 28 maggio-18 settembre

64 cam – 82/95 € 124/150 € – 3 suites – ½ P 71/84 €

Rist – *(solo per alloggiati)*

◆ In zona tranquilla, non lontano dal mare, albergo a conduzione diretta che si è ampliato e rinnovato negli ultimi anni: spazi comuni moderni, camere ampie sobriamente eleganti.

BIELLA Ⓟ (BI) – **561** F6 – **45 842 ab.** – **alt. 420 m** – ✉ **13900** **23** C2

Roma 676 – Aosta 88 – Milano 102 – Novara 56

piazza Vittorio Veneto 3 015 351128, info@atl.biella.it, Fax 015 34612

Living Garden via Mino 46, 015 98 05 56

Le Betulle regione Valcarozza, 015 67 91 51

Agorà Palace cam,

via Lamarmora 13/A – 01 58 40 73 24 – www.agorapalace.it – info@agorapalace.it **Ze**

82 cam – 100/120 € 120/145 € – 2 suites – ½ P 85/108 €

Rist – Carta 23/47 €

◆ E' abbastanza facile riconoscere nello stile degli ambienti, comuni e no, come nella gestione complessiva, professionalità e serietà di grande valore ed esperienza. Più sobria la sala ristorante, dove gustare la cucina piemontese.

Augustus senza rist

via Italia 54 – 01 52 75 54 – www.augustus.it – info@augustus.it

38 cam – 78/110 € 99/115 € **Ys**

◆ Una risorsa del centro che, grazie al parcheggio privato, risulta essere comoda e frequentata soprattutto da una clientela d'affari. Camere dotate di ottimi confort.

Bugella cam,

via Cottolengo 65, per ③ – 0 15 40 66 07 – www.hotelbugella.it – info@hotelbugella.it

24 cam – 65 € 85 €, 3 €

Rist – *(chiuso 15 giorni in agosto e domenica)* Carta 30/43 €

◆ Ricavato dalla ristrutturazione di una villa liberty dei primi del '900, l'hotel dispone di camere dal confort omogeneo, ma di differenti dimensioni (in quanto assecondano l'architettura della casa). Piccola zona comune e comodo parcheggio interno. Cucina tipica piemontese al ristorante.

XX **La Mia Crota**

via Torino 36/c – 01 53 05 88 – www.lamiacrota.it – info@lamiacrota.it – chiuso domenica, lunedì **Za**

Rist – (consigliata la prenotazione la sera) Carta 29/51 €

◆ Ristorante di tono rustico-elegante con annessa enoteca per sbizzarrirsi nella scelta dei vini (anche al bicchiere). La cucina trae spunto dal territorio, concedendosi qualche divagazione contemporanea.

Amedeo d'Aosta (Pza) . . . . Z 2
Cossato (Pza G. B.) . . . . Z 4
Duomo (Pza) . . . . Y 7
Garibaldi (V.) . . . . Y 9
Italia (V.) . . . . Y
Lamarmora (Pza A.) . . . . Y 12
Marconi (V.) . . . . Y 15
Martiri della Libertà (Pza) . . . . . . Y 16
San Giovanni Bosco (Pza) . . . . Y 18
20 Settembre (V.) . . . . Y 21

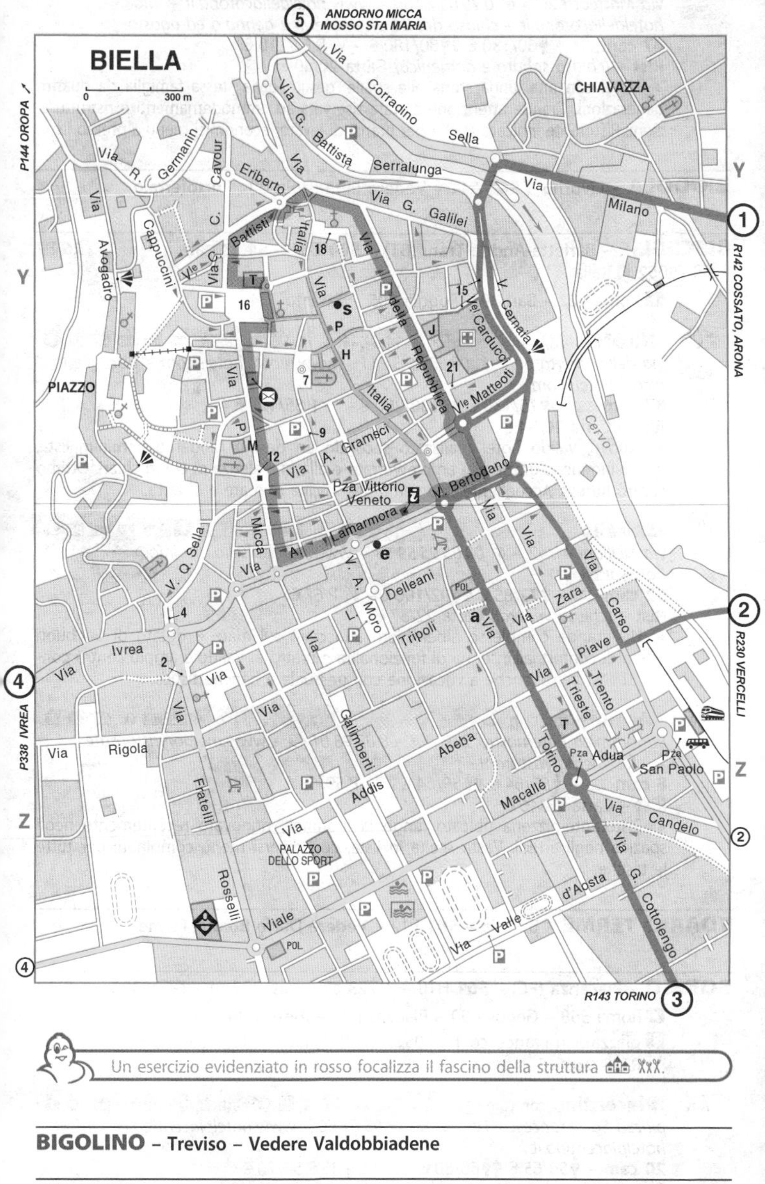

Un esercizio evidenziato in rosso focalizza il fascino della struttura 🏠 XXX.

BIGOLINO – Treviso – Vedere Valdobbiadene

BINASCO – Milano (MI) – **561** G9 – **7 281** ab. – alt. **101** m – ✉ **20082** **16** A3

Roma 573 – Milano 21 – Alessandria 76 – Novara 63

18 Ambrosiano cascina Bertacca, ☎ 02 90 84 08 20

27 Castello di Tolcinasco località Tolcinasco, ☎ 02 90 42 80 35

Albergo Della Corona

via Matteotti 20 – 0 29 05 22 80 – www.hoteldellacorona.it – info@hoteldellacorona.it – chiuso dal 24 dicembre al 2 gennaio ed agosto

47 cam – 60/130 € 80/180 € – ½ P 60/110 €

Rist – *(chiuso sabato e domenica)* Carta 20/40 €

◆ Hotel con una lunga storia alle spalle, gestito dalla stessa famiglia da quattro generazioni. Grande attenzione è stata riservata ad ammodernamenti e ristrutturazioni. Ristorante indicato anche per pranzi di lavoro; economici menù a prezzo fisso.

BIODOLA – Livorno – 563 N12 – Vedere Elba (Isola d') : Portoferraio

BISCEGLIE – Barletta-Andria-Trani (BT) – 564 D31 – 54 333 ab. – ✉ 70052 Italia 26 B2

Roma 422 – Bari 39 – Foggia 105 – Taranto 124

Nicotel

rist,

via della Libertà 62 – 08 03 99 31 11 – www.nicotelhotels.com – bisceglie@nicotelhotels.com

87 cam – 75/130 € 130/200 € – ½ P 85/125 €

Rist – Carta 20/34 €

◆ Nuovo, valido hotel realizzato secondo un design moderno e minimalista, molto luminoso grazie alle ampie vetrate e alla prevalenza di colori chiari. Ottimo centro fitness. Accogliente sala ristorante, cucina di mare e di terra.

Salsello

rist,

via Siciliani 41/42 – 08 03 95 59 53 – www.hotelsalsello.it – info@hotelsalsello.it

52 cam – 72/85 € 92/100 € – ½ P 67 €

Rist – *(chiuso venerdì)* Carta 22/57 €

◆ Un grande complesso alberghiero affacciato sul mare e dotato di un buon livello di confort, all'insegna di funzionalità e praticità. Valido e ampio centro congressi. Ristorante anche a vocazione congressuale e banchettistica.

XX **Memory** con cam

Panoramica Paternostro 239 – 08 03 98 01 49 – www.memoryristorante.it – info@memoryristorante.it

8 cam – 55/64 € 59/64 € – ½ P 59/68 €

Rist – Carta 23/46 €

◆ Ristorante-pizzeria ubicato lungo la litoranea, rinnovato recentemente negli spazi e negli arredi. Vasta scelta in lista, con diversi menù combinati: per tutte le tasche.

BOARIO TERME – Brescia – 561 E12 – Vedere Darfo Boario Terme

BOBBIO – Piacenza (PC) – 561 H10 – 3 723 ab. – alt. 272 m – ✉ 29022 8 A2

Roma 558 – Genova 90 – Piacenza 45 – Alessandria 84

piazza San Francesco 1 0523 962815, iatbobbio@libero.it, Fax 0523 936666

XX **Piacentino** con cam

cam,

piazza San Francesco 19 – 05 23 93 62 66 – www.hotelpiacentino.it – info@hotelpiacentino.it

20 cam – 50/65 € 60/80 €, 7 € – ½ P 50/70 €

Rist – *(chiuso lunedì escluso luglio-agosto)* Carta 25/40 €

◆ Nel centro storico, la tradizione familiare continua da più di un secolo all'insegna di salumi, paste e secondi di carne, in questo piacevole ristorante che dispone anche di un delizioso giardino estivo. Camere con letti in ferro battuto e mobili in arte povera, ma anche stanze più moderne.

X **Enoteca San Nicola** con cam

contrada di San Nicola 11/a – ✆ 05 23 93 23 55 – www.ristorantesannicola.it – info@ristorantesannicola.it

3 cam – ♦60 € ♦♦80 €

Rist – *(chiuso lunedì e martedì)* (consigliata la prenotazione) Carta 28/37 €

♦ Originale la cucina, che si sta impegnando verso i canoni della modernità, così come il book bar dove è possibile fermarsi per un calice di vino, una cioccolata o un infuso particolare. Nell'intrico di stradine, intorno a San Colombano. Camere d'atmosfera, tutte con caminetto funzionante.

BOBBIO PELLICE – Torino (TO) – 561 H3 – 586 ab. – alt. 732 m – ✉ 10060 — 22 B3

Roma 691 – Torino 65 – Asti 103 – Cuneo 73

X **L'Alpina** con cam

via Maestra 27 – ✆ 01 21 95 77 47 – ristorantealpina@hotmail.it – chiuso dal 7 al 21 settembre

4 cam – ♦45/50 € ♦♦65/70 € – ½ P 50/55 €

Rist – *(chiuso martedì)* Menu 15/30 €

♦ Quasi al limitare della valle, un locale di montagna in pietra e legno riscaldato da un camino. La cucina è regionale ed offre bourguignonne, raclette e carni cotte alla pietra. Semplici ma piacevoli, le camere sono arredate in stile sobrio e continuano la novecentesca tradizione di locanda.

BOCCA DI MAGRA – La Spezia (SP) – 561 J11 – ✉ 19030 — 15 D2

Roma 404 – La Spezia 22 – Genova 110 – Lucca 60

Sette Archi

via Fabbricotti 242 – ✆ 01 87 60 90 17 – www.hotelsettearchi.com – info@hotelsettearchi.com – 20 marzo-novembre

24 cam – ♦52/80 € ♦♦85/150 € – ½ P 80/100 €

Rist – *(chiuso lunedì)* Carta 30/59 €

♦ Atmosfera piacevolmente familiare ed invidiabile posizione fronte mare, per questa bella risorsa recentemente ristrutturata, sia nelle parti comuni sia nelle camere. Ottimi antipasti di pesce al ristorante, ma serbate un po' di appetito per gustare i proverbiali dessert della casa!

X **Capannina Ciccio**

via Fabbricotti 71 – ✆ 0 18 76 55 68 – ristoranteciccio@gmail.com – chiuso 15 giorni in novembre e martedì escluso luglio-settembre

Rist – Carta 42/57 €

♦ Ristorante della tradizione, con proposte marinare talvolta rivisitate e alleggerite. Nella bella stagione si può godere di un'incantevole veranda con vista sul mare.

BOGLIASCO – Genova (GE) – 561 I9 – 4 571 ab. – ✉ 16031 — 15 C2

Roma 491 – Genova 13 – Milano 150 – Portofino 23

via Aurelia 106 ✆ 010 3751045, iat@prolocobogliasco.it, Fax 010 3470429

a San Bernardo Nord : 4 km – ✉ 16031 Stella

XX **Il Tipico**

via Poggio Favaro 20 – ✆ 01 03 47 07 54 – www.ristoranteiltipico.it – info@ristoranteiltipico.it – chiuso dall'8 al 31 gennaio, 1 settimana in agosto e lunedì

Rist – Carta 38/67 €

♦ L'ambiente è gradevole, con qualche tocco d'eleganza, ma ciò che incanta è il panorama sul mare. Ubicato in una piccola frazione collinare, propone cucina ligure di pesce.

BOGNANCO (Fonti) – Verbano-Cusio-Ossola (VB) – 561 D6 – 359 ab. – alt. 986 m – ✉ 28842 — 23 C1

Roma 709 – Stresa 40 – Domodossola 11 – Milano 132

piazzale Giannini 2 ✆ 0324 234127, bognanco@distrettolaghi.it, Fax 0324 234127

a Graniga Nord : 5 km – ✉ 28842 Bognanco (fonti)

Panorama

– ✆ 03 24 23 41 57 – www.alpanorama.it – info@hotelalpanorama.com
12 cam ☕ – 🛉30 € 🛉🛉56 € – ½ P 35/40 €
Rist – *(chiuso giovedì escluso maggio-settembre)* Carta 20/33 €
◆ Una dozzina di camere colorate, graziose e ben tenute per questa risorsa molto semplice, ideale per un soggiorno tranquillo e riposante. Dalle finestre, una suggestiva vista sulle valli e sui monti circostanti. Nel piccolo ristorante al piano terra, una gustosa cucina casalinga.

BOLGHERI – Livorno (LI) – 563 M13 – Vedere Castagneto Carducci

BOLLATE – Milano (MI) – 561 F9 – 37 184 ab. – alt. 156 m – ✉ 20021 18 B2

Roma 595 – Milano 10 – Como 37 – Novara 45

Pianta d'insieme di Milano

La Torretta

via Trento 111, S.S N. 233 Varesina Nord-Ovest : 2 km – ✆ 0 23 50 59 96 – www.hotellatorretta.it – htltorretta@hotellatorretta.it 1AOd
68 cam – 🛉65/200 € 🛉🛉80/250 €, ☕ 7 € – 3 suites
Rist – *(chiuso dall'8 al 25 agosto, sabato e domenica sera)* Carta 28/54 €
◆ Oltre che per la scrupolosa gestione familiare, questa struttura si distingue anche per l'apprezzabile continuità con cui sono stati apportati aggiornamenti e migliorie. Sala ristorante luminosa, fresco e piacevole l'esterno in estate.

BOLOGNA 🅿 (BO) – 562 I15 – 374 944 ab. – alt. 54 m Italia 9 C3

Roma 379 – Firenze 105 – Milano 210 – Venezia 152

Bologna-G. Marconi Nord-Ovest: 6 km EFU ✆051 6479615

piazza Maggiore 1/e c/o palazzo del Podestà ✉ 40121 ✆ 051 239660, touristoffice@comune.bologna.it, Fax 051 6472253
Stazione Ferroviaria-Piazza Medaglie D'Oro ✉ 40121 ✆ 051 251947, touristoffice@comune.bologna.it, Fax 051 6472253 -
Aeroporto Marconi ✉ 40132 ✆ 051 6472113, touristoffice@ comune.bologna.it, Fax 051 6472253

18 via Sabattini 69, ✆051 96 91 00

9 Casalunga via Ca' Belfiore 8, ✆051 6 05 01 64

Manifestazioni locali

18.03 - 21.03 : cosmoprof (salone internazionale della profumeria e della cosmesi)
28.03 - 31.03 : fiera internazionale del libro per ragazzi
06.04 - 08.04 : lineapelle 1 (preselezione italiana moda)
05.10 - 08.10 : saie (salone internazionale dell'industrializzazione edilizia)
11.10 - 13.10 : simac (salone internazionale delle macchine per l'industria calzaturiera e pelletteria)
18.10 - 20.10 : lineapelle 2 (preselezione italiana moda)
03.12 - 11.12 : motor show (salone internazionale dell'automobile)

Piazza Maggiore CY **57** e del Nettuno★★★ CY **76**: fontana del Nettuno★★ CY **F** - Basilica di San Petronio★★ CY - Piazza di Porta Ravegnana★★ CY **93**: Torri Pendenti★★ CY **R** – Museo Civico Archeologico★★ CY **M1** – Pinacoteca Nazionale★★ DY – Palazzo Comunale★ BY **H** - Palazzo del Podestà★ CY – Basilica di Santo Stefano★ CY – Chiesa di San Giacomo Maggiore★ CY – Strada Maggiore★ CDY – Chiesa di San Domenico★ CZ : arca★★★ del Santo, tavola★ di Filippino Lippi – Palazzo Bevilacqua★ BY – Chiesa di San Francesco★ BY

Madonna di San Luca: portico★, ≤★ su Bologna e gli Appennini Sud-Ovest: 5 km FV

Piante pagine seguenti

Royal Hotel Carlton cam, rist,
via Montebello 8 ✉ 40121 – ✆ 0 51 24 93 61
– www.monrifhotels.it – carlton@monrifhotels.it – chiuso agosto CX**g**
215 cam – 104/400 € 124/500 € – 21 suites
Rist *NeoClassico* – ✆ 0 51 24 21 39 *(chiuso domenica a mezzogiorno)*
Carta 41/57 €
◆ Storico hotel dagli ampi spazi comuni, elegantemente arredati e impreziositi da scenografici lampadari. Camere signorili con elevati standard di confort e piacevole zona benessere con saune ed area massaggi. Qualche spunto d'oriente fa capolino nel décor del ristorante e nel menu.

Grand Hotel Majestic rist,
via dell'Indipendenza 8 ✉ 40121 – ✆ 0 51 22 54 45 – www.duetorrihotels.com
– direzioneduetorrihotel@duetorrihotels.com CY**e**
103 cam – 210/380 € 280/640 € – 6 suites
Rist *I Carracci* – ✆ 0 51 22 20 49 – Carta 56/71 €
◆ E' cambiato solo il nome, ma la sostanza no! Nella preziosa cornice di un prestigioso palazzo del XV secolo, il lusso degli interni mantiene viva la raffinata atmosfera d'altri tempi, senza rinunciare alle più moderne comodità. Classici italiani e piatti emiliani nella sala ristorante con affreschi dei Carracci.

Starhotels Excelsior cam, rist,
viale Pietramellara 51 ✉ 40121 – ✆ 0 51 24 61 78
– www.starhotels.com – excelsior.bo@starhotels.it CX**b**
192 cam – 130/550 € – 1 suite **Rist** – Carta 40/60 €
◆ Hotel di ultima generazione, con ambienti comuni di taglio minimalista e camere, più classiche, dotate di ogni confort moderno; ottimo settore congressuale. Ristorante e lounge bar molto frequentati dalla clientela dell'hotel.

Corona d'Oro senza rist
via Oberdan 12 ✉ 40126 – ✆ 05 17 45 76 11 – www.bolognarthotels.it
– corona@inbo.it – chiuso agosto CY**q**
40 cam – 128/350 € 174/380 € – 3 suites
◆ Viaggio nell'eleganza cittadina: dalle origini medievali, attraverso il Rinascimento, fino alle decorazioni liberty. La Belle Époque rivive nelle camere, alcune con terrazza.

BH4 Hotel Tower rist,
viale Lenin 43 ✉ 40138 – ✆ 05 16 00 55 55 – www.b4hotels.com – reception@tower.boscolo.com HV**e**
136 cam – 105/550 €, 15 € – 14 suites – ½ P 83/285 €
Rist – Carta 29/40 €
◆ Una torre moderna, funzionale e dotata di ogni confort, in comoda posizione all'uscita della tangenziale e a pochi km dall'aeroporto. Attrezzato il centro congressi.

Savoia Hotel Country House
via San Donato 161 ✉ 40127 – ✆ 05 16 33 23 66
– www.savoia.it – savoia@savoia.it HU**a**
43 cam – 75/210 € 75/330 €
Rist *Danilo e Patrizia* – ✆ 05 16 33 25 34 *(chiuso dal 27 dicembre al 4 gennaio, dal 13 al 23 agosto, domenica sera, lunedì)* Menu 18/35 € – Carta 25/40 €
◆ Un ampio giardino circonda questo esclusivo complesso colonico del '700, dove l'antico fascino campestre si sposa con un lusso discreto ed elegante. L'ozio vi attende in veranda. La cucina emiliana, al ristorante.

AC Bologna cam,
via Sebastiano Serlio 28 ✉ 40128 – ✆ 0 51 37 72 46 – www.ac-hotels.com
– acbologna@ac-hotels.com GU**c**
119 cam – 80/380 € – 2 suites
Rist *Il Conte Restaurant* – Carta 30/52 €
◆ Situato nella zona moderna della città, nelle immediate vicinanze della fiera e del centro storico, questo hotel di design è il punto d'incontro ideale per uomini d'affari ed espositori fieristici. Non manca nulla per rispettare gli standard della catena. Ristorante molto ben organizzato, in linea con la struttura.

BOLOGNA

Unaway Bologna Fiera rist,

piazza della Costituzione 1 ✉ *40128*
– ✆ *05 14 16 66*
– *www.unawayhotels.it*
– *una.bolognafiera@unawayhotels.it*

GUh

162 cam – 🛉75/240 € 🛉🛉90/255 € – ½ P 55/158 €
Rist – Carta 35/60 €

◆ Di fronte all'ingresso della Fiera, struttura funzionale, dotata di accessori moderni, con ampi spazi comuni e ben attrezzato centro congressi; camere di buon confort. Ariosa sala da pranzo con cucina eclettica.

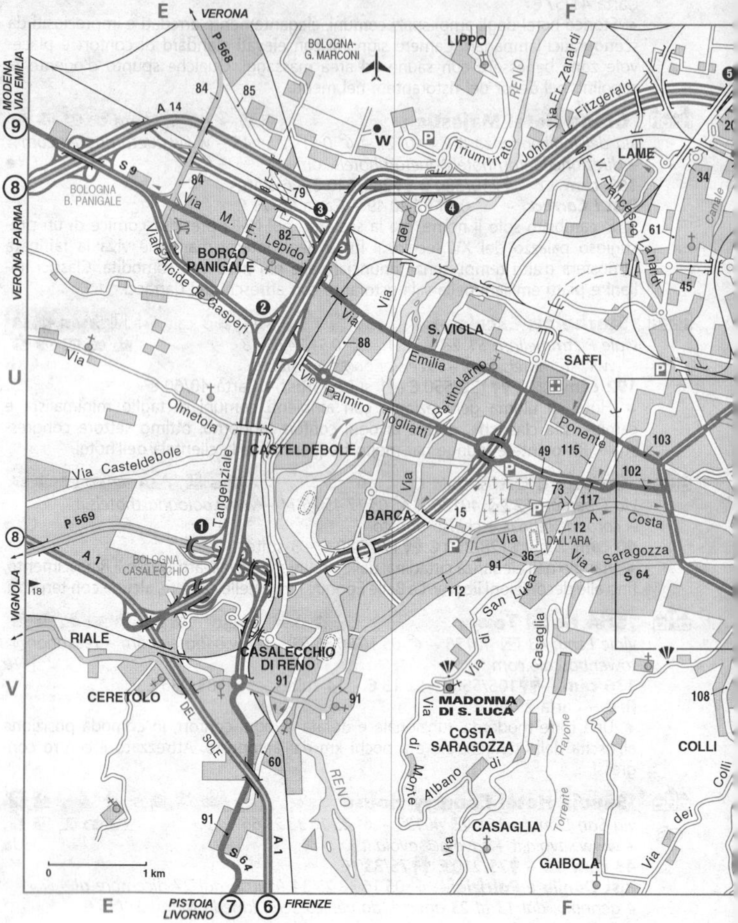

Via	Griglia	N.
Matteotti (V.)	GU	67
Mazzini (V.)	GV	69
Mezzofanti (V. G.)	GV	70
Montefiorino (V.)	FV	73
Ospedaletto (V. d.)	EU	79
Palagi (V. P.)	GV	81
Panigale (V.)	EU	82
Persicetana Vecchia (V.)	EU	85
Persicetana (V.)	EU	84
Pietra (V. d.)	EU	88
Pirandello (V. L.)	HU	90
Porrettana (V.)	FVE	91
Putti (V. V.)	GV	96
Sabbioni (V. d.)	GV	100
Sabotino (V.)	FUV	102
Saffi (V. A.)	FU	103
Sigonio (V. C.)	GV	111
Sturzo (V. Don L.)	FV	112
S. Barbara (V.)	GV	105
S. Mamolo (V.)	FV	108
Timavo (V. d.)	FU	115
Tolmino (V.)	FV	117
Tosarelli (V. B.)	HU	118

Savoia Hotel Regency

via del Pilastro 2 ✉ *40127*
– ✆ 05 13 76 77 77
– www.savoia.it – savoia@savoia.it HU**b**
78 cam ☕ – 🚹90/310 € 🚹🚹100/380 € – 2 suites
Rist *Garganelli* – ✆ 05 13 76 77 66 – Carta 30/39 €

◆ Benvenuti in questa villa neoclassica che nell'architettura ricorda le belle dimore settecentesche: all'interno sarete accolti in ambienti classici ed eleganti per un soggiorno di tranquillità e charme. Il ristorante? Un padiglione e una luminosa veranda, addobbati con pagine di giornali d'epoca e inserti colorati.

BOLOGNA
Viale Pietramellara
V. Don Minzoni
Pza 7 Novembre 1944
Piazza dei Martiri
Porta San Felice
Palazzo dello Sport
Via A. Saffi
Via Sabotino
Via San Felice
Via del Pratello
Pza Pta S. Isaia
S. Francesco
Via Sant' Isaia
Museo Civico Medievale
Palazzo Bevilacqua
Via Saragozza
Pza Pta Saragozza
Viale Aldini
Pza Porta San Mamolo
Via San Mamolo
Via Codivilla
0
400m

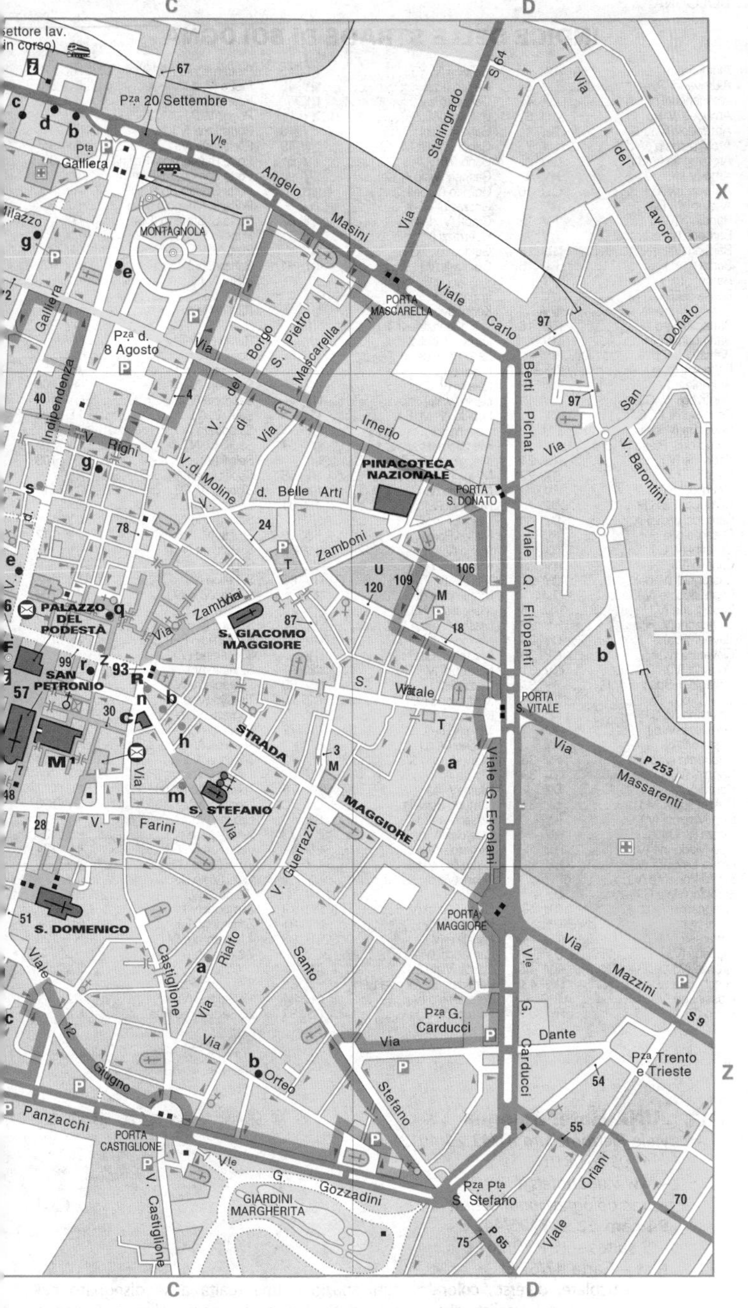

C
D
X
Y
Z
settore lav.
(in corso)
67
Pza 20 Settembre
Vle
Angelo
Masini
Pta
Galliera
Milazzo
MONTAGNOLA
Via
Stalingrado
S 64
Via
del
Lavoro
Viale
Carlo
Berti
Pichat
Donato
San
97
PORTA
MASCARELLA
Galliera
Pza d.
8 Agosto
Via
del
Borgo
S.
Pietro
Mascarella
Indipendenza
40
4
V.
di
Via
Irnerio
Via
V. Barontini
V.
Righi
V.d. Moline
d. Belle Arti
PINACOTECA
NAZIONALE
PORTA
S. DONATO
78
24
Zamboni
Viale
Q.
Filopanti
U
109
106
120
M
18
Via
Zamboni
PALAZZO
DEL
PODESTÀ
S. GIACOMO
MAGGIORE
87
99
93
SAN
PETRONIO
57
30
S.
Vitale
PORTA
S. VITALE
STRADA
MAGGIORE
3
M
T
Via
Massarenti
P 253
Viale
G.
Ercolani
M1
Via
48
28
V.
Farini
S. STEFANO
Via
V. Guerrazzi
PORTA
MAGGIORE
Via
Mazzini
S 9
S. DOMENICO
51
Viale
Castiglione
Rialto
Santo
Via
Via
Orfeo
12
Giugno
Vle
G.
Carducci
Pza G.
Carducci
Via
Dante
Pza Trento
e Trieste
54
Stefano
55
Oriani
70
Panzacchi
PORTA
CASTIGLIONE
Vle
G.
Gozzadini
GIARDINI
MARGHERITA
V.
Castiglione
Pza Pta
S. Stefano
P 65
75
Viale

INDICE DELLE STRADE DI BOLOGNA

Aldini (Viale) . . . . ABZ
Aldrovandi (Pza) . . . . CY 3
Alessandrini (V.) . . . . CX 4
Amaseo (V. R.) . . . . GU 6
Amendola (V.) . . . . BX
Archiginnasio (V. d.) . . . . CY 7
Arcoveggio (V. d.) . . . . GU
Arno (V.) . . . . HV 9
Artigiano (V. d.) . . . . GU 10
Audinot (V. R.) . . . . AY
Bandiera (V. I.) . . . . FV 12
Barberia (V.) . . . . BY
Barbieri (V. F.) . . . . GU 13
Barca (V. d.) . . . . FV 15
Barontini (V.) . . . . DY
Bassa dei Sassi (V.) . . . . HUV
Bassi (V. U.) . . . . BY
Battaglia (V. d.) . . . . HU 16
Battindarno (V.) . . . . FUV
Battisti (V. C.) . . . . BY
Belle Arti (V. d.) . . . . CDY
Belmeloro (V.) . . . . DY 18
Bentivogli (V. G.) . . . . GV 19
Berti Pichat (V. C.) . . . . DXY
Beverara (V. della) . . . . FU 20
Borgo di S. Pietra (V. del) . . . CXY
Cadriano (V.) . . . . GHU 21
Cairoli (V.) . . . . BX 22
Calamosco (V.) . . . . HU
Carducci (Pza G.) . . . . DZ
Carducci (Viale) . . . . DZ
Casaglia (Via di) . . . . FV
Casarini (V. C.) . . . . AX
Caselle (V.) . . . . HV
Castagnoli (V. de) . . . . CY 24
Casteldebole (V.) . . . . EUV
Castiglione (V.) . . . . HU 25
Cavazzoni (V. F.) . . . . HV 27
Cavour (Pza) . . . . CY 28
Clavature (V.) . . . . CY 30
Codivilla (V.) . . . . GV 31
Collegio di Spagna (V.) . . . . . . BY 33
Colli (V. d.) . . . . FV
Colombo (V. C.) . . . . FU 34
Corticella (V. di) . . . . GU
Costa (V. A.) . . . . AY
Coubertin (V. de) . . . . FV 36
Dagnini (V. G.) . . . . GV 39
Dante (V.) . . . . DZ
D'Azeglio (V. M.) . . . . BZ 37
Don Minzoni (V.) . . . . BX
Dozza (V. O.) . . . . HV
Due Madonne (V.) . . . . HV
Emilia Levante (V.) . . . . GHV
Emilia Ponente (V.) . . . . EFU
Ercolani (Viale G.) . . . . DY
Falegnami (V. d.) . . . . CY 40
Farini (V.) . . . . CY
Ferrarese (V.) . . . . GU
Filopanti (V.) . . . . DY
Firenze (V.) . . . . HV 42
Foscherara (V. d.) . . . . GV 43
Frassinago (V.) . . . . ABY
Frullo (V. d.) . . . . HU
Gagarin (V. Y.) . . . . FU 45
Galileo (Pza) . . . . BY 46
Galliera (Pza) CX
Galliera (V.) . . . . BCXY
Galvani (Pza) . . . . CY 48
Gandhi (Viale M. K.) . . . . FU 49
Garibaldi (V.) . . . . CZ 51
Gasperi (Viale A. de) . . . . EU
Gomito (V. del) . . . . GHU
Gozzadini (Viale G.) . . . . CDZ
Grada (V. della) . . . . AY 52
Guerrazzi (V.) . . . . CYZ
Guidotti (V. A.) . . . . AY
Guinizelli (V.) . . . . DZ 54
Indipendenza (V. d.) . . . . CXY
Irnerio (V.) . . . . CDXY
Kennedy (Tangenziale J. F.) . . . . EV, HV
Lame (V. delle) . . . . BXY
Lana (V. J. della) . . . . DZ 55
Larga (V.) . . . . HU
Lavora (V. d.) . . . . DX
Lenin (Viale) . . . . HV
Lepido (V. M. E.) . . . . EU
Libia (V.) . . . . GUV
Maggiore (Pza) . . . . CY 57
Maggiore (Strada) . . . . CDY
Malpighi (Pza) . . . . BY 58
Malvasia (V. I.) . . . . AX
Marconi (V.) . . . . EV 61
Marconi (V. G) . . . . BXY
Marco Polo (V.) . . . . FU 60
Mario (V. A.) . . . . GV 63
Marsili (V. A.) . . . . BYZ 64
Martelli (V. T.) . . . . HV 66
Martiri (Pza dei) . . . . BX
Mascarella (V.) . . . . CXY
Masini (Viale A.) . . . . CDX
Massarenti (V.) . . . . GHV
Mattei (V. E.) . . . . HV
Matteotti (V.) . . . . GU, CX 67
Mazzini (V.) . . . . GV 69
Mezzofanti (V. G.) . . . . . . GV, DZ 70
Milazzo (V.) . . . . BCX
Mille (V. dei) . . . . CX 72
Moline (V. d.) . . . . CY
Montefiorino (V.) . . . . FV 73
Monte Albano (V. di) . . . . FV
Murri (V. A.) . . . . DZ 75
Nettuno (Pza d.) . . . . CY 76
Nosadella (V.) . . . . BY
Oberdan (V.) . . . . CY 78
Olmetola (V.) . . . . EU
Orfeo (V.) . . . . CZ
Oriani (Viale) . . . . DZ
Ortolani (V. D.) . . . . GHV
Ospedaletto (V. d.) . . . . EU 79
Palagi (V. P.) . . . . GV 81
Panigale (V.) . . . . EU 82
Panzacchi (Viale E.) . . . . BCZ
Pepoli (Viale C.) . . . . AY
Persicetana Vecchia (V.) . . . . . EU 85
Persicetana (V.) . . . . EU 84
Petroni (V. G.) . . . . CY 87
Pietramellara (Viale) . . . . BX
Pietra (V. d.) . . . . EU 88
Pirandello (V. L.) . . . . HU 90
Poggi (V. P.) . . . . HU
Porrettana (V.) . . . . FVE 91
Portanova (V.) . . . . BY 94
Porta Ravegnana (Pza di) . . . . CY 93
Porta Saragozza (Pza) . . . . AY
Porta S. Isaia (Pza) . . . . AY
Porta S. Mamolo (Pza) . . . . BZ
Porta S. Stefano (Pza) . . . . DZ
Pratello (V. del) . . . . ABY
Putti (V. V.) . . . . GV 96
Ranzani (V.) . . . . DXY 97
Rialto (V.) . . . . CZ
Righi (V.) . . . . CY
Riva di Reno (V.) . . . . BY
Rizzoli (V.) . . . . CY 99
Roma (Viale) . . . . HV
Romito (V.) . . . . GU
Roncati (V. F.) . . . . AY
Sabbioni (V. d.) . . . . GV 100
Sabotino (V.) . . . . FUV 102
Saffi (V. A.) . . . . FU 103
Saragozza (V.) . . . . ABY
Sauro (V. N.) . . . . BY
Selmi (V.) . . . . DY 109
Sepelunga (V.) . . . . HU
Sigonio (V. C.) . . . . GV 111
Silvani (Viale) . . . . ABX
Stalingrado (V.) . . . . DX
Sturzo (V. Don L.) . . . . FV 112
S. Barbara (V.) . . . . GV 105
S. Donato (V.) . . . . GHU
S. Felice (V.) . . . . ABY
S. Giacomo (V.) . . . . DY 106
S. Isaia (V.) . . . . ABY
S. Luca (V. di) . . . . FV
S. Mamolo (V.) . . . . FV 108
S. Stefano (V.) . . . . CDYZ
S. Vitale (V.) . . . . CDY
Tagliapietre (V.) . . . . BYZ 114
Timavo (V. d.) . . . . FU 115
Togliatti (Viale P.) . . . . EFU
Tolmino (V.) . . . . FV 117
Tosarelli (V. B.) . . . . HU 118
Toscana (V.) . . . . HU
Trento e Trieste (Pza) . . . . DZ
Triumvirato (V. d.) . . . . EFU
Trombetti (V.) . . . . CDY 120
Urbana (V.) . . . . BY 121
Val d'Aposa (V.) . . . . BY 123
Venezian (V. G.) . . . . BY 124
Vicini (Viale G.) . . . . AY
Vighi (Viale R.) . . . . HV
Villanova (V.) . . . . HV
Zamboni (V.) . . . . CDY
Zanardi (V. F.) . . . . EU
4 Novembre (V.) . . . . BY 126
7 Novembre 1944 (Pza) . . . . BX
8 Agosto (Pza d.) CX
12 Giugno (Viale) . . . . CZ
20 Settembre (Pza) CX

UNA Hotel Bologna rist,

viale Pietramellara 41/43 ✉ 40121
– ✆ 05 16 08 01
– www.unahotels.it
– una.bologna@unahotels.it CX**d**

94 cam – 96/442 €
– 5 suites – ½ P 70/261 €
Rist – Carta 47/62 €

◆ Particolare, diverso, colorato, ogni spazio è una realtà a sè disegnato nel moderno stile minimalista che si avvale di tinte inusuali e personalizzate. Spaziose e confortevoli le camere.

I Portici

via dell'Indipendenza 69 ✉ 40121
– ✆ 05 14 21 85
– www.iporticihotel.com – info@iporticihotel.com CX**e**
87 cam – ♦99/290 € ♦♦119/340 €, ☕ 10 €
Rist I Portici – vedere selezione ristoranti
♦ All'insegna del design e del minimalismo, dell'antico palazzo ottocentesco sono rimasti i soffitti affrescati di buona parte delle camere, il resto è di una semplicità quasi francescana. Bar per spuntini e scenografico teatro Eden per convegni, nonché cene musicali.

Novecento senza rist

piazza Galileo 4/3 ✉ 40123
– ✆ 05 17 45 73 11
– www.bolognarthotels.it – novecento@inbo.it BY**e**
25 cam ☕ – ♦118/340 € ♦♦164/370 € – 1 suite
♦ Nel centro medievale della città, un palazzo dei primi del Novecento è stato convertito in un design hotel in cui confort e ricercatezza si uniscono a forme di sobria eleganza.

Commercianti senza rist

via dè Pignattari 11 ✉ 40124 – ✆ 05 17 45 75 11 – www.bolognarthotels.it
– commercianti@inbo.it BY**n**
34 cam ☕ – ♦118/340 € ♦♦164/370 € – 2 suites
♦ All'ombra della basilica di S. Petronio, un edificio del '200 è pronto ad accogliervi in ambienti di grande raffinatezza: camini, travi a vista, letti a baldacchino. Sospesi tra storia e squisita ospitalità.

Orologio senza rist

via IV Novembre 10 ✉ 40123 – ✆ 05 17 45 74 11 – www.bolognarthotels.it
– orologio@inbo.it BY**a**
33 cam ☕ – ♦108/330 € ♦♦154/360 € – 6 suites
♦ Di fronte all'orologio della torre comunale: piccolo hotel di tradizione con camere curate nei dettagli e ben rifinite, alcune con vista sul centro città. Orologi ovunque.

Millennhotel senza rist

via Boldrini 4 ✉ 40121 – ✆ 05 16 08 78 11
– www.millennhotelbologna.it
– info@millennhotelbologna.it CX**c**
60 cam ☕ – ♦45/300 € ♦♦65/360 €
♦ Moderno hotel nei pressi della stazione ferroviaria. Spazi comuni limitati, ma il servizio e il buon livello di confort delle camere offrono un buon rapporto qualità/prezzo.

Roma rist,

via Massimo d'Azeglio 9 ✉ 40123
– ✆ 0 51 22 63 22 – www.hotelroma.biz
– info@hotelroma.biz BY**x**
82 cam ☕ – ♦95/120 € ♦♦160/170 € – 4 suites – ½ P 130/150 €
Rist – *(chiuso agosto e domenica)* Carta 29/53 €
♦ In una centralissima via pedonale, una risorsa che offre camere piacevoli con tappezzerie fiorate, alcune con balconcino. Eleganti sedie rosse nella sala ristorante, dove gustare specialità regionali.

Il Guercino senza rist

via Luigi Serra 7 ✉ 40129
– ✆ 0 51 36 98 93 – www.guercino.it
– reception@guercino.it GU**d**
60 cam – ♦59/400 € ♦♦69/400 €, ☕ 6 € – 1 suite
♦ Atmosfera e decorazioni indiane per questa bella risorsa tra stazione e Fiera; le camere più caratteristiche dispongono anche di un terrazzino.

Il Convento dei Fiori di Seta senza rist
via Orfeo 34/4 ✉ 40124 – ☎ 0 51 27 20 39 – www.ilconventodeifioridiseta.com – info@ilconventodeifioridiseta.com – chiuso dal 23 dicembre al 9 gennaio e agosto CZ**b**
10 cam – 🛉110/170 € 🛉🛉140/330 €
◆ Lo straordinario esito della ristrutturazione di un convento del '400 trasformato in una risorsa che fonde con incredibile armonia design e classicità, nel cuore della città.

Alloro Suite Hotel senza rist
via Ferrarese 161 ✉ 40128 – ☎ 0 51 37 29 60 – www.allorosuitehotel.it – welcome@allorosuitehotel.it GU**a**
51 cam – 🛉65/295 € 🛉🛉69/345 € – 5 suites
◆ Tra la fiera ed il centro storico, un altro concetto di ospitalità, dove il silenzio, l'accoglienza e i servizi rendono la permanenza in città un momento felice. Camere per famiglie, bici, internet e parcheggio a disposizione degli ospiti.

Re Enzo senza rist
via Santa Croce 26 ✉ 40122 – ☎ 0 51 52 33 22 – www.hotelreenzo.it – reenzo.bo@bestwestern.it AY**a**
51 cam – 🛉75/160 € 🛉🛉90/220 €
◆ Turista o businessman? Poco importa: la struttura, funzionale e confortevole, soddisfa le esigenze di entrambe le categorie. Ospitalità e cortesia proverbiali, come quelle riservate a re Enzo (catturato dai bolognesi nel 1249).

Nuovo Hotel Del Porto senza rist
via del Porto 6 ✉ 40122 – ☎ 0 51 24 79 26 – www.nuovohoteldelporto.com – info@nuovohoteldelporto.com BX**a**
56 cam – 🛉45/240 € 🛉🛉50/260 €
◆ Nome curioso per un albergo in posizione centrale, con spazi comuni limitati ma accoglienti e camere confortevoli, ben insonorizzate.

Touring senza rist
via dè Mattuiani 1/2, angolo piazza dei Tribunali ✉ 40124 – ☎ 0 51 58 43 05 – www.hoteltouring.it – hoteltouring@hoteltouring.it BZ**b**
38 cam – 🛉69/140 € 🛉🛉89/280 €
◆ Nelle vicinanze di S. Domenico, una piacevole vista sui tetti della città è lo spettacolo che offre la terrazza solarium. Atmosfera familiare e camere di buon confort (soprattutto quelle rinnovate, agli ultimi piani).

Delle Drapperie senza rist
via delle Drapperie 5 ✉ 40124 – ☎ 0 51 22 39 55 – www.albergodrapperie.com – Info@albergodrapperie.com CY**r**
21 cam – 🛉60/105 € 🛉🛉75/140 €, 5 €
◆ Nel cuore medievale della città, fra le bancarelle e i negozi di gastronomia della tradizione bolognese, camere d'atmosfera tra soffitti decorati e graziosi bagni.

Paradise senza rist
vicolo Cattani 7 ✉ 40126 – ☎ 0 51 23 17 92 – www.hotelparadisebologna.it – info@hotelparadisebologna.it – chiuso dal 23 al 27 dicembre e dall'8 al 24 agosto CY**g**
18 cam – 🛉55/190 € 🛉🛉70/290 €
◆ Gestione al femminile per questo comodo indirizzo che coniuga vicinanza al centro, camere molto semplici e pulite e prezzi interessanti.

Villa Azzurra senza rist e senza
viale Felsina 49 ✉ 40139 – ☎ 0 51 53 54 60 – www.hotelvillaazzurra.com – info@hotelvillaazzurra.com – chiuso dal 10 al 20 agosto HV**a**
15 cam – 🛉50/90 € 🛉🛉70/120 €
◆ Un silenzioso giardino avvolge questa dimora del tardo Ottocento, che dell'epoca conserva l'aspetto e l'atmosfera. Accoglienza ed ospitalità come ci si attende in Emilia.

XXX **I Portici** - Hotel I Portici

via dell'Indipendenza 69 ✉ 40121 – ✆ 05 14 21 85 62 – www.iporticihotel.com – ristorante@iporticihotel.com – chiuso agosto, domenica, lunedì CX**e**

Rist – *(chiuso a mezzogiorno)* Carta 54/72 €

♦ Una sferzata giovane, moderna e alla moda nel panorama della tradizionale ristorazione bolognese. In una sala-vetrina su via dell'Indipendenza, si officia una cucina dagli accenti mediterranei, influenze toscane ed eccellenti prodotti.

XX **Trattoria Battibecco**

via Battibecco 4 ✉ 40123 – ✆ 0 51 22 32 98 – www.battibecco.com – info@battibecco.com – chiuso dal 30 gennaio al 9 febbraio, dal 26 giugno al 5 luglio e domenica BY**v**

Rist – Carta 29/68 €

♦ In un vicolo centrale, un locale di classe e di tono elegante, che spicca nel panorama della ristorazione cittadina per la cucina tradizionale e le proposte di mare.

XX **Bitone**

via Emilia Levante 111 ✉ 40139 – ✆ 0 51 54 61 10 – www.ristorantebitone.it – info@ristorantebitone.it – chiuso agosto, lunedì, martedì HV**m**

Rist – Menu 50/75 € – Carta 59/88 €

♦ Locale ben noto agli intenditori, nonostante la posizione periferica. La sala è simile ad un giardino d'inverno; la cucina tipica bolognese: schietta e sostanziosa con molti piatti di pesce.

XX **Pappagallo**

piazza della Mercanzia 3 c ✉ 40125 – ✆ 0 51 23 12 00 – www.alpappagallo.it – ristorante@alpappagallo.it – chiuso agosto e domenica, anche sabato in luglio

Rist – (consigliata la prenotazione) Carta 49/67 € CY**n**

♦ Sotto le due Torri, due sale con altissimi soffitti a volta e fotografie di celebrità alle pareti; cucina bolognese e piatti di pesce in un ristorante di grande tradizione.

XX **Da Sandro al Navile**

via del Sostegno 15 ✉ 40131 – ✆ 05 16 34 31 00 – www.dasandroalnavile.it – info@dasandroalnavile.it – chiuso domenica sera FU**r**

Rist – Carta 44/53 €

♦ Sebbene in zona decentrata, le salette di questo rinomato ristorante sono sempre affollate di affezionati clienti. E' nel piatto che va ricercata la ragione di tanto successo: cucina emiliana tradizionale (ottime le tagliatelle al ragù). Eccezionale collezione di whisky.

XX **La Terrazza**

via del Parco 20 ✉ 40138 – ✆ 0 51 53 13 30 – www.ristorantelaterrazza.it – tiziano@laterrazzasnc.191.it – chiuso dal 14 al 28 agosto e domenica

Rist – (consigliata la prenotazione) Carta 31/43 € GV**x**

♦ In una via tranquilla, un ristorante di dimensioni contenute con un piacevole dehors per il servizio estivo. Le proposte in menu spaziano dalla carne al pesce.

XX **Cesarina**

via Santo Stefano 19 ✉ 40125 – ✆ 0 51 23 20 37 – www.ristorantecesarina.it – info@ristorantecesarina.it – chiuso dal 27 dicembre al 10 gennaio, lunedì e martedì a mezzogiorno CY**m**

Rist – Carta 40/53 €

♦ Accanto alla splendida chiesa, ristorante con quasi un secolo di storia alle spalle. In tavola viene proposta la tradizionale cucina emiliana con numerosi piatti di mare.

XX **Scacco Matto**

via Broccaindosso 63/b ✉ 40125 – ✆ 0 51 26 34 04 – www.ristorantescaccomatto.com – chiuso dal 24 dicembre al 3 gennaio, agosto e lunedì a mezzogiorno DY**a**

Rist – Carta 37/49 €

♦ In una vivace zona di osterie e di universitari, un semplice, ma schietto angolo di Basilicata, dove una famiglia propone i sapori tipici della propria terra.

Marco Fadiga Bistrot
via Rialto 23/c ✉ 40124 – ☎ 0 51 22 01 18 – www.marcofadigabistrot.com – marcofadigabistrot@hotmail.com – chiuso 1 settimana a Natale, 1 settimana in agosto, domenica e lunedì CZa
Rist – *(chiuso a mezzogiorno)* Carta 37/48 €
◆ Un'occasione unica per apprezzare l'atmosfera del bistrot francese vissuto in chiave moderna. Cucina del territorio, accanto a piatti più creativi, presentata su una lavagna.

Posta
via della Grada 21/a ✉ 40122 – ☎ 05 16 49 21 06 – www.ristoranteposta.it – posta@ristoranteposta.it – chiuso 15 giorni in agosto, lunedì, sabato a mezzogiorno
Rist – Carta 33/50 € AYc
◆ Travi a vista e mattoni sono i piacevoli contorni rustici di questo locale, appena fuori dal centro, dove sono toscane sia le proprietarie che le specialità gastronomiche.

Antica Trattoria della Gigina
via Stendhal 1 ✉ 40128 – ☎ 0 51 32 23 00 – www.trattoriagigina.it – info@trattoriagigina.it GUb
Rist – Carta 32/44 €
◆ Trattoria rinnovata nel segno della tradizione e del rispetto per il proprio passato. Come un tempo la cucina, gustosa e abbondante, trasmette la tipicità del locale.

Grassilli
via del Luzzo 3 ✉ 40125 – ☎ 0 51 22 29 61 – chiuso dal 25 dicembre al 3 gennaio, dal 23 al 30 giugno, dal 25 luglio all'8 agosto, mercoledì, domenica sera
Rist – *(chiuso a mezzogiorno in luglio e agosto)* (consigliata la prenotazione) Carta 36/40 € CYb
◆ Vicino alle celebri "Torri", ristorantino classico che segue una linea di cucina emiliana alla quale affianca proposte della tradizione francese, omaggio alle origini dello chef.

Il Cantuccio
via Volturno 4 ✉ 40121 – ☎ 0 51 23 34 24 – chiuso agosto e lunedì
Rist – *(chiuso a mezzogiorno escluso domenica)* Carta 45/70 € CYs
◆ "A bordo" di questo piccolo locale a gestione familiare - una calda e luminosa saletta con tanti quadri alle pareti - si servono piatti della tradizione mediterranea di pesce.

Biagi
via Savenella 9/a ✉ 40124 – ☎ 05 14 07 00 49 – www.ristorantebiagi.it – chiuso martedì CZc
Rist – *(chiuso a mezzogiorno escluso i giorni festivi)* Carta 24/49 €
◆ Continua la tradizione della storica famiglia di ristoratori il cui nome fa ormai rima con cucina bolognese. In lista troverete i grandi classici, nessuno escluso.

Teresina
via Oberdan 4 ✉ 40126 – ☎ 0 51 22 89 85 – www.ristoranteteresinabologna.it – chiuso dal 14 al 28 agosto e domenica CYz
Rist – (consigliata la prenotazione) Carta 35/45 €
◆ Dalla nonna ai nipoti, c'è tutta la famiglia impegnata in questa moderna e semplice trattoria. Genuina e gustosa cucina emiliana con proposte ittiche; bel dehors estivo.

Trattoria da Leonida
vicolo Alemagna 2 ✉ 40125 – ☎ 0 51 23 97 42 – studionaldisl@gmail.com – chiuso dal 1° al 25 agosto e domenica CYh
Rist – Carta 26/41 €
◆ Familiari la gestione e l'accoglienza in un ristorantino del centro con proposte legate alla tradizione emiliana; piacevole il servizio estivo nella veranda aperta.

Monte Donato
via Siepelunga 118, località Monte Donato, Sud : 4 km ✉ 40141 – ☎ 0 51 47 29 01 – www.trattoriamontedonato.it – chiuso domenica in luglio-agosto, lunedì negli altri mesi GVa
Rist – Carta 28/41 €
◆ E' soprattutto con la bella stagione che si possono apprezzare i colori e i profumi di questa trattoria tra i colli; in inverno, la terrazza si chiude, ma il bel panorama rimane sempre a portata di occhi. La cucina - abbondante e tipica -conquista ogni palato.

X **Panoramica**

via San Mamolo 31 ✉ 40136 – ☎ 0 51 58 03 37 – www.trattoriapanoramica.com – info@trattorialapanoramica.com – chiuso domenica BZa

Rist – Carta 33/54 €

◆ Servizio informale e cucina di stampo classico, con molto pesce, per un signorile ristorante fuori del centro storico; d'estate si può scegliere di mangiare all'aperto.

a Borgo Panigale Nord-Ovest : 7,5 km EU – ✉ 40132

Sheraton Bologna cam,

via dell'Aeroporto 34/36 – ☎ 0 51 40 00 56 – www.sheratonbologna.it – info@sheratonbologna.it EUw

240 cam – 290 € 320 € – 3 suites

Rist – Menu 35 €

◆ Vicino all'aeroporto e comodamente raggiungibile dalla tangenziale, una struttura funzionale, che dispone di moderne attrezzature e spazi perfetti per meeting. Impostazione classica nella capiente sala del ristorante.

a Villanova Est : 7,5 km HV – ✉ 40055

NH Bologna Villanova senza rist

via Villanova 29/8 – ☎ 0 51 60 43 11 – www.nh-hotels.it – nhbolognavillanova@nh-hotels.com HVf

209 cam – 55/320 € 55/350 €

◆ Edificio costruito ex novo con numerose dotazioni e servizi. Arredi moderni ispirati al minimalismo con ampio utilizzo di marmo, legno e metallo. Suite di alto livello.

BOLSENA – Viterbo (VT) – **563** O17 – **4 229 ab.** – **alt. 350 m** – ✉ **01023** **12** A1

Italia

Roma 138 – Viterbo 31 – Grosseto 121 – Siena 109

Chiesa di Santa Cristina★

Royal senza rist

piazzale Dante Alighieri 8/10 – ☎ 07 61 79 70 48 – www.bolsenahotel.it – royal@bolsenahotel.it

37 cam – 54/74 € 85/109 €, 10 €

◆ Struttura elegante, curata tanto nei signorili spazi esterni, quanto negli eleganti ambienti interni. Un soggiorno in riva al lago, coccolati dalla bellezza del paesaggio.

Holiday rist,

viale Diaz 38 – ☎ 07 61 79 69 00 – www.bolsena.com – holiday@bolsena.com – 28 dicembre-6 gennaio e aprile-2 novembre

23 cam – 80/100 € 80/120 € – ½ P 55/70 €

Rist – *(chiuso a mezzogiorno)* Carta 26/35 €

◆ In riva al lago, in zona leggermente decentrata, una grande villa anni '50 con ampio, curato giardino e piscina. Camere in stile classico, arredate con mobili di pregio. Bella e luminosa sala da pranzo.

Columbus rist,

viale Colesanti 27 – ☎ 07 61 79 90 09 – www.bolsenahotel.it – columbus@bolsenahotel.it – aprile-ottobre

36 cam – 44/64 € 63/89 €, 8 € – ½ P 47/60 €

Rist *La Conchiglia* – Carta 30/38 €

◆ Alla fine del viale e già sulla piazza prospiciente il lago, una piacevole struttura con spazi comuni di buon livello e confortevoli camere, recentemente rinnovate. E' il pesce il primo attore del menu de La Conchiglia: di mare o di lago si presta ad ottime ricette mediterranee.

BOLZANO (BOZEN) P (BZ) – 562 C16 – 101 919 ab. – alt. 262 m 31 D3

– ✉ 39100 Italia

Roma 641 – Innsbruck 118 – Milano 283 – Padova 182

ABD Dolomiti ☎0471 255255

piazza Walther 8 ☎ 0471 307000, info@bolzano-bozen.it, Fax 0471 9800128

Via dei Portici★ B – Duomo★ B – Museo Archeologico★AM - Altare della Natività★ nella chiesa dei Francescani B – Altare a portelle★ nella chiesa parrocchiale di Gries, per corso Libertà A

Gole della Val d'Ega★ Sud-Est per ① – Dolomiti★★★ Est per ①

Parkhotel Laurin

cam, rist,

via Laurin 4 – ☎ 04 71 31 10 00 – www.laurin.it

– info@laurin.it Be

100 cam – ♦98/239 € ♦♦142/250 € – ½ P 99/153 €

Rist – *(chiuso domenica a mezzogiorno)* Carta 56/71 €

◆ Risorsa di notevole pregio, ospitata in un magnifico edificio in stile liberty, in cui lusso e raffinatezza sono stati abilmente coniugati alla modernità del confort. Ristorante di grande eleganza che accompagna una cucina moderna e creativa; servizio estivo nel parco.

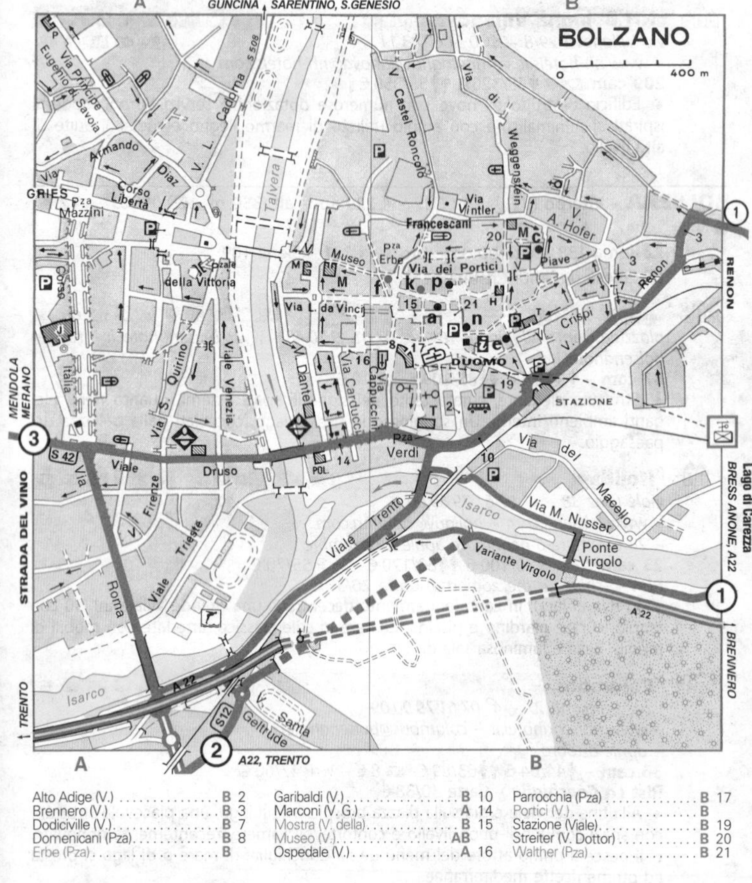

Alto Adige (V.)	B 2	Garibaldi (V.)	B 10	Parrocchia (Pza)	B 17
Brennero (V.)	B 3	Marconi (V. G.)	A 14	Portici (V.)	B
Dodiciville (V.)	B 7	Mostra (V. della)	B 15	Stazione (Viale)	B 19
Domenicani (Pza)	B 8	Museo (V.)	AB	Streiter (V. Dottor)	B 20
Erbe (Pza)	B	Ospedale (V.)	A 16	Walther (Pza)	B 21

Greif senza rist
piazza Walther – ☎ 04 71 31 80 00 – www.greif.it – info@greif.it B**n**
33 cam – 118/211 € 192/270 €
◆ Dietro la bellezza del palazzo, restituita alla città da un recente restauro, stanze rimodernate con l'aiuto di artisti internazionali offrono personalizzazioni uniche.

Luna-Mondschein cam,
via Piave 15 – ☎ 04 71 97 56 42 – www.hotel-luna.it – info@hotel-luna.it
73 cam – 91/135 € 148/172 € – 4 suites – ½ P 111/123 € B**c**
Rist – *(chiuso dal 24 al 28 dicembre)* Carta 46/63 €
◆ Circondato da un bel parco giardino, questo hotel di tradizione offre il vantaggio di essere in zona centralissima e di disporre di un ampio garage. Imperdibile servizio ristorante effettuato tra il verde lussureggiante.

Magdalenerhof cam,
via Rencio 48 , per via Renon – ☎ 04 71 97 82 67 – www.magdalenerhof.it – info@magdalenerhof.it B
38 cam – 85/105 € 115/135 € – 1 suite
Rist – *(chiuso lunedì)* Carta 36/50 €
◆ Edificio in tipico stile tirolese in posizione tranquilla, dalla gestione diretta ed attenta ai dettagli, presenta stanze di buon livello. Sono tre le sale da pranzo ricavate all'interno dell'hotel.

Stadt Hotel Città cam, rist,
piazza Walther 21 – ☎ 04 71 97 52 21 – www.hotelcitta.info – info@hotelcitta.info B**a**
99 cam – 98/150 € 140/230 €
Rist – Carta 35/43 €
◆ Hotel di lunga tradizione, affacciato sulla suggestiva piazza Walther. Tra i numerosi servizi a disposizione, anche la spaziosa zona relax. Nuovo il Caffè, ideale anche per mangiare.

Figl senza rist
piazza del Grano 9 – ☎ 04 71 97 84 12 – www.figl.net – info@figl.net – chiuso dal 20 febbraio al 10 marzo e dal 1° al 20 luglio B**p**
23 cam – 85/95 € 120/130 €, 12 €
◆ Ospitalità di tono familiare e per certi versi piacevolmente informale in un piccolo ma grazioso hotel del centro, con soluzioni all'avanguardia. Spazi comuni ridotti.

Rentschner Hof rist,
via Rencio 70, per via Renon – ☎ 04 71 97 53 46 – www.rentschnerhof.com – info@rentschnerhof.com B
21 cam – 58/78 € 98/123 € – ½ P 58/78 €
Rist – *(chiuso domenica) (chiuso a mezzogiorno)* Carta 22/41 €
◆ E' ubicato alle porte del centro abitato e infatti questo hotel si avvicina più ad un albergo di campagna che non ad una risorsa cittadina. Bella vista sui vigneti. Nella sala ristorante prevalgono tinte chiare e piacevoli.

Forsterbrau
Via Goethe 6 – ☎ 04 71 97 72 43 – forsterbraucentral@tiscali.it – chiuso domenica escluso dicembre B**f**
Rist – Carta 28/39 €
◆ Una sorta di Giano bifronte con un servizio più informale (stile bistrot) a pranzo nonchè più ricercato la sera. Sempre e comunque: una solida e ben fatta cucina della tradizione locale, con piatti elaborati partendo da ottime materie prime.

Argentieri
via Argentieri 14 – ☎ 04 71 98 17 18 – daniele_adorno@fastwebnet.it – chiuso dal 10 al 28 agosto e domenica B**k**
Rist – Carta 27/44 €
◆ A dispetto della posizione geografica, ottimi piatti soprattutto di pesce e qualche proposta classica nazionale, in un piccolo locale curato e signorile. Un indirizzo sicuro in pieno centro!

sulla strada statale 12-zona Fiera A

Four Points Sheraton
via Buozzi 35, Sud : 2 km – ✆ 0 47 11 95 00 00 – www.fourpointsbolzano.it – info@fourpointsbolzano.it
189 cam – 120/180 € 160/220 € – 21 suites – ½ P 100/135 €
Rist – *(chiuso domenica a mezzogiorno)* Carta 44/55 €
◆ Attualmente il più grande hotel di Bolzano e forse il più moderno. Accanto alla fiera, dispone di un notevole centro congressi e di confort ideali per la clientela business. Ristorante di design, così come l'hotel, ottimo servizio.

Lewald
via Maso della Pieve 17, Sud : 4 km – ✆ 04 71 25 03 30 – www.lewald.it – info@lewald.it
24 cam – 58/87 € 102/139 € – 4 suites – ½ P 69/84 €
Rist – *(chiuso agosto, sabato, domenica) (chiuso a mezzogiorno)* Carta 40/60 €
◆ Risorsa dalla caratteristica tinta bianca e rosa, curata in tutte le sue parti. Buona disponibilità di spazi comuni, camere personalizzate di varie tipologie. Due salette ristorante e uno spazio esterno per il servizio estivo all'aperto.

a Colle (Kohlern)**Sud : 5 km – ✉ 39100 Bolzano**

Colle-Kohlern con cam
– ✆ 04 71 32 99 78 – www.albergocolle.com – info@albergocolle.com – Pasqua-6 gennaio
16 cam – 80/100 € 100/180 € – ½ P 75/110 €
Rist – *(chiuso lunedì)* Carta 31/52 €
◆ Costruita nel 1908, la funivia che porta alla *Gasthof* è stata la prima al mondo ad essere realizzata. All'insegna della tradizione anche il ristorante: una bella veranda affacciata sulla valle, dove gustare piatti regionali. Nata come locanda ai primi del '900, la risorsa dispone di camere arredate con mobili in stile.

a Signato Nord-Est : 5 km – ✉ 39054

Patscheider Hof
via Signato 178 – ✆ 04 71 36 52 67 – www.patscheiderhof.com – patscheiderhof@rolmail.net – chiuso dal 7 al 24 gennaio, luglio e martedì
Rist – Carta 29/45 €
◆ In un autentico maso, cucina regionale di incontrastata qualità realizzata partendo da un'ottima materia prima. In autunno, non perdetevi il Törggelen: crauti, salsicce, costine, carré di maiale, castagne arrostite... il tutto annaffiato da vino nuovo!

BOLZANO VICENTINO – Vicenza (VI) – 562 F16 – 6 407 ab. – alt. 45 m – ✉ 36050 — 37 B1

Roma 539 – Padova 41 – Treviso 54 – Vicenza 9

Locanda Grego con cam
via Roma 24 – ✆ 04 44 35 05 88 – www.locandagrego.it – locanda.grego@virgilio.it – chiuso dal 26 dicembre all'8 gennaio e 3 settimane in agosto
20 cam – 47/52 € 72/83 € – ½ P 60/70 €
Rist – *(chiuso sabato e domenica in luglio e le sere di domenica e mercoledì negli altri mesi)* Carta 24/42 €
◆ Tra i tavoli di una locanda che esiste dagli inizi dell'Ottocento, una calorosa accoglienza e proposte di cucina regionale con piatti preparati secondo stagione e tradizione. La risorsa dispone anche di accoglienti camere in stile.

BOLZONE – Cremona – Vedere Ripalta Cremasca

BONAGIA – Trapani (TP) – 365 AK55 – Vedere Valderice

BONASSOLA – La Spezia (SP) – 561 J10 – 977 ab. – ✉ 19011 — 15 D2

Roma 456 – La Spezia 38 – Genova 83 – Milano 218

via Fratelli Rezzano ✆ 0187 813500, info@prolocobonassola.it, Fax 0187 813529

Delle Rose cam, rist,

via Garibaldi 8 – ✆ 01 87 81 37 13 – www.hoteldellerosebonassola.it – info@hoteldellerosebonassola.it – aprile-ottobre

25 cam – ♦70/90 € ♦♦90/130 €, ☐ 6 € – ½ P 73/82 €

Rist – *(chiuso a mezzogiorno escluso luglio-agosto)* Carta 25/30 €

♦ Una solida gestione familiare in grado di garantire nell'insieme un buon livello di ospitalità, sulla piazza di questo bel borgo di mare, a pochi passi dalla spiaggia. Cucina semplice e di fattura casalinga.

Villa Belvedere rist, P

via Ammiraglio Serra 15 – ✆ 01 87 81 36 22 – www.hotelvillabelvedere.eu – info@hotelvillabelvedere.eu – aprile-ottobre

22 cam ☐ – ♦75/95 € ♦♦115/135 € – ½ P 80/90 €

Rist – *(chiuso a mezzogiorno) (solo per alloggiati)*

♦ Piccolo albergo contornato da terrazze verdeggianti con vista mare. Gestione attenta, camere e ambienti comuni arredati con cura e tocchi etnici qua e là.

BONDENO – Ferrara (FE) – 562 H16 – 15 471 ab. – alt. 11 m – ✉ 44012 9 C1

Roma 443 – Bologna 69 – Ferrara 20 – Mantova 72

Tassi con cam P

viale Repubblica 23 – ✆ 05 32 89 30 30 – hotel.tassi@libero.it – chiuso 3 settimane in luglio

10 cam ☐ – ♦55 € ♦♦65 € – ½ P 50 €

Rist – *(chiuso domenica sera, lunedì)* Carta 28/35 €

♦ Attivo dal 1918, in questo locale storico si cucina oggi la "salama da sugo" esattamente come 50 anni fa. Un ambiente classico con ampie vetrate, familiare ma non privo di fascino. Semplici e confortevoli le camere, tutte leggermente differenti tra loro nei colori.

BONDONE (Monte) – Trento (TN) – 562 D15 – 670 ab. – alt. 2 098 m 30 B3 – Sport invernali : 1 175/2 090 m 5,

Roma 611 – Trento 24 – Bolzano 78 – Milano 263

strada di Vaneze 13 ✆ 0461 947128, vaneze@apt.trento.it Fax 0461 947188

a Vason Nord : 2 km – alt. 1 561 m – ✉ 38123 Vaneze

Chalet Caminetto P

strada di Vason 139 – ✆ 04 61 94 82 00 – www.chaletcaminetto.it – info@chaletcaminetto.it – dicembre-15 aprile e giugno -15 settembre

30 cam ☐ – ♦60/80 € ♦♦75/130 € – ½ P 60/85 €

Rist – *(chiuso a mezzogiorno) (solo per alloggiati)* Menu 16/25 €

♦ Appena oltre il passo, albergo da poco ristrutturato ed ampliato. Piccolo centro benessere ben attrezzato, camere con balcone: tutto sotto la supervisione diretta dei titolari.

BONFERRARO – Verona (VR) – 562 G15 – alt. 20 m – ✉ 37060 35 A3

Roma 481 – Verona 35 – Ferrara 35 – Mantova 17

Sarti P

via Don Giovanni Benedini 1 – ✆ 04 57 32 02 33 – www.ristorantesarti.it – info@ristorantesarti.it – chiuso dal 25 luglio al 18 agosto e martedì

Rist – Carta 22/43 €

♦ Ristorante classico, a conduzione familiare ed elegante negli arredi, propone una cucina di impostazione tradizionale e dispone di un'ampia carta di vini e distillati. Zona disimpegno con bar ad uso interno.

BORCA DI CADORE – Belluno (BL) – 817 ab. – ✉ 32040 36 C1

Roma 666 – Venezia 144 – Belluno 56 – Trento 203

Antelao rist, P

via Roma 11 – ✆ 04 35 48 25 63 – www.hotelantelao.it – info@hotelantelao.it

33 cam ☐ – ♦50/180 € ♦♦90/320 € – ½ P 60/175 € **Rist** – Carta 18/51 €

♦ Sulla strada per la mondana Cortina, camere moderne con grande profusione di legno in un hotel totalmente rinnovato, che dispone di un centro benessere dal nome fortemente evocativo: *Le Coccole*. Piatti cadorini, ampezzani e regionali al ristorante.

BORDIGHERA - Imperia (IM) - 561 K4 - 10 743 ab. - ✉ 18012 14 A3

Liguria

Roma 654 - Imperia 45 - Genova 155 - Milano 278

via Vittorio Emanuele II 172 ☎ 0184 262322, infobordighera@visitrivieradeifiori.it, Fax 0184 264455

Località ★★

Grand Hotel del Mare

via Portico della Punta 34, Est : 2 km – ☎ 01 84 26 22 01 – www.grandhoteldelmare.it – info@grandhoteldelmare.it – chiuso dal 1° ottobre al 22 dicembre

53 cam – 160/240 € 190/340 € – 20 suites – ½ P 220 €

Rist – Menu 50 €

♦ In posizione isolata su una punta costiera, moderna struttura con generosi spazi comuni. Di due tipologie le camere: alcune con arredi d'epoca, altre di tono più classico, tutte affacciate sul mare. Ampie vetrate illuminano l'ariosa sala da pranzo arredata con eleganza d'impronta classica.

Parigi

lungomare Argentina 16/18 – ☎ 01 84 26 14 05 – www.hotelparigi.com – direzione@hotelparigi.com – chiuso da ottobre al 20 dicembre

55 cam – 131/161 € 160/220 €, 11 € – 1 suite – ½ P 125/135 €

Rist – Carta 44/56 €

♦ Classiche o più moderne, con o senza vista mare le camere sono spaziose e di sobria eleganza. In pieno centro, l'ingresso è lungo la bella passeggiata pedonale a ridosso della spiaggia. Buffet di antipasti e di verdure e soprattutto il piacere di una bella vista panoramica sul mare per cene indimenticabili.

Piccolo Lido

lungomare Argentina 2 – ☎ 01 84 26 12 97 – www.hotelpiccololido.it – info@hotelpiccololido.it – chiuso dal 1° ottobre al 22 dicembre

33 cam – 70/140 € 80/180 € – ½ P 65/122 €

Rist – *(solo per alloggiati)* Menu 24/46 €

♦ Recentemente dotata di una piacevole terrazza-solarium con vista sul mare, offre interni nei quali dominano i colori pastello e camere fresche dall'arredo fantasioso. All'inizio della passeggiata lungomare.

Villa Elisa

via Romana 70 – ☎ 01 84 26 13 13 – www.villaelisa.com – info@villaelisa.com – chiuso dal 15 novembre al 22 dicembre

35 cam – 80/115 € 110/185 € – ½ P 115 €

Rist – Menu 40/55 €

♦ Lungo la strada cha ha visto i fasti della belle époque, una villa circondata da un incantevole giardino in cui aleggiano fragranze di aranci, limoni e ulivi. Interni d'atmosfera. Luminosa e spaziosa la sala da pranzo.

Le Chaudron

via Vittorio Emanuele 9 – ☎ 01 84 26 35 92 – reglisse1@alice.it – chiuso dal 6 gennaio al 6 febbraio, domenica sera, lunedì

Rist – Carta 39/51 €

♦ E' in un vecchio deposito merci vicino al lungomare che questo ristorante di famiglia ha trovato posto; dell'epoca rimane il suggestivo soffitto in mattoni e a volte sotto cui si mangia, il resto dell'arredo è nelle mani della fantasia.

Magiargè Vini e Cucina

piazza Giacomo Viale, centro storico – ☎ 01 84 26 29 46 – www.magiarge.it – viniecucina@magiarge.it – chiuso lunedì, martedì

Rist – (consigliata la prenotazione) Menu 30 € – Carta 33/45 €

♦ Caratteristico e vivace, nell'affascinante centro storico della località, le salette sembrano scavate nella roccia, coperte da un soffitto a volta. Nessuna sorpresa dalla cucina: ligure e stuzzicante.

BORGARELLO - Pavia (PV) - 2 610 ab. - alt. 88 m - ✉ 27010 **16** A3

Roma 604 - Alessandria 86 - Pavia 8 - Milano 30

XX Locanda degli Eventi

via Principale 4 - ✆ 03 82 93 33 03 - www.lalocandadeglieventi.blogspot.com - gkbruzzo@hotmail.com - chiuso domenica sera, lunedì

Rist - (consigliata la prenotazione) Carta 26/38 €

♦ Sulla piazza centrale del piccolo paese di campagna, in una sala d'atmosfera rustico-elegante, si parte dalla sicurezza della cucina, che dalla tradizione approda a creazioni più attuali: di terra e di mare.

BORGARO TORINESE - Torino (TO) - 561 G4 - 13 552 ab. - alt. 254 m - ✉ 10071 **22** A1

Roma 689 - Torino 10 - Milano 142

Atlantic

via Lanzo 163 - ✆ 01 14 50 00 55 - www.hotelatlantic.com - atlantic@hotelatlantic.com

108 cam - †60/158 € ††80/250 €

Rist *Il Rubino* - *(chiuso dal 1° al 22 agosto e domenica)* Carta 34/48 €

♦ Non distante dall'aeroporto, belle camere, piscina ed ampi ambienti destinati all'attività congressuale: la struttura è ideale per una clientela business. Al ristorante, i sapori di stagione in ricette classiche.

Pacific Hotel Airport

cam, rist,

viale Martiri della Libertà 76 - ✆ 01 14 70 46 66 - www.pacifichotels.it - hotelairport@pacifichotels.it

58 cam - †90/155 € ††100/190 €

Rist - *(chiuso sabato, domenica e i giorni festivi) (chiuso a mezzogiorno)* Carta 37/47 €

♦ Situato nelle vicinanze dell'aeroporto di Torino, a soli 4 km dalla Reggia di Venaria e dai principali campi da golf della zona, la struttura dispone di camere spaziose e zone comuni funzionali. Ampie aree per il parcheggio e garage interno. Ricca prima colazione a buffet nella sala ristorante.

BORGHETTO - Verona - Vedere Valeggio sul Mincio

BORGHETTO D'ARROSCIA - Imperia (IM) - 561 J5 - 477 ab. - alt. 155 m - ✉ 18020 **14** A2

Roma 604 - Imperia 28 - Genova 105 - Milano 228

a Gazzo Nord-Ovest : 6 km - alt. 610 m - ✉ 18020 Borghetto D'Arroscia

XX La Baita

località Gazzo - ✆ 0 18 33 10 83 - www.labaitagazzo.com - info@labaitagazzo.com - chiuso da lunedì a mercoledì da luglio a settembre, da lunedì a giovedì negli altri mesi

Rist - (consigliata la prenotazione) Carta 26/39 €

♦ Un strada tortuosa e stretta conduce a questo locale rustico in un borgo dell'affascinante entroterra ligure, in quella parte d'Italia dove è diffusa la raccolta di funghi, ovuli e tartufi: prodotti della terra presenti sulla tavola de *La Baita*, squisitamente accompagnati ad altri ingredienti locali.

BORGHETTO DI BORBERA - Alessandria (AL) - 561 H8 - 2 031 ab. - alt. 295 m - ✉ 15060 **23** D3

Roma 562 - Torino 141 - Alessandria 61 - Genova 56

X Il Fiorile con cam

frazione Castel Ratti, Sud-Est: 2 km - ✆ 01 43 69 73 03 - www.ilfiorile.com - info@ilfiorile.com - chiuso dal 10 al 25 gennaio, dal 22 agosto al 1° settembre

6 cam - †65/70 € ††75/80 € - ½ P 58/60 €

Rist - *(chiuso lunedì) (chiuso a mezzogiorno escluso sabato e domenica)* (consigliata la prenotazione) Carta 22/47 €

♦ Quasi come in una cartolina, il calore di un vecchio fienile immerso nei colori e nel silenzio dei boschi nel quale vive l'entusiasmo di riscoprire i profumi e le ricette del passato. Al piano superiore, graziose camere arredate nel rilassante stile campestre, fra gusto retrò e confort contemporaneo.

BORGIO VEREZZI – Savona (SV) – **561** J6 – **2 233 ab.** – ✉ **17022** **14** B2

Roma 574 – Genova 75 – Imperia 47 – Milano 198

via Matteotti 158 ✆ 019 610412, borgioverezzi@inforiviera.it, Fax 019 610412

XXX **Doc**

via Vittorio Veneto 1 – ✆ 0 19 61 14 77 – www.ristorantedoc.it – info@ristorantedoc.it – chiuso lunedì da giugno a settembre, anche martedì negli altri mesi

Rist – *(chiuso a mezzogiorno)* Carta 55/75 €

◆ All'interno di una signorile villetta d'inizio secolo adornata da un grazioso giardino, un ristorante dall'ambiente raccolto e curato, in cui godere di una certa eleganza.

XX **Da Casetta**

piazza San Pietro 12 – ✆ 0 19 61 01 66 – www.dacasetta.playrestaurant.tv – dacasetta@virgilio.it – chiuso martedì

Rist – *(chiuso a mezzogiorno)* (consigliata la prenotazione) Carta 30/51 €

◆ Una piacevole passeggiata nel centro storico introduce al locale. Accogliente e caratteristico, propone una cucina legata alle tradizioni gastromiche locali, dalla carne al pesce.

BORGO A MOZZANO – Lucca (LU) – **563** K13 – **7 366 ab.** – **alt. 97 m** **28** B1 – ✉ **55023** Toscana

Roma 368 – Pisa 42 – Firenze 96 – Lucca 22

Milano cam,

via del Brennero, 9, località Socciglia, Sud-Est : 1,5 km – ✆ 05 83 88 91 91 – www.hotelmilano-lucca.it – hotelmilano@interfree.it – chiuso dal 21 dicembre all'11 gennaio

34 cam – †45/65 € ††75/105 € – ½ P 50/70 €

Rist – *(chiuso sabato e domenica sera)* Carta 17/30 €

◆ Struttura imponente situata sulla strada che conduce all'Abetone; camere curate negli arredi, ampi spazi comuni anche se un po' démodé e sala giochi. Ideale per la clientela d'affari. Ampia sala ristorante, in menù la tradizione italiana e le specialità del territorio.

BORGO FAITI – Latina – **563** R20 – Vedere Latina

BORGOMANERO – Novara (NO) – **561** E7 – **21 305 ab.** – **alt. 307 m** **24** A3 – ✉ 28021

Roma 647 – Stresa 27 – Domodossola 59 – Milano 70

Castelconturbia via Castelconturbia 10, ✆ 0322 83 20 93

Bogogno via Sant'Isidoro 1, ✆ 0322 86 37 94

XX **Pinocchio**

via Matteotti 147 – ✆ 0 32 28 22 73 – www.ristorantepinocchio.it – bertinotti@ristorantepinocchio.it – chiuso dal 24 al 30 dicembre, dal 13 al 23 agosto, lunedì e martedì a mezzogiorno

Rist – (consigliata la prenotazione) Menu 50/75 € – Carta 45/85 €

◆ Ambienti eleganti con richiami ad un passato rustico: la cucina riflette le tradizioni del territorio piemontese con piatti di carne proposti in interpretazioni più raffinate.

BORGO MOLARA – Palermo – Vedere Palermo

BORGONATO – Brescia (BS) – Vedere Corte Franca

BORGONOVO VAL TIDONE – Piacenza (PC) – **561** G10 – **7 483 ab.** **8** A1 – **alt. 114 m** – ✉ **29011**

Roma 528 – Piacenza 23 – Genova 137 – Milano 67

piazza Garibaldi 18 ✆ 0523 861210, iatborgonovo@libero.it, Fax 0523 861210

XXX **La Palta**

località Bilegno, Sud Est : 3 km – ✆ 05 23 86 21 03 – www.lapalta.it – lapalta@libero.it – chiuso 10 giorni in gennaio, 20 giorni in luglio e lunedì
Rist – Carta 32/70 €
◆ Eleganza e design contemporaneo per ricette piacentine rielaborate con gusto. Recentemente ristrutturato, la terrazza ha lasciato il posto ad una bella veranda con vetrate continue.

X **Vecchia Trattoria Agazzino**

località Agazzino 335, Nord-Est : 7 km – ✆ 05 23 88 71 02 – www.vecchiatrattoria.pc.it – gianskyb@gmail.com – chiuso dal 26 dicembre al 6 gennaio, dal 1° al 27 agosto e martedì
Rist – *(chiuso la sera dal lunedì al giovedì)* Carta 21/36 €
◆ Due salette, di cui una con soffitto in mattoni, dove trovare una cucina genuina e tradizionale: la grande cascina in cui si trova il ristorante rappresenta in realtà l'intero paese!

BORGO PANIGALE – Bologna – 563 I15 – Vedere Bologna

BORGO PRIOLO – Pavia (PV) – 561 H9 – 1 414 ab. – alt. 144 m – ✉ 27040 16 B3

Roma 558 – Alessandria 60 – Genova 106 – Milano 70

Agriturismo Torrazzetta

frazione Torrazzetta 1, Nord-Ovest : 2 km – ✆ 03 83 87 10 41 – www.torrazzetta.it – info@torrazzetta.it
29 cam – †49/75 € ††74/150 € – 5 suites **Rist** – Carta 20/35 €
◆ In un luogo tranquillo sorge questa cascina di dimensioni notevoli, dagli ambienti di tono rustico. Le camere sono semplici e funzionali, alcune soppalcate. La sala ristorante è davvero ampia e frequentata soprattutto nei week-end.

BORGO SAN LORENZO – Firenze (FI) – 563 K16 – 17 923 ab. – alt. 193 m – ✉ 50032 Toscana 29 C1

Roma 308 – Firenze 25 – Bologna 89 – Forlì 97
Poggio dei Medici via San Gavino 27, ✆ 055 8 43 55 62

Park Hotel Ripaverde

cam, rist,

viale Giovanni XXIII 36 – ✆ 05 58 49 60 03 – www.ripaverde.it – info@ripaverde.it
54 cam – †85/236 € ††120/236 € – 3 suites
Rist *L'O di Giotto* – ✆ 05 58 45 98 54 *(chiuso 15 giorni in agosto e domenica) (chiuso a mezzogiorno)* Carta 30/48 €
◆ La struttura mantiene immutate le sue caratteristiche di comodità ed elevato livello di confort in virtù di una gamma completa di servizi. Bella la zona piscina servita anche da un bar. Cucina toscana e nazionale nell'elegante ristorante con ingresso indipendente.

Locanda degli Artisti

piazza Romagnoli 2 – ✆ 05 58 45 53 59 – www.locandartisti.it – info@locandartisti.it
7 cam – †60/100 € ††90/140 €
Rist Degli Artisti – vedere selezione ristoranti
◆ Piccola struttura con spazi comuni, sala colazione e soggiorno abbastanza ridotti, ma sicuramente accoglienti. Camere curate, gestione attenta e cordiale.

XX **Degli Artisti**

piazza Romagnoli 1 – ✆ 05 58 45 77 07 – www.ristorantedegliartisti.it – donatella@ristorantedegliartisti.it – chiuso dal 10 al 30 gennaio, 1 settimana in agosto, martedì, mercoledì
Rist – Menu 45 € – Carta 44/66 €
◆ Per chi cerca una cucina legata al territorio, ma rivisitata con fantasia. Una casa del centro, con servizio estivo sotto al pergolato, e vineria con prodotti tipici regionali.

sulla strada statale 302 Sud-Ovest : 15 km :

Casa Palmira senza rist
località Feriolo-Polcanto ✉ 50032 – ☎ 05 58 40 97 49 – www.casapalmira.it – info@casapalmira.it – chiuso dal 20 gennaio al 10 marzo
6 cam – 60/70 € 85/115 €
◆ Un fienile ristrutturato di un'antica casa colonica nel quale l'ospitalità ha un sapore antico e intimo. Nella verde campagna del Mugello, ci si sente come a casa di amici, ospitati in camere dal piacevole stile rustico-elegante.

BORGOSESIA – Vercelli (VC) – 561 E6 – 13 447 ab. – alt. 354 m – ✉ 13011 23 C1

Roma 684 – Stresa 60 – Milano 97 – Novara 44

Casa Galloni 1669
via Cairoli 42 – ☎ 0 16 32 32 54 – casagalloni@libero.it – chiuso agosto, domenica sera, lunedì
Rist – Menu 25/35 € – Carta 28/39 €
◆ Nel centro storico, una casa intima e raccolta sin dalla corte interna che si attraversa per salire alle tre sale, dove viene servita una cucina tradizionale, abilmente rivisitata.

Osteria del Borgo (Luciano Alberti)
via Fratelli Antongini 16 – ☎ 0 16 32 78 41 – osteriadelborgo2005@hotmail.it – chiuso 15 giorni in gennaio, 15 giorni in luglio, martedì, mercoledì a mezzogiorno
Rist – (consigliata la prenotazione) Carta 38/52 €
Spec. Ravioli ripieni di paletta di Coggiola (salume) con pancetta e burro di montagna. Piccione nostrano con composta di cipolle e paté di fegatini. Zabaione al Marsala, biscotto e gelato alla nocciola.
◆ Pavimento in legno chiaro, contrapposto ai tavoli scuri. Il gioco dei contrasti continua nelle candide pareti con foto in bianco e nero, nonché nella cucina: rispettosa delle materie prime, ma anche moderna e originale.

BORGO VAL DI TARO – Parma (PR) – 562 I11 – 7 194 ab. – alt. 411 m – ✉ 43043 8 A2

Roma 473 – La Spezia 73 – Parma 72 – Bologna 163

piazza Manara 7 ☎ 0525 96796 uit@comune.borgo-val-di-taro.pr.it Fax 0525 96796

Agriturismo Cà Bianca
località Ostia Parmense 84, Nord-Est : 7 km – ☎ 0 52 59 80 03 – www.agriturismocabianca.it – info@agriturismocabianca.it – chiuso dal 10 gennaio a marzo
7 cam – 60/70 € 90/110 € – ½ P 75/85 €
Rist – *(aperto sabato, domenica ed agosto)* (prenotazione obbligatoria) Menu 25/35 €
◆ Ai bordi di un affluente del Taro, un piacevole cascinale interamente ristrutturato: camere con arredi d'epoca e recuperati da vari mercatini. Uno scrigno fiabesco! Al ristorante cucina tipica e ricette emiliane.

BORGO VERCELLI – Vercelli (VC) – 561 F7 – 2 355 ab. – alt. 126 m – ✉ 13012 23 C2

Roma 640 – Alessandria 59 – Milano 68 – Novara 15

Osteria Cascina dei Fiori
regione Forte - Cascina dei Fiori – ☎ 0 16 13 28 27 – www.osteriacascinadeifiori.com – chiuso 2 settimane in gennaio, luglio, domenica, lunedì
Rist – Carta 34/57 €
◆ Linea gastronomica legata al territorio, anche se non mancano alcune proposte innovative, in un ambiente rustico-elegante. Interessante scelta enologica.

BORMIO - Sondrio (SO) - **561** C13 - **4 079 ab.** - **alt. 1 225 m** - **Sport invernali : 1 225/3 012 m** 2 9, - 23032 **17** C1

Roma 763 - Sondrio 64 - Bolzano 123 - Milano 202

via Roma 131/b 0342 903300, info@aptbormio.it, Fax 0342 904696

via Giustizia, 0342 91 07 30

Baita dei Pini rist, VISA AE

via Peccedì 15 – 03 42 90 43 46 – www.baitadeipini.com – baitadeipini@baitadeipini.com – dicembre-20 aprile e giugno-20 settembre

37 cam – 65/125 € 110/250 € – 3 suites – ½ P 70/140 €

Rist – Menu 30/60 €

♦ Vicino al centro storico, agli impianti di risalita e alle terme, l'hotel dispone di spazi comuni riscaldati da scoppiettanti camini. Le camere sono arredate in stile montano, mentre tappeti persiani impreziosiscono le raffinate suite. Piatti valtellinesi, ma non solo, nella tipica stube o nell'elegante sala da pranzo.

Posta rist, VISA AE

via Roma 66 – 03 42 90 47 53 – www.hotelposta.bormio.it – hotelposta@bormio.it – dicembre-aprile e giugno-settembre

26 cam – 2 suites – solo ½ P 70/140 €

Rist – *(chiuso a mezzogiorno in dicembre-aprile)* Carta 22/38 €

♦ Albergo di lunga tradizione, nato a metà '800 come "ostello di posta". Posizione centrale, comodo garage a poca distanza, originale piscina ricavata in una stalla seicentesca. Sala ristorante che preferisce una fine semplicità ad un'opulenta ridondanza.

Genzianella VISA

via Funivie, (angolo via Zandilla, 6) – 03 42 90 44 85 – www.genzianella.com – info@genzianella.com – dicembre-aprile e giugno-settembre

40 cam – 60/95 € 110/160 € – ½ P 70/115 €

Rist – *(chiuso a mezzogiorno da dicembre ad aprile)* Menu 28/45 €

♦ Legno, stoffe preziose, stufe antiche ed alcuni mobili di antiquariato locale si sono dati appuntamento qui per creare un ambiente accogliente, fortemente personalizzato. Praticamente di fronte agli impianti di risalita, l'hotel è ideale anche per le famiglie. Ristorante classico e piccola, caratteristica, stube.

Miramonti Park Hotel rist, VISA AE

via Milano 50 – 03 42 90 33 12 – www.miramontibormio.it – info@miramontibormio.it

50 cam – 90/120 € 140/200 € – ½ P 105/115 €

Rist – Carta 28/47 €

♦ Albergo appena fuori dal centro, recentemente ristrutturato e in grado di proporre belle camere, di cui cinque mansardate. Piccolo centro benessere. Accogliente ristorante con cucina a vista.

SantAnton rist, VISA AE

via Leghe Grigie 1 – 03 42 90 19 06 – www.santanton.com – info@santanton.com

43 cam – 85/145 € 130/170 € – ½ P 90/110 €

Rist – Carta 31/45 €

♦ Albergo-residence di fronte alle terme. A disposizione degli ospiti camere tradizionali, ma anche appartamenti dotati di angolo cottura e un attrezzato centro fitness. Sala da pranzo dall'aspetto attuale.

Alù VISA

via Btg. Morbegno 20 – 03 42 90 45 04 – www.hotelalu.it – info@hotelalu.it – 3 dicembre-20 aprile e 15 giugno-15 settembre

30 cam – 60/90 € 100/190 €, 15 € – ½ P 65/135 €

Rist – Carta 28/41 €

♦ A pochi metri di distanza dalla partenza della funivia per Bormio2000, una risorsa molto curata con stanze di buon livello e un piccolo e grazioso centro benessere. Ristorante d'albergo dalle sale calde e signorili.

Larice Bianco
via Funivie 10 – ✆ 03 42 90 46 93 – www.laricebianco.it – info@laricebianco.it – dicembre-Pasqua e 15 giugno-15 settembre
45 cam – †72/112 € ††138 €, ☕ 12 € – ½ P 125 € **Rist** – Menu 32 €
◆ In comoda posizione, nei pressi degli impianti di risalita, un hotel a conduzione familiare, confortevole e con spazi comuni di gran respiro. Giardino ombreggiato. Sala da pranzo in stile.

La Baitina dei Pini senza rist
via Peccedi 26 – ✆ 03 42 90 30 22 – www.labaitina.it – info@labaitina.it – dicembre-20 aprile e giugno-20 settembre
10 cam ☕ – †46/55 € ††92/110 €
◆ Per chi preferisce sentirsi ospitato in famiglia, piuttosto che in una struttura alberghiera: il clima e l'atmosfera sono amichevoli, la gestione squisitamente informale.

Al Filo'
via Dante 6 – ✆ 03 42 90 17 32 – www.ristorantealfilo.it – filo@bormio.it – chiuso dal 2 al 27 giugno, dal 3 novembre al 3 dicembre, lunedì, martedì a mezzogiorno escluso dicembre e luglio-agosto
Rist – Carta 29/39 €
◆ Ricavato da una stalla e da un fienile del Seicento, sotte volte in pietra, i migliori piatti della tradizione locale rivisitati con creatività: zuppa di verze e lenticchie con porcini e pecorino, ravioli farciti di polenta e casera, carré di cervo cotto nel fieno di montagna...

Buca 19
via Giustizia – ✆ 33 95 62 33 75 – burelin@libero.it – chiuso marzo, novembre e mercoledì escluso 15 giugno-15 settembre
Rist – *(chiuso a mezzogiorno da dicembre a febbraio)* (prenotazione obbligatoria) Carta 33/50 €
◆ All'ingresso del golf club una casa costruita con tronchi di legno chiaro: piacevole atmosfera, menu simpaticamente presentato a voce e cucina saporitamente mediterranea.

a Ciuk **Sud-Est : 5,5 km o 10 mn di funivia – alt. 1 690 m – ✉ 23030 Valdisotto**

Baita de Mario
– ✆ 03 42 90 14 24 – www.baitademario.com – info@baitademario.com – dicembre-10 maggio e luglio-settembre
22 cam – †40/50 € ††70/90 €, ☕ 6 € – ½ P 74 € **Rist** – Carta 25/32 €
◆ Direttamente sulle piste da sci per vivere appieno la montagna, una rustica baita a gestione familiare. Tra uno slalom e una discesa libera, ritagliatevi il tempo per gustare le tipiche specialità valtellinesi del ristorante.

BORNO – **Brescia (BS)** – **561** E12 – **2 730 ab.** – **alt. 912 m** – **Sport invernali : 1000/1 700 m** ⛷**7** – ✉ **25042** **17** C2

Roma 634 – Brescia 79 – Bergamo 72 – Bolzano 171

Zanaglio senza rist
via Trieste 3 – ✆ 0 36 44 15 20 – www.bedzanaglio.it – zanaglio.diana@libero.it – chiuso novembre
6 cam ☕ – †45/67 € ††75/95 €
◆ Poche camere immerse nella storia, dall'edificio di origini quattrocentesche agli arredi di epoche diverse. Originale, signorile, di recente ristrutturazione.

Belvedere
viale Giardini 30 – ✆ 03 64 31 16 23 – www.belvedereborno.com – hotel-belvedere@libero.it – chiuso dal 10 al 30 novembre e la sera di lunedì, martedì e mercoledì
Rist – Carta 23/30 €
◆ La cucina casalinga che riscopre i sapori del territorio è il forte richiamo per gli amanti di piatti semplici e genuini, mentre la sincera accoglienza familiare renderà piacevole ogni sosta.

BORROMEE (Isole)★★★ - Verbano-Cusio-Ossola (VB) - 561 E7 **24 A1**
- alt. 200 m Italia

Isola Bella★★★ – Isola Madre★★★ – Isola dei Pescatori★★

ISOLA SUPERIORE O DEI PESCATORI (VB) - ⊠ 28049 Stresa **24 A1**

Verbano

via Ugo Ara 2 – ✆ 0 32 33 04 08 – www.hotelverbano.it – hotelverbano@tin.it – marzo-novembre

12 cam – 120 € 185 € – ½ P 130 €

Rist – Carta 45/72 €

◆ Con suggestiva vista sull'Isola Bella, un palazzo dell'800 diventa il luogo più adatto per un tranquillo soggiorno romantico: ampi spazi comuni, originali camere ed un battello-navetta a disposizione degli ospiti. Affacciato sul lago, il ristorante propone una cucina legata al territorio. Indimenticabile la terrazza.

Casabella

via del Marinaio 1 – ✆ 0 32 33 34 71 – www.isola-pescatori.it – info@isola-pescatori.it – chiuso dal 2 al 26 gennaio e martedì

Rist – Carta 37/65 €

◆ Di fronte all'imbarcadero, una raccolta sala con vetrate ed una piccola e graziosa terrazza con bella vista sul lago, dove gustare la cucina locale d'ispirazione moderna. Alla sera, su prenotazione, servizio navetta gratuito dalla terraferma all'isola.

BOSA - Nuoro (NU) - 366 L42 - 8 126 ab. - alt. 2 m - ⊠ 08013 **38 A2**

Alghero 64 – Cagliari 172 – Nuoro 86 – Olbia 151

a Bosa Marina Sud-Ovest : 2,5 km – ⊠ 08013

Al Gabbiano

viale Mediterraneo 5 – ✆ 07 85 37 41 23 – www.hotelalgabbiano.it – gabbianohotel@tiscali.it

30 cam – 46/67 € 66/92 €, 7 € – ½ P 52/83 €

Rist – *(Pasqua-ottobre)* Carta 23/33 €

◆ Frontemare, un hotel di piccole dimensioni a gestione familiare ricavato all'interno di una villa, dispone di interni dagli arredi lignei e camere semplici ed accoglienti. Dalla cucina, proposte casalinghe dai sapori regionali da gustare in una sobria sala ristorante.

BOSCO - Perugia - Vedere Perugia

BOSCO CHIESANUOVA - Verona (VR) - 562 F15 - 3 648 ab. **35 A2**
- alt. 1 106 m - Sport invernali : 1 100/1 800 m 3, - ⊠ 37021

Roma 534 – Verona 32 – Brescia 101 – Milano 188

piazza della Chiesa 34 ✆ 045 7050088, iatbosco@provincia.vr.it, Fax 045 7050088

Lessinia

cam, rist,

piazzetta degli Alpini 2/3 – ✆ 04 56 78 01 51 – www.hotellessinia.it – hotellessina@libero.it – chiuso dal 15 al 25 giugno e dal 5 al 15 settembre

22 cam – 35/40 € 50/70 €, 5 € – ½ P 48 €

Rist – *(chiuso martedì)* Carta 19/24 €

◆ Ad un'altitudine di poco superiore ai 1000 metri, una buona risorsa molto sfruttata da escursionisti, ma anche da chi viaggia per lavoro. Gestione tipicamente familiare. Due sale da pranzo, clima alla buona, cucina che segue la tradizione locale.

BOSCO MARENGO - Alessandria (AL) - 561 H8 - 2 570 ab. **23 C2**
- alt. 121 m - ⊠ 15062

Roma 575 – Alessandria 18 – Genova 80 – Milano 95

Locanda dell'Olmo

piazza Mercato 7 – ✆ 01 31 29 91 86 – www.locandadellolmo.it – info@locandadellolmo.it – chiuso dal 25 dicembre al 5 gennaio, dal 27 luglio al 21 agosto, lunedì, martedì sera
Rist – Carta 27/37 €
◆ Affacciato sulla piazza del mercato, il locale è sempre molto frequentato grazie proprio ai piatti curati e fragranti che si ispirano al territorio. Evidenti influenze liguri tra i secondi.

BOSCOVERDE – Belluno – 562 C17 – Vedere Rocca Pietore

BOSSOLASCO – Cuneo (CN) – 561 I6 – 707 ab. – alt. 757 m – ✉ 12060 25 C3

Roma 606 – Cuneo 65 – Asti 61 – Milano 185

La Panoramica cam,

via Circonvallazione 1 – ✆ 01 73 79 34 01 – www.lapanoramica.com – info@lapanoramica.com – marzo-novembre
24 cam – 75 € 85 € – ½ P 65 €
Rist – *(chiuso lunedì e martedì escluso da giugno a settembre)* Carta 22/29 €
◆ Dalla pianura del cuneese all'arco alpino la panoramica offerta dalla risorsa. Familiare e funzionale, è una tappa per rilassarsi dalla frenetica routine quotidiana. Piatti piemontesi e casalinghi: quella della ristorazione è l'attività con cui è nata la struttura.

BOTTANUCO – Bergamo (BG) – 5 174 ab. – alt. 222 m – ✉ 24040 19 C2

Roma 597 – Bergamo 21 – Milano 41 – Lecco 45

Villa Cavour rist,

via Cavour 49 – ✆ 0 35 90 72 42 – www.villacavour.com – info@villacavour.com – chiuso dal 1° al 9 gennaio e 3 settimane in agosto
16 cam – 70/80 € 95/120 €
Rist – *(chiuso domenica sera)* Carta 40/80 €
◆ Molto gettonato da una clientela d'affari - in zona per le ricche attività produttive - hotel a gestione familiare, curato e confortevole. Le camere sfoggiano arredi di diverso stile. Ai fornelli dell'elegante ristorante, uno dei figli del titolare vi delizierà con ricette classiche e qualche specialità di pesce.

BOTTICINO – Brescia (BS) – 561 F12 – 10 607 ab. – alt. 153 m – ✉ 25082 17 C1

Roma 560 – Brescia 9 – Milano 103 – Verona 44

Eva

via Gazzolo 75, località Botticino Mattina, Nord-Est : 2,5 km – ✆ 03 02 69 17 56 – www.trattoriaeva.net – trattoriaeva@alice.it – chiuso 10 giorni in gennaio, 15 giorni in agosto, martedì sera, mercoledì
Rist – Carta 30/42 €
◆ Un rustico di campagna in collina e una famiglia che in passato ha lavorato nel settore delle carni, ma che ha sempre avuto la passione per la ristorazione: bel connubio.

BOVES – Cuneo (CN) – 561 J4 – 9 889 ab. – alt. 590 m – ✉ 12012 22 B3

Roma 645 – Cuneo 9 – Milano 225 – Savona 100

Cuneo via degli Angeli 3, frazione Mellana, ✆ 0171 38 70 41

Trieste cam,

corso Trieste 33 – ✆ 01 71 38 03 75 – www.albergotrieste-boves.it – info@albergotrieste-boves.it
17 cam – 56/68 € 66/96 €, 13 € – ½ P 60/75 €
Rist – *(chiuso mercoledì)* Carta 21/46 €
◆ Alle pendici del monte Risalta, questo piccolo hotel - rinnovato nelle zone comuni - dispone di camere accoglienti e confortevoli, di due tipologie: standard o confort. Cucina piemontese, ma non solo, al ristorante.

a Fontanelle Ovest : 2 km – ✉ 12012 Boves

Fontanelle-da Politano con cam
cam,
via Santuario 125 – ✆ 01 71 38 03 83 – www.hotelpolitano.it – info@hotelpolitano.it
15 cam – 40/45 € 60 € – ½ P 45/48 €
Rist – *(chiuso lunedì sera, martedì)* Carta 23/32 €
♦ Specialità tipiche piemontesi, fedeli alla tradizione regionale - senza inutili reinterpretazioni modaiole - in un piacevole ristorante: marito e moglie al timone.

a Rivoira Sud-Est :2 km – ✉ 12012 Boves

Agriturismo La Bisalta e Rist. Locanda del Re
via Tetti Re 5 – ✆ 01 71 38 87 82
cam,
– maggio-15 ottobre
5 cam – 50 € 60 €, 6 € – ½ P 56 € **Rist** – (prenotare) Menu 18/32 €
♦ Risorsa ben organizzata, gestita con attenzione e intraprendenza. L'edificio conserva al proprio interno elementi architettonici settecenteschi di indubbio pregio. Cucina con vari piatti a base di lumache, allevate biologicamente dai proprietari.

BOVOLONE – Verona (VR) – **562** G15 – **15 536 ab.** – **alt. 24 m** – ✉ 37051 **35** B3

Roma 498 – Verona 23 – Ferrara 76 – Mantova 41

piazza Costituzione 1 c/o Centro Culturale "Salvi" ✆ 045 6901489 prolocobovolone@libero.it Fax 045 6908307

Sasso
via San Pierino 318, Sud-Est : 3 km – ✆ 04 57 10 04 33 – www.hotelsasso.com – info@hotelsasso.com
30 cam – 50/70 € 65/100 € – ½ P 60/70 €
Rist – *(chiuso dal 26 dicembre al 12 gennaio,domenica, lunedì a mezzogiorno)* Carta 21/34 €
♦ Ambiente familiare in una struttura estremamente funzionale, frequentata soprattutto da una clientela d'affari. La posizione isolata è garanzia di tranquillità. Per la cucina si va sul sicuro grazie alla quarantennale esperienza dei proprietari nel campo della ristorazione.

BOZEN = Bolzano

BRA – Cuneo (CN) – **561** H5 – **29 608 ab.** – **alt. 290 m** – ✉ 12042 **22** B3

Roma 648 – Cuneo 47 – Torino 49 – Asti 46

piazza Caduti Libertà 20 ✆ 0172 430185, turismo@comune.bra.cn.it, Fax 0172 418601

Cantine Ascheri
cam,
via Piumati 25 – ✆ 01 72 43 03 12 – www.ascherivini.it – albergo@ascherivini.it – chiuso dal 23 dicembre al 7 gennaio e dal 7 al 24 agosto
27 cam – 90 € 130 €
Rist *Osteria Murivecchi* – ✆ 01 72 43 10 08 *(chiuso dal 1° al 7 gennaio, agosto, lunedì e i mezzogiorno di sabato e domenica)* Carta 23/32 €
♦ Hotel dal design fortemente personalizzato ed originale, costruito sopra le cantine dell'omonima azienda vinicola. Ottimi livelli di confort nelle luminose camere. Antiche mura ad archi ed elementi architettonici moderni si intrecciano nell'adiacente Osteria Murivecchi: in carta primeggiano le specialità del territorio.

Cavalieri
rist,
piazza Giovanni Arpino 37 – ✆ 01 72 42 15 16 – www.hotelcavalieri.net – info@hotelcavalieri.net
88 cam – 80/140 € 95/180 € – ½ P 65/93 €
Rist *Il Principe* – ✆ 01 72 43 05 12 *(chiuso agosto) (chiuso a mezzogiorno)* Menu 25/40 € – Carta 32/48 €
♦ Si trova proprio di fronte al campo da hockey su prato, nella zona degli impianti sportivi, moderna e funzionale è ideale per chi si sposta per affari o per un'escursione nelle Langhe. Cucina piemontese e nazionale, ma di stampo classico, nell'elegante ristorante Il Principe.

L'Ombra della Collina senza rist
via Mendicità Istruita 47 – ✆ 0 17 24 48 84 – www.lombradellacollina.it – info@lombradellacollina.it
6 cam – 62 € 78 €
◆ Il nome (leggermente modificato) si rifà al titolo di un famoso romanzo dello scrittore G. Arpino, che a Bra trascorse la propria giovinezza. Affascinante location in una corte del centro storico per questa graziosa struttura composta da sole 6 camere, tutte nello stesso stile sobrio, ma confortevole.

Battaglino
piazza Roma 18 – ✆ 01 72 41 25 09 – www.ristorantebattaglino.it – info@ristorantebattaglino.it – chiuso dal 7 al 17 gennaio, dal 7 al 30 agosto, domenica sera e lunedì
Rist – (consigliata la prenotazione) Carta 23/32 €
◆ Dal 1919, una gestione familiare vivace e cortese da sempre impegnata nel settore della ristorazione. Fiera di questa garanzia, propone i piatti del piemontese più caratteristico.

Boccondivino
via Mendicità Istruita 14 – ✆ 01 72 42 56 74 – www.boccondivinoslow.it – info@boccondivinoslow.it – chiuso lunedì, anche domenica da gennaio ad agosto
Rist – Carta 27/35 €
◆ Al primo piano di una casa di ringhiera nel pieno centro storico, due salette ed una più grande tappezzata di bottiglie per una cucina fedele alla tradizione piemontese, sebbene attenta alle esigenze del momento.

a Pollenzo Sud-Est : 7 km – ✉ 12060

Albergo dell'Agenzia
via Fossano 21 – ✆ 01 72 45 86 00 – www.albergoagenzia.it – info@albergoagenzia.it – chiuso dal 24 dicembre al 7 gennaio
44 cam – 116/195 € 146/240 € – 3 suites **Rist** – Carta 29/38 €
◆ All'interno di un'ala di quella che era una tenuta reale di casa Savoia - datata 1835 - si è ricavato questo delizioso albergo le cui camere sono arredate con cura e dotate d'ogni confort. Al ristorante, la cucina del territorio.

La Corte Albertina senza rist
via Amedeo di Savoia 8 – ✆ 01 72 45 84 10 – www.lacortealbertina.it – info@lacortealbertina.it – chiuso dal 1° al 20 agosto
25 cam – 87/95 € 103/115 €
◆ Una risorsa in cui la comodità si coniuga volentieri a spunti d'eleganza, muovendosi tra arredi dal gusto classico e volte in mattoni a testimoniare le antiche origini. In stagione anche un gazebo per il bar all'aperto.

Guido (Ugo Alciati)
via Fossano 19 – ✆ 01 72 45 84 22 – www.guidoristorante.it – info@guidoristorante.it – chiuso dal 1° al 20 gennaio, dal 1° al 20 agosto, domenica sera, lunedì
Rist – *(chiuso a mezzogiorno escluso sabato e domenica)* Carta 55/75 €
Spec. Finanziera piemontese. Agnolotti di Lidia al sugo d'arrosto. Agnello rosolato con olio e rosmarino.
◆ In un caratteristico complesso neogotico, mattoni e legno si coniugano all'interno con arredi più moderni. La cucina rimane, invece, saldamente ancorata al territorio.

La Corte Albertina
piazza Vittorio Emanuele 3 – ✆ 01 72 45 81 89 – www.ristlacortealbertina.it – info@ristlacortealbertina.it – chiuso 10 giorni in agosto, mercoledì, domenica sera
Rist – *(chiuso a mezzogiorno)* (consigliata la prenotazione) Carta 33/46 €
◆ All'interno del polo universitario di Pollenzo, in un complesso neogotico del XIX sec, il ristorante è stato ricavato da un ampio portico ristrutturato, chiuso da ampie vetrate. Stile ricercato, ma informale, sapori piemontesi.

BRACCIANO – **Roma (RM)** – **563** P18 – **18 159 ab.** – **alt. 280 m** **12** B2
– ✉ **00062** Roma
Roma 41 – Viterbo 53 – Civitavecchia 51 – Terni 98
Castello Orsini-Odescalchi★★

Villa Clementina

traversa Quarto del Lago 12/14 – ✆ 0 69 98 62 68 – www.hotelvillaclementina.it – villaclementina@tiscali.it – chiuso da novembre al 24 dicembre e dal 6 gennaio a febbraio

7 cam – 110/145 € 145/185 € – ½ P 112/133 €

Rist – (consigliata la prenotazione) Carta 40/50 €

♦ Una posizione tranquilla, un curato giardino punteggiato di fiori, piscina e campo da tennis per un vacanza all'insegna del relax. Ottime le camere, spaziose e affrescate, efficiente il servizio.

BRANZI – **Bergamo (BG)** – **562** D11 – **741 ab.** – **alt. 874 m** – ✉ **24010** **16** B2

Roma 650 – Bergamo 48 – Foppolo 9 – Lecco 71

Pedretti

via Umberto I, 23 – ✆ 0 34 57 11 21 – www.hotelpedretti.info – albergob@libero.it

24 cam – 45/55 € 70/85 € – ½ P 55/83 €

Rist – *(chiuso martedì)* Carta 24/42 €

♦ Da più generazioni la stessa famiglia gestisce questa risorsa databile al primo Novecento. Accoglienti e luminosi gli ambienti comuni, arredati in legno chiaro. In cucina si mantengono stretti legami con le tradizioni locali. Dalla polenta taragna agli altri piatti bergamaschi.

BRATTO – **Bergamo** – **561** I11 – **Vedere Castione della Presolana**

BRENTA (Gruppo di) – **Trento** – **562** D14 Italia

BRENZONE – **Verona (VR)** – **562** E14 – **2 398 ab.** – **alt. 75 m** – ✉ **37010** **35** A2

Roma 547 – Verona 50 – Brescia 85 – Mantova 86

via Zanardelli 38 Frazione Porto ✆ 045 7420076, iatbrenzone@provincia.vr.it, Fax 7420758

Piccolo Hotel cam, cam,

via Lavesino 12 – ✆ 04 57 42 00 24 – www.piccolohotel.info – info@piccolohotel.info – 20 aprile-ottobre

22 cam – 40/60 € 80/120 € – ½ P 50/70 € **Rist** – Menu 20/40 €

♦ Un albergo raccolto che deve la propria fortuna alla felice posizione, praticamente sulla spiaggia. Adatto ad una clientela turistica in cerca di relax e di tranquillità.

Giuly

via XX Settembre 28 – ✆ 04 57 42 04 77 – www.ristorantegiuly.it – chiuso novembre e lunedì

Rist – *(chiuso a mezzogiorno escluso sabato, domenica e i giorni festivi)* Carta 32/53 €

♦ Nonostante sia proprio in riva alle acque del Garda, la linea gastronomica di questo ristorante si è concentrata sul mare. I crostacei sono "pescati" vivi dall'acquario.

a Castelletto di Brenzone Sud-Ovest : 3 km – ✉ **37010**

Alla Fassa

via Nascimbeni 13 – ✆ 04 57 43 03 19 – www.ristoranteallafassa.com – info@ristoranteallafassa.com – chiuso dal 13 dicembre al 18 febbraio e martedì escluso giugno-15 settembre

Rist – Carta 27/46 €

♦ Una romantica sala all'interno ed una bella veranda affacciata sulle rive del lago. La cucina si affida alla tradizione locale, proponendo molti piatti a base di pesce.

BRESCELLO – **Reggio Emilia (RE)** – **562** I13 – **5 462 ab.** – **alt. 24 m** – ✉ **42041** **8** B2

Roma 450 – Parma 22 – Bologna 90 – Mantova 46

Brixellum

via Cavallotti 58 – ✆ 05 22 68 61 27 – www.hotelbrixellum.com – brixellum@libero.it

29 cam – 55/120 € 70/150 € – ½ P 50/90 €

Rist – *(chiuso lunedì)* Carta 23/52 €

♦ Se si desidera soggiornare nel paese di Peppone e Don Camillo questa è la risorsa giusta: semplice, accogliente e funzionale. Camere spaziose e recenti. Classico ristorante con menù esteso e vario, non manca la pizza.

BRESCIA 🅿 (BS) – **561** F12 – **190 844 ab.** – **alt. 149 m** Italia 17 C1

Roma 535 – Milano 93 – Verona 66

Gabriele D'Annunzio di Montichiari, Sud-Est: 20 km ✆030 2041599

via Musei 32 ✉ 25121 ✆ 030 3749916, promozione.turismo@provincia.brescia.it, Fax 030 3749982

Franciacorta via Provinciale 34/B, ✆030 98 41 67

Piazza della Loggia★ BY **9** -Duomo Vecchio★ BY – Pinacoteca Tosio Martinengo★ CZ – Via dei Musei★ CY – Croce di Desiderio★★ in S. Giulia CY – Museo della Città★ CY - Chiesa di S. Francesco★ AY – Facciata★ della chiesa di S. Maria dei Miracoli AYZ **A** – Incoronazione della Vergine★ nella chiesa dei SS. Nazaro e Celso AZ Annunciazione★ e Deposizione dalla Croce★ nella chiesa di S. Alessandro BZ – Interno★, polittico★ e affresco★ nella chiesa di S. Agata BY

BRESCIA

Armado Diaz (Viale) . . . CZ
Arnaldo (Pza) . . . . CZ
Battaglie (V. delle) . . . . BY
Battisti (Piazzale C.) . . . BY
Boitava (V. P.) . . . . CY
Brusato (Pza) . . . . CY
Cadorna (Viale) . . . . CZ
Cairoli (V.) . . . . AY
Calatafimi (V.) . . . . AY
Calini (V.) . . . . CZ
Callegari (V. A.) . . . . . . CZ
Campo di Marte (V. del) . . . . ABY
Capriolo (V.) . . . . ABY
Carmine (Contrada del) . . . . ABY
Cassala (V.) . . . . AZ
Castellini (V. N.) . . . . . . CZ 3
Castello (V. del) . . . . . BCY
Corsica (V.) . . . . AZ
Cremona (Piazzale) . . . BZ
Crispi (V.) . . . . CZ
Dante (V.) . . . . BY
Duca di Aosta (Viale) . CZ
Emanuele II (V. Vitt.) . ABZ
Filippo Turati (V.) . . . . . CY
Folonari (V.) . . . . AZ
Foppa (V.) . . . . AZ
Foro (Pza d.) . . . . CY
Foscolo (V. U.) . . . . BY
Fratelli Lechi (V.) . . . . . CZ
Fratelli Porcellaga (V.) . BY 7
Fratelli Ugoni (V.) . . . . AYZ
Galilei (V. G.) . . . . CY
Gallo (V. A.) . . . . CYZ
Garibaldi (Cso) . . . . AY
Garibaldi (Piazzale) . . . . AY
Gramsci (V.) . . . . BZ
Inganni (V.) . . . . CZ
Italia (Viale d') . . . . AY
Kennedy (Cavalcavia) . BZ
Leonardo da Vinci (V.) . AB
Loggia (Pza della) . . . . BY 9
Lombroso (V. C.) . . . . . CY
Lupi di Toscana (V.) . . . AY
Magenta (Cso) . . . . . BCZ
Mameli (Cso G.) . . . . . BY
Mantova (V.) . . . . CZ
Manzoni (V.) . . . . AY
Marsala (V.) . . . . AY
Martinengo da Barco (V.) . . . . CZ
Martiri della Libertà (Cso) . . . . AZ 13
Matteotti (Cso G.) . . . AYZ
Mazzini (V.) . . . . BY
Mercato (Pza del) . . . . BY 15
Milano (V.) . . . . AY
Mille (V. dei) . . . . AY
Montebello (V.) . . . . . . AY
Monte Suello (V.) . . . . . BY
Moretto (V.) . . . . ABZ
Musei (V. dei) . . . . CY
Pace (V.) . . . . BY
Palestro (Cso) . . . . BY
Panoramica (V.) . . . . . . CY
Paolo VI (Pza) . . . . BY 16
Pastrengo (V.) . . . . AY 17
Pellico (V.) . . . . BY
Pusteria (V.) . . . . BCY
Repubblica (Pza) . . . . . AZ
Santa Chiara (V.) . . . . . BY
Solferino (V.) . . . . ABZ
Sostegno (V.) . . . . AZ
Spalto S. Marco (V.) . BCZ
Stazione (Viale) . . . . . . AZ
S. Crocifissa di Rosa (V.) . . . . CY 18
S. Faustino (V.) . . . . . . BY
S. Martino d. Battaglia (V.) . . . . BZ
S. Rocchino (V.) . . . . . . CY
Trento (V.) . . . . BY
Trieste (V.) . . . . BCYZ
Vaiarini (V. G.) . . . . CZ
Veneto (Piazzale) . . . . . AY
Venezia (Porta) . . . . CZ
Venezia (Viale) . . . . CZ
Vittoria (Pza) . . . . BY 20
Volturno (V.) . . . . AY
Zanardelli (Cso) . . . . . . BZ 21
Zima (V. C.) . . . . CZ
10 Giornate (V. delle) . . BY 22
20 Settembre (V.) . . . . . BZ
25 Aprile (V.) . . . . CZ

Park Hotel Ca' Nöa senza rist

via Triumplina 66 ✉ 25123 – ☎ 0 30 39 87 62
– www.hotelcanoa.it – info@hotelcanoa.it – chiuso Natale e agosto

79 cam ☕ – 🚹90/140 € 🚹🚹130/200 € EV**b**

◆ Eleganza, colori tenui e rasserenanti, la quiete dell'ampio giardino e la cortesia di unn personale sempre attento e intraprendente avvolgono questa risorsa sorta alla fine degli anni Ottanta.

UNA Hotel Brescia rist,

viale Europa 45 ✉ 25133 – ☎ 03 02 01 80 11 – www.unahotels.it – una.brescia@unahotels.it EV**j**

145 cam ☕ – 🚹81/206 € 🚹🚹96/241 € – ½ P 77/257 € **Rist** – Carta 40/50 €

◆ Imponente e spaziosa struttura commerciale di taglio moderno, offre ai suoi clienti ambienti di discreta eleganza, confortevoli e colorati ed una calorosa accoglienza. Capiente ed elegante la sala ristorante.

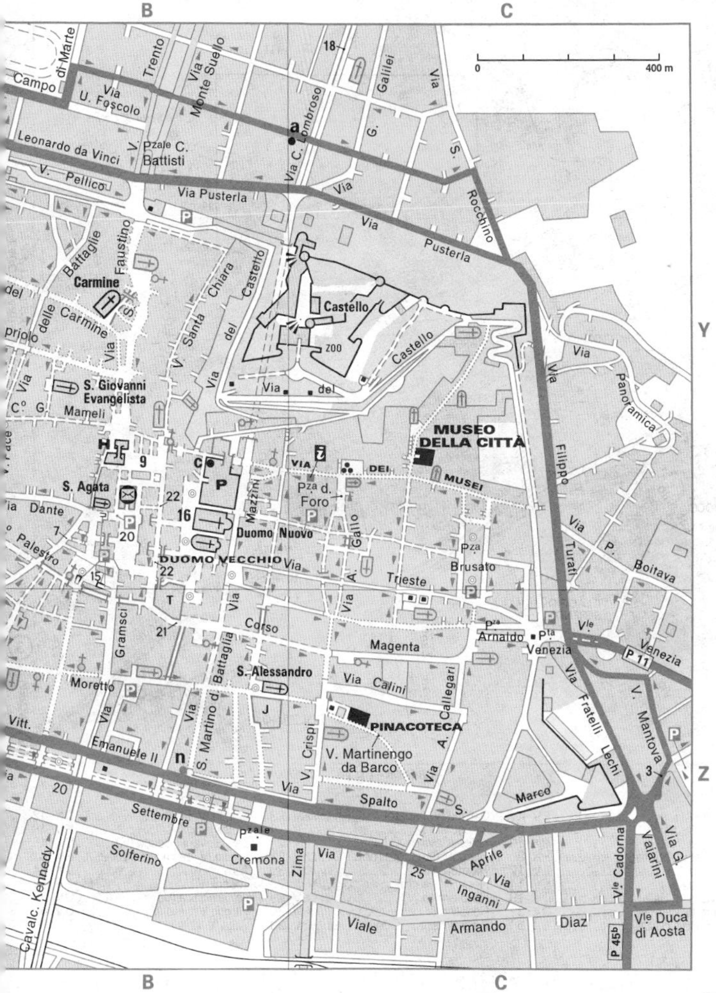

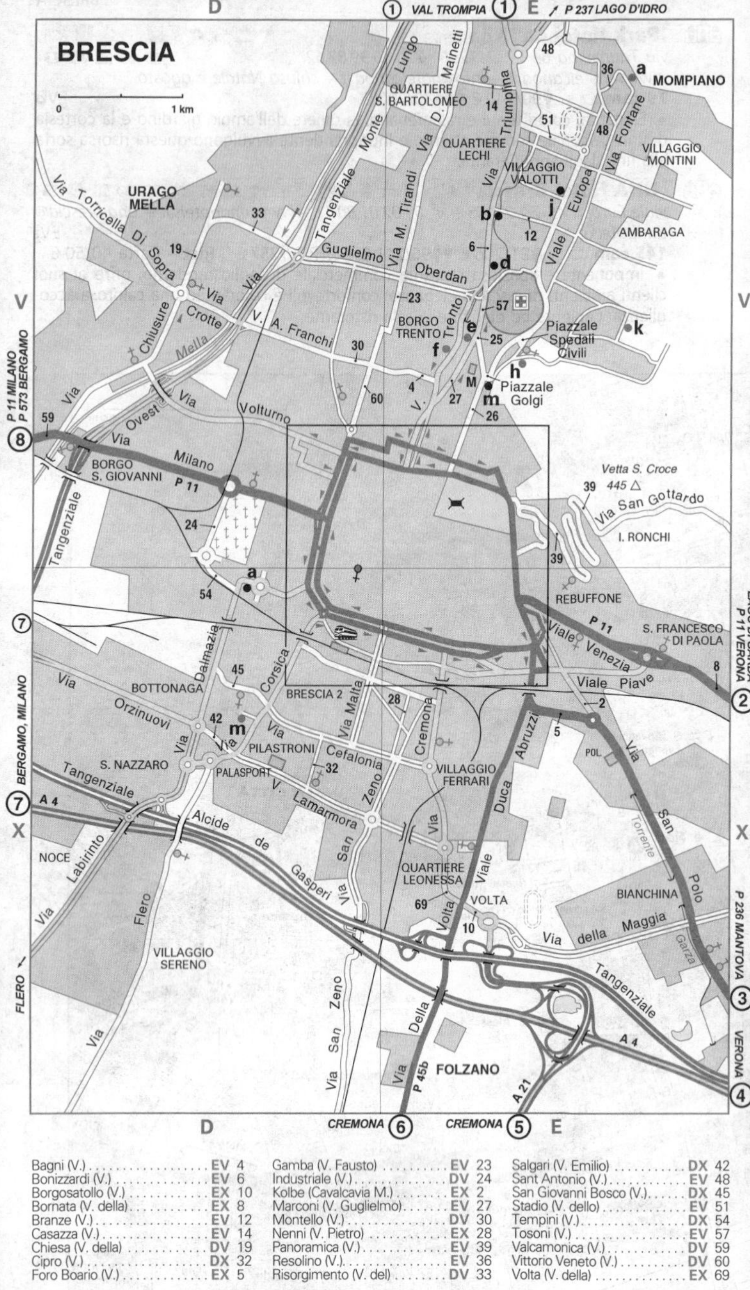

Bagni (V.)	EV	4
Bonizzardi (V.)	EV	6
Borgosatollo (V.)	EX	10
Bornata (V. della)	EX	8
Branze (V.)	EV	12
Casazza (V.)	EV	14
Chiesa (V. della)	DV	19
Cipro (V.)	DX	32
Foro Boario (V.)	EX	5
Gamba (V. Fausto)	EV	23
Industriale (V.)	DV	24
Kolbe (Cavalcavia M.)	EX	2
Marconi (V. Guglielmo)	EV	27
Montello (V.)	DV	30
Nenni (V. Pietro)	EX	28
Panoramica (V.)	EV	39
Resolino (V.)	EV	36
Risorgimento (V. del)	DV	33
Salgari (V. Emilio)	DX	42
Sant Antonio (V.)	EV	48
San Giovanni Bosco (V.)	DX	45
Stadio (V. dello)	EV	51
Tempini (V.)	DX	54
Tosoni (V.)	EV	57
Valcamonica (V.)	DV	59
Vittorio Veneto (V.)	DV	60
Volta (V. della)	EX	69

Master

via Apollonio 72 ✉ 25128 – ✆ 0 30 39 90 37 – www.hotelmaster.net – info@hotelmaster.net CY**a**

74 cam – ††81/198 €, ☕ 15 € **Rist *La Corte*** – Carta 29/51 €

◆ Recentemente rinnovato, l'hotel è sito nel cuore del centro storico ed è dotato di eleganti camere spaziose e confortevoli. Ideale per incontri di lavoro e banchetti. Un ristorante arredato con sale di gusto moderno dove gustare una cucina tipica trentina e locale.

AC Brescia

via Giulio Quinto Stefana 3 (ex via Cassala 19) ✉ 25126 – ✆ 03 02 40 55 11 – www.ac-hotels.com – acbrescia@ac-hotels.com DX**a**

112 cam ☕ – ††70/320 € – 1 suite

Rist – *(chiuso a mezzogiorno sabato e domenica)* Carta 34/54 €

◆ In un contesto periferico non eclatante, gli interni sorprendono per il design moderno, l'assenza di colori e una geometrica sobrietà. Trionfo di minimalismo vagamente nipponico.

NH Brescia

rist,

viale Stazione 15 ✉ 25122 – ✆ 03 04 42 21 – www.nh-hotels.it – nhbrescia@nh-hotels.com AZ**a**

87 cam ☕ – †75/260 € ††95/280 € – ½ P 76/170 €

Rist – Carta 30/48 €

◆ Proprio di fronte alla stazione, albergo dalle linee moderne arredato in modo davvero originale; accoglienti e piacevoli gli spazi comuni, belle camere dotate di ogni confort. Originalità negli arredi di contemporanea ispirazione anche nella sala ristorante.

Ambasciatori

cam, rist,

via Santa Crocifissa di Rosa 92 ✉ 25128 – ✆ 0 30 39 91 14 – www.ambasciatori.net – info@ambasciatori.net EV**m**

66 cam ☕ – †80/128 € ††90/178 € – ½ P 80/115 €

Rist – *(chiuso agosto, sabato, domenica)* Carta 30/40 €

◆ Hotel di tradizione ben inserito nel tessuto cittadino, in continuo aggiornamento e miglioramento. Offre un servizio attento e personalizzato improntato alla cortesia. Al ristorante i classici della cucina nazionale e alcune specialità locali.

Impero

cam, rist,

via Triumplina 6 ✉ 25123 – ✆ 0 30 38 14 83 – www.hotelimpero.it – algrillosnc@libero.it EV**d**

26 cam ☕ – †62/75 € ††100/113 € – ½ P 65 €

Rist – Carta 30/50 €

◆ Tutto è nuovo in questo esercizio a gestione familiare, completamente ristrutturato, ubicato dietro l'ospedale cittadino; camere spaziose e confortevoli, ben tenute. Una grande sala essenziale, con pareti abbellite da dipinti, nel ristorante-pizzeria.

Orologio senza rist

via Beccaria 17 ✉ 25121 – ✆ 03 03 75 54 11 – www.albergoorologio.it – info@albergoorologio.it – chiuso 15 giorni in agosto BY**c**

16 cam ☕ – †80/150 € ††125/200 €

◆ Ideale per partire alla scoperta del centro storico, l'albergo trae il proprio nome dalla vicina, omonima, torre. Spazi comuni quasi inesistenti, ma nelle camere gli arredi e le decorazioni creano un'atmosfera di charme ed intimità: alcune, con scorci sui tetti e sui monumenti della città.

XXX **Castello Malvezzi**

via Colle San Giuseppe 1, nord 6 km per viale Europa ✉ 25133 – ✆ 03 02 00 42 24 – www.castellomalvezzi.it – info@castellomalvezzi.it – chiuso dal 7 al 23 gennaio, 15 giorni in agosto, lunedì, martedì CY

Rist – *(chiuso a mezzogiorno escluso sabato-domenica)* (consigliata la prenotazione) Menu 50/70 € – Carta 46/72 €

◆ Come immaginarsi di cenare sulla terrazza panoramica estiva di una casa di caccia cinquecentesca e realizzare questo sogno. In più la cucina raffinata e l'ottima cantina.

XXX **La Sosta**

via San Martino della Battaglia 20 ✉ 25121 – ☎ 0 30 29 56 03 – www.lasosta.it – lasosta@tin.it – chiuso dal 30 dicembre al 7 gennaio, dal 3 al 25 agosto, domenica sera e lunedì BZ**n**

Rist – Carta 55/70 €

◆ Un locale di gran fascino, conosciuto e apprezzato in città, ubicato in un palazzo seicentesco. Nei mesi estivi si cena all'aperto, il servizio è preciso e accurato.

XXX **Il Labirinto**

via Corsica 224 ✉ 25125 – ☎ 03 03 54 16 07 – raffaele.chiappi@tin.it – chiuso dal 21 al 31 dicembre, dal 13 al 19 agosto e domenica DX**m**

Rist – Carta 41/74 €

◆ Un ristorante periferico, condotto con competenza e professionalità. La cucina è di ampio respiro e si muove agilmente tra il mare e la terra; cantina di buon livello.

XX **Noce** con cam

via dei Gelsi 5, quartiere Noce ✉ 25125 – ☎ 0 30 34 95 10 – www.ristorantehotelnoce.com – info@ristorantenoce.com DX

13 cam – †60/120 € ††70/150 € – ½ P 50/90 €

Rist – *(chiuso agosto, sabato a mezzogiorno, domenica)* Carta 47/62 €

◆ Una storia di famiglia nata nel 1987 che ancora oggi continua proponendo una cucina in cui creatività e fantasia concorrono a creare piatti sfiziosi. Ambiente rustico-signorile. Graziose le camere, arredate con elegante semplicità in stili differenti.

XX **Eden**

piazzale Corvi ✉ 25128 – ☎ 33 56 74 17 62 – www.edenristorante.com – max.codeluppi@alice.it – chiuso dal 5 al 20 gennaio, 3 settimane in agosto, domenica sera, martedì EV**e**

Rist – Carta 39/59 €

◆ Dotato di un piccolo e grazioso dehors estivo, è un ristorantino di taglio moderno, con qualche tocco di eleganza. Cucina di stagione, ricca cantina.

XX **Trattoria Rigoletto**

via Fontane 54/b ✉ 25133 – ☎ 03 02 00 41 40 – chiuso agosto e lunedì

Rist – Carta 41/81 € EV**a**

◆ Un locale che pur nella propria elegante semplicità, riesce ad esprimere una cucina interessante. La lista è abbastanza estesa, le preparazioni creative.

X **La Campagnola**

via Val Daone 25 ✉ 25123 – ☎ 0 30 30 06 78 – lacampagnola1948@libero.it – chiuso dal 27 dicembre al 4 gennaio, dal 16 al 30 agosto, lunedì sera, martedì

Rist – Carta 30/40 € EV**k**

◆ Il capolavoro di due generazioni, nutrire di sapore e genuinità una tradizione mai perduta nell'incanto di un vecchio cascinale avvolto dal verde che racconta l'arte dell'ospitare.

X **Trattoria Porteri**

via Trento 52 ✉ 25128 – ☎ 0 30 38 09 47 – www.trattoriaporteri.it – info@trattoriaporteri.it – chiuso 1 settimana in gennaio, 2 settimane in agosto, domenica sera, lunedì EV**f**

Rist – Carta 28/41 €

◆ Alle pareti e al soffitto il racconto di una passione che ha coinvolto due generazioni, al vostro tavolo la tradizione bresciana con un occhio di riguardo per polenta e formaggi!

X **Trattoria Briscola**

via Costalunga 18/G ✉ 25123 – ☎ 0 30 39 52 32 – soledo@libero.it – chiuso gennaio, febbraio e mercoledì EV**h**

Rist – Carta 20/38 €

◆ Si trova sulle prime colline, immersa nel verde, questa tipica trattoria che nella bella stagione effettua il servizio anche sotto il pergolato, con vista sulla città.

a Sant'Eufemia della Fonte per ② : 2 km – ✉ 25135

XXX **La Piazzetta**

via Indipendenza 87/c – ☎ 0 30 36 26 68 – www.allapiazzetta.com – allapiazzetta@gmail.com – chiuso dal 1° al 7 gennaio, dal 7 al 20 agosto, sabato a mezzogiorno, domenica

Rist – (consigliata la prenotazione) Menu 50/65 € – Carta 45/71 €

♦ Piccolo ed elegante ristorante alle porte della città. La cucina si indirizza prevalentemente sul mare con elaborazioni fantasiose e originali; cantina soddisfacente.

XX **Hosteria**

via 28 Marzo 2/A – ☎ 0 30 36 06 05 – www.ristorantehosteria.it – emanuelebettini@virgilio.it – chiuso dal 1° al 18 luglio e martedì

Rist – Carta 41/59 €

♦ Un locale elegante ed accogliente che presenta una cucina basata per lo più su prodotti di stagione. L'edificio, in origine un casino di caccia, risale al XVII sec.

a Roncadelle per ⑤ : 7 km – ✉ 25030

President

via Roncadelle 48 – ☎ 03 02 58 44 44 – www.presidenthotel.it – info@presidenthotel.it – chiuso agosto

118 cam – †90/130 € ††140/200 € – 5 suites – ½ P 110/130 €

Rist – *(chiuso domenica)* Carta 32/55 €

♦ Imponente albergo d'affari dotato di un importante centro congressi con ben diciannove sale. Ma oltre a queste installazioni che lo rendono particolarmente vocato per una clientela business, non mancano particolari di pregio quali marmi e legni pregiati. Piatti internazionali e i classici italiani al ristorante.

verso Ospitaletto per ⑧: 5 km

XX **Trattoria Artigliere** (Davide Botta)

via del Santellone 116 ✉ 25132 – ☎ 03 02 77 03 73 – www.artigliere.it – davidebotta@libero.it – chiuso 10 giorni in gennaio, agosto, domenica sera, lunedì

Rist – Carta 43/90 €

Spec. Tagliatella di fassone crudo con cipolla candita, caviale di aringa e salsa al Franciacorta. Centrifugato di ceci con ravioli di burrata, vongole, calamari grigliati e limone candito. Coscia di coniglio avvolta nello speck con salsa alla carbonara.

♦ Lasciato il cuore pulsante di Brescia, in una vecchia badia con annesso cascinale, due sale moderne, minimaliste per non distogliere l'attenzione dalla protagonista assoluta: la cucina. Piatti creativi, sia di terra sia di mare, ed alcune specialità legate al territorio.

BRESSANONE (BRIXEN) – Bolzano (BZ) – 562 B16 – 20 360 ab. 31 C1

– alt. 559 m – Sport invernali : a La Plose-Plancios : 1 503/2 500 m 1 9 (Comprensorio Dolomiti superski Valle Isarco) – ✉ **39042** Italia Centro Nord

Roma 681 – Bolzano 40 – Brennero 43 – Cortina d'Ampezzo 109

viale Ratisbona 9 ☎ 0472 836401, info@brixen.org, Fax 0472 836067

Duomo: chiostro★ **A** – Palazzo Vescovile: cortile★, museo Diocesano★

Plose★★: ★★★ sud-est per via Plose

Pianta pagina seguente

Elefante rist, cam, rist,

via rio Bianco 4 – ☎ 04 72 83 27 50 – www.hotelelephant.com – info@hotelelephant.com – chiuso dall' 11 gennaio al 25 marzo **a**

44 cam – †80/112 € ††168/282 € – ½ P 124/181 €

Rist – Carta 42/96 €

♦ Elegante ed austera magione del XIV sec. inserita in un prezioso parco-frutteto all'interno del quale si trovano anche la piscina e il tennis. Dimora fine ed esclusiva. Ambiente, servizio, cucina e atmosfera: un ristorante notevole.

BRESSANONE

Angelo Custode (V.) 2
Bastioni Maggiori (V.) 3
Bastioni Minori (V.) 4
Bruno (V. G.) 8
Duomo (Pza) 10
Fienili (V.) 12
Guggenberg (V. Otto V.) 13
Hartwig (V.) 14
Lungo Rienza 15
Mercato Vecchio (V.) 16
Platsch (V.) 17
Ponte Aquila (V.) 18
Ponte Widmann (V.) 19
Portici Maggiori 22
Portici Minori 23
Rio Bianco (V.) 25
Roncato (V.) 26
San Albuino (V.) 27
Seminario (V. del) 28
Stufles (V.) 29
Torre Bianca (V.) 30
Tratten (V.) 31

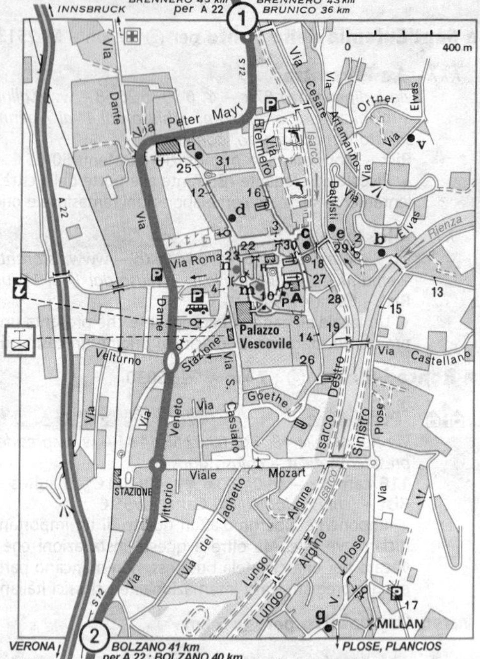

Goldener Adler

via Ponte Aquila 9 – ☎ 04 72 20 06 21 – www.goldener-adler.com – info@goldener-adler.com **c**

28 cam – †62/73 € ††114/140 € – ½ P 92/115 €

Rist Oste Scuro-Finsterwirt – vedere selezione ristoranti

♦ Caratteristico edificio del Cinquecento, da secoli votato all'ospitalità, che oggi offre ai propri privilegiati ospiti la possibilità di un soggiorno sobriamente elegante.

Grüner Baum

cam,

via Stufles 11 – ☎ 04 72 27 41 00 – www.gruenerbaum.it – info@gruenerbaum.it – chiuso dal 3 al 15 aprile e dal 1° al 25 novembre

160 cam – †65/120 € ††92/160 € – ½ P 69/120 € **e**

Rist – Carta 22/39 €

♦ C'è anche il giardino con piscina riscaldata in quest'imponente hotel di città, che si inserisce con armonia nel contesto architettonico circostante. Sale da pranzo semplici, all'insegna della tradizione sudtirolese.

Goldene Krone

rist,

via Fienili 4 – ☎ 04 72 83 51 54 – www.coronadoro.com – info@coronadoro.com – chiuso dal 18 al 25 dicembre **d**

46 cam – †82/124 € ††120/198 € – ½ P 96/128 € **Rist** – Carta 32/42 €

♦ Hotel la cui storia si svolge da quasi tre secoli, rinnovato in veste moderna, con piacevole area wellness. Le camere offrono un buon confort sia per turismo che per affari. Ristorante moderno, ambiente tranquillo e intimo.

Dominik

rist,

via Terzo di Sotto 13 – ☎ 04 72 83 01 44 – www.hoteldominik.com – info@hoteldominik.com – chiuso dal 9 al 27 gennaio, dal 27 marzo al 14 aprile e dal 30 ottobre al 26 novembre **b**

33 cam – †78/126 € ††114/196 € – 1 suite – ½ P 72/113 €

Rist – *(chiuso a mezzogiorno) (solo per alloggiati)* Menu 25/35 €

♦ Il torrente Rienza scorre davanti a questa risorsa rivolta a chi desidera godere di un soggiorno curato sotto ogni profilo. Servizio attento, espletato in ambienti eleganti. Ideale per allestire importanti eventi, la sala da pranzo è illuminata da ampie finestre.

Temlhof rist,

via Elvas 76 – 04 72 83 66 58 – www.temlhof.com – info@temlhof.com – chiuso dal 6 gennaio al 10 febbraio **v**

40 cam – 57/65 € 106/120 €, 10 € – 2 suites – ½ P 68/75 €

Rist – *(chiuso martedì) (chiuso a mezzogiorno)* (prenotazione obbligatoria) *(solo per alloggiati)* Carta 25/30 €

◆ Questo albergo, situato in zona panoramica e tranquilla, è avvolto da un giardino con piscina e dispone di un'interessante raccolta di attrezzi agricoli e mobili antichi. Varie sale ristorante, tutte abbastanza intime e raccolte.

Millanderhof cam,

via Plose 58 – 04 72 83 38 34 – www.millanderhof.com – hotel@millanderhof.com **g**

26 cam – 61/75 € 90/150 € – ½ P 69/90 €

Rist – Carta 17/31 €

◆ Albergo appena fuori dal centro, rinnovato di recente, ma che si conferma nell'ospitalità familiare della gestione. A disposizione anche un angolo bar godibile e rilassante. Sala ristorante semplice ma luminosa per una cucina di buon livello.

Haller

via dei Vigneti 68, 1 km per via Cesare Battisti – 04 72 83 46 01 – www.gasthof-haller.com – info@gasthof-haller.com – chiuso dal 22 giugno all'8 luglio

8 cam – 45/60 € 80/90 € – ½ P 62/70 €

Rist – *(chiuso lunedì sera e martedì escluso agosto-settembre)* Carta 23/41 €

◆ Piccolo albergo a conduzione familiare in posizione tranquilla e con bella vista. Le camere non sono molto grandi, ma confortevoli e tenute con molta attenzione. Ampio settore ristorante: due stube, giardino d'inverno e servizio all'aperto.

Oste Scuro-Finsterwirt – Hotel Goldener Adler

vicolo del Duomo 3 – 04 72 83 53 43 – www.finsterwirt.com – info@finsterwirt.com – chiuso 1 settimana in gennaio, 2 settimane in giugno, domenica sera, lunedì **m**

Rist – Carta 32/54 €

◆ E' questo uno dei ristoranti più tradizionali e suggestivi della città. L'ambiente tipico tirolese e l'arredamento antico regalano la dolce atmosfera di epoche passate.

Sunnegg con cam

via Vigneti 67, 1 km per via Cesare Battisti – 04 72 83 47 60 – www.sunnegg.com – info@sunnegg.com – chiuso dal 7 gennaio al 12 febbraio e dal 17 giugno al 3 luglio

7 cam – 45/50 € 65/75 € – ½ P 50/60 €

Rist – *(chiuso mercoledì, giovedì a mezzogiorno)* Carta 25/37 €

◆ Qui, tra i vigneti, è possibile gustare un approccio sincero alla cucina del territorio, ricco di specialità stagionali, con servizio estivo all'aperto e vista sui monti.

Fink

via Portici Minori 4 – 04 72 83 48 83 – www.restaurant-fink.it – info@restaurant-fink.it – chiuso maggio, martedì sera (escluso da luglio al 15 settembre), mercoledì **n**

Rist – (prenotare) Carta 35/45 €

◆ Sotto i portici, questo tradizionale luogo della ristorazione cittadina presenta due alternative: consumazioni veloci al piano terra, sala più classica al primo piano.

Alpenrose con cam

località Pinzago 24, Ovest: 3 km – 04 72 83 21 91 – www.gasthofalpenrose.it – info@gasthofalpenrose.it – chiuso dal 10 gennaio al 17 febbraio, dal 26 giugno al 7 luglio e dal 21 al 24 novembre

19 cam – 46/50 € 92/100 € – ½ P 59/63 € **Rist** – Carta 30/40 €

◆ Nell'incantevole cornice delle Dolomiti, in pregevole posizione panoramica, un ristorante-albergo a conduzione familiare, dove gustare piatti legati al territorio con leggere rivisitazioni. Camere semplici dall'arredo montano.

a Cleran (Klerant)**Sud : 5 km – alt. 856 m – ✉ 39042 Sant'Andrea In Monte**

Fischer

Cleran 196 – ✆ 04 72 85 20 75 – www.hotel-fischer.it – info@hotel-fischer.it – chiuso dall'8 novembre al 3 dicembre
23 cam – 55/65 € 90/120 € – ½ P 65/85 €
Rist – *(chiuso domenica sera, lunedì)* Carta 27/45 €
◆ Isolata e con una vista incantevole sul fondovalle, una risorsa che si offre con vari convincenti servizi e camere confortevoli e di tutto riposo. Architettura tipica. Per i pasti la rustica e caratteristica stube o l'ariosa e luminosa sala da pranzo.

BREUIL-CERVINIA – **Aosta (AO)** – **561** E4 – **alt. 2 050 m – Sport invernali : 2 050/3 500 m 4 11 (Comprensorio Monte Rosa ski collegato con Valtournenche e Zermatt - Svizzera) anche sci estivo – ✉ 11021** **34** B2
Italia Centro Nord

Roma 749 – Aosta 55 – Biella 104 – Milano 187
via Guido Rey 17 ✆ 0166 949136, cervinia@turismo.vda.it, Fax 0166 949731
Cervino, ✆ 0166 94 91 31

Hermitage

via Piolet 1 – ✆ 01 66 94 89 98 – www.hotelhermitage.com – hermitage@relaischateaux.com – 27 novembre-2 maggio e luglio-agosto
33 cam – 200/400 € 300/500 € – 5 suites – ½ P 200/350 €
Rist – Carta 66/80 €
◆ Grande chalet di montagna, in cui risulta dolce e naturale sentirsi coccolati e conquistati: eleganza e tradizione, per un'ospitalità esclusiva. Ottimo centro benessere. Ristorante in cui buon gusto e personalizzazioni consentono di vivere momenti speciali.

Excelsior-Planet

piazzale Planet 1 – ✆ 01 66 94 94 26 – www.excelsiorplanet.com – info@excelsiorplanet.com – novembre-aprile e luglio-agosto
41 cam – 80/249 € 120/290 €, 15 € – 5 suites – ½ P 110/230 €
Rist – Carta 35/65 €
◆ Una struttura in cui godere di un'ospitalità attenta e vicina alle esigenze di ogni cliente. Signorilmente ristrutturato, si percepisce la professionalità acquisita col tempo. Ristorante dal menù eclettico, apprezzato in zona.

Sertorelli Sporthotel

piazza Guido Rey 28 – ✆ 01 66 94 97 97 – www.sertorelli-cervinia.it – info@sertorelli-cervinia.it – 29 ottobre-8 maggio e 26 giugno-5 settembre
59 cam – 85/160 € 140/260 € – 15 suites – ½ P 90/150 €
Rist – Carta 20/52 €
◆ In posizione centrale e panoramica, hotel in cui confort moderni e professionalità possono regalare soggiorni ideali per turisti esigenti. Nuovo bar e sala soggiorno. Tre sale ristorante, di cui la meno capiente è davvero intima e raccolta.

Punta Maquignaz

piazza Guide Maquignaz – ✆ 01 66 94 91 45 – www.puntamaquignaz.com – puntamaquignaz@puntamaquignaz.com – dicembre-aprile
33 cam – 60/170 € 120/340 € – ½ P 90/210 €
Rist *Ymeletrob* – Carta 44/62 €
◆ Hotel centrale, internamente rifinito in legno, ristrutturato in stile alpino con signorile gusto montano. In bella mostra una ricca collezione di trofei di caccia. Griglia a vista in sala ristorante.

Mignon cam,
via Carrel 50 – 01 66 94 93 44 – www.mignoncervinia.com – info@mignoncervinia.com – novembre-aprile e luglio-agosto
20 cam – 55/110 € 110/220 € – ½ P 75/130 €
Rist – *(chiuso a mezzogiorno) (solo per alloggiati)*
◆ Come suggerisce il nome, in questo caratteristico chalet di montagna - a 100 m dagli impianti di risalita e dal Golf Club del Cervino - tutto è molto raccolto ed elegante. Raffinatezza che si ritrova anche al ristorante, dove gustare alcune specialità regionali.

Jumeaux senza rist
piazza Jumeaux 8 – 01 66 94 90 44 – www.hoteljumeaux.it – info@hoteljumeaux.it – novembre-maggio e luglio-settembre
30 cam – 55/95 € 84/144 €, 8 €
◆ Risorsa attiva sin dal 1905, in comoda posizione centrale, presenta ambienti comuni accoglienti e confortevoli con una caratteristica e luminosissima saletta relax.

Breithorn senza rist
via Guido Rey – 01 66 94 90 42 – www.hotelbreithorn.com – breithorn@libero.it – 27 novembre-10 maggio e 15 luglio-15 settembre
24 cam – 30/70 € 50/120 €, 10 €
◆ Una risorsa sobria, in posizione eccezionale per gli amanti dello sci di fondo, da cui è possibile godere di una bellissima vista sul Cervino e sulle Grandes Murailles.

sulla strada regionale 46 Sud-Ovest: 1 km

Les Neiges d'Antan
Cret de Perreres 10, Sud-Ovest : 4,5 km 11021 – 01 66 94 87 75 – www.lesneigesdantan.it – info@lesneigesdantan.it – novembre-3 maggio e luglio-10 settembre
20 cam – 65/250 € 100/360 € – 4 suites – ½ P 80/200 €
Rist – Carta 37/65 €
◆ In origine si trattava di una baita, nel corso del tempo è stata trasformata in un tranquillo e signorile albergo. Perdura l'atmosfera antica, ricca di armoniosi silenzi. Cucina del territorio, clima di casa.

Lac Bleu cam, rist,
località Lago Blu 11021 – 01 66 94 91 03 – www.hotel-lacbleu.com – info@hotel-lacbleu.com – 3 dicembre-aprile e luglio-10 settembre
17 cam – 50/85 € 90/160 €, 15 € – 3 suites – ½ P 60/130 €
Rist – *(chiuso a mezzogiorno) (solo per alloggiati)* Menu 20/35 €
◆ Albergo a gestione familiare in cui semplicità e cortesia costituiscono un binomio molto apprezzato, anche grazie alla bellezza data dal panorama sul maestoso Cervino.

BRIAGLIA – Cuneo (CN) – 561 I5 – 287 ab. – alt. 557 m – 12080 23 C3

Roma 608 – Cuneo 31 – Savona 68 – Torino 80

Marsupino con cam cam,
via Roma Serra 20 – 01 74 56 38 88 – www.trattoriamarsupino.it – info@trattoriamarsupino.it – chiuso dal 6 gennaio al 6 febbraio
5 cam – 60 € 140 € – 2 suites
Rist – *(chiuso mercoledì e giovedì a mezzogiorno)* (prenotare) Carta 32/46 €
◆ In un paesino di poche case, una trattoria dall'atmosfera insieme rustica ed elegante. Cucina rigorosamente del territorio, attenta alle stagioni, nonché eccellente cantina con grandi vini: Barolo soprattutto, ma non solo. Camere arredate con mobili antichi, abbellite con stucchi ed affreschi.

BRINDISI P (BR) – 564 F35 – 89 691 ab. – 72100 Italia 27 D2

Roma 563 – Bari 113 – Napoli 375 – Taranto 72
di Papola-Casale per ④ : 6 km 0831 4117208
lungomare Regina Margherita 44 0831 523072, apt.brindisi@viaggiareinpuglia.it, Fax 0831 562149
S. Maria del Casale★: circa 5 km a nord (nei pressi dell'aeroporto civile)

Piante pagine seguenti

BRINDISI

Amalfi (V.) . . . . V 3
Balsamo (V. Grazia) . . . . X 7
Bono (V. Eduardo dal) . . . . X 10
Caduti (Viale) . . . . X 12
Canova (V. Antonio) . . . . X 13
Caravaggio (Viale) . . . . X 16
Ciciriello (V. Ettore) . . . . V 18
Commenda (Viale) . . . . X 22
Duca degli Abruzzi (Viale) . . . . . V 25
Fani (V.) . . . . X 27
Imperator Augusto (V.) . . . . X 28
Maddalena (Viale Umberto) . . . . . V 30
Magaldi (V. Nicola) . . . . V 34
Marche (V.) . . . . X 36
Maria Ausiliatrice (V.) . . . . X 37
Osanna (V.) . . . . VX 42
Pace Brindisina (V.) . . . . X 45
Pellizza da Volpedo (V. G.) . . . . . X 46
Ruggero di Flores (V.) . . . . V 51
Soldati (V. Anastasio) . . . . X 63
S. Angelo (V.) . . . . X 52
S. Giovanni Bosco (V.) . . . . X 57
Tirolo (V.) . . . . X 66
Togliatti (Viale Palmiro) . . . . . . X 67
Villafranca (V.) . . . . X 70

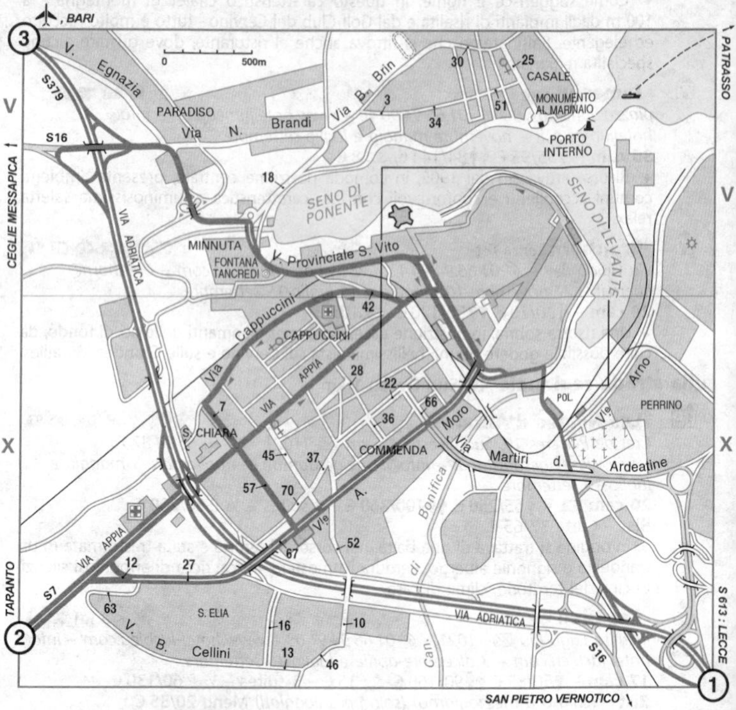

Grande Albergo Internazionale
rist,

lungomare Regina Margherita 23 – ✆ 08 31 52 34 73 – www.albergointernazionale.it – info@albergointernazionale.it Y**a**

67 cam – 85/160 € 110/300 € – ½ P 115/180 € **Rist** – Carta 36/70 €

♦ Un albergo dalla lunga storia...in un edificio ottocentesco, impreziosito da affreschi e mobili d'epoca, belle camere e un buon livello di servizi generali. Nell'elegante ristorante continua la magia con argenteria e lampadari preziosi; nel piatto cucina regionale e nazionale.

Barsotti senza rist

via Cavour 1 – ✆ 08 31 56 08 77 – www.hotelbarsotti.com – info@hotelbarsotti.com Z**e**

60 cam – 78 € 105 €

♦ Piccolo e utile indirizzo a gestione familiare, ben posizionato in centro località e frequentato principalmente da chi viaggia per lavoro, dispone di garage privato e di camere fresche e confortevoli.

Pantagruele

salita di Ripalta 1/5 – ✆ 08 31 56 06 05 – tina.miri@alice.it – chiuso dal 15 al 30 agosto, sabato a mezzogiorno, domenica Y**b**

Rist – (consigliata la prenotazione) Carta 25/44 €

♦ E' gestito con passione questo locale di tono moderno - fresco e ben tenuto - che propone una cucina casalinga a base di pesce, in piacevoli presentazioni.

BRINDISI

Amena (V.) . . . . Y 4
Annunziata (V.) . . . . Y 6
Betolo (V.) . . . . Z 9
Cappellini (V.) . . . . Z 15
Cittadella (V.) . . . . Y 19
Colonne (V.) . . . . Y 21
Commenda (Viale) . . . . Z 22
De Marco (V. C.) . . . . Z 24
Garibaldi (Cso) . . . . Y
Madonna della Neve (V.) . . . . Y 31
Madonna della Scala (V.) . . . . . . Z 33
Matteotti (Pza) . . . . Y 39
Montenegro (V.) . . . . Y 40
Osanna (V.) . . . . Z 42
Pozzo Traiano (V.) . . . . Y 47
Provinciale San Vito (V.) . . . . . . Y 48
Regina Margherita (Lungomare) . . . . Y 49
Santi (V.) . . . . Y 60
Sauro (V. Nazario) . . . . Z 61
S. Barbara (V.) . . . . Y 54
S. Dionisio (V.) . . . . Y 55
S. Margherita (V.) . . . . Y 58
Tarantini (V.) . . . . Y 64
Tunisi (V.) . . . . Y 69
Umberto I (Cso) . . . . YZ

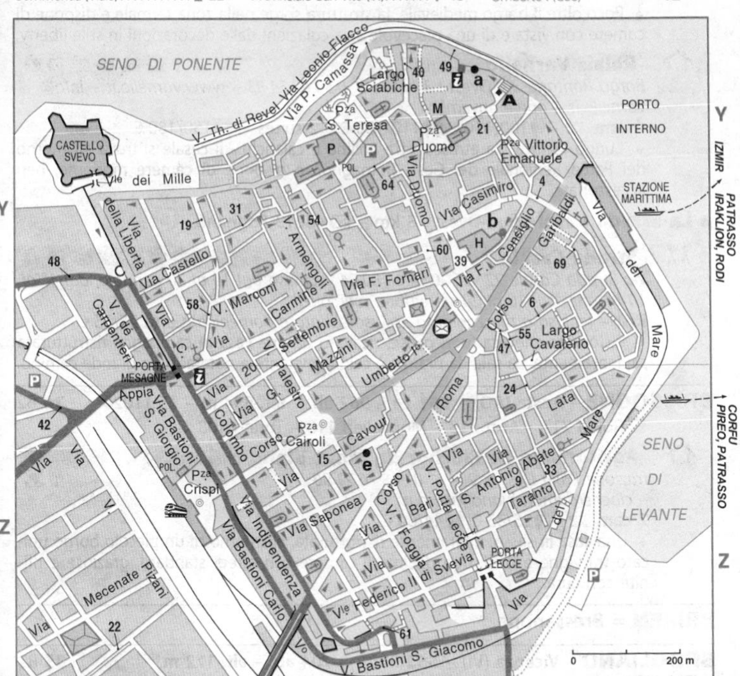

Un pasto con i fiocchi senza rovinarsi? Cercate i Bib Gourmand ☺. Vi aiuteranno a trovare le buone tavole che coniugano una cucina di qualità al prezzo giusto!

BRIOSCO – Monza e Brianza (MB) – **561** E9 – **5 819 ab.** – **alt. 271 m** **18** B1
– ✉ 20040

▶ Roma 608 – Como 25 – Lecco 24 – Milano 40

LeAR
rist,
via Col de Frejus 3, Est : 1,5 km – ☎ *03 62 96 69 20* – *www.ristorantelear.com*
– *info@ristorantelear.com*
8 cam ☐ – †70/110 € ††100/150 €
Rist – *(chiuso sabato a mezzogiorno)* Carta 41/77 €
◆ Confort e arredo ricercato rendono accoglienti le camere di questa raffinata struttura, impreziosita da un parco-museo che accoglie una raccolta di opere d'arte.

BRISIGHELLA – Ravenna (RA) – **562** J17 – **7 772 ab.** – **alt. 115 m** **9** C2
– ✉ 48013

▶ Roma 355 – Bologna 71 – Ravenna 48 – Faenza 13

ℹ piazza Porta Gabolo 5 ☎ 0546 81166, iat.brisighella@racine.ra.it, Fax 0546 81166

La Meridiana rist,
viale delle Terme 19 – ☎ 0 54 68 15 90 – www.lameridianahotel.it – info@lameridianahotel.it – aprile-novembre
56 cam – †40/65 € ††65/90 € – ½ P 45/60 €
Rist – *(aprile-ottobre) (solo per alloggiati)* Menu 15/25 €
♦ Poco oltre il borgo medievale, la struttura sorge nella zona termale e dispone di camere con vista e di una piacevole sala colazioni dalle decorazioni in stile liberty.

Relais Varnello senza rist
Borgo Rontana 34, Ovest : 3 km – ☎ 0 54 68 54 93 – www.varnello.it – info@varnello.it – aprile-novembre
4 cam – †100/110 € ††110/130 € – 2 suites – ††150/180 €
♦ Lungo l'antica via etrusca - tra colline e calanchi - il casale si trova all'interno del Parco Regionale dei Gessi Romagnoli e dispone di camere moderne, ben accessoriate.

a La Strada Casale **Sud-Ovest : 8 km – ✉ 48013 Fognano**

XX **Strada Casale**
via Strada Casale 22 – ☎ 0 54 68 80 54 – chiuso dal 10 al 30 gennaio, dal 1° al 10 giugno, dal 10 al 20 settembre, mercoledì
Rist – *(chiuso a mezzogiorno escluso sabato e domenica)* Carta 25/35 €
♦ Ristorante-enoteca fuori paese, ricavato da una casa di campagna ristrutturata sapientemente. La sala da pranzo è calda, invitante e dotata di un grande camino.

BRISSOGNE – Aosta (AO) – 561 E4 – 962 ab. – alt. 894 m – ✉ 11020 34 B2

Roma 717 – Aosta 13 – Moncalieri 118 – Torino 108

Agriturismo Le Clocher du Mont-Blanc senza rist
frazione Pallù Dessus 2 – ☎ 01 65 76 21 96 – clocherdumontblanc@libero.it
7 cam – †25/35 € ††44/60 €
♦ Una casa in sasso, interamente ristrutturata, all'interno di un piccolo borgo ubicato tra vigne e meli. Una decina di camere con arredi standard, graziose e rifinite con cura.

BRIXEN = Bressanone

BROGLIANO – Vicenza (VI) – 562 F16 – 3 704 ab. – alt. 172 m – ✉ 36070 35 B2

Roma 540 – Verona 54 – Venezia 90 – Vicenza 31

Locanda Perinella cam,
via Bregonza 19 – ☎ 04 45 94 76 88 – hotel@locandaperinella.it – chiuso dal 1° all'8 gennaio e dal 7 al 23 agosto
16 cam – †61/80 € ††90/130 €, 8 € – 6 suites **Rist** – Carta 25/57 €
♦ Antico edificio di campagna ristrutturato con intelligenza e arredato con semplice e tradizionale purezza. Mobili d'epoca e pregevoli elementi architettonici originali. Menù invitante, ambiente rustico-elegante in sala e all'aperto.

BRUCOLI – Siracusa – 365 BA60 – Vedere Augusta

BRUGNERA – Pordenone (PN) – 562 E19 – 9 181 ab. – alt. 16 m – ✉ 33070 10 A3

Roma 564 – Belluno 59 – Pordenone 15 – Treviso 38

Ca' Brugnera
via Villa Varda 4 ✉ 33070 – ☎ 04 34 61 32 32 – www.cabrugnera.com – info@cabrugnera.com
60 cam – †63/103 € ††89/155 € – 4 suites – ½ P 60/103 €
Rist – *(chiuso a mezzogiorno) (solo per alloggiati)*
♦ Albergo d'ispirazione classica, concepito principalmente per una clientela business: ampie le soluzioni congressuali, ma anche le camere. Al ristorante, atmosfera elegante, sapori regionali e proposte di cucina celiaca.

BRUNECK = Brunico

BRUNICO (BRUNECK) - **Bolzano (BZ)** - **562** B17 - **15 170 ab.** **31** C1 - **alt. 838 m** - **Sport invernali : 838/2 275 m** 19 12 **(Comprensorio Dolomiti superski Plan de Corones)** - 39031 Italia

Roma 715 - Cortina d'Ampezzo 59 - Bolzano 77 - Brennero 68

piazza Municipio 7 0474 555722, info@bruneck.com, Fax 0474 555544

Pustertal Im Gelände 15, 0474 41 21 92

Museo etnografico★ di Teodone

Rosa d'Oro-Goldene Rose senza rist

via Bastioni 36/b – *04 74 41 30 00* – *www.hotelgoldenrose.com* – *info@hotelgoldenrose.com* – *chiuso dal 4 al 26 giugno e dal 1° al 25 ottobre*

21 cam – 65/105 € 94/124 €

◆ Questa risorsa costituisce un esempio eccellente di come si possa coniugare la modernità dei servizi e delle installazioni, col calore della tradizione. Camere ottime.

Oberraut

via Ameto 1 – *04 74 55 99 77* – *gasthof.oberraut@dnet.it* – *chiuso dal 15 al 30 gennaio e dal 15 al 30 giugno e giovedì*

Rist – Carta 36/54 €

◆ Ubicato nel verde di un bosco, questa sorta di maso propone al suo interno un servizio ristorante di tutto rispetto con gustosi piatti regionali, rivisitati in chiave moderna.

a Stegona (Stegen)**Nord-Ovest : 2 km** - **alt. 817 m** - **39031 Brunico**

Langgenhof rist,

via San Nicolò 11 – *04 74 55 31 54* – *www.langgenhof.com* – *hotel@langgenhof.com*

31 cam – 51/84 € 96/162 € – ½ P 61/101 €

Rist – *(chiuso 2 settimane in aprile, 2 settimane in novembre e domenica) (chiuso a mezzogiorno)* Carta 35/47 €

◆ Un maso, edifico tipico di queste parti, riadattato con materiali biologici e molto e buon gusto per ospiti in cerca di genuinità, da viversi nello spirito della tradizione. Originali e meravigliose stufe nella sala da pranzo. Tutto trasmette passione e cura.

a San Giorgio (St. Georgen)**Nord : 2 km** - **alt. 823 m** - **39031 Brunico**

Gissbach rist,

via Gissbach 27 – *04 74 55 11 73* – *www.gisssbach.com* – *info@gissbach.com* – *dicembre-Pasqua e maggio-ottobre*

19 cam – 47/67 € 74/114 € – 8 suites – ½ P 50/70 €

Rist – *(chiuso a mezzogiorno)* Carta 25/45 €

◆ Edificio in tipico stile di montagna con alcuni interessanti spunti architettonici, che caratterizzano in modo curioso gli interni, come gli inserti di vetro nel pavimento. La facciata è quella di una casa in tipico stile tirolese, mentre gli interni sono caratterizzati da alcuni interessanti spunti architettonici come gli inserti di vetro nel pavimento.

a Riscone (Reischach)**Sud-Est : 3 km** - **alt. 960 m** - **39031**

Schönblick

via Reiperting 1 – *04 74 54 17 77* – *www.schoenblick.it* – *hotel@schoenblick.it* – *26 novembre-25 aprile e 11 giugno-15 ottobre*

49 cam – 90/160 € 160/300 € – 4 suites – ½ P 115/230 €

Rist – *(chiuso a mezzogiorno)* Menu 25/80 €

◆ Imponente ed elegante struttura cinta dal verde; all'interno grandi spazi in stile montano di taglio moderno e tono signorile. Belle stanze spaziose, dotate di ogni confort. Calda atmosfera nella sala da pranzo rivestita in perlinato; molto accogliente.

Royal Hotel Hinterhuber
via Ried 1/A cam, rist,
– *04 74 54 10 00 – www.royal-hinterhuber.com – info@royal-hinterhuber.com – dicembre-2 aprile e giugno-settembre*
39 cam – 110/170 € 170/250 € – 8 suites – ½ P 95/160 €
Rist – *(solo per alloggiati)*
◆ Grazie ai continui rinnovi, resta sempre attuale questo hotel adatto a chi cerca un luogo nel quale trovare assoluto relax e praticare sport. Parco con piscina riscaldata e tennis.

Majestic
rist,
Im Gelande 20 – 04 74 41 09 93 – www.hotel-majestic.it – info@hotel-majestic.it – chiuso dal 25 aprile al 2 giugno e dal 2 novembre al 3 dicembre
56 cam – 100/135 € 220/330 € – 4 suites – ½ P 130/155 €
Rist – *(chiuso a mezzogiorno) (solo per alloggiati)*
◆ Vicino agli impianti sportivi e al golf a 9 buche, non difetta di silenzio e tranquillità per una vacanza in cui il relax è la chiave di volta. Piacevole e rilassante centro benessere.

Rudolf
rist,
via Riscone 33 – 04 74 57 05 70 – www.hotel-rudolf.it – info@hotel-rudolf.com
33 cam – 82/175 € 120/240 € – 4 suites – ½ P 70/135 €
Rist – *(chiuso novembre)* Carta 34/66 €
◆ Il punto di forza dell'albergo è rappresentato senz'altro dagli ambienti e dai servizi comuni di livello apprezzabile. In più ci sono panorama e tranquillità. Ristorante d'impostazione classica nello stile dell'arredo e nella composizione del menù.

BRUSAPORTO – Bergamo (BG) – 5 142 ab. – alt. 255 m – 24060 — 19 C1

Roma 601 – Bergamo 12 – Brescia 54 – Milano 60

Relais da Vittorio
via Cantalupa 17 – 0 35 68 10 24 – www.davittorio.com – relaisdavittorio@davittorio.com – chiuso 2 settimane in agosto
10 cam – 200/250 € 280/300 €
Rist Da Vittorio – vedere selezione ristoranti
◆ I proprietari la descrivono come *una piccola locanda di charme* immersa nel verde, ma noi aggiungiamo grande nel confort. Belle camere diverse fra loro, contraddistinte dai nomi dei primi dieci nipoti della famiglia Cerea e bagni che seguono la felice linea della personalizzazione con rivestimenti in marmo e cromatismi.

Da Vittorio (Enrico e Roberto Cerea) – Relais da Vittorio
via Cantalupa 17 – 0 35 68 10 24 – www.davittorio.com – info@davittorio.com – chiuso dall'8 al 21 agosto e mercoledì a mezzogiorno
Rist – Menu 70 € (solo a mezzogiorno escluso domenica)/170 € – Carta 87/182 €
Spec. Nuvola di caviale Iranian Royal Black. San Pietro con spaghettini di seppie "ajo ojo" e fave. "Orecchie d'elefante" alla milanese.
◆ Il fascino del mare non lascia indifferenti. E' qui, infatti, che il locale da il meglio di sé dal pesce crudo ad elaborazioni più complesse, ma come un vero fuoriclasse va oltre ogni classificazione e strega l'ospite anche con piatti della tradizione, rimanendo sempre sul crinale dell'innovazione soft.

BRUSCIANO – Napoli (NA) – 15 891 ab. – alt. 27 m – 80031 — 6 B2

Roma 217 – Napoli 22 – Latina 62 – Salerno 59

Taverna Estia (Francesco Sposito)
via Guido De Ruggiero 108 – 08 15 19 96 33 – www.tavernaestia.it – info@tavernaestia.it – chiuso dal 7 al 13 gennaio, dal 15 al 30 agosto, domenica sera, lunedì
Rist – *(chiuso a mezzogiorno escluso i giorni festivi)* (consigliata la prenotazione) Menu 75/90 € – Carta 70/100 €
Spec. Risotto mantecato con confettura di limoni alla vaniglia, crudo di gamberi rossi e vongole veraci. Totanetti farciti con emulsione di patate ed erbe aromatiche su croccante di peperoncini verdi alla pizzaiola. Flan di limoni e mandorle, riduzione di ciliegie e gelato alla ricotta e canditi.
◆ Oasi di elegante rusticità, tra camino e travi a vista, la taverna è un miracolo gastronomico di finezza e sapiente valorizzazione del territorio: carne o pesce in raffinate preparazioni.

BRUSSON – Aosta (AO) – 561 E5 – 862 ab. – alt. 1 338 m – Sport invernali : 1 338/2 230 m ⛷2, ⛷ – ✉ 11022 — 34 B2

Roma 726 – Aosta 53 – Ivrea 51 – Milano 164

piazza Municipio 1 ✆ 0125 300240, brusson@turismo.vda.it, Fax 0125 300691

Laghetto
cam,

rue Trois Villages 291 – ✆ 01 25 30 01 79 – www.hotellaghetto.it – hotel@hotellaghetto.it – chiuso dal 16 ottobre al 2 dicembre

18 cam – †65/105 € ††96/135 € – ½ P 68/85 €

Rist – *(chiuso giovedì)* Carta 25/33 €

♦ Albergo a gestione familiare, in cui trascorrere un soggiorno rilassante e sobrio. Attratti dalle montagne e anche dall'adiacente laghetto per la pesca sportiva. Due sale ristorante, una dedicata ai turisti di passaggio, l'altra per gli ospiti dell'hotel.

BUDOIA – Pordenone (PN) – 562 D19 – 2 518 ab. – alt. 140 m – ✉ 33070 — 10 A2

Roma 600 – Belluno 65 – Pordenone 32 – Treviso 58

Ciasa de Gahja
cam,

via Anzolet 13 – ✆ 04 34 65 48 97 – www.ciasadegahja.com – info@ciasadegahja.com

16 cam – †65/85 € ††85/130 € – ½ P 63/95 €

Rist – *(chiuso lunedì, martedì a mezzogiorno)* Carta 28/70 €

♦ Nei dintorni passeggiate per boschi e avventure tra testimonianze architettoniche, all'interno dell'antica residenza di caccia, una calda accoglienza e ampie camere personalizzate. E per finire in bellezza, romantiche cene a bordo piscina con sfiziosi piatti di terra e di mare.

Il Rifugio

località Val de Croda, Nord-Ovest : 3 km – ✆ 04 34 65 49 15 – www.ilrifugio.net – info@ilrifugio.net – chiuso 2 settimane in gennaio, 1 settimana in giugno, mercoledì, giovedì a mezzogiorno

Rist – Carta 29/43 €

♦ Nella cornice naturale della Val di Croda, ristorante rustico a conduzione diretta, con piatti legati al territorio e qualche piccola variante.

BUDRIO – Bologna (BO) – 562 I16 – 17 498 ab. – alt. 25 m – ✉ 40054 — 9 C2

Roma 401 – Bologna 22 – Ferrara 46 – Ravenna 66

Sport Hotel senza rist

via Massarenti 10 – ✆ 0 51 80 35 15 – www.hotelsport.biz – info@hotelsport.biz

31 cam – †67/160 € ††90/200 €

♦ Risorsa con camere semplici e bagni piccoli, apprezzata per la propria funzionalità e per la comoda ubicazione a poca strada dal polo fieristico bolognese.

Centro Storico

via Garibaldi 10 – ✆ 0 51 80 16 78 – chiuso dal 20 al 28 febbraio, dal 21 agosto al 2 settembre, domenica sera, lunedì

Rist – (consigliata la prenotazione) Carta 38/54 €

♦ Piccolo locale a gestione famigliare, dove lo chef propone una cucina che affonda le proprie radici nella tradizione, rivisitata e alleggerita.

BULLA = PUFELS – Bolzano – Vedere Ortisei

BURAGO DI MOLGORA – Monza e Brianza (MB) – 561 F10 – 4 286 ab. – alt. 182 m – ✉ 20040 — 18 B2

Roma 591 – Milano 22 – Bergamo 37 – Lecco 33

Brianteo

via Martin Luther King 3/5 – ✆ 03 96 08 21 18 – www.brianteo.it – hotel@brianteo.it – chiuso dal 23 dicembre al 6 gennaio e dal 2 al 24 agosto

59 cam – †89/110 € ††130/160 € – 3 suites – ½ P 100/130 €

Rist Brianteo – vedere selezione ristoranti

♦ Struttura votata alla soddisfazione delle esigenze della clientela d'affari. Camere ampie, curate e funzionali, benché semplici; sono validi anche gli spazi comuni.

XX **Brianteo**

via Martin Luther King 3/5 – ✆ 03 96 08 04 36 – www.brianteo.it – ristorante@brianteo.it – chiuso dal 26 dicembre al 6 gennaio ed agosto
Rist – Carta 45/59 €
◆ Accanto all'omonimo hotel, un ristorante composto da un grande salone e due sale più raccolte. Il menù propone la più rassicurante e classica cucina nazionale.

BURANO – **Venezia** – **Vedere Venezia**

BURGSTALL = **Postal**

BURGUSIO = BURGEIS – **Bolzano** – **561** B13 – **Vedere Malles Venosta**

BUSALLA – **Genova (GE)** – **561** I8 – **5 931 ab.** – **alt. 358 m** – ✉ **16012** **15** C1

Roma 513 – Genova 26 – Alessandria 59 – Milano 123

Vittoria

via Vittorio Veneto 177 – ✆ 01 09 76 12 84 – info@albergobarvittoria.it – chiuso dal 23 dicembre al 17 gennaio
15 cam ☐ – †50/70 € ††70/90 €
Rist – *(chiuso venerdì) (chiuso a mezzogiorno)* Carta 18/28 €
◆ Piccola e accogliente risorsa, in centro e a due passi dalla stazione ferroviaria. Ambiente familiare e pulito, camere dotate di tutti i confort di base. Le decorazioni e le luci del ristorante testimoniano l'estro artistico della gestione.

XX **Grit**

piazza Garibaldi 9 – ✆ 01 09 64 17 98 – www.ristorantegrit.com – extreme.kayak@libero.it – chiuso dal 14 al 23 febbraio, agosto e lunedì
Rist – Carta 25/45 €
◆ Ristorante sviluppato su tre salette e d'estate anche nella minuscola piazzetta antistante, dove sono sistemati alcuni tavolini. Cucina casalinga, con tocchi creativi.

BUSCATE – **Milano (MI)** – **561** F8 – **4 741 ab.** – **alt. 178 m** – ✉ **20010** **18** A2

Roma 611 – Milano 38 – Gallarate 15 – Novara 21

Scià on Martin

viale 2 Giugno 1 – ✆ 03 31 80 30 00 – www.sciaonmartin.it – info@sciaonmartin.it – chiuso dal 24 dicembre al 3 gennaio ed agosto
41 cam ☐ – †107 € ††132 € – 3 suites – ½ P 99 €
Rist – *(chiuso sabato a mezzogiorno)* Carta 42/57 €
◆ Struttura recentemente ampliata, potenziata e rimodernata in molte parti. E dunque anche il livello di confort è stato elevato e adeguato alle ultime novità ed esigenze. Sala ristorante di tono moderno ed elegante con proposte di cucina stagionale.

BUSSANA – **Imperia** – **Vedere San Remo**

BUSSETO – **Parma (PR)** – **562** H12 – **6 946 ab.** – **alt. 40 m** – ✉ **43011** **8** A1

Roma 490 – Parma 35 – Piacenza 32 – Bologna 128

piazza Verdi 10 (Municipio) ✆ 0524 92487, info@bussetolive.com, Fax 0542 931740

I Due Foscari

piazza Carlo Rossi 15 – ✆ 05 24 93 00 31 – www.iduefoscari.it – info@iduefoscari.it
20 cam – †62 € ††87 €, ☐ 8 € – ½ P 82 €
Rist – *(chiuso 3 settimane in agosto e lunedì)* Carta 37/54 €
◆ Per farsi avvolgere da un'autentica atmosfera verdiana, una suggestiva e scenografica dimora di campagna, con arredi in stile e mobili d'epoca. Facile farsi sopraffare dalla meraviglia dell'ambientazione della sala ristorante.

BUSSOLENGO - Verona (VR) - **562** F14 - **19 439 ab.** - **alt. 127 m** - ✉ **37012** **37** A2

Roma 504 - Verona 13 - Garda 20 - Mantova 43

Montresor Hotel Tower
via Mantegna 30/a - ✆ 04 56 76 10 00 - www.montresorgroup.com - tower@montresorgroup.com
144 cam - 60/250 € 80/300 € **Rist** - Menu 14/18 €
♦ Pare un piccolo grattacielo color melanzana dagli interni che colpiscono per la modernità e la ricerca del lusso. Non mancano gli spazi, soprattutto nelle camere tutte molto spaziose. Cucina veneta e sapori mediterranei in menu.

BUSTO ARSIZIO - Varese (VA) - **561** F8 - **81 432 ab.** - **alt. 226 m** - ✉ **21052** **18** A2

Roma 611 - Milano 35 - Stresa 52 - Como 40

Le Robinie via per Busto Arsizio 9, ✆ 0331 32 92 60

Antica Osteria I 5 Campanili
via Maino 18 - ✆ 03 31 63 04 93 - www.i5campanili.com - antonio.pagani5@tin.it - chiuso dal 6 al 15 gennaio, dal 16 al 20 agosto, lunedì
Rist - Carta 43/54 €
♦ Un locale elegante, con un bel giardino per il servizio estivo e una nutrita e affezionata clientela d'habitué. La cucina si affida a valide e fantasiose elaborazioni.

Mirò
via Roma 5 - ✆ 03 31 62 33 10 - www.ristorantemiro.it - susanna.orsi@fastwebnet.it - chiuso sabato a mezzogiorno, lunedì
Rist - Carta 47/62 €
♦ In un ex convento in pieno centro, ambienti piacevoli suddivisi tra una sala romantica e un godibile dehors. Cucina fantasiosa e ricca di abbinamenti curisosi.

BUTTRIO - Udine (UD) - **562** D21 - **4 123 ab.** - **alt. 79 m** - ✉ **33042** **11** C2

Roma 641 - Udine 12 - Gorizia 26 - Milano 381

Locanda alle Officine
via Nazionale 46/48, Sud-Est : 1 km - ✆ 04 32 67 33 04 - www.aziendagricolamarinadanieli.it - locanda.officine@alice.it
38 cam - 90 € 150 €, 10 € - ½ P 100 €
Rist - *(chiuso domenica)* Carta 24/32 €
♦ Albergo di taglio classico, ricavato dall'ampliamento della precedente locanda: arredi lineari nelle camere, la maggior parte delle quali di ampia metratura. Al ristorante, piatti del territorio con qualche rivisitazione.

Trattoria al Parco
via Stretta 7 - ✆ 04 32 67 40 25 - parco.meroi@libero.it - chiuso dal 15 al 25 gennaio, dal 5 al 25 agosto, martedì sera, mercoledì
Rist - Carta 24/32 €
♦ Piatti della tradizione in una curata trattoria del centro storico. Il verde del parco secolare che abbraccia la struttura rallegrerà il servizio estivo all'aperto.

CABRAS - Oristano (OR) - **566** H7 - **9 092 ab.** - ✉ **09072** **38** A2

Alghero 108 - Cagliari 101 - Iglesias 114 - Nuoro 95

Villa Canu
cam, rist,
via Firenze 9 - ✆ 07 83 39 50 13 - www.hotelvillacanu.com - villacanu@gmail.it - febbraio-15 novembre
22 cam - 50/75 € 78/130 € - ½ P 75/93 €
Rist *Il Caminetto* - ✆ 07 83 39 11 39 *(chiuso lunedì)* Carta 27/39 €
♦ Grazioso hotel a conduzione familiare nel centro della località: ambienti comuni signorili ed intimi, camere confortevoli nella loro semplicità. A soli 100 metri, il ristorante vi attende per deliziarvi con tante specialità di pesce.

CADEO – Piacenza (PC) – 562 H11 – 5 463 ab. – alt. 67 m – ✉ 29010 8 A1

Roma 501 – Piacenza 15 – Cremona 34 – Milano 76

Relais Cascina Scottina

strada Riglio, verso Saliceto , Nord-Ovest: 2 km – ✆ 05 23 50 42 32 – www.relaiscascinascottina.it – ost.pesa@libero.it – chiuso dal 1° all'8 gennaio

17 cam – 80/160 € 120/210 €

Rist *Antica Osteria della Pesa* – Carta 44/67 €

◆ Nel cuore della campagna piacentina, nuovo ed accogliente relais ambientato in un antico casale del '700 con camere spaziose - curate nei minimi dettagli - per garantire agli ospiti un soggiorno indimenticabile. Al ristorante, i classici regionali si trasformano in piatti estrosi con qualche proposta di pesce.

Lanterna Rossa

via Ponte 8, località Saliceto, Nord-Est : 4 km – ✆ 05 23 50 05 63 – www.lanternarossa.it – info@lanternarossa.it – chiuso dall'11 al 15 gennaio, dal 20 agosto al 15 settembre, lunedì e martedì

Rist – (prenotazione obbligatoria) Menu 32/40 € – Carta 32/53 €

◆ Una villetta di campagna tinteggiata di rosso ospita questo ristorante dalla gestione familiare; la cucina punta sulla qualità e su piatti che traggono la loro ispirazione dal mare.

CADIPIETRA = STEINHAUS – Bolzano – Vedere Valle Aurina

CAERANO DI SAN MARCO – Treviso (TV) – 562 E17 – 7 941 ab. – alt. 124 m – ✉ 31031 36 C2

Roma 548 – Padova 50 – Belluno 59 – Milano 253

Agriturismo Col delle Rane senza rist

via Mercato Vecchio 18, Nord-Est : 1 km – ✆ 0 42 38 55 85 – www.coldellerane.it – info@coldellerane.it

14 cam – 39/41 € 67/70 €

◆ Risorsa tranquilla e confortevole all'interno di un'elegante casa colonica di fine '700 (a disposizione anche un mini-appartamento). Momenti di relax presso la nuova bio-piscina immersa nel verde.

CAFRAGNA – Parma – 562 H12 – Vedere Collecchio

CAGGIANO – Salerno (SA) – 564 F28 – 2 879 ab. – ✉ 84030 7 D2

Roma 338 – Napoli 128 – Salerno 76 – Potenza 55

Locanda Severino con cam

rist,

largo Re Galantuomo 11 – ✆ 09 75 39 39 05 – www.locandaseverino.it – info@locandaseverino.it – chiuso 10 giorni in gennaio e 10 giorni in luglio

9 cam – 60 € 80/120 €

Rist – *(chiuso lunedì e martedì) (chiuso a mezzogiorno escluso domenica e festivi)* (consigliata la prenotazione) Carta 36/48 €

◆ Nel centro storico della località, la cucina di questa moderna locanda si ripropone di accompagnarvi in un viaggio goloso fra territorio e creatività. Non è un numero a contraddistinguere le camere, ma un colore che le personalizza, differenziandole.

CAGLIARI P (CA) – 366 P48 – 157 297 ab. Italia 38 B3

Nuoro 182 – Porto Torres 229 – Sassari 211

di Elmas per ②: 6 km ✆ 070 211211

per Civitavecchia, Genova, Napoli, Palermo e Trapani – Tirrenia Navigazione, call center 892 123

piazza Matteotti ✉ 09123 ✆ 070 669255

piazza Deffenu 9 ✉ 09125 ✆ 070 604241, infoturismo@provincia.cagliari.it, Fax 070 663207

Museo Archeologico Nazionale ★ : bronzetti★★★ Y – ≤★★ dalla terrazza Umberto I Z – Pulpiti★★ nella Cattedrale Y – Torre di San Pancrazio★ Y – Torre dell'Elefante★ Y

Strada★★★ per Muravera per ①

T Hotel 

via dei Giudicati 66, per via Dante ✉ 09131
– ✆ 07 04 74 00
– www.thotel.it – reservation@thotel.it
200 cam ☕ – 🚹99/189 € 🚹🚹119/219 € – 7 suites
Rist – Carta 31/45 €

◆ Tecnologia e design: una torre in vetro rivoluziona il paesaggio cagliaritano senza dimenticare le tradizioni, grazie alle frequenti esposizioni sull'artigianato locale allestite nella hall. Belle camere, moderno centro benessere e fitness. Cucina veloce a pranzo, piatti sardi ed internazionali più elaborati la sera.

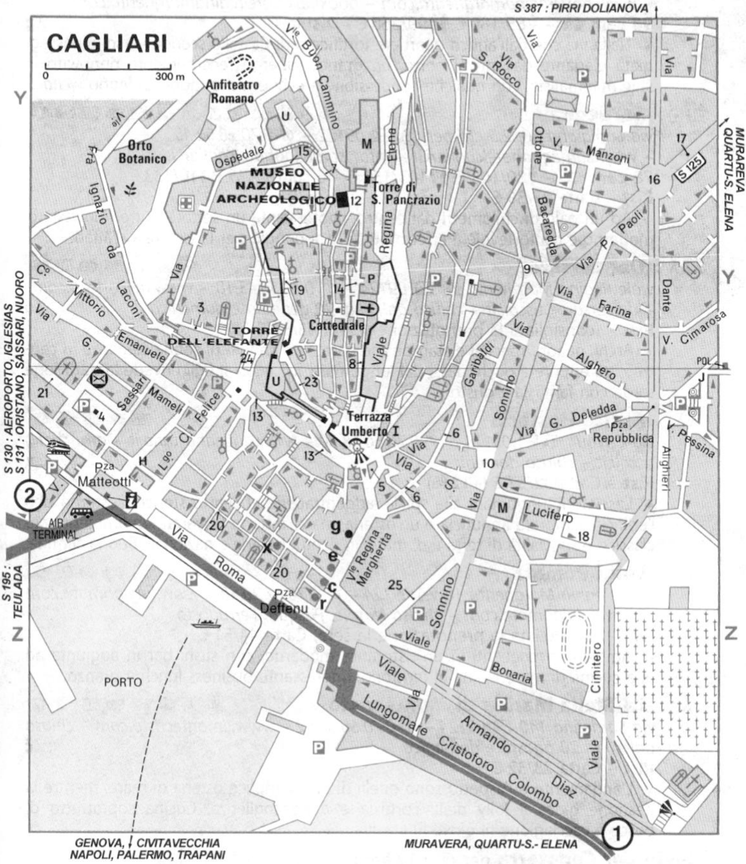

CAGLIARI

Circolazione regolamentata nel centro città

Azuni (V.)	Y	3
Carlo Felice (Largo)	Z	
Carmine (Pza)	Z	4
Costituzione (Pza)	Z	5
D'Arborea (V. E.)	Z	6
Fiume (V.)	Y	7
Fossario (V.)	Y	8
Garibaldi (Pza)	Y	9
Gramsci (Pza)	Z	10
Indipendenza (Pza)	Y	12
Manno (V. G.)	Z	13
Martini (V.)	Y	14
Porceli (V.)	Y	15
Roma (V.)	Z	
Sardegna (V.)	Z	20
S. Benedetto (Pza)	Y	16
S. Benedetto (V.)	Y	17
S. Cosimo (Pza)	Z	18
S. Croce (V.)	Y	19
Trieste (Viale)	Z	21
Università (V.)	Z	23
Yenne (Pza)	Y	24
20 Settembre (V.)	Z	25

Caesar's

via Darwin 2/4, per viale Armando Diaz ✉ 09126 – ☎ 0 70 34 07 50 – www.caesarshotel.it – prenotazioni@caesarshotel.it Ze

48 cam – 79/150 € 99/260 €

Rist ***Cesare*** – *☎ 0 70 30 47 68 (chiuso dal 7 al 26 agosto e domenica sera)* Carta 27/46 €

◆ Nella cornice di un quartiere moderno, tra eleganti condomini, solo varcato l'ingresso si svela la caratteristica: la struttura si sviluppa curiosamente intorno ad una corte interna. Raffinato e accogliente il ristorante, dove gustare piatti tipici della cucina isolana accanto ai classici nazionali.

Regina Margherita senza rist

viale Regina Margherita 44 ✉ 09124 – ☎ 0 70 67 03 42 – www.hotelreginamargherita.com – booking@hotelreginamargherita.com

98 cam – 85/180 € 99/260 € – 2 suites Zg

◆ Nella via che dall'antico quartiere fortificato di Castello scende verso la passeggiata elegante davanti al porto, un grande albergo recentemente rinnovato in stile minimalista, con qualche concessione a echi etnici e mobili in legno *wengé*.

Sardegna

via Lunigiana 50, 2,5 km per ② ✉ 09122 – ☎ 0 70 28 62 45 – www.sardegnahotelcagliari.it – info@sardegnahotelcagliari.it

78 cam – 80/103 € 103/152 € – 6 suites – ½ P 110/133 €

Rist – Carta 27/39 €

◆ Ad un paio di chilometri dal centro, l'hotel vanta un settore notte nuovissimo, moderno e confortevole. Perfetto punto d'appoggio per la clientela d'affari.

Dal Corsaro

viale Regina Margherita 28 ✉ 09124 – ☎ 0 70 66 43 18 – www.dalcorsaro.com – dalcorsaro@tiscali.it – chiuso dal 1° al 20 gennaio e domenica Ze

Rist – (consigliata la prenotazione) Carta 43/58 €

◆ Archi, quadri, specchi e stampe alle pareti, un angolo di sobria eleganza in centro città eppure a pochi passi dal lungomare; in cucina il figlio rivede la tradizione sarda con fantasia e gusto.

Antica Hostaria

via Cavour 60 ✉ 09124 – ☎ 0 70 66 58 70 – www.anticahostaria.it – granchef@tiscali.it – chiuso domenica Zx

Rist – Carta 32/57 € (+12 %)

◆ Lasciate il lungomare alle spalle, addentratevi nel centro storico: l'esterno dell'edificio sembrerà annunciare un'osteria, ma all'interno troverete un ambiente più classico e specialità di terra e di mare, in ricette isolane e nazionali. Buona cantina.

Luigi Pomata

viale Regina Margherita 18 ✉ 09124 – ☎ 0 70 67 20 58 – www.luigipomata.com – info@luigipomata.com – chiuso Natale, Pasqua, Ferragosto

Rist – (consigliata la prenotazione la sera) Carta 44/51 €

◆ Ambienti accoglienti in un ristorante moderno, con sushi bar in aggiunta ad una cucina di mare legata al territorio; interessante business lunch a pranzo.

La Stella Marina di Montecristo

via Sardegna 140 ✉ 09124 – ☎ 0 70 66 66 92 – www.ilmontecristo.com – chiuso dal 10 al 20 agosto e domenica Zc

Rist – Carta 23/32 €

◆ L'andamento e l'aspetto sono quelli di una semplice osteria di mare, mentre la gestione gioca il jolly della cortesia e dell'accoglienza. Cucina soprattutto di pesce e cacciagione (il giovedì).

al bivio per Capoterra per ② : 12 km :

Sa Cardiga e Su Schironi

strada statale 195 bivio per Capoterra ✉ 09012 Capoterra – ☎ 07 07 16 52 – www.sacardigaesuschironi.it – murgia@sacardigaesuschironi.it – chiuso gennaio, lunedì (escluso agosto), anche domenica sera da ottobre a giugno

Rist – Carta 33/55 €

◆ Diverse sale avvolte nel legno, colori e un ampio espositore di pesce all'ingresso. Si può scegliere già qui il pesce, poi proposto in semplici elaborazioni perlopiù alla griglia.

CALA DI VOLPE – Olbia-Tempio (104) – **366** S37 – Vedere Arzachena : Costa Smeralda

CALA GONONE – Nuoro – **366** S42 – Vedere Dorgali

CALAMANDRANA – Asti (AT) – **561** H7 – 1 734 ab. – alt. 151 m **25** D2 – ✉ 14042

Roma 599 – Alessandria 38 – Genova 98 – Asti 35

Violetta

località Valle San Giovanni 1, Nord : 2,5 km – ☎ 01 41 76 90 11 – www.ristorantevioletta.it – info@ristorantevioletta.it – chiuso dall'11 gennaio all'11 febbraio, mercoledì e la sera di domenica e martedì

Rist – Menu 35/40 € – Carta 30/41 €

◆ Echi contadini in un locale che non lascia indifferenti: dal carretto in bella mostra nel cortile, alle prelibatezze gastronomiche dalle sfumature alessandrine. Ottima cantina.

CALAMBRONE – Pisa – **563** L12 – Vedere Tirrenia

CALA PICCOLA – Grosseto – **563** O15 – Vedere Porto Santo Stefano

CALASETTA – Carbonia-Iglesias (CI) – **366** L49 – 2 900 ab. – ✉ 09011 **38** A3

Cagliari 105 – Oristano 145

per l'Isola di San Pietro-Carloforte – Saremar, call center 892 123

Luci del Faro cam, rist,

località Mangiabarche , Sud : 5 km – ☎ 07 81 81 00 89 – www.hotelucidelfaro.com – info@hotelucidelfaro.com – aprile-ottobre

38 cam – †143/204 € ††196/258 € – ½ P 128/159 € **Rist** – Menu 35 €

◆ Di fronte ad una costa rocciosa, è un borgo mediterraneo raccolto attorno ad una grande piscina; all'interno ampie camere dai moderni arredi ed aree giochi per i più piccoli.

CALAVINO – Trento (TN) – **562** D14 – 1 420 ab. – alt. 409 m **30** B3 – ✉ 38072

Roma 605 – Trento 15 – Bolzano 77 – Brescia 100

Da Cipriano

via Graziadei 13 – ☎ 04 61 56 47 20 – ristorantecipriano@libero.it – chiuso mercoledì

Rist – *(chiuso a mezzogiorno escluso domenica)* Carta 22/31 €

◆ La casa antica dalle volte basse ospita un ristorante con quattro salette di diverso stile, nelle quali gustare una cucina regionale particolarmente attenta alla scelta dei prodotti.

CALCINATO – Brescia (BS) – **561** F13 – 12 354 ab. – alt. 171 m **17** D1 – ✉ 25011

Roma 517 – Brescia 19 – Milano 113 – Parma 83

a Ponte San Marco Nord : 2,5 km – ✉ 25011

Della Torre 1850 cam,

via strada statale 11, Padana Superiore 33 – ☎ 03 09 65 51 11 – www.hoteldellatorre1850.it – info@hoteldellatorre1850.it – chiuso 2 settimane in dicembre

48 cam – †55/80 € ††85/120 € – ½ P 55/72 € **Rist** – Carta 25/40 €

◆ Attorno ad una torre colombaia del XIX sec., un ex opificio dalla caratteristica struttura "a ringhiera" recentemente trasformato in hotel. Camere sobrie, mobilio di qualità.

CALDANA – Grosseto – **563** N14 – Vedere Gavorrano

CALDARO SULLA STRADA DEL VINO (KALTERN AN DER WEINSTRASSE) - Bolzano (BZ) - 562 C15 - 7 558 ab. - alt. 425 m - ✉ 39052 31 D3

Roma 635 - Bolzano 15 - Merano 37 - Milano 292

piazza Mercato 8 ☎ 0471 963169, info@kaltern.com, Fax 0471 963469

Schlosshotel Aehrental

via dell'Oro 19 - ☎ 04 71 96 22 22 - www.schlosshotel.it - info@schlosshotel.it - aprile-1° novembre

22 cam - 99/105 € 100/115 € - 2 suites **Rist** - Carta 41/64 €

◆ Bell'edificio nobiliare di metà '600 a due passi dal centro, ma circondato da un bel giardino. Camere e ambienti signorili, per un soggiorno all'insegna del buon gusto. Servizio ristorante estivo all'aperto.

al lago Sud : 5 km :

Parc Hotel

Campi al lago 9 - ☎ 04 71 96 00 00 - www.parchotel.cc - info@parchotel.cc - chiuso dal 7 novembre al 15 aprile

37 cam - 3 suites - solo ½ P 108/182 €

Rist - Carta 38/70 €

◆ Imponente complesso ubicato proprio sulle rive del lago con interni di taglio classico, ma assolutamente moderni per completezza e funzionalità. Belle camere spaziose.

Seeleiten

strada del Vino 30 - ☎ 04 71 96 02 00 - www.seeleiten.it - info@seeleiten.it - 15 marzo-20 novembre

49 cam - 106/139 € 156/183 € - 10 suites - ½ P 108/155 €

Rist - Carta 43/56 €

◆ Tante possibilità per il relax e la cura del corpo in un hotel di classe, dotato di centro benessere e cinto da giardino con laghetto-piscina e vigneto; camere di classe. Gli spazi del ristorante sono stati strutturati con raffinatezza.

Seegarten

lago di Caldaro 17 - ☎ 04 71 96 02 60 - www.seegarten.com - info@seegarten.it - aprile-ottobre

29 cam - 80/110 € 90/110 € - 4 suites - ½ P 100/110 €

Rist - *(chiuso mercoledì)* Carta 27/59 €

◆ Per gli amanti del nuoto è davvero ideale la spiaggia attrezzata di questa risorsa immersa nel verde a bordo lago e con vista sui monti; camere spaziose, recentemente rinnovate. Cucina regionale e servizio estivo in terrazza: i due punti di forza del ristorante.

Haus Am Hang

lago di Caldaro 57 - ☎ 04 71 96 00 86 - www.hausamhang.it - info@hausamhang.it - 15 marzo-15 novembre

33 cam - 59/79 € 122/145 € - ½ P 78/89 € **Rist** - Carta 25/45 €

◆ Godere della quiete, del panorama e delle opportunità offerte dalla natura in un ambiente familiare e accogliente; belle camere ampie con elegante arredamento moderno. Sala da pranzo di ambientazione tirolese.

Castel Ringberg

San Giuseppe al Lago 1 - ☎ 04 71 96 00 10 - www.castel-ringberg.com - info@castel-ringberg.com - chiuso dal 10 gennaio al 10 marzo, martedì

Rist - (prenotazione obbligatoria) Menu 45/71 € - Carta 56/74 €

◆ Un vero castello, in buone condizioni, che continua ad affascinare i propri ospiti. Arredi e sale di taglio classico, cucina di mare e di terra della tradizione italiana.

CALDERARA DI RENO - Bologna (BO) - 562 I15 - 12 888 ab. - alt. 30 m - ✉ 40012 9 C3

Roma 373 - Bologna 11 - Ferrara 54 - Modena 40

a Sacerno Ovest : 5 km – ✉ 40012 Calderara Di Reno

XX **Antica Trattoria di Sacerno**

via di Mezzo Levante 2/b – ✆ 05 16 46 90 50 – www.sacerno.it – sacerno@sacerno.it – chiuso dal 25 dicembre al 10 gennaio, agosto e domenica a mezzogiorno da giugno a settembre

Rist – Carta 61/79 €

◆ In una piccola villa con giardino, pochi coperti ed una caratteristica sala con spiovente in legno. In cucina il mare, dalla cantina tante bollicine (oltre 100 diverse etichette, fra nazionali e francesi). Servizio estivo all'aperto.

CALDERINO – **Bologna (BO)** – **562** I15 – **alt. 112 m** – ✉ **40050** **9** C2

Roma 373 – Bologna 16 – Milano 213 – Modena 45

X **Nuova Roma**

via Olivetta 87, Sud-Est : 1 km – ✆ 05 16 76 01 40 – chiuso dal 28 gennaio al 14 febbraio, agosto, martedì, mercoledì a mezzogiorno

Rist – Menu 38 € – Carta 30/58 €

◆ Una trattoria semplice, sulla strada tra Calderino e Sasso Marconi, dove gustare una cucina regionale con un bicchiere da scegliere ad hoc entro una completa carta dei vini.

CALDIERO – **Verona (VR)** – **562** F15 – **7 149 ab.** – **alt. 44 m** – ✉ **37042** **37** B3

Roma 517 – Verona 15 – Milano 174 – Padova 66

Bareta senza rist

via Strà 88 – ✆ 04 56 15 07 22 – www.hotelbareta.it – info@hotelbareta.it – chiuso dal 21 dicembre al 7 gennaio

33 cam – †45/70 € ††65/110 €

◆ Comodo da raggiungere sulla strada statale, albergo di concezione moderna - a gestione familiare - che propone confortevoli camere dalle rilassanti tinte azzurre. La sera, servizio di wine bar con affettati misti e formaggi vari.

sulla strada statale 11 Nord-Ovest : 2,5 km :

XX **Renato**

località Vago 6 ✉ 37042 – ✆ 0 45 98 25 72 – www.ristoranterenato.it – ristrenato@email.it – chiuso agosto, lunedì sera, martedì

Rist – Carta 40/73 €

◆ Estremamente piacevole il dehors sul retro, affacciato sulla campagna e sull'orto di famiglia. Il timone della gestione è ormai passato dal padre, quel Renato che da il nome al tutto, al figlio. La cucina è squisitamente di pesce.

CALDOGNO – **Vicenza (VI)** – **562** F16 – **11 087 ab.** – **alt. 53 m** – ✉ **36030** **37** A1

Roma 548 – Padova 48 – Trento 86 – Vicenza 8

XX **Molin Vecio**

via Giaroni 116 – ✆ 04 44 58 51 68 – www.molinvecio.it – info@molinvecio.it – chiuso dal 7 al 15 gennaio e martedì

Rist – Menu 25/38 € – Carta 31/40 €

◆ In un mulino del '500 funzionante, sale d'atmosfera (una con camino) e servizio estivo in riva ad un laghetto; cucina tipica vicentina e proposte vegetariane.

CALDONAZZO – **Trento (TN)** – **562** E15 – **3 194 ab.** – **alt. 480 m** – ✉ **38052** **30** B3

Roma 608 – Trento 22 – Belluno 93 – Bolzano 77

(aprile-settembre) piazza Vecchia 15 ✆ 0461 723192, Fax 0461 723192

Due Spade

piazza Municipio 2 – ✆ 04 61 72 31 13 – www.albergoduespade.it – info@albergoduespade.it – chiuso novembre

24 cam – †30/35 € ††60/70 € – ½ P 46 € **Rist** – Menu 15/22 €

◆ E' dai primi del '900 che la stessa famiglia gestisce questa semplice risorsa del centro dagli arredi essenziali, ma ben tenuti. Accanto, il bar di proprietà. Ristorante con due sale: una in stile vagamente montano, l'altra più classica.

CALENZANO – Firenze (FI) – 563 K15 – 16 170 ab. – alt. 68 m – ✉ 50041 **29** C1

Roma 290 – Firenze 15 – Bologna 94 – Milano 288

Pianta di Firenze : percorsi di attraversamento

Valmarina senza rist

via Baldanzese 146 – ✆ 05 58 82 53 36 – www.hotelvalmarina.it – info@hotelvalmarina.it ARf

34 cam – 50/83 € 70/120 €

◆ In posizione ideale per chi desidera un soggiorno alla scoperta della città o per chi viaggia per lavoro, la struttura dispone di camere accoglienti - recentemente rinnovate negli arredi - ed ampi spazi comuni.

La Terrazza

via del Castello 25 – ✆ 05 58 87 33 02 – michelisa.benelli@alice.it – chiuso dal 25 dicembre al 6 gennaio, dall'8 al 31 agosto, domenica, lunedì ARe

Rist – Carta 22/39 €

◆ Cortesia, ospitalità e gustosi piatti di cucina toscana in questo ristorante situato in un'antica casa nella parte alta della località. Panoramica sala con colonne di pietra.

a Carraia Nord : 4 km – ✉ 50041

Gli Alberi

via Bellini 173 – ✆ 05 58 81 99 12 – chiuso martedì

Rist – Carta 27/35 €

◆ Piacevole trattoria con quattro sale di tono rustico e dalla cortese gestione familiare situata lungo la strada per Barberino. Dalla cucina, i piatti della tradizione toscana.

a Pontenuovo di Calenzano Nord : 6 km – ✉ 50041 Calenzano

Carmagnini del 500

via di Barberino 242 – ✆ 05 58 81 99 30 – www.carmagninidel500.it – saverio@carmagninidel500.it – chiuso dal 15 al 28 febbraio e lunedì

Rist – Carta 28/43 €

◆ In un ambiente di tono vagamente moderno, la cucina "visita" i piatti della tradizione locale con qualche escursione in quelli più antichi. Servizio estivo all'aperto.

CALESTANO – Parma (PR) – 561 I12 – 2 067 ab. – alt. 417 m – ✉ 43030 **8** B2

Roma 488 – Parma 36 – La Spezia 88

via Mazzini 1 ✆ 0525 520114 info@tartufonerofragno.it Fax 0525 520114

Locanda Mariella

località Fragnolo , Sud-Est : 5 km – ✆ 0 52 55 21 02 – chiuso lunedì, martedì

Rist – Carta 25/37 €

◆ Strade tortuose incidono il paesaggio collinare che avvolge la locanda, una risorsa familiare, ormai generazionale, che custodisce nel seminterrato il suo più prezioso tesoro!

CALIZZANO – Savona (SV) – 561 J6 – 1 603 ab. – alt. 647 m – ✉ 17057 **14** A2

Roma 588 – Genova 94 – Alba 75 – Cuneo 69

piazza San Rocco ✆ 019 79193, calizzano@inforiviera.it, Fax 019 79193

Villa Elia cam, rist,

via Valle 26 – ✆ 01 97 96 19 – www.villaelia.it – villa_elia@hotmail.com – chiuso novembre

33 cam – 36/55 € 60/90 € – ½ P 40/70 € **Rist** – Carta 24/41 €

◆ Nel verde entroterra ligure, un piacevole albergo di paese, tranquillo e circondato da giardino cintato, quindi ideale per i bambini; carine le stanze spaziose. Grandi vetrate affacciate sul giardino nella sala ristorante.

Miramonti rist,
via 5 Martiri 6 – ✆ 01 97 96 04 – www.miramontihotel.org – hotelmiramonticalizzano@hotmail.com – aprile-novembre
35 cam – 35/50 € 50/70 € – ½ P 50/60 €
Rist – *(chiuso lunedì escluso da giugno a settembre)* Menu 20/30 €
♦ Ben posizionata in centro, accogliente struttura a gestione familiare, con un gradevole giardinetto; in parte rinnovate le camere, semplici, ma tenute con cura. Ristorante molto frequentato per i suoi gustosi piatti tipici, con funghi e tartufi.

CALLIANO – Trento (TN) – **562** E15 – **1 522 ab.** – **alt. 187 m** – ✉ **38060** **30** B3
Roma 570 – Trento 17 – Milano 225 – Riva del Garda 31

Aquila rist, cam, rist,
via 3 Novembre 11 – ✆ 04 64 83 41 10 – www.villaggiohotelaquila.it – info@villaggiohotelaquila.it – chiuso dal 20 dicembre al 10 gennaio
43 cam – 55/62 € 80/82 € – ½ P 48/58 €
Rist – *(chiuso dal 20 dicembre a gennaio, domenica) (chiuso a mezzogiorno)* Carta 23/29 €
♦ Dotata di parcheggio interno, giardino e piscina, una risorsa ad andamento familiare, che offre accoglienti camere, alcune ristrutturate, con rustici arredi in legno. Il ristorante dispone di varie belle sale, tra cui una stube in stile montano.

CALÒ – **Milano** – **Vedere Besana Brianza**

CALOLZIOCORTE – **Lecco (LC)** – **561** E10 – **14 370 ab.** – **alt. 241 m** **18** B1 – ✉ **23801**
Roma 614 – Bergamo 28 – Brescia 76 – Lecco 8

Locanda Del Mel senza rist
piazza Vittorio Veneto 2 – ✆ 03 41 63 02 65 – www.locandamel.com – hotel@locandamel.com – chiuso dal 14 al 30 agosto
12 cam – 60/70 € 80/95 €
♦ Sulla piazza centrale della città, una risorsa gestita dalla medesima famiglia fin dall'Ottocento; la garanzia di un soggiorno affidabile e ricco di personalità.

CALTAGIRONE – **Catania (CT)** – **365** AW60 – **39 504 ab.** – **alt. 608 m** **40** C2 – ✉ **95041** Sicilia
Agrigento 153 – Catania 64 – Enna 75 – Ragusa 71
via Volta Libertini 4 ✆ 0933 53809, strcaltagirone@regione.sicilia.it, Fax 0933 54610
Villa Comunale★ – Scala di Santa Maria del Monte★- Chiesa di S. Giorgio: Mistero della Trinità★ tavola attribuita al fiammingo Roger van der Weyden

NH Villa San Mauro rist,
via Portosalvo 14 – ✆ 0 93 32 65 00 – www.nh-hotels.it – nhvillasanmauro@nh-hotels.com – aprile-ottobre
90 cam – 60/125 € 89/165 € – 1 suite – ½ P 80/90 €
Rist – *(chiuso a mezzogiorno)* Carta 34/52 €
♦ Albergo ristrutturato di recente, ubicato ai margini della località, presenta interni signorili ed eleganti. Le camere sono ben arredate, gli accessori davvero attuali. Curato ristorante, cucina siciliana.

sulla strada statale 124 **Nord : 5 km:**

Villa Tasca
contrada Fontana Pietra S.P. 37/II ✉ 95041 – ✆ 0 93 32 27 60 – www.villatasca.it – info@villatasca.it – chiuso dal 10 gennaio al 10 febbraio e dal 5 al 30 novembre
10 cam – 40/60 € 70/100 € – ½ P 60/75 €
Rist – (prenotazione obbligatoria) Menu 25/35 €
♦ In posizione defilata e tranquilla, tenuta agricola sapientemente riadattata. Ampi spazi aperti, grande piscina, maneggio con cavalli per passeggiate. Cucina casalinga.

CALTANISSETTA (P) (CL) – 365 AT59 – 60 245 ab. – alt. 568 m – ✉ 93100 Sicilia
40 C2

Catania 109 – Palermo 127

San Michele cam, rist,

via Fasci Siciliani – ☎ 09 34 55 37 50 – www.hotelsanmichelesicilia.it – hotelsanmichele@tin.it

136 cam – †77/85 € ††117/130 € – ½ P 83/89 €

Rist – *(chiuso 15 giorni in agosto, sabato, domenica e i giorni festivi) (chiuso a mezzogiorno) (solo per alloggiati)*

♦ In posizione periferica e tranquilla, non mancano gli spazi, benché semplici nelle decorazioni. Camere come piccoli gioielli, alcune ulteriormente impreziosite da una vista panoramica. Piatti siciliani e nazionali al ristorante.

CALTIGNAGA – Novara (NO) – 2 528 ab. – alt. 178 m – ✉ 28010
23 C2

Roma 633 – Stresa 53 – Milano 59 – Novara 8

Cravero con cam

via Novara 8 – ☎ 03 21 65 26 96 – www.hotelcravero.it – hotelcravero@inwind.it – chiuso dal 27 dicembre all'8 gennaio e 3 settimane in agosto

12 cam – †50/70 € ††70/85 € – ½ P 50/60 € **Rist** – Carta 26/55 €

♦ Ambiente curato e signorile, ma familiare, in un locale di lunga tradizione; convincente l'ampia gamma di proposte del territorio, talvolta rielaborate.

CALUSO – Torino (TO) – 561 G5 – 7 549 ab. – alt. 303 m – ✉ 10014
22 B2

Roma 678 – Torino 32 – Aosta 88 – Milano 121

Gardenia (Mariangela Susigan)

corso Torino 9 – ☎ 01 19 83 22 49 – www.gardeniacaluso.it – info@gardeniacaluso.it – chiuso dal 7 al 25 gennaio, 26-27 aprile e martedì

Rist – Menu 50/80 € – Carta 53/73 €

Spec. Zuppa fredda di pomodoro, ravioli di melanzana, pesce spatola. Risotto mantecato all'aglio orsino, pomodori canditi, lumache alle erbe fini (primavera). La finanziera reale.

♦ Gradevole abitazione nel cuore del canavese, la cucina rivisita la tradizione. Alleggerita o rielaborata, il risultato è sempre il medesimo: piatti gustosi e ricchi di fantasia.

CALVISANO – Brescia (BS) – 561 F13 – 8 464 ab. – alt. 67 m – ✉ 25012
17 C2

Roma 523 – Brescia 27 – Cremona 44 – Mantova 55

Gambero (Paola ed Edvige Gavazzi)

via Roma 11 – ☎ 0 30 96 80 09 – chiuso dal 10 al 14 gennaio, agosto, mercoledì

Rist – Menu 40 € bc (solo a mezzogiorno escluso i giorni festivi)/87 € bc – Carta 58/79 €

Spec. Minestra di pomodoro fredda con scampi e gamberi poché, burrata e pesto di basilico (estate). Risotto con asparagi alla crema di formaggi. Piccione disossato con salsa al rosmarino.

♦ Nel cuore del paese, la tradizione familiare si è evoluta tenendo costanti gli ingredienti del territorio riproposti in piatti più raffinati. L'ospitalità è quella di sempre.

CAMAGNA MONFERRATO – Alessandria (AL) – 561 G7 – 534 ab. – alt. 261 m – ✉ 15030
23 C2

Roma 580 – Alessandria 24 – Genova 108 – Milano 90

Taverna di Campagna dal 1997

vicolo Gallina 20 – ☎ 01 42 92 56 45 – chiuso dal 29 agosto al 13 settembre, lunedì e martedì dal 7 gennaio a marzo

Rist – *(chiuso a mezzogiorno escluso sabato e domenica)* Menu 30/33 €

♦ Un ambiente rustico dove farsi portare al tavolo il menù degustazione: un connubio tra tradizione, stagione ed estro creativo. E' consigliabile giungere previa prenotazione.

CAMAIORE – Lucca (LU) – 563 K12 – 31 941 ab. – alt. 34 m – ✉ 55041 **28** B1

Toscana

Roma 376 – Pisa 29 – Livorno 51 – Lucca 18

Locanda le Monache

piazza XXIX Maggio 36 – ✆ 05 84 98 92 58 – www.lemonache.com – info@lemonache.com

13 cam – 40/65 € 50/90 € – ½ P 45/65 €

Rist – *(chiuso novembre e mercoledì sera escluso dal 15 giugno al 15 settembre)* Carta 13/45 €

◆ Nel cuore del paese, questa locanda a gestione familiare offre camere arredate con dovizia di fantasia, tra allegri tocchi ed arredi d'epoca o di gusto moderno. Comodi al ristorante, accolti da un camino e da una riproduzione di Bruegel, per gustare i piatti della tradizione toscana.

Emilio e Bona

località Lombrici 22, Nord : 3 km – ✆ 05 84 98 92 89 – www.ristoranteemilioebona.com – info@ristoranteemilioebona.com – chiuso gennaio, lunedì, martedì a mezzogiorno

Rist – Carta 34/54 €

◆ In origine era un opificio, ma per la sua ubicazione strategica sulla riva di un torrente fu convertito presto in frantoio. Oggi è un originale ristorante, che denuncia il suo passato grazie a macine esposte in sala. Anche la cucina rimane fedele alla tradizione: solo piatti regionali, prevalentemente di carne.

a Montemagno Sud-Est : 6 km – ✉ 55041

Le Meraviglie

via Provinciale 13 ✉ 55040 – ✆ 05 84 95 17 50 – chiuso dal 12 al 20 gennaio, dal 4 al 26 novembre, mercoledì e i mezzogiorno di giovedì e venerdì

Rist – Carta 19/26 €

◆ Lungo una piacevole strada collinare che conduce a Lucca, il locale è gestito da due fratelli che propongono una cucina regionale a base di carne o baccalà. Pesce su ordinazione.

CAMARDA – L'Aquila – 563 O22 – Vedere L'Aquila

CAMBIANO – Torino (TO) – 6 318 ab. – alt. 253 m – ✉ 10020 **22** A2

Roma 651 – Torino 19 – Asti 41 – Cuneo 76

Pianta d'insieme di Torino

Trattoria del Centro con cam

via Martini 34 – ✆ 01 19 44 03 10 – www.trattoriadelcentro.it – info@trattoriadelcentro.it – chiuso dal 1° al 6 gennaio e dall'8 al 21 agosto

5 cam – 45/50 € 70/80 € – ½ P 45/60 € HU**b**

Rist – Carta 20/30 €

◆ Sono solo due le salette - di cui una affacciata su una piccola corte interna - che compongono questa piacevolissima trattoria familiare, dove va in scena la solida cucina piemontese elaborata in chiave casereccia.

CAMERANO – Ancona (AN) – 563 L22 – 7 107 ab. – alt. 231 m – ✉ 60021 **21** C1

Roma 280 – Ancona 19 – Gubbio 112 – Macerata 48

via Maratti 37 ✆ 071 7304018 info@turismocamerano.it Fax 071 7304018

3 Querce

via Papa Giovanni XXIII 44 ✉ 60021 – ✆ 07 19 53 16 – www.hotel3querce.com – info@hotel3querce.com – chiuso dal 23 dicembre al 4 gennaio

34 cam – 40/120 € 60/150 €, 5 € – ½ P 50/95 €

Rist – *(chiuso a mezzogiorno)* Carta 23/48 €

◆ Hotel votato ad una clientela business, gestito con esperienza e professionalità, dispone di ambienti e camere semplici ed ampi ed una capiente sala conferenze.

sulla strada statale 16 Est : 3 km :

Concorde

via Aspio Terme 191 ✉ 60021 Camerano – ✆ 07 19 52 70 – www.albergoconcorde.it – info@albergoconcorde.it

68 cam – 78/105 € 105/160 € **Rist** – *(chiuso domenica)* Carta 30/49 €

♦ Risorsa in parte recentemente ristrutturata - ideale per una clientela di lavoro e di passaggio - dispone di accoglienti camere, dotate di ogni confort. Ristorante di taglio classico.

CAMERI – Novara (NO) – **561** F7 – **10 792 ab.** – **alt. 161 m** – ✉ **28062** **23** C2

Roma 621 – Stresa 53 – Milano 53 – Novara 10

Al Caminetto

via Cavour 30 – ✆ 03 21 51 87 80 – www.alcaminettocameri.it – ristorantealcaminetto@alice.it – chiuso 2 settimane in agosto, lunedì e martedì a mezzogiorno

Rist – Menu 32/50 € – Carta 32/58 €

♦ Bel locale sorto all'interno di una casa padronale nel centro della località. Soffitti con travi a vista, gestione giovane ma esperta, cucina appetitosa e interessante.

CAMERINO – Macerata (MC) – **563** M16 – **7 091 ab.** – **alt. 661 m** **21** C2 – ✉ **62032**

Roma 203 – Ascoli Piceno 82 – Ancona 90 – Fabriano 37

piazza Cavour 19 (portico Varano) ✆ 0737 632534, Fax 0737 632534

a Polverina Sud-Est : 10 km – ✉ **62037**

Il Cavaliere

via Mariani 33/35 ✉ 62032 – ✆ 0 73 74 61 28 – www.hotelilcavaliere.com – info@hotelilcavaliere.com

18 cam – 50 € 72 € – ½ P 60 € **Rist** – *(chiuso lunedì)* Carta 20/28 €

♦ Dopo avervi abitato per generazioni, il proprietario ha trasformato un edificio del '500 in una piacevole risorsa dotata di camere spaziose, nuove, con mobili di legno scuro. Simpatico ambiente di taglio rustico nella sala da pranzo.

CAMIGLIATELLO SILANO – Cosenza (CS) – **564** I31 – **alt. 1 272 m** **5** A2 – **Sport invernali : 1 350/1 760 m 1, 1,** – ✉ **87052**

Roma 553 – Cosenza 32 – Catanzaro 128 – Rossano 83

Massiccio della Sila★★ Sud

Aquila-Edelweiss

via Stazione 11 – ✆ 09 84 57 80 44 – www.hotelaquilaedelweiss.com – info@hotelaquilaedelweiss.com – chiuso dal 1° marzo al 15 giugno e dal 4 novembre al 22 dicembre

48 cam – 60/85 € 80/130 € – ½ P 85 €

Rist – *(chiuso martedì escluso luglio-agosto)* Carta 25/50 €

♦ Pluridecennali e collaudate l'accoglienza e l'ospitalità della famiglia in questo albergo all'inizio del paese: tanto legno negli spazi comuni e camere recentemente rinnovate. Le curate salette di tono elegante propongono i sapori rustici e intensi della regione.

verso il lago di Cecita Nord-Est : 5 km

La Tavernetta con cam cam,

contrada campo San Lorenzo ✉ 87052 Camigliatello Silano – ✆ 09 84 57 90 26 – www.latavernetta.info – latavernetta.sila@gmail.com

22 cam – 60/80 € 90/110 € **Rist** – *(chiuso lunedì)* Carta 35/54 €

♦ Grande passione da parte dei titolari per i sapori della loro Calabria: si parte con l'aperitivo nella fornita cantina, quindi, ci si accomoda nelle moderne sale per assaporare sapidi piatti locali. Tra le specialità: i funghi. Vivacemente colorate ed accoglienti le camere.

CAMIN – Padova – Vedere Padova

CAMOGLI - Genova (GE) - 561 I9 - 5 641 ab. - ✉ 16032 15 C2

Italia Centro Nord

Roma 486 - Genova 26 - Milano 162 - Portofino 15

via XX Settembre 33/r ✆ 0185 771066, info@prolococamogli.it, Fax 0185 777111

Località★★

Promontorio di Portofino★★★ – Punta Chiappa★★★: ≤ - San Fruttuoso★★ Sud-Est : 30 mn di motobarca – Portofino Vetta★★ Sud-Est : 6 km

Cenobio dei Dogi

via Cuneo 34 – ✆ 01 85 72 41 – www.cenobio.it – cenobio@cenobio.it

100 cam – 115/155 € 160/430 € – 5 suites

Rist – Carta 26/71 €

Rist *La Playa* – ✆ *01 85 72 44 42 (15 giugno-15 settembre)* Carta 41/45 €

◆ Per un esclusivo soggiorno in questa "perla" ligure, prestigioso e panoramico albergo immerso in un lussureggiante parco, con camere eleganti recentemente rinnovate. Al ristorante: sapori regionali e meravigliosa vista del golfo di Camogli. La Playa si trova proprio sulla spiaggia.

Casmona senza rist

salita Pineto 13 – ✆ 01 85 77 00 15 – www.casmona.com – info@casmona.com – chiuso dal 9 al 25 dicembre

19 cam – 65/120 € 90/180 €, 10 €

◆ Direttamente sul caratteristico lungomare, camere con bella vista e graziose sale per la prima colazione. Struttura confortevole ed aggiornata.

La Camogliese senza rist

via Garibaldi 55 – ✆ 01 85 77 14 02 – www.lacamogliese.it – info@lacamogliese.it

21 cam – 50/95 € 70/115 €

◆ Rinnovato in anni recenti, hotel di piccole dimensioni - frontemare - propone camere confortevoli con un interessante rapporto qualità/prezzo.

Da Paolo

via San Fortunato 14 – ✆ 01 85 77 35 95 – angelo.viacava1965@alice.it – chiuso dal 15 al 28 febbraio, lunedì, martedì a mezzogiorno

Rist – Carta 40/62 €

◆ Ristorantino rustico a conduzione familiare, ubicato nel borgo antico poco lontano dal porticciolo; cucina di mare secondo le disponibilità quotidiane del mercato.

a San Rocco Sud : 6 km – alt. 221 m – ✉ 16032 San Rocco Di Camogli

Belvedere★★ dalla terrazza della chiesa

La Cucina di Nonna Nina

via Molfino 126 – ✆ 01 85 77 38 35 – www.nonnanina.it – chiuso mercoledì

Rist – Carta 30/51 €

◆ In una classica casa ligure della pittoresca frazione si trova questa trattoria sobria e curata; atmosfera accogliente e familiare per piatti locali, di mare e di terra.

CAMPAGNA - Salerno (SA) - 564 E27 - 16 063 ab. - alt. 410 m - ✉ 84022 7 C2

Roma 295 – Potenza 75 – Avellino 73 – Napoli 94

a Quadrivio Sud : 3,5 km – ✉ 84022

Capital

piazza Mercato – ✆ 0 82 84 59 45 – www.hotelcapital.it – info@hotelcapital.it

36 cam – 80 € 120 € – ½ P 78 € **Rist** – Carta 19/32 €

◆ Hotel moderno, dotato di giardino con piscina, nonché ampi e piacevoli spazi interni: sale ricevimenti e signorili camere in stile, ben accessoriate. Un indirizzo tra i più interessanti della zona.

CAMPAGNA - Novara - 561 E7 - Vedere Arona

CAMPAGNA LUPIA - Venezia (VE) - 562 F18 - 6 909 ab. - ✉ 30010 36 C3

Roma 500 - Padova 27 - Venezia 32 - Ferrara 87

a Lughetto Nord-Est : 7,5 km - ✉ 30010 Campagna Lupia

Antica Osteria Cera (Daniele Cera)

via Marghera 24 - ☎ 04 15 18 50 09 - www.osteriacera.it - cera@osteriacera.it - chiuso 2 settimane in gennaio o febbraio, 2 settimane in agosto, domenica sera, lunedì

Rist - Menu 120/150 € - Carta 82/112 €

Spec. Colori del mare (scaletta di 12 crudi). Risotto con pesci di laguna. Dal mercato...in "tecia", con guazzetto di calamaretti e vongole.

◆ Certo che di strada ne ha fatta questo locale! Nato come osteria nel 1966, il menu allora proponeva il fritto e i tipici *cicheti*. Dopo più di 40 anni, l'autenticità della cucina è rimasta la stessa: piatti di pesce e specialità venete, ma anche qualche ricetta più creativa, in un ambiente raffinato e originale.

CAMPAGNANO DI ROMA - Roma (RM) - 563 P19 - 10 715 ab. - alt. 270 m - ✉ 00063 12 B2

Roma 34 - L'Aquila 139 - Terni 85 - Viterbo 45

Da Righetto con cam

corso Vittorio Emanuele 70 - ☎ 0 69 04 10 36 - www.darighetto.it - ristorantedarighetto@hotmail.it - chiuso dal 1° al 12 agosto e martedì

12 cam - †60/75 € ††80/120 € - ½ P 60/80 € **Rist** - Carta 25/30 €

◆ Lungo il corso principale, accogliente locale a gestione familiare: soffitto con volta a botte e piacevoli luci su ogni tavolo. Ricette regionali fedelmente riproposte.

CAMPAGNATICO - Grosseto (GR) - 563 N15 - 2 500 ab. - alt. 275 m - ✉ 58042 29 C3

Roma 198 - Grosseto 24 - Perugia 158 - Siena 59

Locanda del Glicine con cam

piazza Garibaldi 6/8 - ☎ 05 64 99 64 90 - www.locandadelglicine.com - ilglicine@tin.it - chiuso dal 10 gennaio al 15 marzo e dal 10 al 20 novembre

6 cam - †65/72 € ††120/130 € - 1 suite - ½ P 90/95 €

Rist - *(chiuso lunedì) (chiuso a mezzogiorno escluso i giorni festivi)* Carta 36/47 €

◆ Nel cuore del paese, la locanda consta di due sale arredate in stile rustico e di un piccolo dehors e propone una cucina moderna a partire dai prodotti tipici del territorio. Nelle camere e nelle suite ben arredate un buon livello di confort.

CAMPALTO - Venezia - Vedere Mestre

CAMPEGINE - Reggio Emilia (RE) - 562 H13 - 5 036 ab. - ✉ 42040 8 B3

Roma 442 - Parma 22 - Mantova 59 - Reggio nell'Emilia 16

in prossimità strada statale 9 - via Emilia Sud-Ovest : 3,5 km :

Lago di Gruma

vicolo Lago 7 ✉ 42040 - ☎ 05 22 67 93 36 - chiuso Natale-Capodanno, agosto, martedì e mercoledì

Rist - Carta 44/60 €

◆ In una villetta di campagna su un laghetto, una trattoria che col tempo si è evoluta e propone una creativa cucina "d'acqua" e di terra, legata anche alle stagioni.

CAMPELLO SUL CLITUNNO - Perugia (PG) - 563 N20 - 2 523 ab. - alt. 290 m - ✉ 06042 33 C2

Roma 141 - Perugia 53 - Foligno 16 - Spoleto 11

Fonti del Clitunno★ Nord : 1 km - Tempietto di Clitunno★ Nord : 3 km

Benedetti

via Giuseppe Verdi 32, località Settecamini - ☎ 07 43 52 00 80 - www.hotelbenedetti.it - info@hotelbenedetti.it

26 cam - †45/55 € ††70/80 € - ½ P 52/57 € **Rist** - Carta 21/34 €

◆ Gestione familiare per un quieto rustico in pietra tra gli oliveti umbri, a breve distanza dalle Fonti del Clitunno; mobili classici nelle ampie camere. Mura con pietra a vista nella sala del rinomato ristorante.

CAMPERTOGNO (VC) – 561 E6 – 239 ab. – alt. 815 m – ✉ 13023 23 C1

▶ Roma 721 – Torino 151 – Vercelli 94 – Biella 83

Relais San Rocco

via San Rocco 2 – ✆ 0 16 37 71 61 – www.relaissanrocco.it – info@relaissanrocco.it – 18 dicembre-25 aprile e 8 giugno-7 settembre

13 cam – †90/120 € ††130/160 € – 11 suites – ††160/180 € – ½ P 90/105 €

Rist ***Casa alla Piana*** – Carta 35/51 €

♦ Spettacolare la scala in pietra che domina questa prestigiosa villa ottocentesca. Incastonata in un piccolo borgo secentesco, unisce con gusto gli antichi affreschi e i mobili d'epoca con un ricercato arredo dal design contemporaneo. Nelle diverse salette d'atmosfera sarete stupiti da una cucina regionale rivisitata.

CAMPESTRI – Firenze – Vedere Vicchio

CAMPIANI – Brescia – Vedere Collebeato

CAMPI BISENZIO – Firenze (FI) – 563 K15 – 42 612 ab. – alt. 38 m – ✉ 50013 29 D3

▶ Roma 291 – Firenze 12 – Livorno 97 – Pistoia 20

ℹ piazza Matteotti 3 ✆ 055 8979737, campibisenzio@comune.campi-bisenzio.fi.it, Fax 055 8979745

500

via di Tomerello 1, uscita autostrada – ✆ 05 58 80 35 00 – www.hotel500firenze.com – reservation@hotel500firenze.com

59 cam – †108/128 € ††128/138 € – 1 suite **Rist** – Carta 38/55 €

♦ E' uno splendido viale alberato a condurvi alle porte della cinquecentesca villa nobiliare immersa in un ampio giardino con piscina-solarium; all'interno spazi moderni e confortevoli. Al ristorante: cucina regionale con qualche spunto di fantasia.

West Florence e Rist. Klass

via Guido Guinizelli 15/17 – ✆ 05 58 95 34 88 – www.westflorencehotel.it – info@westflorencehotel.it

70 cam – †70/130 € ††90/170 € – 1 suite – ½ P 65/110 €

Rist – *(chiuso a mezzogiorno) (solo menu)* Menu 25/50 €

♦ Di recente apertura alla periferia di Firenze, all'interno tutto è moderno a partire dall'arredo d'avanguardia. Un indirizzo business, attrezzato ad hoc per l'attività congressuale. Ristorante di taglio classico, luminoso e con buona disponibilità di spazi anche per banchetti e congressi.

CAMPIGLIA – La Spezia (SP) – 561 J11 – alt. 382 m – ✉ 19132 15 D2

▶ Roma 427 – La Spezia 8 – Genova 111 – Milano 229

La Lampara

via Tramonti 4 – ✆ 01 87 75 80 35 – chiuso dal 7 gennaio al 7 marzo, dal 25 settembre al 25 ottobre e lunedì

Rist – Carta 29/42 €

♦ La vista e il sapore del mare nella luminosa e panoramica sala di una trattoria la cui proprietaria, da oltre quarant'anni, prepara gustosi piatti di pesce.

CAMPIONE D'ITALIA – Como (CO) – 561 E8 – 2 137 ab. – alt. 273 m – ✉ 22060 16 A2

▶ Roma 648 – Como 27 – Lugano 10 – Milano 72

Da Candida

viale Marco da Campione 4 – ✆ 0 04 19 16 49 75 41 – www.dacandida.ch – ristorante@dacandida.ch.net – chiuso dal 22 giugno al 21 luglio, lunedì, martedì a mezzogiorno

Rist – Menu 34/77 € – Carta 55/68 €

♦ Se credete che i sapori aiutino a viaggiare restando seduti ad un tavolo, in questo raccolto ed elegante ristorante vi attende un entusiasmante incontro con il gusto e la raffinatezza della cucina francese.

CAMPITELLO DI FASSA – Trento (TN) – **562** C17 – **739 ab.** **31** C2

– alt. 1 448 m – Sport invernali : 1 450/2 428 m 13 67 (Comprensorio Dolomiti superski Val di Fassa) – 38031

Roma 684 – Bolzano 48 – Cortina d'Ampezzo 61 – Milano 342

strèda Dolomites 48 0462 609620, info@fassa.com, Fax 0462 750219

Gran Paradis

rist,

streda Dolomites 2/6 – 04 62 75 01 35 – www.granparadis.com – info@granparadis.com – 24 dicembre-3 aprile e 27 maggio-9 ottobre

39 cam – 68/94 € 96/178 € – 8 suites – ½ P 94/110 €

Rist – *(chiuso a mezzogiorno)* Carta 32/43 €

◆ All'ingresso del paese, la breve distanza dal centro non è un problema, tante sono le occasioni per distrarsi: dalla taverna con musica e sigari alla cantina-enoteca per degustazioni. Si ritorna in una dimensione più classicamente alberghiera nell'ampia sala ristorante con i tipici legni trentini e piatti nazionali.

Villa Kofler

streda Dolomites 63 Campitello di Fassa – 04 62 75 04 44 – www.villakofler.it – info@villakofler.it – chiuso maggio e novembre

10 cam – 150/200 €

Rist Della Villa – vedere selezione ristoranti

◆ Per gli amanti di atmosfere esotiche, ogni camera è dedicata ad una città di cui ne ripropone stile e motivi (oltre ad offrire una sauna privata). Campitello, Salisburgo e Montreal, tra le migliori.

Gran Chalet Soreghes

via Pent de Sera 18 – 04 62 75 00 60 – www.unionhotelscanazei.it – info@unionhotelscanazei.it – dicembre-aprile e giugno-settembre

43 cam – 80/165 € 140/285 € – 5 suites – ½ P 88/165 €

Rist – Carta 35/64 €

◆ Legni e decorazione in tipico stile locale che accompagnano i clienti sino alle camere. La distinzione sono il centro benessere e soprattutto la palestra: professionale e a pagamento. La cucina si ispira naturalmente alle tradizioni locali.

Park Hotel Rubino Executive

via Sot Ciapiaà 3 – 04 62 75 02 25 – www.unionhotelscanazei.it – info@unionhotelscanazei.it – dicembre-aprile e giugno-settembre

38 cam – 85/170 € 150/300 € – ½ P 98/177 € **Rist** – Carta 35/64 €

◆ Eleganza e fascino di un ambiente arricchito da legno pregiato, giardino e zona benessere con piscina. Animazione, discoteca e american bar per le serate. Tipica, mediterranea, originale: la cucina saprà sorprendervi!

Salvan

streda Dolomites 10 – 04 62 75 03 07 – www.hotelsalvan.com – info@hotelsalvan.com – 17 dicembre-Pasqua e 25 giugno-1° ottobre

33 cam – 45/90 € 80/185 € – ½ P 75/115 €

Rist – Carta 28/45 €

◆ Hotel a gestione familiare, situato alle porte della località, con discrete zone comuni, piscina coperta e centro salute; mobili di legno chiaro nelle piacevoli camere. Tre spazi per il ristorante: uno ampio e classico, uno intimo e "montano" e poi la veranda.

Della Villa – Hotel Villa Kofler

streda Dolomites 65 – 04 62 75 04 27 – sandro.fave@gmail.com – chiuso dal 3 al 26 giugno, dal 1° al 26 novembre e lunedì

Rist – *(chiuso a mezzogiorno escluso inverno)* (consigliata la prenotazione) Carta 31/45 €

◆ Il locale propone una ventata di modernità nella tradizionalissima Val di Fassa. La cucina si adegua volentieri reinterpretando i prodotti e le ricette del territorio con qualche tocco esotico.

CAMPOBASSO P (CB) – **564** C25 – **51 218 ab.** – **alt. 701 m** – **86100** **2** D3

Roma 226 – Benevento 63 – Foggia 88 – Isernia 49

piazza Vittoria 14 0874 415662, Fax 0874 415370

 **CentrumPalace**

via Gianbattista Vico 2/a – ✆ 08 74 41 33 41 – www.centrumpalace.it – prenotazioni@centrumpalace.it
143 cam – 95/140 € 140/190 € – 1 suite – ½ P 110/125 €
Rist – Carta 26/34 €
♦ Struttura moderna ed imponente che si colloca ai vertici dell'offerta alberghiera della località: grandi spazi comuni arredati con poltroncine in pelle color tabacco, a cui fanno eco i pavimenti e i numerosi inserti in legno wenge. Nelle confortevoli camere: predominanza di legno chiaro e tessuti coordinati.

Donguglielmo

contrada San Vito 15/b – ✆ 08 74 41 81 78 – www.donguglielmo.it – info@donguglielmo.it
36 cam – 80/95 € 120/140 € – ½ P 60/90 € **Rist** – Carta 20/52 €
♦ Nuova struttura nell'immediata periferia della città, moderna e funzionale dispone di camere accoglienti, piacevole zona relax e una panoramica sala da thé. Anche il ristorante rispecchia lo stile moderno dell'hotel.

Vecchia Trattoria da Tonino (Maria Lombardi)

corso Vittorio Emanuele 8 – ✆ 08 74 41 52 00 – vecchiatrattoriadatonino@gmail.com – chiuso dal 7 al 15 gennaio, dal 1° al 10 luglio, domenica sera e lunedì da settembre a giugno, sabato e domenica in luglio-agosto
Rist – (consigliata la prenotazione) Carta 35/43 €
Spec. Cuori di carciofo con polpettine "cacio e ova". Timballo di bucatini con porri e provola affumicata. Filetto di baccalà in mantello di patate.
♦ Semplice, ma anche precisa e sostanziosa, la cucina prende il via dall'impiego di prodotti locali selezionati: è il bastione indiscusso della tradizione regionale.

Miseria e Nobiltà

via Sant'Antonio Abate 16 – ✆ 0 87 49 42 68 – ristorante.miseriaenobilta@gmail.com – chiuso 24, 25, 31 dicembre, dal 20 luglio al 5 agosto e domenica
Rist – Carta 25/46 €
♦ Trasferitasi nella tranquilla zona pedonale del centro storico, la giovane e appassionata gestione continua a proporre una sostanziosa cucina di taglio moderno, legata al territorio.

Aciniello

via Torino 4 – ✆ 0 87 49 40 01 – rdc73@libero.it – chiuso dal 10 al 24 agosto e domenica, anche martedì da ottobre a maggio
Rist – Carta 20/30 €
♦ Storica trattoria cittadina, di ambiente semplice e familiare, ma curato nei particolari; a voce vi proporranno i piatti più tipici della tradizione molisana.

CAMPO CARLO MAGNO – Trento – Vedere Madonna di Campiglio

CAMPO DI TRENS (FREIENFELD) – Bolzano (BZ) – 562 B16 — 31 C1

– 2 656 ab. – alt. 937 m – Sport invernali : Vedere Vipiteno – ✉ 39040

Roma 703 – Bolzano 62 – Brennero 19 – Bressanone 25

Bircher

via Innozenz Barat 1, Ovest : 0,5 km – ✆ 04 72 64 71 22 – www.hotelbircher.it – info@hotelbircher.it – chiuso dal 3 novembre al 26 dicembre e 10 giorni in luglio
32 cam – 43/59 € 63/100 € – ½ P 52/83 €
Rist – *(chiuso lunedì) (chiuso la sera)* Carta 24/46 €
♦ Cordiale accoglienza familiare in un quieto e delizioso albergo, curato nei dettagli, con tocchi di eleganza sia negli articolati spazi comuni che nelle camere dai bei colori. Il legno è protagonista nell'ampia sala ristorante.

CAMPO FISCALINO = FISCHLEINBODEN – Bolzano – Vedere Sesto

CAMPOGALLIANO – Modena (MO) – 562 H14 – 8 377 ab. – alt. 43 m — 8 B2

– ✉ 41011

Roma 412 – Bologna 50 – Milano 168 – Modena 11

in prossimità del casello autostradale A 22 Sud-Est : 3,5 km :

XX **Magnagallo** con cam

via Magnagallo Est 7 – ✆ 0 59 52 87 51 – www.magnagallo.it – info@magnagallo.it

28 cam – †50/100 € ††70/140 € – ½ P 55/110 €

Rist – (chiuso domenica sera) Carta 25/38 €

◆ Lungo la pista ciclabile che conduce ai laghi Curiel, un ambiente caratteristico con alte volte e spioventi rivestiti in legno. Assoluta protagonista la gustosa cucina emiliana. La struttura offre semplici camere che dispongono di un ingresso autonomo.

X **Trattoria Barchetta**

via Magnagallo Est 20 – ✆ 0 59 52 62 18 – chiuso dal 25 dicembre al 15 gennaio, 3 settimane in agosto-settembre e domenica

Rist – (chiuso la sera da lunedì a giovedì) Carta 24/35 €

◆ Ad un km dal casello, ma già in aperta campagna, tipica trattoria familiare all'insegna della gastronomia modenese: salumi, paste fresche ed arrosti. Bel pergolato estivo.

CAMPO LOMASO – Trento – Vedere Comano Terme

CAMPOROSSO – Imperia (IM) – 561 K4 – ✉ 18033 14 A3

Roma 632 – Imperia 49 – Genova 160 – Nice 43

XXX **Manuel**

corso Italia 265, Nord : 2,5 km – ✆ 01 84 20 50 37 – ristorantemanuel@libero.it – chiuso lunedì, martedì a mezzogiorno

Rist – (consigliata la prenotazione) Menu 48/58 € – Carta 54/76 €

◆ L'inesauribile creatività del giovane chef rivisita la tradizione ligure, ma anche le classiche preparazioni di carne (prevalentemente piemontesi e toscane) in un ristorante ricavato da un deposito militare degli anni '30.

CAMPO TURES (SAND IN TAUFERS) – Bolzano (BZ) – 562 B17 31 C1

– 5 166 ab. – alt. 864 m – Sport invernali : a Monte Spico : 860/1 600 m 3 15, – ✉ 39032

Roma 730 – Cortina d'Ampezzo 73 – Bolzano 92 – Brennero 83

via Jungmann 8 ✆ 0474 678076, info@campo-tures.com, Fax 0474 678922

Feldmilla rist,

via Castello 9 – ✆ 04 74 67 71 00 – www.feldmilla.com – info@feldmilla.com – chiuso 2 settimane in marzo e 3 settimane in novembre

34 cam – †95/150 € ††160/330 € – 1 suite – ½ P 110/145 €

Rist *Toccorosso* – Carta 34/43 €

◆ Ai piedi dello storico castello, un design hotel dalle linee sobrie, dove legno e pietra "gareggiano" a riscaldare l'ambiente. Al ristorante: piatti legati al territorio riproposti in chiave moderna.

Alte Mühle rist, rist,

via San Maurizio 1/2 – ✆ 04 74 67 80 77 – www.alte-muehle.it – info@alte-muehle.it – chiuso dal 1° al 13 maggio, dal 7 al 27 novembre

20 cam – †80/100 € ††180/240 € – 5 suites – ½ P 120/145 €

Rist – (chiuso a mezzogiorno) Carta 31/43 €

◆ Calda accoglienza e cordialità in questo albergo completamente rinnovato, tanto legno, con qualche inserto antico, negli ambienti curati. Sauna finlandese a forma di capanna. Il ristorante, aperto solo per cena, è distribuito su una sala ed una veranda.

Alphotel Stocker

via Wiesenhof 39/41 – ✆ 04 74 67 81 13 – www.hotelstocker.com – info@hotelstocker.com – chiuso dal 7 novembre al 20 dicembre

42 cam – †68/84 € ††96/200 € – 6 suites – ½ P 75/135 €

Rist – (chiuso a mezzogiorno) (solo per alloggiati) Menu 25 €

◆ Albergo tirolese a conduzione familiare, dispone di un centro benessere con bagni di fieno e trattamenti ayurvedici e camere con piccolo soggiorno, alcune con angolo cottura.

CANALE - Cuneo (CN) - 561 H5 - 5 747 ab. - alt. 193 m - ✉ 12043 25 C2

Roma 637 - Torino 50 - Asti 24 - Cuneo 68

Agriturismo Villa Tiboldi

via Case Sparse 127 località Tiboldi, Ovest : 2 km
- ☎ 01 73 97 03 88 - www.villatiboldi.it - villatiboldi@villatiboldi.it - chiuso dal 7 gennaio al 12 febbraio
6 cam - ††110/150 €, ☕ 14 € - 4 suites - ††190/200 €
Rist *Villa Tiboldi* - *(chiuso lunedì, martedì a mezzogiorno)* Carta 43/58 €
◆ Imponente villa del Settecento, restaurata con cura, affacciata sul paesaggio collinare. Interni di grande eleganza, a volte principeschi, comunque signorili. Accoglienti le due sale da pranzo nelle quali accomodarsi a gustare la cucina piemontese e i grandi vini della regione.

Agriturismo Villa Cornarea senza rist

via Valentino 150 - ☎ 01 73 97 90 91
- www.villacornarea.com - info@villacornarea.com - chiuso dal 1° gennaio al 15 marzo
10 cam - †75/85 € ††80/110 €, ☕ 10 €
◆ Tra i celebri vigneti del Roero - molti di proprietà - villa liberty del 1908 dominante un suggestivo paesaggio collinare. Camere raffinate e suggestiva terrazza panoramica fra le due torri. Per i nostalgici, il venerdì (su prenotazione) si rivive la "merenda sinoira".

All'Enoteca (Davide Palluda)

via Roma 57 - ☎ 0 17 39 58 57 - www.davidepalluda.it - info@davidepalluda.it - chiuso domenica (escluso ottobre-dicembre) e lunedì a mezzogiorno
Rist - Carta 55/80 €
Spec. Il fassone "dalla testa ai piedi". Tortelli d'acciuga, burrata, peperoni tostati e crostini di pane. Maialino di Segovia in agrodolce.
◆ Ristorante recentemente rinnovato, all'interno di un elegante palazzo del centro storico. L'entusiasmo del giovane cuoco e la passione per i prodotti piemontesi producono una delle cucine più stimolanti e moderne della regione.

CANALE D'AGORDO - Belluno (BL) - 562 C17 - 1 209 ab. - alt. 976 m - ✉ 32020 35 B1

Roma 625 - Belluno 47 - Cortina d'Ampezzo 55 - Bolzano 69
oiazza Papa Luciani 1 ☎ 0437 590250 proloco.canale@infodolomiti.it Fax 0437 590250

Alle Codole con cam

via 20 Agosto 27 - ☎ 04 37 59 03 96 - www.allecodole.it - info@allecodole.eu - chiuso dal 10 al 30 giugno e novembre
10 cam - †30/40 € ††60/80 €, ☕ 10 € - ½ P 50/70 €
Rist - Menu 20 € (solo a mezzogiorno)/40 € - Carta 24/60 €
◆ Pasta fresca, selvaggina, polenta e dolci casalinghi: non solo tradizione ma anche una forte vena creativa. Al timone, una accogliente famiglia dotata di un grande senso di ospitalità. Semplici e confortevoli le camere.

CANALICCHIO - Perugia (PG) - 563 M19 - alt. 420 m - ✉ 06050 32 B2

Roma 158 - Perugia 29 - Assisi 41 - Orvieto 66

Relais Il Canalicchio

rist, rist,
via della Piazza 4 - ☎ 07 58 70 73 25
- www.relaisilcanalicchio.it - relais@relaisilcanalicchio.it - aprile-ottobre
44 cam ☕ - †80/100 € ††135/155 € - 3 suites
Rist *Il Pavone* - Menu 35/40 €
◆ Un piccolo borgo medievale, dominante dolci e verdi vallate umbre, per un soggiorno pieno di charme; tocco inglese nelle belle camere spaziose in stile rustico elegante. Il fascino del passato aleggia nel romantico ristorante, di rigorosa raffinatezza.

CANAZEI – Trento (TN) – **562** C17 – **1 865 ab.** – **alt. 1 465 m** – **Sport invernali : 1 465/2 630 m** 🚡 **13** ⛷ **67 (Comprensorio Dolomiti superski Val di Fassa)** ⛷ – ✉ **38032** Italia Centro Nord **31** C2

Roma 687 – Bolzano 51 – Belluno 85 – Cortina d'Ampezzo 58

piazza Marconi 5 ✆ 0462 609600, info@fassa.com, Fax 0462 602502

Località★★

Passo Sella★★★: ※★★★ Nord: 11,5 km – Passo Pordoi★★★ Nord-Est: 12 km – ≤★★★ dalla strada S 641 sulla Marmolada Sud-Est

Croce Bianca

stredà Roma 3 – ✆ 04 62 60 11 11 – office@hotelcrocebianca.com – office@hotelcrocebianca.com – novembre-26 marzo e 18 giugno-settembre

46 cam – 100/157 € 183/306 € – ½ P 120/190 €

Rist – Carta 34/50 €

Rist *Wine & Dine* – *(chiuso martedì) (chiuso a mezzogiorno da dicembre a marzo)* Carta 33/61 €

◆ Saloni con biliardo, camino, stube ed area fumatori in questo accogliente hotel, faro dell'ospitalità di Canazei dal 1869. Poche camere standard, il resto con salottino e caratteristici arredi. Classica cucina d'albergo o, al Wine & Dine, piatti più sfiziosi in una saletta stile baita.

Rita

streda de Pareda 16 – ✆ 04 62 60 12 19 – www.hotelrita.com – info@hotelrita.com – dicembre-Pasqua e 15 giugno-settembre

21 cam – 80/120 € 120/180 € – ½ P 80/120 € **Rist** – Carta 31/50 €

◆ Centrale e bella costruzione in stile ladino che ripropone anche negli interni la stessa atmosfera montana. Stube tirolese, zona benessere e piccolo parco giochi estivo. Curiosi e colorati i piatti proposti nella deliziosa sala da pranzo.

Gries

via Lungo Rio di Soracrepa 22 – ✆ 04 62 60 13 32 – www.hotelgries.it – info@hotelgries.it – dicembre-Pasqua e giugno-settembre

19 cam – 77/87 € 100/150 € – ½ P 85/100 €

Rist – *(solo per alloggiati)* Menu 30/40 €

◆ In una zona più tranquilla ma non distante dal centro, piccola gestione familiare che offre camere recenti, accoglienti e spaziose, quasi tutte con balcone. Fresca e luminosa sala ristorante o, in alternativa, una stube.

Stella Alpina senza rist

via Antermont 6 – ✆ 04 62 60 11 27 – www.stella-alpina.net – info@stella-alpina.net – 5 dicembre-4 maggio e 28 maggio-8 ottobre

7 cam – 68/128 €

◆ Nella parte più alta e tranquilla di Canazei, delizioso edificio del '600 di dimensioni ridotte negli interni, ma tanta cura dei particolari: a cominciare dai tipici arredi dipinti.

El Paél

via Roma 58 – ✆ 04 62 60 14 33 – www.elpael.com – info@elpael.com – dicembre-Pasqua e giugno-settembre; chiuso mercoledì a mezzogiorno in inverno

Rist – Carta 28/50 €

◆ Esternamente poco attraente, si riscatta con interni accoglienti ed un'atmosfera invitante; cucina del territorio rivisitata e piatti a tema. Servizio pizzeria.

ad Alba Sud-Est : 1,5 km – ✉ 38032

strèda Dolomites 258 ✆ 0462 609550, info@fassa.com, Fax 0462 600293

La Cacciatora

strèda de Contrin 26 – ✆ 04 62 60 14 11 – www.lacacciatora.it – hotel@lacacciatora.it – chiuso dal 15 ottobre al 2 dicembre

37 cam – 80/140 € 120/260 € **Rist** – Carta 31/68 €

◆ Sito vicino alla funivia del Ciampac, una gestione familiare - premurosa ed ospitale - propone camere confortevoli ad un ottimo prezzo. Degno di lode il centro benessere. Per i pasti c'è solo l'imbarazzo della scelta: classica cucina d'albergo, ristorante con piatti più creativi e bar-pizzeria.

CANDELI – Firenze – 563 K16 – Vedere Bagno a Ripoli

CANDIA CANAVESE – Torino (TO) – 561 G5 – 1 316 ab. – alt. 285 m – ✉ 10010 22 B2

Roma 658 – Torino 33 – Aosta 90 – Milano 115

Residenza del Lago con cam cam, cam, VISA AE

via Roma 48 – ☎ 01 19 83 48 85 – www.residenzadelago.it – info@residenzadelago.it

11 cam – 68/75 € 80/90 € – ½ P 65/70 €

Rist – *(chiuso dal 10 al 20 agosto, venerdì escluso da marzo a settembre e dicembre)* Menu 25/32 € – Carta 28/37 €

♦ Una tipica casa colonica canavese sapientemente ristrutturata, custodisce al suo interno un caratteristico ristorante di tono vagamente country e una veranda per il servizio estivo all'aperto. Offre anche belle stanze, graziose e ampie, con soffitti di mattoni a vista e mobili d'epoca, alcune con caminetto funzionante.

CANELLI – Asti (AT) – 561 H6 – 10 628 ab. – alt. 157 m – ✉ 14053 25 D2

Roma 603 – Alessandria 43 – Genova 104 – Asti 29

Agriturismo La Casa in Collina senza rist P

località Sant'Antonio 30, Nord-Ovest : 2 km VISA AE

– ☎ 01 41 82 28 27 – www.casaincollina.com – casaincollina@casaincollina.com – chiuso gennaio e febbraio

6 cam – 80/110 €

♦ Dal romanzo di Cesare Pavese, uno dei luoghi più panoramici delle Langhe con vista fino al Monte Rosa nei giorni più limpidi. In casa: elegante atmosfera piemontese. Piccola produzione propria di Moscato d'Asti e Barbera.

San Marco (Mariuccia Roggero) VISA AE

via Alba 136 – ☎ 01 41 82 35 44 – www.sanmarcoristorante.it – info@sanmarcoristorante.it – chiuso 10 giorni in gennaio, dal 23 luglio al 14 agosto, martedì sera, mercoledì

Rist – Carta 41/57 €

Spec. Millefoglie di tacchinella e foie gras con mostarda di pomodoro e zenzero. Costoletta di vitella di Boves alla milanese. Fondente di mela verde e mandorle con gelato alla lavanda.

♦ La sussurrata ospitalità del marito in sala, il polso deciso della moglie in cucina, i piatti della tradizione astigiana in tavola. L'anima di un territorio in un ristorante.

CANEVA – Pordenone (PN) – 562 E19 – 6 544 ab. – ✉ 33070 10 A3

Roma 588 – Belluno 52 – Pordenone 24 – Portogruaro 47

Ca' Damiani senza rist P VISA AE

via Vittorio Veneto 3, località Stevenà – ☎ 04 34 79 90 92 – www.wel.it/damiani – cadamiani@libero.it

11 cam – 75/85 € 95/130 €

♦ Abbracciata da un ampio parco secolare, la maestosa villa settecentesca dalla calda accoglienza propone al suo interno saloni impreziositi con arredi d'epoca e raffinate camere, contraddistinte da nomi di grandi orologiai.

CANGELASIO – Parma – 561 H11 – Vedere Salsomaggiore Terme

CANICATTÌ – Agrigento (AG) – 365 as59 – 34 706 ab. – alt. 465 m – ✉ 92024 40 C2

Agrigento 39 – Caltanissetta 28 – Catania 137 – Ragusa 133

Belvedere VISA AE

via Resistenza 20/22 – ☎ 09 22 85 18 60 – www.hotel-belvedere.org – direzione@hotel-belvedere.org

35 cam – 43/60 € 80/90 € – ½ P 55 €

Rist – *(chiuso dal 1° al 15 agosto)* Carta 17/28 €

♦ Sito nella parte alta della località, a pochi passi dalla stazione centrale, un albergo semplice e familiare che offre un'accoglienza rilassante e spazi raccolti e moderni. Nella sobria sala ristorante, prelibati piatti di cucina mediterranea e sarda.

CANNARA – Perugia (PG) – 563 N19 – 4 260 ab. – alt. 191 m 32 B2 – ✉ 06033

Roma 160 – Perugia 30 – Assisi 13 – Orvieto 79

Hortensis

via Enrico Berlinguer – ✆ 07 42 73 00 26 – www.hotelhortensis.it – infohotel@hotelhortensis.it

45 cam – 54/65 € 70/98 € – ½ P 55/60 €

Rist – *(chiuso a mezzogiorno)* Menu 20/32 €

◆ Albergo di recente realizzazione, esprime una propensione prevalentemente turistica, proponendo interessanti soluzioni per le camere. Gradito anche alla clientela d'affari.

Perbacco-Vini e Cucina

via Umberto I, 14 – ✆ 07 42 72 04 92 – perbaccocannara@email.it – chiuso dal 20 giugno al 20 luglio e lunedì

Rist – *(chiuso a mezzogiorno escluso domenica e i giorni festivi)* Carta 26/35 €

◆ Nato come wine-bar si è via via trasformato in un locale dove gustare una genuina cucina del territorio: la cipolla è regina. Due sale raccolte, con pareti affrescate.

CANNERO RIVIERA – Verbano-Cusio-Ossola (VB) – 561 D8 23 C1 – 1 048 ab. – alt. 225 m – ✉ 28821 Italia Centro Nord

Roma 687 – Stresa 30 – Locarno 25 – Milano 110

via Orsi 1 ✆ 0323 788943, cannero@distrettolaghi.it, Fax 0323 788943

Località ★★

Cannero

cam, rist,

piazza Umberto I 2 – ✆ 03 23 78 80 46 – www.hotelcannero.com – info@hotelcannero.com – 15 marzo-1° novembre

71 cam – 98/117 € 116/154 € – 1 suite – ½ P 105/120 €

Rist *I Castelli* – ✆ 03 23 78 80 47 – Carta 43/63 €

◆ Sulla sponda occidentale del Lago Maggiore, di fronte all'imbarcadero in tranquilla zona pedonale la lunga tradizione familiare di ospitalità in un albergo signorile. Curata ambientazione classica, con lampadari e sedie in stile, nella raffinata sala ristorante.

Il Cortile con cam

via Massimo D'Azeglio 73 – ✆ 03 23 78 72 13 – www.cortile.net – cortilecannero@libero.it – 15 aprile-ottobre

13 cam – 73/75 € 105/110 €

Rist – *(chiuso mercoledì a mezzogiorno)* (consigliata la prenotazione) Carta 48/69 €

◆ Sito nel cuore della località e raggiungibile solo a piedi, un locale grazioso e curato, frequentato soprattutto da una clientela straniera, propone una cucina creativa. Dispone anche di alcune camere signorili dall'arredo ricercato.

CANNETO SULL'OGLIO – Mantova (MN) – 561 G13 – 4 561 ab. 17 C3 – alt. 34 m – ✉ 46013

Roma 493 – Parma 44 – Brescia 51 – Cremona 32

Alla Torre

piazza Matteotti 5 – ✆ 0 37 67 01 21 – chiuso dal 4 al 25 agosto e mercoledì

Rist – (consigliata la prenotazione) Carta 32/45 €

◆ Nasce come locale di paese, sotto i cui portici fermarsi per prendere un aperitivo o per gustare i piatti della tradizione mantovana. Ben presto è diventato uno storico punto di riferimento, in cui trovare da oltre quarant'anni prodotti genuini, passione e competenza. Etichette prestigiose nella fornita cantina.

a Runate **Nord-Ovest : 3 km : – ✉ 46013 Canneto Sull'Oglio**

XXXX **Dal Pescatore** (Nadia e Giovanni Santini)
✿✿✿ – ✆ *03 76 72 30 01 – www.dalpescatore.com*
– santini@dalpescatore.com – chiuso dal 2 al 23 gennaio, dal 13 agosto al 2 settembre, lunedì, martedì, mercoledì a mezzogiorno
Rist – Carta 112/164 €
Spec. Foie gras in padella con frutta di stagione e vino passito. Risotto con pistilli di zafferano. Meringa alle mandorle con pistacchio e zabaglione caldo.
◆ Lo spazio di una generazione ha trasformato una semplice trattoria in uno dei più celebri ristoranti d'Europa; la tradizione mantovana e italiana sublimata in raffinati ambienti.

CANNIGIONE – Olbia-Tempio (104) – 366 R37 – Vedere Arzachena

CANNIZZARO – Catania (CT) – 365 AZ58 – Vedere Aci Castello

CANNOBIO – Verbano-Cusio-Ossola (VB) – 561 D8 – 5 132 ab. 23 C1
– alt. 214 m – ✉ 28822 Italia Centro Nord

Roma 694 – Stresa 37 – Locarno 18 – Milano 117

via A. Giovanola 25 ✆ 0323 71212, cannobio@distrettolaghi.it, Fax 0323 71212

Località★★

Orrido di Sant'Anna★: 3 km ovest

Park Hotel Villa Belvedere senza rist
via Casali Cuserina 2, Ovest : 1 km – ✆ 0 32 37 01 59
– www.villabelvederehotel.it – info@villabelvederehotel.it – 26 marzo-1° novembre
27 cam – 🚹100/125 € 🚹🚹140/190 €
◆ Collocata tra il verde di un tranquillo e curatissimo giardino, la nuova struttura vanta spazi ben arredati, ampie camere ed un distensivo ambiente familiare.

Cannobio cam, rist,
piazza Vittorio Emanuele III 6 – ✆ 03 23 73 96 39 – www.hotelcannobio.com – info@hotelcannobio.com – marzo-novembre
18 cam – 🚹100/149 € 🚹🚹165/215 € – 1 suite – ½ P 118/143 €
Rist ***Porto Vecchio*** *– (8 marzo-2 novembre; chiuso martedì) (chiuso a mezzogiorno escluso luglio-agosto)* Carta 45/60 €
◆ Sulla piazza principale prospicente il lago, la struttura si caratterizza per i suoi eleganti spazi comuni e le camere deliziosamente personalizzate. Ovunque il piacere di scoprire le sfumature dell'acqua. Ristorante con proposte classiche.

Pironi senza rist
via Marconi 35 – ✆ 0 32 37 06 24 – www.pironihotel.it – info@pironihotel.it – 20 marzo-6 novembre
12 cam – 🚹100/130 € 🚹🚹145/180 €
◆ Delizioso hotel d'atmosfera in un palazzo quattrocentesco nel cuore della località: un insieme di antichi affreschi, soffitti a volta, colonne medievali e moderni elementi di arredo. Il tutto in perfetta armonia tra funzionalità e ricordi di epoche passate.

XX **Antica Stallera** con cam
via Zaccheo 3 – ✆ 0 32 37 15 95 – www.anticastallera.com – info@anticastallera.com – 15 febbraio-15 novembre
18 cam – 🚹60/69 € 🚹🚹95/108 € – ½ P 73/79 €
Rist – *(chiuso martedì)* Menu 32 € – Carta 31/54 €
◆ Nel centro storico di questo grazioso borgo, invidiatoci da tanti stranieri, un ristorante dalle ampie e luminose vetrate. Dalla cucina: prelibatezze regionali ed i "classici" italiani.

sulla strada statale 34

XXX **Del Lago** con cam rist,

via Nazionale 2, località Carmine Inferiore ✉ 28822 – ✆ 0 32 37 05 95 – www.enotecalago.com – enotecadellago@libero.it – 15 marzo-ottobre
9 cam – †100 € ††120 €, ☕ 15 €
Rist – *(chiuso martedì e mercoledì)* Carta 57/82 €
◆ Una moderna e raffinata cucina con piatti di carne e soprattutto di pesce, sia di lago che di mare, una sala di sobria eleganza avvolta da vetrate oppure, d'estate, in terrazza, in riva al lago. Graziose le camere, per sentirsi quasi ospiti di una dimora privata.

CANOSA DI PUGLIA – Barletta-Andria-Trani (BT) – 564 D30 — 26 B2
– 31 218 ab. – alt. 105 m – ✉ 70053 Puglia

Roma 365 – Bari 78 – Potenza 137 – Avellino 144

Tomba★ di Boemondo nella cattedrale romanica

Cefalicchio rist,

contrada Cefalicchio, (Sp 143, km 3) – ✆ 08 83 64 21 23 – www.cefalicchio.it – info@cefalicchio.com – chiuso gennaio-febbraio
10 cam ☕ – †75/105 € ††130/180 € – 1 suite – ½ P 95/120 €
Rist – *(chiuso novembre)* (prenotazione obbligatoria) Carta 25/39 €
◆ Masseria del 1700 riconvertita in casa nobiliare nel 1904: di quel periodo la scalinata d'ingresso e il viale alberato. Anche gli interni sono rimasti ancorati al passato, soprattutto le due suite con mobili d'antiquariato. Le camere sono invece più moderne, sebbene mantengano una certa sobrietà. Bella zona benessere.

CANOVE – Vicenza (VI) – 562 E16 – alt. 1 001 m – ✉ 36010 — 35 B2

Roma 568 – Trento 61 – Padova 87 – Treviso 100

Alla Vecchia Stazione

via Roma 147 – ✆ 04 24 69 20 09 – www.allavecchiastazione.it – info@allavecchiastazione.it – chiuso ottobre
42 cam – †60 € ††100 €, ☕ 10 € – ½ P 80 €
Rist – *(chiuso lunedì in novembre e da aprile a giugno)* Carta 28/39 €
◆ Ubicato di fronte al museo locale un hotel che presenta ambienti di buon livello con accessori e dotazioni in grado di garantire un soggiorno piacevole. Bella piscina. Tre diverse sale ristorante per gli ospiti dell'hotel, i clienti di passaggio e i banchetti.

CANTALUPO – Milano – Vedere Cerro Maggiore

CANTALUPO LIGURE – Alessandria (AL) – 561 H9 – 553 ab. — 23 D3
– alt. 383 m – ✉ 15060

Roma 556 – Alessandria 56 – Genova 69 – Piacenza 122

X **Belvedere**

località Pessinate, Nord: 7 km – ✆ 0 14 39 31 38 – www.belvedere1919.com – belvedere1919@libero.it – chiuso gennaio o febbraio
Rist – (prenotazione obbligatoria) Menu 22/32 € – Carta 35/47 €
◆ Ambiente rustico con elementi moderni e una cucina di taglio contemporaneo, che tuttavia non dimentica i prodotti del territorio.

CANTALUPO NEL SANNIO – Isernia (IS) – 564 C25 – 765 ab. — 2 C3
– alt. 588 m – ✉ 86092

Roma 227 – Campobasso 32 – Foggia 120 – Isernia 19

X **Antica Trattoria del Riccio**

via Sannio 7 – ✆ 08 65 81 42 46 – menasisto@alice.it – chiuso una settimana in luglio e lunedì
Rist – *(chiuso la sera)* (consigliata la prenotazione) Carta 18/26 €
◆ Semplice e caratteristico ristorante di montagna: la conduzione è nelle mani della stessa famiglia dal 1890, la cucina casalinga e tradizionale, i piatti abbondanti e gustosi.

CANTELLO - Varese (VA) - **561** E8 - **4 610 ab.** - **alt. 404 m** - ✉ **21050** **18** A1

Roma 640 - Como 26 - Lugano 29 - Milano 59

XX **Madonnina** con cam

largo Lanfranco 1, località Ligurno - ✆ 03 32 41 77 31 - www.madonnina.it - info@madonnina.it

19 cam - 70 € 116 € - 2 suites - ½ P 90 €

Rist - *(chiuso lunedì)* Carta 37/53 €

♦ Un locale di charme, con camere raffinate, in una stazione di posta del '700 circondata da un bel parco-giardino; cucina che segue le stagioni, piatti ricchi d'estro.

CANTÙ - Como (CO) - **561** E9 - **38 398 ab.** - **alt. 369 m** - ✉ **22063** **18** B1

Roma 608 - Como 10 - Bergamo 53 - Lecco 33

Canturio senza rist

via Vergani 28 - ✆ 0 31 71 60 35 - www.hotelcanturio.it - info@hotelcanturio.it - chiuso dal 24 dicembre al 6 gennaio e 20 giorni in agosto

30 cam - 60/130 € 90/150 €

♦ Gestito da 20 anni dalla stessa famiglia, un hotel ideale per clientela di lavoro e di passaggio; camere funzionali, quelle sul retro hanno un terrazzino sul verde.

XX **Al Ponte**

via Vergani 25 - ✆ 0 31 71 25 61 - chiuso agosto e lunedì

Rist - Carta 34/42 €

♦ Accogliente locale, raccolto ed elegante, che resta sempre un indirizzo sicuro per piatti di cucina lombarda, oltre che italiana in genere; ampia scelta di vini.

XX **La Scaletta** con cam

AC cam, cam,

via Milano 30 - ✆ 0 31 71 65 40 - www.trattorialascaletta.it - info@trattorialascaletta.it - chiuso dal 27 dicembre al 5 gennaio e dal 10 agosto al 2 settembre

8 cam - 75 € - ½ P 65 €

Rist - *(chiuso venerdì sera e sabato a mezzogiorno)* Carta 45/60 €

♦ Tono classico-elegante per un ristorante con camere confortevoli, ubicato alle porte della città: cucina tradizionale in sintonia con le stagioni e proposte originarie di varie regioni.

XX **Le Querce**

via Marche 27, località Mirabello - ✆ 0 31 73 13 36 - www.ristorantelequerce.com - maurizioluraschi@ristorantelequerce.com - chiuso dal 27 dicembre al 6 gennaio, dal 1° al 23 agosto, lunedì e martedì

Rist - Carta 35/48 €

♦ Le Querce, come gli alberi che ombreggiano il grande giardino nel quale si trova questo signorile ristorante, ben attrezzato anche per banchetti e ricevimenti. Cucina regionale e gustose proposte di pesce.

CANZO - Como (CO) - **561** E9 - **5 165 ab.** - **alt. 402 m** - ✉ **22035** **18** B1

Roma 620 - Como 20 - Bellagio 20 - Bergamo 56

Volta

via Volta 58 - ✆ 0 31 68 12 25 - www.hotelvolta.com - hotelvolta@hotmail.it

16 cam - 45/55 € 65/75 € - ½ P 55/65 €

Rist - *(chiuso a mezzogiorno) (solo per alloggiati)* Menu 25/35 €

♦ Sarete accolti con cordialità e vi sentirete come a casa vostra in questo albergo a gestione familiare; carine le camere, ben arredate e con ottima dotazione di cortesia. Cucina casalinga di ottima qualità.

Ogni ristorante stellato è introdotto da tre specialità che rappresentano in maniera significativa la propria cucina. Qualora queste non fossero disponibili, altre gustose ricette ispirate alla stagione delizieranno il vostro palato.

CAORLE – Venezia (VE) – **562** F20 – **11 987 ab.** – ✉ **30021** **36** D2

Roma 587 – Udine 74 – Milano 326 – Padova 96

calle delle Liburniche 16 ☎ 0421 81085, info@caorleturismo.it, Fax 0421 218623

Prà delle Torri viale Altanea 201, ☎ 0421 29 95 70

International Beach Hotel cam, rist,

viale Santa Margherita 57 – ☎ 0 42 18 11 12 – www.internationalbeachhotel.it – info@internationalbeachhotel.it – chiuso dal 20 al 28 dicembre e dal 7 gennaio al 15 febbraio

59 cam – †30/75 € ††70/130 € – ½ P 66/92 €

Rist – *(aprile-ottobre)* Menu 15/25 €

♦ Leggermente arretrato rispetto al mare, lungo un'arteria commerciale che in estate viene chiusa al traffico, due strutture sobriamente eleganti con aree riservate per il gioco dei più piccoli. Più classica la sala ristorante.

Savoy rist,

via Pascoli 1 – ☎ 0 42 18 18 79 – www.savoyhotel.it – savoy@savoyhotel.it – 21 aprile-25 settembre

62 cam – †75/100 € ††100/178 € – ½ P 75/95 €

Rist – *(21 aprile-1° maggio e 21 maggio-24 settembre)* Carta 26/50 €

♦ Per una vacanza tra bagni e tintarella è perfetto questo hotel fronte spiaggia dalla seria conduzione familiare; le camere sono state rinnovate in anni recenti. Capiente e luminosa la sala da pranzo, dove gustare una sana cucina mediterranea.

Garden rist,

piazza Belvedere 2 – ☎ 04 21 21 00 36 – www.hotelgarden.info – info@hotelgarden.info – aprile-ottobre

57 cam – †55/99 € ††88/170 € – ½ P 57/110 €

Rist – Carta 19/45 €

♦ Solo la piazza divide dal mare questo hotel dagli ambienti luminosi arredati con gusto moderno e design minimalista. Camere confortevoli ed attrezzato centro benessere: ideale per gli amanti della vacanza balneare e del relax. Al ristorante semplici piatti con prevalenza di proposte mediterranee.

Principe rist,

lungomare Trieste 59/60 – ☎ 0 42 18 12 23 – www.hotelprincipecaorle.it – info@hotelprincipecaorle.it – 20 maggio-20 settembre

60 cam – †63/90 € ††110/170 € – ½ P 53/137 €

Rist – *(solo per alloggiati)* Menu 20 €

♦ Frontemare sulla spiaggia di Levante, hotel a conduzione diretta con accoglienti spazi comuni e camere al passo con i tempi. Particolarmente gradevole la zona piscina.

Marzia Holiday Queen

viale Dante Alighieri 2 – ☎ 0 42 18 14 77 – www.hotelmarzia.it – info@hotelmarzia.it – Pasqua-ottobre

26 cam – †70/110 € ††98/140 € – 3 suites – ½ P 60/87 €

Rist – *(solo per alloggiati)*

♦ Piccolo grazioso hotel a conduzione familiare a pochi metri dalla spiaggia, dispone di una hall dalle moderne poltrone colorate e di ampie camere all'attico, con soppalco e idromassaggio. Per i pasti, la cucina tipica veneta con un'ampia scelta di carne e pesce ed un buffet di vedure.

XX **Duilio** con cam

strada Nuova 19 – ☎ 0 42 18 10 87 – www.diplomatic.it – info@diplomatic.it

22 cam – †49/59 € ††78/92 € – ½ P 57/67 €

Rist – *(chiuso 20 giorni in gennaio e lunedì escluso da giugno al 20 settembre)* Carta 26/40 €

♦ Sorto alla fine degli anni '50 sfoggia oggi due sale in cui gustare fragranti piatti di pesce, una di tono rustico con una grande barca come arredo, l'altra più elegante, dalle pareti colorate. Camere accoglienti e spaziose a disposizione di chi desidera fermarsi per una breve vacanza.

a Porto Santa Margherita Sud-Ovest : 6 km oppure 2 km e traghetto – ✉ 30021

(maggio-settembre) corso Genova 21 ✆ 0421 260230 info@caorleturismo.it Fax 0421 218623

Oliver

viale Lepanto 3 – ✆ 04 21 26 00 02 – www.hoteloliver.it – info@hoteloliver.it – maggio-settembre

66 cam – †75/95 € ††120/160 €, ☕ 15 € – ½ P 75/89 € **Rist** – Carta 28/44 €

♦ Offre ampi spazi esterni e un ambiente familiare questo piacevole albergo, posizionato direttamente sul mare, con piccola pineta e piscina al limitare della spiaggia. Classica e luminosa la sala da pranzo.

a Duna Verde Sud-Ovest : 10 km – ✉ 30021 Caorle

(maggio-settembre) piazza Spalato 2 ✆ 0421 299255 info@caorleturismo.it, Fax 0421 218623

Playa Blanca

viale Cherso 80 – ✆ 04 21 29 92 82 – www.playablanca.it – info@playablanca.it – 15 maggio-15 settembre

44 cam ☕ – †60/86 € ††80/120 € – ½ P 55/70 €

Rist – *(solo per alloggiati)* Menu 22/25 €

♦ Curiosa struttura circolare cinta da un curato giardino nel quale si trovano una piscina e un'area giochi attrezzata per i più piccoli. Al timone della conduzione, tre fratelli. Altrettanto particolare la sala ristorante, sempre tondeggiante, cinta da grandi vetrate e con proposte mediterranee.

a San Giorgio di Livenza Nord-Ovest : 12 km – ✉ 30020

Al Cacciatore

corso Risorgimento 35 – ✆ 0 42 18 03 31 – www.ristorantealcacciatore.it – info@ristorantealcacciatore.it – chiuso dal 1° al 10 gennaio e dal 1° al 15 luglio

Rist – *(chiuso mercoledì)* Carta 38/53 €

♦ Lungo la strada principale che attraversa il paese, una grande sala dall'alto soffitto gestita con dedizione da tre fratelli dove trovare una cucina di pesce dalle porzioni abbondanti.

CAPACCIO SCALO – Salerno – 564 F27 – Vedere Paestum

CAPALBIO – Grosseto (GR) – 563 O16 – 4 257 ab. – alt. 217 m

29 C3

– ✉ 58011 Toscana

Roma 139 – Grosseto 60 – Civitavecchia 63 – Orbetello 25

Agriturismo Ghiaccio Bosco senza rist

strada della Sgrilla 4, Nord-Est : 4 km – ✆ 05 64 89 65 39 – www.ghiacciobosco.com – info@ghiacciobosco.com – chiuso gennaio e febbraio

14 cam ☕ – ††80/120 €

♦ Bella piscina e confortevoli camere con piccole personalizzazioni (alcune dispongono di lettore dvd, letto a baldacchino o vasca idromassaggio), nonché accesso indipendente dal giardino. Tutt'intorno un lussureggiante parco.

Tullio

via Nuova 27 – ✆ 05 64 89 61 96 – chiuso dal 20 gennaio all'8 marzo, mercoledì sera da luglio al 15 settembre, anche mercoledì a mezzogiorno negli altri mesi

Rist – Carta 33/47 €

♦ Poco distante dall'antica cinta muraria, ristorante familiare che dispone di una sala interna d'atmosfera e di una terrazza, dove assaporare le specialità del territorio. Accanto anche l'enoteca per vino, salumi, stuzzichini e gelato.

CAPANNORI – Lucca – 563 K13 – Vedere Lucca

CAPISTRANO – Vibo Valentia (VV) – **564** K30 – **1 098 ab.** – **alt. 352 m** **5** A2

– ✉ 89818

Roma 616 – Reggio di Calabria 112 – Catanzaro 69 – Crotone 138

Agriturismo Sant'Elia

località Sant'Elia, Nord : 3 km – ✆ 09 63 32 50 40 – www.agriturismosantelia.com – info@agriturismosantelia.com

6 cam – 40 € 72 € – ½ P 60 €

Rist – (prenotazione obbligatoria) Menu 15/20 €

◆ Alla sommità di una vasta proprietà piantumata a bosco ed uliveto, un bel casale della seconda metà dell'800. Splendida vista fino al mare, ambienti curati e calma assoluta. Cucina della tradizione calabrese.

CAPO D'ORLANDO – Messina (ME) – **365** AX55 – **13 089 ab.** **40** C1

– ✉ 98071 Sicilia

Catania 135 – Enna 143 – Messina 88 – Palermo 149

viale Sandro Volta, angolo via Amendola ✆ 0941 912784, aastcdo@tiscali.it, Fax 0941 912517

La Tartaruga

cam,

Lido San Gregorio 41 – ✆ 09 41 95 50 12 – www.hoteltartaruga.it – info@hoteltartaruga.it – chiuso novembre

48 cam – 65/80 € 100/130 €, 5 € – ½ P 85/100 €

Rist – *(chiuso lunedì escluso da giugno ad agosto)* Carta 34/47 €

◆ Ubicato nel vero fulcro turistico della località, questa risorsa, affacciata sulla spiaggia, offre una buona ospitalità grazie a camere confortevoli e alla gestione attenta. Valido e rinomato ristorante gestito da una famiglia di pescatori.

L'Altra Risacca

lungomare Andrea Doria 52 – ✆ 09 41 91 10 27 – hostaria.laltrarisacca@gmail.com – chiuso novembre e lunedì

Rist – Carta 27/41 €

◆ Fronte mare, una sala semplice e sobria: tutti gli sforzi prendono la direzione di una cucina fragrante, sorretta da un ottimo pesce locale.

CAPOLAGO – Varese – Vedere Varese

CAPOLIVERI – Livorno – **563** N13 – Vedere Elba (Isola d')

CAPPELLA – Lucca – Vedere Lucca

CAPPELLA DÉ PICENARDI – Cremona (CR) – **434 ab.** – **alt. 42 m** **17** C3

– ✉ 26038

Roma 498 – Parma 51 – Cremona 18 – Mantova 48

Locanda degli Artisti

via XXV Aprile 13/1 – ✆ 03 72 83 55 76 – www.locandadegliartisti.it – info@locandadegliartisti.it – chiuso domenica sera, giovedì

Rist – Carta 28/39 €

◆ Un'esperienza artistica prima ancora che gastronomica, la locanda occupa una delle tante cascine che costruiscono il suggestivo borgo , invitandovi a riscoprire la cucina del territorio e i sapori della cucina padana.

CAPRAIA E LIMITE – Firenze (FI) – **6 970 ab.** – ✉ 50056 **29** C1

Roma 314 – Firenze 33 – Prato 39 – Pisa 65

I' Fiorino senza rist

via S. Allende 97/a ✉ 50050 Capraia e Limite – ✆ 05 71 58 39 41 – www.hotelifiorino.it – info@hotelifiorino.it

17 cam – 50/100 € 60/135 €

◆ Moderno e confortevole, questo piccolo hotel vanta una luminosa veranda sulla quale viene allestita la prima colazione a buffet. Camere accoglienti nella loro semplicità.

CAPRESE MICHELANGELO - Arezzo (AR) - 563 L17 - 1 607 ab. - alt. 653 m - ✉ 52033 Toscana 29 D1

Roma 260 - Rimini 121 - Arezzo 45 - Firenze 123

Buca di Michelangelo

via Roma 51 - ☎ 05 75 79 39 21 - www.bucadimichelangelo.it - albergo@bucadimichelangelo.it - chiuso dal 10 al 25 febbraio

24 cam - 40/55 € 60/65 € - ½ P 45/55 €

Rist - *(chiuso mercoledì e giovedì escluso da giugno ad ottobre)* Carta 20/34 €

◆ Nel centro del paese che diede i natali a Michelangelo, un hotel con camere semplici, ma accoglienti, così come accogliente e familiare risulta essere la gestione. Piatti toscani serviti in un ampio salone panoramico.

Il Rifugio

località Lama 47, Ovest : 2 km - ☎ 05 75 79 39 68 - chiuso mercoledì escluso agosto

Rist - Carta 20/36 €

◆ Giovane gestione familiare e ambiente rustico in un locale di campagna, le cui specialità sono funghi e tartufi, ma che propone anche pesce e la sera le pizze.

ad Alpe Faggeto Ovest : 6 km - alt. 1 177 m - ✉ 52033 Caprese Michelangelo

Fonte della Galletta con cam

località Alpe Faggeto - ☎ 05 75 79 39 25 - www.fontedellagalletta.it - info@fontedellagalletta.it

13 cam - 45/55 € 70/80 € - ½ P 70 €

Rist - *(chiuso lunedì e martedì in giugno-luglio, da lunedì a giovedì da settembre a maggio)* Carta 25/47 €

◆ Qui si respira aria di montagna e tra faggeti secolari si intravede una splendida vista sulla Val Tiberina; al ristorante, piatti tipici locali, funghi e cacciagione.

CAPRI (Isola di)★★★ - Napoli (NA) - 564 F24 - 7 329 ab. 6 B3

Napoli e la Campania

per Napoli e Sorrento - Caremar, call center 892 123

Pianta pagina seguente

ANACAPRI★★★ (NA) - 564 F24 - 6 655 ab. - alt. 275 m - ✉ 80071 6 B3

via Orlandi 59 ☎ 081 8371524, information@capri.it

Monte Solaro★★★ BY : ✻★★★ per seggiovia 15 mn - Villa San Michele★ BY : ✻★★★ - Belvedere di Migliara★ BY 1 h AR a piedi - Pavimento in maiolica★ nella chiesa di San Michele AZ

Capri Palace Hotel

via Capodimonte 14 - ☎ 08 19 78 01 11 - www.capripalace.com - info@capri-palace.com - 13 aprile-1° novembre AZp

67 cam - 280/380 € 360/1000 € - 11 suites - ½ P 280/600 €

Rist L'Olivo - vedere selezione ristoranti

◆ Svetta sui tetti di Anacapri, domina il mare e custodisce straordinarie opere d'arte contemporanea: un albergo-museo dai soffici colori e straordinarie camere, alcune con piscina privata.

Caesar Augustus

rist,

via Orlandi 4 - ☎ 08 18 37 33 95 - www.caesar-augustus.com - info@caesar-augustus.com - 21 aprile-ottobre BYc

55 cam - 346/406 € 388/577 € - 7 suites - ½ P 240/270 €

Rist - (prenotazione obbligatoria) Carta 60/75 €

◆ Nell'altera e discreta Anacapri, il *Caesar Augustus* con la sua suggestiva piscina a sfioro occupa una posizione privilegiata a picco sul mare. Qui nulla è lasciato al caso: gli eleganti arredi o l'ascensore d'epoca non mancheranno, infatti, di attirare la vostra attenzione.

ANACAPRI

Munthe (V. A.) .... AZ 13
Vittoria (Pza d.) .... AZ 27

CAPRI

Camerelle (V.) ..... BZ
Certosa (V.) .... BZ 6
Croce (V.) .... BZ
Fenicia (Scala) ..... BY 8
Fuorlovado (V.) .... BZ 9
Le Botteghe (V.) ... BZ 10
Madre Serafina (V.). BZ 12
Serena (V.) .... BZ 16
Sopramonte (V.) ... BZ 17
S. Francesco (V.) ... BZ 14
Tiberio (V.) .... BZ 18
Tragara (V.) .... BZ 21
Umberto I (Pza) ... BZ
Vittorio Emanuele (V.) .... BZ 23

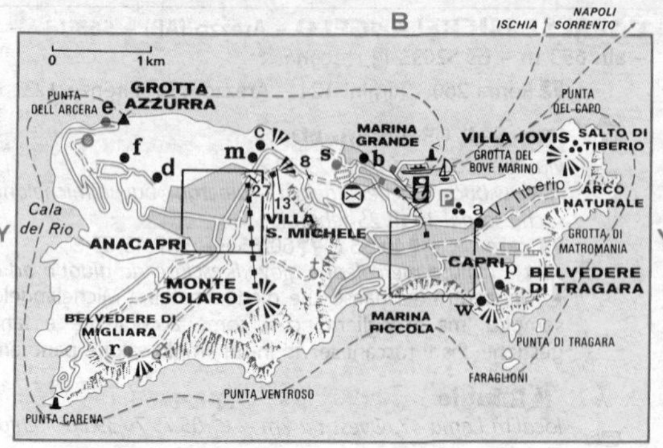

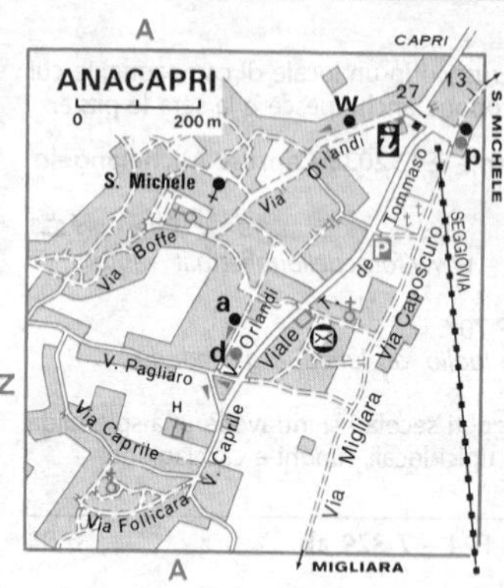

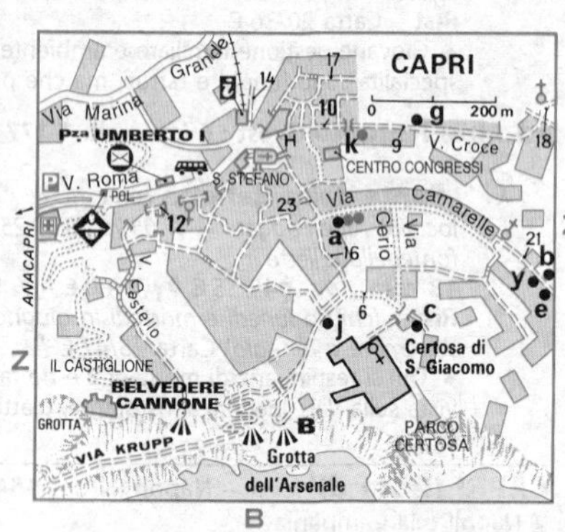

Al Mulino senza rist
via La Fabbrica 9 – 📞 08 18 38 20 84 – www.mulino-capri.it – mulino@capri.it – Paqua-ottobre BY**f**
7 cam ☕ – 🚹100/150 € 🚹🚹120/200 €
◆ Una ex fattoria immersa in un curatissimo giardino, collocato nella parte più "nobile" e riservata della località, quindi distante da centro, shopping e frastuono. Tutte le camere sono dotate di un grazioso patio privato.

Biancamaria senza rist
via Orlandi 54 – 📞 08 18 37 10 00 – www.hotelbiancamaria.com – info@hotelbiancamaria.com – aprile-ottobre AZ**w**
25 cam ☕ – 🚹100/130 € 🚹🚹130/160 €
◆ Lungo la strada dei negozi e del passeggio anacaprese, piccola risorsa nata dalla ristrutturazione di una casa privata: le camere sono classiche con mobili in legno naturale e tessuti coordinati.

Bellavista
rist,
via Orlandi 10 – 📞 08 18 37 14 63 – www.bellavistacapri.com – info@bellavistacapri.com – Pasqua-ottobre BY**m**
15 cam ☕ – 🚹80/160 € 🚹🚹130/240 € – ½ P 91/146 €
Rist – Menu 18/26 €
◆ La realtà non smentisce il nome: è davvero splendido il panorama del golfo da uno dei più antichi alberghi dell'isola! Piacevole aria démodé negli interni anni '60 e caratteristici pavimenti con maioliche dai colori marini. L'intensa luce del sole o il chiaroscuro del tramonto fanno da sfondo all'ampia sala da pranzo.

Casa Mariantonia senza rist

via Orlandi 180 – ✆ 08 18 37 29 23
– www.casamariantonia.com – info@casamariantonia.com
– marzo-novembre AZ**a**

10 cam – 120/220 € 140/240 €

◆ Nel pieno centro di Anacapri, questa storica risorsa ospitò anche Totò e Moravia. L'attuale giovane gestione ha dato un nuovo slancio alla casa, che rimane sempre raffinata negli arredi e con un delizioso giardino agrumeto.

Il Giardino dell'Arte senza rist

traversa la Vigna 32/b – ✆ 08 18 37 30 25 – ilgiardinodellarte@libero.it
– 15 marzo-novembre BY**d**

5 cam – 80 € 100/150 €

◆ Tra gli orti e i giardini delle ville di Anacapri, gli ospiti passano ore indimenticabili sulle terrazze vista mare. Ceramiche vietresi e letti in ferro battuto nelle accoglienti camere.

L'Olivo – Capri Palace Hotel

via Capodimonte 14 – ✆ 08 19 78 01 11
– www.capripalace.com – info@capripalace.com
– 13 aprile-1° novembre AZ**p**

Rist – Menu 150/190 € – Carta 98/147 €

Spec. Risotto al limone con crudo di pesce. Coda d'astice allo zafferano con lenticchie nere e fave di cacao. Guancia di vitello salmistrata e carpaccio di ricciola con asparagi al bergamotto.

◆ Un grande salotto dalle morbide poltrone e vellutate tonalità: servizio impeccabile e una cucina mediterranea e campana nell'ovattato ambiente di una casa privata. Oggi con un nuovo giovane chef.

La Rondinella

via Orlandi 245
– ✆ 08 18 37 12 23 – larondinella@live.it
– chiuso dicembre-febbraio e giovedì escluso da giugno a settembre

Rist – Carta 33/69 € (+10 %) AZ**d**

◆ Servizio solerte e cordiale, d'inverno in un ambiente rustico, d'estate sulla gradevole terrazza tra piante e fiori; cucina caprese e di mare, la sera anche le pizze.

alla Grotta Azzurra Nord-Ovest: 4,5 km

Il Riccio

via Gradola 4/11 – ✆ 08 18 37 13 80
– www.ristoranteilriccio.com – info@ristoranteilriccio.com
– Pasqua-ottobre BY**e**

Rist – Menu 60/85 € – Carta 64/109 €

◆ A picco sul mare e a pochi passi dalla Grotta Azzurra, la professionalità del servizio si stempera in un ambiente più rilassato e quasi balneare. Scenografico espositore di pesce, la stanza dei dolci vi introduce in un lussurioso viaggio di tentazioni napoletane.

alla Migliara Sud-Ovest : 30 mn a piedi :

Da Gelsomina con cam

cam, cam,

via Migliara 72 – ✆ 08 18 37 14 99
– www.dagelsomina.com – info@dagelsomina.com
– chiuso dal 7 gennaio a febbraio (solo camere: chiuso da novembre a marzo)

5 cam – 85/95 € 130/160 € BY**r**

Rist – *(chiuso martedì) (chiuso la sera da ottobre al 1° maggio)* Carta 34/55 €

◆ A piedi, o (previa telefonata) in navetta, si raggiunge un'autentica trattoria familiare con orto e allevamento. Ravioli alla caprese e pollo al mattone tra gli imperdibili. Panorama e tranquillità totale nelle camere realizzate sotto la terrazza, tutte con un piccolo patio privato.

CAPRI★★★ (NA) – 564 F24 – 7 329 ab. – alt. 142 m – ✉ 80073 6 B3

piazza Umberto I 19 ✆ 081 8370686, information@capri.it

Belvedere Cannone★★ BZ accesso per la via Madre Serafina★ BZ **12** – Grotta Azzurra★★ BY (partenza da Marina Grande) - Belvedere di Tragara★★ BY – Villa Jovis★★ BY: ✳★★, salto di Tiberio★ – Giardini di Augusto ≤★★ BZ **B** – Via Krupp★ BZ – Marina Piccola★ e Marina Grande★ BY – Piazza Umberto I ★ BZ – Via Le Botteghe★ BZ **10** – Arco Naturale★ BY

Grand Hotel Quisisana

via Camerelle 2 – ✆ 08 18 37 07 88 – www.quisisana.com – info@quisisana.com – 26 marzo-ottobre BZ**a**

133 cam – ††320/850 € – 15 suites – ½ P 220/485 €

Rist Quisi e Rendez Vous – vedere selezione ristoranti

Rist *La Colombaia* – *(chiuso la sera)* Carta 59/79 €

◆ Nato nell'Ottocento come sanatorio, oggi è una delle icone dell'isola. Davanti scorre la rutilante mondanità dello shopping, nel giardino: silenzio, mare e faraglioni. Vicino alla piscina, il ristorante La Colombaia propone specialità regionali e grigliate. Ambiente informale.

Capri Tiberio Palace

cam, rist,

via Croce 11/15 – ✆ 08 19 78 71 11 – www.tiberiopalace.com – info@tiberiopalace.com – aprile-novembre

50 cam – ††300/650 € – 10 suites **Rist** – Carta 70/85 € BZ**g**

◆ Nella parte alta di Capri, a pochi minuti dal centro, architettura classica mediterranea per quest'albergo con ampi balconi incorniciati da archi. Interni chiari, eleganti con suggestive soluzioni di design per la sala da pranzo.

Casa Morgano senza rist

via Tragara 6 – ✆ 08 18 37 01 58 – www.casamorgano.com – info@casamorgano.com – 15 marzo-5 novembre BZ**y**

27 cam – ††250/750 €

◆ Immersa nel verde, sorge questa raffinata struttura che vanta camere spaziose, arredate con estrema ricercatezza. A pranzo, possibilità di un pasto leggero a bordo piscina.

Scalinatella senza rist

via Tragara 8 – ✆ 08 18 37 06 33 – www.scalinatella.com – info@scalinatella.com – marzo-novembre BZ**e**

30 cam – ††300/750 €

◆ Primogenito tra i gioielli di una famiglia di albergatori, se ne sta acquattato sul fianco della collina e conserva intatto il suo fascino esclusivo. Camere lussuose e, solo a pranzo, possibilità di un leggero pasto a bordo piscina.

Punta Tragara

rist,

via Tragara 57 – ✆ 08 18 37 08 44 – www.hoteltragara.com – info@hoteltragara.it – 20 aprile-ottobre BY**p**

36 cam – ††400/830 € – 8 suites – ½ P 380/485 € **Rist** – Menu 70/120 €

◆ Posizione irripetibile su Capri e i Faraglioni, per una struttura dalle camere di moderna, riposante sobrietà e dalle favolose terrazze sul più bel mondo. Al ristorante: cucina mediterranea, specchio dell'isola e della regione.

Luna

viale Matteotti 3 – ✆ 08 18 37 04 33 – www.lunahotel.com – luna@capri.it – Pasqua-ottobre BZ**j**

48 cam – ††290/480 € – 4 suites – ½ P 195/290 €

Rist – *(solo per alloggiati)* Carta 45/61 €

◆ Quasi a picco sulla scogliera, struttura in perfetto stile caprese con ambienti luminosi e fresche maioliche. Grande giardino fiorito e terrazza da cui contemplare il mare, i Faraglioni e la Certosa: un sogno mediterraneo!

Villa Brunella
via Tragara 24 – 08 18 37 01 22 – www.villabrunella.it – villabrunella@capri.it – Pasqua-ottobre BY**w**
20 cam – 200/300 € 250/360 €
Rist – (consigliata la prenotazione) Carta 43/71 €
♦ Una ripida scala si "inabissa" verso la piscina, più o meno a metà di questa originale raffinata struttura, dove è tutto un susseguirsi di terrazze fiorite e di suggestivi scorci panoramici. Tappa di rito per gli appassionati della cucina mediterranea, la terrazza-ristorante si affaccia sulla baia di Marina Piccola.

La Certosella senza rist
via Tragara 13/15 – 08 18 37 07 22 – www.hotelcertosella.com – info@hotelcertosella.com – chiuso gennaio BZ**b**
18 cam – 200/290 €
♦ Un piccolo ma incantevole giardino vi indurrà a sostare in quest'albergo sotto glicini, limoni e aranci. Le spaziose camere sono ospitate in un edificio neoclassico.

Canasta senza rist
via Campo di Teste 6 – 08 18 37 05 61 – www.hotel-canasta.com – canasta@capri.it – chiuso dal 12 gennaio al 13 marzo BZ**c**
17 cam – 100/120 € 170/230 €
♦ Semplice nei servizi e negli spazi comuni, non deluderanno invece le camere: in genere spaziose e con eleganti ceramiche vietresi.

Villa Sarah senza rist
via Tiberio 3/a – 08 18 37 78 17 – www.villasarahcapri.com – info@villasarah.it – 27 dicembre-6 gennaio e Pasqua-ottobre BY**a**
19 cam – 95/150 € 145/220 €
♦ Coccolati da un'autentica ed ospitale famiglia caprese, è una villa immersa nel verde dell'orto di casa. Al secondo piano alcune camere con vista mare.

Quisi – Gd H. Quisisana
via Camerelle 2 – 08 18 37 07 88 – www.quisisana.com – info@quisisana.com – 26 marzo-ottobre BZ**a**
Rist – *(chiuso domenica sera escluso dal 15 giugno al 15 settembre) (chiuso a mezzogiorno)* Carta 72/108 €
♦ Esclusivo e raffinato, è il ristorante per le serate più importanti e romantiche di Capri. La cucina, impeccabile, nobilita ed esalta i prodotti e le ricette campane.

Aurora
via Fuorlovado 18 – 08 18 37 65 33 – www.auroracapri.com – aurora@capri.it – chiuso da gennaio a marzo BZ**k**
Rist – (consigliata la prenotazione) Carta 47/66 € (+15 %)
♦ In un caratteristico vicolo del centro, la terza generazione ha fatto decollare il ristorante verso mete più ambiziose e una raffinata cucina campana; anche pizze.

Rendez Vous – Gd. H. Quisisana
via Camerelle 2 – 08 18 37 07 88 – www.quisisana.com – info@quisisana.com – 26 marzo-ottobre BZ**a**
Rist – Carta 73/97 €
♦ Nell'elegante sala interna, o in terrazza affacciati sulla via dello shopping, l'appuntamento è con i piatti campani, nonché sushi (da maggio a settembre).

MARINA GRANDE (NA) – **564** F24 – ✉ **80073** **6** B3

banchina del Porto 081 8370634, information@capri.it

J.K. Place Capri rist,
via Provinciale 225 – 08 18 38 40 01 – www.jkcapri.com – info@jkcapri.com – aprile-ottobre BY**b**
22 cam – 450/2700 €
Rist – (prenotazione obbligatoria) Carta 78/111 €
♦ L'atmosfera e l'accoglienza di un'elegante residenza privata, dove una successione di salotti vi porta tra librerie e oggetti d'arte. Per chi non vuole rinunciare a bagnarsi nell'acqua di mare, nonostante la splendida piscina, l'albergo offre uno dei pochi accessi diretti alla spiaggia dell'isola.

XX **Da Paolino**

via Palazzo a Mare 11 – ✆ 08 18 37 61 02 – www.paolinocapri.com – info@paolinocapri.com – Pasqua-ottobre BY**s**

Rist – *(chiuso a mezzogiorno dal 15 maggio ad ottobre)* (consigliata la prenotazione) Carta 44/77 €

♦ Locale rustico, molto luminoso, immerso nel verde: la "sala" è la limonaia sotto le cui fronde sono allestiti i tavoli. Cucina ricca e variegata secondo la migliore tradizione campana.

CAPRIANO DEL COLLE – Brescia (BS) – 561 F12 – 4 344 ab. – alt. 92 m – ✉ 25020 17 C2

Roma 538 – Brescia 13 – Cremona 43 – Milano 80

XX **Antica Trattoria La Pergolina**

via Trento 86, località Fenili Belasi – ✆ 03 09 74 80 02 – www.trattorialapergolina.com – lapergolina@gmail.com – chiuso dal 1° all'8 gennaio, dal 7 al 22 agosto, le sere di domenica e lunedì

Rist – Carta 28/52 €

♦ In un grande edificio colonico, una trattoria rustica, ma raffinata; ingredienti tutti fatti in casa per una cucina del territorio elaborata con cura e professionalità.

CAPRIATA D'ORBA – Alessandria (AL) – 561 H8 – 1 862 ab. – alt. 176 m – ✉ 15060 23 C3

Roma 575 – Alessandria 25 – Genova 63 – Milano 101

X **Il Moro**

piazza Garibaldi 7 – ✆ 0 14 34 61 57 – www.ristoranteilmoro.it – info@ristornteilmoro.it – chiuso dal 26 dicembre al 1° gennaio, 2 settimane in giugno,1 settimana a settembre e lunedì, anche domenica sera da ottobre ad aprile

Rist – Carta 30/39 €

♦ In centro paese, all'interno di un palazzo del '600, una trattoria dai soffitti a volta e arredata con pezzi di artigianato, dove è possibile apprezzare una cucina gustosa. Piccola enoteca annessa.

CAPRILE – Belluno – Vedere Alleghe

CAPRI LEONE – Messina (ME) – 365 AX55 – 4 496 ab. – alt. 400 m – ✉ 98070 40 C2

Catania 184 – Messina 93 – Palermo 144

XX **Antica Filanda** con cam

contrada Raviola strada statale 157 – ✆ 09 41 91 97 04 – www.anticafilanda.net – info@anticafilanda.it

16 cam – †75/85 € ††105/125 €

Rist – *(chiuso dal 15 gennaio al 15 febbraio e lunedì)* Carta 30/49 €

♦ La vista unisce mare e monti, ma la cucina sceglie questi ultimi: la tradizione dell'entroterra rivisitata con ottimi prodotti del territorio. Camere nuove ed accoglienti.

CAPRIOLO – Brescia (BS) – 562 F11 – 9 019 ab. – alt. 216 m – ✉ 25031 19 D1

Roma 593 – Brescia 33 – Milano 73 – Parma 142

Sole

via Sarnico 2 – ✆ 03 07 46 15 50 – www.solehotelristorente.com – info@solehotelristorante.com – chiuso dal 1° all' 8 gennaio

38 cam – †55/65 € ††75/80 €

Rist – *(chiuso sabato a mezzogiorno)* Carta 27/36 €

♦ Struttura completamente ristrutturata e arredi totalmente rinnovati sono il miglior benvenuto di questo hotel dotato di spazi ampi e di camere moderne. Indirizzo affidabile. Ampia sala ristorante con caratteristica griglia a vista.

Agriturismo Ripa del Bosco
via Valle 21, Sud-Ovest : 2 km – ✆ 03 07 46 16 20 – www.ripadelbosco.it – info@ripadelbosco.it – chiuso dal 10 gennaio al 2 febbraio e dal 4 al 10 luglio
15 cam – †40 € ††75 €
Rist – *(chiuso lunedì, martedì, mercoledì)* Carta 24/39 €
♦ In piena campagna, un grande e rustico caseggiato lombardo del XVII sec., ristrutturato di recente. Immerso tra le vigne di proprietà, utilizzate per la produzione di vino. Ristorante composto da salette accoglienti e ben arredate.

CAPRIVA DEL FRIULI – Gorizia (GO) – 1 714 ab. – alt. 49 m – ✉ 34070 11 C2

Roma 636 – Udine 27 – Gorizia 9 – Pordenone 74

Castello di Spessa via Spessa 14, ✆ 0481 88 10 09

Castello di Spessa – Residenza d'epoca senza rist
via Spessa 1, Nord : 1,5 km – ✆ 04 81 80 81 24 – www.castellodispessa.it – info@castellodispessa.it
14 cam – †140 € ††180 €
♦ Poche ed esclusive camere per una vacanza di relax a contatto con la storia, in questo castello ottocentesco che ha ospitato i signori della nobiltà friulana, celato da un parco secolare. Splendida vista sui vigneti e sul campo da golf.

Tavernetta al Castello con cam
via Spessa 7, Nord : 1 km – ✆ 04 81 80 82 28 – www.tavernettaalcastello.it – info@tavernettaalcastello.it – chiuso 2 settimane in gennaio o febbraio
10 cam – †80 € ††120 €
Rist – *(chiuso domenica sera, lunedì)* Carta 40/70 €
♦ Un tempo osteria del vicino castello, oggi un ristorante dalle caratteristiche sale da pranzo, di cui una con muri in pietra e camino. Cucina regionale che mette in risalto i prodotti locali. Camere confortevoli, ideali per un soggiorno di tranquillità.

CARAGLIO – Cuneo (CN) – 561 I4 – 6 780 ab. – alt. 575 m – ✉ 12023 22 B3

Roma 655 – Cuneo 12 – Alessandria 138 – Genova 156

piazza Matteotti 40 ✆ 0171 402808, associazione@lacevitou.it, Fax 0171 988102

Il Portichetto
via Roma 178 – ✆ 01 71 81 75 75 – www.ilportichetto.actervista.org – ilportichetto@gmail.com
Rist – Carta 35/47 €
♦ Nel cortiletto di un edificio d'epoca, un piccolo portico introduce a questo grazioso ristorante ricco di personalizzazioni ed eleganza. Dalla cucina piatti piemontesi e sapori regionali.

CARAMANICO TERME – Pescara (PE) – 563 P23 – 2 043 ab. – alt. 650 m – ✉ 65023 1 B2

Roma 202 – Pescara 54 – L'Aquila 88 – Chieti 43

via Fonte Grande 3 ✆ 085 922202, iat.caramanico@abruzzoturismo.it, Fax 085 922202

La Réserve
rist,
via Santa Croce – ✆ 08 59 23 91 – www.lareserve.it – info@lareserve.it – chiuso dal 7 gennaio al 7 marzo
72 cam – †205/265 € ††320/460 € – 4 suites – ½ P 158/218 €
Rist – Menu 35/45 €
♦ Oasi di pace e benessere nel parco della Maiella, l'hotel che vanta una bella posizione panoramica dispone di ambienti moderni e di design. Attrezzato centro benessere-termale. Ampiezza e luminosa ariosità degli spazi anche nel ristorante.

Cercone < cam, rist, VISA AE
viale Torre Alta 17/19 – 0 85 92 21 18 – www.hotelcercone.com – hotelcercone@hotmail.com – 15 dicembre-15 gennaio e marzo-ottobre
33 cam – 60/70 € 65/95 € – 2 suites – ½ P 65/75 €
Rist – Carta 20/25 €
◆ Di fronte all'ingresso delle Terme, hotel a conduzione diretta rinnovatosi negli anni: sale di caldo tono rustico, camere ampie e confortevoli con terrazzine panoramiche. Piccolo, ma nuovissimo centro benessere.

Locanda del Barone con cam rist, VISA AE
località San Vittorino, Sud: 3 km – 08 59 25 84 – www.locandadelbarone.it – info@locandadelbarone.it
6 cam – 40/50 € 80 € – ½ P 60 €
Rist – (consigliata la prenotazione) Carta 25/35 €
◆ Posizione tranquilla e panoramica per una bella casa dai toni rustici, ma molto accogliente. In tavola: proposte del territorio in chiave moderna. Confortevoli camere arredate con mobili di buona fattura e letti in ferro battuto.

CARASCO – Genova (GE) – 561 I10 – 3 553 ab. – alt. 26 m – ✉ 16042 15 C2

Roma 466 – Genova 53 – Parma 164 – Portofino 27

Beppa AC P VISA
via Vecchia Provinciale 89/91, località Graveglia, Est : 3 km – 01 85 38 07 25 – ale.cella@alice.it – chiuso dal 30 dicembre al 20 gennaio e martedì
Rist – Carta 23/30 €
◆ Nell'entroterra ligure - sulla riva destra del Graveglia - un vecchio fienile è stato occupato da Beppa, che l'ha trasformato nell'attuale simpatica trattoria. Gustose specialità locali si sono invece "impossessate" della tavola.

CARATE BRIANZA – Monza e Brianza (MB) – 561 E9 – 17 847 ab. – alt. 250 m – ✉ 20048 18 B1

Roma 598 – Como 28 – Bergamo 38 – Milano 31

La Piana AC VISA AE
via Zappelli 15 – 03 62 90 92 66 – www.ristorantelapiana.it – info@ristorantelapiana.it – chiuso 10 giorni in gennaio, 10 giorni in giugno, domenica sera, lunedì
Rist – Menu 27/42 € – Carta 25/36 €
◆ Nel centro della località, piccolo locale di tono moderno ospitato in un'accogliente corte lombarda. Cucina regionale e lariana, qualche piatto tipico del passato rispolverato e menu d'affari a pranzo.

Camp di Cent Pertigh P VISA AE
Cascina Contrevaglio, Est : 1 km, strada per Besana – 03 62 90 03 31 – www.campdicentpertig.it – info@campdicentpertigh.it – chiuso dal 27 dicembre al 17 gennaio, dal 10 al 20 agosto e martedì
Rist – Carta 47/58 €
◆ All'interno di una caratteristica cascina lombarda, il ristorante che occupa soltanto una parte dell'edificio, è arredato secondo uno stile rustico-elegante. Cucina del luogo.

Osteria del Ritrovo AC VISA AE
via Ugo Bassi 1 bis – 03 62 90 22 87 – www.osteriadelritrovo.it – info@osteriadelritrovo.it – chiuso dal 16 al 28 agosto, sabato a mezzogiorno, domenica sera, lunedì
Rist – Carta 56/77 €
◆ E' un piacere ritrovarsi in questo locale curato ed accogliente, in cui gustare specialità di pesce d'ispirazione siciliana (con tocchi esotici che derivano dalle esperienze di viaggio dello chef), nonché ricette a base di carne d'impronta più tradizionale lombarda.

CARAVAGGIO – Bergamo (BG) – 561 F10 – 15 944 ab. – alt. 111 m – ✉ 24043 19 C2

Roma 564 – Bergamo 26 – Brescia 55 – Crema 19

Tre Re

via Papa Giovanni XXIII 19 – ✆ 0 36 35 13 81 – www.albergotrere.it – info@albergotrere.it

10 cam – 55 € 75 € – ½ P 53 €

Rist – *(chiuso lunedì sera)* Carta 30/52 €

◆ Cordiale gestione familiare in questa bella villa del 1910 situata di fronte al complesso di San Bernardino e all'inizio della via che conduce al Santuario. Camere di ampia metratura e dagli antichi arredi. Sobria eleganza per la prima sala del ristorante; più informale la seconda, con anche un menu di lavoro.

CARBONARA DI BARI – Bari – 564 D32 – Vedere Bari

CARBONARA DI PO – Mantova (MN) – 561 G15 – 1 340 ab. – alt. 14 m – ✉ 46020 17 D3

Roma 457 – Verona 58 – Ferrara 51 – Mantova 55

Passacör

strada provinciale Ferrarese 4 – ✆ 0 38 64 14 61 – www.hotelpassacor.it – info@hotelpassacor.it

37 cam – 55/70 € 80/100 € – ½ P 55/60 €

Rist – *(chiuso domenica) (chiuso a mezzogiorno)* Carta 21/25 €

◆ Struttura di concezione moderna, funzionale e ben tenuta, a conduzione diretta, dotata di parcheggio; le camere sono omogenee, essenziali, ma complete nel confort.

CARBONARA SCRIVIA – Alessandria (AL) – 561 H8 – 1 087 ab. – alt. 177 m – ✉ 15050 23 C2

Roma 563 – Alessandria 27 – Genova 69 – Milano 79

Locanda Malpassuti

vicolo Cantù 11 – ✆ 01 31 89 26 43 – www.locandamalpassuti.it – info@locandamalpassuti.it – chiuso 1 settimana in gennaio e martedì

Rist – *(chiuso a mezzogiorno escluso i giorni festivi)* (consigliata la prenotazione) Carta 35/46 €

◆ Un'insegna in ferro, un vecchio edificio in centro, una sala con mobili e sedie in stile; in cucina però la tradizione viene rinnovata con elaborazioni interessanti.

CARBONIA – Carbonia-Iglesias (CI) – 366 M48 – 29 971 ab. – alt. 111 m – ✉ 09013 38 A3

Cagliari 71 – Oristano 121

Bovo-da Tonino

via Costituente 18 – ✆ 0 78 16 22 17 – ristorante.bovo@tiscali.it – chiuso 25-26 dicembre e domenica

Rist – Carta 23/41 €

◆ La calorosa e familiare ospitalità sarda qui non ha alcun dubbio: dedizione e attenzione si dirigono esclusivamente verso la qualità del pesce che d'estate si gusta all'aperto.

CARCOFORO – Vercelli (VC) – 561 E6 – 80 ab. – alt. 1 304 m – ✉ 13026 23 C1

Roma 705 – Aosta 191 – Biella 85 – Milano 132

Scoiattolo (Alberto Manetta)

via Casa del Ponte 3/b – ✆ 0 16 39 56 12 – www.ristorantescoiattolo.tk – ristorantescoiattolo20@gmail.com – chiuso dal 10 gennaio al 10 marzo, 1 settimana in giugno, 1 settimana in settembre, lunedì e martedì escluso agosto

Rist – (consigliata la prenotazione) Menu 40/45 €

Spec. Terrina di gorgonzola con biscotto salato e marmellata di fichi. Orzetto mantecato alla toma con crema di peperoni bruciati. Torta di farina gialla e noci con zabaione.

◆ Una tortuosa strada di montagna per trovare, infine, una rilassante oasi di pace: ad accogliervi un tipico chalet con una cucina altrettanto calda e avvolgente.

CAREZZA (Passo di) = KARERPASS – Bolzano e Trento – Vedere Costalunga (Passo di)

CARIMATE – Como (CO) – 4 202 ab. – alt. 265 m – ✉ 22060 **18** B1

Roma 620 – Como 19 – Milano 30

via Airoldi 2, ☎ 031 79 02 26

Al Torchio di Carimate

piazza Castello 4 – ☎ 0 31 79 14 86 – www.altorchio.com – altorchio@altorchio.com – chiuso 10 giorni in gennaio, 2 settimane in agosto e lunedì (escluso la sera da giugno a settembre)

Rist – Carta 33/63 €

◆ Vicino al suggestivo castello del XIV secolo, i soffitti lignei e le ampie vetrate conferiscono calore, nonché luminosità al locale. In menu: i "classici" italiani rivisitati e un'interessante scelta enologica.

CARISIO – Vercelli (VC) – 561 F6 – 934 ab. – alt. 183 m – ✉ 13040 **23** C2

Roma 648 – Torino 58 – Aosta 103 – Biella 26

sulla strada statale 230 Nord-Est : 6 km :

La Bettola

strada statale Vercelli-Biella 9 ✉ 13040 – ☎ 01 61 85 80 45 – www.labettolahotel.com – info@labettolahotel.com

35 cam – 47/50 € 50/80 € – ½ P 63 €

Rist – *(chiuso la sera di Natale e Capodanno)* Carta 22/58 €

◆ Facilmente raggiungibile dall'uscita autostradale, funzionale struttura articolata su due corpi con ambienti comuni limitati, ma stanze spaziose. Altro che bettola: il moderno ristorante propone piatti squisitamente italiani.

CARLENTINI – Siracusa (SR) – 365 AZ60 – 17 599 ab. – alt. 200 m – ✉ 96013 **40** D2

Catania 33 – Messina 130 – Ragusa 77 – Siracusa 44

verso Villasmundo Sud-Est : 4 km

Agriturismo Tenuta di Roccadia

contrada Roccadia ✉ 96013 Carlentini – ☎ 0 95 99 03 62 – www.roccadia.com – info@roccadia.com

rist,

20 cam – 53/75 € 76/110 € – ½ P 75 € **Rist** – Menu 21/45 €

◆ Camere semplici per una vacanza che si svolgerà all'aperto in una tenuta agricola, tra orto botanico ed equitazione. Sala dall'ambientazione rustica al ristorante, dove si utilizzano i prodotti dell'azienda elaborati in ricette isolane.

CARLOFORTE – Carbonia-Iglesias (107) – 366 K49 – Vedere San Pietro (Isola di)

CARMAGNOLA – Torino (TO) – 561 H5 – 27 927 ab. – alt. 240 m – ✉ 10022 **22** B3

Roma 663 – Torino 29 – Asti 58 – Cuneo 71

I Girasoli strada Pralormo 315, ☎ 011 9 79 50 88

La Margherita strada Pralormo, ☎ 011 9 79 51 13

San Marco

via San Francesco di Sales 18 – ☎ 01 19 62 69 53 – www.sanmarcoalbergo.com – info@sanmarcoalbergo.com – chiuso dall'8 al 22 agosto

20 cam – 60/110 € 75/130 € – ½ P 58/150 €

Rist *San Marco* – *(chiuso sabato a mezzogiorno e domenica)* Carta 25/34 €

◆ Non lontana dal centro, la struttura offre camere spaziose, sobriamente eleganti e modernamente accessoriate: ideale per una clientela business. Al ristorante: piatti classici italiani ed una saletta-enoteca, dall'atmosfera più riservata, dove degustare formaggi e salumi.

Agriturismo Margherita

strada Pralormo 315, Est : 6 km – ☎ 01 19 79 50 88 – www.girasoligolf.it – info@girasoligolf.it

12 cam – 70/100 €, 8 € – ½ P 75 €

Rist – *(chiuso gennaio)* Menu 15/25 €

◆ Frutta, verdura, allevamento di polli ed un campo da golf con 18 buche per gli appassionati di questa attività; all'interno, l'azienda offre camere rustiche, calcune con angolo cottura. Atmosfera campagnola anche al ristorante, presso il quale potrete gustare, soprattutto, i prodotti dell'agriturismo.

CARMIGNANO - Prato (PO) - **563** K15 - **13 814 ab.** - **alt. 189 m** - ✉ **59015** **29** C1

Roma 298 - Firenze 24 - Milano 305 - Pistoia 23

ad Artimino Sud : **7 km** - **alt. 260 m** - ✉ **59015**

Paggeria Medicea rist,
viale Papa Giovanni XXIII - ✆ 0 55 87 51 41
- www.artimino.com - hotel@artimino.com
37 cam - 80/175 € 120/200 € - ½ P 85/120 €
Rist - *(chiuso mercoledì, giovedì a mezzogiorno escluso giugno-settembre)*
Carta 30/54 €
♦ Un edificio rinascimentale ospita l'elegante hotel, le cui camere si trovano negli ex alloggi dei paggi medicei. Tra gli spazi comuni: un giardino, una piscina panoramica e belle sale ricevimento nell'imponente castello. La gastronomia che ha reso celebre nel mondo la Toscana, presso il ristorante del borgo.

Da Delfina
via della Chiesa 1 - ✆ 05 58 71 80 74 - www.dadelfina.it - posta@dadelfina.it
- chiuso dal 20 gennaio al 10 febbraio, dal 10 agosto al 1° settembre, domenica sera, lunedì, martedì a mezzogiorno
Rist - Carta 32/41 € (+10 %)
♦ Tipicità e lunga tradizione per questo locale, dove gustare piatti del territorio: d'estate, sulla bella terrazza panoramica.

CARMIGNANO DI BRENTA - Padova (PD) - **562** F17 - **7 598 ab.** - **alt. 46 m** - ✉ **35010** **37** B1

Roma 505 - Padova 33 - Belluno 96 - Tarvisio 47

Zenit
piazza del Popolo 16 - ✆ 04 99 43 03 88 - www.hotelzenit.it - hotel.zenit@libero.it
19 cam - 55/68 € 75/85 €
Rist - *(chiuso dal 26 dicembre al 5 gennaio, sabato, domenica sera)* Carta 20/33 €
♦ Servizio di tono familiare in un albergo ben tenuto, ideale per clientela di lavoro e di passaggio; buon rapporto qualità/prezzo, servizi adeguati. Ristorante classico, dove gustare anche paste fresche fatte in casa.

CARNAGO - Varese (VA) - **561** E8 - **6 291 ab.** - **alt. 354 m** - ✉ **21040** **18** A1

Roma 639 - Como 60 - Varese 18 - Milano 53

Villa Bregana
viale dei Carpini - ✆ 03 31 98 76 00 - www.villabregana.it - hotel@villabregana.it - chiuso dal 8 al 23 agosto
25 cam - 110/120 € 150/170 € - ½ P 105/115 €
Rist *Le Thuje* - ✆ 0 33 19 86 81 - Carta 37/55 €
♦ Ambienti curati e camere con arredi in stile country minimalista in una villa settecentesca, immersa in un vasto parco di piante secolari. Nell'elegante ristorante impreziosito da quadri moderni e tappeti, la fantasia reinterpreta la cucina territoriale e stagionale.

CARNELLO - Frosinone - **563** R22 - **Vedere Arpino**

CARONA - Bergamo (BG) - **561** D11 - **358 ab.** - **alt. 1 110 m** - **Sport invernali : 1 100/2 130 m** 16, - ✉ **24010** **16** B1

Roma 636 - Sondrio 90 - Bergamo 53 - Brescia 101

via Locatelli snc ✆ 0345 77052 info@bremboski.it, Fax 0345 77356

Carona rist,
via Bianchi 22 - ✆ 0 34 57 71 25 - www.albergocarona.it - albergocarona@tin.it - chiuso maggio ed ottobre
9 cam - 35/40 € 68/86 € - ½ P 45/80 €
Rist - *(chiuso martedì)* Carta 17/25 €
♦ In alta Val Brembana, albergo a conduzione familiare, semplice, ma ben tenuto; camere arredate in gran parte con mobili inizio '900, dal confort essenziale. E' ubicata al primo piano la sala ristorante, d'impostazione classica.

CAROVIGNO – Brindisi (BR) – **564** E34 – **16 050 ab.** – **alt. 161 m** **27** C2
– ✉ 72012

Roma 538 – Brindisi 28 – Bari 88 – Taranto 61

XXX **Già Sotto l'Arco** (Teresa Buongiorno)

corso Vittorio Emanuele 71 – ✆ 08 31 99 62 86 – www.giasottolarco.it – info@giasottolarco.it – chiuso dal 15 al 30 novembre, lunedì, anche domenica sera da novembre a maggio

Rist – (consigliata la prenotazione) Menu 70 € – Carta 56/84 €

Spec. Burrata in pasta kataifi su salsa di pomodoro, capocollo di Martina Franca e pomodori secchi. Spaghettoni al ragù bianco d'agnello su salsa di ricotta. Carré d'agnello arrosto farcito di cicoria con patatine novelle e spinaci.

♦ Accoglienza calorosa e familiare, ma non priva di signorilità, in un elegante edificio barocco sulla piazza centrale. Riuscite reinterpretazioni pugliesi in cucina: ricette soprattutto a base di carne, anche se non manca qualche specialità di pesce.

CARPANETO PIACENTINO – Piacenza (PC) – **562** H11 – **7 528 ab.** **8** A2
– **alt. 114 m** – ✉ 29013

Roma 508 – Piacenza 19 – Alessandria 114 – Genova 151

XX **Nido del Picchio** (Daniele Repetti)

viale Patrioti 6 – ✆ 05 23 85 09 09 – nidodelpicchio@tiscali.it – chiuso lunedì

Rist – *(chiuso a mezzogiorno escluso i giorni festivi)* (consigliata la prenotazione) Menu 70 € – Carta 54/74 €

Spec. Baccalà: 4 variazioni sul tema. Risotto mantecato al ginepro con petto e coscia di quaglia al rosmarino. Filetto di pescegatto con vellutata di piselli, tempura di cipollotto e pomodori confit.

♦ Atmosfera sobria e sussurrata, l'ambiente è quello di una casa privata con poco spazio per orpelli o decorazioni. Tavoli rotondi e distanti, sulla carta si concentra tutto il lavoro dei titolari e soprattutto la personalità del cuoco: piatti creativi, ingegnosi, spesso a base di pesce.

CARPI – Modena (MO) – **562** H14 – **67 203 ab.** – **alt. 26 m** – ✉ **41012** **8** B2
Italia Centro Nord

Roma 424 – Bologna 60 – Ferrara 73 – Mantova 53

via Berengario 2 ✆ 059 649255 iat@carpidiem.it Fax 059 649240

Santo Stefano Campagnola Emilia via Vetttogano 26, Nord-Ovest: 10 km, ✆ 0522 65 29 15

Piazza dei Martiri★ – Castello dei Pio★

Touring

viale Dallai 1 – ✆ 0 59 68 15 35 – www.hoteltouringcarpi.it – info@hoteltouringcarpi.it – chiuso dall'8 al 21 agosto

65 cam – †79/165 € ††99/225 € – 1 suite – ½ P 77/150 €

Rist Blu – vedere selezione ristoranti

♦ Struttura degli anni Cinquanta ma dal taglio moderno, etnico e minimalista, con ambienti caldi ed accoglienti, alle cui pareti campeggiano immagini di campagne pubblicitarie di famiglia.

My One Hotel senza rist

via delle Magliaie 2/4 – ✆ 0 59 64 59 15 – www.myonehotel.it – carpi@myonehotel.it

80 cam – †50/180 € ††60/220 €

♦ Bianco edificio dalle ampie vetrate, offre ambienti moderni, alle cui pareti sono esposte fotografie della città e vedute d'epoca. Particolarmente adatto ad una clientela d'affari. Tariffe speciali nei weekend.

Gabarda

via Carlo Marx 172 – ✆ 0 59 69 36 46 – www.gabarda.it – info@gabarda.it – chiuso 2 settimane in agosto

31 cam – †75/110 € ††85/125 € – 1 suite – ½ P 70/90 €

Rist – *(chiuso a mezzogiorno escluso sabato e domenica)* Carta 29/36 €

♦ Lo stile è quello di una casa colonica con il portico che corre tutto intorno; le camere, particolarmente spaziose ed arredate con mobili chiari, hanno tutte ingresso indipendente. Di taglio rustico, il ristorante si trova in una struttura attigua e propone gustosi piatti tipici regionali.

XX **Il Barolino**

via Giovanni XXIII 110 – ✆ 0 59 65 43 27 – www.ilbarolinoristorante.com – ilbarolino@alice.it – chiuso dal 31 dicembre al 6 gennaio, dal 5 al 28 agosto, sabato a mezzogiorno, domenica
Rist – Carta 27/40 €
♦ Piatti unicamente del territorio e conduzione strettamente familiare per questo locale in posizione periferica. Propone anche vendita di vini e di prodotti alimentari.

XX **Blu** – Hotel Touring

viale Dallai 1 – ✆ 0 59 65 37 01 – www.belloniebelloni.com – info@belloniebelloniblu.it – chiuso dall'8 al 21 agosto
Rist – *(chiuso domenica)* Carta 35/58 €
♦ Cucina di mare, come suggerisce il nome, con diversi piatti d'impronta ligure in un locale arredato nelle chiare tonalità bianco-avorio, circondato da grandi vetrate affacciate sul dehors e sul piccolo giardino interno.

XX **Il 25**

via San Francesco 20 – ✆ 0 59 64 52 48 – www.il25.it – info@il25.it – chiuso 2 settimane in febbraio, 2 settimane in agosto, lunedì, martedì a mezzogiorno
Rist – Carta 37/60 €
♦ In un palazzo di fine '800, la cucina non si pone confini: terra e mare, tradizione e creatività, ma un solo dogma, la pienezza del gusto tutta emiliana.

XX **L'incontro**

via delle Magliaie 4/1 – ✆ 0 59 69 31 36 – www.lincontroristorante.it – info@lincontroristorante.it – chiuso dal 1° al 6 gennaio e dal 10 al 20 agosto, domenica sera e lunedì a mezzogiorno, da marzo a dicembre anche domenica a mezzogiorno
Rist – (consigliata la prenotazione) Menu 19/45 € – Carta 31/45 €
♦ Passione e impegno caratterizzano questo locale raccolto e accogliente, articolato in quattro salette classicamente arredate in colori caldi e vivaci. Di stampo più creativo la proposta gastronomica.

CARPINETI – Reggio Emilia (RE) – 562 I13 – 4 211 ab. – alt. 562 m – ✉ 42033 — 8 B2

Roma 457 – Parma 50 – Bologna 92 – Modena 52

Agriturismo Le Scuderie

frazione Regigno 77, Sud-Est : 1,5 km – ✆ 05 22 61 83 97 – www.agriturismolescuderie.it – info@agriturismolescuderie.it
6 cam ☕ – †45 € ††70 € **Rist** – *(chiuso lunedì sera)* Carta 17/24 €
♦ Per scoprire l'Appennino Reggiano, un bel rustico ristrutturato, in posizione tranquilla nel verde dei colli; bei mobili di legno nelle camere. Ristorante di tono rustico con cucina casereccia.

CARRAIA – Firenze – Vedere Calenzano

CARRARA – Massa Carrara (MS) – 563 J12 – 65 760 ab. – alt. 100 m – ✉ 54033 Toscana — 28 A1

Roma 400 – La Spezia 31 – Firenze 126 – Massa 7

Cave di marmo di Fantiscritti★★ Nord-Est : 5 km – Cave di Colonnata★ Est : 7 km

ad Avenza Sud-Ovest: 4 km – ✉ 54031

Carrara

via Petacchi 21 – ✆ 05 85 85 76 16 – www.hotelcarrara.it – info@hotelcarrara.it
32 cam ☕ – †70 € ††105 €
Rist – *(chiuso a mezzogiorno) (solo per alloggiati)* Menu 25 €
♦ Nelle immediate vicinanze della stazione ferroviaria, una risorsa a conduzione familiare rinnovatasi in anni recenti dispone ora di ambienti e camere signorili. Simpatica e colorata sala ristorante, non priva d'eleganza.

a Colonnata Est : 7 km – ✉ 54033

X **Venanzio**

piazza Palestro 3 – ☎ 05 85 75 80 33 – www.ristorantevenanzio.com – staff@ristorantevenanzio.com – chiuso dal 15 dicembre al 15 gennaio, giovedì e domenica sera (escluso agosto)

Rist – Carta 31/48 €

◆ In questo paesino conosciuto per il suo lardo e le cave di marmo, *Venanzio* è l'indirizzo giusto dove gustare una cucina di terra con specialità di funghi, cacciagione e l'immancabile salume.

CARRARA (Marina di) – Massa Carrara (MS) – 563 J12 – ✉ 54036 28 A1

Roma 396 – La Spezia 26 – Carrara 7 – Firenze 122

XX **Ciccio Marina**

viale da Verrazzano 1 – ☎ 05 85 78 02 86 – www.ristoranteciccio.it – cicciomarina@ristoranteciccio.it – chiuso lunedì escluso da dicembre a gennaio e da giugno a settembre

Rist – Carta 30/51 €

◆ Sul lungomare nei pressi del porto, moderno ristorante dalle luminose sale e con bar pubblico. Il pesce è tra le specialità della casa.

CARRÈ – Vicenza (VI) – 562 E16 – 3 605 ab. – alt. 219 m – ✉ 36010 35 B2

Roma 545 – Padova 66 – Trento 63 – Belluno 106

La Rua

località Cà Vecchia, Est : 4 km – ☎ 04 45 89 30 88 – www.hotellarua.it – info@hotellarua.it

22 cam – †55/65 € ††80/95 € – ½ P 65/75 €

Rist – *(chiuso martedì)* Carta 25/33 €

◆ Isolato sulle colline sovrastanti la pianura, offre camere classiche e spaziose o, da preferire, più recenti e moderne negli arredi anche se di metratura a volte più ridotta. Piacevolissima terrazza panoramica per il servizio estivo.

Locanda La Corte dei Galli senza rist

via Prà Secco 1/a – ☎ 04 45 89 33 33 – www.lacortedeigalli.it – lacortedeigalli@tiscali.it

7 cam – †110 € ††130/160 €

◆ Struttura di charme ricavata nella barchessa di un edificio rurale del '700, rinnovato con elegante raffinatezza; mobili d'epoca nelle camere e piccola piscina interna.

CARRO – La Spezia (SP) – 561 J10 – 650 ab. – alt. 420 m – ✉ 19012 15 D2

Roma 420 – La Spezia 36 – Genova 68 – Parma 134

a Pavareto Sud-Ovest : 1,5 km – ✉ 19012

Agriturismo Ca du Chittu

isolato Camporione 25 – ☎ 01 87 86 12 05 – www.caduchittu.it – caduchittu@virgilio.it

7 cam – †46/50 € ††56/64 € – ½ P 48/52 €

Rist – *(solo su prenotazione)* Menu 25 €

◆ Nel cuore della Val di Vara una risorsa tranquilla ed accogliente con camere semplici, ma confortevoli, piacevolmente immerse nel verde. Mountain bike a disposizione degli sportivi.

CARRÙ – Cuneo (CN) – 561 I5 – 4 382 ab. – alt. 364 m – ✉ 12061 23 C3

Roma 620 – Cuneo 31 – Milano 203 – Savona 75

Palazzo di Mezzo senza rist

via Garibaldi 4 – ☎ 01 73 77 93 06 – www.palazzodimezzo.com – info@palazzodimezzo.com – chiuso 15 giorni in gennaio

11 cam – †65/72 € ††85/98 €

◆ Piccola ed accogliente struttura sorta dalla ristrutturazione di un palazzo settecentesco nel centro della località. Mobili in stile antico e letti in ferro battuto caratterizzano le graziose camere: quelle all'ultimo piano impreziosite da soffitti a cassettoni. Confort moderno e calorosa gestione familiare.

CARSOLI – L'Aquila (AQ) – 563 P21 – 5 580 ab. – alt. 616 m – ✉ 67063 1 A2

Roma 68 – Avezzano 45 – Frosinone 81 – L'Aquila 63

XX **L'Angolo d'Abruzzo**

piazza Aldo Moro – ☎ 08 63 99 74 29 – www.langolodiabruzzo.it – info@langolodiabruzzo.it – chiuso gennaio, luglio e mercoledì

Rist – Menu 30/60 € – Carta 32/55 €

◆ Per gli appassionati della cucina abruzzese, i migliori prodotti e i sapori più autentici della gastronomia regionale: carni, paste, salumi, formaggi, nonché funghi e tartufi (in stagione). Ottima cantina.

XX **Al Caminetto**

via degli Alpini 95 – ☎ 08 63 99 54 79 – www.al-caminetto.it – al-caminetto@tiscali.it – chiuso dall'8 al 15 gennaio, dal 17 al 28 luglio e lunedì

Rist – Carta 21/41 €

◆ Décor rustico in un locale poliedrico con sala enoteca per degustazioni. In menu, l'offerta è ampia e variegata: si va dalle più tipiche specialità regionali, alle carni cotte alla brace, funghi e tartufi.

in prossimità dello svincolo Carsoli-Oricola Sud-Ovest : 2 km :

Nuova Fattoria

via Tiburtina km 68,3 ✉ 67063 Oricola – ☎ 08 63 99 73 88 – www.lanuovafattoria.it – nuova.fattoria@tiscali.it

20 cam – †55/65 € ††75/85 € – ½ P 60 € **Rist** – Carta 30/48 €

◆ Davanti al casello autostradale, offre ambienti omogenei e di buon livello. Arredi di legno massiccio nelle camere, bagni sempre diversi, a volte estrosi. Sala ristorante con alto spiovente in legno e brace a vista per la carne.

CARTOCETO – Pesaro e Urbino (PU) – 563 K20 – 7 939 ab. – alt. 235 m – ✉ 61030 20 B1

Roma 271 – Rimini 69 – Ancona 75 – Pesaro 28

XXX **Symposium** (Lucio Pompili) con cam

via Cartoceto 38, Ovest : 1,5 km – ☎ 07 21 89 83 20 – www.symposium4stagioni.it – lucio@symposium4stagioni.it – chiuso 2 settimane in gennaio e 2 settimane in novembre

7 cam – †70/90 € ††120/150 € – ½ P 88/98 €

Rist – *(chiuso lunedì e martedì) (chiuso a mezzogiorno escluso sabato e domenica)* (consigliata la prenotazione) Menu 75/100 € – Carta 69/106 €

Spec. Panzanella con scampi di Fano. Pasta con crudità e bottarga alla mediterranea. Spiedo in piedi con piccione nostrano e cicorietta.

◆ Nel contesto di un lussureggiante paesaggio collinare, il ristorante stupisce per spazi ed eleganza. Come la cucina, dalla cacciagione al pesce passando per il tartufo. Camere moderne ed attenzione per il dettaglio.

CARTOSIO – Alessandria (AL) – 561 I7 – 811 ab. – alt. 230 m – ✉ 15015 23 C3

Roma 578 – Genova 83 – Acqui Terme 13 – Alessandria 47

XX **Cacciatori** con cam

via Moreno 30 – ☎ 0 14 44 01 23 – info@cacciatoricartosio.com – chiuso dal 23 dicembre al 22 gennaio e dal 1° al 15 luglio

10 cam – †50 € ††65 €, 12 € – 2 suites

Rist – *(chiuso giovedì, venerdì a mezzogiorno)* (coperti limitati, prenotare) Carta 31/45 €

◆ Sobria struttura che vede impegnata un'attenta gestione familiare; proposte legate alle tradizioni del territorio, con un'oculata scelta delle materie prime.

CARZAGO – Brescia (BS) – 561 F13 – alt. 202 m – ✉ 25080 17 D1

Roma 542 – Brescia 23 – Verona 57

Arzaga via Arzaga 1, ☎ 030 6 80 62 66

Palazzo Arzaga rist,
via Arzaga 1, località Calvagese della Riviera, Sud : 2 km – ✆ 0 30 68 06 00 – www.palazzoarzaga.com – reservation@palazzoarzaga.com – 16 marzo-2 novembre
81 cam – 400/660 € 460/1500 € – 3 suites
Rist *Il Moretto* – *(chiuso a mezzogiorno)* Carta 82/110 €
Rist *Il Grill-Club House* – *(23 gennaio-19 dicembre) (chiuso la sera)* Carta 40/50 €
♦ In un suggestivo palazzo del XV secolo, poliedrico hotel di lusso, per congressi, per chi ama il golf, le terapie rigenerative o il semplice relax. Arredi antichi al raffinato ristorante Il Moretto. Più informale Il Grill-Club House.

CASACANDITELLA – Chieti (CH) – 563 P24 – 1 417 ab. – alt. 432 m – ✉ 66010 2 C2

Roma 211 – L'Aquila 107 – Chieti 24 – Campobasso 173

Castello di Semivicoli cam, cam,
via San Nicola 24, contrada Semivicoli – ✆ 08 71 89 00 45 – www.castellodisemivicoli.it – info@castellodisemivicoli.it – chiuso dal 10 gennaio al 9 febbraio
11 cam – 70/125 € 149/220 € – 1 suite
Rist – *(chiuso a mezzogiorno)* Menu 25/42 €
♦ Un mirabile lavoro di restauro ha restituito splendore al palazzo baronale del XVII sec, ora vanta splendide camere, dove mobili d'epoca si alternano pezzi più moderni. La vista spazia dai monti abruzzesi al mare: impossibile rimanere indifferenti a tanto fascino!

CASALE MONFERRATO – Alessandria (AL) – 561 G7 – 36 039 ab. – alt. 116 m – ✉ 15033 23 C2

Roma 611 – Alessandria 31 – Asti 42 – Milano 75
piazza Castello ✆ 0142 444330, chiosco@comune.casale-monferrato.al.it, Fax 0142 444330
Il Golfino strada Provinciale-Casale Pontestura, Ovest: 10 km, ✆ 0142 40 89 15

Candiani
via Candiani d'Olivola 36 – ✆ 01 42 41 87 28 – www.hotelcandiani.com – hotelcandiani@libero.it – chiuso agosto
49 cam – 80/85 € 110/120 € – 2 suites
Rist *La Torre* – ✆ 0 14 27 02 95 *(chiuso martedì, mercoledì a mezzogiorno)* Menu 37/47 € – Carta 37/50 €
♦ Da una sapiente ristrutturazione che ha salvaguardato l'originario stile liberty di un vecchio mattatoio del 1913, è sorto un elegante albergo, dotato di camere spaziose. Cucina legata alla tradizione culinaria del territorio e basata su materie prime accuratamente selezionate.

Business senza rist
strada Valenza 4/G – ✆ 01 42 45 64 00 – www.business-hotel.it – info@business-hotel.it – chiuso dal 23 dicembre al 9 gennaio
87 cam – 50/90 € 70/110 €
♦ Hotel d'impronta business, che mantiene inalterato il calore dell'accoglienza di una gestione diretta. Giardino con piscina e sala colazioni di taglio moderno.

CASALE SUL SILE – Treviso (TV) – 562 F18 – 12 419 ab. – ✉ 31032 35 A1

Roma 541 – Venezia 26 – Padova 48 – Pordenone 52

San Nicolò
via San Nicolò 5 – ✆ 04 22 82 26 72 – chiuso dal 1° al 6 gennaio, domenica sera, lunedì, anche domenica a mezzogiorno in luglio-agosto
Rist – Carta 35/70 €
♦ Idilliaca posizione tra la chiesa e le rive del Sile, il contesto rustico della casa colonica è stato rinnovato per offrire ambienti più eleganti. La cucina è di mare.

CASALFIUMANESE – Bologna (BO) – 562 I16 – 3 439 ab. – alt. 125 m – ✉ 40020 9 C2

Roma 387 – Bologna 47 – Firenze 84 – Modena 93

X **Valsellustra**

via Valsellustra 16, Nord : 11 km – ✆ 05 42 68 40 73 – www.ristorantevalsellustra.com – valsellustra@hotmail.it – chiuso dal 15 al 20 febbraio, dal 18 al 23 agosto e giovedì

Rist – Carta 26/33 €

♦ Tipico ristorante di campagna, in posizione isolata, sobrio con tavoli ampi e ravvicinati. Piatti saporiti e appetitosi con specialità a base di funghi e cacciagione.

CASALMAGGIORE – **Cremona (CR)** – **561** H13 – **14 887 ab.** – **alt. 26 m** – ✉ **26041** **17** C3

Roma 487 – Parma 24 – Brescia 69 – Cremona 40

Bifi's

strada statale 420 km 36, località Rotonda – ✆ 03 75 20 09 38 – www.hotelbifis.it – info@bifihotel.it

78 cam – ♦♦60/170 € **Rist** – *(chiuso a mezzogiorno) (solo per alloggiati)*

♦ Al crocevia tra le province di Mantova, Cremona e Parma una struttura funzionale e comoda con camere recentemente rinnovate. Gestione dinamica ed efficiente.

CASALNOCETO – **Alessandria (AL)** – **561** H8 – **963 ab.** – **alt. 159 m** – ✉ **15052** **23** D2

Roma 598 – Alessandria 33 – Genova 89 – Milano 76

XX **La Locanda del Seicento**

piazza Martiri della Libertà – ✆ 01 31 80 96 14 – www.lalocandadelseicento.it – lalocandadelseicento@libero.it – chiuso dal 9 al 23 gennaio e lunedì

Rist – Carta 35/47 €

♦ Diverse salette ricavate dai due piani di in una casa del '600: ambiente di tono rustico-elegante, gestione giovane e motivata. Dalla cucina, piatti piemontesi, ma anche fragranti specialità di mare.

CASALOTTO – **Asti** – **Vedere Mombaruzzo**

CASAL PALOCCO **(RM)** – **563** Q19 – **Vedere Roma**

CASAL VELINO – **Salerno (SA)** – **564** G27 – **4 987 ab.** – **alt. 170 m** – ✉ **84040** **7** C3

Roma 346 – Potenza 148 – Salerno 87 – Sapri 74

Agriturismo i Moresani rist,

località Moresani – ✆ 09 74 90 20 86 – www.imoresani.com – imoresani@hotmail.com – chiuso dal 27 al 31 gennaio

10 cam – ♦35/45 € ♦♦70/90 € – 1 suite – ½ P 55/75 €

Rist – *(novembre-febbraio aperto solo i week-end)* Menu 25/30 €

♦ Poco sopra la località, oasi di pace e serenità, immersa tra gli ulivi. Camere semplici ma arredate con gusto, piscina per rinfrescarsi nei caldi pomeriggi estivi. A tavola la genuinità e i sapori degli ottimi prodotti locali.

CASAMICCIOLA TERME – **Napoli** – **564** E23 – **Vedere Ischia (Isola d')**

CASARSA DELLA DELIZIA – **Pordenone (PN)** – **562** E20 – **8 535 ab.** – **alt. 44 m** – ✉ **33072** **10** B3

Roma 608 – Udine 40 – Pordenone 20 – Venezia 95

X **Novecento** con cam rist,

via Menotti 62 – ✆ 0 43 48 62 03 – www.ristorante900.it – ristorante900@ristorante900.it – chiuso 1 settimana in gennaio e 1 settimana in agosto

16 cam – ♦45/60 € ♦♦65/80 € – ½ P 50/60 €

Rist – *(chiuso giovedì)* Carta 31/47 €

♦ Ristorante a gestione familiare composto da due ambienti rustici, dove gustare piatti legati al territorio sia di carne sia di pesce; presente un'altra sala più moderna dedicata alla pizzeria.

CASARZA LIGURE – **Genova (GE)** – **561** J10 – **6 581 ab.** – **alt. 34 m** – ✉ **16030** **15** C2

Roma 457 – Genova 50 – Portofino 38 – La Spezia 59

XX **San Giovanni**
via Monsignor Podestà 1 – ☎ 01 85 46 72 44 – chiuso dal 7 gennaio al 1° febbraio
Rist – *(chiuso lunedì escluso luglio-agosto)* Carta 40/54 €
◆ Fuori del centro, una villetta con un curato giardino, dove d'estate si svolge il servizio all'aperto, ospita questo ristorante, che propone esclusivamente pesce.

CASCIA – Perugia (PG) – 563 N21 – 3 257 ab. – alt. 653 m – ✉ 06043 33 C3

Roma 138 – Ascoli Piceno 75 – Perugia 104 – Rieti 60
piazza Garibaldi 1 ☎ 0743 71401, info@iat.cascia.pg.it, Fax 0743 76630

Monte Meraviglia e Sporting Center La Reggia
via Roma 15 – ☎ 0 74 37 61 42 cam, rist,
– www.magrelliospitalita.com – prenotazioni@magrelliospitalita.com
159 cam – †50/90 € ††80/140 € – ½ P 70/105 €
Rist *Il Tartufo* – Carta 24/42 €
◆ Complesso formato da due strutture: una imponente, di taglio moderno, con ampi spazi: per grandi numeri. L'altra più piccola, con attrezzato centro sportivo usato da entrambe. Ambiente curato al ristorante dove gustare piatti a base di tartufo e locali.

Cursula cam,
viale Cavour 3 – ☎ 0 74 37 62 06 – www.hotelcursula.com – info@hotelcursula.com – chiuso gennaio e febbraio
40 cam – †45/70 € ††70/110 € – ½ P 45/55 € **Rist** – Carta 25/51 €
◆ Piccolo albergo a gestione familiare, che garantisce, nella sua semplicità, un soggiorno confortevole tanto ai gruppi di pellegrini, quanto alla clientela di lavoro. In attività dal 1949, il rinomato ristorante che propone una schietta cucina del territorio.

CASCIANA TERME – Pisa (PI) – 563 L13 – 3 689 ab. – alt. 125 m 28 B2 – ✉ 56034 Toscana

Roma 335 – Pisa 39 – Firenze 77 – Livorno 41
via Cavour 11 ☎ 0587 646258, proloco@casciana.it, Fax 0587 949920

Roma cam, rist,
via Roma 13 – ☎ 05 87 64 62 25 – www.albergo-roma.it – info@albergo-roma.it – chiuso dicembre e gennaio
36 cam – †50/70 € ††85/105 € – ½ P 80/90 €
Rist – *(solo per alloggiati)* Menu 20/30 €
◆ D'altri tempi i corridoi ampi e i soffitti alti negli spazi comuni di un hotel centrale, ristrutturato in anni recenti; giardino ombreggiato con piscina. Regna un'atmosfera piacevolmente retrò nella signorile sala ristorante.

CASEI GEROLA – Pavia (PV) – 561 G8 – 2 601 ab. – alt. 81 m 16 A3 – ✉ 27050

Roma 574 – Alessandria 36 – Milano 57 – Novara 61

Bellinzona rist,
via Mazzini 71 – ☎ 0 38 36 15 25 – info@hotelbellinzona.it
18 cam – †55/60 € ††65/70 € – ½ P 55 €
Rist – *(chiuso dal 1° al 7 gennaio, dal 7 al 21 agosto e sabato)* Carta 21/34 €
◆ Da ben quattro generazioni, la stessa famiglia al timone di questo hotel centrale: buon livello di confort generale e camere recentemente rinnovate. Nell'ampio ristorante, piatti genuini e specialità alla brace.

CASELLE TORINESE – Torino (TO) – 561 G4 – 17 949 ab. – alt. 277 m 22 A1 – ✉ 10072

Roma 691 – Torino 13 – Milano 144
Città di Torino Nord: 1 km ☎ 011 5676361

 **Jet Hotel**

via Della Zecca 9 – ✆ 01 19 91 37 33 – www.jet-hotel.com – info@jet-hotel.com
79 cam – 🚹86/100 € 🚹🚹95/104 €
Rist *Antica Zecca* – ✆ 01 19 96 14 03 *(chiuso lunedì)* Carta 33/46 €
◆ E' un bell'edificio del XVI secolo ad ospitare questo piacevole hotel situato nelle vicinaze dell'aeroporto; atmosfera signorile, buon livello di servizio e camere ben accessoriate. Al ristorante: piatti creativi che prendono vita dalla tradizione regionale e griglia in sala per carni alla brace.

CASE NUOVE – Varese – Vedere Somma Lombardo

CASERE = KASERN – Bolzano – Vedere Valle Aurina

CASERTA Ⓟ (CE) – 564 D25 – 78 965 ab. – alt. 68 m – ✉ 81100 6 B2

Napoli e la Campania

Roma 192 – Napoli 31 – Avellino 58 – Benevento 48
piazza Gramsci ✆ 0823 1710111199, info@eptcaserta.it
La Reggia★★
Caserta Vecchia★: 10 km nord-est – Museo Campano★ a Capua: 11 km nord-ovest - Complesso di San Leucio★: 3,5 km nord-ovest - Basilica di S. Angelo in Formis★★: 11 km nord-ovest - Anfiteatro campano★ a Santa Maria Capua Vetere: 7,5 km a ovest

Crowne Plaza Caserta

viale Lamberti – ✆ 08 23 52 30 01 – www.crowneplaza-caserta.com – info@crowneplaza-caserta.com
304 cam – 🚹97/168 € 🚹🚹107/178 € – 16 suites – ½ P 137/208 €
Rist – Carta 31/53 €
◆ Un'avveniristica struttura in posizione periferica, sviluppata attorno ad una piazza centrale - interamente coperta da una enorme cupola in vetro (tra le più grandi di Europa) - che racchiude camere, ristoranti, bar, centro congressi ed hall. Un hotel dall'innovativo concept.

Amadeus senza rist

via Verdi 72/76 – ✆ 08 23 35 26 63 – www.hotelamadeuscaserta.it – info@hotelamadeuscaserta.it
12 cam – 🚹66 € 🚹🚹87 €
◆ Centrale, ristrutturato seguendo lo spirito del palazzo del '700 in cui è inserito, un piccolo albergo confortevole, con camere ben tenute e accessoriate.

XXX **Le Colonne**

viale Giulio Douhet 7/9 – ✆ 08 23 46 74 94 – www.lecolonnemarziale.it – info@lecolonnemarziale.it – chiuso dal 12 al 31 agosto, martedì
Rist – Carta 43/62 €
◆ Molto elegante, con arredi lussuosi e profusione di marmi, un ristorante che propone cucina campana anche rielaborata in chiave moderna; specialità della casa: i dolci.

XX **Leucio**

via Giardini Reali, località San Leucio, Nord-Ovest : 4 km ✉ 81020 San Leucio – ✆ 08 23 30 12 41 – www.ristoranteleucio.it – info@ristoranteleucio.it – chiuso 10 giorni in agosto e lunedì
Rist – Carta 21/38 € (+12 %)
◆ Gestione familiare (padre in cucina, figlio in sala) in un ristorante con spazi banchetti ben separati; cucina per lo più di pesce, ma sono i primi a farla da padroni.

X **Antica Locanda**

piazza della Seta, località San Leucio, Nord-Ovest : 4 km – ✆ 08 23 30 54 44 – www.ristoranteanticalocanda.com – anticalocanda@libero.it – chiuso dal 5 al 28 agosto, domenica sera e lunedì
Rist – Carta 22/31 €
◆ Quasi una trattoria, si mangia in due caratteristiche sale separate da un arco in mattoni. Cucina di influenza partenopea, ma la specialità della casa è il risotto.

in prossimità casello autostrada A 1 - Caserta Sud Sud : 6 km :

Novotel Caserta Sud [piscina] [ascensore] [disabili] [AC] [non fumatori] rist, [wifi] [sale] [P] VISA MC AE [D] [S]
strada statale 87 Sannitica, Km 22,600 ✉ 81020 Capodrise – ✆ 08 23 82 65 53 – www.accorhotels.com – h1778-re@accor.com
126 cam – †81/129 € ††81/164 €, ☕ 12 € – ½ P 88/129 €
Rist ***Novotel Cafè*** – Carta 36/62 €
◆ A 2 km dal centro città, imponente, squadrata struttura moderna, dotata di ampie, confortevoli camere insonorizzate, comodo parcheggio e attrezzato centro congressi. Grandi vetrate affacciate sulla piscina e grill a vista nel ristorante.

Grand Hotel Vanvitelli [piscina] [ascensore] [disabili] [AC] [non fumatori] rist, [wifi] [sale] [P] [garage] VISA MC AE [D] [S]
viale Carlo III, località Cantone, (in prossimità casello autostrada A1) ✉ 81020 San Marco Evangelista – ✆ 08 23 21 71 11 – www.grandhotelvanvitelli.it – info@grandhotelvanvitelli.it
240 cam ☕ – †130/150 € ††150/180 € – 7 suites **Rist** – Carta 28/36 €
◆ Grande struttura a vocazione commerciale dispone di ampi ambienti, nei quali la raffinata eleganza del passato si unisce alla funzionalità e ai confort più moderni. Sofisticato centro congressi. Capienti, curate sale per l'attività banchettistica e roof-garden per gli individuali.

CASIER – Treviso (TV) – 562 F18 – 7 752 ab. – alt. 5 m – ✉ 31030 35 A1

▶ Roma 539 – Venezia 32 – Padova 52 – Treviso 6

a Dosson Sud-Ovest : 3,5 km – ✉ 31030

XX **Alla Pasina** con cam [rustico] [giardino] [terrazza] [ascensore] [disabili] [AC] [telefono] [sale] [P] VISA MC AE [D] [S]
via Marie 3 – ✆ 04 22 38 21 12 – www.pasina.it – pasina@pasina.it – chiuso dal 1° al 7 gennaio
7 cam ☕ – †55/60 € ††80/90 €
Rist – *(chiuso domenica sera, lunedì) (chiuso a mezzogiorno in agosto)*
Carta 26/44 €
◆ Non è solo una casa di campagna ristrutturata. Le tre intime salette si trovano in un'atmosfera ricca di fascino, quasi fiabesca e il C'era una volta inizia in cucina, tra tradizione e fantasia. Con qualche intervento architettonico, il vecchio granaio ospita ora poche intime camere affacciate sul fresco giardino.

CASINO DI TERRA – Pisa – Vedere Guardistallo

CASOLA VALSENIO – Ravenna (RA) – 562 J16 – 2 773 ab. – alt. 195 m – ✉ 48010 9 C2

▶ Roma 380 – Bologna 64 – Firenze 82 – Forlì 42
ℹ via Roma 48/a ✆ 0546 73033, proloco.casolavalsenio@gmail.com, Fax 0546 76033

XX **Mozart** [terrazza] [non fumatori] [vista] [P] VISA MC AE [D] [S]
via Montefortino 3 – ✆ 0 54 67 35 08 – www.ristorantemozart.com – info@ristorantemozart.com – maggio-novembre; chiuso lunedì, martedì a mezzogiorno (escluso i giorni festivi)
Rist – Menu 25/36 € – Carta 42/49 €
◆ Gustose specialità del territorio nelle graziose salette di una rustica casa in pietra, abbracciata dal verde, in posizione dominante sul paese. Un consiglio: non lasciate il locale senza aver assaggiato i proverbiali dolci, di stampo viennese, e i semifreddi.

CASOLE D'ELSA – Siena (SI) – 563 L15 – 3 764 ab. – alt. 417 m – ✉ 53031 29 C2

▶ Roma 269 – Siena 48 – Firenze 63 – Livorno 97

XX **Il Colombaio**

località Colombaio – 05 77 94 90 02 – www.ilcolombaio.it – info@ilcolombaio.it – chiuso dal 7 gennaio al 10 marzo, lunedì, martedì a mezzogiorno

Rist – Carta 42/64 €

Spec. Scaloppa di foie gras laccato alla birra e gelatina di mela verde. Gnocchi ripieni al coniglio con il suo fondo aromatizzato. Petto di piccione marinato e affumicato alla liquirizia e salvia.

♦ All'interno di una caratteristica casa toscana, una sala elegante dal servizio curato e professionale dove gustare una cucina regionale elaborata in chiave moderna.

a Pievescola Sud-Est : 12 km – ✉ 53031

Relais la Suvera

cam, rist,

via La Suvera – 05 77 96 03 00 – www.lasuvera.it – lasuvera@lasuvera.it – 22 aprile-1° novembre

24 cam – ††330/680 € – 12 suites – ††575/1500 €

Rist – Carta 50/70 €

Rist *Oliviera* – *(chiuso a mezzogiorno)* Carta 64/82 €

♦ Nella campagna senese, questo castello del XVI sec. (appartenuto anche a Papa Giulio II) rappresenta un perfetto connubio di storia, esclusiva eleganza e lussuoso confort. Rimarchevole, il giardino all'italiana. Ricavate da un ex frantoio, nelle raffinate sale dell'Oliviera è possibile gustare la Toscana "alleggerita".

CASPERIA – Rieti (RI) – **563** O20 – **1 203 ab.** – **alt. 397 m** – ✉ 02041 **12** B1

Roma 65 – Terni 36 – Rieti 38 – Viterbo 71

B&B La Torretta senza rist

via Mazzini 7 – 0 76 56 32 02 – www.latorrettabandb.com – latorretta@tiscali.it – chiuso gennaio e febbraio

7 cam – †65 € ††80/90 €

♦ In un borgo pittoresco, da visitare inerpicandosi per stradine strette per lo più fatte a scala, una casa signorile del XV secolo e una terrazza che offre un'ampia magnifica vista.

CASSANO D'ADDA – Milano (MI) – **561** F10 – **18 603 ab.** – **alt. 133 m** – ✉ 20062 **19** C2

Roma 567 – Bergamo 27 – Brescia 63 – Cremona 72

XX **Antica Osteria la Tesorella**

via Milano 63 – 0 36 36 30 33 – cornosean@tiscali.it – chiuso dal 7 al 31 agosto, lunedì sera, martedì

Rist – Carta 35/66 €

♦ In questo romantico angolo di Lombardia, un piacevole "rifugio" dove fermarsi per gustare memorabili preparazioni di pesce. Il dinamismo e le capacità qui non mancano.

CASSINE – Alessandria (AL) – **561** H7 – **3 076 ab.** – **alt. 190 m** – ✉ 15016 **23** C3

Roma 607 – Torino 109 – Alessandria 26 – Asti 55

Agriturismo Il Buonvicino

strada Ricaldone di Sotto 40, Sud-Ovest : 1,5 km – 01 44 71 52 28 – www.agriturismoilbuonvicino.it – ilbuonvicino@libero.it – chiuso gennaio

6 cam – †35 € ††70 € **Rist** – Menu 20/28 €

♦ Un'enorme botte posta lungo la strada segnala che è giunto il momento di fermarsi: ne vale la pena. Tipica, imponente, cascina ristrutturata meticolosamente; belle camere.

CASSINO – Frosinone (FR) – **563** R23 – **33 038 ab.** – **alt. 40 m** – ✉ 03043 **13** D2

Roma 130 – Frosinone 53 – Caserta 71 – Gaeta 47

Via G. Di Biasio 54 0776 21292, iat.cassino@apt.frosinone.it, Fax 0776 21292

Abbazia di Montecassino★★ – Museo dell'abbazia★★ Ovest : 9 km

Al Boschetto

via Ausonia 54, Sud-Est : 2 km – ✆ 0 77 63 91 31 – www.hotelristorantealboschetto.it – info@hotelristorantealboschetto.it

82 cam – ♦70 € ♦♦85 €, ☕ 8 € – ½ P 61 € **Rist** – Carta 20/44 €

♦ Sulla strada che dal casello porta a Cassino e alla Casilina nord, imponente struttura completamente rinnovata adatta a una clientela d'affari. Ampio, tranquillo giardino. Ristorante capiente, mancheranno angoli più privati ma non degli squisiti dolci.

Rocca cam,

via Sferracavallo 105 – ✆ 07 76 31 12 12 – www.hotelrocca.it – info@hotelrocca.it – chiuso 24 e 25 dicembre

68 cam ☕ – ♦55/68 € ♦♦82/116 € – 1 suite – ½ P 61/83 €

Rist – Carta 25/41 €

♦ Fuori dal centro, la zona residenziale e tranquilla, insieme al centro sportivo e alle camere rinnovate, è il punto forte della struttura. Camere recentemente rinnovate ed un'originale suite con soffitto stellato. Luminosa sala ristorante, d'impostazione classica.

Alba cam,

via G. di Biasio 53 – ✆ 0 77 62 18 73 – www.albahotel.it – info@albahotel.it

29 cam ☕ – ♦55/70 € ♦♦68/88 € – ½ P 45/54 €

Rist ***Da Mario*** – ✆ 0 77 62 25 58 – Menu 18/30 € – Carta 28/36 €

♦ A qualche centinaio di metri dal centro, le dimensioni ridotte della struttura si dimenticano presto nelle belle camere, colorate ed accattivanti. Ampia scelta al ristorante: pesce e carne, anche alla griglia.

La Colombaia

via Sant'Angelo 43 – ✆ 07 76 30 08 92 – chiuso dal 15 al 22 agosto, domenica sera, lunedì

Rist – Menu 18/28 € – Carta 19/38 €

♦ Lungo la strada per S. Angelo, un moderno villino in campagna ospita una deliziosa cucina di pesce dagli accenti napoletani, come il titolare-chef.

CASTAGNETO CARDUCCI – Livorno (LI) – 563 M13 – 8 737 ab. – alt. 194 m – ✉ 57022 ▮ Toscana 28 B2

Roma 272 – Firenze 143 – Grosseto 84 – Livorno 57

(maggio-settembre) via Vittorio Emanuele 21 ✆ 0565 765042, apt7castagneto@costadeglietruschi.it, Fax 0565 765042

Zì Martino cam, rist,

località San Giusto 264/a, Ovest : 2 km – ✆ 05 65 76 60 00 – www.zimartino.com – info@zimartino.com – chiuso 3 settimane in novembre

23 cam ☕ – ♦50/100 € ♦♦85/130 € – ½ P 70/95 €

Rist – *(chiuso lunedì escluso luglio-agosto)* Carta 17/34 €

♦ Alle pendici del colle di Castagneto, questa struttura bassa - con semplici, ma accoglienti camere - è sicuramente un buon punto di partenza per visitare i dintorni. Ristorante con cucina mediterranea gestita direttamente dai titolari e dehors per il servizio estivo affacciato su un piccolo prato interno.

B&B Villa le Luci senza rist

via Umberto I° 47 – ✆ 05 65 76 36 01 – www.villaleluci.it – info@villaleluci.it – 8 dicembre-8 gennaio e marzo-ottobre

7 cam ☕ – ♦100/150 € ♦♦110/170 €

♦ Alle porte del paese, in posizione panoramica, elegante villa del 1910 con salotti e camere personalizzate. L'incanto di una vista che spazia sul mare e sulla costa...

a Donoratico Nord-Ovest : 6 km – ✉ 57024

Il Bambolo senza rist

via del Bambolo 31, Nord : 1 km – ✆ 05 65 77 52 06 – www.hotelbambolo.com – info@hotelbambolo.com – chiuso dicembre

42 cam ☕ – ♦58/120 € ♦♦84/170 €

♦ A qualche km dal mare, nella quiete della campagna toscana, un grande cascinale ristrutturato, con camere calde e accoglienti. Indirizzo ideale per gli amanti del cicloturismo.

a Marina di Castagneto Carducci Nord-Ovest : 9 km – ✉ 57022 Donoratico

(maggio-settembre) via della Marina 8 ☎ 0565 744276, apt7marinacastagneto@costadeglietruschi.it, Fax 0565 746012

Tombolo Talasso Resort

via del Corallo 3 – ☎ 0 56 57 45 30 – www.tombolotalasso.it – info@tombolotalasso.it

91 cam – †170/478 € ††240/640 € – 5 suites – ½ P 170/380 €

Rist – Carta 42/64 €

◆ Un'oasi di pace e tranquillità contornata da un parco-pineta, dove le camere eccellono per confort e personalizzazioni. Valido centro benessere con scenografiche piscine interne. Cucina regionale nella raffinata sala ristorante.

Villa Tirreno

rist,

via della Triglia 4 – ☎ 05 65 74 40 36 – www.villatirreno.com – info@villatirreno.com – marzo-ottobre

29 cam – †49/80 € ††80/115 € – ½ P 69/96 €

Rist – Carta 27/47 €

◆ Ospitato in un bell'edificio d'epoca, a due passi dal mare, albergo confortevole con camere spaziose e curate: chiedete una delle 5 con grande terrazza. Specialità di mare al ristorante.

La Tana del Pirata

via Milano 17 – ☎ 05 65 74 41 43 – tanadelpirata@libero.it – 8 marzo-30 ottobre; chiuso martedì escluso da giugno a settembre

Rist – Carta 41/80 €

◆ Accattivanti piatti di pesce da gustare in riva al mare: gestione familiare in un ambiente curato con una luminosa veranda.

a Bolgheri Nord : 10 km – ✉ 57020

Osteria Magona

piazza Ugo 2/3 – ☎ 05 65 76 21 73 – omarbarsacchi@alice.it – chiuso novembre e lunedì

Rist – *(chiuso a mezzogiorno escluso domenica e i giorni festivi da settembre a giugno)* Carta 28/37 €

◆ Trattoria d'impostazione classica situata nel cuore della carducciana *Bolgheri*. Due baldanzosi e capaci *chef* stanno riscuotendo grandi consensi con una cucina del territorio reinterpretata in chiave moderna.

CASTAGNOLE MONFERRATO – Asti (AT) – 561 H6 – 1 305 ab. – alt. 232 m – ✉ 14030 — 25 D1

Roma 586 – Alessandria 30 – Torino 69 – Asti 16

Ruchè

via xx Settembre 3 – ☎ 01 41 29 22 42 – www.ristoranteruche.com – vitzit@tin.it – chiuso dal 7 al 12 gennaio, dal 12 al 18 luglio e mercoledì

Rist – *(chiuso a mezzogiorno escluso domenica e i giorni festivi)* Carta 25/45 €

◆ Nel paese dove negli anni '70 è stato inventato l'omonimo vino, un ristorantino gestito da una giovane e appassionata coppia. Cucina del territorio, venerdì e sabato anche proposte di pesce.

CASTELBELLO CIARDES (KASTELBELL TSCHARS) – Bolzano (BZ) – 562 C14 – 2 382 ab. – alt. 587 m – ✉ 39020 — 30 B2

Roma 688 – Bolzano 51 – Merano 23

via Statale 5 ☎ 0473 624193, info@kastelbell-tschars.com, Fax 0473 624559

Kuppelrain (Jörg Trafoier) con cam

piazza Stazione 16 località Maragno – ✆ 04 73 62 41 03 – www.kuppelrain.com – info@kuppelrain.com – chiuso due settimane in gennaio e febbraio
3 cam – 70/90 € 120/140 €
Rist – *(chiuso domenica e lunedì a mezzogiorno)* (consigliata la prenotazione)
Carta 72/94 €
Spec. Fegato d'oca e quaglia arrosto con risotto all'arancia e limone. Baccalà arrostito con vongole e pomodori, polenta integrale al profumo di speck. Sella di maialino con gamberoni rossi siciliani e lenticchie nere beluga.
◆ Accolti da una splendida famiglia con un innato senso dell'ospitalità, il discorso si fa rigoroso in cucina: tecnica, creatività e coreografiche presentazioni al servizio del gusto.

sulla strada statale 38 Est: 4,5 km

Sand cam, rist,

via Molino 2 ✉ 39020 – ✆ 04 73 62 41 30 – www.hotel-sand.com – info@hotel-sand.com – Natale e 15 marzo-novembre
24 cam – 72/104 € 124/200 € – 7 suites – ½ P 82/120 €
Rist – *(chiuso mercoledì)* Carta 35/53 €
◆ Ottimamente attrezzato per praticare attività sportive o semplicemente per rilassarsi all'aperto, vanta un piacevole giardino-frutteto con piscina, laghetto e beach volley. Centro benessere. Ambiente romantico nella caratteristica e intima stube, tutta rivestita di legno.

CASTELBIANCO – Savona (SV) – 290 ab. – alt. 343 m – ✉ 17030 — 14 A2

Roma 576 – Imperia 42 – Genova 104 – Savona 56

Gin con cam

via Pennavaire 99 – ✆ 0 18 27 70 01 – www.dagin.it – info@dagin.it – chiuso 10 giorni in febbraio e 10 giorni in giugno o luglio
8 cam – 60 € 80 € – 1 suite
Rist – *(chiuso lunedì) (chiuso a mezzogiorno escluso i giorni festivi)*
Carta 25/35 €
◆ Altro punto di forza è il ristorante che propone piatti elaborati, partendo da tradizioni locali. Un hotel caratterizzato da camere belle e curate e da spazi comuni ridotti. Per un soggiorno immerso nel verde, da apprezzare dalla grande terrazza/solarium.

Scola con cam

via Pennavaire 166 – ✆ 0 18 27 70 15 – www.scolarist.it – info@scolarist.it – chiuso gennaio
8 cam – 60 € 80 € – ½ P 70 €
Rist – *(chiuso martedì sera e mercoledì)* Menu 40/50 € – Carta 35/52 €
◆ Due sale, di cui una molto ampia adatta anche per banchetti; la più piccola invece ha un tono più elegante. In menù rielaborazioni della cucina ligure dell'entroterra.

CASTELBUONO – Palermo (PA) – 365 AT56 – 9 306 ab. – alt. 423 m — 40 C2
– ✉ 90013 Sicilia

Agrigento 155 – Cefalù 22 – Palermo 90

Cappella palatina : stucchi★

Palazzaccio

via Umberto I° 23 – ✆ 09 21 67 62 89 – www.ristorantepalazzaccio.it – info@ristorantepalazzaccio.it – chiuso dal 15 al 30 settembre e lunedì
Rist – Carta 26/46 €
◆ Un piacevolissimo ristorantino a conduzione familiare ubicato in pieno centro storico, lungo una via pedonale. All'interno l'ambiente rustico è impreziosito da volte in pietra, mentre la cucina rimane fortemente ancorata al territorio con molte specialità delle Madonie.

Nangalarruni
via Delle Confraternite 5 – 09 21 67 14 28 – www.hostarianangalarruni.it – nangalaruni@libero.it – chiuso mercoledì
Rist – Carta 29/34 €
♦ Nel centro storico della località, pareti con mattoni a vista, antiche travi in legno ed esposizione di bottiglie, in una sala di origini ottocentesche. Piatti tipici della tradizione locale, ben fatti e curati.

CASTEL D'AIANO – Bologna (BO) – 562 J15 – 2 011 ab. – alt. 805 m 9 C2
– ✉ 40034

Roma 365 – Bologna 48 – Firenze 89 – Pistoia 52

a Rocca di Roffeno Nord-Est : 7 km – ✉ 40034

Agriturismo La Fenice rist,
via Santa Lucia 29 – 0 51 91 92 72 – www.lafeniceagritur.it – lafenice@tiscalinet.it – maggio-dicembre
14 cam – 50 € 80 € – ½ P 40 €
Rist – *(chiuso da lunedì a giovedì escluso dal 15 giugno al 15 settembre)* Carta 22/39 €
♦ Piccolo agglomerato di case coloniche del XVI secolo, dove dominano le pietre unite al legno, per vivere a contatto con la natura in un'atmosfera di grande suggestione.

CASTEL D'APPIO – Imperia – Vedere Ventimiglia

CASTEL D'AZZANO – Verona (VR) – 562 F14 – 11 679 ab. – alt. 44 m 35 A3
– ✉ 37060

Roma 495 – Verona 12 – Mantova 32 – Milano 162

Villa Malaspina cam,
via Cavour 6 – 04 58 52 19 00 – www.hotelvillamalaspina.com – info@hotelvillamalaspina.com
70 cam – 125/220 € 165/300 € – ½ P 108/185 €
Rist *Vignal de la Baiardina* – 04 58 52 91 20 *(chiuso i mezzogiorno di sabato-lunedì, domenica sera)* Carta 31/51 €
♦ Molto affascinanti le camere nella parte storica di questa bella villa di origini cinquecentesche. Ideale per congressi e banchetti, riserva grandi attenzioni anche per i clienti individuali. La cucina rispetta la tradizione veneta e si diletta nell'innovazione; la sala è arredata in calde tonalità di colore.

Allo Scudo d'Orlando
via Scuderlando 120 – 04 58 52 05 12 – www.scudodorlando.it – info@scudodorlando.it – chiuso domenica, lunedì a mezzogiorno
Rist – Carta 49/67 €
♦ Ristorante dall'ambiente classico, di buon tono la grande sala rettangolare; quasi esclusicamente uno il tema affidato alle mani dello chef, quello del mare.

CASTEL DI LAMA – Ascoli Piceno (AP) – 7 568 ab. – alt. 201 m 21 D3
– ✉ 63031

Roma 208 – Ascoli Piceno 17 – Ancona 113 – Pescara 88

Borgo Storico Seghetti Panichi senza rist
via San Pancrazio 1 – 07 36 81 25 52 – www.seghettipanichi.it – info@seghettipanichi.it – chiuso gennaio
11 suites – 100/500 €
♦ Soggiorno esclusivo con camere nella villa settecentesca con parco storico e saloni sfarzosi o nell'attigua foresteria dall'eleganza più sobria ma più vicina alla piscina.

CASTELDIMEZZO – Pesaro e Urbino (PU) – 563 K20 – alt. 197 m 20 B1
– ✉ 61100

Roma 312 – Rimini 27 – Milano 348 – Pesaro 12

La Canonica

via Borgata 20 – ✆ 07 21 20 90 17 – www.ristorantelacanonica.it – info@ristorantelacanonica.it – chiuso dal 10 al 30 gennaio e lunedì
Rist – *(chiuso a mezzogiorno escluso sabato e i giorni festivi)* Carta 31/43 €
◆ Questa caratteristica osteria ricavata nel tufo propone piatti tipici di mare e di terra, rigorosamente del territorio, sapientemente rivisitati.

CASTEL DI SANGRO – L'Aquila (AQ) – 563 Q24 – 5 926 ab. – alt. 793 m – ✉ 67031

2 C3

Roma 206 – Campobasso 80 – Chieti 101 – L'Aquila 109

Don Luis senza rist

Parco del Sangro – ✆ 08 64 84 70 61 – www.hoteldonluis.com – info@hoteldonluis.com
42 cam – †40/90 € ††70/130 €
◆ All'interno di un parco con laghetto e centro sportivo, un hotel in grado di accontentare tanto la clientela di passaggio quanto quella di villeggiatura. Camere spaziose.

CASTELFIDARDO – Ancona (AN) – 563 L22 – 18 644 ab. – alt. 199 m – ✉ 60022

21 C2

Roma 303 – Ancona 27 – Macerata 40 – Pescara 125

Parco senza rist

via Donizetti 2 – ✆ 07 17 82 16 05 – www.hotelparco.net – hotelparco@libero.it – chiuso dal 24 dicembre al 7 gennaio
43 cam – †55/65 € ††85/95 €
◆ A pochi passi dal centro, la struttura a conduzione familiare offre un soggiorno confortevole in camere spaziose e funzionali (più recenti e moderne quelle del secondo piano). Vista sul parco di Castelfidardo e sul mare.

sulla strada statale 16 Est: 6 km

Klass Hotel

rist,

via Adriatica 22 – ✆ 07 17 82 12 54 – www.klasshotel.it – info@klasshotel.it
71 cam – †130 € ††160 € – ½ P 105 € **Rist** – Carta 30/51 €
◆ Nuova struttura lungo la strada statale: design avvenieristico in ogni settore, camere spaziose e di ottimo confort. Ristorante-pizzeria, anche discoteca invernale, nello stesso complesso.

CASTELFRANCO D'OGLIO – Cremona – Vedere Drizzona

CASTELFRANCO EMILIA – Modena (MO) – 562 I15 – 30 527 ab. – alt. 42 m – ✉ 41013

9 C3

Roma 398 – Bologna 25 – Ferrara 69 – Firenze 125

Aquila senza rist

via Leonardo da Vinci 5 – ✆ 0 59 92 32 08 – www.hotelaquila.it – info@hotelaquila.it
34 cam – †65/95 € ††90/150 €
◆ Discreta e familiare l'accoglienza di questo piccolo hotel, ideale per una clientela di passaggio, che offre camere semplici (chiedere quelle più recenti) ed un comodo parcheggio.

La Lumira

corso Martiri 74 – ✆ 0 59 92 65 50 – www.ristorantelumira.com – carloborsarini@alice.it – chiuso agosto, domenica sera, lunedì
Rist – Carta 33/43 €
◆ Carri agricoli ottocenteschi sono oggi pezzi d'arredo, mentre utensili d'epoca raccontano la storia dalle pareti. Interpretata con fantasia, la cucina racconta la tradizione emiliana.

CASTELFRANCO VENETO - Treviso (TV) - 562 E17 - 33 591 ab. 36 C2

- alt. 43 m - ✉ 31033 Italia

Roma 532 - Padova 34 - Belluno 74 - Milano 239

Via Preti 66 ✆ 0423 491416, iat.calstelfrancoveneto@provincia.treviso.it, Fax 0423 771085

via Loreggia di Salvarosa 44, ✆ 0423 49 35 37

Madonna col Bambino★★ del Giorgione nella Cattedrale

Fior rist,

via dei Carpani 18 – ✆ 04 23 72 12 12 – www.hotelfior.com – info@hotelfior.com

42 cam – †66/78 € ††98/118 € – ½ P 101 €

Rist – *(chiuso domenica sera e lunedì a mezzogiorno)* Carta 31/41 €

◆ Nel cuore della Marca Trevigiana, un'imponente dimora di campagna con ampie zone comuni, eleganti e signorili, e camere più modeste, sebbene arredate con buon gusto e mobili massicci.

Roma senza rist

via Fabio Filzi 39 – ✆ 04 23 72 16 16 – www.albergoroma.com – info@albergoroma.com

79 cam – †65/85 € ††90/114 € – 1 suite

◆ Affacciato sulla scenografica piazza Giorgione, di fronte alle mura medievali, hotel con camere moderne e funzionali. Accesso gratuito a Internet e film in ogni stanza.

Al Moretto senza rist

via San Pio X 10 – ✆ 04 23 72 13 13 – www.albergoalmoretto.it – albergo.al.moretto@apf.it – chiuso dal 24 dicembre al 6 gennaio e dall'8 al 20 agosto

46 cam – †55/75 € ††80/100 €

◆ Palazzo del '500, fin dal secolo successivo locanda, oggi offre cura e accoglienza tutte al femminile. Dodici junior suites con materiali tipici dell'artigianato veneto.

Alla Torre senza rist

piazzetta Trento e Trieste 7 – ✆ 04 23 49 87 07 – www.hotelallatorre.it – info@hotelallatorre.it

54 cam – †60/66 € ††90/106 €

◆ Adiacente alla torre civica dell'orologio, un edificio del 1600 le cui camere migliori dispongono di bagni in marmo e pavimenti in parquet; colazione estiva in terrazza.

a Salvarosa Nord-Est : 3 km – ✉ 31033

XX **Barbesin** con cam

via Montebelluna di Salvarosa 41 – ✆ 04 23 49 04 46 – www.barbesin.it – info@barbesin.it – chiuso dal 27 dicembre al 6 gennaio e dall'8 al 26 agosto

18 cam – †45 € ††74 € – ½ P 57 €

Rist – *(chiuso mercoledì sera, giovedì)* Carta 23/38 €

◆ Una vecchia casa totalmente ristrutturata ospita un bel locale di ambientazione signorile, con tocchi di rusticità e di eleganza, che propone i piatti del territorio.

XX **Rino Fior**

via Montebelluna di Salvarosa 27 – ✆ 04 23 49 04 62 – www.rinofior.com – info@rinofior.com – chiuso dal 3 all'11 gennaio, dal 2 al 23 agosto, lunedì sera, martedì

Rist – Carta 25/35 €

◆ Famoso in zona e frequentato da celebrità, soprattutto sportivi, è un ristorante di lunga tradizione familiare e notevole capienza; specialità venete e dehors estivo.

CASTEL GANDOLFO - Roma (RM) - 563 Q19 - 8 952 ab. 12 B2

- alt. 426 m - ✉ 00040 Roma

Roma 25 - Anzio 36 - Frosinone 76 - Latina 46

via Santo Spirito 13, ✆ 06 9 31 23 01

XX **Antico Ristorante Pagnanelli**

via Gramsci 4 – ✆ 0 69 36 00 04 – www.pagnanelli.it – info@pagnanelli.it
Rist – Carta 45/60 €
♦ Raffinata eleganza, piatti di mare e proposte dai monti nella splendida cornice del lago di Albano; caratteristiche le labirintiche cantine scavate nel tufo, con possibilità di degustazione.

X **Il Grottino**

via Saponara 2 – ✆ 0 69 36 14 13 – www.ristoranteilgrottino.net – ristoranteilgrottino@pec.it – chiuso gennaio e lunedì
Rist – Menu 25/35 €
♦ Nella parte alta della città, con una saletta panoramica che si affaccia sul lago, il locale vi conquisterà per la generosità delle sue porzioni e per l'eccellente rapporto qualità/prezzo. Specialità ittiche.

al lago Nord-Est : 4,5 km :

Villa degli Angeli

via Spiaggia del Lago 32 ✉ 00040 Castel Gandolfo – ✆ 06 93 66 82 41 – www.villadegliangeli.com – hotelvilladegliangeli@virgilio.it
36 cam – †75/85 € ††110/140 € **Rist** – Carta 34/67 €
♦ Avvolto dal verde nel parco dei Castelli, al limitare della strada che costeggia il lago, proverbiale la tranquillità che l'hotel offre nelle confortevoli camere, alcune con vista. La cucina della villa vi attende in sala da pranzo o sulla splendida terrazza panoramica, allestita durante la bella stagione.

CASTEL GUELFO DI BOLOGNA – Bologna (BO) – 562 I17 – 4 082 ab. – alt. 32 m – ✉ 40023 9 C2

Roma 404 – Bologna 28 – Ferrara 74 – Firenze 136

XXX **Locanda Solarola** con cam

via Santa Croce 5, Ovest : 7 km – ✆ 05 42 67 01 02 – www.locandasolarola.it – info@locandasolarola.it
15 cam – †65/90 € ††80/120 €
Rist – *(chiuso a mezzogiorno escluso sabato e domenica)* Menu 30/50 € – Carta 27/57 €
♦ Si respira un'atmosfera elegante, dal sapore inglese, in questa casa di campagna. Nel piatto una nuova linea di cucina, ora più vicina alla classica tradizione del Bel Paese. Mobili, oggetti e tappeti d'epoca arredano le camere, ciascuna intitolata ad un fiore.

CASTELLABATE – Salerno (SA) – 564 G26 – 7 892 ab. – alt. 278 m – ✉ 84048 7 C3

Roma 328 – Potenza 126 – Agropoli 13 – Napoli 122

a San Marco Sud-Ovest : 5 km – ✉ 84071

Agriturismo Giacaranda

contrada Cenito, Sud : 1 km – ✆ 09 74 96 61 30 – www.giacarandahotel.it – cavaliere.luisa@yahoo.it – marzo-ottobre
6 cam – †40/60 € ††80/100 € – ½ P 90 €
Rist – (prenotazione obbligatoria) Menu 50 €
♦ Prende il nome da una pianta del suo giardino questa casa ricca di charme, dove abiterete in campagna tra il verde, coccolati con mille attenzioni; iniziative culturali.

a Santa Maria Nord-Ovest : 5 km – ✉ 84048

Palazzo Belmonte

via Flavio Gioia 25 – ✆ 09 74 96 02 11 – www.palazzobelmonte.com – info@palazzobelmonte.com – maggio-ottobre
53 cam – †141/223 € ††186/273 € – 5 suites – ½ P 138/182 €
Rist – *(solo per alloggiati)* Menu 45/80 € (+10 %)
♦ Una dimora di caccia appartenuta ad una famiglia nobiliare, trasformata da un erede in hotel, elegante ed esclusivo. Posizione incantevole, tra il parco e il mare.

Villa Sirio rist,

via lungomare De Simone 15 – ✆ 09 74 96 01 62 – www.villasirio.it – info@villasirio.it – aprile-ottobre

17 cam – †190/200 € ††220/290 € – 2 suites – ½ P 140/175 €

Rist *Da Andrea* – *✆ 09 74 96 10 99 (chiuso a mezzogiorno escluso da giugno ad agosto)* Carta 25/64 € (+15 %)

♦ Una casa padronale dei primi del '900 nel centro storico, ma direttamente sul mare, dai raffinati interni in stile classico; belle, luminose e confortevoli le camere. Ristorante di tono elegante.

La Taverna del Pescatore

via Lamia – ✆ 09 74 96 82 93 – marzo-novembre; chiuso lunedì escluso da luglio al 15 settembre

Rist – *(chiuso a mezzogiorno in luglio-agosto)* Carta 37/50 € (+10 %)

♦ La moglie in cucina e il marito in sala a proporvi le loro specialità di mare, secondo il pescato giornaliero, in un raccolto locale ben arredato, con grazioso dehors estivo.

I Due Fratelli

via Sant'Andrea, Nord : 1,5 km – ✆ 09 74 96 80 04 – iduefratelli1945@libero.it – chiuso gennaio e mercoledì (escluso dal 15 giugno al 15 settembre)

Rist – Carta 31/43 € (+10 %)

♦ Due fratelli gestiscono con professionalità e savoir-faire questo ristorante di tono classico. Piatti campani per lo più di pesce e pizze, il fine settimana.

CASTELL'ALFERO – Asti (AT) – 561 H6 – 2 802 ab. – alt. 235 m – ✉ 14033 — 23 C2

Roma 60 – Alessandria 47 – Asti 13 – Novara 77

Del Casot

regione Serra Perno 76/77, Sud 2 km – ✆ 01 41 20 41 18 – www.ristorantedelcasot.it – ivancuss@alice.it – chiuso dal 15 al 30 gennaio, martedì , mercoledì

Rist – Carta 30/38 €

♦ Accogliente e piccolo locale in posizione dominante a conduzione strettamente familiare, dove gustare ricette della tradizione piemontese e qualche piatto fantasioso.

CASTELLAMMARE DEL GOLFO – Trapani (TP) – 365 AM55 – 15 071 ab. – ✉ 91014 Sicilia — 39 B2

Agrigento 144 – Catania 269 – Messina 295 – Palermo 61

Rovine di Segesta★★★ Sud : 16 km

Al Madarig senza rist

piazza Petrolo 7 – ✆ 0 92 43 35 33 – www.almadarig.com – info@almadarig.com

38 cam – †49/104 € ††79/124 €

♦ Ricorda nel nome l'antico appellativo arabo della località questo hotel ricavato da alcuni vecchi magazzini del porto. Camere semplici e spaziose e una simpatica gestione.

Punta Nord Est senza rist

viale Leonardo Da Vinci 67 – ✆ 0 92 43 05 11 – www.puntanordest.com – info@puntanordest.com – 15 marzo-ottobre

56 cam – †112/129 € ††122/139 € – 1 suite

♦ Che siate in vacanza o in giro per affari, la struttura dispone di camere confortevoli e graziose per momenti di autentico relax.

Cala Marina senza rist

via Don L. Zangara 1 – ✆ 09 24 53 18 41 – www.hotelcalamarina.it – info@hotelcalamarina.it – chiuso gennaio

14 cam – †35/95 € ††40/120 €

♦ Squisita gestione familiare per questa accogliente struttura a pochi metri dal mare, incorniciata dal borgo marinaro. D'estate, anche un servizio di animazione per i più piccoli.

CASTELLAMMARE DI STABIA - Napoli (NA) - 564 E25 - 64 866 ab. 6 B2

- ✉ 80053 Italia

Roma 238 - Napoli 31 - Avellino 50 - Caserta 55

piazza Matteotti 34/35 ✆ 081 8711334, direzione@stabiatourism.it, Fax 081 8711334

Antiquarium★

Scavi di Pompei★★★ Nord : 5 km - Monte Faito★★ : ※★★★ dal belvedere dei Capi e ※★★★ dalla cappella di San Michele (strada a pedaggio)

Grand Hotel la Medusa

rist,

via passeggiata Archeologica 5 - ✆ 08 18 72 33 83 - www.lamedusahotel.com - info@lamedusahotel.com

VISA AE

46 cam - ♦90/140 € ♦♦140/260 € - 3 suites

Rist - *(aprile-dicembre)* Carta 40/100 €

♦ In un vasto e curato giardino-agrumeto sorge questa villa ottocentesca che ha conservato anche nei raffinati interni lo stile e l'atmosfera del suo tempo. Un piccolo Eden! Lo stesso romantico ambiente "fin de siècle" si ritrova anche nel ristorante.

sulla strada statale 145 Sorrentina km 11 Ovest : 4 km :

Crowne Plaza Stabiae Sorrento Coast

località Pozzano - ✆ 08 13 94 67 00 - www.crownepalzasorrento.com - info@sorrentocoasthotel.com

VISA AE

150 cam - ♦75/150 € ♦♦105/285 € - 8 suites - ½ P 113/203 €

Rist *Gouache* - ✆ 08 13 94 67 23 (consigliata la prenotazione) Carta 51/72 €

♦ Struttura curiosa, un ex cementificio convertito in hotel, dallo stile decisamente moderno. In riva al mare, camere al passo coi tempi nel design come negli accessori. Possibilità di consumare un piccolo pranzo a bordo piscina e, nelle calde sere d'estate, cena in terrazza con meravigliosa vista sul golfo.

CASTELL' APERTOLE - Vercelli - Vedere Livorno Ferraris

CASTELL'ARQUATO - Piacenza (PC) - 562 H11 - 4 699 ab. 8 A2

- alt. 224 m - ✉ 29014

Roma 495 - Piacenza 34 - Bologna 134 - Cremona 39

piazza del Municipio ✆ 0523 804008, iat.castellarquato@gmail.it, Fax 0523 803982

località Terme di Bacedasco, ✆ 0523 89 55 57

Maps

piazza Europa 3 - ✆ 05 23 80 44 11 - chiuso dal 7 al 20 gennaio, dal 2 al 18 luglio, lunedì e martedì

VISA AE

Rist - Carta 38/51 €

♦ Una collezione di quadri di artisti locali arredano il locale, ricavato in un vecchio mulino ristrutturato. Piccole salette moderne e servizio estivo all'aperto per una cucina di ispirazione contemporanea.

La Rocca-da Franco

piazza del Municipio - ✆ 05 23 80 51 54 - www.larocca1964.it - info@larocca1964.it - chiuso febbraio, dal 15 al 31 luglio, mercoledì

VISA AE

Rist - (consigliata la prenotazione) Carta 31/40 €

♦ Nel cuore del centro storico, accolto tra i maggiori monumenti della piazza, il ristorante offre una bella vista sulla campagna; la cucina proposta è semplice e fatta in casa.

Da Faccini

località Sant'Antonio, Nord : 3 km - ✆ 05 23 89 63 40 - www.ristorantefaccini.com - info@ristorantefaccini.com - chiuso dal 20 al 30 gennaio, 1 settimana in luglio e mercoledì

P VISA AE

Rist - Carta 35/40 €

♦ Lunga tradizione familiare per questa tipica trattoria, che unisce alle proposte classiche piatti più fantasiosi, stagionali. Una piccola elegante sala riscaldata dal caminetto e una attrezzata per i fumatori.

CASTELLETTO DI BRENZONE - Verona - 561 E14 - Vedere Brenzone

CASTELLINA IN CHIANTI - Siena (SI) - 563 L15 - 2 932 ab. - alt. 578 m - ✉ 53011 29 D1

Roma 251 - Firenze 61 - Siena 24 - Arezzo 67

Villa Casalecchi rist,

località Casalecchi, Sud : 1 km - ✆ 05 77 74 02 40 - www.villacasalecchi.it - info@villacasalecchi.it - marzo-novembre

19 cam - 75/130 € 110/235 € - ½ P 83/150 €

Rist - *(chiuso martedì)* Carta 40/52 €

◆ Ideale per chi è alla ricerca di quella particolare atmosfera "nobiliare" toscana: una villa ottocentesca immersa in un parco secolare, circondata dal verde della valle e dai vigneti. Cucina del territorio nella raffinata sala ristorante dalle pareti affrescate.

Palazzo Squarcialupi senza rist

via Ferruccio 22 - ✆ 05 77 74 11 86 - www.palazzosquarcialupi.com - info@palazzosquarcialupi.com - 2 aprile-6 novembre

17 cam - 110/160 €

◆ Nel centro storico della località, un tipico palazzo del '400 ricco di decorazioni, camini e arredi d'epoca, sia negli spazi comuni sia nelle ampie camere. Piacevole giardino con piscina.

Salivolpi senza rist

via Fiorentina 89, Nord-Est : 1 km - ✆ 05 77 74 04 84 - www.hotelsalivolpi.com - info@hotelsalivolpi.com - chiuso dal 7 gennaio al 20 marzo

19 cam - 60/108 €, 5 €

◆ Appena fuori il piccolo centro storico, un'antica casa ristrutturata e con due dépandance: accoglienti interni in stile rustico-elegante e piacevole giardino con piscina.

Villa Cristina senza rist

via Fiorentina 34 - ✆ 05 77 74 11 66 - www.villacristina.it - info@villacristina.it

7 cam - 57 € 78 €

◆ Villino d'inizio Novecento con spazi comuni limitati, ma graziose camere, soprattutto quella luminosissima nella torretta. Sul retro si trova il piccolo giardino con piscina.

Albergaccio di Castellina (Sonia Visman)

via Fiorentina 63 - ✆ 05 77 74 10 42 - www.albergacciocast.com - posta@albergacciocast.com - chiuso domenica e i mezzogiorno di mercoledì e giovedì

Rist - Carta 50/64 €

Spec. Sfoglie di pane croccante, melanzane e acciughe con pesto di pomodori secchi (estate). Ravioli al basilico su vellutata di pinoli, essenza di pomodoro (estate). Biscotto alla mandorla con mousse gianduja, composta di ciliegie al Chianti e spuma al rum (primavera-estate).

◆ All'interno di un rustico in pietra e legno, non privo d'eleganza, la cucina toscana vi si presenta con piatti leggermente fantasiosi, senza mai tradire la sapidità e i prodotti regionali.

a San Leonino Sud : 8 km - ✉ 53011 Castellina In Chianti

Belvedere di San Leonino

- ✆ 05 77 74 08 87 - www.hotelsanleonino.com - info@hotelsanleonino.com - aprile-ottobre

29 cam - 78/156 €

Rist - *(chiuso a mezzogiorno) (solo per alloggiati)* Menu 26/32 €

◆ Conserva l'atmosfera originale quest'antica casa colonica trasformata in confortevole albergo: arredi rustici in legno e travi a vista nelle camere. Dal giardino si passa direttamente nelle meravigliose vigne del Chianti.

sulla strada regionale 222 al Km 51 Sud : 8 km :

Casafrassi cam, rist,
località Casafrassi – ✆ 05 77 74 06 21 – www.casafrassi.it – info@casafrassi.it – aprile-ottobre
25 cam – ♦100/120 € ♦♦110/140 €, ☐ 14 € – ½ P 89/110 €
Rist – *(chiuso a mezzogiorno)* Carta 28/37 €
♦ All'interno di una tenuta agricola che produce vino ed olio, un'oasi di silenzio ingentilita da una villa nobiliare del Settecento con camere signorili e stucchi ai soffitti. In un altro edificio, confort in stile country e travi a vista. Il ristorante si fa portavoce delle specialità del territorio.

CASTELLINA MARITTIMA – Pisa (PI) – 563 L13 – 1 996 ab. – alt. 375 m – ✉ 56040

28 B2

Roma 308 – Pisa 49 – Firenze 105 – Livorno 40
(stagionale) piazza Giaconi 13 ✆ 050 695001

Il Poggetto cam,
via dei Giardini 1 – ✆ 0 50 69 52 05 – www.ilpoggetto.it – info@ilpoggetto.it
25 cam – ♦44/54 € ♦♦72/77 €, ☐ 8 € – ½ P 52/57 € **Rist** – Carta 26/38 €
♦ Ideale per le famiglie, è una struttura a gestione familiare ubicata in posizione rilassante tra il verde dei boschi e dispone di camere semplici e ordinate. Accogliente sala ristorante di tono rustico.

CASTELLO – Pavia – Vedere Santa Giulietta

CASTELLO DI GODEGO – Treviso (TV) – 562 E17 – 7 018 ab. – alt. 51 m – ✉ 31030

36 C2

Roma 546 – Venezia 75 – Treviso 31 – Trento 110

Locanda al Sole
via San Pietro 1 – ✆ 04 23 76 04 50 – www.locandaalsole.it – info@locandaalsole.it
20 cam ☐ – ♦42/55 € ♦♦62/74 € – ½ P 45/50 €
Rist – *(chiuso lunedì) (chiuso a mezzogiorno escluso i giorni festivi)* Carta 25/37 €
♦ L'attenta ristrutturazione e l'ampliamento di un'antica locanda ha dato vita ad un albergo "moderno" in quanto a confort, ma nostalgicamente "antico" per quanto concerne l'atmosfera di schietta e tipica ospitalità veneta. Il ristorante vi aspetta con i suoi piatti regionali, rivisitati con maestria.

CASTEL MAGGIORE – Bologna (BO) – 562 I16 – 17 100 ab. – alt. 29 m – ✉ 40013

9 C3

Roma 387 – Bologna 10 – Ferrara 38 – Milano 214

Alla Scuderia
località Castello, Est : 1,5 km – ✆ 0 51 71 33 02 – www.italiadiscovery.it/bo/lascuderia – scuderia88@libero.it – chiuso agosto, sabato a mezzogiorno, domenica
Rist – Carta 27/40 €
♦ L'antica scuderia di palazzo Ercolani - riconvertita in ristorante - mantiene intatto il suo fascino: sotto le alte volte in mattoni gusterete una cucina fedele alle tradizioni emiliane. Soffermatevi sul carrello dei bolliti, sempre presente ad esclusione dei mesi più caldi.

a Trebbo di Reno Sud-Ovest : 6 km – ✉ 40013

Antica Locanda il Sole senza rist
via Lame 65 – ✆ 05 16 32 81 18 – www.hotelilsole.com – info@hotelilsole.com – chiuso dal 23 dicembre al 9 gennaio e due settimane in agosto
23 cam ☐ – ♦65/190 € ♦♦80/220 €
♦ Un'antica stazione di posta ristrutturata nel colore rosso vivo dell'architettura bolognese; camere semplici, tutte con parquet alcune mansardate.

CASTELMEZZANO – Potenza (PZ) – 564 F30 – 884 ab. – alt. 750 m – ✉ 85010 3 B2

Roma 418 – Potenza 65 – Matera 107

piazza Rivelli 3 ☎ 0971 986020 prolocoledolomitilucani@hotmail.it Fax 0971 986020

Al Becco della Civetta con cam

vico I Maglietta 7 – ☎ 09 71 98 62 49 – www.beccodellacivetta.it – info@beccodellacivetta.it

24 cam – †56/67 € ††80/90 €, ☐ 10 € – ½ P 70 € **Rist** – Carta 23/38 €

♦ Nel centro del paesino, isolato tra le suggestive *Dolomiti Lucane*, ad occuparsi della cucina è la proprietaria, che fa rivivere le ricette delle sue muse: mamma e nonna. Sovente, proposte a voce. Dalle finestre delle camere apprezzerete la maestosa scenografia naturale; all'interno, tranquillità e calorosa accoglienza.

CASTELMOLA – Messina – 365 BA56 – Vedere Taormina

CASTELNOVO DI BAGANZOLA – Parma – Vedere Parma

CASTELNOVO DI SOTTO – Reggio Emilia (RE) – 562 H13 – 8 727 ab. – alt. 27 m – ✉ 42024 8 B3

Roma 440 – Parma 26 – Bologna 78 – Mantova 56

Poli

via Puccini 1 – ☎ 05 22 68 31 68 – www.hotelpoli.it – info@hotelpoli.it

53 cam ☐ – †60/78 € ††80/115 € – ½ P 65/83 €

Rist Poli-alla Stazione – vedere selezione ristoranti

♦ Camere dotate di ogni confort in un'accogliente struttura, costantemente potenziata e rinnovata negli anni da una dinamica gestione familiare; sale convegni.

Poli-alla Stazione – Hotel Poli

viale della Repubblica 10 – ☎ 05 22 68 23 42 – www.hotelpoli.it – info@hotelpoli.it – chiuso agosto, domenica sera e lunedì

Rist – Carta 50/74 €

♦ Oltrepassata una promettente esposizione di antipasti, vi accomoderete in due ariose sale di tono elegante o nella gradevole terrazza estiva; cucina di terra e di mare.

CASTELNOVO NE' MONTI – Reggio Emilia (RE) – 562 I13 – 10 591 ab. – alt. 700 m – ✉ 42035 8 B2

Roma 470 – Parma 58 – Bologna 108 – Milano 180

via Roma 15/b ☎ 0522 810430, reappennino@reappennino.it, Fax 0522 812313

Locanda da Cines con cam

piazzale Rovereto 2 – ☎ 05 22 81 24 62 – www.locandadacines.it – info@locandadacines.it – chiuso gennaio e febbraio

10 cam ☐ – †45 € ††80 € – ½ P 55 €

Rist – *(chiuso sabato)* (consigliata la prenotazione) Carta 26/30 €

♦ I piatti del giorno, esposti a voce, esplorano i segreti e le tradizioni conservati nel verde dell'Appennino. Calorosa gestione familiare in un piccolo ristorante di tono rustico e moderno. I boschi dei dintorni e la salubre aria di montagna garantiscono tranquillità e quiete anche al vostro riposo.

CASTELNUOVO – Padova – 562 G17 – Vedere Teolo

CASTELNUOVO BERARDENGA – Siena (SI) – 563 L16 – 8 848 ab. – alt. 351 m – ✉ 53019 Toscana 29 C2

Roma 215 – Siena 19 – Arezzo 50 – Perugia 93

via del Chianti 61 ☎ 0577 355500, Fax 0577 355500

Castel Monastero cam, rist,

località Monastero d'Ombrone 19, Est : 10 km – 05 77 57 00 01 – www.castelmonastero.com – reservations@castelmonastero.com – chiuso dal 7 gennaio a Pasqua

63 cam – 440/2000 € – 12 suites

Rist *Contrada* – 05 77 57 00 01 – Carta 80/120 €

◆ Nella Valle dell'Ombrone, tra foreste di castagni e lunghi filari di cipressi, sorge questo imponente Country House Resort, che dispone di camere lussuose ed una Spa tra le più belle della regione. A completare il quadro una tisaneria con erbario privato. Fantasiosi piatti di terra sulla tavola del ristorante.

Relais Borgo San Felice rist,

località San Felice, Nord-Ovest : 10 km – 05 77 39 64 – www.borgosanfelice.com – info@borgosanfelice.it – aprile-novembre

43 cam – 200/253 € 300/420 € – 6 suites – ½ P 225/285 €

Rist *Poggio Rosso* – Carta 58/80 €

◆ All'interno di un borgo con edifici in pietra, abbracciato da un giardino con piscina e campi da golf, la risorsa dispone di camere sobrie negli arredi ed ampie sale comuni. Un ambiente elegante dove farsi servire pietanze dai sapori toscani.

Le Fontanelle rist,

località Fontanelle di Pianella, Nord-Ovest: 20 km – 0 57 73 57 51 – www.hotelfontanelle.com – info@hotelfontanelle.com – 11 aprile-ottobre

25 cam – 360 € 390 € – 3 suites – ½ P 280 €

Rist *La Colonna* – Carta 65/100 €

◆ In posizione dominante e tranquilla, suggestivo borgo agricolo "scolpito" nella pietra con rilassante vista sui dintorni. Interni raffinati, pur mantenendo un certo coté rustico. Cucina toscana nell'elegante ristorante con stupendi spazi all'aperto.

Villa Curina Resort cam,

strada provinciale 62, località Curina – 05 77 35 56 30 – www.villacurinaresort.com – info@villacurinaresort.com – chiuso dal 15 gennaio al 15 marzo

28 cam – 138/156 € 164/184 € – 5 suites – ½ P 132/142 €

Rist *Il Convito di Curina* – 05 77 35 56 47 *(Pasqua-4 novembre: chiuso mercoledì)* Carta 44/54 €

◆ Resort immerso nella tranquillità delle colline senesi dispone di confortevoli camere arredate con mobili d'epoca e solarium con piscina. Terrazza panoramica al Convito di Curina: cucina toscana, nonché ampia scelta enologica con vini regionali e champagne di piccoli produttori locali.

La Bottega del 30 (Helene Stoquelet)

via Santa Caterina 2, località Villa a Sesta, Nord : 5 km – 05 77 35 92 26 – www.labottegadel30.it – sonia@labottegadel30.it – chiuso martedì e mercoledì

Rist – *(chiuso a mezzogiorno escluso i giorni festivi)* Menu 65/75 € – Carta 58/74 €

Spec. Carpaccio di fegatelli di cinta senese al finocchietto selvatico con insalatina di campo. Raviolone di ricotta, spinaci e rosso d'uovo in salsa di tartufo. Anatra arrosto al finocchietto selvatico caramellata al Vinsanto.

◆ Il caratteristico borgo in pietra varrebbe già la visita, ma il suo gioiello è il ristorante, grondante di decorazioni come una bottega e con romantico dehors estivo. Nel piatto i sapori toscani ingentiliti.

a San Gusmè Nord: 5 km – ✉ 53019

La Porta del Chianti

piazza Castelli 10 – 05 77 35 80 10 – www.laportadelchianti.com – info@laportadelchianti.com – chiuso dal 10 gennaio al 10 febbraio e domenica

Rist – (consigliata la prenotazione) Menu 35 € bc/50 € – Carta 32/40 €

◆ Nel cuore del piccolo e suggestivo borgo di San Gusmé, all'interno di un vecchio caseggiato del '600, una squisita cucina della tradizione che rievoca antichi sapori. Nella carta dei vini anche molti piccoli produttori locali.

a Colonna del Grillo Sud-Est : 5 km – ✉ 53019 Castelnuovo Berardenga

Posta del Chianti

– ☎ 05 77 35 30 00 – www.postadelchianti.it – info@postadelchianti.it – chiuso dal 6 gennaio al 5 febbraio
20 cam – †70/75 € ††88/125 € – 1 suite – ½ P 64/80 €
Rist *Hostaria Molino del Grillo* – ☎ 05 77 35 30 51 *(chiuso martedì)* Carta 22/33 €

◆ Un piccolo e tranquillo albergo a conduzione familiare circondato dalle panoramiche colline senesi, dotato di camere arredate in modo semplice ed ampie aree comuni. Soffitti di legno, pavimenti in cotto e cucina regionale al ristorante.

CASTELNUOVO CILENTO – Salerno (SA) – 564 G27 – 2 525 ab. 7 C3
– alt. 280 m – ✉ 84040

Roma 344 – Potenza 132 – Napoli 134 – Salerno 83

La Palazzina

via contrada Coppola 41, località Velino , Sud-Ovest : 8 km – ☎ *0 97 46 28 80* – *www.hotellapalazzina.it* – *info@hotellapalazzina.it*
12 cam – †40/60 € ††80/120 € – 4 suites – ½ P 67 €
Rist – *(chiuso lunedì escluso da giugno ad ottobre)* Carta 20/37 €

◆ Poco distante dal lago artificiale, l'hotel è stato ricavato in seguito allo scrupoloso restauro di una villa settecentesca ed offre confortevoli ambienti con arredi d'epoca. Prodotti tipici e di stagione presso la caratteristica sala da pranzo.

CASTELNUOVO DEL GARDA – Verona (VR) – 562 F14 – 12 168 ab. 35 A3
– alt. 130 m – ✉ 37014

Roma 520 – Verona 19 – Brescia 51 – Mantova 46

Gardaland Hotel Resort cam,

nel parco di Gardaland – ☎ *04 56 40 40 00* – *www.gardalandhotel.it* – *info@gardalandhotel.it* – *chiuso dal 7 gennaio al 31 marzo e dal 2 novembre al 2 dicembre*
241 cam – ††109/340 € – 6 suites – ½ P 85/205 €
Rist – *(chiuso a mezzogiorno escluso aprile-15 giugno, 15 settembre-1° novembre e dicembre)* Carta 41/52 €

◆ Imponente risorsa con quattro costruzioni disposte intorno ad un'area centrale caratterizzata da una grande fontana. Nel corpo principale ci sono i servizi e le suite, nei tre edifici circostanti le camere *family*: tutte uguali e rigorose nello stile. Spazio *Blue Lagoon* con vasche e giochi d'acqua. Cena a buffet.

Il Nido delle Cicogne

via Dosso 18, Nord-Ovest : 2 km ✉ *37010 Sandrà* – ☎ *04 57 59 51 98* – *www.nidodellecicogne.it* – *info@nidodellecicogne.it* – *chiuso sabato a mezzogiorno, martedì*
Rist – *(chiuso a mezzogiorno)* (consigliata la prenotazione) Menu 39/46 € – Carta 45/62 €

◆ Cucina del territorio con piglio creativo, proposta in un locale di tono gradevole suddiviso in ambienti raccolti e curati dal vivace arredo policromo. All'interno di un tipico e rustico cascinale.

La Meridiana con cam

via Zamboni 11, Nord-Est : 3 km ✉ *37010 Sandrà* – ☎ *04 57 59 63 06* – *www.albergo-meridiana.com* – *h.lameridiana@libero.it*
13 cam – †50 € ††70/100 € – ½ P 50 €
Rist – *(chiuso domenica sera e giovedì a mezzogiorno da novembre a marzo)* Carta 21/42 €

◆ Gestione e accoglienza sono deliziosamente familiari in questo rustico di campagna. Il vecchio fienile ospita oggi le tre sale del ristorante, con pietra e legno a vista e una cucina veneta di terra e di mare. La casa padronale dispone anche di alcune belle e confortevoli camere in stile.

a Sandrà Nord: 2 km – ✉ 37014

Mod05
via Modigliani 5 – ☎ 04 57 59 63 78 – www.modfive.it – info@modfive.it – chiuso dal 6 al 27 gennaio
36 cam – †65/100 € ††85/140 € – ½ P 56/83 € **Rist** – Carta 30/47 €
◆ Già in campagna, ai piedi delle colline, un edificio per certi versi "avvenieristico": interamente avvolto da assi di legno, l'hotel propone spazi comuni moderni e minimalisti, illuminati da grandi vetrate. Semplici ed essenziali le camere. Funzionalità e confort in una verde cornice.

CASTELNUOVO DEL ZAPPA – Cremona – 561 G12 – Vedere Castelverde

CASTELNUOVO DI GARFAGNANA – Lucca (LU) – 563 J13 28 B1
– 6 139 ab. – alt. 270 m – ✉ 55032

Roma 395 – Pisa 67 – Bologna 141 – Firenze 121

La Lanterna
località alle Monache-Piano Pieve, Est : 1,5 km – ☎ 05 83 63 93 64 – www.lalanterna.eu – informazioni@lalanterna.eu
30 cam – †50/70 € ††80/120 € – ½ P 60/65 €
Rist – *(chiuso 2 settimane in gennaio, martedì a mezzogiorno escluso luglio-agosto)* Carta 23/40 €
◆ Nella parte più alta della località - a pochi minuti dal centro - una piacevole villetta cinta dal verde con ampi spazi comuni e confortevoli camere. Sale luminose ed un servizio attento al ristorante, dove troverete la cucina regionale e garfagnina.

CASTELNUOVO FOGLIANI – Piacenza – 562 H11 – Vedere Alseno

CASTELNUOVO MAGRA – La Spezia (SP) – 561 J12 – 8 233 ab. 15 D2
– alt. 181 m – ✉ 19033

Roma 404 – La Spezia 24 – Pisa 61 – Reggio nell'Emilia 149

Agriturismo la Valle
via delle Colline 24, Sud-Ovest : 1 km – ☎ 01 87 67 01 01 – www.lavalle.altervista.org – agriturismolavalle@libero.it – chiuso dal 1° al 6 gennaio e 1 settimana in marzo
6 cam – †50 € ††70 €
Rist – *(chiuso a mezzogiorno nel periodo estivo)* Menu 25/35 €
◆ Bella casa immersa nel verde dell'entroterra ligure, al confine con l'Emilia e la Toscana. Indirizzo ideale per chi cerca pace e relax, a due passi da mare e arte. A tavola vengono proposti i genuini sapori locali.

Armanda
piazza Garibaldi 6 – ☎ 01 87 67 44 10 – www.trattoriaarmanda.com – trattoriaarmanda@libero.it – chiuso dal 24 dicembre al 15 gennaio, 1 settimana in settembre e mercoledì
Rist – Carta 29/46 €
◆ In un caratteristico borgo dell'entroterra, andamento e ambiente familiari in una trattoria che propone piatti stagionali del territorio ben elaborati.

CASTELPETROSO – Isernia (IS) – 564 C25 – 1 636 ab. – alt. 872 m 2 C3
– ✉ 86090

Roma 179 – Campobasso 32 – Benevento 74 – Foggia 121

sulla strada statale 17 uscita Santuario dell'Addolorata

La Fonte dell'Astore
via Santuario – ☎ 08 65 93 60 85 – www.lafontedellastore.it – info@lafontedellastore.it
36 cam – †75 € ††95 € – ½ P 68 € **Rist** – Carta 25/33 €
◆ Nei pressi del Santuario dell'Addolorata, una confortevole risorsa recente, di concezione moderna, con ampi spazi comuni, camere di buona fattura e ben accessoriate. Ampia ricettività per il funzionale ristorante, che dispone di varie sale anche per banchetti.

CASTELRAIMONDO – Macerata (MC) – 563 M21 – 4 944 ab. – alt. 307 m – ✉ 62022 **21** C2

Roma 217 – Ancona 85 – Fabriano 27 – Foligno 60

Borgo di Lanciano

località Lanciano 5, Sud : 2 km – 07 37 64 28 44 – www.borgolanciano.it – info@borgolanciano.it

49 cam – 151 € 202 € – ½ P 169 € **Rist** – Carta 26/58 €

♦ Confortevole hotel sorto entro un antico borgo, offre camere e suite diverse per forma e arredamento, nonchè aree comuni per dedicarsi ad una chiacchierata o alla lettura. Suddiviso in sale più piccole, il ristorante propone una cucina tradizionale, fedele ai prodotti della zona.

a Sant'Angelo Ovest : 7 km – ✉ 62022 Castelraimondo

Il Giardino degli Ulivi con cam

via Crucianelli 54 – 33 83 05 60 98 – www.ilgiardinodegliulivi.com – info@ilgiardinodegliulivi.com – chiuso dall'8 gennaio all'8 febbraio

5 cam – 40/70 € 70/100 € – ½ P 60/75 €

Rist – *(chiuso martedì)* Carta 26/48 €

♦ Valgono il viaggio la vista e la verde quiete che troverete in questo antico casolare ristrutturato; pochi, ma gustosi piatti della tradizione locale e camere suggestive.

CASTEL RIGONE – Perugia (PG) – 563 M18 – Vedere Passignano sul Trasimeno

CASTEL RITALDI – Perugia (PG) – 563 N20 – 3 258 ab. – alt. 297 m – ✉ 06044 **33** C2

Roma 143 – Perugia 60 – Terni 39 – Guidonia Montecelio 141

La Gioia – Country house

colle del Marchese 60, Ovest : 4 km – 07 43 25 40 68 – www.lagioia.biz – benvenuti@lagioia.biz – 20 aprile-16 ottobre

8 cam – 125 € 200 € – 3 suites – ½ P 145 €

Rist – *(chiuso a mezzogiorno) (solo per alloggiati)* Menu 45 €

♦ Un mulino del '700 convertito in una fiabesca casa di campagna da una simpatica coppia svizzera. Curatissimo giardino e camere variopinte in stile rustico tradizionale.

CASTELROTTO (KASTELRUTH) – Bolzano (BZ) – 562 C16 – 6 442 ab. – alt. 1 060 m – Sport invernali : 1 000/1 480 m 2, 19 (Comprensorio Dolomiti superski Alpe di Siusi) – ✉ 39040 **31** C2

Roma 667 – Bolzano 26 – Bressanone 25 – Milano 325

piazza Krausen 1 0471 706333, info@kastelruth.com, Fax 0471 705188

Castelrotto-Alpe di Siusi San Vigilio 20, 0471 7 07 08

Posthotel Lamm

piazza Krausen 3 – 04 71 70 63 43 – www.posthotellamm.it – info@posthotellamm.it – 8 dicembre-19 marzo e 14 maggio-22 ottobre

50 cam – 98/240 € 150/380 € – ½ P 85/190 € **Rist** – Carta 28/85 €

♦ Nella piazza principale, hotel elegante con pregevoli interni arredati in larice; le camere sono uno specchio delle tre generazioni dei gestori: rustiche, classiche e attuali. Raffinate sia la grande sala da pranzo che la più intima stube.

Mayr

via Marinzen 5 – 04 71 70 63 09 – www.hotelmayr.com – info@hotelmayr.com – chiuso dal 3 novembre al 4 dicembre e dal 3 aprile al 21 maggio

22 cam – 58/93 € 96/166 € – ½ P 54/89 €

Rist – *(chiuso a mezzogiorno)* Carta 30/40 €

♦ Albergo, impreziosito da decori tirolesi che conferiscono un'apprezzabile armonia d'insieme. Belle camere tradizionali o moderne, attrezzato centro fitness.

Alpenflora

via Oswald von Wolkenstein 32 – ✆ 04 71 70 63 26 – www.alpenflora.it – info@alpenflora.com – chiuso dal 2 novembre al 1° dicembre
32 cam – 71/107 € 142/254 € – ½ P 81/139 €
Rist – *(chiuso a mezzogiorno) (solo per alloggiati)*
◆ Risale al 1912 questo albergo di tono elegante con ampie camere luminose ed un'area benessere di tuto rispetto: dalle vetrate della bella piscina l'incanto delle Dolomiti. Spazi e animazione per i bambini.

Cavallino d'Oro

piazza Krausen – ✆ 04 71 70 63 37 – www.cavallino.it – cavallino@cavallino.it – chiuso dal 10 novembre al 1 dicembre
21 cam – 50/80 € 75/160 € – ½ P 60/90 €
Rist – *(chiuso a mezzogiorno)* Carta 24/35 €
◆ Suggestiva atmosfera romantica nel tipico ambiente tirolese di una casa di tradizione centenaria, sulla piazza del paese; chiedete le camere con letti a baldacchino. Per i pasti una sala rustica o caratteristiche stube tirolesi del XVII sec.

Villa Gabriela

San Michele 31/1, Nord-Est : 4 km – ✆ 04 71 70 00 77 – www.villagabriela.com – info@villagabriela.com – chiuso dal 22 aprile al 20 maggio e dal 5 novembre all'8 dicembre
6 cam – 170/210 € – 3 suites – 220/260 € – ½ P 85/105 €
Rist – *(chiuso a mezzogiorno) (solo per alloggiati)*
◆ Per godere appieno di uno tra i più magici panorami dolomitici, è ideale questa bella villetta circondata dal verde; camere graziose e ricche di personalizzazioni.

Silbernagl Haus senza rist

via Bullaccia 1 – ✆ 04 71 70 66 99 – www.garni-silbernagl.com – gsilber@tin.it – 20 dicembre-21 marzo e maggio-17 ottobre
12 cam – 33/49 € 66/98 €
◆ In zona tranquilla, garni curato e confortevole, con un ambiente cordiale, tipico della gestione familiare; bei mobili nelle camere spaziose.

CASTEL SAN PIETRO TERME – Bologna (BO) – 562 I16 – 20 434 ab. – alt. 75 m – ✉ 40024 — 9 C2

Roma 395 – Bologna 24 – Ferrara 67 – Firenze 109
piazza XX Settembre 4 ✆ 051 6954137, iat@cspietro.it, Fax 051 6954141
Le Fonti viale Terme 1800, ✆ 051 6 95 19 58

Castello

viale delle Terme 1010/b – ✆ 0 51 94 35 09 – www.hotelcastello.com – info@hotelcastello.com – chiuso Natale e due settimane in agosto
57 cam – 39/230 €
Rist Da Willy – vedere selezione ristoranti
◆ Fuori del centro, sulla strada per le Terme, in una zona verde davanti ad un parco pubblico, complesso dotato di camere semplici ma confortevoli.

Da Willy – Hotel Castello

viale delle Terme 1010/b – ✆ 0 51 94 42 64 – www.ristorantewilly.it – camilloantonio.monteleone@fastwebnet.it – chiuso lunedì
Rist – Carta 22/34 €
◆ Nello stesso edificio dell'hotel Castello, ma con gestione separata, ristorante con alcuni tavoli rotondi nelle ampie sale con vetrate sul giardino, piatti emiliano-romagnoli.

Trattoria Trifoglio

località San Giovanni dei Boschi, Nord : 13 km – ✆ 0 51 94 90 66 – chiuso 15 giorni in gennaio, agosto, domenica sera, lunedì
Rist – Carta 23/30 €
◆ Val la pena percorrere alcuni chilometri in campagna per ritrovare la semplicità e l'autentica cordialità della tradizione emiliana, sia nell'accoglienza che nella cucina.

a Osteria Grande Nord-Ovest : 7 km – ✉ 40060

X **L'Anfitrione**
via Emilia Ponente 5629 – ✆ 05 16 95 82 82 – ristorante.anfitrione@fastwebnet.it – chiuso domenica sera e lunedì
Rist – Carta 34/65 €
◆ Due salette di stile vagamente neoclassico, più una per fumatori che d'estate diviene veranda aperta, per gustare saporiti piatti di pesce dell'Adriatico.

CASTELSARDO – Sassari (SS) – **366** N38 – **5 815 ab.** – ✉ **07031** **38** A1

Cagliari 243 – Nuoro 152 – Olbia 100 – Porto Torres 34

Baga Baga
località Terra Bianca Est : 2 km – ✆ 0 79 47 00 75 – www.hotelbagabaga.it – info@bagabaga.it – chiuso gennaio
10 cam – †50/75 € ††80/150 € – ½ P 65/100 € **Rist** – Carta 30/48 €
◆ Immerso nella macchia mediterranea in zona panoramica dalla quale si ha una bella vista sul mare e sul paese, un'oasi di relax con camere solari dagli arredi tipici sardi. Cucina sarda e di mare nel panoramico ristorante dal quale si ammireranno suggestivi tramonti.

Riviera
via lungomare Anglona 1 – ✆ 0 79 47 01 43 – www.hotelriviera.net – fofo@fofo.it
34 cam – †50/145 € ††78/195 €
Rist – *(chiuso mercoledì da ottobre ad aprile)* Carta 29/59 €
◆ Colorata struttura all'ingresso del paese, propone camere semplici e di buon gusto, particolari quelle fronte mare dalle quali è possibile ammirare la notturna Castelsardo. Ristorante sulla breccia da decenni: ampia sala e terrazza estiva con vista mare.

XX **Il Cormorano**
via Colombo 5 – ✆ 0 79 47 06 28 – www.ristoranteilcormorano.net – info@ristoranteilcormorano.net – chiuso lunedì in bassa stagione
Rist – Carta 41/53 €
◆ Defilato su una curva ai margini del centro storico di uno dei rari borghi medievali della Sardegna, eleganza e signorilità e una cucina di pesce che si affida a talento e fantasia.

X **Da Ugo**
corso Italia 7/c, località Lu Bagnu, Sud-Ovest : 4 km – ✆ 0 79 47 41 24 – ristorantedaugo@tiscali.it – chiuso febbraio e giovedì in bassa stagione
Rist – Carta 38/58 €
◆ Lungo la strada costiera, è da anni un indirizzo ben noto in zona per la freschezza e la fragranza dell'offerta ittica; la carne, "porceddu" compreso, è da prenotare.

X **Sa Ferula**
corso Italia 1, località Lu Bagnu, Sud-Ovest : 4 km – ✆ 0 79 47 40 49 – chiuso dal 5 novembre al 5 dicembre e mercoledì in bassa stagione
Rist – Carta 30/55 €
◆ Sorta di bambù indigeno, la "ferula" riveste in parte le pareti di un semplice locale in una frazione sulla litoranea. Cucina della tradizione, di terra e di mare.

CASTEL TOBLINO – Trento (TN) – **562** D14 – **alt. 243 m** – ✉ **38076** **30** B3
Sarche

Roma 605 – Trento 18 – Bolzano 78 – Brescia 100

XX **Castel Toblino**
via Caffaro 1 – ✆ 04 61 86 40 36 – www.casteltoblino.com – info@casteltoblino.com – chiuso dal 26 dicembre a febbraio, lunedì sera, martedì
Rist – Menu 30/50 € – Carta 53/68 €
◆ Su un lembo di terra che si protende sull'omonimo lago, sorge questo affascinante castello medioevale con piccolo parco; suggestiva la terrazza per il servizio estivo.

CASTELVECCANA – Varese (VA) – **561** E8 – **2 041 ab.** – **alt. 257 m** – ✉ **21010** **16** A2

Roma 666 – Bellinzona 46 – Como 59 – Milano 87

Da Pio senza rist
località San Pietro – ☎ 03 32 52 05 11 – www.albergodapio.it – info@albergodapio.it – chiuso gennaio
9 cam – †60/90 € ††90/120 €
◆ Cordiale accoglienza familiare in un hotel di buon livello, quasi sulla sommità di un promontorio affacciato sul lago Maggiore; arredi d'epoca in varie camere.

CASTELVERDE – Cremona (CR) – 561 G11 – 5 508 ab. – alt. 52 m – ✉ 26022 — 17 C3

Roma 515 – Parma 71 – Piacenza 40 – Bergamo 70

Cremona Palace Hotel senza rist
via Castelleone 62, Sud 5 km – ☎ 03 72 47 13 96 – www.cremonapalacehotel.it – direzione@cremonapalacehotel.it
77 cam – †70/130 € ††95/160 €
◆ Alle porte della città del torrone, dell'arte e dei violini, nuova e moderna struttura con annesso ed attrezzato sporting club aperto ai soci, nonché ai clienti dell'-hotel. Camere omogenee, spaziose e moderne.

a Castelnuovo del Zappa Nord-Ovest : 3 km – ✉ 26022 Castelverde

Valentino
via Manzoni 27 – ☎ 03 72 42 75 57 – bealfa@alice.it – chiuso dal 5 al 31 agosto, lunedì sera e martedì
Rist – Carta 22/29 €
◆ Alla periferia della città, bar-trattoria dalla calorosa gestione familiare che propone una cucina casalinga fedele alla gastronomia cremonese e mantovana.

CASTELVETRO DI MODENA – Modena (MO) – 562 I14 – 10 823 ab. – alt. 152 m – ✉ 41014 — 8 B2

Roma 406 – Bologna 50 – Milano 189 – Modena 19

Guerro senza rist
via Destra Guerro 18 – ☎ 0 59 79 97 91 – www.hotelguerro.it – info@hotelguerro.it – chiuso 1 settimana in gennaio e 3 settimane in agosto
29 cam – †55/95 € ††85/130 €
◆ Ideale per una clientela business, questa moderna struttura a gestione familiare si trova lungo l'omonimo fiume ed offre camere spaziose e luminose. D'estate, la colazione è in terrazza.

Zoello je suis senza rist
via Modena 171, località Settecani, Nord: 5 km – ☎ 0 59 70 26 24 – www.zoello.com – albergojesuis@zoello.it
49 cam – †65/76 € ††90/115 € – 3 suites
◆ Fondato nel 1938, questo hotel è ormai un capitolo negli annali della storia; animato da una familiare ed accogliente ospitalità, dispone di camere confortevoli.

Locanda del Feudo
via Trasversale 2 – ☎ 0 59 70 87 11 – www.locandadelfeudo.it – info@locandadelfeudo.it
6 suites – †110/180 € – ½ P 85/120 €
Rist – *(chiuso domenica sera, lunedì)* (consigliata la prenotazione)
Carta 34/52 €
◆ Piccola ed affascinante risorsa situata nella parte alta della città, la locanda offre camere e spazi comuni in stile, dove l'antico si fonde sapientemente con il moderno. Cucina di inaspettato interesse gastronomico, che elabora con fantasia le risorse del territorio.

CASTEL VOLTURNO – Caserta (CE) – 564 D23 – 23 557 ab. – ✉ 81030 — 6 A2

Roma 190 – Napoli 40 – Caserta 37

VolturnoGolf via Domitiana km 35,300, ☎ 081 5 09 51 50

Holiday Inn Resort
via Domitiana km 35,300, Sud : 3 km
– 08 15 09 51 50 – www.holiday-inn-resort.com – info@holiday-inn-resort.com
263 cam – ♦97/166 € ♦♦107/176 € – 13 suites – ½ P 69/103 €
Rist – Carta 31/57 €
♦ Vicino al mare, ai bordi di una pineta, un'imponente struttura moderna, con ampi interni eleganti; piscina con acqua di mare, maneggio a disposizione, centro congressi. Di notevoli dimensioni gli spazi per la ristorazione, con sale curate e luminose.

CASTENEDOLO – Brescia – 561 F12 – Vedere Brescia

CASTIGLIONCELLO – Livorno (LI) – 563 L13 – ✉ 57016 Toscana 28 B2

Roma 300 – Pisa 40 – Firenze 137 – Livorno 21

(giugno-settembre) via Aurelia 632 0586 754890, apt7castiglioncello@costadeglietruschi.it, Fax 0586 754890

Villa Parisi
via Romolo Monti 10 ✉ 57016 – 05 86 75 16 98 – www.villaparisi.com – bricoli@tiscalinet.it – maggio-settembre
21 cam – ♦147/219 € ♦♦224/390 € – ½ P 122/205 €
Rist – *(21 maggio-16 settembre) (chiuso a mezzogiorno escluso luglio-agosto)* Carta 32/63 €
♦ Le camere accoglienti e personalizzate rivaleggiano con la splendida posizione di questa villa patrizia circondata dalla pineta e sospesa sugli scogli. Un vialetto facilita il raggiungimento della piattaforma-solarium affacciata sul blu. Ristorante classico con servizio all'aperto.

Villa Martini
via Martelli 3 – 05 86 75 21 40 – www.villamartini.it – info@villamartini.it – aprile-novembre
34 cam – ♦80/100 € ♦♦120/180 € – ½ P 85/105 €
Rist – *(solo per alloggiati)* Menu 25/35 €
♦ Piccola risorsa completamente rinnovata e di taglio moderno: ambienti luminosi e camere che predispongono al relax. Ristorante dalle linee sobrie e moderne, affacciato sul curato giardino.

Atlantico
via Martelli 12 – 05 86 75 24 40 – www.hotelatlantico.it – info@hotelatlantico.it – aprile-settembre
50 cam – ♦80/110 € ♦♦100/200 € – ½ P 100/110 € **Rist** – Menu 25/35 €
♦ Nel cuore più verde e più quieto della località, signorile albergo a conduzione familiare, dotato di bella dépendance in una villetta dei primi '900. Le camere tradiscono la raffinatezza di una casa privata. Ampia e luminosa sala da pranzo.

In Gargotta
via Fucini 39 – 05 86 75 43 57 – ristogargotta@hotmail.it – chiuso dal 19 al 25 novembre, lunedì (escluso luglio-agosto)
Rist – (coperti limitati, prenotare) Carta 38/49 €
♦ Piccolo ristorante nel centro della località dalla conduzione motivata e giovanile. Cucina di mare con qualche tocco di fantasia. Gradevole dehors.

CASTIGLIONE DEI PEPOLI – Bologna (BO) – 562 J15 – 5 988 ab. – alt. 691 m – ✉ 40035 9 C2

Roma 328 – Bologna 54 – Firenze 60 – Ravenna 134

a Baragazza Est : 6 km – ✉ 40035

Bellavista
via Sant'Antonio 8/10 – 05 34 89 81 66 – alberg.bellavista@libero.it – chiuso dal 26 dicembre al 6 gennaio
19 cam – ♦65/75 € ♦♦75/85 €, 8 € – ½ P 50/70 €
Rist – *(chiuso domenica sera e martedì a mezzogiorno)* Carta 28/39 €
♦ Per una tappa di viaggio lungo l'Appennino tosco-emiliano, un albergo a conduzione familiare con camere di stile essenziale, ma pulite e luminose. Cucina delle due regioni, dalle paste fresche alla fiorentina; gradevole dehors estivo.

CASTIGLIONE DEL LAGO - Perugia (PG) - 563 M18 - 15 486 ab. - alt. 304 m - ✉ 06061 32 A2

Roma 182 - Perugia 46 - Arezzo 46 - Firenze 126

piazza Mazzini 10 ☎ 075 9652484, info@iat.castiglione-del-lago.pg.it, Fax 075 9652763

Lamborghini località Soderi 1, ☎ 075 83 75 82

Miralago cam,

piazza Mazzini 6 – ☎ 0 75 95 11 57 – www.hotelmiralago.com – hotel.miralago@tin.it – chiuso dal 7 gennaio al 15 marzo

19 cam – †55/70 € ††65/85 € – ½ P 43/65 € **Rist** – Carta 20/30 €

♦ Gradevole atmosfera un po' démodé negli spazi comuni e nelle ampie camere di questo albergo ospitato in un edificio d'epoca nella piazza principale del paese.

Duca della Corgna cam, rist,

via Buozzi 143 – ☎ 0 75 95 32 38 – www.hotelcorgna.com – info@hotelcorgna.com

35 cam – †55/65 € ††80/90 € – ½ P 60 €

Rist – *(Pasqua-ottobre) (chiuso a mezzogiorno) (solo per alloggiati)* Menu 15/20 €

♦ Ambiente familiare in un hotel con buon livello di confort; arredi essenziali nelle camere, sia nel corpo centrale, sia in una dépendance che dà sulla piscina.

a Petrignano del Lago Nord-Ovest : 12 km – ✉ 06060

Relais alla Corte del Sole cam,

località I Giorgi – ☎ 07 59 68 90 08 – www.cortedelsole.com – info@cortedelsole.com – chiuso gennaio e febbraio

13 cam – †145/180 € ††170/240 € – 4 suites

Rist – *(chiuso martedì)* Carta 60/98 €

♦ Sui colli del Trasimeno, suggestioni mistiche ma charme di una raffinata eleganza tutta terrena tra le antiche pietre di un insediamento monastico e rurale del XVI secolo.

CASTIGLIONE DELLA PESCAIA - Grosseto (GR) - 563 N14 - 7 467 ab. - ✉ 58043 Toscana 29 C3

Roma 205 - Grosseto 23 - Firenze 162 - Livorno 114

piazza Garibaldi 6 ☎ 0564 933678, infocastiglione@lamaremma.info, Fax 0564 933954

Piccolo Hotel rist,

via Montecristo 7 – ☎ 05 64 93 70 81 – www.hotel-castiglione.com – piccolo_hotel@virgilio.it – Pasqua e 15 maggio-settembre

24 cam – ††120/140 € – ½ P 100/130 € **Rist** – *(solo per alloggiati)*

♦ Ritornerete volentieri in questa graziosa struttura in zona non centrale, gestita con classe, signorilità e attenzione per i particolari; arredi moderni nelle camere. Piccola e sobria la sala da pranzo dove gustare frutta e verdura dell'orto e dolci casalinghi.

Sabrina

via Ricci 12 – ☎ 05 64 93 35 68 – www.hotelsabrinaonline.it – info@hotelsabrinaonline.it – giugno-settembre

37 cam – †60/80 € ††100/115 € – ½ P 70/90 €

Rist – *(solo per alloggiati)* Menu 30 €

♦ Gestione diretta per un hotel ubicato nella zona di parcheggio a pochi metri dal porto canale: spazi ben distribuiti, camere non amplissime, ma complete.

Miramare

via Veneto 35 – ☎ 05 64 93 35 24 – www.hotelmiramare.info – info@hotelmiramare.info – chiuso novembre, gennaio e febbraio

35 cam – †55/125 € ††72/184 € – ½ P 65/135 € **Rist** – Carta 23/53 €

♦ Ubicato sul lungomare di Castiglione della Pescaia e ai piedi del borgo medievale, l'hotel dispone di camere accoglienti (in fase di rinnovo), nonché di una spiaggia privata. La sala-veranda del ristorante si affaccia sul mare: proposte di cucina nazionale e specialità di pesce curate direttamente dai titolari.

Perla senza rist

via dell'Arenile 3 – ✆ 05 64 93 80 23 – www.perlaresidence.com – info@pierbacco.it – chiuso gennaio

13 cam ☕ – 👥70/90 €

♦ Una piccola risorsa a conduzione familiare sita in posizione tranquilla a pochi passi dalla spiaggia, dispone di camere semplici ma gradevoli.

Il Votapentole

via IV Novembre 15 – ✆ 05 64 93 47 63 – www.ilvoltapentole.it – ilvotapentole@gmail.com

Rist – *(chiuso a mezzogiorno da giugno a settembre)* Menu 55 € – Carta 52/68 €

♦ Una brillante coppia - lui in cucina, lei ai tavoli - si "alleano" per coccolarvi con proposte di mare e di terra, gustose e di stampo moderno, da accompagnarsi con ottimi vini. Il locale è piccolissimo, ma questo non è un difetto: anzi, l'intimità è garantita!

Pierbacco

piazza Repubblica 24 – ✆ 05 64 93 35 22 – www.pierbacco.it – info@pierbacco.it – chiuso gennaio e mercoledì escluso da maggio a settembre

Rist – *(chiuso a mezzogiorno in luglio e agosto)* Carta 33/43 €

♦ Un locale rustico con i tipici soffitti in legno, dispone di due sale e di un dehors sul corso principale, vocato ad una cucina classica, prevalentemente di mare.

a Riva del Sole **Nord-Ovest : 2 km – ✉ 58043**

Riva del Sole

viale Kennedy – ✆ 05 64 92 81 11 – www.rivadelsole.it – info@rivadelsole.it – aprile-novembre

176 cam ☕ – 👤92/130 € 👥143/220 € – ½ P 132 € **Rist** – Menu 28/38 €

♦ In riva al mare ed abbracciato da una rigogliosa pineta, l'hotel presenta camere semplici e rinnovate negli arredi. Ideale per un soggiorno di relax, bagni e sole. Sale dalle ampie vetrate ed un giardino, per il ristorante con accanto la pizzeria serale.

a Tirli **Nord : 17 km – ✉ 58040**

Tana del Cinghiale con cam

via del Deposito 10 – ✆ 05 64 94 58 10 – www.tanadelcinghiale.it – info@tanadelcinghiale.it – chiuso dal 1° febbraio al 5 marzo

7 cam ☕ – 👤45/65 € 👥75/110 € – ½ P 78/87 €

Rist – *(chiuso mercoledì escluso dal 15 giugno al 15 settembre)* Carta 25/41 €

♦ Due sale ristorante arredate nello stile tipico di una rustica trattoria propongono una carta regionale con specialità a base di cinghiale. Un piccolo albergo a gestione familiare, offre camere semplici e curate.

a Badiola **Est : 10 km – ✉ 58043 Castiglione Della Pescaia**

L'Andana-Tenuta La Badiola

– ✆ 05 64 94 48 00 cam, rist,

– www.andana.it – info@andana.it – chiuso dal 6 gennaio al 1° marzo

26 cam ☕ – 👥300/550 € – 7 suites

Rist Trattoria Toscana-Tenuta la Badiola – vedere selezione ristoranti

Rist – (consigliata la prenotazione) Carta 62/93 €

♦ Sita all'interno di una tenuta di ulivi e vigneti e pervasa dai profumi della campagna toscana, la villa offre confort e raffinatezza nei suoi spaziosi interni: degno di nota l'attrezzatissimo centro wellness. Cucina mediterranea nel moderno ristorante con delizioso dehors nel giardino.

Trattoria Toscana-Tenuta la Badiola – L'Andana-Tenuta La Badiola

– ✆ 05 64 94 43 22 – www.andana.it

– ristorante@andana.it – 5 maggio-10 settembre; chiuso lunedì

Rist – *(chiuso a mezzogiorno)* (consigliata la prenotazione) Carta 72/89 €

Spec. Insalata di trippa di vitello e melanzane rifatte, pesto d'erbe, caprino e rucola. Ravioli di stinco di bue brasato, crema e spadellata di finocchio selvatico. Baccalà in padella con peperonata e "fagiola", trippette di stocco.

♦ E' l'omaggio del celebre cuoco Ducasse alla tradizione mediterranea e soprattutto alla cucina maremmana, dall'ambientazione ad un carosello di sapori regionali con diverse proposte alla brace.

CASTIGLIONE DELLE STIVIERE – Mantova (MN) – 561 F13 17 D1
– 22 045 ab. – alt. 116 m – ✉ 46043

Roma 509 – Brescia 28 – Cremona 57 – Mantova 38

via Marta Tana 1 ✆ 0376 944061 info@turismo.mantova.it Fax 0376 944061

La Grotta senza rist

viale dei Mandorli 22 – ✆ 03 76 63 25 30 – www.lagrottahotel.it – info@lagrottahotel.it

26 cam – 70 € 92 €

♦ Lontano dal traffico del centro, nella verde quiete delle colline, una villa di carattere familiare, con un bel giardino curato; camere semplici, di recente ristrutturazione.

XX **Osteria da Pietro** (Fabiana Ferri)

✿ *via Chiassi 19 – ✆ 03 76 67 37 18 – www.osteriadapietro.eu – info@osteriadapietro.eu – chiuso dal 2 al 12 gennaio, dal 19 giugno al 1° luglio, dal 14 al 19 agosto, mercoledì e da giugno ad agosto anche martedì*

Rist – (consigliata la prenotazione) Carta 54/73 €

Spec. Luccio in salsa di olive nere taggiasche, capperi di Salina su patate all'olio. Tortelli di zucca con burro fuso e parmigiano. Costolette d'agnello rosolate allo zenzero con salsa al Marsala e tortino di patate.

♦ In un edificio seicentesco, piacevole ristorante con soffitto dalle caratteristiche volte a "ombrello". Territorialmente alla confluenza tra la tradizione mantovana e gardesana, le risorse gastronomiche sono infinite: come la fantasia.

X **Hostaria Viola**

via Verdi 32 – ✆ 03 76 67 00 00 – www.hostariaviola.it – ristorale@libero.it – chiuso dal 1° al 5 gennaio, agosto, lunedì, domenica sera

Rist – (consigliata la prenotazione) Carta 29/48 €

♦ Fin dal XVII secolo l'Hostaria è stata il punto di ristoro per viandanti e cavalli in transito; dal 1909, sotto i caratteristici soffitti a volta, rivive la tradizione culinaria mantovana.

CASTIGLIONE D'ORCIA – Siena (SI) – 563 M16 – 2 507 ab. 29 C2
– alt. 540 m – ✉ 53023

Roma 191 – Siena 52 – Chianciano Terme 26 – Firenze 124

viale Marconi 13 ✆ 0577 887363

Osteria dell'Orcia cam,

Podere Osteria – ✆ 05 77 88 71 11 – www.hotelorcia.it – info@hotelorcia.it – chiuso dal 7 gennaio al 30 marzo

16 cam – 108/130 € 120/160 €

Rist – *(chiuso a mezzogiorno)* Carta 32/45 €

♦ Isolata nella campagna senese, all'inteno del parco dell'omonima valle, un'antica stazione postale ospita camere con differenti tipologie d'arredo, due salotti ed una piscina. Cucina regionale con alcuni spunti personali dello chef nel ristorante con bella sala interna e dehors.

CASTIGLIONE FALLETTO – Cuneo (CN) – 561 I5 – 709 ab. 25 C2
– alt. 350 m – ✉ 12060

Roma 614 – Cuneo 68 – Torino 70 – Asti 39

XX **Le Torri**

piazza Vittorio Veneto 10 – ✆ 0 17 36 28 49 – www.ristoranteletorri.it – info@ristoranteletorri.it – chiuso gennaio o febbraio, martedì e mercoledì a mezzogiorno

Rist – Menu 28/40 € – Carta 40/50 €

♦ Gestione giovane e cucina del territorio in un locale in pieno centro, allo stesso tempo elegante e moderno, ma senza esagerazioni in entrambe le direzioni. Piacevole servizio estivo sulla terrazza panoramica.

CASTIGLIONE TINELLA – Cuneo (CN) – 561 H6 – 875 ab. 25 D2
– alt. 408 m – ✉ 12053

Roma 622 – Genova 106 – Alessandria 60 – Asti 24

Castiglione senza rist
via Cavour 5 – ☎ 01 41 85 54 10 – www.albergocastiglione.com – info@albergocastiglione.com – 15 aprile-10 dicembre
13 cam – †95/115 € ††120/160 €
◆ Deliziosa casa di campagna, un tempo locanda, con camere moderne e confortevoli. La sorpresa a poco meno di 500 m. dall'edificio principale: una zona relax con piscina, sauna e bagno turco... in mezzo al verde.

CASTIGLION FIORENTINO – Arezzo (AR) – 563 L17 – 13 360 ab. – alt. 345 m – ✉ 52043 — 29 D2

Roma 198 – Perugia 57 – Arezzo 17 – Chianciano Terme 51

a Pieve di Chio Est : 7 km – ✉ 52043 Castiglion Fiorentino

B&B Casa Portagioia senza rist
Pieve di Chio 56 – ☎ 05 75 65 01 54 – www.casaportagioia.com – tuscanbreaks@gmail.com – marzo-novembre
5 cam – †134/170 € ††149/185 €
◆ Fiabesco casale del '700 che esprime un connubio di gusto toscano e inglese, nel giardino come nell'atmosfera, riflesso delle origini e delle passioni dei proprietari.

a Polvano Est : 8 km – ✉ 52043 Castiglion Fiorentino

Relais San Pietro in Polvano
– ☎ 05 75 65 01 00 – www.polvano.com – info@polvano.com – aprile-ottobre
6 cam – †100/120 € ††130/200 € – 4 suites – ††230/290 €
Rist – *(chiuso a mezzogiorno)* Carta 35/41 € (+10 %)
◆ Tutto il fascino del passato e della terra di Toscana con i suoi materiali "poveri" (il cotto, la pietra, il legno) in un settecentesco edificio di rustica raffinatezza. Servizio ristorante in terrazza con vista su colli e vallate; cucina toscana.

CASTION – Belluno – 562 D18 – Vedere Belluno

CASTIONE DELLA PRESOLANA – Bergamo (BG) – 561 E12 – 3 465 ab. – alt. 870 m – Sport invernali : al Monte Pora : 1 300/1 900 m 13 – ✉ 24020 — 16 B2

Roma 643 – Brescia 89 – Bergamo 42 – Edolo 80
piazza Roma 1 ☎ 0346 60039, info@presolana.it, Fax 0346 62714

a Bratto Nord-Est : 2 km – alt. 1 007 m – ✉ 24020

Eurohotel
via Provinciale 36 – ☎ 0 34 63 15 13 – www.eurohotelbratto.com – info@eurohotelbratto.com
29 cam – †70/140 € ††90/200 € – ½ P 85/120 €
Rist – *(chiuso lunedì)* Carta 37/56 €
◆ Conduzione familiare per un albergo in sobrio stile alpino, sulla strada per il Passo. Camere ben tenute. Luminosa sala ristorante, d'impostazione classica.

CASTREZZATO – Brescia (BS) – 561 F11 – 6 724 ab. – alt. 125 m – ✉ 25030 — 19 D2

Roma 583 – Brescia 33 – Milano 90 – Parma 141
La Colombera via Barussa 1, ☎ 030 71 44 85

Da Nadia
via Campagna 15 – ☎ 03 07 04 06 34 – www.ristorantedanadia.com – chiuso dal 1° al 12 gennaio, 15 giorni in agosto e lunedì
Rist – *(chiuso a mezzogiorno escluso i giorni festivi)* Carta 55/70 €
◆ Ristorante signorile e al contempo informale, immerso nella campagna bresciana. In cucina, la signora Nadia si dedica con passione a preparazioni soprattutto a base di pesce.

CASTROCARO TERME – Forlì-Cesena (FC) – 562 J17 – 6 572 ab. – alt. 68 m – ✉ 47011 9 C2

Roma 342 – Bologna 74 – Ravenna 40 – Rimini 65

viale Marconi 81 ✆ 0543 767162, iat@comune.castrocarotermeeterradelsole.fc.it, Fax 0543 769326

Grand Hotel Terme

rist,

via Roma 2 – ✆ 05 43 76 71 14 – www.termedicastrocaro.it – grandhotel@termedicastrocaro.it

119 cam – 95/145 € 135/210 € – 6 suites – ½ P 95/140 €

Rist – Carta 41/53 €

◆ Nato negli anni '30, l'albergo conserva ancora lo stile dell'epoca. Spazi comuni e camere di notevoli dimensioni, all'interno un centro benessere: ideali per momenti di relax. La grande sala illuminata da ampie vetrate si affaccia sulla fresca veranda del giardino. Proposte di cucina nazionale.

Rosa del Deserto

rist,

via Giorgini 3 – ✆ 05 43 76 72 32 – www.hotelrosadeldeserto.it – info@hotelrosadeldeserto.it – 15 marzo-14 novembre

48 cam – 39/80 € 59/120 € – ½ P 40/75 €

Rist – *(chiuso gennaio-febbraio)* Carta 20/32 €

◆ Antistante l'ingresso alle terme, presenta ambienti luminosi e spaziosi. Interessante punto di partenza per un soggiorno alla scoperta delle tradizioni e dei tesori locali.

CASTROCIELO – Frosinone (FR) – 563 R23 – 3 993 ab. – alt. 250 m – ✉ 03030 13 D2

Roma 116 – Frosinone 42 – Caserta 85 – Gaeta 61

XX Villa Euchelia

via Giovenale – ✆ 07 76 79 98 29 – www.villaeuchelia.com – info@villaeuchelia.it – chiuso 1 settimana in gennaio, 1 settimana in luglio, martedì, mercoledì a mezzogiorno

Rist – Carta 33/41 €

◆ In una villa d'epoca riccamente arredata, una coppia gestisce con stile questo ristorante all'insegna dei prodotti locali reintepretati con creatività.

XX Al Mulino

via Casilina 47, Sud : 2 km – ✆ 0 77 67 93 06 – www.almulino.net – almulino@libero.it – chiuso dal 23 dicembre al 10 gennaio

Rist – Carta 37/73 €

◆ Nella sala di tono elegante, un assaggio del mar Tirreno in fragranti ricette di mare. Un consiglio: chiedete il carrello-espositore per conoscere il pescato del giorno.

CASTRO MARINA – Lecce (LE) – 564 G37 – 2 469 ab. – ✉ 73030 27 D3

Italia

Roma 660 – Brindisi 86 – Bari 199 – Lecce 48

alla grotta Zinzulusa Nord : 2 km Italia

Orsa Maggiore

litoranea per Santa Cesarea Terme 303 ✉ 73030 – ✆ 08 36 94 70 28 – www.orsamaggiore.it – info@orsamaggiore.it

29 cam – 65/100 € 80/150 € – ½ P 55/95 € **Rist** – Carta 22/41 €

◆ In posizione panoramica, arroccato sopra la grotta Zinzulusa, un hotel a conduzione familiare che dispone di confortevoli spazi comuni e camere lineari, quasi tutte con vista. Ampia e luminosa, la sala ristorante annovera proposte di mare e di terra ed è disponibile anche per allestire banchetti.

CASTROREALE – Messina (ME) – 365 AZ55 – 2 697 ab. – alt. 394 m – ✉ 98053 40 D1

Catania 142 – Messina 51 – Palermo 203

Country Hotel Green Manors

borgo Porticato 70, Sud-Ovest : 2 km – 09 09 74 65 15 – www.greenmanors.it – info@greenmanors.it
8 cam – 70/110 € 100/130 € – 1 suite – ½ P 100 €
Rist – *(chiuso a mezzogiorno)* (prenotazione obbligatoria) Carta 30/42 €
◆ Una solida costruzione in pietra in una zona tranquilla con camere curate e personalizzate, nonché eleganti spazi comuni di soggiorno. Zona relax con bagno turco ed area massaggi. Al ristorante: cucina attenta ai prodotti biologici e preparazioni salutiste.

CASTROVILLARI – Cosenza (CS) – 564 H30 – 22 648 ab. – alt. 362 m 5 A1 – 87012

Roma 453 – Cosenza 74 – Catanzaro 168 – Napoli 247

sull'autostrada SA-RC, area servizio Tamoil Frascineto Ovest 0981 32332, Fax 0981 32332

La Locanda di Alia

via Jetticelli 55 – 0 98 14 63 70 – www.alia.it – alia@alia.it
14 cam – 90/110 € 103/140 €
Rist *Il Ristorante di Alia* – *(chiuso domenica)* Carta 40/50 €
◆ Camere al pianoterra con accesso indipendente dall'esterno, in questa confortevole locanda, sita nel verde appena fuori dal centro. Nato agli inizi degli anni '50, il ristorante di tono rustico-elegante continua a soddisfare la propria clientela grazie al buon servizio e alla cucina rigorosamente calabrese.

CATABBIO – Grosseto – Vedere Semproniano

CATANIA (CT) – 365 AZ58 – 296 469 ab. Sicilia 40 D2

Messina 97 – Siracusa 59

di Fontanarossa Sud: 4 km BV 095 340505

via Vittorio Emanuele II 172 95124 095 7425573 - 800841042, bureau.turismo@comune.catania.it, Fax 095 7425515
Stazione Centrale FS 95129 095 7306255
Aeroporto Civile Fontanarossa 95100 095 7306266

Palazzo Biscari★EZ – Piazza del Duomo★ : Duomo★ DZ _ Badia di Sant'Agata★ **B** – Via Crociferi★ DYZ – Via Etnea★: villa Bellini★ DXY – Complesso Monumentale di San Nicolò l'Arena★ DYZ **S8**

Etna★★★

Piante pagine seguenti

Excelsior Grand Hotel

piazza Verga 39 95129 – 09 57 47 61 11 – www.hotelexcelsiorcatania.com – infoexcelsiorcatania@amthotels.it EX**a**
176 cam – 90/225 € 120/240 € – 6 suites – ½ P 100/160 €
Rist – Carta 36/63 €
◆ Imponente albergo, che dopo la ristrutturazione si situa ai vertici dell'hotellerie catanese: classica sobrietà senza sfarzi negli interni e qualità assoluta nel confort. Raffinata ambientazione in stile e servizio accurato nel ristorante.

UNA Hotel Palace

via Etnea 218 95131 – 09 52 50 51 11 – www.unahotels.it – una.palace@unahotels.it DY**b**
87 cam – 93/407 €, 20 € – 7 suites
Rist – Carta 33/76 €
◆ Imponente struttura inaugurata recentemente nel cuore della via Etnea, l'arteria centrale della città. Palazzo d'inizio '900 ristrutturato con ampi ed eleganti spazi comuni. Ristorante panoramico al roof-garden.

CATANIA

Alagona Artale (Viale) . . . **CU** 2
Angelo Custode (V.) . . . . **BV** 3
Aurora (V.). . . . . **BV** 4
Barcellona (V.). . . . . **BV** 6
Beccaria (V. Cesare) . . . . **BU** 8
Belfiore (V.). . . . . **BV** 10
Bosco (V. del). . . . . **BU** 13
Cantone (V.) . . . . **BU** 16
Caracciolo
(V. Amm. Antonio). . . . **BV** 17
Cavour (Pza) . . . . **BU** 23
Colombo (V. Cristoforo) . **BV** 24
D'Annunzio
(V. Gabriele). . . . . **CU** 28
Europa (Pza) . . . . **CU** 30
Filocomo (V.). . . . . **BU** 31
Filzi (V. Fabio) . . . . **BV** 32
Forlanini (V. Carlo). . . . . . **BV** 33
Galatioto (V.). . . . . **CU** 36
Giovanni XXIII
(Pza Papa) . . . . **CV** 38
Giuffrida (V. Vincenzo) . . **CU** 39
Grassi (V. Battista) . . . . . **BU** 41
Imbriani
(V. Matteo Renato) . . . **BU** 43
Indipendenza (Cso) . . . . . **BV** 44
Lavaggi (V. Giovanni). . . . **BV** 46
Maria SS. Assunta
(V.). . . . . **BV** 48
Marotta (V. Erasmo) . . . . **CU** 49
Martelli Castaldi
(V. Sabato). . . . . **BV** 51
Martiri della Libertà
(Cso) . . . . **CV** 52
Monserrato (V.). . . . . **BU** 55
Montenero (V.) . . . . **BV** 56
Nava (V. Cardinale) . . . . . **BU** 58
Odorico da Pordenone
(Viale) . . . . **BU** 59
Palestro (Pza) . . . . **BV** 61
Passo Gravina (V.). . . . . . **BU** 64
Plaja (V.) . . . . **BV** 65
Plebiscito (V.) . . . . **BV** 67
Regina Margherita
(Viale) . . . . **BV** 71
Regione (Viale della) . . . **BV** 72
Risorgimento (Pza) . . . . . **BV** 73
Roccaromana (V.) . . . . . . **BV** 75
Rotolo (Viale del) . . . . . . **CU** 76
Ruggero di Lauria
(Viale) . . . . **CU** 78
Santa Maria
della Catena
(V.). . . . . **BV** 84
Sanzio (Viale Raffaello) . . **CU** 85
San Nicolò al Borgo (V.) . **BU** 83
Stadio (V. dello). . . . . **BV** 88
Stella Polare (V.) . . . . **BV** 89
Tempio (V. Domenico) . . **BV** 93
Vivaldi (Viale Fratelli). . . . **BU** 99

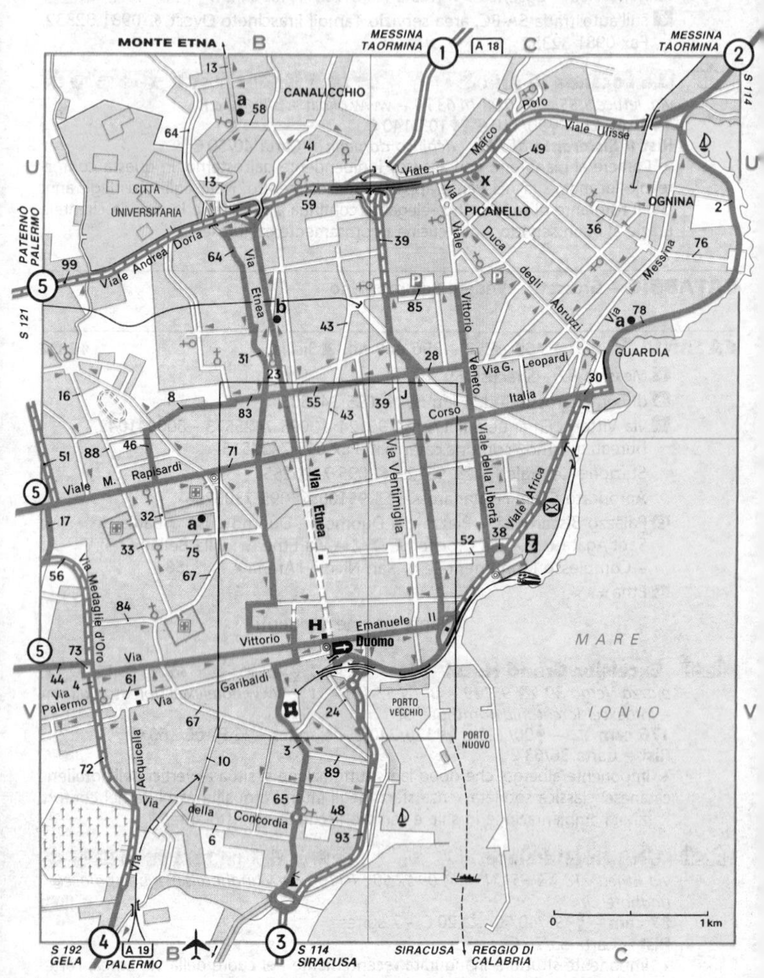

CATANIA

Street	Grid	No.
Angelo Custode (V.)	DZ	3
Benedetto (Pza A. d.)	DZ	11
Biondi (V.)	EY	12
Bovio (Pza G.)	EY	15
Carlo Alberto (Pza)	EY	19
Castello Ursino (V.)	DZ	21
Conte di Torino (V.)	EY	25
Currò (Pza)	DZ	26
Cutelli (Pza)	EZ	27
Dante (Pza)	DY	29
Etnea (V.)	DXY	
Giuffrida (V. Vincenzo)	EX	39
Guardie (Pza delle)	EY	42
Imbriani (V. M. R.)	DEX	43
Landolina (V.)	EZ	45
Lupo (Pza Pietro)	EY	47
Museo Biscari (V.)	EZ	57
Orlando (V. Vitt. E.)	EX	60
Porticello (V.)	EZ	68
Rabbordone (V.)	EY	69
Rapisardi (V. Michele)	EY	70
Rotonda (V. d.)	DYZ	77
Spirito Santo (Pza)	EY	87
Stesicoro (Pza)	DY	91
S. Anna (V.)	DZ	79
S. Francesco d'Assisi (Pza)	DZ	80
S. Gaetano alle Grotte (V.)	DEY	81
S. Giuseppe al Duomo (V.)	DZ	82
Teatro Massimo (V.)	EYZ	92
Trento (Pza)	EX	95
Umberto I (V.)	DEX	
Università (Pza dell')	DZ	96
Verga (Pza)	EX	98
Vittorio Emanuele III (Pza)	EY	100

Romano Palace

viale Kennedy 28, per ③ ✉ 95121 – ✆ 09 55 96 71 11 – www.romanopalace.it – info@romanopalace.it

104 cam – 120/210 € 160/310 € – ½ P 110/200 €

Rist – Carta 43/57 €

◆ All'inizio della zona balneare detta plaia, l'albergo è dedicato all'idea della Sicilia come crocevia di culture diverse: suggestioni arabe ed arredi etnici. Tra il Barocco della città e il mare, un'oasi di incanto dominata dalla magica imponenza dell'Etna. Piatti mediterranei nel ristorante fusion.

Katane Palace

via Finocchiaro Aprile 110 ✉ 95129 – ✆ 09 57 47 07 02 – www.katanepalace.it – info@katanepalace.it EX**b**

58 cam – 60/172 € 110/205 € – ½ P 80/138 €

Rist Il Cuciniere – vedere selezione ristoranti

◆ Costruito ex novo e suddiviso in due distinti edifici, gli eleganti interni di questo palazzo degli inizi del Novecento vantano sobri arredi accostati ad antichità di pregio.

Villa del Bosco & VdB Next

via del Bosco 62 ✉ 95125 – ✆ 09 57 33 51 00 – www.hotelvilladelbosco.it – info@hotelvilladelbosco.it BU**a**

52 cam – 85/170 € 105/260 € – ½ P 80/160 €

Rist *Il Canile* – Carta 28/40 €

◆ Sulle prime colline della città, una dimora ottocentesca con mobili d'epoca, decorazioni in stile pompeiano e tappeti. Le camere ubicate nella dépendance sfoggiano uno stile più moderno: colori scuri e forme geometriche. Piatti creativi nell'originale ristorante.

Liberty senza rist

via San Vito 40 ✉ 95124 – ✆ 0 95 31 16 51 – www.libertyhotel.it – info@libertyhotel.it DY**a**

18 cam – 90/110 € 119/149 €

◆ Gli amanti del Liberty apprezzeranno questo piccolo hotel in un palazzo di inizio '900, le cui atmosfere richiamano alla mente il celebre romanzo *Il Gattopardo*. Le camere sono contraddistinte da un nome evocante il sentimento che ispirano, ma è il giardino d'inverno a porre il sigillo dello charme sulla struttura.

Il Principe senza rist

via Alessi 24 ✉ 95124 – ✆ 09 52 50 03 45 – www.ilprincipehotel.com – info@ilprincipehotel.com DYZ**c**

34 cam – 89/149 € 99/179 € – 3 suites

◆ Sorto dalle ceneri di un palazzo nobiliare ottocentesco, ne conserva ancora diversi elementi originali, intelligentemente coniugati con arredi moderni e lineari.

Residence Hotel La Ville senza rist

via Monteverdi 15 ✉ 95131 – ✆ 09 57 46 52 30 – www.rhlaville.it – info@rhlaville.it EY**b**

14 cam – 85/100 € 110/125 €

◆ Risorsa del centro ospitata da un edificio di inizio '900. A seguito di un'impeccabile ristrutturazione presenta una bella hall e una graziosa sala colazioni. Camere eleganti.

Mediterraneo senza rist

via Dottor Consoli 27 ✉ 95124 – ✆ 0 95 32 53 30 – www.hotelmediterraneoct.com – info@hotelmediterraneoct.com BV**a**

63 cam – 89/140 € 100/200 €

◆ Albergo di taglio moderno, il design contemporaneo assicura funzionalità e un discreto confort. In posizione centrale, si propone soprattutto ad una clientela d'affari.

Savona senza rist

via Vittorio Emanuele 210 ✉ 95124 – ✆ 0 95 32 69 82 – www.hotelsavona.it – hotelsavona@tiscali.it DZ**b**

30 cam – 50/100 € 70/140 €

◆ In pieno centro storico, a due passi dal Duomo, storico albergo cittadino, all'interno di un palazzo del '700, con gestione familiare giunta alla quarta generazione.

Aga Hotel rist,

viale Ruggero di Lauria 43 ✉ 95127 – ✆ 09 58 36 24 06 – www.agahotel.it – direzione@agahotel.it CU**a**

48 cam – 🛉90/150 € 🛉🛉120/180 € – ½ P 80/110 €

Rist ***Agave*** – Carta 30/63 €

◆ Ubicata sul lungomare, questa nuova struttura vocata ad una clientela business, non manca di offrire ai suoi ospiti alcune camere con vista sul Mediterraneo. Le stanze sono nello stile attualmente tanto in voga: minimaliste con legno scuro tipo wengé ed inserti in pelle. Cucina moderna e creativa all'Agave.

La Vecchia Palma senza rist

via Etnea 668 ✉ 95128 – ✆ 0 95 43 20 25 – www.lavecchiapalma.com – info@lavecchiapalma.com BU**b**

11 cam – 🛉50/65 € 🛉🛉60/80 €

◆ Sulla rinomata Via Etnea, una valida gestione familiare ha riconvertito un'affascinante villa liberty in accogliente struttura alberghiera: il barocco siciliano orna gli spazi comuni, mentre romantici affreschi impreziosiscono alcune delle belle camere.

Il Cuciniere – Hotel Katane Palace

via Finocchiaro Aprile 110 ✉ 95129 – ✆ 09 57 47 07 02 – www.katanepalace.it – ilcuciniere@katanepalace.it EXY**b**

Rist – *(chiuso a mezzogiorno)* (consigliata la prenotazione) Carta 31/70 €

◆ Il dehors nella suggestiva corte interna e raffinate sale per una cucina altrettanto esclusiva. Piatti fortemente creativi sullo stile della tradizione baronale. Il cuoco rivisita con estro gli ingredienti siciliani non disdegnando gli accostamenti più estroversi e scandalosi, come il cioccolato di Modica sul pesce.

La Siciliana

viale Marco Polo 52/a ✉ 95126 – ✆ 0 95 37 64 00 – www.lasiciliana.it – lasiciliana@tiscalinet.it – chiuso dal 7 al 21 agosto, lunedì e la sera dei giorni festivi CU**x**

Rist – Carta 30/43 € (+15 %)

◆ E' ormai diventato un locale storico della città questo ristorante tipico di stile classico; la proposta si muove tra piatti della cucina del luogo e altri più tradizionali.

CATANZARO Ⓟ (CZ) – **564** K31 – **93 519 ab.** – **alt. 320 m** – ✉ **88100** **5** B2

Italia

Roma 612 – Cosenza 97 – Bari 364 – Napoli 406

via Rossi Luigi 3 ✆ 0961 728068

Villa Trieste★ Z – Pala★ della Madonna del Rosario nella chiesa di San Domenico Z

Pianta pagina seguente

Guglielmo senza rist

via Tedeschi 1 – ✆ 09 61 74 19 22 – www.hotelguglielmo.it – prenotazioni@hotelguglielmo.it Y**a**

36 cam – 🛉140 € 🛉🛉190 €

◆ Rinata a nuovo splendore, la struttura si caratterizza per i suoi ambienti confortevoli ed eleganti, funzionali e tecnologicamente up-to-date. Ideale per soggiorni business, ma anche per viaggi culturali e turistici.

a Catanzaro Lido per ① : **14 km** – ✉ **88063**

Palace rist,

via lungomare 221 – ✆ 0 96 13 18 00 – www.hotel-palace.it – info@hotel-palace.it

78 cam – 🛉70/200 € 🛉🛉90/250 € – 4 suites – ½ P 60/145 €

Rist – Carta 21/45 €

◆ Sul lungomare, hotel di tono elegante con arredi in stile Impero: eleganza anche nelle camere di differenti tipologie, tutte modernamente attrezzate. Sala meeting panoramica, al settimo piano. La cucina si divide tra pesce e carne nel bel ristorante con vista sul Mediterraneo.

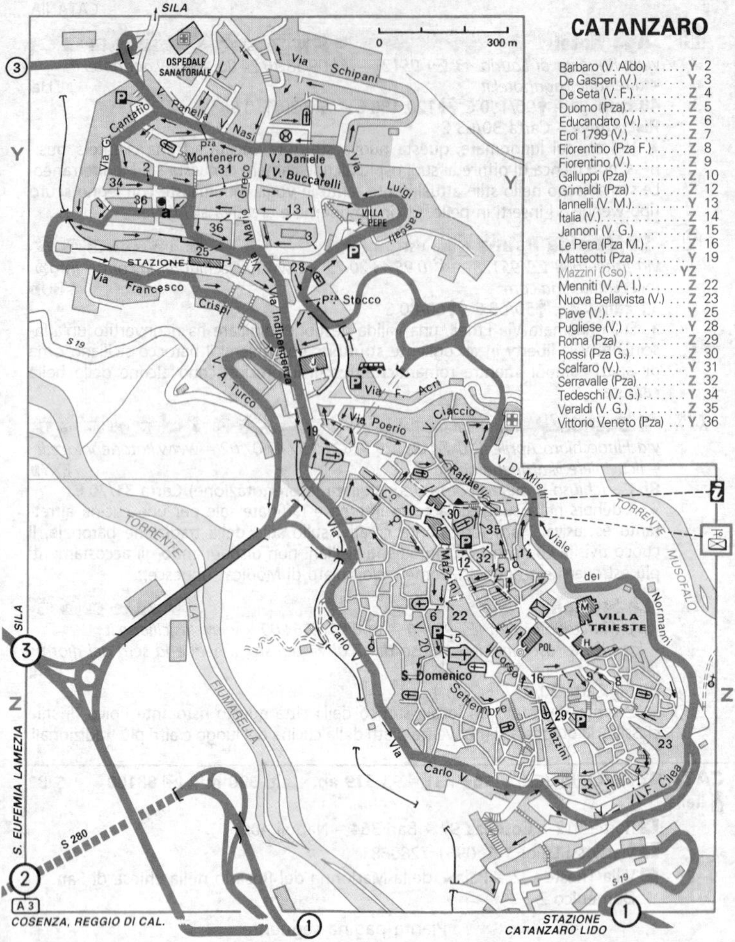

CATANZARO

Barbaro (V. Aldo)	Y	2
De Gasperi (V.)	Y	3
De Seta (V. F.)	Z	4
Duomo (Pza)	Z	5
Educandato (V.)	Z	6
Eroi 1799 (V.)	Z	7
Fiorentino (Pza F.)	Z	8
Fiorentino (V.)	Z	9
Galluppi (Pza)	Z	10
Grimaldi (Pza)	Z	12
Iannelli (V. M.)	Y	13
Italia (V.)	Z	14
Jannoni (V. G.)	Z	15
Le Pera (Pza M.)	Z	16
Matteotti (Pza)	Y	19
Mazzini (Cso)	YZ	
Menniti (V. A. I.)	Z	22
Nuova Bellavista (V.)	Z	23
Piave (V.)	Y	25
Pugliese (V.)	Y	28
Roma (Pza)	Z	29
Rossi (Pza G.)	Z	30
Scalfaro (V.)	Y	31
Serravalle (Pza)	Z	32
Tedeschi (V. G.)	Y	34
Veraldi (V. G.)	Z	35
Vittorio Veneto (Pza)	Y	36

CATTOLICA – Rimini (RN) – **562** K20 – **16 668 ab.** – ✉ **47841** **9** D2

▶ Roma 315 – Rimini 22 – Ancona 92 – Bologna 130

ℹ via Mancini 24 ✆ 0541 966697, iat@cattolica.net, Fax 0541 966695 (maggio-settembre) piazzale 1° maggio ✆ 0541 966687, info@visitcattolica.com, Fax 0541 966687

⛳18 Rivieragolfresort San Giovanni in Marignano via Conca Nuova 1236, Sud-Ovest: 5 km, ✆ 0541 95 64 99

Carducci 76

via Carducci 76 – ✆ 05 41 95 46 77
– www.carducci76.it – info@carducci76.it
– chiuso dal 20 al 26 dicembre

38 cam ☕ – 🛉120/200 € 🛉🛉150/250 € – 3 suites

Rist Vicolo Santa Lucia – vedere selezione ristoranti

◆ Un'enclave in stile neocoloniale nel cuore di Cattolica: corte interna con giardino islamico ed ispirazioni orientali. Camere originali e minimaliste.

Europa Monetti rist,
via Curiel 39 – ☎ 05 41 95 41 59 – www.europamonetti.com – info@europamonetti.com – Pasqua-ottobre
67 cam ☕ – †65/130 € ††100/180 € – 7 suites – ½ P 85/150 €
Rist – *(solo per alloggiati)*
◆ Vicino al mare, in zona di negozi e locali, l'impronta moderna di una gestione familiare sempre attenta alle più recenti innovazioni.

Moderno-Majestic rist,
via D'Annunzio 15 – ☎ 05 41 95 41 69 – www.modernomajestic.it – holiday@modernomajestic.it – 20 maggio-20 settembre
60 cam – †80/95 € ††75/100 €, ☕ 8 € – ½ P 76/96 €
Rist – *(solo per alloggiati)*
◆ Bell'edificio fronte mare, dove il binomio cromatico bianco-blu vi accompagnerà in una vacanza tipicamente balneare dalle confortevoli camere e graziosi bagni.

Park Hotel rist,
lungomare Rasi Spinelli 46 – ☎ 05 41 95 37 32 – www.parkhotels.it – parkhotel@parkhotels.it
49 cam ☕ – †60/120 € ††85/182 € – 3 suites – ½ P 95/130 €
Rist – Carta 18/30 €
◆ Un albergo costruito nel 1989, sulla strada che costeggia la spiaggia; luminose sia le aree comuni che le camere, rinnovate in massima parte, con vetrate e vista mare.

Beaurivage rist,
viale Carducci 82 – ☎ 05 41 96 31 01 – www.hotelbeaurivage.com – info@hotelbeaurivage.com – maggio-settembre
78 cam ☕ – †75/95 € ††150/180 € – ½ P 85/110 € **Rist** – Carta 35/45 €
◆ In una via centrale, ma sul mare con accesso diretto alla spiaggia, dispone di ampi spazi comuni interni ed esterni. Mobili in midollino nelle sobrie camere.

Aurora
via Genova 26 – ☎ 05 41 83 04 64 – www.hotel3stellecattolica.info – info@hotel3stellecattolica.info – aprile-ottobre
18 cam – †34/52 € ††68/104 €, ☕ 7 € – ½ P 81 € **Rist** – *(solo per alloggiati)*
◆ A pochi passi dal centro e vicinissimo alla spiaggia, camere di rara ampiezza e bagni moderni, in una piccola struttura a gestione familiare. La proverbiale pasta tirata al mattarello e tante altre specialità romagnole al ristorante.

Columbia rist,
lungomare Rasi Spinelli 36 – ☎ 05 41 96 14 93 – www.hotelcolumbia.net – maggio-settembre
56 cam – †63/70 € ††92/105 €, ☕ 10 € – ½ P 65/90 €
Rist – *(solo per alloggiati)* Menu 30/35 €
◆ Sul lungomare, separato dalla spiaggia solo da una strada, bianco edificio anni '70, a gestione familiare, con camere non ampie, ma dignitose nella loro semplicità.

Sole rist,
via Verdi 7 – ☎ 05 41 96 12 48 – www.hotel-sole.it – info@hotel-sole.it – 20 maggio-20 settembre
43 cam – †52/62 € ††80/120 €, ☕ 7 € – ½ P 45/65 €
Rist – *(solo per alloggiati)*
◆ Familiari la gestione e l'ospitalità in questo hotel situato in una via alle spalle del lungomare; tinte pastello nelle camere, semplici, ma luminose e ben tenute.

Vicolo Santa Lucia – Hotel Carducci 76
via Carducci 76 – ☎ 05 41 95 46 77 – www.carducci.it – info@carducci76.it – chiuso dal 20 al 26 dicembre, dal 2 al 17 gennaio, martedì da maggio a settembre, domenica e lunedì negli altri mesi
Rist – *(chiuso a mezzogiorno)* (consigliata la prenotazione) Carta 53/69 €
Spec. Insalata di mare con fagioli zolfini, zuppa d'olio extravergine alle vongole. Tagliolini con calamaretti, vongole e falsa maionese di funghi. Galletto arrosto, fritto e in salmì, torta di patate e tartufo nero.
◆ Palcoscenico di uno dei più giovani e promettenti cuochi italiani: tonalità *écru* e moderna essenzialità anticipano piatti creativi ed originali.

XX **Locanda Liuzzi**

via Fiume 61, angolo via Carducci – ✆ 05 41 83 01 00 – www.locandaliuzzi.com – info@locandaliuzzi.com – chiuso mercoledì

Rist – (consigliata la prenotazione) Menu 30/58 € – Carta 32/61 €

◆ La semplicità e la tradizione non abitano in questo ritrovo di estrosi e creativi: la cucina è una continua sperimentazione di forme, colori e consistenze, per gli amanti del genere.

XX **La Lampara**

piazzale Darsena 3 – ✆ 05 41 96 32 96 – www.ristorantelampara.it – info@ristorantelampara.it – chiuso dal 20 dicembre al 15 gennaio

Rist – Carta 45/60 €

◆ Le finestre di questo locale - dalla pluriennale gestione familiare - si aprono sul mare, di cui la cucina ne celebra i prodotti: dagli antipasti misti alle grigliate, in ricette tipiche dell'Adriatico.

CAVA DE' TIRRENI – Salerno (SA) – 564 E26 – 53 466 ab. – alt. 180 m – ✉ 84013 6 B2

Roma 254 – Napoli 47 – Avellino 43 – Caserta 76

Stazione Ferroviaria ✆ 089 341605, info@cavaturismo.sa.it, Fax 089 463723

XX **Pappacarbone** (Rocco Iannone)

via Rosario Senatore 30 – ✆ 0 89 46 64 41 – www.ristorantepappacarbone.it – pappacarbone@libero.it – chiuso agosto, domenica sera e lunedì

Rist – Carta 44/59 €

Spec. Caprese di pesce mormora. Risotto mantecato con piselli, basilico e gamberoni. Tortino di nocciole di Giffoni con salsa al cioccolato fondente.

◆ Linee semplici e colori tenui per un delizioso locale, dove gustare piatti creativi legati ai sapori del territorio.

a Corpo di Cava Sud-Ovest : 4 km – alt. 400 m – ✉ 84013 Badia Di Cava De Tirreni

Scapolatiello

rist,

piazza Risorgimento 1 – ✆ 0 89 44 36 11 – www.hotelscapolatiello.it – info@hotelscapolatiello.it

44 cam – †55/108 € ††70/138 € – 1 suite – ½ P 60/89 €

Rist – Carta 25/36 €

◆ Gestito dalla stessa famiglia fin dal 1821, signorile albergo panoramico vicino all'Abbazia Benedettina. Ampi spazi comuni e un curato giardino con piscina. Le camere non son da meno, in quanto a confort e piacevolezza. L'incanto della terrazza fiorita dalle vetrate della moderna e luminosa sala ristorante.

CAVAGLIÀ – Biella (BI) – 561 F6 – 3 682 ab. – alt. 271 m – ✉ 13881 23 C2

Roma 657 – Torino 54 – Aosta 99 – Milano 93

via Santhià 75, ✆ 0161 96 69 49

X **Osteria dell'Oca Bianca**

via Umberto I 2 – ✆ 01 61 96 68 33 – osteriaocabianca@gmail.com – chiuso dal 13 al 27 gennaio, dal 30 giugno al 13 luglio, martedì, mercoledì

Rist – Carta 38/50 €

◆ Nel cuore della località, di fronte alla chiesa, classica osteria di paese che mantiene intatto lo spirito originario. Cantina ben fornita e affidabile cucina del territorio.

CAVAGLIETTO – Novara (NO) – 561 F7 – 426 ab. – alt. 233 m – ✉ 28010 23 C2

Roma 647 – Stresa 42 – Milano 74 – Novara 22

Arianna

via Umberto 4 – ✆ 03 22 80 61 34 – www.ristorantearianna.net – jrearianna@libero.it – chiuso Natale, dal 1° all' 11 gennaio, dal 21 luglio al 14 agosto, martedì, mercoledì a mezzogiorno

Rist – Menu 55 € – Carta 50/67 €

♦ In un piccolo e tranquillo borgo agricolo, imprevedibilmente, un ristorante d'impronta elegante: tavoli distanziati, comode sedie, piatti di concezione moderna.

CAVAGNANO – Varese – Vedere Cuasso al Monte

CAVALESE – Trento (TN) – 562 D16 – 3 950 ab. – alt. 1 000 m – Sport invernali : ad Alpe Cermis : 1 280/2 250 m 7 38 (Comprensorio Dolomiti superski Val di Fiemme-Obereggen) – ✉ 38033 Italia Centro Nord 31 D3

Roma 648 – Bolzano 43 – Trento 50 – Belluno 92

via Fratelli Bronzetti 60 ✆ 0462 241111, info@visitfiemme.it, Fax 0462 241199

Lagorai

via Val di Fontana 2 – ✆ 04 62 34 04 54 – www.hotel-lagorai.com – info@hotel-lagorai.com – chiuso dal 1° al 25 novembre

50 cam – †78/161 € ††122/218 € – ½ P 76/124 € **Rist** – Carta 25/50 €

♦ Ad un km dal centro, in splendida posizione panoramica, l'hotel sembra un promontorio affacciato sulla valle. Ottime camere e un incantevole giardino a terrazze. Ristorante luminoso, caldo ed elegante.

Bellavista

via Pizzegoda 5 – ✆ 04 62 34 02 05 – www.hotelbellavista.biz – info@hotelbellavista.biz – chiuso maggio e novembre

45 cam – †62/143 € ††124/220 € **Rist** – Menu 25/40 €

♦ Vicino al centro, si trova all'interno di un bell'edificio con decorazioni che continuano nell'elegante hall. Camere più semplici, quasi tutte spaziose. Classica sala d'albergo per una cucina altrettanto tipica.

Laurino senza rist

via Antoniazzi 14 – ✆ 04 62 34 01 51 – www.hotelgarnilaurino.it – info@hotelgarnilaurino.it

12 cam – †45/58 € ††80/99 €

♦ La posizione centrale di questo incantevole palazzo del '600 non ne penalizza la tranquillità. Camere confortevoli, gran cura del dettaglio per un soggiorno all'insegna del romanticismo.

Excelsior

piazza Cesare Battisti 11 – ✆ 04 62 34 04 03 – www.excelsiorcavalese.com – info@excelsiorcavalese.com

27 cam – †54/103 € ††100/152 € – ½ P 56/92 € **Rist** – Carta 25/56 €

♦ In un palazzo del '500 - nel cuore storico del paese - dai pavimenti alla splendida stufa decorata, il passato ha lasciato più di una traccia. Camere più semplici dagli arredi contemporanei. Cucina classica o pizzeria, le opzioni per i pasti sono variegate.

Park Hotel Azalea

via delle Cesure 1 – ✆ 04 62 34 01 09 – www.parkhotelazalea.it – info@parkhotelazalea.it – dicembre-10 aprile e maggio-10 ottobre

34 cam – †40/98 € ††80/200 € – ½ P 48/110 € **Rist** – *(solo per alloggiati)*

♦ Nel centro della rinomata località trentina, la struttura si è rifatta il look! Profusione di legno e design moderno per una risorsa che fa della calorosa gestione familiare il proprio punto di forza.

Salvanel senza rist

via Carlo Esterle 3 – ✆ 04 62 23 20 57 – www.salvanel.com – info@salvanel.com – chiuso 15 giorni a maggio e 15 giorni a novembre

8 cam – †40/47 € ††60/96 €

♦ A due passi dal centro, albergo ricavato dalla ristrutturazione di una casa di origini settecentesche: se la gestione è familiare e mancano i grandi servizi alberghieri, la cura e la pulizia delle camere non vi deluderà.

XX **El Molin** (Alessandro Gilmozzi)

piazza Cesare Battisti 11 – ✆ 04 62 34 00 74 – www.elmolin.info – gilmozzi@cr-surfing.net – dicembre-12 aprile, 15 giugno-15 ottobre; chiuso martedì, mercoledì a mezzogiorno

Rist – *(chiuso a mezzogiorno in estate)* Menu 65/85 € – Carta 52/78 €

Rist ***Wine-bar*** – *(chiuso da maggio al 14 giugno, dal 2 al 30 novembre e martedì)* Carta 31/51 €

Spec. Fagottini di grano saraceno ripieni di polenta concia e porcini sauté. Capesante cotte a bassa temperatura in olio d'oliva, cavolo cappuccio stufato, croccante al sesamo e tagliolini di gamberi affumicati. Crudità di cervo, ricci di mare, pistacchi di Bronte e olio di cardo.

♦ In un mulino del '600, l'interno è un susseguirsi di ballatoi e decorazioni in legno tra le antiche macine, ma la cucina svolta verso una moderna creatività: tecnica e soprendente. Per i più tradizionalisti, wine-bar al 1° piano con scelta ristretta di piatti e salumi trentini; spesso grandi vini al bicchiere.

XX **Costa Salici**

via Costa dei Salici 10 – ✆ 04 62 34 01 40 – www.costasalici.com – info@costasalici.com – chiuso 1 settimana in giugno, 1 settimana in ottobre, lunedì, martedì a mezzogiorno

Rist – Carta 39/45 €

♦ In una casa di montagna, due salette comunicanti di cui una caratteristica stube rivestita in legno di cirmolo, cristalli e posate d'argento a tavola; piatti locali rivisitati.

CAVALLERMAGGIORE – Cuneo (CN) – 561 H5 – 5 418 ab. – alt. 285 m – ✉ 12030 — 22 B3

▶ Roma 625 – Cuneo 40 – Torino 48 – Alessandria 104

XX **Italia**

piazza Statuto 87 – ✆ 01 72 38 12 96 – www.italiaristorante.it – ristoranteitalia@libero.it – chiuso 15 giorni in gennaio, 15 giorni in settembre, martedì sera, mercoledì

Rist – Carta 29/42 €

♦ All'ombra della torre civica, due fratelli vi accompagneranno alla scoperta della buona tavola, al giusto prezzo: golosi primi piatti con paste fatte in casa e rivisitazione di tradizionali ricette piemontesi nel rispetto delle stagioni.

CAVALLINO – Venezia (VE) – 562 F19 – ✉ 30013 — 36 C2

▶ Roma 571 – Venezia 53 – Belluno 117 – Milano 310

i (giugno-settembre) via Fausta 406/a ✆ 041 529871

Art & Park Hotel Union Lido — cam,

via Fausta 270 – ✆ 0 41 96 80 43 – www.parkhotelunionlido.com – parkhotel@unionlido.com – 21 aprile-27 settembre

94 cam – †81/116 € ††111/160 € – ½ P 76/100 € **Rist** – Carta 24/51 €

♦ All'interno di un esteso complesso turistico che si estende per oltre 1 km sul mare, piacevoli sale classiche, una piccola zona fitness e un recente servizio di beauty center e wellness. Sala da pranzo classica e un gradevole dehors estivo per una cucina di mare e pizze.

XX **Trattoria Laguna**

via Pordelio 444 – ✆ 0 41 96 80 58 – www.trattorialaguna.it – info@trattorialaguna.it – chiuso da gennaio al 15 febbraio e giovedì

Rist – Carta 35/75 €

♦ Locale accogliente e dinamico, sempre pronto a darvi il meglio che il mare propone. Ma l'attenzione è anche rivolta ai prodotti biologici e del territorio.

a Treporti O : 11 km – ✉ 30010

X **Locanda Zanella**

piazza Santissima Trinità 5/6 – ✆ 04 15 30 17 73 – www.locandazanella.it – info.locandazanella@libero.it – chiuso dal 27 dicembre al 10 gennaio, lunedì escluso da Pasqua a settembre

Rist – Carta 31/52 €

◆ Gestione familiare in una trattoria dagli ambienti rustici e semplici, con piacevoli dehors per la bella stagione. Sulla tavola del buon pesce fresco ad un rapporto qualità/prezzo interessante.

CAVALLINO – **Lecce (LE)** – **564** G36 – **12 007 ab.** – ✉ **73020** **27** D2

Roma 582 – Brindisi 47 – Gallipoli 42 – Lecce 7

X **Osteria del Pozzo Vecchio**

via M. Silvestro 16 – ✆ 08 32 61 16 49 – www.osteriadelpozzovecchio.it – osteriapozzovecchi@libero.it – chiuso lunedì

Rist – Carta 18/33 €

◆ A due passi dalla piazza, il ristorante consta di due sale e di un giardino per il servizio all'aperto dove gustare una cucina principalmente di pesce. La sera anche pizzeria.

CAVANELLA D'ADIGE – **Venezia** – **Vedere Chioggia**

CAVASO DEL TOMBA – **Treviso (TV)** – **562** E17 – **2 524 ab.** – **alt. 248 m** – ✉ **31034** **35** B2

Roma 550 – Belluno 51 – Padova 67 – Treviso 40

X **Locanda alla Posta** con cam

piazza 13 Martiri 13 – ✆ 04 23 54 31 12 – chiuso dal 15 giugno al 15 luglio

7 cam – †45 € ††70 €

Rist – *(chiuso mercoledì sera e giovedì)* Carta 34/41 €

◆ Sulla piazza principale del paese, un edificio d'epoca ristrutturato ospita una piacevole locanda; camere grandi, arredi d'epoca, bagni di dimensioni più contenute.

CAVATORE – **Alessandria (AL)** – **561** I7 – **305 ab.** – **alt. 516 m** – ✉ **15010** **23** C3

Roma 557 – Alessandria 42 – Genova 80 – Asti 51

XX **Da Fausto**

località Valle Prati 1 – ✆ 01 44 32 53 87 – www.relaisborgodelgallo.it – info@relaisborgodelgallo.it – chiuso dal 1° gennaio al 10 febbraio, lunedì, martedì a mezzogiorno, anche martedì sera da ottobre a giugno

Rist – Menu 16/34 € – Carta 26/36 €

◆ Piatti casalinghi dalle porzioni generose, ricchi di gusto e ben curati nella presentazione in questa casa dalla facciata in pietra. Tempo e luce permettendo, gustatevi anche il panorama!

CAVAZZO CARNICO – **Udine (UD)** – **562** C21 – **1 103 ab.** – ✉ **33020** **10** B1

Roma 693 – Trieste 118 – Udine 50

X **Borgo Poscolle**

via Poscolle 21/a – ✆ 04 33 93 50 85 – borgoposcolle@libero.it – chiuso 1 settimana in gennaio, 1 settimana in giugno, martedì, mercoledì

Rist – Carta 29/37 €

◆ Cucina casalinga legata al territorio in una gradevole trattoria familiare, dove la ricerca del prodotto locale - possibilmente a km 0 e biologico - si è trasformata in piacevole ossessione.

CAVENAGO D'ADDA – **Lodi (LO)** – **561** G10 – **2 295 ab.** – **alt. 73 m** – ✉ **26824** **16** B3

Roma 557 – Milano 47 – Lodi 13 – Cremona 73

XX **L'Arsenale**

via Geppino Conti 8 – ✆ 03 71 70 90 86 – l-arsenale@libero.it – chiuso 1 settimana in gennaio, 1 settimana in agosto, domenica sera, lunedì
Rist – Menu 60 € – Carta 45/63 €
◆ Trasferitosi da Lodi nel vecchio arsenale di campagna ingegnosamente ristrutturato, nel locale ritroverete inalterati i sapori della cucina classica ed innovativa.

CAVENAGO DI BRIANZA – Monza e Brianza (MB) – 561 F10 – 6 676 ab. – alt. 176 m – ✉ 20040

18 B2

Roma 606 – Milano 30 – Lodi 60 – Lecco 59

Devero

largo Kennedy 1 – ✆ 02 95 33 54 12 – www.deverohotel.it – info@deverohotel.it – chiuso dall'8 al 16 agosto
138 cam ☕ – ††78/250 €
Rist Devero Ristorante – vedere selezione ristoranti
Rist *Dodici 24* – Carta 26/40 €
◆ Ampliata con la nuova "torre", questa struttura dalle linee nette e moderne si presenta con spazi comuni funzionali e camere ben accessoriate. Cucina mediterranea al ristorante, la cui apertura - come evoca il nome - è dalle 12 alle 24.

XXX **Devero Ristorante** (Enrico Bartolini)

largo Kennedy 1 – ✆ 02 95 33 52 68 – www.deverohotel.it – ristorante@deverohotel.it – chiuso 1 settimana in agosto, domenica sera, lunedì
Rist – *(chiuso a mezzogiorno)* Carta 74/102 €
Spec. Risotto alle rape rosse e salsa gorgonzola. Maialino croccante con salsa delicata ai porri e nocciole. Crema bruciata, mirtilli ghiacciati e meringhe.
◆ Cambio di timone in cucina: si riparte con un talentuoso chef, che ama unire in ogni suo piatto ricerca e sapore, creatività, ma anche concretezza. In un ambiente caldo e signorile, oltre al cibo non manca nemmeno il buon vino, anche al bicchiere.

CAVERNAGO – Bergamo (BG) – 561 F11 – 2 242 ab. – alt. 199 m – ✉ 24050

19 C2

Roma 600 – Bergamo 13 – Brescia 45 – Milano 54

XX **Giordano** con cam

via Leopardi 1 – ✆ 0 35 84 02 66 – www.hotelgiordano.it – info@hotelgiordano.it – chiuso dal 26 dicembre al 6 gennaio, agosto, domenica sera, lunedì
19 cam ☕ – †85 € ††120 € – 1 suite **Rist** – Carta 33/65 €
◆ Si rifanno alla Toscana, terra d'origine del titolare, le specialità di questo ristorante, particolarmente attento nella scelta dei prodotti. Una grande vetrata separa la sala dalla griglia. Camere confortevoli e moderne: le più belle - al piano terra - sono contraddistinte con i nomi di grandi vini.

CAVO – Livorno – 563 N13 – Vedere Elba (Isola d') : Rio Marina

CAVOUR – Torino (TO) – 561 H4 – 5 592 ab. – alt. 300 m – ✉ 10061

22 B3

Roma 698 – Torino 54 – Asti 93 – Cuneo 51

Locanda La Posta

rist,

via dei Fossi 4 – ✆ 0 12 16 99 89 – www.locandalaposta.it – posta@locandalaposta.it
20 cam ☕ – †55/80 € ††80/110 € – ½ P 60 €
Rist – *(chiuso dal 28 dicembre al 5 gennaio, dal 26 luglio al 13 agosto e venerdì)* Carta 29/42 €
◆ Guidata dalla stessa famiglia sin dalle sue origini settecentesche, la locanda vanta camere accoglienti e in stile, intitolate ai personaggi storici che vi hanno alloggiato. Cucina tradizionale ma anche menù con piatti unici: un ristorante di taglio rustico-signorile con travi a vista, riscaldato da un antico camino.

La Nicchia

via Roma 9 – ✆ 01 21 60 08 21 – www.lanicchia.net – info@lanicchia.net – chiuso 15 gioni in gennaio, 15 giorni in agosto, martedì, mercoledì a mezzogiorno

Rist – Carta 36/48 €

♦ Una nicchia di "buon gusto" all'interno di un edificio di fine 700, già indicato in un'antica mappa napoleonica. Sulla tavola, il meglio delle materie prime locali in ricette regionali, benevolmente aperte a qualche intrusione moderna.

CAVRIGLIA – **Arezzo (AR)** – **563** L16 – **9 282 ab.** – **alt. 281 m** – ✉ **52022** **29** C2

Roma 238 – Firenze 58 – Siena 41 – Arezzo 49

Borgo di Fontebussi rist,

località Fontebussi, Sud : 6 km – ✆ 05 59 16 60 11 – www.fontebussi.com. – info@fontebussi.com

22 cam – 105 € 140 €

Rist – ✆ 05 59 16 60 11 *(chiuso a mezzogiorno)* Menu 35 €

♦ Un borgo di campagna riconvertito in ottima struttura ricettiva con ampi spazi comuni, bella piscina e, per soggiorni medio-lunghi, anche appartamenti di varie metrature. Ristorante à la carte.

a Meleto **Nord-Ovest : 9 km** – ✉ **52020**

Villa Barberino rist,

viale Barberino 19 – ✆ 0 55 96 18 13 – www.villabarberino.it – info@villabarberino.it

15 cam – 100/130 € 120/180 € – 3 suites – ½ P 92/125 €

Rist ***Il Tributo*** – *(chiuso novembre)* Carta 38/53 €

♦ Raccontano una storia secolare le pietre del pittoresco borgo in cui sono site un'antica fattoria e la villa padronale con giardino all'italiana e interni d'atmosfera.

CAZZAGO SAN MARTINO – **Brescia (BS)** – **561** F12 – **10 903 ab.** – **alt. 200 m** – ✉ **25046** **19** D2

Roma 560 – Brescia 17 – Bergamo 40 – Milano 81

Il Priore

via Sala 70, località Calino, Ovest : 1 km – ✆ 03 07 25 46 65 – ericadotti@virgilio.it – chiuso dal 7 al 30 gennaio e martedì

Rist – Menu 30 € – Carta 48/80 €

♦ Due sale ampie e luminose con una piccola collezione di opere d'arte del '900 e servizio estivo in terrazza panoramica per un'interessante cucina di ampio respiro.

sulla strada statale 11 Padana Superiore **Sud : 2,5 km**

Papillon rist,

via Padana Superiore 100 ✉ 25046 – ✆ 03 07 75 08 43 – www.albergopapillon.it – papillon@albergopapillon.it

47 cam – 55/66 € 75/85 €, 10 € – ½ P 63 €

Rist – *(chiuso 2 settimane in agosto, domenica)* Carta 25/44 €

♦ Facilmente raggiungibile dall'autostrada Milano-Venezia, hotel di taglio moderno, a gestione familiare, frequentato da clientela di lavoro; camere spaziose e funzionali. Il ristorante dispone di varie, luminose sale d'impostazione classica.

Il Gelso di San Martino

via del Perosino 38, sulla strada statale 11 Padana superiore Sud: 2,5 km ✉ 25046 – ✆ 03 07 75 99 44 – www.ilristoranteilgelso.com – ilgelsodisanmartino@libero.it – chiuso luglio, agosto, domenica sera, lunedì, martedì a mezzogiorno

Rist – (consigliata la prenotazione) Menu 55/100 € – Carta 51/88 €

♦ Senza grandi emozioni la posizione (meglio chiedere indicazioni alla prenotazione), la magia esplode tutta nei piatti. Tanto è giovane il cuoco, quanto ammirevoli i risultati.

CECCHINI DI PASIANO – **Pordenone** – **562** E19 – **Vedere Pasiano di Pordenone**

CECINA – Livorno (LI) – 563 M13 – 28 126 ab. – alt. 15 m – ✉ 57023 28 B2

Toscana

Roma 285 – Pisa 55 – Firenze 122 – Grosseto 98

Posta senza rist

piazza Gramsci 12 – ☎ 05 86 68 63 38 – www.postahotel.it – info@postahotel.it

15 cam – †65/95 € ††110/120 €

◆ Piccolo albergo d'atmosfera ospitato in un edificio d'epoca di una delle piazze principali di Cecina; parquet e mobili di legno scuro nelle camere accoglienti e curate.

Il Palazzaccio

cam, cam,

via Aurelia Sud 300 – ☎ 05 86 68 25 10 – www.i5fratellisangiorgi.it

35 cam – †55/75 € ††75/120 €, 9 € – ½ P 70/90 €

Rist – *(chiuso a mezzogiorno)* Carta 29/43 €

◆ In comoda posizione stradale, ma un po' arretrato rispetto al traffico, un hotel ricavato in una vecchia stazione di posta con camere spaziose e funzionali.

Scacciapensieri

via Verdi 22 – ☎ 05 86 68 09 00 – chiuso lunedì

Rist – Carta 52/67 €

◆ Lasciate ogni preoccupazione fuori dalla porta e concedetevi una pausa golosa, assaporando le specialità – soprattutto di mare – di questo storico ristorante in pieno centro. E se questo non bastasse, una buona bottiglia scelta nella fornita cantina contribuirà alla vostra spensieratezza!

Trattoria Senese

via Diaz 23 – ☎ 05 86 68 03 35 – trattoriasenese@yahoo.it – chiuso martedì

Rist – Carta 39/54 €

◆ Uno dei locali ormai storici di Cecina, semplice, ma ampio e luminoso grazie alle "pareti" di vetro, dove gusterete tradizionali, saporite ricette di cucina ittica.

Il Doretto

via Pisana Livornese 32, Nord 2,8 – ☎ 05 86 66 83 63 – doretto@stefan.it – chiuso dal 7 al 24 novembre e mercoledì

Rist – (coperti limitati, prenotare) Menu 35/50 € – Carta 35/55 €

◆ Ristorante all'interno di un raffinato cascinale, che dell'antica struttura ha mantenuto lo stile rustico nonostante qualche spunto di eleganza nell'arredamento. In menu: interessanti proposte culinarie di terra e di mare (con scelta un po' più limitata a pranzo). Gradevole dehors per il servizio estivo.

CECINA (Marina di) – Livorno (LI) – 563 M13 – ✉ 57023 28 B2

Roma 288 – Pisa 57 – Cecina 3 – Firenze 125

piazza Sant'Andrea 6 ☎ 0586 620678, apt7cecina@costadeglietruschi.it Fax 0586 620678

Tornese

viale Galliano 36 – ☎ 05 86 62 07 90 – www.hoteltornese.com – info@hoteltornese.com

40 cam – †54/98 € ††80/156 €, 8 € – ½ P 74/108 €

Rist – *(chiuso a mezzogiorno in inverno)* Carta 35/45 €

◆ A breve distanza dalla spiaggia, struttura signorile di indubbio confort, con accoglienti interni recentemente rinnovati negli arredi; chiedete le camere con vista mare. Vari spazi dedicati alla ristorazione, menù diversificati dalla pizza al pesce.

Olimpia

viale della Vittoria 68 – ☎ 05 86 62 11 93 – ristoranteolimpia@libero.it – chiuso dal 19 dicembre a gennaio, lunedì, anche domenica sera da ottobre a Pasqua

Rist – *(chiuso a mezzogiorno escluso i giorni festivi)* Carta 42/57 €

◆ Ubicato sulla spiaggia, un ristorante di tono elegante con attenta cura della tavola; proposta che varia con il pescato, ricercata negli ingredienti e nelle preparazioni.

XX **Bagatelle**

via Ginori 51 – ✆ 05 86 62 00 89 – www.ristorante-bagatelle.it – facreat@tin.it – chiuso dal 10 al 25 gennaio, mercoledì, giovedì a mezzogiorno
Rist – *(chiuso a mezzogiorno escluso sabato e domenica)* Carta 47/66 €
◆ Qui potrete scegliere tra due sale climatizzate, con tavoli spaziati e arredamento moderno, e un dehors; servizio attento e premuroso, ampia carta di terra e di mare.

X **El Faro**

viale della Vittoria 70 – ✆ 05 86 62 01 64 – www.ristorantelfaro.it – info@ristorantelfaro.it – chiuso gennaio, mercoledì
Rist – *(chiuso a mezzogiorno in luglio e agosto)* Menu 45/55 € – Carta 40/60 €
◆ Oltre a gustosi piatti di mare, nel menu troverete le proposte del pescaturismo. Il pescaturismo consiste nel prenotare un'uscita in mare con la barca del locale (naturalmente accompagnati da alcuni addetti) e una volta tornati a terra, il ristorante cucina quanto pescato. Più fresco di così!

CEFALÙ – **Palermo (PA)** – **365** AT55 – **13 771 ab.** – ✉ **90015** Sicilia **40** C2

Agrigento 140 – Caltanissetta 101 – Catania 182 – Enna 107

corso Ruggero 77 ✆ 0921 421050, strcefalu@regione.sicilia.it, Fax 0921 422386

Posizione pittoresca★★ – Duomo★★ – Osterio Magno★ – Museo Mandralisca : ritratto d'ignoto★ di Antonello da Messina

Riva del Sole

lungomare Colombo 25 – ✆ 09 21 42 12 30 – www.rivadelsole.com – lidia@rivadelsole.com – chiuso novembre
28 cam – †90/100 € ††130/145 € – ½ P 105/110 €
Rist – Carta 33/50 € (+10 %)
◆ Fronte spiaggia e mare, senza dimenticare il centro storico a due passi, questo albergo moderno dispone di camere rinnovate, alcune con vista sul Tirreno.

X **La Brace**

via 25 Novembre 10 – ✆ 09 21 42 35 70 – www.ristorantelabrace.com – ristorantelabrace@libero.it – chiuso dal 15 dicembre al 15 gennaio, lunedì, martedì a mezzogiorno
Rist – Carta 19/36 €
◆ Una sorta di bistrot, nei vicoli del paese, raccolto e accogliente con una gestione innamorata di questi luoghi. Cucina del territorio, arricchita di tocchi orientali.

CEGLIE MESSAPICA – **Brindisi (BR)** – **564** F34 – **20 706 ab.** – **alt. 298 m** – ✉ **72013** **27** C2

Roma 564 – Brindisi 38 – Bari 92 – Taranto 38

XX **Al Fornello-da Ricci** (Ricci e Sookar)

contrada Montevicoli – ✆ 08 31 37 71 04 – riccіristor@libero.it – chiuso lunedì sera e martedì, anche domenica sera in inverno
Rist – (consigliata la prenotazione) Menu 60 € – Carta 42/60 €
Spec. Sfogliatine di barbabietola fritte e in crema al profumo di menta fresca. Spaghettini al nero d'oliva con crudaiola di ortaggi croccanti, capocollo e frittatina. Coniglio rustico disossato con salsa al negroamaro e funghi cardoncelli.
◆ Trattoria familiare all'insegna della calorosa ospitalità pugliese con esposizione di oggetti di vita agricola. Sono le radici della cucina: prodotti dell'entroterra e tradizione regionale.

XX **Antimo**

via Turco Camarda 14, casina Terramora – ✆ 08 31 37 95 32 – www.terramora.com – antimoristorante@terramora.com
Rist – (prenotazione obbligatoria) Carta 35/50 €
◆ Ricavato dalla ristrutturazione di un'antica masseria del '600 (con adiacente la piccola cappella consacrata), questo ristorante lavora esclusivamente su prenotazione, scegliendo il menu al telefono: numero delle portate, carne, pesce, o altro. Cucina d'impostazione moderna con utilizzo di materie prime pugliesi.

Cibus

via Chianche di Scarano 7 – ✆ 08 31 38 89 80 – www.ristorantecibus.it – cibus.ceglie@libero.it – chiuso dal 24 giugno al 7 luglio e martedì

Rist – Carta 30/40 €

♦ Negli ex magazzini del quattrocentesco *Convento dei Domenicani*, un cortiletto interno collega l'enoteca alle caratteristiche sale ristorante con tavoli in legno. La cucina ripercorre il legame con il territorio, valorizzando i prodotti e le tradizioni dell'alto *Salento*.

Da Gino

contrada Montevicoli – ✆ 08 31 37 79 16 – www.ristorantedagino.it – gino@ristorantedagino.it – chiuso dal 15 giugno al 15 luglio e venerdì

Rist – Carta 23/36 €

♦ Curioso ambiente dove l'elemento dominante è il legno color miele, che ricopre pure i caminetti, e c'è anche un angolo che riproduce un trullo; cucina del territorio.

CELANO – L'Aquila (AQ) – 563 P22 – 11 322 ab. – alt. 800 m – ✉ 67043 — 1 B2

Roma 118 – Avezzano 16 – L'Aquila 44 – Pescara 94

Le Gole

via Sardellino, Sud : 1,5 km ✉ 67041 Aielli – ✆ 08 63 71 10 09 – info@hotellegole.it

39 cam – †50/60 € ††80/100 € – ½ P 60/70 €

Rist Le Gole da Guerrinuccio – vedere selezione ristoranti

♦ Un albergo recente, costruito con materiali "antichi" - legno, pietra e mattoni - ovunque a vista; belle camere in stile intorno alla corte interna; giardino ombreggiato.

Lory

cam, rist,

via Ranelletti 279 – ✆ 08 63 79 36 56 – www.loryhotel.it – info@loryhotel.it

34 cam – †40/80 € ††60/120 € – ½ P 45/75 €

Rist – *(chiuso dal 1° al 15 luglio)* Carta 15/35 €

♦ Lungo una curva verso Celano Alta, hotel dotato di installazioni all'avanguardia; luminose zone comuni con comode poltrone; parquet nelle confortevoli camere.

Guerrinuccio

via Sardellino, Sud : 1,5 km ✉ 67041 Aielli – ✆ 08 63 79 14 71 – www.guerrinuccio.it – info@guerrinuccio.it

Rist – Carta 18/28 €

♦ Piacevole l'esterno, ma ancor più accogliente l'interno: soprattutto la sala con camino e arnesi di vecchia gastronomia e agricoltura; tradizione abruzzese in cucina.

CELLARENGO – Asti (AT) – 561 H5 – 719 ab. – alt. 321 m – ✉ 14010 — 25 C1

Roma 621 – Torino 41 – Asti 28 – Cuneo 77

Agriturismo Cascina Papa Mora

rist, cam,

via Ferrere 16, Sud : 1 km – ✆ 01 41 93 51 26 – www.cascinapapamora.it – papamora@tin.it – chiuso dicembre e gennaio

7 cam – †35/40 € ††60/70 € – ½ P 55/60 €

Rist – *(chiuso a mezzogiorno escluso domenica e i giorni festivi)* (prenotazione obbligatoria) Menu 25/40 €

♦ In aperta campagna e circondata da coltivazioni biologiche, questa bella cascina dispone di camere semplici, ma curate e personalizzate. Piatti piemontesi al ristorante con animazione per i bambini la domenica.

CELLE LIGURE – Savona (SV) – 561 I7 – 5 456 ab. – ✉ 17015 — 14 B2

Roma 538 – Genova 40 – Alessandria 86 – Milano 162

via Boagno (palazzo Comunale) ✆ 019 990021, celleligure@inforiviera.it, Fax 019 9999798

San Michele

via Monte Tabor 26 – ☎ 0 19 99 00 17 – www.hotel-sanmichele.it – info@hotel-sanmichele.it – maggio-settembre
46 cam – solo ½ P 75/110 € **Rist** – *(chiuso a mezzogiorno)* Menu 25/36 €
◆ Confortevole struttura con un grazioso giardino, piscina e comodo sottopassaggio per la spiaggia. Ariosi spazi comuni e arredi in legno chiaro nelle funzionali camere.

CELLE SUL RIGO – Siena – Vedere San Casciano dei Bagni

CELLORE – Verona – Vedere Illasi

CEMBRA – Trento (TN) – **562** D15 – **1 859 ab.** – **alt. 667 m** – ✉ **38034** **30** B2

Roma 611 – Trento 22 – Belluno 130 – Bolzano 63

piazza Toniolli 2 ☎ 0461 683110, infocembra@visitpinecembra.it, Fax 0461 683257

Europa

via San Carlo 19 – ☎ 04 61 68 30 32 – www.hoteleuropacembra.it – info@hoteleuropacembra.it
30 cam – †35/40 € ††60/66 € – ½ P 36/46 €
Rist – *(chiuso domenica)* Carta 18/25 €
◆ In zona residenziale e tranquilla, gestione squisitamente familiare per un hotel dalle camere semplici ed economiche: prenotare quelle del terzo piano con terazza panoramica e soleggiata. Ampie vetrate nella sala ristorante e qualche tavolo all'aperto per la bella stagione.

CENERENTE – Perugia – Vedere Perugia

CENOVA – Imperia (IM) – **561** J5 – **alt. 558 m** – ✉ **18026** **14** A2

Roma 613 – Imperia 27 – Genova 114

Negro

via Canada 10 – ☎ 0 18 33 40 89 – www.hotelnegro.it – info@hotelnegro.it – chiuso dall'8 gennaio al 2 aprile
13 cam – †55/65 € ††70/85 € – ½ P 60/69 €
Rist *I Cavallini* – *(chiuso mercoledì escluso dal 15 giugno al 15 settembre)* (consigliata la prenotazione) Carta 29/43 €
◆ Un paese medievale circondato dai boschi con case in pietra addossate le une alle altre e questo grazioso albergo sapientemente ristrutturato, pur conservando le porte basse e le ripide scale. Le camere sono tutte belle, ma la junior suite vanta anche un terrazzino privato. Cucina casalinga al ristorante.

CENTO – Ferrara (FE) – **562** H15 – **34 585 ab.** – **alt. 15 m** – ✉ **44042** **9** C2

Roma 410 – Bologna 34 – Ferrara 35 – Milano 207

piazzale della Rocca 9 ☎ 051 6843330, informaturismo@comune.cento.fe.it, Fax 051 6843120

Augusto Fava via dei Tigli 4, ☎ 051 6 83 05 04

X **Antica Osteria da Cencio**

via Provenzali 12/d – ☎ 05 16 83 18 80 – chiuso dal 25 dicembre al 5 gennaio, agosto ,sabato a mezzogiorno, domenica sera, lunedì
Rist – Carta 26/42 €
◆ Sapori del territorio arricchiti da spunti di contemporanea creatività in questa osteria dall'atmosfera d'altri tempi: dall'Ottocento ad oggi, è qui di casa la genuinità.

CERASO – Salerno (SA) – 564 G27 – 2 549 ab. – alt. 340 m – ✉ 84052 7 C3

Roma 349 – Potenza 151 – Napoli 145 – Salerno 90

a Petrosa Sud-Ovest : 7,5 km – ✉ 84052 Ceraso

Agriturismo La Petrosa

via Fabbrica 25 – ✆ 0 97 46 13 70 – www.lapetrosa.it – staff@lapetrosa.it – marzo-ottobre

6 cam – 40/55 € 60/90 € – ½ P 45/60 €

Rist – (prenotazione obbligatoria) Menu 15/25 €

◆ Camere nella casa padronale, con più charme, o nella cascina ristrutturata, a circa 1 km, dove si trovano gli altri servizi: per una vacanza rurale nel Parco del Cilento.

CERBAIA – Firenze – 563 K15 – Vedere San Casciano in Val di Pesa

CERES – Torino (TO) – 561 G4 – 1 077 ab. – alt. 704 m – ✉ 10070 22 B2

Roma 699 – Torino 38 – Aosta 141 – Ivrea 78

Valli di Lanzo con cam

via Roma 15 – ✆ 0 12 35 33 97 – www.ristorantevallidilanzo.it – info@ristorantevallidilanzo.it – chiuso settembre

8 cam – 45/50 € 70/75 € – ½ P 70 €

Rist – *(chiuso mercoledì in inverno)* Carta 32/44 €

◆ Gestito dal 1905 dalla stessa famiglia, è un accogliente locale dal sapore dei tempi antichi, personalizzato con oggetti di rame alle pareti; piatti piemontesi e della valle. Non molto grandi ma graziose le camere.

CERESE DI VIRGILIO – Mantova – 561 G14 – Vedere Mantova

CERMENATE – Como (CO) – 561 E9 – 8 997 ab. – alt. 297 m – ✉ 22072 18 B1

Roma 612 – Como 15 – Milano 32 – Varese 28

Gardenia cam,

via Europa Unita – ✆ 0 31 72 25 71 – www.hotelgardeniacermenate.it – prenotazioni@hotelgardeniacermenate.it

34 cam – 65/95 € 75/155 € – ½ P 60/100 €

Rist – *(chiuso a mezzogiorno) (solo per alloggiati)* Menu 22 €

◆ Un basso edificio di mattoni, costruito nel 1991, ospita un albergo concepito in modo moderno e funzionale, con camere di buon confort, spaziose e ben accessoriate.

Castello

via Castello 28 – ✆ 0 31 77 15 63 – www.ristorante-castello.it – aldocomi@alice.it – chiuso dal 26 dicembre al 5 gennaio, agosto, martedì sera, lunedì

Rist – Carta 38/54 €

◆ Tocchi di eleganza in una trattoria con la stessa gestione da 30 anni; cucina locale e anche di più ampio respiro, con qualche ricercatezza francese; ottima cantina.

CERNOBBIO – Como (CO) – 561 E9 – 7 141 ab. – alt. 201 m – ✉ 22012 Italia Centro Nord 18 A1

Roma 630 – Como 5 – Lugano 33 – Milano 53

Villa d'Este via per Cantù 13, ✆ 031 20 02 00

Località★★

Villa d'Este cam, rist,

via Regina 40 – ✆ 0 31 34 81 – www.villadeste.it – info@villadeste.it – 3 marzo-12 novembre

145 cam – 295/650 € 790/955 € – 7 suites

Rist *La Veranda* – ✆ 0 31 34 87 20 – Carta 84/137 €

Rist *Grill* – *(aprile-ottobre) (chiuso a mezzogiorno)* Carta 90/125 €

◆ Nell'incantata cornice del grande parco digradante sul lago, superba villa cinquecentesca, dal 1873 ai vertici dell'eleganza e del confort in Italia: per vivere una fiaba. Ambiente di regale raffinatezza anche al ristorante "La Veranda". Informale ma chic, al Grill piatti regionali e di pesce. D'estate, cena all'aperto.

Miralago
piazza Risorgimento 1 – ✆ 0 31 51 01 25 – www.hotelmiralago.it – info@hotelmiralago.it – marzo-15 novembre
42 cam – 80/120 € 110/175 € **Rist** – Carta 31/53 €
◆ Una signorile casa liberty affacciata sul lago e sulla passeggiata pedonale ospita un albergo accogliente; moderne camere di dimensioni limitate, ma ben accessoriate. Bella veduta del paesaggio lacustre dalla sala ristorante.

Centrale
via Regina 39 – ✆ 0 31 51 14 11 – www.albergo-centrale.com – info@albergo-centrale.com – chiuso dal 10 gennaio al 21 febbraio
22 cam – 70/90 € 80/160 € – ½ P 57/103 €
Rist – *(chiuso sabato a mezzogiorno e lunedì)* Carta 30/42 €
◆ Un edificio inizio '900, ristrutturato in anni recenti, per una piccola, curata risorsa a gestione familiare; arredi classici nelle camere non ampie, ma confortevoli. Ameno servizio ristorante estivo in giardino.

Trattoria del Vapore
via Garibaldi 17 – ✆ 0 31 51 03 08 – www.trattoriadelvapore.it – trattoriadelvapore@libero.it – chiuso dal 25 dicembre al 25 gennaio e martedì
Rist – Carta 37/55 €
◆ Un grande camino troneggia nell'accogliente sala di questo raccolto locale, in centro, a pochi passi dal lago; cucina legata alle tradizioni lacustri, ricca enoteca.

CERNUSCO LOMBARDONE – Lecco (LC) – 561 E10 – 3 865 ab. – alt. 267 m – ✉ 23870 — 18 B1

Roma 593 – Como 35 – Bergamo 28 – Lecco 19

Osteria Punto e a Capo
via Lecco 34 – ✆ 03 99 90 23 96 – www.osteriapuntoeacapo.com – alberto@osteriapuntoeacapo.com – chiuso 10 giorni in gennaio, dal 16 al 30 agosto e lunedì
Rist – Carta 24/34 €
◆ Poco distante dal municipio, ariose salette in un edificio di fine '800: cucina fantasiosa, sia di terra sia di mare, e un'interessante scelta enologica.

CERNUSCO SUL NAVIGLIO – Milano (MI) – 561 F10 – 30 218 ab. – alt. 134 m – ✉ 20063 — 18 B2

Roma 583 – Milano 14 – Bergamo 38

Molinetto SS Padana Superiore 11, ✆ 02 92 10 51 28

Due Spade
via Pietro da Cernusco 2/A – ✆ 0 29 24 92 00 – www.ristoranteduespade.it – infotiscali@ristoranteduespade.it – chiuso dal 24 dicembre al 6 gennaio, dal 9 al 31 agosto e domenica
Rist – Carta 35/52 €
◆ Un "salotto" elegante, con soffitto e pavimento di legno, questo locale raccolto, che ruota tutto intorno al camino della vecchia filanda; cucina stagionale rivisitata.

CERRO MAGGIORE – Milano (MI) – 561 F8 – 14 531 ab. – alt. 205 m – ✉ 20023 — 18 A2

Roma 603 – Milano 26 – Como 31 – Varese 32

UNA Hotel Malpensa
via Turati 84, uscita A8 di Legnano – ✆ 03 31 51 31 11 – www.unahotels.it – una.malpensa@unahotels.it
160 cam – 93/437 € **Rist** – Carta 36/53 €
◆ A metà strada tra il capoluogo lombardo e l'aeroporto di Malpensa, un moderno grattacielo, ben visibile anche dall'autostrada. Confort e servizi di ultima generazione. Ristorante ampio e luminoso.

a Cantalupo Sud-Ovest : 3 km – ✉ 20020

XXX **Corte Lombarda**

piazza Matteotti 9 – ✆ 03 31 53 56 04 – www.cortelombarda.it – info@cortelombarda.it – chiuso dal 26 dicembre al 10 gennaio, dal 3 al 28 agosto, domenica sera, lunedì
Rist – Carta 40/52 €
◆ Eleganti sale interne, anche con camino, in una vecchia cascina che offre servizio estivo all'aperto; tocco fantasioso nella cucina, di pesce e di tradizione lombarda.

CERTALDO – **Firenze (FI)** – **563** L15 – **16 297 ab.** – **alt. 67 m** – ✉ **50052** **29** C2
Toscana

Roma 270 – Firenze 57 – Siena 42 – Livorno 75
Località★★
San Vivaldo★: 17 km a nord-ovest

XX **Osteria del Vicario** (Sara Conforti) con cam cam,

✿ *via Rivellino 3, a Certaldo Alto – ✆ 05 71 66 82 28 – www.osteriadelvicario.it – info@osteriadelvicario.it – chiuso dal 10 gennaio al 10 febbraio*
9 cam – 65/80 € 90/110 €
Rist – *(chiuso domenica sera e lunedì)* (consigliata la prenotazione)
Carta 46/66 €
Spec. Degustazione di chianina: tartara, lingua e guancia. Pici con crema d'aglio e pomodori confit con briciole alla maggiorana. Trilogia di piccione: petto con foie gras, cosce laccate al balsamico, ali con tortellino in brodo.
◆ Ubicato nella suggestiva parte alta e storica di Certaldo, ambienti suggestivi che si aprono d'estate sulla corte con balconata e vista sulla valle. Cucina di terra e di mare. Nelle antiche celle dei monaci, letti rinascimentali, ospitalità e quiete.

CERTOSA = KARTHAUS – **Bolzano** – **Vedere Senales**

CERTOSA DI PAVIA – **Pavia (PV)** – **561** G9 – **3 341 ab.** – **alt. 91 m** **16** A3
– ✉ **27012** Italia

Roma 572 – Alessandria 74 – Bergamo 84 – Milano 31
Certosa★★★ Est : 1,5 km

XXX **Locanda Vecchia Pavia "Al Mulino"** (Annamaria Leone)

✿ *via al Monumento 5 – ✆ 03 82 92 58 94 – www.vecchiapaviaalmulino.it – vecchiapaviaalmulino@libero.it – chiuso dal 1° al 22 gennaio, dal 5 al 27 agosto, lunedì e martedì a mezzogiorno da aprile ad ottobre, domenica sera e lunedì negli altri mesi*
Rist – Menu 70 € – Carta 56/85 €
Spec. Lumache vignaiole trifolate su crema di sedano e scaloppa di fegato d'oca. Filetto di vitello fassone al vino Barbacarlo con caponatina di verdure. Delicatezza di tiramisù con salsa al cioccolato bianco e caffè.
◆ Presso la certosa, ambientazione idilliaca in un mulino d'epoca nella campagna lombarda, più raffinati gli interni. La cucina tende al moderno, spaziando dalla carne al pesce.

CERVERE – **Cuneo (CN)** – **561** I5 – **2 106 ab.** – **alt. 304 m** – ✉ **12040** **22** B3

Roma 656 – Cuneo 43 – Torino 58 – Asti 52

XX **Antica Corona Reale-da Renzo** (Gian Piero Vivalda)

✿✿ *via Fossano 13 – ✆ 01 72 47 41 32 – www.anticacoronareale.com – anticacoronareale@bbradio.it – chiuso dal 26 dicembre al 10 gennaio, dal 5 al 25 agosto, martedì sera, mercoledì*
Rist – Carta 55/75 €
Spec. Uovo in cocotte al tartufo bianco d'Alba (settembre-dicembre). Zuppetta di rane di fiume con spugnole e piselli. La finanziera della tradizione piemontese.
◆ Quasi duecento anni di storia, ambienti che non ci si stanca mai di rinnovare (oggi ancor più eleganti), ed una grande cucina regionale: un tempio gastronomico per gli amanti del Piemonte.

CERVESINA - Pavia (PV) - 561 G9 - 1 192 ab. - alt. 72 m - ✉ 27050 16 A3

Roma 580 - Alessandria 46 - Genova 102 - Milano 72

Il Castello di San Gaudenzio

via Mulino 1, località San Gaudenzio, Sud : 3 km – 𝒞 03 83 33 31 – www.castellosangaudenzio.com – info@castellosangaudenzio.com

45 cam – †95/110 € ††140 €, ☕ 10 € – 3 suites – ½ P 105 €

Rist – Carta 37/52 €

♦ Un'oasi di pace questo castello del XIV secolo in un parco, con interni in stile e dépendance intorno ad un giardino all'italiana con fontana; attrezzature congressuali. Bianche colonne e soffitto di legno con grosse travi a vista nell'elegante sala da pranzo.

CERVIA - Ravenna (RA) - 562 J19 - 28 542 ab. - ✉ 48015 9 D2

Roma 382 - Ravenna 22 - Rimini 31 - Bologna 96

via Evangelisti 4 𝒞 0544 974400, iatcervia@cerviaturismo.it, Fax 0544 977194

Cervia Adriatic via Jelenia Gora 6, 𝒞 0544 99 27 86

Gambrinus

lungomare Grazia Deledda 102 – 𝒞 05 44 97 17 73 – www.gambrinushotel.it – info@gambrinushotel.it – maggio-settembre

79 cam ☕ – †75/96 € ††118/160 € – 3 suites – ½ P 94/120 €

Rist – Carta 38/55 €

♦ Sul lungomare, l'elegante hotel dispone di spazi comuni molto ampi, camere arredate in tinte pastello e di gusto neoclassico. Nuovo centro benessere con cabine per trattamenti e vasca idromassaggio. I piatti della cucina nazionale allietano i commensali del lussuoso ristorante.

Universal

lungomare Grazia Deledda 118 – 𝒞 0 54 47 14 18 – www.hoteluniversalcervia.it – universal@selecthotels.it – marzo-ottobre

94 cam ☕ – †65/100 € ††110/200 € – ½ P 85/105 € **Rist** – Menu 30/35 €

♦ 20 metri è la distanza che vi separa dalla spiaggia dorata, in questa struttura i cui toni pastello della facciata sono riproposti nelle luminose camere, dotate di moderni confort, tutte con balcone. Accomodandovi al ristorante capirete, invece, perchè la regione è tra le più celebrate dal punto di vista gastronomico.

Ascot

viale Titano 14 – 𝒞 0 54 47 23 18 – www.hotelascot.it – info@hotelascot.it – 15 maggio-15 settembre

36 cam – †70 € ††70/90 €, ☕ 5 € – ½ P 63 €

Rist – *(chiuso a mezzogiorno) (solo per alloggiati)* Menu 20 €

♦ Un piccolo albergo a gestione familiare, poco distante dal mare, dispone di ampi spazi in giardino, allestiti con tavolini ed ombrelloni, e semplici camere di recente rinnovate.

Locanda dei Salinari

circonvallazione Sacchetti 152 – 𝒞 05 44 97 11 33 – locandadeisalinari@libero.it – chiuso mercoledì escluso giugno-agosto

Rist – Carta 35/53 €

♦ Locale raccolto ed accogliente nell'antico borgo dei Salinari: il giovane e talentuoso chef propone una cucina creativa usufruendo dei migliori prodotti della Romagna.

a Pinarella Sud : 2 km – ✉ 48015

via Tritone 15/b 𝒞 0544 988869 pinarella@cerviaturismo.it Fax 0544 980728

Club Everest

viale Italia 230 – 𝒞 05 44 98 72 14 – www.severihotels.it – hoteleverest@cervia.com – 20 maggio-15 settembre

47 cam ☕ – †64/130 € ††94/174 € – ½ P 81/99 € **Rist** – Menu 35 € bc

♦ In posizione tranquilla davanti alla pineta marittima e a pochi passi dalla spiaggia, l'albergo dispone di camere nuove e riposanti aree comuni. Al ristorante, le classiche proposte della tradizione culinaria italiana.

a Milano Marittima Nord : 2 km – ✉ 48015 Cervia-

viale Matteotti 39/41 ☎ 0544 993435 iatmilanomarittima@cerviaturismo.it, Fax 0544 993226

Palace Hotel

viale 2 Giugno 60 – ☎ 05 44 99 36 18 – www.selecthotels.it – palace@selecthotels.it – marzo-ottobre

99 cam – †200/340 € ††220/420 € – 13 suites – ½ P 200/270 €

Rist – Menu 70/90 €

◆ Prestigiosa ed esclusiva struttura a pochi metri dal mare ospita eleganti spazi arredati con mobili intagliati, preziosi lampadari e ceramiche e la tranquillità di un parco di ulivi millenari. L'elegante e capiente sala da pranzo offre una vista sul giardino e piatti della tradizione nazionale.

Premier & Suites

VII Traversa 15 – ☎ 05 44 99 58 39 – www.premierhotels.it – premiersuites@premierhotels.it

40 cam – †90/265 € ††100/590 € – 3 suites – ½ P 80/275 €

Rist – Carta 45/84 €

◆ Nuova struttura - tutta design e minimalismo - con un confort di ottimo livello ed una spiccata vocazione per una clientela business. Spiaggia privata, belle camere e lussuose suite con terrazzo benessere. Al ristorante: un viaggio nel gusto che fa tappa nei sapori regionali e nella più alta cucina internazionale.

Waldorf

VII Traversa 17 – ☎ 05 44 99 43 43 – www.premierhotels.it – waldorf@premierhotels.it

30 cam – †115/420 € ††115/600 € – 3 suites – ½ P 107/375 €

Rist *La Settima* – *(dicembre e aprile-settembre) (chiuso a mezzogiorno escluso da maggio a settembre)* Carta 52/99 €

◆ Design, raffinatezza, innovazione: spazi che ripropongono i colori e i movimenti del mare. Le camere sono arredate con ricercatezza e dotate di terrazze, mentre le lussuose suite sono dislocate su due livelli con giardino pensile ed angolo benessere. Il gorgoglio delle cascate d'acqua e cucina d'autore al ristorante.

Grand Hotel Gallia

piazzale Torino 16 – ☎ 05 44 99 46 92 – www.selecthotels.it – gallia@selecthotels.it – Pasqua-15 ottobre

99 cam – †110/195 € ††110/300 € – ½ P 110/155 €

Rist – Menu 40/65 €

◆ Un luminoso salotto all'ingresso accoglie i clienti in questo hotel dai grandi spazi arredati con preziose ceramiche ed eleganza di eco settecentesca. Attrezzata sala riunioni e piscina in giardino. Al ristorante, i sapori della gastronomia tradizionale.

Mare e Pineta

viale Dante 40 – ☎ 05 44 99 22 62 – www.selecthotels.it – hmarepineta@selecthotels.it – aprile-3 ottobre

156 cam – †110/150 € ††180/350 € – 5 suites – ½ P 170/220 €

Rist – Menu 50/70 €

◆ Uno dei primi alberghi aperti in città alla fine degli anni Venti, dispone oggi di numerose camere confortevoli e di un lussureggiante parco con campi da tennis e piscina. La sua spiaggia privata è una tra le le più ampie della località.

Aurelia

viale 2 Giugno 34 – ☎ 05 44 97 54 51 – www.selecthotels.it – aurelia@selecthotels.it

94 cam – †100/150 € ††100/270 € – ½ P 105/150 € **Rist** – Menu 40/65 €

◆ Sito direttamente sul mare e circondato da un ampio giardino che conduce alla spiaggia, l'hotel annovera camere suddivise tra corpo centrale e villa, un centro benessere e piscina climatizzata. I sapori della tradizione vengono serviti presso la sala ristorante arredata in calde tonalità.

Le Palme

VII Traversa 12 – 05 44 99 46 61 – www.premierhotels.it – lepalme@premierhotels.it

102 cam – 90/200 € 110/360 € – ½ P 95/220 € **Rist** – Menu 40 €

♦ Fronte mare e vicino al centro, ma discosto dalle vie più affollate, questo hotel coniuga la quiete della pineta con il côté glamour di Milano Marittima. Camere confortevoli, spiaggia privata, due zone benessere e due piscine: una semi olimpica e un'altra più piccola. Ricette regionali di terra e di mare al ristorante.

Globus

viale 2 Giugno 59 – 05 44 99 21 15 – www.baldisserihotels.it – globus@hotelglobus.it – marzo-ottobre

80 cam – 90/130 € 130/250 € – ½ P 140/160 € **Rist** – Menu 35/90 €

♦ Un hotel esclusivo con ingresso al primo piano tra lampadari in pregiato cristallo, camere rinnovate, un moderno centro benessere ed un giardino dove allestire spettacoli. Presso la rilassante sala da pranzo, un menù alla carta con proposte ad hoc per chi segue diete specifiche e per i più piccoli.

Delizia

VIII Traversa 23 – 05 44 99 54 41 – www.hoteldelizia.it – info@hoteldelizia.it – marzo-ottobre

40 cam – 90/100 € 145/160 € – ½ P 102/110 €

Rist – *(solo per alloggiati)* Menu 25/35 €

♦ Sita direttamente sul mare e a pochi passi dal centro, questa nuova struttura dispone di camere luminose e confortevoli dall'arredo moderno. Palestra ben attrezzata, nonché piscina in terrazza all'ultimo piano. Stuzzicante buffet a pranzo.

Mazzanti

via Forlì 51 – 05 44 99 12 07 – info@hotelmazzanti.it – Pasqua-20 settembre

55 cam – 65/75 € 70/120 € – ½ P 82/99 €

Rist – *(chiuso fino al 7 maggio) (solo per alloggiati)* Menu 24 €

♦ In una zona tranquilla direttamente sul mare, una struttura a gestione familiare con semplici spazi comuni arredati con divani. Ideale per una vacanza di relax con i bambini.

Majestic

X Traversa 23 – 05 44 99 41 22 – www.majesticgroup.it – majestic@majesticgroup.it – aprile-settembre

47 cam – 70/100 € 70/150 € – ½ P 55/97 € **Rist** – Menu 25/30 €

♦ Adatta per una vacanza con la famiglia, una struttura semplice con spaziosi e confortevoli ambienti, sita direttamente sulla spiaggia. Colazione all'aperto nei mesi caldi. Buffet di insalate e cucina classica nella grande e sobria sala ristorante.

Isabella senza rist

viale 2 Giugno 152 – 05 44 99 40 68 – www.isabellagarni.it – isabella@majesticgroup.it – Pasqua-10 ottobre

31 cam – 40/80 € 60/120 €

♦ Se volete un bagno di mondanità, il viale principale non è molto lontano. Altrimenti godetevi la quiete del grazioso giardino, in questa struttura dagli ambienti moderni, piscina riscaldata e colazione a buffet.

La Frasca

rotonda Don Minzoni 3 – 05 44 99 58 77 – www.lafrasca.it – info@lafrasca.it – chiuso dal 7 al 31 gennaio, 15 giorni in novembre e lunedì escluso giugno-agosto

Rist – *(chiuso a mezzogiorno in giugno-agosto escluso sabato e domenica)* (consigliata la prenotazione) Carta 70/100 €

Spec. Spiedino di calamaretti, crocchette di gamberi e asparagi fritti (primavera). Ravioli di burrata con scampi, pomodoro e basilico. Filetto di tonno alla Rossini con tartufo nero.

♦ Un salotto affacciato sulla celebre rotonda, spazi ed eleganza si moltiplicano anche all'interno. Il cuoco Marco Cavallucci officia una cucina classica e romagnola, senza inutili provocazioni, puntando al gusto e alla soddisfazione dei clienti.

CERVIGNANO DEL FRIULI – Udine (UD) – 562 E21 – 13 446 ab. – 33052 **11** C3

Roma 627 – Udine 34 – Gorizia 28 – Milano 366

Internazionale cam,

via Ramazzotti 2 – ✆ 0 43 13 07 51 – www.hotelinternazionale.it – info@hotelinternazionale.it – chiuso dal 20 al 26 dicembre
69 cam – 55/80 € 85/105 € – ½ P 78/88 €
Rist ***La Rotonda*** – *(chiuso 20 giorni in agosto, domenica sera, lunedì)* Carta 32/42 €
◆ Albergo funzionale, nato negli anni '70 e ristrutturato negli anni '90, concepito soprattutto per una clientela d'affari; centro congressi con sale polivalenti. Sala ristorante di taglio classico, che dispone anche di spazi per banchetti.

Al Campanile

via Fredda 3, località Scodovacca, Est : 1,5 km – ✆ 0 43 13 20 18 – crostatadimirtillo@alice.it – chiuso Natale, 31 dicembre, 1° gennaio, 2 settimane in ottobre, Pasqua, lunedì, martedì
Rist – Carta 24/36 €
◆ Ben sette generazioni son passate da questo storico ristorante, una trattoria che dalla fine dell'Ottocento conserva il suo spirito semplice e familiare. Cucina genuinamente casalinga.

CERVINIA – Aosta – Vedere Breuil-Cervinia

CERVO – Imperia (IM) – 561 K6 – 1 133 ab. – alt. 66 m – ✉ 18010 14 B3

Liguria

Roma 605 – Imperia 10 – Alassio 12 – Genova 106
piazza Santa Caterina 2 (nel Castello) ✆ 0183 408197, cultura@cervo.com, Fax 0183 408197
Località★ - Facciata★ della chiesa di S. Giovanni Battista

San Giorgio (Caterina Lanteri Cravet) con cam cam,

via Alessandro Volta 19, centro storico – ✆ 01 83 40 01 75 – www.ristorantesangiorgio.net – info@ristorantesangiorgio.net – chiuso 24 e 25 dicembre, lunedì, martedì a mezzogiorno in luglio-agosto, anche martedì sera negli altri mesi
2 cam – 130/180 €
Rist – (consigliata la prenotazione) Menu 55 € – Carta 57/88 €
Spec. Cappesante mandorlate, purea di cipolla rossa in balsamico e chips croccanti. Trofiette al pesto corto con ragù di mare. Astice blu alla piastra su passata vegetale, pistacchio di Bronte e porro dorato.
◆ Nel tipico borgo di Cervo, un elegante locale dove le ottime materie prime danno vita ad una fragrante cucina di mare. Ospitata in un frantoio del XIII sec la vineria San Giorgino è l'alternativa più economica ed informale, ma sempre di buon livello. Due accoglienti camere per indugiare nella tranquillità del posto.

CESANA TORINESE – Torino (TO) – 561 H2 – 1 041 ab. – alt. 1 354 m – Sport invernali : 1 354/2 823 m (Comprensorio Via Lattea 6 72) – ✉ 10054 22 A2

Roma 752 – Bardonecchia 25 – Briançon 21 – Milano 224
piazza Vittorio Amedeo 3 ✆ 0122 89202, cesana@turismotorino.org

La Ginestra con cam

via Roma 20 – ✆ 01 22 89 78 84 – www.laginestra-cesana.it – info@laginestra-cesana.it – chiuso 2 settimane in giugno, 3 settimane in ottobre
8 cam – 55/60 € 80/120 € – ½ P 60/75 €
Rist – *(chiuso martedì)* Carta 25/43 €
◆ In centro paese, piacevole ambiente familiare con una solida cucina della regione rivisitata in chiave moderna. La struttura conta anche nuove camere in stile: particolarmente belle quelle mansardate.

a Champlas Seguin Est : 7 km – alt. 1 776 m – ✉ 10054 Cesana Torinese

La Locanda di Colomb
frazione Champlas Seguin 27 – ☎ 01 22 83 29 44 – dicembre-Pasqua e 15 giugno-7 settembre; chiuso lunedì
Rist – Carta 30/42 €
♦ Nella piccola e pittoresca frazione, quella che una volta era una stalla è stata trasformata in una locanda con pareti in pietra, dove potrete gustare la cucina tipica piemontese.

CESANO BOSCONE – **Milano (MI)** – **561** F9 – **23 615 ab.** – **alt. 119 m** – ✉ **20090** **18** B2

Roma 582 – Milano 10 – Novara 48 – Pavia 35

Pianta d'insieme di Milano

Roma
via Poliziano 2 – ☎ 0 24 58 18 05 – www.roma-wagner.com – roma@wagner.com – chiuso dal 10 al 20 agosto **1**AP**k**
34 cam – 90/449 € 125/549 €
Rist – *(chiuso i mezzogiorno di sabato e domenica)* Carta 23/40 €
♦ Struttura molto curata sia nel livello del confort e del servizio, che nelle soluzioni d'arredamento, di sicuro effetto; camere signorili, "calde" e confortevoli.

CESANO MADERNO – **Monza e Brianza (MB)** – **561** F9 – **36 579 ab.** – **alt. 198 m** – ✉ **20031** **18** B2

Roma 613 – Milano 20 – Bergamo 52 – Como 29

Parco Borromeo
via Borromeo 29 – ☎ 03 62 55 17 96 – www.hotelparcoborromeo.it – info@hotelparcoborromeo.it – chiuso dal 27 dicembre al 2 gennaio e dal 5 al 21 agosto
40 cam – 70/110 € 99/150 € – ½ P 93/100 €
Rist *Il Fauno* – ☎ 03 62 54 09 30 *(chiuso dal 1° al 22 agosto e lunedì a mezzogiorno)* Carta 40/50 €
♦ Fascino del passato e confort moderni in una struttura elegante, adiacente al parco e al palazzo Borromeo; camere non grandi, ma arredate con gusto e personalizzate. Raffinato ristorante affacciato sul verde con trompe l'oeil alle pareti.

CESENA – **Forlì-Cesena (FC)** – **562** J18 – **95 525 ab.** – **alt. 44 m** **9** D2

Italia Centro Nord

Roma 336 – Ravenna 31 – Rimini 30 – Bologna 89

piazza del Popolo 15 ☎ 0547 356327, iat@comune.cesena.fc.it, Fax 0547 356393

Biblioteca Malatestiana★★

Casali
via Benedetto Croce 81 ✉ 47521 – ☎ 0 54 72 27 45 – www.hotelcasalicesena.com – info@hotelcasalicesena.com
48 cam – 74/250 € – 2 suites
Rist *Casali* – ☎ 0 54 72 74 85 *(chiuso domenica da giugno a settembre, solo domenica sera negli altri mesi)* Carta 40/57 €
♦ L'hotel più rappresentativo della città, completamente ristrutturato in chiave classico-moderna, vanta ambienti confortevoli e spaziosi di sobria eleganza. Atmosfera raffinata e rivisitazione creativa della tradizione regionale al ristorante.

Meeting Hotel senza rist
via Romea 545 ✉ 47522 – ☎ 05 47 33 31 60 – www.meetinghotelcesena.it – info@meetinghotelcesena.it
26 cam – 65/90 € 85/140 €
♦ In zona periferica, la risorsa annovera camere spaziose e confortevoli di taglio moderno recentemente rinnovate ed arredate con mobili in legno scuro e parquet.

CESENATICO – **Forlì-Cesena (FC)** – **562** J19 – **24 956 ab.** – ✉ **47042** **9** D2

Roma 358 – Ravenna 31 – Rimini 22 – Bologna 98

viale Roma 112 ☎ 0547 673287, iat@cesenatico.it, Fax 0547 79404

Grand Hotel Cesenatico
piazza Andrea Costa 1 – ✆ 0 54 78 00 12 – www.grandhotel.cesenatico.fo.it – info@grandhotel.cesenatico.fo.it – 15 aprile-15 ottobre
78 cam – 76/163 € 125/198 € – ½ P 107/127 €
Rist – Carta 38/53 €
◆ Centralissimo, in uno splendido edificio del '29, è un omaggio ad una mondanità sfarzosa e rutilante. Camere più sobrie, eleganti e funzionali. Raffinata sala ristorante con possibilità di gustare in terrazza sia la prima colazione, sia una classica cucina a base di pesce.

Internazionale
via Ferrara 7 – ✆ 05 47 67 33 44 – www.hinternazionale.it – info@hinternazionale.it – maggio-settembre
60 cam – 115/160 € – ½ P 96/108 €
Rist – *(solo per alloggiati)* Menu 25/50 €
◆ Direttamente sul lungomare, annovera una spiaggia privata ed una piscina attrezzata con scivoli ad acqua. Offre camere arredate sia in stile classico che moderno. La cucina propone un menù di impostazione classica, ma soprattutto specialità ittiche.

Sporting
viale Carducci 191 – ✆ 0 54 78 30 82 – www.hotelsporting.it – info@hotelsporting.it – 20 maggio-20 settembre
48 cam – 65/85 € 75/100 € – ½ P 68/80 €
Rist – *(solo per alloggiati)*
◆ A più di un km dal centro - direttamente sulla spiaggia - l'hotel è consigliato a chi vuole evitare gli schiamazzi notturni e preferisce una zona verde e tranquilla. Graziose camere con carta da parati in stile inglese.

Miramare
viale Carducci 2 – ✆ 0 54 78 00 06 – www.welcompany.it – info@hrmiramare.it
27 cam – 116/126 € 139/151 € – ½ P 124/134 €
Rist – *(chiuso martedì escluso da aprile ad ottobre)* Carta 22/32 €
◆ L'hotel offre un'atmosfera rilassante, camere semplici e spaziose arredate in stile moderno, adatte a nuclei familiari. Possibili anche soluzioni business. La cucina propone ricette classiche che puntano sulle specialità ittiche, servite nel raffinato locale che si affaccia sul porto leonardesco.

Jole
via De Amicis 100 – ✆ 0 54 77 54 32 – www.hoteljole.biz – info@hoteljole.biz – Pasqua-novembre e Capodanno
47 cam – 45/105 € 70/130 € – ½ P 50/95 € **Rist** – Menu 15/35 €
◆ Hotel a conduzione familiare, rinnovato di recente, dispone di ambienti moderni e funzionali. Il mare si raggiunge comodamente a piedi.

Atlantica
viale Bologna 28 – ✆ 0 54 78 36 30 – www.hotelatlantica.it – info@hotelatlantica.it – Pasqua-settembre
35 cam – 60/90 € 95/145 €, 15 € – ½ P 80/110 €
Rist – *(solo per alloggiati)* Menu 37 € bc/50 € bc
◆ Affacciata sul mare, è una caratteristica villa degli anni '20 successivamente trasformata in albergo. Piacevole veranda in ferro battuto, camere semplici e gestione familiare.

Zeus
viale Carducci 46 – ✆ 0 54 78 02 47 – www.hotelzeus.it – info@hotelzeus.it – chiuso dal 16 novembre al 3 dicembre
28 cam – 47/59 € 78/110 € – ½ P 65/75 €
Rist – *(solo per alloggiati)* Menu 25/35 €
◆ Albergo semplice a gestione familiare, ma con camere inappuntabili e confortevoli: diverse su viale Carducci - alcune con grande terrazza - per assistere alla movida locale.

Magnolia (Alberto Faccani)

viale Trento 31 – 0 54 78 15 98 – www.magnoliaristorante.it – info@magnoliaristorante.it

Rist – *(chiuso a mezzogiorno escluso i giorni festivi da ottobre a maggio)* Menu 50/75 € – Carta 49/65 €

Spec. Scoglio a Cesenatico. Passatelli asciutti con lumachine di mare, finocchietto e limone. Rombo alla griglia in versione moderna.

♦ Giovane astro della gastronomia nazionale, propone una cucina personalizzata, ardita e fantasiosa negli accostamenti, quanto rispettosa di eccellenti prodotti.

Vittorio

porto turistico Onda Marina, via Andrea Doria 3 – 05 47 67 25 88 – www.vittorioristorante.it – ristorantevittorio@libero.it – chiuso dal 15 dicembre al 10 febbraio, martedì e da ottobre ad aprile anche mercoledì

Rist – *(chiuso a mezzogiorno escluso sabato e domenica in luglio e agosto)* Carta 43/60 €

♦ Affacciato sulla darsena, le serate estive in terrazza sono un incanto di fronte agli alberi delle barche ormeggiate. La cucina celebra il mare e segue il pescato del giorno.

La Buca

corso Garibaldi 45 – 0 54 71 86 07 64 – www.labucaristorante.it – info@labucaristorante.it – chiuso lunedì escluso maggio-settembre

Rist – Carta 44/57 €

♦ Semplicità, minimalismo e design: una sala moderna per eccellenti piatti di crudo, ricette creative o tradizionali grigliate... Ed una sfrenata passione per gli champagne.

Osteria del Gran Fritto

corso Garibaldi 41 – 0 54 78 24 74 – www.osteriadelgranfritto.com – cesenatico@osteriadelgranfritto.com – chiuso il lunedì da ottobre a febbraio

Rist – Carta 23/34 €

♦ Lungo il suggestivo porto canale, il nome ne indica già la specialità, il fritto, a cui si aggiungono piatti della tradizione popolare adriatica: seppie, sarde, poverazze, calamari...

a Valverde Sud : 2 km – ✉ 47042 Cesenatico

(maggio-settembre) viale Carducci 292/b 0547 85183, iatvalverde@cesenatico.it, Fax 0547 85183

Caesar

rist,

viale Carducci 290 – 0 54 78 65 00 – www.hotel-caesar.com – info@hotel-caesar.com – aprile-settembre

61 cam – 50/60 € 100/130 € – ½ P 75/89 € **Rist** – Carta 24/38 €

♦ Una gestione con 40 anni di esperienza nel settore: ecco il punto forte di questa struttura, ideale per famiglie con bambini. Piscina, sauna ed idromassaggio per il relax. Di recente apertura, il ristorante può contenere oltre un centinaio di coperti cui propone piatti classici e, ovviamente, tanto pesce.

Colorado

viale Carducci 306 – 0 54 78 62 42 – www.hotelcolorado.it – info@hotelcolorado.it – maggio-settembre

55 cam – 60/105 € 110/150 € – ½ P 78/100 € **Rist** – Carta 35/55 €

♦ Una struttura moderna che dispone di camere semplici ma accoglienti arredate con sobrietà, tutte con balcone vista mare. Prima colazione a buffet anche all'aperto.

a Zadina Pineta Nord : 2 km – ✉ 47042 Cesenatico

Beau Soleil-Wonderful

viale Mosca 43/45 – 0 54 78 22 09 – www.hotelbeausoleil.it – info@hotelbeausoleil.it – 28 marzo-20 settembre

88 cam – 60/80 € 100/120 € – ½ P 80/95 € **Rist** – *(solo per alloggiati)*

♦ Hotel sito in posizione silenziosa in prossimità della pineta, a pochi passi dal mare, dispone di camere sobrie. Ideale per una vacanza in famiglia.

Renzo rist, VISA AE

viale dei Pini 55 – 0 54 78 23 16 – www.renzohotel.it – info@renzohotel.it – Pasqua-20 settembre

36 cam – 60/70 € 80/100 €, 14 € – ½ P 40/65 €

Rist – *(solo per alloggiati)*

◆ Al termine di una strada chiusa, cinquanta metri di pineta e poi il mare: verde e silenzio. Piscina sul roof garden con solarium e camere di due tipologie, standard o confort.

CETARA – Salerno (SA) – 564 F26 – 2 361 ab. – alt. 10 m – ✉ 84010 6 B2

Roma 255 – Napoli 56 – Amalfi 15 – Avellino 45

Cetus rist, VISA AE

strada statale 163 – 0 89 26 13 88 – www.hotelcetus.com – info@hotelcetus.com

37 cam – 100/150 € 140/320 € – ½ P 95/185 € **Rist** – Carta 28/51 €

◆ Un'incomparabile vista sul golfo di Salerno dalle camere di questo hotel a picco sul mare, aggrappato alla roccia dell'incantevole costiera amalfitana. Da poco, anche una saletta per massaggi e qualche trattamento estetico. Quasi foste a bordo di una nave, anche dalle raffinate sale ristorante dominerete il Tirreno.

San Pietro VISA AE

piazzetta San Francesco 2 – 0 89 26 10 91 – www.sanpietroristorante.it – info@sanpietroristorante.it – chiuso dal 15 gennaio al 4 febbraio, martedì

Rist – Carta 38/55 €

◆ Gestione familiare per questa piccola e sobria trattoria marinara, rinnovata pochi anni fa e dotata di un grazioso dehors estivo, in parte sotto un porticato.

Al Convento VISA AE

piazza San Francesco 16 – 0 89 26 10 39 – www.alconvento.net – info@alconvento.net

Rist – *(chiuso mercoledì in inverno)* Carta 20/39 €

◆ Ci sono tre spumeggianti fratelli dietro questa bella trattoria-pizzeria dalle sale decorate con affreschi risalenti al medioevo. In menu, tante gustose specialità marinare e piatti della tradizione cetarese (serviti d'estate anche sulla suggestiva piazzetta).

CETONA – Siena (SI) – 563 N17 – 2 956 ab. – alt. 385 m – ✉ 53040 29 D2

Toscana

Roma 155 – Perugia 59 – Orvieto 62 – Siena 89

piazza Garibaldi 63 0578 239143, proloco@cetona.org, Fax 0578 239143

La Frateria di Padre Eligio con cam VISA AE

al Convento di San Francesco Nord-Ovest : 1 km – 05 78 23 82 61 – www.lafrateria.it – info@lafrateria.it – chiuso dal 7 gennaio al 1° marzo

7 cam – 150 € 240 € **Rist** – *(chiuso martedì)* Menu 90/110 €

◆ In un parco, convento francescano medievale gestito da una comunità di ex-tossicodipendenti. Tra suggestioni mistiche, ci si lascia andare a "peccati" di gola. Camere di austera esclusività.

Osteria Vecchia da Nilo con cam VISA AE

via Cherubini 11 – 05 78 23 90 40 – osteria_vecchia@tiscali.it – chiuso dal 15 gennaio al 10 febbraio e martedì (escluso dal 15 giugno al 30 settembre)

2 cam – 80 € **Rist** – Carta 30/37 €

◆ A pochi metri dalla piazza principale, un edificio del Seicento ospita il piccolo locale di tono rustico moderno. Proposte fra tradizione e innovazione: imperdibili i pici e le carni. Camere arredate con gusto e semplicità.

CETRARO – Cosenza (CS) – 564 I29 – 10 167 ab. – alt. 120 m – ✉ 87022 5 A1

Roma 466 – Cosenza 55 – Catanzaro 115 – Paola 21

San Michele località Bosco, 0982 9 10 12

sulla strada statale 18 Nord-Ovest : 6 km :

Grand Hotel San Michele ← rist,
località Bosco 8/9 ✉ 87022 – ☎ 0 98 29 10 12
– www.sanmichele.it – sanmichele@sanmichele.it – aprile-ottobre
72 cam – ♦90/160 € ♦♦120/210 € – 6 suites – ½ P 85/175 €
Rist – Carta 40/55 €
♦ Vi incanteranno i profumi del giardino-frutteto, l'ampio, meraviglioso panorama e il morbido fascino retrò degli interni di una nobile villa; ascensore per la spiaggia. Una cena sospesi tra cielo e mare sulla terrazza del ristorante; raffinate le sale interne.

CHAMPAGNE – vedere Verrayes

CHAMPLAS SEGUIN – Torino – Vedere Cesana Torinese

CHAMPOLUC – Aosta (AO) – **561** E5 – alt. 1 570 m – Sport invernali : 1 568/2 714 m 2 8, – ✉ 11020 **34** B2

Roma 737 – Aosta 64 – Biella 92 – Milano 175

via Varasc 16 ☎ 0125 307113, info@aiatmonterosa.com, Fax 0125 307785

Breithorn cam, rist,
route Ramey 27 – ☎ 01 25 30 87 34 – www.breithornhotel.com – info@breithornhotel.com – dicembre-10 aprile e giugno-settembre
31 cam – ♦75/95 € ♦♦110/240 € – ½ P 80/145 €
Rist – Carta 30/56 €
Rist *Brasserie du Breithorn* – ☎ 01 25 30 87 45 *(chiuso a mezzogiorno)* Carta 25/38 €
♦ Questo hotel, completamente ristrutturato, ha riconquistato appieno il proprio passato splendore. Ospitalità e soggiorno incantevoli, tra pietre e legni antichi.

Hotellerie de Mascognaz – dependance Hotel Breithorn ←
località Mascognaz – ☎ 01 25 30 87 34
– www.hotelleriedemascognaz.com – info@hotelleriedemascognaz.com
8 cam – solo ½ P 90/195 €
♦ Nel silenzio del paesaggio alpino, due tipici rascard in pietra. All'interno, si ricorderà la qualità dei materiali, le rifiniture e le camere, piccoli gioielli in legno.

Relais des Glacier ←
route G.B. Dondeynaz – ☎ 01 25 30 81 82 – www.hotelrelaisdesglaciers.com – info@hotelrelaisdesglaciers.com – 8 dicembre-aprile e 15 giugno-settembre
42 cam – ♦90/180 € ♦♦140/350 € – ½ P 70/200 €
Rist – *(chiuso a mezzogiorno) (solo per alloggiati)* Menu 30/60 €
♦ Per una ritemprante "remise en forme" in una splendida cornice montana è ideale l'attrezzato centro benessere, con cure naturali, di un elegante hotel inaugurato nel 2000. Soffitti di legno nel raffinato ristorante che propone tre linee diversificate di menù.

Villa Anna Maria ← rist,
via Croues 5 – ☎ 01 25 30 71 28 – www.hotelvillaannamaria.com – hotelannamaria@tiscali.it
13 cam – ♦58/78 € ♦♦85/120 € – ½ P 56/95 €
Rist – *(chiuso maggio e novembre)* Carta 26/33 €
♦ Vista dei monti, quiete silvestre e fascino d'altri tempi in un rustico chalet d'atmosfera, con giardino e pineta, i cui interni sono tutti rigorosamente di legno. Suggestiva sala da pranzo rivestita di legno.

Petit Tournalin ← rist,
località Villy 2 – ☎ 01 25 30 75 30 – www.hotelpetittournalin.it – info@hotelpetittournalin.it
19 cam – ♦♦80/100 € – ½ P 56/85 €
Rist – *(dicembre-marzo e giugno-settembre)* Carta 26/38 €
♦ Ambiente familiare in un grazioso hotel in legno e pietra, ubicato sulla pista di fondo, ai margini della pineta, con camere accoglienti e bagni di buona fattura.

B&B Le Vieux Rascard senza rist 
rue des Guides 35 – ☎ 01 25 30 87 46 – www.levieuxrascard.com – info@levieuxrascard.com – 7 dicembre-Pasqua e 15 giugno-settembre
6 cam – **†38/75 € ††60/120 €**
♦ Leggermente in salita, ma il centro ancora raggiungibile a piedi, una tipica casa di montagna con camere curate e tanta gentilezza.

CHANAVEY – **Aosta** – **561** F3 – **Vedere Rhêmes Notre Dame**

CHATILLON – **Aosta (AO)** – **561** E4 – **4 877 ab.** – **alt. 549 m** – ✉ **11024** **34** B2
Roma 723 – Aosta 28 – Breuil-Cervinia 27 – Milano 160

Relais du Foyer senza rist
località Panorama 37 – ☎ 01 66 51 12 51 – www.relaisdufoyer.it – info@relaisdufoyer.it
32 cam – **†50/90 € ††100/160 €**
♦ Vicino al Casinò di Saint Vincent, per turisti o clientela d'affari un'elegante struttura recente, con zona fitness e solarium; boiserie nelle camere in stile classico.

CHERASCO – **Cuneo (CN)** – **561** I5 – **8 287 ab.** – **alt. 288 m** – ✉ **12062** **22** B3
Roma 646 – Cuneo 52 – Torino 53 – Asti 51
via Vittorio Emanuele-Palazzo Comunale 79 ☎ 0172 427050, info@cherasco2000.com, Fax 0172 427055
via Fraschetta 8, ☎ 0172 48 97 72

Al Cardinal Mazzarino con cam cam,
via San Pietro 48 – ☎ 01 72 48 83 64 – www.cardinalmazzarino.com – info@cardinalmazzarino.com – chiuso dal 10 gennaio al 13 febbraio
3 cam – **†120/150 € ††180/220 €**
Rist – *(chiuso mercoledì) (chiuso a mezzogiorno escluso sabato e domenica)* (consigliata la prenotazione) Carta 33/48 €
♦ Superba dimora storica dove cenare nelle piccole e romantiche salette, curate in ogni dettaglio da un tocco femminile. Ma femminile è anche la mano in cucina per una linea che esalta il territorio. La poesia continua al piano superiore nelle tre splendide camere che si affacciano, come il dehors, sul giardino fiorito.

La Lumaca
via San Pietro 26/a – ☎ 01 72 48 94 21 – info@osterialalumaca.it – chiuso dal 1° al 7 gennaio, dal 14 al 21 giugno, 3 settimane in agosto, lunedì
Rist – Menu 35 € – Carta 31/40 €
♦ Nelle cantine di un edificio di origini cinquecentesche, caratteristico ambiente con volte in mattoni per una cucina tradizionale dove regnano due elementi: la lumaca nel piatto e i vini in cantina.

CHIAMPO – **Vicenza (VI)** – **562** F15 – **12 792 ab.** – **alt. 175 m** – ✉ **36072** **35** B2
Roma 539 – Verona 52 – Venezia 91 – Vicenza 24
viale Stazione 8 ☎ 346 5995659

La Pieve
via Pieve 69 – ☎ 04 44 42 12 01 – www.lapievehotel.it – info@lapievehotel.it
65 cam – **†63/67 € ††82/85 €**
Rist – *(chiuso sabato a mezzogiorno, domenica sera)* Carta 33/49 € (+5 %)
♦ In una lineare struttura di taglio moderno un albergo recente, dotato di buoni confort e piacevoli camere d'impostazione classica; ideale per un turismo d'affari. Gustose ricette del territorio da assaporare nell'ampia e piacevole sala da pranzo.

CHIANCIANO TERME – **Siena (SI)** – **563** M17 – **7 467 ab.** – **alt. 475 m** **29** D2
– ✉ **53042** Toscana
Roma 167 – Siena 74 – Arezzo 73 – Firenze 132
piazza Italia 67 ☎ 0578 671122, aptchiancianoterme@terresiena.it, Fax 0578 63277
Museo Civico Archeologico delle Acque★
Madonna col Bambino★ Museo della Collegiata a Chianciano Vecchia: 2 km nord-est

Admiral Palace rist,

via Umbria 2 – 0 57 86 32 97 – www.admiralapalace.it – admiral@albanesihotels.com

111 cam – 80/300 € – 1 suite – ½ P 65/175 € **Rist** – Menu 20/50 €

◆ Per chi è alla ricerca del confort e della qualità a 360°. Lussuoso albergo nato nel 2007, prodigo di spazi comuni e contraddistinto da uno stile moderno con qualche spunto di design. A completare l'offerta: un'ampia zona benessere e un attrezzato centro congressi.

Moderno rist,

viale Baccelli 10 – 0 57 86 37 54 – www.albergomodernochianciano.com – info@hotelmodernochianciano.com – aprile-2 novembre

63 cam – 50/80 € 90/140 € – 2 suites – ½ P 70/95 €

Rist – Menu 25 €

◆ Albergo dagli ariosi spazi comuni. Il bianco domina nelle camere all'ultimo piano - le più recenti - le altre sono di diversa tipolgia. Piacevoli angoli relax nel parco con tennis e piscina riscaldata. Una maestosa stalattite di cristallo troneggia al centro della sala da pranzo.

Ambasciatori

viale della Libertà 512 – 0 57 86 43 71 – www.barbettihotels.it – ambasciatori@barbettihotels.it

111 cam – 78/105 € 98/130 € – 4 suites – ½ P 68/95 €

Rist – Carta 22/30 €

◆ Clientela termale, ma anche congressuale, in un centrale e comodo albergo degli anni '60. Camere confortevoli, alcune recentemente rinnovate, piscina riscaldata e solarium in terrazza panoramica. Ristorante d'impostazione classica.

Ave rist, rist,

via Piave 27 – 0 57 86 36 19 – www.hotelave.it – info@hotelave.it

56 cam – 35/50 € 68/80 € – ½ P 47/60 € **Rist** – Menu 15/25 €

◆ Piccolo albergo ben tenuto. I colori pastello sono protagonisti tanto negli spazi comuni quanto nelle camere, confortevoli e con arredi in legno.

Cristina cam, rist,

via Adige 31, angolo viale di Vittorio – 0 57 86 05 52 – www.hotelcristinachiancianoterme.it – hcristina@tin.it – marzo-ottobre

43 cam – 48/54 € 65/72 €, 6 € – ½ P 50/58 €

Rist – *(solo per alloggiati)* Menu 24 €

◆ Hotel familiare, ben tenuto e ben gestito dai genitori insieme ai figli, presenta camere sobrie, con arredi pratici e bagni di diverso confort (quattro con vasca idromassaggio). Piacevole terrazza solarium.

Aggravi cam,

viale Giuseppe di Vittorio 118 – 0 57 86 40 32 – hotelaggravi@hotmail.com – aprile-ottobre

34 cam – 40/45 € 70/80 € – ½ P 52 € **Rist** – *(solo per alloggiati)*

◆ Cordiale gestione familiare per un albergo dagli accoglienti spazi comuni. Le camere, non nuovissime ma funzionali, dispongono di un comodo terrazzino. All'ultimo piano, il solarium panoramico.

Sole ed Esperia rist,

via delle Rose 40 – 0 57 86 01 94 – www.hotelsolechiancianoterme.it – hsole@libero.it – Pasqua-ottobre

108 cam – 55 € 78 €, 7 € – ½ P 74 € **Rist** – Carta 20/25 €

◆ In zona tranquilla vicina alle terme, la struttura si compone di un corpo centrale e di una dépendance, l'Esperia, con camere più moderne. Giardino ombreggiato e terrazza solarium. Grandi finestre affacciate sul verde illuminano la sala ristorante.

Montecarlo rist,

viale della Libertà 478 – 0 57 86 39 03 – www.hotel-montecarlo.it – info@hotel-montecarlo.it – maggio-ottobre

41 cam – 45/55 € 66/78 €, 6 € – ½ P 55/64 €

Rist – *(solo per alloggiati)* Carta 26/33 €

◆ Accogliente struttura a conduzione diretta, che dispone di terrazza panoramica con solarium e piscina. Arredi molto semplici, ma funzionali nelle sobrie stanze.

San Paolo cam, VISA AE

via Ingegnoli 22 – ✆ 0 57 86 02 21 – www.hotelsanpaolochianciano.it – info@hotelsanpaolochianciano.it – marzo-15 novembre

44 cam – ♦40/50 € ♦♦70/90 € – ½ P 45/48 €

Rist – *(solo per alloggiati)* Carta 16/20 €

♦ Squisita gestione familiare per una struttura essenziale, ma non priva di confort. Ai piani, le semplici camere: linde e tinteggiate di azzurro.

Hostaria il Buco VISA AE

via Della Pace 39 – ✆ 0 57 83 02 30 – ristoranteilbuco@hotmail.it – chiuso dal 2 al 15 novembre, mercoledì

Rist – Carta 23/30 €

♦ Appena sotto al centro storico, nella parte alta della località, un piccolo locale dalla calorosa atmosfera familiare. In menu: proposte tipiche toscane, paste fatte in casa, funghi e tartufi.

CHIARAMONTE GULFI – Ragusa (RG) – 365 AX61 – 8 158 ab. – alt. 668 m – ✉ 97012 Sicilia 40 D3

Agrigento 133 – Catania 88 – Messina 185 – Palermo 257

Majore VISA AE

via Martiri Ungheresi 12 – ✆ 09 32 92 80 19 – www.majore.it – info@majore.it – chiuso luglio e lunedì

Rist – Carta 15/22 €

♦ Il maiale, la sua immancabile presenza nella storia di una famiglia e la lunga tradizione nell'arte di cucinarlo. Majore è tutto questo e la sorpresa finale sarà un conto davvero limitato.

CHIASSA SUPERIORE – Arezzo – 563 L17 – Vedere Arezzo

CHIAVARI – Genova (GE) – 561 J9 – 27 620 ab. – ✉ 16043 Liguria 15 C2

Roma 467 – Genova 38 – Milano 173 – Parma 134

corso Assarotti 1 ✆ 0185 325198, iat.chiavari@provincia.genova.it, Fax 0185 324796

Basilica dei Fieschi★

Monte Rosa cam, rist, VISA AE

via Monsignor Marinetti 6 – ✆ 01 85 31 48 53 – www.hotelmonterosa.it – info@hotelmonterosa.it – chiuso novembre

61 cam – ♦30/120 € ♦♦70/190 € – 3 suites – ½ P 55/130 €

Rist – *(chiuso 15 giorni in novembre)* Carta 36/52 €

♦ Ubicato in pieno centro, hotel di taglio classico gestito da una volenterosa famiglia, che si prodiga a soddifare la propria clientela. Obiettivo raggiunto! Al ristorante viene proposta una buona cucina di mare senza trascurare i classici nazionali.

Lord Nelson con cam VISA AE

corso Valparaiso 27 – ✆ 01 85 30 25 95 – www.thelordnelson.it – chiuso 20 giorni in novembre

5 suites – ♦♦181 € **Rist** – *(chiuso mercoledì)* Carta 54/119 €

♦ Direttamente sul lungomare, locale raffinato con american bar ed enoteca: una profusione di legno lucidato a specchio in elegante stile marinaro e stuzzicanti proposte a base di pesce.

Da Felice VISA

corso Valparaiso 136 – ✆ 01 85 30 80 16 – www.ristorantefelice.it – ristorantedafelice@libero.it

Rist – *(chiuso lunedì) (chiuso a mezzogiorno escluso dal 15 giugno al 15 settembre)* (consigliata la prenotazione) Carta 30/48 €

♦ Nuova sede per questo storico ristorante presente in città dal 1903! Oggi, un ambiente moderno dai toni caldi e dallo stile minimalista, con cucina a vista e dehors estivo. In menu: pesce in tante varianti, ma subordinato al mercato del giorno.

X **Vecchio Borgo**
piazza Gagliardo 15/16 – ✆ 01 85 30 90 64 – chiuso dal 6 al 30 gennaio e martedì escluso luglio-agosto
Rist – Carta 28/59 €
◆ In un vecchio edificio alla fine della passeggiata, sale in stile rustico ricercato e un bel dehors sulla piazzetta; fragranti piatti classici per lo più di pesce.

CHIAVENNA – Sondrio (SO) – 561 D10 – 7 279 ab. – alt. 333 m — 16 B1
– ✉ 23022 Italia Centro Nord

Roma 684 – Sondrio 61 – Bergamo 96 – Como 85

piazza Caduti della Libertà (stazione ferroviaria) ✆ 0343 33442, infochiavenna@provincia.so.it, Fax 0343 33442

Fonte battesimale★ nel battistero

Valtellina★★

Sanlorenzo
corso Garibaldi 3 – ✆ 0 34 33 49 02 – www.sanlorenzochiavenna.it – info.sanlorenzo@yahoo.it
29 cam – †50/70 € ††85/110 € – ½ P 58/73 € **Rist** – Carta 23/46 €
◆ Nuova struttura adiacente il centro ed a pochi passi dalla stazione, si caratterizza per gli arredi moderni di buon confort e le camere luminose nonchè funzionali. Il ristorante propone piatti del territorio gustosamente rivisitati.

Aurora
via Rezia 73, località Campedello, Est : 1 km – ✆ 0 34 33 27 08 – www.albergoaurora.it – info@albergoaurora.it – chiuso dal 5 al 19 novembre
48 cam – †45/65 € ††60/95 € – ½ P 50/70 €
Rist – Menu 15/22 €
Rist *Garden* – Carta 27/51 €
◆ Una struttura fuori dal centro, con spazi comuni ridotti e camere dagli arredi essenziali ma ben tenute; di particolare interesse la piscina in un grazioso giardino. Due sale rustiche, pizze e piatti di cucina nazionale e valtellinese.

XXX **Passerini**
palazzo Salis, via Dolzino 128 – ✆ 0 34 33 61 66 – www.ristorantepasserini.com – info@ristorantepasserini.com – chiuso 20 giorni in maggio, 20 giorni in novembre, lunedì
Rist – Carta 36/53 €
◆ In un palazzo settecentesco, due sale di sobria eleganza, di cui una con camino, per un ristorante dall'offerta culinaria completa: terra, mare e tradizioni del luogo.

XX **Al Cenacolo**
via Pedretti 16 – ✆ 0 34 33 21 23 – www.alcenacolo.info – chiuso giugno, martedì sera, mercoledì
Rist – Carta 38/48 €
◆ Tocchi di rusticità (legni al soffitto, camino, pavimento in cotto), ma tono elegante in un ristorante del centro, con minuscolo terrazino; specialità locali, ma non solo.

a Mese Sud-Ovest : 2 km – ✉ 23020

X **Crotasc**
via Don Primo Lucchinetti 63 – ✆ 0 34 34 10 03 – www.mameteprevostini.com – info@mameteprevostini.com – chiuso dal 21 giugno al 15 luglio, lunedì, martedì
Rist – Menu 38/45 € – Carta 42/49 €
◆ Dal 1928 il fuoco del camino scalda le giornate più fredde e le due sale riscoprono nella pietra la storia del crotto e una cordiale accoglienza; in cucina, la tradizione rivive con creatività.

CHIERI – Torino (TO) – 561 G5 – 35 849 ab. – alt. 283 m – ✉ 10023 — 22 B1
Italia Centro Nord

Roma 649 – Torino 18 – Asti 35 – Cuneo 96

Duomo★

Museo Martini di Storia dell'Enologia★ a Pessione: 5 km a sud

XXX **Sandomenico**

via San Domenico 2/b – ☎ 01 19 41 18 64 – www.web.tiscali.it/chieri/sandomenico – ristorante@ristorantesandomenico.191.it – chiuso sabato a mezzogiorno, domenica sera, lunedì

Rist – (prenotare) Carta 48/82 €

◆ Luminoso ed elegante dal soffitto con travi a vista ed arredato con pochi tavoli rotondi. Dalle cucine, piatti di terra e di mare, dalle cantine, bottiglie italiane e francesi.

CHIESA IN VALMALENCO – **Sondrio (SO)** – **561** D11 – **2 697 ab.** – **alt. 960 m** – **Sport invernali : 1 050/2 236 m** 1 6, – ✉ **23023** **16** B1

Roma 712 – Sondrio 14 – Bergamo 129 – Milano 152

contrada Vassalini c/o Centro Sportivo ☎ 0342 451150, infovalmalenco@provincia.so.it, Fax 0342 452505

Tremoggia rist,

via Bernina 6 – ☎ 03 42 45 11 06 – www.tremoggia.it – tremoggia.so@bestwestern.it – chiuso novembre

39 cam – †82/160 € ††119/208 € – 4 suites – ½ P 85/125 €

Rist – Menu 30/34 €

◆ Calda accoglienza familiare in un albergo storico della località rinnovato nel tempo; oggi offre servizi completi e di alto livello; centro benessere all'ultimo piano. Ristorante che dispone di varie, confortevoli sale.

La Lanterna rist,

via Bernina 88 – ☎ 03 42 45 14 38 – www.hotellanterna.it – hlanterna@tiscalinet.it – dicembre-aprile e luglio-25 settembre

16 cam – †40/45 € ††70/80 €, 10 € – ½ P 45/60 € **Rist** – Carta 22/29 €

◆ Un semplice hotel che gode i buoni risultati di una ristrutturazione di anni recenti; solida conduzione familiare, camere pulite, spaziose e dal confort adeguato. Ristorante casalingo seguito direttamente dai gestori dell'albergo.

XX **La Volta**

via Milano 48 – ☎ 03 42 45 40 51 – chiuso 15 giorni in maggio, dal 20 ottobre al 10 novembre, martedì, mercoledì, i mezzogiorno di lunedì-giovedì-venerdì e domenica sera

Rist – Menu 25/35 € – Carta 35/45 €

◆ Tradizione e modernità: è il binomio che descrive un locale classico all'interno di un edificio storico ristrutturato; ai fornelli si fondono creatività e competenza.

XX **Il Vassallo**

via Vassalini 27 – ☎ 03 42 45 12 00 – www.ristorantevassallo.it – ristorantevassallo@virgilio.it – chiuso lunedì

Rist – Carta 27/37 €

◆ Costruita intorno ad un grande masso di granito dalle sfumature policrome, l'antica residenza vescovile offre atmosfere suggestive e stuzzicanti ricette del territorio.

XX **Malenco**

via Funivia 20 – ☎ 03 42 45 21 82 – www.malencofre.it – ristormalenco@tiscali.it – chiuso dal 20 giugno al 5 luglio e martedì

Rist – Carta 25/38 €

◆ Di taglio moderno l'arredo della sala, con vetrata panoramica sulla valle, di impostazione tipica-locale invece la carta: piatti della tradizione a prezzi contenuti.

CHIETI P (CH) – **563** O24 – **54 733 ab.** – **alt. 330 m** – ✉ **66100** **1** B2

Italia Centro Sud

Roma 205 – Pescara 14 – L'Aquila 101 – Ascoli Piceno 103

via B. Spaventa 47 ☎ 0871 63640, presidio.chieti@abruzzoturismo.it, Fax 0871 63647

Museo Archeologico Nazionale degli Abruzzi★★ – Giardini★ della Villa Comunale

Harri's rist,

via Padre Alessandro Valignani 219, prossimità casello autostrada – ✆ 08 71 32 15 55 – www.harrishotels.it – chieti@harrishotels.it

15 cam – 65/100 € 70/120 € – ½ P 50/75 €

Rist – *(chiuso agosto e giorni festivi) (chiuso a mezzogiorno)* Carta 19/38 €

◆ Ubicata su una collina, con la vista che abbraccia la vallata, questa piccola struttura non manca di un'attrezzata area benessere e dispone di camere classiche, ma moderne nelle installazioni (Sky e wi-fi gratuito), tutte con balcone.

sulla strada statale 5 Tiburtina - località Brecciarola Sud-Ovest : 9 km :

Enrica

via Aterno 441 – ✆ 0 87 16 85 41 – www.hotelenrica.it – prenotazioni@hotelenrica.it

15 cam – 60/65 € 90/95 €

Rist Da Gilda – vedere selezione ristoranti

◆ Un piccolo ascensore panoramico conduce alle confortevoli e moderne camere di questa elegante struttura: dai balconi la vista spazia sul Gran Sasso. Sotto, momenti di relax nel bar-gelateria.

Da Gilda

via Aterno 464 – ✆ 08 71 68 41 57 – chiuso lunedì

Rist – *(chiuso la sera escluso giovedì, venerdì e sabato)* Carta 19/41 €

◆ Oltre 40 anni di cucina semplice e genuina a prezzi onesti! Ecco il segreto di questa schietta trattoria, che punta su ricette locali e spesso, ma non sempre, su qualche piatto di pesce.

CHIOANO – Perugia (PG) – Vedere Todi

CHIOGGIA – Venezia (VE) – 562 G18 – 50 911 ab. – ✉ 30015 Venezia 36 C3

Roma 510 – Venezia 53 – Ferrara 93 – Milano 279

Duomo★

El Gato

corso del Popolo 653 – ✆ 0 41 40 02 65 – www.elgato.it – chiuso gennaio e lunedì

Rist – Carta 36/52 €

◆ In pieno centro, tre moderne sale dove pareti e soffitti bianchi contrastano con il nero degli arredi, creando un originale effetto positivo/negativo. Sulla tavola il mare, in ricette fragranti e gustose. Infine, l'interessante rapporto qualità/prezzo. Difficile non rimanere soddisfatti.

a Cavanella d'Adige Sud : 13 km – ✉ 30010

Al Centro da Marco e Melania

piazza Baldin e Mantovan 62 – ✆ 0 41 49 75 01 – federico.boscolo@hotmail.it – chiuso dal 28 dicembre al 14 gennaio, dal 27 giugno all'8 luglio, lunedì

Rist – Carta 46/75 €

◆ Un locale accogliente dalla piacevole atmosfera tra il classico e il moderno: piatti a base di pesce - decisi giornalmente a seconda del pescato - in ricette di gusto contemporaneo. Specialità alla griglia.

a Sottomarina Est : 1 km – ✉ 30015

lungomare Adriatico 101 ✆ 041 401068, Fax 041 5540855

Bristol

lungomare Adriatico 46 – ✆ 04 15 54 03 89 – www.hotelbristol.net – info@hotelbristol.net – 15 marzo-15 novembre

64 cam – 70/120 € 90/170 € – ½ P 74/106 €

Rist – *(giugno-agosto) (solo per alloggiati)* Menu 40 €

◆ Imponente struttura bianca e signorile con piscina e zona solarium, propone camere confortevoli, tutte con balcone e vista sul mare. All'esterno un piccolo giardino.

Le Tegnue
lungomare Adriatico 48 – ✆ 0 41 49 17 00 – www.hotelletegnue.it – info@hotelletegnue.it – aprile-ottobre
88 cam – 87/103 € 125/165 € – ½ P 75/101 € **Rist** – Carta 45/60 €
◆ Situato davanti al mare e circondato da un ampio giardino, questo grande complesso a conduzione diretta dispone di una spiaggia privata e camere di diverse tipologie, recentemente rinnovate. La vista dell'Adriatico si propone da tutte le stanze. Cucina tradizionale chioggiotta e specialità marinare al ristorante.

Sole

viale Mediterraneo 9 – ✆ 0 41 49 15 05 – www.hotel-sole.com – info@hotel-sole.com – aprile-ottobre
58 cam – 52/57 € 85/95 € – ½ P 63/73 €
Rist – *(aprile-settembre) (solo per alloggiati)*
◆ Elegante, all'inizio del lungomare, una spiaggia riservata, con piscina, a pochi metri di distanza. Luminosi gli spazi comuni, mentre le camere sono state recentemente rinnovate.

Garibaldi
via San Marco 1924 – ✆ 04 15 54 00 42 – www.ristorantegaribaldi.com – info@ristorantegaribaldi.com – chiuso novembre, dal 21 al 27 gennaio, lunedì, anche domenica sera da dicembre a maggio
Rist – Carta 37/69 €
◆ Tre generazioni di ristoratori per un ristorante centenario! Elegante eppure informale l'ambiente, dove gustare semplici e deliziosi piatti a base di pesce.

CHIRIGNAGO – Venezia – Vedere Mestre

CHIUDUNO – Bergamo (BG) – 561 F11 – 5 635 ab. – alt. 218 m – 24060 — 19 D1

Roma 598 – Milano 70 – Bergamo 23 – Lecco 99
La Rossera via Montebello 4, ✆ 035 83 86 00

A'anteprima (Daniel Facen)
via Kennedy 12 – ✆ 03 58 36 10 30 – www.ristoranteanteprima.it – info@ristoranteanteprima.it – chiuso dal 4 all'11 gennaio, dal 2 al 24 agosto, domenica e lunedì
Rist – (consigliata la prenotazione) Carta 66/120 €
Spec. Insalata di porcini e capesante con fonduta di crescione. Tagliolini in guazzetto di vongole, gamberi rossi e calamaretti. Costolette d'agnello affumicate, composta di cipolle e cagliata di formaggio di capra.
◆ Le lande bergamasche accolgono la cucina molecolare con un menu che contempla circa dodici assaggi, proposti in un'elegante sala alle porte della località. A disposizione, anche la carta con piatti di consistenza più "conoscibile", ma sempre d'impronta moderno/creativa. Scelta enologica superlativa.

CHIUSA (KLAUSEN) – Bolzano (BZ) – 562 C16 – 4 863 ab. – alt. 525 m – 39043 Chiusa D'Isarco Italia — 31 C1

Roma 671 – Bolzano 30 – Bressanone 11 – Cortina d'Ampezzo 98
piazza Mercato 1 ✆ 0472 847424, info@klausen.it, Fax 0472 847244

Aquila d'Oro-Goldener Adler
piazza Fraghes 14 – ✆ 04 72 84 61 11 – www.goldeneradler.it – info@goldeneradler.it – chiuso 2 settimane in gennaio e 2 settimane in luglio
20 cam – 60/80 € 120/180 € – ½ P 85/115 € **Rist** – Carta 42/50 €
◆ A pochi passi dal centro, hotel in tipico stile sudtirolese, ideale per chi vuole soggiornare in uno dei borghi più suggestivi dell'Alto Adige: attrezzata zona benessere e prezzi interessanti. Al ristorante un intelligente *mélange* di cucina locale, nazionale ed internazionale.

Ansitz Fonteklaus

via Freins 4, Est : 3,6 km, alt. 897 – ✆ 04 71 65 56 54
– www.fonteklaus.it – info@fonteklaus.it
– aprile-novembre
8 cam – 72/82 € – 2 suites – ½ P 57/63 €
Rist – *(chiuso giovedì)* Carta 26/57 €
♦ Potreste incontrare i caprioli, il picchio o lo scoiattolo in questa incantevole oasi di pace; laghetto-piscina naturale; confort e relax in un hotel tutto da scoprire. Calda atmosfera nella sala da pranzo in stile stube.

Bischofhof

via Gries 4 – ✆ 04 72 84 74 48
– www.bischofhof.it – info@bischofhof.it
– chiuso novembre
21 cam – solo ½ P 55 €
Rist Jasmin – vedere selezione ristoranti
Rist – *(solo per alloggiati)*
♦ Pochi minuti a piedi dal centro della cittadina e raggiungerete questa pensione familiare: all'interno camere comode ed accoglienti, una piscina e giochi per i più piccoli.

Jasmin (Martin Obermarzoner)

via Gries 4 – ✆ 04 72 84 74 48 – www.bischofhof.it – info@bischofhof.it – chiuso novembre e martedì
Rist – *(chiuso a mezzogiorno escluso domenica)* (prenotazione obbligatoria) Menu 70/150 €
Spec. Tataki di salmone selvaggio su asparagi bianchi e cetrioli tiepidi con essenza di fiori di sambuco. Risotto venere con gamberi rossi e mela verde. Agnello pré-salé in crosta di santoreggia, salsa alla menta e tortino di cicerchie.
♦ Questo grande e giovane talento della ristorazione altoatesina propone una cucina all'avanguardia nelle tecniche e personalizzata in alcune originali invenzioni, in un locale che brilla per l'elegante minimalismo.

a Gudon (Gufidaun)**Nord-Est : 4 km – ✉ 39043**

Unterwirt con cam

Gudon 45 – ✆ 04 72 84 40 00 – www.unterwirt-gufidaun.com – info@unterwirt-gufidaun.com – chiuso dal 7 gennaio al 2 febbraio, dal 18 al 30 giugno, domenica, lunedì
3 cam – 88/104 €
Rist – *(chiuso a mezzogiorno escluso da luglio a settembre)* Menu 58/78 € bc
♦ Se la buona cucina costituisce uno dei requisiti che concorrono a qualificare il valore dell'ospitalità, qui l'avete trovata! Piatti moderni in tre caratteristiche stube, personalizzate con stufe in muratura e colorati acquerelli.

CHIUSI – Siena (SI) – 563 M17 – 8 869 ab. – alt. 398 m – ✉ 53043 — 29 D2

Toscana

Roma 159 – Perugia 52 – Arezzo 67 – Chianciano Terme 12
via Porsenna 79 ✆0578 227667, info@prolocochiusi.it, Fax 0578 227667
Museo Archeologico★
A Sarteano, Annunciazione★★ nella chiesa di S. Martino: 10 km sud-ovest

Osteria La Solita Zuppa

via Porsenna 21 – ✆ 0 57 82 10 06
– www.lasolitazuppa.it – rl@lasolitazuppa.it
– chiuso dal 15 gennaio al 1° marzo e martedì
Rist – (consigliata la prenotazione) Menu 18/21 € – Carta 24/29 €
♦ Un'ottima accoglienza riscalda questa rustica trattoria del centro. La cucina "parla" toscano, con un occhio di riguardo per i piatti antichi e le ricette povere: immancabili, le proverbiali zuppe.

in prossimità casello autostrada A1 Ovest : 3 km:

Il Patriarca rist,

località Querce al Pino, strada statale 146 ✉ 53043 Chiusi – ✆ 05 78 27 44 07 – www.ilpatriarca.it – info@ilpatriarca.it
24 cam – †89/99 € ††129/159 € – ½ P 90/105 €
Rist I Salotti – vedere selezione ristoranti
Rist *La Taverna del Patriarca* – Carta 31/43 €
◆ Racchiusa in un parco meraviglioso, la villa ottocentesca è stata edificata su un insediamento di origine etrusca e ottimamente ristrutturata con buon gusto. I classici regionali alla Taverna del Patriarca.

I Salotti (Katia Maccari)

località Querce al Pino, strada statale 146 ✉ 53043 Chiusi – ✆ 05 78 27 44 07 – www.ilpatriarca.it – info@ilpatriarca.it – 8 dicembre-6 gennaio e Pasqua-ottobre; chiuso lunedì e martedì
Rist – *(chiuso a mezzogiorno)* Menu 90/120 € – Carta 71/96 €
Spec. Paccheri con gamberi rossi al profumo d'arancia, mandorle e basilico. Filetto di chianina flambé bardato con lardo di Colonnata, scaloppa di fegato grasso e composta di cipolle rosse. Pesca al Vin Santo con gelato alla mandorla, spuma di caramello e croccante di cantucci.
◆ Un ristorante che convince anche i più critici gourmet. Sulle sue eleganti tavole, infatti, la cucina reinterpreta i prodotti regionali con grande estro e creatività.

CHIVASSO – Torino (TO) – 561 G5 – 25 378 ab. – alt. 183 m – ✉ 10034 22 B2

Roma 684 – Torino 22 – Aosta 103 – Milano 120

Locanda del Sole

via Roma 16 – ✆ 01 19 12 12 29 – giorgiodaniela@alice.it – chiuso dal 1° al 7 gennaio, dal 7 al 21 agosto, domenica sera, lunedì
Rist – Carta 28/38 €
◆ Nel centro della località, due salette molto curate ed una veranda in stile giardino d'inverno, dove gustare una casalinga cucina regionale.

CIAMPINO – Roma – 563 Q19 – Vedere Roma

CICOGNARA – Mantova – Vedere Viadana

CICOGNOLO – Cremona (CR) – 561 G12 – 931 ab. – alt. 44 m – ✉ 26030 17 C3

Roma 541 – Milano 108 – Cremona 15 – Mantova 55

Pilgrim's senza rist

strada provinciale 33, 9 – ✆ 03 72 83 00 85 – www.pilgrimshotel.it – info@pilgrimshotel.it – chiuso agosto
34 cam – †45/90 € ††60/150 €
◆ Gestione giovane e competente per una struttura efficiente con buoni spazi comuni e camere rinnovate nei confort: la maggior parte delle quali offre una suggestiva vista sul maestoso castello di Cicognolo.

CIMA SAPPADA – Belluno – Vedere Sappada

CIMEGO – Trento (TN) – 562 E13 – 422 ab. – alt. 557 m – ✉ 38082 30 A3

Roma 630 – Trento 64 – Brescia 86 – Sondrio 143

Aurora cam,

località Casina dei Pomi 139, Nord-Est : 1,5 km – ✆ 04 65 62 10 64 – www.hotelaurora.tn.it – graziano@hotelaurora.tn.it
18 cam – †34/38 € ††68/74 € – ½ P 46/50 €
Rist – *(chiuso lunedì)* Carta 21/28 €
◆ Lungo la strada per Campiglio, un grazioso edificio con camere in continuo rinnovo e rilassante giardino sul retro. Ristorante rinomato per le specialità locali e la polenta in molte varianti.

CINGOLI - Macerata (MC) - 563 L21 - 10 654 ab. - alt. 631 m - ✉ 62011 — 21 C2

Roma 250 - Ancona 52 - Ascoli Piceno 122 - Gubbio 96

(giugno-settembre) via Ferri 17 ☎ 0733 602444, actproloco@interfree.it, Fax 0733 602444

Villa Ugolini

località Sant'Anastasio 30, Est : 4 km - ☎ 07 33 60 46 92 - www.villaugolini.it - raffaela.rango@tiscali.it

11 cam - †50 € ††80 € - ½ P 50 €

Rist - Menu 18/25 €

♦ Piccolo albergo a conduzione familiare ricavato da una villa in pietra del 1600. Camere ampie con mobili in legno scuro. Giardino curato con vista sui colli.

CINISELLO BALSAMO - Milano (MI) - 561 F9 - 73 216 ab. - alt. 154 m - ✉ 20092 — 18 B2

Roma 583 - Milano 13 - Bergamo 42 - Como 41

Pianta d'insieme di Milano

Cosmo Hotel Palace

via De Sanctis 5 - ☎ 02 61 77 71 - www.cosmohotels.it - palace@hotelcosmo.com — 2BOx

201 cam - ††89/359 € - ½ P 80/215 €

Rist - *(chiuso sabato e domenica a mezzogiorno)* Carta 38/61 €

♦ Struttura imponente, visibile anche dall'autostrada da cui è facilmente raggiungibile. Interni comunque perfettamente insonorizzati, arredati in stile semplice e funzionale. Grande sala open-space, a pranzo nei giorni feriali fornito self-service.

Lincoln senza rist

viale Lincoln 65 - ☎ 0 26 17 26 57 - www.hotellincoln.it - info@hotellincoln.it

19 cam - †77/150 € ††95/190 € — 2BOk

♦ Frequentazione, per lo più abituale, di clientela di lavoro o di passaggio per una risorsa di buon confort, con spazi comuni limitati, ma camere ampie e ben arredate.

CINQUALE - Massa Carrara - 563 K12 - Vedere Montignoso

CIOCCARO - Asti - 561 G6 - Vedere Penango

CIPRESSA - Imperia (IM) - 561 K5 - 1 360 ab. - alt. 240 m - ✉ 18017 — 14 A3

Roma 628 - Imperia 19 - San Remo 12 - Savona 83

La Torre

piazza Mazzini 2 - ☎ 0 18 39 80 00 - 16 febbraio-14 ottobre; chiuso lunedì

Rist - Carta 24/36 €

♦ Una serie di tornanti vi condurrà alla volta di Cipressa e di una spettacolare vista sul mare. E' nel centro di questo caratteristico paese che si trova la trattoria: accoglienza familiare e cucina di terra.

CIRELLA - Cosenza (CS) - 564 H29 - alt. 27 m - ✉ 87020 — 5 A1

Roma 430 - Cosenza 83 - Castrovillari 80 - Catanzaro 143

Agriturismo Fattoria di Arieste

cam,

strada per Maierà, Est: 1,5 km - ☎ 09 85 88 90 50 - www.fattoriadiarieste.it - info@fattoriadiarieste.it - marzo-settembre

6 cam - ††60/90 € - ½ P 55 €

Rist - Menu 20 €

♦ Azienda agricola con meravigliosa vista sul golfo di Policastro: amabile accoglienza familiare in colorate ed accoglienti camere. Cucina casalinga e genuina.

CIRIÉ – Torino (TO) – 561 G4 – 18 827 ab. – alt. 344 m – ✉ 10073 22 B2

Roma 698 – Torino 20 – Aosta 113 – Milano 144

XX **Nuovo Carretto**

via Biaune 4 – ☎ 01 19 20 32 06 – chiuso 1 settimana in febbraio, dal 23 agosto al 13 settembbre e lunedì

Rist – Carta 40/50 €

◆ Ristorante in un cascinale dei primi '900, dove il titolare propone un menu quotidiano basato sulla tradizione piemontese rivisitata con fantasia. Buona scelta enologica ed ottima selezione di champagne, ai quali è dedicata una carta a parte. Servizio estivo all'aperto.

CIRÒ MARINA – Crotone (KR) – 564 I33 – 14 821 ab. – ✉ 88811 5 B1

Roma 561 – Cosenza 133 – Catanzaro 114 – Crotone 36

Il Gabbiano rist,

località Punta Alice, Nord : 2 km – ☎ 0 96 23 13 38 – www.gabbiano-hotel.it – info@gabbiano-hotel.it

51 cam – †55/80 € ††85/140 € – ½ P 55/95 € **Rist** – Carta 20/38 €

◆ Alla fine del lungomare - alle porte del paese - hotel recentemente rinnovato: modernità e confort sia nelle camere sia negli spazi comuni. Due sale di tono elegante nel ristorante, con servizio estivo di fronte alla piscina.

CISANO BERGAMASCO – Bergamo (BG) – 561 E10 – 6 253 ab. – alt. 267 m – ✉ 24034 19 C1

Roma 610 – Bergamo 18 – Brescia 69 – Milano 46

La Sosta

via Sciesa 7, Ovest: 1,5 km – ☎ 03 54 36 42 32 – www.hotellasosta.it – info@hotellasosta.it – chiuso dal 16 al 28 agosto

9 cam – †80/110 € ††100/130 € – 2 suites – ½ P 70/100 €

Rist La Sosta – vedere selezione ristoranti

◆ Bella ristrutturazione di una palazzina proprio sulla sponda del fiume Adda, su cui si affaccia con le sue terrazze: camere semplici e funzionali, in uno stile minimalista che non esclude il confort.

XX **La Sosta**

via Sciesa 3, Ovest : 1,5 km – ☎ 0 35 78 10 66 – www.ristorantelasosta.it – info@ristorantelasosta.it – chiuso 10 giorni in febbraio, dal 16 al 24 agosto e mercoledì

Rist – Carta 33/70 €

◆ Locale di tradizione e di sapore classico caratterizzato da grandi vetrate, nonché da una bella veranda romanticamente affacciata sul fiume Adda. Cucina di ampio respiro con ricette di carne, ma anche specialità di pesce: d'acqua dolce e di mare.

XX **Fatur** con cam cam,

via Roma 2 – ☎ 0 35 78 12 87 – www.fatur.it – info@fatur.it – chiuso dal 2 al 10 gennaio e dal 16 al 30 agosto

13 cam – †70 € ††90 € – 1 suite – ½ P 90 €

Rist – *(chiuso venerdì)* Carta 35/48 €

◆ Ai piedi del castello, nel centro del paese, questo accogliente ristorante propone i sapori del territorio, rivisitati con fantasia. Nella bella stagione, approfittate del piacevole servizio in giardino. Al piano superiore, camere spaziose ed arredate in stile funzionale.

CISON DI VALMARINO – Treviso (TV) – 562 E18 – 2 687 ab. – alt. 261 m – ✉ 31030 36 C2

Roma 582 – Belluno 32 – Trento 114 – Treviso 41

CastelBrando

via Brandolini 29 – ☎ 04 38 97 61 – www.castelbrando.it – hotel@castelbrando.it

70 cam – †90/140 € ††100/200 € – 10 suites – ½ P 95/145 €

Rist *Sansovino* – *(chiuso lunedì, martedì) (chiuso a mezzogiorno escluso sabato e festivi)* Carta 45/58 €

Rist *La Fucina* – Carta 30/39 €

◆ Sorge in posizione elevata questo complesso storico, le cui fondamenta risalgono all'epoca romana. Grandi spazi e servizi completi, anche per congressi e area museale aperta al pubblico (su prenotazione). Elegante atmosfera castellana al ristorante Sansovino. Piatti più semplici e servizio pizzeria alla Fucina.

CISTERNA D'ASTI - Asti (AT) - **561** H6 - **1 313 ab.** - **alt. 350 m** **25** C1
- ✉ **14010**

Roma 626 – Torino 46 – Asti 21 – Cuneo 82

Garibaldi con cam
via Italia 1 – ☎ 01 41 97 91 18 – ilgaribaldi.vaudano@libero.it – chiuso 2 settimane in gennaio e dal 16 al 30 agosto
7 cam – 40 € 60 € – ½ P 50 € **Rist** – *(chiuso mercoledì)* Carta 20/30 €
♦ C'è tutta la storia di una famiglia nella raccolta di oggetti d'epoca di uso comune (dalle pentole alle fotografie) esposta in questo originale locale; cucina piemontese.

CISTERNINO - Brindisi (BR) - **564** E34 - **11 914 ab.** - **alt. 393 m** **27** C2
- ✉ **72014**

Roma 524 – Brindisi 56 – Bari 74 – Lecce 87

Lo Smeraldo
contrada Don Peppe Sole 7, località Monti , Nord-Est : 3 km – ☎ 08 04 44 87 09 – www.hotellosmeraldo.com – info@hotellosmeraldo.com
82 cam – 55/65 € 75/95 € – ½ P 70 € **Rist** – Menu 20 €
♦ Si vedono il mare e la costa in lontananza da questa funzionale struttura di taglio moderno, in zona verdeggiante e soleggiata; gestione familiare attenta e ospitale. Varie sale, luminose e signorili, nel ristorante a vocazione banchettistica.

CITARA - Napoli - Vedere Ischia (Isola d') : Forio

CITTADELLA - Padova (PD) - **562** F17 - **20 025 ab.** - **alt. 48 m** **37** B1
- ✉ **35013** Italia

Roma 527 – Padova 31 – Belluno 94 – Milano 227

"Casa del Capitano" Porte Bassanesi ☎ 049 9404485 turismo@comune.cittadella.pd.it Fax 049 5972754

Cinta muraria★

2 Mori con cam rist,
via borgo Bassano 149 – ☎ 04 99 40 14 22 – www.hotelduemori.it – info@hotelduemori.it – chiuso dal 1° al 15 gennaio e dal 5 al 20 agosto
26 cam – 55/65 € 70/80 € – ½ P 60/70 €
Rist – *(chiuso domenica sera, lunedì)* Carta 40/55 €
♦ In un edificio eretto sulle fondamenta di un convento del XV sec., sale ristorante dall'arredo elegante e camere ben accessoriate; gradevole il servizio estivo in giardino.

CITTADELLA DEL CAPO - Cosenza (CS) - **564** I29 - **alt. 23 m** **5** A1
- ✉ **87020**

Roma 451 – Cosenza 61 – Castrovillari 65 – Catanzaro 121

Palazzo del Capo
via Cristoforo Colombo 5 – ☎ 0 98 29 56 74 – www.palazzodelcapo.it – palazzodelcapo@tiscalinet.it – chiuso dal 20 dicembre al 6 gennaio
11 cam – 150/180 € 230/265 € – ½ P 173 €
Rist – (prenotazione obbligatoria) Menu 40/80 €
♦ Uno scrigno di insospettate sorprese questa residenza storica fortificata sul mare, con torre spagnola nel giardino: eleganti interni d'epoca e servizi di elevato profilo tra cui la nuova beauty farm. Molti spazi per la ristorazione; a disposizione - solo in estate - anche la rotonda sul mare.

CITTÀ DELLA PIEVE - Perugia (PG) - **563** N18 - **7 699 ab.** **32** A2
- **alt. 509 m** - ✉ **06062** Italia Centro Nord

Roma 154 – Perugia 41 – Arezzo 76 – Chianciano Terme 22

piazza Matteotti 1 ☎ 0578 299375 promopieve@cittadellapieve.org, Fax 0578 299375

Oratorio di S. Maria dei Bianchi: Adorazione dei Magi★ del Perugino

Vannucci
viale Vanni 1 – ✆ 05 78 29 80 63 – www.hotel-vannucci.com – info@hotel-vannucci.com
30 cam – †60/80 € ††95/125 € – ½ P 78/93 €
Rist *Zafferano* – *(chiuso dal 2 al 20 novembre, mercoledì)* Carta 39/73 €
◆ Abbracciata dal verde, la risorsa dispone di camere nuove spaziose e luminose arredate con gusto moderno in chiare tonalità, un centro benessere ed una sala lettura. Accanto ad un elegante locale ben arredato con proposte à la carte di respiro regionale ed internazionale, anche un servizio pizzeria.

Relais dei Magi
località le Selve Nuove 45, Sud-Est : 4 km – ✆ 05 78 29 81 33 – www.relaismagi.it – reception@relaismagi.it – aprile-settembre
8 cam – †120/130 € ††165/185 € – 4 suites – ½ P 125/130 €
Rist – *(chiuso giovedì) (solo per alloggiati)* Menu 35/40 €
◆ Occorre percorrere una strada sterrata per giungere a quest'incantevola risorsa che accoglie i propri ospiti in tre diversi edifici. Un soggiorno appartato e raffinato.

Agriturismo Madonna delle Grazie rist,
località Madonna delle Grazie 6, Ovest : 1 km – ✆ 05 78 29 98 22 – www.madonnadellegrazie.it – info@madonnadellegrazie.it
10 cam – ††100/130 € – ½ P 65/85 €
Rist – (prenotazione obbligatoria) Carta 24/33 €
◆ Offre uno spaccato di vita contadina questo agriturismo immerso nella quiete dei colli tosco-umbri, perfetto per una vacanza a contatto con la natura, tra passeggiate a piedi e a cavallo e qualche tuffo in piscina. Nella sala ristorante interna o all'aperto, la gustosa cucina regionale.

CITTÀ DI CASTELLO – Perugia (PG) – 563 L18 – 40 303 ab. – alt. 288 m – ✉ 06012 — 32 B1

Roma 258 – Perugia 49 – Arezzo 42 – Ravenna 137

piazza Matteotti-Logge Bufalini ✆ 075 8554922, info@iat.città-di-castello.pg.it, Fax 075 8552100

Borgo di Celle rist,
località Celle 7 – ✆ 07 58 51 00 25 – www.borgodicelle.it – info@borgodicelle.it
26 cam – †55/85 € ††80/120 € – ½ P 80/90 € **Rist** – Carta 24/38 €
◆ Una gran bella risorsa ubicata in collina e all'interno di un piccolo borgo medioevale: cotto e arredi essenziali in arte povera negli spazi comuni composti da sale e salette. Superlativi i giardini con la piscina panoramica. L'attrezzato centro relax completa l'offerta di questo angolo di paradiso.

Tiferno
piazza Raffaello Sanzio 13 – ✆ 07 58 55 03 31 – www.hoteltiferno.it – info@hoteltiferno.it
47 cam – †60/90 € ††95/145 € **Rist** – *(chiuso mercoledì)* Carta 30/39 €
◆ Porta l'antico nome della città questo raffinato albergo ricavato in un edificio d'epoca: bei soffitti a cassettone e pregevoli mobili antichi; moderne invece le ampie camere.

Garden rist,
viale Bologni 96 Nord-Est : 1 km – ✆ 07 58 55 05 87 – www.hotelgarden.com – info@hotelgarden.com
59 cam – †52/75 € ††70/100 € – ½ P 50/70 € **Rist** – Carta 25/60 €
◆ Periferico e tranquillo - adiacente un centro sportivo - hotel di taglio moderno con piscina, centro benessere e palestra; camere ben accessoriate. Tono elegante nell'ampia sala ristorante.

Le Mura rist,
via borgo Farinario 24/26 – ✆ 07 58 52 10 70 – www.hotellemura.it – direzione@hotellemura.it
35 cam – †40/50 € ††70/90 € – ½ P 50/60 €
Rist *Raffaello* – Carta 21/27 €
◆ Ricavato nelle ex manifatture di tabacco e a ridosso delle antiche mura cittadine, struttura di buon confort generale; ottime le sobrie camere, rinnovate di recente. Bella sala ristorante con vetrate affacciate sulla fontana nella suggestiva corte interna.

Il Bersaglio

viale Orlando 14 – ✆ 07 58 55 55 34 – www.ristoranteilbersaglio.com – info@ristoranteilbersaglio.com – chiuso 2 settimane in luglio e mercoledì
Rist – (consigliata la prenotazione) Menu 18/33 € – Carta 24/38 €
♦ Un classico della città questo locale fuori le mura, che si propone con le specialità stagionali della zona: funghi, tartufi bianchi dell'alto Tevere e cacciagione.

a Ronti **Sud-Ovest : 18 km – ✉ 06012 Città Di Castello**

Palazzo Terranova – Country House

rist, cam,
località Ronti Vocabolo Terranova, Nord : 2,5 km – ✆ 07 58 57 00 83 – www.palazzoterranova.com – info@palazzoterranova.com – 15 marzo-15 novembre
12 cam – ††220/730 €
Rist – Carta 50/85 €
♦ Una lunga strada sterrata in salita verso il paradiso: una signorile villa settecentesca con arredamento umbro-inglese e incantevoli camere accoglienti, tutte diverse fra loro. Sala ristorante semplice ed elegante come impone lo stile country più raffinato.

CITTANOVA – Reggio di Calabria (RC) – 564 L30 – 10 538 ab. – alt. 400 m – ✉ 89022 5 A3

Roma 661 – Reggio di Calabria 69 – Catanzaro 121 – Lamezia Terme 94

Casalnuovo

viale Merano 103 – ✆ 09 66 65 58 21 – www.hotelcasalnuovo.com – info@hotelcasalnuovo.com
18 cam – †42/62 € ††60/70 € – ½ P 45/50 €
Rist – *(chiuso 15 giorni in agosto, sabato, domenica a mezzogiorno)* Carta 18/33 €
♦ Curato albergo a gestione familiare, ideale come sosta per chi è in viaggio di lavoro ma anche come base d'appoggio per visitare i dintorni. Camere con arredi lineari. Sobria e ampia sala ristorante.

CITTÀ SANT'ANGELO – Pescara (PE) – 563 O24 – 14 196 ab. – alt. 317 m – ✉ 65013 1 B1

Roma 223 – Pescara 25 – L'Aquila 120 – Chieti 34

in prossimità casello autostrada A 14 **Est : 9,5 km :**

Giardino dei Principi

viale Petruzzi 30 ✉ 65013 – ✆ 0 85 95 02 35 – www.hotelgiardinodeiprincipi.it – info@hotelgiardinodeiprincipi.it
34 cam – †50/95 € ††85/135 € **Rist** – Carta 27/39 €
♦ Romanticamente abbracciata da un fresco giardino, questa funzionale struttura di taglio moderno dispone di spazi comuni un po' limitati, camere assolutamente accoglienti. Cucina classica nella luminosa sala ristorante.

CITTIGLIO – Varese (VA) – 561 E7 – 3 991 ab. – alt. 254 m – ✉ 21033 16 A2

Roma 650 – Stresa 53 – Bellinzona 52 – Como 45

La Bussola con cam

rist, cam,
via Marconi 28 – ✆ 03 32 60 22 91 – www.hotellabussola.it – info@hotellabussola.it
21 cam – †45/70 € ††65/95 €, 9 € – 1 suite – ½ P 48/75 €
Rist – Carta 32/42 € (+10 %)
♦ Un locale che può soddisfare esigenze e gusti diversi: sale eleganti di cui una per la pizzeria serale, salone banchetti, cucina eclettica e camere curate.

CIUK – Sondrio – Vedere Bormio

CIVATE – Lecco (LC) – 561 E10 – 4 005 ab. – alt. 269 m – ✉ 23862 18 B1

Roma 619 – Como 24 – Bellagio 23 – Lecco 5

Cascina Edvige

via Roncaglio 11 – ☎ 03 41 55 03 50 – www.cascinaedvige.it – edvige.rist@tiscalinet.it – chiuso dal 26 al 30 dicembre, agosto e martedì

Rist – Carta 25/33 €

◆ Il grande camino consente di preparare le specialità del cascinale: le carni alla griglia. Ma c'è spazio anche per salumi, paste fatte in casa, selvaggina e il caldo benvenuto della famiglia. D'estate si cena nel cortile interno.

CIVIDALE DEL FRIULI – Udine (UD) – 562 D22 – 11 602 ab. 11 C2 – alt. 135 m – ✉ 33043 Italia Centro Nord

Roma 655 – Udine 16 – Gorizia 30 – Milano 394

piazza Paolo Diacono 10 ☎ 0432 710422, turismo@cividale.net, Fax 0432 710423

Tempietto★★ – Museo Archeologico★★

Roma senza rist

piazza Picco 17 – ☎ 04 32 73 18 71 – www.hotelroma-cividale.it – info@hotelroma-cividale.it

53 cam – 55/78 € 85/130 €

◆ In centro paese, questo albergo a conduzione diretta saprà ospitarvi in camere funzionali e confortevoli. Ideale per una clientela business.

Locanda al Castello con cam

via del Castello 12, Nord-Ovest : 1,5 km – ☎ 04 32 73 32 42 – www.alcastello.net – info@alcastello.net

27 cam – 65/100 € 90/150 € – ½ P 70/90 €

Rist – *(chiuso mercoledì)* Carta 24/45 €

◆ All'interno dell'ottocentesco castello, inizialmente anche convento, cucina sia di terra sia di mare in ambienti rustico-eleganti: immancabile il fogolar in sala. Originariamente luogo di riposo e di raccoglimento per la meditazione dei gesuiti, le camere sono ora moderne ed accoglienti.

Al Monastero con cam e senza

via Ristori 9 – ☎ 04 32 70 08 08 – www.almonastero.com – info@almonastero.com

5 cam – 60/120 € **Rist** – *(chiuso domenica sera, lunedì)* Carta 24/35 €

◆ Cucina legata al territorio con piccole rivisitazioni, in questo curato ristorante dalle accoglienti sale: originale quella con il tipico *fogolar furlan*, o quella con l'affresco celebrativo di Bacco. Per chi desidera prolungare il soggiorno, cinque graziosi appartamenti con soppalco e angolo cottura.

CIVITA CASTELLANA – Viterbo (VT) – 563 P19 – 16 783 ab. 12 B1 – alt. 145 m – ✉ 01033 Italia Centro Sud

Roma 55 – Viterbo 50 – Perugia 119 – Terni 50

Duomo★ - Rocca★

Relais Falisco

via Don Minzoni 19 – ☎ 07 61 54 98 – www.relaisfalisco.it – relaisfalisco@relaisfalisco.it

36 cam – 90/105 € 140/160 € – 6 suites

Rist La Scuderia – vedere selezione ristoranti

◆ Il soggiorno in un palazzo signorile con origini secentesche offre atmosfere suggestive sia per il turista sia per chi viaggia per affari. Vasca idromassaggio negli originali sotterranei scavati nel tufo.

Val Sia Rosa

via Nepesina al km 1 – ☎ 07 61 51 78 91 – www.valsiarosa.it – valsiarosa@tin.it – chiuso mercoledì

Rist – Carta 25/43 €

◆ Rosa antico e giallo oro, sono caldi colori ad avvolgere le pareti dell'ottocentesca villa che oggi ospita il ristorante. Giovane e dinamica, la gestione. Cucina mediterranea.

XX **La Scuderia** - Relais Falisco

via Don Minzoni 19 – ✆ 07 61 51 67 98 – ristorantelascuderia@gmail.com – chiuso dal 1° al 21 agosto, domenica sera e lunedì

Rist – *(chiuso a mezzogiorno escluso sabato e domenica)* Carta 40/50 €

♦ Un'armoniosa fusione di tipicità ed eleganza in questo caratteristico ristorante ricavato nelle scuderie del palazzo secentesco, all'interno del complesso del Relais Falisco. Piatti esposti a voce.

X **La Giaretta**

via Ferretti 108 – ✆ 07 61 51 33 98 – www.civitacastellana.it – chiuso dal 5 al 25 agosto, domenica sera e lunedì

Rist – Carta 20/31 €

♦ Ogni proposta è presentata a voce in questo sobrio locale situato in zona centrale, che alla cucina laziale affianca qualche piatto di pesce. Seria ed esperta conduzione familiare.

a Quartaccio Nord-Ovest : 5,5 km – ✉ 01034 Fabrica Di Roma

Aldero cam,

– *✆ 07 61 51 47 57 – www.aldero.it – info@aldero.it*

40 cam – †80/95 € ††95/105 € – 1 suite

Rist – *(chiuso dal 5 al 20 agosto e domenica)* Carta 25/48 €

♦ Lentamente, ma con perseveranza, la famiglia apporta ogni anno piccole e piacevoli migliorie alla struttura: due le tipologie di camere offerte, parcheggio coperto, sala conferenze. Al ristorante, i piatti della tradizione regionale.

CIVITANOVA MARCHE – Macerata (MC) – 563 M23 – 38 706 ab. – ✉ 62012 — 21 D2

Roma 276 – Ancona 47 – Ascoli Piceno 79 – Macerata 27

corso Umberto I 193 ✆ 0733 813967, iat.civitanova@provincia.mc.it, Fax 0733 815027

Palace senza rist

piazza Rosselli 6 – ✆ 07 33 81 04 64 – www.royalre.it – palace@royalre.it

37 cam – †80 € ††130 €

♦ Ubicata di fronte alla stazione e recentemente rinnovata, una risorsa che offre un'ospitalità curata nelle sue camere ben insonorizzate e dotate di ogni confort.

Aquamarina senza rist

viale Matteotti 47 – ✆ 07 33 81 08 10 – www.hotelaquamarina.it – info@hotelaquamarina.it

14 cam – †65/75 € ††95/115 €

♦ In un piacevole edificio centrale, non lontano dal mare, hotel a gestione familiare, inaugurato nel 1995; stanze di lineare, funzionale semplicità e bagni moderni.

XX **Il Gatto che Ride**

viale Vittorio Veneto 115 – ✆ 07 33 81 66 67 – www.ilgattocheride.it – info@ilgattocheride.it – chiuso mercoledì

Rist – Carta 28/52 €

♦ Se oltre a contemplare il mare, volete anche assaporarlo, un buon indirizzo è questo centrale e frequentato locale: un'unica sala con arredi recenti e servizio attento.

CIVITAVECCHIA – Roma (RM) – 563 P17 – 52 196 ab. – ✉ 00053 — 12 A2

Roma 78 – Viterbo 59 – Grosseto 111 – Napoli 293

per Golfo Aranci – Sardinia Ferries, call center 899 929 206

per Cagliari, Olbia ed Arbatax – Tirrenia Navigazione, call center 892 123

X **La Bomboniera**

corso Marconi 50 – ✆ 0 76 62 57 44 – www.labomboniera.info – info@labomboniera.info – chiuso lunedì

Rist – Carta 34/56 €

♦ Grazioso localino dove troneggia un grande camino e alle pareti, dal vivace colore arancione, stampe e riproduzioni. La cucina è prevalentemente a base di pesce con specialità sarde (per quest'ultime si consiglia la prenotazione).

CIVITELLA ALFEDENA - L'Aquila (AQ) - 563 Q23 - 316 ab. - alt. 1 123 m - ✉ 67030 1 B3

Roma 162 – Frosinone 76 – L'Aquila 122 – Caserta 122

Antico Borgo La Torre

via Castello – ☎ 08 64 89 01 21 – www.albergolatorre.com – info@albergolatorre.com

24 cam – †40/50 € ††55/60 € – ½ P 45/50 €

Rist – *(chiuso a mezzogiorno) (solo per alloggiati)* Menu 18/22 €

◆ Nel centro del paese, preservato nella sua integrità storica, due strutture divise dalla torre del '300 che dà il nome all'albergo; camere semplici e rinnovate.

CIVITELLA CASANOVA - Pescara (PE) - 563 O23 - 1 985 ab. - alt. 400 m - ✉ 65010 1 B2

Roma 209 – Pescara 33 – L'Aquila 97 – Teramo 100

XX **La Bandiera** con cam

contrada Pastini 4, Est : 4 km – ☎ 0 85 84 52 19 – www.labandiera.it – marcello.spadone@labandiera.it – chiuso 20 giorni tra gennaio e febbraio, 10 giorni in novembre, domenica sera, mercoledì

3 cam – †65/70 € ††70/90 € **Rist** – Menu 40/45 € – Carta 32/53 €

◆ In posizione isolata nella campagna, la veranda guarda il gruppo della Maiella e le eleganti sale non sono da meno. Lo spettacolo arriva anche dalla cucina: specialità abruzzesi con spunti moderni.

CIVITELLA DEL LAGO - Terni - 563 O18 - Vedere Baschi

CIVITELLA DEL TRONTO - Teramo (TE) - 563 N23 - 5 459 ab. - alt. 589 m - ✉ 64010 1 A1

Roma 200 – Ascoli Piceno 24 – Ancona 123 – Pescara 75

XX **Zunica 1880** con cam

piazza Filippi Pepe 14 – ☎ 0 86 19 13 19 – www.hotelzunica.it – info@hotelzunica.it – chiuso dal 10 al 30 gennaio

17 cam – †60/90 € ††90/180 € – ½ P 90/110 €

Rist – *(chiuso mercoledì)* Carta 32/44 €

◆ All'interno di un borgo in pietra in cima ad un colle dal quale abbracciare con lo sguardo colline, mare e montagne, un locale elegante ormai tappa gourmet dove gustare il meglio della cucina regionale. Camere confortevoli, recentemente ristrutturate.

CIVITELLA IN VAL DI CHIANA - Arezzo (AR) - 563 L17 - 9 119 ab. - alt. 280 m - ✉ 52040 29 C2

Roma 209 – Siena 52 – Arezzo 18 – Firenze 72

X **L'Antico Borgo**

via di Mezzo 35 – ☎ 05 75 44 81 60 – www.antborgo.it – vitoanticoborgo@gmail.com – chiuso 10 giorni in gennaio e martedì

Rist – (consigliata la prenotazione) Carta 31/51 €

◆ Nel borgo medioevale che domina la valle, caratteristico ristorante ricavato in un ex locale per la macina dei cereali. Sulla tavola: la tipica cucina toscana, rigorosamente stagionale.

CIVITELLA MARITTIMA - Grosseto (GR) - 563 N15 - alt. 329 m - ✉ 58045 29 C2

Roma 206 – Grosseto 33 – Perugia 142 – Siena 43

X **Locanda nel Cassero** con cam

via del Cassero 29/31 – ☎ 05 64 90 06 80 – www.locandanelcassero.com – info@locandanelcassero.com – chiuso 15 giorni in novembre o dicembre, 15 giorni in febbraio o marzo

5 cam – †50/76 € ††80/96 €, 7 € **Rist** – *(chiuso martedì, anche mercoledì e a mezzogiorno da novembre a Pasqua)* (consigliata la prenotazione) Carta 23/41 €

◆ All'ombra del campanile del paese, questa piccola locanda propone specialità toscane sapide e gustose. Apprezzabile la flessibilità d'orario in cucina che propone - anche a "fornelli spenti" - una serie di piatti, sia caldi sia freddi. Al piano superiore: camere arredate in modo semplice, in armonia con l'ambiente.

CLAVIERE – **Torino (TO)** – **561** H2 – **208 ab.** – **alt. 1 760 m** – **Sport invernali : 1 760/2 823 m (Comprensorio Via Lattea 6 72)** – 10050 **22** A2

Roma 758 – Bardonecchia 31 – Briançon 15 – Milano 230

via Nazionale 30 0122 878856, claviere@turismotorino.org

strada Nazionale 47, 0122 87 89 17

'l Gran Bouc

via Nazionale 24/a – 01 22 87 88 30 – www.granbouc.it – info@granbouc.it – chiuso maggio, novembre e mercoledì in bassa stagione

Rist – Carta 31/44 €

♦ Nato nel 1967 come sala giochi e bar, il locale è suddiviso in due sale di stile diverso - una rustica e l'altra più raffinata - dove gustare piatti nazionali, specialità piemontesi e pizze.

CLERAN = KLERANT – **Bolzano** – **Vedere Bressanone**

CLES – **Trento (TN)** – **562** C15 – **6 731 ab.** – **alt. 658 m** – 38023 **30** B2

Roma 626 – Bolzano 68 – Passo di Gavia 73 – Merano 57

Lago di Tovel★★★ Sud-Ovest : 15 km

Antica Trattoria con cam

via Roma 13 – 04 63 42 16 31 – www.anticatrattoriacles.it – info@anticatrattoriacles.it – chiuso 1 settimana in gennaio e 1 settimana in luglio

8 cam – †58/65 € ††78/90 € – ½ P 75 €

Rist – *(chiuso sabato)* Carta 36/55 €

♦ Locale completamente ristrutturato, con una stufa in maiolica di fine '800 che ben si inserisce in un contesto di stile contemporaneo, caldo e accogliente. Belle camere.

CLUSANE SUL LAGO – **Brescia** – **561** F12 – **Vedere Iseo**

CLUSONE – **Bergamo (BG)** – **561** E11 – **8 794 ab.** – **alt. 648 m** – 24023 **16** B2

Roma 635 – Bergamo 36 – Brescia 64 – Edolo 74

Commercio e Mas-cì con cam

piazza Paradiso 1 – 0 34 62 12 67 – www.mas-ci.it – alb.commercioclusone@libero.it – chiuso giugno

18 cam – †50/60 € ††75 € – ½ P 75/95 €

Rist – *(chiuso giovedì)* Carta 27/49 €

♦ Albergo, ma soprattutto ristorante, nel grazioso centro storico. Due belle salette con camino - intime ed accoglienti - fanno da palcoscenico ad una cucina dove primeggiano le specialità locali: molta carne, anche alla griglia, e polenta.

COCCAGLIO – **Brescia (BS)** – **561** F11 – **8 414 ab.** – **alt. 162 m** – 25030 **19** D2

Roma 573 – Bergamo 35 – Brescia 20 – Cremona 69

Touring

strada statale 11, via Vittorio Emanuele 40 – 03 07 72 10 84 – www.hotel-touring.it – info@hotel-touring.it

83 cam – †75/85 € ††100 € – 3 suites **Rist** – Carta 31/53 €

♦ Per affari o relax nella Franciacorta, un albergo di ottimo confort, con annesso centro sportivo; raffinata scelta di tessuti d'arredo negli eleganti interni in stile. Al ristorante, ampi e luminosi ambienti curati.

COCCONATO – **Asti (AT)** – **561** G6 – **1 656 ab.** – **alt. 491 m** – 14023 **23** C2

Roma 649 – Torino 50 – Alessandria 67 – Asti 32

Locanda Martelletti

piazza Statuto 10 – 01 41 90 76 86 – www.locandamartelletti.it – info@locandamartelletti.it

9 cam – †65 € ††98 € **Rist** – *(chiuso a mezzogiorno)* Carta 34/46 €

♦ Nella parte alta del paese, spicca l'armonia tra le parti più antiche dell'edificio e soluzioni attuali di confort. Prima colazione servita in un delizioso dehors. Piccola ed accogliente sala da pranzo con proposte piemontesi e toscane, terra di provenienza dei proprietari.

CODEMONDO – Reggio nell'Emilia – Vedere Reggio nell'Emilia

CODIGORO – Ferrara (FE) – 562 H18 – 12 733 ab. – ✉ 44021 9 D1

Roma 404 – Ravenna 56 – Bologna 93 – Chioggia 53

c/o Abbazia di Pomposa, via Pomposa Centro 1 ☎ 0533 719110, iatpomposa@libero.it

Locanda del Passo Pomposa

via Provinciale per Volano 13, Est: 6 km – ☎ 05 33 71 91 31 – www.locandapassopomposa.com – info@locandapassopomposa.com

20 cam – 67/87 € 104/124 € – ½ P 64/74 € **Rist** – Carta 20/31 €

◆ Sull'argine sinistro del Po di Volano, in una posizione suggestiva, questo edificio d'epoca dispone di attracco privato, di una piccola videoteca, nonché di una torretta per il *birdwatching*. Al ristorante i classici piatti di pesce del delta, ma anche carne.

La Capanna di Eraclio (Maria Grazia Soncini)

località Ponte Vicini, Nord-Ovest: 8 km – ☎ 05 33 71 21 54 – chiuso Natale, dal 15 agosto al 15 settembre, mercoledì, giovedì

Rist – (consigliata la prenotazione) Carta 47/73 €

Spec. Sapori di una passeggiata nel delta del Po. Anguilla "arost in umad". Germano con cipolla al vino rosso.

◆ Un'autentica osteria di genuina ospitalità: un viaggio gastronomico tra i suggestivi canali del delta, tra ricercatezze itticche, grandi fritti e acquatici di palude.

CODOGNE – Treviso (TV) – 562 E19 – 5 321 ab. – ✉ 31013 36 C2

Roma 589 – Venezia 71 – Treviso 46 – Pordenone 33

Agriturismo Villa Toderini senza rist

via Roma 4/a – ☎ 04 38 79 60 84 – www.villatoderini.com – info@villatoderini.com

10 cam – 70/80 € 100/115 €

◆ Lo specchio d'acqua della peschiera riflette la maestosità e l'eleganza della nobile dimora settecentesca, dalla quale dista solo un breve viale di piante secolari e silenzio!

CODROIPO – Udine (UD) – 562 E20 – 15 551 ab. – alt. 43 m – ✉ 33033 10 B2

Roma 612 – Udine 29 – Belluno 93 – Milano 351

Villa Manin di Passariano, piazza Manin 10 ☎ 0432 815111 info@turismo.fvg.it Fax 0432 815199

Ai Gelsi rist,

via Circonvallazione, Ovest: 12 km – ☎ 04 32 90 70 64 – www.gelsi.com – info@gelsi.com

39 cam – 75/80 € 90/98 €, 10 € – ½ P 80/100 €

Rist – *(chiuso lunedì)* Carta 40/60 €

◆ Non lontano dalla storica Villa Manin, un piacevole hotel dagli ambienti accoglienti e dalle camere semplici nella loro linearità, ma confortevoli. Al ristorante: proposte sia di carne sia di pesce in un'atmosfera sobriamente elegante.

COGNE – Aosta (AO) – 561 F4 – 1 488 ab. – alt. 1 534 m – Sport invernali : 1 534/2 252 m 1 2, – ✉ 11012 34 A2

Roma 774 – Aosta 27 – Courmayeur 52 – Colle del Gran San Bernardo 60

via Bourgeois 34 ☎ 0165 74040, cogne@turismo.vda.it, Fax 0165 749125

Bellevue rist,

rue Gran Paradiso 22 – ☎ 0 16 57 48 25 – www.hotelbellevue.it – bellevue@relaischateaux.com – chiuso dal 2 ottobre al 2 dicembre

38 cam – 150/240 € 170/350 € – 8 suites – ½ P 160/200 €

Rist Le Petit Restaurant – vedere selezione ristoranti

Rist – Carta 70/95 €

◆ Elegante chalet con interni da fiaba: mobili d'epoca, boiserie, raffinata scelta di stoffe e colori e un piccolo museo d'arte popolare valdostana. Elegante chalet con interni da fiaba: mobili d'epoca, boiserie, raffinata scelta di stoffe e colori e un piccolo museo d'arte popolare valdostana.

Miramonti rist,
viale Cavagnet 31 – 0 16 57 40 30 – www.miramonticogne.com – miramonti@miramonticogne.com
44 cam – 84/108 € 140/250 € – ½ P 90/145 €
Rist *Coeur de Bois* – Carta 32/44 €
◆ L'hotel ha tutto il fascino della tradizione alpina: soffitti a cassettoni, legno alle pareti, il calore del camino e libri antichi in esposizione. Nel centro benessere, invece, le più moderne installazioni per la *remise en forme*. E' nel soffitto ligneo dell'elegante stube che si svela il significato del suo nome.

Du Grand Paradis senza rist
via dottor Grappein 45 – 0 16 57 40 70 – www.cognevacanze.com – info@cognevacanze.com – chiuso novembre
27 cam – 53/75 € 80/146 €
◆ Ristrutturato nei toni caldi, tipici delle case di montagna, dispone di un grazioso giardino interno e di una suggestiva spa che ricorda il fienile di un vecchio chalet.

Sant'Orso cam, rist,
via Bourgeois 2 – 0 16 57 48 22 – www.cognevacanze.com – info@cognevacanze.com – chiuso dal 23 marzo al 13 aprile, ottobre e novembre
27 cam – 67/97 € 100/176 € – ½ P 75/115 € **Rist** – Carta 24/38 €
◆ Elegante e accogliente, centrale e silenzioso, un grande prato proprio di fronte al Gran Paradiso, lo stesso dal quale l'hotel prende il nome. Panoramiche le belle camere. Accogliente e luminosa la sala ristorante di tono moderno con vista panoramica.

La Madonnina del Gran Paradiso rist,
via Laydetré 7 – 0 16 57 40 78 – www.lamadonnina.com – hotel@lamadonnina.com – 15 dicembre-marzo e giugno-15 ottobre
22 cam – 60/95 € 90/140 € – ½ P 85/95 €
Rist – *(chiuso giovedì)* Carta 25/37 €
◆ Panoramico albergo immediatamente accanto alle piste di fondo. Accoglienti le zone comuni, tra cui una taverna dai tipici arredi valdostani, e graziose le camere in legno di pino. Conduzione familiare. Anche nella sala ristorante dominano il calore del legno e la caratteristica accoglienza montana.

Le Bouquet senza rist
via Gran Paradiso 61/a – 01 65 74 96 00 – hotel-lebouquet@tiscalinet.it – 20 dicembre-10 gennaio e 20 giugno-20 settembre
12 cam – 110/125 €
◆ L'atmosfera tipica degli ambienti di montagna e deliziose camere con nomi di fiori in una piccola casa in legno e pietra ai margini del paese, inaugurata nel 1999.

Lo Stambecco senza rist
via des Clementines 21 – 0 16 57 40 68 – www.hotelstambecco.com – info@hotelstambecco.com – giugno-settembre
14 cam – 60/80 € 90/120 €
◆ Familiari la conduzione e l'ospitalità in una risorsa nel centro del paese, con ambienti comuni ridotti, ma curati; camere sobrie e confortevoli, bagni funzionali.

Le Petit Restaurant – Hotel Bellevue
– 0 16 57 48 25 – www.hotelbellevue.it – bellevue@relaischateaux.com – chiuso dal 25 settembre al 16 dicembre e mercoledì
Rist – *(chiuso a mezzogiorno escluso sabato e domenica)* (consigliata la prenotazione) Menu 70/90 € – Carta 70/100 €
Spec. L'uovo di re Vittorio (inverno). Risotto ai fiori di zucca, petto di quaglia arrostito, ventagli al tartufo nero. Filetto di manzetta in crosta di sale e fieno di montagna.
◆ Il nome non tragga in inganno: nel "piccolo ristorante" si celebra la cucina valdostana in grande stile, dalle carni ai formaggi tutto è sontuoso e coreografico. Divagazioni di mare e francesi.

XX **Lou Ressignon** con cam

via des Mines 23 – ☎ 0 16 57 40 34 – www.louressignon.it – info@louressignon.it. – chiuso dal 2 al 27 maggio e dal 7 al 30 novembre

4 cam ☕ – ††75/95 €

Rist – *(chiuso lunedì sera e martedì escluso luglio-agosto)* Carta 27/40 €

◆ Simpatica tradizione di famiglia sin dal 1966! La cucina semplice e genuina valorizza i prodotti del territorio valdostano, mentre nei week-end, musica e allegria animano la taverna. Quattro accoglienti camere sono a disposizione per chi volesse prolungare la sosta.

X **Bar à Fromage**

rue Grand Paradis 21 – ☎ 01 65 74 96 96 – www.hotelbellevue.it – bellevue@relaischateaux.com – chiuso dal 2 ottobre al 2 dicembre e giovedì

Rist – *(chiuso a mezzogiorno escluso sabato, domenica, lunedì e alta stagione)* Carta 37/46 €

◆ Particolare e ricercato, un piccolo ristorante in legno dove il formaggio è re e il legno e lo stile valligiano creano un'atmosfera intima e calda.

a Cretaz **Nord : 1,5 km – ✉ 11012 Cogne**

Notre Maison rist,

– ☎ 0 16 57 41 04 – www.notremaison.it – hotel@notremaison.it – 17 dicembre-1° maggio e 10 giugno-2 ottobre

30 cam ☕ – †75/95 € ††100/180 € – ½ P 95/115 € **Rist** – Carta 31/41 €

◆ In un giardino-solarium e collegati da un passaggio coperto, un caratteristico chalet e un corpo più recente, con centro fitness e nuove camere molto confortevoli. Rustica e accogliente sala ristorante.

in Valnontey **Sud-Ovest : 3 km – ✉ 11012 Cogne**

La Barme cam,

– ☎ 01 65 74 91 77 – www.hotelcogne.com – labarme@tiscali.it – chiuso novembre

15 cam ☕ – †47/63 € ††68/122 € – ½ P 47/71 €

Rist – *(chiuso lunedì a mezzogiorno in bassa stagione)* Carta 23/36 €

◆ Se rifuggite dalla mondanità, avventuratevi ai piedi del Gran Paradiso: antiche baite in pietra e legno, calda e quieta atmosfera, e forse avvisterete anche gli stambecchi. Arredato nel rispetto del caldo stile valdostano, il ristorante propone piatti tipici regionali.

COGNOLA – Trento – Vedere Trento

COGOLETO – Genova (GE) – **561** I7 – **9 170 ab.** – ✉ **16016** **14** B2

Roma 527 – Genova 28 – Alessandria 75 – Milano 151

St. Anna via Bellavista 1, località Lerca, ☎ 010 9 13 53 22

Arenzano, ☎ 010 9 11 18 17

Eco del Mare senza rist

via della Madonnina Inferiore 5 – ☎ 01 09 18 20 09 – www.hotelecodelmare.net – hotelecodelmare@alice.it

16 cam ☕ – †70/90 € ††80/110 €

◆ Nuovo hotel fronte mare dalla cordiale conduzione familiare: ariosi spazi comuni ed ampie, comode camere.

X **Class**

piazza Stella Maris 7 – ☎ 01 09 18 19 25 – www.ristoranteclass.it – info@ristoranteclass.it – chiuso 2 settimane in gennaio, 1 settimana in novembre e lunedì escluso le sere in estate

Rist – Carta 34/54 €

◆ Non lontano dal centro, locale di tono moderno e dalla giovane, appassionata conduzione: gustosi piatti che flirtano con il mare.

COGÒLO – Trento – **562** C14 – Vedere Peio

COLFIORITO - Perugia (PG) - 563 M20 - alt. 760 m - ✉ 06034 33 C2

Roma 182 - Perugia 62 - Ancona 121 - Foligno 26

Villa Fiorita

via del Lago 9 - ✆ 07 42 68 13 26 - www.hotelvillafiorita.com - info@hotelvillafiorita.com

38 cam - 45/70 € 80/140 € - 2 suites - ½ P 80/115 €

Rist - *(chiuso martedì)* Carta 18/43 €

♦ Belle camere, nonché una romantica suite con letto a baldacchino e vasca idromassaggio (matrimoniale) in questa struttura dall'accogliente gestione familiare. Sosta al centro benessere per prendersi cura di sé o distensive passeggiate nel fresco giardino. La cucina ammicca ai sapori locali.

COLFOSCO = KOLFUSCHG - Bolzano - Vedere Alta Badia

COLICO - Lecco (LC) - 561 D10 - 7 339 ab. - alt. 218 m - ✉ 23823 16 B1

Roma 661 - Chiavenna 26 - Como 66 - Lecco 41

Lago di Como ★★★

a Olgiasca Sud : 5 km - ✉ 23824

Belvedere con cam

cam,

frazione Olgiasca 53 - ✆ 33 38 96 03 74 - www.hotelristorantebelvedere.com - info@hotelristorantebelvedere.com - chiuso dall'11 gennaio al 2 febbraio

8 cam - 49 € 68 € **Rist** - *(chiuso lunedì)* Carta 20/43 €

♦ Su un promontorio con vista lago un esercizio a conduzione familiare. Ambienti dai toni rustici e cucina che permette di gustare specialità di lago e di mare a buoni prezzi.

COL INDES - Belluno - 562 D19 - Vedere Tambre

COLLALBO = KLOBENSTEIN - Bolzano - Vedere Renon

COLLE = KOHLERN - Bolzano - 562 C16 - Vedere Bolzano

COLLEBEATO - Brescia (BS) - 561 F12 - 4 758 ab. - alt. 192 m - ✉ 25060 17 C1

Roma 534 - Brescia 8 - Bergamo 54 - Milano 96

a Campiani Ovest : 2 km - ✉ 25060 Collebeato

Carlo Magno

via Campiani 9 - ✆ 03 03 37 58 95 - www.carlomagno.it - info@carlomagno.it - chiuso dal 1° al 22 gennaio, dal 3 al 23 agosto, lunedì e martedì

Rist - Carta 44/65 €

♦ In una possente, austera casa di campagna dell'800, sale di suggestiva eleganza d'epoca, con travi o pietra a vista, dove gustare piatti del territorio in chiave moderna.

COLLECCHIO - Parma (PR) - 562 H12 - 13 627 ab. - alt. 112 m - ✉ 43044 8 A3

Roma 469 - Parma 11 - Bologna 107 - Milano 126

La Rocca via Campi 8, ✆ 0521 83 40 37

My One Hotel Campus senza rist

via Mulattiera 1 - ✆ 05 21 80 26 80 - www.myonehotel.it - campus@myonehotel.it - chiuso dal 12 al 21 agosto

55 cam - 40/200 €

♦ Dispone di comodo parcheggio questa moderna struttura, costantemente aggiornata da una giovane e dinamica gestione, che offre buoni servizi e camere spaziose.

Ilga rist,

via Sandro Pertini 39 – ✆ 05 21 80 26 45 – www.ilgahotel.it – info@ilgahotel.it – chiuso dal 6 al 20 agosto

48 cam – 50/75 € 75/100 € – ½ P 53/65 €

Rist – Menu 15/20 €

◆ Ai margini della località, recente e funzionale, è dotato di moderni confort e camere omogenee; biciclette a disposizione dei clienti per gite in un vicino bosco.

Tonino Lamborghini

via del Giardinetto 6 – ✆ 05 21 80 11 62 – www.lamborghinihotel.it – info@lamborghinihotel.it

36 cam – 90/130 € 120/140 € – 2 suites – ½ P 90/120 €

Rist – *(chiuso domenica)* Carta 36/52 €

◆ Un hotel dal design contemporaneo che prende il nome, nonchè il marchio, dalla famosa casa automobilistica e dove l'originalità si concretizza in camere ispirate alle differenti parti di una macchina. La struttura sorge di fianco ad un centro sportivo a cui gli ospiti possono accedere.

Villa Maria Luigia-di Ceci (famiglia Ceci)

via Galaverna 28 – ✆ 05 21 80 54 89 – www.ristorantevillamarialuigia.it – info@ristorantevillamarialuigia.it – chiuso dal 15 febbraio al 1° marzo, mercoledì sera e giovedì

Rist – Carta 37/59 €

Spec. Scaloppa di fegato d'oca, zucca marinata e succo di broccoli. Risotto con quaglia farcita. Tagliata di scamone di fassone, riso al salto, salsa di lambrusco.

◆ Imponente villa ottocentesca all'interno di un parco, cucina poliedrica che incontra ogni gusto, dalla tradizione parmense ai piatti più creativi sia di carne che pesce.

a Cafragna Sud-Ovest : 9 km – ✉ 43045 Gaiano

Trattoria di Cafragna

via Banzola 4 – ✆ 05 25 23 63 – www.trattoriadicafragna.it – info@trattoriadicafragna.it – chiuso dal 24 dicembre al 15 gennaio, agosto, lunedì e domenica sera,in luglio anche domenica a mezzogiorno

Rist – Carta 32/47 €

◆ Si respira aria di tradizione e di buona cucina del territorio in questo ambiente piacevole e accogliente, di sobria eleganza rustica, con servizio estivo all'aperto.

COLLE DI VAL D'ELSA – Siena (SI) – 563 L15 – 21 346 ab. – alt. 141 m – ✉ 53034 Toscana — 29 D1

Roma 255 – Firenze 50 – Siena 24 – Arezzo 88

via Campana 43 ✆ 0577 922791, proloco.colle@tin.it, Fax 0577 922621

Relais della Rovere cam,

via Piemonte 10 – ✆ 05 77 92 46 96 – www.relaisdellarovere.it – dellarovere@chiantiturismo.it – 14 aprile-2 novembre

30 cam – 120/229 € 160/319 € – ½ P 105/198 €

Rist *Il Cardinale* – ✆ 05 77 92 34 53 – Menu 31/41 €

◆ Eclettica fusione di stili e di design, tra antico e moderno, in un complesso di gran classe, nato dal recupero di un'antica dimora patrizia e di un'abbazia dell'XI sec. Ristorante con ameno dehors estivo, taverna-enoteca e sala ricavata nelle antiche cantine.

XXXX **Arnolfo** (Gaetano Trovato) con cam

✿✿ *via XX Settembre 50/52 – ✆ 05 77 92 05 49 – www.arnolfo.com – arnolfo@arnolfo.com – chiuso dal 18 gennaio al 2 marzo e dal 26 luglio al 10 agosto*
4 cam ☕ – ♦160 € ♦♦190 € – ½ P 215/230 €
Rist – *(chiuso martedì e mercoledì)* (consigliata la prenotazione)
Carta 100/140 €
Spec. Astice blu, melone, prosciutto di cinta senese (estate). Petto e coscio di piccione, ciliegie e spezie (estate). Cioccolato, zenzero e caffè.
♦ L'immagine che ogni turista ha della Toscana tra colline, cipressi e la cinta di mura medievali. La ricetta del sogno si sublima nei piatti: carosello dei migliori prodotti regionali, interpretati con fantasia. Splendido servizio estivo sulla terrazza panoramica. Bomboniera per charme e dimensioni il piccolo albergo.

XXX **L'Antica Trattoria**

piazza Arnolfo 23 – ✆ 05 77 92 37 47 – chiuso 10 giorni in gennaio, 1 settimana in giugno e martedì
Rist – Carta 37/56 €
♦ *Boiserie* e lampadari di Murano in un ristorante caldo ed elegante, che d'estate si espande nel dehors sulla bella piazza recentemente rinnovata. In menu: proposte eclettiche con un occhio di riguardo per la tradizione.

XX **Da Simone**

piazza Bartolomeo Scala 11 – ✆ 05 77 92 67 01 – www.ristorantedasimone.it – info@ristorantedasimone.it – chiuso 2 settimane a gennaio, 2 settimane a novembre, lunedì, venerdì a mezzogiorno
Rist – Carta 49/61 €
♦ Una giovane coppia propone da alcuni anni una linea di cucina fortemente legata al mare - semplice, ma di qualità - ampliata ultimamente anche da qualche specialità di terra.

COLLEPIETRA (STEINEGG) – Bolzano (BZ) – 561 C16 – alt. 820 m – ✉ 39053 — 31 D3

Roma 656 – Bolzano 15 – Milano 314 – Trento 75

frazione Collepietra 97 ✆ 0471 376574, info@steinegg.com, Fax 0471 376760

Steineggerhof

Collepietra 128, Nord-Est : 1 km – ✆ 04 71 37 65 73 – www.steineggerhof.com – info@steineggerhof.com – 16 aprile-1° novembre
35 cam ☕ – ♦65/85 € ♦♦112/160 € – ½ P 65/90 € **Rist** – Carta 29/55 €
♦ Per ritemprarsi e rilassarsi nello splendido scenario dolomitico, una panoramica casa tirolese dai tipici interni montani, dove il legno regna sovrano. Struttura ideale per gli amanti della mountain bike. Curata sala ristorante dal soffitto ligneo.

COLLE SAN PAOLO – Perugia – 563 M18 – Vedere Panicale

COLLESECCO – Perugia – 563 N19 – Vedere Gualdo Cattaneo

COLLEVALENZA – Perugia – Vedere Todi

COLLI DEL TRONTO – Ascoli Piceno (AP) – 563 N23 – 3 471 ab. – alt. 168 m – ✉ 63030 — 21 D3

Roma 226 – Ascoli Piceno 24 – Ancona 108 – L'Aquila 115

Villa Picena rist,

via Salaria 66 – ✆ 07 36 89 24 60 – www.villapicena.it – info@villapicena.it
41 cam ☕ – ♦60/90 € ♦♦90/130 € – 2 suites – ½ P 75/95 €
Rist – Carta 28/62 €
♦ Nel cuore della vallata del Tronto, la dimora ottocentesca offre ambienti ricchi di fascino e camere arredate con gusto e sobrietà, in sintonia con lo stille della villa. Ricavata nella parte più antica della villa, la sala da pranzo propone menù degustazione e la possibilità di consumare piatti veloci o leggeri.

COLLI SUL VELINO - Rieti (RI) - 563 O20 - 507 ab. - ✉ 02010 12 B1

Roma 112 - Rieti 19 - Perugia 103 - Ancona 203

Relais Villa d'Assio

strada statale 79, località Mazzetelli, Sud-Est: 3km
- ☎ 07 46 63 62 00 - www.relaisvilladassio.com - info@relaisvilladassio.com
45 cam - 85/125 € 100/170 € - ½ P 85/120 €
Rist - *(chiuso lunedì)* Menu 35/45 €

♦ A dieci minuti di macchina da Rieti, un grazioso borgo del 1500 convertito in albergo con arredi semplici ed essenziali nelle camere ospitate in casette in pietra. Determinanti gli spazi esterni, il parco e le attività sportive: caccia a tre dimensioni, tiro con l'arco, basket e calcetto.

COLLOREDO DI MONTE ALBANO - Udine (UD) - 562 D21 10 B2
- 2 169 ab. - alt. 212 m - ✉ 33010

Roma 652 - Udine 15 - Tarvisio 80 - Trieste 85

La Taverna

piazza Castello 2 - ☎ 04 32 88 90 45 - www.ristorantelataverna.it
- ristorantelataverna@yahoo.it - chiuso domenica sera, mercoledì
Rist - Menu 60/70 € - Carta 60/78 €
Spec. Mozzarella di bufala con tartara di pomodoro, olio e gelato al basilico. Mezzi paccheri con macedonia di verdure e alici di Cetara. Una vera "milanese" a Colloredo, patate e salsa tartara.

♦ Di fronte al castello, ambiente curato ma informale, sfumature rustiche e camino con affaccio sul giardino. Cucina contemporanea che valorizza le materie prime.

a Mels Nord-Ovest : 3 km - ✉ 33030

La di Petrôs

piazza del Tiglio 14 - ☎ 04 32 88 96 26 - petros@quipo.it - chiuso 1 settimana in gennaio, luglio, martedì, mercoledì a mezzogiorno
Rist - Menu 35/55 €

♦ Atmosfera elegante nelle belle sale impreziosite con boiserie, lampadari di Murano, poltroncine e divanetti. In cucina, la signora Ida propone piatti classici dagli spunti moderni. La carta dei vini è un inno a Bacco!

COLMEGNA - Varese - Vedere Luino

COLOGNE - Brescia (BS) - 561 F11 - 7 530 ab. - alt. 187 m - ✉ 25033 19 D2

Roma 575 - Bergamo 31 - Brescia 27 - Cremona 72

Cappuccini con cam rist,

via Cappuccini 54, Nord : 1,5 km - ☎ 03 07 15 72 54
- www.cappuccini.it - info@cappuccini.it
12 cam - 105 € 180 €, 15 € - 2 suites - ½ P 150 €
Rist - Menu 65 € - Carta 48/80 €

♦ L'elegante sala da pranzo propone antiche ricette accanto ad una cucina più creativa. Abbracciato da un fresco parco, l'albergo si trova tra le mura di un convento del '500 ristrutturato con cura ed offre confortevoli ambienti ed un attrezzato centro benessere.

COLOGNO AL SERIO - Bergamo (BG) - 561 F11 - 10 505 ab. 19 C2
- alt. 156 m - ✉ 24055

Roma 581 - Bergamo 14 - Brescia 45 - Milano 47

Antico Borgo la Muratella

località Muratella, Nord-Est : 2,5 km - ☎ 03 54 87 22 33
- www.lamuratella.it - info@lamuratella.it - chiuso agosto
68 cam - 115/180 € 185/350 € - ½ P 123/205 €
Rist - *(chiuso sabato a mezzogiorno, domenica sera)* Menu 40/80 €

♦ Pronti per un viaggio nella storia? La cinquecentesca dimora appartenente ai Conti di Medolago vi attende per un soggiorno di relax o di lavoro in un'atmosfera d'altri tempi: giardino, laghetto e curati interni in stile. Nuovo piccolo centro benessere.

COLOGNOLA AI COLLI – Verona (VR) – **562** F15 – **8 183 ab.** – **alt. 177 m** – ✉ **37030** **37** B3

Roma 519 – Verona 17 – Milano 176 – Padova 68

sulla strada statale 11 Sud-Ovest : 2,5 km :

XX **Posta Vecia** con cam

via Strà 142 ✉ 37030 – ✆ 04 57 65 03 61 – www.postavecia.com – info@postavecia.com – chiuso agosto

11 cam – †80 € ††100/130 €, ☕ 10 € – ½ P 95 €

Rist – *(chiuso domenica sera, lunedì)* Carta 41/70 €

♦ All'interno di un edificio cinquecentesco cinto da un giardino e da un piccolo zoo, l'ambiente è completamente dedicato alla caccia, dalle foto e dai trofei esposti in sala, sino ai piatti di selvaggina in menù. Graziose le camere, arredate con mobili d'epoca.

COLOMBARE – Brescia – **561** F13 – Vedere Sirmione

COLOMBARO – Brescia – **562** F11 – Vedere Corte Franca

COLONNA DEL GRILLO – Siena – **563** M16 – Vedere Castelnuovo Berardenga

COLONNATA – Massa Carrara (MS) – **563** J12 – Vedere Carrara

COLORNO – Parma (PR) – **562** H13 – **8 944 ab.** – **alt. 29 m** – ✉ **43052** **8** B1

Roma 466 – Parma 16 – Bologna 104 – Brescia 79

piazza Garibaldi 26 ✆ 0521 313790, ufficio.turistico@comune.colorno.pr.it, Fax 0521 521370

Versailles senza rist

via Saragat 3 – ✆ 05 21 31 20 99 – www.hotelversailles.it – info@hotelversailles.it – chiuso dal 23 dicembre al 10 gennaio ed agosto

48 cam ☕ – †65/90 € ††89/120 €

♦ Nell'ex "Versailles dei Duchi di Parma", un albergo a conduzione familiare, indicato per clientela turistica e d'affari; camere semplici, ma funzionali.

a Vedole Sud-Ovest : 2 km – ✉ **43052 Colorno**

XX **Al Vedel**

via Vedole 68 – ✆ 05 21 81 61 69 – www.alvedel.it – info@alvedel.it – chiuso dal 24 dicembre al 5 gennaio, luglio, lunedì, martedì

Rist – Menu 30/36 € – Carta 24/40 €

♦ Da generazioni fedele alla lunga tradizione di ospitalità e alla buona cucina emiliana, arricchisce ora le proprie elaborazioni con una vena di fantasia. Visitabile la cantina, tra vini e salumi di produzione propria.

COL SAN MARTINO – Treviso – **562** E18 – Vedere Farra di Soligo

COLTODINO – Rieti – **563** P20 – Vedere Fara in Sabina

COMABBIO – Varese (VA) – **561** E8 – **1 153 ab.** – **alt. 307 m** – ✉ **21020** **16** A2

Roma 634 – Stresa 35 – Laveno Mombello 20 – Milano 57

sulla strada statale 629 direzione Besozzo al Km 4,5 :

X **Cesarino**

via Labiena 1861 ✉ 21020 – ✆ 03 31 96 84 72 – www.ristorantecesarino.com – ristorantecesarino@alice.it – chiuso dal 10 al 20 agosto e mercoledì

Rist – Carta 36/57 €

♦ Fate attenzione a non mancare la stretta ed unica entrata di questo locale familiare di lunga tradizione, in riva al lago. Proposte del territorio legate alle stagioni.

COMACCHIO – Ferrara (FE) – **562** H18 – **23 168 ab.** – ✉ **44022** **9** D2

Italia Centro Nord

Roma 419 – Ravenna 37 – Bologna 93 – Ferrara 53

via Mazzini 4 ✆ 0533 314154, comacchio.iat@comune.comacchio.fe.it, Fax 0533 319278

Abbazia di Pomposa★★: 15 km Nord

B&B Al Ponticello senza rist
via Cavour 39 – 05 33 31 40 80 – www.alponticello.it – alponticello@alponticello.it
8 cam – 65/85 € 90 €
♦ In un edificio d'epoca del centro, affacciato su un canale, una risorsa confortevole e accogliente. Gestione giovane, disponibile ad organizzare escursioni: particolarmente apprezzate quelle in canoa.

a Porto Garibaldi Est : 5 km – ✉ 44029

(giugno-settembre) via Ugo Bassi 36/38 0533 329076, iatportogaribaldi@comune.comacchio.fe.it, Fax 0533 329076

Da Pericle
via dei Mille 103 – 05 33 32 73 14 – www.ristorantepericle.it – info@ristorantepericle.it – chiuso dal 7 al 18 gennaio, dal 15 al 30 novembre e lunedì
Rist – Carta 33/53 €
♦ Non esitate a prendere posto nella panoramica terrazza al primo piano per restare ammaliati dalla vista. La cucina predilige il pesce, servito in abbondanti porzioni.

a Lido degli Estensi Sud-Est : 7 km – ✉ 44024

(giugno-settembre) via Ariosto 10 0533 327464, iatlidoestensi@comune.comacchio.fe.it, Fax 0533 327464

Logonovo senza rist
viale delle Querce 109 – 05 33 32 75 20 – www.hotellogonovo.com – info@hotellogonovo.it
45 cam – 50/65 € 80/110 €
♦ In zona residenziale, a poca distanza dal mare, l'indirizzo è adatto tanto ai vacanzieri, quanto alla clientela di lavoro. Particolarmente confortevoli le camere al quinto piano, ampie e arredate con gusto.

a Lido di Spina Sud-Est : 9 km – ✉ 44024

(giugno-settembre) viale Leonardo da Vinci 112 0533 333656, iatlidospina@comune.comacchio.fe.it, Fax 0533 333656

Aroldo
viale delle Acacie 26 – 05 33 33 05 36 – www.ristorantearoldo.com – ristorantearoldo@libero.it – chiuso martedì escluso dal 15 maggio al 15 settembre
Rist – Menu 60 € – Carta 40/65 €
♦ Grande ristorante-pizzeria che agli ampi spazi unisce la cura della presentazione dei piatti, classici, locali e di pesce. La veranda è costruita intorno a due pini marittimi e in estate si apre completamente.

COMANO TERME – Trento (TN) – **562** D14 – alt. 395 m – ✉ 38070 **30** B3
Ponte Arche

Roma 586 – Trento 24 – Brescia 103 – Verona 106

a Ponte Arche – alt. 400 m – ✉ 38071

via Cesare Battisti 38/d 0465 702626, info@comano.to, Fax 0465 702281

Grand Hotel Terme
– 04 65 70 14 21 – www.ghtcomano.it – info@ghtcomano.it – 4 dicembre-13 gennaio e 23 marzo-8 novembre
80 cam – 2 suites – solo ½ P 61/136 €
Rist – *(solo menu)* Menu 30/35 €
♦ Circondata dalla tranquillità del Parco delle Terme, una nuova struttura arredata secondo le linee del design nei suoi interni spaziosi. Benessere e cure termali per il relax. Dalla sala ristorante una splendida vista sul parco con cui conciliare la degustazione di una cucina nazionale.

Cattoni-Plaza cam,
via Battisti 19 – 04 65 70 14 42 – www.cattonihotelplaza.it – info@cattonihotelplaza.com – 5 dicembre-20 gennaio e aprile-8 novembre
73 cam – 45/70 € 88/130 € **Rist** – Menu 28/40 €
◆ Nella verde cornice del parco, l'hotel è stato studiato nei dettagli e dispone di confortevoli camere, piscina coperta, centro benessere ed un'area animazione per i bambini. Nell'elegante sala ristorante ricchi buffet per la colazione, menù sempre diversi e cene a lume di candela.

a Campo Lomaso – **alt. 492 m** – **38070 Lomaso**

Villa di Campo rist,
piazza Risorgimento 40 – 04 65 70 00 52 – www.villadicampo.it – info@villadicampo.it
33 cam – 145/210 € – ½ P 95/145 € **Rist** – Menu 32/38 €
◆ Un edificio ottocentesco sapientemente ristrutturato ospita questa bella risorsa immersa in un grande parco: camere di due tipologie e centro benessere per trattamenti estetico-curativi. Nell'elegante sala ristorante, atmosfere d'altri tempi e prodotti biologici legati ai colori ed ai sapori delle stagioni.

COMELICO SUPERIORE – **Belluno (BL)** – **562** C19 – **2 634 ab.** – **alt. 1 210 m** – **Sport invernali : 1 218/1 656 m 3,** – **32040** **36** C1

Roma 678 – Cortina d'Ampezzo 52 – Belluno 77 – Dobbiaco 32

a Padola **Nord-Ovest : 4 km da Candide** – **32040**

piazza San Luca 18 c/o Casa della Regola 0435 67021 consorzio.valcomelico@infodolomiti.it Fax 0435 434996

D'la Varda
via Martini 29 – 0 43 56 70 31 – www.hotellavarda.it – info@hotellavarda.it – dicembre-15 aprile e 15 giugno-settembre
22 cam – 38/50 € 76/90 € – ½ P 45/63 € **Rist** – Carta 20/26 €
◆ Un idillio per chi ama le cime innevate: semplice e caratteristico, l'hotel si trova proprio di fronte agli impianti di risalita e alle piste. Camere semplici e confortevoli. Cucina creativa al ristorante.

COMISO – **Ragusa (RG)** – **365** AW62 – **30 232 ab.** – **97013** **40** C3

Palermo 229 – Ragusa 23 – Siracusa 105 – Catania 106

Agriturismo Tenuta Margitello rist,
strada statale 115 km 310,700, Est : 3,5 km – 09 32 72 25 09 – www.tenutamargitello.com – info@tenutamargitello.com
21 cam – 25/45 € 50/84 € – ½ P 57 €
Rist – *(chiuso a mezzogiorno)* Menu 10/25 €
◆ Sulle pendici dei monti Iblei, avvolto dalla macchia mediterranea, una risorsa che gode di una vista spettacolare. Camere confortevoli e bel giardino con piscina. Il menu presenta un'appetitosa cucina del territorio, a prezzi competitivi.

COMMEZZADURA – **Trento (TN)** – **562** D14 – **903 ab.** – **alt. 852 m** – **Sport invernali : 1 400/2 200 m 5 19 (Comprensorio sciistico Folgarida-Marilleva)** – **38020** **30** B2

Roma 656 – Bolzano 86 – Passo del Tonale 35 – Peio 32

(dicembre-aprile e giugno-settembre) frazione Mestriago 1 0463 974840 , info@commezzadura.com, Fax 0463 974840

Tevini cam,
località Almazzago – 04 63 97 49 85 – www.hoteltevini.com – info@hoteltevini.com – 8 dicembre-5 aprile e giugno-settembre
54 cam – solo ½ P 100/130 € **Rist** – Carta 21/40 €
◆ In Val di Sole, un soggiorno di sicuro confort in un albergo curato; spazi comuni rifiniti in legno e gradevole centro benessere; suggestiva la camera nella torretta. Boiserie e tende di pizzo alle finestre, affacciate sul verde, nella sala ristorante.

COMO 🅿 (CO) – **561** E9 – **84 085 ab.** – **alt. 201 m** – ✉ **22100** Italia **18** A1

Roma 625 – Bergamo 56 – Milano 48 – Monza 42

piazza Cavour 17 ✆ 031 269712, lakecomo@provincia.como.it, Fax 031 240111

Villa d'Este via per Cantù 13, ✆ 031 20 02 00

Monticello via Volta 63, ✆ 031 92 80 55

Carimate via Airoldi 2, ✆ 031 79 02 26

La Pinetina via al Golf 4, ✆ 031 93 32 02

Lago★★★ – Duomo★★ Y – Broletto★★ Y **A** – Chiesa di San Fedele★ Y – Basilica di Sant'Abbondio★ Z – ≤★ su Como e il lago da Villa Olmo 3 km per ④

Grand Hotel di Como rist,

via per Cernobbio 41/a, 2,5 km per ④ – ✆ 0 31 51 61 – www.grandhoteldicomo.com – info@grandhoteldicomo.com – chiuso dal 18 dicembre al 10 gennaio

153 cam – 150/320 € 190/390 € – ½ P 145/245 €

Rist ***Il Botticelli*** – Carta 36/93 €

♦ La moderna efficienza delle installazioni si coniuga con la raffinatezza degli interni in una struttura, che dispone di superbe camere e di un attrezzato centro congressi. Al piano rialzato, l'elegante ristorante propone piatti della tradizione italiana, serviti anche nell'incantevole parco (nella bella stagione).

Terminus cam, rist,

lungo Lario Trieste 14 – ✆ 0 31 32 91 11 – www.albergoterminus.com – info@albergoterminus.it Y**c**

50 cam – 143/202 € 152/330 € – 3 suites

Rist ***Bar delle Terme*** – ✆ 0 31 32 92 16 *(chiuso martedì)* Carta 45/60 €

♦ Dal '94 ritornato al suo originario splendore, prestigioso palazzo in stile liberty, dagli interni personalizzati ed eleganti, per un soggiorno esclusivo in riva al lago. Calda ambientazione d'epoca nella raccolta saletta del caffè-ristorante.

Le Due Corti cam,

piazza Vittoria 12/13 – ✆ 0 31 32 81 11 – info@hotelduecorti.it – chiuso dal 20 dicembre al 9 gennaio Z**a**

65 cam – 100/170 € 154/245 € – ½ P 107/153 €

Rist ***Sala Radetzky*** – *(chiuso sabato a mezzogiorno)* Carta 36/45 €

♦ Magistrale, raffinato connubio di vecchio e nuovo in un hotel elegante ricavato in un'antica stazione di posta; mobili d'epoca nelle camere, con pareti in pietra a vista. Ristorante di sobria eleganza con arredi in stile.

Barchetta Excelsior rist,

piazza Cavour 1 – ✆ 0 31 32 21 – www.hotelbarchetta.it – info@hotelbarchetta.it

84 cam – 129/399 € 159/399 € – ½ P 110/230 € Y**a**

Rist – Carta 38/85 €

♦ Interni classici di gran signorilità e confort in un albergo che troneggia in una centrale piazza affacciata sul lago, di cui infatti si gode la vista da molte camere. Zona bistrot, con terrazza esterna e un elegante ristorante panoramico.

Larius

via Anzani 12/c, per via Milano – ✆ 03 14 03 81 02 – www.hlarius.it – info@hlarius.it – chiuso dal 1° al 16 gennaio Z

21 cam – 80/100 € 110/130 € – ½ P 88 €

Rist ***XV Secolo*** – ✆ 0 31 27 02 04 *(chiuso domenica sera e lunedì a mezzogiorno)* Carta 38/48 €

♦ Storia e modernità coniugate in un mulino ottocentesco rinnovato per far posto ad accoglienti camere. La tradizione comasca con rivisitazioni d'epoca al ristorante.

Tre Re rist,

via Boldoni 20 – ✆ 0 31 26 53 74 – www.hoteltrere.com – info@hoteltrere.com – chiuso dal 18 dicembre al 10 gennaio Y**d**

48 cam – 85/115 € 120/160 € – ½ P 85/115 € **Rist** – Carta 30/40 €

♦ Potenziato e rinnovato in anni recenti, è un albergo confortevole, a conduzione familiare, che dispone di comodo parcheggio custodito; arredi moderni nelle stanze. Sale da pranzo con elementi (colonne e pitture murali) di un'antica struttura conventuale.

COMO

Ambrosoli (V.). . . . . Z 2	Gallio (V. T.). . . . . Y 14	Recchi (V.) . . . . Y 29
Battisti (Vle Cesare) . . . . . Z 3	Garibaldi (V.). . . . . Y 15	Rosselli (Viale F.) . . . . . . Y 30
Carcano (V.) . . . . Y 5	Giulio Cesare (Vle) . . . . . . Z 16	S. Bartolomeo (Pza). . . . . . Z 32
Castelnuovo (V.). . . . . Z 6	Leoni (V. Leone). . . . . Z 18	S. Rochetto (Pzale) . . . . . . Y 33
Cattaneo (Viale C.). . . . . . . Z 7	Lucini (V.) . . . . Z 19	Trento (Largo Lario). . . . . . Y 36
Cavallotti (Viale) . . . . Y 8	Manzoni (V.). . . . . Y 21	Trieste (Largo Lario). . . . . . Y 37
	Masia (Viale M.). . . . . Y 22	Vittorio Emanuele II (V.). . . . Y 40
	Piave (V.). . . . . Z 27	Vittorio (Pza). . . . . Y 39
	Plinio (V.). . . . . Y 26	Volta (Pza). . . . . Y 42

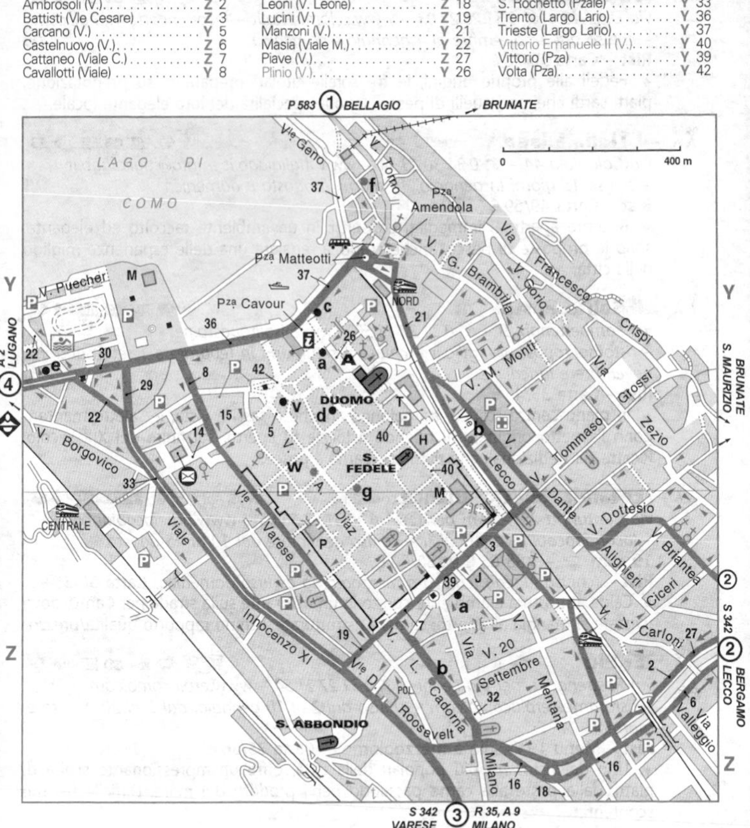

Park Hotel senza rist

viale F.lli Rosselli 20 – ✆ 0 31 57 26 15 – www.parkhotelcomo.it – info@parkhotelcomo.it – marzo-novembre Y**e**

41 cam – †68/88 € ††86/121 €, ☕ 10 €

◆ Edificio condominiale, si rivaluta negli spazi interni frutto di recenti investimenti. La clientela, soprattutto commerciale, apprezzerà anche i prezzi convenienti.

Firenze senza rist

piazza Volta 16 – ✆ 0 31 30 03 33 – www.albergofirenze.it – info@albergofirenze.it – chiuso dal 22 al 29 dicembre Y**v**

44 cam ☕ – †85/100 € ††115/145 €

◆ In una centrale piazza pedonale, risorsa adatta ad una clientela sia turistica che d'affari, dispone di spazi comuni ridotti, ma funzionali, come le luminose camere.

Navedano

via Velzi, 1,5 km per ② – ✆ 0 31 30 80 80 – www.ristorantenavedano.it – chiuso gennaio, martedì, mercoledì a mezzogiorno

Rist – Carta 75/101 €

◆ Romantico locale immerso in un tripudio di fiori, dove modernità e rusticità si fondono a perfezione; servizio estivo in terrazza e rivisitazioni di classici in cucina.

XXX **La Colombetta**

via Diaz 40 – ☎ 0 31 26 27 03 – www.colombetta.it – lacolombetta@gmail.com – chiuso dal 23 dicembre al 4 gennaio e domenica Y**w**

Rist – Carta 50/78 €

◆ Fedeli alle proprie origini, le tre sorelle titolari preparano, su prenotazione, piatti sardi che, con quelli di pesce, sono le specialità del loro elegante locale.

XX **I Tigli...a lago**

via Coloniola 44 – ☎ 0 31 30 13 34 – www.itiglialago.it – info@itiglialago.it – chiuso 15 giorni in gennaio, 15 giorni in agosto e domenica Y**f**

Rist – Carta 49/69 €

◆ Recente apertura, immediati consensi: in un ambiente raccolto ed elegante, sono le proposte di pesce, anche crudo, a regalare una delle esperienze migliori della città.

XX **Il Solito Posto**

via Lambertenghi 9 – ☎ 0 31 27 13 52 – www.ilsolitoposto.net – ristoilsolitoposto@virgilio.it – chiuso 1 settimana in febbraio e 1 settimana in novembre e lunedì Y**g**

Rist – Carta 35/45 €

◆ In pieno centro storico, tra colonne antiche e sassi a vista, le salette mantengono l'aspetto originale di quendo il locale fu aperto, sul finire del XIX secolo. Ricette sia tradizionali che rivisitate, carne e pesce.

XX **Locanda dell'Oca Bianca** con cam

cam,

via Canturina 251, 5 km per ② – ☎ 0 31 52 56 05 – www.hotelocabianca.it – locandaocabianca@tiscali.it – chiuso gennaio e dal 10 al 25 agosto

19 cam – †55/65 € ††80/90 €

Rist – *(chiuso lunedì) (chiuso a mezzogiorno escluso domenica)* Carta 30/55 €

◆ Calda atmosfera e ambiente curato in un ristorante sulla strada per Cantù, dove d'estate si mangia all'aperto; camere ristrutturate, ottimo rapporto qualità/prezzo.

XX **Er Più**

via Pastrengo 1, per via Leoni – ☎ 0 31 27 21 54 – www.erpiucomo.com – ristorante@erpiucomo.com – chiuso dal 2 al 10 gennaio, dal 5 al 30 agosto e martedì Z

Rist – Menu 19 € (solo a mezzogiorno) – Carta 35/56 €

◆ Uno dei ristoranti più popolari della città, offre un'impressionante scelta di piatti: dalle paste alla carne passando per i prodotti del mare. Difficile uscirne scontenti.

XX **L'Angolo del Silenzio**

viale Lecco 25 – ☎ 03 13 37 21 57 – chiuso dal 10 al 24 gennaio, dal 10 al 24 agosto, lunedì, martedì a mezzogiorno Y**b**

Rist – Carta 35/50 €

◆ Esperta gestione per un locale classico, con dehors estivo nel cortile; la cucina, di matrice lombarda, è senza fronzoli e fa della concretezza la sua arma vincente.

XX **L'Antica Trattoria**

via Cadorna 26 – ☎ 0 31 24 27 77 – www.lanticatrattoria.co.it – info@lanticatrattoria.co.it – chiuso dal 16 al 31 agosto, domenica Z**b**

Rist – (consigliata la prenotazione) Carta 39/51 €

◆ Locale storico ubicato in centro città: ampia sala luminosa e ricette della tradizione italiana, gastronomia di stagione nonché specialità di carne. Eventuali preparazioni senza glutine per i celiaci.

X **Al Giardino**

via Monte Grappa 52, per via Valeggio – ☎ 0 31 26 50 16 – www.algiardinoristorante.com – osteriaalgiardino@alice.it – chiuso dal 25 al 30 dicembre, domenica sera e lunedì Z

Rist – Carta 28/36 €

◆ Una simpatica osteria con cucina del territorio, dove siete ben accetti "anche solo per degustare del buon vino in compagnia"; d'estate si mangia in giardino.

Namaste
piazza San Rocco 8, per ③ – ✆ 0 31 26 16 42 – www.ristorante-namaste.it – indrapal@hotmail.com – chiuso lunedì
Rist – Carta 18/22 €
◆ La semplicità di un'autentica ambientazione indiana, senza orpelli folcloristici, per provare specialità etniche che vengono da molto lontano: un'alternativa esotica.

Osteria Rusticana
via Carso 69, per via Valeggio – ✆ 0 31 30 65 90 – www.momsrl.it – info@momsrl.it – chiuso dal 1° al 7 gennaio, dal 16 al 28 agosto, le sere di domenica, lunedì e martedì
Rist – Carta 40/57 €
◆ Il buon gusto è un imperativo tanto dell'ambiente, semplice ma curato nei particolari, quanto della cucina, prevalentemente del territorio che si avvale di materie prime molto buone e di fantasia.

COMO (Lago di) o LARIO – Como – 561 E9 Italia

CONCA DEI MARINI – Salerno (SA) – 564 F25 – 744 ab. – ✉ 84010 6 B2

Roma 272 – Napoli 58 – Amalfi 5 – Salerno 30

Belvedere rist,
via Smeraldo 19 – ✆ 0 89 83 12 82 – www.belvederehotel.it – belvedere@belvederehotel.it – aprile-ottobre
36 cam – †120/195 € ††160/220 € – ½ P 115/145 € **Rist** – Carta 56/71 €
◆ E' davvero splendida la vista che si gode da questa struttura lungo la costiera amalfitana, dotata di terrazza con piscina d'acqua di mare; camere di diverse tipologie. Dalla bella sala e dalla veranda del ristorante scorgerete la calma distesa d'acqua blu.

Le Terrazze senza rist
via Smeraldo 11 – ✆ 0 89 83 12 90 – www.hotelleterrazze.it – info@hotelleterrazze.it – 21 aprile-15 ottobre
27 cam – †70/110 € ††90/200 €
◆ A picco sul mare, quasi aggrappato alla roccia, l'hotel dispone di una terrazza panoramica mozzafiato ed ampie camere dalle tonalità pastello.

CONCESIO – Brescia (BS) – 561 F12 – 14 501 ab. – alt. 216 m – ✉ 25062 17 C1

Roma 544 – Brescia 10 – Bergamo 50 – Milano 91

Miramonti l'Altro (Philippe Léveille)
via Crosette 34, località Costorio – ✆ 03 02 75 10 63 – www.miramontilaltro.it – info@miramontilaltro.it – chiuso lunedì
Rist – Menu 45 € (solo a mezzogiorno)/110 € – Carta 91/116 €
Spec. Lumache di vigna al Franciacorta, salsa di acetosella e dragoncello. Risotto ai funghi e formaggi dolci di montagna. Crescendo di agnello da latte.
◆ Elegante villa in zona periferica, l'ospitalità dei titolari è celebrata quanto la cucina: spunti bresciani e lacustri, divagazioni marine, ispirazioni francesi.

CONCO – Vicenza (VI) – 562 E16 – 2 238 ab. – alt. 830 m – Sport invernali : 830/1 250 m 3, – ✉ 36062 35 B2

Roma 556 – Padova 72 – Belluno 94 – Trento 64

La Bocchetta
sulla strada per Asiago località Bocchetta 6, Nord : 5 km – ✆ 04 24 70 00 24 – www.labocchetta.it – labocchetta@labocchetta.it – chiuso dal 10 al 20 novembre
25 cam – †56/60 € ††70/80 €, 8 € – ½ P 60/70 €
Rist – *(chiuso lunedì a mezzogiorno, martedì)* Carta 26/42 €
◆ Sono in stile tirolese sia la struttura che i caldi interni di questo albergo, in cui troverete camere e suite personalizzate, con boiserie e tessuti a motivi floreali. La zona ristorante si articola in varie salette e in un grande salone banchetti.

CONCORDIA SULLA SECCHIA - Modena (MO) - 562 H14 8 B1
- 8 992 ab. - alt. 22 m - ✉ 41033

Roma 429 - Bologna 68 - Ferrara 63 - Mantova 54

XXX **Vicolo del Teatro**

via della Pace 94 - ✆ 0 53 54 03 30 - www.vicolodelteatro.it - info@vicolodelteatro.it - chiuso 2 settimane in agosto

Rist - *(chiuso sabato a mezzogiorno, domenica sera, lunedì)* Menu 55 € - Carta 59/84 €

◆ Al primo piano di un palazzo adiacente il teatro, sprofondati in comode poltrone, ci si delizia con piatti in prevalenza di pesce (poche le proposte di carne).

CONCOREZZO - Monza e Brianza (MB) - 561 F10 - 15 037 ab. 18 B2
- alt. 171 m - ✉ 20049

Roma 587 - Milano 26 - Bergamo 33 - Como 43

XX **Via del Borgo**

via Libertà 136 - ✆ 03 96 04 26 15 - www.viadelborgo.it - info@viadelborgo.it - chiuso dal 1° al 7 gennaio, 3 settimane in agosto, domenica e lunedì a mezzogiorno da giugno a settembre, domenica sera e lunedì a mezzogiorno negli altri mesi

Rist - Carta 31/59 €

◆ Nel centro, in una vecchia casa di ringhiera ristrutturata, una sala moderna con richiami al rustico e servizio estivo sotto il portico; piatti di impronta creativa.

CONDINO - Trento (TN) - 562 E13 - 1 504 ab. - alt. 444 m - ✉ 38083 30 A3

Roma 598 - Brescia 65 - Milano 155 - Trento 64

Da Rita cam,

via Roma 140 - ✆ 04 65 62 12 25 - www.hoteldarita.it - info@hoteldarita.it - chiuso dal 20 al 31 agosto

18 cam - †45 € ††85 € - ½ P 48 €

Rist - *(chiuso lunedì sera)* Carta 28/43 €

◆ Nella zona industriale della località, l'albergo ne rappresenta la nota più colorata, come gli interni: moderni e variopinti. Valido indirizzo per una clientela, soprattutto, commerciale.

CONEGLIANO - Treviso (TV) - 562 E18 - 35 514 ab. - alt. 72 m 36 C2
- ✉ 31015 Italia

Roma 571 - Belluno 54 - Cortina d'Ampezzo 109 - Milano 310

via XX Settembre 61 ✆ 0438 21230, iat.conegliano@provincia.treviso.it, Fax 0438 428777

Sacra Conversazione★ nel Duomo - ✻★ dal castello - Affreschi★ nella Scuola dei Battuti

Relais le Betulle

via Costa Alta 56, Nord-Ovest : 2,5 : km - ✆ 0 43 82 10 01 - www.relaislebetulle.com - info@relaislebetulle.com

39 cam - †60/90 € ††80/220 €, 10 €

Rist - *(chiuso 2 settimane in agosto)* Carta 26/45 €

◆ In zona collinare vicino al castello, un edificio recentemente ristrutturato propone confortevoli e luminose camere dal design moderno, quasi tutte dotate di terrazza. Al ristorante, dominano una atmosfera accogliente riscaldata dal rosso mattone delle pareti ed una cucina a base di prodotti tipici.

Canon d'Oro

via 20 Settembre 131 - ✆ 0 43 83 42 46 - www.hotelcanondoro.it - info@hotelcanondoro.it

48 cam - †50/140 € ††80/165 €

Rist - *(chiuso domenica sera)* Carta 25/65 €

◆ Hotel del centro storico ospitato in un edificio del '500 con loggia ed affreschi originali sulla facciata. Le camere - di tre tipologie, ma tutte recentemente rinnovate - assicurano un buon standard di confort. Nel silenzioso giardino interno, i sapori autentici della gastronomia locale.

XX **La Tartare**

corso Mazzini 45 – ✆ 0 43 83 23 52 – www.latartare.it – latartare@libero.it – chiuso 1 settimana in gennaio, 2 settimane in agosto, lunedì
Rist – Menu 44 € – Carta 34/62 €

◆ Le antiche mura che delimitano il centro storico fanno da sfondo a questo locale dal look moderno ed accattivante. La cucina conquista con piatti moderatamente creativi, il servizio si fa ricordare per attenzione e professionalità.

X **Città di Venezia**

via 20 Settembre 77/79 – ✆ 0 43 82 31 86 – sartor.moreno@libero.it – chiuso lunedì
Rist – Carta 26/46 €

◆ Nel salotto cittadino, raffinata atmosfera veneziana nelle sale interne o più fresca nel dehors estivo. Dalla cucina un'appetitosa scelta di piatti di pesce. Identiche proposte gastronomiche nella piccola osteria annessa, dove viene svolto il servizio in assenza di prenotazioni particolari.

CONERO (Monte) – Ancona – 563 L22 – Vedere Sirolo

CONVENTO – Vedere nome proprio del convento

CONVERSANO – Bari (BA) – 564 E33 – 25 181 ab. – alt. 219 m – ✉ 70014 27 C2

Roma 440 – Bari 31 – Brindisi 87 – Matera 68

Grand Hotel d'Aragona

via San Donato 5, strada provinciale per Cozze – ✆ 08 04 95 23 44 – www.grandhoteldaragona.it – info@grandhoteldaragona.it
69 cam – †85 € ††115 € – ½ P 93 € **Rist** – Carta 25/45 €

◆ Un grande giardino con piscina circonda questo complesso di concezione classica, che offre confort adeguato alla categoria sia nelle spaziose aree comuni sia nelle camere. Ampia sala ristorante e terrazza coperta.

Corte Altavilla

rist,

vico Altavilla 8 – ✆ 08 04 95 96 68 – www.cortealtavilla.it – info@cortealtavilla.it
32 cam – ††75/250 € – ½ P 66/153 €
Rist – *(chiuso a mezzogiorno)* (prenotazione obbligatoria) *(solo per alloggiati)* Carta 24/40 €

◆ Più di mille anni di storia, nel centro storico di Conversano, tra i vicoli medievali che accolgono camere, appartamenti e suites di notevole fascino. Gestione affidabile.

Agriturismo Montepaolo

contrada Montepaolo 2, Nord-Est : 4 km – ✆ 08 04 95 50 87 – www.montepaolo.it – info@montepaolo.it
10 cam – †57/99 € ††86/133 € – ½ P 72/87 €
Rist – *(chiuso a mezzogiorno, domenica e i giorni festivi)* (prenotazione obbligatoria) *(solo per alloggiati)* Menu 25/30 €

◆ Tra ulivi e macchia mediterranea, una dimora cinquecentesca - meticolosamente restaurata - con diversi arredi e pavimenti d'epoca. A 200 m la Torre del Brigante dispone di due appartamenti per 4 persone ciascuno (affitto settimanale). Piatti regionali nella sala ristorante, un tempo utilizzata per la vinificazione.

XXX **Pashà**

piazza Castello 5-7 – ✆ 08 04 95 10 79 – www.pashaconversano.it – pashaconversano@libero.it – chiuso 2 settimane in gennaio e martedì, da ottobre ad aprile anche domenica sera
Rist – (prenotare) Carta 48/66 €

◆ Di fronte al castello normanno, occorre salire al primo piano dell'edificio per raggiungere la piccola ed elegante sala ristorante. In premio, una cucina che non volta le spalle alla tradizione locale.

CORATO – Bari (BA) – **564** D31 – **47 695 ab.** – **alt. 232 m** – ✉ **70033** **26** B2

Roma 414 – Bari 44 – Barletta 27 – Foggia 97

Nicotel Wellness

via Gravina – ✆ 08 08 72 24 30 – www.nicotelhotels.com – corato@nicotelhotels.com

76 cam – ♦70/90 € ♦♦90/130 € **Rist** – Carta 22/35 €

♦ Recente realizzazione frutto di design moderno, lineare ed essenziale, particolarmente adatta ad una clientela sportiva o d'affari, tra centro benessere e business rooms. Analoga atmosfera al ristorante: nessun orpello e cucina protagonista.

sulla strada provinciale 231 km 32,200 Sud : 3 km :

Appia Antica rist,

✉ 70033 – ✆ 08 08 72 25 04 – www.appiantica.it – info@appiantica.it

34 cam – ♦71/95 € ♦♦97/126 € – ½ P 85/105 €

Rist – *(chiuso domenica sera)* Carta 19/25 €

♦ Una costruzione anni '70 ospita un albergo comodo sia per i turisti sia per la clientela d'affari; interni funzionali e confortevoli, arredi recenti nelle curate camere. Il ristorante dispone di un'accogliente sala d'impostazione classica.

CORCIANO – Perugia (PG) – **563** M18 – **19 648 ab.** – **alt. 408 m** – ✉ **06073** **32** B2

Roma 138 – Perugia 11 – Arezzo 71 – Terni 92

Palazzo Grande – Residenza d'epoca

via Palazzo Grande 20, Est: 2 km – ✆ 07 56 97 92 60 – www.palazzogrande.com – info@palazzogrande.com – chiuso dal 23 al 27 dicembre

19 cam – ♦135/170 € ♦♦150/220 €

Rist – *(chiuso a mezzogiorno)* (prenotazione obbligatoria) *(solo per alloggiati)* Menu 40/60 €

♦ Ambienti eleganti e mobilio d'epoca in un glorioso palazzo Seicentesco con "radici" storiche medioevali e romane. All'esterno, un immenso bosco ed una deliziosa piscina appartata.

CORGENO – Varese (VA) – **alt. 270 m** – ✉ **21029** **16** A2

Roma 631 – Stresa 35 – Laveno Mombello 25 – Milano 54

XXX **La Cinzianella** con cam rist,

via Lago 26 – ✆ 03 31 94 63 37 – www.lacinzianella.it – info@lacinzianella.it – chiuso gennaio

10 cam – ♦75/85 € ♦♦90/110 € – ½ P 80/90 €

Rist – *(chiuso martedì, mercoledì a mezzogiorno)* Carta 54/68 €

♦ In riva al lago, la sala da pranzo è stata recentemente rinnovata in tono elegante, mentre nella bella stagione si pranza sulla panoramica terrazza. Cucina innovativa, legata al territorio.

CORIANO VERONESE – Verona – Vedere Albaredo d'Adige

CORLO – Modena – Vedere Formigine

CORMONS – Gorizia (GO) – **562** E22 – **7 762 ab.** – **alt. 56 m** – ✉ **34071** **11** C2

Roma 645 – Udine 25 – Gorizia 13 – Milano 384

Enoteca Comunale piazza 24 Maggio 21 ✆ 0481 630371, Fax 0481 630371

Felcaro

via San Giovanni 45 – ✆ 0 48 16 02 14 – www.hotelfelcaro.it – info@hotelfelcaro.it

59 cam – ♦65/75 € ♦♦110/125 € – ½ P 68/76 €

Rist – *(chiuso 3 settimane in gennaio, 1 settimana in giugno, 1 settimana in novembre e lunedì)* Carta 21/35 €

♦ In posizione tranquilla, alle pendici della collina sovrastante il paese, la villa ottocentesca offre camere spaziose e confortevoli, alcune delle quali arredate con mobili antichi. Articolato in più sale dall'aspetto rustico, il ristorante propone piatti regionali.

XX **Al Cacciatore-della Subida**

località Monte 22, Nord-Est : 2 km – ✆ 0 48 16 05 31 – www.lasubida.it – info@lasubida.it – chiuso dal 19 al 28 febbraio, martedì, mercoledì
Rist – *(chiuso a mezzogiorno escluso sabato e domenica)* Menu 60 € – Carta 48/60 €
Spec. Lombo di cervo affumicato e marinato, fiori spontanei. Vermicelli di farina integrale con acciughe. Costicine di cinghiale marinate alle erbe e scottate alla brace.
♦ In un ambiente bucolico, ma al tempo stesso elegante, tradizione regionale ed innovazione si fondono in una ricerca gastronomica che ricorda il passato, guardando già al futuro.

XX **Al Giardinetto** con cam

via Matteotti 54 – ✆ 0 48 16 02 57 – www.jre.it – algiardinetto@yahoo.it – chiuso 3 settimane in luglio
3 cam – †70 € ††90/95 € **Rist** – *(chiuso lunedì, martedì)* Carta 36/60 €
♦ Oltre un secolo di storia, nel corso del quale si sono succedute ben tre generazioni. Oggi, nelle accoglienti sale e nel dehors potrete gustare piatti ricchi di tradizione e di creatività. Per prolungare il soggiorno, la risorsa mette a disposizione anche piacevoli alloggi.

CORNAIANO = GIRLAN – **Bolzano – Vedere Appiano sulla Strada del Vino**

CORNAREDO – **Milano (MI)** – **561** F9 – **20 466 ab. – alt. 140 m** **18** A2 – ✉ **20010**

Roma 584 – Milano 17 – Bergamo 56 – Brescia 102

Le Favaglie

via Merendi 26 – ✆ 0 29 34 84 11 – www.hotelfavaglie.it – info@hotelfavaglie.it – chiuso dal 24 dicembre al 9 gennaio e dal 30 luglio al 22 agosto
109 cam – †70/289 € ††70/309 € – 3 suites
Rist *Corniolo* – ✆ 02 93 48 44 50 *(chiuso dal 30 luglio al 22 agosto, sabato a mezzogiorno, domenica)* Carta 31/57 €
♦ Strategico per il polo fieristico di Rho-Pero, hotel dal design minimalista con dotazioni di ultima generazione. Navetta gratuita per la stazione metropolitana di Molino Dorino; a pagamento per aeroporti e Milano centro. Cucina innovativa al ristorante *Corniolo*: a pranzo solo buffet (a prezzo fisso).

a San Pietro all'Olmo Sud-Ovest : 2 km – ✉ 20010

X **D'O** (Davide Oldani)

via Magenta 18 – ✆ 0 29 36 22 09 – davideoldani@tin.it – chiuso dal 25 dicembre al 3 gennaio, dal 18 luglio al 28 agosto, domenica, lunedì
Rist – (prenotazione obbligatoria) Carta 32/42 €
Spec. Vellutata tiepida di pesca bianca, cappelletti di patate al vino e fave di cacao (estate). Mandorla, Marsala, gambero e semola. Stracciatella di bufala, ananas e biscotto di arabica (primavera-estate).
♦ I prezzi contenuti e la qualità della cucina hanno messo il suggello sulle capacità di Davide Oldani. In sale semplici e senza pretese, una cucina innovativa, ma sempre rispettosa della tradizione lombarda ed italiana.

CORNIGLIANO LIGURE – **Genova – Vedere Genova**

CORNIOLO – **Forlì-Cesena (FC)** – **562** K17 – **Vedere Santa Sofia**

CORONA – **Gorizia – Vedere Mariano del Friuli**

CORPO DI CAVA – **Salerno** – **564** E26 – **Vedere Cava de' Tirreni**

CORREGGIO – **Reggio Emilia (RE)** – **562** H14 – **24 501 ab. – alt. 31 m** **8** B2 – ✉ **42015**

Roma 422 – Bologna 60 – Milano 167 – Verona 88

Dei Medaglioni
corso Mazzini 8 – ✆ 05 22 63 22 33 – www.albergodeimedaglioni.com – info@albergodeimedaglioni.com – chiuso agosto e Natale
50 cam – 90/146 € 103/167 € – 3 suites
Rist *Il Correggio* – ✆ 05 22 64 10 00 – Carta 30/47 €
◆ Fascino del passato con tutti i confort del presente negli eleganti interni di un palazzo sapientemente restaurato, conservando dettagli in stile liberty; camere curate.

President
via Don Minzoni 61 – ✆ 05 22 63 37 11 – www.hotel-president-correggio.com – direzione@hotel-president-correggio.com – chiuso dal 24 dicembre al 7 gennaio e dal 5 al 25 agosto
84 cam – 50/170 € 60/200 € – 3 suites
Rist – *(chiuso domenica)* Menu 13/25 €
◆ Una bella hall con colonne vi accoglie in questa moderna struttura di recente realizzazione, dotata di confortevoli camere ben accessoriate; attrezzate sale convegni. Luminoso ristorante con un'originale soffittatura in legno.

Come una volta con cam
via Costituzione 75, Est : 2 km zona industriale – ✆ 05 22 63 30 63 – chiuso 2 settimane in dicembre, 2 settimane in agosto e domenica
8 cam – 50 € 70 € **Rist** – Carta 20/33 €
◆ E' vero che ci si trova in zona industriale, ma questa risorsa è stata ricavata all'interno di una storica cascina completamente ristrutturata, ambientazione suggestiva.

CORRUBBIO – **Verona** – **Vedere San Pietro in Cariano**

CORSANICO – **Lucca** – **562** K12 – **Vedere Massarosa**

CORSICO – **Milano (MI)** – **561** F9 – **33 554 ab.** – **alt. 115 m** – ✉ **20094** **18** B2
Roma 593 – Milano 10 – Lodi 46 – Pavia 40

Il Vicolo
via XXV Aprile 4a – ✆ 02 45 10 00 57 – www.ilvicoloristorante.it – ilvicolo@ilvicoloristorante.it – chiuso 1 settimana in agosto e domenica
Rist – Menu 25/60 €
◆ Nel cuore della città, un locale raccolto curato ed elegante dagli arredi di stampo moderno, dove fermarsi ad assaporare una cucina tradizionale ma creativa e ricercata.

CORTACCIA SULLA STRADA DEL VINO **31** D3
(KURTATSCH AN DER WEINSTRASSE) – **Bolzano (BZ)** – **562** D15 – **2 238 ab.** – **alt. 333 m** – ✉ **39040**
Roma 623 – Bolzano 20 – Trento 37
piazza Schweiggl 8 ✆ 0471 880100, info@suedtiroler-unterland.it, Fax 0471 880451

Schwarz-Adler Turmhotel
Kirchgasse 2 – ✆ 04 71 88 06 00 – www.turmhotel.it – info@turmhotel.it – chiuso dal 22 al 28 dicembre e dal 5 al 13 marzo
24 cam – 70/92 € 130/170 € – ½ P 75/105 €
Rist – *(solo per alloggiati)*
◆ Si sono seguiti stilemi tradizionali con materiali moderni in questo hotel, che ha ampie camere di particolare confort, molte con loggia o balcone; giardino con piscina.

Zur Rose
Endergasse 2 – ✆ 04 71 88 01 16 – www.baldoarno.com – info@baldoarno.com – chiuso luglio, domenica e lunedì a mezzogiorno in settembre-ottobre, domenica e lunedì negli altri mesi
Rist – Carta 40/57 €
◆ Edificio tipico che regala ambienti caldi, arredati con molto legno, in tipico stile tirolese. Cucina del territorio non priva di influenze mediterranee.

XX **Schwarz Adler**

Schweigglplatz 1 – ✆ 04 71 88 02 24 – www.schwarzadler.it – info@schwarzadler.it
Rist – Carta 35/46 €
♦ All'interno di un palazzo d'epoca, locale modaiolo dalla veste rustico-signorile diviso in più salette arredate in legno e al centro una grande griglia. Completa il delizioso quadretto l'originale cantina a vista: per scegliere direttamente tra un'articolata varietà di etichette. Cucina prevalentemente altoatesina.

CORTALE – Udine – Vedere Reana del Roiale

CORTE DE' CORTESI – Cremona (CR) – **561** G12 – 1 097 ab. – alt. 60 m – ✉ 26020 **17** C3

Roma 535 – Brescia 42 – Piacenza 47 – Cremona 16

XX **Il Gabbiano**

piazza Vittorio Veneto 10 – ✆ 0 37 29 51 08 – www.trattoriailgabbiano.it – info@trattoriailgabbiano.it – chiuso mercoledì sera e giovedì
Rist – Menu 25/30 € – Carta 26/38 €
♦ Salumi, marubini, faraona della nonna e torrone: la trattoria di paese ha conservato la sua caratteristica atmosfera nella quale ripropone antichi ricettari. Con un tocco di eleganza.

CORTE FRANCA – Brescia (BS) – **562** F11 – 5 952 ab. – alt. 214 m – ✉ 25040 **19** D1

Roma 576 – Bergamo 32 – Brescia 28 – Milano 76

Franciacorta via Provinciale 34/B, ✆ 030 98 41 67

a Colombaro Nord : 2 km – ✉ 25040 Corte Franca

Relaisfranciacorta

via Manzoni 29 – ✆ 03 09 88 42 34 – www.relaisfranciacorta.it – info@relaisfranciacorta.it
50 cam – †90/160 € ††120/178 € – 2 suites
Rist *La Colombara* – ✆ 03 09 82 64 61 *(chiuso dal 1° al 15 gennaio, dall'8 al 22 agosto, domenica sera, lunedì, martedì)* Carta 40/54 €
♦ Adagiata su un vasto prato, una cascina seicentesca ristrutturata offre la tranquillità e i confort adatti ad un soggiorno sia di relax, sia d'affari. All'interno dell'albergo, tappa gastronomica di grande interesse con una cucina di sofisticata semplicità.

a Borgonato Sud: 3 km – ✉ 25040

XXX **Due Colombe** (Stefano Cerveni)

via Foresti 13 – ✆ 03 09 82 82 27 – www.duecolombe.com – stefano@duecolombe.com – chiuso dal 1° all'8 gennaio, dall'8 al 18 agosto, lunedì
Rist – Menu 30 € (solo a mezzogiorno escluso i fine settimana)/80 € – Carta 50/89 €
Spec. Insalata di germogli e fiori su crème brûlée al foie gras. Spaghetti tiepidi, mazzancolle e polpa di ricci di mare. Manzo all'olio delle Due Colombe con polenta.
♦ Abbandonato Rovato, ora è un borgo antico - le cui origini risalgono al '900 d. C. - ad ospitare questo ristorante: elementi architettonici interessanti e ambiente raffinato. La cucina non volta le spalle alla tradizione regionale, ma la reinterpreta con fantasia.

CORTEMILIA – Cuneo (CN) – **561** I6 – 2 510 ab. – alt. 247 m – ✉ 12074 **25** D2

Roma 613 – Genova 108 – Alessandria 71 – Cuneo 106

 **Villa San Carlo** cam,

corso Divisioni Alpine 41 – ✆ 0 17 38 15 46 – www.hotelsancarlo.it – info@hotelsancarlo.it – chiuso dal 18 al 29 dicembre e dal 4 gennaio al 1° marzo
23 cam – 65/75 € 94/115 €
Rist *San Carlino* – *(chiuso lunedì) (chiuso a mezzogiorno)* (coperti limitati, prenotare) Carta 36/46 €
◆ Ottima risorsa a gestione familiare, che ha nel bel giardino sul retro - al centro la piscina - il suo punto di forza. La cucina si affida alla tradizione, mentre in cantina sosta ad invecchiare un'interessante selezione di vini.

CORTERANZO – Alessandria – Vedere Murisengo

CORTINA – Piacenza – Vedere Alseno

CORTINA D'AMPEZZO – Belluno (BL) – 562 C18 – 6 112 ab. 36 C1

– alt. 1 211 m – Sport invernali : 1 224/2 732 m 6 31 (Comprensorio Dolomiti superski Cortina d'Ampezzo) – ✉ 32043 Italia Centro Nord

Roma 672 – Belluno 71 – Bolzano 133 – Innsbruck 165
piazza San Francesco 8 ✆ 0436 3231, cortina@infodolomiti.it, Fax 0436 3235
località Fraina 14/15, ✆ 0436 86 09 52
Posizione pittoresca★★★
Dolomiti★★★- Tofana di Mezzo★★★: 15 mn di funivia – Tondi di Faloria★★★: 20 mn di funivia – Belvedere Pocol★★ (andarci preferibilmente al tramonto)

Cristallo

via Rinaldo Menardi 42 – ✆ 04 36 88 11 11 – www.cristallo.it – info@cristallo.it – dicembre-marzo e luglio-settembre
52 cam – 340/670 € 340/790 € – 22 suites **Za**
– ½ P 220/475 €
Rist *La Veranda del Cristallo* – *(dicembre-26 marzo e luglio-3 settembre)* Carta 60/101 €
◆ Marmo di Carrara, boiserie e migliaia di rose dipinte a mano sono solo alcune delle ricercatezze che fanno del Cristallo la quintessenza del lusso e il tempio de l'*art de vivre*. Ampie camere e moderno centro benessere. Cucina internazionale e sapori ampezzani nel panoramico ristorante affacciato sulla valle.

Miramonti Majestic Grand Hotel

località Peziè 103, 2 km per ② rist,
– ✆ 04 36 42 01 – www.geturhotels.com – miramontimajestic@geturhotels.com – 15 dicembre-marzo e luglio-5 settembre
121 cam – 185/570 € 290/810 € – 3 suites – ½ P 165/485 €
Rist – Carta 70/90 €
◆ Un'imponente struttura accoglie questo hotel di lunga tradizione: un must di Cortina grazie anche alla spettacolare vista, ai suoi saloni enormi e alle raffinate camere in stile. Nel parco anche un laghetto. Cucina regionale rivisitata in chiave creativa e sontuoso panorama dalle finestre dell'elegante ristorante.

Grand Hotel Savoia rist,

via Roma 62 – ✆ 04 36 32 01 – www.grandhotelsavoiacortina.it – info@grandhotelsavoiacortina.it – 20 dicembre-12 aprile e 5 luglio-12 settembre
123 cam – 150/950 € 200/1300 € – 7 suites **Zb**
– ½ P 150/1000 €
Rist – Menu 50/65 €
◆ Un grand hotel in pieno centro completamente rinnovato sfoggia ora una veste di moderno design e confort dell'ultima generazione. Belle camere dai toni caldi ed un centro benessere che s'ispira ad un famoso guru del benessere. Cucina di tipo mediterraneo con qualche rivisitazione al ristorante.

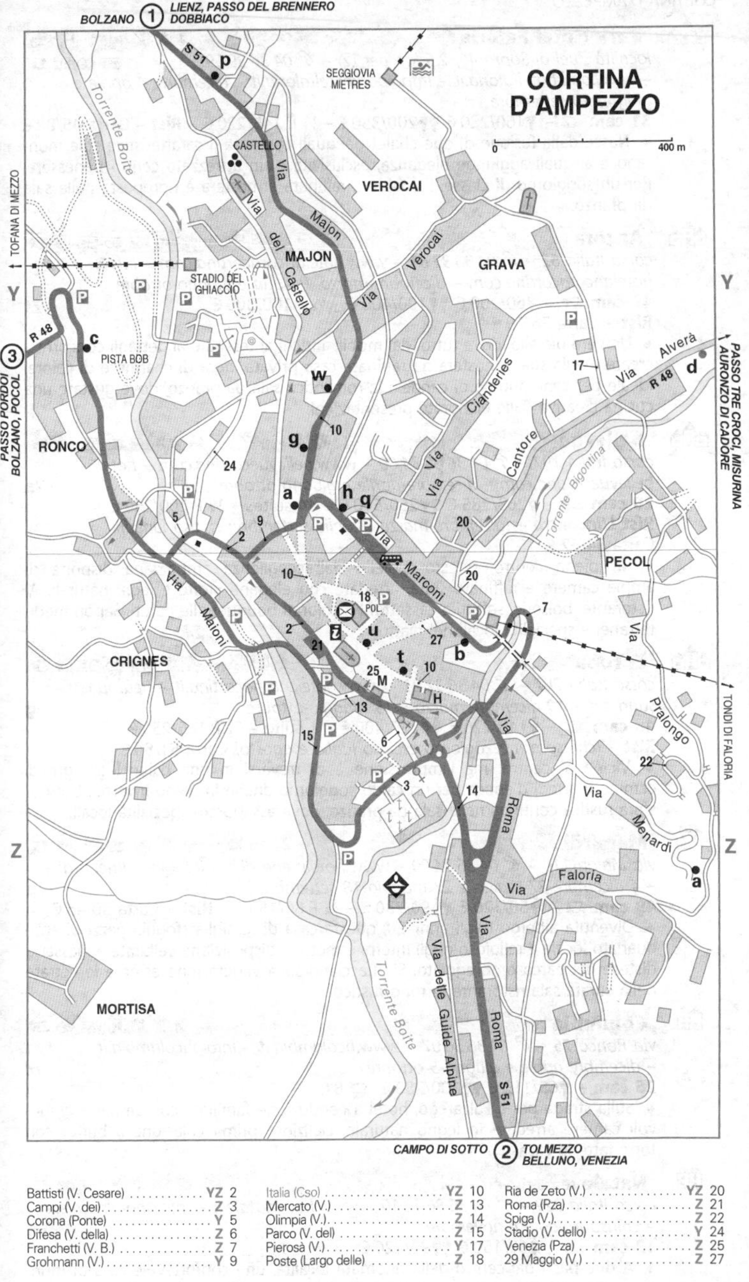

Battisti (V. Cesare) . . . . YZ 2	Italia (Cso) . . . . YZ 10	Ria de Zeto (V.) . . . . YZ 20
Campi (V. dei) . . . . Z 3	Mercato (V.) . . . . Z 13	Roma (Pza) . . . . Z 21
Corona (Ponte) . . . . Y 5	Olimpia (V.) . . . . Z 14	Spiga (V.) . . . . Z 22
Difesa (V. della) . . . . Z 6	Parco (V. del) . . . . Z 15	Stadio (V. dello) . . . . Y 24
Franchetti (V. B.) . . . . Z 7	Pierosà (V.) . . . . Y 17	Venezia (Pza) . . . . Z 25
Grohmann (V.) . . . . Y 9	Poste (Largo delle) . . . . Z 18	29 Maggio (V.) . . . . Z 27

Park Hotel Faloria

località Zuel di Sopra 46, 2,5 km per ② – ✆ 04 36 29 59 – www.parkhotelfaloria.it – info@parkhotelfaloria.it – dicembre- 4 aprile e giugno-20 settembre

31 cam – 160/280 € 200/350 € – ½ P 145/220 € **Rist** – Carta 45/88 €

♦ Nasce dalla fusione di due chalet dei quali conserva il caratteristico stile montano e ai quali aggiunge eleganza, esclusività e un attrezzato centro benessere. Per un soggiorno di classe. La calda e raffinata atmosfera è riproposta nella sala da pranzo.

Ancora

corso Italia 62 – ✆ 04 36 32 61 – www.hotelancoracortina.com – info@hotelancoracortina.com – dicembre-marzo, Pasqua e giugno-ottobre

49 cam – 60/200 € 100/400 € – ½ P 100/300 € Z**t**

Rist – Carta 36/59 €

♦ Un vero gioiello, dove tutto, dai mobili antichi ai tessuti e ai dettagli concorre a creare quella sua atmosfera da raffinata casa privata, ricca di charme e di calore. Ideale per cene a lume di candela la romantica sala da pranzo, dove gustare una cucina creativa dalle elaborate presentazioni.

Bellevue

corso Italia 197 – ✆ 04 36 88 34 00 – www.bellevuecortina.com – hotel@bellevuecortina.com – dicembre-aprile e giugno-ottobre Y**a**

20 cam – 263/285 € 250/510 € – 44 suites – ½ P 200/250 €

Rist *L'Incontro* – *(dicembre-marzo e luglio-settembre; chiuso lunedì)* Carta 54/67 €

♦ In pieno centro, questo gioiello dall'accoglienza ampezzana dispone di ampie camere e raffinate suite, arredate con eleganti stoffe e legni naturali. Al ristorante: boiserie, soffitti a cassettoni e colorati bouquet alle pareti. Sapori mediterranei e specialità locali nel piatto.

Europa

corso Italia 207 – ✆ 04 36 32 21 – www.hoteleuropacortina.it – heuropa@sunrise.it – 19 dicembre-marzo e 15 maggio-ottobre Y**g**

48 cam – 140/220 € 222/400 € – 1 suite – ½ P 165/250 €

Rist – *(chiuso a mezzogiorno escluso luglio e agosto)* Carta 51/84 €

♦ Vicino al centro, ma l'impressione è di trovarsi in una baita: legni grezzi, camino e arredi d'epoca per un caldo soggiorno anche in pieno inverno. L'atmosfera rustica continua nella sala da pranzo, dove assaporare specialità locali.

Menardi

via Majon 110 – ✆ 04 36 24 00 – www.hotelmenardi.it – info@hotelmenardi.it – 4 dicembre-27 marzo e 27 maggio-18 settembre Y**p**

49 cam – 50/120 € 90/230 € – ½ P 80/150 € **Rist** – Carta 30/45 €

♦ Divenuta albergo negli anni '20, questa casa di famiglia sfoggia pezzi di antiquariato locale e religioso negli interni e mette a disposizione vellutate e rilassanti distese nel parco ombreggiato. Si affacciano sulla vegetazione esterna le vetrate della curata sala ristorante di tono rustico.

Columbia senza rist

via Ronco 75 – ✆ 04 36 36 07 – www.hcolumbia.it – info@hcolumbia.it – dicembre-aprile e giugno-5 ottobre Y**c**

25 cam – 65/112 € 100/250 €, 8 €

♦ Sulla strada per il Falzarego, hotel a conduzione familiare con ampie e gradevoli camere arredate in legno naturale. Deliziosa prima colazione a buffet con torte fatte in casa.

Natale senza rist

corso Italia 229 – ✆ 04 36 86 12 10 – www.hotelnatale.it – info@hotelnatale.it – chiuso maggio e novembre Y**w**

13 cam – 60/150 € 90/220 €

♦ A due passi dal centro della rinomata località, una confortevole casa di montagna con ampie camere rivestite in legno ed arredate con mobili realizzati da artigiani locali. Zona relax con sauna, bagno turco, docce multifunzione e idromassaggio.

Cornelio

via Cantore 1 – ☎ 04 36 22 32 – www.hotelcornelio.com – info@hotelcornelio.com – chiuso dal 15 al 30 aprile e dal 5 novembre al 1° dicembre Y**h**

20 cam – 85/110 € 180/210 € **Rist** – Carta 33/57 €

◆ Nel centro di Cortina, in posizione panoramica e soleggiata, questo accogliente albergo in stile montano dispone di camere graziose e confortevoli. Da oltre mezzo secolo, il ristorante conquista i palati con piatti storici e tradizionali.

Montana senza rist

corso Italia 94 – ☎ 04 36 86 21 26 – www.cortina-hotel.com – montana@cortina-hotel.com – chiuso dal 25 maggio al 25 giugno e dal 10 novembre al 15 dicembre Z**u**

30 cam – 39/85 € 70/168 €

◆ Risorsa semplice, di piccole dimensioni, dalla cordiale e amichevole ospitalità. In pieno centro storico, la struttura offre tutto ciò che serve per una vacanza piacevole e rilassante, a cominciare dalla ricca prima colazione a buffet.

Oasi senza rist

via Cantore 2 – ☎ 04 36 86 20 19 – www.hoteloasi.it – info@hoteloasi.it – chiuso dal 27 settembre al 26 ottobre Y**q**

10 cam – 40/80 € 75/150 €

◆ A pochi passi dalla zona pedonale e dalla funivia, questo piccolo e curato hotel racconta dagli anni Venti la storia della famiglia. Camere semplici dal piacevole arredo ligneo.

Tivoli (Graziano Prest)

località Lacedel 34, 2 km per ③ – ☎ 04 36 86 64 00 – www.ristorantetivoli.it – info@ristorantetivoli.it – dicembre-Pasqua e luglio-15 settembre; chiuso lunedì in bassa stagione

Rist – (consigliata la prenotazione) Menu 100 € – Carta 74/104 €

Spec. Pentapiatto di pesce crudo e cotto. Ravioli di zucca liquida con gamberi rossi e capesante (autunno-inverno). Carosello ai cinque cioccolati.

◆ Le dimensioni minute del locale e una richiestissima verandina sulle montagne nascondono una cucina sfavillante e portentosa: a suo agio con la tradizione, così come con piatti più creativi.

Baita Fraina con cam

località Fraina, 2 km per ② – ☎ 04 36 36 34 – www.baitafraina.it – info@baitafraina.it – 5 dicembre-15 aprile e 20 giugno-25 settembre

6 cam – 88/140 € – ½ P 82/108 €

Rist – *(chiuso lunedì in bassa stagione)* Carta 39/50 €

◆ Tre accoglienti salette arredate con oggetti e ricordi tramandati da generazioni in una tipica baita, dove gustare curati piatti del territorio. Il personale in sala veste i costumi tradizionali. Per assaporare più a lungo il silenzio e il profumo dei monti, deliziose camere in calde tonalità di colore.

Il Meloncino al Caminetto

località Rumerlo 1, 6 km per ③ – ☎ 04 36 44 32 – www.ilmeloncino.it – info@ilmeloncino.it – chiuso giugno, novembre e martedì

Rist – Carta 48/60 €

◆ Particolarmente apprezzato dagli sciatori che a mezzogiorno arrivano fin qui a rinfocillarsi, la sera regna la tranquillità; tra polenta e selvaggina primeggiano i sapori della montagna.

Leone e Anna

via Alverà 112 – ☎ 04 36 27 68 – www.leoneanna.it – leoneeanna@gmail.com – dicembre-aprile e luglio-ottobre; chiuso martedì Y**d**

Rist – Carta 50/60 €

◆ Anche Cortina annovera un angolo di Sardegna! Questa la peculiarità del locale, un ambiente rustico e raffinato con panche di legno che corrono lungo le pareti. Su ogni tavolo, l'antipasto della casa.

Baita Piè Tofana
località Rumerlo, 6,5 km per ③ – ✆ 04 36 42 58 – www.ristorantebaitapietofana.com – pietofanarist@virgilio.it – novembre-Pasqua e luglio-settembre
Rist – (coperti limitati, prenotare) Carta 42/93 €
◆ Alle pendici del Tofana, questa caratteristica e romantica baita propone accattivanti piatti che spaziano tra terra e mare, in chiave moderna.

al Passo Giau per ③ : **16,5 km :**

Da Aurelio con cam cam,
passo Giau 5 ✉ 32020 Colle Santa Lucia – ✆ 04 37 72 01 18 – www.da-aurelio.it – ristoranteaurelio@tin.it – 24 dicembre-24 aprile e luglio-15 settembre
2 cam – ††80/150 € **Rist** – (consigliata la prenotazione) Carta 41/60 €
◆ Un paradisiaco angolo naturale, la calorosa accoglienza, e soprattutto la curata cucina della tradizione rivisitata in chiave moderna. Terrazza panoramica per il servizio estivo. Due sole le camere, accoglienti e confortevoli per prolungare il vostro soggiorno sulle Dolomiti.

sulla strada statale 51 per ① : **11 km :**

Ospitale
via Ospitale 1 ✉ 32043 – ✆ 04 36 45 85 – renzo_alvera@yahoo.it – dicembre-aprile e 15 giugno-ottobre; chiuso lunedì in bassa stagione
Rist – Carta 36/49 €
◆ Il nome è quello della località, ma anche una qualità dell'accoglienza che troverete in questo semplice ristorante rustico e familiare, dove gusterete piatti della tadizione locale e nazionale.

CORTONA – Arezzo (AR) – 563 M17 – 23 031 ab. – alt. 494 m – ✉ 52044 Toscana **29** D2

Roma 200 – Perugia 51 – Arezzo 29 – Chianciano Terme 55

via Nazionale 42 ✆ 0575 630352, infocortona@apt.arezzo.it, Fax 0575 630656

Museo Diocesano★★ – Palazzo Comunale : sala del Consiglio★ **H** – Museo dell'Accademia Etrusca★ nel palazzo Pretorio★ **M1** – Tomba della Santa★ nel santuario di Santa Margherita – Chiesa di Santa Maria del Calcinaio★★3 km per ②

Villa Marsili senza rist
viale Cesare Battisti 13 – ✆ 05 75 60 52 52 – www.villamarsili.net – info@villamarsili.net – chiuso gennaio e febbraio **b**
25 cam – †80/110 € ††130/250 €
◆ Dal restauro di una struttura del '700 è nato nel 2001 un hotel raffinato, dove affreschi e mobili antichi si sposano con soluzioni impiantistiche moderne e funzionali.

San Michele senza rist
via Guelfa 15 – ✆ 05 75 60 43 48 – www.hotelsanmichele.net – info@hotelsanmichele.net – 15 marzo-2 novembre **a**
42 cam – †89/150 € ††99/300 €
◆ In un palazzo cinquecentesco, un albergo che coniuga in giusta misura il fascino di interni d'epoca sapientemente restaurati e il confort offerto nei vari settori.

Italia senza rist
via Ghibellina 5/7 – ✆ 05 75 63 02 54 – www.planhotel.com – hotelitalia@planhotel.com **d**
25 cam – †60/111 € ††80/142 €
◆ A pochi metri dalla piazza centrale, palazzo seicentesco restaurato di cui ricordare gli alti soffitti e soprattutto la vista sulla Val di Chiana dalla sala colazioni.

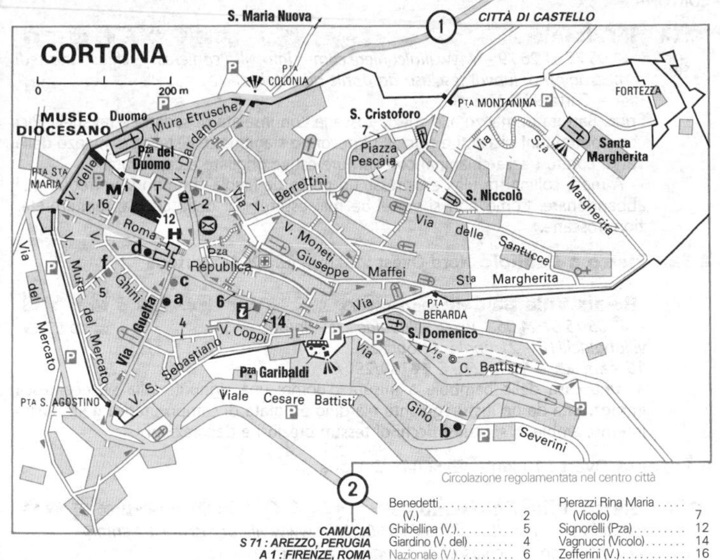

Osteria del Teatro

via Maffei 2 – ✆ 05 75 63 05 56 – www.osteria-del-teatro.it – info@osteria-del-teatro.it – chiuso dal 7 al 30 novembre e mercoledì **e**

Rist – Carta 25/37 €

◆ Diverse sale che spaziano dall'eleganza cinquecentesca con camino, ad ambienti più conviviali in stile trattoria, ma sempre accomunate dalla passione per il teatro.

La Grotta

piazzetta Baldelli 3 – ✆ 05 75 63 02 71 – www.trattorialagrotta.it – info@trattorialagrotta.it – chiuso dal 7 gennaio al 13 febbraio, dal 1° al 10 luglio, martedì **c**

Rist – (consigliata la prenotazione) Carta 23/35 €

◆ Solida gestione familiare da oltre 20 anni per una centralissima e accogliente trattoria, con servizio estivo in piazzetta; casalinghi piatti del territorio.

Hostaria la Bucaccia

via Ghibellina 17 – ✆ 05 75 60 60 39 – www.labucaccia.it – info@labucaccia.it – chiuso dal 15 al 30 gennaio **f**

Rist – (consigliata la prenotazione) Carta 24/29 €

◆ In un antico palazzo del XIII secolo, edificato su una strada romana il cui lastricato costituisce oggi il pavimento della saletta principale, una cucina squisitamente regionale e casalinga.

a San Martino Nord : 4,5 km – ✉ 52044 Cortona

Il Falconiere Relais

– ✆ 05 75 61 26 79 – www.ilfalconiere.com – info@ilfalconiere.it – chiuso 3 settimane in gennaio o febbraio

22 cam – †270/460 € ††290/480 € – ½ P 215/310 €

Rist Il Falconiere – vedere selezione ristoranti

◆ All'interno di una vasta proprietà, una villa seicentesca ricca di fascino e di suggestioni. Camere di raffinata e nobile eleganza, per un soggiorno straordinario.

XXX **Il Falconiere**

– ✆ 05 75 61 26 79 – www.ilfalconiere.com – info@ilfalconiere.it – chiuso martedì a mezzogiorno, lunedì (escluso da aprile ad ottobre)

Rist – Carta 93/122 €

Spec. Battuta di manzo alle spezie toscane con insalata di sedano e ravanelli. Pici con pomodorini piccanti e trucioli di pecorino stagionato. Bistecca di manzo della Val di Loreto (razza chianina) con verdure estive grigliate e capperata.

◆ A metà collina tra ulivi e cipressi, un posto da favola che non si vorrebbe mai abbandonare. Come non si vorrebbe mai essere sazi della cucina, reinterpretazioni toscane.

a San Pietro a Cegliolo Nord-Ovest : 5 km – ✉ 52044 Cortona

Relais Villa Baldelli senza rist

– ✆ 05 75 61 24 06 – www.villabaldelli.it – info@villabaldelli.IT – 21 aprile- ottobre

15 cam – ♦110/270 € ♦♦130/290 €

◆ Una casa delle bambole a misura d'uomo: una signorile villa settecentesca impreziosita da un lussureggiante giardino e dotata di campo pratica golf. Al suo interno, ambienti sontuosi ricchi di tessuti preziosi e decorazioni.

a Farneta Ovest : 10 km – ✉ 56048 Cortona

Relais Villa Petrischio

via del Petrischio 25 – ✆ 05 75 61 03 16 – www.villapetrischio.it – info@villapetrischio.it – chiuso dal 3 gennaio al 3 aprile

14 cam – ♦110 € ♦♦150 € – 4 suites – ½ P 110 €

Rist *La Terrazza* – *(aprile-ottobre)* Carta 31/47 €

◆ Immersa in un grande parco e costruita sulla collina più alta di Farneta, la villa settecentesca dispone di suggestivi scorci all'aperto e di eleganti camere con mobili d'epoca. Il raffinato ristorante in veranda offre una particolare vista sulle colline e propone i classici ed antichi sapori della tradizione toscana.

sulla strada provinciale 35 verso Mercatale

Villa di Piazzano – Residenza d'Epoca

rist,

località Piazzano 7, Est: 8 km ✉ 06069 Tuoro sul Trasimeno – ✆ 0 75 82 62 26 – www.villadipiazzano.com – info@villadipiazzano.com – marzo-novembre

18 cam – ♦135/180 € ♦♦160/285 € – ½ P 115/205 €

Rist – *(chiuso martedì) (chiuso a mezzogiorno)* Carta 33/41 €

◆ Voluta dal Cardinale Passerini come casino di caccia, una splendida villa patrizia del XVI secolo sita tra le colline della Val di Chiana, il Lago Trasimeno e Cortona. Cucina italiana, con una particolare predilezione per i sapori umbri e toscani.

XX **Locanda del Molino** con cam

località Montanare 8/9/10, Est: 9 km ✉ 52044 Montanare – ✆ 05 75 61 40 16 – www.locandadelmolino.com – info@locandadelmolino.com

8 cam – ♦100/120 € ♦♦120/190 € – ½ P 95/120 €

Rist – *(chiuso martedì) (chiuso a mezzogiorno escluso i giorni festivi)* Carta 29/50 €

◆ Il vecchio mulino di famiglia rinasce nella veste di ristorante rustico, ma vezzoso. Il gentil sesso si adopera in cucina, mentre la tradizione campeggia in menu. Le belle camere sfoggiano l'elegante semplicità della campagna toscana.

CORVARA IN BADIA – **Bolzano** – **562** C17 – **Vedere Alta Badia**

COSENZA P (CS) – **564** J30 – **69 611 ab.** – **alt. 238 m** – ✉ **87100** **5** A2

Italia

Roma 519 – Napoli 313 – Reggio di Calabria 190 – Taranto 205

piazza Cenisio ✆ 800 013 607

Tomba d'Isabella d'Aragona★ nel Duomo Z

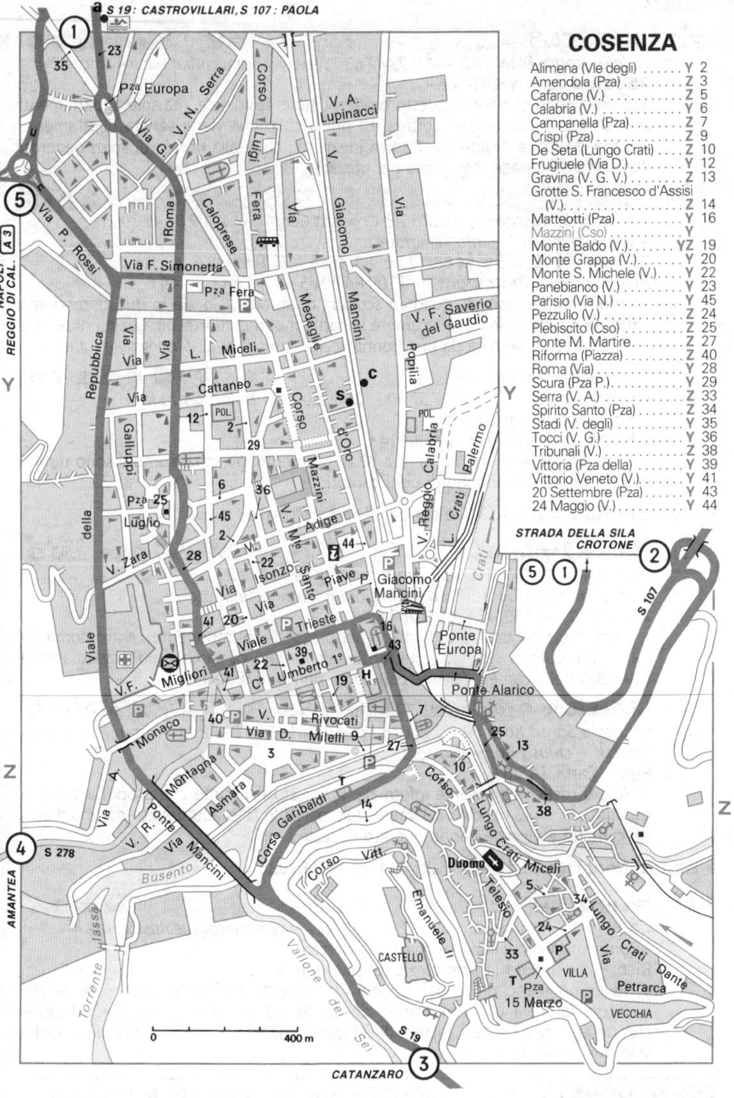

Holiday Inn Cosenza

via Panebianco – ☎ 0 98 43 11 09 – www.hicosenza.it – info@hicosenza.it Ya

79 cam ☕ – 👥49/145 €

Rist *L'Araba Fenice* – Menu 15/50 €

◆ Annesso ad un centro commerciale, hotel di taglio moderno con confort e soluzioni di ultima generazione. Ideale per un soggiorno d'affari. Al 1° piano l'Araba Fenice: cucina ad impronta regionale e stagionale. Una delle migliori in città!

Home Club senza rist
viale Giacomo Mancini 8 – ✆ 0 98 47 68 33 – www.homeclub.it – info@homeclub.it
96 suites ☕ – 🚹89/144 € Yc
◆ Non ci sono camere in questo moderno hotel-residence, ma solo appartamenti ben attrezzati con angolo cottura. La prima colazione viene servita direttamente in camera, all'ora desiderata. Risorsa ideale per chi è alla ricerca di spazi generosi con comodo garage (compreso nel prezzo).

Link
via Raffaele Coscarella, (uscita A3 Cosenza Centro) – ✆ 09 84 48 20 27 – www.linkhotel.it – info@linkhotel.it
23 cam – 🚹78/105 € 🚹🚹88/120 € – 1 suite – ½ P 69/85 €
Rist *Windows Restaurant* – ✆ 09 84 40 85 48 – Carta 25/44 €
◆ Interni impreziositi da quadri e sculture di un artista locale in questa moderna struttura aperta a fine 2008: camere lineari e molto confortevoli. Cucina di terra e di mare, accompagnata da una buona scelta enologica, al *Windows Restaurant*.

Centrale senza rist
via del Tigrai 3 – ✆ 0 98 47 57 50 – www.hotelcentralecosenza.it – hotelcentrale@hotmail.it Ys
44 cam ☕ – 🚹59/89 € 🚹🚹79/114 €
◆ Hotel di taglio moderno in fase di ampliamento: gli spazi comuni sono ridotti, ma le camere dispongono di ogni confort.

in prossimità uscita A 3 Cosenza Nord - Rende

Sant'Agostino senza rist
via Modigliani 49 ✉ 87036 Rende – ✆ 09 84 46 17 82 – www.hotelsantagostino.eu – direzione@santagostinohotel.it
24 cam ☕ – 🚹39/45 € 🚹🚹60/68 €
◆ Poco fuori dal centro di Rende - nei pressi di un imponente centro commerciale - un albergo semplice, ma funzionale, dotato di parcheggio privato. Arredi essenziali nelle camere (alcune con bagni rinnovati di recente).

Il Setaccio-Osteria del Tempo Antico
contrada Santa Rosa 62 ✉ 87036 Rende – ✆ 09 84 83 72 11 – osteriailsetaccio@libero.it – chiuso domenica sera
Rist – Carta 14/26 €
◆ Arredi rustici e ambiente informale, in questo ristorante che propone in veste casalinga la sapida cucina calabrese. Alle pareti le foto autografate dei molti artisti, cantanti e vip che hanno onorato il locale.

a Rende Nord-Ovest : 10 km – alt. 474 m – ✉ 87036

Pantagruel
via Pittore Santanna 3 – ✆ 09 84 44 35 08 – www.pantagruelilristorante.it – tonino.napoli@yahoo.it – chiuso domenica
Rist – (consigliata la prenotazione) Menu 30/45 €
◆ Al primo piano di un palazzo del Cinquecento nel centro storico di Rende, un'intera famiglia alla conduzione del locale ed un unico menu degustazione con pesce e tipici sapori calabri. (Per i meno affamati è possibile scegliere anche solo due o tre piatti).

COSTA DORATA – **Olbia-Tempio (OT)** – **366** S38 – **Vedere Porto San Paolo**

COSTALOVARA = WOLFSGRUBEN – **Bolzano** – **Vedere Renon**

COSTA MERLATA – **Brindisi** – **564** E34 – **Vedere Ostuni**

COSTA SMERALDA – **Sassari** – **Vedere Arzachena**

COSTERMANO – **Verona (VR)** – **562** F14 – **3 569 ab.** – **alt. 237 m** – ✉ **37010** **35** A2

Roma 531 – Verona 35 – Brescia 68 – Mantova 69

Cà degli Ulivi via Ghiandare 2, ✆ 045 6 27 90 30

Boffenigo rist,
via Boffenigo 6 – ✆ 04 57 20 01 78 – www.boffenigo.it
– info@boffenigo.it – 30 dicembre-3 gennaio e 1° aprile-2 novembre
37 cam – 100/200 € 130/250 € – ½ P 85/140 € **Rist** – Menu 35/60 €
♦ Apprezzabili la bella vista sul golfo di Garda e sulle colline, così come gli spazi all'aperto, tra cui la piccola corte in cui albergano persino un'oca e un daino. L'amenità non risparmia il grande giardino con piscina. Luminosa sala ristorante con tocchi di eleganza.

a Gazzoli Sud-Est : 2,5 km – ✉ 37010 Costermano

XX **Da Nanni** con cam
via Gazzoli 34 – ✆ 04 57 20 00 80 – info@dananni.com – chiuso dal 15 al 28 febbraio, 1 settimana in luglio, dal 15 al 30 novembre e lunedì
4 cam – 120/250 € **Rist** – Carta 42/79 €
♦ Preparazioni classiche e venete, pesce di lago e di mare in questo piacevole locale di tono rustico-signorile situato nella piccola frazione non lontana dal Garda; d'estate si mangia all'aperto. Belle le nuove eleganti camere arredate con pezzi d'antiquariato.

a Marciaga Nord : 3 km – ✉ 37010 Costermano

Madrigale rist,
via Ghiandare 1 – ✆ 04 56 27 90 01 – www.madrigale.it – madrigale@madrigale.it – marzo-novembre
60 cam – 76/108 € 150/230 € – 3 suites – ½ P 101/141 €
Rist – Carta 35/53 €
♦ Circondato dalle colline e dall'azzurrità del lago, la risorsa garantisce un soggiorno di relax e perfetta tranquillità nei suoi ampi e freschi ambienti. Un'ottima cucina tipica da assaporare in una sala moderna e romantica o in un panoramico dehors estivo.

verso San Zeno di Montagna

XXX **La Casa degli Spiriti**
via Monte Baldo 28, Nord-Ovest : 5 km – ✆ 04 56 20 07 66 – www.casadeglispiriti.it – info@casadeglispiriti.it – chiuso da lunedì a venerdì da novembre a Pasqua
Rist – Menu 95/135 € – Carta 86/116 €
Rist *La Terrazza* – *(Pasqua-ottobre)* Carta 54/72 €
Spec. Pesce spada affumicato ripieno di datteri con salsa allo yogurt e cetriolo all'arancia. Luccio alla gardesana con soufflé di polenta. Fritto di vitello ai tre sapori: animelle, cervello e fegato.
♦ Un luogo magico, il nome lo indica, con superba vista sul lago. All'interno, l'appuntamento è con la grande cucina di pesce, anche di lago, e qualche proposta di carne. Indimenticabili momenti romantici. A mezzogiorno, la Terrazza si apre ai commensali con piatti legati al territorio.

COSTIERA AMALFITANA – Napoli e Salerno – 564 F25 Italia

COSTIGLIOLE D'ASTI – Asti (AT) – 6 061 ab. – alt. 242 m – ✉ 14055 25 C2

Roma 629 – Torino 77 – Acqui Terme 34 – Alessandria 51

Langhe e Monferrato senza rist
via Contessa di Castiglione 1 – ✆ 01 41 96 18 53
– www.hotelanghe.it – info@hotelanghe.it – chiuso gennaio e dal 7 al 15 agosto
58 cam – 80/97 € 100/145 €
♦ Una moderna struttura tra i boschi e le rinomate colline vinicole, dotata di accoglienti camere, nonché di un moderno spazio congressi. L'attrezzato centro estetico propone diversi trattamenti (vinoterapia, bagni di fieno, cioccoterapia): c'è solo l'imbarazzo della scelta!

COSTIGLIOLE SALUZZO – Cuneo (CN) – 561 I4 – 3 312 ab. – alt. 460 m – ✉ 12024 22 B3

Roma 668 – Cuneo 23 – Asti 80 – Sestriere 96

Castello Rosso

via Ammiraglio Reynaudi 5 – 01 75 23 00 30 – www.castellorosso.com – castellorosso@castellorosso.com

24 cam – 105/140 € 132/165 € – 1 suite – ½ P 96/113 €

Rist – *(chiuso da 7 al 18 gennaio, domenica sera, lunedì escluso da giugno a settembre)* Carta 30/40 €

◆ Antico maniero, naturalmente rosso, eretto nel XVI secolo sulla sommità di un colle, oggi - come allora - avvolto dai vigneti. Charme e attenzioni all'altezza di chi ricerca confort e buon gusto. Eleganti sale accolgono il ristorante che propone una cucina eclettica.

COSTOZZA – Vicenza – Vedere Longare

COURMAYEUR – Aosta (AO) – 561 E2 – 2 970 ab. – alt. 1 224 m 34 A2

– Sport invernali : 1 224/2 624 m 9 12, (Comprensorio in Val Ferret); anche sci estivo – 11013 Italia

Roma 784 – Aosta 35 – Chamonix 24 – Colle del Gran San Bernardo 70

piazzale Monte Bianco 13 0165 842060, courmayeur@turismo.vda.it, Fax 0165 842072

località Le Pont-Val Ferret, 0165 8 91 03

Località★★

Valle d'Aosta★★ : ★★★ per ②

Grand Hotel Royal e Golf

via Roma 87 – 01 65 83 16 11 – www.hotelroyalegolf.com – ricevimento@hotelroyalegolf.com – dicembre-aprile e luglio-settembre AZ**a**

80 cam – 110/250 € 220/360 € – 6 suites – ½ P 130/200 €

Rist – Menu 38/48 €

◆ Prestigioso albergo in centro con area congressi, ma ideale soprattutto per villeggiatura. Piccolo, esclusivo centro benessere con piscina e solarium dalla vista mozzafiato. Ristorante ampio e molto classico caratterizzato da un valido servizio.

Villa Novecento

viale Monte Bianco 64 – 01 65 84 30 00 – www.villanovecento.it – info@villanovecento.it BY**a**

26 cam – 105/288 € 140/360 € – ½ P 145/215 € **Rist** – Carta 42/57 €

◆ Villa liberty completamente ristrutturata che presenta una hall raffinata attraverso cui accedere a camere accoglienti, dotate di ogni confort, con arredi ricercati. Elegante ristorante con un'ottima presentazione e cucina valdostana rivisitata.

Maison Saint Jean

vicolo Dolonne 18 – 01 65 84 28 80 – www.msj.it – info@msj.it – chiuso dall'8 al 28 giugno e dal 4 al 30 novembre AZ**c**

21 cam – 50/100 € 90/200 € – ½ P 65/125 €

Rist *Aria* – *(chiuso a mezzogiorno escluso i giorni festivi)* Carta 34/46 €

◆ Vicino all'elegante nonché commerciale via Roma, e a 300 m dagli impianti di risalita, albergo interamente rinnovato nel caldo stile valdostano: legno e raffinata rusticità. Ristorante con cucina fantasiosa: una simpatica alternativa ai piatti classici valdostani.

Cresta et Duc

via Circonvallazione 7 – 01 65 84 25 85 – www.crestaetduc.it – info@crestaetduc.it – dicembre-aprile e giugno-settembre AZ**e**

44 cam – 150/230 € 180/260 € – ½ P 125/165 € **Rist** – Menu 25/35 €

◆ Al limitare del centro e a 150 metri dagli impianti di risalita, l'hotel è stato completamente ristrutturato mantenendo immutate affabilità e cortesia. Nuovo look e vecchie esperienze gastronomiche al ristorante.

Centrale

via Mario Puchoz 7 – 01 65 84 66 44 – www.hotelscentrale.it – info@hotelscentrale.it – dicembre-15 maggio e giugno-15 settembre AZ**t**

33 cam – 99 € 139 €, 9 € **Rist** – *(luglio-agosto)* Menu 26 €

◆ In pieno centro, ma dotata di comodo parcheggio, una risorsa ad andamento familiare, con accoglienti spazi comuni; chiedete le camere rimodernate, con bagni nuovi. Tradizionale cucina d'albergo.

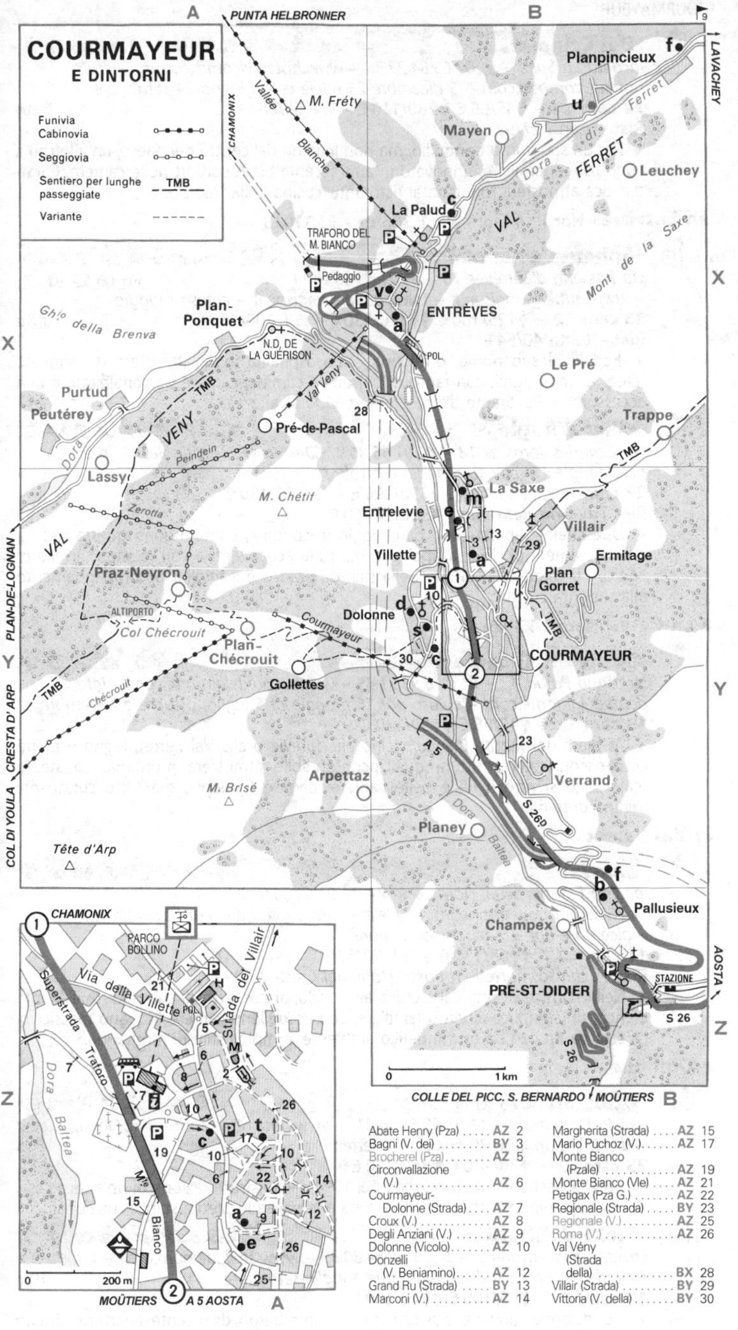

COURMAYEUR
E DINTORNI
Funivia
Cabinovia
Seggiovia
Sentiero per lunghe passeggiate
TMB
Variante
PUNTA HELBRONNER
CHAMONIX
Vallée Blanche
M. Fréty
LAVACHEY
Planpincieux
Mayen
Leuchey
Val Ferret
Dora di Ferret
La Palud
TRAFORO DEL M. BIANCO
Pedaggio
ENTRÈVES
Mont de la Saxe
Ghi.o della Brenva
Plan-Ponquet
N.D. DE LA GUÉRISON
Le Pré
Purtud
Peutérey
Val Veny
Pré-de-Pascal
Trappe
Lassy
Peindein
M. Chétif
La Saxe
Entrelevie
Zerotta
Villair
Villette
Ermitage
Plan Gorret
Praz-Neyron
ALTIPORTO
Dolonne
Col Chécrouit
Plan-Chécrouit
Gollettes
COURMAYEUR
PLAN-DE-LOGNAN
CRESTA D'ARP
COL DI YOULA
Chécrouit
A 5
Arpettaz
M. Brisé
Verrand
Planey
Dora Baltea
Tête d'Arp
S 26D
Pallusieux
Champex
AOSTA
STAZIONE
PRÉ-ST-DIDIER
S 26
0 1 km
COLLE DEL PICC. S. BERNARDO MOÛTIERS
CHAMONIX
PARCO BOLLINO
Via della Villette
Superstrada Traforo
Strada del Villair
Dora Baltea
V.le Monte Bianco
0 200 m
MOÛTIERS
A 5 AOSTA
Abate Henry (Pza) AZ 2
Bagni (V. dei) BY 3
Brocherel (Pza) AZ 5
Circonvallazione (V.) AZ 6
Courmayeur-Dolonne (Strada) AZ 7
Croux (V.) AZ 8
Degli Anziani (V.) AZ 9
Dolonne (Vicolo) AZ 10
Donzelli (V. Beniamino) AZ 12
Grand Ru (Strada) BY 13
Marconi (V.) AZ 14
Margherita (Strada) AZ 15
Mario Puchoz (V.) AZ 17
Monte Bianco (Pzale) AZ 19
Monte Bianco (Vle) AZ 21
Petigax (Pza G.) AZ 22
Regionale (Strada) BY 23
Regionale (V.) AZ 25
Roma (V.) AZ 26
Val Vény (Strada della) BX 28
Villair (Strada) BY 29
Vittoria (V. della) BY 30

Dei Camosci rist,
località La Saxe – 01 65 84 23 38 – www.hoteldeicamosci.com – info@hoteldeicamosci.com – 5 dicembre-25 aprile e 16 giugno-24 settembre
24 cam – 45/65 € 80/110 € – ½ P 55/88 € BY**m**
Rist – Carta 27/52 €
♦ Per un soggiorno tranquillo, ma non lontano dal centro del paese, un albergo a conduzione familiare, rinnovato in anni recenti; buon confort nelle camere. Caratteristica atmosfera montana al ristorante, cucina della tradizione.

ad Entrèves Nord : 4 km – alt. 1 306 m – ✉ 11013

Auberge de la Maison rist,
via Passerin d'Entreves 16 – 01 65 86 98 11 – www.aubergemaison.it – info@aubergemaison.it – chiuso maggio
33 cam – 125/180 € 140/230 € – ½ P 100/153 € BX**a**
Rist – Carta 40/54 €
♦ Fedele al suo nome, offre una calda ospitalità in un'atmosfera da raffinata "casa" di montagna, con tanto di boiserie e camino; camere personalizzate e ben accessoriate. Ristorante d'atmosfera, servizio all'altezza.

Pilier d'Angle
via Grandes Jorasses 18 – 01 65 86 97 60 – www.pilierdangle.it – info@pilierdangle.it – chiuso maggio e ottobre BX**v**
27 cam – 80/120 € 90/190 € – ½ P 70/130 €
Rist *Taverna del Pilier* – Carta 39/60 €
♦ Due chalet separati, con parcheggio in comune, compongono questa risorsa, che ha camere di diversa tipologia, ma tutte accoglienti e con lo stesso livello di confort. Il calore del camino della sala da pranzo è il miglior accompagnamento alla saporita cucina.

a La Palud Nord : 4,5 km

Dente del Gigante senza rist
strada la Palud 42 – 0 16 58 91 45 – www.dentedelgigante.com – info@dentedelgigante.com – chiuso dal 15 maggio al 5 luglio, ottobre e novembre
13 cam – 45/65 € 90/130 €
♦ Ai piedi del Monte Bianco, vicino alle funivie e alla Val Ferret, legno e pietra conferiscono alla struttura quell'inconfondibile atmosfera montana. Lo stesso "calore" lo si ritrova nelle belle camere: diverse tipologie, ma tutte curate nei minimi dettagli.

in Val Ferret

Miravalle cam,
località Planpincieux, Nord : 7 km – 01 65 86 97 77 – www.courmayeur-hotelmiravalle.it – marco@courmayeur-hotelmiravalle.it – dicembre-aprile e giugno-settembre BX**f**
11 cam – 65/130 € – ½ P 50/88 €
Rist – *(chiuso martedì in bassa stagione)* Carta 29/49 €
♦ Nella cornice di una valle unica al mondo, al cospetto di sua maestà il Monte Bianco, un semplice albergo familiare, con accoglienti camere in legno massiccio. La sala da pranzo ha un simpatico ambiente, in tipico stile di montagna.

a Dolonne

Ottoz Meublé senza rist
strada Dolonne 9 – 01 65 84 66 81 – www.hotelottoz.com – info@hotelottoz.it – dicembre-aprile e 20 giugno-15 settembre BY**s**
25 cam – 30/110 € 60/180 €
♦ Hotel a gestione familiare, nato nel 1994 dalla ristrutturazione di un'antica casa, di cui conserva in parte i soffitti a volta e le pareti in pietra; stanze funzionali.

Stella del Nord senza rist
strada della Vittoria 2 – 01 65 84 80 39 – www.stelladelnord.com – info@stelladelnord.com – dicembre-aprile e luglio-settembre BY**c**
13 cam – 45/100 € 70/160 €
♦ Conduzione giovane, ma esperta per un albergo di recente apertura, situato nella parte alta della frazione; arredi in legno e moquette nelle nuovissime camere.

Maison lo Campagnar rist,

rue de Granges 14 – ✆ 01 65 84 68 40 – www.maisonlocampagnar.com – info@maisonlocampagnar.com – chiuso maggio, ottobre e novembre

12 cam – 100/200 € 120/300 € **Rist** – Carta 26/55 €

◆ Ubicato nel verde e sulle piste da sci, un elegante chalet in legno dagli spazi interni raccolti e ricchi di charme. Molto belle le camere personalizzate: piccole bomboniere di confort.

COVIGLIAIO – Firenze (FI) – 563 J15 – alt. 831 m – ✉ 50030 29 C1

Roma 326 – Bologna 51 – Firenze 52 – Pistoia 67

Il Cigno rist,

strada statale 65 della Futa km 49,5 – ✆ 0 55 81 24 81 – www.ilcigno.it – ilcigno@ilcigno.it – 15 marzo-15 novembre

31 cam – 79/150 € 79/175 € – 2 suites

Rist *Il Cerro* – *(luglio-agosto)* Carta 29/43 €

◆ Risorsa concepibile come l'elegante evoluzione di un agriturismo di lusso. Tutte le camere sono spaziose e dotate di accesso indipendente, spazi comuni accoglienti. Piacevole isolamento e tranquillità. Il monumentale camino "domina la scena" nella sala ristorante elegante e luminosa.

CRANDOLA VALSASSINA – Lecco (LC) – 561 D10 – 262 ab. – alt. 780 m – ✉ 23832 16 B2

Roma 647 – Como 59 – Lecco 30 – Milano 87

Da Gigi con cam

piazza IV Novembre 4 – ✆ 03 41 84 01 24 – www.dagigicrandola.it – info@dagigicrandola.it – chiuso dal 15 al 30 giugno

8 cam – 40/50 € 55/65 €, 7 € – ½ P 50/55 €

Rist – *(chiuso mercoledì escluso luglio-agosto)* Menu 34/39 € – Carta 32/41 €

◆ Per gustare le specialità della Valsassina: un simpatico locale in posizione panoramica con due sale di tono rustico e una cucina attenta ai prodotti del territorio.

CRAVANZANA – Cuneo (CN) – 561 I6 – 390 ab. – alt. 585 m – ✉ 12050 25 C2

Roma 610 – Genova 122 – Alessandria 74 – Cuneo 48

Da Maurizio con cam

via Luigi Einaudi 5 – ✆ 01 73 85 50 19 – www.ristorantedamaurizio.net – ristorantedamaurizio@libero.it – chiuso dal 1° gennaio al 10 febbraio e dal 15 al 30 giugno

12 cam – 70 € – ½ P 60 €

Rist – *(chiuso mercoledì, giovedì a mezzogiorno)* Carta 26/34 €

◆ Da quattro generazioni saldamente nelle mani della stessa famiglia, la trattoria si sviluppa su due salette dall'arredo classico. La cucina? Naturalmente langarola, arricchita da una buona selezione di formaggi. Camere accoglienti, con gradevole vista sulle colline circostanti.

CREMA – Cremona (CR) – 561 F11 – 33 930 ab. – alt. 79 m – ✉ 26013 19 C2

Italia Centro Nord

Roma 546 – Piacenza 40 – Bergamo 40 – Brescia 51

via Ombrianello 21, ✆ 0373 23 13 57

Cattedrale★

Il Ponte di Rialto senza rist

via Cadorna 5/7 – ✆ 0 37 38 23 42 – www.pontedirialto.it – info@pontedirialto.it – chiuso dal 6al 21 agosto

33 cam – 75/92 € 92/112 €

◆ In un palazzo d'epoca, l'albergo dispone di camere arredate alternativamente in stile classico o con pezzi d'antiquariato ed ospita, inoltre, un'attrezzata sala conferenze.

CREMENO – Lecco (LC) – 561 E10 – 1 367 ab. – alt. 792 m – Sport invernali : a Piani di Artavaggio : 650/1 910 m 1 6, – ✉ 23814 16 B2

Roma 635 – Bergamo 49 – Como 43 – Lecco 14

XX **Al Clubino**

via Ingegner Combi 15 – ✆ 03 41 99 61 45 – www.alclubino.it – alclubino@libero.it – chiuso 10 giorni in giugno, 10 giorni in settembre, lunedì sera e martedì (escluso luglio-agosto)

Rist – Menu 35/50 € – Carta 36/55 €

◆ Locale a gestione familiare e di discreta eleganza avvolto da ampie vetrate affacciate sul giardino. Dalla cucina, piatti casalinghi e golosi, indimenticabili dolci.

CREMNAGO – Como (CO) – alt. 335 m – ✉ 22044 18 B1

Roma 605 – Como 17 – Bergamo 44 – Lecco 23

X **Antica Locanda la Vignetta dal 1910**

via Garibaldi 15 – ✆ 0 31 69 82 12 – www.ristorantelavignetta.it – chiuso dal 2 al 26 agosto e martedì

Rist – Carta 33/50 €

◆ Familiari sia la gestione ultraventennale che l'accoglienza in un frequentato, simpatico locale con solida cucina del territorio; servizio estivo sotto un pergolato.

CREMOLINO – Alessandria (AL) – 561 I7 – 1 075 ab. – alt. 405 m 23 C3 – ✉ 15010

Roma 559 – Genova 61 – Alessandria 50 – Milano 124

XX **Bel Soggiorno** con cam

via Umberto I, 69 – ✆ 01 43 87 90 12 – www.ristorantebelsoggiorno.it – info@ristorantebelsoggiorno.it – chiuso 15 giorni in gennaio e 15 giorni in luglio

3 cam – †55 € ††70/80 €

Rist – *(chiuso mercoledì) (chiuso a mezzogiorno escluso sabato-domenica)* Carta 29/55 €

◆ Da oltre 30 anni fedeltà alle tradizioni culinarie piemontesi, i cui piatti tipici, stagionali, vengono proposti in una piacevole sala con vetrata affacciata sui colli.

CREMONA (P) (CR) – 561 G12 – 72 267 ab. – alt. 45 m – ✉ 26100 17 C3

Italia

Roma 517 – Parma 65 – Piacenza 34 – Bergamo 98

piazza del Comune 5 ✆ 0372 23233, info.turismo@provincia.cremona.it, Fax 0372 534080

Il Torrazzo via Castelleonese 101, località San Predengo, ✆ 0372 47 15 63

Piazza del Comune★★ BZ : campanile del Torrazzo★★★, Duomo★★, Battistero★ BZ **L** – Palazzo Fodri★ BZ **D** – Chiesa di S. Agostino AZ **B**: ritratti★ di Francesco Sforza e della moglie, pala★ del Perugino - Museo Stradivariano ABY

Delle Arti senza rist

via Bonomelli 8 – ✆ 0 37 22 31 31 – www.cremonahotels.it – info@dellearti.com – chiuso 23 al 31 dicembre e agosto BZ**a**

33 cam – †85/138 € ††125/186 €

◆ Sin dall'esterno si presenta come un design hotel caratterizzato da forme geometriche e colori sobri, prevalentemente scuri. La sala colazioni è adibita anche a galleria d'arte visitabile: un vera eccezione di modernità nel centro storico.

Cremona senza rist

viale Po 131 – ✆ 0 37 23 22 20 – www.hotelcremona.it – info@hotelcremona.it

32 cam – †50/80 € ††70/110 € AZ**b**

◆ In zona Po, lungo una strada di grande scorrimento, trafficata ma comoda, presenta camere rinnovate con un design moderno: le migliori si trovano al primo piano.

Impero senza rist

piazza Pace 21 – ✆ 03 72 41 30 13 – www.cremonahotels.it – info@hotelimpero.cr.it BZ**d**

53 cam – †75/129 € ††99/159 €

◆ Nel cuore del centro storico, in un austero edificio anni '30, albergo rinnovato con camere più tranquille sul retro o con vista su piazza o Torrazzo dagli ultimi piani.

CREMONA

Boccaccino (V.) . . . . **BZ** 3
Cadorna (Pza L.) . . . . **AZ** 4
Campi (Cso) . . . . **BZ** 5
Cavour (Cso) . . . . **BZ** 6
Comune (Pza del) . . . . **BZ** 7
Garibaldi (Cso) . . . . **AYZ**
Geromini (V. Felice) . . . . **BY** 9
Ghinaglia (V. F.) . . . . **AY** 12
Ghisleri (V. A.) . . . . **BY** 13
Libertà (Pza della) . . . . **BY** 14
Mantova (V.) . . . . **BY** 17
Manzoni (V.) . . . . **BY** 18
Marconi (Pza) . . . . **BZ** 19
Marmolada (V.) . . . . **BZ** 22
Matteotti (Cso) . . . . **BYZ**
Mazzini (Cso) . . . . **BZ** 23
Melone (V. Altobello) . . . . **BZ** 24
Mercatello (V.) . . . . **BZ** 25
Monteverdi (V. Claudio) . . . . . **BZ** 27
Novati (V.) . . . . **BZ** 28
Risorgimento (Pza) . . . . **AY** 29
Spalato (V.) . . . . **AY** 35
Stradivari (Pza) . . . . **BZ** 37
S. Maria in Betlem (V.) . . . . . . **BZ** 32
S. Rocco (V.) . . . . **BZ** 33
Tofane (V.) . . . . **BZ** 39
Ugolani Dati (V.) . . . . **BY** 40
Vacchelli (Cso) . . . . **BZ** 42
Verdi (V.) . . . . **BZ** 43
Vittorio Emanuele II (Cso) . . . . **AZ** 45
4 Novembre (Pza) . . . . **BZ** 46
20 Settembre (Cso) . . . . **BZ** 48

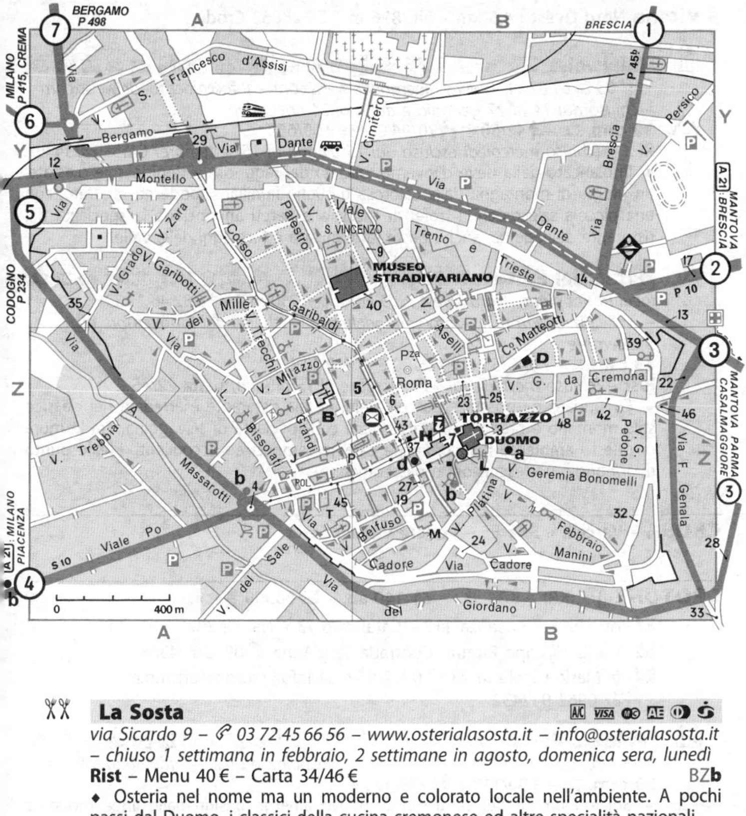

XX La Sosta

via Sicardo 9 – ✆ 03 72 45 66 56 – www.osterialasosta.it – info@osterialasosta.it – chiuso 1 settimana in febbraio, 2 settimane in agosto, domenica sera, lunedì

Rist – Menu 40 € – Carta 34/46 € BZ**b**

◆ Osteria nel nome ma un moderno e colorato locale nell'ambiente. A pochi passi dal Duomo, i classici della cucina cremonese ed altre specialità nazionali.

XX Kandoo

piazza Cadorna 15 – ✆ 0 37 22 17 75 – www.sushikandoo.it – jianxin@vodafone.it – chiuso lunedì AZ**b**

Rist – Carta 21/35 €

◆ Colori scuri, look moderno ed un'équipe tutta cinese indaffarata a preparare gustosi piatti ispirati al Sol Levante.

CRETAZ – **Aosta** – **561** F4 – **Vedere Cogne**

CROCERA – **Cuneo** – **561** H4 – **Vedere Barge**

CRODO – **Verbano-Cusio-Ossola (VB)** – **561** D6 – **1 462 ab.** – **alt. 505 m** **23** C1 – ✉ **28862**

Roma 712 – Stresa 46 – Domodossola 14 – Milano 136

località Bagni ✆ 0324 618831, crodo@distrettolaghi.it, Fax 0324 61691

Marconi

via Pellanda 21 – ✆ 03 24 61 87 97 – www.ristorantemarconi.com – info@ristorantemarconi.com – chiuso martedì

Rist – Menu 22/38 € – Carta 38/44 €

♦ Cucina contemporanea e tanta cura nelle presentazioni in questo ristorante all'interno di una villetta indipendente con piccolo dehors sul retro.

a Viceno **Nord-Ovest : 4,5 km – alt. 896 m – ✉ 28862 Crodo**

Edelweiss

cam,

– ✆ *03 24 61 87 91 – www.albergoedelweiss.com – info@albergoedelweiss.com – chiuso dal 14 al 27 gennaio e dal 2 al 24 novembre*

30 cam – ♦42/50 € ♦♦70/94 € – ½ P 60/65 €

Rist – *(chiuso mercoledì escluso dal 15 giugno al 15 settembre)* Carta 25/34 €

♦ Imbiancato dalla neve d'inverno, baciato dai raggi di un tiepido sole d'estate, un rifugio di montagna dalla calorosa gestione familiare, moderno e curato, con una piccola sala giochi. I trofei di caccia alle pareti annunciano la specialità del ristorante: selvaggina; anche paste fatte in casa e formaggi della valle.

Pizzo del Frate con cam

località Foppiano, Nord-Ovest : 3,5 km alt. 1 250 m – ✆ 0 32 46 12 33 – www.pizzodelfrate.it – info@pizzodelfrate.it – chiuso dal 2 novembre al 5 dicembre

13 cam – ♦48/55 € ♦♦76/90 € – ½ P 50 €

Rist – *(chiuso martedì dal 15 settembre al 15 giugno)* Carta 22/45 €

♦ Circondato da boschi e pascoli alpini la sala ristorante è arredata nel classico stile montano e propone piatti ossolani con specialità di selvaggina. Tra le mura di questo ambiente rustico, anche camere semplici ed accoglienti, ideale punto di appoggio per escursioni o passeggiate.

CROSA – Vercelli – 561 E6 – Vedere Varallo Sesia

CROTONE P (KR) – 564 J33 – 61 140 ab. – ✉ 88900 Italia 5 B2

Roma 593 – Cosenza 112 – Catanzaro 73 – Napoli 387

di Isola di Capo Rizzuto Contrada Sant'Anna ✆ 0962 794388

via Mario Nicoletta 28 ✆ 0962 952404 info@crotoneturismo.it, Fax 0962 952432

Palazzo Foti senza rist

via Colombo 79 – ✆ 09 62 90 06 08 – www.palazzofoti.it – info@palazzofoti.it

39 cam – ♦90/110 € ♦♦135/175 €

♦ Sul lungomare del centro città, nuovo albergo design dalle linee moderne e dalle camere luminose, dotate di ogni confort.

Helios

viale Magna Grecia, traversa via Makalla 2, Sud: 2 km – ✆ 09 62 90 12 91 – www.helioshotels.it – info@helioshotels.it

42 cam – ♦70/85 € ♦♦95/125 € – ½ P 66/81 €

Rist – *(chiuso domenica sera)* Carta 22/38 €

♦ A pochi passi dalla spiaggia, questo sobrio, ma gradevole albergo dispone di piacevoli terrazze con piscina e bella vista. Camere funzionali.

Da Ercole

viale Gramsci 122 – ✆ 09 62 90 14 25 – www.daercole.com – info@daercole.com – chiuso 15 giorni in novembre e domenica (escluso luglio-agosto)

Rist – Carta 44/64 €

♦ Il sapore e il profumo del mar Ionio esaltati nei piatti cucinati da Ercole nel suo accogliente locale classico sul lungomare della località. Una sala è decorata con mosaici.

XX **La Sosta da Marcello**

via Emanuele di Bartolo 22 – ✆ 09 62 90 22 43 – www.lasostadamarcello.it – francescabresciani@studioproto.it
Rist – *(chiuso domenica sera da settembre a giugno, tutto il giorno negli altri mesi)* Carta 35/55 € (+10 %)
◆ Una sosta gastronomica in un ristorante che saprà ammaliarvi con le sue specialità di pesce: dal carpaccio di pesce spada, ad una croccante frittura, passando per dei tagliolini al sugo di cernia o i classici spaghetti alle cozze.

CUASSO AL MONTE – **Varese (VA)** – **561** E8 – **3 477 ab.** – **alt. 530 m** – ✉ **21050** **16** A2

▶ Roma 648 – Como 43 – Lugano 31 – Milano 72

XX **Al Vecchio Faggio**

via Garibaldi 8, località Borgnana, Est : 1 km – ✆ 03 32 93 80 40 – www.vecchiofaggio.com – info@vecchiofaggio.com – chiuso dal 7 al 22 gennaio, dal 15 al 30 giugno e mercoledì
Rist – Menu 35 € – Carta 26/38 €
◆ All'ombra del secolare faggio che domina il parco, un'imperdibile vista sul lago di Lugano e una cucina legata alla tradizione che sfocia in moderne e fantasiose interpretazioni.

a Cavagnano **Sud-Ovest : 2 km** – ✉ **21050 Cuasso Al Monte**

Alpino rist, cam,

via Cuasso al Piano 1 – ✆ 03 32 93 90 83 – www.hotelalpinovarese.it – info@hotelalpinovarese.it – chiuso dall'8 al 25 gennaio
19 cam ☕ – †50/60 € ††75/90 € – ½ P 55/60 €
Rist – *(chiuso lunedì escluso da giugno al 15 settembre)* Carta 30/40 €
◆ Una risorsa accogliente nella sua semplicità, per un soggiorno tranquillo e familiare in una verde località prealpina; camere con arredi essenziali. Ambiente semplice di tono rustico, con soffitto a cassettoni e grande camino in sala da pranzo.

a Cuasso al Piano **Sud-Ovest : 4 km** – ✉ **21050**

XX **Molino del Torchio** con cam

via Molino del Torchio 17 – ✆ 03 32 92 03 18 – www.molinodeltorchio.com – info@molinodeltorchio.com
2 cam – †50/80 € ††70/100 €, ☕ 10 €
Rist – *(chiuso lunedì e martedì)* Menu 37 €
◆ All'interno di un suggestivo vecchio mulino, antiche ricette lombarde animano menu giornalieri attenti alla stagionalità dei prodotti. Camere personalizzate e ben tenute.

CUMA – **Napoli** – **564** E24 – **Vedere Pozzuoli**

CUNEO P **(CN)** – **561** I4 – **55 201 ab.** – **alt. 534 m** – ✉ **12100** **22** B3

▶ Roma 643 – Alessandria 126 – Briançon 198 – Genova 144
ℹ via Roma 28 c/o Palazzo Comunale ✆ 0171 693258 turismoacuneo@comune.cuneo.it, Fax 0171 693258
via Vittorio Amedeo II 8A ✆ 0171 690217, info@cuneoholiday.com, Fax 0171 602773
9 I Pioppi via della Magnina, ✆ 0171 41 28 25
18 via degli Angeli 3, frazione Mellana, ✆ 071 38 70 41
9 Torre dei Ronchi via Pollino 42, frazione Ronchi, ✆ 320 0 37 02 24
👁 Contrada Mondovì★

Pianta pagina seguente

CUNEO

Alba (V.) . . . . Y 2
Audiffredi (Largo) . . . . Y 3
Bellavista (V.) . . . . Y 4
Boves (Pza) . . . . Y 6
De Amicis (Largo Edmondo) . . . . Y 8
Dronero (V.) . . . . Y 10
Foro Boario (Pza) . . . . Y 12
Galimberti (Pza) . . . . Z 13
Garibaldi (Cso) . . . . Z 14
Giovanni XXIII (Lungo Gesso) . . . . YZ 15
Martiri d. Libertà (Pza) . . . . Z 16
Mondovì (Via) . . . . Y 7
Nizza (Cso) . . . . Z
Roma (V.) . . . . Y 21
Santa Maria (V.) . . . . Y 23
Savigliano (V.) . . . . Y 24
Virginio (Pza) . . . . Y 26

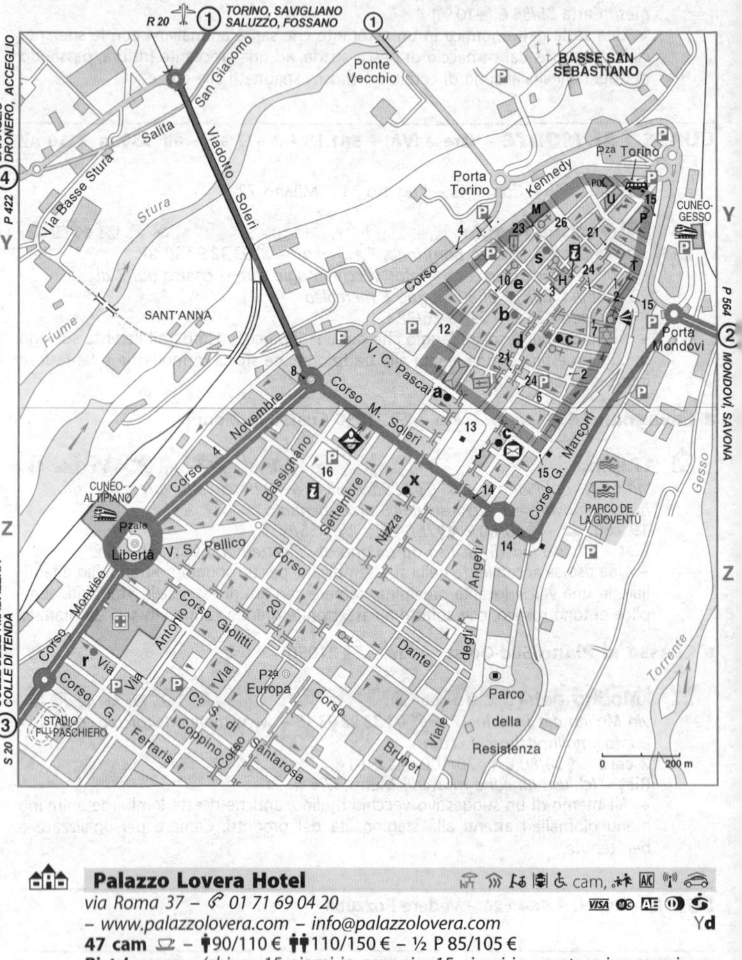

Palazzo Lovera Hotel cam,

via Roma 37 – ✆ 01 71 69 04 20 – www.palazzolovera.com – info@palazzolovera.com Y**d**

47 cam – 🛉90/110 € 🛉🛉110/150 € – ½ P 85/105 €

Rist *Lovera* – *(chiuso 15 giorni in gennaio, 15 giorni in agosto e i mezzogiorno di lunedì e venerdì)* Carta 30/40 €

◆ Nel cuore della città, un palazzo nobiliare del XVI secolo che ebbe illustri ospiti, è oggi un albergo di prestigio che dispone di spaziose, nonché eleganti, camere in stile. Eccellente gestione diretta. Al ristorante: cucina tipica piemontese ed una sempre interessante selezione di vini.

Principe senza rist

piazza Galimberti 5 – ✆ 01 71 69 33 55 – www.hotel-principe.it – info@hotel-principe.it Z**c**

49 cam – 🛉85/135 € 🛉🛉105/200 € – 1 suite

◆ Dalla piazza principale un ingresso "importante" con scalinata di marmo introduce in un hotel di lunga storia, rinnovatosi nel tempo: camere moderne, ben accessoriate. A disposizione anche pochi posti auto.

Royal Superga senza rist
via Pascal 3 – 01 71 69 32 23 – www.hotelroyalsuperga.com – info@hotelroyalsuperga.com Ya
39 cam – 59/99 € 79/149 €
♦ In una dimora storica ottocentesca, la dinamica gestione al timone dell'hotel è sicuramente uno dei suoi punti di forza, ma anche le continue migliorie in termini di confort e tecnologie lo rendono ideale sia per un clientela business sia per un turismo leisure.

Cuneo Hotel senza rist
via Vittorio Amedeo II, 2 – 01 71 68 19 60 – www.cuneohotel.com – info@cuneohotel.com Zx
20 cam – 50/70 € 70/90 €
♦ Confort ed essenzialità negli arredi, moderni e in stile minimalista, per questa piccola risorsa situata in comoda posizione centrale. Disponibilità di alcuni posti auto (solo per la notte).

Ligure senza rist
via Savigliano 11 – 01 71 63 45 45 – www.ligurehotel.com – info@ligurehotel.com – chiuso dal 5 al 28 gennaio Yc
22 cam – 55/68 € 75/88 €
♦ Nella parte storica di Cuneo, questa semplice risorsa (recentemente rinnovata) dispone di spazi comuni funzionali e camere accoglienti. A rendere l'indirizzo particolarmente interessante contribuiscono anche il comodo parcheggio e la non esosa politica dei prezzi.

Delle Antiche Contrade
via Savigliano 11 – 01 71 48 04 88 – www.antichecontrade.it – info@antichecontrade.it – chiuso dal 18 aprile al 3 maggio, dal 21 agosto al 7 settembre, domenica sera (anche domenica a mezzogiorno in estate), lunedì
Rist – (consigliata la prenotazione) Menu 55/95 € – Carta 64/84 € Yc
Spec. Insalata tiepida di gallina bianca di Saluzzo. Ravioli di pasta fresca ripieni di coda all'olio. Coda di astice al burro di cacao.
♦ Nel centro storico: atmosfera elegante, innovazione tra i fornelli, servizio caloroso ed ottima cantina. Insomma, un indirizzo per veri gourmet! Curiosa la possibilità di cenare a un "tavolo di famiglia", direttamente in cucina.

Osteria della Chiocciola
via Fossano 1 – 0 17 16 62 77 – chiuso dal 31 dicembre al 15 gennaio e domenica Ys
Rist – Menu 19/35 € – Carta 26/34 €
♦ Al locale sito in un vicolo ci si arriva passeggiando sotto ai portici. Al pianterreno c'è l'enoteca, al primo piano la sala ristorante: entrambe semplici, ma piacevoli. La cucina di cui l'osteria va fiera è quella della tradizione locale, che utilizza i prodotti del territorio e segue l'alternarsi delle stagioni.

Torrismondi
via Coppino 33 – 01 71 63 08 61 – torrismondi@hotmail.it – chiuso domenica e le sere di lunedì, martedì e mercoledì Zr
Rist – Carta 28/42 €
♦ Un locale semplice, dove godere della convivialità è di un'affezionata clientela di habitué buongustai: amanti della cucina locale, rigorosamente fatta in casa. Una lavagnetta elenca i vini al bicchiere.

Bottega dei Vini delle Langhe
via Dronero 8 – 01 71 69 81 78 – chiuso dal 1° al 15 agosto, domenica, le sere di lunedì, martedì, mercoledì Ye
Rist – Carta 21/28 €
♦ Più che una "bottega" una "mescita" di vini, oramai da anni convertita in osteria. I piatti del giorno, rigorosamente della tradizione piemontese, a mezzodì vengono elencati su una lavagna; la sera *à la carte*.

X **L'Osteria di Christian**

via Dronero 1e – ✆ 34 71 55 63 83 – chiuso 1 settimana in gennaio, 10 giorni tra agosto-settembre e lunedì, anche domenica da giugno a settembre
Rist – *(chiuso a mezzogiorno)* (prenotazione obbligatoria) Y**b**
Carta 24/34 €

◆ L'Osteria di Christian: ma veramente solo sua! Questo istrionico ed energico chef-patron si cura di tutto dalla a alla z, dalla cucina alla sala, dove a voce vi propone i migliori piatti della tradizione piemontese, elaborati partendo da ottime materie prime.

CUOTTO – **Napoli – Vedere Ischia (Isola d') : Forio**

CUREGGIO – **Novara (NO)** – **2 486 ab.** – **alt. 289 m** – ✉ **28060** **24** A3

Roma 657 – Stresa 42 – Milano 80 – Novara 33

Agriturismo La Capuccina

via Novara 19/b, località Capuccina – ✆ 03 22 83 99 30 – www.lacapuccina.it – info@lacapuccina.it
7 cam – 60/65 € 80/90 €
Rist – *(chiuso dal 24 dicembre al 14 gennaio)* (consigliata la prenotazione)
Menu 30 €

◆ Cascina restaurata, in aperta campagna, presenta un'ambientazione rustico-moderna con camere di buon confort. Intorno le attività dell'azienda, coltivazioni e bestiame. Grazioso ristorante con quadri moderni e vecchi utensili di campagna.

CURNO – **Bergamo (BG)** – **561** E10 – **7 716 ab.** – **alt. 244 m** – ✉ **24035** **19** C1

Roma 607 – Bergamo 6 – Lecco 28 – Milano 49

XX **Trattoria del Tone**

via Roma 4 – ✆ 0 35 61 31 66 – chiuso 3 settimane in agosto, martedì, mercoledì
Rist – Carta 33/56 €

◆ Siamo ormai alla terza generazione per questo piacevole ristorante, la cui cucina può permettersi di diversificarsi con estrema sicurezza: classica, legata al territorio come negli immortali casoncelli o nel coniglio al rosmarino, oppure ispirata al mare.

CURTATONE – **Mantova (MN)** – **561** G14 – **100 ab.** – **alt. 26 m** – ✉ **46010** **17** C3

Roma 475 – Verona 55 – Bologna 112 – Mantova 8

a Grazie Ovest : 2 km – ✉ **46010**

XX **Locanda delle Grazie**

via San Pio X 2 – ✆ 03 76 34 80 38 – locandagrazie@libero.it – chiuso 1 settimana in gennaio, dal 20 al 30 giugno, dal 16 al 30 agosto, martedì, mercoledì
Rist – (consigliata la prenotazione) Menu 25 € bc/35 € bc – Carta 30/38 €

◆ Grazioso locale in una frazione di campagna. Casalinga cucina del territorio, con alcuni piatti di mare, in un ambiente lindo e curato. Gestione familiare, clientela abituale.

CUSAGO – **Milano (MI)** – **561** F9 – **3 395 ab.** – **alt. 126 m** – ✉ **20090** **18** A2

Roma 582 – Milano 12 – Novara 45 – Pavia 40

XX **Da Orlando**

piazza Soncino 19 – ✆ 02 90 39 03 18 – www.daorlando.com – info@daorlando.com – chiuso dal 25 dicembre al 1° gennaio, dal 6 al 28 agosto, sabato a mezzogiorno, domenica
Rist – Menu 26 € (solo a mezzogiorno)/55 € – Carta 40/61 €

◆ Su una scenografica piazza con castello, ambienti classici con tavoli distanziati e accogliente gestione familiare. La cucina si divide equamente tra carne e pesce.

CUSTOZA – **Verona** – **562** F14 – **Vedere Sommacampagna**

CUTIGLIANO – Pistoia (PT) – **563** J14 – **1 631 ab.** – **alt. 678 m** – **Sport invernali : 1 600/1 800 m** 2 3, – ✉ 51024 Toscana **28** B1

Roma 348 – Firenze 70 – Pisa 72 – Lucca 52

via Brennero 42/A ✆ 0573 68029, Fax 0573 68200

Trattoria da Fagiolino con cam

via Carega 1 – ✆ 0 57 36 80 14 – www.dafagiolino.it – luigiinnocenti@tiscali.it – chiuso novembre

4 cam – †50/58 € ††78/85 € – ½ P 63 €

Rist – *(chiuso martedì e mercoledì)* Carta 26/43 €

◆ Funghi e selvaggina, tra i piatti della tradizione locale, ed una calorosa accoglienza familiare caratterizzano il locale. Cucina completamente a vista dall'ingresso. Moderne e confortevoli le camere; terrazza panoramica a disposizione per la prima colazione e per il tempo libero.

CUTROFIANO – Lecce (LE) – **564** G36 – **9 245 ab.** – **alt. 85 m** – ✉ 73020 **27** D3

Roma 617 – Bari 187 – Brindisi 75 – Lecce 33

Sangiorgio Resort

provinciale Noha-Collepasso – ✆ 08 36 54 28 48 – www.sangiorgioresort.it – info@sangiorgioresort.it

16 cam – †145/209 € ††230/356 € – 2 suites – ½ P 160/223 €

Rist *Il Chiostro* – Carta 41/56 €

◆ Nato come residenza estiva per le suore del convento di Santa Maria di Leuca, di cui conserva ancora una cappella consacrata, il resort si estende in orizzontale ed è circondato da una grande proprietà: due piscine distanti l'una dall'altra assicurano agli ospiti una certa privacy. Stile elegante ed opulento.

DARFO BOARIO TERME – Brescia (BS) – **561** E12 – **15 349 ab.** – **alt. 218 m** – ✉ 25047 **17** C2

Roma 613 – Brescia 54 – Bergamo 54 – Bolzano 170

a Boario Terme, piazza Einaudi 2 ✆ 030 3748751, iat.boario@provincia.brescia.it, Fax 0364 532280

a Boario Terme – ✉ 25041

Brescia rist,

via Zanardelli 6 – ✆ 03 64 53 14 09 – www.hotelbrescia.it – info@hotelbrescia.it

51 cam – †53/56 € ††73/80 € – ½ P 53/63 €

Rist – *(chiuso gennaio)* Carta 30/40 €

◆ Imponente struttura con curati spazi comuni dai toni signorili, accoglienti e funzionali, con decorativi pavimenti a scacchiera; camere sobrie con arredi in stile moderno. Ambiente distinto nelle due sale del ristorante ben illuminate da grandi finestre.

Diana

via Manifattura 12 – ✆ 03 64 53 14 03 – www.albergodiana.it – info@albergodiana.it – aprile-novembre

43 cam – †35/55 € ††50/85 € – ½ P 30/55 € **Rist** – Menu 15/25 €

◆ Albergo del centro a pochi passi dalle terme, con un gradevole e raccolto cortiletto interno; al piano terra luci soffuse, grandi quadri alle pareti e comodi divani. Capiente sala ristorante con un bianco soffitto costellato di piccole luci.

Armonia cam, rist,

via Manifattura 11 – ✆ 03 64 53 18 16 – www.albergoarmonia.it – info@albergoarmonia.it

46 cam – †36/45 € ††55/60 €, 6 € – ½ P 48/53 € **Rist** – Menu 15/19 €

◆ In posizione centrale, ristrutturato pochi anni fa, alberghetto con piccola piscina su una terrazza; ambienti funzionali e camere non grandi, ma accoglienti. Piatti classici e della tradizione presso la sobria e luminosa la sala da pranzo dagli arredi lignei.

XX **La Svolta**

viale Repubblica 15 – ✆ 03 64 53 25 80 – www.ristorantepizzerialasvolta.it – contatti@ristorantepizzerialasvolta.it – chiuso mercoledì

Rist – *(chiuso a mezzogiorno)* Carta 22/38 €

◆ In una villetta con ampio terrazzo per il servizio estivo e una sala di taglio semplice, ma curata, tante proposte per soddisfare ogni palato: pesce, piatti locali e pizza. Per i piccoli ospiti, un attrezzato parco giochi per distrarsi tra una portata e l'altra.

a Montecchio Sud-Est : 2 km – ✉ 25047 Darfo Boario Terme

XX **La Storia**

via Fontanelli 1, Est : 2 km – ✆ 03 64 53 87 87 – www.ristorantelastoria.it – info@ristorantelastoria.it – chiuso mercoledì sera

Rist – Carta 16/36 €

◆ Villetta periferica con un piccolo parco giochi per bambini e due ambienti gradevoli in cui provare una cucina con tocchi di originalità, a base di piatti di mare.

DEIVA MARINA – La Spezia (SP) – 561 J10 – 1 491 ab. – ✉ 19013 15 D2

Liguria

Roma 450 – Genova 74 – Passo del Bracco 14 – Milano 202

corso Italia 85 ✆ 0187 815858, ufficioturistico@comune.deivamarina.sp.it, Fax 0187 815800

Clelia

rist,

corso Italia 23 – ✆ 0 18 78 26 26 – www.clelia.it – hotel@clelia.it – 29 marzo-1° novembre

30 cam – †58/82 € ††80/152 € – ½ P 64/99 € **Rist** – Carta 27/59 €

◆ Ottima gestione familiare, ospitale e professionale, in un albergo a 100 mt. dal mare, con bella piscina circondata da un giardino e solarium. Camere molto confortevoli e funzionali. Apprezzato ristorante dove assaporare specialità liguri, molte delle quali a base di pesce.

Riviera

cam,

località Fornaci 12 – ✆ 01 87 81 58 05 – www.hotelrivieradeivamarina.it – hotelriviera@hotelrivieradeivamarina.it – Pasqua-settembre

28 cam – †48/70 € ††68/130 € – ½ P 50/80 € **Rist** – *(solo per alloggiati)*

◆ A pochi passi dalle spiagge, un hotel a conduzione diretta, di recente ristrutturazione; zona comune semplice e camere essenziali, ma accoglienti e personalizzate. Nella fresca sala ristorante caratterizzata da una stupenda vista sul mare, cucina regionale rivisitata e menù degustazione di pesce.

Eden

corso Italia 39 – ✆ 01 87 81 58 24 – www.edenhotel.com – info@edenhotel.com – marzo-ottobre

16 cam – †48/60 € ††65/91 € – ½ P 50/65 € **Rist** – Carta 31/40 €

◆ In centro paese, ma al tempo stesso non lontano dal mare, piccolo albergo a gestione familiare, con camere spaziose e confortevoli.

DELEBIO – Sondrio (SO) – 561 D10 – 3 123 ab. – alt. 218 m – ✉ 23014 16 B1

Roma 674 – Sondrio 34 – Brescia 136 – Milano 106

X **Osteria del Benedet**

via Roma 2 – ✆ 03 42 69 60 96 – www.osteriadelbenedet.it – osteriadelbenedet@tiscali.it – chiuso dal 1° al 7 gennaio, dal 10 al 23 agosto, domenica e lunedì dal 15 giugno al 25 agosto, domenica sera e lunedì negli altri mesi

Rist – Menu 29/39 € – Carta 35/46 €

◆ Osteria di antica tradizione, si sviluppa oggi in verticale: wine-bar al piano terra e sale al piano superiore. Cucina di ispirazione contemporanea e tradizionale.

DERUTA – Perugia (PG) – 563 N19 – 9 336 ab. – alt. 218 m – ✉ 06053 32 B2

Roma 153 – Perugia 20 – Assisi 33 – Orvieto 54

XX **L'Antico Forziere** con cam rist, **P** VISA AE
via della Rocca 2, località Casalina ✉ 06051 – ✆ 07 59 72 43 14
– www.anticoforziere.it – info@anticoforziere.it
9 cam – †65/75 € ††90/100 €
Rist – *(chiuso dal 10 al 30 gennaio e lunedì)* Carta 32/44 €
◆ Ristorante all'interno di un antico casale con giardino e piscina: ambiente elegante ed accogliente; cucina ricca di spunti creativi.

DESENZANO DEL GARDA – Brescia (BS) – 561 F13 – 26 862 ab. 17 D1 – alt. 67 m – ✉ 25015 Italia Centro Nord

Roma 528 – Brescia 31 – Mantova 67 – Milano 118

via Porto Vecchio 34 ✆ 030 3748726, iat.desenzano@provincia.brescia.it, Fax 030 9144209

Gardagolf via Angelo Omodeo 2, ✆ 0365 67 47 07

Arzaga via Arzaga 1, ✆ 030 6 80 62 66

Ultima Cena★ del Tiepolo nella chiesa parrocchiale – Villa Romana: mosaici★

Acquaviva rist, **P** VISA AE
viale Agello 84 – ✆ 03 09 90 15 83
– www.hotelacquaviva.it – info@hotelacquaviva.it – chiuso dal 7 al 30 gennaio
76 cam – †140/183 € ††186/244 € – ½ P 116/147 €
Rist – Carta 26/46 €
◆ Fronte lago, l'acqua è il tema dell'albergo dagli ambienti moderni, minimalisti e rilassanti. Curati spazi verdi all'esterno, oggetti d'arte e tonificante centro benessere.

Park Hotel rist, VISA AE
lungolago Cesare Battisti 19 – ✆ 03 09 14 34 94 – www.parkhotelonline.it
– booking@parkhotelonline.it
52 cam – †115/180 € ††150/220 €, 15 € – ½ P 100/135 €
Rist – Carta 32/53 €
◆ Albergo storico fronte lago: l'ingresso si apre su un'elegante hall dal gusto retrò, quasi un caffé letterario. Personale cortese e camere dagli arredi classici. Ambiente sobrio e distinto nella signorile sala da pranzo.

Nazionale senza rist VISA AE
via Marconi 23 – ✆ 03 09 15 85 55 – www.nazionaleonline.it – nazionale@cerinihotels.it
41 cam – †80/140 € ††100/180 €
◆ Vicino al centro, storico albergo di Desenzano risorto dopo un completo restauro propone ambienti moderni e rilassanti, colori sobri e grandi docce nei bagni.

Estée cam, cam, **P** VISA AE
viale dal Molin 33 – ✆ 03 09 14 13 18 – www.hotelestee.it – hotel.estee@inwind.it
24 cam – †64/214 € ††89/349 €
Rist – *(solo per alloggiati)* Menu 19/30 €
◆ All'ingresso della località, strada e traffico da un lato, vista lago dall'altro: le camere panoramiche trasformano il soggiorno. Attrezzato centro benessere.

Desenzano senza rist **P** VISA AE
viale Cavour 40/42 – ✆ 03 09 14 14 14 – www.hoteldesenzano.it – info@hoteldesenzano.it
40 cam – †65/90 € ††100/130 €
◆ Arretrata rispetto al centro - in posizione rialzata - questa struttura a gestione familiare convince per le sue camere semplici, ma accoglienti, alcune con vista lago.

XXX **Esplanade** (Massimo Fezzardi)
via Lario 10 – ✆ 03 09 14 33 61 – www.ristorante-esplanade.com – ristesplanade@yahoo.it – chiuso mercoledì, le sere di Natale, Capodanno e Pasqua
Rist – Menu 75/95 € – Carta 70/98 €
Spec. Millefoglie di carciofi cotti e crudi con scampi arrostiti e crema alle acciughe (inverno). Pezzogna profumata all'alloro su passatina di ceci, crostini al bacon e vongole veraci (primavera). Filetto di manzo fassone piemontese in crosta di sale e pepe con olio al timo.
♦ In posizione panoramica sul lago, gestione trentennale che propone piatti di mare di gran qualità in preparazioni che ne esaltano la freschezza.

XXX **Antica Hostaria Cavallino**
via Gherla 30 ang. via Murachette – ✆ 03 09 12 02 17 – www.ristorantecavallino.it – info@ristorantecavallino.it – chiuso dal 5 al 23 novembre, 25 e 26 dicembre, domenica sera, lunedì
Rist – Carta 57/101 €
♦ Centrale ed elegante, lo si può definire una roccaforte per gli amanti del pesce, con qualche declinazione sarda: dalla bottarga alla catalana, regione d'origine dei titolari.

DEUTSCHNOFEN = Nova Ponente

DEVINCINA – Trieste – Vedere Sgonigo

DIACCETO – Firenze – 563 K16 – Vedere Pelago

DIANO MARINA – Imperia (IM) – 561 K6 – 6 277 ab. – ✉ 18013 14 A3

Liguria

Roma 608 – Imperia 6 – Genova 109 – Milano 232
piazza Dante ✆ 0183 496956, infodianomarina@visitrivieradeifiori.it, Fax 0183 494365
Il grazioso borgo di Diano Castello★: 3 km a nord-ovest.

Grand Hotel Diana Majestic — cam, rist,
via degli Oleandri 15 – ✆ 01 83 40 27 27 – www.dianamajestic.com – info@dianamajestic.com – chiuso dal 16 ottobre al 24 dicembre
82 cam – ††70/300 € – 4 suites – ½ P 95/170 €
Rist – *(chiuso a mezzogiorno dal 27 maggio al 16 ottobre)* Carta 46/59 €
♦ Frontemare, cinto da un profumato giardino-uliveto che accoglie ben due piscine, l'albergo offre spaziosi ambienti dotati di ogni confort e moderne, eleganti, camere. I più conosciuti piatti italiani dalla cucina.

Bellevue et Mediterranée — rist,
via Generale Ardoino 2 – ✆ 01 83 40 93 – www.bellevueetmediterranee.it – postmaster@bellevueetmediterranee.it – 19 marzo-16 ottobre
70 cam – †90/140 € ††130/180 € – 2 suites – ½ P 111/125 €
Rist – *(solo per alloggiati)* Carta 35/45 €
♦ Da un lato l'Aurelia con la sua mondana frenesia, dall'altro la vista sul mare e sulla spiaggia. Imponente, signorile e spiccatamente familiare, l'hotel dispone di due piscine: una riscaldata, l'altra coperta per la talassoterapia.

Torino — rist,
via Milano 72 – ✆ 01 83 49 51 06 – www.hoteltorinodiano.com – info@htorino.com – chiuso da novembre all'11 gennaio
72 cam – †75/145 € ††130/215 € – 8 suites – ½ P 95/150 €
Rist – Menu 30/50 €
♦ Servizio accurato in un signorile hotel centrale, dotato di spazi interni accoglienti e camere recentemente rinnovate, di buon confort; nuova sala per l'ascolto della musica.

Gabriella ⛔ rist,

via dei Gerani 9 – ✆ 01 83 40 31 31 – www.hotelgabriella.com – info@hotelgabriella.com – chiuso dal 25 ottobre al 15 gennaio
50 cam – 60/115 € 90/200 € – ½ P 55/110 € **Rist** – Menu 30 €
♦ Sul mare verso San Bartolomeo, un'imponente struttura circondata da un verde giardino: semplice nelle zone comuni, offre camere spaziose e di recente rinnovo.

Caravelle rist,

via Sausette 34 – ✆ 01 83 40 53 11 – www.hotelcaravelle.net – info@hotelcaravelle.net – 15 aprile-20 ottobre
53 cam – 132/214 € – ½ P 72/113 € **Rist** – Menu 27/35 €
♦ Diverse piscine con acqua di mare, alcune riscaldate altre con idromassaggi: gran parte delle attenzioni della gestione è stata destinata al centro di cure estetiche e talassoterapiche. Il ristorante, moderno e da poco rinnovato, dispone di grandi vetrate che permettono allo sguardo di spaziare.

Eden Park rist,

via Generale Ardoino 70 – ✆ 01 83 40 37 67 – www.edenparkdiano.it – info@edenparkdiano.it
33 cam – 134 € 218 € – ½ P 105/150 € **Rist** – Carta 37/60 €
♦ E' sufficiente una breve passeggiata attraverso i gradevoli ambienti comuni per arrivare al bel giardino con piscina, proprio in riva al mare. Quanto alle camere, fresche e luminose, sono tutte arredate con vivaci colori. La sala ristorante offre una gradevole vista sul giardino, piatti locali ed internazionali.

Jasmin rist,

viale Torino 15 – ✆ 01 83 49 53 00 – www.hoteljasmin.com – info@hoteljasmin.com – chiuso dal 10 ottobre al 22 dicembre
24 cam – 50/90 € 60/160 €, 12 € – 3 suites – ½ P 73/88 €
Rist – *(solo per alloggiati)* Menu 25/32 €
♦ Molte le vetrate musive policrome, alcune anche nelle stanze: accogliente, vivace e dinamico, grazie all'uso sapiente dei colori, l'hotel si trova direttamente sulla spiaggia (privata).

Arc en Ciel cam, rist,

viale Torino 39 – ✆ 01 83 49 52 83 – www.hotelarcenciel.it – info@hotelarcenciel.it – Pasqua-15 ottobre
50 cam – 62/95 € 90/145 €, 11 € – ½ P 81/105 € **Rist** – Menu 25 €
♦ Circondato da ville di prestigio, l'albergo ha una piccola spiaggia privata fatta di sassi e scogli e alcune camere sono provviste di un balcone coperto, lambito dal mare.

Sasso senza rist

via Biancheri 17 – ✆ 01 83 49 43 19 – www.hotelsassoresidence.com – info@hotelsassoresidence.com – chiuso ottobre-dicembre
55 cam – 37/48 € 56/81 €, 6 €
♦ Collocato nel cuore della cittadina eppure non lontano dal mare, tutte le camere dell'hotel sono dotate di balcone. Dispone anche di alcune unità provviste di angolo cottura.

DIGONERA – Belluno – Vedere Rocca Pietore

DIMARO – Trento (TN) – 562 D14 – 1 247 ab. – alt. 766 m – Sport invernali : 1 400/2 200 m (Comprensorio sciistico Folgarida-Marilleva) 5 19 – ✉ 38025 — 30 B2

Roma 633 – Trento 62 – Bolzano 61 – Madonna di Campiglio 19
piazza Giovanni Serra 10 ✆ 0463 974529, info@dimarovacanze.it, Fax 0463 970500

Sporthotel Rosatti

via Campiglio 14 – ✆ 04 63 97 48 85 – www.sporthotel.it – info@sporthotel.it
32 cam – 55/130 € 80/160 € – ½ P 50/100 € **Rist** – Carta 17/31 €
♦ Lungo la strada che porta al passo, una bella struttura che sdoppia le camere in due edifici distinti collegati da un tunnel sotterraneo. Quelle del corpo principale un po' datate, ma comunque accoglienti. Le stanze della dépendance, più recenti e moderne. Piacevole taverna in legno per serate in compagnia.

DIOLO – Parma – Vedere Soragna

DOBBIACO (TOBLACH) – Bolzano (BZ) – 562 B18 – 3 254 ab. 31 D1

– alt. 1 256 m – Sport invernali : 1 242/1 500 m 3 (Comprensorio Dolomiti superski Alta Pusteria) – ✉ 39034 Italia

Roma 705 – Cortina d'Ampezzo 33 – Belluno 104 – Bolzano 105

via Dolomiti 3 ✆ 0474 972132, info@dobbiaco.info, Fax 0474 972730

Santer rist,

via Alemagna 4 – ✆ 04 74 97 21 42 – www.hotel-santer.com – info@hotel-santer.com – chiuso maggio e novembre

49 cam – †81/115 € ††124/266 € – 7 suites – ½ P 82/153 €

Rist – Carta 29/91 €

◆ Albergo circondato dai monti con un invitante giardino: atmosfera vellutata negli spazi comuni, bel soffitto ligneo e zona benessere sempre più bella, recentemente ampliata e personalizzata. Raffinata sala ristorante e cucina del luogo.

Park Hotel Bellevue

via Dolomiti 23 – ✆ 04 74 97 21 01 – www.parkhotel-bellevue.com – info@parkhotel-bellevue.com – dicembre-Pasqua e giugno-settembre

43 cam – †73/111 € ††118/218 € – ½ P 113/119 € **Rist** – Carta 36/50 €

◆ Albergo di tradizione nel centro della località, immerso in un parco ombreggiato; all'interno ambienti accoglienti, camere recentemente rinnovate e centro fitness con piscina. Ampie finestre nella sala da pranzo: arredi in stile lineare, con un tocco di eleganza.

Cristallo

via San Giovanni 37 – ✆ 04 74 97 21 38 – www.hotelcristallo.com – info@hotelcristallo.com – 18 dicembre-20 marzo e 28 maggio-9 ottobre

36 cam – †65/120 € ††102/200 € – ½ P 102 € **Rist** – Carta 30/36 €

◆ In bella posizione panoramica con vista sulle Dolomiti, graziosa struttura bianca immersa nel verde: interni confortevoli, piacevoli camere e una deliziosa area benessere. Sala ristorante ariosa e molto luminosa.

Urthaler

via Herbstenburg 5 – ✆ 04 74 97 22 41 – www.hotel-urthaler.com – info@hotel-urthaler.com – dicembre-aprile e 15 giugno-15 ottobre

30 cam – †58/74 € ††95/148 € – ½ P 70/76 € **Rist** – Carta 26/34 €

◆ Atmosfera cordiale e gestione familiare in un albergo nel cuore della cittadina: spazi interni con pareti rivestite in legno e soffitto con travi a vista; camere confortevoli. Vi sarà gradito cenare nella sala illuminata dalla calda luce ambrata dei lampadari pendenti.

sulla strada statale 49 Sud-Ovest: 1,5 km

XX **Gratschwirt** con cam

via Grazze 1 ✉ 39034 – ✆ 04 74 97 22 93 – www.gratschwirt.com – info@gratschwirt.com – dicembre-marzo e giugno-settembre

25 cam – 4 suites – solo ½ P 50/100 € **Rist** – *(chiuso martedì)* Menu 21/42 €

◆ All'ombra dell'imponente gruppo delle Tre Cime, in una casa dalle origini cinquecentesche ai margini della località, un ristorante dagli interni curati dove gustare piatti tipici regionali. Camere di differenti tipologie.

a Santa Maria (Aufkirchen)Ovest : 2 km – ✉ 39034 Dobbiaco

Oberhammer

Santa Maria 5 – ✆ 04 74 97 21 95 – www.oberhammer.it – hotel@oberhammer.it – chiuso novembre-5 dicembre

21 cam – †39/72 € ††68/140 € – ½ P 43/85 €

Rist – *(chiuso lunedì escluso febbraio e 15 luglio-15 settembre)* Carta 22/31 €

◆ Albergo in bella posizione panoramica, dotato di terrazze esposte al sole; spazi interni in stile locale e camere arredate con un moderno utilizzo del legno. Cucina tipica, servita anche all'aperto durante la bella stagione.

a Monte Rota/ Radsberg (Radsberg)**Nord-Ovest : 5 km – alt. 1 650 m**

Alpenhotel Ratsberg-Monte Rota
via Monte Rota 12 ✉ 39034 – ☎ 04 74 97 22 13 AC cam,
– www.alpenhotel-ratsberg.com – info@alpenhotel-ratsberg.com
– 23 dicembre-15 marzo e 28 maggio-16 ottobre
29 cam – solo ½ P 43/89 €
Rist – Carta 24/36 €
♦ Ideale per le famiglie e per gli amanti dell'assoluta tranquillità, questo hotel a conduzione diretta che domina Dobbiaco e le valli; ambienti interni in stile montano. Per i pasti, sala da pranzo e servizio estivo all'aperto.

DOGANA – **Vedere San Marino (Repubblica di) alla fine dell'elenco alfabetico**

DOGANA NUOVA – **Modena** – **562** J13 – **Vedere Fiumalbo**

DOGLIANI – **Cuneo (CN)** – **561** I5 – **4 796 ab.** – **alt. 295 m** – ✉ **12063** **25** C3

Roma 613 – Cuneo 42 – Asti 54 – Milano 178

Il Verso del Ghiottone
via Demagistris 5 – ☎ 01 73 74 20 74 – www.ilversodelghiottone.it
– ilversodelghiottone@libero.it – chiuso gennaio, 3 settimane in luglio, lunedì, martedì
Rist – *(chiuso a mezzogiorno escluso sabato e domenica)* Carta 36/46 €
♦ Nel cuore del centro storico, in un palazzo settecentesco, tavoli neri quadrati con coperto all'americana e bei quadri alle pareti: ne risulta un ambiente giovanile, ma elegante. La cucina simpatizza con le ricette del territorio, che rivisita e alleggerisce.

DOGLIO – **Perugia** – **563** N18 – **Vedere Monte Castello di Vibio**

DOLCEACQUA – **Imperia (IM)** – **561** K4 – **2 055 ab.** – **alt. 51 m** – ✉ **18035** Liguria **14** A3

Roma 662 – Imperia 57 – Genova 163 – Milano 286

Località★

Agriturismo Terre Bianche senza rist
località Arcagna, Ovest : 9 km – ☎ 0 18 43 14 26
– www.terrebianche.com – terrebianche@terrebianche.com – chiuso febbraio e novembre
8 cam – †70/80 € ††90/110 €
♦ L'impagabile vista sul mare e sull'entroterra offerte dalla risorsa, ricompenseranno la pazienza necessaria per raggiungere la vostra meta. Avvolti dal silenzio e dai profumi delle colline, fra i vigneti e gli oliveti della stessa azienda agricola.

DOLEGNA DEL COLLIO – **Gorizia (GO)** – **562** D22 – **397 ab.** – **alt. 90 m** – ✉ **34070** **11** C2

Roma 656 – Udine 25 – Gorizia 25 – Milano 396

Agriturismo Venica e Venica-Casa Vino e Vacanze senza rist
località Cerò 8, Nord : 1 km ✉ 34070
– ☎ 0 48 16 01 77 – www.venica.it – venica@venica.it – aprile-ottobre
6 cam – †70/77 € ††100/110 €, 14 €
♦ Immerso nel verde e nella tranquillità della propria azienda vinicola, questo agriturismo dall'attenta conduzione familiare offre camere ampie ed accoglienti.

a Ruttars Sud : 6 km – ✉ 34070 Dolegna Del Collio

Castello di Trussio dell'Aquila d'Oro (Anna Tuti)
località Trussio 13 – ✆ 0 48 16 12 55 – aquiladoro@tin.it – chiuso dal 1° al 20 gennaio, dal 10 al 30 agosto, domenica, lunedì
Rist – Carta 61/84 €
Spec. Carpaccio di vitella da latte, capperi, sarde ed olio d'oliva friulano. Risotto mantecato con verdure e pescato del giorno. Suprema d'anatra con miele d'acacia tartufato.
◆ Elegante ristorante con piacevole servizio estivo in giardino. Ambiente in sintonia con la struttura, dove l'eleganza e la cucina si esprimono in armonioso parallelismo.

DOLO – Venezia (VE) – **562** F18 – **15 001 ab.** – ✉ **30031** Venezia **36** C3

Roma 510 – Padova 18 – Chioggia 38 – Milano 249

Villa Nazionale★ di Strà : Apoteosi della famiglia Pisani★★ del Tiepolo SO : 6 kmpolo Sud-Ovest : 6 km – Riviera del Brenta★★ Est per la strada S 11

Villa Ducale rist,
riviera Martiri della Libertà 75, Est : 2 km – ✆ 04 15 60 80 20 – www.villaducale.it – info@villaducale.it
10 cam – 70/180 € – ½ P 60/115 € **Rist** – Carta 25/120 €
◆ A pochi chilometri dal centro del paese, una bella villa settecentesca cinta da un grazioso giardino propone camere personalizzate ed in stile, nonché piacevoli ambienti comuni impreziositi da affreschi. Nell'elegante ristorante, la linea di cucina rimane fedele alla tradizione.

Villa Gasparini senza rist
riviera Martiri della Libertà 37, Est : 1,8 km – ✆ 04 15 60 81 56 – www.villagasparini.it – info@villagasparini.it
15 cam – 60/100 € 70/120 €
◆ Lungo la Riviera di Brenta, una romantica villa del '700 con soffitti originali e mobili in stile veneziano: un soggiorno aristocratico a prezzi contenuti.

Villa Goetzen con cam
via Matteotti 6 – ✆ 04 15 10 23 00 – www.villagoetzen.it – info@villagoetzen.it
12 cam – 60/90 € 90/140 €
Rist – *(chiuso agosto, giovedì, domenica sera)* Carta 37/49 €
◆ Tanto charme nelle piccole sale e un pizzico di romanticismo sul molo prospicente il Brenta. E poi i piatti della tradizione - soprattutto a base di pesce - riproposti in chiave moderna. Torte e dolci fatti in casa deliziano, invece, le prime ore del mattino di coloro che vogliono prolungare il soggiorno in villa.

Villa Nani Mocenigo
riviera Martiri della Libertà 113, Est : 2,5 km – ✆ 04 15 60 81 39 – www.villananimocenigo.com – info@villananimocenigo.it – chiuso 10 giorni in agosto e lunedì
Rist – (consigliata la prenotazione) Carta 45/65 €
◆ Abbracciata da un parco secolare, splendida villa settecentesca suddivisa in varie eleganti salette dalle pareti affrescate; più informali gli ambienti ricavati nelle ex scuderie. Servizio alla russa con *guéridon* ed ottime specialità ittiche.

DOLOMITI – Belluno, Bolzano e Trento

DOLONNE – Aosta – Vedere Courmayeur

DOMODOSSOLA – Verbano-Cusio-Ossola (VB) – **561** D6 – **18 452 ab.** **23** C1 – alt. 272 m – ✉ 28845

Roma 698 – Stresa 32 – Locarno 78 – Lugano 79

piazza Matteotti 24 (stazione ferroviaria) ✆ 0324 248265, info@prodomodossola.it, Fax 0324 248265

Corona

via Marconi 8 – ✆ 03 24 24 21 14 – www.coronahotel.net – htcorona@tin.it
56 cam – †72/80 € ††90/120 € – ½ P 80 € **Rist** – Carta 21/36 €
◆ Sito nel centro della località, una risorsa di lunga tradizione e dalla solida conduzione familiare ospita ambienti arredati con signorilità e camere recentemente rinnovate. Nella spaziosa ed elegante sala da paranzo, proposte gastronomiche dai tipici sapori piemontesi.

Eurossola

piazza Matteotti 36 – ✆ 03 24 48 13 26 – www.eurossola.com – info@eurossola.com – chiuso dal 7 al 31 gennaio
23 cam – †65/70 € ††85/90 € – ½ P 65/75 €
Rist ***Terrazza Grill-Da Sergio*** – *(chiuso domenica sera, lunedì)* Carta 35/58 €
◆ In posizione centrale e a conduzione familiare, la moderna risorsa dispone di confortevoli camere vivacemente colorate, nonchè ampi spazi comuni arredati con sobria eleganza. Nella luminosa sala da pranzo al piano terreno, adatta per allestire banchetti e riunioni, una cucina contemporanea. Servizio estivo all'aperto.

La Stella con cam

borgata Baceno di Vagna 29, strada per Domobianca 1,5 Km – ✆ 03 24 24 84 70 – www.ristorantelastella.com – info@ristorantelastella.com – chiuso 1 settimana in gennaio e 1 settimana in novembre
3 cam – †50 € ††80 €
Rist – *(chiuso mercoledì)* (consigliata la prenotazione) Carta 38/44 €
◆ Un originale caminetto di design moderno (girevole a 360°), legno e travi a vista conferiscono "calore" e tipicità a questo rustico sapientemente ristrutturato. La cucina subisce il fascino del mare, proponendo ottime specialità di pesce. Tre camere piacevoli e moderne in sintonia con la semplicità del luogo.

Sciolla con cam

piazza Convenzione 5 – ✆ 03 24 24 26 33 – www.ristorantesciolla.it – rist.sciolla@libero.it
6 cam – †45/55 € ††65/75 € – ½ P 55/65 €
Rist – *(chiuso dal 10 al 20 gennaio, dal 23 agosto all'11 settembre, domenica sera, mercoledì)* Menu 25/30 € – Carta 30/39 €
◆ In un vecchio edificio di origine seicentesca, un ristorante centrale considerato un punto di riferimento nel campo della ristorazione cittadina; cucina del territorio.

La Meridiana dal 1968

via Rosmini 11 – ✆ 03 24 24 08 58 – www.ristorantelameridiana.it – info@ristorantelameridiana.it – chiuso dal 20 giugno al 10 luglio, domenica sera, lunedì
Rist – Carta 17/34 €
◆ Pesce e selvaggina in questa trattoria elaborati in due stili: da un lato la tradizione italiana, dall'altra quella spagnola. Ambiente familiare e cordiale nel cuore della località.

DONORATICO – Livorno – 563 M13 – Vedere Castagneto Carducci

DORGALI – Nuoro (NU) – 366 S42 – 8 497 ab. – alt. 390 m – ✉ 08022 38 B2

Sardegna

Cagliari 213 – Nuoro 32 – Olbia 114 – Porto Torres 170

Grotta di Ispinigoli★★ Nord : 8 km – Strada★★ per Cala Gonone Est : 10 km – Nuraghi di Serra Orios★ Nord-Ovest : 10 km – Strada★★★ per Arbatax Sud

Colibrì

via Gramsci ang. via Floris – ✆ 0 78 49 60 54 – colibri.mereu@tiscali.it – febbraio-ottobre; chiuso domenica escluso luglio-agosto
Rist – Carta 26/39 €
◆ Una cucina casalinga fedele ai sapori e alle tradizioni della gastronomia dorgolese, accompagnata dalla cordiale ospitalità dei gestori.

a Cala Gonone Est : 9 km – ✉ 08020

Nuraghe Arvu rist,
viale Bue Marino – ✆ 07 84 92 00 75 – www.hotelnuraghearvu.com – info@hotelnuraghearvu.com – aprile-ottobre
47 cam ☐ – ††110/230 € – 3 suites – ½ P 135 € **Rist** – Menu 35/55 €
◆ Belle camere costruite ad anfiteatro intorno alla piscina in questo nuovissimo albergo dagli interni in stile locale, curati e luminosi. Tra il verde dei millenari ulivi, il relax non è mai stato così a portata di mano! (Una navetta conduce alla spiaggia, a circa 500 m).

Costa Dorada rist,
lungomare Palmasera 45 – ✆ 0 78 49 33 32 – www.hotelcostadorada.it – info@hotelcostadorada.it – aprile-ottobre
27 cam – †90/135 € ††140/210 €, ☐ 15 € – 1 suite – ½ P 115/135 €
Rist – Carta 30/70 €
◆ Ubicato direttamente sul lungomare, l'hotel ospita camere raccolte arredate in stile sardo-spagnolo, un solarium ed ampie terrazze ombreggiate con vista sul golfo. Piatti di carne, ma soprattutto di pesce, nonché proposte regionali sul terrazzino affacciato sul blu.

Miramare rist,
piazza Giardini 12 – ✆ 0 78 49 31 40 – www.htlmiramare.it – miramare@tiscali.it – 26 marzo-4 novembre
35 cam ☐ – †75 € ††130/155 € – ½ P 85/98 €
Rist – *(maggio-settembre)* Carta 29/59 €
◆ A pochi metri dalla spiaggia, il primo hotel sorto in zona negli anni '50: ampi spazi comuni, una bella terrazza panoramica, camere semplici e piacevoli. Nel giardino-ristorante ombreggiato dalle palme vengono serviti piatti della tradizione gastronomica regionale e, soprattutto, specialità di mare.

Il Pescatore
via Acqua Dolce 7 – ✆ 0 78 49 31 74 – romanopatrizia@tiscali.it – Pasqua-ottobre
Rist – Carta 32/51 €
◆ Fronte mare, il locale ricorda l'antico villaggio di pescatori, annovera un dehors e una semplice sala interna più informale dove gustare la cucina regionale e piatti di pesce.

alla Grotta di Ispinigoli Nord : 12 km :

Ispinigoli con cam
strada statale 125 al km 210 ✉ 08022 Dorgali – ✆ 0 78 49 52 68 – www.hotelispinigoli.com – rist.ispinigoli@tiscali.it – marzo-ottobre
26 cam ☐ – †60/80 € ††80/110 € – ½ P 70/75 € **Rist** – Carta 28/38 €
◆ Valido punto d'appoggio per chi desidera visitare le omonime grotte, celebri perchè conservano la più alta stalagmite d'Europa, e per assaporare una buona cucina regionale. Dalle camere, semplici e confortevoli con arredi in legno, si può contemplare la tranquillità della campagna circostante.

DOSOLO – Mantova (MN) – **561** H13 – **3 399 ab.** – **alt. 25 m** – ✉ 46030 **17** C3
Roma 449 – Parma 37 – Verona 74 – Mantova 35

Corte Brandelli
via Argini dietro 11/A, Ovest : 2 km – ✆ 0 37 58 94 97 – www.cortebrandelli.it – lino.turrini@libero.it – chiuso dal 24 dicembre al 2 gennaio, agosto, domenica sera e giovedì
Rist – Carta 35/60 €
◆ Cascina in aperta campagna, dall'ambiente tipicamente rustico, ma con tocchi d'eleganza, abbellito da una collezione di attrezzi da cucina esposti sotto il portico. I piatti attingono ai ricchi sapori del territorio.

DOSSOBUONO – Verona – **562** F14 – Vedere Villafranca di Verona

---

DOSSON – Treviso – Vedere Casier

DOVERA – Cremona (CR) – 561 H15 – 3 929 ab. – alt. 76 m – ✉ 26010 19 C2

Roma 554 – Piacenza 43 – Brescia 85 – Cremona 56

XX **Osteria la Cuccagna**

località Barbuzzera, Nord-Ovest : 2,5 km – ☎ 03 73 97 84 57 – www.osterialacuccagna.it – info@osterialacuccagna.it – chiuso dal 27 dicembre al 4 gennaio, dal 7 al 24 agosto, mercoledì, giovedì a mezzogiorno

Rist – Menu 38/50 € – Carta 30/53 €

♦ In una frazione isolata e tranquilla, tra quadri moderni appesi alle pareti e camerieri in divisa, la vecchia trattoria punta ora su proposte più elaborate, partendo dalla tradizione. Immutata la gestione squisitamente familiare.

DOZZA – Bologna (BO) – 562 I16 – 6 313 ab. – alt. 190 m – ✉ 40060 9 C2

Roma 392 – Bologna 32 – Ferrara 76 – Forlì 38

Monte del Re

via Monte del Re 43, Ovest : 3 km – ☎ 05 42 67 84 00 – www.montedelre.it – info@montedelre.it

38 cam – †90/180 € ††140/280 € **Rist** – Carta 50/70 €

♦ Interni raffinati nel bel convento del XIII secolo ristrutturato; notevoli il chiostro coperto e il pozzo originari del '200, nonché la godibile terrazza panoramica. Atmosfera signorile nella sala da pranzo in stile classico.

XX **Canè** con cam

via XX Settembre 27 – ☎ 05 42 67 81 20 – www.ristorantecanet.it – info@ristorantecanet.net – chiuso dal 7 gennaio al 6 febbraio

12 cam – †65/73 € ††80/100 € – ½ P 78/84 €

Rist – *(chiuso lunedì)* Carta 30/42 €

♦ Nel centro storico, ristorante con una sala classica ed elegante e un'altra più caratteristica aperta ai fumatori; servizio estivo sulla bella terrazza. Camere confortevoli.

DRAGA SANT'ELIA – Trieste – Vedere Pesek

DRIZZONA – Cremona (CR) – 561 G13 – ✉ 26034 17 C3

Roma 491 – Parma 44 – Cremona 26 – Mantova 41

a Castelfranco d'Oglio Nord : 1,5 km – ✉ 26034 Drizzona

Agriturismo l'Airone senza rist

strada comunale per Isola Dovarese 2 – ☎ 03 75 38 99 02 – www.laironeagriturismo.com – info@laironeagriturismo.com

14 cam – †55 € ††75 €

♦ Nel verde della campagna del parco naturale del fiume Oglio, una risorsa accolta da un tipico cascinale ottocentesco, sapientemente ristrutturato. Camere eleganti.

DRONERO – Cuneo (CN) – 561 I4 – 7 313 ab. – alt. 622 m – ✉ 12025 22 B3

Roma 655 – Cuneo 20 – Colle della Maddalena 80 – Torino 84

piazza XX Settembre 3 ☎ 0171 917080, iatvallemaira@virgilio.it, Fax 0171 909784

XX **Rosso Rubino**

piazza Marconi 2 – ☎ 01 71 90 56 78 – ristoranterossorubino@interfree.it – chiuso 2 settimane in marzo, 1 settimana in novembre e lunedì

Rist – Menu 17/33 € – Carta 26/46 €

♦ Piccolo quanto grazioso locale che offre interessanti proposte - anche con menu a prezzo fisso - alcune derivanti dalla tradizione, altre più moderne. Qualche ricette di mare per gli amanti del pesce.

DUESANTI – Perugia – Vedere Todi

DUINO AURISINA – Trieste (TS) – 562 E22 – 8 633 ab. – ✉ 34013 **11** D3

Roma 649 – Udine 50 – Gorizia 23 – Grado 32

X Gruden

località San Pelagio 49, Nord-Est: 5 km ✉ 34011 San Pelagio – ☎ 0 40 20 01 51 – www.myresidence.it – info@myresidence.it – chiuso settembre, lunedì, martedì

Rist – Carta 21/31 €

◆ La passione per la buona tavola non ha mai abbandonato questa trattoria familiare, che da più di cent'anni propone ricette locali e cucina casalinga.

a Sistiana Sud-Est : 4 km – ✉ 34019

Eden

Sistiana 42/a – ☎ 04 02 90 70 42 – www.edensistiana.it – info@edensistiana.it

14 cam ☕ – †65/95 € ††90/145 €

Rist Vanilija à la carte – vedere selezione ristoranti

◆ Lungo la strada che attraversa il paese - in un edificio del 1906 - interni di ricercata e moderna semplicità, nonché camere dai colori pastello (mansardate quelle al secondo piano).

XX Gaudemus con cam

Sistiana 57 – ☎ 0 40 29 92 55 – www.gaudemus.com – gaudemus@gaudemus.com – chiuso gennaio

9 cam ☕ – ††70/110 € – ½ P 65/80 €

Rist – *(chiuso domenica, lunedì) (chiuso a mezzogiorno)* Menu 50/70 € – Carta 38/57 €

◆ Paradiso o purgatorio? In ciascuna di queste - già dal nome - originali sale, due confessionali dell'Ottocento perfettamente conservati. Sulla tavola: piatti della tradizione carsica e sfiziose ricette di pesce. Camere modernamente rinnovate.

XX Vanilija à la carte – Hotel Eden

Sistiana 42/a – ☎ 04 02 90 70 42 – info@edensistiana.it – chiuso gennaio, lunedì e martedì a mezzogiorno (escluso giugno-settembre)

Rist – (consigliata la prenotazione) Carta 34/68 €

◆ Per la qualità dei prodotti utilizzati e la ricercatezza delle esecuzioni, aspettatevi una tappa gastronomica di alto livello in un ambiente moderno e caratteristico: il pavimento centrale in vetro offre un originale scorcio sulla cantina sottostante.

DUNA VERDE – Venezia – Vedere Caorle

EAU ROUSSE – Aosta – Vedere Valsavarenche

EBOLI – Salerno (SA) – 564 F27 – 37 766 ab. – alt. 145 m – ✉ 84025 **7** C2

Roma 296 – Potenza 77 – Napoli 85 – Salerno 34

XX Il Papavero

corso Garibaldi 112/113 – ☎ 08 28 33 06 89 – ristoranteilpapavero@libero.it – chiuso domenica sera, lunedì

Rist – (consigliata la prenotazione) Carta 28/37 €

Spec. Carciofo di Paestum ripieno di gamberi rossi. Zuppetta di fagioli di Controne con lumachine di mare e gnocchi di polenta. Spigola affumicata con variazione di broccoli

◆ Nel centro storico, la storia gastronomica campana si unisce alla fantasia e alla dinamicità dello chef. Il risultato? Carne e pesce si sfidano in piatti dalle originali elaborazioni. Interessante carta dei vini con molte etichette regionali di cui buona parte anche al bicchiere.

EGADI (Isole) – Trapani (TP) – 365 AI56 – 4 621 ab. Sicilia **39** A2

Favignana★★: Cala Rossa★ – Levanzo★: Grotta del Genovese★ – Marettimo★: giro dell'isola in barca★★

FAVIGNANA (TP) – **565** N18 – ✉ **91023** **39** A2

per Trapani – a Favignana, Siremar, call center 892 123

Aegusa cam, VISA AE

via Garibaldi 11/17 – ☎ 09 23 92 24 30 – www.aegusahotel.it – info@aegusahotel.it – aprile-ottobre

28 cam – †60/100 € ††70/180 € – ½ P 60/115 €

Rist – *(aprile-settembre)* Carta 52/95 €

◆ Proprio nel centro del paese, hotel aperto non molti anni or sono, ricavato in un signorile palazzo. Arredi semplici e freschi che ingentiliscono le già graziose camere. Per i pasti ci si accomoda nel giardinetto esterno.

Egadi VISA AE

via Colombo 17/19 – ☎ 09 23 92 12 32 – www.albergoegadi.it – info@albergoegadi.it – aprile-ottobre

11 cam – †65/115 € ††100/200 € – ½ P 85/135 €

Rist – *(chiuso a mezzogiorno)* Carta 36/65 €

◆ Un'accogliente risorsa a gestione familiare nel cuore della località con colorate e funzionali camere in tinte pastello, nonché vista panoramica sul mare e sulla costa. Nella raffinata ed intima sala ristorante, piatti tipici a base di pesce interpretati con creatività.

EGNA (NEUMARKT) – **Bolzano (BZ)** – **562** D15 – **4 821 ab.** – **alt. 214 m** – ✉ **39044** **31** D3

Roma 609 – Bolzano 19 – Trento 42 – Belluno 120

Andreas Hofer P VISA

via delle Vecchie fondamenta 21-23 – ☎ 04 71 81 26 53 – www.hotelandreashofer.com – info@hotelandreashofer.com

32 cam – †55 € ††90 € – ½ P 50/60 €

Rist – *(chiuso domenica)* Carta 33/44 €

◆ Nel centro storico e di fronte ai portici, albergo sviluppato su tre costruzioni adiacenti, in un curioso stile veneziano; ampie camere ricavate da alcuni antichi vani. La cucina offre proposte altoatesine.

ELBA (Isola d')★ – **Livorno (LI)** – **563** N12 – **31 059 ab.** – **alt. 1 019 m** **28** B3

Toscana

a Marina di Campo località La Pila (marzo-ottobre) ☎ 0565 976037

vedere Portoferraio e Rio Marina

vedere Portoferraio

Acquabona, ☎ 0565 94 00 66

CAPOLIVERI (LI) – **563** N13 – **3 785 ab.** – ✉ **57031** **28** B3

Porto Azzurro 5 – Portoferraio 16

✳★★ dei Tre Mari

Il Chiasso VISA AE

vicolo Nazario Sauro 13 – ☎ 05 65 96 87 09 – elisaeluciano@isoladelba.it – Pasqua-ottobre; chiuso martedì (escluso da giugno a settembre)

Rist – *(chiuso a mezzogiorno)* Carta 39/71 €

◆ Caratteristiche sale separate da un vicolo nelle viuzze del centro storico: piatti di terra e di mare in un ambiente simpaticamente conviviale.

Da Pilade con cam VISA

località Marina di Mola, Nord: 2,5 km – ☎ 05 65 96 86 35 – www.hoteldapilade.it – info@hoteldapilade.it – 20 aprile-20 ottobre

24 cam – †40/85 € ††80/170 € – ½ P 95 €

Rist – *(chiuso a mezzogiorno escluso domenica e i giorni festivi)* Carta 35/45 €

◆ Sulla strada per Capoliveri, ristorante a conduzione familiare dove gustare piatti tradizionali sia di carne sia di pesce. Ottime specialità alla brace.

a Pareti Sud : 4 km – ✉ 57031 Capoliveri

Dino

– ✆ 05 65 93 91 03 – *www.elbahoteldino.com* – *info@hoteldino.com*
– *Pasqua-ottobre*
30 cam – †110 € ††145 €, ☕ 11 € – ½ P 105 € **Rist** – Carta 24/56 €
◆ Ospitalità familiare per un semplice albergo in piacevole posizione: camere lineari e accesso diretto alla spiaggia privata. Cucina classica servita in un'ampia sala e in una terrazza esterna.

a Marina di Capoliveri Nord-Est : 4 km – ✉ 57031 Capoliveri

Grand Hotel Elba International

Baia della Fontanella 1 rist,
– ✆ 05 65 94 61 11 – *www.elbainternational.it* – *info@elbainternational.it*
– *13 maggio-11 ottobre*
118 cam ☕ – †120/190 € ††140/260 € – 5 suites – ½ P 140/190 €
Rist – Carta 30/40 €
◆ Gestione dinamica ed ospitalità di alto livello sono i presupposti per una vacanza indimenticabile in questa struttura panoramica in continua evoluzione. Ottimo settore notte con camere spaziose e arredi di taglio moderno. Ristorante dalle ampie vetrate e menu ben articolato.

a Lido Nord-Ovest : 7,5 km – ✉ 57031 Capoliveri

Antares

rist,
– ✆ 05 65 94 01 31 – *www.elbahotelantares.it* – *info@elbahotelantares.it*
– *22 aprile-9 ottobre*
49 cam – solo ½ P 95/145 € **Rist** – *(solo per alloggiati)*
◆ A ridosso di un'insenatura, tra spiaggia e mare, due bianche strutture immerse in una tranquilla e verdeggiante macchia mediterranea; arredi in stile marinaro.

MARCIANA (LI) – **563** N12 – **2 242 ab.** – **alt. 375 m** – ✉ **57030** **28** B3

Porto Azzurro 37 – Portoferraio 28
★
Monte Capanne★★ : ★★

a Poggio Est : 3 km – alt. 300 m – ✉ 57030

Publius

piazza Del Castagneto 11 – ✆ *0 56 59 92 08* – *www.ristorantepublius.it* – *info@ristorantepublius.it* – *aprile-novembre; chiuso lunedì a mezzogiorno dal 15 giugno al 15 settembre, tutto il giorno negli altri mesi*
Rist – Carta 34/46 €
◆ In posizione elevata, la vista si bea di costa e mare, il locale - caratteristico nell'arredo e nei piatti - propone una squisita cucina con solide radici isolane e toscane.

a Sant' Andrea Nord-Ovest : 6 km – ✉ 57030 Marciana

Gallo Nero

rist,
via San Gaetano 20 – ✆ *05 65 90 80 17* – *www.hotelgallonero.it* – *info@hotelgallonero.it* – *Pasqua-20 ottobre*
29 cam – solo ½ P 96/115 € **Rist** – (prenotazione obbligatoria) Carta 27/45 €
◆ Suggestiva posizione panoramica, contornata da rigogliose terrazze-giardino con piscina. Grande cura dei particolari, nonché arredi di buon gusto. Ristorante dalle enormi vetrate semicircolari per una vista mozzafiato a 180°; carne e pesce si spartiscono il menu.

Barsalini

rist,
piazza Capo Sant'Andrea 2 – ✆ *05 65 90 80 13* – *www.hotelbarsalini.com* – *info@hotelbarsalini.com* – *aprile-20 ottobre*
31 cam ☕ – ††80/170 € – ½ P 54/124 € **Rist** – Carta 28/45 €
◆ In zona nota per le belle scogliere e i fondali, Barsalini nasce dall'unione di piccole strutture rinnovate in anni diversi: camere differenti nel confort, quasi tutte vista mare. Sala da pranzo panoramica, ventilata e luminosa.

Cernia Isola Botanica
via San Gaetano 23 – ✆ 05 65 90 82 10 – www.hotelcernia.it – info@hotelcernia.it – 10 aprile-20 ottobre
27 cam – 85/115 € 120/160 € – ½ P 60/110 €
Rist – *(chiuso a mezzogiorno)* Menu 35 €
◆ Nati dalla passione dei proprietari, un giardino fiorito e un orto botanico con piscina avvolgono una struttura ricca di personalità e tocchi di classe. Interessanti proposte al ristorante, dove si valorizza il territorio in chiave moderna.

a Spartaia Est : 12 km – ✉ 57030 Procchio

Desiree
via Spartaia 15 – ✆ 05 65 90 73 11 – www.desireehotel.it – info@desireehotel.it – aprile-ottobre
76 cam – solo ½ P 173/216 €
Rist – Carta 42/54 €
◆ Appartato, in un giardino mediterraneo frontestante l'incantevole ed esclusiva baia di Spartaia, hotel dagli spazi ben organizzati e confortevoli camere con vista. Accesso diretto alla spiaggia privata.

a Procchio Est : 13,5 km – ✉ 57030

Hotel del Golfo
via delle Ginestre 31 – ✆ 05 65 90 21 – www.hoteldelgolfo.it – info@hoteldelgolfo.it – aprile-ottobre
116 cam – 95/179 € 160/436 € – 4 suites – ½ P 180/240 €
Rist – Carta 32/65 €
Rist *La Capannina* – *(chiuso la sera)* Carta 32/60 €
◆ Hotel composto da più strutture che abbracciano una parte della pittoresca baia: ampie e confortevoli camere inserite in curati giardini e piscina con acqua di mare. Al ristorante La Capannina: varie proposte di pesce da gustare vicino alla distesa blu.

a Pomonte Sud-Ovest : 15 km – ✉ 57030

Da Sardi
via del Maestrale 1 – ✆ 05 65 90 60 45 – www.hotelsardi.it – sardi@elbalink.it – marzo-novembre
24 cam – 35/70 € 70/140 € – ½ P 45/85 €
Rist – Carta 25/37 €
◆ Nella parte rocciosa dell'isola, albergo a gestione familiare ampliato di recente, con camere che brillano per tenuta e pulizia: qualcuna è stata recentemente rinnovata. Ristorante dalle classiche proposte sia di carne sia di pesce.

Corallo
via del Passatoio 28 – ✆ 05 65 90 60 42 – www.elbacorallo.it – info@elbacorallo.it – 15 marzo-10 novembre
12 cam – 60/110 € 75/155 € – ½ P 100 €
Rist – Carta 24/32 €
◆ Gestita da una giovane coppia, piccola struttura ben curata e gradevole con numero di stanze non elevato. Mare vicino, entroterra invitante, se disponibili richiedere una delle due nuove camere. Al ristorante: tipica cucina elbana a base di pece.

MARCIANA MARINA (LI) – **563** N12 – **1 958 ab.** – ✉ **57033** **28** B3

Porto Azzurro 29 – Portoferraio 20

Capo Nord
al porto, località La Fenicia – ✆ 05 65 99 69 83 – rcaponord@interfree.it – marzo-novembre
Rist – (prenotare) Carta 52/68 €
◆ Un palcoscenico sul mare da cui godere di tramonti unici: sale sobriamente eleganti e proposte a base di pesce.

MARINA DI CAMPO (LI) – 563 N12 – ✉ 57034 28 B3

Marciana Marina 13 – Porto Azzurro 26 – Portoferraio 17

Museo Nazionale di Villa Napoleone di San Martino★

Riva del Sole

viale degli Eroi 11 – ☎ 05 65 97 63 16 – www.hotel-rivadelsole.com – info@hotel-rivadelsole.com – aprile-15 ottobre

59 cam – †55/140 € ††80/260 € – ½ P 100/130 €

Rist – (prenotazione obbligatoria) *(solo per alloggiati)*

♦ Pavimenti in cotto, travi lignee, colori caldi e tenui, nonché arredi classici. Ampi gli spazi comuni e le stanze: proprio sul lungomare, una risorsa ideale per una vacanza en plein air. Ristorante arioso e gradevole con eleganti arredi in legno scuro.

Dei Coralli

rist,

viale degli Etruschi 567 – ☎ 05 65 97 63 36 – www.hoteldeicoralli.it – hcoralli@tin.it – 20 aprile-10 ottobre

62 cam – †200 € ††210 € – ½ P 128 €

Rist – *(solo per alloggiati)* Menu 22/40 €

♦ Edificio di moderna concezione, con servizi funzionali e buon livello di ospitalità. Non lontano dal centro cittadino e dal mare dal quale lo separa una fresca pineta.

Meridiana senza rist

viale degli Etruschi 465 – ☎ 05 65 97 63 08 – www.hotelmeridiana.info – mail@hotelmeridiana.info – Pasqua-15 ottobre

38 cam – †48/135 € ††96/190 €

♦ Camere confortevoli e luminosi spazi comuni in questa piacevole struttura a conduzione familiare, immersa in una fresca pineta. (Su richiesta: disponibile un servizio spaghetteria e panini).

La Lucciola

viale Nomellini 64 – ☎ 05 65 97 63 95 – www.lalucciola.it – frateschiroberto@gmail.com – Pasqua-ottobre; chiuso martedì in bassa stagione

Rist – Carta 30/80 €

♦ Direttamente sulla spiaggia locale di piacevole atmosfera che si "ritocca" la sera per creare un'ambiance più discreta ed intima. La cucina rimane fedele al pescato giornaliero.

a Fetovaia Ovest : 8 km – ✉ 57034 Seccheto

Montemerlo

rist,

– ☎ 05 65 98 80 51 – www.welcometoelba.com – info@welcometoelba.com – Pasqua-ottobre

37 cam – †40/86 € ††80/172 € – ½ P 48/92 € **Rist** – *(solo per alloggiati)*

♦ Stanze confortevoli con arredi classici, ricavate da quattro villette sparse nel delizioso giardino con piscina. Non lontano dalla spiaggia, in posizione arretrata e panoramica, la tranquillità regna sovrana.

Galli

– ☎ 05 65 98 80 35 – www.hotelgalli.it – info@hotelgalli.it – Pasqua-ottobre

29 cam – †45/85 € ††65/165 €

Rist – *(chiuso a mezzogiorno) (solo per alloggiati)* Menu 20 €

♦ Nella splendida cornice della Fetovaia, belle camere e solarium panoramico in questo insieme composito di logge e spazi differentemente articolati. In stile isolano, la genuinità di una solida gestione familiare.

PORTO AZZURRO (LI) – 563 N13 – 3 483 ab. – ✉ 57036 28 B3

Località★

Osteria dei Quattro Gatti

piazza Mercato 4 – ☎ 0 56 59 52 40 – prosperistefania@yahoo.it – marzo-ottobre; chiuso lunedì escluso giugno-settembre

Rist – *(chiuso a mezzogiorno escluso da aprile al 2 giugno)* (coperti limitati, prenotare) Carta 32/43 €

♦ Tra le viette del centro storico, una "ruspante" osteria con un *côté* vagamente romantico: gattini in ceramica, centrini e ninnoli vari. In menu: proposte a base di pesce, presentate con un pizzico di fantasia.

PORTOFERRAIO (LI) – **563** N12 – **12 095 ab.** – ✉ **57037** **28** B3

Marciana Marina 20 – Porto Azzurro 15

per Piombino – Toremar, call center 892 123

Navarma-Moby Lines, call center 199 303 040

viale Elba 4 ✆ 0565 914671, info@isoleditoscana.it, Fax 0565 914672

Strada per Cavo e Rio Marina: ★★

Villa Ombrosa rist, VISA

via De Gasperi 9 – ✆ 05 65 91 43 63 – www.villaombrosa.it – info@villaombrosa.it

38 cam – †55/134 € ††80/200 € – ½ P 52/130 € **Rist** – Menu 20/45 €

◆ In zona panoramica, a 20 m dalla spiaggia delle Ghiaie, albergo a conduzione diretta dagli ambienti sobri e dalle camere lineari, ma non prive di confort. Due ambienti per la tavola - il più caratteristico ricorda una piacevole taverna - e in menu gustose ricette sia di carne sia di pesce.

Stella Marina VISA AE

via Vittorio Emanuele II° 1 – ✆ 05 65 91 59 83 – www.ristorantestellamarina.com – info@ristorantestellamarina.com – chiuso dal 5 novembre al 5 dicembre e dal 20 gennaio al 20 febbraio

Rist – *(chiuso lunedì a mezzogiorno in luglio-agosto, anche le sere di domenica e lunedì negli altri mesi)* Carta 37/65 €

◆ La posizione sul porto di questo ristorantino è strategica, la cucina di mare affidabile e gustosa. Apprezzabili anche la cantina e il servizio.

a San Giovanni Sud : 3 km – ✉ **57037 Portoferraio**

Airone del Parco & delle Terme VISA AE

– ✆ 05 65 92 91 11

– www.tivigest.com – airone@tivigest.com – maggio-ottobre

85 cam – †70/120 € ††210/310 € – ½ P 120/170 €

Rist – *(solo per alloggiati)* Menu 25/45 €

◆ Sul golfo, posta tra l'ampio giardino e la spiaggia, una struttura curatissima nei servizi offerti alla clientela. Possibili gite in barca ai vari lidi isolani. Sala ristorante d'impostazione tradizionale e servizio all'aperto.

ad Acquaviva Ovest : 4 km – ✉ **57037 Portoferraio**

Acquaviva Park Hotel rist, VISA AE

– ✆ 05 65 91 53 92 – www.acquavivaparkhotel.com – info@acquavivaparkhotel.com – aprile-settembre

38 cam – †65/110 € ††80/170 € – ½ P 70/105 €

Rist – *(solo per alloggiati)*

◆ La panoramica posizione collinare, affacciata sul mare, offre percorsi nel bosco e nella macchia. Confort e tranquillità in una costruzione alquanto recente.

a Viticcio Ovest : 5 km – ✉ **57037 Portoferraio**

Viticcio cam, rist, VISA AE

– ✆ 05 65 93 90 58 – www.hotelviticcio.it – mailbox@hotelviticcio.it – aprile-ottobre

32 cam – †50 € ††70/200 € – ½ P 50/115 €

Rist – *(chiuso a mezzogiorno escluso dal 15 giugno ad agosto)* Menu 20 €

◆ Giardino-solarium con vista costa e mare per una struttura in stile mediterraneo, a strapiombo sul mare. Intonacato di bianco con infissi blu come il mare. Sala da pranzo luminosa e servizio a buffet per il pranzo.

a Picchiaie Sud-Est : 7,5 km – ✉ **57037 Portoferraio**

Relais delle Picchiaie VISA AE

– ✆ 05 65 93 31 10 – www.relaisdellepicchiaie.it – mail@relaisdellepicchiaie.it – dicembre-8 gennaio e aprile-ottobre

43 cam – †95/195 € ††150/400 € – 4 suites – ½ P 185/220 €

Rist – Menu 30/40 €

◆ Albergo in posizione dominante con splendida vista sul mare e sulla costa. Al centro di un grande parco, propone un piccolo centro benessere ed ambienti eleganti ed esclusivi. Raffinata sala ristorante, con volte in mattoni e travi in legno.

a Biodola Ovest : 9 km – ✉ 57037 Portoferraio

Hermitage rist,

– ✆ 05 65 97 48 11 – *www.hotelhermitage.it – info@hotelhermitage.it – aprile-ottobre*

127 cam – 170/305 € 340/610 € – 2 suites – ½ P 195/330 €

Rist – Carta 49/64 €

◆ Un hotel esclusivo ed elegante, un parco-giardino con piscina con acqua di mare; tutti i confort in una struttura ineccepibile, completata dall'amenità della posizione. Ristorante bordo spiaggia e in giardino, sotto pagode di legno.

Biodola rist,

via Biodola 21 – ✆ 05 65 97 48 12 – www.biodola.it – info@biodola.it – aprile-ottobre

88 cam – 185/235 € 296/440 € – ½ P 170/240 € **Rist** – Carta 38/56 €

◆ Giardino fiorito con piscina per questo complesso ubicato in una delle baie più esclusive dell'isola. Stile classico con servizi e ospitalità sicuramente ad alto livello.

a Scaglieri Ovest : 9 km – ✉ 57037 Portoferraio

Danila rist,

golfo della Biodola – ✆ 05 65 96 99 15 – www.hoteldanila.it – info@hoteldanila.it – 15 marzo-20 ottobre

27 cam – 92/260 € – ½ P 84/139 € **Rist** – Menu 25/35 €

◆ Gestione squisitamente al femminile che enfatizza l'attenzione al particolare delle signorili sale e delle confortevoli camere. Fiorite terrazze. Nella luminosa sala ristorante, i sapori del territorio.

ad Ottone Sud-Est : 11 km – ✉ 57037 Portoferraio

Villa Ottone rist,

– ✆ 05 65 93 30 42 – *www.villaottone.com – hotel@villaottone.com – 14 maggio-8 ottobre*

68 cam – 170/560 € 360/640 € – 5 suites – ½ P 205/345 €

Rist – (consigliata la prenotazione) Menu 45/80 €

◆ Dimora storica in stile neoclassico con vari chalet all'interno di un parco secolare: camere eleganti e affrescate in villa, moderne quelle nelle dépendence. Delizioso centro benessere per cedere alla vanità. Il ristorante offre sistemazioni diverse e proposte gastronomiche altrettanto eterogenee.

RIO MARINA (LI) – **563** N13 – **2 222 ab.** – ✉ **57038** **28** B3

Porto Azzurro 12 – Portoferraio 20

per Piombino – Toremar, call center 892 123

La Canocchia

via Palestro 2/4 – ✆ 05 65 96 24 32 – www.lacanocchia.com – info@lacanocchia.com – febbraio-ottobre; chiuso lunedì in bassa stagione

Rist – Carta 42/52 €

◆ Calda atmosfera in un rustico e romantico locale del centro, che propone piatti sorprendentemente generosi, sapori di mare e specialità regionali.

a Cavo Nord : 7,5 km – ✉ 57038

Pierolli

lungomare Kennedy 1 – ✆ 05 65 93 11 88 – www.hotelpierolli.it – info@hotelpierolli.it – aprile-ottobre

22 cam – 50/80 € 80/150 € – ½ P 52/95 € **Rist** – Carta 23/47 €

◆ A pochi minuti di aliscafo da Piombino, in una posizione tranquilla vicino alla passeggiata e al porticciolo, l'hotel dispone di ambienti e camere di sobrio arredo, ma confort attuale. Dalla vicina banchina il pesce del giorno, dalla cucina i sapori mediterranei.

RIO NELL'ELBA (LI) – **563** N13 – **1 206 ab.** – **alt. 165 m** – ✉ **57039** **28** B3

▶ Porto Azzurro 8 – Porto Ferraio 15

a Bagnaia Sud-Est : **12 km** – ✉ **57037 Rio Nell'Elba**

Locanda del Volterraio

località Bagnaia-Residenza Sant'Anna – ☎ 05 65 96 12 36
– www.volterraio.it – locanda@volterraio.it – 29 maggio-26 settembre
18 cam – 70/150 € 100/220 € – ½ P 97/135 € **Rist** – Carta 24/48 €
◆ All'interno di un complesso residenziale turistico, abbracciato da giardini fioriti e uliveti, grazioso hotel dalle ampie e confortevoli camere. Servizi in comune con l'intero complesso.

EMPOLI – **Firenze (FI)** – **563** K14 – **47 181 ab.** – **alt. 28 m** – ✉ **50053** **28** B1
Toscana

▶ Roma 294 – Firenze 30 – Livorno 62 – Siena 68

Cucina Sant'Andrea

via Salvagnoli 47 – ☎ 0 57 17 36 57 – www.cucinasantandrea.it
– cucinasantandrea@tin.it – chiuso dal 16 al 21 agosto e lunedì
Rist – Carta 30/43 €
◆ "Appoggiato" alla vecchia cinta muraria, un locale con arredi in stile moderno, dove gustare piatti nazionali e locali, anche di pesce.

ENNA Ⓟ (EN) – **365** AU58 – **28 077 ab.** – **alt. 931 m** – ✉ **94100** Sicilia **40** C2

▶ Agrigento 92 – Caltanissetta 34 – Catania 83 – Messina 180
ℹ via Roma 464 ☎ 0935 5052214, info@stupormundiviaggi.com, Fax 0935 561020
Castello★: ✻★★★ – Duomo: interno★ e soffitto★ – Torre di Federico★

Sicilia senza rist

piazza Colajanni 7 – ☎ 09 35 50 08 50 – www.hotelsiciliaenna.it – info@hotelsiciliaenna.it
60 cam – 45/70 € 70/120 €
◆ A cento metri dal Duomo, un albergo a gestione familiare con camere dagli arredi in stile e fantasiose: alcune orientate sulla città, altre sulle motagne.

Centrale

piazza 6 Dicembre 9 – ☎ 09 35 50 09 63 – www.ristorantecentrale.net
– centrale@ristorantecentrale.net – chiuso sabato escluso da giugno a settembre
Rist – Carta 20/45 €
◆ Ristorante a conduzione familiare, situato come evoca l'insegna nel cuore della città. Un salone dagli alti soffitti con arredi in bilico tra tradizione e modernità. Ogni giorno: gustoso buffet di antipasti.

ENTRACQUE – **Cuneo (CN)** – **561** J4 – **855 ab.** – **alt. 894 m** – **Sport invernali** : 4, – ✉ **12010** **22** B3

▶ Roma 667 – Cuneo 24 – Milano 240 – Colle di Tenda 40
ℹ piazza Giustizia e Libertà 2 ☎ 0171 978616, info@entracque.org Fax 0171 978991

Miramonti

viale Kennedy 2 – ☎ 01 71 97 82 22 – www.hotelmiramontientracque.com
– miramontientracque@libero.it – chiuso dal 10 al 30 novembre
18 cam – 40/50 € 60/70 €, 5 € – ½ P 50/55 €
Rist – *(24 dicembre-Pasqua e giugno-settembre) (solo per alloggiati)*
Menu 13/18 €
◆ Caratteristica casa di montagna con giardinetto antistante e balconi punteggiati di fiori. La conduzione familiare è immutata nel tempo, così pure l'offerta di camere semplici, sempre piacevolmente ordinate.

ENTRÈVES – **Aosta** – **561** E2 – **Vedere Courmayeur**

EOLIE (Isole)★★★ – Messina (ME) – 365 AY53 – 12 945 ab. Sicilia 40 D1

per Milazzo e Napoli – a Lipari, Siremar, call center 892 123

Vulcano★★★– Stromboli★★★– Lipari★: Museo Archeologico Eoliano★★, ★★★ dal belvedere di Quattrocchi – Salina★ – Panarea★ – Filicudi★ – Alicudi★

LIPARI (ME) – 565 L26 – 11 239 ab. – ✉ 98055 40 C1

corso Vittorio Emanuele 202 ✆ 090 9880095, turismo@aasteolie.191.it, Fax 090 9811190

Villa Meligunis

cam,

via Marte 7 – ✆ 09 09 81 24 26 – www.villameligunis.it – info@villameligunis.it

32 cam – 100/245 € 150/300 € – ½ P 107/182 €

Rist – *(Pasqua-ottobre)* Carta 34/56 € (+15 %)

◆ Nel caratteristico quartiere di pescatori, un'elegante struttura all'interno di un edificio storico con fontana all'ingresso e quadri di arte contemporanea a vivacizzare gli spazi comuni. Roof garden con piccola piscina. Fantastica la vista panoramica dalla sala da pranzo.

Tritone

via Mendolita – ✆ 09 09 81 15 95 – www.bernardigroup.it – hoteltritone@bernardigroup.it

38 cam – 120/280 € – 1 suite – ½ P 180 €

Rist – *(marzo-ottobre) (chiuso a mezzogiorno)* Carta 34/47 €

◆ Non lontano dal centro, costruzione moderna con interni di classica eleganza e terrazza panoramica. Ottimo centro benessere con un'ampia scelta di trattamenti estetici e massaggi. Un'unica enorme sala è destinata alla ristorazone, ma d'estate ci si sposta a bordo piscina per il pranzo a buffet.

Aktea

via Falcone e Borsellino – ✆ 09 09 81 42 34 – www.hotelaktea.it – info@hotelaktea.it

40 cam – 79/320 € – ½ P 65/190 €

Rist – *(chiuso a mezzogiorno)* Carta 30/60 €

◆ Recente struttura moderna e di prestigio accolta in due edifici, con molti spazi a disposizione degli ospiti: alcuni originali dettagli richiamano lo stile della casa eoliana.

A' Pinnata senza rist

baia Pignataro – ✆ 09 09 81 16 97 – www.bernardigroup.it – pinnata@pinnata.it – marzo-ottobre

12 cam – 100/180 € 150/270 €

◆ Perfetto per chi vi approda con un'imbarcazione, la vecchia piccola pizzeria di un tempo è oggi un hotel dagli spazi arredati con belle ceramiche. Prima colazione in terrazza dalla vista impagabile.

Rocce Azzurre

via Maddalena 69 – ✆ 09 09 81 32 48 – www.hotelrocceazzurre.it – hotelrocceazzurre@aruba.it – aprile-ottobre

33 cam – 91/110 € 150/170 € – ½ P 85/125 € **Rist** – Menu 20/35 €

◆ Piattaforma-solarium sul mare e piccola spiaggetta per questa struttura non lontano dal centro, ma in posizione tranquilla. Camere in stile classico, marina o con ceramiche di Caltagirone.

Poseidon senza rist

via Ausonia 7 – ✆ 09 09 81 28 76 – www.hotelposeidonlipari.com – info@hotelposeidonlipari.com – marzo-ottobre

18 cam – 45/100 € 70/150 €

◆ Semplici graziose camere con letti in ferro battuto dalle sfumature cerulee, premura e cortesia di un servizio familiare sempre presente e attento. In un vicolo del centro.

Oriente senza rist

via Marconi 35 – ✆ 09 09 81 14 93 – www.hotelorientelipari.it – info@hotelorientelipari.com – aprile-ottobre

32 cam – 40/80 € 60/130 €

◆ Piccolo e semplice, raccoglie negli spazi comuni un'originale collezione di oggetti di interesse etnografico, vera passione del titolare. Comodo il servizio navetta gratuito dal porto.

XX **Filippino**

piazza Municipio – ✆ 09 09 81 10 02 – www.bernardigroup.it – filippino@filippino.it – chiuso dal 16 novembre al 15 dicembre e lunedì (escluso da aprile a settembre)
Rist – Carta 34/48 €

♦ Piacevole e fresco il pergolato esterno di questo storico locale al traguardo dei 100 anni, dove vi verrà proposta una gustosa e ampia gamma di pescato locale elaborato in preparazioni tipiche.

XX **Kasbah Café**

via Maurolico 25 – ✆ 09 09 81 10 75 – kasbahcafe@virgilio.it – aprile-ottobre; chiuso mercoledì escluso giugno-settembre
Rist – *(chiuso a mezzogiorno)* Carta 30/39 €

♦ In un vecchio magazzino, una piccola sala e un grazioso dehors con sedie in ferro e illuminazione orientaleggiante immerso in un limoneto. Semplice e autentica cucina di pesce.

X **Nenzyna**

via Roma 4 – ✆ 09 09 81 16 60 – www.ristorantenenzyna.it – info@ristorantenenzyna.it – Pasqua-ottobre
Rist – Carta 25/50 €

♦ Curiosa risorsa articolata in due accoglienti salette, l'una di fronte all'altra, divise tra di loro dal vicolo della Marina Corta. Nessuna ricercatezza invece in cucina, il pesce è una garanzia.

PANAREA (ME) – 565 L27 – ✉ 98050 — 40 D1

Cincotta

via San Pietro – ✆ 0 90 98 30 14 – www.hotelcincotta.it – info@hotelcincotta.itt – 20 aprile-20 ottobre
29 cam – †75/350 € ††130/370 € – ½ P 120/250 €
Rist – Carta 46/69 €

♦ Terrazza con piscina d'acqua di mare, una zona comune davvero confortevole e camere in classico stile mediterraneo, gradevoli anche per l'ubicazione con vista mare.

Quartara

via San Pietro 15 – ✆ 0 90 98 30 27 – www.quartarahotel.com – info@quartarahotel.com – aprile-ottobre
13 cam – †130/450 € ††200/450 € – ½ P 135/260 €
Rist *Broccia* – *(giugno-settembre)* Carta 38/78 €

♦ La terrazza panoramica offre una vista notevole, considerata la posizione arretrata rispetto al porto. Arredi nuovi e di qualità che offrono eleganza e personalizzazioni. Il ristorante offre una grande atmosfera.

Lisca Bianca senza rist

via Lani 1 – ✆ 0 90 98 30 04 – www.liscabianca.it – liscabianca@liscabianca.it – Pasqua-ottobre
28 cam – ††100/370 €

♦ Affacciato sul porto, offre una delle terrazze più suggestive dell'isola e camere personalizzate con arredi e maioliche eoliani.

XX **Hycesia** con cam

via San Pietro – ✆ 0 90 98 30 41 – www.hycesia.it – info@hycesia.it – 15 maggio-15 ottobre
8 cam – ††110/240 € – ½ P 93/158 €
Rist – *(chiuso a mezzogiorno)* Carta 50/110 €

♦ Un ristorante esclusivo nel cuore di Panarea: una delle più fornite cantine ed una selezione dei migliori prodotti, in un ambiente piacevole ed elegante in stile eoliano...con qualche contaminazione etnica.

FILICUDI (ME) – 565 L25 – ✉ 98050 — 40 C1

La Canna

contrada Rosa – ☎ 09 09 88 99 56 – www.lacannahotel.it – info@lacannahotel.it – chiuso novembre

14 cam – †40/110 € ††70/150 €, ☐ 10 € **Rist** – Carta 26/31 €

◆ Ubicata nella parte alta e panoramica dell'isola, a picco sul porticciolo, risorsa a gestione familiare con ampie terrazze, dotata anche di una godibile piscina-solarium. Spaghetti ai ricci di mare e pesce alla griglia tra le specialità del ristorante: il finale è in dolcezza con il passito della casa.

La Sirena con cam

località Pecorini Mare – ☎ 09 09 88 99 97 – www.pensionelasirena.it – info@pensionelasirena.it – marzo-ottobre

4 cam – solo ½ P 70/120 € **Rist** – Carta 28/87 €

◆ Immaginarsi a cena su di una terrazza, affacciata sul piccolo porticciolo di un'incantevole isoletta del Mediterraneo. Il servizio estivo consente di vivere questo sogno.

STROMBOLI (ME) – 565 K27 – ✉ 98050 — 40 D1

La Sirenetta Park Hotel

via Marina 33, località Ficogrande – ☎ 0 90 98 60 25 – www.lasirenetta.it – info@lasirenettahotel.it – aprile-ottobre

55 cam ☐ – †95/150 € ††160/310 € – ½ P 100/190 € **Rist** – Carta 34/57 €

◆ Il bianco degli edifici che assecondano la caratteristica architettura eoliana, il verde della vegetazione, la nera sabbia vulcanica e il blu del mare: dotazioni complete! Si può gustare il proprio pasto quasi in riva al mare, ai piedi del vulcano.

La Locanda del Barbablu

cam,

via Vittorio Emanuele 17-19 – ☎ 0 90 98 61 18 – www.barbablu.it – info@barbablu.it – aprile-ottobre

5 cam ☐ – †91/156 € ††140/240 €

Rist – *(chiuso a mezzogiorno)* Menu 38/50 €

◆ Lungo la strada sopraelevata che costeggia la spiaggia, grande cura di particolari e arredi artigianali in una tipica casa stromboliana. La signora Neva propone, ovviamente, la tradizionale cucina di pesce.

Punta Lena

via Marina, località Ficogrande – ☎ 0 90 98 62 04 – aprile-ottobre

Rist – Carta 36/45 €

◆ Il servizio sotto un pergolato con eccezionale vista sul mare e sullo Strombolicchio, è la compagnia migliore per qualsiasi tipo di occasione. In cucina tanto pesce.

VULCANO (ME) – 565 L26 – ✉ 98055 — 40 D1

Therasia Resort

rist,

località Vulcanello – ☎ 09 09 85 25 55 – www.therasiaresort.it – info@therasiaresort.it – aprile-ottobre

99 cam ☐ – †160/390 € ††220/780 € – 2 suites – ½ P 155/440 €

Rist – Carta 31/59 €

◆ Circondata da un giardino con piante esotiche e palme, la struttura in stile mediterraneo privilegia gli spazi e la luminosità: qualche inserzione di elementi d'epoca, ma fondamentalmente ambienti moderni ed essenziali. A strapiombo sul mare, è l'unico punto dell'arcipelago da cui si vedono tutte le isole eoliane.

Conti

cam, rist,

località Porto Ponente – ☎ 09 09 85 20 12 – www.contivulcano.it – info@contivulcano.it – maggio-20 ottobre

67 cam ☐ – †50/115 € ††84/170 € – ½ P 56/100 € **Rist** – Menu 20 €

◆ Struttura in fresco stile eoliano che si sviluppa in vari corpi distinti. La celebre spiaggia nera è a pochi passi, è questa la risorsa ideale per godersela appieno. Cucina eclettica, con piatti che attingono a tradizioni regionali differenti.

SALINA (ME) – 565 L26 – **2 381 ab.** **40** C1

Signum
via Scalo 15, località Malfa ✉ 98050 Malfa – ☎ 09 09 84 42 22 – www.hotelsignum.it – info@hotelsignum.it – 13 marzo-14 novembre
30 cam – 100/350 € 130/330 € **Rist** – Carta 42/102 €
◆ Costruito come un tipico borgo eoliano dai caratteristici ambienti e dagli arredi artigianali, offre anche un piacevole centro benessere. Al ristorante: rinomata cucina con proposta serale più elaborata.

La Salina Borgo di Mare senza rist
via Manzoni, frazione Lingua ✉ 98050 Santa Maria di Salina – ☎ 09 09 84 34 41 – www.lasalinahotel.com – info@lasalinahotel.com – aprile-ottobre
24 cam – 160/350 € 200/350 €
◆ Attiguo alla salina, ormai dismessa, un borgo anticamente destinato ad abitazione di chi della salina si occupava... Oggi, un'elegante ristrutturazione rispettosa dell'architettura eoliana originaria consente di godere appieno delle belle camere e della deliziosa posizione in riva al mare.

Punta Scario senza rist
via Scalo 8, località Malfa ✉ 98050 Malfa – ☎ 09 09 84 41 39 – www.hotelpuntascario.it – info@hotelpuntascario.it – aprile-ottobre
17 cam – 90/210 €
◆ Albergo di sobria eleganza, ricavato in uno dei luoghi più suggestivi dell'isola, a strapiombo sulla scogliera, accanto ad una delle poche spiagge del litorale.

Nni Lausta
via Risorgimento 188, località Santa Marina Salina ✉ 98050 Santa Marina di Salina – ☎ 09 09 84 34 86 – www.isolasalina.com – nnilausta@hotmail.com – aprile-5 novembre
Rist – Carta 36/55 €
◆ E' il pesce il protagonista della tavola, la tradizione genuina e gustosa della cucina eoliana viene interpretata con abilità, fantasia e innovazione. Gestione dinamica.

EPPAN AN DER WEINSTRASSE = Appiano sulla Strada del Vino

ERACLEA – Venezia (VE) – **562** F20 – **12 789 ab.** – ✉ **30020** **36** D2

Roma 569 – Udine 79 – Venezia 46 – Belluno 102

via Marinella 56 ☎ 0421 66134, infoeraclea@aptjesoloeraclea.it, Fax 0421 66500

ad Eraclea Mare Sud-Est : 10 km – ✉ 30020

Park Hotel Pineta
via della Pineta 30 – ☎ 0 42 16 60 63 – www.parkhotelpineta.com – parkhotel@parkhotelpineta.com – 10 maggio-25 settembre
44 cam – 75/110 € 100/140 € – 14 suites – ½ P 75/95 €
Rist – Carta 22/31 €
◆ A pochi passi dal mare, avvolto dalla tranquillità di una pineta, hotel a conduzione familiare diviso in più strutture: comode camere ed appartamenti. Ideale per famiglie.

sulla strada provinciale 54 Nord: 10 km

La Tavernetta
località Cittanova – ☎ 04 21 31 60 91 – www.la-tavernetta.it – info@la-tavernetta.it – chiuso dal 1° gennaio al 10 febbraio, lunedi` e martedì
Rist – Carta 37/59 €
◆ Ricavato da un cascinale cinquecentesco, il ristorante si presenta con sale apparentemente di tono rustico (in realtà molto curate) ed un'ampia struttura esterna per il servizio estivo. Cucina contemporanea, soprattutto di pesce.

ERBA – Como (CO) – 561 E9 – 16 997 ab. – alt. 320 m – ✉ 22036 18 B1

Roma 622 – Como 14 – Lecco 15 – Milano 44

Castello di Casiglio

rist,

via Cantù 21 verso Albavilla, Ovest: 1 km – ☎ 0 31 62 72 88 – www.hotelcastellodicasiglio.it – info@hotelcastellodicasiglio.it – chiuso gennaio e febbraio

45 cam – †100/140 € ††150/260 € – ½ P 110/165 € **Rist** – Carta 44/96 €

◆ Abbracciato da un parco secolare, l'antico castello è oggi una suggestiva residenza adatta ad un soggiorno di relax, ma anche luogo ideale per attività congressuali e meeting. Al ristorante, ampie sale che si prestano soprattutto a tavole particolarmente numerose.

Leonardo da Vinci

via Leonardo da Vinci 6 – ☎ 0 31 61 15 56 – www.hotelleonardodavinci.com – info@hotelleonardodavinci.com

71 cam – †90/100 € ††130/150 €

Rist – *(chiuso domenica sera)* Carta 35/50 €

◆ Un suggestivo ascensore panoramico vi condurrà nelle ampie ed eleganti camere di questa grande struttura in stile moderno, particolarmente adatta per congressi e meeting. Ricercatezza nel ristorante, dove gustare la classica cucina italiana.

ERBUSCO – Brescia (BS) – 561 F11 – 8 407 ab. – alt. 236 m – ✉ 25030 19 D2

Roma 578 – Bergamo 35 – Brescia 22 – Milano 69

Franciacorta Nigoline di Corte Franca via Provinciale 34/b, Nord: 5 km, ☎ 030 98 41 67

L'Albereta

rist,

via Vittorio Emanuele 23, Nord : 1,5 km – ☎ 03 07 76 05 50 – www.albereta.it – info@albereta.it

47 cam – †175/220 € ††240/610 €, 30 € – 9 suites

Rist *Gualtiero Marchesi* – ☎ *03 07 76 05 62 (chiuso dal 10 gennaio al 10 febbraio, domenica sera, lunedì)* Carta 87/188 €

◆ Un melting pot di stili: affreschi d'epoca e decori di tipo provenzale rivaleggiano con lunette ed intarsi dell'800, ma anche con quadri d'ispirazione moderna. Al ristorante un'iscrizione recita: "Parva domus, magna quies" (in una piccola casa, una grande quiete): niente distrazioni, l'attenzione va riservata al piatto!

La Mongolfiera dei Sodi

via Cavour 7 – ☎ 03 07 26 83 03 – www.mongolfiera.it – chiuso dal 1° al 10 gennaio, 20 giorni in agosto e giovedì

Rist – Carta 48/88 €

◆ Una bella cascina del Seicento riconvertita in un tipico, ma distinto locale; quattro salette comunicanti e portico estivo, familiare cucina del territorio tra i filari.

ERCOLANO – Napoli (NA) – 564 E25 – 55 118 ab. – ✉ 80056 Italia 6 B2

Roma 230 – Napoli 13 – Caserta 38 – Benevento 95

Terme★★★ – Casa a Graticcio★★ – Casa dell'Atrio a mosaico★★ – Casa Sannitica★★ – Casa del Mosaico di Nettuno e Anfitrite★★ – Pistrinum★★ – Casa dei Cervi★★ – Casa del Tramezzo carbonizzato★ – Casa del Bicentenario★ – Casa del Bel Cortile★ – Casa del Mobilio carbonizzato★ – Teatro★ – Terme Suburbane★

Vesuvio★★★ Nord-Est : 14 km e 45 mn a piedi AR

Miglio D'Oro Parkhotel

rist,

corso Resina 296 – ☎ 08 17 77 40 97 – www.migliodoroparkhotel.it – info@migliodoroparkhotel.it

37 cam – †90/180 € ††110/230 € – 3 suites – ½ P 80/140 €

Rist – Carta 23/45 €

◆ Imponente villa settecentesca nel cuore di Ercolano, gli scavi a due passi e un lussureggiante parco con fontana. Arredi moderni nelle spaziose camere e bagni di pregio: la vista più bella vi aspetta in alcune stanze dell'ultimo piano.

ERICE – Trapani (TP) – **365** AK55 – **28 381 ab.** – **alt. 751 m** – ✉ **91016** **39** A2

Sicilia

Catania 304 – Marsala 45 – Messina 330 – Palermo 96

via Tommaso Guarrasi 1 ☎ 0923 869388, strerice@regione.sicilia.it, Fax 0923869544

Posizione pittoresca★★★ – ≤★★★ dal castello di Venere – Chiesa Matrice★ – Mura Elimo-Puniche★

Moderno

via Vittorio Emanuele 63 – ☎ 09 23 86 93 00 – www.hotelmodernoerice.it – info@hotelmodernoerice.it

40 cam – †70/90 € ††95/120 € – ½ P 65/80 €

Rist – *(chiuso lunedì da settembre a marzo)* Carta 25/40 €

♦ Centrale e familiare, una piccola dependance di fronte. Si può scegliere tra due tipologie di camere, moderne oppure arredate con mobili antichi, tutte confortevoli. Specialità del ristorante, molto noto in zona, indubbiamente il cous cous di pesce.

Monte San Giuliano

vicolo San Rocco 7 – ☎ 09 23 86 95 95 – www.montesangiuliano.it – ristorante@montesangiuliano.it – chiuso dal 7 al 31 gennaio, dal 10 al 30 novembre e lunedì

Rist – Carta 22/38 €

♦ Passando per la piccola corte interna, corredata da un pozzo, si arriva nella singolare terrazza-giardino, perfetta cornice in cui gustare i piatti della tradizione siciliana.

a Erice Mare Ovest : 10 km – ✉ 91016 Casa Santa-Erice Mare

Baia dei Mulini

lungomare Dante Alighieri – ☎ 09 23 58 41 11 – www.baiadeimulini.it – info@baiadeimulini.it

94 cam – †80/115 € ††100/170 € – ½ P 75/110 € **Rist** – Carta 36/52 €

♦ La splendida posizione sul mare lo rende perfetto per una clientela estiva che vuole dedicarsi solamente a bagni e relax. Dalla piscina si accede direttamente alla spiaggia. Ampi spazi dedicati alla ristorazione, cucina nazionale con alcune specialità locali.

ESTE – Padova (PD) – **562** G16 – **16 940 ab.** – **alt. 15 m** – ✉ **35042** **35** B3

Italia

Roma 480 – Padova 33 – Ferrara 64 – Mantova 76

via Negri 9/A ☎ 0429 600462, iat@comune.este.pd.it, Fax 0429 611105

Museo Nazionale Atestino★ – Mura★

Beatrice d'Este

viale delle Rimembranze 1 – ☎ 04 29 60 05 33 – www.hotelbeatricedeste.it – info@hotelbeatricedeste.it

30 cam – †55/60 € ††85/90 €, 8 € – ½ P 60/65 €

Rist – *(chiuso domenica) (chiuso a mezzogiorno)* Carta 23/28 €

♦ Accanto all'omonimo Castello, una costruzione d'impronta moderna e recentemente ristrutturata: ideale base per visitare i dintorni e i Colli Euganei. Buon rapporto qualità/prezzo per il ristorante di sapore familiare e tranquillo.

ETROUBLES – Aosta (AO) – **561** E3 – **487 ab.** – **alt. 1 270 m** – ✉ **11014** **34** A2

Roma 760 – Aosta 14 – Colle del Gran San Bernardo 18 – Milano 198

strada Nazionale Gran San Bernardo 13 località Gran San Bernardo ☎ 0165 78559, etroubles@turismo.vda.it, Fax 0165 78568

Croix Blanche

via Nazionale Gran San Bernardo 10 – ☎ 0 16 57 82 38 – croix.blanche@libero.it – chiuso maggio, novembre, lunedì sera e martedì escluso luglio-agosto

Rist – Menu 20/40 € – Carta 25/42 €

♦ In una locanda del XVII secolo, con tipici tetti in losa del posto e ubicazione strategica verso il Gran San Bernardo: ambiente rustico, sapori locali e nazionali.

FABBRICA CURONE – Alessandria (AL) – 561 H9 – 808 ab. – alt. 480 m – ✉ 15050 — 23 D2

Roma 545 – Alessandria 55 – Genova 79 – Milano 97

La Genzianella con cam

frazione Selvapiana 7, Sud-Est : 4 km – ☎ 01 31 78 01 35 – www.lagenzianella-selvapiana.it – richieste@lagenzianella-selvapiana.it – chiuso 3 settimane in settembre, lunedì e martedì (escluso luglio-agosto)

10 cam – 30/50 € 55/70 €, 15 € – ½ P 35/45 € **Rist** – Carta 30/35 €

◆ In posizione isolata, il locale vanta una cordiale gestione familiare, giunta alla terza generazione, e propone una formula di menù degustazione d'ispirazione regionale. La struttura dispone anche di camere semplici e curate.

FABBRICO – Reggio Emilia (RE) – 562 H14 – 6 601 ab. – alt. 25 m – ✉ 42042 — 8 B2

Roma 438 – Bologna 81 – Mantova 37 – Modena 43

San Genesio senza rist

via Piave 35 – ☎ 05 22 66 52 40 – www.hotelsangenesio.it – hotelsangenesio@virgilio.it – chiuso dal 23 dicembre al 7 gennaio ed agosto

18 cam – 60/75 € 105/120 €

◆ Ideale "fil rouge" con il patrono e la chiesetta del Santo sita in campagna, un edificio d'inizio secolo scorso aggiornato nel confort ma fedele nello stile degli arredi.

FABRIANO – Ancona (AN) – 563 L20 – 31 745 ab. – alt. 325 m – ✉ 60044 Italia Centro Nord — 20 B2

Roma 216 – Perugia 72 – Ancona 76 – Foligno 58

piazza del Comune 4 ☎ 0732 625067, iat.fabriano@regione.marche.it, Fax 0732 629791

Museo della Carta e della Filigrana★★ - Piazza del Comune★

Grotte di Frasassi★★: 15 km nord-est

Gentile da Fabriano

via Di Vittorio 13 – ☎ 07 32 62 71 90 – www.hotelgentile.it – info@hotelgentile.it

90 cam – 72/90 € 110/130 € – 6 suites

Rist – *(chiuso agosto e Natale) (chiuso a mezzogiorno escluso domenica)* Carta 33/48 €

◆ Circondato da un piccolo giardino, l'hotel è un complesso moderno dotato di spaziose camere arredate in calde tonalità. Disponibili anche sale riunioni di diversa capienza. Il ristorante, ideale per banchetti nel fine settimana, propone una cucina classica e prodotti tipici regionali.

Agriturismo Gocce di Camarzano senza rist

località Mascano 70, Nord-Est : 3,5 km – ☎ 3 36 64 90 28 – www.goccedicamarzano.it – goccedicamarzano@libero.it

6 cam – 55/60 € 80/95 €

◆ Bella villa secentesca circondata dalle verdi colline marchigiane, dispone di spaziose camere arredate con letti in legno e di una piacevole sala lettura.

sulla strada statale 76 in prossimità uscita Fabriano Est Nord-Est: 6 km

Villa Marchese del Grillo con cam

località Rocchetta Bassa ✉ 60044 – ☎ 07 32 62 56 90 – www.marchesedelgrillo.com – info@marchesedelgrillo.com – chiuso 1 settimana in gennaio e 1 settimana in agosto

15 cam – 70 € 90 € – 5 suites

Rist – *(chiuso sabato a mezzogiorno, domenica sera e lunedì a mezzogiorno)* Carta 30/52 €

◆ Splendido edificio settecentesco fatto costruire dal celebre Marchese Onofrio: le ex cantine ospitano oggi una cucina creativa ed elaborata, ricca di fantasia. Un soggiorno aristocratico nelle camere, tra affreschi e lampadari di Murano.

FAENZA – Ravenna (RA) – 562 J17 – 56 922 ab. – alt. 35 m – ✉ 48018 9 C2

Italia

Roma 368 – Bologna 58 – Ravenna 35 – Firenze 104

Voltone Molinella 2 ✆ 0546 25231, info@prolocofaenza.it, Fax 0546 25231

Le Cicogne via Sant'Orsola 10/a, ✆ 0546 60 89 46

Museo Internazionale della Ceramica★★

Relais Villa Abbondanzi rist,

via Emilia Ponente 23, Ovest: 1 km – ✆ 05 46 62 26 72 – www.villa-abbondanzi.com – info@villa-abbondanzi.com – chiuso 25 e 26 dicembre

14 cam – †107/137 € ††149/208 €

Rist ***Cinque Cucchiai*** – *✆ 05 46 62 15 27 (chiuso 1 settimana in agosto, lunedì, martedì a mezzogiorno)* Carta 45/71 €

♦ Villa dei primi Ottocento, recentemente rinnovata, abbracciata da curati giardini con piscina. Piccolo centro benessere per momenti di piacevole relax. Interessanti proposte di pesce al ristorante.

al casello autostrada A 14 Nord-Est : 2 km :

ClassHotel Faenza cam,

via San Silvestro 171 ✉ 48018 Faenza – ✆ 0 54 64 66 62 – www.classhotel.com – info.faenza@classhotel.com

69 cam – †68/120 € ††90/150 € – ½ P 65/95 €

Rist – *(chiuso sabato a mezzogiorno e domenica)* Carta 25/40 €

♦ Posizionata strategicamente alle porte di Faenza, e nei pressi del casello autostradale, una risorsa utile al cliente d'affari o di passaggio; dotata di ogni comodità.

FAGAGNA – Udine (UD) – 562 D21 – 6 291 ab. – alt. 177 m – ✉ 33034 10 B2

Roma 634 – Udine 14 – Gemona del Friuli 30 – Pordenone 54

XX **Al Castello**

via San Bartolomeo 18 – ✆ 04 32 80 01 85 – www.ristorantealcastello.com – info@ristorantealcastello.com – chiuso dal 12 al 24 gennaio e lunedì

Rist – Menu 26/35 € – Carta 29/40 €

♦ Nella parte alta della località, poco distante dal castello che ricorda nel nome; all'interno l'atmosfera coniuga rusticità ed eleganza, la tradizione della linea gastronomica e la modernità delle presentazioni.

XX **San Michele**

via Castello 33 – ✆ 04 32 81 04 66 – www.ristorantesanmichele.eu – ristorantesanmichele@yahoo.it – Chiuso 15 giorni in gennaio

Rist – Carta 26/49 €

♦ Accanto al castello, un giovane chef propone piatti legati al territorio e alle stagioni in chiave mderna. Ambiente suggestivo e rustico con bella terrazza panoramica per l'estate.

FAGNANO – Verona – Vedere Trevenzuolo

FAGNANO OLONA – Varese (VA) – 561 F8 – 11 736 ab. – alt. 265 m – ✉ 21054 18 A2

Roma 612 – Milano 40 – Bergamo 80 – Stresa 56

XX **Menzaghi**

via San Giovanni 74 – ✆ 03 31 36 17 02 – www.ristorantemenzaghi.com – ri.menzaghi@libero.it – chiuso dal 15 al 31 agosto, domenica sera, lunedì

Rist – Carta 33/47 €

♦ L'accesso avviene tramite un ampio disimpegno, con numerose bottiglie in bellavista, da cui si accede alla sala di taglio rustico-signorile. Menù vario e invitante.

FAIANO – Salerno – Vedere Pontecagnano

FAI DELLA PAGANELLA – Trento (TN) – 562 D15 – 907 ab. 30 B2

– alt. 957 m – Sport invernali : 957/2 125 m 2 16 (Consorzio Paganella-Dolomiti) – ✉ 38010

Roma 616 – Trento 33 – Bolzano 55 – Milano 222

via Villa 1 ☎ 0461 583130, infofai@visitdolomitipaganella.it Fax 0461 583410

Arcobaleno

via Cesare Battisti 29 – ☎ 04 61 58 33 06 – www.hotelarcobaleno.it – info@hotelarcobaleno.it – chiuso novembre

38 cam – 40/50 € 70/90 € – ½ P 50/69 € **Rist** – Carta 23/35 €

◆ All'uscita della località, verso Andalo, questa struttura di taglio moderno offre camere sobrie e luminose, con balconi godibili e panoramici. Bel centro benessere. Ristorante con tavoli ben distanziati e finestroni sul paesaggio montano.

FALCADE – Belluno (BL) – 562 C17 – 2 233 ab. – alt. 1 145 m – Sport 35 B1

invernali : 1 100/2 513 m 8 (Comprensorio Dolomiti superski Tre Valli) – ✉ 32020

Roma 667 – Belluno 52 – Cortina d'Ampezzo 59 – Bolzano 64

piazza Municipio 17 ☎ 0437 599241, falcade@infodolomiti.it, Fax 0437 599242

Belvedere

via Garibaldi 24 – ☎ 04 37 59 90 21 – www.belvederehotel.info – info@belvederehotel.info – dicembre-Pasqua e giugno-settembre

37 cam – 50/110 € 70/210 € – ½ P 45/125 € **Rist** – Carta 25/51 €

◆ Tripudio di legni per questa deliziosa e tipica casa di montagna, già piacevole dall'esterno: a 600 m dal centro e non lontano dalle piste, confortevoli camere di tono rustico, nonché attrezzata area wellness. Caratteristiche stube d'epoca costituiscono splendidi inviti per gustare la buona cucina del territorio.

Sport Hotel Cristal

piazza Municipio 4 – ☎ 04 37 50 73 56 – www.sporthotelcristal.net – info@sporthotelcristal.net – 6 dicembre-marzo e 15 giugno-14 settembre

46 cam – 44/64 € 70/110 € – ½ P 44/82 € **Rist** – Carta 23/44 €

◆ I prati tutt'intorno si trasformano in estate in una splendida spiaggia baciata dal sole e da una piacevole brezza; all'interno ambienti riscaldati dal tepore del legno e da luminose stoffe carminio. Una rilassante pausa alla scoperta dei sapori regionali vi attende, invece, al ristorante.

FALCONARA MARITTIMA – Ancona (AN) – 563 L22 – 27 964 ab. 21 C1

– ✉ 60015

Roma 279 – Ancona 13 – Macerata 61 – Pesaro 63

Ovest: 0,5 km ☎ 071 28271

(giugno-settembre) via Flaminia 548/a ☎ 071 910458, proloco.falconaramarittima@virgilio.it, Fax 071 910458

Touring

via degli Spagnoli 18 – ☎ 07 19 16 00 05 – www.touringhotel.it – info@touringhotel.it

77 cam – 63/88 € 86/122 € – ½ P 65/74 €

Rist Il Camino – vedere selezione ristoranti

◆ Ideale soprattutto per clienti di lavoro, l'albergo, di stampo moderno e non vicino al mare, ma verso Falconara alta, è dotato di confort e di stanze abbastanza spaziose.

Il Camino – Hotel Touring

via Tito Speri 2 – ☎ 07 19 17 16 47 – www.ristoranteilcamino.it – info@ristoranteilcamino.it – chiuso domenica sera e lunedì a mezzogiorno escluso agosto

Rist – Carta 20/42 €

◆ Situato nella stessa struttura dell'hotel Touring, ma con accesso indipendente, offre un primo grande ambiente classico con tanto di camino e una saletta più intima e rustica.

XX **Villa Amalia** con cam

via degli Spagnoli 4 – ✆ 07 19 16 05 50 – www.villaamalia.it – info@villaamalia.it
7 cam ☕ – ♦60/75 € ♦♦90/120 €
Rist – *(chiuso domenica sera e lunedì)* Carta 34/67 €
♦ Villino d'inizio '900, a pochi metri dalla marina, tre sale di sobria eleganza e una veranda estiva: piatti tradizionali o creativi sempre a base di pesce dell'Adriatico. Le camere hanno ingresso indipendente dal cortile.

FALZES (PFALZEN) – **Bolzano (BZ)** – **562** B17 – **2 524 ab.** – **alt. 1 022 m** **31** C1
– **Sport invernali : 1 022/2 275 m** 🚡**19** ⛷**12 (Comprensorio Dolomiti superski Plan de Corones)** ⛷ – ✉ **39030**

Roma 711 – Cortina d'Ampezzo 64 – Bolzano 65 – Brunico 5

piazza del Municipio, Rathaus Plaz 1 ✆ 0474 528159, info@falzes.net,Fax 0474 528413

ad Issengo (Issing)**Nord-Ovest : 1,5 km** – ✉ **39030 Falzes**

XX **Al Tanzer** con cam

via del Paese 1 – ✆ 04 74 56 53 66 – www.tanzer.it – info@tanzer.it – chiuso dal 20 marzo al 15 aprile e dal 3 al 26 novembre
20 cam ☕ – ♦♦218/350 € – ½ P 124/190 €
Rist – *(chiuso martedì e mercoledì a mezzogiorno)* Carta 40/72 €
♦ Ambiente ovattato, caratteristico e molto grazioso, in eleganti stube, per una cucina d'impronta altoatesina, ma trasformata con fantasia; possibilità di alloggio.

a Molini (Mühlen)**Nord-Ovest : 2 km** – ✉ **39030 Chienes**

XXX **Schöneck** (Karl Baumgartner)

✿ *via Schloss Schöneck 11 – ✆ 04 74 56 55 50 – www.schoeneck.it – info@schoeneck.it – chiuso dall'11 al 19 aprile, dal 20 giugno al 4 luglio, dal 10 al 17 ottobre, martedì a mezzogiorno (escluso alta stagione) e lunedì*
Rist – Carta 44/85 €
Spec. Terrina di fegato grasso d'oca e datteri con gelatina al Gewürztraminer, mostarda di albicocche, pan brioche. Canederli pressati di formaggio al burro fuso ed insalata di cavolo cappuccio. Lombo di cervo arrosto in crosta di noci su salsa di ribes nero.
♦ Se la bellezza del locale si completa con una calorosa ospitalità, la cucina basta a se stessa: prodotti, cotture e accostamenti, difficile stabilire dove il cuoco eccella.

FANNA – **Pordenone (PN)** – **562** D20 – **1 586 ab.** – **alt. 274 m** **10** B2
– ✉ **33092**

Roma 620 – Udine 50 – Belluno 75 – Pordenone 29

Al Giardino

via Circonvallazione Nuova 3 – ✆ 0 42 77 71 78 – www.algiardino.com – info@algiardino.com – chiuso dal 10 gennaio al 10 febbraio
25 cam ☕ – ♦40/70 € ♦♦80/100 € – ½ P 60/75 €
Rist – *(chiuso martedì)* Carta 24/44 €
♦ Il nome prelude all'indovinata cornice verde della struttura, ornata da specchi d'acqua concepiti quasi all'orientale. Tutto spicca per l'estrema cura: la bella piscina e le deliziose camere. Terra e mare coabitano nel menu del ristorante.

FANO – **Pesaro e Urbino (PU)** – **563** K21 – **63 734 ab.** – ✉ **61032** **20** B1
Italia Centro Nord

Roma 289 – Ancona 65 – Perugia 123 – Pesaro 11

viale Cesare Battisti 10 ✆ 0721 803534, iat.fano@regione.marche.it, Fax 0721 824292

Corte Malatestiana★ – Chiesa di S. Maria Nuova: dipinti del Perugino★

Elisabeth Due

piazzale Amendola 2 – ☎ 07 21 82 31 46 – www.hotelelisabethdue.it – info@hotelelisabethdue.it
32 cam – 115 € 150 €, ☕ 12 € – 4 suites – ½ P 100 €
Rist *Il Galeone* – *(chiuso domenica sera, lunedì a mezzogiorno)* Carta 34/56 €
◆ Situato sulla passeggiata principale del lido, l'albergo vanta una meravigliosa vista sull'Adriatico ed offre camere e spazi comuni d'impronta classica. L'elegante ristorante propone una cucina nazionale, ideale per gustare soprattutto specialità di mare.

Angela

viale Adriatico 13 – ☎ 07 21 80 12 39 – www.hotelangela.it – info@hotelangela.it – chiuso dal 20 dicembre al 10 gennaio
37 cam – 50/65 € 73/80 €, ☕ 6 € – ½ P 66/75 € **Rist** – Carta 34/48 €
◆ Ubicato direttamente sul mare, l'hotel vanta una gestione familiare, graziosi spazi comuni, camere semplici e funzionali. La cucina propone specialità regionali e soprattutto di pesce.

Villa Giulia – Residenza storica

via di Villa Giulia, località San Biagio 40 – ☎ 07 21 82 31 59 – www.relaisvillagiulia.com – info@relaisvillagiulia.com – chiuso gennaio e febbraio
10 cam ☕ – 80/130 € 130/190 € – 1 suite
Rist – *(giugno-settembre) (chiuso a mezzogiorno) (solo per alloggiati)* Menu 25/45 €
◆ Immersa nel verde, struttura ricavata da un'antica residenza napoleonica con camere arredate secondo lo stile originale e 5 appartamenti con soggiorno e cucina (disponibili anche per brevi periodi).

Casa Nolfi

via Gasparoli 59 – ☎ 07 21 82 70 66 – www.casanolfi.it – info@casanolfi.it – chiuso domenica
Rist – *(chiuso a mezzogiorno)* Menu 34/49 € – Carta 35/61 €
◆ Piacevole locale in pieno centro storico, offre un'atmosfera moderna dove poter gustare sapori locali e, prevalentemente, specialità di pesce.

Da Maria al Ponte Rosso

via IV Novembre 86 – ☎ 07 21 80 89 62 – chiuso lunedì
Rist – (prenotazione obbligatoria) Menu 45/55 €
◆ Pochi tavoli, molte piante e una scultura in legno, vetro, rame realizzata da Domenica, la proprietaria. L'ambiente è familiare, ma ancor più l'accoglienza e la gustosa cucina, particolarmente attenta all'offerta ittica del momento. Ai fornelli la titolare, che ha fatto della semplicità la propria forza.

FARA FILIORUM PETRI – Chieti (CH) – 563 P24 – 1 941 ab. – alt. 227 m – ✉ 66010 2 C2

Roma 205 – Pescara 36 – Chieti 18 – L'Aquila 97
piazza Municipio 3 ☎ 0871 706037 info@prolocofara.it Fax 0871 706037

Casa D'Angelo

via San Nicola 5 – ☎ 0 87 17 02 96 – rist.casadangelo@libero.it – chiuso dal 1° al 24 novembre, domenica sera, lunedì
Rist – Menu 40 € – Carta 32/47 €
◆ La vecchia casa di famiglia, un locale intimo e raffinato cui si aggiunge la sapienza di una gestione dalla lunga esperienza. Piatti del territorio vivacizzati dalla fantasia dello chef.

FARA IN SABINA – Rieti (RI) – 563 P20 – 12 861 ab. – alt. 482 m – ✉ 02032 12 B1

Roma 55 – Rieti 36 – Terni 65 – Viterbo 83

a Coltodino Sud-Ovest : 4 km – ✉ 02030

Agriturismo Ille-Roif cam, rist,
località Talocci, Ovest : 5,5 km – ✆ 07 65 38 67 49
– www.ille-roif.it – ille-roif@linet.it
12 cam – 140/170 € 170/230 € – ½ P 150/180 €
Rist – *(aperto le sere di sabato e domenica)* (prenotare)
Menu 25/35 €
♦ Originale, stravagante e colorato: a questo agriturismo sono state messe le ali alla fantasia e chi vi soggiorna non potrà che volare con essa per scoprire spazi e forme forse persino bizzarri! Prendere posto tra tavoli e sedie oppure mangiare su un'altalena e fare di un gioco infantile il pasto più divertente?

FARNETA – Arezzo – 563 M17 – Vedere Cortona

FARRA DI SOLIGO – Treviso (TV) – 562 E18 – 8 811 ab. – alt. 163 m – ✉ 31010 36 C2

Roma 590 – Belluno 40 – Treviso 35 – Venezia 72
via Cal Nova 1 ✆ 0438 801075 prolocofarradisoligo@libero.it

a Soligo Est : 3 km – ✉ 31010

La Candola con cam
via San Gallo 43 – ✆ 04 38 90 00 06
– www.locandacandola.com – info@locandacandola.com
– chiuso dal 15 febbraio al 15 marzo
6 cam – 80/100 € 120/140 €
Rist – *(chiuso martedì)* (consigliata la prenotazione) Carta 35/76 €
♦ In posizione panoramica, una rustica dimora è stata piacevolmente trasformata in locanda gourmet dove un giovane chef valorizza i prodotti di stagione, personalizzandoli con un tocco di modernità.

Casa Rossa
località San Gallo – ✆ 04 38 84 01 31 – www.san-gallo.it – chiuso dal 15 gennaio al 13 febbraio, mercoledì e giovedì, da giugno a settembre aperto giovedì sera
Rist – Carta 33/45 €
♦ Una casa colonica in posizione panoramica tra i vigneti della tenuta San Gallo; servizio estivo in terrazza-giardino e cucina del territorio con specialità allo spiedo.

a Col San Martino Sud-Ovest : 3 km – ✉ 31010

Locanda Marinelli con cam
via Castella 5 – ✆ 04 38 98 70 38
– www.locandamarinelli.it – info@locandamarinelli.it
– chiuso 15 giorni in gennaio e 15 giorni in settembre
4 cam – 50 € 80 €
Rist – *(chiuso martedì e mercoledì a mezzogiorno)* Carta 41/53 €
♦ Nella quiete di una tranquilla frazione tra i vigneti di Prosecco, due giovani cuochi propongono una cucina innovativa a base di ottimi prodotti. Bella terrazza panoramica.

Locanda da Condo
via Fontana 134 – ✆ 04 38 89 81 06
– www.locandadacondo.it – info@locandadacondo.it
– chiuso luglio, martedì sera, mercoledì
Rist – Carta 24/30 €
♦ Un'antica locanda che una famiglia gestisce da almeno tre generazioni. Diverse sale ricche di fascino tutte accomunate dallo stile tipico di una trattoria. Cucina veneta.

FARRA D'ISONZO – Gorizia (GO) – 1 780 ab. – ✉ 34072 11 C2

Roma 655 – Trieste 57 – Gorizia 11

Ai Due Leoni cam, cam, cam,

via Verdi 55/57 – ✆ 04 81 88 80 37 – www.aidueleoni.go.it – info@aidueleoni.go.it

21 cam – 55 € 70 € – ½ P 50 €

Rist – *(chiuso agosto e dal 15 settembre al 31 dicembre)* Carta 26/33 €

◆ Piccolo hotel a conduzione familiare rinnovato e ampliato in anni recenti: due tipologie di camere, tra moderno e rustico, ma il confort è presente in entrambe. Al ristorante proposte che spaziano dalla tradizione locale ai classici nazionali.

FASANO – Brindisi (BR) – 564 E34 – 38 460 ab. – alt. 118 m – ✉ 72015 27 C2

Roma 507 – Bari 60 – Brindisi 56 – Lecce 96

piazza Ciaia 10 ✆ 080 4413086, Fax 080 4413086

Regione dei Trulli★★★ Sud

Masseria Relais del Cardinale cam, cam,

via delle Croci 68 – ✆ 08 04 89 03 35 – www.relaisdelcardinale.it – info@relaisdelcardinale.it

28 cam – 140/170 € 160/220 € – 37 suites – 200/260 € – ½ P 130/160 €

Rist – *(solo per alloggiati)*

◆ E' decisamente tranquilla la posizione di quest'antica masseria diventata, oggi, una dimora di lusso dai grandi spazi: eliporto ad uso diurno e grande piscina con effetto spiaggia.

Rifugio dei Ghiottoni

via Nazionale dei Trulli 116 – ✆ 08 04 41 48 00 – chiuso dal 1° al 20 luglio e mercoledì

Rist – Carta 22/34 €

◆ E' il rifugio-pizzeria di chi cerca i sapori caserecci di una cucina regionale basata su prodotti ittici e proposte locali, da riscoprire in un ambiente piacevolmente familiare.

a Selva Ovest : 5 km – alt. 396 m – ✉ 72010 Selva Di Fasano

Sierra Silvana cam, rist,

via Don Bartolo Boggia 5 – ✆ 08 04 33 13 22 – www.apuliacollection.com – info@sierrasilvana.com

120 cam – 94/117 € 140/162 € – ½ P 89 €

Rist – *(29 dicembre-2 gennaio e aprile-ottobre)* Carta 28/38 €

◆ In una delle zone più attraenti della Puglia, un complesso di moderne palazzine e qualche trullo in un giardino mediterraneo; arredi in midollino e bambù, validi spazi. Per ristorante un gazebo con buganvillee ed eleganti sale con bei soffitti a tendaggi.

a Speziale Sud-Est : 10 km – alt. 84 m – ✉ 72015 Montalbano Di Fasano

Agriturismo Masseria Narducci senza rist

via Lecce 144 – ✆ 08 04 81 01 85 – www.agriturismonarducci.it – info@agriturismonarducci.it – chiuso novembre

9 cam – 55/75 € 70/110 €

◆ Caratteristico e familiare, all'ingresso della proprietà si trova anche un piccolo negozietto per la vendita di prodotti locali: tipica masseria con giardino-solarium e un'antica atmosfera rurale. Possibilità di ristorazione nel fine settimana, nonché in luglio-agosto (informarsi sulle aperture).

FASANO DEL GARDA – Brescia – Vedere Gardone Riviera

FAVIGNANA (Isola) – Trapani – 365 AI56 – Vedere Egadi (Isole)

FELINO – Parma (PR) – 562 H12 – 8 227 ab. – alt. 185 m – ✉ 43035 **8** A3

Roma 469 – Parma 17 – Cremona 74 – La Spezia 113

XX **La Cantinetta** con cam e senza

via Calestano 14 – ✆ 05 21 83 11 25 – www.lacantinettadifelino.it – info@lacantinettadifelino.it – chiuso Natale, agosto, lunedì; in luglio anche domenica a mezzogiorno

2 cam – ♦70 € ♦♦90 € **Rist** – Carta 31/41 €

♦ All'ingresso del paese, il ristorante è un bastione per gli amanti della tradizione parmense. Parmigiano e salumi, come i migliori vini, sono declinati per invecchiamento, le paste si gonfiano di generosi ripieni, i secondi si dividono tra carne e pesce. Possibilità di alloggio.

X **Antica Osteria da Bianchini**

via Marconi 4/a – ✆ 05 21 83 11 65 – www.dabianchini.it – dabianchini@virgilio.it – chiuso dal 1° al 15 gennaio, lunedì, martedì

Rist – Carta 24/38 €

♦ L'ingresso è quello di una salumeria, accanto le due sale arredate nello stile di una tipica osteria di paese, dove trovare salumi, paste fresche, diversi tipi di carne e crostate.

a Barbiano Sud : 4 km – ✉ 43035

X **Trattoria Leoni**

via Ricò 42 – ✆ 05 21 83 11 96 – www.trattorialeoni.it – leoni@trattorialeoni.it – chiuso dal 24 dicembre al 10 gennaio e lunedì

Rist – Menu 28 € – Carta 25/37 €

♦ In una cornice di affascinanti dolci colline, la classica sala propone piatti parmigiani che si aprono a suggestioni di montagna, funghi e cacciagione; imperdibile panorama estivo.

FELTRE – Belluno (BL) – 562 D17 – 20 688 ab. – alt. 325 m – ✉ 32032 **35** B2

Italia

Roma 593 – Belluno 32 – Milano 288 – Padova 93

piazza Trento e Trieste 9 ✆ 0439 2540, feltre@infodolomiti.it, Fax 0439 2839

Piazza Maggiore★ – Via Mezzaterra★

Doriguzzi senza rist

viale Piave 2 – ✆ 04 39 20 03 – www.hoteldoriguzzi.it – hoteldoriguzzi@virgilio.it

25 cam – ♦50/60 € ♦♦65/85 €

♦ Accogliente struttura vicino al centro storico, è un valido punto di riferimento soprattutto per una clientela di lavoro grazie agli ambienti ben accessoriati a disposizione degli ospiti.

La Casona cam,

via Segusini 17 località Boscariz – ✆ 04 39 30 27 30 – www.lacasona.it – info@lacasona.it

22 cam – ♦40/70 € ♦♦60/110 € – ½ P 55 € **Rist** – Carta 21/38 €

♦ Alle spalle dell'ospedale e del campo sportivo, piccola risorsa familiare che propone ambienti moderni negli arredi, camere confortevoli e ben accessoriate. Al ristorante, nell'edificio adiacente, più sale di tono semplice con interessante menu e specialità alla griglia.

FENEGRÒ – Como (CO) – 3 078 ab. – alt. 290 m – ✉ 22070 **18** A1

Roma 604 – Como 26 – Milano 34 – Saronno 10

XX **In**

via Monte Grappa 20 – ✆ 0 31 93 57 02 – www.ristorante-in.com – info@ristorante-in.com – chiuso dal 26 dicembre al 4 gennaio, agosto, domenica sera, lunedì

Rist – Carta 30/52 €

♦ Un locale di tono moderno e accogliente, con interni signorili e un'atmosfera comunque familiare; un po' fuori paese, piatti di mare, ora più classici ora rivisitati.

FENER – Belluno (BL) – **562** E17 – **alt. 198 m** – ✉ **32031** **36** C2

Roma 564 – Belluno 42 – Milano 269 – Padova 63

Tegorzo cam, cam,

via Nazionale 25 – ✆ 04 39 77 97 40 – www.hoteltegorzo.it – info@hoteltegorzo.it

30 cam – 50/60 € 75/95 € – ½ P 45/75 €

Rist – *(chiuso domenica sera)* Carta 22/30 €

♦ Ubicato nella prima periferia della località, un hotel a gestione familiare rinnovatosi negli anni, semplice e confortevole. Bel giardino e campo da tennis. Ristorante con proposte di cucina casereccia.

FENIS – Aosta (AO) – **561** E4 – **1 607 ab.** – **alt. 537 m** – ✉ **11020** **34** B2

Italia Centro Nord

Roma 722 – Aosta 20 – Breuil-Cervinia 36 – Torino 82

Castello★

Comtes de Challant cam, rist,

frazione Chez Sapin 95 – ✆ 01 65 76 43 53 – www.hcdc.it – info@hcdc.it – chiuso dal 7 al 30 gennaio

28 cam – 68/80 € 85/115 €

Rist – *(chiuso lunedì escluso dal 15 luglio al 31 agosto)* Carta 30/55 €

♦ Ubicazione tranquilla, ai piedi dell'omonimo Castello, per questa tipica costruzione di montagna con bei terrazzi esterni e camere confortevoli, nuove, con parquet. Proposte sia valdostane che nazionali in un classico ristorante d'albergo.

FERENTILLO – Terni (TR) – **563** O20 – **1 953 ab.** – **alt. 260 m** – ✉ **05034** Italia **33** C3

Roma 122 – Terni 18 – Rieti 54

Abbazia San Pietro in Valle – Residenza d'epoca senza rist

strada statale 209 Valnerina km 20, Nord-Est : 3,5 km – ✆ 07 44 78 01 29 – www.sanpietroinvalle.com – abbazia@sanpietroinvalle.com – Pasqua-2 novembre

21 cam – 98/105 € 109/139 €

♦ Nel cuore del misticismo umbro, un'esperienza irripetibile all'interno di un'abbazia d'origne longobarda del IX sec. Camere semplici in linea con lo spirito del luogo.

Piermarini

via Ancaiano 23 – ✆ 07 44 78 07 14 – www.saporipiermarini.it – info@saporipiermarini.it – chiuso domenica sera, lunedì

Rist – (prenotazione obbligatoria a mezzogiorno) Carta 30/50 €

♦ Poco fuori dal centro, giardino, veranda e sale sono l'elegante cornice di una cucina spesso incentrata sul tartufo, coltivato direttamente dai titolari del ristorante.

FERENTINO – Frosinone (FR) – **563** Q21 – **21 055 ab.** – **alt. 395 m** – ✉ **03013** **13** C2

Roma 75 – Frosinone 14 – Fiuggi 23 – Latina 66

Anagni : cripta★★★ nella cattedrale★★, quartiere medioevale★, volta★ del palazzo Comunale Nord-Ovest : 15 km

Bassetto

via Casilina Sud al km 74,600 – ✆ 07 75 24 49 31 – www.hotelbassetto.it – info@hotelbassetto.it

99 cam – 50/90 € 70/140 € – ½ P 65/90 € **Rist** – Carta 30/55 €

♦ Un esercizio storico da queste parti, ubicato sulla statale Casilina, ampliato e rinnovato in tempi recenti e con una gestione familiare ormai consolidata e capace. Un'ampia sala ristorante e ricette della consuetudine ciociara.

FERIOLO – Verbano-Cusio-Ossola (VB) – 561 E7 – alt. 195 m – ✉ 28831 24 A1

Roma 664 – Stresa 7 – Domodossola 35 – Locarno 48

Carillon senza rist

strada nazionale del Sempione 2 – ☎ 0 32 32 81 15 – www.hotelcarillon.it – info@hotelcarillon.it – 25 marzo-20 ottobre

32 cam – 75/90 € 100/130 €

◆ Direttamente sul lago, l'hotel vanta spaziose camere con vista panoramica ed una spiaggia privata.

Il Battello del Golfo

strada statale n. 33 – ☎ 0 32 32 81 22 – www.battellodelgolfo.com – battellodelgolfo@libero.it – chiuso martedì (escluso luglio-agosto), anche lunedì da novembre a febbraio

Rist – Carta 28/45 € (+10 %)

◆ Il locale vanta una discreta eleganza ed è un curioso adattamento di una barca trasportata ad hoc dal lago di Como ed ancorata a riva. Cucina stagionale, regionale e di lago.

Serenella con cam

via 42 Martiri, 5 – ☎ 0 32 32 81 12 – www.hotelserenella.net – info@hotelserenella.net

14 cam – 80 € 80/120 € – ½ P 75/90 €

Rist – Carta 37/49 €

◆ Da oltre mezzo secolo il punto di riferimento in zona per gli amanti della buona tavola: cucina di respiro classico-moderno in un ristorante dall'atmosfera calda e raccolta. Poco distante dal lago, l'hotel dispone di camere recentemente rinnovate con un taglio moderno e di una spiaggia privata.

FERMO – Fermo (FM) – 563 M23 – 37 955 ab. – alt. 319 m – ✉ 63023 21 D2

Italia

Roma 263 – Ascoli Piceno 75 – Ancona 69 – Macerata 41

piazza del Popolo 6 ☎ 0734 228738, Fax0734 228325

Posizione pittoresca★ – Duomo★ - Piazza del Popolo★ - Pinacoteca civica: Adorazione dei Pastori★★ di Rubens

Montefiore dell'Aso: polittico★★ di Carlo Crivelli: 20 km a sud

sulla strada statale 16-Adriatica

Royal

piazza Piccolomini 3, al lido, Nord-Est : 8 km ✉ 63023 – ☎ 07 34 64 22 44 – www.royalre.it – royal@royalre.it

56 cam – 120 € 150 € – ½ P 85 €

Rist *Nautilus* – Carta 39/63 €

◆ Terrazza solarium con piccola piscina su questa bianca costruzione di stile moderno sita sul limitare della spiaggia: materiali pregiati, arredi di design, ogni confort. Tenuta impeccabile nel moderno ristorante, dotato anche di fresca ed accogliente terrazza.

Emilio (Danilo Bei)

via Girardi 1, località Casabianca, Nord-Est : 12 km – ☎ 07 34 64 03 65 – www.ristoranteemilio.it – ristoranteemilio@virgilio.it – chiuso dal 23 dicembre al 3 gennaio, dal 25 al 31 agosto e lunedì

Rist – *(chiuso a mezzogiorno)* Carta 51/76 €

Spec. Fusilli con coda di rospo, pomodorini in salsa di rana pescatrice. Cannelloni ripieni di crostacei in salsa di zucchine. Rana pescatrice in padella con pesto alle olive.

◆ Un comodo parcheggio libero proprio di fronte all'ingresso di questo elegante locale, dove spiccano opere d'arte contemporanea. Piatti di pesce a seguire la falsariga delle tradizioni adriatiche, con molte sorprese proposte anche a voce.

Osteria il Galeone

via Piave 10, località Torre di Palme, Sud-Est : 12 km – ☎ 0 73 45 36 31 – www.ilgaleoneosteria.it – info@ilgaleoneosteria.it – chiuso dal 23 dicembre all'8 gennaio e lunedì escluso giugno-agosto

Rist – *(chiuso a mezzogiorno escluso domenica e da giugno a settembre)* Carta 32/55 €

♦ Nel centro storico di un graziosissimo borgo medievale, locale dagli interni curati e romantici, dove gustare una cucina del territorio con qualche nota di fantasia e stagionalità. Bella terrazza panoramica con vista mare.

FERNO – Varese (VA) – 561 F8 – 6 859 ab. – alt. 211 m – ✉ 21010 — 18 A2

Roma 626 – Milano 45 – Stresa 49 – Como 49

La Piazzetta (Maura Gosio)

piazza Mons. Bonetta 1 – ☎ 03 31 24 15 36 – www.lapiazzetta.eu – info@rist-lapiazzetta.eu – chiuso dall'8 al 24 gennaio, dal 6 al 31 agosto e lunedì

Rist – Menu 95 € – Carta 55/102 €

Spec. Tartara di gamberi rossi, crema di riso basmati e burrata. Bourguignonne fredda di fassone piemontese. Filetto d'agnello in crosta aromatica con contorno di stagione.

♦ In una caratteristica e centrale piazzetta, si mangia in sale dagli arredi classici ed eleganti. Servizio e attenzioni per ogni cliente, tecnica e prodotti genuini dalla cucina.

FERRARA P (FE) – 562 H16 – 134 464 ab. – alt. 9 m Italia Centro Nord — 9 C1

Roma 423 – Bologna 51 – Milano 252 – Padova 73

c/o Castello Estense, largo Castello ☎ 0532 299303, infotur@provincia.fe.it, Fax 0532 212266

via Gramicia 41, ☎ 0532 70 85 35

Duomo★★ BYZ – Museo della Cattedrale★ BZ **M2**– Palazzo Schifanoia★ BZ **E** : affreschi★★ – Palazzo dei Diamanti★★ BY : pinacoteca nazionale★, affreschi★★ nella sala d'onore – Castello Estense★ BY **B** –Corso Ercole I d'Este★ BY – Palazzo di Ludovico il Moro★ BZ **M1** – Casa Romei★ BZ – Palazzina di Marfisa d'Este★ BZ **N**

Duchessa Isabella

via Palestro 70 ✉ 44121 – ☎ 05 32 20 21 21 – www.duchessaisabella.it – info@duchessaisabella.it – chiuso agosto BY**a**

26 cam – †268 € ††299 € – 1 suite

Rist – *(chiuso le sere di domenica e lunedì)* Carta 68/86 € (+20 %)

♦ Relais di infinito charme, elegante, arredato con pregiati tessuti, mobili ed oggetti antichi, autentica passione della titolare che cura altresì ogni più piccolo dettaglio: uno splendido omaggio alla sovrana d'Este. Soffittature a cassettoni con fregi in oro e dipinti: la precisione del servizio anche al ristorante.

Annunziata senza rist

piazza Repubblica 5 ✉ 44121 – ☎ 05 32 20 11 11 – www.annunziata.it – info@annunziata.it BY**f**

21 cam – ††100/300 €

♦ In pieno centro storico, proprio di fronte al castello, albergo con un buon livello di confort. Per chi desidera maggior autonomia, in una vicina dependance, propone camere più spaziose.

Orologio senza rist

via Darsena 67 ✉ 44122 – ☎ 05 32 76 95 76 – www.hotelorologio.com – info@hotelorologio.com AZ**a**

46 cam – †85/140 € ††115/220 € – 2 suites

♦ Spaziose, confortevoli, arredate con mobili in legno sbiancato di stile classico, le camere così come l'intera struttura sono piacevolmente realizzate secondo criteri di moderna ispirazione.

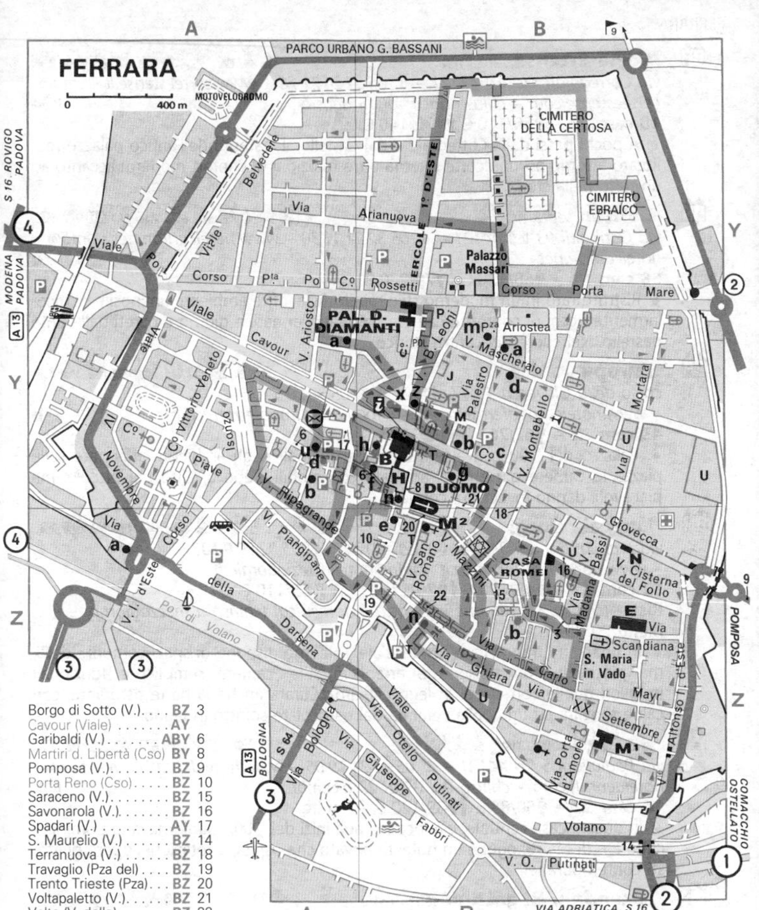

Principessa Leonora senza rist

via Mascheraio 39 ✉ 44121 – ✆ 05 32 20 60 20 – www.principessaleonora.it – info@principessaleonora.it – chiuso dal 20 gennaio al 10 febbraio

22 cam ☕ – †116 € ††190 € BY**d**

◆ Tributo alla storica figura femminile, il palazzo gentilizio e i due edifici minori ospitano ricercate stanze personalizzate ed espongono una collezione di riproduzioni di arazzi.

Ferrara

largo Castello 36 ✉ 44121 – ✆ 05 32 20 50 48 – www.hotelferrara.com – info@hotelferrara.com BY**h**

52 cam ☕ – †110/140 € ††160/210 € – ½ P 115/140 €

Rist Big Night-da Giovanni – vedere selezione ristoranti

◆ Di fronte al castello, una nuova risorsa che offre camere moderne con parziale vista sul maniero antistante. Gestione professionale e dinamica. Curiosa presenza di canestri di frutta in prossimità dell'ascensore.

Corte Estense senza rist
via Correggiari 4/a ✉ 44121 – ☎ 05 32 24 21 76 – www.corteestense.it – info@corteestense.com – chiuso dal 1° al 15 agosto BZ**e**
18 cam – †50/110 € ††70/140 €
◆ A pochi passi dalla Cattedrale e dal Castello, il restauro dell'antico palazzo realizzato attorno ad una corte interna offre soluzioni di confort moderni accanto ad un tuffo nella storia.

Carlton senza rist
via Garibaldi 93 ✉ 44121 – ☎ 05 32 21 11 30 – www.hotelcarlton.net – info@hotelcarlton.net AY**u**
58 cam – †58/120 € ††79/220 €
◆ Ristrutturato in un moderno stile minimalista, offre ambienti luminosi e particolarmente ricchi di confort e camere dai pratici armadi a giorno e pareti dalle tinte pastello. Nel cuore del centro storico.

Europa senza rist
corso della Giovecca 49 ✉ 44121 – ☎ 05 32 20 54 56 – www.hoteleuropaferrara.com – info@hoteleuropaferrara.com BY**b**
43 cam – †62/76 € ††92/118 €
◆ Palazzo del '700 con alcuni affreschi originali negli ambienti; affacciate sulla piazza le camere più ampie, arredate con mobili d'epoca, altre più piccole, ma piacevoli, danno invece sul cortile.

Lucrezia Borgia cam, rist,
via Franchi Bononi 34, per ③ ✉ 44124 – ☎ 05 32 90 90 33 – www.hotellucreziaborgia.it – info@hotellucreziaborgia.it
52 cam – †45/150 € ††70/170 € – ½ P 55/110 €
Rist – *(chiuso 2 settimane in agosto e domenica) (chiuso a mezzogiorno)*
Menu 20/25 €
◆ In una zona tranquilla e residenziale, l'albergo dispone di spazi comuni ridotti, ma piacevoli, con boiserie e arredi in stile, camere semplici e funzionali (migliori quelle con arredi in legno chiaro). Curata anche la parte ristorante, con calde tonalità ed una bella veranda dal particolare soffitto in legno.

De Prati senza rist
via Padiglioni 5 ✉ 44121 – ☎ 05 32 24 19 05 – www.hoteldeprati.com – info@hoteldeprati.com – chiuso dal 23 al 27 dicembre BY**z**
16 cam – †50/85 € ††85/120 € – 1 suite
◆ In questa casa centrale, già locanda agli inizi del '900, soggiornavano uomini di cultura e di teatro; oggi è un hotel rinnovato che ospita, a rotazione, opere di artisti contemporanei.

Locanda il Bagattino senza rist
corso Porta Reno 24 ✉ 44121 – ☎ 05 32 24 18 87 – www.ilbagattino.it – info@ilbagattino.it BY**n**
6 cam – †65/75 € ††90/100 €
◆ In ricordo della dodicesima parte di una moneta in circolazione nel XIII secolo, la locanda si trova all'interno di un palazzo d'epoca: atmosfera di charme e una camera con terrazzino.

Locanda d'Elite senza rist
via Francesco del Cossa 9 ✉ 44121 – ☎ 05 32 20 10 53 – www.delite.it – residence@delite.it AY**a**
7 cam – †50/75 € ††70/130 €
◆ Per la colazione o per un momento di assoluto relax, con la bella stagione, troverete senz'altro il tempo di fermarvi nel grazioso cortile interno. In posizione centrale, poco distante dal Castello.

R&B Dolcemela senza rist
via della Sacca 35 ✉ 44121 – ☎ 05 32 76 96 24 – www.dolcemela.it – info@dolcemela.it AY**b**
7 cam – †60/100 € ††80/100 €
◆ In un quartiere di origini popolari dalle deliziose casette d'epoca, troverete anche una piccola corte-giardino con fontana di Serafini. Camere semplici, ma curate: diverse mansardate con travi a vista e due al piano terra con camino. Il risveglio sarà dolce con gustose torte della casa per colazione.

Locanda Borgonuovo senza rist

via Cairoli 29 ✉ 44121 – ✆ 05 32 21 11 00 – www.borgonuovo.com – info@borgonuovo.com BY**g**

4 cam – 60/70 € 90/100 € – 2 suites – 100/220 €

◆ Ottima accoglienza e arredi in stile ma è indubbiamente la colazione il punto forte della locanda: quasi "personalizzata" secondo i vostri gusti, d'estate servita in una piccola corte interna.

Locanda della Duchessina senza rist

vicolo del Voltino 11 ✉ 44121 – ✆ 05 32 20 69 81 – www.laduchessina.it – info@laduchessina.it BY**m**

5 cam – 65 € 99 €

◆ In un vicolo trecentesco si affaccia una locanda dipinta di rosa, romantica e modernamente concepita; poche stanze per un'atmosfera curatissima, da casa delle bambole.

Agriturismo Corte dei Gioghi senza rist

via Pellegrina 8, 2 km per ② ✉ 44124 – ✆ 05 32 74 50 49 – www.cortedeigioghi.com – info@cortedeigioghi.com

7 cam – 60/75 € 80/90 € – 1 suite

◆ Spaziose, arredate con gusto rustico le camere ricavate nel vecchio fienile della casa colonica; più moderne quelle realizzate nella nuova strattura attigua. Spazio all'esterno per colazioni estive.

Il Don Giovanni (Pierluigi Di Diego)

corso Ercole I D'Este 1 ✉ 44121 – ✆ 05 32 24 33 63 – www.ildongiovanni.com – info@ildongiovanni.com – chiuso agosto, domenica, lunedì BY**x**

Rist – *(chiuso a mezzogiorno)* (consigliata la prenotazione) Carta 69/91 €

Spec. Zuppetta di ricotta di bufala con ostriche all'aneto. Gnocchi di patate in guazzetto di vongole veraci, pomodoro e pesto. Cassatina al pepe verde con gel al pepe verde, lime e coriandolo.

◆ Nella corte interna e coperta di un suggestivo palazzo a due passi dalla fortezza, un piccolo ristorante moderno con cantina attigua. Cucina creativa ed elaborata. Per il vino - anche al calice - affidatevi ai preziosi consigli del *patron*.

Big Night-da Giovanni – Hotel Ferrara

via largo Castello 38 ✉ 44121 – ✆ 05 32 24 23 67 – bignight.info@gmail.com

Rist – (consigliata la prenotazione) Carta 39/60 € BY**f**

◆ Originale ubicazione all'interno di un cortile per questo apprezzato ristorante che propone piatti sia di terra che di mare. Dalle grandi vetrate è possibile godere della vista sul castello.

Quel Fantastico Giovedì

via Castelnuovo 9 ✉ 44121 – ✆ 05 32 76 05 70 – www.quelfantasticogiovedi.com – farinelli.mara@libero.it – chiuso dal 20 al 30 gennaio, dal 20 luglio al 20 agosto e mercoledì BZ**n**

Rist – (consigliata la prenotazione) Carta 33/50 €

◆ Una sala più classica ed una moderna dai colori accesi: un piccolo indirizzo d'atmosfera, curato nel servizio e nella cucina, che propone piatti creativi o più legati alle tradizioni. Dispone anche di uno spazio all'aperto.

Max

piazza Repubblica 16 ✉ 40121 – ✆ 05 32 20 93 09 – ristorantemax@tiscali.it – chiuso 1 settimana in gennaio, 2 settimane in agosto, domenica a mezzogiorno e lunedì BY**h**

Rist – Carta 50/68 €

◆ Pesce, formaggi e cioccolato: queste le specialità di un locale giovane dagli ambienti semplici, a pochi passi dal castello.

Zafferano

via Fondobanchetto 2/A ✉ 44121 – ✆ 05 32 76 34 92 – www.zafferanoristorante.it – info@zafferanoristorante.it – chiuso martedì a mezzogiorno, lunedì

Rist – Menu 38/50 € – Carta 36/51 € BZ**b**

◆ Edificio quattrocentesco in un angolo del centro storico poco bazzicato dai turisti. Ambiente caldo con tavoli ravvicinati per una cucina che esplora i sapori d'oggi.

Borgomatto
via Concia 2 ✉ 44121 – ☎ 05 32 24 05 54 – www.borgomatto.it – posta@borgomatto.it – chiuso 1 settimana in febbraio, 2 settimane in luglio, sabato a mezzogiorno, lunedì AY**d**
Rist – (consigliata la prenotazione) Carta 32/41 €
♦ Nascosto in una viuzza del centro storico, un ambiente rustico per le due salette dai soffitti con travi a vista dove assaporare piatti del territorio presentati in chiave moderna.

Ca' d'Frara
via del Gambero 4 ✉ 44121 – ☎ 05 32 20 50 57 – www.ristorantecadfrara.it – contatti@ristorantecadfrara.it – chiuso dal 1° al 21 luglio, martedì, mercoledì a mezzogiorno BY**c**
Rist – (consigliata la prenotazione) Carta 20/32 €
♦ Non lasciatevi ingannare dall'ambiente moderno, questa casa ferrarese è il bastione della tradizione cittadina: prosciutti appesi, salama e pasticcio di maccheroni. Non manca qualche ricetta di pesce.

La Borsa Wine-Bar
corso Ercole I D'Este 1 ✉ 44121 – ☎ 05 32 24 33 63 – www.ildongiovanni.com – info@ildongiovanni.com – chiuso dal 14 al 17 agosto, domenica in luglio-agosto, lunedì negli altri mesi BY**x**
Rist – Menu 40 € – Carta 36/50 €
♦ Piacevole e ricco di fascino, un indirizzo informale dove fare una sosta per un piatto, caldo o freddo, così come per una selezione di formaggi e salumi. Benvenuti nella ex sede della Borsa di Commercio.

a Ponte Gradella Est : 3 km per via Giovecca BYZ – ✉ 44123

Locanda Corte Arcangeli cam,
via Pontegradella 503 – ☎ 05 32 70 50 52 – www.cortearcangeli.it – info@cortearcangeli.it
6 cam – 50/80 € – ½ P 55/65 €
Rist – (prenotazione obbligatoria) Menu 22 € bc/45 € bc
♦ Antico monastero rinascimentale, divenuta villa di campagna della famiglia Savonarola, la locanda propone ambienti rustico-eleganti, camere impreziosite da mobili d'epoca, relax, piscine ed ottimi servizi. Al ristorante: cucina emiliana con inserimenti umbri, in omaggio alle origini del titolare.

a Porotto-Cassana per ④: 5 km – ✉ 44124

Agriturismo alla Cedrara senza rist
via Aranova 104 – ☎ 05 32 59 30 33 – www.allacedrara.it – info@allacedrara.it
8 cam – 40/45 € 68/75 €
♦ Completamente ristrutturato, il vecchio fienile è ora un curato agriturismo dalle belle camere arredate con pezzi antichi. Colazione in veranda con le torte fatte in casa; e poi: barbecue, cucina e un grande giardino a disposizione dei clienti.

a Gaibanella per ② : 8 km – ✉ 44124

Locanda della Luna senza rist
via Ravenna 571/5 – ☎ 05 32 71 85 15 – www.locandadellaluna.it – info@locandadellaluna.it – chiuso dal 1° al 15 gennaio
6 cam – 98 € 129 €
♦ Al piano superiore abita la titolare, al piano terra, la villa ottocentesca è stata convertita in bed and breakfast dalle camere moderne e raffinate. All'esterno, curato giardino con zona relax e piscina.

a Gaibana per ② : 10 km – ✉ 44124

Trattoria Lanzagallo
via Ravenna 1048 – ☎ 05 32 71 80 01 – chiuso 2 settimane in gennaio, 2 settimane in luglio, dal 15 al 31 agosto, domenica, lunedì
Rist – Carta 31/45 €
♦ Non fatevi ingannare dall'ambiente semplice e privo di fronzoli, la *Trattoria Lanzagallo* è uno dei punti di riferimento in provincia per la qualità del pesce in preparazioni schiette e gustose.

a Ravalle per ④ : 16 km – ✉ 44123

XX **L'Antico Giardino**
via Martelli 28 – ✆ 05 32 41 25 87 – francesco.gardinali@libero.it – chiuso lunedì e martedì a mezzogiorno
Rist – Carta 38/63 €
◆ Una cucina ricca di spunti fantasiosi, che mostra una predilezione per i sapori della terra, carne, funghi e tartufi particolarmente. Moderna anche l'atmosfera all'interno della villetta, nel centro della località.

FERRAZZETTE – **Verona** – **Vedere San Martino Buon Albergo**

FERRO DI CAVALLO – **Perugia** – **563** M19 – **Vedere Perugia**

FETOVAIA – **Livorno** – **563** N12 – **Vedere Elba (Isola d') : Marina di Campo**

FIANO – **Torino (TO)** – **561** G4 – **2 760 ab.** – ✉ **10070** **22** B2
Roma 712 – Torino 29 – Aosta 127 – Vercelli 93

Relais Bella Rosina
via Agnelli 2 – ✆ 01 19 23 36 00 – www.bellarosina.it – info@bellarosina.it
21 cam – †160/390 € ††220/390 €, ☕ 15 €
Rist ***Gemma di Rosa*** – Carta 35/70 €
◆ Non lontano dalla Reggia di Venaria, tranquillo e con ampi spazi esterni, il relais si trova in una residenza sabauda patrimonio mondiale dell'Unesco. Camere eleganti ed una beauty farm nella cascina settecentesca appartenuta a Vittorio Emanuele II. Al ristorante la cucina ripercorre ricette della tradizione locale.

FIANO ROMANO – **Roma (RM)** – **563** P19 – **12 657 ab.** – **alt. 97 m** **12** B2 – ✉ **00065**
Roma 39 – L'Aquila 110 – Terni 81 – Viterbo 81

in prossimità casello autostrada A 1 di Fiano Romano Sud : 5 km :

Parkhotel
via Milano 33 – ✆ 07 65 45 30 80 – www.parkhotelromanord.it – info@parkhotelromanord.it
70 cam ☕ – †60/120 € ††85/180 € – 23 suites – ½ P 75/122 €
Rist – Carta 35/45 €
◆ Tradizionale e moderno, non privo di una sobria eleganza, propone camere standard e funzionali nel corpo principale, più eleganti e spaziose nella *dépendance*. Per tutti un bel giardino con piscina. Cucina romana ai tavoli della graziosa sala da pranzo, affacciata sul verde e sulla piscina.

FIASCHERINO – **La Spezia** – **561** J11 – **Vedere Lerici**

FICULLE – **Terni (TR)** – **563** N18 – **1 759 ab.** – **alt. 437 m** – ✉ **05016** **32** A2
Roma 136 – Perugia 59 – Viterbo 66 – Siena 108

sulla strada per Parrano Nord :14 km

La Casella – Albergo Diffuso
località La casella, Sud: 6 km – ✆ 0 76 38 66 84 – www.lacasella.it – info@lacasella.it
32 cam ☕ – †95/115 € ††140/160 € – ½ P 120 €
Rist – (consigliata la prenotazione) Menu 25/35 €
◆ Un ex feudo immerso tra querce e lecci dove pare che il tempo si sia fermato. Nella quiete della campagna, tra la scuderia e la scuola di equitazione, la struttura si distribusce su 12 casali uno dei quali a 800 metri dal corpo centrale. Cucina casalinga al ristorante.

FIÈ ALLO SCILIAR (VÖLS AM SCHLERN) – **Bolzano (BZ)** – **562** C16 **31** D3 – **3 356 ab.** – **alt. 880 m** – **Sport invernali : 1 800/2 300 m** 2 19 **(Comprensorio Dolomiti superski Alpe di Siusi)** – ✉ **39050**
Roma 657 – Bolzano 16 – Bressanone 40 – Milano 315
via del Paese 15 ✆ 0471 706900, info@alpedisiusi.info, Fax 0471 704199

Turm rist,

piazza della Chiesa 9 – ✆ 04 71 72 50 14 – www.hotelturm.it – info@hotelturm.it – chiuso dal 7 novembre al 22 dicembre e dal 27 marzo al 21 aprile
32 cam – †113/155 € ††174/316 € – 10 suites – ½ P 117/188 €
Rist – *(chiuso giovedì)* Carta 47/62 €
♦ Antico edificio medievale e allo stesso tempo moderno hotel romantico, con raccolta di quadri d'autore. Le nuove camere sono ricche di fascino, così come la zona benessere. Al ristorante elegante cornice in legno e stube per una creativa cucina tirolese.

Heubad

via Sciliar 12 – ✆ 04 71 72 50 20 – www.heubad.info – info@hotelheubad.com – chiuso dal 27 marzo al 14 aprile e dal 6 novembre al 16 dicembre
42 cam – ††96/198 €
Rist – *(chiuso mercoledì escluso in alta stagione)* Carta 20/48 €
♦ Da menzionare certamente i bagni di fieno, metodo di cura qui praticato ormai da 100 anni e da cui l'hotel trae il nome: per farsi viziare in un'atmosfera di coccolante relax. Cucina locale servita in diversi ambienti raccolti, tra cui tre stube originali.

FIERA DI PRIMIERO – Trento (TN) – 562 D17 – 534 ab. – alt. 710 m 31 C2

– **Sport invernali : Vedere San Martino di Castrozza** – ✉ **38054**

Roma 616 – Belluno 65 – Bolzano 99 – Milano 314

via Dante 6 ✆ 0439 62407, infoprimiero@sanmartino.com, Fax 0439 62992

Iris Park Hotel

via Roma 26, località Tonadico – ✆ 04 39 76 20 00 – www.brunethotels.com – info@parkhoteliris.com – 5 dicembre-3 maggio e giugno-23 novembre
64 cam – solo ½ P 64/86 €
Rist – Carta 25/30 €
♦ Lungo la strada principale, hotel che presenta un ambiente montano davvero signorile, confortevole e personalizzato. Camere di varie tipologie, valido centro benessere. Calda atmosfera nell'elegante sala ristorante.

Tressane rist,

via Roma 30, località Tonadico – ✆ 04 39 76 22 05 – www.hoteltressane.it – info@hoteltressane.it – chiuso 10 giorni in novembre, 3 settimane in maggio
38 cam – †75/100 € ††135/174 € – 4 suites – ½ P 89/98 €
Rist – Carta 23/29 €
♦ Posizionata di fianco all'Iris Park Hotel, con cui condivide il centro benessere, una gradevole risorsa montana completamente rinnovata. Ristorante di taglio rustico con elementi di signorilità.

Relais Orsingher cam, rist,

via Guadagnini 14 – ✆ 0 43 96 28 16 – www.primieroholidays.it – info@primieroholidays.it – chiuso dal 10 ottobre al 5 dicembre e dal 12 aprile al 20 maggio
50 cam – ††110/200 €
Rist – Carta 20/39 €
♦ Nel centro della località, questo grazioso edificio moderno - la cui dépendence fu il primo vero albergo della valle nel '700 - dispone di camere nuove dagli ottimi bagni. Sala ristorante circolare con ampie finestre e una cucina classica.

Luis

viale Piave 20 – ✆ 04 39 76 30 40 – www.hotelluis.it – info@hotelluis.it – dicembre-marzo e giugno-ottobre
33 cam – †60/100 € ††110/180 € – ½ P 85/145 €
Rist – *(solo per alloggiati)* Carta 32/60 €
♦ Villa Liberty alle porte della località, originali decori nelle zone comuni mentre le camere sono più tradizionali, centro benessere e gradevole giardino estivo. Ristorante classico con ambiente elegante.

La Perla
via Venezia 26, frazione Transacqua – ☎ 04 39 76 21 15 – www.hotelaperla.it – info@hotelaperla.it
63 cam – 🚹40/65 € 🚹🚹70/120 €
Rist – Carta 16/44 €
♦ Se avete voglia di mondanità, una breve passeggiata vi condurrà in centro. Altrimenti, godetevi la tranquillità di questa bella struttura dalla simpatica gestione familiare. Un consiglio: richiedere le camere più recenti con vista sulla valle. Al ristorante: cucina nazionale, trentina o spaghetteria.

Chalet Piereni con cam
località Piereni 8, a Val Canali ✉ 38054 – ☎ 0 43 96 23 48 – www.chaletpiereni.it – info@chaletpiereni.it – chiuso dal 10 gennaio a Pasqua
20 cam – 🚹45/70 € 🚹🚹70/90 € – ½ P 50/65 €
Rist – *(chiuso mercoledì in bassa stagione)* Carta 21/35 €
♦ Terrazza sulle Dolomiti, tra boschi punteggiati da piccole e vecchie malghe; in sala, tra eleganza e ricercatezza, i piatti della tradizione trentina: semplici, gustosi e celebri. Verdi pascoli, incantevoli scorci e silenzio dalle finestre delle camere.

FIESOLE – Firenze (FI) – 563 K15 – 14 227 ab. – alt. 295 m – ✉ 50014 — 29 D3

Toscana

Roma 285 – Firenze 8 – Arezzo 89 – Livorno 124

via Portigiani 3/5 ☎ 055 5961323, info.turismo@comune.fiesole.fi.it, Fax 055 5961312

Paesaggio★★★ – ≤★★ su Firenze – Convento di San Francesco★ – Duomo★ : interno★ e opere★ di Mino da Fiesole – Zona archeologica : sito★, Teatro romano★, museo★ – Madonna con Bambino e Santi★ del Beato Angelico nella chiesa di San Domenico Sud-Ovest : 2,5 km BR (pianta di Firenze)

Pianta di Firenze : percorsi di attraversamento

Villa San Michele
via Doccia 4 – ☎ 05 55 67 82 00 – www.villasanmichele.com – info@villasanmichele.net – aprile-14 novembre
40 cam – 🚹605 € 🚹🚹946/1177 € – 6 suites – ½ P 518/634 € — BR**b**
Rist – Carta 82/149 €
♦ Se sentite nostalgia di *Florentia*, in 10 min una navetta gratuita vi condurrà nel cuore della città. Altrimenti, godetevi la tranquillità e la maestosa vista di questa raffinata dimora del '400 immersa nel verde. Piatti toscani e cucina moderna, nelle sale del chiostro e del cenacolo o sulla panoramica terrazza.

Il Salviatino
via del Salviatino 21 – ☎ 05 59 04 11 11 – www.salviatino.com – info@salviatino.com — BR**e**
36 cam – 🚹410/480 € 🚹🚹510/780 € – 9 suites
Rist *Grappolo* – *(chiuso a mezzogiorno)* Carta 70/103 €
♦ Il lusso non contraddistingue solo gli spazi di questa villa cinquecentesca, con parco e vista panoramica sulla città, ma si esprime anche attraverso una formula di service ambassador: un referente a cui ogni cliente può rivolgersi 24h su 24h. Preparatevi: un soggiorno da sogno vi attende.

Villa dei Bosconi senza rist
via Francesco Ferrucci 51, Nord : 1,5 km – ☎ 05 55 95 78 – www.villadeibosconi.it – villadeibosconi@fiesolehotels.com — BR
21 cam – 🚹75/160 € 🚹🚹90/180 €
♦ Tranquillo e accogliente albergo, condotto con professionalità, dispone di ottimi spazi all'aperto, camere di taglio moderno e una bella piscina con solarium recentemente inaugurata.

Pensione Bencistà rist,
via Benedetto da Maiano 4 – ✆ 05 55 91 63
– www.bencista.com – info@bencista.com
– 15 marzo-15 novembre BRc
38 cam – ♦80/130 € ♦♦143/180 € – 2 suites – ½ P 92 €
Rist – Carta 19/35 €
♦ Cinta da un ampio parco e dagli ulivi, l'antica villa trecentesca celebra ogni pomeriggio - nei suoi eleganti ambienti arredati con mobili d'epoca - il rito del tè. Le belle camere attendono di ospitarvi... Nella semplice e candida sala da pranzo, cucina tipica toscana dalla prima colazione alla cena.

a Montebeni Est : 5 km – ✉ 50014 Fiesole

Tullio a Montebeni
via Ontignano 48 – ✆ 0 55 69 73 54
– www.ristorantetullio.it – info@ristorantetullio.it
– chiuso agosto, lunedì e martedì a mezzogiorno
Rist – Carta 23/44 €
♦ Tutto ha avuto inizio da una bottega di paese, qualche piatto caldo per ristorare contadini e cacciatori della zona; oggi la cucina ripropone i medesimi sapori e vini di propria produzione.

ad Olmo Nord-Est : 9 km FT – ✉ 50014 Fiesole

Dino
via Faentina 329 – ✆ 0 55 54 89 32
– www.hotel-dino.it – info@hotel-dino.it
18 cam – ♦50/70 € ♦♦70/90 €, 5 € – ½ P 55/65 €
Rist – *(chiuso mercoledì)* Carta 18/24 €
♦ Tutto è all'insegna dell'accurata semplicità in quest'angolo di tranquilla collina: un albergo familiare, ben gestito, stanze con arredi sul rustico, ben tenute. Capiente sala ristorante e cucina di impronta locale. Nei fine settimana anche pizzeria.

FIESSO D'ARTICO – Venezia (VE) – 562 F18 – 7 263 ab. – ✉ 30032 36 C3
Venezia

Roma 508 – Padova 15 – Milano 247 – Treviso 42

Villa Giulietta senza rist
via Riviera del Brenta 169 – ✆ 04 15 16 15 00
– www.villagiulietta.it – info@villagiulietta.it
57 cam – ♦55/110 € ♦♦80/210 €
♦ Camere accessoriate e perlopiù di buona ampiezza in una moderna struttura situata sulla direttrice tra Padova e Venezia. Ideale per una clientela business.

FILANDARI – Vibo Valentia (VV) – 564 L30 – 1 900 ab. – alt. 486 m – ✉ 89851 5 A2

Roma 594 – Reggio di Calabria 89 – Catanzaro 81 – Cosenza 111

a Mesiano Nord-Ovest : 3 km – ✉ 89851 Filandari

Frammichè
contrada Ceraso – ✆ 33 88 70 74 76
– tumiati.grazia@libero.it
– chiuso lunedì, da luglio a settembre anche domenica
Rist – *(chiuso a mezzogiorno escluso domenica da ottobre a giugno)*
Carta 20/25 €
♦ Grande successo per questo piccolo casolare in tranquilla posizione campestre. Particolarmente grazioso il dehors estivo, dove antiche ricette riaffioreranno dall'oblio.

FILICUDI (Isola) – Messina – 365 AW52 – Vedere Eolie (Isole)

FINALE EMILIA – Modena (MO) – 562 H15 – 15 861 ab. – alt. 15 m – ✉ 41034 9 C2

Roma 417 – Bologna 49 – Modena 46 – Padova 102

Casa Magagnoli senza rist
piazza Garibaldi 10 – ☎ 05 35 76 00 46
– www.casamagagnoli.com – info@casamagagnoli.com
– chiuso dal 1° al 7 dicembre e dal 1° al 15 agosto
13 cam – 55/65 € 80/90 €
◆ Nell'Ottocento ospitò un pioniere dell'arte fotografica, oggi invece dedica ogni camera, arredata con gusto minimalista, ai personaggi di Finale ricordati tra gli annali della storia.

Osteria la Fefa con cam
via Trento-Trieste 9/C – ☎ 05 35 78 02 02
– www.osterialafeta.it – info@osterialafeta.it
– chiuso 2 settimane in gennaio e dal 16 al 31 luglio
8 cam – 50/65 € 70/120 €
Rist – *(chiuso lunedì)* (consigliata la prenotazione) Carta 31/40 €
◆ Il nomignolo ricorda la signora che gestì il locale agli inizi del secolo scorso; nelle salette dall'antico pavimento in mattoni potrete invece ricordare la storia della cucina locale. Raffinate le stanze, arredate con mobili in legno di ciliegio e lenzuola di lino.

FINALE LIGURE – Savona (SV) – 561 J7 – 11 721 ab. – ✉ 17024 14 B2

Liguria

Roma 571 – Genova 72 – Cuneo 116 – Imperia 52
via San Pietro 14 ☎ 019 681019, finaleligure@inforiviera.it, Fax 019 681804
Finale Borgo★
Castel San Giovanni: ★ 1 h a piedi A/R (da via del Municipio)

Punta Est
via Aurelia 1 – ☎ 0 19 60 06 11
– www.puntaest.com – info@puntaest.com – 20 aprile-ottobre
39 cam – 110/220 € 180/400 € – 3 suites – ½ P 130/250 €
Rist – *(maggio-settembre)* Carta 45/70 €
◆ Antica dimora settecentesca in un parco ombreggiato da pini secolari e da palme; tutti da scoprire i deliziosi spazi esterni, tra cui una caverna naturale con stalagmiti. Elegante sala da pranzo: soffitti a travi lignee, archi, camino centrale, dehors panoramico.

Villa Italia-Careni cam, rist,
via Torino 111 – ☎ 0 19 69 06 17
– www.hotelcareni.it – info@hotelvillaitalia.it
– chiuso da ottobre al 28 dicembre
70 cam – 100/120 €, 12 € – ½ P 50/110 €
Rist – *(solo per alloggiati)* Menu 30 €
◆ Hotel a conduzione familiare - in posizione leggermente arretrata rispetto al lungomare, ma raggiungibile con due passi - dispone di ambienti semplici e curati: gradevoli le due terrazze solarium.

Medusa cam,
vico Bricchieri 7 – ☎ 0 19 69 25 45 – www.medusahotel.it – mail@medusahotel.it
32 cam – 52/92 € 82/160 € – ½ P 67/96 €
Rist – *(chiuso novembre) (solo per alloggiati)*
◆ A pochi passi dal mare, ma sempre in pieno centro, albergo a conduzione familiare con piacevoli ed armoniosi arredi nelle camere. Proposte di mare e di terra nel ristorante dai toni rustici.

Internazionale rist,
via Concezione 3 – 0 19 69 20 54 – www.internazionalehotel.it – info@internazionalehotel.it – chiuso dal 3 novembre al 28 dicembre
32 cam – 65/90 € 90/130 € – ½ P 55/75 €
Rist – Menu 30 €
• Sul lungomare, hotel a conduzione familiare (da oltre 40 anni) completamente ristrutturato sia negli spazi comuni ben curati e luminosi, sia nelle camere funzionali ed accoglienti. Alcune stanze beneficiano di vista mare e terrazze arredate.

Rosita rist,
via Mànie 67, Nord-Est : 3 km – 0 19 60 24 37 – www.hotelrosita.it – info@hotelrosita.it – chiuso dal 7 al 30 gennaio, 20 giorni in febbraio e novembre
12 cam – 70/95 € – ½ P 50/70 €
Rist – *(chiuso martedì e mercoledì) (chiuso a mezzogiorno escluso sabato-domenica)* Carta 31/44 €
• Panorama sul golfo per un piccolo albergo a conduzione familiare, in zona collinare vicina ad una oasi protetta dell'entroterra. Le semplici camere non lesinano sul confort. Piacevole il servizio ristorante estivo in terrazza con vista mare.

a Finalborgo **Nord-Ovest : 2 km – 17024**

piazza Porta Testa 019 680954 finalborgo@inforiviera.it Fax 019 6815789

Ai Torchi
via dell'Annunziata 12 – 0 19 69 05 31 – aitorchi@virgilio.it – chiuso dal 7 gennaio al 10 febbraio e martedì (escluso agosto)
Rist – Carta 46/81 €
• Antico frantoio in un palazzo del centro storico: in sala sono ancora presenti la macina in pietra e il torchio in legno. Atmosfera e servizio curati, cucina marinara.

FINO DEL MONTE – Bergamo (BG) – 561 E11 – 1 151 ab. – alt. 700 m – 24020 16 B2

Roma 600 – Bergamo 38 – Brescia 61 – Milano 85

Garden rist, rist,
via Papa Giovanni XXIII, 1 – 0 34 67 23 69 – www.fratelliferrari.com – garden@fratelliferrari.com – chiuso 2 settimane in gennaio
20 cam – 40/70 € 60/120 € – ½ P 60/95 €
Rist – *(chiuso domenica sera e lunedì)* Carta 34/57 €
• In un angolo verdeggiante, tra l'Altopiano di Clusone e la Conca della Presolana, una comoda struttura alberghiera mantenuta sempre "fresca" ed aggiornata da un'attenta gestione familiare. Semplice e colorato ristorante disposto su due salette classiche dove gustare anche ottimi piatti di pesce.

FIORANO AL SERIO – Bergamo (BG) – 561 E11 – 3 097 ab. – alt. 396 m – 24020 19 D1

Roma 597 – Bergamo 22 – Brescia 65 – Milano 70

Trattoria del Sole
piazza San Giorgio 20 – 0 35 71 14 43 – www.trattoriadelsole.it – info@trattoriadelsole.it – chiuso dal 1° al 10 gennaio, dal 16 al 30 agosto, martedì sera, mercoledì
Rist – Menu 38 € – Carta 37/67 €
• Locale raccolto in cui rusticità ed eleganza convivono in armonia. Dalla cucina piatti di carne e di pesce, talora ricercati, nelle belle cantine la possibilità di soffermarsi per una degustazione.

FIORANO MODENESE – Modena (MO) – 562 I14 – 16 848 ab. – alt. 115 m – 41042 8 B2

Roma 421 – Bologna 57 – Modena 15 – Reggio nell'Emilia 35

Alexander senza rist

via della Resistenza 46, località Spezzano, Ovest : 3 km ✉ 41040 Spezzano – ✆ 05 36 84 59 11 – www.alexander-hotel.it – info@alexander-hotel.it – chiuso dal 10 al 20 agosto

48 cam – †50/68 € ††70/98 €, ☕ 7 €

◆ In quello che anticamente era luogo di villeggiatura di nobili famiglie locali ed oggi un'area a forte vocazione industriale, una struttura moderna ideale per una clientela business.

FIORENZUOLA D'ARDA – Piacenza (PC) – 562 H11 – 14 807 ab. – alt. 80 m – ✉ 29017 **8** A2

Roma 495 – Piacenza 24 – Cremona 31 – Milano 87

Concordia senza rist

via XX Settembre 54 – ✆ 05 23 98 28 27 – www.hotelconcordiapc.com – info@hotelconcordiapc.com – chiuso dal 15 al 30 agosto

20 cam ☕ – †55 € ††75 € – 2 suites

◆ Gestione familiare, tranquillità ed una gentile accoglienza per questo albergo situato in pieno centro storico. L'ambiente è piacevole ed intimo, le stanze eleganti e in stile.

Mathis con cam

AC cam, rist,

via Matteotti 68 – ✆ 05 23 98 28 50 – www.mathis.it – info@mathis.it – chiuso dal 13 al 19 agosto

16 cam ☕ – †60/70 € ††80 € – ½ P 78 €

Rist – *(chiuso domenica sera, lunedì)* Carta 23/33 €

◆ Piacevole atmosfera retrò con oggetti d'altri tempi a far da contorno alle specialità piacentine. Moto e macchine d'epoca in cantina. Originale, come il suo nome!

J. Malburet/MICHELIN

Ponte Veccio

FIRENZE

Carta Michelin : 563 K15
Popolazione : 365 659 ab.
Altitudine : 50 m

Toscana
Carta regionale : 29 D3

INFORMAZIONI PRATICHE

Uffici Informazioni turistiche

via Cavour1 r , ✉50129, ✆ 055 290832, Fax 055 2760383

piazza della Stazione 4, ✉ 50123, ✆ 055 212245, turismo3@comune.fi.it, Fax 055 2381226

Aeroporto

Amerigo Vespucci Nord-Ovest: 4 km AR ✆ 055 3061300

Golf

Parco di Firenze via dell'Isolotto 10, ✆ 055 78 56 27

Dell'Ugolino via Chiantigiana 3, ✆ 055 2 30 10 09

Fiere

11.01 - 14.01 : Pitti immagine uomo

20.01 - 22.01 : Pitti immagine bimbo

LUOGHI DI INTERESSE

IL CENTRO

Piazza del Duomo★★★Y - Piazza della Signoria★★ Z: Palazzo Vecchio★★★ ZH - S. Lorenzo e Tombe Medicee★★★DUV - S. Maria Novella★★DUW: affreschi★★★ del Ghirlandaio - Palazzo Medici Riccardi★★DUS: affreschi★★★ di Benozzo Gozzoli - S. Croce★★EU - Ponte Vecchio★★Z - Orsanmichele★EUR : Tabernacolo★★ dell'Orcagna - SS. Annunziata★ET - Ospedale degli Innocenti★: Tondi★★ di Andrea della Robbia ET

OLTRARNO

Palazzo Pitti★★DV: Giardino di Boboli★DV - S. Maria del Carmine DUV: Cappella Brancacci★★★ (affreschi di Masaccio e Masolino) - S. Spirito★DUV - Panorama★★★EFV da Piazzale Michelangelo - S. Miniato al Monte★★EFV

I MUSEI

Galleria degli Uffizi★★★EUM- Museo del Bargello★★★EUM - Galleria dell'Accademia★★ET : opere★★★ di Michelangelo - Palazzo Pitti★★ DV: Galleria Palatina★★★ - S. Marco★★ET : opere★★★ del Beato Angelico - Museo dell'Opera del Duomo★★YM- Museo Archeologico★★ET - Opificio delle Pietre Dure★ ETM

ACQUISTI

Articoli di cartoleria: Piazza della Signoria, Via de' Tornabuoni, Piazza Pitti - Ricami: Borgo Ognissanti - Articoli in pelle: ovunque, e alla Scuola del cuoio di S. Croce - Moda: Via de' Pucci e Via de' Tornabuoni - Gioielli: Via de' Tornabuoni e Ponte Vecchio

DINTORNI

Certosa del Galluzzo★★ABS

FIRENZE

PERCORSI DI ATTRAVERSAMENTO E DI CIRCONVALLAZIONE

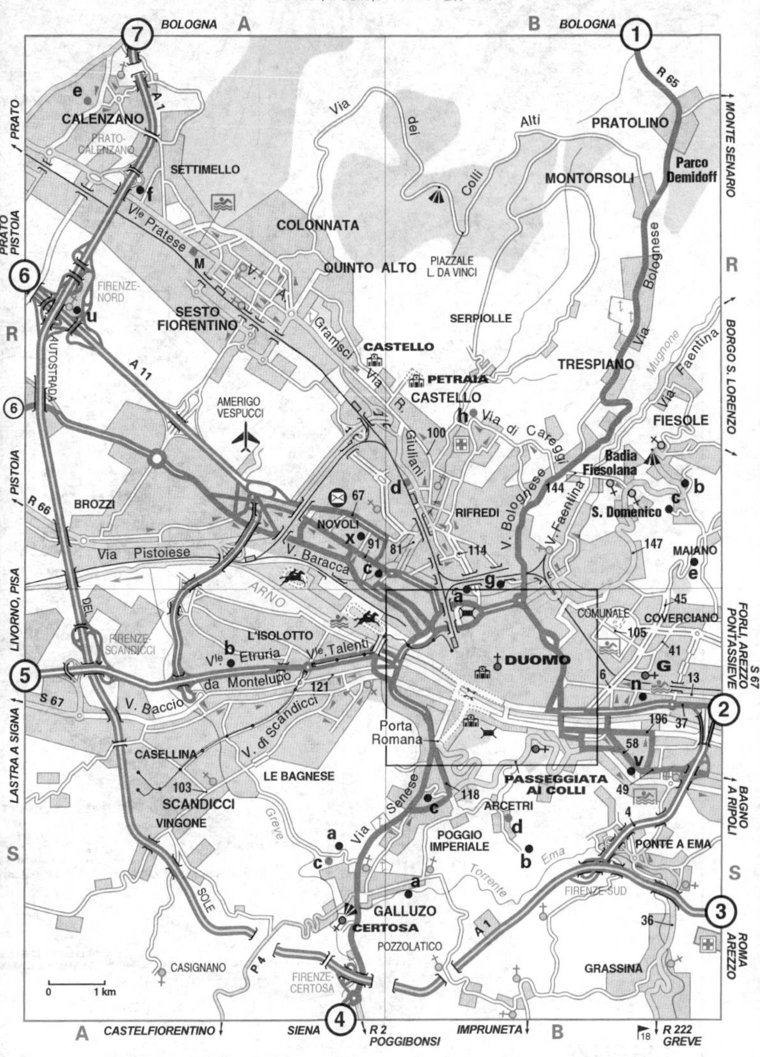

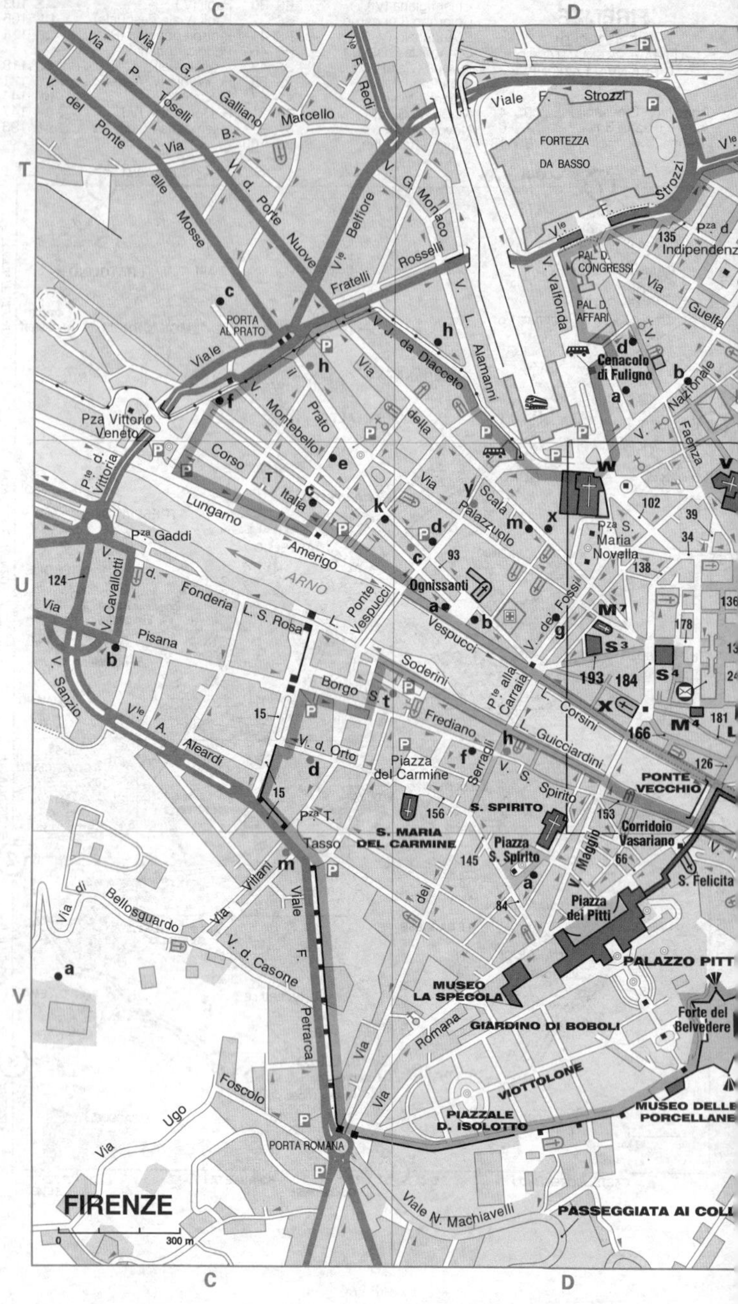
C
D
T
U
V
FORTEZZA DA BASSO
Viale F. Strozzi
PAL. D. CONGRESSI
PAL. D. AFFARI
Cenacolo di Fuligno
PORTA AL PRATO
Pza Vittorio Veneto
P^za Gaddi
ARNO
Lungarno Amerigo Vespucci
Ponte Vespucci
Ognissanti
P^za S. Maria Novella
PONTE VECCHIO
Corridoio Vasariano
Piazza del Carmine
S. MARIA DEL CARMINE
S. SPIRITO
Piazza S. Spirito
Piazza dei Pitti
PALAZZO PITTI
MUSEO LA SPECOLA
GIARDINO DI BOBOLI
Forte del Belvedere
VIOTTOLONE
PIAZZALE D. ISOLOTTO
MUSEO DELLE PORCELLANE
PORTA ROMANA
Viale N. Machiavelli
PASSEGGIATA AI COLLI
Via di Bellosguardo
V. d. Casone
Viale F. Petrarca
Via Ugo Foscolo
P^za T. Tasso
FIRENZE
0
300 m

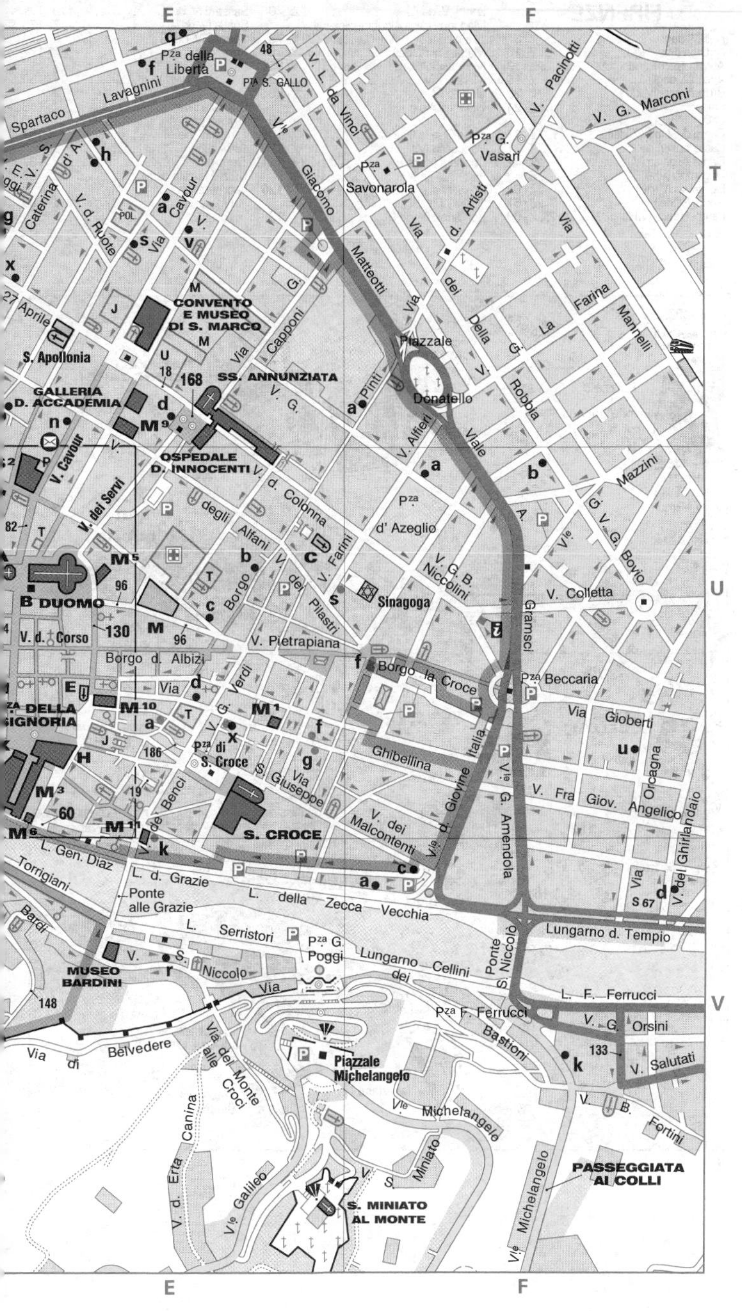

FIRENZE

Street	Zone	No.
Agli (V. degli)	Y	3
Antinori (Pza degli)	Y	10
Archibusieri (Lungarno)	Z	12
Avelli (V. degli)	Y	16
Brunelleschi (V. de')	YZ	22
Calimala (V.)	Z	24
Calzaiuoli (V. dei)	YZ	
Canto de' Nelli (V. del)	Y	27
Castellani (V. de')	Z	31
Dante Alighieri (V.)	Z	42
Davanzati (Pza)	Z	43
Fiordaliso (V. del)	Z	52
Gondi (V. dei)	Z	61
Lambertesca (V.)	Z	69
Leoni (V. dei)	Z	70
Madonna degli Aldobrandini (Pza di)	Y	75
Magazzini (V. dei)	Z	76
Melarancio (V. del)	Y	85
Monalda (V.)	Z	88
Oriuolo (V. d.)	Y	96
Orsanmichele (V.)	Z	99
Parte Guelfa (Pza di)	Z	106
Pellicceria (V.)	Z	109
Pescioni (V. de')	YZ	111
Porta Rossa (V.)	Z	
Por S. Maria (V.)	Z	126
Roma (V.)	YZ	
Rondinelli (V. de')	Y	138
Sassetti (V. de')	Z	171
Spada (V. della)	Z	173
Speziali (V. degli)	Z	174
Strozzi (Pza)	Z	177
Strozzi (V. degli)	Z	
S. Giovanni (Pza)	Y	150
S. Jacopo (Borgo)	Z	
S. Trinità (Pza)	Z	163
Tavolini (V. dei)	Z	180
Terme (V. delle)	Z	181
Tornabuoni (V.)	Z	
Trebbio (V. del)	Y	187
Uffizi (Piazzale degli)	Z	188
Vacchereccia (V.)	Z	189
Vecchio (Ponte)	Z	

Circolazione regolamentata nel centro città

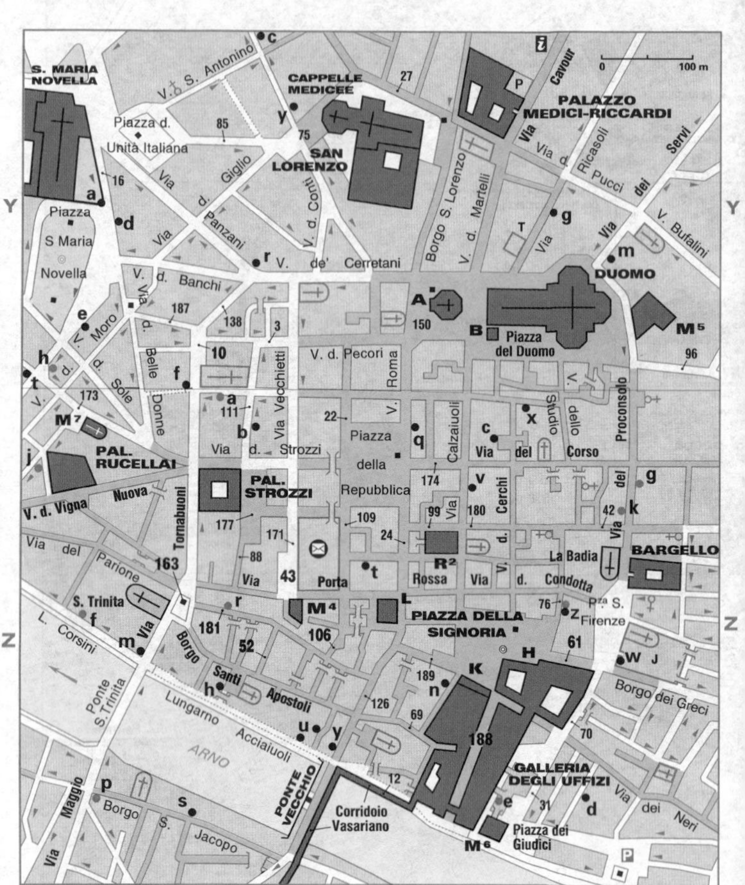

INDICE DELLE STRADE DI FIRENZE

The Westin Excelsior

piazza Ognissanti 3 ✉ 50123 – ✆ 05 52 71 51 – www.westin.com/excelsiorflorence – excelsiorflorence@westin.com DU**b**

166 cam – ♦670/785 € ♦♦890/995 €, ☕ 39 € – 5 suites **Rist** – Carta 41/65 €

♦ Saloni e salette di questo aristocratico palazzo, affacciato sull'Arno, sono dedicati alla storia e ricchi di luce e di eleganza; confortevoli e raffinate le camere, arredate in porpora. Quadri alle pareti, soffitti a cassettoni, marmi di Carrara e sapori fiorentini nella sfarzosa sala da pranzo.

Four Seasons Hotel Firenze

borgo Pinti 99 ✉ 50121 – ✆ 05 52 62 61 – www.fourseasons.com/florence – firenze@fourseasons.com FT**a**

94 cam – ♦♦330/935 €, ☕ 34 € – 24 suites

Rist *Il Palagio* – *(chiuso domenica da novembre a marzo) (chiuso a mezzogiorno)* Carta 70/121 €

Rist *Al Fresco* – *(maggio-settembre) (chiuso la sera)* Carta 40/60 €

♦ In un delizioso parco botanico, l'hotel si compone di due edifici: "Palazzo della Gherardesca" e il "Conventino". L'eleganza è di casa in entrambe le strutture: affreschi, bassorilievi e pareti con carta orientale in seta. *Excursus* nell'arte e soggiorno esclusivo. Tappa gourmet al Palagio. Più *light* Al Fresco.

Savoy

piazza della Repubblica 7 ✉ 50123 – ✆ 05 52 73 51 – www.hotelsavoy.it – enquiries.savoy@roccofortecollection.com Z**q**

102 cam – ♦468 € ♦♦880 €, ☕ 32 € – 14 suites

Rist *L'Incontro* – ✆ 05 52 73 58 91 – Carta 67/86 €

♦ Camere ampie e confortevoli, impreziosite da bagni musivi, in un elegante hotel di storica data situato nelle vicinanze del Duomo, dei musei e delle grandi firme della moda. Cucina toscana e nazionale rivisitata nel bel ristorante, che d'estate si apre sulla piazza.

Montebello Splendid

via Garibaldi 14 ✉ 50123 – ✆ 05 52 74 71 – www.montebellosplendid.com – info@montebellosplendid.com CU**e**

60 cam ☕ – ♦150/350 € ♦♦230/780 € – 2 suites – ½ P 150/435 €

Rist – Carta 67/78 €

♦ Tra strade caratteristiche e palazzi storici, questo sontuoso e signorile palazzo vi accoglierà tra i marmi policromi dei suoi ambienti e nel grazioso giardino interno. .

Relais Santa Croce

via Ghibellina 87 ✉ 50122 – ✆ 05 52 34 22 30 – www.baglionihotels.com – info@baglionihotels.com EU**x**

24 cam ☕ – ♦200/500 € ♦♦300/600 € – 6 suites **Rist** – Carta 60/82 €

♦ Lusso ed eleganza nel cuore di Firenze, un'atmosfera unica tra tradizione e modernità, nella quale mobili d'epoca si accostano a tessuti preziosi e ad elementi di design. Tempo, esperienza e passione gli ingredienti gli ingredienti essenziali per relaizzare piatti semplici e gustosi di antiche ricette toscane.

Helvetia e Bristol

rist,

via dei Pescioni 2 ✉ 50123 – ✆ 05 52 66 51 – www.royaldemeure.com – information.hbf@royaldemeure.com Z**b**

52 cam – ♦215/355 € ♦♦280/640 €, ☕ 26 € – 15 suites

Rist *Hostaria Bibendum* – ✆ 05 52 66 56 20 – Carta 62/73 €

♦ Accanto al Duomo e a Palazzo Strozzi, il fascino del passato rivive in questa elegante dimora dell'Ottocento: camere personalizzate, arredate con quadri d'epoca e pezzi d'antiquariato. Sapori toscani e piatti fantasiosi nel piccolo ed elegante ristorante, dove si organizzano anche corsi di cucina.

Regency

piazza Massimo D'Azeglio 3 ✉ 50121 – ✆ 0 55 24 52 47 – www.regency-hotel.com – info@regency-hotel.com FU**a**

31 cam ☕ – ♦220/405 € ♦♦230/531 € – 3 suites

Rist *Relais le Jardin* – Carta 48/65 €

♦ Nato per dare ospitalità agli uomini della storia politica fiorentina, l'hotel offre confort e tranquillità nei suoi eleganti spazi, in cui conserva ancora il fascino del passato. Squisita cucina italiana nella raccolta sala ristorante affacciata sul giardino.

Albani rist,

via Fiume 12 ✉ 50123 – ☎ 05 52 60 30 – www.albanihotels.icom – info.flo@albanihotels.com DT**a**

100 cam – ♦130/360 € ♦♦170/430 € – 2 suites – ½ P 113/243 €

Rist – *(solo per alloggiati)* Carta 28/72 €

♦ Elegante ed imponente palazzo del primo Novecento nei pressi della stazione, offre ambienti di raffinata eleganza neoclassica e ricchi di colore, dove non mancano cenni di arte e design.

Grand Hotel Minerva

piazza Santa Maria Novella 16 ✉ 50123 – ☎ 05 52 72 30 – www.concertohotels.com – info@grandhotelminerva.com Y**n**

102 cam – ♦129/300 € ♦♦129/500 € – ½ P 95/280 €

Rist *I Chiostri* – *(chiuso domenica)* Carta 40/65 €

♦ E' uno degli hotel più antichi della città ed offre un'accogliente atmosfera impreziosita da opere d'arte, camere arredate con eleganza ed una terrazza con piscina e splendida vista. Illuminato da finestre che si affacciano sul giardino interno, il ristorante propone i piatti della tradizione mediterranea.

Hilton Florence Metropole rist,

via del Cavallaccio 36 ✉ 50142 – ☎ 05 57 87 11 – www.florencemetropole.hilton.com – res.florencemetropole@hilton.com AS**b**

208 cam – ♦♦120/195 €, 15 € – 4 suites **Rist** – *(solo per alloggiati)*

♦ Moderno e facilmente raggiungibile dall'aeroporto, l'hotel mette a disposizione dei suoi ospiti camere e spazi comuni arredati con gusto minimalista ed un capiente centro congressi. Al primo piano, ampio ristorante dal moderno design, piacevolmente illuminato da ampie finestre.

Bernini Palace

piazza San Firenze 29 ✉ 50122 – ☎ 0 55 28 86 21 – direzioneduetorrihotel@duetorrihotels.com Z**w**

74 cam – ♦150/350 € ♦♦200/500 € – 5 suites – ½ P 140/290 €

Rist – Carta 47/62 €

♦ Nella sala Parlamento si riunivano deputati e senatori ai tempi di Firenze, capitale del Regno d'Italia. Nei suoi ampi corridoi e nelle sue splendide camere (proverbiali quelle del *Tuscan Floor)*, nonché nel suo delizioso ristorante, si aggirano oggi turisti esigenti in termini di qualità.

De la Ville senza rist

piazza Antinori 1 ✉ 50123 – ☎ 05 52 38 18 05 – www.hoteldelaville.it – info@hoteldelaville.it Y**f**

68 cam – ♦110/290 € ♦♦190/420 € – 6 suites

♦ Nella via dello shopping elegante, lussuoso albergo in edificio storico ristrutturato in stile classico-moderno con camere spaziose e la nuova suite collection: una serie di suite e junior suite per soddisfare i clienti più esigenti. Splendida penthouse di 180 mq con ampia terrazza e vista a 360° sulla città.

Lungarno

borgo San Jacopo 14 ✉ 50125 – ☎ 05 52 72 61 – www.lungarnohotels.com – lungarnohotels@lungarnohotels.com Z**s**

69 cam – ♦230/630 € ♦♦330/920 €, 25 € – 4 suites

Rist *Borgo San Jacopo* – ☎ 0 55 28 16 61 *(chiuso agosto e martedì) (chiuso a mezzogiorno)* Carta 56/72 €

♦ Particolare e suggestiva la posizione sull'Arno di questo hotel che offre eleganti ambienti, tutti caratterizzati da un piccolo particolare. Pregevole la collezione di quadri moderni. Piatti creativi nel moderno ristorante con splendida vista sul fiume e su Ponte Vecchio.

J.K. Place senza rist

piazza Santa Maria Novella 7 ✉ 50123 – ☎ 05 52 64 51 81 – www.jkplace.com – info@jkplace.com Y**e**

19 cam – ♦♦350/650 € – 1 suite

♦ Era un condominio della città antica, il cui semplice portone ancora oggi è affacciato sulla storica piazza S. Maria Novella. Dietro l'uscio, la sorpresa è continua: con la ristrutturazione l'architetto Michele Bönan ha mixato lusso e personalizzazione, affinché ci si senta a proprio agio circondati dalla raffinatezza.

Continentale senza rist
vicolo dell'Oro 6 r ✉ 50123 – ✆ 05 52 72 62 – www.lungarnohotels.com – continentale@lungarnohotels.com Zy
42 cam ☕ – ♦275/605 € ♦♦363/671 € – 1 suite
♦ Hotel di moderna eleganza, sorto intorno ad una torre medievale e con una splendida vista su Ponte Vecchio; all'interno, ambienti in design dai vivaci e caldi colori.

Hilton Garden Inn Florence Novoli
via Sandro Pertini 2/9, Novoli ✉ 50127 – ✆ 05 54 24 01 – www.florencenovoli.hgi.com – flrnv-salesadm@hilton.com ARx
121 cam – ♦110/210 € ♦♦130/210 €, ☕ 12 € – ½ P 107/147 €
Rist ***City*** – Carta 45/57 €
♦ Nei pressi dell'imbocco autostradale, questa moderna struttura presenta spazi comuni luminosi e di grande respiro. Camere confortevoli arredate in squisito stile moderno. Accessori dell'ultima generazione.

AC Firenze
via Luciano Bausi 5 ✉ 50144 – ✆ 05 53 12 01 11 – www.ac-hotels.com – acfirenze@ac-hotels.com CTc
118 cam ☕ – ♦100/394 € ♦♦110/414 € – 1 suite
Rist – Carta 32/67 €
♦ Nei pressi della Fortezza da Basso, una struttura di grande impatto visivo con un'ampia hall e confortevoli camere di ultima generazione. Modernità anche nella sala ristorante, dove si svolgono i tre servizi giornalieri: colazione, pranzo e cena.

Santa Maria Novella senza rist
piazza Santa Maria Novella 1 ✉ 50123 – ✆ 0 55 27 18 40 – www.hotelsantamarianovella.it – info@hotelsantamarianovella.it Yd
71 cam ☕ – ♦150/320 € ♦♦170/450 €
♦ Affacciato sull'omonima piazza, la struttura riserva agli ospiti un'accogliente atmosfera, fatta di piccoli salottini ed eleganti camere tutte diverse per colori, nonché arredi. E per non perdersi nulla di questa magica città, a disposizione anche una graziosa, panoramica, terrazza.

Gallery Hotel Art
rist,
vicolo dell'Oro 5 ✉ 50123 – ✆ 05 52 72 63 – www.lungarnohotels.com – gallery@lungarnohotels.com Zu
69 cam ☕ – ♦330/528 € ♦♦352/814 € – 5 suites
Rist ***The Fusion Bar & Restaurant*** – ✆ 0 55 27 26 69 87 *(chiuso agosto)* Carta 43/67 €
♦ Legni africani nelle stanze, bagni ricoperti da pietre mediorentali, scorci di Firenze alle pareti: quasi un museo, dove l'arte cosmopolita crea un'atmosfera indiscutibilmente moderna. Cucina *fusion* al ristorante dallo stesso stile contemporaneo della struttura. A pranzo buffet a prezzo fisso. Sabato e domenica *brunch*.

Brunelleschi
rist,
piazza Santa Elisabetta 3 ✉ 50122 – ✆ 05 52 73 70 – www.hotelbrunelleschi.it – info@hotelbrunelleschi.it Zc
95 cam ☕ – ♦144/365 € ♦♦169/389 €
Rist – *(chiuso domenica)* Carta 57/110 €
♦ Sarà la bizantina Torre della Pagliazza, una delle costruzioni più antiche della città, ad ospitarvi. Nelle fondamenta, un piccolo museo conserva cimeli di epoca romana.

Starhotels Michelangelo
viale Fratelli Rosselli 2 ✉ 50123 – ✆ 0 55 27 84 – www.starhotels.com – michelangelo.fi@starhotels.it CTf
117 cam ☕ – ♦♦90/530 € – 2 suites **Rist** – Carta 43/52 €
♦ Situato di fronte al Parco delle Cascine, offre spaziosi ambienti moderni e funzionali, camere confortevoli con dotazioni di ottimo livello e sale riunioni ben attrezzate. Sobria sala da pranzo al piano interrato.

Monna Lisa senza rist
via Borgo Pinti 27 ✉ 50121 – ✆ 05 52 47 97 51 – www.monnalisa.it – hotel@monnalisa.it EU**b**
45 cam – 152/250 € 226/380 € – 4 suites
◆ Nel centro storico, un palazzo di origini medievali con un imponente scalone, pavimenti in cotto e soffitti a cassettoni, ospita camere e spazi comuni arredati in stile rinascimentale. Stanze più recenti, ma sempre eleganti come la restante parte della dimora, nelle due dépendance al di là dello splendido giardino.

Palazzo Magnani Feroni senza rist
borgo San Frediano 5 ✉ 50124 – ✆ 05 52 39 95 44 – www.palazzomagnaniferoni.it – info@florencepalace.it DU**f**
12 suites – 200/850 €
◆ Solo lussuose suite in questo palazzo cinquecentesco che ha ospitato i fastosi ricevimenti del Ministro di Francia. Vista panoramica dalla terrazza, che d'estate si trasforma in bar.

Borghese Palace Art Hotel senza rist
via Ghibellina 174/r ✉ 50122 – ✆ 0 55 28 43 63 – www.borghesepalace.com – info@borghesepalace.it EU**d**
25 cam – 100/200 € 140/300 €
◆ Nell'ottocentesco palazzo che fu residenza di Carolina Bonaparte, eleganza classica e moderni arredi si fondono mirabilmente per dar vita a questa bella struttura, i cui spazi comuni ospitano spesso mostre di arte contemporanea. Piacevole e caratteristica la zona relax.

Londra rist,
via Jacopo da Diacceto 18 ✉ 50123 – ✆ 05 52 73 90 – www.concertohotels.com – info@hotellondra.com DT**h**
166 cam – 170/280 € 210/395 € **Rist** – Carta 40/59 €
◆ A breve distanza dal polo congressuale e fieristico così come dai principali monumenti della città, offre accoglienti camere con balcone e spazi idonei ad ospitare riunioni di lavoro. La moderna la sala da pranzo dispone anche di salette dedicate ai fumatori.

Cerretani senza rist
via de' Cerretani 10 ✉ 50123 – ✆ 05 52 38 13 01 – www.accorhotels.com – h1539-re@accor.com Y**r**
83 cam – 120/394 € 150/436 €, 18 €
◆ Cura ed eleganza per questo palazzo settecentesco situato a pochi passi dal Duomo dove troverete una cortese accoglienza e moderne camere ben insonorizzate. Servizio di wine-bar negli orari dei pasti.

Starhotels Tuscany
via Di Novoli 59 ✉ 50127 – ✆ 0 55 43 14 41 – www.starhotels.com – tuscany.fi@starhotels.it AR**c**
102 cam – 90/370 € **Rist** – Menu 40/50 €
◆ In direzione dell'aeroporto, struttura di moderna concezione omogenea e ben attrezzata ideale per una clientela commerciale. Design contemporaneo, colori scuri ed i sapori regionali al ristorante.

UNA Hotel Vittoria rist,
via Pisana 59 ✉ 50143 – ✆ 05 52 27 71 – www.unahotels.it – una.vittoria@unahotels.it CU**b**
84 cam – 94/502 € **Rist** – Carta 31/51 €
◆ Albergo di ultima generazione dalle forme bizzarre, una miscela di confort, colori ed innovazione. La fantasia ha avuto pochi limiti e il risultato è assolutamente particolare, unico.

Adler Cavalieri senza rist
via della Scala 40 ✉ 50123 – ✆ 0 55 27 78 10 – www.hoteladlercavalieri.com – info@hoteladlercavalieri.com DU**x**
60 cam – 115/275 € 120/360 €
◆ Albergo di equilibrata eleganza in prossimità della stazione. Ottimamente insonorizzato, dispone di camere luminose e di accoglienti spazi comuni dove il legno è stato ampiamente usato.

Grand Hotel Adriatico cam, rist,
via Maso Finiguerra 9 ✉ 50123 – ✆ 05 52 79 31
– www.hoteladriatico.it – info@hoteladriatico.it DU**d**
126 cam – 120/230 € 130/350 €
Rist – *(chiuso domenica) (chiuso a mezzogiorno)* Carta 32/72 €
♦ Ampia hall e moderne camere di sobria eleganza per questa struttura in comoda posizione centrale. Proposte toscane e nazionali nella tranquilla sala ristorante, recentemente rinnovata, o nel piacevole giardino.

Lorenzo il Magnifico senza rist
via Lorenzo il Magnifico 25 ✉ 50129
– ✆ 05 54 63 08 78 – www.lorenzoilmagnifico.net – info@lorenzoilmagnifico.net
38 cam – 90/240 € 110/280 € – 1 suite ET**f**
♦ Cinta da un piccolo giardino, un'elegante villa che nel tempo ospitò anche un convento. Oggi dispone di spazi accoglienti dove l'atmosfera del passato sposa le moderne tecnologie.

Pierre senza rist
via Dè Lamberti 5 ✉ 50123 – ✆ 0 55 21 62 18 – www.remarhotels.com
– pierre@remarhotels.com Z**t**
50 cam – 180/265 € 220/410 €
♦ L'eleganza si affaccia ovunque in questo hotel sito in pieno centro e recentemente ampliato; caldi e confortevoli gli ambienti, arredati in stile ma dotati di accessori moderni.

Lungarno Suites senza rist
lungarno Acciaiuoli 4 ✉ 50123 – ✆ 0 55 27 26 80 00 – www.lungarnohotels.com
– suites@lungarnohotels.com Z**u**
44 suites – 290/360 € 310/380 €, 15 €
♦ Con un nome così, le camere non potevano che essere delle vere e proprie suite con angolo cottura: ideali per famiglie e clienti da soggiorni lunghi o semplicemente per chi vuole godere di ampi spazi con un servizio non stop di livello alberghiero.

Berchielli senza rist
lungarno Acciaiuoli 14 ✉ 50123 – ✆ 0 55 26 40 61 – www.berchielli.it – info@berchielli.it Z**h**
76 cam – 145/290 € 200/400 €
♦ Vetrate artistiche policrome, impagabili viste sull'Arno e su Ponte Vecchio e camere accoglienti dalle calde tonalità di colore: una finestra affacciata sulla storia di Firenze.

Il Guelfo Bianco senza rist
via Cavour 29 ✉ 50129 – ✆ 0 55 28 83 30 – www.ilguelfobianco.it – info@ilguelfobianco.it ET**n**
40 cam – 80/155 € 100/250 €
♦ Nel cuore della Firenze medicea, la struttura dispone di spazi comuni di gusto moderno e camere spaziose, alcune con soffitto affrescato. Dalle 12 alle 15 piccolo *bistrot* con piatti caldi.

San Gallo Palace senza rist
via Lorenzo il Magnifico 2 ✉ 50129 – ✆ 0 55 46 38 71 – www.sangallopalace.it
– info@sangallopalace.it ET**q**
54 cam – 115/230 € 175/350 € – 2 suites
♦ Di recente apertura, il palazzo si affaccia sull'omonima porta e dispone di una signorile hall, confortevoli spazi comuni e moderne camere di sobria eleganza, tutte doppie.

Calzaiuoli senza rist
via Calzaiuoli 6 ✉ 50122 – ✆ 0 55 21 24 56 – www.calzaiuoli.it – info@calzaiuoli.it Z**v**
45 cam – 160/350 € 200/450 €
♦ In pieno centro storico, tra piazza del Duomo e piazza della Signoria, sorge sulle vestigia di una torre medievale; al suo interno, spazi comuni di modeste dimensioni e camere confortevoli.

Rivoli cam,

via della Scala 33 ✉ 50123 – ☎ 05 52 78 61 – www.hotelrivoli.it – info@hotelrivoli.it DU**m**

80 cam – 120/230 € 130/350 € – 3 suites

Rist *Benedicta* – Carta 35/47 €

♦ Vicino a S. Maria Novella, questo convento quattrocentesco è oggi un hotel dotato di ambienti con soffitti a volta o a cassettoni e di un gradevole patio con vasca idromassaggio riscaldata. Nel moderno ristorante con accesso indipendente, la tradizione toscana cede il passo ad una cucina gustosamente creativa.

Executive senza rist

via Curtatone 5 ✉ 50123 – ☎ 0 55 21 74 51 – www.hotelexecutive.it – info@hotelexecutive.it CU**k**

48 cam – 130/220 € 180/360 € – 2 suites

♦ Recentemente ampliato e sempre maestoso questo palazzo dell'800 ospita ampi spazi comuni e lussuose camere con affreschi ai soffitti, camini in marmo, stampe e mobili d'epoca.

Athenaeum rist, rist,

via Cavour 88 ✉ 50129 – ☎ 0 55 58 94 56 – www.hotelathenaeum.com – info@hotelathenaeum.com ET**v**

60 cam – 100/260 € 120/430 € – ½ P 95/250 €

Rist – *(chiuso sabato a mezzogiorno, domenica)* Carta 34/57 €

♦ Ambiente moderno e di tendenza con camere dall'arredo essenziale, in sintonia con il resto della casa, ma sempre di tradizione artigiana. Garage privato. Design contemporaneo anche al ristorante che vanta una cucina Toscana. Patio interno per piacevoli cene estive.

Villa Belvedere senza rist

via Benedetto Castelli 3 ✉ 50124 – ☎ 0 55 22 25 01 – www.villabelvederefirenze.it – reception@villabelvederefirenze.it – marzo-20 novembre BS**c**

26 cam – 80/100 € 100/180 €

♦ Al centro di uno splendido giardino con piscina, dal quale si possono ammirare la città e le colline tutt'intorno, la villa assicura tranquillità ed ambienti signorili, ma familiari.

L'Orologio senza rist

piazza Santa Maria Novella 24 ✉ 50123 – ☎ 0 55 27 73 80 – www.hotelorologioflorence.com – info@hotelorologioflorence.com

54 cam – 160/320 € 260/520 € Y**a**

♦ Battezzato in tal modo dal proprietario - uno tra i maggiori collezionisti europei di haute horologerie da polso - questo raffinato hotel è un continuo richiamo allo strumento di misurazione del tempo. Cuoio, pergamena e legni evocanti il tabacco: decise sfumature maschili, che non mancano di conquistare le donne.

Cellai senza rist

via 27 Aprile 14 ✉ 50129 – ☎ 0 55 48 92 91 – www.hotelcellai.it – info@hotelcellai.it ET**x**

68 cam – 110/165 € 129/249 €

♦ Ambienti accoglienti, mobilio d'epoca e stampe antiche a soggetto botanico e zoologico in questa lussuosa casa fiorentina. All'ultimo piano la bella terrazza impreziosita da gelsomini, un sorta di "salotto all'aperto" dove rilassarsi senza mai distogliere lo sguardo dalla città.

Residenza del Moro senza rist

via del Moro 15 ✉ 50123 – ☎ 0 55 29 08 84 – www.residenzadelmoro.com – info@residenzadelmoro.com DU**g**

6 cam – 240 € 280 € – 5 suites – 460/700 €

♦ Un accurato restauro ha restituito l'originario splendore a questo palazzo cinquecentesco costruito per volere dei marchesi Niccolini-Bourbon. Ora, gli antichi affreschi dialogano con stupende opere d'arte contemporanea: una lussuosa dimora nel cuore di *Florentia.*

Hotel Home senza rist
piazza Piave 3 ✉ 50122 – ✆ 0 55 24 36 68 – www.hhflorence.it – info@hhflorence.it FV**c**
38 cam ☕ – †180/290 € ††210/350 €
◆ All'interno della graziosa palazzina si respira un'atmosfera giovane, modaiola, ma - come il nome lascia intendere - anche di casa. La prima colazione si condivide su tre soli tavoli e il colore bianco regna sovrano. Originale!

Porta Faenza senza rist
via Faenza 77 ✉ 50123 – ✆ 0 55 28 41 19 – www.hotelportafaenza.it – info@hotelportafaenza.it DT**d**
25 cam ☕ – †90/210 € ††110/230 €
◆ Piccolo, ma grazioso, hotel ricavato in un edificio del Settecento poco distante dal Palazzo dei Congressi offre camere piacevoli e molto curate. Impeccabile ospitalità.

Inpiazzadellasignoria – Residenza d'epoca senza rist
via de' Magazzini 2 ✉ 50122 – ✆ 05 52 39 95 46 – www.inpiazzadellasignoria.com – info@inpiazzadellasignoria.com
10 cam ☕ – †160/220 € ††220/290 € – 2 suites Z**z**
◆ Elegante e ricca di personalità, una piccola residenza che vuole regalare agli ospiti la magia della Firenze rinascimentale: varcate una porta o affacciatevi ad una finestra e non avrete dubbi.

Palazzo Benci senza rist
piazza Madonna degli Aldobrandini 3 ✉ 50123 – ✆ 0 55 21 38 48 – www.palazzobenci.com – info@palazzobenci.com – chiuso dal 24 al 26 dicembre e dal 5 al 21 agosto Y**y**
35 cam ☕ – †60/140 € ††90/195 €
◆ Risultato del restauro della cinquecentesca residenza della famiglia Benci, questo storico palazzo ospita sale comuni con soffitti a cassettoni e bassorilievi originali, nonché confortevoli camere di moderna eleganza. Come una perla rara custodita in un'ostrica, il grazioso cortile interno.

Botticelli senza rist
via Taddea 8 ✉ 50123 – ✆ 0 55 29 09 05 – www.hotelbotticelli.it – info@hotelbotticelli.it ET**p**
34 cam ☕ – †70/150 € ††120/240 €
◆ Poco distante dal mercato di S.Lorenzo e dalla cattedrale, l'hotel si trova in un palazzo del '500 nelle cui zone comuni conserva volte affrescate; camere graziose ed una piccola terrazza coperta.

Relais Uffizi senza rist
chiasso de' Baroncelli-chiasso del Buco 16 ✉ 50122 – ✆ 05 52 67 62 39 – www.relaisuffizi.it – info@relaisuffizi.it Z**n**
12 cam ☕ – †80/120 € ††140/220 €
◆ In un vicoletto a due passi dagli Uffizi, un palazzo medievale dalla calda atmosfera con camere ampie e luminose, arredate con mobili d'epoca. Una sosta nel bel salotto sarà ricompensata dalla vista di piazza della Signoria, sulla quale le grandi finestre si affacciano.

Loggiato dei Serviti senza rist
piazza Santissima Annunziata 3 ✉ 50122 – ✆ 0 55 28 95 92 – www.loggiadeiservitihotel.it – info@loggiatodeiservitihotel.it ET**d**
35 cam ☕ – †90/150 € ††130/240 € – 3 suites
◆ Costruito dai Padri serviti nel 1527, l'hotel offre tranquillità, confort ed una discreta eleganza e conserva anche negli interni le sue affascinanti caratteristiche originali.

De Rose Palace senza rist
via Solferino 5 ✉ 50123 – ✆ 05 52 39 68 18 – www.florencehotelderose.com – info@florencehotelderose.com CU**c**
18 cam ☕ – †90/160 € ††150/230 €
◆ Ospitato in un palazzo fiorentino nei pressi del teatro Comunale, offre eleganti e spaziose camere, alcune con arredo ricercato ed una piacevole atmosfera familiare.

Caravaggio senza rist
piazza Indipendenza 5 ✉ 50129 – ✆ 0 55 49 63 10 – www.hotelcaravaggio.it – info@hotelcaravaggio.it DT**e**
37 cam – 50/180 € 70/220 €
◆ Camere spaziose e ben arredate, accoglienza familiare ed una moderna saletta per la colazione a buffet in questo edificio del XIX secolo, sorto sulle ceneri di tre vecchie pensioni. Un dehors ombreggiato sul retro vi accoglierà nelle giornate più calde.

Malaspina senza rist
piazza dell'Indipendenza 24 ✉ 50129 – ✆ 0 55 48 98 69 – www.malaspinahotel.it – info@malaspinahotel.it ET**g**
31 cam – 70/163 € 90/245 €
◆ Nel XIII secolo i Malaspina ospitarono Dante presso il castello di Fosdinovo. La tradizione dell'accoglienza continua oggi in una dimora novecentesca e nei suoi ambienti in parte arredati in stile. Camere spaziose e ben accessoriate.

Della Robbia senza rist
via dei della Robbia 7/9 ✉ 50132 – ✆ 05 52 63 85 70 – www.hoteldellarobbia.it – info@hoteldellarobbia.it – chiuso agosto FU**b**
19 cam – 89/149 € 109/210 €
◆ Pratico ed utile indirizzo per chi sceglie un soggiorno alla scoperta della cultura artistica fiorentina: costruito nel primo Novecento, il villino sfoggia suggestioni liberty nei signorili interni.

Grifone senza rist
via Pilati 20/22 ✉ 50136 – ✆ 0 55 62 33 00 – www.hotelgrifonefirenze.com – info@hotelgrifonefirenze.com BS**n**
83 cam – 64/120 € 69/180 €
◆ Ben collegato al Palaffari, l'albergo è frequentato per lo più da una clientela business e dispone di un ampio parcheggio gratuito e camere accessoriate.

River senza rist
lungarno della Zecca Vecchia 18 ✉ 50122 – ✆ 05 52 34 35 29 – www.lhphotels.com – river@lhphotels.com FV**a**
38 cam – 69/129 € 84/220 €
◆ Palazzina dell'Ottocento, propone camere spaziose e confortevoli, quelle all'ultimo piano dispongono di un piacevole terrazzino dal quale contemplare il fiume ed il quartiere di Santa Croce.

Benivieni senza rist
via delle Oche 5 ✉ 50122 – ✆ 05 52 38 21 33 – www.hotelbenivieni.it – info@hotelbenivieni.it Z**x**
15 cam – 90/170 € 110/220 €
◆ Palazzo del XV secolo che dalla seconda metà dell'800 ospitò un oratorio ebraico. Luminosa hall, camere ampie e confortevoli, piccolo giardino d'inverno nella corte interna coperta.

Galileo senza rist
via Nazionale 22/a ✉ 50123 – ✆ 0 55 49 66 45 – www.galileohotel.it – info@galileohotel.it – chiuso dal 23 al 26 dicembre DT**b**
31 cam – 50/160 € 65/190 €
◆ Piccolo hotel dove rilassarsi dopo una giornata trascorsa alla scoperta dell'affascinante artistico passato di Firenze: le camere sono confortevoli e curate, cortese e attenta l'ospitalità.

Rosary Garden senza rist
via di Ripoli 169 ✉ 50126 – ✆ 05 56 80 01 36 – www.rosarygarden.it – info@rosarygarden.it BS**v**
13 cam – 89/190 € 115/260 €
◆ Intimo e piacevole hotel alla periferia della città, dall'atmosfera piuttosto inglese, propone confortevoli ed eleganti camere; un must il tè delle cinque, servito con torte e cantucci.

David senza rist
viale Michelangiolo 1 ✉ 50125 – ✆ 05 56 81 16 95 – www.davidhotel.it – info@davidhotel.com FV**k**
25 cam ☕ – †110/150 € ††120/165 €
◆ Rinnovato e ben tenuto, con progetti d'ampliamento ed un nuovo piano di camere, questo albergo a gestione familiare si mantiene sempre al passo con i tempi.

Bonifacio senza rist
via Bonifacio Lupi 21 ✉ 50129 – ✆ 05 54 62 71 33 – www.hotelbonifacio.it – info@hotelbonifacio.it ET**h**
19 cam ☕ – †70/175 € ††90/190 €
◆ Non lontano dal Duomo, in un palazzo ottocentesco, l'albergo è stato recentemente rinnovato e dispone di ambienti confortevoli. Con la bella stagione la colazione è allestita all'aperto.

Palazzo Guadagni senza rist
piazza Santo Spirito 9 ✉ 50125 – ✆ 05 52 65 83 76 – www.palazzoguadagni.com – info@palazzoguadagni.com DV**a**
14 cam ☕ – †80/110 € ††90/150 €
◆ Nel centro storico di Firenze - in zona Oltrarno – camere grandi e luminose all'interno di un palazzo rinascimentale. Anche l'accoglienza non fa difetto: calorosa, ma signorile, si adegua alla nobiltà del luogo.

Unicorno senza rist
via dei Fossi 27 ✉ 50123 – ✆ 0 55 28 73 13 – www.hotelunicorno.it – info@hotelunicorno.it Y**t**
27 cam ☕ – ††60/200 €
◆ Nei pressi di piazza S.Maria Novella, un albergo che dispone di zone comuni contenute, ma di camere spaziose e confortevoli, con parquet e arredi recenti.

Fiorino senza rist
via Osteria del Guanto 6 ✉ 50122 – ✆ 0 55 21 05 79 – www.hotelfiorino.it – fiorinohotel@tin.it – chiuso 15 giorni in dicembre, 15 giorni in agosto e 15 giorni in novembre
23 cam ☕ – †65/100 € ††85/160 € Z**d**
◆ Accoglienza cortese e familiare, passione per l'ospitalità e arredi semplici in questo piccolo albergo che occupa tre piani di un edificio alle spalle degli Uffizi e di palazzo Vecchio.

Orcagna senza rist
via Orcagna 57 ✉ 50121 – ✆ 0 55 66 99 59 – www.hotelorcagnafirenze.it – info@hotelorcagnafirenze.it FU**u**
18 cam ☕ – †70/150 € ††80/190 €
◆ Piccolo ed informale, l'hotel si trova in una zona tranquilla, a due passi da Santa Croce, e propone camere semplici e molto curate. Graziosa la sala colazioni.

Silla senza rist
via dei Renai 5 ✉ 50125 – ✆ 05 52 34 28 88 – www.hotelsilla.it – hotelsilla@hotelsilla.it EV**r**
36 cam ☕ – †120/160 € ††130/190 €
◆ E' gradevole consumare d'estate la prima colazione o anche solo rilassarsi sull'ampia terrazza di questo albergo di ambiente familiare sito sulla riva sinistra dell'Arno.

Lido senza rist
via del Ghirlandaio 1 ✉ 50121 – ✆ 0 55 67 78 64 – www.hotel-lido.com – lido@lhphotels.com FV**d**
12 cam ☕ – †59/129 € ††84/179 €
◆ In riva all'Arno, a circa un chilometro dal centro storico, 12 camere nuove e ben accessoriate, nonché spazi comuni in tono con tutto il resto. Una corte estiva con sedie e tavolini vi aspetta per momenti di piacevole relax.

Palazzo Niccolini al Duomo – Residenza d'epoca senza rist

via dei Servi 2 ✉ 50122 – ☎ 0 55 28 24 12 – www.niccolinidomepalace.com – info@niccolinidomepalace.com Ym

4 cam – 100/200 € 120/240 € – 3 suites – 200/500 €

◆ Nel '400 in questo palazzo accanto al Duomo, Donatello aveva la sua bottega. Oggi, potrete trovare camere con soffitti affrescati, arredi di pregio e marmi bellissimi, anche la metratura si farà ricordare... mentre dalla "Dome suite" la cupola la si tocca quasi con la mano!

B&B Antica Dimora Firenze senza rist

via Sangallo 72 ✉ 50129 – ☎ 05 54 62 72 96 – www.anticadimorafirenze.it – info@anticadimorafirenze.it ETs

6 cam – 90/130 € 100/145 €

◆ Ogni camera racconta qualcosa di sè, a cominciare dalla tinta pastello che la contraddistingue: dal verde all'azzurro. La grammatica di base è però la stessa: cura e attenzione assolute, mobili antichi e tutte - salvo una - coccolano il sonno dell'ospite dentro letti a baldacchino impreziositi da vaporosi tendaggi.

Antica Torre di via Tornabuoni N. 1 – Residenza d'epoca senza rist

via Tornabuoni 1 ✉ 50123 – ☎ 05 52 65 81 61 – www.tornabuoni1.com – info@tornabuoni1.com

19 cam – 180/280 € – 3 suites Zm

◆ Nella torre agli ultimi piani di un palazzo medievale e in una residenza attigua - collegata internamente - la struttura dispone di camere spaziose e belle suite. Tra i suoi punti di forza, le due terrazze panoramiche dalle quali si domina Firenze.

B&B Le Residenze Johlea senza rist

via Sangallo 76/80 n ✉ 50129 – ☎ 05 54 63 32 92 – www.johanna.it – johlea@johanna.it ETa

12 cam – 60/120 € 80/170 €

◆ Cortesia, signorilità, tocco femminile e bei mobili d'epoca in due piccole, calde bomboniere; eleganti le camere, tutte differenti tra loro grazie a ricercate personalizzazioni.

B&B Relais Il Campanile senza rist

via Ricasoli 10 ✉ 50122 – ☎ 0 55 21 16 88 – www.relaiscampanile.it – info@relaiscampanile.it Yg

8 cam – 35/60 € 65/100 €, 5 €

◆ Nato nel 2001 al primo piano di un palazzo del Seicento a pochi passi dai negozi e dai musei del centro, offre camere carine, arredate con letti in ferro battuto da artigiani fiorentini. La prima colazione è servita (solo) in camera.

Locanda di Firenze senza rist

via Faenza 12 ✉ 50123 – ☎ 0 55 28 43 40 – www.locandadifirenze.com – locandadifirenze@yahoo.it Yc

6 cam – 50/110 € 60/120 €

◆ Sei piacevoli stanze al terzo piano di un elegante palazzo del Settecento, situate direttamente nel cuore culturale della città. La prima colazione è servita solo in camera.

B&B Residenza Hannah e Johanna senza rist

via Bonifacio Lupi 14 ✉ 50129 – ☎ 0 55 48 18 96 – www.johanna.it – lupi@johanna.it ETh

10 cam – 60/80 € 70/105 €

◆ Una cordiale accoglienza sarà il benvenuto offerto da questo sobrio e familiare b&b al primo piano di un palazzo dell'Ottocento caratterizzato da camere spaziose e di buon confort. A due passi, vi attende la basilica di S. Lorenzo con le tombe medicee ed il vivace mercato.

Palazzo Galletti B&B senza rist

via Sant'Egidio 12 ✉ 50122 – ☎ 05 53 90 57 50 – www.palazzogalletti.it – info@palazzogalletti.it EUc

7 cam – 80/120 € 110/165 € – 4 suites – 170/240 €

◆ Se già Firenze è una città magica, pernottare in questa residenza ottocentesca sarà aggiungere ulteriore fascino al soggiorno... Camere eclettiche, dove pezzi etnici si alternano a mobili in stile toscano, in una sinfonia ben orchestrata che conferisce carattere e personalità alle stanze.

Villa Antea senza rist
via Puccinotti 46 ✉ 50129 – ✆ 0 55 48 41 06 – www.villaantea.com - info@villaantea.com BR**g**
6 cam ☕ – 🚹70/150 € 🚹🚹80/200 €
◆ Un'elegante villa dei primi del '900 dotata di tutti i moderni confort, dove non manca un servizio di tono familiare, ma elevato. La raffinatezza della Firenze rinascimentale fa mostra di sé nelle decorazioni degli spazi interni, mentre castagni secolari ombreggiano il giardino.

B&B Residenza Johanna senza rist
via Cinque Giornate 12 ✉ 50129 – ✆ 0 55 47 33 77 – www.johanna.it – cinquegiornate@johanna.it BRS**a**
6 cam ☕ – 🚹🚹80/90 €
◆ Solo sei stanze, curate nell'arredo e nell'accostamento dei colori, all'interno di un villino dei primi del Novecento: nel grazioso giardino ornato da un romantico glicine sarà possibile lasciare l'auto (da specificare all'atto della prenotazione).

Enoteca Pinchiorri (Annie Féolde)
via Ghibellina 87 ✉ 50122 – ✆ 0 55 24 27 77 – www.enotecapinchiorri.com – ristorante@enotecapinchiorri.com – chiuso dal 15 al 27 dicembre, 3 settimane in agosto, domenica, lunedì e i mezzogiorno di martedì e mercoledì
Rist – (prenotazione obbligatoria a mezzogiorno) EU**x**
Menu 200/250 € – Carta 210/335 €
Spec. Insalata di granchio reale e maionese alle patate con pompelmo rosa e petali di aglio novello. Ravioli di coniglio con olive taggiasche e tocchetti di burrata. Piccione arrostito con miele e spezie, melanzane in carrozza.
◆ Scenografico sin dall'ingresso, è il tesoro gastronomico di Firenze: l'arte si mescola alla cucina in un moltiplicarsi di citazioni toscane e creative, leggendaria cantina.

Rossini
lungarno Corsini 4 ✉ 50123 – ✆ 05 52 39 92 24 – www.ristoranterossini.it – info@ristoranterossini.it – chiuso mercoledì Z**f**
Rist – Menu 75 € – Carta 45/96 €
◆ La breve distanza da Ponte Vecchio ed il background storico-letterario sono la cornice di questo raffinato ristorante, dove la cucina tradizionale incontra nuovi accostamenti.

Alle Murate
via del Proconsolo 16 r ✉ 50122 – ✆ 0 55 24 06 18 – www.allemurate.it – info@allemurate.it – chiuso lunedì Z**g**
Rist – *(chiuso a mezzogiorno)* Carta 60/95 €
◆ Il locale di giorno è aperto alle visite turistiche e anche a cena (su richiesta) viene fornita una guida sonora con cui orientarsi tra affreschi e scavi. Anche la cucina si lascia ammaliare dal fascino del passato proponendo i tradizionali sapori regionali. Inimitabile!

Ora D'Aria
via de' Georgofili 11/13 r ✉ 50122 – ✆ 05 52 00 16 99 – www.oradariaristorante.com – prenotazioni@oradariaristorante.com – chiuso agosto, domenica, lunedì a mezzogiorno Z**e**
Rist – (consigliata la prenotazione) Menu 50/70 € – Carta 60/78 €
◆ Un po' nascosto tra le viuzze del centro storico (alle spalle degli Uffizi), un bel locale dagli arredi classici e boiserie. Protagonista dei piatti è la tradizionale cucina toscana, permeata però da una vena creativa, che la rende "aperta" anche ad altri sapori.

Oliviero
via delle Terme 51 r ✉ 50123 – ✆ 0 55 28 76 43 – www.ristorante-oliviero.it – olivieroristorante@interfree.it – chiuso 3 settimane in agosto, domenica
Rist – *(chiuso a mezzogiorno)* Carta 50/61 € Z**r**
◆ Nel cuore del centro storico, una vecchia gloria della ristorazione locale con una nuova gestione e due linee di cucina affiancate: una tradizionale, l'altra un po' più fantasiosa.

XX **Belcore**
via dell'Albero 30r ✉ 50123 – ✆ 0 55 21 11 98 – www.ristorantebelcore.it – info@ristorantebelcore.it – chiuso dal 16 al 25 agosto, martedì, mercoledì a mezzogiorno
Rist – Carta 38/50 € DU**y**
◆ Una carta dei vini generosa in quanto a numero di etichette ed un menu che contempla "idealmente" tre linee di cucina: specialità di pesce, ricette della tradizione italo-toscana e piatti più moderni.

XX **Baccarossa**
via Ghibellina 46/r ✉ 50122 – ✆ 0 55 24 06 20 – www.baccarossa.it – info@baccarossa.it EU**f**
Rist – (consigliata la prenotazione) Carta 37/46 €
◆ Tavoli in legno, vivaci colori ed eleganza in questa enoteca bistrot che propone una gustosa cucina mediterranea: paste fatte in casa, specialità di pesce e qualche piatto a base di carne. Tutti i vini presenti nella carta sono disponibili anche al bicchiere.

XX **Buca Mario**
piazza Degli Ottaviani 16 r ✉ 50123 – ✆ 0 55 21 41 79 – www.bucamario.it – bucamario@bucamario.it – chiuso dall'11 al 22 dicembre Y**h**
Rist – *(chiuso a mezzogiorno escluso sabato e domenica)* Carta 45/68 €
◆ Nel cuore di Firenze - nelle cantine di Palazzo Niccolini - questo storico locale aperto nel 1886 continua a conquistare per la qualità della sua cucina. Nel piatto: il meglio della tradizione gastronomica toscana.

XX **Osteria Tornabuoni**
via dei Corsi 5r ✉ 50123 – ✆ 05 52 77 35 20 – www.osteriatornabuoni.it – info@osteriatornabuoni.it – chiuso 15 giorni in agosto e domenica Z**a**
Rist – Carta 35/56 €
◆ Al piano terra dell'omonimo prestigioso palazzo, un locale moderno e alla moda che vuole essere un omaggio ai prodotti di qualità della regione. Nel piatto: ottime carni, formaggi e salumi. Nel bicchiere: l'imbarazzo della scelta, tante sono le etichette...

XX **Cibrèo**
via A. Del Verrocchio 8/r ✉ 50122 – ✆ 05 52 34 11 00 – www.edizioniteatrodelsalecibreofirenze.it – cibreo.fi@tin.it – chiuso dal 31 dicembre al 6 gennaio, agosto, domenica e lunedì FU**f**
Rist – Carta 71/81 €
◆ Ambiente informale e alla moda, dove regnano un servizio giovane e spigliato ed una cucina curata e fantasiosa, ma sempre legata alla tradizione.

XX **Pane e Vino**
piazza di Cestello 3 r ✉ 50124 – ✆ 05 52 47 69 56 – www.ristorantepaneevino.it – paneevino@yahoo.it – chiuso 10 giorni in agosto e domenica CDU**t**
Rist – *(chiuso a mezzogiorno)* Carta 34/55 €
◆ Familiare e curato, provvisto di un curioso soppalco in legno, questo piacevole locale propone una cucina fantasiosa che prevede comunque anche piatti della tradizione locale.

XX **dei Frescobaldi**
via dè Magazzini 2/4 r ✉ 50122 – ✆ 0 55 28 47 24 – www.deifrescobaldi.it – ristorantefirenze@frescobaldi.it – chiuso dal 1° al 7 gennaio, dal 10 al 31 agosto, domenica e lunedì a mezzogiorno Z**z**
Rist – Carta 36/53 €
◆ Per questi produttori di vino, il salto alla ristorazione è stato un'avventura. Ecco il risultato: due accoglienti salette tra pietra e affreschi, dove gustare piatti regionali e non solo. Annesso *wine-bar* per degustazioni meno elaborate.

XX **Angels**
via del Proconsolo 29/31 ✉ 50123 – ✆ 05 52 39 87 62 – www.ristoranteangels.it – info@ristoranteangels.it – chiuso dal 10 al 20 agosto Z**k**
Rist – Carta 45/60 €
◆ Cucina mediterranea e creativa in un ambiente moderno e in stile, seppur inserito in una cornice storica, ideale per una clientela giovane. Proposte più semplici a pranzo; *brunch* la domenica.

XX **Zibibbo**

via di Terzollina 3r ✉ 50139 – ✆ 0 55 43 33 83 – www.trattoriazibibbo.com – trattoriazibibbo@libero.it – chiuso 1 settimana in agosto BR**h**

Rist – *(chiuso sabato a mezzogiorno, domenica)* Carta 34/56 €

◆ Decentrato ma piacevole e molto apprezzato dalla clientela locale, numerosa anche a pranzo. Piccola zona d'ingresso con bar, cucina leggermente eclettica e calorosa ospitalità.

XX **Dino**

via Ghibellina 49/47 r ✉ 50122 – ✆ 0 55 24 14 52 – www.ristorantedino.it – info@ristorantedino.it – chiuso dal 10 al 16 agosto, domenica, lunedì a mezzogiorno EU**g**

Rist – Carta 33/45 €

◆ Fondato nel 1960 dal padre degli attuali titolari, il ristorante vanta una nuova, prestigiosa, sede all'interno di un palazzo rinascimentale nel quartiere di Santa Croce. La cucina porta avanti la tradizione toscana, non dimentica di qualche classico nazionale.

XX **Il Guscio**

via dell'Orto 49 ✉ 50124 – ✆ 0 55 22 44 21 – www.il-guscio.it – fgozzini@tiscali.it – chiuso agosto e domenica; anche sabato in luglio CU**d**

Rist – Carta 37/51 €

◆ Gestito da diversi anni da una famiglia appassionata di vini, il locale propone una sfiziosa cucina legata al territorio. A pranzo: proposte più semplici ed economiche.

X **Fiorenza**

via Reginaldo Giuliani 51 r ✉ 50141 – ✆ 0 55 41 28 47 – valerio.bertoli@libero.it – chiuso agosto, sabato a mezzogiorno e domenica BR**d**

Rist – Carta 34/53 €

◆ Piccola ed accogliente trattoria, frequentata da fiorentini e da una clientela di lavoro che, alle tradizionali proposte regionali, abbina, nel week-end, una cucina di pesce.

X **Il Santo Bevitore**

via Santo Spirito 64/66 r ✉ 50125 – ✆ 0 55 21 12 64 – www.ilsantobevitore.com – info@ilsantobevitore.com – chiuso dal 10 al 20 agosto e domenica a mezzogiorno DU**h**

Rist – Carta 23/38 €

◆ Locale giovane ed accogliente, in buona posizione nel quartiere di Sanfrediano. Cucina della tradizione toscana, ma a cena anche tocchi di creatività. Buon rapporto qualità-prezzo.

X **Osteria Caffè Italiano**

via Isola delle Stinche 11 ✉ 50122 – ✆ 0 55 28 93 68 – www.caffeitaliano.it – info@caffeitaliano.it – chiuso lunedì EU**a**

Rist – Carta 34/45 € (+15 %)

◆ Caratteristico e informale. Situato nel trecentesco palazzo Salviati, il locale si compone di accoglienti salette nelle quali gustare una cucina non solo regionale. Ottima lista vini.

X **Trattoria Cibrèo-Cibreino**

via dei Macci 122/r ✉ 50122 – ✆ 05 52 34 11 00 – www.edizioniteatrodelsalecibreofirenze.it – cibreo.fi@tin.it – chiuso dal 31 dicembre al 6 gennaio, agosto, domenica e lunedì FU**f**

Rist – Carta 28/35 €

◆ Superata la fila per entrare, troverete graziose sale molto semplici ed informali, arredate con tavoli piccoli, ed una sfiziosa cucina tradizionale a prezzi concorrenziali.

X **Ruth's**

via Farini 2 ✉ 50121 – ✆ 05 52 48 08 88 – www.kosheruth.com – info@kosheruth.com – chiuso venerdì sera, sabato a mezzogiorno e le festività ebraiche

Rist – Carta 22/39 € EU**s**

◆ Accanto alla Sinagoga, un caposaldo della ristorazione etnica, originale alternativa ai sapori di casa dove sperimentare una fantasiosa cucina ebraica kosher, vegetariana e di pesce.

Il Profeta

borgo Ognissanti 93 r ✉ 50123 – ✆ 0 55 21 22 65 – www.ristoranteilprofeta.com – info@ristoranteilprofeta.com – chiuso dal 10 al 25 dicembre e domenica (escluso aprile-giugno e settembre-ottobre) DU**c**

Rist – Carta 31/52 € (+10 %)

◆ Recentemente rinnovata, questa accogliente trattoria situata nel centro storico propone piatti legati soprattutto alla tradizione toscana ed un servizio attento e ben organizzato. Prezzi onesti.

Baldini

via il Prato 96 r ✉ 50123 – ✆ 0 55 28 76 63 – www.trattoriabaldini.com – info@trattoriabaldini.com – chiuso dal 24 dicembre al 3 gennaio, dal 1° al 20 agosto, sabato, domenica sera, in giugno-luglio anche domenica a mezzogiorno CT**h**

Rist – Carta 28/39 €

◆ Semplice e familiare trattoria, nei pressi della Porta al Prato, si articola in due salette informali nelle quali gustare una cucina genuina, piatti tipici fiorentini ma anche nazionali.

La Giostra

borgo Pinti 10 r ✉ 50121 – ✆ 0 55 24 13 41 – www.ristorantelagiostra.com – info@ristorantelagiostra.com EU**e**

Rist – Carta 44/59 €

◆ Piccolo ristorante dalla doppia personalità ma con salde radici nella tradizione regionale: affollato all'ora di pranzo, intimo e d'atmosfera a cena. Grande savoir faire e competenza.

Alla Vecchia Bettola

viale Vasco Pratolini 3/7 n ✉ 50124 – ✆ 0 55 22 41 58 – www.allavecchiabettola.it – maremmamax@hotmail.it – chiuso dal 23 dicembre al 2 gennaio, dal 15 al 30 agosto, domenica, lunedì CV**m**

Rist – Carta 28/43 €

◆ Caratteristica ed informale trattoria di S.Frediano, con tavoloni di marmo e fiasco di Chianti a consumo. Casalinga cucina fiorentina, atmosfera ospitale e servizio veloce.

Il Latini

via dei Palchetti 6 r ✉ 50123 – ✆ 0 55 21 09 16 – www.illatini.com – info@illatini.com – chiuso dal 20 dicembre al 2 gennaio e lunedì Z**j**

Rist – Carta 40/45 €

◆ Turisti e gente del posto fanno la coda anche a mezzogiorno per mangiare in questa trattoria, apprezzata tanto per la cucina quanto per l'esuberante ed informale atmosfera.

Del Fagioli

corso Tintori 47 r ✉ 50122 – ✆ 0 55 24 42 85 – www.localistorici.it – chiuso agosto, sabato, domenica EV**k**

Rist – Carta 22/27 €

◆ Tipica trattoria toscana in centro città: chi ai fornelli e chi in sala, l'intera famiglia si occupa del locale e propone una sana cucina fiorentina ed una accoglienza schietta.'>

Cammillo

borgo Sant'Jacopo 57 r ✉ 50125 – ✆ 0 55 21 24 27 – cammillo@momax.it – chiuso dal 23 dicembre al 6 gennaio, dal 28 luglio al 26 agosto, martedì, mercoledì Z**p**

Rist – Carta 43/57 €

◆ Trattoria dalla conduzione diretta, attiva da ben sessant'anni, che trova consensi tra i concittadini: dalla cucina giungono piatti della tradizione, alcuni a base di pesce.

ad Arcetri Sud : 5 km BS – ✉ 50125

Villa Le Piazzole
via Suor Maria Celeste 28 – ☎ 0 55 22 35 20 – www.lepiazzole.com – lepiazzole@gmail.com – chiuso dal 20 dicembre all'8 gennaio BSb

14 cam – 200/230 € 230/270 €

Rist – (prenotazione obbligatoria) *(solo per alloggiati)* Menu 40/90 €

◆ In posizione panoramica sulla valle dell'Ema, punteggiata di antiche pievi e case coloniche, un'ampia tenuta ove si producono vino e olio offre spazi personalizzati da ricercati arredi d'epoca. Splendido il verde del giardino all'italiana che la circonda.

Omero
via Pian de' Giullari 49 – ☎ 0 55 22 00 53 – www.ristoranteomero.it – omero@ristoranteomero.it – chiuso martedì BSd

Rist – Carta 44/55 €

◆ Curato ristorante con vista sui colli, da trent'anni gestito dalla medesima famiglia. Curioso e caratteristico l'ambiente dove gustare la cucina tipica. Servizio estivo serale in terrazza.

a Galluzzo Sud : 6,5 km BS – ✉ 50124

Marignolle Relais & Charme senza rist
via di San Quirichino 16, località Marignolle – ☎ 05 52 28 69 10 – www.marignolle.com – info@marignolle.com ASa

7 cam – 115/225 € 130/275 €

◆ In posizione incantevole sui colli, questa signorile residenza offre molte attenzioni e stanze tutte diverse, dai raffinati accostamenti di tessuti; piscina panoramica nel verde.

B&B Residenza la Torricella senza rist
via Vecchia di Pozzolatico 25 – ☎ 05 52 32 18 18 – www.farmholidaylatorricella.it – latorricella@tiscalinet.it – chiuso dal 20 gennaio al 20 marzo e dal 20 novembre al 20 dicembre BSa

6 cam – 80/100 € 100/130 €

◆ Circondata dai colli e dalla tranquillità della campagna, questa antica casa colonica offre un'affabile accoglienza familiare, camere personalizzate, giardini e piccola piscina estiva.

Trattoria Bibe con cam
via delle Bagnese 15 – ☎ 05 52 04 90 85 – www.trattoriabibe.com – trattoriabibe@freemail.it – chiuso dal 21 gennaio all'8 febbraio, dal 10 al 25 novembre ASc

3 cam – 50/80 € 100/120 €

Rist – *(chiuso a mezzogiorno escluso sabato e festivi)* Carta 26/33 €

◆ Anche Montale immortalò nei suoi versi questa trattoria, gestita dalla stessa famiglia da quasi due secoli, dove trovare piatti tipici della tradizione toscana e un piacevole servizio estivo all'aperto. Appartamenti con cucina a disposizone non solo per soggiorni medio-lunghi.

sull'autostrada al raccordo A 1 - A 11 Firenze Nord Nord-Ovest : 10 km AR :

Unaway Firenze Nord
✉ 50013 Campi Bisenzio – ☎ 0 55 44 71 11 – www.unawayhotels.it – una.firenzenord@unawayhotels.it ARu

151 cam – 71/307 €

Rist – Carta 33/57 €

◆ Nei pressi dell'aeroporto di Firenze e a pochi chilometri dal centro città, questa moderna struttura è l'indirizzo ideale per una clientela di lavoro o di passaggio. Il ristorante offre a mezzogiorno servizio self-service, la sera menu *à la carte.*

sui Colli

Torre di Bellosguardo senza rist
via Roti Michelozzi 2 ✉ 50124 – ✆ 05 52 29 81 45 – www.torrebellosguardo.com – info@torrebellosguardo.com CVa
9 cam – †110/160 € ††250/290 €, ☕ 20 € – 7 suites – ††300/390 €
♦ Si respira un fascino d'*antan* nei saloni e nelle camere di austera eleganza di questo albergo, che fa della vista mozzafiato su Firenze il proprio punto di forza. Parco con giardino botanico, voliera e piscina: sembra uscito direttamente da un libro di fiabe.

FISCHLEINBODEN = Campo Fiscalino

FISCIANO – Salerno (SA) – 564 E26 – 13 421 ab. – alt. 320 m – ✉ 84084 6 B2

Roma 260 – Napoli 63 – Latina 113 – Salerno 16

a Gaiano Sud-Est : 2 km – ✉ 84084 Fisciano

Agriturismo Barone Antonio Negri cam,
via Teggiano 8 – ✆ 0 89 95 85 61 – www.agrinegri.it – info@agrinegri.it
5 cam ☕ – ††90/110 € – ½ P 80 €
Rist – (prenotazione obbligatoria) Menu 25/30 €
♦ In posizione tranquilla e dominante, agriturismo biologico di charme all'interno di una vasta tenuta con ampio giardino, deliziosa piscina e spaziose camere in stile rustico. Al ristorante: cucina casalinga, sapori tipici campani e squisiti dolci alla nocciola.

FIUGGI – Frosinone (FR) – 563 Q21 – 9 650 ab. – alt. 747 m – ✉ 03014 13 C2

Roma 82 – Frosinone 33 – Avezzano 94 – Latina 88

via Superstrada Anticolana 1, ✆ 0775 51 52 50

La Torre
piazza Trento e Trieste 29 – ✆ 07 75 51 53 82 – www.ristorantelatorre.biz – acimine@tin.it – chiuso domenica sera, lunedì a mezzogiorno, martedì
Rist – Carta 36/50 €
♦ Nella parte alta e vecchia di Fiuggi, proprio sulla piazza del Municipio, lontano dall'atmosfera termale, pochi tavolini all'aperto e due sale, per piatti creativi.

La Locanda
via Padre Stanislao 4 – ✆ 07 75 50 58 55 – www.lalocandafiuggi.com – info@lalocandafiuggi.com – chiuso febbraio, dal 25 giugno al 7 luglio e lunedì
Rist – Carta 24/35 €
♦ Troverete i sapori della tradizione ciociara nella rustica e caratteristica sala di questo ristorante, accolto nelle cantine di un edificio del '400. Cucina del territorio.

a Fiuggi Fonte Sud : 4 km – alt. 621 m – ✉ 03014

piazza Frascara 4 ✆ 0775 515019, iat.fiuggi@apt.frosinone.it, Fax 0775 548604

Grand Hotel Palazzo della Fonte
via dei Villini 7 – ✆ 07 75 50 81 rist,
– www.palazzodellafonte.com – information@palazzodellafonte.com
153 cam ☕ – †120/320 € ††160/360 € – ½ P 146/228 €
Rist – Carta 50/78 €
♦ Sulla cima di un colle, un parco con piscina e una struttura liberty, già affascinante hotel dal 1912; stucchi e decorazioni, camere raffinate e splendidi bagni marmorei. Al ristorante ambienti che accolsero reali e personalità famose.

Fiuggi Terme rist,

via Capo i Prati 9 – ✆ 07 75 51 52 12 – www.hotelfiuggiterme.it – info@hotelfiuggiterme.it
60 cam – 75/150 € 100/240 € – 4 suites – ½ P 80/160 €
Rist – Menu 35 €
◆ All'interno di un parco, elegante struttura con camere belle e confortevoli. Per gli amanti dello sport, una grande piscina e due campi da tennis tra pini ed ippocastani. Per tutti, una spa che coniuga tecnologie innovative nel campo del benessere e raffinate ambientazioni. Cucina mediterranea nel luminoso ristorante.

Ambasciatori

via dei Villini 8 – ✆ 07 75 51 43 51 – www.albergoambasciatori.it – info@albergoambasciatori.it – chiuso dal 23 al 26 dicembre
86 cam – 39/149 € 49/200 € – ½ P 54/135 €
Rist – *(chiuso a mezzogiorno) (solo per alloggiati)* Menu 15/40 €
◆ Centrale, vicino a terme e negozi, due grandi terrazze consentono di evadere dal rumore. Marmi lucenti nella hall, camere d'impostazione classica. Diverse sale ristorante, la più grande con soffitti a lucernari in vetro colorato.

Argentina rist,

via Vallombrosa 22 – ✆ 07 75 51 51 17 – www.albergoargentina.it – hotel.argentina@libero.it – chiuso dal 10 novembre al 25 marzo
54 cam – 50/60 € 70/80 € – ½ P 55/60 €
Rist – *(solo per alloggiati)* Menu 20/25 €
◆ Cinto dal verde di un piccolo parco ombreggiato che lo rende tranquillo, seppur ubicato a pochi passi dalle Fonti Bonifacio, un albergo semplice, a conduzione familiare.

Belsito rist,

via Fiume 4 – ✆ 07 75 51 50 38 – www.hotelbelsitofiuggi.com – lidiaprincipia@virgilio.it – maggio-ottobre
34 cam – 35/45 € 50/60 € – ½ P 34/44 €
Rist – *(solo per alloggiati)* Menu 22 €
◆ Sito in centro, in una via di scarso traffico, un indirizzo comodo e interessante; piccolo spazio antistante, per briscolate serali all'aperto. Cortesia e familiarità.

FIUMALBO – Modena (MO) – 562 J13 – 1 303 ab. – alt. 953 m – ✉ 41022 — 8 B2

Roma 369 – Pisa 95 – Bologna 104 – Lucca 73

a Dogana Nuova Sud : 2 km – ✉ 41022

Val del Rio cam,

via Giardini 221 – ✆ 0 53 67 39 01 – nardini@msw.it – chiuso dal 1° al 15 maggio
30 cam – 50/60 € 90/110 €, 7 € – ½ P 65/85 € **Rist** – Carta 26/36 €
◆ Circondato da sentieri che vi condurranno alle più alte cime dell'Appennino, l'hotel offre un'atmosfera familiare, ambienti in stile montano e camere rinnovate. Boiserie e drappeggi nell'ampia ed elegante sala da pranzo, dove troverete le specialità della cucina regionale. Per cene informali, la moderna pizzeria.

Bristol rist,

via Giardini 274 – ✆ 0 53 67 39 12 – www.hotelbristol.tv – hotelbristol@abetone.com – chiuso ottobre e novembre
24 cam – 48/58 € 70/90 € – ½ P 50/68 € **Rist** – Carta 28/35 €
◆ Situato all'inizio della Val di Luce, un elegante hotel realizzato in tipico stile montano che dispone di moderne e confortevoli camere. Ideale punto di partenza per escursioni estive. Accomodatevi nell'accogliente sala da pranzo per gustare i piatti della tradizione emiliana.

FIUME VENETO – Pordenone (PN) – 562 E20 – 11 214 ab. – alt. 20 m – ✉ 33080 — 10 B3

Roma 590 – Udine 51 – Pordenone 6 – Portogruaro 20

L'Ultimo Mulino rist,
via Molino 45, località Bannia, Sud-Est : 3,5 km – ✆ 04 34 95 79 11 – www.lultimomulino.com – info@lultimomulino.com – chiuso dal 4 al 19 gennaio e dal 9 al 24 agosto
8 cam – 110/120 € 180/195 €
Rist – *(chiuso domenica sera e lunedì)* Carta 43/66 €
◆ Il calore della residenza di campagna e location romantica per un antico mulino del 1600 circondato da corsi d'acqua: la raffinatezza è il comune denominatore degli ambienti comuni e delle camere. Al ristorante, cucina contemporanea di terra e di mare.

FIUMICELLO DI SANTA VENERE – Potenza – 564 H29 – Vedere Maratea

FIUMICINO – Roma (RM) – 563 Q18 – ✉ 00054 — 12 B2

Roma 31 – Anzio 52 – Civitavecchia 66 – Latina 78
Leonardo da Vinci, Nord-Est: 3,5 km ✆ 06 65951
per Arbatax e Golfo Aranci – Tirrenia Navigazione, call center 892 123

Hilton Rome Airport cam,
via Arturo Ferrarin 2 – ✆ 0 66 52 58 – www.hilton.com – adbd.romeairport@hilton.com
504 cam – 245/450 € – 13 suites **Rist** – Carta 46/50 €
◆ Ideale per una clientela business ed internazionale, questa maestosa e moderna struttura dispone di camere particolarmente ampie ed eleganti.

Courtyard Marriott Rome Airport rist,
via Portuense 2470 – ✆ 06 99 93 51 – www.gwhotels.it – sales@gwhotels.com
187 cam – 410 € **Rist** – Carta 60/75 €
◆ Moderno complesso di carattere internazionale, si trova nei pressi del principale scalo aeroportuale romano e propone camere tutte identiche tra loro per eleganza d'arredo e confort.

Pascucci al Porticciolo con cam rist,
viale Traiano 85 – ✆ 06 65 02 92 04 – www.alporticciolo.net – info@alporticciolo.net – chiuso dal 7 al 22 gennaio, domenica sera e lunedì
10 cam – 90 € 110 € **Rist** – Carta 53/77 €
◆ La sala allegra e colorata preannuncia i virtuosismi tra i quali si sbizzarrisce la cucina: ecco allora che i prodotti di ricerca e le emozioni del giovane chef danno vita a piatti estrosi. Nuove camere dal design contemporaneo completano l'offerta.

Bastianelli dal 1929
via Torre Clementina 86/88 – ✆ 0 66 50 50 95 – www.ristorantebastianelli.it – info@ristorantebastianelli.it
Rist – Carta 45/50 €
◆ Non ci sono sperimentazioni in cucina, ogni piatto è riproposto secondo la sua ricetta tradizionale, verificando la qualità di ogni prodotto; l'epositore del pescato all'ingresso sarà la prova!

FIUMINATA – Macerata (MC) – 563 M20 – 1 550 ab. – alt. 479 m – ✉ 62025 — 20 B2

Roma 200 – L'Aquila 182 – Ancona 88 – Gubbio 56

Graziella
piazza Vittoria 16 – ✆ 0 73 75 44 28 – chiuso dal 20 al 30 giugno, dal 25 settembre al 5 ottobre e mercoledì escluso luglio ed agosto
Rist – Carta 18/25 €
◆ In un ambiente di familiare ospitalità, la signora Graziella, cuoca e custode delle tradizioni locali, prepara da sempre tutto in casa, a partire dalle paste fresche.

FIVIZZANO – Massa Carrara (MS) – 563 J12 – 8 742 ab. – alt. 326 m – ✉ 54013 — 28 A1

Roma 437 – La Spezia 40 – Firenze 163 – Massa 41

Il Giardinetto cam, VISA

via Roma 155 – ☎ 0 58 59 20 60 – www.hotelilgiardinetto.com – hotelilgiardinetto@libero.it – chiuso dal 15 febbraio al 2 marzo e dall'11 al 27 ottobre

14 cam – †35 € ††55 €, ☕ 5 € – ½ P 50 €

Rist – *(chiuso lunedì da novembre a giugno)* Carta 22/29 €

◆ Con oltre cento anni di storia, un albergo familiare nel centro della località con un'ombreggiata terrazza-giardino e camere confortevoli. Gustosa cucina casalinga nelle due sale da pranzo o nella veranda affacciata sul verde.

FLAIBANO – Udine (UD) – 562 D20 – 1 195 ab. – ✉ 33030 — 10 B2

Roma 642 – Trieste 97 – Udine 23

Grani di Pepe con cam rist, VISA AE

via Cavour 44 – ☎ 04 32 86 93 56 – www.granidipepe.com – info@granidipepe.com – chiuso 1 settimana in gennaio e 2 settimane in agosto

7 cam ☕ – †60/75 € ††85/100 €

Rist – *(chiuso a mezzogiorno escluso sabato e domenica)* (coperti limitati, prenotare) Carta 32/45 €

◆ Di antico c'è solo il fatto che nel '700 l'attuale ristorante era un umile casolare. Oggi il design si è piacevolmente impadronito degli spazi, mentre accenti moderni caratterizzano la cucina, che accontenta terra e mare. Sobrio minimalismo nelle camere.

FOGGIA P (FG) – 564 C28 – 153 239 ab. – alt. 76 m — 26 A2

Roma 363 – Bari 132 – Napoli 175 – Pescara 180

Gino Lisa viale Aviatori - ☎ 0881 650542 - per Isole Tremiti ☎

via Perrone 17 ☎ 0881 723141, aptfoggia@viaggiareinpuglia.it, Fax 0881 725536

Mercure Cicolella VISA AE

viale 24 Maggio 60 ✉ 71121 – ☎ 08 81 56 61 11 – www.hotelcicolella.it – info@hotelcicolella.it Yc

102 cam ☕ – †100/160 € ††145/190 € – ½ P 110/130 €

Rist *Cicolella al Viale* – *(chiuso 2 settimane in dicembre-gennaio, 2 settimane in agosto)* Carta 35/45 €

◆ In centro città e nei pressi della stazione ferroviaria, prestigioso hotel dei primi '900, da sempre gestito dai Cicolella: struttura versatile in quanto indirizzo di riferimento per uomini d'affari e turisti. Al ristorante, i caratteristici sapori pugliesi: molto pesce, verdure e mozzarelle. Ce n'è per tutti i gusti!

White House senza rist VISA AE

via Monte Sabotino 24 ✉ 71121 – ☎ 08 81 72 16 44 – www.hotelwhitehouse.it – info@hotelwhitehouse.it Yb

35 cam ☕ – †85/119 € ††105/176 €

◆ Nella zona centrale e vicina alla stazione, un indirizzo di classe, dall'atmosfera calda e accogliente, dotato di buoni confort. Curati e raccolti spazi comuni.

Il Ventaglio VISA AE

via Postiglione 6 ✉ 71122 – ☎ 08 81 66 15 00 – www.ristoranteventaglio.it – info@ristoranteventaglio.it – chiuso dal 1° al 7 gennaio, dall'8 al 23 agosto, sabato-domenica da giugno ad agosto, domenica sera-lunedì negli altri mesi

Rist – Carta 40/65 € Xd

Rist *Wine Bar Masester* – *(chiuso gennaio e agosto)* Carta 18/41 €

◆ Locale gestito con passione e competenza da madre e figlio. All'interno, l'ambiente è curato. Sulla tavola, un ventaglio di sapori pugliesi che abbraccia mare e terra. Coperto all'americana e bancone per cocktail al Wine Bar. Cucina semplice, soprattutto di carne.

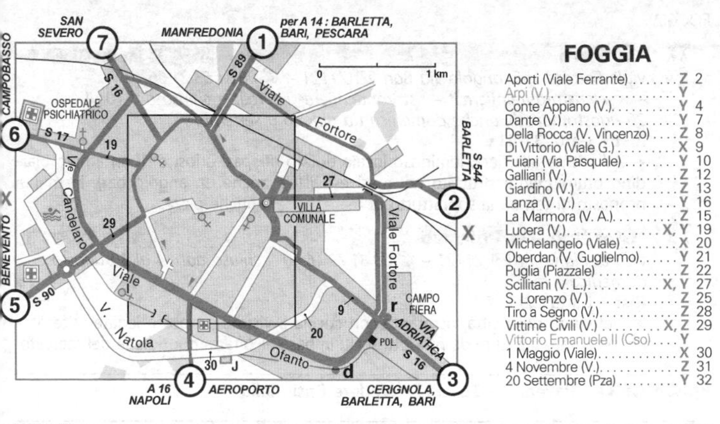

FOGGIA

Street	Grid	No.
Aporti (Viale Ferrante)	Z	2
Arpi (V.)	Y	
Conte Appiano (V.)	Y	4
Dante (V.)	Y	7
Della Rocca (V. Vincenzo)	Z	8
Di Vittorio (Viale G.)	X	9
Fuiani (Via Pasquale)	Y	10
Galliani (V.)	Z	12
Giardino (V.)	Z	13
Lanza (V. V.)	Y	16
La Marmora (V. A.)	Z	15
Lucera (V.)	X, Y	19
Michelangelo (Viale)	X	20
Oberdan (V. Guglielmo)	Y	21
Puglia (Piazzale)	Z	22
Scillitani (V. L.)	X, Y	27
S. Lorenzo (V.)	Z	25
Tiro a Segno (V.)	Z	28
Vittime Civili (V.)	X, Z	29
Vittorio Emanuele II (Cso)	Y	
1 Maggio (Viale)	X	30
4 Novembre (V.)	Z	31
20 Settembre (Pza)	Y	32

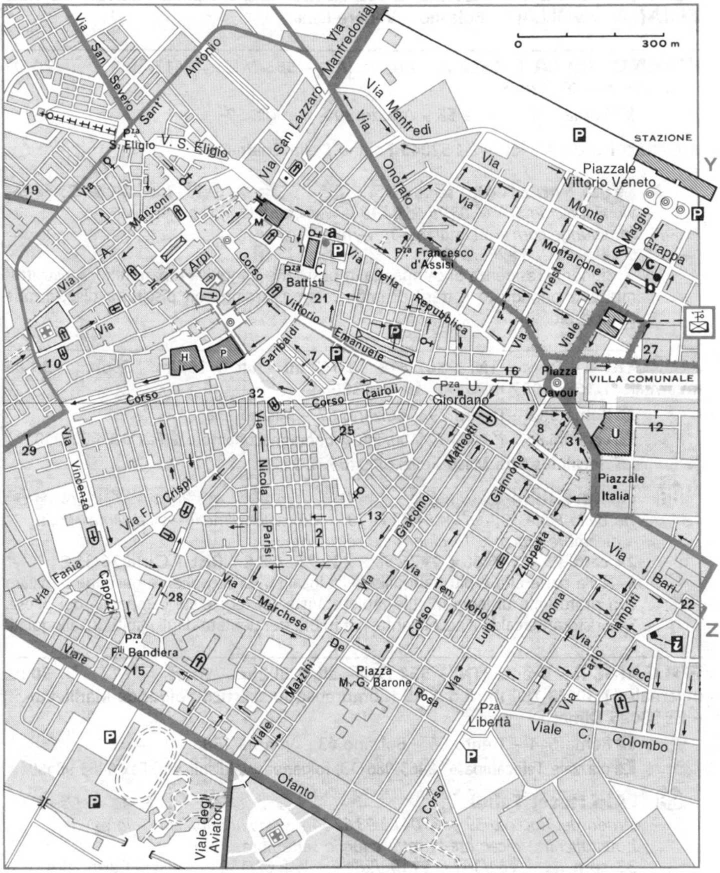

XX **In Fiera**

viale Fortore 155, angolo via Bari ✉ 71121 – ☎ 08 81 63 21 66 – www.ristoranteinfiera.it – ristoranteinfiera@libero.it – chiuso dal 10 al 20 agosto, lunedì, anche domenica da giugno a settembre X**r**

Rist – Carta 31/41 €

◆ Adiacente alla fiera, luminoso locale dotato di spazi ariosi e di un ampio giardino ottimamente sfruttato nei mesi estivi (c'è anche un angolo bar). In menu: proposte di terra, ma soprattutto di mare. La sera anche pizza.

XX **Giordano-Da Pompeo**

vico al Piano 14 ✉ 71121 – ☎ 08 81 72 46 40 – chiuso dal 14 al 30 agosto e domenica Y**a**

Rist – Carta 22/34 €

◆ Nel cuore della città, ristorante con cucina a vista e proposte legate al territorio, elaborate a partire da prodotti scelti in base all'offerta quotidiana del mercato.

FOGNANO – Ravenna – 562 F17 – Vedere Brisighella

FOIANA = VOLLAN – Bolzano – Vedere Lana

FOIANO DELLA CHIANA – Arezzo (AR) – 563 M17 – 9 417 ab. – alt. 318 m – ✉ 52045

29 D2

Roma 187 – Siena 55 – Arezzo 30 – Perugia 59

a Pozzo Nord : 4,5 km – ✉ 52045 Foiano Della Chiana

Villa Fontelunga senza rist

via Cunicchio 5 – ☎ 05 75 66 04 10 – www.fontelunga.com – info@fontelunga.com – 21 marzo-5 novembre

9 cam – ††265/345 €

◆ Signorile residenza di campagna in posizione tranquilla e panoramica, ristrutturata con buongusto e tratti di raffinatezza. Giardino con piscina a disposizione degli ospiti.

FOLGARIA – Trento (TN) – 562 E15 – 3 142 ab. – alt. 1 166 m – Sport invernali : 1 168/2 007 m 14, – ✉ 38064

30 B3

Roma 582 – Trento 29 – Bolzano 87 – Milano 236

via Roma 67 ☎ 0464 724100, info@montagnaconamore.it, Fax 0464 720250

località Costa Maso Spilzi, ☎ 0464 72 04 80

Villa Wilma

via della Pace 12 – ☎ 04 64 72 12 78 – www.villawilma.it – villawilma@tin.it – dicembre-marzo e 15 giugno-20 settembre

24 cam – †46/68 € ††76/98 € – ½ P 55/78 € **Rist** – Carta 26/36 €

◆ Nella parte alta e più tranquilla della località, un'accogliente gestione familiare con profusione di legni in stile tirolese. Vista sui tetti e sul campanile del paese. Sala ristorante calda e accogliente, per lo più frequentata dagli ospiti qui alloggiati.

FOLGARIDA – Trento (TN) – 562 D14 – alt. 1 302 m – Sport invernali : 1 300/2 180 m 5 19 (Comprensorio sciistico Folgarida-Marilleva) – ✉ 38025 Dimaro

30 B2

Roma 644 – Trento 66 – Bolzano 63 – Verona 158

piazzale Telecabina ☎ 0463 986113, folgarida@valdisole.net, Fax 0463 986594

Alp Hotel Taller

strada del Roccolo 39 – ☎ 04 63 98 62 34 – www.hoteltaller.it – info@hoteltaller.it – dicembre-Pasqua e luglio settembre

33 cam – †64/142 € ††108/284 € – ½ P 62/150 € **Rist** – Carta 28/45 €

◆ Nella parte alta della località, di fronte al palazzo del ghiaccio, l'hotel dispone di ampi spazi comuni, centro benessere completo e camere luminose. La conduzione è appassionata anche nella gestione del ristorante, in raffinato stile rustico.

FOLIGNO – Perugia (PG) – 563 N20 – 57 189 ab. – alt. 234 m – ✉ 06034 Italia 33 C2

Roma 158 – Perugia 36 – Ancona 134 – Assisi 18

corso Cavour 126 ☎ 0742 354459, info@iat.foligno.pg.it, Fax 0742 340545

Spello★ : affreschi★★ nella chiesa di Santa Maria Maggiore Nord-Ovest : 6 km – Montefalco★ : ☼★★★ dalla torre Comunale, affreschi★★ nella chiesa di San Francesco (museo), affresco★ di Benozzo Gozzoli nella chiesa di San Fortunato Sud-Ovest : 12 km

Villa dei Platani senza rist

viale Mezzetti 29 – ☎ 07 42 35 58 39 – www.villadeiplatani.com – info@villadeiplatani.com

14 cam – †90/120 € ††100/220 €

◆ Pregevole realtà ricettiva nata dal sapiente restauro di un'eclettica villa del primo '900, con spazi interni di tono minimalista e dalle calde tonalità. Moderni confort *hi-tech* nelle belle camere e stupenda terrazza, al secondo piano della struttura, arredata con eleganti mobili da esterno.

Casa Mancia senza rist

via dei Trinci 44 – ☎ 0 74 22 22 65 – www.casamancia.com – info@casamancia.com

16 cam – †62/68 € ††92/98 €

◆ A poca distanza dall'uscita Foligno Nord della superstrada, un albergo ricavato da una ex casa padronale con torre e chiesa sconsacrata. Camere moderne e confortevoli. Nuova bruschetteria serale con prenotazione obbligatoria.

Le Mura

via Bolletta 25 – ☎ 07 42 35 73 44 – www.lemura.net – albergo@lemura.net

36 cam – †50/75 € ††60/95 € – ½ P 41/59 €

Rist *Le Mura* – *(chiuso martedì)* Menu 18/35 €

◆ Nome già eloquente sulla collocazione: a ridosso della chiesa romanica di S. Giacomo e all'interno delle mura medievali. Un accogliente albergo, facile da raggiungere. Ristorante rinomato per le specialità umbre; tipiche soffittature lignee.

Villa Roncalli con cam

via Roma 25, Sud : 1 km – ☎ 07 42 39 10 91

10 cam – †55/65 € ††75/85 €

Rist – *(chiuso 3 al 15 gennaio e dal 15 al 31 agosto) (chiuso a mezzogiorno escluso i giorni festivi)* Carta 35/45 €

◆ In una villa patrizia, parco con piscina e servizio estivo all'aperto: splendida cornice per un quadro elegante, con piatti di cucina locale, alleggerita e rivisitata.

sulla strada statale 77 Nord-Est : 10 km

Guesia

località Ponte Santa Lucia 46 ✉ 06034 Foligno – ☎ 07 42 31 15 15 – www.guesia.com – info@guesia.com

19 cam – †60/75 € ††80/120 € – ½ P 70/80 €

Rist – *(chiuso 2 settimane in novembre e lunedì)* Carta 23/46 €

◆ Sulla statale che porta verso il mare, una struttura di stile moderno, comoda, con grande giardino attrezzato e belle camere, arredate con gusto e soluzioni personali. Ampie sale ristorante, affacciate sul verde esterno.

FOLLINA – Treviso (TV) – 562 E18 – 4 003 ab. – alt. 191 m – ✉ 31051 36 C2

Roma 590 – Belluno 30 – Trento 119 – Treviso 36

Villa Abbazia

via Martiri della Libertà – ☎ 04 38 97 12 77 – www.villaabbazia.it – abbazia@relaischateaux.com – chiuso dal 9 gennaio al 19 marzo

18 cam – †190/230 € ††240/345 € – 6 suites – ½ P 185/238 €

Rist La Corte – vedere selezione ristoranti

◆ Un piccolo giardino fiorito, un delizioso rifugio nel contesto di una villa padronale del '600; ovunque, la ricercatezza dei particolari, il buon gusto e la signorilità.

Dei Chiostri senza rist

piazza 4 Novembre 20 – ✆ 04 38 97 18 05 – www.hoteldeichiostri.com – info@hoteldeichiostri.com – chiuso dal 9 gennaio al 6 marzo

15 cam – †90/135 € ††150/175 €

◆ All'interno di un palazzo adiacente al municipio, struttura dotata di spazi comuni limitati ma di piacevoli personalizzazioni e molto buon gusto nelle camere.

La Corte – Villa Abbazia

via Roma 24 – ✆ 04 38 97 17 61 – www.hotelabbazia.com – info@hotelabbazia.it – chiuso dal 9 gennaio al 19 marzo, domenica in luglio-agosto e martedì negli altri mesi

Rist – *(chiuso a mezzogiorno)* Menu 48/75 € – Carta 59/73 €

◆ Nel medesimo ambito dell'hotel Villa Abbazia, ma da esso indipendente, un ristorante con salette raffinate ed una squisita cucina creativa. Servizio attento e professionale.

a Pedeguarda **Sud-Est : 3 km – ✉ 31050**

Osteria al Castelletto

via Castelletto 3 – ✆ 04 38 84 24 84 – www.alcastelletto.com – chiuso martedì

Rist – Menu 45/50 €

◆ Piacevole è l'aggettivo che più si addice a questo locale dagli ambienti arredati con buon gusto, un servizio all'aperto che beneficia della frescura del giardino e una linea di cucina di squisita matrice regionale.

FOLLONICA – Grosseto (GR) – 563 N14 – 22 139 ab. – ✉ 58022 28 B3

Toscana

Roma 234 – Grosseto 47 – Firenze 152 – Livorno 91

via Roma 51 ✆ 0566 52012, infofollonica@lamaremma.info, Fax 0566 53833

Toscana-Il Pelagone località Il Pelagone, ✆ 0566 82 04 71

Il Veliero

via delle Collacchie 20, località Puntone Vecchio, Sud-Est : 3 km – ✆ 05 66 86 62 19 – www.ristoranteilveliero.it – info@ristoranteilveliero.it – chiuso mercoledì da settembre a giugno, i mezzogiorno di mercoledì e giovedì in luglio-agosto

Rist – Carta 37/56 €

◆ Conduzione familiare ormai più che trentennale e corretta proporzione qualità/prezzo per un classico ristorante con piatti tipicamente marinari, sito sulla via che conduce verso Punta Ala.

Il Sottomarino

via Marconi 18 – ✆ 0 56 64 07 72 – www.ilsottomarino.it – info@ilsottomarino.it – chiuso dal 22 dicembre al 22 gennaio e martedì

Rist – *(chiuso a mezzogiorno dal 15 giugno ad agosto)* Carta 30/40 €

◆ Una valida cucina soprattutto a base di pesce è la proposta di uno chef di grande esperienza insieme al giovane figlio. Alcune preparazioni sono più classiche, altre invece si concedono alle tentazioni della fantasia.

FONDI – Latina (LT) – 563 R22 – 36 902 ab. – ✉ 04022 13 D3

Roma 131 – Frosinone 60 – Latina 59 – Napoli 110

Vicolo di Mblò

corso Appio Claudio 11 – ✆ 07 71 50 23 85 – www.mblo.it – info@mblo.it – chiuso dal 23 al 30 dicembre e martedì escluso giugno-settembre

Rist – Carta 29/41 €

◆ Proprio al termine del corso pedonale, dove si erge la torre con castello, un antico edificio di origine gonzaghesca nelle cui stalle è nato un ristorante caratteristico.

FONDO – Trento (TN) – 562 C15 – 1 488 ab. – alt. 987 m – ✉ 38013 30 B2

Roma 637 – Bolzano 36 – Merano 39 – Milano 294

via Roma 21 ✆ 0463 830133, info@visitvaldinon.it, Fax 0463 830161

Lady Maria cam, rist,

via Garibaldi 20 – ✆ 04 63 83 03 80 – www.ladymariahotel.com – info@ladymariahotel.com – chiuso dal 15 al 30 novembre
43 cam – 40/60 € 70/120 € – 2 suites – ½ P 60/70 €
Rist – Carta 21/26 €
♦ Struttura a seria conduzione familiare con ambientazione e arredi tipicamente montani: le camere più belle si trovano al terzo piano, le altre sono oggetto di progressivo rinnovo. Specialità della cucina trentina, servite nel luminoso ristorante.

FONDOTOCE – **Verbania** – **561** E7 – **Vedere Verbania**

FONTANA BIANCA (Lago di) = WEISSBRUNNER SEE – **Bolzano** – **562** C14 – **Vedere UltimoSanta Gertrude**

FONTANAFREDDA – **Pordenone (PN)** – **562** E19 – **11 285 ab.** – ✉ **33074** **10** A3
Roma 596 – Belluno 60 – Pordenone 9 – Portogruaro 36

Luna senza rist
via B. Osoppo 127, località Vigonovo – ✆ 04 34 56 55 35 – www.hoteluna.net – info@hoteluna.net – chiuso dal 24 dicembre all'8 gennaio
36 cam – 40/75 € 60/115 € – 2 suites
♦ Alle porte del paese e circondata da località di interesse storico, la struttura si sviluppa orizzontalmente ed è ideale per una clientela d'affari. Camere ampie, ben accessoriate, con anche accesso esterno.

FONTANASALSA – **Trapani** – **365** AK56 – **Vedere Trapani**

FONTANELLE – **Treviso (TV)** – **562** E19 – **5 866 ab.** – **alt. 18 m** – ✉ **31043** **36** C2
Roma 580 – Belluno 58 – Portogruaro 36 – Treviso 36

XX **La Giraffa**
via Roma 20 – ✆ 04 22 80 93 03 – alerorat@tin.it – chiuso lunedì sera e martedì
Rist – Carta 22/41 €
♦ Uno dei primi ristoranti della zona a proporre pesce, oggi la tradizione si è rinforzata con la passione e i viaggi in Giappone del cuoco-patron. Bella cucina a vista.

FONTANELLE – **Cuneo** – **561** J4 – **Vedere Boves**

FONTANELLE – **Parma (PR)** – **562** H12 – **Vedere Roccabianca**

FONTEBLANDA – **Grosseto (GR)** – **563** O15 – ✉ **58010** **29** C3
Roma 163 – Grosseto 24 – Civitavecchia 87 – Firenze 164
Maremmello strada Vicinale del Maremmello, ✆ 0564 88 62 17

Rombino senza rist
via Aurelia Vecchia 40 – ✆ 05 64 88 55 16 – www.hotelrombino.it – info@hotelrombino.it – chiuso novembre
40 cam – 50/110 € 65/110 €
♦ Nel cuore della Maremma, fra Talamone e il Monte Argentario, un hotel a conduzione familiare, rinnovato qualche anno fa, con camere confortevoli e spiaggia non lontana.

a Talamone **Sud-Ovest : 4 km** – ✉ **58010**

Baia di Talamone senza rist
via della Marina 23 – ✆ 05 64 88 73 10 – www.hbt.it – info@hotelbaiaditalamone.it – Pasqua-ottobre
17 cam – 100/130 € – 5 suites
♦ Affacciata sul porticciolo turistico, una bella struttura color salmone, contenuta ma comoda soprattutto a partire dall'ampio parcheggio; diverse stanze con salottino.

FOPPOLO – **Bergamo (BG)** – **561** D11 – **208 ab.** – **alt. 1 508 m** – **Sport invernali : 1 570/2 200 m** **16,** – ✉ **24010** **16** B1
Roma 659 – Sondrio 93 – Bergamo 58 – Brescia 110
via Moia 24 ✆ 0345 74315, info@bremboski.it, Fax 0345 74700

K 2

via Foppelle 42 – ✆ 0 34 57 41 05 – www.ristorantek2.com – info@ristorantek2.com – chiuso maggio-giugno e settembre-novembre (escluso sabato-domenica)

Rist – Carta 29/39 €

◆ Ambiente grazioso, con arredi in caldo legno chiaro e una curata rusticità; fuori dal centro abitato, offre piatti locali, come la selvaggina, e una conduzione familiare.

FORIO – Napoli – 564 E23 – Vedere Ischia (Isola d')

FORLÌ (FC) – 562 J18 – 116 208 ab. – alt. 34 m 9 D2

Roma 354 – Ravenna 29 – Rimini 54 – Bologna 63

piazzetta della Misura 5 ✆ 0543 712435, iat@comune.forlì.fc.it, Fax 0543 712755

I Fiordalisi via Maglianella 11/B, ✆ 0543 8 95 53

Globus City rist,

via Traiano Imperatore 4, 3,5 km per ① ✉ 47122 – ✆ 05 43 72 22 15 – www.hotelglobuscity.com – info@hotelglobus.it

96 cam – †70/230 € ††90/300 € – 2 suites **Rist** – Carta 33/43 €

◆ Hotel di stile classico tra la città e il casello autostradale; una hall di grande respiro con angolo bar vi accoglie in un ambiente dal confort omogeneo, anche nelle camere. Comodo ristorante con due ampie sale, cucina classica con alcune proposte locali.

Masini senza rist

corso Garibaldi 28 ✉ 47121 – ✆ 0 54 32 80 72 – www.hotelmasini.it – info@hotelmasini.it **c**

51 cam – †53/120 € ††75/124 €

◆ Hotel del centro che da fine '800 continua ininterrottamente a proporsi come riferimento cittadino e che oggi offre spazi funzionali e confortevoli, di taglio contemporaneo.

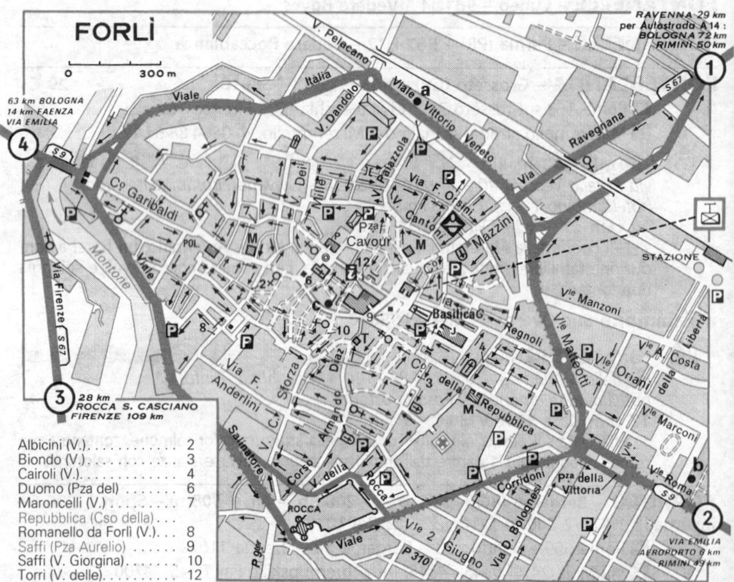

Michelangelo senza rist
via Buonarroti 4/6 ✉ 47122 – ☎ 05 43 40 02 33 – www.hotelmichelangelo.fc.it – info@hotelmichelangelo.fc.it **b**
39 cam – †70/130 € ††80/150 €, ☕ 9 €
◆ Poco fuori dal centro storico, l'albergo è stato totalmente ristrutturato pur mantenendo le vetrate a specchio per facciata: camere ampie e ben accessoriate, i requisiti per un piacevole soggiorno ci sono tutti!

Executive Hotel senza rist
viale Vittorio Veneto 3/e ✉ 47122 – ☎ 0 54 32 20 38 – www.executiveforli.it – info@executiveforli.it **a**
84 cam ☕ – †49/159 € ††59/189 €
◆ Semicentrale e facilmente raggiungibile dall'autostrada, un design hotel dagli arredi piani, moderni ed essenziali ispirati alle esigenze di immediatezza e fruibilità.

Casa Rusticale dei Cavalieri Templari
viale Bologna 275, 1 km per ④ ✉ 47121 – ☎ 05 43 70 18 88 – www.osteriadeitemplari.it – info@osteriadeitemplari.it – chiuso domenica, lunedì
Rist – (prenotare) Carta 29/45 €
◆ "Hospitale" di S. Bartolo dei Cavalieri Templari sin dal XIII secolo, il bel locale continua la tradizione di accoglienza e ottima cucina romagnola sotto l'egida di tre donne.

FORMIA – Latina (LT) – 563 S22 – 37 301 ab. – ✉ 04023 — 13 D3

Roma 153 – Frosinone 90 – Caserta 71 – Latina 76
per Ponza – Caremar, call center 892 123
viale Unità d'Italia 30/34 ☎ 0771 771490, Fax 0771 323275

Grande Albergo Miramare
via Appia 44, Est : 2 km – ☎ 07 71 32 00 47 – www.grandealbergomiramare.it – info@grandealbergomiramare.it
58 cam – †85/105 € ††120/135 €, ☕ 9 € – 1 suite – ½ P 67/125 €
Rist – Carta 30/55 €
◆ Serie di dependance tra i pini e il mare per un soggiorno di tono poco alberghiero e di esclusiva riservatezza. Le camere più affascinanti si affacciano sul golfo. Ampie sale al ristorante dal fascino retrò.

Fagiano Palace
via Appia 80, Est : 3 km – ☎ 07 71 72 09 00 – www.grandhotelfagiano.it – info@grandhotelfagiano.it
51 cam ☕ – †85/95 € ††95/120 € – ½ P 90/105 €
Rist – (consigliata la prenotazione) Carta 20/58 €
◆ Per affari o vacanze, in direzione di Napoli, le camere sono spaziose (anche se non sempre recenti i bagni). Nell'elegante sala interna o sul terrazzo, il mare ruba ogni attenzione al ristorante. Ottimo pesce.

Appia Grand Hotel
via Appia, angolo Mergataro, Est : 3 km – ☎ 07 71 72 60 41 – www.agh.it – agh@agh.it – aprile-ottobre
73 cam ☕ – †75/130 € ††100/150 € – ½ P 76/101 €
Rist – *(chiuso a mezzogiorno)* Carta 36/50 €
◆ Moderna struttura lungo la strada per Napoli, è la grande piscina l'elemento più notevole dell'albergo. Le camere sono sobrie e arredate con semplicità. Ambientazione contemporanea ed elegante nelle due ampie sale ristorante.

Italo
via Unità d'Italia 96, Ovest : 2 km – ☎ 07 71 77 12 64 – www.ristoranteitalo.com – ristorante.italo@tiscalinet.it – chiuso dal 21 dicembre al 4 gennaio, dal 1° al 15 novembre, lunedì, martedì
Rist – Carta 33/43 €
◆ Per ogni esigenza, gastronomica, banchettistica o di semplice eleganza, un punto di riferimento di tutto rispetto qui a Formia; lungo la strada che affianca la costa.

XX **Da Veneziano**

via Abate Tosti 120 – ✆ 07 71 77 18 18 – ristveneziano@tin.it – chiuso dal 23 dicembre al 4 gennaio e lunedì
Rist – Carta 34/59 €

♦ Al primo piano di un edificio rosa che si affaccia sulla piazza del mercato e sul lungomare, il ristorante prosegue la tradizione gastronomica marinara di famiglia.

FORMICA – Modena (MO) – Vedere Savignano sul Panaro

FORMIGINE – Modena (MO) – 562 I14 – 33 091 ab. – alt. 82 m – ✉ 41043 8 B2

Roma 415 – Bologna 48 – Milano 181 – Modena 11

La Fenice senza rist

via Gatti 3/73 – ✆ 0 59 57 33 44 – www.fenicehotel.it – info@fenicehotel.it
48 cam – 50/60 € 70/90 €

♦ In una tranquilla zona residenziale, albergo a conduzione familiare le cui camere semplici, ma generalmente ampie, faranno la felicità di coloro che amano gli spazi generosi. Prima colazione a buffet.

a Corlo Ovest : 3 km – ✉ 41043

Due Pini

via Radici in Piano 177, Est: 0,5 km – ✆ 0 59 57 26 97 – www.hotelduepini.it – info@hotelduepini.it – chiuso dal 24 al 26 dicembre e dal 10 al 16 agosto
56 cam – 50/60 € 70/80 €, 5 €
Rist – *(chiuso sabato e domenica)* Carta 24/29 €

♦ Ristrutturati, ampliati e dotati delle attuali tecnologie, tre antichi edifici di epoche differenti ospitano questo hotel, confortevole e moderno, circondato da un piccolo parco. Bella sala con ampi tavoli tondi, camino e finestre con tendaggi civettuoli.

FORMIGLIANA – Vercelli (VC) – 568 ab. – alt. 157 m – ✉ 13030 23 C2

Roma 651 – Stresa 86 – Milano 80 – Torino 69

XX **Franz**

via Roma 35 – ✆ 01 61 87 70 05 – info@ristorantefranz.it – chiuso 1 settimana in gennaio, agosto, lunedì, martedì
Rist – Carta 31/52 €

♦ Un locale d'impronta classica, periodicamente rinnovato e molto ben tenuto, gestito da una famiglia allargata, con accenti femminili. Cucina quasi esclusivamente di mare.

FORNI DI SOPRA – Udine (UD) – 562 C19 – 1 066 ab. – alt. 907 m – Sport invernali : 907/2 073 m 5, – ✉ 33024 10 A1

Roma 676 – Cortina d'Ampezzo 64 – Belluno 75 – Milano 418

via Cadore 1 ✆ 0433 886767, info.fornidisopra@turismo.fvg.it, Fax 0433 886686

Edelweiss

via Nazionale 19 – ✆ 0 43 38 80 16 – www.edelweiss-forni.it – info@edelweiss-forni.it – chiuso ottobre e novembre
27 cam – 80/120 € – ½ P 55/65 € **Rist** – Carta 21/28 €

♦ Nel Parco delle Dolomiti Friulane, albergo a conduzione familiare che offre camere di differenti tipologie (chiedete quelle più recenti) e un bel giardino attrezzato. Tipica cucina d'albergo nella quale predominano erbe spontanee e i prodotti della Carnia.

Nuoitas

località Nuoitas 7, Nord-Ovest: 2,8 km – ✆ 0 43 38 83 87 – www.albergonuoitas.it – polentaefrico@libero.it – chiuso maggio e ottobre
18 cam – 38/58 € 60/85 €
Rist – *(chiuso martedì escluso luglio-agosto)* Carta 18/24 €

♦ In posizione incantevole, immersa in una verdeggiante cornice di silenzi e tranquillità, una risorsa dagli spazi di tono rustico e semplici camere. "Nuoitas" significa "polenta e frico": la specialità del ristorante.

FORNO DI ZOLDO - Belluno (BL) - 562 C18 - 2 635 ab. - alt. 848 m - ✉ 32012 36 C1

Roma 638 - Belluno 34 - Cortina d'Ampezzo 42 - Milano 380

via Roma 10 ✆ 0437 787349, fornodizoldo@infodolomiti.it, Fax 0437 787340

a Mezzocanale Sud-Est : 10 km - alt. 620 m - ✉ 32013 Forno Di Zoldo

Mezzocanale-da Ninetta

via Canale 22 - ✆ 0 43 77 82 40 - chiuso dal 5 al 15 giugno, settembre, martedì sera, mercoledì

Rist - Carta 25/34 €

◆ Piacevole punto di ristoro lungo la strada per Forno di Zoldo: in un ambiente riscaldato da un *fogolar* ottocentesco, una cortese accoglienza familiare e le specialità della cucina dolomitica. Imperdibili i *canederli di rape rosse.*

FORNOVO DI TARO - Parma (PR) - 562 H12 - 6 258 ab. - alt. 158 m - ✉ 43045 8 B2

Roma 481 - Parma 22 - La Spezia 89 - Milano 131

via dei Collegati 19 ✆ 0525 2599 turist48@prolocofornovo.191.it Fax 0525 2599

A la Maison

piazza Matteotti 18 - ✆ 05 25 26 91 - www.ristorantemaison.com - sandrapiazza@hotmail.it - chiuso 15 giorni in agosto,martedì sera, mercoledì

Rist - Carta 30/45 €

◆ Conduzione familiare in un accogliente locale ricavato nelle cantine di un antico palazzo del centro. In menu: gustose proposte di cucina regionale e stagionale.

FORTE DEI MARMI - Lucca (LU) - 563 K12 - 7 816 ab. - ✉ 55042 28 A1

Toscana

Roma 378 - Pisa 35 - La Spezia 42 - Firenze 104

viale Achille Franceschi 8/b ✆ 0584 80091, forteinfo@comunefdm.it, Fax 0584 83214

Versilia via Della Sipe 100, ✆ 0584 88 15 74

Località★

Grand Hotel Imperiale

rist,

via Mazzini 20 - ✆ 0 58 47 82 71 - www.grandhotelimperiale.it - info@grandhotelimperiale.it

16 cam - ††385/700 € - 30 suites - ††500/2000 € - ½ P 263/420 €

Rist - Carta 62/125 €

◆ Atmosfera e servizio impeccabile sono i principali atout di questo albergo, dove il lusso si declina nei dettagli dipinti color oro, nonché nell'attrezzata beauty farm. E l'esclusività raggiunge il mare: spiaggia privata (a pagamento) Minerva Beach con servizio ristorante annesso.

Byron

viale Morin 46 - ✆ 05 84 78 70 52 - www.hotelbyron.net - info@hotelbyron.net - aprile-novembre

26 cam - †215/400 € ††265/760 € - 3 suites - ½ P 198/445 €

Rist *La Magnolia* - Carta 65/102 €

◆ Si respira un'atmosfera discreta e riservata - quasi da dimora privata - in questa elegante struttura nata dall'unione di due ville di fine '800, immersa in un delizioso giardino con piscina. In ogni stagione elaborate composizioni prendono vita dall'estro del giovane cuoco. D'estate si cena a bordo piscina.

Augustus Lido senza rist

viale Morin 72 - ✆ 05 84 78 74 42 - www.augustus-hotel.it - augustus@versilia.toscana.it - 22 aprile-25 settembre

17 cam - †390/500 € ††500/600 € - 2 suites

◆ Signorile residenza appartenuta alla famiglia Agnelli, è ora un albergo di lusso che conserva nei suoi ambienti l'originale atmosfera familiare. Charme di sapore inglese e diversi arredi d'epoca.

Villa Roma Imperiale senza rist

via Corsica 9 – 0 58 47 88 30 – www.villaromaimperiale.com – info@villaromaimperiale.com – 21 aprile- 25 settembre

32 cam – 250/850 € 400/900 €

◆ Abbracciata da un tranquillo giardino con piscina, una villa anni '20 d'impeccabile tenuta: interni sobri ed eleganti giocati sulle sfumature del colore sabbia e qualche accenno etnico in alcune camere.

California Park Hotel

cam, cam,

via Cristoforo Colombo 32 – 05 84 78 71 21 – www.californiaparkhotel.com – info@californiaparkhotel.com – aprile-ottobre

37 cam – 200/460 € 230/600 € – 3 suites

Rist – *(solo per alloggiati)* Menu 40/80 €

◆ Immersa in un lussureggiante parco, una bella struttura - moderna e funzionale - dall'aspetto estivo e mediterraneo. Composta da un corpo principale e da dépendence vanta un comune denominatore: l'ottimo confort.

Hermitage

cam,

via Cesare Battisti 50 – 05 84 78 71 44 – www.albergohermitage.it – hermitage@versilia.toscana.it – maggio-settembre

57 cam – 130/270 € 200/455 €, 25 € – 3 suites – ½ P 140/288 €

Rist – *(solo per alloggiati)* Menu 45/60 €

◆ Tra il verde dei pini e dei lecci, cinto da un giardino con piscina, un albergo piacevole, sito in una zona quieta della località. Simpatica area giochi per i bambini e comoda navetta per la spiaggia.

Ritz

cam,

via Flavio Gioia 2 – 05 84 78 75 31 – www.ritzfortedeimarmi.com – info@ritzfortedeimarmi.com

28 cam – 120/380 € 165/580 € – 1 suite – ½ P 185/330 €

Rist – *(chiuso dal 15 ottobre al 15 aprile)* Menu 45/55 €

◆ Centrale e contemporaneamente fronte mare, questo elegante edificio Liberty degli anni '30 reca uno stile molto sobrio, di sapore anglosassone, reso più caldo da inserimenti coloniali. Piatti della tradizione gastronomica italiana nel bel ristorante circondato dal verde.

Il Negresco

viale Italico 82 – 0 58 47 88 20 – www.hotelilnegresco.com – info@hotelilnegresco.com – chiuso 20 giorni in dicembre e 10 giorni in gennaio

40 cam – 130/460 € 180/630 € – ½ P 125/365 €

Rist – *(chiuso a mezzogiorno da ottobre ad aprile)* Carta 45/72 €

◆ Proprio sul lungomare, la struttura conserva sempre le sue doti di assoluta piacevolezza sia negli spazi esterni, sia nelle eleganti e confortevoli camere. Una breve passeggiata vi separa dal mondano centro.

President

cam,

via Caio Duilio 4 ang. viale Morin – 05 84 78 74 21 – www.presidentforte.it – info@presidentforte.it – Pasqua-settembre

44 cam – 150/210 € 180/260 €, 15 € – ½ P 205 €

Rist – *(solo per alloggiati)*

◆ A pochi passi dal mare - in zona verde e residenziale - una struttura moderna con interni signorili e spaziose zone comuni. Spiaggia privata a disposizione degli ospiti.

St. Mauritius

cam,

via 20 Settembre 28 – 05 84 78 71 31 – www.stmauritiushotel.com – info@stmauritiushotel.com – aprile-15 ottobre

54 cam – 90/170 € 110/250 €, 18 € – ½ P 100/185 €

Rist – *(solo per alloggiati)* Carta 30/38 €

◆ Nelle vie interne della località, il punto di forza della risorsa è il bel giardino con piscina da cui è cinta. Le camere sono state rinnovate in tempi recenti.

Mignon
rist, cam

via Carducci 58 – ☎ 05 84 78 74 95 – www.hotelmignon.it – info@hotelmignon.it – marzo-novembre

34 cam – †90/170 € ††130/260 € – ½ P 87/146 €

Rist – *(solo per alloggiati)* Menu 35/55 €

◆ Il verde della pineta e un grazioso giardino su cui s'affaccia l'ariosa veranda connotano questa piccola chicca: sapori quasi coloniali, signorilità e buon gusto ovunque.

Mirabeau
cam, rist,

viale amm. Morin 135 – ☎ 05 84 78 78 13 – www.hotelmirabeau.it – info@hotelmirabeau.it – maggio-ottobre

37 cam – †120/220 € ††190/370 € – 3 suites – ½ P 190 €

Rist – *(solo per alloggiati)* Menu 38/45 €

◆ Luminoso e piacevole, l'hotel dispone di camere omogenee nel confort (anche se distinte in diverse tipologie) e di una bella piscina nella zona *outdoor*, arredata con pregevoli mobili da giardino. Impeccabile sotto il profilo della tenuta e della manutenzione.

Piccolo Hotel

viale amm. Morin 24 – ☎ 05 84 78 74 33 – www.albergopiccolohotel.it – piccoloh@versilia.toscana.it – aprile-settembre

38 cam – †110/200 € ††160/280 € – ½ P 150/175 €

Rist – *(maggio-settembre) (solo per alloggiati)* Carta 35/50 €

◆ Immerso nel verde e vicino alla spiaggia (con accesso anche dal lungomare), un hotel a gestione familiare, che da oltre mezzo secolo offre buoni confort e piacevoli camere.

Kyrton
cam, rist,

via Raffaelli 16 – ☎ 05 84 78 74 61 – www.hotelkyrton.it – info@hotelkyrton.it – aprile-settembre

33 cam – †45/145 € ††80/240 €, 14 € – ½ P 130/139 €

Rist – *(solo per alloggiati)* Menu 18/40 €

◆ Camere semplici, ma confortevoli, in un hotel immerso nel verde di un curato giardino con piscina, la cui cordiale gestione familiare vi farà sentire un po' come ospiti da amici.

Tarabella
cam,

viale Versilia 13/b – ☎ 05 84 78 70 70 – www.tarabellahotel.it – matteo@tarabellahotel.it – Pasqua-ottobre

32 cam – †70/115 € ††90/190 €, 10 € – ½ P 70/125 €

Rist – *(solo per alloggiati)*

◆ Piacevole edificio niveo con qualche decorazione dipinta, un piccolo giardino lo circonda. E' una risorsa dal sapore familiare, confortevole e tranquilla, con una sala giochi per i bambini.

Sonia
cam,

via Matteotti 42 – ☎ 05 84 78 71 42 – www.hotel-sonia.it – albergosonia@alice.it

20 cam – †60/180 € ††90/200 € – ½ P 120 €

Rist – *(solo per alloggiati)* Menu 35/60 €

◆ Femminile e familiare la conduzione di questo semplice e piacevole indirizzo a metà strada tra il centro della località e il mare: una casa di inizio '900, curata in ogni particolare. Nella semplice sala da pranzo, un piccolo cimelio d'epoca.

Le Pleiadi
cam,

via Civitali 51 – ☎ 05 84 88 11 88 – www.hotellepleiadi.it – info@hotellepleiadi.it – aprile-10 ottobre

30 cam – †65/190 € ††95/250 € – ½ P 100/125 €

Rist – *(solo per alloggiati)* Menu 25/50 €

◆ Pini marittimi ad alto fusto lo circondano e in parte lo nascondono. Nella quiete delle vie più interne, camere fresche e la semplicità di una gestione familiare.

XXX **Lorenzo**

via Carducci 61 – 0 58 48 96 71 – viani.lorenzo@alice.it – chiuso dal 15 dicembre al 31 gennaio, lunedì (escluso giugno-settembre), martedì a mezzogiorno (escluso agosto)

Rist – *(chiuso a mezzogiorno dal 15 giugno al 15 settembre)* Carta 67/102 € (+10 %)

Spec. Filetto di baccalà cotto a bassa temperatura su passata di ceci. Bavette sul pesce. Filetti di triglia di sabbia con julienne di zucchine e dadolata di pomodoro.

◆ Lorenzo è un personaggio, intramontabile, quanto la sua cucina, che da sempre conta sulla qualità del pescato. Subito dopo, per fama, viene l'insegna -caricatura di un vignettista- una delle più celebri fra i ristoranti.

XXX **Bistrot**

viale Franceschi 14 – 0 58 48 98 79 – www.bistrotforte.it – bistrot@bistrotforte.it – chiuso dal 15 al 26 dicembre e martedì

Rist – *(chiuso a mezzogiorno escluso sabato e giorni festivi)* (consigliata la prenotazione) Menu 85/95 € – Carta 65/112 €

Spec. Selezione di pesce, crostacei e frutti di mare crudi. Fettuccine ripiene al granchio reale in guazzetto di vongole veraci, costine di sedano e pomodori confit. Gran frittura del Tirreno con verdure croccanti in tempura.

◆ Non aspettatevi un bistrot: qui troverete uno dei ristoranti più eleganti del Forte. Giovane e raffinata atmosfera, vi verranno servite delle elaborate e fantasiose proposte in prevalenza di mare, ma c'è anche un forno a legna per piatti più semplici e fragranti. Cantina-enoteca al piano inferiore.

X **The Fratellini's**

via Franceschi 2b – 0 58 48 29 31 – www.marcodavid.com – fratellinis@marcodavid.com

Rist – Carta 42/74 €

◆ Nel punto più strategico della città, un sorprendente cubo di cristallo si protende su un bel giardino: luogo d'elezione per cocktail e aperitivi. All'interno, lo stile si fa più minimalista, l'illuminazione soft. Il pesce crudo è la star del locale, ma non manca un interessante menu con piatti più o meno tradizionali.

FORTUNAGO – Pavia (PV) – 402 ab. – alt. 482 m – ✉ 27040 — 16 B3

Roma 585 – Alessandria 66 – Milano 78 – Pavia 41

Agriturismo Cascina Casareggio — rist,

località Casareggio, Ovest : 5 km – 03 83 87 52 28 – www.cascinacasareggio.it – info@cascinacasareggio.it

12 cam – †50/60 € ††75/85 € – ½ P 60 € **Rist** – Carta 31/51 €

◆ In posizione isolata e tranquilla, immerso in un parco, l'agriturismo ha preso il posto del piccolo paesino. Nei diversi caseggiati, il fascino di camere accoglienti, inaspettatamente arredate con mobili classici. Piacevoli e curate, le sale del ristorante si aprono su una cucina casalinga e regionale.

FORZA D'AGRÒ – Messina (ME) – 565 N27 – 885 ab. – alt. 420 m – ✉ 98030 — 40 D2

Catania 61 – Messina 41 – Palermo 271 – Taormina 15

Baia Taormina — rist,

statale dello Jonio km 39, Est : 5 km – 09 42 75 62 92 – www.baiataormina.com – info@baiataormina.com – aprile-ottobre

119 cam – †130/226 € ††180/436 € – ½ P 123/251 €

Rist – Carta 38/76 €

◆ Sito sullo scoglio panoramico che si affaccia sull'omonima baia, un suggestivo hotel recentemente ampliatosi con una nuova ala: spiaggia privata e, in terrazza, due piscine raggiungibili con l'ascensore.

FOSDINOVO – Massa Carrara (MS) – 563 J12 – 4 979 ab. – alt. 500 m – ✉ 54035 — 28 A1

Roma 388 – La spezia 25 – Genova 108 – Livorno 86

La Castellana

via Pilastri 18, Sud-Est: 4 km – ✆ 01 87 68 00 10 – www.albergolacastellana.com – albergolacastellana@libero.it

30 cam – ♦70/90 € ♦♦90/120 € – ½ P 75/90 € **Rist** – Carta 40/60 €

♦ Sulla strada per Fosdinovo e in posizione panoramica, hotel di nuova costruzione dagli ambienti ariosi, piacevolmente arredati con mobili in stile contemporaneo. Linee sobrie nelle confortevoli camere.

FOSSANO – Cuneo (CN) – 561 I5 – 24 595 ab. – alt. 375 m – ✉ 12045 22 B3

Roma 645 – Torino 73 – Cuneo 30 – Asti 65

Antiche Volte

via Giovanni Negri 20 – ✆ 01 72 66 66 66 – www.palazzorighini.it – antichevolte@palazzorighini.it

Rist – Carta 42/53 €

♦ Sotto le antiche volte di Palazzo Righini una sosta gourmet: cucina moderna - soprattutto a base di carne - e qualche specialità di mare. Con oltre 4000 bottiglie tra vini d'autore, annate prestigiose, bollicine italiane e straniere, la cantina merita la lode.

FRABOSA SOPRANA – Cuneo (CN) – 561 J5 – 824 ab. – alt. 891 m 22 B3 – Sport invernali : 900/1 800 m 5 – ✉ 12082

Roma 632 – Cuneo 35 – Milano 228 – Savona 87

piazza Municipio ✆ 0174 244010, infofrabosa@libero.it, Fax 0174 244163

Miramonti

via Roma 84 – ✆ 01 74 24 45 33 – www.miramonti.cn.it – info@miramonti.cn.it – chiuso dal 21 marzo al 22 aprile e ottobre

48 cam – ♦55/61 € ♦♦85/110 €, 8 € – ½ P 75/85 € **Rist** – Menu 25/35 €

♦ La si sta rinnovando pian piano questa bella risorsa situata in un parco, specializzata nell'ospitare congressi e corsi di formazione inerenti la medicina olistica, shiatsu, yoga. Accogliente e familiare, non manca di riservare un occhio di riguardo ai piccoli ospiti. Cucina per buongustai e menu speciali per bambini.

FRANCAVILLA AL MARE – Chieti (CH) – 563 O24 – 24 262 ab. 2 C1 – ✉ 66023

Roma 216 – Pescara 7 – L'Aquila 115 – Chieti 19

piazza Sirena ✆ 085 817169, iat.francavilla@abruzzoturismo.it, Fax 085 816649

18 Miglianico contrada Cerreto 120, Sud: 8 km, ✆ 0871 95 05 66

Sporting Hotel Villa Maria

contrada Pretaro, Nord-Ovest : 3 km – ✆ 0 85 45 00 51 – www.sportingvillamaria.it – villamaria@sportingvillamaria.it

rist,

87 cam – ♦90/120 € ♦♦125/180 € – 1 suite – ½ P 91/118 €

Rist – *(chiuso a mezzogiorno da ottobre ad aprile)* Carta 27/44 €

♦ Piacevole soggiorno nella quiete di un grande parco e nel confort delle camere; attrezzata zona relax con doccia emozionale e una sala colazioni panoramica per lasciarsi svegliare dai riflessi del mare. In un'atmosfera intima e raffinata, la sobrietà del ristorante si coniuga alla valorizzazione del territorio.

Punta de l'Est

rist,

viale Alcione 188 – ✆ 08 54 98 20 76 – www.puntadelest.it – info@puntadelest.it – 23 aprile-ottobre

52 cam – ♦60/120 € ♦♦70/140 € – ½ P 50/100 €

Rist – *(solo per alloggiati)* Carta 21/40 €

♦ Praticamente sulla spiaggia, albergo a conduzione diretta composto dall'unione di due belle ville: luminosi gli spazi comuni, confortevoli le camere.

Il Brigantino - Chiavaroli

viale Alcione 101 – ✆ 0 85 81 09 29 – ilbrigantinochiavaroli@hotmail.it – chiuso domenica sera (escluso luglio-agosto) e lunedì

Rist – Carta 30/71 €

♦ Ristorante non lontano dal mare, vanta un'affidabile ed esperta gestione familiare e piatti principalmente di pesce.

La Nave

viale Kennedy 2 – ✆ 0 85 81 71 15 – enricomancinelli@gmail.com – chiuso mercoledì escluso luglio-agosto

Rist – Carta 36/55 €

◆ Una sorta di Titanic felliniano arenato sulla spiaggia di Francavilla questa nave-ristorante: sul "ponte", il servizio estivo, nei piatti, le fragranze del mare presentate a voce.

FRANZENSFESTE = Fortezza

FRAORE – **Parma** – **Vedere Parma**

FRASCATI – **Roma (RM)** – **563** Q20 – **20 931 ab.** – **alt. 320 m** **12** B2
– ✉ **00044** Roma

Roma 19 – Castel Gandolfo 10 – Fiuggi 66 – Frosinone 68

Villa Aldobrandini★

Castelli romani★★: sud-ovest per la strada S 216 e ritorno per la via dei Laghi (circuito di 60 km)

Flora

viale Vittorio Veneto 8 – ✆ 0 69 41 61 10 – www.hotel-flora.it – info@hotel-flora.it

37 cam – 100/135 € 125/150 € – ½ P 90/95 €

Rist – *(chiuso a mezzogiorno)* Carta 31/43 €

◆ A due passi dal centro, lo stile Liberty della struttura vi farà certamente assaporare l'aristocratica atmosfera di quando Frascati era meta di villeggiatura della nobità romana. *Roof garden* panoramico.

Colonna senza rist

piazza del Gesù 12 – ✆ 06 94 01 80 88 – www.hotelcolonna.it – hotelcolonna@hotelcolonna.it

20 cam – 80/100 € 90/125 €

◆ Siete nel centro storico, ma il palazzo che ospita l'albergo è di epoca più recente, ideale per chi vuole scoprire le ricchezze artistiche di Frascati senza rinunciare al confort moderno. Deliziosamente affrescata la sala per la prima colazione.

Cacciani

via Diaz 15 – ✆ 0 69 40 19 91 – www.cacciani.it – hotel@cacciani.it

22 cam – 60/90 € 70/100 € – ½ P 70 €

Rist Cacciani – vedere selezione ristoranti

◆ In posizione centrale, è un albergo semplice pensato per una clientela di lavoro ed offre una bella vista sui dintorni e su villa Aldobrandini; qualche camera con terrazza panoramica.

Cacciani

via Diaz 13 – ✆ 0 69 40 19 91 – www.cacciani.it – info@cacciani.it – chiuso dal 7 al 14 gennaio, dal 16 al 23 agosto, domenica sera (escluso da giugno a settembre), lunedì

Rist – Carta 37/53 €

◆ Molte generazioni hanno contribuito al successo di questo locale, le cui proposte spaziano dai classici laziali a piatti più innovativi. Terrazza panoramica per il servizio estivo.

Zarazà

viale Regina Margherita 45 – ✆ 0 69 42 20 53 – rist.zaraza@libero.it – chiuso 3 settimane in agosto, domenica sera (escluso da giugno a settembre), lunedì

Rist – Carta 27/34 €

◆ Locale a gestione familiare che nell'insegna ricorda il nome del nonno; semplice ma ben tenuto, propone l'autentica cucina popolare laziale. D'estate il servizio è all'aperto.

FRATTA – **Forlì-Cesena (040)** – **562** J18 – **Vedere Bertinoro**

FRATTA TODINA – **Perugia (PG)** – **563** N19 – **1 885 ab.** – **alt. 215 m** **32** B2
– ✉ **06054**

Roma 139 – Perugia 43 – Assisi 55 – Orvieto 43

La Palazzetta del Vescovo - Country House
via Clausura 17, località Spineta, Ovest: 3 km
- 07 58 74 51 83 - www.lapalazzettadelvescovo.com - info@lapalazzettadelvescovo.com - chiuso dall'8 gennaio al 15 marzo
9 cam - ††190/240 €
Rist - *(chiuso a mezzogiorno) (solo per alloggiati)* Menu 38 €
◆ Elegante e ricca di fascino, arredata con mobili antichi, attenzione ai particolari e una calda armonia di colori; nel rigoglioso giardino, essenze mediterranee e un'ampia piscina a raso.

FREIBERG - Bolzano - Vedere Merano

FREIENFELD = Campo di Trens

FROSINONE (FR) - 563 R22 - 48 215 ab. - alt. 291 m - 03100 13 C2

Roma 83 - Avezzano 78 - Latina 55 - Napoli 144
via Aldo Moro 467/469 0775 83381, info@apt.frosinone.it, Fax 0775 833837
Abbazia di Casamari★★ Est : 15 km

Astor rist,
via Marco Tullio Cicerone 220 - 07 75 27 01 32 - www.astorhotel.fr.it - astor_hotel@libero.it
60 cam - †57 € ††85 € - 1 suite - ½ P 63 € **Rist** - Carta 22/34 €
◆ Per chi vuole trovare comodità e confort, una risorsa dotata di parcheggio e garage, in una zona centrale e trafficata. Spazi comuni con foto di celebrità passate di qui. Una cucina improntata alle tradizioni ciociare, nell'elegante sala da pranzo.

Cesari
in prossimità casello autostrada A 1 - 07 75 29 15 81 - www.hotelcesari.it - hotelcesari@libero.it
58 cam - †75/85 € ††100 € - ½ P 70 € **Rist** - Carta 30/40 €
◆ Un tradizionale hotel, ideale per soste nel corso di spostamenti veloci e di lavoro, proprio dinanzi al casello autostradale; in parte da poco rinnovato nel settore notte. Una vasta offerta di pesce, da gustare accomodati nella capiente sala ristorante.

Memmina
via Maria 172 - 07 75 87 35 48 - www.albergomemmina.it - info@albergomemmina.it
37 cam - †55 € ††70 € - ½ P 50 € **Rist** - Carta 18/25 €
◆ Struttura semplice, ma poliedrica, in posizione semicentrale con camere recenti, ordinate e pulite. Servizio self-service per pasti veloci o ristorante con piatti locali.

XXX **Palombella**
via Maria 234 - 07 75 87 21 63 - www.palombella.com - info@palombella.com
Rist - Carta 22/30 €
◆ Locale dai delicati accostamenti di colore in un'atmosfera squisitamente Liberty: tra vetrate colorate e colonne, un tripudio di specchi, marmi intarsiati e gessi.

FROSSASCO - Torino (TO) - 561 ?P47H4 - 2 909 ab. - alt. 376 m 22 B2 - 10060

Roma 665 - Torino 36 - Asti 79 - Cuneo 71

La Locanda della Maison Verte
via Rossi 34, per via XX Settembre
- 01 21 35 46 10 - www.maisonvertehotel.com - information@maisonvertehotel.com - chiuso dal 1° al 7 gennaio
28 cam - †70/80 € ††90/108 € - 1 suite - ½ P 61/70 € **Rist** - Carta 21/38 €
◆ È stato ispirandosi al verde circostante che la maison si è specializzata nella cure per la salute e la bellezza. In questa bucolica atmosfera l'antica cascina ottocentesca ha saputo mantenere intatto il fascino d'antan. Anche il ristorante è un omaggio al passato: è qui che si riscoprono i sapori tipici del territorio.

Adriano Mesa
via Principe Amedeo 57 – 𝒞 01 21 35 34 55 – adriano.mesa@virgilio.it – chiuso lunedì
Rist – (prenotazione obbligatoria) Menu 35/50 €
◆ Sobrio e curato - situato in centro paese - il locale dispone di una cucina visibile dalla sala e propone un unico menu degustazione che varia secondo l'estro dello chef, ma dal quale è possibile scegliere i piatti preferiti.

FUMANE – Verona (VR) – 562 F14 – 4 141 ab. – alt. 198 m – ✉ 37022 37 A2

Roma 515 – Verona 18 – Brescia 69 – Mantova 52

Costa degli Ulivi
rist,
via Costa 5 – 𝒞 04 56 83 80 88 – www.costadegliulivi.com – reception@costadegliulivi.com
18 cam – 70/90 € 110/120 € – ½ P 75/80 €
Rist – *(chiuso mercoledì)* Carta 22/33 €
◆ Vecchio casolare di campagna cinto da una vasta proprietà; all'interno camere semplici arredate con mobili rustici in legno, luminose quelle nuove affacciate sui vigneti. Polenta abbrustolita con soppressa e lardo, pasta e fagioli, grigliate miste e dolci casalinghi nell'ampia sala verandata del ristorante.

FUNES (VILLNOSS) – Belluno (BL) – 562 C17 – 2 372 ab. – alt. 1 159 m 31 C1 – ✉ 32010

Roma 680 – Bolzano 38 – Bressanone 19 – Milano 337
frazione San Pietro 11 𝒞 0472 840180, info@funes.info, Fax 0472 841515

Sport Hotel Tyrol
cam, rist,
località Santa Maddalena 105 – 𝒞 04 72 84 01 04 – www.tyrol-hotel.eu – info@tyrol-hotel.eu – Natale-marzo e 20 maggio-4 novembre
28 cam – 55/75 € 100/140 € – ½ P 65/95 € **Rist** – Carta 26/46 €
◆ Immerso nei verdi prati e cinto dai monti: per godersi la tranquillità e la panoramicità del luogo, in un ambiente ricco di opere d'arte in legno create dal proprietario. Sale da pranzo rinnovate con molto legno.

FUNO – Bologna – Vedere Argelato

FURLO (Gola del) – Pesaro e Urbino (PU) – 563 L20 – alt. 177 m 20 B1

Roma 259 – Rimini 87 – Ancona 97 – Fano 38

Anticofurlo con cam
rist,
via Furlo 66 ✉ 61041 Acqualagna – 𝒞 07 21 70 00 96 – www.anticofurlo.it – ristorante@anticofurlo.it – chiuso dal 10 al 20 gennaio
7 cam – 42/60 € 70/95 € – ½ P 60/70 €
Rist – *(chiuso lunedì sera escluso agosto e novembre)* (consigliata la prenotazione) Carta 36/56 €
◆ Locale dall'atmosfera informale, ma nel piatto la creatività fa "vibrare" i tradizionali sapori regionali. Imperdibile il rito dell'aperitivo, che si consuma nella caratteristica grotta scavata nella roccia. Confort moderno e mobili antichi nelle camere rinnovate.

FURORE – Salerno (SA) – 564 F25 – 830 ab. – alt. 300 m – ✉ 84010 Italia 6 B2

Roma 264 – Napoli 55 – Salerno 35 – Sorrento 40
Vallone★★

Furore Inn Resort
rist,
via dell'Amore, contrada Sant'Elia – 𝒞 08 98 30 47 11 – www.furoreinn.it – information@furoreinn.it – 9 aprile-8 novembre
18 cam – 220/320 € 280/460 € – 4 suites – ½ P 205/295 €
Rist *La Volpe Pescatrice* – 𝒞 08 98 30 47 85 – Carta 60/75 €
Rist *Italian Touch* – 𝒞 08 98 30 47 70 – Carta 60/90 €
◆ Recente risorsa in ottima posizione, con una terrazza panoramica con piscina; attrezzata beauty farm, eleganza, confort, tradizioni e modernità che si fondono in armonia. Atmosfera e ambiente signorili al raffinato ristorante. All'Italian Touch, cucina mediterranea ed un'atmosfera dalle eco arabe.

Hostaria di Bacco
via G.B. Lama 9 – ✆ 0 89 83 03 60 – www.baccofurore.it – info@baccofurore.it – chiuso dal 14 al 25 novembre e Natale
20 cam – ♦60/70 € ♦♦80/100 €, ☕ 10 € – ½ P 70/85 €
Rist – *(chiuso venerdì in bassa stagione)* Carta 25/48 €
♦ Chi voglia scoprire il volto segreto della Costiera, si arrampichi fin qua: dove nel 1930 sorgeva una semplice osteria quasi a picco sul mare, oggi c'è un nido incantevole. Servizio ristorante estivo in terrazza panoramica.

Agriturismo Sant'Alfonso
cam,
via S. Alfonso 6 – ✆ 0 89 83 05 15 – www.agriturismosantalfonso.it – info@agriturismosantalfonso.it – chiuso dal 15 gennaio al 15 febbraio
9 cam ☕ – ♦♦65/90 € – ½ P 65 €
Rist – *(chiuso a mezzogiorno escluso domenica)* (prenotazione obbligatoria) Carta 25/33 €
♦ Tra i tipici terrazzamenti della Costiera, un ex convento dell'800, ora agriturismo; conserva cappella, ceramiche, affreschi e forno a legna di quel periodo. Camere semplici. Prodotti di stagione, il vino dell'azienda ed il profumo elle erbe aromatiche in sala o in terrazza.

FUSIGNANO – Ravenna (RA) – 562 I17 – 8 365 ab. – ✉ 48010 9 C2

Roma 372 – Bologna 68 – Ravenna 29 – Faenza 26

Cà Ruffo senza rist
via Leardini 8 – ✆ 05 45 95 40 34 – www.caruffo.it – info@caruffo.it – chiuso dal 1° al 7 gennaio e 3 settimane in agosto
9 cam ☕ – ♦75/80 € ♦♦100 € – 1 suite
♦ Nel cuore della Romagna, un palazzotto nobiliare oggi trasformato in un piccolo hotel, curato: poche stanze, tutte personalizzate, per sentirsi coccolati con eleganza.

La Voglia Matta
via Vittorio Veneto 63 – ✆ 05 45 95 40 34 – www.caruffo.it – lavogliamatta@caruffo.it – chiuso dal 1° al 7 gennaio e 3 settimane in agosto
Rist – *(chiuso domenica)* Carta 36/48 €
♦ Al piano terra dell'albergo Ca' Ruffo, una piccola bomboniera dove gustare una saporita cucina di terra e di mare. Qualche ricetta vegetariana ed economiche proposte per pranzi di lavoro.

GABBIANO – Firenze – Vedere Scarperia

GABICCE MARE – Pesaro e Urbino (PU) – 563 K20 – 5 906 ab. – ✉ 61011 20 B1

Roma 316 – Rimini 23 – Ancona 93 – Forlì 70

viale della Vittoria 42 ✆ 0541 954424, iat.gabicce@regione.marche.it, Fax 0541 953500

Rivieragolfresort San Giovanni in Marignano via Conca Nuova 1236, Sud-Ovest: 6 km, ✆0541 95 64 99

Grand Hotel Michelacci
rist,
piazza Giardini Unità d'Italia 1 – ✆ 05 41 95 43 61 – www.michelacci.com – info@michelacci.com
130 cam ☕ – ♦141/170 € ♦♦246/268 € – 10 suites – ½ P 139/168 €
Rist – Carta 52/68 €
♦ Nel cuore della città, l'elegante risorsa si affaccia sul golfo ed offre ambienti curati nei dettagli: bella piscina, moderno centro benessere ed un'attrezzata sala congressi.

Sans Souci
rist,
viale Mare 9 – ✆ 05 41 95 01 64 – www.parkhotels.it – sanssouci@parkhotels.it – marzo-novembre
88 cam ☕ – ♦62/160 € ♦♦95/208 € – ½ P 71/140 € **Rist** – Carta 19/45 €
♦ In posizione panoramica, questo moderno hotel, recentemente rinnovato, domina la costa ed offre ambienti dai semplici arredi di gusto moderno ed una dependance.

Alexander rist,

via Panoramica 35 – 05 41 95 41 66 – www.alexanderhotel.it – info@alexanderhotel.it – aprile-settembre

48 cam – 60/105 € 100/190 € – ½ P 80/110 € **Rist** – Menu 20/40 €

◆ Ubicata tra mare e collina, una struttura classica con ambienti di moderna eleganza, area fitness, animazione ed attrezzature per le vacanze dei più piccoli. Inoltre, speciali attenzioni ai cicloturisti: è un bike hotel ben attrezzato!

Venus rist,

via Panoramica 29 – 05 41 96 26 01 – www.hotelvenus.it – info@hotelvenus.it – maggio-settembre

50 cam – 88/132 € 154/242 € – ½ P 83/132 €

Rist – *(solo per alloggiati)*

◆ Ambienti spaziosi dal sobrio arredo, sauna, palestra e due piscine in questa grande risorsa ubicata in zona residenziale a pochi passi dal centro.

Majestic rist,

via Balneare 10 – 05 41 95 37 44 – www.majestichotel.it – majestic@gabiccemare.com – maggio-settembre

55 cam – 60/90 € 90/135 €, 8 € – ½ P 97 €

Rist – *(solo per alloggiati)* Carta 31/51 €

◆ Nella zona alta della località, una piscina separa la struttura principale dalla dependance, entrambi con interni ampi e signorili; possibilità di grigliate in spiaggia.

Thea rist,

via Vittorio Veneto 11 – 05 41 95 00 52 – www.hotelthea.it – info@hotelthea.it – Pasqua-25 settembre

37 cam – 39/59 € 68/106 € – ½ P 45/69 €

Rist – *(giugno-settembre)* Carta 22/29 €

◆ Direttamente sul mare con accesso diretto alla spiaggia, l'hotel mette a disposizione degli ospiti ambienti recentemente rinnovati negli arredi e camere con eco orientali. Sala da pranzo al primo piano con vista sul Mediterraneo.

Marinella rist,

via Vittorio Veneto 127 – 05 41 95 45 71 – www.hotel-marinella.it – info@hotel-marinella.it – Pasqua-settembre

46 cam – 100/150 € 150/200 € – 8 suites – ½ P 80/150 €

Rist – Carta 16/26 €

◆ In pieno centro, la risorsa è gestita da una famiglia di provata esperienza e dispone di ampie camere. Ideale punto di appoggio per escursioni nei dintorni, serba un occhio di riguardo ai cicloturisti! Nella sala ristorante affacciata sul mare, in giardino o in veranda, vi attende un ricco buffet.

Il Traghetto

via del Porto 27 – 05 41 95 81 51 – www.ristoranteiltraghetto.it – fulviopritelli@alice.it – chiuso dal 24 novembre al 4 febbraio e martedì (escluso agosto)

Rist – Carta 35/55 €

◆ Dotata di uno spazio riservato ai fumatori, il ristorante propone una gustosa cucina regionale e di pesce. Tra le specialità: l'antipasto *Traghetto*. Nuovo dehors sulla banchina del porto canale.

a Gabicce Monte Est : 2,5 km – alt. 144 m – ✉ 61011 Gabicce Mare

Posillipo

via dell'Orizzonte 1 – 05 41 95 33 73 – www.hotelposillipo.com – info@hotelposillipo.com – aprile-novembre

31 cam – 75/150 € 120/210 € – 2 suites – ½ P 100/140 €

Rist – *(chiuso lunedì escluso da giugno ad agosto) (chiuso a mezzogiorno escluso domenica in bassa stagione)* Carta 38/84 €

◆ Sovrastando il verde e il mare in cima al colle di Gabicce, l'hotel dispone di rilassanti spazi comuni tra cui una bella piscina ed ampie camere (di standard superiore le *junior suite* all'ultimo piano della casa). In menu tanto pesce ed una carta dei vini emozionante: più di mille etichette!

Osteria della Miseria
via Dei Mandorli 2, (Est 1,5 km) – ✆ 05 41 95 83 08 – www.osteria.ws – info@osteria.ws – chiuso lunedì
Rist – *(chiuso a mezzogiorno escluso domenica da ottobre ad aprile)* Carta 31/39 €
♦ Un'allegra osteria con pareti tappezzate da foto in bianco e nero, che ritraggono musicisti di blues e di jazz. Cucina regionale semplice, ma curata.

GADANA – **Pesaro e Urbino** – **Vedere Urbino**

GAETA – **Latina (LT)** – **563** S23 – **21 724 ab.** – ✉ **04024** Italia **13** D3
Roma 141 – Frosinone 99 – Caserta 79 – Latina 74
via Filiberto 5 ✆ 0771 461165, Fax 0771 450779
Golfo★ – Duomo : Candelabro pasquale★

Villa Irlanda Grand Hotel cam,
lungomare Caboto 6, Nord : 4 km – ✆ 07 71 71 25 81 – www.villairlanda.com – villairlanda@villairlanda.com
43 cam – 75/100 € 125/220 € – 5 suites – ½ P 142/164 €
Rist – Carta 32/44 €
♦ A partire dalla piscina, in un parco con villa e convento d'inizio secolo, sino ai resti di una domus romana, un complesso di gran fascino, tra il mare e le prime alture. Sala da pranzo di armonica bellezza, ricavata da un'antica chiesa, ancora con il ciborio.

Trattoria la Cianciola
vico 2 Buonomo 16 – ✆ 07 71 46 61 90 – chiuso novembre
Rist – *(chiuso lunedì escluso agosto)* Carta 18/33 €
♦ Il nome evoca l'antica pesca fatta dalle imbarcazioni con le lampare; oggi, un'eco nostalgica in uno stretto vicolo affacciato sul lungomare. Menù, come ovvio, di pesce.

sulla strada statale 213

Grand Hotel Le Rocce
via Flacca km 23,300, Ovest : 6,8 km ✉ 04024 – ✆ 07 71 74 09 85 – www.lerocce.com – info@lerocce.com – maggio-settembre
57 cam – 100/250 € 130/305 € – ½ P 117/193 €
Rist – *(chiuso a mezzogiorno)* Carta 35/77 €
♦ Davvero una magnifica ambientazione, fra una natura rigogliosa e un'acqua cristallina, con una serie di ariose terrazze fiorite sul mare e strutture d'un bianco intenso. Sala da pranzo di rustica e sobria eleganza; incantevole vista dal dehors estivo.

Grand Hotel Il Ninfeo
via Flacca km 22,700, Ovest : 7,4 km ✉ 04024 – ✆ 07 71 74 22 91 – www.grandhotelilninfeo.it – info@grandhotelilninfeo.it – aprile-ottobre
40 cam – 67/128 € 94/195 €, 10 € – ½ P 120/160 €
Rist – Carta 30/60 €
♦ Proprio sulla spiaggia dell'incantevole insenatura di S. Vito, una bella struttura digradante sul mare attraverso la vegetazione; ambienti nuovi e luminosi, ben curati. Un vero quadro sulla marina blu la suggestiva sala ristorante.

GAGGIANO – **Milano (MI)** – **561** F9 – **8 921 ab.** – **alt. 117 m** – ✉ **20083** **18** A2
Roma 580 – Alessandria 92 – Milano 14 – Novara 37

a Vigano Sud : 3 km – ✉ 20083 Gaggiano

Antica Trattoria del Gallo
via Kennedy 1/3 – ✆ 0 29 08 52 76 – www.trattoriadelgallo.com – trattoria.gallo@tiscalinet.it – chiuso dal 25 dicembre al 10 gennaio, agosto, lunedì, martedì
Rist – Carta 40/51 €
♦ Nato a fine '800, un locale di vecchia tradizione rurale, rinnovato nelle strutture, con servizio estivo in giardino: i piatti mantengono salde matrici territoriali.

GAIANO – **Salerno** – **564** E26 – **Vedere Fisciano**

GAIBANA – **Ferrara** – **562** H16 – **Vedere Ferrara**

GAIBANELLA - Ferrara - 562 H17 - Vedere Ferrara

GAIOLE IN CHIANTI - Siena (SI) - 563 L16 - 2 696 ab. - alt. 360 m 29 C2

- ✉ 53013 Toscana

Roma 252 - Firenze 60 - Siena 28 - Arezzo 56

via Galilei 1 ✆ 0577 749411, prolocogaiole@libero.it, Fax 0577 749411

Castello di Spaltenna
località Spaltenna 13 - ✆ 05 77 74 94 83
- www.spaltenna.it - info@spaltenna.it - aprile-dicembre
32 cam - 165/280 € 195/330 € - 3 suites - ½ P 153/225 €
Rist - *(chiuso la sera)* Carta 35/56 €
Rist *Il Pievano* - *(chiuso a mezzogiorno)* Menu 49/63 € - Carta 49/81 €
◆ Incorniciato dal tipico paesaggio toscano, l'albergo racconta di sè dalle antiche mura ed ospita ambienti confortevoli e caratteristici; attrezzature sportive e per il relax.

L'Ultimo Mulino
località La Ripresa di Vistarenni 43, Ovest : 6 km
- ✆ 05 77 73 85 20 - www.ultimomulino.it
- info@ultimomulino.it - maggio-ottobre
13 cam - 112/143 € 143/204 €, 10 €
Rist - *(solo per alloggiati)* Menu 40/60 €
◆ Celato dalla tranquillità dei boschi, l'hotel nasce dal restauro di un antico mulino medievale arredato in stile e dotato di confort moderni. In estate, allegri apertivi a bordo piscina.

XX **Badia a Coltibuono**
località Coltibuono, Nord-Est : 5,5 km - ✆ 05 77 74 90 31 - www.coltibuono.com
- ristbadia@coltibuono.com - 10 marzo-10 novembre; chiuso lunedì escluso maggio-ottobre
Rist - Menu 40 € - Carta 36/45 €
◆ Fondata quale luogo di culto e di meditazione, oggi la badia è un ambiente sobriamente elegante dove assaporare i profumi della terra del Chianti.

sulla strada statale 408

Le Pozze di Lecchi
località Molinaccio al km 21, Sud-Ovest: 6,3 km - ✆ 05 77 74 62 12
- www.lepozzedilecchi.it - info@lepozzedilecchi.it - Natale, Capodanno e 15 aprile-ottobre
14 cam - 95/224 € 159/265 € - ½ P 110/168 €
Rist *Monna Ginevra* - *(chiuso mercoledì)* Carta 39/55 €
◆ Ideale per un soggiorno di tranquillità, l'hotel è il risultato del restauro di un mulino. Negli ambienti, attenzione nelle rifiniture degli arredi, travi cotto e arte povera. Piccola sala dall'atmosfera classica con proposte di cucina regionale.

Borgo Argenina senza rist
località Argenina, Strada Statale 408 al km 14, Sud : 12 km - ✆ 05 77 74 71 17
- www.borgoargenina.it - info@borgoargenina.it - 4 marzo-9 novembre
7 cam - 150 € 170 € - 3 suites
◆ Circondato da verdi colline che ne preservano la tranquillità, offre ambienti arredati nello stile del primo Novecento, cucina con camino e camere confortevoli ma semplici.

GAIONE - Parma - 562 H12 - Vedere Parma

GALATINA - Lecce (LE) - 564 G36 - 27 456 ab. - alt. 75 m - ✉ 73013 27 D3

Puglia

Roma 588 - Brindisi 58 - Gallipoli 22 - Lecce 20

Chiesa di S. Caterina d'Alessandria★: affreschi★

Palazzo Baldi

corte Baldi 2 – ✆ 08 36 56 83 45 – www.hotelpalazzobaldi.com – hbaldi@tin.it
11 cam – 70/120 € 120/180 € – 3 suites – ½ P 80/110 €
Rist – *(chiuso domenica)* Carta 22/28 €
◆ In pieno centro, un'elegante residenza vescovile di origini cinquecentesche custodisce camere di differenti tipologie con arredi in stile, arricchiti con inserti in ceramica.

GALLARATE – Varese (VA) – 561 F8 – 50 797 ab. – alt. 238 m – ✉ 21013 18 A2

Roma 617 – Stresa 43 – Milano 40 – Como 50

Astoria senza rist

piazza Risorgimento 9/A – ✆ 03 31 79 10 43 – www.astoria.ws – hotel@astoria.ws
50 cam – 70/120 € 100/200 €
◆ Ubicato nel centro del paese, costituisce un valido punto d'appoggio per il vicino aeroporto di Malpensa; camere pulite e ordinate, arredi sobri e confortevoli.

Trattoria del Ponte

corso Sempione 99 – ✆ 03 31 77 72 92 – www.trattoriadelponte.com – info@trattoriadelponte.com
Rist – Carta 25/47 €
◆ Frequentata trattoria non molto distante dal centro. Le specialità profumano di mare e valgono una cena, ma per chi ha fretta c'è un'ottima lista di pizze.

GALLIATE LOMBARDO – Varese (VA) – 952 ab. – alt. 335 m – ✉ 21020 18 A1

Roma 639 – Stresa 41 – Como 34 – Lugano 47

Ilario Vinciguerra

via IV Novembre 10 – ✆ 03 32 94 71 04 – www.ilariovinciguerra.it – info@ilariovinciguerra.it – chiuso 3 settimane in gennaio e martedì
Rist – *(chiuso a mezzogiorno escluso sabato e giorni festivi)* (consigliata la prenotazione) Menu 70/90 € – Carta 66/86 €
Spec. "Profumo": tartare di gamberi rossi e gin tonic. Spaghetti con colatura di alici su crema di scarola affumicata. Maialino tenero e croccante su composta di limoni sorrentini e scaloppa di foie gras.
◆ Come in un crescendo rossiniano, le capacità di questo giovane chef non smettono di evolversi. Ne sono testimoni i suoi memorabili piatti: intriganti e creativi, su base mediterranea.

GALLIERA VENETA – Padova (PD) – 562 F17 – 7 110 ab. – alt. 49 m – ✉ 35015 37 B1

Roma 535 – Padova 37 – Trento 109 – Treviso 32

Al Palazzon

via Cà Onorai 2 località Mottinello Nuovo – ✆ 04 95 96 50 20 – www.alpalazzon.it – alpalazzon@libero.it – chiuso agosto e lunedì
Rist – Carta 30/42 €
◆ Esternamente la struttura è quella di un cascinale, all'interno si scoprono tre salette eleganti, curate nei particolari; valida gestione familiare e piatti anche di pesce.

GALLIO – Vicenza (VI) – 562 E16 – 2 476 ab. – alt. 1 090 m – Sport invernali : 1 090/1 730 m 47 (Altopiano di Asiago) – ✉ 36032 35 B2

Roma 577 – Trento 68 – Belluno 88 – Padova 94

Gaarten

rist, rist,

via Kanotole 13/15 – ✆ 04 24 44 51 02 – www.gaartenhotel.it – info@gaartenhotel.it
45 cam – 80/135 € 140/220 € – ½ P 130 € **Rist** – Carta 24/38 €
◆ Risorsa polifunzionale d'impostazione moderna, decisamente confortevole e ideale per congressi in altura. Grazie al nuovo centro benessere, la struttura risulta anche indicata per vacanze "relax". Cucina internazionale nel rispetto e nell'attenta valorizzazione dei prodotti tipici.

GALLIPOLI - Lecce (LE) - **564** G35 - **21 051** ab. - ✉ **73014** Puglia **27** D3

Roma 628 - Brindisi 78 - Bari 190 - Lecce 37

via Antonietta de Pace 108 ☎ 0833 262529, iatgallipoli@viaggiareinpuglia.it, Fax 0833 262529

Interno★ della chiesa della Purissima

Palazzo del Corso senza rist

corso Roma 145 – ☎ 08 33 26 40 40 – www.hotelpalazzodelcorso.it – info@hotelpalazzodelcorso.it – marzo-novembre

4 cam – †175/350 € ††220/450 €, ☕ 25 € – 3 suites – ††350/600 €

◆ A pochi passi dal centro storico, un palazzo ottocentesco dagli eleganti ambienti arredati con tessuti e mobilia di pregio ed un roof-garden con buffet caldi e freddi.

Relais Corte Palmieri senza rist

corte Palmieri 3 – ☎ 08 33 26 53 18 – www.relaiscortepalmieri.it – info@relaiscortepalmieri.it – aprile-novembre

13 cam ☕ – †155/185 € ††175/200 € – 3 suites

◆ In un palazzo del '700 restaurato nel pieno rispetto della struttura originaria - tra terrazzamenti e muri bianchi - una risorsa unica, curata e ricca di personalizzazioni. Un gioiello nel cuore di Gallipoli!

Palazzo Mosco Inn senza rist

via Micetti 26 – ☎ 08 33 26 65 62 – www.palazzomoscoinn.it – info@palazzomoscoinn.it – aprile-settembre

9 cam ☕ – †155/185 € ††175/200 € – 1 suite

◆ Tra vicoli e palazzi storici, un edificio dell'Ottocento ospita nei suoi ambienti decorati con mosaici originali, raffinate camere e terrazze con vista sul golfo (per la prima colazione e l'aperitivo serale).

XX **La Puritate**

via Sant'Elia 18 – ☎ 08 33 26 42 05 – chiuso ottobre e mercoledì escluso da giugno a settembre

Rist – Carta 29/55 €

◆ Sulla passeggiata che costeggia le mura, il ristorante dispone di un'elegante veranda in legno e una cucina con proposte esclusivamente a base di pesce. Imperdibili: il giro di antipasti e i gamberi.

sulla strada litoranea per Santa Maria di Leuca Sud-Est: 6 km

Grand Hotel Costa Brada

litoranea per Santa Maria di Leuca

✉ 73014 – ☎ 08 33 20 25 51 – www.grandhotelcostabrada.it – direzione@grandhotelcostabrada.it

88 cam – solo ½ P 200/250 €

Rist – Menu 30/50 €

◆ Direttamente sulla spiaggia, una struttura dalle bianche pareti, dispone di ampie zone comuni, camere confortevoli dagli arredi curati ed un attrezzato centro benessere. I tradizionali sapori mediterranei trovano consenso nell'elegante sala da pranzo.

Ecoresort Le Sirenè

rist,

litoranea per Santa Maria di Leuca – ☎ 08 33 20 25 36 – www.attiliocaroli.it – lesirenuse@attiliocaroli.it – aprile-ottobre

120 cam ☕ – †130 € ††165 € – ½ P 130 €

Rist – *(aprile-ottobre)* Menu 22/26 €

◆ Frontemare, ma circondata da una fresca pineta, la risorsa dispone di ambienti dai sobri arredi ed offre spazi sia per lo sport sia per il relax. Per i più festaioli, c'è anche l'animazione. Nella spaziosa sala ristorante, specialità gastronomiche legate alla tradizione salentina.

Masseria Li Foggi senza rist
contrada Li Foggi – ✆ 08 33 27 72 17 – www.kalekora.it – masserialifoggi@kalekora.it – aprile-ottobre
12 cam – †70/180 € ††120/250 €
♦ Immerso nella campagna salentina, l'eco-resort invita a ristabilire un autentico contatto con la natura: i colori, i suoni e l'aria lievemente profumata di salmastro ed erbe selvatiche riconciliano l'ospite con il mondo. Colori caldi e graziose personalizzazioni nelle belle camere e negli appartamenti.

GALLODORO – Messina (ME) – 565 N27 – 384 ab. – alt. 388 m – ✉ 98030 40 D2

Catania 57 – Messina 52 – Palermo 267 – Taormina 11

Noemi
via Manzoni 8 – ✆ 0 94 23 71 62 – ristorantenoemi@alice.it – chiuso dal 25 giugno al 15 luglio e martedì
Rist – Menu 29/32 €
♦ Splendida la vista sulla costa, suggestivo biglietto da visita per questa trattoria che propone un'ampia scelta di piatti all'interno di una cucina fedele alla tradizione. Servizio estivo all'aperto.

GALLUZZO – Firenze – 563 K15 – Vedere Firenze

GALZIGNANO TERME – Padova (PD) – 562 G17 – 4 445 ab. – alt. 22 m – ✉ 35030 35 B3

Roma 477 – Padova 20 – Mantova 94 – Milano 255
viale delle Terme 82, ✆ 049 9 19 51 00
Padova via Noiera 57, ✆ 049 9 13 00 78

verso Battaglia Terme Sud-Est : 3,5 km :

Sporting Hotel Terme
viale delle Terme 82 ✉ 35030 – ✆ 04 99 19 56 67 – www.galzignano.it – prenotazioni@galzignano.it – chiuso dal 1° gennaio al 25 marzo
110 cam – †110/160 € ††130/250 € – 2 suites – ½ P 105/155 €
Rist – Menu 30 €
♦ All'interno del parco termale - contornato da ampi giardini - un hotel contemporaneo dalle ariose e confortevoli sale; camere di sobria eleganza.

GAMBARA – Brescia (BS) – 561 G12 – 4 788 ab. – alt. 51 m – ✉ 25020 17 C3

Roma 530 – Brescia 42 – Cremona 29 – Mantova 63

Gambara senza rist
via campo Fiera 22 – ✆ 03 09 95 62 60 – www.hotelgambara.it – info@hotelgambara.it
13 cam – †55/65 € ††75/95 €
♦ La tradizione alberghiera di questo edificio risale ai primi del '900; da poco rinnovato, assicura confort e atmosfera in un ambiente familiare. Belle camere personalizzate.

GAMBARARE – Venezia – Vedere Mira

GAMBARIE D'ASPROMONTE – Reggio di Calabria (RC) – 564 M29 – alt. 1 300 m – ✉ 89050 5 A3

Roma 672 – Reggio di Calabria 43 – Catanzaro 151 – Lamezia Terme 126

Centrale
piazza Mangeruca 23 – ✆ 09 65 74 31 33 – www.hotelcentrale.net – info@hotelcentrale.net
48 cam – †60/70 € ††70/90 € – ½ P 55/70 € **Rist** – Carta 21/28 €
♦ Nel centro della località e a pochi passi dalla seggiovia, un esercizio semplice e ben tenuto, con piacevoli camere dall'arredo montano. Gestione ospitale e possibilità di escursioni guidate in mountain-bike. Specialità regionali caratterizzano il ristorante.

Park Hotel Bellavista
via delle Albe – 09 65 74 41 43 – www.bellavistapark.it – info@bellavistapark.it
13 cam – 70/100 € 100/120 € – ½ P 65/80 €
Rist – *(solo per alloggiati)* Carta 23/32 €
◆ Un curato giardino incornicia questa moderna struttura di recente costruzione: zone comuni e camere dagli arredi caldi e contemporanei. Cucina tipica montana al ristorante.

GAMBASSI TERME – Firenze (FI) – 563 L14 – 4 890 ab. – alt. 332 m – 50050 28 B2

Roma 285 – Firenze 59 – Siena 53 – Pisa 73

Villa Bianca senza rist
via Gramsci 113 – 05 71 63 80 75 – www.villabiancahotel.it – info@villabiancahotel.it – chiuso gennaio-14 marzo
8 cam – 65/95 € 100/135 €
◆ Immersa in un parco con piscina, si accede da una piccola elegante hall per arrivare alle camere: tutte personalizzate e arredate con cura del dettaglio. Sobria e raffinata.

GAMBELLARA – Vicenza (VI) – 562 F16 – 3 347 ab. – alt. 70 m – 36053 35 B3

Roma 532 – Verona 37 – Padova 56 – Venezia 89

Antica Osteria al Castello
via Castello 23, località Sorio, Sud : 1 km – 04 44 44 40 85 – www.anticaosteriaalcastello.com – Info@anticaosteriaalcastello.com – chiuso domenica
Rist – Carta 33/48 €
◆ Trattoria di tradizione familiare che ultimamente, con la giovane gestione, ha ricevuto un tocco di originalità ed eleganza sia nell'ambiente che nell'impostazione del menù.

GAMBOLÒ – Pavia (PV) – 561 G8 – 10 007 ab. – alt. 106 m – 27025 16 A3

Roma 586 – Alessandria 71 – Milano 43 – Novara 36

Da Carla con cam
frazione Molino d'Isella 3, Est : 6 km – 03 81 93 95 82 – www.trattoriadacarla.com – info@trattoriadacarla.com
10 cam – 70 € 90 € – ½ P 62 €
Rist – *(chiuso dal 16 al 31 agosto e mercoledì)* Carta 26/71 €
◆ Due accoglienti sale con soffitti in legno, pareti bianche e camino: una trattoria di campagna nei pressi di un pittoresco canale, dove gustare piatti regionali. Tra le specialità: oca, rane e lumache; i vini sono proposti a voce.

GANZIRRI – Messina – 365 BC54 – Vedere Messina

GARBAGNATE MILANESE – Milano (MI) – 561 F9 – 27 048 ab. – alt. 179 m – 20024 18 B2

Roma 588 – Milano 16 – Como 33 – Novara 48

La Refezione
via Milano 166 – 0 29 95 89 42 – www.larefezione.it – refezione@alice.it – chiuso dal 25 dicembre al 6 gennaio, agosto, domenica, lunedì a mezzogiorno
Rist – Menu 40/55 € – Carta 47/73 €
◆ Una fantasiosa cucina per l'elegante "club-house" all'interno di un centro sportivo; lasciatevi guidare dall'esperto titolare e dalla sua giovane équipe di collaboratori.

GARDA - Verona (VR) - 562 F14 - 3 922 ab. - alt. 67 m - ✉ 37016 35 A2
Italia Centro Nord

Roma 527 - Verona 30 - Brescia 64 - Mantova 65

piazza Donatori di Sangue 1 ✆ 045 6270384, iatgarda@provincia.vr.it, Fax 045 7256720

Cà degli Ulivi via Ghiandare 2, ✆ 045 6 27 90 30

Località★

Punta di San Vigilio★★: ovest 3 km

Regina Adelaide
cam, rist, rist,

via San Francesco d'Assisi 23 – ✆ 04 57 25 59 77 – www.regina-adelaide.it – hotel@regina-adelaide.it

49 cam – †156/193 € ††180/252 € – 10 suites – ½ P 122/159 €

Rist ***Al Patio*** – Carta 42/54 €

♦ Dotato di ottime camere, di un bel giardino con piscina e di attrezzature varie per il benessere, è sicuramente uno tra gli alberghi più blasonati del Garda. Al ristorante: ambienti moderni con grandi vetrate e dehors estivo, vista lago.

Poiano
rist,

via Poiano, Est : 2 km – ✆ 04 57 20 01 00 – www.poiano.com – reservation@poiano.com – marzo-novembre

120 cam – †74/113 € ††96/174 € – ½ P 66/105 € **Rist** – Carta 23/34 €

♦ In collina, tra il verde della vegetazione mediterranea, eppure non molto distante dal lago, enorme e tranquilla struttura a vocazione sia congressuale che vacanziera. Servizio ristorante all'aperto, nella rilassante atmosfera dell'entroterra lacustre.

Benaco senza rist

corso Italia 126 – ✆ 04 57 25 52 83 – www.hotelbenacogarda.it – info@hotelbenacogarda.it – chiuso dal 9 gennaio al 1° aprile

16 cam – †50/70 € ††80/120 €

♦ Moderno, con qualche accenno di design nelle zone comuni, questo grazioso hotel a due passi dal lago e dal centro propone camere signorili arredate con mobili in legno scuro.

All'Ancora
rist, rist,

via Manzoni 7 – ✆ 04 57 25 52 02 – www.allancora.com – info@allancora.com – 15 marzo-dicembre

18 cam – ††60/86 € – ½ P 48/59 € **Rist** – Carta 23/48 €

♦ Ubicazione centralissima, a pochi metri dal lago; soluzione per un soggiorno senza pretese, ma con rara cura del cliente. Ottima la tenuta e simpatia nella gestione. Nell'accogliente sala da pranzo, fiori freschi a centrotavola.

La Vittoria
cam, cam, cam,

lungolago regina Adelaide 57 – ✆ 04 56 27 04 73 – www.hotellavittoria.it – info@hotellavittoria.it – 22 marzo-22 novembre

12 cam – †76/120 € ††82/170 € **Rist** – Carta 28/41 €

♦ Fronte lago e nel centro della località, l'hotel occupa gli ambienti di una villa *Liberty* ristrutturata: camere spaziose e ben arredate, alcuni mobili d'epoca disseminati qua e là.

GARDA (Lago di) o BENACO - Brescia, Trento e Verona - 561 F13 Italia

GARDONE RIVIERA - Brescia (BS) - 561 F13 - 2 735 ab. - alt. 71 m 17 C2
- ✉ 25083 Italia Centro Nord

Roma 551 - Brescia 34 - Bergamo 88 - Mantova 90

corso Repubblica 8 ✆ 030 3748736, iat.gardoneriviera@provincia.brescia.it, Fax 0365 20347

Bogliaco via del Golf 21, ✆ 0365 64 30 06

Posizione pittoresca★★ - Vittoriale★ (residenza e tomba di Gabriele d'Annunzio): nord-est 1 km

Grand Hotel rist,

corso Zanardelli 84 – ✆ 0 36 52 02 61
– www.grandhotelgardone.it – info@grandhotelgardone.it
– aprile-16 ottobre
167 cam – 120/150 € 196/256 € – ½ P 128/158 €
Rist – Carta 43/75 €
◆ Hotel storico dell'ospitalità gardesana, creato nel 1886; oggi unisce confort moderni alla magica posizione con terrazza-giardino fiorita sul lago e piscina riscaldata. Fascino e prestigio d'altri tempi anche nel ristorante con una veranda affacciata sul lago.

Villa Sofia senza rist

via Cornella 9 – ✆ 0 36 52 27 29
– www.savoypalace.it – villasofia@savoypalace.it
– aprile-ottobre
34 cam – 100/180 € 130/270 €
◆ Villa d'inizio '900 in posizione dominante e panoramica. Tanto verde ben curato vicino alle piscine, confort elevato e accoglienza cordiale nei caldi ambienti interni.

Savoy Palace rist, rist,

via Zanardelli 2/4 – ✆ 03 65 29 05 88
– www.savoypalace.it – info@savoypalace.it – aprile-ottobre
60 cam – 105/180 € 140/300 € – ½ P 140/180 €
Rist – Carta 43/58 €
◆ Imponente edificio liberty dominante il lago: panoramica terrazza e camere dagli arredi eleganti, ben rifiniti. Raffinata sala da pranzo con accesso diretto alla piscina; buona scelta in menu.

Villa Capri senza rist

corso Zanardelli 172 – ✆ 0 36 52 15 37 – www.hotelvillacapri.com – info@hotelvillacapri.com – aprile-ottobre
45 cam – 110/120 € 200/260 €
◆ Grande e moderna struttura in riva al lago: ambienti spaziosi, ma il gioiello è il giardino-solarium affacciato sull'acqua.

Bellevue senza rist

corso Zanardelli 87 – ✆ 03 65 29 00 88 – www.hotelbellevuegardone.com
– info@hotelbellevuegardone.com – aprile-settembre
30 cam – 65/70 € 100/120 €
◆ Giardino con terrazza vista lago in questa villa di inizio '900 dallo stile eclettico-liberty. Spazi interni più semplici rispetto alla maestosità della facciata, camere sobrie, ma accoglienti.

Dimora Bolsone senza rist

via Panoramica 23, Nord-Ovest : 2,5 km – ✆ 0 36 52 10 22
– www.dimorabolsone.it – info@dimorabolsone.it – marzo-6 novembre
5 cam – 170 € 200 €
◆ Storico casale di campagna, le cui origini risalgono al XV sec., inserito in un grande parco che arriva a lambire il Vittoriale. "Giardino dei sensi" con piante di ogni tipo.

Villa Fiordaliso con cam rist,

corso Zanardelli 150 – ✆ 0 36 52 01 58
– www.villafiordaliso.it – info@villafiordaliso.it
– marzo-ottobre
2 cam – 350/500 € – 3 suites – 500/700 €
Rist – *(chiuso lunedì, martedì a mezzogiorno)* Menu 120 € – Carta 70/90 €
Spec. Risotto con stracchino, sarde di lago allo spiedo e olio d'Argan. Cosciotto d'agnello da latte, aglio dolce e purea di patate ratte. Torta di rose cotta al momento, cremino di liquore all'uovo e limoni del Garda.
◆ Splendida e amena villa liberty sul lago verso cui si protendono gli ultimi tavoli in un'atmosfera esclusiva e romantica. Cucina creativa e mai banale.

XX **Agli Angeli** con cam

piazza Garibaldi 2, località Vittoriale – ✆ 0 36 52 08 32 – www.agliangeli.com – info@agliangeli.com – marzo-15 novembre

15 cam – †55/70 € ††99/130 € – 2 suites

Rist – *(chiuso martedì)* Carta 30/52 €

♦ Tra il Giardino Botanico e il Vittoriale, una locanda accogliente e romantica dove la cucina flirta con il pesce, ma non dimentica la carne: piatti, comunque, d'impronta regionale. A pochi metri dal ristorante, in un edificio d'epoca dalla caratteristica corte interna, graziose camere con letti a baldacchino.

Fasano del Garda Nord-Est : 2 km – ✉ 25083

Grand Hotel Fasano e Villa Principe

corso Zanardelli 190 – ✆ 03 65 29 02 20 – www.ghf.it – info@ghf.it – aprile-ottobre

rist,

75 cam – †135/200 € ††220/450 € – ½ P 150/265 €

Rist *Il Fagiano* – *(20 aprile-10 ottobre) (chiuso a mezzogiorno)* Carta 44/64 €

♦ Ex residenza di caccia della Casa Imperiale d'Austria, trae nome dalla "fasanerie" e ospita nel parco Villa Principe; terrazza-giardino sul lago, nuovo spazio wellness. Atmosfera di sobria eleganza nella sala ristorante, per gustare piatti anche lacustri.

Villa del Sogno

corso Zanardelli 107 – ✆ 03 65 29 01 81 – www.villadelsogno.it – info@villadelsogno.it – aprile-ottobre

32 cam – †203/273 € ††290/390 € – 3 suites – ½ P 190/240 €

Rist – *(chiuso a mezzogiorno)* Carta 45/80 €

♦ Indiscutibile il fascino della posizione, alta e panoramica sul lago, per questa bella villa liberty con parco e terrazze con piscina ad offrire un totale relax. Ambiente "fin de siècle" nella sala da pranzo, con soffitto decorato e bel pavimento ligneo.

GARGANO (Promontorio del) – Foggia – 564 B28

GARGNANO – Brescia (BS) – 561 E13 – 3 081 ab. – alt. 66 m 17 C2

– ✉ 25084 Italia Centro Nord

Roma 563 – Verona 51 – Bergamo 100 – Brescia 46

Bogliaco via del Golf 21, ✆ 0365 64 30 06

★★★ dalla cima del Monte Baldo - Castello Scaligero★

Grand Hotel a Villa Feltrinelli

via Rimembranze 38/40 – ✆ 03 65 79 80 00 – www.villafeltrinelli.com – grandhotel@villafeltrinelli.com – aprile-ottobre

17 cam – ††1150/2650 € – 4 suites

Rist Villa Feltrinelli – vedere selezione ristoranti

♦ Arredi d'epoca, preziose boiserie, vetrate policrome, affreschi: meravigliosa villa storica in un incantevole parco in riva al lago; ambienti da sogno per avere il meglio.

Villa Giulia

viale Rimembranza 20 – ✆ 0 36 57 10 22 – www.villagiulia.it – info@villagiulia.it – aprile-ottobre

22 cam – †145 € ††230/345 € – 1 suite

Rist – *(chiuso mercoledì sera)* Carta 42/57 €

♦ Posizione incantevole, leggermente decentrata, per un'ex residenza estiva in stile Vittoriano, avvolta da un curato giardino in riva al lago e con due piccoli annessi. In riva al lago, il ristorante propone la cucina regionale e quella italiana.

Meandro

rist,

via Repubblica 40 – ✆ 0 36 57 11 28 – www.hotelmeandro.it – info@hotelmeandro.it – marzo-novembre

44 cam – †65/120 € ††80/170 € – ½ P 59/99 € **Rist** – Carta 18/38 €

♦ In posizione dominante il lago, edificio moderno le cui camere sono quasi tutte rivolte sul Garda, alcune rinnovate in stile moderno. Nuova sala da pranzo affacciata sul delizioso panorama circostante.

Riviera senza rist

via Roma 1 – ☎ 0 36 57 22 92 – www.garniriviera.it – info@garniriviera.it – Pasqua-ottobre

20 cam – 48/78 € 63/93 €

◆ Nel centro storico, a pochi metri dall'incantevole porticciolo, gestione familiare in un palazzo del 1840: camere accoglienti e splendida terrazza panoramica per la prima colazione.

Palazzina

via Libertà 10 – ☎ 0 36 57 11 18 – www.hotelpalazzina.it – info@hotelpalazzina.it – aprile-4 ottobre

25 cam – 52/61 € 80/114 € – ½ P 50/66 €

Rist – *(chiuso a mezzogiorno)* Carta 21/31 €

◆ Sopraelevato rispetto al paese, un albergo dotato di piscina su terrazza panoramica protesa sul blu; conduzione familiare e clientela per lo più abituale. Suggestiva anche l'atmosfera al ristorante grazie alla particolare vista sul lago e sui monti che offre ai commensali.

Villa Feltrinelli

via Rimembranze 38/40 – ☎ 03 65 79 80 00 – www.villafeltrinelli.com – grandhotel@villafeltrinelli.com – aprile-ottobre

Rist – *(chiuso a mezzogiorno)* (prenotare) Menu 120/180 € – Carta 130/180 € (+5 %)

Spec. Ravioli farciti con pomodoro arrostito e burrata, pinoli tostati e gocce di pesto. Spalla d'agnello sambucano cotta al rosa, succo d'agnello alla cacciatora e terrina di patate al Bagòss d'alpeggio. Crespella di latte gratinata e farcita con spuma allo yogurt e zenzero, sciroppo al rosmarino.

◆ Nei raffinati interni Belle Epoque o in terrazza sul lago, la cucina si fa inventiva e sorprendente. Ricette risalenti alla Repubblica Veneziana ed esaltazione dei prodotti locali, ma lasciate che sia il menu a conquistarvi...

La Tortuga (Maria Cozzaglio)

via XXIV Maggio 5 – ☎ 0 36 57 12 51 – la.tortuga@alice.it – marzo-15 novembre

Rist – *(chiuso a mezzogiorno escluso domenica da settembre a giugno)*
Carta 60/88 €

Spec. Piccole tartare di manzo ai tre diversi sapori. Filetti di persico dorati in farina di mais con giardiniera di verdure. Aspic di pesche su zabaione al moscato con spuma al liquore.

◆ Nel centro storico, piccolo ed intimo locale con elementi di arredo rustico. La cucina soddisfa gli appassionati del pesce di lago ma anche di mare e qualche piatto di carne.

sulla strada provinciale 9 Est: 7 km

Lefay Resort & SPA

via Angelo Feltrinelli 118 – ☎ 03 65 24 18 00 – www.lefayresorts.com – info@lefayresorts.com

86 cam – 416/650 € – 4 suites – ½ P 248/365 €

Rist – *(solo per alloggiati)*

◆ Esclusivo e lussuoso. L'ottimo confort delle camere si sposa ad una sobria raffinatezza: pavimenti in legno d'ulivo e mobili in noce nazionale. La Spa è raggiungibile direttamente dalle stanze. All'esterno, la piscina a sfioro regala un meraviglioso effetto"infinito", dove acqua e cielo si fondono mirabilmente.

GARGONZA – Arezzo – 563 M17 – Vedere Monte San Savino

GARLENDA – Savona (SV) – 561 J6 – 890 ab. – alt. 70 m – ✉ 17033 — 14 A2

Roma 592 – Imperia 37 – Albenga 10 – Genova 93

via Roma 1 ☎ 0182 582114, garlenda@inforiviera.it Fax 0182 582114

via del Golf 7, ☎ 0182 58 00 12

La Meridiana rist,
via ai Castelli – 01 82 58 02 71 – www.lameridiana.eu – meridiana@relaischateaux.com – marzo-novembre
15 cam – †220/250 € ††220/350 €, 24 € – 13 suites – ††390/850 €
Rist *Il Bistrot* – Carta 50/80 €
Rist *Il Rosmarino* – *(chiuso lunedì) (chiuso a mezzogiorno)* (consigliata la prenotazione) Carta 73/106 €
◆ Ospitalità ad alti livelli per una residenza di campagna, curata sia negli interni sia negli esterni, e camere elegantemente personalizzate. Piatti liguri a Il Bistrot, che a pranzo si trasferisce a bordo piscina. Dehors sul giardino, argenterie d'epoca e quadri antichi per la raffinata sala del ristorante Il Rosmarino.

Hermitage
via Roma 152 – 01 82 58 29 76 – www.hotelhermitage.info – info@hotelhermitage.info – chiuso gennaio
11 cam – †67/76 € ††80/125 €, 10 € – ½ P 75/90 €
Rist – *(chiuso lunedì) (chiuso a mezzogiorno escluso domenica)* Carta 30/50 €
◆ Comode stanze per un ambiente curato e familiare, situato in un giardino alberato, poco fuori dal centro: ideale per golfisti che desiderino sostare nei pressi del campo. Piatti classici italiani nell'accogliente sala ristorante o nell'ampia veranda.

GATTEO A MARE – Forlì-Cesena (FC) – 562 J19 – 5 992 ab. – ✉ 47043 9 D2

Roma 353 – Ravenna 35 – Rimini 18 – Bologna 102
piazza della Libertà 10 0547 86083, iat@comune.gatteo.fo.it, Fax 0547 85393

Flamingo rist,
viale Giulio Cesare 31 – 0 54 78 71 71 – www.hotel-flamingo.net – flamingo@hotel-flamingo.com – Pasqua-ottobre
48 cam – †60/90 € ††105/140 € – ½ P 56/100 €
Rist – *(solo per alloggiati)*
◆ In un affascinante e bizzarro palazzo, troverete una gestione familiare di rara ospitalità: ottime camere con vista mare ed accesso diretto in spiaggia.

Estense rist,
via Gramsci 30 – 0 54 78 70 68 – www.hotelestense.net – tonielli@hotelestense.net – chiuso novembre
38 cam – †30/50 € ††60/100 €, 6 € – ½ P 45/60 € **Rist** – Carta 18/22 €
◆ In una traversa interna con il mare ad un centinaio di metri, ambienti accoglienti e colorati, carta da parati e richiami marinari. Sala da pranzo molto semplice con proposte gastronomiche ed enologiche di portata nazionale.

GATTINARA – Vercelli (VC) – 561 F7 – 8 399 ab. – alt. 263 m – ✉ 13045 23 C2

Roma 665 – Stresa 38 – Biella 30 – Milano 87

Barone di Gattinara senza rist
corso Valsesia 238 – 01 63 82 72 85 – www.baronedigattinara.it – info@baronedigattinara.it – chiuso dal 21 dicembre al 6 gennaio e dal 10 al 24 agosto
22 cam – †82/88 € ††104/110 €
◆ Villa padronale, ubicata in zona periferica, la cui storia è stata sapientemente armonizzata con la modernità degli arredi. Camere ampie, due con soffitti affrescati.

Carpe Diem
corso Garibaldi 244 – 01 63 82 37 78 – www.ristorantecarpediem.com – info@ristorantecarpediem.it – chiuso dal 7 a 16 gennaio, dal 1° al 15 agosto e lunedì
Rist – Carta 35/45 €
◆ Locale classico in una bella villa circondata da un lussureggiante parco. Professionalità ed esperienza garantiscono un servizio di qualità in ogni evenienza.

Il Vigneto con cam

piazza Paolotti 2 – 01 63 83 48 03 – www.ristoranteilvigneto.it – info@ristoranteilvigneto.it – chiuso dal 1° al 15 gennaio
12 cam – 61/71 € 86/97 € – ½ P 74/86 €
Rist – *(chiuso lunedì)* Carta 38/50 €
◆ Locale signorile che può contare su una sala ristorante raccolta e curata e su un ampio salone dedicato ai banchetti. La cucina non si smentisce mai: un menu interessante con ottime specialità di pesce. Camere dal confort eccellente, spaziose e con mobili di linea classica.

GAVI – Alessandria (AL) – 561 H8 – 4 622 ab. – alt. 233 m – ✉ 15066 — 23 C3

Italia Centro Nord

Roma 554 – Alessandria 34 – Genova 48 – Acqui Terme 42
Colline del Gavi strada Provinciale 2, 0143 34 22 64
Forte medievale★

L'Ostelliere

frazione Monterotondo, 56, Nord-Est : 4 km – 01 43 60 78 01 – www.ostelliere.it – info@ostelliere.it – marzo-novembre
16 cam – 110/200 € 130/190 € – 12 suites – 230/400 €
Rist La Gallina – vedere selezione ristoranti
◆ All'interno dell'azienda vinicola, proprio sopra le cantine, un'importante azione di recupero per una risorsa di charme e confort. Bella vista su colline e vigneti.

Cantine del Gavi

via Mameli 69 – 01 43 64 24 58 – www.ristorantecantinedelgavi.it – cantinedelgavi@gmail.com – chiuso dal 25 dicembre al 25 gennaio, 25 giorni in luglio, lunedì, martedì a mezzogiorno
Rist – Carta 40/52 €
◆ Come ancelle di una regina, solo ottime materie prime vengono accolte nella cucina di questo raffinato ristorante, che propone piatti del territorio con qualche benevolo sguardo alla vicina Liguria.

La Gallina – Hotel L'Ostelliere

frazione Monterotondo, 56, Nord-Est : 4 km – 01 43 68 51 32 – www.la-gallina.it – info@la-gallina.it – marzo-novembre
Rist – *(chiuso a mezzogiorno escluso domenica)* Menu 50/65 € – Carta 44/71 €
◆ Ricavata nell'antico fienile, elegante sala in cui nuovo e antico si fondono armoniosamente. Piacevole terrazza panoramica, per una cucina interessante.

GAVINANA – Pistoia (PT) – 563 J14 – alt. 820 m – ✉ 51025 Toscana — 28 B1

Roma 337 – Firenze 60 – Pisa 75 – Bologna 87

Franceschi

piazza Ferrucci 121 – 0 57 36 64 44 – www.albergofranceschi.it – ristfran@tin.it – chiuso dal 10 al 30 novembre
28 cam – 40/50 € 60/80 € – ½ P 45/53 € **Rist** – Carta 18/41 €
◆ Antiche origini per questo bianco edificio, posizionato nel cuore di un paesino medievale; rinnovato totalmente all'interno, offre un'atmosfera accogliente e familiare. Sala da pranzo di taglio moderno, con un camino in uno stile d'altri tempi.

GAVIRATE – Varese (VA) – 561 E8 – 9 347 ab. – alt. 261 m – ✉ 21026 — 16 A2

Roma 641 – Stresa 53 – Milano 66 – Varese 10
piazza Dante 1 0332 744707 iatgavirate@provincia.va.it Fax 0332 744658

Tipamasaro

via Cavour 31 – 03 32 74 35 24 – chiuso dal 10 al 25 luglio e lunedì
Rist – Carta 23/35 €
◆ A metà strada tra il centro storico e il lago, l'intera famiglia si dedica con passione al locale: un ambiente simpatico e un fresco gazebo estivo per riscoprire l'appetitosa cucina locale.

GAVOI – Nuoro (NU) – 366 Q43 – 2 829 ab. – alt. 790 m – ✉ 08020 38 B2

Cagliari 179 – Nuoro 35 – Olbia 140 – Porto Torres 141

Gusana senza rist
località lago di Gusana – ☎ 0 78 45 30 00 – www.albergogusana.it – hotelgusana@tiscalinet.it – chiuso novembre
35 cam – 45/55 € 70/80 € – ½ P 60 €
◆ Nel verde delle tranquille sponde dell'omonimo lago, di cui si ha la splendida vista, una piccola struttura con buoni spazi comuni e camere semplici, ordinate e confortevoli.

GAVORRANO – Grosseto (GR) – 563 N14 – 8 980 ab. – alt. 273 m 29 C3 – ✉ 58023

Roma 213 – Grosseto 35 – Firenze 177 – Livorno 110

18 Toscana-Il Pelagone località Il Pelagone, ☎ 0566 82 04 71

a Caldana Sud : 8 km – ✉ 58020

Montebelli Agriturismo e Country Hotel
località Molinetto, Est : 2 km rist,
– ☎ 05 66 88 71 00 – www.montebelli.com – info@montebelli.com – chiuso dal 7 gennaio a febbraio
37 cam – 110/190 € 160/240 € – 8 suites – ½ P 105/157 €
Rist – Menu 32/50 €
◆ Imponente struttura che offre due possibilità: alloggio agrituristico o country hotel di lusso (solo qui l'aria condizionata). Il resto è in comune, a partire dal grande parco sino al nuovo centro benessere. Al ristorante viene proposta una cucina semplice e regionale.

GAZZO – Padova (PD) – 562 F17 – 4 148 ab. – alt. 36 m – ✉ 35010 37 B1

Roma 513 – Padova 27 – Treviso 52 – Vicenza 17

Villa Tacchi
via Dante 30 A, località Villalta, Ovest: 3 km – ☎ 04 99 42 61 11 – www.antichedimore.com – villa.tacchi@antichedimore.com
49 cam – 70/110 € 90/180 € – ½ P 75/120 €
Rist – *(chiuso a mezzogiorno)* (prenotazione obbligatoria) Carta 32/51 €
◆ Una splendida villa del XVII sec. circondata da un parco ombreggiato all'interno del quale è stata ricavata anche la piscina. Arredi in stile, camere calde ed accoglienti. Ampio ed elegante ristorante.

GAZZO – Imperia – Vedere Borghetto d'Arroscia

GAZZOLA – Piacenza (PC) – 562 H10 – 1 985 ab. – alt. 139 m – ✉ 29010 8 A2

Roma 528 – Piacenza 20 – Cremona 64 – Milano 87

a Rivalta Trebbia Est : 3,5 km – ✉ 29010 Gazzola

Agriturismo Croara Vecchia senza rist
località Croara Vecchia, Sud : 1,5 km – ☎ 33 32 19 38 45 – www.croaravecchia.it – info@croaravecchia.it – 15 marzo-novembre
14 cam – 80 € 95/110 €
◆ Fino al 1810 fu un convento, poi divenne un'azienda agricola che oggi ospita graziose camere, tutte identificabili dal nome di un fiore. In un prato sempre curato, che domina il fiume, la bella piscina, nonché un centro equestre con istruttori.

X **Locanda del Falco**
– ☎ 05 23 97 81 01 – www.locandadelfalco.com – sapiazz@libero.it – chiuso dal 1° al 7 gennaio, dal 9 al 15 agosto e martedì
Rist – Carta 29/46 €
◆ In un antico borgo medievale una locanda caratteristica dove vengono serviti i piatti della tradizione piacentina. A disposizione della clientela anche una bottega con prodotti tipici.

GAZZOLI – Verona – 562 F14 – Vedere Costermano

GELA – **Caltanissetta (CL)** – **365** AU61 – **77 117 ab.** – **alt. 46 m** **40** C3
– ✉ **93012** Sicilia

Caltanissetta 68 – Catania 107 – Palermo 187 – Siracusa 157

via Pisa 75 ✆ 0933 913788, strgela@regione.sicilia.it Fax 0933 923268

Fortificazioni greche★★ a Capo Soprano – Museo Archeologico Regionale★

Casanova

via Venezia 89-91 – ✆ 09 33 91 85 80 – www.ristorantecasanova.net – info@ristorantecasanova.net – chiuso dal 5 al 25 agosto e domenica

Rist – Carta 27/44 €

◆ Locale raccolto e confortevole, ubicato alle porte della località, dove la cucina offre il meglio di sé nelle specialità a base di pesce. Graziosa enoteca con vasta scelta di etichette.

strada statale 117 bis **Nord-Ovest : 1,5 km:**

Villa Peretti

cam,

✉ 93012 – ✆ 09 33 92 43 11 – www.hotelvillaperetti.com – direzione@hotelvillaperetti.com

78 cam – †75/135 € ††100/155 € – 1 suite – ½ P 68/98 €

Rist – *(chiuso a mezzogiorno)* Carta 35/55 €

◆ All'ingresso di Gela, lungo la strada proveniente da Catania, una nuova risorsa sviluppata orizzontalmente, con ampio parcheggio. Belle camere spaziose, varie sale riunioni. Eleganti spazi riservati alla zona ristorante, adatta anche per ricevimenti.

GENGA – **Ancona (AN)** – **1 937 ab.** – **alt. 322 m** – ✉ **60040** **20** B2

Roma 224 – Ancona 66 – Gubbio 44 – Macerata 72

Le Grotte

località Pontebovesecco, Sud : 2 km – ✆ 07 32 97 30 35 – www.hotellegrotte.it – info@hotellegrotte.it

24 cam – †75 € ††110 € – ½ P 75 €

Rist – *(chiuso gennaio, domenica sera, lunedì)* Carta 21/40 €

◆ In un suggestivo paesaggio naturalistico fra gole e grotte di Frasassi, un albergo moderno con piccolo centro benessere, nonché camere spaziose ed eleganti. Nel ristorante dalla lunga tradizione gastronomica vi attendono ottimi piatti di cucina regionale. E' possibile organizzare colazioni di lavoro e cerimonie.

GENOVA P (GE) – **561** I8 – **611 171 ab.** Liguria **15** C2

Roma 501 – Milano 142 – Nice 194 – Torino 170

Cristoforo Colombo di Sestri Ponente per ④: 6 km ✆ 010 60151

per Cagliari, Olbia, Arbatax e Porto Torres – Tirrenia Navigazione, call center 892 123

per Porto Torres, Olbia e per Palermo – Grimaldi-Grandi Navi Veloci, call center 010 2094591

via Garibaldi 12/r ✉ 16124 ✆ 010 5572903, genovaturismosede@comune.genova.it, Fax 010 5572873
Aeroporto Cristoforo Colombo ✉ 16154 ✆ 010 6015247, genovaturismoaeroporto@comune.genova.it, Fax 010 6015247
largo Sandro Pertini 13 (piazza De Ferrari) ✉ 16121 ✆ 010 8606122, genovaturismodeferrari@comune.genova.it, Fax 010 8606476

Manifestazioni locali

01.10-09.10 : salone nautico internazionale
21.04-01.05 : euroflora

Porto★★★ AXY - Acquario★★★ AY - Cattedrale di San Lorenzo★★ BY K - Via Garibaldi e Musei di Strada Nuova★★ FY - Palazzo Tursi★★ BX **H** - Palazzo Reale★★ AX- Palazzo del Principe★★ - Galleria Nazionale di Palazzo Spinola★★ BY - Palazzo Ducale★ BY **M** - Chiesa del Gesù: opere★★ di Rubens BY - Villetta Di Negro CXY: ≤ sulla città e sul mare, museo Chiossone★ **M1** - Castello d'Albertis: Museo delle culture del Mondo★ BX - Galata Museo del Mare★ AX - Cimitero di Staglieno★F

Riviera di Levante★★★ Est e Sud-Est

Piante pagine seguenti

Grand Hotel Savoia rist,

via Arsenale di Terra 5 ✉ 16126 – ✆ 01 02 77 21 – www.grandhotelsavoiagenova.it – info@grandhotelsavoia.it AX**c**

112 cam – 130/434 € 130/474 € – 4 suites

Rist – Carta 40/59 €

◆ Storico hotel riportato allo splendore di un tempo grazie ad un accurato restauro: raffinatezza negli arredi e confort di alto livello. Piacevole zona relax.

Bentley rist,

via Corsica 4 ✉ 16128 – ✆ 01 05 31 51 11 – www.bentley.thi.it – bentley@thi.it

97 cam – 150/440 € 190/540 € – 2 suites CZ**a**

– ½ P 133/308 €

Rist *Grace* – Carta 50/74 €

◆ In un bel palazzo di inizio '900, nel prestigioso quartiere Carignano, hotel di lusso caratterizzato da spazi moderni e da camere confortevoli dove predominano colori ricercati ed eleganti: platino, titanio e rame. Al rist. Grace: piatti liguri e mediterranei, rivisitati in chiave moderna.

NH Marina cam,

molo Ponte Calvi 5 ✉ 16124 – ✆ 01 02 53 91 – www.nh-hotels.com – nhmarina@nh-hotels.com AY**c**

133 cam – 138/409 € 149/420 € – 7 suites

Rist *Il Gozzo* – Carta 45/59 €

◆ Ardesia, mogano e acero sono il leitmotiv degli eleganti, caldi interni di questo moderno, ideale "vascello", costruito sul Molo Calvi, di cui restano tracce nella hall. Decorazioni che evocano vele e navi nel ristorante "a prua" dell'hotel; dehors estivo.

Bristol Palace

via 20 Settembre 35 ✉ 16121 – ✆ 0 10 59 25 41 – www.hotelbristolpalace.com – info@hotelbristolpalace.com CY**n**

128 cam – 129/350 € 139/450 € – 5 suites

Rist – Carta 36/48 €

◆ Sull'elegante via 20 settembre, la raffinatezza d'antan in questo antico palazzo di fine '800. La splendida scala elittica si snoda nella piccola hall per condurvi a camere d'indiscusso charme. Spazi comuni su differenti livelli con sale stuccate e tappezzeria. Cucina mediterranea nel caldo e accogliente bistrot.

Moderno Verdi rist,

piazza Verdi 5 ✉ 16121 – ✆ 01 05 53 21 04 – www.modernoverdi.it – info@modernoverdi.it DY**b**

87 cam – 85/300 € 95/360 € – ½ P 100/205 €

Rist – *(chiuso dal 20 dicembre al 20 gennaio, agosto, venerdì, sabato, domenica) (chiuso a mezzogiorno) (solo per alloggiati)* Carta 30/45 €

◆ In un palazzo d'epoca di fronte alla stazione Brignole, atmosfera retrò negli interni classici, con dettagli liberty, di un hotel ristrutturato; curate camere in stile.

NH Plaza

via Martin Piaggio 11 ✉ 16122 – ✆ 01 08 31 61 – www.nh-hotels.it – nhplaza@nh-hotels.com CY**q**

145 cam – 89/360 € 99/410 € – 1 suite **Rist** – Carta 35/55 €

◆ Una moderna hall fa da ponte tra i due edifici ottocenteschi restaurati che formano un albergo signorile, affacciato sulla centrale piazza Corvetto; sale per convegni. Al ristorante raffinato ambiente classico.

City Hotel

via San Sebastiano 6 ✉ 16123 – ✆ 0 10 58 47 07 – www.bwcityhotel-ge.it – city.ge@bestwestern.it CY**e**

66 cam – 99/340 € 107/440 €

Rist Le Rune – vedere selezione ristoranti

◆ Vicino a piazza De Ferrari, confort omogeneo per un hotel con zone comuni di taglio classico, camere sobrie e funzionali, nonché mini suite panoramiche all'ultimo piano.

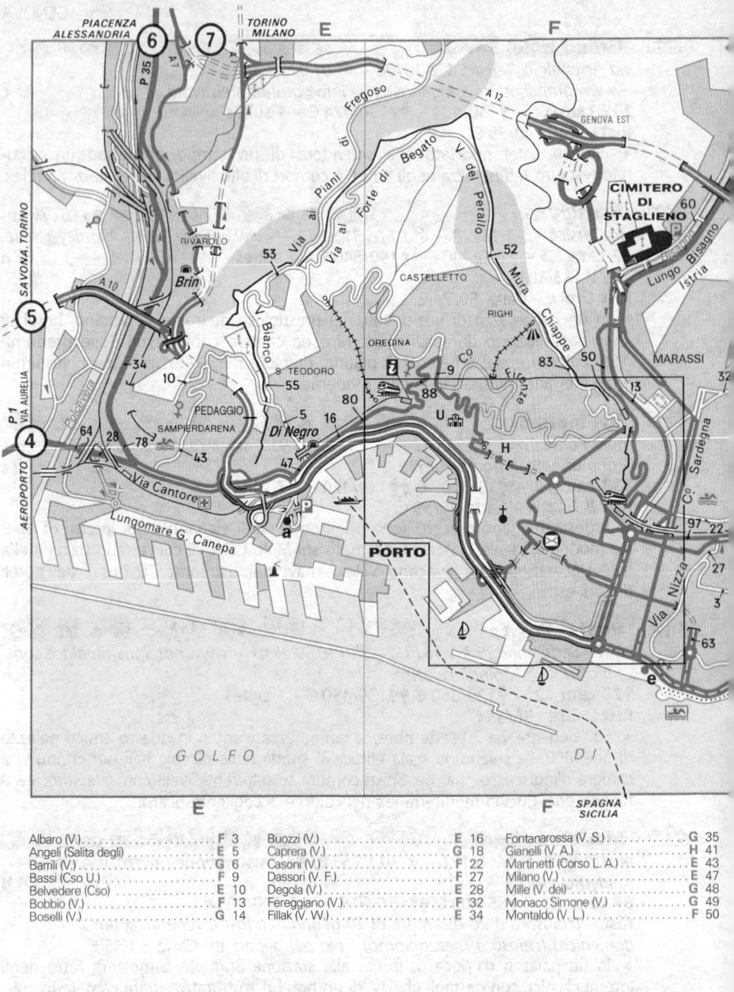

Albaro (V.)	F	3	Buozzi (V.)	E	16	Fontanarossa (V. S.)	G	35
Angeli (Salita degli)	E	5	Caprera (V.)	G	18	Gianelli (V. A.)	H	41
Barrili (V.)	G	6	Casoni (V.)	F	22	Martinetti (Corso L. A.)	E	43
Bassi (Cso U.)	F	9	Dassori (V. F.)	F	27	Milano (V.)	E	47
Belvedere (Cso)	E	10	Degola (V.)	E	28	Mille (V. dei)	G	48
Bobbio (V.)	F	13	Fereggiano (V.)	F	32	Monaco Simone (V.)	G	49
Boselli (V.)	G	14	Fillak (V. W.)	E	34	Montaldo (V. L.)	F	50

Metropoli senza rist

piazza Fontane Marose ✉ 16123
– ✆ 01 02 46 88 88 – www.hotelmetropoli.it
– metropoli.ge@bestwestern.it BY**c**

48 cam ☕ – 🚹99/198 € 🚹🚹112/270 €

◆ A due passi dall'antica "Via Aurea" sorge questa piacevole struttura dotata di confortevoli camere, dove la predominanza dei colori pastello fa risaltare i mobili in noce e il caldo parquet.

Galles senza rist

via Bersaglieri d'Italia 13 ✉ 16126
– ✆ 01 02 46 28 20 – www.hotelgallesgenova.com
– info@hotelgallesgenova.com AX**s**

21 cam ☕ – 🚹55/175 € 🚹🚹70/185 €

◆ Nelle adiacenze della stazione di Principe, un hotel piccolo e raccolto con una bella hall signorile e buone soluzioni di confort in ogni settore.

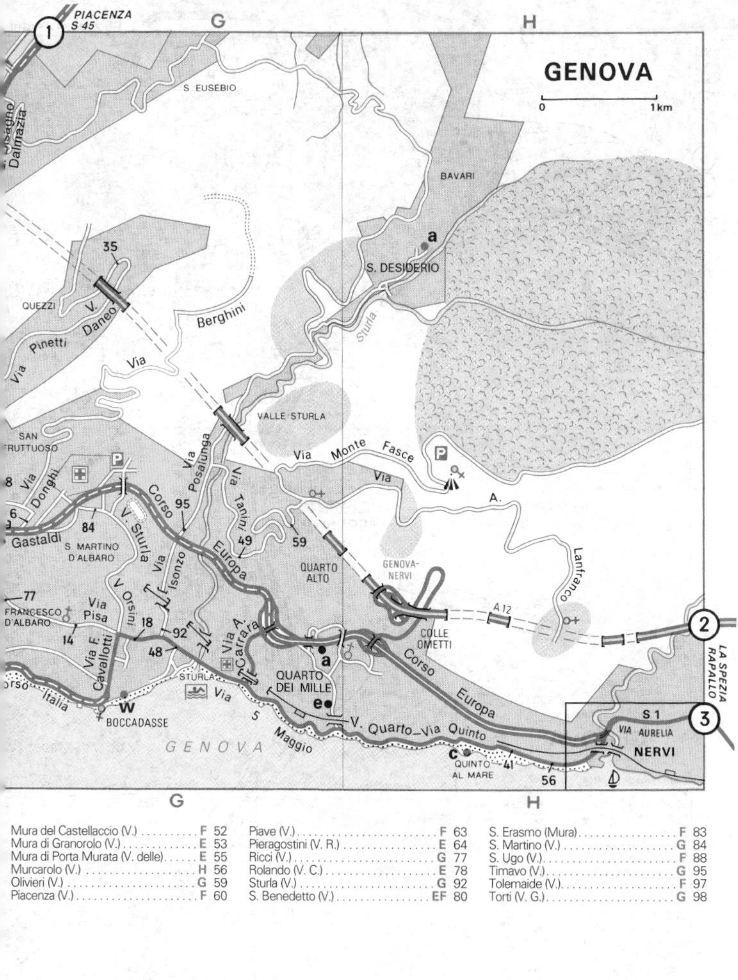

GENOVA

Mura del Castellaccio (V.) . . . . F 52	Piave (V.) . . . . F 63	S. Erasmo (Mura) . . . . F 83
Mura di Granorolo (V.) . . . . E 53	Pieragostini (V. R.) . . . . E 64	S. Martino (V.) . . . . G 84
Mura di Porta Murata (V. delle) . . . . . . E 55	Ricci (V.) . . . . G 77	S. Ugo (V.) . . . . F 88
Murcarolo (V.) . . . . H 56	Rolando (V. C.) . . . . E 78	Timavo (V.) . . . . G 95
Olivieri (V.) . . . . G 59	Sturla (V.) . . . . G 92	Tolemaide (V.) . . . . F 97
Piacenza (V.) . . . . F 60	S. Benedetto (V.) . . . . EF 80	Torti (V. G.) . . . . G 98

Columbus Sea senza rist

via Milano 63 ✉ 16126
– ☎ 0 10 26 50 51
– www.columbussea.com
– info@columbussea.com E**a**

80 cam ☕ – 80/180 € 90/220 €

◆ Struttura contemporanea vicino all'ingresso degli imbarchi per le isole: arredi classici e confort omogeneo nelle camere.

Locanda di Palazzo Cicala senza rist

piazza San Lorenzo 16 ✉ 16123
– ☎ 01 02 51 88 24 – www.palazzocicala.it
– info@palazzocicala.it BY**g**

11 cam ☕ – 109/360 € 149/390 €

◆ Nel cuore della città storica - proprio dinnanzi al Duomo - tra design e stile moresco, modernità in un palazzo cinquecentesco con pc in tutte le camere.

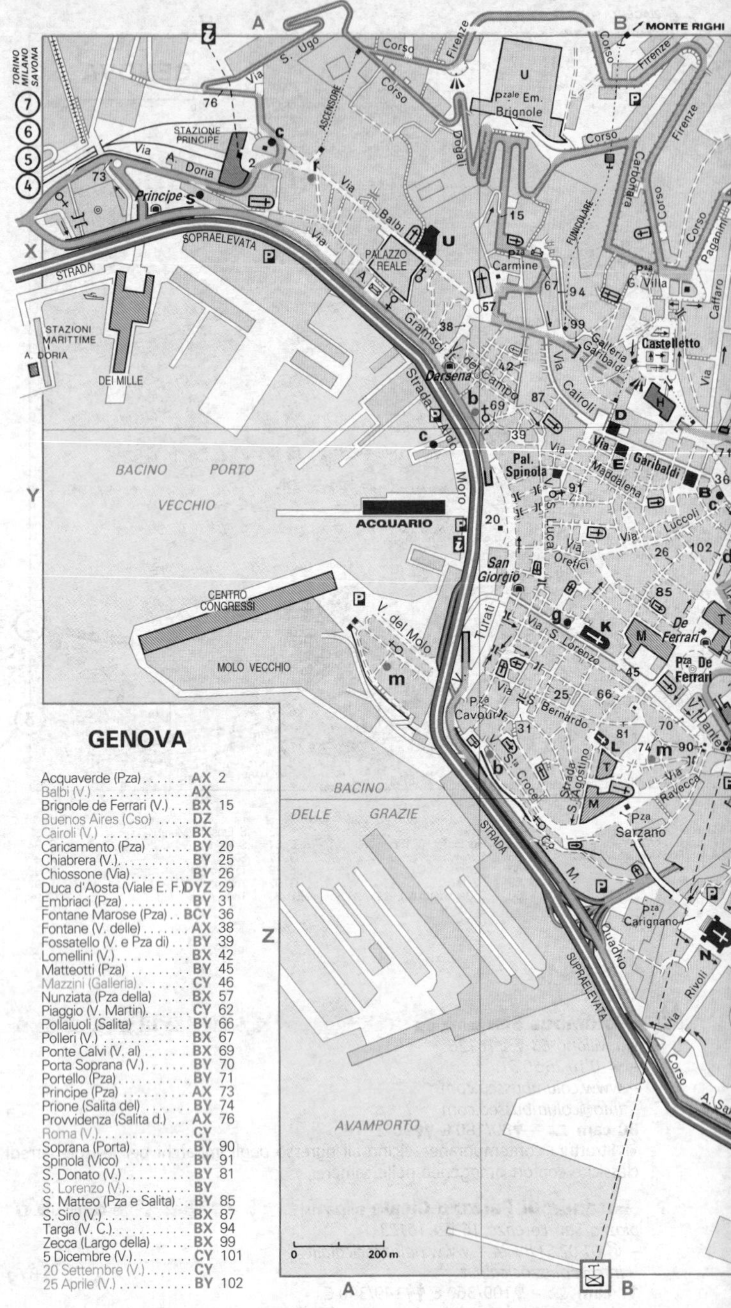

GENOVA

Acquaverde (Pza) . . . . AX 2
Balbi (V.) . . . . AX
Brignole de Ferrari (V.) . . . BX 15
Buenos Aires (Cso) . . . . . DZ
Cairoli (V.) . . . . BX
Caricamento (Pza) . . . . . . BY 20
Chiabrera (V.) . . . . BY 25
Chiossone (Via) . . . . BY 26
Duca d'Aosta (Viale E. F.) DYZ 29
Embriaci (Pza) . . . . BY 31
Fontane Marose (Pza) . . BCY 36
Fontane (V. delle) . . . . AX 38
Fossatello (V. e Pza di) . . . BY 39
Lomellini (V.) . . . . BX 42
Matteotti (Pza) . . . . BY 45
Mazzini (Galleria) . . . . CY 46
Nunziata (Pza della) . . . . . . BX 57
Piaggio (V. Martin) . . . . CY 62
Pollaiuoli (Salita) . . . . BY 66
Polleri (V.) . . . . BX 67
Ponte Calvi (V. al) . . . . BX 69
Porta Soprana (V.) . . . . BY 70
Portello (Pza) . . . . BY 71
Principe (Pza) . . . . AX 73
Prione (Salita del) . . . . BY 74
Provvidenza (Salita d.) . . . . AX 76
Roma (V.) . . . . CY
Soprana (Porta) . . . . BY 90
Spinola (Vico) . . . . BY 91
S. Donato (V.) . . . . BY 81
S. Lorenzo (V.) . . . . BY
S. Matteo (Pza e Salita) . . BY 85
S. Siro (V.) . . . . BX 87
Targa (V. C.) . . . . BX 94
Zecca (Largo della) . . . . . . BX 99
5 Dicembre (V.) . . . . CY 101
20 Settembre (V.) . . . . CY
25 Aprile (V.) . . . . BY 102

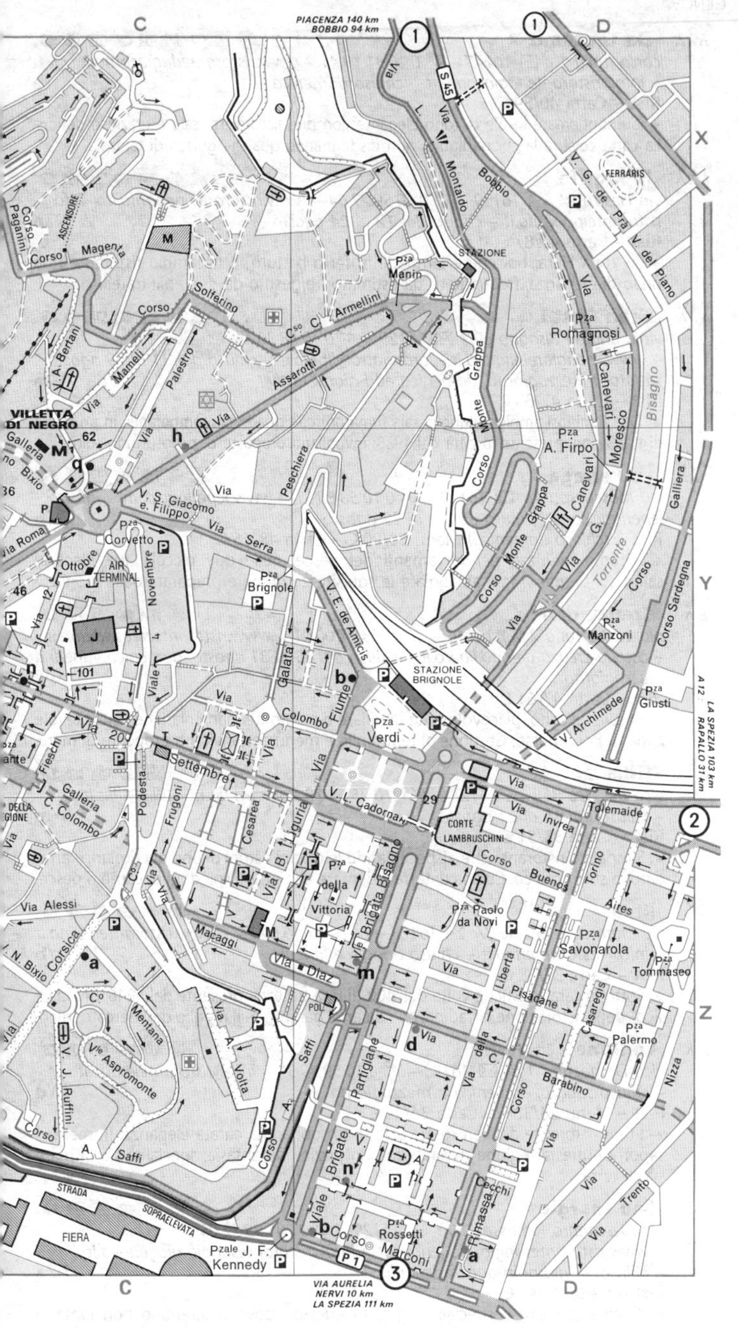
PIACENZA 140 km
BOBBIO 94 km
VIA AURELIA
NERVI 10 km
LA SPEZIA 111 km
LA SPEZIA 103 km
RAPALLO 31 km
VILLETTA DI NEGRO
STAZIONE
STAZIONE BRIGNOLE
AIR TERMINAL
CORTE LAMBRUSCHINI
FERRARIS
FIERA
STRADA SOPRAELEVATA
Pza Manin
Pza Romagnosi
Pza A. Firpo
Pza Corvetto
Pza Brignole
Pza Verdi
Pza Manzoni
Pza Giusti
Pza della Vittoria
Pza Paolo da Novi
Pza Savonarola
Pza Tommaseo
Pza Palermo
Pza Rossetti
Pzale J. F. Kennedy
Torrente Bisagno
Via Montaldo
Corso Magenta
Corso Solferino
Corso Paganini
Cso C. Armellini
Via Assarotti
Corso Monte Grappa
Via G. Canevari
Via Moresco
Corso Galliera
Corso Sardegna
Via Serra
V. S. Giacomo e. Filippo
Via XX Settembre
Viale IV Novembre
Via Colombo
Via Fiume
V. E. de Amicis
Via Tolemaide
Via Invrea
Corso Buenos Aires
Corso Torino
Via Casaregis
Via Pisacane
Via della Libertà
Via Diaz
Via Macaggi
Via Brigata Liguria
Vle Brigata Bisagno
Via Cesarea
Via Frugoni
Via Podesta
Via Alessi
Corsica
C. Mentana
Vle Aspromonte
V. J. Ruffini
Corso A. Saffi
Via A. Volta
Viale Brigate Partigiane
Corso Marconi
V. Rimassa
Via Cecchi
Via Barabino
Via Nizza
Via Trento
V. Archimede
V. G. de Pra
V. del Piano
Via Bobbio
Via Peschiera
Via Palestro
Via Mameli
Via A. Bertani
Galleria Bixio
Galleria C. Colombo
V. L. Cadorna
Via Galata
Via Fieschi
Via Roma
Via XII Ottobre
ASCENSORE
S 45
P1
POL

XXX **Da Giacomo**

corso Italia 1 r ✉ 16145 – ✆ 0 10 31 10 41 – www.ristorantedagiacomo.it – info@ristorantedagiacomo.it – chiuso domenica Fe

Rist – Carta 40/59 €

◆ Sul lungomare locale di tono elegante con due accoglienti sale e grazioso dehors. La carta celebra la cucina ligure, non disdegnando qualche guizzo di fantasia.

XXX **Ippogrifo**

via Gestro 9/r ✉ 16129 – ✆ 0 10 59 27 64 – www.ristoranteippogrifo.it – info@ristoranteippogrifo.it – chiuso dal 12 al 24 agosto DZ**n**

Rist – Carta 45/87 €

◆ In zona Fiera, boiserie e lampade in ferro battuto in un ampio ristorante non privo di eleganza, frequentato da estimatori e gestito da due abili fratelli.

XXX **Gran Gotto**

viale Brigate Bisagno 69/r ✉ 16129 – ✆ 0 10 58 36 44 – www.mangiareinliguria.it – grangotto@libero.it – chiuso dall'11 al 29 agosto, sabato a mezzogiorno, domenica ed i giorni festivi DZ**m**

Rist – Carta 42/65 €

◆ Due luminosi ambienti (nuova sala fumatori) con quadri contemporanei, in un locale di tradizione, presente in città dal 1938; invoglianti proposte di pesce e non solo.

XXX **Le Perlage**

via Mascherpa 4/r ✉ 16129 – ✆ 0 10 58 85 51 – www.leperlage.com – info@leperlage.com – chiuso dal 12 al 29 agosto DZ**b**

Rist – *(chiuso domenica)* Menu 50/80 € – Carta 48/66 €

◆ Ottimo indirizzo per gli amanti del pesce: nelle due piccole, ma eleganti salette, il *patron* vi farà assaggiare le squisitezze di mare preparate dalla moglie.

XX **Creuza de Ma**

piazza Nettuno 2 ✉ 16146 – ✆ 01 03 77 00 91 – www.ristorantecreuzadema.it – osteria-creuza-dema@libero.it – chiuso dal 15 al 31 agosto, domenica, lunedì a mezzogiorno G**w**

Rist – Carta 47/61 €

◆ Locale raccolto, piacevolmente familiare e curato nei particolari, nell'incantevole zona di Boccadasse. Gestione al femminile e menu con invitanti proposte di mare.

XX **Tiflis**

vico del Fico 35R ✉ 16128 – ✆ 0 10 25 64 79 – www.tiflis.it – tiflis@tiflis.it – chiuso dal 15 al 21 agosto BY**m**

Rist – Carta 33/51 €

◆ Simpatico ristorante che, rispecchiando le origini estoni di uno dei titolari, è arredato in stile nordico. Cucina di terra e di mare con ottimi spiedoni di carne o pesce.

XX **Rina**

via Mura delle Grazie 3/r ✉ 16128 – ✆ 01 02 46 64 75 – www.ristorantedarina.it – info@ritstoranterina.it – chiuso agosto e lunedì BY**b**

Rist – Carta 37/53 €

◆ Sotto le caratteristiche volte del '400 di una trattoria presente dal 1946, un "classico" della ristorazione cittadina, che da anni garantisce il meglio del mercato ittico.

XX **Le Rune** – City Hotel

vico Domoculta 14/r ✉ 16123 – ✆ 0 10 59 49 51 – info@ristorantelerune.it – chiuso sabato, domenica a mezzogiorno BY**d**

Rist – Menu 28/38 € – Carta 34/44 €

◆ In un ristorante del centro, tre salette di sobria, ma curata eleganza. In menu: i sapori di questa regione rivisitati con un pizzico di fantasia; specialità sia di mare sia di terra.

X **San Giorgio**

via Alessandro Rimassa 150 r ✉ 16129 – ✆ 01 05 95 52 05 – www.ristorantesangiorgiogenova.it – info@ristorantesangiorgiogenova.it – chiuso 15 giorni in agosto, lunedì DZ**a**

Rist – Carta 29/44 €

◆ Cucina di mare e specialità liguri in questo nuovo ristorantino non lontano dalla Fiera: colori caldi nelle due accoglienti sale.

Al Veliero

via Ponte Calvi 10/r ✉ 16124 – ✆ 01 02 46 57 73 – chiuso dal 10 agosto al 10 settembre e lunedì ABX**b**

Rist – Carta 24/44 €

◆ Di fronte al famoso Acquario progettato da Renzo Piano, un ristorante in sobrio stile marina, dove apprezzare specialità di pesce preparate secondo la disponibilità giornaliera.

Sola

via Carlo Barabino 120/r ✉ 16129 – ✆ 0 10 59 45 13 – www.vinotecasola.it – enotecasola@gmail.com – chiuso agosto e domenica, anche il sabato in luglio DZ**d**

Rist – Carta 30/50 €

◆ Un piccolo locale stile bistrot, nato come enoteca e poi trasformatosi anche in ristorante: ampia scelta di vini (alcuni al bicchiere) e cucina schietta, che punta sulla qualità della materia prima.

Antica Osteria di Vico Palla

vico Palla 15/r ✉ 16128 – ✆ 01 02 46 65 75 – www.vicopalla.it – acap29@libero.it – chiuso dal 10 al 20 agosto e lunedì AY**m**

Rist – Carta 29/50 €

◆ Adiacente all'acquario e alla moderna zona del Porto vecchio, locale dalla simpatica accoglienza familiare con una cucina locale dalle fragranti proposte ittiche. Ambiente informale e conviviale.

Lupo Antica Trattoria

vico Monachette 20/r ✉ 16126 – ✆ 0 10 26 70 36 – www.lupoanticatrattoria.it – info@lupoanticatrattoria.it – chiuso dal 20 luglio al 10 agosto e mercoledì

Rist – *(chiuso a mezzogiorno da giugno a settembre)* AX**r**

Carta 37/63 € (+10 %)

◆ In zona Principe, un piacevole ristorante totalmente rinnovato nella veste, ma non nel tipo di cucina: sempre invitante con piatti genovesi e creazioni d'autore.

Voltalacarta

via Assarotti 60/r ✉ 16122 – ✆ 01 08 31 20 46 – www.voltalacartagenova.it – info@voltalacartagenova.it – chiuso dal 1° al 7 gennaio, dal 10 al 25 agosto, sabato a mezzogiorno, domenica CY**h**

Rist – (coperti limitati, prenotare) Carta 39/57 €

◆ "Volta la carta" è una canzone estremamente allegorica: dietro ogni figura si nasconde un personaggio. Dietro la porta di questo locale si cela un ambiente grazioso e curato, dove gustare interessanti piatti per lo più a base di pesce.

verso Molassana per ① : 6 km :

La Pineta

via Gualco 82, a Struppa ✉ 16165 – ✆ 0 10 80 27 72 – chiuso dal 21 al 28 febbraio, agosto, domenica sera e lunedì

Rist – Carta 35/45 €

◆ Un gran camino troneggia in questa luminosa e calda trattoria, che dispone anche di un grazioso dehors. Cucina tradizionale casalinga, tra le specialità: carne e pesce alla brace.

all'aeroporto Cristoforo Colombo per ④ : 6 km E :

Sheraton Genova

via Pionieri e Aviatori d'Italia 44 ✉ 16154 – ✆ 01 06 54 91 – www.sheratongenova.com/genova – direzione@sheratongenova.com

282 cam – †140/290 € ††175/330 € – 2 suites

Rist *Il Portico* – Carta 40/51 €

◆ Originale contrasto tra la modernità della struttura e delle installazioni e la classicità dei raffinati interni di un hotel in zona aeroportuale; ampio centro congressi. Calda ed elegante sala ristorante in stile.

a Quarto dei Mille per ② o ③ : 7 km GH – ✉ 16148

AC Genova

corso Europa 1075 – ✆ 01 03 07 11 80 – www.achotels.com – acgenova@ac-hotels.com Ga

139 cam – ††80/320 €

Rist – *(chiuso a mezzogiorno in agosto)* Carta 30/64 €

◆ Ambiente moderno e minimalista, due tipologie di camere (standard e business), bar self-service aperto 24 ore: una struttura capace di armonizzare innovazione e buon gusto. Presso una sala moderna e d'avanguardia potrete gustare piatti tradizionali ed internazionali.

Iris senza rist

via Rossetti 3/5 – ✆ 01 03 76 07 03 – www.hoteliris.it – info@hoteliris.it

34 cam – †60/90 € ††90/120 € Ge

◆ A pochi passi dal mare, albergo di piccole dimensioni con comodo parcheggio. Camere confortevoli e piacevole solarium per la bella stagione.

a Cornigliano Ligure per ④ : 7 km – ✉ 16152

XX Da Marino

via Rolla 36/r – ✆ 01 06 51 88 91 – chiuso agosto, sabato, domenica

Rist – (prenotazione obbligatoria la sera) Carta 36/54 €

◆ Locale semplice ed accogliente, grazie alla grande dedizione delle titolari. La stessa cura è riservata alla cucina: tradizionale ligure, eseguita con grande amore.

a San Desiderio Nord-Est : 8 km per via Timavo H – ✉ 16133

XX Bruxaboschi

via Francesco Mignone 8 – ✆ 01 03 45 03 02 – www.bruxaboschi.com – info@bruxaboschi.com – chiuso dal 24 dicembre al 5 gennaio e agosto Ha

Rist – *(chiuso domenica sera e lunedì) (chiuso a mezzogiorno)* (prenotazione obbligatoria a mezzogiorno) Carta 27/45 €

◆ Dal 1862 la tradizione si è perpetuata di generazione in generazione in una trattoria con servizio estivo in terrazza. Cucina del territorio, nonché interessante selezione di vini e distillati.

a Quinto al Mare per ② o ③: 8 km GH – ✉ 16166

XX La Casa dei Capitani

piazzale Rusca 1 – ✆ 01 03 72 71 85 – www.lacasadeicapitani.it – lacasadeicapitani@hotmail.it – chiuso 10 giorni in gennaio e lunedì

Rist – (coperti limitati, prenotare) Carta 42/56 € Hc

◆ La casa dei vecchi capitani - risalente al 1700 - ospita oggi un bel ristorante dalle signorili sale. Giovane la gestione e moderna la cucina di matrice regionale.

a Sestri Ponente per ④ : 10 km – ✉ 16154

XX Baldin (Luca Collami)

✿ *piazza Tazzoli 20/r – ✆ 01 06 53 14 00 – www.ristorantebaldin.com – ristorante.baldin@libero.it – chiuso domenica, lunedì*

Rist – Carta 43/65 €

Spec. Novellame rosticciato. Ravioli di cernia e ragù di cozze. Cappon magro.

◆ Volte a vela, parquet e boiserie di betulla in un accogliente locale rinnovato in senso minimalista; proposte di mare in sapiente equilibrio fra tradizione e creatività.

XX Toe Drûe

via Corsi 44/r – ✆ 01 06 50 01 00 – www.toedrue.it – info@toedrue.it – chiuso dal 1° al 3 gennaio, 20 giorni in agosto, sabato a mezzogiorno, domenica

Rist – Carta 43/55 €

Rist *La Kantina* – ✆ 01 06 00 19 91 *(chiuso a mezzogiorno escluso agosto)* Carta 25/34 €

◆ C'è un fonte battesimale dell'800 all'ingresso di questa romantica trattoria alla moda, che propone ricette liguri rivisitate. Il Sol Levante splende invece sulla tavola de *La Kantina:* sushi, sashimi e tante altre specialità nipponiche... ma anche qualche piatto locale!

a Voltri per ④ : 18 km – ✉ 16158

XX **Il Gigante**
via Lemerle 12/r – ☎ 01 06 13 26 68 – www.ristoranteilgigante.it – chiuso dal 5 al 11 gennaio, dal 16 al 31 agosto, domenica sera, lunedì
Rist – Carta 33/54 €
♦ Un ex olimpionico di pallanuoto appassionato di pesca gestisce questo simpatico locale: due salette di taglio classico e sobria semplicità e piatti, ovviamente, di mare.

XX **La Voglia Matta**
via Cerusa 63 r – ☎ 01 06 10 18 89 – www.lavoigliamatta.org – info@lavogliamatta.org – chiuso 15 giorni in gennaio, 15 giorni in agosto, domenica sera, lunedì
Rist – Menu 31/55 € – Carta 34/57 €
♦ Avete una voglia matta di gustare specialità di pesce? Bussate in questo bel palazzo del Cinquecento: fra le sue mura troverete un locale fresco e giovanile, con tante fantasiose proposte ittiche.

X **Ostaia da ü Santü**
via al Santuario delle Grazie 33, Nord : 1,5 km – ☎ 01 06 13 04 77 – gbbarbieri@tin.it – chiuso dal 25 dicembre al 31 gennaio, dal 16 al 30 settembre, domenica sera, lunedì, martedì e le sere di mercoledì e giovedì da ottobre a giugno
Rist – Carta 25/31 €
♦ La breve passeggiata a piedi lungo una stradina di campagna sarà l'anticipo di quello che troverete all'osteria: una gustosa cucina casalinga per riscoprire genuini sapori. Piacevole pergolato per il servizio estivo.

a Pegli per ④ : 13 km – ✉ 16155 Pegli

Parco Durazzo Pallavicini★

Torre Cambiaso cam, rist,
via Scarpanto 49 – ☎ 01 06 98 06 36 – www.antichedimore.com – torre.cambiaso@antichedimore.com
40 cam – †82/160 € ††97/252 € – 2 suites – ½ P 79/176 €
Rist – *(chiuso a mezzogiorno)* Carta 30/50 €
♦ Spenti gli echi delle preghiere, in questa bella villa che fu un tempo anche convento, via libera al lusso e alla ricercatezza che caratterizzano ogni angolo della struttura: dagli spazi comuni con pezzi d'antiquariato alle camere eclettiche. Proposte mediterranee, soprattutto di pesce, nell'elegante ristorante.

GERACE – Reggio di Calabria (RC) – 564 M30 – 2 852 ab. – alt. 500 m – ✉ 89040 — 5 A3

Roma 695 – Reggio di Calabria 96 – Catanzaro 107 – Crotone 160

La Casa di Gianna e Palazzo Sant'Anna rist, rist,
via Paolo Frascà 4 – ☎ 09 64 35 50 24 – www.lacasadigianna.it – info@lacasadigianna.it – chiuso novembre
10 cam – †85/105 € ††130/150 € – ½ P 90/110 € **Rist** – Carta 22/39 €
♦ Una casa incantevole, un angolo pittoresco in questo spaccato del nostro Mezzogiorno; un'antica dimora gentilizia rinnovata con grande stile e ovunque pervasa dal passato. La cucina locale su tavole dalle ricche tovaglie, servizio più informale in veranda.

La Casa nel Borgo senza rist
via Nazionale 66, Sud : 1 km – ☎ 09 64 35 51 50 – www.lacasanelborgo.it – info@lacasanelborgo.it – chiuso novembre
13 cam – †85/105 € ††130/150 €
♦ In località Borgo, a circa un chilometro dal centro storico, una bella casa di taglio rustico-elegante caratterizzata da accessori in legno massiccio e letti in ferro battuto.

GEROLA ALTA – Sondrio (SO) – 561 D10 – 218 ab. – alt. 1 050 m – ✉ 23010 — 16 B1

Roma 689 – Sondrio 39 – Lecco 71 – Lugano 85

Pineta
località di Fenile, Sud-Est : 3 km alt. 1 350 – ☎ 03 42 69 01 80 – www.albergopineta.com – albergopineta@tin.it – chiuso novembre
20 cam – 40 € 70 € – ½ P 52 €
Rist – *(chiuso martedì escluso da giugno a settembre)* Carta 27/38 €
♦ Marito valligiano e moglie inglese gestiscono questo piccolo albergo in stile montano, semplice e ben tenuto, comodo punto di partenza per escursioni. Al ristorante atmosfera da baita e pochi piatti, scelti con cura fra quelli di una genuina cucina locale.

GHEDI – Brescia (BS) – 561 F12 – 18 097 ab. – alt. 85 m – ✉ 25016 — 17 C1

Roma 525 – Brescia 21 – Mantova 56 – Milano 118

Trattoria Santi
via Calvisano 73, Sud-Est : 4 km – ☎ 0 30 90 13 45 – www.trattoriasanti.it – info@trattoriasanti.it – chiuso gennaio, martedì sera, mercoledì
Rist – Carta 18/25 €
♦ Dal 1919 un'intramontabile osteria di campagna; in cucina casonsei e grigliate di carne e di pesce ed ogni prelibatezza sfoggia un unico obiettivo, riscoprire la genuinità della tradizione agreste.

GHIFFA – Verbano-Cusio-Ossola (VB) – 561 E7 – 2 381 ab. – alt. 201 m – ✉ 28823 — 24 B1

Roma 679 – Stresa 22 – Locarno 33 – Milano 102

Ghiffa — rist,
corso Belvedere 88 – ☎ 0 32 35 92 85 – www.hotelghiffa.com – info@hotelghiffa.com – aprile-15 ottobre
38 cam – 100/130 € 140/250 € – ½ P 108/163 € **Rist** – Carta 35/47 €
♦ In riva al lago, signorile struttura di fine '800 dotata di terrazza-giardino con piscina riscaldata: ottimi confort e conduzione professionale. Pavimento in parquet nella sala da pranzo con grandi vetrate; cucina classica e del territorio.

GHIRLANDA – Grosseto – Vedere Massa Marittima

GIARDINI NAXOS – Messina (ME) – 365 BA56 – 9 559 ab. – ✉ 98035 — 40 D2

Sicilia

Catania 47 – Messina 54 – Palermo 257 – Taormina 5
via lungomare Tysandros 54 ✉ 98035 ☎ 0942 51010, info@aastgiardininaxos.it, Fax 0942 52848

Hellenia Yachting Hotel
via Jannuzzo 41 – ☎ 0 94 25 17 37 – www.hotel-hellenia.it – booking@hotel-hellenia.it
110 cam – 120/180 € 147/230 € – 2 suites – ½ P 143 €
Rist – *(marzo-ottobre)* Carta 28/49 €
♦ Stucchi, marmi e dipinti nei sontuosi interni, ma spazio anche per il relax nella piscina con solarium e accesso diretto alla spiaggia. Sale ristorante ampie, dominano l'eleganza, la luminosità e la cura dei particolari.

Palladio — rist,
via Umberto 470 – ☎ 0 94 25 22 67 – www.hotelpalladiogiardini.com – palladio@tao.it – chiuso gennaio-febbraio
20 cam – 45/125 € 50/180 €, 10 € – ½ P 50/120 €
Rist – *(aprile-ottobre)* (prenotazione obbligatoria) Carta 23/62 €
♦ Affacciato sulla baia, è un'ondata di genuina ospitalità siciliana che vi avvolgerà in ambienti carichi di artigianato e prodotti isolani. L'amore per questa terra continua anche nei piatti del ristorante con prodotti locali selezionati tra il biologico e il commercio equosolidale.

La Riva senza rist
via lungomareTysandros 52 – ☎ 0 94 25 13 29 – www.hotellariva.com – hotellariva@hotellariva.com – chiuso novembre e dicembre
40 cam – 50/75 € 75/96 €, 12 €
♦ La hall introduce ad un settore notte in cui tanti sono gli arredi e le decorazioni riferibili alla tradizione e all'artigianato siciliani. Dalle finestre delle camere: l'affascinante spettacolo della baia fino alla colata vulcanica preistorica.

XX **Sea Sound**
via Jannuzzo 37 – ✆ 0 94 25 43 30 – aprile-ottobre
Rist – Carta 27/43 €
♦ Locale estivo con servizio su una bella terrazza a mare dove, immersi nel verde, è possibile gustare ottimo pesce, in preparazioni semplici e decisamente sostanziose.

GIAU (Passo di) – **Belluno** – **562** C18 – **Vedere Cortina d'Ampezzo**

GIGLIO CAMPESE – **Grosseto** – **563** O14 – **Vedere Giglio (Isola del) : Giglio Porto**

GIGLIO (Isola del) – **Grosseto (GR)** – **563** O14 – **1 413 ab.** – **alt. 498 m** Toscana **29** C3

GIGLIO PORTO (GR) – **563** O14 – ✉ **58012** **29** C3

per Porto Santo Stefano – Toremar, call center 892 123
Maregiglio ✆0564 812920

Castello Monticello rist,
bivio per Arenella, Nord : 1 km – ✆ 05 64 80 92 52 – www.hotelcastellomonticello.com – info@hotelcastellomonticello.com – 20 marzo-ottobre
29 cam – 60/80 € 100/160 € – ½ P 75/105 €
Rist – *(solo per alloggiati)*
♦ In posizione elevata rispetto al paese, una villa-castello arredata in legno scuro con camere e terrazza che si affacciano direttamente sul mare.

Bahamas senza rist
via Cardinale Oreglia 22 – ✆ 05 64 80 92 54 – www.bahamashotel.it – hotelb@tiscali.it – chiuso dal 20 al 26 dicembre
28 cam – 50/90 € 70/125 €
♦ Alle spalle della chiesa, una struttura bianca a conduzione familiare dagli arredamenti lineari con camere semplici e luminose e terrazzini con vista.

X **La Vecchia Pergola**
via Thaon de Revel 31 – ✆ 05 64 80 90 80 – lavecchiapergola@libero.it – marzo-ottobre; chiuso mercoledì
Rist – Carta 33/48 €
♦ La risorsa a gestione familiare, consta di un'unica sala e di una terrazza, con vista contemporaneamente sul paese e sul porto, dove assaggiare prelibatezze di mare.

a Giglio Campese Nord-Ovest : 8,5 km – ✉ 58012

Campese rist,
via Della Torre 18 – ✆ 05 64 80 40 03 – www.hotelcampese.com – welcome@hotelcampese.com – Pasqua-settembre
39 cam – 81/111 € 130/190 € – ½ P 75/105 €
Rist – *(chiuso a mezzogiorno)* Carta 30/49 €
♦ Direttamente sulla spiaggia, l'hotel vanta ampi ambienti di tono classico con soluzioni d'arredo lineari in legno in tinte chiare e sfumature azzurre. In posizione panoramica, affacciato sul mare, il ristorante propone una cucina locale, di mare e di terra.

a Giglio Castello Nord-Ovest : 6 km – ✉ 58012

X **Da Maria**
via della Casa Matta – ✆ 05 64 80 60 62 – faber51@hotmail.it – chiuso gennaio, febbraio e mercoledì
Rist – Carta 41/55 €
♦ Nel centro medievale del Castello, una casa d'epoca dai toni rustici ospita un ristorante a conduzione familiare con proposte del territorio e soprattutto specialità di pesce.

GIGNOD – **Aosta (AO)** – **561** E3 – **1 524 ab.** – **alt. 988 m** – ✉ **11010** **34** A2

Roma 753 – Aosta 7 – Colle del Gran San Bernardo 25
Aosta Arsanières, ✆0165 5 60 20

La Clusaz con cam
località La Clusaz, Nord-Ovest : 4,5 km – ✆ 0 16 55 60 75 – www.laclusaz.it – info@laclusaz.it – chiuso dal 10 maggio al 10 giugno e dal 3 novembre al 3 dicembre
14 cam – 55/60 € 68/82 €, 7 € – ½ P 60/85 €
Rist – *(chiuso martedì, mercoledì a mezzogiorno)* Menu 35/50 € – Carta 37/49 €
♦ In un ostello di epoca medievale con facciata affrescata, un tradizionale e caratteristico ristorante dove trovare una cucina creativa con salde radici nella tradizione. Offre anche camere confortevoli, alcune delle quali personalizzate da un'apprezzata artista locale, ed accoglienti spazi comuni.

GIOIA DEL COLLE – Bari (BA) – 564 E32 – 27 682 ab. – alt. 358 m – ✉ 70023 27 C2

Roma 443 – Bari 39 – Brindisi 107 – Taranto 35

Svevo
via Cassano 319 – ✆ 08 03 48 27 39 – www.hotelsvevo.it – hsvevo@hotelsvevo.it
78 cam – 65/75 € 90/110 € – ½ P 70/80 € **Rist** – Carta 28/40 €
♦ Non lontano dal casello autostradale, dalla stazione e dall'aeroporto - nel cuore dell'antica Puglia Peuceta - camere spaziose e confortevoli in un albergo di stile classico. Al ristorante: interessanti proposte gastronomiche, perlopiù regionali, e prezzi competitivi.

GIOVI – Arezzo – 563 L17 – Vedere Arezzo

GIOVO – Trento (TN) – 562 D15 – 2 464 ab. – alt. 496 m – ✉ 38030 30 B2

Roma 593 – Trento 14 – Bolzano 52 – Vicenza 102

Maso Franch
località Maso Franch 2, Ovest: 3 km ✉ 38030 Giovo – ✆ 04 61 24 55 33 – www.masofranch.it – info@masofranch.it – chiuso 15 giorni in gennaio e 15 giorni in luglio
12 cam – 70/120 € 105/160 €
Rist – *(chiuso martedì)* (prenotare) Menu 24/45 € – Carta 34/72 €
♦ Camere tradizionali in stile montano o di design moderno (più cittadino): in entrambe le situazioni, il confort è assicurato. Nell'avvenieristico ristorante, interpretazioni creative ed elaborate, ma sempre all'insegna della tradizione locale.

a Palù Ovest : 2 km – ✉ 38030 Palù Di Giovo

Agriturismo Maso Pomarolli
località Maso Pomarolli 10 ✉ 38030 – ✆ 04 61 68 45 71 – www.agriturmasopomarolli.it – info@agriturmasopomarolli.it – chiuso dal 10 gennaio al 26 febbraio
8 cam – 40 € 70 € – ½ P 53 €
Rist – *(chiuso settembre e ottobre) (solo per alloggiati)*
♦ Piacevole e semplice gestione familiare, dove le camere senza fronzoli assicurano pulizia: prenotazione obbligatoria per quelle con imperdibile vista sulla valle di Cembra.

GIULIANOVA LIDO – Teramo (TE) – 563 N23 – 21 634 ab. – ✉ 64021 1 B1

Roma 209 – Ascoli Piceno 50 – Pescara 47 – Ancona 113
via Mamiani 2 ✆ 085 8003013, iat.giulianova@abruzzoturismo.it, Fax 085 8003013

Sea Park Resort
via Arenzano – ✆ 08 58 02 53 23 – www.seaparkresort.com – info@seaparkresort.com
50 cam – 80/122 € 98/175 € – ½ P 98/117 €
Rist – *(chiuso a mezzogiorno)* Carta 28/44 €
♦ A 100 m dal mare, un'architettura originale tra terrazze pensili, piscina e confortevoli camere di tono moderno. Struttura con una spiccata vocazione sportiva dispone di palestra, campo e scuola calcio. Al ristorante, un ricco buffet di verdure calde e fredde, i prodotti classici nazionali e proposte di pesce.

Cristallo

lungomare Zara 73 – 08 58 00 37 80 – www.hcristallo.it – info@hcristallo.it

70 cam – 55/110 € 85/170 € – ½ P 90/140 €

Rist – *(chiuso dal 24 dicembre al 2 gennaio)* Carta 40/55 €

◆ Frontemare, l'hotel offre luminosi spazi comuni arredati con gusto moderno in calde tonalità di colore e camere confortevoli, adatte ad una clientela d'affari e turistica. Al ristorante, una delle più interessanti cucine di pesce della città.

Parco dei Principi

cam, rist,

lungomare Zara – 08 58 00 89 35

– www.giulianovaparcodeiprincipi.it – info@giulianovaparcodeiprincipi.it

– 23 aprile-15 settembre

87 cam – 60/150 € 80/190 € – ½ P 77/113 € **Rist** – Carta 33/45 €

◆ In prima fila sul lungomare - in un contesto tranquillo, immerso nel verde dei pini - l'hotel propone camere confortevoli (le migliori ai piani più alti), con vista panoramica sul mare o sulla collina. Gusti nuovi e sapori antichi al ristorante.

Europa

cam,

lungomare Zara 57 – 08 58 00 36 00 – www.htleuropa.it – info@htleuropa.it

72 cam – 49/85 € 74/120 € – ½ P 95/110 €

Rist – *(chiuso domenica e a mezzogiorno escluso da maggio a settembre) (solo per alloggiati)* Carta 24/63 €

◆ In posizione centrale e davanti al mare, la clientela d'affari apprezzerà l'efficienza dei servizi mentre quella balneare sarà conquistata dalla singolare piscina in spiaggia. Presso le ampie sale del ristorante è possibile anche allestire banchetti.

Da Beccaceci

via Zola 18 – 08 58 00 35 50 – www.ristorantebeccaceci.com – info@ristorantebeccaceci.com – chiuso dal 30 dicembre al 12 gennaio, lunedì, martedì a mezzogiorno e domenica sera

Rist – Menu 45/77 € – Carta 46/85 €

◆ Bastione delle specialità adriatiche, il meglio del pescato arriva qui: servito in preparazioni tradizionali e gustose, dalle paste alle grigliate di pesce.

GIUSTINO – Trento – 562 D14 – Vedere Pinzolo

GIZZERIA LIDO – Catanzaro (CZ) – 564 K30 – 3 648 ab. – ✉ 88048 5 A2

Roma 576 – Cosenza 60 – Catanzaro 39 – Lamezia Terme (Nicastro) 13

sulla strada statale 18

La Lampara

rist,

località Caposuvero, Nord-Ovest : 6 km ✉ 88040 – 09 68 46 61 93

– www.lalamparаristorante.it – info@lalamparаristorante.it – chiuso dal 22 dicembre al 5 gennaio

11 cam – 80/90 € 110/120 €

Rist – *(chiuso martedì escluso luglio-agosto)* Carta 45/80 €

◆ Fronte mare, con accesso diretto alla spiaggia, questa moderna struttura - non grande nelle dimensioni ma dal confort di livello - dispone di belle camere arredate con gusto e cura. Elegante sala da pranzo dove apprezzare la cucina marinara che d'estate viene proposta anche in terrazza.

Palmed

via Nazionale 35, Nord-Ovest : 2 km ✉ 88040 – 09 68 46 63 83

– www.palmedhotel.com – info@palmedhotel.com

20 cam – 70/75 € 87/105 €

Rist Pesce Fresco – vedere selezione ristoranti

◆ Hotel a conduzione familiare collegato al ristorante di famiglia: camere ampie e confortevoli adatte sia per un soggiorno di lavoro sia per una vacanza. Più tranquille quelle orientate verso il mare. L'aeroporto è a 5 minuti.

Pesce Fresco – Hotel Palmed

via Nazionale, Nord-Ovest : 2 km ✉ 88040 – 09 68 46 62 00 – chiuso domenica sera

Rist – Carta 32/47 €

◆ Il nome è già un'indicazione: fresco pescato giornaliero alla base dei piatti, seppur non manchino le carni. In posizione comoda, sulla statale ma non lontano dal mare.

GLORENZA (GLURNS) - Bolzano (BZ) - 562 C13 - 886 ab. - alt. 907 m 30 A2
- ✉ 39020 Italia Centro Nord

Roma 720 - Sondrio 119 - Bolzano 83 - Milano 260

piazza Municipio 1 ✆ 0473 831097, glurns@rolmail.net, Fax 0473 835224

Posta

via Flora 15 - ✆ 04 73 83 12 08 - www.hotel-post-glurns.com - info@hotel-post-glurns.com - chiuso dal 6 gennaio a Pasqua

27 cam - †40/60 € ††80/100 € - ½ P 60/80 € **Rist** - Carta 21/42 €

◆ All'interno della cinta muraria di una cittadina pittoresca, un albergo di antichissime tradizioni con un fascino che trapela sia dagli spazi comuni che dalle stanze. Ambienti caratteristici nelle sale ristorante e nelle stube originarie.

GLURNS = Glorenza

GODIA - Udine - Vedere Udine

GOLFO ARANCI - Olbia-Tempio (OT) - 366 S37 - 2 381 ab. - ✉ 07020 38 B1

Cagliari 304 - Olbia 19 - PortoTorres 140 - Sassari 122

per Civitavecchia e Livorno - Sardinia Ferries, call center 199 400 500

Villa Margherita rist,

via Libertà 91 - ✆ 0 78 94 69 12 - www.margheritahotel.net - info@margheritahotel.net - aprile-ottobre

42 cam - †115/257 € ††139/306 € - 2 suites - ½ P 99/183 €

Rist - *(maggio-ottobre)* Carta 23/72 €

◆ Signorile hotel a conduzione diretta che si ubica in centro, ma fronteggia la spiaggia: ameno giardino con piscina, camere di buon livello tutte rinnovate. Piacevole zona relax con bagno turco. Ambiente ricercato dai caldi colori al ristorante, dove la cucina locale sposa sapori forti e semplici, terra e mare.

Gabbiano Azzurro

via dei Gabbiani - ✆ 0 78 94 69 29 - www.hotelgabbianoazzurro.com - info@hotelgabbianoazzurro.com - aprile-ottobre

80 cam - †100/250 € ††110/300 € - ½ P 170/250 € **Rist** - Carta 31/71 €

◆ Hotel a conduzione familiare ubicato all'inizio della "Terza Spiaggia". Bella vista dalle terrazze e da alcune delle confortevoli camere. Anche dalla sala ristorante si scorge l'isola di Tavolara. Cucina prevalentemente a base di pesce.

XX **Terza Spiaggia**

località Terza Spiaggia - ✆ 0 78 94 64 85 - www.terzaspiaggia.com - info@terzaspiaggia.com - maggio-settembre

Rist - *(chiuso a mezzogiorno dal 21 maggio a settembre)* (coperti limitati, prenotare) Carta 34/65 €

◆ Approdare ad una spiaggia così, è il sogno di tutti: stabilimento balneare di giorno e romantico ristorante la sera, pochi coperti ed un'interessante cucina a base di pesce.

GORGO AL MONTICANO - Treviso (TV) - 562 E19 - 3 935 ab. 35 A1
- alt. 11 m - ✉ 31040

Roma 574 - Venezia 60 - Treviso 32 - Trieste 116

Villa Revedin

via Palazzi 4 - ✆ 04 22 80 00 33 - www.villarevedin.it - info@villarevedin.it

32 cam - †58/80 € ††86/110 €, 8 € - ½ P 63/87 €

Rist Villa Revedin - vedere selezione ristoranti

◆ Antica dimora dei nobili Foscarini, villa veneta del XVII secolo in un parco secolare, ampio, tranquillo: un'atmosfera raffinata e rilassante per sostare nella storia.

XX **Villa Revedin**

via Palazzi 4 - ✆ 04 22 80 00 33 - www.villarevedin.it - info@villarevedin.it - chiuso 10 giorni in gennaio, 10 giorni in agosto, domenica sera, lunedì

Rist - Carta 32/42 €

◆ Arredi in stile marina inglese fanno da sfondo ad un ricco buffet di pesce del giorno, mentre una sala attigua e più classica soddisfa le domande di gruppi numerosi.

GORINO VENETO - Ferrara (FE) - **562** H19 - ✉ 44020 Ariano Nel Polesine — 9 D1

Roma 436 - Ravenna 82 - Ferrara 78 - Rovigo 62

XX **Stella del Mare**

via Po 36 - ✆ 04 26 38 83 23 - www.ristorantestelladelmare.com - info@ristorantestelladelmare.com - chiuso lunedì, martedì da marzo a ottobre; aperto venerdì, sabato, domenica a mezzogiorno negli altri mesi

Rist - (consigliata la prenotazione) Menu 25/50 € - Carta 31/60 €

♦ Il paese è raggiungibile da Gorino attraversando un ponte di barche a pagamento, ben poche case e un locale molto noto nei dintorni per le sue gustose specialita che esplorano il panorama ittico.

GORIZIA P (GO) - **562** E22 - **35 966 ab. - alt. 84 m** - ✉ **34170** — 11 D2

Roma 649 - Udine 35 - Ljubljana 113 - Milano 388

di Ronchi dei Legionari Sud-Ovest: 25 km ✆ 0481 773224

corso Italia 9 (Teatro Verdi) ✆ 0481 81946, info.gorizia@turismo.fvg.it, Fax 0481 53924

Grand Hotel Entourage

cam, cam,

piazza Sant'Antonio 2 - ✆ 04 81 55 02 35 - www.entouragegorizia.com - info@grandhotelentourage.it - chiuso dal 1° al 27 agosto

36 cam - †90/125 € ††160/200 € - 4 suites - ½ P 115/135 €

Rist Avenanti - vedere selezione ristoranti

Rist *Il Vinattiere* - Carta 24/25 €

♦ Nel cinquecentesco palazzo dei conti Strassoldo, in un'atmosfera di raffinata tranquillità, ampie ed eleganti camere di gusto classico, nonché una corte interna ricca di storia. Salumi, formaggi e naturalmente vino al Vinattiere.

Internazionale

rist, rist,

via Trieste 173 - ✆ 04 81 52 41 80 - www.hotelinternazionalegorizia.it - info@hotelinternazionalegorizia.it

49 cam - †60/70 € ††80/90 € - ½ P 50/65 € **Rist** - Menu 10/20 €

♦ Alle porte della città, questo comodo hotel è l'indirizzo ideale per una clientela d'affari, che potrà apprezzare - nei momenti liberi - l'attrezzata palestra e il centro benessere. Cucina mediterranea e pizza nell'elegante atmosfera del ristorante.

Gorizia Palace senza rist

corso Italia 63 - ✆ 0 48 18 21 66 - www.goriziapalace.com - info@goriziapalace.com

68 cam - †71/128 € ††86/156 € - 1 suite

♦ Moderno albergo situato in posizione centrale, dispone di ambienti funzionali e confortevoli, ideali tanto per soggiorni di relax quanto per incontri di lavoro.

XXX **Avenanti** - Grand Hotel Entourage

piazza Sant'Antonio 2 - ✆ 04 81 96 15 51 - www.entouragegorizia.com - info@grandhotelentourage.it - chiuso dal 1° al 27 agosto

Rist - *(chiuso 2 settimane in gennaio, agosto, domenica sera, lunedì) (chiuso a mezzogiorno escluso domenica)* Carta 37/88 €

♦ Nelle antiche strutture a volta di un palazzo del XV secolo, ottime materie prime per una cucina creativa, ma legata al territorio, annaffiata dalle migliori etichette del Collio.

XX **Majda**

via Duca D'Aosta 71/73 - ✆ 0 48 13 08 71 - info@maida.it - chiuso 20 giorni in agosto, domenica, i mezzogiorno di martedì e sabato

Rist - *(chiuso a mezzogiorno in luglio-agosto)* Carta 27/39 €

♦ Gestione al femminile per questo ristorante dalla quarantennale esperienza, ricavato negli spazi di una vecchia fattoria, dove gustare la cucina del territorio, di mare e di terra. Sala enoteca.

Rosenbar
via Duca d'Aosta 96 – ✆ 04 81 52 27 00 – www.rosenbar.it – info@rosenbar.it – chiuso domenica, lunedì
Rist – Carta 29/48 €
◆ Piacevole, affermato, bistrot con ampio dehors estivo ed un menu stabilito di giorno in giorno: i piatti di pesce sono, tuttavia, in maggioranza (suggeriti al tavolo).

GOVONE – Cuneo (CN) – 561 H6 – 2 061 ab. – alt. 301 m – ✉ 12040 25 C2

Roma 634 – Cuneo 76 – Genova 134 – Novara 115

Il Molino senza rist
via XX Settembre 15 – ✆ 01 73 62 16 38 – www.ilmolinoalba.it – info@ilmolinoalba.it – chiuso gennaio, febbraio
6 cam – †55/75 € ††80/100 €
◆ Un'atmosfera d'altri tempi aleggia negli ambienti di questo mulino ottocentesco adiacente al castello sabaudo e che ospita eleganti camere in stile, dotate di balcone dall'impareggiabile vista panoramica. Gestione giovane e vivace.

Pier Bussetti al Castello di Govone
piazza Vittorio Emanuele II 17 – ✆ 0 17 35 80 57 – www.pierbussetti.it – info@pierbussetti.it – chiuso febbraio, lunedì, martedì a mezzogiorno
Rist – Menu 50/70 € – Carta 61/79 €
Spec. Crema di patate, mozzarella di bufala, gamberi e olio alla vaniglia. Agnolotti del plin al sugo d'arrosto. Bonet...in due versioni.
◆ Design moderno nelle ex scuderie reali del castello di Govone, mentre la cucina introduce sfumature contemporanee nelle ricette del territorio.

Il San Pietro
strada per Priocca 3, frazione San Pietro – ✆ 0 17 35 84 45 – mo_franco@libero.it – chiuso agosto e mercoledì
Rist – *(chiuso a mezzogiorno)* Carta 46/62 €
◆ Intimo ed elegante locale gestito con grande savoir-faire da due fratelli. Due sono anche le loro passioni: lo champagne da aprire sempre con la scenografica sciabola ed il pesce, quasi esclusivamente di provenienza sarda.

GRADARA – Pesaro e Urbino (PU) – 563 K20 – 4 500 ab. – alt. 142 m – ✉ 61012 Italia 20 B1

Roma 315 – Rimini 28 – Ancona 89 – Forlì 76

Rocca★

Villa Matarazzo senza rist
via Farneto 1, località Fanano – ✆ 05 41 96 46 45 – www.villamatarazzo.com – info@villamatarazzo.com – aprile-settembre
15 cam – †74/215 € ††114/250 €
◆ Su un colle di fronte al castello di Gradara, una serie di terrazze con vista panoramica su mare e costa; un complesso esclusivo, raffinato, piccolo paradiso nella natura.

La Botte
piazza V Novembre 11 – ✆ 05 41 96 44 04 – www.labottegradara.it – labotte@gradara.com – chiuso novembre e mercoledì (escluso da giugno ad agosto)
Rist – *(chiuso a mezzogiorno)* (consigliata la prenotazione) Menu 30 € – Carta 28/41 €
Rist *Osteria del Borgo* – Menu 21 € bc – Carta 18/39 €
◆ Dolce entroterra marchigiano e storico piccolo borgo: qui, tra muri antichi che sussurrano il passato, un caratteristico ambiente medievale. Servizio estivo in giardino. Atmosfera più informale all'Osteria del Borgo (anche enoteca).

GRADISCA D'ISONZO – Gorizia (GO) – 562 E22 – 6 603 ab. – alt. 32 m – ✉ 34072 11 C3

Roma 639 – Udine 33 – Gorizia 12 – Milano 378

Al Ponte

viale Trieste 124, Sud-Ovest : 2 km – ✆ 04 81 96 11 16 – www.albergoalponte.it – info@albergoalponte.it
42 cam – 🛉73/95 € 🛉🛉100/140 €, ☕ 12 €
Rist Al Ponte – vedere selezione ristoranti
♦ Alle porte della località in una zona verdeggiante e tranquilla, capace conduzione familiare in un hotel dagli ambienti signorili e dalle confortevoli camere.

Franz senza rist

viale Trieste 45 – ✆ 0 48 19 92 11 – www.hotelfranz.it – info@hotelfranz.it
50 cam ☕ – 🛉60/89 € 🛉🛉79/119 €
♦ Poco distante dal centro e curato nei dettagli, offre camere confortevoli e buone infrastrutture per meeting. Ideale per una clientela d'affari.

Al Ponte

viale Trieste 122, Sud-Ovest : 2 km – ✆ 0 48 19 92 13 – www.albergoalponte.it – info@albergoalponte.it – chiuso dal 1° al 14 gennaio, dal 15 al 31 luglio, domenica sera e lunedì
Rist – Carta 30/38 €
♦ Tre sale di un gusto che spazia dal rustico al moderno: cucina locale di lunga tradizione, bella scelta di vini regionali e servizio estivo sotto un pergolato.

GRADO – Gorizia (GO) – 562 E22 – 8 678 ab. – ✉ 34073 Italia 11 C3

Roma 646 – Udine 50 – Gorizia 43 – Milano 385

viale Dante Alighieri 72 ✆ 0431 877111, info.grado@turismo.fvg.it, Fax 0431 83509

via Monfalcone 27, ✆ 0431 89 68 96

Quartiere antico★ : postergale★ nel Duomo

Laguna Palace

Riva Brioni 17 ✉ 34073 Grado – ✆ 0 43 18 56 12 – www.lagunapalacehotel.it – info@lagunapalacehotel.it
42 cam ☕ – 🛉97/135 € 🛉🛉150/208 € – 29 suites – ½ P 93/126 €
Rist – Carta 28/65 €
♦ Tre "M"- moda, modernità, mare - si sono date appuntamento in questa lussuosa struttura à la page affacciata sulla laguna: ampie camere dal graffiante design contemporaneo, tutte con balcone, ed attrezzato centro wellness per ritrovare se stessi partendo dal fisico. Cucina classica rivisitata nel panoramico ristorante.

Grand Hotel Astoria

largo San Grisogono 3 – ✆ 0 43 18 35 50 – www.hotelastoria.it – info@hotelastoria.it
119 cam ☕ – 🛉72/109 € 🛉🛉112/170 € – 5 suites – ½ P 71/102 €
Rist – Carta 24/53 €
♦ Albergo storico nella tradizione turistica dell'"Isola del Sole", gode di una posizione privilegiata: vicino al centro e alla spiaggia. Camere tranquillle e confortevoli. Ristorante sulla terrazza roof-garden, per godere di una vista davvero esclusiva.

Savoy

Riva Slataper 12 – ✆ 04 31 89 71 11 – www.hotelsavoy-grado.it – reservation@hotelsavoy-grado.it – 2 aprile-27 ottobre
73 cam ☕ – 🛉100/135 € 🛉🛉176/240 € – 6 suites – ½ P 112/128 €
Rist – *(solo per alloggiati)* Carta 38/58 €
♦ Nel cuore di Grado, sorge questo bel gioiello di confort e ospitalità; diversificata possibilità di camere ed appartamenti per soddisfare qualsiasi tipo di clientela.

Fonzari

piazza Biagio Marin – ✆ 04 31 87 63 60 – www.hotelfonzari.com – info@hotelfonzari.com – chiuso gennaio e febbraio
16 cam ☕ – 🛉90/120 € 🛉🛉120/160 € – 51 suites – 🛉🛉150/250 € – ½ P 76/98 €
Rist *Fonzari* – *(marzo-ottobre)* Carta 34/90 €
♦ Adiacente il grazioso centro storico, questa moderna struttura ospita ampie camere e belle suite. Il ristorante all'ultimo piano non solo propone sapori mediterranei, ma offre anche uno stupendo panorama sulla città.

Abbazia rist,
via Colombo 12 – ✆ 0 43 18 00 38 – www.hotel-abbazia.com – info@hotel-abbazia.com – aprile-ottobre
51 cam – †50/88 € ††90/146 € – ½ P 75/105 € **Rist** – Carta 21/45 €
♦ In prossimità della spiaggia, ai margini della zona pedonale, calda e distinta casa di tono familiare gestita con altrettanta signorilità. Camere confortevoli e un'ampia piscina. Il ristorante in estate si trasferisce nella veranda a vetri decorati.

Metropole senza rist
piazza San Marco 15 – ✆ 04 31 87 62 07 – www.gradohotel.com – info@gradohotel.com – chiuso dal 3 gennaio al 12 febbraio
19 cam – †72/100 € ††124/134 €
♦ Mitico albergo di Grado, meta di vacanze degli Asburgo e della nobiltà mitteleuropea: ora del tutto rinnovato dopo anni di inattività, con giovane, capace gestione.

Villa Venezia rist,
via Venezia 6 – ✆ 04 31 87 71 18 – www.hotelvillavenezia.it – info@hotelvillavenezia.it – marzo-ottobre
25 cam – †62/86 € ††96/148 € – ½ P 63/89 €
Rist – *(solo per alloggiati)* Menu 15/20 €
♦ Albergo dai confort moderni, completamente rinnovato, nelle vicinanze della zona pedonale. Per i più esigenti c'è anche il solarium con idromassaggio al quinto piano.

Diana cam, rist,
via Verdi 1 – ✆ 0 43 18 00 26 – www.hoteldiana.it – info@hoteldiana.it – aprile-ottobre
63 cam – †55/75 € ††110 € – ½ P 80 €
Rist – *(chiuso a mezzogiorno)* Carta 30/42 €
♦ Nelle camere e negli eleganti spazi comuni domina una rilassante tonalità verde. Da oltre cinquant'anni una lunga tradizione familiare su una delle vie pedonali a vocazione commerciale. Proposte d'albergo con divagazioni marine, al ristorante.

Eden
via Marco Polo 2 – ✆ 0 43 18 01 36 – www.hoteledengrado.it – info@hoteledengrado.it – aprile-ottobre
39 cam – †51/56 € ††82/92 €, 8 € – ½ P 70 €
Rist – *(maggio-settembre) (solo per alloggiati)* Menu 23 €
♦ Risorsa d'impostazione moderna, nei pressi del Palazzo dei Congressi e del Parco delle Rose: lunga e attenta tradizione familiare e accoglienti ambienti dai toni classici.

Antares senza rist
via delle Scuole 4 – ✆ 0 43 18 49 61 – www.antareshotel.info – info@antareshotel.info – chiuso dal 10 dicembre al 20 febbraio
19 cam – †75/90 € ††100/140 €
♦ Ai margini del centro storico, nei pressi del mare, una comoda struttura di dimensioni contenute; camere tradizionali e spazi corretti uniti ad una valida gestione.

Villa Rosa senza rist
via Carducci 12 – ✆ 0 43 18 00 26 – www.hotelvillarosa-grado.it – info@hoteldiana.it – aprile-ottobre
25 cam – †48/68 € ††80/96 €
♦ Tra la Riva prospiciente l'Isola della Schiusa e il Lungomare verso la spiaggia principale, sorge questa piccola risorsa - a conduzione familiare - gradevole e accogliente.

Park Spiaggia senza rist
via Mazzini 1 – ✆ 0 43 18 23 66 – www.hotelparkspiaggia.it – info@hotelparkspiaggia.it – 10 maggio-10 ottobre
28 cam – †45/60 € ††100/115 €
♦ Nella zona pedonale, che la sera diviene un mondano passeggio, non lontano dalla grande e attrezzata spiaggia privata della località, l'hotel vanta spazi confortevoli arredati con semplicità.

XX **All'Androna**

calle Porta Piccola 6 – ☎ 0 43 18 09 50 – www.androna.it – info@androna.it – chiuso dal 15 novembre al 2 dicembre
Rist – Menu 60 € – Carta 52/68 €
♦ Un rustico curato ed elegante, tra le strette calli della località, dove fermarsi a gustare la cucina di due fratelli: solo piatti di mare, freschi e ricchi di creatività.

XX **De Toni**

piazza Duca d'Aosta 37 – ☎ 0 43 18 01 04 – www.trattoriadetoni.it – info@trattoriadetoni.it – chiuso gennaio e mercoledì
Rist – Carta 36/65 €
♦ Nel centro storico, sulla via pedonale, ristorante familiare di lunga esperienza (più di 60 anni!). Ricette gradesi e specialità di pesce, da gustare in un ambiente particolarmente curato: nella luminosa sala o nella bella veranda.

X **Alla Buona Vite** con cam

via Dossi, località Boscat, Nord : 10 km – ☎ 0 43 18 80 90 – www.girardi-boscat.it – info@girardi-boscat.it – chiuso dicembre e gennaio
4 cam – †40/45 € ††70/80 €, ☕ 8 €
Rist – *(chiuso giovedì escluso giugno-settembre)* Carta 24/63 €
♦ Superata la laguna prendete la prima strada a destra, per raggiungere questa trattoria gestita da una famiglia di viticoltori. Servizio estivo accanto al piccolo parco-giochi. Dispone anche di confortevoli appartamenti per chi desidera prolungare il soggiorno, immersi nella natura.

X **La Darsena**

Testata Mosconi, Nord: 0,300 km – ☎ 0 43 18 57 95 – ristorante.ladarsena@libero.it – dicembre- 10 gennaio, marzo-6 novembre, chiuso giovedì escluso dal 15 maggio al 15 settembre
Rist – Carta 29/40 €
♦ All'interno dell'isolotto-darsena, poco fuori dal centro, un ristorante dall'aspetto semplice, ma dalla sorprendente cura nel servizio e nell'esecuzione dei piatti: prevalentemente a base di pesce e modernamente ispirati. Ottimo rapporto qualità/prezzo.

alla pineta Est : 4 km :

Mar del Plata

cam, rist,

viale Andromeda 5 – ☎ 0 43 18 10 81 – www.hotelmardelplata.it – info@hotelmardelplata.it – Pasqua - settembre
35 cam ☕ – †46/87 € ††92/140 € – ½ P 56/80 € **Rist** – Menu 20/35 €
♦ Nella verdeggiante zona della pineta, hotel a conduzione familiare rinnovato in anni recenti: camere moderne e piacevole piscina sul retro. La spiaggia attrezzata dista circa 100 m.

GRADOLI – Viterbo (VT) – 563 O17 – 1 475 ab. – alt. 470 m – ✉ 01010 12 A1

Roma 130 – Viterbo 42 – Siena 112

XX **La Ripetta**

via Roma 38 – ☎ 07 61 45 61 00 – www.laripetta.com – info@laripetta.com – chiuso dal 15 al 30 novembre, lunedì, martedì a mezzogiorno
Rist – Carta 36/68 €
♦ All'ingresso della località, lungo la strada principale, un ristorante dove gustare fragranti piatti di pesce, sia di lago che di mare. Servizio estivo su una grande terrazza.

GRANCONA – Vicenza (VI) – 562 F16 – 1 700 ab. – alt. 36 m – ✉ 36040 35 B3

Roma 553 – Padova 54 – Verona 42 – Vicenza 24

a Pederiva Est : 1,5 km – ✉ 36040 Grancona

X **Isetta** con cam rist, AC P VISA AE
via Pederiva 96 – ☎ 04 44 88 95 21 – www.trattoriaalbergoisetta.it – info@trattoriaalbergoisetta.it – chiuso dall'11 al 17 agosto
9 cam – †36/46 € ††46/56 €, ☕ 10 €
Rist – *(chiuso martedì sera e mercoledì)* Carta 35/47 €
◆ Dalla madre Isetta, l'attuale gestore ha appreso l'amore per le tradizioni nostrane; dalla cucina a vista, con camino, escono succulente carni alla griglia.

sulla strata statale per San Vito Nord-Est : 3 km :

XX **Vecchia Ostaria Toni Cuco** P VISA
via Arcisi 12 ✉ 36040 – ☎ 04 44 88 95 48 – www.vecchiaosteriatonicuco.it – info@autobren.it – chiuso 1 settimana in agosto, 1 settimana in gennaio, lunedì, martedì
Rist – (prenotazione obbligatoria a mezzogiorno) Carta 22/30 €
◆ Si percorrono alcuni chilometri in salita prima di arrivare in questo locale, rustico eppure d'insospettabile eleganza, dove gustare carni alla brace e fantasiose rivisitazioni di ricette vicentine.

GRANDZON – Aosta – **561** E4 – Vedere Verrayes

GRANIGA – Verbania – **561** D6 – Vedere Bognanco (Fonti)

GRAN SAN BERNARDO (Passo del) – Aosta (AO) – **561** E3 **34** A2
– alt. 2 469 m

Roma 778 – Aosta 41 – Genève 148 – Milano 216

Italia P VISA AE
colle del Gran San Bernardo ✉ 11010 Saint Rhémy – ☎ 01 65 78 09 08 – www.gransanbernardo.it – info@gransanbernardo.it – giugno-25 settembre
16 cam – †50/70 € ††70/90 €, ☕ 9 € – ½ P 65/75 € **Rist** – Carta 25/35 €
◆ Per i più ardimentosi amanti della vera montagna, sferzata dai venti e dalla neve anche in estate, un albergo alpino offre dal 1933 caratteristici interni in legno. Calda l'atmosfera al ristorante, articolato in tre sale, dove troverete i classici della cucina valdostana.

GRAPPA (Monte) – Belluno, Treviso e Vicenza – alt. 1 775 m Italia
Monte★★★

GRAVEDONA – Como (CO) – **428** D9 – 2 784 ab. – alt. 201 m **16** B1
– ✉ 22015 Italia Centro Nord

Roma 683 – Como 54 – Sondrio 52 – Lugano 46
S. Maria del Tiglio★

La Villa senza rist P VISA AE
via Regina Ponente 21 – ☎ 0 34 48 90 17 – www.hotel-la-villa.com – hotellavilla@tiscalinet.it – chiuso dal 20 dicembre al 31 gennaio
14 cam ☕ – †65/95 € ††90/130 €
◆ Luminosa, moderna e accogliente: sono gli aggettivi che più si addicono a questa curata villa nell'incantevole scenario del lago di Como. Se ampie camere assicurano confort e relax, il giardino e la piscina garantiscono distensivi momenti en plein air.

GRAVINA IN PUGLIA – Bari (BA) – **564** E31 – 44 254 ab. – alt. 338 m **26** B2
– ✉ 70024

Roma 417 – Bari 58 – Altamura 12 – Matera 30

X **Madonna della Stella** con cam AC P
via Madonna della Stella – ☎ 08 03 25 63 83 VISA AE
– www.madonnadellastellaresort.com – info@madonnadellastellaresort.com
9 cam ☕ – †45 € ††60 € – ½ P 50 € **Rist** – *(chiuso martedì)* Carta 25/37 €
◆ La sala scavata nella roccia naturale, il bianco e antico villaggio di fronte sarà il suggestivo ritratto da contemplare, dalla sapienza dei due fratelli i sapori e le tradizioni di un passato mai dimenticato! Una suggestiva struttura in tufo ospita le graziose semplici camere.

GRAZIE – Mantova – 561 G14 – Vedere Curtatone

GREMIASCO – Alessandria (AL) – 561 H9 – 358 ab. – alt. 400 m – ✉ 15056 23 D2

Roma 563 – Alessandria 52 – Genova 70 – Piacenza 92

XX **Belvedere**

via Dusio 5 – ✆ 01 31 78 71 59 – www.belvederegremiasco.it – belvederegremiasco@email.it – chiuso martedì

Rist – Carta 15/25 €

♦ Una vecchia osteria familiare - rinnovatasi nel tempo - con sale accoglienti e gustose proposte del territorio: ottime, le materie prime dalle quali si elaborano i piatti.

GRESSONEY LA TRINITÉ – Aosta (AO) – 561 E5 – 303 ab. – alt. 1 624 m – Sport invernali : 1 618/2 970 m 3 5 – ✉ 11020 34 B2

Italia Centro Nord

Roma 733 – Aosta 86 – Ivrea 58 – Milano 171

località Edelboden Superiore ✆ 0125 366143, gressoneylatrinite@turismo.vda.it, Fax 0125 366323

Jolanda Sport

località Edelboden Superiore 31 – ✆ 01 25 36 61 40 – www.hoteljolandasport.com – info@hoteljolandasport.com – chiuso maggio, ottobre e novembre

32 cam – solo ½ P 90/150 € **Rist** – Carta 31/43 €

♦ Costruito con l'omonima seggiovia nel 1957, ma completamente ristrutturato in anni recenti, l'hotel ripropone la tradizione dei tipici *Stadel Walzer*: camere curate nei minimi particolari, con colori caldi e legno a vista. Assolutamente da provare, il moderno ed attrezzato centro benessere.

Lysjoch

località Fohre – ✆ 01 25 36 61 50 – www.hotellysjoch.com – info@hotellysjoch.com – dicembre-aprile e 25 giugno-15 settembre

12 cam – †48/63 € ††96/126 € – ½ P 60/85 €

Rist – *(chiuso a mezzogiorno) (solo per alloggiati)*

♦ Direttamente sulle piste, in questa località a nord di Gressoney La Trinité, piccola struttura con un ambiente familiare e accogliente, reso ancor più caldo dal legno.

GRESSONEY SAINT JEAN – Aosta (AO) – 561 E5 – 814 ab. – alt. 1 385 m – Sport invernali : 1 385/2 020 m 3, – ✉ 11025 34 B2

Italia Centro Nord

Roma 727 – Aosta 80 – Ivrea 52 – Milano 165

Villa Deslex ✆ 0125 355185, gressoneysaintjean@turismo.vda.it, Fax 0125 355895

9, ✆ 0125 35 63 14

Località★

Gran Baita

strada Castello Savoia 26, località Gresmatten – ✆ 01 25 35 64 41 – www.hotelgranbaita.it – info@hotelgranbaita.it – dicembre-aprile e 25 giugno-7 settembre

12 cam – †67/105 € ††90/150 € – ½ P 70/98 € **Rist** – Carta 27/51 €

♦ Non lontano dal Castello Savoia e dalla passeggiata della Regina Margherita, in una baita del XVIII secolo, un'atmosfera da sogno ove coccolarsi a lungo tra ogni confort. Proposte nella tradizione gastronomica dei Walser.

XX **Il Braciere**

località Ondrò Verdebio 2 – ✆ 01 25 35 55 26 – il_braciere@libero.it – chiuso dal 12 al 23 dicembre, dal 3 al 30 giugno, mercoledì escluso luglio-agosto, sabato e domenica in novembre

Rist – Carta 29/43 €

♦ Cucina valligiana e piemontese e specialità alla griglia dalle porzioni abbondanti in questo caratteristico locale alle porte del paese. Piccola saletta con finestra panoramica.

GREVE IN CHIANTI - Firenze (FI) - 563 L15 - 14 262 ab. - alt. 236 m 29 D3 - ✉ 50022 Toscana

Roma 260 - Firenze 31 - Siena 43 - Arezzo 64

piazza Matteotti 9/11 ✆ 055 8546899, Fax 055 8545238

Montefioralle★ ovest: 2 km

Villa Bordoni

cam,

via San Cresci 31/32, località Mezzuola, Ovest: 3 Km – ✆ 05 58 54 74 53 – www.villabordoni.com – info@villabordoni.com – marzo-dicembre

10 cam – ††170/390 € – 1 suite – ½ P 130/240 €

Rist *Villa Bordoni* – ✆ 05 58 54 62 30 (prenotare) Menu 50 € – Carta 44/55 €

♦ Un riuscito mix di lusso e design, rustico toscano e ultime mode del mondo in questa bella villa patrizia circondata dalla campagna chiantigiana: una bomboniera country-hip, dove trascorrere un indimenticabile soggiorno. Il mare e la terra s'incontrano nei piatti del ristorante: originale, come il resto della casa.

Agriturismo Villa Vignamaggio senza rist

strada per Lamole, Sud-Est : 4 km – ✆ 05 58 54 66 53 – www.vignamaggio.com – agriturismo@vignamaggio.com – 15 marzo-10 dicembre

8 cam – †120/170 € ††150/200 €, 12 € – 17 suites – ††250/450 €

♦ C'è anche un piccolo centro estetico in questo elegante podere quattrocentesco, che racchiude la memoria del Rinascimento toscano. Fra vigneti e uliveti, un'ospitalità da sogno nelle belle camere e negli appartamenti (con angolo cottura).

a Panzano Sud : 6 km - alt. 478 m - ✉ 50020

Villa Sangiovese

piazza Bucciarelli 5 – ✆ 0 55 85 24 61 – www.villasangiovese.it – info@villasangiovese.it – chiuso da Natale a febbraio

17 cam – †100/120 € ††120/175 € – 2 suites

Rist – *(chiuso mercoledì)* Carta 26/40 €

♦ Gestione svizzera per una signorile villa ottocentesca, con annessa casa colonica, sita nel centro del paese e con una visuale di ampio respiro sui bei colli circostanti. Specialità toscane nell'elegante ristorante o sulla panoramica terrazza-giardino.

Villa le Barone

cam,

via San Leonino 19, Est : 1,5 km – ✆ 0 55 85 26 21 – www.villalebarone.com – info@villalebarone.com – aprile-ottobre

30 cam – †130/275 € ††180/345 € – ½ P 195 €

Rist – *(chiuso a mezzogiorno) (solo per alloggiati)* Menu 45 €

♦ Nel cuore del Chianti Classico - tra uliveti e vigne - in questa villa padronale di proprietà dei Della Robbia, si sono dati appuntamento charme e raffinatezza. Molte, ma non tutte, le camere con aria condizionata.

a Strada in Chianti Nord : 9 km - ✉ 50027

XX Il Caminetto del Chianti

via della Montagnola 52, Nord : 1 km – ✆ 05 58 58 89 09 – susanna.zucchi@chiantipop.net – chiuso martedì, mercoledì a mezzogiorno

Rist – *(chiuso a mezzogiorno in luglio-agosto escluso sabato e domenica)* Carta 29/38 €

♦ Fuori dal centro della località, lungo la strada che porta a Firenze, un ristorante con piatti in prevalenza toscani, da gustare in sale curate e riscaldate anche dal camino.

a La Panca Nord-Est : 10 km - ✉ 50022 Greve In Chianti

XX Le Cernacchie

via Cintola Alta 11 – ✆ 05 58 54 79 68 – www.lecernacchie.com – lecernacchie@tin.it – chiuso dal 23 febbraio al 7 marzo, domenica sera e lunedì

Rist – Carta 34/46 €

♦ Semplice e caratteristico indirizzo animato dalla calorosa familiarità della gestione. Particolarmente apprezzabile il panoramico spazio all'esterno. Cucina della tradizione.

GREZZANA – Verona (VR) – **562** F15 – **10 864 ab.** – **alt. 169 m** **37** A2
– ✉ 37023

Roma 514 – Verona 12 – Milano 168 – Venezia 125

La Pergola – cam,

via La Guardia 1 – ☎ 0 45 90 70 71 – www.hotellapergolaverona.it – info@hotellapergolaverona.it

35 cam – †46/58 € ††71/77 €, ☕ 9 € – ½ P 52/59 €

Rist – *(chiuso dal 25 dicembre al 6 gennaio) (chiuso a mezzogiorno)* Carta 17/36 €

♦ Protetto sul retro dal verde, questo albergo familiare è ideale soprattutto per una clientela di lavoro; camere classiche e ben illuminate da ampie finestre nonchè una bella hall con salottino moderno. Ampia sala da pranzo di tono moderno; decorazioni alle pareti e soffitti futuristici.

GRIGNANO – Trieste (TS) – **562** E23 – **Vedere Trieste**

Roma 677 – Udine 59 – Trieste 8 – Venezia 150

GRINZANE CAVOUR – Cuneo (CN) – **561** I5 – **1 786 ab.** – **alt. 260 m** **25** C2
– ✉ 12060

Roma 649 – Cuneo 62 – Torino 74 – Genova 149

Casa Pavesi senza rist

via IV Novembre 11 – ☎ 01 73 23 11 49 – www.hotelcasapavesi.it – info@hotelcasapavesi.it – chiuso dal 21 dicembre al 6 gennaio e dal 9 al 19 agosto

12 cam ☕ – †90/110 € ††160/180 €

♦ Vicino al celebre castello, una casa ottocentesca sapientemente restaurata diventa una bomboniera, dove salotti con boiserie si accompagnano a mobili d'antiquariato. Cura ed eleganza in ogni angolo creano un'atmosfera da *country house* inglese.

Al Castello (Alessandro Boglione)

via del Castello 5 – ☎ 01 73 26 21 72 – www.castellodigrinzane.it – ristorante@castellodigrinzane.it – chiuso gennaio, lunedì sera, martedì

Rist – Carta 38/49 €

Spec. Salsiccia di Bra. Paste fresche ripiene. Scamone di fassone.

♦ Cucina piemontese con qualche timida rivisitazione in una struttura di grande fascino, sia per la vista panoramica sui vigneti, sia per lo storico passato: un castello tra i più antichi della zona che accolse tra le proprie mura anche Camillo Benso, conte di Cavour.

GRISIGNANO DI ZOCCO – Vicenza (VI) – **562** F17 – **4 314 ab.** **37** B2
– **alt. 23 m** – ✉ 36040

Roma 499 – Padova 17 – Bassano del Grappa 48 – Venezia 57

Magnolia

via Mazzini 1 – ☎ 04 44 41 42 22 – www.hmagnolia.com – info@hmagnolia.com

29 cam ☕ – †85 € ††140 €

Rist – *(chiuso dal 25 dicembre al 6 gennaio, agosto, venerdì sera, sabato, domenica)* Carta 21/38 €

♦ Frequentato da clientela d'affari, quasi unicamente abituale, un albergo di stile classico, comodo e con camere spaziose, sulla statale Padova-Vicenza, vicino al casello. Confortevole e moderna anche l'area ristorante.

GRÖDNER JOCH = Gardena Passo di

GROLE – Mantova – Vedere Castiglione delle Stiviere

GROPPARELLO – Piacenza (PC) – **562** H11 – **2 403 ab.** – ✉ **29025** **8** A2

Roma 53 – Bologna 164 – Piacenza 30 – Milano 98

Torre del Borgo senza rist

via Gavazzini 11, località Sariano di Gropparello, Nord: 3 km – ☎ 05 23 24 65 03 – www.torredelborgo.it – residenzadepoca@torredelborgo.it

9 cam ☕ – †75/80 € ††100/120 €

♦ La torre d'avvistamento è ancora così come fu costruita nel '400 ed ospita una romantica camera soppalcata. Letti con spalliere d'epoca nelle altre stanze, più semplici ma confortevoli, una con grande terrazza.

GROSIO – Sondrio (SO) – 561 D12 – 4 756 ab. – alt. 656 m – ✉ 23033 17 C1

Roma 739 – Sondrio 40 – Milano 178 – Passo dello Stelvio 44

XX **Sassella** con cam

via Roma 2 – ✆ 03 42 84 72 72 – www.hotelsassella.it – jim@hotelsassella.it
26 cam – 65/75 € 90/120 € – ½ P 75/85 € **Rist** – Carta 27/35 €
◆ Un ristoro, con camere, ormai storico per l'alta Valtellina: proposte culinarie che riflettono il territorio, indovinata e piacevole scelta suddivisa in vari menù a tema.

GROSOTTO – Sondrio (SO) – 561 D12 – 1 640 ab. – alt. 590 m – ✉ 23034 17 C1

Roma 712 – Milano 183 – Sondrio 41

Le Corti senza rist

via Patrioti 73 – ✆ 03 42 84 86 24 – www.garnilecorti.it – garnilecorti@libero.it
14 cam – 45/50 € 80/100 €
◆ Grazioso albergo, ideale per famiglie, suddiviso in due edifici distanti un centinaio di metri. Camere spaziose con arredi in legno, gustosa e abbondante colazione.

GROSSETO P (GR) – 563 N15 – 79 965 ab. – alt. 10 m – ✉ 58100 29 C3

Toscana

Roma 187 – Livorno 134 – Milano 428 – Perugia 176

viale Monterosa 206 ✆ 0564 462611, info@lamaremma.info, Fax 0564 454606
corso Carducci 1/A ✆ 0564 488208 infogrosseto@lamaremma.info

Museo Archeologico e d'Arte della Maremma★

Airone cam,

via Senese 35 – ✆ 05 64 41 24 41 – www.hotelairone.eu – info@hotelairone.eu
68 cam – 60/80 € 130/150 € – 1 suite – ½ P 85/105 €
Rist – *(chiuso agosto) (chiuso a mezzogiorno)* Carta 31/44 €
◆ A pochi passi dal centro storico, l'hotel dispone di belle camere dal confort moderno e con soluzioni d'arredo di design. Una panoramica Spa al piano attico, parcheggio privato e 5 sale conferenze rendono la struttura ideale per una clientela d'affari (ma non solo).

Granduca rist,

via Senese 170 – ✆ 05 64 45 38 33 – www.hotelgranduca.com – reception@hotelgranduca.com
71 cam – 75/85 € 95/105 € – 1 suite – ½ P 73/83 €
Rist – *(chiuso a mezzogiorno)* Carta 25/43 €
◆ In posizione semiperiferica ma comoda, struttura di stile moderno il cui ingresso, sul piazzale, è segnalato da una fontana; ampi spazi, ideale per la clientela d'affari. Sapore attuale anche per gli ambienti del ristorante, vasti e usati anche per banchetti.

Bastiani Grand Hotel senza rist

piazza Gioberti 64 – ✆ 0 56 42 00 47 – www.hotelbastiani.com – info@hotelbastiani.com
48 cam – 90/120 € 110/180 €
◆ Nel cuore della località, all'interno della cinta muraria medicea, una gradevole risorsa in un signorile palazzo d'epoca; dotata di confortevoli ed eleganti camere.

XXX **Canapone**

piazza Dante 3 – ✆ 0 56 42 45 46 – eno.canapino@virgilio.it – chiuso dal 22 al 31 gennaio, dal 5 al 19 agosto, domenica, mercoledì sera da ottobre a giugno
Rist – (consigliata la prenotazione) Menu 58/70 € – Carta 48/73 €
Rist *Enoteca Canapino* – *(chiuso la sera)* Carta 22/32 €
◆ Nel cuore del centro storico della "capitale" della Maremma, un ristorante completamente ristrutturato che oggi si presenta con un aspetto elegante e raffinato. All'Enoteca Canapino una buona scelta di piatti tradizionali a prezzo contenuto.

Buca San Lorenzo-da Claudio
via Manetti 1 – ✆ 0 56 42 51 42 – www.bucasanlorenzo.com – chiuso dal 6 al 20 gennaio, dal 7 al 21 luglio, domenica e lunedì
Rist – (consigliata la prenotazione la sera) Carta 31/50 €
◆ Ricavato nelle mura medicee, un punto di riferimento molto quotato nella città; specialità marinare e locali proposte a voce, servite in ambiente curato ed elegante.

Antico Borgo
via Garibaldi 52 – ✆ 0 56 42 06 25 – www.anticoborgogr.com – lu.bernacchi@tiscali.it – chiuso lunedì
Rist – (consigliata la prenotazione) Carta 32/49 €
◆ La formula è apparentemente semplice: una piccola trattoria all'interno delle mura medicee, pochi tavoli e una cucina schietta, strutturata su materie prime di eccellente qualità. Il risultato: squisito!

GROSSETO (Marina di) – Grosseto (GR) – 563 N14 – ✉ 58100 29 C3

Roma 196 – Grosseto 14 – Firenze 153 – Livorno 125

Rosmarina cam,
via delle Colonie 33/35 – ✆ 0 56 43 44 08 – www.rosmarina.it – info@rosmarina.it
38 cam – 80/120 € 100/150 € – ½ P 80/120 € **Rist** – Menu 30/35 €
◆ A pochi passi dal litorale marino, in una zona molto tranquilla, una risorsa di recente ristrutturata, totalmente immersa nella macchia mediterranea. Gestione accogliente. Ristorante ubicato nel seminterrato, rinnovato da poco, sala curata e cucina locale.

GROTTA... GROTTE – Vedere nome proprio della o delle grotte

GROTTAFERRATA – Roma (RM) – 563 Q20 – 20 893 ab. – alt. 320 m 12 B2 – ✉ 00046 Roma

Roma 21 – Anzio 44 – Frascati 3 – Frosinone 71

Park Hotel Villa Grazioli rist,
via Umberto Pavoni 19 – ✆ 06 94 54 00 – www.villagrazioli.com – info@villagrazioli.com
56 cam – 160/300 € 180/330 € – 2 suites
Rist *Acquaviva* – Carta 44/85 €
◆ E' appartenuta al cardinale Carafa questa villa cinquecentesca in splendida posizione panoramica che oggi può ancora sfoggiare affreschi originali al piano terra e giardini all'italiana. Ristorante di tono elegante, affacciato su un giardino pensile, dove vengono proposti i piatti della tradizione mediterranea.

La Locanda dei Ciocca senza rist
via Anagnina 134 – ✆ 06 94 31 53 90 – www.alfico.it – info@alfico.it
21 cam – 115/145 € 170/210 €
◆ Calda atmosfera rustica fra travi a vista e camini, quiete, camere in stile e personalizzate: una locanda dove riscoprire il relax. Particolarmente curata la prima colazione.

Locanda dello Spuntino
via Cicerone 22 – ✆ 06 94 31 59 85 – www.locandadellospuntino.com – info@locandadellospuntino.com
9 cam – 150/200 € – 1 suite
Rist Taverna dello Spuntino – vedere selezione ristoranti
◆ Divani e caminetti rendono piacevole l'ingresso di questa locanda, ma tutta la cura è riservata alle camere, dal parquet ai bagni in travertino con intarsi in marmo e mosaici.

Taverna dello Spuntino – Locanda dello Spuntino
via Cicerone 20 – ✆ 0 69 45 93 66 – www.tavernadellospuntino.com – info@tavernadellospuntino.com
Rist – Carta 30/60 €
◆ E' tutta all'interno la peculiarità di questa trattoria romana: scenografiche sale sotto archi in mattoni ed una coreografica esposizione di prosciutti, fiaschi di vino, frutta e antipasti.

XX **La Cavola d'Oro**

via Anagnina 35, Ovest : 1,5 km – ✆ 06 94 31 57 55 – www.lacavoladoro.it – info@lacavoladoro.it – chiuso lunedì

Rist – Carta 37/48 €

◆ Facile da raggiungere, lungo la strada per Roma, locale classico con camino e soffitti lignei nelle curate sale interne; piatti regionali, assortimento di antipasti e carni alla griglia.

XX **Nando**

via Roma 4 – ✆ 0 69 45 99 89 – www.ristorantenando.it – info@ristorantenando.it – chiuso lunedì

Rist – Carta 31/48 €

◆ Due piccole sale ricche di decorazioni: da vedere la curiosa collezione di cavatappi e la caratteristica cantina (possibilità di degustazione); la cucina, regionale, guarda anche alla creatività.

X **L' Oste della Bon'Ora**

viale Vittorio Veneto133 – ✆ 0 69 41 37 78 – www.lostedellabonora.com – loste@lostedellabonora.it – chiuso 2 settimane in giugno e lunedì

Rist – *(chiuso a mezzogiorno escluso sabato e i giorni festivi)* (consigliata la prenotazione) Carta 31/41 €

◆ Un localino che promuove la vera cucina romana in un ambiente piacevole, sovrastato dalla contagiosa simpatia del titolare: prodigo di consigli e suggerimenti. In sottofondo, la musica della ricca collezione di vinili.

GROTTAGLIE – Taranto (TA) – 564 F34 – 32 835 ab. – alt. 130 m – ✉ 74023 27 C2

Roma 514 – Brindisi 49 – Bari 96 – Taranto 22

Gill senza rist

via Brodolini 75 – ✆ 09 95 63 82 07 – www.gillhotel.it – info@gillhotel.it

48 cam – †50/65 € ††70/90 €

◆ Piccola risorsa nei pressi del centro, tra le mura di un grande palazzo vocato alla semplicità e ad un'ospitalità dal sapore familiare. Carine le camere, completamente nuove!

GROTTAMMARE – Ascoli Piceno (AP) – 563 N23 – 15 496 ab. – ✉ 63013 21 D3

Roma 236 – Ascoli Piceno 43 – Ancona 84 – Macerata 64

piazzale Pericle Fazzini 6 ✆ 0735 631087, iat.grottammare@provincia.ap.it, Fax 0735 631087

La Torretta sul Borgo senza rist

via Camilla Peretti 2 – ✆ 07 35 73 68 64 – www.latorrettasulborgo.it – info@latorrettasulborgo.it

6 cam – †40/70 € ††55/80 €

◆ Un'attenta opera di restauro ha mantenuto le caratteristiche di questa bella casa nel centro del borgo antico: ambienti rustici e camere personalizzate.

XX **Borgo Antico**

via Santa Lucia 1, Grottammare Alta – ✆ 07 35 63 43 57 – info@borgoanticoristorante.it – chiuso novembre e martedì escluso giugno-settembre

Rist – *(chiuso a mezzogiorno)* (prenotazione obbligatoria) Menu 25/40 € – Carta 35/50 €

◆ Città alta. In un antico frantoio, cura per le materie prime e l'elaborazione dei cibi; panorama, estivo, dai tavoli nella piazzetta esterna. Complice, una giovane coppia.

X **Osteria dell'Arancio**

piazza Peretti, Grottammare Alta – ✆ 07 35 63 10 59 – www.osteriadellarancio.it – osteriadellarancio@pec.it – chiuso mercoledì

Rist – *(chiuso a mezzogiorno escluso i giorni festivi)* Menu 35 € – Carta 40/52 €

◆ Nella piazzetta di Grottammare Alta, una vecchia insegna recita ancora "Tabacchi e Alimentari": oggi, un locale caratteristico con menu tipico fisso e la possibilità di scegliere singoli piatti alla carta.

verso San Benedetto del Tronto

Parco dei Principi
lungomare De Gasperi 90, Sud : 1 km ✉ 63013 – ☎ 07 35 73 50 66 – www.hotelparcodeiprincipi.it – htlparcodeiprincipi@tiscalinet.it – chiuso dal 21 dicembre al 15 gennaio
54 cam – 70/170 € 100/170 € – 6 suites – ½ P 113 €
Rist – *(chiuso sabato e domenica)* Carta 30/55 €
♦ Nel contesto di un paesaggio tropicale, avvolto da un parco in cui si collocano campi da gioco e persino una vivace voliera, dispone di ambienti in stile mediterraneo e spazi ad hoc per i più piccoli.

Roma rist,
lungomare De Gasperi 60 – ☎ 07 35 63 11 45 – www.hotelromagrottammare.com – info@hotelromagrottammare.com – Pasqua-15 novembre
59 cam – 50/65 € 85/100 € – ½ P 72/88 € **Rist** – Carta 20/35 €
♦ Nel corso del 2003 l'albergo è stato riaperto dopo aver subito un rinnovo completo. Oggi si presenta come una struttura fresca e attuale, sul lungomare con piccolo giardino.

Lacchè
via Procida 1/3, Sud : 2,5 km ✉ 63013 – ☎ 07 35 58 27 28 – www.ristorantiitaliani.it/lacche – lacche@ristorantiitaliani.it – chiuso dal 24 dicembre al 6 gennaio e lunedì
Rist – Carta 38/53 €
♦ Menù a voce, sulla base del mercato ittico giornaliero, e alla carta: uno degli indirizzi più "gettonati" in paese, ove lasciarsi sedurre da sapori strettamente marini.

GROTTE DI CASTRO – Viterbo (VT) – 563 N17 – 2 853 ab. – alt. 467 m – ✉ 01025 **12** A1

Roma 140 – Viterbo 47 – Grosseto 100 – Orvieto 27

Agriturismo Castello di Santa Cristina senza rist
località Santa Cristina , Ovest : 3,5 km – ☎ 0 76 37 80 11 – www.santacristina.it – info@santacristina.it – chiuso dal 15 gennaio al 28 febbraio
21 cam – 70/90 € 120/135 €
♦ Nel cuore della Tuscia antica, un signorile casale settecentesco arredato con gusto con mobili d'epoca. Tra le attività fruibili, il maneggio e la possibilità di organizzare gite ed escursioni.

GRUGLIASCO – Torino (TO) – 561 G4 – 37 691 ab. – alt. 293 m – ✉ 10095 **22** A1

Roma 672 – Torino 10 – Asti 68 – Cuneo 97

L'Antico Telegrafo
via G. Lupo 29 – ☎ 0 11 78 60 48 – lanticotelegrafo@virgilio.it – chiuso agosto, domenica sera, lunedì FTt
Rist – Carta 30/46 €
♦ Sono due cugini a gestire questo ristorante sito al primo piano di un edificio in centro che propone piatti di carne e di pesce; sul retro, un dehors circondato da frutteti.

GRUMELLO DEL MONTE – Bergamo (BG) – 561 F11 – 7 195 ab. – alt. 208 m – ✉ 24064 **19** D1

Roma 598 – Milano 68 – Bergamo 22 – Brescia 42

Fontana Santa cam,
via Fontana Santa – ☎ 0 35 83 38 71 – www.fontanasanta.it – info@fontanasanta.it – chiuso 2 settimane in agosto
17 cam – 60/70 € 100 €
Rist ***Al Grottino*** – Carta 40/57 €
♦ In un suggestivo contesto paesaggistico, tra colline e vigneti, sorge questa bella risorsa ricavata dalla ristrutturazione di un vecchio cascinale. Nelle camere la modernità dei confort flirta con la rusticità dei soffitti con travi a vista. Al Grottino: ambiente gradevole e piatti mediterranei, anche a base di pesce.

XXX Al Vigneto

via Don P. Belotti 1 – ✆ 0 35 83 19 79 – www.alvigneto.it – info@alvigneto.it – chiuso dal 1° al 9 gennaio, dall'8 al 28 agosto, martedì

Rist – Menu 40/70 € – Carta 48/68 €

Spec. Nudo e crudo di pesci e crostacei di Mazara del Vallo. Foie gras d'anatra affumicato in casa. Gran fritto di pesce, crostacei e molluschi con frutta e verdura in tempura.

◆ In zona precollinare, il vecchio fienile è stato trasformato in un elegante ristorante, circondato dai propri vigneti e frutteti, scorgibili dalle vetrate della sala. Nel piatto molto pesce - soprattutto siciliano - proposto in chiave moderna. Consigliatissimi, i crudi.

XX La Cascina Fiorita

via Mainoni d'Intignano 11 – ✆ 0 35 83 00 05 – www.lacascinafiorita.com – info@lacascinafiorita.com – chiuso dal 1° al 7 gennaio e 3 settimane in agosto

Rist – Menu 35 € – Carta 32/41 €

◆ La posizione panoramica sui colli è già un buon motivo per "spingersi" fino a qui: in questo piacevole locale ricavato da un antico casolare, dove non manca una veranda (aperta in estate). Carne e pesce in ricette d'impronta classico-nazionale.

X Vino Buono

via Castello 20 – ✆ 03 54 42 04 50 – www.vinobuono.net – info@vinobuono.net – chiuso 2 settimane in agosto, lunedì e i mezzogiorno di sabato e domenica

Rist – Carta 30/44 €

◆ Un'osteria con piccola cucina, o meglio: un originale wine-bar in pieno centro con ottima mescita di vino al bicchiere e possibilità di scegliere tra salumi, formaggi, piatti freddi e qualche specialità di carne, nonché di pesce (rigorosamente di lago).

GSIES = Valle di Casies

GUALDO CATTANEO – Perugia (PG) – 563 N19 – 6 438 ab. – alt. 446 m – ✉ 06035 — 32 B2

▶ Roma 160 – Perugia 48 – Assisi 28 – Foligno 32

a Saragano Ovest: 5 km – ✉ 06035

Agriturismo la Ghirlanda

Via del Poggio 4 – ✆ 0 74 29 87 31 – www.laghirlanda.it – info@laghirlanda.it – chiuso dal 10 gennaio al 10 aprile

10 cam ☕ – †80/90 € ††110/130 € – 3 suites – ½ P 92 €

Rist – *(chiuso a mezzogiorno)* (prenotazione obbligatoria) *(solo per alloggiati)* Menu 27/30 €

◆ Una struttura ricca di charme: una casa patronale di fine '800 nel verde e nella tranquillità delle colline umbre. Ambienti personalizzati con mobili d'epoca e camere con caminetto. Ristorante con menu fisso e specialità locali. Servizio estivo all'aperto.

a Collesecco Sud-Ovest : 9 km – ✉ 06035

X La Vecchia Cucina

via delle Scuole 2 frazione Marcellano – ✆ 0 74 29 72 37 – elialeonardi@tiscali.it – chiuso dal 24 al 27 dicembre e da 6 al 31 agosto, lunedì

Rist – Carta 23/35 €

◆ Nella villetta di una piccola frazione, ove la campagna umbra dà il meglio di sé, una sala colorata e allegra per portarsi a casa un ricordo gastronomico locale.

GUARDAMIGLIO – Lodi (LO) – 561 G11 – 2 696 ab. – alt. 49 m – ✉ 26862 — 16 B3

▶ Roma 520 – Piacenza 9 – Cremona 46 – Lodi 36

Nord
via I Maggio 3 – ☎ 0 37 75 12 23 – www.hotelnord.it – info@hotelnord.it
80 cam – 95/160 € 115/160 €
Rist – *(chiuso 2 settimane in agosto) (chiuso a mezzogiorno) (solo per alloggiati)*
Carta 26/42 €
♦ A due passi dall'uscita autostradale Piacenza Nord, l'impostazione dell'hotel ricalca lo stile attualmente in voga: moderno e confortevole. Ampio e comodo parcheggio interno. Ristorante per i clienti alloggiati con un menu che cambia settimanalmente.

GUARDIAGRELE – Chieti (CH) – 563 P24 – 9 599 ab. – alt. 576 m – ✉ 66016 2 C2

Roma 230 – Pescara 41 – Chieti 25 – Lanciano 23

Villa Maiella (Angela Di Crescenzo) con cam
località Villa Maiella 30, Sud-Ovest : 1,5 km – ☎ 08 71 80 93 19 – www.villamaiella.it – info@villamaiella.it
14 cam – 60 € 110 €
Rist – *(chiuso 10 giorni in gennaio, 15 giorni in luglio, domenica sera, lunedì)*
Menu 48 € – Carta 28/58 €
Spec. Arrosticino di peperoni cruschi croccanti con cicoria e baccalà, fagioli bianchi del Tavo e sedano verde. Ravioli di erbette con favette di campo, prataioli e zafferano di Navelli. Variazione di agnello primaverile.
♦ Ormai il locale più noto al limitare del Parco della Maiella, dove gustare i migliori sapori abruzzesi preparati con maestria dai proprietari. Per chi volesse indugiare nel romanticismo: spettacolare servizio estivo sulla terrazza. Confortevoli e luminose le camere, realizzate secondo le moderne tecnologie.

Ta Pù
via Modesto della Porta 37 – ☎ 0 87 18 22 74 – www.360gradi.it – tapu-ristorante@virgilio.it – chiuso lunedì escluso agosto
Rist – Carta 41/67 €
♦ Leccornie locali e stagionali, nonché creatività, in un ambiente di calda rusticità tra volte a botte e mattoni a vista. Nell'attiguo wine-bar: vini anche al calice e qualche piatto cucinato espresso.

GUARDISTALLO – Pisa (PI) – 563 M13 – 1 254 ab. – alt. 278 m – ✉ 56040 28 B2

Roma 276 – Pisa 65 – Grosseto 100 – Livorno 44

a Casino di Terra Nord-Est : 5 km – ✉ 56040

Mocajo
strada statale 68 – ☎ 05 86 65 50 18 – www.ristorantemocajo.it – info@ristorantemocajo.it – chiuso dal 15 gennaio al 15 febbraio e mercoledì (escluso agosto)
Rist – Carta 35/45 €
♦ Ambiente di tono, coperto elegante e camino in un locale dalla solida gestione familiare, che propone ottime specialità di carne. Per chi volesse portare con sé i sapori di questa tavola, nell'attiguo negozio La Dispensa, si possono acquistare alcuni degli ingredienti utilizzati in cucina: vino, olio e prodotti locali.

GUARENE – Cuneo (CN) – 561 H6 – 3 317 ab. – alt. 360 m – ✉ 12050 25 C2

Roma 649 – Torino 57 – Asti 32 – Cuneo 68

Osteria la Madernassa
località Lora 2, Ovest : 2,5 km – ☎ 01 73 61 17 16 – www.osterialamadernassa.it – info@osterialamadernassa.it – chiuso dal 9 gennaio al 12 febbraio
Rist – Carta 30/39 €
♦ Bellissima villa che ospita un locale polivalente: al piano terra vengono allestite mostre d'arte e riunioni, al piano superiore due eleganti sale per una moderna cucina del territorio, con qualche specialità di mare.

GUBBIO – Perugia (PG) – **563** L19 – **32 903 ab.** – **alt. 522 m** – ✉ **06024** **32** B1

Italia

Roma 217 – Perugia 40 – Ancona 109 – Arezzo 92

via della Repubblica 15 ✆ 075 9220693, info@iat.gubbio.pg.it, Fax 075 9273409

Città vecchia★★ – Palazzo dei Consoli★★ **B** – Palazzo Ducale★ – Affreschi★ di Ottaviano Nelli nella chiesa di San Francesco – Affresco★ di Ottaviano Nelli nella chiesa di Santa Maria Nuova

Park Hotel ai Cappuccini

via Tifernate, per ④ – ✆ 0 75 92 34 rist,

– www.parkhotelaicappuccini.it – info@parkhotelaicappuccini.it

95 cam – ♦152/210 € ♦♦192/310 € – ½ P 136/195 € **Rist** – Carta 35/50 €

◆ Un antico convento, completamente ristrutturato conservando il fascino delle strutture di un tempo, offre i più elevati confort per ospitare al meglio il cliente. Ambiente raffinato nelle varie sale ristorante, con opere d'arte moderna e arredi d'epoca.

Relais Ducale senza rist

via Galeotti 19 – ✆ 07 59 22 01 57 – www.mencarelligroup.com – info@relaisducale.com **a**

30 cam – ♦110/130 € ♦♦155/230 €

◆ Nella parte più nobile di Gubbio, giardino pensile con vista città e colline per un hotel di classe, ricavato da un complesso di tre antichi palazzi del centro storico.

Bosone Palace senza rist

via 20 Settembre 22 – ✆ 07 59 22 06 88 – www.mencarelligroup.com – bosone@mencarelligroup.com – chiuso dal 10 gennaio al 1° marzo **d**

28 cam – ♦80/90 € ♦♦110/199 € – 2 suites – ½ P 80/125 €

◆ Nello storico palazzo Raffaelli, tessuti rossi e un'imponente scala portano alle camere, qualcuna con vista sul centro e due con soffitti affrescati, come la sala colazioni.

Gattapone senza rist

via Beni 13 – ✆ 07 59 27 24 89 – www.hotelgattapone.net – gattapone@mencarelligroup.com – chiuso dall'8 gennaio all'8 febbraio **b**

16 cam – ♦80/90 € ♦♦100/110 € – 2 suites

◆ In edificio medievale di pietra e mattoni, con persiane ad arco, camere in tinte pastello e scorci sui pittoreschi vicoli eugubini e sulla centrale chiesa di S. Giovanni.

Taverna del Lupo

via Ansidei 21 – ✆ 07 59 27 43 68 – www.mencarelligroup.com – tavernadellupo@mencarelligroup.com – chiuso lunedì escluso agosto-settembre **f**

Rist – Menu 32/40 € – Carta 40/56 €

◆ Storico locale nel cuore di Gubbio, "legato" al Santo di Assisi e al feroce lupo, per una storica coppia di ristoratori; antichi ambienti e succulenta gastronomia locale.

Bosone Garden

via Mastro Giorgio 1 – ✆ 07 59 22 12 46 – www.mencarelligroup.com – mencarelli@mencarelligroup.com – chiuso mercoledì escluso luglio-agosto

Rist – Carta 25/48 € **d**

◆ Servizio estivo in giardino: nel verde, l'ingresso al ristorante, sito in Palazzo Raffaelli e legato ai due nobili Bosone, membri della casata. Spazi con arredi d'epoca.

Fabiani

piazza 40 Martiri 26 A/B – ✆ 07 59 27 46 39 – www.ristorantefabiani.it – info@ristorantefabiani.it – chiuso gennaio e martedì **t**

Rist – Carta 24/36 €

◆ In Palazzo Fabiani, di illustre casato locale, ambienti eleganti dislocati in varie sale e una magnifica "scenografia" cittadina per il servizio estivo nella piazzetta.

Grotta dell'Angelo con cam

via Gioia 47 – ✆ 07 59 27 34 38 – www.grottadellangelo.it – info@grottadellangelo.it – chiuso dal 7 gennaio al 7 febbraio **s**

18 cam – ♦38/45 € ♦♦55/65 €, 5 € – ½ P 55/65 € **Rist** – Carta 25/35 €

◆ Nella grotta duecentesca è stata ricavata una rustica enoteca, familiare come l'atmosfera del locale; tra i vicoletti del centro, ma con un bel giardinetto per l'estate.

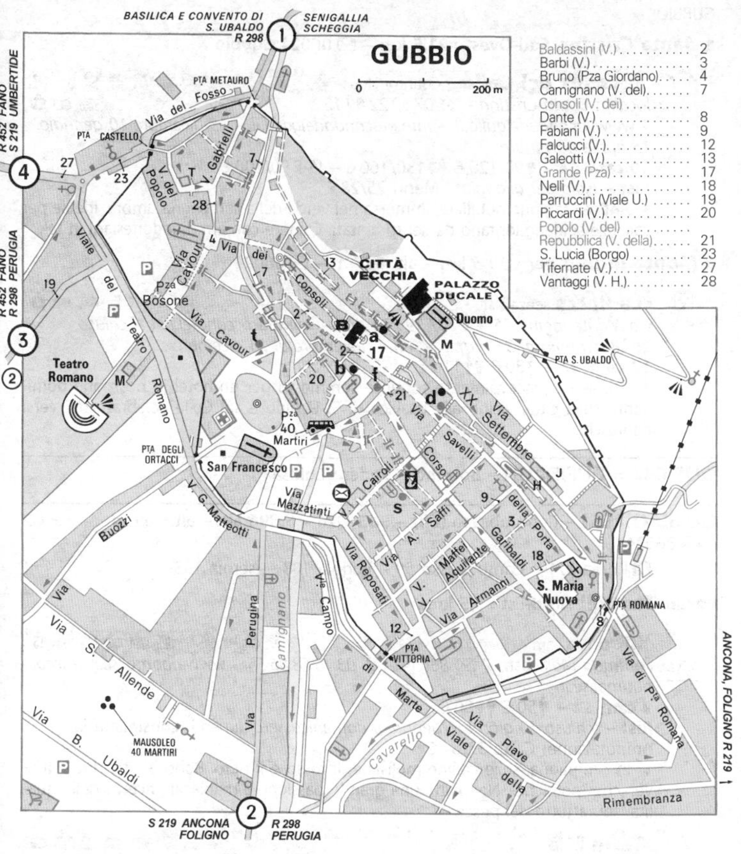

a Pisciano Nord-Ovest : 14 km – alt. 640 m – ✉ 06024 Gubbio

Agriturismo Le Cinciallegre

frazione Pisciano 7 – ☎ 07 59 25 59 57 – www.lecinciallegre.it – cince@lecinciallegre.it – 25 marzo-4 ottobre

7 cam – 35/50 € 70/100 € – ½ P 75 €

Rist – *(chiuso a mezzogiorno) (solo per alloggiati)* Menu 30/35 €

◆ In un angolo fuori del mondo, un'accogliente dimora che gode di una posizione panoramica, quieta; una piccola bomboniera con gran cura dei dettagli e delle forme originali.

a Scritto Sud : 14 km – ✉ 06020

Agriturismo Castello di Petroia

rist,

località Petroia – ☎ 0 75 92 02 87 – www.petroia.it – info@petroia.it – aprile-dicembre

7 cam – 90/110 € 140/170 € – 4 suites – 170/250 € – ½ P 105/120 €

Rist – *(chiuso a mezzogiorno)* Carta 26/56 €

◆ Nell'assoluta tranquillità e nel verde, incantevole castello medioevale ricco di storia (nel 1422 vi nacque Federico da Montefeltro); ambienti raffinati con arredi in stile.

a Santa Cristina Sud-Ovest : 21,5 km – ✉ 06024 Gubbio

Locanda del Gallo – Country House rist, P
località Santa Cristina – ☎ 07 59 22 99 12 – www.locandadelgallo.it – info@locandadelgallo.it – 15 dicembre-10 gennaio, 15 aprile-novembre
10 cam – 98/120 € 130/160 € – ½ P 90/100 €
Rist – *(solo per alloggiati)* Menu 25/28 €
◆ Antica magione nobiliare, immersa nel verde della campagna umbra; ideale per vacanze solitarie lontano da centri abitati. Camere con arredi indonesiani in tek.

a Monte Ingino per ① : 5 km – alt. 827 m – ✉ 06024

La Rocca senza rist
via Monte Ingino 15 – ☎ 07 59 22 12 22 – www.laroccahotel.net – chiuso dall'8 gennaio al 31 marzo e dal 3 novembre al 23 dicembre
12 cam – 80 € 110 €
◆ Ambiente piacevolmente sobrio e sommesso per un hotel in posizione dominante sulla città, vicino alla Basilica di S. Ubaldo e sul Colle celebrato dai versi danteschi.

GUDON = GUFIDAUN – Bolzano – Vedere Chiusa

GUGLIONESI – Campobasso (CB) – 563 Q26 – 5 396 ab. – alt. 369 m – ✉ 86034 2 D2

Roma 271 – Campobasso 59 – Foggia 103 – Isernia 103

verso Termoli Nord-Est : 5,5 km :

Ribo con cam P
contrada Malecoste 7 ✉ 86034 – ☎ 08 75 68 06 55 – www.ribomolise.it – info@ribomolise.it
9 cam – 50 € 80 €
Rist – *(chiuso 10 giorni in gennaio, domenica sera, lunedì)* (consigliata la prenotazione) Carta 33/64 €
◆ In campagna, sulle colline molisane, il rosso e il nero: Bobo e Rita, due figure veraci e "politiche". Nei piatti, una grande passione e maniacale ricerca della qualità, soprattutto del pesce.

Terra Mia
contrada Malecoste 7 ✉ 86034 – ☎ 08 75 68 06 55 – www.ribomolise.it – info@ribomolise.it – chiuso lunedì
Rist – *(chiuso a mezzogiorno)* (consigliata la prenotazione) Menu 20/35 € – Carta 28/48 €
◆ Caratteristico e moderno bistrot dove assaporare una gustosa selezione di salumi, nonché formaggi, ed occasionalmente ascoltare un pò di musica. Ampia scelta di vini anche al calice.

GUSPINI – Medio Campidano (VS) – 366 M46 – 12 465 ab. – ✉ 09036 38 A3

Roma 541 – Cagliari 70 – Sanluri 26 – Oristano 45

Tarthesh P
via Parigi sn – ☎ 07 09 72 90 00 – www.tartheshotel.com – info@tartheshotel.com – aprile-ottobre
38 cam – 102/138 € 144/216 € – ½ P 107/143 € **Rist** – Carta 39/64 €
◆ Suggestioni etniche, influenze arabe e artigianato sardo in ambienti moderni e ricchi di fascino. Splendida piscina.

HAFLING = Avelengo

IDRO – Brescia (BS) – 561 E13 – 1 906 ab. – alt. 375 m – ✉ 25074 17 C2

Italia Centro Nord

Roma 577 – Brescia 45 – Milano 135 – Salò 33

XX **Alpino** con cam

via Lungolago 14, località Crone – 0 36 58 31 46 – www.hotelalpino.net – info@hotelalpino.net – chiuso dal 7 gennaio al 20 febbraio
24 cam – †35/42 € ††54/68 €, ☐ 9 € – ½ P 50/57 €
Rist – *(chiuso martedì) (chiuso a mezzogiorno escluso sabato e i giorni festivi)* Carta 27/36 €
◆ Sul lago, edificio con un'ala in pietra viva e l'altra esternamente dipinta di rosa: due sale interne, di cui una con camino, per piatti anche locali e di pesce lacustre.

IGEA MARINA – Rimini – 563 J19 – Vedere Bellaria Igea Marina

ILLASI – Verona (VR) – 562 F15 – 5 256 ab. – alt. 157 m – ✉ 37031 — 37 B2

Roma 517 – Verona 20 – Padova 74 – Vicenza 44

XX **Le Cedrare**

stradone Roma 8 – 04 56 52 07 19 – www.lecedrare.it – info@lecedrare.it – chiuso dal 20 gennaio al 10 febbraio, lunedì sera e martedì
Rist – Carta 38/69 €
◆ Nella settecentesca villa Perez-Pompei-Sagramoso, nello spazio che un tempo era adibito a serra per la conservazione delle piante di agrumi, cucina regionale reinterpretata creativamente. Il luogo è incantevole, la tavola altrettanto.

a Cellore Nord : 1,5 km – ✉ 37030

X **Dalla Lisetta**

via Mezzavilla 12 – 04 57 83 40 59 – www.ristorantedallalisetta.com – info@ristorantedallalisetta.com – chiuso 2 settimane in gennaio, 2 settimane in agosto e martedì
Rist – Carta 23/35 €
◆ Lisetta è la capostipite, l'ormai leggendaria fondatrice di questa classica trattoria che esiste già da 40 anni e che continua ad offrire piatti del territorio; servizio estivo nel cortiletto.

IMOLA – Bologna (BO) – 562 I17 – 68 019 ab. – alt. 47 m – ✉ 40026 — 9 C2

Italia Centro Nord

Roma 384 – Bologna 35 – Ferrara 81 – Firenze 98
via Emilia 135 0542 602207, iat@comune.imola.bo.it, Fax 0542 602141
Rocca★ - Palazzo Tozzoni★

Donatello Imola

via Rossini 25 – 05 42 68 08 00 – www.imolahotel.it – info@imolahotel.it
130 cam ☐ – †60/140 € ††90/190 € – ½ P 75/125 €
Rist *Il Veliero* – *(chiuso dal 10 al 25 agosto, martedì e i mezzogiorno di lunedì e mercoledì)* Carta 16/25 €
◆ Recentemente ristrutturato, l'inventiva dell'architetto meglio ha avuto modo di esprimersi nelle camere al decimo piano. Nell'area residenziale della zona periferica sud della località. Al ristorante, un ambiente piacevolmente classico con ambienti curati. Cucina tradizionale.

XXXX **San Domenico** (Valentino Marcattilii)

via Sacchi 1 – 0 54 22 90 00 – www.sandomenico.it – sandomenico@sandomenico.it – chiuso domenica sera, lunedì, da giugno ad agosto anche i mezzogiorno di sabato-domenica
Rist – (consigliata la prenotazione) Menu 55 € bc (solo a mezzogiorno)/120 € – Carta 94/137 €
Spec. Cuore di baccalà in tempura con bruciatini di cipolla in crema di burrata. Bocconcini di rombo chiodato confit in guazzetto di vongole veraci e guanciale croccante. Sfogliatine con crema di mele e passata di albicocche "bella di Imola".
◆ Affacciato su un'elegante piazza del centro storico, una successione di sale moltiplica i piaceri di una cucina ad un tempo regionale e creativa, di terra e di mare.

XX **Osteria Callegherie**

via Callegherie 13 – ☎ 0 54 23 35 07 – www.callegherie.it – osteria@callegherie.it – chiuso 10 giorni in gennaio, agosto, sabato a mezzogiorno (anche la sera in luglio-agosto) e domenica
Rist – Menu 45 € bc – Carta 33/53 €
♦ Locale moderno a forma di L, arredato in tonalità chiare e dall'illuminazione piuttosto soft, indiscutibilmente di grande effetto la sera. La cucina propone sapori estrosi e gustosi.

XX **Naldi**

via Santerno 13 – ☎ 0 54 22 95 81 – www.ristorantenaldi.com – ristorante.naldi@tin.it – chiuso dal 1° al 7 gennaio, dal 7 al 21 agosto e domenica
Rist – Carta 29/43 €
♦ Uno dei punti fermi della tradizione gastronomica imolese a circa 1 km dal cuore della città. Carne e pesce tra le proposte, rielaborate con gusto e creatività.

XX **Hostaria 900**

viale Dante 20 – ☎ 0 54 22 42 11 – www.hostaria900.it – hostaria900@hostaria900.it – chiuso 10 giorni in gennaio, 15 giorni in agosto, sabato a mezzogiorno, domenica
Rist – Carta 31/39 €
♦ Villa d'inizio '900 in mattoni rossi, circondata da un giardino rigoglioso che d'estate accoglie il servizio all'aperto. All'interno, una sala principale con tavoli spaziosi e ben allestiti, nonché una seconda saletta al piano superiore. Cucina tradizionale compiacente dei prodotti della regione.

X **Osteria del Vicolo Nuovo**

via Codronchi 6, ang. via Calatafimi – ☎ 0 54 23 25 52 – www.vicolonuovo.it – ambra@vicolonuovo.it – chiuso dal 15 luglio al 20 agosto, domenica, lunedì
Rist – Carta 28/38 €
♦ Varcato un piccolo ingresso, ecco la prima sala, adorna di legni e richiami al tempo che fu; la seconda (al piano inferiore) è ancor più suggestiva. Cucina eclettica, affiatata gestione familiare.

X **E Parlamintè**

via Mameli 33 – ☎ 0 54 23 01 44 – www.eparlaminte.it – info@eparlaminte.it – chiuso dal 25 dicembre al 6 gennaio, dal 15 luglio al 20 agosto, domenica sera, lunedì, da maggio ad agosto anche domenica a mezzogiorno
Rist – Menu 25 € – Carta 23/32 €
♦ Una parte della storia politica italiana è passata di qui, a discutere sotto le stesse travi dell'800 ove, oggi, si gustano il pesce e i piatti della tradizione emiliana.

in prossimità casello autostrada A 14 Nord : 4 km :

Molino Rosso cam,

strada statale Selice 49 ✉ 40026 – ☎ 0 54 26 31 11 – www.molinorosso.it – info@molinorosso.it
120 cam – †50/100 € ††70/200 € – ½ P 53/118 €
Rist – *(chiuso dal 24 al 27 dicembre e il 1° gennaio)* Carta 27/68 €
♦ Comodo soprattutto per chi desideri trovare alloggio all'uscita dell'autostrada, albergo con stanze di differenti tipologie, distribuite in tre edifici. Vaste sale da pranzo: alcune più raccolte, una a vocazione banchettistica.

IMPERIA P (IM) – **561** K6 – **41 932 ab.** – ✉ **18100** Liguria **14** A3

Roma 615 – Genova 116 – Milano 239 – San Remo 23
piazza Dante 4 ☎ 0183 274982, infoimperia@rivieradeifiori.travel, Fax 0183 765266
Museo dell'olivo★ a Oneglia

ad Oneglia – ✉ 18100

Rossini al Teatro senza rist

piazza Rossini 14 – ☎ 0 18 37 40 00 – www.hotel-rossini.it – info@hotel-rossini.it
49 cam – †80/154 € ††100/235 € AZ**b**
♦ Sorto sulle vestigia dell'antico teatro, moderno hotel di design, all'avanguardia per dotazioni, dispone di camere decisamente confortevoli. Ascensore panoramico.

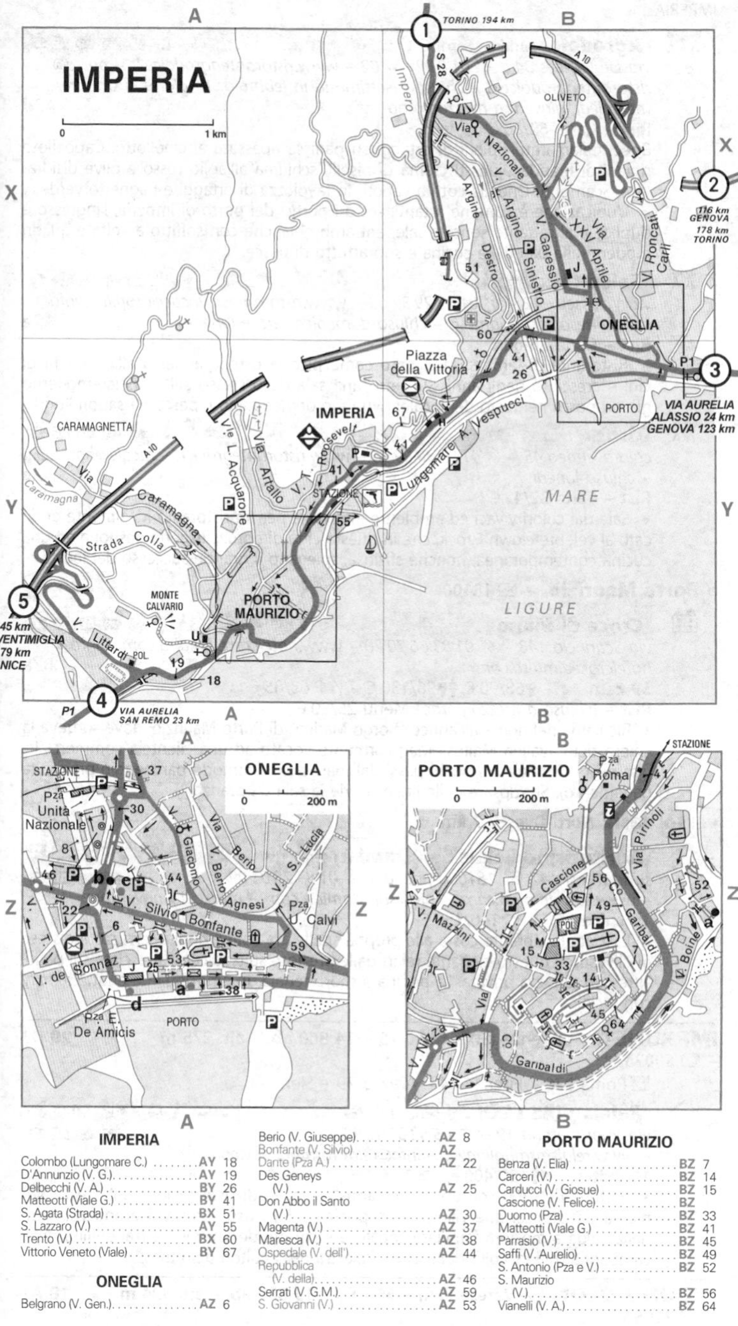

IMPERIA

Colombo (Lungomare C.) .... AY 18
D'Annunzio (V. G.)............ AY 19
Delbecchi (V. A.)............. BY 26
Matteotti (Viale G.) .... BY 41
S. Agata (Strada)............. BX 51
S. Lazzaro (V.) .... AY 55
Trento (V.)................... BX 60
Vittorio Veneto (Viale)....... BY 67

ONEGLIA

Belgrano (V. Gen.)............ AZ 6
Berio (V. Giuseppe)........... AZ 8
Bonfante (V. Silvio).......... AZ
Dante (Pza A.)................ AZ 22
Des Geneys (V.)............... AZ 25
Don Abbo il Santo (V.)........ AZ 30
Magenta (V.).................. AZ 37
Maresca (V.).................. AZ 38
Ospedale (V. dell')........... AZ 44
Repubblica (V. della)......... AZ 46
Serrati (V. G.M.)............. AZ 59
S. Giovanni (V.).............. AZ 53

PORTO MAURIZIO

Benza (V. Elia)............... BZ 7
Carceri (V.).................. BZ 14
Carducci (V. Giosue).......... BZ 15
Cascione (V. Felice).......... BZ
Duomo (Pza)................... BZ 33
Matteotti (Viale G.).......... BZ 41
Parrasio (V.)................. BZ 45
Saffi (V. Aurelio)............ BZ 49
S. Antonio (Pza e V.)......... BZ 52
S. Maurizio (V.).............. BZ 56
Vianelli (V. A.).............. BZ 64

XXX ✿ **Agrodolce** (Andrea Sarri)

via De Geneys 34 – ✆ 01 83 29 37 02 – www.ristoranteagrodolce.it – posta@ristoranteagrodolce.it – chiuso 1 settimana in febbraio, 15 giorni in ottobre, mercoledì, giovedì a mezzogiorno AZ**d**

Rist – Carta 62/86 €

Spec. Calamaretti ripieni di ortaggi su panissa ripassata al cipollotto. Cappellotti ripieni di brandacujun su crema di piselli, schiuma all'aglio rosso e olive disidratate. Scampi di Oneglia cotti a vapore in tavolozza di ortaggi e bagnetto verde.

◆ L'ubicazione è comune a tanti, sotto i portici del porto di Imperia, l'ingresso è duplice e altrettante sono le sale, entrambe bianche con soffitto a volta e quadri moderni alle pareti. La cucina è soprattutto di pesce.

XX **Salvo-Cacciatori**

via Vieusseux 12 – ✆ 01 83 29 37 63 – www.ristorantesalvocacciatori.it – info@ristorantesalvocacciatori.it – chiuso domenica sera e lunedì AZ**e**

Rist – Carta 36/60 €

◆ Ristorante di fama storica, nato come piccola osteria annessa alla mescita di vini e cresciuto negli anni. Sul retro una sala dello stesso stile classico-moderno già proposto nel resto del locale: ovunque primeggiano il pesce e i sapori liguri.

XX **Grock**

calata Cuneo 45 – ✆ 01 83 30 99 96 – www.ristorantegrock.it – mcale@hotmail.it – chiuso lunedì AZ**a**

Rist – Carta 32/42 €

◆ Sale dai colori vivaci ed ambiente informale per un ristorante idealmente dedicato al celebre clown Grock, che in questa città dimorò. L'esperta gestione ed una cucina contemporanea, nonché sfiziosa, spiegano il grande successo del locale.

a Porto Maurizio – ✉ 18100

Croce di Malta rist,

via Scarincio 148 – ✆ 01 83 66 70 20 – www.hotelcrocedimalta.com – info@hotelcrocedimalta.com BZ**a**

39 cam ☕ – †68/90 € ††96/130 € – ½ P 68/85 €

Rist – *(chiuso a mezzogiorno)* Menu 25/30 €

◆ Richiama nel nome all'antico "Borgo Marina" di Porto Maurizio, dove sorgeva la chiesa dei Cavalieri Maltesi. Maggiormente vocato ad una clientela commerciale, una risorsa moderna a pochi passi dal mare e con comodo parcheggio privato (a pagamento). Spaziosa e dalle linee sobrie la sala da pranzo.

verso Vasia Nord-Ovest : 7 km

Agriturismo Relais San Damian senza rist

strada Vasia 47 ✉ 18100 Imperia – ✆ 01 83 28 03 09 – www.san-damian.com – info@san-damian.com – marzo-15 novembre

10 suites ☕ – ††140/150 €

◆ Lasciata la vibrante costa alle proprie spalle, tra coltivazioni a terrazzo e distese di ulivi sorge questo elegante relais dalle preziose suite: alcune affacciate sul patio, altre con terrazza privata. La piscina a sfioro regala un emozionante effetto *infinity* con il cielo.

IMPRUNETA – Firenze (FI) – 563 K15 – 14 860 ab. – alt. 275 m – ✉ 50023 **29** D3

■ Roma 276 – Firenze 14 – Arezzo 79 – Siena 66

Relais Villa L' Olmo senza rist

via Imprunetana 19 – ✆ 05 52 31 13 11 – www.relaisfarmholiday.it – info@relaisfarmholiday.com

10 suites – ††120/400 €, ☕ 12 €

◆ Fattoria del '700 con un interessante ventaglio di sistemazioni: una casa colonica a più stanze, due villette (con piscina a loro uso esclusivo) e appartamenti dalla calda atmosfera familiare. Ideale per chi desidera vivere la tranquillità della campagna o la raccolta delle olive. Palestra per i cultori del fitness.

INDUNO OLONA – Varese (VA) – 561 E8 – 10 337 ab. – alt. 394 m – ✉ 21056 **18** A1

■ Roma 638 – Como 30 – Lugano 29 – Milano 60

Porro Pirelli rist, rist,

via Tabacchi 20 – 03 32 84 05 40 – www.boscolohotels.com – reception@porropirelli.boscolo.com

61 cam – ††99/330 €, 10 € – 3 suites – ½ P 75/200 € **Rist** – Carta 46/59 €

◆ Villa nobiliare del Settecento sapientemente rinnovata al fine di soddisfare i desideri di una clientela esigente. Affreschi e mobili antichi affiancano oggetti di design. Al ristorante per apprezzare una cucina fantasiosa e innovativa.

XXX **Olona-da Venanzio dal 1922**

via Olona 38 – 03 32 20 03 33 – www.davenanzio.com – info@davenanzio.com – chiuso lunedì

Rist – Carta 45/70 €

◆ Indirizzo di grande tradizione, con cucina del territorio rivisitata ed interessanti proposte enologiche. Ambiente elegante e servizio ad ottimi livelli.

INNICHEN = San Candido

INTRA – Verbania – 561 E7 – Vedere Verbania

INVERNO-MONTELEONE – Pavia (PV) – 561 G10 – 1 210 ab. – alt. 74 m – ✉ 27010 — 16 B3

Roma 543 – Piacenza 35 – Milano 44 – Pavia 30

MONTELEONE (PV) – ✉ 27010 — 16 B3

X **Trattoria Righini**

via Miradolo 108 – 0 38 27 30 32 – chiuso dal 7 al 30 gennaio, agosto, lunedì, martedì, i mezzogiorno di giovedì-venerdì e le sere di mercoledì-domenica

Rist – Menu 20 € bc/37 € bc

◆ Il contagioso buon umore, la speciale e calorosa accoglienza, abbondanti porzioni di piatti tipici del posto: non potrete che alzarvi da tavola sazi, allegri e con un "a presto"!

INVORIO – Novara (NO) – 561 E7 – 3 958 ab. – alt. 416 m – ✉ 28045 — 24 A2

Roma 649 – Stresa 20 – Novara 42 – Varese 40

Sciarane senza rist

viale Europa 21 – 03 22 25 40 14 – www.hotelsciarane.it – info@hotelsciarane.it

33 cam – †70/120 € ††90/140 €

◆ Il nome deriva da una varietà di castagne tipiche della zona, la struttura invece è nuova e di taglio decisamente moderno. Camere di buon confort, spazi comuni ridotti.

XX **Pascià**

via Monte Rosa 9 – 03 22 25 40 08 – www.ristorantepascia.it – info@ristorantepascia.it

Rist – Carta 43/58 €

◆ Sulla via principale del paese, una villetta residenziale ospita questo ristorante, il cui *patron-chef* ha affinato le proprie doti in celebri ristoranti della zona. Cosa aspettarsi? Sicuramente una cucina tradizionale, curata e ben fatta, con la piacevole sorpresa di un rapporto qualità/prezzo interessante.

ISCHIA (Isola d')★★★ – Napoli (NA) – 564 E23 – 47 485 ab. — 6 A2

Napoli e la Campania

per Napoli, Pozzuoli e Procida – Caremar, call center 892 123

per Pozzuoli e Napoli – Medmar 081 3334411

Piante pagine seguenti

BARANO (NA) – 564 E23 – 9 878 ab. – alt. 210 m – ✉ 80070 Barano D'Ischia — 6 A2

Monte Epomeo★★★ 4 km Nord-Ovest fino a Fontana e poi 1 h e 30 mn a piedi AR

a Maronti Sud : 4 km – ✉ 80070 Barano D'Ischia

Spiaggia★

Parco Smeraldo Terme

spiaggia dei Maronti – ☎ 0 81 99 01 27
– www.hotelparcosmeraldo.com – info@hotelparcosmeraldo.com
– 4 aprile-2 novembre **Ua**

67 cam – 141/177 € 268/340 € – ½ P 149/185 €

Rist – *(solo per alloggiati)*

◆ A ridosso della rinomata spiaggia dei Maronti, albergo dal confort concreto con una terrazza fiorita in cui si colloca una piscina termale e un nuovo centro termale.

San Giorgio Terme

rist,

spiaggia dei Maronti – ☎ 0 81 99 00 98 – www.hotelsangiorgio.com – info@hotelsangiorgio.com – 27 marzo-31 ottobre **Ub**

80 cam – 80/130 € 135/230 € – ½ P 78/125 €

Rist – *(solo per alloggiati)*

◆ Leggermente elevata rispetto al mare, una breve salita conduce alla moderna risorsa dai vivaci colori, nata dalla fusione di due strutture collegate tra loro; dalla fiorita terrazza, un panorama mozzafiato.

CASAMICCIOLA TERME (NA) – 8 272 ab. – ✉ 80074 — 6 A2

Terme Manzi Hotel & SPA

rist, rist,

piazza Bagni 4 – ☎ 0 81 99 47 22
– www.termemanzihotel.com – info@termemanzihotel.com – aprile-ottobre

60 cam – 119/245 € 149/445 € – 1 suite – ½ P 135/283 € **Ya**

Rist Il Mosaico – vedere selezione ristoranti

Rist – Carta 43/96 €

◆ Meravigliosa sintesi delle più disparate influenze, mai semplice, sempre grandioso, spesso sfarzoso: una vacanza termale in grande stile. Elegante il ristorante dell'hotel, aperto su una bella terrazza.

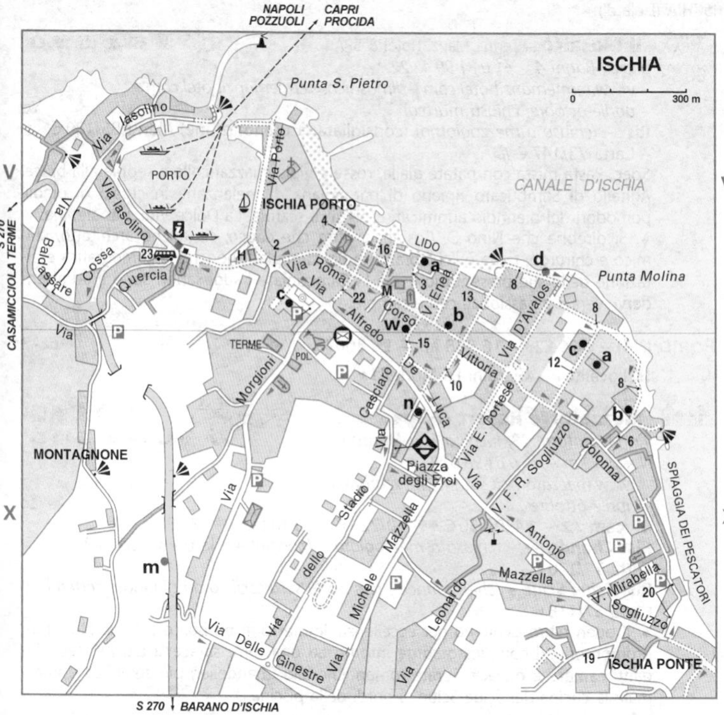

CASAMICCIOLA TERME

Garibaldi (Cso) . . . . Y 24
Girardi (V. Salvatore) . . . . Y 25
Margherita (V. Principessa) . . Y 26
Marina (Pza) . . . . Y 27
Morgera (V.) . . . . Y 28
Parrocchiale (Pza) . . . . Y 29
Sant'Antonio (Calata) . . . . Y 30

ISCHIA

Antica Reggia (Pza) . . . . V 2
Battistessa (V.) . . . . V 3
Buonocore (V. F.) . . . . V 4
Champault (V.) . . . . X 6
Colombo (Lungomare Cristoforo) . VX 8
Colonna (Cso Vittoria) VX
De Luca (V. Alfredo) VX
Gemito (V. V.) . . . . X 10
Gianturco (V. Emanuele) . . . . X 12
Gianturco (V. Remigia) . . . . . . V 13
Gigante (V. G.) . . . . VX 15
Marone (V. Venanzio) . . . . V 16
Nuova Cartaromana (V.) . . . . . X 19
Pontano (V.) . . . . X 20
Roma (V.) V
Terme (V. delle) . . . . V 22
Trieste (Piazzale) . . . . V 23

LACCO AMENO

Circumvallazione . . . . Z 37
Fundera (V.) . . . . Z 31
Roma (V.) . . . . Z 32
Santa Restituta (Pza) . . . . Z 35
San Montano (V.) . . . . Z 33
4 Novembre (V.) . . . . Z 36

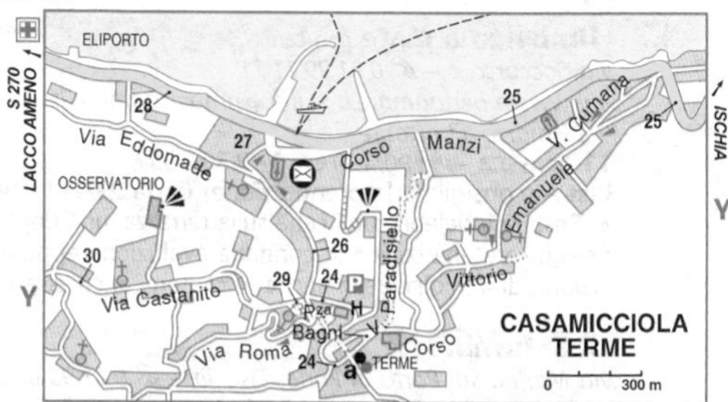

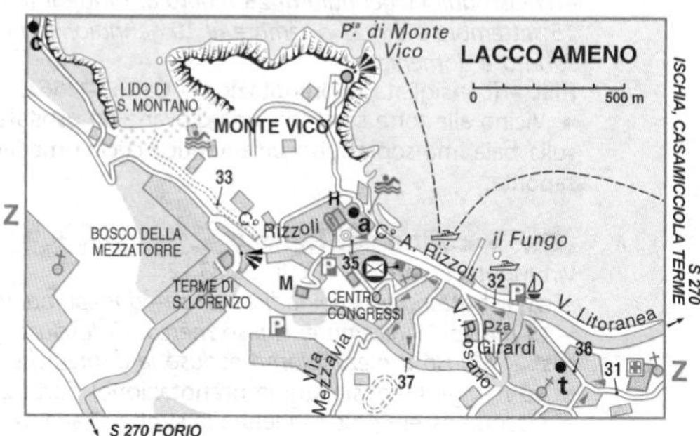

XXXX **Il Mosaico** – Terme Manzi Hotel & SPA

✿✿ *piazza Bagni 4 – ☎ 0 81 99 47 22*
– www.termemanzihotel.com – ilmosaico@termemanzihotel.com
– aprile-ottobre; chiuso martedì Ya

Rist – *(chiuso a mezzogiorno)* (consigliata la prenotazione) Menu 85/130 €
– Carta 73/147 €

Spec. Pasta mista con patate gialle, rosse e viola, mazzancolle e seppie alla brace. Agnello di Sambucaro ripieno di parmigiana di melanzane in crosta di pinoli, pomodori del piennolo affumicati e pizza di scarole. La Dolce Vita...napoletana.

◆ Si direbbe che Nino Di Costanzo, oltre che cuoco, sia anche architetto, chimico e chirurgo, tanta è l'elaborazione dei suoi piatti nonché la coreografica esaltazione delle sue presentazioni. Ma la Campania e i suoi sapori sono lì ad attendervi, veraci e passionali come sempre.

FORIO (NA) – **564** E23 – **16 988 ab.** – ✉ **80075** **6** A2

Località★ - Giardini La Mortella★

Mezzatorre Resort & Spa

via Mezzatorre 23, località San Montano , Nord: 3 km – ☎ 0 81 98 61 11
– www.mezzatorre.it – info@mezzatorre.it
– aprile-ottobre Zc

rist,

47 cam – ♦430/550 € ♦♦460/720 € – 10 suites – ½ P 280/410 €

Rist *Chandelier* – *(chiuso a mezzogiorno)* (consigliata la prenotazione)
Carta 75/120 €

Rist *Sciue Sciue* – *(chiuso lunedì) (chiuso la sera escluso da giugno a settembre)*
Carta 57/118 €

◆ Il buen retiro ischitano per eccellenza. Immerso in un bosco e arroccato su un promontorio, il complesso sorge intorno ad una torre saracena del XVI sec: eleganti camere e privacy. Serate romantiche allo Chandelier; più semplice e informale la cucina del Sciue Sciue ai bordi della piscina.

XX **Umberto a Mare** con cam

rist,

via Soccorso 4 – ☎ 0 81 99 71 71
– www.umbertoamare.it – info@umbertoamare.it
– 15 marzo-1° ottobre Uz

11 cam – ♦♦90/140 € – ½ P 80/105 €

Rist – (consigliata la prenotazione) Carta 29/111 €

◆ Resterà indelebile una cena sulla terrazza, una ringhiera a strapiombo sul mare, per gustare una cucina in continua evoluzione eppure sempre fedele ad una tradizione di famiglia. Belle anche le camere, anch'esse panoramiche.

XX **Il Saturnino**

via Marina sul Porto di Forio d'ischia – ☎ 0 81 99 82 96 – malvisiello@libero.it
– chiuso dall'11 gennaio al 28 febbraio, martedì (escluso dal 15 giugno al 15 settembre e dal 27 dicembre al 10 gennaio), in novembre e marzo aperto solo sabato e domenica Uk

Rist – (consigliata la prenotazione) Carta 41/66 €

◆ Vicino alla torre saracena, una giovane ed ospitale coppia, una veranda chiusa sulla baia, ma soprattutto un'autentica cucina mediterranea: semplice, schietta e saporita.

X **Da "Peppina" di Renato**

via Montecorvo 42 – ☎ 0 81 99 83 12
– www.trattoriadapeppinadirenato.it – dapeppina@pointel.it
– 15 marzo-15 dicembre; chiuso mercoledì (escluso giugno-settembre)

Rist – *(chiuso a mezzogiorno escluso le domeniche dal 15 marzo al 30 maggio)* (consigliata la prenotazione) Carta 28/39 € Up

◆ Occorre essere prudenti lungo la stretta strada ma la tipicità del posto costruita su tradizione e originalità sarà una gradita ricompensa; in una grotta tufacea, la cantina-enoteca. Piatti locali a partire dai prodotti dell'orto.

a Panza Sud : 4,5 km – alt. 155 m – ✉ 80070

Punta Chiarito
via Sorgeto 51, Sud : 1 km – ☎ 0 81 90 81 02
– www.puntachiarito.it – info@puntachiarito.it
– 27 dicembre-10 gennaio e 27 marzo-3 novembre U**d**
28 cam – †90/156 € ††150/240 €
Rist – (consigliata la prenotazione la sera) Carta 31/71 €
♦ Ripida e stretta la strada per raggiungere questa panoramica struttura, piacevolmente inserita fra la roccia e la vegetazione, che ospita in una grotta naturale una piccola piscina termale. Diversi ingredienti biologici di produzione propria nelle specialità del ristorante: anche qui la vista spazia su costa e mare.

a Citara Sud : 2,5 km – ✉ 80075 Forio

Spiaggia★

Capizzo
via Provinciale Panza 189 – ☎ 0 81 90 71 68
– www.hotelcapizzo.it – info@hotelcapizzo.it
– 21 aprile-ottobre U**e**
34 cam – †70/95 € ††105/135 € – ½ P 84/104 €
Rist – *(solo per alloggiati)*
♦ Splendida cornice per ammirare lo spettacolo d'infuocati tramonti sulla baia, un taglio moderno caratterizza gli ambienti, freschi e luminosi. Ampi spazi per il relax all'esterno.

Providence Terme
via Giovanni Mazzella 1 – ☎ 0 81 99 74 77
– www.hotelprovidence.it – info@hotelprovidence.it
– 8 aprile-ottobre U**g**
67 cam – †72/76 € ††128/146 €, 10 € – ½ P 89/92 €
Rist – Carta 25/30 €
♦ Si affaccia sulla spiaggia di Citara la bella struttura in stile mediterraneo che dispone anche di una grande terrazza-solarium con piscina termale e di uno spazio dedicato al benessere. Una bella vista sulla baia, cucina casereccia e pizze nella luminosa sala da pranzo.

XXX ✿ **Il Melograno** (Libera Iovine)
via Giovanni Mazzella 110 – ☎ 0 81 99 84 50 – www.ilmelogranoischia.it – info@ilmelogranoischia.it – chiuso dal 7 gennaio al 16 marzo e lunedì (escluso giugno-agosto) U**g**
Rist – (consigliata la prenotazione) Menu 55/80 € – Carta 56/86 €
Spec. Sauté di vongole e gamberi con fiori di zucchina e menta (estate). Risotto con crostacei, bucce d'agrumi e burrata di bufala. Zuppa di pesce spinato con frutti di mare e crostini.
♦ Un'oasi di silenzio, sotto il portico, dinnanzi ad una giardino di ulivi. La cucina, semplice, non desidera stupire, ma puntare sui sapori isolani e campani.

ISCHIA (NA) – **564** E23 – **18 615 ab.** – ✉ **80077** **6** A2

via Iasolino ☎ 081 5074231, az-turismo@infoischiaprocida.it, Fax 081 5074230

Castello aragonese★★ - Località★

Grand Hotel Punta Molino Beach Resort & Spa
lungomare Cristoforo Colombo 23 – ☎ 0 81 99 15 44 – www.puntamolino.it – reservations@puntamolino.it – 20 aprile-20 ottobre X**b**
87 cam – †160/260 € ††230/420 € – 3 suites – ½ P 135/255 €
Rist – Carta 65/95 €
♦ Signorile e direttamente sul mare, due grandi piscine, nonché camere abbellite dalle preziose ceramiche di Vietri e arredate con vari pezzi d'antiquariato . L'attigua villa per chi desidera maggior riservatezza. Per cena, a lume di candela, un elegante tavolo sulla terrazza estiva.

Grand Hotel Excelsior
cam, rist,
via Emanuele Gianturco 19
– ☎ 0 81 99 15 22 – www.excelsiorischia.it – excelsior@leohotels.it
– 21 aprile-17 ottobre Xa
86 cam – 180/230 € 240/580 € – ½ P 140/290 €
Rist – *(solo per alloggiati)* Menu 50/80 €
◆ Tra la vegetazione, l'imponente struttura dall'architettura mediterranea fa capolino sul mare con le sue eleganti camere dai colori freschi e marini accentuati da belle maioliche. Completa zona benessere. La cucina regionale nell'elegante sala e in terrazza.

Il Moresco
rist, rist,
via Emanuele Gianturco 16 – ☎ 0 81 98 13 55
– www.ilmoresco.it – info@ilmoresco.it – 16 aprile-23 ottobre Xc
64 cam – 175/310 € 230/670 € – 3 suites – ½ P 135/200 €
Rist – (consigliata la prenotazione) Carta 56/78 €
◆ Nasce come dimora privata questa casa dal fascino esclusivo: la piscina coperta è stata realizzata dove era prevista la serra e la zona benessere è negli ex alloggi del personale. All'ombra del pergolato o nella sala interna, le fragranze del Mediterraneo.

Le Querce
via Baldassarre Cossa 29 – ☎ 0 81 98 23 78 – www.albergolequerce.it – info@albergolequerce.it – 15 marzo-15 novembre Um
74 cam – 130/185 € 160/310 € – ½ P 145/195 €
Rist – *(solo per alloggiati)*
◆ Camere non tutte nuove, alcune un po' datate, ma l'albergo offre una dei panorami più incantevoli dell'isola. Affascinanti terrazze a picco sul blu.

NH Ischia
rist,
via Alfredo De Luca 42 – ☎ 08 15 07 01 11
– www.nh-hotels.com – nhischia@nh-hotels.com – chiuso sino ad aprile Vc
192 cam – 105/170 € 170/255 € – 2 suites **Rist** – Carta 31/41 €
◆ Centrale eppure in posizione tranquilla, chi arriva a Ischia Porto può arrivarci addirittura a piedi! Si tratta di una struttura dal respiro internazionale con spazi congressuali e zona termale. Ristorante di tono elegante.

Floridiana Terme
corso Vittoria Colonna 153 – ☎ 0 81 99 10 14 – www.hotelfloridianaischia.com – hotelfloridiana@libero.it – aprile- ottobre Vb
69 cam – 100/125 € 160/230 € – ½ P 85/126 €
Rist – *(solo per alloggiati)*
◆ Villa d'inizio '900 dalla gestione seria e competente. Gli ambienti comuni sono caratterizzati da dipinti murali che ne dilatano gli spazi, le camere fresche e luminose. In questa località rinomata per le terme, la risorsa propone un centro benessere con piscine varie, percorso Kneipp, doccia eudermica ed altro ancora.

Central Park Hotel Terme
rist,
via Alfredo De Luca 6 – ☎ 0 81 99 35 17
– www.centralparkhotel.it – info@centralparkhotel.it – Pasqua-ottobre Xn
60 cam – 120 € 180 €, 15 € – ½ P 130 € **Rist** – Menu 35/50 €
◆ Avvolta da un rigoglioso giardino, annovera un articolato complesso termale con una vasca termo minerale utilizzata per i trattamenti; all'esterno una bella piscina per i momenti di relax. Per i pasti, accomodatevi in un ambiente piacevolmente familiare, buffet di antipasti la sera.

La Villarosa
rist,
via Giacinto Gigante 5 – ☎ 0 81 99 13 16 – www.dicohotels.it – lavillarosa@dicohotels.it – aprile-ottobre VXw
37 cam – 65/120 € 140/240 € – ½ P 85/120 €
Rist – *(solo per alloggiati)* Carta 25/35 €
◆ In pieno centro ma varcata la soglia del giardino sarete come inghiottiti da un'atmosfera d'altri tempi, un insieme di ambienti dal fascino antico, un susseguirsi di sale e salette tutte diverse fra loro. Panoramica sala ristorante all'ultimo piano.

Solemar Terme

via Battistessa 49 – ✆ 0 81 99 18 22 – www.hotelsolemar.it – info@hotelsolemar.it – aprile-ottobre V**a**

78 cam – 120/170 € 160/240 € – ½ P 80/130 €

Rist – *(solo per alloggiati)*

◆ Frequentato particolarmente da famiglie con bambini proprio per la sua tranquilla posizione sulla spiaggia, risorsa particolarmente vocata alla balneazione. Ospita anche un centro termale.

Alberto

lungomare Cristoforo Colombo 8 – ✆ 0 81 98 12 59 – www.albertoischia.it – gianni@albertoischia.it – 26 dicembre-6 gennaio e 20 marzo-4 novembre V**d**

Rist – (consigliata la prenotazione la sera) Menu 39/60 € – Carta 43/86 €

◆ Quasi una palafitta sulla spiaggia risalente ai primi anni '50, una sola sala verandata aperta sui tre lati per gustare una cucina di mare tradizionale reinterpretata con fantasia.

Damiano

via Variante Esterna strada statale 270 – ✆ 0 81 98 30 32 – aprile-ottobre

Rist – *(chiuso a mezzogiorno escluso festivi)* Carta 40/56 € X**m**

◆ Lasciata l'auto, alcuni gradini conducono alla veranda dalle grandi finestre affacciate sulla città e sulla costa. Semplici le proposte della cucina basata soprattutto su aragoste e coniglio di fosso. Andamento familiare.

LACCO AMENO (NA) – **564** E23 – **4 693 ab.** – ✉ **80076** **6** A2

Località★ - Coppa di Nestore★ nel museo archeologico di villa Arbusto

L'Albergo della Regina Isabella

piazza Restituta 1 – ✆ 0 81 99 43 22 – www.reginaisabella.it – info@reginaisabella.it – 27 dicembre-6 gennaio e Pasqua-7 novembre Z**a**

rist,

130 cam – 160/400 € 250/800 € **Rist** – Carta 46/76 €

◆ Piastrelle di Capodimonte, lampadari in vetro di Murano, prezioso mobilio antico, una nuova ala Royal con servizi personalizzati e di gran confort ed un prestigioso centro termale. Per un'elegante vacanza di relax. Diverse le soluzioni e gli spazi offerti per la ristorazione, tutte da scoprire in loco.

Grazia Terme

rist,

via Borbonica 2 – ✆ 0 81 99 43 33 – www.hotelgrazia.it – info@hotelgrazia.it – aprile-ottobre U**y**

80 cam – 105/120 € 190/210 € – ½ P 110/130 €

Rist – *(solo per alloggiati)* Menu 25/45 €

◆ Sulla via Borbonica, la risorsa si sviluppa su diversi corpi raccolti intorno ad un grande giardino con piscina; dispone anche di una zona termale completa nell'offerta.

Villa Angelica

via 4 Novembre 28 – ✆ 0 81 99 45 24 – www.villaangelica.it – info@villaangelica.it – 15 marzo-ottobre Z**t**

20 cam – 70/90 € 110/160 € – ½ P 80/120 €

Rist – *(chiuso a mezzogiorno) (solo per alloggiati)* Menu 15/35 €

◆ Raccolta attorno ad un piccolo rigoglioso giardino nel quale è stata realizzata anche una piscina, semplice struttura ad andamento familiare che si cinge del fascino di una casa privata.

SANT'ANGELO (NA) – ✉ **80070** **6** A2

Località★★

Park Hotel Miramare

via Comandante Maddalena 29 – ✆ 0 81 99 92 19 – www.hotelmiramare.it – hotel@hotelmiramare.it – aprile-4 novembre U**n**

50 cam – 130/280 € 220/415 € – 4 suites – ½ P 150/252 €

Rist – Carta 50/67 €

◆ Adagiato sulla baia più bella di S.Angelo, dalle camere o dalle terrazze, la vista sarà comunque memorabile. Ambienti spaziosi, servizio professionale. Piatti mediterranei nel ristorante di taglio elegante, affacciato sul mare.

Casa Celestino cam, rist, VISA

via Chiaia di Rose 20 – ☎ 0 81 99 92 13 – www.hotelcelestino.it – info@hotelcelestino.it – 23 aprile-17 ottobre Ut

19 cam – ♦110/140 € ♦♦175/220 € – 1 suite – ½ P 123/145 €

Rist – *(chiuso a mezzogiorno in luglio e agosto)* Carta 29/54 €

◆ All'inizio del paese, ma già in zona pedonale, una dimora caratterizzata da un solare stile mediterraneo, dove il bianco abbinato al blu rallegra tessuti e ceramiche. Le stanze si adeguano a tale piacevolezza: spaziose e quasi tutte con balconcino. Ristorante dal design moderno e marinaro con terrazza sulla scogliera.

Casa Sofia senza rist VISA

via Sant'Angelo 29/B – ☎ 0 81 99 93 10 – www.hotelcasasofia.com – info@hotelcasasofia.com – 15 marzo-10 novembre Uv

11 cam – ♦65/70 € ♦♦100/110 €

◆ In cima ad una ripida stradina percorribile solo a piedi o con navetta (servizio organizzato dall'albergo stesso), quasi tutte le camere si affacciano sull'incantevole baia. A disposizione degli ospiti, una bella terrazza ed un salotto con libreria.

Lo Scoglio VISA AE

via Cava Ruffano 58 – ☎ 0 81 99 95 29 – lo.scoglio@libero.it – aprile-novembre

Rist – (consigliata la prenotazione la sera) Carta 24/41 € Uq

◆ Su uno scoglio che si erge in riva al mare, prenotate per tempo il vostro tavolo in terrazza, è piccola e sempre molto richiesta: una sosta panoramica prima di visitare l'istmo più famoso dell'isola.

ISEO – Brescia (BS) – 561 F12 – 9 094 ab. – alt. 198 m – ✉ 25049 19 D1

Italia Centro Nord

Roma 581 – Brescia 22 – Bergamo 39 – Milano 80

lungolago Marconi 2/c-d ☎ 030 980209, iat.iseo@tiscali.it, Fax 030 981361

Franciacorta Nigoline di Corte Franca via Provinciale 34/B, Sud-Ovest: 9 km, ☎ 030 98 41 67

Lago★

Monte Isola★★ : ✻★★ dal santuario della Madonna della Ceriola (in battello)

Iseolago cam, VISA AE

via Colombera 2, Ovest : 1 km – ☎ 03 09 88 91 – www.iseolagohotel.it – info@iseolagohotel.it

64 cam – ♦95/116 € ♦♦132/179 € – 2 suites – ½ P 95/115 €

Rist *L'Alzavola* – *(chiuso dal 1° al 14 gennaio)* Carta 31/68 €

◆ Recente ed elegante complesso alberghiero, inserito nel verde di un vasto impianto turistico alle porte della località, con accesso diretto al lago, camere gradevoli. Ristorante con begli ambienti di classe e una deliziosa saletta riservata.

Il Paiolo VISA AE

piazza Mazzini 9 – ☎ 03 09 82 10 74 – chiuso dal 15 al 28 febbraio, dal 26 agosto al 9 settembre e martedì

Rist – Carta 28/40 €

◆ E' con entusiasmo che un parmense di Busseto gestisce un localino davvero curato, in pieno centro storico. La cucina casalinga trova la propria massima espressione nei salumi, paste fresche fatte in casa, carni e pesce di lago.

Al Castello VISA AE

via Mirolte 53 – ☎ 0 30 98 12 85 – trattoriacastello@tiscalinet.it – chiuso dal 27 settembre al 12 ottobre e martedì

Rist – *(chiuso a mezzogiorno escluso i giorni festivi)* Carta 29/45 €

◆ Vicino al Castello Oldofredi, e ricavato nelle cantine di un palazzo del '600, ambiente caratteristico, con servizio estivo all'aperto e piatti locali o alla griglia.

Il Volto VISA AE

via Mirolte 33 – ☎ 0 30 98 14 62 – ilvolto@libero.it – chiuso 10 giorni in gennaio o febbraio, mercoledì, giovedì a mezzogiorno

Rist – Menu 35/45 €

◆ Nel grazioso centro storico, gestione familiare in un locale semplice ed informale. La cucina sorprende spaziando dai classici del lago ad invenzioni creative.

sulla strada provinciale per Polaveno Est: 6 km

I Due Roccoli
via Silvio Bonomelli ✉ 25049 – ✆ 03 09 82 29 77 – www.idueroccoli.com – relais@idueroccoli.com – aprile-ottobre
20 cam – †100/117 € ††130/150 €, ☕ 10 € – ½ P 105/120 €
Rist – Carta 40/53 €
◆ All'interno di una vasta proprietà affacciata sul lago, un'antica ed elegante residenza di campagna con parco, adeguata alle più attuali esigenze e con locali curati. Ristorante raffinato, con angoli intimi, camino moderno e uno spazio all'aperto, "sull'aia".

a Clusane sul Lago Ovest : 5 km – ✉ 25049

Relais Mirabella
cam, rist,
via Mirabella 34, Sud : 1,5 km – ✆ 03 09 89 80 51 – www.relaismirabella.it – mirabella@relaismirabella.it – aprile-dicembre
28 cam ☕ – ††134/164 € – 1 suite – ½ P 92/107 €
Rist *Il Conte di Carmagnola* – Carta 37/53 €
◆ Un borgo di antiche case coloniche, ora un'elegante oasi di tranquillità con eccezionale vista sul lago, giardino e piscina; chiedete le camere con terrazzino panoramico. Raffinato e d'atmosfera, il ristorante dispone di sala interna e dehors estivo.

Punta-da Dino
via Punta 39 – ✆ 0 30 98 90 37 – puntadadino@libero.it – chiuso novembre e mercoledì (escluso luglio-agosto)
Rist – Carta 25/38 €
◆ Solida gestione familiare per un locale moderno e accogliente, con dehors estivo; le proposte sono ovviamente incentrate sul pesce di lago, ma non disdegnano la carne.

Al Porto
piazza Porto dei Pescatori 12 – ✆ 0 30 98 90 14 – www.alportoclusane.it – info@alportoclusane.it – chiuso mercoledì escluso da aprile ad ottobre
Rist – Carta 28/38 €
◆ Un ristorante con oltre 100 anni di storia: in una villetta fine secolo, di fronte all'antico porticciolo, calde salette di buon gusto, cucina locale e lacustre.

ISERA – Trento (TN) – **562** E15 – **2 588 ab.** – ✉ **38060** **30** B3

Roma 575 – Trento 29 – Verona 75 – Schio 52

Locanda delle Tre Chiavi
via Vannetti 8 – ✆ 04 64 42 37 21 – www.locandadelletrechiavi.it – info@locandadelletrechiavi.it – chiuso domenica sera, lunedì
Rist – Menu 25/38 € – Carta 32/46 €
◆ Questo edificio settecentesco è oggi una tipica osteria gestita con passione da un'abile famiglia di ristoratori. Tra vini e formaggi, la cucina è esclusivamente trentina.

Casa del Vino
piazza San Vincenzo 1 – ✆ 04 64 48 60 57 – www.casadelvino.info – info.casadelvino@tiscali.it
Rist – Menu 21/35 € – Carta 28/35 €
◆ In un palazzo del '500 in centro paese, è un'associazione di produttori della Vallagarina che propone - con menu fisso - il fior fiore della gastronomia trentina. Tutti i vini in carta sono anche al bicchiere.

ISERNIA P (IS) – **564** C24 – **21 799 ab.** – **alt. 423 m** – ✉ **86170** **2** C3

Roma 177 – Avezzano 130 – Benevento 82 – Campobasso 50

via Farinacci 9 ✆ 0865 3992, eptisernia@molisedati.it, Fax 0865 50771

Grand Hotel Europa rist, rist,

viale dei Pentri 76, strada statale per Campobasso, svincolo Isernia Nord – ✆ 08 65 21 26 – www.grandhotel-europa.it – info@grandhotel-europa.it

152 cam – ♦60/85 € ♦♦70/110 € – ½ P 60/78 €

Rist ***Pantagruel*** – Carta 20/60 €

♦ E' stato recentemente ampliato con molte nuove camere questo hotel d'impostazione moderna situato nei pressi dell'entrata principale in Isernia. Per una clientela commerciale e turistica. Ambienti di gusto contemporaneo e sapori tipici molisani al ristorante.

a Pesche Est : 3 km – ✉ 86090

Santa Maria del Bagno

viale Santa Maria del Bagno 1 – ✆ 08 65 46 01 36 – necarus@tin.it

43 cam – ♦45/50 € ♦♦60/65 €, 5 € – ½ P 51/56 €

Rist – *(chiuso lunedì)* Carta 23/30 €

♦ L'edificio spicca alle falde del bianco borgo medievale arroccato sui monti; vi accoglierà un'affidabile gestione familiare, tra i confort degli spazi comuni e delle camere. Due vaste sale da pranzo, disposte su differenti livelli.

ISIATA – **Venezia** – **Vedere San Donà di Piave**

ISOLA... ISOLE – **Vedere nome proprio della o delle isole**

ISOLA D'ASTI – Asti (AT) – 561 H6 – 2 012 ab. – alt. 245 m – ✉ 14057 25 D1

Roma 623 – Torino 72 – Asti 10 – Genova 124

Castello di Villa rist,

via Bausola 2 località Villa, Est : 2,5 km – ✆ 01 41 95 80 06 – www.castellodivilla.it – info@castellodivilla.it – marzo-novembre

14 cam – ♦140/220 € ♦♦160/250 €, 12 €

Rist – *(solo per alloggiati)* Menu 35/55 €

♦ Questa imponente villa patrizia del XVII sec. non smette di far sognare il viandante: splendidi spazi comuni, nonché lussuose camere con soffitti affrescati, arredi e decorazioni eclettiche. Uno stile barocco, ricco ma non *kitsch*, per rivivere i fasti del passato senza rinunciare ai confort moderni.

sulla strada statale 231 Sud-Ovest : 2 km :

Il Cascinalenuovo (Walter Ferretto) con cam

statale Asti-Alba 15 ✉ 14057 – ✆ 01 41 95 81 66 – www.ilcascinalenuovo.it – info@ilcascinalenuovo.it – chiuso dal 1° al 20 gennaio e dal 15 al 21 agosto

15 cam – ♦70/80 € ♦♦100 €, 10 € – ½ P 110/120 €

Rist – *(chiuso domenica sera, lunedì) (chiuso a mezzogiorno escluso domenica)* Menu 60/80 € – Carta 52/72 €

Spec. Cipollata con mele Granny Smith, crema di robiola e sgombro marinato alle erbe. Riso con castagne, porcini e tartufo bianco. Tagliata di fassone, salsa al barbera d'Asti, tortino di patate.

♦ La sala elegante - sebbene essenziale - si allontana dall'ufficialità piemontese: non la cucina, che ne propone glorie e tradizioni in un carosello dei migliori piatti. In aggiunta anche del pesce.

ISOLA DELLE FEMMINE – Palermo (PA) – 365 AO54 – 7 217 ab. – alt. 6 m – ✉ 90040 39 B2

Palermo 19 – Trapani 91

Sirenetta cam,

viale Dei Saraceni 81, Sud-Ovest : 1,5 km – ✆ 09 18 67 15 38 – www.sirenetta.it – informazioni@sirenetta.it

29 cam – ♦100/150 € ♦♦140/210 € – ½ P 105 €

Rist – *(solo per alloggiati)* Carta 19/29 € (+15 %)

♦ Incastrato tra splendide montagne e un'affascinante baia, gestione familiare con camere semplici, ma accoglienti. Sala e cucina classiche d'albergo: spiccano i sottopiatti in ceramica siciliana.

ISOLA DEL LIRI - Frosinone (FR) - 563 Q22 - 12 140 ab. - alt. 217 m 13 D2 - ✉ 03036

Roma 107 - Frosinone 23 - Avezzano 62 - Isernia 91

Abbazia di Casamari★★ Ovest : 9 km

Scala

piazza De' Boncompagni 10 - ☎ 07 76 80 83 84 - www.scalallacascata.it - info@scalallacascata.it

11 cam - †35 € ††55 €, ☐ 5 € - ½ P 50 €

Rist - *(chiuso mercoledì escluso da giugno a settembre)* Carta 23/35 €

◆ Una risorsa alberghiera di ridotte dimensioni, con poche camere ben tenute, alcune particolarmente spaziose, e pulite; sulla piazza principale, proprio sopra la banca. Sul fiume e vicino alle cascate, un riferimento gastronomico d'impostazione classica.

Ratafià

vicolo Calderone 8 - ☎ 07 76 80 80 33 - www.ristoranteratafia.it - ratafia@hotmail.it - chiuso lunedì

Rist - Carta 28/42 €

◆ In una piccola traversa di una strada più trafficata, varcato un arco, un locale con proposte di tipo creativo, ma non solo; soprattutto gradevole in estate, con i fiori.

ISOLA DOVARESE - Cremona (CR) - 561 G12 - 1 240 ab. - alt. 35 m 17 C3 - ✉ 26031

Roma 500 - Parma 48 - Brescia 75 - Cremona 27

Caffè La Crepa

piazza Matteotti 13 - ☎ 03 75 39 61 61 - www.caffelacrepa.it - info@caffelacrepa.it - chiuso dal 10 al 27 gennaio, dal 12 al 28 settembre, lunedì, martedì

Rist - Carta 31/41 €

◆ Un'insegna d'epoca segnala questo locale storico: situato sulla piazza principale, propone specialità legate al territorio e a base di pesce d'acqua dolce; nell'adiacente enoteca salumi e paste fresche.

ISOLA RIZZA - Verona (VR) - 562 G15 - 3 227 ab. - alt. 23 m - ✉ 37050 35 B3

Roma 487 - Verona 27 - Ferrara 91 - Mantova 55

all'uscita superstrada 434 verso Legnago

Perbellini

via Muselle 130 ✉ 37050 - ☎ 04 57 13 53 52 - www.perbellini.com - ristorante@perbellini.com - chiuso 10 giorni in febbraio, 3 settimane in agosto, lunedì, martedì, domenica sera; anche domenica a mezzogiorno in luglio-agosto

Rist - Menu 65 € (a mezzogiorno escluso sabato e giorni festivi)/150 € - Carta 102/144 €

Spec. Wafer al sesamo con tartare di branzino, caprino e sensazione di liquirizia. Tortino di grancevola nel suo brodetto su crema di patate affumicate e pistacchi. Insalata di petto di piccione e foie gras con ananas marinato.

◆ La ricerca del piacere: da un modesto contesto industriale all'inaspettata eleganza della sala, la massima attenzione è da prestare alla cucina. Emozionante e semplicemente intelligente.

ISOLA ROSSA - Olbia-Tempio (104) - Vedere Trinità d'Agultu

ISOLA SANT'ANTONIO - Alessandria (AL) - 760 ab. - ✉ 15050 23 C2

Roma 596 - Torino 125 - Alessandria 39 - Novara 106

Da Manuela

via Po 31, Nord-Ovest : 3 km - ☎ 01 31 85 71 77 - www.ristorantedamanuela.it - papavero1975@libero.it - chiuso dal 20 luglio al 10 agosto e lunedì

Rist - Menu 39 € - Carta 31/46 €

◆ In aperta campagna, locale accogliente composto da due ampie sale ed una saletta per i momenti di maggiore affluenza, propone una cucina lombarda con qualche spunto piemontese.

ISOLA SUPERIORE (dei Pescatori) - Novara - Vedere Borromee (Isole)

ISPRA – Varese (VA) – **561** E7 – **5 068 ab.** – **alt. 220 m** – ✉ **21027** **16** A2

Roma 650 – Stresa 40 – Locarno 69 – Milano 69

(maggio-settembre) via Verbano 208 ☎ 0332 782294 iatispra@provincia.va.it

XX ✿ **Schuman** (Silvio Battistoni)

via Piave 49 – ☎ 03 32 78 19 81 – www.ristoranteschuman.it – info@ristoranteschuman.it – chiuso mercoledì, giovedì a mezzogiorno

Rist – Carta 60/80 €

Spec. Tagliolini alla Rossini con foie gras e tartufo. Vitellino quasi tonnato con emulsione di ventresca. Raviolo d'ananas con mousse al cocco.

◆ Al primo piano di un palazzo del centro storico, arredi sobri, travi a vista e un tocco di signorilità. Cucina giovane e contemporanea, spunti locali rivisti con estro.

ISSENGO = ISSENG – **Bolzano – Vedere Falzes**

ISSOGNE – Aosta (AO) – **561** F5 – **1 343 ab.** – **alt. 387 m** – ✉ **11020** **34** B2

Italia Centro Nord

Roma 713 – Aosta 41 – Milano 151 – Torino 80

Castello★

XX **Al Maniero** con cam

frazione Pied de Ville 58 – ☎ 01 25 92 92 19 – www.ristorantealmaniero.it – info@ristorantealmaniero.it – chiuso dal 15 al 30 giugno

6 cam – †45/60 € ††70/90 € – ½ P 45/65 €

Rist – *(chiuso lunedì escluso agosto)* Carta 27/40 €

◆ Giovane coppia, pugliese lui, ferrarese lei, nei pressi del maniero valdostano: ambiente semplice con piatti del territorio e, solo su prenotazione, pesce. Camere accoglienti.

IVREA – Torino (TO) – **561** F5 – **24 409 ab.** – **alt. 253 m** – ✉ **10015** **22** B2

Italia Centro Nord

Roma 683 – Aosta 68 – Torino 49 – Breuil-Cervinia 74

corso Vercelli 1 ☎ 0125 618131, info.ivrea@turismotorino.org

Affreschi★ nella chiesa di S. Bernardino

al lago Sirio Nord : 2 km :

Sirio rist, rist,

via lago Sirio 85 – ☎ 01 25 42 42 47 – www.hotelsirio.it – info@hotelsirio.it

46 cam – †105/115 € ††125/165 € – ½ P 98/118 €

Rist *Finch* – *(chiuso dal 15 al 22 agosto e domenica) (chiuso a mezzogiorno escluso maggio-settembre)* Carta 40/50 €

◆ In posizione panoramica nei pressi del lago, una risorsa di stampo moderno. La mattina, al risveglio, sarete accolti dal verde, dalla tranquillità e dal calore dei raggi del sole. Totalmente rinnovato, il moderno ristorante non rinnega la tradizione: specialità alla griglia.

a San Bernardo Sud : 3 km – ✉ **10015**

La Villa cam, rist,

via Torino 334 – ☎ 01 25 63 16 96 – www.ivrealavilla.com – info@ivrealavilla.com

36 cam – †68/75 € ††80/100 € – ½ P 65 €

Rist – *(chiuso domenica) (chiuso a mezzogiorno) (solo per alloggiati)* Carta 25/39 €

◆ Accogliente e calda atmosfera familiare in questa villa in zona periferica, quasi una casa privata. Alcune camere e la sala colazioni si affacciano sulla catena alpina. Vicino agli stabilimenti.

JESI – Ancona (AN) – **563** L21 – **40 410 ab.** – **alt. 97 m** – ✉ **60035** **21** C2

Italia Centro Nord

Roma 260 – Ancona 32 – Gubbio 80 – Macerata 41

Località★ - Palazzo della Signoria★ – Pinacoteca★

Federico II

via Ancona 100 – 07 31 21 10 79 – www.hotelfederico2.it – info@hotelfederico2.it
129 cam – 55/145 € 90/221 € – 3 suites **Rist** – Carta 35/45 €
◆ Elegante complesso immerso nel verde, garantisce un soggiorno confortevole e rilassante grazie anche al moderno centro benessere. Gli spazi comuni sono ampi e le camere arredate con gusto classico. Una luminosa sala panoramica invita a gustare una cucina classica e locale.

Mariani senza rist

via Orfanotrofio 10 – 07 31 20 72 86 – www.hotelmariani.com – prenotazioni@hotelmariani.com
33 cam – 58/68 € 70/86 €
◆ A pochi passi dal centro storico, la struttura offre camere confortevoli e ben arredate per un soggiorno sia di turismo che di lavoro.

JESOLO – **Venezia (VE)** – **562** F19 – **24 875 ab.** – **30016** **36** D2

Roma 560 – Venezia 41 – Belluno 106 – Milano 299
via St. Andrews 2, ingresso via Grassetto, 0421 37 28 62

XXX **Da Guido**

via Roma Sinistra 25 – 04 21 35 03 80 – www.ristorantedaguido.com – info@ristorantedaguido.com – chiuso gennaio, lunedì, martedì a mezzogiorno
Rist – Carta 40/64 €
◆ Ben indicato da una grande insegna, dispone di tre sale tra le quali un'elegante moderna veranda arredata con sculture e quadri moderni. Semplici e appetitosi piatti di mare.

JOPPOLO – **Vibo Valentia (VV)** – **564** L29 – **2 149 ab.** – **alt. 177 m** – **89863** **5** A3

Roma 644 – Reggio di Calabria 85 – Catanzaro 103 – Messina 77

Cliffs Hotel

contrada San Bruno Melia – 09 63 88 37 38 – www.cliffshotel.it – info@cliffshotel.it – maggio-ottobre
48 cam – 39/75 € 58/130 € – ½ P 42/85 € **Rist** – Carta 23/39 €
◆ Non lontano dal mare, un hotel di recente apertura dotato di camere ampie e confortevoli. Gli spazi esterni sono particolarmente curati, invitante piscina con cascatella. Servizio ristorante anche all'aperto con menù vario e pizze.

JOUVENCEAUX – **Torino** – **Vedere Sauze d'Oulx**

KALTENBRUNN = Fontanefredde

KALTERN AN DER WEINSTRASSE = Caldaro sulla Strada del Vino

KARERPASS = Costalunga Passo di

KARERSEE = Carezza al Lago

KASTELBELL TSCHARS = Castelbello Ciardes

KASTELRUTH = Castelrotto

KIENS = Chienes

KLAUSEN = Chiusa

KURTATSCH AN DER WEINSTRASSE
= Cortaccia sulla Strada del Vino

LABICO – **Roma (RM)** – **563** Q20 – **5 721 ab.** – **alt. 319 m** – ✉ **00030** **13** C2

Roma 39 – Avezzano 116 – Frosinone 44 – Latina 50

Agriturismo Fontana Chiusa

via Fontana Chiusa 3, (via Casilina al km 335.100) – 0 69 51 00 50 – www.fontanachiusa.it – info@fontanachiusa.it

7 cam – 75 € 120 € **Rist** – Carta 26/38 €

◆ Avvolto dal verde, tra giardini fioriti e noccioli, il casolare ottocentesco è stato sapientemente ristrutturato per offrire camere in strile rustico arredate con buon gusto ed eleganza. All'elegante ed accogliente ristorante, carni e verdure dell'azienda compongono piatti dai sapori del territorio.

LA CALETTA – **Nuoro** – **366** T40 – **Vedere Siniscola**

LACCO AMENO – **Napoli** – **564** E23 – **Vedere Ischia (Isola d')**

LACES (LATSCH) – **Bolzano (BZ)** – **562** C14 – **5 145 ab.** – **alt. 639 m** **30** B2
– **Sport invernali : 1 200/2 250 m 4,** – ✉ **39021**

Roma 692 – Bolzano 54 – Merano 26 – Milano 352

via Principale 38 0473 623109, info@latsch.it, Fax 0473 622042

Paradies

via Sorgenti 12 – 04 73 62 22 25 – www.hotelparadies.com – info@hotelparadies.com – aprile-13 novembre

51 cam – 111/151 € 200/280 € – 21 suites – ½ P 131/150 €

Rist – Carta 44/68 €

◆ In posizione davvero paradisiaca, bella struttura nella pace dei frutteti e del giardino ombreggiato con piscina; accoglienti ambienti interni e curato centro benessere.

LADISPOLI – **Roma (RM)** – **563** Q18 – **39 376 ab.** – ✉ **00055** **12** B2

Roma 39 – Civitavecchia 34 – Ostia Antica 43 – Tarquinia 53

piazza Della Vittoria 11 06 9913049, unpli@tiscalinet.it, Fax 06 9913049

Cerveteri : necropoli della Banditaccia★★ Nord : 7 km

La Posta Vecchia

località Palo Laziale , Sud: 2 km – 0 69 94 95 01 – www.lapostavecchia.com – info@lapostavecchia.com – chiuso febbraio, marzo

15 cam – 320/900 € – 4 suites

Rist The Cesar – vedere selezione ristoranti

◆ Quasi un fortino sul mare, uno scrigno di tesori d'arte d'ogni epoca, nelle fondamenta una villa romana con pavimenti musivi. Per tutti gli ospiti, la sensazione di essere stati invitati in una residenza nobiliare privata.

The Cesar – Hotel La Posta Vecchia

località Palo Laziale , Sud: 2 km – 0 69 94 95 01 – www.lapostavecchia.com – restaurant@lapostavecchia.com – chiuso febbraio e marzo

Rist – Menu 95/130 € – Carta 75/93 €

Spec. Gamberi di Sicilia, foie gras, crema di fichi e semi di cacao. Garganelli con coda di rospo e olive di Gaeta al profumo d'aneto. Capesante, animelle, patate e salsa al pistacchio di Bronte.

◆ Romanticamente affacciato sul mare, la sontuosità della sala rivaleggia con una cucina sapida e sofisticata: piatti mediterranei rivisitati in chiave moderna e preparati in gran parte con i prodotti biologici dell'orto dell'hotel.

LAGO – **Vedere nome proprio del lago**

LAGO MAGGIORE o VERBANO – **Novara, Varese e Cantone Ticino** – **561** E7

Italia

LAGONEGRO – **Potenza (PZ)** – **564** G29 – **5 868 ab.** – **alt. 666 m** **3** B3
– ✉ **85042**

Roma 384 – Potenza 111 – Cosenza 138 – Salerno 127

Caimo senza rist

via dei Gladioli 3 – ☎ 0 97 32 16 21 – www.hotelcaimo.com – info@hotelcaimo.com

16 cam – 🛉35/40 € 🛉🛉55 €

◆ Piccolo hotel a gestione familiare ubicato tra l'uscita dell'autostrada e l'ospedale: camere semplici ed accoglienti, con un buon rapporto qualità/prezzo.

in prossimità casello autostrada A 3 - Lagonegro Sud Nord : 3 km :

Midi rist, rist,

viale Colombo 76 ✉ 85042 – ☎ 0 97 34 11 88 – www.midihotel.it – reception@midihotel.it – chiuso Natale

36 cam – 🛉43/52 € 🛉🛉65/78 €, 4 € – ½ P 50/60 € **Rist** – Carta 21/33 €

◆ In prossimità dello svincolo autostradale, albergo d'ispirazione contemporanea particolarmente adatto a una clientela di lavoro; camere moderne e funzionali. Ampia sala da pranzo lineare di tono classico; salone banchetti con capienza fino a 500 persone.

LAGUNDO (ALGUND) – Bolzano (BZ) – 562 B15 – 4 650 ab. – alt. 350 m – ✉ 39022 30 B1

Roma 667 – Bolzano 30 – Merano 2 – Milano 328

piazza Hans Gamper 3 ☎ 0473 448600, info@lagund.com, Fax 0473 448917

Pianta: Vedere Merano

Ludwigshof rist,

via Breitofen 9 – ☎ 04 73 22 03 55 – www.ludwigshhof.com – info@ludwigshof.com – marzo-5 novembre Aa

23 cam – 🛉60/65 € 🛉🛉115/120 € – 4 suites – ½ P 70/78 €

Rist – *(chiuso a mezzogiorno) (solo per alloggiati)*

◆ In un'oasi di tranquillità, incorniciato dal Gruppo del Tessa, albergo a gestione familiare con un invitante giardino; tappeti, quadri e soffitti in legno all'interno.

Agriturismo Plonerhof senza rist

via Peter Thalguter 11 – ☎ 04 73 44 87 28 – www.plonerhof.it – info@plonerhof.it

7 cam – 🛉🛉52/68 € Ab

◆ Non lontano dal centro, circondata da una riposante natura, casa contadina del XIII secolo con tipiche iscrizioni di motti tirolesi; interessanti arredi di epoche diverse.

LAIGUEGLIA – Savona (SV) – 561 K6 – 1 956 ab. – ✉ 17053 Liguria 14 B2

Roma 600 – Imperia 19 – Genova 101 – Milano 224

via Roma 2 ☎ 0182 690059, laigueglia@inforiviera.it, Fax 0182 691798

Splendid Mare

piazza Badarò 3 – ☎ 01 82 69 03 25 – www.splendidmare.it – info@splendidmare.it – Pasqua-settembre

43 cam – 🛉85/135 € 🛉🛉130/180 € – 1 suite – ½ P 78/126 €

Rist – *(maggio-settembre)* Menu 40 €

◆ Un soggiorno rilassante negli ambienti signorili di un edificio risalente al 1400, ristrutturato nel 1700, che conserva il fascino di un antico passato; camere piacevoli.

Mediterraneo rist,

via Andrea Doria 18 – ☎ 01 82 69 02 40 – www.hotelmedit.it – mediterraneo@hotelmedit.it – chiuso dal 15 ottobre al 22 dicembre

32 cam – 🛉40/70 € 🛉🛉60/120 € – ½ P 60/80 € **Rist** – Menu 15/22 €

◆ La gestione familiare, le grandi camere ben arredate, la posizione tranquilla e comoda, fuori ma non lontana dal centro, la grande terrazza solarium: buone vacanze!

LAINATE – Milano (MI) – 561 F9 – 25 027 ab. – alt. 176 m – ✉ 20020 18 A2

Roma 609 – Milano 20 – Bergamo 62 – Brescia 107

Green Club via Manzoni 45, ☎ 02 9 37 08 69

Litta Palace

via Lepetit 1, uscita autostrada – ✆ 02 93 57 16 40 – www.hotellittapalace.com – reception@hotellittapalace.com – chiuso dal 23 dicembre al 6 gennaio e dal 6 al 29 agosto

92 cam ☐ – †80/260 € ††100/390 € – 2 suites – ½ P 85/230 €

Rist *Ninfeo* – *(chiuso a mezzogiorno)* Carta 44/62 €

♦ Vicino all'ingresso dell'autostrada, è una moderna e recente struttura ideale per la clientela d'affari. La completezza di servizi e l'ottimo ristorante sono ulteriori punti di forza.

Armandrea

viale Rimembranze 21 – ✆ 0 29 37 20 57 – armandrea@libero.it – chiuso dal 4 al 27 agosto e domenica

Rist – Carta 40/58 €

♦ All'interno di un recente insediamento commerciale, è una gestione familiare che offre una cucina classica, senza inutili complicazioni e ben eseguita.

LAMA MOCOGNO – Modena (MO) – 562 J14 – 2 946 ab. – alt. 842 m 8 B2

– ✉ 41023

Roma 382 – Bologna 88 – Modena 58 – Pistoia 76

Vecchia Lama

via XXIV Maggio 24 – ✆ 0 53 64 46 62 – www.ristotantevecchialama.it – info@ristorantevecchialama.it – chiuso dal 15 al 30 giugno, dal 1° al 10 settembre e lunedì escluso luglio-agosto

Rist – Carta 27/31 €

♦ Una familiare cordialità circonda questo ristorante che propone una cucina casalinga, a partire da tartufi, porcini e carni. D'estate si pranza sulla terrazza affacciata ai giardini.

LAMEZIA TERME – Catanzaro (CZ) – 564 K30 – 70 825 ab. – alt. 216 m 5 A2

– ✉ 88046

Roma 580 – Cosenza 66 – Catanzaro 44

a Sant'Eufemia Lamezia ✆ 0968 414333

a Nicastro – ✉ 88046

Savant

via Manfredi 8 – ✆ 0 96 82 61 61 – www.hotelsavant.it – info@hotelsavant.it

65 cam ☐ – †60/95 € ††86/115 € – 2 suites – ½ P 61/75 €

Rist – Carta 28/80 €

♦ Posizione centrale per un hotel dal confort contemporaneo: ambienti classici e camere funzionali. Struttura ideale per una clientela business. Atmosfera gradevole nella spaziosa sala da pranzo.

Novecento

largo Sant'Antonio 5 – ✆ 09 68 44 86 25 – www.ristorantenovecentolameziaterme.it – ristowine@libero.com – chiuso dal 10 al 25 agosto, sabato a mezzogiorno, domenica

Rist – Carta 25/43 €

♦ Nel centro storico della località, in fondo alla sala con mattoni a vista è stata ricavata nel pavimento un'area trasparente e calpestabile, il cui interno custodisce una riproduzione della vecchia Nicastro. La calda ospitalità accompagna invece i numerosi piatti della tradizione.

sulla strada statale 18 Sud-Ovest: 11 km

Ashley

località Marinella ✉ 88046 Lamezia Terme – ✆ 0 96 85 18 51 – www.hotelashley.it – info@hotelashley.it

46 cam ☐ – †120 € ††170 € – 4 suites – ½ P 135 €

Rist *Ashley* – Carta 37/52 €

♦ Nelle vicinanze dell'aeroporto, una nuova realtà dalla raffinata ed elegante atmosfera, caratterizzata da arredi classici e da spazi curati in ogni settore. La piacevolezza della struttura non risparmia il ristorante: gustose specialità di pesce ed un'interessante carta dei vini.

sulla strada complanare SP 170/2 Est: 10 km

THotel Lamezia

località Garrubbe ✉ 88043 Feroleto Antico – ✆ 09 68 75 40 09 – www.thotelgroup.it – booking-lamezia@thotelgroup.it

107 cam – 120/150 € 145/190 €

Rist – Menu 25/30 €

◆ Una nuova struttura a vocazione prettamente business dotata dei migliori confort moderni e completa di ogni servizio. Ideale per congressi, il ristorante propone una saporita cucina regionale, elaborata partendo da materie prime di buona qualità.

LA MORRA – Cuneo (CN) – **561** I5 – **2 758 ab.** – **alt. 513 m** – ✉ **12064** **25** C2

Roma 631 – Cuneo 62 – Asti 45 – Milano 171

Corte Gondina senza rist

via Roma 100 – ✆ 01 73 50 97 81 – www.cortegondina.it – info@cortegondina.it – chiuso dal 20 al 27 dicembre e dal 4 gennaio al 1° marzo

14 cam – 90/115 € 95/145 €

◆ Elegante casa d'epoca a due passi dal centro, curata in ogni dettaglio: all'interno camere personalizzate, mentre la sala colazioni e il salottino hanno un respiro quasi anglosassone. Nel rilassante giardino la piscina.

Villa Carita senza rist

via Roma 105 – ✆ 01 73 50 96 33 – www.villacarita.it – info@villacarita.it – chiuso dal 20 dicembre al 28 febbraio

6 cam – 90 € 120 €, 10 € – 1 suite

◆ Bella casa d'inizio '900 con splendida vista su colline e vigneti: le camere, eccetto una, sono in realtà vere e proprie suite con cucinino. Dal belvedere realizzato nel grazioso giardino ed allestito con sedie in ferro battuto si possono ammirare i castelli di Grinzane Cavour, Castiglione Falletto e Serralunga.

Fior di Farine senza rist

via Roma 110 – ✆ 01 73 50 98 60 – www.fiordifarine.com – info@fiordifarine.com – chiuso gennaio-febbraio

5 cam – 75/80 € 85/95 €

◆ Nella corte interna di uno dei più celebri mulini in pietra, una struttura del '700 con soffitti a cassettoni e camere arredate in stile rustico-elegante. Imperdibile la prima colazione, dove si possono gustare le farine di produzione propria sotto forma di pane, brioche e pizza espressa.

Bovio

via Alba 17 bis – ✆ 01 73 59 03 03 – www.ristorantebovio.it – info@ristorantebovio.it – chiuso dal 15 febbraio al 12 marzo, dal 27 luglio al 13 agosto, mercoledì sera, giovedì

Rist – Carta 38/53 €

◆ Famiglia storica di ristoratori, i Bovio, da qualche anno si sono trasferiti in questa bella villa con vista sui vigneti, dove continuano a portar avanti l'importante tradizione gastronomica delle langhe.

a Rivalta Nord : 4 km – ✉ 12064 La Morra

Bricco dei Cogni senza rist

frazione Rivalta Bricco Cogni 39 – ✆ 01 73 50 98 32 – www.briccodeicogni.it – info@briccodeicogni.it

6 cam – 80/100 € 90/110 €, 8 €

◆ Abbracciata dalle dolci colline dei nobili vigneti, un'elegante ed imponente casa padronale in stile ottocentesco. Bella piscina soleggiata e romantiche camere, arredate nei tenui colori del giallo, del rosa o del blu, impreziosite da antichi mobili e suppellettili d'epoca.

a Annunziata Est : 4 km – ✉ 12064 La Morra

Red Wine senza rist

frazione Annunziata 105 – ✆ 01 73 50 92 50 – www.red-wine.it – turisma@red-wine.it

6 cam – 65/75 € 85/95 €

◆ La piccola cascina secolare si è trasformata in colorato hotel, dove il passato si allea a confort moderni per offrire ambienti accoglienti e di elegante essenzialità. Tutt'attorno, il verde delle vigne.

Agriturismo La Cascina del Monastero

cascina Luciani 112/a – ✆ 01 73 50 92 45 – www.cascinadelmonastero.it – info@cascinadelmonastero.it – chiuso dal 15 dicembre al 15 gennaio

rist,

10 cam – 100/120 € 110/130 €

Rist – (prenotazione obbligatoria) Menu 25/35 €

◆ Anticamente utilizzata dai frati per produrre il vino, la cascina offre accoglienti spazi dove soggiornare alla scoperta dei sentieri di Langa e degustare prodotti tipici locali. L'agriturismo vanta, ora, anche un piccolo centro benessere.

Agriturismo Risveglio in Langa senza rist

borgata Ciotto 52, Sud-Est : 3 km – ✆ 0 17 35 06 74 – www.risveglioinlanga.it – info@risveglioinlanga.it – chiuso gennaio-febbraio

6 cam – 75 € 90 €, 5 €

◆ Ricavata da un cascinale ottocentesco, la risorsa è immersa nel verde di colline e vigneti: i proprietari sono infatti anche piccoli produttori di vino. La generosità in metri quadrati delle camere, permette loro di avere anche un angolo cottura.

XX **Osteria Veglio**

frazione Annunziata 9 – ✆ 01 73 50 93 41 – chiuso febbraio, 10 giorni in marzo, 10 giorni in agosto, martedì, mercoledì

Rist – (coperti limitati, prenotare) Carta 30/40 €

◆ Alla ricerca dei migliori sapori langaroli in una piccola sala interna o - nella stagione estiva - sulla terrazza panoramica da cui si gode di una bella vista su colline e vigneti circostanti.

a Santa Maria Nord-Est :4 km – ✉ 12064 La Morra

XX **L'Osteria del Vignaiolo** con cam

rist,

– ✆ 0 17 35 03 35 – osteriavignaiolo@libero.it – chiuso dal 10 gennaio al 14 febbraio

5 cam – 50 € 70 € **Rist** – *(chiuso mercoledì, giovedì)* Carta 28/36 €

◆ In questa piccola frazione nel cuore del Barolo, un piacevole edificio in mattoni ospita quella che è divenuta un'elegante osteria. Nella luminosa sala, i piatti della tradizione sono intepretati con raffinata fantasia. Spaziose e confortevoli le camere.

LAMPEDUSA (Isola di) – Agrigento (AG) – 365 AK70 – 6 170 ab. – alt. 16 m ▮ Sicilia

LAMPEDUSA – Agrigento (AG) – **565** U19 – ✉ **92010**

✈ ✆ 0922 970006

◉ Baia dell'Isola dei Conigli★★★ - ≤★★★ sullo scoglio del Sacramento - Baia della Tabaccara★★ - Baia della Madonnina★

◉ Linosa★: giro dell'isola in barca★★ - Cala Pozzolana★★

Martello

piazza Medusa 1 – ✆ 09 22 97 00 25 – www.hotelmartello.it – info@hotelmartello.it

25 cam – 60/80 € 100/140 € – ½ P 120/140 €

Rist – Menu 20/25 €

◆ Palazzina di due piani tinteggiata di chiaro, come tutte le abitazioni dell'isola, per un soggiorno confortevole grazie alle buone dotazioni. Attrezzato diving center. Ristorante semplice, fresco, schietto e sicuramente curato con passione.

Cavalluccio Marino
contrada Cala Croce 3 – ✆ 09 22 97 00 53 – www.hotelcavallucciomarino.com – info@hotelcavallucciomarino.com – aprile-ottobre
10 cam – solo ½ P 90/135 € **Rist** – Carta 35/59 €
◆ Piccolo graziosissimo albergo nei pressi di una delle calette più belle dell'isola. Gestione familiare molto premurosa che sa mettere a completo agio i propri ospiti. Sentirsi a casa, ma con piaceri riscoperti: eccovi al ristorante!

Gemelli
via Cala Pisana 2 – ✆ 09 22 97 06 99 – milano@ristorantegemelli.it – Pasqua-ottobre
Rist – *(chiuso a mezzogiorno)* Carta 31/69 €
◆ Ristorante a poca distanza dall'aeroporto, dove è possibile gustare al meglio i prodotti ittici locali. Il servizio estivo viene effettuato sotto ad un fresco pergolato.

Lipadusa
via Bonfiglio 12 – ✆ 09 22 97 02 67 – maggio-ottobre
Rist – *(chiuso a mezzogiorno)* Carta 29/47 €
◆ Nel centro del paese, un locale impostato in modo classico per quel che riguarda l'ambiente, molto sobrio, familiare nella gestione e tipico nelle proposte gastronomiche.

LANA – **Bolzano (BZ)** – **562** C15 – **10 985 ab.** – **alt. 310 m** – **Sport invernali : a San Vigilio : 1 485/1 839 m** 1 1, – ✉ **39011** **30** B2

Roma 661 – Bolzano 24 – Merano 9 – Milano 322
via Andreas Hofer 9/1 ✆ 0473 561770, info@lana.net, Fax 0473 561979
Lana Gutshof Brandis via Brandis 13, ✆ 0473 56 46 96

Eichhof
via Querce 4 – ✆ 04 73 56 11 55 – www.eichhof.net – info@eichhof.net – 10 aprile-5 novembre
20 cam – †50/65 € ††100/130 € – ½ P 66/77 € **Rist** – *(solo per alloggiati)*
◆ A pochi passi dal centro, un piccolo albergo immerso in un ameno giardino ombreggiato con piscina; accoglienti e razionali gli spazi comuni in stile, spaziose le camere.

Mondschein
cam,
Gampenstrasse 6 – ✆ 04 73 55 27 00 – www.mondschein.it – info@mondschein.it – chiuso dal 23 al 27 dicembre
30 cam – †40/71 € ††72/112 € – ½ P 49/69 € **Rist** – Carta 21/49 €
◆ Di grande utilità per l'apertura annuale - quando altri alberghi sono chiusi - è una struttura semplice, ma pulita, dalla gestione premurosa. Sala ristorante di taglio contemporaneo con angolo bistrot.

Rebgut senza rist
via Brandis 3, Sud : 2,5 km – ✆ 04 73 56 14 30 – www.rebgut.it – rebgut@rolmail.net – marzo-ottobre
12 cam – †55 € ††90 €
◆ Nella tranquillità della campagna, in mezzo ai frutteti, una graziosa casa nel verde con piscina; ambienti in stile rustico con arredi semplici in legno chiaro.

a Foiana (Völlan)**Sud-Ovest : 5 km – alt. 696 m** – ✉ **39011 Lana D'Adige**

via Mayenburg 44 ✆ 0473 561770 info@lana.net Fax 0473 561979

Völlanerhof
via Prevosto 30 – ✆ 04 73 56 80 33 – www.voellanerhof.com – info@voellanerhof.com – 25 dicembre-8 gennaio e 26 marzo-13 novembre
43 cam – ††200/280 € – 7 suites – ½ P 125/155 €
Rist – *(solo per alloggiati)*
◆ Un'oasi di pace nella cornice di una natura incantevole: piacevole giardino con piscina riscaldata, confortevoli interni d'ispirazione moderna, attrezzato centro fitness.

Waldhof – via Mayenburg 32 – ✆ 04 73 56 80 81 – www.derwaldhof.com – info@derwaldhof.com – chiuso dal 10 gennaio al 30 marzo

39 cam – †118/136 € ††196/226 € – 4 suites – ½ P 113/153 €

Rist – *(solo per alloggiati)*

◆ Due costruzioni distinte: classica con i tipici arredi altoatesini la prima, splendidamente avvolta dal legno la seconda. Spazio e luce in ambienti moderni.

Kirchsteiger con cam – via Prevosto Wieser 5 – ✆ 04 73 56 80 44 – www.kirchsteiger.com – info@kirchsteiger.com – chiuso dall'11 gennaio al 12 febbraio

16 cam – †45/75 € ††80/120 € – ½ P 58/65 €

Rist – *(chiuso giovedì)* Carta 38/60 €

◆ Tipico stile tirolese nella bella sala classica e nella stube di una graziosa casa immersa nel verde: atmosfera romantica in cui assaporare una cucina innovativa imperdibile.

a San Vigilio (Vigiljoch)**Nord-Ovest : 5 mn di funivia – alt. 1 485 m – ✉ 39011 Vigiljoch**

Vigilius Mountain Resort – via Pavicolo 43 – ✆ 04 73 55 66 00 – www.vigilius.it – info@vigilius.it

35 cam – †190/240 € ††310/375 € – 6 suites

Rist – *(chiuso a mezzogiorno)* Carta 52/75 €

◆ Immerso nel silenzio della natura questo albergo, raggiungibile in funivia, nasce da un progetto di architettura ecologica. Oasi di pace con un panorama unico delle Dolomiti. Ristorante in linea con lo stile dell'albergo, spiccano i legni chiari.

LANCIANO – Chieti (CH) – 563 P25 – 36 569 ab. – alt. 265 m – ✉ 66034 — 2 C2

Roma 199 – Pescara 51 – Chieti 48 – Isernia 113

piazza del Plebiscito 50/51 ✆ 0872 717810, iat.lanciano@abruzzoturismo.it, Fax 0872 717810

Anxanum – via San Francesco d'Assisi 8/10 – ✆ 08 72 71 51 42 – www.hotelanxanum.com – hotelanxanum@tin.it

42 cam – †68 € ††84 €, 10 € – ½ P 80 € **Rist** – Menu 15/35 €

◆ Albergo in zona residenziale, dove ogni anno piccoli lavori di rinnovo gli conferiscono un aspetto curato e funzionale: l'ultima novità è il piacevole centro benessere. Per quanto riguarda le camere optare per le più recenti con dei solari bagni gialli.

LANGHIRANO – Parma (PR) – 562 I12 – 9 611 ab. – alt. 265 m – ✉ 43013 — 8 B2

Roma 476 – Parma 23 – La Spezia 119 – Modena 81

strada al Castello 10 ✆ 0521 355009 iat@comune.langhirano.pr.it Fax 0521 355821

La Ghiandaia – località Berzola , Sud : 3 km – ✆ 05 21 86 10 59 – www.la-ghiandaia.it – ghiandaiaris@libero.it – chiuso dall'8 al 15 gennaio, dall'17 al 21 agosto e lunedì

Rist – *(chiuso a mezzogiorno escluso i giorni festivi)* Carta 38/60 €

◆ Originale collocazione in un fienile ristrutturato, con un particolare spazio estivo all'aperto nel giardino in riva al fiume. Gustose specialità di pesce, all'insegna della semplicità.

a Pilastro Nord : 9 km – alt. 176 m – ✉ 43013

Ai Tigli

via Parma 44 – ☎ 05 21 63 90 06 – www.hotelaitigli.it – aitigli@hotelaitigli.it
40 cam – 66/75 € 90/110 € – ½ P 60/70 €
Rist – *(chiuso agosto)* Carta 24/32 €
♦ Semplici le camere realizzate nella struttura principale che dispone anche d'un fresco giardino con piscina; più eleganti quelle che si trovano nella dependance. Gestione familiare. Specialità parmensi di sola carne nella sala da pranzo adiacente l'ingresso.

Masticabrodo

strada provinciale per Torrechiara 45/A, Nord: 7 km – ☎ 05 21 63 91 10 – www.masticabrodo.com – trattoria@masticabrodo.com – chiuso dal 3 al 17 gennaio, dal 7 al 22 agosto, domenica sera, lunedì
Rist – Carta 25/35 €
♦ All'ombra del Castello di Torrechiara, in aperta campagna, la trattoria propone piatti legati alle tradizioni locali e specialità di stagione. L'accurata selezione di materie prime, qui, è un imperativo categorico!

LANGTAUFERS = Vallelunga

LANZO D'INTELVI – Como (CO) – 561 E9 – 1 433 ab. – alt. 907 m — 16 A2

– ✉ 22024 Italia

Roma 653 – Como 30 – Argegno 15 – Menaggio 30
località Piano delle Noci, ☎ 031 83 90 60
Belvedere di Sighignola★★★ : ≤ sul lago di Lugano e le Alpi Sud-Ovest : 6 km

Milano

via Martino Novi 26 – ☎ 0 31 84 01 19 – www.hotelmilanolanzo.com – info@hotelmilanolanzo.com – Pasqua-ottobre
30 cam – 45/50 € 80/100 € – ½ P 60/70 €
Rist – *(chiuso mercoledì)* Carta 22/28 €
♦ Solida gestione familiare ormai generazionale in un albergo classico abbracciato da un fresco giardino ombreggiato; spazi comuni razionali e camere ben accessoriate. Pareti in caldo color ocra ornate da piccoli quadri nella bella sala ristorante.

Rondanino

via Rondanino 1, Nord : 3 km – ☎ 0 31 83 98 58 – www.rondanino.it – info@rondanino.it
14 cam – 50/53 € 65/68 € – ½ P 53 €
Rist – *(chiuso mercoledì escluso dal 15 giugno al 15 settembre)* Carta 25/48 €
♦ Nell'assoluta tranquillità dei prati e delle pinete che lo circondano, un rustico caseggiato ristrutturato: spazi interni gradevoli e camere complete di ogni confort. Accogliente sala da pranzo riscaldata da un camino in mattoni; servizio estivo in terrazza.

LANZO TORINESE – Torino (TO) – 561 G4 – 5 377 ab. – alt. 515 m — 22 B2

– ✉ 10074

Roma 689 – Torino 28 – Aosta 131 – Ivrea 68
via Umberto I 9 ☎ 0123 28080, info.lanzo@turismotorino.org

Trattoria del Mercato

via Diaz 29 – ☎ 0 12 32 93 20 – chiuso dal 15 al 30 giugno e giovedì
Rist – Carta 22/41 €
♦ Nato nel 1938 e gestito sempre dalla stessa famiglia, è un locale molto semplice, forse un po' demodè, dove gustare piatti casalinghi della tradizione piemontese.

LA PALUD – Aosta – Vedere Courmayeur

LA PANCA – Firenze – Vedere Greve in Chianti

LAPIO – Vicenza – 562 F16 – Vedere Arcugnano

L'AQUILA 🅿 (AQ) – **563** O22 – **72 988 ab.** – **alt. 714 m** – ✉ **67100** **1** A2
Italia

Roma 119 – Napoli 242 – Pescara 105 – Terni 94

piazzale Acquasanta stadio rugby Gran Sasso d'Italia, ✆ 0862 410808 - 22306, presidio.aquila@abruzzoturismo.it

San Donato Santi di Preturo piazza della Chiesa, Nord-Ovest: 8 km, ✆ 0862 60 12 12

Basilica di San Bernardino★★Y – Castello★Y: museo Nazionale d'Abruzzo★★ – Basilica di Santa Maria di Collemaggio Z – Fontana delle 99 cannelle★Z

Il Gran Sasso★★

San Michele senza rist
via dei Giardini 6 – ✆ 08 62 42 02 60 – www.stmichelehotel.it – info@stmichelehotel.it Z**a**
32 cam ☕ – †65/70 € ††90/100 €
◆ E' rimasta indenne al terremoto del 2009 questa struttura dalla gestione squisitamente familiare, al limitare del centro storico . Gli esigui spazi comuni sono ampiamente riscattati dalle ottime, confortevoli, camere. Bagni all'avanguardia.

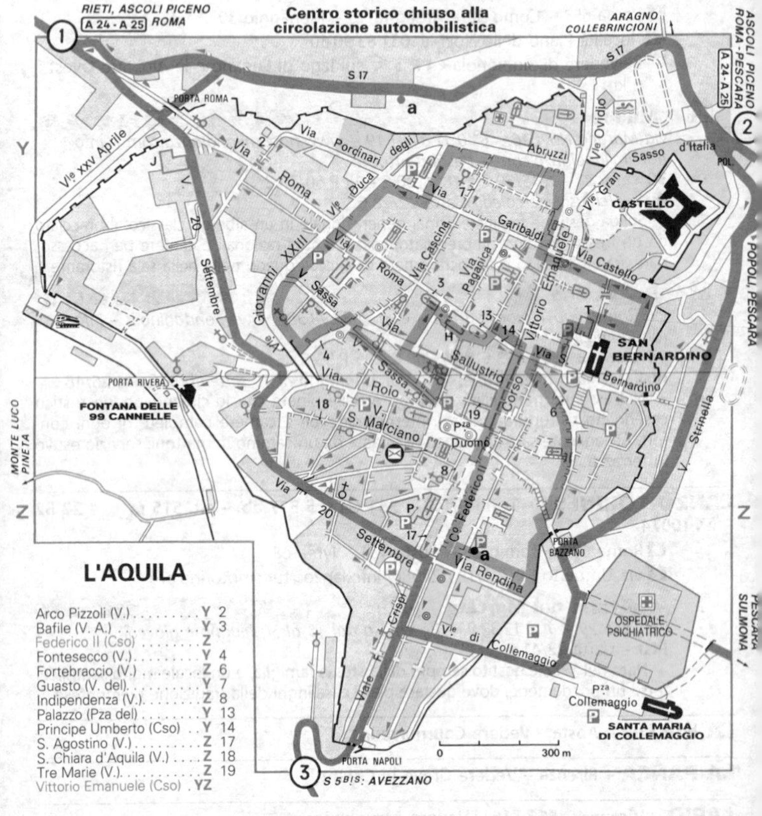

Magione Papale

via Porta Napoli 67/I, per ③ : 1 km – ✆ 08 62 41 49 83 – www.magionepapale.it – info@magionepapale.it
17 cam – 100/120 € 120/140 € – ½ P 95/125 €
Rist – Carta 35/55 €
Rist *Magione Papale* – *(chiuso domenica a mezzogiorno, lunedì)* Carta 46/76 €
◆ Un relais di campagna, dove tutti (almeno una volta nella vita) dovrebbero pernottare. In un mulino ristrutturato, camere tutte diverse, ma accomunate da elementi architettonici che rimandano all'originaria funzione della struttura. I migliori prodotti d'Abruzzo sono invece plasmati dalla creatività al *Magione Papale.*

Le Rocce dell'Aquila

viale Croce Rossa 40 – ✆ 08 62 41 90 12 – www.leroccedellaquila.com – info@leroccedellaquila.com – chiuso le sere di domenica e giovedì Y**a**
Rist – Carta 20/26 €
◆ Quando i prodotti locali incontrano la creatività, non ci si vorrebbe più alzare da tavola.. E' quello che succede in questo piccolo ma originale ristorante, lungo le mura cittadine.

a Camarda **Nord-Est : 14 km – ✉ 67010**

Elodia nel Parco

via Valle Perchiana – ✆ 08 62 60 68 30 – www.elodia.it – info@elodia.it
10 cam – 90/110 € 110/130 € – 4 suites – 150/170 €
Rist Elodia – vedere selezione ristoranti
Rist *Aromi Osteria Moderna* – *(chiuso lunedì e martedì)* Menu 25 € – Carta 20/35 €
◆ Come evoca il nome il relais è immerso nel verde, ma non di un qualsiasi giardino, bensì del Parco Nazionale del Gran Sasso! In questo bucolico contesto, l'unica concessione alla modernità è data dalle camere: arredamento dalle linee contemporanee, tv al plasma e connessione Internet. Cucina regionale light all'*Aromi.*

Elodia – Hotel Elodia nel Parco

via Valle Perchiana – ✆ 08 62 60 68 30 – www.elodia.it – info@elodia.it – chiuso lunedì, martedì e a mezzogiorno escluso sabato e domenica
Rist – (coperti limitati, prenotare) Menu 60 € – Carta 44/65 €
◆ All'interno dell'omonimo relais, la cucina cambia salendo le scale... Se al pianterreno *Aromi Osteria Moderna* propone piatti del territorio in versione light, al piano superiore *Elodia* è un ideale viaggio gourmet tra tipici prodotti abruzzesi - zafferano, agnello, legumi - in ricette elaborate e raffinate.

LARI – **Pisa (PI)** – **563** L13 – **8 646 ab.** – **alt. 130 m** – ✉ **56035** **28** B2

Roma 335 – Pisa 37 – Firenze 75 – Livorno 33

a Lavaiano **Nord-Ovest : 9 km – ✉ 56030**

Castero-Banca della Bistecca

via Galilei 2 – ✆ 05 87 61 61 21 – www.bancadellabistecca.it – castero57@gmail.com – chiuso dal 15 al 30 agosto, domenica sera e lunedì
Rist – Carta 35/47 €
◆ Locale all'interno di una villa d'epoca con ameno giardino: ambiente accogliente ed impreziosito da alcuni affreschi, servizio informale e veloce. La specialità? Il nome è un ottimo indizio: carne e ancora carne, naturalmente cotta alla brace.

LARIO – **Vedere Como (Lago di)**

LA SALLE – Aosta (AO) – 561 E3 – 2 052 ab. – alt. 1 001 m – ✉ 11015 **34** A2

Roma 775 – Aosta 29 – Courmayeur 14 – Torino 140

Mont Blanc Hotel Village

La Croisette 36 – ☎ 01 65 86 41 11 – www.hotelmontblanc.it – info@hotelmontblanc.it – chiuso dal 4 ottobre al 2 dicembre

37 cam – †205/435 € ††261/475 €, ☕ 25 € – 4 suites – ½ P 181/288 €

Rist La Cassolette – vedere selezione ristoranti

◆ A darvi il benvenuto un caldo stile valdostano con tappeti, legno e camino. Nelle camere gli ambienti diventano ancora più originali, dormirete tra materiali tipici locali, ma in un'atmosfera di grande confort. Dalla sala colazioni è spettacolare la vista sulla cima da cui prende il nome.

La Cassolette – Mont Blanc Hotel Village

La Croisette 36 – ☎ 01 65 86 41 11 – info@hotelmontblanc.it – chiuso dal 4 ottobre al 2 dicembre

Rist – Menu 60/90 € – Carta 60/75 €

Spec. Foie gras d'anatra al torcione con spezie dolci, gelatina di moscato e pan brioche. Tortelli di seirass nel fieno su passata di carota, zucca e aceto. Costata di vitella di montagna, riduzione di Porto e cipolle candite, porri alla polvere di ginepro.

◆ Nella raffinata cornice di un locale con ampie vetrate affacciate sul Monte Bianco, un abile chef realizza ricette di pesce e di carne con accostamenti e presentazioni originali.

LA SPEZIA P (SP) – 561 J11 – 95 372 ab. Liguria **15** D2

Roma 418 – Firenze 144 – Genova 103 – Livorno 94

viale Italia 5 ☎ 0187 770900, iat_spezia@provincia.sp.it, Fax 0187 023945

Museo Lia★★ - Stele★ nel museo archeologico Ubaldo Formentini

Riviera di Levante ★★★ Nord-Ovest

NH La Spezia

via 20 Settembre 2 ✉ 19124 – ☎ 01 87 73 95 55 – www.nh-hotels.it – nhlaspezia@nh-hotels.com Bb

110 cam ☕ – †92/180 € ††117/230 € – ½ P 77/150 € **Rist** – Carta 35/54 €

◆ In posizione panoramica di fronte al mare, imponente hotel vocato all'attività congressuale; luminosa hall, spaziosa e signorile e camere funzionali. Possibilità di un pasto rilassante nell'ampia sala.

Firenze e Continentale senza rist

via Paleocapa 7 ✉ 19122 – ☎ 01 87 71 32 10 – www.hotelfirenzecontinentale.it – hotel_firenze@hotelfirenzecontinentale.it An

67 cam ☕ – †70/150 € ††74/180 €

◆ Albergo in un palazzo d'inizio '900, vicino alla stazione ferroviaria; gradevoli aree comuni arredate in modo confortevole, con indovinati accostamenti di colori.

Genova senza rist

via Fratelli Rosselli 84/86 ✉ 19121 – ☎ 01 87 73 29 72 – www.hotelgenova.it – info@hotelgenova.it Ad

36 cam ☕ – †75/115 € ††100/150 €

◆ Cordiale gestione familiare in un hotel in pieno centro, ristrutturato di recente; camere semplici con qualche personalizzazione, gradevole giardino interno.

La Posta

via Giovanni Minzoni 24 ✉ 19121 – ☎ 01 87 76 04 37 – www.lapostadiclaudio.com – info@lapostadiclaudio.com – chiuso dal 1° al 20 agosto e domenica Bd

Rist – Carta 54/69 €

◆ Locale di sobria eleganza e buon confort, aperto da pochi anni. In menu: piatti moderni, che riservano particolare attenzione alle materie prime e ai prodotti di stagioni. Un indirizzo da non trascurare.

LA SPEZIA

Battisti (Pza Cesare) .... AB 2
Beverini (Pza G.) .... A 3
Brin (Pza Benedetto) .... A 4
Caduti del Lavoro (Piazzale) .... A 6
Cavour (Cso e Pza) .... AB
Chiodo (Pza e V. Domenico) .... B 8
Colli (V. dei) .... AB 9
Da Passano (V.) .... B 10
Europa (Pza) .... B 12
Fieschi (Viale Nicolò) .... A 13
Fiume (V.) .... A 14
Manzoni (V.) .... B 15
Milano (V.) .... A 16
Mille (V. dei) .... A 17
Napoli (V.) .... A 18
Prione (V. del) .... AB
Rosselli (V. Fratelli) .... A 20
Spallanzani (V. e Salita) .... A 22
Verdi (Pza Giuseppe) .... B 23
20 Settembre (V.) .... B 24
27 Marzo (V.) .... AB 26

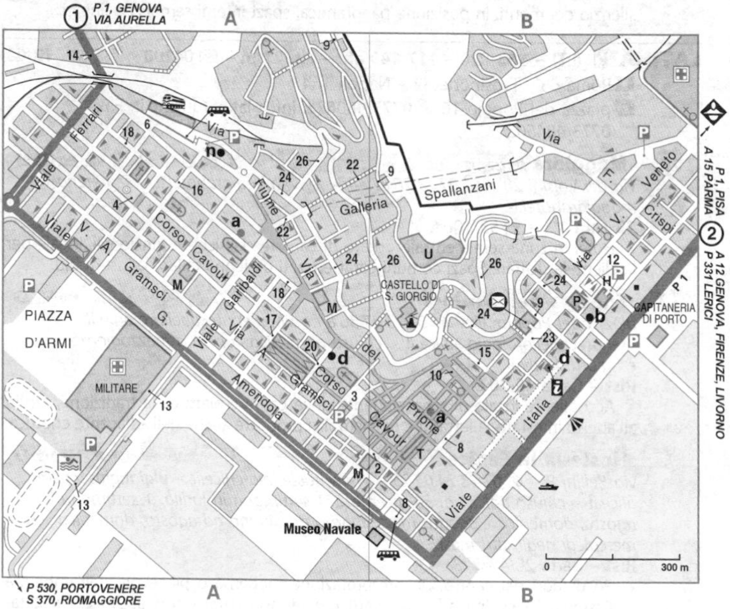

P 1, GENOVA VIA AURELLA
P 1, PISA A 15 PARMA
A 12 GENOVA, FIRENZE, LIVORNO P 331 LERICI
P 530, PORTOVENERE S 370, RIOMAGGIORE

XX **Il Ristorantino di Bayon**
via Felice Cavallotti 23 ✉ 19121 – ☎ 01 87 73 22 09
– chiuso dal 10 al 20 marzo, dal 10 al 20 settembre, domenica B**a**
Rist – Carta 29/56 €
♦ Giovane gestione e un'intima atmosfera in questo piccolo locale in un vicolo del centro. Estrema cura tanto negli arredi quanto nella cucina che propone fragranti proposte di mare. Aperitivo e servizio compresi nel prezzo.

X **L'Osteria della Corte**
via Napoli 86 ✉ 19122 – ☎ 01 87 71 52 10
– www.osteriadellacorte.com – info@osteriadellacorte.com
– chiuso lunedì a mezzogiorno A**a**
Rist – (consigliata la prenotazione) Carta 26/56 €
♦ Appassionata gestione familiare in un accogliente locale dai toni rustici e con piacevole cortile interno. La cucina propone stuzzicanti piatti di matrice mediterranea.

LA STRADA CASALE – **Ravenna** – **562** J17 – **Vedere Brisighella**

LA THUILE – **Aosta (AO)** – **561** E2 – **767 ab.** – **alt. 1 441 m** – **Sport invernali : 1 441/2 642 m 1 17 (impianti collegati con La Rosière - Francia)** – ✉ **11016** Italia Centro Nord **34** A2

Roma 789 – Aosta 40 – Courmayeur 15 – Milano 227

via Marcello Collomb 36 ☎ 0165 884179, lathuile@turismo.vda.it, Fax 0165 885196

Martinet senza rist
frazione Petite Golette 159 – ✆ 01 65 88 46 56 – hotelmartinet@libero.it
10 cam – 30/50 € 60/100 €
◆ Piccolo albergo ubicato in una frazione di La Thuile, immerso nella pace e nel silenzio dei monti, in posizione panoramica; spazi interni semplici e lineari.

LATINA (LT) – 563 R20 – 117 149 ab. – alt. 21 m – ✉ 04100 13 C3

Roma 68 – Frosinone 52 – Napoli 164

piazza del Popolo 16 ✆ 0773 480672, info@latinaturismo.it, Fax 0773 484502

Maggiora senza rist
via dei Volsini 28 – ✆ 07 73 26 87 44 – www.maggiorahotel.it – segreteria@maggiorahotel.it
73 cam – 55/100 €
◆ Hotel in zona semi-centrale dotato di camere classiche e funzionali, ideale per la clientela d'affari. Spazi comuni caratterizzati da legno chiaro e inserti blu.

Enoteca dell'Orologio
piazza del Popolo 20 – ✆ 07 73 47 36 84 – www.enotecadellorologio.it – enotecadellorologio@alice.it – chiuso domenica, lunedì a mezzogiorno e i giorni festivi
Rist – Carta 45/70 €
◆ Accogliente locale di tono elegante dove provare piatti della tradizione, serviti all'aperto in estate. Allettanti e più semplici proposte anche nell'adiacente enoteca.

Hosteria la Fenice
via Bellini 8 – ✆ 07 73 24 02 25 – www.hosterialafenice.it – ulgiatigiuseppe@alice.it – chiuso dal 23 al 30 dicembre, 1 settimana in luglio, 1 settimana in agosto, domenica e sabato mezzogiorno da giugno ad agosto, domenica sera e mercoledì negli altri mesi
Rist – Carta 26/48 €
◆ Poco fuori dal centro, un'interpretazione moderna e piacevole dell'ambiente dell'osteria. La cucina affronta piatti dei territori d'Italia con approccio pacatamente creativo.

a Lido di Latina Sud : 9 km – ✉ 04010 Borgo Sabotino

Pino Il Tarantino
via lungomare 2509, località Foce Verde – ✆ 07 73 27 32 53 – rist.iltarantino@alice.it – chiuso 15 giorni in gennaio, 15 giorni in settembre e mercoledì
Rist – Carta 45/55 €
◆ Locale tradizionale dalla conduzione solida ed esperta. Nella curata e capiente sala potrete gustare pesce e crostacei preparati con buona tecnica e capacità. Piccolo e piacevole dehors per la bella stagione.

Il Funghetto
strada Litoranea 11412, località Borgo Grappa – ✆ 07 73 20 80 09 – www.ristoranteilfunghetto.it – il.funghetto@alice.it – chiuso 10 giorni in gennaio, dal 1° al 15 settembre e mercoledì, anche domenica sera da settembre a giugno
Rist – *(chiuso a mezzogiorno in luglio-agosto escluso sabato e domenica)*
Menu 41/50 € – Carta 48/64 €
◆ Dietro i fornelli e in sala lavora ormai la seconda generazione della medesima famiglia, e lo stile del locale continua a migliorare, tanto tra i tavoli quanto in cucina.

a Borgo Faiti Est : 10 km – ✉ 04010

Locanda del Bere
via Foro Appio 64 – ✆ 07 73 25 86 20 – chiuso dal 15 al 30 agosto e domenica
Rist – Carta 38/45 €
◆ Solida gestione per questo ristorante dall'accogliente e calda atmosfera. Le proposte della cucina si orientano su piatti di carne, in inverno, e sul pesce nei mesi più caldi.

LATISANA - Udine (UD) - **562** E20 - **13 719 ab.** - **alt. 7 m** - ✉ **33053** **10** B3

Roma 598 - Udine 41 - Gorizia 60 - Milano 337

Bella Venezia

via del Marinaio 3 – ☎ 0 43 15 96 47 – www.hotelbellavenezia.it – info@hotelbellavenezia.it – chiuso dal 25 dicembre all' 8 gennaio

23 cam – †55/65 € ††85 € **Rist** – *(chiuso lunedì)* Carta 30/48 €

◆ Una semplice costruzione bianca cinta da un rilassante giardino ombreggiato: spazi interni ariosi e confortevoli, arredati in modo essenziale e camere tradizionali. Primeggia il pesce nell'accogliente sala da pranzo dall'atmosfera un po' retrò.

LATSCH = Laces

LAURA - Caserta - **564** F26 - **Vedere Paestum**

LAURIA - Potenza (PZ) - **564** G29 - **13 504 ab.** - **alt. 430 m** **3** B3

Roma 406 - Cosenza 126 - Potenza 129 - Napoli 199

a Pecorone Nord : 5 km - ✉ 85044

Da Giovanni

– ☎ *09 73 82 10 03 – dagiovanni.rist@tiscali.it*

Rist – Carta 15/23 €

◆ Bar-ristorante in stile fresco e moderno con proposte casalinghe a base, soprattutto, di carne alla brace. La quarantennale esperienza della cuoca è una garanzia!

LAVAGNA - Genova (GE) - **561** J10 - **13 084 ab.** - ✉ **16033** **15** C2

Roma 464 - Genova 41 - Milano 176 - Rapallo 17

piazza Torino 38 ☎ 0185 395070, iat.lavagna@gmail.com, Fax 0185 392442

Tigullio

via Matteotti 1 – ☎ 01 85 39 29 65 – www.hoteltigullio.com – info@hoteltigullio.com – chiuso dal 20 al 27 marzo e dal 25 ottobre al 22 dicembre

39 cam – †50/70 € ††80/100 € – ½ P 60/70 €

Rist – *(chiuso dal 20 al 27 marzo e dal 30 settembre al 22 dicembre)* Menu 19/25 €

◆ Nuova ed esperta gestione diretta in una struttura anni '50, rimodernata nel corso degli anni, situata in zona centrale; arredi non nuovi, ma tenuti in modo impeccabile. Pareti dipinte con paesaggi marini nella semplice sala ristorante.

Ancora Riviera

via dei Devoto 81 – ☎ 01 85 30 85 80 – www.hotelancorariviera.com – info@hotelancorariviera.com

28 cam – †55/80 € ††70/120 € **Rist** – *(marzo-novembre)* Menu 20/35 €

◆ Attenta e cordiale gestione familiare in un hotel fronte porto: in costante miglioramento dispone di camere dal confort attuale.

Il Gabbiano

via San Benedetto 26, Est : 1,5 km – ☎ 01 85 39 02 28 – www.ristoranteilgabbiano.com – ristgabbiano@libero.it – chiuso 1 settimana in gennaio, 1 settimana in febbraio, 2 settimane in novembre, lunedì, anche martedì da novembre a febbraio

Rist – Carta 28/42 €

◆ In posizione panoramica sulle prime colline prospicenti il mare, specialità ittiche e di terra da gustare nell'accogliente sala o nella veranda con vista.

LAVAGNO - Verona (VR) - **561** F15 - **6 222 ab.** - **alt. 70 m** - ✉ **37030** **37** B3

Roma 520 - Verona 15 - Milano 174 - Padova 733

Antica Ostaria de Barco

via Barco di Sopra 5 ✉ 37030 San Briccio – ☎ 04 58 98 04 20 – anticaostariadebarco@alice.it – chiuso dal 1° al 7 gennaio e dal 9 al 15 agosto

Rist – Carta 29/41 €

◆ Tra i vigneti, in una casa colonica riadattata conservando l'architettura originale, un ristorante in cui si entra passando dalla cucina. Servizio estivo in terrazza.

LAVAIANO - Pisa - **563** L13 - **Vedere Lari**

LAVENO MOMBELLO – Varese (VA) – **561** E7 – **9 129 ab.** **16** A2
– **alt. 205 m** – ✉ **21014** Italia Centro Nord

Roma 654 – Stresa 22 – Bellinzona 56 – Como 49

per Verbania-Intra – Navigazione Lago Maggiore, ✆ call center 800551801

piazza Italia 4 ✆ 0332 668785 iatlavenomombello@provincia.va.it Fax 0332 660567

Sasso del Ferro★★ (raggiungibile in cabinovia)

XXX **Il Porticciolo** con cam — cam, P VISA

via Fortino 40, Ovest : 1,5 km – ✆ 03 32 66 72 57 – www.ilporticciolo.com – info@ilporticciolo.com – chiuso una settimana in novembre e dal 23 gennaio al 6 febbraio

11 cam – †80/140 € ††100/200 € – ½ P 83/133 €

Rist – *(chiuso i mezzogiorno di martedì e mercoledì in luglio-agosto, anche martedì sera negli altri mesi)* Carta 52/69 €

◆ L'incanto del lago rivaleggia con la cucina moderna e creativa di questo raffinato ristorante dal soffitto a volte e pilastri in pietra a vista. D'estate, non rinunciate alla romantica terrazza.

LA VILLA = STERN – **Bolzano – Vedere Alta Badia**

LAVIS – Trento (TN) – **562** D15 – **8 437 ab.** – **alt. 232 m** – ✉ **38015** **30** B3

Roma 587 – Trento 9 – Bolzano 49 – Verona 101

a Sorni Nord : 6,5 km – ✉ 38015 Lavis

X **Trattoria Vecchia Sorni** VISA

piazza Assunta 40 – ✆ 04 61 87 05 41 – chiuso dal 1° al 21 marzo, domenica sera e lunedì

Rist – (consigliata la prenotazione) Carta 29/33 €

◆ Semplice e genuina gestione familiare con tutte le caratteristiche della trattoria all'italiana...salvo, poi, lasciarsi sorprendere da una cucina curata e ben presentata. Terrazza panoramica sulla valle.

LAZISE – Verona (VR) – **562** F14 – **6 754 ab.** – **alt. 76 m** – ✉ **37017** **35** A3

Roma 521 – Verona 22 – Brescia 54 – Mantova 60

via Francesco Fontana 14 ✆ 045 7580114, iatlazise@provincia.vr.it, Fax 045 7581040

Cà degli Ulivi via Ghiandare 2, ✆ 045 6 27 90 30

Lazise senza rist — AC P VISA

via Manzoni 10 – ✆ 04 56 47 04 66 – www.hotellazise.it – info@hotellazise.it – aprile-10 ottobre

73 cam – †60/110 € ††80/150 €

◆ Gestione familiare, una meravigliosa posizione e una piacevole atmosfera d'ispirazione contemporanea negli ampi e luminosi ambienti di questo hotel che possiede persino un'enorme piscina.

Cangrande senza rist — AC P VISA

corso Cangrande 16 – ✆ 04 56 47 04 10 – www.cangrandehotel.it – cangrandehotel@tiscalinet.it – chiuso dal 20 dicembre al 20 febbraio

18 cam – †70/80 € ††130/145 € – 1 suite

◆ In un bell'edificio del 1930 addossato alle mura, sorto come sede di cantine vinicole, un albergo con camere di taglio moderno. Junior suite ricavata in un'antica torretta. Accanto la cantina vinicola di proprietà.

Le Mura senza rist — AC P VISA

via Bastia 4 – ✆ 04 57 58 01 89 – www.hotel-lemura.com – info@hotel-lemura.com – marzo-novembre

26 cam – †56/71 € ††88/108 €

◆ Molto belle le 4 camere recentemente realizzate. Poco fuori le mura che circondano la cittadina, hotel semplice, ma ben tenuto con una piccola piscina esterna.

Villa Cansignorio senza rist
corso Cangrande 30 – ✆ 04 57 58 13 39
– www.hotelcansignorio.com – info@hotelcansignorio.com
– marzo-novembre
8 cam – 105/120 €
◆ Signorili interni, poche le camere a disposizione degli ospiti ma deliziose e ben arredate in questa elegante villa situata in pieno centro; il giardino confina con le mura di cinta.

XX **Alla Grotta** con cam — cam,
via Fontana 8 – ✆ 04 57 58 00 35 – www.allagrotta.it – alla.grotta@iol.it
– 15 febbraio-15 dicembre
12 cam – 75/80 €, 9 € **Rist** – *(chiuso martedì)* Carta 29/53 €
◆ Proposte ittiche di mare e lago in questo piacevole e frequentatissimo ristorante all'interno di un edificio d'epoca sul lungolago; gradevole servizio estivo all'aperto. Di due tipologie le camere: perfettamente accessoriate quelle moderne, più semplici ma confortevoli quelle classiche

sulla strada statale 249 Sud : 1,5 km :

Casa Mia — rist,
via del Terminon 1 ✉ 37017 – ✆ 04 56 47 02 44 – www.hotelcasamia.com
– info@hotelcasamia.com – marzo-ottobre
43 cam – 66/114 € 90/150 € – ½ P 83/98 € **Rist** – Carta 30/50 €
◆ Un soggiorno d'affari o di svago, lontano dall'animato centro storico, in un grande complesso con uno splendido giardino; camere di diverse tipologie, tutte comunque funzionali. Ambiente semplice nella classica e spaziosa sala da pranzo.

LECCE P (LE) – 564 F36 – 94 775 ab. – alt. 49 m – ✉ 73100 Italia 27 D2

Roma 601 – Brindisi 38 – Napoli 413 – Taranto 86
via Monte San Michele 20 ✆ 0832 314117, aptlecce@viaggiareinpuglia.it, Fax 0832 310238
Acaya Strada Comunale km 2, ✆ 0832 86 13 85
Città barocca★★★ - Basilica di Santa Croce★★ Y – Piazza del Duomo★★: pozzo★ del Seminario Y – Museo provinciale Castromediano★: collezione di ceramiche★★ Z **M** – Chiesa di San Matteo★ Z – Chiesa del Rosario★ YZ – Altari★ nella chiesa di Sant'Irene Y

Pianta pagina seguente

Risorgimento Resort
via Augusto Imperatore 19 – ✆ 08 32 24 63 11 – www.risorgimentoresort.it
– info@risorgimentoresort.it Y**d**
47 cam – 130/234 € 150/340 € – 7 suites
Rist ***Le Quattro Spezierie*** – *(chiuso lunedì) (chiuso a mezzogiorno)* (consigliata la prenotazione) Carta 42/56 €
Rist ***Dogana Vecchia*** – Carta 30/37 €
◆ Un albergo esclusivo nei pressi della centrale piazza Oronzo, il risultato del recupero di un antico palazzo, l'attenzione e la cura posta nella scelta dei materiali e dei confort sono garanzia di un soggiorno al *top*. Cucina raffinata nel moderno ristorante *Le Quattro Spezierie*. Cucina "informale" al *Dogana Vecchia*.

Patria Palace Hotel — cam,
piazzetta Gabriele Riccardi 13 – ✆ 08 32 24 51 11 – www.patriapalacelecce.com
– info@patriapalacelecce.com Y**b**
67 cam – 145/175 € 185/230 € – ½ P 121/145 €
Rist – Carta 37/51 €
◆ In centro, l'elegante hotel dispone di spazi comuni piacevolmente arredati in legno e camere in stile moderno, lievemente liberty, impreziosite da antichi inserti decorativi. In cucina, proposte accattivanti legate alla tradizione ma sapientemente rielaborate con gusto e ricercatezza.

LECCE

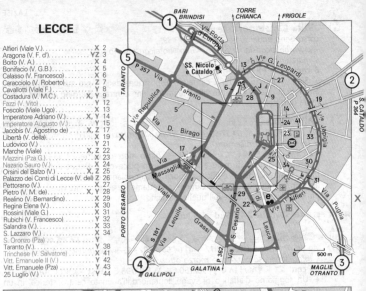

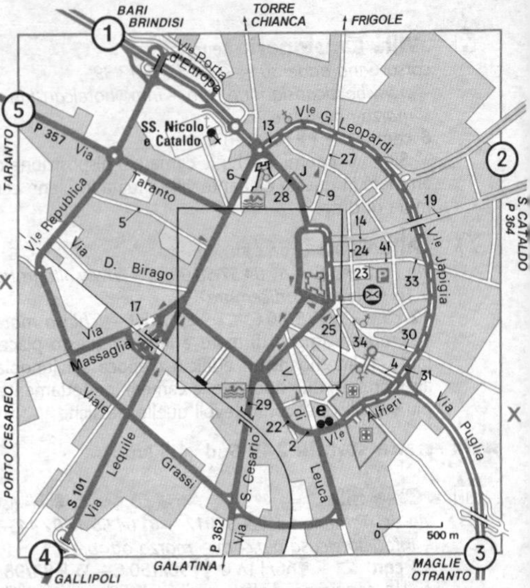

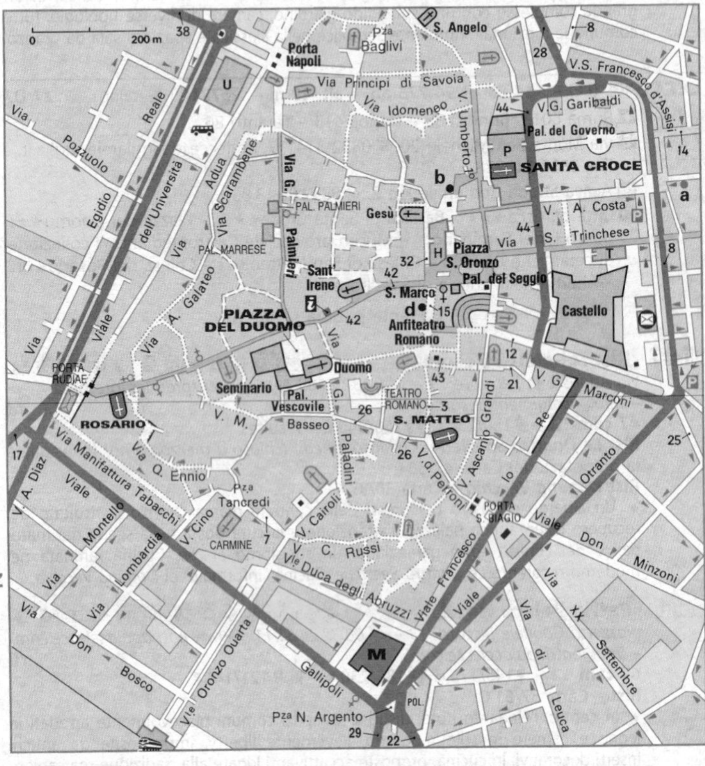

Delle Palme
via di Leuca 90 – ✆ 08 32 34 71 71 – www.hoteldellepalmelecce.it – hdellepalme@tiscalinet.it Xe
96 cam – 75/130 € 110/180 € – ½ P 85/120 € **Rist** – Carta 25/40 €
◆ Non distante dal centro, dispone di un comodo posteggio, accoglienti zone comuni rivestite in legno ed arredate con poltrone in pelle e camere dai letti in ferro battuto. Discretamente elegante, il ristorante propone una cucina classica ed è ideale per ospitare confereze, manifestazioni e colazioni di lavoro.

Eos Hotel senza rist
viale Alfieri 11 – ✆ 08 32 23 00 30 – www.eoshotel.it – info@eoshotel.it
30 cam – 70/140 € 120/190 € Xe
◆ E' un omaggio al Salento questo design hotel dalla facciata in pietra leccese. Gli interni sono moderni, lineari, ma sempre ispirati a questa terra. Lo spazio per la prima colazione diventa anche wine-bar ed offre un servizio piatti freddi e snack, 24 ore su 24. Piccola sala riunioni all'ultimo piano.

XX **Osteria degli Spiriti**
via Cesare Battisti 4 – ✆ 08 32 24 62 74 – www.osteriadeglispiriti.it – info@osteriadelispiriti.it – chiuso 2 settimane in settembre e domenica sera
Rist – Carta 22/51 € Ya
◆ Vicino ai giardini pubblici, una trattoria dagli alti soffitti - tipici di una vecchia masseria - e cucina pugliese. E' consigliabile prenotare.

LECCO P (LC) – 561 E10 – 47 529 ab. – alt. 214 m – ✉ 23900 Italia 18 B1

Roma 621 – Como 29 – Bergamo 33 – Lugano 61

via Nazario Sauro 6 ✆ 0341 295720, info.turismo@provincia.lecco.it, Fax 0341 295730

frazione Pizzighettone 1, ✆ 0341 57 95 25

Lago★★★

Pianta pagina seguente

NH Pontevecchio
via Azzone Visconti 84 – ✆ 03 41 23 80 00 – www.nh-hotels.it – nhpontevecchio@nh-hotels.com BZa
111 cam – 89/199 € – 2 suites **Rist** – *(chiuso agosto)* Carta 46/78 €
◆ Circondato dai monti, albergo moderno a vocazione congressuale, con amena terrazza-solarium: spazi comuni di taglio lineare ed eleganti camere d'ispirazione contemporanea. Ariosa sala da pranzo dalle linee essenziali; servizio in terrazza con vista sull'Adda.

Alberi senza rist
lungo Lario Isonzo 4 – ✆ 03 41 35 09 92 – www.hotelalberi.it – info@hotelalberi.it – chiuso dal 23 dicembre al 7 gennaio AZa
20 cam – 63 € 90 €
◆ Hotel di recente costruzione a gestione diretta, in posizione panoramica di fronte al lago: aree comuni essenziali, belle camere di tono moderno, spaziose e confortevoli.

XX **Nicolin**
via Ponchielli 54, località Maggianico, 3,5 km per ② – ✆ 03 41 42 21 22 – nicolin.lecco@virgilio.it – chiuso dal 26 dicembre al 3 gennaio, agosto, domenica sera e martedì
Rist – Menu 50/60 € – Carta 46/66 €
◆ Gestito dalla stessa famiglia da oltre trent'anni, locale con proposte tradizionali affiancate da piatti più fantasiosi e da buona cantina; servizio estivo in terrazza.

XX **Al Porticciolo 84** (Fabrizio Ferrari)
via Valsecchi 5/7, per via Don Pozzi – ✆ 03 41 49 81 03 – www.porticciolo84.it – porticciolo@gmail.com – chiuso dal 1° al 10 gennaio, agosto, lunedì, martedì
Rist – *(chiuso a mezzogiorno escluso i giorni festivi)* Carta 59/73 € BY
Spec. Tavolozza di pescato crudo nella fantasia dello chef. Insalata tiepida di piovra, seppie, vongole veraci, gamberi rossi con olio al basilico e scorze d'arancia. Pescato giornaliero e crostacei grigliati su carbone di legna.
◆ Lungo la strada della Valsassina, il ristorante si trova in un piacevole vicolo di un quartiere periferico. Cucina di mare rispettosa del pescato in preparazioni gustose.

LECCO

Street	Grid	No.
Adda (V.)	AZ	2
Affari (Pza degli)	AY	4
Airoldi (V. Almicare)	AY	5
Anghileri (V.)	AY	7
Appiani (V. Andrea)	BZ	8
Bezzeca (V.)	AZ	10
Cali (V.)	AY	12
Cattaneo (V. Carlo)	ABY	
Cavour (V.)	AY	
Cellini (V.)	BY	14
Cornelio (V.)	AZ	15
Dante (Vle)	BZ	
D'Oggiono (V. Marco)	BY	
Europa (Largo)	AY	17
Fiumicella (V.)	BY	19
Foggazzaro (V.)	BY	20
Fratelli Cairoli (V.)	ABY	
Legnano (V.)	AY	25
Malpensata (V.)	AY	27
Mascari (V. Antonio)	AY	
Montanara (V.)	BY	29
Montenero (Largo)	AY	30
Nazario Sauro (V.)	AY	32
Ongania (V.)	AY	35
Pozzo (V. del)	AY	37
Promessi Sposi (Cso)	BY	38
Resinelli (V.)	AY	40
Roma (V.)	AYZ	
Sassi (V. Salvatore)	BY	45
Sirtori (V.)	AY	46
Stoppani (Pza)	AY	48
S. Francesco (V.)	AZ	42
S. Marta (Pza)	AY	43
Ticozzi (Via)	BY	50
Torre (Viccolo della)	AY	52
Torri Tarelli (V.)	AY	53
Varese (V.)	BZ	56
4 Novembre (Lungo lario)	AY	58
20 Settembre (Pza)	AY	60

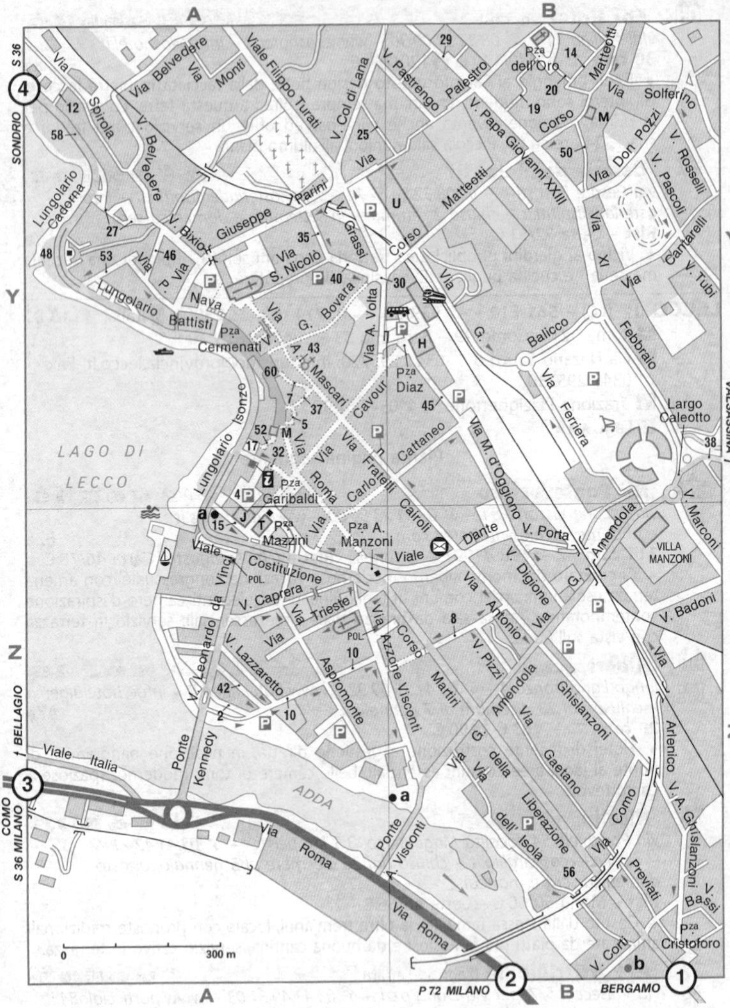

Trattoria Vecchia Pescarenico
via Pescatori 8 – ✆ 03 41 36 83 30 – www.vecchiapescarenico.it – trattoria@vecchiapescarenico.it – chiuso dal 15 al 31 agosto, dal 1° al 15 gennaio e lunedì
Rist – *(chiuso a mezzogiorno escluso domenica)* Carta 39/51 € BZ**b**
◆ Nel vecchio borgo di pescatori de "I Promessi Sposi" troverete una trattoria semplice, dall'ambiente simpatico e accogliente dove vi attenderà una gustosa cucina di mare.

LE CLOTES – **Torino – Vedere Sauze d'Oulx**

LEGGIUNO – **Varese (VA) – 3 491 ab. – alt. 240 m – ✉ 21038** **16** A2
Roma 663 – Milano 76 – Varese 24 – Bellinzona 93

La Fontana
via Europa 6, località Cellina, Sud-Ovest: 1 km – ✆ 03 32 64 73 96 – www.ristorantelafontanaleggiuno.it – info@ristorantelafontanaleggiuno.it – chiuso dal 10 gennaio al 10 febbraio e mercoledì
Rist – Carta 32/45 €
◆ Esperta conduzione familiare in un locale classico, composto da due accoglienti salette, dove gustare una cucina regionale che non scende a compromessi con la scelta delle materie prime. Interessante, il rapporto qualità/prezzo.

LEGNAGO – **Verona (VR) – 562** G15 – **25 488 ab. – alt. 16 m – ✉ 37045** **35** B3
Roma 476 – Verona 43 – Mantova 44 – Milano 195

a San Pietro Ovest : 3 km – ✉ 37045 San Pietro Di Legnago

Pergola
via Verona 140 – ✆ 04 42 62 91 03 – www.hotelpergola.com – info@hotelpergola.com – chiuso dal 10 al 20 agosto
80 cam – †40/200 € ††40/250 € – 2 suites
Rist *Pergola* – *(chiuso dal 26 dicembre al 10 gennaio, dal 1° al 25 agosto, venerdì e domenica sera)* Carta 25/39 €
◆ Ambienti accoglienti e luminosi, periodicamente sottoposti a piccoli interventi di miglioramento, per questa valida struttura sita in zona industriale. Piacevoli e ben tenute le camere. Al ristorante: classiche sale di diversa capienza e dal coperto elegante, dove gustare le prelibatezze della casa.

LEGNANO – **Milano (MI) – 561** F8 – **57 852 ab. – alt. 199 m – ✉ 20025** **18** A2
Roma 605 – Milano 28 – Como 33 – Novara 37

2 C senza rist
via Colli di Sant'Erasmo 51 – ✆ 03 31 44 01 59 – www.hotel2c.it – info@hotel2c.it
60 cam – †60/100 € ††85/145 €
◆ In comoda posizione di fronte all'ospedale cittadino, l'albergo è stato recentemente ampliato ed offre funzionali spazi comuni e confortevoli camere in stile moderno.

Antico Albergo Madonna
corso Sempione 125 – ✆ 03 31 45 49 49 – www.albergomadonna.it – albergomadonna@albergomadonna.it – chiuso dal 20 dicembre al 6 gennaio e dall'8 al 22 agosto
18 cam – †53/95 € ††98/185 €
Rist Il Boccondivino – vedere selezione ristoranti
◆ Piccola ed accogliente struttura a conduzione familiare. Buona insonorizzazione anche nelle camere più moderne, che danno sulla statale del Sempione.

Il Boccondivino – Antico Albergo Madonna
corso Sempione 125 – ✆ 03 31 59 64 08 – www.albergomadonna.it – info@ilboccondivino.it – chiuso dal 20 dicembre al 6 gennaio, dal 5 al 23 agosto, sabato a mezzogiorno e domenica
Rist – Carta 27/45 €
◆ Ambiente raccolto ed accogliente in un locale gestito con passione e competenza. Menù invitante per una cucina classica e di stagione affiancata da una buona carta dei vini.

LEGNARO – Padova (PD) – 562 F17 – 8 364 ab. – alt. 8 m – ✉ 35020 36 C3

Roma 508 – Venezia 48 – Padova 20 – Rovigo 50

AB Baretta

Via Roma 33 – ✆ 04 98 83 03 92 – www.albergobaretta.it – ristorantebaretta@virgilio.it

17 cam – †55/65 € ††90/120 € – ½ P 67/90 €

Rist – *(chiuso dal 1° al 10 gennaio, domenica sera e lunedì)* Carta 30/80 €

◆ Piacevole hotel, dall'allegra conduzione familiare, propone camere lineari in due strutture separate. Suggestive sale ristorante in una villa del 1700, dove arte e cultura accompagnano specialità ittiche.

LE GRAZIE – La Spezia – 561 J11 – Vedere Portovenere

LE MOTTE – Sondrio – Vedere Bormio

LENNO – Como (CO) – 561 E9 – 1 834 ab. – alt. 209 m – ✉ 22016 16 A2

Roma 652 – Como 27 – Menaggio 8 – Milano 75

Lenno

via Lomazzi 23 – ✆ 0 34 45 70 51 – www.albergolenno.com – info@albergolenno.com – chiuso dal novembre a febbraio

46 cam – †70/160 € ††100/200 € – ½ P 75/130 €

Rist – *(chiuso a mezzogiorno)* Menu 25/30 €

◆ Ospitalità signorile in hotel moderno in posizione panoramica sul delizioso e tranquillo lungolago; ampie camere ben accessoriate, con vista sulla quieta distesa d'acqua. Ariosa sala da pranzo, con grandi vetrate che "guardano" un incantevole paesaggio.

San Giorgio

via Regina 81 – ✆ 0 34 44 04 15 – www.sangiorgiolenno.com – sangiorgio.hotel@libero.it – aprile-ottobre

33 cam – †100/110 € ††125/160 €, 10 € – ½ P 108/118 €

Rist – Carta 33/44 €

◆ Splendida veduta su lago e monti da un albergo circondato da un piccolo parco ombreggiato digradante sull'acqua; accoglienti interni signorili ricchi di arredi d'epoca.

LENTATE SUL SEVESO – Monza e Brianza (MB) – 561 E9 – 15 327 ab. – alt. 250 m – ✉ 20030 18 B1

Roma 599 – Milano 26 – Bergamo 59 – Como 18

XXX Le Groane

via Nazionale dei Giovi 101 – ✆ 03 62 57 21 19 – groane@mac.com – chiuso dal 1° al 6 gennaio, dal 16 al 30 agosto, sabato a mezzogiorno, martedì

Rist – Carta 39/52 €

◆ Al piano terra di un villino periferico, elegante e luminosa sala ornata da numerose piante che la rendono ancora più "fresca"; molto gradevole il servizio estivo in giardino.

LEONESSA – Rieti (RI) – 563 O20 – 2 661 ab. – ✉ 02016 13 C1

Roma 131 – Rieti 37 – Terni 50 – L'Aquila 66

X Leon d'Oro

corso San Giuseppe 120 – ✆ 07 46 92 33 20 – www.ristoranteleondoroleonessa.com – ristoranteleondoro@gmail.com – chiuso lunedì

Rist – Carta 22/45 €

◆ Griglia e camino a vista per la cottura delle carni in questo accogliente locale rustico nel cuore della città, un ambiente simpatico ed informale, in cui regna la mano femminile.

LEONFORTE – Enna (EN) – **365** AV58 – **14 046 ab.** – ✉ **94013** **40** C2

Roma 879 – Palermo 153 – Enna 23 – Caltanissetta 55

Villa Gussio-Nicoletti

contrada Rossi, strada statale 121, km 94,750
– ☎ 09 35 90 32 68 – www.villagussio.it – info@villagussio.it

49 cam – †100/140 € ††140/220 € – 2 suites – ½ P 100/150 €

Rist – Carta 40/70 €

♦ Lungo la strada per Enna, tre corpi distinti di cui una villa settecentesca: ambienti raffinati, a tratti sontuosi, mirabilmente tenuti. Sulla terrazza panoramica o nelle sale da pranzo riccamente decorate si alternano le ricette della gastronomia tipica locale.

LE REGINE – Pistoia – **563** J14 – **Vedere Abetone**

LERICI – La Spezia (SP) – **561** J11 – **10 573 ab.** – ✉ **19032** Italia **15** D2

Roma 408 – La Spezia 11 – Genova 107 – Livorno 84

via Biaggini 6-località Venere Azzurra ☎ 0187 969164

Doria Park Hotel rist,

via privata Doria 2 – ☎ 01 87 96 71 24 – www.doriaparkhotel.it – info@doriaparkhotel.it

53 cam – †80/150 € ††100/180 €

Rist – *(chiuso dal 15 dicembre al 15 gennaio e domenica) (chiuso a mezzogiorno)* Carta 53/68 €

♦ In posizione tranquilla, sulla collina che domina Lerici, un hotel dotato di terrazza con suggestiva vista sul golfo; piacevoli interni ben accessoriati, camere luminose. Al ristorante, ampie vetrate e i prodotti del territorio.

Florida senza rist

lungomare Biaggini 35 – ☎ 01 87 96 73 32 – www.hotelflorida.it – florida@hotelflorida.it – chiuso dal 20 dicembre al 1° marzo

40 cam – †100/125 € ††130/185 €

♦ Gestione familiare attenta e dinamica in un albergo tradizionale, di fronte al mare; nuova, elegante hall e camere funzionali recentemente rimodernate, quasi tutte vista mare.

Shelley e Delle Palme

lungomare Biaggini 5 – ☎ 01 87 96 82 05 – www.hotelshelley.it – info@hotelshelley.it

47 cam – †80/140 € ††130/170 € – 4 suites – ½ P 110 €

Rist – *(chiuso dal 7 al 31 gennaio, lunedì, martedì a mezzogiorno escluso Pasqua-15 settembre)* Menu 25 €

♦ Invidiabile ubicazione davanti alla spiaggia, con veduta del golfo, per una struttura con interni classici, accoglienti e signorili; rinnovate camere in stile moderno.

Piccolo Hotel del Lido senza rist

lungomare Biaggini 24 – ☎ 01 87 96 81 59 – www.locandadellido.it – info@locandadellido.it – aprile-ottobre

12 cam – ††210/300 €

♦ Se siete amanti della vita da spiaggia questo indirizzo fa al caso vostro: nuovo hotel fronte mare (adiacente il proprio stabilimento balneare) dispone di camere luminose ed essenziali, dotate tutte di piccolo terrazzo.

2 Corone

via Vespucci 1 – ☎ 01 87 96 74 17 – www.ristorante2corone.it – info@ristorante2corone.it – chiuso dal 3 al 22 gennaio, dal 20 al 30 novembre e martedì

Rist – Carta 32/39 €

♦ Ristorante a solida conduzione diretta: una sala raccolta, di tono elegante, con piccole finestre sul lungomare e esposizione di bottiglie; ricette marinare e creative.

Il Frantoio

via Cavour 21 – ☎ 01 87 96 41 74 – chiuso lunedì (escluso estate)

Rist – Carta 32/50 €

♦ Conduzione affidabile in un esercizio del centro, con due sale dall'ambiente caratteristico, dove vengono servite preparazioni a base di pesce e di prodotti del luogo.

a Fiascherino Sud-Est : 3 km – ✉ 19032

Il Nido senza rist

via Fiascherino 75 – ☎ 01 87 96 72 86 – www.hotelnido.com – info@hotelnido.com – marzo-novembre

34 cam – †60/100 € ††110/160 €

◆ Gestione capace in un hotel sul mare immerso nella pace di una verde natura; belle terrazze-giardino e graziose camere con arredi recenti, semplici, ma confortevoli.

Cristallo

via Fiascherino 158 – ☎ 01 87 96 72 91 – www.albergo-cristallo.it – albergo.cristallo@libero.it – 31 marzo-2 novembre

44 cam – †57/85 € ††78/140 € – ½ P 52/90 € **Rist** – Carta 27/44 €

◆ Circondata da ulivi, struttura di recente costruzione collocata in posizione tranquilla e panoramica, sulla strada per Fiascherino; camere con balcone ben accessoriate. Classica sala ristorante, proposte tipiche italiane.

a Tellaro Sud-Est : 4 km – ✉ 19032

Miramare

via Fiascherino 22 – ☎ 01 87 96 75 89 – www.miramaretellaro.com – info@miramaretellaro.com – 22 dicembre-8 gennaio e Pasqua-ottobre

22 cam – †65/70 € ††95/100 € – ½ P 75/80 € **Rist** – Carta 24/41 €

◆ Ambiente familiare e semplice in una classica pensione a valida gestione diretta; ben tenuti e arredati con gusto gli spazi interni, graziosa la terrazza-giardino. Grande sala da pranzo in stile lineare rischiarata da grandi finestre.

Miranda con cam

cam,

via Fiascherino 92 – ☎ 01 87 96 81 30 – www.miranda1959.com – info@miranda1959.com – chiuso dal 14 dicembre al 15 gennaio

7 cam – ††120 € – ½ P 100 €

Rist – *(chiuso lunedì)* Menu 40/60 € – Carta 47/88 €

◆ Nella splendida cornice del Golfo dei Poeti, locanda con interni raffinati e una sala ristorante che sembra un salotto, dove assaporare idilliache rielaborazioni culinarie.

LESA – Novara (NO) – 561 E7 – 2 357 ab. – alt. 198 m – ✉ 28040 — 24 B2

Roma 650 – Stresa 7 – Locarno 62 – Milano 73

via Vittorio Veneto 21 ☎ 0322 772078, lesa@distrettolaghi.it, Fax 0322 772078

verso Comnago Ovest : 2 km :

Al Camino

via per Comnago 30 ✉ 28040 – ☎ 03 22 74 71 – alcaminolesa@hotmail.com – chiuso mercoledì

Rist – Carta 34/42 €

◆ Un ex cascina dei primi del '900 ristrutturata: ambiente rustico accentuato da un intonaco grezzo, sala con camino e una deliziosa veranda affacciata sul lago. Piatti regionali campeggiano in menu.

LEVANTO – La Spezia (SP) – 561 J10 – 5 597 ab. – ✉ 19015 — 15 D2

Roma 456 – La Spezia 32 – Genova 83 – Milano 218

piazza Mazzini 1 ☎ 0187 808125 info@comune.levanto.sp.it, Fax 0187 808125

Stella Maris

rist,

via Marconi 4 ✉ 19015 – ☎ 01 87 80 82 58 – www.hotelstellamaris.it – renza@hotelstellamaris.it – chiuso novembre

7 cam – †100/120 € ††160/290 €

Rist – *(aprile-settembre) (chiuso a mezzogiorno)* Menu 25/35 €

◆ Bel giardino con palme, ambiente e decorazioni fine 1800, atmosfera caratteristica ed elegante negli interni con soffitti affrescati e mobili originali in stile classico.

Nazionale senza rist
via Jacopo da Levanto 20 – ✆ 01 87 80 81 02 – www.nazionale.it – hotel@nazionale.it – 14 aprile-2 novembre
38 cam – 65/90 € 90/138 €
◆ Solida gestione diretta in un accogliente albergo dall'ambiente familiare: piacevoli spazi comuni e camere in stile lineare, recentemente rinnovate, arredate con gusto.

Agriturismo Villanova senza rist
località Villanova, Est : 1,5 km – ✆ 01 87 80 25 17 – www.agriturismovillanova.it – info@agriturismovillanova.it – chiuso dal 10 gennaio al 3 febbraio
7 cam – 110 € 120/140 € – 2 suites
◆ All'interno di un rustico immerso nel verde, una risorsa agrituristica dall'ambiente molto curato e signorile, ideale per gli amanti della tranquillità e della natura.

Tumelin
via Grillo 32 – ✆ 01 87 80 83 79 – www.tumelin.it – info@tumelin.it – chiuso dal 7 gennaio al 7 febbraio e giovedì escluso dal 15 giugno al 15 settembre
Rist – Carta 37/61 €
◆ Interni ben tenuti in un ristorante collocato nel cuore della cittadina, con una sala lineare dove si propone una classica cucina di mare, con alcune personalizzazioni.

a Mesco Sud : 2,5 km – ✉ 19015 Levanto

La Giada del Mesco senza rist
via Mesco 16 – ✆ 01 87 80 26 74 – www.lagiadadelmesco.it – info@lagiadadelmesco.it – chiuso novembre
12 cam – 130/160 € 140/170 €
◆ In splendida posizione su un promontorio da cui si gode un'incantevole vista di mare e coste, edificio dell'800 ristrutturato; camere nuove, amena terrazza per colazioni.

LEVICO TERME – Trento (TN) – 562 D15 – 7 300 ab. – alt. 506 m — 30 B3

– Sport invernali : a Panarotta (Vetriolo Terme) : 1 500/2 002 m 4, – ✉ 38056

Roma 610 – Trento 21 – Belluno 90 – Bolzano 82

viale Vittorio Emanuele 3 ✆ 0461 727700, info@valsugana.info, Fax 0461 727799

Villa Sissi-Parco delle Terme 3 ✆ 0461 727700, levico@valsugana.info, Fax 727799

Grand Hotel Imperial cam, rist,
via Silva Domini 1 – ✆ 04 61 70 61 04 – www.imperialhotel.it – info@imperialhotel.it – 23 aprile-ottobre
79 cam – 74/180 € 86/190 €, 10 € – 1 suite – ½ P 78/130 €
Rist – Carta 52/89 €
◆ Un maestoso edificio che fu residenza estiva degli Asburgo, evoca la struttura e i colori del castello viennese ed ospita un elegante centro benessere ed una sala congressi. Particolarmente adatta per allestire banchetti, la spaziosa sala ristorante propone nelle sue sale una cucina classica.

Grand Hotel Bellavista cam, rist,
via Vittorio Emanuele III° 7 – ✆ 04 61 70 61 36 – www.ghbellavista.com – info@ghbellavista.com – chiuso dal 26 ottobre al 2 dicembre, dal 20 al 28 dicembre e dal 10 gennaio al 23 aprile
85 cam – 54/138 € 82/176 € – 1 suite – ½ P 76/160 €
Rist – *(chiuso a mezzogiorno escluso da giugno a settembre)* Carta 32/54 €
◆ Immerso in un gradevole giardino con piscina, un complesso alberghiero risalente al primo Novecento dotato di ampi spazi comuni e confortevoli camere di gusto classico. Utilizzata anche per cerimonie, la capiente sala offre menù di stampo classico.

Al Sorriso Green Park cam,
lungolago Segantini 14 – ✆ 04 61 70 70 29 – www.hotelsorriso.it – info@hotelsorriso.it – Pasqua-novembre
63 cam – 70/100 € 110/160 € – 2 suites – ½ P 68/118 €
Rist – Carta 30/38 €
♦ In posizione piacevolmente decentrata - davanti il lago, attorno un parco che dispone di numerose attrezzature sportive - l'hotel vanta ambienti luminosi, un centro benessere completamente ristrutturato ed una piscina coperta. Nell'elegante sala ristorante, cucina nazionale e locale accompagnata da vini trentini.

Lucia cam, rist,
viale Roma 20 – ✆ 04 61 70 62 29 – www.luciahotel.it – info@luciahotel.it – Pasqua-ottobre
33 cam – 50/70 € 70/110 € – ½ P 55/80 € **Rist** – Carta 22/28 €
♦ In posizione centrale, una casa a gestione familiare con camere moderne, mentre un parco con alberi d'alto fusto circonda la piscina. Ideale per vacanze di relax o sugli sci. Recentemente rinnovata, la raccolta sala ristorante propone i classici piatti del bel Paese.

Scaranò cam,
strada provinciale per Vetriolo 86, Nord : 2 km – ✆ 04 61 70 68 10 – www.hotelscarano.it – hotelscarano@alice.it – chiuso dall'8 gennaio al 13 febbraio, domenica sera e lunedì escluso da luglio al 20 settembre
33 cam – 40/50 € 60/70 € – ½ P 50/60 € **Rist** – Carta 20/38 €
♦ In posizione tranquilla e un po' isolata, questa casa nasce intorno ad un vecchio maso ed ospita ambienti spaziosi al suo interno. Gestione trentennale per il ristorante che propone la tipica cucina trentina e piatti di pesce. Splendida la vista sulla vallata.

LICATA – Agrigento (AG) – 365 AS61 – 39 202 ab. – ✉ 92027 — 40 C3

Agrigento 45 – Caltanissetta 52 – Palermo 189 – Ragusa 88

La Madia (Pino Cuttaia)
corso Filippo Re Capriata 22 – ✆ 09 22 77 14 43 – www.ristorantelamadia.it – info@ristorantelamadia.it – chiuso martedì, anche domenica sera in inverno e domenica a mezzogiorno in estate
Rist – Menu 80/95 € – Carta 61/80 €
Spec. Battutino di gambero con olio al mandarino e maionese di bottarga. Sapori di mare, sapori di sale (tagliatella di calamaro e zucchine su latte di mandorle con vongole e ricci di mare). Tortello estivo "ricordo del pesto alla trapanese".
♦ Comode sedie in pelle e alle pareti - dalle calde tinte mediterranee - belle foto d'autore i cui soggetti sono legati ai prodotti e ai colori dell'isola. In tavola va in scena la Grande Sicilia, reinterpretata attraverso le importanti esperienze di uno chef che ha saputo imporsi per stile e personalità.

LIDO – Livorno – 563 N13 – Vedere Elba (Isola d') : Capoliveri

LIDO DEGLI ESTENSI – Ferrara – 563 I18 – Vedere Comacchio

LIDO DI CAMAIORE – Lucca (LU) – 563 K12 – ✉ 55041 Toscana — 28 B1

Roma 371 – Pisa 23 – La Spezia 57 – Firenze 97

viale Colombo 342 ang. piazza Umberto ✆ 0584 617397, info@versiliainfo.com, Fax 0584 617796

UNA Hotel Versilia rist, cam,
viale Bernardini 335/337 – ✆ 05 84 01 20 01 – www.unahotels.it – una.versilia@unahotels.it
90 cam – 110/559 € 135/559 € – 9 suites **Rist** – Carta 45/55 €
♦ Nuova ed imponente struttura sul lungomare progettata per offrire un alto standing di confort. Zone comuni ariose e luminose: non mancano lussureggianti spazi verdi. Ottime anche le camere.

Caesar cam,

viale Sergio Bernardini 325 – 05 84 61 78 41 – www.caesarhotel.it – info@caesarhotel.it

72 cam – 80/200 € 130/240 € – ½ P 125/140 €

Rist – *(aprile-ottobre) (solo per alloggiati)* Menu 28/35 €

♦ Sul lungomare, un parco giochi per bambini e un campo da calcetto e bocce; all'interno, una piacevole zona soggiorno e camere in piacevole stile marinaresco, tutte di diversa tipologia. Dal ristorante, la vista sul parco e sulle piscine; dalla cucina, i sapori della Toscana.

Bracciotti rist,

viale Colombo 366 – 05 84 61 84 01 – www.bracciotti.com – hotelbracciotti@bracciotti.com

63 cam – 60/90 € 90/130 € – ½ P 70/85 €

Rist – *(chiuso a mezzogiorno in bassa stagione) (solo per alloggiati)* Menu 22/25 €

♦ Gestione dinamica per questo albergo, adatto tanto a una clientela turistica quanto a chi si sposta per affari; luminosi spazi comuni, un bel solarium con piccola piscina e vista sul mare. Allegri colori nella spaziosa sala ristorante; la cucina è del territorio.

Siesta

viale Bernardini 327 – 05 84 61 91 61 – www.hotelsiestatoscana.it – info@hotelsiesta.it – chiuso dicembre

33 cam – 80/100 € 130/160 € – ½ P 100/125 €

Rist – *(Pasqua-ottobre) (solo per alloggiati)* Menu 27/40 €

♦ Sono ora i figli a condurre questa risorsa sul lungomare cinta da un piacevole giardino; camere confortevoli e ben rifinite, una terrazza per la prima colazione e noleggio biciclette. Al ristorante è stato potenziato il servizio dei dolci con angolo di esposizione anche caldo.

Giulia rist,

lungomare Pistelli 77 – 05 84 61 75 18 – www.giuliahotel.it – giuliahotel@tiscalinet.it – maggio-settembre

40 cam – 80/110 € 100/130 €, 15 € – ½ P 95/115 €

Rist – Menu 25/40 €

♦ Felicemente ubicato di fronte al mare, la struttura dispone di zone comuni dagli arredi curati e camere spaziose, molte con balconcino abitabile. Calorosa conduzione familiare e tradizione alberghiera.

Sylvia

via Manfredi 15 – 05 84 61 79 94 – www.hotelsylvia.it – info@hotelsylvia.it – aprile-ottobre

37 cam – 65/110 € 80/130 € – ½ P 65/95 € **Rist** – *(solo per alloggiati)*

♦ Simpatico e curato albergo a gestione familiare, immerso nella quiete della natura offerta dal grazioso giardino. Interni piacevoli, camere luminose, confortevoli e spaziose.

Bacco

via Rosi 24 – 05 84 61 95 40 – www.hotelbacco.it – baccohotel@tin.it – Pasqua-15 ottobre

28 cam – 90/150 € 125/250 € – ½ P 100/175 €

Rist – *(solo per alloggiati)*

♦ In una strada tranquilla non lontano dal mare, la hall è un omaggio alla figura mitologica di Bacco. Camere di diverse tipologie (da preferire quelle con grande terrazza). Sul retro, una semplice sala da pranzo per una cucina particolarmente curata.

Ariston Mare

viale Bernardini 660 – 05 84 90 47 47 – www.aristonmare.it – info@aristonmare.it – chiuso novembre, gennaio, lunedì

Rist – (consigliata la prenotazione) Carta 44/54 €

♦ In un locale arioso ed elegante - dalla suggestiva ubicazione a ridosso della spiaggia - specialità ittiche elaborate partendo da un'accurata selezione delle materie prime. Belle presentazioni.

Roma 564 - Venezia 44 - Belluno 110 - Milano 303

piazza Brescia 13 ☎ 0421 370601, info@aptjesoloeraclea.it, Fax 0421 370608

via St. Andrews 2, ingresso via Grassetto, ☎ 0421 37 28 62

Park Hotel Brasilia cam, rist,

via Levantina, 2° accesso al mare – ☎ 04 21 38 08 51 – www.parkotelbrasilia.com – info@parkhotelbrasilia.com – aprile-ottobre

64 cam – ♦110/210 € ♦♦130/294 € – ½ P 83/171 €

Rist *Ipanema* – Carta 40/60 €

♦ Eleganza, signorilità e il mare a due passi per una struttura dalla gestione professionale, un'imponente struttura bianca con camere ampie e confortevoli, tutte con balcone. Vetrate panoramiche nella sala da pranzo che si apre fino a bordo piscina.

Ril rist,

via Zanella 2 – ☎ 04 21 97 28 48 – www.hotelril.it – info@hotelril.it – maggio-settembre

51 cam – ♦140/160 € ♦♦160/240 € – ½ P 95/180 €

Rist – *(solo per alloggiati)* Menu 40/50 €

♦ Linee moderne unite a colori caldi e leggeri tocchi di eleganza, tanto nelle camere quanto nei luminosi spazi comuni. La zona ristorante si protende direttamente su piscina e mare grazie alle belle vetrate.

Byron Bellavista rist,

via Padova 83 – ☎ 04 21 37 10 23 – www.byronbellavista.com – byron@byronbellavista.com – maggio-settembre

46 cam – ♦60/100 € ♦♦120/170 € – 4 suites – ½ P 85/103 €

Rist – *(solo per alloggiati)* Menu 20/25 €

♦ Vista sul mare e gestione capace in una struttura ben tenuta, con distinti spazi comuni in stile classico, illuminati da ampie vetrate ornate da tendaggi importanti.

Cavalieri Palace rist,

via Mascagni 1 – ☎ 04 21 97 19 69 – www.hotelcavalieripalace.com – info@hotelcavalieripalace.com – Pasqua-settembre

56 cam – ♦95/145 € ♦♦120/180 € – ½ P 75/105 € **Rist** – Carta 35/45 €

♦ Freschi e signorili ambienti, camere dagli stili differenti tutte terazzate, particolarmente gradevoli quelle rifinite con tessuti colorati. Panoramica posizione di fronte al mare. Graziosa a nche la sala da pranzo che si apre fino alla piscina.

Delle Nazioni rist,

via Padova 55 – ☎ 04 21 97 19 20 – www.nazioni.it – nazioni@nazioni.it – maggio-settembre

49 cam – ♦110/170 € ♦♦135/220 € – 4 suites – ½ P 118/134 €

Rist – *(solo per alloggiati)* Menu 26/40 €

♦ L'imponente torre che svetta sul fonte mare ospita tra le sue mura spazi comuni essenziali e signorili e camere recentemente rinnovate con gusto moderno, tutte con splendida vista sul mare. Al primo piano il ristorante, dalle interessanti proposte culinarie.

Atlantico rist,

via Bafile , 3° accesso al mare 11 – ☎ 04 21 38 12 73 – www.hotel-atlantico.it – info@hotel-atlantico.it – 10 aprile-ottobre

74 cam – ♦97/111 € ♦♦134/162 € – ½ P 93 €

Rist – *(solo per alloggiati)* Menu 28/34 €

♦ Dalla nuova piscina riscaldata situata all'ultimo piano di questo edificio in posizione panoramica vi sembrerà di essere direttamente in riva al mare! Cordialità e cortesia.

Termini Beach Hotel

via Altinate 4, 2° accesso al mare – ☎ 04 21 96 01 00 – www.hoteltermini.it – jesolo@hoteltermini.it – Pasqua-settembre

52 cam – ♦70/95 € ♦♦125/185 € – 7 suites – ½ P 80/95 €

Rist – *(chiuso a mezzogiorno)* Menu 35/45 €

♦ Albergo che domina il mare, dotato di spazi comuni eleganti ed ariosi, arredati con gusto e camere di differenti tipologie, tutte confortevoli e personalizzate. Al ristorante, bianche colonne ed ampie finestre affacciate sul blu.

Beny

via Levantina, 4° accesso al mare 3 – ✆ 04 21 96 17 92 – www.beny.it – info@beny.it – maggio-settembre

75 cam – 46/72 € 92/130 € – ½ P 59/85 €

Rist – *(solo per alloggiati)* Menu 25/40 €

◆ Camere accoglienti in un'imponente struttura frontemare dagli ampi spazi arredati con oggetti della tradizione marinara ed area attrezzata per lo svago dei bambini. Particolare attenzione per le specialità della cucina veneta al ristorante.

Rivamare

via Bafile, 17° accesso al mare – ✆ 04 21 37 04 32 – www.rivamarehotel.com – info@rivamarehotel.com – maggio-settembre

53 cam – 60/100 € 110/160 € – ½ P 65/90 €

Rist – *(solo per alloggiati)* Carta 28/40 €

◆ Conduzione familiare di grande esperienza in un albergo fronte mare che propone camere dai vivaci colori e dalle linee moderne; zone comuni accoglienti abbellite da tappeti. Al piano inferiore, classica sala da pranzo.

Montecarlo

via Bafile 5, 16° accesso al mare – ✆ 04 21 37 02 00 – www.montecarlhotel.com – info@montecarlhotel.com – maggio-24 settembre

42 cam – 60/75 € 110/140 € – ½ P 70/90 €

Rist – *(solo per alloggiati)* Menu 25/45 €

◆ La stessa famiglia al timone dal 1965, con la sua curata terrazza e le confortevoli camere arredate in un fresco e riposante color verde, la struttura si trova direttamente sul mare.

Adriatic Palace

via Vittorio Veneto 30, 2° accesso al mare – ✆ 04 21 38 00 27 – www.hoteladriaticpalace.com – info@hoteladriaticpalace.com – maggio-settembre

46 cam – 120/252 € – 2 suites – ½ P 76/149 €

Rist – Carta 27/68 €

◆ E' il bianco a caratterizzare tutti gli ambienti di questa moderna struttura con camere accoglienti e confortevoli. Frontemare, l'hotel dispone anche di una gradevole terrazza con piscina, per i più flemmatici che non vogliono compiere nemmeno due passi per raggiungere la spiaggia!

Cucina da Omar

via Dante 21 – ✆ 0 42 19 36 85 – www.ristorantedaomar.it – ristorante.omar@libero.it – chiuso dal 15 dicembre al 10 gennaio, mercoledì

Rist – (consigliata la prenotazione la sera) Carta 64/86 €

◆ Pesce, gusto e fantasia sono i titolari di questo piccolo locale del centro a gestione familiare, una sala moderna con caldi colori e quadri d'ispirazione contemporanea alle pareti.

Tortuga

piazzale Tommaseo 15 – ✆ 0 42 19 33 19 – chiuso dal 15 novembre al 15 gennaio, lunedì sera e martedì escluso da giugno a settembre

Rist – Carta 33/66 €

◆ Pesce di buona qualità in preparazioni tradizionali presentate con gusto e originalità; piacevole il locale, sempre molto frequentato, gestito con intraprendenza da tre fratelli.

Don Claudio

via Ugo Foscolo 61 – ✆ 04 21 37 10 17 – www.ristorantedonclaudio.it – info@ristorantedonclaudio.it – aprile-settembre

Rist – Carta 36/55 €

◆ Un locale piacevolmente curioso: sul corso pricipale, tanto colore e originalità, per una cucina ironica e fantasiosa al tempo stesso. Ma anche un ristorante ecologically correct per l'utilizzo di prodotti freschi di stagione, provenienti da agricoltura biologica o naturale.

a Jesolo Pineta Est : 6 km – ✉ 30016 Lido Di Jesolo

Mediterraneo rist, VISA

via Oriente 106 – ✆ 04 21 96 11 75 – www.mediterraneojesolo.com – info@mediterraneojesolo.com – 15 maggio-settembre

60 cam – ††140/280 € – ½ P 100/160 € **Rist** – Carta 47/60 €

◆ Immerso nella quiete di un lussureggiante giardino che lambisce la spiaggia, offre gradevoli e "freschi" ambienti e camere particolarmente ampie, tutte con terrazza. Sembra di pranzare nel parco nella sala ristorante con vetrate che si aprono sul verde!

Bellevue cam, VISA

via Oriente 100 – ✆ 04 21 96 12 33 – www.hbjesolo.it – info@hbjesolo.it – maggio-settembre

56 cam – †110/170 € ††155/230 €, 25 € – 6 suites – ½ P 133/170 €

Rist – Menu 35 €

◆ Due strutture frontemare, immerse in un verdeggiante giardino-pineta, ospitano camere ampie dall'arredo moderno in stile e colori etnici. Accogliente gestione familiare. Sala da pranzo dalla forma circolare illuminata da vetrate.

Gallia rist, VISA

via del Cigno Bianco 5 – ✆ 04 21 96 10 18 – www.hotelgallia.com – info@hotelgallia.com – 15 maggio-19 settembre

42 cam – †95/115 € ††150/190 € – 10 suites – ½ P 95/110 €

Rist – *(solo per alloggiati)*

◆ Una splendida pineta separa dal mare e dalla piscina questo elegante hotel in stile neoclassico, dotato di spaziose zone comuni . Perfetto per una vacanza a tutto relax.

Jesolopalace cam, rist, VISA

via Airone 1/3 – ✆ 04 21 96 10 13 – www.jesolopalace.it – info@jesolopalace.it – 8 maggio-25 settembre

34 cam – ††140/170 € – 25 suites – ††202/408 € – ½ P 89/95 €

Rist – *(chiuso a mezzogiorno) (solo per alloggiati)* Menu 30/50 €

◆ Struttura di taglio contemporaneo dall'attenta gestione familiare, dove la maggior parte delle camere dispone di una terrazza affacciata sul mare;ambienti moderni ed originale veranda con giochi d'acqua.

Viña del Mar rist, VISA

via Oriente 58 – ✆ 04 21 96 11 82 – www.vinadelmar.it – info@vinadelmar.it – maggio-settembre

48 cam – †80/119 € ††140/196 € – ½ P 95/104 €

Rist – Menu 30/40 €

◆ Fresche e luminose, le camere sono arredate in bianco con sfumature sull'azzurro e il rosso; decorati con originalità gli spazi comuni: perfetto per una piacevole vacanza con i bambini! Dalla cucina i prodotti di stagione, carne e pesce; nella piccola taverna-enoteca è possibile degustare salumi e formaggi.

Bauer cam, VISA

via Bucintoro 6 – ✆ 04 21 96 13 33 – www.hotelbauer.it – info@hotelbauer.it – maggio-settembre

42 cam – †80/95 € ††148/175 € – 6 suites – ½ P 108 €

Rist – *(solo per alloggiati)*

◆ Una sobria struttura in mattoni e una grande villetta costituiscono la risorsa familiare situata fronte mare e avvolta da un fresco giardino. Gradevoli gli interni di taglio moderno.

Ai Pescatori VISA

via Oriente 174 – ✆ 04 21 98 00 21 – www.alladarsena.com – info@alladarsena.com – chiuso novembre, martedì sera, mercoledì a mezzogiorno escluso dal 15 maggio al 15 settembre

Rist – Carta 34/55 €

◆ Piatti di pesce e di carne presentati in elaborazioni semplici ed efficaci in questa trattoria familiare. Servizio estivo in veranda, in posizione dominante sul Piave e la sua foce.

a Cortellazzo **Est: 7 km – ✉ 30016**

XX **Da Milena**

via Massaua 59 – ✆ 04 21 98 02 24 – nesto.m.@aliceposta.it – marzo-novembre
Rist – *(chiuso martedì escluso dal 15 giugno al 15 settembre)* Carta 39/57 €
Rist *Downfloor* – Carta 24/35 €
♦ In un ristorante dall'aura signorile e moderna, bella vista sulla foce del Piave, nonché curate proposte prevalentemente di mare. Al piano inferiore: bar con cucina e piatti piu tradizionali.

LIDO DI LATINA – **Latina** – **563** R20 – **Vedere Latina**

LIDO DI METAPONTO – **Matera (MT)** – **564** F32 – ✉ **75012** **4** D2

Roma 471 – Bari 102 – Matera 48 – Potenza 112

Metaponto contrada Pizziche 9, Ovest: 2,5 km, ✆ 0835 74 89 16

Sacco

piazzale Lido 1 – ✆ 08 35 74 19 55 – www.hotelsacco.com – info@hotelsacco.com – maggio-settembre
75 cam – †50/60 € ††90/110 € – ½ P 60/90 € **Rist** – Carta 20/33 €
♦ A pochi metri dal mare, in una zona abbastanza tranquilla, un hotel completamente ristrutturato adatto soprattutto per trascorrere serene vacanze in famiglia. Camere curate. Grande sala ristorante con ampia scelta di piatti.

LIDO DI NOTO – **Siracusa** – **365** AZ62 – **Vedere Noto**

LIDO DI OSTIA – **Roma (RM)** – **563** Q18 Italia **12** B2

Roma 36 – Anzio 45 – Civitavecchia 69 – Frosinone 108

Scavi★★ di Ostia Antica Nord : 4 km

XX **Il Tino**

via dei Lucilii 19 ✉ 00122 – ✆ 0 65 62 27 78 – www.ristoranteiltino.com – info@ristoranteiltino.com – chiuso dal 2 al 15 gennaio, dal 5 al 25 agosto, lunedì e martedì
Rist – *(chiuso a mezzogiorno escluso domenica dal 15 settembre al 15 maggio)* Carta 42/56 €
♦ Un locale intimo ed accogliente dove tre giovani soci-amici sorprendono con un'estrosa e creativa cucina di mare. Presentazioni curate ed abbinamenti originali.

LIDO DI PORTONUOVO – **Foggia** – **564** B30 – **Vedere Vieste**

LIDO DI SAVIO – **Ravenna (RA)** – **562** J19 **9** D2

Roma 385 – Ravenna 20 – Bologna 98 – Forlì 32

(giugno-settembre) viale Romagna 244/a ✆ 0544 949063, iatlidodisavio@ravennareservation.it

Strand Hotel Colorado rist,

viale Romagna 201 ✉ 48125 – ✆ 05 44 94 90 02 – www.strandhotelcolorado.com – info@strandhotelcolorado.com – Pasqua-settembre
44 cam – †80 € ††140 € – ½ P 96/106 €
Rist – *(solo per alloggiati)* Menu 25/30 €
♦ Una hall moderna e spaziosa introduce in questa risorsa che dispone di ambienti luminosi e confortevoli dall'arredo moderno (soprattutto nelle camerall'ultimo piano) e di un'invitante piscina.

Asiago Beach cam, cam,

viale Romagna 217 ✉ 48125 – ✆ 05 44 94 91 87 – www.hotelasiago.it – hotelasiago@libero.it – aprile-settembre
50 cam – †40/50 € ††70/90 € – ½ P 56/68 € **Rist** – Menu 18/20 €
♦ Gestione familiare per questa struttura, ideale per una vacanza con i bambini: spazi ampi ed accoglienti direttamente sulla spiaggia e, all'esterno, piscina e campi da gioco. Nella sobria sala ristorante, la cucina mediterranea e vista sul mare.

LIDO DI SOTTOMARINA – **Venezia** – **Vedere Chioggia**

LIDO DI SPINA – **Ferrara** – **562** I18 – **Vedere Comacchio**

LIDO DI SPISONE – Messina – Vedere Taormina

LIDO DI TARQUINIA – Viterbo – 563 P17 – Vedere Tarquinia

LIDO DI VENEZIA – Venezia – Vedere Venezia

LIDO RICCIO – Chieti – 563 O25 – Vedere Ortona

LIERNA – Lecco (LC) – 561 E9 – 2 186 ab. – alt. 202 m – ✉ 23827 16 B2

Roma 636 – Como 45 – Bergamo 49 – Lecco 16

XXX **La Breva**

via Roma 24 – ☎ 03 41 74 14 90 – www.ristorantelabreva.it – info@ristorantelabreva.it – chiuso gennaio, lunedì sera e martedì escluso da giugno a settembre

Rist – Carta 35/55 €

◆ Prende il nome da una brezza foriera di bel tempo, questo accogliente salotto a conduzione familiare con un'appendice anche estiva per banchetti. Squisita cucina a base di pesce.

LIGNANO SABBIADORO – Udine (UD) – 562 E21 – 6 743 ab. 11 C3
– ✉ 33054 Italia

Roma 619 – Udine 61 – Milano 358 – Treviso 95

via Latisana 42 ☎ 0431 71821, info.lignano@turismo.fvg.it, Fax 0431 724756

18 via della Bonifica 3, ☎ 0431 42 80 25

Spiaggia★★★

Italia Palace rist,

viale Italia 7 – ☎ 0 43 17 11 85 – www.hotelitaliapalace.it – info@hotelitaliapalace.it – 15 aprile-9 ottobre

53 cam – †137 € ††210 € – 9 suites – ½ P 115 € **Rist** – Carta 27/35 €

◆ Sembra ancora di sentire il fruscio delle crinoline o il profumo di cipria, in questo storico albergo della Belle Epoque ritornato al suo antico splendore, grazie ad una sapiente ristrutturazione. E lo *charme* non risparmia le camere: generose per dimensioni, eleganti negli arredi.

Green Village cam,

Via Casa Bianca, 4 – ☎ 04 31 42 37 14 – www.greenresort.eu – greenresort@etgroup.info – 14 aprile-6 novembre

15 cam – †61/135 € ††90/188 € – 82 suites – ††142/276 €

Rist – Carta 38/60 €

◆ Il nome è promettente: un verde villaggio, o meglio, un resort abbracciato da un lussureggiante parco, dove non manca un attrezzatissimo centro benessere. Se nelle camere i confort si fanno ipermoderni, fibre e materiali naturali rivendicano anch'essi un loro posto.

Florida cam, rist,

via dell'Arenile 22 – ☎ 04 31 72 01 01 – www.hotelflorida.net – mail@hotelflorida.net – aprile-ottobre

79 cam – †82/128 € ††130/260 € – ½ P 78/143 €

Rist – *(solo per alloggiati)* Carta 20/30 €

◆ In posizione leggermente arretrata rispetto al lungomare, albergo formato da due corpi adiacenti: spazi interni in stile recente, camere sobrie e razionali.

Bellavista rist,

lungomare Trieste 70 – ☎ 0 43 17 13 13 – www.bellavistalignano.it – info@bellavistalignano.it – aprile-ottobre

45 cam – †105/129 € ††160/178 € – 4 suites – ½ P 95/104 €

Rist – *(maggio-ottobre)* Carta 34/43 €

◆ Le tonalità del blu e del giallo dominano ogni ambiente di questo hotel situato direttamente sul lungomare. Terrazza solarium e camere di tono leggermente moderno, tutte vista mare. Pareti color pastello, ampie vetrate, colonne a specchio nella spaziosa sala ristorante. D'estate, servizio all'aperto.

Atlantic

lungomare Trieste 160 – ☎ 0 43 17 11 01 – www.hotelatlantic.it – info@hotelatlantic.it – maggio-18 settembre

61 cam – †95/150 € ††180/210 € – ½ P 108/110 €

Rist – *(solo per alloggiati)* Menu 36/40 €

♦ Cordiale e premurosa gestione in un albergo classico di fronte alla celebre e rinomata spiaggia, visibile dalla maggior parte delle accoglienti camere: ideale per una vacanza a tutto mare!

Bidin

viale Europa 1 – ☎ 0 43 17 19 88 – www.ristorantebidin.com – info@ristorantebidin.com – 15 aprile-15 settembre; chiuso mercoledì a mezzogiorno

Rist – Carta 36/52 €

♦ Nella bella stagione, la carta spazia dai piatti di pesce alla tradizione friulana, passando per una cucina che esplora le tendenze del momento, in una sala elegante e di grande effetto. Da ottobre ad aprile: le proposte si fanno più semplici e veloci, ad accogliervi l'ambiente informale dell'enoteca.

Al Bancut

viale dei Platani 63 – ☎ 0 43 17 19 26 – www.albancut.it – info@albancut.it – chiuso 2 settimane in novembre e lunedì in bassa stagione

Rist – Carta 32/50 €

♦ Arredato sullo stile degli yacht-club di prestigio, questo raffinato ristorante vi sorprenderà con gustose ricette ittiche e saporiti piatti di carne: antipasti di pesce crudo, tagliolini con noci di mare, tartare di vitello con pinoli tostati… da far venire l'acquolina in bocca al solo pensiero!

a Lignano Pineta **Sud-Ovest : 5 km – ✉ 33054**

i (maggio-settembre) via dei Pini 53 ☎ 0431 422169, info.lignanopineta@turismo.fvg.it, Fax 0431 422616

Greif

arco del Grecale 25 – ☎ 04 31 42 22 61 – www.greifhotel.it – info@greifhotel.it – chiuso dal 20 dicembre a febbraio

88 cam – †170/380 € ††240/420 € – 4 suites – ½ P 145/210 €

Rist – *(aprile-ottobre)* Menu 50/80 €

♦ La rigogliosa pineta costodisce non solo una piscina riscaldata ma anche un grande complesso alberghiero dai raffinati interni, pensato per un soggiorno di completo relax. Spazioso e raffinato il ristorante, illuminato da ampie vetrate che si aprono sul verde.

Park Hotel

viale delle Palme 41 – ☎ 04 31 42 23 80 – www.parkhotel-lignano.com – info@parkhotel-lignano.com – maggio-20 settembre

41 cam – †75/115 € ††114/170 € – ½ P 100 € **Rist** – Menu 30 €

♦ Albergo d'ispirazione moderna dal design essenziale, dispone di ambienti essenziali e luminosi; forse un po' decentrato rispetto al centro della località, poco distante dal mare.

Medusa Splendid

raggio dello Scirocco 33 – ☎ 04 31 42 22 11 – www.hotelmedusa.it – info@hotelmedusa.it – 20 maggio-8 settembre

56 cam – †70/110 € ††110/170 €, 13 € – ½ P 72/90 € **Rist** – Menu 30 €

♦ Verde e blu si ripetono ritmicamente in questo hotel di grandi dimensioni, dai corridoi alle ampie e confortevoli camere, fino al mare distante solo poche centinaia di metri. Fresca e piacevole sala ristorante semicircolare, con vetrate che guardano verso il giardino e la piscina.

Erica

arco del Grecale 21/23 – ☎ 04 31 42 21 23 – www.ericahotel.it – info@ericahotel.it – maggio-20 settembre

40 cam – †65/93 € ††85/144 € – ½ P 63/86 €

Rist – *(solo per alloggiati)* Menu 22/28 €

♦ All'interno, camere sobrie e confortevoli arredate in modo essenziale; all'esterno un piccolo giardino con qualche attrezzatura per i bambini e un nuovo parcheggio coperto. Ampia la sala ristorante, dalle caratteristiche sedie in bambu, dove troverete una fresca rilassante atmosfera.

Bella Venezia rist,

arco del Grecale 18/a – ☎ 04 31 42 21 84 – www.bellaveneziamare.it – info@bellaveneziamare.it – 15 maggio-15 settembre

50 cam – 60/90 € 98/150 € – ½ P 74/84 €

Rist – *(solo per alloggiati)* Menu 22 €

♦ A breve distanza tanto dal centro quanto dalla spiaggia, l'hotel è gestito da due giovani fratelli. Piacevole lo spazio destinato alla piscina, con vasca idromassaggio. Cucina mediterranea e buffet di verdure fresche a pranzo e a cena in una sala di sobria modernità.

a Lignano Riviera Sud-Ovest : 7 km – ✉ 33054 Lignano Sabbiadoro

Arizona cam, rist,

calle Prassitele 2 – ☎ 04 31 42 85 28 – www.hotel-arizona.it – info@hotel-arizona.it – 6 maggio-19 settembre

42 cam – 66/86 € 110/150 €, 8 € – ½ P 70/90 €

Rist – *(solo per alloggiati)* Menu 21 €

♦ Accoglienza familiare e dinamica per un soggiorno di relax. All'ingresso, qualche arredo etnico in legno intrecciato e un design dalle linee moderne. Il mare poco distante.

Smeraldo

viale della Musica 4 – ☎ 04 31 42 87 81 – www.hotelsmeraldo.net – info@hotelsmeraldo.net – 10 maggio-15 settembre

64 cam – 53/90 € 88/176 € – 4 suites – ½ P 68/90 €

Rist – Menu 25/30 €

♦ Camere fresche e luminose, vivacizzate dai colorati pannelli alle pareti, un nuovo piccolo centro benessere e la piacevole atmosfera da vacanze tra sole e mare. Conduzione familiare.

LIMANA – Belluno (BL) – **562** D18 – **4 929 ab.** – **alt. 319 m** – ✉ **32020** **36** C2

Roma 614 – Belluno 12 – Padova 117 – Trento 101

via Roma 90 ☎ 0437 966120 comune.limana@infodolomiti.it Fax 0437 966166

Piol cam,

via Roma 116/118 – ☎ 04 37 96 74 71 – www.piol.bl.it – piol@dolomiti.it

23 cam – 50/60 € 75/80 €, 5 € – ½ P 60 €

Rist – *(chiuso dal 2 al 6 gennaio)* Menu 20/25 €

♦ Gestione familiare e ambiente semplice in una struttura lineare ubicata in centro paese; funzionali camere in stile essenziale, con rivestimenti in perlinato. Caratteristica la sala da pranzo con pareti e soffitto ricoperti di legno dove ritrovare i piatti d'un tempo, ricchi di genuinità.

LIMITO – Milano – **561** F9 – **Vedere Pioltello**

LIMONE PIEMONTE – Cuneo (CN) – **561** J4 – **1 531 ab.** – **alt. 1 009 m** **22** B3 – **Sport invernali : 1 010/2 050 m** 1 14, – ✉ **12015** Italia Centro Nord

Roma 670 – Cuneo 28 – Milano 243 – Nice 97

via Roma 32 ☎ 0171 925281, iat@limonepiemonte.it, Fax 0171 925289

frazione San Bernardo Tetto Paris 9, ☎ 0171 92 91 66

Grand Palais Excelsior cam,

largo Roma 9 – ☎ 01 71 92 90 02 – www.grandexcelsior.com – info@grandexcelsior.com – chiuso dal 2 al 29 maggio, ottobre e novembre

10 cam – 120/180 €, 12 € – 18 suites – 160/240 € – ½ P 100/150 €

Rist *Il San Pietro* – ☎ 01 71 92 90 74 *(chiuso dal 2 al 31 maggio, dal 2 al 30 novembre e mercoledì escluso da dicembre ad aprile e dal 15 giugno a settembre)* Carta 33/49 €

♦ Tipiche decorazioni a graticcio sulle pareti esterne e all'interno raffinati ambienti di moderna concezione in un albergo provvisto di dépendance con appartamenti ad uso residence. Attrezzato centro *wellness*. Al San Pietro: un grande camino e il parquet riscaldano l'atmosfera, mentre la cucina celebra i sapori locali.

LIMONE SUL GARDA – Brescia (BS) – 561 E14 – 1 125 ab. – alt. 65 m 17 C2 – ✉ 25010 Italia Centro Nord

Roma 586 – Trento 54 – Brescia 65 – Milano 160

≤★★★ dalla strada panoramica★★ dell'altipiano di Tremosine per Tignale

Park Hotel Imperial

via Tamas 10/b – ☎ 03 65 95 45 91
– www.parkhotelimperial.com – info@parkhotelimperial.com – chiuso dicembre

63 cam – †139/202 € ††188/256 € **Rist** – Carta 42/69 €

♦ Hotel di forma semicircolare, raccolto intorno a un piacevole giardino con piscina; raffinati interni in stile moderno, attrezzato centro benessere di medicina orientale. Soffitto con decorazioni a ventaglio nella sala da pranzo di sobria eleganza.

LINGUAGLOSSA – Catania (CT) – 365 AZ56 – 5 507 ab. – alt. 550 m 40 D2 – ✉ 95015

Palermo 254 – Catania 64 – Messina 71 – Enna 131

Il Nido dell'Etna

via Matteotti – ☎ 0 95 64 34 04 – www.ilnidodelletna.it – info@ilnidodelletna.it
– chiuso novembre

18 cam – †80/90 € ††100/140 € – ½ P 70/95 €

Rist – *(chiuso a mezzogiorno escluso i giorni festivi)* Carta 27/42 €

♦ Alle pendici dell'Etna, albergo a gestione familiare, ma sorprendentemente moderno con arredi geometrici ed essenziali: per chi predilige la funzionalità.

LIPARI (Isola) – Messina – 365 AY53 – Vedere Eolie (Isole)

LISANZA – Varese – Vedere Sesto Calende

LIVIGNO – Sondrio (SO) – 561 C12 – 5 794 ab. – alt. 1 816 m – Sport 16 B1 invernali : 1 816/2 900 m 3 29, – ✉ 23030

Roma 801 – Sondrio 74 – Bormio 38 – Milano 240

via Saroch 1098 ☎ 0342 052200, info@livigno.eu, Fax 0342 052229
via Dala Gesa 0342 052200, info@livigno.eu, Fax 0342 052229
via Li Pont 0342 052200, info@livigno.eu, Fax 0342 052229

Lac Salin Spa & Mountain Resort

via Saroch 496\d rist,
– ☎ 03 42 99 61 66 – www.lungolivigno.com – lacsalin@lungolivigno.com
– chiuso maggio e dal 4 al 30 novembre

58 cam – †99/299 € ††189/309 € – 7 suites – ½ P 135/195 €

Rist – Carta 40/55 €

Rist *Milio Restaurant* – *(chiuso a mezzogiorno)* Carta 52/94 €

♦ Hotel dal design minimalista, in armonia con l'atmosfera montana. Originali le feeling room: sette camere ispirate ai chakra (punti energetici del corpo, secondo la filosofia orientale) ed arredate in base ai principi del feng-shui. Ottimo confort anche nelle camere più classiche. Raffinata cucina valtellinese al Milio.

Baita Montana

rist,

via Mont da la Nef 87 – ☎ 03 42 99 06 11 – www.hotelbaitamontana.com
– direzione@hotelbaitamontana.com – chiuso novembre

44 cam – †75/165 € ††127/270 € – 5 suites – ½ P 75/165 €

Rist – *(chiuso lunedì da settembre ad ottobre)* Carta 28/48 €

♦ Valida gestione in un hotel completamente rinnovato, con bella vista su paese e montagne; spazi comuni sui toni chiari del legno, luminose e recenti camere con balcone. Ampia sala da pranzo di tono elegante con arredi in legno e un'intera parete di vetro.

Posta

rist,

plaza dal Comun 67 – ☎ 03 42 99 60 76 – www.hposta.it – info@hposta.it
– 2 dicembre-1° maggio e giugno-15 settembre

29 cam – †85/165 € ††110/270 € – ½ P 110/130 € **Rist** – Menu 25/35 €

♦ Nel cuore del paese, vicino ai campi da sci, un esercizio ristrutturato da poco, dall'ambiente essenziale e funzionale, ideale per gli amanti degli sport invernali. Calda atmosfera nella sala da pranzo.

Bivio cam, (P) VISA AE

via Plan 422/a – ☎ 03 42 99 61 37 – www.hotelbivio.it – info@hotelbivio.it

30 cam – †55/139 € ††90/286 € – ½ P 65/183 € **Rist** – Carta 33/60 €

◆ In pieno centro storico, hotel a conduzione diretta dagli interni piacevoli e accoglienti, con pareti rivestite in perlinato; gradevoli camere in moderno stile montano.

Concordia rist, P VISA AE

via Plan 114 – ☎ 03 42 99 02 00 – www.lungolivigno.com – concordia@lungolivigno.com

24 cam – †100/250 € ††120/320 € – 5 suites – ½ P 90/190 €

Rist – Carta 22/42 €

◆ Nel cuore della località, albergo di recente ristrutturazione, con interni curati dove il legno, lavorato o decorato, è l'elemento essenziale; confort di alto livello. Divanetti a parete e atmosfera distinta nell'ampia sala da pranzo.

Palù (P) VISA AE

via Ostaria 313 – ☎ 03 42 99 62 32 – www.paluhotel.it – hpalu@livnet.it – chiuso maggio e novembre

33 cam – †45/97 € ††66/160 € – ½ P 50/150 € **Rist** – Carta 25/42 €

◆ Camere ampie e luminose con arredi in pino e abete, bagni di grandi dimensioni e spazi comuni accoglienti caratterizzano questa risorsa ubicata accanto alle piste da sci. Luminosa sala ristorante con vetrate su impianti e discese.

Francesin senza rist (P) VISA AE

via Ostaria 442 – ☎ 03 42 97 03 20 – www.francesin.it – info@francesin.it

14 cam – †38/60 € ††76/120 €

◆ Accoglienza e servizio familiari in un piccolo albergo, che dispone di comode camere ed attrezzato centro fitness con palestra. In sintesi, l'indirizzo ideale per gli sportivi.

Sonne senza rist (P) VISA AE

via Plan 151/c – ☎ 03 42 99 64 33 – www.hotelsonne.net – info@hotelsonne.net – chiuso dal 5 al 26 novembre e dal 2 al 27 maggio

16 cam – †65/140 € ††130/260 €

◆ In centro, questa risorsa totalmente rinnovata è un fulgido esempio di armonia tra pietra e legno, linee tradizionali e spunti di design. Le camere si differenziano per tipologia e dimesioni. Piacevole centro benessere.

XX **Camana Veglia** con cam cam, (P) VISA

via Ostaria 583 – ☎ 03 42 99 63 10 – www.camanaveglia.com – info@camanaveglia.com – dicembre-aprile e luglio-settembre

14 cam – †40/90 € ††70/160 € – 1 suite – ½ P 50/160 €

Rist – Carta 29/58 €

◆ Caratteristici interni in legno e ricercatezza nei particolari, in un locale tipico con camere "a tema" di recente ristrutturazione; proposte di cucina valtellinese.

XX **Chalet Mattias** (Mattias Peri) con cam rist, (P) VISA AE

via Canton 124 – ☎ 03 42 99 77 94 – www.chaletmattias.com – info@chaletmattias.com – chiuso martedì e mercoledì a mezzogiorno escluso da Natale a Pasqua e agosto

5 cam – †60/80 € ††100/160 € **Rist** – Carta 52/62 €

Spec. Salsiccia d'agnello battuta al coltello con croccante di pane e caprino morbido. Ravioli di segale ripieni di polenta concia con funghi porcini e scaglie di grano grosino. Filetto di torello alla cenere con tortino di patate.

◆ Ristorante ospitato da un piccolo chalet nel quale trovano posto anche cinque belle camere. Gestito da una giovane coppia che propone una cucina del territorio rivisitata.

X **Alba-da Roby** con cam rist, (P) VISA

via Saroch 948 – ☎ 03 42 97 02 30 – www.albahotel.com – info@albahotel.com – chiuso maggio e dal 15 ottobre al 30 novembre

18 cam – †55/110 € ††80/150 € – ½ P 50/130 €

Rist – (prenotazione obbligatoria) Carta 26/43 €

◆ Indirizzo interessante sia per la piacevole sala sia per la gustosa cucina del territorio, rivisitata e sapientemente alleggerita.

LIVORNO P (LI) – **563** L12 – **161 095 ab.** Toscana **28** B2

Roma 321 – Pisa 24 – Firenze 85 – Milano 294

per Golfo Aranci e Bastia – Sardinia Ferries, call center 199400500

piazza del Municipio ✉ 57123 ✆ 0586 204611, apt7livorno@costadeglietruschi.it, Fax 0586 896173

I Quattro Mori★ AY**A**

Pianta pagina seguente

NH Grand Hotel Palazzo

viale Italia 195 ✉ 57127 – ✆ 05 86 26 08 36 – www.nh-hotels.it – nhgrandhotelpalazzo@nh-hotels.com AZ**a**

122 cam – ♦120/260 € ♦♦140/300 € – 1 suite – ½ P 110/215 €

Rist – Carta 55/75 €

♦ E' in questo edificio storico di fine '800 - affacciato sul mare - che Guglielmo Marconi effettuò i suoi primi esperimenti sul telegrafo. L'attrezzato centro congressi, il ristorante roof garden e l'area benessere completano la gamma di servizi dell'hotel: albergo rinato a nuova vita dopo un'accurata ristrutturazione.

Al Teatro senza rist

via Mayer 42 ✉ 57125 – ✆ 05 86 89 87 05 – www.hotelalteatro.it – info@hotelalteatro.com – chiuso dal 24 dicembre al 6 gennaio AY**a**

8 cam – ♦75/95 € ♦♦110/120 €, 8 €

♦ Piccolo e signorile albergo a conduzione diretta, dove spiccano gli arredi d'antiquariato, oltre ad una secolare magnolia nel curato giardino interno. A due passi, il teatro.

Gran Duca

piazza Giuseppe Micheli 16 ✉ 57123 – ✆ 05 86 89 10 24 – www.granduca.it – granduca@granduca.it AY**b**

62 cam – ♦80/105 € ♦♦100/190 € – ½ P 80/125 €

Rist – *(chiuso dal 27 dicembre al 5 gennaio)* Carta 45/64 €

♦ Albergo ubicato nel tipico ambiente del Bastione Mediceo: spaziosa hall e camere eterogenee negli arredi, ma parimenti confortevoli. Di fronte al mare, con vista sulla darsena, ristorante con sale ben arredate.

Osteria del Mare

borgo dei Cappuccini 5 ✉ 57126 – ✆ 05 86 88 10 27 – chiuso dal 30 agosto al 20 settembre, giovedì AY**f**

Rist – Carta 22/41 €

♦ In due piccole sale rustiche, un'atmosfera da taverna marinara con legno, timoni, gagliardetti e stemmi legati alla navigazione. Pur essendoci un menu scritto, lasciatevi consigliare dal cuoco che - in base alla stagione e alla disponibilità del pescato - saprà consigliarvi i migliori piatti che profumano di mare.

a Montenero Sud : 10 km – ✉ 57128

La Vedetta cam, rist,

via della Lecceta 5 – ✆ 05 86 57 99 57 – www.hotellavedetta.it – info@hotellavedetta.it

31 cam – ♦60/80 € ♦♦80/120 € – ½ P 56/76 €

Rist – *(maggio-settembre) (chiuso a mezzogiorno) (solo per alloggiati)* Menu 18/25 €

♦ Nei pressi del santuario, ambienti curati in un'imponente villa del '700 che ospitò personaggi illustri e che deve il proprio nome alla splendida vista su mare e costa. All'interno: pavimento in cotto negli ariosi spazi comuni, camere ampie e ben tenute.

ad Ardenza per ③ : 4 km – ✉ 57128 Ardenza

Ciglieri

via Ravizza 43 – ✆ 05 86 50 81 94 – www.ristoranteciglieri.it – ciglieri@tin.it – chiuso mercoledì

Rist – (prenotazione obbligatoria) Carta 58/96 €

♦ Piatti ricchi di fantasia sia di pesce sia di carne in un ambiente elegante e raffinato; servizio curato direttamente dal titolare.

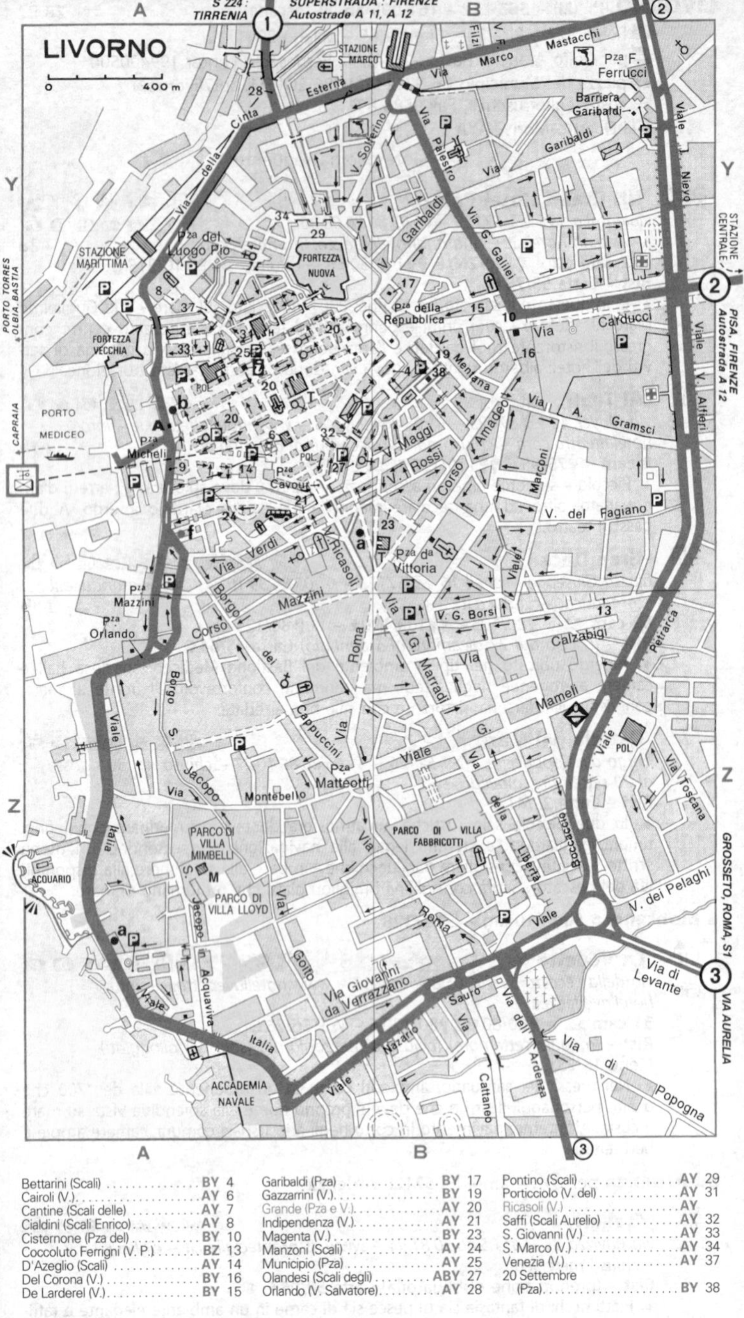

Bettarini (Scali) . . . . BY 4
Cairoli (V.) . . . . AY 6
Cantine (Scali delle) . . . . AY 7
Cialdini (Scali Enrico) . . . . AY 8
Cisternone (Pza del) . . . . BY 10
Coccoluto Ferrigni (V. P.) . . . . BZ 13
D'Azeglio (Scali) . . . . AY 14
Del Corona (V.) . . . . BY 16
De Larderel (V.) . . . . BY 15
Garibaldi (Pza) . . . . BY 17
Gazzarrini (V.) . . . . BY 19
Grande (Pza e V.) . . . . AY 20
Indipendenza (V.) . . . . AY 21
Magenta (V.) . . . . BY 23
Manzoni (Scali) . . . . AY 24
Municipio (Pza) . . . . AY 25
Olandesi (Scali degli) . . . . ABY 27
Orlando (V. Salvatore) . . . . AY 28
Pontino (Scali) . . . . AY 29
Porticciolo (V. del) . . . . AY 31
Ricasoli (V.) . . . . AY
Saffi (Scali Aurelio) . . . . AY 32
S. Giovanni (V.) . . . . AY 33
S. Marco (V.) . . . . AY 34
Venezia (V.) . . . . AY 37
20 Settembre (Pza) . . . . BY 38

Oscar
via Franchini 78 – ✆ 05 86 50 12 58 – www.ristoranteoscar.it – chiuso dal 1° al 23 gennaio e lunedì
Rist – Carta 35/63 €
♦ Sobrio ristorante gestito da tre fratelli, dove protagonista indiscusso è il pesce: freschissimo e di ottima qualità!

LIVORNO FERRARIS – **Vercelli (VC)** – **561** G6 – **4 538 ab.** – **alt. 188 m** – ✉ **13046** **23** C2

Roma 673 – Torino 41 – Milano 104 – Vercelli 42

a Castell'Apertole **Sud-Est : 10 km : – ✉ 13046 Livorno Ferraris**

Balin
– ✆ 0 16 14 71 21 – www.balinrist.it – balin@balinrist.it – chiuso domenica sera e lunedì
Rist – Carta 26/46 €
♦ In un'antica cascina, due ambienti in stile rustico-elegante separati da un grande camino e cucina legata alle tradizioni piemontesi. Carne di bufalo e di manzo alla griglia nella saletta "Buffalo Ball", dove sorseggiare diversi tipi di birra.

LIZZANO IN BELVEDERE – **Bologna (BO)** – **562** J14 – **2 406 ab.** – **alt. 640 m** – **Sport invernali : a Corno alle Scale : 1 358/1 945 m 6,** – ✉ **40042** **8** B2

Roma 361 – Bologna 68 – Firenze 87 – Lucca 93
piazza Marconi 6 ✆ 0534 51052, iat.lizzano@comune.lizzano.bo.it Fax 0534 51052

a Vidiciatico **Nord-Ovest : 4 km – alt. 810 m – ✉ 40042**

via Marconi 31 ✆ 0534 53159, iat.vidiciatico@comune.lizzano.bo.it Fax 0534 53159

Montegrande
via Marconi 27 – ✆ 0 53 45 32 10 – www.montegrande.it – info@montegrande.it – chiuso dal 15 aprile al 15 maggio e dal 15 ottobre al 30 novembre
14 cam – ††60/70 €, ☕ 7 € – ½ P 55 € **Rist** – Carta 20/30 €
♦ Ideale per una vacanza semplice e tranquilla, un albergo dall'atmosfera familiare a gestione pluriennale; spazi non ampi, ma curati e accoglienti, camere dignitose. Piacevole sala ristorante con camino; piatti del territorio, con funghi e tartufi in stagione.

a Rocca Corneta **Nord-Ovest : 8 km – alt. 631 m – ✉ 40047**

Corsini Antica Trattoria
via Statale 36 – ✆ 0 53 45 31 04 – www.hotelcorsini.com – info@hotelcorsini.com – chiuso dal 7 gennaio al 7 febbraio, dal 29 marzo all'8 aprile e dal 10 settembre al 10 ottobre
12 cam ☕ – †50/60 € ††60/70 € – ½ P 45/50 €
Rist – *(chiuso martedì escluso luglio e agosto)* Carta 21/35 €
♦ Bella veduta sugli Appennini da questo piccolo alberghetto gestito da una solida e dinamica conduzione diretta. Ambiente alla buona, anche nelle camere. Cucina locale con un buon rapporto qualità/prezzo, sala panoramica.

LOANO – **Savona (SV)** – **561** J6 – **11 774 ab.** – ✉ **17025** Italia **14** B2

Roma 578 – Imperia 43 – Genova 79 – Milano 202
corso Europa 19 ✆ 019 676007, loano@inforiviera.it, Fax 019 676818

Grand Hotel Garden Lido rist, rist,
lungomare Nazario Sauro 9 – 0 19 66 96 66 – www.gardenlido.com – info@gardenlido.com – chiuso dal 10 ottobre al 26 dicembre
67 cam – 85/130 € 120/250 € – 3 suites – ½ P 120/145 €
Rist – Carta 46/61 €
◆ Albergo di fronte al porto turistico, in buona parte già ristrutturato negli ultimi anni, ma i progetti non sono ancora finiti! Gradevole giardino con piscina e belle camere di diverse tipologie. Quadri alle pareti e grandi finestre nella curata sala da pranzo.

Villa Mary
viale Tito Minniti 6 – 0 19 66 83 68 – www.panozzohotels.it – hvmary@tin.it – chiuso dal 2 ottobre al 23 dicembre
34 cam – 35/40 € 60/85 €, 8 €
Rist – *(chiuso martedì) (solo per alloggiati)* Carta 14/18 €
◆ Gestione cordiale e ambiente familiare in un albergo fuori dal centro con spazi comuni non grandi, ma abbelliti da tappeti e comode poltrone; camere funzionali. Pesce, cucina ligure e mediterranea nella semplice sala ristorante.

La Vecchia Trattoria
via Raimondi 3 – 0 19 66 71 62 – www.lavecchiatrattoria.eu – lavecc12@lavecchiatrattoria.191.it – chiuso dal 10 al 18 gennaio, dal 6 al 15 giugno, martedì
Rist – Carta 47/63 €
◆ In pieno centro, immersa tra i tipici carruggi, trattoria dall'attenta gestione al femminile, molto curata nei particolari. In menù numerose proposte di pesce.

LOCOROTONDO – Bari (BA) – 564 E33 – 14 167 ab. – alt. 410 m – 70010 Puglia — 27 C2

Roma 518 – Bari 70 – Brindisi 68 – Taranto 36

Centro storico★

Valle d'Itria★★ (strada per Martina Franca)

Sotto le Cummerse senza rist
via Vittorio Veneto 138 – 08 04 31 32 98 – www.sottolecummerse.it – info@sottolecummerse.it
10 cam – 60/79 € 82/138 € – 1 suite
◆ Un sistema simpatico per vivere il caratteristico centro storico della località: camere ed appartamenti seminati in vari punti, sempre piacevoli e dotati di ogni confort.

Centro Storico
via Eroi di Dogali 6 – 08 04 31 54 73 – www.ilcentrostorico.biz – info@ilcentrostorico.biz – chiuso mercoledì
Rist – Carta 22/31 €
◆ In pieno centro storico, cordiale accoglienza in una trattoria di tono semplice, ma dall'atmosfera piacevole. Proposte di casalinga cucina barese e piatti di ispirazione più classica.

LODI P (LO) – 561 G10 – 43 591 ab. – alt. 87 m – 26900 Italia Centro Nord — 16 B3

Roma 548 – Piacenza 38 – Bergamo 49 – Brescia 67

piazza Broletto 4 0371 409238, turismo@comune.lodi.it, Fax 0371 409444

Santuario dell'Incoronata★★ - Duomo★

Concorde Lodi Centro senza rist
piazzale Stazione 2 – 03 71 42 13 22 – www.hotel-concorde.it – lodi@hotel-concorde.it – chiuso 15 giorni in agosto
30 cam – 75/120 € 100/160 € – 2 suites
◆ In questa cittadina dal tipico carattere lombardo, un hotel centrale - situato proprio di fronte alla stazione ferroviaria - la cui attenta gestione apporta continue migliorie. Camere confortevoli nella loro semplicità.

Anelli senza rist

viale Vignati 7 – ✆ 03 71 42 13 54 – www.albergoanelli.com – albergo.anelli@fastwebnet.it – chiuso Natale e dal 7 al 23 agosto

29 cam – **†**75/90 € **††**95/130 €

◆ Conduzione diretta pluridecennale in questa comoda struttura - in prossimità del centro - che dispone di graziose camere funzionali con parquet.

La Quinta

viale Pavia 76 – ✆ 0 37 13 50 41 – www.laquintalodi.it – laquintasnc@tiscali.it – chiuso dal 2 al 9 gennaio, 3 settimane in agosto, domenica sera, lunedì

Rist – Menu 25 € (solo a mezzogiorno)/65 € – Carta 51/75 €

◆ Se volete gustare la vera cucina lodigiana, nonché ottime specialità di pesce, in un ambiente accogliente e raccolto, sospendete le ricerche: l'indirizzo giusto l'avete già trovato! Il savoir-faire e la competente gestione sono ulteriori motivi per cui fermarsi...

3 Gigli

piazza della Vittoria 47 – ✆ 03 71 42 14 04 – tregigli@libero.it – chiuso 3 settimane in agosto, domenica sera, lunedì

Rist – Carta 31/46 €

◆ Dalla scenografica piazza, un breve passaggio porta al ristorante. Qui l'intera famiglia è al servizio ma l'artefice è il giovane cuoco, cucina creativa di terra e di mare.

LODRONE – Trento – 562 E13 – Vedere Storo

LOIANO – Bologna (BO) – 562 J15 – 4 494 ab. – alt. 714 m – ✉ 40050 9 C2

Roma 359 – Bologna 36 – Firenze 85 – Milano 242

Molino del Pero via Molino del Pero 323, ✆ 051 67 70 50

Palazzo Loup

via Santa Margherita 21, località Scanello, Est: 3 km – ✆ 05 16 54 40 40 www.palazzo-loup.it – info@palazzo-loup.it – chiuso dal 23 dicembre al 10 gennaio

49 cam – **†**90/115 € **††**130/180 €

Rist – (consigliata la prenotazione) Carta 32/55 €

◆ Incredibile fusione di passato e presente, in una dimora di origine medievale immersa in uno splendido parco con piscina e vista sulle colline tosco-emiliane. Atmosfera raffinata nella sala da pranzo con camino, ricavata dalle antiche cantine della villa. Ampi spazi per cerimonie.

LONATE POZZOLO – Varese (VA) – 561 F8 – 12 025 ab. – alt. 205 m 18 A2 – ✉ 21015

Roma 636 – Milano 52 – Varese 36 – Torino 133

a Tornavento Ovest: 5 km – ✉ 21015

La Pecora Nera

via del Gregge 100/S – ✆ 03 31 30 17 30 – chiuso lunedì sera

Rist – Carta 25/35 €

◆ Nei pressi dell'aeroporto di Malpensa, al centro di una serie di costruzioni adibite ad uffici, la generosità delle porzioni è la prima piacevole sorpresa accomodandosi ai tavoli di questa moderna osteria. Seguono: l'accurata selezione degli ingredienti e il buon rapporto qualità/prezzo.

LONATO – Brescia (BS) – 561 F13 – 15 317 ab. – alt. 188 m – ✉ 25017 17 D1

Roma 530 – Brescia 23 – Mantova 50 – Milano 120

a Barcuzzi Nord : 3 km – ✉ 25080 Lonato

Da Oscar

via Barcuzzi 16 – ✆ 03 09 13 04 09 – www.daoscar.it – info@daoscar.it – chiuso dal 7 al 31 gennaio, lunedì, martedì a mezzogiorno

Rist – Carta 35/50 €

◆ Sulle colline che guardano il Lago di Garda, bel locale spazioso di tono raffinato, con incantevole servizio estivo sulla terrazza, da cui si gode uno splendido panorama.

LONGARE – Vicenza (VI) – 562 F16 – 5 589 ab. – alt. 29 m – ✉ 36023 37 B2

Roma 528 – Padova 28 – Milano 213 – Verona 60

Agriturismo Le Vescovane

cam,

via San Rocco 19, Ovest : 4 km – ✆ 04 44 27 35 70 – www.levescovane.com – info@levescovane.com

8 cam – 74/110 € – ½ P 55/75 €

Rist – *(chiuso lunedì e martedì da maggio a settembre, anche mercoledì negli altri mesi) (chiuso a mezzogiorno escluso sabato, domenica e festivi)* Carta 20/36 €

◆ Pochi chilometri fuori Vicenza per trovare, meglio se facendosi consigliare la strada dai proprietari, una torre di caccia cinquecentesca nel silenzio dei monti Berici. Sala ristorante con camino, servizio estivo in giardino.

a Costozza Sud-Ovest : 1 km – ✉ 36023 Longare

Aeolia

piazza Da Schio 1 – ✆ 04 44 55 50 36 – www.aeolia.com – aeolia@aeolia.com – chiuso dal 1° al 14 novembre e martedì

Rist – Menu 23/30 € – Carta 18/40 €

◆ Un'esperienza artistica ancor prima che gastronomica, dalla sala del 1568 con affreschi di Zelotti e Fasolo, ai chilometrici cunicoli che ospitano le cantine. Cucina veneta e specialità di carne.

LONGIANO – Forlì-Cesena (FC) – 562 J18 – 6 772 ab. – alt. 179 m – ✉ 47020 9 D2

Roma 350 – Rimini 28 – Forlì 32 – Ravenna 46

via Porta del Girone 2 ✆ 0547 665484 iat@comune.longiano.fc.it Fax 0547 665484

Dei Cantoni

via Santa Maria 19 – ✆ 05 47 66 58 99 – www.ristorantedeicantoni.it – ristorantedeicantoni@libero.it – chiuso dal 15 febbraio al 15 marzo e mercoledì

Rist – Carta 24/32 €

◆ All'ombra del castello malatestiano, due sale con mattoni a vista che ricordano il bel ciotttolato del centro ed una simpatica gestione dal servizio veloce ma cortese. Piacevole il servizio estivo in veranda.

LONIGO – Vicenza (VI) – 562 F16 – 15 901 ab. – alt. 31 m – ✉ 36045 35 B3

Roma 533 – Verona 33 – Ferrara 95 – Milano 186

piazza Garibaldi 1 ✆ 0444 830948 info@prolonigo.it Fax 0444 430385

La Peca (Nicola Portinari)

via Alberto Giovanelli 2 – ✆ 04 44 83 02 14 – www.lapeca.it – info@lapeca.it chiuso domenica sera, lunedì, da giugno ad agosto anche domenica a mezzogiorno

Rist – Carta 89/117 €

Spec. Anguilla al forno con salsa all'orientale, gelato ai piselli e zenzero, agretti e mela verde. Capelli d'angelo con essenza di pomodoro, ventresca di tonno sott'olio e origano fresco. Uovo cremoso al cioccolato bianco, piccole meringhe, fragole e zabaione.

◆ Verso la chiesa francescana di San Daniele, un bell'edificio dalle forme asciutte e moderne anticipa la luminosa essenzialità degli interni. Ospite del primo piano, una fantasiosa cucina di terra e di mare. Ottima cantina.

LOREGGIA – Padova (PD) – 562 F17 – 7 094 ab. – alt. 26 m – ✉ 35010 36 C2

Roma 504 – Padova 26 – Venezia 30 – Treviso 36

Locanda Aurilia con cam

rist,

via Aurelia 27 – ✆ 04 95 79 03 95 – www.locandaaurilia.com – info@locandaaurilia.com

16 cam – 40/50 € 70/90 € – ½ P 60/70 €

Rist – *(chiuso dal 1° al 6 gennaio e dal 1° al 17 agosto)* Carta 29/37 €

◆ La passione per la cucina e un forte legame per le tradizioni del territorio hanno scandito gli oltre cinquant'anni di attività della locanda. Recentemente rinnovata, continua a proporre gustosi piatti sia di terra sia di mare. Camere semplici e confortevoli.

LORETO – Ancona (AN) – 563 L22 – 12 285 ab. – alt. 127 m – ✉ 60025 21 D2

Italia Centro Nord

Roma 294 – Ancona 31 – Macerata 31 – Pesaro 90

via Solari 3 ✆ 071 970276, iat.loreto@regione.marche.it, Fax 071 970020

Santuario della Santa Casa★★ – Piazza della Madonna★ – Opere del Lotto★ nella pinacoteca **M**

XX **Andreina**

via Buffolareccia 14 – ✆ 0 71 97 01 24 – www.ristoranteandreina.it – info@ristoranteandreina.it – chiuso 2 settimane in giugno e martedì

Rist – Carta 37/59 €

♦ Un ambiente rustico che ospita tre sale ben arredate con tocchi di moderna eleganza, dove è possibile gustare una cucina locale rivisitata ma anche pietanze alla brace.

XX **Vecchia Fattoria** con cam

via Manzoni 19 – ✆ 0 71 97 89 76 – www.vecchiafattorialoreto.it – lavecchiafattoriasrl@virgilio.it

13 cam – 55 € 80 € – ½ P 70 € **Rist** – Carta 27/38 €

♦ Il nome non lascia dubbi sull'originaria vocazione del complesso, oggi un locale di tono classico dedicato alla ristorazione, che presenta piatti tradizionali che spaziano dal mare alla terra. La piccola risorsa ai piedi del colle Lauretano dispone anche di camere arredate con semplicità.

LORETO APRUTINO – Pescara (PE) – 563 O23 – 7 707 ab. – alt. 294 m – ✉ 65014 1 B1

Roma 226 – Pescara 24 – Teramo 77

piazza Garibaldi ✆ 085 8290213, iat.loretoaprutino@abruzzoturismo.it, Fax 085 8290213

Castello Chiola

cam, rist,

via degli Aquino 12 – ✆ 08 58 29 06 90 – www.castellochiolahotel.com – info@castellochiolahotel.com

32 cam – 60/180 € 69/210 € – 4 suites – ½ P 75/150 €

Rist – *(chiuso a mezzogiorno)* (prenotazione obbligatoria) Carta 27/39 €

♦ Si respira una romantica atmosfera nelle sale ricche di fascino di un'incantevole, antica residenza medioevale, nella parte panoramica della cittadina; camere raffinate. Elegante ristorante dove apprezzare la tradizionale cucina italiana.

XX **Carmine**

contrada Remartello 52, Est : 4,5 km – ✆ 08 58 20 85 53 – www.ristorantecarmine.it – ferrettikristian@ristorantecarmine.it – chiuso lunedì

Rist – *(chiuso a mezzogiorno escluso domenica)* Carta 28/42 €

♦ Gestione familiare di grande esperienza per un grazioso locale con veranda, dove gustare piatti di mare a base di ricette tradizionali abruzzesi.

LORO CIUFFENNA – Arezzo (AR) – 563 L16 – 5 874 ab. – alt. 330 m – ✉ 52024 29 C2

Roma 238 – Firenze 54 – Siena 63 – Arezzo 31

XX **Il Cipresso-da Cioni** con cam

cam,

via De Gasperi 28 – ✆ 05 59 17 20 67 – www.ilcipresso.it – gabriele@ilcipresso.it – chiuso dal 13 al 28 febbraio

23 cam – 35/45 € 60/70 € – ½ P 50/60 €

Rist – *(chiuso mercoledì sera e sabato a mezzogiorno)* Carta 28/35 €

♦ Piatti del territorio abbinati ad ottimi vini in un ristorante a gestione familiare traboccante di quadri e sculture realizzati dal titolare-artista con il recupero di vecchi oggetti (cassette della frutta, scatole, mattoni, etc.). Camere semplici in stile rustico.

LORO PICENO – Macerata (MC) – 563 M22 – 2 510 ab. – alt. 436 m – ✉ 62020 21 C2

Roma 248 – Ascoli Piceno 74 – Ancona 73 – Macerata 22

XX **Girarrosto**

via Ridolfi 4 – ✆ 07 33 50 91 19 – chiuso dal 15 al 31 luglio e mercoledì

Rist – Carta 25/36 €

◆ Nel centro storico di questo paese inerpicato su una collina, un locale dove gustare specialità alla brace servite nel caratteristico ambiente di una sala in mattoni.

LOTZORAI – **Ogliastra (OG)** – **366** S44 – **2 184 ab.** – **alt. 11 m** **38** B2
– ✉ **08040** Sardegna

Cagliari 137 – Nuoro 93

Isolotto dell'Ogliastra★

X **L'Isolotto**

via Dante – ✆ 07 82 66 94 31 – ristisolotto@libero.it – giugno-settembre; chiuso lunedì

Rist – Carta 20/38 € (+5 %)

◆ Portavoce delle specialità gastronomiche ogliastrine, basate su prodotti di terra e di mare, il ristorante propone una cucina caratterizzata da forti sapori mediterranei; ambiente rustico e fresca veranda estiva.

LOVENO – **Como** – **Vedere Menaggio**

LOVERE – **Bergamo (BG)** – **561** E12 – **5 500 ab.** – **alt. 208 m** – ✉ **24065** **19** D1
Italia Centro Nord

Roma 611 – Brescia 49 – Bergamo 41 – Edolo 57

piazza 13 Martiri ✆ 035 962178, iat.altosebino@tiscali.it, Fax 035 962525

Lago d'Iseo★

Pisogne★ : affreschi★ nella chiesa di Santa Maria della Neve Nord-Est : 7 km

Continental cam, rist,

viale Dante 3 – ✆ 0 35 98 35 85 – www.continentallovere.it – info@continentallovere.it

42 cam – 50/65 € 60/85 €, 5 € – ½ P 45/73 €

Rist – *(solo per alloggiati)* Menu 15/30 €

◆ Piccolo ma piacevole l'attrezzato centro benessere attivato negli ultimi anni. Situato in un piccolo centro commerciale, l'hotel guarda soprattutto ad una clientela d'affari.

Moderno rist,

piazza 13 Martiri 21 – ✆ 0 35 96 06 07 – www.albergomoderno.eu – info@albergomoderno.eu

25 cam – 65/75 € 80/85 €, 9 € – 1 suite – ½ P 70 €

Rist – *(chiuso lunedì escluso dal 15 maggio al 15 settembre)* Carta 31/56 € (+10 %)

◆ Davanti al lungolago, hotel storico recentemente ristrutturato, dalla piacevole facciata rosa che guarda la piazza centrale del paese; camere molto spaziose e funzionali. Al piano terra, un'accogliente sala da pranzo sobriamente arredata.

X **Mas**

via Gregorini 21 – ✆ 0 35 98 37 05 – masristoro@tiscali.it – chiuso dal 1° al 7 febbraio, dal 15 al 30 giugno e martedì

Rist – Carta 19/46 €

◆ Una giovane e simpatica conduzione crea la giusta atmosfera di questo locale: piacevole e informale, con una cucina che propone piatti più leggeri a mezzogiorno e paste fresche la sera.

LUCCA 🄿 (LU) – **563** K13 – **84 186 ab. – alt. 19 m** – ✉ **55100** **28** B1

Toscana

Roma 348 – Pisa 22 – Bologna 157 – Firenze 74

piazza Santa Maria 35 ☎ 0583 919931, info@luccaturismo.it Fax 0583 469964

Duomo★★ C – Chiesa di San Michele in Foro★★ : facciata★★ B – Battistero e chiesa dei Santi Giovanni e Raparata★ B **B** – Chiesa di San Frediano★ B – Centro storico★ BC – Passeggiata delle mura★

Parco★★ della villa reale di Marlia e di villa Grabau per① : 8 km – Parco★ di villa Mansi e villa Torrigiani★ per ② : 12 km

Piante pagine seguenti

Ilaria e Residenza dell'Alba senza rist
via del Fosso 26 – ☎ 0 58 34 76 15 – www.hotelilaria.com – info@hotelilaria.com **Cz**
36 cam – 110/170 € 150/230 € – 5 suites
◆ Ampie camere avvolte da morbidi colori in questo raffinato hotel ricavato dalle antiche scuderie di Villa Bottini. Suite principesche nella dépendance: un'attigua chiesa sconsacrata della quale si conserva un antico portico.

Noblesse
via Sant'Anastasio 23 – ☎ 05 83 44 02 75 – www.hotelnoblesse.it – info@hotelnoblesse.it **Ce**
10 cam – 150/200 € 250/350 € – 5 suites **Rist** – Carta 35/50 €
◆ Eleganti camere con tappeti persiani, preziosi arredi d'epoca, un grande impiego di tessuti e decorazioni dorate fanno di questo palazzo settecentesco un fastoso albergo. Carne, pesce e piatti di ogni ispirazione nella calda sala da pranzo o nell'accogliente veranda estiva.

Grand Hotel Guinigi rist,
via Romana 1247, per ③ – ☎ 05 83 49 91 – www.grandhotelguinigi.it – info@grandhotelguinigi.it
156 cam – 80/130 € 90/210 € – 11 suites – ½ P 80/150 €
Rist – Carta 20/48 €
◆ Moderna struttura, sita fuori dal centro, dotata di ampi ambienti luminosi provvisti di ogni confort; ideale per una clientela di lavoro, ma adatto anche al turista di passaggio. Colori ambrati e arredi classici nella sala da pranzo con colonne e soffitto ad archi.

Eurostars rist,
viale Europa 1135, per ⑤ – ☎ 05 83 31 78 14 – www.eurostarshotels.com – info@eurostarstoscana.com
68 cam – 85/159 € 99/189 € – ½ P 72/130 € **Rist** – Carta 27/52 €
◆ Moderno albergo di impronta minimalista, situato a poca distanza dal casello autostradale, offre camere sobrie e funzionali, ideali per una clientela commerciale. Confort e tinte sobrie anche al ristorante.

San Luca Palace senza rist
via San Paolino 103 – ☎ 05 83 31 74 46 – www.sanlucapalace.com – info@sanlucapalace.com **Ad**
23 cam – 80/190 € 150/290 € – 3 suites
◆ All'interno di un palazzo del '500 - a pochi passi dal centro - ospitalità e indiscussa professionalità in ambienti eleganti dai morbidi colori. Le camere si distinguono per l'ottimo livello e la cura del dettaglio. Attrezzata sala riunioni, bar/tea room, parcheggio e garage con servizio cortesia, biciclette gratuite.

Hambros il Parco senza rist
via Pesciatina 197, 1,5 km per ② – ☎ 05 83 93 53 55 – www.hotelhambros.com – info@hotelhambros.com
52 cam – 70/95 € 100/145 €, 12 €
◆ Un bel parco ospitante numerose sculture di un artista locale fa da cornice a questa villa settecentesca, caratterizzata da un susseguirsi di sale secondo lo schema delle residenze dell'epoca. Nelle camere si è optato, invece, per uno stile più minimalista. Tranquillità e relax qui non mancano.

Celide senza rist

viale Giuseppe Giusti 25 – ✆ 05 83 95 41 06
– www.albergocelide.it
– info@albergocelide.it Da

58 cam ☕ – 🚹95/130 € 🚹🚹120/190 €

◆ Di fronte alle antiche mura, l'hotel propone camere dagli arredi moderni e funzionali, particolarmente confortevoli quelle al secondo piano, ricche di colore e design.

San Marco senza rist

via San Marco 368, per ① – ✆ 05 83 49 50 10
– www.hotelsanmarcolucca.com
– info@hotelsanmarcolucca.com

42 cam ☕ – 🚹77/130 € 🚹🚹85/143 €

◆ Moderno e originale edificio in mattoni che esternamente ricorda una chiesa, mentre al suo interno propone ariosi ambienti in stile contemporaneo. Piacevoli serate sorseggiando vino e birra (di produzione propria) sulla bella terrazza, dove viene anche servita la prima colazione.

Circolazione regolamentata nel centro città

LUCCA

Anfiteatro (Pza dell') .... C 2
Angeli (V. degli) .... B 3
Antelminelli (Pza) .... C 4
Asili (V. degli) .... B 5
Battisti (V. C.) .... B 7
Beccheria (V.) .... B 8
Bernardini (Pza dei) .... C 9
Boccherini (Pza L.) .... A 10
Cadorna (Viale) .... D 12
Calderia (V.) .... B 13
Catalani (V.) .... A 15
Civitali (V. M.) .... C 17
Fillungo (V.) .... BC
Fratta (V. della) .... C 18
Garibaldi (Cso) .... AB 20
Giglio (Pza del) .... B 21
Guinigi (V.) .... C 22
Indipendenza (Pza dell') .... B 23
Mordini (V. A.) .... C 24
Napoleone (Pza) .... B 25
Pascoli (Viale) .... B 26
Portico (V. del) .... C 27
Quarquonia (V. della) .... D 28
Repubblica (Viale) .... B 29
Risorgimento (Pzale) .... B 30
Roma (V.) .... B 31
Servi (Pza dei) .... C 42
S. Andrea (V.) .... C 32
S. Gemma Galgani (V.) .... C 33
S. Giorgio (V.) .... B 34
S. Giovanni (Pza) .... B 35
S. Martino (Pza) .... B 36
S. Michele (Pza) .... C 38
S. Pietro (Pza) .... C 40
Varanini (Pza L.) .... D 43
Verdi (Pzale G.) .... A 45
Vittorio Emanuele II (V.) .... AB 47
Vittorio Veneto (Via) .... B 50

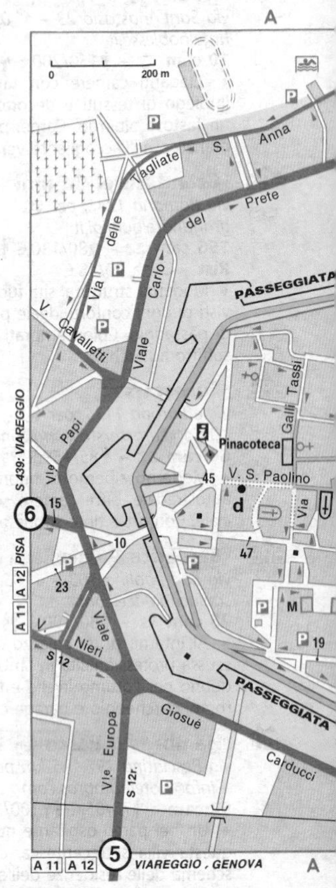

Alla Corte degli Angeli senza rist

via degli Angeli 23 – ✆ 05 83 46 92 04
– www.allacortedegliangeli.com
– info@allacortedegliangeli.com **Bb**

12 cam – †90/120 € ††120/160 €, ☕ 10 € – 1 suite

◆ Mura dipinte e travi a vista, dalle camere che omaggiano ciascuna un fiore alla sala colazioni: è la personalizzazione il segreto di questa bomboniera sita nel cuore della città.

San Martino senza rist

via Della Dogana 9 – ✆ 05 83 46 91 81
– www.albergosanmartino.it
– info@albergosanmartino.it **Bm**

9 cam ☕ – ††80/130 €

◆ In posizione tranquilla nelle vicinanze del Duomo, un gioiellino d'atmosfera - caldo ed accogliente - sin dal suo piccolo ingresso. La struttura propone camere di modeste dimensioni, ma particolarmente curate nei dettagli. La prima colazione può essere consumata anche nel piccolo dehors.

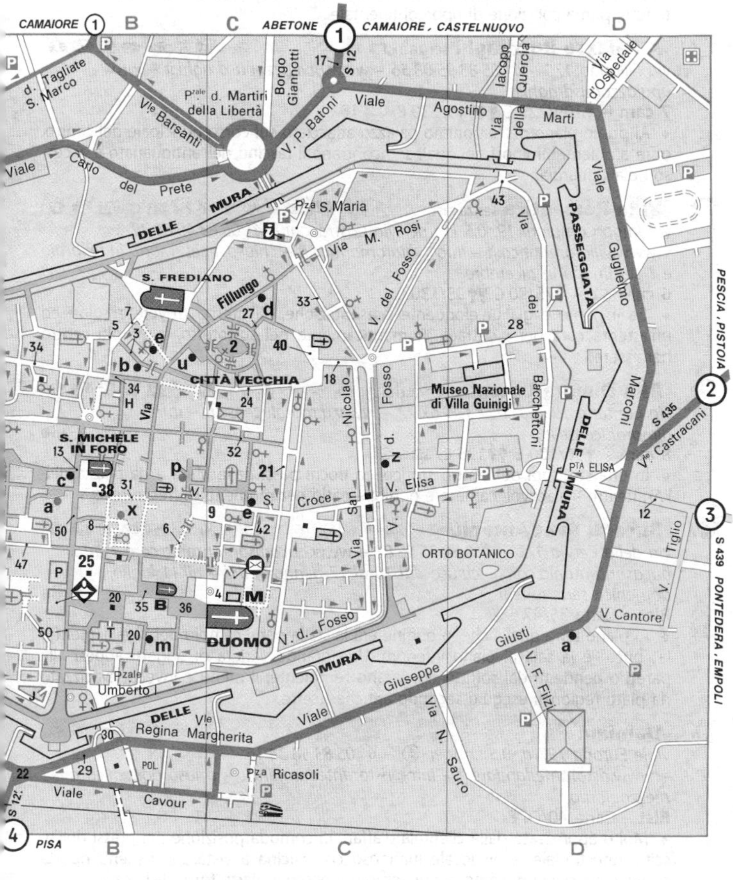

La Luna senza rist

via Fillungo-corte Compagni 12 – ✆ 05 83 49 36 34 – www.hotellaluna.com – info@hotellaluna.com – chiuso dal 7 gennaio al 7 febbraio Bu

27 cam – 75/105 € 100/140 € – 2 suites

◆ A pochi passi dalla celebre piazza dell'Anfiteatro, dispone di ambienti accoglienti e ben tenuti, seppur non molto ampi, e camere funzionali. Nelle adiacenze, una dependance.

Piccolo Hotel Puccini senza rist

via di Poggio 9 – ✆ 0 58 35 54 21 – www.hotelpuccini.com – info@hotelpuccini.com Bc

14 cam – 70 € 95 €, 4 €

◆ Cortese ospitalità in questo albergo ospitato all'interno di un antico palazzo sito nel cuore della città; all'interno ambienti non molto spaziosi e camere semplici e colorate.

Melecchi senza rist

via Romana 41, per ③ – ✆ 05 83 95 02 34 – info@hotelmelecchi.it

14 cam – 40/45 € 65/75 €, 5 €

◆ Poco lontano dal centro - facilmente raggiungibile anche a piedi - hotel dagli ampi spazi comuni, ricchi di personalità e calore familiare. Camere curate e ben tenute; prima colazione di tipo continentale.

A Palazzo Busdraghi senza rist

via Fillungo 170 – ✆ 05 83 95 08 56 – www.apalazzobusdraghi.it – info@apalazzobusdraghi.it Cd

7 cam – 109/229 € 119/239 €, 10 €

◆ Al primo piano dell'omonimo palazzo affacciato sul corso principale del centro, offre ambienti luminosi nei quali si incontrano il fascino dell'antiquariato e accessori d'avaguardia.

Villa Romantica senza rist

via Inigo Campioni 19, 0,5 km per via Castracani – ✆ 05 83 49 68 72 – www.villaromantica.it – info@villaromantica.it – chiuso 1 settimana in febbraio e 1 settimana in dicembre D

6 cam – 75/90 € 98/130 €

◆ Se il nome è già un'eloquente presentazione, all'interno troverete colori ed un'attenta cura per i dettagli. Romanticamente nel sottotetto, il piccolo centro benessere.

Alla Dimora Lucense senza rist

via Fontana 19 – ✆ 05 83 49 57 22 – www.dimoralucense.it – info@dimoralucense.it Be

8 cam – 96/100 € 125 €, 9 €

◆ In una struttura del centro storico - a pochi passi dalle Mura e da piazza dell'Anfiteatro - piacevoli camere e godibile patio per momenti di fresco relax.

Buca di Sant'Antonio

via della Cervia 1/5 – ✆ 0 58 35 58 81 – www.bucadisantantonio.com – info@bucasantantonio.com – chiuso dal 10 al 17 gennaio, dal 4 all'11 luglio, domenica sera, lunedì Ba

Rist – Carta 35/47 €

◆ Al piano terra quella che in origine era la stalla per il cambio dei cavalli, mentre la "buca" è la sala al piano inferiore. Una grande varietà di oggetti appesi alle pareti o pendenti dal soffitto tipicizzano l'ambiente; il menu è invece vivacizzato da piatti regionali eseguiti secondo antiche ricette.

Damiani

viale Europa 797/a, 0,5 km per ⑤ – ✆ 05 83 58 34 16 – www.ristorantedamiani.it – info@ristorantedamiani.it – chiuso domenica a mezzogiorno

Rist – Carta 40/64 €

◆ Molto apprezzato dalla clientela d'affari, in comoda posizione nei pressi dell'uscita autostradale, è un locale luminoso con cucina a vista. Se il menu riporta qualche specialità di carne, è pur sempre il pesce il piatto forte della casa.

XX **Antica Locanda dell'Angelo**
via Pescheria 21 – ✆ 05 83 46 77 11 – www.anticalocandadellangelo.com – info@anticalocandadellangelo.com Bx
Rist – Carta 37/51 €
◆ Sorto probabilmente come locanda, oggi è certamente un locale elegante. Dalle cucine, un buon equilibrio tra tradizione locale e piatti nazionali. Un occhio di riguardo anche al vino.

XX **All'Olivo**
piazza San Quirico 1 – ✆ 05 83 49 31 29 – www.ristoranteolivo.it – info@ristoranteolivo.it – chiuso febbraio e mercoledì (escluso da aprile a ottobre) Bp
Rist – (consigliata la prenotazione) Carta 35/80 € (+10 %)
◆ In una delle caratteristiche piazze del centro storico, tre sale elegantemente arredate, di cui una adibita ai fumatori, dove gustare una squisita cucina del territorio di terra e di mare. Piacevole servizio estivo all'aperto.

X **La Griglia di Varrone**
viale Europa 797/f, 0,5 km per ⑤ – ✆ 05 83 58 36 11 – www.lagrigliadivarrone.it – info@lagrigliadivarrone.it – chiuso Natale-Capodanno e domenica
Rist – Carta 29/52 €
◆ La steak house più in voga a Lucca. In un ambiente moderno e frizzante, il menu annovera anche carni esotiche (canguro, antilope, zebra). A mezzogiorno due proposte a prezzo particolarmente interessante.

sulla strada statale 12 r A

Locanda l'Elisa
via Nuova per Pisa, Sud : 4,5 km ✉ 55050 Massa Pisana – ✆ 05 83 37 97 37 – www.locandalelisa.it – info@locandalelisa.it – chiuso gennaio
10 cam – †90/150 € ††180/350 €, ☕ 15 € – ½ P 215/235 €
Rist *Gazebo* – Menu 55 € – Carta 45/58 €
◆ In un rigoglioso giardino che nasconde la piscina, questa villa ottocentesca sfogge un certo stile inglese, sia nelle zone comuni sia nelle romantiche junior suite con letto a baldacchino. Cucina moderna: si desina all'interno di una *conservatory* vittoriana, un originale gazebo circondato dal verde.

Villa Marta

via del Ponte Guasperini 873, località San Lorenzo a Vaccoli, Sud : 5,5 km ✉ 55100 – ✆ 05 83 37 01 01 – www.albergovillamarta.it – info@albergovillamarta.it – chiuso da gennaio all'8 febbraio
15 cam – ††89/330 €, ☕ 15 €
Rist – *(chiuso a mezzogiorno)* Carta 33/45 €
◆ L'ottocentesca dimora di caccia, immersa nella placida campagna lucchese, ospita un albergo a gestione familiare: camere dal sapore antico, con pavimenti originali, alcune affrescate.

X **La Cecca**
località Coselli, Sud : 5 km ✉ 55060 Capannori – ✆ 0 58 39 42 84 – www.lacecca.it – info@lacecca.it – chiuso dal 1° al 10 gennaio, una settimana in agosto, mercoledì sera e lunedì
Rist – Carta 27/35 €
◆ Semplice trattoria di campagna nel moderno quartiere cittadino. La ricetta del successo è altrettanto semplice: saporiti e genuini piatti della tradizione lucchese a prezzi concorrenziali.

E' una questione di categoria: non aspettatevi lo stesso servizio in un ristorante X o in un albergo rispetto ad un XXXXX o ad un .

a Marlia per ① 6 km – ✉ 55014

XXX **Butterfly** (Fabrizio Girasoli)
strada statale 12 dell'Abetone – ✆ 05 83 30 75 73
– www.ristorantebutterfly.it – info@ristorantebutterfly.it
– chiuso 2 settimane in gennaio, 1 settimana in ottobre e mercoledì
Rist – *(chiuso a mezzogiorno escluso i giorni festivi)* (consigliata la prenotazione) Menu 55 € – Carta 49/67 €
Spec. Ravioli al parmigiano liquido con punte d'asparago in essenza di speck e perle d'uovo marinato. Tonno in panatura leggera ai capperi con peperone piquillo e sfoglie croccanti allo zafferano. Controfiletto di bue cotto sulle braci con chips di patate aromatiche e salsa al pepe rosa.
◆ Immerso in un curato giardino, ottocentesco casolare dove cotto e travi si uniscono ad un'elegante atmosfera. Gestione familiare, cucina elaborata dalle presentazioni ricercate.

a Capannori per ③ : 6 km – ✉ 55012

XX **Forino**
via Carlo Piaggia 21 – ✆ 05 83 93 53 02
– www.ristoranteforino.com – ristoranteforino@fastwebnet.it
– chiuso dal 26 dicembre al 2 gennaio, dal 7 al 21 agosto, domenica sera, lunedì
Rist – Carta 29/56 €
◆ Gestione simpatica e competente in un locale rinomato nella zona per la sua cucina di mare sapientemente elaborata, realizzata con selezionate materie prime.

a Ponte a Moriano per ① : 9 km – ✉ 55029

X **Antica Locanda di Sesto**
via Ludovica 1660, a Sesto di Moriano , Nord-Ovest : 2,5 km
– ✆ 05 83 57 81 81 – www.anticalocandadisesto.it
– info@anticalocandadisesto.it
– chiuso dal 24 dicembre al 1° gennaio, agosto, sabato
Rist – Carta 25/58 €
◆ Simpatica e calorosa gestione familiare per questa storica locanda di origini medievali che ha saputo conservare autenticità e genuinità, oggi riproposte in gustose ricette regionali.

a Segromigno in Monte per ① : 10 km – ✉ 55018

Fattoria Mansi Bernardini
via di Valgiano 34, Ovest : 3 km – ✆ 05 83 92 17 21
– www.fattoriamansibernardini.it
– info@fattoriamansibernardini.it
15 cam – †90/110 € ††110/130 €
Rist – *(chiuso a mezzogiorno)* (prenotazione obbligatoria) *(solo per alloggiati)* Menu 35/55 €
◆ In un'affascinante cornice, tra colline e vigneti, la grande azienda agricola produttrice di olio si compone di diversi casolari e riserva agli ospiti camere spaziose e confortevoli.

sulla strada statale 435 per ②: 9 km

X **I Diavoletti**
via stradone di Camigliano 302 ✉ 55012 Capannori – ✆ 05 83 92 03 23
– paolabosi@interfree.it – chiuso mercoledì
Rist – *(chiuso a mezzogiorno escluso domenica e i giorni festivi)* Carta 20/37 €
◆ In questa ex casa del popolo (dove si riunivano i "diavoletti" rossi), un ambiente graziosamente personalizzato dall'accogliente taglio familiare. Cucina regionale elaborata partendo da ottimi ingredienti del territorio e frequenti serate a tema.

a Cappella per ① : **10 km** – ✉ **55100**

La Cappella senza rist

via dei Tognetti 469, località Ceccuccio – ☎ 05 83 39 43 47 – www.lacappellalucca.it – lacappella@lacappellalucca.it

4 cam – 80/90 € 100/130 € – 1 suite

◆ Si procede in salita per qualche chilometro per arrivare alle porte di questa grande villa tra le colline, con vista panoramica e mobili d'epoca nelle accoglienti camere. Per chi volesse fare acquisti: vendita di vini della zona e di olio dell'azienda.

LUCERA – **Foggia (FG)** – **564** C28 – **34 617 ab.** – **alt. 219 m** – ✉ **71036** **26** A2

Puglia

Roma 345 – Foggia 20 – Bari 150 – Napoli 157

Fortezza★: ✳ ★ sul Tavoliere – Anfiteatro Romano★ – Museo Civico: statua di Venere★

Sorriso senza rist

viale Raffaello-Centro Incom – ☎ 08 81 54 03 06 – www.hotelsorrisolucera.it – hotelsorriso@tiscali.it

26 cam – 60/75 € 75/95 € – 1 suite

◆ Giovane e intraprendente gestione in questo hotel recente, costantemente aggiornato. Gli ambienti comuni, come le camere, sono arredati con cura e gusto.

LUCRINO – **Napoli** – **Vedere Pozzuoli**

LUGANA – **Brescia** – **Vedere Sirmione**

LUGHETTO – **Venezia** – **Vedere Campagna Lupia**

LUGO – **Ravenna (RA)** – **562** I17 – **32 684 ab.** – **alt. 12 m** – ✉ **48022** **9** C2

Roma 385 – Bologna 61 – Ravenna 32 – Faenza 19

San Francisco senza rist

via Amendola 14 – ☎ 0 54 52 23 24 – www.sanfranciscohotel.it – info@sanfranciscohotel.it – chiuso dal 24 dicembre al 2 gennaio e dal 1° al 29 agosto

23 cam – 75 € 96 € – 5 suites

◆ Interni arredati con design anni '70, dove l'essenzialità non è mancanza del superfluo, ma capacità di giocare con linee e volumi per creare confortevole piacevolezza. Luminose zone comuni e camere ampie (disponibile anche un appartamento per soggiorni medio-lunghi).

LUINO – **Varese (VA)** – **561** E8 – **14 313 ab.** – **alt. 202 m** – ✉ **21016** **16** A2

Roma 661 – Stresa 73 – Bellinzona 40 – Lugano 23

via Piero Chiara 1 ☎ 0332 530019, iatluino@provincia.va.it Fax 0332 530019

Camin Hotel Luino

viale Dante 35 – ☎ 03 32 53 01 18 – www.caminhotelluino.com – caminlui@tin.it – chiuso dal 21 dicembre al 1° febbraio

10 cam – 120/160 € 160/190 € – 3 suites

Rist – *(chiuso dicembre e lunedì) (chiuso a mezzogiorno)* Carta 42/61 €

◆ Atmosfera romantica in una bella villa d'epoca, in centro e sul lungolago, cinta da un piacevole giardino; confortevoli e raffinati interni in stile, con decori liberty. Si respira aria d'altri tempi nell'elegante sala da pranzo rischiarata da grandi finestre.

a Colmegna Nord : **2,5 km** – ✉ **21016 Luino**

Camin Hotel Colmegna

via Palazzi 1 – ☎ 03 32 51 08 55 – www.caminhotel.com – info@caminhotel.com – marzo-ottobre

25 cam – 90/150 € 150/195 € – ½ P 110/133 € **Rist** – Carta 45/59 €

◆ Villa d'epoca in splendida posizione panoramica, circondata da un ameno parco in riva al lago; camere confortevoli, per un soggiorno piacevole e rilassante. Gradevole terrazza sul lago per il servizio estivo del ristorante.

LUMARZO – Genova (GE) – 561 I9 – 1 527 ab. – alt. 353 m – ✉ 16024 15 C2

Roma 491 – Genova 24 – Milano 157 – Rapallo 27

a Pannesi Sud-Ovest : 4 km – alt. 535 m – ✉ 16024 Lumarzo

XX **Fuoco di Bosco**

via Provinciale 235 – ☎ 0 18 59 40 48 – chiuso dal 6 gennaio al 15 marzo e giovedì

Rist – Carta 23/36 €

♦ Un ambiente rustico ma di tono elegante, dispone di una saletta con camino e una veranda che si affaccia sul bosco dove assaporare specialità ai funghi e alla brace.

LUSIA – Rovigo (RO) – 562 G16 – 3 547 ab. – alt. 10 m – ✉ 45020 35 B3

Roma 461 – Padova 47 – Ferrara 45 – Rovigo 12

in prossimità strada statale 499 Sud: 3 km

XX **Trattoria al Ponte**

via Bertolda 27, località Bornio ✉ 45020 – ☎ 04 25 66 98 90 – www.trattoriaalponte.it – info@trattoriaalponte.it – chiuso agosto e lunedì

Rist – Carta 25/32 €

♦ Fragranze di terra e di fiume si intersecano ai sapori di una volta e alla fantasia dello chef per realizzare instancabili piatti della tradizione. Un'oasi nel verde, al limitare di un ponte.

LUTAGO = LUTTACH – Bolzano – Vedere Valle Aurina

MACERATA P (MC) – 563 M22 – 43 016 ab. – alt. 315 m – ✉ 62100 21 C2

Roma 256 – Ancona 51 – Ascoli Piceno 92 – Perugia 127

piazza della Libertà 9 ☎ 0733 234807, iat.macerata@provincia.mc.it, Fax 0733 266631

Claudiani senza rist

vicolo Ulissi 8 – ☎ 07 33 26 14 00 – www.hotelclaudiani.it – info@hotelclaudiani.it

37 cam – †70/113 € ††105/137 € – 1 suite

♦ Un blasonato palazzo del centro storico che nei suoi interni offre agli ospiti sobria, ovattata eleganza e raffinate atmosfere del passato, rivisitate in chiave moderna.

Le Case cam,

contrada Mozzavinci 16/17, Nord-Ovest : 6 km – ☎ 07 33 23 18 97 – www.ristorantelecase.it – ristorantelecase@tin.it – chiuso 3 settimane in gennaio e 10 giorni in agosto

13 cam – †105 € ††140 € – 1 suite

Rist L'Enoteca – vedere selezione ristoranti

Rist – *(chiuso domenica sera) (chiuso a mezzogiorno escluso sabato e domenica)* Carta 26/35 €

♦ L'ombra dei cipressi conduce ad un complesso rurale del X sec, che comprende anche un piccolo, ma ben strutturato, museo contadino. Eleganza e buon gusto fanno da cornice a soggiorni di classe, immersi nella pace della campagna. Al ristorante: piatti marchigiani ed ingredienti dell'azienda agricola di famiglia.

Arcadia senza rist

via Padre Matteo Ricci 134 – ☎ 07 33 23 59 61 – www.harcadia.it – info@harcadia.it – chiuso dal 23 dicembre al 6 gennaio

29 cam – †45/65 € ††60/95 €

♦ Nei pressi del Teatro e dell'Università, frequentato da artisti e accademici, propone accoglienti stanze di varie tipologie, alcune dotate anche di angolo cottura.

I Colli senza rist

via Roma 149 – ☎ 07 33 36 70 63 – www.hotelicolli.com – info@hotelicolli.com

60 cam – †50/80 € ††65/130 €

♦ In posizione semicentrale, una buona struttura con camere accoglienti e confortevoli. Discreti spazi comuni con tanto di piccola, ma attrezzata palestra.

XX **L'Enoteca** (Michele Biagiola) – Hotel Le Case
contrada Mozzavinci 16/17, Nord-Ovest : 6 km
– ☎ 07 33 23 18 97 – www.ristorantelecase.it – ristorantelecase@tin.it
– chiuso dal 7 gennaio al 7 febbraio, 15 giorni in agosto, domenica, lunedì,; in luglio-agosto aperto tutte le sere
Rist – *(chiuso a mezzogiorno)* Menu 45/100 € – Carta 46/70 €
Spec. Acqua cotta all'acqua di rose. Spaghetti con verdure cotte e crude, erbe e fiori. "Pistacoppu ripienu", piccione ripieno.
◆ In un ambiente rustico-elegante, un giovane cuoco dalle idee precise: carni del territorio selezionate personalmente, pesci dell'Adriatico ed una sfrenata passione per le erbe aromatiche.

sulla strada statale 77 Nord : 4 km

Recina rist,
via Alcide De Gasperi 32F ✉ 62100 – ☎ 07 33 59 86 39 – www.recinahotel.it – info@recinahotel.it
59 cam – †50/90 € ††80/130 € – ½ P 60/85 €
Rist *Arlecchino* – Carta 23/56 €
◆ Arredi di gusto moderno, ma con tocchi di classicità, nonché abbondanti spazi comuni in una struttura lungo la statale. Le camere sul retro offrono una maggiore tranquillità. Cucina marchigiana e nazionale nel ristorante con accesso indipendente.

MACUGNAGA – Verbano-Cusio-Ossola (VB) – 561 E5 – 646 ab. – alt. 945 m – Sport invernali : 1 327/3 000 m 2 8, – ✉ 28876 **22** B1

Roma 716 – Aosta 231 – Domodossola 39 – Milano 139
piazza Municipio 6 ☎ 0324 65119, macugnaga@distrettolaghi.it, Fax 0324 65775

Flora
piazza Mucipio 7, frazione Staffa – ☎ 0 32 46 50 37 – www.albergoflora.com – info@albergoflora.com – 15 dicembre-2 maggio e 16 giugno-19 settembre
11 cam – ††100/150 € – ½ P 75/100 €
Rist – *(chiuso a mezzogiorno)* Carta 35/40 €
◆ In pieno centro - accanto al municipio e ai piedi del massiccio del Monte Rosa - un hotel dallo stile rustico, ma piacevole nella sua semplicità. Cucina classica nel ristorante rallegrato da un bel caminetto.

MADDALENA (Arcipelago della)★★ – Olbia-Tempio (OT) – 366 R36 Sardegna **38** B1

Isola della Maddalena★★ – Isola di Caprera★: casa-museo★ di Garibaldi

LA MADDALENA – Olbia-Tempio (OT) – 366 R36 – 11 841 ab. – ✉ 07024 **38** B1

per Palau – Saremar, call center 892 123
a Cala Gavetta ☎ 0789 736321, uff.turismolmd@libero.it, Fax 0789 736655

Excelsior senza rist
via Amendola 7 – ☎ 07 89 72 10 47 – www.excelsiormaddalena.com – info@excelsiormaddalena.com
24 cam – ††120/280 €
◆ In centro e fronte porto, questa struttura piccola nelle dimensioni, ma non nel confort, si contraddistingue per la moderna eleganza e il design. Piacevole terrazza-solarium con vista mare ed ottime camere, ampie e funzionali.

Garibaldi senza rist
via Lamarmora – ☎ 07 89 73 73 14 – www.hotelgaribaldi.info – htlgaribaldi@tiscali.it – aprile-ottobre
19 cam – †75/85 € ††110/145 €
◆ Sito in posizione tranquilla nella parte alta della località, hotel dalla conduzione diretta con semplici, ma curati ambienti e camere lineari.

MADESIMO – Sondrio (SO) – **561** C10 – 587 ab. – alt. 1 536 m – Sport invernali : 1 550/2 948 m 3, 9, – ✉ 23024 Italia Centro Nord **16** B1

Roma 703 – Sondrio 80 – Bergamo 119 – Milano 142

via alle Scuole 12 ✆ 0343 53015, infomadesimo@provincia.so.it, Fax 0343 53782

Strada del passo dello Spluga★★ : tratto Campodolcino-Pianazzo★★★ Sud e Nord

Andossi

via A. De Giacomi 45 – ✆ 0 34 35 70 00 – www.hotelandossi.com – info@hotelandossi.com – dicembre-Pasqua e luglio-agosto

43 cam – 80/110 € 140/180 € – ½ P 80/150 €

Rist – *(chiuso a mezzogiorno)* Carta 35/55 €

◆ Hotel di tradizione non lontano dal centro, completamente ristrutturato; ambienti in stile montano di taglio moderno e camere semplici, ma funzionali; centro benessere.

Emet

via Carducci 28 – ✆ 0 34 35 33 95 – www.hotel-emet.com – emet@clavis.it – dicembre-1° maggio e luglio-agosto

36 cam – 70/90 € 120/180 € – ½ P 70/125 € **Rist** – Carta 34/44 €

◆ Interni di buon livello che, con eleganza, contribuiscono a creare un'atmosfera ovattata e silenziosa. In ottima posizione: centrale, ma vicino alle piste da sci. Sala ristorante d'impostazione classica.

La Meridiana rist,

via Carducci 8 – ✆ 0 34 35 31 60 – www.hotel-lameridiana.com – info@hotel-lameridiana.com – dicembre-aprile e luglio-agosto

23 cam – 40/90 € 90/140 €, 14 € – ½ P 45/135 €

Rist *1945* – Carta 29/40 €

◆ Per godere appieno delle bellezze naturali della zona, fermatevi in questa accogliente baita dagli arredi tipici. Praticamente sulle piste da sci, dopo una giornata di sport, vi attendono camere confortevoli ed un rigenerante centro benessere. Ristorante di medie dimensioni, terrazza per i mesi estivi.

Il Cantinone e Sport Hotel Alpina (Stefano Masanti) con cam

via A. De Giacomi 39 – ✆ 0 34 35 61 20 – www.sporthotelalpina.it – info@sporthotelalpina.it

8 cam – 80/110 € 150/240 € – ½ P 95/140 €

Rist – *(chiuso lunedì, martedì, mercoledì)* Menu 50/80 € – Carta 54/69 €

Spec. Hamburger di luccio del Lario, insalatine, maionese al wasabi. Rognone di coniglio alla senape selvatica. Zuppetta di cioccolato bianco e fragole con olive nere.

◆ Locale elegante con belle camere e una sala da pranzo d'impostazione classica, "riscaldata" dall'ampio uso del legno; piccolo, ma attrezzato centro benessere.

a Pianazzo Ovest : 2 km – ✉ 23024

Bel Sit con cam

via Nazionale 19 – ✆ 0 34 35 33 65 – www.albergobelsit.com – info@albergobelsit.com – chiuso dal 10 al 25 dicembre

10 cam – 55 € 67 € – ½ P 75 € **Rist** – *(chiuso giovedì)* Carta 23/35 €

◆ Ristorante ubicato lungo una strada di passaggio, presenta ambienti di estrema semplicità. Noto in zona per la cucina tradizionale, con ampio utilizzo di selvaggina.

MADONNA DELL'OLMO – Cuneo – Vedere Cuneo

MADONNA DI BAIANO – Perugia – **563** N20 – Vedere Spoleto

MADONNA DI CAMPIGLIO – Trento (TN) – **562** D14 – alt. 1 522 m – Sport invernali : 1 500/2 500 m 5 17, – ✉ 38086 Italia Centro Nord **30** B2

Roma 645 – Trento 82 – Bolzano 88 – Brescia 118

via Pradalago 4 ✆ 0465 447501, info@campiglio.to, Fax 0465 440404

Campo Carlo Magno via Cima Tosa 16, ✆ 0465 42 06 22

Località★★

Massiccio di Brenta★★★ Nord per la strada S 239

Lorenzetti rist,

viale Dolomiti di Brenta 119, Sud : 1,5 km – 04 65 44 14 04 – www.hotellorenzetti.com – hotellorenzetti@hotellorenzetti.com – dicembre-aprile e giugno-settembre

48 cam – 100/250 € 150/400 € – ½ P 120/250 €

Rist – Carta 38/54 €

◆ Faro dell'ospitalità a Campiglio, il personale prevede e realizza ogni esigenza dei clienti. Relax sulla terrazza-solarium e dolci a volontà per i più golosi. Cucina ladina nell'elegante sala ristorante: i clienti privi di camera panoramica si rifaranno con le finestre sulle cime di Brenta.

Alpen Suite Hotel rist,

viale Dolomiti di Brenta 84 – 04 65 44 01 00 – www.alpensuitehotel.it – info@alpensuitehotel.it – dicembre-Pasqua e 25 giugno-15 settembre

28 suites – 155/345 € 210/500 € – ½ P 130/330 €

Rist – Menu 35/55 €

Rist *Il Convivio* – Carta 40/62 €

◆ Per chi ama gli spazi e una sobria essenzialità con qualche richiamo montano, le camere sono ampie con pochi, eleganti arredi. Moderna stube al Convivio per una cucina creativa ed elaborata.

Chalet Dolce Vita rist,

via Castelletto Inferiore 10 – 04 65 44 31 91 – www.chaletdolcevita.it – info@chaletdolcevita.it – dicembre-aprile e giugno-settembre

20 cam – 175/375 € 240/450 € – ½ P 195/435 €

Rist – Carta 54/84 €

◆ Una sferzata di novità negli alberghi montani! Dolce Vita propone affascinanti ambienti moderni, profili geometrici e colori sobri: il design sulle Alpi. In una sala più classica o nella stube, anche la cucina del ristorante si adegua all'impronta dell'hotel con proposte personali, creative ed elaborate.

Cristal Palace

via Cima Tosa 104/a – 04 65 44 60 20 – www.cristalpalacecampiglio.it – info@cristalpalacecampiglio.it – dicembre-aprile e luglio-settembre

61 cam – 165/440 € 190/740 € – ½ P 115/390 €

Rist – *(solo per alloggiati)*

◆ Nella parte alta della località, l'alternanza di legno e marmo conferisce un côté modernamente raffinato a questo hotel di recente apertura, che dispone di camere molto confortevoli, nonché di un attrezzato centro benessere per momenti di piacevole relax.

Bio-Hotel Hermitage rist, rist,

via Castelletto Inferiore 69, Sud : 1,5 km – 04 65 44 15 58 – www.biohotelhermitage.it – info@biohotelhermitage.it – dicembre-Pasqua e luglio-settembre

25 cam – 100/300 € 160/460 € – 3 suites – ½ P 140/300 €

Rist Stube Hermitage – vedere selezione ristoranti

Rist – *(solo per alloggiati)*

◆ Immerso in un parco con le cime del Brenta come sfondo. la natura si trasferisce all'interno. costruito secondo i criteri della bioarchitettura, la tranquillità e l'eleganza sono di casa.

Gianna

via Vallesinella 16 – 04 65 44 11 06 – www.hotelgianna.it – hotelgianna@hotelgianna.it – dicembre-Pasqua e 20 giugno-settembre

24 cam – 90/180 € 130/370 € – 2 suites – ½ P 115/215 €

Rist – *(chiuso a mezzogiorno)* Carta 30/52 €

◆ In posizione tranquilla, ma non lontano dal centro, la tradizione trentina si sposa con il gusto moderno, grazie ad una gestione familiare che si adopera al continuo rinnovo. Appetitosa cucina regionale nelle due graziose sale ristorante e nella stube.

Bertelli rist, rist,
via Cima Tosa 80 – 04 65 44 10 13
– www.hotelbertelli.it – info@hotelbertelli.it
– 20 novembre-20 aprile e 20 giugno-20 settembre
49 cam – 127/225 € 206/309 € – ½ P 121/229 €
Rist – Carta 37/44 €
Rist *Il Gallo Cedrone* – Carta 44/67 €
◆ Edificio montano da diversi lustri nelle mani della stessa famiglia. All'interno ambienti in stile, con qualche arredo anni '70. Apprezzabile la serietà della gestione e l'ampiezza degli spazi (mansarde comprese). Classica cucina d'albergo o, al Gallo Cedrone, piatti inventivi con abbinamenti di vini al calice.

Alpen Hotel Vidi rist,
via Cima Tosa 50 – 04 65 44 33 44 – www.hotelvidi.it – info@hotelvidi.it
– dicembre-aprile e luglio-settembre
25 cam – 40/130 € 70/240 € – ½ P 65/170 €
Rist – Carta 22/38 €
◆ In stile montano, camere funzionali e gradevoli zone comuni che invitano a socializzare. Angolo benessere e area riservata al divertimento dei bimbi. Il ristorante è una piacevole rivisitazione della classica stube.

Garni del Sogno senza rist
via Spinale 37/bis – 04 65 44 10 33
– www.garnidelsogno.it – info@garnidelsogno.it
– dicembre-20 aprile e 27 giugno-20 settembre
8 cam – 115/230 € 170/380 € – 9 suites – 278/590 €
◆ Il sogno diventa realtà: a due passi dagli impianti di risalita, albergo in stile montano - sapientemente realizzato secondo i diktat della bioarchitettura - con ambienti signorili ed ampie camere. Al termine di una giornata attiva e dinamica, quanto di meglio che una sosta nel moderno ed attrezzato centro benessere?

Crozzon rist,
viale Dolomiti di Brenta 96 – 04 65 44 22 22 – www.hotelcrozzon.com – info@hotelcrozzon.com – dicembre-aprile e giugno-settembre
26 cam – 85/117 € 130/180 € – ½ P 90/150 € **Rist** – Carta 25/40 €
◆ Un albergo gradevole e accogliente, con arredi e rifiniture in legno, sulla strada principale della località. A disposizione degli ospiti anche un angolo benessere. Cucina del territorio proposta in una calda sala dalle pareti perlinate.

Garnì dei Fiori senza rist
via Vallesinella 18 – 04 65 44 23 10 – www.garnideifiori.it – info@garnideifiori.it – dicembre-20 aprile e 20 giugno-28 settembre
10 cam – 70/140 € 120/150 €
◆ Non lontano dal centro, ma in posizione più tranquilla, una graziosa casa di montagna dagli interni impeccabili nella loro semplicità.

Dello Sportivo senza rist
via Pradalago 29 – 04 65 44 11 01 – www.dellosportivo.com – info@dellosportivo.com – dicembre-aprile e luglio-settembre
13 cam – 50/75 € 90/130 €
◆ Ambiente simpatico in un hotel dal confort essenziale e gestito con passione. Ben posizionata tra impianti di risalita e centro, vi consentirà piacevoli soggiorni.

Stube Hermitage – Bio-Hotel Hermitage
via Castelletto Inferiore 69, Sud : 1,5 km – 04 65 44 15 58
– www.stubehermitage.it – info@stubehermitage.it – dicembre-Pasqua e luglio-settembre; chiuso lunedì
Rist – *(chiuso a mezzogiorno)* Carta 80/118 €
Spec. Tartar di manzo scottona, verdure ed erbette in tempura, carpaccio marinato, gelato alla senape e falso pepe. Crema di scarola e lattuga con mozzarella di bufala, pane fritto e gamberi rossi scottati. Filetto di manzo di Kobe cotto su rami di rosmarino, riduzione al Barolo, ossobuco e spugnole al Cognac.
◆ Nell'elegante stube, i legni dell'800 avvolgono una cucina creativa e fantasiosa con prodotti ed ispirazioni da ogni parte del mondo.

XX **Da Alfiero**

via Vallesinella 5 – ✆ 04 65 44 01 17 – www.hotellorenzetti.it – hotellorenzetti@hotellorenzetti.com – dicembre-aprile e giugno-settembre
Rist – Carta 42/58 €
♦ Colori, decorazioni e travi a vista: Alfiero è una tappa per serate romantiche, alla quale un'ambiziosa cucina aggiunge emozioni gourmet di grande interesse.

a Campo Carlo Magno **Nord : 2,5 km – alt. 1 682 m – ✉ 38086 Madonna Di Campiglio**

Posizione pittoresca★★ – ★★ sul massiccio di Brenta dal colle del Grostè Sud-Est per funivia

Casa del Campo cam,

via Pian dei Frari 3/5 – ✆ 04 65 44 31 30 – www.casadelcampo.it – info@casadelcampo.it – dicembre-maggio e luglio-15 ottobre
13 cam – †55/110 € ††150/200 € – ½ P 110/198 €
Rist ***Ruppert*** – *(chiuso ottobre)* Carta 33/56 €
♦ Una vista tra le più suggestive di Campiglio: la catena di Brenta si offre maestosa di fronte all'hotel. La cordiale gestione familiare e le spaziose camere arredate con buon gusto fanno dimenticare gli spazi comuni un po' ridotti. Al ristorante, trofei di caccia e graziose stube, per una cucina d'ispirazione trentina.

MADONNA DI SENALES = UNSERFRAU – **Bolzano – Vedere Senales**

MAGENTA – **Milano (MI) – 561** F8 – **23 492 ab. – alt. 138 m – ✉ 20013** **18** A2

Roma 599 – Milano 26 – Novara 21 – Pavia 43

XXX **Trattoria alla Fontana**

via Petrarca 6 – ✆ 0 29 79 26 14 – www.trattoriaallafontana.it – trattoriallafontana@gmail.com – chiuso dal 26 dicembre al 4 gennaio, dal 16 al 30 agosto, sabato a mezzogiorno, domenica
Rist – (coperti limitati, prenotare) Menu 40/65 € – Carta 50/69 €
♦ Cornice di sobria e classica eleganza, con qualche puntata nel design più moderno, e servizio curato per proposte legate alla stagioni, grande varietà di risotti.

MAGGIO – **Lecco – 561** E10 – **Vedere Cremeno**

MAGGIORE (Lago) – **Vedere Lago Maggiore**

MAGIONE – **Perugia (PG) – 563** M18 – **14 354 ab. – alt. 299 m – ✉ 06063** **32** B2

Roma 193 – Perugia 20 – Arezzo 58 – Orvieto 87

Bella Magione senza rist

viale Cavalieri di Malta 22 – ✆ 07 58 47 30 88 – www.bellamagione.it – info@bellamagione.it – chiuso gennaio e febbraio
5 cam – †80/120 € ††100/160 €
♦ Tra le colline che incorniciano il lago Trasimeno, una villa signorile apre le sue porte agli ospiti; ricchi tessuti e finiture di pregio, biblioteca, giardino con piscina.

X **Al Coccio**

via del Quadrifoglio 12/a – ✆ 0 75 84 18 29 – www.alcoccio.it – marcoebarbara@alcoccio.it – chiuso dal 10 al 20 gennaio e lunedì
Rist – Carta 25/45 €
♦ Ristorante dagli ambienti raccolti e accoglienti. Dalla cucina le proposte della tradizione umbra, ideale sia per palati vegetariani che per gli amanti di carni e formaggi.

a San Feliciano **Sud-Ovest : 8 km – ✉ 06060**

X **Da Settimio** con cam cam,

via Lungolago 1 – ✆ 07 58 47 60 00 – dasettimio@tiscali.it – chiuso dal 25 novembre a dicembre
12 cam – ††62 € **Rist** – *(chiuso giovedì)* Carta 23/31 €
♦ Sul lungolago, un indirizzo consigliato a chi predilige i sapori di una cucina prettamente lacustre. E, per una sosta più lunga, semplici, ma confortevoli stanze.

MAGLIANO IN TOSCANA - Grosseto (GR) - **563** O15 - **3 754 ab.** - alt. 128 m - ✉ 58051 Toscana **29** C3

Roma 163 - Grosseto 28 - Civitavecchia 118 - Viterbo 106

XX **Antica Trattoria Aurora**

via Lavagnini 12/14 - ☎ 05 64 59 27 74 - gnanisas@alice.it - chiuso gennaio, febbraio, mercoledì

Rist - Carta 48/62 €

♦ Con una caratteristica (e più che fornita) cantina direttamente scavata nella roccia, questo ristorante entro le mura propone anche gradevoli cene estive in giardino.

MAGLIANO SABINA - Rieti (RI) - **563** O19 - **3 962 ab.** - **alt. 222 m** - ✉ 02046 **12** B1

Roma 69 - Terni 42 - Perugia 113 - Rieti 54

XX **Degli Angeli** con cam

località Madonna degli Angeli, Nord: 3 km - ☎ 0 74 49 13 77 - www.hoteldegliangeli.it - rhangeli@libero.it - chiuso 10 giorni in agosto

8 cam - †67 € ††83 € **Rist** - Carta 30/44 € (+10 %)

♦ Affacciata sulla valle del Tevere, una luminosa sala da pranzo nella quale dominano il color panna, dall'arredo ai tessuti, ed una cucina tipicamente locale. Ospitalità, discrezione e semplicità avvolgono l'hotel, in posizione ideale per un week-end lontano dai ritmi frenetici della città.

sulla strada statale 3 - via Flaminia Nord-Ovest : 3 km :

La Pergola

via Flaminia km 63,900 ✉ 02046 - ☎ 07 44 91 98 41 - www.lapergola.it - info@lapergola.it

23 cam - †60 € ††100 € **Rist** - *(chiuso martedì)* Carta 27/45 €

♦ Letti in ferro battuto, archi di mattoni a vista, nonostante sia ubicato sulla via Flaminia, si ha la piacevole impressione di alloggiare in un relais di campagna. Due le sale da pranzo: una rustica, dove si trovano due griglie per la cottura delle carni, e una elegante, illuminata da grandi vetrate.

MAGLIE - Lecce (LE) - **564** G36 - **15 023 ab.** - ✉ 73024 **27** D3

Roma 617 - Bari 187 - Lecce 33

Corte dei Francesi senza rist

via Roma 172 - ☎ 08 36 42 42 82 - www.cortedeifrancesi.it - info@cortedeifrancesi.it

9 cam - †90 € ††120/170 €

♦ All'interno di un museo d'arte conciaria, la risorsa dispone di camere dai caratteristici muri in pietra piacevolmente arredate in vivaci colori e con pezzi d'artigianato.

MAIORI - Salerno (SA) - **564** E25 - **5 667 ab.** - ✉ 84010 **6** B2

Napoli e la Campania

Roma 267 - Napoli 65 - Amalfi 5 - Salerno 20

corso Reginna 73 ☎ 089 877452, info@aziendaturismo-maiori.it, Fax 089 853672

S. Maria de Olearia★

Capo d'Orso★ Sud-Est : 5 km

XX **Torre Normanna**

via Diego Taiani 4 - ☎ 0 89 87 71 00 - www.torrenormanna.net - info@torrenormanna.net - chiuso dal 10 gennaio al 5 febbraio, 15 giorni in novembre, lunedì

Rist - Carta 51/85 €

♦ Lungo questa costa che tutto il mondo c'invidia, specialità a base di pesce fresco e vista "ravvicinata" sul mare, in un delizioso locale all'interno dell'antica torre.

sulla costiera amalfitana Sud-Est : 4,5 km

XXX **Il Faro di Capo d'Orso** (Pierfranco Ferrara)
via Diego Taiani 48 – ✆ 0 89 87 70 22 – www.ilfarodicapodorso.it – info@ilfarodicapodorso.it – chiuso dal 3 novembre al 25 gennaio e martedì; anche mercoledì dal 25 gennaio a marzo
Rist – Menu 65/130 € – Carta 61/92 €
Spec. Crudo di merluzzo su carpaccio di pesche nettarine e caviale. Risotto con totano nero e melanzane mantecato con ricotta di bufala, peperoncini verdi e fior di latte. Pesce bandiera dorato e fritto con mozzarella e pomodori.
◆ Arrampicato su un promontorio, dalla sala si gode uno spettacolare panorama della costiera amalfitana. Lo stupore continua nel piatto con una cucina mediterranea e dai sapori campani, non priva di fantasia.

MALALBERGO – Bologna (BO) – 562 I16 – 8 634 ab. – alt. 12 m – ✉ 40051 9 C2

Roma 403 – Bologna 33 – Ferrara 12 – Ravenna 84

XX **Rimondi**
via Nazionale 376 – ✆ 0 51 87 20 12 – chiuso dal 15 al 28 febbraio, dal 15 al 30 giugno, domenica sera e lunedì
Rist – *(chiuso a mezzogiorno escluso i giorni festivi)* Carta 37/54 €
◆ In centro paese, si entra in quella che pare una casa privata, per arredi e atmosfera, con due sale riscaldate da altrettanti camini. Il ristorante si è fatto un nome per la cucina di pesce che, nei classici piatti nazionali, esaurisce il menu, ma lo chef-cacciatore prepara anche selvaggina di valle (su prenotazione).

ad Altedo Sud : 5 km – ✉ 40051

Agriturismo Il Cucco
via Nazionale 83 – ✆ 05 16 60 11 24 – www.ilcucco.it – info@ilcucco.it – chiuso agosto
11 cam – †60/105 € ††80/120 € – ½ P 58/78 €
Rist – *(chiuso a mezzogiorno escluso domenica)* (prenotazione obbligatoria) Carta 24/32 €
◆ Un centinaio di metri di strada sterrata e giungerete in un casolare, con orto e pollame, che offre stanze arredate con bei mobili di arte povera e antiquariato. Cucina sana e genuina, basata su alimenti biologici di produzione propria.

MALBORGHETTO – Udine (UD) – 562 C22 – 992 ab. – alt. 721 m – ✉ 33010 11 C1

Roma 710 – Udine 82 – Tarvisio 12 – Tolmezzo 50

a Valbruna Est : 6 km – ✉ 33010

XX **Renzo** con cam
via Saisera 11/13 – ✆ 0 42 86 01 23 – www.hotelrenzo.com – info@hotelrenzo.com
8 cam – †45/55 € ††80/100 € – ½ P 50/60 €
Rist – *(chiuso dal 15 al 30 giugno e lunedì escluso da Natale a gennaio e luglio-agosto)* Carta 24/52 €
◆ Una buona occasione per gustare la tranquillità e il relax della verdeggiante valle nella quale si trova il ristorante. Sulla tavola arrivano invece i sapori di una cucina mediterranea di pesce e di carne. Spaziose le camere dall'arredamento semplice, ma sempre ben tenute.

MALCESINE – Verona (VR) – 562 E14 – 3 675 ab. – alt. 89 m – Sport invernali : 1 400/1 850 m 1 4 – ✉ 37018 Italia 35 A2

Roma 556 – Trento 53 – Brescia 92 – Mantova 93

via Gardesana 238 ✆ 045 7400044, iatmalcesine@provincia.vr.it, Fax 045 7401633

★★★ dal monte Baldo E : 15 mn di funivia – Castello Scaligero★

Maximilian

rist,

località Val di Sogno 8, Sud: 2 km – 04 57 40 03 17 – www.hotelmaximilian.com – info@hotelmaximilian.com – Pasqua-ottobre

40 cam – 115/170 € 170/260 € – ½ P 95/140 €

Rist – *(chiuso a mezzogiorno) (solo per alloggiati)*

♦ Un giardino-uliveto in riva al lago ed un piccolo ma completo centro benessere con vista panoramica caratterizzano questo hotel dalla gestione diretta sempre attenta alla cura dei servizi.

Park Hotel Querceto

rist, cam,

via Panoramica 113, Est : 5 km, alt. 378 – 04 57 40 03 44 – www.parkhotelquerceto.com – info@parkhotelquerceto.com – maggio-8 ottobre

22 cam – 100/130 € 140/180 € – ½ P 102 €

Rist – *(chiuso a mezzogiorno) (solo per alloggiati)*

♦ In posizione elevata, assai fuori dal paese e quindi tranquillissimo. Contraddistinguono gli arredi interni pietra, legno e un fine gusto per le cose semplici. I sapori della tadizione altoatesina avvolti dal calore di una romantica stube.

Val di Sogno

rist,

via Val di Sogno 16, Sud: 2 km – 04 57 40 01 08 – www.hotelvaldisogno.com – info@hotelvaldisogno.com – 21 aprile-23 ottobre

36 cam – 108/190 € 136/300 € – ½ P 80/200 €

Rist – *(21 aprile-16 ottobre)* Carta 27/68 €

♦ Il giardino con piscina in riva al lago, testimonia della magnifica posizione in cui l'hotel si trova. Bella zona comune, organizzato centro benessere e servizio di alto livello. Cucina italiana nella luminosa e confortevole sala da pranzo.

Bellevue San Lorenzo

via Gardesana 164, Sud: 1,5 km – 04 57 40 15 98 – www.bellevue-sanlorenzo.it – info@bellevue-sanlorenzo.it – 8 aprile-5 novembre

58 cam – 158/198 € – ½ P 94/114 €

Rist – *(chiuso a mezzogiorno escluso giugno-settembre) (solo per alloggiati)*

♦ E' il giardino la punta di diamante di questa villa d'epoca: dotato di piscina e con una strabiliante vista panoramica del lago, congiunge i diversi edifici della struttura.

Meridiana senza rist

via Navene Vecchia 39 – 04 57 40 03 42 – www.hotelmeridiana.it – info@hotelmeridiana.it – 15 aprile-23 ottobre

23 cam – 80/130 € 90/150 €

♦ Vicino alla funivia del monte Baldo, struttura dalla gestione al femminile rinnovata secondo i canoni moderni del design e del confort, ospita sovente clientela internazionale. Bonus: la saletta per massaggi.

Alpi

rist,

via Gardesana 256, località Campogrande – 04 57 40 07 17 – www.alpihotel.info – hotelapi@malcesine.com – 28 dicembre-20 gennaio e 9 aprile-6 novembre

45 cam – 60/100 € 70/110 €, 10 € – ½ P 62/70 € **Rist** – Carta 20/25 €

♦ A monte della statale gardesana, le camere più recenti di questo silenzioso hotel si trovano in posizione panoramica e dispongono di una bella terrazza. Piscina in giardino. Nella bella stagione si pranza anche nella terrazza all'aperto.

Erika senza rist

via Campogrande 8 – 04 57 40 04 51 – www.erikahotel.net – info@erikahotel.net – aprile-1° novembre

14 cam – 65/70 € 110/120 €

♦ Piccolo e tranquillo albergo familiare in prossimità del centro storico, dispone di accoglienti camere recentemente rinnovate e di una raccolta ma graziosa sala colazioni.

XX **Trattoria Vecchia Malcesine** (Leandro Luppi)

via Pisort 6 – ✆ 04 57 40 04 69 – www.vecchiamalcesine.com – info@vecchiamalcesine.com – chiuso novembre, dal 25 gennaio al 10 marzo e mercoledì

Rist – *(chiuso a mezzogiorno escluso domenica in gennaio-febbraio)* Carta 60/78 €

Spec. Tartare di trota con zuppa tiepida di melagrana, yogurt e sedano. Gnocchi di ricotta di capra con animelle e mandorle tostate al curry. Anguilla alla carbonella con pane sfogliato alla marmellata di limoni.

◆ Due passi a piedi e poi - superato il giardino - si entra nel locale colorato e panoramico, dove lo chef-patron reinterpreta con leggerezza, nonché fantasia, le tradizioni del territorio e il pesce di lago.

sulla strada statale 249 Nord : 3,5 km

Piccolo Hotel rist,

via Molini di Martora 28 ✉ 37018 – ✆ 04 57 40 02 64 – www.navene.com – info@navene.com – marzo-9 novembre

30 cam – †48/57 € ††98/124 €, ☕ 9 € – ½ P 60/90 €

Rist – *(solo per alloggiati)* Menu 19 €

◆ Attenzioni particolari per i surfisti, in questo piccolo hotel fuori dal centro della località (sulla litoranea): camere semplici negli arredi, ma spaziose, quasi tutte con vista lago. Al ristorante, menu fisso e splendida finestra panoramica.

MALÉ – **Trento (TN)** – **562** C14 – **2 116 ab.** – **alt. 738 m** – **Sport invernali : 1 400/2 200 m** 5 19 **(Comprensorio sciistico Folgarida-Marilleva)** – ✉ **38027** **30** B2

Roma 641 – Bolzano 65 – Passo di Gavia 58 – Milano 236

piazza Regina Elena ✆ 0463 900862, male@valdisole.net, Fax 0463 902911

XX **Conte Ramponi**

piazza San Marco 38, località Magras, Nord-Est : 1 km – ✆ 04 63 90 19 89 – www.conteramponi.com – conteramponi@virgilio.it – chiuso dal 1° al 20 giugno, dal 1° al 20 ottobre e lunedì escluso agosto

Rist – Carta 30/54 €

◆ In un palazzo del '500 dalle aristocratiche ascendenze, tre salette ricche di storia - tra stucchi e parquet d'epoca - ospitano una gustosa cucina trentina, in prevalenza di carne.

MALEO – **Lodi (LO)** – **561** G11 – **3 265 ab.** – **alt. 58 m** – ✉ **26847** **16** B3

Roma 527 – Piacenza 19 – Cremona 23 – Milano 60

XX **Leon d'Oro**

via Dante 69 – ✆ 0 37 75 81 49 – www.leondoromaleo.com – info@leondoromaleo.com – chiuso dal 1° al 5 gennaio, dal 13 agosto al 1° settembre, mercoledì e sabato a mezzogiorno

Rist – Menu 35/65 € – Carta 40/66 €

◆ Prodotti scelti con cura garantiscono una cucina del territorio interpretata con abilità dallo chef; un piccolo ingresso immette in tre salette eleganti in un piacevole stile rustico.

XX **Albergo Del Sole** con cam

via Monsignor Trabattoni 22 – ✆ 0 37 75 81 42 – www.ilsolemaleo.it – info@ilsolemaleo.it – chiuso gennaio ed agosto

3 cam – †70 € ††120 €, ☕ 12 €

Rist – *(chiuso domenica sera, lunedì)* Carta 34/64 €

◆ Locanda di antica tradizione affacciata su un cortile interno, ricco di un pittoresco giardino. Nella bella stagione vale la pena di approfittare del servizio all'aperto.

MALESCO – **Verbano-Cusio-Ossola (VB)** – **561** D7 – **1 454 ab.** – **alt. 761 m** – **Sport invernali : a Piana di Vigezzo : 800/2 064** 1 4, – ✉ **28854** **23** C1

Roma 718 – Stresa 53 – Domodossola 20 – Locarno 29

via Ospedale 1 ✆ 0324 929901, malesco@distrettolaghi.it, Fax 0324 929901

Ramo Verde

via Conte Mellerio 5 – ✆ 0 32 49 50 12 – ramoverdemalesco@yahoo.it – chiuso novembre e mercoledì (escluso da giugno a settembre)
Rist – Menu 20/35 € – Carta 21/27 €
◆ Nell'incantevole scenario della Valle Vigezzo, talmente bella da essere stata ribatezzata Valle dei Pittori, una cucina d'impronta casalinga che non disdegna i prodotti del mare.

MALGRATE – Lecco (LC) – 561 E10 – 4 274 ab. – alt. 231 m – ✉ 23864 **18** B1

Roma 623 – Como 27 – Bellagio 20 – Lecco 2

Il Griso

via Provinciale 51 – ✆ 0 34 12 39 81 – www.griso.info – hotel@griso.info
43 cam – 80/190 € 110/240 €
Rist *Terrazza Manzoni* – ✆ 0 34 12 39 87 21 *(chiuso lunedì)* Menu 60/75 € – Carta 53/85 €
◆ Affacciata sul celebre lago quest'affascinante architettura segue il profilo della costa: le camere di conseguenze beneficiano tutte di un'impareggiabile vista sulla natura circostante, oltre ad essere ampie ed accoglienti. Raffinata cucina contemporanea ed ottime materie prime nel romantico ristorante.

MALLES VENOSTA (MALS) – Bolzano (BZ) – 562 B13 – 5 046 ab. – alt. 1 051 m – Sport invernali : 1 750/2 500 m 3, – ✉ 39024 **30** A2

Roma 721 – Sondrio 121 – Bolzano 84 – Bormio 57
via San Benedetto 1 ✆ 0473 831190, mals@suedtirol.com, Fax 0473 831901

Greif

via Verdross 40/A – ✆ 04 73 83 11 89 – www.hotel-greif.com – info@hotel-greif.com
14 cam – 50/80 € 100/160 € – ½ P 60/80 € **Rist** – Carta 30/40 €
◆ Hotel centralissimo, dal buon confort generale, che oltre al pregevole ristorante con interessante linea gastronomica offre ai propri clienti uno spazio bistrot e l'enoteca.

a Burgusio (Burgeis)Nord : 3 km – alt. 1 215 m – ✉ 39024 Malles Venosta

frazione Burgusio 77 ✆ 0473 831422, info@burgeis.is.it, Fax 0473 831690

Weisses Kreuz

– ✆ 04 73 83 13 07 – www.weisseskreuz.it – info@weisseskreuz.it – 20 dicembre-Pasqua e 15 maggio-2 novembre
28 cam – 65/95 € 95/160 € – ½ P 85/110 €
Rist – *(chiuso giovedì)* Carta 30/44 €
◆ Per un piacevole soggiorno, un hotel di tradizione recentemente rimodernato con particolari attenzioni alla zona relax. Bella terrazza baciata dal sole. Ampia e luminosa sala ristorante.

Plavina

piazza Centrale 81 – ✆ 04 73 83 12 23 – www.mohren-plavina.com – info@mohren-plavina.com – chiuso dal 6 novembre al 31 dicembre
45 cam – 40/80 € 40/90 € – ½ P 60 €
Rist Al Moro-Zum Mohren – vedere selezione ristoranti
◆ Risorsa tranquilla ed accogliente, dotata di ampie camere, punto di appoggio adatto per chi ama le montagne. Per i pasti, è possibile rivolgersi al vicino ristorante Al Moro.

Al Moro-Zum Mohren – Hotel Plavinia

– ✆ 04 73 83 12 23 – www.mohren-plavina.com – mohren-plavina@rolmail.net – chiuso dal 6 novembre al 31 dicembre, martedì e mercoledì a mezzogiorno
Rist – Carta 24/59 €
◆ In un tipico paesino di montagna, soluzione che presenta la possibilità di assaporare una sobria e schietta cucina locale, servita in ambienti dagli arredi semplici.

MALNATE – Varese (VA) – 561 E8 – 16 414 ab. – alt. 355 m – ✉ 21046 18 A1

▶ Roma 618 – Como 21 – Lugano 32 – Milano 50

XX **Crotto Valtellina**

via Fiume 11, località Valle – ✆ 03 32 42 72 58 – www.crottovaltellina.it – info@crottovaltellina.it – chiuso martedì, mercoledì a mezzogiorno

Rist – Menu 49 € – Carta 34/67 €

◆ All'ingresso la zona bar-cantina, a seguire la sala rustica ed elegante nel contempo. Cucina di rigida osservanza valtellinese e servizio estivo a ridosso della roccia.

MALO – Vicenza (VI) – 562 F16 – 14 386 ab. – alt. 116 m – ✉ 36034 37 A1

▶ Roma 561 – Verona 73 – Padova 59 – Venezia 93

XX **Cinque Sensi**

via Pacinotti 2 – ✆ 04 45 60 79 76 – www.5sensi.it – info@5sensi.it – chiuso sabato a mezzogiorno, domenica

Rist – Carta 38/50 €

◆ Una cucina del territorio sempre attuale grazie alla costante attenta ricerca dei prodotti impiegati, per soddisfare ed emozionare i clienti in ogni gusto. Meglio, in ogni senso!

MALOSCO – Trento (TN) – 562 C15 – 415 ab. – alt. 1 041 m – ✉ 38013 30 B2

▶ Roma 638 – Bolzano 33 – Merano 40 – Milano 295

Bel Soggiorno

rist, rist,

via Miravalle 7 – ✆ 04 63 83 12 05 – www.h-belsoggiorno.com – info@h-belsoggiorno.com – chiuso novembre

42 cam – †46/65 € ††80/120 € – ½ P 50/57 € **Rist** – Carta 17/25 €

◆ In posizione rilassante, circondato da un giardino soleggiato, l'albergo offre camere in stile rustico, sale da lettura e una piccola area benessere. Al ristorante, la classica cucina trentina.

MALS = Malles Venosta

MANAROLA – La Spezia (SP) – 561 J11 – ✉ 19017 Liguria 15 D2

▶ Roma 434 – La Spezia 14 – Genova 119 – Milano 236

c/o Stazione FS ✆ 0187 760511, accoglienzamanarola@parconazionale5terre.it

Via dell'Amore★★: conduce in circa 30 min a Riomaggiore

Regione delle Cinque Terre★★ Nord-Ovest e Sud-Est per ferrovia

Ca' d'Andrean senza rist

via Discovolo 101 – ✆ 01 87 92 00 40 – www.cadandrean.it – cadandrean@libero.it – chiuso dal 11 novembre al 25 dicembre

10 cam – †55/72 € ††70/100 €, 6 €

◆ Nel centro pedonale del grazioso borgo, alberghetto a gestione familiare dotato anche di un piccolo giardino, dove nella bella stagione viene servita la prima colazione. Risorsa semplice, ma assolutamente valida.

La Torretta senza rist

piazza della Chiesa - Vico Volto 20 – ✆ 01 87 92 03 27 – www.torrettas.com – torretta@cdh.it – chiuso gennaio e febbraio

11 cam – †70/135 € ††135/230 € – 2 suites

◆ Tra i romantici color pastello delle tipiche case della zona, un piacevole bed & breakfast con camere personalizzate: una con vasca cromoterapia, un'altra dal design moderno. Da tutte l'incanto del mare, così come dalla piccola terrazza per la prima colazione.

X **Marina Piccola**

via lo Scalo 16 – ✆ 01 87 92 09 23 – www.ristorantemarinapiccola.it – info@ristorantelmarinapiccola.it – chiuso novembre e martedì

Rist – Carta 23/49 €

◆ Ristorante con gradevole servizio all'aperto in riva al mare, per apprezzare lo spirito delle Cinque Terre, passando dalla tavola. In cucina dominano i prodotti ittici.

a Volastra Nord-Ovest : 7 km – ✉ 19017 Manarola

Il Saraceno senza rist

– ☎ *01 87 76 00 81 – www.thesaraceno.com – hotel@thesaraceno.com – chiuso dal 7 gennaio al 12 febbraio*

7 cam – 72/100 €

◆ Il verde e la quiete regnano sovrani in questa confortevole struttura dagli spazi comuni lineari e dalle ampie camere di moderna essenzialità. Piacevole solarium per una sosta *en plein air.*

MANCIANO – **Grosseto (GR)** – **563** O16 – **7 605 ab.** – **alt. 444 m** – ✉ **58014** **29** C3

Roma 141 – Grosseto 61 – Orvieto 65 – Viterbo 69

sulla strada provinciale 32 per Farnese

Le Pisanelle

strada provinciale 32 al km 3,8, Sud-Est : 3,8 km ✉ 58014 Manciano – ☎ 05 64 62 82 86 – www.lepisanelle.it – info@lepisanelle.it – chiuso dal 20 al 25 dicembre, dal 7 al 28 febbraio e novembre

8 cam – 120/130 € 130/150 € – ½ P 100/110 €

Rist – *(chiuso domenica) (chiuso a mezzogiorno) (solo per alloggiati)* Menu 32/35 €

◆ In un podere verde di ulivi e frutteti, antico casale del 1700 con arredi d'epoca in grado di regalare atmosfere speciali. La gestione è amabile, la clientela numerosa. Dalle tradizioni maremmane all'innovazione gastronomica, i segreti della cucina.

sulla strada statale 74-Marsiliana Ovest : 15 km

Agriturismo Galeazzi senza rist

località Marsiliana 250 ✉ 58010 Manciano – ☎ 05 64 60 50 17 – www.agriturismogaleazzi.com – info@agriturismogaleazzi.com

9 cam – 45/55 € 55/70 €

◆ A mezza strada tra il mare e le terme di Saturnia, un agriturismo semplicissimo, ma ben tenuto, con laghetto per la pesca sportiva e tiro con l'arco. Ideale per una vacanza nella campagna toscana!

MANDELLO DEL LARIO – **Lecco (LC)** – **561** E9 – **10 631 ab.** – **alt. 214 m** – ✉ **23826** **16** B2

Roma 631 – Como 40 – Bergamo 44 – Milano 67

via Manzoni 57, ☎ 0341 732912 info@prolocomandello.it Fax 0341 732912

a Olcio Nord : 2 km – ✉ **23826 Mandello Del Lario**

Ricciolo

via Provinciale 165 – ☎ 03 41 73 25 46 – www.ristoranthericciolo.com – info@ristoranthericciolo.com – chiuso gennaio, domenica sera, lunedì (escluso giugno-agosto)

Rist – Carta 37/48 €

◆ Pochi coperti in questo gradevole ristorante familiare, che propone solo ed esclusivamente piatti a base di pesce d'acqua dolce. Servizio estivo all'aperto, in riva al lago.

MANERBA DEL GARDA – **Brescia (BS)** – **561** F13 – **3 378 ab.** – **alt. 132 m** – ✉ **25080** **17** D1

Roma 541 – Brescia 32 – Mantova 80 – Milano 131

Capriccio (Giuliana Germiniasi)

piazza San Bernardo 6, località Montinelle – ☎ 03 65 55 11 24 – www.ristorantecapriccio.it – info@ristorantecapriccio.it – chiuso gennaio, febbraio e martedì

Rist – Menu 69/79 € – Carta 74/96 €

Spec. Variazione di baccalà. Gnocchi di patate con astice, granchio e granseola. Agnello cotto a bassa temperatura nel suo fondo, costoletta in crosta di frutta secca, uva fragola e la sua granita.

◆ Raffinato e spazioso ristorante, la cucina propone versioni moderne dei classici italiani con particolare cura nelle presentazioni. Apoteosi nei dolci, irrinunciabili.

Il Gusto

piazza San Bernardo località Montinelle – ✆ 03 65 55 02 97 – www.ristorantecapriccio.it – ilgusto@ristorantecapriccio.it – chiuso gennaio, febbraio, martedì

Rist – (prenotazione obbligatoria a mezzogiorno) Carta 30/38 €

♦ Su una piazzetta con tanto di belvedere sul lago, una sala semplice e disimpegnata per piatti classici e sfiziosi: particolare attenzione è riservata ai vini.

MANFREDONIA – Foggia (FG) – 564 C29 – 57 111 ab. – ✉ 71043 — 26 B1

Puglia

Roma 411 – Foggia 44 – Bari 119 – Pescara 211

piazza della Libertà 1 ✆ 0884 581998, iatmanfredonia@viaggiareinpuglia.it, Fax 0884 581998

Stele dàune★ nel Museo archeologico nazionale del Gargano

Chiesa di S. Leonardo di Siponto: 10 km sud – Isole Tremiti★ (in battello): ≤★★★ sul litorale - Chiesa di Santa Maria di Siponto★: 3 km sud

Regio Hotel Manfredi

rist, rist,

strada statale per San Giovanni Rotondo al km 12, Ovest : 2 km – ✆ 08 84 53 01 22 – www.regiohotel.it – info@regiohotel.it

100 cam – †79/169 € ††89/189 € – ½ P 65/130 €

Rist – *(solo per alloggiati)*

Rist *Dama Bianca* – Carta 23/46 €

♦ Poco lontano dal centro, ma già immersa tra grandi spazi verdi, struttura di taglio decisamente moderno dotata di un centro congressuale attrezzato e di uno spazio benessere aperto nel 2008. Arredi sobri e sapori mediterranei al ristorante Dama Bianca.

Coppola Rossa

via dei Celestini 13 – ✆ 08 84 58 25 22 – www.coppolarossa.com – info@coppolarossa.com – chiuso dal 6 al 15 gennaio, dal 29 giugno al 5 luglio, domenica sera, lunedì

Rist – Carta 25/45 €

♦ Diventato oramai un'istituzione in paese, Coppola Rossa è il soprannome di questo simpatico chef, che insieme a moglie e figlio propone il prodotto principe di Manfredonia: il pesce. Buffet di antipasti e frutti di mare sono un must!

MANGO – Cuneo (CN) – 561 H6 – 1 324 ab. – alt. 521 m – ✉ 12056 — 25 C2

Roma 612 – Cuneo 79 – Torino 91 – Genova 112

Villa Althea senza rist

località Luigi 18, Nord-Ovest : 1 km – ✆ 33 55 29 55 08 – www.villaalthea.it – info@villaalthea.it – chiuso da gennaio al 15 marzo

6 cam – †90/120 € ††120/150 € – 1 suite

♦ Atmosfera allo stesso tempo familiare e raffinata, in una graziosa struttura riscaldata da sorprendenti accostamenti di colore. Per i vostri momenti ludici: una sala biliardo e un'enorme scacchiera all'aperto, avvolta dalla tranquillità delle colline.

MANIAGO – Pordenone (PN) – 562 D20 – 11 882 ab. – alt. 283 m – ✉ 33085 — 10 A2

Roma 636 – Udine 51 – Pordenone 27 – Venezia 124

Eurohotel Palace Maniago

cam,

viale della Vittoria 3 – ✆ 0 42 77 14 32 – www.eurohotelfriuli.it – maniago@eurohotelfriuli.it – chiuso dal 1° al 10 gennaio e dal 10 al 20 agosto

38 cam – †85 € ††137 € – ½ P 97 €

Rist – *(chiuso domenica sera, lunedì a mezzogiorno)* Carta 33/52 €

♦ Con un parco secolare alle spalle, hotel dagli spaziosi e confortevoli ambienti, arredati secondo i dettami dello stile minimalista attualmente in voga. Eleganza e soluzioni moderne anche per la sala da pranzo, dove gustare specialità di pesce.

MANTOVA P (MN) – 561 G14 – 48 357 ab. – alt. 19 m – ✉ 46100 17 C3

Italia

Roma 469 – Verona 42 – Brescia 66 – Ferrara 89

piazza Andrea Mantegna 6 ✆ 0376 432432, info@turismo.mantova.it, Fax 0376 432433

Palazzo Ducale★★★ BY – Piazza Sordello★ BY **21** – Piazza delle Erbe★ : Rotonda di San Lorenzo★ BZ **B** – Basilica di Sant'Andrea★ BYZ – Palazzo Te★★ AZ

Sabbioneta★ Sud-Ovest : 33 km

Casa Poli senza rist

corso Garibaldi 32 – ✆ 03 76 28 81 70 – www.hotelcasapoli.it – info@hotelcasapoli.it – chiuso dal 10 al 25 agosto BZ**b**

34 cam – 130 € 190 €

◆ Bella novità nel panorama alberghiero cittadino: struttura dal confort moderno e omogeneo, con camere diverse per disposizione ma identiche per stile e servizi.

La Favorita

rist,

via S. Cognetti De Martiis 1, 2 km per ② – ✆ 03 76 25 47 11 – www.hotellafavorita.it – info@hotellafavorita.it

91 cam – 60/120 € 60/310 € – 2 suites – ½ P 50/200 €

Rist – *(chiuso agosto e giorni festivi)* Carta 24/50 €

◆ In posizione decentrata, all'interno di una zona commerciale di uffici, questa struttura di dimensioni ragguardevoli sfoggia un look decisamente moderno. Camere confortevoli ed accoglienti.

Aquila Nigra (Vera Caffini)

vicolo Bonacolsi 4 – ✆ 03 76 32 71 80 – www.aquilanigra.it – informazioni@aquilanigra.it – chiuso 1 settimana in agosto, domenica e lunedì, in aprile, maggio, settembre, ottobre aperto domenica a mezzogiorno BY**b**

Rist – Menu 70/80 € – Carta 54/87 €

Rist *Osteria....la porta accanto* – ✆ 03 76 36 67 51 – Carta 29/49 €

Spec. Frittura di saltarelli (gamberi di fiume) e zucchine. Ravioli verdi ai formaggi freschi con burro fuso e grana. Petto di faraona alle pesche e salsa alle marasche con fegato grasso d'oca e mousse di carote.

◆ Vecchia casa in un vicolo nei pressi del Palazzo Ducale, che conserva ancora alcune caratteristiche originali: soffitti a cassettoni, affreschi alle pareti e tipica cucina mantovana. La porta accanto si schiude su un bistrot di design contemporaneo con scelta gastronomica più ridotta, a prezzi più contenuti.

Il Cigno Trattoria dei Martini

piazza Carlo d'Arco 1 – ✆ 03 76 32 71 01 – chiuso dal 31 dicembre al 5 gennaio, agosto, lunedì, martedì AY**u**

Rist – Carta 47/66 €

◆ Lunga tradizione familiare, in una casa del Cinquecento, ovviamente classica, ma magicamente accogliente nel ricordare il passato. Le proposte partono dal territorio per arrivare in tavola.

Acqua Pazza

Viale Monsignore Martini 1, 1 km per ④ – ✆ 03 76 22 08 91 – info@acqua-pazza.191.it – chiuso 10 giorni in agosto e giovedì

Rist – Carta 37/62 €

◆ Pavimenti chiari e soffitto in legno, che risalta sulle pareti dai colori caldi, tavoli spaziosi e vari complementi d'arredo concorrono a creare un ambiente piacevole e di buon gusto. L'insegna da un *incipit* sulla cucina: squisitamente di mare. Un locale da tenere in considerazione.

Fragoletta

piazza Arche 5/a – ✆ 03 76 32 33 00 – www.fragoletta.it – lafragoletta@libero.it – chiuso lunedì BZ**r**

Rist – Carta 25/32 €

◆ In un angolo del centro, due sale vivaci e colorate nelle quali vengono proposte le specialità della cucina locale, talvolta rielaborate con gusto; notevole assortimento di formaggi accompagnati dall'immancabile mostarda.

MANTOVA

Accademia (V.) . . . . BY 2
Acerbi (V.) . . . . AZ 3
Broletto (V. e Pza) . . . . BZ 4
Canossa (Pza) . . . . AY 5
Don Leoni (Pza) . . . . AZ 6
Don Tazzoli (V. Enrico) . . . . BZ 7
Erbe (Pza delle) . . . . BZ 8
Fratelli Cairoli (V.) . . . . BY 10
Libertà (Cso) . . . . AZ 12
Mantegna (Pza Andrea) . . . . BZ 13
Marconi (Pza) . . . . ABZ 15
Martiri di Belfiore (Pza) . . . . AZ 16
Matteotti (V.) . . . . AZ 17
Roma (V.) . . . . AZ
Sordello (Pza) . . . . BY 21
S. Giorgio (V.) . . . . BY 20
Umberto (Cso) . . . . AZ
Verdi (V. Giuseppe) . . . . AZ 24
Virgilio (V.) . . . . AY 25
20 Settembre (V.) . . . . BZ 27

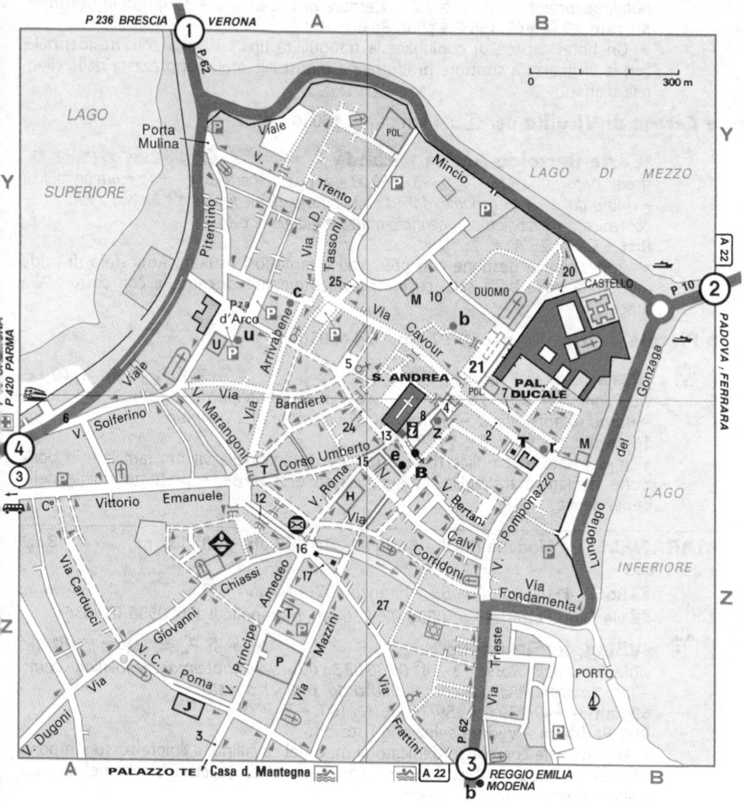

Cento Rampini

piazza delle Erbe 11 – ✆ 03 76 36 63 49 – 100.rampini@libero.it – chiuso domenica sera, lunedì BZ**z**

Rist – Carta 34/45 €

◆ Uno dei locali storici della città, in splendida posizione centrale: fortunatamente non ha ceduto alle lusinghe della moda rustico-chic. Cucina tradizionalmente "ortodossa".

L'Ochina Bianca

via Finzi 2 – ✆ 03 76 32 37 00 – www.ochinabianca.it – ochinabianca@hotmail.it – chiuso dal 1° al 24 agosto, domenica sera e lunedì AY**c**

Rist – (consigliata la prenotazione la sera) Carta 35/50 €

◆ Un piccolo ristorante dal côté bistrot: due salette ed un piccolo privé - decorati con foto, quadri e ricordi di viaggio - accolgono una cucina di chiara ispirazione mantovana con qualche piatto di pesce. Il fritto di mare e verdure, tra le specialità della casa.

a Porto Mantovano per ① : 3 km – ✉ 46047

Abacus senza rist
strada Martorelli 92/94 – ✆ 03 76 39 91 42 – www.hotelabacus.net – info@hotelabacus.net – chiuso dal 24 dicembre al 1° gennaio e 15 giorni in agosto
30 cam – 62/156 € 96/235 €
◆ Un hotel capace di coniugare la tranquillità tipica di una zona residenziale, con la vicinanza a strutture produttive e industriali, molto apprezzata dalla clientela d'affari.

a Cerese di Virgilio per ③ : 4 km : – ✉ 46030

Corte Bertoldo Antica Locanda
strada statale Cisa 116 – ✆ 03 76 44 80 03 – www.cortebertoldo.it – info@cortebertoldo.it – chiuso dal 1° al 15 gennaio, dal 10 al 25 agosto, domenica sera e lunedì, anche domenica a mezzogiorno in gennaio-marzo e giugno-agosto
Rist – Carta 25/41 €
◆ Appassionata gestione con pregevoli e fantasiosi risultati. Atmosfera di calda modernità nella bella sala, cucina prevalentemente di carne e con cotture alla brace.

a Pietole di Virgilio per ③ : 7 km – ✉ 46030

Paradiso senza rist
via Piloni 13 – ✆ 03 76 44 07 00 – www.albergohotelparadiso.com – paradiso.hotel@tin.it – chiuso dal 20 dicembre al 2 gennaio
16 cam – 47/55 € 80/85 €
◆ Inaspettata e semplice risorsa ricavata da una bella villetta familiare in posizione defilata e tranquilla. Camere carine e spaziose, soprattutto quelle della dépendance.

MARANELLO – Modena (MO) – 562 I14 – 16 789 ab. – alt. 137 m – ✉ 41053 8 B2

Roma 411 – Bologna 53 – Firenze 137 – Milano 179
via Dino Ferrari 43 ✆ 0536 073036 iat@maranello.it Fax 0536 073036

Villaggio Maranello
viale Terra delle Rosse 12 – ✆ 05 36 07 33 00 – www.hotelmaranellovillage.com – info@maranellovillage.com – chiuso dal 6 al 21 agosto
60 cam – 49/139 € 59/159 €, 10 € – ½ P 79 €
Rist Paddock – vedere selezione ristoranti
◆ Un originale complesso dedicato al mito del cavallino. Il colore rosso s'impone all'esterno e negli ambienti interni. Alti standard di qualità e servizi nel rispetto della tradizione rurale del luogo.

Planet Hotel senza rist
via Verga 22 – ✆ 05 36 94 67 82 – www.planethotel.org – planethotel@planethotel.org – chiuso dal 24 dicembre al 3 gennaio e dal 7 al 22 agosto
25 cam – 97/122 € 140/165 €
◆ La hall è un omaggio alla scuderia del cavallino, mentre dalle terrazze di questo piccolo e semplice hotel è possibile sentire il rombo dei motori della Rossa.

Domus senza rist
piazza Libertà 38 – ✆ 05 36 94 10 71 – www.hoteldomus.it – info@hoteldomus.it
50 cam – 49/79 € 65/110 €
◆ Proprio accanto al municipio, annovera camere di differenti tipologie e curati spazi comuni di modeste dimensioni. Sono in corso importanti interventi di rinnovamento.

Paddock – Hotel Villaggio Maranello
via Terre della Rossa 1 – ✆ 05 36 07 33 07 – ristorante.paddock@libero.it – chiuso dal 1° al 7 gennaio, dal 10 al 21 agosto, domenica sera e lunedì
Rist – Carta 25/40 €
◆ Spenti i roboanti motori, sosta al Paddock per gustare la vera cucina emiliana con spunti moderni. La cantina conquista con una selezione di oltre 150 etichette di vini pregiati, italiani ed internazionali.

XX **William**

via Flavio Gioia 1 – ☎ 05 36 94 10 27 – www.ristorantewilliam.com – mail@ristorantewilliam.com – chiuso 2 settimane in agosto, lunedì
Rist – Carta 34/70 €
♦ In zona periferica e residenziale, un'inaspettata "parentesi" ittica tra tanti bolliti modenesi: dalla cucina, infatti, i classici piatti marinari all'italiana.

sulla strada statale 12 - Nuova Estense Sud-Est : 4 km :

Locanda del Mulino senza rist

via Nuova Estense 3430 ✉ 41053 Maranello – ☎ 05 36 94 41 75 – www.locandadelmulino.com – info@locandadelmulino.com
17 cam ☕ – †49/70 € ††60/100 €
♦ Caratteristica struttura di gusto rustico con massicce travi in quercia, ricavata all'interno di un antico mulino. Singolare l'unica stanza con terrazzino affacciata sulla ruota ad acqua.

XX **La Locanda del Mulino**

via Nuova Estense 3430 ✉ 41053 Maranello – ☎ 05 36 94 88 95 – www.lalocandadelmulino.com – w.bertoni@infinito.it – chiuso sabato a mezzogiorno
Rist – Carta 23/43 €
♦ Simpatico locale dai sapori emiliani rivisitati, dalle cui vetrate è ancora possibile vedere parti del vecchio mulino che lo ospita. Piacevole il dehors estivo immerso nel verde.

MARANO LAGUNARE – Udine (UD) – 562 E21 – 2 006 ab. – ✉ 33050 — 11 C3

Roma 626 – Udine 43 – Gorizia 51 – Latisana 21

XX **Alla Laguna-Vedova Raddi**

piazza Garibaldi 1 – ☎ 0 43 16 70 19 – vedova_raddi@yahoo.it – chiuso 15 giorni in novembre e lunedì
Rist – Carta 32/55 €
♦ Situato sul porto - di fronte al mercato ittico - il locale valorizza in preparazioni semplici, ma gustose, i prodotti del mare. Ristoratori da sempre, la lunga tradizione familiare è una garanzia!

MARANZA = MERANSEN – Bolzano – 562 B16 – Vedere Rio di Pusteria

---

MARATEA – Potenza (PZ) – 564 H29 – 5 221 ab. – alt. 300 m – ✉ 85046 — 3 B3

Italia

Roma 423 – Potenza 147 – Castrovillari 88 – Napoli 217
piazza del Gesù 32 ✉ 85040 Fiumicello di Santa Venere ☎ 0973 876908, info@aptbasilicata.it, Fax 0973 877454
Località★★ – ✳★★ dalla basilica di San Biagio

La Locanda delle Donne Monache

via Carlo Mazzei 4 – ☎ 09 73 87 61 39 – www.locandamonache.com – info@locandamonache.com – aprile-ottobre
22 cam ☕ – †105/165 € ††130/255 € – 5 suites – ½ P 110/173 €
Rist *Il Sacello* – Carta 34/74 €
♦ In un ex convento del XVIII sec, le spaziose camere - alcune con letto a baldacchino e vista panoramica - propongono una dimensione epicurea della vacanza: lo splendore della Lucania e il ritrovare il ritmo lento del tempo. Cucina mediterranea rivisitata al Sacello, uno dei migliori ristoranti della zona.

a Fiumicello di Santa Venere Ovest : 5 km – ✉ 85046

Santavenere

rist,

via Conte Stefano Rivetti 1 – ☎ 09 73 87 69 10 – www.santavenerehotel.eu – info@santavenerehotel.eu – aprile-ottobre
30 cam ☕ – ††280/660 € – 7 suites – ½ P 220/410 € **Rist** – Carta 50/66 €
♦ In posizione ineguagliabile, all'interno di un parco con pineta affacciato sulla scogliera. Camere con pavimenti in ceramica di Vietri, finestre come quadri aperti sul mare. Si mangia fra cielo e mare, sospesi nella semplice magia del panorama.

Villa delle Meraviglie senza rist
località Ogliastro, Nord : 1,5 km – ℰ 09 73 87 78 16 – www.hotelvilladellemeraviglie.it – mail@hotelvilladellemeraviglie.it – aprile-15 ottobre
16 cam – 60/98 € 80/200 €
♦ Costruzione affacciata sulla costa e circondata da un parco privato con piscina. Accesso diretto al mare, camere sobrie e, in gran parte, dotate di patio o terrazzo.

Zà Mariuccia
via Grotte 2, al porto – ℰ 09 73 87 61 63 – marzo-novembre; chiuso giovedì (escluso agosto)
Rist – *(chiuso a mezzogiorno)* Carta 41/64 €
♦ Caratteristico ristorante che coniuga felicemente specialità di mare e bell'ambiente. In estate, accomodatevi nella terrazza affacciata sul porto (pochi tavoli: è preferibile prenotare). Uno dei migliori locali della costa!

ad Acquafredda Nord-Ovest : 10 km – ✉ 85046

Villa Cheta Elite
via Timpone 46, Sud : 1 km – ℰ 09 73 87 81 34 – www.villacheta.it – info@villacheta.it – 9 aprile-5 novembre
23 cam – 140/264 € – ½ P 135/161 € **Rist** – Carta 43/56 € (+10 %)
♦ Pregevole villa liberty d'inizio secolo, dove vivere una dolce atmosfera vagamente retrò. O dove assaporare la fragranza delicata delle meravigliose terrazze fiorite. Sala sobria ma elegante e servizio ristorante estivo nell'incantevole giardino.

MARCELLISE – Verona – **562** F15 – Vedere San Martino Buon Albergo

MARCIAGA – Verona – Vedere Costermano

MARCIANA e MARCIANA MARINA – Livorno – **563** N12 – Vedere Elba (Isola d')

MARCIANO DELLA CHIANA – Arezzo (AR) – **563** M17 – **3 318 ab.** – **alt. 320 m** – ✉ **52047** **29** C2
Roma 202 – Siena 53 – Arezzo 26 – Firenze 85

a Badicorte Nord : 3 km – ✉ 52047 Marciano Della Chiana

Agriturismo il Querciolo senza rist
via Bosco Salviati 5 – ℰ 33 98 63 99 09 – www.ilquerciolobadicorte.com – info@ilquerciolobadicorte.com – chiuso gennaio-febbraio
4 cam – 70/90 € 100/130 €, 10 € – 6 suites – 140/350 €
♦ Le origini di questa casa colonica risalgono al '200, ma l'attuale "versione" al XIX secolo: le camere sono un'affascinante carrellata di originali arredi dal 1850 al Liberty.

MARCON – Venezia (VE) – **562** F18 – **14 856 ab.** – ✉ **30020** **35** A2
Roma 522 – Venezia 22 – Padova 46 – Treviso 16

Antony Palace Hotel
via Mattei 26 – ℰ 04 15 96 23 01 – www.antonypalace.it – palace@antonypalace.it
140 cam – 70/290 €, 12 € – 1 suite **Rist** – Carta 31/60 €
♦ Pensato per una clientela business o come punto di partenza per escursioni, hotel di moderna concezione con spazi comuni in *hi-tech* e sobrio design nelle ampie camere. Ristorante open space con proposte di cucina nazionale e qualche piatto locale.

La Osteria
piazza IV Novembre 9 – ℰ 04 15 95 00 68 – www.laosteria.com – laosteria@tiscali.it – chiuso 15 giorni in gennaio, 15 giorni in agosto, domenica, lunedì
Rist – Carta 31/61 €
♦ In pieno centro, una gradevole e rustica trattoria a conduzione diretta, dove il menu con piatti del territorio - leggermente rivisitati - viene stabilito di giorno in giorno. Piacevole servizio estivo.

MARCONIA – Matera (MT) – Vedere Pisticci

MARGNO – Lecco (LC) – **561** D10 – **371 ab.** – **alt. 730 m** – **Sport invernali : a Pian delle Betulle : 1 500/1 800 m** 1 4, – ✉ 23832 **16** B2

Roma 650 – Como 59 – Sondrio 63 – Lecco 30

a Pian delle Betulle Est : 5 mn di funivia – alt. 1 503 m

Baitock

via Sciatori 8 ✉ 23832 – ✆ 03 41 80 30 42 – www.baitock.it – dicembre-marzo e luglio-agosto

11 cam – †45/60 € ††60/85 € – ½ P 50/70 €

Rist – (prenotazione obbligatoria) Carta 24/44 €

◆ Ci si arriva a piedi o in funivia: di sicuro la vostra visuale sul paesaggio non verrà deturpata da automobili e parcheggi. Per un contatto vero con i monti lecchesi. Al ristorante sapori delle tradizioni locali: salumi, formaggi, selvaggina, frutti di bosco.

MARIANO COMENSE – Como (CO) – **561** E9 – **23 404 ab.** – **alt. 252 m** – ✉ **22066** **18** B1

Roma 619 – Como 17 – Bergamo 54 – Lecco 32

XXX **La Rimessa**

via Cardinal Ferrari 13/bis – ✆ 0 31 74 96 68 – www.larimessa.it – ristorantelarimessa@yahoo.it – chiuso dal 2 al 10 gennaio, agosto, domenica sera e lunedì

Rist – Menu 38/55 € – Carta 35/60 €

◆ In una villa di fine '800, all'interno della ex rimessa per le carrozze, un caratteristico ristorante con una ulteriore, intima saletta, ricavata nel fienile soppalcato.

MARIANO DEL FRIULI – Gorizia (GO) – **562** E22 – **1 573 ab.** – **alt. 32 m** – ✉ **34070** **11** C2

Roma 645 – Udine 27 – Gorizia 19 – Trieste 40

a Corona Est : 1,7 km – ✉ 34070

X **Al Piave**

via Cormons 6 – ✆ 0 48 16 90 03 – pferma@tin.it – chiuso martedì

Rist – Carta 25/34 €

◆ Curata e accogliente trattoria a gestione familiare, che si articola in due gradevoli sale con camino e bel giardino estivo. In menu i piatti del territorio si avvicendano a seconda delle stagioni, elaborati con fantasia.

MARIGLIANO – Napoli (NA) – **564** E25 – **30 272 ab.** – ✉ **80034** **6** B2

Roma 227 – Napoli 24 – Salerno 55 – Giugliano in Campania 32

Casal dell'Angelo senza rist

via Variante 7 bis km 40,400 – ✆ 08 18 41 24 71 – www.casaldellangelo.it – info@casaldellangelo.it

36 cam – †60/95 € ††70/150 €

◆ Un piccolo gioiello di cura e personalizzazione, scelta di arredi e materiali di pregio in un antico casolare divenuto albergo. Particolarmente raffinate le camere mansardate.

MARINA D'AEQUA – Napoli – Vedere Vico Equense

MARINA DEL CANTONE – Napoli – **564** F25 – Vedere Massa Lubrense

MARINA DELLA LOBRA – Napoli – Vedere Massa Lubrense

MARINA DI ARBUS – Medio Campidano (VS) – **366** L46 – ✉ **09031** **38** A3

Arbus Sardegna

Cagliari 88 – Iglesias 78 – Nuoro 160 – Olbia 240

Le Dune

località Piscinas di Ingurtosu Sud : 8 km – ✆ 0 70 97 71 30 – www.leduneingurtosu.it – info@leduneingurtosu.it – aprile-ottbre
27 cam – 120/430 € 150/430 € – 1 suite – ½ P 230/400 €
Rist – Carta 37/76 €
◆ Lungo la costa sud occidentale, al centro della sabbiosa valle di Piscinas, l'albergo è stato ricavato da una struttura mineraria ottocentesca. In una dimensione surreale - tra dune di sabbia (le più alte d'Europa) ed un mare blu cobalto - camere spaziose, nonché una pittoresca corte con reperti punici e romani.

MARINA DI ASCEA – Salerno (SA) – 564 G27 – ✉ 84058 — 7 C3

Roma 348 – Potenza 151 – Napoli 145 – Salerno 90

Iscairia

località Velia via Isacia 7 – ✆ 09 74 97 22 41 – www.iscairia.it – info@iscairia.it
11 cam – 45/65 € 70/100 € – ½ P 65/85 €
Rist – *(chiuso a mezzogiorno)* (consigliata la prenotazione) Menu 35/50 €
◆ Nel giardino un laghetto balenabile, all'interno camere personalizzate con qualche pezzo di antiquariato e la possibilità acquistare alcuni prodotti tipici campani (ceramiche di Vietri, marmellate, etc.). Dalla cucina, la tradizione del Cilento, pane e dolci fatti in casa.

MARINA DI BIBBONA – Livorno – 563 M13 – Vedere Bibbona (Marina di)

MARINA DI CAMEROTA – Salerno (SA) – 564 G28 – ✉ 84059 — 7 D3

Roma 385 – Potenza 148 – Napoli 179 – Salerno 128

Da Pepè

via delle Sirene 41 – ✆ 09 74 93 24 61 – www.villaggiodapepe.net – info@villaggiodapepe.net – maggio-ottobre
Rist – Carta 30/70 €
◆ Lungo la strada che conduce a Palinuro, tra i riflessi argentei degli ulivi, ottima cucina di pesce approvvigionata da un peschereccio di proprietà del ristorante stesso.

MARINA DI CAMPO – Livorno – 563 N12 – Vedere Elba (Isola d')

MARINA DI CAPOLIVERI – Livorno – Vedere Elba (Isola d') : Capoliveri

MARINA DI CASAL VELINO – Salerno (SA) – 564 G27 – 100 ab. – ✉ 84050 — 7 C3

Roma 349 – Potenza 136 – Napoli 138 – Salerno 87

Stella Maris

via Velia 156 – ✆ 09 74 90 70 40 – www.hotel-stella-maris.com – info@hotel-stella-maris.com
30 cam – 55/120 € 82/180 € – ½ P 105/120 € **Rist** – Menu 20/50 €
◆ Albergo recentemente ristrutturato, presenta arredi curati nelle parti comuni e camere luminose e confortevoli. In comoda posizione, a breve distanza dal mare.

MARINA DI CASTAGNETO CARDUCCI – Livorno – 563 M13 – Vedere Castagneto Carducci

MARINA DI CECINA – Livorno – 563 M13 – Vedere Cecina (Marina di)

MARINA DI GIOIOSA IONICA – Reggio di Calabria (RC) – 564 M30 – 6 568 ab. – ✉ 89046 — 5 B3

Roma 639 – Reggio di Calabria 108 – Catanzaro 93 – Crotone 148

Gambero Rosso

via Montezemolo 65 – ✆ 09 64 41 58 06 – www.gamberorosso.rc.it – info@gamberorosso.rc.it – chiuso gennaio o novembre e lunedì
Rist – Carta 32/55 €
◆ Ristorante d'impostazione assolutamente classica, situato lungo la via principale della località, propone una valida cucina basata su freschi e appetitosi prodotti ittici.

MARINA DI GROSSETO – Grosseto – 563 N14 – Vedere Grosseto (Marina di)

MARINA DI LEUCA - Lecce (LE) - 564 H37 - ✉ 73040 Puglia 27 D3

Roma 676 - Brindisi 109 - Bari 219 - Gallipoli 48

Grotte★

L'Approdo

via Panoramica - ☎ 08 33 75 85 48 - www.hotelapprodo.com - info@hotelapprodo.com

54 cam - 60/170 € 60/240 € - ½ P 55/145 €

Rist - *(Pasqua-ottobre)* Carta 29/37 €

◆ Poco distante dal lungomare, l'hotel dalla caratteristica facciata nivea offre un comodo parcheggio, un'invitante piscina, luminose sale curate negli arredi e una boutique. Proposte di pesce presso l'ampia sala ristorante o sulla veranda panoramica con vista sul mare.

Terminal

cam, rist,

lungomare Colombo 59 - ☎ 08 33 75 82 42 - www.attiliocaroli.it - terminal@attiliocaroli.it - aprile-ottobre

50 cam - 110 € 145 € - ½ P 110 € **Rist** - Carta 35/45 €

◆ Sul lungomare, un albergo dagli spazi luminosi caratterizzati da sobri arredi e camere in legno chiaro ciascuna dedicata ad un monumento della penisola salentina. Nella suggestiva sala ristorante è il pesce a dominare la tavola, accanto ad ortaggi, frutta, vini ed olii tipici della zona.

MARINA DI MARATEA - Potenza - 564 H29 - Vedere Maratea

MARINA DI MASSA - Massa Carrara - 563 J12 - Vedere Massa (Marina di) Toscana

MARINA DI NOCERA TERINESE - Catanzaro (CZ) - 564 J30 - ✉ 88047 5 A2

Roma 537 - Cosenza 63 - Catanzaro 67 - Reggio di Calabria 159

sulla strada statale 18 Nord : 3 km :

L'Aragosta

villaggio del Golfo ✉ 88040 - ☎ 0 96 89 33 85 - www.ristorantelaragosta.com - info@ristorantelaragosta.com - chiuso dal 15 al 30 ottobre, lunedì (escluso luglio-agosto)

Rist - Carta 50/80 €

◆ Un'unica sala classica preceduta all'ingresso da un ampio banco con esposto il pesce fresco di giornata; ideale per gustare piatti fragranti.

MARINA DI PIETRASANTA - Lucca - 563 K12 - Vedere Pietrasanta (Marina di) Toscana

MARINA DI PISA - Pisa - 563 K12 - Vedere Pisa (Marina di) Toscana

MARINA DI PULSANO - Taranto - Vedere Pulsano

MARINA DI SAN SALVO - Chieti - 563 P26 - Vedere San Salvo

MARINA DI SAN VITO - Chieti (CH) - 563 P25 - ✉ 66035 2 C2

Roma 234 - Pescara 30 - Chieti 43 - Foggia 154

Garden

rist,

contrada Portelle 77 - ☎ 0 87 26 11 64 - www.hotelgarden.abruzzo.it - hotel_garden@libero.it - chiuso Natale

49 cam - 55/80 € 75/100 € - ½ P 57/70 €

Rist - *(chiuso a mezzogiorno)* Carta 21/28 €

◆ Lungo la Statale Adriatica, appena fuori dal centro, albergo con ottime attrezzature sia per la clientela turistica, che per chi viaggia per lavoro. A due passi dal mare. Ristorante distribuito in due ampie sale.

L'Angolino da Filippo

via Sangritana 1 – ✆ 0 87 26 16 32 – www.langolinodafilippo.com – info@langolinodafilippo.com – chiuso lunedì
Rist – Carta 35/58 €
◆ L'ambiente è rustico-elegante, la tavola curata, la cucina marinaresca improntata sulla freschezza dei prodotti. A pochi metri dal mare, affacciato sul molo.

MARINA DI VASTO – Chieti – 563 P26 – Vedere Vasto (Marina di)

MARINA GRANDE – Napoli – 564 F24 – Vedere Capri (Isola di)

MARINA TORRE GRANDE – Oristano – 366 M44 – Vedere Oristano

MARINA VELCA – Viterbo – 563 P17 – Vedere Tarquinia

MARINELLA – Trapani – 365 AM58 – Vedere Selinunte

MARINO – Roma (RM) – 563 Q19 – 38 769 ab. – alt. 360 m – ✉ 00047 12 B2

Roma 26 – Frosinone 73 – Latina 44

Grand Hotel Helio Cabala

cam, cam,

via Spinabella 13/15, Ovest : 3 km – ✆ 06 93 66 12 35 – www.heliocabala.it – info@heliocabala.it
80 cam – †80/160 € ††120/250 € – ½ P 80/155 € **Rist** – Carta 36/50 €
◆ In posizione panoramica e tranquilla, grande albergo composto da tre strutture: un corpo principale, il *Borgo* dallo stile più rustico con pavimenti in cotto e mobili in arte povera, nonché il *Cabalino* che riprende il *concept* della casa principale. Il gorgoglio dei giochi d'acqua della piscina eccheggia nel ristorante.

MARLENGO (MARLING) – Bolzano (BZ) – 562 C15 – 2 443 ab. – alt. 363 m – ✉ 39020 30 B2

Roma 668 – Bolzano 31 – Merano 3 – Milano 329
piazza Chiesa 5 ✆ 0473 447147, mail@marlengo.info, Fax 0473 221775

Pianta : vedere Merano

Oberwirt

vicolo San Felice 2 – ✆ 04 73 22 20 20 – www.oberwirt.com – info@oberwirt.com – 26 marzo-14 novembre An
37 cam – †90/142 € ††158/306 € – 22 suites – ††224/432 € – ½ P 109/183 €
Rist – Menu 52/68 €
◆ Nel centro del paese, due edifici congiunti da un passaggio sotterraneo con begli arredi in legno. Cinquecento anni di vita: tradizione elegante, ma anche confort moderni. Apprezzabilissimo servizio ristorante estivo in giardino.

Jagdhof

cam,

via San Felice 18 – ✆ 04 73 44 71 77 – www.jagdhof.it – info@jagdhof.it – marzo-novembre Am
38 cam – solo ½ P 89/145 € **Rist** – Carta 37/56 €
◆ Tra le Dolomiti, definite da *Le Corbusier* come "l'architettura naturale più bella del mondo", *Jagdhof* ha tutto per piacere: un bellissima Spa, eleganti camere un fitto bosco che lo circonda. Le eccellenze dell'Alto Adige contribuiscono a creare piatti memorabili, mentre la vista spazia tra i frutteti di Marlengo.

Marlena

cam, cam, rist,

via Tramontana 6 – ✆ 04 73 22 22 66 – www.marlena.it – info@marlena.it – aprile-novembre Ak
43 cam – †87/135 € ††150/230 € – ½ P 95/135 €
Rist – *(solo per alloggiati)* Carta 30/45 €
◆ Struttura dall'architettura innovativa, in linea con il moderno design degli interni. Ovviamente il confort non ne risente per nulla, anzi acquista un sapore contemporaneo.

MARLIA – Lucca – 563 K13 – Vedere Lucca

MARLING = Marlengo

MARONTI – Napoli – 564 E23 – Vedere Ischia (Isola d') : Barano

MAROSTICA - Vicenza (VI) - 562 E16 - 13 668 ab. - alt. 103 m — 35 B2
- ✉ 36063 Italia Centro Nord

Roma 550 - Padova 60 - Belluno 87 - Milano 243

piazza Castello 1 ✆ 0424 72127 info@marosticascacchi.it Fax 0424 72800

Piazza Castello★

Valle San Floriano Nord : 3 km - alt. 127 m - ✉ 36063

XX **La Rosina** con cam

via Marchetti 4, Nord : 2 km - ✆ 04 24 47 03 60 - www.larosina.it - info@larosina.it

12 cam - 60/80 € 80/100 € - ½ P 65/80 €

Rist - *(chiuso martedì)* Carta 28/40 €

◆ L'insegna ricorda la capostipite della famiglia, che negli anni della prima guerra mondiale iniziò ad offrire vino e un piatto di minestra ai soldati. Oggi è un elegante ristorante, con un monumentale camino. Affacciatevi ai balconi delle stanze: sarà il riposante verde dei colli tutt'intorno a cullare il vostro riposo.

MAROTTA - Pesaro e Urbino (PU) - 563 K21 - ✉ 61032 — 20 B1

Roma 305 - Ancona 38 - Perugia 125 - Pesaro 25

(luglio-agosto) piazzale della Stazione ✆ 0721 96591, iat.marotta@regione.marche.it, Fax 0721 96591

Imperial

lungomare Faà di Bruno 119 - ✆ 07 21 96 94 45 - www.hotel-imperial.it - info@hotel-imperial.it - aprile-ottobre

42 cam - 45/70 € 70/120 €, 8 € - ½ P 81 € **Rist** - Menu 24/28 €

◆ Hotel completo di buoni confort, spazi generosi nelle parti comuni e camere di fattura moderna. Bel giardino attorno alla piscina.

Caravel

lungomare Faà di Bruno 135 - ✆ 0 72 19 66 70 - www.hotel-caravel.it - info@hotel-caravel.it - aprile-settembre

32 cam - 45/55 € 80/100 € - ½ P 42/75 € **Rist** - Menu 18/20 €

◆ Albergo di mare, a pochi passi dalla spiaggia, dall'atmosfera rilassata ed informale. Il bar e la hall sono a piano terra, ai piani superiori camere semplici e accoglienti.

MARRADI - Firenze (FI) - 563 J16 - 3 337 ab. - alt. 328 m - ✉ 50034 — 29 C1

Roma 332 - Firenze 58 - Bologna 85 - Faenza 36

X **Il Camino**

viale Baccarini 38 - ✆ 05 58 04 50 69 - www.ristoranteilcamino.net - chiuso dal 1° al 10 settembre e mercoledì

Rist - Carta 21/30 €

◆ Fragrante e casereccia, la cucina s'ispira alla tradizione gastronomica del territorio: pasta fatta in casa e carne alla brace sono i migliori testimoni di questa trattoria dalla vivace atmosfera familiare.

MARTANO - Lecce (LE) - 564 G36 - 9 540 ab. - alt. 91 m - ✉ 73025 — 27 D3

Roma 588 - Brindisi 63 - Lecce 26 - Maglie 16

XX **La Lanterna** con cam

via Ofanto 53 - ✆ 08 36 57 14 41 - www.lalanternamartano.com - info@lalanternamartano.com - chiuso dal 10 al 20 settembre, mercoledì escluso agosto

6 cam - 30/40 € 50/80 € - ½ P 45/58 € **Rist** - Carta 23/30 €

◆ Vicino alla piazza dove si svolge il mercato, un locale cassico a gestione familiare dove gustare piatti del territorio. La sera anche pizzeria. Recentemente sono state aggiunte camere funzionali dagli arredi lignei in una struttura adiacente.

MARTINA FRANCA - Taranto (TA) - 564 E34 - 49 525 ab. — 27 C2
- alt. 431 m - ✉ 74015 Puglia

Roma 524 - Brindisi 57 - Alberobello 15 - Bari 74

piazza Roma 37 ✆ 080 4805702, martinafranca@pugliaturismo.com, Fax 080 480702

Località★ - Via Cavour★

Relais Villa San Martino

via Taranto 59, Sud : 2,8 km – ✆ 08 04 80 51 52 – www.relaisvillasanmartino.com – info@relaisvillasanmartino.com
15 cam – ♦125/295 € ♦♦260/395 € – 6 suites
Rist *Duca di Martina* – (consigliata la prenotazione) Carta 50/70 €
♦ Si presenta elegante e signorile già dall'esterno la masseria ottocentesca, restaurata con l'impiego di raffinati materiali. Terrazze fiorite e colorate e un piccolo attrezzato centro benessere. Creatività mediterranea nelle due graziose sale che ospitano il ristorante, di cui una particolarmente intima.

Park Hotel San Michele

rist,

viale Carella 9 – ✆ 08 04 80 70 53 – www.parkhotelsanmichele.it – info@parkhotelsanmichele.it
81 cam – ♦90/105 € ♦♦125/135 € – ½ P 79/104 € **Rist** – Carta 39/54 €
♦ Hotel semicentrale, immerso in un parco secolare, dove si trova anche la piscina. Ideale per una clientela d'affari e congressuale, dispone di camere spaziose. Per i pasti: salone per banchetti, sale ristorante e anche il giardino esterno.

Dell'Erba

viale dei Cedri 1 – ✆ 08 04 30 10 55 – www.hoteldellerba.it – info@hoteldellerba.it
49 cam – ♦56/92 € ♦♦77/115 €, 7 € – ½ P 43/78 €
Rist – *(chiuso a mezzogiorno)* Carta 27/39 € (+15 %)
♦ Ubicata nell'immediata periferia della città, lungo la strada statale per Taranto, una grande e completa struttura, con una gestione tipicamente familiare, ma molto capace. Varie sale dedicate alla ristorazione.

Villa Rosa senza rist

via Taranto 70, sulla strada statale 172 – ✆ 08 04 83 80 04 – www.ramahotels.com – villarosahotel@virgilio.it
65 cam – ♦97 € ♦♦120 €, 7 €
♦ Nella barocca Martina Franca, calda accoglienza, nonché ambienti luminosi e confortevoli dall'arredo ligneo.

La Tana

via Mascagni 2 – ✆ 08 04 80 53 20 – www.ristorantelatana.it – info@ristorantelatana.it – chiuso domenica sera escluso da giugno a settembre
Rist – Carta 31/41 €
♦ Nella facciata destra del barocco Palazzo Ducale, in quelli che una volta erano gli uffici del dazio, un locale informale in stile trattoria. Specialità locali rivisitate.

MARTINSICURO – Teramo (TE) – 563 N23 – 16 993 ab. – ✉ 64014 1 B1

Roma 227 – Ascoli Piceno 35 – Ancona 98 – L'Aquila 118

via Aldo Moro 32/a ✆ 0861 762336 iat.martinsicuro@abruzzoturismo.it, Fax 0861 762336

Sympathy

rist,

lungomare Europa 26 – ✆ 08 61 76 02 22 – www.sympathyhotel.it – info@sympathyhotel.it – aprile-ottobre
40 cam – ♦50/90 € ♦♦60/150 € – ½ P 65/95 € **Rist** – Carta 31/62 €
♦ Fronte mare, nella zona più animata del centro, la prima colazione è servita su un'indimenticabile terrazza panoramica. Le camere migliori sono al terzo e quarto piano.

Leon d'Or

via Aldo Moro 55/57 – ✆ 08 61 79 70 70 – leondor@advcom.it – chiuso agosto, domenica sera, lunedì
Rist – Carta 40/54 €
♦ Più di vent'anni di attività e ancora un'unica caratteristica sala ad angolo, quasi una vetrina sul passeggio; in cucina brace, piatti tipici regionali e specialità di mare.

a Villa Rosa Sud : 5 km – ✉ 64014

Paradiso

via Ugo La Malfa 14 – ✆ 08 61 71 38 88 – www.hotelparadiso.it – info@hotelparadiso.it – 15 maggio-18 settembre

67 cam – †50/70 € ††60/120 € – ½ P 66/84 € **Rist** – *(solo per alloggiati)*

◆ Un hotel dedicato ai bambini: sin dall'arrivo, ogni momento della giornata sarà organizzato per loro con attività ad hoc, garantendo agli adulti un soggiorno di sport e relax.

Haway

cam, rist,

lungomare Italia 62 – ✆ 08 61 71 26 49 – www.hotelhaway.it – info@hotelhaway.it – 15 maggio-settembre

52 cam – †60/90 € ††100/140 € – ½ P 68/101 €

Rist – *(solo per alloggiati)* Menu 20 € bc

◆ In riva al mare, una struttura semplice con spazi confortevoli e ricca di cordialità, simpatia ed animazione sia per i grandi che per i piccini. Ideale per le famiglie.

Il Sestante

lungomare Italia – ✆ 08 61 71 32 68 – chiuso dal 23 dicembre al 7 gennaio, agosto, domenica sera, lunedì

Rist – Carta 36/59 €

◆ Un elegante locale in posizione suggestiva, caratterizzato da decorazioni che richiamano l'ambiente marino; dalla cucina i sapori regionali e, ovviamente, prodotti ittici.

MARZAMEMI – Siracusa (SR) – **365** AZ63 – **Vedere Pachino**

MARZOCCA – Ancona – **563** K21 – **Vedere Senigallia**

MASARÈ – Belluno – **562** C18 – **Vedere Alleghe**

MASIO – Alessandria (AL) – **561** H7 – **1 519 ab.** – **alt. 142 m** – ✉ **15024** **25** D1

Roma 607 – Alessandria 22 – Asti 14 – Milano 118

Trattoria Losanna

via San Rocco 40, Est : 1 km – ✆ 01 31 79 95 25 – trattorialosanna@libero.it – chiuso dal 27 dicembre al 13 gennaio, agosto, domenica sera, lunedì

Rist – Carta 23/40 €

◆ L'atmosfera è simpaticamente chiassosa e l'ambiente familiare, mentre la cucina permette di gustare abbondanti piatti della tradizione monferrina.

MASSA P (MS) – **563** J12 – **70 646 ab.** – **alt. 65 m** – ✉ **54100** **28** A1

Toscana

Roma 367 – La Spezia 37 – Carrara 8 – Firenze 114

Osteria del Borgo

via Beatrice 17 – ✆ 05 85 81 06 80 – osteriadelborgo@gmail.com – chiuso 2 settimane in settembre, 24-25-26 dicembre, 1 settimana in febbraio, martedì

Rist – Carta 23/38 €

◆ Sotto le volte in pietra di questo ristorante, tra foto in bianco e nero alle pareti e un'esposizione di bottiglie d'epoca, rivivono i sapori decisi e le genuine tradizioni gastronomiche locali.

MASSACIUCCOLI – Lucca (LU) – **563** K13 – **Vedere Massarosa**

MASSACIUCCOLI (Lago di) – Lucca – **563** K13 – **Vedere Torre del Lago Puccini**

MASSAFRA – Taranto (TA) – **564** F33 – **32 007 ab.** – **alt. 110 m** – ✉ **74016** **27** C2

Roma 508 – Bari 76 – Brindisi 84 – Matera 64

sulla strada statale 7 Nord-Ovest : 2 km :

Appia Palace Hotel
✉ 74016 – ✆ 09 98 85 15 01
– *www.appiapalacehotel.altervista.org – appiapalace@tiscali.it*
119 cam – ♦73 € ♦♦95 € – ½ P 84 € **Rist** – Menu 23 €
♦ Grande struttura alberghiera, ubicata lungo la strada per Bari, ideale per chi viaggia per motivi di lavoro anche per la vicinanza al casello autostradale. Ampie zone comuni. Tipico ristorante d'albergo dallo stile moderno.

MASSA LUBRENSE – Napoli (NA) – **564** F25 – **13 869 ab.** – **alt. 121 m** 6 B2
– ✉ **80061** Italia

Roma 263 – Napoli 55 – Positano 21 – Salerno 56

Delfino
via Nastro d'Oro 2, Sud-Ovest : 2,5 km – ✆ 08 18 78 92 61
– www.hoteldelfino.com – info@hoteldelfino.com – aprile-ottobre
66 cam – ♦125/145 € ♦♦190/240 € – ½ P 115/140 €
Rist – *(solo per alloggiati a mezzogiorno solo servizio snack in piscina)* Carta 32/42 €
♦ In una pittoresca insenatura con terrazze e discesa a mare, un albergo da cui godere di un panorama eccezionale sull'isola di Capri. Struttura d'impostazione classica. Ariosa sala ristorante ed elegante salone banchetti.

Bellavista
via Partenope 26, Nord : 1 km – ✆ 08 18 78 96 96 – www.francischiello.it – info@francischiello.it – chiuso dal 10 al 30 novembre
33 cam – ♦70/120 € ♦♦70/180 € – ½ P 85/120 €
Rist *Riccardo Francischiello* – ✆ 08 18 78 91 81 *(chiuso martedì da ottobre a marzo)* Carta 26/36 €
♦ Risorsa interessata da recenti lavori di ristrutturazione, dispone di ampie camere arredate in stile mediterraneo e rallegrate dalle ceramiche di Vietri. Ristorante dedito anche all'attività banchettistica: ampia sala e salone per ricevimenti.

Antico Francischiello-da Peppino e Hotel Villa Pina con cam
via Partenope 27, Nord : 1,5 km
– ✆ 08 15 33 97 80 – www.francischiello.com – info@francischiello.com
25 cam – ♦70/90 € ♦♦80/100 € – ½ P 90/100 €
Rist – *(chiuso mercoledì escluso da maggio a ottobre)* (consigliata la prenotazione) Carta 50/80 €
♦ Gli oggetti di varia natura che ricoprono le pareti testimoniano i cento anni di attività di questo locale, giunto ormai alla quarta generazione. La cucina segue la tradizione con una predilezione per i piatti di mare. Arredi classici in stile mediterraneo nelle camere, in un'atmosfera da casa privata.

a Marina della Lobra Ovest : 2 km – ✉ **80061 Massa Lubrense**

Piccolo Paradiso
piazza Madonna della Lobra 5 – ✆ 08 18 78 92 40 – www.piccolo-paradiso.com – info@piccolo-paradiso.com – 15 marzo-15 novembre
54 cam – ♦62/77 € ♦♦100/118 € – ½ P 72/77 €
Rist – Carta 29/45 € (+12 %)
♦ Nella piccola frazione costiera, albergo fronte mare dotato anche di una bella piscina disposta lungo un'ampia terrazza. Gestione familiare seria e professionale. Impostazione semplice, ma confortevole, nella grande sala ristorante dai "sapori" mediterranei.

a Santa Maria Annunziata Sud : 2,5 km – ✉ **80061 Massa Lubrense**

La Torre
piazza Annunziata, 7 – ✆ 08 18 08 95 66 – latorreonefire@libero.it
– chiuso dal 7 al 30 gennaio, martedì
Rist – Carta 28/32 €
♦ Posizione invidiabile, a pochi metri da un belvedere con vista su Capri, per questa trattoria a conduzione familiare. I piatti non smentiscono la tradizione partenopea.

a Nerano-Marina del Cantone Sud-Est : 11 km – ✉ 80061 Termini

XXX **Quattro Passi** (Antonio Mellino) con cam
✿ *via Vespucci 13/n, Nord : 1 km – ✆ 08 18 08 28 00*
– www.ristorantequattropassi.com – info@ristorantequattropassi.com
– marzo-novembre
9 cam – 100 € 160 €
Rist – *(chiuso martedì sera e mercoledì escluso dal 15 giugno al 15 settembre)*
Carta 77/120 €
Spec. Linguine con zucchine, fiori di zucchine e pepe nero. Spaghetti alla chitarra con polpa di granchio e finocchi. Fritto di pesce e verdura con salsa in agrodolce.
◆ Cucina generosa ed immediata, diversi prodotti della casa, sapori netti e fragranti: questo è ciò che propone il locale, che ora può vantare anche una nuova sala da pranzo da cui si scorge il mare.

XXX **Taverna del Capitano** (Alfonso Caputo) con cam
✿✿ *piazza delle Sirene 10/11 – ✆ 08 18 08 10 28*
– www.tavernadelcapitano.it – tavdelcap@inwind.it – chiuso 24-25 dicembre e dal 10 gennaio al 12 marzo
10 cam – 110/120 € 140/150 €, 15 € – 2 suites – ½ P 140 €
Rist – *(chiuso lunedì, anche martedì da ottobre a maggio)* (consigliata la prenotazione) Carta 66/101 €
Spec. Riccioli di pasta trafilati in casa con sconcigli (molluschi) e ricci di mare. Pesce, crostacei e molluschi della baia cotti sulla pietra di mare. Zuppa di "cuoccio" piccante, polpo e crostini agliati.
◆ Affacciato su una delle poche spiagge della penisola, un edificio bianco e moderno dischiude le porte su due originali sale che sembrano palafitte in legno con finestre sul mare. Cucina creativa, in prevalenza di pesce. Nelle camere, il fascino delle case dei pescatori: soffitti a volta e ceramiche di Vietri.

a Termini Sud: 5 km – ✉ 80061

XXX **Relais Blu** con cam
Via Roncato 60 – ✆ 08 18 78 95 52 – www.relaisblu.com – info@relaisblu.com
– chiuso dal 6 novembre al 14 marzo
11 cam – 200/300 € 250/350 € – ½ P 175/225 € **Rist** – Carta 45/85 €
◆ La sala interna sceglie la strada del minimalismo con pareti completamente bianche e solo qualche quadro; la bella terrazza per il servizio estivo offre un'eccezionale vista su Capri. Nel piatto, sapori campani valorizzati con competenza e fantasia.

MASSA (Marina di) – Massa Carrara (MS) – **563** J12 – ✉ **54100** **28** A1

Roma 388 – Pisa 41 – La Spezia 32 – Firenze 114

viale Vespucci 24 ✆ 0585 240063, info@aptmassacarrara.it, Fax 0585 869016

Excelsior
via Cesare Battisti 1 – ✆ 05 85 86 01 – www.hotelexcelsior.it – info@hotelexcelsior.it
64 cam – 140/250 € 180/300 € – 4 suites – ½ P 105/165 €
Rist *Il Sestante* – ✆ 05 85 86 05 05 – Carta 41/56 €
◆ Sul lungomare, hotel di taglio contemporaneo adatto sia per una clientela business sia per vacanzieri in cerca di relax. Elegante ed accogliente, il ristorante è ideale per pranzi di lavoro e banchetti: cucina mediterranea.

Maremonti
viale lungomare di Levante 19, località Ronchi – ✆ 05 85 24 10 08
– www.hotelmaremonti.com – info@hotelmaremonti.com – marzo-novembre
21 cam – 110/180 € 150/280 € – ½ P 110/160 € **Rist** – Carta 43/62 €
◆ Di fronte al mare, villa ottocentesca tipica della Versilia, con parco e piscina: signorile negli arredi, sia nelle parti comuni sia nelle confortevoli camere. Al ristorante la cura dei dettagli è una piacevole compagna di pranzi e cene.

Cavalieri del Mare cam, rist,
via Verdi 23, località Ronchi – ℰ 05 85 86 80 10
– www.cavalieridelmare.net – info@cavalieridelmare.net – aprile-ottobre
28 cam – 80/200 € 100/250 € – ½ P 120/135 €
Rist – *(chiuso a mezzogiorno) (solo per alloggiati)*
◆ Hotel ricavato da una villa del '700 ristrutturata e "ripensata" per un'accoglienza efficiente e dal confort attuale, piacevolmente immerso in un giardino con piscina.

Matilde senza rist
via Tagliamento 4 – ℰ 05 85 24 14 41 – www.hotelmatilde.it – info@hotelmatilde.it
12 cam – 80/100 € 120/130 €
◆ Arretrato rispetto al mare, questo piccolo hotel dall'attenta gestione familiare dispone di ambienti semplici e camere personalizzate con bei tendaggi ed originali dettagli.

Nedy
via del Fescione, località Ronchi ✉ 54039 Ronchi – ℰ 05 85 80 70 11
– www.hotelnedy.it – info@hotelnedy.it – febbraio-20 ottobre
25 cam – 80/120 € 80/170 € – ½ P 98/105 € **Rist** – Carta 18/25 €
◆ In zona decentrata e molto traquilla, questo grazioso hotel totalmente rinnovato in anni recenti dispone di gradevoli sale e confortevoli camere: ideale per un soggiorno all'insegna del relax!

Da Riccà
lungomare di Ponente, (angolo via Casola) – ℰ 05 85 24 10 70
– www.ristorantedaricca.com – daricca@interfree.com – chiuso dal 20 dicembre al 10 gennaio e lunedì
Rist – Carta 61/86 € (+10 %)
◆ Piatti a base di pesce in un ristorante di tono elegante dall'affermata conduzione: luminose sale e piccolo giardino zen.

La Péniche
via Lungo Brugiano 3 – ℰ 05 85 24 01 17 – www.lapeniche.com – info@lapeniche.com
Rist – Menu 27/41 € – Carta 36/55 €
◆ Originale collocazione su una palafitta e arredi curiosi con richiami a Parigi e alla Senna. La cucina offre piatti di pesce, dal forno invece una buona lista di pizze.

MASSA MARITTIMA – Grosseto (GR) – 563 M14 – 8 830 ab. – alt. 380 m – ✉ 58024 Toscana

28 B2

Roma 249 – Siena 62 – Firenze 132 – Follonica 19

via Todini 3/5 ℰ 0566 902756, info@altamaremmaturismo.it, Fax 0566 940095

Piazza Garibaldi★★ – Duomo★★ – Fortezza dei senesi e torre del candeliere★

Park Hotel La Fenice senza rist
corso Diaz 63 – ℰ 05 66 90 39 41
– www.lafeniceparkhotel.it – info@lafeniceparkhotel.it
– chiuso novembre
14 cam – 120/160 € 130/180 € – 4 suites
◆ Risorsa nata come residence, ora funziona come hotel: appartamenti di diverse tipologie, ma tutti con angolo cottura e zona soggiorno. Piacevoli interni dai colori caldi.

Duca del Mare senza rist
piazza Dante Alighieri 1/2 – ℰ 05 66 90 22 84
– www.ducadelmare.it – info@ducadelmare.it
– chiuso dal 20 gennaio al 28 febbraio
28 cam – 55/65 € 85/110 €
◆ Appena fuori le mura del centro storico, struttura a conduzione familiare con camere non molto grandi, ma accoglienti.

XX **Taverna del Vecchio Borgo**

via Parenti 12 – ✆ 05 66 90 39 50 – taverna.vecchioborgo@libero.it – chiuso dal 15 gennaio al 15 febbraio, lunedì , anche domenica sera da ottobre a maggio
Rist – *(chiuso a mezzogiorno)* Carta 23/47 €
♦ Caratteristico locale, o meglio, tipica taverna ricavata nelle antiche cantine di un palazzo sorto nel Seicento. Insieme gestito con cura, specialità della cucina toscana.

X **Osteria da Tronca**

vicolo Porte 5 – ✆ 05 66 90 19 91 – moreno.venturi@alice.it – chiuso dal 15 dicembre al 1° marzo, mercoledì (escluso agosto)
Rist – *(chiuso a mezzogiorno)* Carta 26/35 €
♦ "Amo talmente il vino che maledico chi mangia l'uva", così si legge su una lavagna posta all'ingresso. Cucina del territorio, ambiente rustico e ovviamente... vino a volontà.

a Ghirlanda Nord-Est : 2 km – ✉ 58024

XXXX **Bracali**

via di Perolla 2 – ✆ 05 66 90 23 18 – www.bracaliristorante.it – info@bracaliristorante.it – chiuso lunedì, martedì e i mezzogiorno di mercoledì e giovedì
Rist – (consigliata la prenotazione) Carta 105/140 €
Spec. Insalata di gallina livornese su budino di fegato grasso e gelato al parmigiano. Spaghetti all'uovo con ragù di coniglio e funghi su salsa di pistacchi. Pollo arrosto in due cotture.
♦ Sulla tradizione familiare, iniziata con la trattoria di papà, si accendono ora i riflettori della ribalta nazionale: raffinati ambienti e un attento servizio sono la cornice di una cucina creativa ed elaborata, a tratti sofisticata e sperimentale, sempre personale e coinvolgente.

al lago di Accesa Sud: 10 km

Agriturismo Tenuta del Fontino

rist,

località Accesa, Est : 1,5 km – ✆ 05 66 91 92 32 – www.tenutafontino.it – info@tenutafontino.it – Pasqua-novembre
25 cam – 70/128 € 104/190 € – ½ P 71/114 €
Rist – *(chiuso a mezzogiorno) (solo per alloggiati)* Menu 19 €
♦ Avvolta da un parco di alberi secolari con piscina e laghetto, la bella villa ottocentesca dispone di camere di diverse tipologie. Nelle serate più fresche, un salone con caminetto.

a Valpiana Sud-Ovest : 12,5 km – ✉ 58024

Villa il Tesoro

rist,

Nord-Ovest : 3,5 km – ✆ 0 56 69 29 71 – www.villailtesoro.com – welcome@villailtesoro.com – 15 aprile-2 novembre
20 suites – 230/380 €
Rist *Il Fiore del Tesoro* – (consigliata la prenotazione) Carta 46/80 €
♦ Residenza di campagna che offre suites in tre casali separati. Camere arredate con una curiosa commistione di arte povera e mobilio moderno. Piccolo giardino all'italiana. Ristorante elegante che propone piatti curati con tocchi di fantasia.

MASSAROSA – **Lucca (LU)** – **563** K12 – **22 777 ab.** – **alt. 10 m** – ✉ **55054** **28** B1

Roma 363 – Pisa 29 – Livorno 52 – Lucca 19
piazza Taddei 12 ingresso via Cenami ✆ 0584 979260, informazioni@comune.massarosa.lu.it, Fax 0584 979216

XX **La Chandelle**

via Casa Rossa 303 – ✆ 05 84 93 82 90 – www.lachandelle.it – info@lachandelle.it – chiuso gennaio, lunedì a mezzogiorno
Rist – Carta 34/50 €
♦ In posizione dominante sulle colline, circondato da un fiorito e fresco giardino in cui d'estate si trasferisce il servizio, ma è soprtattutto per i suoi piatti di pesce che l'elegante e familiare locale è apprezzato.

a Massaciuccoli Sud : 4 km - ✉ 55054 Massarosa

Le Rotonde
via del Porto 77 – ✆ 05 84 97 54 39 – www.lerotonde.it – info@lerotonde.it – chiuso novembre e dicembre
24 cam – †45/80 € ††70/110 €
Rist – *(chiuso a mezzogiorno da ottobre a marzo)* Carta 17/41 €
◆ Avvolto dal verde, nel cuore della campagna lucchese, e ancora un giardino ombreggiato e sempre ben tenuto, il caseggiato offre una calorosa accoglienza familiare. Notevoli attenzioni per i banchetti e cucina del territorio. Anche pizzeria.

a Corsanico Nord-Ovest : 10 km – ✉ 55040

Agriturismo Le Querce di Corsanico
via delle Querce 200 – ✆ 05 84 95 46 80 rist,
– www.quercedicorsanico.com – info@quercedicorsanico.com – Pasqua-novembre
10 cam – †60/65 € ††115/125 €
Rist – *(chiuso a mezzogiorno)* (prenotazione obbligatoria) *(solo per alloggiati)* Menu 25 €
◆ Edificio rustico in collina tra gli ulivi. Posizione panoramica sulla costa e sul mare aperto. Interni ristrutturati con risultati positivi; piscina nel verde del giardino.

MATERA P (MT) – 564 E31 – 60 383 ab. – alt. 401 m – ✉ 75100 Italia 4 D1

Roma 461 – Bari 67 – Cosenza 222 – Foggia 178
via De Viti De Marco 9 ✆ 0835 331983, info@aptbasilicata.it, Fax 0835 333452
I Sassi★★ – Strada dei Sassi★★ – Duomo★ – Chiese rupestri★ – ≤★★ sulla città dalla strada delle chiese rupestri Nord-Est : 4 km

Del Campo
via Lucrezio – ✆ 08 35 38 88 44 – www.hoteldelcampo.it – info@hoteldelcampo.it
35 cam – †80/95 € ††110/130 € – ½ P 80/90 €
Rist *Le Spighe* – *(chiuso 10 giorni in agosto, domenica o lunedì in luglio-settembre) (chiuso a mezzogiorno)* Carta 23/40 €
◆ Ricavato dove nel '700 sorgeva una villa, di cui rimangono alcuni resti nel bel giardino, un albergo che coniuga professionalità e personalità ad ottimi livelli. Ristorante elegante, suddiviso in tre salette a tutto vantaggio di un'atmosfera dolcemente intima.

Palace Hotel
piazza Michele Bianco 1 – ✆ 08 35 33 05 98 – www.palacehotel-matera.it – info@palacehotel-matera.it
65 cam – †84/120 € ††105/150 € – ½ P 95/135 €
Rist – *(chiuso agosto)* Carta 26/32 €
◆ Ideale per una clientela di lavoro, questo hotel - in posizione strategica poco distante dal centro storico e vicino alla stazione - dispone di ampie camere dal confort moderno. Ristorante di tono garbato, accogliente con qualche piccolo tocco d'eleganza.

San Domenico senza rist
via Roma 15 – ✆ 08 35 25 63 09 – www.hotelsandomenico.it – info@hotelsandomenico.it
69 cam – †90/100 € ††120/150 € – 3 suites
◆ Recente esercizio del centro città vicino alla frequentata piazza Vittorio Veneto. Ideale per una breve sosta turistica e soprattutto per la clientela d'affari.

Palazzo Gattini
piazza Duomo 13/14 – ✆ 08 35 33 43 58 – www.palazzogattini.it – info@palazzogattini.it
15 cam – †169/240 € ††199/470 € – 5 suites
Rist *Le Bubbole* – ✆ 08 35 25 69 33 – Carta 31/57 €
◆ Nella piazza centrale che da sui Sassi, un nuovo albergo di lusso con piccolo centro benessere: già casa nobiliare, il restauro l'ha riportata all'antico splendore. Sotto romantiche volte, l'elegante ristorante propone una cucina classica italiana attenta al territorio.

Locanda di San Martino senza rist

via Fiorentini 71 – ✆ 08 35 25 66 00 – www.locandadisanmartino.it – info@locandadisanmartino.it

25 cam – 87/102 € 89/129 € – 7 suites

♦ Nel cuore del celebre centro storico di Matera, una struttura originale con le camere disposte su quattro piani ed accesso indipendente. Piccolo ed accogliente centro benessere.

Le Monacelle senza rist

via Riscatto 9 – ✆ 08 35 34 40 97 – www.lemonacelle.it – info@lemonacelle.it

13 cam – 65/86 € 86/96 €

♦ A ridosso del Duomo e nei pressi dei Sassi, splendide terrazze fiorite, biblioteca multilingue con circa 2000 volumi e cappella consacrata. Stanze ampie, anche su due livelli e due camerate adibite ad ostello.

Sassi Hotel senza rist

via San Giovanni Vecchio 89 – ✆ 08 35 33 10 09 – www.hotelsassi.it – hotelsassi@virgilio.it

31 cam – 70/80 € 90/105 € – 2 suites

♦ Risorsa ideale per chi vuole scoprire l'attrazione più famosa della città, i Sassi. L'hotel s'inserisce a meraviglia in questo straordinario tessuto urbanistico: i suoi ambienti, infatti, sono stati ricavati da una serie di abitazioni del '700 restaurate rispettandone l'anima sobria.

Italia

via Ridola 5 – ✆ 08 35 33 35 61 – www.albergoitalia.com – albergoitalia@tin.it

46 cam – 75/85 € 98/108 €

Rist *Basilico* – ✆ 08 35 33 65 40 *(chiuso 15 giorni in agosto e venerdì)* Carta 16/32 €

♦ Nel centro storico, in un palazzo d'epoca ottimamente restaurato ed affacciato sui celebri Sassi, camere confortevoli ed accoglienti. Ristorante-pizzeria con forno a legna.

Alle Fornaci

piazza Cesare Firrao 7 – ✆ 08 35 33 50 37 – ristoranteallefornaci@virgilio.it – chiuso 2 settimane in agosto e lunedì

Rist – Carta 24/41 €

♦ Locale in posizione centrale a pochi passi dai Sassi, ambiente curato dove gustare fragranti piatti di mare: il pescato viene comprato giornalmente nei mercati dello Ionio e del Tirreno.

Trattoria Lucana

via Lucana 48 – ✆ 08 35 33 61 17 – www.trattorialucana.it – info@trattorialucana.it – chiuso dal 10 al 20 luglio e domenica escluso da marzo ad ottobre

Rist – Carta 26/36 €

♦ Le genuine specialità lucane servite in un ristorante dall'ambiente simpatico e informale. Sia in cucina che in sala domina un'atmosfera allegra e conviviale.

Don Matteo

via S. Biagio 12 – ✆ 08 35 34 41 45 – www.donmatteoristorante.com – info@donmatteoristorante.com – chiuso dal 10 al 30 agosto

Rist – *(chiuso mercoledì) (chiuso a mezzogiorno escluso i giorni festivi)* (prenotazione obbligatoria) Carta 45/70 €

♦ A pochi passi dalla piazza centrale, con ingresso su una delle vie pedonali, piccola ed intima sala all'interno dei celebri *Sassi*. Proposte legate al territorio reinterpretate in chiave moderna.

MATIGGE – **Perugia** – **Vedere Trevi**

MATTINATA – **Foggia (FG)** – **564** B30 – **6 542 ab.** – **alt. 75 m** **26** B1
– ✉ **71030** Puglia

Roma 430 – Foggia 58 – Bari 138 – Monte Sant'Angelo 19

Baia delle Zagare★★

Pugnochiuso★: baia di Campi★ e Cala di San Felice★

sulla strada litoranea Nord-Est : 17 km :

Baia dei Faraglioni rist,
località Baia dei Mergoli ✉ 71030 – ✆ 08 84 55 95 84 – www.baiadeifaraglioni.it – info@baiadeifaraglioni.it – aprile-ottobre
72 cam – 160/260 € 280/420 € – ½ P 190/260 €
Rist – *(solo per alloggiati)*
◆ La posizione di questo hotel offre una piacevole tranquillità, ci si trova a pochi passi dalla spiaggia della baia di Mergoli, con una vista incantevole sui faraglioni. Cene raffinate o meno formali, da gustare al ristorante o in terrazza.

MAULS = Mules

MAZARA DEL VALLO – Trapani (TP) – **365** AK58 – **51 385 ab.** **39** A2
– ✉ **91026** Sicilia

Agrigento 116 – Catania 283 – Marsala 22 – Messina 361

Museo del Satiro★★ - Cattedrale: interno★ e Trasfigurazione★ di A. Gagini - Il Porto-Canale★

Kempinski Giardino di Costanza rist,
via Salemi km 7,100 – ✆ 09 23 67 50 00 – www.kempinski.com/sicily – info.mazara@kempinski.com – marzo-dicembre
91 cam – 210/400 € 270/460 € – ½ P 175/290 €
Rist – *(chiuso a mezzogiorno)* Carta 60/90 €
◆ Abbracciato da un immenso parco, un maestoso complesso con ambienti spaziosi e confortevoli in cui dominano l'eleganza, la ricercatezza, la tranquillità e la professionalità. Nella raffinata sala da pranzo arredata con tavoli rotondi impreziositi da floreali centrotavola una fragrante cucina regionale rivisitata.

Mahara
lungomare San Vito 3 – ✆ 09 23 67 38 00 – www.maharahotel.it – info@maharahotel.it
81 cam – 65/125 € 85/175 € – ½ P 68/113 €
Rist ***Ghibli*** – *(chiuso a mezzogiorno)* Carta 35/47 €
◆ Dell'antica vineria appartenuta agli Hobbs, famosa dinastia inglese che insieme ad altri connazionali contribuì alla diffusione del marsala, vi è rimasto solo qualche sbiadito ricordo: ora è un hotel moderno ed accogliente, piacevolmente frontemare. Gamberi rossi, pesce azzurro, cous cous ed altro ancora al ristorante.

MAZZARÒ – **Messina** – **365** BA56 – **Vedere Taormina**

MEDUNO – Pordenone (PN) – **562** D20 – **1 691 ab.** – **alt. 313 m** **10** B2
– ✉ **33092**

Roma 633 – Udine 46 – Belluno 76 – Cortina D'Ampezzo 108

Stella
via Principale 38 – ✆ 0 42 78 61 24 – ristorantelastella@gmail.com – chiuso dal 1° al 10 gennaio, dal 17 settembre al 7 ottobre, sabato a mezzogiorno, domenica sera e mercoledì
Rist – Carta 32/56 €
◆ Piccola trattoria di paese gestito con attenzione e passione dalla giovane famiglia. Decisi e fragranti i sapori che designano il valore della cucina, fedele alle tradizioni e ai prodotti tipici della zona, a partire da salumi e formaggi.

MEINA – Novara (NO) – **561** E7 – **2 555 ab.** – **alt. 214 m** – ✉ **28046** **24** B2

Roma 645 – Stresa 12 – Milano 68 – Novara 44

Villa Paradiso rist,
via Sempione 125 – ✆ 03 22 66 04 88 – www.hotelvillaparadiso.com – info@hotelvillaparadiso.com – aprile-ottobre
58 cam – 80/100 € 120/150 € **Rist** – Carta 33/46 €
◆ Grande costruzione fine secolo, in posizione panoramica, avvolta da un parco, in cui è inserita la piscina, dotata anche di spiaggetta privata. Gestione intraprendente. Al ristorante le ricercatezze negli arredi donano all'atmosfera una certa eleganza.

Bel Sit senza rist

via Sempione 76 – ☎ 03 22 66 08 80 – www.bel-sit.it – info@bel-sit.it – chiuso dicembre-febbraio

18 cam ☕ – 👤90/120 € 👥140/160 €

♦ Piccola struttura dagli interni confortevoli e lineari, soprattutto nelle camere moderne. Il retro dell'hotel è tutto proiettato sul lago con attracco per barche e spiaggetta.

Novecento (Matteo Vigotti)

via Bonomi 13 – ☎ 03 22 66 96 00 – www.nov-ece-nto.it – info@nov-ece-nto.it – chiuso 15 giorni in febbraio, 15 giorni in novembre, lunedì, martedì a mezzogiorno

Rist – Menu 40/100 € – Carta 55/94 €

Spec. Immaginando il vitello tonnato... Ravioli di cagliata di capra, polvere di fieno di Trasquera e pere. Spezzatino di vitello piemontese, scampi e cicorie.

♦ Locale moderno e molto elegante secondo i canoni più attuali e di tendenza. Per una clientela esigente, al passo coi tempi e in grado di apprezzare una cucina fantasiosa.

MELDOLA – Forlì-Cesena (FC) – 562 J18 – 10 142 ab. – alt. 58 m – ✉ 47014 — 9 D2

Roma 418 – Ravenna 41 – Rimini 64 – Forlì 13

Il Rustichello

via Vittorio Veneto 7 – ☎ 05 43 49 52 11 – chiuso dal 20 gennaio al 5 febbraio, agosto, lunedì, martedì

Rist – Carta 22/34 €

♦ Appena fuori dal centro, in questa trattoria rivivono i sapori legati alla tradizione gastronomica regionale. Paste e dolci fatti in casa e specialità di carne. Servizio veloce e attento.

MELEGNANO – Milano (MI) – 561 F9 – 16 859 ab. – alt. 88 m – ✉ 20077 — 18 B2

Roma 548 – Milano 17 – Piacenza 51 – Pavia 29

Il Telegrafo

via Zuavi 54 – ☎ 0 29 83 40 02 – www.hoteliltelegrafo.it – info@hoteliltelegrafo.it – chiuso agosto

34 cam – 👤65/68 € 👥90/95 €, ☕ 8 € – ½ P 65/68 €

Rist – *(chiuso domenica)* Carta 32/47 €

♦ Una volta era un'antica locanda con stazione di posta, oggi rimane un riferimento affidabile, nel centro della cittadina, personalizzata e perfettamente attrezzata. Ristorante semplice, curato, dal clima ruspante.

MELENDUGNO – Lecce (LE) – 564 G37 – 9 780 ab. – alt. 36 m – ✉ 73026 — 27 D3

Roma 581 – Brindisi 55 – Gallipoli 51 – Lecce 19

a San Foca Est : 7 km – ✉ 73026

Côte d'Est — cam, rist,

lungomare Matteotti – ☎ 08 32 88 11 46 – www.hotelcotedest.it – info@hotelcotedest.it

48 cam – 👤50/100 € 👥70/170 €, ☕ 5 € – ½ P 110 €

Rist – *(giugno-settembre)* Menu 20/25 € (+5 %)

♦ Direttamente sul lungomare, un hotel a conduzione familiare rinnovato negli utlimi anni, offre stanze e spazi comuni arredati nelle tonalità del blu con decorazioni marittime.

MELETO – Arezzo – 563 L16 – Vedere Cavriglia

MELFI – Potenza (PZ) – **564** E28 – **17 383 ab.** – **alt. 530 m** – ✉ **85025** **3** A1

Roma 325 – Bari 132 – Foggia 60 – Potenza 52

Relais la Fattoria
cam,

strada statale 658-uscita Melfi Nord – ☎ 0 97 22 47 76 – www.relaislafattoria.it – info@relaislafattoria.it

112 cam – 70/78 € 90120 € – ½ P 85 €

Rist – *(chiuso a mezzogiorno)* Carta 25/35 €

◆ Alle porte della città, questa imponente struttura contornata dal verde di ulivi e vigneti, dispone di ampi spazi congressuali ed eleganti camere vagamente country. Ristorante con due sale curate, ora anche pizzeria.

Novecento con cam
rist,

contrada Incoronata, Ovest: 1,5 km – ☎ 09 72 23 74 70 – www.novecentomelfi.it – info@novecentomelfi.it – domenica sera e lunedì

7 cam – 60 € 90 € – ½ P 80 € **Rist** – Carta 25/35 €

◆ Piatti del territorio proposti a voce, nonché golose torte casalinghe, in un accogliente ristorante appena fuori dal centro della cittadina. Graziose camere, recentemente ristrutturate.

La Villa

strada statale 303 verso Rocchetta Sant'Antonio, Nord: 1,5 Km – ☎ 09 72 23 60 08 – chiuso dal 23 luglio al 7 agosto, domenica sera, lunedì

Rist – Carta 19/31 €

◆ Ricette locali rispettose dei prodotti del territorio, in un ristorante con orto e produzione propria di uova e farina: ambiente intimo e curato, grazie alle tante attenzioni della famiglia che lo gestisce.

MELITO IRPINO – Avellino (AV) – **564** D27 – **1 962 ab.** – **alt. 242 m** – ✉ **83030** **7** C1

Roma 255 – Foggia 70 – Avellino 55 – Benevento 45

Di Pietro

corso Italia 8 – ☎ 08 25 47 20 10 – www.anticatrattoriadipietro.com – trattoriadipietro@libero.it – chiuso 10 giorni in settembre e mercoledì

Rist – Carta 20/35 €

◆ Trattoria con alle spalle una lunga tradizione familiare, giunta ormai alla terza generazione. Pizze e cucina campana, preparata e servita con grande passione.

MELIZZANO – Benevento (BN) – **564** D25 – **1 918 ab.** – **alt. 190 m** – ✉ **82030** **6** B1

Roma 203 – Napoli 50 – Avellino 70 – Benevento 35

Agriturismo Mesogheo
rist,

contrada Valle Corrado 4 – ☎ 08 24 94 43 56 – www.mesogheo.com – info@mesogheo.com – chiuso dal 5 novembre al 6 dicembre

10 cam – 70 € 100 € – ½ P 80 € **Rist** – *(solo per alloggiati)* Menu 30 €

◆ Immersa nel verde del Sannio, antica masseria brillantemente ristrutturata, e recentemente ampliata, in cui ogni camera rappresenta un viaggio a sé stante.

MELS – Udine – Vedere Colloredo di Monte Albano

MELZO – Milano (MI) – **561** F10 – **18 400 ab.** – **alt. 118 m** – ✉ **20066** **19** C2

Roma 578 – Bergamo 34 – Milano 21 – Brescia 69

Visconti senza rist

via Colombo 3/a – ☎ 02 95 73 13 28 – www.hotelviscontimelzo.it – info@hotelviscontimelzo.it – chiuso dal 6 al 22 agosto

43 cam – 88/105 € 96/120 €

◆ La gestione di questa risorsa è seria e preparata, la struttura è nuovissima e omogenea in tutte le sue parti. Servizi e dotazioni completi, moderno spazio ristorazione.

MENAGGIO - Como (CO) - 561 D9 - 3 235 ab. - alt. 203 m - ✉ 22017 16 A2

Italia Centro Nord

Roma 661 - Como 35 - Lugano 28 - Milano 83

per Varenna - Navigazione Lago di Como, ✆ call center 800 551 801

piazza Garibaldi 8 ✆ 0344 32924, infomenaggio@tiscali.it, Fax 0344 32924

Menaggio & Cadenabbia via Golf 12, ✆ 0344 3 21 03

Località★★

Grand Hotel Menaggio

rist,

via 4 Novembre 77 - ✆ 0 34 43 06 40 - www.grandhotelmenaggio.com - info@grandhotelmenaggio.com - marzo-ottobre

94 cam - †160/180 € ††200/320 € - ½ P 135/195 € **Rist** - Carta 52/72 €

◆ Prestigioso hotel affacciato direttamente sul lago, presenta ambienti di grande signorilità ed eleganza e una terrazza con piscina dalla meravigliosa vista panoramica. Le emozioni di un pasto consumato in compagnia della bellezza del lago.

Grand Hotel Victoria

rist,

lungolago Castelli 9/13 - ✆ 0 34 43 20 03 - www.grandhotelvictoria.it - info@grandhotelvictoria.it

53 cam - †110/150 € ††180/280 € - 2 suites - ½ P 130/180 €

Rist *Le Tout Paris* - Carta 43/53 €

◆ Grand hotel in stile liberty, capace di regalare sogni e suggestioni di un passato desiderabile. Nelle zone comuni abbondanza di stucchi, specchi e decorazioni. Il ristorante si apre sul giardino antico e curato dell'hotel.

Du Lac senza rist

via Mazzini 27 - ✆ 0 34 43 52 81 - www.hoteldulacmenaggio.it - info@hoteldulacmenaggio.it

10 cam - †95/135 € ††145 €

◆ Casa centralissima e a bordo lago, completamente ristrutturata ed adibita ad hotel dai giovani proprietari. Al piano terra il bar, sopra le camere nuove ed accoglienti.

a Nobiallo Nord : 1,5 km - ✉ 22017 Menaggio

Garden senza rist

via Diaz 30 - ✆ 0 34 43 16 16 - www.hotelgarden-menaggio.com - info@hotelgarden-menaggio.com - aprile-ottobre

13 cam - †50/65 € ††75/90 €

◆ Una dozzina di camere affacciate sul lago, così come sul bel giardino. Una villa ben tenuta, con esterni di un rosa leggero, e spazi interni sobri e confortevoli.

a Loveno Nord-Ovest : 2 km - alt. 320 m - ✉ 22017 Menaggio

Royal

rist,

largo Vittorio Veneto 1 - ✆ 0 34 43 14 44 - www.royalcolombo.com - info@royalcolombo.com - 9 aprile-ottobre

18 cam - †92/98 € ††120/138 € - ½ P 92 €

Rist *Chez Mario* - Carta 30/46 €

◆ Nel verde di un curato giardino con piscina, in posizione tranquilla e soleggiata, un hotel in grado di offrire soggiorni rilassanti in una cornice familiare, ma signorile. Al ristorante ambiente distinto, arredi disposti per offrire calore e intimità.

MENFI - Agrigento (AG) - 365 AM58 - 12 912 ab. - alt. 119 m - ✉ 92013 39 B2

Agrigento 79 - Palermo 122 - Trapani 100

in prossimità del bivio per Porto Palo Sud-Ovest : 4 km :

Il Vigneto

contrada Gurra ✉ 92013 - ✆ 0 92 51 95 51 91 - www.ristoranteilvigneto.com - ilvignetobursi@libero.it - chiuso lunedì, anche la sera (escluso venerdì-sabato) dal 15 settembre al 15 giugno

Rist - Carta 30/45 € (+10 %)

◆ Nell'ampia sala di questo grazioso edificio rustico in aperta campagna oppure all'aperto, sotto un pergolato in legno, una saporita e abbondante cucina che si ispira soprattutto al mare.

MERAN = Merano

MERANO (MERAN) – Bolzano (BZ) – **562** C15 – 37 253 ab. – alt. 325 m **30** B2

– Sport invernali : a Merano 2000 B : 1 600/2 300 m 2 5, – ✉ 39012

Italia

Roma 665 – Bolzano 28 – Brennero 73 – Innsbruck 113

corso della Libertà 45 ✆ 0473 272000, info@merano.eu, Fax 0473 235524

Lana Gustshof Brandis via Brandis 13, ✆ 0473 56 46 96

Passiria Merano Kellerlahne 3, ✆ 0473 64 14 88

Passeggiate d'Inverno e d'Estate★★ D **24** – Passeggiata Tappeiner★★ CD – Volte gotiche★ e polittici★ nel Duomo D – Via Portici★ CD – Castello Principesco★ C **C** – Giardini di Castel Trauttmansdorff★★ 3 km dal centro, a piedi lungo il sentiero di Sissi o in auto direzione Schenna/Scena - Merano 2000★ accesso per funivia, Est : 3 km B – Tirolo★ Nord : 4 km A

Avelengo★ Sud-Est : 10 km per via Val di Nova B – Val Passiria★ B

Piante pagine 633, 634

Palace Merano-Espace Henri Chenot

via Cavour 2-4 rist,

– *✆ 04 73 27 10 00 – www.palace.it – info@palace.it – chiuso dal 16 gennaio all'11 febbraio* D**h**

75 cam – 190/265 € 315/440 €, 25 € – 23 suites

Rist – *(solo per alloggiati)*

♦ Le mura di un palazzo dei primi '900 custodiscono ambienti ricchi di fascino con stucchi e sfavillanti lampadari, nonché un'esclusiva beauty farm per dedicarsi alla cura e bellezza del corpo.

Meister's Hotel Irma

cam, rist,

via Belvedere 17 – ✆ 04 73 21 20 00

– *www.hotel-irma.it – info@hotel-irma.it*

– *15 marzo-15 novembre* B**p**

50 cam – 121/230 € 196/308 € – 19 suites – ½ P 118/178 €

Rist – *(solo per alloggiati)* Carta 29/50 €

♦ Meraviglioso centro benessere, spaziosa zona comune con una bella sala lettura e camere rinnovate...L'esterno non è da meno: delizioso parco-giardino ed incantevole laghetto artificiale. Gli atout per una vacanza da sogno ci sono tutti!

Park Hotel Mignon

cam, rist,

via Grabmayr 5 – ✆ 04 73 23 03 53

– *www.hotelmignon.com – info@hotelmignon.com*

– *15 marzo-15 novembre* D**v**

37 cam – 170/250 € 300/370 € – 13 suites – ½ P 190/225 €

Rist – *(solo per alloggiati)*

♦ Splendida cura nelle parti comuni di questo hotel che si presenta come un indirizzo affidabile per indimenticabili vacanze. Grazioso parco-giardino con piscina riscaldata ed attrezzato centro benessere.

Castel Rundegg Hotel

cam,

via Scena 2 – ✆ 04 73 23 41 00 – www.rundegg.com

– *info@rundegg.com* D**a**

30 cam – 125/150 € 210/330 € – ½ P 135/195 €

Rist – Menu 50/60 €

♦ Le origini di questo castello risalgono al XII sec., nel 1500 la struttura si è ampliata e oggi è possibile godere di una stupenda dimora, cinta da un giardino ombreggiato. Ristorante di tono pacato, elegante, a tratti raffinato; il servizio è all'altezza.

MERANO

Cassa di Risparmio . . . . C 2
Christomannos . . . . D 5
Corse (V. delle) . . . . C 6
Duomo (Pza delle) . . . . D 8
Grabmayr (V.). . . . . D 9
Grano (Pza del) . . . . C 10
Haller (V.). . . . . D 13
Libertà (Cso della) . . . . CD
Marlengo (V.). . . . . C 15
Ortenstein (V.). . . . . D 19
Passeggiata d'Estate . . . . D 21
Passeggiata d'Inverno . . . . D 24
Passeggiata Gilf . . . . D 23
Passeggiata Lungo Passirio . . . . . C 25
Portici (V.) . . . . CD
Rena (Pza della). . . . . D 28
Rezia (V.) . . . . C 30
Scena (V.). . . . . D 35

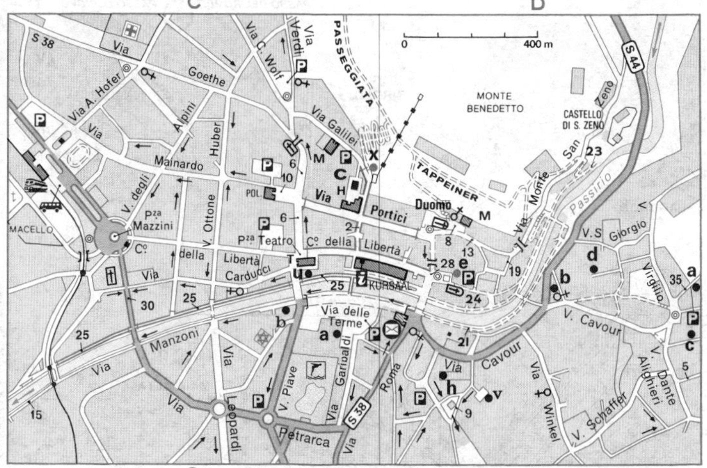

Therme Meran

rist,

piazza delle Terme 1 – ✆ 04 73 25 90 00
– www.hoteltermemerano.it – info@hoteltermemerano.it C**a**
115 cam – 135/315 € 165/345 € – 24 suites – ½ P 121/213 €
Rist – Carta 33/69 €
◆ Vicino al centro, un hotel dal design moderno, direttamente collegato alle nuove terme di Merano, ospita camere dai vivaci colori e splendide suites con preziosi dettagli. Un locale raccolto ed elegante con cucina a vista ed un'offerta gastronomica d'ispirazione mediterranea ed altoatesina sfornata dalla fervida fantasia dello chef.

Bavaria

rist,

via salita alla Chiesa 15 – ✆ 04 73 23 63 75 – www.bavaria.it – info@bavaria.it
– aprile-ottore D**b**
50 cam – 90/120 € 180/250 € – ½ P 102/137 €
Rist – *(solo per alloggiati)* Carta 29/41 €
◆ Hotel ospitato da un caratteristico edificio, dall'architettura tipica. Un bel giardino con palme avvolge le facciate azzurre, i balconi fioriti e le camere classiche.

Villa Tivoli

rist,

via Verdi 72 – ✆ 04 73 44 62 82 – www.villativoli.it – info@villativoli.it – 15 marzo-12 novembre A**x**
19 cam – 90/120 € 160/200 € – ½ P 90/150 €
Rist *Artemis* – Carta 38/58 €
◆ Risorsa di buon livello, in posizione soleggiata e isolata, connotata da un piacevole stile d'ispirazione mediterranea e da un lussureggiante parco-giardino digradante. Sala di medie dimensioni e luminosa terrazza per il servizio ristorante estivo.

Castello Labers

via Labers 25 – ✆ 04 73 23 44 84 – www.castellolabers.it – info@labers.it
– 22 aprile-3 novembre B**e**
34 cam – 135/237 € 196/316 € – 1 suite – ½ P 98/158 €
Rist – Carta 40/72 €
◆ Un meraviglioso castello le cui origini affondano nella storia...Albergo dal 1885, vanta una posizione incantevole sulle prime montagne a ridosso di Merano: all'interno, tutto il fascino dell'antica dimora con accessori però moderni. Suggestivi spazi comuni, curati giardini e cappella privata.

MERANO

Castel Gatto (V.) . . . . **B** 3
Christomannos . . . . **B** 5
Dante Alighieri (V.) . . . . **B** 7
Grabmayr (V.) . . . . **B** 9
IV Novembre (V.) . . . . **A** 41
Marlengo (Ponte di) . . . . **A** 14
Mayr-Nusser (V. Josef) . . . . **B** 16
Monte Benedetto (V.) . . . . **B** 17
Monte S. Zeno (V.) . . . . **B** 18
Parrocchia (V. della) . . . . **B** 20
Piave (V.) . . . . **B** 27
S. Caterina (V.) . . . . **B** 31
S. Maria del Conforto (V.) . . . . **B** 32
S. Valentino (V.) . . . . **B** 34
Val di Nova (V.) . . . . **B** 38
Virgilio (V.) . . . . **B** 39

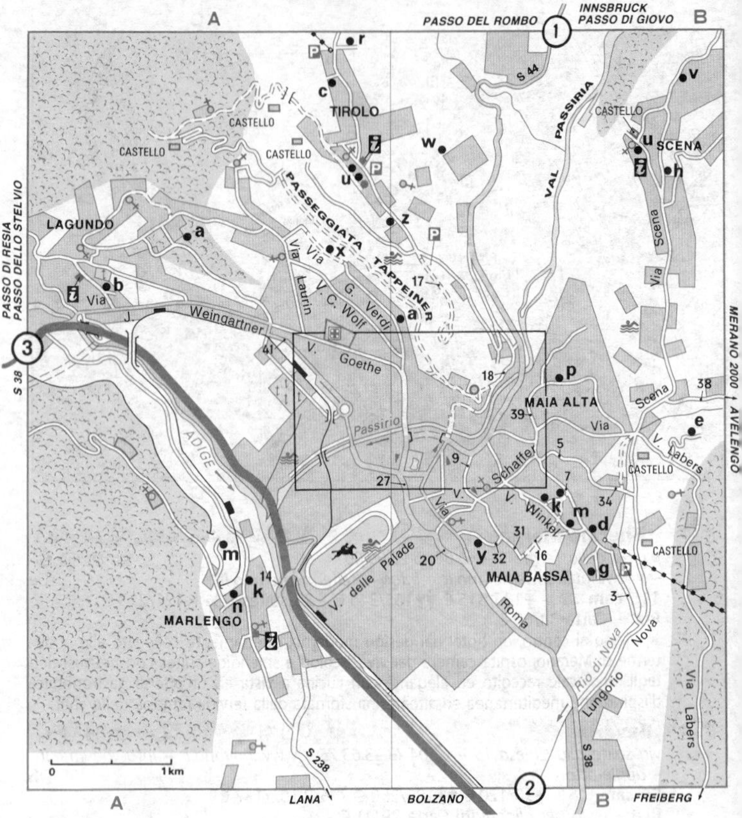

Meranerhof

rist,

via Manzoni 1 – ✆ 04 73 23 02 30 – www.meranerhof.com – info@meranerhof.com – chiuso dal 10 gennaio al 10 marzo **Cb**

67 cam – 111/130 € 205/260 € – ½ P 121/148 € **Rist** – Carta 41/49 €

◆ All'interno di un edificio in stile liberty, la posizione centrale e la qualità dei servizi fanno sì che questo albergo sia eletto da una clientela d'affari, così come da turisti alla scoperta delle bellezze meranesi. Vital center completo e giardino con piscina riscaldata.

Adria

cam, rist,

via Gilm 2 – ✆ 04 73 23 66 10 – www.hotel-adria.com – info@hotel-adria.com – marzo-15 novembre **Dd**

45 cam – 90/113 € 134/214 € – ½ P 87/127 €

Rist – *(solo per alloggiati)* Menu 20/35 €

◆ All'interno di un edificio in stile liberty, in zona residenziale, con un grazioso centro benessere. Così si presenta questo hotel, dotato di stanze confortevoli e spaziose.

Pienzenau am Schlosspark rist, cam, rist,

via Pienzenau 1 – 04 73 23 40 30 – www.hotelpienzenau.com – info@hotelpienzenau.com – aprile-novembre Bd

28 cam – 170/180 € 198/290 € – 2 suites – ½ P 124/170 €

Rist – *(chiuso a mezzogiorno)* Carta 42/60 €

♦ Una romantica Landhaus, nonché un omaggio permanente alla rosa: dal colore dell'edificio al vero e proprio roseto, è tutto un susseguirsi di richiami al raffinato fiore. Deliziosa Spa, camere come bomboniere e due piscine (una all'aperto con acqua di torrente riscaldata, l'altra coperta e con diversi getti d'acqua).

Aurora rist,

passeggiata Lungo Passirio 38 – 04 73 21 18 00 – www.hotelaurora.bz – info@hotelaurora.bz – chiuso dal 16 gennaio al 25 febbraio Cu

36 cam – 85/140 € 150/260 € – 2 suites – ½ P 100/155 €

Rist – Carta 36/69 €

♦ Lungo la bella passeggiata e di fronte alle nuovissime terme, hotel di gusto moderno con soluzioni di design in molte camere. Buona attenzione sulla qualità della cucina.

Pollinger cam, rist,

via Santa Maria del Conforto 30 – 04 73 27 00 04 – www.pollinger.it – info@pollinger.it – 11 aprile-6 gennaio By

32 cam – 88/140 € 150/175 € – ½ P 95/108 €

Rist – *(solo per alloggiati)* Carta 34/45 €

♦ L'ubicazione consente di godere di una notevole tranquillità, aspetto che certamente è apprezzato dagli ospiti di questa ben attrezzata risorsa. Balconi in tutte le camere.

Alexander cam, rist,

via Dante 110 – 04 73 23 23 45 – www.hotel-alexander.it – info@hotel-alexander.it – chiuso dal 15 gennaio al 15 marzo Bg

24 cam – 73/105 € 145/210 € – 10 suites – ½ P 88/130 €

Rist – *(solo per alloggiati)*

♦ Elegante albergo familiare, in posizione periferica e panoramica, a tutto vantaggio della tranquillità e della piacevole ubicazione tra i vigneti. Ricco di accessori.

Juliane cam,

via dei Campi 6 – 04 73 21 17 00 – www.juliane.it – info@juliane.it – 15 marzo-5 novembre Bk

31 cam – 78/88 € 140/176 € – ½ P 88/106 €

Rist – *(solo per alloggiati)* Menu 22/36 €

♦ Ubicata in una zona residenziale della città, questa struttura tranquilla e silenziosa pone a disposizione degli ospiti un giardino con piscina riscaldata ed una nuova, fiammante, area benessere.

Ansitz Plantitscherhof

via Dante 56 – 04 73 23 05 77 – www.plantitscherhof.com – info@plantitscherhof.com – chiuso gennaio

35 cam – 75/180 € 135/320 € – ½ P 88/235 € Bk

Rist – *(chiuso a mezzogiorno)* Carta 29/58 €

♦ Abbracciato da un giardino-vigneto con piscina, l'hotel è stato recentemente ristrutturato pur mantenendo la suddivisione in due blocchi: uno d'epoca, l'altro più recente. La distinzione tuttavia è puramente architettonica, perché in entrambe le situazioni il confort e la piacevolezza sono di casa.

Sonnenhof cam, rist,

via Leichter 3 – 04 73 23 34 18 – www.sonnenhof-meran.com – sonnenhof.meran@rolmail.net – chiuso dal 10 gennaio al 25 marzo e dal 14 al 25 novembre Dc

16 cam – 73/130 € 100/160 € – ½ P 60/90 €

Rist – *(chiuso a mezzogiorno) (solo per alloggiati)*

♦ Hotel edificato secondo uno stile che richiama alla mente una fiabesca dimora con giardino. Gli interni sono accoglienti, soprattutto le camere, semplici e spaziose.

Zima senza rist
via Winkel 83 – 04 73 23 04 08 – www.hotelzima.com – info@hotelzima.com – chiuso gennaio e febbraio Bm
23 cam – 55/65 € 98/124 €
◆ La zona dove è situato questo hotel offre il vantaggio di non presentare problemi di parcheggio. Ambienti dall'atmosfera calda e familiare, camere accoglienti e ordinate.

Agriturismo Sittnerhof senza rist
via Verdi 60 – 04 73 22 16 31 – www.bauernhofurlaub.it – info@bauernhofurlaub.it – marzo-novembre Ba
6 cam – 58/65 € 82/96 €
◆ Lungo una via residenziale tranquilla e ombreggiata, uno splendido edificio, le cui fondamenta risalgono all'XI sec. Camere di taglio moderno con arredi funzionali.

Kallmünz
piazza Rena 12 – 04 73 21 29 17 – www.kallmuenz.it – info@kallmuenz.it – chiuso 3 settimane in gennaio, 2 settimane in luglio, lunedì De
Rist – Menu 39/60 € – Carta 53/71 €
◆ In pieno centro, un locale che presenta un aspetto moderno senza nascondere la tradizione della casa. La carta parte dall'Alto Adige, ma non disdegna le spezie orientali e il mare.

Sissi (Andrea Fenoglio)
via Galilei 44 – 04 73 23 10 62 – www.sissi.andreafenoglio.com – sissi@andreafenoglio.com – chiuso 3 settimane tra febbraio e marzo, lunedì, martedì a mezzogiorno Cx
Rist – Menu 65/75 € – Carta 55/70 €
Spec. Crostone con fegato d'oca, anguilla affumicata e mela Golden. Cappello del prete di vitello con salsa al tartufo nero. Limoni, vaniglia, gelato alla ricotta di capra e olio d'oliva.
◆ Con attenzione - in sala - si colgono gli echi *liberty* della vecchia Merano, ma la cucina è tesa ad esaltare eccellenti prodotti con l'ausilio delle più moderne tecnologie gastronomiche.

a Freiberg Sud-Est : 7 km per via Labers B – alt. 800 m – ✉ 39012 Merano

Castel Fragsburg
via Fragsburg 3 – 04 73 24 40 71 – www.fragsburg.com – info@fragsburg.com – 10 aprile-14 novembre
8 cam – 125/200 € 250/400 € – 12 suites – 300/500 € – ½ P 167/242 €
Rist Castel Fragsburg – vedere selezione ristoranti
◆ Il fascino di una dimora storica, divenuta un caldo e confortevole rifugio, dove un'eleganza semplice e discreta è la compagna fedele di ogni soggiorno. Vista eccezionale.

Castel Fragsburg
via Fragsburg 3 – 04 73 24 40 71 – www.fragsburg.com – info@fragsburg.com – 10 aprile-14 novembre; chiuso lunedì
Rist – Carta 60/98 €
Spec. Salmerino affumicato con fiori di prato e gelato alla senape. Patè di fegato d'oca, croccantini di pepe e gelato alla pera fatto in casa. Bue su fieno di montagna con ravioli di scalogno.
◆ Un'eccellente tappa *gourmet*: ricette altoatesine, ma non mancano riferimenti alla cucina mediterranea e moderne personalizzazioni da parte dello chef. Il pane e la pasticceria sono fatti in casa, le carni sono biologiche, mentre le erbe aromatiche coltivate al castello. Ottima, la selezione di formaggi.

MERCATALE – Firenze – 563 L15 – Vedere San Casciano in Val di Pesa

MERCATO SAN SEVERINO – Salerno (SA) – 564 E26 – 21 385 ab. – alt. 146 m – ✉ 84085 6 B2

Roma 256 – Napoli 61 – Salerno 17 – Avellino 27

XX ✿ **Casa del Nonno 13** (Raffaele Vitale)

Via Caracciolo 13 – ✆ 0 89 89 43 99 – www.casadelnonno13.com – info@casadelnonno13.com – chiuso domenica sera, martedì

Rist – Carta 30/52 €

Spec. Paccheri con pomodori San Marzano. Candela ripiena di mozzarella di bufala con genovese di cipolla ramata. Baccalà in guazzetto di pomodori corbarini.

♦ Originale atmosfera in una cantina ristrutturata dal *patron*-architetto, dove rustico ed elegante convivono in armonia. In tavola è la semplicità che regna sovrana: pomodoro San Marzano, mozzarella e carne - rigorosamente - italiana!

MERCENASCO – Torino (TO) – 561 F5 – 1 265 ab. – alt. 249 m – ✉ 10010 22 B2

Roma 680 – Torino 40 – Aosta 82 – Milano 119

XX **Darmagi**

via Rivera 7 – ✆ 01 25 71 00 94 – www.ristorantedarmagi.it – info@ristorantedarmagi.it – chiuso dal 15 giugno al 2 luglio, dal 16 al 31 agosto, lunedì, martedì

Rist – Carta 26/35 €

♦ Villetta in posizione defilata caratterizzata da una calda atmosfera familiare, soprattutto nella bella sala con camino. La cucina è ricca di proposte della tradizione.

MERCOGLIANO – Avellino (AV) – 564 E26 – 12 473 ab. – alt. 550 m – ✉ 83013 6 B2

Roma 242 – Napoli 55 – Avellino 6 – Benevento 31

in prossimità casello autostrada A16 Avellino Ovest Sud : 3 km :

Grand Hotel Irpinia

via Nazionale ✉ 83013 – ✆ 08 25 68 36 72 – www.grandhotelirpinia.it – info@grandhotelirpinia.it

66 cam ☕ – †50/75 € ††90/180 € – ½ P 75/95 € **Rist** – Carta 24/55 €

♦ Immerso in un giardino che custodisce una piscina circondata da statue, l'hotel è facilmente raggiungibile ed offre un servizio efficiente ed ambienti spaziosi e confortevoli. Le eleganti ed ampie sale ristorante ben si prestano per allestire ricevimenti e celebrare importanti ricorrenze.

MERCURAGO – Novara (NO) – Vedere Arona

MERGOZZO – Verbano-Cusio-Ossola (VB) – 561 E7 – 2 153 ab. – alt. 204 m – ✉ 28802 24 A1

Roma 673 – Stresa 13 – Domodossola 20 – Locarno 52

corso Roma 20 ✆ 0323 800935, mergozzo@distrettolaghi.it, Fax 0323 800935

Due Palme e Residenza Bettina rist,

via Pallanza 1 – ✆ 0 32 38 01 12 – www.hotelduepalme.it – duepalme@hotelduepalme.it – 10 marzo-ottobre

50 cam ☕ – †65/85 € ††100/120 € – ½ P 65/80 € **Rist** – Carta 30/43 €

♦ In un'oasi di tranquillità, sulle rive del lago di Mergozzo ma a pochi passi dal centro, l'elegante residenza d'epoca trasformata in hotel, offre camere di taglio classico. Belle e luminose le sale ristorante, caratteristiche nel loro stile leggermente retrò, dove gustare la tradizionale cucina del territorio.

XX **La Quartina** con cam rist,

via Pallanza 20 – ✆ 0 32 38 01 18 – www.laquartina.com – info@laquartina.com – chiuso dicembre, gennaio, lunedì (escluso luglio-agosto)

14 cam – †70/90 € ††90/110 €, ☕ 12 € – ½ P 97/105 €

Rist – Menu 50/65 € – Carta 44/66 €

♦ Alle porte della località, un piacevole locale affacciato sul lago con una luminosa sala ed un'ampia terrazza dove assaporare la cucina del territorio e specialità lacustri. Camere semplici, accoglienti e sempre curate.

MERONE – Como (CO) – 561 E9 – 4 150 ab. – alt. 284 m – ✉ 22046 **18** B1

Roma 611 – Como 18 – Bellagio 32 – Bergamo 47

Il Corazziere

via Mazzini 4 e 7 – ✆ 0 31 61 71 81 – www.corazziere.it – info@corazziere.it – chiuso dal 20 al 30 dicembre e dal 1° al 27 agosto

72 cam – †90/130 € ††130 €

Rist Il Corazziere – vedere selezione ristoranti

◆ Camere accoglienti, nonché buon confort generale, in una struttura moderna e signorile ubicata in riva al fiume Lambro.

Il Corazziere

via Mazzini 4 e 7 – ✆ 0 31 65 01 41 – www.corazziere.it – info@corazziere.it – chiuso dal 2 al 24 agosto

Rist – *(chiuso martedì)* Carta 31/72 €

◆ Al ristorante: spazi per tutte le esigenze - dal piccolo privé al salone per banchetti - dove gustare la classica cucina italiana e qualche proposta di pesce.

MESAGNE – Brindisi (BR) – 564 F35 – 27 817 ab. – alt. 72 m – ✉ 72023 **27** D2

Roma 574 – Brindisi 15 – Bari 125 – Lecce 42

Castello senza rist

piazza Vittorio Emanuele II 2 – ✆ 08 31 77 75 00 – www.hotelcastellomesagne.com – info@hotelcastellomesagne.com

11 cam – †50/60 € ††80/85 €

◆ Al primo piano di un edificio del Quattrocento sito sulla piazza principale, una piccola risorsa con soffitti a volta e dagli arredi semplici e lineari.

MESCO – La Spezia – 561 J10 – Vedere Levanto

MESE – Sondrio – Vedere Chiavenna

MESIANO – Vibo Valentia – 564 L30 – Vedere Filandari

MESSADIO – Asti – 561 H6 – Vedere Montegrosso d'Asti

MESSINA Ⓟ (ME) – 365 BC54 – 243 381 ab. Sicilia **40** D1

Catania 97 – Palermo 235

Villa San Giovanni – Stazione Ferrovie Stato, piazza Repubblica 1 ✉ 98122 ✆ 090 671700 – e Società Caronte, ✆ 090 5726504, call center 800 627 414

piazza Cairoli 45 ✉ 98122 ✆ 090 2935292, strmessina@regione.sicilia.it, Fax 090 694780

Museo Regionale★ BY: Adorazione dei pastori★★ e Resurrezione di Lazzaro★★ del Caravaggio – Duomo: portale★ e Manta d'oro★ (opera di I. Mangani) - Orologio astronomico★ sul campanile BY

NH Liberty cam, cam,

via 1° Settembre 15 ✉ 98122 – ✆ 09 06 40 94 36 – www.framonhotels.com – reservation.lib@framon-hotels.it – chiuso dal 30 giugno al 15 settembre

51 cam – †77/135 € ††127/220 € BZ**b**

Rist – Carta 27/46 €

◆ Vicino alla stazione ferroviaria, albergo in stile liberty nei cui interni la moderna funzionalità ben si sposa con decorazioni e arredi primo '900. Anche le camere - recentemente rinnovate - propongono la stessa raffinatezza degli spazi comuni.

Piero

via Ghibellina 119 ✉ 98123 – ✆ 09 06 40 93 54 – chiuso agosto, domenica

Rist – Carta 36/50 € AZ**s**

◆ Dal 1962 l'omonimo titolare gestisce questo ristorante classico ed elegante, recentemente rinnovato; specialità marinare, ma non mancano insalatone e piatti di carne.

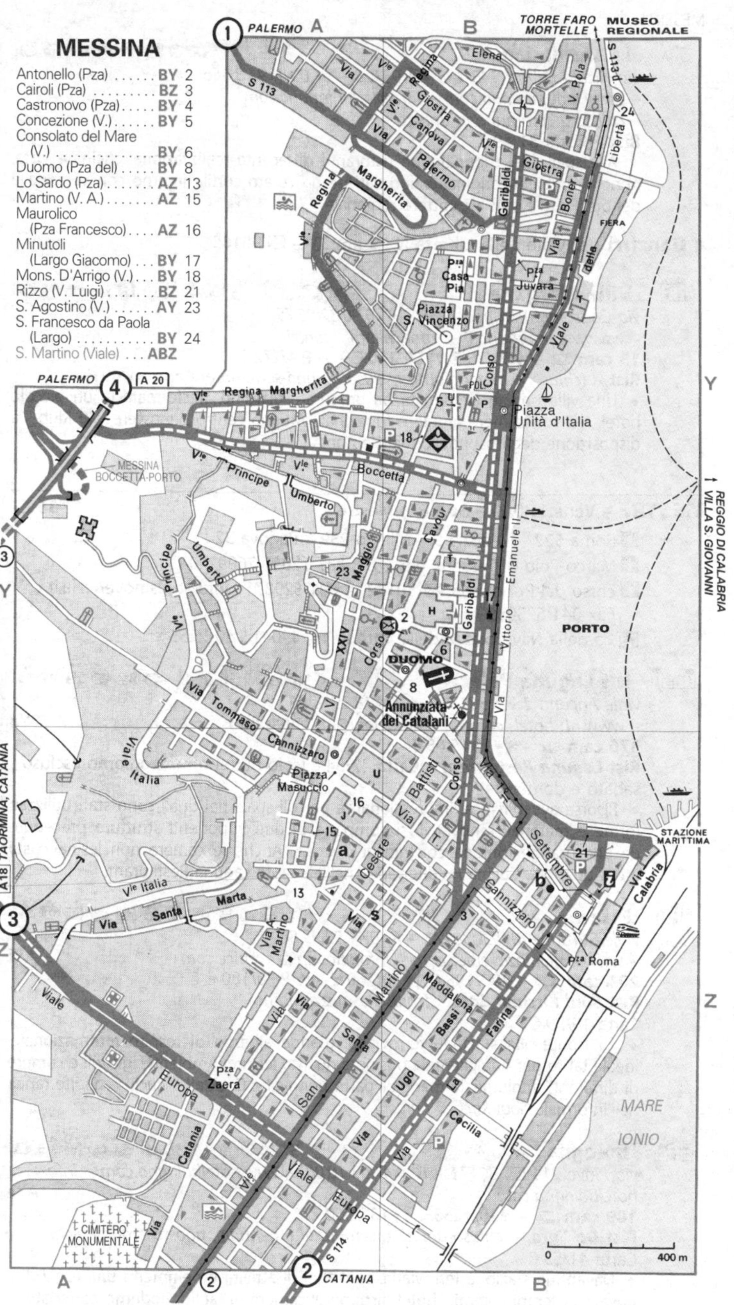
MESSINA
Antonello (Pza) . . . . . . BY 2
Cairoli (Pza) . . . . BZ 3
Castronovo (Pza) . . . . . BY 4
Concezione (V.) . . . . . . BY 5
Consolato del Mare (V.) . . . . BY 6
Duomo (Pza del) . . . . . BY 8
Lo Sardo (Pza) . . . . AZ 13
Martino (V. A.) . . . . AZ 15
Maurolico (Pza Francesco) . . . . AZ 16
Minutoli (Largo Giacomo) . . . BY 17
Mons. D'Arrigo (V.) . . . BY 18
Rizzo (V. Luigi) . . . . BZ 21
S. Agostino (V.) . . . . . . AY 23
S. Francesco da Paola (Largo) . . . . BY 24
S. Martino (Viale) . . . ABZ
PALERMO
TORRE FARO MORTELLE
MUSEO REGIONALE
S 113
S 113 d
Elena
Via Giostra
Canova
Palermo
Regina Margherita
Garibaldi
Via Boner
Libertà
V. Pola
FIERA
Pza Casa Pia
Pza Juvara
Piazza S. Vincenzo
Viale della Libertà
Corso Garibaldi
PALERMO
A 20
Vle Regina Margherita
Piazza Unità d'Italia
MESSINA BOCCETTA-PORTO
Vle Principe Umberto
Vle Boccetta
Cavour
Maggio
XXIV
REGGIO DI CALABRIA
VILLA S. GIOVANNI
Via Vittorio Emanuele II
PORTO
DUOMO
Annunziata dei Catalani
Via Tommaso Cannizzaro
Viale Italia
Piazza Masuccio
Battisti
Via Cesare
Via I Settembre
STAZIONE MARITTIMA
Via Calabria
Cannizzaro
Pza Roma
TAORMINA, CATANIA
A 18
Vle Italia
Via Santa Marta
Via A. Martino
Viale Europa
Pza Zaera
Via Catania
Via San Martino
Via Santa Cecilia
Via Maddalena
Via Ugo Bassi
Via La Farina
MARE IONIO
CIMITERO MONUMENTALE
S 114
CATANIA
0
400 m

XX **La Durlindana**

via Nicola Fabrizi 143/145 ✉ 98123 – ✆ 09 06 41 31 56 – www.ladurlindana.com – info@ladurlindana.com – chiuso 2 settimane in agosto AZ**a**

Rist – Carta 31/49 €

◆ Alle spalle del tribunale, un ristorante di recente realizzazione: cucina a vista, nonché ambienti originali valorizzati da un curato cortile interno con veranda e dehors. Piatti e vini a carattere regionale.

a Ganzirri per viale della Libertà N : 9 km BY – ✉ **98165**

Villa Morgana

via Consolare Pompea 1965 – ✆ 0 90 32 55 75 – www.villamorgana.it – info@villamorgana.it

15 cam – †50/75 € ††60/110 € – ½ P 47/72 €

Rist – *(chiuso a mezzogiorno escluso giugno-settembre)* Carta 31/49 €

◆ Una villa privata circondata da un curato giardino, trasformata in un piccolo hotel, ma con camere ampie e funzionali. Attiguo centro benessere - Ki Klub - a disposizione degli ospiti alloggiati e non.

MESTRE – Venezia (VE) – 562 F18 Mestre 36 C2

Roma 522 – Venezia 9 – Milano 259 – Padova 32

Marco Polo di Tessera, per ③: 8 km ✆ 041 2609240

corso del Popolo 65 ✉ 30172 ✆ 041 5298711 info@turismovenezia.it, Fax 041 5230399

Cá della Nave piazza della Vittoria 14, ✆ 041 5 40 15 55

NH Laguna Palace

viale Ancona 2 ✉ 30172 – ✆ 04 18 29 69 11 – www.nh-hotels.com – prenotazioni@nh-hotels.com BY**a**

376 cam – ††134/305 €

Rist *Laguna Restaurant* – Carta 42/54 € (solo buffet a mezzogiorno escluso sabato e domenica)

◆ Risorsa avveniristica, impressionante per gli spazi nei quali sono stati utilizzati forme e materiali innovativi, si compone di due imponenti strutture precedute da una grande fontana con giochi d'acqua. Anche le camere non lesinano sui metri quadrati. Cucina mediterranea nell'elegante Laguna Restaurant.

Plaza

rist,

viale Stazione 36 ✉ 30171 – ✆ 0 41 92 93 88 – www.hotelplazavenice.com – info@hotelplazavenice.com AY**f**

201 cam – †90/195 € ††90/260 € – ½ P 70/180 €

Rist *Soul Kitchen Cafè* – *(chiuso a mezzogiorno)* Carta 19/39 €

◆ Di fronte alla stazione ferroviaria, grande albergo di respiro internazionale, ideale tanto per una clientela business quanto leisure. Ambienti signorili e camere di differenti tipologie: la maggior parte rinnovate. Cocktail e cucina mediterranea nell'informale *Soul Kitchen Cafè*.

Bologna

rist,

via Piave 214 ✉ 30171 – ✆ 0 41 93 10 00 – www.hotelbologna.com – info@hotelbologna.com AY**e**

109 cam – †105/255 € ††165/360 €

Rist *Da Tura* – *(chiuso dal 25 dicembre al 6 gennaio, agosto e domenica)* Carta 41/55 €

◆ Davanti la stazione ferroviaria, cent'anni di attività e nemmeno una ruga! Rinnovato in tempi recenti, l'hotel dispone di camere di taglio moderno corredate di ogni confort tecnologico. Dinamico ristorante dalla cucina curata, presso il quale gustare specialità venete elaborate con un tocco di fantasia.

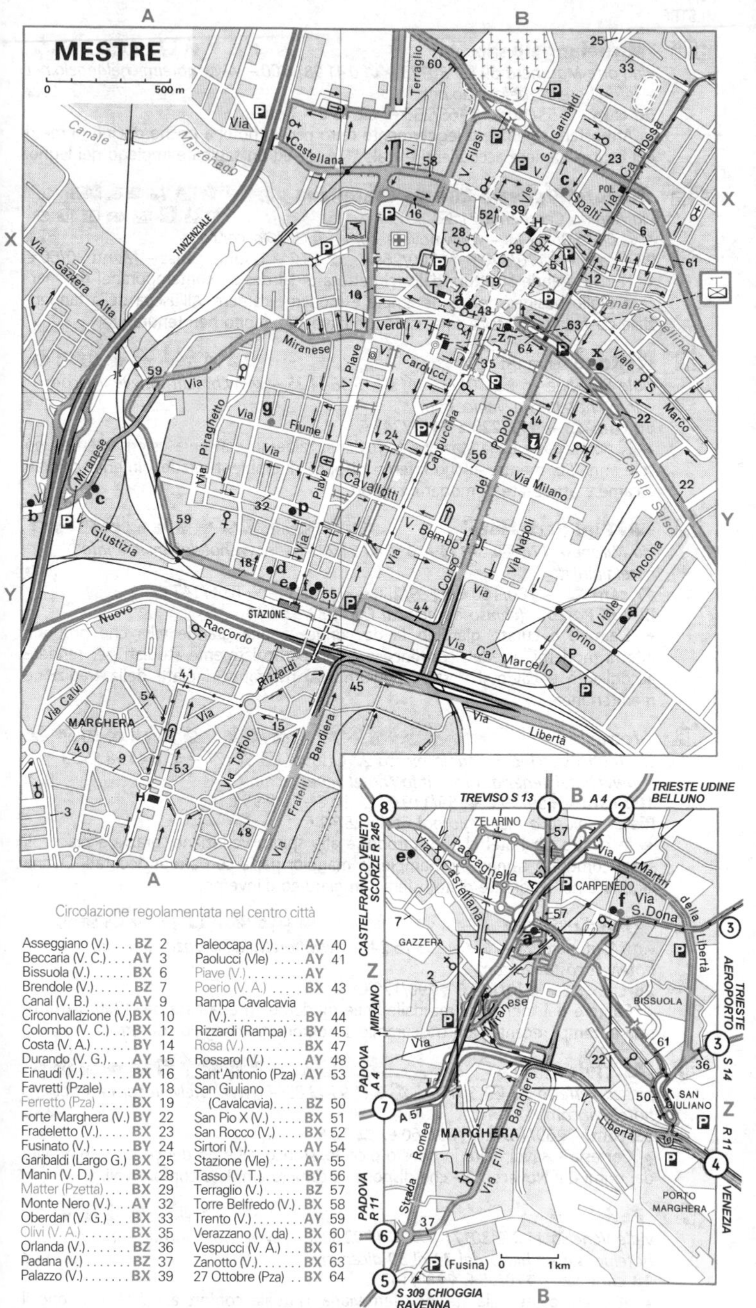

Circolazione regolamentata nel centro città

Asseggiano (V.) . . . BZ 2
Beccaria (V. C.) . . . . AY 3
Bissuola (V.) . . . . . . BX 6
Brendole (V.) . . . . . . BZ 7
Canal (V. B.) . . . . . . AY 9
Circonvallazione (V.) BX 10
Colombo (V. C.) . . . . BX 12
Costa (V. A.) . . . . . . BY 14
Durando (V. G.) . . . . AY 15
Einaudi (V.) . . . . BX 16
Favretti (Pzale) . . . . AY 18
Ferretto (Pza) . . . . . BX 19
Forte Marghera (V.) BY 22
Fradeletto (V.) . . . . . BX 23
Fusinato (V.) . . . . . . BY 24
Garibaldi (Largo G.) BX 25
Manin (V. D.) . . . . . . BX 28
Matter (Pzetta) . . . . BX 29
Monte Nero (V.) . . . AY 32
Oberdan (V. G.) . . . BX 33
Olivi (V. A.) . . . . BX 35
Orlanda (V.) . . . . BZ 36
Padana (V.) . . . . BZ 37
Palazzo (V.) . . . . BX 39
Paleocapa (V.) . . . . . AY 40
Paolucci (Vle) . . . . . AY 41
Piave (V.) . . . . AY
Poerio (V. A.) . . . . . BX 43
Rampa Cavalcavia (V.) . . . . BY 44
Rizzardi (Rampa) . . . BY 45
Rosa (V.) . . . . BX 47
Rossarol (V.) . . . . . . AY 48
Sant'Antonio (Pza) . AY 53
San Giuliano (Cavalcavia) . . . . . BZ 50
San Pio X (V.) . . . . . BX 51
San Rocco (V.) . . . . . BX 52
Sirtori (V.) . . . . AY 54
Stazione (Vle) . . . . . AY 55
Tasso (V. T.) . . . . BY 56
Terraglio (V.) . . . . . . BZ 57
Torre Belfredo (V.) . BX 58
Trento (V.) . . . . AY 59
Verazzano (V. da) . . BX 60
Vespucci (V. A.) . . . BX 61
Zanotto (V.) . . . . BX 63
27 Ottobre (Pza) . . BX 64

Michelangelo senza rist

via Forte Marghera 69 ✉ 30173 – ☎ 0 41 98 66 00 – www.hotelmichelangelo.net – info@hotelmichelangelo.net BX**x**

50 cam – ♦53/178 € ♦♦65/235 €, ☕ 13 € – 1 suite

♦ Atmosfera signorile e leggermente retrò per un hotel a poche decine di metri dal centro: camere accoglienti e "calde" grazie ad un sapiente impiego del legno.

Novotel Venezia Mestre Castellana rist,

via Alfredo Ceccherini 21 ✉ 30174 – ☎ 04 15 06 65 11 – www.novotel.com – h3307@accor.com BZ**a**

215 cam – ♦170/220 € ♦♦200/260 €, ☕ 15 € – 1 suite **Rist** – Menu 30/60 €

♦ Nuova grande struttura dall'architettura e dal design contemporanei dal marcato taglio business, propone ampie e moderne camere. All'uscita della tangenziale Castellana. Classica sala ristorante d'albergo, molto ben tenuta.

Tritone senza rist

viale Stazione 16 ✉ 30171 – ☎ 04 15 38 31 25 – www.hoteltritonevenice.com – info@hoteltritonevenice.com AY**f**

60 cam ☕ – ♦72/223 € ♦♦82/247 €

♦ A pochi passi dalla stazione ferroviaria, l'albergo conserva esternamente uno stile anni '50, mentre al suo interno dispone di ambienti gradevolmente colorati e camere attrezzate di moderni confort.

Ai Pini Park Hotel cam,

via Miranese 176 ✉ 30174 – ☎ 0 41 91 77 22 – www.hotelaipini.it – info@hotelaipini.it AY**b**

47 cam ☕ – ♦80/160 € ♦♦89/250 € – 1 suite – ½ P 66/147 €

Rist *Al Parco* – *(chiuso domenica)* Carta 33/53 €

♦ L'ampio e curato giardino fa da cornice a una grande villa che propone interni moderni, arredati con linee e colori particolarmente studiati per rendere accogliente e caldo il vostro soggiorno. Al ristorante, i piatti della tradizione mediterranea.

Venezia

via Teatro Vecchio 5 angolo piazza 27 Ottobre ✉ 30171 – ☎ 0 41 98 55 33 – www.hotel-venezia.com – info@hotel-venezia.com BX**z**

100 cam – ♦59/99 € ♦♦59/119 €, ☕ 10 € – ½ P 95 €

Rist – *(chiuso a mezzogiorno)* Carta 25/41 €

♦ In centro un hotel che vi introdurrà allo spirito veneziano, grazie a piacevoli spazi comuni e camere non ampie, la maggior parte con arredi decorati. Cucina lagunare nel ristorante d'atmosfera con giardino d'inverno.

Villa Costanza senza rist

via Montenero 25 – ☎ 0 41 93 26 24 – www.hotelvillacostanza.com – info@hotelvillacostanza.com

26 cam ☕ – ♦70/139 € ♦♦90/179 €

♦ Camere dai toni caldi, ma dalle linee moderne, in una casa del 1800 ristrutturata in tempi recenti. Non trascurabile, il comodo parcheggio sul retro.

Al Vivit senza rist

piazza Ferretto 73 ✉ 30174 – ☎ 0 41 95 13 85 – www.hotelvivit.com – info@hotelvivit.com BX**a**

33 cam – ♦69/102 € ♦♦89/160 €, ☕ 10 €

♦ Cortesia e savoir-faire in questo piccolo, storico, albergo del centro - in attività dai primi del Novecento - che dispone di camere ampie e confortevoli.

Paris senza rist

viale Venezia 11 ✉ 30171 – ☎ 0 41 92 60 37 – www.hotelparis.it – info@hotelparis.it – chiuso dal 23 al 30 dicembre AY**d**

18 cam ☕ – ♦70/95 € ♦♦80/140 €

♦ A pochi passi dalla stazione ferroviaria, l'attuale confort e modernità sono il frutto di un totale rinnovo avvenuto nel 2008. Camere accoglienti e funzionali, dotate delle migliori installazioni tecnologiche.

Cris senza rist
via Monte Nero 3/A ✉ 30171 – ☎ 0 41 92 67 73 – www.hotelcris.it – hotelcris@tiscali.it – chiuso dicembre e gennaio AY**p**
17 cam – 55/70 € 65/110 €
♦ In posizione tranquilla, albergo a conduzione familiare con camere accoglienti e caldi ambienti: è un po' come sentirsi a casa propria.

Alla Giustizia senza rist
via Miranese 111 ✉ 30171 – ☎ 0 41 91 35 11 – www.hotelgiustizia.com – giustizia@hotelgiustizia.com – chiuso dal 24 al 27 dicembre e dal 2 al 18 gennaio AY**c**
20 cam – 40/60 € 50/90 €
♦ Nei pressi della tangenziale, albergo a gestione familiare con camere graziose e accoglienti. Più semplici e meno ampi gli ambienti comuni.

Kappa senza rist
via Trezzo 8 ✉ 30174 – ☎ 04 15 34 31 21 – www.hotelkappa.com – info@hotelkappa.com – chiuso dal 10 al 31 gennaio BZ**f**
19 cam – 50/90 € 70/140 €
♦ Accoglienti spazi comuni e luminose camere di taglio classico in questa palazzina ottocentesca poco distante dal centro. Momenti di relax nel piccolo cortile interno.

Marco Polo
via Forte Marghera 67 ✉ 30173 – ☎ 34 97 74 49 21 – www.ristorantemarcopolo.it – info@ristorantemarcopolo.it – chiuso dal 1° al 7 gennaio, dal 25 al 30 luglio, domenica BX**x**
Rist – Carta 32/66 €
♦ A due passi dal centro storico, elegante ristorante all'interno di una villetta indipendente: capriate a vista, spioventi decorati e alle pareti molti quadri moderni. Proposte gastronomiche legate alla stagione, prevalentemente di pesce.

Dall'Amelia
via Miranese 113 ✉ 30174 – ☎ 0 41 91 39 55 – www.dallamelia.it – info@dallamelia.it – chiuso 1 settimana in gennaio, 10 giorni in agosto, domenica sera, mercoledì AY**c**
Rist – Menu 33 € (solo a mezzogiorno)/75 € – Carta 39/63 €
♦ Un classico in zona, ora nelle mani dei figli: ambiente signorile, piatti a base di pesce e specialità venete. Più informale l'osteria, dove si potrà apprezzare una cucina tipica.

Osteria la Pergola
via Fiume 42 ✉ 30171 – ☎ 0 41 97 49 32 – chiuso dal 10 al 24 agosto, sabato a mezzogiorno e domenica, anche sabato sera da giugno a settembre
Rist – (consigliata la prenotazione) Carta 25/41 € AY**g**
♦ Sono due giovani soci a gestire questa caratteristica trattoria: un locale rustico con vecchie fotografie alle pareti e nei mesi più caldi la possibilità di approfittare di un fresco pergolato. Piatti legati al territorio eseguiti con semplicità e gusto.

Al Leone di San Marco
via Trezzo 6, località Carpenedo ✉ 30174 – ☎ 04 15 34 17 42 – alleonesas@libero.it – chiuso dal 26 dicembre al 15 gennaio, dal 9 agosto al 2 settembre, domenica sera, lunedì BZ**f**
Rist – Carta 52/70 €
♦ Da sempre apprezzato per le sue fragranti specialità di pesce da gustare in un ambiente semplice e familiare. Accanto, una tipica "cicchetteria" veneziana per non farsi mancare un buon bicchiere di vino.

Ostaria da Mariano
via Spalti 49 ✉ 30137 – ☎ 0 41 61 57 65 – www.ostariadamariano.it – info@ostariadamariano.it – chiuso sabato, domenica BX**c**
Rist – Carta 31/40 €
♦ Vicino al centro storico, allegra e conviviale osteria a conduzione familiare, dove gustare paste fatte in casa e piatti legati alla tradizione leggermente rivisitati.

a Zelarino Nord : 2 km BZ – ✉ 30174

Antico Moro senza rist
via Castellana 149 – ✆ 04 15 46 18 34 – www.anticomoro.com – info@anticomoro.com – chiuso dal 20 al 29 dicembre BZe
14 cam – 55/85 € 75/135 €
◆ In questo piccolo paese ben collegato con Venezia, signorile hotel all'interno di una residenza del XVIII secolo; buon livello di confort nelle piacevoli camere.

Al Segnavento
via Gatta 76/c, località Santa Lucia di Tarù – ✆ 04 15 02 00 75 – www.alsegnavento.it – info@alsegnavento.it
14 cam – 75/90 € 85/130 €
Rist – *(chiuso dal 1° al 15 gennaio, dal 15 luglio al 31 agosto, domenica sera, lunedì, martedì)* (prenotazione obbligatoria a mezzogiorno)
Carta 35/56 €
◆ In una splendida tenuta di campagna, questo elegante agriturismo vi accoglierà in raffinate camere, dove ognuna di esse propone un leit motiv decorativo. Carni e verdure di produzione propria - rigorosamente biologica - partecipano a creare gustosi piatti del territorio.

a Campalto per ③ : 5 km – ✉ 30030

Antony
via Orlanda 182 – ✆ 04 15 42 00 22 – www.sogedinhotels.it – antony@antonyhotel.it
114 cam – 95/110 € 100/150 €
Rist – *(chiuso a mezzogiorno) (solo per alloggiati)* Menu 15/28 €
◆ Alle spalle di questa grande struttura contemporanea, un paesaggio d'eccezione: la laguna e i suoi incantevoli campanili! Funzionali e spaziose le camere dall'arredo classico. A pagamento, comodo servizio navetta per Venezia e l'aeroporto.

Trattoria da Vittoria
via Gobbi 311 – ✆ 0 41 90 05 50 – trattoriadavittoria@hotmail.it – chiuso dal 24 dicembre al 7 gennaio, dal 5 al 21 agosto, domenica, anche sabato in luglio-agosto
Rist – Carta 33/42 € (+15 %)
◆ Carrello dei bolliti, arrosti e prodotti del territorio sono le specialità della cucina di questa accogliente trattoria in stile classico-moderno. Un'unica sala a forma di "L" lungo le cui pareti scorrono panche di legno.

a Chirignano Ovest : 2 km – ✉ 30030

Ai Tre Garofani
via Assegiano 308 – ✆ 0 41 99 13 07 – chiuso dal 26 dicembre all'11 gennaio, dal 10 al 23 agosto e lunedì
Rist – *(chiuso a mezzogiorno escluso domenica e festivi)* Carta 40/60 €
◆ Si trova tra le mura di una casa di campagna questo raffinato locale a conduzione familiare: due sale di sobria eleganza e un'ampia terrazza per il servizio estivo. Fragranti specialità di pesce, "subordinate" alla disponibilità del mercato.

METANOPOLI – Milano – Vedere San Donato Milanese

Bed & breakfast e agriturismi non offrono gli stessi servizi di un hotel. Queste forme alternative di ospitalità si distinguono spesso per l'accoglienza e l'ambiente: specchio della personalità del proprietario. Quelli contraddistinti in rosso sono i più ameni.

MEZZANA - Trento (TN) - **562** D14 - **881 ab. - alt. 940 m - Sport invernali : 1 400/2 200 m 5 19 (Comprensorio sciistico Folgarida-Marilleva)** **30** B2
- ✉ 38020 Mezzana

Roma 652 - Trento 69 - Bolzano 76 - Milano 239

via 4 Novembre 77 ✆ 0463 757134, marilleva@valdisole.net, Fax 0463 757095

Val di Sole

via 4 Novembre 135 - ✆ 04 63 75 72 40 - www.hotelvaldisole.it - hotelvaldisole@valdisole.it - dicembre-aprile e 20 giugno-25 settembre

66 cam - 45/66 € 80/112 € - ½ P 45/90 € **Rist** - Carta 25/43 €

♦ In posizione rientrante, ma sempre lungo la via principale del paese, un hotel a conduzione familiare - di medie dimensioni - con camere semplici e una grande palestra. Il ristorante propone una cucina di fattura casalinga.

MEZZOCANALE - **Belluno - Vedere Forno di Zoldo**

MEZZOLOMBARDO - **Trento (TN) - 6 798 ab. - alt. 227 m** **30** B2
- ✉ 38017

Roma 605 - Bolzano 45 - Trento 22 - Milano 261

Per Bacco

via E. De Varda 28 - ✆ 04 61 60 03 53 - www.ristorante-perbacco.com - info@ristorante-perbacco.com - chiuso dal 15 al 25 gennaio e dal 20 agosto al 20 settembre

Rist - Carta 34/46 €

♦ Il ristorante è stato ricavato nelle stalle di una casa di fine Ottocento e arredato con lampade di design; nato come wine-bar vanta una bella scelta di vini locali al calice.

MIANE - **Treviso (TV) - 562 E18 - 3 620 ab. - alt. 259 m - ✉ 31050** **36** C2

Roma 587 - Belluno 33 - Milano 279 - Trento 116

Da Gigetto

via De Gasperi 5 - ✆ 04 38 96 00 20 - www.ristorantedagigetto.it - info@ristorantedagigetto.it - chiuso 15 giorni in gennaio, 20 giorni in agosto, lunedì sera, martedì

Rist - Carta 36/52 €

♦ Ristorante gradevole, con un'atmosfera familiare che non contrasta, anzi esalta, gli ambienti in stile rustico-elegante. La cucina attinge alla tradizione, splendida cantina.

MIGLIARA - **Napoli - Vedere Capri (Isola di) : Anacapri**

Henry Bonn/Fotolia.com

Galleria Vittorio Emanuele II

MILANO

Carta Michelin : 561 F9
Popolazione : 1 295 705 ab.
Altitudine : 122 m

Roma 572 – Genève 323 – Genova 142 – Torino 140
Milano e la Lombardia
Carta regionale : 18 B2

INFORMAZIONI PRATICHE

Uffici Informazioni turistiche

piazza Duomo 19/a ✆ 02 77404343 iat.info@provincia.milano.it, Fax 02 77404333

Aeroporti

Forlanini di Linate Est : 8 km CP ✆ 02 232323

Malpensa Nord-Ovest : 45 km ✆ 02 232323

Golf

27 Milano viale Mulini San Giorgio 7, ✆ 039 30 30 81

18 Molinetto SS Padana Superiore 11, ✆ 02 92 10 51 28

18 Barlassina via Privata Golf 42, ✆ 0362 56 06 21

18 Zoate via Verdi 8, ✆ 02 90 63 21 83

18 Le Rovedine via Marx 18, ✆ 02 57 60 64 20

Fieramilanocity

25.02 - 28.02 : Mi Milano Pret-a-Porter - Fashion NOW

08.04 - 11.04 : miart (fiera internazionale d'arte moderna e contemporanea)

23.09 - 26.09 : Mi Milano Pret-a-Porter - Fashion NOW

Fieramilano Rho

28.01 - 31.01 : macef (salone internazionale della casa)

17.02 - 20.02 : bit (borsa internazionale del turismo)

06.03 - 09.03 : micam (esposizione internazionale della calzatura)

06.03 - 09.03 : mifur - mipel (salone internazionale della pellicceria e della pelle)

12.04 - 17.04 : (salone internazionale del mobile)

02.09 - 05.09 : macef (salone internazionale della casa)

08.11 - 13.11 : eicma moto (salone internazionale motociclo)

LUOGHI DI INTERESSE

IL CENTRO

Duomo★★★ MZ - Galleria Vittorio Emanuele II★★ MZ - Teatro alla Scala★★ MZ - Castello Sforzesco★★★ JV

MILANO DALL' ALTO

Passeggiata sui terrazzi del Duomo★★★ MZ - ⋞ dalla Torre Branca★★ VH

I GRANDI MUSEI

Pinacoteca di Brera★★★ KV - Castello Sforzesco★★★ JV: Museo di Arte Antica★★, Pinacoteca★ - Pinacoteca Ambrosiana★★★ MZ - Museo del Duomo★★ MZM[1] - Museo Poldi Pezzoli★★ KVM[2]- Museo di Palazzo Bagatti Valsecchi★★ KVL - Museo dell'Ottocento★★ LVM - Museo Teatrale alla Scala★ MZ - Museo della Scienza e della Tecnologia★★ HXM[4]- Museo di Storia Naturale★ LVM[6] - Museo Civico di Archeologia★ JXM

LE BASILICHE E LE CHIESE

S. Ambrogio★★★ HJX - S. Lorenzo★★ JY - S. Maria delle Grazie★★ HX e Cenacolo Vinciano★★★ - S. Eustorgio★JY: Cappella Portinari★★ - S. Maurizio al Monastero Maggiore★JX: affreschi★★ - S. Maria della Passione★★ LX - S. Nazaro★KY - S. Maria presso S. Satiro★MZ: coro del Bramante★★

I LUOGHI SUGGESTIVI

Via e Piazza dei Mercanti★ MZ[155]- La Ca' Granda★★ e Largo Richini KXY - Il quartiere di Brera KV - I Navigli HY

ACQUISTI

Il quadrilatero della moda: via Montenapoleone, Via della Spiga, Via S. Andrea, Via Dante - Corso Buenos Aires - Corso Vercelli

DINTORNI

Abbazia di Chiaravalle★★: 13 km a sud-est, direzione San Donato - Abbazia di Viboldone★: 13 km a sud-est, direzione San Giuliano

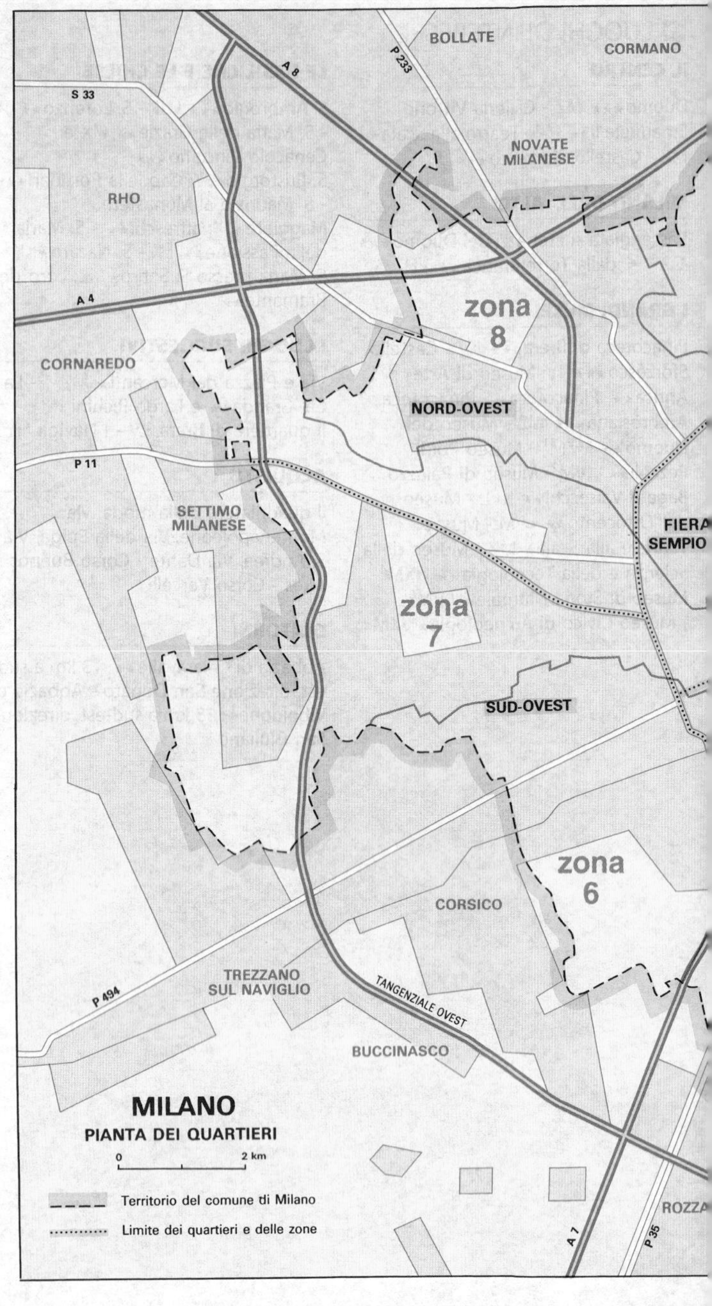
BOLLATE
CORMANO
S 33
A 8
P 233
NOVATE
MILANESE
RHO
A 4
zona
8
CORNAREDO
NORD-OVEST
P 11
SETTIMO
MILANESE
FIERA
SEMPIO
zona
7
SUD-OVEST
zona
6
CORSICO
TREZZANO
SUL NAVIGLIO
P 494
TANGENZIALE OVEST
BUCCINASCO
MILANO
PIANTA DEI QUARTIERI
0
2 km
Territorio del comune di Milano
Limite dei quartieri e delle zone
ROZZA
A 7
P 35

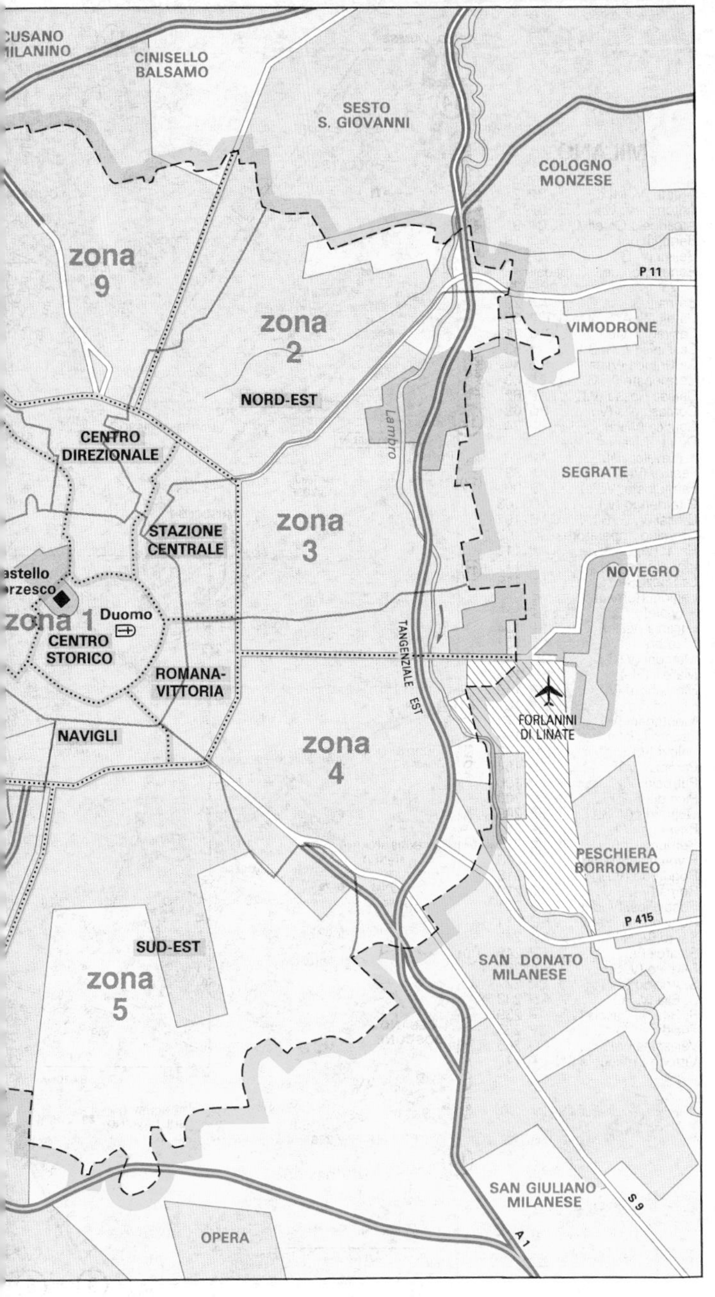
CUSANO
MILANINO
CINISELLO
BALSAMO
SESTO
S. GIOVANNI
COLOGNO
MONZESE
zona
9
zona
2
P 11
VIMODRONE
NORD-EST
Lambro
CENTRO
DIREZIONALE
SEGRATE
zona
3
STAZIONE
CENTRALE
astello
rzesco
NOVEGRO
zona 1
Duomo
CENTRO
STORICO
TANGENZIALE EST
ROMANA-
VITTORIA
FORLANINI
DI LINATE
NAVIGLI
zona
4
PESCHIERA
BORROMEO
P 415
SUD-EST
SAN DONATO
MILANESE
zona
5
SAN GIULIANO
MILANESE
S 9
A 1
OPERA

MILANO

Agrate (V. M. d') . . . . . BP 2
Antonini (V. G.) . . . . . . BP 8
Arcangelo Corelli (V.) . CP 9
Bartolini (V.) . . . . AO 18
Bellini (V. G.) . . . . AP 23
Benefattori dell' Ospedale (V.) . . . . BO 24
Berna (V.) . . . . AP 29
Cardinale A. Sforza (V.) BP 50
Casiraghi (Vle F.) . . . . BO 51
Cassinis (V. G. B.) . . . . BP 53
Cà Granda (Viale) . . . . BO 44
Cermenate (V. G. da) . BP 60
Chiesa Rossa (V.) . . . . AP 62
Comasinella (V.) . . . . . BO 68
Corsica (Viale) . . . . . . BP 74
Don L. Milani (Cavalcavia) . . . . AP 78
Faenza (Viale) . . . . AP 89
Famagosta (Viale) . . . AP 90
Girardengo (V.) . . . . . . AO 103
Grassi (V. G. B.) . . . . . AO 107
Graziano Imperatore . BO 108
Harar (V.) . . . . AP 112
Ippodromo (V.) . . . . AOP 117
La Spezia (V.) . . . . AP 119
Legioni Romane (Viale) . . . . AP 125
Lucania (Viale) . . . . . . BP 134
Mambretti (V.) . . . . AO 137
Marconi (V. G.) . . . . . . BO 143
Marelli (Vle) . . . . BO 146
Marochetti (V.) . . . . . . BP 149
Milano (V.) . . . . AP 161
Montegani (V.) . . . . . . BP 173
Omero (Viale) . . . . BP 186
Palizzi (V.) . . . . AO 192
Parenzo (V.) . . . . AP 194
Patroclo (V.) . . . . AP 196
Picardi (V. F.) . . . . BO 200
Quaranta (V. B.) . . . . . BP 209
Ravenna (V.) . . . . BP 212
Rembrandt (V.) . . . . . . AP 213
Rivoltana (Strada) . . . . CP 216
Rogoredo (V.) . . . . CP 218
Roma (V.) . . . . BO 219
Rospigliosi (V. dei) . . . AP 221
Rubicone (Viale) . . . . . BO 224
Sáuro (V. N.) . . . . AO 242
Solaroli (V.) . . . . BP 249
Stratico (V. S.) . . . . . . AP 252
S. Arialdo (V.) . . . . CP 227
S. Elia (V. A.) . . . . AO 233
S. Rita da Cascia (V.) . AP 239
Tucidide (V.) . . . . CP 263
Valassina (V.) . . . . BO 265
Vittorio Emanuele (V.) AP 276

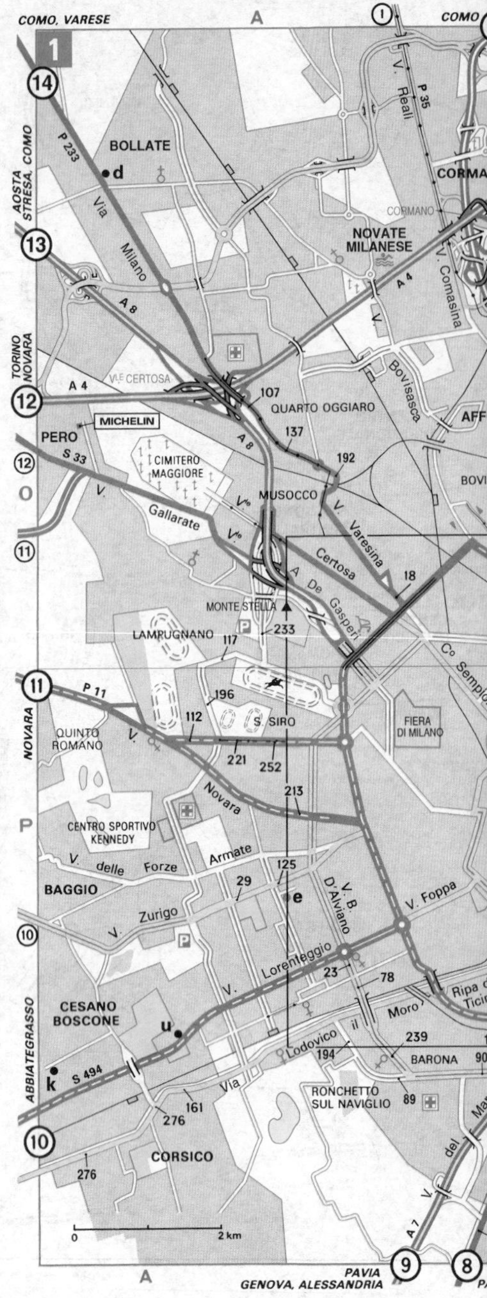

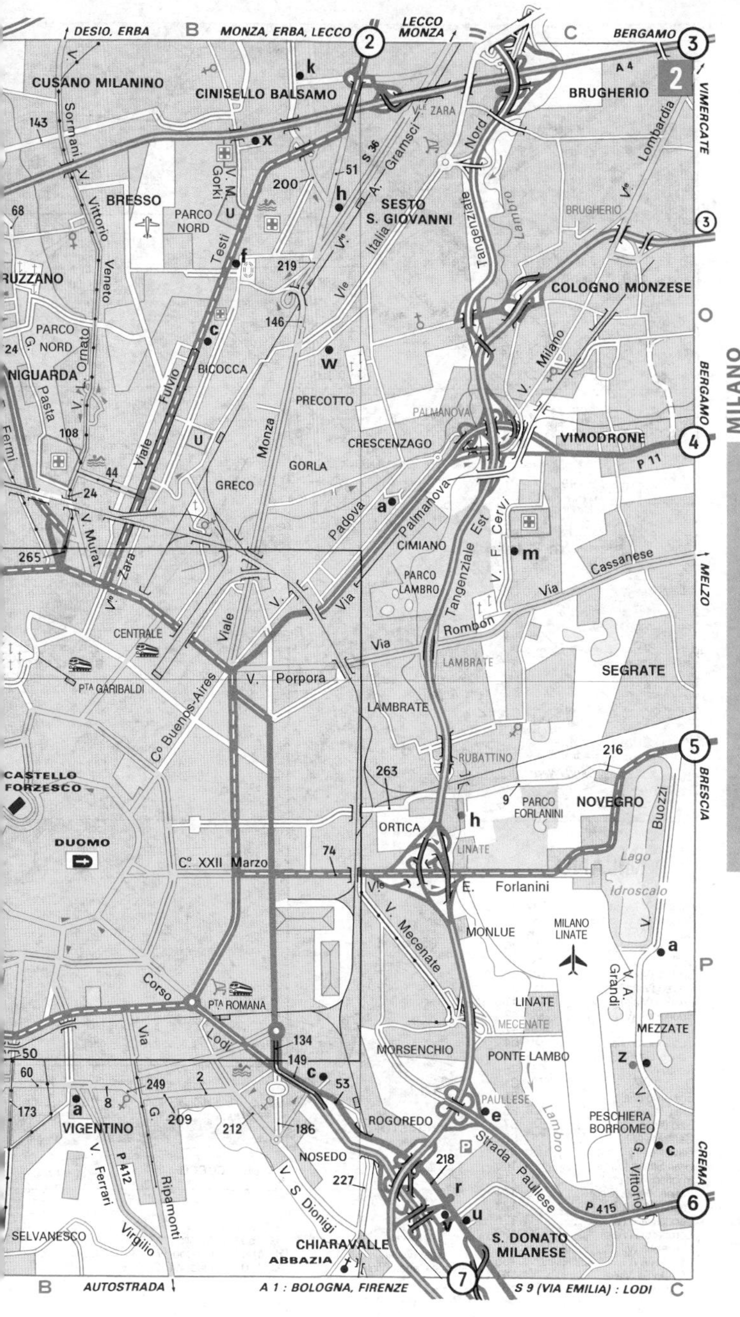
DESIO, ERBA
MONZA, ERBA, LECCO
LECCO MONZA
BERGAMO
CUSANO MILANINO
CINISELLO BALSAMO
BRUGHERIO
VIMERCATE
BRESSO
PARCO NORD
SESTO S. GIOVANNI
COLOGNO MONZESE
PARCO NORD
NIGUARDA
BICOCCA
PRECOTTO
PALMANOVA
CRESCENZAGO
VIMODRONE
BERGAMO
GORLA
GRECO
CIMIANO
PARCO LAMBRO
MELZO
CENTRALE
Pta GARIBALDI
LAMBRATE
SEGRATE
RUBATTINO
CASTELLO FORZESCO
PARCO FORLANINI
NOVEGRO
BRESCIA
ORTICA
DUOMO
LINATE
Cº XXII Marzo
Vle E. Forlanini
Lago Idroscalo
MONLUE
MILANO LINATE
Pta ROMANA
LINATE
MECENATE
MEZZATE
MORSENCHIO
PONTE LAMBO
VIGENTINO
ROGOREDO
PAULLESE
PESCHIERA BORROMEO
NOSEDO
CREMA
SELVANESCO
CHIARAVALLE ABBAZIA
S. DONATO MILANESE
AUTOSTRADA
A 1 : BOLOGNA, FIRENZE
S 9 (VIA EMILIA) : LODI
MILANO

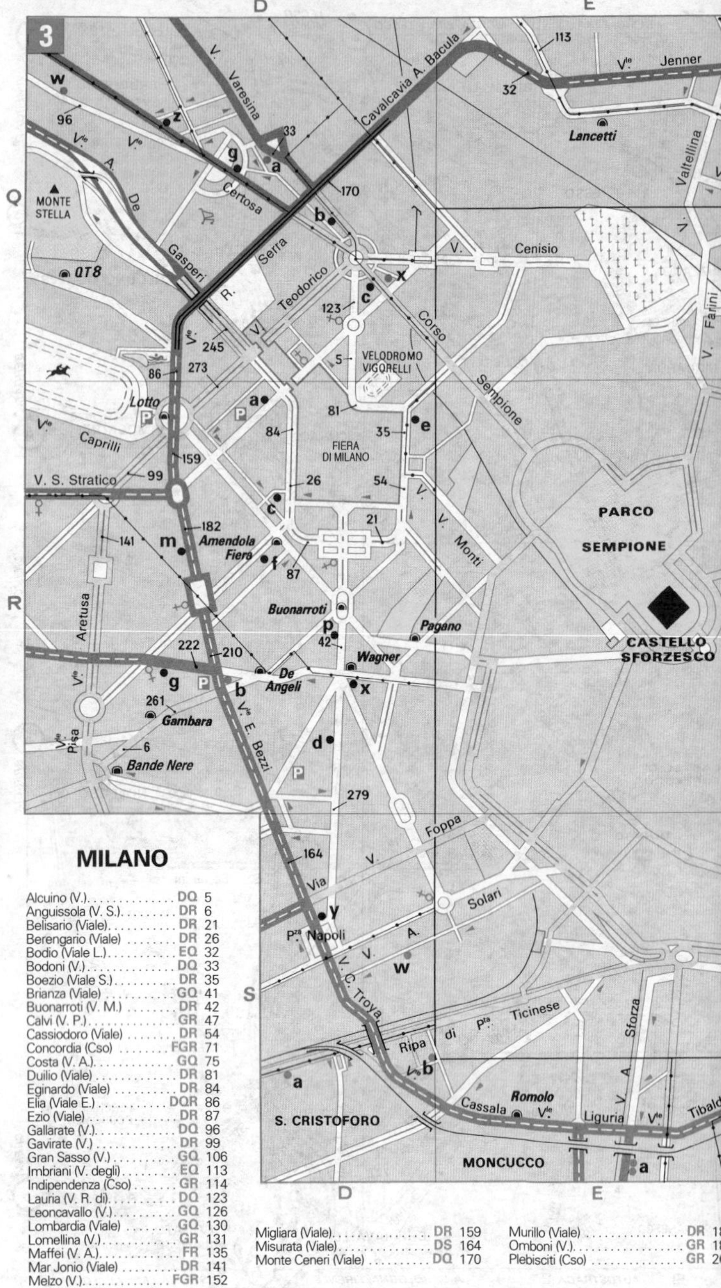

3
D
E
Q
R
S
MILANO
V. Varesina
Cavalcavia A. Bacula
V.le Jenner
Lancetti
Valtellina
MONTE STELLA
QT8
V.le A. De Gasperi
Certosa
Serra
R.
Teodorico
V. Cenisio
Corso Sempione
Farini
VELODROMO VIGORELLI
FIERA DI MILANO
Lotto
V.le Caprilli
V. S. Stratico
Amendola Fiera
Buonarroti
Pagano
Wagner
De Angeli
V. Monti
PARCO SEMPIONE
CASTELLO SFORZESCO
Aretusa
Gambara
Bande Nere
V.le Pisa
V.le E. Bezzi
V. Foppa
Via Solari
P.za Napoli
V. A.
V. C. Troya
Ripa di P.ta Ticinese
Sforza
Cassala
Romolo
V.le Liguria
Tibald
S. CRISTOFORO
MONCUCCO

MILANO

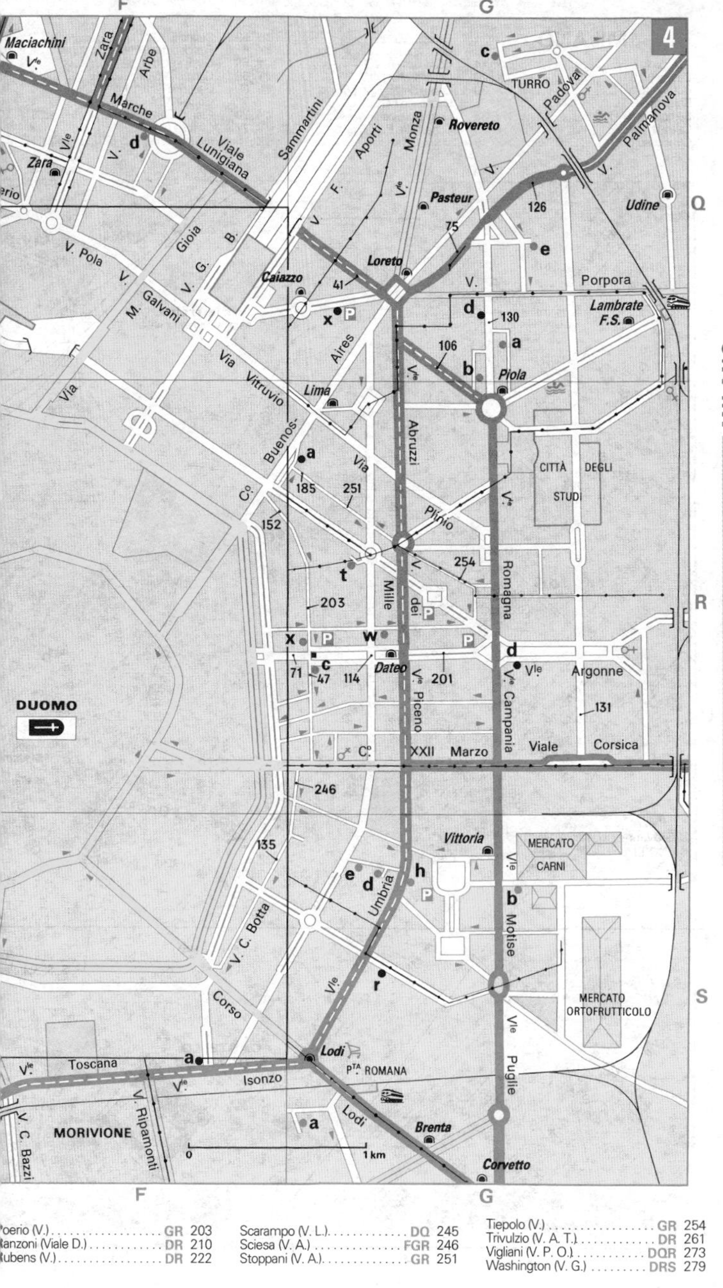
Maciachini
Zara
Arbe
Marche
Viale Lunigiana
Sammartini
Aporti
Monza
Rovereto
TURRO
Padova
Palmanova
Udine
Pasteur
Loreto
Caiazzo
V. Pola
Gioia
V. G. B.
M. Galvani
Via Vitruvio
Aires
Lima
Porpora
Lambrate F.S.
Piola
CITTÀ DEGLI STUDI
Buenos-
Via Plinio
Abruzzi
Romagna
Mille
Dateo
Piceno
V. Campania
Argonne
Viale Corsica
XXII Marzo
DUOMO
Vittoria
MERCATO CARNI
Umbria
Motise
V. C. Botta
Corso
MERCATO ORTOFRUTTICOLO
Lodi
P.TA ROMANA
Toscana
Isonzo
Puglie
Brenta
Corvetto
MORIVIONE
V. Ripamonti
V. C. Bazzi
0
1 km
MILANO

All'interno della zona delimitata da un retino verde, la città è divisa in settori il cui accesso è segnalato lungo tutta la cerchia. Non è possibile passare in auto da un settore all'altro.

MILANO

Lambertenghi (V. P.) . . . . **KT** 122
Lepetit (V.) . . . . **LTU** 128
Maffei (V. A.) . . . . **LY** 135
Manzoni (V. A.) . . . . **KV**
Melzo (V.) . . . . **LU** 152
Mercato (V.) . . . . **JV** 158
Modestino (V.) . . . . **HY** 165
Moliere (Viale E.) . . . . **HV** 167
Monte Napoleone (V.) . . . . **KV**
Muratori (V. L.) . . . . **LY** 180
Oggiono (V. M. d') . . . . **HJY** 183
Orseolo (V.) . . . . **HY** 189
Paleocapa (V.) . . . . **JV** 191
Pastrengo (V.) . . . . **KT** 195
Perasto (V.) . . . . **KT** 198
Poliziano (V.) . . . . **HTU** 204
Ponte Vetero (V.) . . . . **JV** 205
Quadrio (V. M.) . . . . **JT** 207
Restelli (Viale F.) . . . . **KT** 214
Ruffini (V. Flli) . . . . **HX** 225
Savoia (Viale F. di) . . . . **KU** 243
Spiga (V. della) . . . . **KV**
S. Babila (Pza) . . . . **KX** 228
S. Calimero (V.) . . . . **KY** 230
Tivoli (V.) . . . . **HV** 255
Torchio (V.) . . . . **JX** 257
Torino (V.) . . . . **MZ**
Torriani (V. N.) . . . . **LU** 258
Trau (V.) . . . . **KT** 260
Valtellina (V.) . . . . **JT** 266
Vercelli (Cso) . . . . **HX** 267
Verdi (V.) . . . . **KV** 269
Vittorio Emanuele II (Cso) . . . . **NZ**
Vittorio Veneto (Viale) . . . . **KLU** 278
Zezon (V.) . . . . **LU** 281

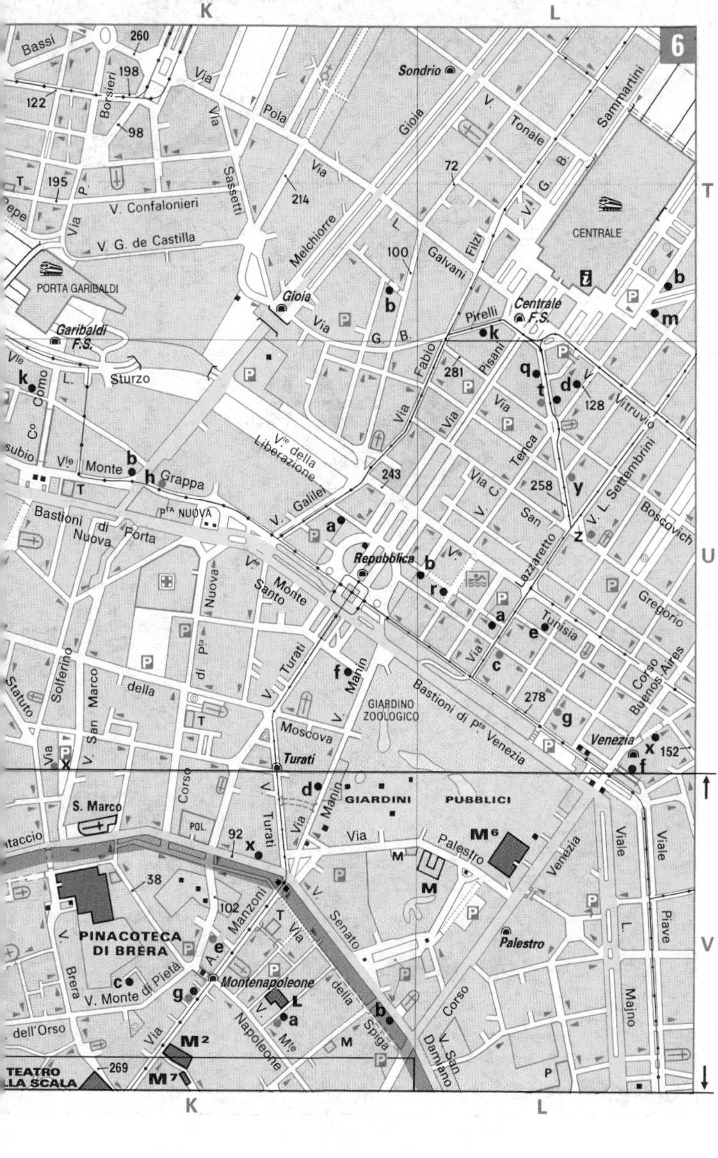

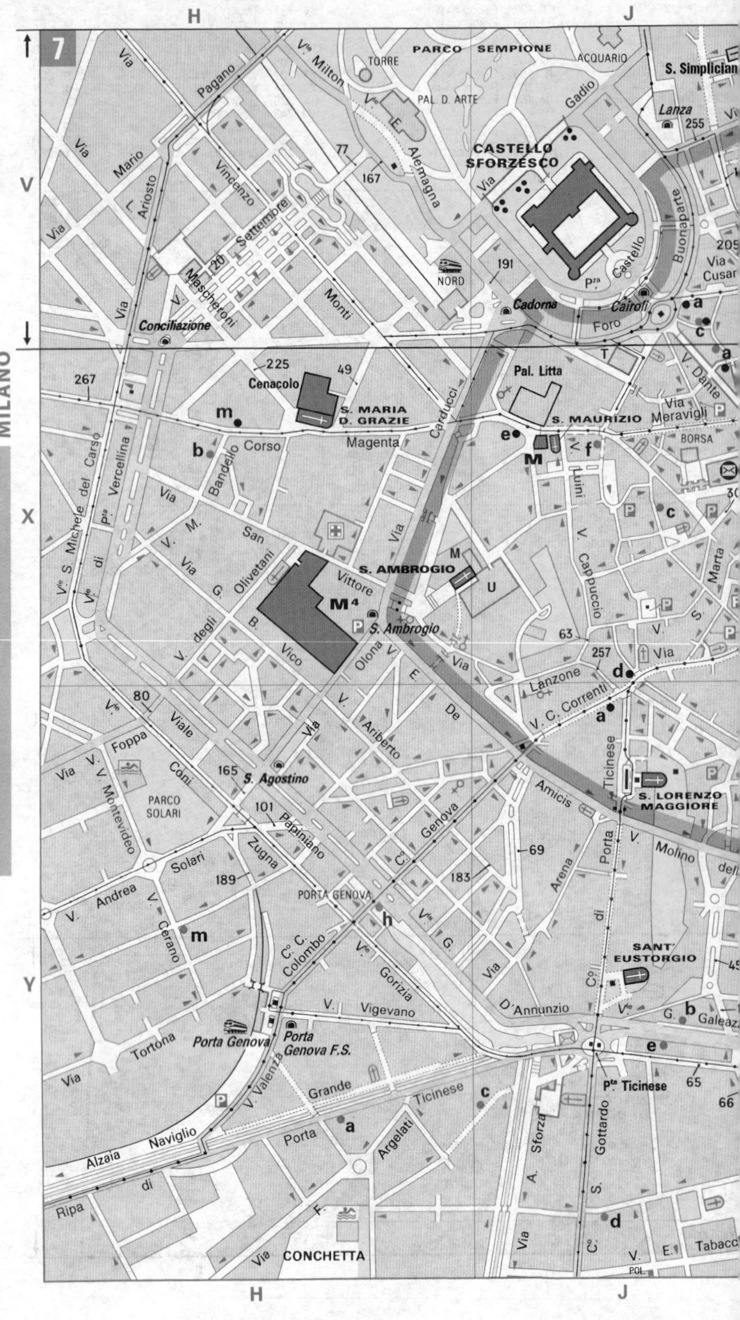

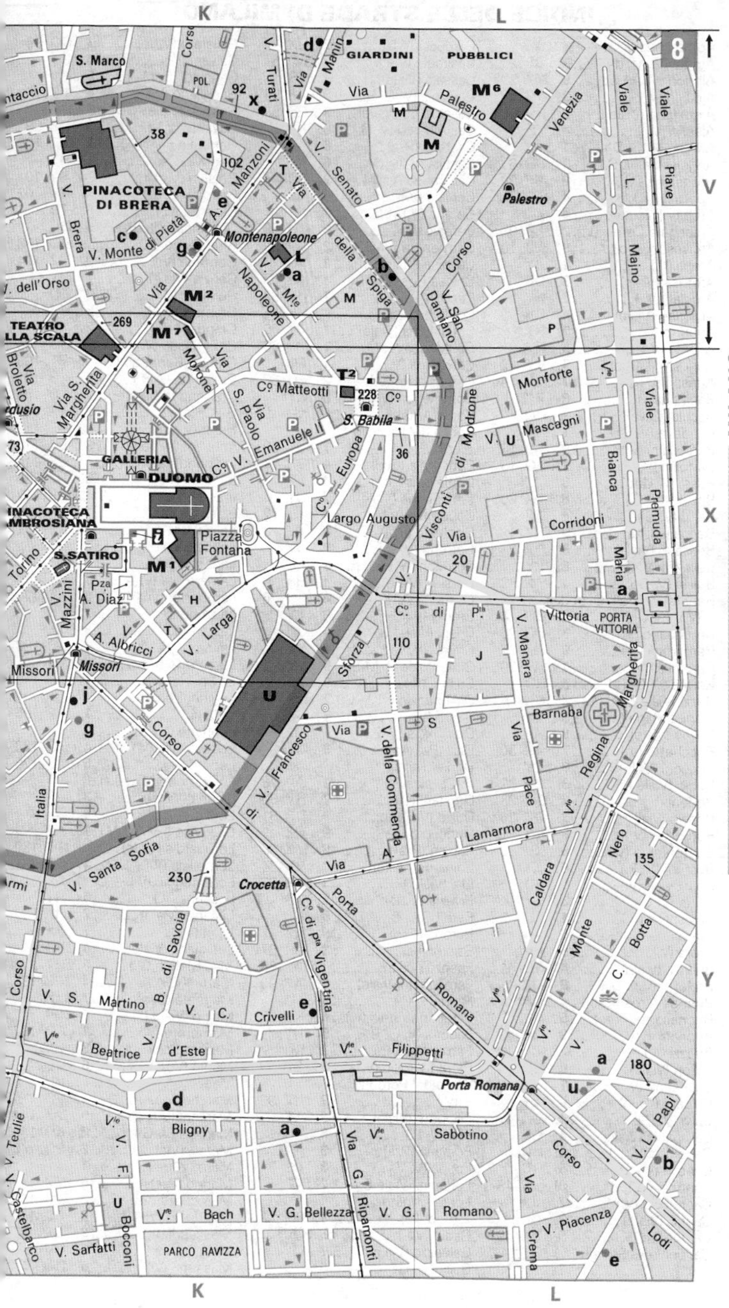
GIARDINI PUBBLICI
PINACOTECA DI BRERA
TEATRO ALLA SCALA
GALLERIA
DUOMO
PINACOTECA AMBROSIANA
S.SATIRO
Montenapoleone
S. Babila
Palestro
Missori
Crocetta
Porta Romana
PORTA VITTORIA
PARCO RAVIZZA
MILANO

INDICE DELLE STRADE DI MILANO

Matteotti (Cso) 9 NZ
Mazzini (V.) 9 MZ
Mecenate (V.) 2 BCP
Meda (Pza) 9 NZ
Melzi D'Eril 5 HU
Melzo (V.) 4 FGR 152
Mengoni (V.) 9 MZ 153
Meravigli (V.) 7 JX
Mercanti (Pza) 9 MZ 155
Mercanti (V.) 9 MZ 156
Mercato (V.) 5 JV 158
Messina (V.) 5 HT
Migliara (Viale) 3 DR 159
Milano (V.) 1 AP 161
Mille (V. dei) 4 GR
Milton (Viale) 5 HV
Missaglia (V. dei) 2 BP
Missori (Pza) 9 MZ 162
Misurata (Viale) 3 DS 164
Modestino (V.) 7 HY 165
Moliere (Viale E.) 5 HV 167
Molino delle Armi (V.) 7 JY
Molise (Viale) 4 GS
Montegani (V.) 2 BP 173
Montello (Viale) 5 JU
Montevideo (V.) 7 HY
Monte Ceneri (Viale) 3 DQ 170
Monte di Pietà 6 KV
Monte Grappa (Viale) 6 KU
Monte Napoleone (V.) 8 KV
Monte Nero (Viale) 8 LY
Monte Santo (Viale) 6 KU
Montforte (Cso) 8 LX
Monti (V. V.) 5 HV
Monviso (V.) 5 HT
Monza (Viale) 4 GQ
Morone (V.) 9 MNZ 176
Moscova (V. della) 6 KU
Muratori (V. L.) 8 LY 180
Murat (V.) 2 BO
Murillo (Viale) 3 DR 182
Napoli (Pza) 3 DS
Naviglio Grande (Alzaia) 7 HY
Nono (V. L.) 5 HJT
Novara (V.) 1 AP
Oggiono (V. M. d') 7 HJY 183
Olivetani (V. degli) 7 HX
Olona (V.) 7 HXY
Omboni (V.) 4 GR 185
Omero (Viale) 2 BP 186
Orefici (V.) 9 MZ 188
Ornato (V. L.) 2 BO
Orseolo (V.) 7 HY 189
Orso (V. dell') 6 KV
Pace (V.) 8 LY
Padova (V.) 4 GQ
Pagano (V. M.) 5 HV
Paleocapa (V.) 5 JV 191
Palestro (V.) 6 KLV
Palizzi (V.) 1 AO 192
Palmanova (V.) 2 BCO
Papiniano (Viale) 7 HY
Papi (V. L.) 8 LY
Parenzo (V.) 1 AP 194
Pasta (V. G.) 2 BO
Pastrengo (V.) 4 KT 195
Pasubio (Viale) 6 KU
Patroclo (V.) 1 AP 196
Pattari (V.) 9 NZ 197
Paullese (Strada) 2 CP
Pepe (V. G.) 6 KT

Perasto (V.) 6 KT 198
Piacenza (V.) 8 LY
Piave (Viale) 6 LV
Picardi (V. F.) 2 BO 200
Piceno (Viale) 4 GR
Pirelli (V. G. B.) 6 KLT
Pisani (V. V.) 6 LTU
Pisa (Viale) 3 DR
Plebisciti (Cso) 4 GR 201
Plinio (V.) 4 GR
Poerio (V.) 4 GR 203
Pola (V.) 6 KT
Poliziano (V.) 5 HTU 204
Pontaccio (V.) 6 KV
Ponte Vetero (V.) 5 JV 205
Porpora (V.) 4 GQ
Premuda (Viale) 8 LX
Prina (V. G.) 5 HU
Procaccini (V.) 5 HTU
Pta Nuova (Bastioni di) 6 KU
Pta Nuova (Cso di) 6 KUV
Pta Romana (Cso di) 8 KLX
Pta Ticinese (Cso di) 7 JY
Pta Ticinese (Ripa di) 7 HY
Pta Venezia (Bastioni di) 6 LU
Pta Vercellina (Viale di) 7 HX
Pta Vigentina (Cso di) 8 KY
Pta Vittoria (Cso di) 8 KLX
Pta Volta (Bastioni di) 5 JU
Puglie (Viale) 4 GS
Quadrio (V. M.) 5 JT 207
Quaranta (V. B.) 2 BP 209
Ranzoni (Viale D.) 3 DR 210
Ravenna (V.) 2 BP 212
Regina Margherita (Vle) 8 LXY
Rembrandt (V.) 1 AP 213
Ripamonti (V. G.) 2 BP
Rivoltana (Strada) 2 CP 216
Rogoredo (V.) 2 CP 218
Romagna (Viale) 4 GR
Romano (V. G.) 8 KLY
Roma (V.) 2 BO 219
Rombon (V.) 2 CO
Rospigliosi (V. dei) 1 AP 221
Rubens (V.) 3 DR 222
Rubicone (Viale) 2 KLY
Ruffini (V. Flli) 7 HX 225
Sáuro (V. N.) 1 AO 242
Sabotino (Viale) 8 KLY
Sammartini (V. G. B.) 6 LT
Sarfatti (V. E.) 8 KY
Sarpi (V. P.) 5 HJU
Sassetti (V.) 6 KT
Savoia (Viale F. di) 6 KU 243
Savoia (V. B. di) 6 KY
Scarampo (V. L.) 3 DQ 245
Sciesa (V. A.) 4 FGR 246
Sempione (Cso) 5 HU
Senato (V.) 6 KV
Serra (Viale R.) 3 DQ
Settembrini (V. L) 6 LU
Sforza (V. A.) 7 JY
Sforza (V. F.) 8 KXY
Solari (V. A.) 3 DES
Solaroli (V.) 2 BP 249
Solferino (V.) 6 KUV
Sormani (V.) 2 BO
Spiga (V. della) 6 KV
Statuto (V.) 6 KU
Stoppani (V. A.) 4 GR 251

Stratico (V. S.) 1 AP 252
Sturzo (Viale L.) 6 KT
S. Arialdo (V.) 2 CP 227
S. Babila (Pza) 9 NZ
S. Barnaba (V.) 8 KLY
S. Calimero (V.) 8 KY 230
S. Clemente 9 NZ 231
S. Damiano (V.) 8 LVX
S. Dionigi (V.) 2 BP
S. Elia (V. A.) 1 AO 233
S. Gottardo (Cso) 7 JY
S. Gregorio (V.) 6 LU
S. Marco (V.) 6 KUV
S. Margherita (V.) 9 MZ
S. Marta (V.) 7 JX
S. Martino (V.) 8 KY
S. Michele del Carso (Viale) 7 HX
S. Paolo (V.) 9 NZ
S. Radegonda (V.) 9 MZ 237
S. Rita da Cascia (V.) 1 AP 239
S. Sofia (V.) 8 KY
S. Stefano (Pza) 9 NZ 240
S. Vittore (V.) 7 HX
Tabacchi (V. E.) 7 JY
Tenca (V.C.) 6 LU
Teodorico (V.) 3 DQ
Testi (Viale F.) 2 BO
Teuliè (V.) 8 KY
Tibaldi (Viale) 3 ES
Tiepolo (V.) 4 GR 254
Tivoli (V.) 5 HV 255
Tonale (V.) 6 LT
Torchio (V.) 7 JX 257
Torino (V.) 9 MZ
Torriani (V. N.) 6 LU 258
Tortona (V.) 7 HY
Toscana (Viale) 4 FS
Trau (V.) 6 KT 260
Trivulzio (V. A. T.) 3 DR 261
Troya (V. C.) 3 DS
Tucidide (V.) 2 CP 263
Tunisia (Viale) 6 LU
Turati (V.) 6 KUV
Umbria (Viale) 4 GS
Unione (V.) 9 MZ 264
Valassina (V.) 2 BO 265
Valenza (V.) 7 HY
Valtellina (V.) 3 JT 266
Varesina (V.) 3 DQ
Venezia (Cso) 6 LV
Vercelli (Cso) 7 HX 267
Verdi (V.) 6 KV 269
Verziere (V.) 9 NZ 270
Vico (V. G. B.) 7 HX
Vigevano (V.) 7 HY
Vigliani (V. P. O.) 3 DQR 273
Visconti di Modrone (V.) 8 KLX
Vitruvio (V.) 4 FQR
Vittorio Emanuele II (Cso) 9 NZ
Vittorio Emanuele (V.) 1 AP 276
Vittorio Veneto (Viale) 6 KLU 278
Vittorio (V. G.) 2 CP
Volta (V. A.) 5 JU
Washington (V. G.) 3 DRS 279
XXII Marzo (Cso) 4 GR
Zara (Viale) 4 FQ
Zezon (V.) 6 LU 281
Zurigo (V.) 1 AP
20 Settembre (V.) 5 HV

MILANO

Albricci (V. A.) . . . . MZ 3
Arcivescovado (V.) . . . . MNZ 10
Augusto (Largo) . . . . NZ 12
Baracchini (V.) . . . . MZ 17
Bergamini (V.) . . . . NZ 27
Borgogna (V.) . . . . NZ 36
Cantù (V. C.) . . . . MZ 48
Cordusio (Pza) . . . . MZ 73
Edison (Pza) . . . . MZ 83
Festa del Perdono (V.) . . . . . . NZ 93
Gonzaga (V.) . . . . MZ 104
Laghetto (V.) . . . . NZ 120
Manzoni (V. A.) . . . . MZ 140
Marconi (V.) . . . . MZ 144
Marino (Pza) . . . . MZ 147
Mengoni (V.) . . . . MZ 153
Mercanti (Pza) . . . . MZ 155
Mercanti (V.) . . . . MZ 156
Missori (Pza) . . . . MZ 162
Monte Napoleone (V.) . . . . NZ 171
Montforte (Cso) . . . . NZ 168
Morone (V.) . . . . MNZ 176
Orefici (V.) . . . . MZ 188
Pattari (V.) . . . . NZ 197
Sforza (V. F.) . . . . NZ 248
S. Clemente . . . . NZ 231
S. Radegonda (V.) . . . . MZ 237
S. Stefano (Pza) . . . . NZ 240
Torino (V.) . . . . MZ
Unione (V.) . . . . MZ 264
Verdi (V.) . . . . MZ 269
Verziere (V.) . . . . NZ 270
Visconti di Modrone (V.) . . . . NZ 275
Vittorio Emanuele II (Cso) . . . NZ

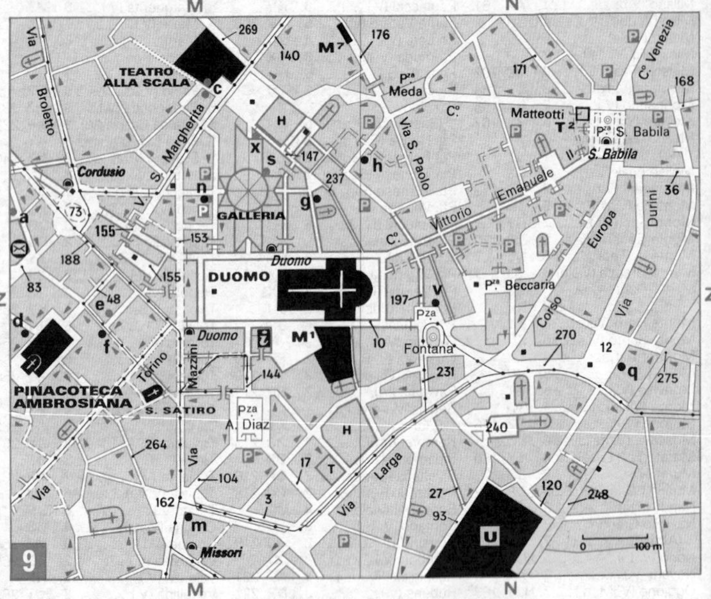

ELENCO ALFABETICO DEGLI ALBERGHI
INDEX OF HOTELS

ELENCO ALFABETICO DEI RISTORANTI
INDEX OF RESTAURANTS

MILANO

GLI ESERCIZI CON STELLE
STARRED RESTAURANTS

BIB GOURMAND

Pasti accurati a prezzi contenuti
Good food at moderate prices

☺		pagina
La Cantina di Manuela - Stazione Centrale	X	678
La Cantina di Manuela	XX	683
Dongiò	X	679
Da Giannino-L'Angolo d'Abruzzo	X	678
Giulio Pane e Ojo	X	679
Serendib	X	675

RISTORANTI PER TIPO DI CUCINA
RESTAURANTS BY CUISINE TYPE

Abruzzese

		pagina
Da Giannino-L'Angolo d'Abruzzo	X ☺	678

Calabrese

		pagina
Dongiò	X ☺	679

Cinese

		pagina
La Felicità	X	673

Classica

		pagina
La Cantina di Manuela - Stazione Centrale	X ☺	678
La Cantina di Manuela	XX ☺	683
La Taverna dei Golosi	XX	683
Mirta	X	686
Quadrifoglio	X	684
Rovello 18	X	673
Savini	XXXX	672
Trattoria Madonnina	X	681

Creativa

		pagina
Chic'n Quick	X	680
La Corte	XX	687
Cracco	XXXX ✿✿	672
Joia	XX ✿	677
Il Luogo di Aimo e Nadia	XXX ✿✿	687
Nicola Cavallaro al San Cristoforo	XX	687
Al Pont de Ferr	X	681
Sadler	XXX ✿✿	680
Tano Passami l'Olio	XX ✿	680

Di pesce

		pagina
Alice	XX	678
Arrow's	XX	683
Il Navigante	XX	680
Al Porto	XX	680
La Rosa dei Venti	XX	683
Il Sambuco	XXX	683
Torriani 25	XX	677
13 Giugno	XX	678

Giapponese

		pagina
Armani/Nobu	XX	673
Iyo	X	684
Osaka	X	675

Indiana

		pagina
Serendib	X ☺	675
Shiva	X	681
Tandur	X	673
Tara	X	684

Innovativa

Internazionale

Italiana

Lombardo-piemontese

Lombarda

Mantovana

Mediterranea

Moderna

Piemontese

Regionale

Romana

Sarda

Siciliana

Valtellinese

TAVOLI ALL'APERTO
OUTSIDE DINING

RISTORANTI APERTI IN AGOSTO
RESTAURANTS OPEN IN AUGUST

Centro Storico

Four Seasons

via Gesù 6/8 ✉ 20121 Ⓜ Montenapoleone – ✆ 02 77 08 88
– www.fourseasons.com/milan – milano@fourseasons.com **6**KV**a**
67 cam – †600 € ††820 €, ☐ 35 € – 51 suites – ††1500/9300 €
Rist Il Teatro – vedere selezione ristoranti
Rist *La Veranda* – ✆ 02 77 88 14 78 – Carta 64/110 €
◆ Nel "triangolo d'oro" milanese, celato in un convento del '400 che conserva elementi decorativi originali, l'albergo di maggior fascino ed esclusiva eleganza della città. Ristorante affacciato sul verde del giardino interno, ambiente raffinato.

Park Hyatt Milano

via Tommaso Grossi 1 ✉ 20121 Ⓜ Duomo – ✆ 02 88 21 12 34
– www.milan.park.hyatt.it – milan.park@hyatt.com **9**MZ**n**
78 cam – ††450/510 €, ☐ 35 € – 30 suites
Rist The Park – vedere selezione ristoranti
Rist *La Cupola* – Menu 50 €
◆ In un palazzo del 1870, il design contemporaneo - in sintonia con l'architettura dell'edificio - abbraccia ed accoglie i migliori confort moderni. Camere spaziose, decorate con stucchi veneziani e lampade di Murano: elegantissima l'Imperial Suite. A La Cupola: cucina tradizionale o a buffet, dalle 11 alle 23.

Grand Hotel et de Milan

via Manzoni 29 ✉ 20121 Ⓜ Montenapoleone – ✆ 02 72 31 41
– www.grandhoteletdemilan.it – infos@grandhoteletdemilan.it **6**KV**g**
95 cam – †625 € ††689 €, ☐ 35 € – 8 suites
Rist Don Carlos – vedere selezione ristoranti
Rist *Caruso* – *(chiuso la sera)* Carta 51/68 €
◆ Oltre un secolo e mezzo di vita per questo hotel che ha ospitato grandi nomi della musica, del teatro, del cinema e della politica nei suoi raffinati e suggestivi ambienti. Luminoso ristorante dedicato al tenore che in questo albergo registrò il suo primo disco.

Carlton Hotel Baglioni

via Senato 5 ✉ 20121 Ⓜ San Babila – ✆ 0 27 70 77
– www.baglionihotels.com – reservations.carltonmilano@baglionihotels.com
83 cam – †530/805 € ††585/860 €, ☐ 36 € – 9 suites **6**KV**b**
Rist *Il Baretto al Baglioni* – *(chiuso dal 6 al 29 agosto)* Carta 64/132 €
◆ Raffinati dettagli e mobili d'epoca, tessuti preziosi dai toni caldi nelle sale comuni e nelle camere di un'elegantissima "bomboniera" nel cuore della Milano della moda. Ristorante composto da varie sale, una anche per fumatori, raccolte ed eleganti.

Bulgari

via privata Fratelli Gabba 7/b ✉ 20121 Ⓜ Montenapoleone – ✆ 02 80 58 05
– www.bulgarihotels.com – milano@bulgarihotel.com **6**KV**c**
49 cam – †550 € ††650 €, ☐ 30 € – 11 suites **Rist** – Carta 66/110 €
◆ Dalla famosa *maison* di gioielli, un tributo all'*hôtellerie* di lusso nel cuore di Milano. Colori caldi e materiali preziosi nelle camere, nonchè una delle più belle Spa della città, dove l'hammam in vetro verde ricorda uno smeraldo. Esclusivo ristorante affacciato su un inaspettato giardino.

Starhotels Rosa Grand

piazza Fontana 3 ✉ 20122 Ⓜ Duomo – ✆ 0 28 83 11
– www.starhotels.com – rosa.mi@starhotels.it **9**NZ**v**
320 cam ☐ – ††180/1300 € – 7 suites
Rist – Menu 45/58 €
◆ Nel cuore di Milano, la risorsa è stata oggetto di un'importante ristrutturazione. L'interno ruota attorno alla corte, replicando forme semplici e squadrate, unite ad una naturale ricercatezza. Confort ed eleganza sono presenti in tutte le camere, ma solo da alcune è possibile ammirare le guglie del Duomo.

NH President
cam, rist,

largo Augusto 10 ✉ 20122 Ⓜ San Babila – ☎ 0 27 74 61 – www.nh-hotels.it – nhpresident@nh-hotels.com **9NZq**

251 cam – 250/470 € 350/710 € – 10 suites – ½ P 220/400 €

Rist *Il Verziere* – Carta 44/76 €

◆ Un hotel di taglio internazionale adatto ad una clientela d'affari o turistica, offre ambienti ampi ed accoglienti nonchè spazi per sfilate, colazioni di lavoro o congressi. Il ristorante propone piatti della tradizione mediterranea e soprattutto specialità della cucina lombarda.

UNA Hotel Cusani
cam, rist,

via Cusani 13 ✉ 20121 Ⓜ Cairoli – ☎ 0 28 56 01 – www.unahotels.it – una.cusani@unahotels.it **5JVa**

87 cam – 199/695 € – 5 suites **Rist** – Carta 45/65 €

◆ Situato in pieno centro storico, una posizione comoda per gli affari e per il turismo, la struttura dispone di camere molto ampie ed accoglienti con arredi semplici e moderni. Un'intima sala ristorante, dove gustare una classica cucina tradizionale ed internazionale.

De la Ville
cam,

via Hoepli 6 ✉ 20121 Ⓜ Duomo – ☎ 0 28 79 13 11 – www.sinahotels.com – reservationsdlv@sinahotels.com **9NZh**

109 cam – 396/418 € 429/440 € – 1 suite

Rist *L'Opera* – ☎ 0 28 05 12 31 – Carta 39/59 €

◆ Vicino al Duomo, un elegante hotel dai caldi ambienti arredati con sete di colori diversi e marmi. All'ultimo piano una rilassante piscina coperta da una cupola trasparente. Ideale per una cena dopo un appuntamento a teatro, il ristorante invita a gustare una cucina mediterranea rivisitata con creatività.

The Gray

via San Raffaele 6 ✉ 20121 Ⓜ Duomo – ☎ 0 27 20 89 51 – www.sinahotels.com – info.thegray@sinahotels.com – chiuso agosto **9MZg**

21 cam – 473 € 638 €, 37 € – 5 suites **Rist** – Carta 68/94 €

◆ In prossimità della Galleria, l'hotel dispone di spazi e camere caratteristici arredati in modo diverso e ricercato secondo il gusto del moderno design e di un'area fitness. Nella raccolta e particolare sala ristorante si propone una carta altrettanto creativa.

Spadari al Duomo senza rist

via Spadari 11 ✉ 20123 Ⓜ Duomo – ☎ 02 72 00 23 71 – www.spadarihotel.com – reservation@spadarihotel.com – chiuso dal 23 al 27 dicembre **9MZf**

40 cam – 198/368 €

◆ Nasce da una raccolta di opere d'arte contemporanea questo piccolo hotel che unisce nei suoi spazi il confort e l'attenta ricerca di nuove forme di rappresentazione artistica.

Cavour

via Fatebenefratelli 21 ✉ 20121 Ⓜ Turati – ☎ 02 62 00 01 – www.hotelcavour.it – booking@hotelcavour.it – chiuso agosto **6KVx**

113 cam – 105/273 € 116/313 €

Rist *Conte Camillo* – ☎ 0 26 57 05 16 *(chiuso a mezzogiorno il sabato e domenica)* Carta 46/67 €

◆ Poco distante dai principali siti di interesse sociale e culturale, è una struttura classica, con esperta conduzione familiare, dotata di camere ben arredate ed insonorizzate. Un locale discretamente elegante nel cuore della Milano del commercio, propone una cucina di tradizione elaborata in chiave moderna.

Dei Cavalieri senza rist

piazza Missori 1 ✉ 20123 Ⓜ Missori – ☎ 0 28 85 71 – www.hoteldeicavalieri.com – info@hoteldeicavalieri.com **9MZm**

177 cam – 129/509 €

◆ In un palazzo storico della metà del secolo scorso, un'atmosfera rilassante e il servizio sempre attento ed efficiente, l'hotel dispone di eleganti e confortevoli camere, arredate in stile moderno.

Carrobbio senza rist

via Medici 3 ✉ 20123 Ⓜ Duomo – ☎ 02 89 01 07 40 – www.hotelcarrobbiomilano.com – info@hotelcarrobbiomilano.com – chiuso agosto **7**JX**d**

56 cam ☕ – 🚹117/198 € 🚹🚹147/356 €

♦ In una zona tranquilla nelle vicinanze del centro storico, si tratta di un hotel recentemente rinnovato nelle camere e dispone di un piccolo e rilassante giardino d'inverno.

Regina senza rist

via Cesare Correnti 13 ✉ 20123 Ⓜ Sant' Ambrogio – ☎ 02 58 10 69 13 – www.hotelregina.it – info@hotelregina.it – chiuso dal 23 dicembre al 6 gennaio e 2 settimane in agosto **7**JY**a**

43 cam ☕ – 🚹150/300 € 🚹🚹190/400 €

♦ A pochi passi dal Duomo, dallo shopping, da cinema e teatri, la risorsa è caratterizzata da una cupola che domina la hall e dispone di camere graziose, semplici negli arredi.

King senza rist

corso Magenta 19 ✉ 20123 Ⓜ Cadorna F.N.M. – ☎ 02 87 44 32 – www.mokinba.it – info@hotelkingmilano.com **7**JX**e**

50 cam ☕ – 🚹115/300 € 🚹🚹246/410 €

♦ Una struttura di sei piani poco distante dal Duomo, recentemente rinnovata negli arredi con un tocco di sfarzo negli spazi comuni e nelle camere non grandi, ma confortevoli.

Gran Duca di York senza rist

via Moneta 1/a ✉ 20123 Ⓜ Duomo – ☎ 02 87 48 63 – www.ducadiyork.com – info@ducadiyork.com **9**MZ**d**

33 cam ☕ – 🚹138/188 € 🚹🚹148/278 €

♦ Un palazzo settecentesco nel cuore di Milano, da poco rinnovato, ospita un piccolo e moderno hotel con camere semplici e spaziose per un soggiorno confortevole.

Antica Locanda dei Mercanti senza rist

via San Tomaso 6 ✉ 20121 Ⓜ Cordusio – ☎ 0 28 05 40 80 – www.locanda.it – locanda@locanda.it **7**JX**a**

10 cam – 🚹175/205 € 🚹🚹225/275 €, ☕ 15 € – 5 suites

♦ Un albergo piccolo ma accogliente arredato con sobria eleganza e mobili antichi, dispone di camere spaziose e luminose, mollte delle quali sono provviste di un terrazzo.

Zurigo senza rist

corso Italia 11/a ✉ 20122 Ⓜ Missori – ☎ 02 72 02 22 60 – www.brerahotels.com – zurigo@brerahotels.it **8**KY**j**

42 cam ☕ – 🚹65/390 € 🚹🚹85/490 €

♦ Un hotel moderno ricavato da un edificio d'epoca dove l'arredamento gioca con le luci ed alterna colori caldi e freddi negli ambienti. Biciclette disponibili gratuitamente.

Rovello senza rist

via Rovello 18 ✉ 20121 Ⓜ Cairoli – ☎ 02 86 46 46 54 – www.hotel-rovello.it – info@hotel-rovello.it – chiuso dal 23 al 29 dicembre **5**JV**c**

10 cam ☕ – 🚹90/230 € 🚹🚹120/320 €

♦ Nei pressi della chiesa di Santa Maria delle Grazie, è un piccolo hotel a conduzione familiare, arredato in modo semplice ma confortevole negli spazi comuni e nelle camere.

The Park – Hotel Park Hyatt Milano

via Tommaso Grossi 1 ✉ 20121 Ⓜ Duomo – ☎ 02 88 21 12 34 – www.milan.park.hyatt.com – milan.park@hyatt.com – chiuso dall' 8 al 29 agosto, sabato a mezzogiorno e domenica **9**MZ**n**

Rist – Carta 50/90 €

♦ In un contesto sofisticato, ma al tempo stesso di sobria eleganza, il menu propone una cucina mediterranea ispirata ai profumi e ai colori delle stagioni, a tratti innovativa. Alle pareti: opere d'arte firmate dall'americano Kim Rebholz.

XXXX **Cracco**

✿✿ *via Victor Hugo 4 ✉ 20123 Ⓜ Duomo – ✆ 02 87 67 74 – www.ristorantecracco.it – info@ristorantecracco.it – chiuso dal 24 dicembre all'11 gennaio, 3 settimane in agosto, sabato a mezzogiorno, domenica, lunedì a mezzogiorno* **9**MZ**e**

Rist – Menu 130/160 € – Carta 105/152 €

Spec. Musetto di maiale fondente con scampi e pomodori verdi. Risotto con ricci di mare, midollo e nero di seppia. Rombo chiodato al forno in crosta al cacao, patata bianca e pomodoro.

◆ Moderna, essenziale e razionalista: si parla della sala ma anche della cucina a cui si aggiunge un estro creativo e sperimentale con pochi eguali.

XXXX **Il Teatro** – Hotel Four Seasons

via Gesù 6/8 ✉ 20121 Ⓜ Montenapoleone – ✆ 02 77 08 14 35 – www.fourseasons.com/milan/dining – milano@fourseasons.com – chiuso dal 17 luglio al 5 settembre e domenica **6**KV**a**

Rist – *(chiuso a mezzogiorno)* (consigliata la prenotazione) Menu 85 € – Carta 80/96 €

◆ Ambiente esclusivo ed estremamente elegante nel ristorante accolto nei meravigliosi ambienti dell'hotel Four Seasons. La cucina si afferma attraverso interpretazioni creative.

XXXX **Savini**

galleria Vittorio Emanuele II ✉ 20121 Ⓜ Duomo – ✆ 02 72 00 34 33 – www.savinimilano.it – prenotazioni@savinimilano.it – chiuso 10 giorni in gennaio e 20 giorni in agosto **9**MZ**s**

Rist – *(chiuso sabato a mezzogiorno, domenica)* (consigliata la prenotazione) Carta 88/114 €

Rist *Caffetteria* – Carta 58/84 €

◆ Torna a brillare un astro della ristorazione milanese: abito nuovo e linea di cucina creativa, che omaggia il passato con la rivisitazione di alcuni classici meneghini. Alla *Caffetteria*: accanto al bancone del bar-pasticceria, ambiente informale e piatti lombardi, pizza, insalate...

XXX **Don Carlos** – Grand Hotel et de Milan

via Manzoni 29 ✉ 20121 Ⓜ Montenapoleone – ✆ 02 72 31 46 40 – www.ristorantedoncarlos.it – info@ristorantedoncarlos.it – chiuso agosto

Rist – *(chiuso a mezzogiorno)* Menu 85 € – Carta 70/98 € **6**KV**g**

◆ Atmosfera raccolta e di lusso raffinato, con boiserie, applique rosse, tanti quadri e foto dell'epoca di Verdi; curati piatti stagionali, piemontesi e d'impronta creativa.

XXX **Trussardi alla Scala**

✿✿ *piazza della Scala 5, (palazzo Trussardi) ✉ 20121 Ⓜ Duomo – ✆ 02 80 68 82 01 – www.trussardi.it – ristorante@trussardiallascala.com – chiuso dal 1° al 13 gennaio, 3 settimane in agosto, sabato a mezzogiorno, domenica, anche sabato sera in luglio* **9**MZ**c**

Rist – Carta 116/168 €

Spec. Insalata liquida con gnocchi di seppia e olio alle olive nere. Spalla d'agnello con patate fritte, crema di ricotta e cipolla. Biscotto di parmigiano al limone e basilico, sfoglia di pomodoro e gelato ai capperi.

◆ Andrea Berton è passato dalla categoria di cuochi emergenti agli allori nazionali con la rapidità di un fulmine: la sua cucina s'impone per purezza e linearità, l'invenzione è cristallina, i prodotti eccellenti. Un saggio di cucina italiana contemporanea, a volte avanguardista.

XXX **Teatro alla Scala - il Marchesino**

piazza della Scala ✉ 20121 Ⓜ Duomo – ✆ 02 72 09 43 38 – www.ilmarchesino.it – info@ilmarchesino.it – chiuso dall'8 al 29 agosto e domenica **9**MZ**c**

Rist – (consigliata la prenotazione) Carta 72/124 €

◆ Nel corpo del Teatro alla Scala, un bel locale che non si limita ad essere solo ristorante, ma anche caffetteria e sala da tè. Elegante e al tempo stesso informale, propone una cucina raffinata che non rinnega la tradizione.

XX **Armani/Nobu**

via Pisoni 1 ✉ 20121 Ⓜ Montenapoleone – ✆ 02 62 31 26 45 – www.armaninobu.it – chiuso dall'8 al 22 agosto, domenica a mezzogiorno

Rist – Carta 40/80 € **6**KV**e**

◆ Un esotico connubio tra moda e gastronomia: cucina giapponese "fusion", con influssi sudamericani, in un raffinato ambiente essenziale, ispirato al design nipponico. Ampio spazio riservato ai fumatori.

XX **Emilia e Carlo**

via Sacchi 8 ✉ 20121 Ⓜ Cairoli – ✆ 02 87 59 48 – www.emiliaecarlo.it – info@emiliaecarlo.it – chiuso sabato a mezzogiorno, domenica **5**JV**d**

Rist – Carta 50/65 €

◆ In un palazzo del primo Ottocento, ambientazione rustica con archi e soffitto con travetti a vista per una cucina giovane e creativa. Ottima, la scelta enologica.

XX **Paradosso**

via Santa Maria Segreta7/9 ✉ 20123 Ⓜ Cordusio – ✆ 02 89 01 15 36 – www.paradossoristorante.com – paradosso@paradossoristorante.com – chiuso dal 24 dicembre al 6 gennaio, agosto, sabato, domenica **9**MZ**a**

Rist – *(chiuso la sera)* Carta 41/70 €

◆ Si scendonono alcuni scalini e si arriva in un locale insospettabilmente arioso, un "giardino d'inverno" illuminato da una grande cupola di vetro. Ma le piacevoli soprese non si esauriscono qui e continuano sulla tavola, grazie ad una cucina gustosa e moderna.

XX **Hostaria Borromei**

via Borromei 4 ✉ 20123 Ⓜ Cordusio – ✆ 02 86 45 37 60 – hostariaborromei@libero.it – chiuso dal 24 dicembre al 7 gennaio, dall'8 al 31 agosto e i mezzogiorno di sabato e domenica **7**JX**c**

Rist – Carta 36/59 €

◆ Un piccolo locale in pieno centro storico con servizio estivo nella corte del palazzo settecentesco che lo ospita, propone una cucina regionale, particolarmente mantovana.

X **La Brisa**

via Brisa 15 ✉ 20123 Ⓜ Cadorna F.N.M. – ✆ 02 86 45 05 21 – pedrochiara@infinito.it – chiuso dal 23 dicembre al 3 gennaio, dall'8 agosto all' 8 settembre, sabato, domenica a mezzogiorno **7**JX**f**

Rist – (consigliata la prenotazione) Carta 34/70 €

◆ Di fronte ad un sito archeologico d'epoca romana, trattoria moderna con cucina anche del territorio. D'estate la veranda si apre sul giardino per il servizio all'aperto.

X **Tandur**

via Maddalena 3/5 ✉ 20122 Ⓜ Missori – ✆ 0 28 05 61 92 – www.ristorantetandur.com – ristorante-tandur@tiscali.it – chiuso domenica a mezzogiorno, lunedì **8**KY**g**

Rist – Carta 25/30 €

◆ Un locale semplice ed accogliente dove provare gli autentici sapori tipici dell'India, proposti con simpatia da due signore indiane. A pranzo: economici, ma gustosi piatti unici.

X **La Felicità**

via Rovello 3 ✉ 20121 Ⓜ Cordusio – ✆ 02 86 52 35 – fanglei@cebichina.cn

Rist – Carta 17/25 € **7**JX**a**

◆ Sapori della tradizione vietnamita, tailandese e coreana nelle sale di questo ristorante cinese semplice, ma curato, arredato con raffinati riferimenti alla cultura orientale.

X **Rovello 18**

via Rovello 18 ✉ 20121 Ⓜ Cairoli – ✆ 02 72 09 37 09 – rovello18@gmail.com – chiuso sabato a mezzogiorno, domenica **5**JV**c**

Rist – (consigliata la prenotazione) Carta 44/57 €

◆ Trattoria dall'ambiente piacevolmente retrò, al tempo stesso informale e ricercato. Il menu contempla carne e pesce, ma la qualità della prima impone sicuramente un assaggio.

Centro Direzionale

AC Milano

via Tazzoli 2 ✉ 20154 – ☎ 02 20 42 42 11 – www.ac-hotels.com – acmilano@ac-hotels.com 5JTb

156 cam – ††100/440 € – 2 suites

Rist – *(solo per alloggiati)* Carta 41/62 €

◆ A due passi dalla movida milanese, che anima corso Como la sera, un contesto di modernità e design al servizio di una clientela business di alto livello. Camere di gran pregio in linea con lo standard della struttura.

Atahotel Executive senza rist

viale Luigi Sturzo 45 ✉ 20154 Ⓜ Porta Garibaldi FS – ☎ 0 26 29 41 – www.atahotels.it – info.executive@atahotels.it 6KUe

414 cam – ††90/470 € – 6 suites

◆ Di fronte alla stazione ferroviaria Garibaldi, questa moderna struttura vanta un' attrezzata zona congressuale. Ideale per una clientela business dispone di piacevoli ed accoglienti camere.

Four Points Sheraton Milan Center

via Cardano 1 ✉ 20124 Ⓜ Gioia – ☎ 02 66 74 61 – www.fourpoints.com/milan – info@fourpointsmilano.it 6KTb

254 cam – †110/400 € ††125/500 €

Rist *Nectare* – Carta 39/68 €

◆ All'interno di una struttura architettonica recente troverete arredi di sobria eleganza nei riposanti spazi comuni; belle camere confortevoli. Recente e luminosa sala ristorante arredata con gusto.

UNA Hotel Tocq

via A. de Tocqueville 7/D ✉ 20154 Ⓜ Porta Garibaldi FS – ☎ 0 26 20 71 – www.unahotels.it – una.tocq@unahotels.it 6KUk

109 cam – ††119/603 € – 13 suites **Rist** – Carta 36/49 €

◆ Il design moderno è il perno di una struttura dagli arredi volutamente minimalisti, non "invadenti", che rispondono pienamente alle esigenze della clientela d'oggi. Colori solari rallegrano il ristorante con parquet di quercia danese naturale: piacevole, il lounge-bar per aperitivi modaioli.

Holiday Inn Milan Garibaldi Station

via Ugo Bassi 1 angolo via Farini ✉ 20159 Ⓜ Porta Garibaldi FS – ☎ 0 26 07 68 01 – www.himilangaribaldi.com – reservations@himilangaribaldi.com 5JTa

129 cam – ††99/499 €, ☕ 20 € – ½ P 70/270 € **Rist** – Carta 39/59 €

◆ Sempre un valido riferimento nel panorama dell'hôtellerie meneghina: luminoso ed accogliente, di design minimalista, sfoggia un'originale sala colazioni con cupola in vetro. Proposte culinarie classiche nel ristorante di taglio moderno.

Maison Moschino

viale Monte Grappa 12 ✉ 20124 Ⓜ Porta Garibaldi FS – ☎ 02 29 00 98 58 – www.maisonmoschino.com – maisonmoschino@mobygest.it 6KUb

65 cam – †248/539 € ††281/627 €, ☕ 24 €

Rist *Il Clandestino* – Carta 72/97 €

◆ In un elegante palazzo neoclassico, ex stazione ferroviaria, interni moderni e luminosi arredati dalla celebre casa di moda. Camere realizzate secondo 16 design concept, ma con un unico *fil rouge*: il mondo delle fiabe. Al Clandestino la cucina meneghina si fa da parte per lasciar spazio a squisite specialità ittiche.

XX Il Liberty

viale Monte Grappa 6 ✉ 20124 – ☎ 02 29 01 14 39 – www.il-liberty.it – info@il-liberty.it – chiuso 2 settimane in agosto, sabato a mezzogiorno, domenica

Rist – Menu 52 € – Carta 47/67 € 6KUh

◆ All'interno di un palazzo liberty, un locale piccolo nelle dimensioni – due sale ed un soppalco – ma grande in quanto ad ospitalità e piacevolezza. La cucina s'interessa sia al mare, sia alla terra: in quest'ultimo caso, con materie prime provenienti dalle campagne lombarde.

Casa Fontana-23 Risotti

piazza Carbonari 5 ✉ 20125 Ⓜ Sondrio – ☎ 0 26 70 47 10 – www.23risotti.it – trattoria@23risotti.it – chiuso dal 1° al 10 gennaio, dal 26 al 28 aprile, dal 23 luglio al 22 agosto, lunedì, sabato a mezzogiorno **4FQd**

Rist – Menu 25/40 € – Carta 41/49 €

♦ Val la pena aspettare i canonici 25 minuti per assaggiare la specialità della casa, celebrata anche dalle immagini di mondine alle pareti: il proverbiale risotto. Declinato in tante gustose varianti.

Timé

via San Marco 5 ✉ 20121 Ⓜ Moscova – ☎ 02 29 06 10 51 – www.ristorantetime.it – chiuso dal 25 al 1° gennaio, agosto, sabato a mezzogiorno e domenica **6KUx**

Rist – Carta 46/61 €

♦ La sala è ariosa, di taglio moderno, con tavoli ravvicinati in un ambiente vivace: il servizio attento, e pronto a raccontare l'affidabile cucina. Solo a pranzo, disponibilità di una seconda carta più economica.

Osaka

corso Garibaldi 68 ✉ 20121 Ⓜ Moscova – ☎ 02 29 06 06 78 – www.milanoosaka.com – garibaldi68@milanoosaka.com **5JUc**

Rist – *(chiuso 1° gennaio)* Carta 40/76 €

♦ Nascosto in una breve galleria, in sala regna un'atmosfera sobria e minimalista - tipicamente orientale - riservata a pochi commensali. Dalla cucina piatti nipponici: serviti anche al banco, di fronte allo chef che li prepara espressi.

Serendib

via Pontida 2 ✉ 20121 Ⓜ Moscova – ☎ 0 26 59 21 39 – www.serendib.it – surange@email.it – chiuso dal 10 al 20 agosto **5JUb**

Rist – *(chiuso a mezzogiorno)* Carta 24/29 €

♦ *Serendib*, l'antico nome dello Sri Lanka, significa "rendere felici": un sfida ardua, ma questo ristorante vince la scommessa! Fedele alle sue origini, la cucina conquista con ricette indiane e cingalesi.

Stazione Centrale

Principe di Savoia

piazza della Repubblica 17 ✉ 20124 Ⓜ Repubblica – ☎ 0 26 23 01 – www.hotelprincipedisavoia.com – principe@hotelprincipedisavoia.com

337 cam – †610/1250 € ††760/1250 €, ☕ 45 € – 64 suites **6KUa**

Rist ***Acanto*** – ☎ 02 62 30 20 26 – Carta 77/132 €

♦ Una costruzione ottocentesca dal respiro internazionale, dove regnano arredi d'epoca, lusso e raffinatezza. Attrezzature sportive e spazi benessere per un soggiorno di relax. Recentemente rinnovato, l'Acanto si presenta in una elegante veste moderna con grandi vetrate che si affacciano su un giardino. Cucina classico-contemporanea.

The Westin Palace

piazza della Repubblica 20 ✉ 20124 Ⓜ Repubblica – ☎ 0 26 33 61 – www.westin.com/palacemilan – palacemilan@westin.com **6LUb**

228 cam – †150/1000 € ††200/1300 €, ☕ 37 € – 12 suites

Rist – Carta 60/75 €

♦ All'interno di una moderna torre, abbandonatevi tra le braccia di Morfeo grazie all'*Heavenly Bed*: il confort principe che accomuna tutte le splendide camere dall'arredo ricercato. Ristrutturato e sempre molto elegante, il ristorante annovera una zona privée: cucina prevalentemente mediterranea.

Starhotels Ritz

via Spallanzani 40 ✉ 20129 Ⓜ Lima – ☎ 02 20 55 – www.starhotels.com – ritz.mi@starhotels.it **4GRa**

191 cam ☕ – ††105/260 € – 6 suites **Rist** – Menu 35/65 €

♦ Centrale, in una zona tranquilla, un edificio sobrio ed elegante all'interno del quale è stata realizzata recentemente un'area fitness con palestra e sauna. Dipinti alle pareti del ristorante ed una vasta zona dedicata ai banchetti.

Starhotels Anderson cam,

piazza Luigi di Savoia 20 ✉ 20124 Ⓜ Centrale FS – ✆ 0 26 69 01 41 – www.starhotels.com – anderson.mi@starhotels.it **6LTb**

106 cam – ††99/750 € **Rist** – Menu 42/46 €

♦ Hotel dalla calda atmosfera design: ambienti intimi e alla moda, camere accoglienti dotate di tutti i confort della categoria. Un piccolo ristorante serale allestito nella raffinata lounge con proposte gastronomiche di tono moderno.

NH Machiavelli

via Lazzaretto 5 ✉ 20124 Ⓜ Repubblica – ✆ 02 63 11 41 – www.nh-hotels.it – nhmachiavelli@nh-hotels.com – chiuso dal 30 luglio al 21 agosto **6LUa**

103 cam – †95/450 € ††115/520 € – ½ P 118/320 €

Rist *Caffè Niccolò* – Carta 60/74 €

♦ Una struttura moderna con camere sobrie e luminose ed un ambiente open space che può inglobare più spazi comuni in uno solo. Piccola risorsa che offre la possibilità di pranzare sia alla carta che a buffet.

ADI Doria Grand Hotel

viale Andrea Doria 22 ✉ 20124 Ⓜ Caiazzo – ✆ 02 67 41 14 11 – www.adihotels.com – info.doriagrandhotel@adihotels.com **4GQx**

122 cam – †99/385 € ††99/485 € – 2 suites

Rist – *(chiuso dal 24 dicembre al 6 gennaio e agosto)* Carta 38/59 €

♦ Struttura classica dotata di un'elegante hall con arredi del primo Novecento, ampi spazi comuni (sede anche di eventi culturali e musicali), camere spaziose e confortevoli. Il raffinato ristorante propone una squisita cucina regionale ed internazionale.

Bristol senza rist

via Scarlatti 32 ✉ 20124 Ⓜ Centrale FS – ✆ 0 26 69 41 41 – www.hotelbristolmil.it – hotel.bristol@hotelbristolmil.it – chiuso dal 24 dicembre al 2 gennaio ed agosto **6LTm**

68 cam – †75/150 € ††90/200 €

♦ Nei pressi della stazione centrale, la struttura si presenta con una veste piuttosto tradizionale, per poi personalizzarsi con mobili antichi negli ambienti comuni e camere intime di classico confort.

Sanpi senza rist

via Lazzaro Palazzi 18 ✉ 20124 Ⓜ Porta Venezia – ✆ 02 29 51 33 41 – www.hotelsanpimilano.it – info@hotelsanpimilano.it – chiuso dal 24 dicembre al 2 gennaio **6LUe**

79 cam – †95/350 € ††119/450 €

♦ Nel cuore della città, l'albergo si compone di tre edifici dall'atmosfera raccolta, spazi luminosi e tinte pastello nelle camere. Nel cortile interno un piccolo giardino.

Auriga senza rist

via Giovanni Battista Pirelli 7 ✉ 20124 Ⓜ Centrale FS – ✆ 02 66 98 58 51 – www.auriga-milano.com – auriga@auriga-milano.com – chiuso dal 23 dicembre al 9 gennaio e dal 30 luglio al 22 agosto **6LTUk**

52 cam – †105/270 € ††120/320 €

♦ La compresenza di stili diversi, una facciata particolare ed i vivaci colori creano un originale effetto scenografico. Confort ed efficienza per turisti e clientela d'affari.

Manin rist,

via Manin 7 ✉ 20121 Ⓜ Palestro – ✆ 0 26 59 65 11 – www.hotelmanin.it – info@hotelmanin.it – chiuso dal 29 luglio al 28 agosto **6KVd**

118 cam – †145/286 € ††160/376 € – ½ P 110/193 €

Rist *Bettolino* – *(chiuso dal 24 dicembre al 9 gennaio, sabato, domenica a mezzogiorno)* Carta 40/56 €

♦ Sito nel cuore dell'attività socio-culturale della città, l'hotel propone camere in stile classico con graziose scene decorative sopra le testiere dei letti e stanze di design contemporaneo, alcune con terrazza affacciata sul parco. Piatti della tradizione nell'ambiente raccolto del Bettolino.

Augustus senza rist
via Napo Torriani 29 ✉ 20124 Ⓜ Centrale FS – ☎ 02 66 98 82 71 – www.augustushotel.it – info@augustushotel.it – chiuso dal 23 al 27 dicembre e dall'8 al 22 agosto **6**LU**q**
56 cam – 95/180 € 145/230 €, 12 €
♦ In prossimità della stazione centrale, un hotel di taglio classico a conduzione diretta: ideale per una clientela di lavoro o per chi si vuole spostare velocemente.

Sempione
cam, rist,
via Finocchiaro Aprile 11 ✉ 20124 Ⓜ Repubblica – ☎ 0 26 57 03 23 – www.hotelsempione.it – hsempione@hotelsempione.it **6**LU**r**
49 cam – 70/240 € 80/320 € – ½ P 95/160 €
Rist *Piazza Repubblica* – ☎ 02 62 69 51 05 *(chiuso dall'8 al 21 agosto) (chiuso a mezzogiorno sabato e domenica)* Carta 43/58 €
♦ Una risorsa a gestione familiare recentemente ristrutturata, dispone di camere semplici ma confortevoli con arredi di gusto moderno, tutte con TV LCD. La semplice sala ristorante propone una cucina internazionale e locale.

Colombia senza rist
via Lepetit 15 ✉ 20124 Ⓜ Centrale FS – ☎ 0 26 69 25 32 – www.hotelcolombiamilano.com – booking@hotelcolombiamilano.com – chiuso 2 settimane in dicembre o gennaio e 3 settimane in agosto
48 cam – 100/240 € 150/350 € **6**LU**d**
♦ Grazioso hotel a gestione familiare, ristrutturato negli ultimi tempi, dispone di camere confortevoli in stile minimal design. Piacevole giardinetto interno per la prima colazione: praticamente una rarità a Milano!

Gold
piazza Risorgimento,angolo via Poerio ✉ 20129 – ☎ 0 27 57 77 71 – www.dolcegabbanagold.it – goldcontact@dolcegabbana.it – chiuso agosto e domenica **4**GR**c**
Rist – *(chiuso a mezzogiorno)* Carta 63/81 €
Rist *Bistrot* – Carta 35/77 €
♦ Moderno e di tendenza, ampi tavoli circolari, il locale nasce dalla fantasia di due nomi che hanno fatto strada nel mondo della moda e fa dell'oro il suo carattere distintivo. Sala fumatori. Informale e tuttavia non privo di eleganza, al bistrot ci si può fermare a mangiare qualcosa a qualsiasi ora.

Joia (Pietro Leemann)
via Panfilo Castaldi 18 ✉ 20124 Ⓜ Repubblica – ☎ 02 29 52 21 24 – www.joia.it – joia@joia.it – chiuso dal 25 dicembre all'8 gennaio, dal 7 al 30 agosto, sabato a mezzogiorno, domenica **6**LU**c**
Rist – Menu 65/100 € – Carta 67/91 €
Spec. Crema di patate con pesto di nocciole, schiuma di tartufo, fave, chips di patate novelle ed erbe. Ravioli di sedano affumicato con salsa di zucca allo zafferano. Biscotto genovese di malto e mirtilli con gelato di mandorle, salsa di miele e vaniglia.
♦ In questo locale che ha fama di essere il migliore ristorante vegetariano d'Europa, ogni traccia residua di preparazioni con il pesce è stata abbandonata, ma la sua cucina continua ad essere tra le più atipiche e personalizzate della città.

Torriani 25
via Napo Torriani 25 ✉ 20124 Ⓜ Centrale FS – ☎ 02 67 07 81 83 – www.torriani25.it – acena@torriani25.it – chiuso dal 24 dicembre al 1° gennaio, dal 6 al 28 agosto, sabato a mezzogiorno e domenica **6**LU**t**
Rist – Carta 37/65 €
♦ Un locale di taglio moderno, caratterizzato da tinte calde e da una diffusa illuminazione; un buffet a vista espone varietà di pesce, specialità cui è votata la carta.

I Malavoglia
via Lecco 4 ✉ 20124 Ⓜ Porta Venezia – ☎ 02 29 53 13 87 – www.ristoranteimalavoglia.com – malavoglia1@gmail.com – chiuso dal 24 dicembre al 7 gennaio, agosto, domenica, lunedì a mezzogiorno
Rist – Carta 47/63 € **6**LU**g**
♦ Nel capoluogo lombardo, un locale classico condotto da una trentennale esperienza, dove assaporare i piatti tipici della gastronomia siciliana.

XX **13 Giugno**

via Goldoni 44 ang.via Uberti 5 ✉ 20129 Ⓜ Dateo – ✆ 02 71 96 54 – www.ristorante13giugno.it – ristorante13giugno@fastwebnet.it **4**GR**w**

Rist – Carta 53/71 €

◆ Una sala di discreta eleganza, arricchitasi di una veranda-giardino d'inverno, con proposte di mare, specializzata particolarmente nei sapori siciliani.

X **La Cantina di Manuela**

via Carlo Poerio 3 ✉ 20129 Ⓜ Porta Venezia – ✆ 02 76 31 88 92 – www.lacantinadimanuela.it – info@lacantinadimanuela.it – chiuso dal 7 al 21 agosto, domenica **4**GR**x**

Rist – Carta 36/42 €

◆ Risorsa caratterizzata da un particolare interesse verso il mondo del vino, cui accosta un'ottima cucina. In estate, piccolo dehors sul marciapiede.

X **Da Giannino-L'Angolo d'Abruzzo**

via Pilo 20 ✉ 20129 Ⓜ Porta Venezia – ✆ 02 29 40 65 26 – chiuso agosto e lunedì **4**GR**t**

Rist – Carta 20/24 €

◆ Una calorosa accoglienza, un ambiente semplice ma vivace e sempre molto frequentato e il piacere di riscoprire, in piatti dalle abbondanti porzioni, la tipica cucina abruzzese.

X **Cavallini**

via Mauro Macchi 2 ✉ 20124 Ⓜ Centrale FS – ✆ 0 26 69 31 74 – www.ristorantecavallini.it – info@ristorantecavallini.it – chiuso dal 22 al 26 dicembre, dal 3 al 23 agosto, sabato a mezzogiorno, domenica **6**LU**y**

Rist – Carta 32/49 €

◆ Da più di settant'anni la stessa famiglia conduce con costanza e competenza questo locale in stile "vecchia milano". Le proposte gastronomiche spaziano dalla regione al pesce.

Romana-Vittoria

Grand Visconti Palace cam,

viale Isonzo 14 ✉ 20135 Ⓜ Lodi TIBB – ✆ 02 54 03 41 – www.grandviscontipalace.com – info@grandviscontipalace.com **4**FS**a**

162 cam – †130/610 € ††180/700 € – 10 suites

Rist *Al Quinto Piano* – Carta 50/70 €

◆ Nei grandi spazi di un ex mulino industriale è stato ricavato questo grande albergo di tono elegante: accogliente centro benessere, sale congressi e grazioso giardino. Piatti fantasiosi Al Quinto Piano: di nome e di fatto!

XX **Globe**

piazza 5 Giornate 1 ✉ 20129 – ✆ 02 55 18 19 69 – www.globeinmilano.it – info@globeinmilano.it – chiuso 25-26 dicembre, Capodanno, Pasqua, dal 7 al 22 agosto e lunedì sera **8**LX**a**

Rist – Carta 37/50 €

◆ Se lo shopping ha stimolato il vostro appetito, all'ultimo piano di un importante negozio, un moderno open space - con terrazza panoramica - vi stupirà con una cucina poliedrica: nazionale, regionale e di pesce. *Brunch* domenicale e *lounge bar* tutti i giorni, tranne il lunedì, fino alle ore 02.

XX **Alice**

via Adige 9 ✉ 20135 Ⓜ Porta Romana – ✆ 0 25 46 29 30 – www.aliceristorante.it – alice@aliceristorante.it – chiuso dal 1° al 7 gennaio, 3 settimane in agosto, domenica, lunedì a mezzogiorno **8**LY**e**

Rist – (consigliata la prenotazione la sera) Carta 57/94 €

◆ Locale raccolto e moderno dai toni minimalisti, dove una giovane cuoca porta da Amalfi la solare cucina campana. Nessun *cliché,* ma tanta personalità in piatti creativi e di pesce.

Masuelli San Marco

viale Umbria 80 ✉ 20135 Ⓜ Lodi TIBB – ✆ 02 55 18 41 38 – www.masuellitrattoria.it – prenotazioni@masuellitrattoria.it – chiuso dal 25 dicembre al 6 gennaio, 3 settimane in agosto, domenica, lunedì a mezzogiorno **4GSh**

Rist – Carta 35/50 €

◆ Ambiente rustico di tono signorile in una trattoria tipica, con la stessa gestione dal 1921; linea di cucina saldamente legata alle tradizioni lombardo-piemontesi.

Giulio Pane e Ojo

via Muratori 10 ✉ 20135 Ⓜ Porta Romana – ✆ 0 25 45 61 89 – www.giuliopaneojo.com – info@giuliopaneojo.com – chiuso dal 24 al 26 dicembre e domenica escluso dicembre **8LYa**

Rist – Carta 28/34 €

◆ Osteria rustica ed informale, gestita da giovani, e sempre molto apprezzata in zona. La cucina è tipicamente romana, più semplice ed economica a pranzo. Per cena si consiglia di prenotare con anticipo.

Dongiò

via Corio 3 ✉ 20135 Ⓜ Porta Romana – ✆ 0 25 51 13 72 – chiuso 2 settimane a Natale, Pasqua, 2 settimane in agosto, sabato a mezzogiorno, domenica

Rist – (consigliata la prenotazione) Carta 24/37 € **8LYu**

◆ Come poteva approdare la Calabria tra i meneghini? Così come tutti la conosciamo: un ambiente semplice e frequentatissimo - a conduzione familiare - come ormai se ne trovano pochi. Cucina casalinga a base di paste fresche, 'nduja e l'immancabile peperoncino.

Navigli

D'Este senza rist

viale Bligny 23 ✉ 20136 – ✆ 02 58 32 10 01 – www.hoteldestemilano.it – reception@hoteldestemilano.it – chiuso dal 24 dicembre al 1° gennaio e 2 settimane in agosto **8KYd**

84 cam – 80/300 € 100/380 €

◆ Nella bohémien zona dei Navigli, tutte le camere di questa risorsa dagli ampi spazi comuni sono state recentemente ristrutturate. Non temete l'assegnazione di una stanza su strada: l'insonorizzazione è eccezionale!

Liberty senza rist

viale Bligny 56 ✉ 20136 – ✆ 02 58 31 85 62 – www.hotelliberty-milano.com – reserve@hotelliberty-milano.com – chiuso dal 23 al 27 dicembre e agosto

58 cam – 100/250 € 200/360 € **8KYa**

◆ Vicino all'Università Bocconi, albergo elegante con spazi comuni ispirati allo stile da cui prende il nome, vetrate policrome e qualche pezzo d'antiquariato. Atmosfera calda ed accogliente nelle belle camere: particolarmente tranquille quelle interne con affaccio sul giardino.

Crivi's senza rist

corso Porta Vigentina 46 ✉ 20122 Ⓜ Crocetta – ✆ 02 58 28 91 – www.crivis.com – crivis@tin.it – chiuso Natale ed agosto **8KYe**

86 cam – 120/250 € 140/350 €

◆ In comoda posizione vicino al metrò, una confortevole risorsa dalle gradevoli zone comuni e camere con arredi classici, adeguate nei confort e negli spazi.

Des Etrangers senza rist

via Sirte 9 ✉ 20146 – ✆ 02 48 95 53 25 – www.hoteldesetrangers.it – info@hoteldesetrangers.it – chiuso dal 7 al 23 agosto **3DSy**

94 cam – 60/150 € 80/230 €

◆ Una risorsa ben tenuta ed ubicata in una via tranquilla; buon confort e funzionalità nelle aree comuni e nelle camere. Comodo garage sotterraneo.

XXX Sadler

via Ascanio Sforza 77 ✉ 20141 Ⓜ Romolo – ☎ 02 58 10 44 51 – www.sadler.it – sadler@sadler.it – chiuso dal 1° al 6 gennaio, dall'8 al 23 agosto, domenica

Rist – (chiuso a mezzogiorno) Menu 130/175 € – Carta 84/120 € **3**ES**a**

Spec. Ravioli farciti di cacio e pepe con calamari all'amatriciana. Filetto di branzino di lenza cotto al sale, germogli di finocchio, crema di fiori di zucchina. Piccione al forno, puré di sedano bianco, mandorle tostate e riduzione di aceto balsamico.

♦ L'armonia qui regna sovrana: nelle linee pure degli arredi, nella scelta dei materiali, negli effetti luce ai quali contribuiscono le grandi vetrate. L'equilibrio non risparmia la cucina, mirabile esempio di connubio tra tradizione e creatività.

XX Al Porto

piazzale Generale Cantore ✉ 20123 Ⓜ Porta Genova FS – ☎ 02 89 40 74 25 – alportodimilano@acena.it – chiuso dal 24 dicembre al 3 gennaio, agosto, domenica, lunedì a mezzogiorno **7**HY**h**

Rist – Carta 52/70 €

♦ Nell'800 era il casello del Dazio di Porta Genova, oggi un ristorante classico d'intonazione marinara molto frequentato sia a cena che a pranzo, sicuramente per la qualità del pesce, fresco, proposto anche crudo.

XX Tano Passami l'Olio (Gaetano Simonato)

via Villoresi, 16 ✉ 20143 – ☎ 0 28 39 41 39 – www.tanopassamilolio.com – tano@tanopassamilolio.it – chiuso dal 24 dicembre al 6 gennaio, agosto, domenica **3**DS**b**

Rist – (chiuso a mezzogiorno) (consigliata la prenotazione) Carta 76/100 €

Spec. Uovo di quaglia caramellato su mousse di tonno, bottarga e crudo di tonno, olio alla menta. Uovo di patata alla coque ripieno di fonduta leggera con porcini croccanti e tartufo bianco (autunno). Portafoglio di pescatrice con fegato grasso e tartufo in crema di mela con riso nero venere.

♦ Luci soffuse, atmosfera romantica e creativi piatti di carne e di pesce, ingentiliti con olii extra-vergine scelti ad hoc da una fornita dispensa. Salotto fumatori con divano.

XX Il Navigante

via Magolfa 14 ✉ 20143 – ☎ 02 89 40 63 20 – www.navigante.it – info@navigante.it – chiuso agosto e domenica **7**JY**c**

Rist – Carta 38/57 €

♦ In una via alle spalle del Naviglio, musica dal vivo tutte le sere in un locale, gestito da un ex cuoco di bordo, con un curioso acquario nel pavimento; cucina di mare.

XX Pirandello

viale Gian Galeazzo 6 ✉ 20136 – ☎ 02 89 40 29 01 – chiuso dal 7 al 30 agosto, sabato a mezzogiorno, domenica **7**JY**e**

Rist – Carta 43/55 €

♦ Atmosfera, gestione e cucina sono decisamente siciliane: fragranti piatti di pesce e ricette trinacrie in entrambe le sale da pranzo.

X Trattoria Aurora

via Savona 23 ✉ 20144 Ⓜ Sant' Agostino – ☎ 0 28 32 31 44 – aurora.tr84@libero.it – chiuso lunedì **7**HY**m**

Rist – Menu 42 € – Carta 18/53 €

♦ Vetrate smerigliate con motivi floreali e decorazioni liberty ovunque: la cucina del mezzogiorno è semplice ma mai banale, piatti tipici della tradizione piemontese come la bagna cauda e il carrello dei bolliti.

X Chic'n Quick

via Ascanio Sforza 77 ✉ 20141 Ⓜ Romolo – ☎ 02 89 50 32 22 – www.sadler.it – chq@sadler.it – chiuso dal 1° al 10 gennaio, dall'8 al 24 agosto, domenica, lunedì a mezzogiorno **3**ES**a**

Rist – Carta 34/50 €

♦ Chic'n Quick, per non rinunciare al fascino di una tavola curata ed un servizio veloce. Cucina semplice, ma non priva di spunti fantasiosi: salumi e grigliate tra le specialità.

Trattoria Trinacria
via Savona 57 ✉ 20144 Ⓜ Sant' Agostino – ✆ 0 24 23 82 50 – trattoria.trinacria@libero.it – chiuso domenica **3DSw**
Rist – Carta 37/45 €
♦ A gestione familiare, un locale accogliente nella sua semplicità confermata dal servizio informale. Tra luci soffuse e candele sui tavoli, il menu in dialetto con "sottotitoli" in italiano celebra le specialità isolane.

Shiva
viale Gian Galeazzo 7 ✉ 20136 – ✆ 02 89 40 47 46 – www.ristoranteshiva.it – info@ristoranteshiva.it – chiuso lunedì a mezzogiorno **7JYb**
Rist – Menu 18/25 € – Carta 23/30 €
♦ Ristorante indiano con grandi sale e un intimo soppalco. Ambienti confortevoli e caratteristici con luci soffuse e decori tipici. Cucina del nord con diverse specialità.

Trattoria Madonnina
via Gentilino 6 ✉ 20136 – ✆ 02 89 40 90 89 – chiuso domenica e le sere di lunedì, martedì e mercoledì (escluso dicembre) **7JYd**
Rist – Carta 17/24 €
♦ Trattoria milanese d'inizio '900 rimasta invariata nello stile: arredi d'epoca con locandine e foto, cucina semplice e gustosa. Piccolo dehors con pergola e tavoli in pietra.

Al Pont de Ferr
Ripa di Porta Ticinese 55 ✉ 20143 Ⓜ Porta Genova FS – ✆ 02 89 40 62 77 – www.alpontdeferr.it – alpontdeferr@gmail.com – chiuso dal 24 dicembre al 6 gennaio **7HYa**
Rist – Menu 50/70 € – Carta 25/68 €
♦ Nella bohémien zona dei Navigli, la cucina si esprime a livelli di fine ricerca gastronomica: tecnica raffinata a prezzi accessibili. Il servizio cordiale ed efficiente vi inviterà a ritornare.

Fiera-Sempione

Hermitage
via Messina 10 ✉ 20154 Ⓜ Porta Garibaldi FS – ✆ 02 31 81 70 – www.monrifhotels.it – hermitage@monrifhotels.it – chiuso agosto
122 cam – 80/290 € 120/320 € – 9 suites **5HUq**
Rist Il Sambuco – vedere selezione ristoranti
♦ In un quartiere brulicante di attività e negozi, un indirizzo sempre valido nel panorama dell'hôtellerie milanese. Raffinatezza e confort, interni in stile classico e modernità delle installazioni: difficile, pretendere di più.

Milan Marriott Hotel
rist,
via Washington 66 ✉ 20146 Ⓜ Wagner – ✆ 0 24 85 21 – www.milanmarriott.com – mhrs.milit.booking@marriotthotels.com
321 cam – 130/840 €, 20 € **3DRd**
Rist ***La Brasserie de Milan*** – ✆ 02 48 52 28 34 – Carta 38/76 €
♦ Originale contrasto tra struttura esterna moderna e grandiosi interni classicheggianti in un hotel vocato al lavoro congressuale e fieristico; funzionali camere in stile. Sala ristorante, con cucina a vista, in stile classico.

Atahotel Fieramilano
viale Boezio 20 ✉ 20145 – ✆ 02 33 62 21 – www.atahotels.it – meeting.fieramilano@atahotels.it – chiuso agosto **3DRe**
236 cam – 84/405 € 94/610 € – 2 suites **Rist** – Menu 35/60 €
♦ Di fronte alla Fiera, la struttura, arredata con buon gusto, offre ora dotazioni moderne e un ottimo confort; d'estate la colazione è servita in un gazebo in giardino. Tranquilla ed elegante sala da pranzo.

Wagner senza rist
via Buonarroti 13 Ⓜ Buonarroti – ✆ 02 46 31 51 – www.roma-wagner.com – wagner@roma-wagner.com – chiuso dal 12 al 19 agosto **3DRp**
48 cam – 119/398 € 169/519 € – 1 suite
♦ Accanto all'omonima stazione della metropolitana, l'hotel è stato completamente ristrutturato e offre ambienti ben curati nei dettagli, arredati con marmi e moderni accessori.

MILANO

Enterprise Hotel
corso Sempione 91 ✉ 20149 – ✆ 02 31 81 81 – www.enterprisehotel.com – info@enterprisehotel.com **3DQc**
121 cam – 123/608 € 133/648 € – 2 suites
Rist *Sophia's* – ✆ 02 31 81 88 55 – Carta 41/59 €
♦ Rivestimento esterno in marmo e granito, arredi disegnati su misura, grande risalto alla geometria: hotel d'eleganza attuale con attenzione al design e ai particolari. Uno spazio gradevole e originale per pranzi e cene, d'estate anche all'aperto.

Regency senza rist
via Arimondi 12 ✉ 20155 – ✆ 02 39 21 60 21 – www.regency-milano.com – regency@regency-milano.com – chiuso dal 22 dicembre al 6 gennaio e dal 5 al 28 agosto **3DQb**
71 cam – 100/270 € 140/380 €
♦ Un "angolo" di ospitalità milanese insolito ed affascinante: una dimora nobiliare di fine '800, una sorta di grazioso castelletto, con un piacevole cortile e raffinati interni.

ADI Hotel Poliziano Fiera cam, cam,
via Poliziano 11 ✉ 20154 – ✆ 0 23 19 19 11 – www.adihotels.com – info.hotelpolizianofiera@adihotels.com – chiuso dal 23 dicembre al 9 gennaio e dal 29 luglio al 28 agosto **5HTa**
98 cam – 84/310 € 98/410 € – 2 suites
Rist – *(solo per alloggiati)* Carta 29/44 €
♦ Albergo d'impostazione moderna per un'ospitalità cordiale e attenta: piacevoli ambienti comuni, nonché spaziose camere arredate nei toni verde chiaro e sabbia.

Domenichino senza rist
via Domenichino 41 ✉ 20149 Ⓜ Amendola Fiera – ✆ 02 48 00 96 92 – www.hoteldomenichino.it – hd@hoteldomenichino.it – chiuso 5 al 21 agosto **3DRf**
71 cam – 45/190 € 65/240 € – 2 suites
♦ In una via alberata, a due passi dalla Fieramilanocity, un hotel signorile che offre dotazioni e servizi di buon livello, accoglienti spazi comuni e camere confortevoli.

Mozart senza rist
piazza Gerusalemme 6 ✉ 20154 – ✆ 02 33 10 42 15 – www.hotelmozartmilano.it – info@hotelmozartmilano.it – chiuso dal 29 luglio al 21 agosto **5HTb**
119 cam – 90/374 € 100/418 €
♦ Sobria eleganza e ospitalità attenta in una struttura nei pressi di Fieramilano City; arredi moderni nelle camere, dotate di ogni confort e ideali per i clienti business.

Metrò senza rist
corso Vercelli 61 ✉ 20144 Ⓜ Wagner – ✆ 0 24 98 78 97 – www.hotelmetro.it – hotelmetro@tin.it **3DRx**
40 cam – 90/150 € 120/240 €
♦ Conduzione familiare per una risorsa in una delle vie più rinomate per lo shopping; camere piuttosto eleganti, gradevolissima sala colazioni panoramica al roof-garden.

Lancaster senza rist
via Abbondio Sangiorgio 16 ✉ 20145 Ⓜ Cadorna FNM – ✆ 02 34 47 05 – www.hotellancaster.it – info@hotellancaster.it – chiuso Natale e agosto **5HUc**
30 cam – 65/128 € 99/234 €
♦ Un edificio ottocentesco situato in zona residenziale ospita una piacevole risorsa con spazi comuni non enormi, ma gradevoli ed accoglienti. Camere in stile.

Astoria senza rist
viale Murillo 9 ✉ 20149 Ⓜ Lotto – ✆ 02 40 09 00 95 – www.astoriahotelmilano.com – info@astoriahotelmilano.com **3DRm**
69 cam – 100/300 € 130/420 €
♦ Lungo un viale di circonvallazione, albergo frequentato soprattutto dalla clientela d'affari; camere con arredi moderni e ottima insonorizzazione.

Portello senza rist

via Guglielmo Silva 12 ✉ 20149 – ✆ 02 48 81 49 44 – www.minihotel.it – portello@minihotel.it – chiuso dal 22 dicembre al 6 gennaio ed agosto

96 cam ☕ – †60/290 € ††80/480 € **3DRa**

◆ A due passi da FieraMilanoCity, la hall vi accoglie con poltroncine in pelle bianca ed uno stile moderno e piacevolmente minimalista. Le camere - anch'esse recentemente ristrutturate - sono piuttosto semplici, ma senza dubbio funzionali, in gran parte caratterizzate da grandi foto della Milano d'epoca.

Antica Locanda Leonardo senza rist

corso Magenta 78 ✉ 20123 Ⓜ Conciliazione – ✆ 02 48 01 41 97 – www.anticalocandaleonardo.com – info@anticalocandaleonardo.com – chiuso dal 31 dicembre al 6 gennaio e dal 5 al 25 agosto **7HXm**

16 cam ☕ – †95/120 € ††165/245 €

◆ L'atmosfera signorile si sposa con l'accoglienza familiare in un albergo affacciato su un piccolo cortile interno, in ottima posizione vicino al Cenacolo leonardesco.

Campion senza rist

viale Berengario 3 ✉ 20149 Ⓜ Amendola Fiera – ✆ 02 46 23 63 – www.hotelcampion.com – hc@hotelcampion.com – chiuso dal 23 dicembre al 7 gennaio e dal 2 al 27 agosto **3DRc**

27 cam ☕ – †65/189 € ††80/269 €

◆ Hotel situato di fronte all'ingresso di Fieramilano City, a pochi passi dal metrò. Conduzione familiare efficiente, camere classiche e confortevoli.

XXX **Il Sambuco** – Hotel Hermitage

via Messina 10 ✉ 20154 Ⓜ Porta Garibaldi FS – ✆ 02 33 61 03 33 – www.ilsambuco.it – info@ilsambuco.it – chiuso dal 24 dicembre al 4 gennaio, Pasqua, agosto, sabato a mezzogiorno e domenica **5HUq**

Rist – Menu 50 € – Carta 62/72 €

◆ Ambiente elegante e servizio accurato rispecchiano l'hotel in cui si trova questo bel locale la cui cucina è rinomata per le specialità di mare; lunedì è solo per i bolliti.

XX **Arrow's**

via A.Mantegna 17/19 ✉ 20154 – ✆ 02 34 15 33 – www.ristorantearrows.it – chiuso 3 settimane in agosto, domenica, lunedì a mezzogiorno **5HUf**

Rist – Carta 39/54 €

◆ Affollato anche a mezzogiorno, l'atmosfera diviene più intima la sera, ma non cambia la cucina: il mare proposto secondo preparazioni tradizionali.

XX **La Cantina di Manuela**

via Procaccini 41 ✉ 20154 – ✆ 02 34 52 034 – www.lacantinadimanuela.it – info@lacantinadimanuela.it – chiuso dall'8 al 28 agosto, domenica

Rist – Carta 33/41 € **5HUg**

◆ Non lontano dalla FieraMilanoCity, ristorante-enoteca composto da due sale comunicanti con un'originale esposizione di bottiglie. Piatti tradizionali, rivisitati con cotture leggere e con una grande attenzione per i sapori originari degli ingredienti.

XX **La Taverna dei Golosi**

corso Sempione 12 ✉ 20154 – ✆ 02 34 51 630 – www.tavernadeigolosi.com – info@tavernadeigolosi.com – chiuso 15 giorni in agosto, sabato a mezzogiorno e domenica **5HUf**

Rist – Carta 40/60 €

◆ Un ambiente caldo ed accogliente che ripropone lo stile, mai tramontato, della classiche trattorie toscane. La varietà della cucina soddisfa ogni palato: piatti della tradizione, moderne interpretazioni, pizze.

XX **La Rosa dei Venti**

via Piero della Francesca 34 ✉ 20154 – ✆ 02 34 73 38 – www.ristorantelarosadeiventi.it – chiuso dal 31 dicembre al 3 gennaio, dal 14 al 29 agosto, lunedì, sabato a mezzogiorno **5HTc**

Rist – Carta 39/52 €

◆ Piccolo locale ideale per chi ama il pesce, preparato secondo ricette semplici ma personalizzate e proposto puntando su un interessante rapporto qualità/prezzo.

Pane Acqua

via Bandello 14 ✉ 20123 – ✆ 02 48 19 86 22 – www.paneacqua.com – paneacqua1@gmail.com – chiuso dal 25 dicembre al 6 gennaio, 3 settimane in agosto, domenica e sabato in luglio, domenica e lunedì a mezzogiorno negli altri mesi **7**HX**b**

Rist – Menu 18 € bc (solo a mezzogiorno)/55 € – Carta 57/75 €

◆ Se cercate un indirizzo originale, questo farà al caso vostro: grazie alla collaborazione con una galleria d'arte moderna, in questo piccolo bistrot-ristorante gli arredi e le decorazioni cambiano periodicamente. La cucina, invece, rimane sempre gustosamente contemporanea e creativa.

Trattoria Montina

via Procaccini 54 ✉ 20154 Ⓜ Porta Garibaldi FS – ✆ 0 23 49 04 98 – chiuso dal 25 dicembre al 5 gennaio, dall'8 al 30 agosto, domenica, lunedì a mezzogiorno

Rist – Carta 21/38 € **5**HU**d**

◆ Simpatica atmosfera bistrot, tavoli vicini, luci soffuse la sera in un locale gestito da due fratelli gemelli; piatti nazionali e milanesi che seguono le stagioni.

Quadrifoglio

via Procaccini 21 angolo via Aleardi ✉ 20154 – ✆ 02 34 17 58 – roxanacristea19@yahoo.it – chiuso dal 26 dicembre al 5 gennaio, dal 9 al 28 agosto, martedì, mercoledì a mezzogiorno **5**HU**a**

Rist – Carta 26/43 €

◆ In una delle zone più brillanti di Milano, due salette rallegrate da quadri e ceramiche alle pareti. In menu: piatti della cucina classica nazionale, tante insalate e sostanziosi piatti unici.

Al Vecchio Porco

via Messina 8 ✉ 20154 – ✆ 02 31 38 62 – www.alvecchioporco.it – info@alvecchioporco.it – chiuso dal 24 dicembre al 2 gennaio, dal 1° al 25 agosto, domenica **5**HU**e**

Rist – *(chiuso a mezzogiorno)* (consigliata la prenotazione) Carta 38/48 €

◆ Forse il nome non è troppo elegante, ma si rifà ai tanti maialini che decorano i vari angoli di questo simpatico locale formato da due sale principali e da una taverna (utilizzata soprattutto per feste private, nonché eventi). Cucina locale, attenta ai prodotti stagionali.

Tara

via Cirillo 16 ✉ 20154 Ⓜ Moscova – ✆ 0 23 45 16 35 – www.ristorantetara.com – tucoolit@yahoo.it – chiuso Natale e Ferragosto **5**HU**b**

Rist – Menu 25/30 € – Carta 24/33 €

◆ Sperimenterete tutta la gentilezza degli Indiani e gli intensi profumi e sapori della loro cucina in questo piacevole e tranquillo locale; menù anche vegetariano.

Iyo

via Piero della Francesca 74 ✉ 20154 – ✆ 02 45 47 68 98 – www.iyo.it – info@iyo.it – chiuso 1 settimana in dicembre, 2 settimane in agosto, lunedì

Rist – (consigliata la prenotazione) Carta 42/57 € **3**DQ**x**

◆ Il "mondo fluttuante" (in giapponese, ukiyo) apre le porte su sushi, sashimi e cotture alla piastra. Ma si ritorna in occidente con i dolci da scegliere su un invogliante vassoio.

Zona urbana Nord-Ovest

Rubens

rist,

via Rubens 21 ✉ 20148 Ⓜ Gambara – ✆ 0 24 03 02 – www.hotelrubensmilano.com – rubens@antareshotels.com **3**DR**g**

87 cam ☕ – †90/299 € ††110/390 € **Rist** – *(solo per alloggiati)* Carta 35/45 €

◆ L'hotel vanta eleganti ambienti, spaziose e confortevoli camere impreziosite da affreschi di artisti contemporanei ed arredate nei raffinati colori del beige, dell'oro o nelle tonalità pastello. E per propiziarsi la giornata, un'abbondante prima colazione nell'evocativa *Sala delle Nuvole*, all'ultimo piano.

Accademia
viale Certosa 68 ✉ 20155 – ✆ 02 39 21 11 22 – www.antareshotels.com – accademia@antareshotels.com – chiuso dal 6 al 22 agosto **3DQg**
66 cam – 350 € 400 €, 10 € – 1 suite
Rist – *(solo per alloggiati)* Menu 25 €
◆ Dopo un importante restyling la struttura dispone ora di camere nuove dai toni caldi e dagli arredi design; caratteristico il mosaico che incornicia le porte degli ascensori. Eccellente confort grazie alla studiata razionalizzazione degli spazi.

Mirage
cam,
viale Certosa 104/106 ✉ 20156 – ✆ 02 39 21 04 71 – www.hotelmirage.mi.it – mirage@gruppomirage.it – chiuso dal 23 dicembre al 2 gennaio e dal 23 luglio al 21 agosto **3DQz**
86 cam – 90/299 € 99/324 € – ½ P 75/187 €
Rist – *(chiuso venerdì, sabato) (chiuso a mezzogiorno) (solo per alloggiati)* Carta 28/36 €
◆ In virtù della sua posizione strategica, vicino all'imbocco delle principali autostrade e non lontano dal polo fieristico di Rho-Pero, è la struttura ideale per una clientela business. Camere rinnovate in stile classico, alcune con parquet.

La Pobbia 1850
via Gallarate 92 ✉ 20151 – ✆ 02 38 00 66 41 – www.lapobbia.com – lapobbia@lapobbia.com – chiuso agosto, domenica **3DQw**
Rist – Carta 45/75 €
◆ L'ottocentesca osteria è oggi un elegante locale con giardino interno e propone ricette della tradizione lombarda ma anche internazionali. Dispone anche di una sala fumatori.

Innocenti Evasioni (Arrigoni e Picco)
via privata della Bindellina ✉ 20155 – ✆ 02 33 00 18 82 – www.innocentievasioni.com – ristorante@innocentievasioni.com – chiuso dal 1° al 10 gennaio, agosto e domenica **3DQa**
Rist – *(chiuso a mezzogiorno)* (consigliata la prenotazione) Menu 47/68 € – Carta 47/60 €
Spec. Terrina di foie gras d'anatra, composta al rabarbaro e pan brioche tostato (giugno-settembre). Bigoli al torchio con sugo d'anatra e friabile al pecorino (inverno). Filetto di maialino arrostito, pesche all'aceto balsamico e patate schiacciate all'extravergine.
◆ Un piacevole locale dalle grandi vetrate che si aprono sul giardino dove incontrare una cucina classica rivisitata con tecnica creativa. Splendido servizio estivo all'aperto.

Zona urbana Nord-Est

Starhotels Tourist
viale Fulvio Testi 300 ✉ 20126 – ✆ 0 26 43 77 77 – www.starhotels.com – tourist.mi@starhotels.it **2BOc**
134 cam – 75/190 € **Rist** – Menu 29/36 €
◆ Decentrato, ma in zona comoda per le autostrade, la struttura è in linea con gli standard della catena a cui appartiene. Ottima l'insonorizzazione delle camere: tutte recentemente ristrutturate.

Agape senza rist
via Flumendosa 35 ✉ 20132 Ⓜ Crescenzago – ✆ 02 27 20 07 02 – www.agapehotel.com – info@agapehotel.com **2COa**
43 cam – 60/200 €
◆ Non lontano dalle grandi direttrici stradali, l'hotel dispone di camere accoglienti e dalle calde cromie. Prezzi interessanti nei fine settimana.

Susa senza rist
viale Argonne 14 ✉ 20133 – ✆ 02 70 10 28 97 – www.hotelsusamilano.it – info@hotelsusamilano.it – chiuso 2 settimane in agosto **4GRd**
19 cam – 80/200 € 100/360 €
◆ Situato in una zona strategica di Milano, Città Studi, l'hotel si propone come un valido riferimento sia per una clientela business sia per turisti in visita al capoluogo lombardo. Camere moderne e funzionali; spazi comuni arredati in stile sobrio e minimalista.

San Francisco senza rist

viale Lombardia 55 ✉ 20131 – ✆ 0 22 36 03 02 – www.hotel-sanfrancisco.it – sf@hotel-sanfrancisco.it **4GQd**

28 cam ☕ – †65/150 € ††75/210 €

♦ In zona Città Studi, piccolo albergo dagli ambienti recentemente rinnovati: circa metà delle camere si affacciano sul grazioso giardino ombreggiato, dove in estate si può consumare la prima colazione.

Manna

piazzale Governo Provvisorio 6 ✉ 20127 – ✆ 02 26 80 91 53 – www.mannamilano.it – manna.ristorante@gmail.com – chiuso 25-26 dicembre, 1 settimana in gennaio e dal 15 agosto al 7 settembre **4GQc**

Rist – Carta 37/48 €

♦ Ristorante dai toni vivaci, sia nei colori sia nella sua carta, che vi incuriosirà e forse vi strapperà un sorriso... Due salette ed una cucina che rilegge in chiave moderna i classici della tradizione lombarda: una "manna" nel grigiore di certe giornate milanesi.

Vietnamonamour con cam

via A.Pestalozza 7 ✉ 20131 Ⓜ Piola – ✆ 02 70 63 46 14 – www.vietnamonamour.com – vietnamonamour@fastwebnet.it – chiuso agosto

4 cam ☕ – †80/150 € ††120/250 € **4GQb**

Rist – *(chiuso domenica)* (consigliata la prenotazione) Carta 32/38 €

♦ Intimo locale di recente apertura, caratterizzato da una particolare predilezione per il Vietnam, come evoca l'insegna. Stuzzicanti piatti vietnamiti, serviti d'inverno in un gazebo. Accoglienti le quattro camere al primo piano, arredate in calde tonalità di colore e con mobili orientali.

Baia Chia

via Bazzini 37 ✉ 20131 Ⓜ Piola – ✆ 0 22 36 11 31 – fabrizio.papetti@fastwebnet.it – chiuso dal 24 dicembre al 2 gennaio, Pasqua, 3 settimane in agosto, domenica, lunedì a mezzogiorno **4GQa**

Rist – Carta 27/39 €

♦ Gradevole locale di tono familiare, suddiviso in due salette più una veranda utilizzabile anche in inverno, dove gustare una buona cucina di pesce e alcune saporite specialità sarde. Dell'isola anche la lista dei vini.

Mirta

piazza San Materno 12 ✉ 20131 – ✆ 02 91 18 04 96 – www.trattoriamirta.it – trattoriamirta@gmail.com – chiuso 2 settimane in dicembre, agosto, sabato, domenica **4GQe**

Rist – Carta 19/50 €

♦ Una simpatica trattoria dalla doppia anima: affollata ed economica a pranzo, più tranquilla la sera. L'ambiente è semplice ed informale, mentre la cucina propone piatti della tradizione lombarda, ma non solo.

Zona urbana Sud-Est

Mec senza rist

via Tito Livio 4 ✉ 20137 Ⓜ Lodi TIBB – ✆ 0 25 45 67 15 – www.hotelmec-milano.it – info@mechotel.it **4GSr**

40 cam – †50/220 € ††60/330 €, ☕ 16 €

♦ Struttura classica ben collegata alla stazione metropolitana ed attenta agli interventi di manutenzione per garantire un soggiorno confortevole.

Trattoria del Nuovo Macello

via Cesare Lombroso 20 ✉ 20137 Ⓜ Corvetto – ✆ 02 59 90 21 22 – www.trattoriadelnuovomacello.it – info@trattoriadelnuovomacello.it – chiuso dal 31 dicembre al 6 gennaio, dal 10 al 31 agosto, sabato, domenica

Rist – Menu 18 € (solo a mezzogiorno)/49 € – Carta 36/44 € **4GSb**

♦ Battezzata con questo nome nel 1927 - quando di fronte ad essa sorse il nuovo macello - trent'anni dopo il nonno di uno degli attuali soci la prese in gestione, fiutando il "buon affare" in base all'usura della soglia. Non si sbagliò affatto! Piatti fedeli ai sapori di un tempo, rielaborati in chiave creativa.

Zona urbana Sud-Ovest

La Spezia senza rist
via La Spezia 25 ✉ 20142 Ⓜ Romolo – ✆ 02 84 80 06 60 – www.minihotel.it – laspezia@minihotel.it – chiuso dal 24 dicembre al 2 gennaio ed agosto
76 cam – †70/300 € ††100/500 € **2**BP**d**
◆ Un edificio nuovo nel quale sono stati ricavati camere e spazi comuni ampi e luminosi arredati con sobrietà, adatti per un soggiorno di lavoro.

Dei Fiori senza rist
via Renzo e Lucia 14, raccordo autostrada A7 ✉ 20142 Ⓜ Famagosta – ✆ 0 28 43 64 41 – www.hoteldeifiori.com – hoteldeifiori@hoteldeifiori.com
53 cam – †45/110 € ††50/160 € **2**BP**b**
◆ Sito nei pressi dello svincolo autostradale e poco distante dalla stazione della metropolitana, è un albergo semplice con camere confortevoli.

Il Luogo di Aimo e Nadia (Aimo Moroni)
via Montecuccoli 6 ✉ 20147 Ⓜ Primaticcio – ✆ 02 41 68 86 – www.aimoenadia.com – info@aimoenadia.com – chiuso dal 1° al 7 gennaio, Pasqua, 3 settimane in agosto, sabato a mezzogiorno, domenica **1**AP**e**
Rist – Carta 90/130 €
Spec. Tagliatelle di farina di semi antichi con anatra muta novella, funghi porcini e caciocavallo podolico (estate-autunno). Rombo con salsa e succo di cipolle di Tropea. Dolci ortaggi: crostata di farina di castagne, arance e cioccolato, crema al bergamotto.
◆ Portarono a Milano la cucina toscana per poi ampliarla alle altre regioni; fedele a se stesso, la selezione di prodotti italiani che oggi il ristorante propone è difficilmente eguagliabile.

La Corte
via Cusago 201, per via Zurigo 8 km ✉ 20153 – ✆ 0 24 59 74 74 – www.ristorantelacorte.com – ristorantelacorte@libero.it – chiuso 1 settimana in gennaio, 10 giorni in agosto, lunedì sera, martedì **1**AP
Rist – Menu 15 € (solo a mezzogiorno)/70 € – Carta 44/69 €
◆ Ricavato all'interno di una grande cascina ottocentesca - lungo la strada per Cusago - la cucina propone i classici italiani, ma lo sguardo è sul futuro in piatti creativi e personalizzati.

Nicola Cavallaro al San Cristoforo
via Lodovico il Moro 11 ✉ 20143 – ✆ 02 89 12 60 60 – www.nicolacavallaro.it – info@nicolacavallaro.it – chiuso 24-25-26 dicembre, dal 7 al 31 agosto, sabato a mezzogiorno, lunedì **3**DS**a**
Rist – Carta 35/70 €
◆ Lungo il Naviglio, Nicola Cavallaro è un cuoco giovane e brillante che propone piatti originali con qualche richiamo all'oriente. Il pesce ha la meglio con apoteosi nei crudi, classici o più elaborati.

Dintorni di Milano

al Parco Forlanini (lato Ovest) Est : 10 km (Milano : pianta 7)

Osteria I Valtellina
via Taverna 34 ✉ 20134 Milano – ✆ 0 27 56 11 39 – chiuso dal 26 dicembre al 7 gennaio, dal 4 al 24 agosto e venerdì **2**CP**h**
Rist – Carta 47/66 €
◆ Un ambiente caratteristico, quasi un museo della vita quotidiana lombarda, l'osteria propone una cucina classica con piatti dai sapori tipicamente valtellinesi.

MILANO 2 – Milano (MI) – Vedere Segrate

MILANO MARITTIMA – Ravenna – **563** J19 – Vedere Cervia

MILAZZO – Messina (ME) – **365** BA54 – **32 647 ab.** – ✉ **98057** Sicilia **40** D1

Catania 130 – Enna 193 – Messina 41 – Palermo 209

per le Isole Eolie – Siremar, call center 892 123

piazza Caio Duilio 20 ✆ 090 9222865, strmilazzo@regione.sicilia.it, Fax 090 9222790

Cittadella e Castello★ – Chiesa del Carmine : facciata★

Roccavaldina : Farmacia★ Sud-Est : 15 km – Isole Eolie★★★ per motonave o aliscafo

La Chicca Palace Hotel senza rist

via Tenente La Rosa 1 – ✆ 09 09 24 01 51 – www.lachiccahotel.com – info@lachiccahotel.com

21 cam – †65/105 € ††105/175 €

◆ In pieno centro ad un passo sia dal porto che dal lungomare, una nuova struttura raccolta e accogliente. Modernità ed essenzialità caratterizzano ogni settore con omogeneità.

Cassisi senza rist

via Cassisi 5 – ✆ 09 09 22 90 99 – www.cassisihotel.com – info@cassisihotel.com

14 cam – †60/110 € ††90/150 €

◆ Nell'area del porto, un albergo design dagli arredi sobri ed essenziali: linee geometriche e moderne. Prima colazione a buffet, ricca per varietà e qualità.

La Bussola

via Nino Bixio 11/12 – ✆ 09 09 22 12 44 – www.hotelabussola.it – info@hotelabussola.it

26 cam – †60/80 € ††80/150 € – ½ P 55/100 €

Rist *Sofia's Bistrot* – Carta 25/48 €

◆ Agile punto di riferimento per quanti, dopo una buona e abbondante colazione, desiderano riprendere il viaggio alla volta delle Eolie: il recente rinnovo con soluzioni di design lo caratterizzano per eleganza e originalità. Al ristorante, cucina semplice e sapori di mare come ostriche, astici e crudi vari.

Petit Hotel

rist,

via dei Mille 37 – ✆ 09 09 28 67 84 – www.petithotel.it – info@petithotel.it

9 cam – †59/89 € ††89/149 € – ½ P 70/95 €

Rist – *(chiuso a mezzogiorno escluso da giugno a settembre)* Carta 25/33 €

◆ Un hotel ristrutturato secondo i dettami della bioarchitettura, dove la capace gestione si farà in quattro per rendere il soggiorno piacevole e rilassante. Piatti casalinghi, ma anche cucina vegetaria e biologica nella sala ristorante di tono moderno. D'estate fresca terrazza affacciata sul porto.

XXX Piccolo Casale

via Riccardo d'Amico 12 – ✆ 09 09 22 44 79 – www.piccolocasale.it – info@piccolocasale.it – chiuso lunedì

Rist – Carta 39/66 €

◆ Praticamente invisibile dall'esterno, nella residenza di un generale garibaldino, ristorante curato ed elegante nelle sale interne così come sulla graziosa terrazza fiorita.

MILETO – Vibo Valentia (VV) – **564** L30 – **7 073 ab.** – **alt. 365 m** – ✉ **89852** **5** A3

Roma 562 – Reggio di Calabria 84 – Catanzaro 107 – Cosenza 110

X Il Normanno

via Duomo 12 – ✆ 09 63 33 63 98 – www.ilnormanno.com – info@ilnormanno.com – chiuso dal 1° al 20 settembre, lunedì escluso agosto

Rist – Carta 18/28 €

◆ Una cucina casalinga che ripropone i piatti della tradizione locale in questa rustica trattoria a conduzione familiare nel cuore della località. Marito in sala e moglie ai fornelli.

MINERBIO - Bologna (BO) - 562 I16 - 8 615 ab. - alt. 16 m - ✉ 40061 9 D3

Roma 399 - Bologna 23 - Ferrara 30 - Modena 59

Nanni

via Garibaldi 28 - ☎ 0 51 87 82 76 - www.hotelnanni.com - info@hotelnanni.com - chiuso dal 24 dicembre al 7 gennaio, dall'8 al 21 agosto

46 cam - †80/110 € ††120/180 € - ½ P 80/100 €

Rist - *(chiuso sabato)* Carta 25/37 €

◆ Albergo dalla solida tradizione familiare: luminosi interni arredati in modo molto piacevole e belle camere, le più nuove e carine sono frutto del recente ampliamento. Capiente sala da pranzo in stile lineare e luminosa sala banchetti affacciata sul giardino.

MINERVINO MURGE - Barletta-Andria-Trani (BT) - 564 D30 26 B2
- 9 672 ab. - alt. 429 m - ✉ 70055

Roma 364 - Foggia 68 - Bari 75 - Barletta 39

La Tradizione-Cucina Casalinga

via Imbriani 11/13 - ☎ 08 83 69 16 90 - www.osterialatradizione.net - latradizione@libero.net - chiuso dal 21 al 28 febbraio, dal 1° al 15 settembre, domenica sera, giovedì

Rist - Carta 22/30 €

◆ Celebre trattoria del centro storico, accanto alla chiesa dell'Immacolata. Ambiente piacevole, in stile rustico, foto d'epoca alle pareti; piatti tipici del territorio.

MINORI - Salerno (SA) - 564 E25 - 2 871 ab. - ✉ 84010 6 B2

Roma 269 - Napoli 67 - Amalfi 3 - Salerno 22

Santa Lucia

via Nazionale 44 - ☎ 0 89 85 36 36 - www.hotelsantalucia.it - hslucia@tiscalinet.it - 20 dicembre- 7 gennaio e marzo-novembre

35 cam - †65/106 € ††84/144 € - ½ P 67/85 €

Rist - Carta 24/29 € (+10 %)

◆ Nella ridente cittadina dell'incantevole costiera Amalfitana, un albergo a gestione familiare, con camere nuove e davvero graziose. Sapori campani nella capiente sala da pranzo dai colori caldi.

Giardiniello

corso Vittorio Emanuele 17 - ☎ 0 89 87 70 50 - www.ristorantegiardiniello.com - info@ristorantegiardiniello.com - chiuso mercoledì escluso da giugno a settembre

Rist - Carta 35/53 €

◆ Ristorante e pizzeria situato nel centro della località, dove gustare piatti del luogo, soprattutto di mare; gradevole servizio estivo sotto un pergolato.

MIRA - Venezia (VE) - 562 F18 - 38 788 ab. - ✉ 30034 Venezia 36 C3

Roma 514 - Padova 22 - Venezia 20 - Chioggia 39

via Nazionale 420 (Villa Widmann Foscari) ☎ 041 5298711, info@turismovenezia.it, Fax 041 5230399

Riviera e ville del Brenta★★ per la strada S11

Villa Franceschi

via Don Minzoni 28 - ☎ 04 14 26 65 31 - www.villafranceschi.com - info@villafranceschi.com

25 cam - †115/155 € ††175/240 € - 5 suites - ½ P 108/160 €

Rist *Margherita* - Carta 51/74 €

◆ Due strutture costituiscono la risorsa ed è quella principale a darle il nome: una splendida villa del XVI secolo contornata da giardini all'italiana e raffinati spazi interni personalizzati con stoffe pregiate. La tradizione gastronomica regionale - soprattutto a base di pesce - si accomoda ai tavoli del ristorante.

Villa Margherita rist,

via Nazionale 416 – ✆ 04 14 26 58 00 – www.dalcorsohotellerie.it – info@villa-margherita.com

19 cam – 95/115 € 145/175 € – ½ P 108/123 €

Rist ***vedere Margherita-Hotel Villa Franceschi*** –

◆ Una splendida villa secentesca per un soggiorno di classe: raffinato l'arredo negli ambienti, riccamente ornati e abbelliti da affreschi e quadri d'autore. All'ombra di un ampio parco.

Riviera dei Dogi senza rist

via Don Minzoni 33 – ✆ 0 41 42 44 66 – www.rivieradeidogi.com – info@rivieradeidogi.com

43 cam – 50/99 € 50/175 €, 8 €

◆ Affacciata sul Brenta, questa villa secentesca racconta l'antico splendore mai tramontato. Incastonata tra i tesori artistici e architettonici dislocati lungo il fiume, la struttura accoglie affascinanti interni d'atmosfera quasi tutti sormontati da soffitti con travi a vista e un piacevole giardino d'inverno.

Isola di Caprera senza rist

riviera Silvio Trentin 13 – ✆ 04 14 26 52 55 – www.isoladicaprera.com – info@isoladicaprera.com – chiuso dal 22 dicembre al 3 gennaio

16 cam – 65/90 € 90/120 €

◆ Lungo il fiume Brenta, gradevole giardino con piscina ed atmosfera da casa privata, sia nella bella villa ottocentesca, sia nelle due romantiche barchesse.

Nalin

via Argine sinistro Novissimo 29 – ✆ 0 41 42 00 83 – www.trattorianalin.it – info@trattorianalin.it – chiuso dal 26 dicembre al 6 gennaio, agosto, domenica sera, lunedì

Rist – Carta 37/61 €

◆ Una lunga tradizione, iniziata nel 1914, da parte della stessa famiglia per questo ristorante che propone una cucina d'ispirazione ittica. Bella veranda luminosa.

Dall'Antonia

via Argine Destro del Novissimo 75, Sud : 2 km – ✆ 04 15 67 56 18 – www.trattoriadallantonia.it – info@trattoriadallantonia.it – chiuso gennaio, agosto, domenica sera, martedì

Rist – Menu 32/65 € bc – Carta 32/45 €

◆ Accolti da un tripudio di fiori, quadri e da un'esperta conduzione familiare potrete gustare saporiti piatti a base di pesce.

a Gambarare Sud-Est : 3 km – ✉ **30030**

Poppi cam,

via Romea 80 – ✆ 04 15 67 56 61 – www.hotelpoppi.it – info@hotelpoppi.com

100 cam – 50/65 € 70/90 € **Rist** – Carta 36/74 €

◆ Lungo la statale Romea, hotel dalla capace gestione familiare in grado di offrire un confort adeguato sia ad una clientela commerciale che a quella turistica. La cucina di mare è protagonista al ristorante, sempre molto apprezzato.

a Oriago Est : 4 km – ✉ **30034**

Il Burchiello senza rist

via Venezia 19 – ✆ 0 41 42 95 55 – www.burchiello.it – hotel@burchiello.it

63 cam – 95/120 € 130/180 €

◆ Camere signorili e personalizzate, realizzate in stili diversi e una gestione seria e professionale per questo hotel situato in posizione ottimale per escursioni sul fiume Brenta.

Nadain

via Ghebba 26 – ✆ 0 41 42 93 87 – www.nadain.it – info@nadain.it – chiuso 7 giorni in febbraio, 15 giorni in luglio, mercoledì, giovedì a mezzogiorno

Rist – Carta 30/45 €

◆ Piacevole ristorante a conduzione familiare in zona periferica: piatti della tradizione regionale a base di pesce, realizzati partendo da un'accurata selezione degli ingredienti.

MIRAMARE DI RIMINI – **Rimini** – **563** J19 – **Vedere Rimini**

MIRANO – Venezia (VE) – **562** F18 – **26 667 ab.** – **alt. 9 m** – ✉ **30035** **36** C2
Venezia

Roma 516 – Padova 26 – Venezia 21 – Milano 253

Park Hotel Villa Giustinian senza rist
via Miranese 85 – ☎ 04 15 70 02 00 – www.villagiustinian.com – info@villagiustinian.com
38 cam – †55/81 € ††105/131 € – 2 suites
◆ In un ampio parco con piscina, una villa del Settecento dagli ambienti rilassanti e ornati in stile - sia nelle camere sia nella hall - affiancata da due dépendance con stanze più sobrie.

Relais Leon d'Oro cam, rist,
via Canonici 3, Sud : 3 km – ☎ 0 41 43 27 77 – www.leondoro.it – info@leondoro.it
30 cam – †74/88 € ††98/138 € – ½ P 74/94 €
Rist *Gondola Brusada* – (consigliata la prenotazione) Carta 39/58 €
◆ Costruito nel 1860 dal Vescovado di Padova per il ritiro dei Padri Francescani, il relais si presenta oggi come una raffinata residenza di campagna non priva di moderni confort: interni curati, ambienti signorili e camere personalizzate. Affacciato sul giardino, il ristorante propone ricette mediterranee.

Da Flavio e Fabrizio "Al Teatro"
via della Vittoria 75 – ☎ 0 41 44 06 45 – www.ristorantedaflavioefabrizio.it – flavioefabrizio@gmail.com – chiuso dal 5 al 26 agosto e lunedì
Rist – (consigliata la prenotazione) Carta 23/35 €
◆ Nuova location per i due fratelli, all'interno della nuova struttura del teatro. Al piano terra wine-bar e cicchetteria, al primo piano una curata sala di tono moderno, dove gustare specialità di pesce.

a Scaltenigo Sud-Ovest : 4,8 km – ✉ 30035

Trattoria la Ragnatela
via Caltana 79 – ☎ 0 41 43 60 50 – www.ristorantelaragnatela.com – direfaremangiare@ristorantelaragnatela.com – chiuso mercoledì
Rist – Menu 25/32 € – Carta 21/51 €
◆ Locale fuori porta dagli ambienti curati nella loro semplicità. In menu: specialità di carne, ma soprattutto pesce, in ricette tradizionali con qualche proposta più creativa.

MISANO ADRIATICO – Rimini (RN) – **562** K20 – **11 842 ab.** – ✉ **47843** **9** D2

Roma 318 – Rimini 13 – Bologna 126 – Forlì 65
viale Platani 22 ☎ 0541 615520, iat@comune.misano-adriatico.rn.it, Fax 0541 613295

Atlantic Riviera rist,
via Sardegna 28 – ☎ 05 41 61 41 61 – www.atlanticriviera.com – hotel@atlanticriviera.com – Pasqua-settembre
53 cam – †75/110 € ††110/155 € – ½ P 75/100 € **Rist** – Carta 29/45 €
◆ Particolare la terrazza solarium sulla quale si trova anche una bella piscina panoramica affacciata sulla Riviera; funzionali le camere, non prive di qualche tocco di eleganza. Dalla cucina romagnola ai classici nazionali, al ristorante.

Taverna del Marinaio
via dei Gigli 16, Portoverde – ☎ 05 41 61 56 58 – www.tavernadelmarinaio.com – info@tavernadelmarinaio.com – chiuso mercoledì escluso da giugno al 15 settembre
Rist – (prenotare) Carta 31/49 €
◆ Nei pressi di Portoverde, un ristorante di pesce in stile marinaro, con inserti in legno e lampade in ottone. Le pareti ospitano numerose stampe di velieri.

MISSIANO = MISSIAN – Bolzano – Vedere Appiano sulla Strada del Vino

MISURINA – Belluno (BL) – **562** C18 – alt. 1 756 m – Sport invernali : 1 755/2 200 m 6 31 (Comprensorio Dolomiti superski Cortina d'Ampezzo) – ✉ 32040 Italia **36** C1

Roma 686 – Cortina d'Ampezzo 14 – Auronzo di Cadore 24 – Belluno 86

via Monte Piana ✆ 0435 39016 misurina 2008@libero.it

Lago★★ – Paesaggio pittoresco★★★

Lavaredo

via M. Piana 11 – ✆ 0 43 53 92 27 – www.laredohotel.it – info@lavaredohotel.it – Natale-Pasqua e giugno-settembre

29 cam – ††80/160 €, ☕ 9 € – ½ P 55/90 €

Rist – *(chiuso a mezzogiorno in inverno)* Carta 20/42 €

◆ Si riflette sullo specchio lacustre antistante questa risorsa a gestione familiare che offre un'incantevole vista sulle cime e camere semplici, ma accoglienti. Cucina classica italiana nel ristorante anch'esso affacciato sul lago.

MOCRONE – Massa Carrara – Vedere Villafranca in Lunigiana

MODENA P (MO) – **562** I14 – 181 807 ab. – alt. 34 m Italia **8** B2

Roma 404 – Bologna 40 – Ferrara 84 – Firenze 130

via Scudari 8 ✆ 059 2032660, iatmo@comune.modena.it, Fax 059 2032659

via Castelnuovo Rangone 4, ✆ 059 55 34 82

Duomo★★★ AY – Metope★★ nel museo del Duomo ABY **M1** – Biblioteca Estense★: Bibbia di Borso d'Este★★ Galleria Estense★, nel palazzo dei Musei AY **M2** – Palazzo Ducale★ BY**A**

Real Fini-Via Emilia senza rist

via Emilia Est 441, per ③ ✉ 41122 – ✆ 05 92 05 15 11 – www.hotelrealfini.it – info@hotelviaemilia.it – chiuso dal 23 dicembre al 10 gennaio e dall'8 al 21 agosto

87 cam ☕ – †75/170 € ††145/250 €

◆ Nell'antica città estense, questo hotel di prestigio propone eleganti zone comuni con boiserie in ciliegio e camere arredate con mobili su misura. Ampio centro congressi.

Canalgrande rist,

corso Canalgrande 6 ✉ 41121 – ✆ 0 59 21 71 60 – www.canalgrandehotel.it – info@canalgrandehotel.it BZ**v**

66 cam ☕ – †132 € ††180 € – 2 suites

Rist *La Secchia Rapita* – ✆ 05 94 27 07 43 *(chiuso dal 1° al 26 agosto)* Carta 38/54 €

◆ Convento nel Cinquecento, poi residenza nobiliare, è oggi un hotel di grande prestigio: sale neoclassiche con antichi ritratti di famiglia ed uno splendido giardino. Nelle ex cantine, il ristorante è dedicato alla gloria locale della Formula Uno.

Central Park senza rist

via Vittorio Veneto 10 ✉ 41124 – ✆ 0 59 22 58 58 – www.centralparkmodena.com – info@centralparkmodena.com AY**d**

47 cam ☕ – †99/180 € ††120/280 € – 1 suite

◆ A pochi passi dal centro, un albergo recentemente ristrutturato per soddisfare le esigenze di una clientela d'affari. Comodità e funzionalità all'ordine del giorno.

Libertà senza rist

via Blasia 10 ✉ 41121 – ✆ 0 59 22 23 65 – www.hotelliberta.it – info@hotelliberta.it BY**e**

51 cam ☕ – †75/115 € ††110/180 €

◆ Centrale, poco distante dal Palazzo Ducale e provvisto di un comodo garage, offre graziose e sobrie camere e moderni spazi comuni. Clientela soprattutto commerciale.

Daunia senza rist

via del Pozzo 158, per ③ ✉ 41124 – ✆ 0 59 37 11 82 – www.hoteldaunia.it – info@hoteldaunia.it

42 cam ☕ – †70 € ††110 €

◆ Struttura moderna dei primi del novecento dalla caratteristica facciata rosa; di fronte all'ingresso, la terrazza è allestita con gazebo ed utilizzata anche per la prima colazione.

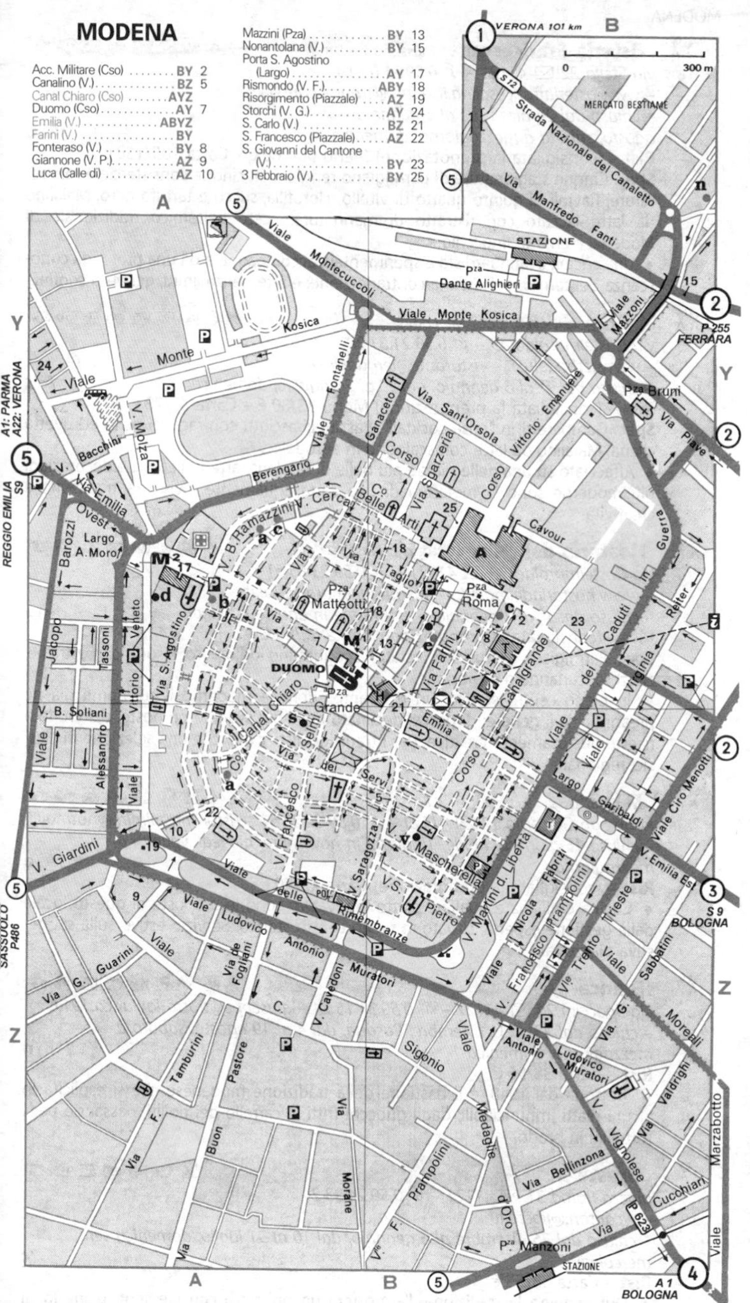
MODENA
Acc. Militare (Cso) . . . . BY 2
Canalino (V.) . . . . BZ 5
Canal Chiaro (Cso) . . . . AYZ
Duomo (Cso) . . . . AY 7
Emilia (V.) . . . . ABYZ
Farini (V.) . . . . BY
Fonteraso (V.) . . . . BY 8
Giannone (V. P.) . . . . AZ 9
Luca (Calle di) . . . . AZ 10
Mazzini (Pza) . . . . BY 13
Nonantolana (V.) . . . . BY 15
Porta S. Agostino (Largo) . . . . AY 17
Rismondo (V. F.) . . . . ABY 18
Risorgimento (Piazzale) . . . . AZ 19
Storchi (V. G.) . . . . AY 24
S. Carlo (V.) . . . . BZ 21
S. Francesco (Piazzale) . . . . . AZ 22
S. Giovanni del Cantone (V.) . . . . BY 23
3 Febbraio (V.) . . . . BY 25
VERONA 101 km
300 m
MERCATO BESTIAME
Strada Nazionale del Canaletto
Via Manfredo Fanti
STAZIONE
Pza Dante Alighieri
Viale Montecuccoli
Viale Monte Kosica
Viale Mazzoni
P 255 FERRARA
A1: PARMA A22: VERONA
REGGIO EMILIA S9
Viale Monte Kosica
Viale Fontanelli
Via Ganaceto
Via Sant'Orsola
Corso Vittorio Emanuele
Pza Bruni
Via Piave
V. Molza
Viale Storchi
V. Bacchini
Viale Berengario
Via Emilia Ovest
Largo A. Moro
V. Barozzi
V. Cerca
V. B. Ramazzini
Co Belle Arti
Via Sgarzeria
Corso Cavour
Via Taglio
Pza Matteotti
Pza Roma
Via Farini
Corso Canalgrande
Viale Caduti in Guerra
Via Reiter
Virginia
DUOMO
Pza Grande
Via S. Agostino
Viale Vittorio Veneto
Via Jacopo
Tassoni
V. B. Soliani
Viale Alessandro
Co Canal Chiaro
Via Selmi
Via dei Servi
Via Emilia
Corso
Largo Garibaldi
Viale Ciro Menotti
V. Emilia Est
S 9 BOLOGNA
V. Giardini
SASSUOLO P486
Viale delle Rimembranze
V. Francesco
V. Saragozza
V. Mascherella
V.S. Pietro
V. Martini d. Libertà
Nicola Fabrizi
Francesco Prampolini
Viale Trieste
Vle Trento
Viale Sabbatini
Viale Ludovico Antonio Muratori
Via de Fogliani
Via G. Guarini
C. V. Cavedoni
Viale Sigonio
Via G. Morelli
Via F. Tamburini
Via Pastore
Via Buon
Via Morane
Via F. Prampolini
Via Medaglie d'Oro
Via Valdrighi
Via Vignolese
Via Bellinzona
Marzabotto
Via Cucchiari
P 623
Pza Manzoni
STAZIONE
A 1 BOLOGNA
Viale

XXX **Osteria Francescana** (Massimo Bottura)
✿✿ *via Stella 22 ✉ 41121 – ✆ 0 59 21 01 18 – www.osteriafrancescana.it – info@francescana.it – chiuso dal 24 dicembre al 6 gennaio, agosto, sabato a mezzogiorno, domenica* AZ**b**

Rist – (consigliata la prenotazione) Menu 90/160 € – Carta 105/150 €

Spec. Cinque stagionature di parmigiano reggiano in cinque consistenze e temperature. Ravioli di quinto quarto di vitello, clorofilla, succo e tartufo nero. Maialino da latte laccato con ristretto di marinatura, aceto balsamico tradizionale di Modena, crema di finocchio.

◆ Una cucina avanguardista e sperimentale accompagnata da una profonda conoscenza del territorio. Nessuna contraddizione: è arte, senza limiti, generi o confini.

XX **L'Erba del Re** (Luca Marchini)
✿ *via Castelmaraldo 45 – ✆ 0 59 21 81 88 – www.lerbadelre.it – ristorante@lerbadelre.it – chiuso dal 1° al 6 gennaio, dal 1° al 20 agosto, domenica* AY**c**

Rist – (consigliata la prenotazione) Menu 35/80 € – Carta 42/78 €

Spec. Gamberetti in "salsa cocktail". Passatelli asciutti con ragù di pollo ed uvetta cilena. Maialino da latte con scalogno in agrodolce.

◆ Affacciato su una delle piazze più belle di Modena, arredi d'epoca e decorazioni più moderne sono la metafora di una carta equamente divisa fra tradizione e creatività.

XX **Hostaria del Mare** (Vittorio Novani)
✿ *via Castelmaraldo 29 ✉ 41121 – ✆ 0 59 23 85 61 – www.hostariadelmare.it – hostariadelmare@alice.it – chiuso dal 1° al 7 gennaio, 3 settimane in agosto e lunedì* AY**a**

Rist – (consigliata la prenotazione) Carta 60/85 €

Spec. Parmigiana di crostacei (estate). Spaghettino iodio puro. Risotto con ostriche, zenzero, coriandolo e lampone.

◆ In pieno centro storico, un ristorante sobrio e moderno il cui nome già ne preannuncia il genere: di pesce, declinato nelle più svariate proposte, dal crudo a ricette gustosamente creative. Per i tradizionalisti, c'è anche una selezione di classici regionali.

XX **Zelmira**
largo San Giacomo 17 ✉ 41121 – ✆ 0 59 22 23 51 – ristorantezelmira@hotmail.it – chiuso 15 giorni in aprile, 15 giorni in novembre, giovedì, venerdì a mezzogiorno AZ**a**

Rist – (consigliata la prenotazione) Carta 43/70 €

◆ Cucina emiliana e qualche piatto innovativo sono le proposte di questo locale dalla gestione esperta, situato in pieno centro storico. Servizio estivo sulla suggestiva piazzetta.

XX **Bianca**
via Spaccini 24 ✉ 41122 – ✆ 0 59 31 15 24 – giuseppe@trattoriabianca.191.it – chiuso dal 23 al 31 dicembre, Pasqua, dal 4 al 19 agosto, sabato a mezzogiorno, domenica BY**n**

Rist – Carta 38/56 €

◆ Trattoria dal 1948, è il bastione della tradizione modenese che si esplicita in alcuni piatti irrinunciabili: dagli gnocchi fritti al carrello dei bolliti, passando per i tortellini in brodo.

X **Oreste**
piazza Roma 31 ✉ 41121 – ✆ 0 59 24 33 24 – wcantoni@libero.it – chiuso dal 26 dicembre al 6 gennaio, dal 10 al 31 luglio, domenica sera, mercoledì BY**c**

Rist – Carta 38/55 €

◆ Qui regnano la tradizione, l'atmosfera un po' retrò con elementi d'arredo di indubbio pregio, ed è sempre qui che si rivedono i sapori d'un tempo, paste fatte a mano e familiare cortesia.

X **Hosteria Giusti**

vicolo Squallore 46 ✉ 41121 – ☎ 0 59 22 25 33 – www.hosteriagiusti.it – info@hosteriagiusti.it – chiuso dal 1° dicembre al 15 gennaio, agosto, domenica, lunedì BYe

Rist – *(chiuso la sera)* (prenotazione obbligatoria) Carta 61/77 €

◆ Un locale di nicchia con soli quattro tavoli sul retro di una celebre salumeria, nel vecchio macello dove venivano lavorate le carni del maiale e dell'oca: ambiente rustico, ma tovagliato più ricercato. Il menu da spazio solo a specialità emiliane.

X **Al Boschetto-da Loris**

via Due Canali Nord 202, per ② ✉ 41122 – ☎ 0 59 25 17 59 – chiuso sabato da giugno ad agosto, mercoledì e la sera (escluso il sabato) negli altri mesi

Rist – Carta 28/43 €

◆ Cinto da piante secolari, un villino di antiche origini, casino di caccia del Duca d'Este: in questo storico locale, potete trovare curati piatti della cucina casalinga modenese.

sulla strada statale 9 - via Emilia Est località Fossalta per ③ : 4 km

Rechigi Park Hotel senza rist

via Emilia Est 1581 ✉ 41122 Modena – ☎ 0 59 28 36 00 – www.rechigiparkhotel.it – info@rechigiparkhotel.it – chiuso dal 1° al 24 agosto

72 cam – †85/145 € ††135/220 €

◆ Ospitato in un'antica residenza di grande fascino, l'hotel è circondato da un piccolo giardino e propone camere classiche e caldi spazi comuni. Encomiabile la cortesia.

XXX **Antica Moka**

via Emilia Est 1496 ✉ 41126 Modena – ☎ 0 59 28 40 08 – www.anticamoka.it – info@anticamoka.it – chiuso Natale, 1 settimana in agosto, sabato a mezzogiorno

Rist – Carta 58/86 €

◆ I sapori regionali profumano le eleganti sale di questa ex scuola di inizio '900: i celebri tortellini in brodo, i succulenti arrosti ed una considerevole proposta di pesce.

XXX **Vinicio**

via Emilia Est 1526 ✉ 41126 Modena – ☎ 0 59 28 03 13 – www.ristorantevinicio.it – info@ristorantevinicio.it – chiuso dal 24 dicembre al 6 gennaio, agosto e lunedì

Rist – Carta 37/54 €

◆ Caldo ed elegante il look di questo ristorante: ricavato negli ambienti in cui un tempo c'erano le stalle, propone piatti locali. D'estate si pranza anche all'aperto.

XX **La Quercia di Rosa**

via Scartazza 22 ✉ 41126 Modena – ☎ 0 59 28 07 30 – querciadirosa@libero.it querciadirosa@libero.it – chiuso Natale, dal 1° al 23 agosto, martedì e domenica sera

Rist – Menu 30/40 € – Carta 30/58 €

◆ Incorniciata in un parco con laghetto, l'ottocentesca villa ospita un ristorante a gestione familiare che propone piatti della tradizione modenese. Dispone di un settore per fumatori.

sulla strada statale 486 per ⑤ - via Giardini AZ :

Mini Hotel Le Ville cam, rist,

via Giardini 1270, Sud: 4,5 km ✉ 41126 Modena ☎ 0 59 51 00 51 – www.minihotelleville.it – leville@tin.it – chiuso dal 7 al 21 agosto

46 cam – †78/105 € ††120/170 € – ½ P 95/120 €

Rist *Le Ville* – ☎ 0 59 51 22 40 *(chiuso sabato a mezzogiorno, domenica)* Carta 30/63 €

◆ Tre edifici, di cui uno d'epoca, danno il nome a questo hotel immerso in un rigoglioso giardino: camere spaziose e moderne nell'edificio principale, più semplici ed economiche nella dépendance. Cucina modenese e piatti innovativi nell'elegante ristorante, i cui locali un tempo erano occupati da una rimessa per carrozze.

in prossimità casello autostrada A1 Modena Nord per ⑤ : 7 km :

La Piola
via Viazza di Ramo 248 ✉ 41123 Modena – ✆ 0 59 84 80 52 – info@lapiola.eu – chiuso dal 10 al 25 agosto, lunedì e martedì
Rist – Menu 20/25 €
◆ Menù semplici di ispirazione casalinga e del territorio in questo locale rustico, colorato e molto accogliente. Frequentato da Enzo Ferrari, un tavolo è a lui dedicato.

in prossimità casello autostrada A1 Modena Sud per ④: 8 km

Real Fini-Baia del Re
via Vignolese 1684 ✉ 41126 Modena – ✆ 05 94 79 21 11 – www.hotelrealfini.it – hotelbaiadelre@hrf.it
84 cam – †99/160 € ††129/200 €
Rist ***Baia del Re*** – *(chiuso dal 2 al 22 agosto e domenica)* Carta 30/46 €
◆ Funzionali camere in stile minimalista, molte delle quali dotate di un piccolo giardino per questo hotel di recente costruzione, ideale per una clientela business. All'interno di un edificio storico, il ristorante propone piatti tradizionali e casalinghi, sensibili all'avvicendarsi delle stagioni.

sulla strada statale 9 - via Emilia Ovest per ⑤ :

La Masseria
via Chiesa 61, località Marzaglia, Ovest : 9 km ✉ 41123 Modena – ✆ 0 59 38 92 62 – www.ristorantemasseria.com – lamasseria@michael.it – chiuso dal 7 al 15 gennaio, dal 17 agosto al 30 settembre e martedì
Rist – Carta 32/49 €
◆ Restaurato, l'antico mulino è ora un accogliente ristorante in cui primeggiano i sapori di una cucina casalinga fedele alle tradizioni pugliesi. D'estate si pranza tra piante e fiori.

Strada Facendo (Emilio Barbieri)
via Emilia Ovest 622 ✉ 41123 Modena – ✆ 0 59 33 44 78 – www.ristorantestradafacendo.it – ristradafacend@libero.it – chiuso 1 settimana in gennaio, 3 settimane in agosto, sabato a mezzogiorno, domenica
Rist – Menu 60 € – Carta 43/60 €
Spec. Crudo di pesce. Tortellini in brodo di cappone. Coppa di maialino da latte con patate al rosmarino.
◆ Periferico, si dirà che manca il fascino del centro storico eppure le piccole sale sono diventate un appuntamento imperdibile per la Modena gourmet: vi si celebrano i salumi, i tortellini di una volta e i bolliti, ma anche proposte più moderne, pesce compreso.

MODICA – Ragusa (RG) – **565** Q26 – **54 721 ab.** – **alt. 296 m** – ✉ **97015** **40** D3

Sicilia

Agrigento 147 – Caltanissetta 139 – Catania 116 – Ragusa 14
Località★ - Chiesa di S. Giorgio★★ - Museo delle Arti e delle Tradizioni Popolari★ - Chiesa di S. Pietro: facciata★
Cava d'Ispica, 9 km est: Larderia★ (catacomba di epoca paleocristiana)

Palazzo Failla
via Blandini 5 – ✆ 09 32 94 10 59 – www.palazzofailla.it – info@palazzofailla.it
10 cam – †70/90 € ††95/175 € – ½ P 80/105 €
Rist La Gazza Ladra – vedere selezione ristoranti
◆ Caratteristico palazzo del XVIII secolo, interamente ristrutturato durante il 2004. Poche camere, tutte curate ed eleganti, con arredi d'epoca e soffitti a volte decorati.

De Mohàc senza rist
via Campailla 15 – ✆ 09 32 75 41 30 – www.hoteldemohac.it – info@hoteldemohac.it
10 cam – †55/75 € ††85/110 €
◆ In un dedalo di vicoli, alle spalle del centrale corso Umberto, albergo ricco di fascino e testimonianze d'epoca con camere curate nei dettagli, ognuna delle quali è simpaticamente "dedicata" ad un importante scrittore (di cui l'ospite troverà un libro).

Principe d'Aragona senza rist
corso Umberto I° 281 – ✆ 09 32 75 60 41 – www.hotelprincipedaragona.it – info@hotelprincipedaragona.it
35 cam – 54/80 € 79/109 €
◆ In posizione strategica per visitare la città, al vostro ritorno in hotel vi aspetta un tuffo in piscina o una pausa rilassante sui lettini del solarium. Le camere sono moderne e confortevoli: come del resto tutta la struttura!

Relais Modica senza rist
via Campailla 99 – ✆ 09 32 75 44 51 – www.hotelrelaismodica.it – info@hotelrelaismodica.it
10 cam – 85/110 €
◆ A pochi metri dal centrale corso Umberto, ma già in posizione rialzata per ammirare la città illuminata di sera, un antico palazzo nobiliare apre i propri battenti per accogliervi nel fascino discreto di un'elegante casa. Prenotare le spaziose camere con vista.

Bristol senza rist
via Risorgimento 8/b – ✆ 09 32 76 28 90 – www.hotelbristol.it – hotelbristolmodica@gmail.com – chiuso dal 23 dicembre al 3 gennaio
27 cam – 50/65 € 80/100 €
◆ Piccolo hotel nella zona moderna, condotto da una simpatica gestione; alla clientela d'affari si affiancano, in estate, i turisti in visita ai tesori barocchi della città.

Casa Talia senza rist
via Exaudinos 1 – ✆ 09 32 75 20 75 – www.casatalia.it – info@casatalia.it
6 cam – 100/110 € 130/200 €
◆ Camere ispirate ai paesi mediterranei in un contesto di straordinario fascino storico, giardino pensile e vista indimenticabile...

La Gazza Ladra – Palazzo Failla
via Blandini 11 – ✆ 09 32 75 56 55 – www.ristorantelagazzaladra.it – info@ristorantelagazzaladra.it – 15 marzo-ottobre; chiuso domenica sera e lunedì escluso agosto
Rist – *(chiuso a mezzogiorno in agosto)* Menu 65/78 € – Carta 52/74 €
Spec. Merluzzo dorato al sesamo con pesce spada affumicato, ostrica da bere con acqua tonica e bergamotto. Spremuta siciliana: linguine di kamut con crema d'acciuga, arancia candita, fiori di finocchietto selvatico e peperoncino. L'uovo "à la coque" (gelatina di latte di mandorla con cuore di frutto della passione).
◆ Come il buon vino migliora invecchiando, il valore di questo ristorante cresce negli anni. Prodotti isolani si prestano ad essere plasmati dalla travolgente personalità e dalle indiscusse capacità dello chef: il risultato è una raffinata cucina, che si discosta dalla tradizione se non nell'uso delle materie prime.

Fattoria delle Torri
vico Napolitano 14 – ✆ 09 32 75 12 86 – www.fattoriadelletorri.it – peppebarone1960@libero.it – chiuso lunedì
Rist – Carta 33/43 €
◆ Ristorante che, percorso un vicolo, si mostra d'improvviso nello splendore di un palazzo del centro. Durante la bella stagione si cena all'aperto in un originale limoneto.

Torre D'Oriente
via Posterla 29 – ✆ 09 32 94 81 60 – www.torredoriente.com – info@torredoriente.com – chiuso 1 settimana in febbraio, 2 settimane in novembre e lunedì
Rist – Carta 41/56 €
◆ Locale di design e alla moda, nato dal restauro di uno storico edificio accanto alla casa museo di Quasimodo: per arrivarci, una piacevole passeggiata a piedi tra i vicoli della cittadina.

La Locanda del Colonnello

vico Biscari 6 – ☎ 09 32 75 24 23 – www.palazzofailla.it – info@palazzofailla.it – chiuso mercoledì
Rist – Carta 18/33 €
♦ In questo gioiello di città in cui s'incastonano chiese barocche e scalinate scenografiche, un piccolo ristorante dall'ambiente carino e curato, ma informale, per mangiare bene senza spendere una follia. Simpatica la formula dei due menu: uno interamente dedicato al mare, l'altro alla terra.

Hosteria San Benedetto

via Nativo 30, Modica Alta – ☎ 09 32 75 48 04 – www.hosteriasanbenedetto.it – info@hosteriasanbenedetto.it – chiuso martedì
Rist – Carta 21/29 €
♦ Nel cuore dell'antico centro storico, un raccolto locale di recente apertura che propone una cucina particolarmente attenta alle tradizioni isolane.

MOENA – Trento (TN) – **562** C16 – **2 663 ab. – alt. 1 184 m – Sport invernali : ad Alpe Lusia e San Pellegrino (Passo) : 1 200/2 500 m 3 17 (Comprensorio Dolomiti Superski Tre Valli)** – ✉ **38035** Italia **31** C2

Roma 671 – Belluno 71 – Bolzano 44 – Cortina d'Ampezzo 74

piaz de Navalge 4 ☎ 0462 609770, info@fassa.com, Fax 0462 574342

Alle Alpi

strada de Moene 67 – ☎ 04 62 57 31 94 – www.hotelallealpi.it – info@hotelallealpi.it – 19 dicembre-marzo e 20 giugno-20 settembre
33 cam – †90/150 € ††150/240 € – ½ P 85/170 €
Rist – *(solo per alloggiati)* Menu 30/40 €
♦ Situato nella parte superiore della località, albergo con confortevoli interni caldi ed eleganti, cura dei dettagli e atmosfera familiare. Attivo centro benessere. Capiente sala ristorante dai toni freschi e luminosi, cucina d'ispirazione contemporanea.

Garden

strada de le Chiesure 3 – ☎ 04 62 57 33 14 – www.hotelgarden-moena.it – info@hotelgarden-moena.it – dicembre-marzo e 20 giugno-settembre
39 cam – 2 suites – solo ½ P 150 € **Rist** – Carta 28/38 €
♦ Albergo a ridosso del centro che punta ad offrire una vacanza "benessere" ai propri ospiti, sciatori e non. Vasta gamma di programmi di animazione o cure estetiche.

Park Hotel Leonardo

rist,

strada dei Ciroch 15 – ☎ 04 62 57 33 55 – www.parkhotelleonardo.it – info@parkhotelleonardo.it – 6 dicembre-aprile e 20 giugno-20 settembre
27 cam – †70/130 € ††130/180 € – 4 suites – ½ P 90/130 €
Rist – Menu 30/60 €
♦ Tranquillo, panoramico, immerso nel verde: gli accoglienti interni s'ispirano alle tradizioni locali e quattro camere beneficiano di una terrazza-giardino. Il centro della località? Ancora raggiungibile a piedi.

Stella Alpina

rist,

strada de Ciampian 21 – ☎ 04 62 57 33 51 – www.hotelstellaalpina.it – info@hotelstellaalpina.it – 1° dicembre-15 aprile e 15 giugno-settembre
27 cam – 1 suite – solo ½ P 40/95 € **Rist** – *(solo per alloggiati)*
♦ Tranquillo e allo stesso tempo vicino al centro, la struttura propone camere semplici, ma ottimamente tenute. E se il tempo si guasta, l'energica signora Carla organizzerà la vostra giornata!

Rancolin

rist,

strada de Moene 31 – ☎ 04 62 57 31 15 – www.hotelrancolin.it – info@hotelrancolin.it – dicembre-aprile e giugno-settembre
26 cam – †150 € ††250 € – ½ P 120 € **Rist** – Carta 21/56 €
♦ Profusione di legno in questo piccolo hotel a gestione familiare, tranquillo sebbene centrale. Non trascurabile il buon rapporto qualità/prezzo.

XX **Malga Panna** (Paolo Donei)

strada de Sort 64, località Sorte, Ovest : 1,5 km – ✆ 04 62 57 34 89 – www.malgapanna.it – chiuso dal 1° maggio al 20 giugno, dal 15 ottobre al 30 novembre, lunedì escluso luglio-agosto

Rist – Carta 41/72 €

Spec. Tartara di cervo, formaggio caprino, emulsione di nocciole e toast alle olive passite. Riso affumicato, finferli, rana pescatrice e gelato alla rucola. Gelato al miele di pino e abete con insalata di fragole e gelatina al caffè.

♦ A 1400 metri d'altitudine, il panorama su Moena e sulla valle è splendido. All'interno, avvolti nel legno della sala, la creatività del cuoco vi farà volare ancora più in alto.

XX **Tyrol**

Piaz de Ramon 9 – ✆ 04 62 57 37 60 – www.posthotelmoena.it – info@posthotelmoena.it – dicembre-Pasqua e giugno- settembre; chiuso martedì in inverno

Rist – Carta 39/53 €

♦ La sala classica - in legno - l'avrete già vista in tanti ristoranti, ma non la cucina: legata al territorio, esalta i sapori ladini senza inutili artifici. Per un'esperienza indimenticabile.

sulla strada statale 48 Sud : 3 km :

Foresta rist,

strada de la Comunità de Fiem 42 – ✆ 04 62 57 32 60 – www.hotelforesta.it – info@hotelforesta.it – chiuso dal 9 al 25 dicembre e dal 26 giugno al 18 luglio

19 cam – †40/60 € ††80/130 € – ½ P 60/90 €

Rist – *(chiuso venerdì)* Carta 26/35 €

♦ Una bella casa che offre un'accoglienza calorosa tanto nella stagione sciistica quanto nei mesi estivi. Spazi comuni caratteristici sebbene di modeste dimensioni e graziose camere. Generoso nelle porzioni, il ristorante propone una cucina tipica e dispone di una cantina ben fornita di etichette trentine. Serate a tema.

MOGGIONA – Arezzo – 563 K17 – Vedere Poppi

MOGLIANO VENETO – Treviso (TV) – 562 F18 – 28 128 ab. – ✉ 31021 35 A2

Roma 529 – Venezia 17 – Milano 268 – Padova 38

via Don G. Bosco 5 ✆ 041 5930351 proloco@comune.mogliano-veneto.tv.it Fax 041 5930350

Villa Condulmer via della Croce 3, ✆ 041 45 70 62

Zerman via Malombra 4/B, ✆ 041 45 73 69

Villa Stucky senza rist

via Don Bosco 47 – ✆ 04 15 90 45 28 – www.villastucky.it – info@villastucky.it

28 cam – †75/110 € ††120/180 €

♦ Hotel moderno in un'elegante villa d'epoca, splendidamente restaurata, all'interno di un piccolo parco; ambienti in stile ricchi di fascino e belle camere personalizzate.

Duca d'Aosta senza rist

piazza Duca d'Aosta 31 – ✆ 04 15 90 49 90 – www.ducadaostahotel.it – info@ducadaostahotel.it

43 cam – †90/220 € ††140/330 €

♦ Bella costruzione d'ispirazione contemporanea ristrutturata di recente. Situata nel cuore della cittadina offre piacevoli spazi comuni dai colori chiari, ben arredati.

MOIA DI ALBOSAGGIA – Sondrio – Vedere Sondrio

MOLFETTA – Bari (BA) – 564 D31 – 59 905 ab. – ✉ 70056 Puglia 26 B2

Roma 425 – Bari 30 – Barletta 30 – Foggia 108

Duomo vecchio★

Garden

via provinciale Terlizzi – 08 03 34 17 22 – www.gardenhotelmolfetta.it – info@gardenhotelmolfetta.it

60 cam – 60 € 85 € **Rist** – *(chiuso sabato, domenica)* Carta 21/30 €

◆ Particolarmente adatto a una clientela di lavoro, albergo recente ubicato alle porte della cittadina; buoni confort negli interni di taglio moderno, camere accoglienti. Gradevole sala da pranzo arredata in modo essenziale.

Isola di Sant'Andrea

via Dante Alighieri 98 – 08 03 35 43 12 – isoladisantandrea@libero.it – chiuso dal 10 al 30 agosto

Rist – Carta 19/30 €

◆ Nei locali di una vecchia prigione, la cordiale accoglienza di un ristorante che porta nel nome la storia della città; cucina esclusivamente di mare e di tradizione.

MOLINI = MÜHLEN – Bolzano – Vedere Falzes

MOLTRASIO – Como (CO) – 561 E9 – 1 726 ab. – alt. 247 m – ✉ 22010 18 B1

Roma 634 – Como 9 – Menaggio 26 – Milano 57

Grand Hotel Imperiale

rist,

via Vecchia Regina 24-26 – 0 31 34 61 11 – www.imperialemoltrasio.it – info@imperialemoltrasio.it – chiuso gennaio

101 cam – 140/280 € 160/360 € – 1 suite – ½ P 95/195 €

Rist Imperialino – vedere selezione ristoranti

Rist – Carta 42/52 €

◆ Circondato da una lussureggiante vegetazione, splendido resort costruito in stile tardo Liberty, composto da un palazzo principale e dall'esclusiva Villa Imperiale: una sorta di hotel nell'hotel, che offre lussuose camere con balconi e bella vista. Specialità italiane e comasche nel luminoso ristorante con veranda.

Imperialino

via Vecchia Regina 26 – 0 31 34 66 00 – www.imperialemoltrasio.it – info@imperialemoltrasio.it – chiuso gennaio

Rist – *(chiuso lunedì, martedì a mezzogiorno)* Carta 56/69 €

◆ Specialità mediterranee permeate da una vena creativa, da assaporare voluttuosamente nella raffinata atmosfera di questo ristorante, direttamente affacciato sul lago.

Posta con cam

piazza San Rocco 5 – 0 31 29 04 44 – www.hotel-posta.it – info@hotel-posta.it – chiuso gennaio e febbraio

17 cam – 69/139 € 79/159 € – ½ P 75/115 €

Rist – *(chiuso mercoledì a mezzogiorno escluso da giugno a settembre)* Carta 38/53 €

◆ In centro, ristorante a gestione diretta, con camere in parte ristrutturate: sala da pranzo di tono elegante dove gustare pesce lacustre; "fresco" servizio estivo all'aperto.

MOLVENO – Trento (TN) – 562 D14 – 1 127 ab. – alt. 865 m – Sport invernali : ad Andalo : 1042/1 528 m 1 20 (Consorzio Paganella-Dolomiti) – ✉ 38018 Italia Centro Nord 30 B3

Roma 627 – Trento 44 – Bolzano 65 – Milano 211

piazza Marconi 0461 586924, infomolveno@visitdolomitipaganella.it Fax 0461 586221

Lago★★

Alexander

via Nazionale – 04 61 58 69 28 – www.alexandermolveno.com – info@alexandermolveno.com – chiuso da novembre al 17 dicembre e dal 21 marzo al 14 aprile

35 cam – 60/110 € 90/160 € – ½ P 70/120 € **Rist** – Carta 29/42 €

◆ Affacciata sul lago, con il gruppo del Brenta a farle da sfondo, un'elegante dimora le cui camere si faranno ricordare per ampiezza e vivacità. La struttura pensa anche al divertimento dei più piccoli, riservando loro un'apposita sala. Piatti regionali e, settimanalmente, serata a tema presso l'originale ristorante.

Du Lac

via Nazionale 4 – ✆ 04 61 58 69 65 – www.hoteldulac.it – info@hoteldulac.it – chiuso aprile e novembre

40 cam – 63/78 € 130/160 € – ½ P 80/95 € **Rist** – Carta 28/35 €

♦ Alle porte del paese, una struttura tipica montana abbracciata dal verde e sita vicino lago, dispone di camere classiche ed accoglienti recentemente rinnovate. Sala da pranzo in stile rustico tirolese dove assaporare una sapiente cucina regionale.

Belvedere

via Nazionale 9 – ✆ 04 61 58 69 33 – www.belvedereonline.com – info@belvedereonline.com – 20 dicembre-27 marzo e 21 aprile-4 settembre

59 cam – 72/117 € 124/214 € – ½ P 105/140 € **Rist** – Carta 26/39 €

♦ Immerso nel verde, un albergo rustico ravvivato da inserti in velluto e tendaggi rosso scarlatto, dispone di ambienti moderni e una nuova piscina dal grande effetto scenico. Al ristorante, un ambiente classico e luminoso con tocchi di tipicità e la classica cucina regionale.

Alle Dolomiti

via Lungolago 18 – ✆ 04 61 58 60 57 – www.alledolomiti.com – info@alledolomiti.com – 20 dicembre-marzo e aprile-ottobre

38 cam – solo ½ P 75/105 € **Rist** – Carta 30/39 €

♦ Dinnanzi al parco del lungolago, una storica casa di famiglia è stata convertita in albergo: stile rustico, camere accoglienti e, sul retro, un ampio giardino con piscina. Nella raffinata sala da pranzo, arredata in calde tonalità rosse e gialle, la cucina classica trentina.

El Filò

piazza Scuole 5 – ✆ 04 61 58 61 51 – ristoranteelfilo@virgilio.it – Natale-6 gennaio e maggio-ottobre; negli altri mesi aperto solo il fine settimana

Rist – Carta 21/35 €

♦ Incantevole caratteristica stube, completamente rifinita in legno: luci soffuse, divanetti a muro rossi e proposte di cucina tipica, ma anche piatti legati alla stagione.

MOMBARUZZO – Asti (AT) – 561 H7 – 1 137 ab. – ✉ 14046 — 23 C3

Roma 610 – Torino 98 – Asti 37 – Alessandria 28

a Casalotto Ovest : 4 km – ✉ 14046

La Villa

via Torino 7 – ✆ 01 41 79 38 90 – www.lavillahotel.net – info@lavillahotel.net – chiuso dal 18 dicembre al 15 marzo

7 cam – 90/100 € 160/210 € – 5 suites – 230/260 €

Rist – *(solo per alloggiati)* Menu 38/50 €

♦ Nel cuore delle colline del Monferrato, una signorile villa dei primi del '700 gestita da una coppia inglese, dispone di camere diverse negli arredi e una terrazza panoramica.

MOMBELLO MONFERRATO – Alessandria (AL) – 1 116 ab. – alt. 273 m – ✉ 15020 — 23 C2

Roma 626 – Alessandria 48 – Asti 38 – Milano 95

Cà Dubini senza rist

via Roma 17 – ✆ 01 42 94 41 16 – www.cadubini.it – info@cadubini.it – chiuso dal 1° al 20 gennaio e dal 1° al 20 agosto

4 cam – 50 € 80 €

♦ Immersa nel Monferrato Casalese, una caratteristica cascina ristrutturata nel pieno rispetto della struttura originale. Ambienti confortevoli, in puro stile country.

Dubini

via Roma 34 – ✆ 01 42 94 41 16 – www.cadubini.it – info@cadubini.it – chiuso dal 1° al 20 gennaio, dal 1° al 20 agosto e mercoledì

Rist – Carta 26/36 €

♦ Gestione diretta di grande ospitalità e simpatia in un locale familiare ubicato tra le splendide colline del Monferrato. In menu: proposte del territorio ricche di gusto.

MOMO – Novara (NO) – 561 F7 – 2 668 ab. – alt. 213 m – ✉ 28015 23 C2

Roma 640 – Stresa 46 – Milano 66 – Novara 15

Macallè con cam

via Boniperti 2 – 03 21 92 60 64 – www.macalle.it – info@macalle.it – chiuso 10 giorni in gennaio e 10 giorni in luglio

8 cam – 65/90 € 90/120 € **Rist** – *(chiuso mercoledì)* Carta 33/71 €

◆ Elegante locale storico della zona, con alcune accoglienti stanze e un'ampia sala luminosa di taglio moderno, dove si propongono ricercati piatti della tradizione.

MONASTEROLO DEL CASTELLO – Bergamo (BG) – 561 E11 – 1 099 ab. – alt. 365 m – ✉ 24060 19 D1

Roma 585 – Bergamo 28 – Brescia 61 – Milano 72

via Casai 6 035 814687 info@comune.monasterolo-del-castello.bg.it

Locanda del Boscaiolo con cam

via Monte Grappa 41 – 0 35 81 45 13 – www.locandadelboscaiolo.it – info@locandadelboscaiolo.it – chiuso novembre

11 cam – 50 € 60 €, 8 € – ½ P 55 €

Rist – *(chiuso martedì escluso da giugno ad agosto)* Carta 27/43 €

◆ Con la bella stagione potrete accomodarvi sotto un pergolato, in riva al lago; nelle serate più fredde vi attenderà invece l'accogliente e romantica saletta. Genuine proposte culinarie tipiche del luogo. Semplici e sempre tenute con cura le camere, ideali per un soggiorno di tranquillità.

MONASTIER DI TREVISO – Treviso (TV) – 562 F19 – 3 496 ab. – ✉ 31050 35 A1

Roma 548 – Venezia 30 – Milano 287 – Padova 57

Menegaldo

località Pralongo, Est : 4 km – 04 22 79 80 25 – www.time-to-lose.it – ristorante.menegaldo@gmail.com – chiuso dal 20 al 28 febbraio, agosto, martedì sera, mercoledì

Rist – Carta 27/44 €

◆ L'insegna subito anticipa il carattere semplice e familiare del ristorante; all'interno, un ambiente familiare dalla calorosa accoglienza ed ampie salette dove fermarsi a gustare il pesce dell'Adriatico.

MONASTIR – Cagliari (CA) – 366 P47 – 4 605 ab. – – ✉ 09023 38 B3

Cagliari 24 – Carbonia 68 – Oristano 77

Palladium senza rist

viale Europa – 07 09 16 80 40 – www.hotelpalladiumweb.com – info@hotelpalladiumweb.com

25 cam – 58/65 € 80/95 €

◆ Moderne e recenti negli arredi, le camere di questo elegante edificio sono tutte simili tra loro. In comoda posizione non lontano dalla statale per Oristano.

MONCALIERI – Torino (TO) – 561 G5 – 57 788 ab. – alt. 219 m – ✉ 10024 Italia Centro Nord 22 A1

Roma 662 – Torino 10 – Asti 47 – Cuneo 86

strada Vallere 20, 011 6 47 99 18

I Ciliegi strada Valle Sauglio 130, 011 8 60 98 02

Pianta d'insieme di Torino

Ca' Mia

strada Revigliasco 138 – 01 16 47 28 08 – www.camia.it – camia@camia.it

Rist – Carta 23/33 € **2HUc**

◆ Nella cornice delle colline di Moncalieri - un locale classico e affermato - ideale per ogni occasione, dai pranzi di lavoro alle cerimonie: cucina tradizionale e del territorio, ma anche forno a legna per pizze d'autore!

XX **La Maison Delfino**

via Lagrange 4 - borgo Mercato – ✆ 0 11 64 25 52 – www.lamaisondelfino.it – info@lamaisondelfino.it – chiuso dal 1° al 10 gennaio, dal 9 al 22 agosto, domenica e lunedì

Rist – *(chiuso a mezzogiorno)* Menu 38 € bc/55 € bc – Carta 37/53 €

◆ Sono due fratelli a gestire con passione e capacità questo elegante locale fuori dal centro. Due menu: uno semplice, l'altro più creativo, dai quali è possibile scegliere anche solo alcuni piatti. Ambiente molto signorile.

X **Al Borgo Antico**

via Santa Croce 34 – ✆ 0 11 64 44 55 – www.al-borgoantico.it – tonigborgoantico@libero.it – chiuso dal 15 luglio al 15 agosto, domenica sera e lunedì

Rist – Carta 29/41 €

◆ Nel centro storico, il ristorante annovera tre piccole sale dall'atmosfera rustica, una delle quali con cantina a vista, dove vengono proposti i piatti della tradizione.

a Revigliasco NE : 8 km – ✉ 10024

X **La Taverna di Fra' Fiusch**

via Beria 32 – ✆ 01 18 60 82 24 – www.frafiusch.it – info@frafiusch.it – chiuso lunedì

Rist – *(chiuso a mezzogiorno escluso sabato, domenica e giorni festivi)* (consigliata la prenotazione) Carta 34/44 €

◆ Un ambiente semplice e familiare, il cui nome s'ispira alle avventure del mago alchimista: è qui che la giovane coppia fa riscoprire ai suoi ospiti i buoni sapori della regione.

MONCALVO – Asti (AT) – 561 G6 – 3 332 ab. – alt. 305 m – ✉ 14036 — 23 C2

Roma 633 – Alessandria 48 – Asti 21 – Milano 98

La Locanda del Melograno senza rist

corso Regina Margherita 38 – ✆ 01 41 91 75 99 – www.lalocandadelmelograno.it – info@lalocandadelmelograno.it

9 cam – †70 € ††95 €

◆ Camere molto spaziose in un edificio di fine '800 sottoposto a restauro con esiti mirabili: rispetto per le origini e affascinanti incursioni nel moderno. Rivendita di vini e prodotti del territorio.

Agriturismo Cascina Orsolina senza rist

via Caminata 28 – ✆ 01 41 92 11 80 – www.cascinaorsolina.it – welcome@cascinaorsolina.it – aprile-23 dicembre

4 cam – †100 € ††130 € – 2 suites – †170 €

◆ Volete provare l'ebbrezza di vivere in una vera azienda vinicola? In posizione tranquilla e con vista sui vigneti, questa elegante dimora farà al caso vostro. (Disponibile anche una suite con angolo cottura).

MONCENISIO – Torino (TO) – 561 G2 – 45 ab. – alt. 1 461 m – ✉ 10050 — 22 B2

Roma 722 – Torino 88 – Moncalieri 84

Chalet sul lago

regione lago 8 – ✆ 01 22 65 33 15 – www.chaletsullago.it – info@chaletsullago.it – chiuso dal 3 novembre al 3 dicembre

6 cam – ††65/80 € – ½ P 48/55 € **Rist** – Carta 23/33 €

◆ Magnifica la vista dalle finestre di questo chalet magistralmente situato in posizione panoramica sulla riva di un laghetto naturale. Accoglienti le stanze, sobriamente arredate. Cucina genuina e casereccia con molti piatti di cacciagione.

MONCIONI - Arezzo (AR) – 563 L16 – vedere Montevarchi

MONDAVIO – Pesaro e Urbino (PU) – 563 K20 – 4 017 ab. – alt. 280 m – ✉ 61040 — 20 B1

Roma 264 – Ancona 56 – Macerata 106 – Pesaro 44

La Palomba

via Gramsci 13 – ✆ 0 72 19 71 05 – www.lapalomba.it – info@lapalomba.it – chiuso 1 settimana in settembre

15 cam – †35/45 € ††50/70 €, ☕ 5 € – ½ P 50/55 €

Rist – *(chiuso lunedì escluso da giugno a settembre)* Carta 23/30 €

◆ Di fronte all'antica Rocca Roveresca, piacevole realtà familiare, nonché valido punto di riferimento per l'ospitalità della zona: interni curati e camere piccole, ma funzionali. Cucina regionale nel ristorante con camino e luminosa veranda. Pizzeria nel week-end.

MONDELLO – Palermo (PA) – 365 AQ55 – Vedere Palermo

MONDOVÌ – Cuneo (CN) – 561 I5 – 22 023 ab. – alt. 559 m – ✉ 12084 22 B3

Roma 616 – Cuneo 27 – Genova 117 – Milano 212

corso Statuto 16/d ✆ 0174 40389, turistico@comune.mondovì.cn.it, Fax 0174 567929

Il Baluardo (Marc Lanteri)

piazza d'Armi 2 – ✆ 01 74 33 02 44 – www.marclanteri.it – ilbaluardo@marclanteri.it – chiuso 2 settimane in agosto, lunedì a mezzogiorno, martedì

Rist – Carta 39/61 €

Spec. Terrina di foie gras al torcione, pan brioche, chutney di frutta. Carré d'agnello sambucano in crosta d'erbe. Tortino al limone di Mentone, ananas caramellato, gelato avorio.

◆ In un angolo della città vecchia, una casa d'epoca ristrutturata con modernità ripropone alcune testimonianze del glorioso passato. Dalla cucina a vista, il marito sforna piatti d'ispirazione franco-piemontese: un baluardo della buona tavola a Mondovì!

La Borsarella

via del Crist 2, Nord-Est : 2,5 km – ✆ 0 17 44 29 99 – www.laborsarella.it – info@laborsarella.it – chiuso 2 settimane in gennaio, domenica sera, lunedì

Rist – Carta 33/44 €

◆ Ricavato negli ambienti di un cascinale di origine settecentesca, propone una cucina piemontese ancorata ai sapori della tradizione. Nel cortile anche il vecchio forno per il pane e un laghetto artificiale.

Ezzelino

via Vico 29 – ✆ 01 74 55 80 85 – giovajez@yahoo.it – chiuso 1 settimana in gennaio, 1 settimana in luglio, lunedì, martedì a mezzogiorno

Rist – (prenotare) Carta 39/50 €

◆ Nella parte alta della località, dove sorgeva il ghetto, un ristorante che miscela antico e moderno con gusto e armonia. Dalla cucina piatti italiani rivisitati e alleggeriti.

MONEGLIA – Genova (GE) – 561 J10 – 2 854 ab. – ✉ 16030 15 C2

Roma 456 – Genova 58 – Milano 193 – Sestri Levante 12

corso Longhi 32 ✆ 0185 490576, info@prolocomoneglia.it, Fax 0185 490576

Villa Edera

rist,

via Venino 12/13 – ✆ 0 18 54 92 91 – www.villaedera.com – info@villaedera.com – aprile-ottobre

27 cam ☕ – †80/120 € ††120/190 € – ½ P 95/135 €

Rist – *(chiuso a mezzogiorno)* Menu 25/35 €

◆ Poco distante dal centro, un hotel a conduzione diretta d'ispirazione contemporanea: ampie e ariose sale, camere accoglienti. Ampia sala da pranzo, affidabile cucina d'albergo.

Piccolo Hotel

cam,

corso Longhi 19 – ✆ 0 18 54 93 74 – www.piccolohotel.it – laura@piccolohotel.it – aprile-20 ottobre

38 cam – †80/110 € ††80/160 €, ☕ 15 € – ½ P 80/100 € **Rist** – Carta 40/60 €

◆ A pochi passi dalla spiaggia, valido albergo del centro che si sviluppa su due edifici collegati tra loro: accoglienti spazi comuni e piacevoli camere di buon confort. Grande e luminosa sala da pranzo.

Villa Argentina

via Torrente San Lorenzo 2 – ✆ 0 18 54 92 28 – www.villa-argentina.it – info@villa-argentina.it

18 cam – †45/110 € ††70/130 € – ½ P 55/85 €

Rist – *(aprile-ottobre)* Carta 20/55 €

◆ Salda e professionale la gestione familiare di questa moderna struttura, caratterizzata da camere spaziose e ben insonorizzate: risultato di un'attenta ristrutturazione.

Abbadia San Giorgio senza rist

piazzale San Giorgio – ✆ 01 85 49 11 19 – www.abbadiasangiorgio.com – info@abbadiasangiorgio.com – 26 febbraio-ottobre

6 cam – ††150/180 €

◆ Nella parte alta della località, eleganti camere ricavate da un ex convento francescano del 1484: un bel chiostro con alcuni affreschi originali conferisce ulteriore fascino e storicità alla struttura.

verso Lemeglio Sud-Est : 2 km :

La Ruota

via per Lemeglio 6, alt. 200 ✉ 16030 – ✆ 0 18 54 95 65 – www.laruotamoneglia.it – info@laruotamoneglia.it – chiuso novembre e mercoledì

Rist – *(chiuso a mezzogiorno escluso domenica da novembre a marzo)* Menu 50/54 €

◆ Giovane e dinamica conduzione in un locale dall'ambiente familiare, che propone solo menu degustazione a base di pesce fresco. Bella vista del mare e di Moneglia.

MONFALCONE – Gorizia (GO) – 562 E22 – 28 035 ab. – ✉ 34074 — 11 C3

Roma 641 – Udine 42 – Gorizia 24 – Grado 24

di Ronchi dei Legionari Nord-Ovest: 5 km ✆ 0481 773224

aeroporto Ronchi dei Legionari, ✆ 0481 476079 info.aeroportofvg@turismo.fvg.it, Fax 0481 776729

Monfalcone Palace senza rist

via Callisto Cosulich 20 – ✆ 04 81 48 62 16 – www.monfalconepalace.com – info@monfalconepalace.com

40 cam – †60/90 € ††80/180 €

◆ Dalla ristrutturazione di un palazzo degli anni '20, che fu albergo degli impiegati dei cantieri, nasce questa bella struttura con raffinati spazi comuni e camere elegantemente moderne.

Lombardia

piazza della Repubblica 21 – ✆ 04 81 41 12 75 – www.hotelombardia.it – info@hotelombardia.it

21 cam – †65/85 € ††85/120 € **Rist** – *(chiuso mercoledì)* Carta 22/42 €

◆ Nella piazza del municipio, all'interno di un palazzo d'epoca ristrutturato, un albergo di piccole dimensioni che propone gradevoli camere arredate con gusto. Pizze e piatti della tradizione mediterranea (soprattutto pesce) al ristorante.

Sam

via Cosulich 3 – ✆ 04 81 48 16 71 – www.samhotel.it – info@samhotel.it – chiuso dal 24 al 31 dicembre

59 cam – †60/76 € ††70/93 € – ½ P 50 €

Rist – *(chiuso domenica)* Carta 34/43 €

◆ A pochi passi dal centro, annovera moderni ambienti, tra cui una luminosa sala colazioni, circondata da ampie vetrate che si affacciano sui dintorni. Ideale per una clientela d'affari. Semplice e luminoso, il ristorante propone una cucina creativa e sempre varia, basata sul mercato giornaliero. Ottime porzioni.

Ai Castellieri

via dei Castellieri 7, località Zochet, Nord-Ovest: 2 km – ✆ 04 81 47 52 72 – chiuso dal 1° al 7 gennaio, dal 1° al 21 agosto, martedì e mercoledì

Rist – Carta 33/39 €

◆ Locale ricavato in un'accogliente casa colonica piacevolmente arredata, dove l'accoglienza e il servizio sono volutamente informali. Cucina contemporanea (soprattutto specialità di carne).

Ai Campi di Marcello con cam
via Napoli 11 – ☎ 04 81 48 19 37 – xsined@tin.it
14 cam – 52 € 88 €
Rist – *(chiuso lunedì)* (consigliata la prenotazione) Carta 33/51 €
◆ Non lontano dai cantieri navali, un locale a conduzione familiare dalle valide proposte ittiche. Piacevole atmosfera. Confortevoli camere a disposizione degli ospiti.

MONFORTE D'ALBA – Cuneo (CN) – 561 I5 – 2 047 ab. – alt. 480 m – ✉ 12065 — 25 C3

Roma 621 – Cuneo 62 – Asti 46 – Milano 170
Monforte delle Langhe località Sant'Anna 110, ☎ 0173 78 92 13

Villa Beccaris senza rist
via Bava Beccaris 1 – ☎ 0 17 37 81 58 – www.villabeccaris.it – villa@villabeccaris.it – chiuso dal 24 al 27 dicembre
22 cam – 135/265 € 160/290 € – 1 suite
◆ Splendida villa dagli interni signorili arredati con pezzi d'antiquariato, alcuni decorati con affreschi d'epoca. Per la colazione ci si sposta nel grande e panoramico padiglione.

Le Case della Saracca
via Cavour 5 – ☎ 01 73 78 92 22 – www.saracca.com – info@saracca.com
6 cam – 110 € 130 €, 10 €
Rist – *(chiuso mercoledì) (chiuso a mezzogiorno)* (consigliata la prenotazione) Carta 21/49 €
◆ Curioso e originale, chi potrebbe dire che questo un tempo era il quartiere dei poveri? Nella parte alta della località, tra le mura millenarie del castello, rocce, arredi indiani e design moderno. Moderno wine-bar serale con taglieri di salumi, formaggi e qualche piatto cucinato; molti vini anche al bicchiere.

Agriturismo il Grillo Parlante
frazione Rinaldi 47, località Sant'Anna, Est: 2 km – ☎ 01 73 78 92 28 – www.piemonte-it.com – info@piemonte-it.com – chiuso gennaio, febbraio
6 cam – 54 € 70 €, 7 €
Rist – *(chiuso a mezzogiorno)* (prenotazione obbligatoria) *(solo per alloggiati)* Menu 20/30 €
◆ Occorre percorrere una stradina sterrata avvolta dalla campagna langarola per giungere a questa risorsa. Vita agreste senza fronzoli in ambienti raccolti e curati.

Trattoria della Posta
località Sant'Anna 87, Est : 2 km – ☎ 0 17 37 81 20 – www.trattoriadellaposta.it – info@trattoriadellaposta.it – chiuso febbraio, giovedì, venerdì a mezzogiorno
Rist – Carta 33/53 €
◆ In posizione tranquilla e isolata, un caldo sorriso e tanta simpatia vi accoglieranno sin dall'ingresso in questa bella casa di campagna. La tradizione regionale in cucina.

Giardino-da Felicin con cam
via Vallada 18 – ☎ 0 17 37 82 25 – www.felicin.it – albrist@felicin.it – chiuso dal 15 dicembre al 15 febbraio e 2 settimane in agosto
30 cam – 75/90 € 95/125 €, 10 € – ½ P 115/130 €
Rist – *(chiuso domenica sera, lunedì) (chiuso a mezzogiorno escluso domenica)* Carta 50/70 €
◆ La storia si concretizza in una tradizione gastronomica riprodotta nel tempo con fedeltà e passione, attraverso l'uso di prodotti biologici e carni locali. Servizio estivo sotto un pergolato. Nuove camere e appartamenti a disposizione degli ospiti per immergersi in un paesaggio rilassante, alla scoperta del territorio.

MONFUMO – Treviso (TV) – 562 E17 – 1 463 ab. – alt. 227 m – ✉ 31010 — 36 C2

Roma 561 – Belluno 57 – Treviso 38 – Venezia 78

Da Gerry con cam
via Chiesa 6 – ☎ 04 23 54 50 82 – www.ristorantedagerry.com – info@ristorantedagerry.com
5 cam – 65 € 80 €
Rist – *(chiuso 1 settimana in agosto e lunedì)* Carta 35/45 € (+10 %)
◆ Carne e pesce si contendono la carta di questa moderna trattoria nel centro del paese, dotata anche di camere spaziose e confortevoli.

MONGARDINO – Bologna – 562 I15 – Vedere Sasso Marconi

MONGHIDORO – Bologna (BO) – 562 J15 – 3 922 ab. – alt. 841 m – ✉ 40063 9 C2

Roma 333 – Bologna 43 – Firenze 65 – Imola 54

via Matteotti 1 ☎ 051 6555132, iat@monghidoro.eu, Fax 051 6552268

Da Carlet

via Vittorio Emanuele 20 – ☎ 05 16 55 55 06 – www.dacarlet.it – trattoriadacarlet@libero.it – chiuso dal 7 al 22 settembre, lunedì sera e martedì

Rist – Carta 26/34 €

◆ In questo paese degli Appennini, locale con bancone bar all'ingresso e sala con pareti ornate da pentole di rame e oggetti di modernariato; cucina emiliana casereccia.

in Valle Idice Nord : 10 km

Agriturismo La Cartiera dei Benandanti

via Idice 13, strada provinciale 7 km 28

✉ 40063 Monghidoro – ☎ 05 16 55 14 98 – www.lacartiera.it – info@lacartiera.it

7 cam – †53/58 € ††76/86 € – ½ P 54/59 €

Rist – *(aperto le sere di venerdì-sabato e domenica tutto il giorno)* Menu 21/35 €

◆ Bella struttura in pietra immersa nel verde: piacevoli ambienti rustici arredati in modo essenziale e rifiniti in legno, anche nelle graziose camere e nel comodo appartamento.

MONGUELFO (WELSBERG) – Bolzano (BZ) – 562 B18 – 2 742 ab. – alt. 1 087 m – Sport invernali : 1 087/2 273 m 17 8 (Comprensorio Dolomiti superski Plan de Corones) – ✉ 39035 31 D1

Roma 732 – Cortina d'Ampezzo 42 – Bolzano 94 – Brunico 17

via Pusteria 16 ☎ 0474 944118, info@welsberg.com, Fax 0474 944599

Bad Waldbrunn

rist,

via Bersaglio 7, Sud : 1 km – ☎ 04 74 94 41 77 – www.hotelbadwaldbrunn.com – info@hotelbadwaldbrunn.com – chiuso novembre e dal 21 aprile al 19 maggio

22 cam – †63/88 € ††96/146 € – 3 suites – ½ P 60/85 €

Rist – *(chiuso a mezzogiorno) (solo per alloggiati)*

◆ Albergo moderno, felicemente ubicato in zona quieta e dominante la vallata; gradevoli interni, centro fitness e belle camere ben accessoriate e con vista panoramica.

a Tesido (Taisten)**Nord : 2 km – alt. 1 219 m – ✉ 39035 Monguelfo**

Alpenhof

rist,

Riva di Sotto 22, Ovest : 1 km – ☎ 04 74 95 00 20 – www.alpenhof.bz – info@alpenhof.bz – 3 dicembre-27 marzo e 13 maggio -1° novembre

31 cam – †93/100 € ††176/190 € – 5 suites – ½ P 100/107 €

Rist – *(solo per alloggiati)* Menu 28/45 €

◆ Appena sopra il paese, un soggiorno all'insegna del relax, nella tranquillità delle valli dolomitiche: luminosa zona comune, camere confortevoli, piccolo centro benessere.

MONIGA DEL GARDA – Brescia (BS) – 561 F13 – 2 374 ab. – alt. 125 m – ✉ 25080 17 D1

Roma 537 – Brescia 28 – Mantova 76 – Milano 127

Al Porto

via Porto 29 – ☎ 03 65 50 20 69 – www.trattoriaporto.com – ristorantealporto@gmail.com – chiuso 24 e 26 dicembre, dal 7 gennaio al 7 febbraio, mercoledì

Rist – Carta 56/80 €

◆ In un'antica stazione doganale nei pressi del porticciolo, suggestivo servizio estivo in riva al lago, ma ancor più convincente la cucina: solo pesce d'acqua dolce.

XX **Quintessenza** (Fabio Mazzolini)

piazza San Martino 3 – ✆ 03 65 50 21 16 – www.ristorantequintessenza.it – infoquintessenza@libero.it – chiuso giovedì, in luglio-agosto i mezzogiorno di mercoledì e giovedì

Rist – Menu 45/60 € – Carta 40/65 €

Spec. Parmigiana di melanzane con stracciatella di bufala. Ravioli di spiedo alla bresciana, crema di polenta taragna (autunno-inverno). Meringa al gelsomino, fragole, salsa di vaniglia, cristalli di limone (estate).

◆ Semplice ed essenziale, quanto accogliente e piacevole: è il regno di un giovane cuoco che esprime sé stesso nei piatti con tanta creatività ed indiscussa personalità.

MONOPOLI – Bari (BA) – 564 E33 – 49 603 ab. – ✉ 70043 — 27 C2

Roma 494 – Bari 45 – Brindisi 70 – Matera 80

Vecchio Mulino

viale Aldo Moro 192 – ✆ 0 80 77 71 33 – www.vecchiomulino.it – info@vecchiomulino.it

30 cam – †102/120 € ††150/165 € – 1 suite – ½ P 110/120 €

Rist – Carta 37/61 €

◆ Deve il nome alla sua primigena funzione: un mulino per l'appunto. All'interno, spazi comuni razionali e ben organizzati, nonché camere arredate con buon gusto. Piccolo eliporto e spiaggia privata con navetta di collegamento. Caratteristico soffitto a volta nel piacevole ristorante.

La Peschiera

contrada Losciale 63, Sud-Est: 9 km ✉ 70043 Monopoli – ✆ 0 80 80 10 66 – www.peschierahotel.com – info@peschierahotel.com – aprile-ottobre

12 cam – ††450/640 € – 3 suites **Rist** – Carta 54/101 €

◆ Lussuoso hotel ricavato da un'antica peschiera borbonica: posizione invidiabile con il mare di fronte e tre grandi piscine alle spalle. Per un soggiorno in assoluta tranquillità, non sono ammessi bambini di età inferiore ai 12 anni. Ristorante dallo stile fresco e marino, ma elegante. Cucina di mare e del territorio.

sulla strada per Alberobello Sud-Ovest: 4 km

Il Melograno

contrada Torricella 345 – ✆ 08 06 90 90 30 – www.melograno.com – melograno@melograno.com – aprile-1° novembre

30 cam – †215/370 € ††300/470 € – 7 suites – ½ P 220/305 €

Rist – Carta 54/74 €

◆ Immerso in una quieta oasi verde, un albergo in un'antica masseria fortificata: raffinata atmosfera negli incantevoli e signorili interni rustici e nelle belle camere. Elegante sala ristorante, illuminata da ampie vetrate e abbellita da grandi tappeti.

MONREALE – Palermo (PA) – 365 AO55 – 36 895 ab. – alt. 310 m – ✉ 90046 Sicilia — 39 B2

Agrigento 136 – Catania 216 – Marsala 108 – Messina 242

Località★★★ – Duomo★★★: salita alle terrazze★★★ – Chiostro★★★

X **Taverna del Pavone**

vicolo Pensato 18 – ✆ 09 16 40 62 09 – www.tavernadelpavone.eu – info@tavernadelpavone.it – chiuso 2 settimane in giugno e lunedì

Rist – Carta 29/35 € (+10 %)

◆ Tavoli piuttosto ravvicinati, di sicuro vantaggio per chi desidera gustare semplici ma gustosi capolavori della Sicilia in un ambiente familiare e simpatico.

MONRUPINO – Trieste (TS) – 562 E23 – 880 ab. – alt. 418 m – ✉ 34016 — 11 D3

Roma 669 – Udine 69 – Gorizia 45 – Milano 408

XX **Furlan**

località Col 19 – ✆ 0 40 32 71 25 – chiuso dal 15 al 31 gennaio e da lunedì al mezzogiorno di giovedì

Rist – Carta 27/37 €

◆ Una affabile gestione familiare e due accoglienti sale da pranzo al piano terra per una cucina che sa rispettare la tradizione regionale. Proposte a base di carne.

X **Krizman** con cam

località Repen 76, ovest: 1,5 km – ☎ 0 40 32 71 15 – www.hotelkrizman.eu – info@hotelkrizman.eu
17 cam – ♦55 € ♦♦80 € – ½ P 54 €
Rist – *(chiuso gennaio, lunedì a mezzogiorno e martedì)* Carta 25/36 €
♦ Vicino alla piazza, ambiente rustico dalla consolidata gestione familiare che propone la cucina del territorio e un'interessante selezione di vini. Servizio estivo in giardino. In posizione ideale per una rilassante vacanza nel verde, offre camere semplici e di sicuro confort.

MONSELICE – Padova (PD) – 562 G17 – 17 667 ab. – ✉ 35043 Italia 35 B3

Roma 471 – Padova 23 – Ferrara 54 – Mantova 85
via del Santuario 6 ☎ 0429 783026, turismo@comune.monselice.padova.it, Fax 0429 783026
⁂★ dalla terrazza di Villa Balbi

XX **La Torre**

piazza Mazzini 14 – ☎ 0 42 97 37 52 – chiuso Natale, dal 27 luglio al 24 agosto, domenica sera, lunedì
Rist – Carta 31/50 €
♦ Locale classico in pieno centro storico, nella piazza principale della città, nel quale provare piatti di cucina della tradizione e ricette a base di prodotti pregiati.

sulla strada regionale 104 al km 1,100 Sud-Est: 4: km

Ca' Rocca senza rist

via Basse 2 – ☎ 04 29 76 71 51 – www.carocca.it – info@carocca.it – chiuso dal 23 dicembre al 2 gennaio
20 cam – ♦55/65 € ♦♦80/115 €
♦ Recente costruzione a conduzione diretta con camere ampie e dotate di ogni confort: base ideale per escursioni nei dintorni.

MONSUMMANO TERME – Pistoia (PT) – 563 K14 – 20 985 ab. – alt. 20 m – ✉ 51015 Toscana 28 B1

Roma 323 – Firenze 46 – Pisa 61 – Lucca 31
18 Montecatini via dei Brogi 1652, località Pievaccia, ☎ 0572 6 22 18

Grotta Giusti

via Grotta Giusti 1411, Est : 2 km – ☎ 0 57 29 07 71 – www.grottagiustispa.com – info@grottagiustispa.com
64 cam – ♦260/400 € ♦♦260/456 € – ½ P 165/263 €
Rist *La Veranda* – Carta 54/69 €
♦ Nella quiete di un grande parco fiorito con piscina, all'interno del celebre complesso termale con grotte naturali, un hotel di tono, completo nei servizi; camere lineari. Ampia sala ristorante d'impostazione classica.

Villa San Bastiano

località Monsummano Alto, piazza Castello 10 – ☎ 05 72 52 00 97 – www.villasanbastiano.it – info@villasanbastiano.it
5 cam – ♦80 € ♦♦120 €
Rist La Foresteria – vedere selezione ristoranti
♦ All'interno di un piccolo borgo medievale, sei belle camere di moderno design, armoniose ed accoglienti. Nel curato giardino vi si offre una vista a 360° sulla vallata di Nievole.

XX **La Foresteria**

località Monsummano Alto, piazza Castello 10 – ☎ 05 72 52 00 97 – www.ristorantelaforesteria.it – info@ristorantelaforesteria.it – chiuso 1 settimana in novembre
Rist – Carta 29/51 €
♦ Sovrasta la vallata di Nievole questo locale elegante e sobrio, all'interno di un piccolo borgo medievale. Un paesaggio suggestivo nel quale gustare specialità del territorio - leggermente rivisitate ed alleggerite - con buona cura delle presentazioni.

MONTÀ – Cuneo (CN) – 561 H5 – 4 638 ab. – alt. 316 m – ✉ 12046 25 C2

Roma 544 – Torino 48 – Asti 29 – Cuneo 76

Belvedere

vicolo San Giovanni 3 – ✆ 01 73 97 61 56 – www.albergobelvedere.com – info@albergobelvedere.com – chiuso 10 giorni in gennaio e 20 giorni in agosto

10 cam – †65 € ††90 € – ½ P 70 €

Rist – *(chiuso domenica sera, martedì)* Menu 25 €

◆ Tra frutteti e vigne, la cortesia e la professionalità della gestione familiare mette a proprio agio anche l'ospite di passaggio e l'abbondante colazione allieterà l'inizio di ogni giornata. Camere ampie, alcune con balcone. Ottima cucina casalinga e specialità del territorio arricchite da tartufi e funghi porcini.

MONTAGNA (MONTAN) – Bolzano (BZ) – 562 D15 – 1 558 ab. – alt. 497 m – ✉ 39040 31 D3

Roma 630 – Bolzano 24 – Milano 287 – Ora 6

Tenz

via Doladizza 3, Nord : 2 km – ✆ 04 71 81 97 82 – www.hotel-tenz.com – info@hotel-tenz.com – chiuso dal 5 novembre al 18 dicembre

44 cam – †48/67 € ††90/130 € – ½ P 60/75 €

Rist – *(chiuso martedì)* Carta 26/43 €

◆ Si gode una bella vista su monti e vallata da un albergo a gestione familiare dotato di accoglienti ambienti in stile montano di taglio moderno e luminose camere. Cucina del territorio nel ristorante distribuito tra una stube e la veranda panoramica.

MONTAGNA IN VALTELLINA – Sondrio – Vedere Sondrio

MONTAGNANA – Padova (PD) – 562 G16 – 9 532 ab. – alt. 16 m – ✉ 35044 Italia 35 B3

Roma 475 – Padova 49 – Ferrara 57 – Mantova 60

Cinta muraria★★

Aldo Moro

via Marconi 27 – ✆ 0 42 98 13 51 – www.hotelaldomoro.com – info@hotelaldomoro.com – chiuso dal 3 al 12 gennaio e dal 6 al 22 agosto

29 cam – †70 € ††100 €, 9 € – 5 suites – ½ P 85 €

Rist – *(chiuso lunedì)* Carta 30/44 €

◆ Nel centro storico, caratteristico ed elegante ristorante con camere arredate con mobili d'epoca; splendida e raffinata sala in stile dove gustare piatti del territorio.

Hostaria San Benedetto

via Andronalecca 13 – ✆ 04 29 80 09 99 – www.hostariasanbenedetto.it – info@hostariasanbenedetto.it – chiuso dal 1° al 7 gennaio, dal 15 al 30 agosto e mercoledì

Rist – Carta 33/43 €

◆ Locale ubicato nel cuore della "città murata": una sala di tono signorile in cui provare proposte di cucina del luogo rivisitata; servizio estivo all'aperto.

MONTAGNANA – Modena – Vedere Serramazzoni

MONTAIONE – Firenze (FI) – 563 L14 – 3 700 ab. – alt. 242 m – ✉ 50050 Toscana 28 B2

Roma 289 – Firenze 59 – Siena 61 – Livorno 75

Convento di San Vivaldo★ Sud-Ovest : 5 km

UNA Palazzo Mannaioni

via Marconi 2 – ✆ 0 57 16 92 77 – www.unahotels.it – una.mannaioni@unahotels.it – chiuso dal 10 gennaio al 28 febbraio

43 cam – ††120/400 € – 4 suites – ½ P 90/230 € **Rist** – Carta 31/78 €

◆ In un'antica dimora cinquecentesca addossata alle mura castellane, un hotel abbellito da un giardino con piscina: eleganti interni in stile rustico e confortevoli camere. La vera cucina toscana vi attende nella raffinata sala ristorante, un tempo frantoio, dal suggestivo soffitto a vela.

a San Benedetto Nord-Ovest : 5 km – ✉ 50050 Montaione

Villa Sestilia

via Collerucci 39 – ✆ 05 71 67 70 81 – www.villasestilia.it – info@villasestilia.it
4 cam – 80/100 € 110/140 €
Rist Casa Masi – vedere selezione ristoranti
◆ In un caratteristico borgo agricolo, questa elegante casa di campagna - accuratamente restaurata - ospita poche camere, ma tutte spaziose e personalizzate.

Casa Masi

via Collerucci 53 – ✆ 05 71 67 71 70 – www.casamasimontaione.it – info@casamasimontaione.it – chiuso lunedì, martedì a mezzogiorno
Rist – (consigliata la prenotazione) Carta 36/66 €
◆ Un terra ricca di ottimi prodotti, tra i quali eccelle il tartufo bianco, e l'abilità di Luciana ai fornelli danno vita ad una cucina che si rifà alla tradizione montaionese, pur rimanendo moderna. Anche l'ambiente non è lasciato al caso: uno studiato mix di rustico ed elegante, una romantica limonaia, un bel giardino.

MONTALBANO – Rimini – Vedere Santarcangelo di Romagna

MONTALCINO – Siena (SI) – **563** M16 – **5 241 ab.** – **alt. 567 m** – ✉ 53024 Toscana **29** C2

Roma 213 – Siena 41 – Arezzo 86 – Firenze 109

costa del Municipio 1 ✆ 0577 849331, info@prolocomontalcino.it, Fax 0577 849331

Rocca★★, Palazzo Comunale★

Abbazia di Sant'Antimo★★: 10 km a sud

Vecchia Oliviera senza rist

via Landi 1 – ✆ 05 77 84 60 28 – www.vecchiaoliviera.com – info@vecchiaoliviera.com – chiuso dal 12 al 30 dicembre e dal 10 gennaio al 10 febbraio
10 cam – 70/120 € 120/190 € – 1 suite
◆ Alle porte della località, un antico frantoio è stato trasformato nel 2001 in hotel con eleganti interni in stile locale. All'aperto: piscina, giardino e bella terrazza panoramica per la prima colazione.

Il Giglio

via Soccorso Saloni 5 – ✆ 05 77 84 81 67 – www.gigliohotel.com – info@gigliohotel.com – chiuso dal 7 al 31 gennaio
12 cam – 90 € 140 € – ½ P 85 €
Rist – *(chiuso martedì) (chiuso a mezzogiorno)* Carta 30/36 €
◆ A pochi passi dal Palazzo Comunale, in un albergo di antica tradizione, tipica ambientazione toscana con travi e mattoni a vista. Camere sempre molto ben tenute. Fiori freschi e buon vino (anche al bicchiere) nell'ottimo ristorante. Cucina regionale.

Al Giardino

piazza Cavour 1 – ✆ 05 77 84 90 76 – www.ristorantealgiardino.it – info@ristorantealgiardino.it – chiuso mercoledì, anche domenica sera da novembre a febbraio
Rist – Carta 35/52 €
◆ Ristorante rustico-elegante, al limitar del centro, la cui cucina si colloca a metà tra tradizione toscana e modernità: lodevole la ricerca e la selezione delle migliori materie prime locali.

Boccon DiVino

località Colombaio Tozzi, Est : 1 km – ✆ 05 77 84 82 33 – www.boccondivinomontalcino.it – boccon-di-vino@tele2.it – chiuso martedì
Rist – Carta 36/45 € (+12 %)
◆ Una casa colonica alle porte del paese: si può scegliere fra la curata sala rustica o la terrazza estiva con vista. Nel piatto, i sapori del territorio leggermente rivisitati in chiave moderna.

a Poggio alle Mura **Sud-Ovest : 19 km – ✉ 53024 Montalcino**

Castello Banfi-Il Borgo rist, cam,
località Sant'Angelo Scalo – ☎ 05 77 87 77 00
– www.castellobanfiilborgo.it – borgo@castellobanfi.it
– marzo-ottobre
9 cam – †297/627 € ††352/682 €
– 5 suites – ††638/1650 €
Rist *Castello Banfi-La Taverna* – ☎ 05 77 87 75 24 *(chiuso dal 19 dicembre al 31 gennaio)* Menu 41/56 € – Carta 40/67 €
♦ Lussuose camere ricavate dalle antiche case del borgo sorto nel '700 accanto alle mura della fortezza medievale, ma confort squisitamente moderni: dai letti king size ai televisori a schermo piatto. Ottima cucina toscana, grazie anche all'utilizzo di buone materie prime, presso il ristorante *Castello Banfi-La Taverna.*

MONTALI – **Perugia** – **563** M18 – **Vedere Panicale**

MONTAN = Montagna

MONTE = BERG – **Bolzano** – **Vedere Appiano sulla Strada del Vino**

MONTE ... MONTI – **Vedere nome proprio del o dei monti**

MONTEBELLO VICENTINO – **Vicenza (VI)** – **562** F16 – **6 469 ab.** – **alt. 53 m** – ✉ **36054** **37** A2

Roma 534 – Verona 35 – Milano 188 – Venezia 81

a Selva **Nord-Ovest : 3 km – ✉ 36054 Montebello Vicentino**

La Marescialla
via Capitello 3 – ☎ 04 44 64 92 16
– www.ristorantelamarescialla.it – lamarescialla97@yahoo.it
– chiuso dal 1° al 7 gennaio, dal 6 al 30 agosto, domenica sera, lunedì
Rist – Carta 40/61 €
♦ Giovane gestione impegnata da qualche tempo in un locale di tradizione che offre piatti del territorio e qualche spunto più vario; in una sala rustica o nel dehors estivo.

MONTEBELLUNA – **Treviso (TV)** – **562** E18 – **30 837 ab.** – **alt. 109 m** – ✉ **31044** Italia Centro Nord **36** C2

Roma 548 – Padova 52 – Belluno 82 – Trento 113
piazza A. Moro 1 ☎ 348 6093050, iatmontebelluna@provincia.treviso.it
via Carpen, ☎ 0423 60 11 69
Villa del Palladio★★★ a Maser Nord : 12 km

Bellavista senza rist
via Zuccareda 20, località Mercato Vecchio
– ☎ 04 23 30 10 31 – www.bellavistamontebelluna.it
– info@bellavistamontebelluna.it – chiuso dal 21 dicembre al 7 gennaio e dal 1° al 25 agosto
42 cam – †95/120 € ††155/160 € – 2 suites
♦ Sulle prime colline alle spalle di Montebelluna; spaziose e confortevoli le zone comuni e le stanze con vista sulla città o, sul retro, sul Monte Grappa.

Al Tiglio d'Oro
località Mercato Vecchio – ☎ 0 42 32 24 19
– www.ristorantealtigliodoro.com – info@ristorantealtigliodoro.com
– chiuso dal 2 al 7 gennaio, dal 6 al 22 agosto e venerdì
Rist – Carta 26/41 €
♦ In collina, un locale classico con ampie capacità ricettive e un piacevole servizio estivo all'aperto; stagionale cucina del territorio e predilezione per la griglia.

MONTEBENI – **Firenze** – **Vedere Fiesole**

MONTEBENICHI – Arezzo (AR) – **563** L15 – alt. 508 m – ✉ 52021 **29** C2

Pietraviva

Roma 205 – Siena 31 – Arezzo 40 – Firenze 73

Castelletto di Montebenichi senza rist

piazza Gorizia 19 – ✆ 05 59 91 01 10 – www.castelletto.it – info@castelletto.it – aprile-3 novembre

9 cam – 200/280 € 240/330 €

◆ L'emozione di soggiornare nei ricchi interni di un piccolo castello privato in un borgo medioevale, tra quadri e reperti archeologici; panoramico giardino con piscina.

Osteria L'Orciaia

via Capitan Goro 10 ✉ 52021 – ✆ 05 59 91 00 67 – 15 marzo-10 novembre; chiuso martedì

Rist – (consigliata la prenotazione) Carta 22/50 €

◆ Caratteristico localino rustico all'interno di un edificio cinquecentesco, con un raccolto dehors estivo. Cucina tipica toscana elaborata partendo da ottimi prodotti.

MONTECARLO – Lucca (LU) – **563** K14 – 4 568 ab. – alt. 162 m – ✉ 55015 **28** B1

Roma 332 – Pisa 45 – Firenze 58 – Livorno 65

Antica Dimora Patrizia

via Carmignani 10/12 – ✆ 0 58 32 21 56 – www.anticadimorapatrizia.com – info@anticadimorapatrizia.com

6 cam – 50/55 € 75/85 € – ½ P 63/78 €

Rist – *(chiuso a mezzogiorno)* Carta 30/44 €

◆ Piacevole struttura ricavata in un palazzo medievale sito in un tranquillo angolo del centro storico, dispone di ambienti rustici, un salone con camino e alcune camere mansardate. Al piano terra, il ristorante propone le specialità della cucina toscana.

Agriturismo Fattoria la Torre

via provinciale di Montecarlo 7 – ✆ 0 58 32 29 81 – www.fattorialatorre.it – info@fattorialatorre.it

6 cam – 80/100 € 100/160 €

Rist *Enoteca la Torre* – ✆ 05 83 22 94 95 *(chiuso martedì) (chiuso a mezzogiorno escluso domenica e i giorni festivi)* Carta 26/46 €

◆ Accanto alla produzione di olio e vino, l'ospitalità alberghiera: all'interno, un curioso contrasto tra l'atmosfera di una casa ottocentesca e camere realizzate in design. A completare la struttura anche nove appartamenti con cucina arredati in stile toscano.

Antico Ristorante Forassiepi

via della Contea 1 – ✆ 05 83 22 94 75 – www.ristoranteforassiepi.it – info@ristoranteforassiepi.it – chiuso dal 15 al 31 gennaio e dal 1° al 15 luglio, martedì, mercoledì a mezzogiorno

Rist – Menu 45/55 € – Carta 37/80 €

◆ Alle porte della località, l'ambiente signorile e la terrazza panoramica sono già un buon biglietto da visita. La conferma, tuttavia, arriva dalla cucina: piatti di carne e specialità di pesce alla conquista dei palati più esigenti.

Nina con cam e senza

via San Martino 54, Nord-Ovest : 2,5 km – ✆ 0 58 32 21 78 – www.lanina.org – info@lanina.it

10 cam – 50 € 60 € **Rist** – *(chiuso lunedì sera, martedì)* Carta 27/39 €

◆ In posizione panoramica, Nina propone la cucina della tradizione e diverse specialità alla griglia, agnello, manzo e piccione. Nella bella stagione scegliete i tavoli allestiti all'esterno del casolare, nella veranda che profuma di glicine e vite americana. Camere spaziose, arredate in stile. Prezzi interessanti.

MONTECAROTTO – Ancona (AN) – **563** L21 – 2 141 ab. – alt. 380 m – ✉ 60036 **20** B2

Roma 248 – Ancona 50 – Foligno 95 – Gubbio 74

XX **Le Busche** (Andrea Angeletti)

contrada Busche 2, Sud-Est : 4 km – ✆ 07 31 89 17 2 – www.lebusche.net – lebusche@libero.it – chiuso domenica sera, lunedì

Rist – Carta 50/65 €

Spec. Piadina di tonno crudo con pendolini e salsa all'aglio. Lasagnetta alla coda di rospo con ricotta e calamari grigliati. Colata calda d'arancia con salsa di melanzane e olio alle clementine.

◆ Avvolta in un paesaggio collinare, la sala è stata probabilmente ricavata nella vecchia stalla del casolare; la cucina elabora piatti di pesce influenzati dalla cucina marchigiana.

MONTE CASTELLO DI VIBIO – Perugia (PG) – 563 N19 – 1 683 ab. – alt. 423 m – ✉ 06057 32 B2

Roma 143 – Perugia 43 – Assisi 54

a Doglio Sud-Ovest : 9,5 km – ✉ **06057 Monte Castello Di Vibio**

Agriturismo Fattoria di Vibio rist,

località Buchella 9 – ✆ 07 58 74 96 07 – www.fattoriadivibio.com – info@fattoriadivibio.com – chiuso dal 7 gennaio al 28 febbraio

14 cam – †90/120 € ††120/240 € – ½ P 115/150 €

Rist – (prenotazione obbligatoria) Carta 25/42 € (+10 %)

◆ Calda, informale ospitalità in un antico casale ristrutturato e trasformato in una raffinata residenza di campagna; eleganza e cura dei dettagli nei confortevoli interni.

MONTECATINI TERME – Pistoia (PT) – 563 K14 – 21 156 ab. – alt. 29 m – ✉ 51016 Toscana 28 B1

Roma 323 – Firenze 48 – Pisa 55 – Bologna 110

viale Verdi 66 ✆ 0572 772244, apt@montecatiturismo.it, Fax 0572 772244

via dei Brogi 1652, località Pievaccia, ✆ 0572 6 22 18

Grand Hotel e La Pace rist,

via della Torretta 1 – ✆ 05 72 92 40 – www.grandhotellapace.it – info@grandhotellapace.it – chiuso febbraio e marzo

106 cam – †170/290 € ††300/540 € – 22 suites – ½ P 185/330 € AZ**y**

Rist – Carta 42/60 €

◆ Storico, prestigioso albergo belle époque, considerato uno dei vanti dell'hotellerie nazionale, offre tono e servizi di alto livello; parco fiorito con piscina riscaldata. Il ristorante sfoggia pregevoli elementi decorativi liberty.

Grand Hotel Tamerici e Principe cam, rist,

viale 4 Novembre 4 – ✆ 0 57 27 10 41 – www.hoteltamerici.it – info@hoteltamerici.it – 27 dicembre-3 gennaio e 15 marzo-15 novembre AY**g**

128 cam – †75/150 € ††130/280 € – 13 suites – ½ P 85/160 €

Rist – Menu 30/40 €

◆ Un grand hotel a 360° gradi. Nel cuore di una delle destinazioni termali più note d'Italia, ampi spazi comuni con quadri d'epoca e camere dai raffinate arredi. La proverbiale attenzione del servizio ne decreta l'ulteriore successo; mentre gustose specialità di terra e di mare vi danno appuntamento al ristorante.

Tettuccio rist,

viale Verdi 74 – ✆ 0 57 27 80 51 – www.hoteltettuccio.it – info@hoteltettuccio.it

74 cam – †83/120 € ††120/160 € – ½ P 78/110 € BY**n**

Rist – Menu 30/70 €

◆ Di fronte alle terme Excelsior, esiste dal 1894 questo grande e storico albergo, con sale comuni completamente rinnovate; gradevole la terrazza ombreggiata. Al ristorante si respira un'aria fin de siècle.

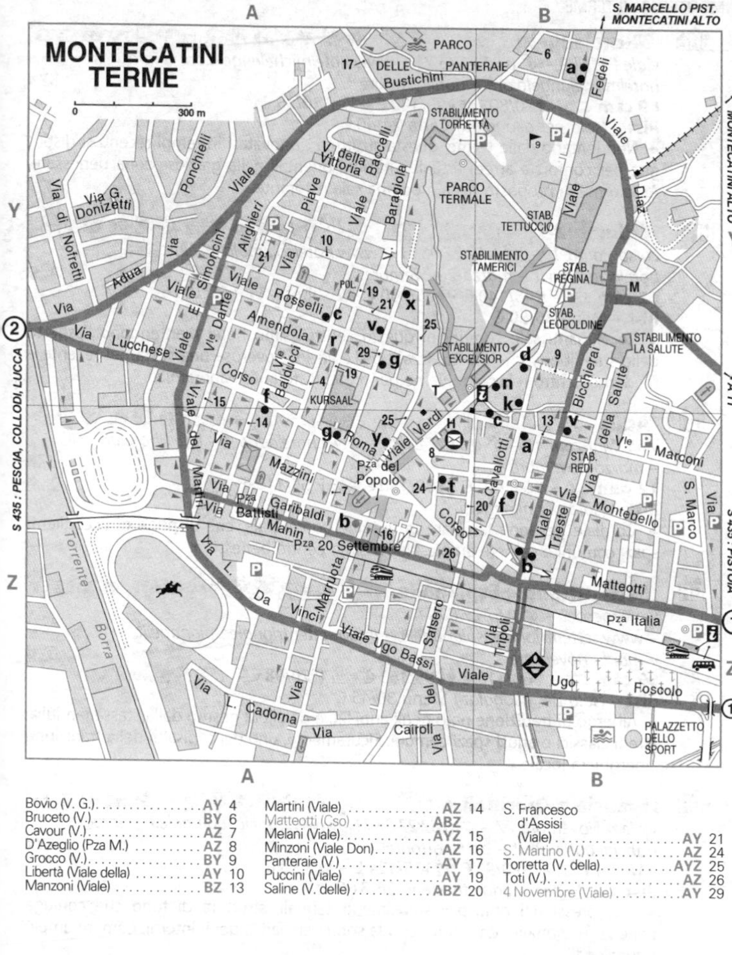

MONTECATINI TERME

Bovio (V. G.) . . . . AY 4
Bruceto (V.) . . . . BY 6
Cavour (V.) . . . . AZ 7
D'Azeglio (Pza M.) . . . . AZ 8
Grocco (V.) . . . . BY 9
Libertà (Viale della) . . . . AY 10
Manzoni (Viale) . . . . BZ 13
Martini (Viale) . . . . AZ 14
Matteotti (Cso) . . . . ABZ
Melani (Viale) . . . . AYZ 15
Minzoni (Viale Don) . . . . AZ 16
Panteraie (V.) . . . . AY 17
Puccini (Viale) . . . . AY 19
Saline (V. delle) . . . . ABZ 20
S. Francesco d'Assisi (Viale) . . . . AY 21
S. Martino (V.) . . . . AZ 24
Torretta (V. della) . . . . AYZ 25
Toti (V.) . . . . AZ 26
4 Novembre (Viale) . . . . AY 29

Grand Hotel Croce di Malta

viale 4 Novembre 18 – ✆ 05 72 92 01 – www.crocedimalta.com – info@crocedimalta.com AYx

140 cam – 55/110 € 100/180 € – 14 suites – ½ P 70/130 €
Rist – Menu 20/35 €

♦ Hotel di gran classe, dove confort elevato, raffinatezza delle ambientazioni e ampiezza degli spazi si amalgamano alla perfezione. Piacevole giardino con piscina riscaldata. Sale ristorante dagli arredi in stile classico.

Ercolini e Savi

via San Martino 18 – ✆ 0 57 27 03 31 – www.ercoliniesavi.it – info@ercoliniesavi.it – 15 marzo-20 novembre AZt

81 cam – 65/80 € 79/120 € – ½ P 65/100 €
Rist – *(solo per alloggiati)*

♦ Conduzione diretta dinamica ed efficiente in un hotel classico e di tradizione, che offre belle camere ariose: in parte moderne, in parte in stile. Bella terrazza per i momenti di relax.

Michelangelo rist,
viale Fedeli 9 – ☎ 0 57 27 45 71 – www.hotelmichelangelo.org – info@hotelmichelangelo.org – aprile-ottobre BYa
69 cam – 70/80 € 90/100 € – ½ P 70/75 €
Rist – *(solo per alloggiati)* Carta 24/40 €
◆ Non lontano dalle terme, questa struttura rinnovatasi in tempi recenti si distingue per confort e arredi attuali. Citazioni orientali nella graziosa zona benessere. Ampio menu proposto nella moderna sala ristorante.

Columbia rist,
corso Roma 19 – ☎ 0 57 27 06 61 – www.hotelcolumbia.it – info@hotelcolumbia.it – marzo-2 novembre AZg
62 cam – 45/140 € 65/230 € – 2 suites – ½ P 65/105 €
Rist – Menu 35/50 €
◆ Le eleganti sale comuni di questo centralissimo hotel mantengono l'aspetto dello stile liberty che caratterizza il bell'edificio. Doverosa una sosta nel recente e moderno centro relax: non ve ne pentirete! Ristorante panoramico.

Adua rist,
viale Manzoni 46 – ☎ 0 57 27 81 34 – www.hoteladua.it – info@hoteladua.it – marzo-novembre BZa
72 cam – 65/110 € 80/150 € – ½ P 65/110 €
Rist – *(solo per alloggiati)*
◆ Cordiale gestione familiare in un albergo centrale, che dispone di accoglienti spazi comuni e camere ampie. Nuovissimo centro benessere.

Settentrionale Esplanade rist,
via Grocco 2 – ☎ 0 57 27 00 21 – www.settentrionaleesplanade.it – info@settentrionaleesplanade.it – marzo-novembre BYd
99 cam – 60/110 € 95/163 € – ½ P 70/98 €
Rist – *(solo per alloggiati)* Menu 30/45 €
◆ Albergo di tradizione nato negli anni '20 e da allora gestito dalla stessa famiglia: arredi classici e ariosi spazi comuni. Sicuramente, uno dei capisaldi della tradizione alberghiera locale.

Francia e Quirinale rist,
viale 4 Novembre 77 – ☎ 0 57 27 02 71 – www.franciaequirinale.it – info@franciaequirinale.it – aprile-ottobre AYv
118 cam – 80/93 € 115/124 € – ½ P 93 €
Rist – *(solo per alloggiati)* Menu 26/31 €
◆ Nei pressi dei principali stabilimenti termali, struttura di tono che coniuga bene la funzionalità dei servizi con la sobria eleganza degli interni. Camere ampie e funzionali.

Parma e Oriente rist,
via Cavallotti 135 – ☎ 0 57 27 21 35 – www.hotelparmaoriente.it – info@hotelparmaeoriente.it – 27 dicembre-6 gennaio e 25 marzo-10 novembre BYk
65 cam – 39/135 € 49/145 €, 7 € – ½ P 60/85 €
Rist – *(solo per alloggiati)* Menu 25 €
◆ Un soggiorno termale in un ambiente ospitale in questo hotel, gestito da una storica famiglia di albergatori: camere arredate con mobilio decorato in stile e bagni perlopiù rinnovati. Bella piscina e area relax.

Da Vinci
viale Bicchierai 31 – ☎ 0 57 27 03 78 – www.davincihotel.it – info@davincihotel.it – aprile-ottobre BZb
42 cam – 59/99 € 59/129 € – ½ P 65/85 €
Rist – *(solo per alloggiati)* Menu 20/30 €
◆ Albergo totalmente rinnovato in anni recenti con gradevoli spazi comuni e confortevoli, moderne camere.

Manzoni rist,
viale Manzoni 28 – ✆ 0 57 27 01 75 – www.hotelmanzoni.info – info@hotelmanzoni.info – 27 dicembre-4 gennaio e marzo-novembre BZ**c**
93 cam – 50/65 € 70/90 € – 1 suite – ½ P 65 €
Rist – *(solo per alloggiati)* Menu 20/45 €
♦ Possiede un certo fascino retrò questa casa in pieno centro, ma con piccolo giardino, arredata con mobili in stile e qualche pezzo d'antiquariato. Per rilassarsi niente di meglio che un tuffo in piscina o una sosta rigenerante nella nuova zona benessere.

Boston
viale Bicchierai 16 – ✆ 0 57 27 03 79 – www.hotelboston.it – info@hotelboston.it – aprile-ottobre BZ**b**
60 cam – 59/99 € 59/129 € – ½ P 65/85 €
Rist – *(solo per alloggiati)* Menu 20/30 €
♦ Il punto di forza di questo gradevole albergo in continuo rinnovamento è senz'altro la bella terrazza panoramica con solarium e piscina; camere lineari e luminose.

Brennero e Varsavia rist,
viale Bicchierai 70/72 – ✆ 0 57 27 00 86 – www.hotelbrenneroevarsavia.it – info@hotelbrenneroevarsavia.it – marzo-novembre BZ**v**
54 cam – 55/65 € 90/100 € – ½ P 63/70 € **Rist** – Menu 18/25 €
♦ In comoda posizione per il centro e per le terme, una risorsa a gestione familiare con spazi comuni gradevoli e camere di confort attuale. Il ristorante dispone di una sala di taglio classico e di tono moderno.

La Pia
via Montebello 30 – ✆ 0 57 27 86 00 – www.lapiahotel.it – info@lapiahotel.it – aprile-ottobre BZ**f**
37 cam – 50/70 € 95/120 € – ½ P 70/80 €
Rist – *(solo per alloggiati)* Carta 30/40 €
♦ Una bella atmosfera familiare, che promette un'ospitalità premurosa, effettivamente poi elargita. Camere semplici, ma accoglienti e ben tenute.

Petit Château senza rist
viale Rosselli 10 – ✆ 05 72 90 59 00 – www.petitchateau.it – info@petitchateau.it
6 cam – 55/85 € 80/140 € AY**c**
♦ Vicino alle terme, questa piccola risorsa familiare ospitata in una villa liberty dispone di camere arredate con signorili personalizzazioni. Sempre un buon indirizzo!

Villa le Magnolie senza rist
viale Fedeli 15 – ✆ 05 72 91 17 00 – www.michelangelo-hotel.it – info@hotelmichelangelo.org BY**a**
6 cam – 70/100 € 90/100 €
♦ Sei camere complete di ogni confort, zona soggiorno molto raccolta e curata, sala colazioni con un'unica grande tavola. Disponibili tutti i servizi dell'hotel Michelangelo.

XXX **Gourmet**
viale Amendola 6 – ✆ 05 72 77 10 12 – rist.gourmet@tiscali.it – chiuso dal 7 al 20 gennaio, dal 1° al 16 agosto e martedì AY**r**
Rist – Carta 46/78 € (+12 %)
♦ Arredi classico-eleganti con qualche inserto liberty, tavoli ben distanziati, argenteria e personale in divisa: ampia la proposta in menu con specialità di mare e di terra per una cucina di stampo contemporaneo.

XX **Enoteca Giovanni**
via Garibaldi 25/27 – ✆ 0 57 27 30 80 – www.enotecagiovanni.it – info@enotecagiovanni.it – chiuso dal 15 al 28 febbraio, dal 15 al 30 agosto e lunedì
Rist – Carta 46/71 € AZ**b**
♦ La cucina squisitamente italiana propone piatti di carne e di pesce accompagnati da ottimi vini. Poliglotta invece il menu, tradotto in cinque lingue diverse! Dehors estivo per il servizio serale.

sulla via Marlianese Nord: 6,5 km per viale Fedeli BY :

X **Montaccolle**

via Marlianese 27 ✉ 51016 – ✆ 0 57 27 24 80 – chiuso dal 2 novembre al 6 dicembre, 10 giorni in luglio e lunedì

Rist – *(chiuso a mezzogiorno escluso i giorni festivi)* Carta 25/39 €

◆ Schietta trattoria sulle colline che circondano la località. La piacevolezza del panorama, in particolare d'estate sulla terrazza, è pari alla genuinità dei cibi.

a Pieve a Nievole per ① : 2 km – ✉ 51018

Uno Più rist,

via Amendola 58 – ✆ 05 72 95 11 43 – www.locandaunopiu.net – info@locandaunopiu.net

9 cam – 50/65 € 80 € **Rist** – Carta 34/50 €

◆ Sulla strada per Pistoia, l'accurata ristrutturazione di un casolare agricolo ha dato vita a questo hotel a conduzione familiare con camere dai sobri colori. Interessanti proposte in cucina, sia di terra sia di mare.

a Nievole Nord: 7 km per viale Fedeli BY – ✉ 51010

X **Da Pellegrino**

località Renaggio 6 – ✆ 0 57 26 71 58 – www.dapellegrino.com – dapellegrino@aruba.it – chiuso dal 15 febbraio al 5 marzo e mercoledì

Rist – *(chiuso a mezzogiorno escluso sabato, domenica e i giorni festivi)* Carta 20/37 €

◆ In una frazione isolata, ambiente rustico e familiare dove gustare una casalinga cucina toscana in armonia con le stagioni.

MONTECCHIA DI CROSARA – Verona (VR) – 562 F15 – 4 498 ab. – alt. 87 m – ✉ 37030 35 B3

Roma 534 – Verona 34 – Milano 188 – Venezia 96

XXX **Baba-Jaga**

via Cabalao – ✆ 04 57 45 02 22 – www.baba-jaga.com – ristorante.babajaga@gmail.com – chiuso 3 settimane in gennaio, 3 settimane in agosto, domenica sera, lunedì

Rist – Carta 48/68 €

◆ Si ispira ad una creatura fatata della letteratura favolistica russe questo luminoso locale immerso in un silenzioso giardino, in balia delle moderne creazioni dello chef, di terra e di mare, anche alle griglia.

MONTECCHIO – Terni (TR) – 563 O18 – 1 767 ab. – alt. 377 m – ✉ 05020 32 B3

Roma 114 – Terni 51 – Viterbo 43 – Orvieto 25

Agriturismo Poggio della Volara

località Volara, Nord : 4,5 km – ✆ 34 73 35 25 23 – www.poggiodellavolara.it – info@poggiodellavolara.it – chiuso gennaio

14 cam – 80/100 €, 7 € – ½ P 70/100 €

Rist – *(chiuso a mezzogiorno) (solo per alloggiati)* Menu 30/50 €

◆ In zona panoramica con una vista che spazia a 360°, un'azienda agrituristica semplice con ampi spazi esterni, una bella piscina e camere con arredi in arte povera o vecchi mobili di casa.

MONTECCHIO – Brescia – 561 E12 – Vedere Darfo Boario Terme

MONTECCHIO EMILIA – Reggio Emilia (RE) – 10 261 ab. – alt. 99 m – ✉ 42027 8 A3

Roma 463 – Bologna 97 – Reggio Emilia 17 – Genova 235

X **La Ghironda**

via XX Settembre 61 – ✆ 05 22 86 35 50 – la_ghironda@virgilio.it – chiuso 1 settimana in gennaio, 2 settimane in luglio-agosto, domenica sera, lunedì

Rist – Carta 34/47 €

◆ Camillo in sala e Daniele in cucina, vi danno il benvenuto in questo semplice ristorante che propone specialità emiliane e piatti della tradizione gastronomica italiana, sapientemente alleggeriti.

MONTECCHIO MAGGIORE – Vicenza (VI) – 562 F16 – 23 738 ab. 37 A2

– alt. 72 m – ✉ 36075 Italia

Roma 544 – Vicenza 13 – Milano 196 – Venezia 77

<★ dai castelli – Salone★ della villa Cordellina-Lombardi

in prossimità casello autostrada A4 - Montecchio Sud Sud-Est : 3 km :

Castagna cam, rist,

via Archimede 2 ✉ 36041 Alte di Montecchio Maggiore – ☎ 04 44 49 05 40 – www.castagnahotel.it – info@castagnahotel.it

56 cam – †60/150 € ††80/180 € **Rist** – *(chiuso domenica)* Carta 31/45 €

♦ Nei pressi del casello autostradale, struttura di recente realizzazione, dotata di piattaforma eliporto; ideale per clientela d'affari, ha stanze dalle linee classiche. Ambientazione moderna per la luminosa sala da pranzo.

MONTECCHIO PRECALCINO – Vicenza (VI) – 562 F16 – 4 958 ab. 37 A1

– alt. 84 m – ✉ 36030

Roma 544 – Padova 57 – Trento 84 – Vicenza 17

La Locanda di Piero (Renato Rizzardi)

via Roma 32, strada per Dueville, Sud : 1 km – ☎ 04 45 86 48 27 – www.lalocandadipiero.it – info@lalocandadipiero.it – chiuso dal 1° al 10 marzo, dal 10 al 20 agosto, domenica e i mezzogiorno di lunedì e sabato

Rist – Menu 45/65 € – Carta 50/74 €

Spec. Filetti di luccio alle spezie, germogli di primavera e polenta. Agnolotti alla fonduta di Asiago con spugnole trifolate all'erba orsina. Sfera al cioccolato fondente con cuore liquido al rum invecchiato.

♦ Quasi una residenza privata, a fatica si intuisce l'esistenza di un ristorante dentro questa villetta di campagna. Ma i piatti sono inequivocabili: con maestria il cuoco padroneggia materie prime d'ogni parte d'Italia in piatti personali che sposano gusto e amore per le presentazioni.

MONTECHIARO D'ASTI – Asti (AT) – 561 G6 – 1 463 ab. – alt. 292 m 23 C2

– ✉ 14025

Roma 627 – Torino 78 – Alessandria 58 – Asti 20

Tre Colli

piazza del Mercato 3/5 – ☎ 01 41 90 10 27 – www.trecolli.com – info@trecolli.com – chiuso dal 1° al 15 gennaio, dal 26 luglio al 14 agosto, lunedì, martedì, mercoledì

Rist – Carta 28/35 €

♦ Un ristorante che esiste dal 1898: salette rivestite di legno, con toni morbidi ed accoglienti, tavoli massicci, nonchè una panoramica terrazza estiva per proposte piemontesi.

MONTECOSARO – Macerata (MC) – 563 M22 – 6 385 ab. – alt. 252 m 21 D2

– ✉ 62010

Roma 266 – Ancona 60 – Macerata 25 – Perugia 147

Luma

via Cavour 1 – ☎ 07 33 22 94 66 – www.laluma.it – info@laluma.it

10 cam – †65 € ††85 € – 1 suite – ½ P 60 €

Rist La Luma – vedere selezione ristoranti

♦ In una struttura medievale, un delizioso alberghetto d'atmosfera, con terrazza panoramica e suggestive grotte tufacee nei sotterranei; camere in stile, alcune con vista.

La Luma

via Bruscantini 1 – ☎ 07 33 22 97 01 – www.laluma.it – info@laluma.it – chiuso dall'8 al 20 gennaio, martedì, mercoledì a mezzogiorno

Rist – *(chiuso a mezzogiorno in giugno-luglio)* Carta 33/46 €

♦ Locale dal décor raffinato, ma spartano, consono allo spazio in cui si trova: i sotterranei di un centrale edificio settecentesco, con pareti e volte in mattoni e pietra.

MONTECRESTESE – Verbano-Cusio-Ossola (VB) – 1 225 ab. 23 C1

– alt. 486 m – ✉ 28864

Roma 714 – Stresa 50 – Domodossola 4 – Torino 183

Osteria Gallo Nero

località Pontetto 102 – ✆ 03 24 23 28 70 – www.osteriagallonero.it – info@osteriagallonero.it – chiuso lunedì

Rist – Carta 18/35 €

◆ Due fratelli hanno saputo valorizzare questo locale che deve il suo successo all'ambiente informale - soprattutto a mezzogiorno - alla cucina del territorio e ad una ricca cantina con oltre 400 etichette (alcuni vini sono serviti anche al calice e conservati sotto azoto in un'apposita apparecchiatura).

MONTE CROCE DI COMELICO (Passo) = KREUZBERGPASS – Belluno e Bolzano – 562 C19 – Vedere Sesto

MONTEDORO – Bari – Vedere Noci

MONTEFALCO – Perugia (PG) – 563 N19 – 5 749 ab. – alt. 472 m 33 C2 – ✉ 06036 Italia

Roma 145 – Perugia 46 – Assisi 30 – Foligno 12

★★★ su quasi tutta l'Umbria dalla Torre Comunale - Affreschi★★ nel Museo di S. Francesco

Affresco★ di Benozzo Gozzoli nella chiesa di S. Fortunato: 1 km a sud

Villa Pambuffetti

viale della Vittoria 20 – ✆ 07 42 37 94 17 – www.villapambuffetti.com – info@villapambuffetti.it – chiuso gennaio

15 cam – †65/110 € ††100/150 € – ½ P 70/110 € **Rist** – Carta 22/47 €

◆ Un curato parco ombreggiato con piscina circonda la villa ottocentesca che ospita un hotel con un buon livello di confort; mobili antichi negli interni di sobria eleganza. Ambientazione di austera raffinatezza al ristorante.

Agriturismo Camiano Piccolo

località Camiano Piccolo 5 – ✆ 07 42 37 94 92 – www.camianopiccolo.com – camiano@bcsnet.it

cam, rist,

8 cam – †52/73 € ††62/100 € – ½ P 64/74 € **Rist** – Carta 25/40 €

◆ Un borgo ristrutturato, immerso tra ulivi secolari, a poche centinaia di metri dalle mura della località. Bella piscina scoperta in giardino per chi è in cerca di relax.

Coccorone

largo Tempestivi – ✆ 07 42 37 95 35 – www.coccorone.com – info@coccorone.com – chiuso mercoledì escluso agosto-settembre

Rist – Carta 30/39 €

◆ Un ristorante "tipico", come recita l'insegna, sia nell'ambientazione, con archi in mattoni e pietre a vista, sia nella cucina, del territorio, con secondi alla brace.

a San Luca Sud-Est : 9 km – ✉ 06036 Montefalco

Villa Zuccari

rist,

– ✆ 07 42 39 94 02 – www.villazuccari.com – hotel@villazuccari.com

31 cam – †95/170 € ††110/240 € – 3 suites – ½ P 85/150 €

Rist – *(chiuso domenica in bassa stagione) (chiuso a mezzogiorno)* Carta 29/53 €

◆ Una villa ottocentesca, un colpo di bacchetta magica e l'omonima famiglia gestisce oggi un'incantevole risorsa dotata di ampi spazi verdi ambienti suggestivi. Un'elegante atmosfera, pasta fatta in casa e cucina tradizionale negli spazi in cui un tempo si pigiava l'uva.

MONTEFIASCONE – Viterbo (VT) – 13 570 ab. – alt. 590 m – ✉ 01027 12 A1 Italia Centro Sud

Roma 96 – Viterbo 17 – Orvieto 28 – Perugia 95

Chiesa di S. Flaviano★

Urbano V senza rist

corso Cavour 107 – ✆ 07 61 83 10 94 – www.hotelurbano-v.it – info@hotelurbano-v.it

22 cam – †54/70 € ††70/110 €

◆ Palazzo storico seicentesco, completamente ristrutturato, raccolto attorno ad un cortiletto interno e impreziosito da una terrazza con vista quasi a 360° su tetti e colline.

MONTEFIORE CONCA – Rimini (RN) – **562** K19 – **2 135 ab.** – **alt. 385 m** – ✉ **47834** **9** D3

Roma 300 – Rimini 22 – Ancona 100 – Pesaro 34

via Roma 3 (Rocca Malatestiana) ✆ 0541 980035, utribmontefiore@email.it Fax 0541 980206

XX **Locanda della Corona** con cam

piazza della Libertà 12 – ✆ 05 41 98 03 40 – www.locandadellacorona.it – info@locandadellacorona.it

5 cam – 40/50 € 70/100 € – ½ P 45/60 €

Rist – *(chiuso da lunedì a giovedì da settembre ad aprile) (chiuso a mezzogiorno escluso domenica da maggio ad agosto)* Carta 21/47 €

◆ Ai piedi del castello malatestiano, locale semplice e informale dalle proposte del territorio con un ampio dehors sulla piazza e suggestive salette ricavate nelle cantine di origine medievale. Molto graziose le camere, in stile e tutte diverse fra loro: d'atmosfera per week-end e brevi soggiorni.

MONTEFIORINO – Modena (MO) – **562** I13 – **2 290 ab.** – **alt. 797 m** – ✉ **41045** **8** B2

Roma 409 – Bologna 95 – Modena 57 – Lucca 116

via Rocca 1 ✆ 0536 962727 infoturismo@cmovest.mo.it Fax 0536 965312

XX **Lucenti** con cam

via Mazzini 38 – ✆ 05 36 96 51 22 – www.lucenti.net – info@lucenti.net – chiuso 1 settimana maggio e 1 settimana in novembre

7 cam – 40 € 50 €, 8 € – ½ P 45 €

Rist – *(chiuso lunedì e martedì a mezzogiorno escluso luglio-agosto)* (prenotare) Carta 37/47 €

◆ In questa piccola casa a gestione familiare trova posto un locale di taglio classico, arredato in caldi colori pastello, dove potrete gustare una cucina fedele al territorio. Accoglienti e ben tenute le camere, tutte con vista sulla valle del Dolo.

MONTEFIRIDOLFI – Firenze (FI) – **563** L15 – **alt. 310 m** – ✉ **50020** **29** D3

Roma 289 – Firenze 27 – Siena 57 – Livorno 90

Agriturismo Fonte de' Medici

località S. Maria a Macerata 41, Sud-Est : 3 km – ✆ 05 58 24 47 00 – www.fontedemedici.com – mail@fontedemedici.com – chiuso dal 10 gennaio al 10 febbraio rist,

17 cam – 110/150 € 150/190 € – 12 suites – 175/220 € – ½ P 105/125 €

Rist – *(chiuso dal 10 gennaio al 10 febbraio e novembre)* Carta 38/56 €

◆ Risorsa armoniosamente distribuita all'interno di tre antichi poderi dell'azienda vinicola Antinori. Per una vacanza difficile da dimenticare, tra viti e campagne.

Il Borghetto Country Inn senza rist

via Collina Sant'Angelo 23, Nord-Ovest : 2 km – ✆ 05 58 24 44 42 – www.borghetto.org – info@borghetto.org – aprile-novembre

6 cam – 100/140 € – 2 suites – 180/240 €

◆ Lungo la strada che porta al paese, piacevole agriturismo dagli ambienti curati ed originali: mobili in stile locale, travi a vista e pavimenti in cotto. Se in un apposito spazio (sempre all'interno della struttura) si organizzano corsi di cucina, nell'omonima azienda agricola si producono vino ed olio extra vergine.

MONTEFOLLONICO – Siena (SI) – **563** M17 – **alt. 567 m** – ✉ **53040** **29** D2

Roma 187 – Siena 61 – Firenze 112 – Perugia 75

La Costa – Residenza d'epoca

via Coppoli 15/19/25 – ✆ 05 77 66 94 88 – www.lacosta.it – info@lacosta.it – chiuso dal 10 al 31 gennaio cam,

9 cam – 70/150 € 120/150 € – ½ P 85 €

Rist *La Costa* – ✆ 05 77 66 80 26 – Carta 22/47 €

◆ Più case unite, tutte con caratteristiche omogenee allo stile architettonico locale. Camere rustiche ma eleganti, alcune con una vista incantevole sulla Val di Chiana. Ristorante tra archi di pietra e mattoni degli ex granai o nella terrazza estiva.

XXX **La Chiusa** con cam

via della Madonnina 88 – ✆ 05 77 66 96 68 – www.ristorantelachiusa.it – info@ristorantelachiusa.it – chiuso dal 10 gennaio al 10 marzo
12 cam – ††200/230 € – 4 suites
Rist – *(chiuso martedì)* Menu 80/110 € – Carta 60/125 € (+10 %)
◆ Giardino-oliveto, tipica cascina con frantoio, splendida vista sulla valle: un angolo di sogno, dove le camere e la cucina sono pari per piacevolezza, cura ed eleganza.

MONTEFORTINO – Fermo (FM) – 563 N22 – 1 271 ab. – alt. 612 m – ✉ 63044

21 C3

Roma 195 – Ascoli Piceno 33 – Ancona 112 – Perugia 138

Agriturismo Antico Mulino cam,

località Tenna 2, Nord : 2 km – ✆ 07 36 85 95 30 – www.anticomulino.it – anticomulino@virgilio.it – 24 dicembre-6 gennaio e Pasqua-5 novembre
15 cam – †55/75 € ††70/90 € – ½ P 50/60 €
Rist – *(chiuso a mezzogiorno) (solo per alloggiati)* Menu 20/30 €
◆ Un mulino ad acqua fortificato, con origini trecentesche, ristrutturato per accogliere una struttura caratteristica, di tono sobrio e con arredi in arte povera. Alla dimensione agreste contribuiscono anche gli animali dell'azienda agricola (cavalli, caprette, etc.) che si aggirano liberamente nei pressi.

MONTEGABBIONE – Terni (TR) – 563 N18 – 1 245 ab. – alt. 594 m – ✉ 05010

32 A2

Roma 149 – Perugia 40 – Orvieto 39 – Terni 106

sulla strada per Parrano Sud-Ovest : 9 km

Agriturismo Il Colombaio cam,

località Colombaio – ✆ 07 63 83 84 95 – www.agriturismo.com/colombaio – irmaco@tin.it – chiuso dal 10 gennaio al 10 febbraio
22 cam – †45/58 € ††78/104 € – ½ P 73 €
Rist – (prenotazione obbligatoria) Carta 24/56 €
◆ Immerso nel verde di grandi prati, una risorsa ospitata da una struttura in pietra, a conduzione familiare. Camere curate e confortevoli, bella piscina. Arredi in legno e soffitti con pietre a vista nella sala da pranzo. D'estate scegliete la terrazza.

MONTEGIORGIO – Fermo (FM) – 563 M22 – 7 012 ab. – alt. 411 m – ✉ 63025

21 D2

Roma 249 – Ascoli Piceno 69 – Ancona 81 – Macerata 30

a Piane di Montegiorgio Sud : 5 km – ✉ 63025

Oscar e Amorina

via Faleriense Ovest 69 – ✆ 07 34 96 73 51 – www.oscareamorina.it – info@oscareamorina.it
20 cam – †60 € ††80 € – ½ P 80 € **Rist** – *(chiuso lunedì)* Carta 31/39 €
◆ Cinto da un grazioso giardino con piscina, un accogliente hotel che si contraddistingue per la garbata eleganza degli ambienti. Ottime camere a prezzi più che competitivi. Al ristorante: cucina tipica marchigiana in porzioni abbondanti ed un interessante menu d'affari.

MONTEGRIDOLFO – Rimini (RN) – 562 K20 – 1 027 ab. – alt. 290 m – ✉ 47837

9 D3

Roma 297 – Rimini 35 – Ancona 89 – Pesaro 24

via Borgo 2 ✆ 0541 855067 iat_montegridolfo@virgilio.it Fax 0541 855067

Palazzo Viviani

via Roma 38 – ✆ 05 41 85 53 50 – www.montegridolfo.com – info@montegridolfo.com

54 cam – †70/200 € ††70/300 €

Rist *Osteria dell'Accademia* – Carta 35/50 €

◆ Il fascino di spendere qualche giorno in un borgo medievale, protetti da un antico silenzio. Chiedete le camere accolte nell'edificio principale, più suggestive e raffinate. Tra le pareti di pietra delle ex cantine è stato ricavato l'elegante ristorante.

MONTEGROSSO – Bari – 564 D30 – Vedere Andria

MONTEGROSSO D'ASTI – Asti (AT) – 561 H6 – 2 240 ab. – alt. 244 m – ✉ 14048

25 D1

Roma 616 – Alessandria 45 – Asti 9 – Torino 70

a Messadio Sud-Ovest : 3 km – ✉ 14048 Montegrosso D'Asti

XX **Locanda del Boscogrande** con cam

via Boscogrande 47 – ✆ 01 41 95 63 90 – www.locandaboscogrande.com – locanda@locandaboscogrande.com – chiuso dal 6 al 27 gennaio

7 cam – †85/95 € ††110/130 € – ½ P 100 €

Rist – *(chiuso martedì)* Carta 29/48 €

◆ Per godersi il rilassante panorama delle colline del Monferrato, cascina ristrutturata con un ottimo equilibrio tra qualità gastronomica e confort delle camere.

MONTEGROTTO TERME – Padova (PD) – 562 F17 – 10 969 ab. – alt. 11 m – ✉ 35036 Italia Centro Nord

35 B3

Roma 482 – Padova 14 – Mantova 97 – Milano 246

viale Stazione 60 ✆ 049 8928311, infomontegrotto@turismotermeeuganee.it, Fax 049 795276

Grand Hotel Terme

viale Stazione 21 – ✆ 04 98 91 14 44 – www.grandhotelterme.it – info@grandhotelterme.it – chiuso dal 13 novembre al 22 dicembre

78 cam – †111/144 € ††175/191 € – 29 suites – ½ P 96/116 €

Rist – *(solo per alloggiati)* Carta 33/64 €

◆ Grandi lavori di restyling hanno recentemente interessato questa imponente struttura - in pieno centro - con eleganti spazi comuni, giardino e piscine termali (scoperte e coperte). Ristorante panoramico al 7° piano.

Garden Terme

corso delle Terme 7 – ✆ 04 98 91 15 49 – www.gardenterme.it – garden@gardenterme.it – marzo-novembre

110 cam – †81/95 € ††142/170 € – 7 suites – ½ P 94/108 €

Rist – *(solo per alloggiati)* Carta 27/41 €

◆ In un parco-giardino con piscina termale, un bel complesso, che offre un'ampia gamma di cure rigenerative psico-fisiche; eleganti interni, con un'esotica "sala indiana".

Continental Terme

via Neroniana 8 – ✆ 0 49 79 35 22 – www.continentaltermehotel.it – info@continentaltermehotel.it – chiuso dal 10 al 18 dicembre e dall'11 gennaio al 9 febbraio

110 cam – †63/67 € ††108/113 € – 65 suites – ††127/136 € – ½ P 71/80 €

Rist – Carta 33/52 €

◆ Parco con piscine termali e confortevoli interni neoclassici, in un albergo completo per le cure, per il relax e per lo sport; eleganti le suite.

Terme Sollievo cam, rist,

viale Stazione 113 – 0 49 79 36 00 – www.hotelsollievoterme.it – info@hotelsollievoterme.it – chiuso dal 21 novembre al 22 dicembre

108 cam – 62/93 € 105/158 € – ½ P 90/116 €

Rist – *(solo per alloggiati)* Menu 27/45 €

◆ Non lontano dalla stazione, un hotel di signorile ospitalità circondato da un tranquillo e rilassante parco. Attrezzato centro benessere.

Terme Preistoriche rist,

via Castello 5 – 0 49 79 34 77 – www.termepreistoriche.it – termepreistoriche@termepreistoriche.it – chiuso dal 10 gennaio al 12 marzo e dal 9 al 26 dicembre

47 cam – 75 € 120 € – ½ P 80/88 €

Rist – *(solo per alloggiati)* Menu 28 €

◆ Piacevole villa dei primi '900 con ampio parco-giardino e piscine termali: gli interni riflettono l'eleganza esterna grazie a raffinate sale ed accoglienti camere. Ottimo servizio.

Terme Olimpia rist,

viale Stazione 25 – 0 49 79 34 99 – www.hoteltermeolimpia.com – info@hoteltermeolimpia.net – chiuso dal 8 al 22 dicembre

108 cam – 60 € 120 € – ½ P 85 € **Rist** – *(solo per alloggiati)*

◆ Il tocco femminile della gestione si fa sentire nella calorosa accoglienza e nei gradevoli spazi comuni. Camere confortevoli - in parte rinnovate - ed attrezzato centro benessere. Originale, il giardino zen. Cucina mediterranea al ristorante.

Terme Bellavista rist,

via dei Colli 5 – 0 49 79 33 33 – www.bellavistaterme.com – info@bellavistaterme.com – chiuso dal 10 gennaio al 28 febbraio

77 cam – 50/65 € 90/120 € – ½ P 68/77 € **Rist** – Menu 22/30 €

◆ Cordiale conduzione diretta che vi accoglierà in curati salotti ed un'attrezzata zona benessere: camere in buona parte rinnovate e di piacevole stile. Nella spaziosa sala ristorante sobriamente arredata, le tradizionali proposte culinarie.

Da Mario

corso delle Terme 4 – 0 49 79 40 90 – marco@damarioristorante.191.it – chiuso martedì, mercoledì a mezzogiorno

Rist – Carta 32/40 €

◆ All'entrata della località, una sala con ampie vetrate, una saletta in stile "giardino d'inverno" e un dehors per una linea gastronomica tradizionale, di terra e di mare.

Da Cencio

via Fermi 11, Ovest : 1,5 km – 0 49 79 34 70 – ristorantecencio@alice.it – chiuso lunedì

Rist – (consigliata la prenotazione) Carta 29/38 €

◆ Affezionata clientela di habitué per questo ristorante di impostazione classica, fuori dal centro, che propone cucina del territorio e qualche piatto di pesce.

MONTE INGINO – Perugia – Vedere Gubbio

MONTELEONE – Forlì-Cesena (FO) – Vedere Roncofreddo

MONTELEONE – Pavia (PV) – 561 G10 – Vedere Inverno-Monteleone

MONTELPARO – Fermo (FM) – 563 M22 – 901 ab. – alt. 588 m – 63020 21 D3

Roma 285 – Ascoli Piceno 46 – Ancona 108

La Ginestra

contrada Coste 2, Est : 3 km – ✆ 07 34 78 04 49 – www.laginestra.it – info@laginestra.it – marzo-ottobre

13 cam – 57/65 € 84/100 € – ½ P 79 €

Rist – *(chiuso novembre e lunedì da dicembre a febbraio)* Carta 19/45 €

◆ Ideale per un soggiorno alla scoperta della cultura locale: un casolare in pietra - tra colline di ulivi e frumento - dotato di piscina, campi da tennis, maneggio e minigolf. A disposizione anche appartamenti con due camere indipendenti ad uso residence.

MONTELUCCI – Arezzo – Vedere Pergine Valdarno

MONTELUPO FIORENTINO – Firenze (FI) – 563 K15 – 13 404 ab. – alt. 35 m – ✉ 50056 Toscana 29 C1

Roma 295 – Firenze 22 – Livorno 66 – Siena 75

via le Piagge 4, ✆ 0571 54 10 04

Baccio da Montelupo senza rist

via Roma 3 – ✆ 0 57 15 12 15 – www.hotelbaccio.it – info@hotelbaccio.it

30 cam – 49/60 € 70/90 €

◆ Nel centro storico - a soli 50 m dalla stazione ferroviaria - questo albergo dotato di parcheggio è ideale per una clientela d'affari e di turismo: ambiente familiare e settore notte funzionale.

MONTEMAGGIORE AL METAURO – Pesaro e Urbino (PU) – 563 K20 – 2 636 ab. – alt. 197 m – ✉ 61030 20 B1

Roma 288 – Ancona 86 – Pesaro 30 – Perugia 122

Agriturismo Villa Tombolina senza rist

via Tombolina, Sud: 4,5 km – ✆ 07 21 89 19 18 – www.villatombolina.it – info@villatombolina.it – chiuso dal 3 novembre al 28 dicembre e dal 7 gennaio al 10 marzo

14 cam – 40/80 € 80/120 €

◆ Una villa settecentesca restaurata per fare spazio ad un agriturismo con vista sulle colline, che accosta ambienti spaziosi e signorili (nella residenza principale) a zone più informali (nel casale).

MONTEMAGNO – Asti (AT) – 561 G6 – 1 214 ab. – alt. 260 m – ✉ 14030 23 C2

Roma 617 – Alessandria 47 – Asti 18 – Milano 102

La Braja

via San Giovanni Bosco 11 – ✆ 01 41 65 39 25 – www.labraja.it – info@labraja.it – chiuso dal 28 dicembre al 20 gennaio, dal 23 luglio al 20 agosto, lunedì, martedì

Rist – Carta 43/56 €

◆ I bei dipinti che decorano le pareti sono realizzati dal titolare e da suo figlio, ma l'arte non si limita ai quadri e trova una propria espressione anche in cucina: proposte locali condite da un pizzico di fantasia.

MONTEMAGNO – Lucca – 563 K12 – Vedere Camaiore

MONTEMARCELLO – La Spezia – 563 J11 – Vedere Ameglia

MONTEMARCIANO – Arezzo – Vedere Terranuova Bracciolini

MONTEMARZINO – Alessandria (AL) – 561 H8 – 363 ab. – alt. 448 m – ✉ 15050 23 D2

Roma 585 – Alessandria 41 – Genova 89 – Milano 89

Da Giuseppe

via 4 Novembre 7 – ✆ 01 31 87 81 35 – www.ristorantedagiuseppe.it – info@ristorantedagiuseppe.it – chiuso gennaio, martedì sera, mercoledì

Rist – Menu 45 € bc – Carta 27/40 €

◆ Gestione familiare e piacevole sala rustica con camino in un ristorante tra le colline, che propone i classici piemontesi nella formula del menù degustazione.

MONTEMELINO – Perugia – 563 M18 – Vedere Magione

MONTEMERANO – Grosseto (GR) – 563 O16 – alt. 303 m – ✉ 58014 29 C3

Roma 189 – Grosseto 50 – Orvieto 79 – Viterbo 85

Relais Villa Acquaviva
cam, rist,

località Acquaviva 10, Nord : 2 km
– ✆ 05 64 60 28 90 – www.relaisvillaacquaviva.com
– info@relaisvillaacquaviva.com

23 cam – †75/81 € ††102/180 € – 2 suites – ½ P 86/125 €

Rist *La Limonaia* – *(aprile-dicembre; chiuso lunedì) (chiuso a mezzogiorno)*
Carta 39/61 €

♦ Gode di splendida vista sui colli quest'antica casa al cui ingresso vi da il benvenuto un grande ulivo: raffinata rusticità negli interni, giardino ombreggiato e bella piscina. Caratteristico ristorante che utilizza in abbondanza i prodotti naturali dell'azienda.

Il Melograno

località Ponticello di Montemerano, Nord : 1,8 km – ✆ 05 64 60 26 09
– www.hotelilmelograno.it – info@hotelilmelograno.it

6 cam – †70/90 € ††90/140 € – 1 suite – ½ P 80/105 €

Rist Trattoria Verdiana – vedere selezione ristoranti

♦ Piccolo albergo a conduzione familiare posizionato su di una collina, non distante dalle terme di Saturnia. Camere spaziose, luminose e con un buon livello di confort.

Agriturismo Le Fontanelle
rist,

località Poderi di Montemerano, Sud : 3 km – ✆ 05 64 60 27 62
– www.lefontanelle.net – informazioni@lefontanelle.net

11 cam – †51 € ††85 € – ½ P 67 €

Rist – *(chiuso a mezzogiorno) (solo per alloggiati)* Menu 24 € bc

♦ Una tipica casa di campagna offre tranquillità, semplici, ma accoglienti interni rustici e, per completare il paesaggio bucolico, un laghetto con animali selvatici.

Caino (Valeria Piccini) con cam

via della Chiesa 4 – ✆ 05 64 60 28 17 – www.dacaino.it – caino@relaischateaux.com – chiuso 24-26 dicembre, dall'8 gennaio all'8 febbraio e 2 settimane in luglio

3 cam – †180 € ††220/240 €

Rist – *(chiuso mercoledì, giovedì a mezzogiorno)* Carta 108/145 €

Spec. Zuppetta di spinaci con uovo, ricotta e cannella (inverno-primavera). Guazzetto di cipollotto e lumache con tortelli di vignarola (primavera). Cioccolato, liquirizia e frutti esotici.

♦ Viaggio paesaggistico e gastronomico nel cuore della Maremma: il ristorante è una bomboniera per cura e raffinatezza nelle ridotte dimensioni. Nel piatto, gusto toscano che privilegia carne e sapori valorizzati dal grande talento di Valeria. Enoteca con prodotti regionali e tre preziose camere.

Trattoria Verdiana – Hotel Il Melograno

località Ponticello di Montemerano, Nord : 1,8 km – ✆ 05 64 60 25 76
– trattoria.verdiana@virgilio.it – chiuso 1 settimana in novembre, 20 giorni in gennaio, 1 settimana in luglio e mercoledì

Rist – (consigliata la prenotazione) Carta 49/59 €

♦ Locale che ricrea un ambiente campagnolo: grande camino e tessuti country, ma arredi di qualità e dettagli eleganti. Cucina maremmana rivisitata e cantina di grande valore.

MONTENERO – Livorno – 563 L13 – Vedere Livorno

MONTEPAONE LIDO – Catanzaro (CZ) – 564 K31 – 4 215 ab. 5 B2
– ✉ 88060

Roma 632 – Reggio di Calabria 158 – Catanzaro 33 – Crotone 85

sulla strada per Petrizzi Sud-Ovest : 2,5 km :

XX **Il Cantuccio**

via G. di Vittorio 6 – ✆ 0 96 72 20 87 – ilcantucciorist@libero.it – chiuso dal 15 ottobre al 15 novembre e mercoledì

Rist – *(chiuso a mezzogiorno escluso domenica e i giorni festivi)* Menu 35 € bc/ 45 € bc

♦ Piacevoli sale all'interno di una graziosa villetta per un ristorante a conduzione familiare: piatti a base di pesce in diversi menu degustazione (i cui prezzi variano a seconda delle portate scelte).

MONTE PORZIO CATONE – Roma (RM) – 563 Q20 – 8 921 ab. – alt. 451 m – ✉ 00040 — 12 B2

Roma 24 – Frascati 4 – Frosinone 64 – Latina 55

Villa Vecchia rist,

via Frascati 49, Ovest : 3 km – ✆ 06 94 34 00 96 – www.villavecchia.it – info@villavecchia.it

96 cam – †130/155 € ††200/225 € – ½ P 120/140 € **Rist** – Carta 32/47 €

♦ Incastonato in una quieta cornice di ulivi centenari, il convento cinquecentesco è stato ampliato e modernamente ristrutturato per ospitare congressi e soggiorni di relax. Il ristorante è stato ricavato sotto antiche volte, nelle ex cantine dell'edificio.

X **I Tinelloni**

via dei Tinelloni 10 – ✆ 0 69 44 70 71 – www.itinelloni.com – chiuso dal 15 al 30 luglio e mercoledì

Rist – Carta 26/33 €

♦ In posizione dominante sul paese, una vista che si estende fin sui dintorni ed un ambiente accogliente e familiare dove poter gustare i piatti della tradizione.

MONTEPULCIANO – Siena (SI) – 563 M17 – 14 510 ab. – alt. 605 m – ✉ 53045 Toscana — 29 D2

Roma 176 – Siena 65 – Arezzo 60 – Firenze 119

piazza Don Minzoni 1 ✆ 0578 757341, info@prolocomontepulciano.it, Fax 0578 757341

Città Antica★ – Piazza Grande★★ : ✳★★★ dalla torre del palazzo Comunale★, palazzo Nobili-Tarugi★, pozzo★– Chiesa della Madonna di San Biagio★★ Sud-Est : 1 km

San Biagio senza rist

via San Bartolomeo 2 – ✆ 05 78 71 72 33 – www.albergosanbiagio.it – info@albergosanbiagio.it – chiuso dal 10 al 31 gennaio

27 cam – †70/110 € ††95/135 €

♦ Leggermente decentrato, con vista sul tempio di San Biagio e su Montepulciano, salotti signorili e camere curate per un buon rapporto qualità/prezzo.

Residenza d' Epoca -Villa Poggiano senza rist

via di Poggiano 7, Ovest : 2 km – ✆ 05 78 75 82 92 – www.villapoggiano.com – info@villapoggiano.com – aprile-5 novembre

3 cam – †180/200 € ††190/215 € – 9 suites – ††220/320 €

♦ Un vasto parco, con pochi eguali in zona, accoglie gli ospiti tra silenzio e profumi. Nel mezzo una villa del '700 che ha mantenuto intatta l'atmosfera della dimora storica.

Hotelito Lupaia senza rist

località Lupaia 74 – ✆ 05 77 66 80 28 – www.lupaia.com – info@lupaia.com – marzo-3 novembre

7 cam – ††270 € – 2 suites

♦ Camere diverse una dall'altra, estremamente personalizzate con pavimenti colorati, tessuti bellissimi e mobili acquisiti un po' ovunque e restaurati direttamente dalla proprietaria. Un piacevole stile country modaiolo con splendidi spazi en *plein air*, vista su Montepulciano e sulla campagna circostante.

XX **La Grotta**

località San Biagio 16, Ovest : 1 km – ✆ 05 78 75 74 79 – ristorante.lagrotta@tiscali.it – chiuso gennaio, febbraio e mercoledì

Rist – Carta 43/56 €

◆ Di fronte alla chiesa di San Biagio, all'interno di un edificio del '500, locale rustico-elegante, con bel servizio estivo in giardino. Ottima la cucina: toscana, sapientemente rivisitata.

XX **Le Logge del Vignola**

via delle Erbe 6 – ✆ 05 78 71 72 90 – www.leloggedelvignola.com – info@leloggedelvignola.com – chiuso 15 giorni in novembre, 15 giorni in dicembre e martedì

Rist – Carta 36/46 €

◆ Buona risorsa questo piccolo locale nel centro storico, con tavoli un po' ravvicinati, ma coperto e materia prima regionale assai curati. Interessante anche la carta dei vini.

MONTERIGGIONI – Siena (SI) – 563 L15 – 8 886 ab. – alt. 274 m – ✉ 53035 Toscana

29 D1

Roma 245 – Siena 15 – Firenze 55 – Livorno 103

Il Piccolo Castello

via Colligiana 8, Ovest : 1 km – ✆ 05 77 30 73 00 – www.ilpiccolocastello.com – info@ilpiccolocastello.com

50 cam – †80/180 € ††110/260 € – ½ P 84/166 €

Rist ***La Ducareccia*** – Carta 35/43 € (+10 %)

◆ Elegante complesso nato pochi anni fa, che si sviluppa orizzontalmente attorno alla corte con giardino all'italiana. Gli interni s'ispirano al lavoro dell'architetto Agostino Fantastici, che lavorò nel senese tra '700 e '800. Il ristorante propone una reinterpretazione moderna della cucina senese e toscana.

Monteriggioni senza rist

via 1° Maggio 4 – ✆ 05 77 30 50 09 – www.hotelmonteriggioni.net – info@hotelmonteriggioni.net – chiuso dal 7 gennaio al 28 febbraio

12 cam – †90/120 € ††170/230 €

◆ All'interno del borgo medievale, un hotel in pietra di piccole dimensioni con camere in stile rustico dai letti in ferro battuto, un piacevole giardino sul retro e piscina.

Agriturismo Borgo Gallinaio

rist,

strada del Gallinaio 5, Ovest : 2 km – ✆ 05 77 30 47 51 – www.gallinaio.it – info@gallinaio.it – 22 aprile-17 ottobre

12 cam – †101/121 € ††125/158 € – ½ P 92/108 €

Rist – *(chiuso martedì) (chiuso a mezzogiorno) (solo per alloggiati)* Menu 29 €

◆ Abbracciata da ulivi e boschi, la risorsa è una fattoria del '400 con arredi rustici e pavimenti in cotto e dispone di sale meeting, piscina e campo per il tiro con l'arco.

XX **Il Pozzo**

piazza Roma 20 – ✆ 05 77 30 41 27 – www.ilpozzo.net – ilpozzo@ilpozzo.net – chiuso dal 7 gennaio al 7 febbraio, domenica sera e lunedì

Rist – Carta 33/45 €

◆ Nel cuore del piccolo borgo chiuso da mura, la chiesa e il piccolo pozzo al centro, un locale rustico dove soffermarsi a gustare i sapori della Toscana, dai cibi al vino.

a Strove Sud-Ovest : 4 km – ✉ 53035

Agriturismo Castel Pietraio senza rist

località Castelpietraio strada di Strove 33, Sud- Ovest : 4 km – ✆ 05 77 30 00 20 – www.castelpetraio.it – info@castelpietraio.it – chiuso dal 20 al 25 gennaio

8 cam – ††120/190 €

◆ Meta ideale per trascorrere romantici soggiorni a contatto con la natura: la struttura di origine altomedievale - un avamposto difensivo senese - ospita ora camere ben arredate ed una piscina.

XX **Casalta** con cam

via Matteotti 22 – ✆ 05 77 30 12 38 – www.ristorantecasalta.it – info@ristorantecasalta.it – chiuso dal 10 gennaio al 15 marzo
10 cam – ††70/116 €, ☕ 8 €
Rist – *(chiuso dal 10 gennaio al 13 febbraio e mercoledì)* (consigliata la prenotazione) Menu 55 € – Carta 48/63 €
♦ Ristorante dagli interni moderni, composto da raccolte salette con poltroncine in pelle e pareti gialle. Tavola raffinata e cucina contemporanea, che non fa preferenze tra terra e mare. Mobili d'antiquariato nelle piacevoli camere.

MONTERONI D'ARBIA – Siena (SI) – 563 M16 – 8 246 ab. – alt. 161 m – ✉ 53014

29 C2

Roma 226 – Siena 16 – Arezzo 74 – Firenze 90

verso Buonconvento Sud-Est : 6 km :

Casa Bolsinina

località Casale Caggiolo – ✆ 05 77 71 84 77 – www.bolsinina.com – bolsinina@bolsinina.com – chiuso dal 15 gennaio al 15 marzo
5 cam ☕ – †100/115 € ††115/135 € – 1 suite – ½ P 95/100 €
Rist – *(15 aprile-settembre) (chiuso a mezzogiorno)* (prenotazione obbligatoria) *(solo per alloggiati)* Menu 34/40 €
♦ Tipico esempio di architettura toscana, questa casa di campagna si caratterizza per i suoi interni caldi e familiari. Dopo una giornata all'aria aperta, sarà piacevole ritirarsi nelle sue belle camere arredate con qualche mobile d'epoca.

MONTEROSSO AL MARE – La Spezia (SP) – 561 J10 – 1 535 ab. – ✉ 19016

15 D2

Roma 450 – La Spezia 30 – Genova 93 – Milano 230

c/o Stazione FS ✆ 0187 817059, accoglienzamonterosso@parconazionale5terre.it, Fax 0187 817151

Porto Roca rist,

via Corone 1 – ✆ 01 87 81 75 02 – www.portoroca.it – portoroca@portoroca.it – aprile-1° novembre
32 cam ☕ – †150/260 € ††170/295 € – 3 suites – ½ P 130/180 €
Rist – Carta 32/50 €
♦ Davvero unica e paradisiaca la posizione di questa struttura abbarbicata alla scogliera a strapiombo sul mare, e dall'atmosfera un po' démodé negli interni in stile. Camere di differenti tipologie, ma tutte confortevoli. Suggestiva vista anche dal ristorante, dove gustare specialità mediterranee.

La Colonnina senza rist

via Zuecca 6 – ✆ 01 87 81 74 39 – www.lacolonninacinqueterre.it – info@lacolonninacinqueterre.it – Pasqua-ottobre
21 cam ☕ – †90/115 € ††95/160 €
♦ Nei tranquilli "carruggi" pedonali, hotel dall'attenta conduzione familiare: sempre in miglioramento per offrirvi un'accoglienza di qualità. Piccolo giardino ombreggiato e camere confortevoli.

Cinque Terre senza rist

via IV Novembre 21 – ✆ 01 87 81 75 43 – www.hotel5terre.com – info@hotel5terre.com – aprile-ottobre
54 cam ☕ – †70/120 € ††100/150 €
♦ Dedicato alle 5 "perle" liguri, un albergo che, al discreto confort nei vari settori, unisce la comodità di un parcheggio e la piacevolezza di un giardino ombreggiato. Poco distante dal mare.

Ca' du Gigante senza rist

via IV Novembre 11 – ✆ 01 87 81 74 01 – www.ilgigantecinqueterre.it – gigante@ilgigantecinqueterre.it
6 cam ☕ – ††80/160 €
♦ A pochi metri dal mare, signorili ambienti comuni e confort contemporaneo di buon livello nelle accoglienti camere: per una vacanza romantica e rilassante.

Locanda il Maestrale senza rist
via Roma 37 – ✆ 01 87 81 70 13 – www.locandamaestrale.net – maestrale@monterossonet.com – chiuso gennaio e febbraio
4 cam – 50/110 € 90/145 € – 2 suites – 100/190 €
◆ In un palazzo del 1700, un rifugio raffinato e romantico: soffitti affrescati nella sala comune e nelle due suite, belle camere in stile, terrazza per colazioni all'aperto.

Miky
via Fegina 104 – ✆ 01 87 81 76 08 – www.ristorantemiky.it – miky@ristorantemiky.it – marzo-novembre; chiuso martedì escluso agosto
Rist – Carta 41/51 €
Rist *La Cantina di Miky* – ✆ 01 87 80 25 25 – Carta 24/30 €
◆ Piacevole locale frontemare con giardino d'inverno, dove gustare fragranti specialità di pesce e non solo. A 20 metri circa, l'informale e giovane Cantina di Miky: la cucina rimane sempre ancorata al territorio, ma in presentazioni più semplici.

MONTEROTONDO – Roma (RM) – 563 P19 – 38 612 ab. – alt. 165 m – ✉ 00015 — 12 B2

Roma 27 – Rieti 55 – Terni 84 – Tivoli 32

Dei Leoni
via Vincenzo Federici 23 – ✆ 06 90 62 35 91 – www.albergodeileoni.it – info@albergodeileoni.it
30 cam – 40/120 € – ½ P 45/75 € **Rist** – Carta 20/30 €
◆ Nel centro storico, poco oltre la porta delle mura, risorsa ad andamento familiare, semplice, ma ben tenuta. Camere nuove e funzionali, con arredi recenti. Il ristorante dispone di un piacevole servizio estivo all'aperto, specialità carne alla brace.

MONTE SAN PIETRO = PETERSBERG – Bolzano – Vedere Nova Ponente

MONTE SAN SAVINO – Arezzo (AR) – 563 M17 – 8 687 ab. – alt. 330 m – ✉ 52048 Toscana — 29 C2

Roma 191 – Siena 41 – Arezzo 21 – Firenze 83

Logge dei Mercanti senza rist
corso San Gallo 40/42 – ✆ 05 75 81 07 10 – www.loggedeimercanti.it – info@loggedeimercanti.it
13 cam – 60/75 € 70/95 €
◆ Nel centro storico, di fronte alle cinquecentesche logge dei mercanti, la vecchia farmacia di paese è stata trasformata in albergo. Camere sul retro con vista sui colli.

La Terrasse
via di Vittorio 2/4 – ✆ 05 75 84 41 11 – www.ristorantelaterrasse.it – laterrasse@tin.it – chiuso dal 15 al 30 novembre e mercoledì
Rist – Carta 22/43 €
◆ Totalmente rinnovato ed ancora più piacevole, il ristorante dispone anche di una bella veranda estiva: un angolo verde e raccolto affacciato sulle colline. Cucina toscana e nazionale con qualche specialità di pesce; la carta dei vini non manca di farsi onore.

a Gargonza Ovest : 7 km – alt. 543 m – ✉ 52048 Monte San Savino

Castello di Gargonza
– ✆ 05 75 84 70 21 – www.gargonza.it – info@gargonza.it – chiuso dal 10 gennaio al 1° marzo, in novembre aperto solo nei fine settimana
15 cam – 100/110 € 120/140 € – ½ P 97/111 €
Rist La Torre di Gargonza – vedere selezione ristoranti
◆ Borgo medievale fortificato, con un unico ingresso che introduce ad un ambiente dall'atmosfera davvero fuori dal comune. Un soggiorno nella storia, con confort attuali.

La Torre di Gargonza
– ✆ 05 75 84 70 65 – www.gargonza.it – info@gargonza.it – chiuso dal 10 gennaio al 1° marzo, martedì escluso da maggio ad ottobre, in novembre aperto solo nei fine settimana
Rist – Carta 22/43 €
◆ Tipicamente toscano sia nell'ambientazione, con pietre e travi a vista, sia nella cucina questo locale vicino all'omonimo Castello; d'estate si mangia in veranda.

MONTE SANT' ANGELO – Foggia (FG) – 564 B29 – 13 257 ab. – alt. 796 m – ✉ 71037 Puglia 26 B1

Roma 427 – Foggia 59 – Bari 135 – Manfredonia 16

Posizione pittoresca★★ – Santuario di S. Michele Arcangelo★★ – Tomba di Rotari★

Promontorio del Gargano★★★ est e nord-est

Palace Hotel San Michele

via Madonna degli Angeli – ✆ 08 84 56 56 53 – www.palacehotelsanmichele.it – info@palacehotelsanmichele.it

65 cam – 60/100 € 130/180 € – 2 suites – ½ P 100/115 €

Rist – Carta 25/40 €

◆ Sulla sommità del paese, dalla quale si domina il Gargano, l'hotel si è ampliato col centro benessere e la dépendance dotata di camere con vista: foresta, castello o golfo, a voi la scelta. Ristorazione disponibile in vari ambienti, ugualmente curati.

Li Jalantuùmene

piazza de Galganis 5 – ✆ 08 84 56 54 84 – www.li-jalantuumene.it – info@li-jalantuumene.it – chiuso dall'8 al 28 gennaio e martedì da ottobre a marzo

Rist – Menu 28/38 € – Carta 29/43 €

◆ Fedeltà alla cultura gastronomica del proprio territorio, ma con spirito di ricerca in un ristorante rustico ma con numerosi tocchi d'eleganza.

Medioevo

via Castello 21 – ✆ 08 84 56 53 56 – www.ristorantemedioevo.it – info@ristorantemedioevo.it – chiuso lunedì escluso agosto

Rist – Carta 18/38 €

◆ Specialità regionali elaborate partendo da prodotti stagionali come erbe, verdure, carne e le immancabili zuppe! Ottimo questo semplice ristorante del centro, raggiungibile solo a piedi.

MONTE SAN VITO – Ancona (AN) – 563 L21 – 6 543 ab. – alt. 135 m – ✉ 60037 21 C1

Roma 284 – Ancona 29 – Perugia 148 – Pesaro 75

Poggio Antico senza rist

via Malviano B, località Santa Lucia – ✆ 0 71 74 00 72 – www.poggio-antico.com – info@poggio-antico.com

13 suites – 90/180 €, 12 €

◆ La risorsa, in posizione panoramica tra le colline, dispone di appartamenti, zona notte separata, in stile rustico-contadino, arredati con un tocco di romanticismo.

MONTESARCHIO – Benevento (BN) – 564 D25 – 13 680 ab. – alt. 300 m – ✉ 82016 6 B2

Roma 223 – Napoli 53 – Avellino 54 – Benevento 18

Cristina Park Hotel

via Benevento 102, Est : 1 km – ✆ 08 24 83 58 88 – www.cristinaparkhotel.it – info@cristinaparkhotel.it

16 cam – 68/88 € 90/110 € – ½ P 80/100 €

Rist – *(chiuso dal 24 dicembre al 6 gennaio, sabato, domenica)* Menu 45/65 €

◆ A breve distanza da Benevento, una struttura con giardino e interni curati in stile classico non privi di tocchi d'eleganza come la boiserie, i marmi e i mobili d'epoca. Eleganza neoclassica nelle belle sale del ristorante.

MONTESCANO – Pavia (PV) – 561 G9 – 398 ab. – alt. 137 m – ✉ 27040 16 B3

Roma 597 – Piacenza 42 – Alessandria 69 – Genova 142

Locanda Montescano

via Montescano 61 – ✆ 0 38 56 13 44 – www.locandamontescano.com – info@locandamontescano.com – chiuso dal 1° al 15 agosto

22 cam – 45/55 € 75/85 € – ½ P 60/70 €

Rist – *(chiuso lunedì, martedì sera)* Carta 24/40 €

◆ Una bella locanda tra i vigneti dell'Oltrepò Pavese, per coloro che ricercano il fascino della dimensione agreste, senza però rinunciare ai confort dell'era moderna. Camere curate e confortevoli. Ristorante affacciato su una verde vallata, il menu si accorda alla stagione offrendo il meglio dei prodotti locali.

MONTESCUDAIO – **Pisa (PI)** – **563** M13 – **1 878 ab.** – **alt. 242 m** – ✉ **56040** **28** B2

Roma 281 – Pisa 59 – Cecina 10 – Grosseto 108

via Roma 2 ☎ 0586 655394, uffturisitico.monte@virgilio.it

X **Il Frantoio**

via della Madonna 9 – ☎ 05 86 65 03 81 – www.ristorantefrantoio.com – info@ristorantefrantoio.com – chiuso martedì

Rist – *(chiuso a mezzogiorno escluso i giorni festivi da ottobre a giugno)*

Carta 25/48 €

♦ Sotto i caratteristici archi in mattone di un vecchio frantoio nell'entroterra toscano, marito e moglie - lei in sala e lui ai fornelli - propongono cucina del territorio, anche di pesce.

MONTESILVANO MARINA – **Pescara (PE)** – **563** O24 – **49 052 ab.** – ✉ **65015** **1** B1

Roma 215 – Pescara 13 – L'Aquila 112 – Chieti 26

via Europa 73/4 ☎ 085 4458859, iat.montesilvano@abruzzoturismo.it, Fax 085 4455340

Promenade

viale Aldo Moro 63 – ☎ 08 54 45 22 21 – www.hotelpromenadeonline.com – info@hotelpromenadeonline.com

80 cam – ††110/201 € – ½ P 85/136 € **Rist** – Carta 30/45 €

♦ Proprio di fronte al mare e alla spiaggia, una bella struttura caratterizzata da camere confortevoli, nonché spazi comuni piacevoli e signorili. Al ristorante: piatti di mare e specialità di terra si dividono equamente il menu.

XX **Ninì**

piazza Giardino 1, località Montesilvano Colle Ovest: 4 km – ☎ 08 54 68 91 74 – www.nininini.it – info@nininini.it – chiuso lunedì

Rist – *(chiuso a mezzogiorno escluso sabato-domenica e i giorni festivi)*

Menu 35 € – Carta 36/53 €

♦ In posizione panoramica con vista mare e servizio all'aperto, il locale è caratterizzato da pietra a vista e soffitti a botte. La cucina omaggia soprattutto la terra con interessanti rivisitazioni.

MONTESPERTOLI – **Firenze (FI)** – **563** L15 – **13 249 ab.** – **alt. 257 m** – ✉ **50025** **29** C2

Roma 287 – Firenze 34 – Siena 60 – Livorno 79

X **L'Artevino**

via Sonnino 28 – ☎ 05 71 60 84 88 – www.ristoranteartevino.com – ilpozzo74@tiscali.it – chiuso dal 7 al 31 gennaio

Rist – Carta 33/41 €

♦ Piacevole localino in posizione centrale dall'ambiente curato e raccolto. La cucina si diletta con la tradizione gastronomica del territorio, a cui aggiunge rivisitazioni personali.

MONTESPLUGA – **Sondrio (SO)** – **561** C9 – **alt. 1 908 m** – ✉ **23024** **16** B1

Roma 711 – Sondrio 89 – Milano 150 – Passo dello Spluga 3

XX **Posta** con cam

via Dogana 8 – ☎ 0 34 35 42 34 – info@albergopostaspluga.it – chiuso gennaio e febbraio

10 cam – †50/55 € ††90 €, 10 € – ½ P 79 € **Rist** – Carta 31/41 €

♦ In un paesino di alta montagna, quasi al confine svizzero, un'accogliente sala in stile montano con molto legno, cucina ispirata alla tradizione e camere personalizzate.

MONTEU ROERO – **Cuneo (CN)** – **561** H5 – **1 655 ab.** – **alt. 395 m** – ✉ **12040** **25** C2

Roma 625 – Torino 53 – Asti 33 – Cuneo 65

Cantina dei Cacciatori

località Villa Superiore 59, Nord-Ovest : 2 km – ☎ 0 17 39 08 15 – cant.cacciatori@alice.it – chiuso lunedì, martedì a mezzogiorno
Rist – Menu 20/26 € – Carta 25/36 €

◆ L'insegna originale dipinta sulla facciata ammicca alla storia ultracentenaria del locale. Nato dal recupero di una vecchia trattoria fuori paese, fra castagni e rocce di tufo, il ristorante propone piatti e vini piemontesi sotto antiche volte in mattoni. Incantevole dehors per la bella stagione.

MONTEVARCHI – Arezzo (AR) – 563 L16 – 23 919 ab. – alt. 144 m 29 C2

– ✉ 52025 Toscana

Roma 233 – Firenze 49 – Siena 50 – Arezzo 39

Valdarno senza rist

via Traquandi 13/15 – ☎ 05 59 10 34 89 – www.hotelvaldarno.net – info@hotelvaldarno.net – chiuso dal 23 al 26 dicembre
65 cam – †72/82 € ††92/100 €

◆ Struttura recente che coniuga la modernità dei confort e delle infrastrutture con la sobria ed elegante classicità delle scelte d'arredo; belle camere ben insonorizzate.

Relais la Ramugina-Fattoria di Rendola

località Rendola 89, Sud : 4 km – ☎ 05 59 70 77 13 – www.fattoriadirendola.it – info@fattoriadirendola.it – chiuso dall'11 al 27 gennaio
11 cam – †69/75 € ††99/112 € – 1 suite – ½ P 75/86 €
Rist *Osteria di Rendola* – ☎ 05 59 70 74 91 *(chiuso a mezzogiorno da ottobre a maggio)* (consigliata la prenotazione) Carta 32/95 €

◆ Pochi chilometri dal centro cittadino bastano per immergersi nel tipico paesaggio toscano in cui si trova questa casa colonica di metà '700, ricca di arredi d'epoca. Nella moderna sala ristorante, un soffitto ligneo, quadri alle pareti e specialità della cucina toscana che oscillano tra tradizione e spunti creativi.

a Moncioni Sud-Est: 8,5 km – ✉ 52025

Villa Sassolini

piazza Rotondi 17 – ☎ 05 59 70 22 46 – www.villasassolini.it – info@villasassolini.it – 15 marzo-15 novembre
6 cam – ††184/320 € – 4 suites – ††302/410 € – ½ P 132/245 €
Rist – *(chiuso a mezzogiorno)* Carta 44/60 €

◆ Camere eleganti, dove le tonalità del grigio sono declinate nelle varie sfumature e riscaldate da elementi d'arredo di grande suggestione, in un piccolo maniero - pregno di fascino - nel cuore della Toscana. Zone comuni non molto spaziose, ma sapientemente dislocate, creano un'atmosfera da casa privata. Ottima cucina.

MONTEVECCHIA – Lecco (LC) – 561 E10 – 2 452 ab. – alt. 479 m 18 B1

– ✉ 23874

Roma 602 – Como 34 – Bergamo 44 – Lecco 24

La Piazzetta

largo Agnesi 3 – ☎ 03 99 93 01 06 – www.ristolapiazzetta.it – ristolapiazzetta@gmail.com – chiuso 15 giorni in gennaio, 15 giorni in agosto o settembre, lunedì, martedì a mezzogiorno
Rist – Carta 41/63 €

◆ Nella parte alta del paese, un locale ubicato all'interno di un edificio ristrutturato. Un ristorante di taglio classico con due sale luminose e una cucina interessante con proposte classiche e contemporanee.

MONTICCHIELLO – Siena – 563 M17 – Vedere Pienza

MONTICELLI BRUSATI – Brescia (BS) – 4 233 ab. – alt. 283 m 19 D1

– ✉ 25040

Roma 576 – Brescia 21 – Milano 96 – Parma 134

XX **Uva Rara**

via Foina 42 – ✆ 03 06 85 26 43 – www.hostariauvarara.it – info@hostariauvarara.it – chiuso mercoledì

Rist – Menu 40/70 € – Carta 40/55 €

♦ Gestione professionale in un antico cascinale del '400 con arredi di gusto e caratteristici soffitti sorretti da volte in pietra. Valida cucina del territorio e a pranzo, disponibilità di menu più economici.

MONTICELLI D'ONGINA – Piacenza (PC) – 562 G11 – 5 521 ab. – alt. 40 m – ✉ 29010 8 A1

Roma 530 – Parma 57 – Piacenza 23 – Brescia 63

X **Antica Trattoria Cattivelli**

via Chiesa 2, loc. Isola Serafini – ✆ 05 23 82 94 18 – www.trattoriacattivelli.it – info@trattoriacattivelli.it – chiuso 15 giorni in luglio, martedì sera, mercoledì

Rist – Carta 28/43 €

♦ Il Po lambisce il locale creando un'oasi di verde e tranquillità: cucina del territorio con molti ingredienti di produzione propria, in una trattoria da sempre gestita dall'omonima famiglia.

a San Pietro in Corte Sud : 3 km – ✉ 29010 Monticelli D'Ongina

X **Le Giare**

via San Pietro in corte Secca 6 – ✆ 05 23 82 02 00 – chiuso dal 1° al 10 gennaio, agosto, domenica sera, lunedì

Rist – (consigliata la prenotazione) Carta 34/54 €

♦ Sotto il campanile di una piccola frazione, una casa colonica sorta sulle ceneri di una vecchia osteria e tre salette arredate con mobili in bambù. La cucina sposa tradizione e pesce.

MONTICHIARI – Brescia (BS) – 561 F13 – 22 452 ab. – alt. 104 m – ✉ 25018 17 D1

Roma 490 – Brescia 20 – Cremona 56 – Mantova 40

Gabriele D'Annunzio ✆ 030 2041599

Garda senza rist

via Brescia 128 – ✆ 03 09 65 15 71 – www.infogardahotel.it – info@infogardahotel.it

82 cam ☕ – †60/80 € ††100/140 €

♦ Sale riunioni, camere spaziose, servizio efficiente e un'ottima ubicazione di fronte alla fiera e vicino all'aeroporto, insomma un hotel ideale per chi viaggia per lavoro.

MONTICIANO – Siena (SI) – 563 M15 – 1 570 ab. – alt. 375 m – ✉ 53015 29 C2

Roma 186 – Siena 37 – Grosseto 60

Abbazia di San Galgano★★ Nord-Ovest : 7 km

X **Da Vestro** con cam

via Senese 4 – ✆ 05 77 75 66 18 – www.davestro.it – info@davestro.it – chiuso dal 10 gennaio al 20 marzo

14 cam – †50/60 € ††70/80 €, ☕ 8 € – ½ P 65/75 €

Rist – *(chiuso lunedì) (chiuso la sera escluso venerdì e sabato in inverno)* (prenotare) Carta 22/37 €

♦ Alle porte della località e circondato da un ampio giardino, un antico podere ospita una trattoria dalle cui cucine si affacciano i piatti e i sapori della tradizione toscana. Dispone anche di alcune camere semplici dagli arredi in legno e ben curate.

MONTICOLO (laghi) = MONTIGGLER SEE – Bolzano – Vedere Appiano sulla Strada del Vino

MONTIERI - Grosseto (GR) - 563 M15 - 1 244 ab. - alt. 704 m 29 C2
- ✉ 58026

Roma 269 - Siena 50 - Grosseto 51

Rifugio Prategiano
rist,

località Prategiano 45 - ☎ 05 66 99 77 00 - www.prategiano.com - info@prategiano.com - 3 Aprile -1° Novembre

24 cam - 60/92 € 84/124 € - ½ P 60/80 € **Rist** - Menu 20/25 €

♦ Vi aspettano salutari passeggiate a piedi, in bicicletta o a cavallo soggiornando in questo accogliente hotel nel verde maremmano; per i più pigri, il relax in piscina. Semplice ambiente rustico e atmosfera conviviale nella sala da pranzo.

Agriturismo La Meridiana-Locanda in Maremma

strada provinciale 5 Le Galleraie, Sud-Est : 2,5 km - ☎ 05 66 99 70 18 - www.lameridiana.net - direzione@lameridiana.net - marzo-ottobre

13 cam - 80/95 € 120/140 € - ½ P 95/105 € **Rist** - Carta 22/49 €

♦ Arredi di grande gusto in questa elegante country house ricavata da un'antica stalla: letti in ferro battuto e ampio scrittoio in travertino nelle amene camere. Percorso vita di circa 1 km e grazioso giardino che sconfina nel bosco. Piatti regionali nel rustico ristorante.

MONTIGNOSO - Massa Carrara (MS) - 563 J12 - 9 798 ab. - alt. 132 m 28 A1
- ✉ 54038

Roma 386 - Pisa 39 - La Spezia 38 - Firenze 112

Il Bottaccio con cam

via Bottaccio 1 - ☎ 05 85 34 00 31 - www.bottaccio.it - bottaccio@bottaccio.it

3 cam - 280/360 €, 20 € - 5 suites - 490/900 €

Rist - Carta 70/115 € (+10 %)

♦ Incorniciato dal verde, alle spalle del mare, ricavato dal restauro di un frantoio ad acqua settecentesco, l'elegante risorsa propone sapienti sapori di mare, monti e boschi.

a Cinquale Sud-Ovest : 5 km - ✉ 54030

via Grillotti ☎ 0585 808751

Villa Undulna
rist,

viale Marina 1 - ☎ 05 85 80 77 88 - www.villaundulna.com - hotel@villaundulna.com - marzo-3 novembre e 26 dicembre-6 gennaio

30 cam - 100/220 € 160/340 € - 24 suites - 240/800 € - ½ P 105/200 €

Rist - Carta 39/59 €

♦ Un curato e piacevole giardino incornicia le varie strutture dell'hotel: centro benessere ed ampie camere per una vacanza a tutto relax. Il ristorante propone una cucina nazionale e regionale in sale sobrie e signorili.

Eden
cam,

viale Gramsci 26 - ☎ 05 85 80 76 76 - www.edenhotel.it - info@edenhotel.it - chiuso dal 19 dicembre al 26 gennaio

27 cam - 85/120 € 110/250 € - ½ P 85/155 €

Rist - *(chiuso domenica) (chiuso a mezzogiorno escluso da maggio a settembre)* Carta 38/55 €

♦ A pochi passi dal mare, l'hotel dispone di ariosi e freschi ambienti, nonché ampie camere. Piacevole giardino con piscina: ideale per una vacanza all'insegna del relax! Specialità locali al ristorante.

Giulio Cesare senza rist

via Giulio Cesare 29 - ☎ 05 85 30 93 18 - hotelgiuliocesare@tiscali.it - Pasqua-settembre

12 cam - 80/110 € 100/140 €

♦ Un piccolo giardino garantisce un soggiorno all'insegna della tranquillità presso questa risorsa familiare; all'interno gli ambienti sono arredati con gusto moderno e sobrio.

MONTOGGIO – Genova (GE) – 561 I9 – 2 089 ab. – alt. 438 m – ✉ 16026 15 C1

Roma 538 – Genova 38 – Alessandria 84 – Milano 131

XX **Roma**

via Roma 15 – ✆ 0 10 93 89 25 – stefanotorre1@virgilio.it – chiuso dal 1° al 15 luglio, giovedì, anche le sere di lunedì, martedì, mercoledì da ottobre a maggio

Rist – Carta 25/40 €

◆ Accogliente locale dall'esperta gestione familiare, dispone d'un grazioso salotto che conduce alla luminosa sala con vetrate. Aperitivo in giardino e cucina d'impronta ligure.

MONTONE – Perugia (PG) – 563 L18 – 1 687 ab. – alt. 482 m – ✉ 06014 32 B1

Roma 205 – Perugia 39 – Arezzo 58

XX **La Locanda del Capitano** con cam rist,

via Roma 7 – ✆ 07 59 30 65 21 – www.ilcapitano.com – info@ilcapitano.com – chiuso dal 4 gennaio al 15 marzo

10 cam – †90 € ††120/140 € – ½ P 110 €

Rist – *(chiuso lunedì) (chiuso a mezzogiorno escluso sabato e domenica)* (consigliata la prenotazione) Carta 37/57 €

◆ Delizie tipiche locali (funghi, tartufo) in piatti rivisitati con approccio personale. Un antico edificio, ultima dimora del capitano di ventura Fortebraccio, per assaporare l'incanto e la quiete fuori del tempo di un borgo medievale tra confort attuali.

MONTOPOLI DI SABINA – Rieti (RI) – 563 P20 – 4 209 ab. – alt. 331 m – ✉ 02034 12 B1

Roma 52 – Rieti 43 – Terni 79 – Viterbo 76

sulla strada statale 313 Sud-Ovest : 7 km :

X **Il Casale del Farfa**

via Ternana 101 ✉ 02034 – ✆ 07 65 32 20 47 – www.casaledelfarfa.it – info@casaledelfarfa.it – chiuso dal 22 dicembre al 4 gennaio, dal 20 luglio al 10 agosto, martedì

Rist – Carta 19/26 €

◆ Articolato in più sale di tono rustico dove gustare i genuini piatti della tradizione a prezzi contenuti. Bella la terrazza affacciata sulla campagna, ideale per un pranzo estivo con vista!

MONTOPOLI IN VAL D'ARNO – Pisa (PI) – 563 K14 – 11 012 ab. – alt. 98 m – ✉ 56020 28 B2

Roma 307 – Firenze 45 – Pisa 39 – Livorno 44

piazza Michele 14 ✆ 0571 449024, info@montopoli.net, Fax 0571 449024

XX **Quattro Gigli** con cam

piazza Michele da Montopoli 2 – ✆ 05 71 46 68 78 – www.quattrogigli.it – info@quattrogigli.it

21 cam – †55/60 € ††85/95 € – ½ P 63/73 €

Rist – *(chiuso dal 16 al 31 agosto e lunedì)* Carta 31/66 €

Rist *Trattoria dell'Orcio* – *(chiuso dal 16 al 31 agosto e lunedì)* Carta 27/33 €

◆ Nel caratteristico borgo, locali dagli interni decorati con terrecotte e terrazza estiva con vista sulle colline. Piatti regionali di terra e di mare, ma molta attenzione è riservata alle ricette storiche e alla cucina rinascimentale (una serie di portate, generalmente per due persone). Camere dalla calda atmosfera.

MONTORFANO – Como (CO) – 561 E9 – 2 713 ab. – alt. 414 m – ✉ 22030 18 B1

Roma 631 – Como 9 – Bergamo 50 – Lecco 24

Villa d'Este via per Cantù 13, ✆ 031 20 02 00

Tenuta Santandrea cam,

via Como 19 – 0 31 20 02 20 – info@tenutasantandrea.it – chiuso dal 23 dicembre al 30 gennaio

10 cam – 100/120 € 120/180 €

Rist – *(chiuso martedì) (chiuso a mezzogiorno)* Menu 48/85 €

♦ Un parco che digrada fino alle rive del lago, eleganti sale con vetrate, veranda estiva e camere personalizzate: per chi desidera quiete, raffinatezza, sapori innovativi.

MONTORIO – Verona (VR) – 562 F15 – ✉ 37141 37 B2

Roma 522 – Verona 8 – Brescia 84 – Padova 82

Brandoli

via Antonio da Legnago 11 – 04 58 84 01 55 – www.hotelbrandoli.it – info@hotelbrandoli.it

34 cam – 75/180 € 95/200 € – ½ P 70/120 €

Rist – *(chiuso domenica e i giorni festivi)* Carta 20/38 €

♦ Dopo attenti interventi interni è finalmente tornato a nuova vita, questo hotel appena fuori Verona è ora un ottimo punto di riferimento per chi si sposta per lavoro. Spaziose camere. Ampia sala ristorante e servizio estivo all'aperto. Specialità del territorio.

MONTORO – Terni – 563 O19 – Vedere Narni

MONTORO INFERIORE – Avellino (AV) – 564 E26 – 8 873 ab. – alt. 195 m – ✉ 83025 6 B2

Roma 265 – Napoli 55 – Avellino 18 – Salerno 20

La Foresta

via Turci 12/14, svincolo superstrada ✉ 83025 Piazza di Pàndola – 08 25 52 10 05 – www.hotelaforesta.com – info@hotelaforesta.com

39 cam – 65/90 € 90/110 € – 2 suites – ½ P 60/70 €

Rist – Carta 17/48 €

♦ Poco distante dal casello e immersa nel verde, l'imponente struttura dispone di camere di quattro tipologie: tutte, comunque, spaziose ed eleganti. Punto di forza dell'albergo, il ristorante si articola in tre sale arredate in modo differente, dove gustare sapienti proposte di cucina regionale.

MONTRIGIASCO – Novara – 561 E7 – Vedere Arona

MONTÙ BECCARIA – Pavia (PV) – 561 G9 – 1 774 ab. – alt. 277 m – ✉ 27040 16 B3

Roma 544 – Piacenza 34 – Genova 123 – Milano 66

La Locanda dei Beccaria

via Marconi 10 – 03 85 26 23 10 – www.lalocandadeibeccaria.it – info@lalocandadeibeccaria.it – chiuso 2 settimane in gennaio, lunedì, martedì

Rist – Menu 35/40 € – Carta 39/56 €

♦ All'interno della Cantina Storica della località, un ristorante rustico e curato con caratteristici soffitti in legno, dove assaporare due linee di cucina: una con proposte curiose e innovative, una più tradizionale.

Colombi

località Loglio di Sotto 1, Sud-Ovest : 5 km – 0 38 56 00 49 – www.ristorantecolombi.it – info@ristorantecolombi.it – chiuso lunedì

Rist – Menu 33 € – Carta 28/38 €

♦ Da quasi 70 anni la famiglia Colombi offre la propria esperienza nel settore della ristorazione, gestendo con grande professionalità e calorosa ospitalità questo locale classico. La cucina così come la carta dei vini ha solide radici nella tradizione dell'Oltrepò: qualche concessione al mare, tra i secondi.

MONZA – Monza e Brianza (MB) – 561 F9 – 121 280 ab. – alt. 162 m — 18 B2

– ✉ 20052 Italia Centro Nord

Roma 592 – Milano 21 – Bergamo 38

piazza Carducci ☎ 039 323222

Brianza località Cascina Cazzù, ☎ 039 6 82 90 89

Duomo★ : facciata★★, Corona Ferrea★★, cappella di Teodolinda★, tesoro★ – Giardini★★ di Villa Reale e il celebre autodromo (☎ 039 22366) nella parte settentrionale

De la Ville

viale Regina Margherita di Savoia 15 – ☎ 03 93 94 21 – www.hoteldelaville.com – info@hoteldelaville.com – chiuso dal 24 dicembre al 7 gennaio e dal 1° al 29 agosto

67 cam – †119/247 € ††149/357 €, ☕ 29 € – 3 suites

Rist Derby Grill – vedere selezione ristoranti

◆ Un lusso discreto tutto inglese avvolge gli ospiti (tra cui VIP della Formula Uno) in un grande albergo di fronte alla Villa Reale; collezione di oggetti d'antiquariato.

Derby Grill – Hotel De la Ville

viale Regina Margherita di Savoia 15 – ☎ 03 93 94 21 – www.derbygrill.it – info@hoteldelaville.com – chiuso dal 24 dicembre al 7 gennaio, dal 1° al 29 agosto

Rist – *(chiuso a mezzogiorno sabato e i giorni festivi)* Menu 39/49 € – Carta 55/77 €

◆ Boiserie, quadri di soggetto equestre, argenti e porcellane in un raffinatissimo ristorante, perfetto per un pranzo d'affari o una cena romantica; creatività in cucina.

Il Gusto della Vita

via Bergamo 5 – ☎ 0 39 32 54 76 – www.ilgustodellavita.it – info@ilgustodellavita.it – chiuso dal 1° al 10 gennaio, 3 settimane in agosto, martedì

Rist – Carta 42/55 €

◆ Una giovane coppia gestisce con passione e professionalità questo curato locale nei pressi del centro cittadino. Pochi coperti, ambiente lindo e gradevole per una cucina classica con qualche excursus nella creatività.

Profondo Rosso

via Matteo da Campione 8 – ☎ 03 93 90 03 63 – www.ristoranteprofondorosso.it – info@ristoranteprofondorosso.it – chiuso 3 settimane in agosto, lunedì, sabato a mezzogiorno e domenica sera; anche domenica a mezzogiorno in luglio-agosto

Rist – Carta 42/68 €

◆ Un abile chef, una cucina della tradizione reinterpretata in chiave contemporanea, un'interessante scelta enologica: ecco svelati i segreti del successo di questo intimo locale nel palazzo dove si tesseva per la Villa Reale.

MONZUNO – Bologna (BO) – 562 J15 – 6 408 ab. – ✉ 40036 — 9 C2

Roma 366 – Bologna 45 – Prato 75 – Firenze 82

Molino del Pero via Molino del Pero 323, ☎ 051 6 77 05 06

Lodole senza rist

località Lodole 325, Ovest: 2,4 km – ☎ 05 16 77 11 89 – www.lodole.com – info@lodole.com

6 cam ☕ – †70 € ††90 €

◆ Questa rustica dimora del Seicento, all'interno del Golf Club Molino del Pero, ripropone l'atmosfera informale di una vera country house, non priva di spunti di eleganza made in Italy.

In una località, quale scegliere tra due esercizi della stessa categoria? Sappiate che in ogni categoria le risorse sono elencate in ordine di preferenza: le migliori, per prime.

MORANO CALABRO – Cosenza (CS) – 564 H30 – 4 826 ab. – alt. 694 m – ✉ 87016 5 A1

Roma 445 – Cosenza 82 – Catanzaro 175 – Potenza 148

Villa San Domenico

via Paglierina 13 – ☎ 09 81 39 98 81 – www.albergovillasandomenico.it – info@albergovillasandomenico.it

8 cam – †80 € ††110 € – 3 suites – ½ P 70 €

Rist – (prenotazione obbligatoria) Menu 25/30 €

◆ Ai piedi del centro storico, antica dimora settecentesca completamente rinnovata che oggi presenta spazi comuni arredati con mobilio d'antiquariato e camere personalizzate.

Agriturismo la Locanda del Parco

contrada Mazzicanino 12, Nord-Est : 4 km – ☎ 0 98 13 13 04 – www.lalocandadelparco.it – info@lalocandadelparco.it

7 cam – †30/40 € ††60/80 € – ½ P 50/60 €

Rist – *(chiuso domenica sera)* (prenotazione obbligatoria) Menu 20/25 €

◆ Signorile ed accogliente centro per il turismo equestre, ma anche sede di corsi di cucina. Un villino circondato dalla campagna e incorniciato dai monti del Parco del Pollino. Di taglio più classico le sale da pranzo, con due soli tavoli ai quali siedono tutti i comensali.

MORBEGNO – Sondrio (SO) – 561 D10 – 11 932 ab. – alt. 262 m – ✉ 23017 16 B1

Roma 673 – Sondrio 25 – Bolzano 194 – Lecco 57

Osteria del Crotto

via Pedemontana 22-24 – ☎ 03 42 61 48 00 – www.osteriadelcrotto.it – info@osteriadelcrotto.it – chiuso 1 settimana in gennaio, dal 24 agosto al 13 settembre e domenica

Rist – Carta 31/40 €

◆ Risale all'inizio dell'800 questo caratteristico crotto addossato alla parete boscosa delle montagne. Due salette interne più una fresca terrazza estiva. Cucina locale.

MORDANO – Bologna (BO) – 562 I17 – 4 551 ab. – alt. 21 m – ✉ 40027 9 C2

Roma 396 – Bologna 45 – Ravenna 45 – Forlì 35

Ville Panazza

rist,

via Lughese 269/319 – ☎ 0 54 25 14 34 – www.villepanazza.it – info@hotelpanazza.it

45 cam – †55/110 € ††59/160 € – ½ P 45/115 €

Rist *Panazza* – Carta 20/50 €

◆ Nel verde di un piccolo parco con piscina, camere di diverse tipologie in due edifici d'epoca, tra cui una villa dell'800 ristrutturata. Il ristorante dispone di una sala con affreschi del 1600 e di una luminosa veranda. Cucina regionale.

MORGANO – Treviso (TV) – 100 ab. – alt. 25 m – ✉ 31050 36 C2

Roma 575 – Padova 69 – Treviso 15 – Venezia 51

a Badoere Sud-Ovest : 3 km - ✉ Morgano

Dal Vero (Ivano Mestriner)

piazza Indipendenza 24 – ☎ 04 22 73 96 14 – www.dalvero.it – info@dalvero.it – chiuso dal 7 al 14 gennaio, agosto, lunedì, martedì a mezzogiorno; anche domenica a mezzogiorno in giugno-luglio

Rist – (coperti limitati, prenotare) Menu 80 € – Carta 43/65 €

Spec. Cocktail di nervetti con fagioli dell'occhio, salsa verde ed emulsione di rafano. Risotto affumicato con burrata e carpaccio di scampi. Piccione in due cotture con scaloppa di foie gras e salsa ai frutti di bosco.

◆ Sotto i portici di un'immensa e scenografica piazza, piacevole e moderno locale tra legni, vetro, bottiglie e cucina a vista. Altrettanto brillanti e creativi i piatti.

MORGEX – Aosta (AO) – **561** E3 – **2 025 ab.** – **alt. 923 m** – ✉ **11017** **34** A2

Roma 771 – Aosta 27 – Courmayeur 9

piazza de l'Archet ✆ 0165 809912 info@prolocomorgex.it Fax 0165 809912

XX ✿ **Café Quinson** (Agostino Buillas)

piazza Principe Tomaso 10 – ✆ 01 65 80 94 99 – www.cafequinson.it – info@cafequinson.it – chiuso mercoledì

Rist – *(chiuso a mezzogiorno)* (consigliata la prenotazione) Carta 60/90 €

Spec. Scaloppa di foie gras d'anatra, piccoli frutti, condimento balsamico di mela. Ravioli con animelle e tartufo. Tournedos di manzo valdostano col suo rognone trifolato al miele e senape di Digione.

♦ La passione per i vini e per i formaggi qui si unisce ad una saggia carta di prodotti locali, anche interpretati con fantasia; caldo legno scuro e pietra a vista in sala.

MORIMONDO – Milano (MI) – **561** F8 – **1 199 ab.** – **alt. 109 m** **18** A3

– ✉ **20081** Italia Centro Nord

Roma 587 – Alessandria 81 – Milano 30 – Novara 37

Abbazia★

X **Trattoria Basiano**

Ccascina Basiano 1, Sud : 3 km – ✆ 02 94 52 95 – www.trattoriabasiano.it – trat.basiano@inwind.it – chiuso dal 24 al 26 dicembre, dal 1° al 7 gennaio, dal 16 agosto al 10 settembre, lunedì sera, martedì

Rist – Carta 26/41 €

♦ Ristorante semplice e familiare, con un ampio dehors anche invernale; la semplicità regna anche nella cucina, che propone piatti stagionali del territorio e di pesce.

MORNAGO – Varese (VA) – **561** E8 – **4 805 ab.** – **alt. 281 m** – ✉ **21020** **18** A1

Roma 639 – Stresa 37 – Como 37 – Lugano 45

XX **Alla Corte Lombarda**

via De Amicis 13 – ✆ 03 31 90 43 76 – allacortelombarda@libero.it – chiuso dal 1° al 10 gennaio, dal 20 agosto al 15 settembre, domenica sera, lunedì

Rist – Carta 34/60 €

♦ In un bel rustico ai margini del paese, un vecchio fienile ristrutturato racchiude un locale suggestivo; servizio di tono familiare, cucina tradizionale rivisitata.

MORRANO – Terni – **563** N18 – **Vedere Orvieto**

MORTARA – Pavia (PV) – **561** G8 – **15 572 ab.** – **alt. 108 m** – ✉ **27036** **16** A3

Roma 601 – Alessandria 57 – Milano 47 – Novara 24

San Michele

corso Garibaldi 20 – ✆ 0 38 49 91 06 – www.ilcuuc.it – davide@ilcuuc.191.it – chiuso dall'8 al 30 agosto

18 cam – †55/65 € ††88/98 € – 1 suite – ½ P 53/58 €

Rist *Il Cuuc* – *(chiuso domenica sera e lunedì)* Carta 35/48 €

♦ Albergo familiare nel centro della località, con parcheggio interno: le camere sono semplici, personalizzate negli arredi, e si affacciano sul tranquillo cortile. Mobilio e calda atmosfera da casa privata nelle due sale ristorante.

XX **Guallina**

via Molino Faenza 19, località Guallina, Est : 4 km – ✆ 0 38 49 19 62 – www.trattoriaguallina.it – elena.guallina@libero.it – chiuso 20 giorni in giugno-luglio, martedì

Rist – Carta 30/47 €

♦ Nella generosa campagna lomellina, circondata da acacie e sambuchi, sorge questa bella trattoria, intima e raccolta. La cucina è prevalentemente legata al territorio e alla tradizione, riveduta e corretta in base alla stagionalità dei prodotti, nonché all'offerta del mercato.

MOSCIANO – Firenze – **563** K15 – **Vedere Scandicci**

MOSCIANO SANT'ANGELO – Teramo (TE) – **563** N23 – **9 065 ab.** 1 B1
– alt. 227 m – ✉ 64023

Roma 191 – Ascoli Piceno 39 – Pescara 48 – L'Aquila 77

Casale delle Arti senza rist
strada Selva Alta, Sud : 4 km – ☎ 08 58 07 20 43 – www.casaledellearti.it – casalearti@tin.it
16 cam – 47/50 € 70/80 € – 2 suites
◆ Su una collina che offre una vista dall'Adriatico al Gran Sasso, il casale dispone di ambienti dall'arredo sobrio, spazi per conferenze e sale adatte ad ospitare cerimonie.

Borgo Spoltino
strada Selva Alta, Sud : 3 km – ☎ 08 58 07 10 21 – www.borgospoltino.it – info@borgospoltino.it – chiuso domenica sera, lunedì, martedì
Rist – *(chiuso a mezzogiorno escluso domenica)* Menu 22/45 € bc – Carta 25/37 €
◆ Tra colline e campi di ulivi e, all'orizzonte, mare e monti, un locale luminoso con mattoni e cucina a vista, dove assaporare piatti regionali accanto a fantasiose creazioni.

MOSO = MOOS – **Bolzano** – **Vedere Sesto**

MOTTA DI LIVENZA – Treviso (TV) – **562** E19 – **10 689 ab.** 35 B1
– ✉ 31045

Roma 562 – Venezia 55 – Pordenone 32 – Treviso 36

Bertacco con cam
via Ballarin 18 – ☎ 04 22 86 14 00 – www.hotelbertacco.it – info@hotelbertacco.it
21 cam – 68 € 88 € – ½ P 75 €
Rist – *(chiuso dal 1° al 6 gennaio, dal 14 al 25 agosto, domenica sera, lunedì)* Menu 25 € – Carta 39/55 €
◆ In un bel palazzo ristrutturato, un accogliente ristorante con cucina in prevalenza di mare. Per gli appassionati di vini è disponibile una saletta-enoteca. Camere con piacevole arredamento moderno.

MOTTOLA – Taranto (TA) – **564** F33 – **16 339 ab.** – **alt. 387 m** 27 C2
– ✉ 74017

Roma 487 – Brindisi 96 – Taranto 29 – Bari 72

Cecere rist,
strada statale 100 km 52,7, Nord-Ovest : 7 km – ☎ 09 98 86 79 34 – www.hotelcecere.com – info@hotelcecere.com
43 cam – 70/90 € 85/110 € – ½ P 65/90 €
Rist – *(chiuso domenica sera, lunedì)* Carta 23/40 €
◆ Recente grande struttura di taglio moderno e sobrio design lungo la strada tra Bari e Taranto, ideale per chi viaggia per affari. Belle le camere, complete e ben accessoriate. Ristorante dagli arredi attuali con interessanti proposte di mare.

MOZZO – Bergamo (BG) – **7 380 ab.** – **alt. 252 m** – ✉ **24030** 19 C1

Roma 607 – Bergamo 8 – Lecco 28 – Milano 49

La Caprese
via Garibaldi 7, località Borghetto – ☎ 03 54 37 66 61 – chiuso dal 22 dicembre al 4 gennaio, domenica sera, lunedì a mezzogiorno
Rist – Carta 48/92 €
◆ Padre, madre e figlia vi accolgono nel proprio raffinato salotto: una bomboniera ospitale dove poter saggiare i sapori ed i profumi della bella Capri, proposti sempre secondo il mercato giornaliero.

MUGGIA – Trieste (TS) – 562 F23 – 13 439 ab. – ✉ 34015 Italia 11 D3

Roma 684 – Udine 82 – Milano 423 – Trieste 11

XX **Trattoria Risorta**

riva De Amicis 1/a – ☎ 0 40 27 12 19 – www.trattoriarisorta.it – info@trattoriarisorta.it – chiuso dal 1° al 14 gennaio, dal 16 al 24 agosto, lunedì, domenica sera, anche domenica a mezzogiorno in luglio-agosto

Rist – Carta 38/58 €

◆ Direttamente sul caratteristico molo della località, piccola trattoria rustica dove gustare una fragrante cucina di pesce non priva di spunti di creatività. D'estate si mangia in terrazza, affacciati sul mare.

a Santa Barbara Sud-Est : 3 km – ✉ 34015 Muggia

Taverna Famiglia Cigui

via Colarich 92/D – ☎ 0 40 27 33 63 – www.tavernacigui.it – pcigui@tiscali.it

6 cam – †35/40 € ††70/80 € – ½ P 60/65 €

Rist – *(chiuso lunedì)* Carta 25/40 €

◆ In zona verdeggiante, un indirizzo di tono rustico e dalla calda gestione familiare con camere semplici e gradevoli, ideali per chi cerca un soggiorno all'insegna della tranquillità. In sala da pranzo sopravvivono i sapori della tradizione, una cucina casalinga che segue le stagioni.

MÜHLWALD = Selva dei Molini

MULES (MAULS) – Bolzano (BZ) – 562 B16 – alt. 905 m – Sport invernali : Vedere Vipiteno – ✉ 39040 Campo Di Trens 31 C1

Roma 699 – Bolzano 56 – Brennero 23 – Brunico 44

Stafler

Campo di Trens – ☎ 04 72 77 11 36 – www.stafler.com – info@stafler.com – chiuso dal 7 novembre al 3 dicembre

34 cam – †69/99 € ††112/180 € – 2 suites – ½ P 104/115 €

Rist Stafler – vedere selezione ristoranti

◆ Indirizzo tra storia e tradizione: sorto sul finire del XIII secolo come stazione di posta, è oggi un hotel ricco di fascino, eleganza e tradizione tirolese. Romantik, per parlare nella loro lingua!

XXX **Stafler**

Campo di Trens – ☎ 04 72 77 11 36 – www.stafler.com – info@stafler.com – chiuso mercoledì in bassa stagione

Rist – Menu 50/75 € – Carta 50/71 €

Spec. Filetto di salmerino in crosta di grano saraceno. Pancetta di maiale croccante con salsa d'aglio. Semifreddo di tiramisù ripieno di gianduja su gelatina di caffè e spuma al rabarbaro.

◆ Due sale da pranzo in perfetta linea con la tradizione architettonica locale per piatti scenografici, ricchi di spunti creativi. Preparatevi ad un'esperienza gastronomica non convenzionale!

MURANO – Venezia – Vedere Venezia

MURISENGO – Alessandria (AL) – 561 G6 – 1 513 ab. – alt. 338 m – ✉ 15020 23 C2

Roma 641 – Torino 51 – Alessandria 57 – Asti 28

a Corteranzo Nord : 3 km – alt. 377 m – ✉ 15020 Murisengo

XX **Cascina Martini**

via Gianoli 15 – ☎ 01 41 69 30 15 – www.cascinamartini.com – cascinamartini@cascinamartini.com – chiuso 15 giorni in gennaio, domenica sera, lunedì, anche martedì e mercoledì da novembre a febbraio

Rist – *(chiuso a mezzogiorno escluso sabato e domenica)* Carta 35/53 €

◆ Ricavato nelle stalle ristrutturate di un'antica cascina, il ristorante si propone con un'ottima e accurata ricerca dei piatti del territorio, a volte anche alleggeriti.

MUSSOLENTE - Vicenza (VI) - 562 E17 - 7 690 ab. - alt. 129 m **35** B2 - ✉ 36065

Roma 548 - Padova 51 - Belluno 85 - Milano 239

Villa Palma

via Chemin Palma 30 – ✆ 04 24 57 74 07 – www.villapalma.it – info@villapalma.it – chiuso 2 settimane in agosto

21 cam – †80/120 € ††110/180 € – ½ P 90/115 €

Rist – *(chiuso domenica sera) (chiuso a mezzogiorno escluso venerdì, sabato, domenica)* Carta 34/48 €

◆ Settecentesca dimora di campagna trasformata in elegante albergo, per clientela d'affari anche in cerca di relax; bei tessuti nelle ricche e ricercate camere in stile. Soffitto con travi a vista e grandi vetrate nella raffinata sala ristorante.

MUTIGNANO - Teramo - 563 O24 - Vedere Pineto

MÜHLBACH = Rio di Pusteria

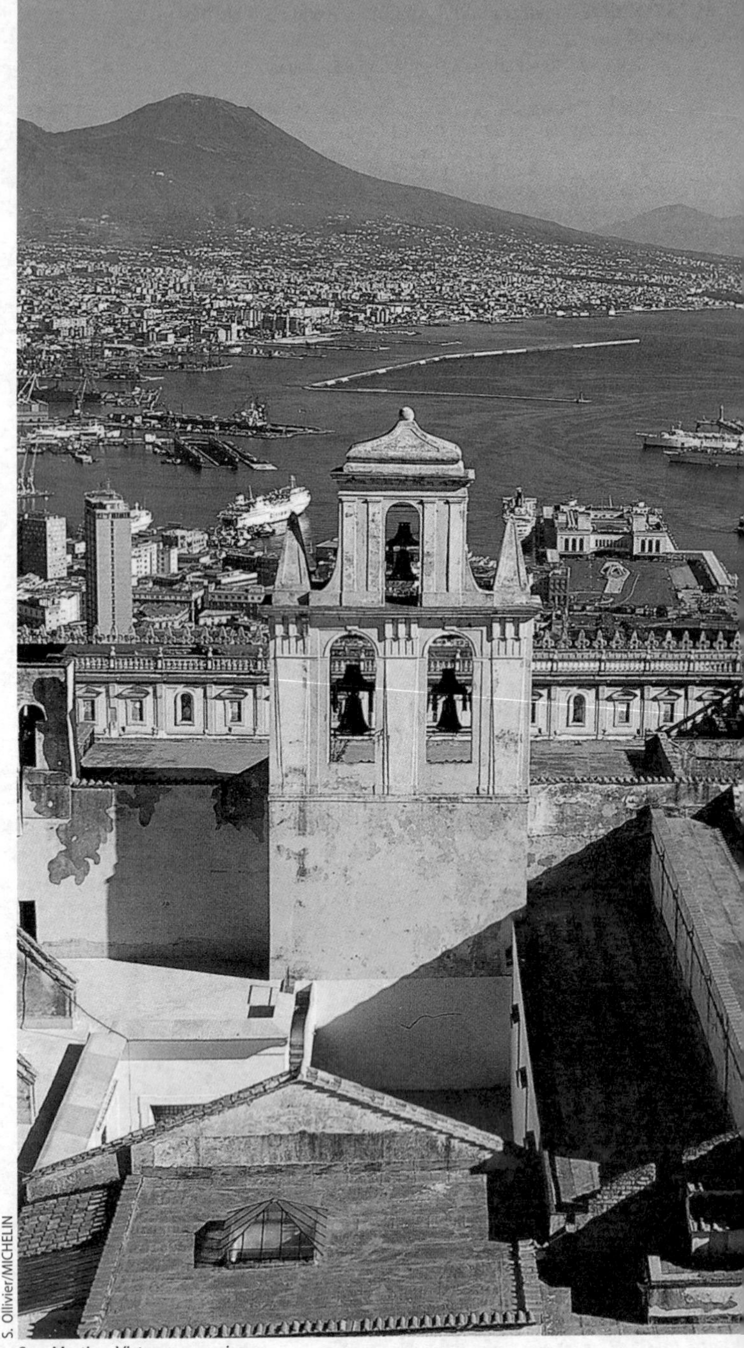
S. Ollivier/MICHELIN

San Martino Vista panoramica

NAPOLI

Carta Michelin : 564 E24
Popolazione : 963 661 ab.
Italia, Napoli e la Campania

Carta regionale : 6 B2

INFORMAZIONI PRATICHE

Uffici Informazioni turistiche

via San Carlo 9 ✉ 80132 ☎ 081 402394, info.sancarlo@inaples.it

Stazione Centrale ✉ 80142 ☎ 081 268779

piazza del Gesù 7 ✉ 80135 ☎ 081 5523328

Aeroporto

Ugo Niutta di Capodichino Nord-Est : 6 km CT ☎ 081 7896259

Trasporti marittimi

per Ischia – Medmar ☎ 081 3334411

per le Isole Eolie dal 15 giugno al 15 settembre – Siremar, call center 892 123

Golf

via Campiglione 11, ☎081 5 26 42 96

LUOGHI DI INTERESSE

SPACCANAPOLI E IL DECUMANO MAGGIORE

Cappella Sansevero★★ KY : Cristo velato★★ - Duomo★★ e cappella di S. Gennaro★★ LY - Napoli sotterranea★★ LY - Pio Monte della Misericordia LY: Sette opere di Misericordia di Caravaggio★★★ - S. Chiara★★ e il chiostro★★ KY - S. Lorenzo Maggiore★★ LY - G. Giovanni a Carbonara★★ LY

IL CENTRO MONUMENTALE

Castel Nuovo★★ KZ - Palazzo Reale★★ KZ - Piazza del Plebiscito★★ JKZ - Teatro S. Carlo★★ KZT[1]- Galleria di Palazzo Zevallos Stigliano★★ KZ: il Martirio di Sant'Orsola★★★ del Caravaggio

I GRANDI MUSEI

Museo Archeologico Nazionale★★★ KY - Certosa di S. Martino★★ JZ - Museo d'Arte contemporanea DonnaREgina (MADRE)★★ LY - Palazzo e Galleria di Capodimonte★★ BT

IL LUNGOMARE

Porto di S. Lucia★★ BU e Castel dell'Ovo★ - Mergellina★ BU - Posillipo★ AU - Marechiaro★ AU - Quartiere di Chiaia★ JZ

RIONE SANITA' E CAPODIMONTE

Cimitero delle Fontanelle★★ FU - Catacombe di S. Gennaro★★ BT

ACQUISTI

Mercati rionali di via Pignasecca e via Porta Medina. Via S. Gregorio Armeno e dintorni per figurine del presepe. Abiti e accessori: via Scarlatti (Vomero); via Calabritto, via Riviera a Chiaia, via Filangeri (Chiaia)

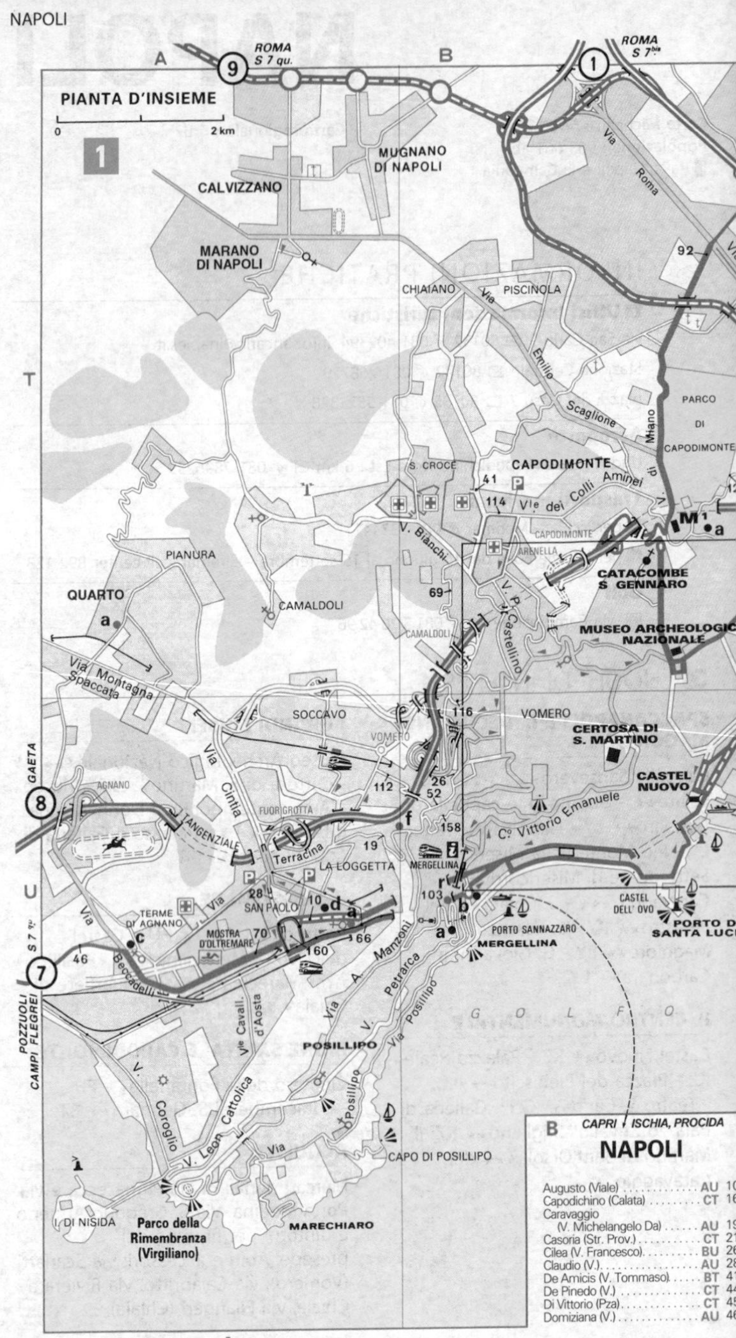
PIANTA D'INSIEME
0
2 km
1
A
B
T
U
ROMA
S 7 qu.
ROMA
S 7 bis
GAETA
S 7 qu.
POZZUOLI
CAMPI FLEGREI
CAPRI, ISCHIA, PROCIDA
MUGNANO
DI NAPOLI
CALVIZZANO
MARANO
DI NAPOLI
CHIAIANO
PISCINOLA
Via Emilio Scaglione
Via Roma
Via di Miano
PARCO
DI
CAPODIMONTE
CAPODIMONTE
S. CROCE
V.le dei Colli Aminei
V. Bianchi
CAPODIMONTE
ARENELLA
CATACOMBE
S. GENNARO
MUSEO ARCHEOLOGIC
NAZIONALE
V. P. Castellino
PIANURA
QUARTO
CAMALDOLI
CAMALDOLI
Via Montagna Spaccata
SOCCAVO
VOMERO
VOMERO
CERTOSA DI
S. MARTINO
CASTEL
NUOVO
Via Cintia
AGNANO
TANGENZIALE
FUORIGROTTA
Terracina
LA LOGGETTA
MERGELLINA
C° Vittorio Emanuele
CASTEL
DELL' OVO
PORTO DI
SANTA LUCI
SAN PAOLO
TERME
DI AGNANO
MOSTRA
D'OLTREMARE
Via Beccadelli
Via A. Manzoni
V. Petrarca
Via Posillipo
PORTO SANNAZZARO
MERGELLINA
G O L F O
POSILLIPO
V.le Cavall. d'Aosta
V. Coroglio
V. Leon Cattolica
Posillipo
CAPO DI POSILLIPO
I. DI NISIDA
Parco della
Rimembranza
(Virgiliano)
MARECHIARO
B
NAPOLI
Augusto (Viale) . . . . AU 10
Capodichino (Calata) . . . . CT 16
Caravaggio
(V. Michelangelo Da) . . . . . . AU 19
Casoria (Str. Prov.) . . . . CT 21
Cilea (V. Francesco). . . . . BU 26
Claudio (V.). . . . . AU 28
De Amicis (V. Tommaso). . . . . BT 41
De Pinedo (V.) . . . . CT 44
Di Vittorio (Pza). . . . . CT 45
Domiziana (V.). . . . . AU 46

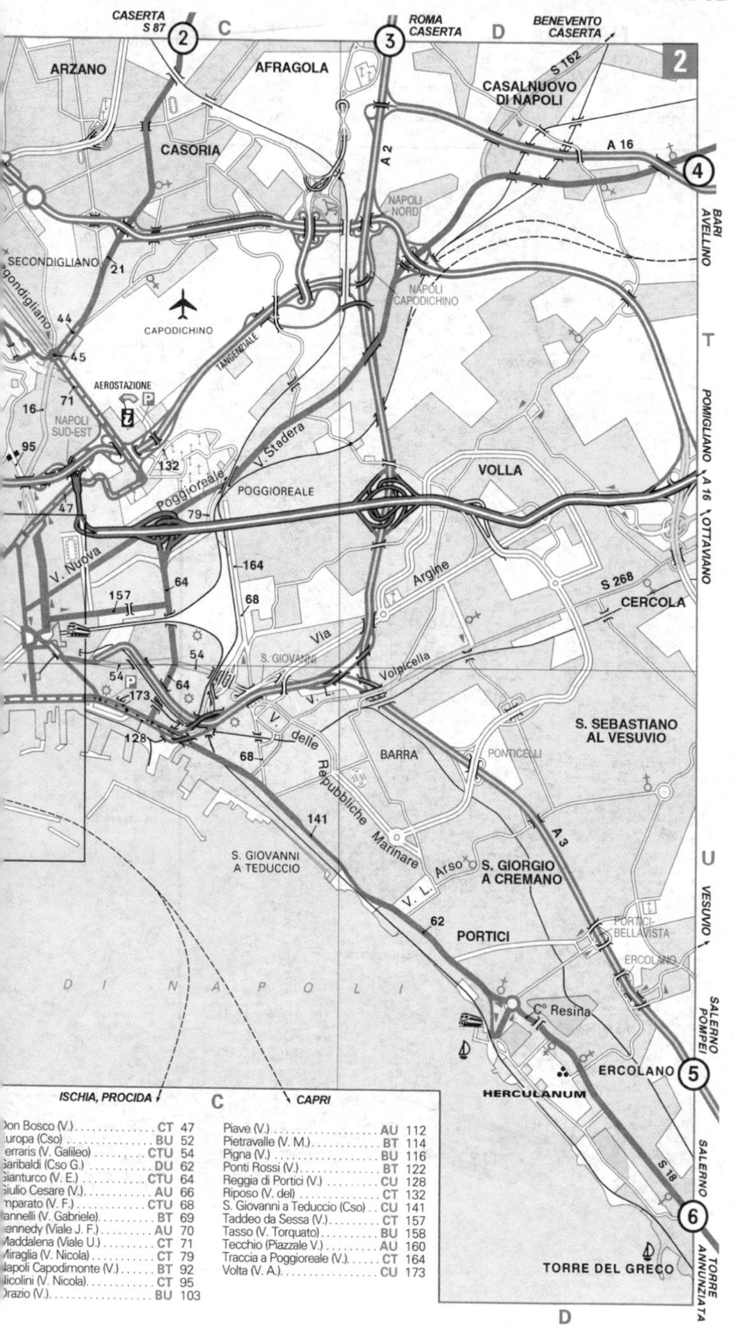

Don Bosco (V.)	CT	47	Piave (V.)	AU	112
Europa (Cso)	BU	52	Pietravalle (V. M.)	BT	114
Ferraris (V. Galileo)	CTU	54	Pigna (V.)	BU	116
Garibaldi (Cso G.)	DU	62	Ponti Rossi (V.)	BT	122
Gianturco (V. E.)	CTU	64	Reggia di Portici (V.)	CU	128
Giulio Cesare (V.)	AU	66	Riposo (V. del)	CT	132
Imparato (V. F.)	CTU	68	S. Giovanni a Teduccio (Cso)	CU	141
Jannelli (V. Gabriele)	BT	69	Taddeo da Sessa (V.)	CT	157
Kennedy (Viale J. F.)	AU	70	Tasso (V. Torquato)	BU	158
Maddalena (Viale U.)	CT	71	Tecchio (Piazzale V.)	AU	160
Miraglia (V. Nicola)	CT	79	Traccia a Poggioreale (V.)	CT	164
Napoli Capodimonte (V.)	BT	92	Volta (V. A.)	CU	173
Nicolini (V. Nicola)	CT	95			
Orazio (V.)	BU	103			

NAPOLI

Street	Grid	No.
Arcoleo (V. G.)	FX	5
Arena della Sanità (V.)	GU	6
Artisti (Pza degli)	EV	9
Bernini (V. G. L.)	EV	12
Bonito (V. G.)	FV	13
Carducci (V. G.)	FX	20
Chiatamone (V.)	FX	25
Cirillo (V. D.)	GU	27
Colonna (V. Vittoria)	FX	29
Crocelle ai Vergini (V.)	GU	35
D'Auria (V. G.)	FV	40
Ferraris (V. Galileo)	HV	54
Gaetani (V.)	FX	61
Gen. Pignatelli (V.)	HU	63
Giordano (V. L.)	EV	64
Martini (V. Simone)	EV	75
Mazzocchi (V. Alessio)	HU	76
Menzinger (V. G.)	EV	77
Morelli (V. D.)	FX	84

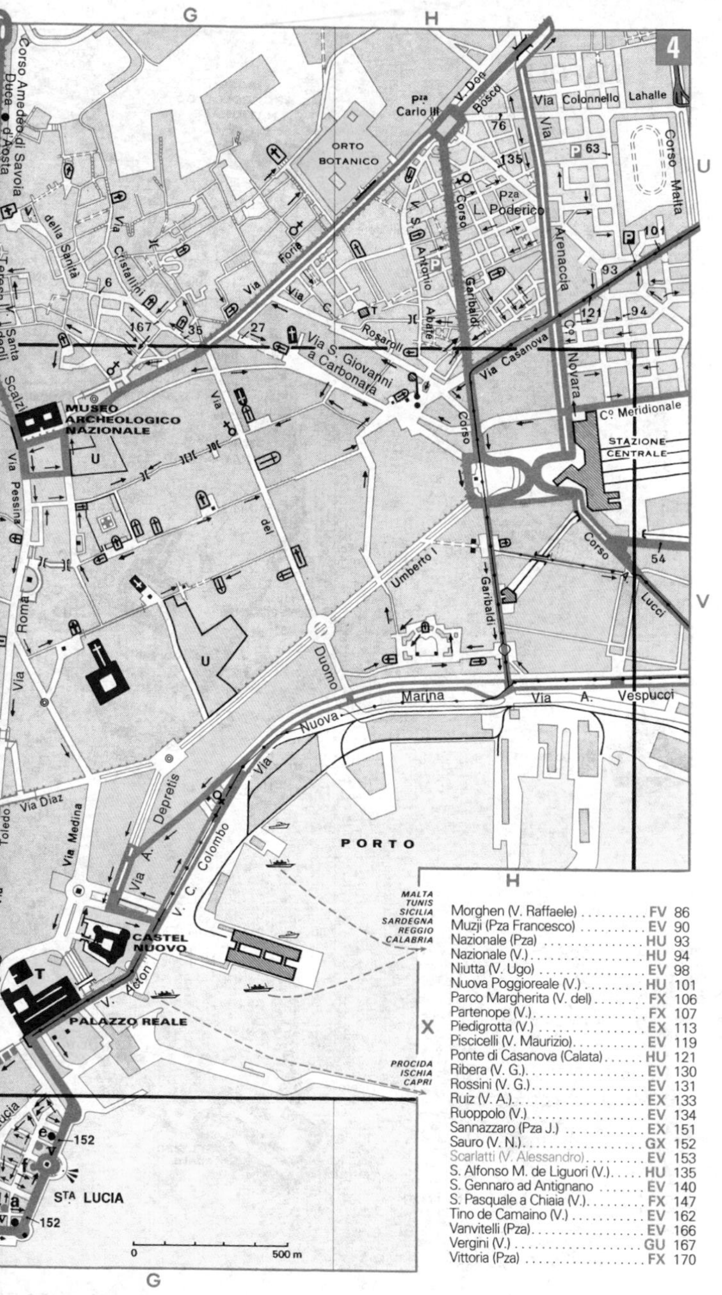

Morghen (V. Raffaele) .... FV 86
Muzji (Pza Francesco) .... EV 90
Nazionale (Pza) .... HU 93
Nazionale (V.) .... HU 94
Niutta (V. Ugo) .... EV 98
Nuova Poggioreale (V.) .... HU 101
Parco Margherita (V. del) .... FX 106
Partenope (V.) .... FX 107
Piedigrotta (V.) .... EX 113
Piscicelli (V. Maurizio) .... EV 119
Ponte di Casanova (Calata) .... HU 121
Ribera (V. G.) .... EV 130
Rossini (V. G.) .... EV 131
Ruiz (V. A.) .... EX 133
Ruoppolo (V.) .... EV 134
Sannazzaro (Pza J.) .... EX 151
Sauro (V. N.) .... GX 152
Scarlatti (V. Alessandro) .... EV 153
S. Alfonso M. de Liguori (V.) .... HU 135
S. Gennaro ad Antignano .... EV 140
S. Pasquale a Chiaia (V.) .... FX 147
Tino de Camaino (V.) .... EV 162
Vanvitelli (Pza) .... EV 166
Vergini (V.) .... GU 167
Vittoria (Pza) .... FX 170

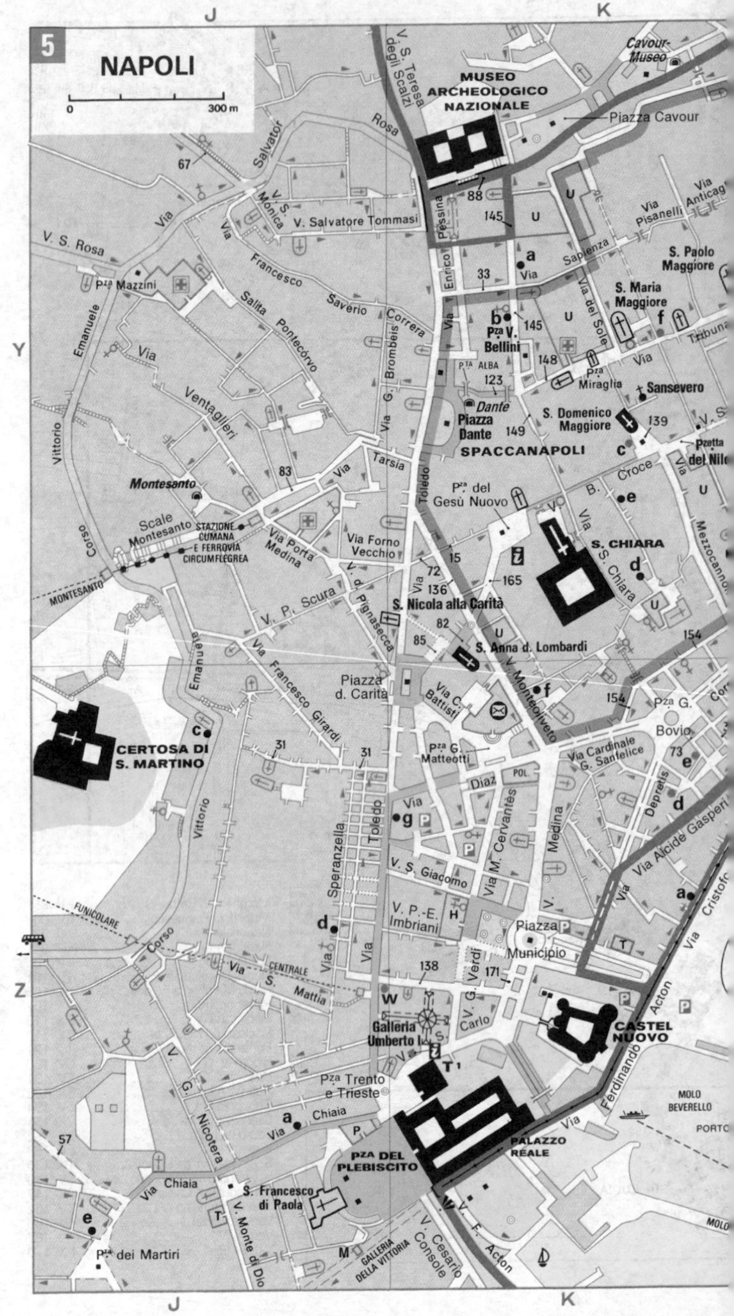
5
NAPOLI
0
300 m
J
K
Y
Z
MUSEO ARCHEOLOGICO NAZIONALE
Cavour-Museo
Piazza Cavour
V. S. Teresa degli Scalzi
Rosa
Salvator
Via
V. S. Monica
V. Salvatore Tommasi
V. S. Rosa
Pza Mazzini
Francesco Saverio Correra
Salita Pontecorvo
Via Ventaglieri
Emanuele
Vittorio
Corso
Via G. Brombeis
Tarsia
Via Toledo
Pessina
Enrico
Sapienza
Via Pisanelli
Via Anticaglia
S. Paolo Maggiore
S. Maria Maggiore
Tribunali
Via del Sole
Pza V. Bellini
Pza Miraglia
Sansevero
Pta ALBA
Dante
Piazza Dante
SPACCANAPOLI
S. Domenico Maggiore
Pzetta del Nilo
Croce
B.
Pza del Gesù Nuovo
S. CHIARA
Via S. Chiara
Mezzocannone
Montesanto
Scale Montesanto
STAZIONE CUMANA E FERROVIA CIRCUMFLEGREA
MONTESANTO
Via Porta Medina
Via Forno Vecchio
V. P. Scura
V. d. Pignasecca
S. Nicola alla Carità
S. Anna d. Lombardi
V. Monteoliveto
Piazza d. Carità
Via C. Battisti
Via Francesco Girardi
CERTOSA DI S. MARTINO
Pza G. Matteotti
Diaz
POL.
Via M. Cervantes
Medina
Via Cardinale G. Sanfelice
Pza G. Bovio
Depretis
Via Alcide Gasperi
Cristoforo
Speranzella
V. S. Giacomo
V. P.-E. Imbriani
Piazza Municipio
FUNICOLARE
CENTRALE
Via S. Mattia
V. G. Verdi
Carlo
Galleria Umberto I
CASTEL NUOVO
Ferdinando Acton
MOLO BEVERELLO
PORTO
MOLO
Pza Trento e Trieste
Via Chiaia
PZA DEL PLEBISCITO
PALAZZO REALE
V. G. Nicotera
S. Francesco di Paola
V. Monte di Dio
GALLERIA DELLA VITTORIA
V. Cesario Console
V. F. Acton
Pza dei Martiri
67
88
145
33
148
123
149
139
83
15
72
136
165
82
85
154
73
31
138
171
57
a
b
c
d
e
f
g
U
P
H
T
W
M
T1

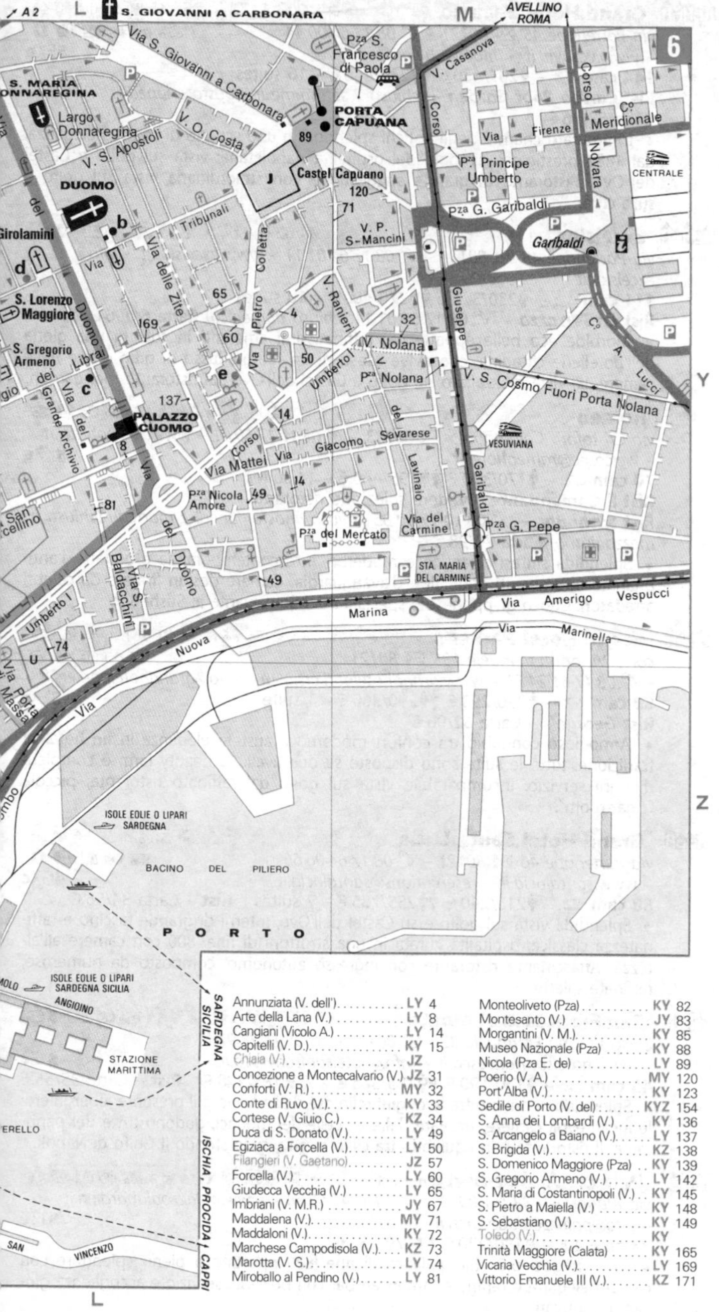

A 2
L
S. GIOVANNI A CARBONARA
M
AVELLINO
ROMA
6
Via S. Giovanni a Carbonara
Pza S. Francesco di Paola
V. Casanova
Corso
Co Meridionale
S. MARIA DONNAREGINA
Largo Donnaregina
V. S. Apostoli
V. O. Costa
PORTA CAPUANA
89
Castel Capuano
Via Firenze
Novara
Pza Principe Umberto
CENTRALE
DUOMO
Tribunali
120
71
Pza G. Garibaldi
V. P. S-Mancini
Garibaldi
Girolamini
Via delle Zite
Colletta
V. Ranieri
S. Lorenzo Maggiore
65
Pietro
Giuseppe
169
60
32
Co A. Lucci
S. Gregorio Armeno
Duomo
Librai
V. Nolana
50
Umberto I
Pza Nolana
Y
V. S. Cosmo Fuori Porta Nolana
137
PALAZZO CUOMO
14
del Grande Archivio
Corso
Via Mattei
Via Giacomo Savarese
VESUVIANA
Lavinaio
Pza Nicola Amore
49
81
Via del Carmine
Garibaldi
Pza G. Pepe
Pza del Mercato
Via S. Baldacchini
del Duomo
STA. MARIA DEL CARMINE
Umberto I
Via Amerigo Vespucci
Marina
74
Via Marinella
Nuova
Via Porta di Massa
Via
Z
ISOLE EOLIE O LIPARI SARDEGNA
BACINO DEL PILIERO
PORTO
MOLO ANGIOINO
ISOLE EOLIE O LIPARI SARDEGNA SICILIA
SARDEGNA SICILIA
STAZIONE MARITTIMA
ISCHIA, PROCIDA, CAPRI
SAN VINCENZO

Grand Hotel Vesuvio
via Partenope 45 ✉ 80121 – ✆ 08 17 64 00 44 – www.vesuvio.it – info@vesuvio.it **3FXn**
144 cam – 207/430 € 230/460 € – 16 suites
Rist *Caruso Roof Garden* – *(chiuso 2 settimane in agosto e lunedì)*
Carta 58/76 €
◆ L'immutato charme degli antichi splendori in uno scrigno di squisita eleganza, dal 1882 prestigioso simbolo dell'ospitalità napoletana; vista sul golfo e Castel dell'Ovo. Ristorante di grande suggestione con straordinaria vista sul golfo e sulla città.

Excelsior
via Partenope 48 ✉ 80121 – ✆ 08 17 64 01 11 – www.excelsior.it – info@excelsior.it **4GXw**
111 cam – 230/370 € 270/400 € – 10 suites
Rist *La Terrazza* – ✆ 08 17 61 01 11 *(chiuso domenica)* Carta 64/96 €
◆ Morbide eco belle époque nei raffinatissimi ambienti in stile di una gloria dell'hotellerie cittadina, che rivive i fasti di un tempo; lusso di gran classe nelle camere. La vista mozzafiato sul golfo e Castel dell'Ovo dal ristorante roof-garden.

Romeo
via Cristoforo Colombo 45 ✉ 80133 – ✆ 08 10 17 50 01 – www.romeohotel.it – welcome@romeohotel.it **5KZa**
70 cam – 170/390 € 195/440 € – 14 suites
Rist Il Comandante – vedere selezione ristoranti
Rist *Sushi Bar* – ✆ 08 10 17 50 05 *(chiuso agosto, lunedì e martedì) (chiuso a mezzogiorno)* Carta 70/98 €
◆ Splendida sintesi di antico e moderno, arte contemporanea e oggetti d'antiquariato in ambienti originali e d'avanguardia. Camere design firmate da celebri arredatori. Cuoco giapponese e specialità del Sol Levante al Sushi Bar.

Grand Hotel Parker's
corso Vittorio Emanuele 135 ✉ 80121 – ✆ 08 17 61 24 74 – www.grandhotelparkers.com – info@grandhotelparkers.it **3EXr**
80 cam – 230/290 € 290/360 € – 1 suite
Rist *George's* – Carta 52/96 €
◆ Armonioso connubio tra confort moderno e austera eleganza in un hotel di tradizione; tutte le suite sono disposte su due livelli, la beauty farm è completa di ogni servizio. Incomparabile vista sul golfo dal raffinato ristorante; piccola "cigar-room".

Grand Hotel Santa Lucia
via Partenope 46 ✉ 80121 – ✆ 08 17 64 06 66 – www.santalucia.it – reservations@santalucia.it **4GXc**
88 cam – 215/240 € 255/285 € – 7 suites **Rist** – Carta 34/56 €
◆ Splendida vista sul golfo e su Castel dell'Ovo, interni di grande fascino e raffinatezza classica; ospitalità curata in una struttura di fine '800 con camere all'altezza. Affascinante ristorante con ingresso autonomo, composto da numerose, raffinate salette.

San Francesco al Monte
corso Vittorio Emanuele 328 ✉ 80135 – ✆ 08 14 23 91 11 – www.hotelsanfrancesco.it – info@hotelsanfrancesco.it **5JZc**
45 cam – 130/190 € 185/365 € – ½ P 138/228 € **Rist** – Carta 35/55 €
◆ Splendido connubio tra le origini religiose dell'edificio e il presente alberghiero: le incantevoli camere, ricavate dalle ex celle dei monaci, godono tutte del panorama. Il ristorante è in equilibrio tra cielo e terra, sullo sfondo il Golfo di Napoli.

Palazzo Alabardieri senza rist
via Alabardieri 38 ✉ 80121 – ✆ 0 81 41 52 78 – www.palazzoalabardieri.it – info@palazzoalabardieri.it **5JZe**
33 cam – 130/220 € 170/250 €
◆ Tra i negozi più chic, palazzo di fine '800 riportato a pieno splendore con camere eleganti e raffinate. American bar con boiserie, servizio e accoglienza giovani e motivati.

Majestic
Largo Vasto a Chiaia 68 ✉ 80121 – ☏ 0 81 41 65 00 – www.majestic.it – info@majestic.it **3**FX**b**
112 cam – †180/280 € ††200/300 €, ☕ 12 €
Rist – *(chiuso domenica) (chiuso a mezzogiorno)* Carta 38/50 €
◆ In centralissima posizione, a due passi dall'elegante via dei Mille, un signorile albergo rinnovato, che offre camere totalmente ristrutturate, funzionali e accoglienti. Al ristorante atmosfera piacevole e servizio accurato.

Miramare senza rist
via Nazario Sauro 24 ✉ 80132 – ☏ 08 17 64 75 89 – www.hotelmiramare.com – info@hotelmiramare.com **4**GX**e**
18 cam ☕ – †155/180 € ††195/300 €
◆ In un palazzo nobiliare di inizio '900, con roof-garden e splendida vista sul golfo e sul Vesuvio, raccolta risorsa elegante, personalizzata negli arredi e nel confort.

Villa Capodimonte
via Moiariello 66 ✉ 80131 – ☏ 0 81 45 90 00 – www.villacapodimonte.it – info@villacapodimonte.it **1**BT**a**
55 cam ☕ – †80/135 € ††90/155 € – ½ P 88/103 €
Rist – *(chiuso a mezzogiorno)* Carta 39/51 €
◆ Decentrato, sulla collina di Capodimonte, immerso in un quieto giardino con vista sul golfo, ha davvero le fattezze di una villa; ampie camere, eleganti e accessoriate. Sala ristorante con gradevole dehors estivo.

Paradiso
rist,
via Catullo 11 ✉ 80122 – ☏ 08 12 47 51 11 – www.hotelparadisonapoli.it – info@hotelparadisonapoli.it **1**BU**a**
72 cam ☕ – †95/120 € ††99/230 € – ½ P 75/130 €
Rist *Paradisoblanco* – ☏ 08 12 47 51 30 *(chiuso lunedì a mezzogiorno)* Carta 42/62 € (+10 %)
◆ E' davvero paradisiaca la vista su golfo, città e Vesuvio da questo hotel in posizione impagabile sulla collina di Posillipo; comode camere di taglio classico moderno. Rinomato ristorante: dalla raffinata sala alla terrazza, la cucina è protagonista con il Golfo.

Costantinopoli 104 senza rist
via Santa Maria di Costantinopoli 104 ✉ 80138 – ☏ 08 15 57 10 35 – www.costantinopoli104.com – info@costantinopoli104.it **5**KY**b**
19 cam ☕ – †175 € ††230 €
◆ Poco rimane dell'originaria villa Spinelli, ma la splendida vetrata, il giardino con piscina, le eleganti camere e gli ottimi spazi comuni, assicurano un soggiorno unico.

Chiaja Hotel de Charme senza rist
via Chiaia 216 ✉ 80121 – ☏ 0 81 41 55 55 – www.hotelchiaia.it – info@hotelchiaia.it **5**JZ**a**
33 cam ☕ – †85/115 € ††99/145 €
◆ In un cortile, gioiello dell'architettura partenopea, una risorsa di grande fascino e atmosfera, tra spirito aristocratico e popolare. Pasticceria napoletana per colazione.

Palazzo Decumani senza rist
piazzetta Giustino Fortunato 8 ✉ 80138 – ☏ 08 14 20 13 79 – www.palazzodecumani.com – info@palazzodecumani.com **6**LY**c**
28 cam ☕ – †120/210 € ††140/230 €
◆ A pochi passi da via San Gregorio Armeno - la celebre strada degli artigiani del presepe - un'inserzione inaspettatamente moderna nella Napoli barocca: minimalismo, essenzialità, ed eleganti camere color ocra.

Montespina Park Hotel
cam, rist,
via San Gennaro 2 ✉ 80125 – ☏ 08 17 62 96 87 – www.montespina.it – info@montespina.it **1**AU**c**
70 cam ☕ – †180 € ††220 € – ½ P 180 €
Rist – *(solo per alloggiati)* Menu 90 €
◆ E' un'oasi nel traffico cittadino questo albergo su una collinetta, immerso nel verde di un parco con piscina, vicino alle Terme di Agnano; camere dallo stile gradevole. Una curata sala da pranzo, ma anche spazi per banchetti e cerimonie.

Serius senza rist
viale Augusto 74 ✉ 80125 – ℘ 08 12 39 48 44 – www.hotelserius.it – prenotazioni@hotelserius.it 1AU**d**
69 cam – 130 € 165 €
◆ Hotel che di recente ha subito una radicale e "salutare" ristrutturazione; nelle vicinanze dello stadio, offre camere omogenee funzionali e un buon livello di servizio.

Caravaggio senza rist
piazza Cardinale Sisto Riario Sforza 157 ✉ 80139 – ℘ 08 12 11 00 66 – www.caravaggiohotel.it – info@caravaggiohotel.it 6LY**b**
18 cam – 70/140 € 120/190 €
◆ Nel cuore del centro storico, nella piazza dove svetta la guglia più vecchia di Napoli, un palazzo del '600 con reperti storici ma camere arredate con grande modernità.

Decumani senza rist
via S.Giovanni Maggiore Pignatelli 15 ✉ 80134 – ℘ 08 15 51 81 88 – www.decumani.com – info@decumani.com 5KY**e**
22 cam – 94/119 € 104/139 €
◆ Al secondo piano di un palazzo del '600, splendido salone con stucchi barocchi rivestiti d'oro, arredi d'epoca ed eleganti bagni: un soggiorno aristocratico nel cuore di Napoli.

Pignatelli senza rist
via San Giovanni Maggiore Pignatelli 16 ✉ 80134 – ℘ 08 16 58 49 50 – www.hotelpignatellinapoli.com – hotelpignatellinapoli@fastwebnet.it 5KY**d**
13 cam – 40/45 € 60/80 €, 3 €
◆ Nel vociante e caratteristico quartiere Spaccanapoli, al primo piano di un palazzo del XV secolo, le originali camere si caratterizzano per elementi architettonici e decorativi tipici del periodo della Repubblica Napoletana. Gestione giovane e motivata; buon rapporto qualità/prezzo.

Il Convento senza rist
via Speranzella 137/a ✉ 80132 – ℘ 0 81 40 39 77 – www.hotelilconvento.it – info@hotelilconvento.it 5JZ**d**
14 cam – 50/85 € 70/130 €
◆ Nei caratteristici quartieri spagnoli, a pochi passi dalla frequentatissima via Toledo, un piccolo albergo dallo stile molto ricercato. Gradevoli ambienti per la colazione.

Ausonia senza rist
via Caracciolo 11 ✉ 80122 – ℘ 0 81 68 22 78 – www.hotelausonianapoli.com – hotelausonia@interfree.it 1BU**b**
19 cam – 50/90 € 70/120 €
◆ In uno dei quartieri più eleganti della città, di fronte all'imbarco per le isole, palazzo del '900 con camere al 2° e 3° piano, dedicate a chi ama gli arredi marinareschi.

Principe Napolit'Amo senza rist
via Toledo 148 ✉ 80132 – ℘ 08 15 52 36 26 – www.napolitamo.it – info@napolitamo.it 5KZ**g**
13 cam – 60/80 € 70/90 €
◆ Nel centro di Napoli, a 200 m da Palazzo Reale, un piccolo hotel che offre un'accoglienza di tono tipicamente familiare ad un prezzo corretto. Al primo piano.

Belle Arti senza rist
via Santa Maria di Costantinopoli 27 ✉ 80138 – ℘ 08 15 57 10 62 – www.belleartiresort.com – info@belleartiresort.com 5KY**a**
7 cam – 50/70 € 80/110 €
◆ Attorno alla corte interna di un palazzo del XVII sec., alcune camere hanno affreschi originali sapientemente restaurati, tutte sono spaziose e bene accessoriate.

Parteno senza rist
lungomare Partenope 1 ✉ 80121 – ✆ 08 12 45 20 95 – www.parteno.it – bnb@parteno.it **3FXa**
6 cam – 80/99 € 99/125 €
♦ Sul lungomare, al primo piano di un palazzo signorile, elegante bed and breakfast che unisce i caratteri storici di un palazzo ottocentesco a dotazioni all'avanguardia.

L'Alloggio dei Vassalli senza rist
via Donnalbina 56 ✉ 80134 – ✆ 08 15 51 51 18 – www.bandbnapoli.it – info@bandbnapoli.it **5KZf**
7 cam – 39/59 € 69/89 €
♦ Lontano dal formalismo alberghiero ma con camere ricche fascino e storia. In un pittoresco palazzo del centro, grazioso centro benessere e apprezzabile cordialità.

Cappella Vecchia 11 senza rist
via Santa Maria a Cappella Vecchia 11 ✉ 80121 – ✆ 08 12 40 51 17 – www.cappellavecchia11.it – info@cappellavecchia11.it **3FXc**
6 cam – 50/70 € 80/100 €
♦ Al piano nobile di un bel palazzo centrale, una risorsa dotata di due tipologie di camere più o meno moderne e caratterizzata da piccoli spazi comuni di uguale livello.

La Cantinella
via Cuma 42 ✉ 80132 – ✆ 08 17 64 86 84 – www.lacantinella.it – la.cantinella@lacantinella.it – chiuso 24-25 dicembre, dall'8 al 30 agosto e domenica
Rist – (consigliata la prenotazione la sera) Carta 39/65 € **4GXv**
Spec. Filetto di triglia e scaloppa di foie gras alla plancia su vellutata di carciofi, verdure croccanti e riduzione di balsamico. Pasta, piselli e gamberone. Merluzzo arrosto su schiacciatina di patate al basilico, insalatina di fagiolini e salsa ai limoni.
♦ Uno scrigno di bambù con finestre sul Golfo: un grande classico che torna alla ribalta con un giovane cuoco che sposa la tradizione partenopea a piatti più inventivi e personali.

Palazzo Petrucci
piazza San Domenico Maggiore 4 ✉ 80134 – ✆ 08 15 52 40 68 – www.palazzopetrucci.it – info@palazzopetrucci.it – chiuso dal 3 al 23 agosto, domenica sera, lunedì a mezzogiorno, anche domenica a mezzogiono in giugno-luglio **5KYc**
Rist – Menu 45/56 € – Carta 36/70 €
Spec. Lasagnetta di mozzarella di bufala campana e crudo di gamberi su salsa di piselli. Ravioli ripieni di ricotta in crudo di pomodoro, basilico e pecorino. Stratificazione di pastiera napoletana.
♦ Affacciato su una delle piazze più belle di Napoli, Palazzo Petrucci ospita questo splendido ristorante dall'eleganza minimalista: l'ex stalla-grotta dell'edificio cinquecentesco si farà ricordare per la sobrietà di linee e arredi. La cucina, per i sapori locali, esaltati e rivisitati.

Il Comandante – Hotel Romeo
via Cristoforo Colombo 45 ✉ 80133 – ✆ 08 10 17 50 05 – www.romeohotel.it – welcome@romeohotel.it **5KZa**
Rist – *(chiuso agosto, domenica e lunedì) (chiuso a mezzogiorno)* (consigliata la prenotazione) Menu 75/100 € – Carta 70/94 €
♦ Giovane è l'età del cuoco, ma mature sono le sue capacità, grazie ad un curriculum che annovera esperienze nei migliori ristoranti d'Europa. Imparata l'arte, l'ha messa al servizio di questo locale, dove convivono piatti campani, con pochi prodotti per non creare inutili sovrapposizioni di sapori, e ricette più ardite.

Ciro a Santa Brigida
via Santa Brigida 73 ✉ 80132 – ✆ 08 15 52 40 72 – www.ciroasantabrigida.it – ristorante@ciroasantabrigida.it – chiuso dal 5 al 21 agosto **5JZw**
Rist – Carta 30/42 €
♦ Nel cuore di Napoli, tra suggestivi palazzi, Ciro è un'istituzione cittadina e un locale storico: elegante nell'aspetto, tradizionale nella cucina (di terra e di mare).

Napoli Mia

via Schilizzi 18/20 ✉ 80133 – ✆ 08 15 52 22 66 – www.ristorantenapolimia.it – info@ristorantenapolimia.it – chiuso dal 10 al 31 agosto e domenica

Rist – Carta 38/54 € **5KZd**

◆ Piccolo ed accogliente locale a gestione familiare che propone una cucina genuina con piatti locali. Ci si lascia consigliare volentieri dall'affabile proprietario.

L'Europeo di Mattozzi

via Campodisola 4/6/8 ✉ 80133 – ✆ 08 15 52 13 23 – www.mattozzieuropeo.com – mattozzieuropeo@yahoo.it – chiuso dal 15 al 31 agosto e domenica

Rist – Carta 35/45 € (+12 %) **5KZe**

◆ Habitué o no, sarete comunque coccolati dal titolare di un frequentato, semplice ristorante-pizzeria, da decenni con la stessa gestione familiare; cucina locale.

Da Modesta

via Lucilio 11 ✉ 80132 – ✆ 08 17 64 68 82 – www.ristorantedamodesta – damodesta@libero.it – chiuso dall'8 al 24 agosto e lunedì **4GXa**

Rist – Carta 23/36 €

◆ La vista del mare è impedita dagli eleganti palazzi del quartiere Santa Lucia, ma i suoi sapori si ritrovano generosamente nei piatti: gli eterni e intramontabili classici marinari.

La Piazzetta

via Nazario Sauro 21/22 ✉ 80132 – ✆ 08 17 64 61 95 – www.lacantinella.it – lapiazzetta@lacantinella.it **4GXf**

Rist – Carta 24/41 €

◆ Originale ambientazione proprio a forma di piazzetta con tanto di orologio, targhe e insegne. Grandi vetrate sul lungomare e trompe l'oeil in tema. Cucina locale e pizze.

Sbrescia

rampe Sant'Antonio a Posillipo 109 ✉ 80122 – ✆ 0 81 66 91 40 – mariellasbrescia@virgilio.it – chiuso lunedì **1BUr**

Rist – Carta 25/50 €

◆ Ristorante tipico, a gestione familiare, con notevole vista sulla città e sul golfo e belle vasche di pesci e crostacei: in cucina, ovviamente, domina sovrano il mare.

PIZZERIE: in ambienti vivaci ed informali il meglio delle pizze partenopee

Sorbillo

via Tribunali 38 ✉ 80138 – ✆ 08 10 33 10 09 – www.sorbillo.eu – l.sorbillo@tiscali.it – chiuso dall'8 al 22 agosto e domenica escluso in ottobre-dicembre e aprile-maggio **5KYf**

Rist – Carta 8/14 €

◆ Uno dei nomi più celebrati fra le pizzerie cittadine, tanto da moltiplicarsi in filiali. Questa è l'ultima nata: per chi desidera un confort più attento rispetto ad altri indirizzi più spartani.

Di Matteo

via Tribunali 94 ✉ 80138 – ✆ 0 81 45 52 62 – www.pizzeriadimatteo.it – sasadimatteo@gmail.com – chiuso dall'8 al 22 agosto e lunedì escluso novembre-dicembre **6LYd**

Rist – Carta 6/14 €

◆ Dal 1936, un'istituzione a Napoli: da Mastroianni a Clinton sono passati tutti di qui per deliziarsi con pizze nei tradizionali gusti campani e l'immancabile friggitoria.

La Notizia

via Michelangelo da Caravaggio 94/a ✉ 80126 – ✆ 08 17 14 21 55 – www.enzococcia.it – info@pizzaconsulting.it – chiuso dal 24 al 31 dicembre, Pasqua, agosto e lunedì; anche domenica da novembre a marzo **1ABUf**

Rist – *(chiuso a mezzogiorno)* Carta 15/20 € (+10 %)

◆ Non pensate alla solita pizzeria tradizionale, qui tutto è minuscolo, ma di grande vi è la sua pizza: una delle migliori al mondo! (Inevitabile, un po' di attesa fuori dal locale).

Da Michele

via Cesare Sersale 1/3 ✉ 80139 – ✆ 08 15 53 92 02 – www.damichele.net – info@damichele.net – chiuso 3 settimane in agosto, domenica escluso dicembre **6**LY**e**

Rist – Carta 4/10 €

♦ La pizzeria dei record: qui dal 1870 - con i numeri distribuiti all'esterno per regolare l'affluenza - è anche una delle migliori di Napoli. Solo "marinara" e "margherita". Orario continuato dalle 10 alle 23.

NAPOLI (Golfo di)★★★ – **Napoli** – **564** E24 Italia

NARNI – **Terni (TR)** – **563** O19 – **20 426 ab.** – **alt. 240 m** – ✉ **05035** **33** C3

Roma 89 – Terni 13 – Perugia 84 – Viterbo 45

Agriturismo Regno Verde

strada Colli San Faustino 1, (Ponte San Lorenzo), Nord - Est 5 km – ✆ 07 44 74 43 35 – www.agriturismoregnoverde.it – info@agriturismoregnoverde.it

16 cam – †50/70 € ††80/120 € – ½ P 63/83 €

Rist – *(chiuso a mezzogiorno)* Carta 18/27 €

♦ La ristrutturazione di un antico casolare con chiostro interno ha dato vita a questo splendido agriturismo in cima ad un colle: tranquillità e vista paradisiaca. Per chi ama l'equitazione è a disposizione un piccolo maneggio. Attrezzi agricoli disseminati qua e là conferiscono rusticità al ristorante. Cucina casalinga.

a Narni Scalo **Nord : 2 km** – ✉ **05035 Narni Stazione**

Terra Umbra Hotel cam, rist,

via Maratta Bassa 61, Nord-Est : 3 km – ✆ 07 44 75 03 04 – www.terraumbra.it – info@terraumbra.it

27 cam – †44/95 € ††55/135 € – 2 suites – ½ P 50/94 €

Rist ***Al Canto del Gallo*** – ✆ 07 44 75 08 71 *(chiuso lunedì)* Carta 23/58 €

♦ Elegante struttura a vocazione congressuale, offre confortevoli interni in elegante stile rustico dove il calore del legno ben si armonizza con i prevalenti toni del giallo. La capiente sala ristorante con travi a vista e arredi lignei propone piatti della tradizione. Ideale per ospitare cerimonie e pranzi di lavoro.

a Montoro **Sud-Ovest : 8 km** – ✉ **05027**

Il Feudo

via del Forno 10 – ✆ 07 44 73 51 68 – www.ristoranteilfeudo.it – nicoletta.nucciarelli@gmail.com – chiuso lunedì

Rist – Carta 22/38 €

♦ Nel pieno centro storico della città, un locale dal raffinato ambiente rustico: tre salette distribuite su due livelli, dove gustare un'interessante cucina del territorio.

NARZOLE – **Cuneo (CN)** – **561** I5 – **3 521 ab.** – **alt. 325 m** – ✉ **12068** **22** B3

Roma 608 – Torino 68 – Alessandria 88 – Cuneo 44

Victor

località Chiabotti 10, Sud-Est : 2 km – ✆ 01 73 77 63 45 – www.hotelvictor.it – info@hotelvictorlanghe.it

35 cam – †50/85 € ††80/130 € – ½ P 55/80 € **Rist** – Carta 22/51 €

♦ Squisita gestione familiare per una struttura sorta a fine anni '80, in posizione decentrata rispetto al paese: gli interni sono spaziosi, mentre lo stile degli arredi è classico e funzionale. Classica la veste del ristorante con proposte del territorio a prezzi decisamente interessanti.

NATURNO (NATURNS) – **Bolzano (BZ)** – **562** C15 – **5 419 ab.** – **alt. 528 m** – ✉ **39025** **30** B2

Roma 680 – Bolzano 41 – Merano 15 – Milano 341

via Municipale 1 ✆ 0473 666077, info@naturns.it, Fax 0473 666369

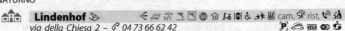

Lindenhof
via della Chiesa 2 – 0473 66 62 42 – www.lindenhof.it – info@lindenhof.it – chiuso dal 10 gennaio al 5 marzo
59 cam – 120/149 € 196/280 € – 1 suite – ½ P 113/225 €
Rist – *(solo per alloggiati)* Menu 59/63 €
◆ Uno splendido giardino con piscina riscaldata, centro benessere e ambienti eleganti, felice connubio di moderno e tradizionale, per regalarvi un soggiorno esclusivo. Sala da pranzo molto luminosa che d'estate si sposta in terrazza.

Feldhof cam, cam,
via Municipio 4 – 0473 66 63 66 – www.feldhof.com – info@feldhof.com – 22 dicembre-8 gennaio e 18 marzo-20 novembre
17 cam – 120/155 € 200/250 € – 32 suites – 250/320 € – ½ P 108/138 €
Rist – *(solo per alloggiati)* Menu 45/59 €
◆ Albergo centrale, circondato da un ameno giardino con piscina; interni in stile tirolese, graziose camere e completo centro benessere in cui ritagliarsi momenti di relax.

Preidlhof cam, rist,
via San Zeno 13 – 0473 66 62 51 – www.preidlhof.it – info@preidlhof.it
25 cam – 100/130 € 200/280 € – 35 suites – 260/400 € – ½ P 115/140 €
Rist – *(chiuso a mezzogiorno)* Carta 46/73 €
◆ Se non fosse che all'esterno vi aspetta l'incantevole scenario delle Dolomiti, sarebbe da non uscire più da quest'oasi di relax e benessere. Romantiche camere fornite di ogni confort ed una spa come poche in Italia: "I Mondi delle Acque" vi aspettano per rigenerarvi. Piatti gourmet al ristorante.

Funggashof cam, cam,
via al Fossato 1 – 0473 66 71 61 – www.funggashof.it – info@funggashof.it – 15 marzo-15 novembre
34 cam – 80/90 € 145/180 € – ½ P 88/110 €
Rist – *(solo per alloggiati)*
◆ In posizione panoramica, hotel immerso in un giardino-frutteto con piscina, ideale per gli amanti della quiete; eleganti ambienti "riscaldati" dal sapiente uso del legno. Nella stube tirolese, una cucina leggera e gustosa con prodotti del territorio.

NAVA (Colle di) – Imperia (IM) – 561 J5 – alt. 934 m 14 A2

Roma 620 – Imperia 35 – Cuneo 95 – Genova 121

Colle di Nava-Lorenzina rist,
via Nazionale 65 18020 Case di Nava – 0183 32 50 44 – www.albergolorenzina.com – lorenzina@uno.it – chiuso dal 15 gennaio al 10 marzo
37 cam – 40/44 € 60/64 €, 10 € – ½ P 50/58 €
Rist – *(chiuso lunedì sera e martedì escluso luglio-agosto)* Carta 29/40 €
◆ Semplice e accogliente struttura dall'esperta e attenta gestione familiare, dispone di un grande giardino attrezzato anche con giochi per gli ospiti più piccoli. La famiglia si occupa persino della cucina e propone piatti caserecci a base di prodotti tipici di montagna.

NE – Genova (GE) – 561 I10 – 2 459 ab. – alt. 186 m – 16040 15 C2

Roma 473 – Genova 50 – Rapallo 26 – La Spezia 75

La Brinca
via Campo di Ne 58 – 0185 33 74 80 – www.labrinca.it – labrinca@labrinca.it – chiuso 15 giorni in luglio, 15 giorni in novembre e lunedì
Rist – *(chiuso a mezzogiorno escluso sabato e i giorni festivi)* Menu 30/35 € – Carta 33/43 €
◆ Animato da una grande passione enologica, il proprietario ha curato personalmente l'allestimento della cantina, che vanta infatti un'ampia selezione di etichette nazionali ed estere. Tale entusiasmo permea anche la tavola: piatti del territorio alleggeriti e presentati con cura.

NEGRAR – Verona (VR) – 562 F14 – 17 128 ab. – alt. 190 m – ✉ 37024 37 A2

Roma 517 – Verona 12 – Brescia 72 – Milano 160

Relais La Magioca senza rist

località Moron 3, Sud : 3 km – ☎ 04 56 00 01 67 – www.magioca.it – info@magioca.it

6 cam – †180/280 € ††230/350 €

◆ Immerso nei vigneti, l'antico casolare con chiesetta originaria del XIII secolo offre ambienti rustici, carichi di romantico fascino all'insegna dell'esclusività, tra calore e charme.

NEIVE – Cuneo (CN) – 561 H6 – 3 315 ab. – alt. 308 m – ✉ 12052 25 C2

Roma 643 – Genova 125 – Torino 70 – Asti 31

La Luna nel Pozzo

piazza Italia – ☎ 0 17 36 70 98 – www.lalunanelopozzo-neive.it – ristorante@lalunanelpozzo-neive.it – chiuso dal 7 al 17 gennaio e dal 25 giugno al 15 luglio

Rist – *(chiuso martedì sera e mercoledì)* Menu 55 € – Carta 45/54 €

◆ La passione per la cucina e per l'accoglienza ha incentivato un medico ed una biologa a passare alla ristorazione: in questo locale del centro storico, la tradizione è regina incontrastata.

La Contea con cam

piazza Cocito 8 – ☎ 0 17 36 71 26 – www.la-contea.it – lacontea@la-contea.it – chiuso dal 23 al 29 dicembre e dal 15 febbraio al 10 marzo

21 cam – †70 € ††90 €

Rist – *(chiuso domenica sera e lunedì escluso da settembre a novembre)* Menu 59 € – Carta 56/79 €

◆ Tonino ha sempre avuto una predilezione per i prodotti della terra, per il vino e il buon cibo: tutto questo si concretizza nella sua cucina dove la tradizione incontra la fantasia. Mobili d'antiquariato e il dolce respiro delle Langhe nelle graziose camere.

NEPI – Viterbo (VT) – 563 P19 – 9 258 ab. – alt. 227 m 12 B1

Roma 55 – Viterbo 47 – Guidonia 66 – Perugia 134

Casa Tuscia

via di Porta Romana – ☎ 07 61 55 50 70 – www.ristorantecasatuscia.it – info@ristorantecasatuscia.it

Rist – Menu 45 € – Carta 30/56 €

◆ Una passeggiata archeologica tra porte romane, mura e castello rinascimentali: nell'ex mattatoio novecentesco una sorprendente cucina nazionale rivisitata con fantasia.

NERANO – Napoli – Vedere Massa Lubrense

NERVESA DELLA BATTAGLIA – Treviso (TV) – 562 E18 – 7 002 ab. – alt. 78 m – ✉ 31040 36 C2

Roma 568 – Belluno 68 – Milano 307 – Treviso 20

Da Roberto Miron

piazza Sant'Andrea 26 – ☎ 04 22 88 51 85 – www.ristorantemiron.it – info@ristorantemiron.com – chiuso dal 16 al 31 marzo, lunedì e martedì

Rist – Carta 29/41 €

◆ Locale classico gestito dal 1935 dalla stessa famiglia, dove provare le specialità ai funghi. Carta dei vini con numerose proposte francesi e distillati di ogni tipo.

NERVI – Genova (GE) – 561 I9 – ✉ 16167 Italia 15 C2

Roma 495 – Genova 11 – Milano 147 – Savona 58

Passeggiata★★ Anita Garibaldi - Parchi★ - Musei di Nervi★

Villa Pagoda rist,

via Capolungo 15 – ☎ 0 10 32 32 00 – www.villapagoda.it – info@villapagoda.it

13 cam – †125/225 € ††165/265 € – 4 suites – ½ P 105/205 €

Rist *Il Roseto* – Carta 35/45 €

◆ Vacanze esclusive in una panoramica villa ottocentesca, circondata da un piccolo parco ombreggiato; grande raffinatezza negli interni signorili dall'atmosfera romantica. Arioso ristorante dove il tempo sembra essersi fermato in un momento di dolce serenità.

Astor rist,

viale delle Palme 16 – ✆ 0 10 32 90 11 – www.astorhotel.it – astor@astorhotel.it
41 cam – 101/165 € 140/210 € **Rist** – Carta 42/63 €
◆ Abbracciato da un piccolo parco secolare, l'hotel totalmente ristrutturato dispone di interni di taglio classico e camere confortevoli. Ideale per una clientela d'affari, ma anche per gli amanti di un soggiorno rilassante. Servizio ristorante estivo sulla fresca veranda.

Esperia rist,

via Val Cismon 1 – ✆ 0 10 32 17 77 – www.hotelesperia.it – info@hotelesperia.it – chiuso dal 9 al 22 novembre
27 cam – 70/100 € 110/140 € – ½ P 75/95 €
Rist – *(chiuso ottobre-novembre) (solo per alloggiati)* Menu 20/25 €
◆ Albergo fine anni '50 - completamente ristrutturato nel corso degli ultimi anni - dispone di ambienti interni d'ispirazione contemporanea, camere lineari e possibilità di accesso gratuito al vicino stabilimento balneare (sugli scogli).

The Cook (Ivano Ricchebono)

via Marco Sala 77/79 r – ✆ 01 03 20 29 52 – www.thecook.it – info@thecook.it – chiuso 1 settimana in marzo, 2 settimane in luglio e lunedì
Rist – *(chiuso a mezzogiorno escluso sabato e domenica)* (consigliata la prenotazione) Menu 40/60 € – Carta 46/62 €
Spec. Crudo di mare. Farfalle, acciughe nostrane, bottarga di tonno. Triglia, besugo, gamberi rossi in zuppetta con asparagi aromatizzata all'aneto.
◆ Lungo la strada che attraversa il centro di Nervi, la cucina sposa le irrinunciabili tradizioni liguri, ma le svecchia, reinterpretandole e alleggerendole. Una successione di piatti che sono lo specchio del locale, informato ad un design moderno ed elegante.

NERVIANO – Milano (MI) – 561 F8 – 17 388 ab. – alt. 175 m – ✉ 20014 **18** A2

Roma 600 – Milano 25 – Como 45 – Novara 34

Antica Locanda del Villoresi rist,

strada statale Sempione 4 – ✆ 03 31 55 94 50 – www.locandavilloresi.it – info@locandavilloresi.it – chiuso agosto
16 cam – 50/90 € 70/160 €
Rist – *(chiuso sabato a mezzogiorno e lunedì)* Carta 29/50 €
◆ Vecchia cascina completamente rinnovata, lungo la strada del Sempione; curati spazi interni d'impronta moderna, lineari e confortevoli, camere accoglienti e sobrie. Arioso ristorante arredato in modo gradevole.

La Guardia

via 20 Settembre 73 angolo statale Sempione – ✆ 03 31 58 76 15 – www.ristorantelaguardia.it – info@ristorantelaguardia.it – chiuso dal 1° all'11 gennaio, dal 9 al 29 agosto, domenica sera e lunedì
Rist – Menu 30 € (vegetariano)/50 € – Carta 36/50 €
◆ Lungo la statale del Sempione, isolato dal traffico, un villino indipendente arredato in stile rustico-elegante e ingentilito da una bella veranda affacciata sul giardino. La cucina è sempre meritevole: squisitamente lombarda, presta particolare attenzione ai prodotti di stagione.

NETTUNO – Roma (RM) – 563 R19 – 44 444 ab. – ✉ 00048 Italia **13** C3

Roma 55 – Anzio 3 – Frosinone 78 – Latina 22

Astura Palace Hotel rist,

viale Matteotti 75 – ✆ 0 69 80 56 54 – www.asturapalace-hotel.it – info@asturapalace-hotel.it
57 cam – 110/160 € 170/230 € – ½ P 115/145 €
Rist – *(aprile-settembre) (solo per alloggiati)* Menu 30 €
◆ Di fronte al porto turistico, nella zona più elegante e commerciale della città, un moderno ed imponente albergo, particolarmente indicato per una clientela d'affari.

NEUMARKT = Egna

NEUSTIFT = Novacella

NEVIANO DEGLI ARDUINI – Parma (PR) – 561 I12 – 3 736 ab. – alt. 517 m – ✉ 43024 8 B2

Roma 463 – Parma 32 – Modena 65 – Reggio nell'Emilia 35

via Capetta 1 ☎ 0521 840151 parcofuso@provincia.parma.it Fax 0521 840148

XX **Trattoria Mazzini**

via Ferrari 84 – ☎ 05 21 84 31 02 – roby.bonati@gmail.it – chiuso ottobre, giovedì, anche lunedì da novembre a maggio

Rist – Carta 25/35 €

◆ Cucina del territorio in una deliziosa saletta caratterizzata da quadri e ceramiche, nonché curiose composizioni di frutta e fiori secchi. Se la stagione lo permette, non esitate a prendere posto all'aperto, sulla fresca terrazza cinta da belle fioriere.

NEVIGLIE – Cuneo (CN) – 423 ab. – ✉ 12050 25 C2

Roma 662 – Torino 98 – Cuneo 78 – Asti 36

XX **Locanda San Giorgio** con cam

località Castellero 9 – ☎ 01 73 63 01 15 – www.locandasangiorgio.it – reception@locandasangiorgio.it – chiuso gennaio-febbraio

14 cam – †65 € ††95 € – ½ P 60 € **Rist** – *(chiuso lunedì)* Carta 34/67 €

◆ Raffinato ristorante situato fuori paese, nella splendida e tranquilla cornice delle Langhe, propone piatti tradizionali a base di funghi e tartufi. Questo casolare ottocentesco, che un tempo è stato convento per frati, propone camere personalizzate e molto carine.

NIBIONNO – Lecco (LC) – ✉ 23895 18 B1

Roma 620 – Milano 44 – Lecco 21 – Monza 24

La California Relais

località California 2 – ☎ 0 31 69 09 12 – www.relaislacalifornia.it – info@relaislacalifornia.it

20 cam – †90/180 € ††150/270 €

Rist I Melograni – vedere selezione ristoranti

◆ Lunghi anni di restauri e poi il fiocco azzurro per questo relais immerso nel verde e dagli ambienti personalizzati: la maggior parte delle eleganti camere si trovano nel corpo centrale, le rimanenti in una dépendance di fronte alla piscina. Percorso vita nel giardino, centro benessere e vista pregevole.

XXX **I Melograni**

località California 2 – ☎ 0 31 69 11 03 – www.ristoranteimelograni.com – food@ristoranteimelograni.com

Rist – Carta 33/64 €

◆ All'interno del suggestivo relais La California, il ristorante propone la tradizionale cucina del territorio con i suoi ineguagliabili sapori rivisitati in chiave moderna. Ambiente elegante.

NICASTRO – Catanzaro – 564 K30 – Vedere Lamezia Terme

NICOLOSI – Catania (CT) – 365 AZ58 – 7 062 ab. – alt. 700 m – ✉ 95030 Sicilia 40 D2

Catania 16 – Enna 96 – Messina 89 – Siracusa 79

via Martiri d'Ungheria 38 ☎ 095 911505 strnicolosi@regione.sicilia.it Fax 095 7914575

a Piazza Cantoniera Etna Sud Nord : 18 km – alt. 1 881 m

Corsaro

– ☎ 0 95 91 41 22 – www.hotelcorsaro.it – info@hotelcorsaro.it – chiuso dal 15 novembre al 24 dicembre

17 cam – †65/75 € ††90/100 € – ½ P 70 € **Rist** – Carta 23/43 €

◆ In un paesaggio lunare di terreno lavico, è quasi un rifugio con vista su un quarto della Sicilia, mare e Calabria da alcune camere del secondo piano. Impianti di risalita nelle vicinanze. Gli autentici sapori locali nel capiente ristorante. Proverbiali: le paste, i funghi e le grigliate di carne.

NICOSIA – Enna (EN) – **365** AV57 – **14 704 ab.** – **alt. 724 m** – ✉ **94014** **40** C2

Agrigento 120 – Caltanissetta 55 – Catania 97 – Enna 48

Baglio San Pietro cam, rist,

contrada San Pietro – ☎ 09 35 64 05 29 – www.bagliosanpietro.com – info@bagliosanpietro.com – 15 marzo-3 novembre

9 cam – 52 € 90 € – ½ P 62 € **Rist** – Carta 18/26 €

♦ In posizione panoramica, baglio risalente al '600 (nelle parti più antiche): ambienti rustici e semplici, ma confortevoli. Delizioso, il giardino-solarium. Negli spazi dell'ex fienile - oppure all'aperto - tipici sapori locali, spesso dimenticati.

NIEDERDORF = Villabassa

NIEVOLE – Pistoia – Vedere Montecatini Terme

NIZZA MONFERRATO – Asti (AT) – **561** H7 – **10 388 ab.** – **alt. 138 m** – ✉ **14049** **25** D2

Roma 604 – Alessandria 32 – Asti 28 – Genova 106

Agriturismo Tenuta la Romana senza rist

strada Canelli 59, Sud : 2 km – ☎ 01 41 72 75 21 – www.tenutalaromana.it – info@tenutalaromana.it – chiuso dal 2 gennaio al 7 febbraio

12 cam – 80/130 € 120/175 € – 2 suites

♦ Una breve strada in salita è sufficiente per abbandonare la zona industriale di Nizza e raggiungere un panoramico edificio settecentesco dagli ampi e gradevoli spazi comuni, sia interni sia esterni. Risorsa ben strutturata per l'organizzazione di meeting e banchetti.

NOALE – Venezia (VE) – **562** F18 – **15 719 ab.** – **alt. 18 m** – ✉ **30033** **36** C2

Roma 522 – Padova 25 – Treviso 22 – Venezia 20

Due Torri Tempesta cam,

via dei Novale 59 – ☎ 04 15 80 07 50 – www.hotelduetorritempesta.it – hotelduetorritemp@tiscalinet.it – chiuso dal 1° al 9 gennaio e dal 10 al 20 agosto

40 cam – 55/75 € 83/105 € – ½ P 73/80 €

Rist – *(chiuso domenica) (chiuso a mezzogiorno)* Carta 22/29 €

♦ Poco fuori dal centro, hotel dall'originale design d'impronta contemporanea con piacevoli spazi nei quali predomina il legno elaborato anche in alcuni piloni dalle geometrie particolari. Una sorta di curiosa "ossatura" centrale in legno curvato domina la sala da pranzo.

NOBIALLO – Como – **561** D9 – Vedere Menaggio

NOCERA SUPERIORE – Salerno (SA) – **564** E26 – **24 072 ab.** – **alt. 70 m** – ✉ **84015** **6** B2

Roma 246 – Napoli 43 – Avellino 36 – Salerno 15

Villa Albani

via Pecorari 33 – ☎ 08 15 14 34 37 – www.villaalbani.it – info@villaalbani.it

26 cam – 95/115 € 130/170 € – ½ P 90/115 €

Rist – *(chiuso a mezzogiorno)* (prenotazione obbligatoria) *(solo per alloggiati)* Carta 28/53 €

♦ Nel centro storico, questa recente e signorile risorsa dispone di camere confortevoli e di un curato giardino con piscina: piacevole isola di tranquillità.

XX **La Fratanza**

via Garibaldi 9 – ☎ 08 19 36 83 45 – www.lafratanza.it – info@lafratanza.it – chiuso sabato a mezzogiorno, domenica sera, lunedì

Rist – Carta 27/43 €

♦ Locale a gestione familiare, ubicato in una zona tranquilla fuori dal centro. L'esterno è circondato dal giardino, all'interno una sala di tono rustico con arredi curati.

Luna Galante

via Santa Croce 13 – ✆ 08 15 17 60 65 – www.lunagalante.it – info@lunagalante.it – chiuso lunedì
Rist – Carta 21/34 €
◆ Al confine con Nocera Inferiore, in posizione tranquilla, ristorante dalla motivata gestione familiare. Proposte del territorio, arricchite da fantasia e ottime materie prime.

NOCI – Bari (BA) – 564 E33 – 19 403 ab. – alt. 420 m – ✉ 70015 — 27 C2

Roma 497 – Bari 49 – Brindisi 79 – Matera 57
piazza Plebiscito 43 ✆ 080 4978889

Abate Masseria

strada provinciale per Massafra km 0,300, Sud-Est: 1 km – ✆ 08 04 97 82 88 – www.abatemasseria.it – info@abatemasseria.it – aprile-13 novembre
8 cam – ††100/249 € – ½ P 80/154 €
Rist *Il Briale* – *(chiuso novembre e mercoledì)* Carta 32/51 €
◆ Bel complesso agricolo con edifici in tufo e trulli intorno ad un curato giardino cinto da mura. Le camere affacciate sul prato - alcune di esse con un proprio spazio riservato - vantano una tenuta perfetta e bei mobili. Per chi non rinuncia allo sport neanche in vacanza: piscina, campo da tennis e da calcetto.

Cavaliere

via Tommaso Siciliani 47 – ✆ 08 04 97 75 89 – www.hotelcavaliere.it – info@hotelcavaliere.it
33 cam – †80/95 € ††110/140 €
Rist – *(chiuso domenica sera)* Carta 28/41 €
◆ Una completa ristrutturazione ha riconsegnato un albergo accogliente, con stanze eleganti dalle linee classiche e una bella terrazza per piacevoli serate o per il relax. Due ampie sale da pranzo, molto luminose.

Agriturismo Le Casedde

strada provinciale 239 km 12,800, Ovest : 2,5 km – ✆ 08 04 97 89 46 – www.lecasedde.com – info@lecasedde.com
8 cam – †60/68 € ††72/78 € – ½ P 58/65 €
Rist – (prenotazione obbligatoria) Menu 23/30 €
◆ All'interno di caratteristici trulli, una risorsa agrituristica semplice nelle strutture, ma con piacevoli interni d'ispirazione contemporanea, curati e accoglienti. Piatti preparati con prodotti locali, nella sala ristorante con camino centrale.

L'Antica Locanda

via Spirito Santo 49 – ✆ 08 04 97 24 60 – www.pasqualefatalino.it – info@pasqualefatalino.it – chiuso domenica sera, martedì
Rist – Menu 25/40 € – Carta 27/39 €
◆ In uno dei vicoli del caratteristico borgo - sotto volte in tufo - i sapori autentici della regione ispirano la cucina, elaborata partendo dai prodotti di questa terra. Stile rustico e allegre tovaglie colorate.

a Montedoro Sud-Est : 3 km – ✉ 70015 Noci

Il Falco Pellegrino

zona B 47/c – ✆ 08 04 97 43 04 – falcogest@inwind.it – chiuso domenica sera, lunedì
Rist – Carta 31/41 €
◆ Ristorante all'interno di una bella villetta nel cuore della campagna, propone specialità di pesce e proposte di cucina locale; invitante servizio estivo in giardino.

NOLA – Napoli (NA) – 564 E25 – 32 869 ab. – alt. 34 m – ✉ 80035 — 6 B2

Roma 217 – Napoli 33 – Benevento 55 – Caserta 34

Le Baccanti

via Puccini 5 – ✆ 08 15 12 21 17 – ristorantelebaccanti@alice.it – chiuso dal 24 al 26 dicembre, dal 6 all'8 aprile, dal 10 al 30 agosto, domenica sera, lunedì
Rist – Carta 35/60 €
◆ Semplice locale dotato di due grandi finestre che si affacciano sulle cucine, dalle quali giungono piatti fantasiosi in cui tradizione e creatività diventano un tutt'uno; servizio informale.

in prossimità casello autostrada A 30 Ovest: 1,5 km

Ferrari
via Nazionale delle Puglie 349, località San Vitaliano – ✆ 08 15 19 80 83 – www.hotelferrari.it – info@hotelferrari.it
68 cam – 78/95 € 99/135 € – ½ P 80/95 €
Rist – *(chiuso 24-25-26 dicembre e 15-16-17 agosto) (chiuso a mezzogiorno)* Menu 25/35 €
◆ Marmi, boiserie ed una raffinata atmosfera per questo moderno hotel a vocazione congressuale; camere arredate con ricercatezza e sale idonee per allestire conferenze o riunioni di lavoro. Legno ed eleganza ritornano anche al ristorante, ideale cornice per cerimonie o cene ispirate ai sapori del mare.

NOLI – Savona (SV) – **561** J7 – **2 907 ab.** – ✉ **17026** Liguria **14** B2

Roma 563 – Genova 64 – Imperia 61 – Milano 187

corso Italia 8 ✆ 019 7499003, noli@inforiviera.it, Fax 019 7499300

Chiesa di S. Paragorio★

Italia senza rist
corso Italia 23 – ✆ 0 19 74 83 26 – www.hotelitalianoli.com – hotelitalia@alice.it – chiuso novembre
15 cam – 90/130 € 110/170 €
◆ Nel centro di Noli, ma affacciato sul mare, questo hotel rinnovato in anni recenti propone ambienti comuni e camere arredate in modo moderno e dalle calde tonalità.

Residenza Palazzo Vescovile
piazzale Rosselli – ✆ 01 97 49 90 59 – www.hotelvescovado.it – info@hotelvescovado.it – chiuso dal 5 novembre al 6 dicembre
8 cam – 90/150 € 140/200 € – ½ P 115/165 €
Rist *Il Vescovado - La Fornace di Barbablù* – vedere selezione ristoranti
◆ Una suggestiva e indimenticabile vacanza nell'antico Palazzo Vescovile, in ambienti ricchi di fascino: alcuni impreziositi da affreschi e con splendidi arredi d'epoca. Vista sublime dalle terrazze.

XXX ✿ **Il Vescovado-La Fornace di Barbablù** – Residenza Palazzo Vescovile
piazzale Rosselli – ✆ 01 97 49 90 59 – www.ristorantevescovado.it – info@ristorantevescovado.it – chiuso mercoledì a mezzogiorno, anche martedì a mezzogiorno in luglio-agosto, tutto il giorno negli altri mesi
Rist – Menu 60/80 € – Carta 70/90 €
Spec. Cappon magro. Palamita in crosta di pane con maionese di bottarga. Nasello da palamito in croccante di panissa e pesto di noci.
◆ Tre deliziose salette all'interno del prestigioso complesso architettonico noto come Palazzo Vescovile e nel periodo estivo un piacevole servizio in terrazza con vista mare. Curiosi di saperne di più circa la cucina? Decisamente ligure, con qualche apprezzabile tocco estroso.

X **Nazionale**
corso Italia 37 – ✆ 0 19 74 88 87 – chiuso 1 settimana in maggio, dal 15 ottobre al 24 dicembre e lunedì
Rist – Carta 39/54 €
◆ Lungo la statale, all'estremità della località, locale di lunga tradizione familiare "vecchia maniera". Preparazioni semplici, sapori netti, porzioni abbondanti.

a Voze Nord-Ovest : 4 km – ✉ **17026 Noli**

XX **Lilliput**
via Zuglieno 49 – ✆ 0 19 74 80 09 – chiuso dal 10 gennaio all'11 febbraio, dal 3 novembre al 2 dicembre, lunedì
Rist – *(chiuso a mezzogiorno escluso sabato e i giorni festivi)* Carta 45/82 €
◆ In una piacevole casa circondata da un giardino ombreggiato con minigolf, un locale dall'ambiente curato che propone piatti di mare; servizio estivo in terrazza.

NONANTOLA - Modena (MO) - 562 H15 - 15 111 ab. - alt. 24 m 9 C3

- ✉ 41015 Italia

Roma 415 - Bologna 34 - Ferrara 62 - Mantova 77

Sculture romaniche★ nell'abbazia

a Rubbiara Sud: 7 km - ✉ 41015

Osteria di Rubbiara

via Risaia 2/4 - 0 59 54 90 19 - www.acetaiapedroni.it - info@acetaiapedroni.it - chiuso dal 20 dicembre al 10 gennaio, agosto e martedì
Rist - *(chiuso la sera escluso venerdì e sabato)* (prenotazione obbligatoria)
Carta 17/21 €

◆ In aperta campagna, osteria pluricentenaria dall'ambiente tipico, con sala in stile rustico; annessa l'azienda agricola per la produzione di vino e aceto balsamico, visitabile previo appuntamento.

NORCIA - Perugia (PG) - 563 N21 - 4 997 ab. - alt. 604 m - ✉ 06046 33 D2

Italia Centro Nord

Roma 157 - Ascoli Piceno 56 - L'Aquila 119 - Perugia 99

Località★

Parco dei Monti Sibillini★

Palazzo Seneca

via Cesare Battisti 10 - 07 43 81 74 34 - www.palazzoseneca.com - info@palazzoseneca.com
23 cam - 104/228 € 130/310 € - 1 suite - ½ P 108/195 €
Rist - *(chiuso 2 settimane in gennaio)* Carta 46/114 €

◆ Nel cuore di Norcia, una deliziosa risorsa all'interno di un palazzo storico: arredi in stile a partire dalla bella ed ampia hall sino alle camere, tutte personalizzate e di ottima fattura. Al ristorante, cucina moderna nelle due piacevoli salette affacciate sul giardino.

Salicone senza rist

viale Umbria - 07 43 82 80 81 - www.bianconi.com - info@bianconi.com
71 cam - 65/139 € 82/173 €

◆ Alle porte della cittadina - nei pressi del centro sportivo - questa struttura è particolarmente indicata per una clientela d'affari con ambienti comuni ridotti, ma camere ampie dagli arredi classici e provviste di uno spazioso piano di lavoro.

Grotta Azzurra

via Alfieri 12 - 07 43 81 65 13 - www.bianconi.com - info@bianconi.com
46 cam - 47/90 € 59/113 € - 4 suites - ½ P 58/95 €
Rist ***Granaro del Monte*** - Carta 24/54 €

◆ Semplice alberghetto in pieno centro storico, in un edificio d'epoca, dove è stata ricreata l'atmosfera del tempo passato con arredi in stile antico; camere funzionali. Nelle sale del ristorante oggetti, dipinti, decorazioni ricordano un tempo ormai lontano.

Agriturismo Casale nel Parco dei Monti Sibillini

Località Fontevena 8, Nord : 1,5 km - 33 56 58 67 36 - www.casalenelparco.com - agriumbria@casalenelparco.com - chiuso novembre, gennaio e febbraio
15 cam - 50/70 € 70/110 € - ½ P 80/90 €
Rist - (consigliata la prenotazione) Carta 25/35 €

◆ Casa colonica trasformata in agriturismo: il corpo centrale, i pollai e la stalla sono stati riconvertiti in camere con letti a baldacchino e travi a vista. Alcune di esse attrezzate con angolo cottura, ma per tutti c'è a disposizione una cucina per preparare le pappe ai bimbi o una tisana.

Taverna de' Massari

via Roma 13 - 07 43 81 62 18 - www.tavernademassari.com - info@tavernademassari.com - chiuso martedì escluso da luglio a settembre
Rist - Carta 24/48 €

◆ Taverna nel cuore della località: una piccola saletta con tre tavoli, da cui si accede alla sala principale, con soffitti ad arco e affreschi; piatti della tradizione.

Beccofino

piazza San Benedetto 12/b – ✆ 07 43 81 60 86 – beccofinonorcia@alice.it – chiuso mercoledì

Rist – (consigliata la prenotazione) Menu 25/45 € – Carta 28/40 €

♦ Forti legami con la tradizione per la cucina di questo locale situato all'ombra della statua di San Benedetto. Due salette contigue, semplici nello stile con pochi accessori e pochi orpelli, ma solo un grande affresco ad impreziosire una delle pareti. Bella cantina con oltre 250 etichette e proposte al bicchiere.

NOSADELLO – **Cremona** – **Vedere Pandino**

NOTARESCO – **Teramo (TE)** – **563** O23 – **6 979 ab.** – **alt. 267 m** – ✉ **64024** **1** B1

Roma 180 – Ascoli Piceno 59 – Chieti 55 – Pescara 42

sulla strada statale 150 **Sud : 5 km :**

3 Archi

via Antica Salara 25 ✉ 64024 – ✆ 0 85 89 81 40 – www.trearchi.net – info@trearchi.net – chiuso novembre, martedì sera e mercoledì

Rist – Carta 26/46 €

♦ Locale caldo ed accogliente, caratterizzato da un grande disimpegno arredato in stile rustico e due sale con spazio per la cottura di carni alla griglia. Cucina abruzzese e teramana.

NOTO – **Siracusa (SR)** – **365** AZ62 – **23 766 ab.** – **alt. 152 m** – ✉ **96017** **40** D3
Sicilia

Catania 88 – Ragusa 54 – Siracusa 32

piazza XVI Maggio ✆ 0931 573779, Fax 0931 836744

Località★★ - Centro Barocco★★ - Cattedrale★★ - Piazza Municipio★ – Balconi★★★ di Palazzo Nicolaci di Villadorata - Via Nicolaci★ - Chiesa di S. Domenico★

Cava Grande del Cassìbile★★: 19 km nord

a Lido di Noto **Sud-Est : 7,5 km** – ✉ **96017 Noto**

La Corte del Sole

contrada Bucachemi, località Eloro-Pizzuta – ✆ 09 31 82 02 10 – www.lacortedelsole.it – info@lacortedelsole.it – chiuso dal 15 gennaio al 15 febbraio

34 cam – †55/118 € ††84/196 € – ½ P 120/132 €

Rist – *(aprile-ottobre) (chiuso a mezzogiorno)* Carta 27/38 €

♦ Tipica struttura siciliana ottocentesca con baglio interno: camere accoglienti, ma il punto forte è un panoramico giardino-terrazza su campagna e mare. Il caratteristico ristorante è stato ricavato all'interno del vecchio frantoio.

Villa Mediterranea senza rist

viale Lido – ✆ 09 31 81 23 30 – www.villamediterranea.it – info@villamediterranea.it – aprile-ottobre

15 cam – †70/140 € ††80/150 €

♦ Struttura che di recente ha pressoché raddoppiato la propria capacità ricettiva, mantenendo però intatto lo spirito d'accoglienza familiare. Accesso diretto alla spiaggia.

NOVACELLA (NEUSTIFT) – **Bolzano (BZ)** – **562** B16 – **alt. 590 m** – **Sport invernali : La Plose-Plancios : 1 503/2 500 m** 1 9 **(Comprensorio Dolomiti superski Val d'Isarco)** – ✉ **39040** Italia Centro Nord **31** C1

Roma 685 – Bolzano 44 – Brennero 46 – Cortina d'Ampezzo 112

Abbazia★★

Pacherhof cam, VISA

località Varna, vicolo Pacher 1 – ✆ 04 72 83 57 17 – www.pacherhof.com – info@pacherhof.com – chiuso dal 21 gennaio al 15 marzo

17 cam – 60/71 € 100/150 € – 5 suites – ½ P 90/110 €

Rist – (prenotazione obbligatoria) Menu 22/45 €

◆ Splendidamente incorniciata dai vigneti dei bianchi dell'Alto Adige, questa bella casa in stile garantisce piacevoli soggiorni conditi con una sana eleganza agreste. Cucina servita in tre caratteristiche stube antiche.

Pacher rist, VISA

via Pusteria 6 – ✆ 04 72 83 65 70 – www.hotel-pacher.com – info@hotel-pacher.com – chiuso dal 7 novembre al 3 dicembre

37 cam – 58/79 € 103/130 € – ½ P 71/85 €

Rist – *(chiuso lunedì)* Carta 33/49 €

◆ Sarà piacevole soggiornare in questa struttura circondata dal verde, con gradevoli interni in moderno stile tirolese e ariose camere. Ampia sala da pranzo completamente rivestita in legno; servizio ristorante estivo in giardino.

Ponte-Brückenwirt rist, rist, VISA

via Abbazia 2 – ✆ 04 72 83 66 92 – www.hotel-brueckenwirt.com – info@hotel-brueckenwirt.com – chiuso febbraio

12 cam – 42/45 € 82/90 € – ½ P 52/60 €

Rist – *(chiuso mercoledì)* Carta 23/27 €

◆ A pochi passi dalla famosa abbazia, hotel immerso in un piccolo parco con piscina riscaldata: accoglienti spazi comuni arredati in stile locale, belle camere mansardate. Grande e luminosa sala ristorante, servizio all'aperto nella bella stagione.

NOVAFELTRIA – Rimini (RN) – 563 K18 – 7 312 ab. – alt. 275 m – ✉ 61015 9 D3

Roma 315 – Rimini 32 – Perugia 129 – Pesaro 83

Due Lanterne con cam VISA

frazione Torricella 215, Sud : 2 km – ✆ 05 41 92 02 00 – gianlucacarbone@libero.it – chiuso dal 23 al 31 dicembre

12 cam – 45 € 65 € – ½ P 55 €

Rist – *(chiuso lunedì)* (consigliata la prenotazione) Carta 19/27 €

◆ Cucina regionale con tante specialità al tartufo in un ambiente caldo ed accogliente: una sala rivolta verso la vallata e le colline circostanti, curata nell'arredamento come nella tenuta. Terrazza e dehors estivo.

Del Turista-da Marchesi VISA

località Cà Gianessi 7, Ovest : 4 km – ✆ 05 41 92 01 48 – www.damarchesi.it – audrylu@hotmail.it – chiuso dal 20 giugno al 5 luglio e martedì escluso luglio-agosto

Rist – Carta 18/34 €

◆ Tra Marche e Romagna, un rifugio per chi riconosce la buona cucina, quella attenta a ciò che la tradizione ha consegnato. Piacevole l'ambiente, di tono tustico, riscaldato da un caminetto in pietra.

NOVA LEVANTE (WELSCHNOFEN) – Bolzano (BZ) – 562 C16 – 1 909 ab. – alt. 1 182 m – Sport invernali : 1 182/2 350 m 11 (Vedere anche Carezza al Lago e passo di Costalunga) – ✉ 39056 Italia Centro Nord 31 D3

Roma 665 – Bolzano 19 – Cortina d'Ampezzo 89 – Milano 324

via Carezza 21 ✆ 0471 613126, info@carezza.com, Fax 0471 613360

Carezza via Carezza 171, ✆ 0471 61 22 00

Lago di Carezza★: 5,5 km sud-est

Engel

via San Valentino 3 – ✆ 04 71 61 31 31 – www.hotel-engel.com – resort@hotel-engel.com – chiuso dal 2 aprile al 15 maggio

63 cam – 90/150 € 180/300 € – 2 suites – ½ P 139/169 €

Rist – *(chiuso a mezzogiorno)* Carta 29/59 €

◆ Hotel completamente ristrutturato, offre servizi completi ed un centro benessere tra i più belli della zona. Belle camere, spaziose e signorili. Al ristorante vanno in tavola le specialità locali.

NOVA PONENTE (DEUTSCHNOFEN) – Bolzano (BZ) – 562 C16 — 31 D3

– 3 861 ab. – alt. 1 357 m – Sport invernali : a Obereggen : 1 512/2 500 m 1 7 (Comprensorio Dolomiti superskiVal di Fassa-Obereggen) – ✉ 39050

Roma 670 – Bolzano 25 – Milano 323 – Trento 84

via Centro 9/a ✆ 0471 616567, info@eggental.com, Fax 0471 616727

Petersberg Unterwinkel 5, ✆ 0471 6 15 12

Pfösl

via rio Nero 2, Est : 1,5 km – ✆ 04 71 61 65 37 – www.pfoesl.it – info@pfosl.it – 4 dicembre-25 aprile e 15 maggio-9 novembre

44 cam – 120/170 € 180/240 € **Rist** – Carta 46/61 €

◆ Grande casa in stile montano ristrutturata con gusto moderno, in mezzo al verde, con incantevole veduta delle Dolomiti; camere rinnovate di recente, bel centro relax. Per soddisfare l'appetito si può optare per la sala con vista sulla valle o per la stube.

Stella-Stern

Centro 18 – ✆ 04 71 61 65 18 – www.hotel-stern.it – info@hotel-stern.it – chiuso novembre e da Pasqua al 22 maggio

28 cam – 50/65 € 80/110 € – ½ P 65/80 €

Rist – *(chiuso martedì)* Carta 22/40 €

◆ Nella piazza in centro al paese, albergo di tradizione a gestione diretta: parquet e soffitto in legno nel soggiorno d'impronta moderna, camere non recentissime ma funzionali. Presso l'elegante ristorante, un'ottima cucina italiana e tirolese.

a Monte San Pietro (Petersberg) Ovest : 8 km – alt. 1 389 m – ✉ 39050

Peter

Paese 24 – ✆ 04 71 61 51 43 – www.hotel-peter.it – info@hotel-peter.it – chiuso dal 5 al 30 novembre

39 cam – 50/80 € 100/160 € – 2 suites **Rist** – Menu 25/50 €

◆ Tipico albergo tirolese in una graziosa struttura immersa nel verde e nella tranquillità; romantici spazi interni, camere confortevoli, luminosa zona fitness. Soffitto in legno a cassettoni nella sala da pranzo.

NOVARA P (NO) – 561 F7 – 103 602 ab. – alt. 162 m – ✉ 28100 — 23 C2

Italia

Roma 625 – Stresa 56 – Alessandria 78 – Milano 51

corso Garibaldi 23 ✆ 0321 331620, iatturismo@comune.novara.it, Fax 0321 630291

località Castello di Cavagliano, ✆ 0321 92 78 34

Basilica di San Gaudenzio★ AB : cupola★★ – Pavimento★ del Duomo AB

La Bussola

via Boggiani 54 – ✆ 03 21 45 08 10 – www.labussolanovara.com – bussola@labussolanovara.it Ac

96 cam – 80/107 € 116/224 € – ½ P 98/125 €

Rist *Al Vecchio Pendolo* – *(chiuso dal 1° al 22 agosto e domenica sera)* Carta 38/47 €

◆ Albergo dallo stile ricercato, un po' barocco, con zone comuni che abbondano di preziosi divanetti, statue liberty ed orologi antichi (vera passione del titolare-collezionista). Generosità di metri quadrati nelle camere e nei bagni. Curato ristorante di tono elegante.

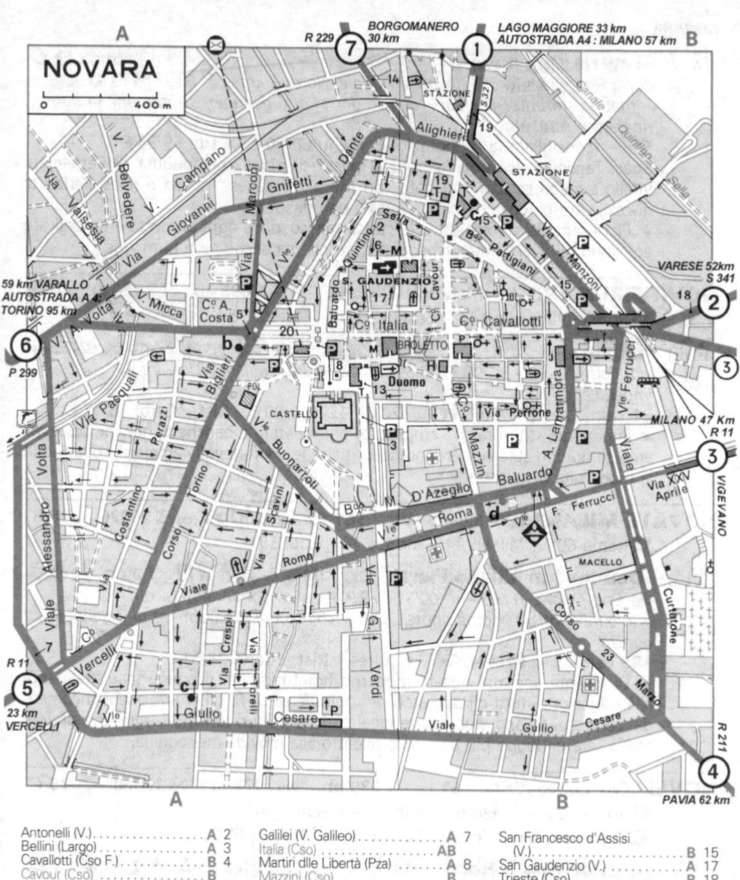

Antonelli (V.)	A 2	Galilei (V. Galileo)	A 7	San Francesco d'Assisi (V.)	B 15
Bellini (Largo)	A 3	Italia (Cso)	AB	San Gaudenzio (V.)	A 17
Cavallotti (Cso F.)	B 4	Martiri dlle Libertà (Pza)	A 8	Trieste (Cso)	B 18
Cavour (Cso)	B	Mazzini (Cso)	B	Vittoria (Cso della)	B 19
Don Minzoni (Largo)	A 5	Puccini (V.)	A 13	20 Settembre (Cso)	A 20
Ferrari (V. G.)	A 6	Risorgimento (Cso)	A 14		

Cavour senza rist

via San Francesco d'Assisi 6 – ✆ 03 21 65 98 89 – www.panciolihotels.it – cavour@panciolihotels.it Bc

38 cam ☕ – 🚹80/150 € 🚹🚹100/200 €

◆ La bella hall con ampie vetrate affacciate sul piazzale della stazione anticipa lo stile moderno dell'hotel. Taglio contemporaneo e soluzioni di design anche nelle camere, dove il minimalismo delle testiere in legno wengé s'intreccia con l'eleganza degli armadi in legno laccato bianco.

Croce di Malta senza rist

via Biglieri 2/a – ✆ 0 32 13 20 32 – www.crocedimaltanovara.it – info@crocedimaltanovara.it – chiuso agosto Ab

20 cam ☕ – 🚹60/75 € 🚹🚹90/130 €

◆ In posizione centrale, un piccolo albergo che dispone di ambienti comuni un po' ridotti, ma camere molto spaziose con mobili classici, angolo salotto e un grande piano di lavoro. Una valida struttura, prevalentemente ad indirizzo business.

Tantris (Marta Grassi)
corso Risorgimento 384, località Vignale, Nord: 3 km – ✆ 03 21 65 73 43 – tantris.ristorante@libero.it – chiuso dal 1° al 6 gennaio, 3 settimane in agosto, domenica sera, lunedì
Rist – (consigliata la prenotazione) Menu 60/80 € – Carta 59/83 €
Spec. Tagliolini di carote e porri al pesto di pinoli con fonduta di Bettelmatt. Vitello a lunga cottura impanato con riso alla milanese, patata e ribes. Parfait di nocciole, trasparenza di mela, uvetta e pan di spezie.
♦ Piatti semplici e sofisticati allo stesso tempo, dove ogni proposta è un delicato equilibrio di diversi ingredienti: carne, pesce, ma anche tanti formaggi.

NOVA SIRI MARINA – Matera (MT) – 564 G31 – 6 698 ab. – ✉ 75020 — 4 D3

Roma 498 – Bari 144 – Cosenza 126 – Matera 76

Imperiale
via Pietro Nenni – ✆ 08 35 53 69 00 – www.imperialehotel.it – info@imperialehotel.it
31 cam – †65/80 € ††90/120 € – ½ P 60/80 € **Rist** – Carta 18/47 €
♦ Imponente struttura con ampi spazi per meeting e banchetti, nonché piacevoli aree comuni in stile contemporaneo. Anche le confortevoli camere ripropongono la modernità della risorsa.

NOVATE MILANESE – Milano (MI) – 561 F9 – 20 082 ab. – ✉ 20026 — 18 B2

Roma 605 – Milano 14 – Monza 16 – Lodi 59

Domina Inn Milano Fiera
via Don Orione 18/20 – ✆ 0 23 56 79 91 – www.dominahotels.com – info.milanofiera@dominahotels.com – chiuso dal 20 dicembre al 7 gennaio ed agosto
188 cam – ††89/420 € – 6 suites **Rist** – Carta 38/61 €
♦ Di recente apertura questo moderno hotel business risponde magistralmente alle esigenze di tutti gli operatori del polo fieristico Rho/Pero. A pochi chilometri dal centro di Milano, può essere ideale anche per un turismo *leisure*, che preferisce la sera un luogo più tranquillo rispetto alla movida meneghina.

NOVELLO – Cuneo (CN) – 561 I5 – 1 039 ab. – alt. 471 m – ✉ 12060 — 25 C2

Roma 620 – Cuneo 63 – Asti 56 – Milano 170
Vigne del Barolo località Saccati 11, ✆ 0173 77 68 93

Agriturismo il Noccioleto
località Chiarene 4, Ovest: 2,5 km – ✆ 01 73 73 13 23 – www.ilnoccioleto.com – info@ilnoccioleto.com – chiuso gennaio-15 febbraio
8 cam – †46/66 € ††76/116 € – ½ P 48/58 €
Rist – *(chiuso domenica sera e lunedì)* Menu 30/35 €
♦ Una bella struttura con camere confortevoli e spazi comuni in quantità. L'ubicazione è adatta a chi cerca quiete e relax, in piena campagna circondati da vigne e noccioli. Tre sale ristorante, identificabili con i nomi dei vitigni, propongono le specialità langarole.

NOVENTA DI PIAVE – Venezia (VE) – 562 F19 – 6 599 ab. – ✉ 30020 — 35 A1

Roma 554 – Venezia 41 – Milano 293 – Treviso 30

Base to Work rist,
via Rialto 8 – ✆ 04 21 30 73 90 – www.basehotel.it – info@basehotel.it
97 cam – †65/90 € ††90/135 € – 4 suites **Rist** – Carta 34/40 €
♦ All'uscita dell'autostrada, nuovissima struttura design ricca di servizi per una clientela d'affari in cerca di una valida *base to work*. Camere ampie, moderne e funzionali: insomma, confortevoli!

Omniahotel senza rist
via Rialto 1 – ✆ 04 21 30 73 05 – www.omniahotel.com – info@omniahotel.com
58 cam – †55/85 € ††65/150 € – 2 suites
♦ Facile da raggiungere, all'uscita autostradale. Moderno e funzionale, con spazi comuni e stanze confortevoli e razionali, l'hotel è stato costruito recentemente.

XX **Guaiane**

via Guaiane 146, Est : 2 km – ✆ 0 42 16 50 02 – www.guaiane.com – info@guaiane.com – chiuso dal 27 dicembre al 12 gennaio, dal 10 al 20 agosto, lunedì, martedì sera
Rist – Carta 31/73 €
Rist *L' Ostaria* – Carta 25/34 €
♦ In campagna, un locale tradizionale dagli ampi spazi e dalla vasta scelta di piatti sia di carne sia di pesce: quest'ultimo è la specialita della casa. Nata da una piccola bottega e valida alternativa al ristorante, l'Ostaria propone piatti più semplici.

NOVENTA PADOVANA – Padova (PD) – 562 F17 – 10 616 ab. – alt. 13 m – ✉ 35027 Venezia — 36 C3

Roma 501 – Padova 8 – Venezia 37

XX **Boccadoro**

via della Resistenza 49 – ✆ 0 49 62 50 29 – www.boccadoro.it – info@boccadoro.it – chiuso dal 1° al 15 gennaio, dal 5 al 25 agosto, martedì sera e mercoledì
Rist – Menu 45 € – Carta 34/46 €
♦ Un'intera famiglia al lavoro per proporvi il meglio di una cucina legata al territorio e alle stagioni, in un ambiente curato e piacevole. Degna di nota, la cantina.

NOVENTA VICENTINA – Vicenza (VI) – 562 G16 – 8 842 ab. – alt. 16 m – ✉ 36025 — 35 B3

Roma 479 – Padova 47 – Ferrara 68 – Mantova 71

XX **Alla Busa** con cam

corso Matteotti 70 – ✆ 04 44 88 71 20 – alla.busa@cheapnet.it
18 cam – †60 € ††90 € – 1 suite – ½ P 65/75 €
Rist – *(chiuso lunedì)* Carta 24/39 €
♦ Nel centro storico, una struttura a tradizione familiare ampliatasi nel tempo fino alle attuali quattro sale decorate con falsi d'autore. Settore notte con camere eleganti.

X **Primon** con cam

via Garibaldi 6 – ✆ 04 44 78 71 49 – www.ristoranteprimon.it – info@ristoranteprimon.it – chiuso dal 1° al 20 agosto
8 cam – ††45 € **Rist** – *(chiuso giovedì)* Carta 27/45 €
♦ Ristorante di tradizione familiare dal 1875 con cucina di ispirazione regionale, paste fatte in casa e carni cotte su uno spiedo di origine leonardesca. Ambienti di sobria modernità.

NOVERASCO – Milano – Vedere Opera

NOVI LIGURE – Alessandria (AL) – 561 H8 – 28 581 ab. – alt. 197 m – ✉ 15067 — 23 C3

Roma 552 – Alessandria 24 – Genova 58 – Milano 87
viale dei Campionissimi 2 ✆ 0143 72585, iat@comune.noviligure.al.it, Fax 0143 767657
Colline del Gavi strada Provinciale 2, ✆ 0143 34 22 64
Villa Carolina località Villa Carolina 32, ✆ 0143 46 73 55

Relais Villa Pomela

via Serravalle 69, Sud : 2 km – ✆ 01 43 32 99 10 – www.pomela.it – gm.villapomela@pomela.it – chiuso dal 25 dicembre al 7 gennaio e dal 1° al 23 agosto
45 cam – †100/180 € ††150/215 € – 2 suites – ½ P 120/148 €
Rist – Carta 41/70 €
♦ Elegante villa dell'800 avvolta nel soave silenzio di un parco, dispone di ambienti signorili, sale per congressi, camere accoglienti. Possibilità di visite guidate e degustazioni presso la rimarchevole cantina. Due sale ristorante arredate con gusto.

a Pasturana Ovest : 4 km – ✉ 15060

XX **Locanda San Martino**

via Roma 26 – ☎ 0 14 35 84 44 – www.locandasanmartino.com – locandasanmartino1@libero.it – chiuso dal 17 gennaio all'11 febbraio, 1 settimana in settembre, lunedì sera, martedì

Rist – Carta 35/45 €

◆ Piatti tipici della tradizione piemontese, ligure e lombarda basati essenzialmente su alimenti freschi di stagione in un ambiente simpatico ed elegante nel verde delle colline.

NUCETTO – Cuneo (CN) – 561 I6 – 442 ab. – alt. 450 m – ✉ 12070 — 23 C3

Roma 598 – Cuneo 52 – Imperia 77 – Savona 53

X **Osteria Vecchia Cooperativa**

via Nazionale 54 – ☎ 0 17 47 42 79 – chiuso lunedì, martedì e le sere di mercoledì e giovedì

Rist – Carta 21/40 €

◆ Fidata piccola osteria dalla calorosa conduzione familiare, propone una tradizionale cucina piemontese con elaborazioni casalinghe. Accogliente e informale.

NUMANA – Ancona (AN) – 563 L22 – 3 943 ab. – ✉ 60026 — 21 D1

Roma 303 – Ancona 20 – Loreto 15 – Macerata 42

via Flaminia angolo Avellaneda ☎ 071 9330612, info@turismonumana.it, Fax 071 9330612

Conero via Betelico 6, frazione Coppo, ☎ 071 7 36 06 13

Scogliera

via del Golfo 21 – ☎ 07 19 33 06 22 – www.hotelscogliera.it – info@hotelscogliera.it – aprile-15 ottobre

36 cam – †80/120 € ††110/190 € – ½ P 95/120 € **Rist** – Carta 30/60 €

◆ In prossimità del centro e del porto turistico, a ridosso della scogliera di Numana, un hotel di moderna costruzione con camere confortevoli, gestito dai proprietari. Il punto di forza è la ristorazione che propone una cucina regionale e soprattutto di mare nella caratteristica saletta con pilastri a specchio.

Eden Gigli — rist,

viale Morelli 11 – ☎ 07 19 33 06 52 – www.giglihotels.com – info@giglihotels.com – aprile-ottobre

41 cam – †80/95 € ††130/170 € – ½ P 115/125 € **Rist** – Carta 32/46 €

◆ Nel centro storico, ma già immerso in un giardino digradante su un'incantevole spiaggia incastonata fra le rocce bianche, camere confortevoli nella loro squisita semplicità. Cucina classica nella saletta da pranzo arredata in modo sobrio.

La Spiaggiola senza rist

via Colombo 12 – ☎ 07 17 36 02 71 – www.laspiaggiola.it – info@laspiaggiola.it – Pasqua-settembre

21 cam – †60/80 € ††65/120 €

◆ Al termine di una strada chiusa, che conduce al mare, l'albergo si trova proprio di fronte alla spiaggia. Camere semplici, ma confortevoli.

XX **La Torre**

via La Torre 1 – ☎ 07 19 33 07 47 – www.latorrenumana.it

Rist – Carta 34/50 €

◆ In prossimità del belvedere, il ristorante offre una spettacolare vista a 180° del litorale. Cucina eclettica: si passa dalle tradizionali grigliate dell'Adriatico a piatti più estrosi.

X **La Costarella**

via 4 Novembre 35 – ☎ 07 17 36 02 97 – cormac_91@hotmail.it – Pasqua-ottobre; chiuso martedì escluso da giugno a settembre

Rist – Carta 47/68 €

◆ Affacciata sulla caratteristica via a gradini, una sala sobria dall'atmosfera familiare ma dalla gestione professionale propone gustosi piatti di pesce.

NUSCO - Avellino (AV) - **564** E27 - **4 385 ab.** - **alt. 914 m** - ✉ **83051** **7** C2

Roma 287 - Potenza 107 - Avellino 41 - Napoli 99

XX **La Locanda di Bu** (Antonio Pisaniello)

✿ *vicolo dello Spagnuolo 1 - ☎ 08 27 19 46 0 17 - www.lalocandadibu.com - info@lalocandadibu.com - chiuso gennaio e febbraio, domenica sera, lunedì*

Rist - Carta 38/57 €

Spec. Ricotta fritta con purea di broccoli, rapa, acqua di pomodoro, patate, alici e soppressa tiepida. Ravioli di patate con tartufo nero (inverno-estate). Baccalà marinato agli agrumi con lattuga di mare fritta e latte di mandorle.

♦ Tra il verde dei Monti Irpini, in un vicolo nel cuore del centro storico, una cucina da provare per farsi sorprendere dall'interpretazione moderna dei prodotti del territorio.

OBEREGGEN = San Floriano

OCCHIOBELLO - Rovigo (RO) - **562** H16 - **11 315 ab.** - ✉ **45030** **35** B3

Roma 432 - Bologna 57 - Padova 61 - Verona 90

Unaway Hotel Occhiobello A13 cam, rist,

via Eridania 36, prossimità casello autostrada A 13 - ☎ 04 25 75 07 67 - www.unawayhotels.it - una.occhiobello@unawayhotels.it

112 cam - 59/153 € 69/198 € **Rist** - Carta 28/48 €

♦ In comoda posizione non lontano dal casello autostradale, albergo all'interno di una cascina ristrutturata, ideale per una clientela d'affari; ampie e curate le camere. Grande sala da pranzo con sobri arredi in legno.

a Santa Maria Maddalena Sud-Est : 4,5 km - ✉ 45030

XX **La Pergola**

via Malcantone 15 - ☎ 04 25 75 77 66 - lapergola86@libero.it - chiuso agosto, sabato, domenica

Rist - Carta 33/50 €

♦ Ambiente caldo e accogliente, quasi fosse il salotto di casa, in un locale proprio sotto l'argine del Po: indirizzo ideale per provare una gustosa cucina del territorio.

ODERZO - Treviso (TV) - **562** E19 - **19 990 ab.** - **alt. 13 m** - ✉ **31046** **35** A1

Roma 559 - Venezia 54 - Treviso 27 - Trieste 120

calle Opitergium 5 ☎ 0422 815251, iatoderzo@provincia.treviso.it, Fax 0422 814081

Postumiahoteldesign

via Cesare Battisti 2 - ☎ 04 22 71 38 20 - www.postumiahoteldesign.it - info@postumiahoteldesign.it

28 cam - 50/75 € 100/130 € - 1 suite - ½ P 75/95 €

Rist - *(chiuso 1 settimana in agosto)* Carta 29/73 €

♦ In pieno centro, ma con parcheggio privato videosorvegliato, un hotel dal design moderno, personalizzato con opere di artisti trevisani ed accessori rari. *L'art de bien vivre* non risparmia le camere, che dispongono di aroma e cromoterapia. Interessanti piatti di gusto contemporaneo al ristorante.

Primhotel senza rist

via Martiri di Cefalonia 13 - ☎ 04 22 71 36 99 - www.primhotel.it - primhotel@iol.it

50 cam - 45/60 € 60/85 €

♦ Recente albergo moderno a vocazione congressuale, con ampie zone comuni ben tenute, in stile lineare di taglio contemporaneo; camere confortevoli e funzionali.

XXX **Gellius** (Alessandro Breda)

✿ *calle Pretoria 6 - ☎ 04 22 71 35 77 - www.ristorantegellius.it - info@ristorantegellius.it - chiuso domenica sera, lunedì*

Rist - Carta 67/101 €

Spec. Crema bianca d'uovo con porcini e uova d'aringa (estate-autunno). Spaghetti con fagiolini, lattuga di mare e lumachine, robiolina al limone. Merluzzo nero candito all'olio, trippetta in bianco, peperone rusco.

♦ Metà ristorante, metà museo: fra resti archeologici - in un ambiente decisamente unico - cucina moderna ed elaborata. Le presentazioni sono curate quanto la scelta dei prodotti.

OFFIDA – Ascoli Piceno (AP) – **563** N23 – **5 344 ab.** – **alt. 293 m** – ✉ 63035 **21** D3

▶ Roma 243 – Ascoli Piceno 29 – Ancona 102 – L'Aquila 129

verso San Benedetto del Tronto e Castorano Est : 6 km:

Agriturismo Nascondiglio di Bacco senza rist
contrada Ciafone 97 – ☎ 07 36 88 95 37 – www.nascondigliodibacco.it – info@nascondigliodibacco.it – chiuso novembre, gennaio e febbraio
7 cam – ♦65/75 € ♦♦75/85 €
◆ In posizione isolata, immersa nella campagna marchigiana, una vecchia cascina ristrutturata offre confortevoli camere in stile rustico realizzate tra travi a vista e mattoni.

OLANG = Valdaora

OLBIA – Olbia-Tempio (OT) – **366** S38 – **53 702 ab.** – ✉ 07026 **38** B1

Sardegna

▶ Cagliari 268 – Nuoro 102 – Sassari 103
della Costa Smeralda Sud-Ovest: 4 km ☎ 0789 563444
da Golfo Aranci per Livorno – Sardinia Ferries, call center 199 400 500
per Civitavecchia e Genova – Tirrenia Navigazione, call center 892 123
via Nanni 39 ☎ 0789 557732, turismo@provincia.olbia-tempio.it Fax 0789 22221

Piante pagine seguenti

Grand Hotel President
via Principe Umberto 9 – ☎ 0 78 92 75 01 – www.itihotels.it – info@presidenthotelholbia.it BZ**a**
56 cam – ♦70/140 € ♦♦110/220 € – 4 suites **Rist** – Carta 50/62 €
◆ In centro, ma affacciato sul mare e porto imbarchi, nuova ed elegante struttura arredata con gusto e arredi di pregio: base ideale per vari spostamenti alla scoperta dell'isola o per una clientela business esigente.

Martini senza rist
via D'Annunzio, 22 – ☎ 0 78 92 60 66 – www.hotelmartiniolbia.it – info@hotelmartiniolbia.com AY**a**
70 cam – ♦81/91 € ♦♦130/150 €
◆ Cenni d'insospettabile eleganza all'interno di un grande complesso commerciale affacciato sul porto romano. Chiedete le camere che danno sul retro (sono le più tranquille) e non ripartite senza aver fatto un salto nel nuovissimo wellness center.

Stella 2000
viale Aldo Moro 70 – ☎ 0 78 95 14 56 – www.hotelstella2000.com – hotelstella2000@tiscali.it AY**c**
32 cam – ♦40/70 € ♦♦60/120 € – ½ P 50/65 € **Rist** – Carta 15/31 €
◆ Scelta soprattutto da una clientela commerciale, è una piccola accogliente risorsa di buon gusto e dagli interni raffinati caratterizzati da piacevoli tonalità di colore.

Cavour senza rist
via Cavour 22 – ☎ 07 89 20 40 33 – www.cavourhotel.it – hotelcavour@tiscalinet.it AZ**c**
21 cam – ♦50/65 € ♦♦75/90 €
◆ Dall'elegante ristrutturazione di un edificio d'epoca del centro storico è nato un hotel dai sobri interni rilassanti, arredati con gusto; parcheggio e piccolo solarium.

XX **Gallura** con cam
corso Umberto 145 – ☎ 0 78 92 46 48 – chiuso dal 20 dicembre al 6 gennaio e dal 15 al 30 ottobre AZ**q**
16 cam – ♦50/65 € ♦♦75/85 € **Rist** – *(chiuso lunedì)* Carta 57/75 €
◆ L'hotel nasconde un ristorante dagli ambienti demodé, dove un'effervescente cuoca reinventa la cucina sarda caricandola di colori, aromi, spezie, in uno straordinario carosello di antipasti e zuppe.

sulla strada Panoramica Olbia-Golfo Aranci per ②

Melià Olbia
Geovillage – ✆ 07 89 55 40 00 – www.melia.com – melia.olbia@solmelia.com
219 cam – 60/145 € 80/167 € – ½ P 72/112 € **Rist** – Carta 44/71 €
◆ Una struttura imponente circondata dal mare, realizzata in stile moderno e funzionale, dispone di ampie camere eleganti e di un'originale e ombreggiata piscina con pool-bar. Al ristorante vengono proposti interessanti percorsi gastronomici nei quali la tradizione isolana incontra la cucina internazionale.

Pozzo Sacro
cam, rist,
strada panoramica Olbia-Golfo Aranci, Nord-Est: 4 km – ✆ 0 78 95 78 55 – www.hotelpozzosacro.com – pozzosacro@tiscali.it – marzo-ottobre
50 cam – 142/240 € – ½ P 96/150 € **Rist** – Carta 27/69 €
◆ In posizione leggermente rialzata sulla costa, l'albergo brilla per i generosi spazi delle camere, tutte tinteggiate in colori pastello e con vista sul golfo di Olbia.

Pellicano d'Oro
rist,
via Mar Adriatico 34, località Pittulongu, Nord-Est : 7 km – ✆ 0 78 93 90 94 – www.hotelpellicano.it – info@hotelpellicanodoro.it – maggio-ottobre
70 cam – 145/235 € 200/390 € **Rist** – Carta 46/58 €
◆ Il verde del giardino e il turchese del mare circondano questa bella risorsa divisa in due strutture: la "neonata" con ambienti piu moderni e rotonda piscina in terrazza. Camere confortevoli in entrambe le costruzioni. Al ristorante oltre al menu degustazione, la carta offre specilità locali e di mare.

Stefania
località Pittulongu, Nord-Est : 6 km – ✆ 0 78 93 90 27 – www.stefaniahotel.it – info@stefaniahotel.it – aprile-novembre
39 cam – 83/203 € 106/316 € – ½ P 143/173 €
Rist *Nino's* – *(aprile-ottobre)* Carta 44/91 €
◆ In una grande baia di fronte all'isola di Tavolara, non lontano dal mare, confortevole struttura di taglio moderno con giardino e piscina panoramica. Ambienti freschi e gradevoli, camere di buona ampiezza. Suggestioni marinare e ambiente molto mediterraneo nel ristorante "Da Nino's".

sulla strada statale 125 Sud-Est : 10 km

Ollastu
località Costa Corallina – ✆ 0 78 93 67 44 – www.ollastu.it – ollastu@ollastu.it – marzo-novembre
60 cam – 95/260 € 130/280 € – ½ P 95/180 € **Rist** – Carta 40/106 €
◆ In posizione panoramica sovrastante il promontorio, una costruzione in stile mediterraneo ospita ampi ambienti di moderna eleganza, piscina, campi da tennis e da calcetto. Nelle caratteristiche sale ristorante, un menù alla carta per gustare i sapori della tradizione regionale.

a Porto Rotondo per ① : 15,5 km – ✉ 07020

Sporting
cam, rist,
via Clelia Donà dalle Rose 16 – ✆ 0 78 93 40 05 – www.sportingportorotondo.it – info@sportingportorotondo.com – 20 aprile-3 ottobre
46 cam – 270/969 € 300/1190 € – 1 suite **Rist** – Menu 50/80 €
◆ Cuore della mondanità, un elegante villaggio mediterraneo con camere simili a villette affiancate, affacciate sul giardino o splendidamente proiettati sulla spiaggetta privata. In sala e soprattutto in veranda, la tradizione regionale a base di pesce rivisitata con creatività.

S'Astore
via Monte Ladu 36, Sud : 2 km – ✆ 0 78 93 00 00 – www.hotelsastore.it – info@hotelsastore.it – marzo-ottobre
18 cam – 70/100 € 100/240 € – ½ P 150 € **Rist** – Carta 37/87 €
◆ Ubicato nel verde e nella tranquillità, un caratteristico hotel, piccolo e confortevole, con camere accoglienti arredate con pezzi di artigianato locale, veranda e piscina. Cucina nazionale e locale da assaporare nella calda e particolare sala ristorante.

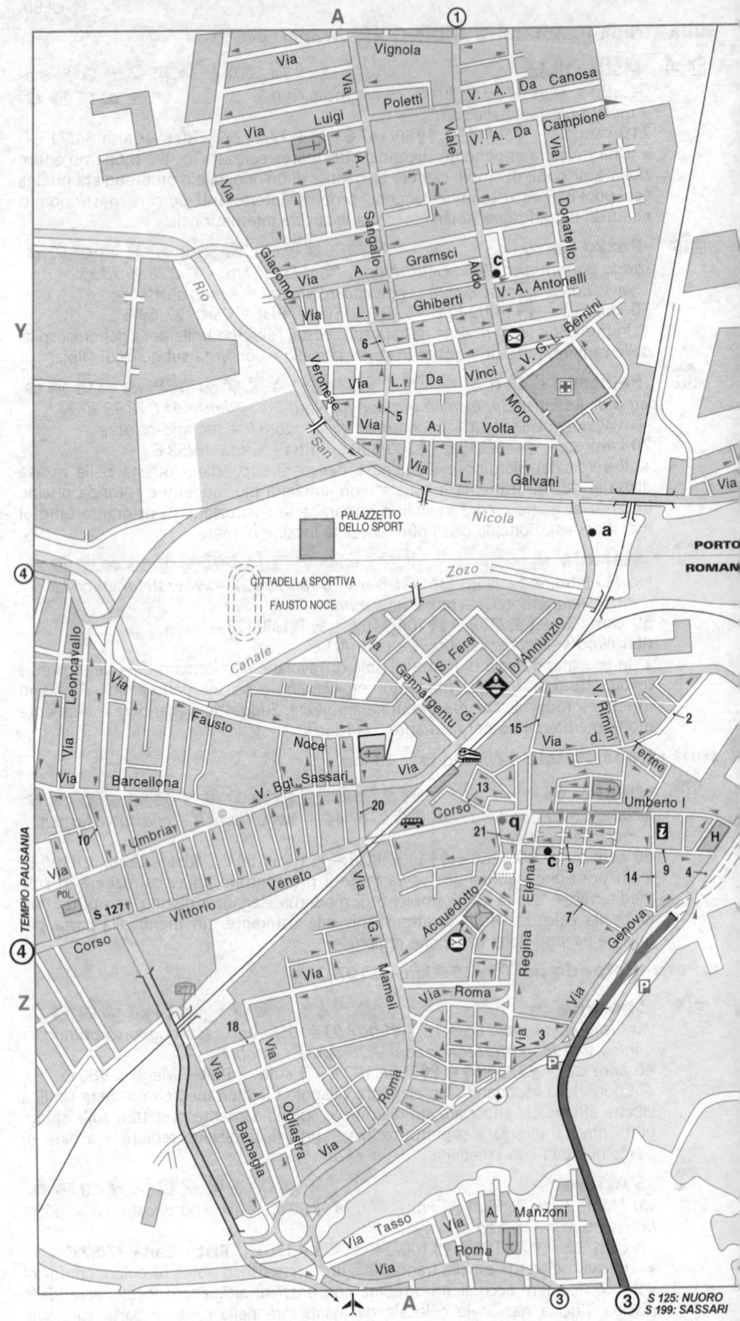
A
Y
Z
Via Vignola
Via Luigi Poletti
V. A. Da Canosa
V. A. Da Campione
Viale Aldo Moro
Via A. Sangallo
Via Giacomo
Via Donatello
Via A. Gramsci
Via L. Ghiberti
V. A. Antonelli
V. G. L. Bernini
Via Veronese
Via L. Da Vinci
Via A. Volta
Via L. Galvani
Rio San Nicola
Via
PALAZZETTO DELLO SPORT
PORTO ROMANO
Zozo
CITTADELLA SPORTIVA FAUSTO NOCE
Canale
Via Leoncavallo
Via Fausto Noce
Via Gennargentu
V. S. Fera
G. D'Annunzio
V. Rimini
Via d. Terme
Via Barcellona
V. Bgt. Sassari
Corso Umberto I
Via Umbria
Corso Vittorio Veneto
S 127
POL.
TEMPIO PAUSANIA
Via G. Mameli
Acquedotto
Regina Elena
Via Genova
Via Roma
Via Oglinstra
Via Barbagia
Via Tasso
Via A. Manzoni
Roma
S 125: NUORO
S 199: SASSARI
H
P
a
c
q
1
2
3
4
5
6
7
9
10
13
14
15
18
20
21

OLBIA

Street	Grid	No.
Acquedotto Romano (V.)	AZ	2
Acquedotto (V.)	AZ	
Annunzio (V. G. D')	AZ	
Antonelli (V. A.)	AY	
Barbagia (V.)	AZ	
Barcellona (V.)	AZ	
Bernini (V. G. L.)	AY	
Bgt. Sassari (V.)	AZ	
Campione (V. A. Da.)	AY	
Canosa (V. A. Da)	AY	
Crispi (Pza)	AZ	3
Donatello (V.)	AY	
Emanuele II (Cso V.)	AZ	4
Euclide (V.)	AY	5
Fabriano (V. G. Da)	AY	6
Fera (V. S.)	AZ	
Filippi (V. De)	AZ	7
Galvani (V. L.)	AY	
Garibaldi (V.)	AZ	9
Gennargentu (V.)	AZ	
Genova (V.)	AZ	
Ghiberti (V. L.)	AY	
Gramsci (V. A.)	AY	
Isola Bianca (Viale)	BZ	
Leoncavallo (V.)	AZ	
Lidi (V. dei)	BY	
Mameli (V. G.)	AZ	
Manzoni (V. A.)	AZ	
Marche (V.)	AZ	10
Moro (Viale Aldo)	AY	
Nanni (V. A.)	AZ	
Noce (V. F.)	AZ	
Ogliastra (V.)	AZ	
Pala (V. G.)	AZ	13
Piro (V. C.)	AZ	14
Poletti (V. L.)	AY	
Porto Romano (V.)	AZ	15
Principe Umberto (Cso)	ABZ	17
Quirra (V.)	AZ	18
Regina Elena (V.)	AZ	
Rimini (V.)	AZ	
Roma (V.)	AZ	
Sangallo (V. A.)	AY	
Sassari (V.)	AZ	21
S. Simplicio (V.)	AZ	20
Tasso (V.)	AZ	
Terme (V. delle)	AZ	
Umberto I (Cso)	AZ	
Umbria (V.)	AZ	
Veronese (V. G.)	AY	
Vignola (V.)	AY	
Vinci (V. L. Da)	AY	
Vittorio Veneto (Cso)	AZ	
Volta (V. A.)	AY	

XX **Simposium**

via Riccardo Belli 17 – ✆ 07 89 38 11 07 – www.ristorantesimposium.it – avallonevincenza@libero.it – aprile-ottobre

Rist – Carta 35/53 €

◆ Dalla terraferma alla Sardegna, due fratelli campani propongono con successo una cucina di mare legata ai sapori della loro tradizione gastronomica. Ambiente fresco e giovanile con piccola carta il mezzogiorno, più curato e d'atmosfera la sera.

OLCIO – Lecco (LC) – Vedere Mandello del Lario

OLEGGIO – Novara (NO) – 988 2 – 13 222 ab. – alt. 233 m – ✉ 28047 — 23 C2

Roma 637 – Novara 19 – Milano 63 – Monza 69

Ramada Malpensa Hotel

via per Gallarate 116 a – ✆ 03 21 96 06 38 – www.ramadamalpensahotel.it – info@ramadamalpensahotel.it

132 cam – †98/152 € ††137/179 € – ½ P 92/120 €

Rist – Carta 25/53 €

◆ A pochi chilometri da Malpensa, il complesso è stato pensato per una clientela congressuale ed internazionale ed offre camere spaziose arredate in stile minimalista. Interessanti proposte gastronomiche sia nella sala classica sia in quella di impronta esotica.

OLEGGIO CASTELLO – Novara (NO) – 561 E7 – 1 961 ab. – alt. 293 m – ✉ 28040 — 24 A2

Roma 639 – Stresa 20 – Milano 72 – Novara 43

Luna Hotel Motel Airport senza rist

via Vittorio Veneto 54/c – ✆ 03 22 23 02 57 – www.lunahotelmotel.it – info@lunahotelmotel.it

51 cam – †80/180 € ††95/180 €

◆ Sito lungo la strada che conduce al lago, questo hotel di nuova costruzione è ideale per una clientela d'affari ed offre funzionali ambienti arredati con gusto moderno.

XX **Bue D'Oro**

via Vittorio Veneto 2 – ✆ 0 32 25 36 24 – chiuso dal 1° al 10 gennaio, agosto, mercoledì

Rist – Carta 32/52 €

◆ Bel locale a solida gestione familiare, con una sala dall'ambiente rustico-elegante, dove si propongono piatti della tradizione rivisitati e cucina stagionale.

OLEVANO ROMANO – Roma (RM) – 563 Q21 – 6 881 ab. – alt. 571 m – ✉ 00035 — 13 C2

Roma 60 – Frosinone 46 – L'Aquila 97 – Latina 64

XX **Sora Maria e Arcangelo**

via Roma 42 – ✆ 0 69 56 40 43 – www.soramariaearcangelo.com – soramaria@libero.it – chiuso dal 1° al 10 febbraio, dal 10 al 30 luglio, lunedì, mercoledì

Rist – Menu 38 € – Carta 37/47 €

◆ Scendete le scale per raggiungere le sale ricche di atmosfera, situate negli stessi spazi in cui un tempo si trovavano i granai; dalla cucina, piatti da sempre legati alle tradizioni.

OLGIASCA – Lecco – 561 D9 – Vedere Colico

OLGIATE OLONA – Varese (VA) – 561 F8 – 11 981 ab. – alt. 239 m – ✉ 21057 — 18 A2

Roma 604 – Milano 32 – Como 35 – Novara 38

XX **Ma.Ri.Na.** (Rita Possoni)
piazza San Gregorio 11 – ☎ 03 31 64 04 63 – ristorantemarina@libero.it – chiuso dal 25 dicembre al 5 gennaio, agosto, mercoledì
Rist – *(chiuso a mezzogiorno escluso domenica)* Carta 90/115 €
Spec. Mosaico di capesante crude agli aromi. Zuppa di cereali con pesce. Crema di patate e foie gras con scampi e foie gras.
♦ Ambiente di sobria eleganza: la cucina di mare predilige la freschezza del pesce in preparazioni semplici e rispettose dei sapori, nonché dei prodotti.

in prossimità uscita autostrada di Busto Arsizio Nord-Ovest : 2 km:

XX **Idea Verde**
via San Francesco 17/19 – ☎ 03 31 62 94 87 – www.ristoranteideaverde.com – ristoranteideaverde@virgilio.it – chiuso dal 27 dicembre al 5 gennaio, dal 10 al 31 agosto, sabato a mezzogiorno, domenica
Rist – Carta 45/60 €
♦ Nuova sede per un ristorante di tono moderno, abbracciato da un piccolo centro sportivo. La linea di cucina continua, invece, a preferire il mare.

OLIENA – **Nuoro (NU)** – **366** R42 – **7 455 ab.** – **alt. 379 m** – ✉ **08025** **38** B2
Sardegna
Cagliari 193 – Nuoro 12 – Olbia 116 – Porto Torres 150
Sorgente Su Gologone★ Nord-Est : 8 km

XX **Sa Corte** con cam
via Nuoro 143 – ☎ 0 78 41 87 61 31 – www.sacorte.it – sa.corte@tiscali.it – chiuso dal 20 gennaio al 10 febbraio
10 cam – †50/60 € ††70/85 € – ½ P 70/80 € **Rist** – Carta 33/46 €
♦ La tradizione gastronomica nuorese è presentata al meglio in questo locale rustico che propone squisite paste, ottime carni e profumati - quanto alcolici - vini sardi!

X **Enis** con cam
località Monte Maccione, Est : 4 km – ☎ 07 84 28 83 63 – www.coopenis.it – coopenis@tiscalinet.it
18 cam – †39/48 € ††66/80 € – ½ P 54/62 €
Rist – *(Natale, marzo-novembre)* Carta 22/32 €
♦ In posizione isolata, circondato dal verde e dalla tranquillità ed ideale per gli amanti delle escursioni in montagna, ristorante-pizzeria con proposte di cucina regionale. Dispone anche di alcune camere semplici ma confortevoli, dalle quali si ha una bella vista sulle cime.

alla sorgente Su Gologone Nord-Est : 8 km :

Su Gologone
✉ 08025 – ☎ 07 84 28 75 12 – www.sugologone.it – gologone@tin.it – aprile-ottobre
60 cam – †105/160 € ††140/260 € – 8 suites – ½ P 105/160 €
Rist – Carta 33/50 €
♦ Signorile relais avvolto dal profumo di vigneti, olivi e rosmarino, è una sintesi dell'arte ceramica, figurativa e scultorea dell'isola e soprattutto dell'accoglienza locale. Dalla cucina i piatti della tradizione; dalle cantine un'ampia selezione di vini italiani ed esteri. Sontuoso camino per la brace in sala.

OLMO – **Firenze** – **563** K16 – **Vedere Fiesole**

OME – **Brescia (BS)** – **561** F12 – **3 220 ab.** – **alt. 231 m** – ✉ **25050** **19** D1
Roma 544 – Brescia 17 – Bergamo 45 – Milano 93

XXX **Villa Carpino**
via Maglio 15, alle terme, Ovest : 2,5 km – ☎ 0 30 65 21 14 – www.villacarpino.com – info@villacarpino.com – chiuso dal 27 dicembre al 6 gennaio, dal 7 al 20 agosto e lunedì
Rist – Carta 23/45 €
♦ In una grande villa circondata da un giardino curato, locale a gestione diretta, con eleganti ambienti dallo stile ricercato; cucina con solide radici nel territorio.

ONEGLIA – **Imperia** – **Vedere Imperia**

ONIGO DI PIAVE – Treviso – Vedere Pederobba

OPERA – Milano (MI) – 561 F9 – 13 745 ab. – alt. 101 m – ✉ 20090 18 B2

Roma 567 – Milano 14 – Novara 62 – Pavia 24

Le Rovedine via Marx 18, ✆ 02 57 60 64 20

a Noverasco Nord : 2 km – ✉ 20090 Opera

Sporting rist,

via Sporting Mirasole 56 – ✆ 0 25 76 80 31 – www.hotelsportingmilano.com

84 cam – 90/230 € 100/270 € **Rist** – *(solo per alloggiati)*

◆ Alle porte di Milano, compatta struttura a vocazione congressuale, da poco rinnovata; confortevoli spazi comuni e camere, comodo servizio navetta per il centro città. Sala ristorante adatta alle necessità della clientela congressuale e individuale.

OPI – L'Aquila (AQ) – 563 Q23 – 457 ab. – alt. 1 250 m – ✉ 67030 1 B3

Roma 186 – Campobasso 113 – Frosinone 119 – Isernia 63

lungo la Strada Statale 83, al bivio per Forca D'Acero Sud : 1 km:

La Madonnina

Via Forca D'Acero – ✆ 08 63 91 27 14 – ristorante.madonnina@alice.it – chiuso lunedì

Rist – Carta 21/32 €

◆ Ai piedi di Opi, bar-trattoria a gestione familiare specializzato in carni alla griglia ma con un'appetitosa selezione di salumi, formaggi e paste fresche in lista.

OPICINA – Trieste (TS) – 562 E23 – alt. 348 m – ✉ 34151 Italia 11 D3

Roma 664 – Udine 64 – Gorizia 40 – Milano 403

<★★ su Trieste e il golfo

Grotta Gigante★ Nord-Ovest : 3 km

Nuovo Hotel Daneu senza rist

strada per Vienna 55 – ✆ 0 40 21 42 14 – www.hoteldaneu.com – info@hoteldaneu.com

26 cam – 90/115 € 120/155 €

◆ Alle porte del paese - in direzione del confine - questa comoda struttura di taglio contemporaneo è il punto di partenza ideale per spostarsi nei dintorni. Confortevoli camere e zona sportiva dotata di piscina, sauna e bagno turco.

OPPEANO – Verona (VR) – 562 G15 – 9 005 ab. – ✉ 37050 35 B3

Roma 516 – Venezia 136 – Verona 29 – Vicenza 71

Il Chiostro cam,

via Roma 85 – ✆ 04 56 97 08 68 – www.hotelilchiostro.it – hotelilchiostro@libero.it

27 cam – 55/67 € 83/93 € – ½ P 62/87 € **Rist** – Carta 24/26 €

◆ Nel centro della località, fiori, stucchi e persino una fontana decorano il bel chiostro secentesco da cui l'hotel prende il nome e che conduce direttamente alle camere, arredate in calde e morbide tonalità. Accogliente la sala da pranzo e suggestivo il terrazzo costeggiato da un fossato naturale.

ORA (AUER) – Bolzano (BZ) – 562 C15 – 3 490 ab. – alt. 242 m – ✉ 39040 31 D3

Roma 617 – Bolzano 20 – Merano 49 – Trento 40

piazza Principale 5 ✆ 0471 810231, info_auer@rolmail.net, Fax 0471 811138

Amadeus cam,

via Capitello 23 – ✆ 04 71 81 00 53 – www.hotel-amadeus.it – office@hotel-amadeus.it

32 cam – 50/60 € 84/114 € – ½ P 52/60 €

Rist – *(aprile-ottobre) (chiuso a mezzogiorno) (solo per alloggiati)* Carta 38/55 €

◆ Un tipico maso di aspetto decisamente gradevole con camere graziose. In questa risorsa il soggiorno è allietato anche da una gestione familiare particolarmente ospitale. Al ristorante, la cucina classica, accompagnata da vini della zona.

ORBASSANO – Torino (TO) – **561** G4 – **22 254 ab.** – **alt. 273 m** – ✉ **10043** **22** A1

Roma 673 – Torino 17 – Cuneo 99 – Milano 162

Pianta d'insieme di Torino

XXX **Il Vernetto**

via Nazario Sauro 37 – ☎ 01 19 01 55 62 – www.ilvernetto.it – ilvernetto@libero.it – chiuso agosto, domenica sera e lunedì 1EUe

Rist – Menu 50 €

◆ Sembra un salotto caldo e accogliente questo locale familiare ed elegante con soffitti affrescati e mobili in stile; così come i vini, il patron presenta a voce una cucina fantasiosa.

ORBETELLO – Grosseto (GR) – **563** O15 – **15 150 ab.** – ✉ **58015** **29** C3

Toscana

Roma 152 – Grosseto 44 – Civitavecchia 76 – Firenze 183

piazza della Repubblica ☎ 0564 860913, infoorbetello@lamaremma.info Fax 0564 850969

Relais San Biagio senza rist

via Dante 40 – ☎ 05 64 86 05 43 – www.sanbiagiorelais.com – info@sanbiagiorelais.com

33 cam – †170/270 € ††190/290 € – 8 suites

◆ In un antico palazzo nobiliare del centro, un incantevole albergo recentemente rinnovato con interni signorili e spaziosi dotati di rifiniture di tono moderno. Le camere non smentiscono la signorilità della struttura.

sulla strada statale 1 - via Aurelia Est : 7 km :

XX **Locanda di Ansedonia** con cam rist,

via Aurelia km 140,500 ✉ 58016 Orbetello Scalo – ☎ 05 64 88 13 17 – www.lalocandadiansedonia.it – info@locandadiansedonia.it – chiuso 2 settimane in febbraio e 2 settimane in novembre

12 cam – †70/85 € ††90/130 €

Rist – *(chiuso martedì escluso luglio-agosto)* Carta 37/52 €

◆ Vecchia trattoria riadattata, con grazioso giardino e camere arredate con mobili d'epoca; proposte di cucina di mare e maremmana, servite in una sala di discreta eleganza.

ORIAGO – Venezia – Vedere Mira

ORIO AL SERIO – Bergamo (BG) – **561** E11 – **1 674 ab.** – **alt. 241 m** – ✉ 24050 **19** C1

Roma 611 – Milano 53 – Bergamo 4 – Lecco 38

NH Orio al Serio rist, rist,

via Portico – ☎ 03 54 21 20 11 – www.nh-hotels.com – nhorioalserio@nh-hotels.com

118 cam – †85/305 € ††105/325 € – ½ P 78/188 € **Rist** – Carta 35/46 €

◆ Raggiungibile dall'aeroporto anche a piedi, questa nuova struttura - funzionale e dal design contemporaneo - vanta gli ottimi standard internazionali della catena spagnola. Cucina classica italiana nel ristorante dal design minimalista.

ORISTANO P (OR) – **366** M44 – **32 378 ab.** – ✉ **09170** Sardegna **38** A2

Alghero 137 – Cagliari 95 – Iglesias 107 – Nuoro 92

piazza Eleonora 18 ☎ 0783 3683210, turismo@provincia.or.it, Fax 0783 3683263

Opere d'arte★ nella chiesa di San Francesco

Basilica di Santa Giusta★ Sud : 3 km - Tharros★

Mistral 2 rist, rist,

via XX Settembre 34 – ☎ 07 83 21 03 89 – www.hotel-mistral.it – info@hotel-mistral.it

132 cam – †70/74 € ††90/108 € – ½ P 59/75 € **Rist** – Carta 31/47 €

◆ Non lontano dal centro, hotel di contemporanea fattura con ambienti sobri e funzionali adatti ad una clientela di lavoro. Al ristorante ampi spazi adatti anche per banchetti.

a Marina Torre Grande Nord-Ovest : 8,5 km – ✉ 09170

X **Da Giovanni**

via Colombo 8 – ✆ 0 78 32 20 51 – www.ristorantedagiovanni.com – info@ristorantedagiovanni.com – chiuso da novembre al 15 gennaio, lunedì e le sere di domenica e mercoledì da gennaio a maggio

Rist – Carta 29/49 €

◆ Gestione di lunga esperienza in un ristorante di taglio classico: ampia sala e in menu tanto pesce, proveniente sia dal mare aperto sia dal caratteristico stagno di Cabras.

ORMEA – Cuneo (CN) – **561** J5 – **1 835 ab. – alt. 736 m – Sport invernali : 750/1 600 m** – ✉ **12078** **23** C3

Roma 626 – Cuneo 80 – Imperia 45 – Milano 250

via Roma 3 ✆ 0174 392157, uff_turistico.ormea@libero.it, Fax 0174 392157

sulla strada statale 28 verso Ponte di Nava Sud-Ovest : 4,5 km :

San Carlo

via Nazionale 23 ✉ 12078 Ormea – ✆ 01 74 39 99 17 – www.albergosancarlo.com – albergosancarlo@cnnet.it – 27 febbraio-ottobre

36 cam – †40 € ††65 €, ☕ 8 € – ½ P 65 € **Rist** – Carta 25/38 €

◆ In posizione panoramica, al centro di una riserva di pesca privata, atmosfera informale e camere spaziose. Nell'ampia sala ristorante, cucina ligure e piemontese in sintonia con le stagioni.

a Ponte di Nava Sud-Ovest : 6 km – ✉ 12078

X **Ponte di Nava-da Beppe** con cam

via Nazionale 32 – ✆ 01 74 39 99 24 – www.albergopontedinava.it – albergopontedinava@cnnet.it – chiuso dal 7 gennaio al 7 febbraio e dal 20 al 30 giugno

15 cam ☕ – †45/50 € ††60/70 € – ½ P 45/48 €

Rist – *(chiuso mercoledì)* Menu 16/25 € – Carta 21/48 €

◆ Il menu riflette l'ambiguità territoriale in cui sorge Ponte di Nava, fondendo le tradizioni langarole con quelle dell'entroterra ligure. Ecco allora che dalla cucina giungono sformati di verdure, bagna caoda, cacciagione, funghi e tartufi.

ORNAGO – Monza e Brianza (MB) – **4 420 ab. – alt. 193 m** – ✉ **20060** **18** B2

Roma 610 – Bergamo 22 – Milano 30 – Lecco 31

Prestige senza rist

via per Bellusco 45 – ✆ 03 96 91 90 62 – www.hotelprestige.it – info@hotelprestige.it – chiuso Natale e Ferragosto

72 cam ☕ – †70/140 € ††90/160 €

◆ Nuova struttura che si sviluppa su un solo piano, frequentata soprattutto da una clientela d'affari; ambienti funzionali e camere doppie, ciascuna con posto auto.

XX **Osteria della Buona Condotta**

via per Cavenago 2 – ✆ 03 96 91 90 56 – buonacondotta@virgilio.it – chiuso dal 26 dicembre al 6 gennaio, dal 10 al 25 agosto, domenica sera e lunedì a mezzogiorno

Rist – Carta 40/55 €

◆ Un cascinale d'inizio '900, sapientemente ristrutturato, ospita questo piacevole ristorante che propone una cucina d'impronta regionale. Pregevole e vasta cantina, ottima varietà di formaggi, antipasti e piatti di carne.

OROSEI – Nuoro (NU) – **366** T41 – **6 718 ab. – alt. 19 m** – ✉ **08028** **38** B2

Dorgali 18 – Nuoro 40 – Olbia 93

XX **Su Barchile** con cam

via Mannu 5 – ✆ 0 78 49 88 79 – www.subarchile.it – info@subarchile.it

15 cam ☕ – †50/80 € ††80/150 € – ½ P 65/95 € **Rist** – Carta 33/60 €

◆ Nella cornice della costa sarda, grazioso ristorante arredato con piacevole gusto femminile, fedele ai colori locali. Piatti derivati dalla tradizione agropastorale dell'isola, ma anche qualche ricetta di pesce.

ORTACESUS – Cagliari (CA) – **366** P46 – **946 ab.** – ✉ **09040** **38** B3

Roma 589 – Cagliari 44 – Quartu Sant' Elena 47 – Selargius 45

via Giovanni XXIII, ✆ 070 9804200

XX **Da Severino "Il Vecchio"** con cam

via Kennedy 1 – ✆ 07 09 80 41 97 – www.daseverinoilvecchio.com – daseverinoilvecchio@tiscali.it – chiuso lunedì

26 cam – 35/60 € 55/70 € – ½ P 60/70 € **Rist** – Carta 27/57 €

♦ Un'intera famiglia ruota intorno al successo di questo ristorante all'ingresso del paese; diversi piatti di carne ma la brillante nomea è stata costruita intorno al pesce. Avvolte dalla medesima familiare atmosfera, confortevoli e semplici camere ben arredate.

ORTA SAN GIULIO – Novara (NO) – **561** E7 – **1 156 ab.** – **alt. 294 m** **24** A2 – ✉ **28016** Italia Centro Nord

Roma 661 – Stresa 28 – Biella 58 – Domodossola 48

via Panoramica 2 ✆ 0322 905163, inforta@distrettolaghi.it, Fax 0322 905273

Lago d'Orta★★ – Palazzotto★ – Sacro Monte d'Orta★

Isola di San Giulio★★ : ambone★ nella chiesa - Madonna del Sasso★★

San Rocco

via Gippini 11 – ✆ 03 22 91 19 77 – www.hotelsanrocco.it – info@hotelsanrocco.it

78 cam – 196/404 € 226/404 € – 2 suites – ½ P 170/259 €

Rist – Carta 60/103 €

♦ In un ex monastero del '600 e villa barocca della prima metà del '700, esclusivo albergo con vista sull'isola di San Giulio. La posizione è idilliaca, gli interni signorili non sono da meno. Amena terrazza fiorita in riva al lago con piscina. Cucina contemporanea al ristorante dalle massicce travi a vista.

Villa Crespi

via Fava 18, Est : 1,5 km – ✆ 03 22 91 19 02 – www.villacrespi.it – info@villacrespi.it – chiuso dal 7 gennaio all'8 marzo

8 cam – 250/350 € – 6 suites – 300/700 € – ½ P 205/255 €

Rist Villa Crespi – vedere selezione ristoranti

♦ Stregato dalla bellezza di Baghdad, C.B. Crespi fece costruire nel 1879 questa villa in stile moresco, immersa in un parco degradante verso il lago. Oggi, bellezza del passato e fascino d'Oriente si alleano con i più sofisticati confort per un soggiorno da favola.

La Bussola cam, rist,

via Panoramica 24 – ✆ 03 22 91 19 13 – www.hotelbussolaorta.it – hotelbussola@yahoo.it – chiuso novembre

40 cam – 80/125 € 120/190 € – 2 suites – ½ P 75/105 €

Rist – *(chiuso martedì escluso da marzo ad ottobre)* Carta 34/55 €

♦ A ridosso del centro in posizione elevata, un hotel dall'atmosfera vacanziera con una bella vista sul lago e sull'isola di San Giulio. Camere recenti, bella piscina. La sala ristorante si apre sulla terrazza e sul panorama.

La Contrada dei Monti senza rist

via dei Monti 10 – ✆ 03 22 90 51 14 – www.lacontradadeimonti.it – info@lacontradadeimonti.it – chiuso gennaio

17 cam – 90/100 € 110/180 €

♦ Affascinante risorsa, ricca di stile e cura per i dettagli. Un nido ideale per soggiorni romantici dove si viene accolti con cordialità familiare e coccolati dal buon gusto.

AracoEli senza rist

piazza Motta 34 – ✆ 03 22 90 51 73 – www.ortainfo.com – portrait@email.it – chiuso dal 20 novembre al 15 dicembre

6 cam – 100/120 € 140/160 € – 1 suite

♦ Arredi moderni di tono minimalista in questo piccolo e originale hotel. Ottima illuminazione naturale degli ambienti e bagni con particolari docce "a vista".

XXXX **Villa Crespi** (Antonino Cannavacciuolo)
via Fava 18, Est : 1,5 km – ✆ 03 22 91 19 02 – www.villacrespi.it – info@villacrespi.it – chiuso dal 7 gennaio all'8 marzo, lunedì, martedì a mezzogiorno
Rist – Menu 135 € – Carta 86/127 €
Spec. Insalata liquida di riccia, stracciatella di bufala, scampo, trucioli di pane e acciughe. Linguine di Gragnano con calamaretti spillo, salsa al pane di Fobello. Gamberi di Sicilia, orecchie di maialino brasate al vino rosso.
◆ Villa ottocentesca in stile moresco in riva al lago, il moltiplicarsi di stucchi e decorazioni è pari solo all'effervescente cucina del giovane cuoco napoletano, tecnica, colori e sapori.

X **Ai Due Santi**
piazza Motta 18 – ✆ 0 32 29 01 92 – ristoranteaiduesanti@libero.it – chiuso dal 16 al 24 febbraio, novembre
Rist – Carta 26/46 €
◆ Un bel dehors sulla suggestiva piazzetta davanti all'imbarcadero per l'isola di San Giulio e due caratteristiche salette in sasso per una cucina mediterranea in sintonia con le stagioni.

ORTE – **Viterbo (VT)** – **563** O19 – **8 854 ab.** – **alt. 132 m** – ✉ **01028** **12** B1

Roma 88 – Terni 33 – Perugia 103 – Viterbo 35

La Locanda della Chiocciola
località Seripola Nord-Ovest : 4 km – ✆ 07 61 40 27 34 – www.lachiocciola.net – info@lachiocciola.net – marzo-novembre
8 cam – †90/110 € ††130/170 € – ½ P 100/120 €
Rist – *(aperto venerdì sera, sabato e domenica a mezzogiorno; da maggio a settembre tutte le sere su prenotazione)* Carta 29/36 €
◆ Tra verdi colline, un casale del XV sec ospita camere raffinate ed eleganti, arredate con mobili di antiquariato. La bella vallata è lo spettacolo offerto dall'intimo centro benessere, che propone diversi trattamenti. Cucina casalinga servita in una bella sala da pranzo, impreziosita da un camino del XVI secolo.

ORTISEI (ST. ULRICH) – **Bolzano (BZ)** – **562** C17 – **4 597 ab.** **31** C2
– **alt. 1 234 m** – **Sport invernali : della Val Gardena : 1 236/2 518 m** 🚡 **10** ⛷ **75 (Comprensorio Dolomiti superski Val Gardena),** – ✉ **39046** Italia

Roma 677 – Bolzano 36 – Bressanone 32 – Cortina d'Ampezzo 79

via Rezia 1 ✆ 0471 777600, ortisei@valgardena.it, Fax 0471 796749

Val Gardena★★★ per la strada S 242 – Alpe di Siusi★★ per funivia

Gardena-Grödnerhof
strada Vidalong 3 – ✆ 04 71 79 63 15 – www.gardena.it – gardena@relaischateaux.com – 3 dicembre-10 aprile e 21 maggio-10 ottobre
46 cam – †139/576 € ††214/640 € – 5 suites – ½ P 127/340 €
Rist Anna Stuben – vedere selezione ristoranti
Rist – *(solo per alloggiati)* Carta 30/52 €
◆ Una struttura ampia e capiente con numerosi spazi ben strutturati e ben arredati a disposizione dei propri ospiti, tra cui spicca il nuovo centro benessere. Ottimo confort.

Adler cam,
via Rezia 7 – ✆ 04 71 77 50 01 – www.adler-resorts.com – info@adler-dolomiti.com – chiuso dal 7 aprile al 14 maggio
136 cam – †132/411 € ††186/732 € – 3 suites – ½ P 110/383 €
Rist – *(solo per alloggiati)*
◆ Sontuoso hotel storico nel cuore della località, cinto da un grazioso parco, dispone di eleganti ambienti in stile montano. La nuova ala Adler Balance ospita una medical Spa tra le più attrezzate dell'Alto Adige. Per i pasti potrete scegliere tra l'ampia sala ristorante e le tre più intime stube.

Angelo-Engel

via Petlin 35 – ✆ 04 71 79 63 36 – www.hotelangelo.net – info@hotelangelo.net – chiuso novembre

38 cam – 75/125 € 130/320 € – ½ P 75/220 €

Rist – *(solo per alloggiati)*

◆ Completamente ristrutturato quest'hotel, con accesso diretto alla via pedonale del centro. Nuova e completa zona benessere, così come nuovi sono gli arredi delle camere.

Genziana-Enzian

via Rezia 111 – ✆ 04 71 79 62 46 – www.hotelgenziana.it – info@hotelgenziana.it – 15 dicembre-Pasqua e 15 maggio-15 ottobre

53 cam – 145/219 € 228/362 € – 1 suite – ½ P 124/191 €

Rist – Carta 22/39 €

◆ Solida gestione familiare per questa bella struttura di tonalità azzurra, in pieno centro. Piacevoli e ampi spazi comuni, zona fitness in stile pompeiano, camere ben arredate. Finestre abbellite da tendaggi importanti, nella sala da pranzo di taglio moderno.

Alpenhotel Rainell

strada Vidalong 19 – ✆ 04 71 79 61 45 – www.rainell.com – info@rainell.com – 20 dicembre-Pasqua e 15 giugno-15 ottobre

27 cam – 70/140 € 130/260 € – ½ P 80/160 €

Rist – *(chiuso a mezzogiorno) (solo per alloggiati)*

◆ Circondato da un ampio giardino, l'albergo si trova in posizione isolata e vanta una splendida vista su Ortisei e sulle Dolomiti, interni caratteristici e camere confortevoli. Piatti regionali, un soffitto in legno lavorato ed ampie finestre che si affacciano sul paese caratterizzano la sala ristorante.

Grien

via Mureda 178, Ovest : 1 km – ✆ 04 71 79 63 40 – www.hotel-grien.com – info@hotel-grien.com – chiuso dal 15 aprile al 25 maggio e novembre

25 cam – 240/320 € – ½ P 130/200 €

Rist – (consigliata la prenotazione) Carta 28/61 €

◆ Nella quiete della zona residenziale, struttura circondata dal verde, da cui si gode una superba vista del Gruppo Sella e di Sassolungo; accogliente ambiente tirolese. Il panorama è la chicca anche della sala ristorante.

Hell

via Promeneda 3 – ✆ 04 71 79 67 85 – www.hotelhell.it – info@hotelhell.it – 15 dicembre-10 aprile e 26 giugno-15 ottobre

29 cam – 100/200 € 224/360 € – 1 suite – ½ P 109/180 €

Rist – *(solo per alloggiati)*

◆ Nei pressi di una pista da sci per bimbi e principianti, albergo in tipico stile locale d'ispirazione contemporanea, abbellito da un ameno giardino; camere confortevoli.

Villa Park senza rist

via Rezia 222 – ✆ 04 71 79 69 11 – www.hotelvillapark.com – info@hotelvillapark.com – chiuso novembre

20 cam – 78/170 €

◆ Nel cuore della località, albergo con gradevoli interni illuminati da grandi vetrate; camere confortevoli, alcune dotate anche di angolo cottura.

Fortuna senza rist

via Stazione 11 – ✆ 04 71 79 79 78 – www.hotel-fortuna.it – info@hotel-fortuna.it – chiuso dal 5 al 30 novembre

15 cam – 55/110 € 78/170 €

◆ In prossimità del centro, piccolo hotel a valida conduzione diretta: ambienti arredati in modo semplice ed essenziale, secondo lo stile del luogo. Particolarmente belle le camere mansardate.

Ronce cam, rist,
via Ronce 1, Sud : 1 km – ✆ 04 71 79 63 83 – www.hotelronce.com – info@hotelronce.com – Natale-Pasqua e 15 giugno-15 ottobre
25 cam – ††80/170 € – ½ P 55/105 €
Rist – *(chiuso a mezzogiorno) (solo per alloggiati)*
♦ Appagherà i vostri occhi la splendida veduta di Ortisei e dei monti e il vostro spirito la posizione isolata di questa struttura; all'interno, piacevole semplicità.

Cosmea cam,
via Setil 1 – ✆ 04 71 79 64 64 – www.hotelcosmea.it – info@hotelcosmea.it – chiuso dal 25 ottobre al 5 dicembre, aprile, maggio
21 cam – †60/110 € ††120/220 € – ½ P 92/135 €
Rist – *(chiuso domenica in aprile, maggio, giugno ed ottobre)*
Carta 23/38 €
♦ Nei pressi del centro, hotel a gestione diretta con spazi comuni dai colori piacevoli e dagli arredi essenziali. Camere d'ispirazione contemporanea. Divanetti a muro e graziosi lampadari in sala da pranzo, cucina regionale in menu.

Villa Luise rist,
via Grohmann 43 – ✆ 04 71 79 64 98 – www.villaluise.com – info@villaluise.com – 15 dicembre-20 aprile e luglio-20 ottobre
13 cam – solo ½ P 58/103 €
Rist – *(chiuso a mezzogiorno) (solo per alloggiati)*
♦ Cordiale e simpatica accoglienza in questa pensione familiare all'interno di una piccola casa di montagna; ambiente alla buona e camere in stile lineare, ben tenute.

Anna Stuben – Hotel Gardena-Grödnerhof
strada Vidalong 3 – ✆ 04 71 79 63 15 – www.annastuben.it – gardena@relaischateaux.com – 3 dicembre-10 aprile e 21 maggio-10 ottobre
Rist – *(chiuso a mezzogiorno)* Menu 75/100 € – Carta 59/100 €
Spec. Pici con tartufo e bottarga. Faraona con coriandolo e funghi porcini. Pain perdu con mele, noci e gelato alle vinacce gelate.
♦ Due intime e suggestive stube fra legni più chiari o scuri, la calda e tradizionale atmosfera tirolese e una cucina alla continua ricerca di creatività.

Concordia
via Roma 41 – ✆ 04 71 79 62 76 – www.restaurantconcordia.com – info@restaurantconcordia.com – dicembre-Pasqua e giugno-ottobre
Rist – Carta 28/38 €
♦ Conduzione e ambiente familiare e linea gastronomica legata al territorio in un ristorante poco distante dal centro, al secondo piano di un edificio privato.

a Bulla (Pufels) **Sud-Ovest : 6 km – alt. 1 481 m – ✉ 39040 Ortisei**

Uhrerhof-Deur
Bulla 26 – ✆ 04 71 79 73 35 – www.uhrerhof.com – info@uhrerhof.com – chiuso dal 2 al 16 aprile e da novembre al 18 dicembre
10 cam – 4 suites – solo ½ P 110/154 €
Rist – *(chiuso a mezzogiorno) (solo per alloggiati)*
♦ Una cornice di monti maestosi e una grande casa di cui vi innamorerete subito: calore e tranquillità, romantici arredi, nonché un rosarium con più di 5000 rose di 120 varietà.

Sporthotel Platz
via Bulla 12 – ✆ 04 71 79 69 35 – www.sporthotelplatz.com – info@sporthotelplatz.com – 16 dicembre-27 marzo e 17 giugno-9 ottobre
23 cam – †45/75 € ††90/150 € – ½ P 55/110 €
Rist – Carta 21/49 €
♦ Un angolo di quiete in un paesino fuori Ortisei: un hotel dall'ambiente familiare in posizione panoramica, immerso nella natura; caldo legno negli interni in stile alpino. Accogliente atmosfera e tipici arredi montani nella sala ristorante.

ORTONA - Chieti (CH) - **563** O25 - **23 876 ab.** - ✉ **66026** **2** C2

Roma 227 - Pescara 20 - L'Aquila 126 - Campobasso 139

piazza della Repubblica 9 ☎ 085 9063841, iat.ortona@abruzzoturismo.it, Fax 085 9063882

Ideale senza rist

corso Garibaldi 65 - ☎ 08 59 06 60 12 - www.hotel-ideale.it - info@hotel-ideale.it

24 cam ☕ - 🚹60/72 € 🚹🚹90/95 €

◆ A pochi metri dalla centrale piazza della Repubblica, un albergo semplice, con camere essenziali: da alcune la vista sul porto e sul mare.

a **Lido Riccio** Nord-Ovest : 5,5 km - ✉ 66026 Ortona

Le Sale

via Lido Riccio 5 - ☎ 08 59 19 07 23 - www.hotelmara-lesale.it - info@hotelmara-lesale.it

41 cam ☕ - 🚹🚹95/150 € - ½ P 85/120 € **Rist** - Menu 35/50 €

◆ Qui tutto è moderno: dalle belle stanze dotate di ogni confort all'importante centro congressi con supporti tecnologici all'avanguardia. Vasta scelta di menu ed un'interessante carta dei vini al ristorante.

ORVIETO - Terni (TR) - **563** N18 - **21 059 ab.** - **alt. 325 m** - ✉ **05018** **32** B3

Italia

Roma 121 - Perugia 75 - Viterbo 50 - Arezzo 110

piazza Duomo 24 ☎ 0763 341772, info@iat.orvieto.tr.it, Fax 0763 344433

Posizione★★★ - Duomo★★★ - Pozzo di San Patrizio★★ - Palazzo del Popolo★ - Quartiere vecchio★ - Palazzo dei Papi★ **M2** - Collezione etrusca★ nel museo Archeologico Faina **M1**

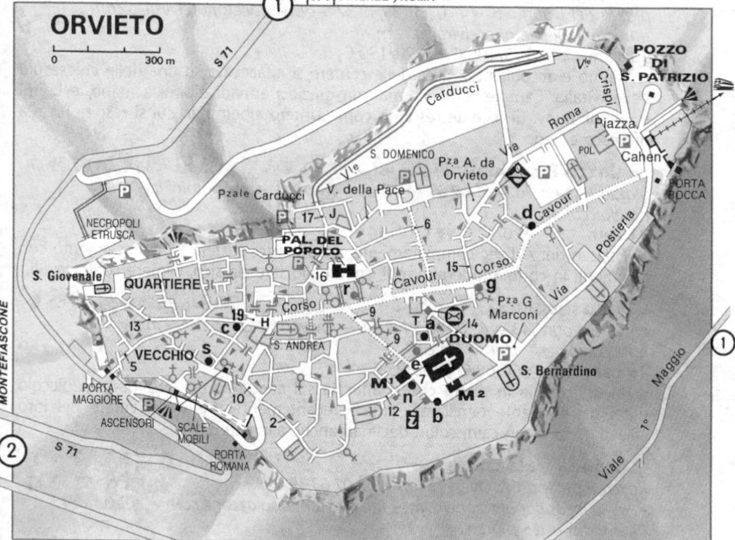

Alberici (V. degli)	2	Duomo (V. del)	9	Orvieto (V. A. da)	15
Cavallotti (V. Felice)	6	Garibaldi (V.)	10	Popolo (Pza del)	16
Cava (V. della)	5	Maitani (V.)	12	Pza del Popolo (V. di)	17
Cavour (Cso)		Malabranca (V.)	13	Repubblica (Pza della)	19
Duomo (Pza del)	7	Nebbia (V.)	14		

La Badia
località La Badia 8, per ② – ✆ 07 63 30 19 59 – www.labadiahotel.it – info@labadiahotel.it – chiuso gennaio e febbraio
22 cam – 215/260 € 250/300 € – 5 suites – ½ P 175/200 €
Rist – *(chiuso a mezzogiorno escluso sabato e domenica)* Carta 41/61 €
◆ Straordinaria ambientazione per questo hotel, ricavato tra gli ambienti suggestivi di un monastero del VIII sec. Ambienti curati ed eleganti, servizio di ottimo livello. Suggestivo ristorante con affresco della crocifissione.

Maitani senza rist
via Maitani 5 – ✆ 07 63 34 20 11 – www.hotelmaitani.com – direzione@hotelmaitani.com – chiuso dal 7 al 31 gennaio **n**
39 cam – 79 € 130 €, 10 €
◆ Un hotel che è parte della storia della città: ampi spazi comuni dalla piacevole atmosfera un po' démodé, terrazza colazione con bella vista sul Duomo, camere in stile.

Duomo senza rist
vicolo Maurizio 7 – ✆ 07 63 34 18 87 – www.orvietohotelduomo.com – info@orvietohotelduomo.com **a**
18 cam – 80 € 100/140 €
◆ A pochi passi dal Duomo, una palazzina da poco completamente restaurata, con facciata in stile liberty; hall ornata con opere del pittore Valentini, camere accoglienti.

Filippeschi senza rist
via Filippeschi 19 – ✆ 07 63 34 32 75 – www.albergofilippeschi.it – info@albergofilippeschi.it – chiuso Natale **c**
15 cam – 45/65 € 60/95 €, 8 €
◆ Nel cuore della cittadina, un albergo piacevolmente collocato in un palazzo con origini settecentesche: accogliente hall e camere confortevoli con parquet.

Virgilio senza rist
piazza del Duomo 5 – ✆ 07 63 39 49 37 – www.orvietohotelvirgilio.com – booking@orvietohotelvirgilio.com **b**
13 cam – 75/100 € 120/150 €
◆ Intimo e accogliente, metà delle camere si affacciano su una delle chiese più belle d'Italia. Camere semplici, ma con graziosi armadi dipinti a mano, e bagni moderni: nuovi di recente restauro come l'intero albergo, in cui si respira un'aria di fresco e lindo.

Palazzo Piccolomini senza rist
piazza Ranieri 36 – ✆ 07 63 34 17 43 – www.hotelpiccolomini.it – info@hotelpiccolomini.it **s**
31 cam – 80/97 € 130/154 €
◆ Palazzo del XVI sec completamente ristrutturato: austera zona ricevimento con pavimenti in cotto, moderni arredi ispirati allo stile classico, camere confortevoli.

Corso senza rist
corso Cavour 343 – ✆ 07 63 34 20 20 – www.hotelcorso.net – info@hotelcorso.net – chiuso Natale **d**
16 cam – 60/68 € 80/95 €
◆ In un edificio in pietra che si affaccia sul centrale Corso Cavour, un piccolo hotel dall'ambiente familiare. Camere recentemente rinnovate, curate nel loro stile classico e con caldi colori declinati anche alle pareti.

Locanda Palazzone
Rocca Ripesena 67, Ovest: 7 km – ✆ 07 63 39 36 14 – www.locandapalazzone.com – info@locandapalazzone.com – chiuso dal 9 gennaio al 25 marzo
7 suites – 170/310 €
Rist – *(chiuso a mezzogiorno escluso da giugno ad agosto)* (prenotazione obbligatoria) *(solo per alloggiati)* Menu 43 €
◆ L'antica dimora cardinalizia, cinta da vigneti dove si produce l'Orvieto, è oggi un elegante e moderno agriturismo che conserva mura originali, alcune bifore ed alti soffitti.

Giglio d'Oro

piazza Duomo 8 – ✆ 07 63 34 19 03 – www.ilgigliodoro.it – ilgigliodoro@libero.it – chiuso mercoledì

Rist – Carta 48/64 € e

◆ Ristorante elegante, con una saletta dagli arredi essenziali, pareti bianche e raffinati tavoli con cristalli e argenteria; incantevole servizio estivo in piazza Duomo.

I Sette Consoli

piazza Sant'Angelo 1/A – ✆ 07 63 34 39 11 – www.isetteconsoli.it – info@isetteconsoli.it – chiuso dal 24 al 26 dicembre, mercoledì, domenica sera

Rist – (consigliata la prenotazione) Menu 45 € – Carta 38/49 € g

◆ Indimenticabili proposte di cucina creativa e servizio estivo serale in giardino con splendida vista del Duomo, in un locale dal sobrio ambiente rustico di tono signorile.

Del Moro - Aronne

via San Leonardo 7 – ✆ 07 63 34 27 63 – www.trattoriadelmoro.info – cristianmanca72@gmail.com – chiuso 10 giorni in novembre e martedì

Rist – Carta 19/28 € r

◆ Ambiente informale in un ristorante del centro: quattro salette su tre livelli all'interno di un palazzo cinquecentesco ristrutturato; casereccia cucina del luogo.

ad Orvieto Scalo per ① : 3 km – ✉ 05018

Villa Acquafredda senza rist

località Acquafredda 1 – ✆ 07 63 39 30 73 – villacquafredda@libero.it – chiuso dal 21 al 27 dicembre

15 cam – †36/50 € ††53/70 €

◆ Fuori dal centro, vecchio casale di campagna totalmente ristrutturato: saletta comune con camino, camere nuove stile "arte povera" in legno chiaro, ambiente familiare.

a Morrano Nord : 15 km – ✉ 05018

Agriturismo Borgo San Faustino e Relais del Borgo

borgo San Faustino 11/12 – ✆ 07 63 21 53 03 – www.borgosanfaustino.it – info@borgosanfaustino.it – chiuso dall'11 gennaio al 12 febbraio

20 cam – †80/100 € ††80/120 € – 1 suite – ½ P 75/80 €

Rist – (consigliata la prenotazione) Carta 20/27 €

◆ Una costellazione di casali in pietra nel classico stile contadino, con camere originali e letti in ferro battuto. Stanze più eleganti, nel Relais del Borgo. Ricette tradizionali rivisitate per una cucina raffinata, realizzata con materie prime dell'agriturismo, dove i piatti variano in funzione della produzione.

a Rocca Ripesena Ovest: 5 km – ✉ 05018

Agriturismo la Rocca Orvieto

rist,

– ✆ 07 63 39 34 37 – www.laroccaorvieto.com – info@laroccaorvieto.com – chiuso dal 11 gennaio al 28 febbraio

9 cam – †78/104 € ††84/140 € **Rist** – Carta 42/64 €

◆ Tra i vigneti dell'azienda, la rocca offre un soggiorno all'insegna del relax in una piacevole struttura immersa nel verde dei colli orvietani. Il ristorante si presenta inaspettatamente moderno nelle sale e creativo nei piatti.

OSIMO – Ancona (AN) – 563 L22 – 32 599 ab. – alt. 265 m – ✉ 60027 21 C2

Roma 308 – Ancona 19 – Macerata 28 – Pesaro 82

piazza del Comune 1 ✆ 071 7249247, info@comune.osimo.an.it, Fax 0717249271

Gustibus

piazza del Comune 11 – ✆ 0 71 71 44 50 – gustibus.email@libero.it – chiuso domenica, anche lunedì da ottobre a maggio

Rist – Carta 22/36 €

◆ Un moderno ristorante wine bar in centro, propone pranzi semplici e cene ricercate, da gustare attingendo ad una carta dei vini per accompagnare degnamente i prodotti locali.

sulla strada statale 16 Est: 4 km

G Hotel senza rist
via Sbrozzola 26 ✉ 60027 – ✆ 07 17 21 19 – www.ghotelancona.it – g.piantini@ghotelancona.it
84 cam ☕ – 🛉74/174 € 🛉🛉79/179 €
◆ A vocazione commerciale, è un albergo moderno, essenziale, a tratti minimalista negli arredi. Ampie camere, grandi docce e un'ottima colazione servita fino a mezzogiorno.

OSNAGO – **Lecco (LC)** – **561** E10 – **4 796 ab.** – **alt. 249 m** – ✉ **23875** **18** B1

▣ Roma 613 – Milano 36 – Bergamo 48 – Lecco 23

Papà Nenè
via Pinamonte 24 – ✆ 03 95 82 20 – www.ristorantepasticceriapapanene.it – papa.nene@virgilio.it – chiuso dal 27 dicembre al 4 gennaio, dal 15 agosto al 5 settembre e lunedì
Rist – Carta 38/49 €
◆ Cucina di mare e siciliana in un locale signorile: raccolta ed intima la sala al piano terra dove troneggia un bel camino, più solare ed ariosa quella al primo piano.

OSOPPO – **Udine (UD)** – **562** D21 – **3 023 ab.** – **alt. 184 m** – ✉ **33010** **10** B2

▣ Roma 665 – Udine 31 – Milano 404

Pittis
rist,
via Andervolti 2 – ✆ 04 32 97 53 46 – www.hotelpittis.com – info@hotelpittis.com
40 cam – 🛉47 € 🛉🛉69 €, ☕ 6 € – ½ P 60 €
Rist – *(chiuso dal 25 dicembre al 7 gennaio e dal 6 al 22 agosto e domenica)* Carta 26/32 €
◆ Nel centro storico del paese, albergo dalla cortese conduzione familiare con ampie e confortevoli camere in stile essenziale. Spazioso ed elegante, un fogolar a vista, il ristorante propone piatti casalinghi della tradizione veneta e friulana.

OSPEDALETTI – **Imperia (IM)** – **3 658 ab.** – ✉ **18014** Liguria **14** A3

▣ Roma 655 – Imperia 40 – Genova 152 – San Remo 8

ℹ corso Regina Margherita 1 ✆ 0184 689085, infospedaletti@visitrivieradeifiori.it, Fax 0184 684455

Byblos
lungomare Colombo 6 – ✆ 01 84 68 90 01 – www.ristorantebyblos.it – info@ristorantebyblos.it – chiuso novembre e lunedì
Rist – Carta 31/56 €
◆ All'estremo della bella passeggiata, ristorante di una certa eleganza affacciato sul mare: piatti a base di pesce semplici e gustosi.

Acquerello
corso Regina Margherita 25 – ✆ 01 84 68 20 48 – cinqueottantacinque@gmail.com – chiuso dal 1° al 18 ottobre
Rist – *(chiuso a mezzogiorno escluso domenica)* Carta 43/63 €
◆ La nostalgia può fare anche questo...ritornare dagli Stati Uniti ed aprire un piccolo, ma raffinato, ristorante con cucina a vista e piatti della migliore tradizione mediterranea. In sala, la travolgente simpatia della titolare predispone al buon umore.

OSPEDALETTO – **Verona** – **Vedere Pescantina**

OSPEDALETTO D'ALPINOLO – **Avellino (AV)** – **564** E26 – **1 863 ab.** – **alt. 725 m** – ✉ **83014** **6** B2

▣ Roma 248 – Napoli 59 – Avellino 8 – Salerno 44

Osteria del Gallo e della Volpe

piazza Umberto I 14 – ✆ 08 25 69 12 25 – www.osteriadelgalloedellavolpe.com – info@osteriadelgalloedellavolpe.com – chiuso dal 23 al 31 dicembre, dal 1° al 15 luglio, domenica sera, lunedì
Rist – *(chiuso a mezzogiorno escluso i giorni festivi)* (prenotare) Carta 21/31 €

♦ Una sala accogliente, pochi tavoli e molto spazio. Conduzione familiare, servizio curato e cordiale, menù che propone la tradizione locale con alcune personalizzazioni.

OSPEDALICCHIO – Perugia – 563 M19 – Vedere Bastia Umbra

OSPITALETTO – Brescia (BS) – 561 F12 – 13 380 ab. – alt. 154 m – ✉ 25035 — 19 D2

Roma 550 – Brescia 12 – Bergamo 45 – Milano 96

Hosteria Brescia

via Brescia 22 – ✆ 0 30 64 09 88 – hosteria.brescia@gmail.com – chiuso una settimana in gennaio, tre settimane in agosto e lunedì
Rist – Carta 30/46 €

♦ Antica locanda di paese rinnovata negli ultimi anni: ambiente in stile rustico, ma ben curato, dove gustare una cucina a base di piatti della tradizione.

OSSANA – Trento (TN) – 562 D14 – 831 ab. – alt. 1 003 m – Sport invernali : Vedere Tonale (Passo del) – ✉ 38026 — 30 B2

Roma 659 – Trento 74 – Bolzano 82 – Passo del Tonale 17
a Fucine via San Michele 1 ✆ 0463 751301, info.ossana@virgilio.it, Fax 0463 75026

Pangrazzi

frazione Fucine alt. 982 – ✆ 04 63 75 11 08 – www.hotelpangrazzi.com – info@hotelpangrazzi.com – dicembre-aprile e 15 giugno-10 settembre
32 cam – †31/45 € ††70/90 € – 2 suites – ½ P 43/78 €
Rist – Menu 16/25 €

♦ Struttura rifinita in legno e pietra con invitanti spazi comuni in stile montano. Abbellita da un gradevole piccolo giardino è ideale per un turismo familiare. Al ristorante si servono piatti del territorio e tradizionali.

OSTELLATO – Ferrara (FE) – 562 H17 – 6 570 ab. – ✉ 44020 — 9 C2

Roma 395 – Ravenna 65 – Bologna 63 – Ferrara 33

Villa Belfiore

via Pioppa 27 – ✆ 05 33 68 11 64 – www.villabelfiore.com – info@villabelfiore.com
18 cam – †75/90 € ††100/115 € – ½ P 70/80 €
Rist – *(chiuso gennaio e febbraio, lunedì, martedì e mercoledì) (chiuso a mezzogiorno escluso domenica)* (consigliata la prenotazione) Carta 30/40 €

♦ Un'oasi di tranquillità, immerso nella campagna, offre ambienti dagli arredi rustici ricchi di fascino e un piccolo centro benessere con sauna, massaggi e bagni di fieno. Belle e ampie le camere. Piatti della tradizione e una cucina salutistica a base di erbe officinali coltivate nell'orto biologico di proprietà.

OSTERIA GRANDE – Bologna – 562 I16 – Vedere Castel San Pietro Terme

OSTUNI – Brindisi (BR) – 564 E34 – 32 428 ab. – alt. 218 m – ✉ 72017 — 27 C2

Puglia

Roma 530 – Brindisi 42 – Bari 80 – Lecce 73
corso Mazzini 8 ✆ 0831 301268, iatostuni@viaggiareinpuglia.it, Fax 0831 301268
Facciata★ della cattedrale
Regione dei Trulli★★★

La Terra
via Petrarolo 20/24 – 08 31 33 66 52 – www.laterrahotel.it – info@laterrahotel.it
17 cam – 75/105 € 130/175 € – ½ P 90/123 €
Rist *San Pietro* – *(chiuso mercoledì)* Carta 25/40 €
♦ Un lungo restauro ha restituito splendore al palazzo medievale. Arredi in stile impreziosiscono già la hall, fino ad arrivare alle belle camere con mobili d'epoca ma accessoriate con modernità. In più salette sormontate da volte in pietra, il ristorante propone i piatti della tradizione pugliese, carne e pesce.

Masseria Tutosa senza rist
contrada Tutosa , Nord-Ovest : 7,5 km – 08 31 35 90 46 – www.masseriatutosa.com – tutosa@libero.it – marzo-ottobre
23 cam – 80/130 € 100/150 €, 8 €
♦ Una vacanza di tutto relax in un'antica masseria fortificata, con giardino e piscina: spazi esterni molto piacevoli, poche camere semplici ed essenziali, ma confortevoli.

Masseria Il Frantoio
strada statale 16 km 874, Nord-Ovest : 5 km – 08 31 33 02 76 – www.masseriailfrantoio.it – prenota@masseriailfrantoio.it
11 cam – 88/176 € 139/220 € – 2 suites – ½ P 146/167 €
Rist – *(chiuso a mezzogiorno da giugno a settembre)* (prenotazione obbligatoria) Menu 36 € bc/57 € bc
♦ Tutto è all'insegna della familiarità, dal fascino dell'abitazione privata all'accoglienza semplice e cordiale. A disposizione degli ospiti anche un giardino ombreggiato e un fresco patio per le colazioni.

Porta Nova
via Petrarolo 38 – 08 31 33 89 83 – www.ristoranteportanova.com – rist_portanova@libero.it – chiuso dal 1° al 14 gennaio
Rist – Carta 37/63 €
♦ Splendida la vista sui dintorni dalla terrazza di questo ristorante del centro storico della cittadina; la cucina propone solo interessanti e guastose specialità di pesce.

Osteria Piazzetta Cattedrale
via Arcidiacono Trinchera 7 – 08 31 33 50 26 – www.piazzettacattedrale.it – info@piazzettacattedrale.it – chiuso febbraio e martedì escluso luglio-agosto
Rist – (consigliata la prenotazione) Menu 25/30 € – Carta 35/41 €
♦ Nel centro storico, un elegante ristorante con pavimenti in marmetto, luminosi lampadari di cristallo ed arredi in stile. Cucina del territorio rivisitata in chiave moderna.

Osteria del Tempo Perso
via Tanzarella Vitale 47 – 08 31 30 48 19 – www.osteriadeltempoperso.com – info@osteriadeltempoperso.com – chiuso dal 10 al 31 gennaio e lunedì
Rist – *(chiuso a mezzogiorno da maggio a settembre)* Carta 34/50 €
♦ Suggestivo. In un antico mulino a due passi dalla cattedrale, due salette in sasso scavato per una cucina sfiziosa che propone ricette regionali rivisitate con talento.

a Costa Merlata Nord-Est : 15 km – ✉ 72017

Grand Hotel Masseria Santa Lucia cam,
strada statale 379 km 23,500 – 08 31 35 61 11 – www.masseriasantalucia.it – info@masseriasantalucia.it
127 cam – 100/260 € 140/300 € – 4 suites – ½ P 100/150 €
Rist – Carta 35/71 €
♦ Ricavato dal riadattamento di un'antica masseria, ogni ambiente si distingue per funzionalità ed omogeneità degli arredi, nonché per l'atmosfera di relax e tranquillità che vi aleggia. Vocazione turistica e congressuale.

OTRANTO – Lecce (LE) – 564 G37 – 5 496 ab. – ✉ 73028 Puglia **27** D3

Roma 642 – Brindisi 84 – Bari 192 – Gallipoli 47
piazza Castello 5 0836 801436, iatotranto@viaggiareinpuglia.it
Cattedrale★★: pavimento★★★ - Chiesa di S. Pietro★

Degli Haethey
via Sforza 33 – ✆ 08 36 80 15 48 – www.hoteldeglihaethey.com – info@hoteldegliaethey.com
49 cam ☕ – 🚹65/160 € 🚹🚹90/280 € – ½ P 70/165 € **Rist** – Menu 25 €
◆ Ad un quarto d'ora dal centro e non lontano dalla spiaggia, apprezzerete la tranquillità della zona residenziale e il confort delle recenti e moderne camere all'ultimo piano.

Valle dell'Idro senza rist
via Giovanni Grasso 4 – ✆ 08 36 80 44 27 – www.otrantohotel.com – info@otrantohotel.com – aprile-settembre
27 cam – 🚹90/200 € 🚹🚹110/230 €, ☕ 15 €
◆ I dettagli qui non sono lasciati al caso, ma studiati con grande senso estetico: ne deriva una bella realtà con accoglienti camere e un piccolo, ma grazioso giardino, dove nella bella stagione viene servita la prima colazione. La terrazza propone una suggestiva vista sulla città vecchia e sul mare.

Villa Rosa Antico senza rist
strada statale 16 – ✆ 08 36 80 15 63 – www.hotelrosaantico.it – info@hotelrosaantico.it
25 cam ☕ – 🚹60/100 € 🚹🚹80/190 €
◆ E' una storica villa di fine Cinquecento ad ospitare il piccolo albergo dall'attenta e capace gestione familiare. Graziose e ben accessoriate le camere, piacevole sostare in giardino.

Masseria Panareo
litoranea Otranto-S.Cesarea Terme, Sud: 6 km Otranto – ✆ 08 36 81 29 99 – www.masseriapanareo.com – info@masseriapanareo.com – chiuso novembre
17 cam ☕ – 🚹105/140 € 🚹🚹140/185 € – ½ P 98/121 €
Rist – *(chiuso lunedì) (chiuso a mezzogiorno)* Carta 29/42 €
◆ Un antico eremo ospita questa bella masseria, interamente ristrutturata, ubicata in aperta campagna ma non troppo lontana dal mare. Moderna piscina con bella terrazza-solarium per momenti di piacevole relax.

OTTAVIANO – Napoli (NA) – 564 E25 – 23 733 ab. – alt. 220 m – ✉ 80044 **6** B2

Roma 240 – Napoli 22 – Benevento 70 – Caserta 47

Augustus senza rist
viale Giovanni XXIII 61 – ✆ 08 15 28 84 55 – www.augustus-hotel.com – prenotazioni@augustus-hotel.com
41 cam ☕ – 🚹110/130 € 🚹🚹140/170 €
◆ Adatto a una clientela d'affari, albergo in posizione centrale con ambienti in stile lineare d'ispirazione contemporanea; ampie e funzionali le camere.

OTTONE – Livorno – Vedere Elba (Isola d') : Portoferraio

OVADA – Alessandria (AL) – 561 I7 – 11 912 ab. – alt. 186 m – ✉ 15076 Italia Centro Nord **23** C3

Roma 549 – Genova 50 – Acqui Terme 24 – Alessandria 40
via Cairoli 107 ✆ 0143 821043, iat@comune.ovada.al.it, Fax 0143 821043
Strada dei castelli dell'Alto Monferrato★ (o strada del vino) verso Serravalle Scrivia

La Volpina
strada Volpina 1 – ✆ 0 14 38 60 08 – www.ristorantelavolpina.it – info@ristorantelavolpina.it – chiuso dal 24 al 26 dicembre, dall'8 al 30 gennaio, dall'8 al 29 agosto e lunedì
Rist – *(chiuso la sera dei giorni festivi)* Menu 52 € – Carta 39/52 €
◆ In tranquilla posizione collinare, La Volpina propone una gustosa cucina del territorio - tra Piemonte e Liguria - con caratteristiche di entrambe le regioni: ricette reinterpretate con fantasia e creatività.

L'Archivolto

piazza Garibaldi 25/26 – ✆ 01 43 83 52 08 – archivoltoosterianostrale@yahoo.it – chiuso 15 giorni a gennaio ,15 giorni a luglio, martedì sera, mercoledì

Rist – Carta 38/58 €

♦ Cucina piemontese con influenze liguri, porzioni abbondanti e valide materie prime, in una tipica trattoria di paese con prosciutti appesi, gelosamente custoditi in una piccola nicchia, e tovaglie a quadrettoni. Il tutto "condito" da una buona dose di cordialità e simpatia.

OVIGLIO – Alessandria (AL) – 561 H7 – 1 298 ab. – alt. 107 m – ✉ 15026

23 C2

Roma 601 – Torino 83 – Alessandria 21 – Asti 31

Castello di Oviglio

via 24 Maggio 1 – ✆ 01 31 77 61 66 – www.castellodioviglio.it – info@castellodioviglio.it

9 cam – †90/150 € ††100/180 €

Rist – (prenotazione obbligatoria) Carta 39/63 €

♦ All'interno di un affascinante castello del XIII secolo, raffinato hotel per un soggiorno d'atmosfera. Camere di prestigio e spazi comuni ricercati. Accoglienza di tono familiare.

Donatella (Mauro Bellotti)

viale Umberto I, 1 – ✆ 01 31 77 69 07 – www.ristorantedonatella.it – info@ristorantedonatella.it – chiuso 10 giorni in gennaio, 3 settimane in luglio o agosto, lunedì, martedì

Rist – *(chiuso a mezzogiorno escluso domenica)* Carta 49/72 €

Spec. Crudo di fassone piemontese al coltello con uovo di quaglia. Maccheroncini al ragù di calamari e alici. Milanese di tonno rosso, patate e peperoni.

♦ Nell'antica canonica del 1700, un elegante e raffinato locale con mobili di antiquariato e quadri contemporanei: la passione dei titolari si traduce in un'ottima cucina dalle squisite materie prime.

OZZANO DELL'EMILIA – Bologna (BO) – 562 I16 – 12 410 ab. – alt. 66 m – ✉ 40064

9 D3

Roma 399 – Bologna 15 – Forlì 63 – Modena 60

Eurogarden Hotel

via dei Billi 2/a – ✆ 0 51 79 45 11 – www.eurogardenhotel.com – info@eurogardenhotel.com – chiuso agosto

72 cam – †79/359 € ††89/359 €

Rist – *(chiuso domenica) (chiuso a mezzogiorno)* Carta 32/41 €

♦ Albergo moderno dagli interni arredati in ciliegio e dotati di ogni confort: le camere al piano terra beneficiano di un piccolo giardino, che le rende particolarmente adatte agli ospiti con animali. Cene a base di specialità del luogo.

PACECO – Trapani – 365 AK56 – Vedere Trapani

PACENTRO – L'Aquila (AQ) – 563 P23 – 1 277 ab. – alt. 690 m – ✉ 67030

1 B2

Roma 171 – Pescara 78 – Avezzano 66 – Isernia 82

Taverna De Li Caldora

piazza Umberto I 13 – ✆ 0 86 44 11 39 – www.ristorantecaldora.it – chiuso domenica sera, martedì, anche lunedì in inverno

Rist – Carta 26/41 €

♦ Un curioso intrico di stradine disegna il centro storico di Pacentro, mentre nelle cantine di un imponente palazzo del '500 si celebra la cucina regionale. Servizio estivo in terrazza panoramica.

PACHINO – Siracusa (SR) – 365 AZ63 – 21 832 ab. – alt. 65 m – ✉ 96018

40 D3

Palermo 301 – Siracusa 55 – Ragusa 58 – Catania 108

a Marzamemi – ✉ 96010

X **La Cialoma**

piazza Regina Margherita 23 – ☎ 09 31 84 17 72 – www.lacialoma.com
Rist – Carta 27/51 € (+10 %)
♦ Nella scenografica piazza di un borgo-tonnara del '700, un'incantevole trattoria di mare con tovaglie ricamate e il pesce più fresco: l'eccellenza nella semplicità!

PADENGHE SUL GARDA – **Brescia (BS)** – **561** F13 – **4 309 ab.** – **alt. 127 m** – ✉ **25080** **17** D1

Roma 526 – Brescia 36 – Mantova 53 – Verona 43

XX **Aquariva**

via Marconi 57, strada statale Gardesana, Est : 1 km – ☎ 03 09 90 88 99 – www.aquariva.it – info@aquariva.it
Rist – Carta 58/83 €
♦ Locale elegante e luminoso con una terrazza vetrata che si affaccia sul porticciolo turistico privato e una zona di disimpegno con salotto. Cucina di mare e di terra.

PADERNO DEL GRAPPA – **Treviso (TV)** – **562** E17 – **2 149 ab.** – **alt. 292 m** – ✉ **31017** **35** B2

Roma 547 – Padova 61 – Treviso 41 – Venezia 72

X **Osteria Bellavista**

via Piovega 30 – ☎ 04 23 94 93 29 – chiuso mercoledì
Rist – Carta 32/50 €
♦ Un'osteria di moderna concezione dalla calda accoglienza familiare. La cucina asseconda l'estro, il mercato e le tradizioni.

PADERNO DI PONZANO – **Treviso** – **Vedere Ponzano Veneto**

PADERNO FRANCIACORTA – **Brescia (BS)** – **561** F12 – **3 734 ab.** – **alt. 186 m** – ✉ **25050** **19** D2

Roma 550 – Brescia 15 – Milano 84 – Verona 81

Franciacorta senza rist

via Donatori di Sangue 10/d – ☎ 03 06 85 70 85 – info@hotelfranciacorta.it – chiuso agosto
24 cam – †70 € ††90 €
♦ In zona strategica, facile da raggiungere, una risorsa di concezione moderna, quasi confusa fra le molte altre ville dell'area residenziale in cui si trova.

PADOLA – **Belluno** – **Vedere Comelico Superiore**

PADOVA P (PD) – **562** F17 – **211 936 ab.** – **alt. 12 m** **36** C3

Venezia e ville venete

Roma 491 – Milano 234 – Venezia 42 – Verona 81

Stazione Ferrovie Stato ✉ 35131 ☎ 049 8752077, infostazione@turismopadova.it, Fax 049 8755008
piazza del Santo (aprile-ottobre) ✉ 35123 ☎ 049 8753087
vicolo Pedrocchi ✉ 35122 ☎ 049 8767927, infopedrocchi@turismopadova.it Fax 049 8363316

Montecchia, ☎ 049 8 05 55 50

Frassanelle via Rialto 5/A, ☎ 049 9 91 07 22

via Noiera 57, ☎ 049 9 19 51 00

Affreschi di Giotto★★★, Vergine★ di Giovanni Pisano nella cappella degli Scrovegni DY – Basilica del Santo★★ DZ – Statua equestre del Gattamelata DZ **A** – Palazzo della Ragione★ DZ **J** : salone★★ – Pinacoteca Civica★ DY **M** – Chiesa degli Eremitani e museo★ DY : affreschi★★ di Mantegna e Guariento e opere★★ venete – Oratorio di San Giorgio★ DZ **B** – Scuola di Sant'Antonio★ DZ **B** – Piazza della Frutta★ DZ **25** – Piazza delle Erbe★ DZ **20** – Torre dell'Orologio★ (in piazza dei Signori CYZ) – Pala★ del Veronese nella chiesa di Santa Giustina DZ

Colli Euganei★ Sud-Ovest per ⑥

Piante pagine seguenti

PADOVA

Acquapendente (V. G.F.) . . . . . . AX 2
Ariosto (V. L.) . . . . BV 3
Bezzecca (V.) . . . . AV 5
Bruno (V. G.) . . . . AX 6
Camerini (Cavalcavia) . . . . AV 7
Capitello (V.) . . . . AV 9
Castelfidardo (V.) . . . . AX 13
Cavallotti (Viale F.) . . . . AX 14
Costa (V. A.) . . . . AX 18
Falloppio (V. G.) . . . . BV 22
Gattamelata (V.) . . . . BVX 30
Giglio (V. del) . . . . ABV 31
Giustiniani (V. N.) . . . . BVX 32
Grazie (Viale delle) . . . . BV 34
Guido Reni (V.) . . . . BV 36
Industria (Viale dell') . . . . BV 38
Madonna della Salute (V.) . . . . BV 41
Manzoni (V. A.) . . . . AX 42
Maroncelli (V.) . . . . BV 43
Morgagni (V.) . . . . ABV 46
Palestro (V.) . . . . AV 49
Pontevigodarzere (V.) . . . . BV 55
Sacro Cuore (V.) . . . . AV 56
Stanga (Piazzale) . . . . BV 62
S. Marco (V.) . . . . BV 60
Tommaseo (V.) . . . . BV 63
Turazza (V.) . . . . BV 64
Vicenza (V.) . . . . AV 69
Vittorio Emanuele II (Cso) . . . . AX 70
Vittorio Veneto (V.) . . . . AX 71
Vivarini (V.) . . . . BV 73

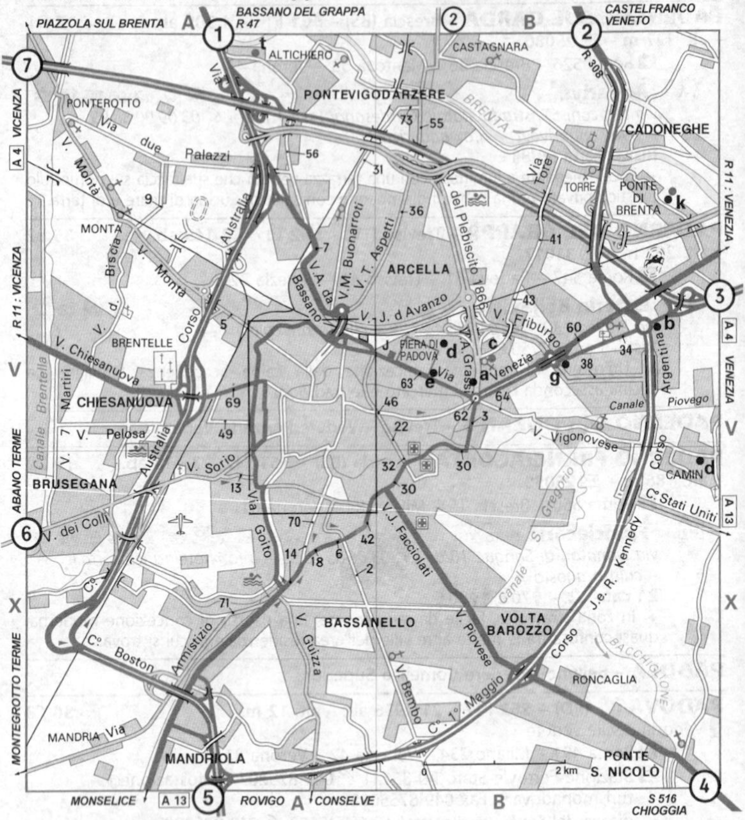

NH Mantegna rist,

via Tommaseo 61, zona Fiera ✉ 35131 – ✆ 04 98 49 41 11 – www.nh-hotels.com – nhmantegna@nh-hotels.com BV**e**

180 cam ☕ – ††60/270 € – 10 suites **Rist** – Carta 33/72 €

◆ A pochi minuti dal centro storico, l'architettura contemporanea di questo enorme grattacielo anticipa gli ottimi spazi di cui la risorsa è dotata. 13 piani di design, ambienti moderni e luminosi, camere ultra confortevoli. Non perdetevi la stupenda vista dal ristorante panoramico, al dodicesimo piano.

Grand'Italia senza rist

corso del Popolo 81 ✉ 35131 – ✆ 04 98 76 11 11 – www.hotelgranditalia.it – info@hotelgranditalia.it DY**a**

63 cam ☕ – †99/175 € ††130/236 € – 3 suites

◆ Trasformato in hotel nel 1907, Palazzo Folchi rappresenta un mirabile esempio di stile liberty. Stanze rinnovate secondo criteri di piacevole modernità.

PADOVA

Street	Square	No.
Altinate (V.)	DYZ	
Carmine (V. del)	DY	10
Cavour (Pza e V.)	DY	15
Cesarotti (V. M.)	DZ	17
Dante (V.)	CY	
Erbe (Pza delle)	DZ	20
Eremitani (Pza)	DY	21
Filiberto (V. E.)	DY	24
Frutta (Pza della)	DZ	25
Garibaldi (Cso)	DY	27
Garibaldi (Pza)	DY	28
Gasometro (V. dell' ex)	DY	29
Guariento (V.)	DY	35
Insurrezione (Pza)	DY	39
Monte di Pietà (V. del)	CZ	45
Petrarca (V.)	CY	50
Ponte Molino (Vicolo)	CY	52
Ponti Romani (Riviera dei)	DYZ	53
Roma (V.)	DZ	
S. Canziano (V.)	DZ	57
S. Fermo (V.)	DY	
S. Lucia (V.)	DY	59
Vandelli (V. D.)	CZ	66
Verdi (V. G.)	CY	67
Vittorio Emanuele II (Cso)	CZ	70
8 Febbraio (V.)	DZ	74
58 Fanteria (V.)	DZ	75

Plaza
corso Milano 40 ✉ 35139 – ✆ 0 49 65 68 22 – www.plazapadova.it – info@plazapadova.it CY**m**
131 cam – 90/170 € 110/230 € – 5 suites
Rist – *(chiuso luglio, agosto, sabato, domenica) (chiuso a mezzogiorno)*
Carta 47/56 €
♦ Vantaggiosa posizione, in prossimità del centro storico e commerciale: buon servizio e ottima gestione per una comodissima e piacevole risorsa dall'atmosfera elegante. Ristorante raffinato frequentato in prevalenza da clienti d'affari.

Methis senza rist
riviera Paleocapa 70 ✉ 35142 – ✆ 04 98 72 55 55 – www.methishotel.com – info@methishotel.com CZ**a**
52 cam – 100/150 € 100/200 €
♦ Lungo il canale e non lontano dalla Specola, nuovo albergo dagli interni moderni e funzionali. Quattro piani ispirati ai quattro elementi: aria, acqua, terra e fuoco.

Biri
via Grassi 2 ✉ 35129 – ✆ 04 98 06 77 00 – www.hotelbiri.com – hotelbiri@hotelbiri.com BV**a**
100 cam – 71/156 € 88/178 €
Rist – *(chiuso a mezzogiorno) (solo per alloggiati)* Carta 30/52 €
♦ Un enorme albergo situato in prossimità di un importante crocevia non lontano dalla zona fieristica; risorsa di buon livello, con camere in gran parte rimesse a nuovo.

Accademia Palace senza rist
via del Pescarotto 39 ✉ 35131 – ✆ 04 97 80 02 33 – www.accademiapalacepadova.it – info@accademiapalacepadova.it BV**d**
90 cam – 49/180 €, 7 € – 5 suites
♦ Moderna struttura ubicata nei pressi della Fiera e della stazione ferroviaria. Indicata per la clientela business a cui mette a disposizione le tecnologie più moderne.

Milano
via Bronzetti 62/d ✉ 35138 – ✆ 04 98 71 25 55 – www.hotelmilano-padova.it – info@hotelmilano-padova.it CY**g**
80 cam – 87/115 € 126/185 €
Rist – *(chiuso domenica) (solo per alloggiati)* Menu 20 €
♦ Offre un insieme funzionale e ha caratteristiche tipiche degli alberghi dell'ultima generazione, con tutti i confort e le modernità, in un'area cittadina molto comoda. Ampie sale ristorante, gestione familiare, cucina del territorio.

Donatello senza rist
via del Santo 102/104 ✉ 35123 – ✆ 04 98 75 06 34 – www.hoteldonatello.net – info@hoteldonatello.net – chiuso dal 12 dicembre al 6 gennaio DZ**z**
44 cam – 120/140 € 210/230 €
♦ Nel cuore storico della città, una struttura d'inizio secolo scorso gestita, da generazioni, dalla medesima famiglia; recenti rinnovamenti e bella vista da alcune stanze.

Majestic Toscanelli senza rist
via dell'Arco 2 ✉ 35122 – ✆ 0 49 66 32 44 – www.toscanelli.com – majestic@toscanelli.com DZ**b**
34 cam – 89/119 € 139/195 € – 3 suites
♦ Uno dei vecchi alberghi nel centro cittadino, con una zona comune incentrata sulla hall e stanze, di fattura diversa, con arredi di vari stili d'epoca. American bar serale.

Europa
largo Europa 9 ✉ 35137 – ✆ 0 49 66 12 00 – www.hoteleuropapd.it – info@hoteleuropapd.it DY**c**
80 cam – 70/119 € 120/180 € – ½ P 74/115 €
Rist Zaramella – vedere selezione ristoranti
♦ Cappella degli Scrovegni e centro storico sono a pochi metri, così anche la stazione: rinnovatosi in anni recenti, l'hotel presenta camere moderne, nonché spazi comuni luminosi e dai caldi toni. Ideale per una clientela business.

Giotto senza rist
piazzale Pontecorvo 33 ✉ 35121 – ✆ 04 98 76 18 45 – www.hotelgiotto.com – info@hotelgiotto.com DZ**c**
34 cam ☕ – †70/80 € ††90/120 €
◆ Poco lontano dalla basilica di Sant'Antonio, albergo riaperto da poco in seguito ad una totale ristrutturazione. Offre soluzioni di taglio moderno e funzionale.

Igea senza rist
via Ospedale Civile 87 ✉ 35121 – ✆ 04 98 75 05 77 – www.hoteligea.it – info@hoteligea.it DZ**d**
54 cam ☕ – †60/75 € ††85/110 €
◆ Un buon hotel che lavora molto con la clientela dell'Ospedale Civile di fronte a cui è posizionato: un'area comunque centralissima anche per le varie mete turistiche.

Al Cason
rist,
via Frà Paolo Sarpi 40 ✉ 35138 – ✆ 0 49 66 26 36 – www.hotelalcason.com – info@hotelalcason.com CDY**d**
48 cam ☕ – †69/100 € ††79/120 €
Rist – *(chiuso dal 23 dicembre al 6 gennaio, agosto, sabato e domenica)* Carta 18/38 €
◆ Periferica e tuttavia molto comoda, in prossimità della stazione ferroviaria, una risorsa a conduzione familiare ormai da parecchi anni, dotata di confort essenziali. Tanta storia per un semplice ristorante moderno.

Al Fagiano senza rist
via Locatelli 45 ✉ 35123 – ✆ 04 98 75 33 96 – www.alfagiano.com – info@alfagiano.com DZ**n**
40 cam – †55/70 € ††85/100 €, ☕ 7 €
◆ Ciò che vorremmo trovare in ogni città, arrivando come turisti con tutta la famiglia: un discreto hotel, un po' nascosto, in pieno centro, con un buon rapporto qualità/prezzo.

Belle Parti
via Belle Parti 11 ✉ 35139 – ✆ 04 98 75 18 22 – www.ristorantebelleparti.it – info@ristorantebelleparti.it – chiuso domenica CDY**e**
Rist – Carta 48/72 €
◆ Come un'araba fenice, questo locale rinasce ancora più bello dopo l'incendio che lo danneggiò nel 2006: quadri alle pareti, specchi e boiserie. Il menu si accorda con le stagioni, proponendo una rassegna di "irrinunciabili" di carne e di pesce.

Ai Porteghi
via Cesare Battisti 105 ✉ 35121 – ✆ 0 49 66 07 46 – www.trattoriaaiporteghi.com – info@trattoriaaiporteghi.com – chiuso dal 12 al 19 agosto, domenica, lunedì a mezzogiorno DZ**e**
Rist – Carta 37/55 €
◆ In pieno centro, sarete ammaliati dall'atmosfera un po' romantica di questo bel locale, che si farà ricordare per la cucina d'impronta mediterranea, in armonia con le stagioni. La sala principale è "riscaldata" da un tripudio di legni.

Zaramella – Hotel Europa
largo Europa 10 ✉ 35137 – ✆ 04 98 76 08 68 – www.hoteleuropapd.it – info@hoteleuropapd.it DY**c**
Rist – *(chiuso agosto, sabato a mezzogiorno, domenica)* Carta 33/48 €
◆ Elegante sala di un rilassante color azzurro pastello e di tono moderno, ma con piacevoli tocchi dal passato quali il vecchio comò o le decorazioni alle pareti.

Alle Piazze-Da Giorgio
via Manin 8/10 ✉ 35139 – ✆ 04 98 36 09 73 – chiuso agosto, domenica
Rist – Carta 34/51 € CZ**b**
◆ Nel pieno centro storico della città, locale classico ed elegante che offre proposte del territorio presentate in chiave moderna. Gestione di lunga esperienza.

X **Per Bacco**
piazzale Ponte Corvo 10 ✉ 35121 – ☎ 04 98 75 28 83 – www.per-bacco.it – ristorante@per-bacco.it – chiuso domenica DZ**a**
Rist – (consigliata la prenotazione) Carta 37/47 €
◆ Bottiglie esposte all'ingresso, libri e riviste a tema, tutto favorisce un piacevole incontro con la divinità che dà il nome a questo simpatico ed accogliente locale.

X **La Finestra**
via dei Tadi 15 ✉ 35139 – ☎ 0 49 65 03 13 – www.ristorantefinestra.it – finestra.tadi@libero.it – chiuso 1 settimana in gennaio, 3 settimane in agosto, domenica sera, lunedì CZ**d**
Rist – *(chiuso a mezzogiorno da martedì a giovedì)* (consigliata la prenotazione) Carta 36/47 €
◆ Ambiente raccolto ed accogliente, dove le importanti esperienze professionali dello chef si riflettono in una prelibata cucina contemporanea, resa originale da qualche spunto creativo, "misurato" e non invadente.

a Camin Est : 4 km per A 4 BX – ✉ 35127

Admiral senza rist
via Vigonovese 90 – ☎ 04 98 70 02 40 – www.hoteladmiral.it – info@hoteladmiral.it BX**d**
46 cam – †65/105 € ††90/150 €
◆ Sito nella zona industriale, sull'arteria principale che attraversa la località, un albergo di fattura moderna, distribuito su tre edifici, ideale per la clientela d'affari.

in prossimità casello autostrada A 4 Padova Est per ③: 5 km BV

Sheraton Padova Hotel
corso Argentina 5 ✉ 35129 – ☎ 04 97 80 82 30 – www.sheratonpadova.it – hotel@sheratonpadova.it BV**b**
226 cam – †75/220 € ††75/260 € – 2 suites
Rist *Les Arcades* – ☎ 04 98 99 80 86 – Carta 36/51 €
◆ In posizione strategica per scoprire sia Padova sia Venezia, un hotel che riesce a soddisfare la clientela turistica e d'affari con standard di confort in linea con la catena. Al ristorante raffinata atmosfera ovattata.

AC Padova
via Prima Strada 1 ✉ 35129 – ☎ 0 49 77 70 77 – www.ac-hotels.com – acpadova@ac-hotels.com BV**g**
98 cam – ††70/170 €
Rist – *(chiuso a mezzogiorno) (solo per alloggiati)* Carta 28/50 €
◆ Non lontano dalla fiera e dall'uscita autostradale, il design moderno della struttura caratterizza tutti gli hotel di questa catena alberghiera. Spazi comuni non ampissimi, ma organizzati con grande raziocinio; camere di media ampiezza e notevole confort.

in prossimità casello autostrada A 4 Padova Ovest per ①: 6 km AV

Crowne Plaza Padova
via Po 197 ✉ 35135 – ☎ 04 98 65 65 11 – www.crowneplazapadova.it – info@crowneplazapadova.it
177 cam – ††80/180 € – 2 suites – ½ P 65/135 €
Rist – *(solo per alloggiati)* Carta 38/48 €
◆ Recente ed elegante, nel contesto di una città d'arte ricca di storia, annovera ampi spazi arredati in un design contemporaneo particolarmente luminoso e colorato. Classe e raffinatezza continuano al ristorante dalle dimensioni modulabili a seconda delle esigenze.

XX **Antica Trattoria Bertolini** con cam
via Altichiero 162 – ☎ 0 49 60 03 57 – www.bertolini1849.it – info@bertolini1849.it AV**t**
14 cam – ††40/90 €, 8 €
Rist – *(chiuso 3 settimane in agosto, venerdì sera e sabato)* Carta 28/34 €
◆ Già dall'insegna, il ristorante ricorda al cliente la propria lunghissima storia di appartenenza (dal 1849) alla tradizione gastronomica locale. In menu, tante proposte del territorio: risotti di stagione, specialità di pesce, dolci fatti in casa. Piacevoli stanze ben accessoriate.

a Ponte di Brenta Nord-Est : 6 km per S 11 BV – ✉ 35129

Sagittario
via Randaccio 6, località Torre – ✆ 0 49 72 58 77 – www.hotelsagittario.com – info@hotelsagittario.com – chiuso dal 24 dicembre al 6 gennaio ed agosto
41 cam – 55/84 € 80/115 € – ½ P 70/85 € BV**k**
Rist Dotto di Campagna – vedere selezione ristoranti
◆ Decentrato, ma immerso nel verde, un valido appoggio per chi sia soltanto di passaggio o chi desideri visitare meglio le località vicine; camere semplici.

Dotto di Campagna – Hotel Sagittario
via Randaccio 4, località Torre – ✆ 0 49 62 54 69 – www.hotelsagittario.com – risdotto@hotelsagittario.com – chiuso dal 26 dicembre al 6 gennaio, agosto, domenica sera, lunedì BV**k**
Rist – Carta 32/40 €
◆ Un simpatico indirizzo, un po' fuori città, ove poter assaporare i piatti della tradizione veneta nella più completa rilassatezza e in un ambiente di elegante rusticità.

PAESTUM – Salerno (SA) – 564 F27 – ✉ 84047 Napoli e la Campania 7 C3

Roma 305 – Potenza 98 – Napoli 99 – Salerno 48

via Magna Grecia 887/891 (zona Archeologica) ✆ 0828 811016, info@infopaestum.it, Fax 0828 722322

Tempio di Nettuno★★★ – Basilica★★ - Tempio di Cerere★★ - Museo★★: Tomba del Tuffatore★★

Ariston Hotel
via Laura 13 – ✆ 08 28 85 13 33 – www.hotelariston.com – info@hotelariston.com
110 cam – 70 € 80 €, 10 € – 1 suite – ½ P 80 € **Rist** – Menu 25 €
◆ Grande complesso turistico alberghiero con ogni sorta di struttura: da quella congressuale a quella salutistico-sportiva. Camere sublimi non solo per il livello di confort, ma anche per la generosità dei metri quadrati.

Savoy Beach
via Poseidonia – ✆ 08 28 72 01 00 – www.hotelsavoybeach.it – info@hotelsavoybeach.it
41 cam – 83/179 € 110/238 € – 1 suite – ½ P 99/154 €
Rist *Tre Olivi* – ✆ 08 28 72 00 23 – Carta 30/40 €
◆ Imponente e sfarzoso hotel, realizzato di recente e votato all'attività congressuale e banchettistica. Hall, saloni e spazi comuni (anche esterni) davvero ampi e suggestivi. Sala ristorante signorile ed elegante, invitanti specialità del Cilento.

Esplanade
via Poseidonia – ✆ 08 28 85 10 43 – www.hotelesplanade.com – info@hotelesplanade.com
24 cam – 53/134 € 70/178 € – ½ P 55/115 € **Rist** – Carta 26/38 €
◆ Hotel completamente rinnovato secondo il concept moderno-lineare attualmente tanto in voga. Il fresco giardino con piscina e l'ampia zona verde, che conduce direttamente alla spiaggia, restano tra gli aspetti più apprezzati della struttura. Al ristorante: cucina nazionale e un'interessante carta dei vini.

Le Palme
via Poseidonia 123 – ✆ 08 28 85 10 25 – www.lepalme.it – info@lepalme.it – aprile-28 ottobre
84 cam – 65/105 € 90/160 € – ½ P 85/124 €
Rist – *(solo per alloggiati)* Carta 30/48 €
◆ Fuori dall'area dell'antica Poseidonia e non lontano dal mare, questa risorsa anni '70 - rinnovata nel corso del tempo - offre un settore notte con camere spaziose. Ampia sala ristorante di taglio classico.

Schuhmann
via Marittima 5 – ✆ 08 28 85 11 51 – www.hotelschuhmann.com – info@hotelschuhmann.com
53 cam – 60/100 € 80/160 € – ½ P 110 € **Rist** – *(solo per alloggiati)*
◆ Alle spalle una piccola pineta, mentre di fronte l'affaccio è sul mare, dove si trova la spiaggia privata. Camere spaziose ed arredate in stile classico. Enormi sale e veranda al ristorante.

Il Granaio dei Casabella

via Tavernelle 84 – ✆ 08 28 72 10 14 – www.ilgranaiodeicasabella.com – info@ ilgranaiodeicasabella.com – marzo-ottobre

14 cam – 80/100 € 100/120 € – ½ P 75/85 €

Rist – *(chiuso domenica sera e lunedì escluso aprile-settembre)* Menu 25/30 €

♦ Adiacente al sito archeologico, hotel familiare ricavato da un antico granaio, con esito sorprendente. Camere arredate con gusto, mobili d'epoca o in arte povera. Sapori del Cilento nella piccola, ma elegante sala ristorante con coperto colorato e bellissimo dehors sull'erba.

Villa Rita

zona archeologica – ✆ 08 28 81 10 81 – www.hotelvillarita.it – info@ hotelvillarita.it – 20 marzo-ottobre

20 cam – 70/80 € 90/130 € – ½ P 60/90 €

Rist – *(solo per alloggiati)* Menu 15/18 €

♦ Nella campagna prospiciente le antiche mura, immerso in un parco-giardino, un tranquillo alberghetto a conduzione familiare in cui si respira semplicità e sobrietà.

Agriturismo Seliano

via Seliano – ✆ 08 28 72 36 34 – seliano@agriturismoseliano.it – 25 marzo-2 novembre

14 cam – 65/100 € 80/120 € – ½ P 60/80 €

Rist – (prenotazione obbligatoria) Menu 25/30 €

♦ L'allevamento di bufale e il grazioso giardino: ecco le vere chicche di questo agriturismo! Nel casale, camere curate e gestite con professionalità, nonché grande cordialità. Il ristorante propone un menu fisso con piatti elaborati partendo dai prodotti dell'azienda.

Nonna Sceppa

via Laura 45 – ✆ 08 28 85 10 64 – www.nonnasceppa.com – info@ nonnasceppa.com – chiuso dal 2 al 21 ottobre e giovedì escluso luglio-agosto

Rist – Carta 26/49 € (+10 %)

♦ Fondata negli anni '60 da nonna Giuseppa, la trattoria è diventata oggi ristorante, ma la conduzione è sempre nelle mani della stessa famiglia: nipoti e pronipoti si dividono tra sala e cucina. Ricette del cilento nel menu, che cambia quotidianamente. Pizzeria solo la sera.

Nettuno

zona archeologica – ✆ 08 28 81 10 28 – www.ristorantenettuno.com – info@ ristorantenettuno.com – chiuso dal 7 gennaio al 7 febbraio, 15 giorni in novembre e la sera

Rist – Carta 28/50 €

♦ Cucina ittica e cilentina in un una casa colonica di fine '800, già punto di ristoro negli anni '20, con servizio estivo in veranda: splendida vista su Basilica e tempio di Nettuno.

sulla strada statale 166 **Nord-Est : 7,5 km**

Le Trabe

via Capodifiume 4 – ✆ 08 28 72 41 65 – www.letrabe.it – info@letrabe.it – chiuso dal 20 dicembre all' 8 gennaio, lunedì, domenica sera da ottobre a marzo

Rist – Carta 35/51 € (+10 %)

♦ All'interno di un lussureggiante parco lungo il corso di un fiume, la vecchia centrale idroelettrica - sapientemente restaurata - si abbellisce di anno in anno. In menu: piatti creativi e di mare.

PALADINA – **Bergamo – Vedere Almè**

PALAGIANELLO – **Taranto (TA) – 564** F32 – **7 909 ab. – alt. 133 m** **27** C2 – ✉ **74018**

Roma 477 – Bari 62 – Matera 44 – Taranto 33

XX **Masseria Petrino**

zona Petrino – ✆ 09 98 43 40 65 – www.masseriapetrino.it – info@masseriapetrino.it – chiuso dal 7 al 31 gennaio, domenica sera, lunedì
Rist – (consigliata la prenotazione) Carta 25/50 €
◆ In una zona residenziale appena fuori Palagianello, ristorante classico con un tocco di eleganza anche negli arredi e nello stile del servizio. Cucina di impronta contemporanea, che non disdegna le proprie origini.

PALAU – Olbia-Tempio (OT) – **366** R36 – **4 427 ab.** – ✉ **07020** **38** B1

Cagliari 325 – Nuoro 144 – Olbia 40 – Porto Torres 127
per La Maddalena – Saremar, call center 892 123
piazza Fresi ✆ 0789 707025, turismo@palau.it, Fax 0789 706268
Arcipelago della Maddalena★★ – Costa Smeralda★★

La Vecchia Fonte senza rist

via Fonte Vecchia 48 – ✆ 07 89 70 97 50 – www.lavecchiafontehotel.it – info@lavecchiafontehotel.it – aprile-ottobre
34 cam – 69/370 € – 2 suites
◆ In centro paese di fronte al porto turistico, piccolo hotel di arredo signorile con ampie e confortevoli sale dai caldi colori.

La Roccia senza rist

via dei Mille 15 – ✆ 07 89 70 95 28 – www.hotellaroccia.com – info@hotellaroccia.com – aprile-ottobre
22 cam – 50/90 € 80/160 €
◆ Un ambiente familiare sito nel cuore della località offre camere semplici ed ordinate e deve il suo nome all'imponente masso di granito che domina sia il giardino che la hall.

XXX **La Gritta**

località Porto Faro – ✆ 07 89 70 80 45 – www.ristorantelagritta.it – lagritta@tiscali.it – Pasqua-15 ottobre; chiuso mercoledì escluso dal 15 giugno-15 settembre
Rist – Carta 62/83 €
◆ Un indirizzo ideale per chi desidera deliziare insieme vista, spirito e palato: lo sguardo si perderà tra i colori dell'arcipelago di fronte ad una sapiente cucina di pesce.

XXX **Da Franco**

via Capo d'Orso 1 – ✆ 07 89 70 95 58 – info@ristorantedafranco.it – chiuso dal 22 dicembre al 15 gennaio, lunedì (escluso da giugno a settembre)
Rist – Carta 48/73 € (+15 %)
◆ Sulla via pricipale - a pochi passi dal porto - elegante ristorante a conduzione familiare con interessanti proposte di pesce: in alcune ricette reinterpretate in chiave moderna.

X **Da Robertino**

via Nazionale 20 – ✆ 07 89 70 96 10 – robertofresi@hotmail.it – chiuso gennaio e lunedì escluso da giugno a settembre
Rist – (coperti limitati, prenotare) Carta 34/45 €
◆ Esperta gestione familiare in una simpatica trattoria sulla via principale della località. In una terra tradizionalmente di pastori, il locale non dimentica il mare... Gustose ricette di pesce a prezzi interessanti.

PALAZZAGO – Bergamo (BG) – **561** E10 – **4 034 ab.** – **alt. 397 m** – ✉ **24030** **19** C1

Roma 599 – Bergamo 18 – Brescia 68 – Milano 61

X **Osteria Burligo**

località Burligo 12, Nord-Ovest : 2,5 km – ✆ 0 35 55 04 56 – osteriaburligo@areamediaweb.it – chiuso lunedì, martedì
Rist – *(chiuso a mezzogiorno escluso i giorni festivi)* Carta 29/35 €
◆ Semplice esercizio fuori porta dalla vivace e volenterosa gestione familiare che propone piatti genuini e gustosi, memoria di una tradizione contadina. Due sale interne e una terrazza estiva.

PALAZZOLO SULL'OGLIO – Brescia (BS) – 561 F11 – 19 182 ab. – alt. 166 m – ✉ 25036 — 19 D2

Roma 581 – Bergamo 26 – Brescia 32 – Cremona 77

XX **La Corte**

via San Pancrazio 41 – ✆ 03 07 40 21 36 – chiuso dal 25 gennaio al 2 febbraio, dal 3 al 26 agosto, sabato a mezzogiorno, lunedì

Rist – Carta 38/51 €

◆ Ricavati da una casa colonica ristrutturata, ambienti rustici e accoglienti, in cui assaporerete originali proposte culinarie, accompagnate da un'ottima scelta di vini.

X **Osteria della Villetta** con cam

via Marconi 104 – ✆ 03 07 40 18 99 – puntorosso59@libero.it

5 cam – †45 € ††65 €

Rist – *(chiuso domenica, lunedì, martedì sera)* Carta 28/38 €

◆ Nelle vicinanze della stazione, un'antica osteria dagli inizi del secolo scorso: lunghi tavoloni massicci, una lavagna con la selezione dei piatti del giorno, fragranti e caserecci. Al piano superiore dell'edificio le camere, una simpatica e variopinta sintesi tra antico e moderno.

PALAZZUOLO SUL SENIO – Firenze (FI) – 563 J16 – 1 222 ab. – alt. 437 m – ✉ 50035 — 29 C1

Roma 318 – Bologna 86 – Firenze 56 – Faenza 46

Locanda Senio

borgo dell'Ore 1 – ✆ 05 58 04 60 19 – www.locandasenio.com – info@locandasenio.com – chiuso dal 7 gennaio al 12 febbraio

6 cam – ††155/190 € – 2 suites – ½ P 95/160 €

Rist – *(chiuso a mezzogiorno escluso sabato, domenica e giorni festivi)* Carta 46/55 €

◆ Come cornice un caratteristico borgo medievale, come note salienti la cura, le personalizzazioni, la bella terrazza con piscina...insomma un soggiorno proprio piacevole. Al ristorante piatti del territorio e antiche ricette medievali riscoperte con passione.

PALERMO P (PA) – 365 AP55 – 659 433 ab. Italia — 39 B2

Messina 235

Falcone-Borsellino per ④: 30 km ✆ 091 7020273

per Genova e Livorno – Grimaldi-Grandi Navi Veloci, call center 010 2094591

per Napoli, Genova e Cagliari – Tirrenia Navigazione, call center 892 123

piazza Castelnuovo 34 ✉ 90141 ✆ 091 6058351, info@palermotourism.com, Fax 091 586338

Aeroporto Falcone Borsellino ✉ 90100 ✆ 091 591698

Palazzo dei Normanni★★★: Cappella Palatina★★★, Antichi Appartamenti Reali★★ AZ – Oratorio del Rosario di San Domenico★★★ BY **N2** – Oratorio del Rosario di Santa Cita★★★ BY **N1** – Chiesa di San Giovanni degli Eremiti★★ : chiostro★ AZ – Piazza Pretoria★★ BY – Piazza Bellini★★ BY : Martorana★★, San Cataldo★★ – Palazzo Abatellis★ : Galleria Regionale di Sicilia★★ CY **G** – Museo Internazionale delle Marionette★★ CY **M3** – Museo Archeologico★ : metope dei Templi di Selinunte★★, ariete★★ BY **M1** – Villa Malfitano★★ – Orto Botanico★★ CDZ – Catacombe dei Cappuccini★★ EV – Villa Bonanno★ AZ – Cattedrale★★ AYZ – Quattro Canti★ BY – Gancia : interno★ CY – Magione : facciata★ CZ – SanFrancesco d'Assisi★★ CY – Palazzo Mirto★ CY – Palazzo Chiaramonte★ CY – Santa Maria alla Catena★ CY **S3** – Galleria d'Arte Moderna★★AX – Villino Florio★ EV **W** – San Giovanni dei Lebbrosi★ FV **Q** – La Zisa★ EV – Cuba★ EV

Monreale★★★ EV per ③ : 8 km – Grotte dell'Addaura★ EF

Piante pagine seguenti

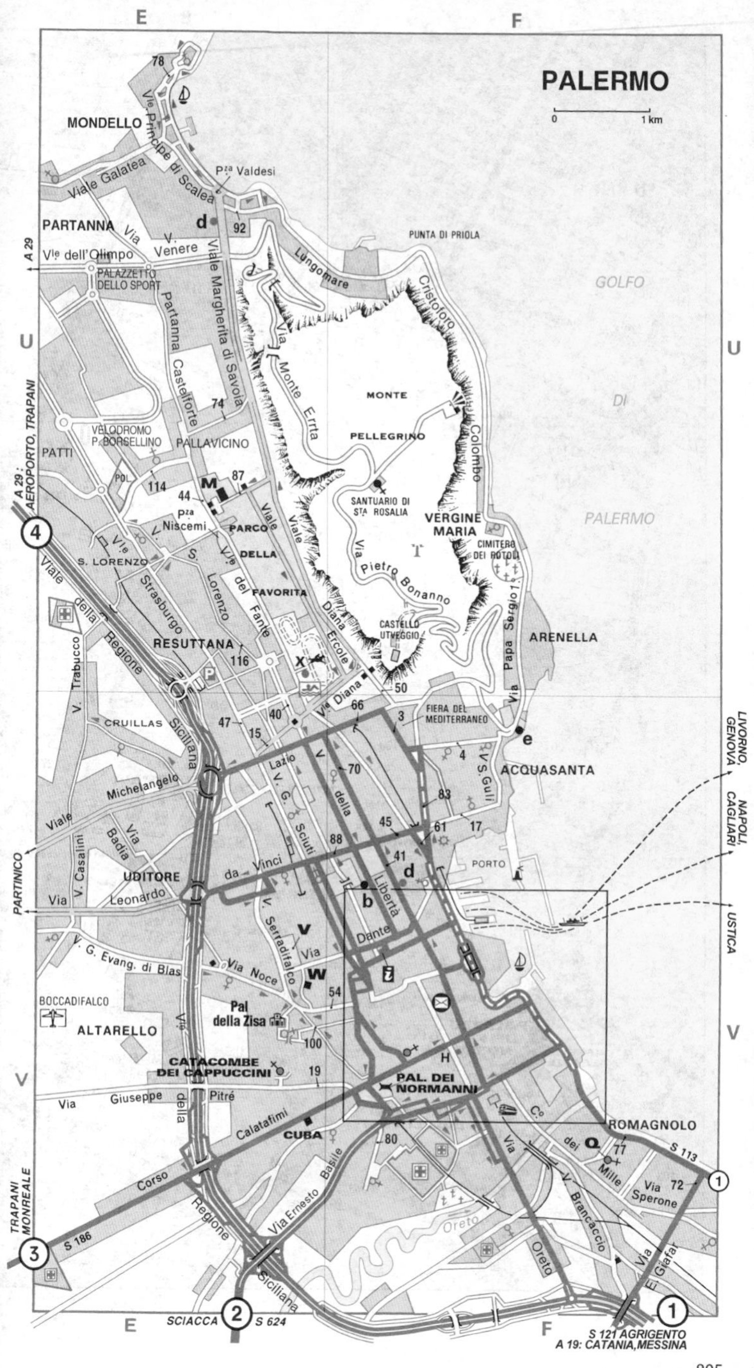
PALERMO
0
1 km
MONDELLO
PARTANNA
Viale Galatea
V.le Principe di Scalea
P.za Valdesi
Viale dell'Olimpo
Via Venere
PALAZZETTO DELLO SPORT
PUNTA DI PRIOLA
Lungomare
Cristoforo Colombo
GOLFO DI PALERMO
MONTE PELLEGRINO
Via Monte Ercta
SANTUARIO DI STA ROSALIA
VERGINE MARIA
CIMITERO DEI ROTOLI
Via Pietro Bonanno
CASTELLO UTVEGGIO
ARENELLA
Via Papa Sergio I
Viale Margherita di Savoia
Partanna Castelforte
VELODROMO P. BORSELLINO
PALLAVICINO
PATTI
P.za Niscemi
PARCO DELLA FAVORITA
V.le del Fante
Viale Diana
Viale Ercole
V.le S. Lorenzo
Strasburgo
RESUTTANA
Viale della Regione Siciliana
V. Trabucco
CRUILLAS
V.le Diana
FIERA DEL MEDITERRANEO
ACQUASANTA
V. S. Gulì
Lazio
V. della Libertà
V. G. Sciuti
Viale Michelangelo
Via Badia
V. Casalini
UDITORE
Via Leonardo da Vinci
V. Serradifalco
Via Dante
PORTO
V. G. Evang. di Blasi
Via Noce
BOCCADIFALCO
ALTARELLO
Pal della Zisa
CATACOMBE DEI CAPPUCCINI
Via Giuseppe Pitrè
PAL. DEI NORMANNI
Corso Calatafimi
CUBA
Corso dei Mille
ROMAGNOLO
Via Sperone
Via Ernesto Basile
Oreto
Via Oreto
V. Brancaccio
Via E. Giafar
A 29
A 29: AEROPORTO, TRAPANI
PARTINICO
TRAPANI MONREALE
S 186
SCIACCA
S 624
S 113
S 121 AGRIGENTO
A 19: CATANIA, MESSINA
LIVORNO, GENOVA
NAPOLI, CAGLIARI
USTICA
E
F
U
V

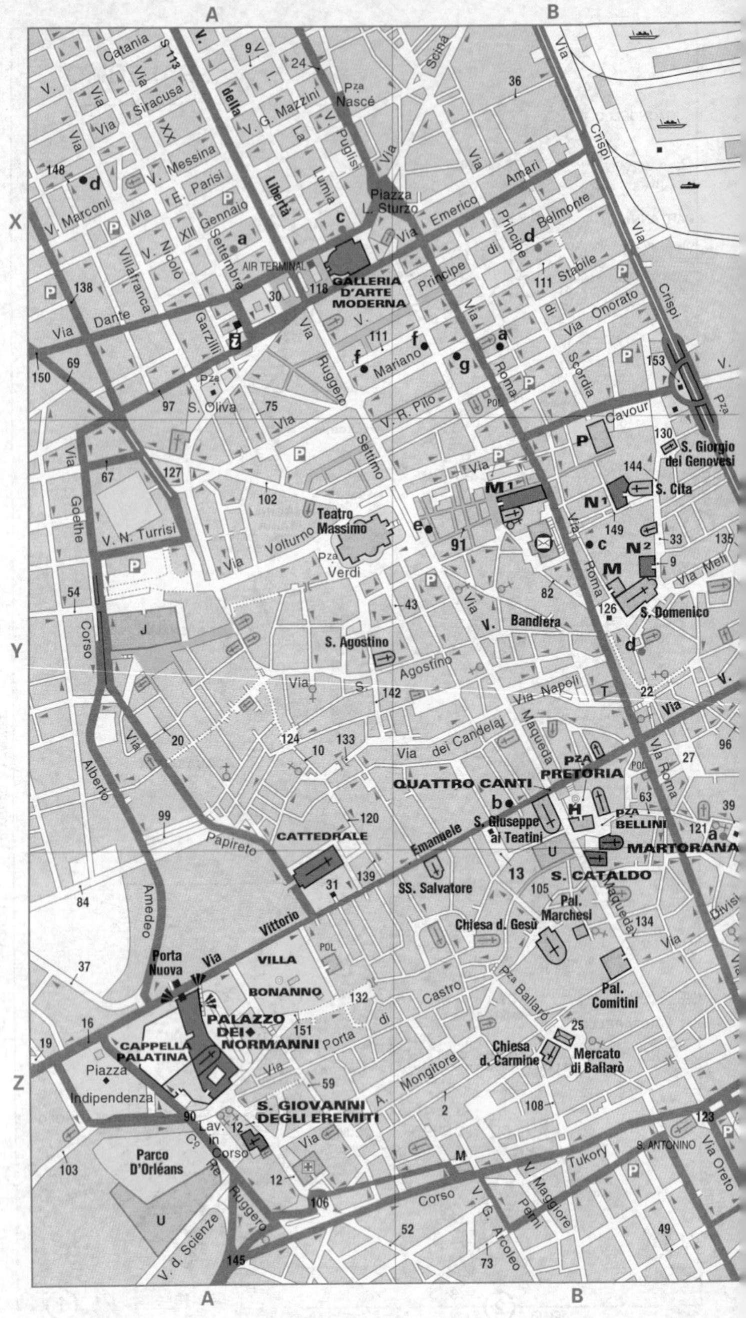

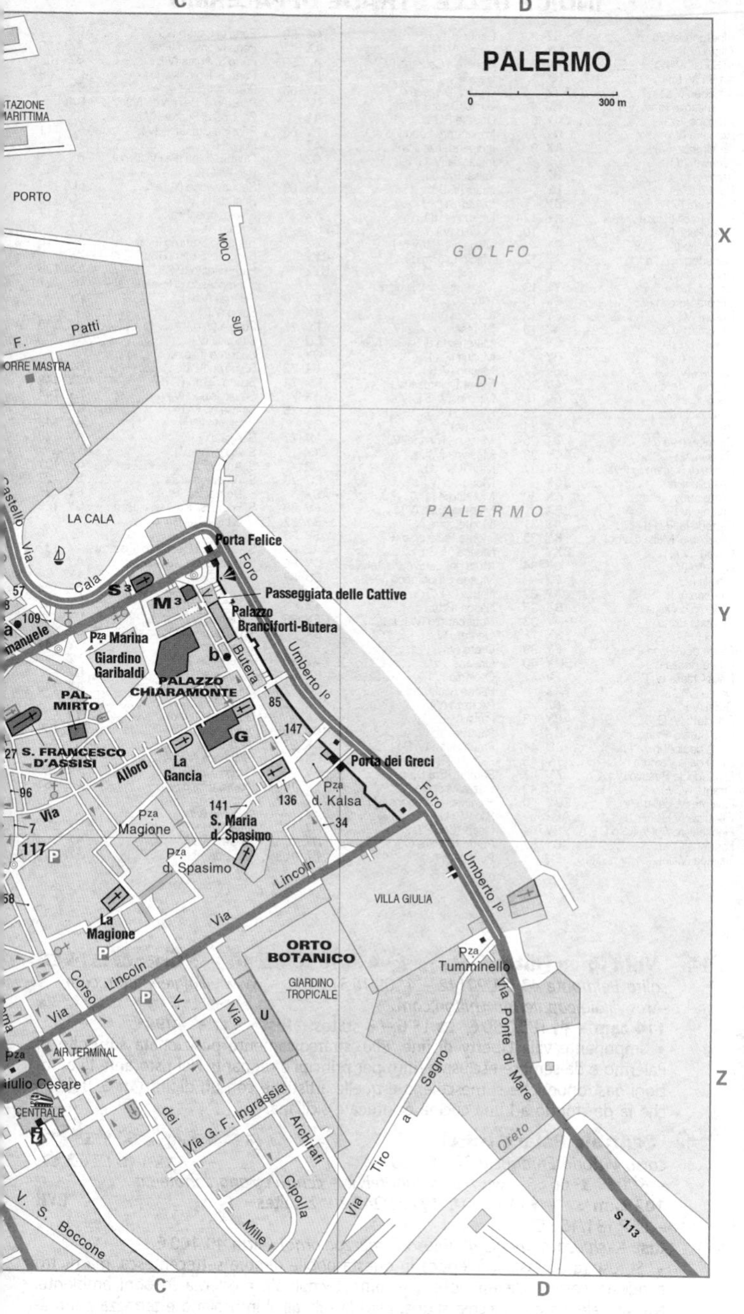
C
D
PALERMO
0
300 m
STAZIONE MARITTIMA
PORTO
MOLO SUD
GOLFO DI PALERMO
X
Y
Z
F. Patti
TORRE MASTRA
Via Castello
LA CALA
Cala
Porta Felice
Foro Umberto I°
Passeggiata delle Cattive
Palazzo Branciforti-Butera
Pza Marina
Giardino Garibaldi
PALAZZO CHIARAMONTE
Butera
PAL. MIRTO
S. FRANCESCO D'ASSISI
Alloro
La Gancia
Porta dei Greci
Pza d. Kalsa
S. Maria d. Spasimo
Pza Magione
Pza d. Spasimo
La Magione
Via Lincoln
Corso
VILLA GIULIA
ORTO BOTANICO
GIARDINO TROPICALE
Pza Tumminello
Via Ponte di Mare
Via Tiro a Segno
Oreto
S 113
AIR TERMINAL
Pza Giulio Cesare
CENTRALE
Via G. F. Ingrassia
Archirafi
Cipolla
Mille
V. S. Boccone
dei
U
G
b
S 3
M 3
57
109
85
147
27
96
7
117
141
136
34
58
C
D

INDICE DELLE STRADE DI PALERMO

Albergheria (V.) . . . . BZ 2
Alloro (V.) . . . . CY
Al-Sadat (V. A.) . . . . FV 3
Amari (V. E.) . . . . BX
Amedeo (Cso A.) . . . . AYZ
Ammiraglio Rizzo (V. L.) . . . . FV 4
Aragona (Pza) . . . . CY 6
Aragona (V.) . . . . CY 7
Archimede (V.) . . . . AX 9
Archirafi (V.) . . . . CZ
Arcoleo (V. G.) . . . . BZ
Ballarò (Pza) . . . . BZ
Bandiera (V.) . . . . BY
Beati Paoli (Piazza) . . . . AY 124
Beati Paoli (V.) . . . . AY 10
Bellini (Pza) . . . . BY
Benedettini (V. d.) . . . . AZ 12
Boccone (V. S.) . . . . CZ
Bologni (Pza) . . . . BYZ 13
Brigata Verona (V.) . . . . EV 15
Butera (V.) . . . . CY
Calatafimi (Cso) . . . . AZ 16
Cala (V.) . . . . CY
Candelai (V. d.) . . . . BY
Cantieri (V. dei) . . . . FV 17
Cappuccinelle (V. d.) . . . . AY 20
Cappuccini (V.) . . . . AZ, EV 19
Caracciolo (Pza) . . . . BY 22
Carini (V. I.) . . . . AX 24
Carmine (Pza d.) . . . . BZ 25
Cassari (V.) . . . . BCY 28
Cassa di Risparmio (Pza) . . . . . . BY 27
Castello (Pza) . . . . BCY
Castelnuovo (Pza) . . . . AX 30
Catania (V.) . . . . AX
Cattedrale (Pza d.) . . . . AZ 31
Cavalieri di Malta (Largo) . . . . . BY 33
Cavour (V.) . . . . BXY
Cervello (V.) . . . . CY 34
Cipolla (V.) . . . . CZ
Cluverio (V.) . . . . AY 67
Collegio di Maria (V.) . . . . BX 36
Colonna Rotta (V.) . . . . AZ 37
Crispi (V.) . . . . BX
Croce dei Vespri (Pza d.) . . . . . . BY 39
Croce Rossa (V.) . . . . EUV 40
Dalla Chiesa (V. C. A.) . . . . FV 41
Dante (V.) . . . . AX
Divisi (V.) . . . . BZ
Donizetti (V. G.) . . . . ABY 43
Don Sturzo (Pza) . . . . ABX
Duca degli Abruzzi (Viale) . . . . . EU 44
Duca della Verdura (V.) . . . . FV 45
Empedocle Restivo (V.) . . . . EV 47
Errante (V. V.) . . . . BZ 49
Favorita (V. della) . . . . FUV 50
Filiciuzza (V.) . . . . ABZ 52
Finocchiaro Aprile (Cso C.) . AY, EV 54
Fonderia (Pza) . . . . CY 57
Galatea (Viale) . . . . EU
Garibaldi (V.) . . . . CZ 58
Garzilli (V. N.) . . . . AX
Generale Cadorna (V.) . . . . AZ 59
Giachery (Pza) . . . . FV 61
Giudici (Discesa d.) . . . . BY 63
Giulio Cesare (Pza) . . . . CZ
Goethe (V.) . . . . AY
Imperatore Federico (V.) . . . . . . FV 66
Indipendenza (Pza) . . . . AZ
Ingrassia (V. G. F.) . . . . CZ
Kalsa (Pza d.) . . . . CY
Latini (V. B.) . . . . AX 69
La Lumia (V. I.) . . . . AX
Libertà (V. d.) . . . . AX
Lincoln (V.) . . . . CZDY
Maggiore Perni (V.) . . . . BZ
Magione (Pza d.) . . . . CYZ
Maqueda (V.) . . . . BYZ
Marchese di Villabianca (V.) . . . . FV 70
Marconi (V.) . . . . AX
Maresciallo Diaz (V.) . . . . FV 72
Margherita di Savoia (Viale) . . . . EU
Marina (Pza) . . . . CY
Marino (V. S.) . . . . BZ 73
Mater Dolorosa (V.) . . . . EU 74
Mazzini (V. G.) . . . . AX
Meccio (V. S.) . . . . AX 75
Meli (V.) . . . . BY
Messina Marine (V.) . . . . FV 77
Messina (V.) . . . . AX
Mille (Cso d.) . . . . CZ
Mondello (V.) . . . . EU 78
Mongitore (V. A.) . . . . ABZ
Montegrappa (V.) . . . . FV 80
Monteleone (V.) . . . . BY 82
Monte Pellegrino (V.) . . . . FV 83
Mosca (V. G.) . . . . AZ 84
Mura del Cattive (Salita) . . . . CY 85
Museo Etnografico (Vle) . . . . . . EU 87
Napoli (V.) . . . . BY
Nascé (Pza) . . . . AX
Notarbartolo (V. E.) . . . . EFV 88
Onorato (V.) . . . . BX
Oreto (V.) . . . . BZ
Orleans (Pza) . . . . AZ 90
Orologio (V.) . . . . BY 91
Palme (Viale delle) . . . . EU 92
Papireto (V.) . . . . AYZ
Parisi (V. E.) . . . . AX
Paternostro (V. A.) . . . . BCY 96
Paternostro (V. P.) . . . . AX 97
Patti (V. F.) . . . . BCX
Peranni (Pza D.) . . . . AY 99
Piazza Michele (V.) . . . . EV 100
Pignatelli d'Aragona (V.) . . . . . . AY 102
Pilo (V. R.) . . . . BXY
Pisani (Cso P.) . . . . AZ 103
Ponte di Mare (V.) . . . . DZ
Ponticello (V.) . . . . BZ 105
Porta di Castro (V.) . . . . ABZ
Porta Montalto (Pza) . . . . AZ 106
Porta S. Agata (V.) . . . . BZ 108
Porto Salvo (V.) . . . . CY 109
Pretoria (Pza) . . . . BY
Principe di Belmonte (V.) . . . . . . BX
Principe di Scordia (V.) . . . . BX
Principe Granatelli (V.) . . . . ABX 111
Puglisi (V.) . . . . AX
Quattro Canti (Pza Vigliena) . . . . BY
Rao (V. C.) . . . . CZ
Resurrezione (V. della) . . . . EU 114
Resuttana (V.) . . . . EU 116
Rivoluzione (Pza) . . . . CZ 117
Roma (V.) . . . . BXCZ
Ruggero Settimo (Pza) . . . . AX 118
Ruggero Settimo (V.) . . . . AXY
Sammartino (V.) . . . . AX 138
S. Francesco di Paola (Pza) . . . . AY 127
Scienze (V. d.) . . . . AZ
Sciná (V.) . . . . BX
Scuole (V. d.) . . . . AZ 139
Siracusa (V.) . . . . AX
Spasimo (Pza d.) . . . . CYZ
Spasimo (V. d.) . . . . CY 141
Spirito Santo (V. d.) . . . . ABY 142
Squarcialupo (V.) . . . . BY 144
Stabile (V. M.) . . . . AYBX
Stazzone (Pza) . . . . AZ 145
S. Agata (V.) . . . . AY 120
S. Agostino (V.) . . . . AYZ
S. Anna (Pza) . . . . BY 121
S. Antonino (Pza) . . . . BZ 123
S. Domenico (Pza) . . . . BY 126
S. Francesco d'Assisi (Pza) . . . . CY 129
S. Giorgio dei Genovesi (Pza) . . . . BY 130
S. Giovanni Decollato (Piazzetta) AZ 132
S. Isidoro alla Guilla (Pza) . . . . . AY 133
S. Oliva (Pza) . . . . AX
S. Orsola (Vicolo) . . . . BZ 134
S. Sebastiano (V.) . . . . BY 135
S. Teresa (V.) . . . . CY 136
Tiro a Segno (V.) . . . . DZ
Torremuzza (V.) . . . . CY 147
Tukory (Cso) . . . . ABZ
Tumminello (Pza) . . . . DZ
Turrisi Colonna (V.) . . . . AX 148
Turrisi (V. N.) . . . . AY
Umberto I (Foro) . . . . CDYZ
Valverde (V.) . . . . BY 149
Verdi (Pza) . . . . ABY
Villafranca (V.) . . . . AX
Virgilio (Pza) . . . . AX 150
Vittoria (Pza d.) . . . . AZ 151
Vittorio Emanuele (V.) . . . . AZCY
Volturno (V.) . . . . AY
XIII Vittime (Pza) . . . . BX 153
XII Gennaio (V.) . . . . AX
XX Settembre (V.) . . . . AX

Villa Igiea Hilton

salita Belmonte 43 ✉ *90142 – ✆ 09 16 31 21 11 – www.villaigiea.hilton.com – res.villaigieapalermo@hilton.com* FV**e**

114 cam – 185/350 €, 15 € – 8 suites **Rist** – Carta 54/94 €

◆ Imponente villa Liberty di fine '800, strategicamente posizionata sul golfo di Palermo e da sempre esclusivo ritiro per principi e regnanti. Nel ristorante le emozioni gastronomiche si mescolano a quelle artistiche con un dipinto di G. Boldini, che fa da sfondo ad una cucina eclettica e siciliana.

Centrale Palace Hotel

cam,

corso Vittorio Emanuele 327 ✉ *90134 – ✆ 0 91 33 66 66 – www.angalahotels.it – centrale@angalahotels.it*

102 cam – 140/200 € 200/249 € – 2 suites – ½ P 131/156 € BY**b**

Rist – *(chiuso domenica) (chiuso a mezzogiorno)* Carta 40/100 €

◆ Si respira un fascino d'epoca in questa nobile dimora settecentesca, ma dietro a questa cortina c'è un hotel che offre tecnologia moderna in ogni ambiente. Nuova palestra con piccola sauna. Piccola sala all'ultimo piano e terrazza panoramica per l'estate; la cucina, rivisitata, è a base di soli prodotti locali.

Grand Hotel Wagner senza rist
via Wagner 2 ✉ 90139 – ✆ 0 91 33 65 72 – www.grandhotelwagner.it – info@grandhotelwagner.it BX**f**
58 cam – ♦120/300 € ♦♦200/400 € – 3 suites
♦ Sorto nel 1921 come palazzo nobiliare, stucchi, boiserie ed affreschi ne ripropongono lo stile sontuoso e neobarocco. Amanti del minimalismo: astenersi!

Grand Hotel Federico II
via Principe di Granatelli 60 ✉ 90139 – ✆ 09 17 49 50 52 – www.grandhotelfedericoii.it – info@grandhotelfedericoii.it AX**f**
63 cam – ♦98/200 € ♦♦200/350 € – 1 suite – ½ P 140/235 €
Rist – *(solo per alloggiati)* Carta 35/70 €
♦ Tratti di sobria eleganza, boiserie e mobili in stile impero contraddistinguono gli ambienti di questo albergo del centro, nato dalla ristrutturazione di un antico palazzo. Ristorante all'ultimo piano con una bella terrazza, carta classica oppure menu tipico.

Principe di Villafranca senza rist
via G. Turrisi Colonna 4 ✉ 90141 – ✆ 09 16 11 85 23 – www.principedivillafranca.it – info@principedivillafranca.it AX**d**
32 cam – ♦90/176 € ♦♦100/473 €
♦ Nel cuore di Palermo, la nuova raffinata classicità delle camere, nonché dei suoi saloni e del bar – decorati con capolavori dei mobilieri siciliani e quadri d'antiquariato – avvolge l'ospite in una suggestiva atmosfera di casa nobiliare di altri tempi.

Excelsior Hilton Palermo rist,
via Marchese Ugo 3 ✉ 90141 – ✆ 09 17 90 90 01 – www.hilton.com – booking-excelsior@amthotels.it FV**b**
113 cam – ♦♦110/270 €, 13 € – 6 suites – ½ P 110/165 €
Rist – Carta 39/57 €
♦ In un elegante quartiere tra lussureggianti giardini ed eleganti negozi, albergo aperto nel 1891 e tutt'oggi ai vertici della migliore hôtellerie cittadina.

Porta Felice senza rist
via Butera 45 ✉ 90133 – ✆ 09 16 17 56 78 – www.hotelportafelice.it – info@hotelportafelice.it CY**b**
30 cam – ♦100/150 € ♦♦140/190 € – 3 suites
♦ Quando l'antico incontra il moderno: in un bel palazzo del '700, camere spaziose con arredi design ed un'attrezzata area benessere. A darvi il buongiorno, la suggestiva sala colazioni nel roof garden con vista sulla Palermo vecchia.

Massimo Plaza Hotel senza rist
via Maqueda 437 ✉ 90133 – ✆ 0 91 32 56 57 – www.massimoplazahotel.com – booking@massimoplazahotel.com BY**e**
15 cam – ♦90/145 € ♦♦110/200 €
♦ Di fronte al Teatro Massimo, l'attenzione è protesa a creare un ambiente elegante e in stile, armonioso nei colori e ricercato nei particolari. Moderno e di classe.

Tonic senza rist
via Mariano Stabile 126 ✉ 90139 – ✆ 0 91 58 17 54 – www.hoteltonic.it – info@hoteltonic.it BX**g**
40 cam – ♦49/149 € ♦♦59/179 €
♦ In un edificio del XIX secolo, in comoda posizione nel centro storico della località, una gestione cortese ed efficiente propone camere molto spaziose e confortevoli spazi comuni.

Posta senza rist
via Antonio Gagini 77 ✉ 90133 – ✆ 0 91 58 73 38 – www.hotelpostapalermo.it – info@hotelpostapalermo.it BY**c**
30 cam – ♦69/99 € ♦♦79/125 €
♦ Gestito da oltre ottant'anni dalla stessa famiglia e spesso frequentato da attori che recitano nel vicino teatro, l'hotel è sermpre un valido indirizzo di riferimento in città. Camere curate e graziosa sala colazioni.

Letizia senza rist

via Bottai 30 ✉ 90133 – ☎ 0 91 58 91 10 – www.hotelletizia.com – booking@hotelletizia.com CY**a**

13 cam – †50/100 € ††60/134 €

◆ Piccolo accogliente hotel dalla calda gestione familiare. L'esterno è piuttosto anonimo ma al suo interno nasconde graziose camere alle quali si accede per una breve rampa di scale.

La Scuderia

viale del Fante 9 ✉ 90146 – ☎ 0 91 52 03 23 – lascud00@ristorantelascuderia.191.it – chiuso dal 13 al 24 agosto, domenica EU**x**

Rist – Carta 42/71 €

◆ Ristorante nel cuore del Parco della Favorita, una spaziosa sala idealmente divisa da più colonne e servizio all'aperto tra pini e bouganville. Storico il locale, della tradizione la cucina.

Lo Scudiero

via Turati 7 ✉ 90139 – ☎ 0 91 58 16 28 – chiuso 2 settimane in agosto e domenica AX**c**

Rist – Carta 28/52 €

◆ Attento e garbato il personale ben si destreggia in questo elegante ristorante del centro, sempre molto apprezzato dalla clientela locale: un ambiente vivace dove gustare pesce fresco e tradizione.

Bellotero

via Giorgio Castriota 3 ✉ 90139 – ☎ 0 91 58 21 58 – chiuso dal 18 al 30 agosto e lunedì FV**d**

Rist – Carta 35/45 €

◆ Al piano interrato di un palazzo, alle pareti un'esposizione di opere d'arte contemporanea, dalla cucina le maggiori ricette siciliane, di mare così come di terra. Classico ed elegante.

Santandrea

piazza Sant'Andrea 4 ✉ 90133 – ☎ 0 91 33 49 99 – www.ristorantesantandrea.eu – info@ristorantesantandrea.eu – chiuso a Ferragosto BY**d**

Rist – *(chiuso a mezzogiorno)* (consigliata la prenotazione) Carta 31/41 €

◆ Legno e pietre a vista in un'accogliente oasi nel caotico, pittoresco mercato della Vucciria; i piatti della tradizione regionale riflettono la tipicità dell'ubicazione.

Sapori Perduti

via Principe di Belmonte 32 ✉ 90139 – ☎ 0 91 32 73 87 – www.saporiperduti.com – saporiperduti@libero.it – chiuso domenica sera e lunedì BX**d**

Rist – Carta 39/60 €

◆ Ovunque, in sala, un pizzico di design moderno; qualche licenza di fantasia anche in cucina dove, accanto ai piatti della tradizione si trovano creazioni originali semplici ma gustose.

Osteria dei Vespri

piazza Croce dei Vespri 6 ✉ 90133 – ☎ 09 16 17 16 31 – www.osteriadeivespri.it – osteriadeivespri@libero.it – chiuso dal 10 gennaio al 13 febbraio e domenica BY**a**

Rist – Carta 57/83 €

◆ Uno dei saloni è stato immortalato in una storica pellicola cinematografica; anche la cucina è immutata, sempre al passo coi tempi, con proposte moderne a partire da prodotti locali.

Trattoria Biondo

via Carducci 15 ✉ 90141 – ☎ 0 91 58 36 62 – trattoriabiondo.pa@virgilio.it – chiuso dal 10 agosto al 10 settembre e mercoledì AX**a**

Rist – Carta 33/41 € (+10 %)

◆ Nei pressi del teatro Politeama, questa semplice ed accogliente trattoria propone gustose specialità regionali e molto pesce. In stagione, piatti a base di funghi.

a Borgo Molara per ③ : 8 km – ✉ 90100 Palermo

Baglio Conca d'Oro cam, rist, rist,
via Aquino 19 c/d – ✆ 09 16 40 62 86
– www.bagliocncadoro.com – info@bagliococadoro.it
27 cam – †70/140 € ††90/195 € – ½ P 70/128 €
Rist – *(chiuso a mezzogiorno)* (consigliata la prenotazione) Carta 30/49 €
♦ Situato nella periferia di Palermo, l'antica corte accentra intorno a sè il passato e la memoria di questo hotel di classe e di eleganza, sorto sulle ceneri di una cartiera settecentesca. Arredi d'epoca nelle camere. Ristorante di austera raffinatezza d'altri tempi, in armonia con la struttura che lo ospita.

a Mondello Ovest: 11 km – ✉ 90151

Bye Bye Blues (Patrizia Di Benedetto)
via del Garofalo 23 – ✆ 09 16 84 14 15 – www.byebyeblues.it – info@byebyeblues.it – chiuso novembre EU**d**
Rist – *(chiuso a mezzogiorno escluso da ottobre a marzo)* Carta 42/60 €
Spec. Spaghetti alla chitarra freschi con datterini canditi, tartara di ricciola e buccia di limone croccante. Degustazione di tonno rosso. Caglio di gelsomino con gelo di anguria e meringa alla cannella.
♦ Un televisore piatto in sala mostra in diretta i gustosi e curati piatti elaborati in cucina da Patrizia, che riscopre la tradizione regionale, arricchendola con fantasia. In un ambiente moderno e minimalista - tra tanti vini al bicchiere - sarà facile dire "addio" alla malinconia.

PALINURO – Salerno (SA) – 564 G27 – ✉ 84064 — 7 D3

Roma 376 – Potenza 173 – Napoli 170 – Salerno 119
(marzo-ottobre) piazza Virgilio ✆ 0974 938144

Grand Hotel San Pietro rist,
corso Carlo Pisacane – ✆ 09 74 93 14 66
– www.grandhotelsanpietro.com – info@grandhotelsanpietro.com
– aprile-ottobre
48 cam – †100/200 € ††120/240 € – ½ P 90/150 €
Rist – *(solo per alloggiati)* Carta 30/65 €
♦ Camere spaziose ed un'esclusiva suite con grande vasca idromassaggio interna, in una bella struttura la cui ubicazione offre un'impareggiabile vista su Tirreno e costa cilentina.

Santa Caterina rist,
via Indipendenza 53 – ✆ 09 74 93 10 19 – www.albergosantacaterina.com
– info@albergosantacaterina.com
27 cam – †75/170 € ††90/230 € – ½ P 75/145 €
Rist – *(giugno-settembre)* Carta 30/65 €
♦ Un rinnovo radicale per un risultato ottimale, così oggi l'hotel appare moderno e al passo coi tempi, ma nel rispetto della propria storia. Bella vista dalle camere. Affidabile ristorante con ampi scorci sul paesaggio.

La Conchiglia rist,
via Indipendenza 52 – ✆ 09 74 93 10 18 – www.hotellaconchiglia.it – info@hotellaconchiglia.it
30 cam – †64/120 € ††94/175 € – ½ P 85/100 €
Rist – *(aperto sabato e domenica da novembre a marzo)* Carta 21/53 €
♦ Hotel di taglio moderno, completamente ristrutturato, ubicato in pieno centro. Spazi comuni completi, camere spaziose, arredi di qualità e una bella terrazza vista mare.

Lido Ficocella
via Ficocella 51 – ✆ 09 74 93 10 51 – www.lidoficocella.com – info@lidoficocella.com – Pasqua-ottobre
35 cam – †35/40 € ††70/80 € – ½ P 85/95 € **Rist** – Carta 20/25 €
♦ Albergo familiare, situato ancora in centro, rispetto alla località, ma al contempo appartato e direttamente sulla scogliera che scende all'omonima spiaggetta.

Da Carmelo con cam cam,
località Isca, Est : 1 km – ✆ 09 74 93 11 38 – www.dacarmelo.it – adele.serva@libero.it – chiuso dal 5 novembre al 27 dicembre
7 cam ☕ – †40/80 € ††78/156 € – ½ P 60/90 €
Rist – *(chiuso mercoledì escluso da aprile a settembre)* Carta 28/46 € (+10 %)
♦ Al confine della località, lungo la statale per Camerota, il ristorante propone una gustosa cucina di mare, basata su ottime materie prime.

Da Isidoro
via Indipendenza 56 – ✆ 09 74 93 10 43 – 15 marzo-15 ottobre
Rist – Carta 17/38 €
♦ Trattoria ruspante, la cui cucina propone piatti della tradizione locale ed una specialità della casa: la *Vicciatella della Nonna* (un misto di verdure e al centro una frisella di pane su cui si dispone - a piacere - un uovo, o la scamorza, oppure delle alici marinate).

PALLANZA – Verbania – 561 E7 – Vedere Verbania

PALLUSIEUX – Aosta – Vedere PréSaintDidier

PALMANOVA – Udine (UD) – 562 E21 – 5 362 ab. – alt. 27 m – ✉ 33057 11 C3

Roma 612 – Udine 31 – Gorizia 33 – Grado 28

Ai Dogi rist,
piazza Grande 11 – ✆ 04 32 92 39 05 – www.hotelaidogi.it – info@hotelaidogi.it
14 cam – †68/73 € ††90/95 € – ½ P 55/60 €
Rist – *(chiuso dal 24 al 30 dicembre e domenica sera) (solo per alloggiati)* Carta 21/34 €
♦ Accanto alla cattedrale, piccolo albergo di recente apertura dagli ambienti raccolti e sobriamente arredati: camere di taglio classico-elegante dotate di ogni confort.

Al Convento
borgo Aquileia 10 – ✆ 04 32 92 30 42 – www.ristorantealconvento.it – info@ristorantealconvento.it – chiuso 2 settimane in gennaio, 1 settimana in agosto, domenica sera, lunedì a mezzogiorno, da maggio a ottobre anche domenica a mezzogiorno
Rist – (prenotare) Carta 31/48 €
♦ Durante la bella stagione, i tavoli nel portico saranno la giusta ambientazione per gustare la saporita cucina di carne e di pesce, ma il punto forte di questo dinamico locale è il personale: pronto ad accostare il vino giusto al piatto da voi scelto.

PALMI – Reggio di Calabria (RC) – 564 L29 – 19 515 ab. – alt. 228 m – ✉ 89015 Italia 5 A3

Roma 668 – Reggio di Calabria 49 – Catanzaro 122 – Cosenza 151

De Gustibus-Maurizio
viale delle Rimembranze 58/60 – ✆ 0 96 62 50 69 – ristorantedegustibus@alice.it – chiuso dal 4 al 18 settembre, domenica e lunedì escluso dal 15 luglio al 30 agosto
Rist – *(chiuso a mezzogiorno in agosto)* Carta 40/50 €
♦ Ristorante del centro, nei decori l'omaggio alla città e ad alcuni personaggi illustri, nel piatto l'inno ai frutti della pesca. Carta a voce, illustrata dal titolare.

PALÙ – Trento (TN) – Vedere Giovo

PANAREA (Isola) – Messina – 365 AZ52 – Vedere Eolie (Isole)

PANCHIÀ – Trento (TN) – 562 D16 – 743 ab. – alt. 981 m – Sport invernali : Vedere Cavalese (Comprensorio sciistico Val di Fiemme-Obereggen) – ✉ 38030 31 D3

Roma 656 – Bolzano 50 – Trento 59 – Belluno 84

(luglio-agosto) via Nazionale 32 ✆ 0462 815005

Castelir Suite Hotel senza rist
via Nazionale 57 – ✆ 04 62 81 00 01 – www.castelir.it – info@castelir.it – dicembre-26 marzo e giugno-25 settembre
5 cam – 100/140 € 140/240 € – 2 suites – 220/420 €
♦ Lo spazio come prerogativa del lusso: camere enormi con stufe d'epoca e accesso diretto sul parco per questo albergo in legno d'abete costruito secondo i dettami della biodinamica. Protagonista indiscussa, la natura.

PANDINO – **Cremona (CR)** – **561** F10 – **8 927 ab.** – **alt. 85 m** – ✉ **26025** **19** C2
Roma 556 – Bergamo 36 – Cremona 52 – Lodi 12

a Nosadello **Ovest : 2 km** – ✉ **26025 Pandino**

Volpi
via Indipendenza 36 – ✆ 0 37 39 01 00 – trattoria.volpi@libero.it – chiuso dal 1° al 15 gennaio, dal 15 al 30 agosto, domenica sera, lunedì
Rist – Carta 26/38 €
♦ Un locale elegante ricavato all'interno di un edificio d'epoca, ideale per cene importanti nelle comode salette interne oppure in veranda.

PANICALE – **Perugia (PG)** – **563** M18 – **5 940 ab.** – **alt. 431 m** – ✉ **06064** **32** A2
Roma 158 – Perugia 39 – Chianciano Terme 33
Lamborghini località Soderi 1, ✆ 075 83 75 82

Villa le Mura senza rist
località Villa le Mura 1, Nord-Est : 1 km – ✆ 0 75 83 71 34 – www.villalemura.com – villalemura@alice.it – marzo-novembre
4 cam – 90/120 € 120/140 € – 3 suites – 140/250 €
♦ Grande villa nobiliare, contornata da un curato giardino fiorito e avvolta da un parco secolare. All'interno ambienti di notevole fascino, saloni sontuosi e camere affrescate.

verso Montali – ✉ **06068 Panicale**

Villa di Monte Solare rist,
via Montali 7, località Colle San Paolo, Est : 11 km – ✆ 07 58 35 58 18 – www.villamontesolare.com – info@villamontesolare.com
19 cam – 130/145 € 200/280 € – 6 suites – ½ P 142/182 €
Rist – Carta 45/63 €
♦ All'interno di un'area sottoposta a vincolo paesaggistico e archeologico, una villa patrizia di fine '700 e annessa fattoria; elevata ospitalità e cura dei particolari. Accogliente sala da pranzo riscaldata da un bel camino; gustosi piatti del territorio.

Agriturismo Montali
via Montali 23, località Montali, Nord-Est : 15 km – ✆ 07 58 35 06 80 – www.montalionline.com – montali@montalionline.com – aprile-ottobre
9 cam – solo ½ P 110 € **Rist** – (prenotazione obbligatoria) Menu 50 €
♦ Chilometri di strada panoramica non asfaltata e, con una vista che spazia sul Lago Trasimeno, il basso Senese e il Perugino, un complesso rurale in posizione isolata.

PANNESI – **Genova** – **Vedere Lumarzo**

PANTELLERIA (Isola di)★★ – **Trapani (TP)** – **365** AG62 – **7 442 ab.** **39** A3
Sicilia

Sud-Est : 4 km ✆ 0923 911398
per Trapani – Siremar, call center 892 123
Entroterra★★ – Montagna Grande★★ sud-est: 13 km
Giro dell'isola in auto★★ e in barca★★

PANTELLERIA (TP) – 565 Q17 – ✉ 91017 39 A3

X **La Nicchia**

a Scauri Basso – ☎ 09 23 91 63 42 – www.lanicchia.it – lanicchia@pantelleria.it – 10 aprile-ottobre

Rist – *(chiuso a mezzogiorno)* Carta 31/68 €

◆ Un locale semplice, ma ben tenuto dove provare specialità marinare tipiche, nelle sale interne con arredi essenziali o all'esterno, sotto un delizioso pergolato.

PANTIERE – Pesaro-Urbino – Vedere Urbino

PANZA – Napoli – Vedere Ischia (Isola d') : Forio

PANZANO – Firenze – Vedere Greve in Chianti

PARABIAGO – Milano (MI) – 561 F8 – 26 168 ab. – alt. 184 m – ✉ 20015 18 A2

Roma 598 – Milano 21 – Bergamo 73 – Como 40

XX **Da Palmiro**

via del Riale 16 – ☎ 03 31 55 20 24 – www.ristorantedapalmiro.it – chiuso dal 1° al 7 gennaio, dal 15 al 21 agosto, domenica sera e lunedì

Rist – Carta 44/61 €

◆ In posizione centrale, una vera chicca per gli amanti della cucina di mare: ampia scelta e grande varietà anche sul crudo. Non manca qualche piatto stagionale, di terra.

PARADISO – Udine – Vedere Pocenia

PARAGGI – Genova (GE) – 561 J9 – ✉ 16038 15 C2

Roma 484 – Genova 35 – Milano 170 – Rapallo 7

Eight Paraggi

via Paraggi a Monte 8 – ☎ 01 85 28 99 61 – www.paraggieighthotels.it – info@paraggi.eighthotels.it – aprile-ottobre

12 cam – †300 € ††400/590 €, ☕ 16 € – 1 suite – ½ P 260/355 €

Rist Eight Restaurant – vedere selezione ristoranti

◆ In una delle baie più esclusive della Penisola - tra Portofino e S. Margherita - spazi comuni ridotti, ma signorili, e camere ineccepibili dal punto di vista del confort. Splendida location sul mare.

XXX **Eight Restaurant**

lungomare di Paraggi 8 – ☎ 01 85 26 70 71 – www.antichecontrade.it/paraggi – info@antichecontrade.it/paraggi – Pasqua-ottobre

Rist – Menu 52/69 € – Carta 68/93 €

◆ Che sia questa l'ottava meraviglia? Piatti che profumano di mare in un ristorante, che ha la fortuna di trovarsi in una delle più belle baia del Tigullio: ambiente di gusto classico con qualche tavolo all'esterno per gli incondizionati della spiaggia.

PARATICO – Brescia (BS) – 561 F11 – 4 373 ab. – alt. 234 m – ✉ 25030 19 D1

Roma 582 – Bergamo 28 – Brescia 33 – Cremona 78

Franciacorta Nigoline di Corte Franca via Provinciale 34/B, Sud: 2 km, ☎ 030 98 41 67

Ulivi senza rist

viale Madruzza 11 – ☎ 0 35 91 29 18 – www.ulivihotel.it – info@ulivihotel.it – chiuso Natale

22 cam ☕ – †55/70 € ††80/140 €

◆ Una costruzione un po' atipica, ad un piano, che chiude a ferro di cavallo il giardino e la piscina affacciati proprio sul lago; l'ambiente è nuovissimo e accogliente.

PARCINES (PARTSCHINS) – Bolzano (BZ) – 562 B15 – 3 437 ab. – alt. 626 m – ✉ 39020 30 B2

Roma 674 – Bolzano 35 – Merano 8 – Milano 335

via Spauregg 10 ☎ 0473 967157, info@partschins.com, Fax 0473 967798

a Rablà (Rabland) Ovest : 2 km – ✉ 39020

Hanswirt

piazza Gerold 3 – ☎ 04 73 96 71 48 – www.hanswirt.com – info@hanswirt.com – chiuso dal 10 gennaio al 20 marzo

25 cam – †85/150 € ††145/200 € – ½ P 106/133 €

Rist Hanswirt – vedere selezione ristoranti

♦ Uno dei pochi alberghi storici di tutto l'Alto Adige, questa recente struttura nata dall'ampliamento di un bell'edificio antico va ad arricchire l'offerta dell'omonimo ristorante. Ampi spazi e camere eleganti.

Roessl

via Venosta 26 – ☎ 04 73 96 71 43 – www.roessl.com – info@roessl.com – chiuso dal 12 dicembre al 6 febbraio

29 cam – †52/74 € ††108/230 € – 3 suites – ½ P 69/160 €

Rist – Carta 25/61 €

♦ Decorato e sito lungo la via principale, con molte stanze affacciate sui frutteti, albergo con buone attrezzature e piacevole giardino con piscina. Specialità sudtirolesi, in sala o immersi nell'ambiente tipico delle stube.

XX **Hanswirt** – Hotel Hanswirt

piazza Gerold 3 – ☎ 04 73 96 71 48 – www.hanswirt.com – info@hanswirt.com – chiuso dal 10 gennaio al 20 marzo

Rist – Carta 35/50 €

♦ Ricavato all'interno di un antico maso, stazione di posta, un locale elegante e piacevole, dall'ambiente caldo e tipicamente tirolese.

PARCO NAZIONALE D'ABRUZZO – L'Aquila-Isernia-Frosinone – 563 Q23

Italia

PARETI – Livorno – Vedere Elba (Isola d') : Capoliveri

PARGHELIA – Vibo Valentia (VV) – 564 K29 – 1 351 ab. – ✉ 89861 5 A2

Roma 600 – Reggio di Calabria 106 – Catanzaro 87 – Cosenza 117

Porto Pirgos

località Marina di Bordila, Nord-Est : 3 km – ☎ 09 63 60 03 51 – www.portopirgos.com – info@portopirgos.com – maggio-10 ottobre

18 cam – †170/290 € ††220/520 € – ½ P 180/290 €

Rist – (prenotazione obbligatoria) Menu 60/130 €

♦ Un piccolo gioiello ad alti livelli, molto curato, personalizzato, di grande impatto: dal restauro di un'antica dimora signorile, sopra un promontorio con discesa a mare. Un pavimento a mosaico impreziosisce la sala da pranzo interna, ed un colonnato incornicia le sue terrazze, con splendida vista sul mare.

Panta Rei

località Marina di San Nicola, Nord-Est : 2 km – ☎ 09 63 60 18 65 – www.hotelpantarei.com – info@hotelpantarei.com – maggio-settembre

21 cam – solo ½ P 200/320 €

Rist – *(solo per alloggiati)*

♦ Esclusiva e lussuosa residenza in pietra con accesso diretto ad una spiaggetta privata. Camere spaziose e confortevoli, tutte con terrazza. Romantiche cene sulla terrazza e pranzi a buffet in riva al mare.

Roma 458 – Bologna 96 – Brescia 114 – Genova 198

Giuseppe Verdi via dell'Aeroporto 44/a ☎ 0521 95151

via Melloni 1/A ☎ 0521 218889, turismo@comune.parma.it, Fax 0521 234735

La Rocca via Campi 8, ☎ 0521 83 40 37

Manifestazioni locali

26.02-06.03 : mercantinfiera primavera (mostra internazionale di modernariato)
09.05-12.05 : cibus (salone internazionale dell'alimentazione)
01.10-09.10 : mercantinfiera autunno (mostra internazionale di modernariato)

Complesso Episcopale★★★ CY : Duomo★★, Battistero★★★ **A** – Galleria nazionale★★, teatro Farnese★★BY – Chiesa di San Giovanni Evangelista★ CYZ – Camera di S. Paolo★ CY – Fondazione-Museo Glauco Lombardi★ BY **M1** – Affreschi★ del Parmigianino nella chiesa della Madonna della Steccata BZ **E** – Parco Ducale★ ABY

Reggia di Colorno: 15 km nord

Piante pagine seguenti

Grand Hotel de la Ville

largo Piero Calamandrei 11 , (Barilla Center) ✉ 43121 – ☎ 05 21 03 04 – www.grandhoteldelaville.it – info@grandhoteldelaville.it CZ**a**

107 cam ☕ – †132/330 € ††155/350 € – 3 suites **Rist** – Carta 36/50 €

◆ Elegante hall con spazi e luci d'avanguardia per questa risorsa ricavata da un ex pastificio, riprogettato all'esterno da Renzo Piano. Ottima insonorizzazione nelle belle camere dagli arredi più classici. Ristorante con proposte di ogni origine: ricette parmigiane, elaborazioni classiche e specialità di pesce.

Stendhal

piazzetta Bodoni 3 ✉ 43121 – ☎ 05 21 20 80 57 – www.hotelsat.it – info@hotelstendhal.it BY**r**

67 cam ☕ – †70/120 € ††120/290 €

Rist *La Pilotta* – *(chiuso dal 1° al 23 agosto)* Carta 21/26 €

◆ Nel cuore di Parma, in un'area cortilizia dell'antico Palazzo della Pilotta, una piacevole struttura con camere variamente decorate, dallo stile veneziano al Luigi XIII. Al primo piano, invece, nuove stanze dall'arredo più moderno.

Verdi senza rist

via Pasini 18 ✉ 43125 – ☎ 05 21 29 35 39 – www.hotelverdi.it – info@hotelverdi.it – chiuso dal 24 dicembre al 6 gennaio e dal 6 al 31 luglio

17 cam – †110/180 € ††150/220 €, ☕ 15 € – 3 suites AY**b**

◆ Dal rinnovo di un edificio in stile liberty, di cui si notano le eco nei begli esterni color glicine e negli interni, un comodo albergo prospiciente il Parco Ducale.

Farnese

via Reggio 51/a, per via Reggio ✉ 43126 – ☎ 05 21 99 42 47 – www.farnesehotel.it – info@farnesehotel.it BY**j**

76 cam ☕ – †85/135 € ††110/180 €

Rist *51/A Restaurant* – ☎ 05 21 29 49 29 – Carta 29/38 €

◆ Moderno complesso totalmente rinnovato negli ultimi anni, la cui posizione strategica - a pochi metri dalla tangenziale - consente di raggiungere agevolmente stazione, aeroporto e fiera. Specialità regionali e piatti classici nazionali al ristorante; servizio estivo in giardino.

My One Hotel Villa Ducale

via Moletolo 53/a, 2 km per ① ✉ 43122 – ☎ 05 21 27 27 27 – www.myonehotel.it – villaducale@myonehotel.it

113 cam ☕ – †59/260 € ††79/320 € **Rist** – Carta 22/45 €

◆ Per una clientela d'affari che ha esigenza di muoversi fra il centro cittadino e l'autostrada, una villa del '700 recentemente ristrutturata. Camere up-to-date e confortevoli, le più moderne (sebbene un po' più care) in un corpo indipendente da quello della residenza, collegato ad essa tramite un tunnel.

Daniel
via Gramsci 16 ang. via Abbeveratoia, per ⑤ ✉ 43126 – ✆ 05 21 99 51 47 – www.hoteldaniel.biz – info@hoteldaniel.biz – chiuso dal 24 al 26 dicembre, agosto
32 cam ☕ – †75/130 € ††90/180 €
Rist Cocchi – vedere selezione ristoranti
♦ Importanti lavori di rinnovo effettuati negli ultimi anni hanno conferito un confort moderno ed aggiornato a questo piacevole albergo, a soli 100 m dall'inizio del centro storico. Camere dal design contemporaneo e dai colori sobri.

Holiday Inn Express & cam, ✂ cam,
via Naviglio Alto 50, per via Trento ✉ 43122 – ✆ 05 21 27 05 93 – www.parma.hiexpress.it – info@parma.hiexpress.it CY**k**
70 cam ☕ – †65/120 € ††75/130 € – ½ P 50/95 €
Rist – *(chiuso a mezzogiorno)* Carta 27/35 €
♦ Nei pressi dei centri commerciali e in prossimità delle grandi arterie di comunicazione, una struttura moderna ed accogliente con piacevoli *family room*. Cucina nazionale, nonché specialità emiliane al ristorante.

Button senza rist
via della Salina 7 ✉ 43121 – ✆ 05 21 20 80 39 – www.hotelbutton.it – hotelbutton@tin.it – chiuso dal 23 dicembre al 2 gennaio e dal 18 luglio al 18 agosto BZ**a**
40 cam – †85 € ††100 €, ☕ 9 €
♦ Nel cuore di Parma, nei pressi dell'Università e altre mete cittadine, sorge questa risorsa dove la semplicità delle camere è compensata dall'ampiezza e cortesia nel servizio.

My One Hotel Arte senza rist
via Mansfield 3, per via Trento ✉ 43122 – ✆ 05 21 77 69 26 – www.myonehotel.it – arte@myonehotel.it – chiuso dal 23 dicembre al 2 gennaio CY**l**
44 cam ☕ – †59/200 € ††64/220 €
♦ Piccolo e recente hotel, tra la città e le autostrade. Le camere sono confortevoli, pur se arredate sobriamente; la sala colazioni dimostra un tocco di personalità in più.

Palazzo dalla Rosa Prati senza rist
strada al Duomo 7 ✉ 43121 – ✆ 05 21 38 64 29 – www.palazzodallarosaprati.it – info@palazzodallarosaprati.it CY**b**
7 cam – †125/150 € ††150/300 €, ☕ 10 €
♦ Affacciato sul Battistero e sul Duomo, oggi, dopo sei secoli, la famiglia Dalla Rosa Prati apre le porte del suo palazzo agli ospiti e li riceve in camere spaziose, con arredi dal '700 al liberty, tutte con angolo cottura. Nuova sala polifunzionale per riunioni, mostre, eventi.

Parizzi con cam e senza ☕ & rist, ✂ rist,
strada della Repubblica 71 ✉ 43121 – ✆ 05 21 28 59 52 – www.ristoranteparizzi.it – info@ristoranteparizzi.it CZ**h**
9 cam – ††110/300 € – 4 suites – ††180/300 €
Rist – *(chiuso 24-25 dicembre, dal 18 al 24 gennaio, dal 1° al 22 agosto e lunedì)* (consigliata la prenotazione) Menu 65/70 € – Carta 48/71 €
Spec. Minestrone tiepido con scampi scottati e gelato di pesto alla rucola. Orata avvolta in melanzane con gazpacho leggero e scarola affumicata. Il cielo in una stanza (composizione di cioccolato).
♦ Un locale moderno che segue la ricercatezza contemporanea tra faretti e pareti dorate, dove è protagonista la cucina che spazia dai classici parmigiani ai piatti più creativi. Un'ottima tavola che ha saputo, partendo da un territorio ricco di tradizioni e cultura gastronomica, rinnovare con semplicità e grazia la propria cucina. E per un *surplus* di ospitalità: piccolo *relais* a disposizione degli ospiti, che gradiscono soggiornare.

PARMA

Allende (Piazzale S.) .... CY
Antonio Fratti (Viale) .... CY
Aurelio Saffi (Strada) .... CYZ
Barbieri (Piazzale) . AZ
Basetti (Viale)..... BZ
Berenini (Viale).... BZ
Bottego (Ponte)... BY 18
Bottego (Viale) .. BCY
Cairoli (V.)......... CZ
Caprera (Viale) .... AZ
Cavallotti (Strada) . CY
Cavour (Str.)....... BY 3
Cocconcelli (V.) .. AYZ
Colonne (Borgo d.)..... CYZ
Costituente (V. della) ..... AZ
Delmazia (V.) ...... CY
Duca Alessandro (Viale) .... CZ
Duomo (Pza) ..... CY
Duomo (Str. al) ... CY 8
Farini (Str.) .... BZ
Felino (Borgo) ... BCZ
Fonderie (Strada d.) BY
Garibaldi (Pza) ..... BZ 9
Garibaldi (V.) ..... BCY
Gorizia (Viale) .... ABZ
Imbriani (Strada).... AZ
Kennedy (V.)........ AY
Lalatta (Borgo) ..... CZ
La Spezia (V.) ...... AZ
Maria Luigia (Viale) BZ
Maria Rossi (Viale P.) .... CZ
Mariotti (Viale) .... BY
Martiri della Libertà (Viale)........ BCZ
Massimo d'Azeglio (V.)........... ABY
Matteotti (Pza)..... AZ
Mazzini (V.)........ BZ 13
Mentana (Viale).. CYZ
Milazzo (Viale) .... AZ
Mille (Viale dei) ... AZ
Naviglio (Borgo del) CY
Nino Bixio (Strada). AZ
Pace (Pza della) ... BY 15
Padre Onorio Rosi (V.)............. CZ
Palermo (V.) ...... CY
Paolo Toschi (Viale) BY
Parma (Borgo R. da) .... BCZ
Parmigianino (Borgo del) ..... CY 16
Partigiani d'Italia (Viale) .... CZ
Pasini (V. A.)........ AY
Passo Buole (V.)... CZ
Piacenza Nuova (Viale) .... AY
Piacenza (Viale) .... AY
Picelli (Pza G.) ...... AZ
Pilotta (Pza) .... BY 17
Ponte Caprazucca . BZ 19
Ponte di Mezzo .... BZ 21
Ponte Italia .... BZ 20
Ponte Verdi .... BY 22
Quartiere (Strada d.)........... AZ
Regale (Borgo)...... CZ
Reggio (V.) .... BY 23
Repubblica (Str. della) .... CZ
Risorgimento (Piazzale).......... CZ
Rondani (Pza)....... BZ
Rustici (Viale G.).... BZ 24
Salnitrara (Borgo) . BZ 26
Sta Croce (Pza) .... AY
Savani (V.).......... AY
Studi (Borgo degli). CY 27
S. Giuseppe (Borgo) .... AZ
S. Michele (Viale).. CZ
Tanara (Viale)..... CYZ
Toscanini (Viale).... BZ 28
Trento (V.)........... CY 30
Trieste (V.) .... CY
Varese (V.) .... BZ 31
Verdi (V.)............ BY
Villetta (Viale d.) ... AZ
Vittoria (Viale della)..... AYZ
Vittorio Emanuele II (Piazzale)......... CZ
Volturno (V.)........ AZ
20 Marzo (V.) .... CZ
22 Luglio (Strada).... CZ
25 Aprile (Piazzale). BZ

XX **La Greppia**

strada Garibaldi 39/a ✉ 43121 – ✆ 05 21 23 36 86 – chiuso dal 23 dicembre al 5 gennaio, luglio, lunedì, martedì BY**e**

Rist – Carta 39/52 €

◆ Una sala rettangolare e, in fondo, la cucina a vista con esposizione dei tesori della casa: le paste fresche! Sapori del territorio e antiche ricette dell'epoca farnese.

XX **Parma Rotta**

strada Langhirano 158, per viale Rustici ✉ 43124 – ✆ 05 21 96 67 38 – www.parmarotta.com – prenotazioni@parmarotta.com – chiuso dal 23 dicembre al 10 gennaio, domenica, lunedì BZ**m**

Rist – Carta 36/55 €

◆ Il nome è quello attribuito al quartiere ai tempi in cui le piene del torrente Parma rompevano gli argini. All'interno di una vecchia casa colonica, un labirinto di salette ospita una cucina che trova la propria massima espressione nei dolci e nelle specialità alla griglia.

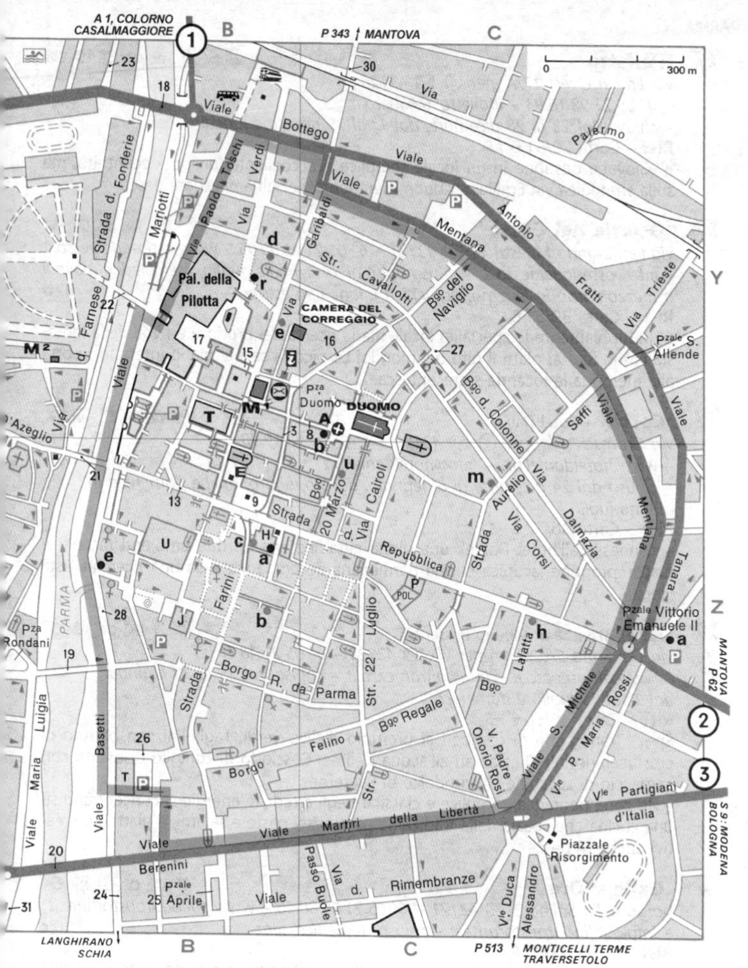

Il Trovatore

via Affò 2/A ✉ 43121 – ✆ 05 21 23 69 05 – www.iltrovatoreristorante.com – info@iltrovatoreristorante.com – chiuso 24-26 dicembre, dal 5 al 25 agosto e domenica BY**d**

Rist – Menu 25/45 € – Carta 30/45 €

♦ Un omaggio a Verdi per l'appassionata gestione che ha rinnovato, anche nel nome, un vecchio locale in pieno centro. Vari i piatti, dal parmense al mare, e una bella cantina visitabile: una scelta enologica che mette le ali alla fantasia.

La Filoma

via 20 Marzo 15 ✉ 43121 – ✆ 05 21 20 61 81 – www.filoma.com – lafiloma@hotmail.com – chiuso 1 settimana a Natale, dal 20 luglio al 20 agosto; chiuso a mezzogiorno, sabato, domenica da giugno a agosto, martedì, mercoledì a mezzogiorno negli altri mesi CZ**u**

Rist – Carta 34/49 €

♦ A pochi passi dal Duomo, avvolto in un'atmosfera '800esca, un antico palazzo ospita questo glorioso ristorante della città.Cucina legata al territorio, ma non solo.

Folletto

via Emilia Ovest 17/A, per ⑤ ✉ 43126 – ✆ 05 21 98 18 93 – ilfolletto90@libero.it – chiuso dal 23 al 28 dicembre, dal 1° al 25 agosto e lunedì

Rist – Carta 29/51 €

◆ Giovane gestione in un locale semplice e accogliente, un po' decentrato, ma sulla strategica via Emilia; un buon riferimento per gli amanti del pesce.

Osteria del Gesso

via Ferdinando Maestri 11 ✉ 43121 – ✆ 05 21 23 05 05 – www.osteriadelgesso.it – info@osteriadelgesso.it – chiuso dal 4 al 14 gennaio, luglio, mercoledì e giovedì a mezzogiorno in inverno, domenica e lunedì in estate BZ**b**

Rist – Carta 39/51 €

◆ Indubbiamente le specialità locali, ma la ricerca dei prodotti e i voli della fantasia fanno fare ai piatti il giro del mondo! La piccola sala al piano interrato riporta alla memoria la locanda settecentesca.

Cocchi – Hotel Daniel

via Gramsci 16/a, per ⑤ ✉ 43126 – ✆ 05 21 98 19 90 – www.hoteldaniel.biz – info@hoteldaniel.biz – chiuso dal 24 dicembre al 6 gennaio, agosto,sabato, anche domenica in giugno-luglio

Rist – Carta 36/52 €

◆ Annessa all'hotel Daniel, una gloria cittadina che, in due ambienti raccolti e rustici, propone la tipica cucina parmigiana accompagnata da una ricercata lista vini.

Al Tramezzo (Alberto Rossetti)

via Del Bono 5/b, 3 km per ③ ✉ 43123 – ✆ 05 21 48 79 06 – www.altramezzo.it – info@altramezzo.it – chiuso dal 25 al 30 gennaio, dal 1° al 15 luglio e domenica

Rist – Carta 40/60 €

Spec. Tramezzino di gamberi al profumo d'olive verdi. Tagliolini con battuto di crostacei, riccioli di calamari all'acqua di lime. Cosciotto di coniglio disossato con carpaccio di zucchine all'agrodolce di Sauternes.

◆ In zona periferica, semplice e classico negli arredi, le energie si concentrano su una cucina che spazia dalla tradizione parmense, paste e salumi, a piatti più creativi anche di pesce.

Gallo d'Oro

borgo della Salina 3 ✉ 43121 – ✆ 05 21 20 88 46 – www.gallodororistorante.it – info@gallodororistorante.it – chiuso domenica sera BZ**c**

Rist – Carta 23/32 €

◆ Ubicazione centrale, alle spalle della Piazza cittadina per antonomasia, per una tipica trattoria dove gustare specialità emiliane quali paste ripiene, salumi e stracotti. Caratteristica la sala interrata con volte a mattoni e salumi appesi.

Osteria del 36

via Saffi 26/a ✉ 43121 – ✆ 05 21 28 70 61 – osteriadel36@libero.it – chiuso dal 15 luglio al 20 agosto, domenica CZ**m**

Rist – Carta 30/40 €

◆ Paste fresche preparate all'istante, selezione di formaggi e torte sono alcuni dei piatti forti di questo semplice ed informale locale a conduzione familiare.

I Tri Siochètt

strada Farnese 74, per viale della Villetta ✉ 43125 – ✆ 05 21 96 88 70 – www.itrisiochett.it – itrisiochett@virgilio.it – chiuso dal 24 dicembre al 3 gennaio, dall'8 al 22 agosto e lunedì AZ

Rist – Carta 21/36 €

◆ C'era una volta una sorella e due fratelli un po' pazzerelli, *tri siochètt*, che gestivano la trattoria con annessa drogheria. Del tempo che fu, è rimasta la bella casa colonica: fucina di specialità gastronomiche locali per golosi buongustai.

a Castelnovo di Baganzola per ① : 6 km – ✉ 43126

XX **Le Viole**
strada nuova di Castelnuovo 60/a – ✆ 05 21 60 10 00 – chiuso dal 15 gennaio al 10 febbraio, dal 15 al 30 agosto, domenica e lunedì in luglio-agosto, mercoledì e giovedì negli altri mesi
Rist – Carta 27/36 €
◆ Cucina creativa in questo simpatico indirizzo alle porte di Parma, dove due dinamiche sorelle sapranno allettarvi prendendo semplicemente spunto dai prodotti di stagione.

a Gaione Sud-Ovest : 5 km per via della Villetta AZ – ✉ 43100

XX **Trattoria Antichi Sapori**
via Montanara 318 – ✆ 05 21 64 81 65
– www.cucinaparmigiana.it – info@cucinaparmigiana.it
– chiuso Natale, 3 settimane in agosto, martedì
Rist – Menu 30 € – Carta 26/34 €
◆ Trattoria di campagna alle porte della città, propone una cucina regionale, accompagnata da qualche piatto di pesce e dal dinamismo di una giovane conduzione.

PARTSCHINS = Parcines

PASIANO DI PORDENONE – Pordenone (PN) – 562 E19 – 7 967 ab. – alt. 13 m – ✉ 33087

10 A3

▶ Roma 570 – Udine 66 – Belluno 75 – Pordenone 11

a Cecchini di Pasiano Nord-Ovest : 3 km – ✉ 33087

Il Cecchini
via Sant'Antonio 9 – ✆ 04 34 61 06 68
– www.ilcecchini.it – info@ilcecchini.it
– chiuso 2 settimane in agosto
30 cam – †42 € ††52 €
Rist Il Cecchini e Il Bistrot – vedere selezione ristoranti
◆ Forte della sua posizione tranquilla, in un piccolo paesino, l'hotel offre spazi comuni confortevoli e camere di taglio moderno. Buon rapporto qualità prezzo.

XXX **Il Cecchini** (Marco Carraro) – Hotel Il Cecchini
via Sant'Antonio 9 – ✆ 04 34 61 06 68
– www.ilcecchini.it – info@ilcecchini.it
– chiuso dal 1° all'8 gennaio, dal 10 al 24 agosto, sabato a mezzogiorno, domenica
Rist – Carta 76/106 €
Spec. Gran cru di mare. Risotto alle erbe dell'argine, triglie e robiola. Rombo al pro-fumo.
◆ In un ristorante che unisce il rustico fascino di un'antica casa alla raffinatezza d'arredo delle sale, le capacità tecniche del brillante chef consentono alla cucina di mare di abbandonare i sentieri battuti per intraprendere gustosi percorsi nella creatività.

XX **Il Bistrot** – Hotel Il Cecchini
via Sant'Antonio 9 – ✆ 04 34 61 06 68
– www.ilcecchini.it – info@ilcecchini.it
– chiuso 2 settimane in agosto
Rist – *(chiuso dal 10 al 24 agosto e domenica)* Carta 27/40 €
◆ Ambientazione moderna e à la page per una proposta che spazia da moderne rivisitazioni dei *chichetti* ad influenze asiatiche, con qualche piatto unico. Piacevole "anticamera" di una cucina gourmet!

a Rivarotta Ovest : 6 km – ✉ 33087

Villa Luppis
via San Martino 34 ✉ 33087 – ✆ 04 34 62 69 69 – www.villaluppis.it – hotel@villaluppis.it
34 cam – 90/155 € 125/270 € – 5 suites – ½ P 93/182 €
Rist *Cà Lupo* – *(chiuso dal 4 al 22 gennaio, martedì, mercoledì a mezzogiorno)* Carta 44/60 €
Rist *Lupus in Tabula* – Carta 25/37 €
♦ Storia e raffinatezza negli antichi ambienti di un convento dell'XI secolo circondato da un ampio parco con giardino all'italiana, piscina e campi da tennis. Oggetti d'arte ed eleganza nel ristorante Cà Lupo, tradizione e creatività in cucina. Specialità regionali al *Lupus in Tabula*.

PASSAGGIO – **Perugia** – **563** M19 – **Vedere Bettona**

PASSIGNANO SUL TRASIMENO – **Perugia (PG)** – **563** M18 – **5 673 ab.** – **alt. 289 m** – ✉ **06065** **32** A2

Roma 211 – Perugia 27 – Arezzo 48 – Siena 80

Kursaal
via Europa 24 – ✆ 0 75 82 80 85 – www.kursaalhotel.net – info@kursaalhotel.net – 20 marzo-5 novembre
18 cam – 64/74 € 86/94 € – ½ P 64/69 € **Rist** – Carta 34/49 €
♦ In prima fila rispetto alla riva del lago, hotel rinnovato di recente, offre camere arredate con gusto combinando una sobria eleganza all'atmosfera vacanziera. Servizio ristorante estivo effettuato nella bella veranda protesa sul lago.

Lidò rist,
via Roma 1 – ✆ 0 75 82 72 19 – www.umbriahotels.com – lido@umbriahotels.com – marzo-ottobre
53 cam – 50/75 € 98/130 € – ½ P 65/85 €
Rist *Lidò Perugia* – Carta 27/37 €
♦ Hotel ubicato proprio in riva al lago, la cui vista è una piacevole compagnia durante il soggiorno. Camere accoglienti: alcune dotate di attrezzi ginnici. Il ristorante si trova su di un grande pontile, dove la parte terminale è una romantica terrazza affacciata sullo specchio d'acqua. In menu: prelibatezze lacustri.

Il Fischio del Merlo
località Calcinaio 17/A, Est : 3 km – ✆ 0 75 82 92 83 – www.ilfischiodelmerlo.it – nebru@inwind.it – chiuso novembre e martedì
Rist – Carta 29/44 €
♦ Fuori dal paese, in un elegante e luminoso rustico, cucina del territorio e sapori di pesce. Nel giardino, a disposizione degli ospiti, una bella piscina.

a Castel Rigone Est : 10 km – ✉ 06065

Relais la Fattoria
via Rigone 1 – ✆ 0 75 84 53 22 – www.relaislafattoria.com – info@relaislafattoria.com – chiuso dall'8 gennaio all'8 febbraio
30 cam – 59/80 € 81/160 € – ½ P 69/108 €
Rist *La Corte* – Carta 36/53 €
♦ La posizione elevata e la distanza dai luoghi più turistici ha preservato questo seicentesco complesso patronale: due case raccolte intorno ad un cortiletto in pietra e lo stile rustico delle zone comuni che lascia il posto alla modernità nelle camere.

PASSO – **Vedere nome proprio del passo**

PASTENA – **Frosinone (FR)** – **563** R22 – **1 557 ab.** – **alt. 318 m** – ✉ **03020** **13** D2

Roma 114 – Frosinone 32 – Latina 86 – Napoli 138

Mattarocci
piazza Municipio – ✆ 07 76 54 65 37
Rist – Carta 16/23 €
♦ Vicoli stretti in cima al paese, poi la piazza del Municipio: qui un bar-tabacchi. All'interno, un localino noto per le leccornie sott'olio. Servizio estivo in terrazza.

PASTRENGO - Verona (VR) - 561 F14 - 2 710 ab. - alt. 192 m - ✉ 37010 **35** A3

Roma 509 - Verona 18 - Garda 16 - Mantova 49

Stella d'Italia

piazza Carlo Alberto 25 - ✆ 04 57 17 00 34 - www.stelladitalia.it - info@stelladitalia.it - chiuso domenica sera e mercoledì

Rist - Carta 33/43 €

◆ Da architetto si è convertito a ristoratore per onorare una tradizione di famiglia. Le sale sono due: un piccolo privèe dedicato alla battaglia di Pastrengo e la sala principale ariosa ed elegante. Cucina del territorio.

a Piovezzano Nord : 1,5 km - ✉ 37010

Eva

via Due Porte 43 - ✆ 04 57 17 01 10 - www.ristoranteeva.com - info@ristoranteeva.com - chiuso dall'11 al 19 agosto, martedì sera e sabato

Rist - Carta 19/29 €

◆ Nelle colline appena fuori dal paese, una trattoria vecchia maniera, con un'ampia sala dagli alti soffitti, gestione familiare e piatti locali, tra cui i bolliti al carrello.

PASTURANA - Alessandria - Vedere Novi Ligure

PAVARETO - La Spezia - 561 J10 - Vedere Carro

PAVIA (PV) - 561 G9 - 70 514 ab. - alt. 77 m - ✉ 27100 **16** A3

Italia Centro Nord

Roma 563 - Alessandria 66 - Genova 121 - Milano 38

Palazzo del Broletto, piazza della Vittoria ✆ 0382 597001, turismo@provincia.pv.it, Fax 0382 597011

Castello Visconteo★ BY - Duomo★ AZ **D** - Chiesa di San Michele★★ BZ **B** - San Pietro in Ciel d'Oro★: Arca di Sant'Agostino★ - Cenotafio★ nella chiesa di San Lanfranco Ovest : 2 km

Certosa di Pavia★★★ per ① : 9 km

Pianta pagina seguente

Moderno

cam,

viale Vittorio Emanuele 41 - ✆ 03 82 30 34 01 - www.hotelmoderno.it - info@hotelmoderno.it - chiuso dal 23 dicembre al 2 gennaio e dal 12 al 21 agosto

48 cam - †133/153 € ††168/198 € - 1 suite - ½ P 99 € AY**a**

Rist *Bistrot Bartolini Pavia* - ✆ 03 82 53 84 49 *(chiuso dal 24 dicembre al 7 gennaio, dal 1° al 24 agosto, sabato a mezzogiorno, domenica)* Carta 27/55 € (+10 %)

◆ Sul piazzale della stazione, questo albergo d'inizio '900 si sta rinnovando progressivamente, soppiantando le vecchie camere - ancora funzionali - con stanze assai più moderne ed accattivanti. Un giovane e talentuoso chef dà il meglio si sé al ristorante Bistrot.

Cascina Scova

rist,

via Vallone 18, per Viale Partigiani 3 km - ✆ 03 82 41 36 04 - www.cascinascova.it - resort@cascinascova.it - chiuso dal 23 dicembre al 3 gennaio BZ

39 cam - †133 € ††168 €

Rist - *(chiuso a mezzogiorno) (solo per alloggiati)* Carta 27/41 €

◆ Avvolta dal sottile fascino della campagna pavese, una ex-cascina totalmente ristrutturata secondo i criteri moderni propone ampi spazi comuni ed un attrezzato centro benessere.

Excelsior senza rist

piazza Stazione 25 - ✆ 0 38 22 85 96 - www.hotelexcelsiorpavia.com - info@hotelexcelsiorpavia.com AY**b**

32 cam - †65/76 € ††93 €

◆ Comoda posizione nei pressi della stazione, gestione diretta e attenta all'ospitalità. Camere piacevolmente arredate, spazi comuni limitati.

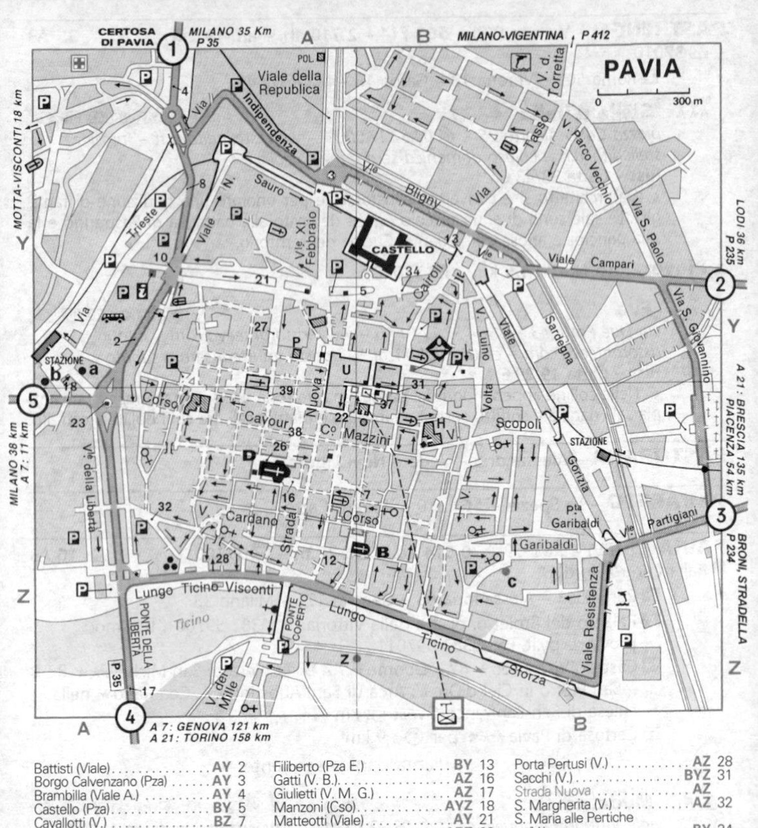

Battisti (Viale) . . . . AY 2
Borgo Calvenzano (Pza) . . . . . . AY 3
Brambilla (Viale A.) . . . . AY 4
Castello (Pza). . . . . BY 5
Cavallotti (V.) . . . . BZ 7
Cavour (Cso) . . . . AZ
Chiesa (Viale Damiano). . . . . . . AY 8
Dante (Pza) . . . . AY 10
Diacono (V. P.). . . . . AZ 12
Filiberto (Pza E.) . . . . BY 13
Gatti (V. B.). . . . . AZ 16
Giulietti (V. M. G.) . . . . AZ 17
Manzoni (Cso). . . . . AYZ 18
Matteotti (Viale). . . . . AY 21
Mentana (V.). . . . . ABZ 22
Minerva (Piazzale). . . . . AZ 23
Omodeo (V.) . . . . AZ 26
Petrarca (Pza) . . . . AY 27
Porta Pertusi (V.) . . . . AZ 28
Sacchi (V.). . . . . BYZ 31
Strada Nuova . . . . AZ
S. Margherita (V.). . . . . AZ 32
S. Maria alle Pertiche (V.) . . . . BY 34
Vinci (Pza Leonardo da) . . . . BZ 37
Vittoria (Pza). . . . . AZ 38
20 Settembre (V.) . . . . AZ 39

XX Antica Osteria del Previ

via Milazzo 65, località Borgo Ticino – ✆ 0 38 22 62 03 – www.anticaosteriadelprevi.com – info@anticaosteriadelprevi.com – chiuso dal 1° al 10 gennaio, agosto e domenica sera ABZz

Rist – Carta 29/39 €

◆ Nel vecchio borgo di Pavia lungo il Ticino, un piacevole e curato locale con specialità tipiche della cucina lombarda; travi in legno, focolare, aria d'altri tempi.

sulla strada statale 35 per ① : 4 km :

XXX Al Cassinino

via Cassinino 1 ✉ 27100 – ✆ 03 82 42 20 97 – agoscrem@tin.it – chiuso 15 giorni in agosto e mercoledì

Rist – Carta 62/83 €

◆ Sul Naviglio pavese, tra Pavia e la Certosa, elegante casa direttamente sul corso d'acqua, dove gustare sapori classici sia del territorio sia di mare. La carta non le riporta, ma in cantina ci sono tante importanti etichette.

a San Martino Siccomario per ④ : **1,5 km** – ✉ **27028**

XX **Antica Trattoria Goi**

via Togliatti 2 – ✆ 03 82 49 88 87 – www.trattoriagoi.it – info@trattoriagoi.it – chiuso dal 2 al 16 gennaio, dal 3 al 24 agosto, sabato a mezzogiorno, mercoledì

Rist – Carta 32/47 €

◆ Una breve scalinata anticipa la bella sala dal caldo parquet e dall'atmosfera elegante, ma non troppo impegnativa. La cucina proposta è moderna e attinge dai sapori locali con qualche specialità di pesce. Disponibilità di un menu più economico a mezzogiorno.

PAVONE CANAVESE – Torino (TO) – 561 F5 – 3 845 ab. – alt. 262 m – ✉ 10018 22 B2

Roma 668 – Torino 45 – Aosta 65 – Ivrea 5

Castello di Pavone ⛂ rist, rist,

via Dietro Castello – ✆ 01 25 67 21 11 – www.castellodipavone.com – info@castellodipavone.com

25 cam – †110/130 € ††130/165 € – 2 suites – ½ P 103/123 €

Rist – *(chiuso a mezzogiorno escluso sabato ed i giorni festivi)* (prenotazione obbligatoria) Carta 47/62 €

◆ Ricchi interni sapientemente conservati, saloni affrescati ed una splendida corte: una struttura storica e di sicuro fascino, dove si respira ancora una fiabesca e pulsante atmosfera medievale. Squisita cucina del territorio nelle romantiche sale del ristorante.

PAVULLO NEL FRIGNANO – Modena (MO) – 562 I14 – 17 137 ab. – alt. 682 m – ✉ 41026 8 B2

Roma 411 – Bologna 77 – Firenze 137 – Milano 222

piazza Montecuccoli 1 ✆ 0536 29964 uit@comune.pavullo-nel-frignano.mo.it Fax 0536 29961

Vandelli rist,

via Giardini Sud 7 – ✆ 0 53 62 02 88 – www.hotelvandelli.it – info@hotelvandelli.it

39 cam – †40/75 € ††70/95 € – ½ P 55/70 €

Rist – *(giugno-settembre)* Carta 25/38 €

◆ Solo la posizione stradale risulta un po' poco affascinante... Varcata la soglia, infatti, vi attende un colorato tripudio di decorazioni barocche, con camere che si differenziano veramente l'una dall'altra.

PECCIOLI – Pisa (PI) – 563 L14 – 4 963 ab. – alt. 144 m – ✉ 56037 28 B2

Roma 354 – Pisa 40 – Firenze 76 – Livorno 47

Tenuta di Pratello rist,

località Pratello via di Libbiano 70, Est : 5 km – ✆ 05 87 63 00 24 – www.pratello.it – tenuta@pratello.it – aprile-ottobre

12 cam – †85/140 € ††125/195 €

Rist – *(chiuso a mezzogiorno) (solo per alloggiati)* Carta 33/45 €

◆ Una villa settecentesca al centro di una tenuta faunistico-venatoria con ambienti comuni e camere elegantemente allestiti con pezzi di antiquariato ed una cappella del '600

X **La Greppia**

piazza del Carmine 19/20 – ✆ 05 87 67 20 11 – www.ristorantelagreppia.it – info@ristorantelagreppia.it – chiuso dall'11 al 25 gennaio e martedì

Rist – Carta 35/60 €

◆ Intimo e romantico ristorante, ricavato in antiche cantine, i tavoli sono sistemati nelle nicchie che accoglievano le botti. Proposte eclettiche per accontentare ogni palato.

PECETTO TORINESE – Torino (TO) – **561** G5 – **3 864 ab.** – **alt. 407 m** – ✉ 10020 **22** A1

Roma 661 – Torino 13 – Alessandria 81 – Asti 46

I Ciliegi strada Valle Sauglio 130, ☎ 011 8 60 98 02

Pianta d'insieme di Torino

Hostellerie du Golf senza rist

strada Valle Sauglio 130, Sud : 2 km – ☎ 01 18 60 81 38 – www.hostelleriedugolf.it – info@hostelleriedugolf.it – chiuso dal 22 dicembre al 6 gennaio **2**HU**a**

26 cam – 61/95 € 90/120 €

◆ Nel contesto del Golf Club, l'hotel offre belle camere in stile country ed è ideale tanto per una clientela sportiva che per quella d'affari, considerata la vicinanza a Torino.

PECORONE – **Potenza** – **564** G29 – **Vedere Lauria**

PEDEGUARDA – **Treviso** – **562** E18 – **Vedere Follina**

PEDEMONTE – **Verona** – **562** F14 – **Vedere San Pietro in Cariano**

PEDENOSSO – **Sondrio** – **Vedere Valdidentro**

PEDERIVA – **Vicenza** – **Vedere Grancona**

PEDEROBBA – **Treviso (TV)** – **562** E17 – **6 887 ab.** – **alt. 225 m** – ✉ 31040 **36** C2

Roma 560 – Belluno 46 – Milano 265 – Padova 59

Possagno : Deposizione★ nel tempio di Canova Ovest : 8,5 km

ad Onigo di Piave Sud-Est : 3 km – ✉ 31050

Le Rive

via Rive 46 – ☎ 0 42 36 42 67 – chiuso dal 7 gennaio al 2 febbraio, dall' 11 al 17 agosto, martedì, mercoledì

Rist – Carta 22/32 €

◆ Il calore del legno e del camino creano l'atmosfera nei piacevoli e raccolti spazi interni di questa piccola casa di campagna; in estate, non esitate prendere posto all'aperto, sotto il pergolato. Piatti casalinghi esposti a voce.

PEDRACES = PEDRATSCHES – **Bolzano** – **Vedere Alta Badia**

PEGLI – **Genova (GE)** – **561** I8 – **Vedere Genova**

PEIO – **Trento (TN)** – **562** C14 – **1 908 ab.** – **alt. 1 389 m** – **Sport invernali : 1 400/2 400 m** 1 5, – ✉ **38020** Italia **30** A2

Roma 669 – Sondrio 103 – Bolzano 93 – Passo di Gavia 54

alle Terme, via delle Acque Acidule ☎ 0463 753100, peio@valdisole.net, Fax 0463 753180

a Cogolo Est : 3 km – ✉ 38024

Kristiania Alpin Wellness

via Sant'Antonio 18 – ☎ 04 63 75 41 57 – www.hotelkristiania.it – info@hotelkristiania.it – dicembre-aprile e giugno-settembre

39 cam – 80/140 € 120/160 € – 5 suites – ½ P 115/180 €

Rist – *(chiuso a mezzogiorno)* Carta 29/46 €

◆ Ideale per svagare la mente, ci si perderà tra il disco-pub, il bar après-ski o nelle eleganti camere in stile montano. Ci si riapproprierà invece del corpo nel seducente centro benessere con piscina, sauna pietra e fuoco, trattamenti ayurvedici ed altro ancora. Cucina classica e piatti locali al ristorante.

Cevedale
via Roma 33 – 04 63 75 40 67 – www.hotelcevedale.it – info@hotelcevedale.it – 5 dicembre-Pasqua e 10 giugno-5 ottobre
33 cam – 60/80 € 100/140 € – ½ P 80/90 € **Rist** – Carta 24/37 €
♦ Sulla piazza centrale, senza essere sfarzoso la gestione familiare moltiplica le cure per i classici ambienti montani. Piacevole centro benessere dallo stile inaspettatamente moderno. Al ristorante, si cena avvolti nel legno: specialità tradizionali trentine e vini consigliati dai titolari sommelier.

Chalet Alpenrose
via Malgamare, località Masi Guilnova, Nord : 1,5 km – 04 63 75 40 88 – www.chaletalpenrose.it – alpenrose@tin.it – 6 dicembre-9 aprile e giugno-24 settembre
10 cam – 50/80 € 70/140 € – ½ P 50/90 €
Rist – *(chiuso a mezzogiorno in bassa stagione)* Carta 31/51 €
♦ Fuori località, nella tranquillità del verde, un maso settecentesco ristrutturato con estrema cura e intimità. Caratteristica sauna ricavata nel capanno del giardino. Ambienti caldi, rifiniti in legno e ben curati in ogni particolare nella zona ristorante.

PELAGO – Firenze (FI) – 563 K16 – 7 669 ab. – alt. 309 m – ✉ 50060 — 29 C1

Roma 279 – Firenze 25 – Prato 55 – Arezzo 69

a Diacceto Nord : 3 km – ✉ 50060

Locanda Tinti senza rist
via Casentinese 65 – 05 58 32 70 07 – www.locandatinti.it – info@locandatinti.it
6 cam – 80 €, 8 €
♦ Sei belle camere doppie, distribuite su due piani, attrezzate di tutto punto e arredate con mobilio d'epoca. Sul retro un bel dehors utilizzato anche per la prima colazione.

PELLARO – Reggio di Calabria – 564 M28 – Vedere Reggio di Calabria

PELLESTRINA (Isola di) – Venezia – 562 G18 – Vedere Venezia

PELLIO INTELVI – Como (CO) – 1 020 ab. – alt. 750 m – ✉ 22020 — 16 A2

Roma 669 – Como 34 – Bergamo 128 – Milano 82

La Locanda del Notaio
piano delle Noci, Est : 1,5 km – 03 18 42 70 16 – www.lalocandadelnotaio.com – info@lalocandadelnotaio.com – marzo-ottobre
18 cam – 99/120 € 110/165 €
Rist La Locanda del Notaio – vedere selezione ristoranti
♦ Villa dell'Ottocento che in passato fu locanda e oggi è una risorsa arredata con grande cura. Belle camere in legno personalizzate; giardino con laghetto d'acqua sorgiva.

La Locanda del Notaio
piano delle Noci, Est : 1,5 km – 03 18 42 70 16 – www.lalocandadelnotaio.com – info@lalocandadelnotaio.com – chiuso novembre, lunedì, martedì a mezzogiorno
Rist – Carta 50/81 €
Spec. Raviolo aperto di patate, finocchietto selvatico, sarde e bisque leggera ai peperoni rossi. Cinque sardine, cinque pensieri. Baccalà al vapore su zuppetta di pomodori alla pizzaiola, olive e olio al peperoncino dolce.
♦ Il benessere vi aspetta qui, in accoglienti sale proiettate sul verde della campagna. Il piacere, invece, viene dalla cucina: che sia di terra o di mare, i piatti non sono mai banali, sposano prodotti di ricerca d'ogni regione e non dimenticano d'illustrarsi in coreografiche presentazioni.

PENANGO – Asti (AT) – 534 ab. – alt. 264 m – ✉ 14030 **23** C2

Roma 609 – Alessandria 52 – Asti 19 – Milano 102

a Cioccaro Est : 3 km – ✉ 14030 Cioccaro Di Penango

Locanda del Sant'Uffizio

strada Sant'Uffizio 1 – ☎ 01 41 91 62 92 – www.locandasantuffizio.net – info@locandadelsantuffizio.net – chiuso dal 23 dicembre a febbraio

41 cam – 140 € 240 € – 5 suites – ½ P 170 € **Rist** – Carta 44/62 €

◆ Nel cuore del Monferrato, all'interno di un parco con piscina, un edificio seicentesco - ex convento domenicano - è stato convertito in una struttura di lusso con belle camere personalizzate. Arredi antichi nelle eleganti salette ristorante, protese sul verde esterno.

Relais Il Borgo

via Biletta 60 – ☎ 01 41 92 12 72 – www.ilborgodicioccaro.com – ilborgodicioccaro@virgilio.it – chiuso dal 20 dicembre a febbraio

12 cam – 110 € 120 € – ½ P 95 €

Rist – *(chiuso a mezzogiorno) (solo per alloggiati)* Menu 50/60 €

◆ Un piccolo borgo costruito ex novo con fedeli richiami alla tradizione piemontese. Invece è quasi inglese l'atmosfera delle camere, ricche di tessuti e decorazioni.

PENNA ALTA – Arezzo – Vedere Terranuova Bracciolini

PENNABILLI – Rimini (RN) – 563 K18 – 3 098 ab. – alt. 629 m – ✉ 61016 **9** D3

Roma 295 – Ancona 164 – Pesaro 86 – San Marino SMR 35

Il Piastrino (Riccardo Agostini)

via Parco Begni 9 – ☎ 05 41 92 81 06 – www.piastrino.it – info@piastrino.it – chiuso martedì e mercoledì da settembre a giugno, solo il mercoledì in luglio e agosto

Rist – (consigliata la prenotazione) Menu 38/65 € – Carta 37/51 €

Spec. Quaglie ed animelle arrostite con macedonia di fagiolini e mandorle. Cappelletti di piccione in salmì in brodo profumato ai fiori di sambuco. Crema di mascarpone in manto croccante con zuppa di sedano, agrumi e pepe.

◆ Bella costruzione in pietra all'interno di un parco: pavimento in cotto, sedie e divanetti in pelle, il tutto sapientemente dosato e misurato negli accostamenti. La cucina si distingue per le sue spaziali alchimie di molecole ricche e povere, territoriali e lontane, stagionali e perenni.

PERA – Trento – Vedere Pozza di Fassa

PERGINE VALDARNO – Arezzo (AR) – 563 L17 – 3 257 ab. – alt. 361 m – ✉ 52020 **29** C2

Roma 231 – Firenze 62 – Arezzo 19 – Perugia 106

a Montelucci Sud-Est : 2,5 km – ✉ 52020 Pergine Valdarno

Agriturismo Fattoria Montelucci

– ☎ 05 75 89 65 25 – www.montelucci.it – info@montelucci.it – chiuso dall'8 gennaio al 3 marzo

34 cam – 60/100 € 65/125 € – ½ P 58/88 €

Rist ***Locanda di Montelucci*** – *(chiuso da lunedì a giovedì) (chiuso a mezzogiorno escluso i giorni festivi)* (prenotare) Carta 30/54 € (+10 %)

◆ Fattoria seicentesca isolata sulle colline e completa di ogni confort, ideale per una vacanza di relax (grazie al centro benessere), ma anche per un soggiorno di sport: mountain bike, escursioni in pick up, pesca sportiva, caccia, ippica. Prodotti dell'azienda e del territorio nell'ex frantoio, diventato ristorante.

PERGINE VALSUGANA – Trento (TN) – 562 D15 – 19 708 ab. – alt. 482 m – ✉ 38057 **30** B3

Roma 599 – Trento 12 – Belluno 101 – Bolzano 71

(giugno-settembre) viale Venezia 2/F ☎ 0461 531258, Fax 0461 531258

XX **Castel Pergine** con cam

via al Castello 10, Est : 2,5 km – ✆ 04 61 53 11 58 – www.castelpergine.it – verena@castelpergine.it – 7 aprile-7 novembre

21 cam – 40/70 € 80/132 € – ½ P 63/86 €

Rist – *(chiuso lunedì a mezzogiorno)* Carta 33/42 €

◆ Sito in posizione particolarmente suggestiva all'interno di un castello medievale, presso le due sale dagli alti soffitti a cassettoni potrete gustare la gastronomia locale. La risorsa dispone anche di alcune camere dagli arredi sobri ed essenziali, in linea con lo stile del maniero.

PERO – Milano (MI) – 561 I7 – 10 533 ab. – alt. 144 m – ✉ 20016 — 18 B2

Roma 578 – Milano 10 – Como 29 – Novara 40

Atahotel Expo Fiera

– ✆ 02 30 05 51 – www.atahotels.it – booking@atahotels.it – chiuso luglio e agosto

400 cam – 99/490 € 119/570 € – 62 suites **Rist** – Carta 33/55 €

◆ Vicino al nuovo polo fieristico di Rho/Pero, una struttura moderna prodiga di servizi e confort. Camere ampie ed un centro congressuale concepito per la massima flessibilità degli spazi. Nel ristorante con cucina a vista, non mancano i classici italiani.

PERUGIA P (PG) – 563 M19 – 165 207 ab. – alt. 493 m — 32 B2

Italia Centro Nord

Roma 172 – Firenze 154 – Livorno 222 – Milano 449

di Sant'Egidio Est per ②: 17 km ✆ 075 592141

piazza Matteotti18 ✉ 06123 ✆ 075 5736458, info@iat.perugia.it, Fax 075 5720988

località Santa Sabina, ✆ 075 5 17 22 04

Piazza 4 Novembre★★ BY : fontana Maggiore★★, palazzo dei Priori★★ **D** (galleria nazionale dell'Umbria★★) – Chiesa di San Pietro★★ BZ – Oratorio di San Bernardino★★ AY – Museo Archeologico Nazionale dell'Umbria★★ BZ **M1** – Collegio del Cambio★ BY **E** : affreschi★★ del Perugino – ★★ dai giardini Carducci AZ – Chiesa di San Domenico★ BZ – Porta San Pietro★ BZ – Via dei Priori★ AY – Chiesa di Sant'Angelo★ AY **R** – Arco Etrusco★ BY **K** – Via Maestà delle Volte★ ABY **29** – Cattedrale★ BY **F** – Via delle Volte della Pace★ BY **55**

Ipogeo dei Volumni★ per ② : 6 km

Pianta pagina seguente

Brufani Palace rist,

piazza Italia 12 ✉ 06121 – ✆ 07 55 73 25 41 – www.sinahotels.com – reservationsbru@sinahotels.com AZ**x**

94 cam – 259/352 € 358/424 €, 37 € – 20 suites

Rist ***Collins*** – Carta 51/72 €

◆ Storico e sontuoso hotel della Perugia alta, in splendida posizione, impreziosito da un roof-garden da cui godere di una vista incantevole sulla città e i dintorni. Prelibatezze, anche umbre, in questo ristorante in piena città vecchia.

Sangallo Palace Hotel rist,

via Masi 9 ✉ 06121 – ✆ 07 55 73 02 02 – www.sangallo.it – hotel@sangallo.it AZ**m**

100 cam – 85/119 € 95/180 € – ½ P 70/115 € **Rist** – Carta 31/39 €

◆ Sito nel centro storico a pochi passi dall'antica Rocca Paolina, l'hotel unisce richiami rinascimentali alle strutture e al confort moderni. Il ristorante soddisfa ogni palato, dalle specialità locali ai piatti nazionali.

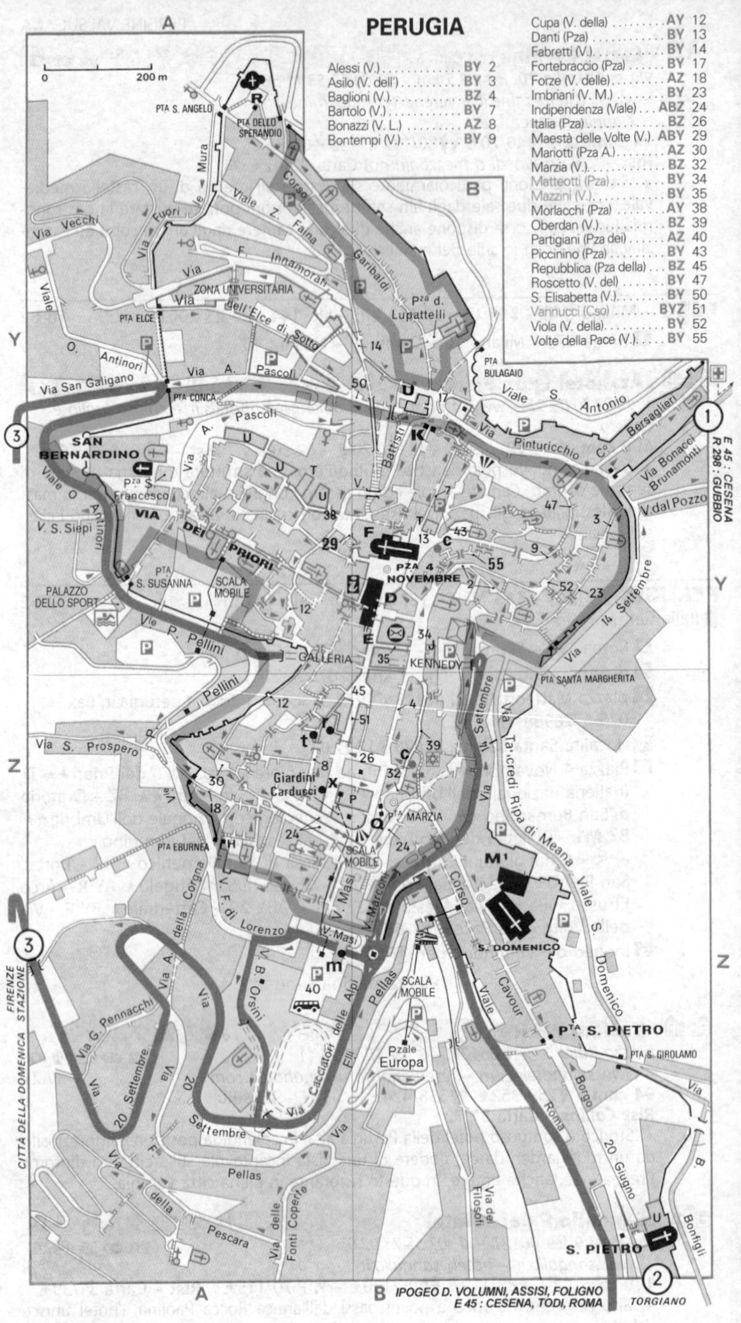
PERUGIA
Alessi (V.) BY 2
Asilo (V. dell') BY 3
Baglioni (V.) BZ 4
Bartolo (V.) BY 7
Bonazzi (V. L.) AZ 8
Bontempi (V.) BY 9
Cupa (V. della) AY 12
Danti (Pza) BY 13
Fabretti (V.) BY 14
Fortebraccio (Pza) BY 17
Forze (V. delle) AZ 18
Imbriani (V. M.) BY 23
Indipendenza (Viale) ABZ 24
Italia (Pza) BZ 26
Maestà delle Volte (V.) ABY 29
Mariotti (Pza A.) AZ 30
Marzia (V.) BZ 32
Matteotti (Pza) BY 34
Mazzini (V.) BY 35
Morlacchi (Pza) AY 38
Oberdan (V.) BZ 39
Partigiani (Pza dei) AZ 40
Piccinino (Pza) BY 43
Repubblica (Pza della) BZ 45
Roscetto (V. del) BY 47
S. Elisabetta (V.) BY 50
Vannucci (Cso) BYZ 51
Viola (V. della) BY 52
Volte della Pace (V.) BY 55
0 200 m
PTA S. ANGELO
PTA DELLO SPERANDIO
ZONA UNIVERSITARIA
PTA ELCE
PTA CONCA
PTA BULAGAIO
SAN BERNARDINO
VIA DEI PRIORI
PZA 4 NOVEMBRE
PALAZZO DELLO SPORT
SCALA MOBILE
GALLERIA KENNEDY
PTA SANTA MARGHERITA
Giardini Carducci
PTA MARZIA
PTA EBURNEA
S. DOMENICO
PTA S. PIETRO
PTA S. GIROLAMO
Pzale Europa
S. PIETRO
E 45 : CESENA
R 298 : GUBBIO
FIRENZE STAZIONE
CITTÀ DELLA DOMENICA
IPOGEO D. VOLUMNI, ASSISI, FOLIGNO
E 45 : CESENA, TODI, ROMA
TORGIANO

Perugia Plaza Hotel rist,

via Palermo 88, per via dei Filosofi ✉ 06129 – ✆ 07 53 46 43 – www.umbriahotels.com – perugiaplaza@umbriahotels.com

108 cam – 55/165 € 90/230 € – 2 suites – ½ P 70/140 € BZ

Rist *Fortebraccio* – Carta 28/40 €

♦ Struttura moderna nello stile, comoda da raggiungere all'uscita della superstrada; ambienti ben distribuiti e stanze con ogni confort. Ideale per una clientela d'affari. Ristorante ove, oltre alla carta tradizionale, si consulta quella di oli e aceti.

Castello di Monterone – Residenza d'epoca cam,

strada Montevile 3, 2,5 km per via del Pozzo ✉ 06126 – ✆ 07 55 72 42 14 – www.castellomonterone.com – info@castellomonterone.it – chiuso dal 10 gennaio al 9 febbraio

18 cam – 90/290 € 120/390 €

Rist Il Postale – vedere selezione ristoranti

Rist *Il Gradale* – ✆ 07 55 71 74 02 *(chiuso domenica e lunedì)* Carta 36/55 €

♦ Lungo l'ultimo tratto dell'antica via regalis che conduce da Roma a Perugia, una residenza d'epoca ricca di fascino sia nelle raffinate camere sia negli spazi comuni impreziositi da pezzi di antiquariato. Un'ampia terrazza panoramica e specialità umbre al *Gradale*.

La Rosetta

piazza Italia 19 ✉ 06121 – ✆ 07 55 72 08 41 – www.perugiaonline.com/larosetta – larosetta@perugiaonline.com

90 cam – 85/115 € 120/182 € – ½ P 76/138 € AZ**r**

Rist – Carta 19/50 €

♦ Centralissimo, gestito dalla medesima famiglia ormai da tre generazioni, le camere migliori hanno subito un recente rinnovo con arredi in stile anni '20 o barocco. La cucina propone anche specialità regionali umbre.

Giò Wine e Jazz Area

via Ruggero D'Andreotto 19, per ③ ✉ 06124 – ✆ 07 55 73 11 00 – www.hotelgio.it – reception@hotelgio.it

206 cam – 73/118 € 100/150 € – 12 suites – ½ P 66/94 €

Rist – *(chiuso domenica sera)* Carta 26/33 €

♦ Due aree distinte per un hotel assolutamente originale: troverete insoliti e curiosi scrittoi che diventano teche per la conservazione di ricercate bottiglie così come richiami dal mondo della musica jazz. Grappoli d'uva ai tavoli e una sfilata di pietanze della tradizione umbra. Primi fra tutti piccione e agnello.

Fortuna senza rist

via Bonazzi 19 ✉ 06123 – ✆ 07 55 72 28 45 – www.umbriahotels.com – fortuna@umbriahotels.com AZ**t**

52 cam – 69/105 € 77/140 €

♦ La ristrutturazione cui la nuova gestione ha sottoposto l'hotel, ha portato alla luce affreschi del 1700. Risorsa di taglio classico, nel cuore di Perugia.

Il Postale – Castello di Monterone

strada Montevile 3, 2,5 km per via del Pozzo ✉ 06126 – ✆ 07 58 52 13 56 – www.ristoranteilpostale.it – ilpostale@castellomonterone.it – chiuso dal 10 gennaio al 10 febbraio, lunedì e martedì

Rist – *(chiuso a mezzogiorno escluso domenica)* Menu 80/90 € – Carta 58/82 €

Spec. Tartare di chianina, ostriche, sfoglia di pomodoro e aria di mare. Collo di maialino glassato ai tartufi neri di Norcia con peperoni arrostiti e cipolla rossa confit. Cremoso al limone, liquirizia e granita al caffè.

♦ Ospitato negli spazi del suggestivo Castello di Monterone, pochi tavoli ed una cucina squisitamente regionale, che pur privilegiando la carne propone anche qualche piatto di pesce.

Antica Trattoria San Lorenzo

piazza Danti 19/A ✉ 06122 – ✆ 07 55 72 19 56 – www.anticatrattoriasanlorenzo.com – info@anticatrattoriasanlorenzo.com – chiuso domenica BY**c**

Rist – (consigliata la prenotazione) Carta 40/63 €

♦ Ristorante centralissimo, alle spalle del Duomo: ottenuto nelle salette a volta di un antico palazzo, offre un ambiente intimo e raccolto e cucina umbra rivisitata.

Alter Ego

via Floramonti 2/a ✉ 06121 – ✆ 07 55 72 95 27 – www.ristorantealterego.it – info@ristorantealterego.it BZc

Rist – *(chiuso sabato a mezzogiorno, domenica)* (consigliata la prenotazione) Carta 22/43 €

◆ Un ottimo indirizzo dove gustare una cucina moderatamente creativa, che non stravolge i vari elementi ma li esalta con grande maestria.

Voglia di partire all'ultimo momento?
Visitate i siti Internet degli hotel per beneficiare di eventuali promozioni.

superstrada E 45 - uscita Ferro di Cavallo Nord-Ovest: 5 km per via Vecchi AY

Sirius

via Padre Guardiano 9, Ovest: 1 km – ✆ 0 75 69 09 21 – www.siriush.com – mail@siriush.com

23 cam – 48/60 € 52/85 €

Rist – *(chiuso a mezzogiorno) (solo per alloggiati)* Menu 20 €

◆ Poco fuori Perugia, sulla sommità di una collina, albergo dalla piacevole conduzione familiare e due tipologie di camere: le più recenti (con piccolo sovrapprezzo), da preferire.

verso Ponte Felcino per ① : 5 km

Agriturismo San Felicissimo senza rist

strada Poggio Pelliccione ✉ 06134 Perugia – ✆ 07 56 91 94 00 – www.sanfelicissimo.net – info@sanfelicissimo.net

10 cam – 55/70 € 58/78 €

◆ Un piccolo agriturismo periferico, raggiungibile dopo un breve tratto di strada sterrata; edificio rurale, con arredi rustici, tutto rinnovato e cinto da colline e uliveti.

a Ferro di Cavallo per ③ : 6 km – alt. 287 m – ✉ 06132

Arte Hotel rist,

strada Trasimeno Ovest 159 z/10 – ✆ 07 55 17 92 47 – www.artehotelperugia.com – info@artehotelperugia.com

82 cam – 49/92 € 59/150 € – ½ P 54/89 €

Rist – *(chiuso 3 settimane in agosto)* Carta 30/53 €

◆ Lungo una strada di grande transito, ma ben insonorizzato e comodo da raggiungere, opere d'arte moderna ispirano gli interni recentemente rinnovati.

a Cenerente Nord-Ovest: 8 km per via Vecchi AY – ✉ **06070**

Castello dell'Oscano cam, rist,

strada della Forcella 37 – ✆ 0 75 58 43 71 – www.oscano.it – info@oscano.com

18 cam – 120/160 € – 4 suites – ½ P 105 €

Rist – *(chiuso a mezzogiorno)* Carta 28/54 €

◆ Un'elegante residenza d'epoca in un grande parco secolare, favoloso; salottini, biblioteche, angoli sempre da scoprire, una terrazza immensa. E stanze con arredi antichi. Al ristorante i piatti si accompagnano con una selezione di vini umbri.

ad Olmo per ③ : 8 km – alt. 284 m – ✉ 06012 Corciano

Relais dell'Olmo senza rist

strada Olmo Ellera 2/4 – ✆ 07 55 17 30 54 – www.relaisolmo.com – info@relaisolmo.com

32 cam – 90/120 € 120/170 €

◆ Una casa colonica radicalmente ristrutturata e trasformata in una struttura alberghiera moderna e funzionale. Ampia gamma di servizi, arredi curati e di stile elegante.

a San Martino in Campo Sud : 9 km per viale Roma BZ – ✉ 06132

Alla Posta dei Donini cam,
via Deruta 43 – ✆ 075 60 91 32 – www.postadonini.it – info@postadonini.it
48 cam – ††129/299 € – ½ P 100/185 € **Rist** – Menu 40 €
♦ Una successione di eleganti saloni con tele ed affreschi dei famosi pittori perugini Giuli e Appiani anticipano la raffinatezza delle camere: tra letti a baldacchino e soluzioni mansardate, elementi d'epoca ed accessori più moderni. Bellissima Spa con piscina di acqua salata e idromassaggio.

a Bosco per ① : 12 km – ✉ 06134

Relais San Clemente
strada Passo dell' Acqua 34 – ✆ 075 59 15 100 – www.relais.it – info@relais.it
64 cam – †85/170 € ††100/210 € – ½ P 75/135 € **Rist** – Carta 22/35 €
♦ Un'antica dimora in un grande parco, un relais che trae il nome dalla chiesa ancora compresa nel complesso; camere senza fronzoli, ineccepibili per tenuta e confort. Ristorante orientato al comparto congressuale e banchettistico.

a Ripa per ①: 14 km – ✉ 06134

Ripa Relais Colle del Sole rist,
via Aeroporto S. Egidio 5, Sud: 1,5 km – ✆ 075 60 20 131 – www.riparelais.com – info@riparelais.com
14 cam – †50/70 € ††70/120 € – 2 suites – ½ P 60/85 €
Rist – *(chiuso dal 7 gennaio al 10 febbraio e mercoledì) (chiuso a mezzogiorno escluso sabato, domenica e giugno, luglio e agosto)* Carta 30/52 €
♦ Romantici letti a baldacchino, pavimenti in cotto e travi a vista, suite con graziosi angoli soggiorno: tutto concorre a creare un'atmosfera raffinata in questa risorsa che si sviluppa su quattro costruzioni, raccolte intorno ad un giardino ricco di profumi ed erbe aromatiche.

a Ponte San Giovanni per ② : 7 km – alt. 189 m – ✉ 06135

Park Hotel
via Volta 1 – ✆ 075 59 90 444 – www.perugiaparkhotel.com – info@perugiaparkhotel.com – chiuso dal 24 al 27 dicembre
140 cam – †60/130 € ††70/165 € – ½ P 55/100 € **Rist** – Carta 30/36 €
♦ Una torre "spaziale" unita a un corpo centrale: una grande struttura, soprattutto per clientela d'affari e congressuale. Camere con ogni confort e curate nei particolari. Stile moderno anche per le sale del ristorante.

Decohotel
via del Pastificio 8 – ✆ 075 59 90 950 – www.decohotel.it – info@decohotel.it – chiuso da 23 al 26 dicembre
35 cam – †70/90 € ††100/146 € – ½ P 90 €
Rist Deco – vedere selezione ristoranti
♦ Un invitante albergo in una villetta degli anni '30, all'interno di un giardino con piante secolari e dépendance annessa; stanze arredate con cura e attenta gestione.

Tevere cam,
via Mario Bochi 14 – ✆ 075 39 43 41 – www.tevere.it – mail@tevere.it
49 cam – †45/78 € ††65/120 € – ½ P 50/70 €
Rist – *(chiuso sabato)* Carta 24/44 €
♦ Allo svincolo del raccordo stradale, e dunque assai pratico da raggiungere, hotel in struttura condominiale poco attraente all'esterno ma rinnovata all'interno. Nella veranda o nelle sale moderne, gusterete la cucina del territorio.

Deco – Hotel Decohotel
via del Pastificio 8 – ✆ 075 39 42 20 – www.decohotel.it – ristorante_deco@libero.it – chiuso dal 23 dicembre al 3 gennaio, dal 10 al 20 agosto e domenica
Rist – Carta 34/47 €
♦ Sito entro il Decohotel, ma in una struttura a parte, un ristorante classico, di tono elegante, che propone anche cucina locale e ittica. Servizio estivo all'aperto.

PESARO P (PU) – **563** K20 – **94 197 ab.** Italia Centro Nord **20** B1

Roma 300 – Rimini 39 – Ancona 76 – Firenze 196

viale Trieste 164, ✆ 0721 69341, iat.pesaro@regione.marche.it, Fax 0721 30462

via Mazzolari 4, ✆ 0721 359501, Fax 0721 33930

Località★ - Pala di Pesaro★★ di G. Bellini nella pinacoteca Z - Museo della ceramica★★ Z

Costa★ tra Pesaro e Gabicce: 15 km a nord

Vittoria rist,

piazzale della Libertà 2 ✉ 61121 – ✆ 0 72 13 43 43 – www.viphotels.it – vittoria@viphotels.it Ye

18 cam – †260/500 € ††325/800 €, ☕ 16 € – 9 suites

Rist *Agorà Rossini* – ✆ 0 72 13 43 44 – Carta 40/82 €

♦ In una zona tranquilla e con un'eccellente vista mare, questa storica villa che ospita eleganti spazi arredati con mobili antichi, sale conferenza, sauna ed una piccola palestra ha ricevuto - a ragione - il marchio di qualità dell'ospitalità italiana. Cucina classica nel raffinato Agorà Rossini.

Savoy rist,

viale della Repubblica 22 ✉ 61121 – ✆ 0 72 13 31 33 – www.viphotels.it – savoy@viphotels.it Zn

52 cam – †87/135 € ††118/196 €, ☕ 13 € – 9 suites – ½ P 124 €

Rist *Ariston Blue Dream* – ✆ 0 72 16 74 40 – Carta 22/65 €

♦ Sul viale principale, a pochi passi dal mare e dai monumenti più importanti, l'hotel è particolarmente vocato ad una clientela d'affari e vanta ambienti ampi e funzionali. Dalle cucine, proposte tradizionali con specialità di pesce ed offerte regionali in carta a parte.

Alexander Museum Palace cam,

viale Trieste 20 ✉ 61121 – ✆ 0 72 13 44 41 – www.alexandermuseum.it – alexander@viphotels.it Z

63 cam ☕ – †90/160 € ††120/220 € – 3 suites – ½ P 120/180 €

Rist – *(chiuso a mezzogiorno da ottobre a Pasqua)* Carta 35/75 €

♦ Albergo-museo dove ogni stanza è unica, per vivere l'arte in maniera insolita. Questa piacevole atmosfera avvolge anche le aree comuni. Il ristorante si farà ricordare per la moderna cucina e il servizio sui generis.

Imperial Sport Hotel rist,

via Ninchi 6 ✉ 61121 – ✆ 07 21 37 00 77 – www.imperialsporthotel.it – info@imperialsporthotel.it – aprile-ottobre Yz

48 cam ☕ – †45/100 € ††70/140 € – ½ P 47/90 €

Rist – Carta 20/25 €

♦ Direttamente sul mare, la struttura dispone di ampi spazi arredati in stile moderno, una grande piscina ed aree attrezzate per i bambini. Camere rinnovate recentemente.

Perticari rist, rist,

viale Zara 67 ✉ 61121 – ✆ 0 72 16 84 11 – www.hotelperticari.com – info@hotelperticari.com Ya

58 cam ☕ – †49/115 € ††70/165 € – ½ P 50/90 €

Rist *Le Palme* – ✆ 0 72 16 86 40 – Carta 25/43 €

♦ Direttamente sul mare, in posizione centrale, la struttura accoglie i suoi ospiti in una calda atmosfera familiare. Camere spaziose, molte delle quali con balcone vista Adriatico, nonché attrezzato solarium dove trovano spazio una bella piscina e la jacuzzi. Cucina regionale al ristorante.

Spiaggia cam, rist,

viale Trieste 76 ✉ 61121 – ✆ 0 72 13 25 16 – www.hotelspiaggia.com – info@hotelspiaggia.com – 10 maggio-settembre Zd

77 cam ☕ – †48/75 € ††69/95 € – ½ P 70 €

Rist – *(solo per alloggiati)* Menu 18/25 €

♦ Lungo la via che costeggia la spiaggia, una struttura a gestione familiare con camere confortevoli, una palestra ben attrezzata e piscina circondata da un piccolo giardino.

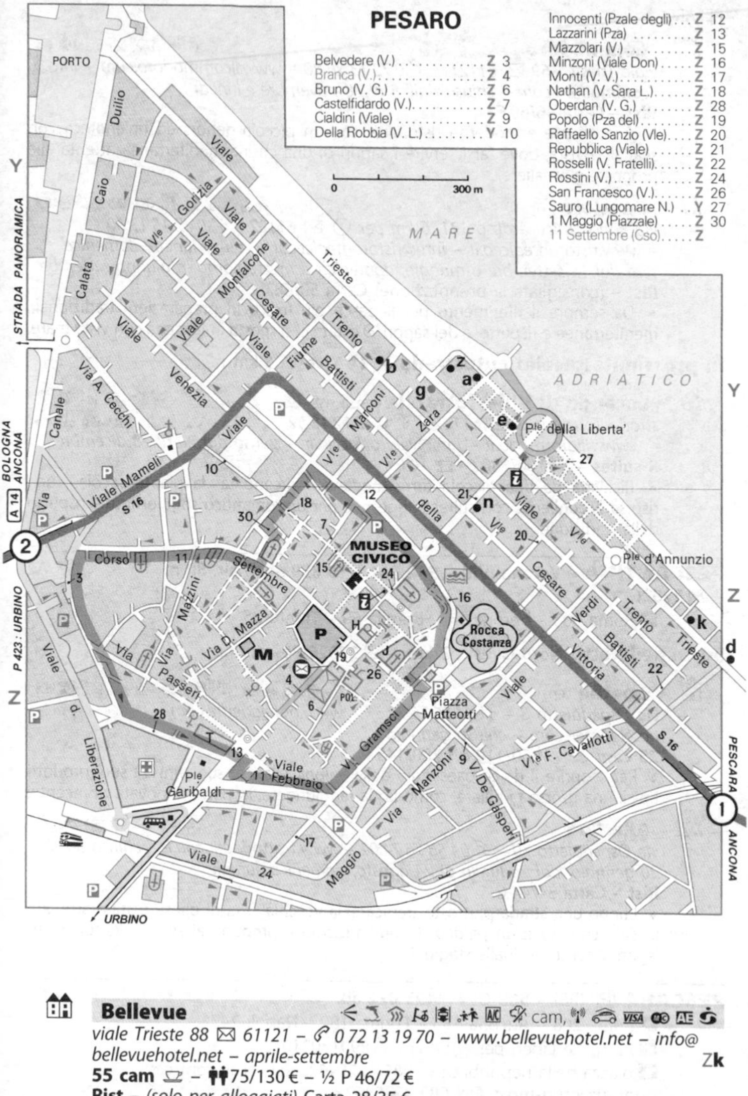

PESARO

Bellevue

viale Trieste 88 ✉ *61121 – ☎ 0 72 13 19 70 – www.bellevuehotel.net – info@bellevuehotel.net – aprile-settembre* Z**k**

55 cam – 75/130 € – ½ P 46/72 €

Rist – *(solo per alloggiati)* Carta 28/35 €

◆ Sul mare e poco distante dal centro di Pesaro, è un albergo dai caratteristici balconi con mosaici in stile mediterraneo, camere confortevoli, palestra, bagno turco e sauna.

Clipper

viale Guglielmo Marconi 53 ✉ *61121 – ☎ 0 72 13 09 15 – www.hotelclipper.it – info@hotelclipper.it – 15 aprile-15 settembre* Y**b**

54 cam – 45/95 € 65/135 € – ½ P 44/68 €

Rist – *(solo per alloggiati)* Menu 20/25 €

◆ In "seconda fila" rispetto alla battigia, ma a pochi passi dal mare, l'hotel offre stanze con arredi essenziali e un piacevole terrazzo ombreggiato; gestione familiare.

XX **Commodoro**

viale Trieste 269 ✉ 61121 – ☎ 0 72 13 26 80 – www.ilcommodoro.com – info@ilcommodoro.com – chiuso dall' 8 al 28 novembre e lunedì Y**g**

Rist – Carta 46/60 €

◆ Accogliente e moderno ristorante con un piccolo dehors ed un'enoteca con scaffali a vista, dove farsi servire i sapori di una cucina mediterranea attenta alle proposte giornaliere.

XX **Da Alceo**

via Panoramica Ardizio 121, 6 km per ① ✉ 61122 – ☎ 0 72 15 13 60 – www.ristorantealceo.it – info@ristorantealceo.it – chiuso lunedì, domenica sera dal 15 settembre a maggio, domenica a mezzogiorno in giugno-settembre.

Rist – (consigliata la prenotazione) Carta 50/68 €

◆ Da sempre il riferimento per il pesce più fresco in preparazioni tradizionali, mediterranee e rispettose dei sapori. D'estate ci si sposta in terrazza con vista mare.

in prossimità casello autostrada A 14 Ovest : 5 km :

Locanda di Villa Torraccia senza rist

strada Torraccia 3 ✉ 61122 – ☎ 0 72 12 18 52 – www.villatorraccia.it – info@villatorraccia.it – chiuso dal 20 al 28 dicembre

5 suites – ††100/130 €, ☕ 10 €

◆ Ricavata da una piccola torre medievale circondata da piante secolari, una risorsa accogliente con suites suggestive per un romantico soggiorno nel rispetto della tradizione.

PESCANTINA – Verona (VR) – 562 F14 – 15 859 ab. – alt. 80 m – ✉ 37026

37 A2

Roma 503 – Verona 14 – Brescia 69 – Trento 85

ad Ospedaletto Nord-Ovest : 3 km – ✉ 37026 Pescantina

Goethe senza rist

via Ospedaletto 8 – ☎ 04 56 76 72 57 – www.hotelgoethe.com – info@hotelgoethe.com – chiuso gennaio

25 cam ☕ – †60/110 € ††80/145 €

◆ Per scoprire il dolce paesaggio della Valpolicella, coi suoi vini e i suoi prodotti tipici, una risorsa familiare, comoda da raggiungere, in parte rinnovata di recente.

XX **Alla Coà**

via Ospedaletto 70 – ☎ 04 56 76 74 02 – www.trattoriaallacoa.it – chiuso dal 2 al 20 gennaio, dal 26 luglio al 24 agosto, domenica, lunedì

Rist – Carta 34/44 €

◆ Lungo una strada piuttosto trafficata, la vecchia casa di paese è stata arredata in stile country e un pizzico di romanticismo e propone ai suoi avventori piatti legati al territorio e alle stagioni.

PESCARA P (PE) – 563 O24 – 123 022 ab.

2 C1

Roma 208 – Ancona 156 – Foggia 180 – Napoli 247

Pasquale Liberi per ②: 4 km ☎ 899130310

piazza della Repubblica ☎ 085 4225462, iat.pescaracentro@abruzzoturismo.it, Fax 085 4225462

Aeroporto ☎ 085 4322120, iat.aeroporto@abruzzoturismo.it, Fax 085 4455340

Pineta dannunziana★

Esplanade

piazza 1° Maggio 46 ✉ 65122 – ☎ 0 85 29 21 41 – www.esplanade.net – reservations@esplanade.net AX**a**

150 cam ☕ – †104/130 € ††148/163 €

Rist – *(chiuso a mezzogiorno)* Carta 39/85 €

◆ Sale e camere di classica eleganza in un imponente edificio del 1905, a pochi passi dal mare. Luminoso ristorante - al sesto piano - dotato di bella terrazza panoramica.

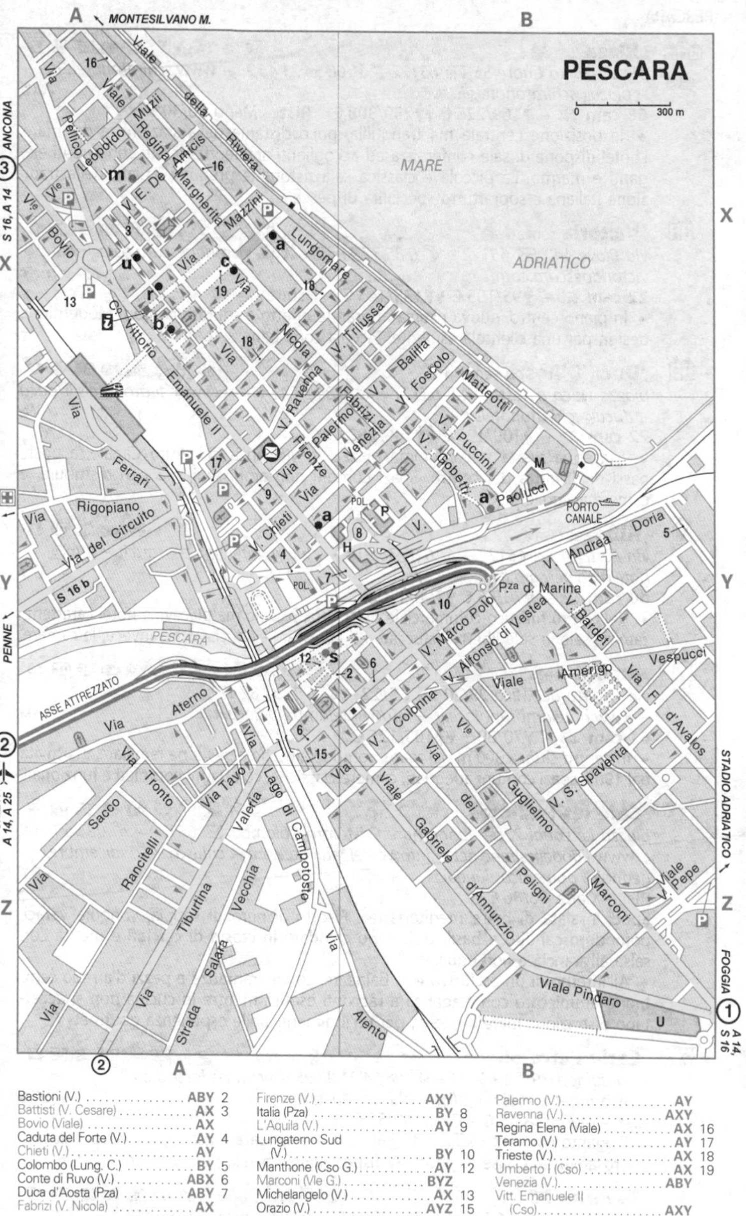

Bastioni (V.) . . . . **ABY** 2
Battisti (V. Cesare) . . . . **AX** 3
Bovio (Viale) . . . . **AX**
Caduta del Forte (V.) . . . . **AY** 4
Chieti (V.) . . . . **AY**
Colombo (Lung. C.) . . . . **BY** 5
Conte di Ruvo (V.) . . . . **ABX** 6
Duca d'Aosta (Pza) . . . . **ABY** 7
Fabrizi (V. Nicola) . . . . **AX**

Firenze (V.) . . . . **AXY**
Italia (Pza) . . . . **BY** 8
L'Aquila (V.) . . . . **AY** 9
Lungaterno Sud
(V.) . . . . **BY** 10
Manthone (Cso G.) . . . . **AY** 12
Marconi (Vle G.) . . . . **BYZ**
Michelangelo (V.) . . . . **AX** 13
Orazio (V.) . . . . **AYZ** 15

Palermo (V.) . . . . **AY**
Ravenna (V.) . . . . **AXY**
Regina Elena (Viale) . . . . **AX** 16
Teramo (V.) . . . . **AY** 17
Trieste (V.) . . . . **AX** 18
Umberto I (Cso) . . . . **AX** 19
Venezia (V.) . . . . **ABY**
Vitt. Emanuele II
(Cso) . . . . **AXY**

Plaza

piazza Sacro Cuore 55 ✉ 65122 – ☎ 08 54 21 46 25 – www.schiratohotels.it – plaza@schiratohotels.it AX**b**

68 cam – 169/225 € 239/308 € **Rist** – Menu 20/30 €

◆ In posizione centrale ma tranquilla, poco distante dalla stazione e dal mare, l'hotel dispone di sale conferenza ed accoglienti ambienti arredati con tessuti eleganti e marmo. La piccola e classica sala ristorante propone i piatti della tradizione italiana e soprattutto specialità di pesce.

Victoria senza rist

via Piave 142 ✉ 65122 – ☎ 0 85 37 41 32 – www.victoriapescara.com – hotel@victoriapescara.com AX**c**

22 cam – 95/105 € 135/145 € – 1 suite

◆ In pieno centro, nuova risorsa di grande effetto e squisito confort. Modernità e design per una clientela esigente. Piccola zona benessere.

Duca D'Aosta senza rist

piazza Duca d'Aosta 4 ✉ 65121 – ☎ 0 85 37 42 41 – www.schiratohotels.it/duca – duca@schiratohotels.it AY**a**

72 cam – 109/199 € 149/298 €

◆ L'insegna svetta sull'omonima piazza, in vicinanza del Porto Canale, a pochi passi di distanza dal centro. Spazi comuni non ampissimi, ma ben distribuiti, e camere accoglienti.

Alba senza rist

via Forti 14 ✉ 65122 – ☎ 0 85 38 91 45 – www.hotelalba.pescara.it – info@hotelalba.pescara.it AX**r**

60 cam – 70/85 € 90/110 €

◆ Nel centro turistico-commerciale della città, piccolo ma piacevole hotel caratterizzato da sale in stile liberty - stuccate ed affrescate - più classiche, invece, le camere.

Ambra senza rist

via Quarto dei Mille 28/30 ✉ 65122 – ☎ 0 85 37 82 47 – www.hotelambrapalace.it – info@hotelambrapalace.it AX**u**

61 cam – 70/80 € 105/125 €

◆ In centro città, a 300 m dal mare, comodo albergo a gestione familiare, in attività dal 1963; spazi comuni adeguati, camere classiche, con bagni completi e funzionali.

Café les Paillotes

piazza Le Laudi 2, per lungomare Cristoforo Colombo ✉ 65129 – ☎ 08 56 18 09 – www.lidodellesirene.net – info@cafelepaillote.com – chiuso 24-25 dicembre, gennaio, domenica, lunedì BY

Rist – Carta 56/86 €

Spec. Insalata di mare mediterranea. Risotto al nero di seppia, vongole veraci, pomodoro candito e basilico. Rombo chiodato in crosta di carciofi e menta con salsa all'arancia e fiori eduli.

◆ All'interno di un esclusivo lido balneare, colori, fragranze e pezzi d'arredo sembrano ammiccare con eleganza a racconti esotici, mentre in cucina non si accettano distrazioni: mare e ricerca per un'indimenticabile esperienza gourmet.

Carlo Ferraioli

via Paolucci 79 ✉ 65121 – ☎ 08 54 21 02 95 – www.carloferraioli.it – ristorante@carloferraioli.it – chiuso lunedì BY**a**

Rist – Menu 38/45 € – Carta 40/55 €

◆ Elegante ristorante affacciato sul canale e sui caratteristici pescherecci: cucina rigorosamente a base di pesce. A disposizione, un sala per fumatori.

Taverna 58

corso Manthoné 46 ✉ 65127 – ☎ 0 85 69 07 24 – www.taverna58.it – taverna58@virgilio.it – chiuso dal 24 dicembre al 1° gennaio, agosto, domenica e i mezzogiorno di venerdì e sabato ABY**s**

Rist – Menu 28/35 € – Carta 31/39 €

◆ Trattoria dall'ambiente curato, dove un'interessante cucina legata alla tradizione gastronomica abruzzese, da vita a piatti sapidi e generosi. Visitabili le cantine con vestigia medievali e romane.

Locanda Manthonè

corso Manthonè 58 ✉ 65127 – ✆ 08 54 54 90 34 – www.locandamanthone.it – locandamanthone@virgilio.it – chiuso domenica AYs

Rist – *(chiuso a mezzogiorno)* Menu 37 € – Carta 32/41 €

♦ La trattoria prende il nome dalla via dove visse D'Annunzio. All'interno la giovane gestione propone una gustosa cucina locale, in accordo con le stagioni.

La Rete

via De Amicis 41 ✉ 65123 – ✆ 08 52 70 54 – debora.giansante@tiscali.it – chiuso domenica sera, lunedì a mezzogiorno AXm

Rist – Carta 31/47 €

♦ Solo pesce in questo locale dalla cordiale gestione familiare: semplice e gustoso, il menu della giornata è tracciato ogni mattina a seconda di quello che offrono l'Abruzzo e l'Adriatico.

PESCASSEROLI – **L'Aquila (AQ)** – **563** Q23 – **2 254 ab. – alt. 1 167 m** – **Sport invernali : 1 167/1 945 m** ⛷**6; a Opi** – ✉ **67032** Italia 1 B3

Roma 163 – Frosinone 67 – L'Aquila 109 – Castel di Sangro 42

via Principe di Napoli ✆ 0863 910461 presidio.pescasseroli@abruzzoturismo.it, Fax 0863 910461

Parco Nazionale d'Abruzzo★★★

Villa Mon Repos

rist,

viale Santa Lucia – ✆ 08 63 91 28 58 – www.villamonrepos.it – villamonrepos@villamonrepos.it

11 cam – 120/130 € 140/260 € – 2 suites – ½ P 135/155 €

Rist – *(chiuso a mezzogiorno)* Carta 30/40 €

♦ Costruita nel 1919 dallo zio di Benedetto Croce, una residenza d'epoca in un parco non lontano dal centro; stile tardo liberty, molto eclettico, anche all'interno. Piatti abruzzesi o di pesce serviti nell'elegante ristorante.

Paradiso

cam, rist,

via Fonte Fracassi 4 – ✆ 08 63 91 04 22 – www.albergo-paradiso.it – info@albergo-paradiso.it – chiuso dal 3 al 30 novembre

18 cam – 50/100 € 70/140 €, 8 € – ½ P 82 €

Rist – Menu 20/35 €

♦ A meno di 2 km dal centro, è ideale per una vacanza familiare nel verde: il parco entra in albergo con atmosfere rustiche in legno, camino e una tavernetta.

Villino Quintiliani

– ✆ 08 63 91 07 55 – www.villinoquintiliani.it – villino@villinoquintiliani.it

15 cam – 135/175 € 170/250 € – ½ P 120/150 €

Rist – *(solo per alloggiati)*

♦ All'ingresso del paese, siamo in un grazioso villino dei primi '900 dalle camere moderne e confortevoli. La gestione familiare organizza attività all'insegna dello sport e della natura.

Alle Vecchie Arcate

via della Chiesa 57/a – ✆ 08 63 91 06 18 – www.vecchiearcate.it – info@vecchiearcate.it

32 cam – 45/55 € 60/85 € – ½ P 75 €

Rist – *(solo per alloggiati)*

♦ Un sapiente restauro conservativo ha ricavato un hotel all'interno di un edificio d'epoca in pieno centro storico; gestione familiare, camere con arredi in legno.

Alle Vecchie Arcate

via della Chiesa 41 – ✆ 08 63 91 07 81 – vincenzadipirro@libero.it – chiuso dal 5 novembre al 5 dicembre, lunedì

Rist – Carta 24/34 €

♦ Di proprietà della stessa famiglia che gestisce l'omonimo albergo, il locale offre sapori abruzzesi e piatti invece più tradizionali. Sala con arcate in pietra e camino.

PESCHE – **Isernia** – **564** C24 – **Vedere Isernia**

PESCHICI – Foggia (FG) – **564** B30 – **4 401 ab.** – ✉ **71010** Puglia **26** B1

Roma 400 – Foggia 114 – Bari 199 – Manfredonia 80

Promontorio del Gargano★★★ Sud-Est

Elisa cam, rist,

borgo Marina 20 – ✆ 08 84 96 40 12 – www.hotelelisa.it – info@hotelelisa.it – aprile-ottobre

44 cam – 55/70 € 80/120 € – ½ P 53/90 €

Rist – *(solo per alloggiati)* Carta 21/34 €

♦ Ai piedi del borgo marinaro di Peschici e vicino al porto turistico, un hotel dall'ottima gestione familiare con camere luminose dagli arredi in legno bianco o azzurro e vista sul mare. Ampie vetrate ed ottimi piatti di pesce al ristorante: buonissime le paste fatte in casa.

Peschici cam,

via San Martino 31 – ✆ 08 84 96 41 95 – www.hotelpeschici.it – info@hotelpeschici.it – aprile-settembre

14 cam – 60/70 € 65/75 €, 9 € – ½ P 65/85 €

Rist – *(chiuso a mezzogiorno) (solo per alloggiati)*

♦ Sito sulla scogliera in posizione panoramica ma poco distante dal centro storico, un familiare hotel dalle aree comuni semplici e con camere lineari dal sobrio arredo moderno.

Porta di Basso

via Colombo 38 – ✆ 08 84 91 53 64 – www.portadibasso.it – porta.dibasso@tiscali.it – chiuso gennaio, febbraio, mercoledì (escluso giugno-settembre)

Rist – (prenotazione obbligatoria a mezzogiorno) Carta 37/55 €

♦ Tra i vicoli del centro storico della città - in suggestiva posizione a strapiombo sul mare - un ottimo ristorante di tono moderno, dove lo chef propone eccellenti piatti di mare non privi di una creativa elaborazione.

sulla litoranea per Vieste

Park Hotel Paglianza Paradiso rist,

località Manacore, Est : 10,5 km ✉ 71010 – ✆ 08 84 91 10 18 – www.grupposaccia.it – parkhotel@grupposaccia.it – maggio-settembre

138 cam **Rist** – *(solo per alloggiati solo Pens completa 57/140 €)*

♦ Immerso in una vasta pineta a metà strada tra Peschici e Vieste, l'albergo vanta ambienti spaziosi, tra cui un'attrezzata area giochi per bambini. All'interno rilassanti ambienti nelle tonalità del verde.

PESCHIERA BORROMEO – Milano (MI) – **561** F9 – **22 297 ab.** – **alt. 101 m** – ✉ **20068** **18** B2

Roma 573 – Milano 18 – Piacenza 66

Pianta d'insieme di Milano

NH Linate rist,

via Grandi 12 – ✆ 0 25 47 76 88 11 – www.nh-hotels.com – nhlinate@nh-hotels.com 2CPZ

67 cam – 75/350 € 90/370 € **Rist** – Carta 35/54 €

♦ Nuovo albergo commerciale e congressuale vicino all'aeroporto di Milano Linate propone una buona serie di servizi ed accoglienti camere. Omogeneo, funzionale e dal design minimalista. Zona ristorante ricavata nella hall: piccola carta con servizio sia a pranzo, sia a cena.

Montini senza rist

via Giuseppe di Vittorio 39 – ✆ 0 25 47 50 31 – www.hotelmontini.com – hotelmontini@hotelmontini.com – chiuso dal 24 dicembre al 2 gennaio e dal 5 al 21 agosto 2CPc

65 cam – 65/170 € 90/220 €

♦ Nella zona industriale alle spalle dell'aeroporto di Milano Linate, giovane conduzione familiare che mantiene sempre aggiornata una valida risorsa, comoda e confortevole.

Holiday Inn Milan Linate Airport cam,
via Buozzi 2, all'idroscalo-lato Est – ✆ 02 55 36 01 – www.alliancealberghi.com – holidayinn.linate@alliancealberghi.com
142 cam – ✝129/479 € ✝✝149/479 €, ☕ 15 € 2CPa
Rist – *(chiuso a mezzogiorno in agosto)* Carta 26/45 €
◆ Adeguato agli standard della catena, un hotel rinnovato e pratico, sito nella zona aeroportuale e vicino all'Idroscalo che è sede estiva di manifestazioni e concerti. Ambiente elegante e ordinato, per gustare una classica cucina d'albergo.

La Viscontina con cam
via Grandi 5, località Canzo – ✆ 0 25 47 03 91 – www.laviscontina.it – info@laviscontina.it – chiuso dal 3 al 26 agosto e domenica sera 2CPz
14 cam ☕ – ✝80/100 € ✝✝110/140 € – ½ P 115 € **Rist** – Carta 37/59 €
◆ Un ristorante, con qualche camera, curato e a gestione familiare, per proposte quotidiane che seguono le stagioni, la disponibilità del mercato e l'estro dello storico chef.

Trattoria dei Cacciatori
via Trieste 2, Nord : 4 km – ✆ 0 27 53 11 54 – www.trattoriacacciatori.it – info@trattoriacacciatori.it – chiuso dal 31 dicembre al 6 gennaio, dal 7 al 24 agosto, domenica sera, lunedì
Rist – Carta 32/45 €
◆ Cascinale all'interno del castello di Longhignana, antica residenza di caccia della famiglia Borromeo; belle sale rustiche, cucina legata alle tradizioni e grigliate.

PESCHIERA DEL GARDA – Verona (VR) – 562 F14 – 9 675 ab. – alt. 68 m – ✉ 37019 35 A3

Roma 513 – Verona 23 – Brescia 46 – Mantova 52

piazzale Betteloni 15 ✆ 045 7551673, iatpeschiera@provincia.vr.it, Fax 045 7550381

Paradiso del Garda SS 249-località Paradiso, ✆ 045 6 40 58 02

The Ziba Hotel cam,
via Bell'Italia 41 – ✆ 04 56 40 25 22 – www.thezibahotel.it – info@thezibahotel.it – chiuso novembre
23 cam ☕ – ✝75/150 € ✝✝100/170 € – 2 suites
Rist *Zibaldone* – *(chiuso a mezzogiorno escluso domenica)* Carta 57/75 €
◆ Stupendo e d'impatto già al primo sguardo, questo moderno hotel nato dalla ristrutturazione di un edificio ottocentesco dispiega il proprio fascino anche all'interno: arredi lineari ed essenziali, belle camere equipaggiate con tecnologia d'avanguardia. Nel sottosuolo un'area benessere molto carina ed attrezzata.

Puccini senza rist
via Puccini 2 – ✆ 04 56 40 14 28 – www.hotelpuccini.it – info@hotelpuccini.it – 12 marzo-14 novembre
32 cam – ✝55 € ✝✝85 €, ☕ 8 €
◆ Piacevole hotel, con bella piscina e giardino, posizionato in prossimità del lungolago, defilato dal centro; ampie stanze, ben tenute, alcune con gradevole tappezzeria colorata.

Piccolo Mondo
riviera Carducci 6 – ✆ 04 57 55 00 25 – www.ristorantepiccolomondo.com – info@ristorantepiccolomondo.com – chiuso dal 24 dicembre al 20 gennaio, dal 30 giugno al 15 luglio, lunedì, martedì
Rist – Carta 33/55 €
◆ Pesce di mare. Esposto in vetrina, così come nel buffet degli antipasti è servito in un'unica grande sala affacciata sul lago; conduzione diretta da più di cinquant'anni.

Locanda Ai Capitani
via Don Lenotti 9 – ✆ 04 56 40 01 62 – chiuso martedì, mercoledì a mezzogiorno
Rist – Carta 31/50 €
◆ A "Peschiera, dove il lago si fa fiume" (Dante, Inferno XX canto) sorge in pieno centro questa elegante struttura dalle tinte scure: atmosfera soffusa e cucina di stampo moderno.

XX **Luisa**

via Frassino 16 – ✆ 04 57 55 07 60 – paolobazzoli2@virgilio.it – chiuso dal 23 dicembre al 20 gennaio, dal 21 al 30 giugno e martedì
Rist – Carta 23/33 €
♦ Prodotti regionali e stagionali in una bella trattoria di stampo familiare. In cucina: lo chef-proprietario con grandi capacità ai fornelli e lunga esperienza nel settore.

a San Benedetto di Lugana Ovest : 2,5 km – ✉ 37019

X **Trattoria al Combattente**

strada Bergamini 60 – ✆ 04 57 55 04 10 – www.alcombattente.it – info@alcombattente.it – chiuso 10 giorni in gennaio, 20 giorni in novembre e lunedì
Rist – Carta 23/37 €
♦ Clientela affezionata, atmosfera familiare e solo pesce di lago, elaborato secondo ricette classiche e legato all'offerta del mercato giornaliero.

PESCIA – Pistoia (PT) – 563 K14 – 19 595 ab. – alt. 62 m – ✉ 51017 — 28 B1

Toscana

Roma 335 – Firenze 57 – Pisa 39 – Lucca 19

San Lorenzo Hotel e Residence

località San Lorenzo 15/24, Nord : 2 km – ✆ 05 72 40 83 40 – www.rphotels.com – s.lorenzo@rphotels.com
40 cam – ♦54/95 € ♦♦100/150 € – 2 suites – ½ P 78/103 €
Rist – *(chiuso martedì) (chiuso a mezzogiorno escluso i festivi)* Carta 26/65 €
♦ Hotel ricavato dalla sapiente ristrutturazione di una cartiera del 1700 affacciata sul fiume Pescia: ambienti piacevolmente rustici e confort moderni. Sala ristorante con soffitti a volte; simpatica enoteca con vecchi macchinari.

XX **Cecco** con cam

via Forti 96 – ✆ 05 72 47 79 55 – www.ristorantececco.com – info@ristorantececco.com
22 cam – ♦35/45 € ♦♦50/70 €, 8 €
Rist – *(chiuso lunedì escluso giugno-settembre)* Carta 24/45 €
♦ Questa storica trattoria conquista il palato degli ospiti con golose specialità di carne alla brace e di pesce, la zuppa con verdure di stagione, il risotto con punte di asparagi, fritti e antipasti di salumi. Le camere si affacciano sul centro storico.

PESCOCOSTANZO – L'Aquila (AQ) – 563 Q24 – 1 182 ab. – alt. 1 395 m – ✉ 67033 — 1 B2

Roma 198 – Campobasso 94 – L'Aquila 101 – Chieti 89

vico delle Carceri 4 ✆ 0864 641440, iat.pescocostanzo@abruzzoturismo.it, Fax 0864 641440

Relais Ducale

cam,

via dei Mastri Lombardi 26 – ✆ 08 64 64 24 84 – www.relaisducale.it – info@relaisducale.it – dicembre-aprile e agosto
26 cam – ♦155 € ♦♦270 € – 3 suites – ½ P 113/170 €
Rist *La Corniola* – ✆ 08 64 64 24 70 *(chiuso mercoledì)* (prenotare) Carta 42/56 €
♦ All'ingresso del paese, la montagna è protagonista in albergo con le tipiche decorazioni in legno, camino e selvaggina. Camere più classiche, navetta per le piste da sci e mini club per bambini. La Corniola è più di un semplice ristorante d'albergo: il luogo giusto dove incontrare i veri sapori abruzzesi.

Il Gatto Bianco

viale Appennini 3 – ✆ 08 64 64 14 66 – www.ilgattobianco.it – info@ilgattobianco.it – chiuso 20 giorni in aprile
6 cam – ♦150/250 € ♦♦200/300 € – 2 suites – ½ P 150/200 €
Rist – *(dicembre-Pasqua e luglio-agosto) (chiuso a mezzogiorno) (solo per alloggiati)*
♦ Nuova risorsa di grande fascino avvolta da un'atmosfera di eleganza ed intimità. Insolito connubio di legno antico e moderno. Piccola zona benessere.

Garni lo Scrigno senza rist

piazza Manzi 5 – ✆ 08 64 64 24 68 – www.lo-scrigno.net – info@lo-scrigno.net
6 cam – ††70/110 €
◆ Nel centro storico di Pescocostanzo - gioiello in pietra tra i paesi abruzzesi -camere recenti ed accoglienti, nonché una gestione giovane e premurosa da far venire voglia di ritornarci.

PESEK – Trieste (TS) – 562 F23 – alt. 474 m – ✉ 34018 Basovizza 11 D3

Roma 678 – Udine 77 – Gorizia 54 – Milano 417

a Draga Sant'Elia Sud-Ovest : 4,5 km – ✉ 34018 Sant'Antonio In Bosco

Locanda Mario con cam

Draga Sant'Elia 22 – ✆ 0 40 22 81 93
7 cam – †40/50 € ††60/70 €, ☕ 4 € – ½ P 50/65 €
Rist – *(chiuso martedì)* Carta 26/42 €
◆ Nel caratteristico paesino carsico, vicino al confine sloveno, accogliente trattoria gestita da decenni dalla stessa famiglia, dove gustare la cucina del posto: rane, lumache e selvaggina. Semplici, lineari e confortevoli le camere.

PETRALIA SOTTANA – Palermo (PA) – 365 AT57 – 3 087 ab. – ✉ 90027 40 C2

Agrigento 118 – Caltanissetta 64 – Catania 132 – Palermo 107

in prossimità svincolo A 19 Sud : 6,5 km

Agriturismo Monaco di Mezzo

contrada Monaco di Mezzo – ✆ 09 34 67 39 49 – www.monacodimezzo.com – monacodimezzo@gmail.com
9 cam ☕ – †64/75 € ††88/110 € – ½ P 69/80 €
Rist – (prenotazione obbligatoria) Menu 25 € bc/30 € bc
◆ Nel verde delle Madonie, un'antica masseria ristrutturata offre diversi appartamenti con cucina dall'aspetto curato. Il paesaggio si può ammirare comodamente anche dal bordo della piscina. Nel ristorante vengono proposti piatti della tradizione.

PETRIGNANO DEL LAGO – Perugia – 563 M17 – Vedere Castiglione del Lago

---

PETROGNANO – Firenze – 563 L15 – Vedere Barberino Val d'Elsa

PETROSA – 564 G27 – Vedere Ceraso

PETTENASCO – Novara (NO) – 561 E7 – 1 366 ab. – alt. 300 m – ✉ 28028 24 A2

Roma 663 – Stresa 25 – Milano 86 – Novara 48
piazza Unità d'Italia 3 ✆ 331 2668266, proloco.pettenasco@tiscali.it

L'Approdo

corso Roma 80 – ✆ 0 32 38 93 45 – www.approdohotelorta.it – info@approdohotelorta.it – 16 marzo-31 ottobre
62 cam ☕ – †90/115 € ††100/190 € – ½ P 75/120 €
Rist – *(chiuso lunedì) (chiuso a mezzogiorno)* Carta 37/51 €
◆ Con un grande sviluppo orizzontale e un grazioso giardino con vista lago e monti, completamente protesa sull'acqua, una valida risorsa per clienti d'affari e turisti. Al ristorante ambienti curati e di tono o una gradevole terrazza esterna.

Giardinetto

via Provinciale 1 – ✆ 0 32 38 91 18 – www.giardinettohotels.com – info@giardinettohotel.com – 8 aprile-23 ottobre
58 cam ☕ – †70/100 € ††90/150 € – ½ P 70/95 €
Rist *Giardinetto* – Menu 32/39 € – Carta 39/52 €
◆ Un bianco albergo lambito dalle acque del lago, una struttura confortevole dotata di camere più che discrete, con arredi classici di buona funzionalità. Posizione invidiabile per la bella veranda sul lago, sotto un gazebo.

PETTINEO – Messina (ME) – **365** AU56 – **1 448 ab.** – **alt. 300 m** – ✉ 98070 **40** C2

Caltanissetta 134 – Catania 140 – Messina 140 – Palermo 100

Casa Migliaca

contrada Migliaca – ✆ 09 21 33 67 22 – www.casamigliaca.com – info@casamigliaca.com

8 cam – solo ½ P 78 € **Rist** – *(chiuso a mezzogiorno) (solo per alloggiati)*

♦ Appena fuori dal paese e contornato da ulivi, un ex frantoio del '600 propone una tranquillità assoluta e una vista impagabile attraverso la vallata, fino al mare. I 12 ettari dell'azienda agrituristica sono in parte coltivati con metodi biodinamici. Alcuni di questi prodotti imbandiscono la tavola del ristorante.

PFALZEN = Falzes

PIACENZA P (PC) – **562** G11 – **101 778 ab.** – **alt. 61 m** **8** A1

Italia Centro Nord

Roma 512 – Bergamo 108 – Brescia 85 – Genova 148

piazza Cavalli 7 ✆ 0523 329324, iat@comune.piacenza.it, Fax 0523 306727

Castello La Bastardina strada Grintorto 1, ✆ 393 9 03 69 27

Croara località Croara Nuova, ✆ 0523 97 71 05

Il Gotico★★ antico Palazzo del Comune - Piazza dei Cavalli★: statue equestri★★ B **D** - Duomo★ B **E** - S. Savino B: pavimenti musivi★ - Musei Civici★ di Palazzo Farnese B - Madonna di Campagna★ A - Ecce Homo★★ di Antonello da Messina nella Pinacoteca del Collegio Alberoni

Grande Albergo Roma

via Cittadella 14 ✉ 29121 – ✆ 05 23 32 32 01 – www.grandealbergoroma.it – hotel@grandealbergoroma.it B**a**

75 cam – †135/180 € ††180/220 € – 1 suite – ½ P 120/135 €

Rist Piccolo Roma – vedere selezione ristoranti

♦ All'esterno un modesto edificio anni '50, gli interni però si riscattano con stucchi, lampadari, ricercatezze: è il grande, classico albergo cittadino con una panoramica sala colazioni.

Park Hotel

rist,

strada Valnure 5/7, per ③ ✉ 29122 – ✆ 05 23 71 26 00 – www.parkhotelpiacenza.it – info@parkhotelpiacenza.it

99 cam – †69/155 € ††79/225 € – 2 suites – ½ P 89/140 €

Rist – Carta 24/44 €

♦ Taglio spiccatamente moderno per questa struttura a vocazione commerciale, comoda e facile da raggiungere da centro storico e dall'autostrada. Cortese e disponibile il personale. Eleganza e tocchi di contemporaneità nella sala del ristorante.

Hotel Ovest

cam, rist,

via I Maggio 82, per ④ ✉ 29121 – ✆ 05 23 71 22 22 – www.hotelovest.it – info@hotelovest.it

59 cam – ††100/220 € – ½ P 70/150 €

Rist – *(solo per alloggiati)* Carta 34/56 €

♦ La conduzione è cordiale e attenta, l'insonorizzazione perfetta, la posizione stradale estremamente pratica. In sintesi: un indirizzo interessante con camere dal design moderno e minimalista oppure più classiche e riccamente decorate.

Classhotel Piacenza Fiera

cam, rist,

strada Caorsana 127/D, località Le Mose, 2 km per ② ✉ 29122 – ✆ 05 23 60 60 91 – www.classhotel.com – info.piacenzafiera@classhotel.com

80 cam – †65/158 € ††80/238 €, 12 € – ½ P 58/144 €

Rist – *(chiuso domenica)* Carta 31/38 €

♦ Di fronte all'insediamento fieristico, una novità nel panorama alberghiero cittadino. Stile attuale con un design moderno ed essenziale, gestione giovane e intraprendente. Al ristorante arredo in design e piatti tradizionali presentati con tocchi di creatività.

PIACENZA

Belcredi (V. G.) . . . . B 2
Borgo (Pza) . . . . A 3
Calzolai (Via) . . . . A 6
Castello (Via del) . . . . A 4
Cavalli (Pza dei) . . . . B 5
Garibaldi (V.) . . . . A 9
Genova (Piazzale) . . . . A 10
Giordani (V. P.) . . . . B 12
La Primogenita (V.) . . . . B 13
Legione Zanardi Landi (V.) . . . . . . B 15
Legnano (V.) . . . . B 16
Manfredi (V. Giuseppe) . . . . A 17
Marconi (Piazzale) . . . . B 19
Milano (Piazzale) . . . . B 20
Pace (V.) . . . . B 22
Risorgimento (Viale) . . . . B 23
Roma (Piazzale) . . . . B 24
Scalabrini (V.) . . . . B 34
S. Antonino (V.) . . . . B 27
S. Eufemia (V.) . . . . A 28
S. Sisto (V.) . . . . A 29
S. Tommaso (V.) . . . . A 32
Torino (Piazzale) . . . . A 35
Venturini (V.) . . . . A 38
Verdi (V.) . . . . B 39
Vittorio Emanuele II (Cso) . . . . . . A 40
20 Settembre (V.) . . . . B 41

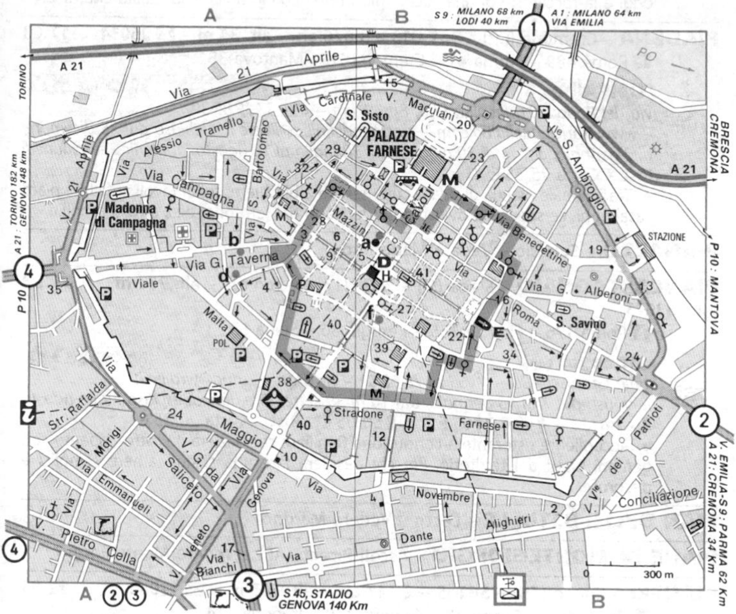

XXX **Antica Osteria del Teatro** (Filippo Chiappini Dattilo)
via Verdi 16 ✉ 29121 – ☎ 05 23 32 37 77 – www.anticaosteriadelteatro.it – menu@anticaosteriadelteatro.it – chiuso dal 1° al 10 gennaio, dal 1° al 25 agosto, domenica, lunedì Bf
Rist – (consigliata la prenotazione) Menu 70/90 € – Carta 74/109 €
Spec. Medaglione di fegato grasso d'anatra al naturale marinato al Porto e Armagnac con pan brioche. Tortelli dei Farnese al burro e salvia. Treccia di branzino all'olio extravergine, timo, pomodori e sale grosso.
♦ Vero salotto piacentino, l'austero palazzo del '400 si è rinnovato negli eleganti interni. Squisita cucina regionale e di mare, nonché splendida cantina con i più rinomati *château.*

XXX **Piccolo Roma** – Hotel Grande Albergo Roma
via Cittadella 14 ✉ 29121 – ☎ 05 23 32 32 01 – www.grandealbergoroma.it – hotel@grandealbergoroma.it – chiuso 1 settimana in luglio, agosto, sabato, domenica sera Ba
Rist – Carta 38/50 €
♦ Autografi e dediche ricoprono quasi interamente le pareti di questo apprezzato ristorante. Seduti tra arredi d'epoca o a lume di candela, le specialità emiliane faranno gli onori di casa.

XX **Vecchia Piacenza**
via San Bernardo 1 ✉ 29121 – ☎ 05 23 30 54 62 – www.ristorantevecchiapiacenza.it – micol.salvoni@fastwebnet.it – chiuso dal 1° al 6 gennaio, luglio e domenica Ab
Rist – (consigliata la prenotazione) Carta 45/63 €
♦ Sulla via per il centro storico, un ambiente caratteristico, affrescato e decorato dalla sapiente mano della titolare; il marito, in cucina, realizza piatti fantasiosi.

Osteria del Trentino

via Castello 71 ✉ 29121 – ☎ 05 23 32 42 60 – www.osteriadeltrentino.it – chiuso 1 settimana in agosto e domenica Ad

Rist – (consigliata la prenotazione la sera) Carta 25/49 €

♦ Ristorante storico: il nome allude all'origine di uno dei primi titolari, ma il locale oggi è la roccaforte di una cucina piacentina con le tipiche specialità cittadine.

PIADENA – **Cremona (CR)** – **561** G13 – **3 626 ab.** – **alt. 34 m** – ✉ **26034** **17** C3

Roma 489 – Parma 41 – Cremona 28 – Mantova 38

Dell'Alba

via del Popolo 31, località Vho, Est : 1 km – ☎ 0 37 59 85 39 – www.trattoriadellalba.com – trattoriadellalba@libero.it – chiuso dal 25 dicembre al 2 gennaio, dal 15 al 30 giugno, dal 30 luglio al 18 agosto, domenica sera, lunedì

Rist – Carta 25/38 €

♦ Tradizionale osteria di paese con mescita a bicchiere, solidi tavoli antichi e piatti casalinghi. Le specialità ovviamente derivano dal territorio: oca, arrosti e bolliti.

PIANAZZO – **Sondrio** – **Vedere Madesimo**

PIANCASTAGNAIO – **Siena (SI)** – **563** N17 – **4 164 ab.** – **alt. 772 m** – ✉ **53025** **29** D3

Roma 176 – Firenze 155 – Perugia 86 – Siena 83

Anna con cam

viale Gramsci 486 – ☎ 05 77 78 60 61 – ristorante_anna@virgilio.it – chiuso dal 7 al 15 gennaio, dal 10 al 30 settembre, lunedì escluso luglio-agosto

8 cam – †40 € ††65 € – ½ P 50/65 € **Rist** – Carta 20/35 €

♦ Accogliente ristorante a conduzione familiare che sazierà il vostro appetito con genuini piatti del territorio. Per chi desidera fare una sosta, camere semplici e decorose.

PIAN DELLE BETULLE – **Lecco** – **Vedere Margno**

PIANE DI MONTEGIORGIO – **Ascoli Piceno (AP)** – **Vedere Montegiorgio**

PIANFEI – **Cuneo (CN)** – **561** I5 – **2 147 ab.** – **alt. 503 m** – ✉ **12080** **22** B3

Roma 629 – Cuneo 15 – Genova 130 – Imperia 114

La Ruota cam,

strada statale Monregalese 5 – ☎ 01 74 58 57 01 – www.hotelruota.it – info@hotelruota.it

63 cam – †54/80 € ††75/110 € – 4 suites – ½ P 63/90 €

Rist – Carta 23/49 €

Rist *La Ruota* – Carta 23/49 €

♦ Sulla statale Cuneo-Mondovì, una grande struttura particolarmente indicata per accogliere clientela d'affari e gruppi numerosi. Camere spaziose e confortevoli. L'ampia sala ristorante vi proporrà un menu che spazia dalla tipica cucina piemontese a quella internazionale. Pizze nel locale sull'altro lato della strada.

PIANIGA – **Venezia (VE)** – **562** F18 – **11 554 ab.** – ✉ **30030** **36** C2

Roma 517 – Padova 18 – Ferrara 98 – Venezia 31

Hotel 15.92 senza rist

via provinciale Nord 5, località Cazzago di Pianiga, Sud-Est : 5 km – ☎ 0 41 46 45 05 – www.hotel15-92.com – info@hotel15-92.com

14 cam – †60/80 € ††80/100 € – 1 suite

♦ Suggerito dall'architetto, l'insolito nome indica il grado di curvatura del tetto di questo piacevole hotel dall'arredo sobrio e minimalista. Il bianco domina ovunque.

In senza rist

via Provinciale Nord 47, località Cazzago di Pianiga, Sud-Est: 5 Km – ☎ 04 15 13 83 36 – www.hotel-in.it – info@hotel-in.it

12 cam – †65/80 € ††80/120 €

♦ Gestione tutta al femminile, per questo piccolo e moderno hotel (solo per non fumatori) con ampie camere dotate di ogni confort e arredi bagno design.

PIANO D'ARTA – **Udine** – **Vedere Arta Terme**

PIANOPOLI - Catanzaro (CZ) - 564 K31 - 2 478 ab. - alt. 250 m - ✉ 88040 5 A2

Roma 594 - Cosenza 81 - Catanzaro 33

Agriturismo Le Carolee

contrada Gabella 1, Est : 3 km - ✆ 0 96 83 50 76 - www.lecarolee.it - lecarolee@lecarolee.it

7 cam - 50/60 € 80/100 € - ½ P 65/75 € **Rist** - Carta 30/40 €

◆ Una casa padronale ottocentesca fortificata, in splendida posizione e immersa nel silenzio degli ulivi; il passato della terra di Calabria riproposto in chiave moderna.

PIANORO - Bologna (BO) - 562 I16 - 17 096 ab. - alt. 200 m - ✉ 40065 9 C2

Roma 370 - Bologna 16 - Firenze 96 - Modena 59

a Rastignano Nord : 8 km - ✉ 40067

Osteria al numero Sette

via Costa 7 - ✆ 0 51 74 20 17 - osterianumerosette@alice.it

Rist - *(chiuso domenica, lunedì, martedì a mezzogiorno)* (consigliata la prenotazione) Carta 33/43 €

◆ Non più solo minestre, come da queste parti vengono chiamati i primi piatti. L'offerta si è ampliata e il merito è da ricondurre alla passione per la ricerca degli ingredienti: territorio e qualità!

PIAZZA ARMERINA - Enna (EN) - 365 AV59 - 20 841 ab. - alt. 697 m - ✉ 94015 Sicilia 40 C2

Caltanissetta 49 - Catania 84 - Enna 34 - Messina 181

via Generale Muscarà, 57 ✆ 0935 680201 strpiazzaarmerina@regione.sicilia.it, Fax 0935 684565

Località★ - Quartieri Medievali★ - Madonna delle Vittorie★ e croce lignea dipinta★ nel Duomo

Villa imperiale del Casale★★★: 5 km sud-ovest

Gangi senza rist

Via Gen. Ciancio 68 - ✆ 09 35 68 27 37 - www.hotelgangi.it - info@hotelgangi.it

18 cam - 50/65 € 85/95 €

◆ Ai piedi del centro storico, il celebre Duomo raggiungibile a piedi, la struttura è stata oggetto d'importanti lavori di ristrutturazione, che hanno ulteriormente aumentato il già buon livello di confort.

Mosaici-da Battiato

cam, cam,

contrada Paratore Casale 11, Ovest : 3,5 km - ✆ 09 35 68 54 53 - www.hotelmosaici.com - info@hotelmosaici.com

23 cam - 40/45 € 50 €, 5 € - ½ P 45 € **Rist** - Carta 20/25 €

◆ In posizione strategica per chi voglia visitare i mosaici della villa romana del Casale, così come le altre bellezze della cittadina. Hotel sobrio, ordinato e funzionale. Ristorante che si è conquistato una buona fama in zona.

Al Fogher

strada statale 117 bis, Nord : 3 km - ✆ 09 35 68 41 23 - www.alfogher.net - alfogher@tin.it - chiuso 1 settimana in gennaio, domenica sera, lunedì

Rist - Carta 36/58 €

◆ Locale accogliente e curato con ambiente ricercatamente rustico e al primo piano una saletta raccolta ed intima. In cucina l'esperienza propone il territorio rielaborato.

Trattoria la Ruota

contrada Casale, Ovest : 3,5 km - ✆ 09 35 68 05 42 - www.trattorialaruota.it - laruotatrattoria@gmail.com

Rist - *(chiuso la sera)* Carta 22/30 €

◆ A pochi metri dai resti archeologici della villa romana, un piacevole edificio con rustico porticato dove godersi una sana e genuina cucina siciliana.

PICCHIAIE - Livorno - Vedere Elba (Isola d') : Portoferraio

PICERNO – Potenza (PZ) – 564 F28 – 6 131 ab. – alt. 721 m – ✉ 85055 3 A2

Roma 307 – Potenza 24 – Bari 165 – Foggia 128

in prossimità Superstrada Basentana Ovest : 3 km :

Bouganville

rist,

strada provinciale 83 ✉ 85055 Picerno
– ☎ 09 71 99 10 84 – www.hotelbouganville.it – info@hotelbouganville.it

70 cam – ♦68/125 € ♦♦95/155 € – 1 suite – ½ P 73/103 €

Rist – Carta 25/55 €

♦ Sempre ai vertici delle classifiche, questa bella struttura continua a migliorarsi: ora, altre 34 camere nuovissime e il wellness centre dotato delle più moderne attrezzature. Al ristorante eleganti ambienti, vasti e luminosi, con affaccio esterno.

PIEGARO – Perugia (PG) – 563 N18 – 3 795 ab. – alt. 356 m – ✉ 06066 32 A2

Roma 155 – Perugia 33 – Arezzo 82 – Chianciano Terme 28

Ca' de Principi senza rist

via Roma 43 – ☎ 07 58 35 80 40 – www.dimorastorica.it – cadeprincipi@dimorastorica.it – aprile-3 novembre

16 cam – ♦♦90/120 € – 5 suites

♦ Un edificio settecentesco, appartenuto alla nobile famiglia dei Pallavicini, con affreschi d'epoca, all'interno di un borgo ricco di fascino. Insieme di notevole pregio.

PIENZA – Siena (SI) – 563 M17 – 2 174 ab. – alt. 491 m – ✉ 53026 29 C2

Toscana

Roma 188 – Siena 52 – Arezzo 61 – Chianciano Terme 22

piazza Dante Alighieri 18 ☎ 0578 748359 info@ufficioturisticodipienza.it, Fax 0578 748359

Piazza Pio II★★ - Cattedrale★: Assunzione della Vergine★★ del Vecchietta – Museo Diocesano★ - Museo Diocesano★ - Palazzo Piccolomini★

San Quirico d'Orcia★: 10 km sud-ovest

Relais Il Chiostro di Pienza

cam, rist,

corso Rossellino 26 – ☎ 05 78 74 84 00
– www.relaisilchiostrodipienza.com – ilchiostrodipienza@virgilio.it
– chiuso dal 7 al 31 gennaio; da febbraio al 20 marzo aperto solo nei week-end

37 cam – ♦90/160 € ♦♦119/215 € – ½ P 105/315 €

Rist *La Terrazza del Chiostro* – ☎ 05 78 74 81 83 *(chiuso gennaio e febbraio)*
Carta 53/83 € (+10 %)

♦ Nel cuore di questo gioiellino toscano voluto da Pio II Piccolomini, un chiostro quattrocentesco incastonato in un convento: per soggiornare nella suggestione della storia. Cucina moderna che spazia dai sapori del territorio al mare. Servizio estivo in giardino.

San Gregorio

via della Madonnina 4 – ☎ 05 78 74 80 59 – www.sangregorioresidencehotel.it
– info@sangregorioresidencehotel.it

19 cam – ♦65/105 € ♦♦80/100 € – ½ P 60/75 €

Rist – *(chiuso dal 15 al 31 gennaio)* Carta 18/40 €

♦ La città rinascimentale progettata dal Rossellino, il vecchio teatro del 1935, oggi riproposto come risorsa ricettiva. Ampie e comode camere, la maggior parte con angolo cottura (affittate anche in formula residence). Delizie toscane nel raffinato ristorante: ideale per cerimonie e feste private.

Piccolo Hotel La Valle senza rist

via di Circonvallazione 7 – ☎ 05 78 74 94 02 – www.piccolohotellavalle.it – info@piccolohotellavalle.it

15 cam – ♦70/100 € ♦♦95/130 €

♦ Ubicata in comoda posizione, risorsa recente di buon confort con spazi comuni contenuti e camere arredate con letti in ferro battuto e pavimento in parquet.

sulla strada statale 146 **Nord-Est: 7,5 km**

Relais La Saracina senza rist
strada statale 146 km 29,7 – ✆ 05 78 74 80 22 – www.lasaracina.it – info@lasaracina.it – chiuso dal 10 gennaio al 1° marzo
6 cam – 200/270 € – 1 suite
◆ In un antico podere tra l'ocra senese degli antichi pendii, la suggestiva magia di un ambiente di rustica signorilità con camere amene di differenti tipologie.

a Monticchiello **Sud-Est : 6 km – ✉ 53026**

La Porta
via del Piano 2 – ✆ 05 78 75 51 63 – www.osterialaporta.it – rist.laporta@libero.it – chiuso dal 10 gennaio al 5 febbraio e giovedì
Rist – Carta 29/44 €
◆ Come dice il nome, si trova all'ingresso del piccolo e caratteristico borgo di Monticchiello per un'osteria - simpatica e informale - in cui non manca la terrazza panoramica. Cucina regionale e ampia scelta enologica (anche al bicchiere).

PIETOLE DI VIRGILIO – Mantova – 561 G14 – Vedere Mantova

PIETRA LIGURE – Savona (SV) – 561 J6 – 9 258 ab. – ✉ 17027 14 B2

Roma 576 – Imperia 44 – Genova 77 – Milano 200

piazza Martiri della Libertà 30 ✆019 629003, pietraligure@inforiviera.it, Fax 019 629790

Buca di Bacco
corso Italia 149 – ✆ 0 19 61 53 07 – bucadibacco@beactive.it – chiuso dall'8 gennaio all'8 febbraio e lunedì (escluso luglio-agosto)
Rist – Carta 40/60 €
◆ Le specialità marinare, la cura nella scelta delle materie prime e l'originalità del proprietario caratterizzano questo locale, sito nel seminterrato di un edificio.

PIETRALUNGA – Perugia (PG) – 563 L19 – 2 318 ab. – alt. 566 m – ✉ 06026 32 B1

Roma 225 – Perugia 54 – Arezzo 64 – Gubbio 24

Agriturismo La Cerqua e La Balucca
case San Salvatore 27, Ovest : 2,2 km alt. 650 – ✆ 07 59 46 02 83 – www.cerqua.it – info@cerqua.it – chiuso gennaio e febbraio
20 cam – 85/100 € – ½ P 65/80 €
Rist – *(chiuso a mezzogiorno escluso domenica)* (prenotazione obbligatoria) Menu 25/30 €
◆ Sulle spoglie di un antico monastero in cima ad un colle, due tipici casolari, nel rispetto delle antiche forme, per una vacanza tutta relax e belle passeggiate a cavallo.

PIETRANSIERI – L'Aquila – 563 Q24 – Vedere Roccaraso

PIETRAPIANA – Firenze – Vedere Reggello

PIETRASANTA – Lucca (LU) – 563 K12 – 24 826 ab. – alt. 14 m – ✉ 55045 Toscana 28 B1

Roma 376 – Pisa 30 – La Spezia 45 – Firenze 104

piazza Statuto ✆ 0584 283375, infocentro@comune.pietrasanta.lu.it, Fax 0584 284878

Versilia via Della Sipe 100, ✆0584 88 15 74

Località★ - Guerriero★: statua bronzea di Botero (entrata nord della città) - Affreschi della chiesa di S. Antonio Abate (o della Misericordia)★

Albergo Pietrasanta senza rist
via Garibaldi 35 – ✆ 05 84 79 37 26 – www.albergopietrasanta.com – info@albergopietrasanta.com – aprile-ottobre
18 cam – 115/150 € 185/380 €, 20 € – 2 suites
◆ In pieno centro storico, questo palazzo seicentesco emana fascino e raffinatezza da ogni suo angolo: eleganti spazi comuni e lussuose camere, nonché una pregevole collezione di arte contemporanea. Piante esotiche nel delizioso giardino.

Versilia Golf

via della Sipe 100 – ☎ 05 84 88 15 74 – www.versiliagolf.com – info@versiliagolf.com – febbraio-ottobre

16 cam – †200/380 € ††250/500 € **Rist** – *(chiuso la sera)* Carta 70/100 €

♦ Per gli amanti del golf ma anche de l'art de vivre, una raffinata struttura pregna di fascino: eleganti camere arredate con mobili d'antiquariato e con autentiche opere d'arte.

Palagi senza rist

piazza Carducci 23 – ☎ 0 58 47 02 49 – www.hotelpalagi.com – info@hotelpalagi.191.it

18 cam – †55/95 € ††90/170 €

♦ Posizione centrale e comoda - nei pressi della stazione ferroviaria e del Duomo - per questo albergo a conduzione diretta dalle fresche e colorate zone comuni. Camere semplici ed accoglienti. Bella terrazza solarium.

Filippo

via Stagio Stagi 22 – ☎ 0 58 47 00 10 – ristorantefilippo@yahoo.it – chiuso lunedì

Rist – Carta 32/41 €

♦ Un ristorantino del centro storico dall'ambiente moderno e con la cucina a vista, dove specialità di mare e piatti di terra - elaborati in maniera semplice e fragrante - si contendono la tavola.

PIETRASANTA (Marina di) – Lucca (LU) – 563 K12 – ✉ 55044 — 28 B1

Roma 378 – Pisa 33 – La Spezia 53 – Firenze 104

via Donizetti 24 ☎ 0584 20331, infomarina@comune.pietrasanta.lu.it, Fax 0584 266342

Versilia via Della Sipe 100, ☎ 0584 88 15 74

Joseph

cam, rist,

viale Roma 323, località Motrone – ☎ 05 84 74 58 97 – www.hoteljoseph.net – hoteljoseph@bracciotti.com – aprile-ottobre

85 cam – †50/80 € ††90/125 € **Rist** – *(solo per alloggiati)* Menu 25/45 €

♦ Valida conduzione familiare per questa piacevole struttura con camere sobriamente arredate. Fiore all'occhiello: la bella terrazza con piscina affacciata sul lungomare.

Airone

rist,

via Catalani 46 – ☎ 05 84 74 56 86 – www.landinihotels.it – hotelairone@landinihotels.it

28 cam – †60/100 € ††90/120 € – ½ P 90/105 €

Rist – *(solo per alloggiati)* Menu 20/35 €

♦ Arretrata rispetto al mare - in zona verde e residenziale - la risorsa dispone di camere semplici ed essenziali, recentemente rinnovate. Bella terrazza per piacevoli momenti di relax!

Alex

via Versilia 157/159 – ☎ 05 84 74 60 70 – www.ristorantealex.it – info@ristorantealex.it – chiuso martedì, mercoledì (escluso giugno-settembre)

Rist – *(chiuso a mezzogiorno escluso da giugno ad agosto e festivi)* Carta 46/61 €

♦ In un palazzo d'inizio '900, un piacevole ristorante-enoteca arredato con eco etniche, propone specialità di mare e di terra. Interessante selezione di vini della solatia Spagna!

PIETRAVAIRANO – Caserta (CE) – 564 D24 – 3 100 ab. – alt. 250 m – ✉ 81040 — 6 A1

Roma 165 – Avellino 95 – Benevento 65 – Campobasso 74

La Caveja con cam

rist,

via Santissima Annunziata 10 – ☎ 08 23 98 48 24 – albergoristorantecaveja@virgilio.it

16 cam – †60 € ††80 €

Rist – *(chiuso domenica sera, lunedì)* Carta 26/38 €

♦ La cucina proposta da questo antico cascinale è un'istituzione in zona. Spontanea, varia e genuina, ripercorre i sentieri della tradizione gastronomica locale, rielaborandola con ottimi prodotti.

PIETRELCINA – Benevento (BN) – **564** D26 – **3 083 ab.** – **alt. 345 m** **6** B1 – ✉ 82020

Roma 253 – Benevento 13 – Foggia 109

Lombardi Park Hotel

via Nazionale 1 – ☎ 08 24 99 12 06 – www.lombardiparkhotel.it – lombardihotel@libero.it

51 cam – †80/90 € ††100/110 € – 4 suites – ½ P 90/100 €

Rist *Cosimo's* – ☎ 08 24 99 11 44 *(chiuso lunedì o martedì)* Carta 24/32 € (+10 %)

◆ Nel paese natale di Padre Pio, vicino al convento dei Cappuccini, un complesso di moderna concezione dagli arredi classici. Servizio impeccabile, valida gestione familiare. Curato ristorante dall'atmosfera tipica.

PIEVE A NIEVOLE – Pistoia – **563** K14 – **Vedere Montecatini Terme**

PIEVE D'ALPAGO – Belluno (BL) – **562** D19 – **2 020 ab.** – **alt. 690 m** **36** C1 – ✉ 32010

Roma 608 – Belluno 17 – Cortina d'Ampezzo 72 – Milano 346

Dolada (Enzo De Prà) con cam

via Dolada 21, località Plois alt. 870 – ☎ 04 37 47 91 41 – www.dolada.it – info@dolada.it – chiuso dal 10 al 30 gennaio

7 cam – †60/78 € ††80/103 €, 13 € – ½ P 115 €

Rist – *(chiuso domenica sera e lunedì escluso luglio-agosto)* (consigliata la prenotazione) Menu 54/78 € – Carta 51/70 €

Spec. Lumache gratinate con erbe di montagna. Orzo delle valli bellunesi mantecato al dragoncello con ragù bianco di coniglio. Piccione: sopa coada, poco coada.

◆ Splendidamente arroccato sull'Alpago, la saga familiare continua da 40 anni all'insegna dei sapori del territorio e proposte più creative. Arredi moderni e "calda" atmosfera nelle piacevoli camere.

PIEVE DI CENTO – Bologna (BO) – **562** H15 – **7 013 ab.** – **alt. 18 m** **9** C3 – ✉ 40066

Roma 408 – Bologna 32 – Ferrara 37 – Milano 209

Buriani dal 1967

via Provinciale 2/a – ☎ 0 51 97 51 77 – www.ristoranteburiani.com – info@ristoranteburiani.com – chiuso 15 giorni in agosto, martedì e mercoledì

Rist – Carta 46/68 €

◆ Sobria eleganza e atmosfera accogliente in questo locale recentemente rinnovato: qui la famiglia Buriani insegue la stagionalità dei prodotti, interpretati tra tradizione e ricerca. Nella bella stagione, optate per il dehors estivo "all'ombra" di Porta Bologna.

PIEVE DI CHIO – Arezzo – **Vedere Castiglion Fiorentino**

PIEVE DI CORIANO – Mantova (MN) – **561** G15 – **1 025 ab.** **17** D3 – **alt. 16 m** – ✉ 46020

Roma 484 – Milano 223 – Mantova 44 – Bologna 104

Corte Matilde

via Pelate 38 – ☎ 0 38 63 93 52 – www.cortematilde.it – info@cortematilde.it – chiuso lunedì, martedì, sabato a mezzogiorno e domenica sera

Rist – (consigliata la prenotazione) Carta 32/46 €

◆ La professionalità e la passione dei titolari si accompagnano ad una cucina fatta con prodotti eccellenti, in preparazioni semplici, ma gustose, che esaltano il sapore degli ingredienti. La location: una bella cascina ristrutturata sulla strada che percorse Matilde di Canossa.

PIEVE DI LIVINALLONGO – Belluno (BL) – **562** C17 – **alt. 1 475 m** **35** B1 – **Sport invernali : Vedere Arabba (Comprensorio Dolomiti superski Arabba-Marmolada)** – ✉ 32020

Roma 716 – Belluno 68 – Cortina d'Ampezzo 28 – Milano 373

Cèsa Padon

via Sorarù 62 – ✆ 04 36 71 09 – www.cesa-padon.it – info@cesa-padon.it – chiuso dal 20 ottobre al 4 dicembre

21 cam – 58/92 € 100/122 € – ½ P 60/82 €

Rist – *(chiuso a mezzogiorno)* Carta 40/59 €

◆ In un'incantevole posizione panoramica, ideale tanto per chi predilige gli sport invernali quanto per chi non può fare a meno di una passeggiata estiva tra i boschi, ambienti tipici montani e camere in stile. Servizio navetta per gli impianti da sci. Il calore del legno e piatti regionali al ristorante.

PIEVE DI SOLIGO – Treviso (TV) – 562 E18 – 12 096 ab. – alt. 132 m – ✉ 31053 36 C2

Roma 579 – Belluno 38 – Milano 318 – Trento 124

piazza Vittorio Emanuele II, 12 ✆ 0438 980699 consorziopieve@venetando.it Fax 0438 985718

Contà senza rist

Borgo Stolfi 25 – ✆ 04 38 98 04 35 – www.hotelconta.it – hotelconta@nline.it – chiuso dal 10 al 20 agosto

50 cam – 65/80 € 95/120 €

◆ Hotel a pochi passi dalla piazza centrale, con porticato prospiciente il corso d'acqua, all'interno propone confort moderni e camere generalmente spaziose.

Enoteca Corte del Medà

corte del Medà 15 – ✆ 04 38 84 06 05 – chiuso dal 1° al 7 gennaio, 1 settimana a Pasqua, 3 settimane in agosto, domenica

Rist – Carta 18/30 €

◆ Una semplice e informale enoteca con una zona degustazione all'ingresso e una sala nella quale trovare proposte culinarie fragranti, alla buona, ma curate.

a Solighetto Nord : 2 km – ✉ 31053

Da Lino con cam

via Roma 19 – ✆ 0 43 88 21 50 – www.locandadalino.it – info@locandadalino.it – chiuso luglio

11 cam – 70 € 95 € – 6 suites – 120 € – ½ P 90 €

Rist – *(chiuso lunedì)* Carta 44/47 €

◆ Un caratteristico ambiente ai piedi delle Prealpi Trevigiane: raccolta di bicchieri di Murano, 3.000 pentole di rame al soffitto, quadri e sapori caserecci. Belle camere, alcune delle quali arredate con la collaborazione d'importanti nomi dello spettacolo degli anni '60-'70.

PIEVEPELAGO – Modena (MO) – 562 J13 – 2 314 ab. – alt. 781 m – ✉ 41027 8 B2

Roma 373 – Pisa 97 – Bologna 100 – Lucca 77

Bucaneve

via Giardini Sud 31 – ✆ 0 53 67 13 83 – www.albergobucaneve.com – albergobucaneve@tiscali.it – chiuso novembre

24 cam – 50/66 €, 6 € – ½ P 38/55 €

Rist – *(chiuso martedì) (chiuso a mezzogiorno)* Carta 22/26 €

◆ Poco distante sia dalle piste da sci che dal centro, ideale per una vacanza all'insegna dello sport o alla scoperta dei dintorni, questo piccolo albergo familiare vanta una giovane e intraprendente gestione. Atmosfera semplice e casalinga per gustare piatti tipici locali.

Un pasto con i fiocchi senza rovinarsi? Cercate i Bib Gourmand. Vi aiuteranno a trovare le buone tavole che coniugano una cucina di qualità al prezzo giusto!

PIEVE SAN QUIRICO – **Perugia (PG)** – ✉ **06134** **32** B1
Roma 200 – Perugia 22 – Ancona 147

Le Torri di Bagnara
strada della Bruna 8 – ✆ 07 55 79 20 01 – www.letorridibagnara.it – info@letorridibagnara.it – aprile-9 novembre
7 cam – †90/120 € ††130/190 € – ½ P 101/131 €
Rist – *(chiuso a mezzogiorno)* Carta 24/34 €
◆ Qui non manca nulla: una piscina con acqua salata, tanto verde (la struttura è ubicata su un colle), camere accoglienti ed una vasta tenuta dove si allevano lepri, caprioli e bovini razza Chianina. C'è perfino una chiesetta consacrata! Un vero relais di charme per soggiorni di classe.

PIEVESCOLA – **Siena** – **563** M15 – **Vedere Casole d'Elsa**

PIGAZZANO – **Piacenza (PC)** – **562** H10 – ✉ **29020** **8** A2
Roma 547 – Bologna 181 – Piacenza 27 – Milano 96

Colombara
cam, rist,
– ✆ 0 52 3. 95 23 64 – www.hotelcolombara.com – info@hotelcolombara.com – chiuso dal 10 gennaio al 10 febbraio
20 cam – †140/170 € ††170/230 € – ½ P 115/145 € **Rist** – Carta 36/60 €
◆ In un borgo di origini quattrocentesche sulle colline piacentine, romantici interni con camere dotate di stufa-camino e splendidi bagni. Suggestivo centro benessere d'ispirazione indiana con trattamenti selezionati dalle diverse culture, orientale e occidentale. Cucina nazionale, nonché regionale nell'intimo ristorante.

PIGENO = PIGEN – **Bolzano** – **Vedere Appiano sulla Strada del Vino**

PIGNA – **Imperia (IM)** – **561** K4 – **911 ab.** – **alt. 280 m** – ✉ **18037** **14** A3
Roma 673 – Imperia 72 – Genova 174 – Milano 297

Grand Hotel Pigna Antiche Terme
regione lago Pigo – ✆ 01 84 24 00 10 rist,
– www.termedipigna.it – info@termedipigna.it – 26 dicembre-7 gennaio e marzo-novembre
90 cam – †110/150 € ††200/280 € – ½ P 130/190 € **Rist** – Menu 30 €
◆ Non lesina su spazi e confort, tantomento su una gestione attenta e professionale questo grande e moderno complesso situato ai piedi del caratteristico bogo di Pigna: vero paradiso per ristabilire corpo e spirito. Al ristorante i sapori di una cucina dietetica e attenta si affiancano ai gustosi piatti del territorio.

La Casa Rosa senza rist
corso De Sonnaz 35 – ✆ 34 75 22 71 19 – www.bebcasarosa.com – marisa.de.montis@alice.it – chiuso dal 15 novembre al 15 dicembre e dal 10 gennaio al 10 febbraio
5 cam – †35/40 € ††65/80 €
◆ Nel centro storico un'ingegnosa ristrutturazione ha dato vita a questa particolare risorsa con poche camere, ma tanta originalità, all'interno di un antico edificio tinteggiato di rosa.

Terme con cam
via Madonna Assunta – ✆ 01 84 24 10 46 – cllante@tin.it – chiuso dal 12 gennaio al 20 febbraio
15 cam – †30/40 € ††60/70 € – ½ P 50/60 €
Rist – *(chiuso mercoledì escluso agosto; da novembre a marzo la sera solo su prenotazione)* Carta 25/36 €
◆ Nell'entroterra ligure, un ristorante-trattoria che offre una serie di piatti ben fatti e fragranti; ambiente piacevole, di rustica semplicità, e gestione familiare.

PILASTRO – **Parma** – **562** H12 – **Vedere Langhirano**

PINARELLA – **Ravenna** – **563** J19 – **Vedere Cervia**

PINEROLO – Torino (TO) – 561 H3 – 35 491 ab. – alt. 376 m – ✉ 10064 **22** B2

Italia Centro Nord

Roma 694 – Torino 41 – Asti 80 – Cuneo 63

viale Giolitti 7/9 ☎ 0121 795589, info.pinerolo@tusrismotorino.org

Località★ - Via Principi d'Acaja★

Rocca di Cavour★: 12 km a sud (prendere la SS 589)

Relais Barrage

stradale San Secondo 100 – ☎ 01 21 04 05 00 – www.marachellagruppo.it – info.barrage@marachellagruppo.it

36 cam – 60/80 € 80/120 € – 8 suites – ½ P 65/81 €

Rist *Marachella Le Siepi* – *(chiuso agosto)* Carta 23/32 €

♦ Situato ai piedi delle montagne pinerolesi, l'ottocentesco cotonificio è stato convertito con grande maestria in un hotel dalla linearità minimalista, ma dotato di ogni confort. Il nome del ristorante svela il legame col mondo dell'equitazione; le mani dello chef, la passione per le ricette tradizionali e la creatività.

Il Torrione senza rist

via Galoppatoio 20 – ☎ 01 21 32 26 16 – www.iltorrione.com – prenotazione@iltorrione.com

10 cam – 45/65 € 90/110 €

♦ È su un curato prato all'inglese che si apre il cancello di questa villa neoclassica progettata dall'architetto di casa Savoia, Xavier Kurten. Al suo interno gli antichi criteri di ospitalità si affiancano a ricercate forme barocche, soggetti mitologici e moderne soluzioni di confort.

Taverna degli Acaja

corso Torino 106 – ☎ 01 21 79 47 27 – www.tavernadegliacaja.it – acaja@tavernadegliacaja.it – chiuso dal 1° al 6 gennaio, domenica, lunedì a mezzogiorno

Rist – Carta 37/50 €

♦ E' una giovane coppia a gestire questo piccolo ristorante arredato con calde tonalità color pastello. Situato a pochi passi dal centro, propone piatti regionali, carne e pesce.

Regina con cam

cam, cam,

piazza Barbieri 22 – ☎ 01 21 32 21 57 – www.albergoregina.net – info@albergoregina.net – chiuso dal 1° al 21 agosto

15 cam – 55/70 € 82/95 €, 8 € – ½ P 66/75 €

Rist – *(chiuso domenica)* Carta 32/52 €

♦ La scenografia è quella di un ristorante in cui si respira la tradizione piemontese, il cast è costituito dai piatti e dai vini del territorio che qui si susseguono. La risorsa dispone anche di camere semplici ma confortevoli per quanti desiderano prolungare il loro soggiorno nel cuore della città.

PINETO – Teramo (TE) – 563 O24 – 14 430 ab. – ✉ 64025 **1** B1

Roma 216 – Ascoli Piceno 74 – Pescara 31 – Ancona 136

via G. D'Annunzio (Villa Filiani) ☎ 085 9491745, iat.pineto@abruzzoturismo.it, Fax 085 9491341

Ambasciatori

via XXV Aprile 110 – ☎ 08 59 49 29 00 – www.pineto.it – ambasc@tin.it

31 cam – 70/120 € 90/150 € – ½ P 80/115 €

Rist – *(aprile-settembre) (chiuso a mezzogiorno) (solo per alloggiati)* Menu 25/30 €

♦ Fronte mare e poco fuori dal centro, albergo a conduzione familiare dai sobri arredi nelle sale e nelle camere, bel giardino con piscina e accesso alla spiaggia.

a Mutignano Sud-Ovest : 6,5 km – ✉ 64038

Bacucco D'Oro

via del Pozzo 10 – ☎ 0 85 93 62 27 – www.bacuccodoro.com – info@bacuccodoro.com – chiuso mercoledì escluso giugno-settembre

Rist – Carta 18/31 €

♦ Piccolo ristorante di tono rustico a conduzione familiare, dalla cui terrazza estiva si gode una splendida vista della costa. Cucina tipica a base di prodotti locali e, in stagione, profumati funghi raccolti dal titolare.

PINO TORINESE - Torino (TO) - **561** G5 - **8 663 ab.** - **alt. 495 m** **22** A1
- ✉ **10025** Italia Centro Nord

Roma 655 - Torino 10 - Asti 41 - Chieri 6

<★★ su Torino dalla strada per Superga

Pianta d'insieme di Torino

XX **Pigna d'Oro**

via Roma 130 - ☎ 0 11 84 10 19 - www.ristorantepignadoro.com - pignadoro@gmail.com - chiuso 3 settimane in gennaio, 1 settimana in agosto, lunedì, martedì a mezzogiorno **2**HT**t**

Rist - Carta 36/46 €

◆ Lungo la strada che taglia il paese, un piacevole edificio rustico, tipico delle campagne piemontesi, nel quale gustare la cucina locale, i cui ingredienti seguono le stagioni.

PINZOLO - Trento (TN) - **562** D14 - **3 093 ab.** - **alt. 770 m** - **Sport invernali : 800/2 100 m** **1** **8**, - ✉ **38086** Italia Centro Nord **30** B3

Roma 629 - Trento 56 - Bolzano 103 - Brescia 103

piazza S. Giacomo ☎ 0465 501007, info@pinzolo.to, Fax 0465 502778

Rendena località Ischia 1, ☎ 0465 80 60 49

Val di Genova★★★ Ovest - Cascata di Nardis★★ Ovest : 6,5 km - Val Rendena★

Beverly cam,

via Carè Alto 2 - ☎ 04 65 50 11 58 - www.beverlyhotel.it - info@beverlyhotel.it - dicembre-aprile e giugno-settembre

33 cam - 75/175 € 150/300 € - ½ P 100/135 €

Rist - *(solo per alloggiati)* Menu 35/100 €

◆ Strategicamente ubicato fra il centro e gli impianti di risalita, l'hotel ripropone il tipico stile trentino: ambienti luminosi e legno chiaro, relax e bella piscina.

Europeo

corso Trento 63 - ☎ 04 65 50 11 15 - www.hoteleuropeo.com - info@hoteleuropeo.com - 20 dicembre-23 marzo e giugno-20 settembre

50 cam - 85/130 € 150/210 € **Rist** - Menu 45 €

◆ Vicino al centro, ma anche adiacente al parco, questa risorsa offre alcuni dei più eleganti salotti della località. Al secondo piano, si trovano le camere migliori. Nell'ampio ristorante: la cucina, l'orgoglio della casa!

Cristina

viale Bolognini 39 - ☎ 04 65 50 16 20 - www.hotelcristina.info - hotelcristina@pinzolo.it - dicembre-aprile e giugno-settembre

31 cam - 60/120 € 110/180 € - ½ P 125/150 €

Rist - *(solo per alloggiati)*

◆ Albergo nel più classico stile montano, da poco ristrutturato e dotato di un piccolo e completo centro benessere. Ambiente familiare, in posizione strategica per gli impianti.

Corona rist,

corso Trento 27 - ☎ 04 65 50 10 30 - www.hotelcorona.org - info@hotelcorona.org - dicembre-aprile e giugno-settembre

45 cam - 74/126 € - ½ P 89 € **Rist** - Carta 22/29 €

◆ Nel centro cittadino, simpatica gestione familiare dai gradevoli spazi comuni, camere accoglienti ed ottimi bagni. L'attrezzato wellness center vi aspetta per rimettervi in forma dalla testa ai piedi. Ampia sala ristorante con proposte gastronomiche per clientela e gusti di ogni genere.

Ferrari rist,

via Matteotti 44 - ☎ 04 65 50 26 24 - www.ferrarihotel.it - info@ferrarihotel.it - 20 dicembre-Pasqua e 10 giugno-settembre

22 cam - solo ½ P 43/70 € **Rist** - Menu 16/30 €

◆ In prossimità della pineta e del palaghiaccio, una casa a conduzione familiare dai semplici arredi in legno: particolarmente apprezzata dagli amanti della natura, è la meta ideale per un turismo sia estivo sia invernale. Cucina tradizionale e casalinga nella luminosa sala da pranzo in stile montano.

La Locanda senza rist
viale Dolomiti 20 – ✆ 04 65 50 11 22 – www.residencelalocanda.eu – info@residencelalocanda.eu
18 cam – ††60/100 €
◆ Alle porte di Pinzolo, una piccola locanda dal caratteristico stile montano: caldi arredi in legno, ampie camere e suite con possibilità di angolo cottura.

a Giustino **Sud : 1,5 km – alt. 770 m – ✉ 38086**

XX **Mildas**
via Rosmini 7, località Vadaione, Sud : 1 km – ✆ 04 65 50 21 04 – www.ristorantemildas.it – info@ristorantemildas.it – dicembre-aprile e 20 giugno-settembre; chiuso lunedì
Rist – *(chiuso a mezzogiorno escluso luglio-agosto e sabato-domenica in inverno)* (consigliata la prenotazione) Carta 35/57 €
◆ In una cripta del '300 con moderno refettorio, la cucina rivisita i classici trentini: a cominciare dalla polenta, protagonista di diversi piatti. Carta dei vini illustrata e descritta.

a Sant'Antonio di Mavignola **Nord-Est : 6 km – alt. 1 122 m – ✉ 38086**

Maso Doss
via Val Brenta 74, Nord-Est : 2,5 km – ✆ 04 65 50 27 58 – www.masodoss.com – info@masodoss.com – dicembre-Pasqua e giugno-ottobre
6 cam – ††160/290 € – ½ P 100/180 € **Rist** – *(solo per alloggiati)*
◆ Se vi appassiona la natura e la storia, o cercate un soggiorno romantico, ecco il vostro indirizzo: un maso del '600 con reperti di vita montana, camino e arredi d'epoca.

PIOLTELLO – Milano (MI) – 561 F9 – 34 894 ab. – alt. 122 m – ✉ 20096 **18** B2

Roma 563 – Milano 17 – Bergamo 38

a Limito **Sud : 2,5 km – ✉ 20090**

XX **Antico Albergo**
via Dante Alighieri 18 – ✆ 0 29 26 61 57 – www.anticoalbergo.it – info@anticoalbergo.it – chiuso dal 26 dicembre al 6 gennaio, agosto, sabato a mezzogiorno, domenica
Rist – Carta 35/51 €
◆ Papà Elio con la moglie ha trasmesso ai figli l'amore per la cucina lombarda e per l'ospitalità, in quest'antica, elegante, locanda con servizio estivo sotto un pergolato.

PIOMBINO – Livorno (LI) – 563 N13 – 34 825 ab. – ✉ 57025 Toscana **28** B3

Roma 264 – Firenze 161 – Grosseto 77 – Livorno 82

per l'Isola d'Elba-Portoferraio – Navarma-Moby Lines, call center 199 303 040

per l'Isola d'Elba-Portoferraio e Rio Marina-Porto Azzurro – Toremar, call center 892 123

(stagionale) via Ferruccio ✆ 0565 225639 apt7piombinoporto@costadegli etruschi.it
(stagionale) al Porto via Stazione Marittima ✆ 0565 226627, apt7piombinoporto@costadeglietruschi.it

Isola d'Elba★★

Centrale
piazza Verdi 2 – ✆ 05 65 22 01 88 – www.hotel-centrale.net – info@hotel-centrale.net
41 cam – †110/125 € ††145/169 € – ½ P 115 €
Rist *Centrale* – ✆ *05 65 22 18 25 (chiuso dal 22 dicembre al 7 gennaio, sabato, domenica)* Carta 30/48 €
◆ Ubicato in pieno centro storico, hotel di taglio classico con spazi ben distribuiti e camere funzionali. In lontananza si possono scorgere Elba e mare. Ampia sala ristorante ben illuminata dalle vetrate affacciate sulla città vecchia.

X **Lo Scoglietto**

via Carlo Pisacane 118 – ✆ 0 56 53 05 94 – rist.scoglietto@tiscali.it – chiuso dal 24 al 30 settembre e martedì (escluso dicembre e giugno-settembre)
Rist – Menu 25/35 € – Carta 33/54 €
◆ L'impegno e la passione profusi un cucina si concretizzano in piatti sorprendenti, per i quali l'attenta ricerca dei prodotti si unisce all'esaltazione del gusto degli stessi.

a Populonia Nord-Ovest : 13,5 km – ✉ 57020

XX **Il Lucumone**

al Castello – ✆ 0 56 52 94 71 – chiuso domenica sera e lunedì da ottobre a maggio
Rist – Carta 42/65 €
◆ All'interno dell'affascinante borgo-castello, intimo ed elegante locale in curate salette e, nella bella stagione, grazioso dehors nel piccolo vicolo medievale. Sulla tavola piatti unicamente a base di pesce e menu degustazione.

PIOSSASCO – Torino (TO) – 561 H04 – 18 032 ab. – alt. 304 m – ✉ 10045 — 22 B2

Roma 662 – Torino 27 – Cuneo 87 – Milano 163

XXX **La Maison dei Nove Merli**

via Rapida ai Castelli 10 – ✆ 01 19 04 13 88 – www.novemerli.it – novemerli@novemerli.it – chiuso 1 settimana in gennaio, 2 settimane in agosto, domenica sera, lunedì
Rist – Carta 45/60 €
◆ Un maniero del '500 che domina le colline, fiabeschi ambienti che riportano agli antichi fasti della dimora dei conti di Piossasco; per la regia di uno chef creativo.

PIOVE DI SACCO – Padova (PD) – 562 G18 – 18 872 ab. – ✉ 35028 — 36 C3

Roma 514 – Padova 19 – Ferrara 88 – Venezia 43

Point Hotel senza rist

via Adige 2 – ✆ 04 99 70 52 79 – www.pointhotel.it – info@pointhotel.it
71 cam – †66/85 € ††96/115 €
◆ Albergo ubicato in posizione leggermente periferica propone una gestione squisitamente femminile; camere di tono classico in piacevole legno scuro, ben tenute e con confort adeguati alla categoria. Ideale per una clientela d'affari, rimane comunque un indirizzo interessante anche per turisti itineranti.

XXX **Meridiana** (Carraro Daniele)

via Jacopo da Corte 45 – ✆ 04 95 84 22 75 – www.meridianaristorante.it – bardiessabragato@libero.it – chiuso lunedì
Rist – Carta 53/65 €
Spec. Tramezzino croccante di gamberoni rossi di Sicilia. Paccheri alla carbonara di mare. Scorfano in frittura trasparente.
◆ Un minuzioso restauro ha resuscitato le tradizioni nobiliari di una barchessa veneta. Tra ambienti sontuosi ed affreschi cinquecenteschi, solo l'ordinazione si fa più informale: niente menu, il pescato del giorno è discusso ed ordinato a voce con i clienti.

XX **La Saccisica**

via Adige 18 – ✆ 04 99 70 40 10 – www.lasaccisica.it – ristorante@lasaccisica.it – chiuso dal 16 al 20 agosto, domenica sera, lunedì
Rist – Carta 34/56 €
◆ In un edificio circolare, anche gli ambienti sono divisi in spicchi mentre il vino diventa elemento decorativo oltre che contorno di piatti di mare e terra.

PIOVEZZANO – Verona – Vedere Pastrengo

PIOZZO – Cuneo (CN) – 1 012 ab. – ✉ 12060 **23** C3

Roma 637 – Torino 82 – Cuneo 45 – Asti 58

XX **Casa Baladin** con cam

piazza V Luglio 15 – ✆ 01 73 79 52 39 – www.casabaladin.it – info@casabaladin.it – chiuso mercoledì

5 cam – 80/100 € 120 €

Rist – *(chiuso a mezzogiorno)* (prenotazione obbligatoria) Menu 40 € bc/50 € bc

◆ Conturbante, giovane, alla moda: una casa della birra - unica bevanda, oltre a qualche tè - intesa ad accompagnare in tavola il menu degustazione di cucina moderna e creativa. Lo stile si ripropone anche nelle camere impreziosite da materiali naturali e affreschi recenti.

Non confondete i coperti X e le stelle ✲! I coperti definiscono una categoria di confort e di servizio. Le stelle premiano unicamente la qualità della cucina, indipendentemente dalla categoria dell'esercizio.

PISA Ⓟ (PI) – **563** K13 – **87 398 ab.** Toscana **28** B2

Roma 335 – Firenze 77 – Livorno 22 – Milano 275

Galileo Galilei Sud: 3 km BZ ✆ 050 849300

piazza Stazione ✉ 56125 ✆ 050 42291, stazione@pisa.turismo.toscana.it, Fax 050 504067

via Pietro Nenni 24 ✉ 56124 050 929777, aptpisa@pisa.turismo.toscana.it, Fax 050 929764

Aeroporto Galileo Galilei ✆ 050 503700, aeroporto@pisa.turismo.toscana.it

Cosmopolitan viale Pisorno 60, ✆ 050 3 36 33

Torre Pendente★★★ AY – Battistero★★★ AY – Duomo★★ AY: facciata★★★, pulpito★★★ di Giovanni Pisano – Camposanto★★ AY: ciclo affreschi Il Trionfo della Morte★★★, Il Giudizio Universale★★, L'Inferno★ – Museo dell'Opera del Duomo★★ AY **M1** – Museo di San Matteo★★ BZ – Chiesa di Santa Maria della Spina★★ AZ – Museo delle Sinopie★ AY **M2** – Piazza dei Cavalieri★ AY : facciata★ del palazzo dei Cavalieri ABY **N** – Palazzo Agostini★ ABY – Facciata★ della chiesa di Santa Caterina BY – Facciata★ della chiesa di San Michele in Borgo BY **V** – Coro★ della chiesa del Santo Sepolcro BZ – Facciata★ della chiesa di San Paolo a Ripa d'Arno AZ

San Piero a Grado★ per ⑤ : 6 km

 **Relais dell'Orologio**

via della Faggiola 12 ✉ 56126 – ✆ 0 50 83 03 61 – www.hotelrelaisorologio.com – info@hotelrelaisorologio.com AY**c**

19 cam – 290 € 430 € – 2 suites – ½ P 265 €

Rist – Menu 60/75 €

◆ Nel cuore della città, una casa-torre trecentesca da sempre appartenuta alla stessa famiglia: eleganza e personalizzazioni in ogni ambiente. Imperdibile, la sala-lettura. La tradizione gastronomica italiana è servita al ristorante, accompagnata dai migliori vini locali.

San Ranieri

via Filippo Mazzei ✉ 56124 – ✆ 0 50 97 19 51 – www.sanranierihotel.com – info@sanranierihotel.com BZ

88 cam – 105/180 € 120/200 € – 2 suites – ½ P 85/125 €

Rist *Squisitia* – ✆ 05 09 71 95 55 – Carta 36/66 €

◆ Uno scenografico involucro di cristallo che la sera si accende di diverse sfumature: all'interno, le linee sono essenziali. Il bianco e il nero la fanno da padroni, insieme agli specchi dove si celano le luci e persino i televisori. Nel nome del ristorante l'aggettivo che meglio esprime la cucina.

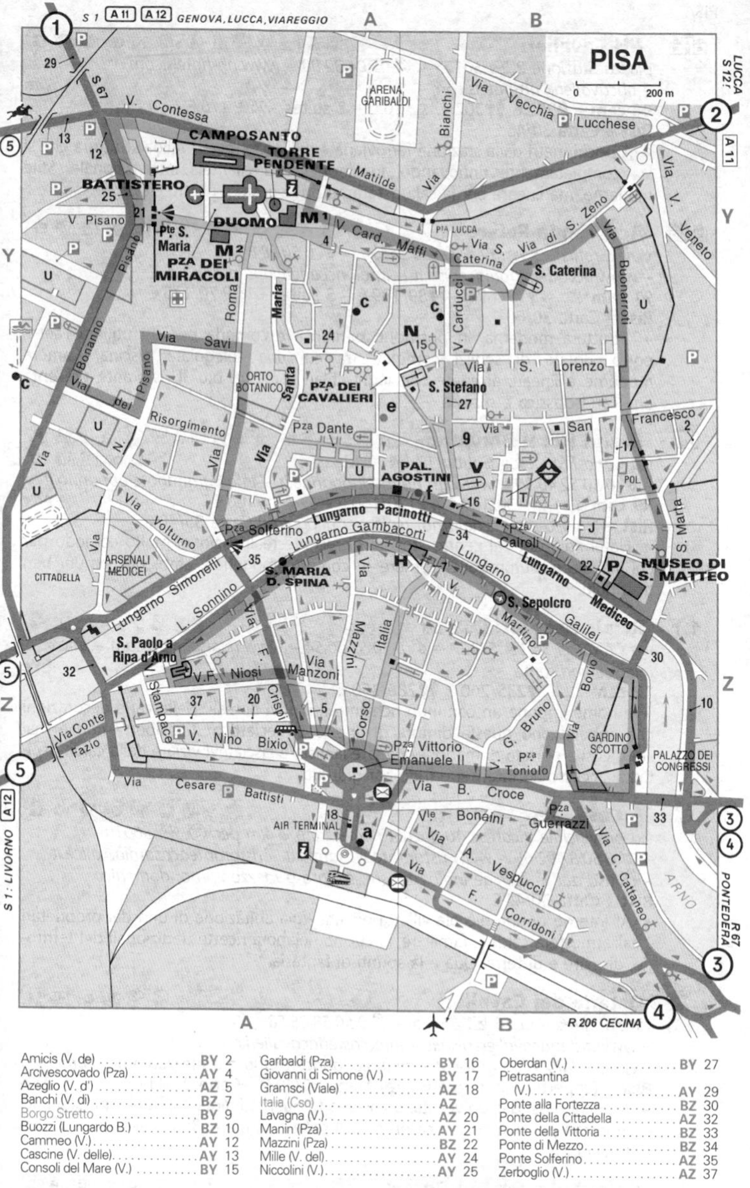

PISA
0
200 m
S 1
A 11
A 12
GENOVA, LUCCA, VIAREGGIO
A
B
Y
Z
LUCCA S 12!
A 11
S 1 : LIVORNO
A 12
PONTEDERA R 67
R 206 CECINA
ARNO
S 67
V. Contessa
CAMPOSANTO
TORRE PENDENTE
BATTISTERO
DUOMO
M¹
M²
Pte S. Maria
PZA DEI MIRACOLI
V. Pisano
Matilde
V. Card. Maffi
ARENA GARIBALDI
Via Bianchi
Via Vecchia Lucchese
Via V. Veneto
PIA LUCCA
Via S. Caterina
Via di S. Zeno
S. Caterina
Via Buonarroti
Via Roma
Maria
V. Carducci
Via Savi
Via Pisano
Via Bonanno
Via dei
Via Risorgimento
ORTO BOTANICO
Via Santa
PZA DEI CAVALIERI
S. Stefano
Via S. Lorenzo
Via San Francesco
Pza Dante
PAL. AGOSTINI
POL.
Lungarno Pacinotti
Lungarno Gambacorti
Pza Solferino
Via Volturno
ARSENALI MEDICEI
CITTADELLA
Lungarno Simonelli
S. MARIA D. SPINA
Pza Cairoli
Lungarno Mediceo
MUSEO DI S. MATTEO
Via S. Marta
S. Sepolcro
V. Martino
Galilei
Lungarno Sonnino
S. Paolo a Ripa d'Arno
V. F. Niosi
Via Manzoni
Via Mazzini
Corso Italia
Via F. Crispi
V. Stampace
V. Nino Bixio
Via Conte Fazio
Via Cesare Battisti
Pza Vittorio Emanuele II
Via B. Croce
Via G. Bruno
Via Bovio
GARDINO SCOTTO
PALAZZO DEI CONGRESSI
Pza Toniolo
Vle Bonaini
Pza Guerrazzi
AIR TERMINAL
Via A. Vespucci
Via F. Corridoni
Via C. Cattaneo

NH Cavalieri
piazza Stazione 2 ✉ 56125 – ✆ 05 04 32 90 – www.nh-hotels.com – nhcavalieri@nh-hotels.com AZa
98 cam – ♦252 € ♦♦302 €, ☕ 10 € – 2 suites – ½ P 176 €
Rist – Carta 30/48 €
♦ A pochi metri dalla stazione ferroviaria e dall'air terminal, valida struttura che si sta completamente rinnovando. Ideale per una clientela internazionale. Stile moderno, ma lineare per la sala ristorante dove gustare ricette classiche.

Accademia Palace
viale Gronchi, 5 km per ③ ✉ 56121 – ✆ 0 50 98 81 81 – www.accademiapalacepisa.it – info@accademiapalacepisa.it
97 cam ☕ – ♦79/149 € ♦♦89/189 € – 5 suites – ½ P 70/135 €
Rist – Carta 30/60 €
♦ Struttura moderna, in posizione periferica e comoda per chi utilizza l'aeroporto, dotata di servizi completi tra cui una soleggiata piscina. Camere moderne e lineari, arredate con legni chiari e tessuti blu. Il ristorante presenta una carta classica e sfiziosa.

Grand Hotel Bonanno
via Carlo Francesco Gabba 17 ✉ 56122 – ✆ 0 50 52 40 30 – www.grandhotelbonanno.it – info@grandhotelbonanno.it
89 cam ☕ – ♦100/140 € ♦♦120/160 € – ½ P 80/100 € AYc
Rist – *(chiuso a mezzogiorno) (solo per alloggiati)* Carta 35/48 €
♦ Hotel adiacente al centro storico, di recente realizzazione, molto comodo per chi viaggia in automobile. Camere di confort omogeneo, ambienti comuni ben distribuiti.

Relais dei Fiori senza rist
via Carducci 36 ✉ 56127 – ✆ 0 50 55 60 54 – www.relaisdeifiori.com – info@relaisdeifiori.com BYc
12 cam ☕ – ♦235/260 € ♦♦280/350 €
♦ Il nome impone un continuo richiamo a motivi floreali...Nelle varie decorazioni che abbelliscono questa dimora di fine '800, l'eclettico stile liberty non è mai stato così a portata di mano. Appagate la vista e lasciatevi viziare dalla calda ospitalità: accesso ad Internet e frigo-bar gratuiti.

XX **A Casa Mia**
via provinciale Vicarese 10, località Ghezzano, 1 km per ③ ✉ 56010 – ✆ 0 50 87 92 65 – www.ristoranteacasamia.it – ristoranteacasamia@alice.it – chiuso dal 1° al 7 gennaio, agosto, sabato a mezzogiorno, domenica
Rist – Carta 30/44 €
♦ All'interno di una piccola villetta privata - già abitazione di uno dei proprietari - dall'atmosfera calda e familiare, la cucina rielabora ricette tradizionali del territorio, di mare e di terra. Qua e là spunti di fantasia.

X **Osteria dei Cavalieri**
via San Frediano 16 ✉ 56126 – ✆ 0 50 58 08 58 – www.osteriacavalieri.pisa.it – info@osteriacavalieri.pisa.it – chiuso dal 29 dicembre al 7 gennaio, agosto, sabato a mezzogiorno, domenica
Rist – (coperti limitati, prenotare) Menu 30/40 € – Carta 27/41 € AYe
♦ A pochi passi dall'Università, un'osteria frequentatissima con ambienti semplici e impostati per una cucina casereccia di terra e di mare. Buona selezione di vini e distillati.

X **Osteria del Porton Rosso**
via Porton Rosso 11 ✉ 56126 – ✆ 0 50 58 05 66 – www.osteriadelportonrosso.it – osteriadelportonrosso@hotmail.it – chiuso dal 10 al 30 agosto e domenica BYf
Rist – Carta 27/39 €
♦ Nelle strette viuzze di una delle zone più caratteristiche e popolari di Pisa, un rustico angolo gastronomico: in sala è appesa una lavagnetta elencante i piatti del giorno, dalla cucina arrivano sapori di mare e di terra.

PISA (Marina di) - **Pisa (PI)** - **563** K12 - ✉ **56128** **28** B2

Roma 346 - Pisa 13 - Firenze 103 - Livorno 16

XXX **Foresta**

via Litoranea 2 - ☎ 05 03 50 82 - www.ristoranteforesta.it - info@ristoranteforesta.it - chiuso giovedì, domenica sera (escluso giugno-settembre)

Rist - (consigliata la prenotazione) Menu 44/55 € - Carta 44/68 €

♦ Ristorante dall'ambiente elegante, affacciato sul Tirreno. Servizio attento e ottima accoglienza. La cucina è di qualità e propone molti piatti di pesce.

XX **Da Gino**

via delle Curzolari 2 - ☎ 05 03 54 08 - ristorantedagino@tin.it - chiuso Natale, dall' 8 al 23 gennaio, venti giorni in settembre, lunedì, martedì

Rist - Carta 33/60 €

♦ Una ricca esposizione di pesce fresco accoglie i clienti all'ingresso di questo rinomato ristorante. Ambiente accogliente e luminoso, gestione familiare dalla collaudata esperienza.

PISCIANO - **Perugia** - **563** L19 - **Vedere Gubbio**

PISCIOTTA - **Salerno (SA)** - **564** G27 - **2 897 ab.** - **alt. 170 m** - ✉ **84066** **7** C3

Roma 367 - Potenza 154 - Castellammare di Stabia 139 - Napoli 156

Marulivo senza rist

via Castello - ☎ 09 74 97 37 92 - www.marulivohotel.it - info@marulivohotel.it - marzo-ottobre

11 cam - 95/150 € 130/200 €

♦ Un giorno il fascino bussò alle porte di un convento trecentesco nel centro storico del pittoresco borgo di Pisciotta, e nacque Marulivo: una splendida struttura con una suggestiva terrazza affacciata sul mare e camere dove l'austerità monastica ha lasciato il posto a raffinate personalizzazioni e confort moderni.

X **Angiolina**

via Passariello 2, località Marina di Pisciotta, Sud: 4 km - ☎ 09 74 97 31 88 - www.ristoranteangiolina.it - info@ristoranteangiolina.it - Pasqua-15 ottobre

Rist - (consigliata la prenotazione) Carta 28/40 €

♦ Se avete - giustamente - optato per questo tranquillo localino dal piacevole servizio estivo all'aperto, non potete non gustare le tipiche ricette a base di alici di "menaica" (una particolare rete a maglie strette utilizzata per la pesca da queste parti). In menu, però, anche tanti altri piatti campani.

PISTICCI - **Matera (MT)** - **564** F31 - **17 925 ab.** - ✉ **75015** **4** D2

Roma 455 - Potenza 93 - Matera 76

a Marconia **Sud-Est: 15 km** - ✉ **75015**

Agriturismo San Teodoro Nuovo rist,

C.da San Teodoro Nuovo km 442 - ☎ 08 35 47 00 42 - www.santeodoronuovo.com - doria@santeodoronuovo.com

10 cam - 70/80 € 110/130 €, 10 € - ½ P 95/105 €

Rist - (prenotazione obbligatoria) *(solo per alloggiati)* Menu 25/35 €

♦ Tra le mura di una masseria del Novecento adagiata nella pianura metapontina, una tenuta agricola orto-frutticola ospita appartamenti arredati con ricercatezza e personalità. Presso le antiche scuderie, le specialità della gastronomia regionale.

PISTOIA P **(PT)** - **563** K14 - **89 982 ab.** - **alt. 67 m** - ✉ **51100** **28** B1

Toscana

Roma 311 - Firenze 36 - Bologna 94 - Milano 295

piazza del Duomo c/o Palazzo dei Vescovi ☎ 0573 21622, pistoia@pistoiaturismo.toscana.it, Fax 0573 34327

Duomo★ B : dossale di San Jacopo★★★ e Madonna in Trono★- Battistero★ B - Chiesa di Sant'Andrea★ A: pulpito★★ e crocifisso★ di Giovanni Pisano - Fregio★★ dell'Ospedale del Ceppo B - Chiesa di San Giovanni Fuorcivitas B **R:** Visitazione★★ (terracotta invetriata di Luca della Robbia), pulpito★ e fianco nord★ - Facciata★ del Palazzo del Comune B **H** - Palazzo dei Vescovi★ B - Basilica della Madonna dell'Umiltà★ A **D**

Pianta pagina seguente

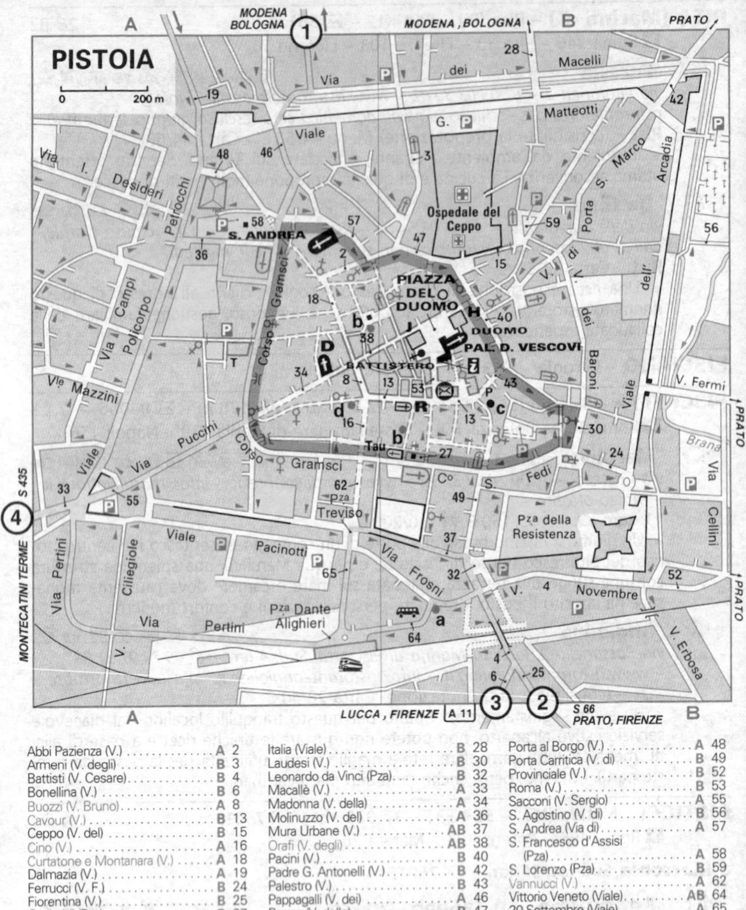

Villa Cappugi

rist,

via di Collegigliato 45 , per viale Italia
– ✆ 05 73 45 02 97 – www.hotelvillacappugi.com – info@hotelvillacappugi.com
70 cam – 🚹89/129 € 🚹🚹99/179 € – ½ P 75/115 €
Rist – *(chiuso a mezzogiorno escluso venerdì, sabato e domenica)* Carta 26/51 €
◆ In aperta campagna ai piedi delle colline pistoiesi, albergo attrezzato per la clientela commerciale ma il cui silenzio ed eleganza saranno apprezzati anche dai turisti.

Villa de' Fiori

cam, cam, rist,

via di Bigiano e Castel Bovani 39, 2,5 km per via di Porta San Marco – ✆ 05 73 45 03 51 – www.villadefiori.it – info@villadefiori.it – 20 dicembre-6 gennaio e aprile-ottobre
8 cam – 🚹60/100 € 🚹🚹70/160 € – ½ P 57/104 €
Rist – *(chiuso lunedì) (chiuso a mezzogiorno escluso domenica)* Carta 30/76 €
◆ Tra il verde degli ulivi, questa villa settecentesca dispone di camere confortevoli e ambienti comuni signorili. Corsi di ginnastica orientale a bordo piscina. Profumati piatti mediterranei vi attendono al ristorante.

Puccini senza rist
vicolo Malconsiglio 4 – ☎ 0 57 32 67 07 – www.puccini.tv – palazzopucci@gmail.com Bc
10 cam ☕ – 🚹80/99 € 🚹🚹90/120 € – 1 suite
◆ Camere di dimensioni ragguardevoli, dove i romantici affreschi non stridono con gli arredi lineari e moderni. La struttura deve il proprio nome al prestigioso palazzo settecentesco che la ospita, nel quale ebbe i suoi natali l'intellettuale, mecenate, Niccolò Puccini.

Corradossi
viale Attilio Frosini 112 – ☎ 0 57 32 56 83 – loriscorradossi@virgilio.it
Rist – Carta 33/43 € Ba
◆ Ristorante gestito da due fratelli e rinomato in città per le sue specialità di pesce, sebbene non disdegni la carne e la tradizione. Locale di taglio semplice, sfoggia una veste più curata la sera.

Aoristò
via De' Buti 11 – ☎ 0 57 32 65 06 – www.aoristo.it – info@aoristo.it – chiuso 3 settimane in agosto, domenica, lunedì Ad
Rist – Menu 39/59 € – Carta 47/62 €
◆ La fantasia non interessa solo l'architettura del locale - sul tetto di un palazzo del centro con profusione di vetro, acciaio e mirabile vista sulla cupola del duomo - ma sconfina nella cucina con proposte gustosamente creative.

Il Cucciolo
via Panciatichi 4 – ☎ 0 57 32 92 30 – piccileo28@gmail.com – chiuso sabato a mezzogiorno e domenica Bb
Rist – Carta 35/50 €
◆ Un angolo di Versilia nel centro storico: piatti esclusivamente di pesce, proveniente spesso da pescherecci facenti capo al ristorante stesso, in un ambiente di classica atmosfera.

Trattoria dell'Abbondanza
via dell'Abbondanza 10/14 – ☎ 05 73 36 80 37 – chiuso dal 6 al 21 maggio, dal 2 al 17 ottobre, mercoledì, giovedì a mezzogiorno Ab
Rist – Carta 25/34 €
◆ All'insegna della tipicità e della tradizione, in un'atmosfera accogliente e simpatica, propone una cucina di prelibatezze caserecce riscoprendo l'antica gastronomia pistoiese.

a Pontenuovo Nord : 4 km – ✉ 51100

Il Convento
via San Quirico 33 – ☎ 05 73 45 26 51 – www.ilconventohotel.com – info@ilconventohotel.com
30 cam – 🚹80/90 € 🚹🚹120/140 €, ☕ 8 € – ½ P 90/100 €
Rist – *(chiuso lunedì dal 10 gennaio al 1° febbraio)* Carta 29/40 €
◆ Tra boschi e uliveti delle colline toscane, un signorile albergo ricavato dall'attenta ristrutturazione di un edificio monastico dell'800. Interni signorili e camere dalla tenuta e pulizia impeccabili. Cucina mediterranea nell'ex refettorio dei monaci: un autentico pezzo di storia!

PITIGLIANO – Grosseto (GR) – 563 O16 – ✉ 58017 — 29 D3

Roma 153 – Viterbo 48 – Grosseto 78 – Orvieto 51

piazza Garibaldi 51 ☎ 0564 617111, infopitigliano@lamaremma.info, Fax 0564 617111

Il Tufo Allegro
vicolo della Costituzione 5 – ☎ 05 64 61 61 92 – iltufoallegro@libero.it – chiuso dal 9 gennaio al 9 febbraio, martedì e mercoledì a mezzogiorno escluso agosto
Rist – Carta 32/57 €
◆ Nel cuore della località etrusca, nei pressi della Sinagoga: piatti toscani, un piccolo ristorante con una nutrita cantina di vini e salette ricavate nel tufo.

PITRIZZA – Olbia-Tempio (104) – Vedere Arzachena : Costa Smeralda

PIZZIGHETTONE – Cremona (CR) – 561 G11 – 6 777 ab. – alt. 46 m – ✉ 26026 16 B3

▶ Roma 526 – Piacenza 23 – Cremona 22 – Lodi 33

XX **Da Giacomo**

piazza Municipio 2 – ✆ 03 72 73 02 60 – giacomoverdelli@gmail.com – chiuso 15 giorni in gennaio, 20 giorni in agosto, lunedì

Rist – (coperti limitati, prenotare) Carta 39/56 €

◆ Nel centro storico di questa pittoresca località cinta da mura, un ristorantino che esprime una riuscita miscela di rusticità e design. Cucina del territorio reinterpretata.

PIZZO – Vibo Valentia (VV) – 564 K30 – 9 201 ab. – alt. 44 m – ✉ 89812 5 A2

▶ Roma 603 – Reggio di Calabria 105 – Catanzaro 59 – Cosenza 88

Marinella

contrada Marinella Prangi, Nord : 4 km – ✆ 09 63 53 48 64 – www.hotelmarinella.info – info@hotelmarinella.info

45 cam – †55/65 € ††85/95 € – ½ P 65/85 € **Rist** – Carta 24/40 €

◆ Hotel a conduzione diretta sulla litoranea e a 300 metri dal mare: camere confortevoli, nonché piacevole sala e terrazza per la prima colazione. Piu rustico il ristorante con proposte sia di mare sia di terra.

XX **Locanda Toscano**

via Benedetto Musolino 14/16 – ✆ 09 63 53 41 62 – antoninotoscano@libero.it – chiuso gennaio e lunedì

Rist – (consigliata la prenotazione) Carta 33/54 €

◆ In un angolo del piccolo centro storico, con la vista che dal dehors abbraccia castello e mare, la passione dei proprietari vi accompagnerà alla scoperta dei migliori sapori locali.

PLANAVAL – Aosta – Vedere Valgrisenche

POCENIA – Udine (UD) – 562 E21 – 2 654 ab. – ✉ 33050 10 B3

▶ Roma 607 – Udine 35 – Gorizia 53 – Milano 346

a Paradiso Nord-Est : 7 km – ✉ 33050 Pocenia

XX **Al Paradiso**

via S. Ermacora 1 – ✆ 04 32 77 70 00 – www.trattoriaparadiso.it – info@trattoriaparadiso.it – chiuso dal 14 al 28 febbraio, 2 settimane in agosto, lunedì, martedì

Rist – *(chiuso a mezzogiorno escluso sabato-domenica)* Carta 31/45 €

◆ Una piccola bomboniera in un antico cascinale, con decorazioni e tendaggi ovunque. Spunti moderni nella cucina che segue il territorio (tanta carne e cacciagione). Ideale per una cena romantica.

PODENZANA – Massa Carrara (MS) – 563 J11 – 1 715 ab. – alt. 32 m – ✉ 54010 28 A1

▶ Roma 419 – La Spezia 24 – Genova 108 – Parma 99

X **La Gavarina d'Oro**

via del Gaggio 28 – ✆ 01 87 41 00 21 – www.lagavarinadoro.com – gavarina@email.it – chiuso dal 3 al 17 marzo, dal 25 agosto al 22 settembre e mercoledì

Rist – Carta 20/31 €

◆ Un ristorante tradizionale, un punto di riferimento nella zona, ove poter assaggiare anche la tipica cucina della Lunigiana e specialità come i panigacci. Nella rusticità.

POGGIBONSI – Siena (SI) – 563 L15 – 29 195 ab. – alt. 116 m – ✉ 53036 29 D1

▶ Roma 262 – Firenze 44 – Siena 29 – Livorno 89

Villa San Lucchese

località San Lucchese 5, Sud : 1,5 km – ✆ 05 77 93 71 19 – www.villasanlucchese.com – info@villasanlucchese.com – chiuso dal 10 gennaio al 10 febbraio

38 cam – 126 € 208 € – ½ P 129 €

Rist – *(chiuso lunedì) (chiuso a mezzogiorno da ottobre a maggio)* Carta 31/50 €

◆ Abbracciata da un parco e affacciata sulle colline senesi, in quest'antica dimora patrizia del '400 è come se il tempo si fosse fermato: solo i confort sono al passo con i giorni nostri. Sobria eleganza, in un ambiente ricco di charme e confort. Bel ristorante con accogliente terrazza per il servizio estivo.

La Galleria

galleria Cavalieri Vittorio Veneto 20 – ✆ 05 77 98 23 56 – chiuso agosto e domenica

Rist – Carta 26/42 €

◆ All'interno di una galleria commerciale, locale di stampo classico con cucina a vista. Proposte di mare e di terra, elaborate da materie prime scelte con cura.

POGGIO – Livorno – 563 N12 – Vedere Elba (Isola d') : Marciana

POGGIO ALLE MURA – Siena – Vedere Montalcino

POGGIO MURELLA – Grosseto (GR) – 563 N16 – ✉ 58014 29 C3

Roma 163 – Grosseto 63 – Firenze 182 – Perugia 126

Saturnia Tuscany Hotel

strada Marco Pantani – ✆ 05 64 60 76 11 – www.saturniatuscanyhotel.com – info@saturniatuscanyhotel.com – chiuso dall'11 al 29 dicembre e dal 10 gennaio all'11 febbraio

39 cam – 170/250 € 180/320 € – ½ P 125/195 € **Rist** – Menu 25/35 €

◆ In posizione panoramica e tranquilla, una bella struttura completa nei servizi offerti, con camere più o meno spaziose, tutte riccamente arredate. Nell'accogliente sala ristorante o nella stupenda veranda affacciata sul verde, light lunch a pranzo e specialità regionali la sera.

Il Cantuccio senza rist

via Termine 18 – ✆ 05 64 60 79 73 – www.termesaturnia.it – hotelilcantuccio@gmail.com – chiuso dal 10 al 15 gennaio

6 cam – 45/60 € 65/90 €

◆ Piccola risorsa in posizione dominante a breve distanza dalle terme di Saturnia. Camere graziose e ricche di decorazioni. Colazione con torte fatte in casa.

POGLIANO MILANESE – Milano (MI) – 8 209 ab. – alt. 164 m – ✉ 20010 18 A2

Roma 595 – Milano 20 – Como 41

La Corte

via Chiesa 36 – ✆ 02 93 25 80 18 – www.lacorteristorante.it – lacorteristorante@fastwebnet.it – chiuso dal 1° al 9 gennaio, agosto, domenica sera, lunedì

Rist – Carta 38/48 €

◆ Una piccola bomboniera nel cuore dell'industrializzato hinterland milanese; a condurla con passione e professionalità, due giovani e capaci fratelli, davvero creativi.

POIRINO – Torino (TO) – 561 H5 – 10 149 ab. – alt. 249 m – ✉ 10046 22 B2

Roma 661 – Torino 28 – Moncalieri 19

Brindor Hotel

via Torino36 – ✆ 01 19 45 31 75 – www.brindorhotel.info – mail@brindorhotel.info – chiuso dal 10 al 22 agosto

57 cam – 75 € 88 € – 1 suite – ½ P 62 €

Rist *Andrea-re degli asparagi* – ✆ 01 19 45 27 28 – Carta 24/36 €

◆ Distante dal centro, questo hotel recente e di taglio moderno dispone di graziosi spazi comuni e di ampie camere ed è ideale per una clientela d'affari. Ideale per pranzi informali o cene di lavoro, il moderno ristorante propone piatti del territorio, paste fatte in casa e specialità agli asparagi.

POLESINE PARMENSE – Parma (PR) – 562 G12 – 1 494 ab. – alt. 36 m – ✉ 43010 **8** A1

Roma 496 – Parma 43 – Bologna 134 – Cremona 23

Al Cavallino Bianco

via Sbrisi 2 – ✆ 0 52 49 61 36 – www.cavallinobianco.it – info@cavallinobianco.it – chiuso dall'8 al 23 gennaio e martedì

Rist – Carta 31/46 €

Rist *Tipico di Casa Spigaroli* – *(chiuso martedì, sabato e i giorni festivi) (chiuso la sera)* Menu 13/20 €

◆ Secolare tradizione familiare alla quale affidarsi per assaporare il proverbiale culatello e specialità regionali, lungo le rive del grande fiume. Al "Tipico di Casa Spigaroli", scelta ristretta di ricette emiliane.

Antica Corte Pallavicina (Massimo Spigaroli) con cam

strada del Palazzo Due Torri 3 – ✆ 05 24 93 65 39 – www.acpallavicina.com/relais – relais@acpallavicina.com – chiuso dal 17 al 31 gennaio e lunedì

6 cam – †120 € ††140/190 € **Rist** – Menu 75/85 € – Carta 48/73 €

Spec. Il podio dei culatelli. Ravioli di lumache in sfoglia di granoturco con foglie di rapa rossa e fiori. Coscette di rana all'aglio dolce su piccola lasagna di verdure.

◆ Apoteosi della bassa padana, nonché regno dei culatelli a cui è dedicato un tempio-cantina: si mangia in un castello di origini medioevali trasformato in vetrina gourmet. Il viaggio nel tempo continua nelle camere dagli arredi d'epoca e atmosfere d'antan.

a Santa Franca Ovest : 3 km – ✉ 43010 Polesine Parmense

Colombo

via Mogadiscio 119 – ✆ 0 52 49 81 14 – ristorantecolombo@gmail.it – chiuso dal 10 al 30 gennaio, dal 25 luglio al 10 agosto, lunedì sera, martedì

Rist – Carta 31/46 €

◆ Servizio estivo sotto un pergolato in una mitica trattoria familiare: l'attuale proprietaria segue le orme paterne anche per produzione e stagionatura di salumi (tra i quali il prezioso culatello). Cucina emiliana.

POLIGNANO A MARE – Bari (BA) – 564 E33 – 17 664 ab. – ✉ 70044 **27** C2

Puglia

Roma 486 – Bari 36 – Brindisi 77 – Matera 82

Località★ - Grotta Palazzese★

Covo dei Saraceni

via Conversano 1/1 A – ✆ 08 04 24 11 77 – www.covodeisaraceni.com – info@covodeisaraceni.com

41 cam – †60/125 € ††60/180 € – 5 suites

Rist *Il Bastione* – *(chiuso martedì escluso marzo-ottobre)* Carta 40/64 €

◆ Su uno dei promontori della celebre località, camere recenti ma in grado di rendere indimenticabile il vostro soggiorno, chiedendone una con vista mare. Piacevoli sale ristorante, da cui godere un'ottima vista sul blu; terrazza sugli scogli.

Grotta Palazzese

via Narciso 59 – ✆ 08 04 24 06 77 – www.grottapalazzese.it – grottapalazzese@grottapalazzese.it

25 cam – †72/150 € ††120/260 €

Rist – *(lunedì in bassa stagione)* Carta 37/141 €

◆ Puglia, terra di trulli e di grotte: nell'antico borgo di Polignano, un hotel costruito sugli scogli, proprio a strapiombo sul blu; per dormire cullati dalle onde. Suggestivo servizio ristorante estivo in una grotta sul mare.

L'Osteria di Chichibio

largo Gelso 12 – ✆ 08 04 24 04 88 – www.osteriadichichibio.it – info@osteriadichichibio.it – chiuso dal 23 dicembre al 31 gennaio e lunedì

Rist – Carta 32/53 €

◆ Connubio di semplicità e allegria - non privo di eleganza - e l'occasione per mangiare pesce e verdure cotti in un forno a legna, serviti in piatti di ceramica. Il locale si è recentemente ampliato e anche la cucina non smette di "crescere".

POLLEIN – Aosta – Vedere Aosta

POLLENZO – Cuneo – 561 H5 – Vedere Bra

POLLONE – Biella (BI) – 561 F5 – 2 228 ab. – alt. 630 m – ✉ 13814 23 C2

Roma 671 – Aosta 92 – Biella 9 – Novara 62

XX **Il Patio** (Sergio Vineis)

✿ *via Oremo 14 – ☎ 01 56 15 68 – ilpatio@libero.it*
– chiuso lunedì, martedì
Rist – Carta 49/70 €

Spec. Uovo in camicia con crema di patate e funghi porcini. Spaghetti freschi di semola con granchio reale e basilico. Scomposizione di mela con croccante al cioccolato.

♦ Ristorante dall'atipica ambientazione in antiche stalle. I piatti semplici puntano sulla valorizzazione dei prodotti, ma c'è anche spazio per elaborazioni più complesse.

POLTU QUATU – Olbia-Tempio (104) – 366 R37 – Vedere Arzachena : Costa Smeralda

POLVANO – Arezzo – Vedere Castiglion Fiorentino

POLVERINA – Macerata – 563 M21 – Vedere Camerino

POMEZIA – Roma (RM) – 563 Q19 – 58 621 ab. – alt. 108 m – ✉ 00040 12 B2

Roma 28 – Anzio 31 – Frosinone 105 – Latina 41

Marediroma via Enna 30, ☎ 06 9 13 32 50

Selene rist,

via Pontina km 30 – ☎ 06 91 17 01
– www.hotelselene.com – info@hotelselene.com
193 cam – 🛉90/424 € 🛉🛉136/545 € – 2 suites
– ½ P 98/303 €
Rist – Carta 24/53 €

♦ Imponente e moderna struttura alberghiera arredata in stile design, tra essenzialità ed assenza di colori; il servizio è attento e professionale, le sale comuni ampie ed eleganti. Ristorante di taglio moderno con vasta scelta di specialità alla griglia.

POMONTE – Livorno – 563 N12 – Vedere Elba (Isola d') : Marciana

POMPAGNANO – Perugia – 563 N20 – Vedere Spoleto

POMPEI – Napoli (NA) – 564 E25 – 25 768 ab. – alt. 14 m – ✉ 80045 6 B2

Napoli e la Campania

Roma 237 – Napoli 29 – Avellino 49 – Caserta 50

via Sacra 1 ☎ 081 8507255, info@pompeiturismo.it, Fax 081 8632401

Foro★★★ : Basilica★★, Tempio di Apollo★★, Tempio di Giove★★
– Terme Stabiane★★★ – Casa dei Vettii★★★ – Villa dei Misteri★★★
– Odeion★★ – Casa del Menandro★★ – Via dell'Abbondanza★★
– Fullonica Stephani★★ – Casa del Fauno★★ – Porta Ercolano★★
– Via dei Sepolcri★★ – Foro Triangolare★ – Teatro Grande★
– Tempio di Iside★ – Termopolio★ – Casa di Loreius Tiburtinus★
– Villa di Giulia Felice★ – Anfiteatro★ – Necropoli fuori Porta Nocera★
– Casa degli Amorini Dorati★ – Torre di Mercurio★ : ≤★★
– Casa del Poeta Tragico★ – Pitture★ nella casa dell'Ara Massima
– Fontana★ nella casa della Fontana Grande

Villa di Oplontis★★ a Torre Annunziata Ovest : 6 km

Forum senza rist
via Roma 99/101 – 08 18 50 11 70 – www.hotelforum.it – info@hotelforum.it
35 cam – 70/100 € 85/150 € – 1 suite
◆ Vicino al famoso Santuario, varcato l'ingresso dell'hotel è un piacere sentire il silenzio dell'incantevole giardino interno. Man mano che si sale di piano, le camere si fanno di categoria superiore: più costose e con vista sul parco della zona archeologica.

Amleto senza rist
via Bartolo Longo 10 – 08 18 63 10 04 – www.hotelamleto.it – info@hotelamleto.it
26 cam – 65/90 € 90/155 €
◆ A pochi passi dal Santuario, edificio degli anni Venti ristrutturato con cura: ingresso in stile neoclassico, con una breve rampa di scale, e pavimento con riproduzioni musive.

Maiuri senza rist
via Acqua Salsa 20 – 08 18 56 27 16 – www.hotelmaiuri.it – info@hotelmaiuri.it
24 cam – 70/80 € 95/110 €
◆ Forse un omaggio all'antica Pompei, nella ripresa del nome di un famoso archeologo italiano; certo un hotel nuovo, molto comodo, dai toni pastello anche negli interni.

Giovanna senza rist
via Acquasalsa 18 – 08 18 50 61 61 – www.hotelgiovanna.it – info@hotelgiovanna.it
24 cam – 55/75 € 75/150 €
◆ Un bel giardino fa da cornice a questo albergo consigliato a clienti d'affari e turisti, desiderosi di trovare un'oasi di relax; camere spaziose e confortevoli.

Iside senza rist
via Minutella 27 – 08 18 59 88 63 – www.hoteliside.it – info@hoteliside.it
18 cam – 50/70 € 70/90 €
◆ Non lontano dall'ingresso agli scavi archeologici, in una zona residenziale tranquilla, offre un'accoglienza familiare e ambienti luminosi; alle spalle dell'albergo un orto-agrumeto.

President
piazza Schettini 12/13 – 08 18 50 72 45 – www.ristorantepresident.it – info@ristorantepresident.it – chiuso dal 7 al 16 gennaio, dal 10 al 18 agosto, domenica sera, anche lunedì da ottobre ad aprile
Rist – (consigliata la prenotazione) Menu 55 € – Carta 38/54 €
◆ Stucchi e lampadari a gocce impreziosiscono questo elegante ristorante, dove gustare una cucina che propone piatti di mare...secondo la disponibilità quotidiana del pescato!

Maccarone
via Acqua Salsa 51 – 08 18 50 09 67 – www.ristorantemaccarone.it – info@hotelmaiuri.it – chiuso Natale
Rist – *(chiuso lunedì a mezzogiorno)* Carta 25/38 €
◆ In un edificio che ricorda vagamente una casa colonica, si trova questo ristorante-pizzeria. L'ambiente è moderno, pulito nello stile, e con prezzi competitivi.

PONT – Aosta – Vedere Valsavarenche

PONTE A MORIANO – Lucca – 563 K13 – Vedere Lucca

PONTE ARCHE – Trento – 562 D14 – Vedere Comano Terme

PONTECAGNANO – Salerno (SA) – 564 F26 – 24 971 ab. – alt. 28 m – 84098 7 C2

Roma 273 – Potenza 92 – Avellino 48 – Napoli 68

a Faiano Nord-Est : 3 km – 84093

De Gustibus
piazza San Benedetto 2 – 0 89 20 20 32 – chiuso domenica sera e lunedì escluso luglio-agosto
Rist – Carta 25/45 €
◆ Nel cuore del centro storico di Faiano, ristorante dai toni caldi con ambienti di eleganza discreta e un gradevole terrazzo fiorito. Piatti a base di pesce.

PONTE DELL'OLIO - Piacenza (PC) - 561 H10 - 4 998 ab. - alt. 216 m 8 A2 - ✉ 29028

Roma 548 - Piacenza 22 - Genova 127 - Milano 100

Riva (Carla Aradelli)

via Riva 16, Sud : 2 km - ✆ 05 23 87 51 93 - www.ristoranteriva.it - info@ristoranteriva.it - chiuso lunedì, martedì a mezzogiorno

Rist - Carta 49/64 €

Spec. Tartare di patate e tartufo con fagiolini e caprino fresco. Maccheroni all'ago con finferli e ragù d'agnello. Baccalà con testa di porcino.

♦ In un piccolo borgo con un affascinante castello merlato, la moglie propone una cucina raffinata, misurato equilibrio di territorio e creatività; ai vini pensa il marito.

Locanda Cacciatori

località Mistadello di Castione, Est : 2,5 km - ✆ 05 23 87 72 06 - chiuso dal 10 al 30 gennaio, mercoledì

Rist - Carta 20/35 €

♦ 40 anni di esperienza per questa locanda da sempre gestita dalla stessa famiglia. Semplici le quattro sale affacciate sulle colline, dove riscoprire una cucina regionale, gustose paste fatte in casa e tenere carni.

PONTEDERA - Pisa (PI) - 563 L13 - 28 030 ab. - alt. 14 m 28 B2 - ✉ 56025

Roma 314 - Pisa 25 - Firenze 61 - Livorno 32

via della Stazione Vecchia 6 ✆ 0587 53354, info@comune.pontedera.pi.it, Fax 0587 215937

Armonia senza rist

piazza Caduti Div. Acqui, Cefalonia e Corfù 11 - ✆ 05 87 27 85 11 - www.hotelarmonia.it - reception@hotelarmonia.it

33 cam - ††260 € - 2 suites

♦ Storico edificio per una storica accoglienza, in città, sin da metà '800; ospiti illustri, atmosfere eleganti, qualità impeccabile e signorile.

Il Falchetto senza rist

piazza Caduti Div. Acqui, Cefalonia e Corfù 3 - ✆ 05 87 21 21 13 - www.hotelfalchetto.it - hotelfalchetto@alice.it

16 cam - †50/60 € ††70/80 €, 6 €

♦ Hotel gestito da una coppia di coniugi che ne ha cura quasi come fosse una casa privata; ambienti piacevoli e ricchi di dettagli personali, dotati di ogni confort.

PONTE DI BRENTA - Padova - 562 F17 - Vedere Padova

PONTE DI LEGNO - Brescia (BS) - 561 D13 - 1 815 ab. - alt. 1 257 m 17 C1 - Sport invernali : - ✉ 25056

Roma 677 - Sondrio 65 - Bolzano 107 - Bormio 42

corso Milano 41 ✆ 030 3748761, iat.pontedilegno@provincia.brescia.it, Fax 0364 91494

via Risorgimento 5, ✆ 0364 90 02 69

Mirella

via Roma 21 - ✆ 03 64 90 05 00 - www.hotelmirella.it - hotelmirella@pontedilegno.it - chiuso ottobre e novembre

61 cam - †80/140 € ††100/200 € - ½ P 100/160 €

Rist - Carta 33/51 €

♦ Nato nei primi anni '70, classico, possente albergo di montagna che offre come punto di forza gli ampi spazi comuni, interni ed esterni, ideali per un soggiorno di relax. Imponente sala ristorante con un'infilata di finestroni panoramici.

Sorriso

via Piazza 6 – ☎ 03 64 90 04 88 – www.hotelsorriso.com – info@hotelsorriso.com – dicembre-Pasqua e giugno-settembre

20 cam – †65/120 € ††110/240 € – ½ P 80/120 €

Rist – Menu 20/40 €

◆ Una piccola casa soleggiata, dal caratteristico stile alpino, decentrata e tranquilla, affacciata sulla vallata; una conduzione signorile e accurata per un buon confort.

Mignon

rist,

via Corno d'Aola 11 – ☎ 03 64 90 04 80 – www.albergomignon.it – info@albergomignon.it

38 cam – †50/70 € ††75/95 €, 8 € – ½ P 65/80 €

Rist – *(chiuso da maggio al 20 giugno, ottobre e novembre)* Carta 23/32 €

◆ Sorta come residenza dei proprietari e poi trasformata in hotel, questa tipica costruzione di montagna si trova strategicamente nelle vicinanze degli impianti sciistici, pista di pattinaggio, campi da tennis e piscina olimpionica. Camere spaziose e ben arredate. Ristorante familiare con cucina d'impostazione classica.

XX **San Marco**

piazzale Europa 18 – ☎ 0 36 49 10 36 – www.ristorante-sanmarco.it – sanmarcosome@virgilio.it – chiuso dal 15 al 30 giugno, lunedì (escluso dicembre-gennaio e luglio-agosto)

Rist – Carta 27/43 €

◆ Centrale, ma non nella zona storica della cittadina, e al piano terra di una villetta; taglio rustico e una cucina di sapore mutevole, tra il camuno e il "tirolese".

PONTE DI NAVA – Cuneo – 561 J5 – Vedere Ormea

PONTEGRADELLA – Ferrara – 562 H16 – Vedere Ferrara

PONTE IN VALTELLINA – Sondrio (SO) – 562 D11 – 2 297 ab. – alt. 485 m – ✉ 23026 16 B1

Roma 709 – Sondrio 9 – Edolo 39 – Milano 148

XX **Cerere**

via Guicciardi 7 – ☎ 03 42 48 22 94 – www.ristorantecerere.it – info@ristorantecerere.it – chiuso dal 10 al 20 gennaio, dal 1° al 25 luglio, mercoledì escluso agosto

Rist – Menu 38 € – Carta 31/42 €

◆ Elegante, sito in un palazzo del XVII secolo, locale d'impostazione classica, con "inserti" rustici, che non si limita ad offrire solo piatti di tradizione valtellinese.

PONTENUOVO – Pistoia – Vedere Pistoia

PONTENUOVO DI CALENZANO – Firenze – 563 K15 – Vedere Calenzano

PONTE SAN GIOVANNI – Perugia – 563 M19 – Vedere Perugia

PONTE SAN MARCO – Brescia – 561 F13 – Vedere Calcinato

PONTIDA – Bergamo (BG) – 561 E10 – 3 230 ab. – alt. 310 m – ✉ 24030 19 C1

Roma 609 – Bergamo 18 – Como 43 – Lecco 26

X **Hosteria la Marina** con cam

via Don Aniceto Bonanomi 283, frazione Grombosco, Nord : 2 km – ☎ 0 35 79 50 63 – www.lamarinaristotel.it – lamarinaristotel@gmail.com – chiuso martedì

9 cam – †60 € ††100 €, 5 € **Rist** – Carta 28/38 €

◆ Sulle colline alle spalle di Pontida, semplice trattoria familiare per piatti ruspanti e saporiti, legati anche alle tradizioni locali. Il vino lo si può scegliere direttamente nella piccola cantina.

PONTREMOLI – Massa Carrara (MS) – 563 I11 – 7 926 ab. – alt. 236 m – ✉ 54027 Toscana 28 A1

Roma 438 – La Spezia 41 – Carrara 53 – Firenze 164

Cà del Moro cam, rist,

via Casa Corvi 9 – ✆ 01 87 83 22 02 – www.cadelmororesort.it – info@cadelmoro.it
23 cam – 70/90 € 98/138 € – 2 suites – ½ P 66/89 €
Rist Ca' del Moro – vedere selezione ristoranti
Rist – *(solo per alloggiati)* Menu 17/20 €
♦ Immerso nella campagna lunigianese tra prati, golf 4 buche e campo pratica, delizioso resort di recente costruzione con un buon livello di confort nelle ampie camere.

Agriturismo Costa D'Orsola rist,

località Orsola, Sud-Ovest : 2 km – ✆ 01 87 83 33 32 – www.costadorsola.it – info@costadorsola.it – marzo-novembre
14 cam – 70/90 € 95/120 € – ½ P 66/85 €
Rist – *(chiuso a mezzogiorno)* Carta 25/34 €
♦ Camere di buona fattura, ricavate nei caratteristici locali di un antico borgo rurale restaurato con cura. Gestione familiare cortese, atmosfera tranquilla e rilassata. Ristorante suggestivo, con ampi spazi esterni.

Cà del Moro

via Casa Corvi 9 – ✆ 01 87 83 05 88 – info@cadelmoro.it – chiuso gennaio-febbraio
Rist – Carta 30/43 €
♦ Ristorante dalle caratteristiche ed intime sale, dove gustare piatti del territorio soprattutto a base di carne. Interessante ed articolata la scelta enologica.

PONZA (Isola di) – Latina (LT) – 563 S18 – 3 312 ab. 13 C3

Italia Centro Sud

per Anzio e Formia – Caremar, call center 892 123
per Terracina – Anxur Tours ✆ 0771 72291
Località★

PONZA (LT) – ✉ 04027 13 C3

molo Musco ✆ 0771 80031, info@prolocodiponza.it, Fax 0771 80031

Grand Hotel Santa Domitilla

via Panoramica – ✆ 07 71 80 99 51 – www.santadomitilla.com – info@santadomitilla.com – Pasqua-15 ottobre
59 cam – 200/290 € 240/390 € – 5 suites
Rist *Melograno* – *(giugno-settembre)* (consigliata la prenotazione) Carta 53/68 €
♦ In posizione tranquilla, ma sempre vicino al centro, troverete ispirazioni orientali e ceramiche vietresi, ma sono le piscine a rappresentare il *clou* di un raffinato soggiorno. Piatti di pesce nell'ampia sala da pranzo o sotto il pergolato di glicine. Si consiglia la prenotazione.

Bellavista

via Parata 1 – ✆ 0 77 18 00 36 – www.hotelbellavistaponza.it – info@hotelbellavistaponza.it – marzo-9 novembre
24 cam – 80/160 € 120/200 € – ½ P 120/140 €
Rist – *(15 aprile-settembre)* Carta 35/50 €
♦ Arroccato su uno scoglio e cullato dalle onde, l'hotel dispone di ampi spazi comuni, confortevoli camere arredate in legno scuro e un piccolo terrazzo con vista panoramica. Classico ambiente arredato nelle tinte del verde, la sala da pranzo propone la cucina mediterranea e quella regionale.

Acqua Pazza (Lucia e Patrizia Ronca)

piazza Carlo Pisacane – ✆ 0 77 18 06 43 – www.acquapazza.com – acquapazza@ponza.com – marzo-novembre
Rist – *(chiuso a mezzogiorno)* Carta 44/78 €
Spec. Crudo di pesce. Vermicelli ai ricci di mare. Pesce bianco con ristretto di acqua pazza.
♦ Lungo lo splendido proscenio del porto, un anfiteatro sul mare, mentre la cucina ne celebra i prodotti: dal crudo all'omonima acqua pazza.

XX **Orestorante**
via Dietro la Chiesa 4 – 0 77 18 03 38 – www.orestorante.it – orestorante@tiscali.it – Pasqua-settembre
Rist – *(chiuso a mezzogiorno)* Carta 63/81 €
◆ Un intrico di terrazzi con vista sull'incantevole Ponza: è l'appuntamento romantico per eccellenza, esaltato da una cucina di pesce dai profumi mediterranei.

XX **Gennarino a Mare** con cam
cam,
via Dante 64 – 0 77 18 00 71 – www.gennarinoamare.com – info@gennarinoamare.com – chiuso dal 20 dicembre al 30 gennaio
12 cam – 150/220 € 240/290 € **Rist** – *(aprile-ottobre)* Carta 50/74 €
◆ In posizione dominante sull'antico porto borbonico, costruito sull'acqua sopra una palafitta di legno, il ristorante offre una cucina mediterranea, soprattutto di pesce. Dispone anche di alcune graziose camere arredate con gusto, all'interno di una struttura dalla facciata azzurra.

X **Il Tramonto**
via campo Inglese, Nord : 4 km – 07 71 80 85 63 – tramonto@libero.it – aprile-settembre
Rist – *(chiuso a mezzogiorno)* Carta 47/60 €
◆ Un servizio giovane e dinamico, una cucina legata alla tradizione isolana dove regna il pesce ed una meravigliosa vista sull'isola di Palmarola per veder declinare il sole.

PONZANO – Firenze – Vedere Barberino Val d'Elsa

PONZANO VENETO – Treviso (TV) – 562 E18 – 10 894 ab. – alt. 28 m – ✉ 31050 35 A1

Roma 546 – Venezia 40 – Belluno 74 – Treviso 5

a Paderno di Ponzano Nord-Ovest : 2 km – ✉ 31050 Ponzano

Relais Monaco
rist,
via Postumia 63, Nord : 1 km – 04 22 96 41 – www.relaismonaco.it – mailbox@relaismonaco.it
79 cam – 115/210 € 160/260 € **Rist** – Carta 42/67 €
◆ Tra i colli della campagna veneta più dolce, una residenza adatta ad ogni esigenza. A poca distanza dall'autostrada, silenziosa villa d'epoca per turisti e uomini d'affari. Al ristorante ambienti e atmosfere eleganti.

POPPI – Arezzo (AR) – 563 K17 – 6 314 ab. – alt. 437 m – ✉ 52014 29 C1

Toscana

Roma 247 – Arezzo 33 – Firenze 58 – Ravenna 118

Casentino via Fronzola 6, 0575 52 98 10

Cortile★ del Castello★

Parc Hotel
rist,
via Roma 214, località Ponte a Poppi ✉ 52013 – 05 75 52 99 94 – www.parchotel.it – info@parchotel.it
38 cam – 38/59 € 65/110 € – ½ P 60/75 €
Rist *Parc* – 05 75 52 91 01 *(chiuso 2 settimane in gennaio e lunedì escluso agosto)* Carta 23/57 €
◆ Una valida risorsa, di tipo tradizionale, sia per una clientela d'affari sia per i turisti di passaggio nel Casentino. Camere confortevoli e moderne: da preferire quelle interne, le più tranquille. I menu spaziano dalla classica cucina d'albergo, alla gastronomia locale, nonché alle pizze.

La Torricella
località Torricella 14, Ponte a Poppi ✉ 52013 – 05 75 52 70 45 – www.latorricella.com – info@latorricella.com
21 cam – 40/55 € 60/70 € – ½ P 44/50 € **Rist** – Carta 13/25 €
◆ Sulla cima di una collina panoramica, a due passi dal rinomato borgo medievale ove sorge il castello dei Conti Guidi, in un tipico casolare toscano ben ristrutturato. Sala da pranzo rustica con travi in legno e veranda panoramica.

L'Antica Cantina
via Lapucci 2 – ✆ 05 75 52 98 44 – www.anticacantina.com – info@anticacantina.com – chiuso gennaio, lunedì, martedì a mezzogiorno
Rist – Carta 33/43 €
◆ Lasciata la parte più moderna del paese a valle, sulla collina è adagiato un incantevole borgo medievale: in un ambiente suggestivo, sotto antiche volte in mattoni adibite per lungo tempo a cantina, una cucina moderna non dimentica delle tradizioni.

Campaldino con cam
via Roma 95, località Ponte a Poppi ✉ 52013 – ✆ 05 75 52 90 08 – www.campaldino.it – info@campaldino.it
10 cam – 55/65 € 75/80 € – ½ P 50/60 €
Rist – *(chiuso febbraio e mercoledì)* Carta 22/36 €
◆ Un tributo - nel nome - alla storica Piana ove si tenne la battaglia tra Guelfi e Ghibellini, immortalata nei versi danteschi. Un'antica stazione di posta, oggi ristorante, per godere di una squisita cucina toscana e casentinese. A disposizione degli ospiti: una terrazza solarium con vista sul castello.

a Moggiona Sud-Ovest : 5 km – alt. 708 m – ✉ 52014

I Tre Baroni rist,
via di Camaldoli 52 – ✆ 05 75 55 62 04 – www.itrebaroni.it – info@itrebaroni.it – chiuso dal 7 gennaio al 7 marzo
24 cam – 60/90 € 75/106 €, 5 € – ½ P 60/76 €
Rist – *(chiuso martedì e mercoledì escluso da maggio a settembre)* Carta 22/30 €
◆ Lungo la strada per Camaldoli, un piccolo gioiello di ospitalità ricavato da un antico fienile, con terrazza panoramica e un'originale piscina a sfioro con bordo in pietra. La tranquillità regna sovrana. Signorile sala ristorante con proposte di cucina toscana.

Il Cedro
via di Camaldoli 20 – ✆ 05 75 55 60 80 – chiuso lunedì (escluso dal 15 luglio ad agosto)
Rist – (consigliata la prenotazione) Carta 18/30 €
◆ A pochi chilometri dal suggestivo convento di Camaldoli, piccola trattoria a conduzione familiare, propone una cucina del territorio dedicata particolarmente a grigliate, funghi e cacciagione.

POPULONIA – Livorno – 563 N13 – Vedere Piombino

PORCIA – Pordenone (PN) – 562 E19 – 15 312 ab. – alt. 29 m – ✉ 33080 10 A3

Roma 608 – Belluno 67 – Milano 333 – Pordenone 4

Purlilium rist,
via Bagnador 5, località Talponedo, Ovest: 1 km – ✆ 04 34 92 32 48 – www.hotelpurlilium.it – info@hotelpurlilium.it
26 cam – 50/90 € 70/130 €, 7 € – ½ P 95 € **Rist** – Carta 29/41 €
◆ Atmosfera riposante, camere luminose e discretamente signorili, spazi comuni con pietre a vista ed un giardino interno: un moderno hotel custodito tra le mura di un antico borgo rurale. Piccolo ristorante per proposte del territorio rivisitate.

PORDENONE P (PN) – 562 E20 – 51 461 ab. – alt. 24 m – ✉ 33170 10 B3

Roma 605 – Udine 54 – Belluno 66 – Milano 343
di Ronchi dei Legionari ✆ 0481 773224
via XX Settembre 11/B ✆ 0434 520381, info.pordenone@turismo.fvg.it, Fax 0434 241608
Castel d'Aviano via IV Novembre 13, ✆ 0434 65 23 05

Palace Hotel Moderno
viale Martelli 1 – ✆ 0 43 42 82 15 – www.palacehotelmoderno.it – info@palacehotelmoderno.it
96 cam – 94 € 150 €
Rist Moderno – vedere selezione ristoranti
◆ Centralissimo, proprio accanto al teatro Verdi, gradevoli sale arredate con gusto ed ampie camere in linea con lo stile della struttura. Brillano per originalità le due *design suite*.

Minerva senza rist
piazza XX Settembre 5 – ✆ 0 43 42 60 66 – www.hotelminerva.it – mail@hotelminerva.it
40 cam – 65/120 € 95/140 €
◆ Nel cuore della città e della sua vita socio-culturale, un signorile salotto di casa per il relax e comode camere arredate con gusto.

Park Hotel senza rist
via Mazzini 43 – ✆ 0 43 42 79 01 – www.parkhotelpordenone.it – info@parkhotelpordenone.it – chiuso dal 17 dicembre al 9 gennaio
65 cam – 54/120 € 69/200 € – 1 suite
◆ Ideale per chi viaggia per lavoro - in virtù della sua vicinanza alla stazione, ma sempre nel centro storico - la struttura dispone di camere ampie e funzionali (in progressivo rinnovo).

Moderno – Palace Hotel Moderno
viale Martelli 1 – ✆ 0 43 42 90 09 – www.eurohotelfriuli.it – pordenone@eurohotelfriuli.it – chiuso dal 26 dicembre all'8 gennaio, dal 7 al 31 agosto, sabato a mezzogiorno, domenica
Rist – (consigliata la prenotazione) Carta 43/55 €
◆ A dispetto del nome, si respira un'atmosfera di classica eleganza in questo ristorante, la cui cucina si sofferma più sui prodotti del mare che su quelli di terra.

La Ferrata
via Gorizia 7 – ✆ 0 43 42 05 62 – chiuso luglio, martedì
Rist – *(chiuso a mezzogiorno escluso sabato, domenica e festivi)* Carta 20/30 €
◆ Foto di locomotive, pentole e coperchi di rame arredano le pareti di questa enoteca-osteria accogliente e conviviale. Dalla cucina, i piatti della tradizione regionale, tra cui gustose lumache al burro.

PORLEZZA – Como (CO) – 561 D9 – 4 532 ab. – alt. 275 m – ✉ 22018 — 16 A2

Roma 673 – Como 47 – Lugano 16 – Milano 95
Lago di Lugano★★

Parco San Marco
viale Privato San Marco 1 – ✆ 03 44 62 91 11 – www.parco-san-marco.com – info@parco-san-marco.com – chiuso dal 7 gennaio al 25 marzo
80 suites – 126/217 € 180/310 €, 19 € – ½ P 126/191 €
Rist – Carta 43/50 €
Rist *Grotto San Marco* – *(aprile-ottobre; chiuso martedì)* Carta 19/41 €
◆ Ottima struttura in stile svizzero-tedesco, suddivisa in diversi edifici digradanti sul lago. Moderne suite, più o meno spaziose, con angolo cottura. Paradiso dei bambini grazie alle tante attività e spazi a loro dedicati. Assolutamente completo nella gamma dei servizi offerti.

POROTTO-CASSANA – Ferrara (FE) – 562 H16 – Vedere Ferrara

PORRETTA TERME – Bologna (BO) – 562 J14 – 4 792 ab. – alt. 349 m – ✉ 40046 — 9 C2

Roma 345 – Bologna 59 – Firenze 72 – Milano 261
piazza Libertà 11 ✆ 0534 22021, iat@comune.porrettaterme.it, Fax 0534 24440

Helvetia
piazza Vittorio Veneto 11 – ✆ 0 53 42 22 14 – www.helvetiabenessere.it – info@helvetiabenessere.it – chiuso dal 2 al 12 maggio
48 cam – 105/115 € 135/145 € – ½ P 110/145 € **Rist** – Carta 36/44 €
◆ Preparatevi ad un viaggio nel benessere: in un edificio Liberty dei primi del '900, moderne camere ed un'attrezzata Spa con una *zona secca* per i trattamenti medico-estetici, nonché una *zona umida* ricavata in una grotta, scavata nella roccia durante la I Guerra Mondiale. Menu light e proposte dello chef al ristorante.

Santoli
via Roma 3 – ✆ 0 53 42 32 06 – www.hotelsantoli.com – info@hotelsantoli.com – chiuso Natale
48 cam – 60/100 € 90/140 € – ½ P 65/85 €
Rist *Il Bassotto* – Carta 26/43 €
◆ Complesso adiacente alle terme, in grado di rispondere alle esigenze di una clientela di lavoro o turistica; pulizia, serietà e ampi spazi con alcuni dipinti di fantasia. Ristorante capiente, ornato da decorazioni stagionali tematiche, cucina tradizionale.

PORTALBERA – **Pavia (PV)** – **561** G9 – **1 562 ab.** – **alt. 64 m** – ✉ **27040** **16** B3
Roma 540 – Piacenza 42 – Alessandria 68 – Genova 120

Osteria dei Pescatori
località San Pietro 13 – ✆ 03 85 26 60 85 – osteriadeipescatori@alice.it – chiuso dal 1° al 10 gennaio, dal 10 luglio al 1° agosto, mercoledì
Rist – Carta 23/32 €
◆ Semplice quanto piacevole trattoria di paese in una piccola frazione del Pavese. Il marito ai fornelli, la moglie in sala: la cucina è decisamente casalinga, dal gusto deciso, nonché legata al territorio. L'oca diventa la protagonista indiscussa di tanti piatti.

PORTESE – **Brescia** – **Vedere San Felice del Benaco**

PORTICELLO – **Palermo** – **365** AQ55 – **Vedere Santa Flavia**

PORTICO DI ROMAGNA – **Forlì-Cesena (FC)** – **562** J17 – **alt. 309 m** – ✉ **47010** **9** C2
Roma 320 – Firenze 75 – Forlì 34 – Ravenna 61

Al Vecchio Convento
via Roma 7 – ✆ 05 43 96 70 53 – www.vecchioconvento.it – info@vecchioconvento.it – chiuso dal 12 al 30 gennaio
15 cam – 60 € 100 € – ½ P 75 € **Rist** – Carta 31/46 €
◆ Palazzotto ottocentesco in centro paese: consente ancora di respirare un'atmosfera piacevolmente retrò, del buon tempo antico che rivive anche nei mobili. Tre salette ristorante rustiche, con camini, cotto a terra e soffitto a travi.

PORTO AZZURRO – **Livorno** – **563** N13 – **Vedere Elba (Isola d')**

PORTOBUFFOLÈ – **Treviso (TV)** – **562** E19 – **817 ab.** – **alt. 10 m** – ✉ **31040** **36** C2
Roma 567 – Belluno 58 – Pordenone 15 – Treviso 37

Villa Giustinian
via Giustiniani 11 – ✆ 04 22 85 02 44 – www.villagiustinian.it – info@villagiustinian.it – chiuso dal 3 al 31 gennaio
35 cam – 100/130 € 165/180 € – 8 suites – ½ P 120/130 €
Rist *Ai Campanili* – *(chiuso dal 3 gennaio al 5 febbraio, domenica sera, lunedì, aperto lunedì sera da maggio al 15 ottobre)* Carta 32/62 €
◆ Nella Marca Trevigiana, prestigiosa villa veneta del XVII secolo, sita in un parco; offre suite ampie e di rara suggestione, decorate da fastosi stucchi e affreschi. Ristorante con cucina di mare nella barchessa.

PORTO CERVO – **Olbia-Tempio (104)** – **366** S37 – **Vedere Arzachena : Costa Smeralda**

PORTO CESAREO – **Lecce (LE)** – **564** G35 – **5 490 ab.** – ✉ **73010** **27** D3
Roma 600 – Brindisi 55 – Gallipoli 30 – Lecce 27

Lo Scoglio
isola Lo Scoglio, raggiungibile in auto – ✆ 08 33 56 90 79 – www.isolaloscoglio.it – info@isolaloscoglio.it
45 cam – 50/78 € 90/130 € – ½ P 99 €
Rist – *(chiuso novembre, martedì escluso da giugno a settembre)* Carta 23/35 €
◆ Sito su un isolotto collegato alla terraferma da un ponticello, l'hotel è circondato da un giardino, vanta ambienti di arredo classico ed è ideale per una vacanza culturale. In cucina, i sapori della tradizione italiana.

PORTO CONTE – Sassari – 366 K40 – Vedere Alghero

PORTO D'ASCOLI – Ascoli Piceno (AP) – 563 N23 – Vedere San Benedetto del Tronto

PORTO ERCOLE – Grosseto (GR) – 563 O15 – ✉ 58018 Toscana 29 C3

Roma 159 – Grosseto 50 – Civitavecchia 83 – Firenze 190

Argentario via Acquedotto Leopoldino, ✆ 0564 81 02 92

XX **Il Gambero Rosso**

lungomare Andrea Doria 62 – ✆ 05 64 83 26 50 – s_leibacher@yahoo.it – chiuso dal 15 novembre al 15 febbraio, mercoledì

Rist – Carta 40/57 €

◆ Un punto di riferimento per il pesce, a Porto Ercole, preso d'assalto nei fine settimana; un classico locale sulla passeggiata, con servizio estivo in terrazza sul porto.

sulla strada Panoramica Sud-Ovest : 4,5 km :

Il Pellicano — cam,

località Lo Sbarcatello – ✆ 05 64 85 81 11 – www.pellicanohotel.com – info@pellicanohotel.com – 18 aprile-16 ottobre

40 cam – †385/845 € ††420/880 € – 10 suites – ½ P 305/535 €

Rist Il Pellicano – vedere selezione ristoranti

Rist – *(chiuso a mezzogiorno)* Carta 73/143 €

◆ Nato come inno all'amore di una coppia anglo-americana che qui volle creare il proprio nido: in uno dei punti più esclusivi della Penisola, villini indipendenti tra verde e ulivi. Specialità toscane al ristorante.

XXXX ✿✿ **Il Pellicano**

località Lo Sbarcatello ✉ 58018 – ✆ 05 64 85 81 11 – www.pellicanohotel.com – info@pellicanohotel.com – 18 aprile-16 ottobre

Rist – *(chiuso a mezzogiorno)* Carta 91/129 €

Spec. Scampi e rana pescatrice in tempura con tartare di acciughe e salsa agrodolce. Risotto al nero di seppia e salvia con calamaretti spillo e crema di riso alla curcuma. Agnello al cardamomo e zafferano con lattuga e salsa al cipollotto.

◆ Uno degli indirizzi più esclusivi ed internazionali dell'Argentario trova nella cucina di Antonio Guida il suo coerente corrispettivo: raffinata e ricercata, soddisfa gli occhi oltre che il palato, stupendo anche i conoscitori più navigati con accostamenti sempre nuovi e sorprendenti.

PORTOFERRAIO – Livorno – 563 N12 – Vedere Elba (Isola d')

PORTOFINO – Genova (GE) – 561 J9 – 501 ab. – ✉ 16034 Liguria 15 C2

Roma 485 – Genova 38 – Milano 171 – Rapallo 8

via Roma 35 ✆ 0185 269024, iat.portofino@provincia.genova.it, Fax 0185 269024

Località e posizione pittoresca★★★ ≤★★★ dal castello

Passeggiata al faro★★★: 1 h a piedi AR – Strada panoramica★★★ per Santa Margherita Ligure – San Fruttuoso★★: 20 mn di motobarca

Splendido – (dipendenza: Splendido Mare) — rist,

salita Baratta 16 – ✆ 01 85 26 78 01 – www.hotelsplendido.com – info@splendido.net – aprile-6 novembre

56 cam – †480/600 € ††810/1380 € – 8 suites – ½ P 490/800 €

Rist – Carta 71/134 €

◆ Nella magnifica cornice del Golfo del Tigullio, questo esclusivo hotel si propone come un microcosmo di eleganza e raffinatezza. Confort di ottimo livello e cura del dettaglio nelle lussuose camere: la maggior parte delle quali dotate di balcone o terrazza con vista sulla baia. Piatti di ligure memoria al ristorante.

Splendido Mare rist,

via Roma 2 – ✆ 01 85 26 78 01 – www.hotelsplendido.net – info@splendido.net – 22 aprile-16 ottobre
14 cam – ††750/960 € – 2 suites – ½ P 460/560 €
Rist – Carta 63/109 €

◆ Posizionato proprio sulla nota piazzetta di questa capitale della mondanità, un gioiellino dell'hotellerie locale: per soggiornare nel pieno confort e nella comoda eleganza. Sarà piacevole pasteggiare al ristorante, in un contesto di tono e solo per pochi.

Piccolo Hotel rist,

via Duca degli Abruzzi 31 – ✆ 01 85 26 90 15 – www.dominavacanze.it – piccolo@domina.it – marzo-4 novembre
22 cam – †200/300 € ††300/400 € – ½ P 250/350 €
Rist – *(solo per alloggiati)*

◆ Totalmente rinnovato, questo piccolo hotel nella baia del Canone sfoggia - ora - un look moderno e accattivante: un intrigante gioco di bianco e nero, affascinante come la località che la ospita. Ampie le camere.

Eight Hotel Portofino senza rist

via del Fondaco 11 – ✆ 0 18 52 69 91 – www.portofinoeighthotels.it – info@portofino.eighthotels.it – aprile-novembre
18 cam – †250/300 € ††300/480 €

◆ A monte del centro storico, piccolo hotel rinnovato con buon gusto e soluzioni tecnologiche all'avanguardia. Il giallo, colore solare per antonomasia, predomina nelle camere di diverse tipologie, ma accomunate da una certa ricercatezza negli arredi e da un'alta qualità delle installazioni.

PORTOFINO (Promontorio di) – Genova Italia

PORTO GARIBALDI – Ferrara – 563 H18 – Vedere Comacchio

PORTOGRUARO – Venezia (VE) – 562 E20 – 25 359 ab. – ✉ 30026 — 36 D2

Italia

Roma 584 – Udine 50 – Belluno 95 – Milano 323

corso Martiri della Libertà 19-21 ✆ 0421 73558, info@portogruaroturismo.it, Fax 0421 72235

corso Martiri della Libertà★★ – Municipio★

La Meridiana senza rist

via Diaz 5 – ✆ 04 21 76 02 50 – albergolameridiana@libero.it – chiuso dal 22 al 30 dicembre
13 cam – †67 € ††90 €

◆ Villino di fine '800 che sorge proprio di fronte alla stazione; una comoda risorsa, con poche camere, accoglienti e personalizzate. Familiare, piccolo e curato.

PORTOMAGGIORE – Ferrara (FE) – 562 H17 – 12 310 ab. – alt. 3 m — 9 C2 – ✉ 44015

Roma 398 – Bologna 67 – Ferrara 25 – Ravenna 54

a Quartière Nord-Ovest : 4,5 km – ✉ 44019

La Chiocciola con cam rist,

via Runco 94/F – ✆ 05 32 32 91 51 – www.locandalachiocciola.it – adalberto@locandalachiocciola.it – chiuso 2 settimane in gennaio, 2 settimane in giugno e 2 settimane in settembre
6 cam – †70 € ††80 €
Rist – *(chiuso domenica sera, lunedì, in luglio-agosto anche domenica a mezzogiorno)* Carta 33/51 €

◆ Ricavato con originalità da un vecchio magazzino di deposito del grano, il locale è curato sin nei dettagli e propone specialità locali dall'oca, alle rane e alle lumache. Sobrie e funzionali le camere.

PORTO MANTOVANO – Mantova – Vedere Mantova

PORTO MAURIZIO – Imperia – 561 K6 – Vedere Imperia

PORTONOVO – Ancona – 563 L22 – Vedere Ancona

PORTOPALO DI CAPO PASSERO – Siracusa (SR) – 365 AZ63 40 D3
– 3 695 ab. – alt. 20 m – ✉ 96010 Sicilia

Catania 121 – Palermo 325 – Ragusa 56 – Siracusa 58

X **Maurì 1987**

via Tagliamento 22 – ✆ 09 31 84 26 44 – mauri.1987@virgilio.it – chiuso dal 30 ottobre al 20 novembre e martedì

Rist – Carta 32/45 €

◆ Ristorante e pizzeria in un edificio di due piani, dove è possibile assaporare in tutta comodità il freschissimo pescato locale, in arrivo direttamente dai pescherecci.

PORTO POTENZA PICENA – Macerata (MC) – 563 L22 – ✉ 62018 21 D2

Roma 276 – Ancona 36 – Ascoli Piceno 88 – Macerata 32

piazza Stazione 9 ✆ 0733 687927, info@prolocoportopotenza.it, Fax 0733 687927

La Terrazza cam,

via Rossini 86 – ✆ 07 33 68 82 08 – www.hotellaterrazza.com – info@hotellaterrazza.com

22 cam – †50/60 € ††70/80 € – ½ P 57/69 €

Rist – *(chiuso mercoledì)* Menu 28/44 €

◆ Entro un piacevole edificio liberty-moderno, una piccola risorsa, da poco rinnovata e a gestione familiare, in una tranquilla via interna, comunque non distante dal mare. In una bella sala dai toni eleganti proverete una rinomata cucina di pescato.

PORTO RECANATI – Macerata (MC) – 563 L22 – 11 959 ab. 21 D2
– ✉ 62017

Roma 292 – Ancona 29 – Ascoli Piceno 96 – Macerata 32

corso Matteotti 111 ✆ 071 9799084, iat.portorecanati@regione.marche.it, Fax 071 7597413

Mondial

viale Europa 2 – ✆ 07 19 79 91 69 – www.mondialhotel.com – mondial@mondialhotel.com

42 cam – †55/95 € ††80/130 € – ½ P 78 €

Rist – *(chiuso dal 20 dicembre al 10 gennaio)* Carta 16/37 €

◆ Alle porte della località, arrivando da sud, una risorsa che si mantiene costantemente aggiornata con camere spaziose, lineari ed essenziali. Ristorante al primo piano con proposte a menu fisso o *à la carte*.

sulla strada per Numana Nord : 4 km :

Il Brigantino rist,

viale Ludovico Scarfiotti 10/12 – ✆ 0 71 97 66 84 – www.brigantinohotel.it – info@brigantinohotel.it

44 cam – †55/72 € ††87/122 € – ½ P 60 €

Rist – *(chiuso domenica sera in inverno; in agosto solo Pens. 97 €)* Carta 26/60 €

◆ Direttamente sul mare, con i monti del Conero che si stagliano sullo sfondo, questo albergo rinnovato in anni recenti dispone di una scenografica terrazza affacciata sul blu e belle camere (optate per quelle con vista mare). Specialità ittiche nel ristorante panoramico.

XX **Dario**

via Scossicci 9 ✉ 62017 – ✆ 0 71 97 66 75 – www.ristorantedario.com – ristorantedario@libero.it – chiuso dal 23 dicembre al 26 gennaio, domenica sera e lunedì

Rist – Carta 43/63 €

◆ Sulla spiaggia, a poche centinaia di metri dai monti del Conero, una graziosa casetta con persiane rosse: il pesce dell'Adriatico e una trentennale gestione.

PORTO ROTONDO - Olbia-Tempio (104) - **366** S37 - Vedere Olbia

PORTO SAN GIORGIO - Fermo (FM) - **563** M23 - **16 201 ab.** **21** D2
- ✉ 63017

Roma 258 - Ancona 64 - Ascoli Piceno 61 - Macerata 42

via Oberdan 6 ✆ 0734 678461, iat.portosangiorgio@regione.marche.it, Fax 0734 678461

David Palace
lungomare Gramsci sud 503
– ✆ 07 34 67 68 48 – www.hoteldavidpalace.it
– info@hoteldavidpalace.it
50 cam – †80/120 € ††120/180 € – ½ P 90/102 €
Rist – *(chiuso dal 22 al 29 dicembre, dal 1° all'8 gennaio e domenica sera da ottobre a marzo)* Carta 38/50 €
◆ Di fronte al porto turistico, la risorsa annovera una hall con disponibilità di quotidiani e confortevoli camere di varie tipologie e con prezzi differenti. Specialità marinare e marchigiane presso l'elegante ristorante.

Il Timone
via Kennedy 85 – ✆ 07 34 67 95 05 – www.hoteltimone.com
– info@hoteltimone.com
75 cam – †105 € ††150 € – ½ P 135 €
Rist – Carta 41/61 € (+10 %)
◆ Una risorsa a spiccata vocazione commerciale articolata su due corpi separati - uno dei quali recentemente rinnovato - dispone di camere dai moderni confort. Spaziose sale da pranzo, con proposte gastronomiche legate alla tradizione italiana.

Il Caminetto
lungomare Gramsci 365
– ✆ 07 34 67 55 58 – www.hotelcaminetto.it
– info@hotelcaminetto.it
36 cam – †75/100 € ††125/160 € – ½ P 80/105 €
Rist – *(chiuso lunedì)* Carta 35/50 €
◆ Frontemare, l'esercizio è adatto per un soggiorno balneare ma anche per una clientela commerciale ed è dotata di un ascensore panoramico in vetro che conduce alla camere. Presso la capiente sala da pranzo arredata nelle calde tinte del rosa e dell'arancione, proposte di stampo nazionali e di pesce.

Damiani e Rossi Mare
concessione 29 lungomare Gramsci
– ✆ 07 34 67 44 01 – damianierossi@libero.it
– chiuso gennaio
Rist – Menu 65 € – Carta 38/63 €
◆ Ristorante estivo del *Damiani e Rossi* posizionato proprio sulla spiaggia e sul mare: anche in questa sede la cucina propone piatti regionali, soprattutto a base di pesce.

PORTO SAN PAOLO - Olbia-Tempio (OT) - **366** S38 - ✉ **07020** **38** B1
Vaccileddi

Cagliari 268 - Nuoro 87 - Olbia 15 - Sassari 114

a Costa Dorata Sud-Est : 1,5 km - ✉ 07020 Vaccileddi

Don Diego
– ✆ 0 78 94 00 06
– www.hoteldondiego.com – info@hoteldondiego.com
– 12 maggio-26 settembre
52 cam – †115/215 € ††150/286 € – 6 suites – ½ P 105/176 €
Rist – Menu 65/85 €
◆ Per gli amanti del silenzio e della privacy, una serie di villini indipendenti circondati da giardini e terrazze fiorite: la posizione è strepitosa, la vista è splendida su Tavolara. Suggestiva sala da pranzo con terrazza sul mare.

Un pasto accurato a prezzo contenuto? Cercate i Bib Gourmand.

PORTO SANTA MARGHERITA - Venezia - Vedere Caorle

PORTO SANT'ELPIDIO - Fermo (FM) - 563 M23 - 25 118 ab. 21 D2
- ✉ 63018

Roma 265 - Ancona 53 - Ascoli Piceno 70 - Pescara 103

XX **Il Baccaro**

via San Francesco d'Assisi 41 - ✆ 07 34 90 34 36 - www.ilsibillino.it - info@ilsibillino.it - chiuso mercoledì

Rist - Carta 29/37 €

◆ All'ingresso, un salotto-enoteca arredato con un grande bancone in legno, dove concedersi un rilassante aperitivo. Al piano superiore, un paio di eleganti salette nelle quali apprezzare la creatività dei due giovani chef: abili nel ricomporre ricette ormai note.

XX **La Lampara**

via Potenza 22 - ✆ 07 34 90 02 41 - chiuso dal 1° al 15 settembre, lunedì

Rist - Carta 30/51 €

◆ A pochi passi dal mare, il ristorante consta di due salette luminose arricchite da decorazioni murali, dove scegliere tra i molti piatti, esclusivamente a base di pesce.

PORTO SANTO STEFANO - Grosseto (GR) - 563 O15 - ✉ 58019 29 C3
Toscana

Roma 162 - Grosseto 41 - Civitavecchia 86 - Firenze 193

per l'Isola del Giglio - Toremar, call center 892 123

Maregiglio ✆0564 812920

piazzale Sant'Andrea ✆ 0564 814208, infoargentario@lamaremma.info, Fax 0564 814052

<★ dal forte aragonese

X **La Fontanina**

località San Pietro, Sud : 3 km - ✆ 05 64 82 52 61 - www.lafontanina.com - info@lafontanina.com - chiuso dal 7 gennaio al 14 febbraio, dal 5 al 30 novembre, mercoledì

Rist - Carta 33/79 € (+12 %)

◆ Servizio estivo sotto un pergolato: siamo in aperta campagna, attorniati da vigneti e frutteti. Solo la musica di cicale e grilli accompagna leccornie di pesce e buoni vini.

a Santa Liberata Est : 4 km - ✉ 58019

Villa Domizia

strada provinciale 161, 40 - ✆ 05 64 81 27 35 - www.villadomizia.it - info@villadomizia.it - marzo-novembre

39 cam - †85/150 € ††108/220 € - ½ P 116/134 €

Rist - Carta 20/44 €

◆ Pochi km separano la località da Orbetello e Porto Santo Stefano. Qui, una villetta proprio sul mare e una caletta privata allieteranno il vostro soggiorno. Belle camere (chiedete tuttavia quelle più nuove). Accattivante ubicazione della sala da pranzo: sarà come mangiare sospesi nell'azzurro.

a Cala Piccola Sud-Ovest : 10 km - ✉ 58019 Porto Santo Stefano

Torre di Cala Piccola

- ✆ 05 64 82 51 11 - www.torredicalapiccola.com - info@torredicalapiccola.com - marzo-ottobre

49 cam - ††215/420 € - 1 suite - ½ P 148/255 €

Rist - (prenotazione obbligatoria) Carta 43/124 €

◆ Attorno ad una torre spagnola del '500, nucleo di rustici villini nel verde di pini marittimi, oleandri e olivi su un promontorio panoramico: Giglio, Giannutri e Montecristo davanti a voi! Sala classica per il ristorante, più emozionante il servizio all'aperto.

PORTOSCUSO – Carbonia-Iglesias (CI) – **566** J7 – **5 326 ab.** – ✉ **09010** **38** A3

Cagliari 77 – Oristano 119

XXX ✿ **La Ghinghetta** (Gianluca e Nicola Vacca) con cam

via Cavour 26 – ☎ 07 81 50 81 43
– www.laghinghetta.com – la.ghinghetta@tiscali.it – aprile-ottobre
8 cam – †145 € ††155 € – ½ P 135 €
Rist – *(chiuso domenica)* Carta 68/95 €
Spec. Carpaccio di branzino con limoncello al lime e zafferano caramellato. Tagliolini casarecci con aragosta a tocchetti. Grigliata di pescato locale sui carboni ardenti.
◆ Vicino alla torre spagnola, una piccola bomboniera di cinque tavoli in un'atmosfera piacevolmente démodé. I piatti creativi si associano alla tradizionale grigliata.

PORTO TORRES – Sassari (SS) – **566** E7 – **22 310 ab.** – ✉ **07046** **38** A1

Sardegna

Alghero 35 – Sassari 19

Chiesa di S. Gavino★

sulla strada statale 131 Sud-Est : 3 km :

X **Li Lioni**

regione Li Lioni ✉ 07046 – ☎ 0 79 50 22 86 – www.lilioni.it – info@lilioni.it
– chiuso 10 giorni in gennaio, 10 giorni in novembre e mercoledì
Rist – Carta 31/41 €
◆ Ristorante a gestione familiare dove gustare una buona e fragrante cucina casalinga realizzata a vista, piatti alla brace e specialità regionali. Servizio estivo all'aperto.

PORTOVENERE – La Spezia (SP) – **561** J11 – **3 952 ab.** – ✉ **19025** **15** D2

Italia

Roma 430 – La Spezia 15 – Genova 114 – Massa 47

piazza Bastreri 7 ☎ 0187 790691, info@prolocoportovenere.it, Fax 0187 790215

Località★★

Royal Sporting

via dell'Olivo 345 – ☎ 01 87 79 03 26 – www.royalsporting.com – royal@royalsporting.com – 18 marzo-ottobre
51 cam – †100/160 € ††160/250 € – 5 suites – ½ P 140/170 €
Rist ***Dei Poeti*** – Carta 35/54 €
◆ Un po' defilato rispetto al minuto e pittoresco borgo, ma sul lungomare e dotato di una magica piscina su terrazza panoramica, un albergo direttamente affacciato sul blu. Servizio pranzo, oltre alla colazione, ai bordi della piscina con acqua di mare.

Grand Hotel Portovenere

via Garibaldi 5 – ☎ 01 87 79 26 10 – www.portovenerehotel.it – ghp@village.it
52 cam – †92/170 € ††140/227 € – 2 suites – ½ P 99/153 €
Rist ***Al Convento*** – *(chiuso da novembre a febbraio escluso sabato-domenica e i giorni festivi)* Carta 39/72 €
◆ Ricavata all'interno di un monastero del 1300, una seducente finestra sul variopinto porticciolo di Portovenere: ambiente signorile, con interni moderni, e deliziosa beauty farm in una struttura adiacente (sempre di proprietà). Ristorante nel refettorio dell'antico convento; servizio estivo in terrazza panoramica.

X **Locanda Lorena** con cam

via Cavour 4, (sull'isola Palmaria) – ☎ 01 87 79 23 70 – www.locandalorena.it
– info@locandalorena.com – febbraio-novembre; chiuso mercoledì escluso da giugno ad agosto
6 cam – †100/120 € ††130/150 € **Rist** – Carta 36/56 €
◆ Il servizio barca privato vi condurrà sull'isola Palmaria dove potrete apprezzare piatti di pesce freschissimo e soggiornare immersi nella quiete della natura.

a Le Grazie Nord : 3 km – ✉ 19025 Le Grazie Varignano

Della Baia cam,
via lungomare Est 111 – ✆ 01 87 79 07 97 – www.baiahotel.com – hbaia@baiahotel.com
34 cam – ♦70/105 € ♦♦130/176 € – ½ P 95/118 €
Rist – *(chiuso gennaio)* Carta 33/48 €
♦ In quel gioiellino che è il porticciolo delle Grazie, con la sua tranquilla caletta e l'antico borgo, un hotel familiare dal buon confort e affaccio sul mare. Cucina di pesce e regionale nel ristorante recentemente rinnovato: luminosa veranda, che si apre quasi completamente in estate.

POSITANO – Salerno (SA) – 564 F25 – 3 970 ab. – ✉ 84017 Italia 6 B2

Roma 266 – Napoli 57 – Amalfi 17 – Salerno 42
via del Saracino 4 ✆ 089 875067, positanoaast@posinet.it, Fax 089 875760
Località★★
Vettica Maggiore : ★★ Sud-Est : 5 km

San Pietro rist,
via Laurito 2, Est: 2 km – ✆ 0 89 87 54 55 – www.ilsanpietro.it – reservations@ilsanpietro.it – aprile-ottobre
52 cam – ♦♦420/680 € – 7 suites
Rist San Pietro – vedere selezione ristoranti
Rist – *(maggio-ottobre) (chiuso la sera) (solo per alloggiati)* Carta 30/40 €
♦ E' stato definito uno degli alberghi più belli del mondo. Invisibile all'esterno, si snoda in un promontorio affacciato su Positano con cui sembra rivaleggiare in bellezza.

Le Sirenuse
via Colombo 30 – ✆ 0 89 87 50 66 – www.sirenuse.it – info@sirenuse.it – 16 marzo-2 novembre
59 cam – ♦♦605/1485 € – 2 suites
Rist *La Sponda* – (consigliata la prenotazione) Carta 67/146 €
Rist *Oyster e Champagne bar* – *(giugno-settembre)* Carta 67/95 €
♦ Nel centro della località, un'antica dimora patrizia trasformata in raffinato e storico hotel negli anni '50: terrazza panoramica con piscina riscaldata e charme, ovunque. Imperdibile una cena a lume di candela nell'ambiente ricco di fascino del ristorante. Due terrazze estive per finger-food, sushi e tante bollicine all'*Oyster e Champagne bar*.

Covo dei Saraceni rist,
via Regina Giovanna 5 – ✆ 0 89 87 54 00 – www.covodeisaraceni.it – info@covodeisaraceni.it – 2 aprile-3 novembre
61 cam – ♦♦264/296 € – ½ P 174/190 €
Rist – (consigliata la prenotazione) Carta 40/67 € (+15 %)
♦ Un'antica casa di pescatori, al limitar del mare, legata alla saga saracena: oggi, elegante hotel con angoli signorili e ottimo servizio. All'ultimo piano, la terrazza con piscina. Da sogno! Indimenticabili pasti all'aperto avvolti dalla brezza marina sotto il pergolato.

Le Agavi
via Marconi 127, località Belvedere Fornillo – ✆ 0 89 87 57 33 – www.agavi.it – agavi@agavi.it – 21 aprile-20 ottobre
50 cam – ♦♦290/550 € – 5 suites – ½ P 205/335 €
Rist – Menu 60 €
♦ Poco fuori Positano, lungo la Costiera, una serie di terrazze digradanti sino al mare, dove si scende con ascensori e funicolare in una riuscita sintesi tra elegante confort e natura. La vista? Mozzafiato! Sala da pranzo dalle tonalità mediterranee e ristorante estivo in spiaggia.

Palazzo Murat
via dei Mulini 23 – ✆ 0 89 87 51 77 – www.palazzomurat.it – info@palazzomurat.it – aprile-ottobre
31 cam – †185/235 € ††220/475 €
Rist Al Palazzo – vedere selezione ristoranti
◆ Barocco napoletano in questo bel palazzo dotato di splendida terrazza-giardino, scelto da Murat quale dimora estiva. Charme tra gli scorci suggestivi nel cuore del borgo antico e camere incantevoli.

Villa Franca e Residence rist,
viale Pasitea 318 – ✆ 0 89 87 56 55 – www.villafrancahotel.it – info@villafrancahotel.it
37 cam – †200/410 € ††220/430 € – ½ P 150/255 €
Rist – *(aprile-ottobre)* Carta 34/60 €
◆ Nella parte alta della località, tripudio di bianco, di blu, di giallo, di luce che penetra ovunque: un'ambientazione molto elegante e una terrazza panoramica con piscina.

Poseidon senza rist
via Pasitea 148 – ✆ 0 89 81 11 11 – www.hotelposeidonpositano.it – info@hotelposeidonpositano.it – 22 aprile-ottobre
48 cam – ††240/310 € – 4 suites
◆ Tipicamente mediterranea questa casa anni Cinquanta, sorta come abitazione e successivamente trasformata in hotel, dispone di un'ampia e panoramica terrazza-giardino con piscina.

Eden Roc
via G. Marconi 110 – ✆ 0 89 87 58 44 – www.edenroc.it – info@edenroc.it – marzo-novembre
22 cam – ††225/330 € – 3 suites – ½ P 153/215 €
Rist – Carta 40/52 €
◆ Uno dei primi alberghi che si incontrano provenendo da Amalfi. Il servizio è di buon livello e le camere, quasi tutte junior-suite, brillano per dimensioni, raffinatezza e confort. Pasti al ristorante o sulla terrazza con piscina e vista sulla costa.

Marincanto senza rist
via Colombo 50 – ✆ 0 89 87 51 30 – www.marincanto.it – info@marincanto.it – aprile-3 novembre
25 cam – †160/190 € ††170/210 € – 1 suite
◆ Completamente restaurato qualche anno fa, elegante hotel con bella terrazza-giardino; invitanti poltrone bianche nella hall, arredi stile mediterraneo, camere con vista mare.

Posa Posa cam, rist,
viale Pasitea 165 – ✆ 08 98 12 23 77 – www.hotelposaposa.com – info@hotelposaposa.com – chiuso dal 3 gennaio al 2 marzo
24 cam – †140/240 € ††155/268 € – ½ P 108/179 €
Rist – *(aprile-ottobre) (chiuso a mezzogiorno)* Carta 30/60 €
◆ Delizioso edificio a terrazze nel tipico stile di Positano, con una splendida veduta del mare e della città; arredi in stile nelle camere, dotate di ogni confort. All'ultimo piano, il bel ristorante: il panorama? Ça va sans dire.

Punta Regina senza rist
viale Pasitea 224 – ✆ 0 89 81 20 20 – www.puntaregina.com – info@puntaregina.com – aprile-novembre
18 cam – †150/240 € ††175/295 €
◆ Hotel di piccole dimensioni con una terrazza panoramica sulla quale viene allestita la prima colazione e graziose camere, quelle al primo piano con terrazzi molto ampi abbelliti da piante.

Buca di Bacco
via rampa Teglia 4 – 0 89 87 56 99 – www.bucadibacco.it – info@bucadibacco.it – aprile-ottobre
47 cam – 185/225 € 240/305 €
Rist *Buca di Bacco* – Carta 34/60 €
♦ Da un'originaria taverna - sorta ai primi del '900 come covo di artisti - un hotel creato da tre corpi collegati, estesi dalla piazzetta alla spiaggia. Il buon livello di confort non risparmia le camere. Al ristorante: lampadari moderni e una bella veranda protesa sul blu. In tavola, trionfa il pesce.

Casa Albertina
via della Tavolozza 3 – 0 89 87 51 43 – www.casalbertina.it – info@casalbertina.it
19 cam – 90/190 € 120/240 €
Rist – *(chiuso a mezzogiorno)* Carta 52/68 €
♦ Sul percorso della mitica Scalinatella, che da Punta Reginella conduce alla parte alta della località, una tipica dimora positanese: intima, quieta, di familiare eleganza. Al ristorante, una sobria atmosfera, servizio attento e piatti soprattutto di mare. Bel dehors sul terrazzino.

Miramare senza rist
via Trara Genoino 27 – 0 89 87 50 02 – www.miramarepositano.it – info@miramarepositano.it – aprile-ottobre
16 cam – 135/150 € 185/320 €
♦ Totalmente rinnovato, un rifugio da cui godere della posizione tranquilla e della vista sulla spiaggia, sul mare e sulla costa, persino da alcuni bagni con vetrate a 360°.

Savoia senza rist
via Colombo 73 – 0 89 87 50 03 – www.savoiapositano.it – info@savoiapositano.it – chiuso dicembre e gennaio
39 cam – 90 € 120/190 €
♦ Tipica costruzione locale, con pavimenti in maiolica (il disegno per la sala colazioni è unico) e soffittature costituite da volte a cupola. Una gestione piacevolmente familiare, per vivere il cuore di Positano.

Montemare
viale Pasitea 119 – 0 89 81 13 51 – www.hotelmontemare.it – info@hotelmontemare.it
23 cam – 100/130 € 130/230 € – 2 suites
Rist *Il Capitano* – *(16 marzo-14 novembre)* Carta 40/70 €
♦ Tavoli sulla terrazza con vista che spazia sul mare e sulla costa, ambienti dalla semplice gradevolezza, essenziali e funzionali, andamento familiare; a metà del paese. Servizio ristorante estivo in terrazza panoramica, ove il bianco spicca sul blu del mare.

Royal Prisco senza rist
viale Pasitea 102 – 08 98 12 20 22 – www.royalprisco.com – info@royalprisco.com – aprile-10 novembre
15 cam – 80/160 € 150/190 €
♦ Giovane gestione per questo piccolo, ma grazioso hotel: un imponente scalone conduce alle spaziose camere, dove vi sarà anche servita la prima colazione.

Reginella senza rist
via Pasitea 154 – 0 89 87 53 24 – www.reginellahotel.it – info@reginellahotel.it – chiuso dal 7 gennaio al 15 marzo e dall'8 novembre al 26 dicembre
10 cam – 100/180 €
♦ Bella vista di mare e costa da un hotel a gestione diretta, con camere semplici, ma ampie, tutte rivolte verso il mare; un'offerta più che dignitosa a un prezzo interessante.

Villa Rosa senza rist
via Colombo 127 – 0 89 81 19 55 – www.villarosapositano.it – info@villarosapositano.it – aprile-ottobre
11 cam – 160/190 € – 1 suite
♦ Bella villa a terrazze digradanti verso il mare, nel tipico stile di Positano: le camere hanno piacevoli arredi chiari (alcuni dipinti dalla proprietaria) ed enormi terrazze con vista da sogno.

Villa La Tartana senza rist
vicolo Vito Savino 4/8 – ☎ 0 89 81 21 93 – www.villalatartana.it – info@villalatartana.it – aprile-ottobre
9 cam – ††170/190 €
◆ A due passi dalla spiaggia e al tempo stesso nel centro della località, bianca struttura dai "freschi" interni nei colori chiari e mediterranei. Piacevoli e ariose le camere, dove vi serviranno anche la prima colazione.

La Fenice senza rist
via Marconi 8, Est : 1 km – ☎ 0 89 87 55 13 – www.lafenicepositano.com – fenicepositano@virgilio.it
12 cam – †95 € ††140 €
◆ Due ville distinte - una ottocentesca, l'altra d'inizio '900 - impreziosite dalla flora mediterranea che fa del giardino un piccolo orto botanico. La semplicità delle camere non le priva di personalità...Cento gradini per raggiungere il mare.

San Pietro
via Laurito 2, Est: 2 km – ☎ 0 89 87 54 55 – www.ilsanpietro.it – reservations@ilsanpietro.it – aprile-ottobre
Rist – Carta 60/94 € (+15 %)
Spec. Zuppa di pomodoro fredda, anguria e bruschetta al finocchio. Spaghettoni fatti in casa su zuppa di ricotta, baccalà e olive di Gaeta. Triglie spadellate con salsa di arance e zafferano, cipollotti caramellati.
◆ La cucina campana, una tra le più seducenti d'Italia, viene qui proposta creativamente con tutta la forza dei suoi colori e sapori. Il sogno diventa realtà grazie alla terrazza affacciata sul mare.

Al Palazzo – Hotel Palazzo Murat
via Dei Mulini 23/25 – ☎ 0 89 87 51 77 – www.ristorantealpalazzo.it – risto@palazzomurat.it – aprile-ottobre
Rist – *(chiuso a mezzogiorno)* Carta 40/84 €
◆ Prelibati piatti - sia di mare sia di terra - da assaporare all'aperto in un piccolo angolo di paradiso: un incantevole giardino botanico nella corte del palazzo. All'interno, piccole ed eleganti salette per romantiche cene.

Le Terrazze
via Grotte dell'Incanto 51 – ☎ 0 89 87 58 74 – www.leterrazzerestaurant.it – info@leterrazzerestaurant.it – aprile-ottobre
Rist – *(chiuso a mezzogiorno)* Carta 49/83 € (+15 %)
◆ Ristorante in incantevole posizione sul mare; all'ingresso elegante wine bar, al primo piano due sale con vista su Praiano e Positano; suggestiva cantina scavata nella roccia.

Da Vincenzo
viale Pasitea 172/178 – ☎ 0 89 87 51 28 – www.davincenzo.it – info@davincenzo.it – marzo-novembre; chiuso martedì a mezzogiorno
Rist – Carta 35/58 €
◆ Nonno Vincenzo fondò il locale oltre 50 anni fa ed, oggi, l'omonimo nipote ne ha preso il timone. I piatti in menu, pur variando a seconda della disponibilità del mercato e del pescato, mantengono sempre quella inconfondibile impronta casareccia di un tempo.

La Cambusa
piazza Vespucci 4 – ☎ 0 89 81 20 51 – www.lacambusapositano.com – info@lacambusapositano.com – chiuso dal 6 gennaio a febbraio
Rist – Carta 34/74 €
◆ Nel cuore di Positano, nella piazzetta di fronte alla spiaggia, una specie di terrazza-veranda, un ambiente di sobria classicità; per gustare piatti legati al territorio.

Chez Black
via del Brigantino 19/21 – ☎ 0 89 87 50 36 – www.chezblack.it – info@chezblack.it – chiuso dal 7 gennaio al 28 febbraio
Rist – Carta 32/47 € (+12 %)
◆ Una sorta di veranda fissa, in uno dei posti più strategici di Positano, proprio di fronte alla spiaggia; ampia sala marinara, aperta, fusione continua tra dentro e fuori.

POSTA FIBRENO - Frosinone (FR) - 563 Q23 - 1 241 ab. - alt. 430 m - ✉ 03030 **13** D2

Roma 121 - Frosinone 40 - Avezzano 51 - Latina 91

sulla strada statale 627 Ovest : 4 km :

Il Mantova del Lago

località La Pesca 9 ✉ 03030 - ✆ 07 76 88 73 44 - www.ilmantovadellago.it - info@ilmantovadellago.it - chiuso dall'11 al 17 agosto, 3 settimane in novembre, domenica sera, lunedì

Rist - Carta 48/70 €

◆ In riva al piccolo lago, all'interno di un edificio rustico ben restaurato e cinto da un parco, un'elegante oasi di pace: soffitti decorati, sapori di pesce e di carne.

POSTAL (BURGSTALL) - Bolzano (BZ) - 562 C15 - 1 692 ab. - alt. 270 m - ✉ 39014 **30** B2

Roma 658 - Bolzano 26 - Merano 11 - Milano 295

via Roma 48 ✆ 0473 561770, info@lana.net, Fax 0473 561979

Muchele

cam, rist,

vicolo Maier 1 - ✆ 04 73 29 11 35 - www.muchele.com - info@muchele.com - chiuso dal 9 dicembre al 28 febbraio

36 cam - 55/95 € 105/184 € - 4 suites - ½ P 75/112 €

Rist - Carta 32/49 €

◆ In questo ameno angolo di Sud Tirolo, immerso tra le montagne e circondato da un giardino fiorito con piscina riscaldata, un bel complesso con numerose offerte sportive. Dimenticatevi dello stress nella Sensi Spa: il nome è già tutto un programma! Possibilità di assaporare le delizie culinarie dell'Alto Adige.

Hidalgo

via Roma 7, Nord : 1 km - ✆ 04 73 29 22 92 - www.restaurant-hidalgo.it - info@restaurant-hidalgo.it

Rist - Menu 45 € - Carta 28/61 €

◆ Bizzarro, trovare qui un locale che si proponga con una cucina in prevalenza orientata alla tradizione mediterranea; colore bianco e luce ovunque, notevole cantina.

POTENZA P (PZ) - 564 F29 - 68 594 ab. - alt. 819 m - ✉ 85100 **3** B2

Italia

Roma 363 - Bari 151 - Foggia 109 - Napoli 157

via del Gallitello 89 ✆ 0971 507622, potenza@aptbasilicata.it, Fax 0971 507600

Portale★ della chiesa di San Francesco Y

Grande Albergo

rist,

corso 18 Agosto 46 - ✆ 09 71 41 02 20 - www.grandealbergopotenza.it - info@grandealbergopotenza.it Y**a**

63 cam - 76/87 € 106 € - ½ P 75 €

Rist - Carta 30/40 €

◆ Nei pressi del centro storico, una struttura costituita da diversi piani e con vista sulle colline circostanti; ampie e funzionali le aree comuni, comode le stanze. Calde tonalità nella vasta ed elegante sala ristorante, con poltroncine blu.

Antica Osteria Marconi

viale Marconi 235 - ✆ 0 97 15 69 00 - www.anticaosteriamarconi.it - info@anticaosteriamarconi.it - chiuso dal 24 al 27 dicembre, dal 10 al 25 agosto, domenica sera, lunedì Z**c**

Rist - Carta 30/45 €

◆ In un piccolo stabile, il locale presenta una zona d'ingresso (che d'inverno diventa saletta) ed una sala principale, fresca ed intima. La cucina è permeata da un'interessante vena creativa. Accogliente dehors.

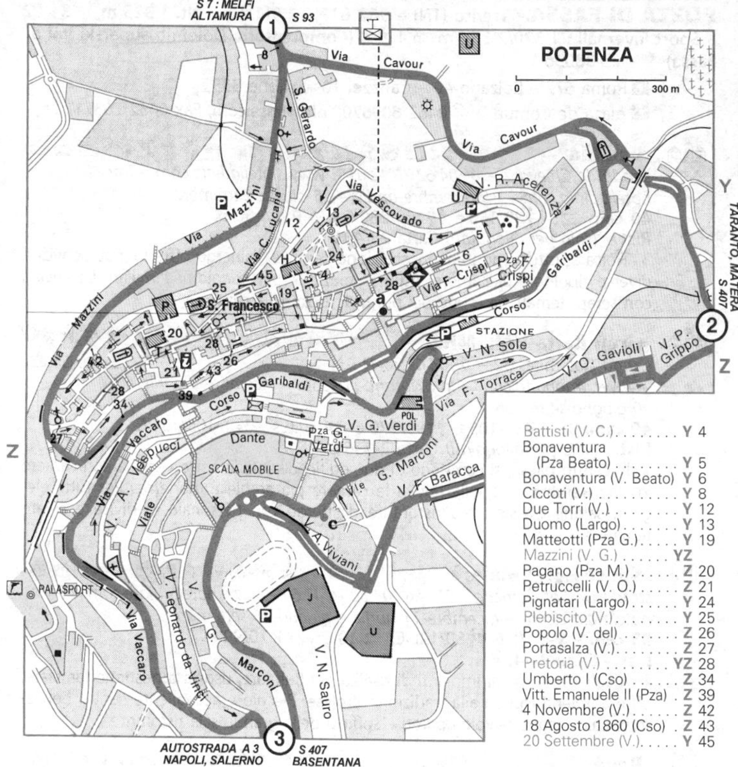

sulla strada statale 407 Est : 4 km :

La Primula rist,

località Bucaletto 61-62/a ✉ 85100 – ☎ 0 97 15 83 10 – www.albergolaprimula.it – info@albergolaprimula.it

46 cam – 75/100 € 120/150 €

Rist – Carta 27/49 €

◆ Qui si cerca di ricreare l'atmosfera di casa anche nell'accoglienza; stanze personalizzate, arredi di gusto creati da artigiani del posto, ottimi inoltre gli spazi esterni. Al ristorante ambiente elegante e ospitale.

POVE DEL GRAPPA – Vicenza (VI) – 562 E17 – 3 096 ab. – alt. 163 m – ✉ 36020 35 B2

Roma 536 – Padova 50 – Belluno 69 – Treviso 51

Miramonti cam, rist,

via Marconi 1 – ☎ 04 24 55 01 86 – www.miramontihotel.net – info@miramontihotel.net

15 cam – 50/65 € 80/85 € – ½ P 98/107 €

Rist – *(chiuso a mezzogiorno)* Carta 16/38 €

◆ Camere di buon tono, con arredi e bagni del tutto nuovi, tranquille e silenziose. Zona comune "alla vecchia maniera" con un bar pubblico frequentato da avventori abituali. I pasti sono serviti nella sala interna e nel nuovo spazio all'aperto.

POZZA DI FASSA - Trento (TN) - 562 C17 - 2 011 ab. - alt. 1 325 m 31 C2

– Sport invernali : 1 320/2 354 m 1 4 (Comprensorio Dolomiti superski Val di Fassa) – ✉ 38036

Roma 677 – Bolzano 40 – Canazei 10 – Milano 335

piaza de Comun 2 ✆ 0462 609670, info@fassa.com, Fax 0462 763717

Ladinia

cam,

strada de Chieva 2 – ✆ 04 62 76 42 01 – www.hotelladinia.com – info@hotelladinia.com – 15 dicembre-aprile e 15 giugno-settembre

40 cam – †80/150 € ††100/280 € – ½ P 90/150 €

Rist – *(solo per alloggiati)* Carta 28/40 €

♦ Tipica struttura montana in posizione centrale, l'albergo offre svariati serivizi e diverse tipologie di camere: ottima soluzione per soggiorni familiari. La cucina con serate tematiche è uno dei punti di forza della casa.

Gran Baita Villa Mitzi

cam, rist,

strada Dolomites 32 – ✆ 04 62 76 41 63 – www.granbaita.com – info@granbaita.com – dicembre-3 aprile e 10 giugno-settembre

49 cam – †55/105 € ††90/270 € – 4 suites – ½ P 105/135 €

Rist – *(solo per alloggiati)* Carta 24/36 €

♦ In centro paese, si compone di due edifici distinti: la parte vecchia con camere in stile trentino, in quella nuova le camere più ampie e moderne. Per tutti, eleganti saloni. Classica sala ristorante d'albergo con personale in divisa e serate tematiche.

Sport Hotel Majarè

strada De Sot Comedon 51 – ✆ 04 62 76 47 60 – www.hotelmajare.com – info@hotelmajare.com – dicembre-11 aprile e giugno-26 settembre

33 cam – †45/75 € ††80/120 €, 10 € – ½ P 70/90 €

Rist – Carta 24/42 €

♦ A soli 100 m dagli impianti di risalita del Buffaure, risorsa a gestione familiare, offre ambienti ispirati alla tradizione tirolese. Piccolo e accogliente centro benessere. Caldo legno avvolge pareti e soffitto della grande sala ristorante.

René

via do la Veish 69 – ✆ 04 62 76 42 58 – www.hotelrene.com – info@hotelrene.com – 18 dicembre-aprile e 20 giugno-settembre

40 cam – †75/140 € ††170/220 € – ½ P 95/128 €

Rist – *(solo per alloggiati)* Menu 16/35 €

♦ Gestione familiare in una zona tranquilla, ma ancora centrale, per un'accogliente struttura con camere ben tenute ed una new entry dal nome promettente: il centro benessere La Carezza. Indimenticabile la piscina sotto un cono di vetro. Al ristorante, piatti regionali e nazionali.

Touring

cam, rist,

Troi de Vich 72, Sud : 2 km – ✆ 04 62 76 32 68 – www.touringhotel.info – mail@touringhotel.info – 7 dicembre-20 aprile e 4 giugno-1° ottobre

27 cam – †50/96 € ††80/160 € – ½ P 76/85 €

Rist – *(solo per alloggiati)*

♦ E' l'albergo ideale per partire in vacanza con la famiglia: gestione cordiale (e paziente con i piccoli ospiti), piacevoli spazi comuni e camere semplici, ma confortevoli. Interessante rapporto qualità/prezzo.

XX El Filò

strada Dolomites 103 – ✆ 04 62 76 32 10 – www.el-filo.com – nicola.vian@tin.it – chiuso 20 giorni in giugno, 20 giorni in ottobre, mercoledì, giovedì a mezzogiorno

Rist – *(chiuso a mezzogiorno in bassa stagione escluso sabato-domenica)* (consigliata la prenotazione) Carta 35/51 €

♦ Tappa imperdibile per chi vuole completare la vacanza con una conoscenza anche gastronomica delle Dolomiti, El Filo' propone prodotti e piatti della regione, talvolta rivisitati dal giovane cuoco.

a Pera Nord : 1 km – ✉ 38036 Pera Di Fassa

Soreje rist,

strada Dolomites 167 – ✆ 04 62 76 48 82 – www.soreie.com – info@soreie.com – chiuso dall'11 aprile al 9 giugno e dal 5 ottobre al 30 novembre
21 cam – 60/70 € 90/120 € – ½ P 45/75 €
Rist – Menu 18/25 €
◆ Balconi in legno e decori in facciata per quest'hotel a gestione familiare, ubicato in una piccola frazione lungo la statale; bell'angolo soggiorno dotato di stube. Prenotate una delle camere ladine con gli originali arredi dipinti!

POZZI – Lucca – **Vedere Seravezza**

POZZO – Arezzo – **563** M17 – **Vedere Foiano della Chiana**

POZZOLENGO – Brescia (BS) – **561** F13 – **3 350 ab.** – **alt. 135 m** – ✉ 25010 **17** D1

Roma 502 – Brescia 43 – Milano 130 – Padova 116
Chervò San Vigilio località San Vigiglio, ✆ 030 9 18 01

Antica Locanda del Contrabbandiere con cam

località Martelosio di Sopra 1, Est : 1,5 km – ✆ 0 30 91 81 51 – www.locandadelcontrabbandiere.com – info@locandadelcontrabbandiere.com – chiuso dal 10 al 30 gennaio
3 cam – 80 € 80/125 €
Rist – *(chiuso lunedì) (chiuso a mezzogiorno escluso i giorni festivi)*
Carta 33/41 €
◆ Fuori lo spettacolo di un tramonto in aperta campagna; dentro due semplici e intime salette. I piatti del giorno sono quelli consegnati dalla tradizione. Fatevi consigliare dallo chef per comporre il menù. Per chi desidera gustare più a lungo la bellezza del posto, camere d'atmosfera arredate con mobili d'epoca.

POZZUOLI – Napoli (NA) – **564** E24 – **83 335 ab.** – ✉ **80078** Italia **6** A2

Roma 235 – Napoli 16 – Caserta 48 – Formia 74
per Procida ed Ischia – Caremar, call center 892 123
Medmar 081 3334411
largo Matteotti 1/a ✆ 081 5266639, aziendaturismopozzuoli@libero.it, Fax 081 5265068
Anfiteatro★★ – Tempio di Serapide★ – Tempio di Augusto★ – Solfatara★★ Nord-Est : 2 km
Rovine di Cuma★ : Acropoli★★, Arco Felice★ Nord-Ovest : 6 km – Lago d'Averno★ Nord-Ovest : 7 km – Campi Flegrei★★ Sud-Ovest per la strada costiera – Isola d'Ischia★★★ e Isola di Procida★

Tiro a Volo senza rist

via San Gennaro 69/A, Est : 3 km – ✆ 08 15 70 45 40 – www.hoteltiroavolo.it – info@joteltiroavolo.it
14 cam – 60 € 80 €
◆ Il "tiro" al quale ci si esercitava in quest'area, poco distante dall'area archeologica dei Campi Flegrei, era quello del piccione. Oggi, vi sorge un albergo confortevole e tranquillo.

La Marinella

via Matteotti 48 – ✆ 08 15 26 95 39 – www.ristorantelamarinella.it – info@ristorantelamarinella.it – chiuso 24 e 25 dicembre
Rist – Carta 35/61 €
◆ Sedie in pelle e piatti in ceramica di Vietri per questo elegante ristorante con proposte esclusivamente di pesce: in mostra all'ingresso, tra i secondi è spesso alla griglia.

La Cucina degli Amici
corso Umberto I 47 – ☎ 08 15 26 93 93 – www.lacucinadegliamici.it – info@lacucinadegliamici.it – chiuso 24, 25 e 31 dicembre
Rist – Carta 30/48 €
♦ Sul lungomare: all'esterno un dehors estivo, all'interno una sala in cui si erge, in bella mostra, una scaffalatura lignea con una consistente esposizione di etichette campane. Cucina di pesce.

a Lucrino Ovest : 2 km – ✉ 80078

Villa Luisa senza rist
via Tripergola 50 – ☎ 08 18 04 28 70 – www.villaluisaresort.it – info@villaluisaresort.it
26 cam – 60/100 € 70/150 € – 11 suites
♦ Oasi di ristoro incastonata tra le terme romane neroniane e il lago d'Averno, la villa propone camere arredate in legno chiaro, molte con terrazza, e un piccolo gradevole centro benessere.

a Cuma Nord-Ovest : 10 km – ✉ 80070

Villa Giulia
via Cuma Licola 178 – ☎ 08 18 54 01 63 – www.villagiulia.info – info@villagiulia.info
6 cam – 70/110 € 80/120 €
Rist – (prenotazione obbligatoria) *(solo per alloggiati)* Menu 25/35 €
♦ Villa settecentesca in tufo circondata da un delizioso giardino mediterraneo. All'interno, arredi ricercati, materiali di pregio e una gentilissima titolare seguita da una muta di splendidi *Siberian Husky.*

POZZUOLO – Perugia – 563 M17 – Vedere Castiglione del Lago

PRADELLA – Bergamo – Vedere Schilpario

PRADIPOZZO – Venezia (VE) – 562 E20 – ✉ 30020 36 D2

Roma 587 – Udine 56 – Venezia 63 – Milano 328

Tavernetta del Tocai
via Fornace 93 – ☎ 04 21 20 47 06 – chiuso dal 1° al 23 agosto, domenica sera, lunedì
Rist – Carta 22/40 €
♦ Ristorante-enoteca a gestione familiare dall'atmosfera rustica e semplice, caratterizzato dal tipico fogolar, propone una cucina stagionale e grigliate di carne.

PRAGS = Braies

PRAIA A MARE – Cosenza (CS) – 564 H29 – 6 842 ab. – ✉ 87028 5 A1

Roma 417 – Cosenza 100 – Napoli 211 – Potenza 139

Golfo di Policastro★★ Nord per la strada costiera

sulla strada statale 18 Sud-Est : 3 km :

New Hotel Blu Eden
località Foresta ✉ 87028 – ☎ 09 85 77 91 74 – www.blueden.it – blueden@webus.it
16 cam – 47/85 € 60/93 €, 4 € – ½ P 42/70 €
Rist – *(solo per alloggiati)* Carta 16/31 €
♦ Simpatica gestione familiare per un hotel in posizione defilata con camere linde, alcune dotate di grandi terrazzi. Spazi comuni arriosi. La zona ristorante, con ambienti moderni e luminosi, si apre sul blu del Tirreno.

PRAIANO – Salerno (SA) – **564** F25 – **2 025 ab.** – ✉ **84010** **6** B2

Roma 274 – Napoli 64 – Amalfi 9 – Salerno 34

Tramonto d'Oro rist,

via Gennaro Capriglione 119 – ✆ 0 89 87 49 55 – www.tramontodoro.it – info@tramontodoro.it – aprile-ottobre

40 cam – 90/190 € 140/290 € – ½ P 100/185 € **Rist** – Carta 36/54 €

◆ Un hotel dal nome già indicativo sulla possibilità di godere di suggestivi tramonti dalla bella terrazza-solarium con piscina; una costruzione mediterranea confortevole. Due ampie sale ristorante al piano terra.

Onda Verde

via Terra Mare 3 – ✆ 0 89 87 41 43 – www.ondaverde.it – reservations@ondaverde.it – aprile-ottobre

25 cam – 100/180 € 110/230 € – ½ P 90/140 €

Rist – Carta 25/40 € (+10 %)

◆ Poco fuori dalla località, lungo la costa, ubicazione tranquilla e suggestiva, per una struttura le cui camere sono state recentemente rinnovate con buon gusto e ricercatezza. La sala ristorante offre una vista mozzafiato a strapiombo sugli scogli ed una cucina casalinga dai sapori del mare.

Margherita

via Umberto I 70 – ✆ 0 89 87 46 28 – www.hotelmargherita.info – info@hotelmargherita.info – 6 marzo-15 novembre

28 cam – 99/160 € – ½ P 105 € **Rist** – Menu 25/40 €

◆ Struttura a circa 1 km dalla costa - da sempre di famiglia - oggi gestita dalla nuova generazione: il reparto notte è già stato rimodernato, così come le terrazze all'aperto. Ottima sosta gastronomica al ristorante, dove dominano i sapori della costiera.

sulla costiera amalfitana Ovest : 2 km :

Tritone rist,

via Campo 5 ✉ 84010 – ✆ 0 89 87 43 33 – www.tritone.it – tritone@tritone.it – 22 aprile-22 ottobre

43 cam – 130/250 € 150/310 € – 16 suites – ½ P 180/200 €

Rist – Carta 29/84 €

◆ Aggrappato alla scogliera, oltre all'ascensore c'è un sinuoso e ripido camminamento adatto solo ai più sportivi, in fondo la piscina ed una "spiaggia" ricavata fra gli scogli. Capiente sala da pranzo e servizio ristorante in terrazza, a picco sulla Costiera.

PRALBOINO – Brescia (BS) – **561** I8 – **2 908 ab.** – alt. 47 m – ✉ **25020** **17** C3

Roma 550 – Brescia 44 – Cremona 24 – Mantova 61

Leon d'Oro (Alfonso Pepe)

via Gambara 6 – ✆ 0 30 95 41 56 – www.locandaleondoro.it – locandaleondoro@virgilio.it – chiuso 10 giorni in gennaio, agosto, domenica sera, lunedì

Rist – Menu 90 € – Carta 65/90 €

Spec. Insalata di seppie, pistacchi e cipolle caramellate al lime. Astice con tortelli di zucca, crema di mandorle e crostacei. Bocconcini di merluzzetto e zucchine in tempura, senape in grani.

◆ Ospitato in un bel caseggiatto rustico in centro paese, caldi ambienti in legno con camino e una simpatica carta che propone piatti creativi a prevalenza di pesce.

PRATA DI PORDENONE – Pordenone (PN) – **562** E19 – **8 408 ab.** – alt. 18 m – ✉ **33080** **10** A3

Roma 614 – Trieste 122 – Pordenone 11 – Venezia 92

Aqua

via Opitergina 47 – ✆ 04 34 62 19 16 – www.aquaristorante.it – info@aquaristorante.it – chiuso sabato a mezzogiorno e domenica

Rist – Menu 35/60 € bc

◆ Interni moderni e alla moda, per un locale che propone una cucina fantasiosa e curata, prevalentemente a base di pesce. A mezzogiorno: un menu più ridotto e veloce (con prezzi contenuti).

PRATI DI TIVO – Teramo – **563** O22 – Vedere Pietracamela

PRATO P (PO) – 563 K15 – 185 091 ab. – alt. 61 m – ✉ 59100

Toscana

Roma 293 – Firenze 17 – Bologna 99 – Milano 293

piazza del Duomo 8 ✆ 0574 24112, apt@pratoturismo.it, Fax 0574 24112

Le Pavionere via Traversa il Crocifisso snc, ✆ 0574 62 08 55

Duomo★ : affreschi★★ dell'abside (Banchetto di Erode★★★) e pulpito★– Palazzo Pretorio★: collezione di polittici★ – Affreschi★ nella chiesa di San Francesco **D** – Pannelli★e arcate★ del chiostrino al museo dell'Opera del Duomo **M**

Art Hotel Museo

viale della Repubblica 289, per viale Monte Grappa – ✆ 05 74 57 87 – www.arthotel.it – info@arthotel.it

110 cam – 83/200 € 100/200 € – ½ P 75/125 €

Rist – *(chiuso agosto e domenica)* Carta 30/60 €

◆ Situato vicino al Museo d'Arte Contemporanea Luigi Pecci, la struttura offre ampi spazi comuni e camere moderne dotate di ogni confort. Bella piscina all'aperto ed attrezzato centro congressi. Il ristorante propone pietanze dai sapori nazionali e regionali.

Charme Hotel

via delle Badie 228/230 – ✆ 05 74 55 05 41 – www.charmehotel.it – info@charmehotel.it

72 cam – 70/130 € 80/170 € – ½ P 65/110 €

Rist – *(chiuso agosto) (chiuso a mezzogiorno) (solo per alloggiati)* Carta 29/41 €

◆ In zona residenziale e periferica, un albergo moderno che propone la funzionalità richiesta dalla clientela commerciale ed ambienti ben rifiniti, se non eleganti. Ampia ed attrezzata palestra.

Wall Art

viale della Repubblica 8, per viale Monte Grappa – ✆ 05 74 59 66 00 – www.wallart.it – info@wallart.it

76 cam – 80/120 € 100/160 € – 28 suites

Rist – *(chiuso a mezzogiorno) (solo per alloggiati)* Menu 22/32 €

◆ Appena fuori dal centro, questa moderna struttura non solo ospita camere generose nelle dimensioni e appartamenti confortevoli, ma anche un'interessante collezione privata di quadri contemporanei. Per un soggiorno nell'arte.

Datini

viale Marconi 80, per viale Monte Grappa – ✆ 05 74 56 23 48 – www.hoteldatini.com – info@hoteldatini.com

80 cam – 60/140 € 80/170 € – ½ P 65/120 €

Rist – *(chiuso agosto e domenica)* Carta 30/49 €

◆ In prossimità dell'uscita autostradale, l'hotel è ideale per una clientela business e dispone di camere confortevoli, ampi spazi per convegni ed una piccola palestra. Nell'elegante ed intima sala ristorante, la cucina tradizionale toscana.

Art Hotel Milano senza rist

via Tiziano 15 – ✆ 0 57 42 33 71 – www.arthotel.it – reservation@arthotel-milano.it **d**

70 cam – 70/110 € 90/160 €, 10 €

◆ Nei pressi della stazione centrale e delle mura cittadine, comode sale e confortevoli camere, nonché cordiale attenzione al cliente.

San Marco senza rist

piazza San Marco 48 – ✆ 0 57 42 13 21 – www.hotelsanmarcoprato.com – info@hotelsanmarcoprato.com **v**

39 cam – 55/70 € 75/85 €, 5 €

◆ Ubicato in pieno centro, piccolo hotel a conduzione diretta con camere comode e confortevoli, in parte rinnovate.

Giardino senza rist

via Magnolfi 4 – ✆ 05 74 60 65 88 – www.giardinohotel.com – info@giardinohotel.com **f**

28 cam – 50/90 € 70/110 €

◆ In pieno centro - tra la stazione e piazza del Duomo - questo albergo a conduzione familiare propone spazi comuni di ridotte dimensioni, ma camere piacevolmente confortevoli.

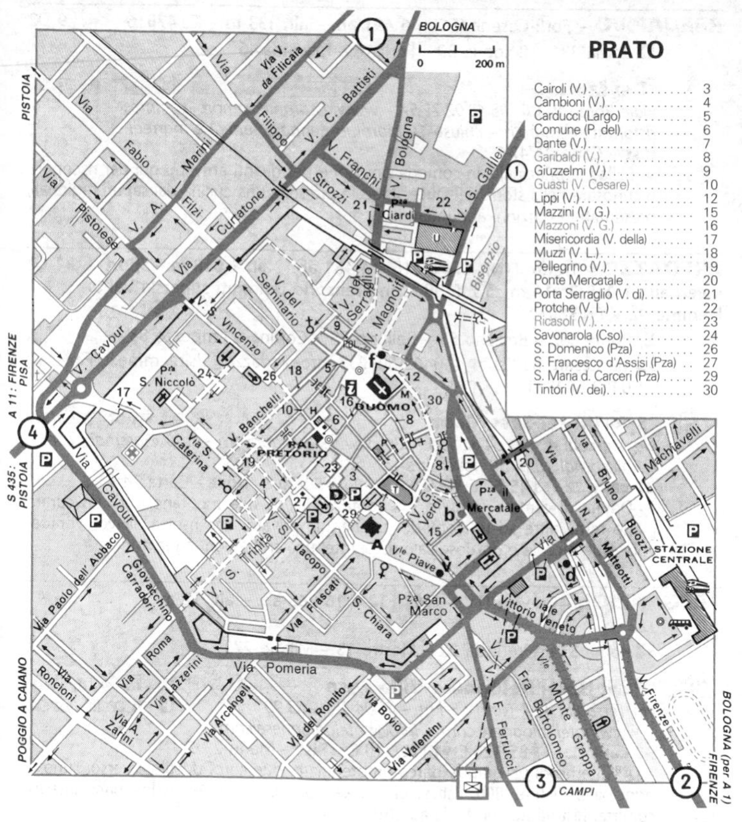

XXX **Il Piraña** (Gian Luca Santini)

via G. Valentini 110, per via Valentini – ✆ 0 57 42 57 46 – www.ristorantepirana.it – info@ristorantepirana.it – chiuso agosto, sabato a mezzoziorno, domenica

Rist – Menu 55 € – Carta 45/63 €

Spec. Gamberi rosa marinati su riduzione di valeriana, pera e pecorino di grotta. Linguine con delizie di mare e pomodorini di Pachino. Scampi di Viareggio con giardiniera di verdure.

◆ Per chi non ama gli eccessi di tecnicismo e le sperimentazioni, è il ristorante per essere rassicurati dalla qualità del pescato in preparazioni classiche e tradizionali.

XX **Tonio**

piazza Mercatale 161 – ✆ 0 57 42 12 66 – www.ristorantetonio.it – info@ristorantetonio.it – chiuso dal 26 dicembre al 2 gennaio, dal 7 al 31 agosto, domenica, lunedì a mezzogiorno **b**

Rist – Carta 34/49 € (+10 %)

◆ Più di mezzo secolo di attività nel settore della ristorazione per questo locale a conduzione familiare, dove gustare fragranti piatti di pesce.

X **Logli Mario**

località Filettole, 2 km per via Machiavelli – ✆ 0 57 42 30 10 – www.ristorantelogli.com – chiuso dal 1° al 7 gennaio, dall'8 al 31 agosto, lunedì sera, martedì

Rist – Carta 32/40 €

◆ Profumo di carne alla griglia già all'ingresso: un'invitante accoglienza per farvi accomodare nella bella trattoria rustica, sui colli, con servizio estivo in terrazza.

PREDAPPIO – Forlì-Cesena (FC) – 6 491 ab. – alt. 133 m – ✉ 47016 **9** D2

Roma 331 – Bologna 89 – Forlì 16 – Ravenna 46

Del Moro

viale Roma 8 – ☎ 05 43 92 22 57 – www.ristorantedelmoro.it – info@ristorantedelmoro.it – chiuso 10 giorni in gennaio, lunedì e martedì

Rist – Carta 24/47 €

◆ Sulla via principale, in comoda posizione per quanti arrivano qui per riscoprire o curiosare nella storia del Duce, il locale propone una cucina dai sapori regionali, presentati in porzioni abbondanti.

PREDAZZO – Trento (TN) – 562 D16 – 4 481 ab. – alt. 1 018 m – Sport invernali : 1 018/2 415 m 7 38 (Comprensorio Dolomiti superski Val di Fiemme) – ✉ 38037 **31** C2

Roma 662 – Bolzano 55 – Belluno 78 – Cortina d'Ampezzo 83

via Cesare Battisti 4 ☎ 0462 501237 info.predazzo@visitfiemme.it, Fax 0462 502093

Sporthotel Sass Maor

via Marconi 4 – ☎ 04 62 50 15 38 – www.sassmaor.com – info@Sassmaor.com – chiuso dal 10 al 30 novembre

27 cam – †45/60 € ††75/90 € – ½ P 50/70 € **Rist** – Carta 24/31 €

◆ Dotata di camere semplici ma confortevoli, in stile montano, e di un curato piano terra, oltre ad un comodo parcheggio privato, una risorsa davvero gradevole. Due piccole e graziose sale ristorante, una stube con legno antico.

PREGANZIOL – Treviso (TV) – 562 F18 – 16 868 ab. – alt. 12 m – ✉ 31022 **35** A1

Roma 534 – Venezia 22 – Mestre 13 – Milano 273

Park Hotel Bolognese-Villa Pace

rist,

via Terraglio 175, Nord : 3 km – ☎ 04 22 49 03 90 – www.hotelbolognese.com – info@hotelbolognese.com

95 cam – †85/120 € ††110/210 € **Rist** – Menu 25 €

◆ All'interno di un grande parco ombreggiato, due corpi di stile diverso: l'uno, il principale, di fine '800, l'altro, più moderno, con sauna e piscina parzialmente coperta. Ristorante con bella apertura sul verde esterno.

Park Hotel Villa Vicini senza rist

via Terraglio 447, Sud 1 km – ☎ 04 22 33 05 80 – www.villavicini.com – info@villavicini.com

38 cam – †60/120 € ††75/165 €, 10 €

◆ Variopinta villa ottocentesca con camere di diverse tipologie: le più tranquille si affacciano sul bel parco curato; nella *dépendance* le stanze più semplici ed economiche.

Crystal

via Baratta Nuova 1, Nord : 1 km – ☎ 04 22 63 08 13 – www.crystalhotel.it – info@crystalhotel.it

67 cam – †50/100 € ††65/120 € – 2 suites – ½ P 50/92 €

Rist – *(chiuso dal 1° al 25 agosto)* Carta 18/28 €

◆ Albergo moderno di recente realizzazione, sviluppato in orizzontale secondo un impianto con richiami ad uno stile sobrio e minimalista. Ambienti ariosi e camere lineari. Sala ristorante ampia e dalle delicate tinte pastello.

Magnolia

via Terraglio 136, Nord : 1 km – ☎ 04 22 63 31 31 – www.magnoliaristorante.com – info@magnoliaristorante.com – chiuso dal 5 al 25 agosto, domenica sera, lunedì

Rist – Carta 28/49 €

◆ Nel contesto dell'omonimo hotel, ma completamente indipendente, un ristorante a valida gestione familiare con specialità venete, soprattutto a base di pesce. Sale spaziose e curato giardino.

a San Trovaso Nord : 2 km – ✉ 31022

Sole senza rist
via Silvio Pellico 1 – ✆ 04 22 38 31 26 – www.hotelalsole.com – sole@hotelalsole.com
18 cam – 40/55 € 65/85 €
◆ Piccola e accogliente risorsa ubicata in periferia; recentemente ristrutturata, si presenta davvero ben tenuta e ospitale, quasi come una confortevole casa privata.

Ombre Rosse
via Franchetti 78 – ✆ 04 22 49 00 37 – www.enotecaombrerosse.it – claudioscossa@ombrerosse.tv.it – chiuso domenica
Rist – *(chiuso a mezzogiorno escluso martedì-mercoledì-giovedì da ottobre a maggio)* Carta 33/48 €
◆ Nato quasi per caso dalla passione del proprietario per i vini, e divenuto prima una sorta di wine-bar, oggi, in stile "bistrot", accogliente, vanta fragranti leccornie.

PRÉ SAINT DIDIER – Aosta (AO) – 561 E2 – 972 ab. – alt. 1 014 m – ✉ 11010 34 A2

Roma 779 – Aosta 30 – Courmayeur 5 – Milano 217

Pianta : vedere Courmayeur

a Pallusieux Nord : 2,5 km – alt. 1 100 m – ✉ 11010 Pré Saint Didier

Le Grand Hotel Courmaison
route Mont Blanc – ✆ 01 65 83 14 00 – www.courmaison.it – hotel@courmaison.it – 5 dicembre-11 aprile e 18 giugno-12 settembre BY**f**
57 cam – 125/215 € 170/350 € – ½ P 145/210 €
Rist – Carta 38/58 €
◆ Una struttura recente in cui la fresca aria di nuovo si è armoniosamente miscelata con la tradizione degli arredi e delle rifiniture. Grande piscina e camere ampie. Sala ristorante tradizionale, menù con ispirazioni diverse.

Beau Séjour
av. Dent du Géant 18 – ✆ 0 16 58 78 01 – www.hotelbeausejour.it – info@hotelbeausejour.it – dicembre-aprile e 15 giugno-settembre BYZ**b**
32 cam – 45/70 € 95/130 € – ½ P 62/72 €
Rist – Menu 22/32 €
◆ Condotto, da tanti anni, dalla mano esperta di una famiglia, un hotel comodo sia per l'estate che per l'inverno, con giardino ombreggiato e bella vista sul Bianco. Accomodatevi in sala da pranzo tra legno, pietra e piatti locali.

PRIMIERO – Trento – Vedere Fiera di Primiero

PRINCIPINA A TERRA – Grosseto – 563 N15 – Vedere Grosseto

PRIOCCA D'ALBA – Cuneo (CN) – 561 H6 – 1 971 ab. – alt. 253 m – ✉ 12040 25 C2

Roma 631 – Torino 59 – Alessandria 56 – Asti 24

Il Centro
via Umberto I 5 – ✆ 01 73 61 61 12 – www.ristoranteilcentro.com – info@ristoranteilcentro.com – chiuso martedì
Rist – (consigliata la prenotazione) Carta 35/50 €
◆ Non solo una "trattoria" di alto livello, curata e ben frequentata, ma anche una cantina molto ben fornita e visitabile, dove fermarsi a gustare il Piemonte più tipico. Indispensabile prenotare con anticipo.

PRIVERNO – Latina (LT) – 563 R21 – 14 260 ab. – alt. 151 m – ✉ 04015 13 C3

Roma 104 – Frosinone 28 – Latina 28 – Napoli 163

sulla strada statale 156 **Nord-Ovest : 3,5 km**

XX **Antica Osteria Fanti**

località Ceriara – 07 73 92 40 15 – www.anticaosteriafanti.it – info@anticaosteriafanti.it – chiuso 25-26 dicembre, dal 20 al 30 ottobre e giovedì

Rist – Carta 30/52 € (+10 %)

◆ Quando si dice conduzione familiare: moglie in cucina, marito e figlio ad occuparsi della sala, in un locale curato con una lista legata al territorio e attenta alle stagioni.

PROCCHIO – **Livorno** – **563** N12 – **Vedere Elba (Isola d') : Marciana**

PROCENO – **Viterbo (VT)** – **616 ab.** – ✉ **01020** **12** A1

Roma 170 – Viterbo 59 – Orvieto 40 – Todi 76

Castello di Proceno

corso Regina Margherita 155 – 07 63 71 00 72 – www.castellodiproceno.it – castello.proceno@orvienet.it

12 suites – 100/200 €, 7 € – ½ P 80/100 €

Rist ***Enoteca del Castello*** – *(chiuso dal 9 gennaio al 9 febbraio, dal 2 al 16 novembre, lunedì e martedì) (chiuso a mezzogiorno)* (consigliata la prenotazione) Carta 23/38 €

◆ Ai piedi di una fortezza medievale, una risorsa carica di storia, antica e contemporanea: se gli oggetti che arredano gli ambienti parlano del tempo che fu, gli spettacoli musicali allestiti nella corte vi riporteranno al presente. Originale la tomba etrusca all'interno dell'enoteca. Cucina legata al territorio.

PROCIDA (Isola di) – **Napoli (NA)** – **564** E24 – **10 641 ab.** **6** A2

– La limitazione d'accesso degli autoveicoli è regolata da norme legislative

Napoli e la Campania

per Napoli, per Pozzuoli ed Ischia – Caremar, call center 892 123

per Pozzuoli – Alilauro, al porto 081 5267736, Fax 081 5268411

Via Roma 081 8101968

Località★★ - Borgo medievale Terra Murata★ - Belvedere★ di Punta Pizzaco

PROCIDA (NA) – ✉ **80079** **6** A2

La Casa sul Mare senza rist

via Salita Castello 13 – 08 18 96 87 99 – www.lacasasulmare.it – info@lacasasulmare.it

10 cam – 80/160 € 90/170 €

◆ In salita, verso l'abbazia di San Michele, camere semplicemente arredate in stile locale: tutte con una superba vista sulla baia più pittoresca dell'isola.

X **Gorgonia**

località Marina Corricella – 08 18 10 10 60 – aniellobattinelli@alice.it – marzo-ottobre; chiuso lunedì

Rist – (consigliata la prenotazione) Carta 33/45 €

◆ Affacciato su una delle baie più romantiche d'Italia, capita ancora di vedere i pescatori cucire le reti, mentre nei piatti arriva il pesce in preparazioni classiche e fragranti.

PUIANELLO – **Reggio nell'Emilia** – **562** I13 – **Vedere Quattro Castella**

PULA – **Cagliari (CA)** – **366** P49 – **7 294 ab.** – ✉ **09010** Sardegna **38** B3

Cagliari 29 – Nuoro 210 – Olbia 314 – Oristano 122

Is Moslas località Is Molas, 070 9 24 10 06

Museo Archeologico Giovanni Patroni★★

Baia di Nora

località Su Guventeddu – ✆ 07 09 24 55 51 – www.hotelbaiadinora.com – htlbn@hotelbaiadinora.com – 23 aprile-ottobre

121 cam – ♦130/260 € ♦♦180/400 € – ½ P 215 €

Rist – Menu 45 €

◆ Vicino al sito archeologico di Nora, immersa in un rigoglioso giardino mediterraneo con piscina in riva al mare, struttura di grandi dimensioni dove scegliere i propri ritmi e i propri spazi. Camere moderne e funzionali. Al ristorante ampi, luminosi spazi di impostazione classica e un invitante dehors estivo.

Lantana Hotel e Residence

viale Nora – ✆ 0 70 92 44 11 – www.lantanahotel.com – info@lantanahotel.com – 27 marzo-31 ottobre

19 cam – ♦150/260 € ♦♦190/370 € – ½ P 175/200 €

Rist – *(chiuso a mezzogiorno)* Carta 38/48 €

◆ Gradevole struttura disposta attorno ad un grande giardino con palme, piscina e piccola fontana arabeggiante. Camere tutte identiche e tutte recenti negli arredi d'impeccabile tenuta: possibilità di alloggio con formula residence.

Nora Club Hotel senza rist

strada per Nora – ✆ 0 70 92 44 22 – www.noraclubhotel.it – info@noraclubhotel.it

25 cam – ♦95/150 € ♦♦135/180 €

◆ Paradisiaca enclave di quiete. Superato il caseggiato principale vi accoglie un seducente giardino di piante mediterranee e tropicali; distribuite a forma d'anello le semplici camere in arte povera.

sulla strada statale 195 Sud-Ovest : 9 km :

Is Morus Relais

Sud-Ovest : 9 km ✉ 09010 Santa Margherita di Pula – ✆ 0 70 92 11 71 – www.ismorus.com – info@ismorus.it – 21 aprile-ottobre

81 cam – ♦180/230 € ♦♦360/590 € – 8 suites – ½ P 195/315 €

Rist – Menu 60 €

◆ Immerso nella pineta, solo un giardino lo separa dal mare. Varie soluzioni di alloggio, camere classiche e romantiche ville, e nessun tipo di animazione: ideale per chi desidera silenzio e tranquillità.

sulla strada statale 195 Sud-Ovest : 11 km :

Forte Village Resort : Immersa in un giardino di 25 ettari una struttura con sette alberghi, quattordici ristoranti, un ottimo centro benessere - talassoterapia e strutture sportive di ogni tipo. Per i pasti ogni tipo di ristorante e un'infinita scelta di menù.

Villa del Parco e Rist. Belvedere – Forte Village

✉ 09010 Santa Margherita di Pula – ✆ 07 09 21 71 – www.fortevillageresort.com – forte.village@fortevillage.com – maggio-ottobre

47 cam – solo ½ P 410/750 € **Rist** – *(chiuso a mezzogiorno)* Menu 120 €

◆ Incorniciata dal verde, la struttura dalla facciata lilla propone spaziose camere dagli arredi fioriti all'inglese ed eleganti bungalow. Il tutto vicino alle piscine di talassoterapia.

Castello e Rist. Cavalieri – Forte Village

✉ 09010 Santa Margherita di Pula – ✆ 07 09 21 71 – www.fortevillageresort.com – forte.village@fortevillage.com – maggio-ottobre

176 cam – 5 suites – solo ½ P 245/1400 €

Rist – *(chiuso a mezzogiorno)* Menu 105 €

◆ A un passo dal mare e per vivere un soggiorno da fiaba, è la struttura di punta del complesso con camere elegantemente arredate in un dettagliato e caratteristico stile locale.

Le Dune – Forte Village
✉ 09010 Santa Margherita di Pula – ✆ 07 09 21 71 – www.fortevillageresort.com – forte.village@fortevillage.com – maggio-settembre
39 cam – 12 suites – solo ½ P 520/950 €
Rist – *(chiuso a mezzogiorno)* Menu 120 €
♦ Nel silenzio e nella discrezione del parco, il resort è pronto ad accogliere coloro che auspicano una vacanza in piena libertà, interessati solo a perseguire il relax ed il contatto con la natura: invitanti piscine e svariati villini indipendenti con giardinetto privato.

Il Borgo e Rist. Bellavista – Forte Village
✉ 09010 Santa Margherita di Pula – ✆ 07 09 21 71 – www.fortevillageresort.com – forte.village@fortevillage.com – maggio-settembre
56 cam – solo ½ P 245/445 €
Rist – *(chiuso a mezzogiorno)* Menu 100 €
♦ Le camere sfoggiano arredi e colori ispirati al tipico artigianato sardo, in questa struttura ideale per chi ama l'atmosfera raccolta di un antico villaggio. Adatto per le famiglie.

Le Palme e Rist. Bellavista – Forte Village
✉ 09010 Santa Margherita di Pula – ✆ 07 09 21 71 – www.fortevillageresort.com – forte.village@fortevillage.com – maggio-settembre
140 cam – solo ½ P 225/410 €
Rist – *(chiuso a mezzogiorno)* Menu 100 €
♦ Particolarmente adatto per famiglie numerose, dispone di camere decisamente ampie (alcune comunicanti) e di un paradisiaco giardino con ben duemila varietà di piante.

Il Villaggio – Forte Village
✉ 09010 Santa Margherita di Pula – ✆ 07 09 21 71 – www.fortevillageresort.com – forte.village@fortevillage.com – maggio-settembre
158 cam – solo ½ P 210/360 €
Rist – *(chiuso a mezzogiorno)* Menu 95 €
♦ Immerso in un giardino tropicale, il villaggio propone accoglienti bungalow, molti comunicanti, tutti con patio o giardino privato. Prima colazione presso la piscina Oasis.

La Pineta e Rist. Bellavista – Forte Village
✉ 09010 Santa Margherita di Pula – ✆ 07 09 21 71 – www.fortevillageresort.com – forte.village@fortevillage.com – 15 aprile-15 ottobre
102 cam – solo ½ P 235/580 €
Rist – *(chiuso a mezzogiorno)* Menu 100 €
♦ Adagiata nel parco all'ombra di alberi secolari, la struttura offre ampie camere arredate in caldi colori: una proposta ideale per una vacanza di tranquillità, riposo e mare. Numerose attività di animazione per i piccoli ospiti.

PULFERO – Udine (UD) – 562 D22 – 1 094 ab. – alt. 184 m – ✉ 33046 11 C2

Roma 662 – Udine 28 – Gorizia 42 – Tarvisio 66

Al Vescovo
via Capoluogo 67 – ✆ 04 32 72 63 75 – www.alvescovo.com – info@alvescovo.com – chiuso febbraio
18 cam – †48 € ††72 € – ½ P 52 €
Rist – *(chiuso mercoledì e da ottobre a marzo anche martedì sera)* Carta 23/35 €
♦ Una tradizione alberghiera che risale ai primi anni dell'Ottocento: adiacente il fiume Natisone, camere curate in una struttura dalla cordiale gestione familiare. Proposte del territorio al ristorante con piacevole dehors.

PULSANO – Taranto (TA) – **564** F34 – **10 788 ab.** – **alt. 37 m** – ✉ **74026** **27** C3

Roma 536 – Brindisi 68 – Bari 120 – Lecce 78

a Marina di Pulsano Sud : 3 km – ✉ 74026 Pulsano

XX **La Barca**

litoranea Salentina – ✆ 09 95 33 33 35 – labarcadiciro@gmail.com – chiuso dal 7 al 20 gennaio, 1 settimana in novembre e lunedì escluso a mezzogiorno in luglio-agosto

Rist – Carta 26/44 €

◆ Desiderate mangiare pesce? La sala costeggia l'acqua e a tavola prodotti freschi e locali. D'estate si esce nella veranda di canne, tra il fresco dei pini marittimi.

PUNTA ALA – Grosseto (GR) – **563** N14 – ✉ **58040** Toscana **28** B3

Roma 225 – Grosseto 43 – Firenze 170 – Follonica 18

via del Golf 1, ✆ 0564 92 21 21

Gallia Palace Hotel

via delle Sughere – ✆ 05 64 92 20 22 – www.galliapalace.it – info@galliapalace.it – 15 maggio-25 settembre

78 cam – †174/354 € ††275/492 € – 3 suites – ½ P 174/294 €

Rist – *(chiuso a mezzogiorno)* Carta 53/71 €

Rist *La Pagoda* – *(chiuso la sera)* Carta 60/83 €

◆ Punto d'appoggio ideale per una vacanza tutto mare e sole, immerso nella macchia mediterranea, l'hotel dispone di camere spaziose con arredi classici. Al ristorante, proposte gastronomiche nazionali sia di terra sia di mare. Pasti più informali con buffet e griglia, presso *La Pagoda* (sulla spiaggia).

Cala del Porto

via del Pozzo – ✆ 05 64 92 24 55 – www.baglionihotels.com – delporto@relaischateaux.com – Pasqua-novembre

37 cam – †250/620 € ††270/800 € – 3 suites – ½ P 205/470 €

Rist – Carta 53/139 €

◆ In posizione dominante dall'alto della baia, l'elegante struttura vanta la vista sul porto e sul mare: spazi comuni dal grazioso arredo e camere confortevoli. Sulla terrazza panoramica e nella sala ristorante interna, proposte di cucina moderna.

PUNTA DEL LAGO – Viterbo – **563** P18 – **Vedere Ronciglione**

PUNTALDIA – Olbia-Tempio (104) – **Vedere San Teodoro**

PUOS D'ALPAGO – Belluno (BL) – **562** D19 – **2 460 ab.** – **alt. 419 m** – ✉ **32015** **36** C1

Roma 605 – Belluno 20 – Cortina d'Ampezzo 75 – Venezia 95

piazza Papa Luciani 7 ✆ 0437 454650 proloco.puosdalpago@infodolomiti.it Fax 0437 454650

XX **Locanda San Lorenzo** (Renzo Dal Farra) con cam

via IV Novembre 79 – ✆ 04 37 45 40 48 – www.locandasanlorenzo.it – info@locandasanlorenzo.it – chiuso 20 giorni in marzo

11 cam – †60/75 € ††85/98 € – ½ P 74/85 €

Rist – *(chiuso mercoledì escluso le sere di agosto)* Carta 53/75 €

Spec. Uovo croccante con asparagi e spugnole su fonduta leggera al parmigiano. Bigoli di farina integrale al torchio con ragù d'agnello dell'Alpago. Sorbetto al finocchio con meringa alla menta, latte di cocco e lemongrass.

◆ Passione e costanza sono le caratteristiche di un'intera famiglia che da oltre un secolo entusiasma gli avventori con una cucina saldamente legata ai prodotti locali, in certi piatti reinterpretata con gusto contemporaneo. Due differenti arredi per le camere: uno sobrio leggermente moderno, l'altro tipicamente rustico.

QUADRIVIO – Salerno – **Vedere Campagna**

QUARONA - Vercelli (VC) - **561** E6 - **4 279 ab.** - **alt. 406 m** - ✉ **13017** **23** C1

▶ Roma 668 - Stresa 49 - Milano 94 - Torino 110

Grand'Italia

piazza Libertà 19 - ✆ 01 63 43 12 44 - www.albergogranditalia.it - info@albergogranditalia.it

14 cam - 80/85 € 110/130 € - 2 suites

Rist Italia - vedere selezione ristoranti

◆ Completamente trasformato e ristrutturato, è ora un'elegante palazzina con interni moderni e spaziosi, linee sobrie ed essenziali ed accenni di design minimalista.

Italia

piazza della Libertà 27 - ✆ 01 63 43 01 47 - www.albergogranditalia.it - info@albergogranditalia.it - chiuso dal 1° al 21 agosto e lunedì

Rist - Carta 31/44 €

◆ E' una piacevole sorpresa questo curato e familiare locale di taglio moderno in una casa del centro della località; piatti di creativa cucina piemontese.

L'indicazione **Rist** in rosso evidenzia le strutture a cui abbiamo assegnato un riconoscimento: ✿ (stella) o ☺ (Bib Gourmand).

QUARTACCIO - Viterbo - **Vedere Civita Castellana**

QUARTIERE - Ferrara - **562** H17 - **Vedere Portomaggiore**

QUARTO - Napoli (NA) - **564** E24 - **39 585 ab.** - **alt. 55 m** - ✉ **80010** **6** A2

▶ Roma 250 - Napoli 28 - Caserta 54 - Benevento 114

Pianta d'insieme di Napoli

Sud

via Santi Pietro e Paolo 8 - ✆ 08 10 20 27 08 - www.sudristorante.it - info@sudristorante.it - chiuso dal 7 al 14 gennaio, 2 settimane in agosto e lunedì

Rist - *(chiuso a mezzogiorno escluso domenica)* Carta 28/49 € AT**a**

◆ Se la bussola punta sempre al Nord, c'è da augurarsi che una volta sbagli e - per caso o per fortuna - vi conduca a questo locale nei *Campi Flegrei*. Il Sud non è solo nel nome, ma anche nel piatto: esplosione di sapori mediterranei esaltati dalla fantasia, in un ambiente volutamente sobrio e minimalista.

QUARTO CALDO - Latina - **Vedere San Felice Circeo**

QUARTO D'ALTINO - Venezia (VE) - **562** F19 - **8 007 ab.** - ✉ **30020** **35** A1

▶ Roma 537 - Venezia 24 - Milano 276 - Treviso 17

Villa Odino senza rist

via Roma 146 - ✆ 04 22 82 31 17 - www.villaodino.it - info@villaodino.it - chiuso dal 24 al 29 dicembre

27 cam - 96/148 € 99/150 € - 3 suites

◆ Facile da raggiungere dall'autostrada, è una verde oasi di pace sulla riva del Sile: eleganti e confortevoli, le due strutture propongono ambienti arredati in stile. Ricca prima colazione.

Crowne Plaza Venice East

via Della Resistenza 18/20 - ✆ 04 22 70 38 11 - www.crowneplazavenezia.it - info.venice@promohotels.it

150 cam - 65/130 € 80/190 € - 2 suites - ½ P 58/120 €

Rist - Carta 35/50 €

◆ Grande hotel di recente costruzione e in grado di offrire un servizio completo in ambienti dal design semplice ma moderno; mostre d'arte allestite negli spazi comuni. Tre sale ristorante, in menù proposte di mare e di terra.

Park Hotel Junior
via Roma 93 – ✆ 04 22 82 37 77 – www.parkhoteljunior.it – info@parkhoteljunior.it
33 cam – 80/120 € 80/150 €
Rist Park Ristorante Da Odino – vedere selezione ristoranti
♦ Tranquillità e relax grazie all'ampio parco che abbraccia la struttura. Camere spaziose, in stile classico o moderno (le più recenti): tutte le stanze sono dotate di ampia terrazza. Area giochi per bambini e piscina estiva.

Park Ristorante Da Odino – Park Hotel Junior
via Roma 89 – ✆ 04 22 82 42 58
– www.daodino.it – info@daodino.it
– chiuso martedì, mercoledì a mezzogiorno
Rist – Carta 48/66 €
♦ Da oltre 40 anni, la stessa famiglia gestisce con grande *savoir-faire* questo gradevole locale dalla particolare sala tondeggiante. Dal menu fanno capolino squisite specialità di pesce.

Cosmorì
viale Kennedy 15
– ✆ 04 22 82 53 26 – www.altinonline.it
– chiuso dal 1° al 15 gennaio, dal 5 al 20 agosto e lunedì
Rist – Carta 29/39 €
♦ Un ambiente semplicemente familiare, dove le specialità della casa - esposte a voce - sono a base di pesce. Buon rapporto qualità/prezzo.

QUARTO DEI MILLE – Genova – Vedere Genova

QUARTU SANT' ELENA – Cagliari (CA) – 366 Q48 – 71 253 ab. – ✉ 09045 38 B3

Cagliari 7 – Nuoro 184 – Olbia 288 – Porto Torres 232
Sa Tanca via delle Bounganville, ✆ 070 80 71 45

Italia senza rist
via Panzini 67 ang. viale Colombo
– ✆ 0 70 82 70 70 – www.bestwestern.it/italia_ca
– hitalia.quartu@tiscali.it
– chiuso dal 15 dicembre al 20 gennaio
76 cam – 50/77 € 62/96 €, 8 € – 7 suites
♦ A poco più di un km dalla spiaggia del Poetto, moderna struttura di sette piani frequentata anche da una clientela d'affari. Le camere sono spaziose e funzionali, dotate di angolo cottura.

Hibiscus
via Dante 81 – ✆ 0 70 88 13 73
– www.antoniofigus.it – figus.hibiscus@tiscali.it
– chiuso sabato a mezzogiorno, domenica
Rist – Carta 35/55 €
♦ Nelle sale della dimora liberty o nella suggestione della fresca corte mediterranea, potrete scegliere tra una creativa cucina di pesce o una "bisteccheria" su griglia a carboni.

QUATTORDIO – Alessandria (AL) – 1 706 ab. – alt. 135 m – ✉ 15028 25 D1

Roma 592 – Alessandria 18 – Asti 20 – Milano 111

Relais Rocca Civalieri
strada Cascina Rocca Civalieri 23 ✉ 15028 Quattordio
– ✆ 01 31 79 73 33 – www.roccacivalieri.it
– info@roccacivalieri.it
22 cam – 119/204 € 140/240 € – 7 suites
Rist – Menu 68 € – Carta 41/51 €
♦ Bella struttura dotata di ampi spazi comuni, sia interni sia esterni, in cui convivono elementi del passato e arredi, nonché confort attuali. Cucina contemporanea al ristorante, che ricalca lo stile della casa.

QUATTRO CASTELLA - Reggio Emilia (RE) - 562 I13 - 12 856 ab. - alt. 161 m - ✉ 42020 8 B3

Roma 443 - Parma 29 - Bologna 83 - Modena 40

a Rubbianino Nord: 13 km - ✉ 42020

XX **Ca' Matilde** (Andrea Incerti Vezzani) con cam
via della Polita 14 - ☎ 05 22 88 95 60 - www.camatilde.it - info@camatilde.it - chiuso dal 7 al 14 gennaio
6 cam - †70 € ††85/90 €, ☕ 10 €
Rist - *(chiuso a mezzogiorno escluso i giorni festivi)* Carta 52/70 €
Spec. Tarte Tatin alla melanzana con pomodori al forno, olive leccino, besciamella e noce moscata. Tortelli verdi e di zucca mantecati al burro. Stinchetto di maialino da latte con germogli di spinaci, senape e verdure.
◆ In aperta campagna, calorosa accoglienza in una casa colonica ristrutturata. Due sale moderne e solari ospitano una cucina che reinterpreta sapientemente i prodotti del territorio. Per un riposo in aperta campagna, a metà strada fra la bassa e le colline, nuove semplici camere dai vivaci tocchi di colore.

QUERCEGROSSA - Siena - 563 L15 - Vedere Siena

QUINCINETTO - Torino (TO) - 561 F5 - 1 061 ab. - alt. 295 m - ✉ 10010 22 B2

Roma 694 - Aosta 55 - Ivrea 18 - Milano 131

Mini Hotel Praiale senza rist
via Umberto I, 5 - ☎ 01 25 75 71 88 - www.hotelpraiale.it - info@hotelpraiale.it
9 cam - †35/40 € ††50/55 €, ☕ 7 €
◆ Era un'abitazione di famiglia. Poi è stata aperta al pubbblico: una piccola e accogliente struttura tra vie strette e tranquille, nel cuore del paese. La colazione è servita nella vecchia stalla, sotto una volta di mattoni.

X **Da Marino**
via Montellina 7 - ☎ 01 25 75 79 52 - rist.marino@tiscali.it - chiuso dall'8 gennaio al 4 febbraio, dal 25 agosto al 10 settembre e lunedì
Rist - Carta 26/34 €
◆ Gestione diretta di lunga esperienza in un piacevole locale in posizione panoramica; legno alle pareti, sedie in vimini e ampie vetrate che inondano di luce la sala.

QUINTO AL MARE - Genova (GE) - 561 I8 - vedere Genova

QUINTO DI TREVISO - Treviso (TV) - 562 F18 - 9 766 ab. - alt. 17 m - ✉ 31055 36 C2

Roma 548 - Padova 41 - Venezia 36 - Treviso 7

BHR Treviso Hotel
via Postumia Castellana 2, Ovest 3 km - ☎ 04 22 37 30 - www.bhrtrevisohotel.it - info@bassohotels.it
133 cam - †89/209 € ††99/219 €, ☕ 15 € - 1 suite - ½ P 90/150 €
Rist - Carta 34/53 €
◆ Nuova struttura moderna e trasparente alle porte della città, indicata soprattutto per una clientela business e congressuale. Nelle camere, confort di alto livello e soluzioni architettoniche attualissime.

XX **Locanda Righetto**
via Ciardi 2 - ☎ 04 22 47 00 80 - www.locandarighetto.it - info@locandarighetto.it - chiuso dal 1° al 10 gennaio, dall' 11 al 17 agosto e lunedì
Rist - Carta 32/53 €
◆ Gestione giunta alla sesta generazione: fin dagli esordi - qui - si è sempre venuti per l'anguilla, esclusa solo dalle ricette dei dolci. Squisita cucina veneta.

QUINTO VERCELLESE - Vercelli (VC) - 444 ab. - ✉ 13030 — 23 C2

Roma 638 - Alessandria 60 - Milano 70 - Novara 17

XX **Bivio**

via bivio 2, sud 1 km - ✆ 01 61 27 41 31 - ristorantebivio@hotmail.com - chiuso gennaio, agosto, lunedì, martedì

Rist - (consigliata la prenotazione) Carta 38/52 €

◆ Una luminosa saletta dagli arredi di taglio moderno e pochi tavoli ben distanziati, dove apprezzare creativi piatti locali curati nella selezione delle materie prime.

QUISTELLO - Mantova (MN) - 561 G14 - 5 893 ab. - alt. 17 m - ✉ 46026 — 17 D3

Roma 458 - Verona 65 - Ferrara 61 - Mantova 29

XXXX **Ambasciata** (Romano Tamani)

via Martiri di Belfiore 33 - ✆ 03 76 61 91 69 - www.ristoranteambasciata.com - ristoranteambasciata@yahoo.it - chiuso dal 1° al 14 gennaio, dal 9 al 30 agosto, domenica sera, lunedì e le sere di Natale e Pasqua

Rist - (consigliata la prenotazione) Carta 125/160 €

Spec. Lumache in umido con polenta. Maniche dei frati con ragù di coniglio e rosmarino. Insalata di luccio, salsa verde e parmigiano quistellesi.

◆ Uno sfarzo circense e rinascimentale è il contorno di piatti sontuosi e barocchi, l'eccesso è favorito, la misura osteggiata: i fratelli Tamani mettono in scena i fasti della gloriosa cucina mantovana.

XX **All'Angelo**

via Martiri di Belfiore 20 - ✆ 03 76 61 83 54 - www.allangelo.eu - info@allangelo.eu - chiuso dal 12 al 24 gennaio, dal 13 luglio al 1° agosto, domenica sera, lunedì

Rist - Carta 30/42 €

◆ Trattoria centrale che propone specialità del territorio, piatti tipici della zona e una pregevole carta dei vini; gradevole il salone per banchetti.

RABLÀ = RABLAND - Bolzano - Vedere Parcines

RACALE - Lecce (LE) - 564 H36 - 10 807 ab. - ✉ 73055 — 27 D3

Roma 633 - Bari 203 - Lecce 53

X **L'Acchiatura** con cam

via Marzani 12 - ✆ 08 33 55 88 39 - www.acchiatura.it - info@acchiatura.it - chiuso dal 17 gennaio al 10 febbraio e dal 2 al 26 ottobre

6 cam - †40/65 € ††80/110 €

Rist - *(chiuso martedì escluso da giugno a settembre) (chiuso a mezzogiorno escluso la domenica e i giorni festivi da novembre a maggio)* Carta 21/26 €

◆ Cucina pugliese ricca di genuini sapori in un ambiente suggestivo, caratterizzato da diverse sale e patii interni. Il fascino del passato rivive anche nelle belle ed accessoriate camere, nonché nella scenografica piscina ospitata in una grotta.

RACINES (RATSCHINGS) - Bolzano (BZ) - 3 902 ab. - alt. 1 290 m - Sport invernali : 1 300/2 250 m 8, - ✉ 39040 — 30 B1

Roma 700 - Bolzano 70 - Cortina d'Ampezzo 111 - Merano 102

palazzo Municipio ✆ 0472 756666, ratschinqa@dnet.it, Fax 0472 760616

Sonklarhof

rist,

località Ridanna alt. 1342 - ✆ 04 72 65 62 12 - www.sonklarhof.com - sonklarhof@web.de - chiuso dal 7 novembre al 16 dicembre e dal 30 marzo al 23 aprile

50 cam - 15 suites - solo ½ P 56/105 €

Rist - *(chiuso la sera)* Carta 24/56 €

◆ Struttura ben organizzata, nel cuore della Val Ridanna, in grado di offrire un'accoglienza di buon livello. Apprezzabile il confort delle camere e la dolce atmosfera tirolese. Ambiente ospitale nella colorata e confortevole sala da pranzo.

RADDA IN CHIANTI - Siena (SI) - 563 L16 - 1 722 ab. - alt. 530 m 29 D1 - ✉ 53017 Toscana

Roma 261 - Firenze 54 - Siena 33 - Arezzo 57

piazza del Castello 2 ☎ 0577 738494, proradda@chiantinet.it, Fax 0577 738494

Palazzo Leopoldo

via Roma 33 - ☎ 05 77 73 56 05 - www.palazzoleopoldo.it - info@palazzoleopoldo.it - chiuso dal 7 gennaio al 11 febbraio

13 cam - 100/200 € 120/230 €, 10 € - 6 suites - ½ P 95/155 €

Rist ***La Perla del Palazzo*** - ☎ 05 77 73 92 70 *(aprile-ottobre; chiuso mercoledì)* Carta 32/64 €

◆ Nella piccola via del centro storico, un ottimo esempio di conservazione di un palazzo medievale: vi si ripropongono con sobrietà ed eleganza stili ed atmosfere cariche di storia. Ristorante dalla forte impronta locale, sia negli ambienti sia nelle proposte gastronomiche.

Palazzo San Niccolò senza rist

via Roma 16 - ☎ 05 77 73 56 66 - www.hotelsannicolo.com - info@hotelsanniccolo.com - aprile-ottobre

18 cam - 112/143 € 143/204 €, 10 €

◆ Tra boschi, vitigni e uliveti, il palazzo quattrocentesco offre ampie camere arredate con gusto ed un suggestivo salone, al primo piano, interamente affrescato in stile '900.

Relais Vignale

rist,

via Pianigiani 9 - ☎ 05 77 73 83 00 - www.vignale.it - vignale@vignale.it - aprile-ottobre

37 cam - 160 € 230/280 € - 5 suites - ½ P 145/175 €

Rist - Carta 26/34 €

◆ All'inizio del paese, un'elegante casa di campagna curata ed arredata con buon gusto e stile toscano. Bellissimo terrazzo panoramico e cucina regionale con un'ampia scelta di piatti di terra.

verso Volpaia

La Locanda

strada sterrata per Panzano, località Montanino, Nord: 10,5 km - ☎ 05 77 73 88 32 - www.lalocanda.it - info@lalocanda.it - aprile-ottobre; chiuso 10 giorni in agosto

7 cam - 180/250 € 220/280 € - 1 suite

Rist - *(chiuso a mezzogiorno) (solo per alloggiati)* Menu 35 €

◆ Podere in posizione molto isolata che appare come una vera e propria oasi di pace. La vista sulle splendide colline circostanti è davvero eccezionale.

Agriturismo Podere Terreno

via della Volpaia 21, Nord : 5,5 km - ☎ 05 77 73 83 12 - www.podereterreno.it - podereterreno@chiantinet.it - chiuso dal 20 al 27 dicembre

6 cam - solo ½ P 80 €

Rist - *(chiuso a mezzogiorno)* (prenotazione obbligatoria) Menu 35 € bc

◆ Contornata da vigneti a coltivazione biologica, in questa casa colonica del '500 si coglie lo spirito verace di una terra ospitale. In una bella sala con camino, si mangia con i proprietari attorno ad una grande tavola.

Agriturismo Castelvecchi

Nord : 6 km - ☎ 05 77 73 80 50 - www.castelvecchi.com - castelvecchi@castelvecchi.com - aprile-novembre

11 cam - 60/75 € 80/105 €

Rist - Menu 20/25 €

◆ Struttura inserita in un'antica tenuta vitivinicola molto attiva, un grazioso borgo di campagna con giardino. Gli ambienti e gli arredi sono di rustica ed essenziale finezza.

sulla strada provinciale 429

My One Hotel Radda rist,
località La Calvana 138, Ovest : 1,5 km
– 0 57 77 35 11 – www.myonehotel.it – radda@myonehotel.it – aprile-ottobre
57 cam – 70/300 € 80/350 € – 3 suites – ½ P 70/210 €
Rist – Carta 25/93 €
♦ Hotel realizzato rispettando la tradizione locale nell'utilizzo di pietra e legno, ma declinati in forme di design moderno con colori che spaziano dal grigio al sabbia. Le camere sono ampie e confortevoli.

Il Borgo di Vescine rist,
località Vescine, Ovest : 6,5 km – 05 77 74 11 44 – www.vescine.it – info@vescine.it – 15 aprile-ottobre
21 cam – 90/160 € 170/260 € – 7 suites – ½ P 115/170 €
Rist – *(chiuso a mezzogiorno) (solo per alloggiati)* Menu 25/80 €
♦ L'abitazione di campagna conserva l'originaria struttura del paesino medievale e dispone di camere confortevoli, sala colazioni in terrazza, campo da tennis e piccolo fitness. I sapori chiantigiani vanno in scena nel ristorante con camino; mentre per gli amanti del frutto della vite, appuntamento al bar-enoteca.

Villa Sant'Uberto senza rist
località Sant'Uberto 33, Ovest : 6,8 km – 05 77 74 10 88 – www.villasantuberto.it – info@villasantuberto.it – marzo-novembre
12 cam – 68/82 € 80/96 €
♦ Immersa nel silenzio dei colli, un'antica fattoria è stata convertita nell'attuale risorsa e dispone di camere spaziose: alcune più rustiche, altre quasi signorili. D'estate, godetevi la piacevolezza della prima colazione all'aperto.

RADEIN = Redagno

RADICONDOLI – Siena (SI) – 563 M15 – 992 ab. – alt. 509 m – ✉ 53030 — 29 C2

Roma 270 – Siena 44 – Firenze 80 – Livorno 95

Agriturismo Fattoria Solaio
località Solaio, Sud-Ovest : 12 km ✉ 53030 – 05 77 79 10 29 – www.fattoriasolaio.it – info@fattoriasolaio.it – chiuso dal 7 gennaio al 15 marzo e dal 5 novembre al 26 dicembre
8 cam – 70/80 € 80/90 €
Rist – *(chiuso a mezzogiorno) (solo per alloggiati)* Menu 25 €
♦ Dopo alcuni km di strada non asfaltata si trovano l'antica fattoria cinquecentesca, la villa padronale e la chiesetta dell'800. Avvolte da un giardino all'italiana.

RAGONE – Ravenna – 561 I18 – Vedere Ravenna

RAGUSA P (RG) – 365 AX62 – 72 755 ab. – alt. 502 m – ✉ 97100 — 40 D3

Sicilia

Agrigento 138 – Caltanissetta 143 – Catania 104 – Palermo 267

piazza San Giovanni (Palazzo Ina) 0932 684780, infotourist@comune.ragusa.it, Fax 0932 684781

★★ sulla città vecchia dalla strada per Siracusa – Posizione pittoresca★ – Ragusa Ibla★★: duomo di San Giorgio★★ – Palazzo Nicastro★★

Modica★ : San Giorgio★★, Museo delle Arti e Tradizioni Popolari★– Castello di Donnafugata★ Ovest : 18 km

Villa Carlotta
via Gandhi 3 – 09 32 60 41 40 – www.villacarlottahotel.com – info@villacarlottahotel.com
25 cam – 118 € 158 €
Rist La Fenice – vedere selezione ristoranti
♦ In una cornice di macchia mediterranea, tra carrubi e olivi secolari, l'albergo è frutto del restauro di una fattoria dell''800: tipicità dell'architettura rurale ragusana si coniugano a soluzioni d'arredo moderne per dar vita a camere essenziali e ben equipaggiate.

Il Barocco senza rist

via S. Maria La Nuova 1, (Ibla) – ☎ 09 32 66 31 05 – www.ilbarocco.it – info@ilbarocco.it

16 cam ☕ – 🚹50/80 € 🚹🚹85/125 €

◆ Un immobile di fine '800 nato come falegnameria e riconvertito con buon gusto. Si apre intorno ad una corte lastricata. Affreschi su alcune pareti e arredi in arte povera.

Palazzo degli Archi senza rist

corso Don Minzoni 6, (Ibla) – ☎ 09 32 68 60 21 – www.hotelpalazzodegliarchi.it – info@hotelpalazzodegliarchi.it

10 cam ☕ – 🚹70/90 € 🚹🚹90/120 €

◆ Nella parte bassa di Ibla, la struttura beneficia di una posizione panoramica, lungo la curva che costeggia come un'ansa il centro storico. Palazzo d'epoca, sgargiante nel color porpora, dispone di belle camere impreziosite da pavimenti d'inizio '900.

Locanda Don Serafino

via XI Febbraio 15, (Ibla) – ☎ 09 32 22 00 65 – www.locandadonserafino.it – info@locandadonserafino.it

10 cam ☕ – 🚹80/165 € 🚹🚹100/205 € – ½ P 100/103 €

Rist Locanda Don Serafino – vedere selezione ristoranti

◆ Piccola bomboniera a due passi dal Duomo, la locanda nasce dal restauro di un palazzo ottocentesco. Non molti gli spazi comuni, eppure tutti carichi di un fascino particolare.

Caelum Hyblae senza rist

Salita Specula 11, (Ibla) – ☎ 09 32 68 90 48 – www.bbcaelumhyblae.it – info@bbcaelumhyblae.it – chiuso 15 giorni in febbraio e 15 giorni in novembre

5 cam ☕ – 🚹60/75 € 🚹🚹100/120 €

◆ La struttura, splendidamente affacciata sulla cupola del Duomo e monti Iblei, vanta interni che declinano testimonianze e materiali d'epoca con moderni accessori. Curiosità: in passato, fu abitata da un astronomo che ispirò T. di Lampedusa nel delineare il personaggio di Salina (e la sua passione per le stelle).

Locanda Don Serafino

via Avv. Ottaviano sn, (Ibla) – ☎ 09 32 24 87 78 – www.locandadonserafino.it – info@locandadonserafino.it – chiuso 2 settimane in novembre, 2 settimane in gennaio

Rist – Menu 50/90 € – Carta 55/80 €

Spec. Tre pesci con una fava. Minestra di tenerumi (verde di zucchina) e pasta mista di Gragnano con budino caldo di ragusano (estate). Arrosto di quaglia farcita con i sapori dell'altopiano ibleo.

◆ In un contesto suggestivo essendo in parte ricavato in una grotta, il ristorante si trova nel fulcro da cui Ragusa si è sviluppata, Ibla. L'eleganza non è penalizzata, ma dà il meglio di sé negli arredi e nelle terrazze. I sapori isolani predominano nel piatto, cedendo solo alle lusinghe della creatività.

Duomo (Ciccio Sultano)

via Cap. Bocchieri 31, (Ibla) – ☎ 09 32 65 12 65 – www.ristoranteduomo.it – info@ristoranteduomo.it – chiuso domenica e lunedì a mezzogiorno in maggio-ottobre; domenica sera e lunedì in novembre-aprile; solo i mezzogiorno di lunedì, giovedì e domenica in agosto

Rist – Menu 135 € – Carta 92/125 €

Spec. Tortino di ragusano con cipolla al sale, salsa di azzeruole (mele). Maialino nero dei Nebrodi falsamente grasso, salse di melone cantalupo, cardamomo, polpetta di patate e nocciola dell'Etna. Cannolo di ricotta vaccina con zuppa calda di fichi d'India e sorbetto di mandorla Pizzuta.

◆ Nel 1693 un terremoto sconvolge Ragusa: nasce il Barocco. Oggi, un sisma di natura gastronomica dà vita ad una cucina che mette al bando semplicità e minimalismi per creare piatti compositi e seducenti, barocchi per l'appunto! Scrigno di raffinatezza, tra carta da parati stile inglese e arredi d'epoca siciliani.

La Fenice - Villa Carlotta
via Gandhi 3 - ✆ 09 32 60 41 40 - www.villacarlottahotel.com - info@villacarlottahotel.com
Rist - Menu 45/60 € - Carta 44/60 €
Spec. Crudità di pesce del Mediterraneo con tartara di sedano, pomodoro e anice stellato. Saccottini di gamberi crudi con ricotta tiepida, centrifuga di insalata di pomodori, cipolle e basilico. Bocconcini di cernia gialla con granella di pistacchi di Bronte su foglie di tenerume (zucchina).
◆ Pareti in cristallo per questo elegante ristorante che non manca di calore. Il parquet fa da contrappunto al soffitto in legno, moderne sedie bianche e nel piatto ottime materie prime, elaborate con creatività e lodevoli capacità tecniche dallo chef.

Baglio la Pergola
contrada Selvaggio, zona stadio - ✆ 09 32 68 64 30 - www.baglio.it - info@baglio.it - chiuso 2 settimane in gennaio e martedì
Rist - Carta 26/51 €
◆ Un antico baglio che è stato trasformato in un locale di sobria e contenuta eleganza. Tavoli estivi sotto l'ampio porticato, ampia carta dei vini, servizio pizzeria serale.

U' Saracinu
via del Convento 9, (Ibla) - ✆ 09 32 24 69 76 - www.ristorante-usaracinu.com - ristoranteusaracinu@live.it - chiuso domenica
Rist - Carta 17/26 €
◆ Nel cuore del centro storico, la trattoria è portavoce di quella tipica, calorosa accoglienza isolana. La cucina tramanda la territorialità dei sapori e dei prodotti, prediligendo quelli della tradizione ragusana e la fragranza del pesce fresco.

verso Marina di Ragusa Sud-Ovest : 14 km :

Poggio del Sole cam,
strada provinciale 25 Ragusa/Marina km 5,700 ✉ 97100 Ragusa - ✆ 09 32 66 85 21 - www.poggiodelsoleresort.it - info@poggiodelsoleresort.it
66 cam - †70/100 € ††90/150 € - 2 suites - ½ P 70/105 €
Rist *Dell'Angelo* - Carta 24/31 €
Rist *Hosteria* - Menu 30/38 €
◆ Ricavato da una residenza di fine '700, l'hotel si sviluppa intorno ad una piscina pensile, incastonata da un lato dalle camere e dall'altro dalla sala banchetti. Arredi di design dai caldi colori vagamente etnici. Cucina moderna nell'elegante ristorante Dell'Angelo. Piatti regionali all'Hosteria.

Eremo della Giubiliana rist,
contrada Giubiliana ✉ 97100 Ragusa - ✆ 09 32 66 91 19 - www.eremodellagiubiliana.com - info@eremodellagiubilana.com
18 cam - †137/260 € ††210/400 € - 6 suites - ½ P 195/380 €
Rist - Carta 60/101 €
◆ Sull'Altopiano ibleo a 10 km circa dal centro città e da Marina di Ragusa, l'ex convento è oggi una risorsa ricca di fascino Arredi d'epoca isolani ornano ogni ambiente, comprese le originali camere ricavate dalle celle dei frati. Notevoli, quelle con terrazza privata. Cucina regionale nel suggestivo ristorante.

verso Donnafugata Sud-Ovest : 14 km :

Relais Parco Cavalonga
strada provinciale 80 Km 3,200 ✉ 97100 Ragusa - ✆ 09 32 61 96 05 - www.parcocavalonga.it - info@parcocavalonga.it - 5 marzo-19 novembre
15 cam - †100/200 € ††120/200 € - ½ P 105/135 €
Rist - *(chiuso a mezzogiorno) (solo per alloggiati)* Menu 35/40 €
◆ Fra ulivi e carrubi centenari, preparatevi ad un'esperienza di autentica *country life* in camere dotate di moderni confort, ma tipicizzate da materiali originariamente impiegati nelle costruzioni locali: ferro, tavelloni in legno e pietra arenaria. Due splendide piscine e una vista che si bea della natura circostante.

RAGUSA (Marina di) – Ragusa (RG) – 365 AW63 – ✉ 97010 — 40 C3

Agrigento 156 – Caltanissetta 140 – Catania 126 – Ragusa 24

Da Serafino

lungomare Doria – ✆ 09 32 23 95 22 – www.locandadonserafino.it – info@locandadonserafino.it – aprile-15 ottobre

Rist – Carta 38/51 €

◆ La classica trattoria di mare, semplice ma estremamente corretta nella preparazione di una salda cucina del territorio. Oltre al servizio ristorante c'è anche la pizzeria.

RANCIO VALCUVIA – Varese (VA) – 561 E8 – 967 ab. – alt. 296 m – ✉ 21030 — 16 A2

Roma 651 – Stresa 59 – Lugano 28 – Luino 12

Gibigiana

via Roma 19 – ✆ 03 32 99 50 85 – chiuso dal 1° al 15 agosto, martedì

Rist – Menu 15/35 €

◆ Caldi e accoglienti ambienti in legno dove apprezzare una cucina affidabile ed incentrata su specialità tradizionali e alla brace, eseguite davanti agli occhi dei clienti.

RANCO – Varese (VA) – 561 E7 – 1 357 ab. – alt. 214 m – ✉ 21020 — 16 A2

Roma 644 – Stresa 37 – Laveno Mombello 21 – Milano 67

Il Sole di Ranco

piazza Venezia 5 – ✆ 03 31 97 65 07 – www.ilsolediranco.it – info@ilsoldediranco.it – chiuso dal 15 novembre al 15 gennaio

6 cam – 166/176 € 180/190 € – 8 suites – 319/361 € – ½ P 165/251 €

Rist Il Sole di Ranco – vedere selezione ristoranti

◆ All'interno di un'antica villa che ha affiancato il ristorante omonimo. Posizione elevata, fronte lago con giardino. Camere e ambienti comuni molto curati, arredi eleganti.

Conca Azzurra

via Alberto 53 – ✆ 03 31 97 65 26 – www.concazzurra.it – info@concazzurra.it – chiuso dal 4 gennaio al 13 febbraio

29 cam – 78/115 € 90/160 € – ½ P 85/105 €

Rist *La Veranda* – ✆ 03 31 97 57 10 *(chiuso a mezzogiorno escluso da giugno a settembre)* Carta 37/67 €

◆ Un albergo di tono classico con una buona offerta di servizi, tra cui un moderno centro benessere, e camere accoglienti (tutte dotate di balcone o terrazzo). Ideale per chi vuole approfittare di un rilassante soggiorno in riva al lago. Specialità di pesce al ristorante con ampia terrazza.

Belvedere

via Piave 11 – ✆ 03 31 97 52 60 – www.hotelristorantebelvedere.it – info@hotelristorantebelvedere.it – chiuso dal 24 dicembre al 7 febbraio

12 cam – 75/90 € 110/140 € – ½ P 80/100 €

Rist – *(chiuso mercoledì)* Carta 27/52 €

◆ In centro e contemporaneamente a pochi passi dal lago, l'hotel offre ai suoi ospiti un'atmosfera familiare ed ampie camere confortevoli arredate con mobili in legno chiaro. Dalla cucina, specialità di lago, piatti rivisitati in chiave moderna e una lunga tradizione nel campo della ristorazione.

Il Sole di Ranco (Davide Brovelli)

piazza Venezia 5 – ✆ 03 31 97 65 07 – www.ilsolediranco.it – info@ilsolediranco.it – chiuso dal 15 novembre al 21 gennaio, lunedì e martedì; dal 15 aprile ad ottobre aperto lunedì sera

Rist – Menu 90/120 € – Carta 75/140 €

Spec. Crudo di lago, ricci di mare e caviale di luccio. Ravioli alla carbonara con pancetta croccante. Coturnica (volatile) cotta nella creta, ristretto al Marsala.

◆ Succede che la cucina si allei all'eleganza degli ambienti e ad una terrazza con indimenticabile vista sul lago. Allora tutto congiura per una serata da fiaba.

RANDAZZO – Catania (CT) – 365 AY56 – 11 212 ab. – alt. 765 m – ✉ 95036 Sicilia — 40 D2

Catania 69 – Caltanissetta 133 – Messina 88 – Taormina 45

Centro Storico★

Scrivano

via Bonaventura 2 – ✆ 0 95 92 11 26 – www.hotelscrivano.com – info@hotelscrivano.com

30 cam – 50/60 € 85/90 € – ½ P 60/65 €

Rist – ✆ 0 95 92 14 33 – Carta 19/36 €

◆ A breve distanza dal cratere del Vulcano, questa piccola struttura dalla valida conduzione familiare si trova all'inizio del paese. La tradizione per l'ospitalità il punto fermo. Passata dal padre al figlio, la cucina ha mantenuto un legame molto forte con il territorio. Servizio professionale e veloce.

Agriturismo L'Antica Vigna

località Montelaguardia, Est : 3 km – ✆ 34 94 02 29 02 – www.anticavigna.it – info@anticavigna.it – chiuso dal 10 gennaio al 10 febbraio

10 cam – 40/45 € 70/80 € – ½ P 55/65 €

Rist – *(chiuso a mezzogiorno)* Menu 25 €

◆ Nell'incantevole contesto del parco naturale dell'Etna, una risorsa che consente di vivere appieno una rustica e familiare atmosfera bucolica, tra vigneti e ulivi. Tra cotto, paglia e legno, la cucina tipica siciliana.

Veneziano

contrada Arena, strada statale 120 km 187, Est: 2 km – ✆ 09 57 99 13 53 – www.ristoranteveneziano.it – info@ristoranteveneziano.it – chiuso lunedì

Rist – Carta 25/36 €

◆ Sono i funghi i padroni assoluti della cucina, che qui, alle pendici dell'Etna, si trovano con facilità. Piatti della tradizione, quindi, e un servizio familiare serio ed efficiente.

RANZO – Imperia (IM) – 561 J6 – 556 ab. – alt. 300 m – ✉ 18020 — 14 A2

Roma 597 – Imperria 30 – Genova 104 – Milano 228

Il Gallo della Checca

località Ponterotto 31, Est : 1 km – ✆ 01 83 31 81 97 – www.gallodellachecca.org.it – ristgallocheccaranzo@alice.it – chiuso lunedì

Rist – (consigliata la prenotazione) Carta 30/62 €

◆ Ristorante-enoteca che offre interessanti proposte gastronomiche sull'onda di una cucina prevalentemente regionale. In sala bottiglie esposte ovunque: cantina di buon livello.

RAPALLO – Genova (GE) – 561 I9 – 30 425 ab. – ✉ 16035 Liguria — 15 C2

Roma 477 – Genova 37 – Milano 163 – Parma 142

Lungomare Vittorio Veneto 7 ✆ 0185 230346, iat.rapallo@provincia.genova.it, Fax 0185 63051

via Mameli 377, ✆ 0185 26 17 77

Lungomare Vittorio Veneto★

Portofino★★★ - Strada panoramica★★ per Santa Margherita Ligure e Portofino sud-ovest - San Fruttuoso★★

Pianta pagina seguente

Excelsior Palace Hotel

via San Michele di Pagana 8 – ✆ 01 85 23 06 66 – www.excelsiorpalace.thi.it – excelsior@thi.it **d**

125 cam – 180/620 € – 5 suites – ½ P 145/365 €

Rist – Carta 58/128 €

Rist *Eden Roc* – *(giugno-settembre)* (prenotazione obbligatoria) Carta 52/127 €

◆ Struttura composita, con una ricca storia e un insieme eclettico di stili. Lusso, raffinata eleganza e tocchi di classe ovunque. In posizione unica, con vista mozzafiato. Al ristorante, colazione a buffet e golosi piatti creativi. All'Eden Roc ambienti prestigiosi e proposte culinarie legate alla tradizione ligure.

RAPALLO

Assereto (Cso) 2
Aurelia Levante (V.) 3
Aurelia Ponente (V.) . . . .
Betti (V.) . . . .
Bolzano (V.) . . . .
Cavour (Pza) 4
Colombo (Cso C.) . . . .
Don Minzoni (V.) . . . .
Garibaldi (Pza) 6
Gramsci (V.) 7
Italia (Cso) 8
Lamarmora (V.) 10
Libertà (V. della) . . . .
Maggiocco (V.) . . . .
Mameli (V.) 12
Marconi (Rotonde) . . . .
Matteotti (Cso) 13
Mazzini (V.) 14
Milite Ignoto (V.) 15
Montebello (Viale) 16
Pastene (Pza) 17
Veneto (L. Vitt.) . . . .
Zunino (V.) 20

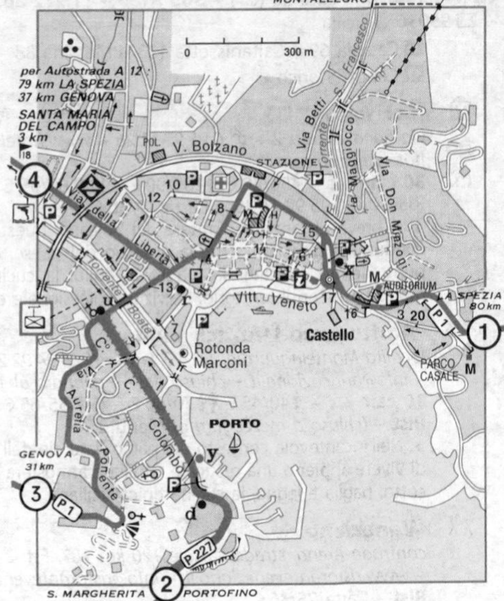

Grand Hotel Bristol

via Aurelia Orientale 369 : 1,5 km – ✆ 01 85 27 33 13
– www.grandhotelbristol.it – info@grandhotelbristol.it
– 14 gennaio-6 novembre
73 cam – 90/260 € 112/360 € – 6 suites – ½ P 91/218 €
Rist – Menu 22/38 €
Rist *Le Cupole* – Carta 35/79 €
♦ Storico albergo frontemare - rinnovato in anni recenti - con ambienti comuni moderni, camere spaziose ed un iper moderno centro benessere. Al ristorante-roof garden Le Cupole: piatti liguri ed una spettacolare vista sul golfo.

Riviera

piazza 4 Novembre 2 – ✆ 0 18 55 02 48 – www.hotelrivierarapallo.com – info@hotelrivierarapallo.com **r**
20 cam – 65/125 € 85/195 € – ½ P 105/130 €
Rist *Il Gambero* – Carta 38/64 €
♦ Struttura d'epoca, completamente rinnovata, affacciata sul mare, dotata di ampi e luminosi ambienti. Buon livello delle camere e del servizio. Ristorante che alla gradevolezza della sala e della terrazza unisce il valore della cucina.

L'Approdo senza rist

via Pagana 160, località San Michele di Pagana, per ② – ✆ 01 85 23 45 68
– www.approdohotel.it – direzione@approdohotel.it
– 16 aprile-ottobre
32 cam – 65/140 € 85/180 €
♦ Ambienti moderni e camere minimaliste in una struttura che ha subito un'importante ristrutturazione qualche anno fa. Il panorama dalle stanze dell'ultimo piano non delude mai!

Stella senza rist

via Aurelia Ponente 6 – ✆ 0 18 55 03 67 – www.hotelstella-riviera.com
– reservations@hotelstella-riviera.com – marzo-novembre **u**
28 cam – 60/85 € 85/140 €
♦ In posizione centrale, all'inizio della via Aurelia di ponente, hotel a conduzione familiare con accoglienti spazi comuni e camere semplici, ma confortevoli.

XX **Luca**

via Langano 32, porto Carlo Riva – ✆ 0 18 56 03 23 – www.ristoranteluca.it – ristoranteluca@yahoo.it – chiuso martedì escluso luglio e agosto

Rist – Carta 35/50 €

◆ Risorsa ubicata proprio lungo il porticciolo turistico della cittadina. Ariosa sala, dove un fresco stile marinaro accompagna le semplici e gustose specialità ittiche.

RAPOLANO TERME – Siena (SI) – 563 M16 – 5 220 ab. – alt. 334 m – ✉ 53040 29 C2

Roma 202 – Siena 27 – Arezzo 48 – Firenze 96

2 Mari

via Giotto 1, località Bagni Freddi – ✆ 05 77 72 40 70 – www.hotel2mari.com – info@hotel2mari.com – chiuso dal 13 al 26 dicembre e dal 6 giugno al 6 luglio

57 cam – †65 € ††76/130 € – ½ P 60/82 €

Rist – Carta 24/43 €

◆ Ambienti accoglienti e funzionali in questo hotel dalla capace gestione familiare. All'esterno un bel giardino custodisce la piscina, mentre nel centro benessere si usano prodotti *home made*. Menu regionali presso la luminosa sala ristorante.

Villa Buoninsegna

località La Buoninsegna, Sud-Est: 5 km – ✆ 05 77 72 43 80 – www.buoninsegna.com – info@buoninsegna.it – 8 marzo-15 novembre

6 cam – †90 € ††90/130 € – ½ P 71/91 €

Rist – *(chiuso a mezzogiorno)* (prenotazione obbligatoria) *(solo per alloggiati)* Menu 26/35 €

◆ Una poderosa villa del 1600 al centro di una vastissima proprietà, le cui ampie camere - arredate con mobili antichi - si affacciano sul salone del piano nobile. La struttura dispone di due piscine all'aperto e di vasti percorsi per escursioni.

RASEN ANTHOLZ = Rasun Anterselva

RASUN ANTERSELVA (RASEN ANTHOLZ) – Bolzano (BZ) – 562 B18 – 2 846 ab. – alt. 1 030 m – Sport invernali : 1 030/2 273 m 19 12 (Comprensorio Dolomiti superski Plan de Corones) – ✉ 39030 31 C1

Roma 728 – Cortina d'Ampezzo 50 – Bolzano 87 – Brunico 13

a Rasun (Rasen) – alt. 1 030 m – ✉ 39030

a Rasun di Sotto 60 ✆ 0474 496269, info@rasen.it, Fax 0474 498099

Alpenhof

a Rasun di Sotto 123 – ✆ 04 74 49 64 51 – www.hotel-alpenhof.info – alpenhof@dnet.it – chiuso dal 1° novembre al 3 dicembre

32 cam – †55/129 € ††86/226 € – 5 suites – ½ P 118/168 €

Rist – Carta 29/50 €

◆ Piacevole hotel che nasce dall'unione di una casa ristrutturata e di un'ala più moderna, offre camere ed ambienti comuni piacevoli, connotati da spunti di eleganza. E' possibile cenare presso caratteristiche stube o nella calda sala con soffitto in legno.

ad Anterselva (Antholz) – alt. 1 100 m – ✉ 39030

ad Anterselva di Mezzo ✆ 0474 492116, antholz@dnet.it, Fax 0474 492370

Santéshotel Wegerhof

ad Anterselva di Mezzo, via Centrale 15 – ✆ 04 74 49 21 30 – www.santeshotel.it – info@santeshotel.com – Natale-Pasqua e maggio-ottobre

30 cam – †45/90 € ††90/160 € – ½ P 80/140 €

Rist *Peter's Stube* – *(giugno-20 ottobre e dicembre-5 aprile)* Carta 27/52 €

◆ Struttura caratterizzata da una gestione attenta, capace di mantenersi sempre al passo coi tempi. Grande considerazione per le esigenze dei "grandi" come dei più piccoli. Piccola e intima stube per apprezzare una genuina cucina del territorio.

RASTIGNANO – Bologna – Vedere Pianoro

RATSCHINGS = Racines

RAVALLE – Ferrara – 562 H16 – Vedere Ferrara

RAVELLO – Salerno (SA) – 564 F25 – 2 489 ab. – alt. 350 m – ✉ 84010 6 B2

Napoli e la Campania

Roma 276 – Napoli 59 – Amalfi 6 – Salerno 29

via Roma 18 bis ✆ 089 857096, info@ravellotime.it, Fax 089 857977

Posizione e cornice pittoresche★★★ – Villa Rufolo★★★ : ★★★ – Villa Cimbrone★★★ : ★★★ – Duomo: amboni in marmo★★ e porta in bronzo★ – Chiesa di San Giovanni del Toro: ambone★

Caruso

piazza San Giovanni del Toro 2 – ✆ 0 89 85 88 01 – www.hotelcaruso.com – info@hotelcaruso.net – aprile-7 novembre

41 cam – †605/805 € ††990/1455 € – 7 suites – ½ P 585/890 €

Rist – Carta 80/160 €

◆ Successivamente al recente restauro, questo importante hotel ritorna agli antichi fasti grazie alla splendida posizione, al servizio impeccabile ed ai suoi lussuosi ambienti. Cucina tradizionale campana presso la raffinata sala ristorante che, d'estate, si apre sulla terrazza affacciandosi sul mare e sulla costa.

Palazzo Sasso

cam, rist,

via San Giovanni del Toro 28 – ✆ 0 89 81 81 81 – www.palazzosasso.com – info@palazzosasso.com – 28 marzo-ottobre

34 cam – ††352/715 € – 9 suites

Rist Rossellinis – vedere selezione ristoranti

Rist *Caffè dell'Arte* – Carta 63/80 €

◆ Senza dubbio uno dei migliori alberghi della costiera: grande eleganza e servizio di livello eccellente. Ambienti comuni raffinati, stanze perfette, panorama mozzafiato. Leggere proposte culinarie al Caffè dell'Arte, da gustare in una distinta saletta o in terrazza.

Villa Cimbrone

via Santa Chiara 26 – ✆ 0 89 85 74 59 – www.villacimbrone.com – info@villacimbrone.com – aprile-ottobre

17 cam – †290/360 € ††330/660 € – 2 suites

Rist Il Flauto di Pan – vedere selezione ristoranti

Rist – *(chiuso la sera)* Carta 63/83 €

◆ Dimora patrizia del XII sec e hotel di lusso: due anime per una villa che offre intense suggestioni, sia per la posizione - su un costone dominante il mare - sia per lo spessore della sua storia.

Palumbo

rist,

via San Giovanni del Toro 16 – ✆ 0 89 85 72 44 – www.hotelpalumbo.it – info@hotelpalumbo.it

17 cam – †200/400 € ††250/500 € – ½ P 175/300 €

Rist – *(maggio-ottobre)* Carta 58/74 €

◆ Volte, nicchie, passaggi, corridoi e colonne in stile arabo-orientale. Una dimora del XII sec. con terrazza-giardino fiorita: spazi imprevedibili e piaceri sorprendenti. Imperdibile vista dalla terrazza del ristorante.

Rufolo

rist,

via San Francesco 1 – ✆ 0 89 85 71 33 – www.hotelrufolo.it – info@hotelrufolo.it

34 cam – †145/180 € ††180/350 € – ½ P 155/210 €

Rist *Sigilgada* – *(chiuso gennaio e febbraio)* Carta 43/58 €

◆ Nel centro storico con panorama sul golfo e sulla Villa Rufolo, la struttura dispone di camere curate e di una bella piscina inserita nell'ampio giardino. Ed è ancora la costiera, insieme alla cucina campana, la protagonista del ristorante, che con la sua terrazza-veranda permette di cenare tra cielo e mare.

Villa Maria
via Santa Chiara 2 – 0 89 85 72 55 – www.villamaria.it – villamaria@villamaria.it
23 cam – 165/195 € 195/240 € – ½ P 130/175 €
Rist – Carta 30/77 €
♦ Struttura signorile ubicata in una zona tranquilla del paese e raggiungibile soltanto a piedi (il parcheggio è molto vicino). Dotata di un'elegante zona soggiorno comune. Servizio ristorante estivo sotto un pergolato con una stupefacente vista di mare e costa.

Giordano senza rist
via Trinità 14 – 0 89 85 72 55 – www.giordanohotel.it – giordano@giordanohotel.it – aprile-ottobre
33 cam – 140/165 € 160/185 €
♦ A pochi passi dalla piazza, nella direzione di Villa Cimbrone, facilmente raggiungibile in auto e dotato di parcheggio. Camere sobrie e funzionali, grazioso giardino.

Graal rist,
via della Repubblica 8 – 0 89 85 72 22 – www.hotelgraal.it – info@hotelgraal.it
43 cam – 145/275 € 170/300 € – ½ P 95/180 €
Rist *Al Ristoro del Moro* – 0 89 85 79 01 *(aprile-ottobre)* (consigliata la prenotazione) Carta 33/51 €
♦ Vicino al centro storico, in posizione tale da regalare una splendida vista sul golfo, questa bella struttura - costantemente sottoposta a lavori di rinnovo - dispone di camere di varia tipologia. Sapori campani nella luminosa sala ristorante dalle ampie vetrate.

Rossellinis – Hotel Palazzo Sasso
via San Giovanni del Toro 28 – 0 89 81 81 81 – www.palazzosasso.com – info@palazzosasso.com – marzo-ottobre
Rist – *(chiuso a mezzogiorno)* Menu 75/125 € – Carta 73/95 €
Spec. Chitarrine alla clorofilla di basilico in sfoglia di spada con ragù di calamaretti spillo. Tonno sott'olio con caviale di melanzane e caramella ai capperi. Rossellinis gran dessert al cioccolato.
♦ Sui monti di Ravello, più vicino al cielo che al mare, è così che vi sentirete dopo aver gustato la cucina di Pino Lavarra. Splendida combinazione di tradizione napoletana e creatività, i piatti seducono al pari dell'atmosfera e del servizio. Un quadro d'autore.

Il Flauto di Pan – Hotel Villa Cimbrone
via Santa Chiara 26 – 0 89 85 74 59 – www.villacimbrone.com – info@villacimbrone.com – aprile-ottobre
Rist – *(chiuso a mezzogiorno)* Carta 63/83 €
♦ La sera, entra in scena la melodia del *Flauto di Pan*: stupenda terrazza e i sapori del sud che flirtano con spezie orientali.

sulla costiera amalfitana Sud : 6 km :

Marmorata
loc. Marmorata, via Bizantina 3 ✉ 84010 – 0 89 87 77 77 – www.marmorata.it – info@marmorata.it – marzo-novembre
39 cam – 119/249 € 134/264 € – ½ P 112/167 €
Rist *L'Antica Cartiera* – *(maggio-ottobre)* Carta 33/73 €
♦ Arroccato sugli scogli, ma con discesa privata a mare, albergo ricavato dall'abile ristrutturazione di un'antica cartiera: arredi in stile vecchia marina e deliziosa piscina con idromassaggio. Specialità ittiche nell'originale sala ristorante con soffitto a volte.

Villa San Michele
via Carusiello 2 – 0 89 87 22 37 – www.hotel-villasanmichele.it – smichele@starnet.it – chiuso dal 15 novembre al 20 febbraio
12 cam – 100/170 € – ½ P 88/110 €
Rist – *(aprile-ottobre) (solo per alloggiati)* Carta 30/50 €
♦ Hotel letteralmente affacciato sul mare, a ridosso degli scogli, inserito in un verde giardino. In perfetta armonia con la natura: per un soggiorno dalle forti emozioni.

Roma 366 – Bologna 74 – Ferrara 74 – Firenze 136

via Salara 8/12 ✆ 0544 35404, iatravenna@comune.ra.it, Fax 0544 482670 via delle Industrie 14 (Mausoleo di Teodorico) ✆0544 451539, teodorico.iat@libero.it, Fax 0544 451539

I mosaici★★★ nel Mausoleo di Galla Placidia Y – Basilica di San Vitale★★★ Y – Battistero Neoniano★ : mosaici★★★ Z – Basilica di Sant'Apollinare Nuovo★★ Z – Cattedra d'avorio★★ e cappella di S. Andrea★ nel museo Arcivescovile Z **M2** – Mausoleo di Teodorico★ Y **B** – Statua funeraria di Guidarello Guidarelli★ (opera di Tullio Lombardo) nel Museo d'arte della città Z

Basilica di Sant'Apollinare in Classe★★per ③ : 5 km

NH Ravenna

rist,

piazza Mameli 1 ✉ 48121 – ✆ 0 54 43 57 62 – www.nh-hotels.com – nhravenna@nh-hotels.com Y**c**

83 cam – 71/170 € 95/203 € – 1 suite **Rist** – Carta 37/59 €

◆ Comodo e funzionale per la clientela commerciale ma anche ricco di attenzione per i particolari e per l'estetica adatta alla clientela turistica. Semplice e luminoso ristorante con proposte classiche alla carta o buffet.

Cube senza rist

via Luigi Masotti 2, per ⑤: 2 km ✉ 48124 – ✆ 05 44 46 46 91 – www.hotelcube.net – info@hotelcube.net

80 cam – 74/145 € 100/205 €

◆ Nella città dei mosaici, una struttura moderna con camere spaziose, dotate di comode scrivanie per utilizzare agevolmente il computer, ma perfettamente insonorizzate per garantire sonni tranquilli. Confort al cubo!

Holiday Inn

via Mattei 25, per ①: 3 km ✉ 48122 – ✆ 05 44 45 59 02 – www.hiravenna.it – reception@hiravenna.it

112 cam – 89/169 € 119/199 € – 12 suites – ½ P 76/124 €

Rist – Carta 30/51 €

◆ La proverbiale cordialità romagnola in una nuova struttura di moderna concezione con buone installazioni ed ottime camere di ampia metratura. Il tutto nell'imperante stile design minimalista.

Bisanzio senza rist

via Salara 30 ✉ 48121 – ✆ 05 44 21 71 11 – www.bisanziohotel.com – info@bisanziohotel.com Y**f**

38 cam – 86/116 € 108/180 €

◆ Nel centro della località, nei pressi della Basilica di San Vitale, un albergo con marmi e lampadari di murano nella hall; camere lineari e complete nei servizi.

S. Andrea senza rist

via Cattaneo 33 ✉ 48121 – ✆ 05 44 21 55 64 – www.santandreahotel.com – info@santandreahotel.com – febbraio-novembre YZ**d**

12 cam – 80/120 € 90/140 €

◆ Ex convento di origine secentesca, ha conservato l'atmosfera tranquilla acquisendo un tono familiare più da casa privata che da albergo. Piccolo giardino, grande oasi.

ClassHotel Ravenna

rist,

viale della Lirica 141, prossimità strada statale 16 per ④ ✉ 48124 – ✆ 05 44 27 02 90 – www.classhotel.com – info.ravenna@classhotel.com

69 cam – 59/120 € 69/150 € – ½ P 45/95 €

Rist – *(chiuso domenica in bassa stagione)* Carta 28/45 €

◆ Hotel moderno, a pochi metri dall'uscita della tangenziale e per questo particolarmente indicato per una clientela di lavoro. Servizi e dotazioni recenti e apprezzabili. Ristorante frequentato soprattutto da ospiti dell'hotel e da uomini d'affari.

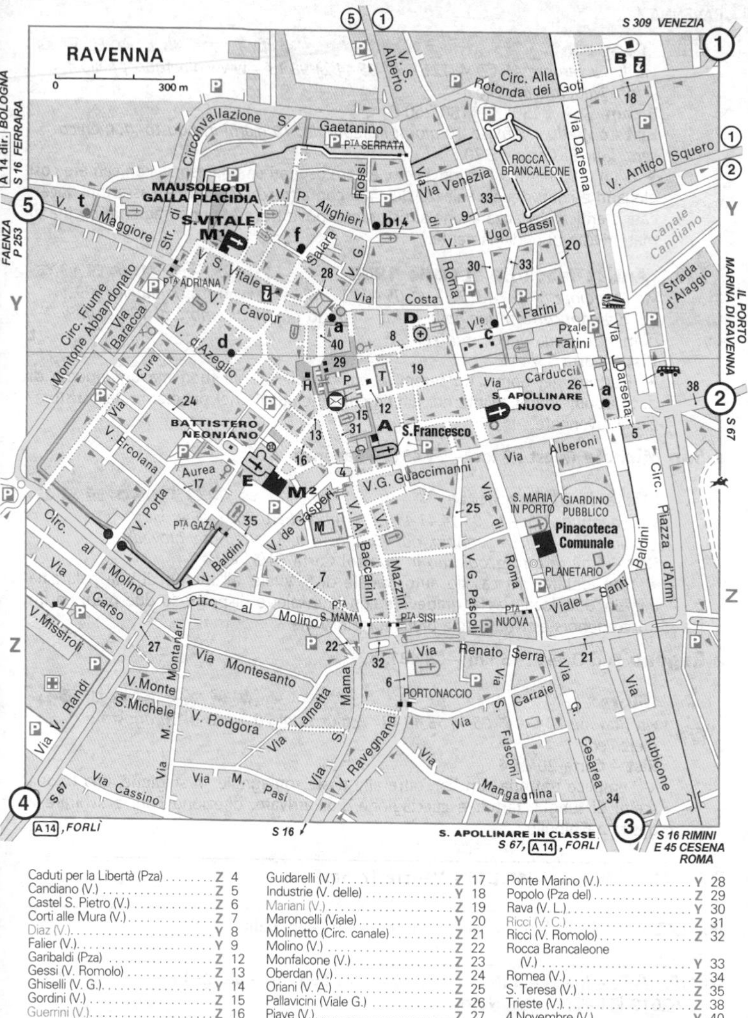

Caduti per la Libertà (Pza) . . . . Z 4
Candiano (V.) . . . . Z 5
Castel S. Pietro (V.) . . . . Z 6
Corti alle Mura (V.) . . . . Z 7
Diaz (V.) . . . . Y 8
Falier (V.) . . . . Y 9
Garibaldi (Pza) . . . . Z 12
Gessi (V. Romolo) . . . . Z 13
Ghiselli (V. G.) . . . . Y 14
Gordini (V.) . . . . Z 15
Guerrini (V.) . . . . Z 16
Guidarelli (V.) . . . . Z 17
Industrie (V. delle) . . . . Y 18
Mariani (V.) . . . . Z 19
Maroncelli (Viale) . . . . Y 20
Molinetto (Circ. canale) . . . . Z 21
Molino (V.) . . . . Z 22
Monfalcone (V.) . . . . Z 23
Oberdan (V.) . . . . Z 24
Oriani (V. A.) . . . . Z 25
Pallavicini (Viale G.) . . . . Z 26
Piave (V.) . . . . Z 27
Ponte Marino (V.) . . . . Y 28
Popolo (Pza del) . . . . Z 29
Rava (V. L.) . . . . Y 30
Ricci (V. C.) . . . . Z 31
Ricci (V. Romolo) . . . . Z 32
Rocca Brancaleone (V.) . . . . Y 33
Romea (V.) . . . . Z 34
S. Teresa (V.) . . . . Z 35
Trieste (V.) . . . . Z 38
4 Novembre (V.) . . . . Y 40

Italia

viale Pallavicini 4/6 ✉ 48121 – ☎ 05 44 21 23 63 – www.hitalia.it – info@hotelitaliaravenna.com Z**a**

45 cam ☕ – 🚹50/73 € 🚹🚹60/135 €

Rist – *(chiuso sabato a mezzogiorno, domenica)* Carta 31/47 €

◆ A pochi passi dalla stazione ferroviaria, l'hotel dispone di camere funzionali e accoglienti. Adatto a chi ha bisogno di parcheggio e desidera essere prossimo al centro.

Diana senza rist

via G. Rossi 47 ✉ 48121 – ☎ 0 54 43 91 64 – www.hoteldiana.ra.it – info@hoteldiana.ra.it Y**b**

33 cam ☕ – 🚹50/80 € 🚹🚹80/139 €

◆ Camere di diverse metrature, ma tutte confortevoli, in un hotel del centro città. A disposizione anche appartamenti in una dépendance a 200 m: questa struttura fa capo all'albergo per tutti i servizi.

Cappello
via IV Novembre 41 ✉ 48121 – ✆ 05 44 21 98 13 – www.albergocappello.it – info@albergocappello.it Ya
7 cam – 150 € 180/260 €
Rist *Cappello* – *(chiuso 10 giorni in febbraio, 10 giorni in agosto, domenica sera, lunedì)* Carta 45/70 €
♦ E' un piacere, quasi un privilegio, essere ospitati da una risorsa con camere così eleganti e confortevoli. Palazzo del '400 con affreschi e soffitti a cassettoni. Ricercata e antica eleganza anche al ristorante, dove troverete una fragrante cucina di mare rivista quotidianamente.

Antica Trattoria al Gallo 1909
via Maggiore 87 ✉ 48121 – ✆ 05 44 21 37 75 – www.trattoriaalgallo1909.it – 1909@anticatrattoriaalgallo.191.it – chiuso dal 20 dicembre al 10 gennaio, domenica sera, lunedì, martedì Yt
Rist – Carta 35/44 €
♦ Trattoria nel nome, un semplice edificio di mattoni fuori ma un tripudio di decorazioni liberty all'interno. Riferimento ineludibile nel panorama della ristorazione ravennate.

a San Michele Ovest : 8 km – ✉ 48124 Ravenna

Osteria al Boschetto
via Faentina 275 – ✆ 05 44 41 43 12 – al-boschetto2002@libero.it – chiuso dal 7 al 14 gennaio, dal 15 agosto al 4 settembre, giovedì
Rist – *(chiuso a mezzogiorno in agosto)* Carta 34/51 €
♦ Non lontano dal casello autostradale di S. Vitale, all'interno di una palazzina d'inizio '900, locale assai gradevole con due salette disposte su due piani ed un fresco dehors estivo. Cucina di varia ispirazione.

a Ragone Sud-Ovest : 15 km – ✉ 48125

Flora
via Ragone 104 – ✆ 05 44 53 40 44 – chiuso dal 20 luglio al 10 agosto e mercoledì
Rist – Carta 20/25 €
♦ Semplice trattoria con bar, oltre alle paste romagnole, in stagione, una buona scelta di funghi, tartufi e cacciagione. Per arrivare: direzione Forlì e svoltare a destra a Ghibullo.

RAVINA – **Trento** – **562** D15 – **Vedere Trento**

RAZZES = RATZES **Bolzano** – **Vedere Siusi allo Sciliar**

RECANATI – **Macerata (MC)** – **563** L22 – **21 593 ab.** – **alt. 293 m** **21** C2
– ✉ **62019** Italia Centro Nord
Roma 290 – Ancona 37 – Macerata 23 – Perugia 172
Villa Colloredo Mels: opere★ di L. Lotto nel Museo Civico

Gallery Hotel Recanati
via Falleroni 85 – ✆ 0 71 98 19 14 – www.ghr.it – info@ghr.it
68 cam – 55/149 € 89/199 €
Rist – Carta 29/51 €
♦ Nato dall'accurato restauro di un seicentesco palazzo nobiliare del centro storico (in seguito diventato seminario e scuola), un hotel che coniuga modernità e recupero di parti storiche.

RECCO – **Genova (GE)** – **561** I9 – **10 258 ab.** – ✉ **16036** **15** C2
Roma 484 – Genova 32 – Milano 160 – Portofino 15
via Ippolito D'Aste 2A ✆ 0185 722440, iatpro@libero.it, Fax 0185 721958

La Villa cam,
via Roma 296 – 01 85 72 07 79 – www.manuelina.it – manuelina@manuelina.it
23 cam – 60/120 € 80/160 € – ½ P 60/110 €
Rist *Manuelina* – 0 18 57 41 28 *(chiuso gennaio)* Carta 42/59 €
◆ Una risorsa di taglio moderno ricavata però in una villa d'epoca in tipico stile genovese, cui recentemente è stata aggiunta una nuova ala; il confort è ben distribuito. Ristorante molto vivo, con personale esperto e un menu appetitoso.

Da ö Vittorio con cam cam, cam, cam,
via Roma 160 – 0 18 57 40 29 – www.daovittorio.it – info@daovittorio.it
30 cam – 45/82 € 62/90 € – ½ P 65/85 €
Rist – *(chiuso dal 16 novembre al 6 dicembre e martedì)* Menu 20/40 € – Carta 30/60 €
◆ Piatti liguri e specialità ittiche in uno dei Locali Storici d'Italia composto da due piacevoli sale: una di tono rustico-elegante, l'altra più sobria. Settore notte con camere di taglio classico nel corpo principale, in stile e moderne nella dépendance.

RECOARO TERME – Vicenza (VI) – 562 E15 – 6 919 ab. – alt. 450 m – Sport invernali : a Recoaro Mille : 1 000/1 700 m 1 3, – 36076 35 B2

Roma 576 – Verona 72 – Milano 227 – Trento 78

via Roma 15 0445 75070, iat.recoaro@provincia.vicenza.it, Fax 0445 75158

Trettenero rist,
via V. Emanuele 18 – 04 45 78 03 80 – www.hoteltrettenero.it – info@hoteltrettenero.it
53 cam – 32/100 € 60/170 € – 1 suite – ½ P 50/115 €
Rist – *(chiuso a mezzogiorno dal 15 ottobre al 15 maggio)* (consigliata la prenotazione) Carta 26/31 €
◆ Sorto all'inizio dell'Ottocento, prende il nome dal suo fondatore. Si distingue per l'originalità dei decori, per gli ampi spazi a disposizione e per il piccolo parco. Molto capiente la sala da pranzo: colpisce per l'altezza del soffitto e per le decorazioni.

Verona
via Roma 52 – 0 44 57 50 10 – www.recoaroterme.com/verona – hverona@recoaroterme.com – maggio-ottobre
35 cam – 43/50 € 60/70 € – ½ P 39/53 € **Rist** – Carta 24/32 €
◆ Albergo centralissimo che presenta un livello di confort e un grado di ospitalità più che discreto, sotto ogni aspetto. In particolare le stanze sono semplici ma moderne. Luminosa sala ristorante classica.

RECORFANO – Cremona – Vedere Voltido

REDAGNO (RADEIN) – Bolzano (BZ) – 562 C16 – alt. 1 566 m – 39040 31 D3

Roma 630 – Bolzano 38 – Belluno 111 – Trento 60

Villa Berghofer
via Oberradein 54 – 04 71 88 71 50 – www.berghofer.it – info@berghofer.it – 26 dicembre-9 gennaio e maggio-7 novembre
14 suites – 160/219 € 240/330 € – ½ P 135/180 €
Rist – Carta 39/55 €
◆ Solo suite, contraddistinte dai nomi delle montagne che si scorgono da questa panoramica e tranquilla struttura, per garantire agli ospiti una dimensione di assoluto relax. Piatti tradizionali della cucina altoatesina sono serviti al ristorante e nella quattrocentesca stube gotica.

Zirmerhof rist,
Oberradein 59 – 04 71 88 72 15 – www.zirmerhof.com – info@zirmerhof.com – maggio-novembre
35 cam – 86/133 € 164/280 € – ½ P 112/140 € **Rist** – Carta 31/66 €
◆ Albergo di tradizione ricavato da un antico maso tra i pascoli: in pratica un'oasi di pace con bella vista su monti e vallate. Arredi d'epoca e quadri antichi. Sala ristorante davvero suggestiva, per gustare i prodotti della casa.

REGGELLO – Firenze (FI) – **563** K16 – **15 933 ab.** – **alt. 390 m** – ✉ 50066 **29** C1

Roma 250 – Firenze 38 – Siena 69 – Arezzo 58

a Pietrapiana Nord : 3,5 km – ✉ 50066

Archimede
strada per Vallombrosa – ℰ 0 55 86 90 55 – www.ristorantearchimede.it – archimede@vai.it – chiuso dal 20 al 30 gennaio
19 cam – 55/65 € 85/95 € – ½ P 70 €
Rist Da Archimede – vedere selezione ristoranti
◆ Albergo sorto a metà anni Ottanta, che si caratterizza per la solida struttura in pietra. Arredi di taglio classico, bella hall anche se di dimensioni contenute.

Da Archimede – Archimede
strada per Vallombrosa – ℰ 05 58 66 75 00 – www.ristorantearchimede.it – archimede@vai.it – chiuso dal 20 al 30 gennaio e martedì escluso da aprile ad ottobre
Rist – Carta 25/40 €
◆ Ristorante tipico, apprezzato dai clienti del luogo ma ancor più da avventori provenienti da fuori, dove gustare i piatti più tradizionali della cucina toscana.

a Vaggio Sud-Ovest : 5 km – ✉ 50066

Villa Rigacci rist,
via Manzoni 76 – ℰ 05 58 65 67 18 – www.villarigacci.it – hotel@villarigacci.it
24 cam – 85/95 € 120/160 € – 4 suites – ½ P 85/120 €
Rist *Relais le Vieux Pressoir* – *(aprile-ottobre)* Carta 25/37 €
◆ Incantevole villa di campagna quattrocentesca - immersa nel verde - dispone di camere confortevoli, recentemente ristrutturate. Un luogo ideale per trascorrere un indimenticabile soggiorno nell'amena terra toscana. Due calde, accoglienti sale da pranzo e servizio estivo sopra la piscina.

REGGIO DI CALABRIA P (RC) – **564** M28 – **185 621 ab.** – Italia **5** A3

Roma 705 – Catanzaro 161 – Napoli 499
di Ravagnese per ③: 4 km ℰ 0965 630301
per Messina – Stazione Ferrovie Stato, ℰ 0965 97957
Stazione Ferroviaria ℰ 0965 894518
Museo Nazionale★★ Y : Bronzi di Riace★★★ – Lungomare★ YZ

Grand Hotel Excelsior rist, cam,
via Vittorio Veneto 66 ✉ 89123 – ℰ 09 65 81 22 11 – www.montesanohotels.it – info.excelsior@montesanohotels.it Y**c**
80 cam – 250/270 € 340 € – 4 suites – ½ P 210 €
Rist *Galà* – Carta 36/52 €
◆ In pieno centro, ma comodamente vicino al lungomare, un punto di riferimento nel panorama alberghiero locale: confort e dotazioni all'altezza del nome!

Lungomare senza rist
viale Zerbi 13/b ✉ 89123 – ℰ 0 96 52 04 86 – www.hotellungomare.rc.it – info@hotellungomare.rc.it Y**a**
31 cam – 60/85 € 80/110 €
◆ Sorto dalla ristrutturazione di un palazzo del primo Novecento, offre un'incantevole terrazza panoramica affacciata sul lungomare e sullo Stretto, dove d'estate viene servita la prima colazione.

Il Fiore del Cappero
via Zaleuco 7 ✉ 89125 – ℰ 0 96 52 09 55 – ilfioredelcappero@libero.it – chiuso dal 7 al 21 gennaio e domenica Z**a**
Rist – Carta 32/42 €
◆ Alle spalle della bella Villa Zerbi, un ristorante accogliente dall'arredo classico e dal servizio attento, dove gustare specialità sicilane-eoliane e piatti di pesce.

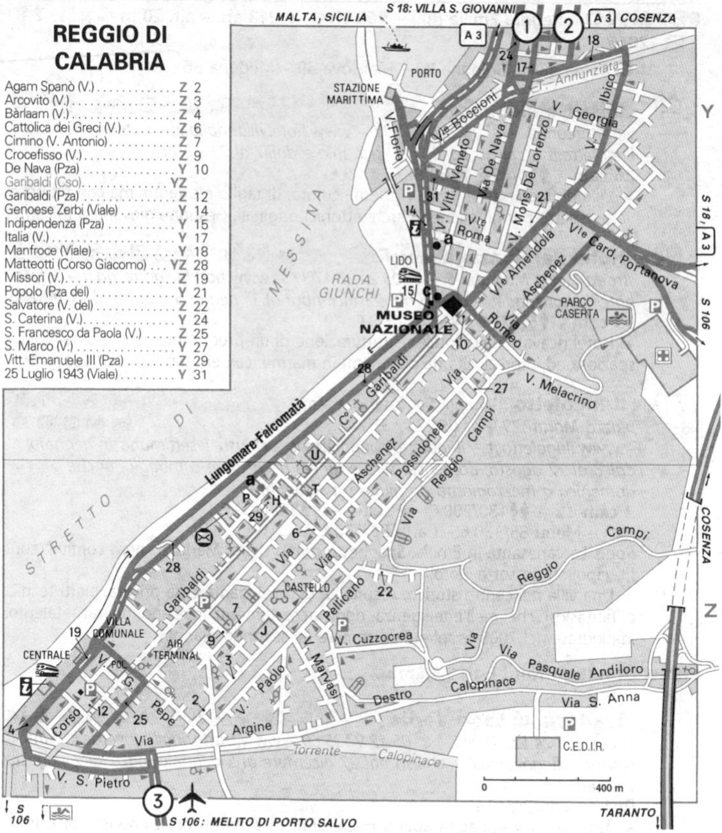

REGGIO DI CALABRIA

Agam Spanò (V.)	Z	2
Arcovito (V.)	Z	3
Bàrlaam (V.)	Z	4
Cattolica dei Greci (V.)	Z	6
Cimino (V. Antonio)	Z	7
Crocefisso (V.)	Z	9
De Nava (Pza)	Y	10
Garibaldi (Cso)	YZ	
Garibaldi (Pza)	Z	12
Genoese Zerbi (Viale)	Y	14
Indipendenza (Pza)	Y	15
Italia (V.)	Y	17
Manfroce (Viale)	Y	18
Matteotti (Corso Giacomo)	YZ	28
Missori (V.)	Z	19
Popolo (Pza del)	Y	21
Salvatore (V. del)	Z	22
S. Caterina (V.)	Y	24
S. Francesco da Paola (V.)	Z	25
S. Marco (V.)	Y	27
Vitt. Emanuele III (Pza)	Z	29
25 Luglio 1943 (Viale)	Y	31

X **Baylik**

vico Leone 1, per ① ✉ 89122 – ✆ 0 96 54 86 24 – www.baylik.it – info@baylik.it

Rist – Carta 26/38 €

◆ Siamo alla periferia della località, in un locale moderno tanto nell'atmosfera quanto nella cucina. Soffermiamoci su quest'ultima: sempre affidabile e sempre di mare.

a Pellaro Sud : 8 km – ✉ **89134**

La Lampara

lungomare Pellaro – ✆ 09 65 35 95 90 – www.hotel-lampara.com – info@hotel-lampara.com

23 cam – 80/95 € 100/120 € – ½ P 73/83 €

Rist – Carta 23/43 €

◆ Edificio d'epoca ristrutturato totalmente, lungo il tranquillo lungomare con vista sullo stretto e Sicilia. Camere ampie e confortevoli.

Voglia di partire all'ultimo momento?

Visitate i siti Internet degli hotel per beneficiare di eventuali promozioni.

REGGIOLO – Reggio Emilia (RE) – 562 H14 – 9 213 ab. – alt. 20 m – ✉ 42046 — 8 B1

Roma 434 – Bologna 80 – Mantova 39 – Modena 36

Villa Nabila senza rist

via Marconi 4 – ☎ 05 22 97 31 97 – www.hotelvillanabila.it – hotelvillanabila@ilrigoletto.it – chiuso dal 1° al 9 gennaio e dall'7 al 21 agosto

26 cam – 50/65 € 80/98 €, 5 €

◆ Villa di fine Settecento dall'insieme curato, di taglio moderno, ma con un notevole rispetto per gli elementi architettonici originali. Gestione giovane e brillante.

Hotel dei Gonzaga senza rist

strada Pietro Malagoli 5 – ☎ 05 22 97 47 37 – www.hoteldeigonzaga.it – info@hoteldeigonzaga.it – chiuso dal 23 dicembre al 1° gennaio e dal 6 al 21 agosto

33 cam – 62/72 € 96 €, 8 €

◆ Hotel ricavato dalla totale ristrutturazione di un precedente esercizio: reception spaziosa ed impreziosita da pavimenti in marmo; camere moderne ed accoglienti.

Il Rigoletto (Giovanni D'Amato) con cam

piazza Martiri 29 – ☎ 05 22 97 35 20 – www.ilrigoletto.it – ilrigoletto@ilrigoletto.it – chiuso 1 settimana in gennaio, dall'8 al 27 agosto; domenica sera e lunedì da ottobre a maggio, anche domenica a mezzogiorno da giugno a settembre

2 cam – 180/200 € – 2 suites – 280/400 €

Rist – Menu 85/130 € – Carta 83/130 €

Spec. La capesanta in Emilia. Spaghetto pomo d'oro. Merluzzo nero confit & confit...cipollotti in sottovuoto.

◆ Una villa nel centro storico, l'ospitalità di un'elegante casa privata, piatti tecnici e fantasiosi che, nell'intelligenza degli accostamenti, rivelano un raro talento. Inaugurate nel 2008 le splendide camere (al secondo piano).

verso Gonzaga Nord-Est : 3,5 km :

Trattoria al Lago Verde

via Caselli 24 ✉ 42046 – ☎ 05 22 97 35 60 – www.trattoriaallagoverde.it – info@trattoriaallagoverde.it – chiuso dal 27 dicembre al 5 gennaio, dal 7 al 21 agosto e lunedì

Rist – Carta 24/40 €

◆ Trattoria di campagna aperta pochi anni or sono, in posizione isolata e tranquilla. L'ambiente è molto accogliente e la cucina si fa apprezzare per la propria genuinità.

verso Guastalla Ovest : 3 km

Villa Montanarini

via Mandelli 29, località Villarotta ✉ 42045 Luzzara – ☎ 05 22 82 00 01 – www.villamontanarini.com – villamontanarini@virgilio.it – chiuso dal 1° al 15 gennaio e dal 1° al 28 agosto

16 cam – 85/100 € 130/160 € – ½ P 90/105 €

Rist ***Il Torchio*** – *(chiuso domenica)* Carta 41/55 €

◆ Villa del Settecento, completamente restaurata, immersa nel verde: atmosfera di classe negli interni in stile, arredati con gusto; camere ampie e confortevoli. Raffinata eleganza in sala da pranzo.

REGGIO NELL'EMILIA P (RE) – 562 H13 – 165 503 ab. – alt. 58 m — 8 B3

Italia Centro Nord

Roma 427 – Parma 29 – Bologna 65 – Milano 149

via Farini 1/A ☎ 0522 451152, iat@municipio.re.it,Fax 0522 436739

Matilde di Canossa via del Casinazzo 1, ☎ 0522 37 12 95

Madonna della Ghiara★ AZ

Piante pagine seguenti

Albergo delle Notarie cam, rist,
via Palazzolo 5 ✉ 42121 – ☎ 05 22 45 35 00
– www.albergonotarie.it – notarie@albergonotarie.it
– chiuso agosto AZ**r**
48 cam – ♦105/150 € ♦♦140/190 € – 3 suites
Rist *Delle Notarie* – via Aschieri 4, ☎ 05 22 45 37 00 *(chiuso domenica)*
Carta 33/46 €
◆ Tanto parquet, travi a vista e un'inconsueta dinamicità degli spazi. Edificio storico, dalle vicende complesse, ristrutturato con intelligenza: un soggiorno speciale. Ristorante raccolto, elegante e curato, propone piatti della tradizione con interessanti "escursioni" verso il mare e l'innovazione.

Posta senza rist
piazza Del Monte 2 ✉ 42121 – ☎ 05 22 43 29 44 – www.hotelposta.re.it
– booking@hotelposta.re.it – chiuso dall'6 al 28 agosto AZ**c**
36 cam – ♦108/160 € ♦♦152/205 € – 2 suites
◆ Ubicata nel medievale Palazzo del Capitano del Popolo, una risorsa ricca di fascino e dalla lunga tradizione nell'arte dell'ospitare che dispone di eleganti ambienti.

Reggio – dependance Hotel Posta, senza rist
via San Giuseppe 7 – ☎ 05 22 45 15 33
– www.albergoreggio.it – info@albergoreggio.it – chiuso dall'6 al 28 agosto
16 cam – ♦65/80 € ♦♦80/105 €, 9 € AZ**e**
◆ Ideale per partecipare alla vita culturale e commerciale di Reggio, offre ampie camere dagli arredi semplici e lineari.

Astoria Mercure cam,
viale Nobili 2 ✉ 42121 – ☎ 05 22 43 52 45 – www.mercurehotelastoria.com
– prenotazioni@mercurehotelastoria.com AY**f**
108 cam – ♦72/159 € ♦♦77/164 €, 12 € – 2 suites
Rist – *(chiuso agosto)* Carta 28/35 €
◆ Una risorsa ben organizzata, in cui lo standard di confort e di accoglienza è notevole: ambienti comuni spaziosi e gradevoli, stanze ampie e luminose. Rinnovato di recente. Una luminosa veranda affacciata sul verde fa da cornice alla sala ristorante.

Europa
viale Olimpia 2 ✉ 42122 – ☎ 05 22 43 23 23 – www.hoteleuropa.re.it – info@hoteleuropa.re.it BZ**a**
66 cam – ♦85/120 € ♦♦110/160 €
Rist – *(chiuso 20 giorni in agosto e domenica)* Carta 44/62 €
◆ Hotel d'ispirazione moderna, concepito soprattutto per una clientela d'affari: camminando per circa 10 minuti, si raggiunge il centro. Al ristorante, sapori del territorio ed una carta dei vini che ripercorre lo Stivale.

Airone cam, rist,
via dell'Aeronautica 20, per via Adua ✉ 42122 – ☎ 05 22 92 41 11
– www.aironehotel.it – aironehotel@virgilio.it BY
56 cam – ♦59/99 € ♦♦69/150 € – ½ P 49/79 €
Rist – *(chiuso dal 12 al 19 agosto e domenica) (chiuso a mezzogiorno) (solo per alloggiati)* Carta 19/27 €
◆ L'ubicazione nei pressi della tangenziale, ma a soli due chilometri dal centro, fa di questo albergo recente un punto d'appoggio ideale per una clientela d'affari.

Scudo di Francia
stradone del Vescovado 5 ✉ 42121 – ☎ 05 22 40 61 73
– www.scudodifrancia.com – contatti@scudodifrancia.com – chiuso agosto
24 cam – ♦95/140 € ♦♦130/190 € – ½ P 90/120 € AZ**a**
Rist – *(chiuso dal 9 al 23 agosto e domenica)* Carta 24/52 €
◆ Ubicato nel centro cittadino, hotel di piccole dimensioni che dispone di camere spaziose e ariose - grazie agli alti soffitti - arredate con signorilità.

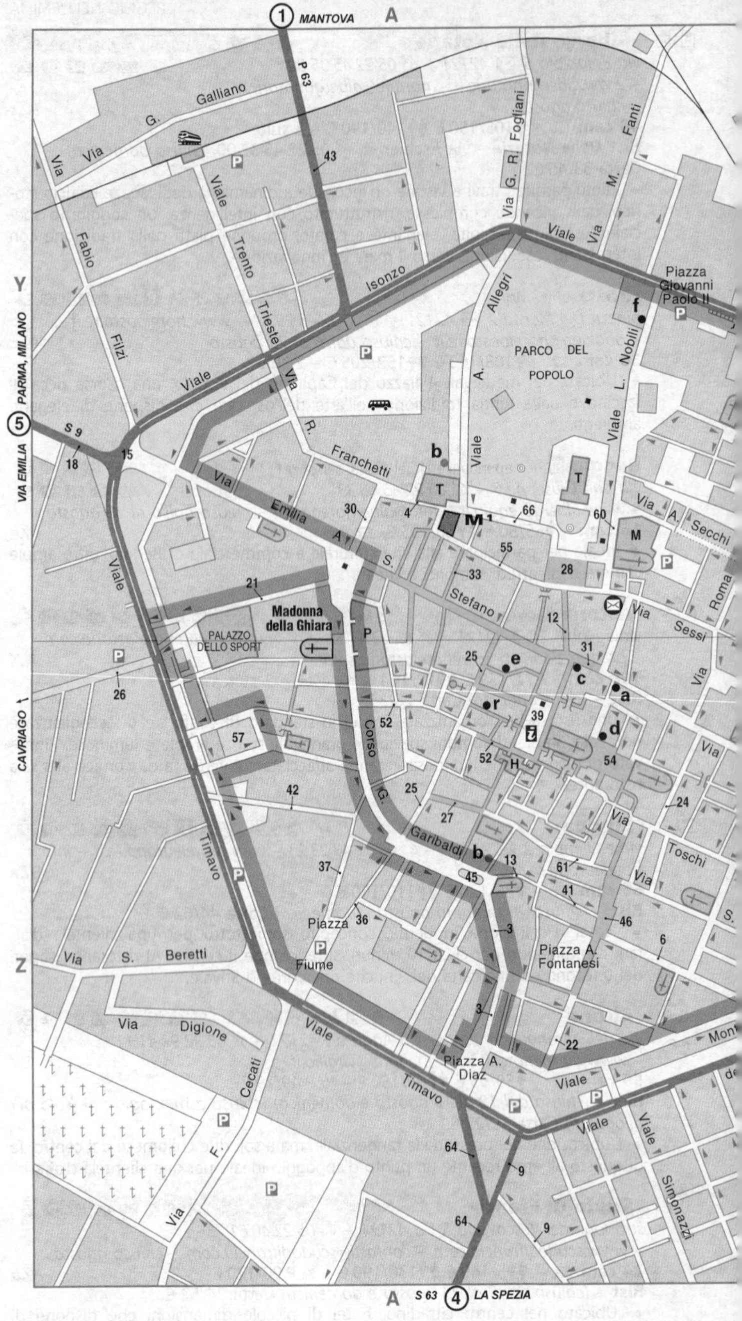
1 MANTOVA
A
Y
Z
5 VIA EMILIA PARMA, MILANO
CAVRIAGO
S 63 4 LA SPEZIA
P 63
S 9
Via G. Galliano
Viale Trento Trieste
Via Fabio Filzi
Viale Isonzo
Via G. R. Fogliani
Via M. Fanti
Viale A. Allegri
PARCO DEL POPOLO
Viale L. Nobili
Piazza Giovanni Paolo II
Via R. Franchetti
Via Emilia A S. Stefano
Madonna della Ghiara
PALAZZO DELLO SPORT
Corso G. Garibaldi
Via A. Secchi
Via Sessi
Via Roma
Via Toschi
Viale Timavo
Piazza Fiume
Via S. Beretti
Via Digione
Via F. Cecati
Piazza A. Fontanesi
Piazza A. Diaz
Viale Simonazzi
M¹
M
T
H
P

REGGIO NELL'EMILIA

Street	Grid	No.
Adua (V.)	BY	
Alighieri (V. D.)	BYZ	
Allegri (Viale A.)	AY	
Ariosto (V. L.)	AZ	3
Beretti (V. S.)	AZ	
Cairoli (Cso B.)	AY	4
Campo Marzio (V.)	AZ	6
Campo Samarotto (V.)	BY	7
Cassoli (V. F.)	AZ	9
Cecati (V. F.)	AZ	
Crispi (V. F.)	AYZ	12
Cristo (V. del)	AZ	13
Diaz (Pza A.)	AZ	
Digione (V.)	AZ	
Duca d'Aosta (Pza)	AY	15
Duca degli Abruzzi (Pza)	BY	16
Emilia all' Angelo (V.)	AY	18
Emilia all' Ospizio (V.)	BZ	19
Emilia A. S. Pietro (V.)	ABZ	
Emilia A. S. Stefano (V.)	AY	
Eritrea (V.)	BZ	
Fanti (V. M.)	AY	
Filzi (V. F.)	AY	
Fiume (Pza)	AZ	
Fogliani (V. G. R.)	AY	
Fontanelli (V.)	BZ	
Fontanesi (Pza A.)	AZ	
Franchetti (V. R.)	AY	
Gabbi (V.)	BZ	
Galliano (V. G.)	AY	
Garibaldi (Cso G.)	AYZ	
Guasco (V.)	AY	21
Guazzatoio (V.)	AZ	22
Guidelli (V.)	AZ	24
Guido da Castello (V.)	AZ	25
Isonzo (Viale)	ABY	
Magenta (Viale)	AZ	26
Makallè (V.)	BY	
Malta (V.)	AZ	27
Martiri del 7 Luglio (Pza)	AY	28
Matteotti (V. G.)	BZ	
Mazzini (V. G.)	AY	30
Mille (Viale dei)	ABZ	
Monte Grappa (Viale)	ABZ	
Monte S. Michele (Viale)	BZ	
Monte (Pza del)	AZ	31
Monzermone (V.)	AYZ	33
Nobili (V. L.)	AY	
Olimpia (Viale)	BZ	34
Panciroli (V. G.)	AZ	36
Piave (Viale)	BYZ	
Porta Brenone (V.)	AZ	37
Prampolini (Pza C.)	AZ	39
Quattro Novembre (Viale)	BZ	40
Quinziane (V. delle)	AZ	41
Racchetta (V. della)	AZ	42
Ramazzini (Viale B.)	BY	
Regina Elena (Viale)	AY	43
Regina Margherita (Viale)	BY	
Risorgimento (Viale)	BZ	
Roma (V.)	ABY	
Roversi (Pza L.)	AZ	45
Secchi (V. A.)	AY	
Sessi (V.)	AYZ	
Sforza (V. G.)	BY	58
Simonazzi (Viale E.)	AZ	
Spallanzani (V. L.)	AY	60
Squadroni (V.)	AZ	61
S. Carlo (V.)	AZ	46
S. Domenico (V.)	BZ	48
S. Filippo (V.)	ABZ	
S. Girolamo (V.)	BZ	49
S. Martino (V.)	BZ	51
S. Pietro Martire (V.)	AZ	52
S. Prospero (Pza)	AZ	54
S. Rocco (V.)	AY	55
S. Zenone (Pza)	AZ	57
Timavo (Viale)	AYZ	
Toschi (V.)	AZ	
Trento Trieste (Viale)	AY	
Tricolore (Pza)	BZ	63
Umberto I (Viale)	AZ	64
Veneri (V. A.)	BY	
Vittoria (Pza della)	AY	66
Zaccagni (V.)	BZ	67

Park Hotel rist,
via Guido De Ruggiero 1/b, per ④ ✉ 42123 – ✆ 05 22 29 21 41 – www.parkhotel.re.it – parkhotel@virgilio.it
63 cam – 50/99 € 70/150 € – ½ P 45/70 €
Rist – *(chiuso dal 12 al 19 agosto) (chiuso a mezzogiorno) (solo per alloggiati)* Carta 20/26 €
◆ Hotel che sorge in un quartiere residenziale e signorile, tale da consentire un soggiorno all'insegna della tranquillità. Ambienti di serena semplicità, freschi e colorati.

B&B Del Vescovado senza rist
stradone Vescovado 1 ✉ 42101 – ✆ 05 22 43 01 57 – www.delvescovado.it – frabergomi@yahoo.com – chiuso agosto AZ**d**
6 cam – 58 € 80 €
◆ Entrando in questa risorsa si assapora la piacevole sensazione di sentirsi a casa. Lo stesso vale per le camere: arredate con mobili d'antiquariato, infondono un senso di grande armonia. A due passi dalla cattedrale.

Trattoria della Ghiara
vicolo Folletto 1/C ✉ 42121 – ✆ 05 22 43 57 55 – ristorantelaghiara@gmail.com – chiuso 1 settimana a Natale e 3 settimane in agosto, domenica, lunedì
Rist – Menu 40 € – Carta 35/55 € AZ**b**
◆ Ambiente rinnovato pochi anni or sono alla ricerca di un tono moderno e di una nuova e migliore accoglienza per le due sale del ristorante. Cucina attenta alle stagioni.

Caffe' Arti e Mestieri
via Emilia San Pietro 16 ✉ 42123 – ✆ 05 22 43 22 02 – www.caffeartiemestieri.it – info@caffeartiemestieri.it – chiuso dal 24 al 30 dicembre, dall' 8 al 22 agosto, domenica, lunedì BZ**y**
Rist – Carta 30/53 €
◆ Esposizioni d'arte temporanee alle pareti della sala che si snoda lungo il perimetro del cortile interno di un palazzo storico; proposte differenziate tra pranzo e cena.

A Mangiare
viale Monte Grappa 3/a ✉ 42121 – ✆ 05 22 43 36 00 – staff@ristoranteamagiare.it – chiuso domenica BZ**c**
Rist – Carta 32/44 €
◆ Gestione giovane e dinamica per un ristorante classico, ubicato sulla cerchia che circonda il centro storico di Reggio: in menu sia la godereccia Emilia, sia i sapori nazionali.

Il Pozzo
viale Allegri 7 ✉ 42121 – ✆ 05 22 45 13 00 – ilpozzo@libero.it – chiuso dal 12 al 23 agosto, domenica, lunedì a mezzogiorno, anche sabato a mezzogiorno in luglio-agosto AY**b**
Rist – Carta 35/48 €
◆ Ristorante con enoteca abbinata: ottima la carta dei vini. La cucina rivisita il territorio attraverso preparazioni casalinghe e può essere gustata fino a tarda ora.

a Codemondo **Ovest : 6 km – ✉ 42123**

La Brace
via Carlo Teggi 29 – ✆ 05 22 30 88 00 – www.ristorantelabrace.it – info@ristorantelabrace.it – chiuso dal 27 dicembre al 6 gennaio, dal 1° al 15 agosto, sabato a mezzogiorno, domenica
Rist – Carta 22/40 €
◆ Risorsa accogliente connotata da complementi d'arredo di tono moderno. La gestione è a carattere genuinamente familiare, le specialità derivano dal nome del locale.

sulla strada statale 9 - via Emilia **per ③: 4 km**

Classic Hotel rist,
via Pasteur 121 ✉ 42122 San Maurizio – ✆ 05 22 35 54 11 – www.classic-hotel.it – info@classic-hotel.it – chiuso dal 13 al 21 agosto
89 cam – 69/250 € 89/295 € – 2 suites – ½ P 70/178 €
Rist ***Sala de l'Amorotto*** – *(chiuso domenica)* Carta 33/47 €
◆ Hotel che manifesta esplicitamente l'intenzione di dedicare attenzioni particolari alla clientela d'affari e congressuale. Comoda ubicazione, ottimi servizi e confort. Sala ristorante di taglio classico-elegante, dove gustare piatti nazionali e qualche specialità regionale.

a San Bartolomeo Ovest: 9 km – ✉ 42123

Matilde di Canossa
via del Casinazzo 1/1, (all'interno del Golf Club) – ☎ 05 22 37 37 44 – www.matildedicanossaresort.com – info@matildedicanossaresort.com
54 cam – †160/250 € ††180/370 € – 6 suites – ½ P 126/250 €
Rist Il Concilio – vedere selezione ristoranti
♦ Tra il verde di un campo da golf - in un nuovo complesso che ricrea un tipico borgo emiliano - hotel di sobria eleganza con camere spaziose, antiche cassettiere e moderna zona benessere.

XX **il Concilio**
via del Casinazzo 1/1, (all'interno del Golf Club) – ☎ 05 22 57 59 11 – www.ilconcilio.it – ristorante@ilconcilio.it – chiuso 2 settimane in gennaio, 1 settimana in agosto
Rist – Carta 44/62 €
♦ Nella verde cornice del golf, un ambiente di sobria eleganza con qualche citazione rustica. La cucina si lascia ammaliare dai sapori mediterranei, mettendo in primo piano la qualità prodotti.

REMANZACCO – Udine (UD) – 562 D21 – 5 984 ab. – ✉ 33047 11 C2

Roma 659 – Trieste 84 – Udine 9 – Gorizia 37

X **Bibendum** (Barbara Martina)
piazza A. Angeli 3, fraz. Orzano, Sud-Est: 4 km – ☎ 04 32 64 90 55 – bibendum.orzano@gmail.com – chiuso lunedì
Rist – *(chiuso a mezzogiorno escluso sabato e domenica)* Carta 32/41 €
Spec. Terrina di pomodori gialli in foglia di melanzana all'olio d'oliva e fiori di gelsomino. Tortelli ripieni di faraona con burro alle erbe. Composizione caldo-fredda di coniglio: il filetto, la mousse di coscia, il paté di fegato, scalogni al forno e zabaione al porro.
♦ L'ambiente da trattoria non tragga in inganno: la cuoca è in prima fila nell'uso di sifoni e tecnicismi gastronomici, senza dimenticare le tradizioni locali e il dialetto friulano che presenta buona parte dei piatti in menu.

RENDE – Cosenza (CS) – 564 J30 – vedere Cosenza

RENON (RITTEN) – Bolzano (BZ) – 562 C16 – 6 848 ab. – alt. 800 m 31 C2

– Sport invernali : 1 530/2 260 m 1 3,

Da Collalbo : Roma 664 – Bolzano 16 – Bressanone 52 – Milano 319

a Collalbo (Klobenstein) – alt. 1 154 m – ✉ 39054

via Paese 5 ☎ 0471 356100, info@renon.com, Fax 0471 356799

Bemelmans Post
rist,
via Paese 8 – ☎ 04 71 35 61 27 – www.bemelmans.com – info@bemelmans.com – chiuso dal 1° febbraio al 5 aprile
47 cam – †60/180 € ††120/190 € – 8 suites – ½ P 80/120 €
Rist – *(chiuso sabato)* Carta 24/40 €
♦ Un bel parco e un'affascinante fusione di antico e contemporaneo, le stufe originali e i complementi d'arredo più moderni. Può annoverare Sigmund Freud tra i suoi ospiti. Un'ampia sala da pranzo principale e tre stube più piccole ed intime.

Kematen
località Caminata 29, Nord-Ovest : 2,5 km – ☎ 04 71 35 63 56 – www.kematen.it – info@kematen.it – chiuso dal 16 novembre al 5 dicembre e dal 10 gennaio al 13 febbraio
21 cam – †59/86 € ††118/162 € – 3 suites – ½ P 65/105 €
Rist Kematen – vedere selezione ristoranti
Rist – *(solo per alloggiati)*
♦ Tipiche stube neogotiche, mobilio e decorazioni in perfetto e omogeneo stile tirolese; posizione meravigliosa e incantevole vista su boschi, pascoli e cime dolomitiche. Due raccolte sale ristorante molto gradevoli grazie all'estrema cura dei dettagli.

Kematen
località Caminata 29, Nord-Ovest : 2,5 km – ✆ 04 71 35 63 56 – www.kematen.it info@kematen.it – chiuso dal 15 novembre al 6 dicembre e dal 31 marzo al 14 aprile
Rist – Carta 28/40 €
♦ In un antico fienile, circondato da pascoli e boschi, un ristorante con proposte del territorio e specialità di stagione. In estate c'è anche una bella terrazza panoramica.

a Costalovara (Wolfsgruben)**Sud-Ovest : 5 km – alt. 1 206 m – ✉ 39054**
Soprabolzano

Lichtenstern
via Stella 8, Nord-Est : 1 km – ✆ 04 71 34 51 47 – www.lichtenstern.it – info@ lichtenstern.it – chiuso dal 15 gennaio al 15 aprile
23 cam – †60/73 € ††100/146 € – ½ P 70/83 €
Rist – *(chiuso martedì)* Carta 21/40 €
♦ Un'oasi di pace, con uno stupendo panorama sulle Dolomiti. Conduzione familiare caratterizzata da uno spiccato senso dell'ospitalità; ambienti curati, freschi e luminosi. Accoglienti sale da pranzo rivestite in legno e una bella e ariosa veranda coperta.

Am Wolfsgrubener See
Costalovara 14 – ✆ 04 71 34 51 19 – www.hotel-wolfsgrubenersee.com – info@ hotel-wolfsgrubenersee.com – 25 dicembre-14 febbraio e 23 aprile-3 novembre
25 cam – †54/91 € ††108/182 € – ½ P 95/99 €
Rist – *(chiuso lunedì)* Carta 21/38 €
♦ Gli spazi interni sono generalmente ampi, e così le camere, luminose e arredate secondo lo stile altoatesino. In riva ad un lago che cinge l'albergo su tre lati. Molto apprezzato il servizio ristorante all'aperto nella bella terrazza a bordo lago.

a Soprabolzano (Oberbozen)**Sud-Ovest : 7 km – alt. 1 221 m – ✉ 39054**

stazione del Trenino Renon ✆ 0471 345245 info@renon.com, Fax 0471 356799

Park Hotel Holzner
via Paese 18 – ✆ 04 71 34 52 31 – www.parkhotel-holzner.com – info@ parkhotel-holzner.com – 26 novembre-22 dicembre, 25 dicembre-7 gennaio e 16 aprile-6 novembre
34 cam – ††129/167 € – 6 suites – ½ P 139/177 €
Rist – *(chiuso domenica sera, lunedì)* Carta 52/79 €
♦ Affascinante struttura d'inizio secolo sorta con la costruzione della ferrovia a cremagliera che raggiunge la località. Parco con tennis e piscina riscaldata; per famiglie. Gradevole la sala ristorante interna, così come la zona pranzo esterna.

Regina
via Paese 27 – ✆ 04 71 34 51 42 – www.hotel-regina.it – info@hotel-regina.it – chiuso dal 9 gennaio al 4 aprile
30 cam – †63/76 € ††108/156 € – ½ P 61/135 €
Rist – *(chiuso a mezzogiorno) (solo per alloggiati)* 25 €
♦ Arredi in tipico stile tirolese, ma di fattura moderna, per ornare gli spazi comuni e le camere di questa bella casa, in centro paese, ma avvolta da prati e conifere.

RESIA (RESCHEN) – Bolzano (BZ) – 562 B13 – alt. 1 494 m – Sport invernali : 1 400/2 500 m 1 5, – ✉ 39027 — 30 A1

Roma 742 – Sondrio 141 – Bolzano 105 – Landeck 49

via Principale 61 località Curon Venosta ✆ 0473 633101, info@passoresia.it, Fax 0473 634345

Al Moro-Zum Mohren
via Nazionale 30 – ✆ 04 73 63 31 20 – www.mohren.com – info@mohren.com – chiuso dal 20 al 30 aprile e dal 12 al 20 dicembre
26 cam – †50/75 € ††90/150 € – ½ P 53/99 € **Rist** – Carta 20/30 €
♦ In centro e sulla statale del passo, classico albergo di montagna altoatesino dalla salda ed affidabile conduzione familiare, che si fa apprezzare per la cura degli spazi comuni e delle ampie camere. Spaziosa zona ristorante, con tocchi di tipicità e tradizione.

REVERE - **Mantova (MN)** - **561** G15 - **2 612 ab.** - **alt. 16 m** - ✉ **46036** **17** D3

Roma 458 - Verona 48 - Ferrara 58 - Mantova 35

XX **Il Tartufo**

via Guido Rossa 13 - ☎ 03 86 84 60 76 - www.ristoranteiltartufo.com - tartufo2000@tele2.it - chiuso dal 15 febbraio al 10 marzo, giovedì

Rist - Carta 38/72 €

◆ Ristorante accolto da una villetta nella zona residenziale del paese. Cucina mantovana di ricerca, con specialità a base di tartufo. Atmosfera appartata e intima.

REVIGLIASCO - **Torino** - **Vedere Moncalieri**

REVINE - **Treviso (TV)** - **562** D18 - **alt. 260 m** - ✉ **31020** **36** C2

Roma 590 - Belluno 37 - Milano 329 - Trento 131

Giulia

via Grava 2 - ☎ 04 38 52 30 11 - www.cadelach.it - info@cadelach.it - chiuso dal 10 al 20 marzo

36 cam - †50/110 € ††90/160 € - ½ P 75/125 €

Rist *Ai Cadelach* - ☎ 04 38 52 30 10 *(chiuso lunedì, martedì a mezzogiorno escluso da maggio a settembre)* Carta 27/71 €

◆ Il giardino con piscina e tennis, il continuo potenziamento della struttura e delle dotazioni, la gestione attenta. E infine le camere, migliori nella dependance sul retro. Al ristorante un'atmosfera romantica; dalla cucina, i sapori regionali. Dispone anche di due sale dove organizzare cerimonie.

REZZATO - **Brescia (BS)** - **561** F12 - **13 143 ab.** - **alt. 147 m** - ✉ **25086** **17** C1

Roma 522 - Brescia 9 - Milano 103 - Verona 63

La Pina

via Garibaldi 98, Sud : 1 km - ☎ 03 02 59 14 43 - www.lapina.it - info@lapina.it

28 cam - †58/65 € ††78/88 € - ½ P 52/59 €

Rist - *(chiuso agosto e domenica sera)* Carta 26/38 €

◆ Edificio anni '40 completamente ristrutturato con buona cura per dettagli e tecnologia; grande attenzione per la clientela d'affari, gestione affidabile e intraprendente. Due sale ristorante, la più grande per l'attività banchettistica.

RHÊMES-NOTRE-DAME - **Aosta (AO)** - **561** F3 - **95 ab.** - **alt. 1 723 m** - **Sport invernali : 1 696/2 200 m** 2, - ✉ **11010** **34** A2

Roma 779 - Aosta 31 - Courmayeur 45 - Milano 216

a Chanavey **Nord : 1,5 km** - **alt. 1 696 m** - ✉ **11010 Rhêmes-Notre-Dame**

Granta Parey

loc. Chanavey - ☎ 01 65 93 61 04 - www.rhemesgrantaparey.com - info@rhemesgrantaparey.com - chiuso ottobre e novembre

31 cam - †50/65 € ††100/130 €, 10 € - ½ P 65/80 € **Rist** - Carta 22/34 €

◆ Nelle camere i pavimenti sono in legno e gli arredi in pino. Lo stesso calore, senza ricercatezze, lo si ritrova negli ambienti comuni. A pochi metri dalla pista di fondo. Offerta di ristorazione differenziata, da self-service a classica sala da pranzo.

RHO - **Milano (MI)** - **561** F9 - **50 298 ab.** - **alt. 158 m** - ✉ **20017** **18** A2

Roma 590 - Milano 16 - Como 36 - Novara 38

18 Green Club via Manzoni 45, ☎ 02 9 37 08 69

XX **La Barca**

via Ratti 54 - ☎ 0 29 30 39 76 - trattoria.labarca@libero.it - chiuso martedì

Rist - (prenotare) Menu 55/68 € - Carta 54/69 €

◆ Moderno ristorante, ristrutturato di recente, dalle linee sobrie ma gradevoli. La cucina trae ispirazione esclusivamente dal mare con aperture alla tradizione pugliese.

RIACE - **Reggio di Calabria (RC)** - **564** L31 - **1 842 ab.** - **alt. 300 m** - ✉ **89040** **5** B3

Roma 662 - Reggio di Calabria 128 - Catanzaro 74 - Crotone 128

a Riace Marina Sud-Est : 9 km – ✉ 89040 Riace

Federica cam,
via nazionale 182 – ✆ 09 64 77 13 02 – www.hotelfederica.it – hotelfederica@bagetur.it
16 cam – 50/80 € 80/150 € – ½ P 65/90 € **Rist** – Carta 22/38 €
◆ Struttura recente, direttamente sulla spiaggia, a pochi metri dal mare blu dello Ionio. Condotta in modo serio e professionale da una giovane e frizzante gestione. Curata sala da pranzo con una grande capacità ricettiva; servizio all'aperto sotto un pergolato.

RICCIONE – Rimini (RN) – 562 J19 – 35 233 ab. – ✉ 47838 9 D2

Italia Centro Nord

Roma 326 – Rimini 13 – Bologna 120 – Forlì 59
piazzale Ceccarini 11 ✆ 0541 693302, iat@comune.riccione.rn.it, Fax 0541 605752
(maggio-settembre) Stazione Ferroviaria piazzale Cadorna ✆ 0541 606984

Grand Hotel Des Bains rist,
viale Gramsci 56 – ✆ 05 41 60 16 50 – www.grandhoteldesbains.com – info.reception@grandhoteldesbains.com
67 cam – 90/250 € 135/380 € – 3 suites – ½ P 105/230 €
Rist – *(solo per alloggiati)* Carta 32/75 €
◆ Sfarzo, originalità e charme per questo albergo centrale. L'ingresso è abbellito da una fontana, mentre ogni ambiente pullula di marmi, stucchi, specchi e dorature. Notevole anche la zona benessere.

Luna rist,
viale Ariosto 5 – ✆ 05 41 69 21 50 – www.lunariccione.it – info@lunariccione.it
35 cam – 120/200 € 160/400 € – 10 suites – ½ P 170/240 €
Rist – *(maggio-settembre) (solo per alloggiati)* Carta 40/50 €
◆ L'eleganza esterna dell'edificio è solo un anticipo dei luminosi ambienti all'interno: una piccola risorsa in cui confort e raffinatezza si fondono con la verdeggiante tranquillità della zona residenziale in cui si inserisce. Un piacevole stile mediterraneo in sala da pranzo, con accenni di gusto contemporaneo.

Atlantic rist,
lungomare della Libertà 15 – ✆ 05 41 60 11 55 – www.hotel-atlantic.com – info@hotel-atlantic.com
65 cam – 100/250 € 160/320 € – 4 suites – ½ P 150/190 €
Rist – Carta 36/53 €
◆ Bianco e blu sono i colori dominanti di questa grande struttura mediterranea affacciata sul mare. A disposizione degli ospiti anche zone relax ben distribuite e una attrezzata zona benessere. Elegante e panoramica la sala da pranzo.

Corallo rist,
viale Gramsci 113 – ✆ 05 41 60 08 07 – www.corallohotel.com – info@corallohotel.com – chiuso dal 20 al 27 dicembre
78 cam – 125/195 € 145/220 € – 16 suites – ½ P 135/195 €
Rist – *(solo per alloggiati)* Menu 30/40 €
◆ Imponente struttura per una vacanza in grande stile, arricchita da un complesso fronte mare con eleganti suite e una deliziosa piscina. Colori chiari e grandi motivi a rilievo sulle pareti nella spaziosa sala da pranzo.

Roma rist,
lungomare della Libertà 11 – ✆ 05 41 69 32 22 – www.hotelroma.it – hotelroma@hotelroma.it
44 cam – 80/140 € 110/200 € – ½ P 100/140 €
Rist – *(15 maggio-20 settembre) (solo per alloggiati)* Menu 20/35 €
◆ A pochi passi dal celebre viale Ceccarini, edificio dei primi '900 con splendido ingresso sull'elegante lungomare fra verde e terrazze. Camere classiche o moderne, da preferire quelle con vista.

Des Nations senza rist

lungomare Costituzione 2 – ✆ 05 41 64 78 78 – www.desnations.it – info@desnations.it

36 cam – †99/199 € ††170/275 € – 1 suite

◆ Essenze naturali diffuse negli ambienti, cure alternative che utilizzano colori e massaggi per un check up rivitalizzante e soprattutto una struttura originale dal tocco romantico.

Diamond rist,

viale Fratelli Bandiera 1 – ✆ 05 41 60 26 00 – www.hoteldiamond.it – info@hoteldiamond.it – Pasqua-settembre

40 cam – †50/120 € ††90/160 € – ½ P 53/130 € bevande comprese

Rist – *(solo per alloggiati)*

◆ Un bel giardino circonda questo gradevole hotel a conduzione familiare, che dispone di camere confortevoli arredate in stile mediterraneo. Una particolare organizzazione tiene impegnati i piccoli ospiti.

Select rist,

viale Gramsci 89 – ✆ 05 41 60 06 13 – www.hotelselectriccione.com – info@hotelselectriccione.com

44 cam – †49/110 € ††70/200 € – ½ P 60/130 €

Rist – *(solo per alloggiati)* Menu 15 € bc/30 € bc

◆ Un ombreggiato giardino e alberi ad alto fusto circondano l'edifico e garantiscono una fresca siesta pomeridiana! All'interno, spazi dal design contemporaneo e camere minimaliste con spaziosi letti gemelli. Servizio esclusivamente a buffet al ristorante.

Novecento cam,

viale D'Annunzio 30 – ✆ 05 41 64 49 90 – www.hotelnovecento.it – info@hotelnovecento.it – chiuso novembre

36 cam – †70/120 € ††85/140 € – ½ P 95/112 €

Rist – *(15 maggio-settembre) (solo per alloggiati)*

◆ Una piccola piscina con angoli idromassaggio, nonché giochi d'acqua, e poi la bella facciata Liberty a denunciare le origini della struttura: uno dei primi alberghi nati a Riccione agli inizi del XX secolo. Al ristorante: pranzo a buffet e servizio al tavolo per la cena.

Arizona

viale D'Annunzio 22 – ✆ 05 41 64 44 22 – www.hotelarizona.com – info@hotelarizona.com – chiuso novembre

64 cam – †85/160 € ††140/250 €, 6 € – ½ P 82/116 €

Rist – Carta 25/60 €

◆ Fronte mare, ciclisti e bambini sono i benvenuti in questo albergo tipicamente balneare. Camere semplici, ma piacevoli, e luminose.

Admiral rist,

viale D'Annunzio 90 – ✆ 05 41 64 22 02 – www.hoteladmiral.com – info@hoteladmiral.com – 15 maggio-30 settembre

44 cam – †62/81 € ††135 €, 15 € – ½ P 63/79 €

Rist – *(solo per alloggiati)* Menu 18/25 €

◆ Validissima gestione familiare, riscontrabile nella cura del minimo dettaglio e nelle inesauribili attenzioni riservate al cliente. Si respira un'atmosfera di residenza privata.

Gemma rist,

viale D'Annunzio 82 – ✆ 05 41 64 34 36 – www.hotelgemma.it – info@hotelgemma.it – chiuso dal 20 al 27 dicembre

41 cam – †40/80 € ††70/140 € – ½ P 78/95 €

Rist – *(marzo-ottobre) (solo per alloggiati)* Carta 22/50 €

◆ La passione della gestione, interamente rivolta all'accoglienza degli ospiti, è visibile tanto negli esterni, quanto negli ambienti comuni e nelle confortevoli stanze.

Soraya rist, rist,
via Torino 27/A – 05 41 60 09 17 – www.sorayahotel.it – info@sorayahotel.it – 15 maggio-settembre
44 cam – 75/80 € 92/102 € – ½ P 68/95 €
Rist – *(solo per alloggiati)* Carta 28/32 €
◆ Direttamente sulla spiaggia privata - neppure una strada vi separa dal mare - ambienti semplici, ma molto luminosi e ben tenuti, per un soggiorno all'insegna del relax.

Poker
viale D'Annunzio 61 – 05 41 64 77 44 – www.hotelpoker.it – hotelpoker@hotelpoker.it
60 cam – 40/90 € 70/170 € – ½ P 89 € **Rist** – Carta 26/50 €
◆ Rinomato tra gli appassionati ciclisti che vi trovano facilitazioni, il *Poker* offre camere moderne e lineari, sobrie e pulite. Cucina casalinga.

Gala senza rist
viale Martinelli 9 – 05 41 60 78 22 – www.hotelgalariccione.com – hotelgalariccione@libero.it – chiuso dal 1° al 28 dicembre
28 cam – 70/105 € 110/185 €
◆ Piccolo gioiello dai servizi contenuti, ma dall'indiscutibile charme: stile minimalista e moderno, bei bagni e diverse camere con spaziose terrazze.

Antibes rist,
via Monteverdi 4 – 05 41 64 42 92 – www.hotelantibes.com – info@hotelantibes.com – marzo-ottobre
30 cam – 40/90 € 80/120 € – ½ P 78 €
Rist – *(aprile-settembre) (solo per alloggiati)*
◆ Ad un centinaio di metri dal mare - in una traversa molto tranquilla - giovane gestione con confortevoli camere dagli arredi neocoloniali. Essendo un family hotel, la struttura è particolarmente indicata per chi viaggia con bambini.

Darsena rist,
viale Galli 5 – 05 41 64 80 64 – www.darsenahotel.it – info@darsenahotel.it – marzo-ottobre
36 cam – 52/72 € 80/130 € – ½ P 61/82 €
Rist – *(Pasqua-ottobre) (solo per alloggiati)* Carta 25/40 €
◆ Semplice e funzionale, poco lontano dal mare offre camere recentemente ristrutturate, tutte dotate di un piccolo balcone; una di esse è stata proprio dedicata al mare. Accogliente e affidabile gestione familiare.

Atlas
viale Catalani 28 – 05 41 64 66 66 – www.atlashotel.it – info@atlashotel.it – 10 maggio-25 settembre
38 cam – 39/64 € 65/127 € – ½ P 60/90 €
Rist – *(solo per alloggiati)* Menu 20/30 €
◆ Una di quelle risorse che hanno contribuito a costruire la fama e la forza della riviera romagnola: calorosa gestione familiare, tante attenzioni per l'ospite, nonché camere di diverse tipologie e prezzi.

Mon Cheri rist,
viale Milano 9 – 05 41 60 11 04 – www.hotelmoncheri.com – info@hotelmoncheri.com – Pasqua-settembre
52 cam – 50/80 € 95/145 €, 10 € – ½ P 95/105 €
Rist – *(solo per alloggiati)* Carta 20/28 €
◆ Bianca struttura moderna in prima fila sul mare, la casa si rivolge chiaramente ad un turismo balneare e le sue attenzioni sono rivolte alle famiglie. Ampi balconi nelle stanze. Luminosa e panoramica la sala da pranzo.

Romagna
viale Gramsci 64 – 05 41 60 06 04 – www.hotelromagnariccione.com – info@hotelromagnariccione.com – Pasqua-15 settembre
50 cam – 55/65 € 86/106 €, 8 € – ½ P 67/70 €
Rist – *(solo per alloggiati)*
◆ Semplicità, affidabilità e cortesia per trasmettere lo spirito più sincero della rinomata ospitalità romagnola. All'aperto un'oasi interamente dedicata al benessere con sauna, bagno turco e palestra.

Lugano

viale Trento Trieste 75 – ✆ 05 41 60 66 11 – www.hotellugano.com – info@hotellugano.com – 15 maggio-settembre
30 cam – 40/70 € 50/80 €, 15 € – ½ P 70/80 €
Rist – *(chiuso a mezzogiorno) (solo per alloggiati)*
♦ Piccola e semplice struttura dalla cordiale gestione familiare, l'albergo si trova in una zona tranquilla, in prossimità delle Terme e del fulcro della mondanità cittadina.

Cannes

rist,

via Pascoli 6 – ✆ 05 41 69 24 50 – www.hotelcannes.net – hotelcannes@hotelcannes.net – aprile-20 settembre
27 cam – 45/80 € 75/130 € – ½ P 53/81 €
Rist – *(20 maggio-settembre) (solo per alloggiati)* Menu 15/18 €
♦ Gestione giovane in un albergo completamente rinnovato, in posizione centrale; ambienti resi ancor più accoglienti dalle calde tonalità delle pareti e degli arredi.

Carlo

lungomare della Repubblica, zona 72 – ✆ 05 41 69 28 96 – dacarlo.PlayRestaurant.tv – ristorantecarlo@libero.it – marzo-ottobre
Rist – Carta 56/91 €
♦ Tavolini all'aperto sullo "struscio" del lungomare o quasi sulla spiaggia, ma la cena più romantica è una prenotazione al primo piano con vista sulla costa illuminata. Cucina di pesce.

Da Fino

Via Galli 1 – ✆ 05 41 64 85 42 – www.dafino.it – info@dafino.it – chiuso 2 settimane in novembre
Rist – Menu 20/40 € – Carta 38/58 €
♦ Le acque del porto canale lambiscono la terrazza di questo ristorante dal design moderno; ampie finestre scorrevoli consentono anche a chi pranza all'interno di gustare con lo sguardo la posizione. Un menù vegetariano ed uno per bambini.

RIETI (RI) – **563** O20 – **47 654 ab.** – **alt. 405 m** – ✉ **02100** Italia **13** C1

Roma 78 – Terni 32 – L'Aquila 58 – Ascoli Piceno 113

piazza Vittorio Emanuele, ✆ 0746 203220, aptrieti@apt.rieti.it Fax 0746 270446

Belmonte località Zoccani, ✆ 0765 7 73 77

Centro d'Italia via Tavola d'Argento 5, ✆ 0746 22 90 35

Giardino Pubblico★ in piazza Cesare Battisti – Volte★ del palazzo Vescovile

Park Hotel Villa Potenziani

via San Mauro 6 – ✆ 07 46 20 27 65 – www.villapotenziani.it – info@villapotenziani.it
27 cam – 70/105 € 100/130 € – 1 suite – ½ P 75/90 €
Rist – *(chiuso dal 2 al 20 gennaio e lunedì) (chiuso a mezzogiorno)* Carta 25/53 €
♦ Raffinata ed accogliente, intima e maestosa, la dimora di caccia settecentesca racconta tra gli affreschi e i dettagli dei suoi ambienti la storia della ricca famiglia reatina. Un soffitto ligneo scolpito nei primi anni del secolo scorso sormonta la sontuosa sala da pranzo, riscaldata d'inverno da un enorme camino.

Miramonti

rist,

piazza Oberdan 5 – ✆ 07 46 20 13 33 – www.hotelmiramonti.rieti.it – info@hotelmiramonti.rieti.it
24 cam – 52/100 € 68/130 € – 3 suites – ½ P 65 €
Rist ***Da Checco al Calice d'Oro*** – ✆ 07 46 20 42 71 *(chiuso dal 15 luglio al 5 agosto e lunedì)* Carta 28/40 €
♦ Soffermatevi nella Sala Romana: di fronte a voi il punto in cui partiva la trecentesca cinta muraria della città! Sarà solo questo il motivo per cui il palazzo è oggi monumento nazionale? Elegante anche il ristorante, ambiente gradevole dove assaporare le specialità della tradizione.

Grande Albergo Quattro Stagioni senza rist
piazza Cesare Battisti 14 – 07 46 27 10 71
– www.hotelquattrostagioni.com – info@hotelquattrostagionirieti.it
43 cam – 45/85 € 65/110 €
◆ Struttura storica, ubicata nella piazza principale della città. Si distingue per la ricercatezza degli arredi in stile, l'eleganza degli ambienti e il confort delle camere.

Bistrot
piazza San Rufo 25 – 07 46 25 13 25
– www.bistrotrieti.com – rita_galasetti@fastwebnet.it
– chiuso dal 20 ottobre al 15 novembre, domenica, lunedì
Rist – *(chiuso a mezzogiorno)* (consigliata la prenotazione) Carta 30/40 € (+10 %)
Rist *L'Osteria* – 07 46 49 87 98 *(chiuso a mezzogiorno)* Carta 25/40 €
◆ Locale caratteristico ed accogliente, affacciato su una graziosa e tranquilla piazzetta, dove gustare le specialità della tradizione locale. Nel pomeriggio, tè e pasticcini. Di recente apertura l'attigua e piccola Osteria, in cui trovare una cucina più semplice legata al territorio.

RIGUTINO – Arezzo – 563 I17 – Vedere Arezzo

RIMINI P (RN) – 562 J19 – 140 137 ab. Italia Centro Nord 9 D2

Roma 334 – Ancona 107 – Milano 323 – Ravenna 52
di Miramare per ①: 5 km 0541 715755
Stazione Ferroviaria, piazzale Cesare Battisti 1, 0541 51331, stazione@riminireservation.it Fax 0541 27927
Aeroporto 0541 378731 airport@riminireservation.it Fax 0541 378731
via Molino Bianco 109, 0541 67 81 22
Località★ - Tempio Malatestiano★★ ABZ **A** - Pietà★ di G. Bellini nel Museo della Città AZ[15]

duoMo Hotel senza rist
via Giordano Bruno 28 47921 – 0 54 12 42 16 – www.duomohotel.com
– info@duomohotel.com AZ**c**
34 cam – 100/190 € 130/240 € – 9 suites
◆ Non lasciatevi ingannare dall'architettura del vicino Arco di Augusto, si tratta di un hotel di design, la cui massima espressione è rintracciabile nel banco della reception: una scultura spaziale!

Card International senza rist
via Dante Alighieri 50 47921 – 0 54 12 64 12 – www.hotelcard.it – vito@hotelcard.it BZ**a**
53 cam – 75/200 € 90/300 €
◆ Indubbiamente "International", grazie alle foto d'autore che contraddistinguono ogni camera, ciasciuna dedicata ai viaggi. Espressamente studiato per una clientela business offre soluzioni tecnologiche e di confort all'avanguardia.

Dallo Zio
via Santa Chiara 16 47921 – 05 41 78 67 47
– www.ristorantedallozio.it – info@ristorantedallozio.it
– chiuso dal 15 luglio al 15 agosto AZ**b**
Rist – (consigliata la prenotazione) Menu 28/38 € – Carta 25/55 €
◆ Un giovane cuoco s'ispira ai classici dell'Adriatico: dal crudo agli antipasti misti e grigliate, serviti in salette moderne alle quali fanno eco *affiche* pubblicitarie retrò.

Osteria de Börg
via Forzieri 12 47921 – 0 54 15 60 74 – www.osteriadeborg.it
– info@osteriadeborg.it AY**c**
Rist – (consigliata la prenotazione) Carta 25/39 €
◆ Ambiente rustico, ma curato, per questo ristorante in Borgo San Giuliano: specialità di carne e selezione di salumi e formaggi di produttori locali. Gradevole dehors estivo.

al mare

i piazzale Fellini 3 ✆ 0541 56902, marinacentro@riminireservation.it , Fax 0541 56598

Grand Hotel Rimini

rist,

parco Federico Fellini 1 ✉ 47921
– ✆ 0 54 15 60 00 – www.grandhotelrimini.com
– info@grandhotelrimini.com

BY**g**

164 cam – 145/250 € 185/480 €
– 4 suites

Rist – (consigliata la prenotazione) Carta 42/104 €

◆ Passato agli onori della storia grazie al cinema felliniano, una struttura di evidente ispirazione liberty, dagli ambienti ricchi di charme d'altri tempi. Impossibile dimenticare il giardino, ombreggiato, con piscina riscaldata. Magica atmosfera al ristorante: lusso, finezza ed eleganza avvolgono ogni cosa.

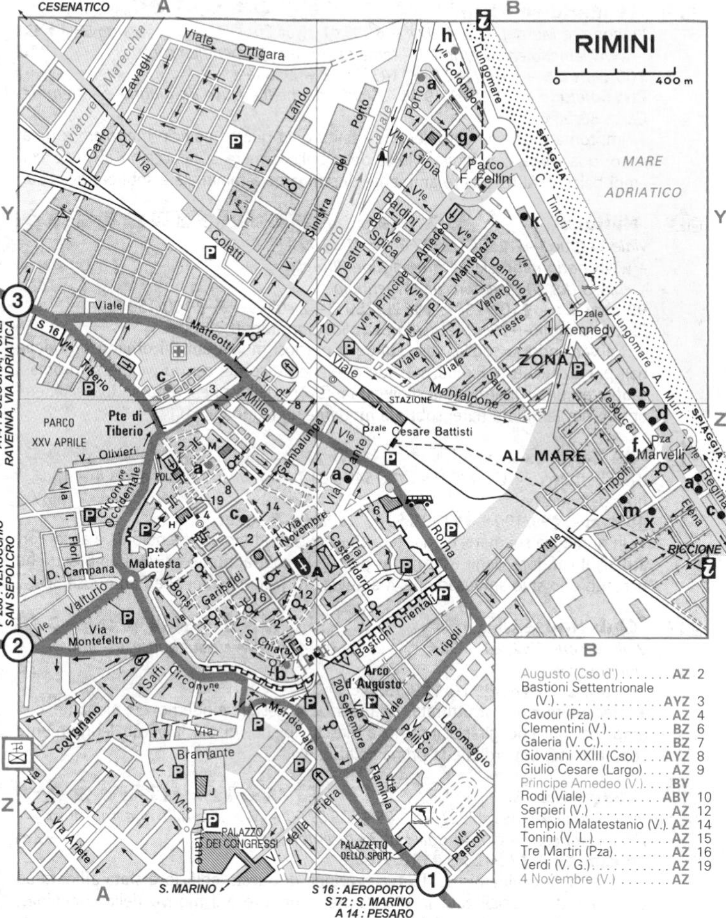

Holiday Inn Rimini cam, rist,

viale Vespucci 16 ✉ 47921 – ☎ 0 54 15 22 55 – www.hirimini.com – info@hirimini.com BY**k**

64 cam – 149/190 € 149/290 € – ½ P 119/179 €

Rist – Carta 73/121 €

◆ Fronte mare, eleganti camere con moderni e raffinati accessori. Il cliente è coccolato da un personale di rara cortesia. Nel ristorante panoramico, vi attendono i "classici" del Bel Paese.

i-Suite rist,

viale Regina Elena 28 ✉ 47921 – ☎ 05 41 30 96 71 – www.i-suite.it – suite@ambienthotels.it BZ**a**

50 cam – 160/265 € 210/350 € – ½ P 155/205 €

Rist – *(chiuso a mezzogiorno escluso da maggio a settembre)* Carta 32/83 €

◆ Innovativo sin dall'esterno: è un tripudio di luce e trasparenze in ambienti essenziali e minimalisti. Nella panoramica Spa, non mancano gli ultimi ritrovati tecnologici. Piatti creativi ed elaborati al ristorante.

Le Meridien Rimini cam, rist,

lungomare Murri 13 ✉ 47921 – ☎ 05 41 39 66 00 – www.lemeridien.com/rimini – lemeridienrimini@lemeridien.com BZ**d**

108 cam – 101/280 € 143/410 € – 2 suites

Rist *Soleiado* – ☎ 05 41 39 58 42 *(chiuso lunedì escluso da giugno a settembre)* Carta 38/56 €

◆ Impronta moderna con eleganti rifiniture, in questo edificio irregolare e dinamico, quasi una conchiglia. Molte delle belle camere si affacciano al mare con ampi balconi. Al ristorante ambiente di raffinatezza minimale e sobrietà ricercata.

National cam, rist,

viale Vespucci 42 ✉ 47921 – ☎ 05 41 39 09 44 – www.nationalhotel.it – info@nationalhotel.it – chiuso dal 20 dicembre al 15 gennaio BYZ**b**

99 cam – 100/250 € 120/280 € – 2 suites – ½ P 100/150 €

Rist – *(maggio-settembre) (solo per alloggiati)* Menu 38/60 €

◆ Se varcando la soglia, vasi, statue e preziosi mobili antichi ornano una delle hall più artistiche di Rimini, salendo al piano attico nel centro wellness, idromassaggio ed una superba vista si alleano a favore dell'ospite. Prenotando le camere, optare per le ultime nate: sobrie e moderne, in legno chiaro.

De Londres senza rist

viale Vespucci 24 ✉ 47921 – ☎ 0 54 15 01 14 – www.hoteldelondres.it – info@hoteldelondres.it BY**w**

48 cam – 99/190 € 139/259 €, 15 € – 3 suites

◆ In prima fila sul mare, eleganza e charme si fondono alla tecnologia e ai confort attuali; il candore degli esterni, un piacevole contrappunto ai caldi ambienti che ricreano uno stile anglosassone. Meritevole di visita la stupenda Penthouse Spa.

Club House senza rist

Viale Vespucci 52 ✉ 47921 – ☎ 05 41 39 14 60 – www.clubhouse.it – info@clubhouse.it BZ**d**

50 cam – 60/290 € 90/330 €

◆ Recentemente ristrutturata, una casa dal design moderno ed elegante con ampi balconi che girano intorno a ciascun piano, di cui il primo leggermente sopraelevato. Imperdibile la prima colazione.

Luxor senza rist

viale Tripoli 203 ✉ 47921 – ☎ 05 41 39 09 90 – www.riminiluxor.com – info@riminiluxor.com – chiuso dall'8 al 27 dicembre BZ**m**

34 cam – 72/125 € 102/160 €

◆ Originalità e dinamismo. La realizzazione di questo edificio è stata affidata ad un architetto specializzato in discoteche: ricorrente è il motivo delle conchiglie, dalla facciata alle testiere del letto.

Villa Bianca & Litoraneo cam, rist,
viale Regina Elena 24 ✉ 47921 – ☎ 05 41 38 15 88
– www.tonihotels.it – litoraneo@tonihotels.it BZ**a**
110 cam – †50/70 € ††60/120 €, ☕ 8 € – ½ P 78/85 €
Rist – *(maggio-settembre) (solo per alloggiati)* Menu 27/30 €
♦ Due strutture con altrettante offerte: bilocali con angolo cottura o camere d'albergo, alcune rinnovate in stile design. In ogni caso, sul mare.

Levante cam,
viale Regina Elena 88 ✉ 47921 – ☎ 05 41 39 25 54 – www.hotel-levante.it
– rimini@hotel-levante.it – Chiuso Natale BZ**c**
54 cam – †35/100 € ††80/125 €, ☕ 15 € – ½ P 50/100 € **Rist** – Carta 22/40 €
♦ Simpatica e suggestiva la piscina idromassaggio con giochi d'acqua che si trova in giardino! Belle, colorate e confortevoli le camere, realizzate in tre stili leggermente diversi.

Ariminum rist,
viale Regina Elena 159 ✉ 47921 – ☎ 05 41 38 04 72 – www.hotelariminum.com
– info@hotelariminum.it BZ**k**
49 cam ☕ – †40/100 € ††70/135 € – ½ P 75 €
Rist – *(giugno-15 settembre)* Menu 15/30 €
♦ Spaziosa la hall, moderna e accogliente, ricca di specchi e di decorazioni dorate; più sobrie le camere, nelle quali domina il colore rosa. Lungo la passeggiata principale.

Rondinella e Viola rist,
via B.Neri 3, per viale Regina Elena ✉ 47921 – ☎ 05 41 38 05 67
– www.hotelrondinella.it – info@hotelrondinella.it BZ**l**
59 cam – †38/49 € ††56/76 €, ☕ 4 € – ½ P 38/60 €
Rist – *(Pasqua-settembre) (solo per alloggiati)* Menu 15/18 €
♦ Pionieri del turismo riminese, aprirono poco dopo la guerra. A più di cinquant'anni da quel felice esordio, questa tranquilla struttura vicino al mare assicura ancora camere semplici, ma ordinate e pulite.

Marittima senza rist
via Parisano 24 ✉ 47921 – ☎ 05 41 39 25 25 – www.hotelmarittima.it
– marittima@tiscali.it – chiuso dicembre BZ**b**
40 cam ☕ – †41/58 € ††65/100 €
♦ Attenzione e sobrietà, professionalità e accoglienza: ovunque qui regnano la semplicità e il desiderio di garantire un soggiorno piacevole. L'ingresso è dominata da colori chiari, bianco e panna in testa.

King rist,
viale Vespucci 139 ✉ 47921 – ☎ 05 41 39 05 80 – www.hotelkingrimini.com
– info@hotelkingrimini.com BZ**f**
42 cam ☕ – †32/90 € ††42/110 € – ½ P 39/85 €
Rist – *(Pasqua e giugno-settembre) (solo per alloggiati)* Menu 14/19 €
♦ Poco distante dal centro storico, la struttura offre camere semplici, ordinate e confortevoli arredate secondo lo stile veneziano, caratterizzate da colori differenti a seconda della tipologia.

Acasamia senza rist
viale Parisano 34 ✉ 47921 – ☎ 05 41 39 13 70 – www.hotelacasamia.it – info@hotelacasamia.it – chiuso dal 20 al 27 dicembre BZ**x**
37 cam ☕ – †40/70 € ††60/130 €
♦ Luminosa e vivacemente colorata, per una tappa che salta dal salato al dolce, la sala colazioni sarà il miglior appuntamento per iniziare le vostre giornate. La pregevole collocazione centrale, ma vicino al mare e la cordiale gestione faranno il resto!

Lo Squero
lungomare Tintori 7 ✉ 47921 – ☎ 0 54 12 76 76 – www.ristorantelosquero.com
brecciathomas@libero.it – chiuso da novembre al 15 gennaio e martedì escluso agosto
Rist – Carta 42/65 € BY**h**
♦ Tanti coperti e altrettanto pesce: sono le cifre di un ristorante simbolo della cucina di mare, dopo decenni d'inossidabile attività. Tanti affezionati clienti si possono sbagliare?

XX **Oberdan**

via Destra del Porto 159 ✉ 47921 – ✆ 0 54 12 70 05 – chiuso dal 1° al 6 gennaio e lunedì BY**a**

Rist – (consigliata la prenotazione) Carta 32/47 €

◆ Foto d'epoca, alcune nasse appese in sala fungono da separè e caratterizzano l'atmosfera marinara di questo locale moderno ed elegante, evoluzione di un antico chiosco sul porto canale. Cucina esclusivamente di mare.

a Rivazzurra per ① : 4 km – ✉ 47924

De France cam, rist,

viale Regina Margherita 48 – ✆ 05 41 37 15 51 – www.hoteldefrance.it – info@hoteldefrance.it – 9 aprile-2 ottobre

75 cam – †55/95 € ††80/160 € – ½ P 54/108 €

Rist – *(chiuso a mezzogiorno) (solo per alloggiati)* Carta 16/47 €

◆ In prima fila sul mare, la hall si apre su un grande portico coperto che diventa la sala di soggiorno estiva, direttamente affacciata sulla piscina. Gestione prettamente familiare.

sulla strada statale 256-Marecchiese per ③ : 4,5 km – ✉ 47037 Vergiano di Rimini

X **La Baracca** con cam cam,

via Marecchiese 373 – ✆ 05 41 72 74 83 – www.labaracca.com – info@labaracca.com – chiuso mercoledì

4 cam – †40/60 € ††60/80 € **Rist** – Carta 22/33 €

◆ In realtà sarete accolti in una veranda con pareti mobili di vetro che in estate scorrono sul soffitto. Cucina di terra e carni alla brace offerte in quantità generosa. Graziose le camere, in stile rustico, arredate con tessuti coordinati.

a Viserba per ④ : 5 km – ✉ 47922

(giugno-settembre) viale G. Dati 180/a ✆ 0541 738115, viserba@riminireservation.it, Fax 0541 738115

La Torre senza rist

via Dati 52 – ✆ 05 41 73 28 55 – www.albergolatorre.it – info@albergolatorre.it

16 cam – †48/50 € ††70/100 €, 5 €

◆ Bella villa di fine Ottocento dalla facciata recentemente rinfrescata nel colore, molto diversa dallo stile della maggior parte degli hotel della zona. Ordinata e confortevole.

Zeus rist,

viale Porto Palos 1 – ✆ 05 41 73 84 10 – www.hotelzeus.net – info@hotelzeus.net – chiuso dal 15 novembre al 15 gennaio

48 cam – †60/80 € ††70/140 € – ½ P 65/85 €

Rist – *(Pasqua- settembre) (solo per alloggiati)* Carta 31/38 €

◆ Praticamente sarete già in spiaggia! Dopo importanti lavori di restyling, questa risorsa dalla simpatica gestione familiare si presenta con camere rinnovate e ben accessoriate.

a Miramare di Rimini per ① : 5 km – ✉ 47924

(giugno-settembre) viale Martinelli 11/a ✆ 0541 372112, miramare@riminireservation.it, Fax 0541 372112

XXX **Guido** (Gian Paolo Raschi)

lungomare Spadazzi 12 – ✆ 05 41 37 46 12 – www.ristoranteguido.it – info@ristoranteguido.it – febbraio-ottobre; chiuso lunedì

Rist – Menu 65/80 € – Carta 55/70 €

Spec. Insalata tiepida di seppia e squacquerone. Spaghetto alle ostriche. La canocchia riminese.

◆ Un legame con il mare che non si è mai interrotto, dal 1946 ad oggi: sulla spiaggia, di fronte al blu, la cucina esalta i profumi del pescato in piatti che rinnovano le tradizioni dell'Adriatico.

a Viserbella per ④ : 6 km – ✉ 47922

Apollo

via Spina 3 – ✆ 05 41 73 46 39 – www.apollohotel.it – info@apollohotel.it – 20 maggio-14 settembre

53 cam – ††80/110 € – ½ P 45/67 € **Rist** – *(solo per alloggiati)* Menu 20 €

♦ Albergo dall'arredo sobrio, ma curato, dispone di un baby club per il divertimento degli ospiti più picccoli ed il relax di quelli più adulti; il tutto in un contesto tranquillo, non lontano dalla spiaggia.

Life

via Porto Palos 34 – ✆ 05 41 73 83 70 – www.hotellife.it – info@hotellife.it – chiuso dicembre e gennaio

51 cam – †45/90 € ††60/120 € – ½ P 70/80 €

Rist – *(solo per alloggiati)* Menu 15/30 €

♦ Un edificio recente che mostra il meglio di sé al proprio interno: camere confortevoli, nella loro discreta semplicità, nonché spazi comuni ampi e ben rifiniti.

Albatros

rist, rist,

via Porto Palos 170 – ✆ 05 41 72 03 00 – www.hotelalbatros.biz – info@hotelalbatros.biz – 10 maggio-20 settembre

40 cam – †40/52 € ††60/70 € – ½ P 55/67 €

Rist – *(solo per alloggiati)* Menu 20/28 €

♦ Schiettezza e simpatia ben si sposano con la professionalità di questa gestione familiare; posizione strategica - direttamente sul mare - e camere confortevoli, rendono la risorsa particolarmente interessante per le famiglie.

Diana

rist,

via Porto Palos 15 – ✆ 05 41 73 81 58 – www.hoteldiana-rimini.com – dianaht@tin.it – marzo-ottobre

38 cam – †30/45 € ††46/68 €, 7 € – ½ P 46/68 €

Rist – *(solo per alloggiati)* Menu 18/28 €

♦ Proprio di fronte alla spiaggia, offre una grande piscina, servizio gratuito di biciclette, ampi spazi all'aperto per il relax e una gestione familiare sempre attenta ai bisogni della clientela. Camere in progressivo rinnovo, prenotare una delle più nuove.

RIO DI PUSTERIA – **Bolzano (BZ)** – **562** B16 – **2 831 ab.** – **alt. 777 m** **31** C1 – **Sport invernali : a Maranza e Valles : 1 350/2 512 m 3 13 (Comprensorio Dolomiti superski Valle Isarco)** – ✉ **39037**

Roma 689 – Bolzano 48 – Brennero 43 – Brunico 25

via Katharina Lanz 90 ✆ 0472 886048, info@montagna.info, Fax 0472 849849

Giglio Bianco-Weisse Lilie

piazza Chiesa 2 – ✆ 04 72 84 97 40 – www.weisselilie.it – info@weisselilie.it – chiuso dal 15 al 30 giugno

13 cam – †30/35 € ††60/70 € – ½ P 40/50 €

Rist – *(chiuso a mezzogiorno) (solo per alloggiati)*

♦ Semplice alberghetto a conduzione familiare, collocato nella piazzetta pedonale del caratteristico centro storico della località montana. Poche funzionali camere.

a Valles (Vals)**Nord-Ovest : 7 km – alt. 1 354 m** – ✉ **39037 Rio Di Pusteria**

Huber

cam, rist,

Via della Chiesa 4 – ✆ 04 72 54 71 86 – www.hotelhuber.com – info@hotelhuber.com – chiuso dal 4 aprile al 21 maggio e dal 23 ottobre al 7 dicembre

34 cam – ††90/170 € **Rist** – *(solo per alloggiati)*

♦ L'inestimabile bellezza delle verdissime vallate, fa da sfondo naturale a vacanze serene e tranquille. Accogliente gestione familiare particolarmente indicata per famiglie.

Masl cam, rist, VISA

Unterlande 21 – ✆ 04 72 54 71 87 – www.hotelmasl.com – info@hotelmasl.com – dicembre-aprile e maggio-ottobre

40 cam – †46/90 € ††80/125 € – 2 suites – ½ P 60/110 €

Rist – *(solo per alloggiati)* Menu 15/25 €

◆ Modernità e tradizione con secoli di vita alle spalle (dal 1680). Grande cordialità in questo hotel circondato da boschi e prati, verdi o innevati in base alle stagioni.

Moarhof rist, VISA

Birchwald 10 – ✆ 04 72 54 71 94 – www.hotel-moarhof.it – info@hotel-moarhof.it – 19 dicembre-11 aprile e 20 maggio-ottobre

22 cam – †45/65 € ††70/100 € – 3 suites – ½ P 55/81 €

Rist – *(chiuso a mezzogiorno) (solo per alloggiati)*

◆ Questo moderno albergo si trova nella splendida valle Pusteria, accanto ai campi della scuola di sci. Camere luminose e confortevoli. Piscina con vetrata sui prati.

a Maranza (Meransen)**Nord : 9 km – alt. 1 414 m – ✉ 39037 Rio Di Pusteria**

frazione Maranza 123 ✆ 0472 520197, info@meransen.com, Fax 0472 520125

Gitschberg rist, cam, rist, VISA

via Enderek 2 – ✆ 04 72 52 01 70 – www.gitschberg.it – info@gitschberg.it – 22 dicembre-20 marzo e agosto-ottobre

30 cam – †63/90 € ††100/170 € – ½ P 60/105 €

Rist – *(solo per alloggiati)* Carta 21/46 €

◆ In ottima posizione, adagiata sui prati, con bella vista panoramica sui monti circostanti, una bella struttura che garantisce ai propri ospiti camere spaziose.

RIOFI – Arezzo – Vedere Terranuova Bracciolini

RIOMAGGIORE – La Spezia (SP) – 561 J11 – 1 694 ab. – ✉ 19017 15 D2

Italia

Roma 447 – Genova 123 – Milano 234 – La Spezia 14

c/o Stazione Ferroviaria ✆ 0187 762187, accoglienzariomaggiore@parconazionale5terre.it, Fax 0187 760092

Due Gemelli rist, VISA AE

via Litoranea 1, località Campi, Est : 4,5 km – ✆ 01 87 92 06 78 – www.duegemelli.it – duegemelli@tin.it

15 cam – †60/80 € ††70/90 €, 6 € – ½ P 70 €

Rist – Carta 24/37 €

◆ Camere spaziose, tutte con balconi affacciati su uno dei tratti di costa più incontaminati della Liguria. Gli ambienti non sono recenti ma mantengono ancora un buon confort. Ristorante dotato di una sala ampia con vetrate panoramiche.

RIO MARINA – Livorno – 563 N13 – Vedere Elba (Isola d')

RIO NELL'ELBA – Livorno – 563 N13 – Vedere Elba (Isola d')

RIONERO IN VULTURE – Potenza (PZ) – 564 E29 – 13 533 ab. – alt. 656 m – ✉ 85028 3 A1

Roma 364 – Potenza 43 – Foggia 133 – Napoli 176

La Pergola cam, rist, VISA AE

via Luigi Lavista 27/33 – ✆ 09 72 72 11 79 – www.hotelristorantelapergola.it – hotel.lapergola@tiscalinet.it – Chiuso Natale

43 cam – †45/60 € ††60/65 €, 5 € – ½ P 55/60 €

Rist – Carta 19/24 €

◆ Buon rapporto qualità/prezzo, in un albergo che offre camere confortevoli dall'aspetto semplice, ma accogliente. Gestione del ristorante molto capace e di lunga esperienza; buona selezione enologica.

RIPA – Perugia (PG) – Vedere Perugia

RIPALTA CREMASCA - Cremona (CR) - **561** G11 - **3 048 ab.** - alt. 77 m - ✉ 26010 **19** C2

Roma 542 - Piacenza 36 - Bergamo 44 - Brescia 55

a Bolzone Nord-Ovest : 3 km - ✉ 26010 Ripalta Cremasca

Trattoria Via Vai

via Libertà 18 - ✆ 03 73 26 82 32 - www.trattoriaviavai.it - info@trattoriaviavai.it - chiuso dal 1° al 10 gennaio, dal 1° al 18 agosto, martedì, mercoledì

Rist - *(chiuso a mezzogiorno escluso domenica)* Carta 29/45 €

♦ In un angolo incontaminato della pianura, tra campi di mais ed erbe mediche, un locale semplice dove la cucina nobilita la tradizione, a partire dai tortelli dolci cremaschi.

RIPARBELLA - Pisa (PI) - **563** L13 - **1 608 ab.** - **alt. 216 m** - ✉ **56046** **28** B2

Roma 283 - Pisa 63 - Firenze 116 - Livorno 41

La Cantina

via XX Settembre 4 - ✆ 05 86 69 90 72 - www.ristorantelacantina.net - info@ristorantelacantina.net - chiuso dal 1° al 7 febbraio, dal 1° al 15 ottobre e martedì

Rist - Carta 27/39 €

♦ Sulla via principale, locale rustico ma curato: il figlio in sala e la madre in cucina, intenta a preparare genuini piatti regionali. Tra i vini grande spazio a quelli "naturali". Ottimo indirizzo!

RIPATRANSONE - Ascoli Piceno (AP) - **563** N23 - **4 401 ab.** - alt. 494 m - ✉ 63038 **21** D3

Roma 242 - Ascoli Piceno 38 - Ancona 90 - Macerata 77

a San Savino Sud : 6 km - ✉ 63038

I Calanchi

contrada Verrame 1 - ✆ 0 73 59 02 44 - www.i-calanchi.com - info@i-calanchi.com

32 cam - †75/135 € ††100/140 € - ½ P 85/95 €

Rist - *(chiuso dal 7 gennaio al 6 febbraio)* Carta 27/44 €

♦ Un'oasi di tranquillità sulle panoramiche colline dell'entroterra: ricavata da un antico podere agricolo, la risorsa dispone di camere accoglienti - la metà delle quali recentemente rinnovate - nonché ampi spazi comuni (anche all'aperto). Cucina marchigiana e soprattutto piatti di terra al ristorante.

RISCONE = REISCHACH - **Bolzano** - **562** B17 - **Vedere Brunico**

RITTEN = Renon

RIVÀ - **Rovigo** - **562** H18 - **Vedere Ariano nel Polesine**

RIVA DEL GARDA - Trento (TN) - **562** E14 - **15 818 ab.** - **alt. 73 m** - ✉ **38066** Italia Centro Nord **30** B3

Roma 576 - Trento 43 - Bolzano 103 - Brescia 75

L.go Medaglie d'Oro al Valor Militare, 5 ✆ 0464 554444, info@gardatrentino.it, Fax 0464 520308

Località★ - Città vecchia★

Lago di Garda★★★

Du Lac et Du Parc rist,

viale Rovereto 44 - ✆ 04 64 56 66 00 - www.dulacetduparc.com - info@dulacetduparc.com - 14 aprile-1° novembre

159 cam - †120/135 € ††210/330 € - 67 suites - ††310/850 € - ½ P 135/195 €

Rist - Carta 41/65 €

♦ All'interno di un grande parco dove praticare dello sport, la risorsa è vicina al lago e dispone di camere di differenti tipologie, tra cui le nuove suites, piscina e un attrezzato centro benessere. Nell'elegante sala ristorante, cene con menù sempre diversi e proposte dietetiche ed ipocaloriche.

Feeling Hotel Luise cam, rist,
viale Rovereto 9 – 04 64 55 08 58 – www.hotelluise.com – feeling@hotelluise.com
67 cam – 79/249 € 89/299 € – ½ P 63/168 €
Rist – *(chiuso a mezzogiorno)* Carta 25/45 €
◆ Una struttura fortemente personalizzata, dispone di camere di design arredate con colori caldi ed evidenti richiami etnici. Sala riunioni dedicata al futurista Depero; giardino e piscina sul retro. Due tipologie di cucina: una classica, con proposte regionali, ed una più leggera.

Parc Hotel Flora senza rist
viale Rovereto 54 – 04 64 57 15 71 – www.parchotelflora.it – info@parchotelflora.it
42 cam – 69/89 € 139/240 € – 3 suites
◆ Ottenuto dal restauro e dall'ampliamento di una villa liberty, l'albergo è circondato da un giardino con piscina. Camere per ogni budget e confort: da quelle standard, alla raffinatezza di arredi delle più recenti.

Villa Miravalle rist,
via Monte Oro 9 – 04 64 55 23 35 – www.hotelvillamiravalle.com – info@hotelvillamiravalle.com – chiuso dal 2 al 29 novembre
30 cam – 70/90 € 120/170 € **Rist** – Carta 39/51 €
◆ In prossimità delle mura della città, l'albergo è il risultato dell'unificazione di due edifici, dispone di un luminoso soggiorno verandato, camere semplici ma accoglienti.

Venezia senza rist
via Franz Kafka 7 – 04 64 55 22 16 – www.rivadelgarda.com/venezia – venezia@rivadelgarda.com – 10 marzo-ottobre
21 cam – 80/120 € 110/130 €
◆ In prossimità del lago, la risorsa è ideale per gli appassionati di sport acquatici e dispone di un ampio soggiorno, camere classiche e piscina nel giardino solarium.

Gabry senza rist
via Longa 6 – 04 64 55 36 00 – www.hotelgabry.com – hgabry@tin.it – aprile-ottobre
42 cam – 65/85 € 80/130 €
◆ Un hotel a conduzione familiare recentemente ristrutturato dotando le camere di ciascun piano di un colore caratteristico, piacevole zona relax ed ampio giardino con piscina.

Vittoria senza rist
via dei Disciplini 18 – 04 64 55 92 31 – www.hotelvittoria.it – hotelvittoriasnc@virgilio.it – chiuso febbraio
11 cam – 45/65 € 75/95 €
◆ Nel cuore del centro storico, uno dei più "vecchi" hotel di Riva del Garda: piccolo, ma molto confortevole, dispone di camere spaziose arredate con semplicità.

XX **Kapuziner Am See**
viale Dante 39 – 04 64 55 92 31 – www.kapuzinerriva.it – info@hotelvittoriariva.it – chiuso febbraio
Rist – Carta 19/31 €
◆ In centro paese, un locale nel caratteristico stile rustico che dispone di due piacevoli sale dagli arredi lignei, dove gustare la tipica e saporita cucina bavarese.

XX **Al Volt**
via Fiume 73 – 04 64 55 25 70 – www.ristorantealvolt.com – info@ristorantealvolt.com – chiuso dal 15 febbraio al 15 marzo e lunedì
Rist – Menu 45 € – Carta 38/50 €
◆ Sito nel centro storico, un ambiente elegante articolato su più sale comunicanti, con volte basse e mobili antichi propone una cucina trentina con tocchi di creatività.

RIVA DEL SOLE – **Grosseto** – **563** N14 – **Vedere Castiglione della Pescaia**

RIVA DI SOLTO – **Bergamo (BG)** – **561** E12 – **845 ab.** – **alt. 186 m** **19** D1
– ✉ **24060**

Roma 604 – Brescia 55 – Bergamo 40 – Lovere 7

XX **Zu'**

via XXV Aprile 53, località Zù, Sud : 2 km – ☏ 0 35 98 60 04 – www.ristorantezu.it – mail@ristorantezu.it – chiuso martedì a mezzogiorno dal 1° luglio al 30 agosto, anche martedì sera negli altri mesi
Rist – Carta 39/54 €

◆ Servizio in veranda panoramica con vista eccezionale sul lago d'Iseo. Locale d'impostazione classica, che non si limita ad offrire esclusivamente le specialità lacustri.

a Zorzino Ovest : 1,5 km – alt. 329 m – ✉ 24060 Riva Di Solto

XX **Miranda** con cam

via Cornello 8 – ☏ 0 35 98 60 21 – www.albergomiranda.it – info@albergomiranda.it
25 cam – †44/50 € ††66/78 €, ☕ 7 € – ½ P 50/59 € **Rist** – Carta 28/46 €

◆ D'estate l'appuntamento è in terrazza, direttamente affacciati sul giardino e sul superbo specchio lacustre. La cucina è del territorio e privilegia i prodotti di mare e di lago. Belle camere e una fresca piscina a disposizione di chi alloggia.

RIVALTA – Cuneo – Vedere La Morra

RIVALTA SCRIVIA – Alessandria – 561 H8 – Vedere Tortona

RIVALTA TREBBIA – Piacenza – 562 H10 – Vedere Gazzola

RIVANAZZANO – Pavia (PV) – 561 H9 – 5 050 ab. – alt. 153 m – ✉ 27055 **16** A3

Roma 581 – Alessandria 36 – Genova 87 – Milano 71

Salice Terme via Diviani 8, ☏ 0383 93 33 70

XX **Selvatico** con cam

via Silvio Pellico 19 – ☏ 03 83 94 47 20 – www.albergoselvatico.com – info@albergoselvatico.com – chiuso dal 1° all'8 gennaio
21 cam ☕ – †35/40 € ††70/80 € – ½ P 40/50 €
Rist – *(chiuso domenica sera e lunedì)* Carta 34/47 €
Rist *Vineria* – *(chiuso domenica sera e lunedì)* Menu 25/35 €

◆ Ambienti eleganti e graziosi mobili d'epoca per un locale che si accinge a soffiare sulle 100 candeline... Cucina fortemente ancorata al territorio con prodotti stagionali in primo piano ed una selezione di etichette entusiasmante. Al winebar Vineria: piatti più semplici, vini al bicchiere ed ottimi cocktail.

RIVAROLO CANAVESE – Torino (TO) – 561 F5 – 12 372 ab. – alt. 304 m – ✉ 10086 **22** B2

Roma 702 – Torino 35 – Alessandria 122 – Novara 92

XX **Antica Locanda dell'Orco**

via Ivrea 109 – ☏ 01 24 42 51 01 – www.locanda-dellorco.it – locandadellorco@alice.it – chiuso dal 10 al 20 gennaio, 16 agosto al 5 settembre e lunedì
Rist – Carta 32/46 €

◆ Ambiente rustico e signorile con tavoli ravvicinati, ai quali accomodarsi per gustare la tradizionale cucina piemontese. Possibilità di prendere posto all'aperto durante la bella stagione.

RIVAROLO MANTOVANO – Mantova (MN) – 561 G13 – 2 724 ab. – alt. 26 m – ✉ 46017 **17** C3

Roma 484 – Parma 34 – Brescia 61 – Cremona 30

XX **Enoteca Finzi**

piazza Finzi 1 – ☏ 0 37 69 96 56 – www.enotecafinzi.it – info@enotecafinzi.it – chiuso dal 3 al 9 gennaio e dal 1° al 21 agosto
Rist – Carta 37/50 €

◆ Antica stazione di posta riaperta in anni recenti, dopo un radicale restauro. La cucina affonda le radici nel territorio e si libera sulle ali della fantasia. Ottima cantina.

RIVAROTTA – Pordenone – 562 E20 – Vedere Pasiano di Pordenone

---

RIVA TRIGOSO – Genova – Vedere Sestri Levante

RIVAZZURRA – Rimini – 563 J19 – Vedere Rimini

RIVERGARO – Piacenza (PC) – 561 H10 – 6 714 ab. – alt. 140 m – ✉ 29029 8 A2

Roma 531 – Piacenza 18 – Bologna 169 – Genova 121

XX **Castellaccio**

località Marchesi di Travo, Sud-Ovest : 3 km – ✆ 05 23 95 73 33 – www.castellaccio.it – ristorante@castellaccio.it – chiuso dal 15 al 30 gennaio, dal 10 al 26 agosto, martedì, mercoledì

Rist – *(chiuso a mezzogiorno escluso sabato e domenica)* (consigliata la prenotazione) Carta 38/50 €

◆ Ampie finestre rendono il locale luminoso ed accogliente, ma d'estate sarà senz'altro più piacevole prendere posto in terrazza. La cucina dimostra salde radici nel territorio, sapientemente reinterpretate.

RIVIERA DI LEVANTE – Genova e La Spezia Italia

RIVIGNANO – Udine (UD) – 562 E21 – 4 418 ab. – alt. 13 m – ✉ 33050 10 B3

Roma 599 – Udine 37 – Pordenone 33 – Trieste 88

XXX **Al Ferarùt**

via Cavour 34 – ✆ 04 32 77 50 39 – www.ristoranteferarut.it – info@ristoranteferarut.it – chiuso dal 20 giugno al 10 luglio e mercoledì

Rist – Carta 43/53 €

Rist *Al Tinel* – Menu 30 € bc

◆ Cucina di pesce in chiave moderna in un ristorante dalla signorile conduzione familiare, a due passi dal centro. *Al Tinel* l'ambiente si fa più informale e i piatti di tono più semplice.

XX **Dal Diaul**

via Garibaldi 20 – ✆ 04 32 77 66 74 – www.daldiaul.com – info@daldiaul.com – chiuso gennaio e giovedì

Rist – *(chiuso a mezzogiorno)* (prenotazione obbligatoria) Carta 33/56 €

◆ Adiacente il centro, locale d'atmosfera con fiorito giardino per il servizio all'aperto ed una cucina che si destreggia con moderna disinvoltura tra terra e mare.

RIVISONDOLI – L'Aquila (AQ) – 563 Q24 – 704 ab. – alt. 1 320 m – Sport invernali : a Monte Pratello : 1 370/2 100 m 2 25, – ✉ 67036 Italia 1 B3

Roma 188 – Campobasso 92 – L'Aquila 101 – Chieti 96

via Marconi 21 ✆ 0864 69351, iat.rivisondoli@abruzzoturismo.it, Fax 0864 69351

Como

via Dante Alighieri 45 – ✆ 08 64 64 19 42 – www.hotelcomo.com – info@hotelcomo.com – 16 dicembre-14 aprile e 27 giugno-16 settembre

45 cam – 45/65 € 75/105 €, 10 € – ½ P 45/105 €

Rist – *(chiuso lunedì)* Carta 20/30 €

◆ Albergo ubicato nella parte bassa della località, a salda gestione familiare, presenta camere spartane dagli arredi essenziali, preferite quelle con i bagni rinnovati. La cucina è particolarmente curata.

XX **Reale** (Niko Romito)

viale Regina Elena 49 – ✆ 0 86 46 93 82 – www.ristorantereale.it – info@ristorantereale.it – chiuso dal 4 maggio al 22 giugno, dal 6 al 13 ottobre, lunedì e martedì escluso agosto

Rist – Menu 100 € – Carta 67/94 €

Spec. Acciughe, scampi, cime di rapa e patate. Assoluto di cipolle, parmigiano e zafferano tostato. Anatra croccante laccata.

◆ La cucina abruzzese trova un palcoscenico di livello nazionale, come non ha mai conosciuto: una cucina quasi *proustiana* che va alla ricerca dei ricordi d'infanzia, ma si lancia nel futuro. Filtrata dalla dirompente personalità dello chef.

X **Da Giocondo**

via Suffragio 2 – ✆ 0 86 46 91 23 – www.ristorantedagiocondo.it – g.gasbarro@libero.it – chiuso dal 15 al 30 giugno e martedì

Rist – Carta 28/42 €

◆ Nel centro storico cittadino, la tradizione gastronomica abruzzese di montagna. Il locale dispone di un'unica sala dai toni caldi e dal clima particolarmente conviviale.

RIVODORA – Torino – Vedere Baldissero Torinese

RIVODUTRI – Rieti (RI) – 563 O20 – 1 334 ab. – alt. 560 m – ✉ 02010 13 C1

Roma 97 – Terni 28 – L'Aquila 73 – Rieti 17

XXX **La Trota** (Sandro Serva) con cam – rist,

✿ *via Santa Susanna 33, località Piedicolle, Sud: 4 km*

– ✆ *07 46 68 50 78* – *www.latrota.com* – *info@latrota.com* – *chiuso gennaio e 10 giorni in luglio*

6 cam – 60 € 90 €

Rist – *(chiuso domenica sera e mercoledì)* (consigliata la prenotazione) Carta 57/82 €

Spec. Tortelli di pollo alla leccarda con salse e granite di peperoni. Sella di maialino alla senape con albicocche. Selezione di formaggi.

◆ Le trasparenze dell'adiacente torrente ne preannunciano le specialità d'acqua dolce in sofisticate preparazioni. Il finale non è da meno: carrello di formaggi e sontuosi dolci. Piacevoli le camere ricavate poco distante, nella casa che appartenne al medico condotto.

RIVOIRA – Cuneo – Vedere Boves

RIVOLI – Torino (TO) – 561 G4 – 50 015 ab. – alt. 390 m – ✉ 10098 22 A1

Italia Centro Nord

Roma 678 – Torino 15 – Asti 64 – Cuneo 103

Castello e Museo d'Arte Contemporanea★★

Pianta d'insieme di Torino

XXXX **Combal.zero** (Davide Scabin)

✿✿ *piazza Mafalda di Savoia* – ✆ *01 19 56 52 25*

– *www.combal.org* – *combal.zero@combal.org*

– *chiuso dal 24 dicembre al 7 gennaio, dal 3 al 26 agosto, domenica, lunedì*

Rist – *(chiuso a mezzogiorno)* Carta 115/145 €

Spec. Insalata di baccalà e pomodori. Risotto mantecato al foie gras d'oca e carciofi. Maialino caramellato al caffè con melanzana al pecorino romano.

◆ Accanto al museo di arte contemporanea, del quale riprende le forme moderne ed essenziali, è il regno dell'eccletismo gastronomico: dai classici piemontesi a piatti più estrosi.

RIVOLTA D'ADDA – Cremona (CR) – 561 F10 – 7 900 ab. – alt. 101 m – ✉ 26027 19 C2

Roma 560 – Bergamo 31 – Milano 26 – Brescia 59

XX **La Rosa Blu**

via Giulio Cesare 56 – ✆ *0 36 37 92 90*

– *www.ristoranterosablu.com* – *rosablu@telemacus.it*

– *chiuso dall'8 gennaio al 2 febbraio, martedì sera, mercoledì*

Rist – Carta 34/46 €

◆ Verso il limitare del paese, locale di discreta eleganza ed arredi d'epoca. In menu: proposte di carne e di pesce, non prive di creatività. Servizio anche all'aperto.

ROBECCO SUL NAVIGLIO – Milano (MI) – 561 F8 – 6 775 ab. – alt. 129 m – ✉ 20087 18 A2

Roma 590 – Milano 28 – Novara 24 – Pavia 53

X **L'Antica Trattoria**

via Santa Croce 16 – ✆ *0 29 47 08 71* – *anticatrattoria@gmail.com*

– *chiuso martedì*

Rist – Carta 21/38 €

◆ Recentemente ristrutturata, la trattoria mantiene quell'aspetto caldo ed accogliente che da sempre la contraddistingue: pavimento in legno nei vari ambienti ed un antico camino nella sala più piccola. La cucina offre suggestioni di ampio respiro, dalla terra al mare, con particolare attenzione ai prodotti di stagione.

ROCCABIANCA – Parma (PR) – 562 G12 – 3 151 ab. – alt. 32 m – ✉ 43010 **8 B1**

Roma 486 – Parma 32 – Cremona 34 – Mantova 73

a Fontanelle Sud : 5 km – ✉ 43010

Hostaria da Ivan con cam
via Villa 24 – 05 21 87 01 13 – www.hostariadaivan.it – info@hostariadaivan.it – chiuso dal 1° al 21 agosto, lunedì e martedì
4 cam – 80 € 100 € **Rist** – Carta 27/51 €
◆ Una casa anni Venti ospita una sala rustica, ma elegante, che d'estate si apre su un graziosissimo giardino all'italiana. Cucina emiliana accompagnata da una vasta e selezionata carta dei vini. Accoglienti camere mansardate per non rinunciare ad un buon riposo.

ROCCABRUNA – Cuneo (CN) – 561 I3 – 1 454 ab. – alt. 700 m – ✉ 12020 **22 B3**

Roma 673 – Cuneo 30 – Genova 174 – Torino 103

a Sant'Anna Nord : 6 km – alt. 1 250 m – ✉ 12020 Roccabruna

La Pineta con cam
piazzale Sant'Anna 6 – 01 71 90 58 56 – www.lapinetaalbergo.it – info@lapinetaalbergo.it – chiuso dal 7 gennaio al 25 febbraio
12 cam – 45 € 70/75 €, 5 € – ½ P 55 €
Rist – *(chiuso lunedì sera e martedì escluso dal 20 giugno al 20 settembre)* Menu 20/35 €
◆ Un valido motivo per giungere al limitare della pineta? L'immancabile, quanto goloso, fritto misto alla piemontese cucinato al momento! Ritroverete simpatia e calore familiare anche nelle graziose camere, dalle quali respirare la tranquillità e la purezza dei monti.

ROCCA CORNETA – Bologna – 561 I14 – Vedere Lizzano in Belvedere

ROCCA DI MEZZO – L'Aquila (AQ) – 563 P22 – 1 597 ab. – alt. 1 322 m – ✉ 67048 **1 A2**

Roma 138 – Frosinone 103 – L'Aquila 27 – Sulmona 61

Altipiano delle Rocche
strada statale 5 bis 47 – 08 62 91 70 65 – albergo@inwind.it
26 cam – 45/70 € 65/100 € – ½ P 68/75 €
Rist – *(chiuso la sera in agosto e a mezzogiorno negli altri mesi)* Carta 31/37 €
◆ Lungo la strada che attraversa il paese, su una salita che lo ripara dal traffico, albergo in stile rustico-montano: semplicità e pulizia nelle confortevoli camere. Ampia e semplice sala ristorante, contigua alla hall dell'hotel.

ROCCA DI ROFFENO – Bologna – 562 J15 – Vedere Castel d'Aiano

ROCCA PIETORE – Belluno (BL) – 562 C17 – 1 338 ab. – alt. 1 143 m – Sport invernali : a Malga Ciapela : 1 446/3 265 m (Marmolada) 5 2 (anche sci estivo), – ✉ 32020 Italia Centro Nord **35 B1**

Roma 671 – Cortina d'Ampezzo 37 – Belluno 56 – Milano 374

località Capoluogo 15 0437 721319, roccapietore@infodolomiti.it, Fax 0437 721290

Marmolada★★★ : ★★★ sulle Alpi per funivia Ovest : 7 km – Lago di Fedaia★ Nord-Ovest : 13 km

Pineta
via Marmolada 13 , Ovest: 2 km – 04 37 72 20 35 – www.hotelpineta.com – pineta@marmolada.com – dicembre-Pasqua e 27 maggio-15 settembre
33 cam – 45/65 € 70/140 € – ½ P 49/113 €
Rist – *(chiuso a mezzogiorno da dicembre a Pasqua)* Carta 30/36 €
◆ Ai piedi della Marmolada, una dinamica gestione familiare ha fatto sì che l'hotel si migliorasse di anno in anno: ambienti caratteristici e camere di due generi (piu in stile quelle recenti). Sapori locali al ristorante.

a Boscoverde Ovest : 3 km – alt. 1 200 m – ✉ 32020 Rocca Pietore

Rosalpina
via Marmolada, 30 – ✆ 04 37 72 20 04 – www.rosalpinahotel.com – rosalpin@marmolada.com – dicembre-26 aprile e 25 giugno-18 settembre
32 cam – †30/60 € ††60/120 € – ½ P 37/85 €
Rist – Carta 20/27 €
♦ Immersi nel meraviglioso paesaggio dolomitico, il calore di una casa di montagna e il piacere di sentirsi coccolati dall'estrema cortesia di un'intera famiglia. Piccola zona relax ed ampia taverna.

a Digonera Nord : 5,5 km – alt. 1 158 m – ✉ 32020 Laste Di Rocca Pietore

Digonera
– ✆ 04 37 52 91 20 – www.digonera.com – info@digonera.com
– dicembre-15 aprile e giugno-15 ottobre
23 cam – †40/60 € ††80/120 € – ½ P 50/80 €
Rist – *(chiuso lunedì)* Carta 30/40 €
♦ In una frazione di passaggio, presenta la comodità di essere a pochi minuti d'auto da quattro diversi comprensori sciistici. Raccolto e molto accogliente, offre camere semplici, tutte differenti tra loro.

ROCCARASO – L'Aquila (AQ) – **563** Q24 – **1 662 ab.** – **alt. 1 236 m** **1** B3
– **Sport invernali : 1 236/2 140 m** 2 25, – ✉ 67037

Roma 190 – Campobasso 90 – L'Aquila 102 – Chieti 98
via D'Annunzio 2 ✆ 0864 62210, iat.roccaraso@abruzzoturismo.it, Fax 0864 62210

Suisse
via Roma 22 – ✆ 08 64 60 23 47 – www.hotelsuisse.com – info@hotelsuisse.com
– chiuso dal 3 maggio al 20 giugno
45 cam – †50/80 € ††80/160 € – ½ P 70/110 €
Rist – *(15 dicembre-aprile e luglio-settembre)* Carta 23/40 €
♦ Affacciato sulla strada più importante della località, si presenta completamente ristrutturato. Le camere, abbastanza sobrie, hanno arredi in legno scuro e ottimi bagni. Sala ristorante con inserti in legno e pannelli affrescati.

Iris
viale Iris 5 – ✆ 08 64 60 23 66 – www.hoteliris.eu – info@hoteliris.eu
– dicembre-aprile e giugno-settembre
52 cam – ††95/110 €, 8 € – ½ P 105/110 €
Rist – Carta 29/37 €
♦ Centrale, ma contemporaneamente in una posizione tale da offrire una discreta quiete, presenta esterni completamente ristrutturati e stanze in via di ammodernamento. Sala ristorante di tono abbastanza sobrio.

a Pietransieri Est : 4 km – alt. 1 288 m – ✉ 67037

La Preta
via Adua, 11 – ✆ 0 86 46 27 16 – lapreta@tiscali.it – chiuso martedì in bassa stagione
Rist – Carta 24/36 €
♦ Piccolo ristorante familiare, custode della memoria storica e gastronomica del paese tra foto d'epoca appese alle pareti e ricette della tradizione servite in tavola.

ad Aremogna Sud-Ovest : 9 km – alt. 1 622 m – ✉ 67037

Boschetto
via Aremogna 42 – ✆ 08 64 60 23 67 – www.hboschetto.it – direzione@hboschetto.it – dicembre-aprile e luglio-settembre
48 cam – †60/130 € ††120/280 € – ½ P 120/180 € **Rist** – Carta 45/65 €
♦ Per una vacanza tranquilla ed isolata, perfetta anche per gli amanti dello sci. Accoglienti saloni in legno, camere sobrie, costantemente in via di ammodernamento. Sala ristorante dall'ambiente suggestivo, grazie all'incantevole vista sui monti.

Pizzalto
via Aremogna 12 – ☎ 08 64 60 23 83 – www.pizzalto.com – pizzalto@pizzalto.com – dicembre-aprile e giugno-10 settembre
53 cam – 90/110 € 120/160 € – ½ P 100/210 € **Rist** – Carta 35/41 €
◆ Grande albergo di montagna a ridosso degli impianti sciistici, è strutturato in modo tale da presentare servizi e dotazioni di ogni tipo, soprattutto estetico e sportivo.

ROCCA RIPESENA – Terni (TR) – Vedere Orvieto

ROCCA SAN CASCIANO – Forlì-Cesena (FC) – 562 J17 – 2 062 ab. 9 C2
– alt. 210 m – ✉ 47017

Roma 326 – Rimini 81 – Bologna 91 – Firenze 81

La Pace
piazza Garibaldi 16 – ☎ 05 43 95 13 44 – chiuso lunedì sera, martedì
Rist – Carta 15/21 €
◆ Affacciata sulla piazza principale, trattoria molto semplice con accoglienza e servizio familiari. Dal territorio le specialità di stagione, in preparazioni casalinghe.

ROCCA SAN GIOVANNI – Chieti (CH) – 563 P25 – 2 360 ab. 2 C2
– alt. 155 m – ✉ 66020

Roma 263 – Pescara 41 – Chieti 60 – Isernia 113

in prossimità casello autostrada A 14 - uscita Lanciano Nord-Ovest : 6 km :

Villa Medici
contrada Santa Calcagna – ☎ 08 72 71 76 45 – www.hotelvillamediciabruzzo.it – htlmedici@tiscalinet.it
46 cam – 70/99 € 80/130 € – ½ P 55/70 € **Rist** – Carta 29/65 €
◆ Raffinatezza, modernità e confort di alto livello per questo hotel in comoda posizione stradale, non lontano da Lanciano. Ideale per una clientela d'affari che cerca cortesia, professionalità e un'ampia disponibilità di spazi. L'eleganza continua al ristorante, con un'ampia capacità ricettiva per ogni occasione.

ROCCASTRADA – Grosseto (GR) – 563 M15 – ✉ 58036 29 C2

Roma 241 – Grosseto 37 – Firenze 129 – Livorno 141

La Melosa rist,
strada Provinciale 157, Nord : 2 km – ☎ 05 64 56 33 49 – www.lamelosa.it – info@lamelosa.it – chiuso dal 10 al 29 gennaio
12 cam – 140/230 € – ½ P 135 € **Rist** – Carta 36/46 €
◆ Splendida posizione, defilata e incredibilmente tranquilla, per una struttura elegantemente allestita e arredata che propone un servizio di tono familiare e cortese. Piccolo ristorante, grazioso e accogliente.

ROCCELLA IONICA – Reggio di Calabria (RC) – 564 M31 – 6 745 ab. 5 B3
– alt. 16 m – ✉ 89047

Roma 687 – Reggio di Calabria 110 – Catanzaro 85 – Vibo Valentia 90

sulla strada statale 106 Sud-Ovest : 2 km :

Parco dei Principi Hotel rist,
Strada Statale 106, località Badessa ✉ 89047 – ☎ 09 64 86 02 01 – www.parcodeiprincipi-roccella.com – info@parcodeiprincipi-roccella.com
58 cam – 79/130 € 99/180 € – 2 suites
Rist *L'Angolo del Pignolo* – Carta 38/58 €
◆ Un uliveto dai riflessi argentei incornicia questa elegante struttura che richiama i fasti del passato: una sontuosa hall e splendide sale dai soffitti affrescati, nonché camere di moderno confort. Ristorante intimo di tono elegante che affianca l'attività banchettistica.

La Cascina

✉ 89047 – ✆ 09 64 86 66 75 – *www.lacascina1899.it* – *cremadibergamotto@tiscalinet.it* – *chiuso martedì escluso agosto*
Rist – Carta 34/48 €
◆ Lungo la statale, un piacevole e rustico locale ricavato dalla ristrutturazione di un casolare di fine Ottocento: sale dalle pareti in pietra e dai soffitti in legno; proposte sia di mare sia di terra.

ROCCHETTA TANARO – Asti (AT) – 561 H7 – 1 482 ab. – alt. 107 m – ✉ 14030 — 25 D1

Roma 626 – Alessandria 28 – Torino 75 – Asti 17

I Bologna con cam

via Nicola Sardi 4 – ✆ 01 41 64 46 00 – *www.trattoriaibologna.it* – *info@trattoriaibologna.it* – *chiuso dal 10 gennaio al 10 febbraio*
6 cam – 80 € 100 €
Rist – *(chiuso martedì)* Menu 35/45 € – Carta 42/60 €
◆ Un classico della ristorazione monferrina, da anni propone gli immutabili piatti che ci si aspetta di gustare in Piemonte. Gli ambienti sono rustici e l'atmosfera calda. La corte interna ospita camere accoglienti e ben accessoriate.

RODDI – Cuneo (CN) – 561 H5 – 1 568 ab. – alt. 284 m – ✉ 12060 — 25 C2

Roma 650 – Cuneo 61 – Torino 63 – Asti 35

Il Vigneto con cam

località Ravinali 19/20, Sud-Ovest 2,5 Km – ✆ 01 73 61 56 30 – *www.ilvignetodiroddi.com* – *info@ilvignetodiroddi.com* – *chiuso da febbraio al 15 marzo*
6 cam – 70/90 € 95/125 € **Rist** – Carta 36/63 €
◆ Una tranquilla cascina di campagna - restaurata con gusto e raffinatezza - dove gustare piatti piemontesi, ma non solo: in estate trionfa il pesce. Piacevole l'ombreggiato dehors. Accoglienza di classe e premurosa attenzione anche nelle camere, dalle cui finestre si dominano le colline dei dintorni.

RODI GARGANICO – Foggia (FG) – 564 B29 – 3 691 ab. – ✉ 71012 — 26 A1

Puglia

Roma 385 – Foggia 100 – Bari 192 – Barletta 131

Tramonto

via Trieste 85 – ✆ 08 84 96 53 68 – *www.hoteltramonto.it* – *info@hoteltramonto.it*
55 cam – 100/200 €
Rist – *(solo per alloggiati)*
Rist *La Bussola* – *(giugno- 15 settembre)* Carta 34/52 €
◆ Sulla strada litoranea - appena fuori dalla località - un albergo a solida gestione familiare, che fa dei servizi il proprio punto di forza: piscina, stabilimento balneare, piccolissimo centro benessere. Pochi tavoli all'aperto: questa è la Bussola. Direttamente sulla spiaggia, semplici ricette di pesce.

ROLETTO – Torino (TO) – 561 H3 – 2 062 ab. – alt. 412 m – ✉ 10060 — 22 B2

Roma 683 – Torino 37 – Asti 77 – Cuneo 67

Il Ciabot

via Costa 7 – ✆ 01 21 54 21 32 – *ristoranteilciabot@libero.it* – *chiuso dal 15 giugno al 3 luglio, domenica sera, lunedì*
Rist – *(chiuso a mezzogiorno escluso domenica)* (prenotazione obbligatoria) Menu 25/40 € – Carta 25/36 €
◆ Piacevolmente riscaldato nei mesi freddi da un caminetto, questo piccolo locale vanta un'appassionata gestione familiare e propone una cucina regionale, attenta alle tradizioni.

J. Malburet/MICHELIN

Piazza Navona Fontana del Nettuno

ROMA

Carta Michelin : 563 Q19
Popolazione : 2 724 347 ab.
Altitudine : 20 m

Roma
Carta regionale : 12 B2

INFORMAZIONI PRATICHE

Ufficio Informazioni turistiche

via XX Settembre 26 ✉00185 ✆ 06 421381, info@aptprovroma.it

Aeroporti

di Ciampino Sud-Est : 15 km BR ✆ 06 65951

Leonardo da Vinci di Fiumicino per ⑧: 26 km ✆ 06 65631

Golf

27 Parco de' Medici viale Salvatore Rebecchini 39, ✆ 06 65 28 73 45

18 Parco di Roma via dei Due Ponti 110, ✆ 06 33 65 33 96

27 Marco Simone via di Marco Simone 84/88, ✆ 0774 36 64 69

18 Arco di Costantino via Flaminia km 15,800, ✆ 06 33 62 44 40

27 Olgiata largo Olgiata 15, ✆ 06 30 88 91 41

18 Fioranello via della Falcognana 61, ✆ 06 7 13 80 80

9 Archi di Claudio via Gamiana 45, ✆ 06 7 18 75 50

18 Roma Acquasanta via Appia Nuova 716/a, ✆ 06 7 80 34 07

LUOGHI DI INTERESSE

ROMA ANTICA

Appia Antica★★ BR - Ara Pacis Augustae★★ LU - Area Sacra del Largo Argentina★★ MY - Castel Sant' Angelo★★★ JKV - Colosseo★★★ OYZ e arco di Costantino★★★ OE - Fori Imperiali★★★ NY e Mercati di Traiano★★ NY - Foro Romano★★★ NOY e Palatino★★★ NOYZ - Pantheon★★★ MVX - Terme di Caracalla★★★ ET

LE CHIESE

Chiesa del Gesù★★★ MY - S. Andrea al Quirinale★★ OV - S. Andrea della Valle★★ LYQ - S. Carlo alle Quattro Fontane★★ OVK- S. Clemente★★ PZ - S. Giovanni in Laterano★★★ FT - S. Ignazio★★ MVL - S. Lorenzo fuori le Mura★★ FSTE - S. Luigi dei Francesi★★ LV - S. Maria degli Angeli★★ PVA- S. Maria d'Aracoeli★★ NYA - S. Maria Maggiore★★★ PX - S. Maria sopra Minerva★★ MXV - S. Maria del Popolo★★ MUD - S. Maria in Trastevere★★ KZS - S. Maria della Vittoria★★ PV - S. Paolo fuori le Mura★★ BR

PIAZZE E FONTANE

Campo dei Fiori★★ KY - Piazza del Campidoglio★★★ MNY - Piazza Navona★★★ LVX - Piazza del Popolo★★ MU - Piazza del Quirinale★★ NV - Piazza di Spagna★★★ MNU Fontana della Barcaccia★ - Fontana di Trevi★★★ NV - Fontana del Tritone★ OV

GRANDI MUSEI

Galleria Borghese★★★ OU - Galleria Doria Pamphili★★ ZG - Galleria di Palazzo Barberini★★ OV - Musei Capitolini★★★ NYH - Museo etrusco di Villa Giulia★★★ DS - Palazzo Altemps★★★ KLV - Palazzo Massimo alle Terme★★★ PV

VATICANO

Piazza S. Pietro★★★ HV - Basilica di S. Pietro★★★ GV - Musei Vaticani★★★ GHUV

CAPOLAVORI DEL RINASCIMENTO E DEL BAROCCO

Michelangelo: S. Pietro in Vincoli - Vaticano: Pietà nella basilica di S. Pietro, Cappella Sistina
Raffaello: Galleria Borghese, Galleria di Palazzo Barberini, Villa Farnesina, Vaticano: Stanze di Raffaello e Pinacoteca Vaticana
Bernini: Galleria Borghese, Fontana dei Fiumi di piazza Navona, S. Andrea al Quirinale, S. Maria della Vittoria - Vaticano: piazza S. Pietro, Baldacchino e cattedra di S. Pietro
Borromini: Oratorio dei Filippini, S. Agnese in Agone, S. Carlo alle Quattro Fontane, S. Ivo alla Sapienza
Caravaggio: Galleria Borghese, Galleria Doria Pamphili, Galleria di Palazzo Barberini, Pinacoteca Capitolina, S. Agostino, S. Luigi dei Francesi, S. Maria del Popolo - Vaticano: Pinacoteca Vaticana

ARTE MODERNA E CONTEMPORANEA

GAM (Galleria Nazionale di Arte Moderna)★★ DSM[7] - Museo MAXXI★ - Museo MACRO ES - Quartiere E.U.R. ★★ BR - Quartiere Coppedè EFS

I PARCHI

Gianicolo★ JY - Pincio MU - Villa Borghese★★★ NU - Villa Celimontana OPZ - Palazzo Doria Pamphili ZG - Villa Torlonia FS

LE VIE DELLO SHOPPING

Via dei Coronari★: antiquariato e brocantage - Il Tridente (via di Ripetta, via del Corso, via del Babuino): negozi di tutti i generi - Via del Babuino: antiquariato e brocantage - Via Margutta: gallerie d'arte e botteghe artigianali - Via Veneto★★ : negozi e hotel di lusso - Via dei Condotti, via Frattina, via Borgognona, via Bocca di Leone: alta moda

DI SERA E DI NOTTE

Trastevere★★ **LZ**: osterie e trattorie - Testaccio **LZ**: locali notturni

ROMA DALL' ALTO

Cupola di S. Pietro **GV** - Terrazza di Castel S. Angelo **JKV** - Gianicolo **JY** - Pincio **MU** - Portico del Vittoriano **NY**

INDICE DELLE STRADE DI ROMA

Street	Map	Grid	No.
Dogana Vecchia (V. della)	7	LV	58
Domus Aurea (V.)	12	PY	
Doria (V. Andrea)	5	GU	
Druso (V.)	4	ET	
Due Macelli (V.)	7	NV	
Duilio (V.)	6	JU	60
Einaudi (Viale L.)	8	PV	61
Eleniana (V.)	4	FT	63
Emo (V. A.)	5	GU	
Eroi (Piazzale d.)	5	GU	
Esquilino (Pza d.)	8	PV	
Etruria (V.)	4	FT	
Fabricio (Ponte)	11	MY	64
Farnesina (Lungotevere d.)	10	KY	
Fedro (V.)	3	CS	
Felice (V. C.)	4	FT	
Ferrari (V. G.)	6	JU	
Ferratella in Laterano (V. d.)	4	ET	67
Filiberto (V. E.)	4	FT	69
Fiorentini (Lungotevere d.)	6	JV	70
Fiorentini (V.)	2	BQ	72
Fiume (Pza)	7	PU	
Flaminia Nuova (V.)	2	BQ	
Flaminia (V.)	7	LU	73
Flaminio (Lungotev.)	3	DS	
Florida (V.)	11	MY	
Fontanella Borghese (V.)	7	MV	76
Fonteiana (V.)	9	GZ	
Fori Imperiali (V. d.)	12	OY	
Fornaci (V. d.)	9	HYZ	
Foro Italico (V. d.)	2	BQ	
Foro Olitorio (V. d.)	11	MY	78
Francia (Cso di)	2	BQ	79
Franklin (V. B.)	3	DT	
Frattina (V.)	7	MV	
Gallia (V.)	12	PZ	
Galvani (V.)	3	DT	
Garibaldi (Ponte)	10	LY	81
Garibaldi (V.)	10	JY	
Gelsomini (Viale)	3	DT	82
Germanico (V.)	6	JU	
Gianicolense (Circ.)	1	AR	84
Gianicolense (Lungotevere)	6	JX	
Gianicolo (Passeggiata di)	9	HY	
Gianicolo (V. d.)	5	HX	85
Giolitti (V.)	4	FT	
Giotto (Viale)	4	ET	
Giovannelli (V. R.)	4	ES	87
Giubbonari (V. dei)	10	LY	
Giuliana (V. dei)	5	GU	
Giulia (V.)	10	KY	
Giulio Cesare (Viale)	6	JU	
Glorioso (Viale)	10	KZ	
Gomenizza (V.)	3	CS	
Gorizia (Viale)	4	FS	
Governo Vecchio (V. d.)	6	KV	88
Gracchi (V. d.)	6	JU	
Greca (V. d.)	11	MZ	90
Gregorio VII (Viale)	9	GY	
Grotta Perfetta (V.)	2	BR	
Induno (V. G.)	10	KZ	
Ippocrate (Viale)	4	FS	
Ipponio (V.)	12	PZ	
Italia (Cso d')	7	PU	
Jugario (Vico)	11	MY	91
Labicana (V.)	12	PZ	
Lanciani (V. R.)	4	FS	
Lanza (V. G.)	12	PY	
Laurentina (V.)	2	BR	
La Malfa (Piazzale U.)	11	NZ	
La Spezia (V.)	4	FT	
Leone XIII (V.)	1	AR	93
Lepanto (V.)	6	JU	
Libertà (Pza d.)	6	KU	
Liegi (Viale)	4	ES	
Lucania (V.)	7	PU	94
Lucce (V. d.)	11	LZ	
Ludovisi (V.)	8	OU	
Lungara (V. d.)	10	JY	
Lungaretta (V. d.)	10	KZ	96
Magliana (Ponte d.)	1	AR	97
Magliana (V. d.)	1	AR	
Magna Grecia (V.)	4	FT	
Magnolie (Viale d.)	7	NU	
Majorana (V. Q.)	2	BR	99
Mameli (V. G.)	10	KZ	
Manara (V. L.)	10	KZ	
Manzoni (Viale)	4	FT	
Marconi (Viale G.)	2	BR	100
Maresciallo Pilsudski (Viale)	3	DS	102
Mare (V. d.)	1	AR	
Margutta (V.)	7	MU	
Marmorata (V. della)	3	DT	
Marsala (V.)	4	FT	
Marzio (Lungotev.)	6	LV	
Mascherone (V. d.)	10	KY	103
Massina (V. A.)	10	JZ	105
Matteotti (Ponte G.)	6	KU	
Mazzini (Ponte)	10	JY	
Mazzini (Viale G.)	3	DS	
Mecenate (V.)	12	PY	
Medaglie d'Oro (V.)	5	GU	
Medici (V. G.)	10	JZ	
Mellini (Lungotev.)	6	LU	
Merulana (V.)	12	PY	
Michelangelo (Lungotevere)	6	KU	
Milano (V.)	8	OX	
Milizie (Viale d.)	6	JU	
Monserrato (V.)	10	KY	106
Montebello (V.)	8	PU	
Monti Tiburtini (V.)	2	BQ	
Monza (V.)	4	FT	108
Morgagni (V.)	4	FS	109
Morosini (V. E.)	10	KZ	
Mte Brianzo (V.)	7	LV	107
Mura Aurelie (Viale d.)	9	HY	
Muro Torto (Viale del)	7	MU	
Museo Borghese (Viale d.)	8	OU	
Navicella (V. d.)	12	PZ	
Navi (Lungotev. d.)	3	DS	
Navona (Pza)	6	LX	
Nazionale (V.)	8	OV	
Nenni (Ponte P.)	6	KU	111
Newton (V.)	1	AR	
Nizza (V.)	8	PU	
Nomentana (V.)	4	FS	
Oberdan (Lungotev.)	3	DS	
Oderisi da Gubbio (V.)	2	BR	112
Oslavia (V.)	3	CS	
Ostiense (V.)	1	AR	
Ottaviano (V.)	5	HU	
Paglia (V. d.)	10	KZ	114
Palatino (Ponte)	11	MZ	
Panama (V.)	4	ES	
Panisperna (V.)	12	PX	
Parioli (Viale d.)	4	ES	
Pattinaggio (V. d.)	2	BR	115
Petroselli (V. L.)	11	MZ	
Piave (V.)	8	PU	
Piemonte (V.)	8	OU	
Pierleoni (L. dei)	11	MZ	117
Pinciana (V.)	8	OU	
Pineta Sacchetti (V. d.)	1	AQ	
Pio (Borgo)	6	JV	
Piramide Cestia (Viale)	3	DT	118
Pisana (V. della)	1	AR	
Pisani (V. V.)	5	GU	
Platone (Viale)	5	GU	120
Plebiscito (V. d.)	11	MY	121
Poerio (V. A.)	3	CT	
Policlinico (V. d.)	4	FS	123
Pompeo Magno (V.)	6	KU	
Pontina (V.)	2	BR	124
Popolo (Pza d.)	7	MU	
Porta Angelica (V. del)	5	HV	126
Porta Capena (Pza di)	12	OZ	
Porta Lavernale (V.)	11	MZ	127
Porta Maggiore (Pza di)	4	FT	
Porta Metronia (Pza di)	12	PZ	
Porta Pinciana (V.)	7	NU	
Porta Portese (Pza)	11	LZ	
Porta Portese (V.)	10	LZ	129
Portico d'Ottavia (V.)	11	MY	130
Portuense (V.)	10	KZ	
Portuense (V. CORVIALE)	1	AR	
Po (V.)	8	OU	
Prati (Lungotevere)	6	LV	
Prenestina (V.)	2	BQ	
Pretoriano (Viale)	4	FT	133
Principe Amedeo (Galleria)	5	HV	
Principe Amedeo (V.)	8	PVX	
Principe A. Savoia Aosta (Ponte)	6	JV	135
Province (V. d.)	4	FS	
Pta Cavalleggeri (V. di)	5	GV	
Publicii (Clivo d.)	11	NZ	136
Quattro Fontane (V. d.)	8	OV	
Quirinale (Pza d.)	7	NV	
Quirinale (V. d.)	8	OV	138
Ravenna (V.)	4	FS	
Regina Elena (V.)	4	FS	
Regina Margherita (Ponte)	6	KU	139
Regina Margherita (Viale)	4	FS	
Regolo (V. A.)	6	JU	141
Repubblica (Pza d.)	8	PV	
Rienzo (V. Cola di)	6	JU	
Rinascimento (Cso d.)	6	LX	142
Ripa Grande (Porto di)	11	LMZ	
Ripa (Lungotev.)	11	MZ	
Ripetta (V. di)	7	MU	
Risorgimento (Ponte d.)	3	DS	144
Risorgimento (Pza)	5	HU	
Rossetti (V. G.)	10	JZ	
Rotonda (V.)	7	MX	147
Rovigo (V.)	4	FS	148
Saffi (Viale A.)	10	KZ	150
Salaria (V.)	2	BQ	
Sallustiana (V.)	8	PU	
Sangallo (Lungotevere d.)	6	JX	
Sanzio (L. R.)	10	LY	
Sassia (Lungotevere in)	6	JV	
Savoia (V. F. di)	7	LU	166
Savoia (V. L. di)	7	LU	
Scala (V. d.)	10	KY	
Scalo S. Lorenzo (V.)	4	FT	
Scipioni (V. d.)	6	JU	
Scrofa (V. della)	7	LV	
Seminario (V. d.)	7	MV	168
Serenissima (Vle d.)	2	BQ	169
Sistina (V.)	7	NV	
Sisto (Ponte)	10	KY	
Spagna (Pza di)	7	NU	
Sprovieri (V. F. S.)	9	HZ	171
Stadio Olimpico (V. d.)	1	AQ	172
Statuto (V. d.)	12	PY	
Stelletta (V. d.)	7	MV	174
Sublicio (Ponte)	11	LZ	
S. Alessio (V.)	11	NZ	
S. Angelo (Borgo)	6	JV	151
S. Angelo (Ponte)	6	KV	
S. Chiara (V.)	7	MX	153
S. Cosimato (Pza)	10	KZ	
S. Francesco d'Assisi (Pza)	10	LZ	
S. Francisco a Ripa (V. di)	10	KZ	
S. Giovanni in Laterano (V. d.)	12	PZ	
S. Gregorio (V. d.)	12	OZ	
S. Ignazio (Pza)	7	MV	156
S. Marco (V.)	11	MY	157
S. Maria del Pianto (V.)	11	MY	159
S. Maria Maggiore (V.)	12	PX	160
S. Pancrazio (V.)	9	HZ	
S. Pietro (Pza)	5	HV	
S. Prisca (V. di)	11	NZ	162
S. Sabina (V. di)	11	MZ	
S. Sebastiano (V. di)	2	BR	163
S. Sonnino (Pza)	10	LZ	
S. Spirito (Borgo)	6	JV	
S. Stefano Rotondo (V. di)	12	PZ	

S. Teodoro (V.) . . . . 11 . NY
S. Uffizio (V. d.) . . . . 5 . . HV 165
Tassoni (Largo) . . . . 6 . . JV
Teatro di Marcello (V. del) . . . . 11 . MY 175
Tebaldi (Lungotev. d.) . . . . 10 . KY
Terme Deciane (V.) . . . . 11 . NZ 177
Terme di Caracalla (Viale delle) . . . . 12 . OZ
Testaccio (Lungotev.) . . . . 11 . . LZ 178
Teulada (V.) . . . . 3 . . CS
Tevere (V.) . . . . 8 . . PU
Tiburtina (V.) . . . . 2 . . BQ
Tiziano (Viale) . . . . 3 . . DS
Togliatti (Viale P.) . . . . 2 . . BR
Tomacelli (V.) . . . . 7 . . MV
Torlonia (V.) . . . . 4 . . FS
Torre Argentina (V.) . . . . 11 . MY 180
Tor di Nona (Lungotevere) . . . . 6 . . KV
Traforo (V. del) . . . . 7 . . NV 181
Trastevere (Vle di) . . . . 10 . KZ
Tre Madonne (V.) . . . . 4 . . ES 183
Trieste (Cso) . . . . 4 . . FS
Trinità dei Monti (Viale) . . . . 7 . . NU
Trionfale (Cir.) . . . . 5 . . GU
Trionfale (V.) . . . . 1 . . AQ
Tritone (V. del) . . . . 7 . . NV
Trullo (V.) . . . . 1 . . AR
Tuscolana (V.) . . . . 4 . . FT 184
Uffici del Vicario (V.) . . . . 7 . . MV 186
Umberto I (Ponte) . . . . 6 . . KV
Università (Viale d.) . . . . 4 . . FS
Vallati (L. d.) . . . . 10 . . LY
Valle Giulia (Viale) . . . . 4 . . ES 187
Valle Murcia (V.) . . . . 11 . . NZ 189
Vascello (V. d.) . . . . 9 . . HZ
Vaticano (Lungotevere) . . . . 6 . . JV 190
Vaticano (Viale) . . . . 5 . . GV
Venezian (V. G.) . . . . 10 . KZ 192
Venezia (Pza) . . . . 11 . NY
Vercelli (V.) . . . . 4 . . FT
Vigna Murata (V.) . . . . 2 . . BR
Villa Massimo (Vle di) . . . . 4 . . FS 193
Villa Pamphili (Vle) . . . . 9 . . HZ
Viminale (V. d.) . . . . 8 . . PV
Virgilio (V.) . . . . 6 . . JU
Vitellia (V.) . . . . 9 . . GZ
Vittoria (Lungotevere d.) . . . . 3 . . CS
Vittorio Emanuele II (Cso) . . . . 6 . . KX
Vittorio Emanuele II (Ponte) . . . . 6 . . JV 195
Vittorio Emanuele Orlando (V.) . . . . 8 . . PV 196
Vittorio Veneto (V.) . . . . 8 . . OU
Volturno (V.) . . . . 8 . . PV 198
XXI Aprile (Viale) . . . . 4 . . FS
Zanardelli (V.) . . . . 6 . . KV 199
4 Novembre (V.) . . . . 11 . NX 201
20 Settembre (V.) . . . . 8 . . PU
24 Maggio (V.) . . . . 7 . . NX
30 Aprile (Viale) . . . . 10 . . JZ 202

ROMA

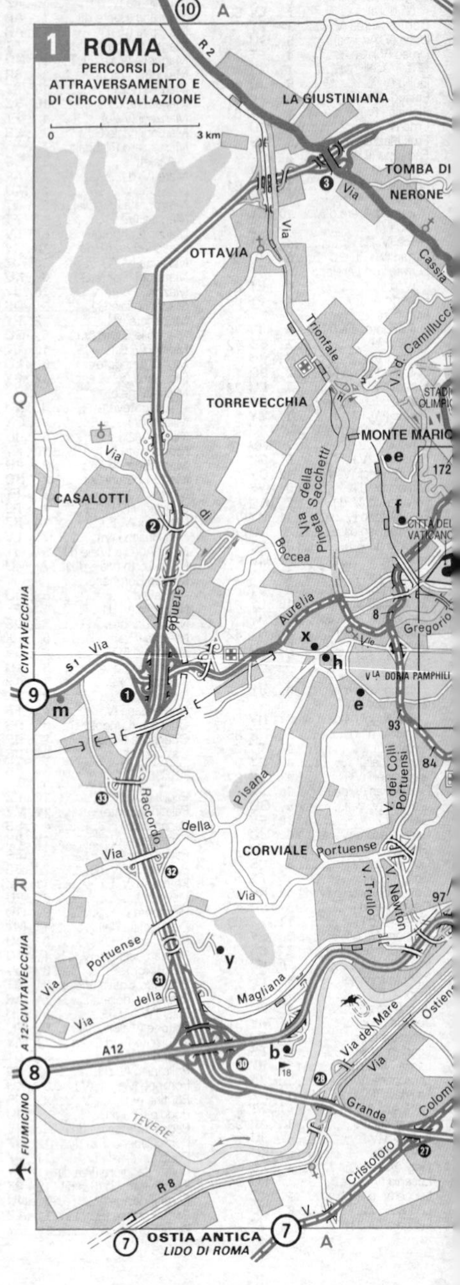

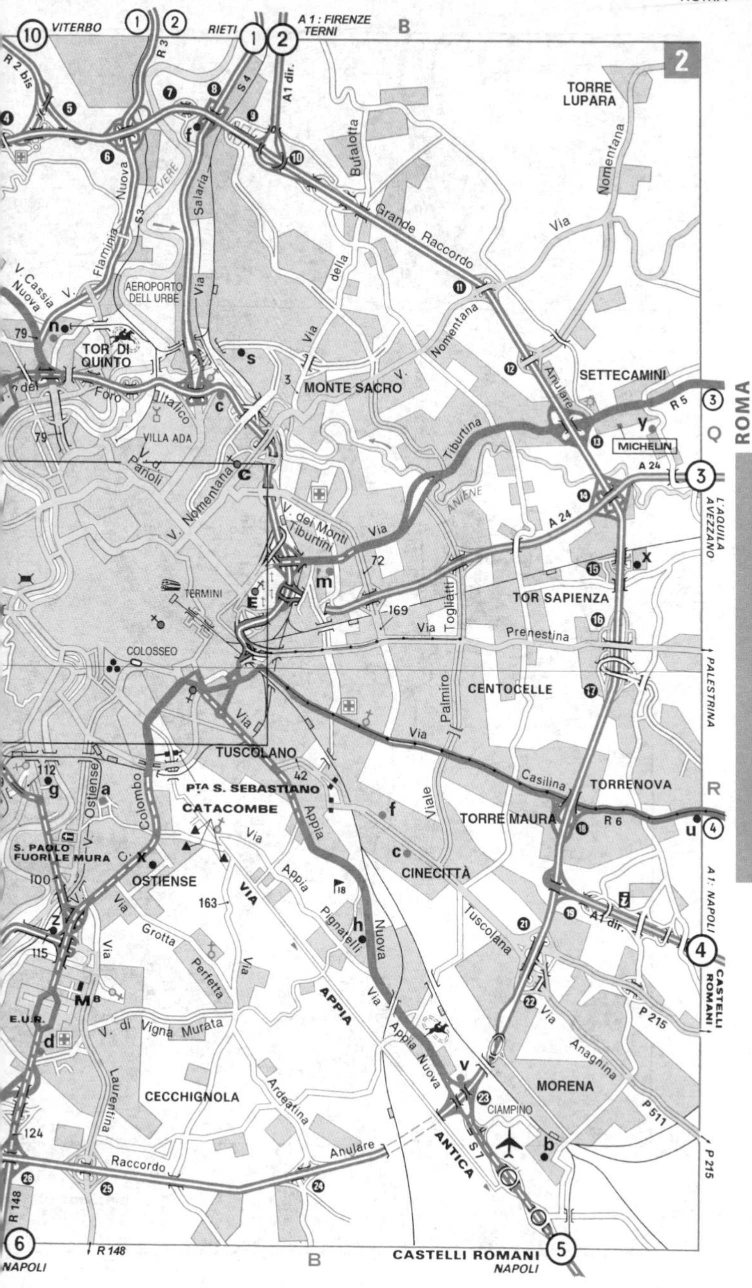
VITERBO
RIETI
A 1 : FIRENZE
TERNI
TORRE LUPARA
Via Nomentana
Grande Raccordo
Anulare
Via della Bufalotta
Via Salaria
Via Flaminia Nuova
V. Cassia Nuova
TEVERE
AEROPORTO DELL URBE
TOR DI QUINTO
Foro Italico
MONTE SACRO
V. Nomentana
SETTECAMINI
MICHELIN
ROMA
VILLA ADA
V. d. Parioli
V. Nomentana
Via Tiburtina
ANIENE
V. dei Monti Tiburtini
L'AQUILA AVEZZANO
TERMINI
TOR SAPIENZA
Via Togliatti
Via Prenestina
COLOSSEO
CENTOCELLE
PALESTRINA
Viale Palmiro
Via Casilina
TUSCOLANO
TORRENOVA
PTA S. SEBASTIANO
CATACOMBE
TORRE MAURA
V. Ostiense
Colombo
Appia
S. PAOLO FUORI LE MURA
OSTIENSE
CINECITTÀ
Via Appia Pignatelli
Nuova
Tuscolana
A1: NAPOLI
CASTELLI ROMANI
Via Grotta Perfetta
VIA APPIA
E.U.R.
V. di Vigna Murata
Via Anagnina
CECCHIGNOLA
Ardeatina
Laurentina
Via Appia Nuova
MORENA
CIAMPINO
ANTICA
Raccordo
Anulare
CASTELLI ROMANI
NAPOLI
NAPOLI

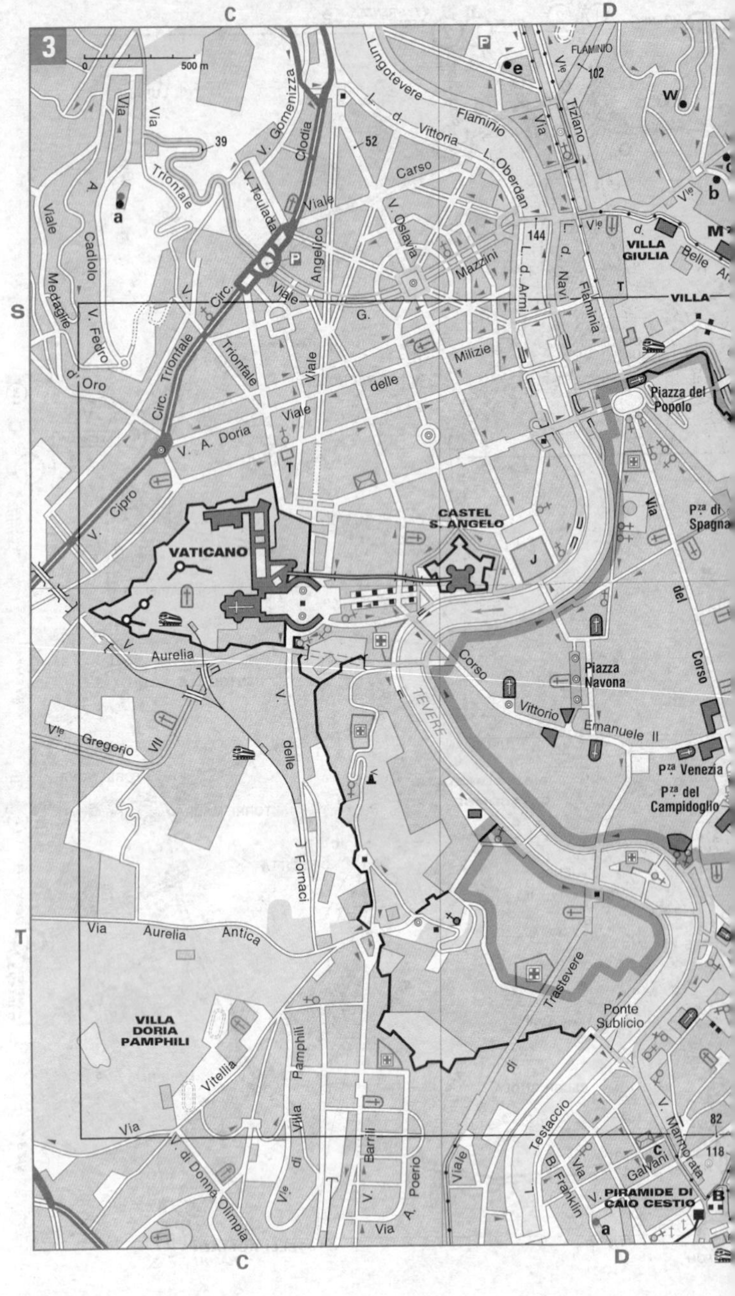

C
D
3
0
500 m
Lungotevere
Flaminio
L. d. Vittoria
L. Oberdan
Carso
Via Trionfale
V. Gomenizza
Clodia
V. Teulada
Viale Angelico
V. Oslavia
Mazzini
Viale G.
Viale Medaglie d'Oro
A. Cadlolo
V. Fedro
Circ. Trionfale
Trionfale
Viale
Milizie
Viale delle
V. A. Doria
V. Cipro
VATICANO
CASTEL S. ANGELO
FLAMINIO
V.le Tiziano
L. d. Navi
L. d. Armi
Flaminia
VILLA GIULIA
V.le d. Belle Arti
VILLA
Piazza del Popolo
Via del Corso
P.za di Spagna
Piazza Navona
Corso Vittorio Emanuele II
TEVERE
P.za Venezia
P.za del Campidoglio
V. Aurelia
V.le Gregorio VII
V. delle Fornaci
Via Aurelia Antica
VILLA DORIA PAMPHILI
Vitellia
Via
V. di Donna Olimpia
V.le di Villa Pamphili
V. Barrili
V. A. Poerio
Via
Viale di Trastevere
Ponte Sublicio
Testaccio
L.
B. Franklin
Via
V. Galvani
V. Marmorata
PIRAMIDE DI CAIO CESTIO
S
T
C
D

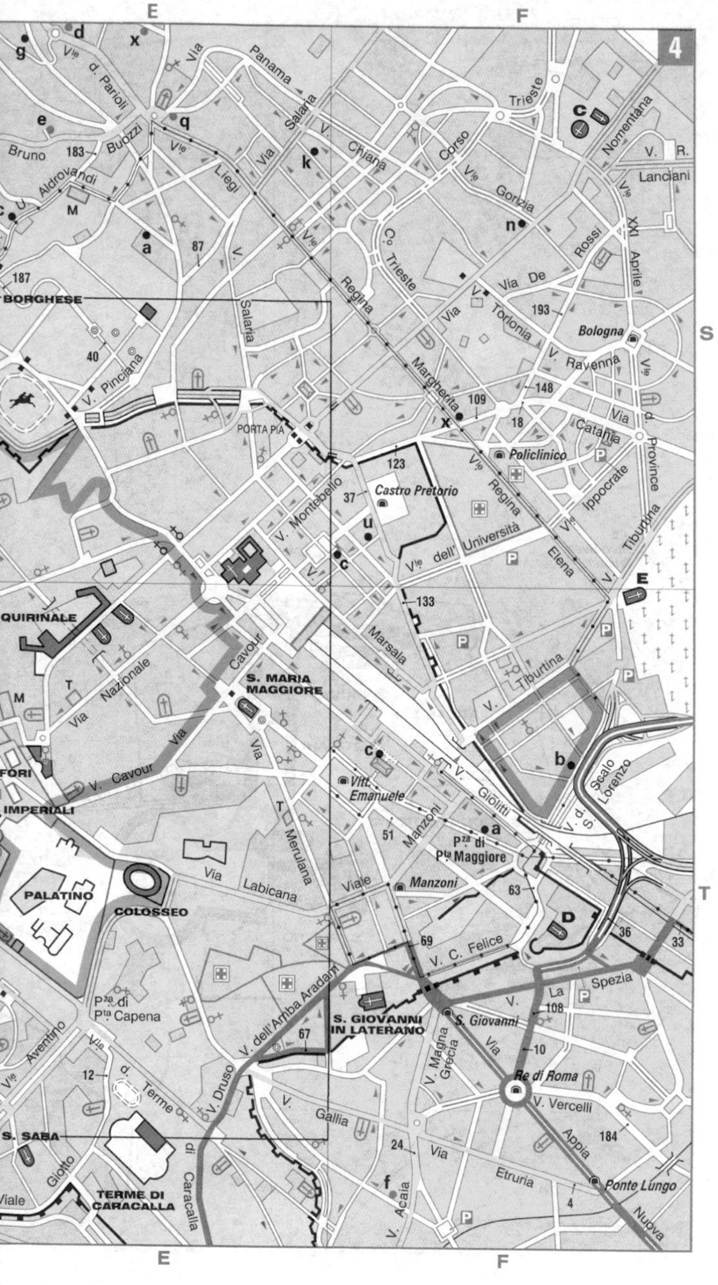
4
E
F
S
T
BORGHESE
PORTA PIA
Castro Pretorio
Policlinico
Bologna
QUIRINALE
S. MARIA MAGGIORE
FORI IMPERIALI
PALATINO
COLOSSEO
Vitt. Emanuele
P.za di P.ta Maggiore
Manzoni
S. GIOVANNI IN LATERANO
S. Giovanni
Re di Roma
Ponte Lungo
S. SABA
TERME DI CARACALLA
P.za di P.ta Capena
V.le d. Parioli
Via Salaria
V. Chiana
Via Panama
V.le Liegi
Bruno Buozzi
Aldrovandi
V.le Regina Margherita
C.so Trieste
Corso Trieste
V.le Gorizia
Via Nomentana
V. R. Lanciani
Via De Rossi
V.le XXI Aprile
Via Torlonia
V. Ravenna
Via Catania
V.le d. Province
V. Pinciana
V.le Regina Elena
V.le Ippocrate
Tiburtina
V.le dell' Università
V. Montebello
Marsala
V. Tiburtina
Via Nazionale
Via Cavour
V. Cavour
Via Merulana
Via Labicana
V. Giolitti
Manzoni
Viale Manzoni
V. C. Felice
V. d. S. Lorenzo
Scalo
V. La Spezia
V. dell'Amba Aradam
Via Appia Nuova
V. Magna Grecia
V. Vercelli
V. Gallia
Via Etruria
V. Acaia
V. Druso
V.le Aventino
V.le d. Terme di Caracalla
Viale Giotto
M
T
a
b
c
d
e
f
g
k
n
q
u
x
C
D
E
183
187
87
40
193
148
109
18
123
37
133
51
63
36
33
69
108
10
67
12
24
184
4

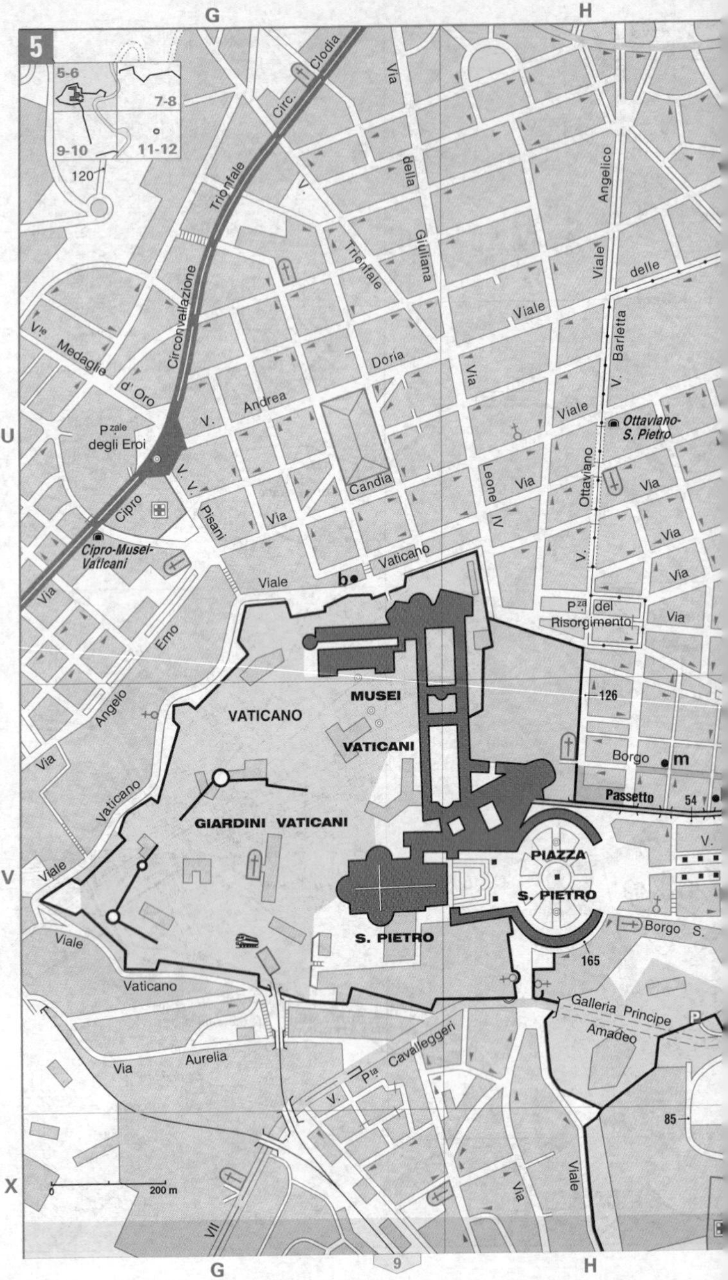

G
H
5
5-6
7-8
9-10
11-12
120
Circ. Clodia
Via della Giuliana
Viale Angelico
Trionfale
V. Trionfale
Circonvallazione
Viale delle Medaglie d'Oro
Pzale degli Eroi
V. Andrea Doria
Viale
Via Leone IV
Viale Ottaviano
Ottaviano-S. Pietro
V. Barletta
Via Candia
V. V. Pisani
Cipro
Cipro-Musei-Vaticani
Viale Vaticano
b
Via Emo
Via Angelo
Pza del Risorgimento
126
MUSEI VATICANI
VATICANO
GIARDINI VATICANI
Borgo
m
Passetto
54
PIAZZA S. PIETRO
S. PIETRO
Borgo S.
165
Galleria Principe Amadeo
Via Aurelia
Pla Cavalleggeri
85
Viale Vaticano
VII
U
V
X
0
200 m
9
ROMA

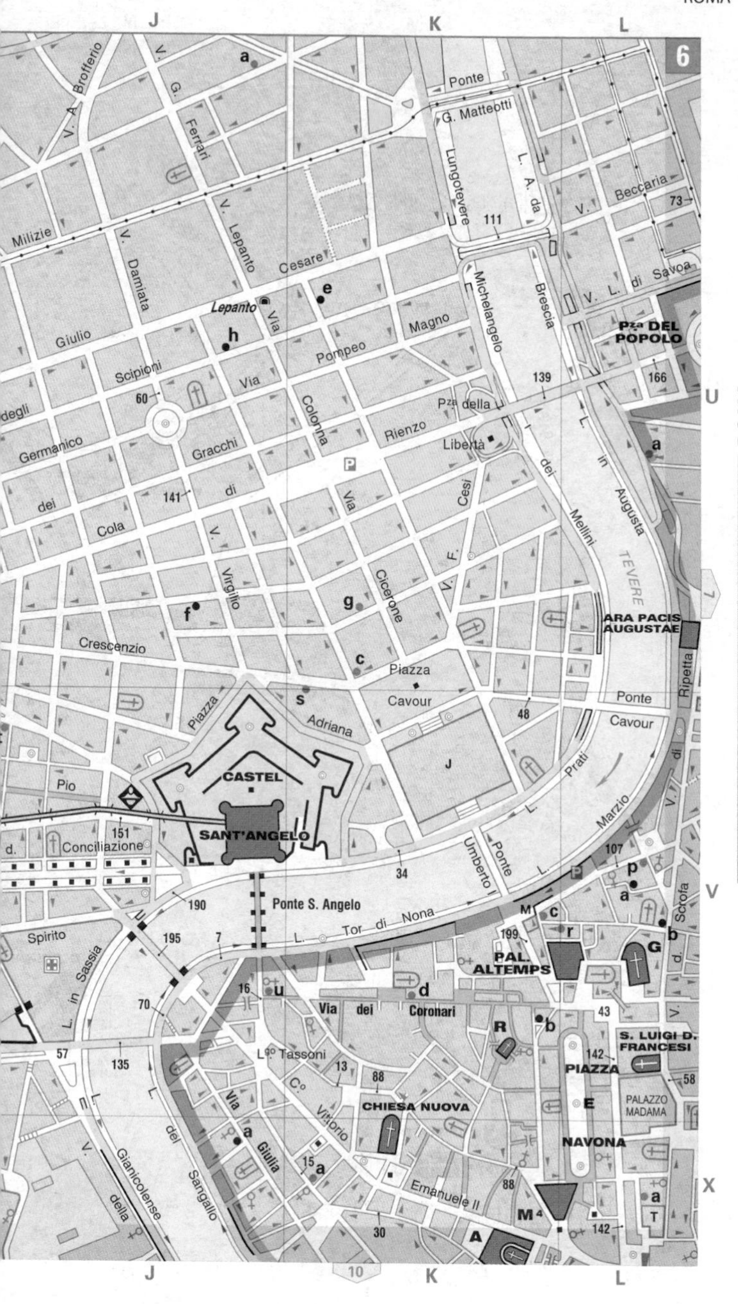

J
K
L
6
Ponte
G. Matteotti
V. A. Brofferio
V. G. Ferrari
Lungotevere
L. A. da Brescia
V. Beccaria
Milizie
V. Lepanto
V. Damiata
Cesare
Michelangelo
V. L. di Savoia
Lepanto
Via
Magno
Pompeo
Giulio
Scipioni
Via
Colonna
Pza DEL POPOLO
Pza della Libertà
Rienzo
degli
Germanico
Gracchi
dei
di
Cola
V. Virgilio
Via Cicerone
Cesi
V. F.
L. dei Mellini
L. in Augusta
TEVERE
ARA PACIS AUGUSTAE
Ripetta
Crescenzio
Piazza Cavour
Piazza
Adriana
Ponte Cavour
CASTEL SANT'ANGELO
L. Prati
Pio
Conciliazione
Umberto I
Ponte
Marzio
V. di
Scrofa
Ponte S. Angelo
L. Tor di Nona
Spirito
L. in Sassia
PAL. ALTEMPS
Via dei Coronari
S. LUIGI D. FRANCESI
Lgo Tassoni
Co Vittorio
CHIESA NUOVA
PIAZZA
NAVONA
PALAZZO MADAMA
Via Giulia
L. del Sangallo
V. della Gianicolense
Emanuele II
U
V
X
ROMA
10

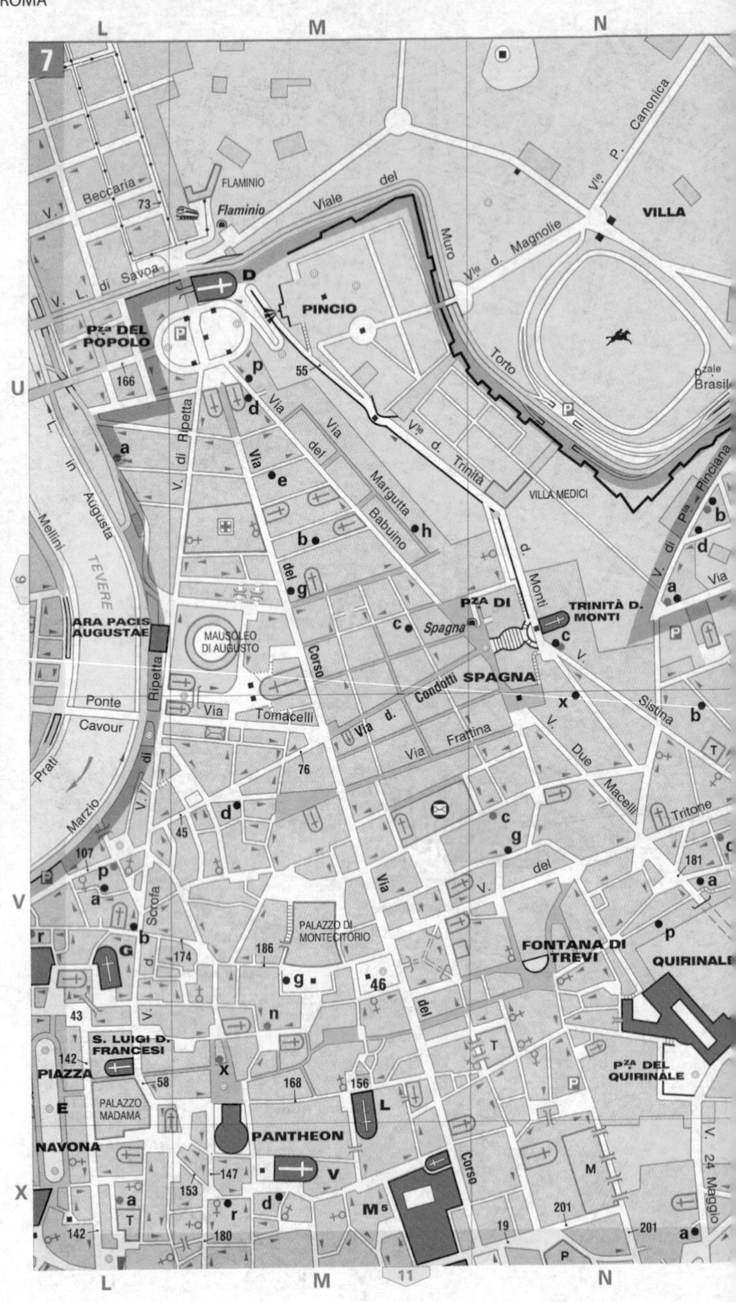
L
M
N
7
FLAMINIO
Flaminio
Viale del Muro Torto
V. Beccaria
73
V. L. di Savoia
D
PINCIO
Vle d. Magnolie
Vle P. Canonica
VILLA
Pza DEL POPOLO
166
55
p
d
Via del Babuino
Via Margutta
Vle d. Trinità
VILLA MEDICI
pzale Brasile
Via Pinciana
L. in Augusta
V. di Ripetta
Via del Corso
e
b
h
g
Mellini
TEVERE
ARA PACIS AUGUSTAE
MAUSOLEO DI AUGUSTO
PZA DI Spagna
TRINITÀ D. MONTI
d. Monti
c
x
SPAGNA
Via d. Condotti
Via Frattina
Via Tomacelli
Ponte Cavour
Ripetta
V. di Ripetta
Prati
Marzio
V. Sistina
V. Due Macelli
Tritone
76
45
107
181
p
a
V. del
FONTANA DI TREVI
QUIRINALE
PALAZZO DI MONTECITORIO
186
174
g
46
Scrofa
V. d.
G
r
b
43
n
S. LUIGI D. FRANCESI
142
PIAZZA
E
NAVONA
58
PALAZZO MADAMA
x
168
156
L
PANTHEON
Corso
T
Pza DEL QUIRINALE
V. 24 Maggio
M
147
153
V
X
a
T
r
d
M5
180
142
19
201
201
a
P
U
V
X
9
11
ROMA

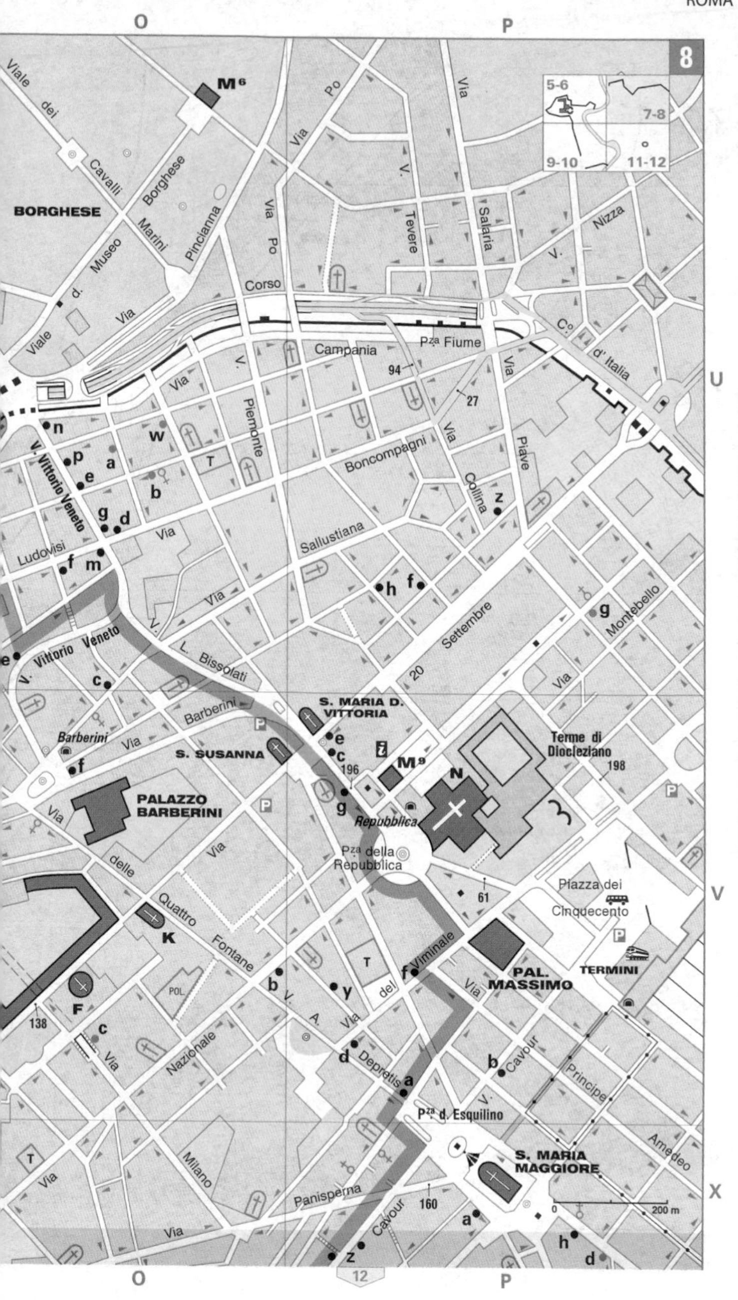
O
P
8
BORGHESE
Viale dei Cavalli Marini
Via Pinciana
Via Po
Corso
Via Salaria
V. Tevere
V. Nizza
Co d' Italia
Campania
Pza Fiume
V. Piemonte
Boncompagni
Via Collina
Via Piave
Sallustiana
Via Ludovisi
V. Vittorio Veneto
L. Bissolati
20 Settembre
Via Montebello
S. MARIA D. VITTORIA
S. SUSANNA
Barberini
Via Barberini
Terme di Diocleziano
Repubblica
Pza della Repubblica
PALAZZO BARBERINI
Via delle Quattro Fontane
Piazza dei Cinquecento
PAL. MASSIMO
TERMINI
Via del Viminale
Via Nazionale
V. A. Depretis
Via Cavour
Principe Amedeo
Pza d. Esquilino
S. MARIA MAGGIORE
Via Milano
Via Panisperna
200 m
U
V
X
12

G
5
H
9
5-6
7-8
9-10
11-12
X
Y
Z
85
Viale Gregorio VII
S. PIETRO
Via
Viale
delle Mura Aurelie
Via delle Formaci
di Gianicolo
Passeggiata
Via Aurelia Antica
VILLA DORIA PAMPHILI
V. di S. Pancrazio
V. del Vascello
V.le di Villa Pamphili
Via Pamphili
Via Vitellia
Via Fonteiana
Via
V. Dezza
Carini
25
171
V. Barili
V.
0
200 m
G
H
ROMA

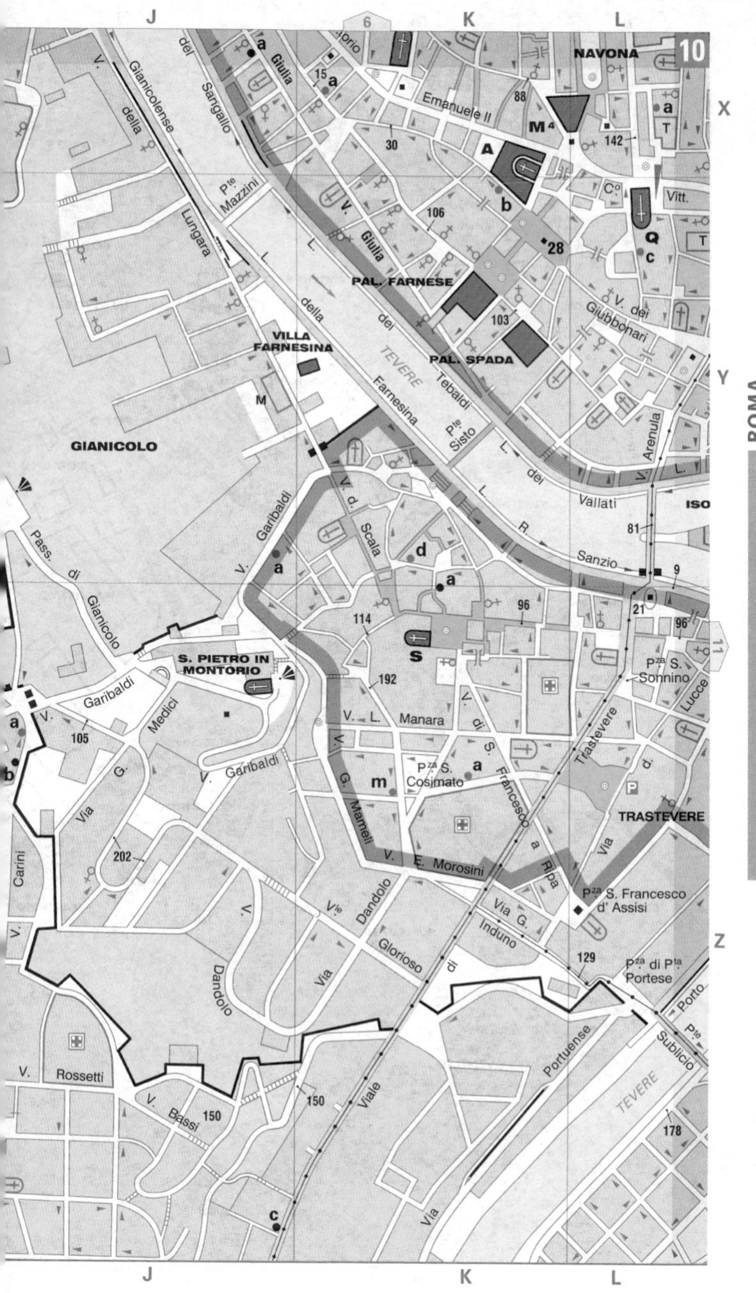

J
K
L
6
10
X
Y
Z
ROMA
NAVONA
Giulia
Gianicolense
della
V.
Sangallo
del
Emanuele II
88
M 4
A
30
142
Pte Mazzini
Lungara
b
106
Vitt.
28
Q
c
PAL. FARNESE
della
dei
V. dei Giubbonari
103
VILLA FARNESINA
TEVERE
PAL. SPADA
M
Farnesina
Tebaldi
Pte Sisto
Arenula
GIANICOLO
L. dei Vallati
ISO
V. d. Scala
Garibaldi
81
d
R. Sanzio
9
a
Pass. di Gianicolo
96
21
114
S
Pza S. Sonnino
S. PIETRO IN MONTORIO
192
Garibaldi
Medici
V. L. Manara
105
V. di S. Francesco a Ripa
Trastevere
Lucce
Pza S. Cosimato
m
V. G. Mameli
Via G.
TRASTEVERE
202
V. E. Morosini
Carini
Vle Dandolo
Pza S. Francesco d' Assisi
Via G. Induno
Glorioso
Dandolo
Via
di
129
Pza di Pta Portese
Porto
Pte Sublicio
Portuense
Viale
V. Rossetti
V. Bassi
150
178
c

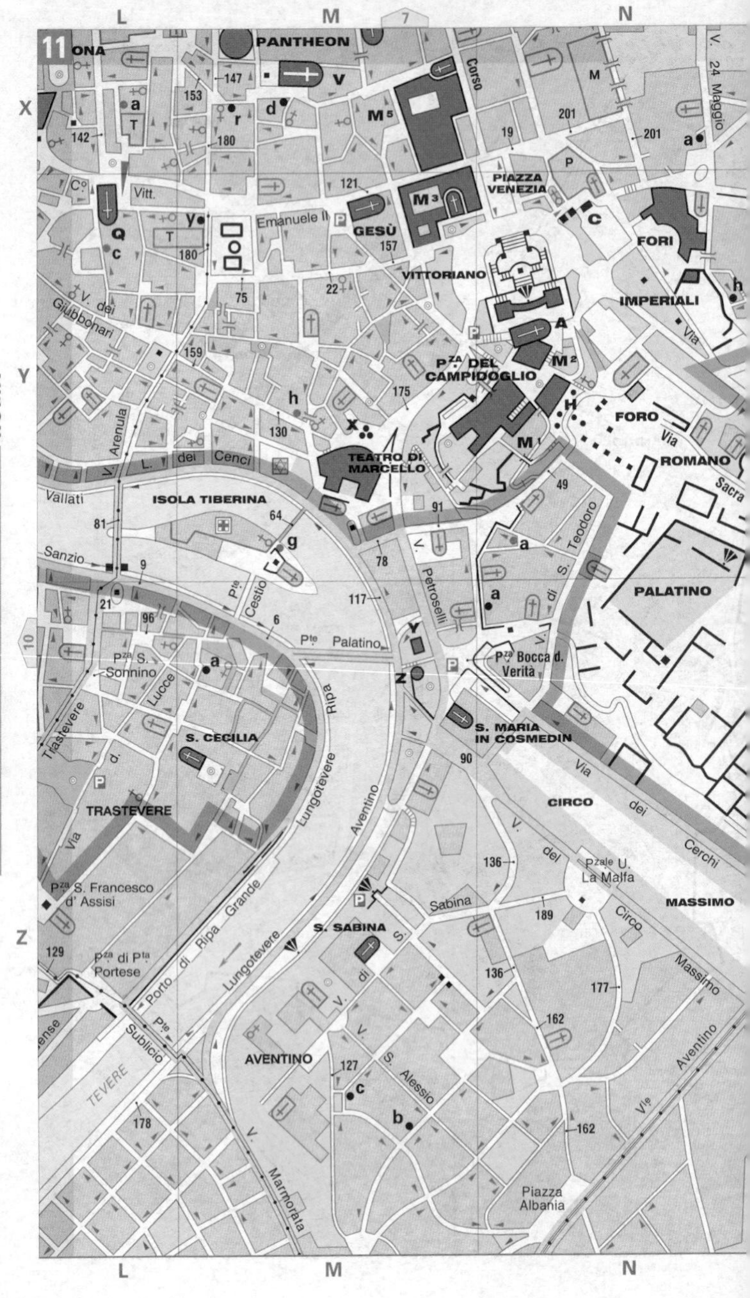
PANTHEON
GESÙ
VITTORIANO
PIAZZA VENEZIA
FORI
IMPERIALI
Pza DEL CAMPIDOGLIO
TEATRO DI MARCELLO
ISOLA TIBERINA
FORO
ROMANO
PALATINO
Pza Bocca d. Verità
S. MARIA IN COSMEDIN
S. CECILIA
TRASTEVERE
CIRCO
MASSIMO
Pzale U. La Malfa
S. SABINA
AVENTINO
Pza S. Francesco d' Assisi
Pza di Pta Portese
Pza S. Sonnino
Piazza Albania
TEVERE
Corso
V. 24 Maggio
Vitt. Emanuele II
V. dei Giubbonari
V. Arenula
L. dei Cenci
Vallati
Sanzio
Pte Cestio
Pte Palatino
V. Petroselli
V. di S. Teodoro
Via Sacra
Via dei Cerchi
V. del Circo Massimo
Lungotevere Ripa
Lungotevere Aventino
Porto di Ripa Grande
Pte Sublicio
V. Marmorata
Vle Aventino
V. di S. Sabina
V. S. Alessio
Via Trastevere
V. d. Lucce
ROMA

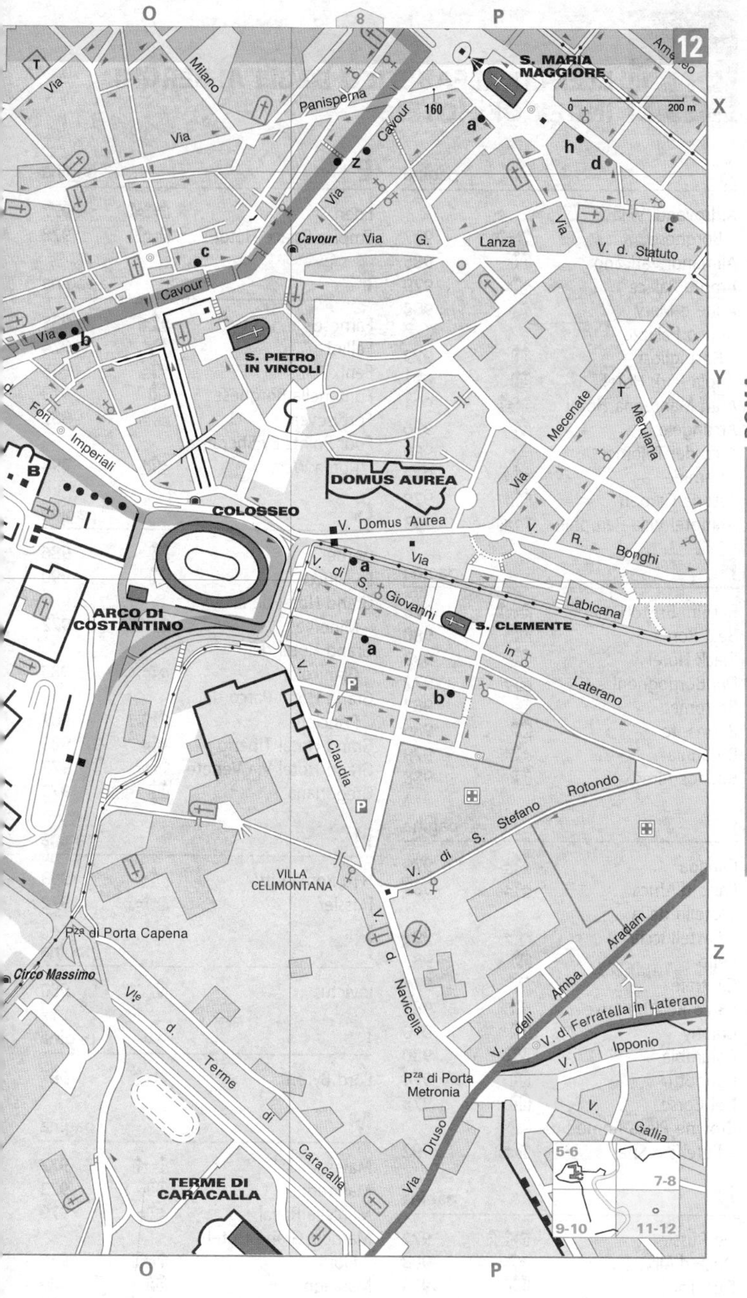
O
P
8
12
S. MARIA MAGGIORE
X
Y
Z
200 m
Via Panisperna
Via Milano
Via Cavour
160
Cavour
Via G. Lanza
V. d. Statuto
S. PIETRO IN VINCOLI
Via Mecenate
Via Merulana
Via d. Fori Imperiali
DOMUS AUREA
COLOSSEO
V. Domus Aurea
Via Labicana
V. R. Bonghi
V. di S. Giovanni in Laterano
S. CLEMENTE
ARCO DI COSTANTINO
Via Claudia
V. di S. Stefano Rotondo
VILLA CELIMONTANA
V. d. Navicella
Via Aradam
V. dell' Amba
V. d. Ferratella in Laterano
V. Ipponio
V. Gallia
Pza di Porta Capena
Circo Massimo
Vle d. Terme di Caracalla
Pza di Porta Metronia
Via Druso
TERME DI CARACALLA
5-6
7-8
9-10
11-12

ELENCO ALFABETICO DEGLI ALBERGHI
INDEX OF HOTELS

ELENCO ALFABETICO DEI RISTORANTI
INDEX OF RESTAURANTS

GLI ESERCIZI CON STELLE
STARRED RESTAURANTS

✿✿✿2011		pagina
La Pergola	XXXXX	986

✿✿2011		pagina
Il Pagliaccio	XXX	975

✿2011		pagina
Acquolina Hostaria in Roma	XX	990
Agata e Romeo	XXX	981
Antonello Colonna	XXX	981
Il Convivio-Troiani N	XXX	975
Giuda Ballerino N	XX	991
Glass Hostaria	XX	989
Imàgo	XXXX	974
Mirabelle	XXXX	981
All'Oro N	X	989

BIB GOURMAND

Pasti accurati a prezzi contenuti
Good food at moderate prices

☺		pagina
Colline Emiliane N	X	982
Domenico dal 1968	X	992
Felice a Testaccio	X	984
Mamma Angelina	XX	991
Profumo di Mirto N	X	992
Al Ristoro degli Angeli N	X	993

RISTORANTI PER TIPO DI CUCINA
RESTAURANTS BY CUISINE TYPE

TAVOLI ALL'APERTO
OUTSIDE DINING

Restaurant		Page
Acquolina Hostaria in Roma	XX ✿	990
Ambasciata d'Abruzzo	X	988
Antica Pesa	XXX	989
Checchino dal 1887	XX	984
Corsetti-il Galeone	X	990
Domenico dal 1968	X ☺	992
Giggetto-al Portico d'Ottavia	X	976
Giuda Ballerino	XX ✿	991
Hostaria dell'Orso	XXXX	975
Mamma Angelina	XX ☺	991
Mirabelle	XXXX ✿	981
Papà Baccus	XX	982
La Pergola	XXXXX ✿✿✿	986
Rinaldo all'Acquedotto	XX	991
Al Ristoro degli Angeli	X ☺	993
La Rosetta	XX	975
R 13 Da Checco	XX	994
Sangallo	XX	975
Settembrini	X	987
Shangri Là-Corsetti	XXX	993
St. Teodoro	XX	984

RISTORANTI APERTI IN AGOSTO
RESTAURANTS OPEN IN AUGUST

Restaurant		Page
Acquolina Hostaria in Roma	XX ✿	990
Ambasciata d'Abruzzo	X	988
Antico Arco	XX	986
Al Bric	X	976
Al Ceppo	XX	988
Da Cesare	X	987
Il Convivio-Troiani	XXX ✿	975
Corsetti-il Galeone	X	990
Enoteca Capranica	XXX	975
Giggetto-al Portico d'Ottavia	X	976
Mirabelle	XXXX ✿	981
Il Pagliaccio	XXX ✿✿	975
Papà Baccus	XX	982
La Pergola	XXXXX ✿✿✿	986
Rinaldo all'Acquedotto	XX	991
La Rosetta	XX	975
Shangri Là-Corsetti	XXX	993
Le Streghe	X	976
La Terrazza	XXXX	981

Centro Storico

Hassler

piazza Trinità dei Monti 6 ✉ 00187 Ⓜ Spagna – ☎ 06 69 93 40 – www.hotelhasslerroma.com – booking@hotelhassler.it **7**NU**c**

82 cam – ♦440/500 € ♦♦550/860 €, ☐ 38 € – 13 suites

Rist Imago – vedere selezione ristoranti

♦ In pregevole posizione, in cima alla scalinata di Trinità dei Monti, l'hotel coniuga tradizione, prestigio ed eleganza. Curiosa rivisitazione dello stile classico al 5° piano.

De Russie

via del Babuino 9 ✉ 00187 Ⓜ Flaminio – ☎ 06 32 88 81 – www.roccofortecollection.com – reservations.derussie@roccofortecollection.com

122 cam – ♦330/572 € ♦♦486/1078 €, ☐ 34 € – 25 suites **7**MU**p**

Rist *Le Jardin de Russie* – ☎ 06 32 88 88 70 – Carta 66/131 €

♦ Design leggero e armonico in un edificio disegnato da Valadier nei primi anni del XIX secolo. La raffinatezza avvolge le camere; rose e gelsomini profumano il "giardino segreto". Tra le migliori risorse dell'Urbe.

St. George

via Giulia 62 ✉ 00186 – ☎ 06 68 66 11 – www.stgeorgehotel.it – stgeorge@hotel-invest.com **10**JX**a**

64 cam ☐ – ♦260/420 € ♦♦290/450 € – ½ P 225/305 €

Rist *I Sofà di Via Giulia* – *(chiuso domenica, lunedì)* Menu 35/85 €

♦ Inaugurato nel 2007, l'hotel si fregia di arredi ed inserti di lusso sia negli spazi comuni sia nelle camere. Un autentico scrigno di raffinatezza. I Sofà di Via Giulia: percorsi gastronomici con piatti tipici italiani e delizie multietniche.

Grand Hotel de la Minerve

rist,

piazza della Minerva 69 ✉ 00186 – ☎ 06 69 52 01 – www.grandhoteldelaminerve.com – info@grandhoteldelaminerve.com

131 cam – ♦242/627 € ♦♦297/682 €, ☐ 39 € – 4 suites **7**MX**d**

Rist *La Cesta* – ☎ 06 69 52 07 04 – Menu 90 € – Carta 56/100 €

♦ Un edificio storico cinto da antichi monumenti. All'interno, preziosi lampadari, statue neoclassiche e camere moderne, mentre la dea campeggia nel soffitto liberty della hall. Avvolto da un'atmosfera di raffinatezza, il ristorante offre una carta fantasiosa d'impronta tradizionale. Suggestiva la vista dalla terrazza.

Raphaël

largo Febo 2 ✉ 00186 – ☎ 06 68 28 31 – www.raphaelhotel.com – raphael@relaischateaux.com **6**KV**b**

55 cam – ♦230/600 € ♦♦250/800 €, ☐ 28 € – 1 suite – ½ P 180/360 €

Rist – Carta 60/112 €

♦ Tra porcellane, sculture e oggetti d'antiquariato di celebri artisti, l'ingresso può sembrare quello di un museo. Ai piani: camere di taglio moderno, recentemente rinnovate. Cucina italiana e qualche specialità francese nel bel ristorante con panoramica terrazza multilivello.

Piranesi-Palazzo Nainer senza rist

via del Babuino 196 ✉ 00187 Ⓜ Flaminio – ☎ 06 32 80 41 – www.hotelpiranesi.com – info@hotelpiranesi.com

32 cam ☐ – ♦168 € ♦♦220/268 € **7**MU**d**

♦ Eleganti marmi, decorazioni ed una particolare esposizione di tessuti, anche storici, impreziosiscono la hall, le camere ed i corridoi. Roof garden ed un solarium multilivello.

Dei Borgognoni senza rist

via del Bufalo 126 ✉ 00187 Ⓜ Spagna – ☎ 06 69 94 15 05 – www.hotelborgognoni.it – info@hotelborgognoni.it **7**NV**g**

51 cam ☐ – ♦210/240 € ♦♦240/340 €

♦ In un palazzo ottocentesco, signorile albergo dalle ariose sale in stile contemporaneo e camere confortevoli, che uniscono uno stile classico a soluzioni piu moderne.

Nazionale rist,

piazza Montecitorio 131 ✉ 00186 – ☎ 06 69 50 01 – www.hotelnazionale.it – info@hotelnazionale.it **7**MV**g**

100 cam – 200/290 € 350/380 € – 1 suite

Rist – *(chiuso agosto, domenica e lunedì a mezzogiorno)* Carta 40/72 €

♦ Affacciato sulla piazza di Montecitorio, l'hotel è ospitato in un edificio settecentesco: sale di tono signorile e camere arredate in stili diversi. Confortevole e raccolta la sala ristorante, dove apprezzare la classica cucina italiana.

Manfredi senza rist

via Margutta 61 ✉ 00187 Ⓜ Spagna – ☎ 0 63 20 76 76 – www.hotelmanfredi.it – info@hotelmanfredi.it **7**MU**h**

27 cam – 130/320 € – 4 suites

♦ Piccola bomboniera nella famosa via Margutta: al terzo piano di un palazzo signorile, differenti tipologie di camere, ma tutte arredate con eleganza ed accessori di ultima generazione. Proverbiale la prima colazione intercontinentale a base di prodotti naturali (yogurt e dolci fatti in casa).

Fontanella Borghese senza rist

largo Fontanella Borghese 84 ✉ 00186 Ⓜ Spagna – ☎ 06 68 80 95 04 – www.fontanellaborghese.com – fontborghese@mclink.it **7**MV**d**

24 cam – 125/175 € 150/255 €

♦ Al 2° e 3° piano di un palazzo appartenuto ai principi Borghese, l'hotel offre camere elegantemente arredate, particolarmente silenziose quelle affacciate sulla corte interna.

Santa Chiara senza rist

via Santa Chiara 21 ✉ 00186 – ☎ 0 66 87 29 79 – www.albergosantachiara.com – info@albergosantachiara.com **7**MX**r**

93 cam – 100/205 € 160/310 € – 3 suites

♦ Dal 1830 un'ininterrotta tradizione familiare di ospitalità in questo albergo moderno e funzionale situato alle spalle del Pantheon ed articolato su tre differenti palazzi.

White senza rist

via In Arcione 77 ✉ 00187 Ⓜ Barberini – ☎ 0 66 99 12 42 – www.travelroma.com – white@travelroma.com **7**NV**p**

40 cam – 170/220 € 220/300 €

♦ Nelle adiacenze della fontana di Trevi e del Quirinale, un hotel confortevole. Da preferire le camere ai piani inferiori, più recenti, ristrutturate in stile moderno.

Due Torri senza rist

vicolo del Leonetto 23 ✉ 00186 Ⓜ Spagna – ☎ 0 66 87 69 83 – www.hotelduetorriroma.com – hotelduetorri@mclink.it **6**LV**a**

26 cam – 110/165 € 150/240 €

♦ In un angolo tranquillo della vecchia Roma, l'accogliente atmosfera di una casa privata che nel tempo ha ospitato cardinali e vescovi. Negli ambienti, arredi in stile e tessuti rossi.

Del Corso senza rist

via del Corso 79 ✉ 00186 Ⓜ Spagna – ☎ 06 36 00 62 33 – www.hoteldelcorsoroma.com – info@hoteldelcorsoroma.com **7**MU**g**

18 cam – 100/200 € 130/280 €

♦ Spazi comuni ridotti, camere in stile, ricerche di tessuti, bagni in marmo, boiserie e un'atmosfera ovattata; la colazione è servita al primo piano o in terrazza, tempo permettendo.

Gregoriana senza rist

via Gregoriana 18 ✉ 00187 Ⓜ Spagna – ☎ 0 66 79 42 69 – www.hotelgregoriana.it – info@hotelgregoriana.it **7**NV**x**

22 cam – 148/188 € 228/288 €

♦ In una delle strade più eleganti di Roma, questo piccolo albergo occupa un convento del XVII secolo. Spazi comuni limitati, ma belle camere dalle eleganti decorazioni art decò.

Mozart senza rist
via dei Greci 23/b ✉ 00187 Ⓜ Spagna – ✆ 06 36 00 19 15 – www.hotelmozart.com – info@hotelmozart.com **7MUb**
72 cam – 99/167 € 126/239 €
◆ Ospitato in un palazzo dell'800, l'albergo dispone di ambienti comuni di raffinata eleganza e camere in stile: piu ampie e moderne nella dépendance.

Portoghesi senza rist
via dei Portoghesi 1 ✉ 00186 – ✆ 0 66 86 42 31 – www.hotelportoghesiroma.it – info@hotelportoghesiroma.it **6LVb**
27 cam – 130/160 € 160/200 €
◆ Accanto alla chiesa intitolata a S.Antonio dei Portoghesi, offre camere rinnovate di recente, impreziosite da decorazioni classiche e da raffnati tessuti. Solo per non fumatori.

Condotti senza rist
via Mario dè Fiori 37 ✉ 00187 Ⓜ Spagna – ✆ 0 66 79 46 61 – www.hotelcondotti.com – info@hotelcondotti.com **7MUc**
16 cam – 139/215 € 179/265 €
◆ Marmi e preziosi lampadari nella piccola hall: camere non ampie, ma di buon confort (alcune in una dépendance poco distante).

Pensione Barrett senza rist
largo Torre Argentina 47 ✉ 00186 – ✆ 0 66 86 84 81 – www.pensionebarrett.com – michele@pensionebarrett.com **11MYy**
20 cam – 100/110 € 120/130 €, 8 €
◆ Calorosa ospitalità familiare ed eco di storia senza fine in questo hotel: un palazzo quattrocentesco con un autentico arco romano e camere dalle decorazioni barocche.

Centrale senza rist
via Laurina 34, (rione Campo Marzio) ✉ 00187 Ⓜ Flaminio – ✆ 06 32 50 16 91 – www.hotelcentraleroma.it – info@hotelcentraleroma.it **7MUe**
21 cam – 90/180 € 110/450 €
◆ Alla scoperta della Città Eterna, partendo da questo albergo, recentemente ristrutturato, che dispone di spazi comuni un po' ridotti, ma curati; come del resto le camere: di diversa metratura, ma tutte confortevoli ed accoglienti.

Fellini senza rist
via Rasella 55 ✉ 00187 Ⓜ Barberini – ✆ 06 42 74 27 32 – www.fellinibnb.com – info@fellinibnb.com **7NVa**
12 cam – 69/189 € 69/199 €
◆ Camere al 3° e al 5° piano di questo edificio a poca distanza dal Quirinale e dalla Fontana di Trevi: una risorsa rinnovata che dispone anche di un terrazzino estivo per le colazioni.

Imàgo – Hotel Hassler
piazza Trinità dei Monti 6 ✉ 00187 Ⓜ Spagna – ✆ 06 69 93 47 26 – www.imagorestaurant.com – imago@hotelhassler.it – chiuso 2 settimane in gennaio **7NUc**
Rist – *(chiuso a mezzogiorno)* Menu 100/130 € – Carta 88/119 €
Spec. Crudo di mare del giorno. Capesante impanate ripiene di mozzarella di bufala, foglie di sedano e tartufo nero. Fusilloni alla carbonara con ragù di quaglia.
◆ Continua ad incantare i suoi ospiti la sala ristorante grazie alle ampie vetrate e all'indimenticabile vista sulla città eterna. Cucina di stampo moderno ed ottime materie prime.

XXXX **Hostaria dell'Orso**

via dei Soldati 25/c ✉ 00186 – ✆ 06 68 30 11 92 – www.hdo.it – info@hdo.it – chiuso dal 10 al 25 agosto e domenica **6**KV**c**

Rist – *(chiuso a mezzogiorno)* (consigliata la prenotazione) Menu 56/95 € – Carta 66/96 €

◆ Uno storico riferimento della mondanità romana. Elegante, l'atmosfera intima e romantica delle sale, volutamente prive di superflui artifici d'arredo, in simbiosi con la cucina, omaggio alle materie prime prescelte.

XXX **Il Convivio-Troiani** (Angelo Troiani)

✿ *vicolo dei Soldati 31 ✉ 00186 – ✆ 0 66 86 94 32 – www.ilconviviotroiani.com – info@ilconviviotroiani.com – chiuso 1 settimana in agosto e domenica*

Rist – *(chiuso a mezzogiorno)* Carta 81/109 € **6**KLV**r**

Spec. Mezze penne con cozze, peperoni, latte di cocco, zafferano e basilico. Stinco d'agnello da latte con salsa alla cacciatora. Millefoglie con crema alla salvia, pepe verde e frutti di bosco.

◆ Un elegante salotto nel cuore del centro storico: tra affreschi, quadri e moderna essenzialità, brilla una cucina vetrina dei più celebri piatti italiani, dai risotti alle paste con un occhio di riguardo alle tradizioni laziali.

XXX **Il Pagliaccio** (Anthony Genovese)

✿✿ *via dei Banchi Vecchi 129 ✉ 00186 – ✆ 06 68 80 95 95 – www.ristoranteilpagliaccio.it – info@ristoranteilpagliaccio.it – chiuso dal 9 al 17 gennaio, dall'8 al 31 agosto, domenica, lunedì, martedì a mezzogiorno*

Rist – (consigliata la prenotazione la sera) Carta 100/138 € **6**KX**a**

Spec. Gnocchi di patate ripieni di ricotta di capra, zuppa di pesce e ricci di mare. Rombo al vapore di alghe, cozze e salsa al nero di seppia. Faraona laccata al tamarillo (frutto), emulsione di pompelmo e tè Earl Grey.

◆ Dall'est asiatico alla tradizione romana: il cuoco non pone limiti alla sua fantasiosa cucina proponendo piatti elaborati e tecnicamente ambiziosi.

XXX **Enoteca Capranica**

piazza Capranica 99/100 ✉ 00186 – ✆ 06 69 94 09 92 – www.enotecacapranica.it – info@enotecacapranica.it – chiuso sabato a mezzogiorno, domenica **7**MV**n**

Rist – Menu 50/75 € – Carta 54/74 €

◆ A pochi passi da Montecitorio, le alte volte colorate di un palazzo del 1400 ospitano un'elegante ristorante con un'importante carta dei di vini e stuzzicanti piatti mediterranei.

XX **Il Sanlorenzo**

via dei Chiavari 4/5 ✉ 00186 – ✆ 0 66 86 50 97 – www.ilsanlorenzo.it – info@ilsanlorenzo.it – chiuso dal 12 al 20 agosto **10**LY**c**

Rist – *(chiuso a mezzogiorno sabato-domenica-lunedì)* Menu 75 € – Carta 50/111 €

◆ Un palazzo storico costruito sulle fondamenta del Teatro Pompeo per un locale d'atmosfera, che unisce storia ed arte contemporanea. In menu: piatti moderni e specialità di pesce.

XX **Sangallo**

via dei Coronari 180 ✉ 00186 – ✆ 06 68 13 40 55 – www.ristorantesangallo.com – info@ristorantesangallo.com – chiuso Natale e ferragosto **6**KV**d**

Rist – Carta 51/76 €

◆ Quando l'antico si contrappone al moderno: in un palazzo del 1500 - accanto alla chiesa di San Salvatore in Lauro - diverse salette di tono elegante accolgono una cucina moderna e creativa.

XX **La Rosetta**

via della Rosetta 8/9 ✉ 00186 – ✆ 0 66 86 10 02 – www.larosetta.com – info@larosetta.com – chiuso 1 settimana in gennaio, 2 settimane in agosto

Rist – Carta 70/130 € **7**MV**x**

◆ A pochi passi dallo splendido scenario del Pantheon, pesce fresco e di grande qualità da fare invidia ad una località di mare... Saporite ricette mediterranee, tenendo ben presente l'evoluzione del gusto moderno. Proposte più elaborate la sera.

ROMA

XX **Hamasei**

via della Mercede 35/36 ✉ 00187 – ✆ 0 66 79 24 13 – ristorantehamasei@yahoo.it – chiuso 2 settimane in agosto e lunedì **7**NV**c**

Rist – Carta 35/65 €

◆ Sobri arredi minimalisti ed atmosfera curata, in questo ristorante giapponese recentemente ampliato e rinnovato. La carta propone ricette tradizionali del Sol Levante, sia di carne sia di pesce.

X **Al Bric**

via del Pellegrino 51 ✉ 00186 – ✆ 0 66 87 95 33 – www.bric.it – info@albric.it – chiuso 2 settimane in agosto **10**KY**b**

Rist – *(chiuso a mezzogiorno escluso domenica da ottobre a maggio)* Carta 42/59 € (+10 %)

◆ Alle pareti alcuni coperchi lignei con impressi nomi di vini e case vinicole: per gli amanti del formaggio e del frutto di Bacco, un indirizzo informale che vi conquisterà per le sue innumerevoli proposte. Cucina mediterranea.

X **La Campana**

vicolo della Campana 18 ✉ 00186 – ✆ 0 66 86 78 20 – www.ristorantelacampana.com – chiuso agosto, lunedì **6**LV**p**

Rist – Carta 36/48 €

◆ Un locale tra la trattoria ed il ristorante, dove l'informale atmosfera romana è ingentilita da alcune decorazioni: la cucina è quella della tradizione ed il carciofo un must. Proverbiale il buffet degli antipasti.

X **Giggetto-al Portico d'Ottavia**

via del Portico d'Ottavia 21/a ✉ 00186 – ✆ 0 66 86 11 05 – www.giggettoalportico.it – info@giggetto.it – chiuso dal 21 luglio al 3 agosto e lunedì **11**MY**h**

Rist – Carta 28/52 €

◆ Locale familiare, in cui le specialità culinarie romane si incontrano con una storia generazionale di ospitalità e tradizione. Due servizi all'aperto: lato strada o nel cortile interno.

X **Le Streghe**

vicolo del Curato 13 ✉ 00186 – ✆ 0 66 87 81 82 – www.osterialestreghe.it – osterialestreghe@yahoo.it – chiuso 20 giorni in agosto, domenica

Rist – Carta 25/42 € **6**JV**u**

◆ Nei pressi del Tevere, due piccole ed accoglienti sale, dove fermare il tempo per gustare la vera cucina romana e qualche piatto nazionale.

X **Casa Bleve**

via del Teatro Valle 48/49 ✉ 00186 – ✆ 0 66 86 59 70 – www.casableve.it – info@casableve.it – chiuso domenica, lunedì **7**LX**a**

Rist – Carta 60/78 €

◆ Enoteca nata con l'intento di proporre grandi vini, così come etichette sconosciute ma di sicura qualità, abbinate ad un'ampia selezione di formaggi, affettati e stuzzichini esposti nel generoso buffet. Solo la sera, menu à la carte. Uno dei migliori wine-bar della vociante Roma!

Stazione Termini

St. Regis Grand rist,

via Vittorio Emanuele Orlando 3 ✉ 00185 Ⓜ Repubblica – ✆ 0 64 70 91 – www.stregis.com/grandrome – stregisgrand@stregis.com **8**PV**c**

153 cam – ††890 €, ☕ 43 € – 8 suites

Rist *Vivendo* – ✆ 06 47 09 27 36 *(chiuso a mezzogiorno)* Carta 62/96 €

◆ Affreschi, tessuti pregiati, antiquariato stile Impero nelle lussuose camere e negli sfarzosi saloni di un hotel tornato agli antichi splendori delle sue origini (1894). Eclettico ed effervescente il design del ristorante, dove gustare una cucina mediterranea rivisitata in chiave moderna.

The Westin Excelsior

via Vittorio Veneto 125 ✉ *00187* Ⓜ *Barberini* – ✆ *0 647 081* – *www.westin.com/excelsiorrome* – *excelsiorrome@westin.com* **8**OU**g**
285 cam – †565 € ††910 €, ☕ 25 € – 31 suites
Rist *Doney* – Carta 60/130 €
♦ Viziatevi con un soggiorno nella suite regale, la più grande d'Europa. Oppure, concedetevi il lusso di soggiornare nelle belle camere - profusione d'eleganza e raffinati dettagli - per un confort a tutto tondo con le più sofisticate tecnologie. La Dolce Vita abita qui.

Eden

via Ludovisi 49 ✉ *00187* Ⓜ *Barberini* – ✆ *06 47 81 21* – *www.edenroma.com* – *1872.reservations@lemeridien.com* **7**NU**a**
121 cam – †288/824 € ††381/999 €, ☕ 49 € – 13 suites
Rist La Terrazza – vedere selezione ristoranti
♦ Classe e sobrietà per un grande albergo dove l'eleganza e il tono non escludono il calore dell'accoglienza. Da alcune camere ai piani alti forse la più bella vista su Roma.

Grand Hotel Via Veneto

via Vittorio Veneto 155 ✉ *00187* Ⓜ *Barberini* – ✆ *06 48 78 81* – *www.ghvv.it* – *info@ghvv.it* **8**OU**e**
122 cam – ††400/650 €, ☕ 40 € – 20 suites
Rist *Magnolia* – *(chiuso domenica) (chiuso a mezzogiorno)* Carta 55/115 €
Rist *Time* – Carta 38/58 €
♦ Sulla via della Roma by night, un grand hotel nel vero senso della parola: stupende camere in stile retrò e una collezione di oltre 500 quadri d'autore. Il ristorante Magnolia testimonia l'amore per la tradizionale cucina italiana. Al *Time* piatti nazionali ed internazionali, ma anche grande scelta di cocktail.

Regina Hotel Baglioni

via Vittorio Veneto 72 ✉ *00187* Ⓜ *Barberini* – ✆ *06 42 11 11* – *www.baglionihotels.com* – *regina.roma@baglionihotels.com* **8**OU**m**
96 cam – †606 € ††700 €, ☕ 33 € – 9 suites
Rist *Brunello Lounge & Restaurant* – ✆ 06 48 90 28 67 *(chiuso domenica)* Carta 105/141 €
♦ Hotel storico in edificio Liberty, i cui interni sono stati recentemente ristrutturati per offrire dettagli di alto livello. Per gli incondizionati della forma fisica: piccolo centro benessere con palestra. Cucina internazionale ed atmosfera raffinata al *Brunello Lounge & Restaurant*. Carta più light a mezzogiorno.

Majestic

via Vittorio Veneto 50 ✉ *00187* Ⓜ *Barberini* – ✆ *06 42 14 41* – *www.hotelmajestic.com* – *info@hotelmajestic.com* **8**OU**e**
94 cam ☕ – †465 € ††720 € – 4 suites
Rist *Filippo La Mantia* – *(chiuso dall'8 agosto al 2 settembre, sabato a mezzogiorno, domenica sera)* Menu 35 € (solo a mezzogiorno) – Carta 50/70 € solo la sera
♦ Nato a fine '800, rimane ancora oggi alfiere dell'ospitalità di lusso di via Veneto: pezzi d'antiquariato e confort attuali. Nelle camere protagonista è il bianco. La Sicilia furoreggia nel piatto e nel bicchiere da Filippo La Mantia (menu a pranzo, carta la sera, brunch la domenica).

Sofitel Rome Villa Borghese

via Lombardia 47 ✉ *00187* Ⓜ *Barberini* – ✆ *06 47 80 21* – *www.sofitel.com* – *h1312-re@accor.com* **7**NU**d**
111 cam – †210/381 € ††230/627 €, ☕ 25 € – 3 suites
Rist *La Terrasse* – Menu 40/110 €
♦ A due passi dalla cosmopolita via Veneto, camere stupende e raffinati spazi comuni d'ispirazione neoclassica. All'ultimo piano, il ristorante panoramico con Lounge Bar propone un romantico scorcio su Villa Medici.

Splendide Royal

via di porta Pinciana 14 ✉ *00187* Ⓜ *Barberini* – ✆ *06 42 16 89*
– *www.splendideroyal.com* – *reservations@splendideroyal.com* **7NUb**
60 cam – †280/520 € ††310/850 €, ☕ 35 € – 9 suites
Rist Mirabelle – vedere selezione ristoranti
◆ Stucchi dorati, tessuti damascati e sontuosi arredi antichi: un tributo al barocco romano dedicato a tutti coloro che non apprezzano l'imperante minimalismo. Nelle camere il blu pervinca, il giallo oro, il rosso cardinalizio si rincorrono creando un'atmosfera di lussuosa classicità.

Bernini Bristol

cam, rist,

piazza Barberini 23 ✉ *00187* Ⓜ *Barberini* – ✆ *06 48 89 31*
– *www.berninibristol.com* – *reservationsbb@sinahotels.com* **8OVf**
117 cam – †352/506 € ††561/638 €, ☕ 37 € – 10 suites
Rist *L'Olimpo* – ✆ 0 64 88 93 32 88 – Carta 68/141 €
◆ Ormai parte integrante della celebre piazza, raffinato hotel con camere dagli arredi classici o di stile contemporaneo: è consigliabile optare per quelle panoramiche poste ai piani più alti. Il roof-garden non poteva che accogliere il ristorante *L'Olimpo* con dehors estivo e splendida vista sulla Città Eterna.

Marriott Grand Hotel Flora

rist,

via Vittorio Veneto 191 ✉ *00187* Ⓜ *Spagna*
– ✆ *06 48 99 29* – *www.grandhotelflora.net* – *info@grandhotelflora.net*
153 cam – †289/299 € ††379/419 €, ☕ 30 € – 3 suites **8OUn**
Rist – Carta 42/77 €
◆ Un luogo-simbolo della Capitale. Alla fine di via Vittorio Veneto, *Marriott Grand Hotel Flora* vi attende nella sua elegante atmosfera neoclassica, punteggiata da qualche elemento moderno. Non è la solita cucina d'albergo quella proposta al ristorante, ma la consolidata tradizione italiana con qualche spunto campano.

Empire Palace Hotel

via Aureliana 39 ✉ *00187* – ✆ *06 42 12 81* – *www.empirepalacehotel.com*
– *gold@empirepalacehotel.com* **8PUh**
110 cam ☕ – ††280/405 €
Rist *Aureliano* – *(chiuso domenica)* Carta 47/59 €
◆ Sofisticata fusione di elementi dell'ottocentesca struttura e di design contemporaneo, con collezione d'arte moderna negli spazi comuni; sobria classicità nelle camere. Boiserie di ciliegio, tavoli ravvicinati, bei lampadari rosso-blu in sala da pranzo. Sapori e colori mediterranei vivacizzano il menu.

Rose Garden Palace

rist,

via Boncompagni 19 ✉ *00187* Ⓜ *Barberini* – ✆ *06 42 17 41*
– *www.rosegardenpalace.com* – *info@rosegardenpalace.com* **8OUd**
65 cam ☕ – †240/380 € ††260/440 €
Rist – *(chiuso domenica)* Carta 37/76 €
◆ All'interno di un palazzo d'inizio '900, il design moderno di tono minimalista ha ispirato lo stile degli arredi di questa risorsa, che mantiene tuttavia alcuni elementi architettonici tipici dell'edificio: soffitti alti e marmi pregiati.

Mecenate Palace Hotel

cam,

via Carlo Alberto 3 ✉ *00185* Ⓜ *Vittorio Emanuele* – ✆ *06 44 70 20 24*
– *www.mecenatepalace.com* – *info@mecenatepalace.com* **8PXh**
69 cam ☕ – †100/320 € ††180/390 € – 3 suites **Rist** – Menu 28 €
◆ I raffinati interni in stile non tradiscono lo spirito dell'ottocentesca struttura che ospita l'hotel. Se la vostra camera non si affaccia su S. Maria Maggiore, correte in terrazza: la vista è mozzafiato! Semplici sapori italiani nel ristorante all'ultimo piano.

Artemide

via Nazionale 22 ✉ *00184* Ⓜ *Repubblica* – ✆ *06 48 99 11*
– *www.hotelartemide.it* – *info@hotelartemide.it* **8OVb**
85 cam ☕ – ††150/450 € **Rist** – *(solo per alloggiati)* Carta 39/51 €
◆ In un pregevole edificio liberty di fine '800, un hotel di raffinatezza classica, che soddisfa le esigenze di una moderna ospitalità; spazi congressuali ben organizzati.

ROMA

Marcella Royal senza rist

via Flavia 106 ✉ 00187 – ☎ 06 42 01 45 91 – www.marcellaroyalhotel.com – info@marcellaroyalhotel.com **8**PU**z**

85 cam ☕ – 🚹150/230 € 🚹🚹200/350 €

◆ Che siano doppie o junior suite, le camere sono comunque belle ed accoglienti: le migliori sono tuttavia le superior al secondo piano (più moderne e recenti). Gradevole roof garden per colazioni e stuzzichini serali.

Canada senza rist

via Vicenza 58 ✉ 00185 Ⓜ Castro Pretorio – ☎ 0 64 45 77 70 – www.hotelcanadaroma.com – info@hotelcanadaroma.com **4**FS**u**

73 cam ☕ – 🚹128/164 € 🚹🚹146/198 €

◆ In un palazzo d'epoca nei pressi della stazione Termini, hotel di sobria eleganza con decorazioni d'epoca e affreschi dell'Ottocento (anche in alcune camere).

Ambra Palace senza rist

via Principe Amedeo 257 ✉ 00185 Ⓜ Vittorio Emanuele – ☎ 06 49 23 30 – www.ambrapalacehotel.com – info@ambrapalacehotel.com **4**FT**c**

78 cam ☕ – 🚹109/230 € 🚹🚹129/430 €

◆ La struttura è quella di un palazzo di metà Ottocento in un dinamico quartiere multietnico dietro la stazione. La risorsa è stata impostata per poter rispondere al meglio alle esigenze di una clientela prevalentemente d'affari.

Britannia senza rist

via Napoli 64 ✉ 00184 Ⓜ Repubblica – ☎ 0 64 88 31 53 – www.hotelbritannia.it – info@hotelbritannia.it **8**PV**y**

33 cam ☕ – 🚹130/200 € 🚹🚹150/240 €

◆ Graziose personalizzazioni e curati servizi in una struttura di piccole dimensioni, con camere di buon confort, quasi tutte rallegrate da un vivace acquario.

Antico Palazzo Rospigliosi senza rist

via Liberiana 21 ✉ 00185 Ⓜ Cavour – ☎ 06 48 93 04 95 – www.hotelrospigliosi.com – info@hotelrospigliosi.com

39 cam ☕ – 🚹95/160 € 🚹🚹120/290 € **8**PX**a**

◆ Residenza nobiliare del 16 secolo, dell'epoca mantiene intatti il fascino che aleggia nei grandi saloni e l'eleganza nonchè cura del dettaglio che caratterizzano le belle camere. Pregevole il chiostro-giardino impreziosito da una gorgogliante fontana e la splendida cappella interna del '600, perfettamente conservata.

La Residenza senza rist

via Emilia 22-24 ✉ 00187 Ⓜ Barberini – ☎ 0 64 88 07 89 – www.hotel-la-residenza.com – info@hotel-la-residenza.com **8**OU**f**

28 cam ☕ – 🚹100/150 € 🚹🚹190/240 €

◆ Ubicato tra via Veneto e Villa Borghese, un hotel di piccole dimensioni, che unisce servizi alberghieri di buon livello all'atmosfera di un'elegante abitazione privata: affreschi ottocenteschi nelle zone comuni.

Astoria Garden senza rist

via Bachelet 8/10 ✉ 00185 Ⓜ Castro Pretorio – ☎ 0 64 46 99 08 – www.hotelastoriagarden.it – hotelastoriagarden@tiscalinet.it **4**FS**c**

33 cam ☕ – 🚹100/185 € 🚹🚹130/260 €

◆ Un giardino di aranci e banani, un'occasione quasi unica e rilassante per soggiornare nella Città Eterna. Chiedete le camere che vi si affacciano: un paio dispongono di un tavolino privato all'aperto.

Valle senza rist

via Cavour 134 ✉ 00184 Ⓜ Cavour – ☎ 0 64 81 57 36 – www.therelaxinghotels.com – info@hotelvalle.it **8**PX**z**

42 cam ☕ – 🚹70/120 € 🚹🚹89/190 €

◆ Spazi limitati in questo albergo nelle vicinanze della basilica di S.Maria Maggiore; curate e gradevoli le camere, in maggior parte dotate di lettore dvd.

Villa San Lorenzo senza rist
via dei Liguri 7 ✉ 00185 Ⓜ San Giovanni – ✆ 0 64 46 99 88
– www.aventinohotels.com – info@hotelvillasanlorenzo.it **4FTb**
39 cam ☕ – †70/100 € ††100/160 €
♦ In una via appartata alle spalle della stazione Termini, la struttura dispone di spazi comuni limitati, ma camere comode con arredi di due tipi: in stile veneziano o classico. Piacevole corte interna e comodo posteggio.

Mascagni senza rist
via Vittorio Emanuele Orlando 90 ✉ 00185 – ✆ 06 48 90 40 40
– www.hotelmascagnirome.com – info@hotelmascagni.com **8PVg**
40 cam ☕ – †400 € ††470 €
♦ Un albergo curato nei minimi dettagli: camere arredate con mobili in legno massiccio, tappezzerie eleganti e bagni in stile retrò. Sicuramente un buon indirizzo per i vostri soggiorni nella capitale!

Best Roma senza rist
via di Porta Maggiore 51 ✉ 00185 – ✆ 06 77 07 69 28
– www.hotelbestroma.com – info@hotelbestroma.com **4FTa**
25 cam ☕ – †70/130 € ††80/180 €
♦ Aperto nel 2008 questo moderno albergo contrappone alla limitata disponibilità di spazi la qualità dei materiali utilizzati: marmi per reception e bagni, parquet di prestigio nelle camere con sfavillanti lampadari di Murano.

Invictus senza rist
via Quintino Sella 15 ✉ 00187 – ✆ 06 42 01 14 33 – www.hotelinvictus.com
– info@hotelinvictus.com **8PUf**
22 cam ☕ – †70/160 € ††90/280 €
♦ Al secondo piano di un palazzo, un piccolo e semplice albergo con spazi comuni quasi inesistenti: tutta la cura è quindi destinata alle camere avvolte in gradevoli tessuti colorati.

Columbia senza rist
via del Viminale 15 ✉ 00184 Ⓜ Termini – ✆ 0 64 88 35 09
– www.hotelcolumbia.com – info@hotelcolumbia.com **8PVf**
45 cam ☕ – †121/138 € ††160/188 €
♦ Camere accoglienti con arredi in arte povera e dettagli personalizzati, in una confortevole risorsa, nei pressi della stazione Termini. Nella bella stagione, prima colazione sulla terrazza roof garden.

Modigliani senza rist
via della Purificazione 42 ✉ 00187 Ⓜ Barberini – ✆ 06 42 81 52 26
– www.hotelmodigliani.com – info@hotelmodigliani.com **7NVb**
23 cam ☕ – †90/168 € ††100/195 €
♦ Una simpatica coppia di artisti gestisce questo tranquillo hotel ubicato a due passi da via Veneto. Le zone comuni sono arredate con quadri d'arte moderna. Prima colazione nel grazioso Bar Modì o, all'aperto, nella piccola corte interna.

Residenza A-The Boutique Art Hotel senza rist
via Vittorio Veneto 183 ✉ 00187 Ⓜ Barberini
– ✆ 06 48 67 00 – www.hotelviaveneto.com – info@hotelviaveneto.com
7 cam ☕ – †130/160 € ††160/200 € **8OUp**
♦ Elegante palazzo affacciato su una delle vie più famose al mondo, ospita al suo interno ambienti all'avanguardia arredati con gusto, moderno design e opere d'arte. Prima colazione italiana in camera o, giù, in un bar di via Veneto.

66 Imperial-Inn senza rist
via del Viminale 66 ✉ 00184 Ⓜ Termini – ✆ 0 64 82 56 48
– www.66imperialinn.com – info@66imperialinn.com **8PVd**
7 cam ☕ – †80/160 € ††85/190 €
♦ Al quarto piano di un palazzo residenziale, il confort delle ampie camere che ospitano mobili d'epoca e pezzi di design, nonché bagni in marmo, non vi farà pentire di aver scelto questo tipo di struttura rispetto ad un hotel più convenzionale. Wi-Fi gratuito.

58 Le Real de Luxe senza rist

via Cavour 58 ✉ 00184 Ⓜ Cavour – ✆ 0 64 82 35 66 – www.lerealdeluxe.com – info@58viacavour.it **8**PV**b**

9 cam – ††70/120 €

◆ Camere ampie e ben arredate, alcune con doccia cromoterapica, in un bed and breakfast dalla squisita gestione femminile, intraprendente e cordiale.

Relais La Maison senza rist

via Depretis 70 ✉ 00184 Ⓜ Repubblica – ✆ 06 48 93 07 74 – www.relaislamaison.com – info@relaislamaison.com **8**PV**a**

6 cam – †90/170 € ††100/180 €

◆ All'ultimo piano di un palazzo, una "bomboniera" dove tutto è piccino, tranne le camere: spaziose, moderne e confortevoli...come essere ospiti di una bella abitazione privata nella Città Eterna.

Moses Fountain senza rist

via XX Settembre 98 ✉ 00187 – ✆ 06 48 91 39 74 – www.mosesfountain.com – stay@mosesfountain.com **8**PV**e**

6 cam – ††185/310 €

◆ Una vera e propria dimora dentro un monumento storico: la cinquecentesca Fontana di Mosè. Gli interni sono invece recentissimi, curati, dal design modaiolo, soprattutto nell'elegante scelta cromatica. Un solo terrazzino come spazio comune: qui è servita la prima colazione baciati dal sole, altrimenti in camera.

Mirabelle – Hotel Splendide Royal

via di porta Pinciana 14 ✉ 00187 Ⓜ Barberini – ✆ 06 42 16 88 38 – www.mirabelle.it – mirabelle@splendideroyal.com **7**NU**b**

Rist – Carta 104/156 €

Spec. Terrina di foie gras tartufato con gelatina al Sauternes. Riso al salto con pistilli di zafferano, punte d'asparagi e fonduta di parmigiano. Pezzogna in guazzetto con capperi di Salina ed olive taggiasche.

◆ Uno dei roof-garden più spettacolari di Roma, la vista spazia dai parchi al Vaticano per fermarsi su piatti di cucina locale e internazionale, trionfo di eclettismo gastronomico.

La Terrazza – Hotel Eden

via Ludovisi 49 ✉ 00187 Ⓜ Barberini – ✆ 06 47 81 27 52 – laterrazzadelleden.roma@lemeridien.com **7**NU**a**

Rist – Carta 97/136 €

◆ Un breve tragitto in ascensore vi conduce alla sala da pranzo all'ultimo piano dell'edificio: una parete di vetro continua, per abbracciare in un solo sguardo l'intero centro storico. Straordinaria cornice per cene memorabili.

Agata e Romeo (Agata Parisella)

via Carlo Alberto 45 ✉ 00185 Ⓜ Vittorio Emanuele – ✆ 0 64 46 61 15 – www.agataeromeo.it – ristorante@agataeromeo.it – chiuso dal 1° al 16 gennaio, dal 6 al 21 agosto, sabato, domenica

Rist – Menu 110/130 € – Carta 90/125 € **8**PX**d**

Spec. Cinque modi di cucinare il baccalà. Ravioli al basilico farciti con pappa al pomodoro (estate). Il millefoglie di Agata.

◆ In un quartiere sempre più multietnico, il ristorante è un'eccezione per la continua ricerca sui prodotti e la rielaborazione di piatti romani e nazionali. Ormai un classico della capitale!

Antonello Colonna

scalinata di via Milano 9/a, (Palazzo delle Esposizioni) ✉ 00184 Ⓜ Termini – ✆ 06 47 82 26 41 – www.antonellocolonna.it – info@opencolonna.it – chiuso ad agosto, domenica, lunedì **8**OV**c**

Rist – *(chiuso a mezzogiorno)* (consigliata la prenotazione) Carta 93/121 €

Spec. Negativo di carbonara. Cubi di coda alla vaccinara. Maialino croccante.

◆ All'interno dell'imponente Palazzo delle Esposizioni, un *open space* di vetro è lo scrigno per una cucina creativa, ma rispettosa della tradizione, sempre pronta a stupire.

Gaetano Costa

via Sicilia 45 ✉ 00186 – ✆ 06 42 01 68 22 – www.gaetanocostarestaurante.com – gaetanocostarestaurant@email.it **8OUb**

Rist – Menu 50/100 € – Carta 54/70 €

◆ Nuovo ristorante moderno, sia negli arredi sia nella linea di cucina, che prevede carne e pesce. A pranzo, oltre alla carta gourmet anche alcuni menu di lavoro; mentre nel pomeriggio l'elegante sala divente il luogo d'elezione per l'*afternoon tea.*

Giovanni

via Marche 64 ✉ 00187 Ⓜ Barberini – ✆ 0 64 82 18 34 – www.ristorantegiovanni.net – giovannisbrega@hotmail.it – chiuso agosto, venerdì sera, sabato **8OUa**

Rist – Carta 40/60 €

◆ L'indirizzo già rivela l'origine dei proprietari e il tipo di cucina, sebbene - da oltre 70 anni - nelle accoglienti sale di questo ristorante, ci sia spazio anche per specialità laziali e italiane.

Papà Baccus

via Toscana 32/36 ✉ 00187 Ⓜ Barberini – ✆ 06 42 74 28 08 – www.papabaccus.com – papabaccus@papabaccus.com – chiuso sabato a mezzogiorno e domenica **8OUw**

Rist – Carta 51/78 €

◆ Nella zona di via Veneto, se gli arredi del locale sono classici, la gestione è giovane e pimpante. In menu: invitanti proposte di mare, nonché una cucina che abbraccia Toscana (carne chianina e maiale di cinta senese), Lazio e, in generale, il Bel Paese.

Colline Emiliane

via degli Avignonesi 22 ✉ 00187 Ⓜ Barberini – ✆ 0 64 81 75 38 – chiuso agosto, domenica sera, lunedì **7NVd**

Rist – (consigliata la prenotazione) Carta 36/46 €

◆ A due passi da piazza Barberini, calorosa gestione familiare in questo semplice locale dai pochi tavoli serrati, dove gustare i piatti della tradizione emiliana: *in primis*, le paste tirate a mano come un tempo.

Trimani il Wine Bar

via Cernaia 37/b ✉ 00185 – ✆ 0 64 46 96 30 – www.trimani.com – info@trimani.com – chiuso dal 5 al 27 agosto, sabato a mezzogiorno da giugno ad agosto e domenica escluso novembre-dicembre e i giorni festivi **8PUg**

Rist – Carta 33/42 €

◆ Moderna enoteca costruita nel rispetto di alcune peculiarità tipiche delle antiche mescite di vino capitoline: vastissima scelta di vini, con una pagina fitta dedicata a quelli offerti al bicchiere. Il menu propone piatti caldi e freddi, nonché un buon assortimento di formaggi italiani e d'Oltralpe.

Roma Antica

Fortyseven

via Petroselli 47 ✉ 00186 – ✆ 0 66 78 78 16 – www.fortysevenhotel.com – reservations@fortysevenhotel.com **11NZa**

59 cam – 200/290 € 210/300 € – 2 suites

Rist *Circus* – *(chiuso a mezzogiorno escluso da settembre a giugno)* Carta 48/70 €

◆ Il nome allude al numero civico della via che scende dal Teatro di Marcello, ognuno dei 5 piani di questo austero palazzo degli anni '30 è dedicato ad un artista italiano del '900: Greco, Quagliata, Mastroianni, Modigliani e Guccione. Quadri, sculture, litografie: l'arte contemporanea trova il suo albergo-museo.

Capo d'Africa senza rist
via Capo d'Africa 54 ✉ 00184 Ⓜ Colosseo – ☎ 06 77 28 01
– www.hotelcapodafrica.com – info@hotelcapodafrica.com **12**PZ**b**
65 cam ☕ – 🚹300/320 € 🚹🚹380/400 €
♦ Camere suddivise in due tipologie in base alla metratura, ma la finezza degli arredi e l'ambiente moderno contraddistinguono tutta la struttura. A due passi dal Colosseo.

Palazzo Manfredi
via Labicana 125 ✉ 00184 Ⓜ Colosseo – ☎ 06 77 59 13 80
– www.hotelpalazzomanfredi.it – info@hotelpalazzomanfredi.it **12**PY**a**
12 cam ☕ – 🚹260/450 € 🚹🚹290/680 € – 4 suites **Rist** – Carta 74/113 €
♦ Fascino e ricercatezza nelle camere e nelle splendide suite affacciate sul Colosseo e sulla Domus Aurea, ma il più grande pregio dell'hotel è la terrazza roof garden: per la prima colazione o per una romantica cena.

Duca d'Alba senza rist
via Leonina 12/14 ✉ 00184 Ⓜ Cavour – ☎ 06 48 44 71
– www.hotelducadalba.com – info@hotelducadalba.com **12**OY**c**
27 cam ☕ – 🚹100/190 € 🚹🚹110/295 €
♦ Nel pittoresco quartiere anticamente detto della Suburra, l'albergo, completamente ristrutturato, è dotato di camere complete, con arredi classici eleganti.

Sant'Anselmo senza rist
piazza Sant'Anselmo 2 ✉ 00153 – ☎ 06 57 00 57 – www.aventinohotels.com
– info@aventinohotels.com **11**MZ**c**
34 cam ☕ – 🚹130/265 € 🚹🚹180/290 €
♦ Villa liberty con piccolo giardino interno, dove modernità e antico fascino si fondono armoniosamente dando vita ad uno stile cosmopolita e raffinato. Le camere esprimono un carattere ricercato e personalizzato, condensato in nomi evocativi : Mille e una notte, Non ti scordar di me, Cuori coccole e carezze...

Borromeo senza rist
via Cavour 117 ✉ 00184 Ⓜ Cavour – ☎ 06 48 58 56 – www.hotelborromeo.com
– info@hotelborromeo.com **12**PX**z**
28 cam ☕ – 🚹70/180 € 🚹🚹80/240 € – 2 suites
♦ Nelle vicinanze della basilica di S. Maria Maggiore, comodo albergo con camere confortevoli e ben accessoriate; arredi in stile classico e piacevole roof-garden.

Villa San Pio
via di Santa Melania 19 ✉ 00153 Ⓜ Piramide – ☎ 06 57 00 57
– www.aventinohotels.com – info@aventinohotels.com **11**MZ**b**
78 cam ☕ – 🚹95/200 € 🚹🚹120/240 €
Rist – *(chiuso sabato) (chiuso a mezzogiorno) (solo per alloggiati)* Carta 37/59 €
♦ La fisionomia di una bella villa residenziale, immersa in un rigoglioso giardino mediterraneo, e al suo interno mobili in stile impero, tappeti orientali e quadri antichi; camere dalle piacevoli personalizzazioni e bagni in marmo.

Celio senza rist
via dei Santi Quattro 35/c ✉ 00184 Ⓜ Colosseo – ☎ 06 70 49 53 33
– www.hotelcelio.com – info@hotelcelio.com **12**PZ**a**
19 cam ☕ – 🚹130/220 € 🚹🚹150/250 €
♦ Un trionfo di mosaici artistici questo albergo - proprio di fronte al Colosseo - che offre eleganti stanze personalizzate ed un hammam con annessa zona relax.

Solis senza rist
via Cavour 311 ✉ 00184 Ⓜ Cavour – ☎ 06 69 92 05 87 – www.hotelsolis.it
– info@hotelsolis.it **12**OY**b**
17 cam ☕ – 🚹70/110 € 🚹🚹90/160 €
♦ Dispone ora di una hall al piano terra questo signorile, piccolo albergo raccolto, nelle adiacenze del Colosseo; camere ampie, ben arredate, con ogni confort moderno.

Nerva senza rist
via Tor de' Conti 3/4/4 a ✉ 00184 Ⓜ Colosseo – ✆ 0 66 78 18 35 – www.hotelnerva.com – info@hotelnerva.com **11**NY**h**
19 cam – 60/150 € 80/220 €
◆ Spazi comuni limitati, ma graziosi, nonché camere confortevoli in una piccola risorsa a conduzione familiare, ubicata in una via nella zona dei Fori Imperiali a cinque minuti dal Colosseo e dalla Fontana di Trevi.

Paba senza rist
via Cavour 266 ✉ 00184 Ⓜ Cavour – ✆ 06 47 82 49 02 – www.hotelpaba.com – info@hotelpaba.com **12**OY**b**
7 cam – 75/100 € 88/150 €
◆ Al secondo piano di un vecchio palazzo, una risorsa moderna, molto contenuta negli spazi, condotta da un'esperta gestione familiare. Prezzi decisamente interessanti.

Anne & Mary senza rist
via Cavour 325 ✉ 00184 Ⓜ Colosseo – ✆ 06 69 94 11 87 – www.anne-mary.com – info@anne-mary.com **12**OY**b**
6 cam – 80/100 € 100/130 €
◆ La gestione affidabile e signorile ha saputo imprimere un'impronta omogenea a questa piccola e graziosa risorsa. Belle camere, al primo piano di un palazzo vicino ai Fori.

Checchino dal 1887
via Monte Testaccio 30 ✉ 00153 Ⓜ Piramide – ✆ 0 65 74 38 16 – www.checchino-dal-1887.com – checchino_roma@tin.it – chiuso dal 24 dicembre al 2 gennaio, agosto, domenica, lunedì **3**DT**a**
Rist – Carta 31/56 €
◆ A tavola con la storia, e non solo perché la parete di fondo della cantina - accessibile attraverso la cucina - è formata da cocci di terracotta che nei secoli hanno dato vita al colle del Testaccio, ma perché il menu sciorina una serie di piatti tipici romani a base di carne e frattaglie.

St. Teodoro
via dei Fienili 49 ✉ 00186 – ✆ 0 66 78 09 33 – www.st-teodoro.it – info@st-teodoro.it – chiuso dal 24 dicembre al 15 gennaio, domenica a mezzogiorno
Rist – (consigliata la prenotazione la sera) Carta 60/76 € **11**NY**a**
◆ In una caratteristica strada della città antica, tra rovine romane, verde e tesori rinascimentali, un ambiente moderno con quadri contemporanei alle pareti e una cucina che rivisita e alleggersce la tradizione.

Trattoria Monti
via di San Vito 13/a ✉ 00185 Ⓜ Cavour – ✆ 0 64 46 65 73 – chiuso 10 giorni a Natale, 1 settimana a Pasqua, agosto, domenica sera, lunedì
Rist – (consigliata la prenotazione) Carta 34/52 € **12**PY**c**
◆ Dopo i lavori di restauro effettuati qualche anno fa, la trattoria si presenta in chiave pacatamente moderna, pur mantenendo un'aura particolare con sedie in legno e le lampade che scendono sui tavoli. Le specialità spaziano dal Lazio alle Marche, terra di origine del fondatore del locale.

Felice a Testaccio
via Mastrogiorgio 29 ✉ 00153 – ✆ 0 65 74 68 00 – www.feliceatestaccio.com – salvatoretiscione@yahoo.it – chiuso agosto e domenica sera **3**DT**c**
Rist – (consigliata la prenotazione) Carta 30/45 €
◆ Vetrate opache, muri con mattoni a vista, tavoli in legno: tutto richiama la schiettezza delle osterie d'inizio secolo. Anche la cucina non si discosta da questo impianto proponendo piatti rigorosamente romano/laziale per appetiti robusti.

San Pietro (Città del Vaticano)

Rome Cavalieri
via Cadlolo 101 ✉ 00136 – ☎ 0 635 0 91
– www.romecavalieri.com – guestservices.rome@hilton.com **3**CS**a**
345 cam – †285/755 € ††315/785 €, ☕ 38 € – 25 suites
Rist La Pergola – vedere selezione ristoranti
Rist *L'Uliveto* – Menu 45/75 € – Carta 80/108 €
♦ E' un imponente edificio che severamente guarda dall'alto l'intera città; all'interno tutto è all'insegna dell'eccellenza, dalla collezione d'arte alle terrazze del giardino con piscina. Ai bordi della piscina, ristorante di ambiente informale per cenare con musica dal vivo.

Farnese senza rist
via Alessandro Farnese 30 ✉ 00192 Ⓜ Lepanto – ☎ 0 63 21 25 53
– www.hotelfarnese.com – info@hotelfarnese.com **6**KU**e**
23 cam ☕ – †140/220 € ††180/300 €
♦ La hall è un curioso scrigno d'arte e di atmosfera d'epoca con il suo paliotto in marmo policromo del XVII secolo; atmosfera d'epoca e raffinatezza nei curati interni in stile. Dalla terrazza, la cupola di san Pietro.

Grand Hotel Tiberio
via Lattanzio 51 ✉ 00136 Ⓜ Cipro Musei Vaticani
– ☎ 06 39 96 29 – www.ghtiberio.com – info@ghtiberio.com **1**AQ**f**
91 cam ☕ – †255 € ††295 € **Rist** – Carta 31/50 €
♦ Nell'elegante e storica zona residenziale sorta sulle ceneri di un insediamento industriale, la bella facciata anticipa l'eleganza degli interni, dalla hall con grandi vetrate alle camere spaziose e confortevoli.

Grand Hotel del Gianicolo
viale Mura Gianicolensi 107 ✉ 00152
Ⓜ Cipro Musei Vaticani – ☎ 06 58 33 34 05 – www.grandhotelgianicolo.it
– info@grandhotelgianicolo.it **10**JZ**b**
48 cam ☕ – †130/380 € ††160/410 €
Rist *Corte degli Angeli* – Carta 42/56 €
♦ Un'elegante palazzina ospita un hotel di livello con camere confortevoli e ambienti comuni raffinati. Nel curato giardino anche una piscina. Un'elegante palazzina dotata di curato giardino con piscina, ospita questo hotel di alto livello con camere confortevoli e spaziose e ambienti comuni raffinati.

Dei Mellini senza rist
via Muzio Clementi 81 ✉ 00193 Ⓜ Lepanto – ☎ 06 32 47 71
– www.hotelmellini.com – info@hotelmellini.com **6**KU**f**
66 cam ☕ – †255/270 € ††320/355 € – 14 suites
♦ Tra Piazza di Spagna e la Basilica di San Pietro, l'hotel si trova in un prestigioso edificio in stile umbertino: spaziose camere di raffinato design, arredate in stile inglese e decorate con motivi ispirati all'Art Decò.

Alimandi Vaticano senza rist
viale Vaticano 99 ✉ 00165 Ⓜ Ottaviano-San Pietro – ☎ 06 39 74 55 62
– www.alimandi.it – alimandivaticano@alimandi.com **5**GU**b**
24 cam ☕ – †120/180 € ††130/200 €
♦ Per un gradevole soggiorno proprio di fronte all'ingresso dei Musei Vaticani, marmi e legni pregiati contribuiscono all'eleganza delle camere, ricche di accessori e dotazioni.

Sant'Anna senza rist
borgo Pio 133 ✉ 00193 Ⓜ Ottaviano-San Pietro – ☎ 06 68 80 16 02
– www.hotelsantanna.com – santanna@travel.it **5**HV**m**
20 cam ☕ – †90/160 € ††130/220 €
♦ In un palazzo cinquecentesco a pochissimi passi da San Pietro, un piccolo e accogliente albergo caratterizzato da ambienti d'atmosfera con soffitti a cassettoni e da un grazioso cortile interno.

Bramante senza rist

vicolo delle Palline 24 ✉ 00193 Ⓜ Ottaviano-San Pietro – ☎ 06 68 80 64 26 – www.hotelbramante.com – info@hotelbramante.com **5**HV**b**

16 cam – 100/170 € 150/240 €

◆ Nel cuore del caratteristico e pedonalizzato quartiere Borgo, l'albergo è stato crocevia della storia: ancora intuibile nelle parti più vecchie del '400.

Gerber senza rist

via degli Scipioni 241 ✉ 00192 Ⓜ Lepanto – ☎ 0 63 21 64 85 – www.hotelgerber.it – info@hotelgerber.it **6**JU**h**

27 cam – 80/120 € 100/170 €

◆ Nelle vicinanze del metrò, un albergo classico a conduzione familiare: legno chiaro sia negli spazi comuni sia nelle confortevoli camere (in progressivo rifacimento, optare per quelle più recenti).

Arcangelo senza rist

via Boezio 15 ✉ 00192 Ⓜ Lepanto – ☎ 0 66 87 41 43 – www.hotelarcangeloroma.com – info@hotelarcangeloroma.it **6**JU**f**

33 cam – 100/150 € 150/260 €

◆ Nel cuore pulsante di Roma - vicino a Castel Sant'Angelo - una bella risorsa recentemente ristrutturata con camere spaziose dagli alti soffitti, parquet o moquette inglese. Il delizioso roof garden incorniciato da rampicanti sempre verdi offre una pregevole vista sulla Basilica di S. Pietro.

La Pergola – Hotel Rome Cavalieri

via Cadlolo 101 ✉ 00136 – ☎ 06 35 09 21 52 – www.romecavalieri.com – lapergola.rome@hilton.com – chiuso dal 1° al 24 gennaio, dal 14 al 29 agosto, domenica, lunedì **3**CS**a**

Rist – *(chiuso a mezzogiorno)* (prenotazione obbligatoria) Carta 125/184 €

Spec. Carpaccio tiepido di tonno su pappa al pomodoro. Spaghetti cacio e pepe con gamberi bianchi marinati al lime. Guancetta di maialino con scarola, burrata e riso soffiato al peperoncino.

◆ Parafrasando il celebre film, Heinz Beck è "*un tedesco a Roma*"...ormai più italiano di molti suoi colleghi! Nel panoramico roof garden, la sua cucina è romana e mediterranea, il servizio un riferimento per precisione e professionalità.

Enoteca Costantini-Il Simposio

piazza Cavour 16 ✉ 00193 Ⓜ Lepanto – ☎ 06 32 11 11 31 – alexmora64@hotmail.com – chiuso agosto, sabato a mezzogiorno, domenica **6**KU**c**

Rist – Carta 40/69 €

◆ E' una lussureggiante vite metallica a disegnare l'ingresso di questo ristorante-enoteca dove è possibile gustare foie gras, come specialità, e formaggi, accompagnati da un bicchiere di vino.

Antico Arco

piazzale Aurelio 7 ✉ 00152 – ☎ 0 65 81 52 74 – www.anticoarco.it – info@anticoarco.it – chiuso 1 settimana in dicembre e 10 giorni in agosto **10**JZ**a**

Rist – *(chiuso a mezzogiorno)* Carta 52/74 €

◆ Moderno, luminoso e alla moda, il cuoco seleziona i migliori prodotti italiani per reinterpretarli con fantasia e creatività: piatti unici ed originali.

L'Arcangelo

via G.G. Belli 59 ✉ 00193 Ⓜ Lepanto – ☎ 0 63 21 09 92 – ristorantelarcangelo@virgilio.it – chiuso 20 giorni in agosto, sabato a mezzogiorno, domenica

Rist – Carta 52/72 € (+10 %) **6**KU**g**

◆ Semplice e austero: la meritata fama del ristorante è legata alla ricerca dei migliori prodotti, regionali e non solo. Vera passione del proprietario che, come un arcangelo, vi guida nel paradiso del gusto e delle nicchie gastronomiche.

Da Cesare

via Crescenzio 13 ✉ 00193 Ⓜ Lepanto – ✆ 0 66 86 12 27 – www.ristorantecesare.com – cesarrst@tin.it – chiuso dal 13 agosto al 6 settembre, domenica sera **6**KUV**s**

Rist – Carta 32/50 €

♦ Come allude il giglio di Firenze sui vetri all'ingresso, le specialità di questo locale sono toscane, oltre che di mare. Ambiente accogliente, la sera anche pizzeria.

Settembrini

via Settembrini 25 ✉ 00195 Ⓜ Lepanto – ✆ 0 63 23 26 17 – www.ristorantesettembrini.it – info@ristorantesettembrini.it – chiuso sabato a mezzogiorno, domenica **6**JU**a**

Rist – (consigliata la prenotazione la sera) Menu 55 € – Carta 35/56 €

♦ Raffinata cucina dai sapori mediterranei, in un piacevole bistrot alla moda dall'ambiente giovane e dinamico. Se amate i contesti insoliti, optate per il tavolo in cantina circondato dai vini. Piatti più semplici ed economici a pranzo.

Parioli

Grand Hotel Parco dei Principi

via Gerolamo Frescobaldi 5 ✉ 00198 – ✆ 06 85 44 21 – www.parcodeiprincipi.com – reservations@parcodeiprincipi.com rist, **4**ES**a**

166 cam – 🚹154/374 € 🚹🚹220/649 €, ☕ 28 € – 13 suites

Rist ***Pauline Borghese*** – Carta 55/90 €

♦ In zona tranquilla e residenziale, l'albergo si bea del verde di Villa Borghese, mentre le camere ai piani più alti vedono la cupola di San Pietro. Trionfo di boiserie, tappetti e falsi d'autore. Esclusivo ristorante che propone una cucina eclettica ben interpretata.

Aldrovandi Villa Borghese

via Ulisse Aldrovandi 15 ✉ 00197 – ✆ 0 63 22 39 93 – www.aldrovandi.com – hotel@aldrovandi.com cam, **4**ES**c**

96 cam – 🚹600/800 € 🚹🚹650/850 €, ☕ 33 € – 11 suites

Rist ***Baby*** – ✆ 0 63 21 61 26 – Carta 75/95 €

♦ In un elegante palazzo di fine '800, lussuosi interni d'epoca, camere di signorile raffinatezza e, sul retro dell'edificio, un grazioso giardino interno racchiuso tra due ali. Il ristorante è il fiore all'occhiello dell'hotel: sapori mediterranei e specialità di pesce in ambienti luminosi e minimalisti.

Lord Byron

via G. De Notaris 5 ✉ 00197 Ⓜ Flaminio – ✆ 0 63 22 04 04 – www.lordbyronhotel.com – info@lordbyronhotel.com **3**DS**b**

26 cam ☕ – 🚹220/405 € 🚹🚹230/531 € – 6 suites

Rist ***Sapori del Lord Byron*** – *(chiuso domenica)* Carta 53/71 €

♦ A pochi metri dal verde di Villa Borghese, una dimora per un soggiorno in cui regnano eleganza ed eco di art déco; nelle camere lusso e confort moderni. Un impeccabile servizio farà da cornice. Ingresso indipendente per il signorile ristorante: tra specchi, marmi e dipinti di pregio è ideale per cene intime e raccolte.

The Duke Hotel

cam, rist,

via Archimede 69 ✉ 00197 – ✆ 06 36 72 21 – www.thedukehotel.com – theduke@thedukehotel.com **3**DS**w**

78 cam ☕ – 🚹365/490 € 🚹🚹490/615 € **Rist** – Carta 44/65 €

♦ In una tranquilla zona residenziale, una discreta, ovattata atmosfera da raffinato club inglese dagli interni in stile ma con accessori moderni; davanti al camino il tè delle 5. Al ristorante, la cucina nazionale ed internazionale, riviste con creatività.

ROMA

Fenix
cam, rist,

viale Gorizia 5 ✉ 00198 Ⓜ Bologna – ☎ 0 68 54 07 41 – www.fenixhotel.it – info@fenixhotel.it **4FSn**

73 cam – 175/220 € 190/240 € – ½ P 120/145 €

Rist – *(chiuso agosto, sabato sera, domenica)* Carta 25/56 €

◆ Sempre attento alle nuove tendenze, pareti e soffitti originali e variopinti per creare curati ambienti signorili, arredati con gusto; piacevole il giardino interno. Vicino al parco di Villa Torlonia. Tenui e raffinati tocchi di colore dominano nell'unica sala da pranzo.

Villa Morgagni senza rist

via G.B. Morgagni 25 ✉ 00161 Ⓜ Policlinico – ☎ 06 44 20 21 90 – www.villamorgagni.it – info@villamorgagni.it **4FSx**

34 cam – 90/150 € 120/250 €

◆ Riservatezza e silenzio, accanto al ricercato confort delle camere, in un contesto di eleganza liberty. D'estate o d'inverno, il primo pasto della giornata è allestito sul panoramico roof garden.

Villa Mangili senza rist

via G. Mangili 31 ✉ 00197 Ⓜ Flaminio – ☎ 0 63 21 71 30 – www.hotelvillamangili.it – info@hotelvillamangili.it **3DSc**

12 cam – 195 € 245 €

◆ Si gioca su un piacevole contrasto antico-moderno, quello di un edificio d'epoca che custodisce ambienti sorprendentemente moderni e colorati, con richiami etnici. Le camere si affacciano su un tranquillo piccolo giardino.

Villa Glori senza rist

via Celentano 11 ✉ 00196 Ⓜ Flaminio – ☎ 0 63 22 76 58 – www.hotelvillaglori.it – info@hotelvillaglori.it **3DSe**

52 cam – 90/130 € 140/200 €

◆ Nella "piccola Londra", il quartiere dalle caratteristiche case basse precedute da un piccolo giardino, Villa Glori è un indirizzo familiare e accogliente, con interni signorili e funzionali.

Buenos Aires senza rist

via Clitunno 9 ✉ 00198 – ☎ 0 68 55 48 54 – www.hotelbuenosaires.it – info@hotelbuenosaires.it **4ESk**

54 cam – 115/200 € 160/270 €

◆ Elegante e tranquilla la zona, facilmente raggiungibile il centro; questa palazzina dei primi del Novecento vanta recenti rinnovi nelle camere, realizzate tra design e forme ortogonali. Ideale per una clientela sia turistica che di lavoro.

XX Al Ceppo

via Panama 2 ✉ 00198 – ☎ 0 68 55 13 79 – www.ristorantealceppo.it – info@ristorantealceppo.it – chiuso dal 12 al 24 agosto e lunedì **4ESq**

Rist – Carta 52/69 €

◆ Tono rustico, ma elegante per una cucina mediterranea che presenta piatti interpretati in chiave moderna. Specialità tra i secondi carni e pesce alla griglia, preparati direttamente in sala.

X Ambasciata d'Abruzzo

via Pietro Tacchini 26 ✉ 00197 Ⓜ Euclide – ☎ 0 68 07 82 56 – www.ambasciatadiabruzzo.com – info@ambasciatadiabruzzo.com – chiuso dal 28 dicembre all'8 gennaio e dal 13 al 31 agosto **4ESe**

Rist – (prenotare) Carta 28/46 €

◆ Appare quasi inaspettatamente, una trattoria a gestione familiare nel cuore di un quartiere residenziale. Sin dagli antipasti, i classici della cucina abruzzese, ma anche piatti laziali e di pesce.

All'Oro (Riccardo Di Giacinto)
via Eleonora Duse 1/e ✉ 00197 – ☎ 06 97 99 69 07 – www.ristorantealloro.it – info@ristorantealloro.it – chiuso 1 settimana in gennaio, 3 settimane in agosto, sabato a mezzogiorno, domenica, lunedì a mezzogiorno **4**ES**x**
Rist – Carta 59/77 €
Spec. "Tiramisù" di patate e baccalà con lardo di cinta senese. Raviolini di mascarpone con ragù d'anatra e riduzione di vino rosso. Spigola in porchetta con zuppa di carbonara e tartufo.
◆ Ambiente semplice e moderno per una cucina creativa e personalizzata, ma mai artificiosa, dove i sapori romani - veraci e gustosi - rimangono gli "eletti".

Zona Trastevere

Trilussa Palace cam,
piazza Ippolito Nievo 25/27 ✉ 00153 – ☎ 0 65 88 19 63 – www.trilussapalacehotel.it – info@trilussapalacehotel.it
40 cam – 130/310 € 140/390 € – 5 suites **10**JZ**c**
Rist – *(chiuso a mezzogiorno)* Carta 44/54 €
◆ Tra la stazione di Trastevere ed il quartiere vecchio, hotel di tono signorile con pavimenti in marmo negli spazi comuni, piacevole centro benessere e panoramico *roof garden*: l'inconfondibile stile italiano in un albergo internazionale. Oltre al ristorante tradizionale, in estate, la griglieria sull'esclusiva terrazza.

Santa Maria senza rist
vicolo del Piede 2 ✉ 00153 – ☎ 0 65 89 46 26 – www.hotelsantamaria.info – info@hotelsantamaria.info **10**KYZ**a**
20 cam – 100/190 € 120/230 € – 2 suites
◆ Si sviluppa su un piano intorno ad un cortile-giardino questa nuova, tranquilla risorsa, nata dove c'era un chiostro del '400. A pochi passi da S.Maria in Trastevere.

Arco dei Tolomei senza rist
via dell'Arco dè Tolomei 27 ✉ 00153 – ☎ 06 58 32 08 19 – www.bbarcodeitolomei.com – info@bbarcodeitolomei.com **11**MZ**a**
6 cam – 120/185 € 140/210 €
◆ In un antico palazzo di origine medievale, una residenza privata apre le proprie porte ed accoglie l'ospite facendolo sentire come a casa propria: il calore del parquet nelle belle camere, arredate con gusto e piacevolmente funzionali.

Antica Pesa
via Garibaldi 18 ✉ 00153 – ☎ 0 65 80 92 36 – www.anticapesa.it – info@anticapesa.it – chiuso domenica **10**JY**a**
Rist – *(chiuso a mezzogiorno)* Carta 48/64 €
◆ La cucina seleziona accuratamente le materie prime, elaborandole poi in ricette dalla "firma" romana, in questo ex deposito del grano dell'attiguo Stato Pontificio. Alle pareti grandi dipinti di artisti contemporanei e presso l'ingresso un salottino davanti al caminetto.

Glass Hostaria (Cristina Bowerman)
vicolo del Cinque 58 ✉ 00153 – ☎ 06 58 33 59 03 – www.glasshostaria.it – infoglass@libero.it – chiuso 24, 25 e 26 dicembre, dal 10 al 19 gennaio, dall'11 luglio al 3 agosto e lunedì **10**KY**d**
Rist – *(chiuso a mezzogiorno)* Carta 53/70 €
Spec. Spaghetti affumicati, caglio di latte di capra, friggitelli e bottarga. Fichi arrostiti al pepe verde, mousse di ricotta di bufala, pancia di maiale cotta a bassa temperatura e saba. Torcione di caprino e pistacchi con ciliegie e rosmarino.
◆ Nel cuore di Trastevere un locale all'insegna del design, dove un originale e creativo gioco di luci crea un'atmosfera avvolgente, qualche volta piacevolmente conturbante. Ad accendersi in pieno è la cucina: fantasiosamente moderna.

XX **Sora Lella**

via di Ponte Quattro Capi 16, Isola Tiberina ✉ 00186 – ✆ 0 66 86 16 01 – www.soralella.com – soralella@soralella.com – chiuso 3 settimane in agosto e domenica **11**MY**g**

Rist – Carta 38/54 €

◆ Figlio e nipoti della famosa "Sora Lella", ora scomparsa, perpetuano degnamente la tradizione sia nel calore dell'accoglienza che nella tipicità romana delle proposte.

XX **A'Ciaramira**

via Natale del Grande 41 ✉ 00153 – ✆ 0 65 88 16 70 – www.aciaramira.it – fiaghina@libero.it – chiuso 1 settimana in agosto, domenica **10**KZ**a**

Rist – *(chiuso a mezzogiorno)* Carta 40/71 €

◆ Dopo i lunghi lavori di ristrutturazione, che hanno interessato il locale, il ristorante ha assunto un taglio più classico rispetto alla precedente impostazione: due belle sale con parquet e soffitto alto a volta. La carta, invece, è rimasta fedele a se stessa: tanto pesce, con qualche accattivante proposta di carne.

X **Corsetti-il Galeone**

piazza San Cosimato 27 ✉ 00153 – ✆ 0 65 81 63 11 – www.corsettiilgaleone.it – info@corsettiilgaleone.it **10**KZ**m**

Rist – Carta 30/60 €

◆ Molto caratteristica l'ambientazione, in un antico galeone, di una delle varie sale del ristorante, gestito dalla stessa famiglia dal 1922. Specialità romane e di mare.

Zona Urbana Nord-Ovest

Colony

via Monterosi 18 ✉ 00191 – ✆ 06 36 30 18 43 – www.colonyhotel.it – info@colonyhotel.it **2**BQ**n**

72 cam – †104/135 € ††128/160 € **Rist** – Carta 52/60 €

◆ In una palazzina di un quartiere alberato e tranquillo, atmosfere coloniali e vagamente inglesi negli ambienti scuri e ricercati. In una palazzina di un quartiere alberato e tranquillo, atmosfere coloniali e vagamente inglesi negli ambienti scuri e ricercati.

Zone Hotel

via A. Fusco 118 ✉ 00136 – ✆ 06 35 40 41 11 – www.zonehotel.com – info@zonehotel.com **1**AQ**e**

68 cam – †80/250 € ††100/400 €

Rist – *(solo per alloggiati)* Carta 27/46 €

◆ Al termine di un cul-de-sac in zona residenziale e tranquilla, le camere superior sono più spaziose e offrono tocchi di design moderno.

XX **Acquolina Hostaria in Roma** (Giulio Terrinoni)

via Antonio Serra 60 ✉ 00191 – ✆ 0 63 33 71 92 – www.acquolinahostaria.com – info@acquolinahostaria.com – chiuso Natale, 10 giorni in agosto e domenica **2**BQ**n**

Rist – *(chiuso a mezzogiorno)* Carta 71/94 €

Spec. Gran crudo acquolina. Coppa di testa di rana pescatrice. Torta di baccalà e patate con bagna cauda moderna.

◆ Periferico e defilato, adesso anche rinnovato, è un indirizzo *cult* per chi vuole mangiare il pesce a Roma: da un grande antipasto di crudi a piatti più elaborati. Senza rivali, in quanto a specialità ittiche!

Zona Urbana Nord-Est

La Giocca

via Salaria 1223 ✉ 00138 – ✆ 0 68 80 44 11 – www.lagiocca.it – hotel@lagiocca.it

85 cam – †115/150 € ††151/200 € – 3 suites – ½ P 98/110 € **2**BQ**f**

Rist ***Pappa Reale*** – ✆ 0 68 80 45 03 *(chiuso 10 giorni a Natale e 3 settimane in agosto)* Carta 27/38 €

◆ Moderno, confortevole e funzionale, ideale per una clientela di lavoro e di passaggio e soprattutto per chi ama lo sport, grazie alle tante risorse di svago e tempo libero a disposizione dei clienti. Vivaio per crostacei e molluschi, grigliate di carne e pizze cotte su legno di quercia.

La Pergola senza rist
via dei Prati Fiscali 55 ✉ 00141 – ☎ 0 68 10 72 50 – www.hotellapergola.com – info@hotellapergola.com **2BQs**
96 cam – 90/110 € 100/125 €
◆ Al carattere commerciale delle camere - tinteggiate con colori pastello - e alla cortese ospitalità, la risorsa unisce la passione per il verde le opere d'arte moderna. Comoda per chi arriva dal raccordo di Roma nord.

Gabriele
via Ottoboni 74 ✉ 00159 Ⓜ Tiburtina – ☎ 0 64 39 34 98 – www.ristorantegabriele.com – ristorantegabriele@libero.it – chiuso agosto, sabato, domenica e i giorni festivi **2BQm**
Rist – Carta 45/65 €
◆ Un'esperienza quarantennale si destreggia tra i fornelli e il risultato sono gli esclusivi ma personalizzati piatti della tradizione italiana. Interessante scelta di vini.

Mamma Angelina
viale Arrigo Boito 65 ✉ 00199 – ☎ 0 68 60 89 28 – mammangelina@libero.it – chiuso agosto e mercoledì **2BQc**
Rist – Carta 22/31 €
◆ Dopo il buffet di antipasti, la cucina si trova ad un bivio: da un lato segue la linea del mare dall'altra la tradizione romana. Doveroso omaggio ai manicaretti della mamma!

ROMA

Zona Urbana Sud-Est

Aran Mantegna Hotel
via Mantegna 130 ✉ 00147 – ☎ 06 98 95 21 – www.aranhotels.com – mantegna@aranhotels.com **2BRx**
322 cam – 160/320 € 200/410 € – 1 suite **Rist** – Carta 34/61 €
◆ Imponente struttura di moderna concezione, dove il design si esprime con linee sobrie, tendenti a valorizzare i volumi e gli ariosi spazi comuni. Confort di ottimo livello nelle camere. Lo spirito minimalista non risparmia il ristorante, ma la cucina rimane saldamente ancorata alla tradizione.

Appia Park Hotel
via Appia Nuova 934 ✉ 00178 – ☎ 06 71 67 41 – www.appiaparkhotel.it – info@appiaparkhotel.it **2BRh**
110 cam – 80/120 € 90/140 €
Rist – *(solo per alloggiati)* Menu 30/60 €
◆ Ideale per chi vuol stare fuori città, un albergo con un ameno giardino, non lontano dal complesso archeologico dell'Appia Antica; arredi classici nelle confortevoli camere.

Giuda Ballerino (Andrea Fusco)
largo Appio Claudio 346 ✉ 00174 Ⓜ Giulio Agricola – ☎ 06 71 58 48 07 – www.giudaballelrino.it – info@giudaballerino.it – chiuso agosto e mercoledì
Rist – *(chiuso a mezzogiorno escluso domenica)* (consigliata la prenotazione) Carta 57/73 € **2BRc**
Rist *L'Osteria* – *(chiuso 10 giorni in gennaio)* Carta 28/34 €
Spec. Variazione di baccalà. Mezzi paccheri alla gricia con calamari croccanti e zucchine. Manzo al carbone con patata soffiata, cipollotti caramellati e asparagi al burro di vaniglia e lime.
◆ Un locale che si sdoppia in maniera originale: da un lato l'Osteria con piatti legati al territorio ed un look rustico, dall'altro un piccolo ristorante gourmet dallo stile moderno e dalla cucina più creativa, dove il richiamo al fumetto -soprattutto Dylan Dog (grande passione dei titolari) - echeggia ovunque.

Rinaldo all'Acquedotto
via Appia Nuova 1267 ✉ 00178 – ☎ 0 67 18 39 10 – www.rinaldoallacquedotto.it – info@rinaldoallacquedotto.it – chiuso dal 10 al 20 agosto, martedì **2BRv**
Rist – Carta 28/54 €
◆ Vicino al raccordo anulare, un ristorante che da anni delizia i viaggiatori con la sua cucina regionale e le fragranti specialità di pesce. Ambiente di tono classico.

Domenico dal 1968

via Satrico23/25 ✉ 00183 – ✆ 06 70 49 46 02 – www.domenicodal1968.it – info@domenicodal1968.it – chiuso 20 giorni in agosto, domenica e lunedì a mezzogiorno da maggio a settembre, domenica sera e lunedì negli altri mesi **4**FT**f**

Rist – (consigliata la prenotazione) Carta 30/42 €

◆ Specialità romane e piatti ricchi di gusto e sostanza in una trattoria dall'accogliente atmosfera familiare; due salette rifinite in legno creano un clima di calda intimità.

Profumo di Mirto

viale Amelia 8/a ✉ 00181 – ✆ 06 78 62 06 – www.profumodimirto.it – info@profumodimirto.it – chiuso agosto e lunedì **2**BR**f**

Rist – Carta 25/52 €

◆ Profumo di Mirto: un omaggio alla Sardegna, terra natia dei proprietari. E sempre dal Mediterraneo arrivano numerose varietà di pesce, che la cucina rielabora in specialità gustose e caserecce.

Zona Urbana Sud-Ovest

Sheraton Roma Hotel

rist,

viale del Pattinaggio 100 ✉ 00144 Ⓜ Magliana – ✆ 0 65 45 31 – www.sheraton.com/roma – res497.sheraton.roma@sheraton.com **2**BR**z**

628 cam – 130/460 € 150/480 € – 12 suites **Rist** – Carta 43/70 €

◆ Un imponente complesso moderno e funzionale che offre camere di tipologia varia e completa; ideale per le attività congressuali grazie alle innumerevoli sale modulari. Ristorante elegante, dove gustare specialità italiane e internazionali.

Crowne Plaza Rome St. Peter's & Spa

via Aurelia Antica 415 ✉ 00165 – ✆ 0 66 64 20 – www.hotel-invest.com – cpstpeters@hotel-invest.com

299 cam – 150/170 € 180/200 €, 18 € – 11 suites **1**AQR**h**

Rist – Carta 40/52 €

◆ Nel verde di Villa Doria Pamphili, l'hotel offre servizi e standard elevati per soddisfare tutte le esigenze dei suoi ospiti. Ampie camere arredate in stile moderno e dalle calde tonalità garantiscono un soggiorno ai massimi livelli. Al ristorante: cucina italiana ed internazionale in una sinfonia di sapori e colori.

Rome Marriott Park Hotel

cam,

via Colonnello Tommaso Masala 54 ✉ 00148 – ✆ 06 65 88 21 – www.romemarriottpark.com – mhrs.romau.reservations@marriotthotels.com **1**AR**y**

584 cam – 110/440 € 120/440 €, 25 € – 17 suites

Rist – Carta 43/67 €

◆ Che sia una struttura smisurata, lo si percepisce già dalle dimensioni della hall, dove giganteggia un originale affresco della Città Eterna, ma anche il numero delle camere - sempre ordinate e di tenuta impeccabile - nonché il centro benessere concorrono in questa ideale corsa verso il top!

Sheraton Golf Parco de' Medici

viale Salvatore Rebecchini 39 , (uscita Parco dei Medici Grande Raccordo Anulare) ✉ 00148 – ✆ 0 66 52 88 – www.sheraton.com/golfrome – info@sheratongolf.it **1**AR**b**

819 cam – 138/385 € 193/424 € – 17 suites **Rist** – Menu 44/87 €

◆ Uno dei complessi alberghieri più grandi d'Europa, ideale per congressi, ma con un *côté* vacanziero, dove lo stile country si alterna all'essenzialità del moderno design. Immerso in uno splendido campo da golf, l'hotel si compone di tre edifici distinti ed autonomi (collegati da un servizio non stop di navetta).

Melià Roma Aurelia Antica
via degli Aldobrandeschi 223 ✉ 00163 – ✆ 0 666 65 44
– www.melia-roma.com – melia.roma@solmelia.com 1AR**a**
269 cam – 75/293 € 75/313 € – 1 suite **Rist** – Carta 45/59 €
◆ A 9 km dal centro della città e vicino all'uscita n. 1 del Grande Raccordo Anulare, questo è l'albergo ideale per il businessman o per il turista in visita alla Città Eterna. Ottima struttura congressuale, indimenticabile confort. Piatti internazionali e specialità italiane al ristorante.

Atahotel Villa Pamphili
via della Nocetta 105 ✉ 00164 – ✆ 06 66 02
– www.atahotels.it – booking.villapamphili@atahotels.it 1AR**e**
235 cam – 109/256 € 139/331 € – 11 suites **Rist** – Carta 36/52 €
◆ Ubicazione tranquilla, accanto al parco di Villa Doria Pamphili, per un'imponente struttura con piacevoli spazi esterni. Ma i complimenti si sprecano per i suoi interni: camere molto confortevoli, tutte con terrazzino, e un nuovissimo centro benessere. Ampio e luminoso, il ristorante si presta anche per eventi.

Shangri Là-Corsetti
viale Algeria 141 ✉ 00144 Ⓜ Eur Fermi – ✆ 0 65 91 64 41
– www.shangrilacorsetti.it – info@shangrilacorsetti.it 2BR**d**
52 cam – 130/180 € 180/237 €
Rist Shangri Là-Corsetti – vedere selezione ristoranti
◆ Bianchi i soffitti a vela, i marmi e i divani nella hall di un hotel anni '60, nei pressi dell'EUR, frequentato soprattutto da clientela di lavoro; bel giardino alberato.

H10 Roma Città
via Pietro Blaserna 101 ✉ 00146 – ✆ 0 65 56 52 15 – www.h10hotels.com
– h10.roma.citta@h10hotels.com 2BR**g**
178 cam – 89/250 € 99/280 €, 17 € – 3 suites – ½ P 73/163 €
Rist – *(chiuso a mezzogiorno)* Carta 28/68 €
◆ Vicino al famoso quartiere di Trastevere, questa nuova struttura dal design contemporaneo propone camere con dotazioni tecnologiche d'avanguardia, una piccola zona fitness ed una piscina sul roof garden. Sapori mediterranei al ristorante.

Black Hotel
via Raffaele Sardiello 18 ✉ 00165 – ✆ 06 66 41 01 48
– www.blackhotel.it – info@blackhotel.it 1AQR**x**
67 cam – 90/190 € 100/210 € – ½ P 80/150 €
Rist *Edon* – Carta 41/51 €
◆ Hotel di grande atmosfera grazie ai ricercati arredi di design moderno. Il colore nero predominante nelle zone comuni è bandito dalle stanze che, al contrario, sono luminose e minimaliste. La fantasiosa cucina dell'Edon vi attende in un ambiente d'ispirazione etnica, oppure all'aperto in un giardino di piante secolari.

Shangri Là-Corsetti
viale Algeria 141 ✉ 00144 Ⓜ Eur Fermi – ✆ 0 65 91 88 61
– www.shangrilacorsetti.it – ristorante@shangrilacorsetti.it 2BR**d**
Rist – Carta 36/60 €
◆ Il pesce in bellavista all'ingresso anticipa le specialità del menu, ma per una serata alternativa a base di pizza o carni alla brace, c'è anche *La Taverna* al piano inferiore. Gradevole servizio estivo all'aperto.

Al Ristoro degli Angeli
via Luigi Orlando 2 ✉ 00154 – ✆ 06 51 43 60 20 – www.ristorodegliangeli.it
– info@ristorantedegliangeli.it – chiuso dal 1° al 10 gennaio, dal 1° agosto al 15 settembre e domenica 2BR**a**
Rist – Carta 32/46 €
◆ Nei locali che furono occupati - nell'immediato dopoguerra - dall' Ente Comunale di Consumo e poi da una merceria, si trova oggi questa particolare osteria dall'atmosfera un po' bistrot. Cucina prevalentemente romana, ma anche qualche specialità gourmet.

Dintorni di Roma

uscita 15 Grande Raccordo Anulare Est : 11 km :

Novotel Roma la Rustica rist,

via Andrea Noale 291 ✉ 00010 – ✆ 06 22 76 61
– www.accorhotels.com – h3303@accor.com 2BQx
147 cam – ††124/230 €, ☕ 15 € – 2 suites
Rist – Menu 18/27 €
◆ Moderna struttura, lungo il Grande Raccordo Anulare, dotata di confort di livello internazionale in linea con gli standard della catena di appartenenza. Belle camere. Gusto minimalista al ristorante, con separè in legno di ciliegio per dare alle sale l'ampiezza voluta.

sulla strada statale 6 - via Casilina Est : 13 km (Roma : pianta 2) :

Myosotis

piazza Pupinia 2, località Torre Gaia ✉ 00133 – ✆ 0 62 05 44 70
– www.myosotishotelroma.it – hotelmyosotisroma@alice.it 2BRu
50 cam ☕ – †78 € ††114 € – ½ P 77 €
Rist *Villa Marsili* – via Casilina 1604, ✆ 0 62 05 02 00 – Carta 28/32 €
◆ Piacevole ambientazione da casa privata e confort all'altezza di un elegante hotel in questa villa di fine Ottocento immersa nel verde: qui, non è certo la tranquillità a fare difetto! Gustosi primi piatti e grigliate espresse, la sera anche pizze, nel ristorante Villa Marsili (250 metri ca. dal corpo dell'albergo).

sulla strada statale 1 - via Aurelia Ovest : 13 km (Roma: pianta 1) :

R 13 Da Checco

via Aurelia 1249 al km 13, uscita zona commerciale ✉ 00166
– ✆ 06 66 18 00 96 – www.ristorantecheccoal13.com – contatti@ristorantecheccoal13.com – chiuso agosto, domenica sera, lunedì 1ARm
Rist – Carta 33/50 €
◆ Ebbene sì: un buon ristorante impermeabile alle mode con il buffet del pesce, il carrello degli antipasti e quello dei dolci. Sulla tavola non mancano i piatti tipici della tradizione locale. (Nei locali attigui - invece - un negozio di antiquariato e modernariato, l'altra attività di famiglia).

a Spinaceto uscita 26 Grande Raccordo Anulare Sud : 13 km – ✉ 00100

Four Points By Sheraton Roma West

viale Eroi di Cefalonia 301 – ✆ 06 50 83 41
– www.fourpoints.com/romawest – info@fourpointsroma.com
240 cam ☕ – †350 € ††390 €
Rist – Carta 22/42 €
◆ Hotel che si sviluppa orizzontalmente e che dimostra un'ottima e moderna impostazione generale. Particolarmente indicato per i congressi e la clientela d'affari. Tappa gastronomica al ristorante: pesce, carne e un'attenzione particolare alla Puglia.

a Ciampino Sud-Est : 15 km (Roma: pianta 2) : – ✉ 00043

Villa Giulia senza rist

via Dalmazia 9 – ✆ 06 79 32 18 74 – www.hotelvillagiulia.com – villagiuliahotel@virgilio.it 2BRb
23 cam ☕ – †40/83 € ††58/181 €
◆ Sembra quasi un'abitazione privata, questo piccolo albergo centrale e tranquillo, semplice ma con camere funzionali e ben accessoriate.

sulla strada statale 3 - via Cassia Nord-Ovest : 15 :

Castello della Castelluccia
località la Castelluccia, via Cavina 40 ✉ 00123
– ✆ *06 30 20 70 41 – www.lacastelluccia.com – info@lacastelluccia.com*
20 cam – 110/295 € 130/395 € – 3 suites
Rist ***Locanda della Castelluccia*** – (prenotazione obbligatoria) Carta 44/63 €
♦ Castello eretto tra il XII e il XIII secolo, collocato in una vasta area verde che include anche un giardino all'italiana. Ricco di charme, con una torre/terrazza panoramica. Ristorante elegante, con tocchi di medievale austerità.

a Casal Palocco uscita 27 Grande Raccordo Anulare Sud: 20 km – ✉ 00124

Relais 19 senza rist
via Lisippo 19 – ✆ 06 97 27 32 55 – www.relais19.com – info@relais19.com
6 cam – 90/100 € 120/150 €
♦ Nella villa che fu scelta come buen retiro dal regista S. Leone, camere spaziosissime, arredate con mobili d'epoca ed oggetti di design, nonché maioliche di Vietri nei bei bagni. All'esterno, il giardino con piscina e l'attrezzata area fitness per non rinunciare alla forma fisica durante le vostre vacanze romane.

ROMANO CANAVESE – **Torino (TO)** – **2 957 ab.** – **alt. 270 m** **22** B2
– ✉ **10090**

Roma 685 – Torino 42 – Alessandria 105 – Asti 112

Relais Villa Matilde
via Marconi 29 – ✆ 01 25 63 92 90
– www.relaisvillamatilde.com – villamatilde@sinahotels.com – chiuso gennaio
32 cam – 176/242 € 253/385 € – 11 suites **Rist** – Carta 38/69 €
♦ Cinta da un parco rigoglioso, la villa settecentesca è stata convertita in un gradevole e moderno albergo con ambienti comuni dalle sale affrescate, camere di diverse tipologie e un nuovo piccolo centro benessere. Suggestiva ed elegante la sala ristorante, realizzata nella vecchia scuderia.

ROMANO D'EZZELINO – **Vicenza (VI)** – **562** E17 – **13 547 ab.** **35** B2
– **alt. 132 m** – ✉ **36060**

Roma 547 – Padova 54 – Belluno 81 – Milano 238

Al Pioppeto
via San Gregorio Barbarigo 13, località Sacro Cuore, Sud : 4 km
– ✆ 04 24 57 05 02 – www.pioppeto.it – info@pioppeto.it – chiuso dal 1° all' 8 gennaio, dal 3 al 23 agosto e martedì
Rist – Carta 20/30 €
♦ Risorsa che si propone secondo uno stile classico di buon tono, le due sale dispongono di ampi spazi. Linea gastronomica d'ispirazione tradizionale, servizio attento.

ROMAZZINO – **Olbia-Tempio (104)** – **366** S37 – **Vedere Arzachena : Costa Smeralda**

ROMENO – **Trento (TN)** – **562** C15 – **1 378 ab.** – ✉ **38010** **30** B2

Roma 644 – Trento 49 – Bolzano / Bozen 38 – Meran / Merano 48

Nerina
via De Gasperi 31, località Malgolo – ✆ 04 63 51 01 11 – www.albergonerina.it – info@albergonerina.it – chiuso dal 10 al 29 ottobre e martedì
Rist – (consigliata la prenotazione) Carta 28/36 €
♦ Tanta semplicità, ospitalità ed informalità in un locale che nasconde alcune gemme tra i prodotti trentini, nonché specialità genuine della casa. Ottimi i salumi.

RONCADELLE – **Brescia** – **Vedere Brescia**

RONCEGNO – Trento (TN) – 562 D16 – ✉ 38050 31 C3

Roma 635 – Trento 38 – Vicenza 186

Park Hotel Villa Angiolina rist,
via Roma 5 – ✆ 04 61 77 10 71 – www.villaangiolina.it – info@villaangiolina.it
43 cam – †50/95 € ††96/140 € **Rist** – Menu 15/28 €
◆ Ricavato da una villa dei primi del Novecento sita nella cornice delle Dolomiti, l'hotel ospita spaziose e confortevoli camere classiche, zona benessere e sala riunioni. Particolarmente vocato alla tradizione banchettistica, il ristorante è articolato su due sale e propone piatti classici regionali.

RONCOFREDDO – Forlì-Cesena (FC) – 562 J18 – 3 315 ab. – alt. 314 m – ✉ 47020 9 D2

Roma 326 – Rimini 27 – Bologna 109 – Forlì 44

I Quattro Passeri senza rist
località Santa Paola – ✆ 05 41 94 95 22 – www.4passeri.com – info@4passeri.com – chiuso gennaio e febbraio
6 cam – †70/100 € ††110/190 €
◆ Casa colonica in pietra: il suo gioiello è la terrazza panoramica con piscina e vista sui colli fino al mare. Interni rustici con diversi arredi d'epoca.

a Monteleone Ovest: 6 km – ✉ 47020

La Tana del Ghiro senza rist
via provinciale Monteleone 3500 – ✆ 05 41 94 90 07 – www.tanadelghiro.com – info@tanadelghiro.com
8 cam – †70/80 € ††90/120 €
◆ Nella quiete di un piccolo borgo, una casa di campagna (totalmente ristrutturata) gestita da una coppia di coniugi, ritiratisi qui per sfuggire alla frenesia della città. Per un soggiorno di relax, sole e panorama.

RONTI – Perugia – Vedere Città di Castello

RONZONE – Trento (TN) – 562 C15 – 378 ab. – alt. 1 085 m – ✉ 38010 30 B2

Roma 634 – Bolzano 33 – Merano 43 – Milano 291

Villa Orso Grigio
via Regole 10/12 – ✆ 04 63 88 05 59 – www.orsogrigio.it – info@orsogrigio.it
8 cam – ††180/280 € – 2 suites – ½ P 140/200 €
Rist Orso Grigio – vedere selezione ristoranti
◆ In una cornice naturalistica che può ricordare una fiaba dei fratelli *Grimm*, una sintesi perfetta fra stile locale - con tanta profusione di legno - e modernità dei servizi. Le belle camere hanno un proprio spazio delimitato all'interno del parco, dove si trova anche un biolago.

Orso Grigio (Cristian Bertol)
via Regole 10 – ✆ 04 63 88 06 25 – www.orsogrigio.it – info@orsogrigio.it – chiuso dal 10 gennaio al 10 febbraio e martedì escluso luglio-agosto
Rist – Menu 45/60 € – Carta 49/70 €
Spec. Gnocchi di erbette di campo su fonduta al puzzone di Moena. Salmerino di torrente al vapore di aglio orsino su finferli al prezzemolo riccio. Filetto di bue al ginepro e ratatouille di verdure dell'orto.
◆ Ristorante di famiglia, ma della tradizione è rimasta solo la bella casa di montagna: il giovane cuoco ribalta, infatti, convenzioni e stereotipi con piatti personalizzati e generosi.

ROSETO DEGLI ABRUZZI – Teramo (TE) – 563 N24 – 24 779 ab. – ✉ 64026 1 B1

Roma 214 – Ascoli Piceno 59 – Pescara 38 – Ancona 131

piazza della Libertà 37 ✆ 085 8991157, iat.roseto@abruzzoturismo.it, Fax 085 8991157

Roses rist,

viale Makarska 1 – 08 58 93 62 03 – www.roseshotel.it – info@roseshotel.it
88 cam – 60/130 € 95/180 € **Rist** – *(solo per alloggiati)*
◆ Grande e moderno complesso per chi ama gli spazi e la tranquillità: ampie camere tutte vista mare, piscina semiolimpionica e accesso diretto alla spiaggia.

Tonino-da Rosanna con cam rist,

via Volturno 11 – 08 58 99 02 74 – www.albergotoninodarosanna.com – info@albergotoninodarosanna.com – chiuso dal 15 dicembre al 15 gennaio
7 cam – 30/40 € 40/60 €, 5 € – ½ P 55/65 €
Rist – *(chiuso da lunedì a mercoledì da ottobre a marzo)* Carta 30/60 €
◆ La freschezza del mare da godere in ambienti di taglio diverso, ma di eguale piacevolezza: dal pranzo veloce, alla cena romantica, passando per l'evento speciale. Dispone anche di alcune camere.

ROSOLINI – **Siracusa (SR)** – **365** AY63 – **21 669 ab.** – **alt. 154 m** – ✉ **96019** **40** D3

Palermo 297 – Siracusa 50 – Ragusa 45 – Catania 104

Locanda del Borgo

via Controscieri 11 – 09 31 85 05 14 – www.locandadelborgo.net – giovanni.alfa@locandadelborgo.net – chiuso domenica sera, lunedì
Rist – Carta 50/63 €
◆ All'interno di una sala, un tempo parte di un palazzo principesco del XVIII sec., un giovane ed abile cuoco rielabora con spunti creativi i migliori prodotti e le più antiche ricette isolane.

ROSSANO STAZIONE – **Cosenza (CS)** – **564** I31 – ✉ **87068** **5** B1

Roma 503 – Cosenza 96 – Potenza 209 – Taranto 154

Agriturismo Trapesimi rist,

contrada Amica, Est : 4 km – 0 98 36 43 92 – www.agriturismotrapesimi.it – info@agriturismotrapesimi.it
7 cam – 30/45 € 60/90 € – ½ P 60 €
Rist – *(chiuso a mezzogiorno)* (prenotazione obbligatoria) Menu 20/30 €
◆ Caratteristica risorsa ricavata dalla ristrutturazione di un antico casale circondato da ulivi. Offre una grande tranquillità, accompagnata dai piaceri di una cucina genuina.

ROTA D'IMAGNA – **Bergamo (BG)** – **561** E10 – **835 ab.** – **alt. 665 m** – ✉ **24037** **19** C1

Roma 628 – Bergamo 26 – Lecco 40 – Milano 64

Miramonti rist,

via alle Fonti 5 – 0 35 86 80 00 – www.h-miramonti.it – info@h-miramonti.it – chiuso dal 10 gennaio al 15 febbraio
46 cam – 50/55 € 70/90 € – ½ P 65/75 € **Rist** – Carta 23/37 €
◆ Confortevoli le belle camere di questa piccola struttura familiare che consentono di abbracciare con lo sguardo la valle. Dispone anche di uno spazio per trattamenti di benessere.

ROTA (Monte) = RADSBERG – **Bolzano** – **Vedere Dobbiaco**

ROTONDA – **Potenza (PZ)** – **564** H30 – **3 632 ab.** – **alt. 580 m** – ✉ **85048** **4** C3

Roma 423 – Cosenza 102 – Lagonegro 45 – Potenza 128

Da Peppe

corso Garibaldi 13 – 09 73 66 12 51 – www.viaggiarenelpollino.com – dapepperistorante@gmail.com – chiuso le sere di domenica e lunedì escluso da giugno a settembre
Rist – Carta 19/27 €
◆ La cucina s'ispira principalmente ai prodotti del territorio, funghi, tartufi e paste fresche, fino ad una selezione di carni esotiche. Due le sale: una ampia a piano terra, l'altra più intima e curata al primo piano.

ROTTOFRENO - Piacenza (PC) - 561 G10 - 11 179 ab. - alt. 65 m - ✉ 29010 **8** A1

Roma 517 - Piacenza 13 - Alessandria 73 - Genova 136

Trattoria la Colonna

via Emilia Est 6, località San Nicolò, Est : 5 km - ☎ 05 23 76 83 43 - ristorante.colonna@libero.it - chiuso agosto e domenica

Rist - Carta 45/72 €

◆ Nel '700 era una stazione di posta, oggi può vantarsi di essere l'edificio più longevo della località! Nella vecchia stalla trova posto il ristorante che propone i piatti della tradizione, di terra e di mare.

Antica Trattoria Braghieri

località Centora 21, Sud : 2 km - ☎ 05 23 78 11 23 - chiuso dal 1° al 15 gennaio, dal 25 luglio al 25 agosto e lunedì

Rist - *(chiuso la sera escluso venerdì e sabato)* Carta 19/27 €

◆ E' dal 1921 che le donne di famiglia si succedono nella gestione della trattoria! Due sale, una sobria l'altra più elegante, dove assaporare paste fatte in casa e preparazioni casalinghe tradizionali.

ROVERETO - Trento (TN) - 562 E15 - 37 071 ab. - alt. 204 m - ✉ 38068 **30** B3

Roma 561 - Trento 22 - Bolzano 80 - Brescia 129

corso Rosmini 6 ☎ 0464 430363, info@visitrovereto.it, Fax 0464 435528

Leon d'Oro senza rist

via Tacchi 2 - ☎ 04 64 43 73 33 - www.hotelleondoro.it - info@hotelleondoro.it

56 cam - ♦69/119 € ♦♦89/139 €

◆ Accogliente hotel dotato di diversi ambienti comuni a disposizione degli ospiti e di piacevoli camere arredate in stile classico, illuminate da graziose *abat-jour.*

Rovereto

corso Rosmini 82 d - ☎ 04 64 43 52 22 - www.hotelrovereto.it - info@hotelrovereto.it

49 cam - ♦85/115 € ♦♦125/155 € - ½ P 88/153 €

Rist *Novecento* - ☎ 04 64 43 54 54 *(chiuso 3 settimane in gennaio, 3 settimane in luglio, domenica)* Carta 31/45 €

◆ Il completo rinnovo delle camere, avvenuto pochi anni or sono, ha accresciuto il confort delle stanze che ora si distinguono esclusivamente per le diverse metrature. Cucina regionale, ma ricca di spunti originali, servita in una graziosa veranda chiusa.

San Colombano

via Vicenza 30, strada statale 46, Est : 1 km - ☎ 04 64 43 60 06 - sancolombano1@tin.it - chiuso dal 6 al 21 agosto, domenica sera, lunedì

Rist - Carta 29/39 €

◆ Situato poco fuori città - lungo la strada che porta a Vicenza - la gestione è assolutamente familiare: nelle due sale dagli arredi classici "presidia" un fratello, mentre l'altro, coadiuvato da moglie e figlio, sta in cucina. Piatti regionali e la presenza fissa del venerdì, il baccalà!

ROVIGO P (RO) - 562 G17 - 51 872 ab. - ✉ 45100 **36** C3

Roma 457 - Padova 41 - Bologna 79 - Ferrara 33

piazza Vittorio Emanuele II 20 ☎ 0425 386290, iat.rovigo@provincia.rovigo.it, Fax 0425 386280

viale Tre Martiri 134, ☎ 0425 41 12 30

Cristallo

rist,

viale Porta Adige 1 - ☎ 0 42 53 07 01 - www.cristallorovigo.ro - cristallo.ro@bestwestern.it

48 cam - ♦55/100 € ♦♦59/140 € - ½ P 55/95 € **Rist** - Carta 28/38 €

◆ Non lontano dalla tangenziale e dunque in posizione facilmente raggiungibile in auto, l'hotel ha subito importanti lavori di ristrutturazione confermandosi in tal modo al passo con i tempi: camere confortevoli e ben accessoriate. Ricette classiche nel menu del ristorante.

Corona Ferrea senza rist

via Umberto I 21 – ✆ 04 25 42 24 33 – www.hotelcoronaferrea.com – info@hotelcoronaferrea.com

30 cam – 60/85 € 70/115 €

◆ Spazi comuni leggermente sacrificati, compensati da un ottimo servizio e da camere tutte simili, ma ben arredate. Prossimo al centro storico, ma in un palazzo moderno.

Tavernetta Dante 1936

corso del Popolo 212 – ✆ 0 42 52 63 86 – tavernettadante1936@gmail.com – chiuso 1 settimana in gennaio, 8 giorni in agosto, domenica sera dal 10 gennaio al 10 giugno, tutto il giorno negli altri mesi

Rist – Carta 27/44 €

◆ Un'oasi lungo il corso trafficato che attraversa il centro di Rovigo: dall'ambientazione all'interno di un piccolo e grazioso edificio, alla cucina di mare e di terra.

RUBANO – Padova (PD) – 562 F17 – 15 112 ab. – alt. 18 m – ✉ 35030 37 B2

Roma 490 – Padova 8 – Venezia 49 – Verona 72

La Bulesca

via Fogazzaro 2 – ✆ 04 98 97 63 88 – www.labulesca.it – mail@labulesca.it

54 cam – 75/85 € 110/140 € – ½ P 100/110 €

Rist La Bulesca – vedere selezione ristoranti

◆ Fascino retrò - anni 70 - negli spazi comuni di questa risorsa a conduzione diretta. I confort delle accoglienti camere risulteranno particolarmente graditi ad una clientela business.

Maccaroni senza rist

via Liguria 1/A, località Sarmeola – ✆ 0 49 63 52 00 – www.alajmo.it – reception@alajmo.it

34 cam – 50/100 € 80/200 €

◆ Un albergo senza particolari pretese, ma comunque affidabile grazie alla solida gestione. Le stanze, d'impostazione tradizionale, sono complete di tutti i confort.

Le Calandre (Massimiliano Alajmo)

strada statale 11, località Sarmeola – ✆ 0 49 63 03 03 – www.alajmo.it – info@alajmo.it – chiuso dal 1° al 19 gennaio, dall'11 al 31 agosto, domenica e lunedì

Rist – Menu 150/225 € – Carta 113/188 €

Spec. Cappuccino di seppie al nero. Battuta di carne cruda sulla corteccia. Risotto allo zafferano con polvere di liquirizia.

◆ Esteti e i fini gourmet preparatevi al suo nuovo look. Pareti rivestite di lino grezzo, tavoli in frassino bicentenario e punti luce strategici: dietro a linee essenziali si cela un attento studio finalizzato ad esaltare una cucina graniticamente ancorata ai vertici. Classici italiani e sperimentazioni creative.

La Bulesca

via Medi 2 – ✆ 04 98 97 52 97 – www.ristorante-labulesca.it – info@labulesca.com – chiuso dal 1° al 10 gennaio, dal 1° al 24 agosto, domenica, lunedì a mezzogiorno

Rist – Carta 25/35 €

◆ Un ristorante che in particolari occasioni può arrivare a ricevere diverse centinaia di persone, ma che sa esprimere una buona accoglienza anche in situazioni più intime.

Il Calandrino

strada statale 11, località Sarmeola – ✆ 0 49 63 03 03 – www.alajmo.it – calandrino@alajmo.it – chiuso domenica sera

Rist – Carta 50/95 €

◆ Bar, enoteca, pasticceria, ristorante: il tutto ad ottimi livelli, per soddisfare in ogni momento la voglia di dolce o di salato. *Start up* con la prima colazione, per passare all'aperitivo, un pranzo veloce o una cena elegante. Piatti semplici, ma curati, per gustare al meglio gli ingredienti di stagione.

RUBBIARA – Modena (MO) – Vedere Nonantola

RUBIERA – Reggio Emilia (RE) – **562** I14 – **14 371 ab.** – **alt. 53 m** – ✉ 42048 **8** B2

Roma 415 – Bologna 61 – Milano 162 – Modena 12

XX **Osteria del Viandante**

piazza 24 Maggio 15 – ☎ 05 22 26 06 38 – www.osteriadelviandante.com – info@osteriadelviandante.com – chiuso domenica

Rist – Carta 51/65 €

◆ All'interno di un edificio del 1300, il ristorante si compone di sale affrescate e ambienti eleganti. Ampia selezione di vini per accompagnare le ricercate carni proposte.

XX **Arnaldo-Clinica Gastronomica** (Anna e Franca Degoli) con cam

piazza 24 Maggio 3 – ☎ 05 22 62 61 24 cam,

– www.clinicagastronomica.com – arnaldo@clinicagastronomica.com – chiuso dal 24 dicembre al 2 gennaio ed agosto

32 cam – ♦50/88 € ♦♦80/105 €

Rist – *(chiuso domenica, lunedì a mezzogiorno)* (prenotare) Carta 45/58 €

Spec. Spugnolata (lasagna bianca con funghi). Carrello dei bolliti e degli arrosti. Pere sciroppate con zabaione.

◆ Bastione della cucina emiliana senza compromessi con la modernità, spume o sifoni: dai celebri salumi alle paste asciutte o in brodo fino alla celebrazione del bollito.

RUBIZZANO – Bologna – Vedere San Pietro in Casale

RUDA – Udine (UD) – **562** E22 – **3 004 ab.** – **alt. 12 m** – ✉ 33050 **11** C3

Roma 650 – Trieste 56 – Udine 40

XX **Osteria Altran**

località Cortona 19, Sud-Est : 4 km – ☎ 04 31 96 94 02 – osteria.altran@libero.it – chiuso 10 giorni in febbraio, 10 giorni in luglio, 10 giorni in novembre, lunedì, martedì

Rist – *(chiuso a mezzogiorno escluso sabato e festivi)* Menu 55/65 € – Carta 54/71 €

Spec. Ali di razza, capperi e bottarga. Capretto, gnocco alla romana ripieno di piselli, pomodorino farcito alle verdure. Zuppa di fragole, bavarese di mozzarella di bufala, basilico fritto, gocce di pistacchio.

◆ Rustico e romantico. In un'azienda vinicola immersa nel verde, potrete riscoprire una cucina che guarda alla tradizione, sovente rivisitata in interpretazioni più creative.

RUMIOD DESSUS – vedere Saint Pierre

RUNATE – Mantova – Vedere Canneto sull'Oglio

RUSSI – Ravenna (RA) – **562** I18 – **11 789 ab.** – **alt. 13 m** – ✉ 48026 **9** D2

Roma 374 – Ravenna 17 – Bologna 67 – Faenza 16

a San Pancrazio Sud-Est : 5 km – ✉ 48026

Villa Roncuzzi senza rist

via M. Silvestroni 6/10 – ☎ 05 44 53 47 76 – www.villaroncuzzi.it – info@villaroncuzzi.it

22 cam – ♦105/137 € ♦♦137 €

◆ Immersa nel verde, residenza di campagna dei primi del '900 completamente ristrutturata e trasformata in uno scrigno accogliente, personalizzato ed accattivante.

X **La Cucoma**

via Molinaccio 175 – ☎ 05 44 53 41 47 – www.ristorantecucoma.com – cucoma@mac.com – chiuso agosto, domenica sera, lunedì

Rist – Carta 31/41 €

◆ Ubicato lungo la strada principale del paese, ristorante familiare con proposte che traggono ispirazione dal mare, elencate a voce. Buon rapporto qualità/prezzo.

RUTTARS – Gorizia – Vedere Dolegna del Collio

RUVO DI PUGLIA – Bari (BA) – 564 D31 – 25 809 ab. – alt. 256 m 26 B2
– ✉ 70037 Puglia

Roma 441 – Bari 36 – Barletta 32 – Foggia 105

Località★ -Cratere attico della Morte di Talos★★ nel museo Archeologico Jatta★ – Cattedrale★

Pineta rist,
via Carlo Marx 5 – ☎ 08 03 61 15 78 – www.hotelpinetaruvo.it – info@hotelpinetaruvo.it
39 cam – †130 € ††160 € – ½ P 105 €
Rist – *(chiuso domenica sera)* Carta 28/36 €
◆ Bella struttura dalle linee moderne e sobrie, rese eleganti dai caldi colori. Le camere sono altrettanto notevoli e non manca un piccolo centro benessere. Al ristorante: linea di cucina classica sia di terra sia di mare. In estate - a bordo piscina - anche piatti freddi.

U.P.E.P.I.D.D.E.
corso Cavour ang. Trapp. Carmine – ☎ 08 03 61 38 79 – www.upepidde.it – info@upepidde.it – chiuso dal 10 luglio al 20 agosto e lunedì
Rist – (consigliata la prenotazione) Carta 25/37 €
◆ Indiscutibilmente caratteristico e fresco! Scavate all'interno della roccia che costituiva le antiche mura aragonesi, le quattro salette si susseguono sotto archi di mattoni con - dulcis in fundo - la bella cantina visitabile. Altrettanto storica la cucina tipica delle Murge.

SABAUDIA – Latina (LT) – 563 S21 – 19 082 ab. – ✉ 04016 Italia 13 C3

Roma 97 – Frosinone 54 – Latina 28 – Napoli 142

sul lungomare Sud-Ovest : 2 km :

Le Dune
via lungomare 16 ✉ 04016 – ☎ 0 77 35 12 91 – www.ledune.com – hotel@ledune.com – aprile-ottobre
77 cam – †95/125 € ††173/340 € – ½ P 127/210 € **Rist** – Carta 41/72 €
◆ Nel cuore del parco del Circeo, un edificio bianco di indubbio fascino, ideale per una vacanza di relax da trascorrere tra mare, campi da tennis ed ampi ambienti luminosi. Presso la spaziosa ed accogliente sala ristorante, la classica cucina nazionale.

Zeffiro senza rist
via Tortini – ☎ 07 73 59 32 97 – www.hotelzeffiro.it – info@hotelzeffiro.it
22 cam – ††60/170 €
◆ Un nuovo hotel situato all'interno di un centro residenziale, vanta camere dagli arredi moderni caratterizzati da accenni di design ed un piccolo giardino privato.

SACERNO – Bologna – Vedere Calderara di Reno

SACILE – Pordenone (PN) – 562 E19 – 20 181 ab. – alt. 25 m – ✉ 33077 10 A3

Roma 596 – Belluno 53 – Treviso 45 – Trieste 126

Due Leoni senza rist
piazza del Popolo 24 – ☎ 04 34 78 81 11 – www.hoteldueleoni.com – info@hoteldueleoni.com
60 cam – †110 € ††150 €
◆ Affacciato sulla Piazza, un edificio porticato che nei due leoni in pietra ricorda la storia della città. Ambienti di discreta eleganza, nei quali domina un rilassante colore verde.

SACROFANO – Roma (RM) – 563 P19 – 7 288 ab. – alt. 260 m 12 B2
– ✉ 00060

Roma 29 – Viterbo 59 – Perugia 152 – Rieti 88

Al Grottino

piazza XX Settembre 9 – 0 69 08 62 63 – chiuso dal 16 al 28 agosto e mercoledì

Rist – Carta 20/30 €

◆ Sembra scavato nella roccia il caratteristico labirinto di sale che si articola sulla piazza del paese; si assaggia un po' di tutto spronati dal fiasco di vino al tavolo. Secondi alla brace.

SAINT PIERRE – Aosta (AO) – 561 E3 – 2 968 ab. – alt. 676 m – ✉ 11010

34 A2

Roma 747 – Aosta 9 – Courmayeur 31 – Torino 122

La Meridiana Du Cadran Solaire senza rist

località Chateau Feuillet 17 – 01 65 90 36 26 – www.albergomeridiana.it – info@albergomeridiana.it

17 cam – 90/150 €

◆ In questa località, sita fra Aosta e Courmayeur e famosa per i suoi castelli, un gradevole hotel, in pietra e legno, semplice e confortevole; una piccola casa familiare.

Lo Fleyè

cam, rist,

frazione Bussan Dessus 91, Nord :1 km – 01 65 90 46 25 – www.lofleye.com – info@lofleye.com

13 cam – 45/55 € 70/90 € – ½ P 62 €

Rist – *(chiuso a mezzogiorno) (solo per alloggiati)* Menu 17 €

◆ Nuova gestione per questa gradevole risorsa all'interno di un tipico edificio in pietra. Piccola hall, camere luminose e una saletta colazioni, dalle cui vetrate si gode di una pregevole vista sul castello.

a Rumiod Dessus – ✉ 11010

Al Caminetto

località Rumiod Dessus 1 – 01 65 90 88 32 – www.al-caminetto.com – ristorantealcaminetto@gmail.com – chiuso martedi'

Rist – (consigliata la prenotazione) Carta 33/38 €

◆ Siete alla ricerca delle autentiche specialità valdostane, lontane dai cliché turistici e preparate con intelligenza? Questo indirizzo fa al caso vostro: una semplice trattoria di paese...ma che cucina!

SAINT RHEMY EN BOSSES – Aosta (AO) – 561 E3 – 425 ab. – alt. 1 632 m – Sport invernali : 1 619/2 450 m 2, – ✉ 11010

34 A2

Roma 760 – Aosta 20 – Colle del Gran San Bernardo 24 – Martigny 50

Suisse con cam

rist,

via Roma 21 – 01 65 78 09 06 – www.hotelsuisse.it – info@hotelsuisse.it – chiuso maggio, ottobre e novembre

8 cam – 45/50 € 65/72 €, 8 € – ½ P 62/70 € **Rist** – Carta 38/49 €

◆ A un passo dalla frontiera, in un agglomerato di poche abitazioni incuneate fra due monti, una casa tipica del XVII secolo per assaporare le specialità valdostane. Camere confortevoli in un rustico adiacente.

SAINT VINCENT – Aosta (AO) – 561 E4 – 4 881 ab. – alt. 575 m – ✉ 11027 Italia Centro Nord

34 B2

Roma 722 – Aosta 28 – Colle del Gran San Bernardo 61 – Ivrea 46

via Roma 62 0166 512239, saintvincent@turismo.vda.it, Fax 0166 511335

Località

De La Ville senza rist

via Aichino 6 ang. via Chanoux – 01 66 51 15 02 – www.hoteldelavillevda.it – info@hoteldelavillevda.it – chiuso dal 16 al 25 dicembre

39 cam – 75/110 € 95/150 €

◆ Nei pressi della centrale Via Chanoux, in area pedonale, un raffinato rifugio, curato e di buon gusto, con arredi in legno scuro, confort moderni ed estrema cordialità.

Paradise senza rist

viale Piemonte 54 – ✆ 01 66 51 00 51 – www.hparadise.com – info@hparadise.com

32 cam – †65/75 € ††90/130 €

◆ Graziosa hall con ricevimento, salottino e angolo per le colazioni, camere nuove, in legno chiaro e toni azzurri o salmone, comode; vicina al Casinò, una valida risorsa.

Bijou

rist,

piazza Cavalieri di Vittorio Veneto 3 – ✆ 01 66 51 00 67 – www.bijouhotel.it – info@bijouhotel.it

31 cam – †55/65 € ††90/120 € – ½ P 72 €

Rist – *(chiuso lunedì escluso dal 23 dicembre al 6 gennaio e luglio-agosto)* Carta 26/52 €

◆ All'interno del centro storico, ma vicino ad un parcheggio comunale. Albergo da poco rinnovato con gusto e personalità. Interni allegri e camere affacciate sulla piazza. Ristorante indipendente, ma contiguo all'hotel.

Olympic

cam,

via Marconi 2 – ✆ 01 66 51 23 77 – www.holympic.it – hotelolympic@virgilio.it – chiuso dal 1° al 10 giugno e dal 25 ottobre al 20 novembre

10 cam – †50/65 € ††80/100 € – ½ P 60/70 €

Rist – *(chiuso martedì)* Carta 46/58 €

◆ Completamente rinnovato, un raccolto albergo centrale, a conduzione e andamento familiari; piccolo ricevimento e settore notte con camere nuove e comode. Salettina ristorante curata con una luminosa e panoramica veranda.

Les Saisons senza rist

via Ponte Romano 186 – ✆ 01 66 53 73 35 – www.hotellessaisons.com – lessaisons@inwind.it

22 cam – †45/50 € ††75/80 €

◆ Posizione piuttosto tranquilla e panoramica, ai margini della cittadina: una casetta di recente costruzione, pulita e funzionale, con atmosfera familiare.

Batezar

via Marconi 1 – ✆ 01 66 51 31 64 – ristorantebatezar@gmail.com – chiuso dal 15 al 30 novembre, dal 20 giugno al 10 luglio, lunedì, martedì, mercoledì

Rist – *(chiuso a mezzogiorno escluso sabato, domenica e i giorni festivi)* Menu 50/80 € – Carta 53/98 €

◆ Non lontano dal casinò si celebra una cucina versatile e assortita: un'anima valdostana di salumi e polenta, diversi piatti di carne e proposte di pesce.

Le Grenier

piazza Monte Zerbion 1 – ✆ 01 66 51 01 38 – www.ristorantelegrenier.com – legrenier@alice.it – chiuso mercoledì

Rist – *(chiuso a mezzogiorno escluso venerdì e sabato e festivi)* (consigliata la prenotazione) Menu 50/64 € – Carta 55/79 €

◆ Nel cuore di Saint-Vincent, la suggestione di un vecchio granaio (*grenier*, in francese) con frumento a cascata, camino e utensili d'epoca alle pareti. Ma le sorprese non finiscono qui: è il turno della cucina a sedurre gli ospiti, inaspettatamente moderna con qualche richiamo alle tradizioni valdostane.

SALA BAGANZA – Parma (PR) – 562 H12 – 5 308 ab. – alt. 162 m – ✉ 43038 — 8 A3

Roma 472 – Parma 12 – Milano 136 – La Spezia 105

piazza Gramsci 1 ✆ 0521 331342 iatsala@comune.sala-baganza.pr.it Fax 0521 336429

La Rocca via Campi 8, ✆ 0521 83 40 37

Torrechiara★ : affreschi★ e ⩤★ dalla terrazza del Castello Sud-Est : 10 km

I Pifferi

via Zappati 36, Ovest : 1 km – ✆ 05 21 83 32 43 – www.ipifferi.com – ipifferi@ipifferi.com – chiuso 24-25 dicembre e lunedì

Rist – Carta 30/41 €

♦ Un solo chilometro basta per abbandonare il paese ed entrare nel verde del Parco Regionale dei Boschi di Carrega. Qui si trova un'antica stazione di posta - risalente all'epoca di Maria Luigia - trasformata in ristorante: incantevole contesto per i piatti parmigiani di sempre.

SALA BOLOGNESE – Bologna (BO) – 562 I15 – 5 697 ab. – alt. 23 m – ✉ 40010 9 C3

Roma 393 – Bologna 20 – Ferrara 54 – Modena 42

La Taiadèla

via Longarola 25, località Bonconvento, Est : 4 km – ✆ 0 51 82 81 43 – www.latajadela.it – lataiadela@yahoo.it – chiuso domenica sera

Rist – Carta 27/50 €

♦ Localino isolato nel verde della Bassa: dietro al semplice bar all'ingresso, tre sale di cui una con veranda estiva, abbellita da vecchi oggetti. Piatti emiliani.

SALA COMACINA – Como (CO) – 561 E9 – 583 ab. – alt. 213 m – ✉ 22010 16 A2

Roma 643 – Como 26 – Lugano 39 – Menaggio 11

Taverna Bleu

via Puricelli 4 – ✆ 0 34 45 51 07 – www.tavernableu.it – info.reception@tavernableu.it – marzo-novembre

13 cam ☕ – †100/120 € ††125/180 € **Rist** – *(chiuso martedì)* Carta 34/54 €

♦ Piccolo hotel affacciato sul lago, adiacente alla piccola darsena della navigazione lacustre. All'esterno un bel giardino e varie terrazze, dentro camere in arte povera. Ristorante con proposte di cucina locale.

SALEA – Savona – 561 J6 – Vedere Albenga

SALE MARASINO – Brescia (BS) – 561 E12 – 3 373 ab. – alt. 200 m – ✉ 25057 19 D1

Roma 558 – Brescia 31 – Bergamo 46 – Edolo 67

Villa Kinzica

via Provinciale 1 – ✆ 03 09 82 09 75 – www.villakinzica.it – info@villakinzica.it

17 cam ☕ – †75/95 € ††89/180 € – ½ P 75/120 €

Rist *L'Uliveto di Villa Kinzica* – ✆ 03 09 86 71 02 *(chiuso dal 1° al 15 gennaio, 1 settimana in novembre, domenica sera e lunedì da ottobre ad aprile, lunedì a mezzogiorno da maggio a settembre)* Carta 36/58 €

♦ Affacciata sul lago d'Iseo e separata da esso e dalla strada da un grazioso giardino, una bella villa con un patio esterno, ambienti e confort curati in ogni dettaglio. Al posto dei vecchi magazzini, l'accogliente ristorante l'*Uliveto* propone squisiti piatti regionali.

SALERNO P (SA) – 564 E26 – 140 489 ab. Italia 6 B2

Roma 263 – Napoli 52 – Foggia 154

piazza Vittorio Veneto 1 ✉ 84123 ✆ 089 231432, info@eptsalerno.it, Fax 089 251844

via Roma 258 ✆ 089 224744,

Duomo★★ B – Via Mercanti★ AB – Lungomare Trieste★ AB

Costiera Amalfitana★★★

Lloyd's Baia

via de Marinis 2, 3 km per ③ ✉ 84121 – ☎ 08 97 63 31 11 – www.lloydsbaiahotel.it – reception@lloydsbaiahotel.it
122 cam ☕ – ♦130/160 € ♦♦160/180 € – 4 suites – ½ P 96/102 €
Rist – Carta 27/50 €
♦ Aggrappato alla roccia della costiera, grand hotel recentemente rinnovato, dotato di una terrazza con magnifica vista mare e di un comodo ascensore diretto per la spiaggia. D'estate è aperto anche un ristorante in riva al mare.

Mediterranea Resort and Convention Center

via Salvador Allende, 4,5 km per ② ✉ 84131 – ☎ 08 93 06 61 11 – www.mediterraneahotel.it – info@mediterraneahotel.it
60 cam ☕ – ♦115 € ♦♦135 €
Rist – Menu 21/27 €
♦ E' ancora tutto nuovo in questa moderna e funzionale struttura recente, decentrata, sulla strada che costeggia il mare; camere confortevoli. Attrezzato centro congressi. Il ristorante dispone di capienti sale di raffinata impostazione moderna.

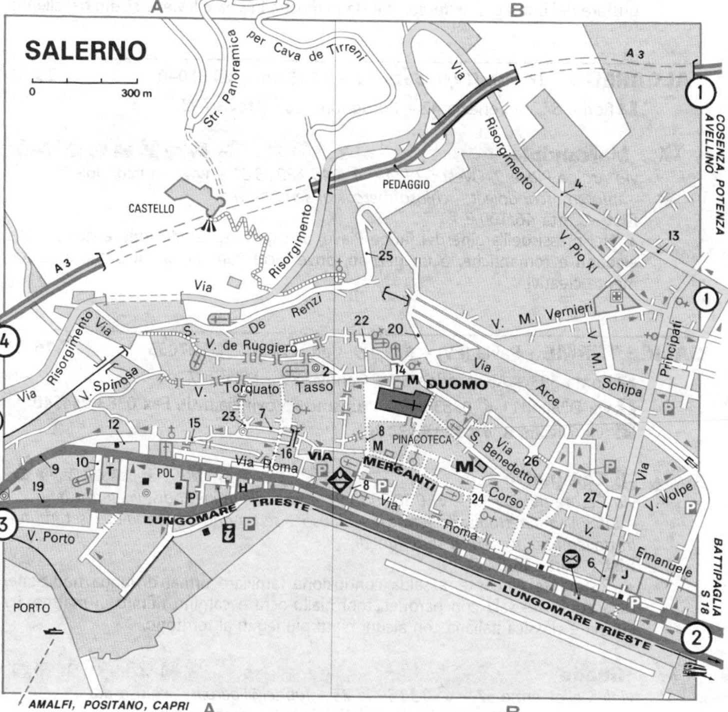

Circolazione regolamentata nel centro città

Abate Coforti (Largo) . . . . AB 2
Alfano 1 (Pza) . . . . B 3
Cavaliero (V. L.) . . . . B 4
Cilento (V. A.) . . . . B 6
Dogana Vecchia (V.) . . . . A 7
Duomo (V.) . . . . B 8
Indipendenza (V.) . . . . A 9
Lista (V. Stanislas) . . . . A 10
Luciani (Pza M.) . . . . A 12
Mercanti (V.) . . . . AB
Paglia (V. M.) . . . . B 13
Plebiscito (Largo) . . . . B 14
Portacatena (V.) . . . . A 15
Porta di Mare (V.) . . . . A 16
Sabatini (V. A.) . . . . A 19
Sedile del Campo (Largo) . . . . A 23
Sedile di Pta. Nuova (Pza) . . . . B 24
Sorgente (V. Camillo) . . . . B 25
S. Eremita (V.) . . . . B 20
S. Tommaso d'Aquino (Largo) . . . . B 22
Velia (V.) . . . . B 26
Vittorio Emanuele (Cso) . . . . B
24 Maggio (Pza) . . . . B 27

Fiorenza senza rist

via Trento 145, località Mercatello, 3,5 km per ② ✉ 84131 – ☎ 0 89 33 88 00 – www.hotelfiorenza.it – info@hotelfiorenza.it

30 cam ☕ – 🚹55/72 € 🚹🚹72/107 €

◆ In posizione periferica, questa risorsa familiare è caratterizzata da camere funzionali e graziosi bagni colorati. Indirizzo ideale soprattutto per una clientela business.

Plaza senza rist

piazza Ferrovia o Vittorio Veneto 42 ✉ 84123 – ☎ 0 89 22 44 77 – www.plazasalerno.it – info@plazasalerno.it B

42 cam ☕ – 🚹60/65 € 🚹🚹85/100 €

◆ Di fronte alla stazione ferroviaria - comodo quindi per la clientela di passaggio - un classico albergo di città, che occupa parte di un palazzo fine '800. Interni sobri, ma ben curati con camere essenziali e lineari.

Il Timone

via Salvador Allende 29/35, 4,5 km per ② ✉ 84131 – ☎ 0 89 33 51 11 – ristoranteiltimone@hotmail.it – chiuso domenica sera, lunedì

Rist – Carta 34/50 €

◆ Animazione e servizio veloce in un locale sempre molto frequentato, ideale per gustare del buon pesce fresco, che sta in mostra in sala e lì viene scelto dal cliente.

SALGAREDA – Treviso (TV) – 562 E19 – 5 215 ab. – ✉ 31040 — 35 A1

Roma 547 – Venezia 42 – Pordenone 36 – Treviso 23

Marcandole

via Argine Piave 9, Ovest : 2 km – ☎ 04 22 80 78 81 – www.marcandole.it – info@marcandole.it – chiuso mercoledì sera, giovedì

Rist – Carta 46/100 €

◆ Nei pressi dell'argine del fiume Piave, una giovane conduzione e due salette, eleganti e romantiche, o un gazebo, dove incontrare sapori di pesce assolutamente creativi.

SALICE TERME – Pavia (PV) – 561 H9 – alt. 171 m – ✉ 27055 — 16 A3

Roma 583 – Alessandria 39 – Genova 89 – Milano 73

via Diviani 11 ☎ 0383 91207, turismo@provincia.pv.it, Fax 0383 944540

via Diviani 8, ☎ 0383 93 33 70

Il Caminetto

via Cesare Battisti 15 – ☎ 0 38 39 13 91 – www.ilcaminettodisaliceterme.it – info@ilcaminettodisaliceterme.it – chiuso 1 settimana in gennaio, 1 settimana in novembre, domenica sera, lunedì

Rist – Carta 36/57 €

◆ Ristorante elegante, a salda conduzione familiare ormai di lunga tradizione: un'accogliente sala con parquet, toni giallo-ocra e camino rifinito in marmo. La cucina è classica italiana con alcuni piatti più legati al territorio.

Guado

viale delle Terme 57 – ☎ 0 38 39 12 23 – fabdei@libero.it – chiuso dal 26 dicembre al 15 gennaio, mercoledì, giovedì a mezzogiorno

Rist – Carta 36/46 €

◆ Cucina d'impostazione classica e radici nella tradizione: paste fresche e carni al forno tra le specialità. L'ambiente è accogliente con una sala da pranzo curata e raccolta, leggermente *démodé*.

SALINA (Isola) – Messina – 365 AQ55 – Vedere Eolie (Isole)

SALÒ – Brescia (BS) – 561 F13 – 10 608 ab. – alt. 75 m – ✉ 25087 17 D1

Italia Centro Nord

Roma 548 – Brescia 30 – Bergamo 85 – Milano 126

piazza Sant'Antonio 4 ☎ 0365 21423, iat.salo@tiscali.it, Fax 0365 21423

Gardagolf via Angelo Omodeo 2, ☎ 0365 67 47 07

Il Colombaro via del Colombaro 1, ☎ 0365 4 33 27

Località★ – Polittico★ nel Duomo

Laurin

rist,

viale Landi 9 – ☎ 0 36 52 20 22 – www.laurinsalo.com – laurinbs@tin.it – marzo-novembre

33 cam – 100/145 € 120/300 €, 15 € – ½ P 120/195 €

Rist – Carta 45/65 €

◆ Bella villa liberty con saloni affrescati e giardino con piscina; interni con arredi, oggetti, dettagli dal repertorio dell'Art Nouveau, per un romantico relax sul Garda. Piatti classici rivisitati serviti fra un tripudio di decori floreali, dipinti, colonne.

Bellerive

rist,

via Pietro da Salò 11 – ☎ 03 65 52 04 10 – www.hotelbellerive.it – info@hotelbellerive.it – chiuso dal 15 dicembre al 15 gennaio

43 cam – 150/225 € 175/275 € – 6 suites **Rist** – Carta 36/53 €

◆ Affacciato sul porticciolo turistico, un gradevole hotel di color bianco che spicca in riva al lago blu; bella piscina circondata da un giardino alla provenzale. Sala ristorante con arredi minimal chic.

Vigna senza rist

lungolago Zanardelli 62 – ☎ 03 65 52 01 44 – www.hotelvigna.it – hotel@hotelvigna.it – chiuso dal 15 dicembre al 15 gennaio

27 cam – 65/130 € 85/150 €, 10 €

◆ Sullo splendido lungolago rinnovato e pedonalizzato, camere semplici ma accoglienti: buona parte con vista sull'acqua.

Benaco

lungolago Zanardelli 44 – ☎ 0 36 52 03 08 – www.benacohotel.com – info@hotelbenacosalo.it – chiuso gennaio

19 cam – 60/80 € 110/120 € – ½ P 90 € **Rist** – Carta 37/52 €

◆ Un albergo da poco rinnovato, in felice posizione sul lungolago, in area chiusa al traffico: centrale, ma tranquillo, offre camere confortevoli e conduzione familiare. Fresca veranda con un panorama delizioso, sul Garda e il territorio, per pasti estivi.

Antica Trattoria alle Rose

via Gasparo da Salò 33 – ☎ 0 36 54 32 20 – www.trattoriaallerose.it – ristoranti@roseorologio.it – chiuso mercoledì

Rist – (consigliata la prenotazione) Carta 32/56 €

◆ Familiare e simpatico, moderno e vivace: la cucina si destreggia tra le specialità locali, lacustri innanzitutto, e bresciane per quel che riguarda la carne.

Alla Campagnola

via Brunati 11 – ☎ 0 36 52 21 53 – www.lacampagnoladisalo.it – info@lacampagnola1952.it – chiuso gennaio, febbraio, lunedì, martedì a mezzogiorno

Rist – Carta 36/46 €

◆ Non direttamente sul lago, un ambiente piacevole, dai toni caldi, tipici di certe vecchie osterie, e tuttavia oggi raffinato; impronta familiare e ampia terrazza-veranda.

Osteria dell'Orologio

via Butturini 26 – ☎ 03 65 29 01 58 – www.osteriadellorologio.it – ristoranti@roseorologio.it – chiuso mercoledì

Rist – Carta 28/41 €

◆ Una sosta veloce per un bicchiere e qualche stuzzichino oppure un pasto completo? A voi la scelta, entrambe le soluzioni sono possibili in questa trattoria giovane e informale, in centro paese.

a Barbarano Nord-Est : 2,5 km verso Gardone Riviera – ✉ 25087

Spiaggia d'Oro

via Spiaggia d'Oro 15 – ✆ 03 65 29 00 34 – www.hotelspiaggiadoro.com – info@hotelspiaggiadoro.com – Pasqua-ottobre

36 cam – 80/160 € 120/240 € – ½ P 90/160 €

Rist ***La Veranda*** – Carta 36/48 €

♦ Prospiciente il porticciolo di Barbarano e dotato di un giardino direttamente sul lago, gradevole hotel con piscina dotato di un'ottima offerta wellness e Spa. Rinomato ristorante con piatti creativi che rielaborano prodotti di ogni regione d'Italia.

a Serniga Nord : 6 km – ✉ 25087 Salò

Agriturismo Fattoria il Bagnolo

località Bagnolo, Ovest : 1 km – ✆ 0 36 52 02 90 – www.ilbagnolo.it – info@ilbagnolo.it – chiuso gennaio-febbraio

9 cam – 75 € 95 € – ½ P 73 €

Rist – *(chiuso martedì) (chiuso a mezzogiorno escluso sabato e i giorni festivi)* Carta 27/38 €

♦ Incantevole posizione, immersa nel verde, per questo complesso rurale di alto livello; eleganti arredi con personalizzazioni in perfetto stile da casa di campagna. Al ristorante piatti di carne proveniente dall'azienda agricola stessa.

SALSOMAGGIORE TERME – Parma (PR) – 562 H11 – 20 111 ab. – alt. 157 m – ✉ 43039 8 A2

Roma 488 – Parma 30 – Piacenza 52 – Cremona 57

Galleria Warowland piazzale Berzieri ✆ 0524 580211, info@portalesalsomaggiore.it, Fax 0524 580219

Case Carancini 105/A, ✆ 0524 57 41 28

Villa Fiorita

via Milano 2 – ✆ 05 24 57 38 05 – www.hotelvillafiorita.it – info@hotelvillafiorita.it – chiuso dal 22 dicembre all'8 gennaio Zc

48 cam – 80/140 € 110/190 € **Rist** – *(aprile-dicembre)* Menu 35/45 €

♦ Centralissimo albergo rinnovato recentemente grazie all'impegno della nuova conduzione familiare. Ottimo confort sia nelle camere che negli spazi comuni. Comodo parcheggio.

Romagnosi

piazza Berzieri 3 – ✆ 05 24 57 65 34 – www.albergoromagnosi.it – info@albergoromagnosi.it – chiuso dal 20 al 26 dicembre Za

36 cam – 70/120 € 100/190 € – 3 suites – ½ P 95/105 €

Rist – *(chiuso a mezzogiorno dall'8 gennaio al 1° marzo)* Carta 28/35 €

♦ Affacciate sul corso o sulle terme, le camere di questo palazzo settecentesco sono tutte nuove, eleganti con un tocco di rusticità nei soffitti con travi a vista. Gestione familiare. Moderna e luminosa la sala da pranzo.

Kursaal

via Romagnosi 1 – ✆ 05 24 58 40 90 – www.hotelkursaalsalso.it – info@hotelkursaalsalso.it – chiuso dal 18 novembre al 27 dicembre e dal 10 gennaio al 28 febbraio Zb

40 cam – 50/80 € 80/125 € – ½ P 60/78 € **Rist** – Carta 25/30 €

♦ Un soffio di modernità in questa classica località; ambienti moderni, minimalisti ed essenziali per chi non ama il superfluo .

Ritz Ferrari

viale Milite Ignoto 5 – ✆ 05 24 57 77 44 – www.hotelrizferrari.it – info@hotelrizferrari.it – 26 dicembre-7 gennaio e marzo-15 novembre Ze

34 cam – 73/85 € 95/155 €, 15 € – ½ P 75/105 €

Rist – *(solo per alloggiati)* Carta 35/48 €

♦ Grazie ad una dinamica gestione familiare, che ha effettuato importanti lavori di rinnovo nel corso degli anni, l'albergo dispone ora di confortevoli camere e di uno tra i più attrezzati centri benessere della località. Luminosa e ospitale sala da pranzo, dove gustare genuine ricette emiliane.

Excelsior

cam, rist,

viale Berenini 3 – ☎ 05 24 57 56 41 – www.hotelexcelsiorsalsomaggiore.it – info@hotelexcelsiorsalsomaggiore.it – marzo-novembre Z**h**

60 cam – †55 € ††70/100 € – ½ P 55/75 €

Rist – *(solo per alloggiati)* Menu 20/25 €

◆ Posizione centrale, nei pressi del Palazzo dei Congressi e delle Terme, per questa struttura a conduzione familiare con camere semplici ed essenziali. Non trascurabili i servizi offerti: solarium con bagno turco ed idromassaggio, piscina coperta e piccola palestra.

Elite

cam, rist,

viale Cavour 5 – ☎ 05 24 57 94 36 – www.hotelelitesalsomaggiore.it – info@hotelelitesalsomaggiore.it Y**d**

28 cam – †55/75 € ††110/130 € – ½ P 60/80 €

Rist – *(solo per alloggiati)*

◆ Esperta gestione familiare per questa originale struttura in parte con pietra a vista, che dispone di camere semplici, ma corrette negli spazi e nella tenuta.

Nazionale

rist,

viale Matteotti 43 – ☎ 05 24 57 37 57 – www.albergonazionalesalsomaggiore.it – info@albergonazionalesalsomaggiore.it – 26 dicembre-6 gennaio e marzo-7 novembre Y**h**

42 cam – †55/70 € ††90/130 € – ½ P 70 € **Rist** – Carta 26/39 €

◆ Piccolo albergo a gestione familiare, semplice nella struttura, ma reso "grande" da una sincera e costante attenzione dei titolari per il benessere dei clienti. Ristorante ben organizzato, propone gustose ricette classiche.

a Cangelasio Nord-Ovest : 3,5 km – ✉ 43039 Salsomaggiore Terme

Agriturismo Antica Torre rist,
Case Bussandri 197 – ✆ 05 24 57 54 25 – www.anticatorre.it – info@anticatorre.it – marzo-novembre
10 cam – ††90/110 € – ½ P 65/75 €
Rist – *(chiuso a mezzogiorno) (solo per alloggiati)* Menu 20 €
◆ Sulle colline attorno a Salsomaggiore, un complesso rurale seicentesco con torre militare risalente al 1300: bella e piacevole realtà di campagna ove l'ospitalità è di casa.

SALTUSIO = SALTAUS – Bolzano – Vedere San Martino in Passiria

---

SALUDECIO – Rimini (RN) – 562 K20 – 2 908 ab. – alt. 343 m – ✉ 47835 9 D3

Roma 393 – Bologna 152 – Pesaro 33 – Rimini 37

piazza Beato Amato Ronconi 1 ✆ 0541 981757 uit.saludecio@provincia.rimini.it Fax 0541 981757

Locanda Belvedere con cam
via San Giuseppe 736, frazione San Rocco – ✆ 05 41 98 21 44 – www.belvederesaludecio.it – info@belvederesaludecio.it
8 cam – †65/85 € ††80/100 € – ½ P 65/75 €
Rist – *(chiuso martedì) (chiuso a mezzogiorno)* (consigliata la prenotazione) Carta 39/59 €
◆ La semplice trattoria-pizzeria è oggi un locale elegante avvolto da una calda accoglienza familiare. Nella nuova sala panoramica una cucina moderna che, tuttavia, non neglige i prodotti del territorio. Belle e accoglienti camere, arredate con buon gusto e mobili d'epoca. Tutte affacciate sulla vallata.

SALUZZO – Cuneo (CN) – 561 I4 – 16 797 ab. – alt. 340 m – ✉ 12037 22 B3

Italia Centro Nord

Roma 662 – Cuneo 32 – Torino 58 – Asti 76

piazzetta Mondagli 5 ✆ 0175 46710, iat@comune.saluzzo.cn.it, Fax 0175 46718

Castellar via La Morra 8 bis, ✆ 0175 05 52 27

Casa Cavassa★ - S. Giovanni★

Affreschi★★ nel castello della Manta: 4 km a sud - Abbazia di Staffarda★: 10 km a nord - Castello di Racconigi★★: 14 km a nord sulla SS 20

Poggio Radicati
via San Bernardino 19 – ✆ 01 75 24 82 92 – www.poggioradicati.com – info@poggioradicati.com
9 cam – †110/140 € ††140/170 € – ½ P 106/121 € **Rist** – Carta 39/51 €
◆ Circondata dalle prime colline, una graziosa risorsa di sobria eleganza con camere piacevolmente personalizzate. Lasciatevi coccolare dalla cucina: squisitamente ancorata al territorio.

Antico Podere Propano senza rist
via Torino 75 – ✆ 01 75 24 80 87 – www.anticopoderepropano.com – info@anticopoderepropano.com
30 cam – †70/110 € ††85/120 € – 1 suite
◆ All'ingresso del paese con alle spalle i campi aperti, una cinquecentesca proprietà agricola si è trasformata da qualche anno in ospitale country-hotel dotato di camere molto confortevoli e spaziose.

Griselda senza rist
corso 27 Aprile 13 – ✆ 0 17 54 74 84 – www.hotelgriselda.it – info@hotelgriselda.it
34 cam – †60/85 € ††85/118 €
◆ Non lontana dal centro storico, una struttura in vetro e cemento caratterizzata da camere funzionali e confortevoli. La gestione seria ed affidabile rende questa risorsa perfetta per una clientela business.

XXX **La Gargotta del Pellico**

piazzetta Mondagli 5 – 0 17 54 68 33 – info@lagargottadelpellico.it – chiuso martedì, mercoledì a mezzogiorno
Rist – Carta 28/39 €
◆ In pieno centro, a due passi dalla casa natale di Silvio Pellico, due salette con pochi tavoli ed un arredo essenziale, ma curato, dove attendere sapori piemontesi rivisitati e qualche piatto di pesce.

XX **L'Ostu dij Baloss**

via San Nicola 23 – 01 75 24 86 18 – www.ostudijbaloss.it – ostu.baloss@gmail.com – chiuso dal 1° al 10 gennaio, domenica (escluso maggio e settembre) e lunedì a mezzogiorno
Rist – Carta 36/52 €
◆ Lungo una stradina della città vecchia, una dimora nobiliare del '500 ha ceduto gli spazi del primo piano ad un elegante locale, dove scoprire una cucina legata al territorio, tra ricerca e tradizione.

X **Taverna San Martino**

corso Piemonte 109 – 0 17 54 20 66 – www.tavernasanmartino.com – info@tavernasanmartino.com – chiuso dal 1° al 20 agosto, lunedì sera, martedì sera, mercoledì
Rist – Carta 20/30 €
◆ Un piccolo ristorante con un'unica saletta, ordinata e curata nei particolari: quadri, travi in legno e sedie impagliate. Nel piatto specialità casalinghe e ricette piemontesi.

SALVAROSA – Treviso – Vedere Castelfranco Veneto

SAMBUCO – Cuneo (CN) – 561 I3 – 83 ab. – alt. 1 184 m – ✉ 12010 22 B3

Roma 657 – Cuneo 46 – Alessandria 171 – Asti 136

X **Della Pace** con cam

cam,

via Umberto I 32 – 0 17 19 65 50 – www.albergodellapace.com – info@albergodellapace.com – chiuso 10 giorni in giugno e dal 20 ottobre al 10 novembre
13 cam – 40/50 € 65/70 € – ½ P 55/60 €
Rist – *(chiuso lunedì escluso da giugno a settembre)* Carta 22/30 €
◆ Le finestre della luminosa sala si affacciano sulle granitiche guglie del monte Bersaio, dalla cucina fanno invece capolino specialità occitane: paste fatte in casa ed ottime carni. Vivamente consigliato l'agnello sambucano.

SAMPÈYRE – Cuneo (CN) – 561 I3 – 1 109 ab. – alt. 976 m – ✉ 12020 22 B3

Roma 680 – Cuneo 49 – Milano 238 – Torino 88

Torinetto

borgata Calchesio 7, Ovest : 1,5 km – 01 75 97 71 81 – hoteltorinetto@tiscalinet.it
74 cam – 30/60 € 50/80 €, 5 € – ½ P 40/60 € **Rist** – Carta 21/32 €
◆ Poco lontano dalla statale, ma in posizione tranquilla, hotel di montagna dai tipici arredi lignei. Disponibilità anche di appartamenti ad uso settimanale e, per i più sportivi, un bel rifugio (1850 m). Cucina casalinga.

SAN BARTOLOMEO – Reggio Emilia (RE) – Vedere Reggio nell'Emilia

SAN BARTOLOMEO AL MARE – Imperia (IM) – 561 K6 – 3 091 ab. – ✉ 18016 14 A3

Roma 606 – Imperia 7 – Genova 107 – Milano 231

piazza XXV Aprile 1 0183 400200, infosanbartolomeo@visitrivieradeifiori.it Fax 0183 403050

Bergamo rist, rist,

via Aurelia 15 – 01 83 40 00 60 – www.hotelbergamomare.it – info@hotelbergamomare.it – aprile-10 ottobre

52 cam – 55/70 € 90/110 € – ½ P 76 € **Rist** – Menu 25 €

♦ Sulla via Aurelia eppure poco lontano dal mare, confortevole hotel a gestione familiare ormai in auge da parecchi anni, offre un ambiente accogliente e vasti spazi comuni. Classica e luminosa la sala da pranzo, cinta da vetrate continue.

SAN BASILIO – Rovigo – 562 H18 – Vedere Ariano nel Polesine

SAN BENEDETTO – Firenze – Vedere Montaione

SAN BENEDETTO DEL TRONTO – Ascoli Piceno (AP) – 563 N23 21 D3 – 47 771 ab. – ✉ 63039

Roma 231 – Ascoli Piceno 39 – Ancona 89 – L'Aquila 122

viale delle Tamerici 3/5 0735 592237, iat.sanbenedetto@provincia.ap.it, Fax 0735 582893

Progresso rist,

viale Trieste 40 – 0 73 58 38 15 – www.hotelprogresso.it – info@hotelprogresso.it

39 cam – 50/90 € 90/140 €, 7 € – ½ P 90 €

Rist – *(marzo-ottobre)* Carta 30/42 €

♦ Sul bel lungomare di San Benedetto, questo hotel degli anni '20 ha mantenuto il proprio stile architettonico Liberty, ad eccezione delle camere all'ultimo piano più moderne. Cucina nazionale e tante proposte di pesce nella luminosa sala ristorante.

Solarium rist,

viale Scipioni 102 – 0 73 58 17 33 – www.hotelsolarium.it – info@hotelsolarium.it – chiuso dal 15 dicembre al 15 gennaio

55 cam – 64/82 € 84/120 € – ½ P 60/98 €

Rist – *(chiuso lunedì a mezzogiorno)* Carta 28/48 €

♦ Una struttura di color giallo, affacciata direttamente sulla passeggiata mare e rinnovata di recente in molti settori; è ideale punto di riferimento per tutto l'anno. Moderno ambiente nella sala da pranzo, con vetrate continue e colonne rosse.

a Porto d'Ascoli Sud : 5 km – ✉ 63037

Imperial cam, rist,

via Indipendenza 25 – 07 35 75 11 58 – www.hotelimperial.it – info@hotelimperial.it – chiuso dal 6 dicembre al 10 gennaio

54 cam – 60/70 € 85/110 € – 3 suites – ½ P 96/189 €

Rist – *(8 marzo-ottobre)* Carta 33/53 €

♦ A pochi metri dal mare, valide soluzioni tecnologiche per una risorsa funzionale a gestione familiare. Ai primi due piani: camere standard, ma comunque di buon livello. Al terzo e al quarto: stanze superior, moderne e aggiornatissime. Ambienti colorati nella zona ristorante.

SAN BENEDETTO DI LUGANA – Verona – Vedere Peschiera del Garda

SAN BENEDETTO PO – Mantova (MN) – 561 G14 – 7 708 ab. 17 D3 – alt. 19 m – ✉ 46027

Roma 457 – Verona 58 – Mantova 23 – Modena 60

piazza Teofilo Folengo 22 0376 623036 info@turismo.mantova.it Fax 0376 623095

Agriturismo Corte Medaglie d'Oro senza rist

strada Argine Secchia 63, Sud-Est : 4 km – 03 76 61 88 02 – www.cortemedagliedoro.it – cobellini.claudio@virgilio.it

7 cam – 30/40 € 54/70 €

♦ Un angolo incontaminato della Bassa più autentica, a pochi metri dall'argine del Secchia. Originale atmosfera rurale, immersi tra i frutteti e accolti con passione.

L'Impronta
via Gramsci 10 – ✆ 03 76 61 58 43 – ristorante.impronta@libero.it – chiuso lunedì
Rist – (prenotare) Carta 26/39 €
◆ Un grazioso edificio d'epoca, restaurato e tinteggiato d'azzurro. In cucina uno chef che ama proporre una cucina personalizzata con estro, partendo dai prodotti del mantovano.

a San Siro Est : 6 Km – ✉ 46027 San Benedetto Po

Al Caret
via Schiappa 51 – ✆ 03 76 61 21 41 – alcaret@ymail.com – chiuso dal 10 al 20 agosto e lunedì
Rist – (consigliata la prenotazione) Carta 20/25 €
◆ Il ristorante non ha alcun tipo d'insegna, attenzione quindi al numero civico! Un volta trovato, lasciatevi avvolgere dalla sua calda accoglienza. In una sala semplice, ma ben tenuta, piatti locali e carne di bufala: la specialità della casa.

SAN BERNARDINO – Torino – Vedere Trana

SAN BERNARDO – Torino – Vedere Ivrea

SAN BONIFACIO – Verona (VR) – **562** F15 – **19 943 ab.** – **alt. 31 m** – ✉ 37047 **35** B3

Roma 523 – Verona 24 – Milano 177 – Rovigo 71

Relais Villabella con cam
via Villabella 72, Ovest : 2 km – ✆ 04 56 10 17 77 – www.relaisvilabella.it – info@relaisvillabella.it – chiuso gennaio
12 cam – 55/95 € 155/190 €
Rist – *(chiuso lunedì sera, sabato a mezzogiorno e domenica)* Carta 49/80 €
◆ Tra i vigneti della Bassa Veronese, un relais di campagna ricavato da una elegante struttura colonica; per una pausa culinaria riservata scegliete la sala riscaldata da un camino intima e romantica. Ricche di fascino e di confort le camere, completate da graziosi piccoli bagni in marmo rosa.

SAN CANDIDO (INNICHEN) – **Bolzano (BZ)** – **562** B18 – **3 171 ab.** – **alt. 1 175 m** – **Sport invernali :** – ✉ **39038** Italia Centro Nord **31** D1

Roma 710 – Cortina d'Ampezzo 38 – Belluno 109 – Bolzano 110
piazza del Magistrato 1 ✆ 0474 913149, info@sancandido.info, Fax 0474 913677
Località★ - Collegiata★

Dolce Vita Family Chalet Postalpina
via Elmo 9, località Versciaco, Est 3 Km – ✆ 04 74 91 31 33 – www.posthotel.it – info@posthotel.it – chiuso maggio e novembre
59 suites – 94/353 €, 12 € – ½ P 112/211 €
Rist – *(chiuso a mezzogiorno)* Carta 37/57 €
◆ Un piccolo borgo a se stante, creato da dieci chalet e da un edificio centrale: piacevole giardino ed armonioso centro benessere per una vacanza tra natura e relax. Nella romantica sala da pranzo, specialità altoatesine e piatti d'ispirazione mediterranea.

Panoramahotel Leitlhof rist,
via Pusteria 29 – ✆ 04 74 91 34 40 – www.leitlhof.com – info@leitlhof.com – 3 dicembre-27 marzo e 17 giugno-18 settembre
38 cam – 73/171 € 126/288 € – ½ P 115/154 €
Rist – *(solo per alloggiati)*
◆ In tranquilla posizione periferica, con bel panorama su valle e Dolomiti, hotel recentemente ristrutturato con sapiente utilizzo del legno; attrezzato centro benessere.

Cavallino Bianco-Weisses Rossl
via Duca Tassilo 1 – ✆ 04 74 91 31 35 – www.cavallinobianco.info – hotel@cavallinobianco.info – 15 dicembre-1° aprile e 21 giugno-1° ottobre
42 cam – 129/149 € 240/280 € – ½ P 175/199 € **Rist** – Carta 30/38 €
◆ Le Dolomiti dell'Alta Pusteria fanno da cornice a questo piacevole hotel nella zona pedonale del centro: un susseguirsi di sorprese e cortesia, soprattutto per famiglie. Nell'accogliente stube dalle pareti rivestite in massello, una cucina d'ispirazione moderna.

Parkhotel Sole Paradiso-Sonnenparadies
via Sesto 13 – ✆ 04 74 91 31 20 – www.sole-paradiso.com – info@soleparadiso.com – dicembre-marzo e giugno-15 ottobre
28 cam – 150/220 € – 14 suites – 220/310 € – ½ P 116/158 €
Rist – Carta 28/53 €
◆ Un caratteristico chalet in un parco pineta, un hotel d'inizio secolo scorso in cui entrare e sentirsi riportare indietro nel tempo; fascino, con tocchi di modernità. Al ristorante gradevoli arredi tipici e cucina del territorio.

Villa Stefania
via al Ponte dei Corrieri, 1 – ✆ 04 74 91 35 88 – www.villastefania.com – info@villastefania.com – chiuso dal 30 marzo al 28 maggio e dal 9 ottobre al 1° dicembre
35 cam – 94/180 € 146/262 € – ½ P 109/160 €
Rist – (prenotazione obbligatoria) Carta 33/46 €
◆ A due passi dall'isola pedonale, in posizione panoramica e tranquilla, questa piacevole struttura immersa nel verde vi accoglierVi in un caldo abbraccio per farvi scordare lo stress e illustrarvi le bellezze dei monti. A disposizione camere nuove o più "nostalgiche".

Dolce Vita Alpina Post Hotel
via dei Benedettini 11/c – ✆ 04 74 91 31 33 – www.posthotel.it – info@posthotel.it – 18 dicembre-5 aprile e 10 giugno-5 ottobre
49 cam – 72/128 € 118/230 € – ½ P 68/125 €
Rist – *(solo per alloggiati)*
◆ Un esercizio di antica tradizione, in pieno centro: camere classiche e luminose, nonché gradevoli spazi comuni. Amena la terrazza-solarium con bella vista sui dintorni.

Letizia senza rist
via Firtaler 5 – ✆ 04 74 91 31 90 – www.sudtirol.com/letizia – hotel.letizia@dnet.it
13 cam – 120/150 €
◆ Un piccolo e piacevole albergo nella zona residenziale del centro; si propone con una conduzione familiare diretta e coordinata dalla simpatica signora Letizia.

SAN CASCIANO DEI BAGNI – Siena (SI) – 563 N17 – 1 707 ab. – alt. 582 m – ✉ 53040 — 29 D3

Roma 158 – Siena 90 – Arezzo 91 – Perugia 58

Fonteverde
località Terme 1 – ✆ 0 57 85 72 41 – www.fonteverdespa.com – info@fonteverdespa.com
78 cam – 280/345 € 355/720 € – 4 suites
Rist – *(chiuso la sera)* Menu 45 € (solo a buffet)
Rist *Ferdinando I* – *(chiuso a mezzogiorno)* Carta 48/74 €
◆ L'affascinante residenza medicea custodisce ambienti eleganti e camere in stile rinascimentale con bagni in marmo, ma dotate dei moderni confort. Proverbiali: le terme e il centro benessere. La cena è servita nell'elegante Ferdinando I: la cucina tradizionale si presenta accanto a piatti di ispirazione moderna.

Sette Querce rist,
viale Manciati 2 – ✆ 0 57 85 81 74
– www.settequerce.it – info@settequerce.it
9 cam – 90/130 € 130/190 € – ½ P 90/120 €
Rist *Daniela* – piazza Matteotti 7, ✆ 0 57 85 82 34 *(chiuso mercoledì da novembre a marzo)* Carta 38/48 € (+10 %)
◆ All'ingresso del paese, un'antica locanda è diventata un accogliente albergo - praticamente privo di aree comuni - ma dotato di ampie camere con angolo cottura. Nei vecchi magazzini del castello, due ambienti rustici ed informali, dove gustare la sapida cucina del territorio.

a Celle sul Rigo Ovest : 5 km – 563 N17 – ✉ 53040

Il Poggio con cam rist,
– ✆ 0 57 85 37 48 – www.ilpoggio.net – info@ilpoggio.net – chiuso dal 15 gennaio al 20 febbraio
5 cam – 140/160 € 190/220 € – ½ P 130/145 €
Rist – *(chiuso martedì, da ottobre a marzo anche lunedì, mercoledì e giovedì) (chiuso a mezzogiorno in marzo, ottobre, novembre, dicembre)*
Carta 25/43 €
◆ La tradizionale cucina del territorio è proposta attraverso i prodotti della stessa azienda agricola biologica: carni e ortaggi da gustare in un ambiente rustico e curato, nello scenario delle crete senesi. Cinque camere belle e spaziose per un meritato riposo.

SAN CASCIANO IN VAL DI PESA – Firenze (FI) – 563 L15 29 D3

– 17 082 ab. – alt. 310 m – ✉ 50026 Toscana

Roma 283 – Firenze 17 – Siena 53 – Livorno 84

Villa il Poggiale
via Empolese 69, Nord-Ovest : 1 km – ✆ 0 55 82 83 11 – www.villailpoggiale.it
– villailpoggiale@villailpoggiale.it
– chiuso febbraio
20 cam – 130/180 € 150/240 € – 4 suites – ½ P 105/150 €
Rist – *(aprile-ottobre) (solo per alloggiati)* Menu 30 €
◆ Ricordate la Toscana letta nei libri di *Forster* e vista nei film di *Ivory* ? E' qui che ne ritroverete l'incanto, sotto i cipressi secolari del giardino all'italiana, il loggiato rinascimentale e le superbe camere. Massaggi e trattamenti di bellezza su prenotazione.

Villa i Barronci
via Sorripa 8, Ovest : 3 Km – ✆ 0 55 82 05 98
– www.ibarronci.com – info@ibarronci.com
– chiuso dal 20 gennaio al 1° marzo
14 cam – 80/130 € 100/250 € – 2 suites – ½ P 78/158 €
Rist – *(chiuso a mezzogiorno da novembre ad aprile)* Carta 35/49 €
◆ Tranquillità e tanto verde in una struttura signorile con camere spaziose e personalizzate da bei mobili di famiglia. Piccolo centro benessere per pensare al soggiorno anche in termini di *remise en forme*. Piatti toscani al ristorante.

a Mercatale Sud-Est : 4 km : – ✉ 50020

Agriturismo Salvadonica senza rist
via Grevigiana 82, Ovest : 1 km – ✆ 05 58 21 80 39
– www.salvadonica.com – info@salvadonica.com
– 15 marzo-6 novembre
5 cam – 95/120 € 124/129 € – 10 suites – 138/170 €
◆ Un'oasi di tranquillità e di pace questo piccolo borgo agrituristico fra gli olivi; semplicità e cortesia familiare, in un ambiente rustico molto rilassante, accogliente.

a Cerbaia **Nord-Ovest : 6 km – ✉ 50020**

XXXX **La Tenda Rossa** (Salcuni e Santandrea)

piazza del Monumento 9/14 – ✆ 0 55 82 61 32 – www.latendarossa.it – ristorante@latendarossa.it – chiuso dal 3 al 13 gennaio, dall'8 al 18 agosto, domenica, lunedì a mezzogiorno

Rist – Carta 65/95 €

Spec. Ravioli di ribollita con emulsione di fagioli neri e cozze pelose tarantine. Agnello dell'Appennino: il magro in salsiccia con pecorino, la costoletta a scottadito con sedano rapa e salsa di frattaglie. Soufflé freddo al Vin Santo con passata di lamponi.

◆ Se la ristorazione italiana è tradizionalmente familiare, qui sono persino tre le famiglie che si occuperanno di voi: risultati moltiplicati, dal servizio ai piatti.

SAN CASSIANO = ST. KASSIAN – Bolzano – Vedere Alta Badia

SAN CESAREO – Roma (RM) – 563 Q20 – 13 127 ab. – alt. 312 m – ✉ 00030 13 C2

Roma 33 – Avezzano 108 – Frosinone 55 – Latina 55

X **Osteria di San Cesario** con cam — cam,

via Corridoni 60 – ✆ 0 69 58 79 50 – www.osteriadisancesario.it – osteriadisancesario@yahoo.it – chiuso dal 1° al 16 agosto, lunedì, domenica sera

3 cam – ††80 € **Rist** – Carta 30/65 €

◆ Locale familiare di lunga tradizione, dove gustare specialità romano-laziale, ampia scelta di paste fatte in casa (e tirate a mano), nonché ricette che si rifanno alla cucina del Quinto Quarto: la cucina dei macellai del mattatoio di Testaccio. Tre graziose camere di notevole ampiezza.

SAN CIPRIANO – Genova (GE) – 561 I8 – alt. 239 m – ✉ 16010 Serra Riccò 15 C1

Roma 511 – Genova 16 – Alessandria 75 – Milano 136

XX **Ferrando**

via Carli 110 – ✆ 0 10 75 19 25 – www.ristorante-ferrando.com – info@ristorante-ferrando.com – chiuso 10 giorni in gennaio, 20 giorni in luglio-agosto, domenica sera, lunedì, martedì

Rist – Carta 25/33 €

◆ Alle pareti, stampe e fotografie raccontano la passione per il vino e per le sue diverse varietà, mentre in cucina si traccia l'indelebile storia della cucina ligure. Bel giardino per un aperitivo o un breve relax.

SAN CIPRIANO = ST. ZYPRIAN – Bolzano – Vedere Tires

SAN CIPRIANO PICENTINO – Salerno (SA) – 564 E26 – 6 681 ab. – ✉ 84099 7 C2

Roma 288 – Napoli 78 – Salerno 26 – Torre del Greco 66

Villa Rizzo-Masseria della Nocciola senza rist

via Gerardo Napolitano, località Sigliano – ✆ 0 89 86 21 08 – www.villarizzo.com – masseria@familiarizzo.it

18 cam – †65/90 € ††75/100 €

◆ Tra ulivi, noccioli ed alberi da frutto, squisita accoglienza in un raffinato relais dalle camere personalizzate con pezzi d'antiquariato e bei mobili di recupero casalingo. Intrigante la proposta della Spa, che prevede la possibilità di prenotare lo spazio a proprio uso esclusivo, per la durata del percorso benessere.

XX **Rispoli**

via Gerado Napolitano, località Sigliano – ✆ 0 89 86 21 90 – pietro.rispoli@alice.it – chiuso dal 24 gennaio al 5 febbraio, domenica sera, lunedì

Rist – (prenotazione obbligatoria a mezzogiorno) Carta 47/61 €

◆ All'interno di un elegante relais di campagna - volutamente celato agli occhi dei passanti - un ritrovo per raffinati *gourmet*, che fa della ricerca della migliore materia prima la propria bandiera.

SAN CLEMENTE A CASAURIA (Abbazia di) – Pescara – 563 P23 Italia

Abbazia★★ : ciborio★★★

SAN COSTANZO – Pesaro e Urbino (PU) – 563 K21 – 4 863 ab. 20 B1

– alt. 150 m – ✉ 61039

Roma 268 – Ancona 43 – Fano 12 – Gubbio 96

X **Da Rolando**

corso Matteotti 123 – ✆ 07 21 95 09 90 – www.darolando.it – rolando.ramoscelli@libero.it – chiuso mercoledì

Rist – (consigliata la prenotazione) Menu 40/50 € – Carta 27/45 €

◆ Situato lungo la strada principale, presenta un menù con proposte gastronomiche stagionali a base di carne, funghi, tartufi e formaggi, legate alla tradizione marchigiana.

SAN DANIELE DEL FRIULI – Udine (UD) – 562 D21 – 8 152 ab. 10 B2

– alt. 252 m – ✉ 33038

Roma 632 – Udine 27 – Milano 371 – Tarvisio 80

piazza Pellegrino 4 ✆ 0432 940765, info@infosandaniele.com, Fax 0432 940765

Al Picaron

via S.Andrat 3, località Picaron, Nord: 1 km – ✆ 04 32 94 06 88 – www.alpicaron.it – info@alpicaron.it

35 cam – †80/85 € ††115 € – 1 suite – ½ P 88 € **Rist** – Carta 35/57 €

◆ Sulla sommità di una collina, con bel panorama su San Daniele e sulla vallata, una piacevole struttura cinta da un ampio giardino. Gestione attenta. All'interno sala per la degustazione del mitico prosciutto locale.

Alla Torre senza rist

via del Lago 1 – ✆ 04 32 95 45 62 – www.hotellatorrefvg.it – prenota@hotelallatorrefvg.it – chiuso dal 24 dicembre al 2 gennaio

27 cam – †70/75 € ††110 €, 8 € – 2 suites

◆ Gestione familiare e ospitale in questo valido punto di riferimento, sia per clienti di lavoro che di passaggio qui per soste culinarie, in pieno centro.

X **Osteria la Pergola**

via Venezia 57/a – ✆ 04 32 95 49 09 – www.lapergolasandaniele.it – info@lapergolasandaniele.it

Rist – (prenotazione obbligatoria) Carta 27/50 €

◆ Ambiente rustico con il celebre prosciutto di San Daniele a salutare i clienti all'ingresso. D'inverno il quadro si fa ancora più ruspante con le zuppe esposte in sala. Cucina fondamentalmente di terra, ma non manca qualche piatto di pesce.

SAN DESIDERIO – Genova – Vedere Genova

SAND IN TAUFERS = Campo Tures

SAN DOMINO (Isola) – Foggia – 564 B28 – Vedere Tremiti (Isole)

SAN DONÀ DI PIAVE – Venezia (VE) – 562 F19 – 40 735 ab. 35 A1

– ✉ 30027

Roma 558 – Venezia 38 – Lido di Jesolo 20 – Milano 297

via Concordia 13 ✆ 0421 1885495 prolocosandonadipiave@freepost.it Fax 0421 1885441

Forte del 48

via Vizzotto 1 – ✆ 0 42 14 40 18 – www.hotelfortedel48.com – info@hotelfortedel48.com

46 cam – **†**57/67 € **††**77/90 €

Rist – *(chiuso dal 26 dicembre al 9 gennaio, dal 6 al 21 agosto, domenica)* Carta 24/42 €

◆ Al corpo storico dell'hotel si è aggiunta una struttura più recente. Poco lontano dal centro, nei pressi dell'ospedale, funzionali camere in parte rinnovate. Ristorante dominato da un soffitto con lucernari in vetro, clima informale.

Locanda al Piave

corso Trentin 6 – ✆ 0 42 15 21 03 – www.locandaalpiave.it – info@locandaalpiave.it

28 cam – **†**50/60 € **††**70/80 € – ½ P 50 €

Rist – *(chiuso domenica)* Carta 31/45 €

◆ Questa piccola ed accogliente risorsa gestita da più di trent'anni dalla stessa famiglia propone camere gradevoli e funzionali. Anche il ristorante non si sottrae a questo côté casalingo, proponendo gustosi piatti della tradizione.

a Isiata **Sud-Est : 4 km – ✉ 30027 San Donà Di Piave**

Ramon

via Tabina 61 – ✆ 04 21 23 90 30 – chiuso dal 27 dicembre al 10 gennaio, dal 10 al 31 agosto, lunedì sera, martedì

Rist – Carta 26/42 €

◆ Villino vermiglio votato alla semplicità, tanto nell'arredo delle sale interne quanto nell'ambiente, familiare, dove soffermarsi a gustare specialità di pesce. Servizio estivo sotto un porticato.

SAN DONATO IN POGGIO – Firenze – 563 L15 – Vedere Tavarnelle Val di Pesa

SAN DONATO MILANESE – Milano (MI) – 561 F9 – 32 594 ab. – alt. 102 m – ✉ 20097 18 B2

Roma 566 – Milano 10 – Pavia 36 – Piacenza 57

Pianta d'insieme di Milano

Rege Hotel

via Milano 2, tangenziale Est uscita Paullo Ⓜ San Donato Milanese – ✆ 02 51 62 81 84 – www.regehotel.it – info@regehotel.it 2CPe

102 cam – **†**70/140 € **††**90/180 €

Rist *I Sapori de Milan* – Menu 50 €

◆ Posizione davvero strategica per questo efficiente ed elegante hotel, di stile moderno, funzionale; offre camere spaziose e signorili, con accessori di qualità, completi. Ristorante che si propone con un ambiente di classe.

Santa Barbara

piazzale Supercortemaggiore 4 – ✆ 02 51 89 11 – www.hotelsantabarbara.it – santabarbarahotel@duetorrihotels.com 2CPu

158 cam – **†**120/220 € **††**160/270 € – 6 suites

Rist – *(chiuso sabato a mezzogiorno) (solo per alloggiati)* Carta 24/44 €

◆ In parte rinnovato nelle stanze e nelle zone comuni, un albergo con differenti livelli di confort; ideale per clienti di lavoro e di passaggio, comodo da raggiungere.

I Tri Basei

via Emilia 54 Ⓜ San Donato Milanese – ✆ 02 39 98 12 38 – giuseppe.spiranelli@libero.it – chiuso 1 settimana in agosto, sabato, domenica 2CPr

Rist – Carta 21/28 €

◆ Sempre un gradevole indirizzo, semplice, frequentato in prevalenza da una clientela di lavoro soprattutto a pranzo; due salette, un dehors e piatti di tipo classico.

sull'autostrada A 1 - Metanopoli o per via Emilia

Crowne Plaza Milan Linate rist,
via Adenauer 3 ✉ 20097 San Donato Milanese
– ☎ 02 51 60 01 – www.alliancealberghi.com – crowneplaza.milan@alliancealberghi.com CPv
410 cam – †179/550 € ††194/690 €, ☕ 19 € – 26 suites
Rist *Il Giardino* – *(chiuso agosto)* Carta 42/60 €
Rist *Il Buongustaio* – Carta 30/41 €
♦ Ottime attrezzature per riunioni e congressi, valido punto di riferimento per clienti d'affari o di passaggio; zona notte moderna e funzionale, eleganti gli spazi comuni. Al Giardino, atmosfera elegante e piatti italiani. Ricco buffet al *Buongustaio.*

SAN DONATO VAL DI COMINO – **Frosinone (FR)** – **563** Q23 **13** D2
– **2 145 ab.** – **alt. 721 m** – ✉ **03046**

Roma 127 – Frosinone 54 – Avezzano 57 – Latina 111

Villa Grancassa rist,
via Roma 8 – ☎ 07 76 50 89 15
– www.villagrancassa.com – info@villagrancassa.com – chiuso dal 26 gennaio al 5 febbraio e dal 5 al 15 ottobre
25 cam – †85 € ††100 €, ☕ 5 € – ½ P 75 €
Rist – *(chiuso a mezzogiorno escluso sabato e domenica)* Carta 23/38 €
♦ E' immersa nella tranquillità di un parco di piante secolari l'ottocentesca e suggestiva residenza al cui interno vanta corridoi e sale che parlano di storia. Servizio ristorante estivo in terrazza con vista; in sala ambienti signorili.

SANDRA' – **Verona (VR)** – **562** F14 – **Vedere Castelnuovo del Garda**

SANDRIGO – **Vicenza (VI)** – **562** F16 – **8 565 ab.** – **alt. 64 m** – ✉ **36066** **37** A1

Roma 530 – Padova 47 – Bassano del Grappa 20 – Trento 85
viale Ippodromo 9/11 ☎ 0444 658148 info@prolocosandrigo.it Fax 0444 658148

Antica Trattoria Due Spade
via Roma 5 – ☎ 04 44 65 99 48
– www.duespade.com – duespade@tiscalinet.it
– chiuso dal 1° al 7 gennaio, 15 giorni in agosto, lunedì sera e martedì
Rist – Carta 25/30 €
♦ Un'antica trattoria sorta in una vecchia stalla con porticato e vasta aia: il locale del "bacalà" per antonomasia! Dal 1880, diverse generazioni si sono succedute ai fornelli, deliziando i palati con la specialità facilmente intuibile della casa. In suo onore, è stato addirittura creato un semifreddo.

SAN FELE – **Potenza (PZ)** – **564** E28 – **3 363 ab.** – **alt. 937 m** – ✉ **85020** **3** A1

Roma 345 – Potenza 63 – Napoli 172 – Avellino 94

Tipicamente
corso Umberto I 40 – ☎ 0 97 69 40 04
– www.ristorantetipicamente.it – tipicamente@alice.it
– chiuso dal 1° al 15 settembre e lunedì
Rist – (prenotazione obbligatoria) Menu 20/45 € – Carta 27/35 €
♦ A due passi dal centro, ristorante nel retro del bar *Cafè Blues* (di proprietà): taglio moderno, gestione giovane e i piatti che propongono il territorio in chiave moderna.

SAN FELICE CIRCEO – Latina (LT) – 563 S21 – 8 409 ab. – ✉ 04017 13 C3

Roma 106 – Frosinone 62 – Latina 36 – Napoli 141

Circeo Park Hotel

via lungomare Circe 49 – ✆ 07 73 54 88 14 – www.circeopark.net – info@circeopark.it – marzo-ottobre

46 cam – †70/240 € ††120/270 € – ½ P 95/170 €

Rist ***La Stiva*** – *✆ 07 73 54 72 76 (aprile-ottobre)* Carta 39/74 €

♦ Moderno nelle forme e nei materiali, ma anche vicino al mare, hotel dotato di strutture per attività congressuali. Lussureggiante giardino di palme e pini marittimi. Ristorante che si estende luminoso e bianco lungo la spiaggia.

a Quarto Caldo Ovest : 4 km – ✉ 04017 San Felice Circeo

Punta Rossa

rist,

via delle Batterie 37 – ✆ 07 73 54 80 85 – www.puntarossa.it – punta_rossa@iol.it – marzo-novembre

37 cam – †140/280 € ††190/370 € – 7 suites – ½ P 135/225 €

Rist – Carta 42/90 €

♦ Sulla scogliera, con giardino digradante a mare, il luogo ideale per chi sia alla ricerca di una vacanza isolata, sul promontorio del Circeo; linee mediterranee e relax. Al ristorante una tavola panoramica da sogno.

SAN FELICE DEL BENACO – Brescia (BS) – 561 F13 – 3 349 ab. 17 D1 – alt. 109 m – ✉ 25010

Roma 544 – Brescia 36 – Milano 134 – Salò 7

Garden Zorzi

cam,

viale delle Magnolie 10, località Porticcioli, Nord : 3,5 km – ✆ 03 65 52 14 50 – www.hotelzorzi.it – info@hotelzorzi.it – 9 aprile-9 ottobre

26 cam – †60/70 € ††90/150 €, 10 € – ½ P 70/100 €

Rist – *(solo per alloggiati)*

♦ Una terrazza-giardino sul lago, una bella vista sulla cittadina di Salò, un punto d'attracco privato; in un albergo tranquillo e con un'atmosfera e gestione familiari.

a Portese Nord : 1,5 km – ✉ 25010 San Felice Del Benaco

Bella Hotel e Leisure

via Preone 6 – ✆ 03 65 62 60 90 – www.bellahotel.com – info@bellahotel.com – chiuso dal 20 dicembre al 10 marzo

22 cam – †80/110 € ††120/150 € – ½ P 80/100 € **Rist** – Carta 40/71 €

♦ Un piccolo hotel, affacciato sull'acqua, con andamento familiare e buon confort nelle stanze e nelle aree comuni, esterne; offre un servizio estivo in terrazza sul lago. Dalle raffinate sale da pranzo, una meravigliosa vista panoramica attraverso le ampie vetrate.

SAN FELICIANO – Perugia – 563 M18 – Vedere Magione

SAN FLORIANO (OBEREGGEN) – Bolzano (BZ) – 562 C16 31 D3 – alt. 1 512 m – Sport invernali : 1 357/2 500 m 1 7 (Comprensorio Dolomiti superski Obereggen) – ✉ 39050 Ponte Nova

Roma 666 – Bolzano 22 – Cortina d'Ampezzo 103 – Milano 321

località Obereggen 9 Nova Ponente ✆ 0471 616567, info@eggental.com, Fax 0471 616727

Sonnalp

– ✆ 04 71 61 58 42 – www.sonnalp.com – info@sonnalp.com – 4 dicembre-25 aprile e 4 giugno-9 ottobre

32 cam – †119/138 € ††192/232 € – 6 suites – ½ P 118/138 €

Rist – Carta 47/70 €

♦ Gestione familiare, sempre presente e professionale, camere spaziose con balcone direttamente sulle piste da sci e sui prati, ben soleggiate e con il massimo dei confort.

Cristal cam,

Obereggen 31 – ✆ 04 71 61 55 11 – www.hotelcristal.com – info@hotelcristal.com – 6 dicembre-25 aprile e 10 giugno-5 ottobre
48 cam – †85/149 € ††125/260 € – 2 suites – ½ P 82/159 €
Rist – Carta 37/61 €
◆ Belle stanze moderne, con arredi in legno di cirmolo e larice, piacevolmente accessoriate; molte zone relax per il trattamento del corpo e dello spirito, conduzione seria. La cucina rivela una notevole cura e fantasia.

Maria

Obereggen 12 – ✆ 04 71 61 57 72 – www.hotel-maria.it – info@hotel-maria.it – dicembre-aprile e giugno-ottobre
22 cam – ††176/186 € – 1 suite – ½ P 91/99 € **Rist** – *(solo per alloggiati)*
◆ Quasi un'abitazione privata dall'esterno: una tipica costruzione di queste valli, amorevolmente tenuta e condotta dalla famiglia dei proprietari; presso le piste da sci.

Royal cam,

Obereggen 32 – ✆ 04 71 61 58 91 – www.h-royal.com – info@h-royal.com – 5 dicembre-25 aprile e 20 maggio-10 ottobre
21 cam – ††120/140 € – ½ P 60/72 €
Rist – *(chiuso a mezzogiorno) (solo per alloggiati)*
◆ Nei pressi degli impianti di risalita, un tipico albergo di montagna, ben condotto e ordinato, confortevole sia nel settore notte che nelle aree comuni.

Bewallerhof

verso Pievalle, Nord-Est : 2 km – ✆ 04 71 61 57 29 – www.bewallerhof.it – info@bewallerhof.it – chiuso maggio e novembre
20 cam – solo ½ P 65/75 € **Rist** – *(solo per alloggiati)*
◆ Una gradevole casa circondata dal verde e con una notevole vista sulle vette che creano un suggestivo scenario; ambiente tirolese curato, per sentirsi come a casa.

SAN FOCA – Lecce – **564** G37 – Vedere Melendugno

SAN FRANCESCO AL CAMPO – Torino (TO) – **561** G4 – 4 805 ab. – alt. 327 m – ✉ 10070 **22** B2

Roma 703 – Torino 24 – Alessandria 123 – Asti 88

Furno

via Roggeri 2 – ✆ 01 19 27 49 00 – www.romantikoteltorino.com – info@romantikhoteltorino.it – chiuso dal 10 al 31 agosto
32 cam – †85/99 € ††130/200 €
Rist *Restaurant Relais* – *(chiuso sabato a mezzogiorno escluso da giugno a settembre)* Carta 25/42 €
◆ Alla fine dell'Ottocento era una dimora estiva per le battute di caccia. Oggi è un moderno albergo immerso in un'oasi verde con camere raffinate, che qua e là tradiscono il rustico passato. Negli spazi dai soffitti ad archi, in un'intima saletta o nel fresco del giardino, specialità di pesce e piatti tipici piemontesi.

SAN GENESIO – Bolzano (BZ) – **562** C16 – 1 278 ab. – alt. 1 353 m – ✉ 39050 **31** C1

Roma 643 – Bolzano 9 – Trento 66

Belvedere Schoenblick rist,

via Pichl 15 – ✆ 04 71 35 41 27 – www.schoenblick-belvedere.com – info@schoenlick-belvedere.com – chiuso dal 9 gennaio al 20 marzo
28 cam – †77/88 € ††120/166 € – 2 suites – ½ P 68/91 €
Rist – *(chiuso giovedì) (chiuso a mezzogiorno)* Carta 27/36 €
◆ In posizione panoramica, vanta una gestione familiare giunta alla terza generazione; di recente rinnovato ed ampliato dispone di ampie camere luminose e una nuova beauty farm. Cucina prevalentemente del territorio servita in diverse sale e in una piccola stube.

Antica Locanda al Cervo-Landgasthof zum Hirschen

via Schrann 9/c – ✆ 04 71 35 41 95 – www.hirschenwirt.it – info@hirschenwirt.it – chiuso febbraio e marzo
21 cam – 🚹59/76 € 🚹🚹88/118 € – ½ P 54/69 €
Rist – *(chiuso mercoledì da novembre a giugno)* Carta 27/55 €
◆ I sessanta cavalli del maneggio rendono la locanda un indirizzo ideale per gli appassionati di equitazione. Affidabile e calorosa gestione familiare. Attenzioni particolari sono rivolte all'appetito e al palato della clientela.

SAN GIACOMO DI ROBURENT – Cuneo (CN) – 561 J5 23 C3

– alt. 1 011 m – Sport invernali : 1 011/1 610 m 8, – ✉ 12080 Roburent

Roma 622 – Cuneo 52 – Savona 77 – Torino 92

Valentine

via Tetti 15 – ✆ 01 74 22 70 13 – www.valentineristorante.it – valentineristorante@yahoo.it – chiuso novembre, maggio, lunedì, martedì, mercoledì e i mezzogiorno di giovedì e venerdì
Rist – Carta 38/48 €
◆ Con un nome così romantico, gli ambienti non potevano essere da meno: *boiserie*, pitture e sculture in uno chalet di lusso sullo sfondo della valle incorniciata dalle Alpi. La cucina è grande come le montagne di queste parti: moderna e raffinata.

SAN GIMIGNANO – Siena (SI) – 563 L15 – 7 783 ab. – alt. 324 m 29 C2

– ✉ 53037 Toscana

Roma 268 – Firenze 57 – Siena 42 – Livorno 89

piazza Duomo 1 ✆ 0577 940008, info@sangimignano.com, Fax 0577 940903

Località★★★ – Piazza della Cisterna★★ – Piazza del Duomo★★: affreschi★★ di Barna da Siena nella Basilica di S. Maria Assunta★, ★★ dalla torre del palazzo del Popolo★ **H** – Affreschi★★ di Benozzo Gozzoli nella chiesa di S. Agostino

La Collegiata

località Strada 27, 1,5 km per ① – ✆ 05 77 94 32 01 – www.lacollegiata.it – collegiata@relaischateaux.com – aprile-dicembre
20 cam – 🚹150/250 € 🚹🚹210/600 €, 20 € – 1 suite – ½ P 175/370 €
Rist – Carta 38/64 €
◆ Convento francescano cinquecentesco, edificio rinascimentale con giardino all'italiana, raffinato e curato in ogni particolare, in amena quiete. Per un soggiorno da favola. Ambiente suggestivo ed elegante per pasteggiare immersi nella storia.

L'Antico Pozzo senza rist

via San Matteo 87 – ✆ 05 77 94 20 14 – www.anticopozzo.com – info@anticopozzo.com – chiuso dal 20 gennaio al 20 febbraio **a**
18 cam – 🚹80/100 € 🚹🚹100/180 €
◆ Atmosfera elegante in un palazzo del '400 nel cuore del centro storico: stanze affrescate con pavimenti in cotto e ambienti di raffinato buon gusto. In estate, la prima colazione è servita nella corte interna.

La Cisterna

piazza della Cisterna 24 – ✆ 05 77 94 03 28 – www.hotelcisterna.it – info@hotelcisterna.it – chiuso dal 9 gennaio al 18 marzo **e**
49 cam – 🚹62/78 € 🚹🚹85/150 € – ½ P 73/98 €
Rist – *(chiuso martedì, mercoledì a mezzogiorno)* Carta 24/40 €
◆ Nell'omonima e vivace piazza, all'interno di un edificio medievale, uno storico albergo, "mosso" su vari corpi, panoramico e con una suggestiva sala in stile trecentesco. Al ristorante, la favolosa vista accompagna una gustosa cucina del territorio: difficile scegliere chi delle due sia la migliore!

Circolazione stradale regolamentata nel centro città

SAN GIMIGNANO

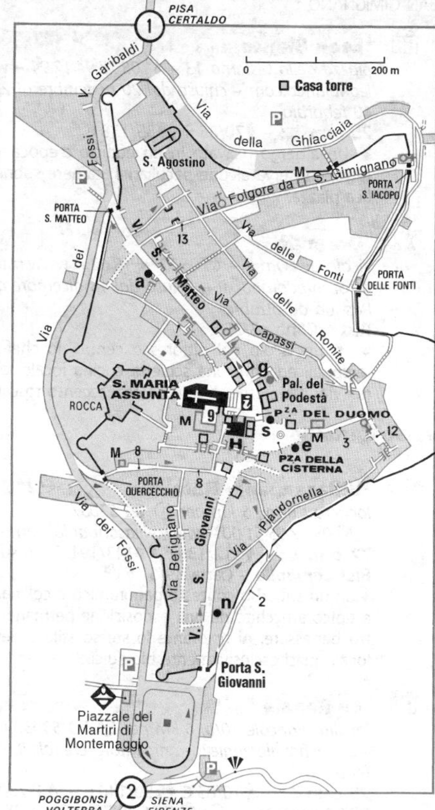

Sovestro

località Sovestro 63, Est : 2 km – ✆ 05 77 94 31 53 – www.hotelsovestro.com – info@hotelsovestro.com

40 cam – ♦70/90 € ♦♦90/140 € – ½ P 73/100 €

Rist *Da Pode* – *(chiuso lunedì)* (consigliata la prenotazione)
Carta 27/41 €

♦ Hotel a soli 2 km da S. Gimignano, immerso nel verde della campagna senese: i continui lavori di manutenzione da parte degli attenti proprietari fanno sì che la struttura garantisca sempre un buon confort. Ristorante con sale rustiche e dehors in terrazza, ai fornelli la signora Lucia prepara sapidi piatti toscani.

Bel Soggiorno

rist,

via San Giovanni 91 – ✆ 05 77 94 03 75 – www.hotelbelsoggiorno.it – info@hotelbelsoggiorno.it – chiuso dal 20 novembre al 26 dicembre e dal 15 febbraio al 15 marzo **n**

22 cam – ♦65/75 € ♦♦80/95 €, 8 €

Rist – *(chiuso mercoledì)* (consigliata la prenotazione la sera)
Carta 33/45 €

♦ Presso la Porta S. Giovanni, all'interno delle mura, un confortevole hotel di proprietà della stessa famiglia dal 1886! Camere di diversa tipologia, alcune dotate di bella terrazza con vista sulla campagna. Ristorante rustico, dove una grande vetrata regala un pregevole panorama; la tavola celebra la cucina toscana.

Leon Bianco senza rist

piazza della Cisterna 13 – ✆ 05 77 94 12 94 – www.leonbianco.com – info@leonbianco.com – chiuso dal 20 novembre al 28 dicembre e dal 7 gennaio al 10 febbraio s

25 cam – ♦70/85 € ♦♦85/138 €

♦ Un albergo ricavato in un edificio d'epoca, di cui, nelle aree comuni soprattutto, conserva alcune peculiarità; camere sobrie e curate, affacciate sulla magnifica piazza.

XX **Dorandò**

vicolo dell'Oro 2 – ✆ 05 77 94 18 62 – www.ristorantedorando.it – info@ristorantedorando.it – chiuso dal 13 dicembre al 31 gennaio e lunedì escluso da Pasqua ad ottobre g

Rist – Carta 43/55 €

♦ In un vicolo del pittoresco centro, lo chef-patron rispolvera antichi ricettari regionali ed offre una schietta cucina locale, correttamente alleggerita. La carta dei vini parla esclusivamente con accento toscano.

verso Certaldo

Villasanpaolo Hotel rist,

località Casini, 5 km per ① ✉ 53037 – ✆ 05 77 95 51 00 – www.villasanpaolo.com – info@villasanpaolo.com

72 cam – ♦112/136 € ♦♦143/191 € – 6 suites – ½ P 117/131 €

Rist ***Lampolla*** – Carta 39/51 €

♦ In un superbo contesto panoramico e collinare, armoniosa fusione di moderno e tipico arricchito da una esposizione permanente di dipinti anni '70. Nuovo centro benessere. Al ristorante lo stesso stile e design dell'hotel e nel piatto sapori locali quasi esclusivamente biologici.

Le Renaie rist,

località Pancole 10/b, 6 km per ① ✉ 53037 Pancole – ✆ 05 77 95 50 44 – www.hotellerenaie.it – info@hotellerenaie.it – chiuso novembre, gennaio e febbraio

25 cam – ♦70/85 € ♦♦90/140 € – ½ P 77/93 €

Rist ***Leonetto*** – ✆ 05 77 95 50 72 – Carta 28/36 €

♦ La vecchia casa colonica, immersa nella tranquilla campagna senese, si è trasformata in un hotel dallo stile sobrio, ma con tocchi di ricercatezza: colori tenui e stanze ben accessoriate per un relax a 360°. Curato ristorante con caminetto, cucina del territorio e vini locali.

Agriturismo Il Casale del Cotone rist,

via Cellole 59, 3 km per ① ✉ 53037 San Gimignano – ✆ 05 77 94 32 36 – www.casaledelcotone.com – info@casaledelcotone.com – chiuso dal 2 novembre al 23 dicembre

19 cam – ♦70/90 € ♦♦90/130 € – ½ P 90/100 €

Rist – *(chiuso a mezzogiorno)* (prenotare) *(solo per alloggiati)* 35 € bc

♦ Camere dagli arredi rustici ma curati, in un complesso rurale di fine '600 cinto da 30 ettari di vigneti ed uliveti. La maggior parte delle stanze gode di una meravigliosa vista panoramica sulle colline circostanti.

Agriturismo Il Rosolaccio rist,

località Capezzano ✉ 53037 San Gimignano – ✆ 05 77 94 44 65 – www.rosolaccio.com – music@rosolaccio.com – marzo-4 novembre

6 cam – ♦97 € ♦♦97/115 €, 10 € – ½ P 80 €

Rist – *(chiuso martedì e mercoledì) (chiuso a mezzogiorno) (solo per alloggiati)* Menu 30 €

♦ Quasi fuori dal mondo, nella più bella campagna toscana, in una posizione dominante e tranquilla, un casolare che, nella propria eleganza, conserva un'agreste rusticità.

Agriturismo Fattoria Poggio Alloro
via Sant'Andrea 23 località Ulignano, 5 km per ⑤
53037 San Gimignano – 05 77 95 01 53 – www.fattoriapoggioalloro.com – info@fattoriapoggioalloro.com – chiuso dal 7 al 31 gennaio
10 cam – 88/99 € – ½ P 73/85 €
Rist – *(solo per alloggiati)* Menu 30 € bc/40 € bc
◆ L'agriturismo per antonomasia: un'azienda - in questo caso biologica - per la produzione di olio e l'allevamento di bovini di razza Chianina. Il tutto riproposto in tavola con un menu ogni giorno diverso, accompagnato da vini di produzione propria. Splendida vista sulla campagna e sulle celebri torri.

SANGINETO LIDO – **Cosenza (CS)** – **564** I29 – **1 521 ab.** – **87020** **5** A1
Roma 464 – Cosenza 66 – Catanzaro 125

Convito
località Pietrabianca 11, Est : 1 km – 0 98 29 63 33 – www.convito.it – ristorante@convito.it – chiuso novembre e martedì
Rist – (prenotazione obbligatoria) Carta 29/41 €
◆ A poche centinaia di metri dal mare - lungo la strada per Sangineto - un localino con cucina di terra, fragrante e appetitosa, nonché specialità di pesce nel fine settimana. Arredi classici, atmosfera familiare.

SAN GIORGIO = ST. GEORGEN – **Bolzano** – **562** B17 – **Vedere Brunico**

SAN GIORGIO DI LIVENZA – **Venezia** – **Vedere Caorle**

SAN GIORGIO DI VALPOLICELLA – **Verona (VR)** – **Vedere Sant' Ambrogio di Valpolicella**

SAN GIOVANNI – **Livorno** – **Vedere Elba (Isola d'): Portoferraio**

SAN GIOVANNI AL NATISONE – **Udine (UD)** – **562** E22 – **6 105 ab.** **11** C2 – **alt. 66 m** – **33048**
Roma 653 – Udine 18 – Gorizia 19

Campiello con cam cam,
via Nazionale 40 – 04 32 75 79 10 – www.ristorantecampiello.it – info@ristorantecampiello.it – chiuso dal 23 dicembre al 3 gennaio, dal 6 al 27 agosto, sabato a mezzogiorno, domenica
17 cam – 75 € 115 €, 10 € – ½ P 105 €
Rist – Carta 54/69 €
Rist *Hosteria Campiello* – Carta 23/35 €
◆ Accomodatevi in questa sala, recentemente rinnovata, per gustare le curiose e originali prelibatezze che provengono dal mare. Le camere, moderne e ben tenute, sono ottime per una clientela di lavoro o turistica. All'Hosteria wine-bar, invece, l'atmosfera è più informale e i piatti regionali, più semplici.

SAN GIOVANNI D'ASSO – **Siena (SI)** – **563** M16 – **912 ab.** **29** C2 – **alt. 310 m** – **53020**
Roma 209 – Siena 42 – Arezzo 58 – Firenze 110

La Locanda del Castello
piazza Vittorio Emanuele II 4 – 05 77 80 29 39 – www.lalocandadelcastello.com – info@lalocandadelcastello.com – chiuso dal 10 gennaio al 3 marzo
9 cam – 80/100 € 100/120 € **Rist** – Carta 28/79 €
◆ In centro, adiacente al castello, una nuova risorsa ricca di fascino e storia. Camere accoglienti, ricche di colori, con pavimenti in legno. Sala ristorante affascinante, con menù di stagione a base di tartufo.

SAN GIOVANNI IN CROCE – **Cremona (CR)** – **561** G13 – **1 900 ab.** **17** C3 – **alt. 28 m** – **26037**
Roma 490 – Parma 37 – Cremona 30 – Mantova 45

Locanda Ca' Rossa

via Palvarino 5 – 0 37 59 10 69 – www.locandacarossa.it – info@locandacarossa.it – chiuso dal 23 dicembre al 5 gennaio e 3 settimane in agosto

14 cam – 65/75 € 95/120 €

Rist – *(chiuso domenica sera e lunedì) (chiuso a mezzogiorno)* Carta 45/63 €

◆ Casa padronale del XVIII sec. divenuta un piccolo albergo pieno di fascino, all'interno di un'oasi di tranquillità situata a fianco al Parco Villa Medici del Vascello. Piatti creativi nelle sale del moderno ristorante.

SAN GIOVANNI IN FIORE – Cosenza (CS) – 564 J32 – 18 169 ab. – 87055 5 B2

Roma 582 – Cosenza 58 – Catanzaro 75 – Crotone 54

L'Antico Borgo

via Salvatore Rota 3 – 09 84 99 28 39 – volleysgf@libero.it

Rist – Carta 16/26 €

◆ Non aspettatevi di trovarlo nel centro storico, il borgo è stato riscotruito all'interno di uno spazio chiuso. Tutto è nuovo e scenografico, non reale ma molto originale.

SAN GIOVANNI IN PERSICETO – Bologna (BO) – 562 I15 – 26 679 ab. – alt. 21 m – 40017 9 C3

Roma 392 – Bologna 21 – Ferrara 49 – Milano 193

Osteria del Mirasole

via Matteotti 17/a – 0 51 82 12 73 – osteriadelmirasole@yahoo.it – chiuso dal 10 al 20 luglio e lunedì

Rist – (prenotazione obbligatoria) Carta 39/51 €

◆ A pochi passi dal Duomo, una piccola osteria stretta e allungata con una profusione di legni scuri, vecchie foto, utensili vari; sul fondo, una piccola brace. Menù vario.

SAN GIOVANNI LA PUNTA – Catania (CT) – 365 AZ58 – 22 185 ab. – alt. 350 m – 95037 40 D2

Catania 10 – Enna 92 – Messina 95 – Siracusa 75

Villa Paradiso dell'Etna

via per Viagrande 37 – 09 57 51 24 09 – www.paradisoetna.it – hotelvilla@paradisoetna.it

30 cam – 110/150 € 140/200 € – 3 suites – ½ P 105/135 €

Rist *La Pigna* – Carta 35/56 €

◆ Il piccolo parco con piscina e il servizio colazione in terrazza roof-garden con vista incantevole sull'Etna, completano il piacere di interni raffinati e personalizzati. Sale ristorante intime e di gran classe.

Garden rist,

via Madonna delle Lacrime 12/b, località Trappeto, Sud : 1 km 95030 Trappeto – 09 57 17 77 67 – www.gardenhotel.ct.it – info@gardenhotel.ct.it

95 cam – 49/140 € 49/190 € – ½ P 49/160 €

Rist *La Vecchia Quercia* – Carta 35/49 €

◆ Vicino alle arterie di grande scorrimento, un piacevole giardino con palme e piante esotiche circonda di verde un albergo recente, con spazi ampi e camere confortevoli. Due luminose sale da pranzo di taglio moderno, affacciate sul giardino; bel dehors estivo.

Giardino di Bacco

via Piave 3 – 09 57 51 27 27 – www.giardinodibacco.com – giardinodibacco@alice.it – chiuso lunedì

Rist – *(chiuso a mezzogiorno escluso domenica)* Carta 43/53 €

◆ Una volta la dimora del custode di una sontuosa villa, oggi un locale che unisce eleganza e tipicità tanto nell'ambiente, quanto nelle proposte. Servizio estivo in giardino.

SAN GIOVANNI ROTONDO - Foggia (FG) - 564 B29 - 27 037 ab. 26 A1
- alt. 566 m - ✉ 71013

Roma 352 - Foggia 43 - Bari 142 - Manfredonia 23

piazza Europa 104 ☎ 0882 456240, sangiovannirotondo@pugliaturismo.com, Fax 0882 456240

Grand Hotel Degli Angeli

prolungamento viale Padre Pio - ☎ 08 82 45 46 46 - www.grandhoteldegliangeli.it - info@grandhoteldegliangeli.it - chiuso dal 12 dicembre a febbraio

113 cam - 100 € 130 € - ½ P 90 € **Rist** - Carta 28/36 €

◆ Ubicato alle porte della località, poco distante dal Santuario, hotel signorile a gestione familiare dotato di un ottimo livello di confort generale. Al ristorante: sala rosa per la carta, verde per i gruppi.

Le Terrazze sul Gargano

via San Raffaele 9 - ☎ 08 82 45 78 83 - www.leterrazzesulgargano.it - info@leterrazzesulgargano.it

32 cam - 58 € 80 € - ½ P 55 €

Rist - *(chiuso dal 10 gennaio al 28 febbraio)* Carta 20/35 €

◆ Vicino al santuario e all'Ospedale di Padre Pio (raggiungibili a piedi), una piacevole struttura in posizione panoramica e tranquilla sulle pendici del monte. Specialità locali e cucina mediterranea al ristorante.

Cassano

viale Cappuccini 115 - ☎ 08 82 45 49 21 - www.hotelcassano.it - hotelcassano@tiscali.it - marzo-novembre

20 cam - 40/55 € 60/75 €, 7 € - ½ P 50/60 € **Rist** - Carta 19/30 €

◆ A pochi passi dal Santuario di Padre Pio e dall'Ospedale, hotel di dimensioni contenute e di taglio contemporaneo, con servizi e confort di ottima qualità.

SAN GIULIANO MILANESE - Milano (MI) - 561 F9 - 35 917 ab. 18 B2
- alt. 98 m - ✉ 20098

Roma 562 - Milano 12 - Bergamo 55 - Pavia 33

La Ruota

via Roma 57 - ☎ 0 29 84 83 94 - www.rphotels.com - ristorante.la.ruota@alice.it - chiuso 3 settimane in agosto, lunedì sera, martedì

Rist - Carta 29/46 €

◆ Rustico, luminoso e vasto locale, con prevalenza di cotture alla brace sia per il pesce che per la carne; ben attrezzato per ospitare banchetti e cerimonie, anche estivi.

sulla strada statale 9 - via Emilia Sud-Est : 3 km

La Rampina

frazione Rampina 3 ✉ 20098 - ☎ 0 29 83 32 73 - www.rampina.it - rampina@rampina.it - chiuso agosto

Rist - *(chiuso mercoledì)* Carta 46/64 €

◆ Da quasi trent'anni, in un cascinale del '500, rinnovato con cura, due fratelli, tra passione e competenza, propongono piatti stagionali e lombardi, spesso rivisitati.

SAN GIULIANO TERME - Pisa (PI) - 563 K13 - 31 317 ab. - alt. 6 m 28 B1
- ✉ 56017

Roma 370 - Firenze 102 - Pisa 8 - Genova 172

Bagni di Pisa

largo Shelley 18 - ☎ 05 08 85 01 - www.bagnidipisa.com - info@bagnidipisa.com

52 cam - 182/280 € 260/400 € - 9 suites - ½ P 185/235 €

Rist ***Dei Lorena*** - Carta 44/70 €

◆ Ritorna ai fasti lussuosi della sua origine settecentesca, quest'antica residenza con bellissimi affreschi ed una grande oasi termale per rilassarsi rigenerandosi. Ristorante di grande eleganza con la possibilità di scegliere tra i classici toscani o una linea mediterranea con molto pesce.

SAN GREGORIO - Lecce (LE) - 564 H36 - ✉ 73053 Patù **27** D3

Roma 682 - Brindisi 112 - Lecce 82 - Taranto 141

Monte Callini

via provinciale San Gregorio-Patù - ✆ 08 33 76 78 50 - www.hotelmontecallini.com - info@hotelmontecallini.com - marzo-novembre

45 cam - †50/110 € ††80/190 € - ½ P 65/120 €

Rist - *(chiuso a mezzogiorno)* Carta 23/31 €

♦ La struttura evoca le antiche masserie salentine dalle grandi arcate, offre camere spaziose e luminose e un bel giardino con vista, dove gustare la colazione a buffet.

Da Mimì

via del Mare - ✆ 08 33 76 78 61 - chiuso dal lunedì al venerdì in novembre

Rist - Carta 19/34 €

♦ Un esercizio a gestione familiare con un'ampia sala interna arredata in modo semplice e una grande terrazza con pergolato dove assaporare piatti di pesce e proposte regionali.

SAN GREGORIO NELLE ALPI - Belluno (BL) - 562 D18 - 1 638 ab. - alt. 528 m - ✉ 32030 **36** C1

Roma 588 - Belluno 21 - Padova 94 - Pordenone 91

Locanda a l'Arte

via Belvedere 43 - ✆ 04 37 80 01 24 - roberto.merlin@cheapnet.it - chiuso lunedì

Rist - *(chiuso a mezzogiorno)* Carta 31/44 €

♦ Ampi spazi verdi cingono questo rustico casolare dagli interni signorili nei quali si incontrano piatti tipici del territorio conditi con stagionalità e un pizzico di fantasia.

SAN GUSME' (SI) - 563 L16 - Vedere Castelnuovo Berardenga

SANKTA CHRISTINA IN GRÖDEN = Santa Cristina Valgardena

SANKT LEONHARD IN PASSEIER = San Leonardo in Passiria

SANKT MARTIN IN PASSEIER = San Martino in Passiria

SANKT ULRICH = Ortisei

SANKT VALENTIN AUF DER HAIDE = San Valentino alla Muta

SANKT VIGIL ENNEBERG = San Vigilio di Marebbe

SAN LAZZARO DI SAVENA - Bologna (BO) - 562 I16 - 31 034 ab. - alt. 62 m - ✉ 40068 **9** C3

Roma 390 - Bologna 8 - Imola 27 - Milano 219

Pianta d'insieme di Bologna

Holiday Inn Bologna San Lazzaro

via Emilia 514, località Idice - ✆ 05 16 25 62 00 - www.hisanlazzaro.it - info@hisanlazzaro.it - chiuso dal 2 al 9 gennaio e dal 6 al 29 agosto HV**d**

cam, rist,

108 cam - †59/260 € ††69/320 € - 2 suites - ½ P 75/190 €

Rist - *(chiuso domenica) (chiuso a mezzogiorno) (solo per alloggiati)* Carta 25/33 €

♦ L'incantevole villa del '700 con giardino ombreggiato, è stata ampliata con una nuova struttura, le stanze sono ricche di fascino e calore. Per lavorare, e anche per sognare. Ristorante con camino per una cucina della tradizione.

SAN LEO - Rimini (RN) - 563 K19 - 3 041 ab. - alt. 589 m - ✉ 61018 9 D3

Italia Centro Nord

Roma 320 - Rimini 31 - Ancona 142 - Milano 351

piazza Dante (palazzo Mediceo) ☎ 0541 926967, info@sanleo2000.it, Fax 0541 926973

Posizione pittoresca★★ - Forte★: ※★★★

Castello

piazza Dante 11/12 – ☎ 05 41 91 62 14 – www.hotelristorantecastellosanleo.com – albergo-castello@libero.it – chiuso 2 settimane in febbraio e 2 settimane in novembre

14 cam – †40/70 € ††55/80 € – ½ P 45/55 €

Rist – *(chiuso giovedì da ottobre a marzo)* Carta 20/24 €

♦ Alberghetto familiare con bar pubblico, situato in pieno centro, nella piazzetta principale; offre camere semplici, ma funzionali, in un angolo medievale del Montefeltro. Ristorante non molto ampio con caminetto e atmosfera casereccia.

SAN LEONARDO IN PASSIRIA (ST. LEONHARD IN PASSEIER) 30 B1

– Bolzano (BZ) – 562 B15 – 3 488 ab. – alt. 689 m – ✉ 39015 Italia

Roma 685 – Bolzano 47 – Brennero 53 – Bressanone 65

via Passiria 40 ☎ 0473 656188, info@passeiertal.org, Fax 0473 656624

Passiria Merano Kellerlahne 3, ☎ 0473 64 14 88

Strada del Passo di Monte Giovo★ : ≤★★ verso l'Austria Nord-Est :20 km – Strada del Passo del Rombo★ Nord-Ovest

verso Passo di Monte Giovo Nord-Est : 10 km – alt. 1 269 m

Jägerhof

località Valtina 80 ✉ 39010 Valtina – ☎ 04 73 65 62 50 – www.jagerhof.net – info@jagerhof.net – chiuso dall'8 novembre al 19 dicembre

20 cam – †45/65 € ††80/130 € – ½ P 59/85 €

Rist – *(chiuso lunedì)* Carta 28/46 €

♦ Piacevole atmosfera semplice e familiare, un ambiente tipicamente montano con largo utilizzo di legno chiaro e arredi tirolesi. Da provare le 10 camere "biologiche". Al ristorante sapori locali originali.

SAN LEONE – Agrigento – 365 AQ60 – Vedere Agrigento

SAN LEONINO – Siena – Vedere Castellina in Chianti

SAN LORENZO – Macerata – 563 M21 – Vedere Treia

SAN LORENZO IN CAMPO – Pesaro e Urbino (PU) – 563 L20 20 B1

– 3 539 ab. – alt. 209 m – ✉ 61047

Roma 257 – Ancona 64 – Perugia 105 – Pesaro 51

via San Demetrio 4, ☎ 0721 776479, info@proloco-sanlorenzo.it Fax 0721 776479

Giardino rist,

via Mattei 4, Ovest : 1,5 km – ☎ 07 21 77 68 03 – www.hotelgiardino.it – giardino@puntomedia.it – chiuso dal 10 gennaio al 10 febbraio

17 cam – †60/65 € ††75/84 €

Rist – *(chiuso domenica sera e lunedì)* Carta 36/49 €

♦ Davvero una bella realtà, questo confortevole albergo a gestione familiare poco fuori paese; camere ben arredate e rifinite anche nei particolari. E' nella cucina, solida e dal gusto classico, che risiede la vera forza della casa, eccellente carta dei vini.

SAN LUCA – Perugia – 563 N20 – Vedere Montefalco

SAN MARCELLO PISTOIESE – Pistoia (PT) – 563 J14 – 6 891 ab. 28 B1

– alt. 623 m – ✉ 51028 Toscana

Roma 340 – Firenze 67 – Pisa 71 – Bologna 90

via Marconi 70 ☎ 0573 630145, info@pistoia.turismo.toscana.it

Il Cacciatore

via Marconi 727 – ☎ 05 73 63 05 33 – www.albergoilcacciatore.it – info@albergoilcacciatore.it – chiuso dal 10 al 31 gennaio e dal 5 al 30 novembre

25 cam – †40/60 € ††60/80 € – ½ P 50/60 €

Rist – *(chiuso lunedì)* Carta 25/39 €

◆ Ubicato sul passaggio per l'Abetone, un albergo che offre un ambiente familiare, all'insegna della semplicità: settore notte con arredi ben tenuti e camere accoglienti. Piatti caserecci in un contesto gradevole.

SAN MARINO (Repubblica di) – 562 K19 – Vedere alla fine dell'elenco alfabetico

SAN MARTINO – Arezzo – 563 PM17 – Vedere Cortona

SAN MARTINO AL CIMINO – Viterbo – 563 O18 – Vedere Viterbo

SAN MARTINO BUON ALBERGO – Verona (VR) – 562 F15 37 B3

– 13 853 ab. – alt. 45 m – ✉ 37036

Roma 505 – Verona 8 – Milano 169 – Padova 73

in prossimità casello autostrada A 4 Verona Est Sud: 2 km

Holiday Inn Verona Congress Centre

viale del Lavoro – ☎ 0 45 99 50 00 – www.holidayinn.it/veronacongr – reservation@hivrc.com

132 cam – ††60/340 € – ½ P 48/188 €

Rist ***Catullo*** – Carta 35/60 €

◆ All'uscita autostradale, un hotel d'impostazione classica, elegante e valido punto di riferimento per una clientela di lavoro; piccola hall e camere confortevoli. Tradizionale cucina d'albergo al ristorante dall'apparenza sontuosa.

a Marcellise Nord : 4 km – alt. 102 m – ✉ 37036

Vecchia Fontana

via Mezzavilla 29/a – ☎ 04 58 74 04 44 – www.vecchiafontana.com – info@vecchiafontana.com – chiuso martedì

Rist – Carta 29/41 €

◆ In questa graziosa frazione, un locale classico che non difetta di piccoli eleganti dettagli, dove fermarsi a gustare una cucina realizzata con prodotti provenienti da ogni angolo d'Italia.

a Ferrazzette Nord-Ovest : 2 km – ✉ 37036

Agriturismo Musella senza rist

via Ferrazzette 2 – ☎ 33 57 29 46 27 – www.musella.it – paulo@musella.it – chiuso dal 15 dicembre al 31 gennaio

15 cam – †90/105 € ††135/155 €

◆ La parte più antica di questa risorsa immersa nel verde risale alla fine del '400. Oggi offre camere e appartamenti in stile country, alcuni con caminetto. Troverete vino, olio e miele di loro produzione.

SAN MARTINO DI CASTROZZA – Trento (TN) – 562 D17 31 C2

– alt. 1 467 m – Sport invernali : 1 450/2 380 m 3 16, ; al passo Rolle : 1 884/2 300 m 5, (Comprensorio Dolomiti superski San Martino di Castrozza) – ✉ 38054 Italia

Roma 629 – Belluno 79 – Cortina d'Ampezzo 90 – Bolzano 86

via Passo Rolle 165 ☎ 0439 768867, info@sanmartino.it, Fax 0439 768814

Località★★

Regina rist, VISA AE

via Passo Rolle 154 – 0 43 96 82 21 – www.hregina.it – info@hregina.it – dicembre-marzo e 15 giugno-settembre

27 cam – 70/130 € 120/240 €, 10 € – 9 suites – ½ P 110/170 €

Rist – Carta 22/46 €

◆ In centro paese, di sobrio c'è solo la facciata. Gli interni sono un tripudio di cavalli in legno, case delle bambole e splendide camere borghesi, arredi mitteleuropei con accenti inglesi. Anche nella sala ristorante si ritrova lo stesso gusto ricercato con soffitti stuccati e ambienti eleganti.

Letizia rist, VISA

via Colbricon 6 – 04 39 76 86 15 – www.hletizia.it – hotel@hletizia.it – 4 dicembre-Pasqua e 20 giugno-20 settembre

24 cam – 100/240 €, 10 suites, ½ P 60/140 € **Rist** – *(solo per alloggiati)*

◆ Per gli amanti dello stile tirolese, sin dall'esterno l'albergo è un tripudio di decorazioni. Camere tutte diverse, ma sempre affascinati: per i più romantici suggeriamo la 124 in legno di baita.

Jolanda rist, VISA AE

via Passo Rolle 267 – 0 43 96 81 58 – www.hoteljolanda.com – info@hoteljolanda.com – dicembre-aprile e giugno-settembre

40 cam – 60/100 € 100/160 € – ½ P 80/120 € **Rist** – Menu 25/50 €

◆ All'ingresso del paese, Jolanda è una gestione familiare dalle tipiche atmosfere montane. Camere in continuo rinnovo, optare per le più recenti. Fresca e ariosa sala ristorante, cucina classica nazionale.

XX **Malga Ces** con cam rist, cam, VISA AE

località Ces, Ovest : 3 km – 0 43 96 82 23 – www.malgaces.it – info@malgaces.it – dicembre-15 aprile e 15 giugno-settembre

7 cam – 60/95 € 102/160 € – ½ P 65/95 € **Rist** – Carta 26/44 €

◆ A 1600 metri di altitudine, è quasi un rifugio sulle piste innevate: cucina trentina e calorica per gli sciatori a pranzo, più raffinata per la clientela serale. Mancano i servizi del grande albergo, ma le camere sono inaspettatamente eleganti.

X **Da Anita** VISA AE

via Dolomiti 6 – 04 39 76 88 93 – info@ristoranteanita.it – dal 6 aprile al 15 giugno e in ottobre-novembre aperto solo sabato e domenica

Rist – Carta 28/45 €

◆ Trattoria familiare di grande semplicità ed ospitalità: alla cucina tradizionale di mamma Anita si affiancano i piatti più creativi del figlio. In particolare la sera, quando la carta si apre a più proposte.

SAN MARTINO IN CAMPO – Perugia – 563 M19 – Vedere Perugia

SAN MARTINO IN PASSIRIA (ST. MARTIN IN PASSEIER) 30 B1

– Bolzano (BZ) – 562 B15 – 3 099 ab. – alt. 597 m – ✉ 39010

Roma 682 – Bolzano 43 – Merano 16 – Milano 342

sulla strada Val Passiria Sud : 5 km :

Quellenhof Resort : Una struttura composta da risorse differenti, tutte gestite dall'intraprendente famiglia Dorfer. Stile omogeneo, confort di diverso livello, ospitalità sempre calorosa. Per i pasti diverse possibilità di scelta, ma soprattutto una buona cucina locale.

Parkresidenz – Quellenhof Resort cam, rist, VISA AE

✉ 39010 San Martino in Passiria – 04 73 64 54 74 – www.quellenhof.it – info@quellenhof.it – chiuso dal 15 gennaio al 15 marzo

25 suites – 330/440 € – ½ P 150/255 € **Rist** – Carta 35/55 €

◆ Ultimo nato all'interno della struttura, questo impianto è interamente consacrato al confort e alla riscoperta della bellezza e del benessere da vivere nelle lussuose suite.

Quellenhof-Forellenhof – Quellenhof Resort
via Passiria 47
39010 San Martino in Passiria – 04 73 64 54 74 – www.quellenhof.it – info@quellenhof.it – chiuso dal 15 gennaio al 15 marzo
63 cam – 110/150 € 210/280 € – 10 suites – ½ P 140/175 €
Rist – Carta 35/55 €
♦ Circondati da un giardino, i tre edifici dispongono di raffinate e spaziose camere, un'invitante piscina e campi da gioco. Il Quellenhof è fulcro amministrativo del resort. Luminosi ed accoglienti, il ristorante e le stube propongono specialità sudtirolesi, la cucina contadina e piatti della tradizione mediterranea.

Alpenschlössl – Quellenhof Resort
39010 San Martino in Passiria – 04 73 64 54 74 – www.quellenhof.it – info@quellenhof.it – chiuso dal 15 gennaio al 15 marzo
cam, cam, rist,
17 cam – 150/170 € 210/260 € – 4 suites – ½ P 140/165 €
Rist – Carta 35/55 €
♦ Recente realizzazione, all'avanguardia sia nei materiali utilizzati sia nell'immagine d'insieme, moderna e con dotazioni di prim'ordine; ottima l'area per il relax.

a Saltusio (Saltaus)**Sud : 8 km – alt. 490 m – 39010**

Castel Saltauserhof
via Passiria 6 – 04 73 64 54 03 – www.saltauserhof.com – info@saltauserhof.com – marzo-10 novembre
38 cam – 60/150 € 110/295 €, 20 € – 3 suites – ½ P 85/233 €
Rist – *(solo per alloggiati)*
♦ La parte più antica risale all'XI secolo, ma per chi preferisce la modernità, c'è un'ala recente con camere classiche dotate di balcone. Gli spazi non lesinano sulla generosità. Quattro affascinanti stube dove gustare specialità locali.

SAN MARTINO IN PENSILIS – Campobasso (CB) – 564 B27 – 4 884 ab. – alt. 281 m – 86046

2 D2

Roma 285 – Campobasso 66 – Foggia 80 – Isernia 108

Santoianni
via Tremiti 2 – 08 75 60 50 23 – www.hotelsantoianni.it – info@hotelsantoianni.it
15 cam – 45 € 60 €, 3 € **Rist** – *(chiuso venerdì)* Carta 19/35 €
♦ Una casa di contenute dimensioni, con un insieme di validi confort e una tenuta e manutenzione davvero lodevoli; a gestione totalmente familiare, una piacevole risorsa. Capiente ristorante di classica impostazione.

SAN MARTINO SICCOMARIO – Pavia – 561 G9 – Vedere Pavia

SAN MARZANO OLIVETO – Asti (AT) – 561 H6 – 1 078 ab. – alt. 301 m – 14050

25 D2

Roma 603 – Alessandria 40 – Asti 26 – Genova 110

Agriturismo Le Due Cascine
cam,
regione Mariano 22, Sud-Est : 3 km – 01 41 82 45 25 – www.leduecascine.com – info@leduecascine.com – chiuso dal 3 al 16 gennaio
10 cam – 50/75 € 80/90 € – ½ P 70 € **Rist** – Menu 25/35 €
♦ Sulle placide colline del Monferrato, una casa di campagna che offre ottima ospitalità in camere fresche ed attrezzate. Cucina casalinga in una bella sala luminosa.

X **Del Belbo-da Bardon**

valle Asinari 25, Sud-Est : 4 km – ✆ 01 41 83 13 40 – ristorantedabardon@alice.it – chiuso dal 21 dicembre al 17 gennaio, dal 17 agosto al 3 settembre, mercoledì, giovedì

Rist – Carta 28/34 €

◆ La secolare storia della trattoria è raccontata dai contributi che ogni generazione vi ha lasciato: foto e suppellettili d'epoca fino alla esemplare cantina allestita dagli attuali proprietari. Cucina della tradizione astigiana.

SAN MASSIMO ALL'ADIGE – Verona – Vedere Verona

SAN MAURIZIO CANAVESE – Torino (TO) – 561 G4 – 9 123 ab. – alt. 317 m – ✉ 10077 22 B2

Roma 697 – Torino 17 – Aosta 111 – Milano 142

XXX **La Credenza** (Giovanni Grasso)

via Cavour 22 – ✆ 01 19 27 80 14 – www.ristorantelacredenza.it – credenza@tin.it – chiuso dal 1° al 15 gennaio, dal 16 al 30 agosto, martedì, mercoledì

Rist – Carta 54/74 €

Spec. Agnolotti del plin con olio di nocciole e grana padano. Guanciale di vitello, purè di mele verdi alle fave tonka e verdure saltate. Biscotto alle nocciole, mele al lime, salsa al gianduja.

◆ Sala accogliente, una luminosa veranda ed un grazioso giardino per caffé o aperitivi serali. Piatti creativi, sia di carne che di pesce, dalla tradizione locale e dall'estro dello chef.

SAN MAURO TORINESE – Torino (TO) – 561 G5 – 19 333 ab. – alt. 211 m – ✉ 10099 22 A1

Roma 666 – Torino 9 – Asti 54 – Milano 136

Pianta d'insieme di Torino

La Pace senza rist

via Roma 36 – ✆ 01 18 22 19 45 – www.hotelapace.it – info@hotelapace.it

30 cam – †50/60 € ††60/70 €, ☕ 5 € 2HTs

◆ Un piccolo e confortevole albergo a gestione familiare posizionato lungo la strada che attraversa San Mauro: comodo punto di riferimento per il turismo e per gli affari.

X **Frandin-da Vito**

via Settimo 14 – ✆ 01 18 22 11 77 – chiuso dal 16 agosto al 10 settembre e lunedì 2HTa

Rist – Carta 25/50 €

◆ Cucina langarola e del monferrato, nonchè le specialità di stagione per questa piacevole trattoria familiare, situata in zona periferica, quasi sulle rive del fiume.

SAN MENAIO – Foggia (FG) – 564 B29 – ✉ 71010 26 A1

Roma 389 – Foggia 104 – Bari 188 – San Severo 71

Park Hotel Villa Maria

via del Carbonaro 15 – ✆ 08 84 96 87 00 – www.parkhotelvillamaria.it – info@parkhotelvillamaria.it – chiuso dicembre e gennaio

15 cam ☕ – †45/100 € ††60/160 € – 2 suites – ½ P 70/90 €

Rist – *(chiuso lunedì da ottobre ad aprile)* Carta 34/49 €

◆ Un'affascinante villa di inizio '900 abbracciata da un bel giardino offre confortevoli camere, completamente ristrutturate e piacevolmente arredate (alcune con terrazza). Nelle due eleganti salette interne e presso l'ombreggiato dehors, proposte di carne e di pesce.

SAN MICHELE = ST. MICHAEL – Bolzano – Vedere Appiano sulla Strada del Vino

SAN MICHELE ALL'ADIGE - Trento (TN) - 562 D15 - 2 758 ab. - alt. 228 m - ✉ 38010 — 30 B2

Roma 603 - Trento 15 - Bolzano 417 - Milano 257

La Vigna senza rist

via Postal 49/a - ☎ 04 61 65 02 76 - www.garnilavigna.it - info@garnilavigna.it

23 cam ☕ - †55/60 € ††75/80 €

◆ All'uscita del raccordo autostradale e a poche centinaia di metri dal centro, piacevole struttura di recente apertura caratterizzata da interni in legno chiaro, stile *Alto Adige*. Graziose camere, funzionali ed accoglienti. Piacevole *start-up* mattutino nella bella sala colazioni.

SAN MICHELE DEL CARSO - Gorizia - Vedere Savogna d'Isonzo

SAN MICHELE DI GANZARIA - Catania (CT) - 365 AV60 - 3 717 ab. - alt. 490 m - ✉ 95040 — 40 C2

Agrigento 120 - Catania 88 - Caltagirone 15 - Ragusa 78

Pomara

via Vittorio Veneto 84 - ☎ 09 33 97 69 76 - www.hotelpomara.com - info@hotelpomara.com

40 cam ☕ - †45/60 € ††70/90 € - ½ P 60 €

Rist - Menu 25/25 €

◆ A metà strada tra Caltagirone e Piazza Armerina, un indirizzo affidabile, che deve la propria fortuna proprio all'ubicazione. Seria e competente gestione familiare. Ristorante dove gustare una genuina cucina siciliana.

sulla strada statale 117 Bis km 60 Ovest: 4 km :

Agriturismo Gigliotto

contrada Gigliotto, s.s. 117bis, km 60 ✉ 94015 Piazza Armerina - ☎ 09 33 97 08 98 - www.gigliotto.com - gigliotto@gigliotto.com

14 cam ☕ - †60/80 € ††80/100 € - ½ P 70/80 €

Rist - Menu 25/30 €

◆ Grande tenuta, circa 300 ettari, dove da sempre si coltivano cereali, viti e ulivi. Da pochi anni invece, all'interno di una masseria del '300, una dozzina di belle camere. Gradevole ristorante con cucina siciliana.

SAN MICHELE EXTRA - Verona - 562 F14 - Vedere Verona

SAN MINIATO - Pisa (PI) - 563 K14 - 28 011 ab. - alt. 140 m - ✉ 56028 Toscana — 28 B2

Roma 297 - Firenze 37 - Siena 68 - Livorno 52

piazza del Popolo 1 ☎ 0571 42745, smpromozione@cittadisanminiato.it, Fax 0571 42745

Fontevivo via Fontevivo, ☎ 0571 41 90 12

Villa Sonnino

via Castelvecchio 9/1 località Catena, Est : 4 km - ☎ 05 71 48 40 33 - www.villasonnino.com - villa@villasonnino.com

13 cam ☕ - †75/85 € ††89/98 € - 1 suite - ½ P 70/79 €

Rist - *(chiuso a mezzogiorno escluso venerdì, sabato, domenica)* Carta 21/37 €

◆ La storia di questa villa ha inizio nel '500 quando viene edificato il corpo centrale, mentre nel '700 si procedette ad un ampliamento. Parco e signorilità sono invariati. Nell'affascinante sala ristorante, proposte di cucina toscana con ottimo rapporto qualità-prezzo.

Pepenero

via IV novembre 13 - ☎ 05 71 41 95 23 - www.pepenerocucina.it - info@pepenerocucina.it - chiuso dal 6 al 21 gennaio e martedì

Rist - Carta 35/44 €

◆ Una sala a forma di ferro di cavallo, alla moda, con quadri contemporanei e tovagliato all'americana: la cucina si unisce anch'essa a questa ventata di modernità con una carta che si divide equamente tra terra e mare.

SAN PANCRAZIO – Brescia – Vedere Palazzolo sull'Oglio

SAN PANTALEO – Olbia-Tempio (OT) – 366 R37 – alt. 169 m 38 B1
– ✉ 07020

Cagliari 306 – Olbia 21 – Sassari 124

Rocce Sarde
località Milmeggiu, Sud-Est : 3 km – ✆ 0 78 96 52 65
– www.roccesarde.com – roccesarde@roccesarde.com
– 7 maggio-2 ottobre
80 cam – 119/206 € 150/302 € – 10 suites – ½ P 90/166 €
Rist – Menu 35/45 €
◆ Lontano dal caos e dalla mondanità, questa grande struttura ubicata tra i graniti di San Pantaleo dispone di camere confortevoli, un'invitante piscina e la vista sul golfo di Cugnana. Ampio parco mediterraneo. Cene a lume di candela nel ristorante con terrazza panoramica: piatti fedeli alla tradizione.

Giagoni con cam
via Zara 36/44 – ✆ 0 78 96 52 05 – www.giagonigroup.com – giagoni@giagonigroup.com – aprile-ottobre
14 cam – 67/106 € 110/180 € – 1 suite – ½ P 90/140 €
Rist – *(aprile-settembre)* Menu 40/50 € – Carta 44/63 €
◆ In centro paese, la risorsa ospita rustiche salette ed ambienti freschi, nonché luminosi: spumeggiante la cucina, che passa dalla tradizione a piatti più moderni. Dispone anche di accoglienti camere per una sosta più prolungata.

SAN PAOLO D'ARGON – Bergamo (BG) – 561 E11 – 5 307 ab. 19 C1
– alt. 255 m – ✉ 24060

Roma 575 – Bergamo 13 – Brescia 44 – Milano 60

Executive senza rist
via Nazionale 67 – ✆ 0 35 95 96 96 – www.executive-hotel.it – info@executive-hotel.it
38 cam – 50/150 € 60/180 €
◆ Ambienti sobri ed eleganti, nonché camere ben insonorizzate, per una moderna struttura in prossimità della strada statale e a pochi km dall'aeroporto. Ideale per una clientela d'affari.

SAN PELLEGRINO (Passo di) – Trento (TN) – 562 C17 31 C2
– alt. 1 918 m – Sport invernali : 1 918/2 513 m 3 18 (Comprensorio Dolomiti superski Tre Valli) – ✉ 38035 Moena

Roma 682 – Belluno 59 – Cortina d'Ampezzo 67 – Bolzano 56

Rifugio Fuciade con cam
località Fuciade – ✆ 04 62 57 42 81
– www.fuciade.it – rifugiofuciade@gmail.com
– Natale-Pasqua e 15 giugno-15 ottobre
7 cam – 40/50 € 80/100 € – ½ P 75/85 €
Rist – Carta 25/54 €
◆ Telefonate e concordate il tragitto per tempo, perché con la neve vi occorrono 45 min a piedi o la motoslitta del ristorante...Per trovare, infine, un paesaggio mozzafiato tra le cime dolomitiche e sulla tavola una gustosa cucina regionale!

SAN PIERO IN BAGNO – Forlì – 562 K17 – Vedere Bagno di Romagna

SAN PIETRO – Verona – Vedere Legnago

SAN PIETRO A CEGLIOLO – Arezzo – 563 M17 – Vedere Cortona

SAN PIETRO ALL'OLMO – Milano – 561 F9 – Vedere Cornaredo

SAN PIETRO IN CARIANO – Verona (VR) – **562** F14 – 12 969 ab. **37** A2
– alt. 151 m – ✉ 37029

Roma 510 – Verona 19 – Brescia 77 – Milano 164

via Ingelheim 7 ✆ 045 7701920, info@valpolicellaweb.it
Fax 045 7701920

a Pedemonte Ovest : 4 km – ✉ **37029**

Villa del Quar

via Quar 12, Sud-Est : 1,5 km – ✆ 04 56 80 06 81
– www.hotelvilladelquar.it – info@hotelvilladelquar.it
– chiuso dall'8 gennaio al 15 marzo

15 cam – ♦240/400 € ♦♦300/400 € – 10 suites – ♦♦395/1000 €
Rist *Arquade* – ✆ 04 56 85 01 49 *(chiuso lunedì e martedì in marzo, novembre e dicembre escluso giorni festivi)* Menu 85/160 € – Carta 80/130 €
Rist *Quar 12* – *(chiuso lunedì e martedì in marzo, novembre e dicembre escluso giorni festivi) (chiuso la sera)* Carta 35/50 €

◆ Arredi, decori e colori rievocano uno stile neoclassico che concilia il gusto delle comodità e della raffinatezza con la nobile bellezza dell'antichità. Cullati da un impeccabile servizio, il lusso si trasferisce all'*Arquade*, mentre i sapori si moltiplicano in suggestive declinazioni. Cucina più semplice al *Quar*.

a Corrubbio Sud-Ovest : 2 km – ✉ **37029 San Pietro In Cariano**

Byblos Art Hotel Villa Amistà

via Cedrare 78, Corrubbio di Negarine N: 2Km
✉ 37029 Corrubbio di Negarine – ✆ 04 56 85 55 55 – www.byblosarthotel.com
– info@byblosarthotel.com

54 cam – ♦230/270 € ♦♦297/365 € – 6 suites
Rist *Atelier* – ✆ 04 56 85 55 83 – Menu 75 € – Carta 45/72 €

◆ Immerso nel parco, è un hotel di lusso dove la classicità dell'architettura cinquecentesca si unisce ad una selezione di colori, oggetti e tessuti dettati dalla moda attuale. Una cucina contemporanea alla continua ricerca di nuovi sapori attraverso cui reinterpretare piatti regionali ed internazionali.

SAN PIETRO IN CASALE – Bologna (BO) – **562** H16 – 11 479 ab. **9** C3
– alt. 17 m – ✉ 40018

Roma 397 – Bologna 25 – Ferrara 26 – Mantova 111

Dolce e Salato

piazza L. Calori 16/18 – ✆ 0 51 81 11 11 – dolceesalatoclds@libero.it

Rist – Carta 33/60 €

◆ Piazza del mercato: una vecchia casa, in parte ricoperta dall'edera, con ambienti rallegrati da foto d'altri tempi e la saletta denominata Benessum dallo stile più rustico ed informale. In menu: tante paste fresche, ottime carni che arrivano dall'attigua macelleria di famiglia e schietti piatti del territorio.

a Rubizzano Sud-Est : 3 km – ✉ **40018 San Pietro In Casale**

Tana del Grillo

via Rubizzano 1812 – ✆ 0 51 81 09 01
– chiuso dal 1° al 10 gennaio, agosto, lunedì sera, martedì, in luglio anche domenica

Rist – (consigliata la prenotazione) Carta 28/48 €

◆ Cucina regionale e casalinga con molte materie prime a km 0, in questa piccola trattoria tra le poche case della frazione. Indirizzo ideale per chi ama i sapori semplici.

I prezzi indicati davanti al simbolo ♦ corrispondono al prezzo minimo e massimo in alta stagione per una camera singola. Lo stesso principio è applicato al simbolo ♦♦ riferito ad una camera per due persone.

SAN PIETRO IN CORTE - Piacenza - Vedere Monticelli d'Ongina

SAN PIETRO (isola di) - Carbonia-Iglesias (CI) - 6 692 ab. 38 A3

CARLOFORTE (CI) - 366 K49 - ✉ 09014 38 A3

per Portovesme di Portoscuso e Calasetta - Saremar, call center 892 123

corso Tagliafico 2 ✆ 0781 854009, info@prolococarloforte.it, Fax 0781 854009

Riviera senza rist

corso Battellieri 26 – ✆ 07 81 85 41 01 – www.hotelriviera-carloforte.com – info@hotelriviera-carloforte.com

43 cam – †98/143 € ††130/190 €

◆ Lungomare, un design inaspettatamente moderno accoglie i clienti; forme sobrie e lineari si ripetono nelle camere dai colori pastello; suggestiva la terrazza panoramica che abbraccia paese e mare.

Hieracon

corso Cavour 62 – ✆ 07 81 85 40 28 – www.hotelhieracon.com – hotelhieracon@libero.it

23 cam – †50/100 € ††90/270 € – ½ P 95/160 €

Rist – *(chiuso a mezzogiorno)* Carta 20/55 €

◆ Elegante edificio liberty di fine Ottocento affacciato sul lungomare arredato con elementi d'antiquariato e materiali raffinati; tutto intorno il giardino con una chiesetta del Settecento. Ristorante classico che dispone anche di un piacevole dehors estivo dove gustare un'ottima cucina di mare.

Nichotel senza rist

via Garibaldi 7 – ✆ 07 81 85 56 74 – www.nichotel.it – info@nichotel.it – marzo-ottobre

17 cam – †70/130 € ††90/150 €

◆ Inaugurato nel 2007, piacevole hotel in un vicolo del centro con spazi comuni un po' limitati, ma in grado di offrire camere di grande charme: caratteristici pavimenti con inserti provenienti dalle vecchie case carlofortine.

Al Tonno di Corsa

via Marconi 47 – ✆ 07 81 85 51 06 – www.tonnodicorsa.it – info@tonnodicorsa.it – chiuso dal 15 gennaio al 28 febbraio, lunedì (escluso luglio-agosto)

Rist – Carta 38/58 €

◆ Un locale vivace e colorato, due terrazze affacciate sui tetti del paese, dove gustare uno sfizioso menu dedicato al tonno e tante altre specialità di mare.

Da Nicolo

corso Cavour 32 – ✆ 07 81 85 40 48 – www.danicolo.com – danicolo@carloforte.net – Pasqua-settembre

Rist – Carta 40/58 €

◆ Strategica posizione sulla passeggiata, dove si svolge il servizio estivo in veranda, ma il locale è frequentato soprattutto per la qualità della cucina: di pesce con specialità carlofortine. E il tonno, avant tout.

SAN POLO DI PIAVE - Treviso (TV) - 562 E19 - 5 006 ab. - alt. 27 m - ✉ 31020 35 A1

Roma 563 – Venezia 54 – Belluno 65 – Cortina d'Ampezzo 120

La Locanda Gambrinus 1847

via Roma 20 – ✆ 04 22 85 52 46 – www.gambrinus.it – lalocanda@gambrinus.it

6 cam – †55 € ††90 € – ½ P 80 €

Rist Parco Gambrinus – vedere selezione ristoranti

◆ Risorsa recente, frutto della completa e accurata ristrutturazione di un edificio ottocentesco, consente di alloggiare in camere ampie, arredate con mobili in stile.

Parco Gambrinus – La Locanda Gambrinus
località Gambrinus 18 – ✆ 04 22 85 50 43
– www.gambrinus.it – gambrinus@gambrinus.it
– chiuso dal 27 dicembre al 22 gennaio, dal 5 al 20 agosto, domenica sera, lunedì non festivi
Rist – Carta 40/52 €
♦ Cucina regionale e proposte più creative, la sorpresa viene dal parco con animali esotici e un ruscello con le specialità della casa: anguilla, storione e gamberi.

SAN PROSPERO SULLA SECCHIA – Modena (MO) – 562 H15 — 8 B2

– 5 652 ab. – alt. 22 m – ✉ 41030

Roma 415 – Bologna 58 – Ferrara 63 – Mantova 69

Corte Vecchia
via San Geminiano 1 – ✆ 0 59 80 92 72 – www.cortevecchia.com – info@cortevecchia.com – chiuso dal 24 dicembre al 2 gennaio e dal 6 al 21 agosto
24 cam – 82/103 € 121/135 € – ½ P 83/98 €
Rist – *(chiuso a mezzogiorno) (solo per alloggiati)* Carta 22/31 €
♦ Ricavato dalla ristrutturazione di un antico casale affacciato su una corte, dispone di camere spaziose arredate in un armonioso stile classico ma dotate dei moderni confort.

SAN QUIRICO D'ORCIA – Siena (SI) – 563 M16 – 2 746 ab. — 29 C2

– alt. 409 m – ✉ 53027 Toscana

Roma 196 – Siena 44 – Chianciano Terme 31 – Firenze 111

piazza Chigi 2 ✆ 0577 897211, ufficioturistico@comunesanquirico.it, Fax 0577 899721

Palazzo del Capitano – Residenza d'epoca — cam,
via Poliziano 18 – ✆ 05 77 89 90 28
– www.palazzodelcapitano.com – info@palazzodelcapitano.com
8 cam – 100/150 € 140/170 € – 14 suites – 170/280 €
– ½ P 105/120 €
Rist Trattoria al Vecchio Forno – vedere selezione ristoranti
Rist *Enoteca Petessi* – Carta 30/39 €
♦ In pieno centro, all'interno di un palazzo del '400, una realtà di charme che si avvicina ai sogni di chi ricerca fascino, storia ed eleganza. Il giardino è fonte di meraviglie.

Casanova
località Casanova 6/c – ✆ 05 77 89 81 77
– www.residencecasanova.it – info@residencecasanova.it – chiuso gennaio, febbraio e novembre
70 cam – 96/116 € 152/196 €, 15 € – ½ P 97/119 €
Rist *Taverna del Barbarossa* – ✆ 05 77 89 82 99 – Carta 21/45 €
♦ Circondata dalle colline toscane e vicina al centro storico, la struttura consta di una grande hall, camere dagli arredi sobri, un soggiorno panoramico ed un centro benessere. Grande sala ristorante per gustare i sapori della regione (e ricette senza glutine per celiaci): dehors estivo con vista sulla Val d'Orcia.

Agriturismo Il Rigo
località Casabianca, Sud-Ovest : 4,5 km – ✆ 05 77 89 72 91
– www.agriturismoilrigo.com – ilrigo@iol.it – chiuso dal 10 gennaio al 13 febbraio
14 cam – 75/100 € 100/130 € – ½ P 80/90 €
Rist – Carta 22/36 €
♦ In aperta campagna, in un antico casale in cima ad un colle da cui si gode una suggestiva vista sul paesaggio circostante, ambienti piacevolmente rustici.

Casa Lemmi senza rist
via Dante Alighieri 29 – ✆ 05 77 89 90 16
– www.casalemmi.com – info@casalemmi.com
– chiuso dal 7 gennaio a febbraio
6 cam – †69/209 € ††79/219 € – 3 suites – ††99/249 €
◆ Moderni accessori di ultima generazione, ambienti particolari e personalizzati, nonché un piccolo giardino per la prima colazione in un palazzo medievale del centro (di fronte alla Collegiata).

Trattoria al Vecchio Forno – Palazzo del Capitano
via Poliziano 18 – ✆ 05 77 89 73 80 – www.palazzodelcapitano.com – info@palazzodelcapitano.com
Rist – *(chiuso da gennaio al 10 febbraio e mercoledì)*
Carta 30/63 €
◆ Cucina schiettamente toscana, semplice e sapida, in un ambiente genuino con salumi appesi e bottiglie di vino in esposizione. Piacevole servizio estivo nel giardino denso di ricordi storici: tra un vecchio porticato ed un pozzo ancora funzionante.

a Bagno Vignoni Sud-Est : 5 km – ✉ 53027

Adler Thermae
strada di Bagno Vignoni 1 – ✆ 05 77 88 90 00
– www.adler-thermae.com – info@adler-thermae.com – chiuso dal 10 gennaio al 6 febbraio
90 cam – †277/415 € ††373/740 € – ½ P 209/245 €
Rist – *(solo per alloggiati)* Menu 57/77 €
◆ L'ospitalità tirolese si è trasferita nella verde Toscana. Gli ambienti interni sono signorili ed eleganti, quelli esterni generosi per dedicarsi in pieno al relax, alle cure termali, nonché ai trattamenti di bellezza.

Posta-Marcucci
via Ara Urcea 43 – ✆ 05 77 88 71 12
– www.hotelpostamarcucci.it – info@hotelpostamarcucci.it – chiuso dal 7 al 31 gennaio
36 cam – †90/125 € ††160/210 € – 5 suites
Rist – Carta 32/43 €
◆ Da quattro generazioni un'ospitalità cordiale in ambienti personalizzati e volutamente familiari. Belle camere e, non solo in estate, una zona all'aperto con grande piscina termale. Ottimo ristorante dove gustare sapori regionali, nonché vini toscani e nazionali con un buon rapporto qualità/prezzo.

La Locanda del Loggiato senza rist
piazza del Moretto 30 – ✆ 05 77 88 89 25
– www.loggiato.it – locanda@loggiato.it
– chiuso dal 22 al 25 dicembre
6 cam – †70/100 € ††90/150 €
◆ Nel cuore della località - accanto alla vasca d'acqua un tempo piscina termale - edificio del 1300 rivisitato con grande senso estetico da due intraprendenti sorelle, che ne hanno fatto un rifugio davvero *charmant*. A pochi metri il wine-bar per le colazioni, ma anche per gustare taglieri, zuppe, dolci e vino.

Osteria del Leone
piazza del Moretto – ✆ 05 77 88 73 00 – www.osteriadelleone.com
– osteria.delleone@gmail.com – chiuso 10 giorni in novembre , dal 7 gennaio al 7 febbraio e lunedì
Rist – Carta 32/43 €
◆ Osteria centralissima e di antica tradizione con tre confortevoli salette, dove accomodarsi per gustare i veri sapori toscani. Se il tempo lo permette, optate per il servizio all'aperto.

SAN QUIRINO – Pordenone (PN) – 562 D20 – 4 227 ab. – alt. 116 m – ✉ 33080 10 A2

Roma 613 – Udine 65 – Belluno 75 – Milano 352

XXX **La Primula** (Andrea Canton) con cam

via San Rocco 47 – ☎ 0 43 49 10 05 – www.ristorantelaprimula.it – info@ristorantelaprimula.it – chiuso 2 settimane in gennaio, 3 settimane in luglio, domenica sera, lunedì

7 cam – †50/60 € ††80/100 €, ☕ 10 € **Rist** – Carta 46/63 €

Spec. Gnocchi di farina di mais e paté di tordi (inverno). Millefoglie di seppia grigliata con salsa al nero e verdure (inverno-primavera). Granita di caffè con gelato alle mandorle amare (estate).

◆ L'esperienza qui sicuramente non fa difetto: a pochi passi dal centro, un elegante locale che vanta oltre cent'anni di attività. Gestita dall'intera famiglia, la bella sala è dominata da un camino e da piatti curati nei quali campeggia la fantasia.

X **Osteria alle Nazioni**

via San Rocco 47/1 – ☎ 0 43 49 10 05 – www.ristorantelaprimula.it – info@ristorantelaprimula.it – chiuso domenica sera, lunedì

Rist – Carta 22/31 €

◆ Rustico, accogliente e simpatico, un locale dove fermarsi per gustare un piatto tipico regionale preparato con cura, accompagnato da un bicchiere di vino.

SAN REMO – Imperia (IM) – 561 K5 – 56 734 ab. – ✉ 18038 Liguria 14 A3

Roma 638 – Imperia 30 – Milano 262 – Nice 59

largo Nuvoloni 1 ☎ 0184 59059, infosanremo@visitrivieradeifiori.it, Fax 0184 507649

Degli Ulivi strada Campo Golf 59, ☎ 0184 55 70 93

Località★★ – La Pigna★ (città alta) B: ≤★ dal santuario della Madonna della Costa

Monte Bignone★★: ✲★★ 13 km a nord

Royal Hotel rist,

corso Imperatrice 80 – ☎ 01 84 53 91 – www.royalhotelsanremo.com – reservations@royalhotelsanremo.com – 12 febbraio-ottobre Ah

113 cam ☕ – †302/392 € ††414/530 € – 13 suites – ½ P 273/330 €

Rist – Carta 72/105 €

◆ Grand hotel di centenaria tradizione, gestito dalla fine dell'800 dalla stessa famiglia; interni molto signorili e giardino fiorito con piscina d'acqua di mare riscaldata. In memoria degli antichi fasti, il grande salone con fiori in vetro di Murano firmerà una sosta gastronomica davvero esclusiva.

Nazionale rist,

via Matteotti 3 – ☎ 01 84 57 75 77 – www.hotelnazionalesanremo.com – nazionale.in@bestwestern.it Av

80 cam ☕ – †99/149 € ††129/280 € – 4 suites

Rist ***Rendez Vous*** – ☎ 01 84 54 16 12 *(chiuso mercoledì in bassa stagione)* Carta 32/42 €

◆ A pochi passi dal casinò e dalle boutique delle più celebri firme della moda, la risorsa offre ambienti moderni caratterizzati da continui ed attenti interventi di rinnovamento. Ampia terrazza roof garden e solarium per godere dell'aria iodata della Riviera. Specialità liguri nell'originale ristorante in stile marina.

Europa

corso Imperatrice 27 – ☎ 01 84 57 81 70 – www.hoteleuropa-sanremo.com – info@hoteleuropa-sanremo.com Ae

65 cam ☕ – †90/150 € ††120/180 € – ½ P 75/105 €

Rist – *(chiuso mercoledì)* Carta 27/41 €

◆ Dal 1923, in questa palazzina tardo Liberty nei pressi del Casinò e del centro storico, un albergo oggi rinnovato; offre gradevoli interni di taglio classico. Restaurato nello stile dei primi anni del secolo scorso, il ristorante propone i piatti della cucina nazionale e i sapori del territorio.

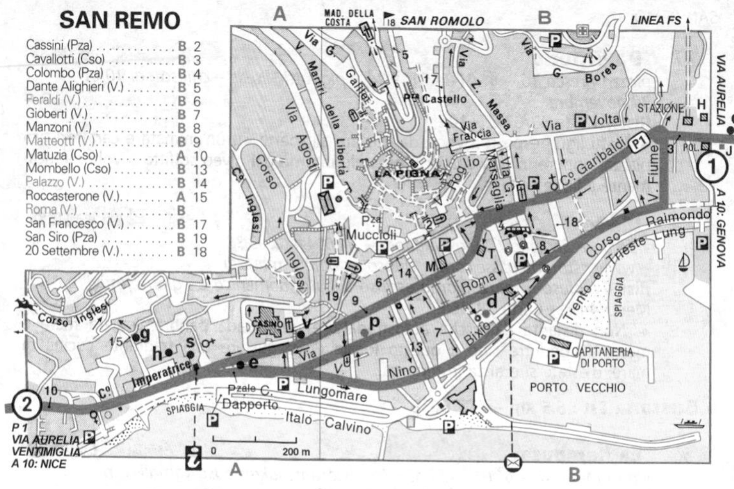

Lolli Palace Hotel

rist, VISA

corso Imperatrice 70 – ✆ 01 84 53 14 96 – www.lollihotel.it – info@lollihotel.it – chiuso dal 4 novembre al 20 dicembre **As**

53 cam – ♦58/78 € ♦♦78/140 € – ½ P 55/84 € **Rist** – Carta 26/47 €

♦ Il fascino del Liberty echeggia in questo edificio antistante il lungomare ed attiguo la Chiesa Russa. Eleganti ambienti comuni e camere accoglienti, alcune più moderne in quanto recentemente rinnovate. Un accattivante roof garden con vista mare rende ancora più piacevole la sosta al ristorante.

Paradiso

rist, VISA

via Roccasterone 12 – ✆ 01 84 57 12 11 – www.paradisohotel.it – paradisohotel@sistel.it **Ag**

41 cam – ♦80/129 € ♦♦120/218 € – ½ P 124/134 € **Rist** – Carta 35/45 €

♦ Un hotel di antiche tradizioni, inserito in una struttura di inizio secolo scorso e posizionato nella parte alta di San Remo. Le confortevoli camere dispongono tutte di un balcone affacciato verso il mare e la piccola piscina; ampie zone comuni. Piatti liguri nella luminosa sala ristorante.

Eveline-Portosole senza rist

VISA

corso Cavallotti 111 – ✆ 01 84 50 34 30 – www.evelineportosole.com – hotel@evelineportosole.com – chiuso dal 7 al 21 gennaio **Bc**

21 cam – ♦100/180 € ♦♦120/207 €

♦ E' all'interno che si rivela il fascino di questo villino: arredi d'epoca, mazzetti al profumo di lavanda e tessuti in stile inglese...E per aggiungere ulteriore charme, prima colazione servita a lume di candela e le 4 camere *Hammam* e *Japan,* una sorta di "viaggio nel viaggio".

Paolo e Barbara (Paolo Masieri)

VISA

via Roma 47 – ✆ 01 84 53 16 53 – www.paolobarbara.it – paolobarbara@libero.it – chiuso dal 12 al 30 dicembre, dal 16 al 21 gennaio, mercoledì, giovedì, venerdì a mezzogiorno; dal 4 luglio al 2 agosto aperto venerdì, sabato e domenica sera **Bp**

Rist – *(chiuso a mezzogiorno dal 15 giugno al 15 settembre)*
Carta 76/107 €

Spec. Selezione di pesce crudo in stile mediterraneo. Gamberi di San Remo fiammeggiati al whisky su piccola paella di verdure. Stoccafisso a "brandacujun".

♦ Un affresco riproducente un bucolico paesaggio di campagna da profondità alla piccola sala, mentre a dar risalto alla cucina contribuiscono le ottime materie prime: il pesce e le verdure (quasi tutte raccolte nella piccola azienda agricola allestita per lo scopo).

XX **Da Vittorio**

piazza Bresca 16 – ✆ 01 84 50 19 24 – pignotti@live.it – chiuso dal 10 al 30 novembre B**d**

Rist – Carta 43/67 € (+10 %)

◆ Piatti liguri esposti a voce, da gustare all'aperto, su un'animata e caratteristica piazza, oppure in una delle curiose sale interne dal niveo soffitto a volta, anticamente adibite a stalle.

XX **Ulisse**

via Padre Semeria 620, a Coldirodi – ✆ 01 84 67 03 38 – www.ristoranteulisse.com – chiuso ottobre e martedì

Rist – *(chiuso a mezzogiorno escluso sabato, domenica e i giorni festivi)* Menu 44 € – Carta 32/46 €

◆ Non distante dall'uscita autostradale, è una strada panoramica tra mare e monti a condurre sino a questo locale dove gustare una fragrante cucina di mare; d'estate si pranza in terrazza.

a Bussana **Est : 5,5 km – ✉ 18038**

X **La Kambusa**

via al Mare 87 – ✆ 01 84 51 45 37 – ristorante.lakambusa@gmail.com – chiuso dal 10 al 21 gennaio, dal 5 al 16 settembre e mercoledì

Rist – *(chiuso a mezzogiorno)* Carta 40/58 €

◆ Situato sul lungomare, il locale vanta una gestione appassionata ed una cucina che spazia tra mare e terra e propone piatti della tradizione, così come creazioni più innovative.

SAN ROCCO – Genova – Vedere Camogli

SAN SALVO – Chieti (CH) – 563 P26 – 18 932 ab. – alt. 100 m – ✉ 66050 2 C2

Roma 280 – Pescara 83 – Campobasso 90 – Termoli 31

piazza Papa Giovanni XXIII, ✆ 0873 343550 iat.sansalvo@abruzzoturismo.it, Fax 0873 547712

a San Salvo Marina **Nord-Est : 4,5 km – ✉ 66050**

XX **Al Metrò**

via Magellano 35 – ✆ 08 73 80 34 28 – www.ristorantealmetro.it – info@ristorantealmetro.it – chiuso novembre, domenica sera, lunedì

Rist – Menu 35/60 € – Carta 37/47 €

◆ Un grazioso locale con un piacevole dehors per la bella stagione e nella saletta a fianco, ancora la piccola pasticceria dalla quale è "decollato" il tutto. La carta promette piatti di cucina tradizionale leggermente rivisitati.

SAN SAVINO – Ascoli Piceno – 563 M23 – Vedere Ripatransone

SAN SECONDO PARMENSE – Parma (PR) – 562 H12 – 5 512 ab. – ✉ 43017 8 B2

Roma 486 – Bologna 120 – Parma 24 – Milano 117

piazza Mazzini 12 ✆ 0521 872147 turismo@comune.san-secondo-parmense.pr.it Fax 0521 872147

XX **Relais Galù** con cam

strada Albareto 16, Sud : 3 km – ✆ 05 21 37 12 52 – www.relaisgalu.it – info@relaisgalu.it

4 cam – †60 € ††75/105 € **Rist** – *(chiuso lunedì)* Carta 36/59 €

◆ Menu stagionale e qualche classico reinterpretato in un relais di campagna con mattoni stuccati, cassapanche e credenze: un ambiente rustico che non rinuncia all'eleganza.

SANSEPOLCRO - Arezzo (AR) - 563 L18 - 16 276 ab. - alt. 330 m 29 D2

- ✉ 52037 Toscana

Roma 258 - Rimini 91 - Arezzo 39 - Firenze 114

Museo Civico★★ : opere★★★ di Piero della Francesca - Deposizione★ di Rosso Fiorentino nella chiesa di San Lorenzo - Vie★

Borgo Palace Hotel

via Senese Aretina 80 - ✆ 05 75 73 60 50 - www.borgopalace.it - palace@borgopalace.it

74 cam - †73/83 € ††90/125 € - 1 suite

Rist *Il Borghetto* - *(chiuso agosto)* Carta 26/38 €

♦ Alle porte della città, una moderna struttura con due ascensori panoramici. Interni di sapore neoclassico con camere di confort avvolgente, nulla a che vedere con l'esterno! Sala ristorante ricca di tendaggi, specchi ed ornamenti.

La Balestra

via Montefeltro 29 - ✆ 05 75 73 51 51 - www.labalestra.it - balestra@labalestra.it

52 cam - †73/84 € ††103 € - ½ P 71 €

Rist *La Balestra* - *(chiuso dal 1° al 15 agosto e domenica sera)* Carta 28/38 €

♦ Arredi e confort di tipo classico, conduzione diretta e professionale a connotare questo valido punto di riferimento nella località, appena fuori dal centro storico. Ristorante dotato anche di spazio all'aperto.

Relais Palazzo di Luglio

frazione Cignano 35, Nord-Ovest : 2 km

- ✆ 05 75 75 00 26 - www.relaispalazzodiluglio.com - info@relaispalazzodiluglio.com

4 cam - †90/100 € ††130 € - 10 suites - ††170/250 € - ½ P 100/110 €

Rist - *(chiuso a mezzogiorno) (solo per alloggiati)* Menu 35/50 €

♦ Sulle prime colline intorno al paese, aristocratica villa seicentesca un tempo adibita a soggiorni estivi in campagna. Spazi, eleganza e storia si ripropongono immutati.

Oroscopo di Paola e Marco con cam

rist,

via Togliatti 68, località Pieve Vecchia, Nord-Ovest : 1 km - ✆ 05 75 73 48 75 - www.relaisoroscopo.com - info@relaisoroscopo.com - chiuso dal 1° al 10 gennaio e dal 15 al 30 giugno

12 cam - †40/50 € ††60/80 € - ½ P 55/75 €

Rist - *(chiuso domenica) (chiuso a mezzogiorno)* (consigliata la prenotazione) Carta 32/44 €

♦ Nella patria di Piero della Francesca, due giovani coniugi hanno creato questo elegante nido in cui poter anche pernottare ma, soprattutto, assaporare piatti creativi.

Fiorentino e Locanda del Giglio con cam

via Luca Pacioli 60 - ✆ 05 75 74 20 33 - www.ristorantefiorentino.it - a.uccellini@tiscali.it - chiuso 1 settimana in novembre, 1 settimana in febbraio, dal 24 al 31 luglio e mercoledì

4 cam - †60 € ††85 € **Rist** - Carta 23/37 €

♦ Gestione con cinquant'anni di mestiere che si adopera con professionalità e abilità per accogliere al meglio i propri ospiti in un locale che di anni ne ha circa duecento.

Da Ventura con cam

cam,

via Aggiunti 30 - ✆ 05 75 74 25 60 - www.albergodaventura.it - daventura@alice.it - chiuso 10 giorni in gennaio e 20 giorni in agosto

5 cam - †48 € ††68 € - ½ P 52 €

Rist - *(chiuso domenica sera e lunedì)* Carta 23/33 €

♦ Un unico nome per quattro generazioni perché ciò che più conta è saper entusiasmare chi ama la cucina locale con prodotti freschi e genuini, dai funghi dei boschi dei dintorni alla pasta fatta a mano. Al piano superiore, camere semplici con pavimenti in parquet.

SAN SEVERINO LUCANO – Potenza (PZ) – **564** G30 – **1 763 ab.** **4** C3
– alt. 877 m – ✉ 85030

Roma 406 – Cosenza 152 – Potenza 113 – Matera 139

Paradiso

via San Vincenzo – ☎ 09 73 57 65 86 – www.hotelparadiso.info – info@hotelparadiso.info

62 cam – 45/62 € 60/94 € – ½ P 62 €

Rist – *(chiuso mercoledì)* Carta 19/26 €

◆ Ideale punto di partenza per gite - motorizzate, a piedi o a cavallo - nel Parco del Pollino, questa risorsa dispone d'interessanti strutture sportive. Camere semplici. Immersi tra una natura ancora vera, i sapori locali "influenzano" i piatti.

SAN SEVERINO MARCHE – Macerata (MC) – **563** M21 – **13 288 ab.** **21** C2
– alt. 235 m – ✉ 62027 Italia Centro Nord

Roma 228 – Ancona 72 – Foligno 71 – Macerata 30

★ dalla sommità del colle

Palazzo Servanzi Confidati senza rist

via Cesare Battisti 13/15 – ☎ 07 33 63 35 51 – www.servanzi.it – info@servanzi.it

23 cam – 65/75 € 95 €

◆ Centrale e aristocratico palazzo settecentesco, magnifica corte interna coperta con lucernario e trasformata in hall, i ballatoi conducono nelle camere in arte "povera".

XX **Locanda Salimbeni** con cam

strada provinciale 361, Ovest : 4 km – ☎ 07 33 63 40 47 – www.locandasalimbeni.it – info@locandasalimbeni.it

9 cam – 48/50 € 65/70 € – ½ P 52/55 €

Rist – *(chiuso dal 15 al 31 gennaio e lunedì) (chiuso a mezzogiorno)* Carta 22/34 €

◆ Oriundi di S. Severino, i fratelli Salimbeni, fra gli artisti più notevoli del '400, danno nome al locale ove l'arte è rievocata sui muri e le Marche rivivono nei piatti. Arredi in stile e letti in ferro battuto nelle camere.

XX **Due Torri** con cam

rist,

via San Francesco 21 – ☎ 07 33 64 54 19 – www.duetorri.it – info@duetorri.it – chiuso dal 20 al 26 dicembre e dal 20 al 30 giugno

15 cam – 45 € 70 € – ½ P 50 €

Rist – *(chiuso domenica sera e lunedì)* Carta 24/29 €

◆ Nella parte più alta e vecchia del paese, vicino al castello, una cucina familiare alla scoperta delle fragranze del territorio ed un piccolo angolo-enoteca dove si vendono specialità alimentari della zona. Camere semplici ed essenziali, per un soggiorno nella tranquillità.

SAN SEVERO – Foggia (FG) – **564** B28 – **55 628 ab.** – **alt. 86 m** **26** A1
– ✉ 71016

Roma 320 – Foggia 36 – Bari 153 – Monte Sant'Angelo 57

X **La Fossa del Grano** con cam

via Minuziano 63 – ☎ 08 82 24 11 22 – www.lafossadelgrano.it – lafossadelgrano@tin.it – chiuso dall'8 al 21 agosto

5 cam – 60 € 70 €

Rist – *(chiuso domenica sera e lunedì)* Carta 32/47 €

◆ Tappa gastronomica obbligata per chi è alla ricerca di antichi sapori casalinghi e la vera cucina pugliese. Consigliamo d'iniziare con gli antipasti e, poi, un primo o un secondo. Camere spaziose, arredate con gusto moderno e personalizzato.

SAN SIRO – Mantova – Vedere San Benedetto Po

SANTA BARBARA – Trieste – Vedere Muggia

SANTA CATERINA VALFURVA - Sondrio (SO) - 561 C13 17 C1
- alt. 1 738 m - Sport invernali : 1 738/2 727 m 1 6, - ✉ 23030

Roma 776 - Sondrio 77 - Bolzano 136 - Bormio 13

Baita Fiorita di Deborah
via Frodolfo 3 - ✆ 03 42 92 51 19
- www.compagnoni.it - deborah@valtline.it - chiuso maggio, ottobre e novembre
22 cam - ♦90/160 € ♦♦130/190 € - 3 suites - ½ P 100/130 €
Rist - Carta 40/59 €
♦ E' proprio quello che si cerca in un albergo di montagna: il calore del legno, camere confortevoli ed un piacevole centro benessere per rilassarsi dopo una giornata passata sulle piste o *en plein air*. Al ristorante, la mamma dell'olimpionica D. Compagnoni propone piatti dalle ricette antiche e raffinate.

Pedranzini
piazza Magliavaca 5 - ✆ 03 42 93 55 25
- www.hotelpedranzini.it - info@hotelpedranzini.it
- chiuso ottobre e novembre
18 cam - ♦50/70 € ♦♦70/130 € - 5 suites - ½ P 50/80 €
Rist - Carta 25/46 €
♦ Sulla famosa piazzetta di Santa Caterina, a soli 50 m dagli impianti di risalita, hotel familiare (completamente rinnovato) dispone di ambienti accoglienti e zona relax. Camere di buon livello dal ligneo arredo. Al ristorante, piatti della tradizione.

SANTA CESAREA TERME - Lecce (LE) - 564 G37 - 3 094 ab. 27 D3
- alt. 25 m - ✉ 73020

Roma 633 - Bari 203 - Lecce 49

via Roma 209 ✆ 0836 944043, iatsantacesareaterme@viaggiareinpuglia.it, Fax 0836 944043

Alizè
via Paolo Borsellino - ✆ 08 36 94 40 41 - www.hotelalize.it - info@hotelalize.it - maggio-ottobre
56 cam - ♦40/75 € ♦♦80/150 € - ½ P 55/100 €
Rist - *(solo per alloggiati)* Menu 15/25 €
♦ In posizione panoramica e poco distante dal centro, un hotel con eco architettoniche arabeggianti, luminose aree comuni, camere sobrie negli arredi, solarium e piscina. Al ristorante, la classica e gustosa cucina del bel Paese.

SANTA CRISTINA - Perugia - 563 M19 - Vedere Gubbio

SANTA CRISTINA VALGARDENA (ST. CHRISTINA IN GRÖDEN) 31 C2
- Bolzano (BZ) - 562 C17 - 1 902 ab. - alt. 1 428 m - Sport invernali : 1 428/2 518 m 10 75 (Comprensorio Dolomiti superski Val Gardena) - ✉ 39047 Italia

Roma 681 - Bolzano 41 - Cortina d'Ampezzo 75 - Milano 338

strada Chemun 9 ✆ 0471 777800, s.cristina@valgardena.it, Fax 0471 793198

Interski
strada Cisles 51 - ✆ 04 71 79 34 60
- www.hotel-interski.com - info@hotel-interski.com
- 4 dicembre-15 aprile e 15 giugno-15 ottobre
27 cam - ♦50/180 € ♦♦110/400 € - 2 suites - ½ P 68/213 €
Rist - *(chiuso a mezzogiorno) (solo per alloggiati)*
♦ Un completo rinnovo, piuttosto recente, connota questo albergo, già gradevolissimo dall'esterno; stanze di ottimo confort, con legno chiaro e un panorama di raro fascino.

Geier senza rist
via Chemun 36 – 04 71 79 33 70 – www.garnigeier.com – info@garnigeier.com – chiuso maggio e novembre
8 cam – 45/90 € 68/120 €
◆ Una semplice casetta di montagna, al riparo dal traffico e in posizione leggermente rialzata. Camere avvolte nel legno parquet ed alcuni bagni un po' piccoli, ma i prezzi sono un premio!

sulla strada statale 242 Ovest : 2 km :

Diamant Sport & Wellness rist,
via Skasa 1 39047 – 04 71 79 67 80 – www.hoteldiamant.it – info@hoteldiamant.it – 6 dicembre-15 aprile e giugno-15 ottobre
43 cam – 5 suites – solo ½ P 100/250 € **Rist** – *(solo per alloggiati)*
◆ Nella suggestiva cornice delle Dolomiti, una grande struttura con camere ben accessoriate e un giardino che assicura quiete e relax. Dopo una giornata di sci o di escursioni, ritempratevi nel centro benessere.

SANTA DOMENICA – Vibo Valentia – 564 L29 – Vedere Tropea

SANTA FLAVIA – Palermo (PA) – 365 AQ55 – 10 622 ab. – 90017 39 B2

Agrigento 130 – Caltanissetta 116 – Catania 197 – Messina 223
Rovine di Solunto★ : ★★ dalla cima del colle Nord-Ovest : 2,5 km – Sculture★ di Villa Palagonia a Bagheria Sud-Ovest : 2,5 km

a Porticello Nord-Est : 1 km – 90010

Al Faro Verde da Benito
largo San Nicolicchia 14 – 0 91 95 79 77 – www.mauriziobalistreri.it – info@mauriziobalistreri.it – chiuso novembre, martedì
Rist – Carta 36/44 € (+10 %)
◆ Ovviamente pesce, preparato in maniera davvero semplice eppure gustosa, da accompagnarsi con eccellenti vini locali. Servizio estivo all'aperto, le onde del mare lì accanto.

a Sant'Elia Nord-Est : 2 km – 90017

Kafara rist, rist,
litoranea Mongerbano 18 – 0 91 95 73 77 – www.kafarahotel.it – kafara@kafarahotel.it
67 cam – 86/115 € 140/190 € – 2 suites – ½ P 100/121 €
Rist – Carta 36/66 € (+10 %)
◆ Hotel dai grandi spazi esterni che scendono verso il mare, tra questi le due piscine: la prima - suggestiva - con acqua di mare, l'altra - panoramica - tra terrazze fiorite. Cucina d'albergo non della tradizione siciliana, ma che risente degli influssi più vari. Diversi spazi all'aperto, con vista.

SANTA FRANCA – Parma – Vedere Polesine Parmense

SANT'AGATA DE' GOTI – Benevento (BN) – 564 D25 – 11 428 ab. – alt. 159 m – 82019 6 B1

Roma 220 – Napoli 48 – Benevento 35 – Latina 36

Agriturismo Mustilli rist,
piazza Trento 4 – 08 23 71 74 33 – www.mustilli.com – info@mustilli.com
6 cam – 60 € 90 € – ½ P 70/75 €
Rist – *(chiuso 24-25 dicembre)* (consigliata la prenotazione) Menu 25/30 €
◆ E' magica la combinazione di fascino, storia e cordiale accoglienza familiare in questa elegante dimora nobiliare settecentesca, in pieno centro, gestita con cura e passione. Per i pasti il ristorante con cucina casalinga o il wine bar.

SANT'AGATA SUI DUE GOLFI - Napoli (NA) - 564 F25 - alt. 391 m 6 B2
- ✉ 80064 Italia

Roma 266 - Napoli 55 - Castellammare di Stabia 28 - Salerno 56

Penisola Sorrentina★★ (circuito di 33 km) : ≤★★ su Sorrento dal capo di Sorrento (1 h a piedi AR), ≤★★ sul golfo di Napoli dalla strada S 163

Sant'Agata

via dei Campi 8/A – ✆ *08 18 08 08 00* – *www.hotelsantagata.com* – *info@hotelsantagata.com* – *marzo-novembre*

42 cam – †48/70 € ††72/95 € – ½ P 60/85 € **Rist** – Carta 21/35 €

◆ Tranquillità e confort sono i principali atout di questa struttura, particolarmente indicata per spostarsi o soggiornare in Costiera; bel porticato esterno. Ambiente curato al ristorante: sale capienti con arredi piacevoli.

Don Alfonso 1890 (Alfonso ed Ernesto Iaccarino) con cam

corso Sant'Agata 11 cam,

– ✆ *08 18 78 00 26* – *www.donalfonso.com* – *info@donalfonso.com* – *26 marzo-ottobre*

4 cam – ††300/450 € – 4 suites – ††420/650 €

Rist – *(chiuso lunedì e martedì dal 15 settembre al 15 giugno; lunedì e a mezzogiorno negli altri mesi)* Menu 155/170 € – Carta 114/153 €

Spec. Zeppola di scampi in leggera frittura, salsa agrodolce, infuso di agrumi e tagliolini di ortaggi estivi. Ravioli acqua e farina ripieni di caciotta e maggiorana fresca, pomodorini vesuviani e salsa di mozzarella. Casseruola di pesci di scoglio, crostacei e frutti di mare.

◆ Massima espressione di accoglienza familiare: il loro ristorante è la vostra casa, in una splendida collezione di arredi, ceramiche e lampadari. La cucina è un'apoteosi campana; le camere la cifra del buon gusto.

SANTA GIULETTA - Pavia (PV) - 1 716 ab. - alt. 78 m - ✉ 27046 16 B3

Roma 545 - Piacenza 43 - Milano 56 - Pavia 22

a Castello Sud : 4 km - ✉ 27046 Santa Giuletta

Conte di Carmagnola

via Castellana 7 – ✆ *03 83 89 90 02* – *www.ilcontedicarmagnola.it* – *info@ilcontedicarmagnola.it* – *chiuso dal 1° al 7 gennaio, 3 settimane in agosto, lunedì e martedì*

Rist – *(chiuso a mezzogiorno escluso domenica e i giorni festivi)* (consigliata la prenotazione) Menu 30/45 € – Carta 40/52 €

◆ Piuttosto decentrato, in una frazione della bassa pianura dell'Oltrepò Pavese, locale dagli ambienti eleganti e dall'appassionata gestione. Ottima cucina moderna e, come se non bastasse, terrazza panoramica per il servizio estivo.

SANT' AGNELLO - Napoli (NA) - 564 F25 - 8 994 ab. - ✉ 80065 6 B2

Roma 255 - Napoli 46 - Castellammare di Stabia 17 - Salerno 48

a Sorrento, via De Maio 35 ✆ 081 8074033, info@sorrentotourism.com,Fax 081 8773397

Grand Hotel Cocumella

rist,

via Cocumella 7 – ✆ *08 18 78 29 33* – *www.cocumella.com* – *info@cocumella.com* – *aprile-ottobre*

46 cam – †260/345 € ††260/395 € – 7 suites – ½ P 190/258 €

Rist ***La Scintilla*** – Carta 75/105 €

◆ La Penisola Sorrentina, il verde che lambisce la scogliera, un complesso raffinato e affascinante per questo ex convento gesuita, immerso in un giardino-agrumeto. Panoramica terrazza sulla scogliera. Piccolo ristorante di estrema eleganza, che dispone di una bella veranda.

Mediterraneo

via Marion Crawford 85 – ✆ 08 18 78 13 52 – www.mediterraneosorrento.com – info@mediterraneosorrento.com – 19 marzo-4 novembre
70 cam – 90/250 € 110/320 € – ½ P 130/180 €
Rist – *(solo per alloggiati)* Carta 25/56 €
◆ Fronte mare e abbellito da un ameno giardino con piscina, hotel storico ristrutturato che conserva l'immagine e il fascino di un tempo, offrendo confort adeguati al presente. Accomodatevi sulla bella terrazza panoramica per sorseggiare un cocktail o gustare una pizza oppure assaporare la cucina partenopea.

Caravel

rist,

corso Marion Crawford 61 – ✆ 08 18 78 29 55 – www.hotelcaravel.com – info@hotelcaravel.com – aprile-ottobre
92 cam – 60/140 € 80/190 € – ½ P 55/110 € **Rist** – Menu 22/34 €
◆ Recentemente ristrutturate le moderne camere di questo hotel situato nella zona residenziale della località. Tranquilli gli ambienti, luminosi e ben insonorizzati.

SANT' AGOSTINO – Ferrara (FE) – 562 H16 – 7 023 ab. – alt. 19 m – ✉ 44047 9 C2

Roma 428 – Bologna 46 – Ferrara 23 – Milano 220

Trattoria la Rosa con cam

via del Bosco 2 – ✆ 0 53 28 40 98 – www.trattorialarosa1908.it – info@trattorialarosa1908.it
5 cam – 65 € 80 €
Rist – *(chiuso domenica sera, lunedì; da giugno ad agosto anche sabato a mezzogiorno)* (prenotare) Carta 32/45 €
◆ Due donne sempre ai fornelli in questa storica trattoria, nata all'inizio del secolo scorso. Classici regionali, salumi e paste restano i maggiori successi nati in cucina. Camere piccole, ma d'interessante ispirazione moderna.

SANTA LIBERATA – Grosseto – 563 O15 – Vedere Porto Santo Stefano

SANTA LUCIA DEI MONTI – Verona – Vedere Valeggio sul Mincio

SANTA MARGHERITA – Cagliari – 366 O50 – Vedere Pula

SANTA MARGHERITA LIGURE – Genova (GE) – 561 J9 – 10 124 ab. – ✉ 16038 Liguria 15 C2

Roma 480 – Genova 40 – Milano 166 – Parma 149

piazza Vittorio Veneto (terminal bus) ✆ 0185 287485, iat.santamargheritaligure@provincia.genova.it, Fax 0185 283034

Località★★ - Villa Durazzo★

Strada panoramica★★ per Portofino★★★

Imperiale Palace Hotel

via Pagana 19 – ✆ 01 85 28 89 91 – www.hotelimperiale.com – info@hotelimperiale.com – aprile-10 ottobre
86 cam – 275/290 € 320/428 € – 3 suites – ½ P 235/289 €
Rist – Carta 53/83 €
◆ Imponente struttura fine '800 a monte dell'Aurelia, ma con spiaggia privata; parco-giardino sul mare con piscina riscaldata e fascino di una pietra miliare dell'hotellerie. Suggestiva sala da pranzo: stucchi e decorazioni davvero unici; signorilità infinita.

Grand Hotel Miramare

rist,

lungomare Milite Ignoto 30 – ✆ 01 85 28 70 13 – www.grandhotelmiramare.it – miramare@grandhotelmiramare.it
84 cam – 175/278 € 255/458 € – 4 suites – ½ P 277 €
Rist *Les Bougainvillées* – Menu 56 €
◆ Un'icona dell'ospitalità di Santa: celebrità qui dall'inizio del secolo scorso, raffinatezza liberty e relax di lusso; parco fiorito, piscina e piccolo centro benessere. Prestigioso ristorante con occasionali pasti in terrazza.

Metropole rist,
via Pagana 2 – 01 85 28 61 34 – www.metropole.it – hotel.metropole@metropole.it – chiuso novembre
55 cam – 100/138 € 180/244 € – 4 suites – ½ P 120/140 €
Rist – Carta 41/49 €
♦ Con un parco fiorito, digradante verso il mare la spiaggia privata, tutto il fascino di un hotel d'epoca e la piacevolezza di una grande professionalità unita all'accoglienza. Elegante sala ristorante dove gustare anche piatti liguri di terra e di mare.

Continental rist,
via Pagana 8 – 01 85 28 65 12 – www.hotel-continental.it – continental@hotel-continental.it
70 cam – 140/216 € 216/258 € – ½ P 144/159 €
Rist – Carta 36/56 €
♦ In posizione panoramica e con ampio parco sul mare, questo hotel è stato oggetto di un sapiente *restyling* in anni recenti. Indirizzo tra i più "gettonati" per quanto riguarda confort e relax. La sala da pranzo è quasi un tutt'uno con la terrazza, grazie alle ampie vetrate aperte.

Jolanda rist,
via Luisito Costa 6 – 01 85 28 75 13 – www.hoteljolanda.it – info@hoteljolanda.it – chiuso dal 14 ottobre al 24 dicembre
46 cam – 65/100 € 100/160 € – 3 suites – ½ P 88/98 €
Rist – *(chiuso a mezzogiorno)* Carta 29/41 €
♦ Rinnovatosi di recente, l'albergo gode di una posizione arretrata rispetto al mare, raggiungibile però in pochi minuti, e di un servizio attento. Bel centro benessere.

Laurin senza rist
lungomare Marconi 3 – 01 85 28 99 71 – www.laurinhotel.it – info@laurinhotel.it
43 cam – 70/205 € 110/222 €
♦ Di fronte al grazioso porticciolo, l'hotel è dotato di una terrazza-solarium con piscina e di una raccolta area relax. Tutte le camere si affacciano al mare, alcune con balcone.

Minerva
via Maragliano 34/d – 01 85 28 60 73 – www.hotelminerva.eu – info@hotelminerva.eu – chiuso da novembre al 20 dicembre
38 cam – 80/110 € 102/162 €
Rist – Carta 25/50 €
♦ Ubicazione tranquilla, a pochi minuti a piedi dalla marina: una risorsa d'impostazione classica, condotta con professionalità, passione e attenzione per la clientela. Sala ristorante d'impronta moderna, cucina mediterranea.

Tigullio et de Milan senza rist
viale Rainusso 3/a – 01 85 28 74 55 – www.hoteltigullio.eu – info@hoteltigullio.eu – chiuso gennaio e febbraio
40 cam – 60/90 € 90/135 €
♦ Un albergo rinnovato nel corso degli ultimi anni; offre validi confort, strutture funzionali, ambienti signorili e terrazza-solarium.

Agriturismo Roberto Gnocchi senza rist
via San Lorenzo 29, località San Lorenzo della Costa, Ovest : 3 km – 01 85 28 34 31 – www.villagnocchi.it – roberto.gnocchi@tin.it – maggio-15 ottobre
12 cam – 70/85 € 95/110 €
♦ E' come essere ospiti in una casa privata negli accoglienti interni di questa risorsa in posizione incantevole: vista del mare dalla terrazza-giardino, anche durante i pasti. Deliziose camere arredate con gusto.

XX **L'Ardiciocca**

via Maragliano 17 – ✆ 01 85 28 13 12 – ardiciocca@libero.it – chiuso giovedì
Rist – *(chiuso a mezzogiorno escluso sabato e domenica da ottobre ad aprile)* (prenotare) Menu 44 € – Carta 44/65 €

◆ Locale d'atmosfera, intimo e raccolto, a pochi passi dal mare. La carta è un inno al prodotto principe locale - il pesce - reinterpretato in chiave moderna.

XX **Oca Bianca**

via XXV Aprile 21 – ✆ 01 85 28 84 11 – www.ocabianca.it – info@ocabianca.it – chiuso dal 7 gennaio al 13 febbraio e lunedì
Rist – *(chiuso a mezzogiorno escluso i giorni festivi)* Carta 50/65 €

◆ Dedicato agli estimatori di tutto ciò che non è di mare, un locale con proposte di carne, verdura e formaggi, preparati con fantasia. Ambiente intimo e raccolto.

XX **Altro Eden**

via Calata Porto 11 – ✆ 01 85 29 30 56 – laltroeden@edenina.191.it – chiuso febbraio e martedì
Rist – *(chiuso a mezzogiorno escluso sabato e domenica)* Carta 47/80 €

◆ Sul molo con vista porto, locale di taglio moderno con un'originale sala a forma di tunnel e fresco dehors. Il menu è un trionfo di specialità di pesce.

XX **Antonio**

piazza San Bernardo 6 – ✆ 01 85 28 90 47 – ristorante_antonio@hotmail.it – chiuso dal 14 al 28 febbraio, 10 giorni in novembre e lunedì escluso dal 15 maggio al 15 ottobre
Rist – Carta 34/62 €

◆ Piatti ben curati sia sotto il profilo delle materie prime impiegate sia per l'abilità di valorizzarne il gusto in un locale di taglio classico. Le proposte di pesce sono predominanti.

X **La Locanda di Colombo** con cam

via XXV Aprile 12/c – ✆ 01 85 29 31 29 – www.lalocandadicolombo.it – sml@lalocandadicolombo.it – chiuso febbraio
6 cam ☕ – †80/100 € ††100/150 € **Rist** – Carta 44/52 €

◆ Di poco arretrato rispetto il lungomare, ristorante dalla giovane e dinamica gestione. Il menu "simpatizza" con la cucina moderna, proponendo piatti di terra tra Piemonte e Liguria. Belle camere di gusto contemporaneo.

SANTA MARIA = AUFKIRCHEN – Bolzano – Vedere Dobbiaco

SANTA MARIA – Vedere Castellabate

SANTA MARIA ANNUNZIATA – Napoli (NA) – vedere Massa Lubrense

SANTA MARIA DEGLI ANGELI – Perugia – 563 M19 – Vedere Assisi

SANTA MARIA DELLA VERSA – Pavia (PV) – 561 H9 – 2 612 ab. – alt. 199 m – ✉ 27047 16 B3

▶ Roma 554 – Piacenza 47 – Genova 128 – Milano 71

ℹ c/o Municipio ✆ 0385 278011, Fax 0385 79622

XX **Sasseo**

località Sasseo 3, Sud : 3 km – ✆ 03 85 27 85 63 – www.sasseo.com – info@sasseo.com – chiuso gennaio, lunedì, martedì a mezzogiorno
Rist – Carta 35/47 €

◆ Ubicato tra i vigneti, un grande casolare del 1700 sapientemente ristrutturato ospita due salette in tono rustico-elegante con camino. Cucina moderna e fantasiosa.

XX **Al Ruinello**

località Ruinello, Nord : 3 km – ☎ 03 85 79 81 64 – www.ristorantealruinello.it – info@ristorantealruinello.it – chiuso dal 15 al 30 gennaio, luglio, lunedì sera, martedì

Rist – (consigliata la prenotazione) Carta 29/38 €

◆ Sembra di essere nel salotto "buono" di una casa privata... Ristorante a conduzione familiare, ricavato in una villetta privata, con piatti del territorio proposti a voce. Il menu segue le stagioni.

SANTA MARIA DI LEUCA – **Lecce** – **564** H37 – **Vedere Marina di Leuca**

SANTA MARIA MADDALENA – **Rovigo** – **562** H16 – **Vedere Occhiobello**

SANTA MARIA MAGGIORE Ossola (VB) – **561** D7 – **1 262 ab.** **23** C1 – **alt. 816 m** – **Sport invernali : a Piana di Vigezzo : 800/2 064 m** 1 4, – ✉ **28857**

Roma 715 – Stresa 50 – Domodossola 17 – Locarno 32

piazza Risorgimento 28 ☎ 0324 95091, santamariamaggiore@distrettolaghi.it, Fax 0324 94993

Miramonti rist,

piazzale Diaz 3 – ☎ 0 32 49 50 13 – www.almiramonti.com – info@almiramonti.com

10 cam – †55/65 € ††115/120 € – ½ P 85 € **Rist** – Carta 35/52 €

◆ Dimora storica nel cuore della località che unisce al calore familiare la discreta eleganza degli ambienti, una piccola realtà ricca di ricordi della Valle e delle sue antiche tradizioni. Sapori ormai noti ai buongustai e nuovi accostamenti: in cucina, la ricerca continua.

X **Le Colonne**

via Benefattori 7 – ☎ 0 32 49 48 93 – bonagianni1970@libero.it – chiuso 1 settimana in giugno, 1 settimana in settembre, mercoledì

Rist – (consigliata la prenotazione) Carta 28/50 €

◆ Nel piccolo centro storico della località, una coppia di grande esperienza gestisce questo ristorante sobrio e curato, dove viene proposta una cucina eclettica.

SANT'AMBROGIO DI VALPOLICELLA – **Verona (VR)** – **562** F14 **35** A3 – **11 419 ab.** – **alt. 174 m** – ✉ **37010**

Roma 511 – Verona 20 – Brescia 65 – Garda 19

a San Giorgio Nord-Ovest : 1,5 km – ✉ **37015 Sant'Ambrogio Di Valpolicella**

X **Dalla Rosa Alda** con cam cam,

strada Garibaldi 4 – ☎ 04 57 70 10 18 – www.dallarosalda.it – alda@valpolicella.it – chiuso gennaio, febbraio

10 cam – †65/70 € ††80/105 € – ½ P 70/80 €

Rist – *(chiuso domenica sera e lunedì escluso luglio-agosto)* Carta 26/50 €

◆ Una cucina semplice, scandita e dominata dai prodotti del territorio selezionati con cura e passione, accostati ad un'ottima selezione di vini locali. Chiedete consiglio ai proprietari. L'intuizione di accogliere delle camere nella medesima struttura è degli anni Ottanta. Oggi, solo mobili d'epoca e confort.

SANT'ANDREA – **Livorno** – **563** N12 – **Vedere Elba (Isola d') : Marciana**

SANT'ANGELO – **Napoli** – **564** E23 – **Vedere Ischia (Isola d')**

SANT'ANGELO – **Macerata (MC)** – **Vedere Castelraimondo**

SANT'ANGELO IN PONTANO – **Macerata (MC)** – **563** M22 **21** C2 – **1 522 ab.** – **alt. 473 m** – ✉ **62020**

Roma 192 – Ascoli Piceno 65 – Ancona 119 – Macerata 29

Pippo e Gabriella

località contrada l'Immacolata 33 – ℘ 07 33 66 11 20 – pippoegabriella@libero.it – chiuso dal 12 gennaio al 12 febbraio e lunedì
Rist – Carta 21/29 €
◆ Un'osteria molto semplice, in posizione tranquilla, dove vige un'atmosfera informale ma cortese e si possono gustare specialità regionali. Griglia in sala.

SANT'ANGELO IN VADO – Pesaro e Urbino (PU) – 563 L19 — 20 A1
– 4 121 ab. – alt. 359 m – ✉ 61048

Roma 283 – Ancona 136 – Pesaro 81

Palazzo Baldani — cam, rist

via Mancini 4 – ℘ 07 22 81 88 92 – www.taddeoefederico.it – info@taddeoefederico.it – chiuso dal 16 al 31 agosto
14 cam – †60/75 € ††90/130 € – ½ P 85/95 €
Rist *Taddeo e Federico* – *(chiuso dal 15 al 28 febbraio)* Carta 33/53 €
◆ Un palazzo del 1700 trasformato in un piccolo, ma delizioso albergo con camere dai toni caldi e letti in ferro battuto. Per un surplus di romanticismo: chiedete la stanza con il baldacchino. Bagni sempre curati e sufficientemente spaziosi.

SANT'ANGELO LODIGIANO – Lodi (LO) – 561 G10 – 13 340 ab. — 16 B3
– alt. 73 m – ✉ 26866

Roma 544 – Piacenza 43 – Lodi 12 – Milano 38

San Rocco

via Cavour 19 – ℘ 0 37 19 07 29 – www.sanroccoristhotel.it – info@sanroccoristhotel.it – chiuso dal 1° al 7 gennaio e agosto
16 cam – †59/64 € ††79/82 €, 6 € – ½ P 57 €
Rist – *(chiuso domenica sera e lunedì)* Carta 18/33 €
◆ Piccolo albergo nel centro della località. E' gestito dalla stessa famiglia da tre generazioni. Le camere, quasi tutte rinnovate di recente, offrono un buon confort. La cucina propone piatti della tradizione locale.

SANT'ANNA – Como – Vedere Argegno

SANT'ANNA – Cuneo (CN) – Vedere Roccabruna

SANT' ANTIOCO – Carbonia-Iglesias (CI) – 366 L49 – 11 749 ab. — 38 A3
– ✉ 09017 Italia

Cagliari 92 – Calasetta 9 – Nuoro 224 – Olbia 328

Vestigia di Sulcis★ : tophet★, collezione di stele★ nel museo

Moderno-da Achille con cam — cam

via Nazionale 82 – ℘ 0 78 18 31 05 – www.albergoristorantemoderno.com – albergomoderno@yahoo.it
16 cam – †55/60 € ††92/100 € – ½ P 82/87 €
Rist – *(aprile-settembre)* Carta 35/57 €
◆ Un ambiente originale nelle mani di un abile chef, in grado di soddisfare il palato del cliente con proposte gastronomiche tradizionali e specialità sarde.

SANT'ANTONIO DI MAVIGNOLA – Trento – Vedere Pinzolo

SANTARCANGELO DI ROMAGNA – Rimini (RN) – 562 J19 — 9 D2
– 20 913 ab. – alt. 42 m – ✉ 47822

Roma 345 – Rimini 10 – Bologna 104 – Forlì 43

via Cesare Battisti 5 ℘ 0541 624270, iat@comune.santarcangelo.rn.it Fax 0541 622570

Della Porta senza rist
via Andrea Costa 85 – 05 41 62 21 52 – www.hoteldellaporta.com – info@hoteldellaporta.com
22 cam – 68/100 € 85/115 €
◆ Soffitti finemente affrescati e mobili antichi nelle quattro graziose camere affacciate sul cortile, ciascuna in omaggio ad un fiore. Di tono più moderno le altre stanze.

Il Villino senza rist
via Ruggeri 48 – 05 41 68 59 59 – www.hotelilvillino.it – info@hotelilvillino.it
12 cam – 70/100 € 95/130 €
◆ Ai margini del centro storico, villa seicentesca ristrutturata con atmosfere provenzali. Camere personalizzate e fantasiose, intitolate ad un volatile che in passato popolò il giardino: le stanze del *Pavone* e del *Fagiano* tra le migliori.

Osteria la Sangiovesa
piazza Simone Balacchi 14 – 05 41 62 07 10 – www.sangiovesa.it – sangiovesa@sangiovesa.it
Rist – *(chiuso a mezzogiorno)* Carta 35/43 €
Rist *Osteria* – *(chiuso a mezzogiorno)* Carta 21/32 €
◆ Nei magazzini di un palazzo settecentesco - comprensivi di grotta e sorgente - il trionfo della generosità gastronomica romagnola. All'*Osteria* piadine ed altre sfiziosità per passaggi più veloci ed economici.

sulla strada statale 9 via Emilia Est : 2 km

San Clemente senza rist
via Ferrari 1 – 05 41 68 08 04 – www.hotelsanclemente.com – info@hotelsanclemente.com
38 cam – 42/200 € 60/200 €
◆ Lungo la via Emilia, un complesso inaugurato pochi anni or sono e progettato pensando soprattutto a chi viaggia per lavoro. Insieme curato e dotazioni complete, camere prestige da preferire alle standard.

a Montalbano Ovest: 6 km – ✉ 47822 Santarcangelo Di Romagna

Agriturismo Locanda Antiche Macine
via Provinciale Sogliano 1540 – 05 41 62 71 61 – www.antichemacine.it – macine.montalbano@tin.it – chiuso dal 7 al 22 gennaio
10 cam – 55/70 € 85/110 € – 3 suites – ½ P 75/80 €
Rist – *(chiuso lunedì)* Carta 24/33 €
◆ Ricavata in un antico frantoio, accogliente ed elegante locanda immersa nel verde della campagna riminese, con un percorso natura ed un laghetto per la pesca sportiva. Notevole offerta gastronomica al ristorante: ricette del territorio preparate con diversi prodotti dell'azienda.

SANTA REGINA – Siena – Vedere Siena

SANTA REPARATA – Olbia-Tempio (OT) – **366** Q36 – Vedere Santa Teresa Gallura

---

SANTA SOFIA – Forlì-Cesena (FC) – **562** ?P47K – **4 243 ab. – alt. 257 m** **9** D3 – ✉ 47018

Roma 291 – Rimini 87 – Firenze 89 – Forlì 41

via Nefetti 3 0543 971297 cv.santasofia@parcoforestecasentinesi.it Fax 0543 973034

a Corniolo Sud-Ovest : 15 km – alt. 589 m – ✉ 47010

Leonardo
località Lago – ✆ 05 43 98 00 15 – www.hotelleonardo.net – info@hotelleonardo.net
19 cam – 40/95 € 45/110 € – ½ P 65/75 € **Rist** – Carta 26/36 €
♦ Hotel situato fuori località - in una zona tranquilla di fianco al torrente - con comodo giardino attrezzato per bambini e piscina. Ambienti semplici e calorosa gestione familiare. Due semplici sale ristorante, cucina familiare a base di prodotti locali.

SANTA TECLA – Catania – **365** BA58 – Vedere Acireale

SANTA TERESA GALLURA – Olbia-Tempio (OT) – **366** Q36 **38** B1
– 5 193 ab. – ✉ 07028

Olbia 61 – Porto Torres 105 – Sassari 103
piazza Vittorio Emanuele 24 ✆ 0789 754127, turismo@comunestg.it, Fax 0789 754185
Arcipelago della Maddalena★★

Corallaro cam, rist,
spiaggia Rena Bianca – ✆ 07 89 75 54 75
– www.hotelcorallaro.it – info@hotelcorallaro.it – maggio-10 ottobre
85 cam – 85/190 € 105/235 € – ½ P 70/135 €
Rist – *(chiuso a mezzogiorno escluso da maggio a settembre) (solo per alloggiati)*
♦ Immerso nella rigogliosa macchia mediterranea con vista sulle Bocche di Bonifacio, un hotel moderno dalle camere confortevoli e ben arredate ed una nuova piscina solarium. A due passi dalla bianca spiaggia.

Marinaro senza rist
via Angioy 48 – ✆ 07 89 75 41 12 – www.hotelmarinaro.it – info@hotelmarinaro.it – marzo-novembre
27 cam – 45/120 € 65/150 €
♦ Sito nel centro ma non distante dalla spiaggia, un'edificio dal tipico disegno architettonico locale con ambienti arredati nelle rilassanti tinte del verde e del giallo.

Da Cecco senza rist
via Po 3 – ✆ 07 89 75 42 20 – www.hoteldacecco.com – hoteldacecco@tiscali.it – aprile-ottobre
33 cam – 49/75 € 66/110 €
♦ A ridosso della spiaggia, un grazioso hotel a gestione familiare dai semplici, ma accoglienti spazi ed una terrazza-solarium con vista sulle Bocche di Bonifacio.

a Santa Reparata Ovest : 3 km – ✉ 07028 Santa Teresa Gallura

XX **S'Andira**
via Orsa Minore 1 – ✆ 07 89 75 42 73 – www.sandira.it – sandira@alice.it – maggio-settembre
Rist – Carta 40/60 €
♦ Un indirizzo di solida gestione e simpatica cortesia: piacevoli sale, nonché grazioso dehors immerso nel verde della macchia mediterranea. Specialità di pesce in menu.

SANTA TRADA DI CANNITELLO – Reggio di Calabria – **564** M29 – Vedere Villa San Giovanni

SANTA VITTORIA D'ALBA – Cuneo (CN) – **561** H5 – 2 506 ab. **25** C2
– alt. 346 m – ✉ 12069

Roma 655 – Cuneo 55 – Torino 57 – Alba 10

Castello di Santa Vittoria

via Cagna 4 – ✆ 01 72 47 81 98 – www.santavittoria.org – hotel@santavittoria.org

38 cam – 90/110 € 150/190 € – 1 suite – ½ P 103/123 €

Rist Savino Mongelli – vedere selezione ristoranti

Rist – Menu 28/70 €

◆ In un borgo di origini medievali, gli spazi interni sono inaspettatamente moderni, sobri e lineari, piacevolmente forniti di confort moderni. La posizione panoramica fa sì che la piscina goda di un belvedere sulle colline.

Savino Mongelli

via Cagna 4 – ✆ 01 72 47 85 50 – mongelli.ristorante@gmail.com – chiuso domenica sera, lunedì

Rist – *(chiuso a mezzogiorno escluso sabato e domenica)* (consigliata la prenotazione) Menu 60/90 €

Spec. "A vapore dal mare", patata schiacciata e olio al basilico. Linguine di Gragnano e astice di Bretagna. Filetto di pescato in guazzetto di frutti di mare e fregola.

◆ La passione per il pesce ispira la cucina: gustose ricette mediterranee, all'insegna dell'olio d'oliva. La scelta è volutamente ristretta per seguire la disponibilità del mercato ittico.

SANT'ELIA – **Palermo** – **365** AQ55 – **Vedere Santa Flavia**

SANT'ELPIDIO A MARE – **Fermo (FM)** – **563** M23 – **16 838 ab.** **21** D2
– **alt. 251 m** – ✉ **63019**

Roma 267 – Ancona 49 – Ascoli Piceno 85 – Macerata 33

Il Melograno

via Gherardini 9 – ✆ 07 34 85 80 88 – www.ristoranteilmelograno.it – info@ristoranteilmelograno.it – chiuso martedì e la sera di lunedì escluso giugno-settembre

Rist – (prenotare) Carta 22/37 €

◆ Un palazzo del Seicento in cui sorgono oggi ambienti ospitali, sulle calde tonalità dell'ocra e del bianco: per scoprire sapori casalinghi. Vista panoramica incantevole.

SAN TEODORO – **Olbia-Tempio (OT)** – **366** Q36 – **4 146 ab.** **38** B1
– ✉ **08020**

Cagliari 258 – Nuoro 77 – Olbia 29 – Porto Torres 146

piazza Mediterraneo 1, ✆ 0784 865767 info@santeodoroturismo.com, Fax 0784 851128

Puntaldia località Punta Sabatino, ✆ 0784 86 44 77

a Puntaldia **Nord : 6 km** – ✉ **08020 San Teodoro**

Due Lune Resort, Golf & Spa

– ✆ 07 84 86 40 75 – www.duelune.com – info@duelune.com – 10 maggio-5 ottobre

rist,

64 cam – 165/385 € 318/550 € – 2 suites – ½ P 187/260 €

Rist – Menu 50/60 €

◆ In riva al mare, vicina al campo da golf e circondata da un giardino con prato all'inglese, una struttura dal confort esclusivo e raffinato dotata di beauty farm e zona relax. In un'elegante sala ristorante interna è possibile farsi servire proposte gastronomiche classiche dai sapori regionali.

SANT'EUFEMIA DELLA FONTE – **Brescia** – **Vedere Brescia**

SANT'EUFEMIA LAMEZIA – **Catanzaro** – **564** K30 – **Vedere Lamezia Terme**

SANT'ILARIO D'ENZA – **Reggio Emilia (RE)** – **562** H13 – **10 713 ab.** **8** A3
– **alt. 59 m** – ✉ **42049**

Roma 444 – Parma 12 – Bologna 82 – Milano 134

Prater

via Roma 39 – ✆ 05 22 67 23 75 – www.praterfood.it – info@praterfood.it – chiuso dal 1° al 7 gennaio, dal 1° al 25 agosto, sabato a mezzogiorno, domenica in giugno-luglio, mercoledì negli altri mesi

Rist – Carta 32/44 €

◆ Proposte radicate nella saga gastronomica di questa terra e accompagnate da una nutrita offerta di vini; da gustare in questo elegante locale in pieno centro storico.

SANT'OMOBONO TERME – Bergamo (BG) – 561 E10 – 3 078 ab. – alt. 498 m – ✉ 24083 — 19 C1

Roma 625 – Bergamo 23 – Lecco 39 – Milano 68

Villa delle Ortensie

rist,

viale alle Fonti 117 – ✆ 0 35 85 22 42 – www.villaortensie.com – info@villaortensie.com – chiuso dall'8 al 28 dicembre

39 cam – †110/140 € ††190/210 € – ½ P 105/115 €

Rist – Carta 30/51 €

◆ Nel cuore verde della valle Imagna, un'elegante residenza gentilizia di fine '800 ospita una struttura ben "articolata" per dimensioni e servizi offerti, soprattutto in ambito salutistico. Nel ristorante, la cucina tradizionale si accompagna ad una gustosa ed equilibrata selezione di ricette vegetariane.

Posta

viale Vittorio Veneto 169 – ✆ 0 35 85 11 34 – www.frosioristoranti.it – posta@frosioristoranti.it – chiuso lunedì sera, martedì

Rist – Carta 40/66 €

◆ Fantasia e tradizioni concorrono a determinare la cucina che a pranzo propone un menu del giorno, mentre la sera si articola in una carta più elaborata. Esperta conduzione familiare.

SANTO STEFANO AL MARE – Imperia (IM) – 561 K5 – 2 328 ab. – ✉ 18010 — 14 A3

Roma 628 – Imperia 18 – Milano 252 – San Remo 12

La Cucina

piazza Cavour 7 – ✆ 01 84 48 50 40 – gianfloste@alice.it – chiuso lunedì, anche a mezzogiorno escluso sabato e domenica in luglio e agosto

Rist – Carta 38/52 €

◆ Il turista non può che trovare di proprio gradimento questo locale! Tra i carruggi del centro, l'ingresso attraverso una veranda estiva, poi una sala più caratteristica, rustica e simpatica. Proposte locali, soprattutto marinare.

SANTO STEFANO BELBO – Cuneo (CN) – 561 H6 – 4 097 ab. – alt. 170 m – ✉ 12058 Italia Centro Nord — 25 D2

Roma 573 – Alessandria 48 – Genova 100 – Asti 26

Relais San Maurizio

cam,

località San Maurizio, Ovest : 3 km – ✆ 01 41 84 19 00 – www.relaissanmaurizio.it – booking@relaissanmaurizio.it – chiuso gennaio e febbraio

23 cam – †190/210 € ††280/490 € – 8 suites

Rist Il Ristorante di Guido da Costigliole – vedere selezione ristoranti

Rist – *(chiuso la sera)* Carta 76/98 €

◆ Su una collina prospiciente il paese natale di C. Pavese, un'oasi di pace e di lusso in un monastero secentesco. Camere dai decori incantevoli, nonché una moderna Spa ristrutturata nel segno dell'eccellenza: come l'intera struttura.

XXX **Il Ristorante di Guido da Costigliole** (Luca Zecchin) – Relais San Maurizio
località San Maurizio 39, Ovest : 3 km – ✆ *01 41 84 19 00* – *www.relaissanmaurizio.it* – *maurizio@relaischateaux.com* – *chiuso gennaio, febbraio, martedì*
Rist – *(chiuso a mezzogiorno escluso sabato e domenica)* Carta 76/98 €
Spec. Vitello tonnato. Gli agnolotti di Lidia. Capretto da latte al forno.
♦ Magnifica sintesi di ogni promessa paesaggistica e gastronomica langarola: sulla sommità di una panoramica collina, splendido edificio d'epoca, cucina avvolgente ed illustre cantina.

SANTO STEFANO DI CADORE – Belluno (BL) – 562 C19 — 36 C1
– 2 708 ab. – alt. 908 m – ✉ 32045

Roma 653 – Cortina d'Ampezzo 45 – Belluno 62 – Lienz 78

piazza Roma 37 ✆ 0435 62230, santostefano@infodolomiti.it, Fax 0435 62077

Monaco Sport Hotel
via Lungo Piave 60 – ✆ *04 35 42 04 40* – *www.monacosporthotel.com* – *info@monacosporthotel.com* – *chiuso dal 4 novembre al 7 dicembre e dal 30 marzo al 14 aprile*
26 cam – †45/60 € ††75/120 € – ½ P 45/80 €
Rist – *(chiuso domenica sera, lunedì)* Carta 24/42 €
♦ Fuori dal centro, oltre il fiume, risorsa dall'atmosfera familiare che propone gradevoli aree comuni e camere semplici, arredate nel caratteristico stile montano. Specialità regionali nell'ampia sala ristorante o nella piccola stube. Da visitare la fornita cantina, che custodisce centinaia di etichette.

SAN TROVASO – Treviso – Vedere Preganziol

SANTUARIO – Vedere nome proprio del santuario

SAN VALENTINO ALLA MUTA (ST. VALENTIN AUF DER HAIDE) – Bolzano (BZ) – 562 B13 — 30 A1
– alt. 1 470 m – Sport invernali : 1 500/2 700 m 1 4, – ✉ 39027

Roma 733 – Sondrio 133 – Bolzano 96 – Milano 272

via Principale ✆ 0473 634603, info@passoresia.it, Fax 0473 633140

Stocker
via Principale 42 – ✆ *04 73 63 46 66* – *www.hotel-stocker.com* – *info@hotel-stocker.com* – *16 dicembre-Pasqua e maggio-20 ottobre*
31 cam – †38/61 € ††66/108 € – ½ P 64 €
Rist – *(chiuso lunedì) (chiuso a mezzogiorno) (solo per alloggiati)* Menu 18/35 €
♦ Bella casa di montagna a conduzione familiare, ampliata e rimodernata nel corso degli anni; offre camere di diversa tipologia, alcune completamente in legno. Una sala ristorante classica e una più calda e più tipica.

SAN VALENTINO IN ABRUZZO CITERIORE – Pescara (PE) — 1 B2
– 563 P24 – 1 989 ab. – alt. 457 m – ✉ 65020

Roma 185 – Pescara 40 – Chieti 28 – L'Aquila 76

X **Antichi Sapori**
contrada Cerrone-Solcano 2, Nord : 2 km – ✆ *08 58 54 40 53* – *antichisaporisnc@tin.it* – *chiuso giovedì*
Rist – Carta 22/30 €
♦ Sotto all'omonimo bar, una sala curata di gusto rustico-classico: il cordiale servizio propone un'interessante cucina abruzzese (alleggerita). Servizio pizzeria, solo la sera.

SAN VIGILIO – Bergamo (BG) – Vedere Bergamo

SAN VIGILIO DI MAREBBE (ST. VIGIL ENNEBERG) – Bolzano (BZ) 31 C1 – 562 B17 – alt. 1 285 m – Sport invernali : 1 200/2 275m 19 12 (Comprensorio Dolomiti superski Plan de Corones) – ✉ 39030 Italia

Roma 724 – Cortina d'Ampezzo 54 – Bolzano 87 – Brunico 18

Str. Catarina Lanz 14 ☎ 0474 501037, info@sanvigilio.com, Fax 0474 501566

Excelsior

via Valiares 44 – ☎ 04 74 50 10 36 – www.myexcelsior.com – info@myexcelsior.com – chiuso dal 4 aprile al 30 maggio

42 cam – 118/172 € 246/362 € – 7 suites – ½ P 148/206 €

Rist – Carta 40/74 €

♦ In zona tranquilla e panoramica, un hotel già invitante dall'esterno, con bei balconi in legno e la nuova veranda; gradevoli spazi comuni interni, luminoso centro benessere.

Almhof-Hotel Call

cam, rist,

via Plazores 8 – ☎ 04 74 50 10 43 – www.almhof-call.com – info@almhof-call.com – chiuso dal 30 marzo al 20 maggio e dal 20 ottobre al 30 novembre

44 cam – 95/175 € 180/320 € – ½ P 105/175 €

Rist – *(chiuso a mezzogiorno)* Carta 38/78 €

♦ Un piacevolissimo rifugio montano, valido punto di riferimento per concedersi un soggiorno all'insegna della natura, del relax e del benessere, coccolati dal confort. Al ristorante per un curato momento dedicato al palato.

Monte Sella

strada Catarina Lanz 7 – ☎ 04 74 50 10 34 – www.monte-sella.com – info@monte-sella.com – dicembre-15 aprile e giugno-settembre

30 cam – 110/140 € 180/240 € – 5 suites – ½ P 110/140 €

Rist – *(solo per alloggiati)* Menu 35/45 €

♦ Un'elegante casa d'inizio '900, uno degli hotel più vecchi della località, in cui si è cercato di mantenere il più possibile intatta l'atmosfera del buon tempo che fu.

Aqua Bad Cortina-Oasis Hotel

rist,

Strada Fanes 40 – ☎ 04 74 50 12 15 – www.aquabadcortina.it – info@aquabadcortina.com – dicembre-aprile e giugno-settembre

21 cam – 80/100 € 120/210 € – ½ P 85/105 € **Rist** – Menu 22/40 €

♦ Un'oasi di tranquillità affacciata sul Parco Naturale: alcune camere sono dedicate alle leggende locali, altre s'ispirano all'acqua e alle proprietà curative della sorgente attorno alla quale la struttura si colloca. Nella bella stagione, non perdetevi l'incanto del giardino con idromassaggio a cielo aperto.

Bella Vista Hotel Emma

rist,

Str. Plan de Corones 9 – ☎ 04 74 50 11 33 – www.hotelemma.it – info@hotelemma.it – 3 dicembre-2 aprile e 18 giugno-16 ottobre

34 cam – 70/80 € 120/360 € – 2 suites – ½ P 140/180 €

Rist – Menu 30/45 €

♦ La bella vista non è solo nel nome... Appena fuori dal paese - in posizione panoramica - questo hotel rinnovato in anni recenti si caratterizza per il suo stile alpino, ma d'impronta moderna. Vasta scelta di trattamenti nell'ampio centro benessere. Il piacere degli occhi passa al palato nel ristorante gourmet.

Tabarel

via Catarina Lanz 28 – ☎ 04 74 50 12 10 – tabarel1978@yahoo.it – dicembre-aprile e giugno-ottobre

Rist – Carta 40/51 €

♦ Sulla piazza del paese, questo locale vi darà la possibilità di scegliere tra rustico bistrot e curato ristorante con proposte sia tipiche sia gourmet. Noi vi consigliamo il ristorante.

Fana Ladina
strada Plan de Corones 10 – ✆ 04 74 50 11 75 – www.fanaladina.com – info@fanaladina.com – dicembre-Pasqua e 22 giugno-18 settembre
Rist – *(chiuso a mezzogiorno in inverno escluso Natale e fine settimana)*
Carta 29/38 €
◆ In una delle case più antiche di San Vigilio questo ristorante offre proposte tipiche della cucina ladina in sale arredate con abbondanza di legno e con una graziosa stube.

SAN VINCENZO – Livorno (LI) – 563 M13 – 6 973 ab. – ✉ 57027 28 B2

Toscana

Roma 260 – Firenze 146 – Grosseto 73 – Livorno 60

via della Torre ✆ 0565 701533, apt7sanvincenzo@costadeglietruschi.it, Fax 0565 706914

Kon Tiki
via Umbria 2 – ✆ 05 65 70 17 14 – www.kontiki.toscana.it – vacanze@kontiki.toscana.it – chiuso dal 24 dicembre al 7 gennaio
25 cam – †50/90 € ††80/160 € – ½ P 60/110 €
Rist – *(chiuso a mezzogiorno) (solo per alloggiati)*
◆ Nel nome, un omaggio alla famosa zattera norvegese che raggiunse la Polinesia: qui, tra il mare e le conifere, un po' isolato, un hotel semplice, con camere spaziose.

Il Delfino senza rist
via Cristoforo Colombo 15 – ✆ 05 65 70 11 79 – www.hotelildelfino.it – info@hotelildelfino.it
50 cam – †50/100 € ††80/160 €
◆ Rinnovatosi negli ultimi anni, questo hotel dalla capace conduzione diretta dispone di camere funzionali e confortevoli. Il centro storico non dista molto.

Il Pino
via della Repubblica 19 – ✆ 05 65 70 16 49 – www.ilpino.li.it – hotel.ilpino@alice.it – 15 marzo-15 ottobre
43 cam – †60/110 € ††82/160 € – ½ P 69/98 € **Rist** – Carta 27/35 €
◆ Del tutto ristrutturato di recente, un albergo sito nella zona residenziale di San Vincenzo: un'area verde e tranquilla, ideale cornice per una casa familiare e semplice. Ristorante classico.

La Coccinella senza rist
via Indipendenza 1 – ✆ 05 65 70 17 94 – www.hotelcoccinella.it – coccinella@infol.it – 20 aprile-28 settembre
27 cam – †60/85 € ††85/140 €
◆ In zona tranquilla, struttura semplice e raccolta, che si rinnova negli anni. Camere funzionali, gestione familiare attenta e spiaggia compresa nel prezzo.

Villa Marcella cam,
via Palombo 1 – ✆ 05 65 70 16 46 – www.villamarcella.it – prenotazioni@villamarcella.it
45 cam – †50/130 € ††70/220 € – ½ P 69/141 € **Rist** – Carta 40/49 €
◆ A pochi passi dalla spiaggia, albergo familiare rinnovatosi di recente: camere lineari in stile moderno. Specialità mediterranee al ristorante.

sulla strada per San Carlo Est : 2 km :

Poggio ai Santi
via San Bartolo 100, frazione San Carlo Est 3,5 km – ✆ 05 65 79 80 32 – www.poggioaisanti.com – poggioaisanti@toscana.com – chiuso dal 10 gennaio al 10 febbraio
2 cam – ††140/245 € – 9 suites – ††153/396 €
Rist *Il Sale* – *(chiuso martedì a mezzogiorno da maggio a ottobre, tutto il giorno negli altri mesi)* (prenotazione obbligatoria) Carta 38/64 €
◆ Immerso nella campagna toscana, splendido *relais* ospitato in una dimora del XIX secolo: materiali naturali e colori locali nelle camere e nelle suite di alto livello. Indimenticabile...

SAN VITO AL TAGLIAMENTO – Pordenone (PN) – 562 E20 10 B3
– 14 787 ab. – alt. 30 m – ✉ 33078

Roma 600 – Udine 42 – Belluno 89 – Milano 339

Patriarca

via Pascatti 6 – ☎ 04 34 87 55 55 – www.hotelpatriarca.it – hotelpatriarca@hotelpatriarca.it

27 cam – †39/89 € ††69/135 € – ½ P 48/86 €

Rist – *(chiuso domenica)* Carta 22/49 €

◆ Accanto al municipio e all'ombra della torre Raimonda eretta alla fine del Duecento dall'omonimo Patriarca, offre una cordiale gestione familiare e luminose confortevoli camere. Nella piccola e graziosa sala da pranzo, proposte di mare e di terra. Ideale per pranzi di lavoro.

SAN VITO DEI NORMANNI – Brindisi (BR) – 564 F35 – 19 947 ab. 27 C2
– alt. 108 m – ✉ 72019

Roma 532 – Bari 102 – Brindisi 31 – Taranto 70

Relais Dei Normanni

strada statale 16, Est : 2 km – ☎ 08 31 95 18 84 – www.hoteldeinormanni.it – info@hoteldeinormanni.it

63 cam – †55/70 € ††80/100 € – 1 suite – ½ P 75 €

Rist – *(chiuso a mezzogiorno escluso luglio e agosto)* Menu 20/25 €

◆ Aperta tutto l'anno, questa bella struttura presenta una completa gamma di servizi ed è indicata sia per un turismo d'affari sia per un turismo leisure. La piacevolezza delle camere non fa differenza fra quelle ubicate nel corpo centrale e quelle della dépendance.

SAN VITO DI CADORE – Belluno (BL) – 562 C18 – 1 862 ab. 36 C1
– alt. 1 010 m – Sport invernali : 1 100/1 536 m 6 31 (Comprensorio Dolomiti superski Cortina d'Ampezzo) – ✉ 32046 Italia Centro Nord

Roma 661 – Cortina d'Ampezzo 11 – Belluno 60 – Milano 403

corso Italia 92/94 ☎ 0436 9119, sanvito@infodolomiti.it, Fax 0436 99345

Località★

Parkhotel Ladinia

– ☎ 04 36 89 04 50 – www.hladinia.it – ladinia@sunrise.it – 8 dicembre-24 marzo e 16 giugno-14 settembre

34 cam – †65/135 € ††120/260 € – ½ P 120/165 €

Rist – *(chiuso a mezzogiorno in inverno)* Carta 25/38 €

◆ Nella parte alta e soleggiata della località, in zona tranquilla e panoramica, l'hotel si è potenziato ed in parte rinnovato in anni recenti: 700 mq di benessere nell'attrezzata Spa e la splendida piscina coperta dalle cui vetrate a tutt'altezza si ammirano le Dolomiti.

Nevada

corso Italia 26 – ☎ 04 36 89 04 00 – www.hotel-nevada.com – nevadah@tin.it – 6 dicembre-Pasqua e 16 giugno-settembre

31 cam – †43/52 € ††80/98 €, 9 € – ½ P 75/83 € **Rist** – Carta 25/36 €

◆ Semplice e curata, a gestione familiare, la risorsa va fiera della sua superba posizione alle pendici del monte Pelmo, nel centro di San Vito. Camere semplici e confortevoli. Caldi arredi in legno e cucina casalinga al ristorante.

SAN VITO DI LEGUZZANO – Vicenza (VI) – 562 E16 – 3 633 ab. 35 B2
– alt. 158 m – ✉ 36030

Roma 540 – Verona 67 – Bassano del Grappa 38 – Padova 62

Antica Trattoria Due Mori con cam

via Rigobello 39 – ☎ 04 45 51 16 11 – www.trattoriaduemori.it – info@trattoriaduemori.it – chiuso dal 1° al 20 agosto

9 cam – †55 € ††65 €, 11 € **Rist** – *(chiuso lunedì)* Carta 28/35 €

◆ La stessa famiglia da sempre al timone del ristorante propone una linea gastronomica basata sulla memoria veneta con alcune specialità della casa. Antipasti a vista, dal pesce alla carne e alle verdure. Confortevoli le camere al primo piano, mansardate e più caratteristiche quelle al secondo.

SAN VITO LO CAPO - Trapani (TP) - 365 AL54 - 4 265 ab. 39 A2

- ✉ 91010 Sicilia

Palermo 108 - Trapani 38

(aprile-settembre) via Savoia 61 ✆ 0923 974300, ufficioturistico@comune.sanvitolocapo.tp.it

Capo San Vito

via San Vito 1 – ✆ 09 23 97 21 22 – www.caposanvito.it – hotel@caposanvito.it – marzo-dicembre

35 cam – 118/207 € 130/260 € – ½ P 97/150 €

Rist *Jacaranda* – Carta 34/45 €

♦ Direttamente sulla spiaggia, dispone anche di uno spazio in cui si effettuano trattamenti benessere e massaggi. Eleganti le camere, molte delle quali con vista sul mare. Nella suggestione notturna della luce del faro sullo sfondo, prendete posto in sala oppure fuori, a bordo spiaggia.

Ghibli

via Regina Margherita 80 – ✆ 09 23 97 41 55 – www.ghiblihotel.it – info@ghiblihotel.it

17 cam – 35/115 € 70/200 € – ½ P 65/130 €

Rist *Profumi del Cous Cous* – *(aprile-ottobre)* Carta 29/64 €

♦ Grande attenzione è stata riservata alla scelta dell'arredo delle camere che presentano mobili d'epoca in stile liberty, tutti siciliani. Fresca corte interna e una piccola area wellness. Elegante il ristorante, piacevole il dehors. Soffermatevi a gustare le specialità regionali: un occhio di riguardo per il cous cous!

Mediterraneo

via del Faro 37 – ✆ 09 23 97 20 27 – www.hotelmediterraneotp.com – medimare@libero.it – aprile-novembre

16 cam – 50/150 € 70/160 € – ½ P 60/105 € **Rist** – Menu 25 €

♦ A un centinaio di metri dal mare, elegante risorsa dalla gestione familiare dagli ambienti arredati con gusto vagamente nord africano, pavimenti in marmo e mobili d'antiquariato.

Vento del Sud senza rist

via Duca Degli Abruzzi 183 – ✆ 09 23 62 14 50 – www.hotelventodelsud.it – info@hotelventodelsud.it – marzo-ottobre

9 cam – 40/90 € 60/130 €, 4 €

♦ Albergo recente a conduzione familiare, ricco di influenze orientaleggianti tanto nello stile degli arredi quanto nelle decorazioni. Piccolo e semplice gioiello di charme.

Halimeda senza rist

via Generale Arimondi 100 – ✆ 09 23 41 93 02 – www.hotelhalimeda.com – info@hotelhalimeda.com – marzo-ottobre

9 cam – 40/57 € 55/119 €, 8 €

♦ Accogliente e originale, a pochi metri dal mare, ad ogni camera è stato attribuito un nome che ha ispirato lo stile dell'arredamento: un viaggio tra i cinque continenti.

L'Agave senza rist

via Nino Bixio 35 – ✆ 09 23 62 10 88 – www.lagave.net – lagavevito@libero.it – chiuso novembre

12 cam – 33/115 € 50/140 €

♦ Nella frequentata località balneare dalle acque cristalline, camere semplici e nuove: molte familiari. Al piano superiore la terrazza per le colazioni.

Tha'am con cam

via Duca degli Abruzzi 32 – ✆ 09 23 97 28 36 – althaam@libero.it – chiuso gennaio

4 cam – 50/120 € 60/130 €

Rist – *(chiuso da novembre a marzo e mercoledì escluso da giugno a settembre)* Carta 32/46 €

♦ Ceramiche colorate, lampade e illuminazioni di gusto orientaleggiante: la Sicilia incontra le tendenze arabe per culminare in una cucina mediterranea dalle specialità tunisine. Curate e ricche di dettagli, le camere sono tutte graziose e della stessa atmosfera arabeggiante.

X **Da Alfredo**

contrada Valanga 3, Sud : 1 km – ✆ 09 23 97 23 66 – chiuso dal 20 ottobre al 20 novembre e lunedì
Rist – Carta 32/46 €
♦ La gestione è familiare e molto simpatica, a partire proprio da Alfredo che si occupa della cucina: saporita e siciliana, da provare le paste fatte in casa. Servizio estivo sotto il pergolato.

X **Gna' Sara**

via Duca degli Abruzzi 6 – ✆ 09 23 97 21 00 – www.gnasara.it – trattoriagnasara@tin.it – chiuso dicembre e gennaio
Rist – Carta 26/41 €
♦ Lungo la strada parallela al corso principale, un locale sobrio e affollato per riscoprire i piatti della tradizione locale, tra cui le busiate fatte a mano, e pizze.

SAN VITTORE OLONA – Milano (MI) – 561 F8 – 8 181 ab. – alt. 197 m – ✉ 20028 18 A2

Roma 593 – Milano 24 – Como 37 – Novara 39

Poli Hotel

strada statale Sempione ang. via Pellico – ✆ 0 33 42 34 11 – www.polihotel.com – info@polihotel.com – chiuso dal 1° al 15 agosto
56 cam – 🚹78/189 € 🚹🚹108/219 € – 4 suites
Rist La Fornace – vedere selezione ristoranti
♦ Nuovo hotel, lungo la statale del Sempione, contraddistinto da modernità ed ottimo confort. Gestione cordiale e competente. Ideale per una clientela business.

XXX **La Fornace**

strada statale Sempione ang.via Pellico – ✆ 03 31 51 83 08 – www.ristorantelafornace.it – info@ristorantelafornace.com – chiuso dal 26 dicembre al 1° gennaio e agosto
Rist – *(chiuso domenica)* Carta 42/78 €
♦ Nel contesto strutturale dell'hotel Poli, ma con ingresso indipendente, raccolto e curato ristorante con proposte stuzzicanti e gestione familiare consolidata.

SAN ZENO DI MONTAGNA – Verona (VR) – 562 F14 – 1 346 ab. – alt. 581 m – ✉ 37010 35 A2

Roma 544 – Verona 46 – Garda 17 – Milano 168
via Cà Montagna 2 ✆ 045 6289296, iatsanzeno@provincia.vr.it, Fax 045 6289296

Diana

via Cà Montagna 54 – ✆ 04 57 28 51 13 – www.hoteldiana.biz – info@hoteldiana.biz – Pasqua-ottobre
51 cam – 🚹63/84 € 🚹🚹86/128 € – ½ P 67/77 € **Rist** – Carta 25/38 €
♦ Una grande struttura, immersa nel verde di un boschetto-giardino e con vista sul Lago di Garda, aggiornata di continuo in servizi e dotazioni; sport, relax e benessere. Dal ristorante ci si affaccia sulla verde quiete lacustre.

SAN ZENONE DEGLI EZZELINI – Treviso (TV) – 562 E17 – 7 383 ab. – alt. 117 m – ✉ 31020 35 B2

Roma 551 – Padova 53 – Belluno 71 – Milano 247

XX **Alla Torre**

via Castellaro 25, località Sopracastello, Nord : 2 km – ✆ 04 23 56 70 86 – www.allatorre.it – info@allatorre.it – chiuso martedì, mercoledì a mezzogiorno
Rist – Carta 32/44 €
♦ Sotto il fresco pergolato con vista su colli o nei raffinati ambienti interni in stile rustico, sapori locali e qualche proposta di pesce. Nella piccola sala *vineria*, mescita e assaggi di cucina.

SAPPADA - Belluno (BL) - **562** C20 - 1 414 ab. - alt. 1 250 m - Sport invernali : 1 250/2 000 m 16, - ✉ 32047 **36** C1

Roma 680 - Udine 92 - Belluno 79 - Cortina d'Ampezzo 66

borgata Bach 9 ✆ 0435 469131, sappada@infodolomiti.it, Fax 0435 66233

borgata Bach 96, ✆ 0435 46 95 85

Haus Michaela

borgata Fontana 40 - ✆ 04 35 46 93 77 - www.hotelmichaela.com - info@hotelmichaela.com - dicembre-marzo e 21 maggio-settembre

18 cam - 60/98 € 86/150 € - ½ P 53/99 €

Rist - *(chiuso a mezzogiorno) (solo per alloggiati)* Menu 32/45 €

◆ In posizione panoramica, albergo a conduzione familiare caratterizzato da accoglienti camere in stile montano e una piccola zona benessere.

Bladen

borgata Bach 155 - ✆ 04 35 46 92 33 - www.hotelbladen.it - info@hotelbladen.it

28 cam - 45/80 € 90/180 € - ½ P 55/105 € **Rist** - Carta 22/60 €

◆ La calda atmosfera familiare sarà indubbiamente il piacevole benvenuto offerto da questo hotel al limitare del bosco, che si migliora di anno in anno: l'ultimo nato è un attrezzato e gradevole centro benessere. Sfiziosi piatti locali, nonché specifici menu senza glutine per celiaci.

Cristina

borgata Hoffe 19 - ✆ 04 35 46 94 30 - www.albergocristina.it - info@albergocristina.it - chiuso dal 1° maggio al 10 giugno e dal 10 ottobre al 1° dicembre

8 cam - 35/45 € 70/100 €, 10 € - ½ P 72/82 €

Rist - *(chiuso lunedì escluso dicembre, luglio ed agosto) (chiuso a mezzogiorno)* Carta 23/31 €

◆ Caldi ambienti e rustici arredi in un hotel a conduzione familiare, ricavato dalla ristrutturazione di un vecchio fienile. Profusione di legno, soffitto decorato e piatti caserecci: eccovi al ristorante!

Posta

rist,

via Palù 22 - ✆ 04 35 46 91 16 - www.hotelpostasappada.com - info@hotelpostasappada.com - chiuso maggio, ottobre e novembre

17 cam - 30/55 € 60/110 € **Rist** - *(chiuso ottobre)* Carta 19/43 €

◆ Piccole dimensioni, ma grande accoglienza: tutta la famiglia è coinvolta nella gestione della casa, che negli anni ha apportato continue migliorie. Camere in stile locale, sauna e bagno turco. Al ristorante, cucina casalinga legata al territorio.

Laite (Fabrizia Meroi)

Borgata Hoffe 10 - ✆ 04 35 46 90 70 - www.ristorantelaite.com - ristorantelaite@libero.it - chiuso giugno, ottobre, mercoledì e giovedì a mezzogiorno escluso dicembre e luglio-agosto

Rist - (consigliata la prenotazione) Carta 61/81 €

Spec. Terrina di pernice e foie gras. Gnocchetti di luccioperca con lumache alle erbe. Cervo temperato con punte d'abete.

◆ Tra fienili e case d'epoca, si mangia in due romantiche, secolari stube. Una coppia al timone: lui in sala, competente ed ospitale, lei in cucina ad esaltare i prodotti e le ricette locali. Si punta ai sapori, più che ai virtuosismi tecnici!

Baita Mondschein

via Bach 96 - ✆ 04 35 46 95 85 - www.ristorantemondschein.it - info@ristorantemondschein.it - chiuso dal 15 aprile al 5 giugno e dal 3 novembre al 3 dicembre, martedì, solo martedì sera in alta stagione

Rist - (consigliata la prenotazione) Carta 22/58 €

◆ Nel solco dell'atmosfera ospitale delle baite montane, a pranzo il locale è frequentato soprattutto da sciatori e dagli amanti delle passeggiate tra i boschi. Maggior intimità la sera. Piatti del territorio rivisitati e alleggeriti.

a Cima Sappada Est : 4 km – alt. 1 295 m – ✉ 32047 Sappada

Agriturismo Voltan Haus senza rist
via Cima 65 – ✆ 0 43 56 61 68 – www.voltanhaus.it – info@voltanhaus.it – chiuso novembre
6 cam – 35/50 € 70/100 €, ☕ 8 €
◆ Caratteristica casa in legno risalente al 1754, ristrutturata con cura e rispetto del passato: legno ovunque e attenzione al dettaglio. Nella graziosa *stube* è servita la prima colazione.

SAPRI – Salerno (SA) – **564** G28 – **7 084** ab. – ✉ **84073** **7** D3

Roma 407 – Potenza 131 – Castrovillari 94 – Napoli 201

Golfo di Policastro★★ Sud per la strada costiera

Pisacane
via Carlo Alberto 35 – ✆ 09 73 60 50 74 – www.hotelpisacane.it – info@hotelpisacane.it
16 cam ☕ – 100/180 € – ½ P 70/110 €
Rist – *(luglio-agosto) (chiuso a mezzogiorno) (solo per alloggiati)*
◆ Di recente apertura, hotel di piccole dimensioni dotato di camere arredate con mobilio di tono moderno e decorate con ceramiche. Graziosa facciata con balconi fioriti. Ristorante con servizio estivo sulla curata terrazza.

Mediterraneo rist,
via Verdi 15 – ✆ 09 73 39 17 74 – www.hotelmed.it – info@hotelmed.it – aprile-settembre
20 cam – 30/110 € 50/146 €, ☕ 12 € – ½ P 40/125 €
Rist – Carta 32/40 €
◆ All'ingresso della località, direttamente sul mare, un albergo familiare, di recente rimodernato; dotato di parcheggio privato, costituisce una comoda e valida risorsa. Cucina da gustare in compagnia del mare, un'infinita distesa blu.

Lucifero
corso Garibaldi I traversa – ✆ 09 73 60 30 33 – www.ristorantelucifero.com – genesiolucifero@alice.it – chiuso novembre e mercoledì escluso dal 15 luglio al 15 settembre
Rist – Carta 26/63 €
◆ Un locale con pizzeria serale sito nel centro di Sapri: all'ingresso una sala principale, poi, un secondo ambiente più grande. In menu: interessanti piatti di pesce fresco del golfo.

SARAGANO – **Perugia (PG)** – **Vedere Gualdo Cattaneo**

SARENTINO (SARNTHEIN) – **Bolzano (BZ)** – **562** C16 – **6 863 ab.** **30** B2
– **alt. 961 m** – **Sport invernali : 1 570/2 460 m** 1 3, – ✉ **39058**

Roma 662 – Bolzano 23 – Milano 316

via Europa 15/a ✆ 0471 623091, info@sarntal.com, Fax 0471 622350

Bad Schörgau con cam
Sud : 2 km – ✆ 04 71 62 30 48 – www.bad-schorgau.com – info@bad-schoergau.com
20 cam ☕ – 73/92 € 146/187 € – 5 suites – ½ P 110/123 €
Rist – *(chiuso lunedì, martedì a mezzogiorno)* (consigliata la prenotazione)
Menu 52/89 €
◆ Ai Bagni di Serga, un'accogliente casa montana con ambienti caldi e design rustico-moderno per una caratteristica sosta gastronomica. In settimana, piccola carta a pranzo.

XX **Auener Hof** (Heinrich Schneider) con cam
località Prati 21, Ovest : 7 km, alt. 1 600
– *04 71 62 30 55 – www.auenerhof.it – info@auenerhof.it*
7 cam – 95 € – ½ P 70 €
Rist – *(chiuso domenica sera, mercoledì)* Menu 55/76 € – Carta 50/71 €
Spec. Ravioli alla silene (pianta erbacea) con formaggio d'alpeggio e tartufo scorzone. Sella di capriolo con lavanda, ciliegie e crema di prezzemolo. Pan perduto con gelato al pino mugo, pera Williams, schiuma di frutti di bosco e gelée di fiori di sambuco.

♦ Al termine di un tratto di strada tra i boschi, il piacere di assaporare i piatti della tradizione locale rivisitati in chiave moderna arricchiti dalla passione e dalla fantasia dello chef. Ambiente raffinato. Confortevoli e spaziose camere per recuperare le energie e poi partire alla scoperta delle Dolomiti.

SAREZZO – **Brescia (BS)** – **561** F12 – **13 078 ab.** – **alt. 273 m** – ✉ **25068** **17** C2

Roma 592 – Milano 104 – Brescia 16 – Bergamo 57

X **Osteria Vecchia Bottega**
piazza Cesare Battisti 29 – 03 08 90 01 91 – www.osteriavecchiabottega.com – info@osteriavecchiabottega.com – chiuso le sere di domenica e lunedì
Rist – Carta 35/49 €

♦ Dopo un accurato lavoro di restyling della "osteria" e della "vecchia bottega" rimane solo il nome...e la cucina: squisitamente fedele alla tradizione regionale e al Bel Paese.

SARNANO – **Macerata (MC)** – **563** M21 – **3 470 ab.** – **alt. 539 m** – **Sport invernali : a Sassotetto e Maddalena : 1 250/1 450 m** **10,** – ✉ **62028** **21** C3

Roma 237 – Ascoli Piceno 54 – Ancona 89 – Macerata 39

largo Enrico Ricciardi 1 0733 657144, iat.sarnano@provincia.mc.it, Fax 0733 657343

Montanaria rist,
località Marinella, Sud-Ovest : 3 km – 07 33 65 84 22 – www.montanaria.it – info@montanaria.it – chiuso novembre
45 cam – 65/80 € 90/120 € – 2 suites – ½ P 75/85 €
Rist – *(chiuso lunedì)* Carta 25/33 €

♦ Struttura adatta soprattutto a soggiorni di relax da trascorrere presso la beauty farm o sui campi da tennis. All'interno, camere confortevoli arredate in maniera classica. Presso il ristorante si possono gustare piatti della tradizione gastronomica nazionale.

SARNICO – **Bergamo (BG)** – **561** E11 – **6 408 ab.** – **alt. 197 m** – ✉ **24067** **19** D1

Roma 585 – Bergamo 28 – Brescia 36 – Iseo 10

via Lantieri 6 035 910900, info@prolocosarnico.it, Fax 035 4261334

XX **Al Tram**
via Roma 1 – 0 35 91 01 17 – www.ristorantealtram.it – info@ilcalepino.it – chiuso mercoledì escluso dal 15 giugno al 15 settembre
Rist – Carta 32/41 €

♦ Sul lungolago, luminoso ed elegante; è d'uopo il servizio estivo all'aperto! In cucina vengono proposti piatti locali, sia di carne che di pescato, con menù degustazione a prezzi particolarmente interessanti.

SARNTHEIN = Sarentino

SARONNO – **Varese (VA)** – **561** F9 – **38 460 ab.** – **alt. 212 m** – ✉ **21047** **18** A2

Roma 603 – Milano 26 – Bergamo 67 – Como 26

18 Green Club via Manzoni 45, 02 9 37 08 69

Starhotels Grand Milan
via Varese 23 – ✆ 02 96 36 31 – www.starhotels.com – grandmilan.va@starhotels.it
248 cam – 255/450 €
Rist *Hostaria* – (consigliata la prenotazione) Carta 30/70 €
◆ Una nuovissima e imponente struttura ubicata nella prima periferia di Saronno con un'ampia hall, moderna e luminosa, nonché grandi spazi comuni. Camere di ottimo livello e confort al passo con il terzo millennio. Al ristorante, cucina di stampo moderno con qualche tocco fantasioso.

Cyrano senza rist
via IV Novembre 11/13 – ✆ 02 96 70 00 81 – www.hotelcyrano.it – info@hotelcyrano.it – chiuso dal 1° al 21 agosto
40 cam – 55/180 € 65/250 €
◆ Alle spalle del municipio, valida impressione già dalla hall: ambienti e atmosfera raffinati, curati, con stanze spaziose e confortevoli, differenziate nei colori.

Principe con cam
via Caduti della Liberazione 18/22 – ✆ 02 96 70 10 73 – www.hotelprincipedisaronno.com – info@hotelprincipedisaronno.it – chiuso 15 giorni in agosto
40 cam – 50/100 € 75/130 € – ½ P 53/80 €
Rist – *(chiuso domenica)* Carta 34/55 €
◆ Vicino alla stazione, locale a conduzione familiare rinnovato di recente. Cucina di pesce con proposte sfiziose e possibilità di alloggio nelle camere del settore hotel.

La Cantina di Manuela
via Frua 12 – ✆ 0 29 60 00 75 – robertopessini@virgilio.it – chiuso domenica
Rist – Menu 28/40 € – Carta 32/50 €
◆ Interessante locale enoteca che offre anche ristorazione dove passare piacevoli serate in buona compagnia. Cucina legata al territorio, accompagnata da buone etichette.

La selezione degli esercizi varia ogni anno. Anche voi, cambiate ogni anno la vostra guida MICHELIN!

SARRE – Aosta – 561 E3 – Vedere Aosta

SARTEANO – Siena (SI) – 563 N17 – 4 835 ab. – alt. 573 m – ✉ 53047 29 D2

Toscana

Roma 156 – Perugia 60 – Orvieto 51 – Siena 81

Agriturismo Le Anfore senza rist
via Oriato 2, Est : 3 km – ✆ 05 78 26 55 21 – www.agriturismoleanfore.it – agriturismoleanfore@hotmail.it – aprile-settembre
10 cam – 50/75 € 75 €
◆ In un vecchio casale ristrutturato, ambienti rustici e curati dall'arredo classico, un piacevole soggiorno con caminetto, giardino e piscina. Vendita diretta di olio e vino.

Santa Chiara con cam
piazza Santa Chiara 30 – ✆ 05 78 26 54 12 – www.conventosantachiara.it – info@conventosantachiara.it – febbraio-novembre
9 cam – 100/130 € – 1 suite – ½ P 80/93 €
Rist – *(chiuso martedì) (chiuso a mezzogiorno escluso sabato e domenica)* Carta 29/42 €
◆ Splendida collocazione in un convento del XV secolo immerso nel verde per questo locale con camere; sala con travi e mattoni a vista, ameno servizio estivo in giardino.

SARZANA – La Spezia (SP) – **561** J14 – **21 602 ab.** – **alt. 21 m** **15** D2
– ✉ **19038** Liguria

Roma 403 – La Spezia 16 – Genova 102 – Massa 20

piazza San Giorgio ✆ 0187 620419, iatsarzana@orchestramassacarrara.it, Fax 0187 634249

Pala scolpita★ e crocifisso★ nella Cattedrale – Fortezza di Sarzanello★: ※★★

I Capitelli

piazza Matteotti 38 – ✆ 01 87 62 28 92 – luca_tonelli@tiscali.it – chiuso febbraio, 10 giorni in settembre, lunedì, domenica a mezzogiorno (escluso in inverno)
Rist – (consigliata la prenotazione) Carta 36/63 €
◆ All'aperto sotto i portici oppure in una piccola sala sormontata da una volta di mattoni rossi, due fratelli propongono piatti di pesce ed anche carne alla griglia.

La Giara

via Bertoloni 35 – ✆ 01 87 62 40 13 – chiuso martedì, mercoledì a mezzogiorno
Rist – Carta 24/36 €
◆ Nel centro storico, tra palazzi signorili e antichi resti romani, una raccolta e informale trattoria familiare che propone una cucina locale semplice e gustosa, fatta di prodotti stagionali.

SASSARI Ⓟ (SS) – **366** M39 – **130 306 ab.** – **alt. 225 m** – ✉ **07100** **38** A1
Sardegna

Cagliari 211

di Alghero-Fertilia, Sud-Ovest: 30 km ✆ 079 935282

via Sebastiano Satti 13 ✆ 079 2008072, infosassari@comune.sassari.it, Fax 079 231777

Museo Nazionale Sanna★ Z **M** – Facciata★ del Duomo Y

Chiesa della Santissima Trinità di Saccargia★★ per ③ : 15 km

Pianta pagina seguente

Grazia Deledda cam,

viale Dante 47 – ✆ 0 79 27 12 35 – www.hotelgraziadeledda.it – info@hotelgraziadeledda.it Z**a**
127 cam – †68/84 € ††88/104 € **Rist** – Carta 24/46 €
◆ In pieno centro, hotel di dimensioni importanti che assicura confort nei vari settori e moderni servizi congressuali; rosa e grigio i colori nelle funzionali camere. Al ristorante: cucina mediterranea e pizze, accompagnate da vini isolani.

Leonardo da Vinci senza rist

via Roma 79 – ✆ 0 79 28 07 44 – www.leonardodavincihotel.it – info@leonardodavincihotel.it Z**c**
116 cam – †55/90 € ††75/115 €
◆ Marmi e divani nell'elegante, spaziosa hall che introduce in un centrale albergo di moderna funzionalità, comodo per clientela sia d'affari e congressuale sia turistica.

Carlo Felice cam, rist,

via Carlo Felice 43, per via Roma – ✆ 0 79 27 14 40 – www.hotelcarlofelice.it – carlofelice@tiscali.it Z
60 cam – †50/105 € ††67/145 € – ½ P 52/98 € **Rist** – Menu 18/30 €
◆ Ubicata in zona periferica, una risorsa recentemente ristrutturata, ideale per la clientela di passaggio offre spazi comuni limitati, ma camere dalle eleganti rifiniture. Ampia, curata sala da pranzo.

Liberty

piazza Nazario Sauro 3 – ✆ 0 79 23 63 61 – www.ristoranteliberty.com – rliberty@tiscali.it – chiuso dal 24 dicembre al 6 gennaio, dal 15 al 30 agosto, domenica Y**a**
Rist – Carta 39/57 €
◆ In una piazzetta affacciata sul corso Vittorio Emanuele sorge il palazzetto liberty restaurato dove gusterete pesce freschissimo in ambiente raffinato. Valida cantina sarda.

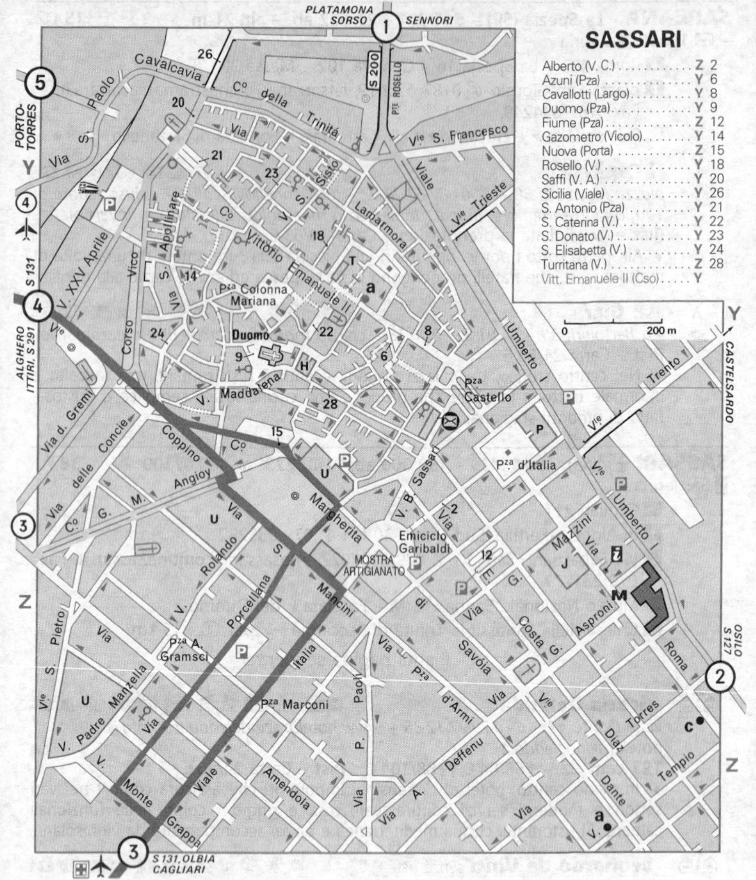

SASSELLA – Sondrio – Vedere Sondrio

SASSELLO – Savona (SV) – 561 I7 – 1 823 ab. – alt. 405 m – ✉ 17046 14 B2

Roma 559 – Genova 65 – Alessandria 67 – MIlano 155

via Badano 45 ✆ 019 724020, sassello@inforiviera.it, Fax 019 723832

Pian del Sole cam,

località Pianferioso 23 – ✆ 0 19 72 42 55 – www.hotel-piandelsole.com – info@hotel-piandelsole.com

32 cam – 45/65 € 69/110 € – ½ P 45/80 €

Rist *Pian del Sole da Ivano* – *(chiuso lunedì da novembre a marzo)* Carta 24/37 €

◆ A pochi passi dal centro della località, struttura di recente costruzione e di taglio moderno; ampie zone comuni ben tenute e spaziose camere piacevolmente arredate. Capiente sala da pranzo di stile lineare.

SASSETTA – Livorno (LI) – 563 M13 – 590 ab. – alt. 330 m – ✉ 57020 28 B2

Roma 279 – Grosseto 77 – Livorno 64 – Piombino 40

(stagionale) via di Castagneto ✆ 0565 794521 apt7sassetta@costadeglietruschi.it

Agriturismo La Bandita
via Campagna Nord 30, Nord-Est : 3 km – ☎ 05 65 79 42 24 – www.labandita.com – info@labandita.com – 2 aprile-3 novembre
24 cam – 80/150 € 100/170 € – ½ P 80/115 €
Rist – *(chiuso a mezzogiorno)* (prenotazione obbligatoria) Menu 30 €
◆ Villa di fine '700 all'interno di una vasta proprietà. Interni molto curati con arredi d'epoca, notevoli soprattutto nelle aree comuni. Camere eleganti, bella piscina. Fiori ai tavoli, paste fatte in casa e selvaggina nella luminosa sala da pranzo.

SASSO MARCONI – Bologna (BO) – 562 I15 – 14 596 ab. – alt. 128 m – ✉ 40037 9 C2

Roma 361 – Bologna 16 – Firenze 87 – Milano 218
via Porrettana 312, ☎ 051 6758409, info@infosasso.it Fax 051 6758408

Marconi (Aurora Mazzucchelli)
via Porrettana 291 – ☎ 0 51 84 62 16 – www.ristorantemarconi.it – info@ristorantemarconi.it – chiuso 3 settimane in agosto, domenica sera, lunedì
Rist – Carta 55/78 €
Spec. Capesante cotte nel fieno con crema di latte alla camomilla. Ravioli liquidi di parmigiano reggiano e lavanda al burro con polvere di noce moscata. Maccheroncini al torchio ripieni di anguilla affumicata con ragù di ostriche e salsa di spinaci.
◆ Ottime materie prime, selezionate con cura, nonché una capacità di programmare e pensare che va oltre il piatto: un menu per abbracciare terra e mare, in maniera creativa e mai scontata.

SASSUOLO – Modena (MO) – 562 I14 – 41 506 ab. – alt. 121 m – ✉ 41049 8 B2

Roma 421 – Bologna 61 – Milano 177 – Modena 18
piazza Avanzini ☎ 0536 1844853 info@areaaree.it Fax 0536 805527
San Valentino San Valentino di Castellarano via Telarolo 12, Sud: 3,5 km, ☎ 0536 85 40 33

Leon d'Oro senza rist
via Circonvallazione Nord/Est 195 – ☎ 05 36 81 33 81 – www.hotel-leondoro.it – info@hotel-leondoro.it – chiuso dal 24 dicembre al 10 gennaio e dal 7 al 22 agosto
92 cam – 50/130 € 80/180 € – 2 suites
◆ Pianta curva, eleganza, caldi colori rilassanti, design contemporaneo e dotazioni tecnologiche d'avanguardia per questo hotel di recente apertura, vocato ad una clientela d'affari.

Michelangelo
via Circonvallazione Nord/Est 85 – ☎ 05 36 99 85 11 – www.michelangelohp.com – hotel@michelangelohp.com – chiuso Natale, Capodanno, agosto
76 cam – 60/110 € 60/170 €
Rist *Contessa Matilde* – via Circonvallazione 85, ☎ 05 36 80 83 56 *(chiuso domenica sera, sabato a mezzogiorno)* Carta 21/41 €
◆ All'interno di un contesto residenziale, un elegante albergo di gusto classico, sobriamente arredato con legni, marmi e tessuti dalle calde tonalità. Dominato dal caratteristico camino in pietra, il ristorante è ideale anche per pranzi di lavoro.

Osteria dei Girasoli
via Circonvallazione Nord/Est 217/219 – ☎ 05 36 80 12 33 – www.osteriadeigirasoli.com – info@osteriadeigirasoli.com – chiuso 2 settimane in agosto
Rist – (consigliata la prenotazione) Menu 40/50 € – Carta 31/47 €
◆ Eleganza e modernità si coniugano perfettamente in questo ristorante di design che dispone di una saletta privè e di un'ottima cantina. Cucina contemporanea e del territorio.

XX **La Paggeria**

via Rocca 16/20 – ✆ 05 36 80 51 90 – www.ristorantelapaggeria.com – info@ristorantelapaggeria.com – chiuso gennaio, agosto, sabato a mezzogiorno, domenica

Rist – (consigliata la prenotazione) Carta 27/53 €

◆ Nel cuore del centro storico, a pochi passi dalla piazza dove emerge l'enorme mole del Palazzo Ducale, cucina classica e regionale. Imperdibili le paste fresche e secche, nonché il tartufo (in stagione).

SATURNIA – Grosseto (GR) – 563 O16 – alt. 294 m – ✉ 58014 29 C3

Toscana

Roma 195 – Grosseto 57 – Orvieto 85 – Viterbo 91

Bagno Santo

località Pian di Cataverna, Est : 3 km – ✆ 05 64 60 13 20 – www.bagnosantohotel.it – bagnosanthotel@tin.it – chiuso dal 7 al 30 gennaio

14 cam – †90/100 € ††120/130 € – ½ P 85 €

Rist – *(chiuso mercoledì) (chiuso a mezzogiorno)* Carta 29/35 €

◆ Splendida vista su campagna e colline, tranquillità assoluta e ambienti confortevoli; piacevoli le camere in stile lineare, notevole piscina panoramica. Capiente sala da pranzo dagli arredi essenziali e dall'atmosfera raffinata.

Saturno Fontepura

località La Crocina, Sud : 1 km – ✆ 05 64 60 13 13 – www.hotelsaturnofontepura.com – info@hotelsaturnofontepura.com – chiuso dal 3 al 28 gennaio

17 cam – ††110/150 € – 8 suites – ††130/160 € – ½ P 90/100 €

Rist – *(aprile-ottobre) (solo per alloggiati)* Carta 23/34 €

◆ In posizione panoramica, tra il paese e le terme, un hotel a conduzione familiare con confort di buon livello. Bella piscina con vista e piccolo centro estetico.

Villa Clodia senza rist

via Italia 43 – ✆ 05 64 60 12 12 – www.hotelvillaclodia.com – info@hotelvillaclodia.com – chiuso dal 10 gennaio al 1° febbraio

10 cam – †55/65 € ††100/110 €

◆ Nel centro, in zona panoramica, bella villa circondata dal verde; ambiente familiare negli interni decorati con gusto, ma originale e personalizzato; camere accoglienti.

Villa Garden senza rist

via Sterpeti 56, Sud : 1 km – ✆ 05 64 60 11 82 – www.villagarden.net – michele.aniello@bcc.tin.it – chiuso dal 10 al 20 gennaio

9 cam – †70/80 € ††80/95 €

◆ A metà strada tra il paese e le Terme, una villetta immersa nella quiete, con un gradevole giardino; piacevoli e curati spazi comuni, camere di buon livello.

XX **I Due Cippi-da Michele**

piazza Veneto 26/a – ✆ 05 64 60 10 74 – www.villagarden.net – michele.aniello@bcc.tin.it – chiuso dal 9 al 25 gennaio e martedì (escluso agosto)

Rist – Carta 37/62 €

◆ Nella piazza del paese, ristorante a gestione diretta in cui gustare piatti toscani, dotato anche di enoteca con ottima scelta di vini e vendita di prodotti della zona.

alle terme Sud-Est : 3 km :

Terme di Saturnia Spa & Golf Resort

via della Follonata – ✆ 05 64 60 01 11 – www.termedisaturnia.it – info@termedisaturnia.it – chiuso dall'11 al 29 gennaio

140 cam – †280/410 € ††420/560 € – 5 suites – ½ P 249/335 €

Rist *Acquacotta* – Carta 60/90 €

Rist *Aqualuce* – Menu 40/55 € (buffet a mezzogiorno) – Carta 75/90 €

◆ Vacanza rigenerante, in un esclusivo complesso con lussuose camere, attrezzato centro benessere e piscina termale naturale. Ricette toscane all'Acquacotta. Piatti light (a pranzo) e cucina gourmet (la sera) all'Aqualuce.

SAURIS - Udine (UD) - **562** C20 - **423 ab.** - **alt. 1 400 m** - **Sport invernali : 1 200/1 450 m** 3, - ✉ **33020** **10** A1

Roma 723 - Udine 84 - Cortina d'Ampezzo 102

a Sauris di Sotto ✆ 0433 86076, Fax 0433 866900

Schneider

via Sauris di Sotto 92 – ✆ 0 43 38 60 10 – futurasauris@tiscali.it – chiuso dal 10 al 20 dicembre e dal 10 al 30 giugno

8 cam – 40/50 € 60/78 € – ½ P 50/60 €

Rist Alla Pace – vedere selezione ristoranti

♦ Una decina di camere spaziose, signorili e confortevoli che consentono di godere di un soggiorno ideale per apprezzare le bellezze naturali della località.

Alla Pace – Hotel Schneider

via Sauris di Sotto 38 – ✆ 0 43 38 60 10 – futurasauris@tiscali.it – chiuso dal 10 al 20 dicembre, dal 10 al 30 giugno e mercoledì escluso luglio-settembre

Rist – Carta 24/35 €

♦ Locanda di tradizione situata in un antico palazzo fuori dal centro e gestita dalla stessa famiglia dal 1804. Accoglienti le salette, arredate con panche che corrono lungo le pareti, dove gustare cucina tipica del luogo.

SAUZE D'OULX - Torino (TO) - **561** G2 - **1 170 ab.** - **alt. 1 509 m** - **Sport invernali : 1 350/2 823 m (Comprensorio Via Lattea 6 72)** - ✉ **10050** **22** A2

Roma 746 - Briançon 37 - Cuneo 145 - Milano 218

via Genevris 7 ✆ 0122 858009, info.sauze@turismotorino.org

Jouvenceaux Ovest : 2 km – ✉ 10050 Sauxe D'Oulx

Chalet Chez Nous senza rist

Via Principale 41 – ✆ 01 22 85 97 82 – www.chaletcheznous.it – info@chaletcheznous.it – 7 dicembre-15 aprile e 20 giugno-10 settembre

10 cam – 40/80 € 90/120 €

♦ In un borgo con strade strette e case in pietra, è una vecchia stalla adattata ad ospitare questo albergo accogliente e tranquillo, dotato di buoni confort. Sala colazioni con soffitto a volte.

a Le Clotes 5 mn di seggiovia o E : 2 km (solo in estate) – alt. 1 790 m – ✉ 10050 Sauze D'Oulx

Il Capricorno

via Case Sparse 21 – ✆ 01 22 85 02 73 – www.chaletilcapricorno.it – info@chaletilcapricorno.it

9 cam – 120/150 € 210/240 € – ½ P 170 €

Rist – (consigliata la prenotazione) Carta 38/58 €

♦ In una splendida pineta e in comoda posizione sulle piste da sci, offre una magnifica vista su monti e sulle vallate. D'inverno, sarà una motoslitta ad accompagnarvi in hotel! Calda atmosfera, travi a vista, camino, arredi in legno e piatti regionali nella graziosa sala da pranzo.

SAVELLETRI - Brindisi (BR) - **564** E34 - ✉ **72010** **27** C2

Roma 509 - Bari 65 - Brindisi 54 - Matera 92

San Domenico contrada Masciola, ✆ 080 4 82 92 00

Masseria San Domenico

strada litoranea 379, località Petolecchia Sud-Est : 2 km ✉ 72010 – ✆ 08 04 82 77 69 – www.masseriasandomenico.com – info@masseriasandomenico.com – chiuso dal 10 gennaio a marzo

36 cam – 291/330 € 440/638 € – 12 suites – ½ P 280/379 €

Rist – *(solo per alloggiati)* Carta 45/60 €

♦ Relax, benessere ed eco dal passato in questa masseria del '400 tra ulivi secolari e ampi spazi verdi; un caratteristico frantoio ipogeo ed un'incantevole piscina con acqua di mare. Nell'elegante terrazza come nella bella sala dal soffitto a volte i capolavori di una cucina della tradizione.

Borgo Egnazia
contrada Masciola, Nord-Ovest : 2 Km
– 08 02 25 50 00 – www.borgoegnazia.com – info@borgoegnazia.com
53 cam – 210/660 € – 10 suites – ½ P 165/390 € **Rist** – Carta 52/64 €
♦ Il bianco che arreda le camere richiama la luce di questi luoghi, i materiali naturali e i muri in pietra locale ricordano la veracità di queste terre: nelle camere è solo l'arredamento ad essere tradizionale, perché i confort sono squisitamente moderni.

Masseria Torre Coccaro
rist,
contrada Coccaro 8, Sud-Ovest : 2 km
– 08 04 82 93 10 – www.masseriatorrecoccaro.com – info@masseriatorrecoccaro.com
32 cam – 238/718 € 278/758 € – 1 suite – ½ P 194/434 €
Rist – (prenotare) Carta 53/84 €
♦ Elegante e particolare struttura che rispetta l'antico spirito fortilizio del luogo conservando la torre cinquecentesca: camere quasi tutte nello stesso stile con qualche particolarità. Suggestivo anche il ristorante, accolto in sale ricavate nelle stalle settecentesche.

Masseria Torre Maizza
cam,
contrada Coccaro, Sud Ovest: 2 Km
– 08 04 82 78 38 – www.apuliacollection.com – info@masseriatorremaizza.com
28 cam – 238/394 € 278/434 € – 2 suites – ½ P 199/277 €
Rist – Carta 51/76 €
♦ Scorci di Mediterraneo davanti ai vostri occhi, frutteti e coltivazioni i sentieri che attraverserete: l'eleganza del passato si unisce ad una storia più recente e alla sete di benessere. Molto bello il dehors con agrumeto, dove gustare specialità regionali.

Masseria Cimino
rist,
contrada Masciola, Nord-Ovest : 2,5 Km – 08 04 82 78 86
– *www.masseriacimino.com – info@masseriacimino.com*
15 cam – solo ½ P 170 €
Rist – *(chiuso a mezzogiorno) (solo per alloggiati)* Menu 35/40 €
♦ Nata come guest house dell'annesso campo da golf, la struttura ha un'antica storia alle spalle... All'interno degli scavi archeologici di Egnatia, questa masseria con torre del '700 continua ad ammaliare l'ospite per la tranquillità della sua posizione isolata e per gli ambienti rustici, ma non privi di eleganza.

SAVIGNANO SUL PANARO – Modena (MO) – 562 I15 – 9 423 ab. – alt. 102 m – ✉ 41056 9 C3

Roma 394 – Bologna 29 – Milano 196 – Modena 26

a Formica – ✉ 41056

Il Formicone
via Tavoni 463, verso Vignola, Sud: 1 km – 0 59 77 15 06 – *www.ilformicone.it – info@ilformicone.it – chiuso dal 1° al 6 gennaio, dal 10 al 28 luglio e martedì*
Rist – (consigliata la prenotazione) Carta 35/45 €
♦ Ex stazione di posta, nell'acetaia (visitabile) si produce aceto balsamico, mentre in cucina si rinnova il successo dei piatti della tradizione locale. Molto utilizzati il camino e la griglia.

SAVIGNANO SUL RUBICONE – Forlì-Cesena (FC) – 562 J19 – 16 970 ab. – alt. 32 m – ✉ 47039 9 D2

Roma 352 – Bologna 102 – Forlì 42 – Serravalle SMR 35

Rubicone senza rist
via Mazzini 1/B – 05 41 94 28 81 – *www.rubiconehotel.it – info@rubiconehotel.it*
11 cam – 65 € 90 €
♦ A 100 metri dalla via Emilia, piccola ed omogenea risorsa a conduzione familiare. Indirizzo funzionale e comodo.

SAVIGNO – Bologna (BO) – 562 I15 – 2 861 ab. – alt. 259 m – ✉ 40060 9 C2

Roma 394 – Bologna 39 – Modena 40 – Pistoia 80

Trattoria da Amerigo (Alberto Bettini) con cam
via Marconi 16 – ✆ 05 16 70 83 26
– www.amerigo1934.it – info@amerigo1934.it – chiuso dal 20 gennaio al 10 febbraio e dal 20 agosto al 10 settembre
5 cam – 50/80 € 70/100 €
Rist – *(chiuso lunedì, anche martedì da gennaio a maggio) (chiuso a mezzogiorno escluso festivi e sabato in ottobre, novembre)* (consigliata la prenotazione) Menu 39/50 € – Carta 35/50 €
Spec. Riso ai porcini mantecato con caprino dei piani di Savigno. L'orto d'inverno: diverse verdure in altrettante preparazioni. Bollito e relative salse.
◆ Se la vista è appagata dal suggestivo affresco murale "Il Bosco delle Meraviglie di Amerigo" in una delle due sale al primo piano, il palato è deliziato da una cucina rispettosa di una regione tanto prodiga di specialità. La ricerca dei prodotti sul territorio è davvero encomiabile.

SAVIGNONE – Genova (GE) – 561 I8 – 3 212 ab. – alt. 471 m – ✉ 16010 15 C1

Roma 514 – Genova 27 – Alessandria 60 – Milano 124

Palazzo Fieschi
piazza della Chiesa 14 – ✆ 01 09 36 00 63 – www.palazzofieschi.it – info@palazzofieschi.it – 11 marzo-15 dicembre
24 cam – 65/105 € 95/185 €
Rist – *(chiuso a mezzogiorno)* Carta 49/69 €
◆ Nella piazza centrale del paese, in una dimora patrizia cinquecentesca con un grande giardino, un albergo a gestione diretta dalle preziose sale affrescate e dalle ampie stanze in stile. Soffitto decorato, camino e luminose vetrate nell'elegante sala ristorante.

SAVOGNA D'ISONZO – Gorizia (GO) – 562 E22 – 1 769 ab. – alt. 49 m – ✉ 34070 11 C2

Roma 639 – Udine 40 – Gorizia 5 – Trieste 29

a San Michele del Carso Sud-Ovest : 4 km – ✉ 34070

Lokanda Devetak con cam
Brezici 22 – ✆ 04 81 88 27 56 – www.devetak.com – info@devetak.com
8 cam – 65/80 € 115/130 €
Rist – *(chiuso lunedì, martedì) (chiuso a mezzogiorno escluso sabato e domenica)* (prenotare) Carta 29/45 €
◆ Trattoria di famiglia dal 1870, a pochi chilometri dal confine sloveno, propone la cucina tipica del posto, dalle forti influenze slave ed austriache, interpretata in chiave moderna. Le camere sono state realizzate da poco.

SAVONA P (SV) – 561 J7 – 62 356 ab. – ✉ 17100 Liguria 14 B2

Roma 545 – Genova 48 – Milano 169
corso Italia 157/r ✆ 019 8402321, savona@inforiviera.it, Fax 019 8403672
Polittico★ nella chiesa di Nostra Signora di Castello

Pianta pagina seguente

Mare
via Nizza 89/r – ✆ 0 19 26 40 65 – www.marehotel.it – info@marehotel.it
66 cam – 75/95 € 125/190 €, 10 € AYc
Rist A Spurcacciun-a – vedere selezione ristoranti
Rist *Bagni Marea* – *(aprile-ottobre)* (consigliata la prenotazione la sera) Carta 27/44 €
◆ Direttamente sul mare - fuori dal centro - ambienti di moderna concezione e camere nuove: costantemente sottoposte a migliorie. Rist *Bagni Marea*: all'aperto tra spiaggia e piscina, piatti semplici, insalate e panini. A pranzo, solo self-service; la sera, sushi-bar.

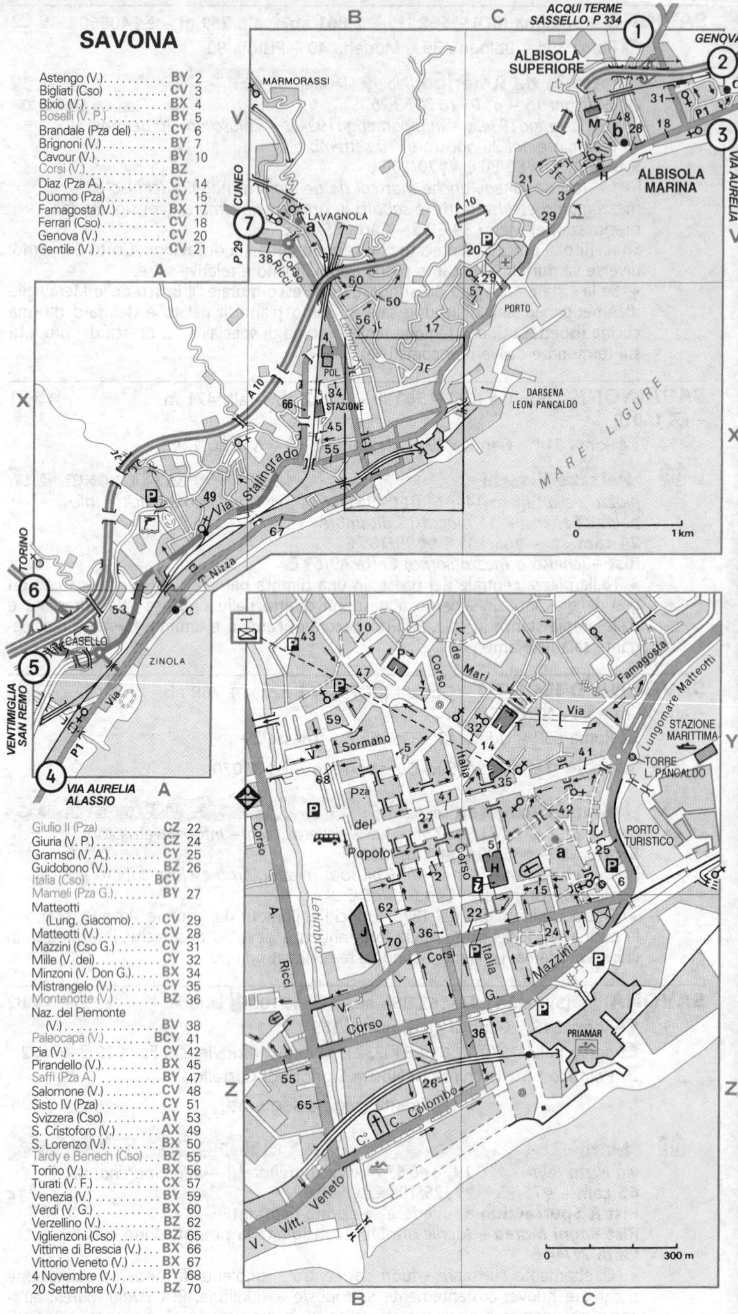
SAVONA
Astengo (V.) . . . . BY 2
Bigliati (Cso) . . . . CV 3
Bixio (V.) . . . . BX 4
Boselli (V. P.) . . . . BY 5
Brandale (Pza del) . . . . . CY 6
Brignoni (V.) . . . . BY 7
Cavour (V.) . . . . BY 10
Corsi (V.) . . . . BZ
Diaz (Pza A.) . . . . CY 14
Duomo (Pza) . . . . CY 15
Famagosta (V.) . . . . BX 17
Ferrari (Cso) . . . . CV 18
Genova (V.) . . . . CV 20
Gentile (V.) . . . . CV 21
Giulio II (Pza) . . . . CZ 22
Giuria (V. P.) . . . . CZ 24
Gramsci (V. A.) . . . . CY 25
Guidobono (V.) . . . . BZ 26
Italia (Cso) . . . . BCY
Mameli (Pza G.) . . . . BY 27
Matteotti (Lung. Giacomo) . . . CV 29
Matteotti (V.) . . . . CV 28
Mazzini (Cso G.) . . . . CV 31
Mille (V. dei) . . . . CY 32
Minzoni (V. Don G.) . . . . . BX 34
Mistrangelo (V.) . . . . CY 35
Montenotte (V.) . . . . BZ 36
Naz. del Piemonte (V.) . . . . . BV 38
Paleocapa (V.) . . . . BCY 41
Pia (V.) . . . . CY 42
Pirandello (V.) . . . . BX 45
Saffi (Pza A.) . . . . BY 47
Salomone (V.) . . . . CV 48
Sisto IV (Pza) . . . . CY 51
Svizzera (Cso) . . . . AY 53
S. Cristoforo (V.) . . . . AX 49
S. Lorenzo (V.) . . . . BX 50
Tardy e Benech (Cso) . . . . BZ 55
Torino (V.) . . . . BX 56
Turati (V. F.) . . . . CX 57
Venezia (V.) . . . . BY 59
Verdi (V. G.) . . . . BX 60
Verzellino (V.) . . . . BZ 62
Viglienzoni (Cso) . . . . BZ 65
Vittime di Brescia (V.) . . . BX 66
Vittorio Veneto (V.) . . . . . BX 67
4 Novembre (V.) . . . . BY 68
20 Settembre (V.) . . . . . . BZ 70
ACQUI TERME SASSELLO, P 334
GENOVA
ALBISOLA SUPERIORE
ALBISOLA MARINA
VIA AURELIA
MARMORASSI
CUNEO
P 29
LAVAGNOLA
Corso Ricci
Letimbro
A 10
PORTO
POL.
STAZIONE
DARSENA LEON PANCALDO
MARE LIGURE
Via Stalingrado
Nizza
TORINO
CASELLO
ZINOLA
VENTIMIGLIA SAN REMO
VIA AURELIA ALASSIO
Corso de Mari
Via Famagosta
Lungomare Matteotti
STAZIONE MARITTIMA
TORRE L. PANCALDO
PORTO TURISTICO
Sormano
Pza del Popolo
Corso Italia
Corso A. Ricci
L. Corsi
Corso G. Mazzini
Corso V. Veneto
PRIAMAR
C. Colombo
V. Vitt. Veneto
0 1 km
0 300 m

L'Arco Antico (Flavio Costa)
piazza Lavagnola 26 r – ✆ 0 19 82 09 38 – www.ristorantearcoantico.it – info@ristorantearcoantico.it – chiuso domenica BV**a**
Rist – (prenotazione obbligatoria a mezzogiorno) Carta 58/82 €
Spec. Crema di zucchette trombette con seppie al nero e scorzette di limone candito (marzo-novembre). Cappelletti di pomodoro confit con brodo al parmigiano e guanciale croccante. Baccalà al contrario, fagioli di Pigna, cipollotti e tartufo nero.
◆ La moderna periferia lascia posto a case d'epoca, tra le quali questo edificio del Settecento; nell'elegante saletta sormontata da antichi archi in mattoni, una carta creativa con piatti di carne e di pesce.

A Spurcacciun-a – Hotel Mare
via Nizza 89/r – ✆ 0 19 26 40 65 – www.marehotel.it – info@marehotel.it – chiuso dal 22 dicembre al 20 gennaio e mercoledì AY**c**
Rist – Carta 50/94 €
◆ Emozioni visive nella sala denominata "tappeti volanti", giochi di colore e luci alla "cromo dinner" o un'unica esperienza tattile al tavolo del menu "solo mani", ma in tutto ciò è sempre il mare a farla da padrone.

L'Angolo dei Papi
vicolo del Marmo 10 – ✆ 0 19 85 42 63 – www.langolodeipapi.eu – info@langolodeipapi.eu – chiuso sabato a mezzogiorno e domenica CY**a**
Rist – (prenotare) Carta 38/52 €
◆ Di fronte alla Cappella Sistina e al Duomo, locale piacevolmente moderno modulato in diverse sale e riscaldato da un parquet in legno di acacia. In menu: pochi piatti di terra o di mare dai sapori squisitamente liguri.

SCAGLIERI – Livorno – 563 N12 – Vedere Elba (Isola d') : Portoferraio

SCALEA – Cosenza (CS) – 564 H29 – 10 608 ab. – ✉ 87029 5 A1

Roma 428 – Cosenza 87 – Castrovillari 72 – Catanzaro 153

Grand Hotel De Rose rist,
lungomare Mediterraneo – ✆ 0 98 52 02 73 – www.hotelderose.it – scalea@hotelderose.it – aprile-ottobre
66 cam – †69/139 € ††96/163 € – ½ P 72/135 € **Rist** – Carta 22/37 €
◆ In posizione panoramica dominante il mare, imponente struttura immersa nel verde: grandi spazi interni e camere in stile navale. Gradevole piscina in giardino pensile. Elegante sala da pranzo con deliziose proposte di cucina mediterranea e del territorio.

Talao rist,
corso Mediteraneo 66 – ✆ 0 98 52 04 44 – www.hoteltalao.it – info@hoteltalao.it – marzo-novembre
59 cam – †42/75 € ††65/125 € – ½ P 38/100 €
Rist – *(maggio-ottobre)* Carta 18/35 €
◆ Efficiente gestione diretta in un albergo confortevole, dotato di accesso diretto al mare; ariosi ambienti comuni piacevolmente ornati, camere in stile lineare. Arredi semplici ed essenziali nella capiente sala ristorante.

SCALTENIGO – Venezia – 562 F18 – Vedere Mirano

SCANDIANO – Reggio Emilia (RE) – 562 I14 – 24 707 ab. – alt. 95 m – ✉ 42019 8 B2

Roma 426 – Parma 51 – Bologna 64 – Milano 162

Sirio cam, rist,
via Palazzina 32 – ✆ 05 22 98 11 44 – www.hotelsirio.net – info@hotelsirio.net – chiuso 1 settimana in agosto
32 cam – †53/64 € ††75/90 €, 8 € – ½ P 49/57 € **Rist** – Carta 15/38 €
◆ Alle porte della località, piccola struttura di moderna concezione con ambienti sobri, arredati in modo semplice e lineare; spaziose e funzionali le camere.

Osteria in Scandiano

piazza Boiardo 9 – 05 22 85 70 79 – www.osteriainscandiano.com – osteriainscandiano@libero.it – chiuso dal 24 dicembre al 7 gennaio, agosto
Rist – *(chiuso domenica in giugno-luglio, giovedì negli altri mesi)*
Carta 36/52 €

◆ Piccolo ristorante di tono familiare e al contempo raffinato. Di fronte alla rocca Boiardo, all'interno di un palazzo del '600, per apprezzare al meglio la cucina emiliana.

ad Arceto Nord-Est : 3,5 km – ✉ 42010

Rostaria al Castello

via Pagliani 2 – 05 22 98 91 57 – www.larostaria.it – alcastello@larostaria.it – chiuso 1 settimana in gennaio, in luglio-agosto i mezzogiorno di lunedì e martedì anche lunedì sera negli altri mesi
Rist – Menu 40 € – Carta 38/68 €

◆ Locale ben tenuto, in un antico edificio sapientemente ristrutturato: elegante sala di tono rustico con soffitto a botte e mattoni a vista; servizio estivo all'aperto.

sulla strada statale 467 Nord-Ovest : 4 km :

Bosco

via Bosco 133 ✉ 42019 – 05 22 85 72 42 – www.ristorantebosco.it – info@ristorantebosco.it – chiuso agosto, lunedì, martedì
Rist – Carta 40/60 €

◆ Ristorante a gestione familiare, con tre sale arredate in modo semplice, ma curato; proposte culinarie legate alla stagione e al territorio, interessante lista dei vini.

SCANDICCI – Firenze (FI) – **563** K15 – **50 031 ab. – alt. 47 m** – ✉ 50018 **29** D3

Roma 278 – Firenze 6 – Pisa 79 – Pistoia 36

piazza della Resistenza 055 7591302, urp@comune.scandicci.fi.it, Fax 055 7591320

a Mosciano Sud-Ovest : 3 km – ✉ 50018 Scandicci

Le Viste

via del Leone 11 – 0 55 76 85 43 – www.tenuta-leviste.it – info@tenuta-leviste.it – chiuso dal 23 al 27 dicembre
4 cam – 110/135 € 132/220 €
Rist – *(chiuso a mezzogiorno) (solo per alloggiati)* Carta 30/50 €

◆ In posizione dominante sulla città di Firenze, un'oasi di pace avvolta dal profumo degli ulivi: un'elegante residenza di campagna dagli ambienti arredati con mobili d'epoca. Splendidi spazi esterni ed una grande piscina.

SCANDOLARA RIPA D'OGLIO – Cremona (CR) – **561** G12 – **627 ab. – alt. 47 m** – ✉ 26047 **17** C3

Roma 528 – Brescia 50 – Cremona 15 – Parma 68

Al Caminetto

via Umberto I, 26 – 0 37 28 95 89 – www.ristorantealcaminetto.com – alcaminetto@tin.it – chiuso dal 7 al 15 gennaio e dal 29 luglio al 26 agosto
Rist – *(chiuso lunedì, martedì) (chiuso a mezzogiorno escluso domenica)* (consigliata la prenotazione) Carta 48/68 €

◆ Un locale dall'indiscutibile atmosfera signorile, ideale per festeggiare importanti ricorrenze, propone una prelibata cucina creativa. E' consigliabile prenotare.

SCANNO - L'Aquila (AQ) - **563** Q23 - **2 018 ab. - alt. 1 050 m** **1** B2
- ✉ **67038** Italia Centro Sud

Roma 155 - Frosinone 99 - L'Aquila 101 - Campobasso 124

piazza Santa Maria della Valle 12 ☎ 0864 74317, iat.scanno@abruzzoturismo.it, Fax 0864 747121

Località★

Gole del Sagittario★★: 6 km nord-ovest

Vittoria
via Domenico di Rienzo 46 - ☎ 0 86 47 43 98 - www.abruzzo-green.com/vittoria - hotelvittoriasas@virgilio.it - 20 dicembre-10 gennaio e maggio-ottobre
27 cam - ††85 € - ½ P 75 € **Rist** - Carta 30/37 €
◆ Nella parte alta della località, una struttura semplice a gestione familiare. Particolarmente affascinante la vista sul centro storico: chiedete una camera che vi si affacci... Nella sobria sala ristorante, i piatti della tradizione italiana interpretati con spunti moderni.

Grotta dei Colombi rist,
viale dei Caduti 64 - ☎ 0 86 47 43 93 - www.grottadeicolombi.it - grottadeicolombi@tiscalinet.it - chiuso novembre
16 cam - †40 € ††50/55 €, 6 € - ½ P 50/57 €
Rist - *(chiuso mercoledì)* Carta 27/33 €
◆ Nel centro storico, una pensione familiare articolata su due piani con camere e spazi comuni sobri e confortevoli identici nell'arredo, curiosamente perlinati in legno bianco. Dalla cucina, sapori e prodotti locali.

Osteria di Costanza e Roberto
via Roma 15 - ☎ 0 86 47 43 45 - www.costanzaeroberto.it - info@costanzaeroberto.it - chiuso dal 15 novembre al 15 dicembre, lunedì, martedì in bassa stagione
Rist - Carta 26/38 €
◆ A due passi dalla chiesa, un piccolo e vivace ristorante fedele alla tradizione gastronomica abruzzese senza rinunciare a qualche tocco di creatività nelle presentazioni.

Lo Sgabello
via Pescatori 45 - ☎ 08 64 74 74 76 - chiuso mercoledì
Rist - Carta 25/30 €
◆ In un paese tranquillo e caratteristico, un ristorante semplice dalla seria conduzione dove apprezzare piatti fedeli alla tradizione abruzzese.

al lago Nord : 3 km :

Acquevive
via Circumlacuale - ☎ 0 86 47 43 88 - hotelacquevive@tiscali.it - Pasqua-settembre
33 cam - †55/60 € ††60/100 €, 7 € - ½ P 55/75 € **Rist** - Carta 23/34 €
◆ In un'incantevole zona in riva al lago, una risorsa a gestione familiare particolarmente accogliente, dispone di spaziose camere luminose, discretamente eleganti negli arredi. Ampia e lievemente rustica, la sala da pranzo propone una cucina nazionale.

SCANSANO - Grosseto (GR) - **563** N16 - **4 600 ab. - alt. 500 m** **29** C3
- ✉ 58054

Roma 180 - Grosseto 29 - Civitavecchia 114 - Viterbo 98

Antico Casale di Scansano rist,
località Castagneta, Sud-Est : 3 km - ☎ 05 64 50 72 19 - www.anticocasalediscansano.it - info@anticocasalediscansano.it
43 cam - †85/100 € ††160/190 €, 8 € - 4 suites - ½ P 112/117 €
Rist - *(chiuso dal 10 gennaio al 10 febbraio)* Carta 34/44 €
◆ Corsi di cucina, un centro equitazione e sentieri benessere disegnati nel bosco: avvolti dalla natura incontaminata della Maremma, l'antico casolare è perfetto per una vacanza rigenerante. Presso l'elegante e familiare sala da pranzo i piatti tipici della regione.

La Cantina
via della Botte 1 – ✆ 05 64 50 76 05 – enoteca.lacantina@virgilio.it – chiuso dal 10 gennaio al 9 marzo
Rist – *(chiuso domenica sera e lunedì escluso agosto)* Carta 34/51 €
♦ Un ristorante ricavato in un edificio secentesco del centro con soffitto a volta in pietra e tavoli in legno massiccio; la cantina vanta un'ottima scelta di vini regionali.

SCANZANO IONICO – Matera (MT) – 564 G32 – 7 142 ab. – alt. 21 m 4 D2
– ✉ 75020

Roma 483 – Matera 63 – Potenza 125 – Taranto 64

Miceneo Palace Hotel
strada Provinciale per Montalbano Ionico – ✆ 08 35 95 32 00 – www.miceneopalace.it – info@miceneopalace.it
46 cam – †60/80 € ††80/100 € – 2 suites – ½ P 60/75 €
Rist – Carta 35/47 €
♦ Poco fuori dal centro, albergo recente a vocazione congressuale: ampia hall di moderna concezione, camere confortevoli piacevolmente arredate, numerose sale per meeting. Capiente sala ristorante di tono elegante.

SCAPEZZANO – Ancona – 563 K21 – Vedere Senigallia

SCARLINO – Grosseto (GR) – 563 N14 – 3 622 ab. – alt. 229 m 28 B3
– ✉ 58020

Roma 231 – Grosseto 43 – Siena 91 – Livorno 97

Relais Vedetta senza rist
poggio La Forcola 12, Ovest : 5 km – ✆ 0 56 63 70 23 – www.relaislavedetta.eu – info@relaisvedetta.eu
6 cam – ††220/370 €
♦ Abbandonata la frenetica Milano, alla quale tuttavia rimane legatissima, la proprietaria ha deciso di creare in una dimora di famiglia nella campagna toscana questo bed and breakfast, nelle cui spaziose camere vi si ritrova un simpatico mix di eclettismo, modernità e rusticità.

Madonna del Poggio senza rist
località Madonna del Poggio – ✆ 0 56 63 73 20 – www.madonnadelpoggio.it – madonnadelpoggio@libero.it
7 cam – †56/75 € ††70/108 €
♦ In un giardino con olivi secolari, una ex-chiesa del 1200, poi casello del dazio e casa colonica, è oggi un piccolo e originale bed & breakfast con camere semplici ma ampie.

SCARPERIA – Firenze (FI) – 563 K16 – 7 663 ab. – alt. 292 m 29 C1
– ✉ 50038

Roma 293 – Firenze 30 – Bologna 90 – Pistoia 65

Poggio dei Medici via San Gavino 27, ✆ 055 8 43 55 62

a Gabbiano Ovest : 7 km – ✉ 50038 Scarperia

UNA Poggio Dei Medici
via San Gavino 27 – ✆ 05 58 43 50 – www.unahotels.it – una.poggiodeimedici@unahotels.it
63 cam – ††118/518 € – 7 suites – ½ P 89/304 € **Rist** – Carta 34/46 €
♦ Vicino al borgo medievale di Scarperia, nella valle del Mugello, questo elegante resort è il paradiso dei golfisti grazie al suo green 18 buche. Il restauro di antichi casali toscani ha preservato la tipicità del luogo, creando al tempo stesso camere spaziose, dotate di moderni confort.

SCENA (SCHENNA) – Bolzano (BZ) – 562 B15 – 2 803 ab. – alt. 600 m – ✉ 39017 30 B1

Roma 670 – Bolzano 33 – Merano 5 – Milano 331

piazza Arciduca Giovanni 1/D ✆ 0473 945669, info@schenna.com, Fax 0473 945581

Pianta : vedere Merano

Hohenwart cam, rist,

via Verdines 5 – ✆ 04 73 94 44 00 – www.hohenwart.com – info@hohenwart.com – chiuso dall'11 al 17 dicembre e dal 10 gennaio al 13 marzo Bh

87 cam – 80/161 € 175/306 € – 9 suites – ½ P 103/181 €

Rist – Carta 42/59 €

♦ Bella struttura completa di ogni confort, con un'incantevole vista dei monti e della vallata, dotata di gradevole giardino con piscina riscaldata; ampie camere. Cucina del territorio nella capiente sala da pranzo.

Schlosswirt

via Castello 2 – ✆ 04 73 94 56 20 – www.schlosswirt.it – info@schlosswirt.it – chiuso gennaio e febbraio Bu

33 cam – 50/80 € 100/160 € – ½ P 65/110 €

Rist – *(chiuso lunedì)* Carta 30/55 €

♦ Bella terrazza con vista e piscina riscaldata in giardino in questa centralissima struttura con interni in stile locale di moderna concezione; gradevoli le camere. Luminose finestre rischiarano la capace sala ristorante.

Gutenberg rist,

via Ifinger 14, Nord : 1 km – ✆ 04 73 94 59 50 – www.gutenberg.schenna.com – gutenberg@schenna.com – chiuso dal 20 novembre al 23 dicembre e dal 10 gennaio all'11 febbraio Bv

27 cam – 68/83 € 134/156 € – ½ P 77/88 € **Rist** – *(solo per alloggiati)*

♦ In zona tranquilla e panoramica, fuori dal centro, bianca costruzione immersa nel verde: ambiente familiare negli interni in tipico stile tirolese, grandi camere lineari.

SCHEGGINO – Perugia (PG) – 563 N20 – 481 ab. – alt. 282 m – ✉ 06040 33 C3

Roma 131 – Terni 28 – Foligno 58 – Rieti 45

Del Ponte con cam

via borgo 15 ✉ 06040 – ✆ 0 74 36 12 53 – www.hoteldelpontescatolini.it – marco.ronca@virgilio.it – chiuso dal 2 al 28 novembre

12 cam – 33/60 €, 3 € – ½ P 50 € **Rist** – *(chiuso lunedì)* Carta 24/28 €

♦ Trote e tartufi, i prodotti tipici della zona, sono i principali ingredienti cui si ispira la cucina. La sala, invece, un omaggio alla semplicità, aperta sul verde. Nasceva come locanda e ora dispone di accoglienti camere colorate e allegre, per un soggiorno immerso nella tranquillità della natura.

SCHENNA = Scena

SCHILPARIO – Bergamo (BG) – 561 D12 – 1 269 ab. – alt. 1 124 m – Sport invernali : – ✉ 24020 17 C1

Roma 161 – Brescia 77 – Bergamo 65 – Milano 113

a Pradella Sud-Ovest : 2 km – ✉ 24020

San Marco con cam

via Pradella 3 – ✆ 0 34 65 50 24 – www.albergo-sanmarco.it – info@albergo-sanmarco.it

18 cam – 35/38 € 45/60 €, 6 € – ½ P 33/56 €

Rist – *(chiuso lunedì escluso luglio e agosto)* Carta 26/34 €

♦ Da sempre nelle mani della stessa famiglia, un ambiente conviviale in cui gustare piatti casalinghi e verdure biologiche coltivate nel proprio orto. Interessante raccolta di fossili e minerali. Rustiche, ma confortevoli, le camere.

SCHIO – Vicenza (VI) – 562 E16 – 39 378 ab. – alt. 200 m – ✉ 36015 35 B2

Roma 562 – Verona 70 – Milano 225 – Padova 61

Nuovo Miramonti senza rist
via Marconi 3 – ✆ 04 45 52 99 00 – www.hotelmiramonti.com – info@hotelmiramonti.com
63 cam – †83/106 € ††99/138 €
◆ Nel centro storico, hotel ideale per una clientela d'affari; ampia hall con angoli per il relax, singolari stanze con parti d'arredo che rendono omaggio ai celebri lanifici.

SCHLANDERS = Silandro

SCHNALS = Senales

SCIACCA – Agrigento (AG) – 365 AN58 – 40 929 ab. – alt. 60 m 39 B2 – ✉ 92019 Sicilia

Agrigento 63 – Catania 230 – Marsala 71 – Messina 327
via Vittorio Emanuele 84 ✆ 0925 21182, strsciacca@regione.sicilia.it, Fax 0925 84121
Verdura contrada Verdura Inferiore, Est: 14 km, ✆ 0925 99 81 80
Palazzo Scaglione★

Villa Palocla
contrada Raganella, Ovest : 4 km – ✆ 09 25 90 28 12 – www.villapalocla.it – info@villapalocla.it – chiuso novembre
8 cam – †70/95 € ††115/150 € – ½ P 110/130 €
Rist – *(chiuso a mezzogiorno)* Carta 35/50 €
◆ All'interno di un edificio in stile tardo barocco le cui origini risalgono al 1750, caratteristico hotel avvolto da un giardino-agrumeto in cui trova posto anche la piscina. Al ristorante per gustare una saporita cucina di mare.

Locanda del Moro
via Liguori 44 – ✆ 0 92 58 67 56 – www.almoro.com – almorosciacca@libero.it
13 cam – †40/50 € ††80/100 € – 1 suite
Rist Hostaria del Vicolo – vedere selezione ristoranti
◆ In cima ad una scalinata del centro storico, tra mura duecentesche, si dorme in camere minimaliste ed essenziali. Piacevole corte interna per la prima colazione all'aperto ed enoteca.

Hostaria del Vicolo
vicolo Sammaritano 10 – ✆ 0 92 52 30 71 – www.hostariadelvicolo.it – ninobentivegna@hostariadelvicolo.com – chiuso dal 10 al 26 novembre e lunedì
Rist – Carta 38/53 €
◆ In un vicoletto del centro storico, un locale raccolto ed invitante. Come il menu: ampio ed articolato gioca intorno alle ricette, nonché ai prodotti siciliani, rielaborandoli in modo sfizioso. Una cinquantina le etichetta presenti nella carta dei vini.

SCICLI – Ragusa (RG) – 365 AX63 – 26 202 ab. – alt. 106 m – ✉ 97018 40 D3

Palermo 271 – Ragusa 32

Novecento
via Dupré 11 – ✆ 09 32 84 38 17 – www.hotel900.it – info@hotel900.it
7 cam – †65/79 € ††85/149 € **Rist** – *(solo per alloggiati)* Menu 15/20 €
◆ Nel cuore del centro storico barocco, un palazzo d'epoca con diversi soffitti affrescati, ma dagli interni inaspettatamente moderni e piacevoli.

SCOPELLO – Trapani (TP) – 365 AL55 – alt. 106 m – ✉ 91014 Sicilia 39 B2

Marsala 63 – Palermo 71 – Trapani 36
Riserva naturale dello Zingaro★★

Tranchina

via A. Diaz 7 – ✆ 09 24 54 10 99 – www.pensionetranchina.com – pensione.tranchina@gmail.com
10 cam – †55/70 € ††76/100 € – ½ P 57/73 €
Rist – *(chiuso a mezzogiorno) (solo per alloggiati)*
Menu 19/25 €

♦ Graziosa pensione dagli ambienti estremamente sobri e dall'accoglienza cordiale nel cuore del piccolo caratteristico paese. Lei, cinese, si occupa soprattutto delle camere. Il patron, siciliano, è l'anima e l'estro della buona tavola.

Agriturismo Tenute Plaia

cam, cam,

contrada Scopello 3 – ✆ 09 24 54 14 76 – www.agriturismotenuteplaia.it – info@plaiavini.com – 24 dicembre-7 gennaio e 12 marzo-2 novembre
10 cam – †79/124 € ††110/140 € – ½ P 77/92 €
Rist – *(chiuso a mezzogiorno escluso agosto)* (consigliata la prenotazione)
Carta 23/37 €

♦ Costruita attorno ad una piccola corte interna, la struttura è gestita da una famiglia di imprenditori vinicoli. Semplici e accoglienti le camere con letti in ferro battuto e decorazioni floreali. Cucina tipica siciliana preparata con i prodotti dell'azienda agricola stessa e una particolare attenzione per il vino.

SCORZÈ – Venezia (VE) – 562 F18 – 19 011 ab. – alt. 16 m – ✉ 30037 — 36 C2

Roma 527 – Padova 30 – Venezia 24 – Milano 266

Villa Soranzo Conestabile

via Roma 1 – ✆ 0 41 44 50 27 – www.villasoranzo.it – info@villasoranzo.it – chiuso 1 settimana a Natale
15 cam – †90/150 € ††140/180 € – 3 suites – ½ P 97/117 €
Rist – *(chiuso domenica) (chiuso a mezzogiorno)*
Carta 32/63 €

♦ Abbracciata da un ampio parco all'inglese in cui trova posto anche un grazioso laghetto, la seicentesca villa patrizia custodisce sale affrescate, arredate con mobili d'epoca, nonché lussuose camere. Cucina tradizionale nella raffinata atmosfera del ristorante.

Antico Mulino

rist,

via Moglianese 37 – ✆ 04 15 84 07 00 – www.hotelanticomulino.com – info@hotelanticomulino.com
30 cam – †39/110 € ††39/220 €
Rist *Osteria Perbacco* – ✆ 04 15 84 09 91 – Carta 37/47 €

♦ In riva al fiume, rustici spazi comuni e confortevoli camere di tono classico occupano ora gli ambienti di questa caratteristica costruzione realizzata sui resti di un antico mulino ad acqua. Nel ristorante un grande camino e piatti d'impronta regionale.

San Martino

piazza Cappelletto 1, località Rio San Martino, Nord : 1 km – ✆ 04 15 84 06 48 – www.ristorantesanmartino.info – info@trattoriasanmartino.com – chiuso mercoledì
Rist – Carta 37/49 €

♦ Nato come trattoria di paese è diventato poi un elegante ristorante del centro con ambienti d'ispirazione design. La linea gastronomica si rifà al territorio, reinterpretata in chiave leggermente moderna.

I Savi

via Spangaro 6, località Peseggia di Scorzè – ✆ 0 41 44 88 22 – www.isavi.it – info@isavi.it – chiuso dal 1° al 7 gennaio, dal 7 al 21 agosto, domenica sera, lunedì
Rist – Carta 42/66 €

♦ Rustico curato nella tranquillità della campagna e tuttavia non privo di tocchi di raffinatezza. La nuova e motivata gestione continua la linea delle specialità di pesce, in presentazioni esteticamente interessanti.

SCRITTO – Perugia – Vedere Gubbio

SCROFIANO – Siena (SI) – Vedere Sinalunga

SEBINO – Vedere Iseo (Lago d')

SEGGIANO – Grosseto (GR) – 563 N16 – 979 ab. – alt. 491 m – ✉ 58038 29 C3

Roma 199 – Grosseto 61 – Siena 66 – Orvieto 109

Silene con cam

località Pescina, Est : 3 km – ✆ 05 64 95 08 05 – www.ilsilene.it – info@ilsilene.it
6 cam – 65/75 € **Rist** – *(chiuso lunedì)* Carta 52/62 €

◆ In posizione tranquilla, antica locanda rinnovata negli anni: interni dagli arredi curati, sala di tono elegante; proposte di piatti tipici e di propria creazione.

SEGRATE – Milano (MI) – 561 F9 – 33 819 ab. – alt. 115 m – ✉ 20090 18 B2

Roma 572 – Milano 12 – Bergamo 42 – Brescia 88

Pianta d'insieme di Milano

a Milano 2 Nord-Ovest : 3 km – ✉ 20090 Segrate

NH Milano Due rist, rist,

via Cervi – ✆ 02 21 75 – www.nh-hotels.com – nhmilano2@nh-hotels.com – chiuso dal 24 dicembre al 6 gennaio ed agosto 2COm
144 cam – 198/378 € 218/490 €
Rist *Al Laghetto* – Carta 47/61 €

◆ Totalmente rinnovato, in posizione tranquilla, hotel dotato di ambienti molto luminosi, un attrezzato centro congressi e camere appropriate alla clientela d'affari. Ambiente moderno al ristorante, dove troverete una cucina classica.

SEGROMIGNO IN MONTE – Lucca (LU) – 563 K13 – Vedere Lucca

SEIS AM SCHLERN = Siusi allo Sciliar

SEISER ALM = Alpe di Siusi

SELINUNTE – Trapani (TP) – 365 AL58 Sicilia 39 B2

Agrigento 102 – Catania 269 – Messina 344 – Palermo 114

piazzale Bovio Marconi ✆ 0924 46251

Rovine★★

a Marinella Sud : 1 km – ✉ 91022

Admeto

via Palinuro 3 – ✆ 0 92 44 67 96 – www.hoteladmeto.it – info@hoteladmeto.it
56 cam – 60/128 € 84/180 € – ½ P 62/110 €
Rist – *(chiuso lunedì)* Carta 22/53 € (+10 %)

◆ Fronte mare, un candido edificio ospita camere moderne ed essenziali con panoramica sala colazione sul celebre tempio greco.

Sicilia Cuore Mio senza rist

via della Cittadella 44 – ✆ 0 92 44 60 77 – www.siciliacuoremio.it – aldopera@yahoo.it – marzo-novembre
6 cam – 40/65 € 65/95 €

◆ Ubicato nella zona residenziale di Marinella, un villino circondato da un grazioso giardino e dotato di camere in stile tipicamente mediterraneo. Un'ottima prima colazione.

SELLIA MARINA - Catanzaro (CZ) - 564 K32 - 6 266 ab. - ✉ 88050 5 B2

Roma 628 - Cosenza 116 - Catanzaro 23 - Crotone 52

Agriturismo Contrada Guido
località contrada Guido, strada statale 106 km 202
- ✆ 09 61 96 14 95 - www.contradaguido.it - contradaguido@yahoo.it - chiuso dall'8 al 31 gennaio
10 cam - †65/75 € ††130/150 € - ½ P 85 €
Rist - *(chiuso lunedì)* Menu 30/35 €
♦ Un signorile borgo agricolo settecentesco con una bella piscina circondata da piante e fiori. Camere raffinate, cura per i dettagli. Cucina di insospettabile fantasia.

SELVA - Brindisi - 564 E34 - Vedere Fasano

SELVA DI CADORE - Belluno (BL) - 562 C18 - 518 ab. - alt. 1 335 m 36 C1

- Sport invernali : 1 347/2 100 m 2 23 (Comprensorio Dolomiti superski Civetta) - ✉ 32020

Roma 651 - Cortina d'Ampezzo 39 - Belluno 60 - Bolzano 82

piazza San Lorenzo 3 ✆ 0437 720243 info@valfiorentina.it Fax 0437 720243

Ca' del Bosco cam,
via Monte Cernera 10, località Santa Fosca, Sud-Est : 2 km - ✆ 04 37 52 12 58 - www.hotelcadelbosco.it - info@hoteldelbosco.it - 26 dicembre-5 aprile e 27 giugno-5 settembre
12 cam - †35/50 € ††70/110 € - ½ P 45/65 €
Rist - *(chiuso a mezzogiorno)* Menu 15/21 €
♦ Moderna struttura che ben si integra con il contesto paesaggistico, panoramico e quieto, che la avvolge. Particolarmente curati gli arredi negli ambienti e nelle belle camere affrescate.

La Stua senza rist
via Dei Denever 25/27, località Santa Fosca, Sud Est : 2 Km - ✆ 04 37 52 12 38 - www.hotelgarnilastua.com - lastua@dolomiti.com
12 cam - †44/64 € ††56/80 €
♦ Buon rapporto qualità/prezzo in questo piccolo garnì dalle piacevoli camere in stile montano. Tipica zona bar con una caratteristica stufa in pietra refrattaria.

SELVA DI VAL GARDENA (WOLKENSTEIN IN GRÖDEN) 31 C2

- Bolzano (BZ) - 562 C17 - 2 632 ab. - alt. 1 563 m - Sport invernali : della Val Gardena 1 536/2 682 m 10 75 (Comprensorio Dolomiti superski Val Gardena) - ✉ 39048 Italia Centro Nord

Roma 684 - Bolzano 42 - Brunico 59 - Canazei 23

strada Mëisules 213 ✆ 0471 777900, selva@valgardena.it, Fax 0471 794245

Località★★

Passo Sella★★★: ★★★ Sud: 10,5 km - Val Gardena★★★ per la strada S 242

Alpenroyal Grand Hotel - Gourmet & S.p.A.
via Meisules 43 rist,
- ✆ 04 71 79 55 55 - www.alpenroyal.com - info@alpenroyal.com - dicembre-20 aprile e giugno-20 ottobre
25 cam - 20 suites - solo ½ P 93/457 €
Rist - *(chiuso domenica)* Menu 65/80 €
Rist *Alpenroyal Gourmet* - Carta 54/82 €
♦ Alla terza generazione, nell'ex pensioncina familiare ora diversi clienti arrivano in elicottero. Spazi, luce, dettagli, zone relax e una splendida piscina per bagnarsi tra la neve. Menu ricercato e caratteristica stube del XVII secolo all'Alpenroyal Gourmet.

Gran Baita
via Nives, 11 – 04 71 79 52 10 – www.hotelgranbaita.com – info@hotelgranbaita.com – 2 dicembre-14 aprile e 9 giugno-7 ottobre
51 cam – 14 suites – solo ½ P 90/200 € **Rist** – Carta 45/54 €
◆ Hotel di tradizione, recentemente rinnovato, con vista sulle Dolomiti: il sapiente utilizzo del legno regala agli ambienti un'atmosfera avvolgente; camere luminose. Soffitto in legno, comode poltroncine e grandi vetrate in sala ristorante.

Granvara
strada La Selva 66, Sud-Ovest : 1,5 km – 04 71 79 52 50 – www.granvara.com – info@granvara.com – 2 dicembre-10 aprile e giugno-10 ottobre
35 cam – †74/195 € ††110/330 € – 4 suites – ½ P 190/235 €
Rist – Menu 34/66 €
◆ In favolosa posizione nella quiete assoluta delle Dolomiti e di Selva, un indirizzo speciale per rilassarsi nell'abbraccio della natura così come nei caldi ambienti in stile tirolese. L'intimità di una stube per le vostre cene.

Chalet Portillo
via Meisules 65 – 04 71 79 52 05 – www.chaletportillo.com – info@chaletportillo.com – 5 dicembre-31 marzo e giugno-settembre
35 cam – †150/200 € ††200/450 € – ½ P 120/245 €
Rist – *(solo per alloggiati)*
◆ Alle porte della località, calorosa ospitalità in un hotel all'interno di una tipica casa di montagna: bella piscina spaziosa, camere molto ampie e arredate con gusto.

Tyrol
strada Puez 12 – 04 71 77 41 00 – www.tyrolhotel.it – info@tyrolhotel.it – 27 novembre-15 aprile e 20 giugno-1° ottobre
48 cam – ††120/200 € **Rist** – Carta 28/56 €
◆ Nella tranquillità dei monti, un albergo che "guarda" le Dolomiti; zone comuni signorili, con soffitti in legno lavorato e tappeti; camere spaziose ed eleganti. Ambiente raccolto e accogliente nella capiente sala ristorante.

Genziana
via Ciampinei 2 – 04 71 77 28 00 – www.hotel-genziana.it – info@hotel-genziana.it – dicembre-20 aprile e 25 giugno-settembre
27 cam – solo ½ P 88/240 €
Rist – *(chiuso a mezzogiorno) (solo per alloggiati)*
◆ Una vacanza rilassante in un albergo con giardino e zone comuni non spaziose, ma dall'atmosfera intima, piacevolmente arredate in stile tirolese; camere confortevoli.

Mignon
via Nives 10 – 04 71 79 50 92 – www.hotel-mignon.it – info@hotel-mignon.it – 4 dicembre-9 aprile e 2 luglio-26 settembre
28 cam – †95/200 € ††128/270 € – 1 suite – ½ P 125/254 €
Rist – *(chiuso a mezzogiorno escluso luglio e agosto) (solo per alloggiati)*
◆ Solo pochi passi separano questa risorsa dal centro cittadino, un albergo con un bel giardino e caratteristici interni in stile locale di moderna ispirazione; camere confortevoli e graziose.

Nives
Via Nives 4 – 04 71 77 33 29 – www.hotel-nives.com – info@hotel-nives.com – 3 dicembre-6 aprile e 11 giugno-11 ottobre
11 cam – 2 suites – solo ½ P 174/292 €
Rist Nives – vedere selezione ristoranti
Rist – *(solo per alloggiati)*
◆ Hotel nuovissimo dall'architettura accattivante: struttura quasi interamente in legno, con un'originale forma a mezzaluna. Buona parte delle camere sono disposte sul lato sole e godono di ampio balcone.

Welponer

strada Rainel 6 – 04 71 79 53 36 – www.welponer.it – info@welponer.it – 20 dicembre-15 aprile e 20 maggio-2 novembre

23 cam – 3 suites – solo ½ P 98/228 €

Rist – *(chiuso a mezzogiorno) (solo per alloggiati)*

◆ Appagante vista di Dolomiti e pinete in un hotel dal curato ambiente familiare, dotato di ampio giardino soleggiato con piscina riscaldata; camere confortevoli.

Freina

via Freina 23 – 04 71 79 51 10 – www.hotelfreina.com – info@hotelfreina.com – dicembre-Pasqua e 10 giugno-15 ottobre

22 cam – †60/200 € ††100/300 € – 2 suites – ½ P 69/210 €

Rist – Carta 27/42 €

◆ Bianca struttura circondata da una verde natura: piacevoli ambienti riscaldati dal sapiente uso del legno e spaziose camere ben accessoriate, in moderno stile locale. Tradizionale sala ristorante in stile tirolese.

Linder

strada Nives 36 – 04 71 79 52 42 – www.linder.it – info@linder.it – dicembre-Pasqua e 15 giugno-settembre

29 cam – †63/144 € ††96/286 €, 12 € – 1 suite – ½ P 138/153 €

Rist – *(chiuso a mezzogiorno) (solo per alloggiati)*

◆ Piacevole aspetto esterno in stile tirolese, per questa struttura a gestione diretta pluridecennale; le camere sono spaziose e gradevoli.

Small & Charming Hotel Laurin

strada Meisules 278 – 04 71 79 51 05 – www.hotel-laurin.it – info@hotel-laurin.it – dicembre-15 aprile e luglio-settembre

27 cam – †53/80 € ††80/150 € – solo ½ P 80/115 € in inverno

Rist – *(chiuso a mezzogiorno) (solo per alloggiati)* Menu 30/40 €

◆ Giovane gestione per questo hotel centrale, ben tenuto e abbellito da un giardino; spazi comuni scaldati da soffitti in legno, buon centro fitness, camere accoglienti. Capiente sala da pranzo completamente rivestita in legno e calda moquette.

Dorfer

via Cir 5 – 04 71 79 52 04 – www.hoteldorfer.com – info@hoteldorfer.com – dicembre-15 aprile e maggio-15 ottobre

27 cam – ††110/380 € – ½ P 220/250 €

Rist – *(chiuso a mezzogiorno)* Menu 25/35 €

◆ Hotel rinnovato nel segno dell'accoglienza e dello stile tirolese che continua a perpetuarsi grazie alla cordiale gestione familiare. Graziose camere, tutte con balcone, e centro wellness. Dalle cucine, antipasti e pane fatto in casa accanto ai piatti della tradizione altoatesina.

Pralong

via Meisules 341 – 04 71 79 53 70 – www.val-gardena.com/hotel/pralong – pralong@val-gardena.com – 4 dicembre-8 aprile e giugno-settembre

25 cam – solo ½ P 85/115 €

Rist – *(chiuso a mezzogiorno) (solo per alloggiati)*

◆ Simpatica e cordiale gestione in una piccola struttura, con spazi comuni in stile tirolese di taglio moderno dalla calda atmosfera; camere molto confortevoli.

Pozzamanigoni

strada La Selva 51, Sud-Ovest : 1 km – 04 71 79 41 38 – www.pozzamanigoni.it – info@pozzamanigoni.it – dicembre-aprile e giugno-ottobre

12 cam – solo ½ P 110 € **Rist** – Carta 28/52 €

◆ Tranquillità e splendida vista su Sassolungo e pinete da un albergo a gestione diretta, dotato di maneggio e laghetto con pesca alla trota; camere ben tenute.

Armin rist, VISA

via Meisules 161 – ✆ 04 71 79 53 47 – www.hotelarmin.com – info@hotelarmin.com – 5 dicembre-15 aprile e 10 giugno-settembre
27 cam – †90/130 € ††180/260 € – ½ P 130/160 €
Rist – *(solo per alloggiati)*
Rist *Grillstube* – *(20 dicembre-20 marzo; chiuso lunedì) (chiuso a mezzogiorno)* Carta 29/40 €
◆ Semplice hotel familiare di buon confort, con accoglienti interni luminosi e camere lineari, tra cui alcune mansardate, ampie e ben arredate con mobilio chiaro. Ambiente curato e gradevole nella Grillstube.

Concordia senza rist VISA

strada Puez 10 – ✆ 04 71 79 52 23 – www.garni-concordia.it – info@garni-concordia.it – 5 dicembre-Pasqua e giugno-settembre
16 cam – †35/85 € ††70/170 € – 2 suites
◆ Confortevole "garni" che offre il calore della gestione familiare e quello degli arredi tipici ove abbonda il legno chiaro. Camere pulite e ben tenute.

Prà Ronch senza rist

via La Selva 80 – ✆ 04 71 79 40 64 – www.villapraronch.com – info@chaletpraronch.com – chiuso novembre
5 cam – †36/100 € ††64/130 €
◆ Una bella casa incastonata all'interno di un apprezzabile giardino panoramico: semplice, accogliente e familiare, insomma una vacanza ideale all'insegna del relax. Solo per non fumatori.

Nives – Hotel Nives VISA AE

via Nives 4 – ✆ 04 71 77 33 29 – www.hotel-nives.com – info@hotel-nives.com – 3 dicembre-6 aprile e 11 giugno-10 ottobre
Rist – (consigliata la prenotazione) Carta 43/58 €
◆ Un wine bar con banco mescita vi accoglierà all'ingresso, mentre una bella sala ristorante - più classica seppur in stile montano - vi ospiterà per ineffabili soste gastronomiche. In tavola: ricette moderne che "simpatizzano" con gli ingredienti regionali. Graziosa stube, interamente in legno.

verso Passo Gardena (Grödner Joch)**Sud-Est : 6 km :**

Chalet Gerard con cam VISA

via Plan de Gralba 37 ✉ 39048 – ✆ 04 71 79 52 74 – www.chalet-gerard.com – info@chalet-gerard.com – 2 dicembre-15 aprile e giugno-15 ottobre
12 cam – solo ½ P 83/155 € **Rist** – Carta 29/54 €
◆ Se la recente ristrutturazione ha conferito un nuovo smalto al locale, la cucina è rimasta fedele alla sua linea di sempre: piatti regionali elaborati partendo da ottime materie prime e belle presentazioni. Splendida vista del gruppo Sella e Sassolungo.

SELVAZZANO DENTRO – Padova (PD) – 562 F17 – 21 963 ab. – alt. 18 m – ✉ 35030 35 B3

Roma 492 – Padova 12 – Venezia 52 – Vicenza 27
Montecchia via della Montecchia 12, ✆ 049 8 05 55 50

La Montecchia (Massimiliano Alajmo) AC VISA AE

via Montecchia 12, Sud-Ovest : 3 km – ✆ 04 98 05 53 23 – www.alajmo.it – montecchia@alajmo.it – chiuso dal 26 dicembre al 7 gennaio, dall'8 al 30 agosto, lunedì, martedì
Rist – Carta 67/83 €
Spec. Polpo al vapore con crema di patate all'olio, capperi di Pantelleria al limone. Filetto alla tartara. Coscia d'oca croccante con crema di patate, caponata e salsa ai pepi.
◆ Amena ubicazione nel Golf Club della Montecchia per un locale originale e signorile ricavato in un vecchio essicatoio per il tabacco; piatti creativi su base tradizionale.

a Tencarola Est : 3 km – ✉ 35030

Piroga Padova
via Euganea 48 – ☎ 0 49 63 79 66 – www.piroga.it – info@hotelpiroga.com
62 cam – †75/95 € ††85/120 € – 2 suites
Rist – *(chiuso 15 giorni in agosto e lunedì)* Carta 22/50 €
♦ Un bel giardino è la cornice naturale di questo hotel dagli ariosi e luminosi interni. Attrezzata zona congressuale e camere dotate di ogni confort. Al ristorante: cucina del territorio elaborata con tanta cura.

SELVINO – **Bergamo (BG)** – **561** E11 – **1 998 ab.** – **alt. 960 m** – **Sport invernali : 1 000/1 400 m** 1 2 – ✉ 24020 **19** C1

Roma 622 – Bergamo 22 – Brescia 73 – Milano 68

corso Milano 19 ☎ 035 765959, turismo@pec.comunediselvino.it, Fax 035 765928

Elvezia
via Usignolo 2 – ☎ 0 35 76 30 58 – www.hotelelvezia.com – info@hotelelvezia.com – dicembre e giugno-settembre
16 cam – †50 € ††80 € – ½ P 65/70 €
Rist – *(chiuso lunedì)* Carta 20/26 €
♦ In centro e in posizione tranquilla, un'accogliente struttura abbellita da un giardino ben curato; piacevoli spazi comuni di moderna ispirazione e confortevoli camere in stile rustico. Interessanti proposte gastronomiche legate al territorio.

SEMPRONIANO – **Grosseto (GR)** – **563** N16 – **1 206 ab.** – **alt. 601 m** – ✉ 58055 **29** C3

Roma 182 – Grosseto 61 – Orvieto 85

a Catabbio Sud : 6 km – ✉ 58014

La Posta
via Verdi 9 – ☎ 05 64 98 63 76 – www.trattorialaposta.com – info@trattorialaposta.com – chiuso dal 7 al 27 gennaio, dal 15 al 30 luglio e lunedì
Rist – *(chiuso a mezzogiorno escluso i giorni festivi, week end e agosto)* Carta 27/37 €
♦ La proprietaria in cucina e i figli in sala in una curata trattoria di paese: locale genuino tanto nella tavola e nei piatti, quanto nel servizio schietto e informale.

SENAGO – **Milano (MI)** – **561** F9 – **21 008 ab.** – **alt. 176 m** – ✉ 20030 **18** B2

Roma 591 – Milano 17 – Bergamo 51 – Brescia 97

La Brughiera
via XXIV Maggio 23 – ☎ 0 29 98 21 13 – www.labrughiera.it – info@labrughiera.it – chiuso 1 settimana in agosto
Rist – Carta 40/50 €
♦ Un bel locale ricavato da una vecchia cascina ora compresa nel parco delle Groane. Ampio e grazioso l'interno, ma anche il dehors non è da meno. Cucina di stampo regionale ed ampia carta dei vini.

SENALES (SCHNALS) – **Bolzano (BZ)** – **561** B14 – **1 403 ab.** – **alt. 1 327 m** – **Sport invernali : a Maso Corto : 2 000/3 200 m** 1 11 **(anche sci estivo)**, – ✉ 39020 **30** B1

Da Certosa : Roma 692 – Bolzano 55 – Merano 27 – Milano 353

via Certosa 42 ☎ 0473 679148, info@schnalstal.it, Fax 073 679177

a Madonna di Senales (Unserfrau)**Nord-Ovest : 4 km – alt. 1 500 m – ✉ 39020 Senales**

Croce d'Oro - Goldenes Kreuz
via Madonna 27 – ✆ 04 73 66 96 88 – www.goldenes-kreuz.com – info@goldenes-kreuz.com – chiuso novembre
26 cam – 50/74 € 82/130 € – ½ P 75/78 €
Rist – *(chiuso mercoledì)* Carta 25/41 €
◆ Recentemente rinnovata, è un'accogliente casa a misura di famiglia situata in posizione tranquilla tra prati e cime; perfetta per un soggiorno di passeggiate, sport e relax. La calda stube vi attende per cene a lume di candela così come per più informali e golose grigliate.

SENIGALLIA – **Ancona (AN)** – **563** K21 – **44 536 ab.** – ✉ **60019** **21** C1
Roma 296 – Ancona 29 – Fano 28 – Macerata 79
via Manni 7 ✆ 071 6629396, infosenigallia@comune.senigallia.an.it, Fax 071 6629398

Terrazza Marconi rist,
lungomare Marconi 37 – ✆ 07 17 92 79 88 – www.terrazzamarconi.it – info@terrazzamarconi.it – chiuso 15 giorni tra dicembre e gennaio
26 cam – 109/296 € 149/306 € – 3 suites
Rist – *(chiuso mercoledì a mezzogiorno)* Carta 29/42 €
◆ Proprio di fronte alla Rotonda, una casa di taglio moderno con terrazza sul mare, offre spazi ampi un servizio curato e belle camere, nonchè un nuovo piccolo centro benessere. Piatti regionali e di pesce nell'ampia ed elegante sala da pranzo che dispone anche di un servizio all'aperto.

City cam, rist,
lungomare Dante Alighieri 14 – ✆ 07 16 34 64 – www.cityhotel.it – info@cityhotel.it
64 cam – 100/150 € 120/180 € – ½ P 120 €
Rist – *(chiuso domenica in inverno) (chiuso a mezzogiorno escluso da giugno a settembre)* Carta 31/55 €
◆ Sul lungomare di questa celebre località, apprezzata per la sua spiaggia di velluto, l'hotel presenta una facciata anni Sessanta, ma interni di moderno design e due sale congressi. Professionalità e cortesia.

Bologna rist,
lungomare Mameli 57 – ✆ 07 17 92 35 90 – www.hbologna.net – info@hbologna.net
40 cam – 50/90 € 80/130 € – 2 suites
Rist – *(maggio-settembre)* Menu 25/50 €
◆ Particolarmente idoneo per famiglie con bambini, l'albergo dispone di camere d'ispirazione contemporanea ed ampi spazi attrezzati per animare le giornate dei più piccoli. Un'ampia sala ristorante rimodernata dove gustare una cucina nazionale e di pesce, mentre l'originale Angolo di Capitan Uncino accoglie i bimbi.

Holiday Inn Express senza rist
via Nicola Abbagnano 12, prossimità casello autostrada – ✆ 07 17 93 13 86 – www.hiexpress.it/exsenigallia – prenotazioni@hotelexpress-senigallia.it
84 cam – 75 € 90 €
◆ Nei pressi dell'uscita autostradale, l'hotel, ideale per una clientela d'affari, è dotato di camere nuove e spaziose e 7 sale riunioni per grandi e piccoli gruppi di lavoro.

Mareblù
lungomare Mameli 50 – ✆ 07 17 92 01 04 – www.hotel-mareblu.it – info@hotel-mareblu.it – Pasqua-settembre
53 cam – 59/97 € 102/178 €, 5 € – ½ P 85 €
Rist – *(solo per alloggiati)*
◆ Una piccola risorsa fronte mare a gestione familiare con ambienti classici e semplici negli arredi, sala giochi, biblioteca ed ampio giardino con piscina.

Bice

viale Giacomo Leopardi 105 – ✆ 07 16 52 21 – www.albergobice.it – info@albergobice.it
40 cam – 55/65 € 75/90 € – ½ P 60/70 €
Rist – *(chiuso dal 27 settembre al 4 ottobre e domenica sera escluso da giugno a settembre)* Carta 18/49 €
◆ Appena fuori le mura del centro, un hotel a conduzione familiare dai luminosi interni di taglio moderno e caratteristiche camere arredate in modo piacevole. Presso l'ampia sala ristorante dalle calde tonalità, piatti tipici della tradizone locale.

Uliassi

banchina di Levante 6 – ✆ 07 16 54 63 – www.uliassi.it – info@uliassi.it – chiuso dal 27 dicembre a marzo e lunedì
Rist – Menu 115/125 € – Carta 80/120 €
Spec. Spaghetti affumicati, vongole, datterini grigliati. Brodetto di pesce. Rombo arrostito, patate cotte nel grasso d'oca e sugo di piccione.
◆ All'esterno sembra uno dei tanti stabilimenti balneari costruiti sulla spiaggia, all'interno è un locale elegante e piacevolissimo: la vista e il gusto sprofondano nel mare, attraverso le finestre e nel piatto. I ricordi di vacanze sull'Adriatico si sublimano in emozioni nuove e dirompenti.

a Marzocca Sud : 6 km – ✉ 60019

Madonnina del Pescatore (Moreno Cedroni)

lungomare Italia 11 – ✆ 0 71 69 82 67 – www.morenocedroni.it – info@madonninadelpescatore.it – chiuso lunedì
Rist – Carta 80/95 €
Spec. Sushi & susci, percorso di dieci crudi. Tortellino di parmigiano liquido e carne battuta al coltello, salsa al pomodoro. Grigliata di pesce con molliche croccanti e salsa lattuga.
◆ Instancabile ricercatore, Cedroni ha influenzato e trasformato la cucina di pesce all'italiana: dal crudo ai più originali accostamenti, i suoi piatti sono ormai storia continuamente aggiornata.

a Scapezzano Ovest : 6 km – ✉ 60019

Bel Sit

rist,

via dei Cappuccini 15 – ✆ 0 71 66 00 32 – www.belsit.net – info@belsit.net – chiuso dal 2 al 10 gennaio
38 cam – 60/98 € 80/130 €
Rist – *(2 aprile-2 ottobre) (solo per alloggiati)* Carta 24/30 €
◆ Abbracciato da un parco secolare e con vista sul mare, la villa Ottocentesca dispone di un nuovo centro benessere, sale comuni con arredi lignei e semplici camere spaziose.

Locanda Strada della Marina

rist,

strada della Marina 265 – ✆ 07 16 60 86 33 – www.locandastradadellamarina.it – stefaniabecci@alice.it
9 cam – 73/83 € 140/160 € **Rist** – *(chiuso novembre)* Carta 22/28 €
◆ Una casa colonica circondata dal parco offre camere sapientemente ristrutturate, arredate con mobili d'epoca, pavimenti lignei e sale per colazioni di lavoro e cerimonie. Quello che un tempo fu un essicatoio, è ora un elegante ristorante con varie proposte regionali di carne e di pesce.

Antica Armonia

via del Soccorso 67 – ✆ 0 71 66 02 27 – www.anticaarmonia.it – anticaarmonia@libero.it – chiuso dal 15 al 30 ottobre
9 cam – 50/60 € 80/90 € – ½ P 65/70 €
Rist – *(chiuso lunedì) (chiuso a mezzogiorno)* Carta 25/30 €
◆ Ubicata nel verde delle colline marchigiane, una familiare ospitalità custodisce camere confortevoli e spazi comuni curati. Tra ulivi e gelsi secolari, sarà facile rilassarsi a bordo piscina. A tavola, piatti della tradizione regionale e del Bel Paese.

SENORBÌ – Cagliari (CA) – 366 P46 – 4 651 ab. – alt. 199 m – ✉ 09040 38 B3

Cagliari 41 – Oristano 75

Sporting Hotel Trexenta

via Piemonte – ☎ 07 09 80 93 83 – www.sht.it – info@sht.it
32 cam – †60 € ††70 €, ☕ 6 € – ½ P 65 €
Rist *Severino* – *(chiuso martedì)* Carta 20/40 €
◆ Semplice moderna struttura in centro paese, completamente vocata all'attività sportiva per la quale mette a disposizione una piscina dalle dimensioni olimpioniche. Gestione familiare. Accoglienti la sala da pranzo e il dehors estivo per una cucina sempre molto apprezzata.

SERAVEZZA – Lucca (LU) – 563 K12 – 13 399 ab. – alt. 50 m 28 B1
– ✉ 55047 Toscana

Roma 376 – Pisa 40 – La Spezia 58 – Firenze 108

a Pozzi Sud : 3,5 km – ✉ 55047 Seravezza

Antico Uliveto

via Martiri di Sant'Anna 76 – ☎ 05 84 76 88 82 – www.antico-uliveto.it – info@antico-uliveto.it – chiuso 20 giorni in gennaio e martedì (escluso estate)
Rist – *(chiuso a mezzogiorno da lunedì a mercoledì)* Carta 43/60 €
◆ Nella piccola frazione di Pozzi, un'antica casa colonica immersa nel verde di ulivi secolari: al suo interno, due sale di taglio rustico-signorile ed una cucina d'ispirazione classica.

SEREGNO – Monza e Brianza (MB) – 561 F9 – 42 444 ab. – alt. 222 m 18 B2
– ✉ 20038

Roma 594 – Como 23 – Milano 25 – Bergamo 51

Umberto Primo senza rist

via Dante 63 – ☎ 03 62 22 33 77 – www.hotelumbertoprimo.it – info@hotelumbertoprimo.it – chiuso dal 24 dicembre al 2 gennaio e dal 3 al 26 agosto
52 cam ☕ – †95 € ††130 €
◆ Albergo recentemente rinnovato, particolarmente adatto a una clientela di lavoro; ariose zone comuni nelle tonalità del legno, piacevoli camere spaziose e lineari.

Osteria del Pomiroeu (Giancarlo Morelli)

via Garibaldi 37 – ☎ 03 62 23 79 73 – www.pomiroeu.it – giancarlo@pomiroeu.it – chiuso 2 settimane in agosto
Rist – Menu 65/80 € – Carta 69/92 €
Spec. Gazpacho con gelato di caprino, cono croccante, capesante e sesamo tostato. Risotto ai pistilli di zafferano con midollo e riduzione al vino rosso. La nostra cotoletta alla milanese.
◆ Nella corte di un palazzo del centro storico, un locale sempre accogliente con dehors tranquillo e riparato. Eccellente lista dei vini ed una cucina che offre sempre spunti di creatività su basi legate alle tradizioni locali.

SERINO – Avellino (AV) – 564 E26 – 7 131 ab. – alt. 415 m – ✉ 83028 7 C2

Roma 260 – Avellino 14 – Napoli 55 – Potenza 126

verso Giffoni Sud : 7 km :

Chalet del Buongustaio

via Giffoni ✉ 83028 – ☎ 08 25 54 29 76 – www.chaletdelbuongustaio.com – chaletdelbuongustaio@gmail.com – chiuso martedì, da dicembre a marzo aperto solo sabato e domenica
Rist – Carta 19/30 €
◆ Avvolto dalla cornice verde dei castagneti, ristorante dall'ambiente familiare, semplice ed accogliente. Il menu propone una casereccia cucina del territorio e profumati vini locali.

SERLE – Brescia (BS) – 561 F13 – 3 105 ab. – alt. 493 m – ✉ 25080 17 D1

Roma 550 – Brescia 21 – Verona 73

a Valpiana Nord : 7 km – ✉ 25080 Serle

X **Valpiana**

località Valpiana 10 – ☎ 03 06 91 02 40 – ristorantevalpiana@libero.it – chiuso dal 1° gennaio al 15 febbraio

Rist – *(chiuso lunedì)* Menu 24 € bc/37 € bc

♦ In posizione quieta e pittoresca, incorniciato dai boschi e con una splendida vista sulle colline e sul lago, un locale rustico dalla cucina casereccia, funghi e cacciagione.

SERMONETA – Latina (LT) – 563 R20 – 8 452 ab. – alt. 257 m 13 C2 – ✉ 04013

Roma 77 – Frosinone 65 – Latina 17

Principe Serrone senza rist

via del Serrone 1 – ☎ 0 77 33 03 42 – www.hotelprincipeserrone.it – hotelserrone@alice.it

17 cam – †45/60 € ††80/100 €

♦ Nel borgo medievale, con bella vista sulla vallata, un edificio storico ospita questo hotel ideale per trascorrere soggiorni tranquilli; camere semplici ma confortevoli.

SERNIGA – Brescia – 561 F13 – Vedere Salò

SERRALUNGA D'ALBA – Cuneo (CN) – 561 I6 – 517 ab. – ✉ 12050 25 C2

Roma 668 – Torino 88 – Cuneo 75 – Asti 43

Il Boscareto Resort

strada Roddino 21 – ☎ 01 73 61 30 36 – www.ilboscaretoresort.it – info@ilboscaretoresort.it – chiuso gennaio o febbraio

29 cam – †190/235 € ††235/295 € – 9 suites – ††425/840 €

Rist *La Rei* – ☎ 01 73 61 30 42 *(chiuso lunedì e i mezzogiorno di martedì e mercoledì)* Carta 67/90 €

♦ Lussuosa struttura concepita per offrire una vista a 360° sulle Langhe...e la magia continua nelle stupende camere dotate appositamente di ampie vetrate, nonché nella moderna Spa. Cucina contemporanea con molti riferimenti ai prodotti tipici della zona al ristorante *La Rey.*

SERRAMAZZONI – Modena (MO) – 562 I14 – 8 292 ab. – alt. 791 m 8 B2 – ✉ 41028

Roma 357 – Bologna 77 – Modena 33 – Pistoia 101

a Montagnana Nord : 10 km – ✉ 41028

XXX **La Noce**

via Giardini Nord 9764 – ☎ 05 36 95 71 74 – www.lanoce.it – info@lanoce.it – chiuso dal 1° al 15 gennaio, dal 1° al 20 agosto e domenica

Rist – *(chiuso a mezzogiorno)* Carta 53/63 €

♦ Lungo la strada che attraversa il paese, la struttura ha mantenuto intatto il suo fascino, complici la tenuta e le decorazioni nelle sale che coniugano raffinatezza ed atmosfera rustica. Annessa al ristorante un'acetaia, dove si trovano antichi utensili d'uso comune. Vendita di marmellate, miele e aceto balsamico.

SERRA SAN QUIRICO – Ancona (AN) – 563 L21 – 3 076 ab. 20 B2 – ✉ 60048

Roma 234 – Ancona 54 – Perugia 93 – Rimini 111

X **La Pianella**

via Gramsci, Nord-Ovest : 1,3 km – ☎ 07 31 88 00 54 – samuelepietrini@virgilio.it – chiuso dal 26 dicembre al 6 gennaio, 2 settimane in luglio

Rist – Carta 30/39 €

♦ Piacevole trattoria appena fuori paese che propone esclusivamente piatti della tradizione marchigiana, abbinati a vini di selezione locale.

SERRAVALLE LANGHE – Cuneo (CN) – 561 I6 – 343 ab. – alt. 762 m 25 C3 – ✉ 12050

Roma 593 – Genova 121 – Alessandria 75 – Cuneo 55

La Coccinella

via Provinciale 5 – ✆ 01 73 74 82 20 – www.trattoriacoccinella.it – ale_coccinella@libero.it – chiuso dal 6 gennaio al 10 febbraio, dal 25 giugno al 5 luglio, martedì, mercoledì a mezzogiorno

Rist – (consigliata la prenotazione) Carta 36/46 €

◆ Tre fratelli conducono con passione ed esperienza questo valido ristorante d'impostazione classica. La cucina è soprattutto piemontese - tal volta tradizionale, altre più moderna - con qualche piatto di pesce.

SERRAVALLE PISTOIESE – Pistoia (PT) – 563 K14 – 11 423 ab. 28 B1 – alt. 182 m – ✉ 51030

Roma 320 – Firenze 40 – Livorno 75 – Lucca 34

Trattoria Marino

via Provinciale Lucchese 102, Ovest: 2 km – ✆ 0 57 35 10 42 – chiuso martedi'

Rist – Carta 28/45 €

◆ Sulla strada per Montecatini, trattoria dai toni rusticamente caldi dove assaporare piatti regionali e qualche specialità di pesce. Non alzatevi da tavola, senza aver assaggiato i dolci...

SERRAVALLE SCRIVIA – Alessandria (AL) – 561 H8 – 6 272 ab. 23 C3 – alt. 225 m – ✉ 15069

Roma 547 – Alessandria 31 – Genova 54 – Milano 95

via Monterotondo 60, ✆ 0143 6 20 65

Villa la Bollina

rist,

via Monterotondo 60, (Ovest: 2 km) – ✆ 0 14 36 53 34 – www.hotelvillalabollina.com – info@labollina.com – chiuso dal 20 dicembre al 20 febbraio

10 cam – 120/200 € 150/200 € – 2 suites **Rist** – Carta 36/65 €

◆ In un'oasi di tranquillità, dimora nobiliare del XIX secolo trasformata in elegante ed accogliente hotel con camere raffinate, arredate con mobili in stile. Club House, ricavata da un'ampliamento della villa Liberty. Cucina piemontese servita nel grazioso ristorante, che vanta due accoglienti dehors.

SERRUNGARINA – Pesaro e Urbino (PU) – 563 K20 – 2 456 ab. 20 B1 – alt. 209 m – ✉ 61030

Roma 245 – Rimini 64 – Ancona 70 – Fano 13

a Bargni Ovest : 3 km – ✉ 61030

Casa Oliva

cam, rist,

via Castello 19 – ✆ 07 21 89 15 00 – www.casaoliva.it – casaoliva@casaoliva.it – chiuso dal 7 gennaio al 2 febbraio

23 cam – 65 € 85/95 € – 2 suites – ½ P 65 €

Rist – *(chiuso lunedì) (chiuso a mezzogiorno)* Carta 28/43 €

◆ Nella quiete della campagna marchigiana, hotel composto da diversi caseggiati in mattoni all'interno di un caratteristico borgo d'epoca: camere di taglio moderno, nuova beauty farm e piccola piscina. Cucina casalinga e specialità regionali nella sala-veranda del ristorante.

Villa Federici

via Cartoceto 4 – ✆ 07 21 89 15 10 – www.villafederici.com – info@villafederici.com

6 cam – 75 € 95 €

Rist – *(chiuso mercoledì) (chiuso a mezzogiorno)* (prenotazione obbligatoria) Carta 27/45 €

◆ Dimora di campagna seicentesca abbracciata da una suggestiva distesa di ulivi: interni signorili, ampie camere in stile (alcune con mobili dell'800) e cappella privata con reliquie di San Ticiarino. La proposta gastronomica varia giornalmente ed è prevalentemente realizzata con prodotti biologici di queste terre.

SESSAME - Asti (AT) - 561 H7 - 288 ab. - ✉ 14058 25 D2

Roma 598 - Torino 100 - Asti 39 - Alessandria 52

Il Giardinetto

strada provinciale Valle Bormida 24, Sud: 4 km - ✆ 01 44 39 20 01 - www.ilgiardinettoristorante.it - ilgiardinetto@alice.it - chiuso dal 19 febbario all'11 marzo, giovedì

Rist - *(chiuso a mezzogiorno escluso sabato e i giorni festivi)* Carta 24/36 €

♦ Gli antipasti sono fissati quotidianamente, si scelgono invece le portate successive, specialità casalinghe piemontesi e liguri. Piccolo e tranquillo il dehors.

SESTO (SEXTEN) - Bolzano (BZ) - 562 B19 - 1 924 ab. - alt. 1 310 m 31 D1 - Sport invernali : 1 310/2 200 m 2 7, ; a Versciaco Monte Elmo: 1 131/2 050 m 1 4 (Comprensorio Dolomiti superski Alta Pusteria) - ✉ 39030

Italia Centro Nord

Roma 697 - Cortina d'Ampezzo 44 - Belluno 96 - Bolzano 116

via Dolomiti 45 ✆ 0474 710310, info@sesto.it, Fax 0474 710318

Val di Sesto★★ Nord per la strada S 52 e Sud verso Campo Fiscalino

San Vito-St. Veit

rist, VISA

via Europa 16 - ✆ 04 74 71 03 90 - www.hotel-st-veit.com - info@hotel-st-veit.com - Natale-Pasqua e giugno-15 ottobre

43 cam - 72/116 € 138/238 € - ½ P 89/133 € **Rist** - Carta 25/45 €

♦ Gestione dinamica in un albergo in area residenziale, dominante la vallata; zona comune ben arredata, camere tradizionali e con angolo soggiorno, ideali per famiglie. Nella sala da pranzo, vetrate che si aprono sulla natura; accogliente stube caratteristica.

a Moso (Moos) Sud-Est : 2 km - alt. 1 339 m - ✉ 39030 Sesto

Sport e Kurhotel Bad Moos

via Val Fiscalina 27

cam, rist, VISA AE

- ✆ 04 74 71 31 00 - www.badmoos.it - info@badmoos.it - dicembre-10 aprile e giugno-4 novembre

62 cam - 85/157 € 154/298 € - ½ P 86/158 € **Rist** - Carta 28/45 €

♦ Suggestiva veduta delle Dolomiti da un hotel moderno, dotato di buone attrezzature e adatto anche a una clientela congressuale; camere confortevoli. Calda atmosfera nella sala da pranzo; ristorante serale in stube del XIV-XVII secolo.

Berghotel e Residence Tirol

via Monte Elmo 10 - ✆ 04 74 71 03 86

rist,

- www.berghotel.com - info@berghotel.com - 4 dicembre-Pasqua e 5 giugno-15 ottobre

45 cam - solo ½ P 95/180 €

Rist - *(chiuso a mezzogiorno) (solo per alloggiati)* Menu 35/50 €

♦ Splendida vista delle Dolomiti e della valle Fiscalina, da un albergo in posizione soleggiata: zona comune classica, in stile montano di taglio moderno; belle camere luminose.

Tre Cime-Drei Zinnen

rist, VISA AE

via San Giuseppe 28 - ✆ 04 74 71 35 00 - www.hoteltrecime.it - info@hotel-drei-zinnen.com - 22 dicembre-Pasqua e 10 giugno-ottobre

35 cam - 95/170 € 150/280 € - ½ P 70/150 €

Rist - *(solo per alloggiati)* Menu 28/52 €

♦ Cordiale conduzione in una struttura in posizione dominante, progettata da un famoso architetto viennese nel 1930; interni luminosi ed eleganti, camere con arredi d'epoca.

a Monte Croce di Comelico (Passo) (Kreuzbergpass)**Sud-Est : 7,5 km – alt. 1 636 m – ✉ 39030 Sesto**

Passo Monte Croce-Kreuzbergpass
via San Giuseppe 55 ✉ 39030 Sesto cam,
in Pusteria – ✆ 04 74 71 03 28 – www.passomontecroce.com – hotel@passomontecroce.com – dicembre-10 aprile e 28 maggio-9 ottobre
46 cam – ♦95/120 € ♦♦160/220 € – 12 suites – ½ P 85/125 €
Rist – Carta 30/55 €
♦ Nel silenzio di suggestive cime dolomitiche, una struttura a ridosso delle piste da sci, con campo pratica golf; all'interno ambienti eleganti e centro benessere. I pasti sono serviti al moderno ristorante a tema, in terrazza o nella suggestiva cantina.

a Campo Fiscalino (Fischleinboden)**Sud : 4 km – alt. 1 451 m – ✉ 39030 Sesto**

Dolomiti-Dolomitenhof rist,
via Val Fiscalina 33 – ✆ 04 74 71 30 00
– www.dolomitenhof.com – info@dolomitenhof.com – 18 dicembre-20 marzo e 10 giugno-6 ottobre
42 cam – ♦64/111 € ♦♦108/216 € – 3 suites – ½ P 60/116 €
Rist – Carta 29/45 €
♦ La cornice naturale fatta di monti e pinete, avvolge questo albergo a gestione familiare in stile anni '70, con centro benessere; alcune camere di ispirazione bavarese. Cucina del territorio nell'ampia sala da pranzo.

SESTO AL REGHENA – Pordenone (PN) – 562 E20 – 6 136 ab. – alt. 13 m – ✉ 33079 10 B3

Roma 570 – Udine 66 – Pordenone 22 – Treviso 52

In Sylvis
via Friuli 2 – ✆ 04 34 69 49 11 – www.hotelinsylvis.com – insylvis@libero.it
37 cam – ♦65 € ♦♦85 € – ½ P 58 €
Rist *Abate Ermanno* – ✆ 04 34 69 49 50 *(chiuso lunedì a mezzogiorno)*
Carta 27/37 €
♦ Sebbene di recente realizzazione, si respira una storica tradizione in questa risorsa non lontana dalla suggestiva abbazia benedettina di S.Maria; interni in stile sobrio e funzionale. Accogliente il ristorante, con salette private cinte da grandi finestre velate da morbide tende e servizio estivo nel patio interno.

SESTO CALENDE – Varese (VA) – 561 E7 – 10 765 ab. – alt. 198 m – ✉ 21018 16 A2

Roma 632 – Stresa 25 – Como 50 – Milano 55

(15 marzo-ottobre) viale Italia 3 ✆ 340 1017744 iatsestocalende@provincia.va.it Fax 0331 923329

Tre Re rist,
piazza Garibaldi 25 – ✆ 03 31 92 42 29 – www.hotel3re.it – info@hotel3re.it – chiuso dal 20 dicembre a gennaio
31 cam – ♦70/100 € ♦♦100/150 €, 10 € – ½ P 90/100 €
Rist – Carta 37/48 €
♦ Piacevolmente ubicato in riva la lago, albergo classico recentemente rinnovato, belle camere accoglienti, di buon confort e con dotazioni moderne. Luminosa e moderna sala ristorante fronte lago.

Locanda Sole rist, cam,
via Ruga del porto vecchio 1 – ✆ 03 31 91 42 73 – www.trattorialocandasole.it – info@trattorialocandasole.it – chiuso dal 24 dicembre al 6 gennaio
7 cam – ♦85 € ♦♦110 € – ½ P 80 € **Rist** – *(chiuso martedì)* Carta 34/46 €
♦ Simpatica locanda a pochi passi dal lungolago, all'interno di un isolato costituito da caratteristiche case di ringhiera degli anni '40. Camere confortevoli, in stile rustico. Curata sala ristorante di tono rustico.

XX **La Biscia**

piazza De Cristoforis 1 – ✆ 03 31 92 44 35 – www.ristorantelabiscia.com – ristorantelabiscia@alice.it – chiuso dal 26 al 31 gennaio e dal 16 agosto al 3 settembre, domenica sera, lunedì
Rist – Carta 31/59 €
♦ Nel centro del paese, sul lungolago, ristorante con una confortevole sala di tono signorile e piacevole dehors fronte lago; linea culinaria di pesce, di mare e di lago.

a Lisanza **Nord-Ovest : 3 km – ✉ 21018 Sesto Calende**

XX **La Vela**

piazza Colombo 1 – ✆ 03 31 97 40 00 – www.ristorantelavela.it – info@ristorantelavela.it – chiuso lunedì
Rist – Carta 33/43 €
♦ Ambiente informale, ma carino, per questo bel locale che già dall'esterno trasmette un senso di cura e pulizia. La buona impressione viene confermata, accomodandosi al tavolo, da una genuina cucina mediterranea di pesce.

SESTOLA – **Modena (MO)** – **562** J14 – **2 636 ab.** – **alt. 1 020 m** – **Sport invernali : 1 020/2 000 m** **1** **13,** **– ✉ 41029** **8** B2

Roma 387 – Bologna 90 – Firenze 113 – Lucca 99
corso Umberto I, ✆ 0536 662324, infosestola@msw.it, Fax 0536 61621
Monte Cimone via Statale per Fanano, ✆ 0536 6 13 72

Al Poggio cam,

via Poggioraso 88, località Poggioraso, Est: 2 km – ✆ 0 53 66 11 47 – www.alpoggio.it – info@alpoggio.it – chiuso novembre
32 cam – 60/105 € 100/110 € – 1 suite – ½ P 50/80 €
Rist – Carta 18/53 €
♦ Hotel ubicato in posizione tranquilla, che offre una vista meravigliosa della vallata in particolar modo da alcune delle camere. Conduzione familiare al femminile. Sale sobrie e confortevoli dove accomodarsi a gustare la cucina tipica locale.

Roma senza rist

corso Libertà 59 – ✆ 05 36 90 80 03 – www.hotelromasestola.it – hotel-roma@appenninobianco.it
19 cam – 80/90 € 90/110 €
♦ Accogliente risorsa situata in comoda posizione centrale. Di taglio moderno la sala colazioni e la saletta soggiorno al primo piano. Belle le camere, sobriamente eleganti.

XX **San Rocco** con cam

corso Umberto I 39 – ✆ 0 53 66 23 82 – www.hotelsanrocco.net – info@hotelsanrocco.net – chiuso maggio
11 cam – 120 €, 15 € – 1 suite – ½ P 95 €
Rist – *(chiuso lunedì)* Carta 50/60 €
♦ All'ingresso del centro storico, inaspettata eleganza e piacevole terrazza estiva sono il contorno di una proposta ristretta, ma di indubbia qualità. L'eleganza continua nelle camere: uno squarcio di modernità nella tradizione montana.

SESTO SAN GIOVANNI – **Milano (MI)** – **561** F9 – **81 033 ab.** – **alt. 140 m** – **✉ 20099** **18** B2

Roma 565 – Milano 9 – Bergamo 43

Pianta d'insieme di Milano

Grand Hotel Villa Torretta

via Milanese 3 – ✆ 02 24 11 21 – www.villatorretta.it – info@villatorretta.it – chiuso agosto **2BOf**
66 cam – 110/618 € 138/714 € – 12 suites
Rist – *(chiuso sabato a mezzogiorno, domenica)* Menu 45 €
♦ Realtà molto elegante ricavata dalla ristrutturazione di una villa suburbana seicentesca. Gli interni sono molto curati e le camere ben tenute e sempre di ottimo livello. Ristorante con sale affrescate ed ambienti esclusivi, servizio accurato.

 **Abacus**
via Monte Grappa 39 – ✆ 02 26 22 58 58 – www.abacushotel.it – reception@abacushotel.it – chiuso Natale ed agosto **2BOh**
92 cam – 50/200 € 70/300 € – 2 suites
Rist – *(chiuso a mezzogiorno) (solo per alloggiati)* Carta 29/37 €
♦ Ospitalità *ecofriendly* in questa moderna struttura a pochi metri dal metrò e dalla stazione ferroviaria: eleganti interni, piscina nell'attrezzato centro fitness, camere spaziose con wi-fi.

 **NH Concordia**
viale Edison 50 – ✆ 02 24 42 96 11 – www.nh-hotels.com – nhconcordia@nh-hotels.com **2BOw**
152 cam – 85/379 € 100/419 € – 3 suites – ½ P 80/255 €
Rist – Carta 36/67 €
♦ Nuova struttura alle porte di Milano: un parallelepipedo di dieci piani, moderno e funzionale. Completo nella gamma dei servizi offerti è l'indirizzo ideale per una clientela *business*.

SESTRIERE – **Torino (TO)** – **561** H2 – **873 ab.** – **alt. 2 033 m** – **Sport invernali : 1 350/2 823 m (Comprensorio Via Lattea 6 72)** – ✉ **10058** **22** A2
Roma 750 – Briançon 32 – Cuneo 118 – Milano 240
via Louset 14 ✆ 0122 755444, info.sestriere@turismotorino.org
piazza Agnelli 4, ✆ 0122 7 62 43

 **Grand Hotel Sestriere**
via Assietta 1 – ✆ 0 12 27 64 76 – www.grandhotelsestriere.it – info@grandhotelsestriere.it – chiuso da maggio al 26 giugno
104 cam – 80/150 € 130/250 € – 3 suites
Rist – Menu 20/45 €
Rist *La Vineria del Colle* – *(ottobre-aprile)* Carta 29/44 €
♦ Dalle finestre e dai balconi di questo nuovo hotel si potranno vedere le piste olimpiche e negli ambienti potrete ritrovare un'atmosfera rustica ed elegante. Beauty farm con vinoterapia. *La Vineria del Colle* è ricavata in una vecchia cantina: portatevi un maglione, perché la temperatura è quella originaria!

Shackleton
via Assietta 3 – ✆ 01 22 75 07 73 – www.shackleton-resort.it – info@shackleton-resort.it – dicembre-aprile 15 giugno-15 settembre
10 cam – 130/220 € – 9 suites – 220/420 €
Rist *Shackleton* – Carta 35/55 €
♦ Aperto circa cinque anni fa da una coppia di ottimi albergatori - professionali e molto attenti all'ospitalità - la struttura propone ampie suite personalizzate, tutte con bel balcone sulla vallata. Moderno centro relax e sale panoramiche molto conviviali.

 **Belvedere**
via Cesana 18 – ✆ 01 22 75 06 98 – www.newlinehotels.com – info@newlinehotels.com – dicembre-aprile e giugno-settembre
36 cam – 70/190 € 80/200 € – 1 suite – ½ P 65/145 €
Rist – Carta 30/48 €
♦ Incorniciato da un incantevole paesaggio sulla strada per Cesana Torinese, la struttura offre confortevoli ambienti di tono rustico che tuttavia non difettano in eleganza. Tra tradizione e modernità e circondati dalla calda atmosfera di un camino, al ristorante vengono proposte serate a tema.

 **Cristallo**
via Pinerolo 5 – ✆ 01 22 75 01 90 – www.newlinehotels.com – info@newlinehotels.com – dicembre-aprile e giugno-settembre
46 cam – 90/250 € 100/260 € – ½ P 75/180 € **Rist** – Carta 34/52 €
♦ Di fronte agli impianti di risalita, questa moderna ed imponente struttura propone camere eleganti ed accoglienti; di maggiore attrattiva quelle con vista sul colle. Sala ristorante ampia e luminosa.

SESTRI LEVANTE - Genova (GE) - 561 J10 - 18 746 ab. - ✉ 16039 15 C2

Roma 457 - Genova 50 - Milano 183 - Portofino 34

piazza Sant'Antonio 10 ✆ 0185 457011, iat.sestrilevante@provincia.genova.it, Fax 0185 459575

Località★ - Baia del Silenzio★

Le Cinque Terre★★

Grand Hotel Villa Balbi

viale Rimembranza 1 – ✆ 0 18 54 29 41 – www.villabalbi.it – villabalbi@villabalbi.it – chiuso dal 14 ottobre al 20 dicembre

105 cam – †90/130 € ††130/250 € – 6 suites – ½ P 95/155 €

Rist – Menu 35/50 €

◆ Sul lungomare, un'antica villa aristocratica del '600 con un rigoglioso parco-giardino con piscina: splendidi interni in stile con affreschi, camere eleganti. Continuate a viziarvi pasteggiando nella raffinata sala da pranzo.

Vis à Vis

via della Chiusa 28 – ✆ 0 18 54 26 61 – www.hotelvisavis.com – visavis@hotelvisavis.com – chiuso dal 16 gennaio al 31 marzo

46 cam – †120/180 € ††170/280 € – ½ P 160/190 €

Rist *Olimpo* – ✆ 01 85 48 08 01 – Carta 38/56 €

◆ Albergo panoramico collegato al centro da un ascensore scavato nella roccia; splendida terrazza-solarium con piscina riscaldata, accoglienti interni di taglio moderno. Semplice, confortevole e panoramica, la sala da pranzo vi delizierà con i sapori mediterranei.

Grand Hotel dei Castelli

via alla Penisola 26 – ✆ 01 85 48 70 20 – www.hoteldeicastelli.it – info@hoteldeicastelli.it – 15 marzo-4 novembre

43 cam – †110/130 € ††210/270 € – 6 suites – ½ P 140/170 €

Rist – Carta 40/112 €

◆ Su un promontorio con bella vista di mare e coste, caratteristico hotel con costruzioni in stile medievale e ascensori per il mare. Piacevoli interni. Sottili colonne centrali nella raffinata sala da pranzo.

Grande Albergo

via Vittorio Veneto 2 – ✆ 01 85 45 08 37 – www.grandalbergo-sestrilevante.com – info@grandalbergo-sestrilevante.com – marzo-novembre

68 cam – †105/135 € ††170/210 € – ½ P 120/140 €

Rist – *(aprile-ottobre) (chiuso a mezzogiorno)* Menu 35/50 €

◆ Storico hotel della Riviera di Levante, da pochi anni ha riaperto i battenti in seguito ad una salutare e radicale ristrutturazione. Atmosfera signorile, posizione suggestiva e piacevole piscina-solarium all'ultimo piano. Bell'ambientazione per la capiente sala ristorante, dehors per i mesi estivi.

Miramare

via Cappellini 9 – ✆ 01 85 48 08 55 – www.miramaresestrilevante.com – info@miramaresestrilevante.com – chiuso dal 7 gennaio al 28 febbraio

32 cam – †180/250 € ††260/310 € – 4 suites – ½ P 180/215 €

Rist Baia del Silenzio – vedere selezione ristoranti

◆ A ridosso della quieta Baia del Silenzio, la struttura è stata completamente rinnovata: le camere sono ora all'insegna del design attuale, molte con un'incantevole vista sulla distesa blu.

Due Mari

vico del Coro 18 – ✆ 0 18 54 26 95 – www.duemarihotel.it – info@duemarihotel.it – chiuso dal 15 ottobre al 24 dicembre

53 cam – †50/100 € ††95/190 € – 2 suites – ½ P 80/130 €

Rist – Carta 30/45 €

◆ Tra romantici edifici pastello, un classico palazzo seicentesco da cui si scorge la Baia del Silenzio, abbellito da un piccolo e suggestivo giardino; interni in stile. Elegante sala da pranzo, specialità di terra e di mare.

Suite Hotel Nettuno
piazza Bo 23/25 – 01 85 48 17 96 – www.suitehotelnettuno.com – info@suitehotelnettuno.com
18 cam – 150/300 € – 10 suites – 250/450 €
Rist – *(chiuso dal 12 ottobre al 3 dicembre)* Carta 33/45 €
♦ Direttamente sulla passeggiata del lungomare, edificio in stile che si caratterizza per la generosità degli spazi, sia nelle parti comuni sia nelle armoniose camere. Anche il ristorante si contraddistingue per le ampie dimensioni; la cucina, per le specialità liguri.

Helvetia senza rist
via Cappuccini 43 – 0 18 54 11 75 – www.hotelhelvetia.it – helvetia@hotelhelvetia.it – aprile-ottobre
21 cam – 80/150 € 120/220 €, 15 €
♦ In un angolo tranquillo e pittoresco di Sestri, una costruzione d'epoca ristrutturata con eleganza, adornata da terrazze-giardino fiorite; luminosi ambienti arredati con gusto.

Marina
via Fascie 100 – 01 85 48 73 32 – www.marinahotel.it – marinahotel@marinahotel.it – chiuso dal 9 gennaio al 4 marzo e dal 2 novembre al 2 dicembre
22 cam – 40/55 € 50/70 €, 8 € – ½ P 46/55 €
Rist – *(chiuso a mezzogiorno) (solo per alloggiati)*
♦ Sulla statale Aurelia e all'inizio del centro storico, ariose e comode sale, nonché camere aggiornate: per un soggiorno dall'ottimo rapporto qualità/prezzo.

Relais San Rocco senza rist
via Aurelia 261, frazione Makalle, Est: 5 km – 01 85 45 84 09 – www.relaissanrocco.com – info@relaissanrocco.com – chiuso dal 7 gennaio al 28 febbraio e novembre
10 cam – 60/100 € 70/120 €
♦ Sulla strada per il passo Bracco, questo piccolo hotel - rinnovato in anni recenti - dispone di camere accoglienti, ma i punti di forza sono indubbiamente la posizione e il panorama.

El Pescador
via Queirolo, al porto – 0 18 54 28 88 – elpescador@elpescador.191.it – chiuso dal 15 dicembre al 1° marzo e martedì
Rist – Carta 45/60 €
♦ Lungo le pareti delle due sale corrono ampie vetrate che si affacciano su una colorata Baia delle Favole mentre tra i fornelli è esaltata la cucina regionale, carni alla griglia e fragranze marine.

San Marco 1957
via Queirolo 27, al porto – 0 18 54 14 59 – www.sanmarco1957.it – info@sanmarco1957.it – chiuso gennaio
Rist – Carta 28/50 €
♦ Sulla punta estrema della banchina del porticciolo, direttamente sul mare, un ristorante pieno di luce e mondano, arredato in stile marina; proposte di piatti di pesce.

Rezzano Cucina e Vino
via Asilo Maria Teresa 34 – 01 85 45 09 09 – rezzanocucinaevino@libero.it – chiuso 2 settimane in febbraio, 2 settimane in novembre, lunedì
Rist – *(chiuso a mezzogiorno escluso i giorni festivi da ottobre a giugno)* Carta 54/74 €
♦ Sul lungomare, locale d'atmosfera - sobrio e signorile - dove la grande profusione di legno può ricordare vagamente lo stile nautico. Specialità di pesce.

Baia del Silenzio – Hotel Miramare
via Cappellini 9 – 01 85 48 58 07 – www.ristorantebaiadelsilenzio.it – info@ristorantebaiadelsilenzio.it – chiuso da dicembre al 15 febbraio
Rist – *(chiuso mercoledì escluso da maggio a settembre)* Carta 54/69 €
♦ In un'elegante sala di taglio classico o sulle due terrazze con splendida vista sulla baia, la cucina si fa contemporanea, indugiando piacevolmente nelle presentazioni. La carta si divide equamente fra terra e mare.

a Riva Trigoso **Sud-Est : 2 km – ✉ 16039**

Asseü

via G.B. da Ponzerone 2, strada per Moneglia – ✆ 0 18 54 23 42 – www.asseu.it – info@asseu.it – chiuso novembre, mercoledì escluso agosto, anche lunedì e martedì in gennaio-marzo

Rist – (consigliata la prenotazione) Carta 33/59 €

♦ Piacevole ristorante che oltre ad offrire una posizione invidiabile - strategicamente sulla spiaggia - propone una fragrante cucina di mare.

SESTRI PONENTE – Genova – Vedere Genova

SETTEQUERCE = SIEBENEICH – Bolzano – Vedere Terlano

SETTIMO TORINESE – Torino (TO) – 561 G5 – 47 539 ab. – alt. 207 m – ✉ 10036 22 B1

Roma 698 – Torino 12 – Aosta 109 – Milano 132

Pianta d'insieme di Torino

Green Center Hotel senza rist

via Milano 177, Nord-Est : 2 km – ✆ 01 18 00 56 61 – www.green-center.it – info@green-center.it

41 cam ☕ – †90 € ††120 €

♦ Benessere e accoglienza al primo posto. Questa moderna casa di campagna offre camere graziose e confortevoli, tutte diverse. Poco distante, piscina, campi da tennis e cavalli.

SEVESO – Monza e Brianza (MB) – 561 F9 – 21 870 ab. – alt. 211 m – ✉ 20030 18 B2

Roma 595 – Como 22 – Milano 21 – Monza 15

Barlassina via Privata Golf 42, ✆ 0362 56 06 21

La Sprelunga

via Sprelunga 55 – ✆ 03 62 50 31 50 – www.lasprelunga.it – info@lasprelunga.it – chiuso dal 1° al 7 gennaio, 3 settimane in agosto, domenica sera, lunedì

Rist – Carta 45/65 €

♦ Antica trattoria di cacciatori, è ora un confortevole locale di taglio contemporaneo, in posizione decentrata, con proposte culinarie quasi esclusivamente a base di pesce.

SEXTEN = Sesto

SGONICO – Trieste (TS) – 562 E23 – 2 118 ab. – alt. 278 m – ✉ 34010 11 D3

Roma 656 – Udine 71 – Portogruaro 86 – Trieste 14

a Devincina **Sud-Ovest : 3,5 km – ✉ 34100 Sgonico**

Savron

via Devincina 25 – ✆ 0 40 22 55 92 – labbate.savron@tiscali.it – chiuso 1 settimana in febbraio e 1 settimana in settembre

Rist – Carta 26/36 €

♦ Locale rustico articolato in due sale, la più piccola delle quali è decorata con fotografie e storie di personaggi della storia austro-ungarica. Al tavolo, la cucina mitteleuropea.

SIBARI – Cosenza (CS) – 564 H31 – ✉ 87011 Italia 5 A1

Roma 488 – Cosenza 69 – Potenza 186 – Taranto 126

ai Laghi di Sibari Sud-Est : 7 km :

Oleandro con cam

contrada Casa Bianca, località Cassano Jonio ✉ 87070 – ✆ 09 81 79 48 74 – www.hoteloleandro.it – info@hoteloleandro.it

23 cam – ♦55 € ♦♦80 € – ½ P 65 € **Rist** – Carta 27/39 €

♦ Una sosta rilassante tra i laghi artificiali di Sibari, per passare una giornata nel verde e gustare cucina marinara nella luminosa sala; piacevole servizio all'aperto. Camere confortevoli.

SICULIANA – Agrigento (AG) – 365 AP59 – 4 676 ab. – alt. 129 m – ✉ 92010 39 B2

Agrigento 19 – Palermo 124 – Sciacca 43

Villa Sikania cam,

strada statale 115 – ✆ 09 22 81 78 18 – www.villasikania.com – info@villasikania.com

42 cam – ♦80/95 € ♦♦95/120 € – ½ P 63/75 €

Rist – *(chiuso a mezzogiorno escluso i giorni festivi da luglio ad ottobre)* Carta 19/36 €

♦ Ai piedi del caratteristco centro storico, il punto di forza è il giardino con grande piscina. Camere confortevoli, soprattutto quelle al primo piano con terrazzo.

La Scogliera

via San Pietro 54, a Siculiana Marina – ✆ 09 22 81 75 32 – www.ristorantelascogliera.com – chiuso dal 14 dicembre al 13 febbraio, domenica sera e lunedì (escluso da maggio a ottobre)

Rist – Carta 26/52 €

♦ Ristorantino a conduzione familiare con una bella terrazza affacciata sul mare. Una risorsa ideale per apprezzare appetitose preparazioni a base di pesce fresco.

SIDERNO – Reggio di Calabria (RC) – 564 M30 – 17 825 ab. – ✉ 89048 5 B3

Roma 697 – Reggio di Calabria 103 – Catanzaro 93 – Crotone 144

La Vecchia Hosteria

via Matteotti 5 – ✆ 09 64 38 88 80 – www.lavecchiahostaria.com – info@lavecchiahostaria.com – chiuso mercoledì escluso luglio-agosto

Rist – (consigliata la prenotazione) Carta 29/42 €

♦ Ristorante con un'ampia sala dall'accogliente ambiente rustico: soffitto a volte con mattoni a vista e arredi in legno; piatti di mare e tipici locali.

SIEBENEICH = Settequerce

SIENA Ⓟ (SI) – 563 M16 – 54 159 ab. – alt. 322 m – ✉ 53100 29 C2

Toscana

Roma 230 – Firenze 68 – Livorno 116 – Milano 363

piazza del Campo 56 ✆ 0577 280551, aptsiena@siena.turismo.toscana.it Fax 0577 270676

Piazza del Campo★★★ BX : palazzo Pubblico★★★ **H,** ✻★★ dalla Torre del Mangia – Duomo★★★ AX – Museo dell'Opera Metropolitana★★ ABX **M1** – Battistero di San Giovanni★ : fonte battesimale★★ AX **A** – Palazzo Buonsignori★ : pinacoteca★★★ BX – Via di Città★ BX – Via Banchi di Sopra★ BVX **4 e** Via Banchi di Sotto★ BX **6** – Piazza Salimbeni★ BV – Basilica di San Domenico★ : tabernacolo★ di Giovanni di Stefano e affreschi★ del Sodoma AVX – Adorazione del Crocifisso★ del Perugino, opere★ di Ambrogio Lorenzetti e Sodoma nella chiesa di Sant'Agostino BZ

Piante pagine seguenti

Grand Hotel Continental rist,
via Banchi di Sopra 85 – 0 57 75 60 11 – www.royaldemeure.com – reservation.ghc@royaldemeure.com BV**a**
46 cam – 192/352 € 283/473 €, 26 € – 5 suites – ½ P 213/308 €
Rist *Sapordivino* – 0 57 74 90 20 – Carta 48/58 €
♦ Nel centro storico, il prestigioso palazzo seicentesco è stato riaperto dopo una totale ristrutturazione, sfoggiando ambienti eleganti e ricchi di fascino. Come il magnifico salone affrescato. Originale ristorante ricavato nella corte interna, dove gustare piatti del territorio rivisitati in chiave moderna.

Certosa di Maggiano cam, cam,
strada di Certosa 82 – 05 77 28 81 80 – www.certosadimaggiano.com – info@certosadimaggiano.it – marzo-novembre
9 cam – 370/560 € – 8 suites – 750/1270 € – ½ P 280/375 € U**m**
Rist Il Canto – vedere selezione ristoranti
Rist – *(chiuso la sera)* Carta 60/75 €
♦ Le ex celle dei frati sono state trasformate in belle camere, diverse per tipologia, vista e arredo: la primitiva sobrietà ha lasciato il posto ad un lusso discreto e aristocratico.

Villa Scacciapensieri cam, rist,
strada di Scacciapensieri 10 – 0 57 74 14 41 – www.villascacciapensieri.it – info@villascacciapensieri.it – marzo-novembre
31 cam – 85/140 € 130/265 € – ½ P 110/168 € T**k**
Rist – *(chiuso mercoledì) (chiuso a mezzogiorno escluso giugno-settembre)* Carta 47/60 € (+10 %)
♦ Bella villa padronale dell'800 immersa in un parco con splendida vista sulla città e sui colli; gradevole saletta con camino centrale, camere con arredi in stile. Servizio ristorante estivo in giardino fiorito, cucina eclettica.

Palazzo Ravizza senza rist
Piano dei Mantellini 34 – 05 77 28 04 62 – www.palazzoravizza.com – bureau@palazzoravizza.it AX**b**
30 cam – 90/150 € 120/170 € – 4 suites
♦ Un tuffo nel passato in un'incantevole costruzione del XVII sec. raccolta intorno a un pittoresco giardinetto; mobilio d'epoca, suggestive camere di monacale semplicità.

Santa Caterina senza rist
via E. S. Piccolomini 7 – 05 77 22 11 05 – www.hscsiena.it – info@hscsiena.it
22 cam – 55/135 € 85/195 € U**a**
♦ Appena fuori le mura, gradevole villa raccolta intorno a un suggestivo giardino. Al suo interno: collezione di stampe e oggetti vari, nonché camere in stile toscano (alcune soppalcate).

Villa Liberty senza rist
viale Vittorio Veneto 11 – 0 57 74 49 66 – www.villaliberty.it – info@villaliberty.it TU**b**
18 cam – 60/80 € 90/140 €
♦ Villetta liberty alle porte della città, vicino alla chiesa di S. Domenico: interni ben tenuti e veranda per la prima colazione, che ne potenzia i piccoli spazi comuni. Camere funzionali.

Villa Elda senza rist
viale 24 Maggio 10 – 05 77 24 79 27 – www.villaeldasiena.it – info@villaeldasiena.it – chiuso dall'8 gennaio al 12 febbraio U**b**
11 cam – 79/150 € 89/200 €
♦ A due passi dal centro storico, confort moderni e calore familiare abitano questa graziosa struttura di fine Ottocento, dove spunti liberty fanno capolino qua e là. Camere luminose e piacevoli: chiedete quelle affrescate.

Circolazione regolamentata nel centro città

SIENA

Aretina (V.) . . . . U 3
Banchi di Sopra (V.) . . . . BVX 4
Banchi di Sotto (V.) . . . . BX 6
Beccafumi (V. D.) . . . . BV 9
Bracci (Viale Mario) . . . . T 12
Camporegio (V.) . . . . AV 15
Cantine (V. delle) . . . . BX 16
Capitano (V. del) . . . . AX 17
Casato di Sopra . . . . BX 18
Cavour (Vle C. Benso di) . . . . T 21
Città (V. di) . . . . BX
Esterna di Fontebranda (V.) . . . . U 26
Fiorentina (V.) . . . . T 28
Fusari (V. dei) . . . . AX 31
Galluzza (V. della) . . . . AX 32
Gazzani (V.) . . . . AV 33
Gigli (V. Girolamo) . . . . U 35
Maitani (V. L.) . . . . BV 39
Malizia (Strada di) . . . . T 40
Massetana (Strada) . . . . AX 42
Montanini (V. dei) . . . . AV
Montluc (V. Biagio di) . . . . T 45
Orlandi (V. Nazareno) . . . . T 47
Orti (V. degli) . . . . BV 49
Pellegrini (V. dei) . . . . BX 50
Peruzzi (V. B.) . . . . TU 52
Pian dei Mantellini . . . . AX 53
Pian d' Ovile . . . . ABV 54
Piccolomini (V. E.S.) . . . . U 57
Porrione (V. del) . . . . BX 59
Ricasoli (V.) . . . . T 63
Rinaldini (V.) . . . . BX 64
Sardegna (Viale) . . . . T 73
Scacciapensieri (Strada) . . . . T 74
Sclavo (V. Achille) . . . . T 75
S. Caterina (V. di) . . . . AX 67
S. Girolamo (V.) . . . . BX 68
Tolomei (Pza) . . . . BV 78
Tufi (V. dei) . . . . U 82
Vittorio Emanuele II (Viale) . . . . AV 85
Vittorio Veneto (Viale) . . . . T 87

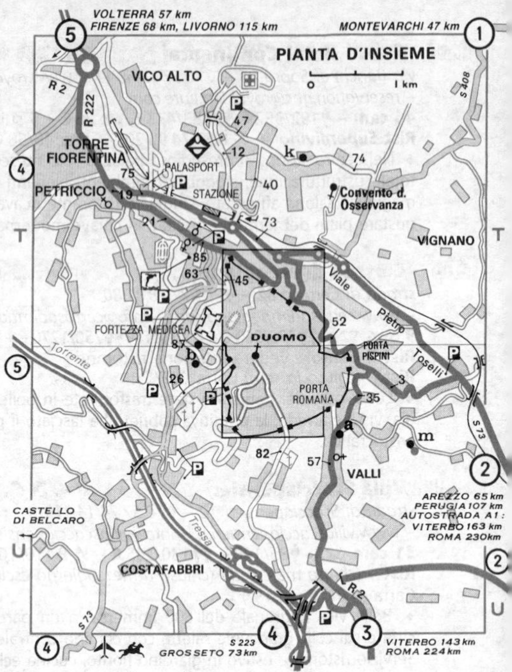

Campo Regio Relais senza rist

via della Sapienza 25 – ☎ 05 77 22 20 73 – www.camporegio.com – relais@ camporegio.com AV**a**

6 cam ☐ – 🛉150/220 € 🛉🛉190/300 €

◆ Mobili antichi e confort moderni per un soggiorno esclusivo nella contrada del Drago. Una dimora d'epoca - curata e calda - come una lussuosa abitazione privata: meraviglioso terrazzino per le colazioni estive.

Antica Residenza Cicogna senza rist

via dei Termini 67 – ☎ 05 77 28 56 13 – www.anticaresidenzacicogna.it – info@ anticaresidenzacicogna.it BV**b**

7 cam ☐ – 🛉70/120 € 🛉🛉85/120 €

◆ Al primo piano di un palazzo di origini medievali, camere graziosamente arredate, personalizzate con affreschi ottocenteschi o liberty, una con letto a baldacchino.

Il Canto – Hotel Certosa di Maggiano

strada di Certosa 86 – ☎ 05 77 28 81 82
– www.ilcanto.it – info@ilcanto.it
– chiuso dal 10 dicembre al 10 febbraio, martedì U**m**

Rist – *(chiuso a mezzogiorno escluso da novembre a marzo)* Menu 95/120 € – Carta 70/92 € ✿

◆ A *Il Canto* la creatività esalta ciò che piace al palato dell'estroso chef: amaro, acido, freddo. Per un'inebriante esperienza gastronomica.

Tre Cristi

vicolo di Provenzano 1/7 – ☎ 05 77 28 06 08
– www.trecristi.com – info@trecristi.com
– chiuso 10 giorni in gennaio, domenica BV**d**

Rist – Menu 30/60 € – Carta 36/48 € (+10 %)

◆ Ambiente elegante e servizio competente, in questo storico ristorante senese dove apprezzare lo stuzzicante menu di mare e qualche piatto del territorio.

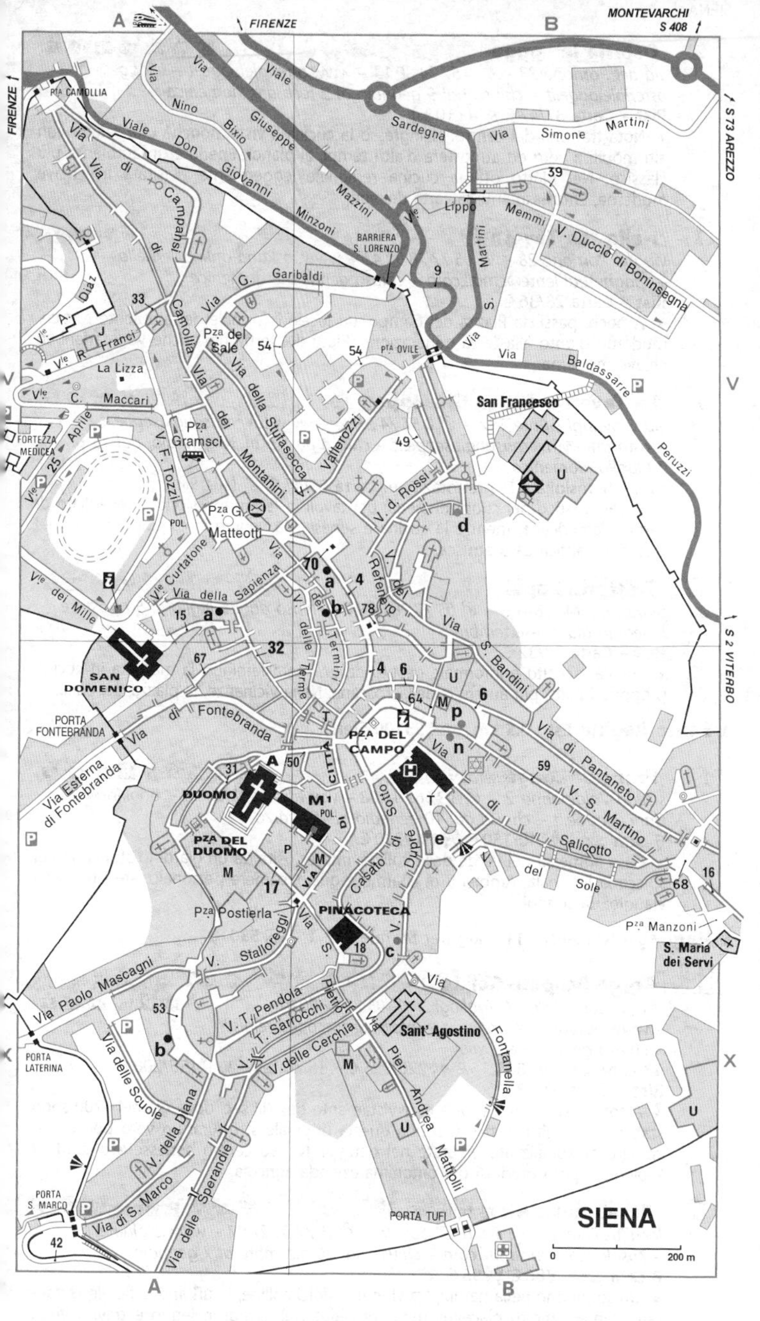
SIENA
FIRENZE
MONTEVARCHI S 408
S 73 AREZZO
S 2 VITERBO
Pta CAMOLLIA
BARRIERA S. LORENZO
Pta OVILE
San Francesco
FORTEZZA MEDICEA
La Lizza
Pza Gramsci
Pza G. Matteotti
Pza del Sale
SAN DOMENICO
PORTA FONTEBRANDA
Pza DEL CAMPO
DUOMO
Pza DEL DUOMO
Pza Postierla
PINACOTECA
Sant' Agostino
S. Maria dei Servi
Pza Manzoni
PORTA LATERINA
PORTA S. MARCO
PORTA TUFI
Via Esterna di Fontebranda
Via Paolo Mascagni
Via delle Scuole
Via di S. Marco
Via delle Sperandie
Via Pier Andrea Mattioli
Via Fontanella
Via di Pantaneto
V. S. Martino
Via S. Bandini
Via Baldassarre Peruzzi
V. Duccio di Boninsegna
Via Simone Martini
Viale Sardegna
Viale Giuseppe Mazzini
Viale Don Giovanni Minzoni
Via Nino Bixio
Via di Camollia
Via di Campansi
Via G. Garibaldi
Via della Stufasecca
Via dei Montanini
Via della Sapienza
V. delle Terme
V. dei Termini
Via di Fontebranda
Via di Città
Via di Salicotto
V. del Sole
Casato di Sotto
V. Duprè
Via S. Pietro
V. Stalloreggi
V. T. Pendola
V. T. Sarrocchi
V. delle Cerchia
V. della Diana
Vle dei Mille
Vle Curtatone
Vle 25 Aprile
Vle C. Maccari
V. F. Tozzi
Vle R. Franci
Vle A. Diaz
V. Vallerozzi
V. d. Rossi
V. del Refe Nero
Vle Lippo Memmi
Via S. Martini
200 m

Osteria le Logge

via del Porrione 33 – ✆ 0 57 74 80 13 – www.osterialelogge.it – lelogge@osterialelogge.it – chiuso dal 9 gennaio al 2 febbraio, domenica BX**p**

Rist – Carta 37/47 € (+10 %)

◆ Nota trattoria del centro: all'ingresso la cucina a vista, nonché una saletta con alti mobili a vetri ed atmosfera d'altri tempi, al piano superiore un ambiente più classico. Nel piatto ottima cucina regionale leggermente rivisitata in chiave moderna. Entusiasmante la carta dei vini.

Nello "La Taverna"

via del Porrione 28 – ✆ 05 77 28 90 43 – www.toskana-online.de/nello – spaghettialdente@email.com – chiuso gennaio e domenica BX**n**

Rist – Carta 23/36 €

◆ A pochi passi da Piazza del Campo, un locale informale dall'ambiente rustico-moderno giunto alla terza generazione. Piatti del territorio, anche vegetariani, in chiave moderna.

La Taverna di San Giuseppe

via Giovanni Duprè 132 – ✆ 0 57 74 22 86 – www.tavernasangiuseppe.it – ristorante@tavernasangiuseppe.it – chiuso dal 15 al 30 gennaio, dal 15 al 30 luglio, domenica BX**c**

Rist – (consigliata la prenotazione) Carta 28/47 € (+10 %)

◆ Locale rustico nel cuore di Siena: bei tavoli in legno massiccio e tovagliato di carta all'americana, mentre la cucina è senese. Da vedere le cantine ricavate nel tufo di un'antica casa etrusca.

Trattoria Papei

piazza del Mercato 6 – ✆ 05 77 28 08 94 – chiuso dal 25 luglio al 5 agosto e lunedì in giugno-settembre BX**e**

Rist – Carta 22/32 €

◆ Locale raccolto e informale gestito da un'intera famiglia: la mamma in cucina propone i piatti più autentici della Toscana. Nelle vicinanze, la piazza del palio.

a Santa Regina Est : 2,5 km – ✉ 53100 Siena

Frances' Lodge senza rist

strada Valdipugna 2 – ✆ 3 37 67 16 08 – www.franceslodge.it – booking@franceslodge.it – chiuso dal 10 gennaio al 19 marzo

6 cam – †140/150 € ††190/220 €

◆ Casa immersa nel verde delle colline, impreziosita da un giardino storico in cui spicca la limonaia. Ambienti di charme e gusto, camere personalizzate ispirate al viaggio: da sogno!

a Vagliagli Nord-Est : 11,5 km per Statale 222 T – ✉ 53010

Borgo Scopeto Relais

rist,

strada Comunale 14 Vagliagli – ✆ 05 77 32 00 01 – www.borgoscopetorelais.it – info@borgoscopetorelais.it – chiuso gennaio-febbraio

43 cam – †180/216 € ††220/325 € – 15 suites – ½ P 155/208 €

Rist – Carta 51/63 €

◆ Attorno ad un'antica torre di avvistamento del XIII sec, dove già nel 1700 sono stati costruiti altri rustici, si snoda questa originale struttura: un vero borgo con camere personalizzate e curate nei dettagli. Nuovo centro benessere e cantina/*showroom* per i prodotti dell'omonima azienda agricola.

Casali della Aiola senza rist

località l'Aiola, Est : 1 km ✉ 53019 – ✆ 05 77 32 27 97 – www.aiola.net – casali_aiola@hotmail.com – chiuso dal 20 dicembre al 7 gennaio

8 cam – †86 € ††96 €

◆ Un soggiorno nella natura, tra vigneti e dolci colline, in un antico fienile restaurato: camere molto piacevoli (una con salottino), arredi in legno e travi a vista. Banditi i televisori!

La Taverna di Vagliagli
via del Sergente 4 – ✆ 05 77 32 25 32 – www.tavernadivagliagli.com – chiuso dal 5 al 30 novembre e dall'8 al 31 gennaio e martedì
Rist – *(chiuso a mezzogiorno escluso sabato ed i giorni festivi)* Carta 28/42 €
♦ In un caratteristico borgo del Chianti, locale rustico molto gradevole, con pietra a vista e arredi curati; specialità alla brace, cucinate davanti ai clienti.

SIGNATO – **Bolzano** – **Vedere Bolzano**

SILANDRO (SCHLANDERS) – **Bolzano (BZ)** – **562** C14 – **5 931 ab.** – **alt. 721 m** – ✉ **39028** **30** A2

Roma 699 – Bolzano 62 – Merano 34 – Milano 272

via Covelano 27 ✆ 0473 730155, info@silandro-lasa.it, Fax 0473 621615

a Vezzano (Vezzan)**Est : 4 km** – ✉ **39028 Silandro**

Sporthotel Vetzan
– *✆ 04 73 74 25 25 – www.sporthotel-vetzan.com – info@sporthotel-vetzan.com – Natale-7 gennaio e aprile-3 novembre*
25 cam – 65/75 € 130/150 € – 1 suite – ½ P 80/95 €
Rist – *(chiuso a mezzogiorno) (solo per alloggiati)*
♦ Per vacanze nel verde, un albergo immerso tra i frutteti in posizione soleggiata e tranquilla; zone comuni in stile montano di taglio moderno, spaziose camere classiche.

Val Venosta-Vinschgerhof
vecchia strada Val Venosta 1 – ✆ 04 73 74 21 13 – www.vinschgerhof.com – info@vinschgerhof.com – aprile-dicembre
30 cam – 45/63 € 80/120 € – ½ P 60/85 €
Rist – *(chiuso lunedì)* Carta 27/42 €
♦ Per soggiorni tranquilli, piacevole struttura dalla gestione solida e affidabile, dotata di servizi completi e di un rilassante centro benessere. Ristorante molto attivo e frequentato.

SILEA – **Treviso (TV)** – **562** F18 – **10 016 ab.** – ✉ **31057** **35** A1

Roma 541 – Venezia 26 – Padova 50 – Treviso 5

Da Dino
via Lanzaghe 13 – ✆ 04 22 36 07 65 – www.trattoriadadino.com – chiuso dal 24 dicembre al 6 gennaio e 15 giorni in estate, martedì sera, mercoledì
Rist – Carta 31/42 €
♦ Locale semplice e familiare: nelle due salette in stile rustico, ma di tono signorile, tante proposte gastronomiche locali da gustare - durante l'inverno - vicino ad uno scoppiettante camino.

SILVIGNANO – **Perugia (PG)** – **563** N20 – **Vedere Spoleto**

SILVI MARINA – **Teramo (TE)** – **563** O24 – **15 622 ab.** – ✉ **64028** **1** B1

Roma 216 – Pescara 19 – L'Aquila 114 – Ascoli Piceno 77

via Garibaldi 153 ✆ 085 930343, iat.silvi@abruzzoturismo.it, Fax 085930026

Atri : Cattedrale★★ Nord-Ovest : 11 km – Paesaggio★★ (Bolge), Nord-Ovest : 12 km

Mion
viale Garibaldi 22 – ✆ 08 59 35 09 35 – www.mionhotel.com – info@mionhotel.com – maggio-settembre
64 cam – 110/165 € 150/270 € – ½ P 120/180 € **Rist** – Carta 45/60 €
♦ Fronte mare, l'hotel è cinto da un curato giardino, offre piacevoli spazi comuni arredati con eleganza e gusto coloniale ed alcune camere impreziosite da mobilio d'epoca. Nell'elegante sala ristorante proposte di cucina italiana; d'estate il servizio è anche nella fiorita terrazza accanto alla piscina.

Parco delle Rose rist,

viale Garibaldi 36 – 08 59 35 09 89 – www.parcodellerose.it – info@parcodellerose.it – giugno-15 settembre

63 cam – 65/116 € 90/116 € – ½ P 68/113 € **Rist** – Menu 32 €

◆ Una bianca costruzione circondata da un profumato giardino di gelsomini e rose, dispone di vasti spazi comuni arredati con pezzi d'antiquariato e semplici camere confortevoli. Prodotti locali e nazionali presso le classiche sale da pranzo.

Miramare cam,

viale Garibaldi 134 – 0 85 93 02 35 – www.miramaresilvi.it – info@miramaresilvi.it – aprile-settembre

55 cam – 35/70 € 60/140 € – ½ P 70/90 €

Rist – Carta 22/28 €

◆ Circondato da un giardino, l'albergo vanta un'atmosfera indiscutibilmente familiare e dispone di campi da gioco e confortevoli camere arredate con gusti differenti. Al ristorante, sobri arredi in calde tonalità, cucina nazionale e piatti di pesce.

Don Ambrosio con cam cam,

contrada Piomba 49 – 08 59 35 10 60 – www.donambrosio.it – info@donambrosio.it – chiuso dal 7 al 14 gennaio e dal 21 al 28 settembre

11 cam – 45/50 € 80/90 € – ½ P 65/75 €

Rist – *(chiuso martedì e mercoledì a mezzogiorno)* Carta 27/39 €

◆ Appena fuori dal paese e in posizione panoramica, un casolare dalla lunga memoria familiare, che nell'insegna ancora ricorda il suo fondatore, vi attende per farvi gustare il meglio della cucina regionale (soprattutto a base di carne). Servizio estivo all'aperto. Confortevoli camere country, alcune con vista mare.

SINAGRA – Messina (ME) – **365** AY55 – **2 832 ab.** – **alt. 260 m** – 98069 **40** D2

Catania 107 – Messina 89 – Palermo 165 – Taormina 85

Trattoria da Angelo

strada principale 139 per Ucria, Sud : 2 km – 09 41 59 44 33 – www.angeloborrello.it – borrello.ang87@virgilio.it – chiuso lunedì

Rist – (consigliata la prenotazione sabato e domenica) Carta 20/26 €

◆ Distensivo e indimenticabile il pranzo in veranda: intorno a voi l'intera vallata, al suo centro un antico torchio per le olive, sul vostro piatto le specialità della Sicilia.

SINALUNGA – Siena (SI) – **563** M17 – **12 825 ab.** – **alt. 364 m** – 53048 Toscana **29** C2

Roma 188 – Siena 45 – Arezzo 44 – Firenze 103

via G. Di Vittorio (Centro Commerciale Le Rotonde) 0577 636045, info@prolocosinalunga.it, Fax 0577 636045

Valdichiana località Esse Secco-Bettolle, 0577 62 44 39

Locanda dell'Amorosa

Sud : 2 km – 05 77 67 72 11 – www.amorosa.it – locanda@amorosa.it

27 cam – 180/360 € 208/405 €

Rist *Le Coccole dell'Amorosa* – Menu 38/57 € – Carta 42/57 €

◆ Un'antica fattoria, al cui interno sono stati ricavati ampi e luminosi spazi comuni dall'arredo rustico ma suggestivo. Fuori, una piscina panoramica tra le colline senesi. Un ambiente rustico, un camino ed archi in mattoni, per gustare una cucina regionale e scegliere tra un intressante ventaglio di vini.

San Giustino

via Dei Frati 171, Ovest : 2 km – 05 77 63 04 14 – www.sangiustino.com – info@sangiustino.com – 20 dicembre-9 gennaio e 18 marzo-2 novembre

10 cam – 70/100 € 100/130 € – 2 suites – ½ P 75/105 €

Rist – *(chiuso a mezzogiorno)* Carta 25/39 € (+10 %)

◆ In aperta campagna, circondata da cipressi ed ulivi, questa elegante villa colonica offre ampi spazi comuni, colori tenui e arredi classici, ma adeguati alle esigenze moderne. Ricette tipiche toscane nel ristorante affacciato sulla piscina.

a Bettolle Est : 6,5 km – ✉ 53040

XX **Walter Redaelli** con cam
via XXI Aprile 10 – ☎ 05 77 62 34 47 – www.ristoranteredaelli.it – info@ristoranteredaelli.it – chiuso 2 settimane in febbraio
6 cam ☕ – †80/100 € ††110/150 €
Rist – *(chiuso martedì escluso da giugno ad ottobre)* Menu 41 € – Carta 30/49 €
◆ In un'antica casa colonica di fine '700 con mattoni a vista, travi al soffitto e un imponente camino, si celebra la sapida cucina toscana elaborata partendo da ingredienti locali e con tanta carne. Abbandonatevi al piacere della tavola, comodamente adagiati nelle confortevoli poltroncine.

SINIO – **Cuneo (CN)** – **561** I6 – **524 ab.** – **alt. 357 m** – ✉ **12050** **25** C2
Roma 605 – Cuneo 63 – Asti 47 – Savona 72

Castello di Sinio
località Castello 1 – ☎ 01 73 26 38 89 – www.hotelcastellodisinio.com – reservations@hotelcastellodisinio.com
14 cam – †135/235 € ††165/285 €, ☕ 8 € – 2 suites
Rist – *(chiuso dal 7 gennaio al 7 marzo, lunedì) (chiuso a mezzogiorno)*
Carta 48/63 € (+10 %)
◆ L'antico castello troneggia nel centro del piccolo borgo isolato, al suo interno: charme, eleganza e storia. Mentre nella romantica sala al primo piano, sarà la proprietaria stessa a cucinare per voi i migliori piatti langaroli.

Agriturismo Le Arcate
località Gabutto 2 – ☎ 01 73 61 31 52 – www.agriturismolearcate.it – learcate@agriturismolearcate.it – chiuso dall'8 gennaio al 15 febbraio
8 cam ☕ – †45 € ††70 € – ½ P 52 €
Rist – (prenotazione obbligatoria) Menu 26/28 €
◆ Recentemente ampliata con una piscina all'interno della zona verdeggiante, l'azienda agricola propone stanze molto luminose che si aprono sulla campagna circostante punteggiata di castelli. Piatti piemontesi e una panoramica balconata per le cene estive.

SINISCOLA – **Nuoro (NU)** – **366** T40 – **11 532 ab.** – **alt. 39 m** – ✉ **08029** **38** B1
Nuoro 47 – Olbia 57

a La Caletta Nord-Est : 6,5 km – ✉ **08020**

L'Aragosta cam,
via Ciusa – ☎ 07 84 81 07 33 – www.laragostahotel.com – info@laragostahotel.com
24 cam ☕ – †70/150 € ††90/160 € – ½ P 70/115 €
Rist – *(aprile-settembre)* Carta 23/99 €
◆ Alle pendici di Montelongu, una struttura semplice e confortevole propone angoli di lettura nell'ampia hall, spaziose camere moderne e due piscine di cui una per bambini. Specialità di mare, cucina nazionale e tipici piatti della gastronomia sarda presso la sobria sala ristorante.

SIRACUSA P **(SR)** – **365** BA61 – **124 083 ab.** – ✉ **96100** Sicilia **40** D3
Catania 59
via Maestranza 33 ☎ 0931 65201, strsiracusa@regione.sicilia.it, Fax 0931 60204
Parco archeologico della Neapolis★★★AY: Teatro Greco★★★, Orecchio di Dionisio★★★ **B**, Latomia del Paradiso★★ **L**, Anfiteatro Romano★ AY – Museo Archeologico Regionale Paolo Orsi★★ BY – Catacombe di San Giovanni★★ BY – Latomia dei Cappuccini★★ CY – Ortigia★★★ CZ: Piazza Duomo★★ **D**, Duomo★ **D**, Fonte Aretusa★ , Galleria Regionale di Palazzo Bellomo★ CZ , Palazzo Mergulese-Montalto★ CZ **R4**, Via della Maestranza★ CZ **18**
Fonte Ciane★★: 8 km sud-ovest - Castello Eurialo★: 9 km nord-ovest

Piante pagine seguenti

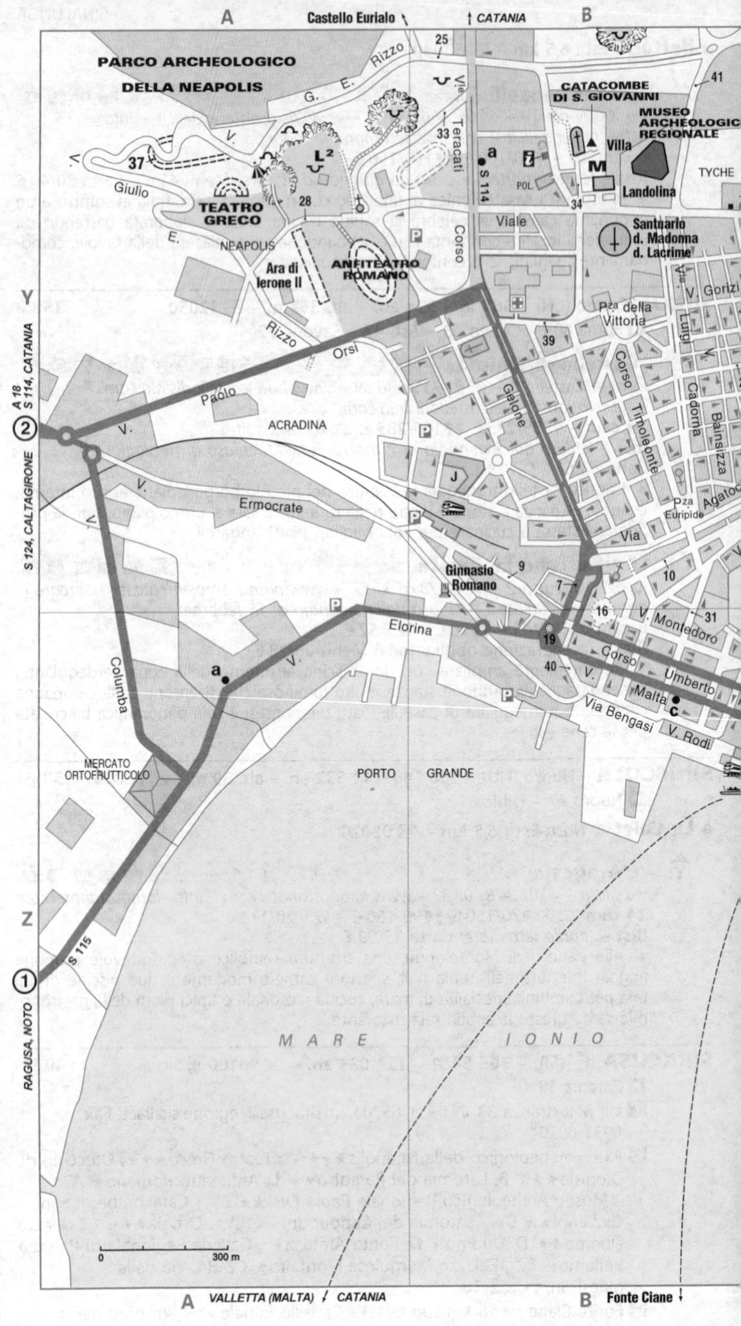
A
Castello Eurialo
CATANIA
B
PARCO ARCHEOLOGICO
DELLA NEAPOLIS
Rizzo
G. E.
V.
Giulio
37
TEATRO GRECO
NEAPOLIS
Ara di Ierone II
ANFITEATRO ROMANO
L²
28
33
25
V.le Teracati
Corso
S 114
Viale
POL.
CATACOMBE DI S. GIOVANNI
MUSEO ARCHEOLOGIC REGIONALE
Villa
Landolina
TYCHE
34
41
Santuario d. Madonna d. Lacrime
V. Gorizi
Pza della Vittoria
39
Corso Timoleonte
Luigi Cadorna
Bainsizza
Rizzo
Orsi
Paolo
V.
ACRADINA
Gelone
J
Ermocrate
V.
Pza Euripide
Agatoc
Via
Ginnasio Romano
9
7
10
16
V. Montedoro
31
19
Elorina
Corso Umberto
40
V. Malta
Via Bengasi
V. Rodi
Columba
a
c
MERCATO ORTOFRUTTICOLO
PORTO GRANDE
MARE IONIO
Y
Z
A 18
S 114, CATANIA
S 124, CALTAGIRONE
RAGUSA, NOTO
S 115
0
300 m
VALLETTA (MALTA)
CATANIA
Fonte Ciane

SIRACUSA

Street	Grid	No.
Agatocle (V.)	BCY	
Agrigento (V.)	BCY	2
Archimede (Pza)	CZ	3
Arsenale (V. d.)	BCY	
Bainsizza (V.)	BY	
Bengasi (V.)	BZ	
Cadorna (Viale L.)	BY	
Capodieci (V.)	CZ	4
Cappuccini (Pza)	CY	
Castello Maniace (V.)	CZ	6
Catania (V.)	BY	7
Columba (V.)	AYZ	
Crispi (V. F.)	BY	9
Diaz (Viale A.)	BY	10
Dionisio il Grande (Riviera)	CY	12
Duomo (Pza)	CZ	13
Elorina (V.)	ABZ	
Ermocrate (V.)	AY	
Euripide (Pza)	BY	
Foro Siracusano	BYZ	16
Gelone (Cso)	BY	
Gorizia (V.)	BY	
Maestranza (V. d.)	CZ	18
Malta (V.)	BZ	
Marconi (Piazzale)	BZ	19
Matteotti (Cso G.)	CZ	21
Mergulensi (V.)	CZ	22
Mirabella (V.)	CZ	24
Montedoro (V.)	BZ	
Montegrappa (V.)	CY	
Necropoli Groticelle (V. d.)	BY	25
Nizza (V.)	CZ	
Orsi (Viale P.)	ABY	
Pancali (Pza)	CZ	27
Paradiso (V.)	AY	28
Piave (V.)	BCY	
Puglia (V.)	CY	30
Regina Margherita (Viale)	BYZ	31
Rizzo (Viale G. E.)	AY	
Rodi (V.)	BZ	
Romagnoli (V.)	ABY	33
Roma (V.)	CZ	
Sepolcri (V. d.)	AY	37
Svevia (Pza F. d.)	CZ	38
S. Giovanni (Viale)	BY	34
S. Lucia (Pza)	CY	
S. Martino (V.)	CZ	36
Teocrito (Viale)	BCY	
Teracati (Viale)	BY	
Testaferrata (V. G.)	BY	39
Timoleonte (Cso)	BY	
Torino (V.)	CY	
Tripoli (V.)	BZ	40
Umberto I (Cso)	BZ	
Vittoria (Pza d.)	BY	
Vittorio Veneto (V.)	CZ	
Von Platen (V. A.)	BY	41
XX Settembre (V.)	CZ	42

Des Etrangers et Miramare

passeggio Adorno 10/12 – ✆ 09 31 31 91 00 – www.desetrangers.it – desetrangers@amthotels.it CZ**h**

76 cam – 🛉100/250 € 🛉🛉120/325 €, ☕ 15 € – ½ P 90/193 €

Rist – Carta 48/75 €

◆ Tornato ai fasti del passato, un hotel di tradizione che non ha perso l'eleganza e la raffinatezza di un tempo. Spazi generosi nelle camere e negli ambienti comuni. Ristorante roof-garden con vista affascinante sulla città.

Grand Hotel Minareto

rist,

via del Faro Massolivieri 26/a, per ①: 4,8 km – ✆ 09 31 72 12 22 – www.grandhotelminareto.it – info@grandhotelminareto.it

93 cam ☕ – 🛉90/160 € 🛉🛉155/520 € – 3 suites – ½ P 138/310 €

Rist *Nesos* – Carta 41/85 €

◆ Atmosfera medio-orientale, e non solo per il nome, in questo resort che occupa un intero promontorio. Elegante e con spiaggia privata, le sue camere sono disseminate attorno alla scenografica piscina. Lume di candela e vista mozzafiato dalla terrazza ristorante, mentre piatti isolani rivisitati ammiccano dal menu.

Grand Hotel Ortigia

cam, rist,

viale Mazzini 12 – ✆ 09 31 46 46 00 – www.grandhotelortigia.it – info@grandhotelortigia.it CZ**c**

58 cam ☕ – 🛉155/200 € 🛉🛉240/260 € – ½ P 140/160 €

Rist *La Terrazza sul Mare* – Carta 39/55 €

◆ Qui le camere, così come gli spazi comuni, riescono a fondere e a comprendere in modo mirabile, elementi di design contemporaneo, reperti classici e decorazioni moderne. Il ristorante roof-garden offre una vista panoramica eccezionale sulla città e sul mare.

Grand Hotel Villa Politi

rist,

via Politi Laudien 2 – ✆ 09 31 41 21 21 – www.villapoliti.com – info@villapoliti.com CY**a**

98 cam ☕ – 🛉105/145 € 🛉🛉130/210 € – 2 suites – ½ P 100/150 €

Rist – *(chiuso a mezzogiorno in gennaio, febbraio, marzo)* Carta 35/45 €

◆ Nello spettacolare contesto del parco delle Latomie dei Cappuccini, una villa liberty che ospita ambienti comuni sontuosi, stanze ampie, eleganti e (molte) panoramiche. Al ristorante ritroverete ancora l'atmosfera di una certa nobile e raffinata "sicilianità".

Mercure Siracusa Prometeo

rist,

viale Teracati 20 – ✆ 09 31 46 46 46 – www.mercure.com – info@hotelmercuresiracusa.it BY**a**

93 cam – 🛉80/200 € 🛉🛉90/280 €, ☕ 10 € – ½ P 70/175 €

Rist – *(chiuso sabato e i giorni festivi) (chiuso a mezzogiorno) (solo per alloggiati)* Carta 32/40 €

◆ Situato in una posizione invidiabile, nell'incantevole cornice del Parco Archeologico e a due passi dal centro storico dell'isola di Ortigia, complesso moderno e solare dispone di ottime camere e di un panoramico roof garden con piccola piscina.

Caol Ishka

via Elorina 154 – ✆ 0 93 16 90 57 – www.caolishka.com – info@caolishka.com – chiuso dal 10 gennaio al 10 febbraio AZ**a**

10 cam ☕ – 🛉150/170 € 🛉🛉190/280 € – ½ P 125/180 €

Rist *Zafferano Bistrot* – *(chiuso lunedì da ottobre ad aprile)* Carta 33/70 €

◆ Nasce dall'esperienza londinese la passione della proprietaria per i dettagli anglosassoni che impreziosiscono e distinguono la vecchia masseria cinta dal verde: una strada sterrata la separa dalla città. La piccola sala dal design accattivante e dal servizio informale, propone una carta regionale alleggerita.

Roma

via Roma 66 – 0 93 14 65 62 6 – www.hotelromasiracusa.it – info@hotelroma.sr.it CZ**f**

44 cam – 80/136 € 100/200 € – ½ P 78/128 €

Rist *Minosse* – 0 93 16 63 66 – Menu 20/50 €

◆ Nel cuore di Ortigia, proprio alle spalle del Duomo, un albergo che si propone con una veste completamente rinnovata, secondo i dettami di uno stile moderno e funzionale. Appuntamento con i sapori locali al ristorante Minosse: pesce fresco, piatti tradizionali e un pizzico di fantasia.

Relax

viale Epipoli 159, per viale Teracati – 0 93 17 40 12 2 – www.hotelrelax.it – info@hotelrelax.it BY

55 cam – 60/72 € 90/110 € – 2 suites – ½ P 55/70 €

Rist – Carta 25/34 €

◆ Risorsa appropriata per la clientela d'affari, come per quella turistica. Attualmente in fase di ampliamento per accrescere il numero delle camere e il livello di confort. Cucina d'albergo con influssi eterogenei, senza forti connotazioni regionali.

Gran Bretagna senza rist

via Savoia 21 – 0 93 16 87 65 – www.hotelgranbretagna.it – info@hotelgranbretagna.it CZ**m**

17 cam – 75/90 € 100/120 €

◆ Palazzo d'epoca completamente ristrutturato, costruito su antiche mura di contenimento ancora visibili. Alcune camere con soffitti affrescati. Terrazza solarium.

Cavalieri senza rist

via Malta 42 – 0 93 14 83 63 5 – www.hotelcavalierisiracusa.it – info@hotelcavalierisiracusa.it BZ**c**

19 cam – 90/140 € 110/180 € – 1 suite

◆ Un palazzo ottocentesco ristrutturato e riconvertito in un piccolo e grazioso albergo: ambienti luminosi e dal design contemporaneo, che fondono classico e moderno. Terrazza roof garden.

Domus Mariae senza rist

via Vittorio Veneto 76 – 0 93 12 48 54 – www.domusmariae1.it – info@domusmariae1.it CZ**d**

12 cam – 120/130 € 150/165 €

◆ Albergo d'impostazione classica, con camere grandi e accoglienti, ubicato sul lungomare, con una curiosa particolarità: la gestione è in mano alle suore orsoline.

Gutkowski senza rist

lungomare Vittorini 26 – 0 93 14 65 86 1 – www.guthotel.it – info@guthotel.it CZ**x**

26 cam – 80 € 90/130 €

◆ La piccola terrazza-solarium panoramica, l'accogliente e caratteristico spazio comune a piano terra, la discreta cura dei particolari, associata all'apprezzabile buon gusto.

Giuggiulena senza rist

via Pitagora da Reggio 35 – 0 93 14 68 14 2 – www.giuggiulena.it – info@giuggiulena.it CY**b**

7 cam – 70/90 € 90/110 €

◆ In splendida posizione sul blu del Mediterraneo, che si vede da ogni camera, una casa gestita in modo simpatico e caloroso. Discesa diretta a mare, per un tuffo dagli scogli.

Don Camillo

via Maestranza 96 – 0 93 16 71 33 – www.ristorantedoncamillosiracusa.it – ristorantedoncamillo@tin.it – chiuso domenica e i giorni festivi CZ**a**

Rist – Carta 42/63 €

◆ Soffitti a volta, pietre a vista e un certo dinamismo nella disposizione degli spazi, connotano questo ristorante che dispone, tra l'altro, di un'interessante cantina.

Porta Marina

via dei Candelai 35 – ✆ 0 93 12 25 53 – www.ristoranteportamarina.135.it – portamarina.sr@libero.it – chiuso dal 1° al 15 febbraio, lunedì CZ**q**

Rist – (consigliata la prenotazione) Carta 24/43 €

◆ In un edificio del 1400 lasciato volutamente spoglio, in modo da evidenziare le pietre a vista e il soffitto a volte a crociera, il locale si è imposto come uno degli indirizzi più eleganti di Siracusa. Cucina promettente con alcune preparazioni, che si sbilanciano verso elaborazioni e personalismi ben riusciti.

Al Mazarì

via Torres 7/9 – ✆ 09 31 48 36 90 – www.almazari.com – info@almazari.com – chiuso domenica escluso luglio ed agosto CZ**n**

Rist – Carta 22/48 € (+10 %)

◆ Parentesi gastronomica trapanese nel cuore di Siracusa: tra cous cous e pasta con le sarde, due sale semplici ed informali, che di sera si accendono dell'intrigante magia delle candele. Menu scherzosamente in dialetto siciliano (ma con traduzioni), per non prendersi troppo sul serio.

Oinos

via della Giudecca 69/75 – ✆ 09 31 46 49 00 – www.oinosrestaurant.it – info@oinosrestaurant.it – chiuso febbraio, domenica CZ**b**

Rist – Menu 70 € – Carta 43/63 €

◆ Utilizzando prodotti e sapori provenienti da tutta Italia, la giovane cuoca di origini milanesi propone con successo una cucina d'impostazione moderna. Intimo e infomale locale sull'Ortigia.

Darsena da Ianuzzo

riva Garibaldi 6 – ✆ 0 93 16 15 22 – www.ristorantedarsena.it – direzione@ristorantedarsena.it – chiuso 15 giorni in luglio, 1 settimana in novembre, mercoledì CZ**g**

Rist – Carta 33/50 €

◆ Bisogna percorrere il canale che separa Ortigia dal resto della città per giungere in questo simpatico locale, d'impostazione classica, specializzato nei prodotti ittici.

verso Lido Arenella

Dolce Casa senza rist

via Lido Sacramento 4, 4 km per ① ✉ 96100 Siracusa – ✆ 09 31 72 11 35 – www.bbdolcecasa.it – contact@bbdolcecasa.it

10 cam – †50/60 € ††60/85 €

◆ Piacevole struttura a metà strada tra la città e le spiagge, attorniata da un giardino mediterraneo, inserita in un'oasi di tranquillità: per un soggiorno rilassante.

sulla strada provinciale 14 Mare Monti

Lady Lusya

cam, rist,

località Spinagallo, Sud-Ovest : 14 km – ✆ 09 31 71 02 77 – www.ladylusya.it – info@ladylusya.it – chiuso dal 1° gennaio al 15 marzo

19 cam – †70/100 € ††120/180 € – ½ P 90/120 €

Rist – (prenotazione obbligatoria) Carta 33/51 €

◆ Masseria fortificata del '500 splendidamente trasformata in hotel: interni di classe, camere distribuite in edifici diversi, tutti circondati dal giardino. Bella piscina. Ristorante di aspetto sobrio, cucina siciliana doc.

Agriturismo La Perciata

rist,

località Spinagallo 77, Sud-Ovest : 10 km ✉ 96100 Siracusa – ✆ 09 31 71 73 66 – www.perciata.it – perciata@perciata.it

13 cam – †55/80 € ††75/99 € – ½ P 62/74 €

Rist – *(giugno-settembre) (chiuso a mezzogiorno)* Carta 24/36 €

◆ Casa dall'intenso sapore mediterraneo, immersa nella campagna siracusana. Un agriturismo di alto livello, con tante dotazioni e servizi, per un soggiorno di tutto relax.

Agriturismo Limoneto – cam, P
via del Platano 3, Sud-Ovest : 9,5 km – 09 31 71 73 52 – www.limoneto.it – limoneto@tin.it – chiuso novembre
10 cam – 60/80 € 90/120 € – ½ P 67 €
Rist – *(chiuso a mezzogiorno escluso domenica da dicembre a giugno)* Menu 22/30 €
◆ Attorniata da un rigoglioso giardino agrumeto, struttura in aperta campagna in cui tutte le camere hanno accesso indipendente. La gestione si distingue per la simpatia.

SIRIO (Lago) – Torino – Vedere Ivrea

SIRMIONE – Brescia (BS) – 561 F13 – 7 920 ab. – alt. 66 m – ✉ 25019 17 D1

Italia Centro Nord

Roma 524 – Brescia 39 – Verona 35 – Bergamo 86

viale Marconi 6 030 916114, iat.sirmione@provincia.brescia.it, Fax 030 916222

Località★★ – Grotte di Catullo: cornice pittoresca★★ – Rocca Scaligera★

Villa Cortine Palace Hotel – rist, P
via Caio Valerio Catullo 12 – 03 09 90 58 90 – www.palacehotelvillacortine.it – info@hotelvillacortine.com – aprile-10 ottobre
52 cam – 420/490 € 480/680 € – 2 suites
Rist – Carta 54/76 €
◆ Una vacanza esclusiva in una villa ottocentesca in stile neoclassico all'interno di uno splendido grande parco digradante sul lago; incantevoli interni di sobria eleganza. Raffinatezza e classe nell'ampia sala da pranzo; romantico servizio estivo all'aperto.

Grand Hotel Terme – rist, P
viale Marconi 7 – 0 30 91 62 61 – www.termedisirmione.com – booking@termedisirmione.com – chiuso sino a febbraio
57 cam – 200/1100 € – ½ P 110/1100 €
Rist *L'Orangerie* – Carta 54/72 €
◆ Un giardino in riva al lago con piscina impreziosisce questa bella struttura panoramica: colori vivaci negli interni arredati con gusto, wellness completo e area congressi. Comodi a tavola per ammirare il paesaggio lacustre e per assaporare la tradizione mediterranea.

Olivi – rist, P
via San Pietro 5 – 03 09 90 53 65 – www.hotelolivi.com – info@hotelolivi.com – marzo-novembre
64 cam – 85/150 € 105/232 € – ½ P 89/152 €
Rist – Carta 47/57 €
◆ In posizione panoramica - tra il centro e le grotte di Catullo - sfugge al caos turistico ed offre camere immerse nel verde, accoglienti e luminose. Ampia sala da pranzo di tono elegante, utilizzata anche per banchetti.

Sirmione – rist, P
piazza Castello 19 – 0 30 91 63 31 – www.termedisirmione.com – booking@termedisirmione.com
99 cam – 118/500 € – 2 suites – ½ P 82/500 € **Rist** – Menu 50 €
◆ Nel centro storico, ma affacciato sul lago, un albergo in parte rinnovato, diviso in due corpi separati e dotato di centro termale interno, per un soggiorno rigenerante. Raffinata sala ristorante; gradevole servizio estivo sotto un pergolato in riva al lago.

Catullo
rist,

piazza Flaminia 7 – 03 09 90 58 11 – www.hotelcatullo.it – info@hotelcatullo.it – chiuso sino al 14 marzo

56 cam – 50/100 € 100/140 € – ½ P 70/90 €

Rist – *(solo per alloggiati)* Menu 20/50 €

◆ Uno dei più antichi alberghi di Sirmione, annoverato tra i "Locali storici d'Italia"; bel giardino in riva al lago con pontile-solarium, interni eleganti e confortevoli. Affacciato sul suggestivo giardino che ricorda antichi fasti, il ristorante propone la cucina nazionale.

Du Lac

via 25 Aprile 60 – 0 30 91 60 26 – www.hoteldulacsirmione.com – info@hoteldulacsirmione.com – aprile-16 ottobre

35 cam – 75/85 € 85/140 € – ½ P 70/86 €

Rist – *(chiuso a mezzogiorno) (solo per alloggiati)*

◆ Gestione diretta d'esperienza in un hotel classico, in riva al lago, dotato di spiaggia privata; zone comuni con arredi di taglio moderno stile anni '70, camere lineari. Fresca sala da pranzo, affidabile cucina d'albergo.

Pace

piazza Porto Valentino – 03 09 90 58 77 – www.pacesirmione.it – info@pacesirmione.it – chiuso dal 2 novembre al 20 dicembre

22 cam – 50/80 € 90/135 € – ½ P 60/75 € **Rist** – Carta 47/82 €

◆ Nel centro storico e fronte lago, una dimora dei primi '900 dagli interni vagamente british: un dedalo di corridoi e scale in cui si è cercato di preservare gli elementi d'epoca. Soffitti di legno conferiscono "calore" al ristorante; se preferite mangiare all'aperto, il berceau di rose vi offrirà un piacevole rifugio.

Marconi senza rist

via Vittorio Emanuele II 51 – 0 30 91 60 07 – www.hotelmarconi.net – info@hotelmarconi.net – 7 marzo-22 novembre

23 cam – 50/75 € 80/125 €

◆ In centro, direttamente sul lago, hotel con razionali ambienti per concedersi un momento di relax, con arredi stile anni '70 d'ispirazione contemporanea; camere lineari.

Villa Rosa senza rist

via Quasimodo 4 – 03 09 19 63 20 – www.hotel-villarosa.com – info@hotel-villarosa.com – marzo-novembre

14 cam – 51/61 € 60/79 €, 12 €

◆ Semplice gestione familiare in un piccolo hotel in zona residenziale: ambienti vivacemente variopinti, camere dotate di ogni confort (tutte con balcone) e centro storico raggiungibile con le biciclette dell'albergo.

Corte Regina senza rist

via Antiche Mura 11 – 0 30 91 61 47 – www.corteregina.it – info@corteregina.it – aprile-ottobre

14 cam – 70/90 € 80/110 €

◆ Adiacente al castello, albergo semplice e piccolo, quanto dignitoso e ben tenuto, dove la sala mansardata per la prima colazione offre una romantica vista sui tetti.

Mon Repos senza rist

via Arici 2 – 03 09 90 52 90 – www.hotelmonrepos.com – info@hotelmonrepos.com – Pasqua-novembre

23 cam – 70/95 € 110/140 €

◆ Veri gioielli di questo hotel sono la splendida posizione, all'estremità della penisola, e il rigoglioso giardino-uliveto con piscina; interni essenziali, camere funzionali.

XXX **La Rucola** (Gionata Bignotti)

vicolo Strentelle 7 – ✆ 0 30 91 63 26 – www.ristorantelarucola.it – elens1970@libero.it – chiuso dal 15 dicembre al 1° febbraio, giovedì, venerdì a mezzogiorno

Rist – Carta 82/109 €

Spec. Il crudo di tonno... Raviolo di ricotta affumicata, brodo di gallina e tartufo. Vellutata di pomodoro con guancette di baccalà.

◆ In un vicolo del centro, è il ristorante per le grandi occasioni tra candelabri, tappeti e un tocco rustico nelle pietre a vista. Cucina creativa prevalentemente di mare.

XXX **Signori**

via Romagnoli 17 – ✆ 0 30 91 60 17 – www.ristorantesignori.it – info@ristorantesignori.it – chiuso dal 5 novembre al 20 dicembre, dal 7 gennaio al 20 febbario, lunedì

Rist – Carta 55/71 €

◆ Locale d'ispirazione contemporanea con una sala, abbellita da quadri moderni, che si protende sul lago grazie alla terrazza per il servizio estivo; piatti rielaborati.

XXX **La Speranzina**

via Dante 16 – ✆ 03 09 90 62 92 – www.lasperanzina.it – info@lasperanzina.it – chiuso dal 7 al 17 gennaio, lunedì da ottobre a marzo

Rist – Carta 67/90 €

◆ Vicino al castello e con il lago che sembra una cartolina, gli ambienti ammiccano alla campagna provenzale mentre la cucina sforna piatti creativi e ricercati.

XX **Trattoria Antica Contrada**

via Colombare 23 – ✆ 03 09 90 43 69 – www.ristoranteanticacontrada.it – info@ristoranteanticacontrada.it – chiuso gennaio, lunedì, martedì a mezzogiorno

Rist – Carta 36/74 €

◆ Lungo la penisola - a 2 km dal centro - le tradizionali specialità lacustri sono oggi affiancate da piatti di terra e di mare. Se il tempo lo permette, optate per l'intimo dehors.

a Lugana **Sud-Est : 5 km – ✉ 25019 Colombare Di Sirmione**

Bolero senza rist

via Verona 254 – ✆ 03 09 19 61 20 – www.hotelbolero.it – info@hotelbolero.it

8 cam – †60/110 € ††80/140 €, ☕ 13 €

◆ Sembra di essere in una casa privata in questo tranquillo e intimo albergo familiare; spazi comuni in stile rustico, abbelliti da quadri, camere confortevoli.

XXX **Vecchia Lugana**

piazzale Vecchia Lugana 1 – ✆ 0 30 91 90 12 – www.vecchialugana.com – info@vecchialugana.com – chiuso gennaio e martedì (escluso giugno-15 settembre)

Rist – Carta 55/81 €

◆ Nuova gestione e rinnovato slancio per questo locale storico affacciato sul lago. Rimane il pesce lacustre, incrementata l'offerta di quello di mare e qualche piatto di carne.

SIROLO – **Ancona (AN)** – **563** L22 – **3 731 ab.** – ✉ **60020** **21** D1

Roma 304 – Ancona 18 – Loreto 16 – Macerata 43

(giugno-settembre) via Peschiera ✆ 071 9330611, iat.sirolo@regione.marche.it, Fax 071 9330789

Conero via Betelico 6, frazione Coppo, ✆ 071 7 36 06 13

Sirolo rist,

via Grilli 26 – ✆ 07 19 33 06 65 – www.hotelsirolo.it – info@hotel-sirolo.eu – chiuso dal 23 al 27 dicembre

31 cam ☕ – †50/150 € ††60/190 € – ½ P 100/120 €

Rist – *(chiuso a mezzogiorno escluso domenica)* Carta 29/51 €

◆ Costruito nel cuore della città, all'interno del Parco del Conero, una moderna risorsa che ospita ampi ambienti arredati nei caldi colori mediterranei e con ferro battuto. Specialità marinare nella luminosa sala con vista sul giardino, mentre in estate l'angolo ristoro è sotto un gazebo vicino alla piscina.

 **Locanda Rocco**

via Torrione 1 – ✆ 07 19 33 05 58 – www.locandarocco.it – info@locandarocco.it
7 cam ☕ – ††135/165 €
Rist – *(Pasqua-ottobre; chiuso martedì escluso da giugno a settembre)* (coperti limitati, prenotare) Carta 43/55 €
◆ Una struttura giovane e moderna tra le mura di una locanda trecentesca, dispone di stanze di design dai colori vivaci e di altre 7 camere nella dependance Rocco in Campagna. Al ristorante, un'intelligente e stuzzicante selezione di piatti di pesce.

 **Valcastagno** senza rist

via Valcastagno 12 – ✆ 07 17 39 15 80 – www.valcastagno.it – info@valcastagno.it
8 cam ☕ – †60/135 € ††75/135 €
◆ Ricavato in una casa colonica e immerso nella natura incontaminata del Parco, un piccolo hotel con camere accoglienti e graziose sapientemente arredate in ferro battuto.

al monte Conero (Badia di San Pietro) **Nord-Ovest : 5,5 km – alt. 572 m – ✉ 60020 Sirolo**

 **Monteconero**

rist,

via Monteconero 26 – ✆ 07 19 33 05 92 – www.hotelmonteconero.it – info@hotelmonteconero.it – capodanno e 15 marzo-15 novembre
48 cam ☕ – †90/125 € ††150/165 € – 12 suites – ½ P 100/110 €
Rist – Carta 29/46 € (+10 %)
◆ In posizione isolata nel bosco del parco a picco sul mare, nacque nel 1400 come convento e ancor oggi il soggiorno è all'insegna del silenzio e della natura. La panoramica e luminosa sala ristorante propone piatti classici legati ai sapori della tradizione locale.

SISTIANA – Trieste – 562 E22 – Vedere Duino Aurisina – ✉ 34019

SIUSI ALLO SCILIAR (SEIS AM SCHLERN) – Bolzano (BZ) – 562 C16 31 C2 – alt. 988 m – Sport invernali : vedere Alpe di Siusi – ✉ 39040

Roma 664 – Bolzano 24 – Bressanone 29 – Milano 322
via Sciliar 16 ✆ 0471 707024, info@siusi.it, Fax 0471 706600
Castelrotto-Alpe di Siusi Castelrotto San Vigilio 20, Nord: 2 km, ✆ 0471 70 87 08

Diana cam, rist,

via San Osvaldo 3 – ✆ 04 71 70 40 70 – www.hotel-diana.it – info@hotel-diana.it – 18 dicembre-20 marzo e giugno-17 ottobre
54 cam ☕ – †72/134 € ††112/260 € – ½ P 107/140 €
Rist – *(solo per alloggiati)*
◆ Una gradevole struttura circondata dal verde, provvista di ampie e piacevoli zone comuni in stile montano di taglio moderno, dalla calda atmosfera; camere accoglienti.

 **Europa**

rist,

piazza Oswald Von Wolkenstein 5 – ✆ 04 71 70 61 74 – www.wanderhoteleuropa.com – info@wanderhoteleuropa.com – chiuso dal 15 aprile al 20 maggio e dal 2 novembre al 18 dicembre
30 cam ☕ – †80/120 € ††170/260 € – 2 suites – ½ P 130 €
Rist – *(solo per alloggiati)* Menu 35/65 €
◆ Gli eleganti saloni coniugano la tradizione tirolese con il design moderno. Camere più classiche, luminose ed accoglienti, bel centro benessere con immancabile zona relax. Cucina altoatesina nell'intima sala ristorante.

Silence & Schlosshotel Mirabell rist,
via Laranza 1, Nord : 1 km – 04 71 70 61 34
– www.hotel-mirabell.net – info@hotel-mirabell.net
– 19 dicembre-27 marzo e 28 maggio-16 ottobre
37 cam – 160/320 € – ½ P 90/190 €
Rist – *(chiuso a mezzogiorno) (solo per alloggiati)* Menu 35/70 €
♦ Una bella casa recentemente ristrutturata, presenta spaziose ed accoglienti salette per il relax nonchè un grande giardino con piscina dal quale ammirare il profilo dei monti.

Schwarzer Adler rist,
via Laurin 7 – 04 71 70 61 46 – www.hotelaquilanera.it – info@hotelaquilanera.it – 22 dicembre-20 marzo e luglio-16 ottobre
21 cam – 84/200 € – ½ P 52/110 € **Rist** – Carta 24/52 €
♦ Nel cuore della località, una bianca struttura che ospita un albergo di antica tradizione rinnovato nel tempo; camere confortevoli con grazosi arredi in legno chiaro. La cucina offre piatti saldamente legati al territorio.

Sassegg
via Sciliar 9 – 04 71 70 42 90 – www.sassegg.it – info@sassegg.it – chiuso 3 settimane in giugno, 3 settimane in ottobre, lunedì, martedì a mezzogiorno
Rist – *(chiuso a mezzogiorno escluso dicembre-gennaio, agosto e domenica)*
Carta 57/73 €
♦ Il design accattivante, l'ampio utilizzo di rivestimenti in pelle e legno, costituiscono la giusta ambientazione per un menù che spazia dalla tradizione locale al mare.

SIZZANO – **Novara (NO)** – **561** F13 – **1 476 ab.** – **alt. 225 m** – **28070** **23** C2

Roma 641 – Stresa 50 – Biella 42 – Milano 66

Impero
via Roma 13 – 03 21 82 05 76 – imp.ero@virgilio.it – chiuso dal 26 dicembre al 4 gennaio, agosto, domenica sera, lunedì
Rist – Carta 27/40 €
♦ La solida conduzione familiare, affabile e premurosa, e la gustosa cucina del territorio sapientemente rielaborata sono senz'altro i punti di forza di questa moderna trattoria.

SOAVE – **Verona (VR)** – **562** F15 – **6 908 ab.** – **alt. 40 m** – **37038** **35** B3

Roma 524 – Verona 22 – Milano 178 – Rovigo 76

Foro Boario 1 045 6190773, iat@estveronese.it, Fax 045 6190773

Roxy Plaza senza rist
via San Matteo 4 – 04 56 19 06 60 – www.hotelroxyplaza.it – roxyplaza@tin.it
44 cam – 54/82 € 80/135 €
♦ In pieno centro, albergo moderno dagli ambienti arredati nelle tonalità del legno e del nocciola e abbelliti da tappeti; piacevoli le camere, alcune con vista sul castello.

Locanda Lo Scudo con cam
via Covergnino 9 – 04 57 68 07 66 – www.loscudo.vr.it – info@loscudo.vr.it – chiuso 2 settimane in febbraio
4 cam – 75 € 110 €
Rist – *(chiuso domenica)* (consigliata la prenotazione) Carta 33/47 €
♦ L'indirizzo giusto dove assaporare la gustosa cucina del territorio nel dehors con giardino d'inverno o nella raccolta saletta dai soffitti in legno. Il centro storico è a due passi.

Al Gambero con cam cam, VISA MC AE

corso Vittorio Emanuele 5 – ✆ 04 57 68 00 10 – www.ristorantealgambero.it – info@ristorantealgambero.it – chiuso 1 settimana in gennaio, agosto, martedì sera e mercoledì
12 cam – 35 € 55 €
Rist – Carta 24/41 €
Rist *Osteria La Scala* – *(chiuso una settimana in gennaio, 3 settimane in agosto e mercoledì)* Carta 20/37 €
♦ Sorto come locanda nella seconda metà dell'800, questo edificio storico ospita un'ampia sala, accogliente e rustica, dove gustare i piatti della tradizione veneta, di terra e di mare. Graziose le camere, arredate con mobili d'epoca. Qualche piatto e i dolci per un pasto veloce nella semplice osteria wine-bar.

SOCI – **Arezzo** – **562** K17 – **Vedere Bibbiena**

SOGHE – **Vicenza** – **Vedere Arcugnano**

SOIANO DEL LAGO – **Brescia (BS)** – **561** F13 – **1 798 ab.** – **alt. 196 m** – ✉ **25080** **17** D1

Roma 538 – Brescia 27 – Mantova 77 – Milano 128

Villa Aurora P VISA MC AE

via Ciucani 1/7 – ✆ 03 65 67 41 01 – villa-aurora@libero.it – chiuso mercoledì
Rist – Menu 29 € – Carta 25/35 €
♦ Signorile e familiare, una splendida vista sul lago; nelle luminose e originali sale del locale, una cucina del territorio, di carne e di pesce, rivisitata con estro.

SOLANAS – **Cagliari** – **366** R49 – **Vedere Villasimius**

SOLDA (SULDEN) – **Bolzano (BZ)** – **562** C13 – **alt. 1 906 m** – **Sport invernali : 1 860/3 150 m** **1** **9,** – ✉ **39029** **30** A2

Roma 733 – Sondrio 115 – Bolzano 96 – Merano 68

✆ 0473 613015, info@ortlergebiet.it, Fax 0473 613182

Sporthotel Paradies Residence rist, P VISA MC

via Principale 87 – ✆ 04 73 61 30 43 – www.sporthotel-paradies.com – info@sporthotel-paradies.com – 21 novembre-1° maggio e dal 10 giugno-25 settembre
57 cam – 70/140 € 120/160 € – ½ P 85/155 € **Rist** – Carta 26/54 €
♦ Risorsa dall'affidabile gestione per una vacanza all'insegna di una genuina atmosfera di montagna. Tutti gli spazi offrono un buon livello di confort, soprattutto le camere. Sala ristorante ricca di decorazioni.

Cristallo P VISA MC

Solda 31 – ✆ 04 73 61 32 34 – www.cristallo.info – info@cristallo.info – 15 novembre-5 maggio e 15 giugno-30 settembre
33 cam – 69/85 € 110/135 € – ½ P 72/108 € **Rist** – Carta 23/52 €
♦ In posizione centrale e panoramica, albergo ammodernato con spazi comuni luminosi e confortevoli. Centro benessere ben ristrutturato, camere spaziose. Ristorante con annessa stube tirolese.

Eller P VISA MC

Solda 15 – ✆ 04 73 61 30 21 – www.hoteleller.com – info@hoteleller.com – dicembre-5 maggio e luglio-29 settembre
44 cam – 54/64 € 87/117 € – ½ P 72/87 €
Rist – *(chiuso a mezzogiorno da dicembre a maggio)* Carta 40/49 €
♦ In posizione panoramica, albergo di tradizione rinnovato negli ultimi anni: ampi spazi comuni e piccolo centro relax; accoglienti camere spaziose. Capiente ristorante in stile montano di taglio moderno.

SOLIERA - Modena (MO) - 562 H14 - 15 103 ab. - alt. 28 m - ✉ 41019 8 B2

Roma 420 - Bologna 56 - Milano 176 - Modena 12

a Sozzigalli Nord-Est: 6 km - ✉ 41019

Osteria Bohemia con cam

via Canale 497, Nord: 1,5 km - ✆ 0 59 56 30 41 - www.osteriabohemia.it - info@osteriabohemia.it - chiuso 3 settimane in agosto, 10 giorni a Natale, Pasqua, domenica, lunedì

2 cam - †45 € ††65 € **Rist** - (consigliata la prenotazione) Carta 25/49 €

♦ In aperta campagna, il cuoco-contadino delizia - soprattutto in estate - con le erbe aromatiche dell'orto rinverdendo i classici emiliani. Graziose e semplici le due camere, ideali per fermarsi ad assaporare la quiete dei dintorni.

SOLIGHETTO - Treviso - Vedere Pieve di Soligo

SOLIGO - Treviso - Vedere Farra di Soligo

SOLOFRA - Avellino (AV) - 564 E26 - 12 144 ab. - ✉ 83029 7 C2

Roma 271 - Napoli 75 - Avellino 15 - Benevento 53

Solofra Palace

rist,

via Melito 6/a - ✆ 08 25 53 14 66 - www.solofrapalacehotel.com - info@solofrapalacehotel.com

32 cam - †75/80 € ††100/140 € - ½ P 65/88 €

Rist - *(chiuso a mezzogiorno escluso sabato, domenica e festivi)* Carta 27/36 €

♦ Situato alle porte della località, l'hotel dispone di spaziosi ambienti arredati con gusto, giardino a terrazze e piccola beauty farm. Il ristorante si articola su due sale a differente vocazione: una ideale per allestire banchetti, l'altra con cucina regionale e servizio pizzeria.

SOLOMEO - Perugia - Vedere Corciano

SOLONGHELLO - Alessandria (AL) - 234 ab. - alt. 220 m - ✉ 15020 23 C2

Roma 640 - Torino 78 - Alessandria 51 - Asti 35

Locanda dell'Arte

cam, cam,

via Asilo Manacorda 3 - ✆ 01 42 94 44 70 - www.locandadellarte.it - info@locandadellarte.it - chiuso dal 4 gennaio al 4 febbraio

14 cam - †90/110 € ††130/150 € - 1 suite - ½ P 90/100 €

Rist - *(chiuso a mezzogiorno) (solo per alloggiati)* Menu 25/35 €

♦ Camere ampie e confortevoli all'interno di una villa del 1700 ubicata sulle pittoresche colline del Monferrato. Calorosa accoglienza e gestione diretta.

SOMMACAMPAGNA - Verona (VR) - 562 F14 - 14 558 ab. - alt. 121 m - ✉ 37066 37 A3

Roma 500 - Verona 15 - Brescia 56 - Mantova 39

18 Verona località Ca' del Sale 15, ✆ 045 51 00 60

Scaligero

via Osteria Grande 41 - ✆ 04 58 96 91 30 - www.hotelscaligero.com - info@hotelscaligero.com

23 cam - †50/100 € ††70/150 € - ½ P 50/90 €

Rist - *(chiuso i mezzogiorno di sabato e domenica)* Carta 15/30 €

♦ All'imbocco dell'autostrada, struttura a conduzione familiare dotata di camere confortevoli, semplici ed ordinate. Tranquilla e sobriamente elegante l'atmosfera. La ristorazione consiste nell'attività originaria dei proprietari: buona cucina veneta ed internazionale, ma anche pizzeria.

Merica con cam

via Rezzola 93, località Palazzo, Est : 1,5 km – ✆ 0 45 51 51 60 – www.trattoriamerica.it – trat.merica@alice.it – chiuso dal 25 dicembre al 6 gennaio e agosto

10 cam – 50/60 € 70/80 €

Rist – *(chiuso lunedì)* Carta 28/43 €

◆ Il servizio è veloce e di certa esperienza in questo grazioso ristorante che occupa gli spazi di una villetta di campagna. La cucina è fedelmente ancorata alla tradizione. Graziose e sorprendentemente confortevoli le camere di questo hotel familiare.

a Custoza Sud-Ovest : 5 km – ✉ 37066

Villa Vento

strada Ossario 24 – ✆ 0 45 51 60 03 – www.ristorantevillavento.com – info@ristorantevillavento.com – chiuso dal 12 al 28 gennaio, dal 27 ottobre al 5 novembre, lunedì, martedì

Rist – Carta 26/37 €

◆ In una villa d'epoca, il ristorante vanta un andamento familiare. Dalla cucina, piatti tipici del posto ed in sala una griglia sempre calda. Il piccolo parco ombreggia la terrazza.

sull'autostrada A 4 area di servizio Monte Baldo Nord o per Caselle Est : 5 km

Saccardi Quadrante Europa

via Ciro Ferrari 8 ✉ 37066 Caselle di Sommacampagna – ✆ 04 58 58 14 00 – www.hotelsaccardi.it – info@hotelsaccardi.it

120 cam – 50/200 € 75/245 €, 12 € – 6 suites **Rist** – Carta 37/49 €

◆ Disponibilità, cortesia ed efficienza caratterizzano questo elegante complesso, punto d'incontro per la clientela d'affari. All'interno, camere di sobria modernità e centro fitness. Atmosfera raffinata e piatti della tradizione italiana al ristorante. È possibile pranzare anche in giardino, a bordo piscina.

SOMMA LOMBARDO – Varese (VA) – 561 E8 – 17 155 ab. – alt. 282 m – ✉ 21019

16 A2

Roma 626 – Stresa 35 – Como 58 – Milano 49

piazza Vittorio Veneto 2 ✆ 0331 989095 iatsommalombardo@provincia.va.it Fax 0331 989075

Hilton Garden Inn Milan Malpensa

rist,

via Mazzini 63 – ✆ 03 31 27 89 11 – www.milanmalpensa.hgi.com – info.milanmalpensa@hilton.com

195 cam – 90/260 €, 10 € – 8 suites – ½ P 71/156 €

Rist – Carta 29/57 €

◆ Hotel moderno, dalle linee pulite e funzionali, è indicato soprattutto per una clientela d'affari: camere con dotazioni tecnologiche e sale meeting attrezzate. Ristorazione che consente sia pasti veloci a prezzo fisso, sia pause gastronomiche più "importanti".

Corte Visconti

via Roma 9 – ✆ 03 31 25 48 73 – www.cortevisconti.it – info@cortevisconti.it – chiuso dal 16 agosto al 3 settembre, lunedì, martedì a mezzogiorno

Rist – Menu 48/60 € – Carta 54/70 €

◆ Ambiente classico di tono rustico con mura in pietra, volte in mattone e soffitti in legno. La cucina invece, pur partendo dal territorio, spicca per creatività. Bel dehors estivo con suggestivi giochi di luce.

a Case Nuove Sud : 6 km – ✉ 21019 Somma Lombardo

Crowne Plaza Milan Malpensa Airport
via Ferrarin 7 – ☎ 0 03 12 11 61
– www.crowneplazamalpensa.com – info@crowneplazamalpensa.com
135 cam – 85/500 € – ½ P 78/285 € **Rist** – Carta 37/66 €
◆ Nuova struttura di moderna concezione propone un elevato confort nelle belle camere insonorizzate, dove le dotazioni rispondono allo standard della catena. Design moderno nelle zone comuni con utilizzo di marmo e pannelli di legno wenge. Piccolo centro benessere con attrezzature cardio fitness.

First Hotel Malpensa cam, rist,
via Baracca 34 – ☎ 03 31 71 70 45 – www.firsthotel.it – info@firsthotel.it
58 cam – 99/230 € 99/250 €
Rist – *(chiuso a mezzogiorno)* Carta 39/57 €
◆ Non lontano dall'aeroporto di Malpensa, nuova struttura dalla linea essenziale; all'interno originali ambienti personalizzati da moderne soluzioni di design, camere sobrie. La sala da pranzo è decorata con parti di aeroplani.

La Quercia
via Tornavento 11, a Case Nuove – ☎ 03 31 23 08 08
– www.ilristorantelaquercia.it – info@ilristorantelaquercia.it – chiuso dal 23 dicembre al 5 gennaio, martedì
Rist – Carta 25/43 €
◆ Buona accoglienza in un locale familiare da 40 anni nei pressi dell'aeroporto di Malpensa: classica sala dove gustare carrello di arrosti e bolliti.

SONA – Verona (VR) – **562** F14 – **16 856 ab.** – **alt. 169 m** – ✉ **37060** **35** A3
Roma 433 – Verona 15 – Brescia 57 – Mantova 39

El Bagolo
via Molina 1 – ☎ 04 56 08 21 17 – elbagolo@gmail.com – chiuso dal 15 al 25 febbraio, dal 1° al 21 settembre, lunedì
Rist – *(chiuso a mezzogiorno escluso i giorni festivi)* Carta 32/48 €
◆ Questa semplice dimora del XIII secolo è diventata una trattoria a gestione familiare dalla simpatica atmosfera in cui gustare cucina del territorio, tradizionale o rivisitata; gradevole servizio in giardino.

SONDRIO (P) (SO) – **561** D11 – **22 309 ab.** – **alt. 307 m** – ✉ **23100** **16** B1
Roma 698 – Bergamo 115 – Bolzano 171 – Bormio 64
via Tonale 13 ☎ 0342 219246, info@sondrioevalmalenco.it, Fax 0342 573472
Valtellina via Valeriana 29/a, ☎ 0342 35 40 09

Della Posta rist,
piazza Garibaldi 19 – ☎ 03 42 05 06 44 – www.grandhoteldellaposta.eu – info@grandhoteldellaposta.eu
38 cam – 120/180 € 170/260 € – ½ P 120/165 €
Rist – *(chiuso domenica)* Carta 42/76 €
◆ Affacciato su una scenografica piazza del centro, edificio ed albergo nacquero insieme, nel 1862. Oggi rimangono diverse testimonianze d'epoca, arricchite da sculture e dipinti moderni. Camere signorili, mansardate all'ultimo piano. Atmosfera contemporanea al ristorante, cucina locale e nazionale.

Europa rist,
lungo Mallero Cadorna 27 – ☎ 03 42 51 50 10 – www.albergoeuropa.com – info@htleuropa.com
41 cam – 64/78 € 90/100 € – ½ P 64/80 €
Rist – *(chiuso domenica)* Carta 28/36 €
◆ Albergo nato come semplice pensione a gestione familiare, è ora una struttura dai servizi completi, ubicata nel centro della località; interni e camere in stile lineare. Ristorante d'ispirazione contemporanea.

XX **Sale & Pepe**

piazza Cavour 13 – ✆ 03 42 21 22 10 – www.ristorantesalepepe.it – info@ristorantesalepepe.it – chiuso 1 settimana in aprile, 2 settimane in luglio, 1 settimana in novembre

Rist – Menu 30/50 € – Carta 38/51 €

♦ Alla fine di una via pedonale che si apre sulla piccola piazza del vecchio mercato, locale caldo e signorile personalizzato alle pareti con quadri contemporanei dai colori decisi. Cucina moderna e creativa, ma rispettosa delle sue tradizioni.

XX **Trippi Grumello**

via Stelvio 23, Est : 1 km ✉ 23020 Montagna in Valtellina – ✆ 03 42 21 24 47 – marcobaruta@virgilio.it – chiuso domenica

Rist – Carta 32/49 €

♦ Atmosfera e proposte molto tipiche in un ristorante storico: accoglienti sale di buon livello, dove gustare caratteristici piatti del territorio, ma anche nazionali.

X **Il Bàcaro**

via Romegialli 2 – ✆ 03 42 21 06 74 – www.ristoranteilbacaro.com – info@ristoranteilbacaro.com – chiuso 1 settimana in luglio e lunedì

Rist – (coperti limitati, prenotare) Carta 38/59 €

♦ Una giovane ed appassionata coppia vi delizierà con piatti veneti, esclusivamente a base di pesce, all'interno di un palazzo del quattrocento: bassi soffitti a volta e solo due salette con pochi coperti.

a Montagna in Valtellina Nord-Est : 2 km – alt. 567 m – ✉ 23020

XX **Dei Castelli**

via Crocefisso 10 – ✆ 03 42 38 04 45 – chiuso dal 25 maggio al 15 giugno, dal 25 ottobre al 15 novembre, domenica sera, lunedì

Rist – Carta 34/50 €

♦ Ambiente caldo e accogliente, curato nella sua semplicità: tavoli di legno elegantemente ornati, camino acceso e atmosfera familiare; proposte di cucina valtellinese.

a Moia di Albosaggia Sud : 5 km – alt. 409 m – ✉ 23100 Sondrio

Campelli

via Moia 6 – ✆ 03 42 51 06 62 – www.campelli.it – info@campelli.it

34 cam – †60 € ††90 € – 1 suite – ½ P 80 €

Rist – *(chiuso dal 1° al 20 agosto, domenica sera, lunedì a mezzogiorno)* Carta 38/52 €

♦ In posizione dominante la valle, non lontano dalla città, albergo moderno recentemente ristrutturato: confortevoli interni dai colori caldi e intensi; camere accoglienti. Ristorante dove gustare proposte culinarie legate alla tradizione e al territorio.

SOPRABOLZANO = OBERBOZEN – Bolzano – Vedere Renon

SORAFURCIA – Bolzano – Vedere Valdaora

SORAGA DI FASSA – Trento (TN) – 562 C16 – 702 ab. – alt. 1 220 m 31 C2

– Sport invernali : Comprensorio Dolomiti superski Val di Fassa – ✉ 38030

Roma 664 – Bolzano 42 – Cortina d'Ampezzo 74 – Trento 74

stradon de Fascia 3 ✆ 0462 609750, info@fassa.com, Fax 0462 768461

Arnica

strada De Parlaut 4 – ✆ 04 62 76 84 15 – www.hotelarnica.net – info@hotelarnica.net – dicembre-aprile e giugno-settembre

24 cam – †35/90 € ††70/160 € – ½ P 45/100 €

Rist – *(solo per alloggiati)* Menu 15/30 €

Rist *La Stua De Marco* – *(chiuso a mezzogiorno)* Carta 38/53 €

♦ Albergo recente nella parte alta della località: ambiente familiare, interni funzionali, grazioso centro benessere e camere semplici, due delle quali in un fienile del '700. Al ristorante, cucina ladina e nazionale. Alla Stua De Marco, piatti più creativi e personalizzati.

SORAGNA – Parma (PR) – 561 H12 – 4 805 ab. – alt. 47 m – ✉ 43019 8 B2

Roma 480 – Parma 27 – Bologna 118 – Cremona 35

Locanda del Lupo

via Garibaldi 64 – ☎ 05 24 59 71 00 – www.locandadellupo.com – info@locandadellupo.com – chiuso dal 23 al 29 dicembre e dal 5 al 23 agosto

46 cam – †80/90 € ††114/144 € – ½ P 77/92 € **Rist** – Carta 34/54 €

◆ Bella costruzione del XVIII sec., sapientemente restaurata: soffitti con travi a vista negli interni di tono elegante con arredi in stile; camere accoglienti e sala congressi. Calda atmosfera al ristorante con bel mobilio in legno.

Locanda Stella d'Oro (Marco Dallabona) con cam

via Mazzini 8 – ☎ 05 24 59 71 22 – www.ristorantestelladoro.it – stellaorosoragna@libero.it

12 cam – †55/80 € ††100/120 €, 5 € **Rist** – Carta 46/68 €

Spec. Animelle dorate in millefoglie di melanzane, pecorino e menta. Savarin di riso. Sella d'agnello alla senape dolce con caponata di verdure.

◆ Nelle terre verdiane, l'ambiente offre ancora tutto il sapore e la magia di una trattoria. E neppure la cucina se ne discosta tanto, è la tradizione personalizzata.

a Diolo Nord : 5 km – ✉ 43019 Soragna

Osteria Ardenga

via Maestra 6 – ☎ 05 24 59 93 37 – www.osteriardenga.it – info@osteriardenga.it – chiuso dal 7 al 17 gennaio, dal 10 al 31 luglio, martedì sera, mercoledì

Rist – Carta 23/36 €

◆ Locale molto gradevole caratterizzato da uno stile rustico, ma signorile. Tre salette, di cui una dedicata alle coppie, per apprezzare la genuina e gustosa cucina parmense.

SORBO SERPICO – Avellino (AV) – 568 ab. – ✉ 83050 7 C2

Roma 272 – Napoli 76 – Avellino 22 – Benevento 52

Marenna'

località Cerza Grossa – ☎ 08 25 98 66 66 – www.feudi.it – paolo.barrale@feudi.it – chiuso 3 settimane in gennaio, domenica sera, lunedì, martedì

Rist – Menu 48/57 € – Carta 42/54 €

Spec. Agnolotti di polenta concia, sugo d'arrosto, asparagi e tartufo. Agnello "caso e ova", piselli, zabaione di pecorino e limone. Giffoni e Bronte in dolcezza.

◆ Nata da un connubio d'idee tra designer di varie nazionalità, la sala propone una cucina fedele alla gastronomia locale, ma rivisitata con tocchi di modernità. Bella vista sulle colline circostanti dalle ampie vetrate.

SORGONO – Nuoro (NU) – 366 P43 – 1 808 ab. – alt. 688 m – ✉ 08038 38 B2

Cagliari 124 – Nuoro 70 – Olbia 174 – Porto Torres 155

Da Nino con cam

corso IV Novembre 24/26 – ☎ 0 78 46 01 27 – chiuso dicembre-febbraio

21 cam – †50 € ††70 € – ½ P 70 € **Rist** – Carta 45/55 €

◆ Una semplice insegna, quindi si attraversa un cortile per arrivare infine al locale in cui si propone una cucina casalinga che predilige la carne e qualche piatto di selvaggina. Semplici negli arredi e confortevoli le camere ai piani.

SORI – Genova (GE) – 561 I9 – 4 276 ab. – ✉ 16030 15 C2

Roma 488 – Genova 17 – Milano 153 – Portofino 20

Al Boschetto

via Caorsi 44 – ☎ 01 85 70 06 59 – chiuso dal 15 al 25 marzo, dal 10 settembre al 10 ottobre e martedì

Rist – Carta 21/50 €

◆ Lungo il fiume, un locale familiare e luminoso caratterizzato da sale dalle ampie vetrate, dove gustare una cucina locale di terra e di mare. Servizio serale di focacceria.

SORISO – Novara (NO) – 561 E7 – 771 ab. – alt. 452 m – ✉ 28010 **24** A2

Roma 654 – Stresa 35 – Arona 20 – Milano 78

Al Sorriso (Luisa Valazza) con cam

via Roma 18 – ✆ 03 22 98 32 28 – www.alsorriso.com – sorriso@alsorriso.com – chiuso dall'8 al 23 gennaio e dall'8 al 18 agosto

8 cam – 130 € 200 € – ½ P 220 €

Rist – *(chiuso lunedì e martedì)* (consigliata la prenotazione) Carta 106/144 €

Spec. Interpretazione fredda di bollito alla piemontese. Tartufo d'Alba, patata, uovo e parmigiano (settembre-gennaio). Gnocco di patate ripieno di crostacei, maionese di pomodori canditi e funghi.

♦ Marito in sala e moglie in cucina, una gestione familiare ai vertici della cucina italiana; locale di classica eleganza, cucina più eclettica, dai piatti piemontesi al pesce.

SORISOLE – Bergamo (BG) **19** C1

Roma 622 – Milano 62 – Bergamo 8

Al Rustico-Villa Patrizia

via Rigla 27, località Petosino, Nord: 1 Km – ✆ 0 35 57 12 23 – www.alrusticovillapatrizia.it – info@alrusticovillapatrizia.it – chiuso dal 1° al 7 gennaio, dal 1° al 21 agosto, lunedì, martedì

Rist – Menu 29/43 € – Carta 38/60 €

♦ Tra Bergamo e il fresco colle della Maresana, una villa dagli eleganti interni dove gustare la classica cucina italiana - di carne e di pesce - presentata con gusto moderno, accompagnata da una bella carta dei vini.

SORNI – Trento – Vedere Lavis

SORRENTO – Napoli (NA) – 564 F25 – 16 583 ab. – ✉ 80067 Italia **6** B2

Roma 257 – Napoli 49 – Avellino 69 – Caserta 74

per Capri – Caremar, call center 892 123

via De Maio 35 ✆ 081 8074033, info@sorrentotourism.com, Fax 081 8773397

Villa Comunale : ≤★★ A – Belvedere di Correale ≤★★ B **A** – Museo Correale di Terranova★ B **M** – Chiostro★ della chiesa di San Francesco A **F**

Penisola Sorrentina★★ : ≤★★ su Sorrento dal capo di Sorrento (1 h a piedi AR), ≤★★ sul golfo di Napoli dalla strada S 163 per ② (circuito di 33 km) – Costiera Amalfitana★★★ – Isola di Capri★★★

Grand Hotel Excelsior Vittoria

piazza Tasso 34 – ☎ 08 18 77 71 11 – www.excelsiorvittoria.com – exvitt@exvitt.it **Bu**

80 cam – 210/320 € 240/550 € – 18 suites – ½ P 245/335 €

Rist – Carta 54/89 €

♦ Il giardino con piascina, il nuovo piccolo centro benessere olistico e un susseguirsi di saloni dal solare giardino d'inverno, alla sala della musica: sontuoso, storico e signorile. Maestosa la sala da pranzo, con eleganti pilastri di marmo e uno stupendo soffitto dipinto.

Hilton Sorrento Palace

via Sant'Antonio 13 – ☎ 08 18 78 41 41 – www.sorrento.hilton.com – event.sorrento@hilton.com

373 cam – 124/224 € 149/249 € – 4 suites **Rist** – Carta 49/64 €

♦ In posizione arretrata rispetto al mare, funzionalità, modernità e una certa grandiosità di ambienti soddisfano una clientela internazionale e d'affari. Varie sale ristorante, la più originale con pareti in roccia, vicino alla piscina.

Bellevue Syrene 1820

cam,

piazza della Vittoria 5 – ☎ 08 18 78 10 24 – www.bellevue.it – info@bellevue.it – chiuso dal 6 gennaio al 31 marzo

48 cam – 230/530 € 250/550 € – 2 suites – ½ P 235/385 € **Ak**

Rist – Carta 44/88 €

♦ Un soggiorno da sogno in un'incantevole villa del '700 a strapiombo sul mare: vista sul golfo, terrazze fiorite e ascensore per la spiaggia; raffinati ambienti con affreschi. Dalla colazione alla cena in una sala con ampie vetrate a picco sul mare, per ammirare il sorgere del giorno e il calare della sera.

Royal

rist,

via Correale 42 – ☎ 08 18 07 34 34 – www.royalsorrento.com – royal@manniellohotels.com – aprile-dicembre **Bg**

111 cam – 90/320 € 140/460 € – 3 suites – ½ P 200/270 €

Rist – Carta 41/100 € (+15 %)

♦ Sulla scogliera, a picco sul mare, con terrazze, piscina e un indispensabile ascensore per la spiaggia; negli ambienti, mobili ad intarsio tipici dell'artigianato sorrentino. Ambiente distinto e arredi lineari nell'ariosa sala da pranzo. Terrazza all'aperto per uno snack e per cene estive.

Grand Hotel Europa Palace

via Correale 34/36 – ☎ 08 18 07 34 32 – www.europalace.com – management@europapalace.com – chiuso gennaio e febbraio **Bd**

61 cam – 90/125 € 215/275 € – 8 suites – ½ P 147/178 €

Rist – Carta 38/60 €

♦ Sulla scogliera a picco sul mare, la vista spazia sul Golfo di Napoli, tra Capri e il Vesuvio...Ampi saloni e camere curate, tutte con balconcino: godetevi la piacevole zona relax, in parte anche in giardino! Cucina mediterranea ed internazionale al ristorante (nella bella stagione è disponibile uno spazio all'aperto).

Imperial Tramontano

rist,

via Vittorio Veneto 1 – ☎ 08 18 78 25 88 – www.hoteltramontano.it – info@hoteltramontano.it – chiuso gennaio e febbraio **Ab**

108 cam – 215/270 € 230/340 € – 5 suites **Rist** – Carta 55/73 €

♦ Un bel giardino e terrazze a strapiombo su Marina Piccola, per questa risorsa ospitata in un edificio del '500 (casa natale di T. Tasso). Camere arredate con sobria eleganza. Dalla sala da pranzo potrete ammirare un paesaggio che sembra dipinto.

Bristol

rist,

via Capo 22 – ☎ 08 18 78 45 22 – www.bristolsorrento.com – bristol@acampora.it

140 cam – 100/200 € 140/280 € – ½ P 120/180 € **Aa**

Rist – (prenotazione obbligatoria) Carta 39/67 €

♦ Complesso in posizione dominante il mare, abbellito da amene terrazze panoramiche con piscina; camere quasi tutte disposte sul lato mare, più silenziose agli ultimi piani. Incantevole vista su mare e città dalla spaziosa sala ristorante.

Grand Hotel Riviera
via Califano 22 – 08 18 07 20 11 – www.hotelriviera.com – info@hotelriviera.com – marzo-ottobre Bm
105 cam – 135/160 € 200/260 € – 1 suite – ½ P 135/165 €
Rist – Carta 50/63 €
◆ Incantevole la posizione dell'hotel, a strapiombo sulla scogliera con la sua terrazza e la bella piscina; all'interno domina invece il bianco, dai marmi di Carrara all'elegante arredo. Dalla tradizione alla creatività, la cucina è servita in una candida sala, allestita con sontuosità.

Maison la Minervetta senza rist
via Capo 25 – 08 18 77 44 55 – www.laminervetta.com – info@laminervetta.com – chiuso dal 10 al 27 gennaio Ac
12 cam – 300/400 €
◆ Spettano al proprietario i riconoscimenti per l'elegante struttura dell'albergo: la hall è un elegante salotto di casa, le stanze, tutte diverse fra loro, affacciate al mare. Gradini privati conducono al borgo di pescatori di Marina Grande.

La Tonnarella
via Capo 31 – 08 18 78 11 53 – www.latonnarella.it – info@latonnarella.it – marzo-ottobre Ay
24 cam – 130/140 € 140/240 € – ½ P 85/135 €
Rist – *(aprile-ottobre) (chiuso a mezzogiorno)* Carta 43/60 €
Rist *Tonnarella a Mare* – 08 18 78 10 16 *(maggio-settembre; chiuso la sera)* Carta 30/51 €
◆ Si respira un'atmosfera rustica e retrò in questo hotel sorto al posto di una tonnara con belle camere e splendide junior suite. Aggrappato alla roccia, un ascensore conduce alla spiaggia privata in basso. I piatti della tradizione al ristorante. E per gli irriducibili della vita en plein air, il Tonnarella a Mare.

Villa di Sorrento senza rist
viale Enrico Caruso 6 – 08 18 78 10 68 – www.villadisorrento.it – info@villadisorrento.it Be
21 cam – 70/81 € 100/135 €, 13 €
◆ La posizione stradale un po' rumorosa è attutita da piacevoli interni e da camere confortevoli, per quanto semplici: uno scorcio di mare dai piani più alti.

Gardenia senza rist
corso Italia 258, per ① – 08 18 77 23 65 – www.hotelgardenia.com – info@hotelgardenia.com
27 cam – 60/120 € 70/140 €, 15 €
◆ Su una strada un po' trafficata, la struttura dispone di camere accoglienti e ben insonorizzate. Tuttavia, all'atto della prenotazione, è meglio richiedere una stanza sul retro.

Il Buco (Giuseppe Aversa)
Il Rampa Marina Piccola 5 – 08 18 78 23 54 – www.ilbucoristorante.it – info@ilbucoristorante.it – chiuso da gennaio al 15 febbraio e mercoledì Bb
Rist – (consigliata la prenotazione la sera) Carta 59/79 €
Spec. Variazione di cappesante. Risotto astice e limone. Cernia bianca su letto di broccoli piccanti e salsa all'aglio.
◆ Cucina tradizionale e creativa, ma anche simpatia e informalità, in un elegante locale ricavato nelle cantine di un ex monastero nel cuore di Sorrento.

L'Antica Trattoria
via Padre R. Giuliani 33 – 08 18 07 10 82 – www.lanticatrattoria.com – info@lanticatrattoria.com – chiuso 2 settimane in gennaio o febbraio, lunedì (escluso da marzo a ottobre) Ae
Rist – (consigliata la prenotazione) Menu 40/90 € – Carta 46/73 €
◆ Varie salette di taglio elegante, impreziosite con caratteristici elementi decorativi, per questo ristorante che propone soprattutto piatti di pesce. Ameno servizio estivo.

XX **Caruso**

via Sant'Antonino 12 – ✆ 08 18 07 31 56 – www.ristorantemuseocaruso.com – info@ristorantemuseocaruso.com Bf

Rist – Menu 45/50 € – Carta 40/66 €

◆ Ambiente ispirato al famoso cantante lirico: quattro piacevoli salette, decorate con foto e oggetti dedicati al maestro; cucina di mare d'ispirazione partenopea, ininterrotta da mezzogiorno a mezzanotte!

X **La Basilica**

via Sant'Antonino 28 – ✆ 08 18 77 47 90 – www.ristorantelabasilica.com – info@ristorantelabasilica.com Bf

Rist – Carta 25/35 €

◆ Cucina calda ininterrotta da mezzogiorno all'una di notte, per questo locale attiguo alla piccola basilica dalla quale trae il nome. Proposte di terra, di mare nonchè vegetariane, in un'ampia sala dove troneggiano grandi quadri rappresentanti il Vesuvio in eruzione.

X **Zi' ntonio**

via De Maio 11 – ✆ 08 18 78 16 23 – www.zintonio.it – info@zintonio.it

Rist – (consigliata la prenotazione) Carta 20/38 € Ba

◆ Un locale decisamente caratteristico, che si sviluppa su tre livelli: al piano inferiore due sale rivestite in tufo con volta a botte, al piano terra un ambiente dall'alto soffitto in cui è stato ricavato un soppalco sorretto da grosse travi in legno. Cucina regionale con tradizionale buffet degli antipasti e pizze.

SOVANA – Grosseto (GR) – **563** O16 – alt. 291 m – ✉ 58010 Toscana **29** D3

Roma 172 – Viterbo 63 – Firenze 226 – Grosseto 82

Sovana senza rist

via del Duomo 66 – ✆ 05 64 61 70 30 – www.sovana.eu – info@sovana.eu – chiuso dal 7 gennaio al 26 febbraio

18 cam – †70/130 € ††100/160 €

◆ Di fronte al duomo, casa colonica completamente rinnovata: ideale per un soggiorno ambientato nell'eleganza e con divagazioni nel verde degli uliveti, in fondo ai quali c'è anche un piccolo labirinto.

Pesna senza rist

via del Pretorio, 9 – ✆ 05 64 61 41 20 – www.pesna.it – info@pesna.it

6 cam – †45/53 € ††70/90 €

◆ Nel centro storico del paese, un antico palazzo il cui nome deriva da quello di un valoroso guerriero etrusco, dispone di funzionali e gradevoli camere recentemente rinnovate.

XX **Taverna Etrusca** con cam

piazza del Pretorio 16 – ✆ 05 64 61 41 13 – www.sovana.eu – info@sovana.eu – chiuso dal 7 gennaio al 26 febbraio, mercoledì escluso in agosto

7 cam – †50/75 € ††75/110 € – ½ P 60/80 € **Rist** – Carta 39/59 €

◆ Nel cuore della Maremma, *Suana* (antico nome della città etrusca) racchiude come in un prezioso scrigno questo piccolo gioiello della ristorazione: cura del dettaglio e fantasiose proposte legate alle ricette locali. Camere confortevoli.

X **Dei Merli** con cam

via Rodolfo Siviero 1/3 – ✆ 05 64 61 65 31 – www.sovana.eu – info@scilla-sovana.it – chiuso martedì escluso agosto

8 cam – †50/75 € ††75/110 € – ½ P 60/80 € **Rist** – Carta 25/46 €

◆ Nel caratteristico borgo d'origine etrusca, un locale gaio e luminoso, dove le specialità tipiche maremmane vengono preparate utilizzando solo materie prime locali. Nella bella stagione ci si accomoda in giardino. Camere di raffinata semplicità.

SOVERATO – Catanzaro (CZ) – 564 K31 – 10 805 ab. – ✉ 88068 5 B2

Roma 636 – Reggio di Calabria 153 – Catanzaro 32 – Cosenza 123

Il Nocchiero

piazza Maria Ausiliatrice 18 – ☎ 0 96 72 14 91 – www.hotelnocchiero.com – hotelnocchiero@libero.it – chiuso dal 21 dicembre al 7 gennaio

36 cam – †60/90 € ††75/130 € – ½ P 50/85 € **Rist** – Carta 22/27 €

◆ Valida conduzione diretta in una struttura semplice, situata nel centro della cittadina, con interni decorosi dagli arredi lineari; camere confortevoli e rinnovate. Sala da pranzo classica ed essenziale, con pareti ornate da quadri e bottiglie esposte.

Riviera

via Regina Elena 4/6 – ☎ 09 67 53 01 96 – www.ristoranterivierasoverato.com – info@ristoranterivierasoverato.com

Rist – Carta 38/51 €

◆ Ristorante storico nel centro di Soverato con la conduzione vincente dei fratelli Vitale e la regia attenta e scrupolosa di Paolo: lo chef che vi condurrà alla scoperta dei sapori locali.

SOVICILLE – Siena (SI) – 563 M15 – 9 581 ab. – alt. 265 m – ✉ 53018 29 C2

Roma 240 – Siena 14 – Firenze 78 – Livorno 122

dalla strada statale 541 km 1,300 direzione Tonni Sud-Ovest: 13 km

Borgo Pretale

rist,

località Pretale – ☎ 05 77 34 54 01 – www.borgopretale.it – info@borgopretale.it – Pasqua-ottobre

28 cam – †90/110 € ††120/150 € – 6 suites – ½ P 112 €

Rist – *(chiuso a mezzogiorno)* Carta 41/51 €

◆ In posizione bucolica all'interno di un antico borgo circondato dal parco e sormontato da una torre, la struttura offre ambienti arredati in pietra, legno e tessuti di pregio. Nella suggestiva sala ristorante che domina la vallata, prodotti stagionali di tradizione regionale.

SOZZIGALLI – Modena (MO) – Vedere Soliera

SPARONE – Torino (TO) – 561 F4 – 1 138 ab. – alt. 552 m – ✉ 10080 22 B2

Roma 708 – Torino 48 – Aosta 97 – Milano 146

La Rocca

via Arduino 6 – ☎ 01 24 80 88 67 – www.laroccasparone.it – ristorantelarocca@gmail.com – chiuso dal 7 gennaio al 13 febbraio, dal 1° al 14 agosto, da lunedì a giovedì da ottobre a maggio

Rist – *(chiuso a mezzogiorno escluso domenica)* (prenotazione obbligatoria) Carta 25/47 €

◆ Alle porte del paese, locale elegante con una sala dalla parete rocciosa, dove apprezzare una cucina fantasiosa, con piatti di terra e, soprattutto, di mare.

SPARTAIA – Livorno – Vedere Elba (Isola d') : Marciana Marina

SPELLO – Perugia (PG) – 563 N20 – 8 661 ab. – alt. 280 m – ✉ 06038 33 C2

Italia Centro Nord

Roma 165 – Perugia 31 – Assisi 12 – Foligno 5

piazza Matteotti 3 ☎ 0742 301009, Fax 0742 301009

Affreschi★★ del Pinturicchio nella chiesa di S. Maria Maggiore

Palazzo Bocci senza rist

via Cavour 17 – ☎ 07 42 30 10 21 – www.palazzobocci.com – info@palazzobocci.com

21 cam – †80/120 € ††130/160 € – 2 suites

◆ Confort moderni e ospitalità di alto livello in una signorile residenza d'epoca: eleganti spazi comuni in stile, tra cui una sala splendidamente affrescata, belle camere.

La Bastiglia — cam, VISA AE

via Salnitraria 15 – ✆ 07 42 65 12 77 – www.labastiglia.com – fancelli@labastiglia.com – chiuso dal 7 al 31 gennaio

33 cam – ♦70/105 € ♦♦80/155 € – ½ P 80/120 €

Rist Bastiglia – vedere selezione ristoranti

Rist – Carta 25/35 €

♦ Appena varcata la soglia di questo antico mulino è difficile non rimanere ammaliati dalla raffinatezza dei suoi interni: oggetti d'arte, quadri e sculture, nonché camere ariose e di confort elevato (quasi tutte dotate di uno spazio esterno a loro riservato). La terrazza panoramica con piscina si affaccia sulla vallata.

Del Teatro senza rist — VISA AE

via Giulia 24 – ✆ 07 42 30 11 40 – www.hoteldelteatro.it – info@hoteldelteatro.it – chiuso dal 10 gennaio al 10 febbraio

12 cam – ♦65/75 € ♦♦95/110 €

♦ Nel caratteristico centro storico, piccolo albergo a conduzione familiare in un palazzo settecentesco ristrutturato; interni essenziali, confortevoli camere con parquet.

XXX ✿

Bastiglia – Hotel La Bastiglia — VISA AE

via Salnitraria 15 – ✆ 07 42 65 12 77 – www.labastiglia.com – fancelli@labastiglia.com – chiuso dal 7 al 31 gennaio, mercoledì, giovedì

Rist – *(chiuso a mezzogiorno escluso sabato e domenica)* Menu 50/75 € – Carta 56/74 €

Spec. Tartara di ciauscolo (salame) e melanzane, insalata di cetrioli, pane, aceto e pecorino. Zuppa di caprino, microravioli di alici, battuta di ostrica. Piccione: petto laccato al miele e peperoncino, salame di coscia, panzanella di fegatini e taccole.

♦ Nell'elegante sala in stile rustico o sulla panoramica terrazza, la cucina è creativa, a volte sofisticata, ma non tradisce mai la pienezza e la forza dei sapori umbri.

XX

Il Molino — VISA AE

piazza Matteotti 6/7 – ✆ 07 42 65 13 05 – ristoranteilmolino@libero.it – chiuso dal 10 al 30 gennaio e martedì

Rist – Carta 34/43 €

♦ Nel centro del paese, locale ricavato da un vecchio mulino a olio con fondamenta del 1300; sala con soffitto ad archi in mattoni e camino per preparare carni alla griglia.

SPERLONGA – Latina (LT) – 563 S22 – 3 284 ab. – ✉ 04029 — 13 D3

Italia Centro Sud

Roma 127 – Frosinone 76 – Latina 57 – Napoli 106

corso San Leone 22 ✆ 0771 557000 - via del Porto ✆ 0771 557341

Virgilio Grand Hotel — rist, VISA AE

via Prima Romita – ✆ 07 71 55 76 00 – www.virgiliograndhotel.it – info@virgiliograndhotel.it – aprile-ottobre

72 cam – ♦♦110/300 € – ½ P 100/195 €

Rist – *(chiuso a mezzogiorno)* Carta 45/59 €

♦ Risorsa di recente apertura articolata su tre edifici comunicanti, ospita all'interno generosi spazi comuni e nelle camere un mix di legno, tessuti colorati e bagni a mosaico.

Aurora senza rist — VISA AE

via Cristoforo Colombo 15 – ✆ 07 71 54 92 66 – www.aurorahotel.it – info@aurorahotel.it – Pasqua-ottobre

50 cam – ♦80/200 € ♦♦98/210 €

♦ Direttamente sul mare, albergo immerso nel verde di un giardino mediterraneo, un'impronta artistica contribuisce a rendere l'atmosfera familiare e straordinaria al contempo. Piacevole terrazza sul borgo antico.

La Playa rist,

via Cristoforo Colombo – ✆ 07 71 54 94 96 – www.laplayahotel.it – hotel.laplaya@tiscali.it
62 cam – †120 € ††220 € – ½ P 130 €
Rist – *(maggio-ottobre)* Menu 25 €
◆ Direttamente sul mare, ospita una rilassante piscina e camere dai nuovi arredi, alcune delle quali con pavimenti in maiolica. Graziose terrazze si affacciano sulla spiaggia.

La Sirenella

via Cristoforo Colombo 25 – ✆ 07 71 54 91 86 – www.lasirenella.com – albergo@lasirenella.com
40 cam – †100/110 € ††130/150 €
Rist – *(solo per alloggiati)* Menu 30/40 €
◆ Piacevole struttura situata sulla spiaggia, con camere ben tenute e confortevoli: una buona parte di esse dotate di balcone per godere le fresche brezze del Mediterraneo.

XX **Gli Archi**

via Ottaviano 17, centro storico – ✆ 07 71 54 83 00 – www.gliarchi.com – info@gliarchi.com – chiuso gennaio e mercoledì escluso luglio-agosto
Rist – Carta 43/75 € (+10 %)
◆ Nel cuore della località, annovera una piccola sala ad archi ed un ambiente all'aperto dove gustare una cucina semplice, fedele ai prodotti ittici. Si consiglia di prenotare.

SPEZIALE – Brindisi – 564 E34 – Vedere Fasano

SPIAZZO – Trento (TN) – 562 D14 – 1 164 ab. – alt. 650 m – ✉ 38088 30 B3

Roma 622 – Trento 49 – Bolzano 112 – Brescia 96

X **1/2 Soldo-dal 1897** con cam

a Mortaso, Nord : 1 km – ✆ 04 65 80 10 67 – www.mezzosoldo.it – info@mezzosoldo.it
26 cam – †40/55 € ††65/90 € – ½ P 62 €
Rist – *(chiuso giovedì in bassa stagione)* Menu 20/37 €
◆ Quattro sale personalizzate ma sempre con ambiente tipico e arredi d'epoca, dove assaporare specialità trentine, tra cui piatti non comuni, con materie prime ricercate. Camere dagli arredi d'epoca e fascino antico.

SPILIMBERGO – Pordenone (PN) – 562 D20 – 12 054 ab. – alt. 132 m 10 B2 – ✉ 33097

Roma 625 – Udine 30 – Milano 364 – Pordenone 33

XX **La Torre**

piazza Castello 8 – ✆ 0 42 75 05 55 – www.ristorantelatorre.net – info@ristorantelatorre.net – chiuso domenica sera, lunedì
Rist – (consigliata la prenotazione) Carta 32/42 €
◆ Nella particolare cornice del castello medievale di Spilimbergo, due raccolte salette rustico-eleganti dove gustare piatti legati alla tradizione del territorio.

X **Osteria da Afro** con cam

via Umberto I 14 – ✆ 04 27 22 64 – www.osteriadaafro.com – osteria.daafro@tin.it – chiuso dal 1° al 10 gennaio
8 cam – †60/65 € ††95/110 € – ½ P 68/85 €
Rist – *(chiuso domenica sera)* (consigliata la prenotazione) Carta 25/39 €
◆ Trattoria dall'esperta conduzione a familiare, poco distante dal centro storico: due salette, di cui una con camino, e genuini piatti del giorno presentati su una lavagnetta. Confortevoli e sobriamente eleganti le camere, arredate in legno di abete e caldi toni di colore.

SPINACETO – Roma – Vedere Roma

SPINETTA MARENGO – Alessandria – 561 H8 – Vedere Alessandria

SPIRANO - Bergamo (BG) - 561 F11 - 5 509 ab. - alt. 154 m - ✉ 24050 19 C2

Roma 591 - Bergamo 16 - Brescia 48 - Milano 42

3 Noci-da Camillo

via Petrarca 16 - ✆ 0 35 87 71 58 - www.ristorantetrenoci.it - info@ristorantetrenoci.it - chiuso dal 1° al 10 gennaio, dal 10 al 25 agosto, domenica sera, lunedì

Rist - Carta 39/49 €

♦ Il tocco femminile delle proprietarie ha ingentilito il côté rustico dell'ambiente. Ne risulta una piacevolissima trattoria, dove si possono gustare ancora i ruspanti sapori della bassa e carni cotte sulla grande griglia in sala. Gazebo per il servizio estivo all'aperto.

SPOLETO - Perugia (PG) - 563 N20 - 39 164 ab. - alt. 396 m - ✉ 06049 Italia 33 C3

Roma 130 - Perugia 63 - Terni 28 - Ascoli Piceno 123

piazza della Libertà 7 ✆ 0743 218620, info@iat.spoleto.pg.it, Fax 0743 218641

Piazza del Duomo★ : Duomo★★ Y - Ponte delle Torri★★ Z - Chiesa di San Gregorio Maggiore★ Y **D** - Basilica di San Salvatore★ Y **B**

Strada★ per Monteluco per ②

Pianta pagina seguente

San Luca senza rist

via Interna delle Mura 21 - ✆ 07 43 22 33 99 - www.hotelsanluca.com - sanluca@hotelsanluca.com Y**b**

34 cam - ♀85/170 € ♀♀110/240 € - 1 suite

♦ Una volta conceria, oggi uno dei più bei palazzi della città. Tonalità ocra accompagnano i clienti dalla corte interna alle camere, passando per raffinati saloni e corridoi.

Albornoz Palace Hotel

cam, rist,

viale Matteotti 16, 1 km per ② - ✆ 07 43 22 12 21 - www.albornozpalace.com - info@albornozpalace.com

94 cam - ♀69/141 € ♀♀94/165 € - 2 suites - ½ P 85/111 €

Rist - *(chiuso lunedì)* Carta 28/45 €

♦ Hotel moderno con originali e ampi interni abbelliti da opere di artisti contemporanei; camere eleganti e "artistiche", attrezzato ed apprezzato centro congressi. Spazioso ristorante dove prevalgono le tonalità pastello.

Cavaliere Palace Hotel senza rist

corso Garibaldi 49 - ✆ 07 43 22 03 50 - www.hotelcavaliere.eu - info@hotelcavaliere.eu Y**a**

31 cam - ♀60/90 € ♀♀70/139 €

♦ Nella parte bassa della città storica, un palazzo cardinalizio la cui bellezza seicentesca è stata recentemente evidenziata dal restauro. Affascinante terrazza panoramica.

Villa Milani

rist,

località Colle Attivoli 4, 2,5 km per viale Matteotti - ✆ 07 43 22 50 56 - www.villamilani.com - info@villamilani.com - aprile-2 novembre Z

11 cam - ♀192/304 € ♀♀240/570 €

Rist - *(maggio-settembre) (solo per alloggiati)* Menu 40/50 €

♦ Un tributo all'omonimo architetto che progettò e visse in questa villa eclettica di fine '800. Sontuosi arredi di ogni epoca, giardino all'italiana e passeggiate nel parco.

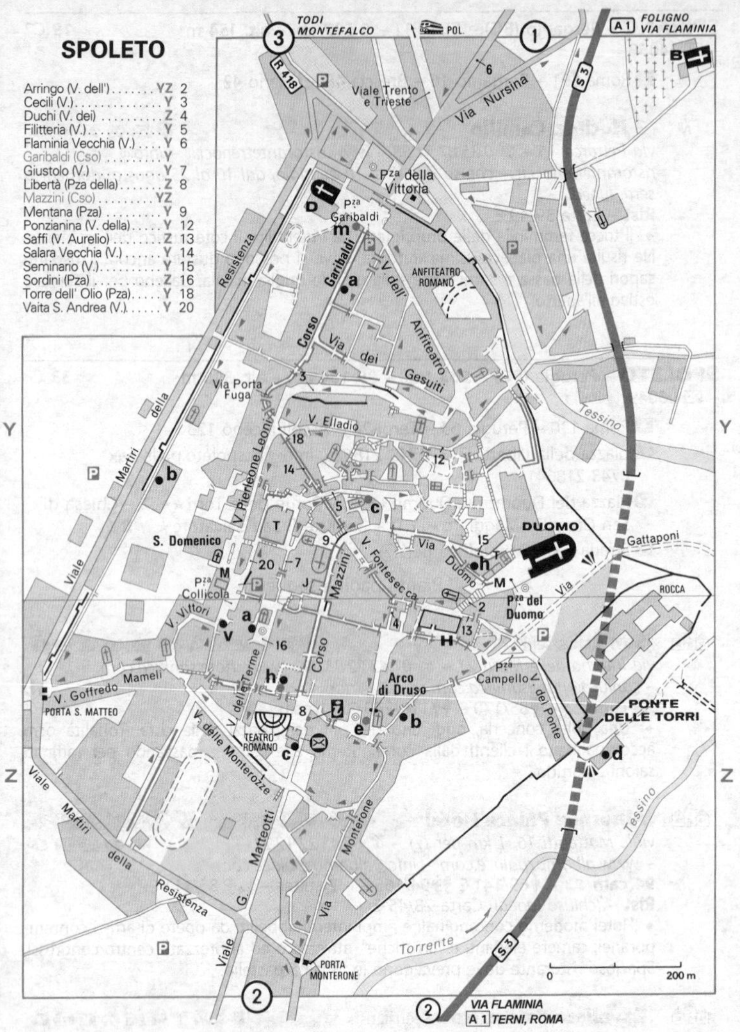

Dei Duchi

rist,

viale Matteotti 4 – ℰ 0 74 34 45 41
– www.hoteldeiduchi.com
– hotel@hoteldeiduchi.com Zc

47 cam – 75/100 € 110/150 € – 2 suites – ½ P 75/100 €

Rist – *(chiuso martedì) (chiuso a mezzogiorno)*

Carta 28/36 €

◆ Nel cuore della città un edificio recente in mattoni: grande e luminosa hall con comodi divani, camere molto spaziose, da poco rinnovate; ideale per uomini d'affari. Dalla grande vetrata del ristorante si gode una bella veduta sulle colline.

Clitunno rist,
piazza Sordini 6 – ✆ 07 43 22 33 40 – www.hotelclitunno.com – info@hotelclitunno.com Za
52 cam ☕ – ♦50/100 € ♦♦75/150 € – ½ P 60/90 €
Rist *San Lorenzo* – ✆ 07 43 22 18 47 *(chiuso martedì)* Carta 30/40 €
♦ Tradizione e modernità, quando espressione del medesimo buon gusto, si esaltano a vicenda: vicino al teatro romano, spunti di design moderno si mescolano ad arredi d'epoca. Al ristorante viene proposta una cucina ricca di estro.

Gattapone senza rist
via del Ponte 6 – ✆ 07 43 22 34 47 – www.hotelgattapone.it – info@hotelgattapone.it
15 cam ☕ – ♦90/140 € ♦♦120/230 € Zd
♦ In posizione tranquilla e dominante, con vista sul ponte delle torri e Monteluco, albergo a gestione affidabile con interni d'ispirazione contemporanea e camere piacevoli.

Charleston senza rist
piazza Collicola 10 – ✆ 07 43 22 00 52 – www.hotelcharleston.it – info@hotelcharleston.it Zv
18 cam ☕ – ♦40/75 € ♦♦52/135 €
♦ Nel cuore della cittadina, in un palazzo del 1600 rinnovato, un albergo semplice a conduzione diretta con ambienti di tono signorile e camere rallegrate da nuovi colori.

Aurora
via Apollinare 3 – ✆ 07 43 22 03 15 – www.hotelauroraspoleto.it – info@hotelauroraspoleto.it Zh
23 cam ☕ – ♦40/65 € ♦♦55/100 €
Rist Apollinare – vedere selezione ristoranti
♦ A pochi passi dalla centralissima via Mazzini, ma lontano dai rumori della strada, hotel a gestione familiare con piacevoli interni e camere interamente rinnovate.

Palazzo Dragoni – Residenza d'epoca senza rist
via Duomo 13 – ✆ 07 43 22 22 20 – www.palazzodragoni.it – info@palazzodragoni.it Yh
15 cam ☕ – ♦100/120 € ♦♦125/150 €
♦ Ambiente signorile in un'imponente costruzione del XVI secolo, con bella vista sul Duomo e sui dintorni; piacevoli interni eleganti e camere ben arredate con mobili d'epoca.

Palazzo Leti senza rist
via degli Eremiti 10 – ✆ 07 43 22 49 30 – www.palazzoleti.com – info@palazzoleti.com – chiuso dal 10 al 24 gennaio Zb
12 cam ☕ – ♦90/130 € ♦♦120/200 €
♦ Regna una raffinata atmosfera in questo palazzo d'epoca arredato con ricercati pezzi antichi nei suoi ambienti e caratterizzato da un giardino-terrazza con vista sui colli.

Apollinare – Hotel Aurora
via Sant'Agata 14 – ✆ 07 43 22 32 56 – www.ristoranteapollinare.it – info@ristoranteapollinare.it – chiuso martedì da ottobre a Pasqua Zh
Rist – (consigliata la prenotazione) Carta 26/36 €
♦ Ambiente elegante e signorile nella sala con pietre e mattoni a vista di un locale del centro storico; gustosa cucina tipica del luogo e qualche piatto di maggior ricerca.

Il Tempio del Gusto
via Arco di Druso 11 – ✆ 0 74 34 71 21 – www.iltempiodelgusto.com – info@iltempiodelgusto.com – chiuso febbraio o marzo, giugno o settembre, giovedì
Rist – (consigliata la prenotazione la sera) Menu 22/35 € – Carta 28/48 € Ze
♦ Pareti in pietra, tavoli piccoli e ravvicinati, perfino un reperto archeologico (un antichissimo selciato visibile attraverso un cristallo) tutto sembrerebbe orientato in una certa direzione... se non fosse per la cucina: autentico tempio del gusto, dove si "celebra" la creatività.

XX **Il Tartufo**

piazza Garibaldi 24 – ✆ 0 74 34 02 36 – www.ristoranteiltartufo.it – dimarco@ristoranteiltartufo.it – chiuso 20 giorni in gennaio, dal 25 al 31 luglio, domenica sera, lunedì Ym

Rist – Menu 22/38 € – Carta 31/47 €

♦ Già nel nome l'omaggio al prodotto principe umbro, il tartufo, declinato nelle sue varietà stagionali in piatti della tradizione regionale, talvolta elaborati con creatività.

sulla strada statale 3 - via Flaminia YZ Nord: 8 km

X **Al Palazzaccio-da Piero**

località San Giacomo km 134 ✉ 06048 San Giacomo di Spoleto – ✆ 07 43 52 01 68 – www.alpalazzaccio.it – info@alpalazzaccio.it – chiuso lunedì

Rist – (consigliata la prenotazione) Carta 22/37 €

♦ Un accogliente angolo familiare e una meta gastronomica ormai più che trentennale per una sosta amichevole in compagnia; gustosi piatti locali e specialità al tartufo.

a Pompagnano Sud-Ovest : 4 km – ✉ 06049 Spoleto

Agriturismo Convento di Agghielli

frazione Pompagnano – ✆ 07 43 22 50 10 – www.agghielli.it – info@agghielli.it

10 cam – 6 suites – solo ½ P 87/100 €

Rist – *(chiuso a mezzogiorno escluso domenica)* Carta 29/35 €

♦ Immerso in una verde oasi di pace, un antico convento del 1200, ora divenuto agriturismo di classe, offre splendide e ampie suite curate con arredi in piacevole stile country.

a Silvignano Nord-Est : 13 km – ✉ 06049

Le Logge di Silvignano senza rist

– ✆ 07 43 27 40 98 – www.leloggedisilvignano.it – mail@leloggedisilvignano.it – marzo-novembre

7 suites – ††150/250 €, ☕ 15 €

♦ Splendido esempio di architettura medievale, in passato sede di guarnigione militare e residenza patrizia, con un loggiato del '400 che ne orna la facciata: all'interno la cura del dettaglio si declina nei pavimenti in cotto, nelle ceramiche di Deruta o nelle maioliche di Vietri. Soggiorno in una dimensione atemporale.

SPOTORNO – Savona (SV) – 561 J7 – 4 118 ab. – ✉ 17028 **14** B2

Roma 560 – Genova 61 – Cuneo 105 – Imperia 61

via Aurelia 121 c/o centro Congressi Palace ✆ 019 7415008, spotorno@inforiviera.it, Fax 019 7415811

Villa Imperiale cam,

via Aurelia 47 – ✆ 0 19 74 51 22 – www.villaimperiale.it – info@villaimperiale.it

17 cam ☕ – †55/87 € ††88/196 € – 9 suites – ††140/246 € – ½ P 92/115 €

Rist *Terredimare* – *(chiuso martedì da novembre a febbraio)* Carta 45/74 €

♦ In pieno centro lungo la passeggiata, camere ampie - accuratamente personalizzate - nonché spazi comuni ben distribuiti, in una villa anni '30 sapientemente ristrutturata. Piacevole ristorante con ingresso indipendente: cucina mediterranea in chiave moderna.

Acqua Novella
via Acqua Novella 1, Est : 1 km – ☎ 0 19 74 16 65 – www.acquanovella.it – info@acquanovella.it – marzo-ottobre
50 cam – 80/300 € – ½ P 72/182 €
Rist – *(chiuso a mezzogiorno)* Carta 40/70 €
♦ In posizione elevata con vista panoramica, hotel recente dalla cordiale conduzione. Le camere sono luminose, molte con vista, impreziosite da belle ceramiche. Ristorante con grandi vetrate e vista a perdita d'occhio.

Tirreno
via Aurelia 2 – ☎ 0 19 74 51 06 – www.hotel-tirreno.it – info@hotel-tirreno.it – chiuso dal 20 ottobre al 20 dicembre
49 cam – 60/130 € 100/230 €, 8 € – 5 suites – ½ P 70/125 €
Rist – Carta 30/35 €
♦ Valida gestione diretta e ambiente signorile in un albergo piacevolmente ubicato sulla spiaggia e non lontano dal centro; luminosi spazi comuni, camere in stile lineare. Allegra sala da pranzo per un pasto rigenerante dopo una dinamica giornata di mare.

Premuda
piazza Rizzo 10 – ☎ 0 19 74 51 57 – www.hotelpremuda.it – info@hotelpremuda.it – Pasqua-4 novembre
21 cam – 80/145 €, 8 € **Rist** – *(maggio-settembre)* Carta 20/40 €
♦ Un dancing degli anni '30 divenuto ora un piccolo albergo ordinato e ben gestito, in bella posizione in riva al mare; piacevoli e "freschi" interni, camere lineari. Ariosa sala da pranzo resa luminosa dalle ampie vetrate che si aprono sulla spiaggia.

Riviera
via Berninzoni 24 – ☎ 0 19 74 10 44 – www.rivierahotel.it – info@rivierahotel.it
43 cam – 50/100 € 70/130 € – ½ P 50/90 € **Rist** – Carta 35/50 €
♦ Hotel ben tenuto, ristrutturato negli ultimi anni: gradevoli spazi esterni con giardino e piscina, accoglienti interni di moderna concezione, camere confortevoli. Capiente sala ristorante ornata in modo semplice; proposte gastronomiche del territorio.

Al Cambio
via XXV Aprile 72 – ☎ 01 97 41 55 37 – dino.balzano@libero.it – chiuso 1 settimana in febbraio, martedì
Rist – Carta 29/38 €
♦ A pochi passi dalla passeggiata, il locale propone la tradizione gastronomica ligure rielaborata in una sfiziosa cucina mediterranea.

STEGONA = STEGEN – Bolzano – 562 B17 – Vedere Brunico

STEINEGG = Collepietra

STENICO – Trento (TN) – 562 D14 – 1 152 ab. – alt. 666 m – ✉ 38070 30 B3

Roma 603 – Trento 31 – Brescia 103 – Milano 194

Flora
località Maso da Pont 1, Sud: 2 km – ☎ 04 65 70 15 49 – www.hotelfloracomano.it – info@hotelfloracomano.it – dicembre-13 gennaio e aprile-3 novembre
65 cam – 62/85 € 94/140 € – ½ P 55/80 € **Rist** – Carta 22/28 €
♦ Un'ottima base di appoggio per una vacanza all'insegna delle escursioni e del turismo termale: ariosi ambienti in stile contemporaneo e camere spaziose. Campo da tennis e vista sui monti dal grazioso giardino.

STERZING = Vipiteno

STEZZANO – Bergamo (BG) – 12 496 ab. – ✉ 24040 19 C1

Roma 615 – Milano 50 – Bergamo 7 – Lecco 79

Grand Hotel del Parco

via Comun Nuovo 8 – ☎ 0 35 59 17 10 – www.grandhoteldelparco.com – info@grandhoteldelparco.com – chiuso dicembre, agosto

46 cam – †90/200 € ††110/200 € – ½ P 80/130 €

Rist – *(chiuso a mezzogiorno)* Carta 28/58 €

♦ Albergo signorile costruito pochi anni fa, al suo interno offre confort moderni e camere spaziose contraddistinte da diversi colori. Perfetto soprattutto per una clientela business. Cucina classica italiana, specialità locali e qualche ricetta di pesce.

Art & Hotel senza rist

via Santuario 43 – ☎ 03 54 37 93 00 – www.artehotel.it – info@artehotel.it

84 cam – ††50/220 €

♦ Dotata di spazi ariosi e dallo stile uniforme, questa moderna struttura è il luogo ideale dove organizzare meeting e congressi. La città del Colleoni è a soli 6 km.

STIA – Arezzo (AR) – 2 960 ab. – alt. 441 m – ✉ 52017 29 C1

Roma 274 – Firenze 50 – Arezzo 48 – San Marino SMR 165

Falterona senza rist

piazza Tanucci 85 – ☎ 05 75 50 45 69 – www.albergofalterona.it – info@albergofalterona.it

23 cam – †50/60 € ††70/100 €

♦ Palazzo di origini Quattrocentesche - affacciato sulla piazza principale - dispone di una stanza dal pregevole soffitto affrescato e di alcune camere nella prospicente *dépendance*. Piccola corte interna per la prima colazione.

Falterona Gliaccaniti

piazza Tanucci 9 – ☎ 05 75 58 12 12 – www.gliaccaniti.it – falterona@gliaccaniti.it – chiuso dal 7 al 14 novembre, lunedì

Rist – Carta 26/52 €

♦ Riuscito matrimonio tra elementi moderni ed aspetti rustici. In menu: prelibatezze regionali accompagnate da una buona selezione enologica.

STINTINO – Sassari (SS) – 366 K38 – ✉ 07040 38 A1

Alghero 54 – Porto Torres 30 – Sassari 49

Agriturismo Depalmas Pietro

rist,

località Preddu Nieddu, Ovest : 2 km – ☎ 0 79 52 31 29 – www.agriturismodepalmas.com – agriturismo.depalmas@tiscali.it

6 cam – †25/40 € ††45/75 €, 5 € – ½ P 55/65 €

Rist – *(chiuso a mezzogiorno)* (prenotazione obbligatoria) Menu 30/60 €

♦ Una famiglia cordiale vi accoglie in questa risorsa agrituristica nel mezzo della penisola di Stintino, in zona molto tranquilla; arredi essenziali, maneggio nelle vicinanze.

STORO – Trento (TN) – 562 E13 – 4 657 ab. – alt. 409 m – ✉ 38089 30 A3

Roma 601 – Brescia 64 – Trento 65 – Verona 115

a Lodrone Sud-Ovest : 5,5 km – ✉ 38089

Castel Lodron

via 24 Maggio 41 – ☎ 04 65 68 50 02 – www.hotelcastellodron.it – info@hotelcastellodron.it

41 cam – †40/50 € ††70/90 € – ½ P 45/50 €

Rist – Carta 20/29 €

♦ Lungo la strada per Campiglio, cortese ospitalità in un albergo completamente rinnovato: centro benessere, nonché bocce, calcetto e ping-pong in giardino. Camere confortevoli, quelle sul retro più tranquille e panoramiche.

STRADA IN CHIANTI - Firenze - **563** L15 - Vedere Greve in Chianti

STREGNA - Udine (UD) - **562** D22 - 430 ab. - alt. 404 m **11** C2
- ✉ 33040

Roma 659 - Udine 29 - Gorizia 43 - Tarvisio 84

Sale e Pepe

via Capoluogo 19 - ✆ 04 32 72 41 18 - alsalepepe@libero.it - chiuso martedì, mercoledì

Rist - *(chiuso a mezzogiorno escluso sabato-domenica)* Menu 25/45 € - Carta 27/35 €

♦ Bella e accogliente trattoria ubicata nel centro della località, caratterizzata da una gestione volenterosa e davvero appassionata. Cucina con aperture mitteleuropee.

STRESA Verbano-Cusio-Ossola - Verbano-Cusio-Ossola (VB) - **561** E7 **24** A1
- 5 179 ab. - alt. 200 m - Sport invernali : a Mottarone: 803/1 492 m 2 6
- ✉ 28838 Italia Centro Nord

Roma 657 - Brig 108 - Como 75 - Locarno 55

piazza Marconi 16 (imbarcadero) ✆ 0323 30150, stresa@distrettolaghi.it, Fax 0323 32561

Des Iles Borromeés località Motta Rossa, ✆ 0323 92 92 85

Alpino di Stresa viale Golf Panorama 48, ✆ 0323 2 06 42

Cornice pittoresca★★ - Villa Pallavicino★ Y

Isole Borromee★★★ : giro turistico da 5 a 30 mn di battello - Baveno★ - Mottarone★★

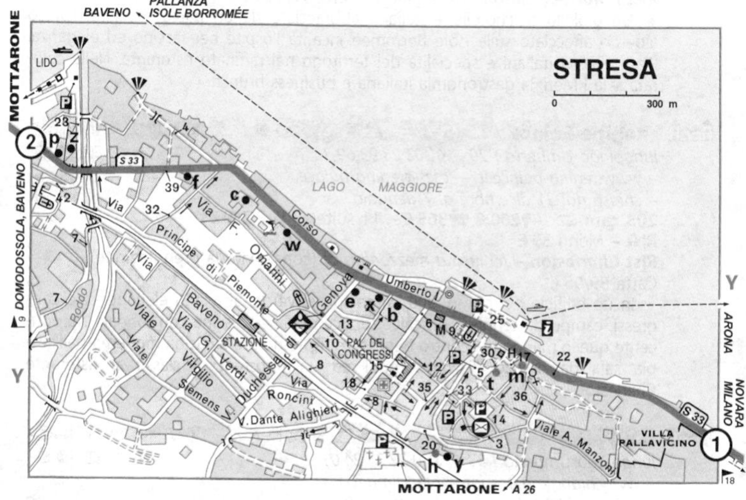

Bolongaro (V. F.) . . . . Y 3
Borromeo (V. F.) . . . . Y 4
Cadorna (Pza) . . . . Y 5
Canonica (V. P.) . . . . Y 6
Cardinale F. Borromeo (V.) . . . . Y 7
Carducci (V. G.) . . . . Y 8
Cavour (V.) . . . . Y 9
D'Azeglio (V. M.) . . . . Y 10
Devit (V.) . . . . Y 14
De Amicis (V. E.) . . . . Y 12
De Martini (V. C.) . . . . Y 13
Europa (Piazzale) . . . . Y 15
Fulgosi (V.) . . . . Y 18
Garibaldi (V. G.) . . . . Y 17
Gignous (V.) . . . . Y 20
Italia (Cso) . . . . Y 22
Lido (Viale) . . . . Y 23
Marconi (Pza) . . . . Y 25
Mazzini (V. G.) . . . . Y 30
Monte Grappa (V. del) . . . . Y 32
Principe Tomaso (V.) . . . . Y 33
Roma (V.) . . . . Y 35
Rosmini (V. A.) . . . . Y 36
Sempione (Strada statale del) . . . . Y 39
Volta (V. A.) . . . . Y 42

Grand Hotel des Iles Borromées

lungolago Umberto I 67 rist,
– 03 23 93 89 38
– www.borromees.it – borromees@borromees.it
– chiuso 3 settimane tra dicembre e gennaio Y**w**
164 cam – 187/323 € 187/429 € – 15 suites – ½ P 142/270 €
Rist *Il Borromeo* – Carta 61/87 €
◆ Abbracciato dal verde del parco e affacciato sul lago, un maestoso palazzo carico di fascino ospita ambienti lussuosi arredati nelle preziose tinte porpora, oro e indaco. Prelibata cucina dai sapori ricercati nello sfarzoso ristorante; menu personalizzato per gli ospiti che seguono una particolare dieta alla Spa.

Grand Hotel Bristol

cam, rist,
lungolago Umberto I 73/75 – 0 32 33 26 01
– www.zaccherahotels.com – info@zaccherahotels.com – aprile-ottobre
245 cam – 70/280 € 90/400 €, 25 € – 8 suites Y**c**
– ½ P 55/300 €
Rist – Carta 32/100 €
◆ Una conduzione professionale per questo hotel dagli interni arredati con pezzi antichi, lampadari di cristallo e cupole in vetro policromo e nel parco una piscina riscaldata. Affacciata sulle Isole Borromee, la sontuosa sala ristorante propone una carta moderna, ricca di specialità regionali.

Villa e Palazzo Aminta

cam, rist,
strada statale del Sempione 123, 1,5 km per ②
– 03 23 93 38 18 – www.villa-aminta.it
– villa-aminta@villa-aminta.it
– chiuso gennaio
59 cam – 295/370 € 295/860 €, 35 € – 8 suites – ½ P 243/525 €
Rist *Le Isole* – Carta 52/80 €
Rist *I Mori* – *(chiuso a mezzogiorno)* Carta 70/104 €
◆ Un gioiello dell'hôtellerie italiana abbracciato da un parco secolare: l'unico albergo affacciato sulle isole Borromee incanta l'ospite per fascino ed eleganza. Piatti classici italiani e specialità del territorio nel raffinato ristorante. Nella colorata sala I Mori, la gastronomia italiana e business brunch.

Regina Palace

lungolago Umberto I 29 – 03 23 93 69 36
– www.regina-palace.it – sales@regina-palace.it
– chiuso dal 21 dicembre al 7 gennaio Y**b**
203 cam – 260 € 365 € – 11 suites – ½ P 240 €
Rist – Menu 39 €
Rist *Charleston* – *(chiuso a mezzogiorno)* (consigliata la prenotazione)
Carta 59/95 €
◆ In un edificio del primo '900 immerso nel verde, ambienti eleganti, sale congressi, campo da tennis e da calcetto. Scenografica piscina con fondale riproducente quello marino nel centro benessere. Tinte dorate e cucina moderna nell'ampia sala da pranzo. Tavoli rotondi ed un'atmosfera di classe al ristorante Charleston.

La Palma

cam, rist,
lungolago Umberto I 33 – 0 32 33 24 01
– www.hlapalma.it – info@hlapalma.it
– chiuso dal 10 dicembre al 10 febbraio Y**e**
116 cam – 85/195 € 135/275 € – 2 suites – ½ P 90/150 €
Rist – Carta 38/57 €
◆ Risorsa a gestione attenta con accoglienti camere signorili, rilassanti spazi comuni e panoramica zona fitness attigua al roof-solarium. Dalla magnifica piscina in riva al lago si scorgono le isole Borromee! L'intima sala ristorante propone alta cucina italiana ed internazionale.

Astoria
lungolago Umberto I 31 – ✆ 0 32 33 25 66 – www.hotelstresa.info – h.astoria@hotelstresa.info – aprile-ottobre Yx
92 cam – 90/160 € 140/220 € – ½ P 90/130 € **Rist** – Menu 28 €
♦ Situato sul lungolago, l'hotel dispone di ampi spazi e belle camere. Si contendono il fiore all'occhiello il curato giardino con piscina ed il roof garden con solarium. Il ristorante vanta una deliziosa veranda ed una cucina regionale di stampo moderno.

Royal
strada statale del Sempione 22 – ✆ 0 32 33 27 77 – www.hotelroyalstresa.com – info@hotelroyalstresa.com – aprile-ottobre Yz
72 cam – 50/100 € 70/160 €, 13 € – ½ P 60/115 €
Rist – Menu 15/35 €
♦ Nella cornice del Lago Maggiore, l'antica villa offre spazi moderni e confortevoli, una rilassante sala lettura, la tranquillità di un parco ed una terrazza solarium. Nuove camere panoramiche al 4° piano: spettacolari quelle d'angolo. Nella sala ristorante illuminata da ampie vetrate, i sapori della cucina tradizionale.

Du Parc senza rist
via Gignous 1 – ✆ 0 32 33 03 35 – www.duparc.it – info@duparc.it – Pasqua-15 ottobre Yy
21 cam – 60/90 € 80/130 €, 10 €
♦ Ambienti signorili ed accoglienti, nonché piacevoli spazi per il relax in una villa avvolta da una rilassante cornice verde. Camere luminose e spaziose; un po' più piccole, ma anche più economiche, quelle nella dépendance.

Flora
strada statale del Sempione 26 – ✆ 0 32 33 05 24 – www.hotelflorastresa.com – info@hotelflorastresa.com – 15 marzo-3 novembre Yp
35 cam – 60/100 € 75/120 €, 15 € – ½ P 75/100 €
Rist – Carta 24/36 €
♦ A pochi minuti dal centro della località, l'hotel è stato recentemente ristrutturato ed ampliato e dispone di nuove e moderne camere, nonchè di una piccola piscina. Nella sobria sala da pranzo una cucina raffinata e fantasiosa, mentre d'estate è possibile anche il servizio in giardino.

La Fontana senza rist
strada statale del Sempione 1 – ✆ 0 32 33 27 07 – www.lafontanahotel.com – direzione@lafontanahotel.com – chiuso dicembre e gennaio Yf
20 cam – 78 € 88 €, 10 €
♦ Immersa in un rigoglioso parco, questa graziosa villa degli anni '40 dispone di camere semplici e confortevoli, spazi comuni dove sostare per rilassarsi o conversare.

Piemontese
via Mazzini 25 – ✆ 0 32 33 02 35 – www.ristorantepiemontese.com – info@ristorantepiemontese.com – chiuso dicembre, gennaio, lunedì Yt
Rist – Carta 39/50 €
♦ Nel cuore della località, ma a due passi dal lungolago, uno dei ristoranti più prestigiosi della romantica Stresa: piatti regionali e piacevole servizio estivo sotto un pergolato.

Il Clandestino
via Rosmini 5 – ✆ 0 32 33 03 99 – wwww.ristoranteilclandestino.com – info@ristoranteilclandestino.com – chiuso 3 settimane in gennaio o febbraio, martedì, in inverno anche lunedì Ym
Rist – Menu 38/70 € – Carta 42/80 €
♦ A pochi metri dal lungolago, ma già nel cuore del centro storico, un grazioso locale dai toni caldi, dove gustare una gustosa cucina di pesce. Un suggerimento: lasciatevi consigliare dallo *chef-patron*!

X **Vicoletto**

Vicolo del Poncivo 3 – ✆ 03 23 93 21 02 – www.ristoranteilvicoletto.com – massimiliano196@alice.it – chiuso dal 15 gennaio a febbraio e giovedì escluso da aprile a ottobre Y**h**

Rist – Carta 28/40 €

◆ Nuovo ristorantino dal design contemporaneo condotto da una giovane e motivata gestione: la linea di cucina si conforma alla modernità del locale. Minuscolo, ma piacevole il dehors.

STROMBOLI (Isola) – Messina – 365 BA51 – Vedere Eolie (Isole)

STRONCONE – Terni (TR) – 563 O20 – alt. 450 m – ✉ 05039 **33** C3

Roma 112 – Terni 12 – Rieti 45

XX **Taverna de Porta Nova**

via Porta Nova 1 – ✆ 0 74 46 04 96 – chiuso mercoledì

Rist – *(chiuso a mezzogiorno)* Menu 30/38 € – Carta 29/45 €

◆ All'interno di un ex convento quattrocentesco, un locale con quattro salette dall'ambiente rustico di tono signorile, dove provare cucina del territorio e carne alla brace.

STRONGOLI – Crotone (KR) – 564 J33 – 6 264 ab. – alt. 342 m – ✉ 88815 **5** B2

Roma 587 – Catanzaro 101 – Crotone 28 – Cosenza 124

XX **Dattilo** con cam rist, rist,

contrada Dattilo, Est : 2 km – ✆ 09 62 86 56 13 – www.dattilo.it – info@dattilo.it

7 cam – †26/30 € ††52/60 €, ☕ 4 € – ½ P 55/65 €

Rist – *(chiuso dal 10 gennaio al 10 febbraio, da lunedì a mercoledì escluso da giugno a settembre) (chiuso a mezzogiorno escluso domenica)* (prenotazione obbligatoria) Menu 40/65 € – Carta 32/60 €

◆ Si odono ancora gli echi dell'antica Magna Grecia in questo relais composto da ex abitazioni rurali con camere rustiche e un ristorante - romantico servizio estivo all'aperto - che interpretata la cucina del territorio in chiave creativa. Un ulivo millenario fa da sfondo alla bella piscina.

STROVE – Siena – 563 L15 – Vedere Monteriggioni

SUBBIANO – Arezzo (AR) – 563 L17 – 6 351 ab. – alt. 266 m – ✉ 52010 **29** D2

Roma 224 – Rimini 131 – Siena 75 – Arezzo 15

Relais Torre Santa Flora

località Il Palazzo 169, Sud-Est : 3 km – ✆ 05 75 42 10 45 – www.torresantaflora.it – info@torresantaflora.it – chiuso 2 settimane in gennaio

15 cam ☕ – †65/90 € ††90/135 € – 1 suite – ½ P 75/98 €

Rist – *(chiuso lunedì e martedì da ottobre ad aprile) (chiuso a mezzogiorno)* Carta 33/44 €

◆ Residenza di campagna seicentesca immersa nel verde: calda atmosfera negli splendidi interni in elegante stile rustico di taglio moderno, piacevoli camere accoglienti. Cucina toscana, quattro salette con soffitti in mattoni o con travi di legno a vista.

X **La Corte dell'Oca** con cam

viale Europa 16 – ✆ 05 75 42 13 36 – www.cortedelloca.it – info@cortedelloca.it

24 cam – †50 € ††65 €, ☕ 5 € – ½ P 65 €

Rist – Menu 25 € – Carta 26/35 €

◆ Tra tortellini e bolliti si è avverato un sogno, quello del titolare, che ha raccolto oggetti, riviste e suppellettili degli anni '50 per ricreare un'atmosfera da amarcord. Tutte differenti tra loro, le camere si affacciano sul cortile o sul borgo.

SU GOLOGONE - Nuoro - Vedere Oliena

SULDEN = Solda

SULMONA - L'Aquila (AQ) - 563 P23 - 25 212 ab. - alt. 405 m 1 B2

- ✉ 67039 Italia Centro Sud

Roma 154 - Pescara 73 - L'Aquila 73 - Avezzano 57

corso Ovidio 208 ✆ 0864 53276, iat.sulmona@abruzzoturismo.it, Fax 0864 53276

Località★ - Palazzo dell'Annunziata★★ - Porta Napoli★ - Acquedotto★ in piazza Garibaldi

Itinerario nel Massiccio degli Abruzzi★★★

Santacroce Ovidius

via Circonvallazione Occidentale 177 - ✆ 0 86 45 38 24 - www.hotelovidius.it - info@hotelovidius.it

29 cam - 65 € 95 €, 5 € - ½ P 65 €

Rist - Carta 22/36 €

♦ A due passi dal Duomo hotel moderno dalle calde sale rivestite in legno e camere dalle linee contemporanee, ben accessoriate.

Gino con cam e senza

piazza Plebiscito 12 - ✆ 0 86 45 22 89 - www.lalocandadigino.it - info@lalocandadigino.it - chiuso domenica

4 cam - 70 € 80 €

Rist - *(chiuso la sera)* Carta 23/31 €

♦ Piccola arca della tipicità gastronomica abruzzese: salumi, formaggi, pasta fresca e carni della regione. I primi anche acquistabili nell'adiacente negozio di famiglia.

sulla strada statale 17 Nord-Ovest : 3,5 km :

Santacroce

✉ 67039 - ✆ 08 64 25 16 96 - www.hotelsantacroce.com - meeting@arc.it

78 cam - 60/65 € 75/100 € - ½ P 65/68 €

Rist - *(chiuso dal 1° al 10 novembre e venerdì)* Carta 18/35 €

♦ Nella zona industriale della città, bianca struttura con un verde giardino; luminosi spazi interni di moderna concezione, confortevoli camere nelle tonalità del verde. Proposte culinarie che vanno dal locale all'internazionale.

SULZANO - Brescia (BS) - 561 E12 - 1 966 ab. - alt. 200 m - ✉ 25058 19 D1

Roma 586 - Brescia 33 - Bergamo 56 - Cremona 76

Rivalago senza rist

via Cadorna 7 - ✆ 0 30 98 50 11 - www.rivalago.it - info@rivalago.it - aprile-2 novembre

33 cam - 68/192 € 98/192 €

♦ Una giovane coppia - esperta nel settore - gestisce con competenza e *savoir-faire* questo nuovo albergo, deliziosamente in riva al lago: carino, lindo e con camere accoglienti.

Afilod'acqua

via Cesare Battisti 9, località Vertine - ✆ 33 87 41 63 90 - luisa.franceschetti@tin.it - chiuso 3 settimane in gennaio, domenica sera, lunedì

Rist - *(chiuso a mezzogiorno escluso domenica)* (consigliata la prenotazione) Carta 56/75 €

♦ Palazzina sul lago, sapientemente ristrutturata per ospitare un locale gradevole, intimo e raccolto, gestito da una coppia appassionata. Cucina stagionale di gusto moderno.

SUSA – Torino (TO) – 561 G3 – 6 806 ab. – alt. 503 m – ✉ 10059 22 B2

Italia Centro Nord

Roma 718 – Briançon 55 – Milano 190 – Col du Mont Cenis 30

Corso Inghilterra 39 ✆ 0122 622447, info.susa@turismotorino.org

Località★ - Porta Savoia★ - Campanile romanico★★ della cattedrale - Arco di Augusto★

Napoleon senza rist

via Mazzini 44 – ✆ 01 22 62 28 55 – www.hotelnapoleon.it – hotelnapoleon@hotelnapoleon.it

62 cam – †68/78 € ††88/100 €

◆ Nel cuore della località, l'hotel vanta una gestione familiare e dispone di moderne e graziose camere, nonchè di spazi per lettura, conversazioni e riunioni. Ottima la piccola palestra.

Un pasto accurato a prezzo contenuto? Cercate i Bib Gourmand.

SUSEGANA – Treviso (TV) – 562 E18 – 12 059 ab. – alt. 76 m – ✉ 31058 36 C2

Roma 572 – Belluno 57 – Trento 143 – Treviso 22

Maso di Villa senza rist

via Col di Guarda 15, località Collalto, Nord-Ovest : 5 km – ✆ 04 38 84 14 14 – www.masodivilla.it – info@masodivilla.it

6 cam – †100/110 € ††130/165 €

◆ Il colore è il vero protagonista di questa casa colonica trasformata in romantico relais, con tonalità diverse in ogni ambiente: dall'ocra del soggiorno al rosa dell'ingresso, fino al vinaccia delle camere, evocatore dell'uva e dei suoi inebrianti prodotti. Letti in ferro battuto nelle 6 stanze affacciate sul giardino.

sulla strada provinciale Conegliano-Pieve di Soligo Nord : 3 km :

La Vigna

via Val Monte 7, località Crevada – ✆ 0 43 86 24 30 – www.ristorantelavigna.com – info@ristorantelavigna.com – chiuso domenica sera, lunedì

Rist – Carta 20/28 €

◆ In collina, circondata dal verde, struttura di nuova creazione che ricorda un casolare di campagna, ma con interni d'ispirazione contemporanea; piatti del luogo.

SUTRI – Viterbo (VT) – 563 P18 – 6 405 ab. – alt. 291 m – ✉ 01015 12 B1

Roma 52 – Viterbo 31 – Civitavecchia 60 – Terni 76

Le Querce via Cassia km 44,500, ✆ 0761 60 07 89

sulla strada statale Cassia al km 46,700 Est : 3 Km :

Il Borgo di Sutri

località Mezzaroma Nuova km 46,700 ✉ 01015 – ✆ 07 61 60 86 90 – www.ilborgodisutri.it – info@ilborgodisutri.it

17 cam – †89/170 € ††109/190 € – 4 suites – ½ P 80/120 €

Rist – *(chiuso dal 16 al 31 agosto, martedì)* Carta 32/45 €

◆ Silenzioso, elegante e confortevole, l'hotel si trova nel contesto di un antico borgo agricolo. All'esterno ampi spazi verdi ed una chiesetta consacrata. Negli ambienti di quella che un tempo era la casa colonica, il ristorante propone una cucina che segue le stagioni. Ampio dehors estivo.

SUTRIO – Udine (UD) – 562 C20 – 1 377 ab. – alt. 570 m – ✉ 33020 10 B1

Roma 690 – Udine 63 – Lienz 61 – Villach 104

Alle Trote con cam

via Peschiera, frazione Noiaris, Sud: 1 km – ☎ 04 33 77 83 29 – alletrote@tiscalinet.it – chiuso settembre od ottobre e martedì escluso agosto

5 cam – ♦40/45 € ♦♦60/70 € – ½ P 45/55 €

Rist – Carta 19/28 €

♦ Nei pressi del torrente, un locale a gestione diretta, rinnovato "dalle fondamenta ai soffitti" al fine di accrescere il livello di confort; annesso allevamento di trote.

SUVERETO – Livorno (LI) – 563 M14 – 3 104 ab. – alt. 90 m – ✉ 57028 28 B2

Roma 232 – Grosseto 58 – Livorno 87 – Piombino 27

via Matteotti ☎ 0565 829304, apt7suvereto@costadeglietruschi.it

Agriturismo Bulichella

località Bulichella 131, Sud-Est : 1 km – ☎ 05 65 82 98 92 – www.bulichella.it – info@bulichella.it

21 cam – ♦50/65 € ♦♦70/90 € – ½ P 74 €

Rist – *(chiuso a mezzogiorno) (solo per alloggiati)* Menu 24 €

♦ Immerso nella campagna suveretana, ad 1 km dal borgo medievale, l'agriturismo offre ospitalità in appartamenti e camere confortevoli: più isolate e tranquille, le stanze al di là dei vigneti. Tipica cucina toscana e possibilità di visitare la cantina con degustazione di alcuni vini.

Eno-Oliteca Ombrone

piazza dei Giudici 1 – ☎ 05 65 82 93 36 – www.ristoranteombrone.it – info@ristoranteombrone.it – chiuso dal 7 gennaio al 1° marzo e i mezzogiorno di lunedì e martedì

Rist – (consigliata la prenotazione) Carta 35/44 €

♦ Nel centro storico, un ristorante all'interno di un vecchio frantoio del '300, celebre per la sua raccolta di oli da gustare con il pane; cucina tipica del luogo.

SUZZARA – Mantova (MN) – 561 I9 – 20 152 ab. – alt. 20 m – ✉ 46029 17 C3

Roma 453 – Parma 48 – Verona 64 – Cremona 74

Cavour

via Cavour 25 – ☎ 03 76 53 12 98 – www.ristorantecavour.com – info@ristorantecavour.com – chiuso dal 14 al 25 gennaio, dal 10 al 25 luglio, lunedì, anche domenica sera da ottobre a maggio

Rist – Carta 31/42 €

♦ Due sale separate da un corridoio dove accomodarsi a gustare un menù di terra e soprattutto di mare. Giovedì e sabato sera la sala più piccola è adibita anche a piano bar.

TABIANO – Parma (PR) – 562 H12 – alt. 162 m – ✉ 43030 8 A2

Roma 486 – Parma 31 – Piacenza 57 – Bologna 124

viale Fidenza 20 ☎ 0524 565482 infotabiano@portalesalsomaggiore.it, Fax 0524 567533

Park Hotel Fantoni — rist,

via Castello 6 – ☎ 05 24 56 51 41 – www.parkhotelfantoni.it – phfantoni@tin.it – aprile-novembre

34 cam – ♦40/70 € ♦♦70/100 € – ½ P 58/70 €

Rist – Carta 24/34 €

♦ In una zona un po' defilata e già collinare, si apre un giardino con piscina: una parentesi blu nel verde, preludio alla comodità dell'hotel. Non manca l'ascensore diretto per le terme ed un piccolo, ma attrezzato, centro benessere con bagno turco, idromassaggio e trattamenti vari.

Rossini rist,

via delle Fonti 10 – 05 24 56 51 73 – www.hotelrossini.net – hotel.rossini@libero.it – aprile-novembre

51 cam – 80 € 110 € – ½ P 62 €

Rist – *(solo per alloggiati)* Menu 25/28 €

◆ Un valido albergo che, nel corso degli anni, ha saputo mantenere alti la qualità e il livello dell'offerta; terrazza solarium con una vasca idromassaggio per più persone.

TALAMONE – Grosseto – 563 O15 – Vedere Fonteblanda

TAMBRE – Belluno (BL) – 562 D19 – 1 443 ab. – alt. 922 m – 32010

36 C1

Roma 613 – Belluno 30 – Cortina d'Ampezzo 83 – Milano 352

piazza 11 Gennaio 1945 1 0437 49277, tambre@infodolomiti.it, Fax 0437 49246

Cansiglio località Pian Cansiglio, 0483 58 53 98

Alle Alpi

via Campei 32 – 0 43 74 90 22 – www.allealpi.it – hotel.alpi@libero.it – chiuso ottobre e novembre

28 cam – 35/60 € 60/80 €, 6 € – ½ P 40/60 €

Rist – Menu 18/25 €

◆ A poche decine di metri dalla chiesa e dal centro, albergo familiare dalla caratteristica struttura alpina ideale per vacanze tranquille e riposanti. Ristorante dall'ambiente curato e semplice, come a casa vostra per piatti casarecci di tradizione locale.

Non confondete i coperti e le stelle ! i coperti definiscono una categoria di confort e di servizio. Le stelle premiano unicamente la qualità della cucina, indipendentemente dalla categoria dell'esercizio.

TAORMINA – Messina (ME) – 565 N27 – 11 096 ab. – alt. 204 m – 98039 Sicilia

40 D2

Catania 52 – Enna 135 – Messina 52 – Palermo 255

piazza Santa Caterina (Palazzo Corvaja) 0942 23243, strtaormina@regione.sicilia.it, Fax 0942 24941

Il Picciolo via Picciolo 1, 0942 98 62 52

Località★★★ – Teatro Greco★★★ : ★★★ BZ – Giardino pubblico★★ BZ – ★★ dalla piazza 9 Aprile AZ – Corso Umberto★ ABZ – Castello : ★★ AZ

Etna★★★ Sud-Ovest per Linguaglossa – Castel Mola★ Nord-Ovest : 5 km – Gole dell'Alcantara★

Piante pagine seguenti

Grand Hotel Timeo rist,

via Teatro Greco 59 – 0 94 26 27 02 00 – www.grandhoteltimeo.net – info@hoteltimeo.net – 25 marzo-13 novembre BZx

66 cam – 300/350 € 390/650 € – 8 suites

Rist *Il Dito e La Luna* – Carta 74/110 €

◆ Gli ultimi rinnovi sono stati destinati tutti al benessere, bagno turco e stanza per massaggi e trattamenti estetici. Eleganti gli interni tra suggestioni d'epoca e modernità. Stupefacente il panorama dalla sala da pranzo!

San Domenico Palace
piazza San Domenico 5 – ☎ 09 42 61 31 11
– www.amthotels.it – res.sandomenico@amthotels.it AZ**m**
97 cam – 210/310 € 290/390 € – 8 suites – ½ P 200/260 €
Rist Principe Cerami – vedere selezione ristoranti
Rist – Carta 68/108 €
♦ Eleganti ambienti ricchi di antichi ricordi in questo hotel di lusso ricavato tra le mura di un convento medievale. Suggestive vedute dal giardino e dalle terrazze. A tavola, i classici italiani e piatti locali.

Grand Hotel San Pietro
via Pirandello 50 ✉ 98031 – ☎ 09 42 62 07 11
– www.grandhotelsanpietro.net – pietrosicily@relaischateaux.com CZ**f**
62 cam – 236/340 € 280/480 € – 1 suite – ½ P 220/320 €
Rist – Carta 60/130 €
♦ In splendida posizione panoramica ed abbracciata da un giardino con piscina, un'elegante struttura di nuova apertura con spazi accoglienti, una sala da the ed una biblioteca. Nella raffinata ed intima sala da pranzo, i genuini sapori della gastronomia siciliana.

Villa Diodoro
via Bagnoli Croci 75 – ☎ 0 94 22 33 12 – www.gaishotels.com – diodoro@gaishotels.com BZ**q**
102 cam – 135/205 € 180/296 € – ½ P 124/182 €
Rist – Carta 30/60 €
♦ Attrezzata palestra e zona massaggi-trattamenti estetici in una storica risorsa dai generosi spazi all'aperto. Rinnovate le camere e la hall - ora più ampia ed ariosa - mentre incastonato su una terrazza, lo zaffiro di questo gioiello: la panoramica piscina. Al ristorante, primeggiano i sapori dell'isola.

Villa Carlotta
via Pirandello 81 – ☎ 09 42 62 60 58 – www.villacarlottataormina.com – info@villacarlotta.net – chiuso dal 15 gennaio al 15 febbraio CZ**a**
23 cam – 99/299 € 109/309 € – 1 suite
Rist – (prenotazione obbligatoria) *(solo per alloggiati)* Carta 36/55 €
♦ Abbracciata da una folta vegetazione, la villa riprende il suo nome originario ed offre ai suoi ospiti ambienti eleganti e di tendenza, nonché una suggestiva vista sullo Ionio e sull'Etna. La sosta al bar diventa il pretesto per ammirare i resti di una necropoli bizantina.

Villa Ducale
via Leonardo da Vinci 60 – ☎ 0 94 22 81 53 – www.villaducale.com – info@villaducale.com – chiuso dal 10 gennaio al 10 febbraio AZ**p**
17 cam – 99/249 € 109/279 € – 5 suites
Rist – *(solo per alloggiati)* Carta 36/46 €
♦ Un rifugio splendidamente panoramico e scrigno delle celebri ceramiche siciliane: una piccola bomboniera deliziosamente curata dai titolari come un'elegante casa privata. La navetta o una scenografica scalinata per scendere in paese.

Villa Sirina senza rist
via Crocifisso 30, 2 km per via Crocifisso – ☎ 0 94 25 17 76 – www.villasirina.com – info@villasirina.com – aprile-9 novembre AZ
16 cam – 100/160 € 120/198 €
♦ Artigiani locali hanno contribuito con le loro creazioni ad arredare ad *hoc* le semplici camere della villa, già di famiglia dagli anni Settanta. Nel giardino, la bella piscina.

Villa Belvedere
via Bagnoli Croci 79 – ☎ 0 94 22 37 91 – www.villabelvedere.it – info@villabelvedere.it – 10 marzo-26 novembre BZ**b**
49 cam – 80/160 € 110/232 €
Rist – *(aprile-ottobre) (chiuso la sera) (solo per alloggiati)* Carta 24/38 €
♦ Una vista mozzafiato sul bel parco con palme e piscina tanto dagli ambienti comuni quanto dalla maggior parte delle camere. Storica struttura da sempre a gestione familiare. Cucina classica nel ristorante esclusivamente all'aperto.

Villa Schuler senza rist

piazzetta Bastione – ✆ 0 94 22 34 81
– www.hotelvillaschuler.com – info@hotelvillaschuler.com
– 5 marzo-20 novembre BZ**d**

27 cam ☕ – **†79/128 € ††79/264 €**

◆ Sorto nei primi anni del Novecento e gestito sempre dalla stessa famiglia, storico albergo del centro incorniciato tra giardini mediterranei: ottimi per immergersi nel relax!

Condor senza rist

via Dietro Cappuccini 25 – ✆ 0 94 22 31 24
– www.condorhotel.com – condor@tao.it
– marzo-15 novembre BZ**a**

12 cam ☕ – **†55/80 € ††60/130 €**

◆ Una dozzina di stanze, una palazzina in posizione panoramica e una gestione di lunga esperienza. Per chi non ricerca l'eleganza, ma si accontenta della semplicità.

XXXX **La Giara**

vico la Floresta 1 – ✆ 0 94 22 33 60
– www.lagiara-taormina.com – info@lagiara-taormina.com
– aprile-ottobre BZ**f**

Rist – *(chiuso a mezzogiorno)* (consigliata la prenotazione)
Carta 64/82 €

◆ Splendida la terrazza con dehors panoramico che incornicia la costa e il vulcano; in sala dominano volutamente le tinte del bianco e dell'avorio, sulle quali spicca la millenaria giara.

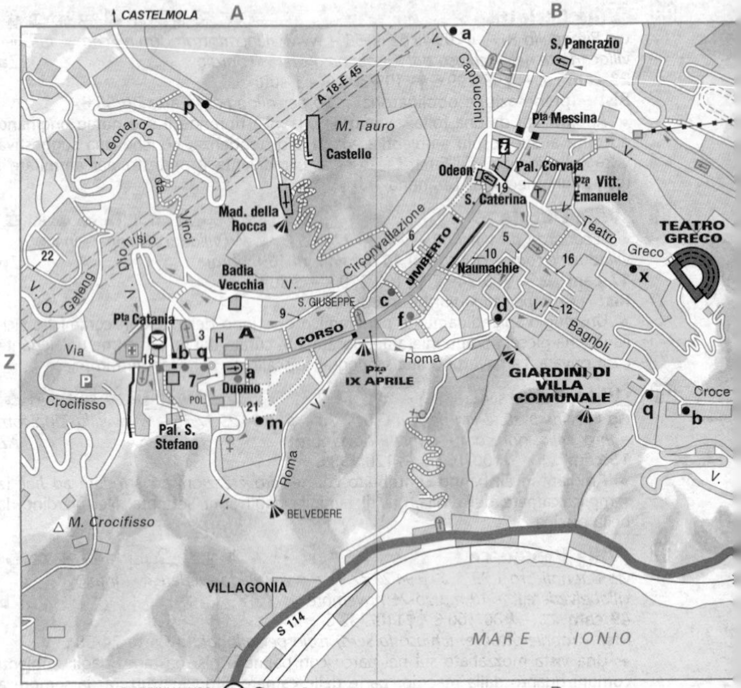

XXXX **Principe Cerami** – Hotel San Domenico Palace

piazza San Domenico 5 – ✆ 09 42 61 31 11
– www.amthotels.it – res.sandomenico@amthotels.it
– aprile-ottobre; chiuso lunedì AZ**m**

Rist – *(chiuso a mezzogiorno)* (consigliata la prenotazione) Carta 86/130 €

Spec. Minestra di pasta maritata con delizie di verdure e crostacei. Cotto e crudo di tonno alla palermitana con pan grattato, purea di broccoli e guanciale affumicato. Iris con cuore morbido di pistacchio, granita di ciliegie etnee.

♦ Dedicato al nobile siciliano, il ristorante è un'alcova di antichi profumi e delicati sapori isolani riproposti in chiave moderna. La sala trabocca di tessuti e quadri, d'impronta più inglese che mediterranea. Bellissima terrazza.

XXX **Casa Grugno** (Andreas Zangerl)

via Santa Maria De' Greci – ✆ 0 94 22 12 08
– www.casagrugno.it – info@casagrugno.it
– chiuso dal 7 gennaio al 9 marzo e domenica AZ**a**

Rist – *(chiuso a mezzogiorno)* (prenotazione obbligatoria) Menu 80 € – Carta 67/94 €

Spec. Gamberoni rossi con pompelmo, cedro e arance rosse. Tortelli ripieni di ricotta di pecora, pomodori e melanzane. Cuore di baccalà in macco di fave e crosta di pane.

♦ La facciata gotico-catalana è quella di un palazzo appartenuto ad una famiglia spagnola ed una splendida terrazza s'incastona a meraviglia fra gli antichi edifici del centro. A fare oggi gli onori di casa è la cucina, che propone sapori mediterranei rivisitati con grande maestria.

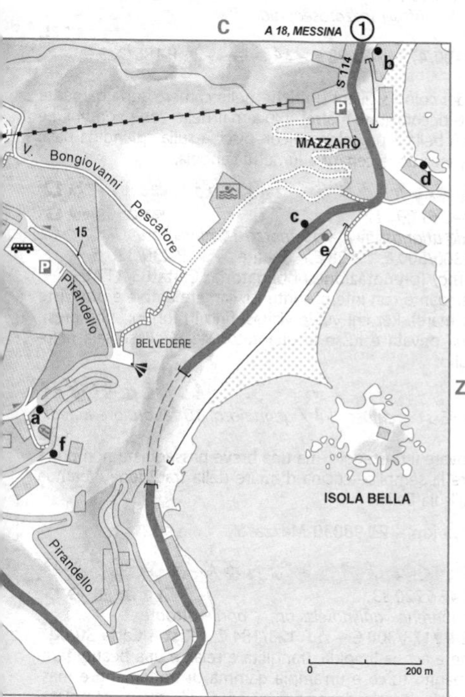

Z

Circolazione regolamentata nel centro città da giugno a settembre

TAORMINA

Carmine (Pza d.) . . . . **AZ** 3
Don Bosco (V.) . . . . **BZ** 6
Duomo (Pza d.) . . . . **AZ** 7
Fazzelo (V.) . . . . **AZ** 9
Giardinazzo (V.) . . . . **BZ** 10
Ginnasio (V. d.) . . . . **BZ** 12
Giovanni (V. d.) . . . . **BZ** 13
Guardiola Vecchia (V.) . . **BCZ** 15
Jallia Bassia (V.) . . . . **BZ** 16
S. Antonio (Pza) . . . . **AZ** 18
S. Caterina (Largo) . . . . . **BZ** 19
S. Domenico (Piazzale) . . **AZ** 21
Umberto I (Cso) . . . . . . **ABZ**
Von Gloeden (V. W.) . . . . **AZ** 22

XX **Vicolo Stretto**

vicolo Stretto 6 – ☎ 09 42 62 55 54 – ristorantevicolostretto@alice.it – 20 marzo-20 novembre BZ**c**

Rist – Carta 43/53 €

◆ Nel pieno centro di Taormina, ristorante dall'ambiente raccolto e signorile, dove gustare una cucina isolana intrigante e ben fatta. Dalla suggestiva terrazza, la vista abbraccia mare e Giardini Naxos.

X **Osteria Nero D'Avola**

vico Spuches 8 – ☎ 09 42 62 88 74 – www.osterianerodavola.it – osterianerodavola@alice.it – chiuso gennaio-febbraio e lunedì escluso luglio-agosto-settembre AZ**b**

Rist – *(chiuso a mezzogiorno in estate)* (consigliata la prenotazione) Carta 42/74 €

◆ Sulla tavola di questo ristorantino con la cucina a vista, i sapori e i colori dell'isola: in estate, si mangia su una graziosa piazzetta.

XX **Al Duomo**

vico Ebrei 11 – ☎ 09 42 62 56 56 – www.ristorantealduomo.it – info@ristorantealduomo.it – chiuso gennaio, lunedì da novembre a marzo

Rist – Carta 39/49 € AZ**q**

◆ In un angolo di piazza Duomo, da un vicolo stretto si accede ad un locale dal caratteristico e panoramico dehors. La cucina propone unicamente piatti di mare con prodotti davvero buoni.

a Mazzarò **Est 5,5 km o 5 mn di cabinovia** CZ – ✉ **98030**

Grand Hotel Mazzarò Sea Palace

via Nazionale 147 – ☎ 09 42 61 21 11 – www.mazzaroseapalace.it – info@mazzaroseapalace.it – 19 marzo-14 novembre CZ**b**

74 cam – †170/400 € ††190/475 €, ☕ 28 € – 14 suites – ½ P 185/323 €

Rist – Carta 67/126 €

◆ L'esplosione del sole e dei colori siciliani si riflette nelle camere superbamente arredate, ricche di tessuti e decorazioni; marmi e lucernai nelle zone comuni. Le terrazze si "sprecano": la più bella è un solarium con piscina sulla splendida baia. Sala ristorante e spazi all'aperto dove cenare a lume di candela.

Grand Hotel Atlantis Bay

via Nazionale 161 – ☎ 09 42 61 80 11 – www.atlantisbay.it – dbd@atlantisbay.it – 19 marzo-14 novembre CZ

75 cam – †225/425 € ††300/500 €, ☕ 28 € – 8 suites – ½ P 236/336 €

Rist – *(chiuso a mezzogiorno)* (prenotazione obbligatoria) Carta 63/117 €

◆ Una realtà raffinata ed elegante con interni sontuosi, camere ampie e provviste di ogni confort (tutte vista mare). Per chi vuole vizirasi fino in fondo: suite presidenziale con piccola piscina privata e lusso al quadrato. Meravigliosa sala ristorante curata in ogni dettaglio.

X **Da Giovanni**

via Nazionale – ☎ 0 94 22 35 31 – chiuso dal 7 gennaio al 10 febbraio e lunedì

Rist – Carta 31/52 € CZ**e**

◆ Qualche difficoltà nel trovare il posteggio, ma una breve passeggiata non potrà che farvi meglio apprezzare la semplice cucina di mare della tradizione. Veranda panoramica sul mare e sull'Isola Bella.

a Lido di Spisone **Nord-Est: 1,5 km – ✉ 98030 Mazzarò**

Caparena

via Nazionale 189 – ☎ 09 42 65 20 33 – www.gaishotels.com – caparena@gaishotels.com – aprile-ottobre

88 cam ☕ – †160/248 € ††178/300 € – ½ P 123/184 € **Rist** – Carta 30/60 €

◆ Bellezza e confort, palme e acqua limpida, tranqllità e relax e una beauty farm davvero interessante con bagno turco e un'ampia gamma di trattamenti e massaggi. Spiaggia e bar. D'estate la sala da pranzo si apre all'esterno, completamente immersa nel verde; a pranzo carta leggera.

La Capinera (Pietro D'Agostino)
via Nazionale 177 ✉ 98039 Taormina – ☎ 09 42 62 62 47 – www.ristorantelacapinera.com – info@ristorantelacapinera.com – chiuso febbraio e lunedì escluso agosto
Rist – *(chiuso a mezzogiorno dal 15 giugno al 7 settembre)* (consigliata la prenotazione) Menu 49/80 € – Carta 49/67 €
Spec. Il crudo di mare alla maniera di Pietro. Tagliolini neri con ricciola, bieta selvatica e pesto di basilico. Filetto di tonno con cipolla in agrodolce.
♦ Locale accogliente dalla giovane ed appassionata gestione, che propone una cucina innovativa su base regionale ed un servizio estivo in terrazza.

a Castelmola Nord-Ovest : 5 km AZ **– alt. 529 m – ✉ 98030**

Villa Sonia
via Porta Mola 9 – ☎ 0 94 22 80 82 – www.hotelvillasonia.com – booking@hotelvillasonia.com – marzo-15 novembre, 20 dicembre-6 gennaio
42 cam – 110/140 € 140/205 € – 2 suites – ½ P 105/138 €
Rist *Parco Reale* – Carta 32/45 €
♦ Caratteristico e tranquillo il borgo che accoglie questa antica villa arredata con una raccolta di preziosi oggetti d'antiquariato e d'artigianato siciliano. Suggestiva vista da molte camere. Sobriamente elegante la sala da pranzo arredata qua e là con numerose rare suppellettili. D'estate si pranza a bordo piscina.

TARANTO (TA) – 564 F33 – 194 021 ab. Puglia — 27 C2

Roma 532 – Brindisi 70 – Bari 94 – Napoli 344

corso Umberto I 113 ☎ 099 4532397, apttaranto@viaggiareinpuglia.it, Fax 099 4520417

Riva dei Tessali località Riva dei Tessali, ☎ 099 8 43 18 44

MARTA Museo archeologico nazionale★★★ – Lungomare Vittorio Emanuele★★ – Città vecchia★ – Giardini Comunali★ – Cappella di San Cataldo★ nel Duomo

Pianta pagina seguente

Akropolis
vico I° Seminario 3 ✉ 74123 – ☎ 09 94 70 41 10 – www.hotelakropolis.it – direzione@hotelakropolis.it **a**
14 cam – 105 € 145 €
Rist – *(chiuso lunedì) (chiuso a mezzogiorno)* Carta 26/46 €
♦ Il palazzo racconta la storia di Taranto, dalle fondamenta greche agli interventi succedutisi fino all'800. Pavimenti in maiolica del '700, splendida terrazza sui due mari. Elementi d'antiquariato anche nella sala-ristorante e wine bar per una ristorazione veloce.

Europa
via Roma 2 ✉ 74123 – ☎ 09 94 52 59 94 – www.hoteleuropaonline.it – info@hoteleuropaonline.it **e**
42 cam – 73/110 € 116/141 € – 2 suites
Rist – Carta 27/51 €
♦ Sul Mar Piccolo con vista su ponte girevole e castello aragonese, funzionale hotel, ex residence, che offre moderne camere molto ampie, spesso sviluppate in due ambienti.

Al Faro
via della Pineta 3/5, Nord : 1,5 km ✉ 74123 – ☎ 09 94 71 44 44 – www.alfarotaranto.it – info@alfarotaranto.it
18 cam – 90 € 120 €
Rist – Carta 38/50 €
♦ Atipica masseria settecentesca, costruita in riva al mare per l'allevamento dei molluschi. L'attività volge oggi all'ospitalità alberghiera, di ottimo livello in ogni aspetto. Sala ristorante ricavata sotto suggestive volte a crociera.

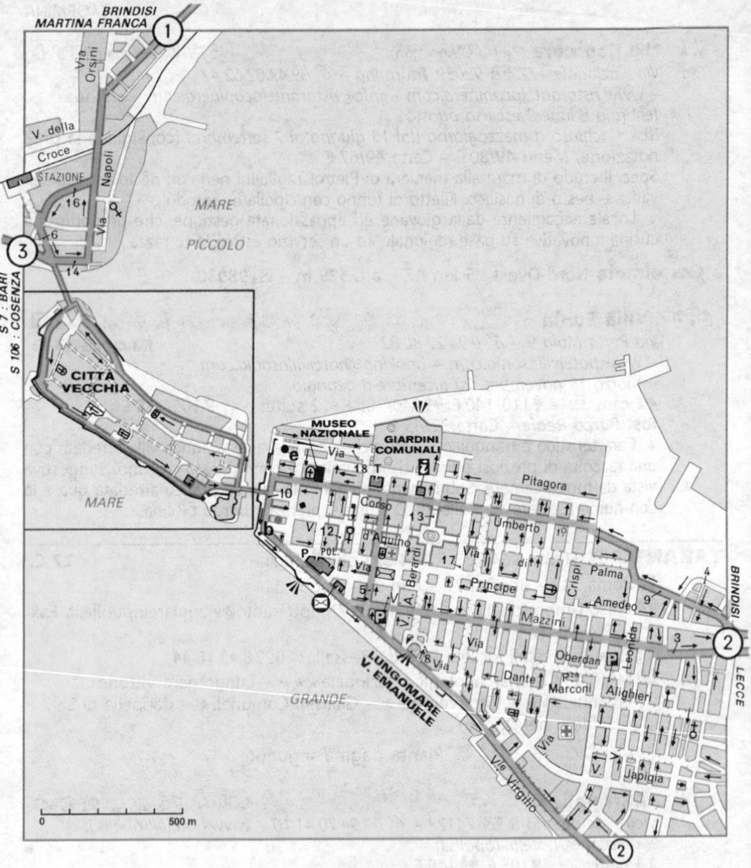

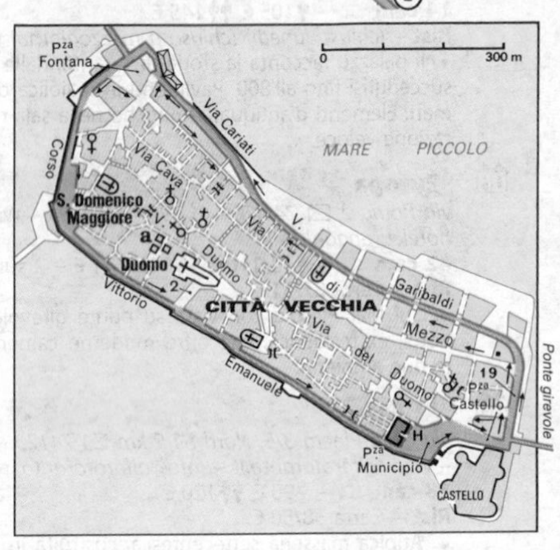

TARANTO

Aquino (V. d')	
Arcivescovado (Pza)	2
Battisti (V. Cesare)	3
Cugini (V.)	4
De Cesare (V. G.)	5
Duca d'Aosta (Viale)	6
Ebalia (Pza)	8
Falanto (V.)	9
Mari (Cso due)	10
Massari (V. G.)	12
Mignogna (V. Nicola)	13
Palma (V. di)	
Ponte (Vico del)	14
Porto Mercantile (V.)	16
Pupino (V.)	17
Roma (V.)	18
Vasto (V. del)	19

TARCENTO - Udine (UD) - 562 D21 - 9 102 ab. - alt. 230 m - ✉ 33017 — 11 C2

Roma 657 - Udine 19 - Milano 396 - Tarvisio 76

XX **Costantini** con cam

via Pontebbana 12, località Collalto, Sud-Ovest: 4 km - ✆ 04 32 79 20 04 - www.albergocostantini.com - prenotazioni@albergocostantini.com

22 cam - 53/65 € 75/100 € - ½ P 55/70 €

Rist - *(chiuso 1 settimana in gennaio, 1 in novembre, domenica sera e lunedì)* Carta 34/44 €

◆ Già tappa di sosta per chi dalla Germania si recava in Terrasanta, il ristorante propone una cucina che valorizza il prodotto locale con accostamenti leggermente fusion. Accoglienti anche le camere di tono classico elegante.

X **Osteria di Villafredda**

via Liruti 7, località Loneriacco, Sud : 2 km - ✆ 04 32 79 21 53 - www.villafredda.com - info@villafredda.com - chiuso gennaio, agosto, domenica sera, lunedì

Rist - Carta 24/33 €

◆ Tranquilla e defilata casa di campagna con servizio estivo in giardino; in un piccolo borgo rurale, antistante una villa padronale, il tipico "fogolar" friulano.

TARQUINIA - Viterbo (VT) - 563 P17 - 16 448 ab. - alt. 133 m - ✉ 01016 Italia Centro Sud — 12 A2

Roma 96 - Viterbo 45 - Civitavecchia 20 - Grosseto 92

barriera San Giusto ✆ 0766 849282, info@tarquiniaturismo.it, Fax 0766 849286

via Olimpia snc, ✆ 0766 81 21 09

Necropoli di Monterozzi★★: pitture★★★ nelle camere funerarie - Palazzo Vitelleschi★ - Cavalli alati★★★ nel museo Nazionale Tarquiniese★ - Quartiere medievale★ -Chiesa di Santa Maria in Castello★

X **Arcadia**

via Mazzini 6 - ✆ 07 66 85 55 01 - www.arcadia-ristorante.it - arcadiaristorante@libero.it - chiuso gennaio e lunedì

Rist - Carta 21/50 €

◆ Si trova in un antico edificio del centro storico questo piacevole ristorante dove gustare specialità regionali di terra e di mare. Entusiasmo e passione in un'atmosfera di cordiale familiarità.

a Lido di Tarquinia Sud-Ovest : 6 km - ✉ 01010

La Torraccia senza rist

viale Mediterraneo 45 - ✆ 07 66 86 43 75 - www.torraccia.it - info@torraccia.it - chiuso dal 22 dicembre al 17 gennaio

18 cam - 55/80 € 75/100 €

◆ In una tranquilla pineta dove assaporare momenti di piacevole relax, l'albergo - recentemente rinnovato con gusto - dispone di camere piccole ma personalizzate. Ottima posizione, vicino al mare.

XX **Gradinoro**

lungomare dei Tirreni 17 - ✆ 07 66 86 40 45 - www.gradinoro.com - info@gradinoro.com - chiuso dal 15 dicembre al 15 gennaio

Rist - *(chiuso la sera in gennaio e febbraio)* Carta 36/70 €

◆ Ai fornelli c'è sempre la tenace signora Urbani, garante di una cucina della tradizione che propone succulenti preparazioni di pesce fresco. Design moderno-contemporaneo per la sala.

TARTANO – Sondrio (SO) – **561** D11 – **207 ab.** – **alt. 1 210 m** – ✉ 23010 **16** B1

Roma 695 – Sondrio 34 – Chiavenna 61 – Lecco 77

La Gran Baita rist, VISA

via Castino 7 – ☎ 03 42 64 50 43 – www.albergogranbaita.com – htl.granbaita@virgilio.it – chiuso dal 6 gennaio al 31 marzo

34 cam – †30/38 € ††55/58 € – ½ P 47/50 €

Rist – Carta 20/29 €

◆ In Val Tartano, nel Parco delle Orobie, un'oasi di assoluta pace e relax ove potersi godere anche vari servizi naturali per la salute; conduzione familiare e confort. Al ristorante ambiente rustico avvolto dal legno, con vetrate sulla natura.

TARVISIO – Udine (UD) – **562** C22 – **4 894 ab.** – **alt. 732 m** – **Sport invernali : 750/1 780 m** 3 13, – ✉ 33018 **11** C1

Roma 730 – Udine 95 – Cortina d'Ampezzo 170 – Gorizia 133

via Roma 14 ☎ 0428 2135, info.tarvisio@turismo.fvg.it, Fax 0428 2972

via Priesnig 5, ☎ 0428 20 47

Ex Posta con cam VISA

via Friuli 55, località Coccau, Est: 6 km – ☎ 04 28 64 40 55 – www.exposta.it – info@exposta.it – chiuso maggio e novembre

5 cam – ††80 €, 6 €

Rist – *(chiuso lunedì)* Carta 15/27 €

◆ Non lontano dal confine - tra rigogliose pinete - una settecentesca stazione di posta si è trasformata in piacevole ristorante dagli ambienti semplici e curati. Cucina regionale.

TAUFERS IM MÜNSTERTAL = Tubre

TAVARNELLE VAL DI PESA – Firenze (FI) – **563** L15 – **7 541 ab.** – **alt. 378 m** – ✉ 50028 **29** C2

Roma 268 – Firenze 29 – Siena 41 – Livorno 92

via Roma 190 ☎ 055 8077832, turismo.tavarnelle@bcc.tin.it, Fax 055 8077832

Castello del Nero rist, VISA AE

strada Spicciano 7 – ☎ 0 55 80 64 70 – www.castellodelnero.com – reservations@castellodelnero.com – chiuso dal 16 gennaio al 1° marzo

32 cam – ††440/792 € – 18 suites – ††1056/2640 €

Rist – Carta 130/157 €

◆ In posizione dominante sulle colline, una residenza di campagna di origini duecentesche, dove gli elementi storici si fondono con arredi moderni e accessori d'avanguardia. Centro benessere con trattamenti *up-to-date*. Sapori tipici toscani interpretati con estro creativo in cucina.

Antica Pieve VISA AE

strada della Pieve 1 – ☎ 05 58 07 63 14 – www.anticapieve.net – info@anticapieve.net – chiuso febbraio

6 cam – †75/115 € ††85/120 € – ½ P 63/85 €

Rist – *(chiuso dall'8 al 31 gennaio) (chiuso a mezzogiorno)* Carta 23/37 €

◆ Una piacevole casa colonica - sapientemente ristrutturata - a metà strada fra Firenze e Siena, sulla famosa via Cassia: poche camere, ma ben arredate e curate nei particolari. Ottimi spazi all'esterno con piscina e giardino.

X **La Gramola**
via delle Fonti 1 – 05 58 05 03 21 – www.gramola.it – osteria@gramola.it – chiuso martedì
Rist – Carta 26/48 €
◆ Doppia sala interna con attrezzi agricoli e cortile per il servizio estivo: leccornie toscane in un'accogliente osteria al centro del paese. Ampia scelta di vini.

a San Donato in Poggio Sud-Est : 7 km – ✉ 50020

XX **La Locanda di Pietracupa** con cam e senza
via Madonna di Pietracupa 31 – 05 58 07 24 00 – www.locandapietracupa.com – info@locandapietracupa.com
4 cam – 50/80 € 55/100 €
Rist – *(chiuso gennaio, martedì)* (consigliata la prenotazione) Carta 36/46 €
◆ Immerso tra le dolci colline del Chianti, d'estate è senz'altro piacevole prendere posto ai tavoli in giardino; in cucina c'è passione e fantasia perchè ogni stagione sia rappresentata dal menu più consono. Colori tenui e rilassanti nelle camere e da tutte una vista spettacolare sul verde.

X **La Toppa**
via del Giglio 41 – 05 58 07 29 00 – www.trattorialatoppa.com – luigi.francini@tin.it – chiuso dal 7 gennaio all'8 febbraio, lunedì ed in agosto anche a mezzogiorno
Rist – Carta 20/29 € (+10 %)
◆ Il vino è la bevanda prediletta di quanti desiderano gustare i sostanziosi piatti proposti in questo storico locale, che riscopre e tramanda le antiche e genuine ricette del passato. Attenti solo a non prendere una toppa, ovvero una sbronza!

a Badia a Passignano Est : 7 km – ✉ 50028 Tavarnelle Val Di Pesa

XX **Osteria di Passignano**
via Passignano 33 – 05 58 07 12 78 – www.osteriadipassignano.com – info@osteriadipassignano.com – chiuso dal 9 gennaio all'8 febbraio e domenica
Rist – (consigliata la prenotazione la sera) Menu 65 € – Carta 55/70 €
Spec. Omaggio al cibo di strada. Tortelli farciti di pappa al pomodoro con guazzetto al basilico e scaglie di pecorino. Petto di piccione al forno, cosce farcite di frutta secca, tortino di patate e scalogno.
◆ Incantevole ubicazione: di fianco all'abbazia, nelle cantine fine '800 dei marchesi Antinori; non è da meno la cucina, di stampo moderno con solide radici nella tradizione.

TAVAZZANO CON VILLAVESCO – Lodi (LO) – 561 G10 – 5 966 ab. – alt. 82 m – ✉ 26838 — 19 C3

Roma 543 – Milano 29 – Piacenza 48 – Bergamo 56

Napoleon senza rist
via Garibaldi 34 – 03 71 76 08 24 – www.hotelnapoleon-italia.com – info@hotelnapoleon-italia.com
26 cam – 75/98 € 118 €
◆ Piccolo albergo in comoda posizione, tra Lodi e Milano, indicato anche per la clientela fieristica; conduzione familiare e camere spaziose, con arredi moderni.

TAVIANO – Lecce (LE) – 564 H36 – 12 684 ab. – alt. 58 m – ✉ 73057 — 27 D3

Roma 616 – Brindisi 91 – Bari 203 – Lecce 55

X **A Casa tu Martinu** con cam
via Corsica 97 – 08 33 91 36 52 – www.acasatumartinu.com – info@acasatumartinu.com – chiuso domenica sera, lunedì
11 cam – 45/60 € 80/105 €
Rist – *(chiuso a mezzogiorno in luglio e agosto)* Carta 22/30 €
◆ Alla cucina tipica del Salento - semplice e gustosa, con molte verdure e tanta griglia - sommate la possibilità di desinare all'aperto, avvolti dal profumo di agrumi e nespole. Romantico e incantato.

TEGLIO – Sondrio (SO) – **561** D12 – **4 801 ab.** – **alt. 851 m** – ✉ **23036** **16** B1

Roma 719 – Sondrio 20 – Edolo 37 – Milano 158

Combolo rist,
via Roma 5 – 03 42 78 00 83 – www.hotelcombolo.it – info@hotelcombolo.it
44 cam – 40/55 € 65/90 €, 6 € – ½ P 60/85 €
Rist – *(chiuso martedì in bassa stagione)* Carta 28/44 €
♦ Hotel dal 1905, da poco ristrutturato, e molto noto in zona, sorge nella piazzetta centrale del paese e offre una piacevole terrazza-giardino; solida la gestione familiare. Rinomate le specialità tipiche, nella sede dell'Accademia dei pizzocheri di Teglio.

sulla strada statale 38 al km 38,750 Sud-Est: 4 km

Fracia
località Fracia ✉ 23036 Teglio – 03 42 48 26 71 – www.fracia.it – info@fracia.it – chiuso dal 15 al 30 giugno, mercoledì
Rist – (coperti limitati, prenotare) Carta 29/38 €
♦ Tra terrazze digradanti e vigneti, un rustico cascinale in pietra ospita il ristorante che gode di una vista panoramica sulla valle circostante. Interni sobri con pareti anch'esse in pietra ed una bella stufa; il menu annovera ottime specialità valtellinesi. Un'oasi di tradizione e gusto.

TELLARO – La Spezia – **561** J11 – **Vedere Lerici**

TEMPIO PAUSANIA – Olbia-Tempio (OT) – **366** P38 – **14 231 ab.** – **alt. 566 m** – ✉ **07029** **38** B1

Cagliari 253 – Nuoro 135 – Olbia 45 – Palau 48

piazza Mercato 1, 079 6390080 turismo@provincia.olbia-tempio.it Fax 079 6390080

Pausania Inn
strada statale 133, Nord : 1 km – 0 79 63 40 37 – www.hotelpausaniainn.com – pausania.inn@tiscali.it – chiuso dal 1° al 30 dicembre e dal 5 gennaio al 28 febbraio
60 cam – 34/75 € 70/140 € – ½ P 55/90 €
Rist – *(chiuso a mezzogiorno)* Carta 21/37 €
♦ L'ariosa ampiezza degli interni caratterizza una struttura di recente realizzazione, alla periferia nord, valida per visitare la Gallura. Bel dehors e giardino con piscina. Tutta giocata sul bianco e sul legno chiaro la sala ristorante.

Petit Hotel cam, rist,
piazza De Gasperi 9/11 – 0 79 63 11 34 – www.petit-hotel.it – petithotel@tiscali.it
58 cam – 61 € 89 € – ½ P 62 €
Rist – Menu 32 €
♦ In centro, non lontano dalle terme di Rinaggiu, esiste dagli anni '60, ma è stato totalmente ristrutturato di recente questo albergo dai confort moderni; camere spaziose. Ampia sala da pranzo da cui si gode una discreta vista sui monti galluresi.

TENCAROLA – Padova – **Vedere Selvazzano Dentro**

TENNA – Trento (TN) – **562** D15 – **966 ab.** – **alt. 569 m** – ✉ **38050** **30** B3

Roma 607 – Trento 18 – Belluno 93 – Bolzano 79

(giugno-settembre) via Alberè 35 t° 0461 706396, Fax 0461 706396

Margherita
località Pineta Alberè 2, Nord-Ovest : 2 km – ✆ 04 61 70 64 45 – www.hotelmargherita.it – info@hotelmargherita.it – 15 aprile-ottobre
40 cam – 50/80 € 90/140 € – ½ P 65/85 €
Rist – Carta 33/42 €
♦ Nel cuore della pineta di Alberè, l'albergo vanta un ampio parco privato con piscina, campi da tennis e da calcetto. Camere classiche arredate in legno di rovere. Piatti italiani e specialità regionali nelle luminose sale del ristorante o nel dehors.

TEOLO – Padova (PD) – 562 F17 – 8 302 ab. – alt. 175 m – ✉ 35037 — 35 B3

Roma 498 – Padova 21 – Abano Terme 14 – Ferrara 83

Villa Lussana
via Chiesa 1 – ✆ 04 99 92 55 30 – www.villalussana.com – info@villalussana.com – chiuso dal 7 al 30 gennaio
11 cam – 61/75 € 92 € – ½ P 67 €
Rist – *(chiuso martedì escluso da giugno a settembre)* Carta 18/36 €
♦ Panoramica posizione sui Colli Euganei per una piacevole struttura ricavata da una villa Liberty dei primi '900. Sebbene l'elegante sala da pranzo offra una bella vista sul paesaggio, non distraetevi dalle bontà servite in tavola!

a Castelnuovo Sud-Est : 3 km – ✉ 35038

Trattoria al Sasso
via Ronco 11 – ✆ 04 99 92 50 73 – chiuso mercoledì
Rist – Carta 39/47 €
♦ Una casa padronale immersa nei colli Euganei con sale di tono leggermente rustico e spunti di raffinatezza. La cucina soddisfa i palati con proposte legate al territorio.

TERAMO (P) (TE) – 563 O23 – 55 015 ab. – alt. 432 m – ✉ 64100 — 1 B1

Roma 182 – Ascoli Piceno 39 – Ancona 137 – L'Aquila 66
via Oberdan 16 ✆ 0861 244222, presidio.teramo@abruzzoturismo.it, Fax 0861 244357

Duomo
via Irelli 27 – ✆ 08 61 24 17 74 – www.ristoranteduomo.com – info@ristoranteduomo.com – chiuso dal 7 al 27 gennaio, 1 settimana in agosto, domenica sera, lunedì
Rist – Carta 30/40 €
♦ Se la recente ristrutturazione gli ha "regalato" una zona enoteca, una saletta privata ed un delizioso dehors in un cortile ottocentesco, la cucina è irremovibile dalla tradizione abruzzese e dai classici nazionali. Un locale, da sempre garanzia di buona tavola!

TERLANO (TERLAN) – Bolzano (BZ) – 562 C15 – 4 100 ab. – alt. 248 m – ✉ 39018 — 31 D3

Roma 646 – Bolzano 9 – Merano 19 – Milano 307
piazza Weiser 2 ✆ 0471 257165, info@tvterlan.com, Fax 0471 257830

Weingarten
via Principale 42 – ✆ 04 71 25 71 74 – www.hotel-weingarten.com – weingarten@dnet.it – chiuso dal 6 gennaio al 2 aprile
21 cam – 55/64 € 88/112 € – ½ P 63/75 €
Rist – Carta 31/47 €
♦ Giardino ombreggiato con piscina riscaldata, a due passi dal centro di Terlano, tra vigneti e frutteti. L'albergo dispone di camere luminose e panoramiche. Servizio ristorante all'aperto, all'ombra degli alberi, o nelle tipiche stube.

a Settequerce (Siebeneich)**Sud-Est : 3 km – ✉ 39018**

Patauner

via Bolzano 6 – ✆ 04 71 91 85 02 – restaurant.patauner@rolmail.net – chiuso dal 20 febbraio al 10 marzo, dal 30 giugno al 20 luglio, domenica dal 15 giugno al 15 settembre, giovedì negli altri mesi

Rist – Carta 24/36 €

◆ Dal bar pubblico si accede alla sala, senza pretese e tuttavia con una piacevole atmosfera del luogo; tirolesi anche alcuni piatti. Marito in cucina, moglie ai tavoli.

a Vilpiano (Vilpian)**Nord-Ovest : 4 km – ✉ 39018**

Sparerhof

rist,

via Nalles 2 – ✆ 04 71 67 86 71 – www.hotelsparerhof.it – info@hotelsparerhof.it

15 cam – ♦55/60 € ♦♦90/110 € – ½ P 60/65 €

Rist – *(chiuso a mezzogiorno)* Menu 22/45 €

◆ Simpatici e ospitali, i proprietari comunicano brio all'ambiente, gradevole e singolare; oggetti di design e opere d'arte sparsi un po' ovunque, anche nelle piccole camere. Nella semplice ed accogliente sala da pranzo oppure nel fresco giardino, piatti appetitosi e creativi.

TERME – Vedere di seguito o al nome proprio della località termale

TERME LUIGIANE – Cosenza (CS) – 564 I29 – alt. 178 m – ✉ 87020 5 A2

Acquappesa

Roma 475 – Cosenza 49 – Castrovillari 107 – Catanzaro 110

Grand Hotel delle Terme

rist,

via Fausto Gullo 6 – ✆ 0 98 29 40 52 – www.grandhoteltermeluigiane.it – grandhotel.terme@libero.it – maggio-ottobre

125 cam – ♦90/110 € ♦♦110/140 € – ½ P 90 €

Rist – Menu 20/25 €

◆ Collegato alle Thermae Novae mediante un passaggio interno, ecco un hotel ideale per i soggiorni terapeutici, dotato di servizi appropriati tra cui un attrezzato parco termale con varie piscine e spazi dedicati al fitness.

TERMENO SULLA STRADA DEL VINO (TRAMIN AN DER WEINSTRASSE) – Bolzano (BZ) – 562 C15 – 3 273 ab. – alt. 276 m – ✉ 39040 31 D3

Roma 630 – Bolzano 24 – Milano 288 – Trento 48

via Mindelheim 10/A ✆ 0471 860131, info@tramin.com, Fax 0471 860820

Mühle-Mayer

via Molini 66, Nord : 1 km – ✆ 04 71 86 02 19 – www.muehle-mayer.it – info@muehle-mayer.it – 20 marzo-10 novembre

12 cam – ♦85/95 € ♦♦140/160 € – ½ P 94/104 €

Rist – *(chiuso a mezzogiorno) (solo per alloggiati)*

◆ Tra i verdi e riposanti vigneti in una zona isolata e tranquilla, un gradevole giardino-solarium e una casa situata su un antico mulino offre stanze eleganti e personalizzate.

Tirolerhof

rist,

via Parco 1 – ✆ 04 71 86 01 63 – www.tirolerhof.com – tirolerhof@tirolerhof.com – Pasqua-15 novembre

30 cam – ♦60/75 € ♦♦96/120 € – ½ P 63/76 € **Rist** – *(solo per alloggiati)*

◆ Conduzione familiare ben rodata per quest'albergo che si sviluppa su due costruzioni; deliziosi il giardino e la veranda nonché gli spazi interni.

Schneckenthaler Hof rist, P
via Schneckenthaler 25 – ✆ 04 71 86 01 04
– www.schneckenthalerhof.com – info@schneckenthalerhof.com
– 22 aprile-1° novembre
25 cam – †60/75 € ††90/120 € – ½ P 60/75 € **Rist** – Carta 26/50 €
♦ Risorsa ubicata nella parte alta e panoramica della località, immersa tra i filari dei vigneti. Camere accoglienti e confortevoli, seppur semplici ed essenziali. Una cucina sana e genuina, di fattura casalinga; sala ristorante intima e raccolta.

TERME VIGLIATORE – **Messina (ME)** – **365** AZ55 – **7 018 ab.** **40** D1
– ✉ **98050** Sicilia

Catania 123 – Enna 174 – Messina 50 – Palermo 184

Villa Romana★

Il Gabbiano rist, P
via Marchesana 4, località Lido Marchesana – ✆ 09 09 78 23 43
– www.gabbianohotel.com – info@gabbianohotel.com – maggio-ottobre
40 cam – †50/105 € ††80/140 € – ½ P 65/85 €
Rist – Carta 20/38 €
♦ Nel suggestivo golfo di Tindari, a poca distanza da numerose attrattive turistiche, una struttura moderna e panoramica che sfrutta appieno la posizione sulla spiaggia. Le sale del ristorante danno sulla terrazza a mare con piscina.

Un pasto con i fiocchi senza rovinarsi? Cercate i Bib Gourmand. Vi aiuteranno a trovare le buone tavole che coniugano una cucina di qualità al prezzo giusto!

TERMINI – **564** F25 – **Vedere Massa Lubrense**

TERMINI IMERESE – **Palermo (PA)** – **365** AR56 – **27 460 ab.** **39** B2
– **alt. 77 m** – ✉ **90018** Sicilia

Agrigento 150 – Messina 202 – Palermo 36

Grand Hotel delle Terme rist,
piazza Terme 2 – ✆ 09 18 11 35 57
– www.grandhoteldelleterme.it – direzione@grandhoteldelletreme.it
69 cam – †110/150 € ††170/240 € – 13 suites – ½ P 120/130 €
Rist – Carta 24/48 €
♦ Un edificio di fine '800 immerso in un giardino fiorito con piscina e vista panoramica, nei cui suggestivi sotterranei sgorgano acque termali sfruttate dal centro benessere dell'hotel. La sala degli specchi al primo piano ospita l'elegante ristorante *à la carte.*

Il Gabbiano P
via Libertà 221 – ✆ 09 18 11 32 62 – www.hotelgabbiano.it – hotelgabbiano@hotelgabbiano.it
24 cam – †65/75 € ††88/98 € – ½ P 62/78 €
Rist – Carta 22/42 €
♦ Fuori dal caotico centro della località, una risorsa semplice e moderna grazie ai recenti interventi di rinnovo. Apprezzato soprattutto da una clientela d'affari.

TERMOLI – **Campobasso (CB)** – **564** A26 – **32 484 ab.** – ✉ **86039** **2** D2
Italia Centro Sud

Roma 300 – Pescara 98 – Campobasso 69 – Foggia 88

piazza Melchiorre Bega 42 ✆ 0875 703913, aasttermoli@virgilio.it Fax 0875 704956

Cattedrale★

Santa Lucia senza rist

largo Piè di Castello – ✆ 08 75 70 51 01 – www.santaluciahotel.it – info@santaluciahotel.it

18 cam – †85/110 € ††120/150 €, ☕ 5 € – 1 suite

♦ Di recente apertura, hotel dagli ambienti raffinati in cui prevalgono i colori caldi. Camere di buon livello sia per confort che per cura e stile negli arredi.

Mistral

lungomare Cristoforo Colombo 50 – ✆ 08 75 70 52 46 – www.hotelmistral.net – info@hotelmistral.net

64 cam ☕ – †80/110 € ††100/140 € – 2 suites – ½ P 75/90 €

Rist – Carta 35/50 €

♦ Una struttura bianca che svetta sul lungomare prospiciente la spiaggia; di tono piuttosto moderno, a prevalente vocazione estiva, offre camere funzionali. Capiente sala da pranzo movimentata da colonne e una vista sul blu dalle vetrate.

Meridiano rist,

lungomare Cristoforo Colombo 52/a – ✆ 08 75 70 59 46 – www.hotelmeridiano.com – info@hotelmeridiano.com

81 cam ☕ – †58/100 € ††86/120 € – ½ P 75 €

Rist – *(chiuso a mezzogiorno da ottobre ad aprile)* Carta 29/39 €

♦ Affacciato sulla passeggiata mare, un albergo ideale sia per clienti di lavoro che per turisti: discreti spazi esterni, con parcheggio, e confortevole settore notte. Ristorante con vista sul Mediterraneo e sulle mura del centro storico.

Residenza Sveva senza rist

piazza Duomo 11 – ✆ 08 75 70 68 03 – www.residenzasveva.com – info@residenzasveva.com

20 cam ☕ – †45/99 € ††99/299 € – 1 suite

♦ Nel borgo antico, varie camere distribuite tra i vicoli, tutte affascinanti per raffinatezza e personalizzazioni. Un'opportunità di soggiorno inusuale e molto gradevole.

Locanda Alfieri senza rist

via Duomo 39 – ✆ 08 75 70 81 12 – www.locandalfieri.com – info@locandalfieri.com

13 cam ☕ – †40/60 € ††75/110 €

♦ Nel pittoresco centro del Borgo Vecchio, un'antica dimora con camere coloratissime, letti in ferro battuto, mobili in arte povera e dettagli di personalizzazione. Sotto l'intonaco fanno capolino le antiche mura.

Nonna Maria con cam

via Oberdan 14 – ✆ 0 87 58 15 85 – www.bebnonnamaria.it – info@nonnamaria.it

5 cam ☕ – †40/60 € ††60/80 € – ½ P 65 € **Rist** – Carta 30/42 €

♦ Raccolta e curata trattoria del centro a conduzione familiare. In menù un'appetitosa lista di piatti tradizionali e di preparazioni a base di pesce fresco. Graziose camere arredate con letti in ferro battuto e colori pastello.

Da Noi Tre

via Cleofino Ruffini 47 – ✆ 08 75 70 36 39 – chiuso dal 24 al 26 dicembre e lunedì

Rist – (consigliata la prenotazione) Carta 22/41 €

♦ Tradizionale cucina di mare, con specialità termolesi, nella nuova sede di un già noto indirizzo in città: ora sulla graziosa e piccola piazza del mercato.

sulla strada statale 16-Litoranea

Torre Sinarca

Ovest : 3 km ✉ 86039 – ✆ 08 75 70 21 60 – giacomolanzone@tin.it – chiuso novembre, domenica sera, lunedì

Rist – Carta 39/54 €

♦ All'interno di una suggestiva torre del XVI secolo, eretta contro l'arrivo dei Saraceni dal mare; di fronte, infatti, solo la spiaggia e il blu. Piatti locali, di pesce.

XX Villa Delle Rose

s.s.16, n° 122, Ovest : 5 km ✉ 86039 – ✆ 0 87 55 25 65
– ristorantevilladellerose@virgilio.it – chiuso dal 7 al 31 gennaio e lunedì
Rist – Carta 32/47 €

◆ Bel ristorante moderno e luminoso, ricavato da una nuova costruzione lungo la statale. Viene proposta una cucina di mare, ma non solo, tradizionale o più "adriatica".

Il tempo è bello? Concedetevi il piacere di mangiare in terrazza:

TERNI Ⓟ (TR) – **563** O19 – **112 021 ab.** – **alt. 130 m** – ✉ **05100** **33** C3

Italia Centro Nord

Roma 103 – Napoli 316 – Perugia 82

via Cassian Bon 4 ✆ 0744 423047, info@iat.terni.it, Fax 0744 427259

Cascata delle Marmore★★ per ③ : 7 km

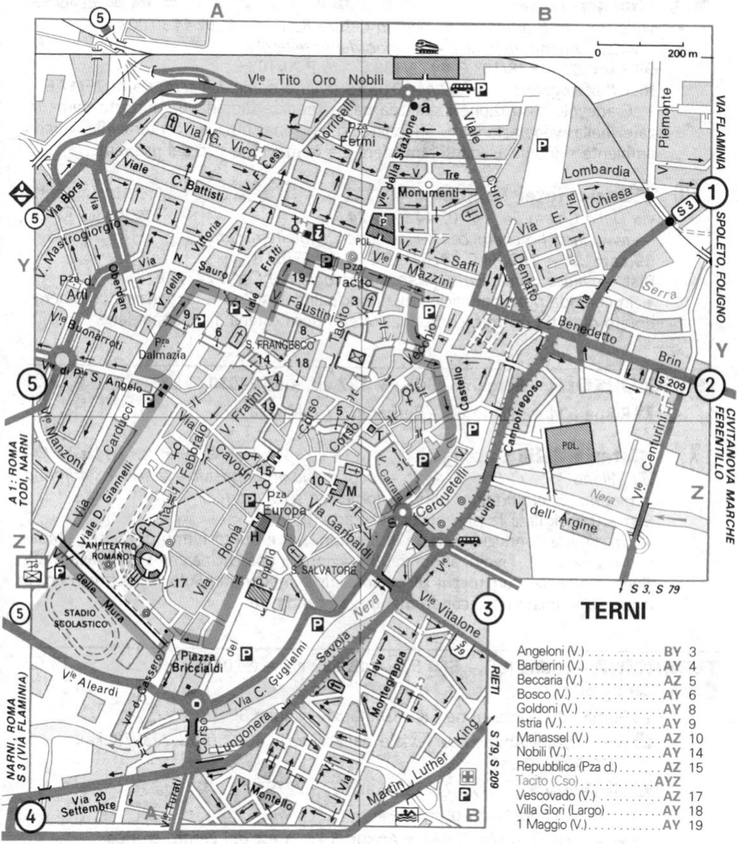

TERNI

Angeloni (V.)	BY	3
Barberini (V.)	AY	4
Beccaria (V.)	AZ	5
Bosco (V.)	AY	6
Goldoni (V.)	AY	8
Istria (V.)	AY	9
Manassel (V.)	AZ	10
Nobili (V.)	AY	14
Repubblica (Pza d.)	AZ	15
Tacito (Cso)	AYZ	
Vescovado (V.)	AZ	17
Villa Glori (Largo)	AY	18
1 Maggio (V.)	AY	19

Michelangelo Palace cam,
viale della Stazione 63 – ✆ 07 44 20 27 11
– www.michelangelohotelumbria.it – info@michelangelohotelumbria.it
78 cam – 75/103 € 105/138 € BY**a**
Rist – Carta 22/36 €
♦ Dotato di ogni confort, avvolto da un'atmosfera moderna, ma elegante, un hotel recente, di fronte alla stazione; ideale per clienti d'affari e per turisti di passaggio. Ubicato all'ultimo piano, piacevole ristorante panoramico grazie alle vetrate continue.

Locanda di Colle dell'Oro cam,
strada di Palmetta 31, Nord : 1 km – ✆ 07 44 43 23 79
– www.colledelloro.it – locanda@colledelloro.it
11 cam – 50/80 € 70/90 €
Rist – *(chiuso gennaio, febbraio, da lunedì a mercoledì e domenica sera) (chiuso a mezzogiorno escluso domenica)* Carta 34/42 €
♦ Dal restauro di vecchi edifici rurali, una magnifica casa in collina con vista su Terni e la vallata; poche camere, curatissime, con uno charme di raffinata rusticità.

uscita raccordo Terni Ovest

Garden Hotel rist,
viale Donato Bramante 4/6, per via Cesare Battisti – ✆ 07 44 30 00 41
– www.gardenhotelterni.it – info@gardenhotelterni.it AY
93 cam – 48/103 € 72/138 € – ½ P 70/103 €
Rist *Il Melograno* – ✆ 07 44 30 03 75 *(chiuso domenica sera)* Carta 25/47 €
♦ Gradevole costruzione creata da basse terrazze digradanti, piuttosto mimetizzate nella vegetazione e affacciate sulla zona piscina; confortevole e con ambiente signorile. Eleganti atmosfere per le moderne sale del ristorante.

Classic Hotel Tulipano cam, rist,
via Dalla Chiesa 24 – ✆ 07 44 30 60 24
– www.classichotelterni.com – info@classichotelterni.com
69 cam – 42/84 € 63/125 € – ½ P 55/89 €
Rist – *(chiuso domenica) (chiuso a mezzogiorno)* Carta 24/37 €
♦ In comoda posizione vicino alle principali autostrade e tangenziali, un albergo dotato di tutti i confort, consoni all'offerta della catena a cui appartiene.

TERNO D'ISOLA – Bergamo (BG) – 7 187 ab. – ✉ 24030 19 C1

Roma 624 – Milano 64 – Bergamo 17 – Monza 47

Osteria della Cuccagna
via Milano 15 – ✆ 0 35 90 43 36 – lacuccagna@cheapnet.it – chiuso 1 settimana in giugno, 2 settimane in agosto, domenica sera, martedì
Rist – (consigliata la prenotazione) Carta 30/55 €
♦ Un'esperta conduzione, tutta al femminile, è il punto fermo di questo simpatico ristorante. Al tavolo, abbondanti porzioni di una cucina che s'ispira alla tradizione regionale, con tocchi di personalità e modernità. Solo a mezzogiorno, è disponibile anche un secondo menu più economico.

TERRACINA – Latina (LT) – 563 S21 – 43 639 ab. – ✉ 04019 13 C3

Italia Centro Sud

Roma 109 – Frosinone 58 – Gaeta 35 – Latina 39

per Ponza – Anxur Tours, viale della Vittoria 40 ✆ 0773 723978, Fax 0773 723979

via Leopardi ✆ 0773 727759, Fax 0773 727964

Duomo: candelabro pasquale ★

※★★ dal Tempio di Giove Anxur: 3 km a est del centro storico

Poseidon senza rist

via Piemonte, snc – ✆ 07 73 73 36 60 – www.hotelposeidon-terracina.com – hotelposeidon@libero.it – marzo-novembre

46 cam – ♦70/140 € ♦♦80/140 €, ☐ 10 €

♦ Un piacevole hotel ben curato e dall'originale architettura a forma di nave da crociera, frequentato soprattutto da una clientela straniera: ideale per un soggiorno balneare.

Il Grappolo d'Uva

lungomare Matteotti 1 – ✆ 07 73 70 25 21 – www.grappoloduva.it – info@grappoloduva.it – chiuso novembre e mercoledì

Rist – Carta 41/70 €

♦ Situato proprio sul mare ma altrettanto vicino al centro, il locale dispone di una sala dalle ampie vetrate cui si accede da una scalinata; dalla cucina specialità di pesce.

Bottega Sarra 1932

via San Francesco 52-54 ✉ 04019 – ✆ 07 73 70 20 45 – bottegasarra@hotmail.it – chiuso lunedì e martedì escluso agosto

Rist – (consigliata la prenotazione) Menu 35/50 € – Carta 33/67 €

♦ Lungo una salita che porta al centro storico, tre piccole sale in stile moderno ed elegante, dove gustare i veri sapori della cucina mediterranea e i prodotti tipici del territorio.

TERRANOVA DI POLLINO – Potenza (PZ) – 564 H30 – 1 402 ab. – alt. 926 m – ✉ 85030 4 C3

Roma 467 – Cosenza 157 – Matera 136 – Potenza 152

Picchio Nero

via Mulino 1 – ✆ 0 97 39 31 70 – www.picchionero.com – picchionero@picchionero.com – chiuso novembre o dicembre

25 cam ☐ – ♦65 € ♦♦78 € – ½ P 68 €

Rist – Carta 25/35 €

♦ Piacevole gestione familiare per questa risorsa, nel Parco del Pollino, ideale per gli appassionati di montagna; camere confortevoli, in uno stile adeguato al luogo. Deliziose proposte culinarie legate al territorio e alla cucina lucana.

Luna Rossa

via Marconi 18 – ✆ 0 97 39 32 54 – www.federicovalicenti.it – lunarossa@federicovalicenti.it – chiuso mercoledì

Rist – (consigliata la prenotazione) Carta 23/35 €

♦ In centro paese, locale rustico e conviviale con panoramica terrazza affacciata sulla valle. La ricerca dei piatti della tradizione parte dal mondo contadino per concretizzarsi nella continua passione e nel rinnovato talento dello chef.

TERRANUOVA BRACCIOLINI – Arezzo (AR) – 563 L16 – 12 172 ab. – alt. 156 m – ✉ 52028 29 C2

Roma 227 – Firenze 47 – Siena 51 – Arezzo 37

a Penna Alta Nord-Est : 3 km – ✉ 52028 Terranuova Bracciolini

Il Canto del Maggio

– ✆ 05 59 70 51 47 – www.cantodelmaggio.com – info@cantodelmaggio.com – chiuso domenica sera, lunedì

Rist – *(chiuso a mezzogiorno escluso domenica)* Carta 29/31 €

♦ Marito e moglie hanno creato questo rifugio per i buongustai in un piccolo borgo toscano ristrutturato: servizio estivo in giardino e piatti regionali, anche molto antichi.

a Montemarciano Nord : 5 km – ✉ 52028

XX **La Cantinella**

– ✆ *05 59 17 27 05 – lacantinella2@virgilio.it*
– chiuso dal 1° al 15 gennaio, lunedì
Rist – *(chiuso a mezzogiorno escluso i giorni festivi)* (consigliata la prenotazione) Carta 28/39 €
◆ Ristorantino di campagna dagli interni piacevolmente personalizzati, ma anche con un godevole servizio estivo in terrazza. La cucina rivisita la tradizione toscana.

TERRASINI – **Palermo (PA)** – **365** AN55 – **11 341 ab. – alt. 33 m** **39** B2
– ✉ **90049** Sicilia

Palermo 29 – Trapani 71
Museo Regionale di Storia Naturale★: carretti siciliani★
Carini, 16 km a est: decorazione a stucchi★★ nell'Oratorio del SS. Sacramento

XX **Il Bavaglino**

via Benedetto Saputo 20 – ✆ 09 18 68 22 85
– www.giuseppecosta.com – info@giuseppecosta.com
– chiuso 2 settimane in gennaio, martedì escluso agosto
Rist – *(chiuso a mezzogiorno in agosto)* Carta 43/56 €
◆ Nei pressi del porticciolo, un piccolo locale di soli cinque tavoli, dove gustare una squisita cucina di mare reinterpretata con fantasia e preparata con ottimi prodotti locali.

TESERO – **Trento (TN)** – **562** D16 – **2 827 ab. – alt. 1 000 m – Sport invernali : all'Alpe di Pampeago : 1 757/2 415 m 7 (Comprensorio Dolomiti superski Val di Fiemme-Obereggen)** – ✉ **38038** **31** D3

Roma 644 – Bolzano 50 – Trento 54 – Belluno 91
via Roma 37 ✆ 0462 810097, info.ziano@visitfiemme.it, Fax 0462 812864

Park Hotel Rio Stava rist,

via Mulini 20 – ✆ 04 62 81 44 46 – www.hotelriostava.com – info@hotelriostava.com – chiuso novembre
46 cam – †45/75 € ††70/130 € – ½ P 70/75 €
Rist – Carta 19/45 €
◆ Una gradevole casa di montagna, in posizione isolata, poco fuori dal centro e cinta da un giardino; dispone di un'accogliente hall in legno e di camere ben rifinite. Il ristorante offre un caldo ambiente in legno, elegante, o la stube.

TESIDO = TAISTEN – **Bolzano – Vedere Monguelfo**

TESIMO (TISENS) – **Bolzano (BZ)** – **562** C15 – **1 844 ab. – alt. 635 m** **30** B2
– ✉ **39010**

Roma 648 – Bolzano 20 – Merano 20 – Trento 77
Bäcknhaus 54 ✆ 0473 920822, info@tisensprissian.com, Fax 0473 921010

XX **Zum Löwen** (Anna Matscher)

via Principale 72 – ✆ 04 73 92 09 27 – www.zumloewen.it – zumloewen@rolmail.net – chiuso lunedì, martedì, mercoledì a mezzogiorno
Rist – Menu 60/75 € – Carta 56/82 €
Spec. Carpaccio di capesante su spuma di patate con fleur de sel alla vaniglia. Cappuccino d'animelle di vitello. Nasello nel suo brodetto con molluschi e carciofi.
◆ Splendida ristrutturazione di un antico maso: dal fienile alle vecchie stalle, tutto è stato recuperato ed esaltato da inserimenti più moderni. Come la cucina, tecnica e femminile al tempo stesso, ripropone i piatti della tradizione reinterpretati con squisita creatività.

TESSERA - Venezia (VE) - 562 F18 - alt. 3 m - ✉ 30030 36 C2

Roma 527 - Venezia 12 - Mestre 8 - Padova 43

Marco Polo Est: 1 km ✆ 041 2609260

Courtyard by Marriott Venice Airport

rist,

via Triestina 170 - ✆ 04 15 41 50 22
- www.marriott.com
- frontoffice@vcecy.com

100 cam - 130/260 €, 15 €

Rist - *(chiuso agosto, domenica)* Carta 44/64 €

◆ Poco distante dall'aeroporto, questa struttura ricavata da un antico casale è l'indirizzo ideale per una clientela business o di passaggio. Camere ampie, attrezzate di ogni confort; servizio veloce ed efficiente. Linee minimaliste nel luminoso ristorante, ma tutta la ricchezza della cucina italiana nel piatto.

TEZZE DI VAZZOLA - Treviso (TV) - 562 E19 - alt. 36 m - ✉ 31028 35 A1

Roma 560 - Belluno 58 - Padova 77 - Treviso 21

Strada Vecchia

via strada Vecchia 64
- ✆ 04 38 48 80 94 - ristorantestradavecchia@hotmail.it
- chiuso dal 7 al 14 gennaio, dal 7 al 25 agosto e mercoledì

Rist - Carta 28/37 €

◆ D'estate ci si accomoda in giardino, nei mesi più freddi invece nella sala di taglio classico, calda e accogliente. Carne e pesce in piatti locali e nazionali.

TIERS = Tires

TIGLIOLE - Asti (AT) - 561 H6 - 1 713 ab. - alt. 239 m - ✉ 14016 25 C1

Roma 628 - Torino 60 - Alessandria 49 - Asti 14

Vittoria (Alessandra Strocco) con cam

cam,

via Roma 14 - ✆ 01 41 66 77 13
- www.ristorantevittoria.it - info@ristorantevittoria.it - chiuso 15 giorni in gennaio e 15 giorni in agosto

11 cam - 100/125 € 150 € - ½ P 120 €

Rist - *(chiuso domenica sera e lunedì) (chiuso a mezzogiorno escluso sabato e domenica)* Menu 45/75 € - Carta 40/55 €

Spec. Filetto di coniglio alle olive taggiasche e pomodoro candito. Maialino da latte con marmellata di peperoni verdi e fichi caramellati. Soufflé di yogurt e menta con passata di lamponi.

◆ Nel cuore di un villaggio da cartolina, da diverse generazioni la stessa famiglia accoglie i clienti con serietà e professionalità piemontesi. E la regione ritorna nei piatti. Bella terrazza ed ottimo confort generale nell'attiguo, raccolto hotel.

TIGNALE - Brescia (BS) - 561 E14 - 1 291 ab. - alt. 560 m - ✉ 25080 17 C2

Roma 574 - Trento 72 - Brescia 57 - Milano 152

La Rotonda

rist, rist,

via Provinciale 5, località Gardola
- ✆ 03 65 76 00 66 - www.hotelresidencelarotonda.it
- info@hotelresidencelarotonda.it
- 9 aprile-ottobre

59 cam - 39/51 € 51/76 €, 8 € - ½ P 38/50 €

Rist - Carta 17/39 €

◆ Ha subito di recente alcune ristrutturazioni quest'ampia risorsa ubicata sulle verdi pendici del Monte Castello e a picco sul Lago di Garda; valide strutture e confort. Capiente sala ristorante: ambiente di tipo classico, ma bella vista del lago.

TIRANO – Sondrio (SO) – 561 D12 – 9 168 ab. – alt. 441 m – ✉ 23037 17 C1

Italia Centro Nord

Roma 725 – Sondrio 26 – Passo del Bernina 35 – Bolzano 163

piazza Stazione ✆ 0342 706066, infotirano@provincia.so.it, Fax 0342 706066

Bernina

rist, cam, rist,

via Roma 24 – ✆ 03 42 70 13 02 – www.saintjane.eu – bernina@saintjane.it

37 cam – †52/120 € ††80/140 € – ½ P 54/94 €

Rist – Carta 21/63 €

◆ Un totale restauro ha coinvolto sia l'hotel che il ristorante, che si è arricchito del servizio di pizzeria. A poca distanza dalla stazione della ferrovia per la Svizzera.

sulla strada statale 38 Nord-Est : 3 km

Valchiosa

rist, cam,

via Valchiosa 17 ✉ 23030 Sernio – ✆ 03 42 70 12 92 – www.albergovalchiosa.it – valchiosa@sernio.org – chiuso dal 7 al 27 gennaio

20 cam – †45/50 € ††75/95 € – ½ P 60/70 €

Rist – *(chiuso venerdì escluso agosto)* Carta 21/33 €

◆ Già osteria negli anni '30, rinnovato a fine anni '80, l'albergo, ricavato da una rustica casa del paese, presenta un buon livello di confort e scorci panoramici sulla valle. Il ristorante è da sempre un punto di riferimento per la zona; cucina valtellinese.

TIRES (TIERS) – Bolzano (BZ) – 562 C16 – 967 ab. – alt. 1 028 m – ✉ 39050 31 D3

Roma 658 – Bolzano 16 – Bressanone 40 – Milano 316

via San Giorgio 79 ✆ 0471 642127, info@tiers.it, Fax 0471 642005

a San Cipriano (St. Zyprian) **Est : 3 km – ✉ 39050 Tires**

Cyprianerhof

via San Cipriano 69 – ✆ 04 71 64 21 43 – www.cyprianerhof.com – hotel@cyprianerhof.com – chiuso dal 21 novembre al 25 dicembre e dal 21 marzo al 22 aprile

48 cam – ††79/110 €

Rist – *(chiuso giovedì escluso da maggio a novembre)* Carta 35/56 €

◆ Proprio di fronte al Catinaccio, una piacevole casa dalla tipica atmosfera tirolese, ideale per chi ama i monti e l'escursionismo anche invernale con le ciaspole. Impensabile, ripartire senza una sosta rigenerante al centro benessere. Ristorante dalla tipica atmosfera tirolese.

Stefaner

via San Cipriano 88 d – ✆ 04 71 64 21 75 – www.stefaner.com – info@stefaner.com – chiuso dall'8 novembre al 26 dicembre

18 cam – solo ½ P 55/72 €

Rist – *(chiuso a mezzogiorno) (solo per alloggiati)*

◆ Un decoroso alberghetto, con balconi in legno, immerso nello splendido scenario alpino; gradevole conduzione familiare grazie all'intraprendenza di due coniugi.

TIRIOLO – Catanzaro (CZ) – 564 K31 – 4 030 ab. – alt. 690 m – ✉ 88056 5 B2

Roma 604 – Cosenza 91 – Catanzaro 16 – Reggio di Calabria 154

Due Mari

via Cavour 46 – ✆ 09 61 99 10 64 – www.duemari.com – due.mari@tin.it

12 cam – †60/65 € ††80 € – 4 suites – ½ P 55 €

Rist Due Mari – vedere selezione ristoranti

◆ Hotel-residence in bella posizione panoramica, da cui nelle giornate terse si vedono davvero i "due mari": moderni confort in ambiente familiare. A dieci metri circa dalla struttura principale, altre camere ricavate all'interno di un'antica casa del centro storico.

Due Mari

via Seggio 2 – ✆ 09 61 99 10 64 – www.duemari.com – due.mari@tin.it – chiuso lunedì escluso da giugno a settembre
Rist – Carta 14/22 €
◆ Hotel-residence in bella posizione panoramica, da cui nelle giornate terse si vedono davvero i "due mari": moderni confort in ambiente familiare. A dieci metri circa dalla struttura principale, altre camere ricavate all'interno di un'antica casa del centro storico.

TIRLI – Grosseto – Vedere Castiglione della Pescaia

TIROLO (TIROL) – Bolzano (BZ) – 562 B15 – 2 426 ab. – alt. 594 m 30 B1

– ✉ 39019 Italia Centro Nord

Roma 669 – Bolzano 32 – Merano 4 – Milano 330
via Principale 31 ✆ 0473 923314, info@dorf-tirol.it, Fax 0473 923012
Località★

Pianta : vedere Merano

Castel

rist,

vicolo dei Castagni 18 – ✆ 04 73 92 36 93 – www.hotel-castel.com – info@hotel-castel.com – 15 marzo-15 ottobre A**u**
44 cam – 11 suites – solo ½ P 147/231 €
Rist Trenkerstube – vedere selezione ristoranti
Rist – *(solo per alloggiati)*
◆ Struttura lussuosa, arredamento elegante, moderno centro benessere: il concretizzarsi di un sogno, in un panorama incantevole. Comodità e tradizione ai massimi livelli.

Erika

cam,

via Principale 39 – ✆ 04 73 92 61 11 – www.erika.it – info@erika.it – chiuso gennaio e febbraio A**u**
54 cam – 120/157 € 178/296 € – 8 suites – ½ P 119/219 €
Rist – Carta 45/68 €
◆ Importanti investimenti sono stati fatti per rendere sempre più performante l'area benessere e la struttura in generale: ampi spazi, saune, giardini con piscine varie e uno splendido panorama che abbraccia i monti e Merano. Un wellness hotel con i fiocchi! Al ristorante, specialità locali e settimanali serate a tema.

Gartner

via Principale 65 – ✆ 04 73 92 34 14 – www.hotelgartner.it – info@hotelgartner.it – aprile-8 novembre AB**z**
39 cam – 96/111 € 166/292 € – 2 suites – ½ P 93/156 €
Rist – Carta 45/50 €
◆ Dopo importanti lavori di ristrutturazione, l'hotel si presenta ora con un'architettura esterna moderna e con interni dagli arredi essenziali e alla moda. Proposte di cucina regionale servite negli eleganti ambienti del ristorante.

Patrizia

rist,

via Lutz 5 – ✆ 04 73 92 34 85 – www.hotel-patrizia.it – info@hotel-patrizia.it – 20 marzo-16 novembre A**c**
24 cam – 14 suites – solo ½ P 110/140 €
Rist – *(solo per alloggiati)*
◆ Camere di varie tipologie, confortevoli e curate, per concedersi un soggiorno rigenerante per spirito e corpo (nell'attrezzato centro benessere). Bel giardino con piscina, fra i monti.

Küglerhof rist, VISA AE
via Aslago 82 – ✆ 04 73 92 33 99 – www.kueglerhof.it – info@kueglerhof.it – 8 aprile-6 gennaio A**r**
35 cam – 128/163 € 190/356 € – ½ P 105/200 €
Rist – *(solo per alloggiati)*
◆ Avrete la sensazione di trovarvi in un'elegante casa, amorevolmente preparata per farvi trascorrere ore di quiete e svago, anche nel giardino con piscina riscaldata.

Golserhof cam, rist, VISA
via Aica 32 – ✆ 04 73 92 32 94
– www.golserhof.it – info@golserhof.it
– marzo-15 novembre e 25 novembre-16 dicembre B**w**
23 cam – 85/190 € 140/245 € – 7 suites – ½ P 100/165 €
Rist – *(chiuso a mezzogiorno) (solo per alloggiati)* Menu 17/30 €
◆ Vista meravigliosa, atmosfera informale ed una grande tradizione, nonché passione per l'ospitalità. Gli intraprendenti titolari organizzano per i più sportivi piacevoli escursioni in montagna. Per tutti: rilassante sosta al centro benessere. Cucina per buongustai al ristorante.

Trenkerstube VISA AE
vicolo dei Castagni 18 – ✆ 04 73 92 36 93
– www.hotel-castel.com – info@hotel-castel.com
– aprile-ottobre; chiuso domenica e lunedì A**u**
Rist – *(chiuso a mezzogiorno)* (consigliata la prenotazione) Menu 155 € – Carta 85/116 €
Spec. Salmerino di fiume confit con insalata d'erbette aromatiche. Schlutzer (mezzelune di patate) con salame della Val d'Ultimo ed erba cipollina.Civet di capriolo, sella sobbollita in foglie di betulla con purea di prezzemolo e pan di Spagna al pepe.
◆ Uno scrigno ligneo di ovattato romanticismo custodisce una cucina raffinata e ingegnosamente sofisticata: è il regno di Gerhard Wieser, una bomboniera di delizie per i palati gourmet più esigenti.

TIRRENIA – Pisa (PI) – 563 L12 – ✉ 56128 — 28 B2

Roma 332 – Pisa 18 – Firenze 108 – Livorno 11
18 Cosmopolitan viale Pisorno 60, ✆ 050 3 36 33
9 viale San Guido 1, ✆ 050 3 75 18

Grand Hotel Continental rist, VISA AE
largo Belvedere 26 – ✆ 05 03 70 31
– www.grandhotelcontinental.it
– info@grandhotelcontinental.it
171 cam – 92/145 € 136/198 € – 4 suites – ½ P 98/128 €
Rist – *(solo per alloggiati)* Carta 35/48 €
◆ Direttamente sul mare, un grand hotel - non solo nel nome - propone confort di qualità e spazi comuni generosi, più contenuti nelle camere. Cucina mediterranea al ristorante.

Dante e Ivana VISA AE
via del Tirreno 207/c – ✆ 05 03 25 49
– www.danteeivana.com – dantegrassi@interfree.it
– chiuso dal 20 dicembre al 20 gennaio, domenica e lunedì escluso luglio-agosto
Rist – Carta 48/62 €
◆ Locale raccolto e signorile, non lontano dal centro, con una bella cantina "a vetro", visibile, e interessante selezione di vini; sapori di pesce, rielaborati con fantasia.

a Calambrone Sud : 3 km – ✉ 56100 Tirrenia

Green Park Resort
via dei Tulipani 1 – ✆ 05 03 13 57 11
– www.greenparkresort.com – info@greenparkresort.com
144 cam – 115/131 € 159/287 € – 4 suites – ½ P 112/176 €
Rist *Lunasia* – *(aprile-ottobre; chiuso domenica, lunedì) (chiuso a mezzogiorno)*
Menu 50/70 € – Carta 56/67 €
Rist *Le Ginestre* – Carta 36/46 €
♦ Un'oasi di pace inserita in una rigogliosa pineta, ideale per una clientela esigente in cerca di un soggiorno dedicato al relax e al benessere, ma anche al business (grazie all'attrezzato centro congressuale). Due i ristoranti: *Lunasia*, fantasioso e creativo. *Le Ginestre*, più classico e regionale.

TISENS = Tesimo

TITIGNANO – Terni (TR) – **563** N18 – alt. 521 m – ✉ 05010 **32** B3

Roma 140 – Perugia 58 – Viterbo 66 – Orvieto 24

Agriturismo Fattoria di Titignano
– ✆ 07 63 30 80 22 – www.titignano.com – info@titignano.com
15 cam – 60 € 90 € – ½ P 60 €
Rist – (prenotazione obbligatoria) Menu 25/30 €
♦ In un antico borgo rimasto intatto nei secoli con vista sulla valle e sul Lago di Corbara, questa tenuta agricola di proprietà nobiliare sfoggia un fascino atemporale. Cucina regionale e toscana negli ampi saloni del piano nobile del palazzo, che ospitano il ristorante.

TIVOLI – Roma (RM) – **563** Q20 – **55 629 ab.** – alt. 235 m – ✉ 00019 **13** C2
Roma

Roma 36 – Avezzano 74 – Frosinone 79 – Pescara 180

vicolo Barchetto ✆ 0774 334522, Fax 0774 331294

Località★★★ – Villa d'Este★★★ – Villa Gregoriana★: Grande Cascata★★

Villa Adriana★★★ per ③ : 6 km

Pianta pagina seguente

Torre Sant'Angelo
via Quintilio Varo – ✆ 07 74 33 25 33
– www.hoteltorresangelo.it – info@hoteltorresangelo.it
31 cam – 130/135 € 155/180 € – 4 suites – ½ P 113/130 €
Rist – *(chiuso lunedì)* Menu 35/59 €
♦ Sulle rovine della villa di Catullo, la città vecchia alle spalle sembra la scenografia di uno spettacolo; interni molto eleganti e piscina su una terrazza con vista di Tivoli e della vallata. Estremamente raffinata la sala ristorante, con tessuti damascati e lampadari di cristallo. Servizio estivo nella corte centrale.

a Villa Adriana per ③ : 6 km – ✉ 00010

Adriano con cam
Largo M. Yourcenar 2 – ✆ 07 74 38 22 35 – www.hoteladriano.it – info@hoteladriano.it
10 cam – 80/100 € 100/120 € – ½ P 80/90 €
Rist – *(chiuso domenica sera dal 1° novembre al 1° aprile)* Carta 25/57 €
♦ In mezzo al verde dei cipressi, un ristorante di tono elegante dove trovare proposte locali e nazionali, nonché corsi di cucina (organizzati con una certa regolarità). Tra le camere - di varie tipologie - molto gettonata è quella dedicata a *Marguerite* Yourcenar, con vista sulla vicina Villa Adriana.

TIVOLI

Arnaldi (Viale)
Battisti (Largo Cesare) 2
Boselli (V.) 3
Collegio (V. del) 4
Colle (V. del)
Colsereno (V. di)
Garibaldi (Pza)
Gesù (V. del) 5
Giuliani (V. D.)
Inversata (V.)
Lione (V.) 6
Massimo (Pza)
Matteotti (Piazzale)
Mazzini (Viale)
Moro (V. Aldo) 7
Munazio Planco (V.) 8
Nazioni Unite (Pza delle) 9
Palatina (V.)
Parmegiani (V. A.) 10
Parrozzani (V. A.) 12
Plebiscito (Pza) 13
Ponte Gregoriano (V.) 14
Quintilio Varo (V.)
Rivarola (Pza) 16
Roma (Viale)
Santa Croce (Pza)
Sibilla (V. della)
Sosii (V. dei) 20
S. Angelo (Largo)
S. Valerio (V.)
Todini (Vicolo) 21
Tomei (Viale)
Trento (Pza) 22
Trevio (V. del) 24
Trieste (Viale)

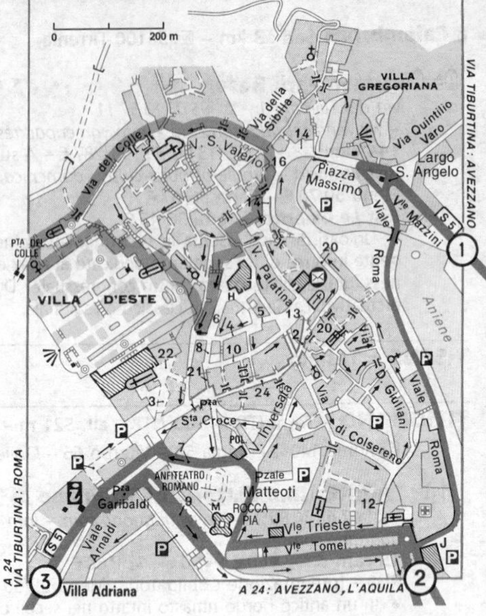

alle Terme Ovest : 9 km

 **Grand Hotel Duca d'Este** cam,
via Tiburtina Valeria 330 – ✆ 07 74 38 83
– www.siriohotel.com – ducadeste@ducadeste.com
176 cam – 90/180 € 124/250 € – 8 suites
Rist *Il Granduca* – Carta 34/46 €
◆ Elegante albergo circondato dal verde, dispone di confortevoli aree comuni nelle quali trascorrere momenti di tranquillità con le note di un pianoforte come sottofondo. Parco con piscina sul retro. La raffinatezza continua nella sala da pranzo, dall'atmosfera ovattata, ideale per cene intime.

TIZZANO VAL PARMA – Parma (PR) – 562 I12 – 2 140 ab. — 8 B2
– alt. 814 m – ✉ 43028

Roma 503 – Parma 40 – Bologna 140 – Modena 105
piazza Roma 1 ✆ 0521 868935 uff.turismo@comune.tizzano-val-parma.pr.it Fax 0521 868937

Agriturismo Casa Nuova
strada di Carobbio 11, Sud-Ovest : 2 km – ✆ 05 21 86 82 78
– www.agriturismocasanuova.com – agriturismocasanuova@libero.it
6 cam – 53/60 € 75/85 € – ½ P 45/50 €
Rist – (prenotazione obbligatoria) Menu 25/30 €
◆ Un viaggio nella musica per gli interessati e un percorso in giardino predisposto ad hoc per non vedenti; nella verde quiete di un bosco le camere sono state ricavete in un vecchio fienile. Accogliente e caratteristica come l'intera struttura, al ristorante primeggiano i prodotti dell'azienda, dalla frutta al miele.

TOBLACH = Dobbiaco

TODI - Perugia (PG) - 563 N19 - 17 283 ab. - alt. 400 m - ✉ 06059 32 B3

Italia Centro Nord

Roma 130 - Perugia 47 - Terni 42 - Viterbo 88

piazza del Popolo 38/39, ✆ 075 8956227, info@iat.todi.pg.it, Fax 075 8942406

Piazza del Popolo★★: Palazzo dei Priori★, Palazzo del Capitano★, Palazzo del Popolo★ - Chiesa di San Fortunato★★ - ≤★★ sulla vallata da piazza Garibaldi - Duomo★ - Chiesa di Santa Maria della Consolazione★: 1 km a ovest sulla strada per Orvieto

Fonte Cesia

via Lorenzo Leonj 3 - ✆ 07 58 94 37 37
- www.fontecesia.it - fontecesia@fontecesia.it
36 cam - †80/120 € ††90/180 € - ½ P 78/123 €
Rist *Le Palme* - *(aprile-dicembre; chiuso martedì)* Carta 28/43 €
◆ In pieno centro storico e perfettamente integrato nel contesto urbano, un rifugio signorile con volte in pietra a vista: sobrio nei raffinati arredi, curato nei confort. L'eleganza è di casa anche al ristorante.

Bramante rist,

via Orvietana 48 - ✆ 07 58 94 83 82 - www.hotelbramante.it - bramante@hotelbramante.it
49 cam - †100/140 € ††120/200 €, 10 € - 5 suites - ½ P 90/135 €
Rist - *(chiuso lunedì)* Carta 38/64 € (+12 %)
◆ Ricavato da un convento del XII secolo - a 1 km dal nucleo cittadino e nei pressi di una chiesa rinascimentale (opera del Bramante) - un complesso comodo e tradizionale, dove non manca un attrezzato centro benessere. Servizio estivo in terrazza: un paesaggio dolcissimo fa da cornice alla tavola.

Villaluisa

via Cortesi 147 - ✆ 07 58 94 85 71
- www.villaluisa.it - villaluisa@villaluisa.it
39 cam - †60/90 € ††75/140 €
- ½ P 65/85 €
Rist - *(chiuso mercoledì da novembre a marzo)* Carta 24/42 €
◆ Inserito in un verde parco, nella zona più moderna di Todi e quindi agevole da raggiungere, un albergo moderno e funzionale con solida gestione familiare. Nell'accogliente sala che conserva ancora qualche eco rustica, una cucina legata alle tradizioni contadine e ai sapori della nostra terra.

San Lorenzo Tre - Residenza d'epoca senza rist

via San Lorenzo 3 - ✆ 07 58 94 45 55
- www.sanlorenzo3.it - lorenzotre@tin.it
- chiuso dal 7 gennaio al 10 marzo
6 cam - †55/75 € ††75/105 €
◆ Nel centro di Todi, a pochi passi dalla piazza centrale, un vecchio palazzo borghese: solo sei camere, piccoli curati gioielli, con arredi d'epoca e d'antiquariato.

Agriturismo Borgo Montecucco senza rist

frazione Pian di Porto, vocabolo Rivo 197
- ✆ 34 75 51 54 38 - www.borgomontecucco.it - info@borgomontecucco.it
- chiuso dal 15 gennaio al 28 febbraio
10 cam - †50/60 € ††70/92 €
◆ In un contesto agricolo lussureggiante, una serie di casolari della fine del XIX sec. - sapientemente restaurati - dispongono di camere rustiche arredate con mobili di arte povera. Un giardino curatissimo ospita un'originale scacchiera gigante per ludici momenti ricreativi.

Un pasto accurato a prezzo contenuto? Cercate i Bib Gourmand.

Umbria

via Bonaventura 13 – ✆ 07 58 94 27 37 – ristoranteumbria@gmail.com – chiuso martedì
Rist – Carta 31/47 €
◆ Nei pressi del Duomo, ristorante di lunga tradizione, con una terrazza a picco sulla vallata e due salette: una rallegrata da uno scoppiettante camino ed un'altra, denominata del '400, con affreschi che ricordano un momento storico della città. Cucina regionale.

Antica Hosteria De La Valle

via Ciuffelli 19 – ✆ 07 58 94 48 48 – jpatdot183@hotmail.it – chiuso lunedì
Rist – (coperti limitati, prenotare) Carta 28/52 €
◆ Nuova gestione per una piccola osteria del centro storico: alle paretri, a rotazione, opere d'arte che ispirano anche la stampa del menu. Cucina moderna e fantasiosa.

a Chioano Est: 4,5 km – ✉ 06059

Residenza Roccafiore

località Chioano – ✆ 07 58 94 24 16 – www.roccafiore.it – info@roccafiore.it – chiuso dal 7 gennaio al 6 febbraio
13 cam ☕ – †142/192 € ††218/273 € – ½ P 153/181 €
Rist Fiorfiore – vedere selezione ristoranti
◆ Una dimora degli anni '30 unita ad un casolare in pietra nasconde al proprio interno un attrezzato centro benessere. Il fienile è stato trasformato in una sala polivalente collegata alla residenza da un tunnel sotterraneo. Camere eleganti ed eclettiche. Per un soggiorno rilassante nell'incontaminata natura umbra.

Fiorfiore

località Chioano – ✆ 07 58 94 24 16 – www.roccafiore.it – info@roccafiore.it – chiuso dal 7 gennaio al 6 febbraio e martedì
Rist – (consigliata la prenotazione) Carta 27/45 €
◆ In una villa degli anni '30, totalmente ristrutturata nel rispetto della tipicità della costruzione, atmosfera signorile ed arredamenti di grande pregio; terrazza estiva panoramica e cucina di respiro contemporaneo.

verso Duesanti Nord-Est : 5 km:

Agriturismo Casale delle Lucrezie

frazione Duesanti, Vocabolo Palazzaccio ✉ 06059 – ✆ 07 58 98 74 88 – www.agriturismo-casaledellelucrezie.com – info@casaledellelucrezie.com – chiuso dal 15 al 31 gennaio
13 cam ☕ – †50/60 € ††70/80 € – ½ P 55/60 €
Rist – *(chiuso a mezzogiorno) (solo per alloggiati)*
◆ Insediamento romano, archi etruschi, residenza delle monache lucrezie dal 1200: punto privilegiato di osservazione su Todi, aperto di recente al pubblico con camere semplici. Pareti e soffitti in pietra anche nella sala ristorante.

verso Collevalenza Sud-Est : 8 km :

Relais Todini

vocabolo Cervara 24 – ✆ 0 75 88 75 21 – www.relaistodini.com – relais@relaistodini.com
9 cam ☕ – †112/203 € ††160/290 € – 3 suites – ½ P 125/190 €
Rist – *(chiuso lunedì) (chiuso a mezzogiorno escluso sabato, domenica)* Carta 39/52 €
◆ Incantevoli camere in un maniero del '300 abbracciato da un parco che accoglie laghetti ed animali. Oltre ad una prorompente natura, vi attendono le coccole di una centro benessere con trattamenti personalizzati. Affacciato sulla città, il panoramico ristorante propone piatti internazionali e specialità umbre.

Villa Sobrano - Country House rist,
vocabolo Sobrano, frazione Rosceto 30/32
– ☎ 0 75 88 75 15 – www.villasobrano.com – info@villasobrano.com
10 cam – 40/70 € 70/105 € – 2 suites – ½ P 60/83 €
Rist – *(chiuso dall'8 gennaio al 15 marzo)* Carta 22/48 € (+10 %)
♦ In un complesso con tanto di cappella privata e castello di origini duecentesche, stanze confortevoli di cui otto in due annessi agricoli attigui, dove si trova anche un grande appartamento con cucina.

per la strada statale 79 bis Orvietana bivio per Cordigliano
Ovest : 8,5 km :

Agriturismo Tenuta di Canonica
vocabolo Casalzetta, Canonica 75 – ☎ 07 58 94 75 45
– www.tenutadicanonica.com – tenutadicanonica@tin.it – marzo-novembre
13 cam – 130/165 € 160/250 € – ½ P 130/155 €
Rist – *(chiuso lunedì) (chiuso a mezzogiorno) (solo per alloggiati)* Menu 40 €
♦ Annessa ad una fattoria dell'800, una splendida residenza di campagna di origini medievali elegantemente arredata: prezioso punto di ristoro situato sulla sommità d'un colle.

TOIRANO – Savona (SV) – 561 J6 – 2 546 ab. – alt. 38 m – ✉ 17055 14 B2

Roma 580 – Imperia 43 – Genova 87 – San Remo 71
piazzale Grotte ☎ 0182 989938, toirano@inforiviera.it, Fax 0182 98463

Al Ravanello Incoronato
via Parodi 27/A – ☎ 01 82 92 19 91 – www.alravanelloincoronato.it
– bianco49g@libero.it – chiuso dal 20 gennaio al 10 febbraio, dal 20 ottobre al 5 novembre e martedì
Rist – *(chiuso a mezzogiorno escluso domenica e da giugno a settembre)* (consigliata la prenotazione) Carta 26/38 €
♦ Una breve passeggiata tra i vicoli del borgo antico, la simpatica insegna del locale e la cucina che si presenta con piatti del territorio, accattivanti e ricchi di gusto. D'estate in giardino.

Il Cappello di Guguzza
via Polla 22 – ☎ 01 82 92 20 74 – www.ilcappellodiguguzza.com – info@ilcappellodiguguzza.com – chiuso 1 settimana in maggio, 3 settimane in novembre e mercoledì
Rist – *(chiuso a mezzogiorno escluso domenica da ottobre a giugno)* (prenotazione obbligatoria) Menu 26/37 € – Carta 26/43 €
♦ Un ex frantoio, le cui origini si perdono nel '500, piacevolmente ristrutturato in chiave antico-moderna. In cucina, trionfo di sapori italiani.

TOLÈ – Bologna (BO) – 562 J15 – alt. 678 m – ✉ 40040 9 C2

Roma 374 – Bologna 42 – Modena 48 – Pistoia 66

Falco D'Oro rist,
via Venola 27 ✉ 40038 – ☎ 0 51 91 90 84 – www.falcodoro.com – info@falcodoro.com – aprile-ottobre
62 cam – 55/170 € 70/175 € **Rist** – Carta 23/35 €
♦ Ormai un'istituzione a Tolè, tanto che l'insegna dell'hotel è la più visibile in paese; edificio centrale con bar pubblico, periodicamente rinnovato. Al ristorante casereccia cucina locale.

TONALE (Passo del) – Brescia (BS) – 562 D13 – alt. 1 883 m – Sport invernali : 1 880/3 069 m 3 26, (anche sci estivo) collegato con impianti di Ponte di Legno 17 C1

Roma 688 – Sondrio 76 – Bolzano 94 – Brescia 130
via Nazionale 12 ☎ 0364 903838, tonale@valdisole.net, Fax 0364 903895

La Mirandola
località Ospizio 3 ✉ 38020 Passo del Tonale – ☎ 03 64 90 39 33 – www.lamirandolahotel.it – info@lamirandolahotel.it – dicembre-Pasqua e 15 giugno-15 settembre
27 cam – †50/120 € ††90/180 € – ½ P 110/130 €
Rist – Carta 27/44 €
◆ Dall'accurato restauro dell'antico ospizio di S. Bartolomeo, per viandanti e pellegrini, risalente al 1100, un caldo rifugio: originale, di particolare fascino e confort. Specialità locali e cacciagione in caldi ambienti con soffitti a volte e pietre a vista.

Delle Alpi rist,
via Circonvallazione 20 ✉ 38020 Passo del Tonale – ☎ 03 64 90 39 19 – www.iridehotels.com – dellealpi@iridehotels.com – dicembre-Pasqua e 15 giugno-15 settembre
34 cam – †59/70 € ††90/150 € – ½ P 72/108 €
Rist – Carta 29/45 €
◆ Vicino alla seggiovia di Valbiolo, un giovane e simpatico albergo realizzato in un personale stile montano; belle aree comuni con stube, camere soppalcate e soleggiate. Gradevoli ambienti accoglienti al ristorante: arredi e pavimenti lignei e pareti decorate.

Orchidea
via Ciconvallazione 24 ✉ 38020 Passo del Tonale – ☎ 03 64 90 39 35 – www.hotelorchidea.net – info@hotelorchidea.net – 4 dicembre-20 aprile
30 cam – †90/110 € ††120/180 € – ½ P 65/80 €
Rist – *(solo per alloggiati)*
◆ Di recente costruzione e gestito direttamente dai titolari, hotel con una tradizionale impostazione rustico-alpina; semplice funzionalità. Piccolo centro benessere. Rosa e legno in sala da pranzo, dove gustare piatti tipici trentini.

TORBIATO – Brescia (BS) – Vedere Adro

TORBOLE-NAGO – Trento (TN) – 562 E14 Italia Centro Nord — 30 B3

Roma 569 – Trento 39 – Brescia 79 – Milano 174
a Torbole lungolago Conca d'Oro 25 ☎ 0464 505177, info@gardatrentino.it Fax 0464 505643

TORBOLE (TN) – alt. 85 m – ✉ 38069 — 30 B3

Piccolo Mondo rist,
via Matteotti 108 – ☎ 04 64 50 52 71 – www.hotelpiccolomondotorbole.it – info@hotelpiccolomondotorbole.it
50 cam – †79/104 € ††134/178 € – 4 suites – ½ P 89/107 €
Rist ***Piccolo Mondo*** – *(chiuso martedì escluso giugno-settembre)*
Carta 33/43 €
◆ Risorsa di recente ampliamento, pensata per un soggiorno di relax, dispone di camere spaziose e ben arredate, giardino con piscina ed un attrezzato centro benessere. Nell'elegante sala ristorante proposte di cucina regionale e gustose specialità alla mela.

La Terrazza
via Benaco 24 – ☎ 04 64 50 60 83 – www.allaterrazza.com – info@allaterrazza.com – chiuso febbraio, marzo, novembre e martedì escluso giugno-settembre
Rist – Carta 27/39 €
◆ Una piccola sala interna ed una veranda con vista sul lago, che in estate si apre completamente, dove farsi servire piatti di forte ispirazione regionale e specialità di lago.

TORCELLO – Venezia – Vedere Venezia

TORGIANO – Perugia (PG) – 563 M19 – 6 337 ab. – alt. 219 m — 32 B2

– ✉ 06089 Italia Centro Nord

Roma 158 – Perugia 15 – Assisi 27 – Orvieto 60

Museo del Vino★

Le Tre Vaselle ← rist,

via Garibaldi 48 – ☎ 07 59 88 04 47 – www.3vaselle.it
– 3vaselle@3vaselle.it – chiuso dal 7 gennaio al 25 marzo
60 cam – †190 € ††225 € – ½ P 160 €
Rist *Le Melagrane* – Carta 48/60 €

♦ Tre boccali conventuali all'ingresso, danno il nome a questa struttura complessa, affascinante: una casa patrizia sviluppatasi in diverse epoche a partire dal '600. Ingredienti ricercati per il menù proposto nel raffinato ristorante.

C. Labonne/MICHELIN

Piazza San Carlo

TORINO

Carta Michelin : **561** G5
Popolazione : 908 825 ab.
Altitudine : 239 m

Roma 669 - Briançon 108 - Chambéry 209 - Genève 252
Italia
Carta regionale : 22 A1

INFORMAZIONI PRATICHE

Uffici informazioni turistiche

piazza Castello ✉10123 ✆ 011 535181 info.torino@turismotorino.org

stazione ferroviaria Porta Nuova ✆ 011 535181 info.torino@turismotorino.org

aeroporto Caselle ✆ 011 535181 info.torino@turismotorino.org

Aeroporto

Città di Torino di Caselle per ①: 15 km ✆ 011 5676361

Golf

27 Royal Park-I Roveri Rotta Cerbiatta 24, ✆011 9 23 55 00

36 Torino La Mandria via Agnelli 40, ✆011 9 23 54 40

18 Le Fronde via Sant'Agostino 68, ✆011 9 32 80 53

9 Stupinigi corso Unione Sovietica 506/A, ✆011 3 47 26 40

9 I Ciliegi strada Valle Sauglio 130, ✆011 8 60 98 02

Fiera

12.05. - 16.05. : fiera internazionale del libro

LUOGHI DI INTERESSE

CENTRO MONUMENTALE

Duomo★ VX - Palazzo Carignano★★ CXM2- Palazzo Madama★★ CXA- Palazzo Reale★ CDVX - Piazza Castello★ CX19 - Piazza S. Carlo★★ CXY

QUADRILATERO ROMANO

Palazzo Barolo★ CV - Piazza del Palazzo di Cttà★ CX 51- Santuario della Consolata★ CV - S. Domenico★ CV

DA PIAZZA CASTELLO AL PO

Via Po★ DYX - Mole Antoneliana★★★ DX - Museo di Arti Decorative★ DY - Piazza Vittorio Veneto★ DY - Parco del Valentino★ CDZ

I MUSEI

GAM (Galleria di Arte Moderna)★★ BY - Galleria Sabauda★★ CXM1 - Museo di Arte Antica di Palazzo Madama★★ CX A - Museo dell'Automobile★★ GUM5 - Museo del Cinema★★★ DX - Museo Egizio★★★ CXM1 - Museo del Risorgimento★★ CXM2

DINTORNI

Corona di delizie sabaude★★ 10 km a nord ET: Reggia di Venaria, La Mandria, Castello di Rivoli e Museo di Arte Contemporanea, Palazzina di Caccia di Stupinigi UF - La collina★★ : Basilica di Superga TH e Colle della Maddalena UH - Sacra di San Michele in Val di Susa★★★

ACQUISTI

Via Garibaldi e Via Roma: negozi di tutti i generi - Via Cavour, Via Accademia Albertina, Via Maria Vittoria: antiquariato - Quadrilatero romano: botteghe artigiane e brocantage - Mercato alimentare di Porta Palazzo in Piazza Repubblica - Via Borgo Dora: mercato delle pulci del Balôn il sabato mattina e Gran Balôn (antiquariato e brocantage) la seconda domenica del mese

Golden Palace

via dell'Arcivescovado 18 ✉ *10121 – ☎ 01 15 51 21 11 – www.goldenpalace.thi.it – goldenpalace@thi.it* 4CXY**h**

183 cam – 195/398 € 220/498 € – 12 suites – ½ P 155/294 €
Rist *Winner* – Carta 45/66 €

◆ Nel cuore della città, un hotel di lusso, d'ispirazione decò e di design minimalista, in cui ori, argenti e ottoni intendono evocare i colori delle medaglie olimpiche. L'eleganza continua nel ristorante, riscaldato dalla luce che penetra dalla bow window, dove lasciarsi deliziare da una cucina innovativa.

Principi di Piemonte

via Gobetti 15 ✉ *10123 – ☎ 01 15 51 51 – www.atahotels.it – prenotazioni@principidipiemonte.com* 4CY**b**

81 cam – 150/470 € – 18 suites **Rist** – Carta 46/74 €

◆ A due passi dal centro, questo storico edificio anni '30 vanta camere spaziose e ricche di marmo, rinnovate in omaggio al lusso e al confort per creare un'elegante atmosfera moderna. Lo sfarzo è ripreso anche nella sala ristorante, dove nessun dettaglio è lasciato al caso, perchè la tappa gastronomica resti memorabile.

Le Meridien Turin Art+Tech

via Nizza 230 ✉ *10126 – ☎ 01 16 64 20 00 – www.lemeridien.com – reservations_turin@lemeridien.com – chiuso agosto e dicembre* 2GU**b**

139 cam – 139/410 € – 1 suite – ½ P 100/235 € **Rist** – Carta 37/66 €

◆ L'ascensore panoramico conduce alle balconate su cui si affacciano le camere, arredate con soli mobili di design. Gemello dell'hotel Lingotto, offre in aggiunta soluzioni più moderne. Ampi spazi, luce e legni di ciliegio fanno del ristorante un ambiente elegante e informale, dove trovare i piatti della tradizione.

Le Meridien Lingotto

via Nizza 262 ✉ *10126 – ☎ 01 16 64 20 00 – www.lemeridien.com – reservations_turin@lemeridien.com* 2GU**a**

226 cam – 110/270 € 125/270 € – 14 suites – ½ P 93/195 €
Rist *Torpedo* – ☎ 01 16 64 27 14 – Carta 37/66 €

◆ Moderno hotel nel palazzo del Lingotto: un riuscito esempio del recupero di un immobile industriale. Camere in design nate dalla creatività di Renzo Piano e un giardino tropicale. Nell'elegante e luminosa sala ristorante, comode poltroncine ai tavoli e una cucina di ottimo livello.

Grand Hotel Sitea

via Carlo Alberto 35 ✉ *10123 – ☎ 01 15 17 01 71 – www.sitea.thi.it – sitea@thi.it*

119 cam – 139/250 € 178/330 € – 1 suite 4CY**t**
Rist *Carignano* – *(chiuso 2 settimane in agosto)* Carta 55/73 €

◆ La raffinata tradizione dell'ospitalità alberghiera si concretizza qui, in questo hotel nato nel 1925, dove l'atmosfera è dettata dagli eleganti arredi, classici e d'epoca. Piatti mediterranei con molti richiami al Piemonte, i protagonisti della sala da pranzo illuminata da ampie finestre affacciate sul verde.

Starhotels Majestic

corso Vittorio Emanuele II 54 ✉ *10123 – ☎ 0 11 53 91 53 – www.starhotels.com – majestic.to@starhotels.it* 4CY**e**

159 cam – 109/258 € – 2 suites
Rist *Le Regine* – *(chiuso domenica)* Carta 22/45 €

◆ Sotto i portici di fronte alla stazione centrale, questo elegante hotel dispone di accoglienti camere di differenti tipologie, tutte spaziose e ben arredate. Cucina internazionale nella saletta à la carte; riposante e di suggestione il salone sormontato da una grande cupola di vetro policromo.

AC Torino

via Bisalta 11 ✉ *10126 – ☎ 01 16 39 50 91 – www.ac-hotels.com – actorino@ac-hotels.com* 2GU**d**

89 cam – 100/345 € – 6 suites **Rist** – *(solo per alloggiati)* Carta 39/70 €

◆ In un ex pastificio, l'hotel è raccolto in una tipica costruzione industriale d'inizio '900 e presenta interni dallo stile caldo e minimalista; confort e dotazioni all'avanguardia.

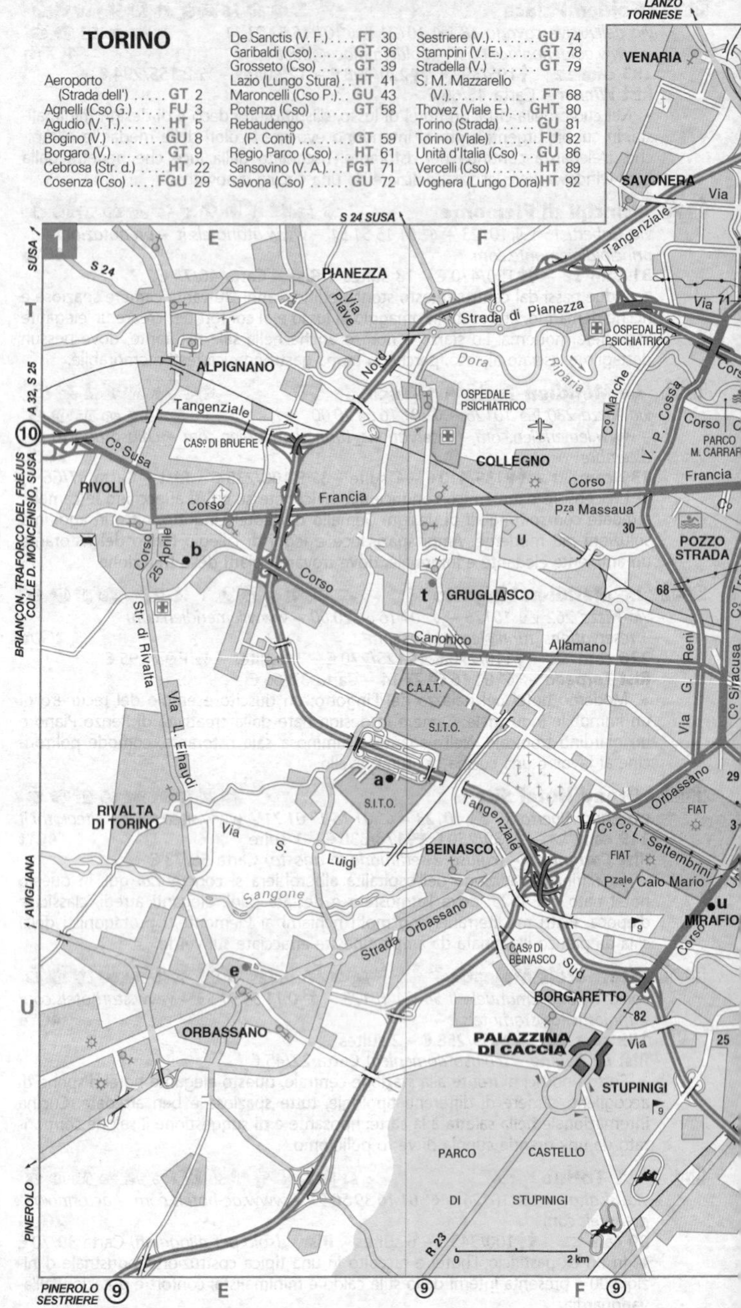
TORINO
Aeroporto (Strada dell') . . . . . GT 2
Agnelli (Cso G.) . . . . FU 3
Agudio (V. T.) . . . . HT 5
Bogino (V.) . . . . GU 8
Borgaro (V.) . . . . GT 9
Cebrosa (Str. d.) . . . . HT 22
Cosenza (Cso) . . . . FGU 29
De Sanctis (V. F.) . . . . FT 30
Garibaldi (Cso) . . . . . . GT 36
Grosseto (Cso) . . . . . . GT 39
Lazio (Lungo Stura) . . HT 41
Maroncelli (Cso P.) . . GU 43
Potenza (Cso) . . . . . . GT 58
Rebaudengo (P. Conti) . . . . GT 59
Regio Parco (Cso) . . . . HT 61
Sansovino (V. A.) . . . FGT 71
Savona (Cso) . . . . . . GU 72
Sestriere (V.) . . . . GU 74
Stampini (V. E.) . . . . . GT 78
Stradella (V.) . . . . GT 79
S. M. Mazzarello (V.) . . . . FT 68
Thovez (Viale E.) . . . GHT 80
Torino (Strada) . . . . . . GU 81
Torino (Viale) . . . . FU 82
Unità d'Italia (Cso) . . GU 86
Vercelli (Cso) . . . . HT 89
Voghera (Lungo Dora) HT 92
LANZO TORINESE
VENARIA
SAVONERA
S 24 SUSA
SUSA
S 24
PIANEZZA
Via Plave
Strada di Pianezza
OSPEDALE PSICHIATRICO
Tangenziale
Via 71
ALPIGNANO
Nord
Dora
Riparia
A 32, S 25
10
BRIANÇON, TRAFORCO DEL FRÉJUS COLLE D. MONCENISIO, SUSA
Tangenziale
CASº DI BRUERE
Cº Susa
RIVOLI
Corso
Francia
COLLEGNO
Cº Marche
V. P. Cossa
Corso
PARCO M. CARRARA
Pza Massaua
30
POZZO STRADA
Corso 25 Aprile
b
Corso
t
GRUGLIASCO
68
u
Str di Rivalta
Canonico
Allamano
Via G. Reni
Cº Siracusa
C.A.A.T.
S.I.T.O.
Via L. Einaudi
a
S.I.T.O.
Orbassano
29
FIAT
RIVALTA DI TORINO
Via S. Luigi
BEINASCO
Tangenziale
Cº Cº L. Settembrini
FIAT
Pzale Caio Mario
AVIGLIANA
Sangone
Strada Orbassano
CASº DI BEINASCO
Sud
u
MIRAFIO
Corso
e
U
BORGARETTO
82
ORBASSANO
PALAZZINA DI CACCIA
Via
25
STUPINIGI
PARCO DI STUPINIGI
CASTELLO
PINEROLO
R 23
0
2 km
PINEROLO SESTRIERE
9
E
9
F
9

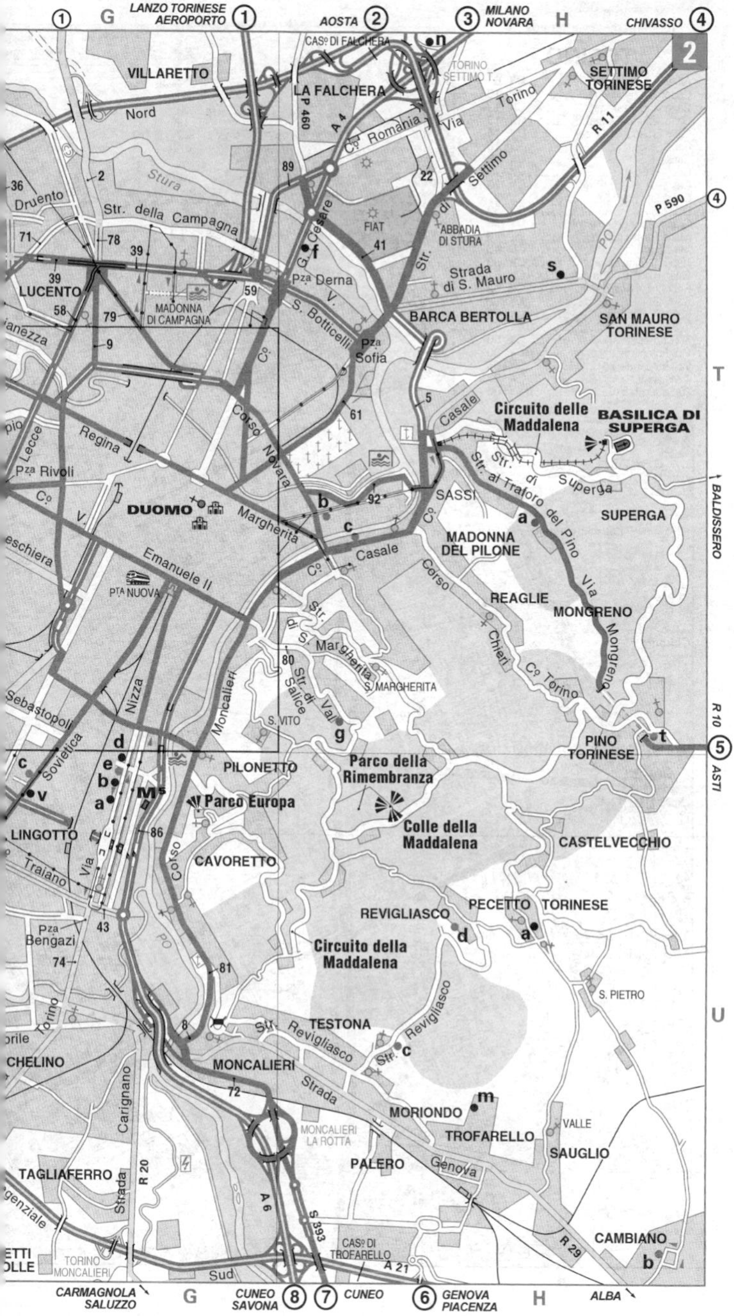

LANZO TORINESE AEROPORTO ① AOSTA ② ③ MILANO NOVARA CHIVASSO ④

VILLARETTO
LA FALCHERA
SETTIMO TORINESE
LUCENTO
MADONNA DI CAMPAGNA
BARCA BERTOLLA
SAN MAURO TORINESE
ABBADIA DI STURA
FIAT
Circuito delle Maddalena
BASILICA DI SUPERGA
SUPERGA
SASSI
DUOMO
MADONNA DEL PILONE
REAGLIE
MONGRENO
Pta NUOVA
S. MARGHERITA
S. VITO
PINO TORINESE
PILONETTO
Parco della Rimembranza
Parco Europa
Colle della Maddalena
LINGOTTO
CAVORETTO
CASTELVECCHIO
REVIGLIASCO
PECETTO TORINESE
Circuito della Maddalena
S. PIETRO
TESTONA
MONCALIERI
MORIONDO
TROFARELLO
VALLE
SAUGLIO
PALERO
TAGLIAFERRO
CAMBIANO
CASº DI TROFARELLO
TORINO MONCALIERI
MONCALIERI LA ROTTA

CARMAGNOLA SALUZZO G CUNEO SAVONA ⑧ ⑦ CUNEO ⑥ GENOVA PIACENZA H ALBA

BALDISSERO
⑤ ASTI

Circolazione regolamentata nel centro città
TORINO
Alfieri (V.) CY 6
Cadorna (Lungo Po L.) DY 10
Carignano (Pza) CX 12
Carlo Alberto (Piazza) CX 13
Carlo Emanuele II (Pza) DY 14
Carlo Felice (Pza) CY 16
Casale (Cso) DY 18
Castello (Pza) CX 19
Cesare Augusto (Pza) CV 23
Consolata (V. della) CV 27
Diaz (Lungo Po A.) DY 32
Gran Madre di Dio (Pza) DY 38
Maria Teresa (Piazza) DY 40
Milano (V.) CV 46
Napoli (Lungo Dora) CV 50
Palazzo di Città (Pza del) CX 51
Repubblica (Pza della) CV 62
Roma (V.) CXY
Solferino (Pza) CX 75
S. Carlo (Pza) CXY
S. F. d'Assisi (V.) CX 66
Vitt. Emanuele II (Lungo) BCY 90
Vitt. Emanuele I (Ponte) DY 55
4 Marzo (V.) CX 93
20 Settembre (V.) CXY 96
A
B
3
V
X
Y
Via Val della Torre
Via Borgaro
Verolengo
Via Nole
Corso Mortara
Riparia
Corso Svizzera
Corso Pianezza
Corso Potenza
Corso Umbria
Livorno
Dora
Corso Appio Claudio
V. Michele Lessona
Via Lecce
Via Svizzera
Via Tassoni
Via Nicola Fabrizi
Corso Regina Margherita
Via San Donato
Cibrario
P.za Chironi
Via Giacomo Medici
Corso Principi d'Acaja
Principi d'Acaja
Corso Francia
P.za Rivoli
Rivoli
Racconigi
Bernini
P.za Bernini
Via Duchessa Jolanda
Corso Inghilterra
XVIII Dicembre
P.ta SUSA
Corso Trapani
Corso Racconigi
Via E. Cialdini
Corso Ferrucci
Via G. Cavalli
P.za Adriano
Fréjus
Corso Vittorio Emanuele II
Porta Susa
Corso Vinzaglio
Via Frassineto
Via Cesana
Via Vigone
V. Vigone
Via Nanni
Corso Francesco Ferrucci
Borsellino
Vinzaglio
Castelfidardo
Corso Abruzzi
Corso Stati
Ferraris
P.za Sabotino
Monginevro
Via San Paolo
Via Di Nanni
Via Peschiera
Corso Paolo
Corso Duca degli Abruzzi
Corso Sebastopoli

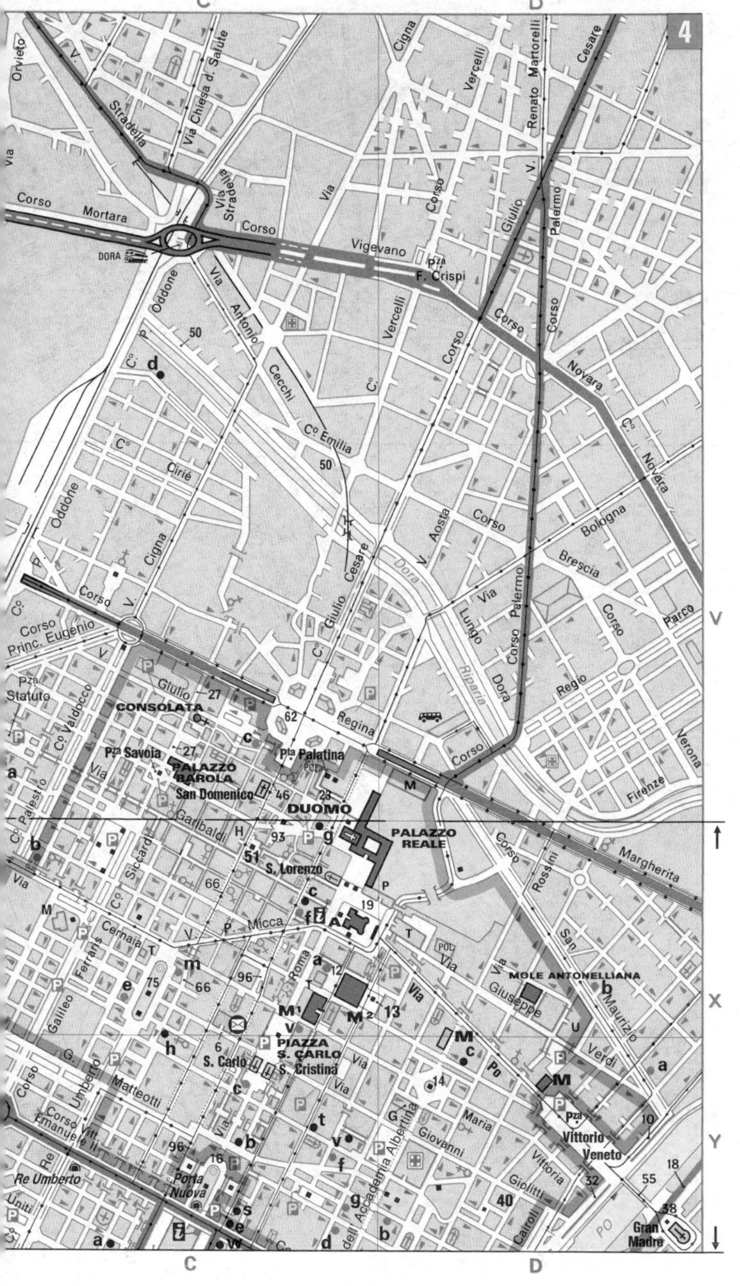
4
CONSOLATA
PALAZZO BAROLA
San Domenico
DUOMO
PALAZZO REALE
S. Lorenzo
PIAZZA S. CARLO
S. Cristina
MOLE ANTONELLIANA
Pza Vittorio Veneto
Porta Nuova
Gran Madre
Pza Savoia
Pta Palatina
Pza Statuto
Pza F. Crispi
Corso Mortara
Corso Vigevano
Corso Novara
Corso Regina
Corso Margherita
Corso Vitt. Emanuele II
Via Garibaldi
Via Po
Via Roma
Via Cernaia
Via Pietro Micca
Via Giuseppe Verdi
Lungo Dora Riparia
Dora
PO
DORA

A
B
5
X
Y
Z
Corso Trapani
Corso Cialdini
Pza Adriano
Via Ferrucci
Via G. Jolanda
Cavalli
Corso Vittorio Emanuele II
Porta Susa
Corso Vinzaglio
Vinzaglio
Fréjus
Via Racconigi
Cesana
Via Frassineto
Via Vigone
Nanni
Francesco
Borsellino
Castelfidardo
Corso Via
V. Vigone
Di
Pza Sabotino
Monginevro
Paolo
Peschiera
Via San
Corso Paolo
Via Abruzzi
Corso Stati
Ferraris
Corso Duca d'Aosta
Via Lancia
Via Paolo Braccini
Corso Luigi Einaudi
Galileo
Via Umberto
Via Cristoforo Colombo
Re
Via Rivalta
Via Duca degli
Corso Racconigi
Corso Caboto
Corso de Gasperi
Corso Carle
Rosselli
Co Mediterraneo
Largo Orbassano
Corso de Nicola
Ferraris
Corso Rosselli
Filippo
Turati
Tripoli
Orbassano
Novembre
V. G. Pascoli
Corso
Pza Costantino il Grande
Lepanto
OSPEDALE MILITARE
Corso 4
Galileo
Corso Sovietica
Corso Bramante
Corso Sebastopoli
Agnelli
Corso Unione
STADIO COMUNALE
Pza G. Carducci
Via
Corso
Corso Sebastopoli
M
J
U
a
C
POL

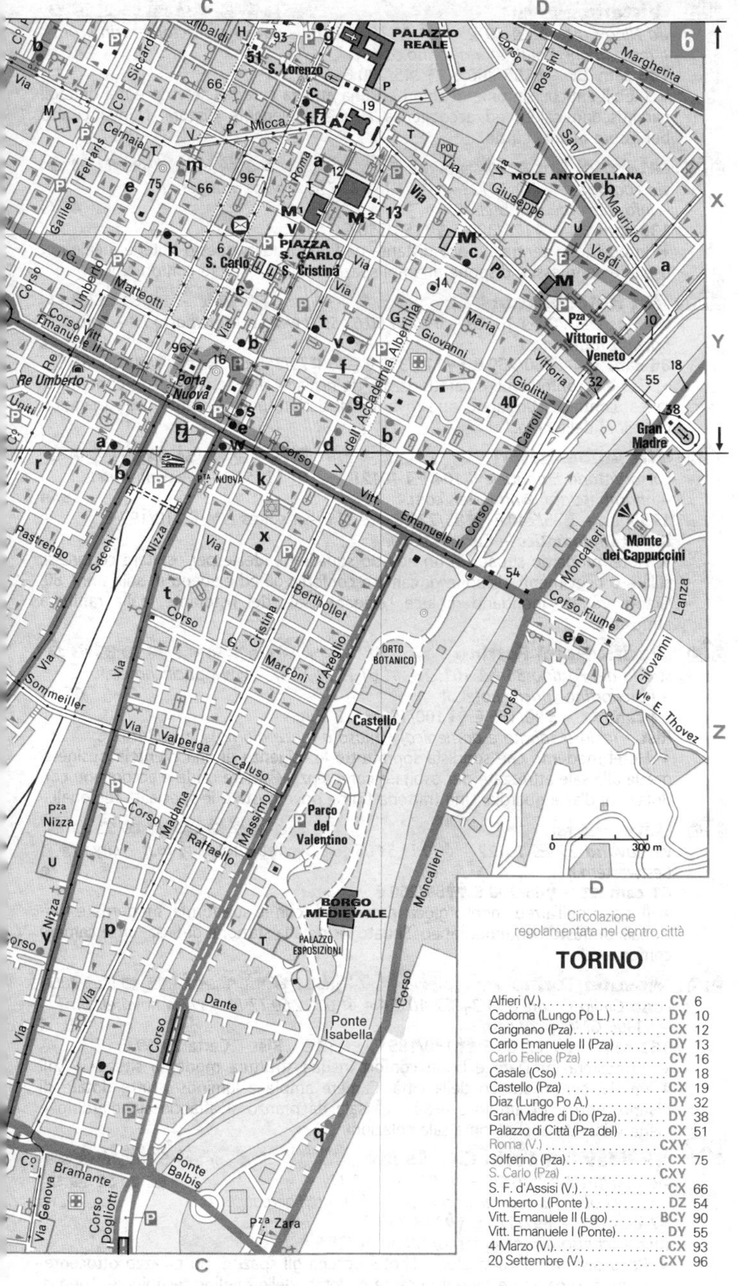

TORINO

Alfieri (V.)	CY	6
Cadorna (Lungo Po L.)	DY	10
Carignano (Pza)	CX	12
Carlo Emanuele II (Pza)	DY	13
Carlo Felice (Pza)	CY	16
Casale (Cso)	DY	18
Castello (Pza)	CX	19
Diaz (Lungo Po A.)	DY	32
Gran Madre di Dio (Pza)	DY	38
Palazzo di Città (Pza del)	CX	51
Roma (V.)	CXY	
Solferino (Pza)	CX	75
S. Carlo (Pza)	CXY	
S. F. d'Assisi (V.)	CX	66
Umberto I (Ponte)	DZ	54
Vitt. Emanuele II (Lgo)	BCY	90
Vitt. Emanuele I (Ponte)	DY	55
4 Marzo (V.)	CX	93
20 Settembre (V.)	CXY	96

Victoria senza rist
via Nino Costa 4 ✉ 10123 – ✆ 01 15 61 19 09 – www.hotelvictoria-torino.com – reservation@hotelvictoria-torino.com 4CY**v**
106 cam – 155/200 € 245/280 €
◆ Mobili antichi, sinfonie di colori ed una attenta cura nel servizio e nei dettagli garantiscono calore ed accoglienza a questa elegante dimora. Nuovo centro benessere in stile egizio.

Atahotel Concord senza rist
via Lagrange 47 ✉ 10123 – ✆ 01 15 17 67 56 – www.atahotels.it – info.concord@atahotels.it 4CY**s**
139 cam – 125/300 € 150/350 €
◆ In posizione centrale, poco distante da Porta Nuova, questo hotel è ideale per ospitare congressi e dispone di ampi spazi comuni e camere confortevoli.

Art Hotel Boston
via Massena 70 ✉ 10128 – ✆ 0 11 50 03 59 – www.arthotelboston.it – info@hotelbostontorino.it 5BZ**c**
86 cam – 80/250 € 110/350 € – ½ P 75/350 € **Rist** – Carta 32/55 €
◆ Camere confortevoli e caratterizzate da richiami alla storia dell'arte contemporanea, contraddistinguono questo hotel di design, poco distante dalle maggiori collezioni della città.

NH Ambasciatori
rist,
corso Vittorio Emanuele II 104 ✉ 10121 – ✆ 01 15 75 21 – www.nh-hotels.it – nhambasciatori@nh-hotels.com 3BX**a**
195 cam – 75/240 € 95/270 €, 22 € – 4 suites – ½ P 110/197 €
Rist *Il Diplomatico* – Carta 42/56 €
◆ Hotel moderno situato in un edificio squadrato, ideale per ospitare congressi, sfilate o ricevimenti, dispone di camere confortevoli ed eleganti in stile anni '80. Grandi vetrate inondano di luce l'elegante sala del ristorante, dalla raffinata atmosfera.

Pacific Hotel Fortino
rist,
strada del Fortino 36 ✉ 10152 – ✆ 01 15 21 77 57 – www.pacifichotels.it – hotelfortino@pacifichotels.it 4CV**d**
92 cam – 90/155 € 100/190 € – 8 suites
Rist – *(chiuso sabato e domenica) (chiuso a mezzogiorno)* Carta 34/42 €
◆ Hotel moderno che soddisfa soprattutto le esigenze di una clientela business, grazie alle sale attrezzate per ospitare conferenze. Camere calde e accoglienti con dotazioni d'avanguardia. Una trattoria tipica, dove gustare le specialità regionali.

City senza rist
via Juvarra 25 ✉ 10122 – ✆ 0 11 54 05 46 – www.bwhotelcity-to.it – city.to@bestwestern.it 3BV**e**
61 cam – 65/200 € 89/260 €
◆ Il legno dell'arredamento gioca in contrasto con le sue forme, moderne e funzionali, di gusto contemporaneo. Situato vicino alla stazione di Susa, offre camere confortevoli.

Novotel Torino
rist,
corso Giulio Cesare 338/34 ✉ 10154 – ✆ 01 12 60 12 11 – www.novotel.com – h3306-GM@accor.com 2HT**f**
162 cam – 110/160 € 130/185 €, 12 € **Rist** – Carta 29/59 €
◆ Atmosfera familiare e buon confort in una struttura moderna situata a soli 4 km dal centro storico della città. Camere ampie e luminose, tutte dotate di divano letto e di ampio scrittoio. La sala da pranzo si affaccia sul giardino e viene utilizzata anche come sala colazioni.

Holiday Inn Turin City Centre
cam, rist,
via Assietta 3 ✉ 10128 – ✆ 01 15 16 71 11 – www.holiday-inn.com/turin-cityctr – hi.torit@libero.it 4CY**a**
57 cam – 92/175 € 118/230 €
Rist – *(chiuso a mezzogiorno)* Menu 18/25 €
◆ Poco distante dalla stazione, l'hotel occupa gli spazi di un palazzo ottocentesco: comodo garage e moderne camere, dotate delle migliori tecnologie. Tono di contemporanea ispirazione anche al ristorante.

Genio senza rist

corso Vittorio Emanuele II 47 ✉ 10125 – ☎ 01 16 50 57 71 – www.hotelgenio.it – info@hotelgenio.it **6**CYZ**w**

128 cam ☕ – †80/140 € ††140/220 €

◆ In un bel palazzo di fine '800 - opportunamente ampliato in occasione delle Olimpiadi - l'hotel offre camere curate e personalizzate. Il tocco di eleganza è dato da alcuni pavimenti artistici, nei corridoi e nelle stanze.

Genova senza rist

via Sacchi 14/b ✉ 10128 – ☎ 01 15 62 94 00 – www.albergogenova.it – info@albergogenova.it **6**CZ**b**

78 cam ☕ – †70/180 € ††98/260 €

◆ La struttura ottocentesca ospita un ambiente signorile e curato, dove la classicità si coniuga con le moderne esigenze di confort. Una decina di camere vanta affreschi al soffitto.

Mercure Torino Royal rist,

corso Regina Margherita 249 ✉ 10144 – ☎ 01 14 37 67 77 – www.hotelroyaltorino.it – info@hotelroyaltorino.it **3**BV**u**

75 cam – †105/190 € ††120/210 €, ☕ 10 € **Rist** – Menu 27/40 €

◆ A breve distanza dal centro storico, l'albergo lavora sia con una clientela turistica che con il mondo business: offre un attrezzato centro congressi, camere confortevoli e un ampio parcheggio. Ambiente classico in cui si respira una discreta raffinatezza, al ristorante.

Piemontese senza rist

via Berthollet 21 ✉ 10125 – ☎ 01 16 69 81 01 – www.hotelpiemontese.it – info@hotelpiemontese.it **6**CZ**x**

39 cam ☕ – †69/160 € ††79/180 €

◆ Tra Porta Nuova e il Po, l'hotel propone colorate soluzioni d'arredo e graziose personalizzazioni nelle camere: particolarmente belle le stanze mansardate con travi a vista e vasca idromassaggio Per la colazione ci si può accomodare in veranda.

Lancaster senza rist

corso Filippo Turati 8 ✉ 10128 – ☎ 01 15 68 19 82 – www.lancaster.it – hotel@lancaster.it – chiuso dal 5 al 20 agosto **5**BZ**r**

83 cam ☕ – †73/95 € ††100/137 €

◆ Ogni piano di questo albergo si distingue per il colore. Piacevoli gli arredi, tutti personalizzati che rendono moderni gli spazi comuni, classiche le camere e country la sala colazioni.

Art Hotel Olympic

via Verolengo 19 ✉ 10149 – ☎ 01 13 99 97 – www.arthotelolympic.it – info@arthotelolympic.it **3**AV**c**

147 cam ☕ – †70/250 € ††90/350 € – ½ P 63/73 € **Rist** – Carta 30/51 €

◆ Come suggerisce il nome, l'hotel mette d'accordo arte e sport: nato in occasione dei recenti giochi invernali, vanta ambienti di design e spazi comuni abbelliti da alcune opere d'arte.

Giotto senza rist

via Giotto 27 ✉ 10126 – ☎ 01 16 63 71 72 – www.hotelgiottotorino.it – info@hotelgiottotorino.it **6**CZ**c**

50 cam ☕ – †60/134 € ††78/162 €

◆ Non lontano dal Valentino, in una zona residenziale che costeggia il Po, un moderno albergo con camere spaziose e complete nei confort, molte con vasche o docce idromassaggio.

Crimea senza rist

via Mentana 3 ✉ 10133 – ☎ 01 16 60 47 00 – www.hotelcrimea.it – info@hotelcrimea.it – chiuso dal 9 al 23 agosto **6**DZ**e**

47 cam ☕ – †70/150 € ††75/200 € – 1 suite

◆ La tranquillità dei dintorni e la sobria eleganza dell'arredo distinguono questo hotel, situato in zona residenziale lungo il Po. Dispone di piacevoli interni e confortevoli camere.

Cairo senza rist
via La Loggia 6 ✉ 10134 – ☎ 01 13 17 15 55 – www.hotelcairo.it – info@hotelcairo.it **2**GU**v**
59 cam ☕ – 🛉60/150 € 🛉🛉80/180 €
◆ A breve distanza dal polo fieristico, risorsa dagli interni accoglienti. Un consiglio: chiedete le nuove camere realizzate nella dependance, offrono un confort superiore.

Town House 70 senza rist
via XX Settembre 70 ✉ 10122 – ☎ 0 11 19 70 00 03 – www.townhouse.it – townhouse70@townhouse.it **4**CX**c**
47 cam ☕ – 🛉95/410 € 🛉🛉106/459 € – 1 suite
◆ Belle camere spaziose in una struttura centralissima e dal moderno design. Un unico grande tavolo nella piccola sala colazioni, al quale gli ospiti potranno accomodarsi per iniziare insieme la giornata.

Des Artistes senza rist
via Principe Amedeo 21 ✉ 10123 – ☎ 01 18 12 44 16 – www.desartisteshotel.it – info@desartisteshotel.it – chiuso dall'6 al 21 agosto **4**DY**c**
22 cam ☕ – 🛉70/98 € 🛉🛉95/130 €
◆ Varcato l'ingresso di quella che pare una palazzina residenziale, vi attenderà un'accoglienza garbata e attenta. L'albergo è in attività dal 1990 e propone ambienti puliti e curati.

Del Cambio
piazza Carignano 2 ✉ 10123 – ☎ 0 11 54 37 60 – www.thi.it – cambio@thi.it – chiuso 1 settimana in gennaio, 3 settimane in agosto e domenica
Rist – (consigliata la prenotazione) Menu 80 € – Carta 70/104 € **4**CX**a**
(+15 %)
◆ In 250 anni ha accolto e saziato personaggi come Cavour, Rattazzi e Lamarmora: ora attende voi, tra i suoi velluti rossi, per deliziarvi con piatti tradizionali o creativi.

Vintage 1997 (Pierluigi Consonni)
piazza Solferino 16/h ✉ 10121 – ☎ 0 11 53 59 48 – www.vintage1997.com – info@vintage1997.com – chiuso dal 1° al 7 gennaio, dal 6 al 31 agosto, sabato a mezzogiorno, domenica **4**CX**e**
Rist – Carta 48/72 €
Spec. Acciughe al verde su patata di Entraque. Tortelli di mozzarella di bufala e melanzane con pomodorini. Costata di scottona al sale grosso e rosmarino.
◆ Tessuti scarlatti, paralumi ed eleganti boiserie ovattano l'interno di questo elegante ristorante, mentre la creatività prende spunto dalla tradizione per volteggiare in molteplici forme. Importazione diretta di champagne e selezionata cura nella scelta delle materie prime.

Casa Vicina-Guidopereataly (Claudio Vicina Mazzaretto)
via Nizza 224 ✉ 10126 – ☎ 0 11 19 50 68 40 – www.casavicina.it – casavicina@libero.it – chiuso periodo natalizio, dal 10 agosto all'8 settembre, domenica sera, lunedì **2**GU**e**
Rist – Menu 45 € (solo a mezzogiorno)/85 € – Carta 57/83 €
Spec. Tonno di coniglio grigio di Carmagnola con giardiniera di verdure in agrodolce. Agnolotti pizzicati a mano al sugo d'arrosto. Rognone à la coque con vellutata di senape e aglio in camicia.
◆ All'interno di Eataly, primo supermercato italiano con prodotti alimentari di "nicchia", ristorante di genere minimalista per una cucina creativa di grande spessore.

La Barrique (Stefano Gallo)
corso Dante 53 ✉ 10126 – ☎ 0 11 65 79 00 – www.labarriqueristorante.it – labarriquedigallostefano@virgilio.it – chiuso domenica, lunedì a mezzogiorno
Rist – Menu 65/85 € – Carta 59/81 € **6**CZ**y**
Spec. Ravioli di patate affumicate con caviale di salmone e limone. Anatra muta nostrana ai profumi di bosco. Variazione al cioccolato.
◆ Simpatica gestione familiare per questa cucina che unisce classici regionali, paste fresche, carne e l'inevitabile trionfo di cioccolato a proposte più creative e di pesce.

XXX **Moreno**

corso Unione Sovietica 244 ✉ 10134 – ☎ 01 13 17 91 91 – www.morenogroup.net – info@morenogroup.net – chiuso agosto e lunedì a mezzogiorno **2**GU**c**

Rist – Carta 60/70 €

◆ Un'inattesa ubicazione nel verde custodisce questo elegante locale; all'interno, gradevoli tavoli collocati vicino a vetrate affacciate sul giardino ed una cucina che si muove tra tradizione e moderne elaborazioni.

XXX **Neuv Caval 'd Brôns**

piazza San Carlo 155 ✉ 10123 – ☎ 0 11 53 90 30 – www.neuvcavaldbrons.it – info@cavallodibronzo.it **4**CX**v**

Rist – Carta 45/104 €

◆ La tradizione piemontese è rivisitata con personalità, in questo elegante ristorante sotto i portici di un palazzo ottocentesco con bel dehors sulla piazza. Proposte anche di pesce.

XXX **Arcadia**

galleria Subalpina ✉ 10123 – ☎ 01 15 61 38 98 – www.ristorantearcadia.com – info@ristorantearcadia.com – chiuso domenica **4**CY**c**

Rist – Carta 36/47 €

◆ Nella ottocentesca Galleria Subalpina, uno scenografico locale dalle alte volte, dove il gusto per la cucina del territorio incontra carne e pesce. Non mancano alternative più esotiche nel raffinato sushi-bar.

XX **Al Garamond**

via Pomba 14 ✉ 10123 – ☎ 01 18 12 27 81 – www.algaramond.it – info@algaramond.it – chiuso agosto, sabato a mezzogiorno, domenica **4**CY**f**

Rist – Carta 47/75 €

◆ Il nome di questo piccolo locale si ispira a quello di un luogotenente dei Dragoni di Napoleone. Entusiasta la conduzione, che si esibisce nella creazione di estrosi piatti moderni.

XX **San Tommaso 10 Lavazza**

via San Tommaso 10 ✉ 10122 – ☎ 0 11 53 42 01 – www.lavazza.it – f.sgura@lavazza.it – chiuso agosto e domenica **4**CX**f**

Rist – Carta 38/81 €

◆ Proprio dietro al bar, l'estetica è l'elemento che caratterizza ogni creazione, il piacere si affaccia alla vista e delizia il palato, la fantasia reinterpreta la cucina italiana in delicate e intriganti ricette.

XX **Magorabin**

corso San Maurizio 61/b ✉ 10124 – ☎ 01 18 12 68 08 – www.magorabin.it – magorabin@libero.it – chiuso domenica, lunedì a mezzogiorno **4**DX**b**

Rist – Carta 48/66 €

◆ Simpatico e cordiale, l'istrionico chef-patron s'intrattiene ai tavoli prendendo direttamente lui la *commande*: piatti creativi e fantasiosi in un piccolo locale dagli arredi estremamente moderni. Da non perdere.

XX **Conti di Saluzzo**

via Saluzzo 36 ✉ 10125 – ☎ 01 16 50 73 14 – www.ristoranti-piemonte.com – conti_di_saluzzo@libero.it – chiuso lunedì **6**CZ**t**

Rist – (consigliata la prenotazione) Menu 30 € – Carta 24/37 €

◆ Le curate salette ed i soffitti a volta creano quasi un'atmosfera austriaca. Mettetevi comodi al tavolo ed affidatevi all'esperienza di questa coppia ed alla sua saporita cucina.

XX **Al Gatto Nero**

corso Filippo Turati 14 ✉ 10128 – ☎ 0 11 59 04 14 – www.gattonero.it – info@gattonero.it – chiuso dal 5 agosto al 3 settembre, domenica **5**BZ**z**

Rist – Carta 48/64 €

◆ Una cucina che parla piemontese e toscano, con qualche eco mediterranea, ed una cantina che ospita circa mille etichette: un locale affermato, che espone gatti di tutte le forme.

XX **Galante**

corso Palestro 15 ✉ 10122 – ✆ 0 11 53 21 63 – www.ristorantegalante.it – didomax@hotmail.it – chiuso dal 23 agosto al 7 settembre, sabato a mezzogiorno, domenica **4CXb**

Rist – Carta 34/50 €

◆ Una sala classica ed elegante, arredata in toni chiari e con sedie imbottite, tra colonne e specchi. Dalla cucina giungono due differenti proposte: una piemontese ed una di pesce.

XX **Porta Rossa**

via Passalacqua 3/b ✉ 10122 – ✆ 0 11 53 08 16 – www.laportarossa.it – info@laportarossa.it – chiuso dal 26 dicembre al 6 gennaio, sabato a mezzogiorno, domenica **4CVa**

Rist – Carta 38/68 €

◆ Piccolo locale moderno allestito con tavoli vicini, specializzato nella preparazione di piatti a base di pesce e prodotti di stagione. Ottima scelta di vini e distillati.

XX **Tre Galline**

via Bellezia 37 ✉ 10122 – ✆ 01 14 36 65 53 – www.3galline.it – info@3galline.it – chiuso 1 settimana in gennaio, 3 settimane in agosto, domenica, lunedì a mezzogiorno **4CVc**

Rist – Menu 40/55 € – Carta 35/57 €

◆ A prima vista può sembrare una semplice trattoria, ma non lasciatevi ingannare: il locale propone la cucina tipica piemontese, semplice e fragrante, e presenta un'ampia scelta di vini.

XX **Perbacco**

via Mazzini 31 ✉ 10123 – ✆ 0 11 88 21 10 – www.ristoranteperbacco.torino.it – chiuso agosto, domenica **6DZx**

Rist – *(chiuso a mezzogiorno)* Menu 32 €

◆ Moderno locale scelto dal popolo delle ore piccole e da molti personaggi dello spettacolo; il menu a 4 portate si costruisce a scelta dalla piccola carta. Centenaria esperienza familiare.

XX **Solferino**

piazza Solferino 3 ✉ 10121 – ✆ 0 11 53 58 51 – www.ristorantesolferino.com – info@ristorantesolferino.com – chiuso sabato a mezzogiorno, domenica

Rist – Carta 33/49 € **4CXm**

◆ E' in questo locale che circa 30 anni fa è approdata la passione toscana nel campo della ristorazione. Oggi, la carta propone piatti di casa e, ovviamente, i classici piemontesi.

XX **Etrusco**

via Cibrario 52 ✉ 10144 – ✆ 0 11 48 02 85 – chiuso dal 10 gennaio al 10 febbraio e lunedì **3BVs**

Rist – Carta 26/48 €

◆ A dispetto del nome, le specialità di questo locale situato in una delle zone più trafficate della città non sono toscane, bensì di pesce. A gestirlo, una coppia di coniugi.

XX **C'era una Volta**

corso Vittorio Emanuele II 41 ✉ 10125 – ✆ 01 16 50 45 89 – www.ristoranteceraunavolta.it – info@ristoranteceraunavolta.it – chiuso domenica **6CZk**

Rist – (consigliata la prenotazione) Carta 31/46 €

◆ Rinnovato in occasione delle Olimpiadi, il locale ha conservato l'originale accogliente atmosfera; la cucina si ispira ai sapori regionali, ma c'è comunque spazio per la creatività.

XX **Taverna dell'Oca**

via dei Mille 24 ✉ 10123 – ✆ 0 11 83 75 47 – www.tavernadelloca.com – info@tavernadelloca.com – chiuso luglio, lunedì, sabato a mezzogiorno **6DYb**

Rist – Menu 27/38 € – Carta 29/53 €

◆ In un locale colorato e informale, l'oca regna "sovrana" in tante ricette, ma "principesse" sono anche altre specialità regionali e - per la par condicio - il pesce, in un menu degustazione a lui interamente dedicato.

X **Ponte Vecchio**

via San Francesco da Paola 41 ✉ 10123 – ✆ 0 11 83 51 00 – www.ristorantino.net – ponte.vecchio1@yahoo.it – chiuso agosto, lunedì, martedì a mezzogiorno
Rist – Carta 30/53 € **4**CY**d**
◆ Classici sia l'arredo di inizio '900 sia la cucina, regionale e nazionale: giunto alla terza generazione di una capace gestione familiare, il locale è stato parzialmente rinnovato.

X **Taverna delle Rose**

via Massena 24 ✉ 10128 – ✆ 0 11 53 83 45 – tavernadellerose@gmail.com – chiuso agosto, sabato a mezzogiorno, domenica **6**CZ**r**
Rist – Carta 26/44 €
◆ Linea di cucina prettamente regionale in un ambiente accattivante ed informale. La sera, accomodatevi nella romantica sala con mattoni a vista e luci soffuse.

X **Da Toci**

corso Moncalieri 190 ✉ 10133 – ✆ 01 16 61 48 09 – mapi1904@hotmail.it – chiuso dal 13 agosto al 5 settembre, domenica, lunedì **6**CZ**q**
Rist – Carta 21/37 €
◆ Leit motiv di questo ristorante, semplice e ben tenuto, è quello del mare, tuttavia non mancano i sapori caratteristici della terra d'origine del suo titolare: la Toscana.

X **Ristorantino Tefy**

corso Belgio 26 ✉ 10153 – ✆ 0 11 83 73 32 – dodocleo88@yahoo.it – chiuso 15 giorni in giugno, 15 giorni in settembre, sabato a mezzogiorno, domenica
Rist – Carta 26/39 € **2**HT**b**
◆ Un locale accogliente per un'esperienza gastronomica che viaggia tra Umbria e Piemonte: dalla cucina soprattutto i sapori della terra; il venerdì e il sabato si propone anche il pesce.

X **Piccolo Lord**

corso San Maurizio 69 bis/G ✉ 10124 – ✆ 0 11 83 61 45 – www.ristorantepiccololord.it – piccololord@fastwebnet.it – chiuso 1 settimana in gennaio, 2 settimane in giugno e domenica **4**DY**a**
Rist – *(chiuso a mezzogiorno)* Menu 40 € – Carta 39/50 €
◆ Locale moderno ed accogliente nel quale si destreggiano due giovani cuochi, in grado di realizzare ricette semplici ma caratterizzate da una forte impronta personale. Servizio informale.

X **Goffi del Lauro**

corso Casale 117 ✉ 10132 – ✆ 01 18 19 06 19 – www.ristorantegoffi.it – ristorantegoffi@hotmail.it – chiuso dal 15 settembre al 5 ottobre **2**HT**c**
Rist – *(chiuso a mezzogiorno da lunedì a giovedì)* Carta 28/51 €
◆ In questa città che da secoli custodisce la Sindone, senza mai rinunciare al fascino esoterico, un ristorante molto tradizionale sia nell'ambiente sia nella cucina. Il menu propone i classici della regione con un rapporto qualità/prezzo piacevolmente interessante.

TORNELLO – Pavia – Vedere Mezzanino

TORNO – Como (CO) – 561 E9 – 1 239 ab. – alt. 225 m – ✉ 22020 **18** B1

Italia Centro Nord

Roma 633 – Como 7 – Bellagio 23 – Lugano 40
Portale★ della chiesa di S. Giovanni

Vapore cam,

via Plinio 20 ✉ 22020 Torno – ✆ 0 31 41 93 11 – www.hotelvapore.it – info@hotelvapore.it – chiuso gennaio e febbraio
12 cam – †65/75 € ††75/85 €, ☕ 9 € – ½ P 65/75 €
Rist – *(chiuso mercoledì escluso dal 15 giugno al 20 settembre)* (consigliata la prenotazione) Carta 23/33 €
◆ Si affaccia sul lago questo piccolo hotel nel centro storico della pittoresca località che i recenti lavori hanno dotato di camere belle luminose e molto piacevoli. Particolare la terrazza, affacciatta sullo specchio lacustre: mezzogiorno e sera si mangia con una bella vista.

TORRE A MARE - Bari (BA) - 564 D33 - ✉ 70126 27 C2

Roma 463 - Bari 12 - Brindisi 101 - Foggia 144

Da Nicola

via Principe di Piemonte 3 - ✆ 08 05 43 00 43 - www.ristorantedanicola.com - info@ristorantedanicola.com - chiuso dal 24 dicembre al 4 gennaio e domenica sera

Rist - Carta 31/46 €

◆ Un buon localino, semplice e familiare, ubicato in riva al mare e a pochi passi dal centro del paese; piatti marinari e fresca terrazza esterna sul porticciolo.

TORRE ANNUNZIATA - Napoli (NA) - 564 E25 - 44 386 ab. - alt. 9 m - ✉ 80058 Italia 6 B2

Roma 240 - Napoli 27 - Avellino 53 - Caserta 53

Villa di Oplontis★★

Grillo Verde rist,

piazza Imbriani 19 - ✆ 08 18 61 10 19 - www.hotelgrilloverde.it - hgv@hotelgrilloverde.it

15 cam - †65 € ††75 € - ½ P 68 €

Rist - *(chiuso martedì)* Carta 23/32 € (+15 %)

◆ Nei pressi della stazione ferroviaria e degli scavi di Oplontis e di Pompei - raggiungibili per mezzo di una navetta - camere semplici, ma ben tenute: le più grandi al piano terra. Splendido acquario nella hall. Piatti casalinghi al ristorante.

TORRE BOLDONE - Bergamo (BG) - 561 E11 - 8 267 ab. - alt. 280 m - ✉ 24020 19 C1

Roma 618 - Milano 57 - Bergamo 6 - Lecco 47

Papillon

via Gaito 36, Nord-Ovest : 1,5 km - ✆ 0 35 34 05 55 - www.papillonristorante.it - ristorante.papillon@virgilio.it - chiuso dal 1° al 5 gennaio, 3 settimane in agosto, lunedì, martedì

Rist - Menu 15 € (solo a mezzogiorno escluso il week-end)/56 € - Carta 36/63 €

◆ Immerso nel verde di un parco e della collina alle spalle, un locale dalla lunga tradizione familiare, che dal 2003 vede in cucina uno chef di grande esperienza. Nelle sale d'impostazione classica vi saranno serviti piatti contemporanei e specialità alla griglia.

TORRE CANNE - Brindisi (BR) - 564 E34 - ✉ 72010 27 C2

Roma 517 - Brindisi 47 - Bari 67 - Taranto 57

Del Levante rist,

via Appia 22 - ✆ 08 04 82 01 60 - www.apuliacollection.com - info@dellevante.com

149 cam - †78/217 € ††113/245 € - ½ P 145/158 €

Rist - *(marzo-15 novembre)* Carta 29/39 €

◆ Ideale non solo per chi vuole spendervi le vacanze ma anche per chi è in viaggio per lavoro, grande e moderno complesso in riva al mare con ampi spazi esterni. Bella la grande piscina in giardino. Delicate tonalità mediterranee rendono accogliente la sala da pranzo.

Eden cam,

via Potenza 46 - ✆ 08 04 82 98 22 - www.hoteledentorrecanne.it - info@hoteledentorrecanne.it - aprile-ottobre

87 cam - †75/110 € ††116/150 € - ½ P 80/100 € **Rist** - Menu 25/50 €

◆ A pochi metri dal mare, in una località di antiche tradizioni marinare, squisita gestione familiare in una risorsa dagli ampi spazi di taglio classico, terrazza roof garden con solarium e piscina. Cucina tipica nazionale nel luminoso ristorante.

TORRECHIARA - Parma (PR) - 562 I12 - ✉ 43010 Italia Centro Nord 8 A3

Roma 469 - Parma 19 - Bologna 109 - Milano 141

Affreschi★ nel castello e ★

Taverna del Castello

via del Castello 25 – ☎ 05 21 35 50 15 – www.tavernadelcastello.it – info@tavernadelcastello.it – chiuso dal 24 al 26 dicembre
Rist – *(chiuso lunedì)* Carta 31/49 €
◆ Un castello medioevale in pietra, quasi una fortezza se visto dal basso, da qui la vista sulle colline circostanti: un bar pubblico e quattro sale dedicate alla ristorazione per una cucina tradizionale e creativa.

TORRE DEL GRECO – **Napoli (NA)** – **564** E25 – **87 735 ab.** – ✉ **80059** **6** B2

Roma 227 – Napoli 15 – Caserta 40 – Castellammare di Stabia 17
Scavi di Ercolano★★ Nord-Ovest : 3 km
Vesuvio★★★ Nord-Est : 13 km e 45 mn a piedi AR

in prossimità casello autostrada A 3

Mercure Napoli Torre del Greco

via De Nicola 26/28 ✉ 80059 – ☎ 08 18 49 31 44 – www.mercure.com – info@hotelsakura.it
77 cam – †54/115 € ††60/189 €, ☕ 8 € – ½ P 95 € **Rist** – Menu 30/45 €
◆ In posizione elevata e tranquilla, con pittoreschi scorci del Golfo, una stuttura moderna, dove le camere più spaziose occupano i piani inferiori; qualche arredo d'epoca qua e là. Ampi spazi al ristorante dalla decorazioni nipponiche.

Marad

via Benedetto Croce 20 ✉ 80059 – ☎ 08 18 49 21 68 – www.marad.it – marad@marad.it
74 cam ☕ – †60/85 € ††70/140 € – ½ P 70/90 € **Rist** – Carta 28/40 €
◆ Circondato da un piccolo giardino, le camere sono semplci anche negli arredi, ma prenotarne una con vista sul Golfo lascerà un romantico ricordo. Terrazza solarium.

TORRE DEL LAGO PUCCINI – **Lucca (LU)** – **563** K12 – ✉ **55048** **28** B1

Toscana

Roma 369 – Pisa 14 – Firenze 95 – Lucca 25

al lago di Massaciuccoli Est : 1 km :

Da Cecco

Belvedere Puccini 10/12 ✉ 55049 – ☎ 05 84 34 10 22 – chiuso domenica sera e lunedì escluso luglio-agosto
Rist – Carta 25/43 €
◆ Affacciato sul lago da uno scenografico belvedere - a fianco alla casa museo di Giacomo Puccini - proposte classiche di carne e di pesce, nonché cacciagione (nel periodo invernale), si contendono la carta. Boiserie al soffitto, trofei di caccia e fucili caratterizzano l'ambiente.

TORREGROTTA – **Messina (ME)** – **365** BB54 – **7 323 ab.** – **alt. 44 m** – ✉ **98040** **40** D1

Catania 141 – Messina 29 – Palermo 215

Thomas

via Sfameni 98, località Scala – ☎ 09 09 98 19 47 – hotel.thomas@yahoo.it – chiuso dal 19 dicembre al 6 gennaio
18 cam – †40/45 € ††55 €, ☕ 6 € – ½ P 50 €
Rist – *(chiuso lunedì)* Carta 25/35 €
◆ Sulla strada che porta al mare - tra le numerose case di villeggiatura della zona - una struttura i cui punti di forza sono l'ottimo rapporto qualità/prezzo ed il continuo ammodernamento, che crea ambienti "caldi" e personalizzati. Classico ristorante di mare, ambiente semplice e familiare.

TORRE SAN GIOVANNI - Lecce (LE) - 564 H36 - ✉ 73059 Ugento 27 D3

Roma 652 - Brindisi 105 - Gallipoli 24 - Lecce 62

Hyencos Calòs e Callyon

piazza dei Re Ugentini - ✆ 08 33 93 10 88 - www.hyencos.com - info@hyencos.com - giugno-settembre

61 cam - 53/115 € 112/238 € - ½ P 124 € **Rist** - *(solo per alloggiati)*

◆ In posizione centrale, all'interno di una villa dell'800, la struttura dispone di luminosi spazi, camere funzionali e semplici negli arredi, nonchè di una terrazza con vista.

TORRETTE - Ancona - 563 L22 - Vedere Ancona

TORRIANA - Rimini (RN) - 562 K19 - 1 433 ab. - alt. 337 m - ✉ 47825 9 D2

Roma 307 - Rimini 21 - Forlì 56 - Ravenna 60

Il Povero Diavolo con cam

via Roma 30 - ✆ 05 41 67 50 60 - www.ristorantepoverodiavolo.com - info@ristorantepoverodiavolo.com - chiuso dal 28 maggio al 15 giugno e dal 15 al 25 settembre

4 cam - 70 € 100 €

Rist - *(chiuso mercoledì) (chiuso a mezzogiorno escluso domenica e i giorni festivi da ottobre a maggio)* (consigliata la prenotazione) Menu 55/85 € - Carta 44/61 €

Spec. Pomodoro al sugo. Tutto il piccione. Come la rapa per il cioccolato.

◆ In quella che parrebbe una semplice osteria di paese dalla gestione simpaticamente familiare, si officia una cucina inaspettatamente tecnica, a tratti innovativa, sempre intelligentemente legata ai prodotti del territorio. Pernottamento in camere semplici allietate da libri messi a disposizione dei clienti.

Il Chiosco di Bacco

via Santarcangiolese 62 - ✆ 05 41 67 83 42 - www.chioscodibacco.it - info@chioscodibacco.it - chiuso 2 settimane in settembre e dal 24 al 31 dicembre, lunedì; da ottobre a febbraio anche martedì e mercoledì

Rist - *(chiuso a mezzogiorno escluso i giorni festivi)* (consigliata la prenotazione) Carta 29/51 €

◆ Un vero paradiso per gli amanti della carne. E poi formaggi e piatti della tradizione romagnola, il tutto in un ambiente rustico con finestre che corrono lungo tutto il perimetro.

TORRI DEL BENACO - Verona (VR) - 562 F14 - 2 913 ab. - alt. 67 m - ✉ 37010 35 A2

Roma 535 - Verona 37 - Brescia 72 - Mantova 73

per Toscolano-Maderno - Navigazione Lago di Garda, viale Marconi 8 ✆ call center 800 551 801

via Fratelli Lavanda 3 ✆045 6296162, info@prolocotorri.it, Fax 045 6296162

Gardesana

piazza Calderini 20 - ✆ 04 57 22 54 11 - www.gardesana.eu - info@gardesana.eu - 19 marzo-10 novembre

34 cam - 85/155 € 100/170 € **Rist** - *(chiuso martedì)* Carta 38/65 €

◆ All'ombra del turrito castello scaligero, le origini dell'edificio risalgono all'epoca tardo medievale. L'eleganza di un mitico passato si unisce ad una discreta ospitalità. Sala ristorante e un'ambita terrazza al primo piano, ideale per una cena e una vista davvero indimenticabili.

Galvani

località Pontirola 7, Nord : 1 km - ✆ 04 57 22 51 03 - www.hotelgalvani.it - info@hotelgalvani.it - 16 marzo 1° novembre

35 cam - 45/96 € 68/180 €, 17 € - ½ P 55/120 €

Rist - *(chiuso martedì)* Carta 28/46 €

◆ A 2 km da Torri del Benaco, in posizione tranquilla di fronte al lago, l'hotel dispone di valide strutture sportive e belle camere, alcune rinnovate altre mansardate. Calda atmosfera nella piacevole e invitante sala da pranzo, rustica e di tono elegante.

Al Caminetto
via Gardesana 52 – ✆ 04 57 22 55 24
– www.hotelalcaminetto.it – info@hotelalcaminetto.it
– Pasqua-novembre
20 cam – 50/90 € 85/120 € – ½ P 62/70 €
Rist – *(chiuso a mezzogiorno) (solo per alloggiati)* Menu 22 €
◆ Una gestione familiare di rara cortesia e un'accurata attenzione per i particolari per questa piccola, deliziosa risorsa a breve distanza tanto dal centro storico quanto dal lago.

Al Caval senza rist
via Gardesana 186 – ✆ 04 57 22 56 66
– www.hotelalcaval.it – info@hotelalcaval.it
– chiuso dal 15 gennaio al 15 marzo
20 cam – 55/70 € 95/120 €
◆ Nella sua semplicità, questa risorsa rimane sempre un buon punto di riferimento: ubicata nei pressi del centro, dispone di camere carine e confortevoli, nonché spazi comuni arredati con gusto moderno.

Viola
via Gardesana 186 – ✆ 04 57 22 50 83
– www.ristoranteviola.com – info@ristoranteviola.com
– chiuso gennaio o febbraio, mercoledì
Rist – Carta 31/41 €
◆ Di design e tendenza, sono l'illuminazione e i materiali impiegati a creare la particolare atmosfera del locale giocando sui colori e sulle forme, mentre la cucina dello chef Isidoro coniuga tradizione e innovazione.

ad Albisano Nord-Est : 4,5 km – ✉ 37010 Torri Del Benaco

Panorama
via San Zeno 9 – ✆ 04 57 22 51 02 – www.panoramahotel.net – info@panoramahotel.net – marzo-ottobre
28 cam – 50/70 € 82/112 € – ½ P 56/76 € **Rist** – Carta 25/40 €
◆ Nel nome tutto ciò che delizierà la vostra vacanza: una vista spettacolare e un'ubicazione unica, dominante il lago. Camere non grandi, ma tutte ristrutturate di recente; particolarmente carine quelle ubicate sul grande terrazzo con solarium o quelle sul giardino.

Alpino
cam,
via San Zeno 8, località Albisano – ✆ 04 57 22 51 80 – www.albergo-alpino.it
– albergoalpino@tiscalinet.it – 20 marzo-15 novembre
13 cam – 70/85 € 110/130 €
Rist – *(chiuso a mezzogiorno) (solo per alloggiati)*
◆ Piccolo albergo completamente ristrutturato; la piacevolezza del soggiorno è assicurata dalla capace conduzione familiare e dalla qualità di camere e dotazioni.

TORRILE – **Parma (PR)** – **562** H12 – **7 673 ab.** – **alt. 32 m** – ✉ **43030** **8** B1

Roma 470 – Parma 13 – Mantova 51 – Milano 134

a Vicomero Sud : 6 km – ✉ 43031

Romani
via dei Ronchi 2 – ✆ 05 21 31 41 17 – www.ristoranteromani.it – info@ristoranteromani.it – chiuso dal 26 dicembre al 6 gennaio e dal 15 luglio al 13 agosto
Rist – *(chiuso mercoledì, giovedì)* Carta 24/37 €
◆ In aperta campagna, la casa colonica d'epoca ed il suo fienile sono diventati un ristorante di sobria eleganza, dove la passione per la cucina emiliana si concretizza in un'attenta selezione dei migliori prodotti locali. Annessa bottega alimentare con vendita di salumi, formaggi e prodotti tipici.

TORRITA DI SIENA - Siena (SI) - 563 M17 - ✉ 53049 — 29 D2

Roma 199 - Firenze 100 - Siena 56 - Arezzo 43

Residenza D'Arte senza rist

località Poggio Madonna dell'Olivo - ✆ 33 87 28 30 82 - www.residenzadarte.com - residenzadarte@fastwebnet.it - chiuso febbraio, novembre

8 cam - †135/145 € ††165/175 €

♦ In posizione panoramica sul paese, un living-museum d'arte contemporanea all'interno di un borgo medievale per un soggiorno tra arredi antichi e nuove espressioni artistiche.

TORTOLÌ - Ogliastra (OG) - 366 S44 - 10 609 ab. - alt. 13 m — 38 B2 - ✉ 08048

Cagliari 140 - Muravera 76 - Nuoro 96 - Olbia 177

da Arbatax per: Civitavecchia, Fiumicino e Genova - Tirrenia Navigazione, call center 892 123

Strada per Dorgali★★★ Nord

La Bitta cam,

via Porto Frailis, località Porto Frailis - ✆ 07 82 66 70 80 - www.arbataxhotels.com - labitta@arbataxhotels.com - marzo-novembre

63 cam - †65/210 € ††240/530 € - ½ P 149/340 € **Rist** - Carta 39/55 €

♦ Direttamente sul mare, una villa signorile con spaziose aree comuni, belle camere diverse negli arredi e nei tessuti, piscina, solarium ed un'oasi relax appartata nel verde. Piatti di pesce e prodotti tipici locali da gustare nella panoramica sala ristorante oppure all'aperto.

Arbatasar Hotel

via Porto Frailis 11 - ✆ 07 82 65 18 00 - www.arbatasar.it - hotel@arbatasar.it

43 cam - †55/125 € ††80/210 € - ½ P 80/145 €

Rist - *(chiuso gennaio, febbraio e novembre)* Carta 30/53 € (+10 %)

♦ Il nome riporta alle origini arabe della località, una villa dai colori caldi e sobri con ampie aree, camere spaziose ed eleganti, una piscina invitante incorniciata da palme. Nell'elegante e raffinata sala da pranzo, proposte di cucina internazionale e regionale realizzate con prodotti locali e pesce del Mare Nostrum.

Il Vecchio Mulino senza rist

via Parigi, località Porto Frailis - ✆ 07 82 66 40 41 - www.hotelilvecchiomulino.it - info@hotelilvecchiomulino.it - chiuso dal 19 al 26 dicembre

24 cam - †50/95 € ††90/140 €

♦ Una struttura dal sapore antico, ospita ambienti signorili arredati in calde tonalità, camere con travi a vista e bagni in marmo ed organizza escursioni in veliero nel Golfo.

La Perla senza rist

viale Europa 15, località Porto Frailis ✉ 08041 Arbatax - ✆ 07 82 66 78 00 - www.hotel-laperla.com - laperlahotel@hotmail.com - aprile-ottobre

29 cam - †40/100 € ††60/170 €

♦ Poco distante dal mare, questo albergo a conduzione familiare è circondato da un ampio giardino e dispone di moderne camere: recentissime quelle nella *dépendance*.

TORTONA - Alessandria (AL) - 561 H8 - 27 476 ab. - alt. 122 m — 23 C2 - ✉ 15057

Roma 567 - Alessandria 22 - Genova 73 - Milano 73

corso Alessandria 62 ✆ 0131 864297, affarigenerali@comune.tortona.al.it, Fax 0131 864267

Villa Giulia senza rist

s.s. Alessandria 7/A - ✆ 01 31 86 23 96 - www.villagiulia-hotel.com - info@villagiulia-hotel.com

12 cam - †85/93 € ††115 €

♦ Un'antica casa completamente ristrutturata e trasformata in albergo; periferica, all'ingresso della località arrivando da Alessandria. Pavimenti in marmo e bei parquet.

Vineria Derthona

via Perosi 15 – 01 31 81 24 68 – www.vineriaderthona.it – girespi@libero.it – chiuso 2 settimane in agosto, sabato, domenica a mezzogiorno e lunedì
Rist – Carta 24/41 €
◆ Non sarà facile trovare posteggio nelle vicinanze di questo locale che ricorda nel nome l'antica colonia romana, in compenso è un autentico wine-bar dai saporiti piatti locali.

sulla strada statale 35 Sud : 1,5 km :

Aurora Girarrosto con cam

strada statale dei Giovi 13 ✉ 15057 – 01 31 86 30 33 – www.auroragirarrosto.com – info@auroragirarrosto.com – chiuso 2 settimane in agosto
19 cam – 60/70 € 90/100 € **Rist** – Carta 36/57 €
◆ Sulla via per Genova, un indirizzo che può soddisfare, a validi livelli, esigenze sia di ristorazione che di pernottamento; a tavola, leccornie piemontesi e liguri.

TORTORETO – Teramo (TE) – 563 N23 – 9 631 ab. – alt. 239 m – ✉ 64018 1 B1

Roma 215 – Ascoli Piceno 47 – Pescara 57 – Ancona 108
via Archimede 15 0861 787726, iat.tortoreto@abruzzoturismo.it, Fax 0861 778119

a Tortoreto Lido Est : 3 km – ✉ 64018

Green Park Hotel

via F.lli Bandiera 28 – 08 61 77 71 84 – www.hgreenpark.com – info@hgreenpark.com – maggio-settembre
48 cam – 60/90 € 70/100 € – ½ P 67/89 € **Rist** – *(solo per alloggiati)*
◆ A cento metri dal mare, camere di due tipologie - standard o gold - ma sempre confortevoli, nonché bella terrazza con palestra sotto una veranda. Benvenuti i bambini che troveranno spazi e giochi!

Costa Verde

lungomare Sirena 356 – 08 61 78 70 96 – www.hotel-costaverde.com – info@hotel-costaverde.com – maggio-settembre
50 cam – 50/60 € 60/80 €, 6 € – ½ P 55/85 € **Rist** – Menu 20/25 €
◆ Una costruzione moderna sul lungomare con ambienti demodè semplici ed essenziali; all'esterno, cinta dal verde, la piscina: una soluzione ideale per vacaze di sole e mare. Nella sobria sala da pranzo illuminata da grandi vetrate che si aprono sul cortile, la cucina mediterranea.

TORVAIANICA – Roma (RM) – 563 R19 – ✉ 00040 12 B2

Roma 34 – Anzio 25 – Latina 50 – Lido di Ostia 20
Marediroma via Enna 30, 06 9 13 32 50

Zi Checco

lungomare delle Sirene 1 – 0 69 15 71 57 – www.zichecco.it – chiuso dal 22 dicembre al 4 gennaio
Rist – *(chiuso domenica sera e lunedì in inverno, i mezzogiorno di lunedì e martedì in estate)* (consigliata la prenotazione) Carta 32/46 €
◆ Come è intuibile dalla posizione sulla spiaggia, in menu primeggia il mare, ma non solo. Qui è infatti possibile gustare la specialità del luogo: i famosi "torvicelli", spaghettoni di farro conditi con pecorino e alici.

TOVO DI SANT'AGATA – Sondrio (SO) – 561 D12 – 608 ab. – alt. 526 m – ✉ 23030 17 C1

Roma 680 – Sondrio 33 – Bormio 31

XX **Franca** con cam

via Roma 11 – ✆ 03 42 77 00 64
– www.albergofranca.it – info@albregofranca.it
– chiuso dal 1° al 15 luglio
22 cam – 🛉48/55 € 🛉🛉85/95 €, ☕ 5 € – ½ P 63/65 €
Rist – *(chiuso domenica escluso 15 luglio-15 agosto)* Carta 26/35 €

◆ A metà strada tra Bormio e Sondrio, una villetta di recente costruzione con buone camere ma anche un menù interessante, che spazia tra proposte classiche e valtellinesi.

TRADATE – Varese (VA) – 561 E8 – 17 545 ab. – alt. 303 m – ✉ 21049 18 A1

Roma 614 – Como 29 – Gallarate 12 – Milano 39

XX **Tradate**

via Volta 20 – ✆ 03 31 84 14 01 – aposson@tin.it – chiuso dal 24 dicembre al 5 gennaio ed agosto
Rist – *(chiuso domenica, lunedì a mezzogiorno)* Carta 39/65 €

◆ Due sorelle gestiscono ormai da parecchi anni questo locale sito nel centro del paese. Ambiente raccolto e ospitale, con arredi in stile e camino; specialità di pesce.

TRAMIN AN DER WEINSTRASSE = Termeno sulla Strada del Vino

TRANA – Torino (TO) – 561 G4 – 3 817 ab. – alt. 372 m – ✉ 10090 22 B2

Roma 661 – Torino 29 – Aosta 135 – Asti 727

a San Bernardino Est : 3 km – ✉ Briona

XX **La Betulla**

strada provinciale Giaveno 29 – ✆ 0 11 93 31 06 – www.ristorantelabetulla.it – info@ristorantelabetulla.it – chiuso dal 7 al 21 gennaio, dal 16 al 22 agosto e lunedì
Rist – Menu 35/55 € – Carta 37/50 €

◆ Ristorante luminoso, con ampie vetrate e giochi di specchi. Tocchi di eleganza e possibilità di pranzare all'aperto. Cucina del territorio rivisitata. Ottima cantina.

TRANI – Barletta-Andria-Trani (BT) – 564 D31 – 53 825 ab. – ✉ 70059 26 B2

Puglia

Roma 414 – Bari 46 – Barletta 13 – Foggia 97

piazza Trieste 10 ✆ 0883 588830, iattrani@viaggiareinpuglia.it Fax 0883 588830

Cattedrale★★ – Giardino pubblico★

San Paolo al Convento senza rist

via Statuti Marittimi 111 – ✆ 08 83 48 29 49 – www.hotelsanpaoloalconvento.it – info@hotelsanpaoloalconvento.it
33 cam ☕ – 🛉100/140 € 🛉🛉120/200 €

◆ Nel quattrocentesco convento dei padri barnabiti, con pavimenti e cenacolo originali, belle camere affacciate sul chiostro, sull'incantevole porto, o sui giardini pubblici.

XX **Il Melograno**

via Bovio 189 – ✆ 08 83 48 69 66
– www.ilmelogranotrani.it – ilmelogranotrani@libero.it
– chiuso gennaio, 1 settimana in agosto e mercoledì
Rist – Carta 28/47 €

◆ Ristorante centrale e accogliente, con due salette ben arredate e ordinate; gestione familiare e cucina a base di pescato con proposte del territorio o più classiche.

TRAPANI (P) (TP) – 365 AK55 – 70 547 ab. – ✉ 91100 ▮ Sicilia 39 A2

Palermo 104
di Birgi Sud: 15 km per ① ✆ 0923 842502
per Cagliari – Tirrenia Navigazione, call center 892 123
per le Isole Egadi e Pantelleria – Siremar, call center 892 123
piazza Saturno ✆ 0923 544533, point@stradadelvino.ericedoc.it
Museo Pepoli★ – Santuario dell'Annunziata★ – Centro Storico★
Isola di Pantelleria★★ Sud per motonave BZ – Isole Egadi★★ Ovest per motonave o aliscafo BZ

Piante pagine seguenti

Maccotta senza rist e senza ☕
via degli Argentieri 4 – ✆ 0 92 32 84 18 – www.albergomaccotta.it – albergomaccotta@virgilio.it BZ**c**
26 cam – 🚹35/40 € 🚹🚹65/75 €
◆ Sorge attorno ad un caratteristico baglio questa struttura che occupa gli spazi di uno storico edificio in un vicolo del centro storico, privo di sala colazioni. Confort, tranquillità.

Ai Lumi senza rist
corso Vittorio Emanuele 71 – ✆ 09 23 54 09 22 – www.ailumi.it – info@ailumi.it AZ**a**
13 cam ☕ – 🚹50/70 € 🚹🚹60/165 €
◆ Il settecentesco palazzo Berardo Ferro, nel centro storico-pedonale della località, accoglie camere in stile ricche di fascino e di storia, affacciate sulla bella corte interna.

Taverna Paradiso
lungomare Dante Alighieri 22 – ✆ 0 92 32 22 03 – www.tavernaparadiso.com – info@tavernaparadiso.com – chiuso novembre e domenica BZ**e**
Rist – Carta 36/67 €
◆ Ottimo indirizzo per quanti non riescono a restare indifferenti alle fragranze del mare; esclusivamente pesce fresco, particolarmente tonno. Fatevi consigliare dal personale.

Ai Lumi Tavernetta
corso Vittorio Emanuele 75 – ✆ 09 23 87 24 18 – www.ailumi.it – info@ailumi.it – chiuso dal 10 gennaio al 10 febbraio e martedì AZ**a**
Rist – (consigliata la prenotazione) Carta 33/53 €
◆ Giovane e alla moda. Lungo la via centrale della città, la cucina di questo moderno ristorante esplora terra e mare in gustose ricette regionali: imperdibile il cous cous.

a Fontanasalsa Sud : 9 km – ✉ 91100 Trapani

Agriturismo Baglio Fontanasalsa
via Cusenza 78 – ✆ 09 23 59 10 01 – www.fontanasalsa.it – baglio@fontanasalsa.it
9 cam ☕ – 🚹60/65 € 🚹🚹100/110 € – ½ P 80/85 €
Rist – *(chiuso a mezzogiorno)* (consigliata la prenotazione) Menu 25/40 €
◆ Oliveti e agrumeti cingono la caratteristica risorsa, quasi una scenografia cinematografica western, dove riscoprire la vita di campagna. Camere rustiche e ben ristrutturate. Al ristorante, cucina regionale di sola carne, presentata a voce e con menù fisso.

a Paceco Sud-Est: 12 km – ✉ 91027

Relais Antiche Saline rist,
via Verdi, località Nubia – ✆ 09 23 86 80 29 – www.relaisantichesaline.com – info@relaisantichesaline.com
18 cam ☕ – 🚹105 € 🚹🚹150/190 € – ½ P 105/135 €
Rist – *(aprile-ottobre) (chiuso a mezzogiorno)* Carta 29/59 €
◆ Tra i mulini e le vasche delle saline, un baglio con camere luminose ed accoglienti, affascinanti spazi comuni che attingono ai colori del cielo e del mare.

TRAPANI

Alighieri (Lungomare Dante) BZ
Bassi (V. L.) .... BZ
Botteghelle (V.) .... AZ 4
Carolina (V.) .... AZ 6
Cassaretto (V.) .... AZ 7
Catulo Lutazio (V.) .... AZ
Colombo (V. C.) .... AZ 9
Crispi (V.) .... BZ 10
Custonaci (V.) .... AZ 12
Duca d'Aosta (Viale) .... AZ
Fardella (V. G. B.) .... BZ
Garibaldi (Pza) .... BZ
Garibaldi (V.) .... BZ
Ilio (V.) .... BZ
Italia (Cso) .... BZ 15
Jolanda (Pza) .... AZ
Libertà (V.) .... BZ 16
Malta (Pza) .... BZ
Marino Torre (V.) .... BZ 21
Matteotti (Pza) .... BZ 24
Mazzini (V.) .... BZ
Mercato del Pesce (Pza) .... BZ 25
Mura di Tramontana (V.) .... BZ 28
Nasi (V. N.) .... AZ 30
Nausicaa (V.) .... BZ 31
Ninfe (Largo d.) .... AZ 33
Orfane (V.) .... BZ 34

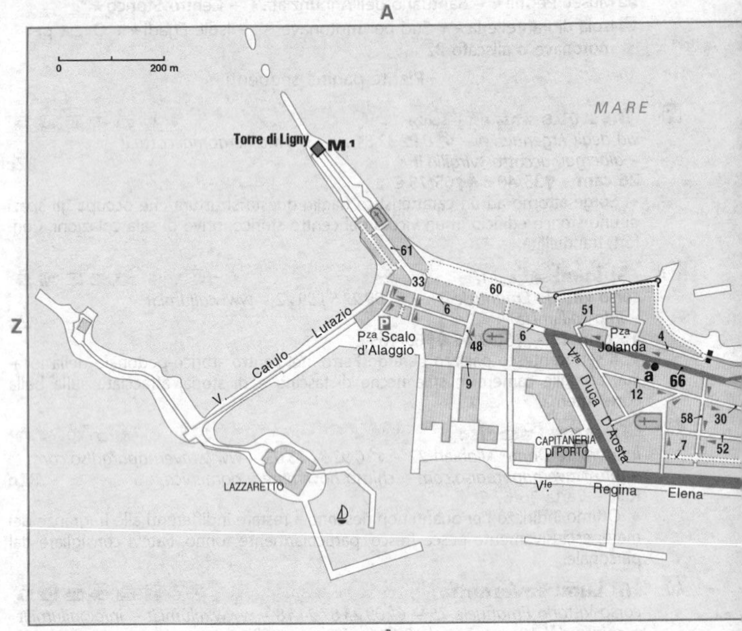

TRAVERSELLA – Torino (TO) – **561** F5 – **350 ab.** – **alt. 827 m** – ✉ **10080** **22** B2

Roma 703 – Aosta 85 – Milano 142 – Torino 70

XX **Le Miniere** con cam rist,

piazza Martiri – ☎ 01 25 79 40 06 – www.albergominiere.com – albergominiere@albergominiere.com – chiuso dall'8 gennaio al 10 febbraio

25 cam – †40 € ††68 € – ½ P 51 €

Rist – *(chiuso lunedì e martedì dal 15 ottobre al 15 giugno)* Carta 24/40 €

◆ Lunga tradizione familiare per questo ristorante in bella posizione panoramica, in un paesino in fondo alla Valchiusella; sapori d'ispirazione piemontese, con fantasia.

TREBBO DI RENO – Bologna – **562** I15 – **Vedere Castel Maggiore**

TRECASTAGNI – Catania (CT) – **365** AZ58 – **10 068 ab.** – **alt. 586 m** **40** D2 – ✉ **95039** Sicilia

Catania 17 – Enna 99 – Messina 85 – Siracusa 82

X **Villa Taverna**

corso Colombo 42 – ☎ 09 57 80 07 16 – www.ristorantevillataverna.com – info@ristorantevillataverna.com

Rist – Carta 31/37 €

◆ Originale ricostruzione di un quartiere popolare della vecchia Catania, quasi un set cinematografico, dove potrete gustare i piatti della tradizione regionale. Antipasti a buffet.

Osorio (V.) . . . . BZ
Pallante (V.) . . . . BZ 39
Palmerio Abate (V.) . . . . BZ 42
Palmeri (V. G.) . . . . BZ 40
Passo Enea (V.) . . . . BZ 43
Poeta Calvino (V.) . . . . BZ 46
Procida (V. Giov. d.) . . . . AZ 48
Regina Elena (Viale) . . . . AZ
Roma (V.) . . . . BZ 49
Scalo d'Alaggio (Pza) . . . . . . AZ
Scarlatti (Pza) . . . . BZ 55
Scontrino (V.) . . . . BZ 57
Serisso (V.) . . . . AZ 58
Sirene (Viale d.) . . . . AZ 60
Spalti (V.) . . . . BZ
Staiti (V. Ammiraglio) . . . . BZ
S. Anna (V.) . . . . AZ 51
S. Francesco d'Assisi (V.) . . . AZ 52
S. Francesco di Paola (Largo) BZ 54
Torrearsa (V.) . . . . BZ
Torre di Ligny (Viale) . . . . AZ 61
Umberto I (Pza) . . . . BZ 63
Vallona (V.) . . . . BZ 64
Vespri (V.) . . . . BZ
Virgilio (V.) . . . . BZ
Vittorio Emanuele (Cso) . . . . AZ 66
Vittorio Emanuele (Pza) . . . . BZ 67
Vittorio Veneto (Pza) . . . . BZ
XXX Gennaio (V.) . . . . BZ
XX Settembre (V.) . . . . BZ 69

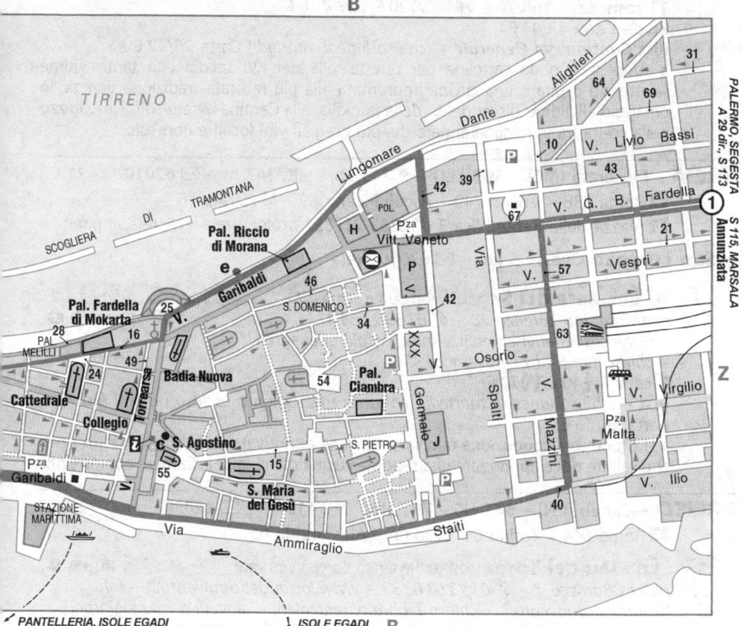

TRECCHINA – Potenza (PZ) – **564** G29 – **2 413 ab.** – **alt. 500 m** – ✉ **85049** **3** B3

Roma 408 – Potenza 112 – Castrovillari 77 – Napoli 205

L'Aia dei Cappellani con cam rist, VISA AE

contrada Maurino, Nord : 2 km – ✆ 09 73 82 69 37 – tinariccardi@yahoo.it – chiuso 2 settimane in novembre o febbraio e martedì escluso dal 15 giugno al 30 agosto
3 cam – 40/60 € **Rist** – Menu 20/25 €
◆ Tra distese erbose e ulivi, potrete gustare prodotti freschi e piatti locali casereccі: in sala vecchie foto e utensili di vita contadina, dalla terrazza l'intera vallata. Tre camere con angolo cottura, nelle due case sul retro.

TRECENTA – Rovigo (RO) – **562** G16 – **3 042 ab.** – **alt. 11 m** – ✉ **45027** **35** B3

Roma 451 – Padova 72 – Ferrara 33 – Rovigo 34

La Bisa rist, VISA AE

via Tenuta Spalletti 400 – ✆ 04 25 70 04 04 – www.labisa.eu – info@labisa.eu – chiuso dal 24 dicembre al 3 gennaio
17 cam – 55/65 € 85/90 €
Rist – *(chiuso lunedì) (chiuso a mezzogiorno escluso sabato-domenica)*
Carta 23/47 €
◆ Negli ampi spazi della pianura, una realtà avvolta dal verde in cui trovano posto vari edifici per accogliere camere, sale ristorante, piscina e il centro ippico. Cucina locale e nazionale al ristorante.

TREGNAGO – Verona (VR) – **562** F15 – **4 954 ab.** – **alt. 317 m** – ✉ **37039** **37** B2

Roma 531 – Verona 22 – Padova 78 – Vicenza 48

XX **Villa De Winckels** con cam rist,

via Sorio 30, località Marcemigo, Nord-Ovest : 1 km – ✆ 04 56 50 01 33 – www.villadewinckels.it – ristorante@villadewinckels.it – chiuso dal 1° al 5 gennaio

11 cam – 60/70 € 100/120 € – ½ P 70 €

Rist – Carta 28/44 €

Rist ***Cantina del Generale*** – *(chiuso lunedì, martedì)* Carta 25/32 €

◆ Uno scorcio da cartolina per questa villa del XVI secolo con tante intime salette, ad ospitare una cucina improntata alla più radicata tradizione veneta. In omaggio all'ultimo discendente della famiglia, alla Cantina avrete solo l'imbarazzo della scelta fra le migliori annate dei più pregiati vini locali e non solo.

TREIA – Macerata (MC) – **563** M21 – **9 745 ab.** – **alt. 342 m** – ✉ **62010** **21** C2

Roma 238 – Ancona 49 – Ascoli Piceno 89 – Macerata 16

piazza della Repubblica 3 ✆ 0733 217357 prolocotreia.iat@treia.sinp.net

a San Lorenzo Ovest : 5 km – ✉ **62010 Treia**

XX **Il Casolare dei Segreti** con cam e senza cam,

contrada San Lorenzo 28 – ✆ 07 33 21 64 41 – www.casolaredeisegreti.it – info@casolaredeisegreti.it – chiuso dal 5 al 21 novembre

2 cam – 40 € 70 €

Rist – *(chiuso lunedì e martedì) (chiuso a mezzogiorno escluso i giorni festivi)* Carta 26/36 €

◆ Ristorante a conduzione familiare, giovane e motivata. All'interno quattro rustiche salette dove apprezzare una saporita cucina marchigiana. Camere confortevoli.

TREISO – Cuneo (CN) – **561** H6 – **791 ab.** – **alt. 410 m** – ✉ **12050** **25** C2

Roma 644 – Torino 65 – Alba 6 – Alessandria 65

XXX **La Ciau del Tornavento** (Maurilio Garola) con cam

piazza Baracco 7 – ✆ 01 73 63 83 33 – www.laciaudeltornavento.it – info@laciaudeltornavento.it – chiuso febbraio, mercoledì e giovedì a mezzogiorno,

4 cam – 80 € 120 € **Rist** – Menu 50/70 € – Carta 55/73 €

Spec. Ravioli di stracchino, zucchine trombetta, prosciutto crudo. La finanziera piemontese. Gelato di panna cotta, salsa caramello e tartufo bianco d'Alba (autunno-inverno).

◆ Uno dei panorami più suggestivi delle Langhe ed una cucina moderna, nonché fantasiosa, creano un idilliaco quadretto completato da vini conservati nell'eccellente cantina. Nessuna "sbavatura", nemmeno nel servizio. Possibilità di pernottamento per cullarsi tra le colline.

TREMEZZO – Como (CO) – **561** E9 – **1 294 ab.** – **alt. 225 m** – ✉ **22019** **16** A2

Italia Centro Nord

Roma 655 – Como 31 – Lugano 33 – Menaggio 5

(maggio-ottobre) piazzale Trieste 1 ✆ 0344 40493, Fax 0344 40493

Località★★★ – Villa Carlotta★★★ – Parco comunale★

Cadenabbia★★ : ★★ dalla cappella di San Martino (1 h e 30 mn a piedi AR)

Grand Hotel Tremezzo rist,

via Regina 8 – ✆ 0 34 44 24 91 – www.grandhoteltremezzo.com – info@grandhoteltremezzo.com – marzo-22 novembre

92 cam – 264/594 € 264/815 € – 2 suites – ½ P 230/540 €

Rist – Carta 55/70 €

◆ Splendido edificio d'epoca testimone dei fasti della grande hotellerie lacustre, vanta ora anche una nuova area benessere con esclusive sale per trattamenti e massaggi. Da sogno. Atmosfera raffinata al ristorante: ambienti in stile e incantevole terrazza sul blu.

Villa Edy senza rist
località Bolvedro, Ovest : 1 km – ✆ 0 34 44 01 61 – www.villaedy.com – info@villaedy.com – aprile-ottobre
16 cam – †90/100 € ††130/150 €
◆ In posizione leggermente defilata rispetto al lago, è la natura la cornice di questa piacevole struttura dalle camere spaziose, adatte anche a soggiorni familiari.

Rusall
rist,
località Rogaro, Ovest : 1,5 km – ✆ 0 34 44 04 08 – www.rusallhotel.com – rusall@tiscalinet.it – chiuso dal 3 gennaio al 18 marzo; dal 5 novembre a dicembre aperto solo nei week-end
23 cam – †60/80 € ††95/120 € – ½ P 72/80 €
Rist – *(chiuso mercoledì a mezzogiorno escluso dal 15 giugno al 15 settembre)* Carta 28/40 €
◆ Familiare e accogliente risorsa con ubicazione quieta e panoramica; qui troverete una terrazza-giardino con solarium, zone relax e stanze con arredi rustici.

Villa Marie senza rist
via Regina 30 – ✆ 0 34 44 04 27 – www.hotelvillamarie.com – info@hotelvillamarie.com – aprile-ottobre
21 cam – †65/80 € ††95/140 €
◆ All'interno di un giardino con piccola piscina, una villa liberty-ottocentesca fronte lago con alcune delle stanze affrescate (più moderne le camere nella dépendance). Darsena con terrazza per rilassarsi.

TREMITI (Isole) – Foggia (FG) – 564 A28 – 374 ab. – alt. 116 m — 26 A1

Puglia

Isola di San Domino★ – Isola di San Nicola★

SAN DOMINO (ISOLA) (FG) – ✉ 71040 San Domino — 26 A1

San Domino
via Matteotti 1 – ✆ 08 82 46 34 04 – www.hotelsandomino.it – hdomino@tiscalinet.it
25 cam – ††160/180 € – ½ P 110 € **Rist** – Carta 31/56 €
◆ Nella parte alta dell'isola, un hotel a conduzione familiare ospita ambienti dai piacevoli arredi in legno, ideale punto di appoggio per gli appassionati di sport acquatici. L'elegante ristorante propone la cucina tradizionale italiana.

Baely Resort
rist,
via Matteotti – ✆ 08 82 46 37 67 – www.baely.it – info@baely.it
11 cam – †68/135 € ††100/200 € – ½ P 85/130 €
Rist – *(solo per alloggiati)* Carta 38/48 €
◆ Una struttura di piccole dimensioni con camere particolarmente confortevoli, differenti tra loro per tipologioa di arredi ed accessori che spaziano dal classico all'etnico.

TREMOSINE – Brescia (BS) – 561 E14 – 1 918 ab. – alt. 414 m — 17 C2
– ✉ 25010

Roma 581 – Trento 62 – Brescia 64 – Milano 159

Pineta Campi
rist, cam, rist,
via Campi 2, località Campi-Voltino alt. 690 – ✆ 03 65 91 20 11 – www.hotelpinetacampi.com – info@hotelpinetacampi.com – aprile- 15 ottobre
82 cam – †51/81 € ††78/138 € – ½ P 61/67 € **Rist** – Carta 16/34 €
◆ I paesaggi del Parco Alto Garda Bresciano, l'infilata del lago cinto dalle alture, il confort di una struttura ideale per turisti e tennisti: regalatevi tutto questo. Luminosa sala da pranzo di stampo classico.

Villa Selene senza rist
via Lò, località Pregasio alt. 478 – ✆ 03 65 95 30 36 – www.hotelvillaselene.com – info@hotelvillaselene.com – chiuso dal 15 novembre al 18 dicembre
11 cam – ††95/140 €
◆ Una gestione familiare e una posizione panoramica per questo piccolo hotel che offre camere molto curate e personalizzate, persino dotate di idromassaggio.

Lucia

via del Sole 2, località Arias alt. 460 – 03 65 95 30 88 – www.hotellucia.it – reception@hotellucia.it – aprile-ottobre

34 cam – 36/62 € 62/94 € – ½ P 53/63 €

Rist – Carta 19/31 €

◆ Belle le zone esterne, con ampio giardino con piscina, una spaziosa terrazza-bar e comode stanze, site anche nelle due dépendance; ambiente familiare, tranquillo. Due vaste sale ristorante: l'una più elegante e di gusto retrò, l'altra di taglio rustico.

Miralago

piazza Cozzaglio 2, località Pieve alt. 433 – 03 65 95 30 01 – www.miralago.it – info@miralago.it

29 cam – 39/46 € 68/89 € – ½ P 47/56 €

Rist – *(chiuso giovedì escluso aprile-ottobre)* Carta 19/29 €

◆ Centrali, ma tranquilli, posti su uno spuntone di roccia proteso direttamente sul Garda, due alberghi, due corpi distinti; alcune stanze sono state rinnovate di recente. Ristorante con veranda a strapiombo sul lago, ricavato in parte entro una cavità rocciosa.

TRENTO P (TN) – **562** D15 – **114 236 ab.** – **alt. 194 m** – **Sport invernali : vedere Bondone (Monte)** Italia Centro Nord **30** B3

Roma 588 – Bolzano 57 – Brescia 117 – Milano 230

via Manci 2 0461 216000, informazioni@apt.trento.it, Fax 0461 216060

Piazza del Duomo★ BZ **10** : Duomo★, museo Diocesano★ **M1** – Castello del Buon Consiglio★★ BYZ – Palazzo Tabarelli★ BZ **F**

Gruppo del Brenta★★★ per ⑤

Grand Hotel Trento

rist, rist,

via Alfieri 1/3 38122 – 04 61 27 10 00 – www.grandhoteltrento.com – reservation@grandhoteltrento.com BZ**a**

130 cam – 110/230 € 120/240 € – 6 suites – ½ P 95/165 €

Rist *Clesio* – Carta 45/60 €

◆ Edificio *art déco* tra il centro e i giardini: interni imponenti con esposizione d'arte contemporanea. Camere più semplici, spesso spaziose. Matrimonio di cucina trentina e meridionale nel raffinato ristorante dai signorili spunti antichi.

Aquila d'Oro senza rist

via Belenzani 76 38122 – 04 61 98 62 82 – www.aquiladoro.it – info@aquiladoro.it BZ**c**

16 cam – 88/150 € 130/200 €

◆ Totalmente ristrutturato in anni recenti, le camere sono diverse l'una dall'altra (già a partire dal nome), ma tutte dispongono di svariati confort, tra cui un angolo wellness con doccia multifunzione e sauna romana. Design e modernità nel cuore della città!

Sporting Trento

via R. da Sanseverino 125, 1 km per ④ 38123 – 04 61 39 12 15 – www.hotelsportingtrento.com – info@hotelsportingtrento.com – chiuso dal 10 al 17 agosto

41 cam – 60/90 € 85/110 € – ½ P 57/70 €

Rist *Olympic* – *(chiuso domenica)* Carta 23/42 €

◆ Lungo la tangenziale, ma vicino al centro, questa nuova risorsa di design propone camere confortevoli e un buon rapporto qualità/prezzo. Indirizzo particolarmente adatto per una clientela business. I "classici" nazionali nel menu del ristorante.

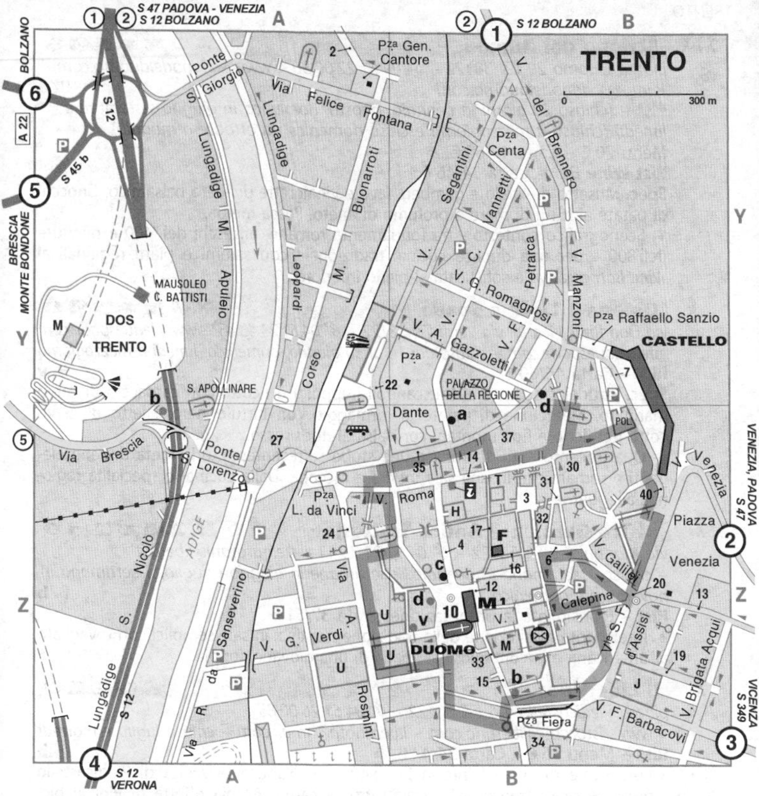

TRENTO

Alpini (Cso degli) . . . AY 2	Manci (V.) . . . BZ 14	Simonino (V. del) . . . BZ 32
Battisti (Pza C.) . . . BZ 3	Mazzini (V.) . . . BZ 15	S. Lorenzo (Cavalcavia) . . . AZ 27
Belenzani (V. R.) . . . BZ 4	Oriola (V.) . . . BZ 16	S. Marco (V.) . . . BZ 30
Carducci (Largo) . . . BZ 6	Oss Mazzurana (V.) . . . BZ 17	S. Pietro (V.) . . . BZ 31
Clesio (V. B.) . . . BY 7	Pilati (V. C. A.) . . . BZ 19	S. Vigilio (V.) . . . BZ 33
Dogana (V.) . . . BY 8	Porta Nuova (Largo) . . . BZ 20	Torre Vanga (V.) . . . BZ 35
Duomo (Pza del) . . . BZ 10	Pozzo (V.) . . . AY 22	Torre Verde (V.) . . . BZ 37
Garibaldi (V.) . . . BZ 12	Prepositura (V.) . . . AZ 24	Ventuno (V. dei) . . . BZ 40
Grazioli (V. G.) . . . BZ 13	Sta Croce (V.) . . . BZ 34	

America

via Torre Verde 50 ✉ 38122 – ✆ 04 61 98 30 10 – www.hotelamerica.it – info@hotelamerica.it BYZ**d**

67 cam ☕ – †72/82 € ††112/130 € – ½ P 78 €

Rist – *(chiuso dal 23 luglio al 13 agosto e domenica)* Carta 24/31 €

♦ Dal 1923 la stessa famiglia accoglie i clienti in camere piacevolmente decorate, alcune con pregevole vista sul Castello del Buonconsiglio (da preferire quelle con terrazzo). Se è vero che il "buon giorno" si vede dal mattino, non perdetevi le torte della prima colazione!

San Giorgio della Scala senza rist

via Brescia 133, 1 km per ⑤ ✉ 38122 – ✆ 04 61 23 88 48 – www.garnisangiorgio.it – info@garnisangiorgio.it AZ**a**

14 cam ☕ – †57/65 € ††90 €

♦ Piacevole risorsa in posizione dominante sulla città e la valle. Camere arredate secondo un caldo stile rustico: molte dispongono di balcone o terrazzo. Buon rapporto qualità/prezzo.

XXX **Scrigno del Duomo**

piazza Duomo 29 ✉ 38122 – ☎ 04 61 22 00 30 – www.scrignodelduomo.com – info@scrignodelduomo.com BZ**d**

Rist – (chiuso 20 giorni in gennaio, agosto, domenica in giugno-settembre e lunedì) (chiuso a mezzogiorno escluso domenica da ottobre a maggio)
Menu 70 € – Carta 49/64 €
Rist *Wine Bar* – Carta 34/46 €
Spec. Musetto di vitello e gamberi, fave e vinaigrette di aceto balsamico. Gnocchi di patate ai frutti di mare e profumo di aneto. Pesca melba.

◆ Scenografico contesto - tra fondamenta romane, affreschi del '400 e rifiniture dell'800 - per una duplice cucina: tradizionale con salumi e piatti regionali al *Wine Bar*, creativa e sofisticata al piano inferiore.

XX **Osteria a Le Due Spade**

via Don Rizzi 11 ang. via Verdi ✉ 38122 – ☎ 04 61 23 43 43 – www.leduespade.com info@leduespade.com – chiuso dal 16 al 30 giugno, domenica, lunedì a mezzogiorno

Rist – Carta 46/60 € BZ**v**
Spec. Strudel croccante ai bruscandoli (luppolo) e ricotta con carpaccio di cervo marinato. Mezzelune di patate al formaggio con tartufo nero. Filetto di cervo cotto nel fieno e fiori montani con salsa al ribes rosso.

◆ Quattrocento anni di storia e una stube settecentesca: è la meta di cene eleganti e romantiche in una sala intima e raccolta. Dalla cucina le specialità regionali alleggerite.

X **Ai Tre Garofani - Antica Trattoria**

via Mazzini 33 ✉ 38122 – ☎ 04 61 23 75 43 – tre.garofani@libero.it – chiuso 1 settimana in gennaio, 2 settimane in giugno o luglio, 1 settimana in novembre e domenica BZ**b**

Rist – (consigliata la prenotazione) Carta 37/51 €

◆ Intelligente rivisitazione della tradizione trentina, in sale semplici con tovagliato all'americana e la contagiosa simpatia di una giovane coppia.

X **Il Libertino**

piazza Piedicastello 4/6 ✉ 38122 – ☎ 04 61 26 00 85 – www.ristoranteillibertino.com – libertinotn@gmail.com – chiuso luglio e martedì

Rist – Menu 35 € – Carta 34/44 € AZ**b**

◆ Un locale rustico ed informale - situato nell'antica piazzetta di Piedicastello - propone piatti tradizionali, soprattutto di carne. Ampia offerta di vini al bicchiere, nonché ottima scelta di etichette regionali e non.

a Cognola per ② : 3 km

Villa Madruzzo

cam,

via Ponte Alto 26 ✉ 38121 – ☎ 04 61 98 62 20 – www.villamadruzzo.it – info@villamadruzzo.it

51 cam – 75/105 € 99/140 € – ½ P 75/85 €
Rist – *(chiuso domenica)* Menu 32 € – Carta 35/47 €

◆ Villa ottocentesca in un parco ombreggiato: scelta ottimale per chi voglia fuggire il traffico del centro e preferisca concedersi una sosta più riposante, nel confort. La sala ristorante principale affaccia sul parco, la più piccola si trova nella ex cappella.

a Ravina per ④ : 4 km – ✉ 38123

XXX **Locanda Margon**

via Margone 15 – ☎ 04 61 34 94 01 – www.locandamargon.it – contact@locandamargon.it – chiuso domenica sera, martedì

Rist – (consigliata la prenotazione) Menu 60/85 € – Carta 50/84 €
Rist *La Veranda* – Carta 28/47 €
Spec. Ravioli gratinati farciti di erbette ed uvetta, emulsione al burro nocciola e salvia. Salmerino al vapore di camomilla, crema di arachidi e zenzero in polvere. Agnello con melanzane viola e purè di patate ai pistacchi.

◆ Tra le cantine Ferrari e la storica villa Margon, un ristorante capace di coniugare tradizione gastronomica e modernità: piatti gourmet nell'elegante sala, cucina più light, ma sempre ad ottimi livelli, nella panoramica Veranda.

TRESCORE BALNEARIO - Bergamo (BG) - 561 E11 - 9 398 ab. - alt. 305 m - ✉ 24069 Italia Centro Nord 19 D1

Roma 593 - Bergamo 15 - Brescia 49 - Lovere 27

via Suardi 20 ✆ 035 944777, info@prolocotrescore.it, Fax 035 8364548

Della Torre

piazza Cavour 26 - ✆ 0 35 94 13 65 - www.albergotorre.it - info@albergotorre.it

34 cam - †50/80 € ††60/130 € - ½ P 70/90 €

Rist - Carta 21/35 €

Rist *Sala del Pozzo* - *(chiuso 1 settimana in gennaio, domenica sera, lunedì)* Carta 42/72 €

◆ In centro paese, edificio di antica fondazione costituito da un'ala storica e da una parte più recente che vanta - di conseguenza - camere più nuove. Gradevole cortile interno. Classici italiani e piatti locali al ristorante. Una linea di cucina più attuale ed ottimi vini nell'elegante *Sala del Pozzo*.

Loro

via della Resistenza 34 - ✆ 0 35 94 50 73 - ristorante.loro@virgilio.it - chiuso 1 settimana in gennaio, 15 giorni in agosto, domenica sera, lunedì

Rist - Carta 44/65 €

◆ Sorta dalle ceneri di una trattoria di paese per volontà di due giovani dinamici e con esperienza, la risorsa annovera due salette rustiche e una cucina d'ispirazione moderna.

TRESCORE CREMASCO - Cremona (CR) - 561 F10 - 2 889 ab. - alt. 86 m - ✉ 26017 19 C2

Roma 554 - Bergamo 37 - Brescia 54 - Cremona 45

Trattoria del Fulmine (Celestina Lupo Stanghellini)

via Carioni 12 - ✆ 03 73 27 31 03 - chiuso dal 1° al 10 gennaio, agosto, domenica sera, lunedì, martedì sera

Rist - Carta 49/69 €

Spec. Insalata calda di testina di vitello, lingua e fagioli con salsa al prezzemolo. Risotto ai pistilli di zafferano e rognoncino trifolato. Carré d'agnello profumato al balsamico con crema d'aglio.

◆ Per chi ama la tradizione, qui il nome trattoria non è una concessione alla moda ma l'introduzione ad una cucina del territorio fatta di salumi, animali da cortile e gli imperdibili tortelli dolci cremaschi.

Bistek

viale De Gasperi 31 - ✆ 03 73 27 30 46 - www.bistek.it - ristorante@bistek.it - chiuso dal 3 al 12 gennaio, dal 21 luglio al 17 agosto, martedì sera, mercoledì

Rist - Carta 27/44 €

◆ Al primo piano due sale dove si organizzano manifestazioni gastronomiche a tema e domina la creatività: una carta regionale con specialità locali e qualche prodotto d'importazione. Al piano terra, invece, birreria jazz/cafè per serate musicali e spuntini veloci.

TREVENZUOLO - Verona (VR) - 562 G14 - 2 682 ab. - ✉ 37060 35 A3

Roma 488 - Verona 30 - Mantova 24 - Modena 83

a Fagnano Sud : 2 km - ✉ 37060 Trevenzuolo

Trattoria alla Pergola

via Sauro 9 - ✆ 04 57 35 00 73 - chiuso dal 24 dicembre al 7 gennaio, dal 15 luglio al 20 agosto, domenica, lunedì

Rist - Carta 27/32 €

◆ Semplice ma invitante, di quelle che ancora si trovano in provincia; giunta con successo alla terza generazione, la trattoria propone la classica cucina del territorio, risotti e bolliti al carrello come specialità.

TREVI – Perugia (PG) – **563** N20 – **8 274 ab.** – **alt. 412 m** – ✉ **06039** **33** C2

Italia Centro Nord

Roma 150 – Perugia 48 – Foligno 13 – Spoleto 21

Località★

Trevi senza rist

via Fantosati 2 – ✆ 07 42 78 09 22 – www.trevihotel.net – info@trevihotel.net

11 cam – ♦50/80 € ♦♦70/130 €

♦ In un antico palazzo del centro storico, un rifugio da sogno per chi desideri immergersi nel fascino antico della città; camere dedicate ai vari colori e confort elevato.

TREVIGLIO – Bergamo (BG) – **561** F10 – **28 430 ab.** – **alt. 125 m** – ✉ **24047** **19** C2

Roma 576 – Bergamo 21 – Brescia 57 – Cremona 62

piazza Cameroni 3 (interno Mercato) ✆ 0363 45466 info@prolocotreviglio.it Fax 0363 595559

San Martino (famiglia Colleoni) con cam cam,

viale Cesare Battisti 3 – ✆ 0 36 34 90 75 – www.sanmartinotreviglio.it – info@sanmartinotreviglio.it – chiuso dal 26 dicembre all'11 gennaio e dal 9 al 30 agosto,

10 cam – ♦100/120 € ♦♦100/150 €

Rist – *(chiuso domenica sera e lunedì)* Carta 60/80 €

Spec. Plateau royal di ostriche, conchiglie, pesce marinato e crostacei al vapore. Bouillabaisse "San Martino" con salsa rouille e pane tostato. Cotoletta alla milanese "come una volta".

♦ Ristorante elegante, giustamente osannato dalla critica gastronomica per le specialità di pesce ed alcuni prodotti francesi, quali formaggi e vini. Nella saletta denominata Smartino, si può approfittare della formula "pranzo di lavoro": cucina di qualità, a tempi e costi contenuti.

TREVIGNANO ROMANO – Roma (RM) – **563** P18 – **5 862 ab.** – **alt. 220 m** – ✉ **00069** **12** B2

Roma 49 – Viterbo 44 – Civitavecchia 63 – Terni 86

Acquarella

via Acquarella 4, Sud-Est: 6 km – ✆ 0 69 98 53 61 – www.ristoranteacquarella.it – acquarella.z@tiscali.it – chiuso dal 20 dicembre al 10 gennaio, martedì

Rist – Carta 28/50 €

♦ Direttamente sul lago che lambisce con il suo giardino e con il suo pontiletto - una favola soprattutto in estate quando si può mangiare sotto il grande gazebo - il locale si farà ricordare per le fragranti specialità di pesce. In inverno, godetevi la rusticità degli spazi interni e la bella saletta con camino.

La Grotta Azzurra

piazza Vittorio Emanuele III° 4 – ✆ 0 69 99 94 20 – chiuso dal 15 settembre al 14 ottobre, martedì, anche lunedì e mercoledì sera da novembre ad aprile

Rist – Carta 31/40 €

♦ Cucina del territorio e di lago, semplice e casalinga, in questa moderna trattoria dall'esperta conduzione familiare; siete sulla piazza centrale del paese eppure, a pochi metri, c'è già il lago.

TREVINANO – Viterbo (VT) – **563** N17 – **Vedere Acquapendente**

TREVISO (TV) – 562 E18 – 82 206 ab. – alt. 15 m – ✉ 31100 35 A1

Italia Centro Nord

Roma 541 – Venezia 30 – Bolzano 197 – Milano 264

via S. Andrea 3 (palazzo Scotti) ✆ 0422 547632, iattreviso@provincia.treviso.it

Villa Condulmer via della Croce 3, ✆ 041 45 70 62

I Salici strada di Nascimben 1, ✆ 0422 32 42 72

Piazza dei Signori★ BY **21** : palazzo dei Trecento★ **A**, affreschi★ nella chiesa di Santa Lucia **B** – Chiesa di San Nicolò★ AZ - Museo Civico Bailo★ AY

Villa Barbaro★★★ (Maser) affreschi★★★ del Veronese, nord-ovest: 29 km

Piante pagine seguenti

Cà del Galletto

via Santa Bona Vecchia 30, per viale Luzzatti – ✆ 04 22 43 25 50 – www.hotelcadelgalletto.com – info@hotelcadelgalletto.it AY**a**

67 cam – †79/115 € ††115/160 €

Rist ***Al Migò*** – ✆ 0 42 22 23 39 *(chiuso dal 1° al 7 gennaio, 2 settimane in agosto, domenica) (chiuso a mezzogiorno escluso giovedì, venerdì, sabato)*

Menu 27/58 € – Carta 34/47 €

◆ In zona periferica relativamente tranquilla, grande complesso con camere generalmente ampie e moderne. Biciclette a disposizione dei clienti più sportivi. Gradevole e curata sala da pranzo d'impostazione moderna.

Al Giardino senza rist

via Sant'Antonino 300/a, Sud : 1,5 km – ✆ 04 22 40 64 06 – www.hotelalgiardino.it – info@hotelalgiardino.it

42 cam – †54/60 € ††75/85 €

◆ Il nome invita ad entrare in questa risorsa immersa nel verde, all'interno del parco naturale Sile: una piccola struttura dalla schietta gestione familiare con camere semplici, ma confortevoli ed accessoriate.

Focolare senza rist

piazza Ancillotto 4 – ✆ 0 42 25 66 01 – www.albergoilfocolare.net – ilfocolare@citycenter.it BY**b**

12 cam – †70/85 € ††90/110 € – 3 suites

◆ Nel cuore del centro storico, una piccola bomboniera di cura ed eleganza a gestione familiare. Spazi comuni un po' ridotti, ma camere ampie ed accoglienti.

Agriturismo Il Cascinale

via Torre d'Orlando 6/b, Sud-Ovest : 3 km – ✆ 04 22 40 22 03 – www.agriturismoilcascinale.it – info@agriturismoilcascinale.it – chiuso dal 7 al 18 gennaio e dal 16 agosto al 6 settembre

14 cam – †33/40 € ††49/50 €, 9 €

Rist – *(aperto domenica e le sere di venerdì-sabato)* Carta 18/34 €

◆ Ubicato nella prima periferia, ma già totalmente in campagna, un rustico ove troverete ambiente ospitale e familiare e camere molto confortevoli, realizzate di recente.

L'Incontro

largo Porta Altinia 13 – ✆ 04 22 54 77 17 – lincontro@sevenonline.it – chiuso dal 10 al 31 agosto, mercoledì, giovedì a mezzogiorno BZ**a**

Rist – Carta 36/52 € (+12 %)

◆ Sotto le volte dell'antica porta Altinia, un ambiente sorto dalla fantasia d'un noto architetto e dalla passione di due dinamici soci, propone sapori del territorio.

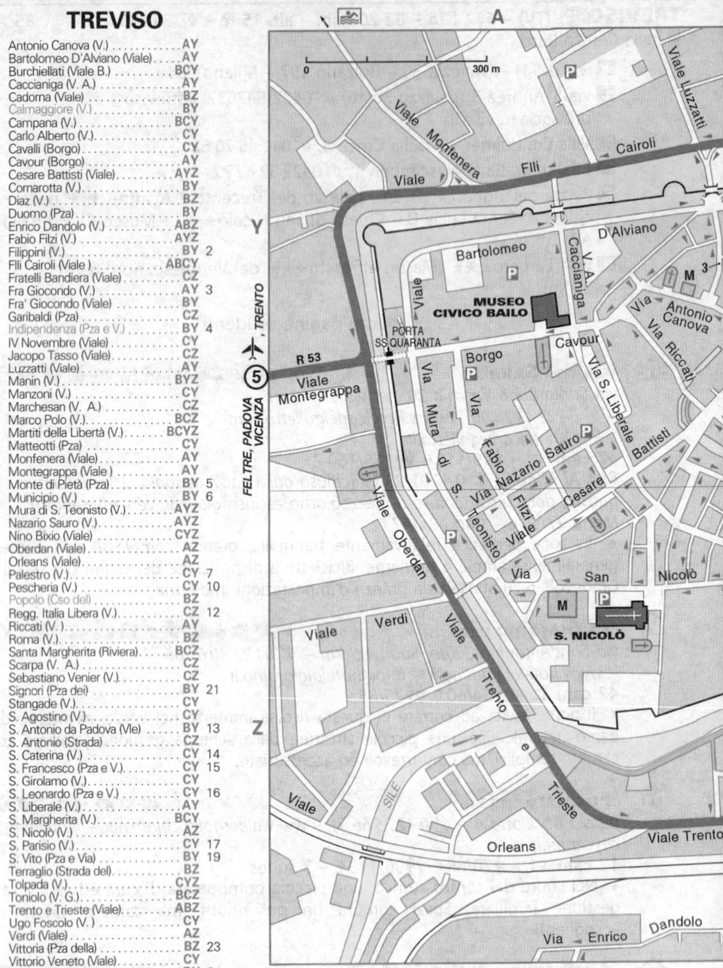

All'Antica Torre

via Inferiore 55 – ✆ 04 22 58 36 94 – www.anticatorre.info – info@anticatorre.info – chiuso agosto, domenica, lunedì sera BY**a**

Rist – Carta 30/53 €

◆ Romanticismo ed eleganza, nonché un'ampia collezione di quadri e oggetti d'antiquariato, all'interno di una torre duecentesca. In menu: proposte di cucina marinara e tradizionale. Vasta scelta di vini (oltre 200 etichette).

Toni del Spin

via Inferiore 7 – ✆ 04 22 54 38 29 – www.ristorantetonidelspin.com – info@ristorantetonidelspin.com – chiuso 1 settimana in luglio, 2 settimane in agosto, domenica, lunedì a mezzogiorno BY**g**

Rist – Carta 25/40 €

◆ Storica trattoria riccamente decorata con menù esposto su lavagne, ove poter mangiare in un ambiente raccolto e caratteristico terminando con l'invitante carrello dei dolci.

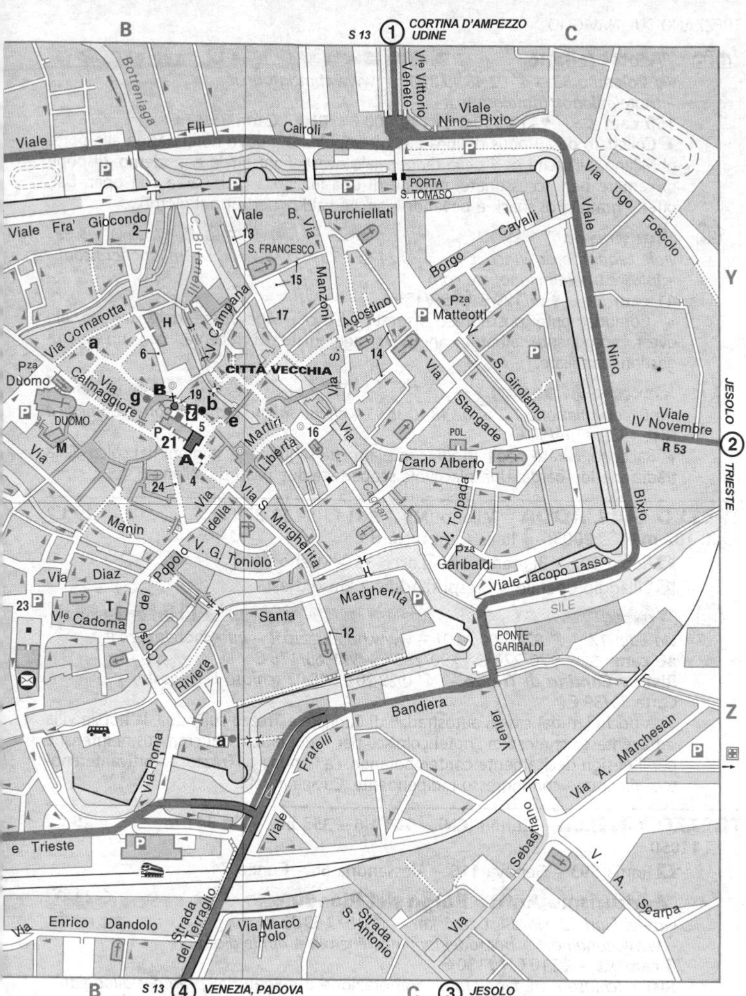

Hosteria Antica Contrada delle due Torri

via Palestro 8
– *04 22 54 12 43*
– *gustopro@yahoo.it*
– *chiuso dall'8 al 25 agosto e martedì* BYe

Rist – Carta 27/40 €

♦ Rustico locale nel cuore del centro storico: la cucina si fa portavoce della tradizione locale, mentre le stagioni con i loro caratteristici prodotti sono celebrate nel piatto.

TREZZANO SUL NAVIGLIO - Milano (MI) - 561 F9 - 19 137 ab. – alt. 116 m – ✉ 20090 **18** B2

Roma 595 – Milano 13 – Novara 43 – Pavia 34

THotel Milano rist,

via Colombo 33 – 02 48 49 81 11 – www.thotelgroup.it – thotelmilano@thotelgroup.it

150 cam – 119/350 € 149/400 € **Rist** – Carta 35/47 €

◆ Collegato da autobus di linea alla metropolitana, nuovo hotel design alle porte di Milano (all'uscita n° 5 della tangenziale ovest). Funzionale e moderno, dispone di camere ben accessoriate, nonchè di una luminosa lobby area con open bar: offerta gratuita di snack e bevande - anche calde - per tutto il giorno.

Eur senza rist

viale Leonardo da Vinci 36a – 0 24 45 19 51 – www.eurhotelmilanofiera.com – info@eurhotelmilanofiera.com

41 cam – 49/129 € 59/159 €

◆ Comodamente posizionato rispetto all'uscita Vigevanese della tangenziale ovest, accogliente albergo anni '60, aggiornato di recente, con un'esperta gestione familiare.

Bacco e Arianna

via Circonvallazione 1 – 02 48 40 38 95 – chiuso sabato a mezzogiorno, domenica

Rist – Carta 44/56 €

◆ Raccolto, curato negli arredi, con piatti che seguono le stagioni nel solco della tradizione lombarda. Una piacevole scoperta, a due passi da Milano.

TREZZO SULL'ADDA – Milano (MI) – 561 F10 – 12 378 ab. – alt. 187 m – 20056 Italia Centro Nord 19 C2

Roma 597 – Bergamo 17 – Lecco 36 – Milano 34

Villaggio operaio a Crespi d'Adda: 2 km sud-est

Trezzo rist,

via Sala 17 – 02 92 00 24 01 – www.hoteltrezzo.it – info@hoteltrezzo.it

40 cam – 70/220 € 90/280 € – ½ P 65/175 €

Rist *La Cantina di Trezzo* – 0 29 20 02 48 02 *(chiuso Ferragosto)* Carta 31/39 €

◆ A pochi km dai caselli autostradali di Capriate e Trezzo sull'Adda, la nobile villa settecentesca che ospita l'hotel colpisce per i suoi interni dai cromatismi intensi e per il design decisamente contemporaneo. La Cantina di Trezzo: accattivante enoteca-ristorante con ingresso indipendente. Cucina curata.

TREZZO TINELLA – Cuneo (CN) – 561 H6 – 353 ab. – alt. 341 m – 12050 25 C2

Roma 593 – Genova 115 – Alessandria 66 – Cuneo 74

Agriturismo Antico Borgo del Riondino

via dei Fiori 12, Nord-Est : 3,5 km – 01 73 63 03 13 – www.riondino.it – borgodelriondino@libero.it – aprile-dicembre

6 cam – 110 € 130 €

Rist – *(chiuso a mezzogiorno)* (prenotazione obbligatoria) *(solo per alloggiati)* Menu 35/40 €

◆ Dista solo pochi passi dalla struttura principale dell'antico borgo il nuovo laghetto naturale, piccola e perfetta oasi nel verde del parco dove potrete fare il bagno e rilassarvi.

TRICASE – Lecce (LE) – 564 H37 – 17 818 ab. – alt. 98 m – 73039 Puglia 27 D3

Roma 670 – Brindisi 95 – Lecce 52 – Taranto 139

Adriatico

via Tartini 34 – 08 33 54 47 37 – www.hotel-adriatico.com – info@hotel-adriatico.com

18 cam – 50/70 € 70/120 € – ½ P 55/65 €

Rist – *(chiuso domenica escluso da giugno a settembre)* Carta 21/37 €

◆ A dieci minuti a piedi dal centro del paese, un piccolo hotel a conduzione familiare, dispone di camere semplici e lineari: ideale per una vacanza alla scoperta del Salento. Una sala di tono classico ed un dehors estivo dove gustare piatti nazionali. Ideale per banchetti e colazioni di lavoro.

TRICESIMO – Udine (UD) – 562 D21 – 7 733 ab. – alt. 199 m – ✉ 33019 — 11 C2

Roma 642 – Udine 12 – Pordenone 64 – Tarvisio 86

XX **Antica Trattoria Boschetti**

piazza Mazzini 10 – ✆ 04 32 85 15 09 – www.ristoranteboschetti.com – info@ristoranteboschetti.com – chiuso domenica sera, lunedì

Rist – Carta 32/40 €

◆ Elegante ristorante dall'ambiente signorile, una sala rivestita in legno e riscaldata da un camino, l'altra piu elegante, dove gustare una cucina regionale e mediterranea. Cantina a vista.

X **Miculan**

piazza Libertà 16 – ✆ 04 32 85 15 04 – www.trattoriamiculan.com – info@trattoriamiculan.com – chiuso dal 12 al 27 luglio, mercoledì sera e giovedì

Rist – Carta 24/35 €

◆ Sulla piazza di Tricesimo, una trattoria con avviato bar pubblico dispone di una saletta con il tradizionale caminetto centrale e piatti friulani con divagazioni di pescato.

TRIESTE P (TS) – 562 F23 – 205 341 ab. Italia Centro Nord — 11 D3

Roma 669 – Udine 68 – Ljubljana 100 – Milano 408

di Ronchi dei Legionari per ①: 32 km ✆ 0481 773224

piazza Unità d'Italia 4/b ✆ 040 3478312, info.trieste@turismo.fvg.it, Fax 040 3478320

18 località Padriciano 80, ✆ 040 22 61 59

Colle di San Giusto★★ AY – Piazza della Cattedrale★ AY **9** – Basilica di San Giusto★ AY : mosaico★★ nell'abside, ≤★ su Trieste dal campanile – Collezioni di armi antiche★ nel castello AY – Vasi greci★ e bronzetti★ nel museo di Storia e d'Arte AY **M1** – Piazza dell'Unità d'Italia★ AY **35** – Museo del Mare★ AY **M2** : sezione della pesca★★

Castello e giardino★★ di Miramare per ① : 8 km – ≤★★ su Trieste e il golfo dal Belvedere di Villa Opicina per ② : 9 km – ✻★★ dal santuario del Monte Grisa per ① : 10 km

Piante pagine seguenti

Starhotels Savoia Excelsior Palace

riva del Mandracchio 4 ✉ 34124 – ✆ 04 07 79 41 – www.starhotels.com – savoiaexcelsior.ts@starhotels.it AY**a**

124 cam – ††210/290 € – 18 suites

Rist *Savoy* – Carta 35/40 €

◆ Nel cuore della città, affacciato sul golfo di Trieste, l'hotel ripropone il fascino di un imponente palazzo dei primi '900, arricchito da design moderno e confort up-to-date. Originale lounge illuminata da un grande lucernario che ricorda i giardini d'inverno della *Belle Epoque*. Cucina contemporanea al *Savoy*.

Grand Hotel Duchi d'Aosta

piazza Unità d'Italia 2 ✉ 34121 – ✆ 04 07 60 00 11 – www.magesta.com – info@duchi.eu AY**r**

53 cam – †109/253 € ††129/328 € – 2 suites

Rist *Harry's Grill* – ✆ 0 40 66 06 06 – Carta 49/89 €

◆ Affacciato su una delle piazze più scenografiche e suggestive del Paese, offre interni di sobria eleganza, particolarmente nelle piacevoli camere, tutte personalizzate. Nello storico locale, accattivanti proposte gastronomiche d'ispirazione contemporanea.

Urban Hotel Design senza rist

via Androna Chiusa 4 ✉ 34121 – ✆ 0 40 30 20 65 – www.urbanhotel.it – info@urbanhotel.it AY**x**

45 cam – †120/240 € ††140/280 € – 2 suites

◆ Nella mitteleuropea Trieste, hotel di taglio moderno nato dalla fusione di palazzi rinascimentali: particolare la sala colazioni il cui pavimento propone le vestigia romane dell'antico muro di cinta della città.

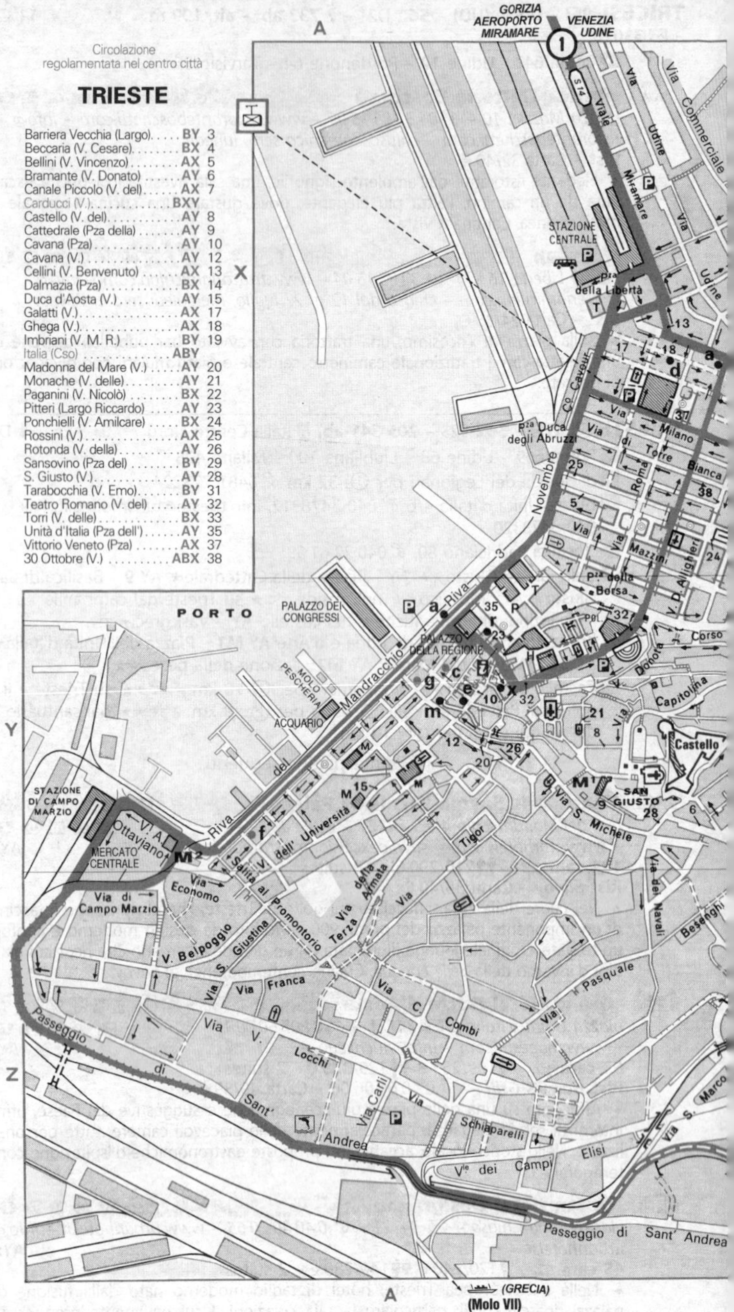

Circolazione regolamentata nel centro città
TRIESTE
Barriera Vecchia (Largo) ..... BY 3
Beccaria (V. Cesare) ..... BX 4
Bellini (V. Vincenzo) ..... AX 5
Bramante (V. Donato) ..... AY 6
Canale Piccolo (V. del) ..... AX 7
Carducci (V.) ..... BXY
Castello (V. del) ..... AY 8
Cattedrale (Pza della) ..... AY 9
Cavana (Pza) ..... AY 10
Cavana (V.) ..... AY 12
Cellini (V. Benvenuto) ..... AX 13
Dalmazia (Pza) ..... BX 14
Duca d'Aosta (V.) ..... AY 15
Galatti (V.) ..... AX 17
Ghega (V.) ..... AX 18
Imbriani (V. M. R.) ..... BY 19
Italia (Cso) ..... ABY
Madonna del Mare (V.) ..... AY 20
Monache (V. delle) ..... BY 21
Paganini (V. Nicolò) ..... BX 22
Pitteri (Largo Riccardo) ..... AY 23
Ponchielli (V. Amilcare) ..... BX 24
Rossini (V.) ..... AX 25
Rotonda (V. della) ..... AY 26
Sansovino (Pza del) ..... BY 29
S. Giusto (V.) ..... AY 28
Tarabocchia (V. Emo) ..... BY 31
Teatro Romano (V. del) ..... AY 32
Torri (V. delle) ..... BX 33
Unità d'Italia (Pza dell') ..... AY 35
Vittorio Veneto (Pza) ..... AX 37
30 Ottobre (V.) ..... ABX 38
GORIZIA
AEROPORTO
MIRAMARE
VENEZIA
UDINE
A
X
Y
Z
S 14
Viale Miramare
Via Udine
Via Commerciale
STAZIONE CENTRALE
Pza della Libertà
Co. Cavour
Pza Duca degli Abruzzi
Via Milano
Via di Torre Bianca
Via Roma
Via Mazzini
Pza della Borsa
V. D. Alighieri
Corso
Riva 3 Novembre
PORTO
PALAZZO DEI CONGRESSI
PALAZZO DELLA REGIONE
MOLO PESCHERIA
ACQUARIO
Riva del Mandracchio
Via Donota
Capitolina
Castello
SAN GIUSTO
Via S. Michele
Via dei Navali
Besenghi
STAZIONE DI CAMPO MARZIO
V. A. Ottaviano
MERCATO CENTRALE
Riva
Salita al Promontorio
Via dell' Università
Via Tigor
Via della Terza Armata
Via Economo
Via di Campo Marzio
V. Belpoggio
Via S. Giustina
Via Franca
Via C. Combi
Via Pasquale
Via V. Locchi
Via Carli
Via Schiaparelli
Elisi
Vle dei Campi
Via S. Marco
Passeggio di Sant' Andrea
(GRECIA)
(Molo VII)

B
C
OPICINA
0
200 m
Via Cesare Cantù
Via Fabio Severo
Piazzale Europa
Via Valerio
S 14
FIUME (RIJEKA) POSTUMIA
OPICINA
2
Pza di Scorcola
V. Martiri d. Libertà
Pza G. Oberdan
SINAGOGA
Via C. Battisti
Via Coroneo
Via G. Marconi
V. Rismondo
Via Giulia
Pza dei Volontari Giuliani
Via XX Settembre
Viale della Ginnastica
Via Carducci
Pza dell' Ospedale
Via della Pietà
Via Domenico Rossetti
V. G. Parini
V. G. Pascoli
Via Oriani
Pza Garibaldi
Via Matteotti
Via Gabriele d'Annunzio
V. Ananian
Via delle Settefontane
Revoltella
FIERA
Pza dei Foraggi
Vle dell' Ippodromo
V. del Monte
V. Capitolina
Via Madonnina
Via del Bosco
V. S. Giacomo in Monte
Via S. Marco
V. della Guardia
Via Istria
G. Orlandini
Via d'Alviano
Via Caduti sul Lavoro
Via dell' Istria
Via del Molino a Vento
GALLERIA DI MONTEBELLO
S 15
FIUME UDINE POSTUMIA
S 202
Zorutti
V. P.
S 202
3
MUGGIA PULA
X
Y
Z
Italia

Victoria senza rist
via Alfredo Oriani 2 ✉ 34131 – ☎ 0 40 36 24 15 – www.hotelvictoriatrieste.com – info@hotelvictoriatrieste.com BY**a**
44 cam ☕ – †110/220 € ††130/260 € – 1 suite
♦ In posizione centrale, hotel dall'elegante e moderna atmosfera ospitato in un palazzo liberty, dove soggiornò per un certo periodo lo scrittore J. Joyce. Graziose camere e piccola zona relax per un soggiorno di tutto confort.

Colombia senza rist
via della Geppa 18 ✉ 34132 – ☎ 0 40 36 93 33 – www.hotelcolombia.it – colombia@hotelcolombia.it AX**a**
40 cam – †75/150 € ††85/170 €, ☕ 12 €
♦ Centrale, nonché poco distante dalla stazione, hotel dagli spazi comuni limitati, ma gradevolmente moderni e con arredi di design. Camere confortevoli.

Italia senza rist
via della Geppa 15 ✉ 34132 – ☎ 0 40 36 99 00 – www.hotel-italia.it – info@hotel-italia.it AX**d**
38 cam ☕ – †65/125 € ††85/165 €
♦ Non lontano dalla stazione - nel cuore della città - comodo hotel dove camere spaziose e dotate di ogni confort rendono la struttura ideale per una clientela d'affari.

James Joyce senza rist
via Cavazzeni 7 ✉ 34121 – ☎ 0 40 31 10 23 – www.hoteljamesjoyce.com – info@hoteljamesjoyce.com AY**e**
15 cam ☕ – †60/100 € ††80/150 €
♦ Lo scrittore che tanto amò Trieste, James Joyce, presta il proprio nome a questa graziosa struttura del centro storico: piccoli spazi comuni, ma camere accoglienti dal confort aggiornato.

Porta Cavana senza rist
via Felice Venezian 14 ✉ 34124 – ☎ 0 40 30 13 13 – www.hotelportacavana.it – info@hotelportacavana.it AY**m**
17 cam ☕ – †40/60 € ††80/120 €
♦ Piccola e colorata risorsa, dove gradevoli ambienti e piacevoli camere vi offriranno un soggiorno semplice al giusto rapporto qualità/prezzo. La prima colazione vi aspetta al bar sottostante. (L'hotel si trova al primo piano di un palazzo nella parte vecchia della città).

XX **Pepenero Pepebianco**
via Rittmeyer 14/a ✉ 34134 – ☎ 04 07 60 07 16 – www.pepeneropepebianco.it – info@pepeneropepebianco.it – chiuso dal 12 luglio al 20 agosto BX**a**
Rist – Carta 40/68 €
♦ Non lontano dalla stazione, locale di taglio moderno gestito con passione da una simpatica coppia: ricette davvero stuzzicanti, dove territorio e pesce sono proposti in chiave moderno-creativa. A mezzogiorno, è prevista anche una formula più economica.

XX **Scabar**
Erta Sant'Anna 63, per ③ ✉ 34149 – ☎ 0 40 81 03 68 – www.scabar.it – chiuso lunedì
Rist – (consigliata la prenotazione) Carta 35/63 €
♦ La cordiale gestione familiare vi condurrà in un *excursus* di specialità ittiche e locali, in sale di tono classico o sulla panoramica terrazza. Non è facile da raggiungere, ma merita la sosta.

XX **Città di Cherso**
via Cadorna 6 ✉ 34124 – ☎ 0 40 36 60 44 – chiuso 3 settimane in agosto e martedì AY**c**
Rist – Carta 38/53 €
♦ A due passi dalla grande piazza del centro, un ristorantino dalla cortese gestione familiare: a tavola vi terranno compagnia specialità di mare e la fantasia dello chef.

XX **L'Ambasciata d'Abruzzo**

via Furlani 6 ✉ 34149 – ✆ 0 40 39 50 50 – chiuso lunedì CZ**x**

Rist – Carta 29/35 €

◆ In posizione dominante, nella parte alta della città, locale dalla calda accoglienza familiare. Come il nome suggerisce, sono di casa specialità abruzzesi e paste fatte in casa.

XX **Al Nuovo Antico Pavone**

riva Grumula 2 e ✉ 34123 – ✆ 0 40 30 38 99 – www.nuovoanticopavone.it – nuovo.pavone@libero.it – chiuso domenica e lunedì AY**f**

Rist – Carta 32/42 €

◆ Diverse sale rifinite in legno e una fragrante cucina a base di pesce per questo accogliente locale antistante il porto turistico. Ampio dehors sulla passeggiata.

X **Al Bagatto**

via Venezian 2 ang. via Cadorna ✉ 34124 – ✆ 0 40 30 17 71 – www.albagatto.it – albagatto@libero.it – chiuso dal 23 dicembre al 7 gennaio, dal 24 luglio al 7 agosto, domenica AY**g**

Rist – *(chiuso a mezzogiorno)* (prenotazione obbligatoria) Carta 48/64 €

◆ Piccolo ristorante del centro dai toni caldamente rustici e dall'atmosfera signorile. Sulla tavola: piatti a base di pesce e grande cura nelle presentazioni.

a Grignano Nord: 5 km – ✉ 34014

Riviera e Maximilian's rist,

strada costiera 22 – ✆ 0 40 22 45 51 – www.rivieramax.eu – info@rivieramax.eu

66 cam – †88/204 € ††125/240 € – 2 suites

Rist *Le Terrazze* – ✆ 04 02 24 70 33 – Carta 36/55 €

◆ Elegante atmosfera moderna e la tranquillità della costa carsica per questo hotel ospitato in una villa di fine '800, poco distante dal castello di Miramare. La vista è impagabile, le camere signorili e spaziose (arredi più minimalisti nelle stanze dell'ala nuova). Carne e pesce si dividono la carta delle *Terrazze*.

Miramare

via Miramare 325/1 – ✆ 04 02 24 70 85 – www.hotelmiramaretrieste.it – info@hotelmiramaretrieste.it – chiuso dal 22 dicembre al 10 gennaio

32 cam – †100/200 € ††140/280 €

Rist *Le Vele* – *(chiuso a mezzogiorno)* Carta 37/74 €

◆ A breve distanza dall'omonimo castello, un hotel recente che propone ambienti confortevoli, arredati in tenue e rilassanti tonalità, nel contemporaneo gusto minimalista. Al ristorante, la meravigliosa vista sul mare ed una cucina che nasce dalla vena creativa del giovane ed abile chef.

TRINITÀ D'AGULTU – Olbia-Tempio (OT) – 366 O38 – 2 165 ab. – alt. 365 m – ✉ 07038

38 A1

Cagliari 259 – Nuoro 146 – Olbia 75 – Porto Torres 59

ad Isola Rossa Nord-Ovest : 6 km – ✉ 07038 Trinità D'Agultu

Marinedda

località Marinedda – ✆ 0 79 69 41 85 – www.delphina.it – hotel.marinedda@delphina.it – maggio-settembre

204 cam – solo ½ P 94/268 € **Rist** – Menu 45/55 €

◆ Tipica struttura sarda in sasso e tufo a pochi metri dalla spiaggia, consta di interni ben arredati, piscine panoramiche, un centro benessere, campi da tennis e da calcetto.

Torreruja

via Paduledda 1/3 – ✆ 0 79 69 41 55 – www.delphina.it – torreruja@delphina.it – 15 maggio-2 ottobre

124 cam – solo ½ P 156/370 € **Rist** – Menu 50/70 €

◆ In prossimità di incantevoli calette di roccia rossa, un villaggio-hotel di recente costruzione con camere in stile mediterraneo e servizi idonei per una vacanza di relax.

Corallo rist,

via Lungomare 66 – ✆ 0 79 69 40 55 – www.hotelcorallosardegna.it – albergo.corallo@tiscali.it – maggio-4 ottobre

35 cam – 100/220 € 100/300 €

Rist – Carta 39/60 €

◆ Prezioso, come il nome che porta... Nel piccolo borgo di pescatori, con una suggestiva vista sul Golfo dell'Asinara, un hotel di moderna concezione con camere di diverse tipologie, ma dotate di ottimi confort e tecnologie up-to-date. Sapori mediterranei nell'elegante ristorante o sulla panoramica terrazza.

TRIORA – **Imperia (IM)** – **561** K5 – **415 ab.** – **alt. 780 m** – ✉ **18010** **14** A2

Roma 661 – Imperia 51 – Genova 162 – Milano 285

Colomba d'Oro

corso Italia 66 – ✆ 0 18 49 40 51 – www.colombadoro.it – info@colombadoro.it – 15 marzo-novembre

28 cam – 50/60 € 70/100 €

Rist – *(aperto nei week-end dal 15 marzo al 15 giugno ed in ottobre-novembre; tutti i giorni negli altri mesi)* Carta 23/31 €

◆ Appoggiato alle mura di una chiesa cinquecentesca, questo semplice hotel a gestione familiare convince per il suo servizio attento e cordiale. Camere accoglienti e per vivacizzare il soggiorno dei graditi ospiti si organizzano serate a tema. Piatti della tradizione rivisitati con fantasia.

TRISSINO – **Vicenza (VI)** – **562** F16 – **8 524 ab.** – **alt. 125 m** – ✉ **36070** **37** A1

Roma 550 – Verona 49 – Milano 204 – Vicenza 21

Relais Cà Masieri con cam

via Masieri 16, Ovest : 2 km – ✆ 04 45 96 21 00 – www.camasieri.com – info@camasieri.com – chiuso novembre e dicembre

12 cam – 50/90 € 80/110 €

Rist – *(chiuso domenica, lunedì a mezzogiorno)* Carta 29/36 €

◆ Un signorile casale di campagna, un complesso rurale del XVIII secolo; servizio estivo all'aperto, fra le colline e salette ove ancora si respira un'atmosfera antica.

TROFARELLO – **Torino (TO)** – **561** H5 – **11 125 ab.** – **alt. 276 m** – ✉ **10028** **22** A1

Roma 656 – Torino 15 – Asti 46 – Cuneo 76

Pianta d'insieme di Torino

Park Hotel Villa Salzea rist,

via Vicoforte 2 – ✆ 01 16 49 78 09 – www.villasalzea.it – parkhotel@villasalzea.it **2HUm**

22 cam – 80/95 € 90/120 €

Rist – (consigliata la prenotazione) Carta 34/64 €

◆ La settecentesca villa del conte Negri è oggi un elegante hotel avvolto dal silenzio e dai colori dell'ampio parco; all'interno, spaziose camere confortevoli e ricche di fascino. Raffinatezza ed antico buon gusto regnano anche nelle intime sale da pranzo; ambienti più ampi per cerimonie.

TROPEA – **Vibo Valentia (VV)** – **564** K29 – **6 840 ab.** – ✉ **89861** Italia **5** A2

Roma 636 – Reggio di Calabria 140 – Catanzaro 92 – Cosenza 121

Pimm's

largo Migliarese 2 – ✆ 09 63 66 61 05 – restaurantpimms@alice.it

Rist – (consigliata la prenotazione) Carta 37/61 €

◆ Nel cuore della località, stuzzicanti piatti di pesce in questo curato ristorante a picco sul mare: non perdetevi il panorama godibile dal grazioso balconcino.

a Santa Domenica Sud-Ovest : 6 km – ✉ 89866

Cala di Volpe rist, rist,

contrada Torre Marino – ✆ 09 63 66 96 99 – www.caladivolpe.it – info@caladivolpe.it – 8 maggio-16 ottobre

50 cam – 60/110 € 90/140 € – ½ P 55/115 € **Rist** – Carta 23/35 €

◆ Immersi in un lussureggiante giardino tropicale, avrete la possibilità di trascorrere una vacanza optando per la formula hotel o residence. Mare e spiaggia ai vostri piedi. Ristorante panoramico, suggestivo nei mesi estivi.

TRULLI (Regione dei) – Bari e Taranto – 564 E33 Italia

TUSCANIA – Viterbo (VT) – 563 O17 – 8 194 ab. – alt. 165 m 12 A1 – ✉ 01017 Italia Centro Sud

Roma 89 – Viterbo 24 – Civitavecchia 44 – Orvieto 54

Località★ - Chiesa di S. Pietro★: rosone★ nella facciata – Chiesa di S. Maria Maggiore★: portali★★

Tuscania Panoramico senza rist

via dell'Olivo 53 – ✆ 07 61 44 40 80 – www.tuscaniahotel.it – info@tuscaniahotel.it

24 cam – 38/59 € 62/88 €

◆ In posizione panoramica, le antiche mura della città raggiungibili anche a piedi, dalle camere una bella vista sulle Basiliche di San Pietro e di Santa Maria Maggiore.

Al Gallo con cam

via del Gallo 22 – ✆ 07 61 44 33 88 – www.algallo.it – gallotus@tin.it – chiuso dal 7 gennaio al 3 febbraio

13 cam – 42/78 € 70/120 € – ½ P 70/95 €

Rist – *(chiuso lunedì)* Carta 42/55 €

◆ Nel suggestivo centro storico, un'attenzione squisitamente femminile per i dettagli: dalla leziosa eleganza della sala, alla cucina leggera e ricercata.

UDINE P (UD) – 562 D21 – 99 071 ab. – alt. 113 m – ✉ 33100 11 C2 Italia Centro Nord

Roma 638 – Milano 377 – Trieste 71 – Venezia 127

di Ronchi dei Legionari per ③: 37 km ✆ 0481 773224, Fax 0481 474150

piazza I Maggio 7 ✆ 0432 295972, info.udine@turismo.fvg,it, Fax 0432 504743

18 via dei Faggi 1-Villaverde, ✆ 0432 80 04 18

Piazza della Libertà★★ AY **14** – Decorazione barocca★ nel Duomo ABY **B** – Affreschi★ del Tiepolo nel palazzo Vescovile BY **A**

Passariano: Villa Manin★★ sud-ovest 30 km

Pianta pagina seguente

Astoria Hotel Italia

piazza 20 Settembre 24 – ✆ 04 32 50 50 91 – www.hotelastoria.udine.it – astoria@hotelastoria.udine.it AZ**a**

70 cam – 79/189 € 119/235 € – 5 suites

Rist – *(chiuso 2 settimane in agosto)* Carta 32/53 €

◆ Punto di riferimento per chi cerca prestigio eleganza e comodità, governati da una centenaria esperienza nel settore dell'ospitalità; ampie camere in stile. Un'atmosfera di luminosità e raffinatezza abbraccia l'ampio salone per banchetti e una cucina che spazia tra il classico e il regionale.

Ambassador Palace cam,

via Carducci 46 – ✆ 04 32 50 37 77 – www.ambassadorpalacehotel.it – info@ambassadorpalacehotel.it BZ**a**

78 cam – 97/156 € 119/200 € – 2 suites – ½ P 95/135 €

Rist – *(chiuso a mezzogiorno)* Carta 29/54 €

◆ Un grazioso giardino ed un elegante scalone vi introdurranno in questo raffinato hotel a pochi passi dal centro: stile classico impreziosito da piacevoli marmi e camere dotate di ogni confort. Cucina mediterranea.

UDINE

Bartolini (Riva) . . . . **AY** 3
Calzolai (V.) . . . . **BZ** 4
Carducci (V.) . . . . **BZ** 5
Cavedalis (Piazzale G. B.) . . . . **AY** 6
Cavour (V.) . . . . **AY** 7
D'Annunzio (Piazzale) . . . . **BZ** 8
Diacono (Piazzale Paolo) . . . . . **AY** 9
Gelso (V. del) . . . . **AZ** 12
Leopardi (Viale G.) . . . . **BZ** 13
Libertà (Pza della) . . . . **AY** 14
Manin (V.) . . . . **BY** 16
Marconi (Pza) . . . . **AY** 17
Matteotti (Pza) . . . . **AY** 18
Mercato Vecchio (V.) . . . . **AY** 19
Patriarcato (Pza) . . . . **BY** 20
Piave (V.) . . . . **BYZ** 21
Rialto (V.) . . . . **AY** 22
Vittorio Veneto (V.) . . . . **BY** 23
26 Luglio (Piazzale) . . . . **AZ** 24

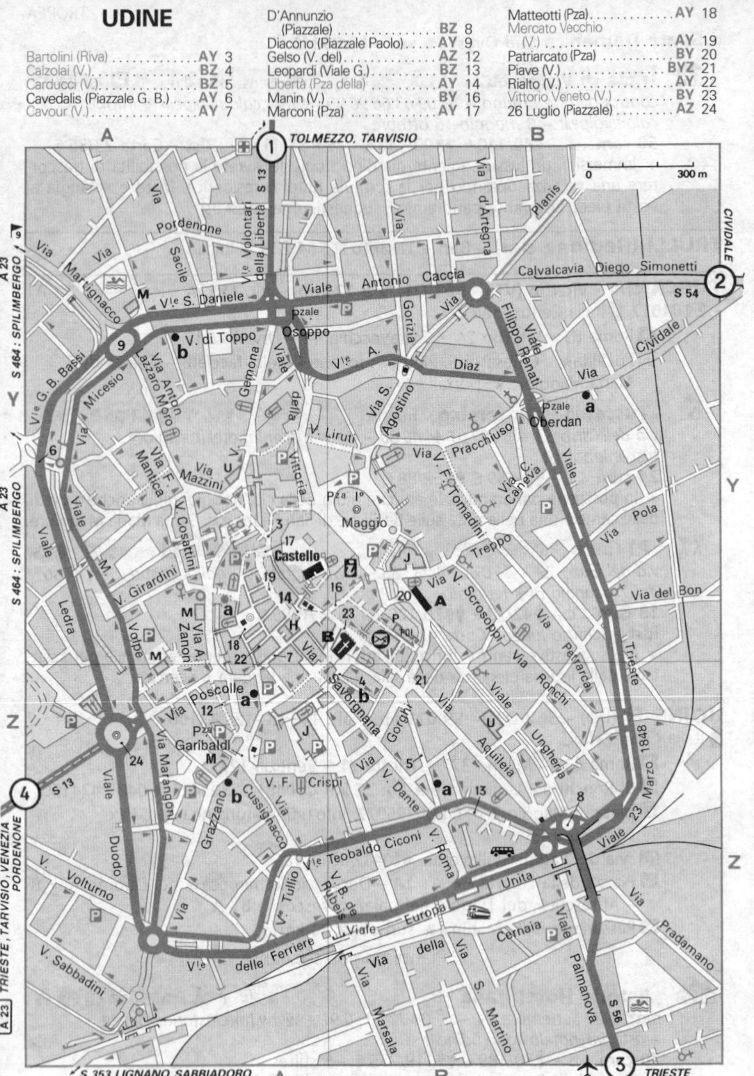

Là di Moret

viale Tricesimo 276, Nord: 2 km – ☎ 04 32 54 50 96 – www.ladimoret.it – hotel@ladimoret.it

88 cam ☕ – †80/120 € ††90/160 € – 4 suites – ½ P 75/90 €

Rist Là di Moret – vedere selezione ristoranti

Rist – Carta 25/53 €

♦ Piacevoli spazi per il relax e campi da gioco coperti, per un week-end all'insegna del dolce far niente o per ritemprarsi dopo giornata di intenso lavoro. Atmosfera di tono moderno al ristorante, ideale per un pasto veloce a mezzogiorno.

Villa Premiérè senza rist
via Barcis 4, per ② – ✆ 04 32 58 14 34 – www.hotelvillapremiere.it – info@hotelvillapremiere.it
48 cam – 95/165 €
◆ Poco fuori dal centro sulla strada per Cividale, questo hotel di recente apertura si presenta con linee contemporanee e funzionali. La clientela business ne apprezzerà i moderni confort.

Allegria
via Grazzano 18 – ✆ 04 32 20 11 16 – www.hotelallegria.it – info@hotelallegria.it
20 cam – 80/105 € 100/160 € AZ**b**
Rist *Hostaria Allegria* – *(chiuso domenica sera e lunedì a mezzogiorno)* Carta 26/43 €
◆ L'architettura medievale si trasforma all'interno in spazi arredati con un ricercato design. Il risultato? Una curiosa modernità custodita da un calore familiare di decennale esperienza. Giochi di luce e ombra, bianco e nero; tra tavoli quadrati sfilano i prodotti della tradizione.

Clocchiatti & Next senza rist
via Cividale 29 – ✆ 04 32 50 50 47 – www.hotelclocchiattinext.it – info@hotelclocchiattinext.it BY**a**
27 cam – 70/140 € 100/250 €
◆ Classico o design? La risorsa è ideale tanto per gli amanti della tradizione quanto per chi desidera stare al passo con la moda: scegliete l'ambiente che più si intona al vostro carattere.

Suite Inn senza rist
via di Toppo 25 – ✆ 04 32 50 16 83 – www.hotelsuiteinn.it – info@hotelsuiteinn.it AY**b**
13 cam – 60/75 € 85/125 €
◆ E' una mano femminile a prendersi cura di questa villa di inizio Novecento, ristrutturata con buon gusto e con curiosi accostamenti design-rustico-classico. Belle camere personalizzate.

Art Hotel Udine senza rist
via Paparotti 11, 4 km per ③ – ✆ 04 32 60 00 61 – www.arthoteludine.com – info@arthoteludine.com – chiuso dal 19 dicembre al 6 gennaio
36 cam – 65/90 € 85/105 € – 2 suites
◆ Dall'arredamento ai dettagli, l'intera struttura è un omaggio all'espressione artistica contemporanea: minimalismo, essenzialità e design ma soprattutto ospitalità e confort.

Vitello d'Oro
via Valvason 4 – ✆ 04 32 50 89 82 – www.vitellodoro.com – info@vitellodoro.com – chiuso lunedì a mezzogiorno e mercoledì, da giugno a settembre domenica e lunedì a mezzogiorno AY**a**
Rist – (consigliata la prenotazione) Carta 42/73 €
◆ E' il frammento di un articolo di giornale del 1849 a testimoniare per primo l'esistenza di questo elegante locale. Da allora, un solo leit Motiv: gustose elaborazioni, soprattutto a base di pesce.

Là di Moret – Hotel Là di Moret
viale Tricesimo 276, Nord : 2 km – ✆ 04 32 54 50 96 – www.ladimoret.it – hotel@ladimoret.it
Rist – Carta 27/64 €
◆ Oltre un secolo fa qui nasceva un'osteria; ora, nelle intime salette di questo locale regna una sobria eleganza e si incontrano un estro creativo e la tradizione friulana.

Hostaria alla Tavernetta
via Artico di Prampero 2 – ✆ 04 32 50 10 66 – www.allatavernetta.com – info@allatavernetta.com – chiuso 2 settimane in agosto, domenica e lunedì
Rist – Carta 36/63 € BZ**b**
◆ Accomodatevi in sala, al calore e alla luce di uno scoppiettante caminetto, oppure sulla tranquilla terrazza, per una cena a lume di stelle; ovunque vi aspetteranno i sapori della regione.

X **Alla Vedova**

via Tavagnacco 9, per ① – ✆ 04 32 47 02 91 – zamarian@libero.it – chiuso dal 10 al 25 agosto, domenica sera, lunedì

Rist – Carta 24/34 €

◆ Oltre un secolo di vita per questo ristorante, che agli albori ricordava l'imperatore. Oggi come allora specialità alla griglia e cacciagione da gustare, in estate, nel piacevole giardino.

a Godia per ① : **6 km** – ✉ **33100**

XXX **Agli Amici** (Emanuele Scarello)

via Liguria 250 – ✆ 04 32 56 54 11 – www.agliamici.it – info@agliamici.it – chiuso domenica e lunedì da giugno ad agosto; domenica sera, lunedì e martedì a mezzogiorno negli altri mesi

Rist – Carta 56/87 €

Spec. Risotto mantecato al krenn, velo di fegato d'anatra affumicato e misticanze. Rana pescatrice: coda tostata con asparagi bianchi, guancetta gratinata con asparagi verdi. Ravioli di mango e yogurt, gelato di zenzero e meringa al caffè.

◆ Immediata e creativa, questa cucina saldamente ancorata al territorio fa della stagionalità degli ingredienti il proprio credo. In un ambiente elegante, una sosta gastronomica indimenticabile: grazie anche ai proverbiali dessert.

UGENTO – Lecce (LE) – 564 H36 – 12 070 ab. – ✉ 73059 Ugento 27 D3

Roma 641 – Bari 211 – Lecce 66

sulla strada provinciale Ugento-Torre San Giovanni Sud-Ovest: 4 km

Masseria Don Cirillo senza rist

strada Provinciale Ugento-Torre S. Giovanni Km 3 – ✆ 08 33 93 14 32 – www.kalekora.it – masseriadoncirillo@kalekora.it – aprile-ottobre

11 cam – †100/250 € ††150/250 €

◆ Abbracciata da profumate distese di ulivi, una piacevole risorsa ricavata da una tenuta nobiliare settecentesca custodisce ampi spazi arredati in rilassanti e chiare tonalità.

UGGIANO LA CHIESA – Lecce (LE) – 564 G37 – 4 377 ab. – alt. 77 m – ✉ 73020 27 D3

Roma 620 – Brindisi 84 – Gallipoli 47 – Lecce 48

XX **Masseria Gattamora** con cam

via campo Sportivo 33 – ✆ 08 36 81 79 36 – www.gattamora.it – info@gattamora.it – chiuso gennaio o febbraio

11 cam – †45/70 € ††75/120 € – ½ P 88 €

Rist – *(chiuso lunedì escluso agosto) (chiuso a mezzogiorno escluso sabato e domenica)* Carta 26/46 €

◆ Nel verde della campagna salentina, in giardino zampilla persino una fontana, nella caratteristica sala a volte arredata in stile rustico i sapori del posto, rivisti con creatività. Nel vecchio frantoio alcune camere dalla deliziosa atmosfera.

ULIVETO TERME – Pisa (PI) – 563 K13 – ✉ 56010 28 B2

Roma 312 – Pisa 13 – Firenze 66 – Livorno 33

XXX **Osteria Vecchia Noce**

località Noce, Est : 1 km – ✆ 0 50 78 82 29 – www.ostreiavecchianoce.it – info@osteriavecchianoce.it – chiuso dal 5 al 25 agosto, martedì sera, mercoledì

Rist – Carta 38/59 €

◆ Ottima cucina di terra e di mare, in un antico frantoio del 1700 nel centro di questo piccolo paese: ambiente caratteristico, elegante e caldo, nonché collaudata gestione familiare.

X **Da Cinotto**

via Provinciale Vicarese 132 – ✆ 0 50 78 80 43 – chiuso agosto, venerdì sera, sabato

Rist – (coperti limitati, prenotare) Carta 27/35 €

◆ Trattoria a conduzione familiare dove fermarsi per apprezzare una sincera e casereccia cucina toscana e locale. Ambiente semplice, atmosfera informale.

ULTEN = Ultimo

ULTIMO (ULTEN) – **Bolzano (BZ)** – **562** C15 – **2 998 ab.** – **alt. 1 190 m** **30** B2

– Sport invernali : a Santa Valburga : 1 192/2 600 m ⛷3, ⛷ – ✉ 39016

Da Santa Valburga : Roma 680 – Bolzano 46 – Merano 28 – Milano 341

a Santa Valburga, via Principale 154 ✉ 39016 ☎ 0473 795387, info@ ultental.it, Fax 0473 795049

a San Nicolò (St. Nikolaus)**Sud-Ovest : 8 km – alt. 1 256 m – ✉ 39016**

Waltershof

rist,

Dorf 59 – ☎ 04 73 79 01 44 – www.waltershof.it – info@waltershof.it

– 25 dicembre-25 aprile e 15 maggio-7 novembre

32 cam – 109/145 € 178/250 €

Rist – *(chiuso a mezzogiorno) (solo per alloggiati)* Menu 35/95 €

◆ Struttura con bei balconi fioriti, piacevolmente accolta in un verde giardino e dotata di spazi ludici: taverna e fornita enoteca; zona per serate di musica e vino.

URBINO – **Pesaro e Urbino (PU)** – **563** K19 – **15 528 ab.** – **alt. 485 m** **20** A1

– ✉ 61029 Italia Centro Nord

Roma 270 – Rimini 61 – Ancona 103 – Arezzo 107

via Puccinotti 35☎ 0722 2613, iat.urbino@regione.marche.it, Fax 0722 2441

Palazzo Ducale★★★: Galleria Nazionale delle Marche★★ **M** – Strada panoramica★★: ≤★★ – Affreschi★★ nella chiesa-oratorio di San Giovanni Battista **F** – Presepio★ nella chiesa di San Giuseppe **B** – Casa di Raffaello★ **A**

URBINO

Barocci (V.) 2
Comandino (Viale). 4
Don Minzoni (Viale). . . . 5
Duca Federico (Pza) 6
Giro dei Debitori (V.) . . . 8
Matteotti (V.). 10
Mazzini (V.) 12
Mercatale (Borgo) 13
Piave (V.). 16
Puccinotti (V.) 17
Raffaello (V.) 19
Repubblica (Pza della) . . 20
Rinascimento (Pza) 22
Stazione (V. della) 28
S. Chiara (V.) 23
S. Francesco (Pza) 24
S. Girolamo (V.). 25
Virgili (V.). 29
Vitt. Veneto (V.). 30

Circolazione regolamentata nel centro città

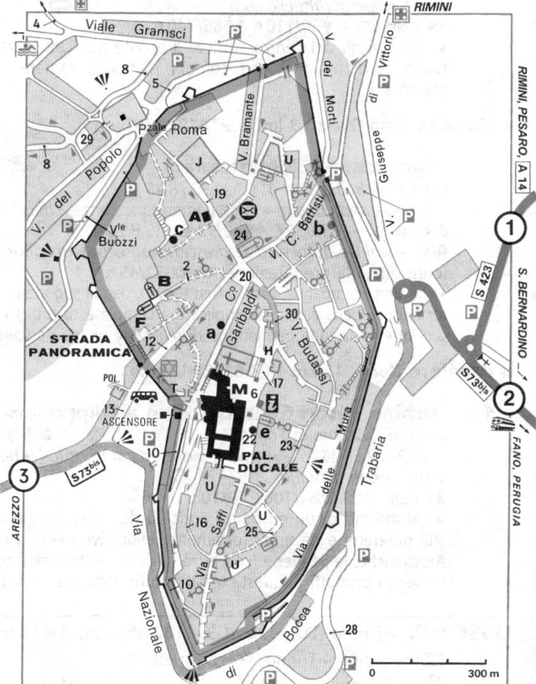

Mamiani

via Bernini 6, per via Giuseppe di Vittorio – ✆ 07 22 32 23 09 – www.hotelmamiani.it – info@hotelmamiani.it

72 cam – 60/100 € 75/105 € – ½ P 50/73 €

Rist *Il Giardino della Galla* – ✆ 07 22 24 55 *(chiuso mercoledì)* Carta 21/46 €

◆ Albergo moderno situato in zona tranquilla, fuori dal centro storico: servizio impeccabile, grande cortesia e camere ampie accessoriate con confort all'avanguardia. Gradevoli colori sapientemente abbinati nella spaziosa sala da pranzo di tono elegante.

San Domenico cam, cam, rist,

piazza Rinascimento 3 – ✆ 07 22 26 26 – www.viphotels.it – sandomenico@viphotels.it **e**

31 cam – 120 € 210 €, 13 €

Rist – Carta 20/65 €

◆ Negli austeri spazi di un ex convento del '400 – ristrutturato rispettandone l'elegante semplicità – sono state creati suggestivi salotti, ricchi di fascino. Particolarmente silenziose le camere, arredate con mobili di fine Ottocento.

Italia senza rist

corso Garibaldi 38 – ✆ 07 22 27 01 – www.albergo-italia-urbino.it – info@albergo-italia-urbino.it **a**

43 cam – 50/70 € 80/125 €

◆ Già attivo come locanda alla fine dell'Ottocento, ora albergo del centro con confortevoli camere in stile essenziale e moderno. Per soggiornare nel cuore di Urbino.

Raffaello senza rist

via Santa Margherita 40 – ✆ 07 22 47 84 – www.albergoraffaello.com – info@albergoraffaello.com **c**

14 cam – 50/110 € 85/140 €

◆ Tra i vicoli del centro storico, di fronte alla casa natale di Raffaello, hotel di taglio moderno: ambienti comuni piacevoli, camere accoglienti con mobilio essenziale.

a Gadana Nord-Ovest : 3 km – ✉ 61029 Urbino

Agriturismo Cà Andreana cam, rist,

via Cà Andreana 2 – ✆ 07 22 32 78 45 – www.caandreana.it – info@caandreana.com – chiuso dal 9 al 27 gennaio

6 cam – 50/55 € 80/98 € – ½ P 75 €

Rist – *(chiuso domenica sera escluso agosto e lunedì) (chiuso a mezzogiorno)* (consigliata la prenotazione) Carta 32/45 €

◆ In piena campagna, rustico ben tenuto, da cui si gode una splendida vista dei dintorni; offre belle camere, semplici, ma complete di tutti i confort. Le materie prime prodotte in azienda permettono di realizzare un'ottima scelta di piatti caserecci.

a Pantiere Nord : 13 km – ✉ 61029 Urbino

Urbino Resort Santi Giacomo e Filippo senza rist

via San Giacomo in Foglia 7 – ✆ 07 22 58 03 05 – www.urbinoresort.com – info@urbinoresort.com – chiuso 2 settimane in gennaio

31 cam – 84/106 € 108/144 €

◆ All'interno di un ex borgo agricolo del '700, cinque edifici contraddistinti da stili differenti e da nomi fortemente evocativi: i Fiori, i Futti Dimenticati, le Erbe Aromatiche, le Scuderie (con attrezzi della civiltà rurale adibiti a mobili), i Preziosi (ovvero i prodotti di questa terra: tartufo, zafferano, vino).

USSEAUX – **Torino (TO)** – **561** G3 – **182 ab.** – **alt. 1 416 m** – ✉ **10060** **22** B2

Roma 806 – Torino 79 – Sestriere 18

via Eugenio Brunetta 53 ✆ 0121 884400, info.usseaux@alpimedia.it, Fax 0121 83948

Lago del Laux con cam

via al Lago 7, Sud : 1 km – ✆ 0 12 18 39 44 – www.hotelaux.it – laux@mclink.it – chiuso 2 settimane in maggio e 2 settimane in settembre

7 cam – ††105/126 € – ½ P 74/84 €

Rist – *(chiuso mercoledì escluso da giugno ad agosto, anche martedì da novembre a marzo)* Carta 26/36 €

◆ In riva a un laghetto con minigolf e pesca sportiva, in questo ristorante potrete gustare i piatti della tradizione piemontese. Percorrete il sentiero che conduce al borgo per scoprirne la storia. Semplici, colorate ed accoglienti le camere in legno d'abete, tutte con vista sul parco.

VADA – Livorno (LI) – 563 L13 – ✉ 57016 — 28 B2

Roma 292 – Pisa 48 – Firenze 143 – Livorno 29

piazza Garibaldi 93 ✆ 0584 788373, apt7vada@costadeglietruschi.it, Fax 0584 785030

Agriturismo le Biricoccole senza rist e senza

via Vecchia Aurelia 200, Nord 1 km ✉ 57016 – ✆ 05 86 78 83 94 – www.biricoccole.it – biricoccole@biricoccole.it

6 cam – ††80/120 €

◆ Edificio agricolo della prima metà dell'800 dotato di belle stanze, ognuna di colore diverso. Cucina in comune dove organizzarsi pranzi e cene in massima libertà.

Il Ducale

piazza Garibaldi 33 – ✆ 05 86 78 86 00 – ristoranteilducale@virgilio.it – chiuso lunedì

Rist – Carta 45/57 €

◆ Sotto volte di mattoni, gustose specialità di pesce in un'atmosfera ricercata, tra arazzi, fiori e pezzi d'antiquariato. La conduzione familiare ha una lunga esperienza, e si sente!

VAGGIO – Firenze – 563 L16 – Vedere Reggello

VAGLIAGLI – Siena – Vedere Siena

VAHRN = Varna

VAIANO – Prato (PO) – 563 K15 – 9 950 ab. – alt. 150 m – ✉ 59021 — 29 C1

Roma 325 – Firenze 41 – Prato 9 – Bologna 122

Trattoria La Tignamica

via Val di Bisenzio 110/c, località La Tignamica, Sud : 3 km – ✆ 05 74 98 52 16 – www.lafontanatrattoria.it – info@lafontanatrattoria.it – chiuso lunedì

Rist – Carta 26/45 €

◆ Costeggia il Bisenzio questo bel ristorante lungo la valle, dal confort contemporaneo e dalle proposte culinarie legate al territorio e alle stagioni.

VAIRANO PATENORA – Caserta (CE) – 564 C24 – 6 513 ab. – alt. 168 m – ✉ 81058 — 6 A1

Roma 165 – Campobasso 91 – Caserta 43 – Napoli 70

Vairo del Volturno (Martino Renato)

via IV Novembre 60 – ✆ 08 23 64 30 18 – www.vairodelvolturno.com – renatomartino2@virgilio.it – chiuso 3 settimane in luglio, domenica sera, martedì

Rist – Menu 40/60 € – Carta 43/71 €

Spec. Zuppa di ceci neri con arancini di mozzarella. Gnocchi di patata con trippa di stoccafisso, pomodori secchi e bottarga di muggine. Controfiletto di bufalo cotto in crosta di sale.

◆ Pochi piatti, ma tanto amore per il territorio: dal celebre maialino nero casertano alla carne e mozzarella di bufala. Per il pesce, si passa nel fine settimana.

VALBREMBO – Bergamo (BG) – 561 E10 – 3 592 ab. – alt. 260 m 19 C1 – ✉ 24030

Roma 606 – Bergamo 11 – Lecco 29 – Milano 47

XX **Ponte di Briolo**

via Briolo 2, località Briolo , Ovest : 1,5 km – ☎ 0 35 61 11 97 – www.ristorantepontedibriolo.com – augusto.assolari@virgilio.it – chiuso mercoledì

Rist – Carta 41/74 €

◆ Oramai un'istituzione in provincia in virtù delle sue fragranti specialità ittiche, il locale tuttavia accontenta anche gli amanti della carne. Unanimi i consensi per la cordiale gestione e la raffinata atmosfera.

VALBRUNA – Udine – 562 C22 – Vedere Malborghetto

VALDAGNO – Vicenza (VI) – 562 F15 – 26 924 ab. – alt. 230 m – ✉ 36078 35 B2

Roma 561 – Verona 62 – Milano 219 – Trento 86

X **Hostaria a le Bele**

località Maso 11, Ovest : 4 km – ☎ 04 45 97 00 34 – pianego2@pianegondavittorio.191.it – chiuso dal 10 al 20 gennaio, agosto, lunedì, martedì a mezzogiorno

Rist – Carta 28/46 €

◆ Sulle colline, lontano dalla frenesia di Valdagno, una rustica trattoria, tipica come la sua cucina che prende spunto dalla tradizione vicentina per arricchirsi di ispirazione contemporanea.

VALDAORA (OLANG) – Bolzano (BZ) – 562 B18 – 2 975 ab. 31 C1 – alt. 1 083 m – Sport invernali : 1 080/2 275 m 19 12 (Comprensorio Dolomiti superski Plan de Corones) – ✉ 39030

Roma 726 – Cortina d'Ampezzo 51 – Bolzano 88 – Brunico 11

piazza S. Floriani 4 ☎ 0474 496277, info@olang.comFax 0474 498005

Mirabell

via Hans Von Perthaler 11, località Valdaora di Mezzo – ☎ 04 74 49 61 91 – www.mirabell.it – hotel@mirabell.it – chiuso dal 3 aprile al 2 giugno

55 cam – solo ½ P 164/202 € **Rist** – Carta 49/55 €

◆ Struttura rinnovata mantenendo inalterato lo stile architettonico locale. L'interno presenta abbondanza di spazi, signorilmente arredati con molto legno, anche nelle camere.

Post

vicolo della Chiesa 6, a Valdaora di Sopra – ☎ 04 74 49 61 27 – www.hotelresort-tolder.com – info@hotelresort-tolder.com – dicembre-27 marzo e 20 maggio-24 ottobre

38 cam – †70/156 € ††114/284 € – ½ P 75/160 € **Rist** – Menu 34/40 €

◆ Centrale, signorile albergo di tradizione, dotato di maneggio con scuola di equitazione; settore notte funzionale, rinnovato in anni recenti. Calda atmosfera e raffinata ambientazione tirolese nella sala ristorante.

Markushof

via dei Prati 9, a Valdaora di Sopra – ☎ 04 74 49 62 50 – www.markushof.it – info@markushof.it – 5 dicembre-15 aprile e 24 maggio-14 ottobre

28 cam – †45/70 € ††84/124 € – ½ P 50/80 €

Rist – *(chiuso a mezzogiorno) (solo per alloggiati)* Menu 22/28 €

◆ Cortese gestione familiare in un confortevole hotel che vanta una posizione soleggiata e tranquilla, camere ampie ed un moderno centro benessere. Piacevole servizio ristorante in terrazza.

Messnerwirt

vicolo della Chiesa 7, a Valdaora di Sopra – ☎ 04 74 49 61 78 – www.messnerwirt.com – info@messnerwirt.com – chiuso dal 20 ottobre al 4 dicembre

21 cam – †59/69 € ††43/85 € – ½ P 56/82 € **Rist** – Carta 31/39 €

◆ Tradizionale albergo di montagna, solido sia nelle strutture di buon confort, che nella conduzione familiare; camere con arredi di legno chiaro. Ampia sala da pranzo per gli alloggiati, per i clienti esterni un'intima stube.

a Sorafurcia **Sud : 5 km – ✉ 39030 Valdaora**

Berghotel Zirm
via Egger 16, alt. 1 360 – ✆ 04 74 59 20 54 – www.berghotel-zirm.com – info@berghotel-zirm.com – dicembre-20 aprile e giugno-20 ottobre
40 cam – 98/178 € 136/296 € – ½ P 166/326 €
Rist – *(solo per alloggiati)*
◆ Vi riempirete gli occhi di un panorama splendido da questa tranquilla risorsa, di fianco alla pista da sci; confort e calore negli spazi comuni e nelle camere rinnovate.

Hubertus cam,
via Furcia 5, alt. 1 250 – ✆ 04 74 59 21 04 – www.hotel-hubertus.com – info@hotel-hubertus.com – 17 dicembre-11 aprile e 20 maggio-1° novembre
36 cam – solo ½ P 140/180 €
Rist – *(chiuso a mezzogiorno) (solo per alloggiati)*
◆ Posizione isolata e vista impareggiabile sulla vallata per un'accogliente struttura dagli interni in stile tirolese; nuove camere con ampi spazi, scenografica piscina.

VALDERICE – **Trapani (TP)** – **365** AK55 – **12 086 ab.** – **alt. 240 m** **39** A2
– **✉ 91019**

Agrigento 99 – Palermo 184 – Trapani 9

a Bonagia **Nord-Est : 4 km – ✉ 91019**

Saverino con cam rist,
via lungomare 3/11 – ✆ 09 23 59 27 27 – www.saverino.it – info@saverino.it
20 cam – 56/90 € 82/110 €, 6 € – ½ P 62/76 €
Rist – *(chiuso lunedì dal 15 settembre al 15 giugno)* Carta 27/56 €
◆ Nel piccolo borgo di mare, un'unica grande sala resa luminosa dalle enormi vetrate. La cucina è quella che l'ha reso celebre: ottimo pescato giornaliero in ricette gustosamente mediterranee. Camere semplici e luminose, con vista sul mare o sul monte Erice.

VALDIDENTRO – **Sondrio (SO)** – **561** C12 – **4 030 ab.** – **alt. 1 350 m** **17** C1
– **Sport invernali : 1 345/2484 m** **9,** – **✉ 23038**

Roma 711 – Sondrio 73 – Bormio 9 – Milano 210

piazza 4 novembre 1 località Isolaccia ✆ 0342 985331, proloco@valdidentro.net, Fax 0342 921140

Bormio via Giustizia, ✆ 0342 91 07 30

a Pedenosso **Est : 2 km – ✉ 23038 Valdidentro**

Agriturismo Raethia cam,
via Sant'Antonio 1 – ✆ 03 42 98 61 34 – www.agriturismoraethia.it – info@agriturismoraethia.it – chiuso dal 15 al 30 maggio e dal 5 al 30 novembre
8 cam – 45/60 € 60/90 € – ½ P 45/68 €
Rist – (prenotazione obbligatoria) Menu 22/28 €
◆ Una nuova risorsa agrituristica ubicata in posizione soleggiata e molto tranquilla. Una gestione familiare capace di trasmettere un genuino e caloroso spirito d'accoglienza. La tipica cucina valtelinese in una sala accogliente e caratteristica.

a Bagni Nuovi **Est : 6 km – ✉ 23032 Valdidentro**

Grand Hotel Bagni Nuovi rist,
via Bagni Nuovi 7 – ✆ 03 42 91 01 31
– www.bagnidibormio.it – info@bagnidibormio.it – chiuso dal 27 aprile al 1° giugno
74 cam – 156/251 € 238/428 €
Rist – *(chiuso a mezzogiorno)* Carta 56/65 €
◆ Prestigioso albergo conosciuto già dal 1836, al centro di un vasto parco-pineta con percorsi salute. Centro SPA con suggestive vasche termali all'aperto e grotte naturali. Sontuosa, ampia e luminosa sala ristorante.

VAL DI VIZZE = PFITSCH – **Bolzano** – **562** B16 – **Vedere Vipiteno**

VALDOBBIADENE - Treviso (TV) - 562 E17 - 10 825 ab. - alt. 253 m 36 C2 - ✉ 31049

Roma 563 - Belluno 47 - Milano 268 - Trento 105

via Piva 53 ✆ 0423 976975 info@valdobbiadene.com, Fax 0423 976975

Vecchio Municipio senza rist

via Borgo Berti 6, a San Pietro di Barbozza, Est: 2 km – ✆ 04 23 97 54 14 – www.hotelvecchiomunicipio.com – info@hotelvecchiomunicipio.com – Chiuso dal 24 dicembre al 20 gennaio

23 cam – †55 € ††80 €, ☕ 7 €

◆ Due intraprendenti signore al timone di questo accogliente albergo ricavato dal vecchio municipio del paese. Pochi spazi comuni, ma camere moderne e generose nelle metrature, alcune con interessanti soluzioni per le famiglie.

a Bigolino Sud : 5 km – ✉ 31030

Casa Caldart

via Erizzo 265 – ✆ 04 23 98 03 33 – www.ristorantecasacaldart.it – info@ristorantecasacaldart.it – chiuso lunedì sera, martedì

Rist – Carta 22/32 €

◆ Sala di stampo moderno e ampio gazebo per il servizio estivo in un locale molto frequentato da una clientela business. In menu: specialità venete e piatti legati ai prodotti stagionali.

Tre Noghere

via Crede 1 – ✆ 04 23 98 03 16 – www.trenoghere.com – info@trenoghere.com – chiuso dal 1° al 20 luglio, domenica sera, lunedì

Rist – Carta 26/36 €

◆ Quarantennale gestione familiare e ambiente informale per un ristorante di campagna, in un rustico ristrutturato: ampia sala con camino e piccolo dehors sotto un porticato.

VALEGGIO SUL MINCIO - Verona (VR) - 562 F14 - 13 928 ab. 35 A3 - alt. 88 m - ✉ 37067 Italia Centro Nord

Roma 496 - Verona 28 - Brescia 56 - Mantova 25

piazza Carlo Alberto 169 045 7951880 tourist@valeggio.com Fax 045 6370560

Parco Giardino Sigurtà★★

Eden

via Don G. Beltrame 10 – ✆ 04 56 37 08 50 – www.albergoedenvaleggio.com – eden@albergoedenvaleggio.com

37 cam ☕ – †47/67 € ††78/88 € – ½ P 50/60 €

Rist – *(chiuso dal 25 luglio al 20 agosto e le sere di martedì e mercoledì)* Carta 18/27 €

◆ Moderne camere e sale riunioni in questo hotel ideale per una clientela di lavoro ma anche per quanti sono tentati dalle molteplici escursioni alle attrazioni turistiche della zona. Un'unica semplice sala per i vostri pasti, nella quale assaporare la cucina regionale.

La Lepre

via Marsala 5 – ✆ 04 57 95 00 11 – chiuso 3 settimane in gennaio e 10 giorni in giugno

Rist – *(chiuso mercoledì, giovedì a mezzogiorno)* Carta 22/36 €

◆ Osteria nell'800, poi ristorante, è oggi un locale di antica tradizione, nel cuore della cittadina; atmosfera simpatica e gustosi piatti del territorio, tra cui ovviamente la lepre.

Alla Borsa

via Goito 2 – ✆ 04 57 95 00 93 – www.ristoranteborsa.it – info@ristoranteborsa.it – chiuso dal 26 febbraio al 10 marzo, dal 10 luglio al 10 agosto, martedì sera, mercoledì, anche domenica sera da novembre a marzo

Rist – Carta 38/40 €

◆ Attivo da quasi 50 anni, due sale rustiche e una più piccina dall'atmosfera elegante. La gestione è familiare e la ricetta da sempre la stessa, piatti di cucina veronese e mantovana che si alternano.

a Borghetto Ovest : 1 km – alt. 68 m – ✉ 37067 Valeggio Sul Mincio

Faccioli

via Tiepolo 4 – ☎ 04 56 37 06 05 – www.hotelfaccioli.it – chiuso dal 6 al 16 gennaio
17 cam ☕ – ♦70/80 € ♦♦100/110 €
Rist ***La Cantina*** – *(chiuso dal 30 gennaio al 15 febbraio, dal 1° al 10 agosto, martedì e mercoledì) (chiuso a mezzogiorno)* Carta 31/39 €
♦ Una bella e romantica posizione nel piccolo borgo medievale per questo piccolo hotel a conduzione familiare, una casa contadina ristrutturata per offrire un soggiorno tranquillo e signorile. Al ristorante, un'atmosfera rustica e semplici preparazioni regionali.

Antica Locanda Mincio

via Buonarroti 12 – ☎ 04 57 95 00 59
– www.anticalocandamincio.it – anticalocandamincio@libero.it
– chiuso dal 1° al 15 febbraio, dal 1° al 15 novembre, mercoledì e giovedì
Rist – Carta 27/44 €
♦ Gestito dalla stessa famiglia dal 1919 e Membro dei Locali Storici d'Italia, questo bel ristorante che dispone di una splendida terrazza-giardino in riva al fiume, propone una gustosa cucina legata al territorio. La sala del camino è decorata da un polittico a tempera dell'artista F. Bellomi.

Gatto Moro

via Giotto 21 – ☎ 04 56 37 05 70 – chiuso dal 30 gennaio al 15 febbraio, dal 1° al 10 agosto, martedì, mercoledì
Rist – Carta 31/39 €
♦ Sedie in legno massiccio, il piacere di sedersi a tavola in compagnia, la trattoria propone una sala enorme e due più intime e curate ed una cucina che si sbizzarrisce tra il veneto e il mantovano.

a Santa Lucia dei Monti Nord-Est : 5 km – alt. 145 m – ✉ 37067 Valeggio Sul Mincio

Belvedere con cam

– ☎ 04 56 30 10 19 – rist.belvedere@tin.it
– chiuso dal 15 al 28 febbraio, dal 20 giugno al 1° luglio, dall'11 al 30 novembre
7 cam – ♦40 € ♦♦70 €, ☕ 6 € – ½ P 65 €
Rist – *(chiuso mercoledì, giovedì)* Carta 28/35 €
♦ Molto apprezzato da chi lo conosce da sempre, è la griglia situata all'ingresso ad annunciare le specialità della casa: paste fatte in casa e tradizione regionale. Servizio estivo in giardino. Il silenzio e la tranquillità dell'alto del colle culleranno il riposo nelle semplici stanze.

VAL FERRET – Aosta – Vedere Courmayeur

VALLE AURINA (AHRNTAL) – Bolzano (BZ) – 562 B17 – 5 483 ab. 31 C1

– alt. 1 457 m – Sport invernali : 951/2 350 m a Cadipietra: 1 050/2 050 m 1 10, – ✉ 39030

Roma 726 – Cortina d'Ampezzo 78 – Bolzano 94 – Dobbiaco 48

a Cadipietra (Steinhaus) **– alt. 1 054 m – ✉ 39030**

via Aurina 95 ☎ 0474 652081, info@tures-aurina.com, Fax 0474 652082

Alpenschlössl & Linderhof cam, rist,

Cadipietra 123 – ☎ 04 74 65 21 90
– www.alpenschloessl.com – info@traumhotels.it
37 cam ☕ – ♦120/290 € ♦♦200/420 € – ½ P 150/200 €
Rist – *(solo per alloggiati)* Menu 35/60 €
♦ Elegante albergo in due edifici gemelli, che nei luminosi interni propone un'interpretazione moderna dello stile tirolese; ampie camere, anche con letti a baldacchino.

Spezialitäten-Stube
Cadipietra 21, Nord-Est 1 km – ✆ 04 74 65 21 30 – www.spezialitaetenstube.com – chiuso giugno e da novembre al 20 dicembre
Rist – Carta 22/36 €
◆ In una graziosa casa di montagna, due piccole stube di atmosfera gradevole e una cucina semplice, con porzioni abbondanti di piatti sia italiani che tipici del luogo.

a Lutago (Luttach) – **alt. 956 m** – ✉ **39030**

via Aurina 22 ✆ 0474 671136, info@valle-aurina.it, Fax 0474 830240

Schwarzenstein cam,
via del Paese 11 – ✆ 04 74 67 41 00 – www.schwarzenstein.com – info@schwarzenstein.com – 3 dicembre-aprile e 21 maggio-6 novembre
81 cam – †89/182 € ††128/366 € – 6 suites – ½ P 121/203 €
Rist – *(chiuso a mezzogiorno) (solo per alloggiati)*
◆ Grande struttura tradizionale di alto confort, con ampie sale comuni ben disposte ed eleganti camere rinnovate, tutte con balcone. Nuova e completa beauty farm.

a Casere (Kasern) – **alt. 1 582 m** – ✉ **39030 Predoi**

centro visite Parco Naturale Casere 5d ✆ 0474 654188 kasern@ahrntal.it, Fax 0474 830240

Berghotel Kasern rist,
via Casere 10 – ✆ 04 74 65 41 85 – www.kasern.com – info@kasern.com – 26 dicembre-4 maggio e 2 luglio- novembre
37 cam – †45/78 € ††78/136 € – ½ P 47/76 €
Rist – *(chiuso mercoledì escluso luglio, agosto e dal 26 dicembre al 6 gennaio)* Carta 15/40 €
◆ Esiste da quattrocento anni come luogo di posta, oggi è un tipico hotel, con camere graziose ed accoglienti: ottima base per passeggiate o per lo sci di fondo. Al ristorante la stessa atmosfera genuina e familiare dell'omonimo albergo.

VALLECROSIA – Imperia (IM) – 561 K4 – 7 274 ab. – alt. 5 m – ✉ 18019
14 A3

Roma 652 – Imperia 46 – Bordighera 2 – Cuneo 94

Giappun
via Maonaira 7 – ✆ 01 84 25 05 60 – giappun@alice.it – chiuso novembre, mercoledì, giovedì a mezzogiorno
Rist – Menu 45/75 € – Carta 55/120 €
◆ La freschezza delle materie prime è la carta vincente di questo locale, nato come stazione di posta e che ancora ricorda nel nome il suo fondatore. Pesce del giorno e accattivanti presentazioni.

Torrione
via Col. Aprosio 394 – ✆ 01 84 29 56 71 – www.ristorantetorrione.net – ristorantetorrione@hotmail.it – chiuso dal 1° al 10 luglio, dal 20 al 30 ottobre, domenica sera e lunedì escluso agosto
Rist – Carta 40/65 €
◆ Si trova lungo la via Aurelia: due salette in successione per pochi coperti e una cucina che si ispira solamente al mare e alla disponibilità del mercato locale. Gestione familiare.

VALLE DI CASIES (GSIES) – Bolzano (BZ) – 562 B18 – 2 186 ab. – alt. 1 262 m – Sport invernali : a Plans de Corones : 1 200/2 275 m 19 12 (Comprensorio Dolomitisuperski Plans de Corones) – ✉ 39030
31 D1

Roma 746 – Cortina d'Ampezzo 59 – Brunico 31

a San Martino piazza Centrale t° 0474 978436, Fax 0474 978226

Quelle
a Santa Maddalena alt. 1 398 – 04 74 94 81 11 – www.hotel-quelle.com – info@hotel-quelle.com – chiuso dal 21 novembre al 4 dicembre e dal 3 aprile al 15 maggio
49 cam – 125/180 € 200/300 € – 16 suites – ½ P 115/230 €
Rist – *(chiuso a mezzogiorno) (solo per alloggiati)* Carta 40/55 €
◆ In un giardino con laghetto e torrente, una bomboniera di montagna, ricca di fantasia, decorazioni, proposte di svago; curatissime camere, centro benessere completo. Legno, bei tessuti, profusione di addobbi e atmosfera raffinata nella sala ristorante.

Durnwald
a Planca di Sotto alt. 1 223 – 04 74 74 69 20 – durnwald@dnet.it – chiuso dall'8 al 24 dicembre, giugno, lunedì
Rist – Carta 24/40 €
◆ Un inno al territorio, tanto nel paesaggio, che potrete ammirare dalle finestre affacciate alle piste da sci, quanto nella cucina, depositaria della genuina tradizione altoatesina.

VALLE IDICE – **Bologna** – **562** J15 – **Vedere Monghidoro**

VALLELUNGA (LANGTAUFERS) – **Bolzano (BZ)** – **562** B13 – **alt. 1 912 m** – **39027 Curon Venosta** **30** A1

Da Melago: Roma 740 – Sondrio 148 – Bolzano 116 – Landeck 63

Alpenjuwel cam, rist,
a Melago – 04 73 63 32 91 – www.alpenjuwel.it – info@alpenjuwel.it – chiuso dal 10 giugno al 1° luglio e dal 1° novembre al 20 dicembre
14 cam – 2 suites – solo ½ P 70 €
Rist – *(chiuso a mezzogiorno) (solo per alloggiati)* Carta 29/65 €
◆ Soggiornare qui e dimenticare il resto del mondo: è ciò che promette e mantiene un piccolo, panoramico hotel alla fine della valle; camere non ampie, ma accoglienti.

VALLERANO – **Viterbo (VT)** – **563** O18 – **2 648 ab.** – **alt. 390 m** – **01030** **12** B1

Roma 75 – Viterbo 15 – Civitavecchia 83 – Terni 54

Al Poggio
via Janni 7 – 07 61 75 12 48 – www.ristorantealpoggio.it – poggioferr@libero.it – chiuso dal 25 febbraio al 4 marzo, dal 23 al 30 luglio, lunedì sera e martedì
Rist – Carta 25/38 €
◆ Un grande camino decora la sala dall'arredamento sobrio che d'estate si apre in una gradevole terrazza parzialmente coperta. Paste fatte in casa e il fine settimana anche pesce.

VALLES = VALS – **Bolzano** – **Vedere Rio di Pusteria**

VALLESACCARDA – **Avellino (AV)** – **564** D27 – **1 372 ab.** – **alt. 650 m** – **83050** **7** C1

Roma 301 – Foggia 65 – Avellino 60 – Napoli 115

Oasis-Sapori Antichi (Lina e Maria Luisa Fischetti)
via Provinciale Vallesaccarda – 0 82 79 70 21 – www.oasis-saporiantichi.it – info@oasis-saporiantichi.it – chiuso 20 giorni in luglio, giovedì, le sere dei giorni festivi
Rist – (consigliata la prenotazione) Menu 35/45 € – Carta 35/54 €
Spec. Carpaccio di filetto di vitello con veli di pomodoro, origano e stracciatella (estate). Paccheri con peperoncini friggitelli e baccalà. Guancetta di vitello con cipollotto e limone.
◆ Splendido binomio di generosa ospitalità e cucina territoriale: i piatti propongono i migliori prodotti irpini, in un contesto di rara cortesia ed accoglienza.

Minicuccio con cam
via Santa Maria 24/26 – 0 82 79 70 30 – www.minicuccio.com – minicuccio@tiscali.it
10 cam – 45 € 75 €, 5 € – ½ P 60 €
Rist – *(chiuso lunedì)* Carta 21/28 €
◆ Dall'inizio del '900 nel rinomato ristorante, quattro generazioni hanno coltivato l'arte del buon mangiare, con le ricette di questa terra; ambienti classici, camere decorose.

VALLE SAN FLORIANO – Vicenza – Vedere Marostica

VALLO DELLA LUCANIA – Salerno (SA) – 564 G27 – 8 877 ab. – alt. 380 m – 84078 7 C3

Roma 343 – Potenza 148 – Agropoli 35 – Napoli 143

La Chioccia d'Oro
località Massa-al bivio per Novi Velia 84050 Massa della Lucania – 0 97 47 00 04 – www.chiocciadoro.com – chiuso dal 1° al 10 settembre e venerdì
Rist – Carta 20/30 €
◆ Solida gestione familiare da oltre 20 anni per questo locale recentemente rinnovato: in una sala classicheggiante, o nel dehors estivo, piatti della tradizione locale, a base di carne.

VALLO DI NERA – Perugia (PG) – 563 N20 – 446 ab. – alt. 450 m – 06040 33 C2

Roma 147 – Terni 39 – Foligno 36 – Rieti 57

La Locanda di Cacio Re con cam
località i Casali – 07 43 61 70 03 – www.caciore.com – info@caciore.com – chiuso novembre o gennaio
9 cam – 50/55 € 70/75 € – ½ P 60/70 €
Rist – Carta 28/51 €
◆ Ai margini di un suggestivo borgo, un casolare del 1500 ristrutturato con incantevole vista su monti e vallata. Cucina locale con particolare attenzione ai formaggi.

VALLONGA – Trento – Vedere Vigo di Fassa

VALMADRERA – Lecco (LC) – 561 E10 – 11 445 ab. – alt. 234 m – 23868 18 B1

Roma 626 – Como 27 – Bergamo 37 – Lecco 4

Villa Giulia-Al Terrazzo con cam
via Parè 73 – 03 41 58 31 06 – www.alterrazzo.com – info@alterrazzo.com
12 cam – 60/85 € 120/150 € – ½ P 85/90 €
Rist – Carta 41/64 €
◆ Sobria eleganza in una villa di fine Ottocento con un'ampia sala ed altre due salette graziosamente affrescate: se il tempo lo permette non rinunciate al romanticismo della terrazza affacciata sul lago. In menu, i sapori locali esaltati con grande capacità e senza stravolgimenti.

VALNONTEY – Aosta – 561 F4 – Vedere Cogne

VALPELLINE – Aosta (AO) – 561 E3 – 638 ab. – alt. 960 m – 11010 34 A2

Roma 752 – Aosta 17 – Colle del Gran San Bernardo 39 – Milano 203

Le Lievre Amoureux
località Chozod 12 – 01 65 71 39 66 – www.lievre.it – info@lievre.it
31 cam – 50/70 € 90/130 € – ½ P 80 €
Rist – *(chiuso dal 15 ottobre al 2 dicembre e dall' 8 al 28 gennaio)* Carta 29/39 €
◆ Gestione seria e accoglienza familiare in un simpatico albergo circondato da un ampio prato-giardino dove sono collocati anche quattro chalet; arredi in pino e parquet. Ambientazione di tono rustico nella sala del ristorante.

VALPIANA - Grosseto - **563** M14 - Vedere Massa Marittima

VALSAVARENCHE - Aosta (AO) - **561** F3 - 194 ab. - alt. 1 540 m **34** A2
- ✉ 11010

Roma 776 - Aosta 29 - Courmayeur 42 - Milano 214

a Eau Rousse Sud : 3 km - ✉ 11010 Valsavarenche

A l'Hostellerie du Paradis rist, VISA AE

- *01 65 90 59 72 - www.hostellerieduparadis.it - info@hostellerieduparadis.it*
- *chiuso dall'8 al 31 gennaio e novembre*

30 cam - 54 € 90 € - ½ P 80 €

Rist - Carta 26/34 €

◆ Per esplorare un "grande paradiso" naturale, è perfetto questo caratteristico borgo di montagna, dove sta acquattato un originale hotel d'atmosfera e di buon confort. Il ristorante è una delle attrattive dell'albergo e dispone di spazi curati.

a Pont Sud : 9 km - alt. 1 946 m - ✉ 11010 Valsavarenche

Genzianella VISA

- *0 16 59 53 93 - www.genzianella.aosta.it - info@genzianella.aosta.it*
- *10 giugno-15 settembre*

27 cam - 50/65 € 84/104 € - ½ P 60/70 €

Rist - Carta 19/34 €

◆ Alla fine della valle, in un'oasi di tranquillità e di "frontiera", simpatica risorsa familiare, con rustici arredi montani nelle parti comuni e nelle camere. Calda, caratteristica ambientazione e casalinghe proposte culinarie in sala da pranzo.

Un esercizio evidenziato in rosso focalizza il fascino della struttura XXX.

VALTOURNENCHE - Aosta (AO) - **561** E4 - 2 292 ab. - alt. 1 524 m **34** B2
- Sport invernali : 1 600/3 100 m 1 6, (Comprensorio Monte Rosa ski collegato con Breuil Cervina e Zermatt - Svizzera) - ✉ 11028

Roma 740 - Aosta 47 - Breuil-Cervinia 9 - Milano 178

via Guido Rey 17 0166 949136, cervinia@turismo.vda.it, Fax 0166 949731

Tourist VISA AE

via Roma 32 - 0 16 69 20 70
- *www.hotel-tourist.it - info@hotel-tourist.it*
- *chiuso ottobre*

34 cam - solo ½ P 50/75 €

Rist - Menu 18 € bc

◆ Camere spaziose e curate in una struttura moderna, che dispone di servizio navetta - gratuito - per gli impianti di risalita di Valtournenche (collegati a Cervinia e Zermatt).

Grandes Murailles senza rist VISA

via Roma 78 - 01 66 93 27 02
- *www.hotelgmurailles.com - info@hotelgmurailles.com*
- *chiuso da maggio al 15 luglio; in ottobre e novembre aperto solo venerdì e sabato*

15 cam - 58/100 € 96/192 €

◆ Lo charme e l'atmosfera di questo vecchio albergo anni '50 sono quelli di una casa privata, arredata con mobili d'epoca di famiglia. Camere personalizzate, quasi tutte con balcone, e leziose testiere dei letti.

VALVERDE - Forlì-Cesena - **563** J19 - Vedere Cesenatico

VANDOIES - Bolzano (BZ) - 562 B17 - 3 257 ab. - alt. 755 m **31** C1
- ✉ 39030

▶ Roma 685 - Bolzano 55 - Brunico 20 - Milano 327

ℹ via J. Anton Zoller 1 località Vandoies di Sotto ✆ 0472 869100, tourismus.vintl@rolmail.net, Fax 0472 869260

XX **La Passion** (Wolfgang Kerschbaumer)

✿ *via San Nicolò 5/b, Vandoies di Sopra – ✆ 04 72 86 85 95 – www.lapassion.it – lapassion@dnet.it – chiuso domenica sera e lunedì*

Rist – (prenotazione obbligatoria)
Carta 34/58 €

Spec. Terrina di fegato grasso d'oca con albicocche sciroppate. Risotto al basilico con gamberi arrostiti. Sella di cervo con salsa di mirtilli neri e verdure di stagione.

♦ E' stata ricreata una caratteristica stube tra le mura di questa piccola casa privata, intima e accogliente, con graziose tendine alle finestre. Lei in sala, lui in cucina, a tavola la tradizione.

VARALLO SESIA - Vercelli (VC) - 561 E6 - 7 586 ab. - alt. 450 m **23** C1
- ✉ 13019 Italia Centro Nord

▶ Roma 679 - Biella 59 - Milano 105 - Novara 59

ℹ corso Roma 38 t° 0163 564404, infovarallo@atlvalsesiavercelli.it, Fax 0163 53091

◉ Sacro Monte★★

a Crosa Est : 3 km – ✉ 13853

X **Delzanno**

località Crosa – ✆ 0 16 35 14 39 – ristorantedelzanno@hotmail.it – chiuso lunedì escluso maggio-settembre

Rist – Carta 22/36 €

♦ Nel 2005 ha compiuto 155 anni questo storico locale, sempre gestito dalla stessa famiglia; due salette raccolte, una con camino, all'insegna di semplicità e schiettezza.

a Sacro Monte Nord : 4 km – ✉ **13019 Varallo Sesia**

Sacro Monte rist,

località Sacro Monte 14 – ✆ 0 16 35 42 54 – www.albergosacromonte.eu – info@albergosacromonte.eu – aprile-ottobre

24 cam ☕ – †45/60 € ††80/90 € – ½ P 52/62 €

Rist – *(chiuso lunedì escluso luglio-agosto)*
Carta 24/53 €

♦ Vicino a un sito religioso meta di pellegrinaggi, ambiente piacevolmente "old fashion" in un hotel con spazi esterni tranquilli e verdeggianti; camere di buona fattura. Gradevole sala ristorante con camino e utensili di rame appesi alle pareti.

VARANO DE' MELEGARI - Parma (PR) - 562 H12 - 2 672 ab. **8** A2
- alt. 190 m - ✉ 43040

▶ Roma 489 - Parma 36 - Piacenza 79 - Cremona 85

XX **Castello**

via Martiri della Libertà 129 – ✆ 0 52 55 31 56 – ristorantecastello@libero.it – chiuso dal 20 dicembre al 20 gennaio, dal 12 al 19 settembre, dal 12 al 19 giugno, lunedì, martedì

Rist – *(chiuso a mezzogiorno escluso domenica)*
Carta 45/60 €

♦ Tra antico e moderno, proprio dove sorgeva il posto di guardia dell'attiguo castello, un piccolo e curato locale che propone estrose interpretazioni di piatti del territorio. Fresco servizio estivo in terrazza.

VARAZZE – Savona (SV) – 561 I7 – 13 760 ab. – ✉ 17019 Italia 14 B2

Roma 534 – Genova 36 – Alessandria 82 – Cuneo 112

corso Matteotti 56 ✆ 019 935043, varazze@inforiviera.it, Fax 019 935916

El Chico

strada Romana 63, strada statale Aurelia Est : 1 km – ✆ 0 19 93 13 88 – www.bestwestern.it – elchico.sv@bestwestern.it – chiuso dal 20 dicembre a gennaio

38 cam – 112 € 145 € – ½ P 95 €

Rist – Menu 25 €

◆ Struttura anni '60 immersa in un parco ombreggiato con piscina; gradevoli e comodi spazi comuni, sia esterni che interni. Nuove sale riunioni per la clientela business. Ampia, luminosa sala da pranzo di taglio moderno, dove si propone cucina mediterranea.

Eden senza rist

via Villagrande 1 – ✆ 0 19 93 28 88 – www.hoteledenvarazze.it – info@edenhotelvarazze.191.it – chiuso dal 18 dicembre al 9 gennaio

45 cam – 50/75 € 90/125 €, 8 €

◆ Gestione familiare in una comoda risorsa centrale, adatta a clientela sia turistica che d'affari; zone comuni signorili e ben distribuite, stanze spaziose e confortevoli.

Cristallo

rist,

via Cilea 4 – ✆ 01 99 72 64 – www.cristallohotel.it – info@cristallohotel.it – chiuso dal 21 dicembre al 7 gennaio

45 cam – 60/99 € 90/135 €, 8 € – ½ P 80/100 €

Rist – *(da settembre a luglio chiuso venerdì-sabato-domenica) (chiuso a mezzogiorno)* Menu 29/36 €

◆ Per un soggiorno marino in ambiente signorile e ospitale, un hotel che offre camere di diversa tipologia, funzionali e dotate di ogni confort, alcune con idromassaggio. Gradevole sala ristorante, di impostazione classica; piatti italiani e liguri.

Villa Elena

cam,

via Coda 16 – ✆ 01 99 75 26 – www.genovesevillaelena.it – info@genovesevillaelena.it – chiuso da ottobre a Natale

50 cam – 55/100 € 100/120 €, 10 € – ½ P 75/85 €

Rist – Carta 30/47 €

◆ Accoglienza cordiale e affezionata clientela di habitué in questa bella villa liberty, ristrutturata, che conserva al suo interno elementi architettonici originali. Ligneo soffitto a cassettoni intarsiato e lampadari in stile nella raffinata sala ristorante.

Le Roi

rist, rist,

via Genova 43 – ✆ 01 99 59 02 – www.leroi.it – hotel@leroi.it – chiuso dal 20 dicembre al 6 gennaio

20 cam – 65/85 € 110/140 € – ½ P 85/100 €

Rist *Blu di Mare* – *(chiuso lunedì)* Carta 32/58 €

◆ Un albergo fronte mare, raddoppiato nella capienza dalla nuova dependance: arioso negli spazi comuni, dispone di camere arredate modernamente e personalizzate. Il blu del mare è quanto si vede dalla luminosa sala da pranzo.

Ines

rist,

via Cavour 10 – ✆ 01 99 73 02 – www.hotelinesvarazze.it – hotel.ines@tiscali.it

12 cam – 45/55 € 70/90 € – ½ P 52/63 €

Rist – *(solo per alloggiati)*

◆ Non lontano dal mare, villetta liberty circondata da una piacevole terrazza solarium; accoglienti interni con originali pavimenti a mosaico, camere di taglio classico.

Bri

piazza Bovani 13 – ✆ 0 19 93 46 05 – www.ristorantebri.it – info@ristorantebri.it – chiuso novembre e mercoledì (escluso giugno-settembre)

Rist – Carta 22/53 €

◆ Mantiene la sua originaria "anima" di osteria, familiare e informale, questo ristorante classico; pochi fronzoli nella solida cucina, che è tipica ligure e di pesce.

VARENA - Trento (TN) - 562 D16 - 812 ab. - alt. 1 180 m - Sport invernali : Vedere Cavalese (Comprensorio Dolomiti superski Val di Fiemme) - ✉ 38030 Italia Centro Nord 31 D3

Roma 638 - Trento 64 - Bolzano 44 - Cortina d'Ampezzo 104

Alpino
cam, cam, rist,

via Mercato 8 - ☎ 04 62 34 04 60 - www.albergoalpino.it - info@albergoalpino.it - chiuso 20 giorni in maggio e 20 giorni in novembre

28 cam - 55/80 € 70/140 € - ½ P 50/80 €

Rist - Carta 25/35 €

◆ In un bel palazzo sulla piazza centrale del paese, la gestione familiare non lesina sforzi in continui rinnovi. Ottime camere con arredi in legno locale. Moderna sala ristorante dall'ambiente informale, servizio estivo in giardino.

VARENNA - Lecco (LC) - 561 D9 - 833 ab. - alt. 220 m - ✉ 23829 16 B2

Italia Centro Nord

Roma 642 - Como 50 - Bergamo 55 - Chiavenna 45

per Menaggio e Bellagio - Navigazione Lago di Como, call center 800 551 801

via 4 Novembre ☎ 0341 830367, Fax 0341 830367

Giardini★★ di villa Monastero

Du Lac senza rist

via del Prestino 11 - ☎ 03 41 83 02 38 - www.albergodulac.com - albergodulac@tin.it - marzo-15 novembre

16 cam - 85/155 € 170/190 €

◆ Sembra spuntare dall'acqua questo grazioso albergo ristrutturato, in splendida posizione panoramica; piacevoli ambienti comuni e un'amena terrazza-bar in riva al lago.

VARESE P (VA) - 561 E8 - 81 990 ab. - alt. 382 m - ✉ 21100 18 A1

Italia Centro Nord

Roma 633 - Como 27 - Bellinzona 65 - Lugano 32

via Romagnosi 9 ☎ 0332 281913, iatvaresecittà@provincia.va.it Fax 0332 237844

18 via Vittorio Veneto 59, ☎ 0332 22 93 02

18 Dei Laghi via Trevisani 926, ☎ 0332 97 81 01

9 Panorama via Belmonte, ☎ 0332 33 03 56

Villa Menafoglio Litta Panza★

★★dal Sacro Monte★★: 8 km a nord-ovest - da Campo dei Fiori★★: 10 km a nord-ovest

Art Hotel

viale Aguggiari 26, per ① - ☎ 03 32 21 40 00 - www.arthotelvarese.it - info@arthotelvarese.it

26 cam - 105/125 €

Rist - *(chiuso dal 26 dicembre al 6 gennaio e dall'8 al 21 agosto)* Carta 29/53 €

◆ E' un'affascinante dimora storica settecentesca ad accogliere questo nuovo hotel nella prima periferia della città, arredato con gusto moderno e accessori di ultima generazione. Proposte di cucina fantasiosa e di stagione (nella bella sala colazioni con camino). La domenica solo *brunch*.

City Hotel senza rist

via Medaglie d'Oro 35 - ☎ 03 32 28 13 04 - www.cityhotelvarese.com - info@cityhotelvarese.com - chiuso dal 23 dicembre al 9 gennaio e dal 13 al 21 agosto m

46 cam - 79/119 € 119/155 €

◆ In centro città, vicino alla stazione ferroviaria, struttura funzionale, con sale riunioni, adatta a clientela sia d'affari che turistica; moderne le camere rinnovate.

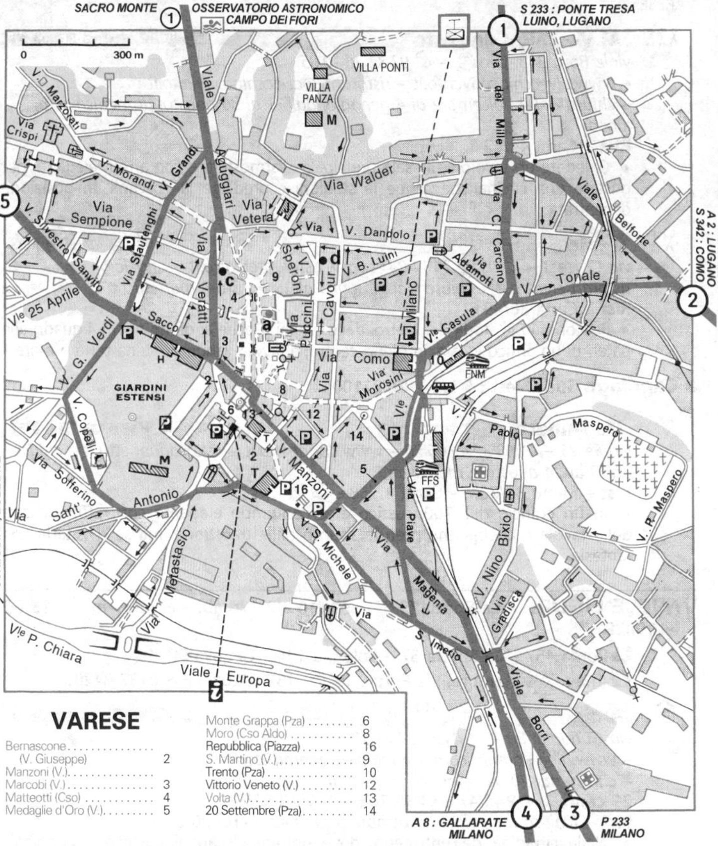

VARESE

Bernascone (V. Giuseppe)	2
Manzoni (V.)	
Marcobi (V.)	3
Matteotti (Cso)	4
Medaglie d'Oro (V.)	5
Monte Grappa (Pza)	6
Moro (Cso Aldo)	8
Repubblica (Piazza)	16
S. Martino (V.)	9
Trento (Pza)	10
Vittorio Veneto (V.)	12
Volta (V.)	13
20 Settembre (Pza)	14

Relais sul Lago

via Giovanni Macchi 61, 3 km per viale 25 Aprile – ✆ 03 32 31 00 22 – www.relaissullago.it – info@relaissullago.it

62 cam ☕ – 🚹80/100 € 🚹🚹90/130 € – 1 suite – ½ P 70/105 €

Rist *Sergio 1950* – ✆ 03 32 31 35 71 *(chiuso dal 16 agosto al 7 settembre, 2 settimane in dicembre e domenica)* Menu 47/65 €

◆ Lontano dal centro cittadino e con vista sul piccolo lago: camere calde ed accoglienti ed un ospitale centro benessere. Un piccolo paradiso terrestre, dove riconciliarsi con la vita. Per godere dei piaceri della tavola, una sosta da Sergio 1950 tra piatti sani e sfiziosi, accompagnati da una vasta selezione di vini.

Bologna

cam,

via Broggi 7 – ✆ 03 32 23 43 62 – www.albergobologna.it – info@albergobologna.it **c**

18 cam ☕ – 🚹70/80 € 🚹🚹90/100 € – ½ P 140/160 €

Rist – *(chiuso sabato)* Carta 30/40 €

◆ Gestito dalla stessa famiglia da quasi 50 anni, un semplice, ma confortevole hotel, rinnovato in anni recenti; comoda posizione centrale e camere ben arredate. Simpatica sala da pranzo di ambientazione rustica nel frequentato ristorante.

XXX **Al Vecchio Convento**

viale Borri 348, per ③ – 03 32 26 10 05 – www.alvecchioconvento.it – ristorante@alvecchioconvento.it – chiuso dal 27 dicembre al 4 gennaio, dall'11 al 30 agosto, domenica sera, lunedì

Rist – Carta 44/62 €

◆ Chiedete un tavolo nella sala principale, d'atmosfera e con arredi eleganti, per gustare una cucina che segue le stagioni e predilige la Toscana. In posizione decentrata.

XX **Teatro**

via Croce 3 – 03 32 24 11 24 – www.ristoranteteatro.it – angelo@ristoranteteatro.it – chiuso dal 25 luglio al 25 agosto e martedì **a**

Rist – Carta 38/49 €

◆ Raccontano la storia del teatro, dalle origini greche ai giorni nostri, i quadri alle pareti di un antico locale, in pieno centro; a tavola vanno in scena terra e mare.

a Capolago Sud-Ovest : 5 km – ✉ 21100

XX **Da Annetta**

via Fè 25 – 03 32 49 00 20 – www.daannetta.it – info@daannetta.it – chiuso dall'8 al 24 agosto e mercoledì

Rist – Menu 35/70 € – Carta 42/58 €

◆ In un edificio del '700, rustico e al contempo elegante con raffinata cura della tavola e cucina che prende spunto dalla tradizione, ma sa rivisitarla con fantasia.

VARESE LIGURE – La Spezia (SP) – 561 I10 – 2 176 ab. – alt. 353 m – ✉ 19028 15 D2

Roma 457 – La Spezia 57 – Bologna 194 – Genova 90

(maggio-settembre) via Portici 19 0187 842094, Fax 0187 842094

Amici

via Garibaldi 80 – 01 87 84 21 39 – www.albergoamici.com – info@albergoamici.com – chiuso dal 20 dicembre al 15 gennaio

29 cam – †40/47 € ††55/70 € – ½ P 40/50 €

Rist – *(chiuso mercoledì da ottobre a maggio)* Carta 20/36 €

◆ Nella cittadina dell'entroterra, dove potrete visitare il Castello e l'originale Borgo Rotondo, confortevole hotel familiare, con giardino; buon rapporto qualità/prezzo. Lineare sala ristorante d'impostazione classica.

X **La Taverna del Gallo Nero**

piazza Vittorio Emanuele 26 – 01 87 84 05 13 – diazmaxi@hotmail.it – chiuso gennaio e lunedì

Rist – (prenotazione obbligatoria la sera) Carta 25/43 €

◆ Locale rustico ed accogliente nel cuore della località. Tre salette caratterizzate da pietra viva e travi di legno. La cucina presenta poche ma curate proposte.

VARIGOTTI – Savona (SV) – 561 J7 – ✉ 17029 14 B2

Roma 567 – Genova 68 – Imperia 58 – Milano 191

(maggio-settembre) via Aurelia 79 019 698013, varigotti@inforiviera.it, Fax 019 6988842

Al Saraceno rist,

via al Capo 2 – 01 96 98 81 82 – www.alsaracenogroup.com – varigotti@alsaracenogroup.com – chiuso novembre

17 cam – †90/230 € ††180/290 € – 4 suites – ½ P 140/195 €

Rist – Carta 42/70 €

◆ Totale restyling per questo hotel con accesso diretto alla spiaggia: ambienti luminosi e signorili, belle camere con confort di livello. Eleganza mediterranea al ristorante, servizio estivo in terrazza sul mare.

Al Capo

vico Mendaro 3 – 01 96 98 80 66 – www.hotelalcapo.it – info@hotelalcapo.it – 28 marzo-11 ottobre

25 cam – 60/72 € 95/125 € – ½ P 75 €

Rist – *(21 maggio-26 settembre) (chiuso a mezzogiorno) (solo per alloggiati)* Menu 25/30 €

◆ Il bianco impera all'esterno, mentre nei freschi e moderni interni i mobili si riappropiano dei colori: ambiente di calda familiarità con stanze accoglienti e funzionali. Sapori mediterranei e piatti della tradizione ligure al ristorante.

XX **Muraglia-Conchiglia d'Oro** con cam e senza

via Aurelia 133 – 0 19 69 80 15 – r.conchigliadoro@libero.it – chiuso dal 15 gennaio al 15 febbraio

6 cam – 50/70 € 70/90 €

Rist – *(chiuso mercoledì e da ottobre a maggio anche martedì)* Carta 56/79 €

◆ Una sala sobria e luminosa, nonché una piacevole terrazza vista mare: la specialità della casa è il pesce - di grande qualità e freschezza - preparato anche alla brace.

VARZI – Pavia (PV) – 561 H9 – 3 405 ab. – alt. 416 m – ✉ 27057 16 B3

Roma 585 – Piacenza 69 – Alessandria 59 – Genova 111

piazza della Fiera 0383 545221

verso Pian d'Armà Sud : 7 km :

X **Buscone**

località Bosmenso 41 – 0 38 35 22 24 – www.ristorantebuscone.it – info@ristorantebuscone.it – chiuso lunedì

Rist – Carta 20/30 €

◆ La difficoltà che forse incontrerete per raggiungere la trattoria, sarà ricompensata dal vivace ambiente familiare e dalla cucina casereccia. Assolutamente da assaggiare: i salumi fatti in casa e, in stagione, i funghi.

VASON – Trento – Vedere Bondone (Monte)

VASTO – Chieti (CH) – 563 P26 – 39 376 ab. – alt. 144 m – ✉ 66054 2 C2

Roma 271 – Pescara 70 – L'Aquila 166 – Campobasso 96

piazza del Popolo 18 0873 367312, iat.vasto@abruzzoturismo.it, Fax 0873 367312

XX **Castello Aragona**

via San Michele 105 – 0 87 36 98 85 – www.castelloaragona.it – info@castelloaragona.it – chiuso dal 24 dicembre al 4 gennaio e lunedì

Rist – Carta 35/55 €

◆ La suggestiva atmosfera di memoria storica e il servizio estivo sulla terrazza-giardino con splendida vista sul mare caratterizzano questo ristorante, dove potrete gustare specialità di mare.

VASTO (Marina di) – Chieti (CH) – 563 P26 – ✉ 66054 2 C2

Roma 275 – Pescara 72 – Chieti 74 – Vasto 3

sulla strada statale 16

Excelsior cam, rist,

contrada Buonanotte 266, Sud : 4 km ✉ 66055 – 08 73 80 22 22 – www.hotelexcelsiorvasto.com – info@hotelexcelsiorvasto.com – chiuso dal 23 dicembre al 15 gennaio

45 cam – 70/90 € 95/160 € – 10 suites – ½ P 65/95 €

Rist – *(chiuso a mezzogiorno escluso da giugno a settembre)* Carta 27/47 €

◆ Ideale per una clientela d'affari, funzionalità e confort in questa accogliente struttura a circa 400 metri dal mare: spazi comuni moderni, camere più classiche. Tono elegante nell'ampia sala ristorante.

Sporting rist,
località San Tommaso 67, Sud : 2,5 km ✉ 66055 – ✆ 08 73 80 19 08 – www.hotelsportingvasto.it – info@hotelsportingvasto.it
22 cam – ♦52/78 € ♦♦78/125 € – ½ P 60/75 € **Rist** – Carta 24/34 €
♦ Circondato da una fiorita terrazza-giardino, a circa 400 m dal mare, la curata struttura è ideale per un soggiorno di relax in un ambiente signorile, ma dal calore familiare. Lo stesso spirito con cui il titolare, Vittorio, si occupa della cucina: genuina e a base di prodotti locali.

XX **Villa Vignola** con cam
località Vignale, Nord : 6 km ✉ 66054 – ✆ 08 73 31 00 50 – www.villavignola.it – villavignola@interfree.it – chiuso dal 21 al 28 dicembre
5 cam – ♦80 € ♦♦110/130 € **Rist** – Carta 43/53 €
♦ In un giardino con accesso diretto al mare e con una splendida vista della costa, ristorante di tono elegante, dove trovare soprattutto proposte di mare. La sera, servizio all'aperto. Camere curate e accoglienti, arredate con mobili d'antiquariato, per un soggiorno votato alla tranquillità.

VATICANO (Città del) – Roma – Vedere Roma

VEDOLE – Parma – Vedere Colorno

VELLETRI – Roma (RM) – 563 Q20 – 52 647 ab. – alt. 332 m – ✉ 00049 13 C2

Roma

Roma 36 – Anzio 43 – Frosinone 61 – Latina 29

Castelli romani★★ nord-ovest per la via dei Laghi o per la strada S 7, Appia Antica (circuito di 60 km)

XX **Da Benito al Bosco** con cam
via Morice 96 – ✆ 0 69 63 39 91 – www.benitoalbosco.com – info@benitoalbosco.com
60 cam – ♦55/65 € ♦♦80 € – ½ P 70 €
Rist – *(chiuso martedì)* Carta 27/45 €
♦ Il ristorante privilegia la cucina di mare e, non appena il clima lo consente, ci si sposta all'aperto: a bordo piscina o all'ombra dei castagni. Situato in zona collinare e residenziale, l'albergo ospita camere dall'arredo classico ed inserti in marmo.

VELLO – Brescia (BS) – 561 E12 – alt. 190 m – ✉ 25054 Marone 19 D1

Roma 591 – Brescia 34 – Milano 100

X **Trattoria Glisenti**
via Provinciale 34 – ✆ 0 30 98 72 22 – chiuso dal 6 gennaio al 12 febbraio e giovedì, da settembre a maggio anche mercoledì
Rist – Carta 23/36 €
♦ Un indirizzo consigliabile agli appassionati del pesce di lago: semplice trattoria di lunga tradizione familiare, sulla vecchia strada costiera del lago d'Iseo.

VELO D'ASTICO – Vicenza (VI) – 562 E16 – 2 404 ab. – alt. 346 m – ✉ 36010 35 B2

Roma 551 – Trento 57 – Treviso 83 – Verona 81

XX **Giorgio e Flora** con cam
via Baldonò 1, lago di Velo d'Astico, Nord-Ovest : 2 km – ✆ 04 45 71 30 61 – www.giorgioeflora.it – info@giorgioeflora.it – chiuso dal 1° al 10 settembre
6 cam – ♦60/80 € ♦♦80/100 € – ½ P 80 €
Rist – *(chiuso mercoledì sera, giovedì)* (coperti limitati, prenotare) Carta 31/49 €
♦ Una villetta tipo chalet che domina la valle, due sale, di cui una più raccolta ed elegante, un panoramico dehors e piatti della tradizione veneta con tocco personale.

VELO VERONESE – Verona (VR) – 562 F15 – 785 ab. – alt. 1 087 m – ✉ 37030 35 B2

Roma 529 – Verona 35 – Brescia 103 – Milano 193

13 Comuni con cam
piazza della Vittoria 31 – ✆ 04 57 83 55 66 – www.13comuni.it – info@13comuni.it – chiuso ottobre o novembre
15 cam – 30/60 € 60/80 € – ½ P 45/55 €
Rist – *(chiuso lunedì e martedì escluso luglio-agosto)* Carta 27/39 €
◆ Nella piazza del paese, classica risorsa familiare, con camere funzionali e cucina del territorio; soffitto di legno nella spaziosa sala ristorante di stile montano.

VENARIA REALE – Torino (TO) – 561 G4 – 34 682 ab. – alt. 262 m – 10078

22 A1

Roma 667 – Torino 11 – Aosta 116 – Milano 143

Druento strada della Barra 21, Ovest: 3 km, ✆ 329 5 43 12 35

Galant senza rist
corso Garibaldi 155 – ✆ 01 14 55 10 21 – www.hotelgalant.it – info@hotelgalant.it
39 cam – 98/146 € 127/200 €
◆ A meno di un chilometro dal "delle Alpi", struttura di taglio moderno, ideale per una clientela d'affari, dispone di piacevoli ambienti comuni e di camere semplici ma confortevoli.

Cascina di Corte
via Amedeo di Castellamonte 2 – ✆ 01 14 59 32 78 – www.cascinadicorte.it – info@cascinadicorte.it – chiuso agosto
10 cam – 90/110 € 130/190 € – 2 suites – ½ P 90/120 €
Rist – Carta 38/60 €
◆ Alle porte della celebre reggia, cascina ottocentesca con annessa ghiacciaia ancora conservata. Sobrio stile architettonico di impronta locale, ma - all'interno - l'atmosfera rustica con mattoni a vista nelle camere cede il passo a moderne installazioni e confort.

Dolce Stil Novo alla Reggia (Alfredo Russo)
piazza della Repubblica 4 – ✆ 01 14 99 23 43 – www.dolcestilnovo.com – info@dolcestilnovo.com – chiuso 2 settimane in gennaio, 2 settimane in agosto, domenica sera, lunedì, martedì a mezzogiorno
Rist – (coperti limitati, prenotare) Carta 77/114 €
Spec. Coniglio marinato in carpione di moscato. Spaghetti con bottarga di cozze ed emulsione di rucola. Crema morbida di menta di Pancalieri con menta, menta e menta.
◆ Ospitato all'interno del *Torrione del Garove*, il ristorante dispone di una bella terrazza affacciata sui giardini della *Reggia di Venaria*. Due ampie sale con tavoli spaziosi, alle quali si contrappongono arredi minimalisti, accolgono una cucina del territorio con qualche specialità di mare.

Il Reale
corso Garibaldi 153 – ✆ 01 14 53 04 13 – www.ilreale.it – info@ilreale.it – chiuso dal 10 al 25 agosto
Rist – Menu 24/40 € – Carta 30/44 €
◆ Locale nato nel 2000, strutturato in due sale moderne ed eleganti nelle quali gustare una cucina regionale e di pesce arricchita da spunti di fantasia.

C. Labonne/MICHELIN

Venezia Gondole

VENEZIA

Carta Michelin : **562** F19 Carta regionale : **36** C2
Popolazione : 270 098 ab.
Venezia

INFORMAZIONI PRATICHE

Uffici Informazioni turistiche

calle Ascensione - San Marco 71/f ✉30124 ✆ 041 5298711, info@turismovenezia.it, Fax 041 5230399

Stazione Santa Lucia ✉30121 ✆ 041 5298711, info@turismovenezia.it, Fax 041 5230399

Aeroporto Marco Polo ✆ 041 5298711,info@turismovenezia.it, Fax 041 5230399

Aeroporto

Marco Polo di Tessera, Nord-Est : 13 km ✆ 041 2609260

Trasporti marittimi

da piazzale Roma (Tronchetto) per il Lido-San Nicolò – dal Lido Alberoni per l'Isola di Pellestrina-Santa Maria del Mare ACTV ✆ 041 2424

Golf

18 strada Vecchia 1, ✆041 73 13 33

18 Cá della Nave piazza della Vittoria 14, ✆041 5 40 15 55

18 Villa Condulmer via della Croce 3, ✆041 45 70 62

LUOGHI DI INTERESSE

GLI IMPERATIVI CATEGORICI

Basilica di S. Marco★★★ e Museo di S. Marco, con i cavalli di bronzo dorato★★ LZ - Palazzo Ducale★★★ e "Itinerari segreti" LZ - Scuola Grande di S. Rocco★★★ BU - Ca' d'Oro★★★ YX - Scuola di S. Giorgio degli Schiavoni★★★ FU - ≤★★★ dal Campanile di S. Giorgio Maggiore FV - Frari★★★ BTU - Rialto★★ KY - ≤★★ dal Campanile di S. Marco KLZQ - S. Maria della Salute★★ DV - Ponte dei Sospiri★★ LZ - S. Zaccaria★★ LZ - Scala del Bovolo★ JZ

MUSEI VENEZIANI

Gallerie dell'Accademia★★★ BV - Ca' d'Oro★★★ YX: Galleria Franchetti - Ca' Rezzonico★★ BV: Museo del Settecento Veneziano - Museo Correr★★ XZM - Collezione Peggy Guggenheim★★ DV - Fondazione Querini Stampalia★ LY - Museo Storico Navale★ FV

LA VENEZIA DI ATMOSFERA: LE PASSEGGIATE PER I SESTIERI

S. Pietro di Castello★ - Arsenale★ FGU - S. Francesco della Vigna★ FT - Campo dell'Abbazia, Sacca della Misericordia, Madonna dell'Orto★, Campo dei Mori e S. Alvise★ - Dogana EV, Zattere, squero di S. Trovaso BV, S. Sebastiano★★ ABV, Campo S. Margherita BV - S. Giorgio dei Greci FU, Campo S. Maria Formosa ET, SS. Giovanni e Paolo★★ (S. Zanipòlo) FT, S. Maria dei Miracoli★ ET, Fondamenta Nuove, Gesuiti★ ET.

ACQUISTI

Articoli in vetro, moda, maschere, ex libris e carta marmorizzata si troveranno un po' ovunque. Si segnalano le zone più commerciali: Piazza S. Marco, Mercerie★, Rialto, Strada Nuova.

LE ISOLE

Burano★★ : Museo del Merletto - Murano★★ : Museo di Arte Vetraria★, S. Maria e Donato★★ - Torcello★★ : mosaici★★ della Basilica - S. Francesco del Deserto★ - S. Lazzaro degli Armeni★

DINTORNI DI VENEZIA CON RISORSE ALBERGHIERE

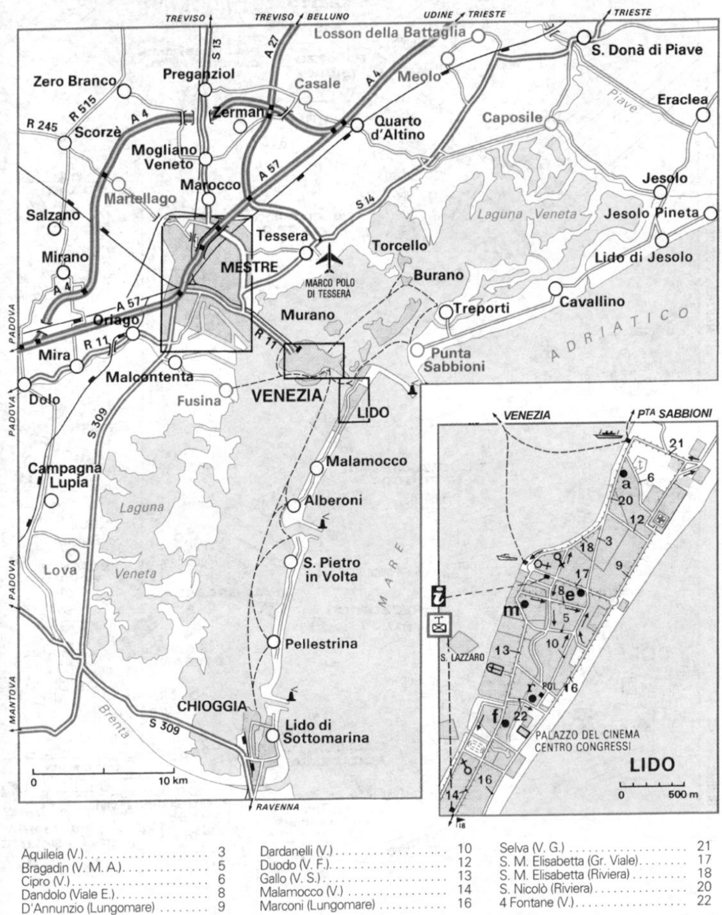

Aquileia (V.)	3	Dardanelli (V.)	10	Selva (V. G.)	21
Bragadin (V. M. A.)	5	Duodo (V. F.)	12	S. M. Elisabetta (Gr. Viale)	17
Cipro (V.)	6	Gallo (V. S.)	13	S. M. Elisabetta (Riviera)	18
Dandolo (Viale E.)	8	Malamocco (V.)	14	S. Nicolò (Riviera)	20
D'Annunzio (Lungomare)	9	Marconi (Lungomare)	16	4 Fontane (V.)	22

Cipriani & Palazzo Vendramin

rist,

isola della Giudecca 10, 5 mn di navetta privata dal pontile San Marco ✉ 30133 – ☎ 04 15 20 77 44 – www.hotelcipriani.com – info@hotelcipriani.it – aprile-ottobre

FVh

74 cam – 550/605 € 990/1452 € – 21 suites – ½ P 550/770 €

Rist Cip's Club – vedere selezione ristoranti

Rist – Carta 80/100 €

◆ Appartato e tranquillo, in un giardino fiorito con piscina riscaldata, grande albergo lussuoso ed esclusivo. Maggiordomo a disposizione nelle raffinate dépendance. In un'elegante saletta interna, sulla fiorita terrazza oppure presso la piscina olimpica, il ristorante offre comunque la vista sulla laguna e sulla città.

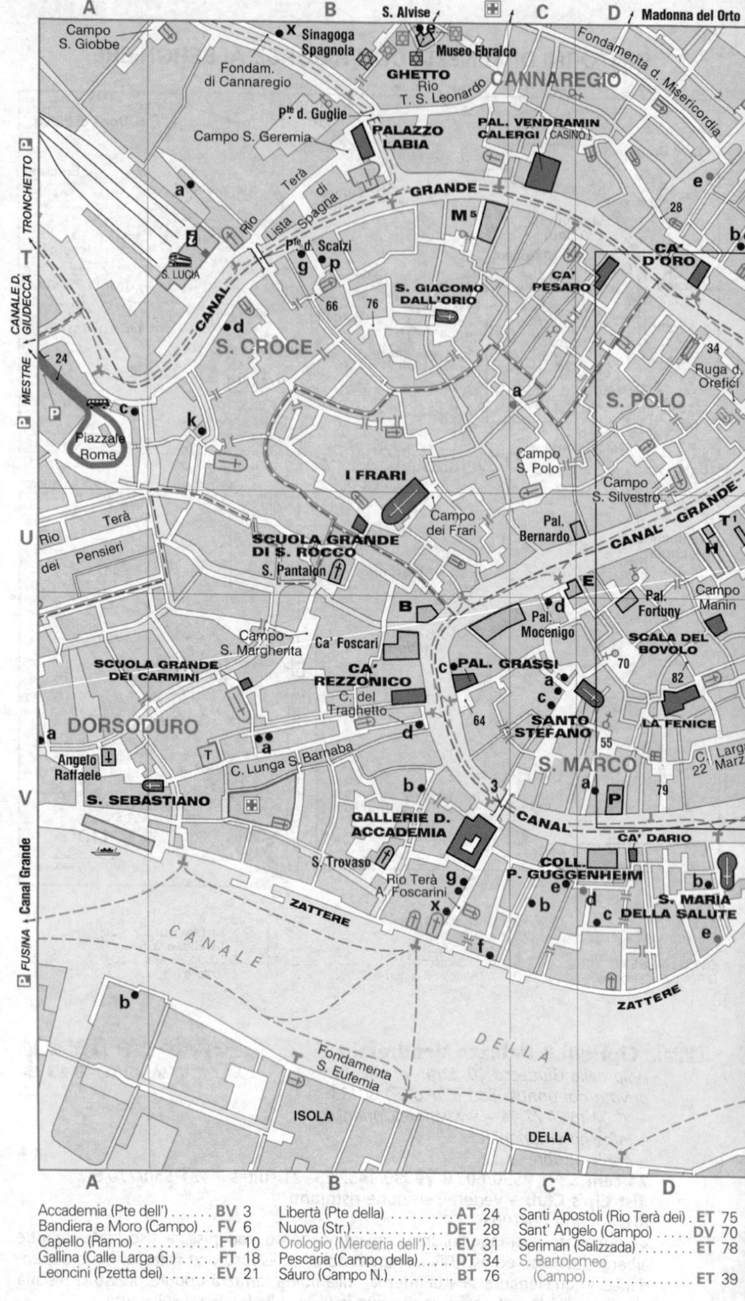
A
B
C
D
S. Alvise
Madonna del Orto
Campo S. Giobbe
Sinagoga Spagnola
Museo Ebraico
GHETTO
Fondam. di Cannaregio
Rio T. S. Leonardo
CANNAREGIO
Fondamenta d. Misericordia
Pte. d. Guglie
PALAZZO LABIA
PAL. VENDRAMIN CALERGI (CASINÒ)
Campo S. Geremia
Rio Terà Lista di Spagna
GRANDE
CANAL
M5
Pte. d. Scalzi
S. LUCIA
S. GIACOMO DALL'ORIO
CA' PESARO
CA' D'ORO
S. CROCE
Ruga d. Orefici
S. POLO
CANALE D. GIUDECCA
TRONCHETTO
MESTRE
Piazzale Roma
I FRARI
Campo S. Polo
Campo S. Silvestro
Campo dei Frari
Pal. Bernardo
CANAL GRANDE
Rio Terà dei Pensieri
SCUOLA GRANDE DI S. ROCCO
S. Pantalon
Pal. Fortuny
Campo Manin
Pal. Mocenigo
SCALA DEL BOVOLO
Campo S. Margherita
Ca' Foscari
PAL. GRASSI
SCUOLA GRANDE DEI CARMINI
CA' REZZONICO
C. del Traghetto
SANTO STEFANO
LA FENICE
DORSODURO
Angelo Raffaele
C. Lunga S. Barnaba
S. MARCO
C. Larga 22 Marzo
S. SEBASTIANO
GALLERIE D. ACCADEMIA
CA' DARIO
COLL. P. GUGGENHEIM
S. Trovaso
Rio Terà A. Foscarini
S. MARIA DELLA SALUTE
ZATTERE
CANALE
DELLA
FUSINA
Canal Grande
Fondamenta S. Eufemia
ISOLA
DELLA

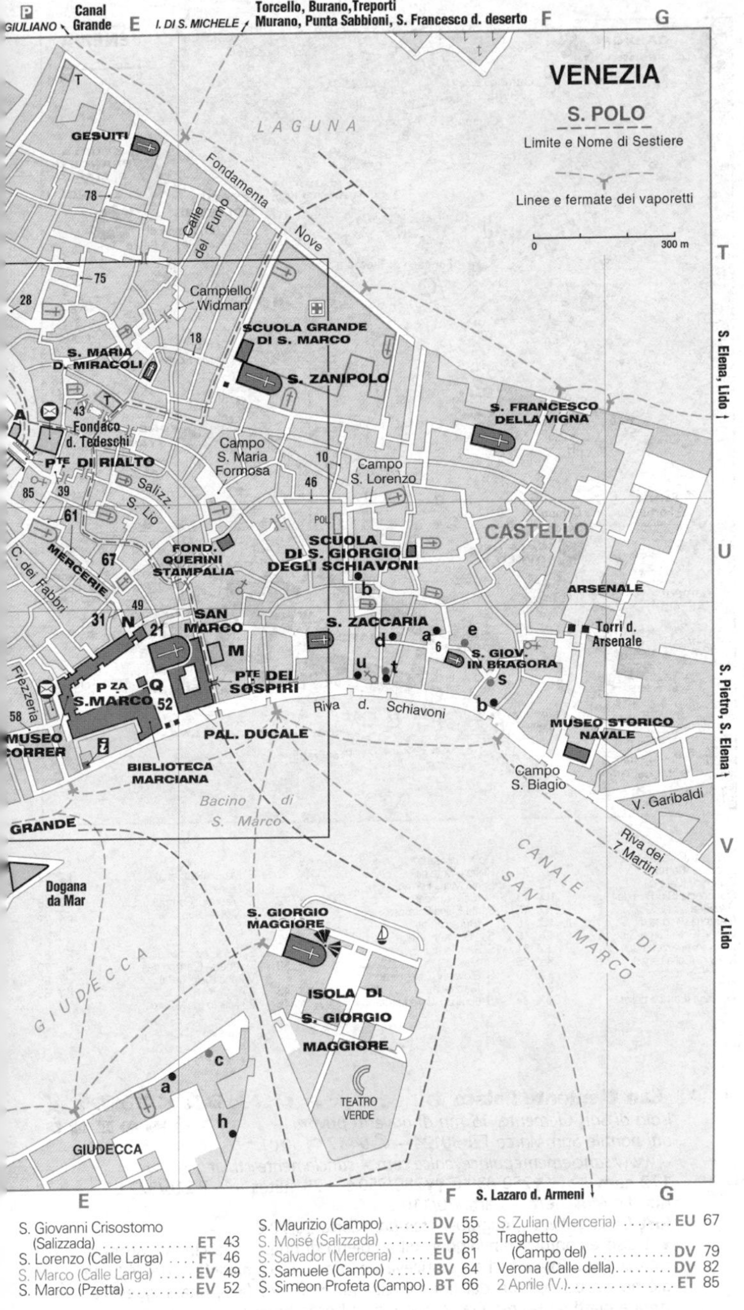

Canal Grande
GIULIANO
E
I. DI S. MICHELE
Torcello, Burano, Treporti
Murano, Punta Sabbioni, S. Francesco d. deserto
F
G
VENEZIA
S. POLO
Limite e Nome di Sestiere
Linee e fermate dei vaporetti
0
300 m
LAGUNA
GESUITI
78
Fondamenta Nove
Calle del Fumo
75
28
Campiello Widman
18
SCUOLA GRANDE DI S. MARCO
S. ZANIPOLO
S. MARIA D. MIRACOLI
43
Fondaco d. Tedeschi
A
PTE DI RIALTO
85
39
Salizz. S. Lio
61
MERCERIE
C. dei Fabbri
67
Campo S. Maria Formosa
10
46
Campo S. Lorenzo
FOND. QUERINI STAMPALIA
SCUOLA DI S. GIORGIO DEGLI SCHIAVONI
S. FRANCESCO DELLA VIGNA
CASTELLO
ARSENALE
Torri d. Arsenale
49
31
N
21
SAN MARCO
M
S. ZACCARIA
S. GIOV. IN BRAGORA
PZA S.MARCO
Q
52
PTE DEL SOSPIRI
Frezzeria
58
MUSEO CORRER
Riva d. Schiavoni
PAL. DUCALE
BIBLIOTECA MARCIANA
MUSEO STORICO NAVALE
Campo S. Biagio
V. Garibaldi
Riva dei 7 Martiri
Bacino di S. Marco
GRANDE
CANALE SAN MARCO
Dogana da Mar
S. GIORGIO MAGGIORE
ISOLA DI S. GIORGIO MAGGIORE
TEATRO VERDE
GIUDECCA
GIUDECCA
T
U
V
S. Elena, Lido
S. Pietro, S. Elena
Lido
S. Lazaro d. Armeni

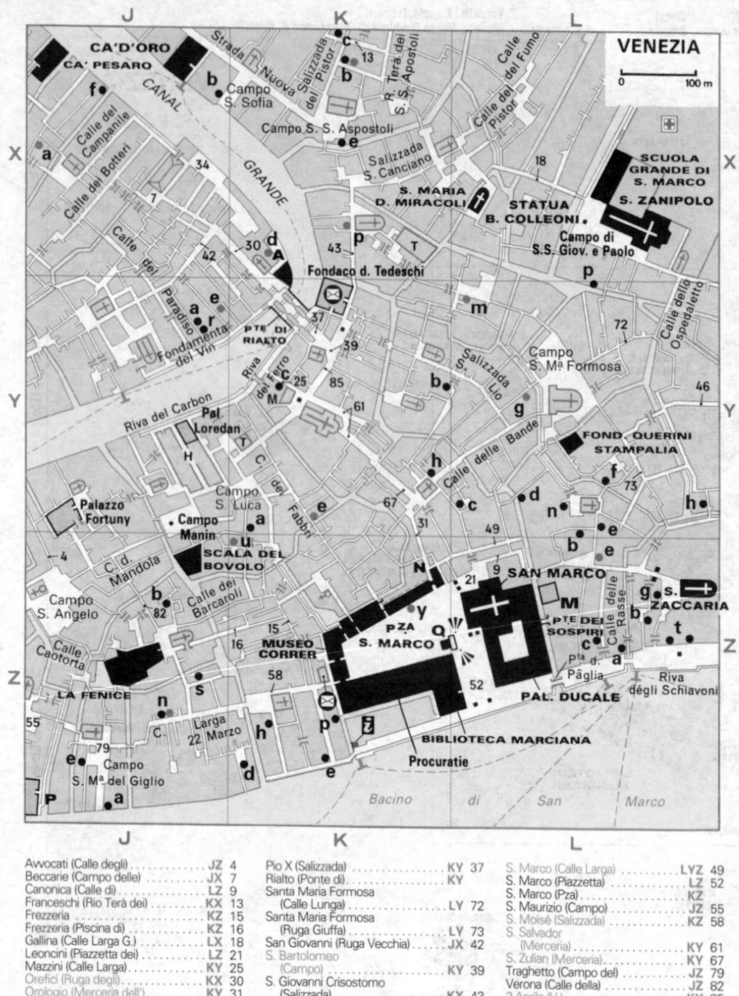

San Clemente Palace rist,

isola di San Clemente, 15 mn di navetta privata dal pontile San Marco ✉ 30124 – ✆ 04 12 44 50 01
– *www.sanclementepalacevenice.com* – *sanclemente@thi.it*

172 cam – †250/430 € ††280/550 € – 28 suites – ½ P 216/322 €

Rist *Le Maschere* – Carta 70/110 €

Rist *La Laguna* – *(maggio-settembre)* Carta 50/70 €

◆ Lusso e confort coinvolgono gli ambienti di questa affascinante struttura, ubicata sull'isola privata che accoglieva un convento camaldolese del '400: un soggiorno esclusivo, fuori dai normali circuiti. A *Le Maschere*, una suggestiva atmosfera e piatti fantasiosi. Pranzi informali a bordo piscina a *La Laguna*.

Gritti Palace
campo Santa Maria del Giglio 2467, San Marco ✉ 30124 – ✆ 0 41 79 46 11 – www.starwoodhotels.com/grittipalace – grittipalace@luxurycollection.com JZ**a**
85 cam – †285/560 € ††300/1390 €, ☕ 52 € – 6 suites
Rist *Club del Doge* – Carta 103/145 €
♦ Prezioso e raccolto gioiello dell'hotellerie veneziana, dove il lusso e l'ospitalità sono avvolgenti, ma con raffinata discrezione. Palazzo cinquecentesco sul Canal Grande. Sapori mediterranei e veneti nell'elegante sala da pranzo, dove fermarsi ad assaporare una cucina innovativa attenta ai sapori naturali.

Danieli
riva degli Schiavoni 4196, Castello ✉ 30122 – ✆ 04 15 22 64 80 – www.starwoodhotels.com/danieli – danieli@luxurycollection.com LZ**a**
215 cam – †850 € ††850/1210 €, ☕ 52 € – 10 suites
Rist *Terrazza Danieli* – Carta 98/188 €
♦ Tre diversi edifici, da Palazzo Dandolo al "Danielino", fino al cortile coperto che fu mercato di spezie orientali e prelude a un grande albergo dal fascino unico al mondo. Panoramica sala da pranzo al roof-garden, con servizio estivo in terrazza.

Bauer Hotel cam, rist,
campo San Moisè 1459, San Marco ✉ 30124 – ✆ 04 15 20 70 22 – www.bauerhotels.com – marketing@bauervenezia.it KZ**h**
97 cam – ††780/1000 €, ☕ 50 € – 22 suites
Rist *De Pisis* – Carta 102/134 €
♦ Candelabri in vetro di Murano, tessuti veneziani, mobili ed accessori Art Deco in un piacevole *melting pot* di stili, ma un comune denominatore: il lusso. Cucina creativa al De Pisis; bella terrazza sul Canal Grande.

Bauer il Palazzo
campo San Moisè 1459, San Marco – ✆ 04 15 20 70 22 – www.bauerhotels.com – marketing@bauervenezia.it
38 cam – ††990/2050 €, ☕ 50 € – 34 suites – ††1250/3450 €
♦ Facciata gotica ed esclusivi spazi interni.

Bauer Casa Nova
calle Tredici Martiri 1459, San Marco – ✆ 04 15 20 70 22 – www.bauerhotels.com – marketing@bauervenezia.it
10 cam – ††680 €, ☕ 50 € – 9 suites – ††1100 €
♦ L'intimità di una residenza privata, il confort di un hotel.

Cà Sagredo
campo Santa Sofia 4198, Ca' D'Oro ✉ 30121 – ✆ 04 12 41 31 11 – www.casagredohotel.com – info@casagredohotel.com JX**b**
30 cam ☕ – †280/630 € ††300/650 € – 12 suites **Rist** – Carta 80/102 €
♦ Dopo anni di ristrutturazione, il palazzo cinquecentesco si presenta con la sua imponente scalinata dagli affreschi di pregio e con camere sono tutte diverse tra loro, arredate in stile.

Luna Hotel Baglioni rist,
calle larga dell'Ascensione 1243, San Marco ✉ 30124 – ✆ 04 15 28 98 40 – www.baglionihotels.com – luna.venezia@baglionihotels.com KZ**p**
89 cam – †430/830 € ††450/850 €, ☕ 40 € – 15 suites
Rist *Canova* – Carta 65/140 €
♦ Già al tempo delle crociate ostello per templari e pellegrini, oggi hotel di aristocratica raffinatezza; suite con terrazza, salone con affreschi della scuola del Tiepolo. Molto elegante, il ristorante propone piatti curati di cucina eclettica.

Monaco e Grand Canal
calle Vallaresso 1332, San Marco ✉ 30124 – ✆ 04 15 20 02 11 – www.hotelmonaco.it – mailbox@hotelmonaco.it KZ**e**
92 cam ☕ – †100/350 € ††135/700 € – 7 suites
Rist *Grand Canal* – Carta 69/103 €
♦ In posizione panoramica, splendida struttura dagli interni di tono e camere molto curate. Le aree comuni si ampliano con la nuova sala del Ridotto, il primo casinò di Venezia, che dopo tre anni di restauro è stata messa a disposizione dell'hotel. Sala da pranzo di sobria eleganza e, d'estate, terrazza sul Canal Grande.

Grand Hotel dei Dogi

rist,

fondamenta Madonna dell'Orto 3500, Cannaregio, per Madonna dell'Orto ✉ *30121 – ✆ 04 12 20 81 11 – www.boscolohotels.com – reception@deidogi.boscolo.com*

DT

71 cam – 200/500 € 200/560 €, 20 € – 1 suite

Rist – Carta 52/89 € (+10 %)

◆ Fuori dalle rotte turistiche, questo palazzo seicentesco con parco secolare affacciato sulla laguna, ospita un hotel dagli eleganti e ariosi interni in stile '700 veneziano. Piccolo e piacevolissimo centro relax. Cucina veneta ed internazionale nel lussuoso ristorante incorniciato dal silenzioso giardino.

Metropole

riva degli Schiavoni 4149, Castello ✉ *30122 – ✆ 04 15 20 50 44 – www.hotelmetropole.com – venice@hotelmetropole.com*

FV**t**

58 cam – 212/470 € 225/500 € – 9 suites

Rist Met – vedere selezione ristoranti

◆ Prestigiosa ubicazione per un elegante albergo sulla laguna, davvero non convenzionale con la sue collezioni di piccoli oggetti d'epoca (crocifissi, orologi, ventagli).

Molino Stucky Hilton

rist,

Giudecca 810, 10 mn di navetta privata dal pontile San Marco ✉ *30133 – ✆ 04 12 72 33 11 – www.molinostuckyhilton.it – info.venice@hilton.com*

AV**b**

335 cam – 249/600 €, 30 € – 44 suites

Rist *Aromi* – *(chiuso a mezzogiorno)* Carta 80/108 €

◆ Ricavato dal restauro conservativo del molino Stucky, una delle architetture industriali tra le più note, l'hotel vanta un'impronta decisamente originale e di grande prestigio; indicato per una clientela a 360°. Cucina locale in una cornice intima e raffinata all'*Aromi*.

Londra Palace

riva degli Schiavoni 4171 ✉ *30122 – ✆ 04 15 20 05 33 – www.hotelondra.it – info@londra.com*

LZ**t**

53 cam – 200/450 € 210/699 € – ½ P 175/420 €

Rist *Do Leoni* – *(chiuso gennaio)* Carta 63/85 €

◆ Scrigno di charme, eleganza e preziosi dettagli in questo storico albergo, di recente ristrutturato in stile neoclassico, che si annuncia con "cento finestre sulla laguna". Terrazza ristorante estiva sulla "riva" più affollata della città, menu light a pranzo.

The Westin Europa e Regina

corte Barozzi 2159, San Marco ✉ *30124 – ✆ 04 12 40 00 01 – www.westin.com/europaregina – europa®ina@westin.com*

KZ**d**

177 cam – 200/465 € 295/1070 €, 42 € – 8 suites

Rist *La Cusina* – Menu 68/125 €

◆ Cinque edifici fusi in un trionfo di marmi, damaschi, cristalli e stucchi negli interni di un hotel affacciato sul Canal Grande, che offre ottimi confort in ogni settore. Cucina a vista nel ristorante riccamente decorato; terrazza estiva sul canale.

Papadopoli Venezia

Santa Croce 245 ✉ *30135 – ✆ 0 41 71 04 00 – www.papadopoli-venezia.it – h1313@accor.com*

BT**k**

96 cam – 190/350 €, 25 € – ½ P 140/255 €

Rist – Carta 52/74 €

◆ Vicino a piazzale Roma, hotel elegante, con raffinati arredi classici e dotazioni moderne, sia nelle aree comuni, che nelle camere, con mobili in stile '700 veneziano. Originale ristorante rivestito di sughero e piante: un imprevedibile giardino d'inverno.

Palazzina Grassi
San Marco 3247 ✉ 30124 – ☎ 04 15 28 46 44 – www.palazzinagrassi.com – info@palazzinagrassi.com – 22 aprile-16 ottobre BV**c**
26 cam – ††290/1175 €, ☕ 39 € – 5 suites **Rist** – Carta 49/78 €
♦ C'è la firma di Philippe Starck in questo esclusivo hotel, dove lo stile veneziano viene reinterpretato secondo un design moderno, dando vita ad un'ospitalità disinvolta: riuscita sintesi di funzionalità, tecnologia ed estetica. L'ottimo livello si riconferma anche al ristorante con show cooking.

Palazzo Sant'Angelo sul Canal Grande senza rist
San Marco 3878/b ✉ 30124 – ☎ 04 12 41 14 52 – www.sinahotels.com – palazzosantangelo@sinahotels.com CUV**d**
26 cam ☕ – †440 € ††528/550 €
♦ All'interno di un piccolo palazzo direttamente affacciato sul Canal Grande, una risorsa affascinante, apprezzabile anche per il carattere intimo e discreto.

Colombina senza rist
calle del Remedio 4416, Castello ✉ 30122 – ☎ 04 12 77 05 25 – www.hotelcolombina.com – info@hotelcolombina.com LY**d**
32 cam ☕ – †160/395 € ††160/470 €
♦ Dà sul canale del Ponte dei Sospiri questa raffinata risorsa, che offre moderni confort ed eleganti arredi in stile veneziano; belle le camere con vista sul famoso ponte.

Bauer Palladio cam, cam,
Isola della Giudecca ✉ 30133 – ☎ 04 15 20 70 22 – www.bauerhotels.com – booking@bauervenezia.it – aprile-ottobre EV**a**
66 cam – ††240/780 €, ☕ 55 € – 8 suites **Rist** – Carta 55/75 €
♦ La storia riecheggia tra le mura di questo ex convento del XVI secolo. Oggi: ampio giardino, bel chiostro con fontana e confort moderni nelle preziose camere. Cucina classica e nazionale al ristorante, che vanta un grazioso dehors.

Ca' Pisani senza rist
rio terà Foscarini 979/a, Dorsoduro ✉ 30123 – ☎ 04 12 40 14 11 – www.capisanihotel.it – info@capisanihotel.it – chiuso dal 6 gennaio al 9 febbraio BV**g**
29 cam ☕ – †190/390 € ††210/420 €
♦ In una dimora trecentesca, arredi in stile anni '30-'40 del '900, opere d'arte futuriste e tecnologia d'avanguardia: inusitato, audace, connubio per un originale design hotel. Taglieri di affettati ed altri piatti veloci al Wine & Cheese Bar.

Ca' Maria Adele senza rist
rio Terà dei Catecumeni, Dorsoduro 111 ✉ 30123 – ☎ 04 15 20 30 78 – www.camariaadele.it – info@camariaadele.it DV**b**
12 cam ☕ – ††341/528 € – 2 suites
♦ Affacciata sulla Chiesa della Salute, un'affascinante e pittoresca casa veneziana che presenta la tradizione dello stile locale. Lussuose camere a tema.

Duodo Palace Hotel senza rist
calle Minelli 1887/1888, San Marco ✉ 30124 – ☎ 04 15 20 33 29 – www.duodopalacehotel.com – info@duodopalacehotel.com JZ**b**
38 cam ☕ – †90/450 € ††100/750 €
♦ A pochi passi dalla Fenice, la signorile dimora seicentesca conserva preziosi stucchi ed un pozzo con stemma di famiglia e dispone di camere arredate in sobrio stile veneziano.

Liassidi Palace senza rist
ponte dei Greci 3405, Castello ✉ 30122 – ☎ 04 15 20 56 58 – www.liassidipalacehotel.com – info@liassidipalacehotel.com FU**b**
26 cam ☕ – †110/420 € ††140/490 €
♦ Edificio della seconda metà del '400, finestre ad archi al piano nobile che si affaccia sulla porta d'acqua del canale. Camere personalizzate, con falsi d'autore alle pareti.

Palazzo Stern senza rist

Dorsoduro 2792/a ✉ 30123 – ✆ 04 12 77 08 69 – www.palazzostern.it – info@palazzostern.it BV**d**

24 cam ☕ – 🚹1140 € 🚹🚹170/525 €

◆ Bel palazzo affacciato sul Canal Grande, di fianco a Cà Rezzonico, dispone di una piacevole terrazza per la prima colazione. All'interno, eleganti spazi comuni e lussuose camere personalizzate. Antichità, statue e mobili di pregio.

Giorgione

calle larga dei Proverbi 4587, Cannaregio ✉ 30121 – ✆ 04 15 22 58 10 – www.hotelgiorgione.com – giorgione@hotelgiorgione.com KX**b**

76 cam ☕ – 🚹200 € 🚹🚹500 €

Rist Osteria Enoteca Giorgione – vedere selezione ristoranti

◆ Nelle vicinanze della Ca' d'Oro, raffinato albergo raccolto intorno a una gradevole corte interna fiorita; eleganti arredi, esposizione di stampe originali del Giorgione.

Kette senza rist

piscina San Moisè 2053, San Marco ✉ 30124 – ✆ 04 15 20 77 66 – www.hotelkette.com – info@hotelkette.com JZ**s**

63 cam ☕ – 🚹119/420 € 🚹🚹119/440 €

◆ Nelle vicinanze della Fenice, affacciato su un canale, albergo totalmente ristrutturato, con arredi e accessori di qualità, sia nelle zone comuni che nelle camere.

Ca' Nigra Lagoon Resort senza rist

campo San Simeon Grande 927, Santa Croce ✉ 30135 – ✆ 04 15 24 27 90 – www.hotelcanigra.com – info@hotelcanigra.com BT**g**

21 cam ☕ – 🚹🚹120/550 €

◆ Oriente ed occidente fusi tra loro, si sposano ad una modernità tecnologica che assicura confort ed efficienza. Splendido giardino affacciato sul Canal Grande.

Locanda Vivaldi rist,

riva degli Schiavoni 4150/52, Castello ✉ 30122 – ✆ 04 12 77 04 77 – www.locandavivaldi.it – info@locandavivaldi.it FV**u**

27 cam ☕ – 🚹130/430 € 🚹🚹180/550 €

Rist – *(giugno-settembre) (chiuso a mezzogiorno) (solo per alloggiati)* Carta 47/70 €

◆ Adiacente alla chiesa della Pietà è nato di recente un hotel raffinato, con ampie camere in stile; alcune junior suite sono in un edificio attiguo collegato dal cortile.

Saturnia e International

calle larga 22 Marzo 2398, San Marco ✉ 30124 – ✆ 04 15 20 83 77 – www.hotelsaturnia.it – info@hotelsaturnia.it JZ**n**

91 cam ☕ – 🚹128/320 € 🚹🚹204/510 € – ½ P 315 €

Rist La Caravella – vedere selezione ristoranti

◆ In un palazzo patrizio del XIV secolo, un hotel affascinante, gestito dalla stessa famiglia dal 1908; camere con mobili in stile art deco; panoramica terrazza solarium.

Ai Mori d'Oriente senza rist

fondamenta della Sensa 3319, Cannaregio, per Madonna dell'Orto ✉ 30121 – ✆ 0 41 71 10 01 – www.hotelaimoridoriente.it – info@hotelaimoridoriente.it DT}

61 cam ☕ – 🚹350/410 € 🚹🚹420/530 €

◆ Poco distante dalla chiesa della Madonna dell'Orto che conserva i dipinti del Tintoretto, un nuovo albergo dagli originali arredi moreschi ricavato in un palazzo d'epoca.

A la Commedia senza rist

corte del Teatro Goldoni 4596/a, San Marco ✉ 30124 – ✆ 04 12 77 02 35 – www.hotelalacommedia.it – info@hotelalacommedia.it KY**c**

33 cam ☕ – 🚹80/350 € 🚹🚹100/470 € – 2 suites

◆ Adiacente al Teatro Goldoni e nelle vicinanze del Ponte di Rialto, arredi in stile veneziano rivisitati, suggestivo bar nel *roof garden* con terrazza e vista sulla città. Eleganza e signorilità.

Sant'Elena

calle Buccari 10, Sant'Elena, per Riva dei 7 Martiri ✉ 30132 – ☎ 04 12 71 78 11 – www.hotelsantelena.com – info@hotelsantelena.com – chiuso dal 9 gennaio al 10 febbraio GV

77 cam – 96/291 € 112/341 €

Rist – *(chiuso domenica) (chiuso a mezzogiorno) (solo per alloggiati)*

Carta 33/46 €

◆ Nella zona più verdeggiante di Venezia un nuovo hotel dagli arredi minimalisti ma dal confort elevato, nato dalla trasformazione di una struttura religiosa degli anni '30.

Bisanzio senza rist

calle della Pietà 3651, Castello ✉ 30122 – ☎ 04 15 20 31 00 – www.bisanzio.com – email@bisanzio.com FV**d**

48 cam – 90/370 € 110/390 €

◆ In una calle tranquilla - non lontano da San Marco - ambienti in caldo stile veneziano ed una bella collezione di quadri fine '800: un ottimo indirizzo nel cuore della Venezia più antica e romantica.

Gabrielli Sandwirth

riva degli Schiavoni 4110, Castello ✉ 30122 – ☎ 04 15 23 15 80 – www.hotelgabrielli.it – info@hotelgabrielli.it – chiuso dal 19 novembre al 9 febbraio FV**b**

100 cam – 125/250 € 200/460 € – ½ P 260 €

Rist – *(chiuso dal 21 novembre al 24 febbraio) (chiuso a mezzogiorno)*

Carta 39/58 €

◆ In uno storico palazzo sulla laguna, albergo dal 1851, che dispone di una piccola terrazza con vista sul bacino di S.Marco e corte interna con piccolo giardino fiorito. Il ristorante d'estate offre servizio all'aperto nel caratteristico cortile interno.

Pensione Accademia-Villa Maravage senza rist

fondamenta Bollani 1058, Dorsoduro ✉ 30123 – ☎ 04 15 21 01 88 – www.pensioneaccademia.it – info@pensioneaccademia.it BV**b**

27 cam – 80/140 € 135/239 €

◆ Ha un fascino particolare questa villa del '600 immersa nel verde di un giardino fiorito tra calli e canali della Venezia storica; spaziosi e curati interni in stile.

San Cassiano-Cà Favretto senza rist

calle della Rosa 2232, Santa Croce ✉ 30135 – ☎ 04 15 24 17 68 – www.sancassiano.it – info@sancassiano.it JX**f**

36 cam – 90/600 €

◆ Atmosfera di austera eleganza classica negli spazi comuni e nelle stanze di un hotel ubicato in un antico palazzo veneziano sul Canal Grande, di fronte alla Ca' d'Oro.

Montecarlo

calle dei Specchieri 463, San Marco ✉ 30124 – ☎ 04 15 20 71 44 – www.venicehotelmontecarlo.com – mail@venicehotelmontecarlo.com LY**c**

48 cam – 69/232 € 79/320 €

Rist – Carta 49/139 € (+12 %)

◆ Nei pressi di piazza S.Marco, un hotel, che offre un servizio attento e curato; camere di ottimo livello, arredate con gusto in stile veneziano, preziosi marmi nella hall. Un ristorante classico di tono elegante, vocato all'attività prevalentemente serale; cucina tradizionale, con specialità stagionali e veneziane; ottima la cantina.

Palazzo Priuli senza rist

fondamenta Osmarin 4979/B, Castello ✉ 30122 – ☎ 04 12 77 08 34 – www.hotelpriuli.com – info@hotelpriuli.com LY**h**

10 cam – 80/450 €

◆ Una bella bifora decora la facciata di questo palazzo nobiliare trecentesco, che ospita un elegante albergo. Camere spaziose e tutte diverse. Graziosa saletta per la prima colazione affacciata sul canale.

Casa Verardo – Residenza d'epoca senza rist
campo SS. Filippo e Giacomo 4765, Castello ✉ 30122 – ☎ 04 15 23 45 14 – www.casaverardo.it – info@casaverardo.it LY**f**
23 cam ☕ – †80/150 € ††90/280 €
◆ Residenza d'epoca databile al XVI secolo con piccola corte interna e terrazza. Completamente ristrutturato, presenta camere in stile veneziano e ampi saloni al piano nobile.

Ala senza rist
campo Santa Maria del Giglio 2494, San Marco ✉ 30124 – ☎ 04 15 20 83 33 – www.hotelala.it – info@hotelala.it – chiuso 9 al 27 gennaio JZ**e**
84 cam ☕ – ††70/450 €
◆ In un antico palazzo in un "campo" non lontano da S.Marco, un albergo, recentemente ristrutturato, con una piccola collezione di armi e armature antiche; camere confortevoli.

San Zulian senza rist
campo de la Guerra 527, San Marco ✉ 30124 – ☎ 04 15 22 58 72 – www.sanzulian.it – info@hotelsanzulian.it KY**h**
22 cam ☕ – †60/160 € ††70/220 €
◆ Nel cuore della città, una casa calda e accogliente, rinnovata e potenziata negli ultimi anni; servizio attento e ampie camere accessoriate, con tipici arredi veneziani.

Santa Chiara senza rist
fondamenta Santa Chiara 548, Santa Croce ✉ 30125 – ☎ 04 15 20 69 55 – www.hotelsantachiara.it – info@hotelsantachiara.it AT**c**
40 cam ☕ – †139/179 € ††199/239 €
◆ Unica a Venezia, una risorsa raggiungibile in auto, affacciata sul Canal Grande e sull'affollato piazzale Roma; camere classiche o più nuove e molto grandi nella dépendance.

Antiche Figure senza rist
fondamenta San Simeon Piccolo 687, Santa Croce ✉ 30135 – ☎ 04 12 75 94 86 – www.hotelantichefigure.it – info@hotelantichefigure.it BT**d**
22 cam ☕ – †80/220 € ††80/350 €
◆ Di fronte alla stazione ferroviaria una risorsa totalmente rinnovata che oggi presenta camere confortevoli, arredi signorili e dotazioni adatte anche alla clientela d'affari.

Paganelli senza rist
riva degli Schiavoni 4687, Castello ✉ 30122 – ☎ 04 15 22 43 24 – www.hotelpaganelli.com – info@hotelpaganelli.com LZ**t**
21 cam ☕ – †50/200 € ††70/400 €
◆ Completamente ristrutturato, l'hotel si caratterizza per le sue belle camere e gli accessori moderni. Se disponibili, chiedete le stanze con affaccio su riva degli Schiavoni...e capirete la magia di Venezia!

American-Dinesen senza rist
fondamenta Bragadin 628, Dorsoduro ✉ 30123 – ☎ 04 15 20 47 33 – www.hotelamerican.com – reception@hotelamerican.com CV**b**
30 cam ☕ – †60/230 € ††80/370 €
◆ Lungo un tranquillo canale, signorili spazi comuni, con tanto legno e arredi classici, e camere in stile veneziano, molte con terrazzino affacciato sull'acqua.

Al Codega senza rist
San Marco 4435 ✉ 30124 – ☎ 04 12 41 32 88 – www.alcodega.it – info@alcodega.it KY**a**
28 cam ☕ – †60/200 € ††80/260 €
◆ Affacciato su una caratteristica e tranquilla piazza, nel palazzo Ottocentesco si fanno a volte i conti con la scarsa metratura, ma non con l'eleganza: parquet, tappezzeria e travertino persiano nei bagni.

Castello senza rist
calle Figher 4365, Castello ✉ 30122 – ☎ 04 15 23 02 17 – www.hotelcastello.it – info@hotelcastello.it LY**b**
26 cam – 50/220 € 50/290 €
◆ Nelle adiacenze di piazza S.Marco, una struttura con interni di ambientazione classica tipicamente veneziana; camere in stile, dotate di moderni confort.

Ca' d'Oro senza rist
corte Barbaro 4604, Cannaregio ✉ 30131 – ☎ 04 12 41 12 12 – www.venicehotelcadoro.com – info@venicehotelcadoro.com KX**c**
27 cam – 40/170 € 50/3900 €
◆ Da pochi anni nel panorama alberghiero cittadino, una risorsa a gestione diretta, curata nei particolari; confortevoli interni con la classica impronta veneziana.

Pausania senza rist
fondamenta Gherardini 2824, Dorsoduro ✉ 30123 – ☎ 04 15 22 20 83 – www.hotelpausania.it – info@hotelpausania.it BV**a**
24 cam – 46/200 € 62/340 €
◆ In un edificio trecentesco, che conserva nella corte un pozzo e una scala originali dell'epoca, un hotel dagli ambienti sobri e funzionali, con piccolo giardino interno.

Ai Due Fanali senza rist
campo San Simeon Grande 946, Santa Croce ✉ 30135 – ☎ 0 41 71 84 90 – www.aiduefanali.com – request@aiduefanali.com BT**p**
16 cam – 80/175 € 90/235 €
◆ Risultato di una bella ristrutturazione, un hotel vicino alla stazione, con una hall accogliente, camere curate e confortevoli e un'altana adibita a solarium.

Belle Arti senza rist
rio terà Foscarini 912/A, Dorsoduro ✉ 30123 – ☎ 04 15 22 62 30 – www.hotelbellearti.com – info@hotelbellearti.com BV**g**
65 cam – 100/160 € 160/240 €
◆ Nei pressi delle Gallerie dell'Accademia, struttura recente, funzionale e comoda, con cortile interno attrezzato e ampi spazi interni; camere dotate di buoni confort.

Canaletto senza rist
calle de la Malvasia 5487, Castello ✉ 30122 – ☎ 04 15 22 05 18 – www.hotelcanaletto.com – info@hotelcanaletto.com KY**b**
38 cam – 40/250 € 50/280 €
◆ Una risorsa di buon confort, tra piazza S.Marco e il ponte di Rialto, che offre camere ristrutturate, con arredi in stile; visse tra queste mura l'omonimo pittore.

La Calcina
fondamenta zattere ai Gesuati 780, Dorsoduro ✉ 30123 – ☎ 04 15 20 64 66 – www.lacalcina.com – info@lacalcina.com BV**f**
27 cam – 80/140 € 90/310 € **Rist** – Carta 41/51 €
◆ Ospitalità discreta in una suggestiva risorsa, dove vivrete la rilassata atmosfera della "vera" Venezia d'altri tempi; bella la terrazza bar sul canale della Giudecca. Piccolo e grazioso ristorante con vista sul canale e servizio all'aperto sulla fondamenta.

Palazzo Abadessa senza rist
calle Priuli 4011, Cannaregio ✉ 30121 – ☎ 04 12 41 37 84 – www.abadessa.com – info@abadessa.com DT**b**
15 cam – 145/275 €
◆ Storica residenza di una casata di Dogi, abbellita da un prezioso giardino fiorito. Mobilio d'epoca, soffitti affrescati, grandi lampadari a testimoniare il nobile passato.

Antico Doge senza rist
campo Santi Apostoli 5643, Cannaregio ✉ 30121 – ☎ 04 12 41 15 70 – www.anticodoge.com – info@anticodoge.com KX**e**
20 cam – 60/199 € 70/225 €
◆ Palazzo gotico appartenuto al doge Marin Falier, affacciato su un canale e sul pittoresco campo dei SS. Apostoli. All'interno preziosi broccati arredano camere in stile.

Locanda Sturion senza rist
calle Sturion 679, San Polo ✉ 30125 – ☎ 04 15 23 62 43
– www.locandasturion.com – info@locandasturion.com JY**a**
11 cam – ††100/280 €
◆ Al secondo piano di un edificio sul Canal Grande, antichissima locanda di atmosfera intima e familiare, accoglienza cordiale e buon confort; camere spaziose, in stile.

Locanda Ovidius senza rist
calle Sturion 678/a, San Polo ✉ 30125 – ☎ 04 15 23 79 70
– www.hotellocandaovidius.com – info@hotelovidius.com JY**r**
15 cam – ††60/450 €
◆ Una risorsa in un palazzo ottocentesco in zona Rialto; sala colazioni affacciata sul Canal Grande, mobili recenti in stile '700 veneziano nelle camere.

Locanda Fiorita senza rist
campiello Novo 3457/A, San Marco ✉ 30124 – ☎ 04 15 23 47 54
– www.locandafiorita.com – info@locandafiorita.com CV**a**
10 cam – †60/150 € ††90/170 €
◆ In un suggestivo campiello - nelle vicinanze di Palazzo Grassi - un indirizzo valido ed interessante con accoglienti camere, arredate in stile Settecento veneziano.

Campiello senza rist
calle del Vin 4647, Castello ✉ 30122 – ☎ 04 15 20 57 64 – www.hcampiello.it
– campiello@hcampiello.it LZ**b**
15 cam – †40/210 € ††60/400 €
◆ Nei pressi di Piazza San Marco e a pochi metri da Riva degli Schiavoni, un edificio del XVI secolo - ex convento - è stato trasformato in albergo dall'atmosfera familiare. Camere curate e caratteristiche, panoramiche altane tra i tetti.

Don Orione Artigianelli senza rist
Zattere 909/a, Dorsoduro ✉ 30123 – ☎ 04 15 22 40 77
– www.donorione-venezia.it – info@donorione-venezia.it BV**x**
76 cam – †85/120 € ††125/144 €
◆ Un complesso conventuale quattrocentesco, che fu casa d'accoglienza per orfani e minori, ospita ora un tranquillo albergo con camere semplici ed un moderno centro congressi.

Santo Stefano senza rist
campo Santo Stefano 2957, San Marco ✉ 30124 – ☎ 04 15 20 01 66
– www.hotelsantostefanovenezia.com – info@hotelsantostefanovenezia.com
11 cam – †100/190 € ††130/220 € CV**c**
◆ Hotel d'atmosfera, ricavato in una torre di guardia quattrocentesca al centro di campo S.Stefano; di tono superiore le camere, con mobili dipinti e lampadari di Murano.

Tiziano senza rist
calle Rielo, Dorsoduro 1873 ✉ 30123 – ☎ 04 12 75 00 71
– www.hoteltizianovenezia.it – info@hoteltizianovenezia.it AV**a**
14 cam – †80/200 € ††100/400 €
◆ In posizione defilata e tranquilla, a due passi dalla stazione S. Lucia, hotel con interni ristrutturati, camere spaziose e arredi piacevoli. Gestione esperta e affidabile.

Commercio e Pellegrino senza rist
calle della Rasse 4551/A, Castello ✉ 30122 – ☎ 04 15 20 79 22
www.commercioepellegrino.com – htlcomm@tin.it – chiuso dal 11 al 29 dicembre
25 cam – †50/200 € ††65/290 € LZ**c**
◆ Di lato a piazza S.Marco, un hotel che si rinnova periodicamente. Camere tradizionali in stile accanto a soluzioni contemporanee più standard.

Bridge senza rist
campo SS. Filippo e Giacomo 4498, Castello ✉ 30122 – ☎ 04 15 20 52 87
– www.hotelbridge.com – info@hotelbridge.com LY**e**
10 cam – ††50/230 €
◆ Vicino a piazza S. Marco, un bell'esempio di ricupero strutturale, con un'ottima zona notte: travi a vista al soffitto e arredi in stile nelle camere curate.

Novecento senza rist
calle del Dose da Ponte 2683/84, San Marco ✉ 30124 – ☎ 04 12 41 37 65 – www.novecento.biz – info@novecento.biz DV**a**
9 cam ☕ – 👥150/290 €
◆ Risorsa ricca di stile e buongusto, in cui mobilio e arredi fondono armoniosamente l'antico e il moderno, Venezia e l'Oriente. All'interno di un palazzo del Settecento.

La Residenza senza rist
campo Bandiera e Moro 3608, Castello ✉ 30122 – ☎ 04 15 28 53 15 – www.venicelaresidenza.com – info@venicelaresidenza.com FV**a**
14 cam ☕ – 👤50/110 € 👥80/200 €
◆ Un antico salone con stucchi e quadri settecenteschi è la hall di questa suggestiva risorsa situata al piano nobile di uno storico palazzo quattrocentesco.

Locanda Art Dèco senza rist
calle delle Botteghe 2966, San Marco ✉ 30124 – ☎ 04 12 77 05 58 – www.locandaartdeco.com – info@locandaartdeco.com DV**a**
6 cam ☕ – 👤70/170 € 👥70/200 €
◆ In una calle con tanti negozi d'antiquariato, nuovissima, confortevole locanda i cui titolari, come annuncia il suo nome, prediligono questa arte degli inizi del '900.

Charming House DD 724 senza rist
ramo da Mula 724, Dorsoduro ✉ 30123 – ☎ 04 12 77 02 62 – www.thecharminghouse.com – info@dd724.com CV**e**
6 cam ☕ – 👥150/350 €
◆ Piccola locanda di charme e design contemporaneo: opere pittoriche si integrano con dettagli high-tech e confort. Dall'unica camera con terrazzino la vista che vi si propone è quella dell'incantevole giardino della Peggy Guggenheim Collection.

Locanda la Corte senza rist
calle Bressana 6317, Castello ✉ 30122 – ☎ 04 12 41 13 00 – www.locandalacorte.it – info@locandalacorte.it LY**p**
16 cam ☕ – 👤70/130 € 👥82/180 €
◆ Prende nome dal pittoresco cortile interno, sorta di "salotto all'aperto", intorno a cui si sviluppa e dove d'estate si fa colazione; stile veneziano nelle stanze.

Locanda Ca' del Brocchi senza rist
rio terà San Vio 470, Dorsoduro ✉ 30123 – ☎ 04 15 22 69 89 – www.cadelbrocchi.com – locanda@cadelbrocchi.com – chiuso gennaio
6 cam ☕ – 👤70/120 € 👥90/160 € DV**c**
◆ Piccolo edificio del XVI secolo, in posizione tranquilla e centrale. Arredi in stile ben bilanciati da confort moderni. Eccellente rapporto qualità/prezzo.

Locanda del Ghetto senza rist
campo del Ghetto Nuovo 2892, Cannaregio ✉ 30121 – ☎ 04 12 75 92 92 – www.locandadelghetto.net – info@locandadelghetto.net – chiuso dal 22 novembre al 6 dicembre BT**e**
8 cam ☕ – 👥80/170 €
◆ Piccola e confortevole risorsa affacciata sulla piazza principale del Ghetto, ricavata all'interno di un edificio che un tempo ospitava una sinagoga. Colazione kasher.

Cà Dogaressa senza rist
fondamenta di Cannaregio 1018 ✉ 30121 – ☎ 04 12 75 94 41 – www.cadogaressa.com – info@cadogaressa.com – chiuso gennaio
6 cam ☕ – 👥85/170 € BT**x**
◆ Vicino al Ghetto, dove si respira l'aria di una Venezia autentica, questa locanda dispone di camere eleganti, alcune affacciate sul canale. Spazi comuni minimi.

Locanda Casa Querini senza rist
campo San Giovanni Novo 4388, Castello ✉ 30122 – ☎ 04 12 41 12 94 – www.locandaquerini.com – casaquerini@hotmail.com – chiuso dal 22 al 27 dicembre e dal 7 al 27 gennaio LY**n**
6 cam ☕ – 👤62/150 € 👥93/160 €
◆ Cordiale gestione al femminile per una sobria locanda di poche stanze, accoglienti e di buona fattura, alcune con accesso indipendente. In un caratteristico, quieto campiello.

Locanda Cà le Vele senza rist
calle delle Vele 3969, Cannaregio ✉ 30131 – ✆ 04 12 41 39 60 – www.locandalevele.com – info@locandalevele.com DT**b**
6 cam – 60/110 € 70/150 €
◆ Quattro camere e due junior suites, ricavate da un palazzo del '500 e tutte arredate in stile veneziano. Soggiorno suggestivo a prezzi interessanti con colazione in camera.

Casa Rezzonico senza rist
fondamenta Gherardini 2813, Dorsoduro ✉ 30123 – ✆ 04 12 77 06 53 – www.casarezzonico.it – info@casarezzonico.it BV**a**
6 cam – 65/130 € 80/160 €
◆ Struttura dotata di poche camere, due con bella vista e tutte rinnovate con gusto. Nella bella stagione la colazione viene servita in giardino.

Met (Corrado Fasolato) – Metropole Hotel
riva degli Schiavoni 4149, Castello ✉ 30122 – ✆ 04 15 24 00 34 – www.hotelmetropole.com – met@hotelmetropole.com
Rist – *(chiuso dal 17 al 24 gennaio e lunedì) (chiuso a mezzogiorno escluso sabato e domenica)* Menu 125 € – Carta 84/118 € FV**t**
Spec. Risotto mantecato all'origano con catalana di scampi. Piccione cotto al contrario con finta triglia. Esotismo: quattro idee con cocco, ananas, mango e papaya.
◆ Fedele alla città e a se stesso, il cuoco reinterpreta, scorpora, moltiplica i classici lagunari e regionali in un rincorrersi sfrenato di colori, consistenze ed emozioni. Un nuovo doge a Venezia!

Caffè Quadri
piazza San Marco 120 ✉ 30124 – ✆ 04 15 22 21 05 – www.quadrivenice.com – quadri@quadrivenice.com – chiuso lunedì da novembre a gennaio
Rist – Carta 79/82 € KZ**y**
◆ Nella cornice più prestigiosa di Venezia, elegante trionfo di stucchi, vetri di Murano e tessuti preziosi in uno storico locale; raffinata cucina nazionale e veneziana.

Osteria da Fiore (Mara Zanetti)
calle del Scaleter 2202/A, San Polo ✉ 30125 – ✆ 0 41 72 13 08 – www.dafiore.net – ristorantedafiore@hotmail.it – chiuso dal 7 al 25 gennaio, dal 1° al 23 agosto, domenica e lunedì CT**a**
Rist – Carta 71/118 €
Spec. Ravioli di pesce bianco ai sapori orientali, carciofo, zenzero e sugo di capesante. Millefoglie di pescatrice con verdura, polpa di melanzane e infusione di avocado. Trottola di mele e ananas con gelato alla cannella.
◆ Elegante nei suoi tessuti damascati, sempre in voga e frequentato da turisti e veneziani, propone una cucina regionale a base di pesce ben presentata. Particolarmente richiesto il tavolo sul canale.

Ai Mercanti
corte Coppo 4346/A, San Marco ✉ 30124 – ✆ 04 15 23 82 69 – www.aimercanti.com – info_aimercanti@libero.it – chiuso domenica, lunedì a mezzogiorno KZ**u**
Rist – Carta 56/89 €
◆ Celato in una piccola corte del centro - nero e beige dominano l'aspetto moderno dell'ultimo rinnovo - signorile ed elegante, non privo di calore. Cucina di stampo moderno, sia di carne sia di pesce.

La Caravella – Hotel Saturnia e International
calle larga 22 Marzo 2397, San Marco ✉ 30124 – ✆ 04 15 20 89 01 – www.restaurantlacaravella.com – info@restaurantlacaravella.com
Rist – Carta 63/91 € JZ**n**
◆ In un caratteristico locale che ricorda gli interni di un'antica caravella, una cucina classica con piatti di stagione. D'estate, servizio all'aperto in un cortile veneziano.

XX **Il Ridotto**

campo SS. Filippo e Giacomo, Castello 4509 ✉ 30122 – ☎ 04 15 20 82 80 – www.ilridotto.com – info@ilridotto.com – chiuso mercoledì e giovedì a mezzogiorno LZ**e**

Rist – (prenotazione obbligatoria) Menu 50/60 € – Carta 50/75 €

♦ Solo cinque tavoli in una piccola sala, semplice ed essenziale. Lontano dalle banalità turistiche, questo ristorante gourmet concentra tutta l'attenzione sulla qualità della cucina: rivisitazione dei classici veneziani, in prevalenza di pesce.

XX **Fiaschetteria Toscana**

San Giovanni Grisostomo 5719, Cannaregio ✉ 30121 – ☎ 04 15 28 52 81 – www.fiaschetteriatoscana.it – busatto@fiaschetteriatoscana.it – chiuso dal 23 luglio al 7 agosto e dal 7 al 21 dicembre, martedì, mercoledì a mezzogiorno

Rist – Carta 42/59 € KX**p**

♦ Cortesia e ambiente vivace in un locale caldo ed accogliente, con tavoli molto ravvicinati. Cucina del territorio, di pesce e di carne; dehors estivo in piazzetta.

XX **Cip's Club** – Hotel Cipriani

fondamenta de le Zitelle 10, Giudecca ✉ 30133 – ☎ 04 15 20 77 44 – www.hotelcipriani.com – info@hotelcipriani.it – maggio-settembre

Rist – *(chiuso a mezzogiorno)* Carta 76/99 € FV**c**

♦ Ambiente elegante, ma informale in un locale che offre servizio estivo sul canale della Giudecca; cucina tradizionale, di carne e di pesce, con specialità veneziane.

XX **Lineadombra**

ponte dell'Umiltà 19, Dorsoduro ✉ 30123 – ☎ 04 12 41 18 81 – www.ristorantelineadombra.com – info@ristorantelineadombra.com – chiuso dal 22 novembre al 10 febbraio e martedì DV**e**

Rist – Carta 67/111 €

♦ Una stupenda terrazza sul canale della Giudecca e interni di design moderno, dove trovano spazio - con grande armonia - cristallo, legno, acciaio, pelle. Anche la cucina sposa lo stile contemporaneo del locale, ma è il pesce ad abbandonare la linea d'ombra per guadagnarsi un posto al sole sulla tavola.

XX **Hostaria da Franz**

fondamenta San Giuseppe 754, Castello, per Giardini della Biennale ✉ 30122 – ☎ 04 15 22 08 61 – www.hostariadafranz.com – info@hostariadafranz.com – chiuso dal 30 novembre al 10 febbraio GV

Rist – Carta 60/83 €

♦ Nel sestiere di Castello, fuori dalle rotte turistiche, un ristorante classico di atmosfera rustica, ma dai toni raffinati. D'estate si pranza all'aperto, accanto al canale.

XX **Al Covo**

campiello della Pescaria 3968, Castello ✉ 30122 – ☎ 04 15 22 38 12 – www.ristorantealcovo.com – info@ristorantealcovo.com – chiuso mercoledì e giovedì FV**s**

Rist – Menu 52 € – Carta 60/88 €

♦ Vicino alla Riva degli Schiavoni, un ristorante rustico-elegante, molto alla moda, che propone un menù degustazione di pesce e alcuni piatti di carne. Servizio estivo esterno.

XX **Bistrot de Venise**

calle dei Fabbri 4685, San Marco ✉ 30124 – ☎ 04 15 23 66 51 – www.bistrotdevenise.com – info@bistrotdevenise.com – chiuso dal 23 al 25 dicembre KY**e**

Rist – Menu 30/70 € – Carta 35/75 € (+12 %)

♦ Nel cuore di Venezia, sorge questo piacevole ristorante dove assapore la "storica" cucina veneziana e lasciarsi "stuzzicare"da un'entusiamante carta dei vini.

XX **Ai Gondolieri**

fondamenta de l'Ospedaleto 366, Dorsoduro ✉ 30123 – ☎ 04 15 28 63 96 – www.aigondolieri.it – info@aigondolieri.it – chiuso martedì DV**d**

Rist – (prenotazione obbligatoria la sera) Menu 75 € – Carta 67/89 € (+10 %)

♦ Alle spalle del museo Guggenheim, un locale rustico con tanto legno alle pareti, che propone un fantasioso menù solo di terra legato alla tradizione classica e veneta.

XX **L'Osteria di Santa Marina**

campo Santa Marina 5911, Castello ✉ 30122 – ✆ 04 15 28 52 39 – www.osteriadisantamarina.it – ostsmarina@libero.it – chiuso dall'8 al 23 gennaio, lunedì a mezzogiorno LY**m**

Rist – Carta 47/61 €

◆ Ristorante classico, anche se l'ambiente richiama atmosfere da osteria; linea culinaria di mare, con piatti tradizionali e altri innovativi e fantasiosi.

XX **Osteria Enoteca Giorgione** – Hotel Giorgione

calle Larga dei Proverbi 4582/A, Cannaregio ✉ 30131 – ✆ 04 15 22 17 25 – www.osteriagiorgione.it – osteriagiorgione@katamail.com KX**b**

Rist – *(chiuso lunedì)* Carta 36/50 €

◆ Attiguo all'omonimo albergo, locale caratteristico caratterizzato da una curiosa collezione di "ex voto". Cucina marinara d'ispirazione mediterranea.

X **Vini da Gigio**

fondamenta San Felice 3628/a, Cannaregio ✉ 30131 – ✆ 04 15 28 51 40 – www.vinidagigio.com – info@vinidagigio.com – chiuso 3 settimane in gennaio e 3 settimane in agosto DT**e**

Rist – *(chiuso lunedì, martedì)* Carta 37/65 €

◆ Nel sestiere di Cannaregio, ambiente rustico e servizio informale in un'osteria con cucina a vista, che offre piatti sia di pesce che di carne; buona scelta di vini.

X **Trattoria alla Madonna**

calle della Madonna 594, San Polo ✉ 30125 – ✆ 04 15 22 38 24 – www.ristoranteallamadonna.com – chiuso dal 24 dicembre a gennaio, dal 4 al 17 agosto e mercoledì JY**e**

Rist – Carta 29/39 € (+12 %)

◆ Nei pressi del ponte di Rialto, storica trattoria veneziana, grande, sempre affollata, dove in un ambiente semplice ma animato si gusta la tipica cucina locale.

X **Corte Sconta**

calle del Pestrin 3886, Castello ✉ 30122 – ✆ 04 15 22 70 24 – corte.sconta@yahoo.it – chiuso dal 7 al 30 gennaio, dal 26 luglio al 16 agosto, domenica, lunedì FV**e**

Rist – Carta 52/79 €

◆ Piacevole locale inizio secolo, nato come bottiglieria, con una vite centenaria a pergolato nella corte interna, dove si svolge il servizio estivo; curata cucina veneziana.

X **Anice Stellato**

fondamenta della Sensa 3272, Cannaregio, per fondamenta della Misericordia ✉ 30121 – ✆ 0 41 72 07 44 – chiuso lunedì, martedì CDT

Rist – Carta 40/50 €

◆ Osteria fuori mano, molto frequentata da veneziani, con una cucina genuina e generosa a base di pesce. Originali le numerose bottiglie di vino in bella vista; ambiente e servizio informali.

X **Alle Testiere**

calle del Mondo Novo 5801, Castello ✉ 30122 – ✆ 04 15 22 72 20 – www.osterialletestiere.it – osterialletestiere@yahoo.it – chiuso dal 20 dicembre al 12 gennaio, dal 2 agosto al 1° settembre, domenica, lunedì LY**g**

Rist – Carta 51/70 €

◆ Un "bacaro" raffinato, che dell'osteria ha i tavoli di legno con apparecchiatura semplice e la simpatica atmosfera informale; solo piatti di pesce, curati e fantasiosi.

X **Naranzaria**

Naranzaria 130, San Polo ✉ 30125 – ✆ 04 17 24 10 35 – www.naranzaria.it – naranzaria@naranzaria.it – chiuso dicembre,gennaio e lunedì KX**d**

Rist – Carta 41/57 €

◆ Ai piedi del ponte, ristorante su due livelli piccolo e accogliente. Il meglio è offerto dallo spazio all'aperto con vista sul Canal Grande. Cucina veneta o giapponese.

Al Vecio Fritolin

calle della Regina, Rialto 2262 ✉ 30125 – ✆ 04 15 22 28 81 – www.veciofritolin.it – info@veciofritolin.it – chiuso lunedì, martedì a mezzogiorno JX**a**

Rist – Carta 48/66 € (+10 %)

◆ Se nei secoli passati i "fritolini" erano i luoghi dove il popolo poteva acquistare al cartoccio il pesce appena fritto, la vera cucina regionale continua - ancora oggi - a deliziare i clienti di questa trattoria, all'interno di un palazzo del '500: casa natale di Caterina Cornaro, sposa del re di Cipro.

al Lido 15 mn di vaporetto da San Marco KZ – ✉ 30126 Venezia Lido

i (giugno-settembre) Gran Viale S. M. Elisabetta 6 ✆ 041 5298711 :

Villa Mabapa

riviera San Nicolò 16 – ✆ 04 15 26 05 90 – www.villamabapa.com – info@villamabapa.com – chiuso gennaio, febbraio **a**

68 cam – †63/227 € ††87/299 € – ½ P 74/192 €

Rist – Carta 43/69 €

◆ Villa anni '30 completata da due edifici attigui, ognuno con caratteristiche proprie, collegati dal giardino. Camere con arredi d'epoca o contemporanei. Sala da pranzo in stile classico-elegante; d'estate servizio nel bel giardino.

Quattro Fontane - Residenza d'Epoca

via 4 Fontane 16 – ✆ 04 15 26 02 27 – www.quattrofontane.com – info@quattrofontane.com – 15 aprile-ottobre

58 cam – †120/490 € ††160/510 € – ½ P 145/320 € **r**

Rist – Carta 55/76 €

◆ Residenza d'epoca che per atmosfera somiglia ad una casa privata, dove da sempre due sorelle raccolgono ricordi di viaggio e mobili pregiati. Rigoglioso giardino. D'estate il servizio ristorante si svolge all'ombra di un enorme platano secolare.

Grande Albergo Ausonia & Hungaria senza rist

Gran Viale S. M. Elisabetta 28 – ✆ 04 12 42 00 60 – www.dogalehotels.com – info@hungaria.it **e**

76 cam – †100/300 € ††150/450 € – 4 suites

◆ Edificio d'inizio '900 arricchito da un rivestimento in maioliche policrome. Arredi in gran parte in stile liberty, al quarto piano fresco mobilio in midollino.

Villa Tiziana senza rist

via Andrea Gritti 3 – ✆ 04 15 26 11 52 – www.hotelvillatiziana.net – info@hotelvillatiziana.net – chiuso dicembre e gennaio **f**

16 cam – †60/340 € ††80/360 €

◆ Villino in posizione defilata con camere rinnovate in stile fresco e sobrio. La gestione è accurata e garantita della presenza dei titolari.

Villa Casanova senza rist

via Orso Partecipazio 9 – ✆ 04 15 26 28 57 – www.casanovavenice.com – info@casanovavenice.com – chiuso dal 30 novembre al 29 dicembre **m**

6 cam – ††45/200 €

◆ Graziosa villetta anni '30 in un'area residenziale del Lido, circondata da un curato giardino sfruttato per il servizio colazioni. Camere spaziose, curate e romantiche.

a Murano 10 mn di vaporetto da Fondamenta Nuove EFT e 1 h 10 mn di vaporetto da Punta Sabbioni – ✉ 30141

Murano Palace senza rist

Fondamenta Vetrai 77 – ✆ 0 41 73 96 55 – www.muranopalace.com – info@muranopalace.com

6 cam – †110/140 € ††120/148 €

◆ Per dormire tra i maestri vetrai, una piccola risorsa a conduzione familiare, con camere in elegante stile veneziano, arredate con tessuti preziosi e i famosi lampadari che tanto hanno contribuito alla fama dell'isola.

X **Busa-alla Torre**

campo Santo Stefano 3 – ✆ 0 41 73 96 62 – busa.allatorre@alice.it

Rist – *(chiuso la sera escluso venerdì, sabato, domenica e da aprile a ottobre)* Carta 24/48 € (+12 %)

◆ Simpatica trattoria rustica, dotata di grande dehors estivo su una suggestiva piazzetta con un pozzo al centro; cucina di mare e specialità veneziane e contagiosa simpatia.

X **Ai Frati**

fondamenta Venier 4 – ✆ 0 41 73 66 94 – chiuso dal 1° al 10 gennaio, dal 1° al 10 agosto e giovedì

Rist – *(chiuso la sera)* Carta 37/54 €

◆ Mescita vini dalla metà dell'800 e da 60 anni con cucina, trattoria marinara fortemente legata alla vita dell'isola "del vetro"; servizio estivo in terrazza sul canale.

a Burano 50 mn di vaporetto da Fondamenta Nuove EFT e 32 mn di vaporetto da Punta Sabbioni – ✉ 30142

XX **Riva Rosa**

via San Mauro 296 – ✆ 0 41 73 08 50 – www.rivarosa.it – info@rivarosa.it – chiuso dal 10 al 30 gennaio, mercoledì

Rist – *(chiuso la sera escluso venerdì, sabato, domenica)* (consigliata la prenotazione) Menu 48 € – Carta 38/86 €

◆ Nell'affascinante cornice del centro di Burano, Riva Rosa vi attende per un pranzo o una cena romantica a base di pesce in chiave moderna.

XX **Venissa** con cam

isola di Mazzorbo – ✆ 04 15 27 22 81 – www.venissa.it – info@venissa.it – Pasqua-ottobre

6 cam ☕ – ††110 €

Rist – (consigliata la prenotazione) Carta 50/90 €

◆ Tra natura e tranquillità una nuova risorsa che vi stupirà con piatti fantasiosi: frutto dell'elaborazione di ottime materie prime. L'ambiente è piacevolmente moderno.

X **Da Romano**

via Galuppi 221 – ✆ 0 41 73 00 30 – www.daromano.it – info@daromano.it – chiuso dal 17 dicembre al 3 febbraio, domenica sera, martedì

Rist – Carta 40/59 € (+12 %)

◆ Sull'isola "dei merletti", un locale con più di 100 anni di storia alle spalle, tappezzato di quadri di pittori contemporanei, dove gustare una fragrante cucina di mare.

X **Al Gatto Nero-da Ruggero**

fondamenta della Giudecca 88 – ✆ 0 41 73 01 20 – www.gattonero.com – info@gattonero.com – chiuso dal 1° al 7 luglio, novembre e lunedì

Rist – Carta 42/66 €

◆ Nel cuore pulsante di Burano, servizio informale e cura nella scelta delle materie prime in un'accogliente trattoria con cucina veneziana e di mare. Gradevole dehors estivo, affacciato sul canale.

a Torcello 45 mn di vaporetto da Fondamenta Nuove EFT e 37 mn di vaporetto da Punta Sabbioni – ✉ 30142 Burano

XX **Locanda Cipriani** con cam

piazza Santa Fosca 29 – ✆ 0 41 73 01 50 – www.locandacipriani.com – info@locandacipriani.com – chiuso dal 5 gennaio al 5 febbraio

6 cam ☕ – †100/130 € ††200/260 € – ½ P 180/230 €

Rist – *(chiuso martedì)* Carta 57/105 €

◆ Suggestivo locale di grande tradizione, con interni e atmosfera da trattoria d'altri tempi e raffinata cucina tradizionale; ameno servizio estivo in giardino. Nuove camere.

a Pellestrina 1 h e 10 mn di vaporetto da riva degli Schiavoni GZ o 45 mn di autobus dal Lidoautobus dal Lido – ✉ 30126

X **Da Celeste**

via Vianelli 625/B – ☎ 0 41 96 73 55 – celeste.pellestrina@gmail.com – marzo-ottobre; chiuso mercoledì

Rist – Carta 33/46 €

◆ Trattoria d'impronta moderna, decorata con grandissimi dipinti contemporanei, che ha il suo punto di forza nella terrazza su palafitte sul mare; cucina solo di pesce.

VENOSA – Potenza (PZ) – 564 E29 – 12 181 ab. – alt. 415 m – ✉ 85029 3 B1

Italia

Roma 327 – Bari 128 – Foggia 74 – Napoli 139

Abbazia della Trinità★

XX **Locanda Accademia dei Piacevoli**

discesa Capovalle 1, (centro storico) – ☎ 0 97 23 60 82 – www.locandaaccademiadeipiacevoli.it – info@locandaaccademiadeipiacevoli.it – chiuso dal 2 al 17 novembre e lunedì

Rist – Carta 30/57 €

◆ Non proprio con un tocco di bacchetta magica, ma con accurati lavori di ristrutturazione, una vecchia casa del centro storico si è trasformata in grazioso ristorante gourmet: cucina moderna, soprattutto a base di pesce.

VENTIMIGLIA – Imperia (IM) – 561 K4 – 25 730 ab. – ✉ 18039 14 A3

Liguria

Roma 658 – Imperia 48 – Cuneo 89 – Genova 159

via Hanbury 3 ☎ 0184 351183, infoventimiglia@visitrivieradeifiori.it, Fax 0184 235934

Giardini Hanbury★★ a Mortola Inferiore: 6 km a ovest– Dolceacqua★: 10 km a nord

Pianta pagina seguente

Sole Mare

via Marconi 22 – ☎ 01 84 35 18 54 – www.hotelsolemare.it – info@hotelsolemare.it **a**

28 cam – †60/100 € ††80/130 €, ☕ 9 €

Rist *Pasta e Basta* – ☎ 01 84 23 08 78 *(chiuso lunedì sera escluso luglio-agosto)* Carta 17/27 €

◆ Nella tranquilla parte occidentale della città, l'hotel offre accoglienti camere dall'arredo moderno, tutte con vista sul mare. Ogni piano è caratterizzato da un colore. Ambiente informale al ristorante, specializzato in un'infinita varietà di paste.

Sea Gull senza rist

via Marconi 24 – ☎ 01 84 35 17 26 – www.seagullhotel.it – info@seagullhotel.it

27 cam ☕ – †70/128 € ††85/140 € **k**

◆ Familiari la conduzione e l'ambiente di una comoda risorsa ubicata su una passeggiata a mare, adatta anche a soggiorni prolungati; chiedete le camere con vista mare.

XX **Marco Polo**

passeggiata Cavallotti 2 – ☎ 01 84 35 26 78 – marcop56@hotmail.com – chiuso dal 10 gennaio al 1° marzo **b**

Rist – Menu 18 € bc/52 € – Carta 36/49 €

◆ Una graziosa palafitta d'insospettabile eleganza, il cui servizio all'aperto si protende ulteriormente verso la spiaggia (dove si trova anche lo stabilimento balneare). La cucina esplora il mondo ittico.

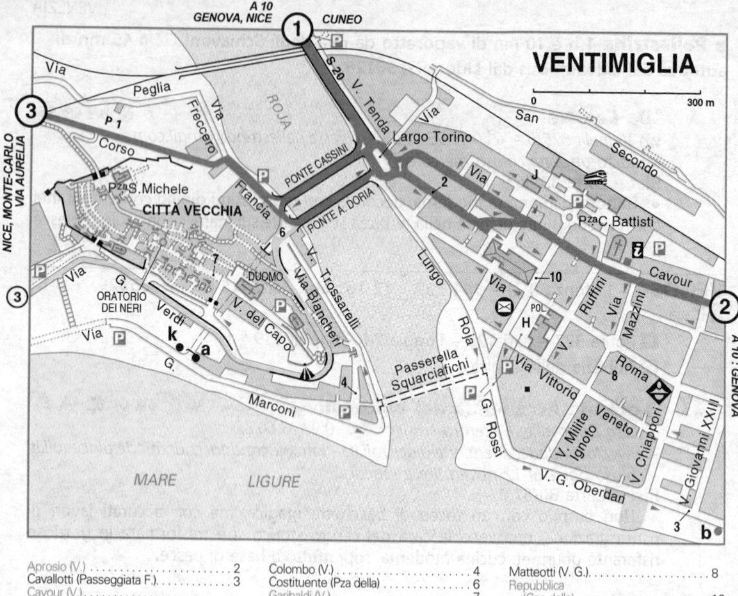

Aprosio (V.) 2
Cavallotti (Passeggiata F.) 3
Cavour (V.) . . . .
Colombo (V.) 4
Costituente (Pza della) 6
Garibaldi (V.) 7
Matteotti (V. G.) 8
Repubblica (Cso della) 10

a Castel d'Appio per ③ : 5 km – alt. 344 m – ✉ 18039

La Riserva di Castel D'Appio — rist,
località Peidaigo 71 – ☎ 01 84 22 95 33
– www.lariserva.it – info@lariserva.it – Pasqua-settembre
8 cam – †90/110 € ††120/140 €, ☕ 8 € – 6 suites – ††170/200 € – ½ P 105 €
Rist – Carta 49/71 €
◆ La tranquillità e uno splendido panorama accompagnano questa signorile risorsa familiare con spazi comuni raffinati, camere luminose ed accoglienti. Elegante cura della tavola nella sala interna e sulla bella terrazza per il servizio estivo.

verso la frontiera di Ponte San Ludovico

Balzi Rossi
via Balzi Rossi 2-ponte San Ludovico, alla frontiera, 8 km per corso Francia ✉ 18039 Ventimiglia – ☎ 0 18 43 81 32 – www.balzirossi.com – chiuso dal 10 al 25 gennaio, lunedì, martedì a mezzogiorno, anche domenica a mezzogiorno in agosto
Rist – Carta 83/118 €
◆ A pochi metri dal confine con la Francia, elegante sala con spettacolare panorama in terrazza sulla Costa Azzura. Dalla cucina i classici di pesce liguri e nazionali.

VENTURINA – **Livorno (LI)** – **563** M13 – **alt. 276 m** – ✉ **57021** **28** B2

Roma 235 – Firenze 143 – Livorno 71 – Lucca 116

Otello
via Indipendenza 1/3/5 – ☎ 05 65 85 12 12 – www.ristoranteotello.it – chiuso dal 10 al 30 gennaio, dal 20 al 30 giugno e lunedì
Rist – Carta 27/42 €
◆ Ristorante di taglio classico, ubicato lungo la statale, ma dotato di un dehors protetto da una fitta fila di piante. Da tre generazioni, Otello propone con costanza squisiti piatti di terra e di mare (a prezzi interessanti).

VENUSIO – **Matera** – **564** E31 – **Vedere Matera**

VERBANIA 🅿 (VB) – 561 E7 – 31 134 ab. – alt. 197 m **24** B1

Italia Centro Nord

Roma 674 – Stresa 17 – Domodossola 38 – Locarno 42

da Intra per Laveno-Mombello – Navigazione Lago Maggiore ✆ call center 800551801

a Pallanza, corso Zanitello 6/8 ✆ 0323 503249, verbania@distrettolaghi.it, Fax 0323 507722

viale delle Magnolie 1 ✆ 0323 557676, prolocoverbania@distrettolaghi.it, Fax 0323 557676

Verbania SS34 del lago Maggiore, ✆ 0323 8 08 00

Piandisole via alla Pineta 1, ✆ 0323 58 71 00

Pallanza★★ – Lungolago★★ – Villa Taranto★★

Isole Borromee★★★ (giro turistico: da Intra 25-50 min di battello e da Pallanza 10-30 min di battello)

a Intra – ✉ 28921

Intra senza rist

corso Mameli 133 – ✆ 03 23 58 13 93 – www.verbaniahotel.it – intra@verbaniahotel.it

39 cam – †42/57 € ††68/114 €

◆ La struttura si affaccia sul lungolago e annovera una nuova saletta comune, spaziose camere con arredi di gusto classico e una sala colazioni con soffitti lignei a cassettoni.

XX **Le Volte**

via San Vittore 149 – ✆ 03 23 40 40 51 – intra@verbaniahotel.it – chiuso dal 26 gennaio all'8 febbraio, dal 25 luglio al 10 agosto e mercoledì

Rist – Carta 30/39 €

◆ Ambiente elegante e piacevole veranda coperta che si apre sulla corte interna ombreggiata da una centenaria vite americana: in cucina trionfano i sapori mediterranei, rivisitati con creatività.

X **Taverna Mikonos**

via Tonazzi 5 – ✆ 03 23 40 14 39 – www.tavernamikonos.com – chiuso dal 17 al 31 gennaio, dal 5 al 20 settembre, mercoledì e i mezzogiorno di lunedì e martedì

Rist – Carta 27/41 €

◆ Una trattoria moderna dalle vivaci tinte bianche e blu che richiamano i colori del Mediterraneo sono un evidente richiamo alla Grecia, di cui propone la tipica gastronomia.

X **Concordia**

via San Fabiano 18 – ✆ 03 23 40 32 37 – www.ristoranteconcordia.it – info@ristoranteconcordia.it – chiuso 10 giorni in febbraio, 10 giorni in giugno, 10 giorni in novembre e lunedì escluso agosto

Rist – Carta 31/57 €

◆ Un locale rustico con belle foto d'epoca alle pareti e travi a vista, mentre la cucina incontra molti consensi in virtù delle sue ottime materie prima, nonché di una capace rielaborazione. Un valido indirizzo nel cuore del centro storico.

a Pallanza – ✉ 28922

Grand Hotel Majestic rist,

via Vittorio Veneto 32 – ✆ 03 23 50 97 11 – www.grandhotelmajestic.it – info@grandhotelmajestic.it – 22 aprile-8 ottobre

99 cam – †190/255 € ††260/550 € – 6 suites – ½ P 304/819 €

Rist ***La Beola*** – Carta 48/79 €

◆ Direttamente sul lago, abbracciata dal verde e dalla tranquillità dell'acqua, una struttura affascinante con camere spaziose e bagni in marmo, dotata di un centro benessere. Elegante ristorante "à la carte", propone la tradizione gastronomica locale interpretata in chiave contemporanea.

Pallanza

viale Magnolie 8 – ✆ 03 23 50 32 02 – www.pallanzahotels.com – belvedere@pallanzahotels.com

48 cam – ♦90/137 € ♦♦105/140 €, ☐ 14 € – ½ P 100/115 €

Rist – *(chiuso a mezzogiorno escluso da giugno a settembre) (solo per alloggiati)* Carta 32/51 €

♦ Rinnovato negli ultimi anni, l'hotel è testimone dell'architettura del primo '900 e dispone di camere spaziose ed accoglienti e di una panoramica terrazza con vista sul lago.

Santanna

via Sant'Anna 65 – ✆ 03 23 55 60 86 – www.hotelsantanna.it – info@hotelsantanna.it – chiuso gennaio

28 cam ☐ – ♦60/100 € ♦♦80/150 € – ½ P 58/93 €

Rist – *(marzo-ottobre) (chiuso a mezzogiorno)* Carta 20/37 €

♦ Poco distante dal lago e da Villa Taranto, una struttura moderna a vocazione business: sale riunioni, spazi comuni e camere discretamente eleganti. Tradizionale cucina piemontese nel grazioso ristorante dal semplice arredo ligneo.

Aquadolce senza rist

via Cietti 1 – ✆ 03 23 50 54 18 – www.hotelaquadolce.it – info@hotelaquadolce.it – marzo-novembre

13 cam ☐ – ♦60/85 € ♦♦80/110 €

♦ Giovane e motivata gestione in una graziosa struttura che non smette di esercitare il suo fascino. A pochi passi dal centro di Pallanza, ma sul lungolago ed impreziosita da imponenti magnolie di grande effetto, spazi comuni dalle ampie vetrate nonché belle camere, curate e personalizzate.

Il Portale

via Sassello 3 – ✆ 03 23 50 54 86 – www.ristoranteilportalepallanza.it – ristorante.portale@libero.it – chiuso gennaio, martedì, mercoledì a mezzogiorno

Rist – (consigliata la prenotazione) Carta 48/72 €

♦ Cucina moderna in un delizioso ristorante ubicato nel centro storico della località. Piacevole servizio estivo sulla piazza principale affacciata sul lago.

Osteria dell'Angolo

piazza Garibaldi 35 – ✆ 03 23 55 63 62 – osteriadellangolo@yahoo.it – chiuso dal 25 dicembre all'8 gennaio, lunedì

Rist – Carta 30/50 €

♦ Nel cuore della città, un piccolo locale dagli ambienti interni recentemente rinnovati e con dehors sotto un piacevole pergolato propone una cucina piemontese e di lago.

Dei Cigni

vicolo dell'Arco 1, angolo viale delle Magnolie – ✆ 03 23 55 88 42 – chiuso 15 giorni in novembre, dall'11 gennaio al 5 febbraio, martedì, mercoledì, giovedì a mezzogiorno da novembre a marzo, solo i mezzogiorno di martedì e mercoledì negli altri mesi

Rist – (consigliata la prenotazione) Carta 25/39 €

♦ Ha la meglio la cucina di pesce, sia di lago che di mare, seppur non mancano piatti a base di carne. Pochi tavoli quadrati con un grazioso coperto da trattoria moderna e un bel terrazzo estivo con vista.

a Fondotoce Nord-Ovest : 6 km – ✉ 28924

Piccolo Lago (Marco Sacco)

via Turati 87, al lago di Mergozzo, Nord-Ovest : 2 km – ✆ 03 23 58 67 92 – www.piccololago.it – h.piccololago@stresa.net – chiuso gennaio, febbraio, lunedì

Rist – *(chiuso a mezzogiorno escluso domenica)* Carta 86/116 €

Spec. Torrone di fegato d'oca e d'anatra, fugascina (dolce di Mergozzo) e gelato alla lavanda. Tagliatelle di farina di farro, crema di agone e cipollotto, colatura di misultin. Flan di Bettelmatt, mostarda di pere, salsa ai mirtilli di montagna speziati.

♦ Un trampolino sul lago di Mergozzo, si mangia sullo sfondo di un incantevole paesaggio d'acqua e monti da cui provengono diversi degli ingredienti trasformati da un'estrosa cucina.

VERBANO – Vedere Lago Maggiore

VERCELLI P (VC) – 561 G7 – 47 080 ab. – alt. 130 m – ✉ 13100 23 C2

Italia Centro Nord

Roma 633 – Alessandria 55 – Aosta 121 – Milano 74

viale Garibaldi 90 ✆ 0161 58002, infovercelli@atlvalsesiavercelli.it, Fax 0161 257899

Località★ - Basilica di S. Andrea★★ - Chiesa di S. Cristoforo: affreschi★ - Museo Borgogna★

XX **Giardinetto** con cam

via Sereno 3 – ✆ 01 61 25 72 30 – www.hrgiardinetto.com – giardi.dan@libero.it – chiuso 1 settimana in gennaio e agosto

8 cam – †80 € ††90 € **Rist** – *(chiuso lunedì)* Carta 30/50 €

◆ A pochi passi dal centro storico, una comoda risorsa, a conduzione familiare, che dispone di camere ben arredate e accessoriate; piacevole il giardino interno. Raffinati toni pastello, soffitto di legno e grandi vetrate sul giardino nel rinomato ristorante.

XX **Cinzia da Christian e Manuel** (Manuel e Christian Costardi) con cam

corso Magenta 71 – ✆ 01 61 25 35 85 – www.hotel-cinzia.com – hotelcin@tin.it – chiuso dal 9 al 25 agosto e lunedì

25 cam – †70 € ††85 € **Rist** – Menu 55/100 € – Carta 58/95 €

Spec. Astice, animelle, salsa al Marsala e mandorle. Panissa (risotto) alla vercellese. Inverno e primavera della risaia.

◆ Cucina creativa di alto livello e materie prime di eccellente qualità, senza dimenticare le tradizioni culinarie della zona e della regione. Non meravigliatevi quindi della particolare attenzione riservata al riso: il menu propone una selezione di venti risotti, ma anche tante gustose specialità di terra e di mare.

X **Il Paiolo**

viale Garibaldi 72 – ✆ 01 61 25 05 77 – chiuso dal 20 luglio al 20 agosto e giovedì

Rist – Carta 29/40 €

◆ Si trova lungo un viale alberato centrale questa accogliente trattoria di ambiente rustico e familiare, dove gustare una casalinga e sostanziosa cucina locale.

VERDUNO – Cuneo (CN) – 561 I5 – 529 ab. – alt. 381 m – ✉ 12060 25 C2

Roma 645 – Cuneo 59 – Torino 61 – Asti 45

Real Castello

rist,

via Umberto I 9 – ✆ 01 72 47 01 25 – www.castellodiverduno.com – info@castellodiverduno.com – 19 marzo-novembre

20 cam – †100/150 € ††130/160 € – ½ P 105/120 €

Rist – *(chiuso mercoledì) (chiuso a mezzogiorno escluso sabato-domenica)* Carta 45/60 €

◆ Il tempo sembra essersi fermato nella quiete di questa risorsa, che occupa parte di un castello sabaudo del XVIII secolo: rigorosi arredi d'epoca nelle camere affrescate (particolarmente confortevoli le stanze nella dépendance). *Charme d'antan* nel curato ristorante, dove gustare piatti tipici piemontesi.

VERGNE – Cuneo – 561 I5 – Vedere Barolo

VERNAGO = VERNAGT – Bolzano – Vedere Senales

VERNANTE – Cuneo (CN) – 561 J4 – 1 274 ab. – alt. 799 m – ✉ 12019 22 B3

Italia Centro Nord

Roma 634 – Cuneo 23 – Alessandria 148 – Asti 112

via Umberto I 115 ✆ 0171 920220, Fax 0171 920220

Il Relais del Nazionale

strada statale 20 n.14 – ✆ 01 71 92 01 81 – www.ilnazionale.com – relais@ilnazionale.com

8 cam – †96/164 € ††120/225 € – ½ P 80/143 €

Rist *vedere Nazionale* –

◆ Atmosfera calda e familiare in questo piccolo gioiello tutto in legno, proprio di fronte al più tradizionale ristorante *Nazionale* (stessa gestione). Camere grandi e personalizzate; accogliente la zona relax con idromassaggio, bagno turco e bagno all'abete.

XX **Nazionale** con cam

via Cavour 60 – 01 71 92 01 81 – www.ilnazionale.com – info@ilnazionale.com
15 cam – ♦35/50 € ♦♦70/100 € – ½ P 55/80 €
Rist – *(chiuso mercoledì escluso luglio-agosto)* (prenotare) Menu 20/38 € – Carta 36/48 €
♦ È l'alternarsi delle stagioni a determinare gli ingredienti da utilizzare in cucina garantendo - in ogni momento dell'anno - le proprie specialità. Di recente è stata valorizzata e incrementata la selezione di formaggi, nonché di vini "naturali". Camere confortevoli, arredate con sobrietà.

VEROLI – Frosinone (FR) – 563 Q22 – 20 660 ab. – alt. 594 m – ✉ 03029 13 C2

Roma 99 – Frosinone 13 – Avezzano 69 – Fiuggi 29

Antico Palazzo Filonardi rist, P

piazza dei Franconi 1 – 07 75 23 71 35
– www.palazzofilonardi.it – info@palazzofilonardi.it – chiuso dall'8 al 31 gennaio
30 cam – ♦65/80 € ♦♦85/105 € – ½ P 65/75 €
Rist – *(chiuso lunedì)* Carta 24/47 €
♦ Nel centro di questo borgo medievale, nuovo, suggestivo albergo ricavato in un ex convento ottocentesco, con chiesa sconsacrata e panoramica terrazza sui colli ciociari. Al ristorante due eleganti sale "degli Angeli", così denominate per le decorazioni sulle volte.

VERONA P (VR) – 562 F14 – 265 368 ab. – alt. 59 m 37 A3

Italia Centro Nord

Roma 503 – Milano 157 – Venezia 114

di Villafranca per ④ : 14 km 045 8095666

via degli Alpini 9 ✉ 37121 045 8068680, iatverona@provincia.vr.it, Fax 045 8003638

stazione Porta Nuova ✉ 37138 045 8000861, iatferrovia@provincia.vr.it, Fax 045 8000861

aeroporto Villafranca ✉ 37060 045 8619163, iataeroporto@provincia.vr.it, Fax 045 8619163

località Ca' del Sale 15, 045 51 00 60

Manifestazioni locali

07.04 - 11.04 : vinitaly (salone internazionale del vino e dei distillati) e agrifood (salone internazionale del prodotto agroalimentare di qualità)

Chiesa di San Zeno Maggiore★★ : porte★★★, trittico del Mantegna★★ AY – Piazza delle Erbe★★ CY **10** – Piazza dei Signori★★ CY **39** – Arche Scaligere★★ CY **K** – Arena★★ : ★★ BCYZ – Castelvecchio★★ : museo d'Arte★★ BY – Ponte Scaligero★★ BY – Chiesa di Sant'Anastasia★ : affresco★★ di Pisanello CY **F** – ★★ dalle terrazze di Castel San Pietro CY **D** – Teatro Romano★ CY **C** – Duomo★ CY **A** – Chiesa di San Fermo Maggiore★ CYZ **B** – Chiesa di San Lorenzo★ BY

Piante pagine seguenti

Due Torri rist,

piazza Sant'Anastasia 4 ✉ 37121 – 0 45 59 50 44 – www.baglionihotels.com
– giovanna.fongaro@duetorrihotels.com CY**x**
86 cam – ♦150/460 € ♦♦180/620 € – 2 suites **Rist** – Carta 60/78 €
♦ Narra la storia della città l'edificio trecentesco in cui si inserisce questo prestigioso albergo di tradizione e fascino; nelle eleganti camere, l'arredo si ispira soprattutto al '700 e all'800. Raffinata modernità al ristorante, per scoprire una fantasiosa cucina contemporanea.

Gabbia d'Oro senza rist

corso Porta Borsari 4/a ✉ 37121 – 04 58 00 30 60 – www.hotelgabbiadoro.it
– info@hotelgabbiadoro.it CY**t**
8 cam – ♦160/290 € ♦♦220/380 €, 23 € – 19 suites – ♦♦285/850 €
♦ Dalla discrezione e dalla cortesia di un servizio inappuntabile, un opulento scrigno di preziosi e ricercati dettagli che echeggiano dal passato; piccolo hotel di charme e lusso con un suggestivo giardino d'inverno.

Victoria senza rist
via Adua 6 37121 – 0 45 59 05 66 – www.hotelvictoria.it – victoria@hotelvictoria.it BY**r**
66 cam – 185/245 € 230/335 €
♦ Annovera anche reperti archeologici questo raffinato hotel, in cui antichità e modernità si amalgamano con armonia offrendo soluzioni tecnologiche innovative e tanto charme nelle confortevoli camere. Per i melomani, l'Arena è a due passi.

Accademia senza rist
via Scala 12 37121 – 0 45 59 62 22 – www.accademiavr.it – accademia@accademiavr.it CY**d**
94 cam – 96/290 € 137/325 €
♦ Solerte e professionale il servizio, di ottimo livello il confort. La risorsa si trova in un edificio storico che si sta lentamente rinnovando, adiacente all'elegante via Mazzini, arteria ideale per lo shopping.

Colomba d'Oro senza rist
via Cattaneo 10 37121 – 0 45 59 53 00 – www.colombahotel.com – info@colombahotel.com BY**n**
51 cam – 110/183 € 146/296 €
♦ Un albergo di tradizione e di atmosfera, realizzato in ambienti del primo Ottocento. L'affascinante hall con dipinti alle pareti e al soffitto è il biglietto da visita, non meno eleganti le camere, curate nei dettagli.

Grand Hotel senza rist
corso Porta Nuova 105 37122 – 0 45 59 56 00 – www.grandhotel.vr.it – info@grandhotel.vr.it BZ**b**
62 cam – 100/228 € 130/250 €
♦ Storico edificio in stile liberty, ospita un albergo raffinato, nei cui interni si fondono la classicità degli arredi, impreziositi da belle sculture, e la modernità dei confort; dispone anche di un centro congressi.

Giberti senza rist
via Giberti 7 37122 – 04 58 00 69 00 – www.hotelgiberti.it – info@hotelgiberti.it BZ**e**
80 cam – 79/230 € 98/320 €
♦ Moderne sia l'architettura che la funzionalità di questo hotel cittadino che offre ampi spazi di parcheggio; luminose e confortevoli le zone comuni, piacevoli le stanze rinnovate.

Leopardi rist, rist,
via Leopardi 16 37138 – 04 58 10 14 44 – www.leopardi.vr.it – leopardi@leopardi.vr.it AY**a**
81 cam – 82/260 € – ½ P 155 €
Rist *La Ginestra* – 0 45 56 24 49 – Menu 28 € – Carta 34/44 €
♦ Camere classiche con mobili in legno scuro, o moderne dai toni più chiari, per questa piacevole struttura fuori le mura. Oltre ad un attrezzato centro congressi, l'hotel dispone di un'area relax di nuova concezione. Piatti italiani al ristorante: a mezzogiorno si può pranzare anche a buffet (solo da lunedì a venerdì).

San Marco
via Longhena 42 37138 – 0 45 56 90 11 – www.sanmarco.vr.it – sanmarco@sanmarco.vr.it AY**n**
112 cam – 110/280 € 124/300 €
Rist – *(chiuso domenica da settembre al 20 giugno) (solo per alloggiati)*
Carta 27/45 €
♦ Convivono con discreto fascino lo stile classico e quello moderno che alternativamente arredano le camere. Centro congressi ed area benessere per una clientela business, ma anche per coloro che ricercano una dimensione *cocooning*.

Palace senza rist
via Galvani 19 37138 – 0 45 57 57 00 – www.montresorgroup.com – palace@montresorgroup.com AY**x**
66 cam – 60/300 € 80/350 €
♦ Una hall spaziosa, con tocchi di eleganza, introduce a questo albergo di impostazione classica con stanze ben accessoriate. Colorate composizioni musive nei bagni. Ottimo indirizzo per una clientela business.

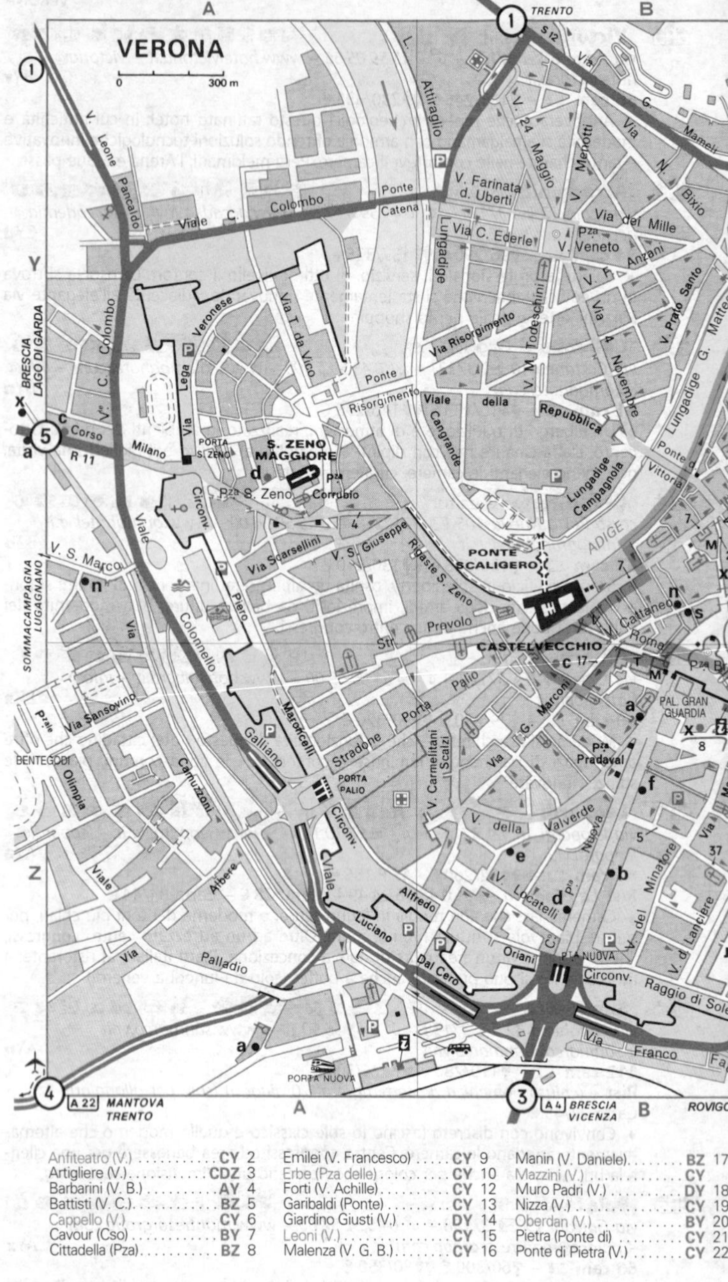

Anfiteatro (V.)	CY	2	Emilei (V. Francesco)	CY	9	Manin (V. Daniele)	BZ	17
Artigliere (V.)	CDZ	3	Erbe (Pza delle)	CY	10	Mazzini (V.)	CY	
Barbarini (V. B.)	AY	4	Forti (V. Achille)	CY	12	Muro Padri (V.)	DY	18
Battisti (V. C.)	BZ	5	Garibaldi (Ponte)	CY	13	Nizza (V.)	CY	19
Cappello (V.)	CY	6	Giardino Giusti (V.)	DY	14	Oberdan (V.)	BY	20
Cavour (Cso)	BY	7	Leoni (V.)	CY	15	Pietra (Ponte di)	CY	21
Cittadella (Pza)	BZ	8	Malenza (V. G. B.)	CY	16	Ponte di Pietra (V.)	CY	22

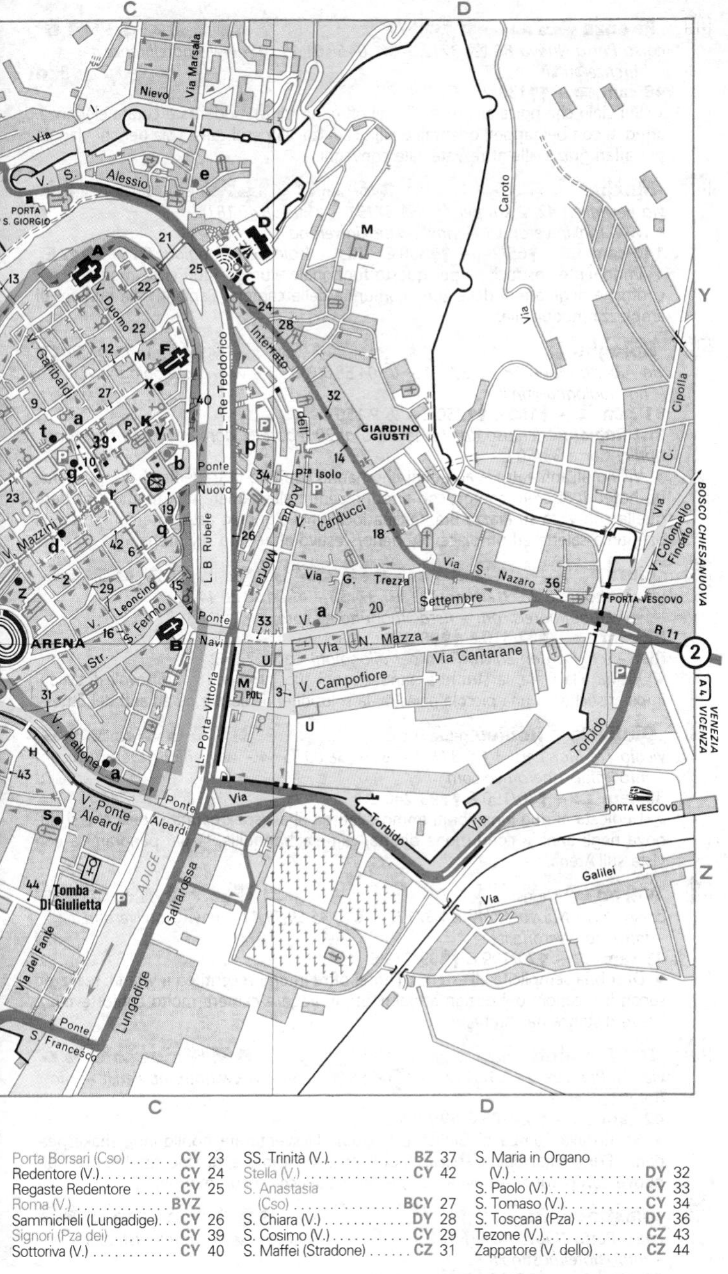

Porta Borsari (Cso) . . . . CY 23
Redentore (V.) . . . . CY 24
Regaste Redentore . . . . . . CY 25
Roma (V.) . . . . BYZ
Sammicheli (Lungadige) . . . CY 26
Signori (Pza dei) . . . . CY 39
Sottoriva (V.) . . . . CY 40
SS. Trinità (V.) . . . . BZ 37
Stella (V.) . . . . CY 42
S. Anastasia (Cso) . . . . BCY 27
S. Chiara (V.) . . . . DY 28
S. Cosimo (V.) . . . . CY 29
S. Maffei (Stradone) . . . . . . CZ 31
S. Maria in Organo (V.) . . . . DY 32
S. Paolo (V.) . . . . CY 33
S. Tomaso (V.) . . . . CY 34
S. Toscana (Pza) . . . . DY 36
Tezone (V.) . . . . CZ 43
Zappatore (V. dello) . . . . CZ 44

Firenze senza rist

corso Porta Nuova 88 ✉ 37122 – ☎ 04 58 01 15 10 – www.hotelfirenze.it – hfirenze@tin.it BZ**d**

48 cam – ††130/260 €

♦ Sul viale che porta all'Arena, l'hotel offre interni di moderna e curata eleganza, arredati con bei tappeti orientali e kilim; adatto sia per il turista sia per chi viaggia per affari grazie alle attrezzate sale convegni.

Maxim

cam, rist,

via Belviglieri 42, 2 km per ② ✉ 37131 – ☎ 04 58 40 18 00 – www.maximverona.it – maxim@maximverona.it

146 cam – †65/240 € ††300 € **Rist** – *(solo per alloggiati)* Carta 29/42 €

♦ Imponente costruzione per questo funzionale albergo fuori città, moderno nel confort e negli arredi delle zone comuni e delle camere. Capienti sale riunioni di ampiezza modulabile.

Bologna

via Alberto Mario 18 ✉ 37121 – ☎ 04 58 00 68 30 – www.hotelbologna.vr.it – hotelbologna@tin.it BY**x**

31 cam – †160 € ††250 € – ½ P 150 €

Rist *Rubiani* – *(chiuso dal 15 gennaio al 20 febbraio, domenica da ottobre ad aprile)* Carta 33/50 €

♦ Vicino all'anfiteatro e ai luoghi che hanno ospitato la tragedia shakespeariana, un hotel di discreto confort con arredi recenti nelle camere ben tenute. Chiedete quelle con vista su Piazza Bra. Cucina locale nel signorile ristorante composto da un'intima saletta ed un piacevole dehors estivo affacciato sull'Arena.

Fiera

cam, rist, rist,

via Zannoni 26/28, 1 km per ③ ✉ 37136 – ☎ 04 58 20 44 85 – www.fabbrihotels.com – fiera@fabbrihotels.com

82 cam – †82/310 € ††98/360 €

Rist – *(chiuso domenica) (solo per alloggiati)* Carta 22/42 €

♦ Vicina alla Fiera, la struttura annovera nei suoi ambienti confortevoli dotazioni impiantistiche ed una piccola palestra: la soluzione ideale per gli amanti del fitness.

Giulietta e Romeo senza rist

vicolo Tre Marchetti 3 ✉ 37121 – ☎ 04 58 00 35 54 – www.giuliettaeromeo.com – info@giuliettaeromeo.com CY**z**

38 cam – †80/190 € ††98/240 €

♦ Dedicata ai due innamorati immortalati da Shakespeare, una risorsa che si rinnova negli anni, a conduzione diretta; camere tranquille, la più panoramica con vista sull'Arena.

Verona senza rist

corso Porta Nuova 47/49 ✉ 37122 – ☎ 0 45 59 59 44 – www.hotelverona.it – info@hotelverona.it BZ**f**

31 cam – †79/199 € ††99/219 €

♦ Di sobria semplicità all'esterno, l'hotel offre interni recenti ed invitanti, realizzati secondo i canoni del design attualmente in voga e camere molto confortevoli. A breve distanza dall'Arena.

De' Capuleti senza rist

via del Pontiere 26 ✉ 37122 – ☎ 04 58 00 01 54 – www.hotelcapuleti.it – info@hotelcapuleti.it CZ**s**

42 cam – †65/105 € ††90/200 €

♦ Vicino alla Tomba di Giulietta, omaggia la sventurata nobildonna shakespeariana. D'impostazione classica, l'hotel prevede camere di due tipologie, le più nuove con parquet e travi a vista, le altre classiche e con moquette.

Mastino senza rist

corso Porta Nuova 16 ✉ 37122 – ☎ 0 45 59 53 88 – www.hotelmastino.it – info@hotelmastino.it BZ**a**

40 cam – †70/150 € ††90/250 €

♦ Potrete andare a piedi all'Arena, se alloggerete in questo hotel, confortevole e ben tenuto; arredamento moderno e piacevole nelle stanze, recentemente ristrutturate.

Novo Hotel Rossi senza rist
via delle Coste 2 ✉ 37138 – ☎ 0 45 56 90 22 – www.novohotelrossi.it – info@novohotelrossi.it AZ**a**
38 cam ☕ – 🚹63/155 € 🚹🚹83/245 €
◆ Comodo sia per l'ubicazione, nei pressi della stazione ferroviaria, sia per il parcheggio interno, un albergo classico, di buon confort, rinnovato negli ultimi anni.

Armando senza rist
via Dietro Pallone 1 ✉ 37121 – ☎ 04 58 00 02 06
– www.bestwetsern.it/armando_vr
– info@hotelarmando.it CZ**a**
28 cam ☕ – 🚹70/170 € 🚹🚹100/220 €
◆ Nei pressi dello splendido anfiteatro romano, la celebre Arena, modernità a tutto tondo per un hotel recentemente ristrutturato, che si presenta ora con uno stile essenziale e minimalista. Ci si dimentica subito degli spazi comuni un po' limitati, varcando la soglia delle belle camere.

San Pietro senza rist
via Santa Teresa 1, 1 km per ③ ✉ 37135 – ☎ 0 45 58 26 00
– www.hotelsanpietroverona.it – info@hotelsanpietroverona.it
46 cam ☕ – 🚹72/290 € 🚹🚹92/290 € – 1 suite
◆ E' un piacere rilassarsi nelle comode poltrone in pelle nella hall, accogliente e razionale. Stile minimalista nelle confortevoli camere, rallegrate da una parete in stucco di colore vivace: legno chiaro e scuro si alternano per creare un'illusione ottica di movimento.

Torcolo senza rist
vicolo Listone 3 ✉ 37121 – ☎ 04 58 00 75 12
– www.hoteltorcolo.it – hoteltorcolo@virgilio.it
– chiuso dal 17 gennaio al 6 febbraio BY**s**
19 cam – 🚹50/96 € 🚹🚹70/132 €, ☕ 14 €
◆ Per un soggiorno veronese a due passi dalla leggendaria Arena, un hotel semplice ed accogliente con mobili d'epoca in alcune stanze. Con la bella stagione, la colazione è servita all'aperto, sulla piazzetta.

Aurora senza rist
piazzetta XIV Novembre 2 ✉ 37121 – ☎ 0 45 59 47 17 – www.hotelaurora.biz
– info@hotelaurora.biz CY**g**
19 cam ☕ – 🚹58/135 € 🚹🚹100/160 €
◆ Camere sobrie e confortevoli, ma soprattutto la possibilità di consumare il primo pasto della giornata affacciati sulla celebre Piazza delle Erbe, comodamente seduti sulla bella terrazza.

Il Desco (Elia e Matteo Rizzo)
via Dietro San Sebastiano 7 ✉ 37121 – ☎ 0 45 59 53 58 – www.ildesco.com
– chiuso dal 25 dicembre al 14 gennaio, 2 settimane in giugno, domenica, lunedì; in luglio, agosto e dicembre aperto lunedì sera CY**q**
Rist – Menu 60/130 € – Carta 92/130 €
Spec. Scampi fritti con insalatina all'aceto di lamponi. Risotto all'astice. Brasato di guanciale di manzo con purea di patate e porro fritto.
◆ I recenti interventi di rinnovo non hanno stravolto il genere del locale, che continua ad essere il salotto cittadino per eccellenza, ma anche la cucina si mantiene all'altezza della sua fama: piatti creativi, rispettosi della tradizione.

Baracca
via Legnago 120, 2,5 km per ③ ✉ 37134 – ☎ 0 45 50 00 13
– www.ristorantelabaracca.it – info@ristorantelabaracca.it – chiuso dal 1° al 7 gennaio, sabato a mezzogiorno, domenica
Rist – (consigliata la prenotazione) Carta 43/58 €
◆ Fuori delle affollate rotte turistiche, signorile ristorante gestito da cinquant'anni da una intraprendente famiglia, dove gusterete una consolidata e tradizionale cucina di pesce.

Arche

via Arche Scaligere 6 ✉ 37121 – ✆ 04 58 00 74 15 – www.ristorantearche.com – arche@ristorantearche.com – chiuso dal 7 al 31 gennaio, domenica, lunedì a mezzogiorno CY**y**

Rist – Carta 48/59 €

◆ E' stato il bisnonno dello chef ad inaugurare nel 1879 questo elegante locale. Da allora la tradizione si rinnova di generazione in generazione, proponendo una cucina di terra e di mare, di tradizione e di ricerca.

Ai Teatri

via Santa Maria Rocca Maggiore 8 ✉ 37129 – ✆ 04 58 01 21 81 – www.ristoranteaiteatri.it – ristoranteaiteatri@tiscalinet.it – chiuso dal 1° al 15 gennaio, domenica, lunedì a mezzogiorno CY**p**

Rist – (consigliata la prenotazione la sera) Carta 40/55 €

◆ Esperienza più che decennale nella ristorazione veronese per il titolare di questo locale nei pressi del centro e subito al di là dell'Adige; ambiente ricercato e cucina moderna, sia di terra sia di mare.

Osteria la Fontanina (Nicola Tapparini)

Portichetti Fontanelle Santo Stefano 3 ✉ 37129 – ✆ 0 45 91 33 05 – www.ristorantelafontanina.com – fontanina@ristorantelafontanina.com – chiuso 2 settimane in agosto, domenica, lunedì a mezzogiorno CY**e**

Rist – (prenotazione obbligatoria a mezzogiorno) Carta 50/71 €

Spec. Variazione di pesce crudo. Tagliolini neri all'aglio, olio e peperoncino con zucchine, calamari e ricci di mare. Petto di faraona con purè affumicato.

◆ Presso la chiesa di Santo Stefano, ristorante caratteristico dall'atmosfera intima e ovattata, il vino è onnipresente con arredi d'antiquariato, stampe e argenti. Cucina del territorio rivisitata.

Al Cristo-Pintxos Bistrot

piazzetta Pescheria 6 ✉ 37121 – ✆ 0 45 59 42 87 – www.ristorantealcristo.it – info@ristorantealcristo.it – chiuso lunedì CY**b**

Rist – Carta 32/102 €

Rist *Pintxos Bistrot* – Carta 28/50 €

◆ Nei pressi di Ponte Nuovo, un edificio cinquecentesco accoglie questo ristorante articolato su tre livelli con splendida cantina e bel dehors. Diverse linee di cucina: regionale, internazionale e sushi-sashimi. Al Pintxos Bistrot: tapas basche, stuzzichini preparati al momento e il proverbiale pata negra.

Tre Marchetti

vicolo Tre Marchetti 19/b ✉ 37121 – ✆ 04 58 03 04 63 – www.tremarchetti.it – tremarchetti@yahoo.it – chiuso dal 15 al 28 febbraio, dal 1° al 7 settembre, lunedì in luglio-agosto, domenica negli altri mesi CY**z**

Rist – Carta 46/61 € (+15 %)

◆ Poltroncine e lampadari di Murano in un ambiente accogliente, recentemente rinnovato: i ritmi del servizio sono alquanto veloci, ma non manca l'attenzione al dettaglio. Specialità del territorio.

Alla Fiera-da Ruggero

via Scopoli 9, 1 km per ③ ✉ 37136 – ✆ 0 45 50 88 08 – ristofiera.luca@libero.it – chiuso dal 10 al 18 agosto e domenica

Rist – Carta 38/63 €

◆ Acquari con crostacei e vasche con molluschi vari. Si tratta di uno dei ristoranti ittici più rinomati in città, l'ambiente curato, una solida gestione familiare e, al tavolo, segnaposto stilizzati da un artista.

Al Capitan della Cittadella

piazza Cittadella 7/a ✉ 37122 – ✆ 0 45 59 51 57 – www.ristorantealcapitandellacittadella.it – alcapitan@solopesce.191.it – chiuso 1 settimana in gennaio, 3 settimane in agosto, domenica, lunedì a mezzogiorno

Rist – (consigliata la prenotazione) Carta 46/76 € BZ**x**

◆ Un locale rustico ricavato in un antico palazzo: quadri moderni alle pareti e sculture lignee dedicati ai pesci. La predilezione per il mondo marino arriva fino in cucina. Ottima selezione enologica.

XX **Calanova**

via XX Settembre 13 ✉ 37129 – ✆ 04 58 00 83 09
– www.ristorantecalanova.com – info@ristorantecalanova.com
– chiuso dal 10 al 24 agosto, martedì, mercoledì a mezzogiorno DY**a**

Rist – Carta 43/62 €

♦ Nient'altro che pesce fresco, proposto solamente nelle preparazioni più semplici e classiche, da assaporare nell'intima saletta dalle comode poltroncine, oppure all'aperto, nel cortile interno.

XX **Maffei**

piazza delle Erbe 38 ✉ 37121 – ✆ 04 58 01 00 15 – www.ristorantemaffei.it
– info@ristorantemaffei.it CY**a**

Rist – Carta 35/46 €

♦ Locale storico del centro di Verona, anticipato dalla bella corte dove si svolge il dehors: buona cucina di impronta moderna ed interessante carta dei vini. Sotto il locale dove sono stati rinvenuti dei reperti archeologici romani, si è ricavata la cantina (visitabile) ed un romantico tavolino per due!

XX **L'Oste Scuro**

vicolo San Silvestro 10 ✉ 37122 – ✆ 0 45 59 26 50
– www.ristoranteostescuro.com – ostescurosrl@yahoo.it – chiuso dal 25 dicembre al 6 gennaio, dal 7 al 22 agosto, domenica, lunedì a mezzogiorno BZ**c**

Rist – Carta 56/76 €

♦ Un'insegna in ferro battuto segnala questo locale alla moda dalla simpatica atmosfera familiare. Lo chef punta sulla freschezza del protagonista di ogni piatto elaborato: il pesce.

X **Trattoria al Pompiere**

vicolo Regina d'Ungheria 5 ✉ 37121 – ✆ 04 58 03 05 37
– www.alpompiere.com – alpompiere@yahoo.it
– chiuso dal 25 dicembre al 10 gennaio, domenica, lunedì a mezzogiorno

Rist – (consigliata la prenotazione) Carta 36/46 € CY**r**

♦ Linea gastronomica fedele al territorio, nonché un'ottima selezione di salumi e formaggi in una storica trattoria del centro, tra boiserie e svariate foto d'epoca.

X **Trattoria al Calmiere**

piazza San Zeno 10 ✉ 37123 – ✆ 04 58 03 07 65 – www.calmiere.com
info@calmiere.com – chiuso dal 26 dicembre al 6 gennaio, domenica sera e lunedì

Rist – Carta 34/39 € (+10 %) AY**d**

♦ Tipica trattoria orgogliosamente situata nella bella piazza dedicata al patrono cittadino. Tradizionale cucina veronese e un'interessante selezione di vini della provincia.

X **San Basilio alla Pergola**

via Pisano 9, 2 km per ② ✉ 37131 – ✆ 0 45 52 04 75
– www.trattoriasanbasilio.com – info@trattoriasanbasilio.it – chiuso domenica

Rist – Carta 30/37 €

♦ Caratteristico l'ambiente in stile campagnolo nelle due sale, con pavimenti in legno e mobili rustici, e semplice, ma curata cucina; piacevole dehors estivo con pergolato.

X **Al Bersagliere**

via Dietro Pallone 1 ✉ 37121 – ✆ 04 58 00 48 24 – www.trattoriaalbersagliere.it
– info@trattoriaalbersaglere.it – chiuso 20 giorni in gennaio, 10 giorni in agosto, sabato sera da giugno a settembre, domenica ed i giorni festivi

Rist – Carta 25/32 € CZ**a**

♦ Classico e perfetto nell'esecuzione, sarà un motivo valido se il baccalà alla vicentina proposto in questa trattoria dalla gestione appassionata è sempre molto apprezzato! Buona cantina e gradevole dehors estivo.

X **Il Glicine**

corso Milano 26 ✉ 37138 – ✆ 0 45 56 51 56 – www.hotelportasanzeno.it
– info@hotelportasanzeno.it – chiuso domenica AY**c**

Rist – Carta 41/85 €

♦ Rami di glicine fanno da cornice al servizio all'aperto, mentre le pareti della sala interna sono arreadate con quadri coloratissimi. Unica la predilezione della cucina: solo piatti di pesce (lasciatevi consigliare).

a San Massimo all'Adige Ovest: 2 km per via San Marco AY – ✉ 37139

Trattoria dal Gal

via Don Segala 39/b – ☎ 04 58 90 30 97 – www.trattoriadalgal.com – ldef5781@gmail.com – chiuso dal 30 luglio al 20 agosto, domenica sera, lunedì
Rist – Carta 23/31 €
♦ Madre ai fornelli e figli in sala in questa semplice trattoria dalla calorosa e cordiale accoglienza. La cucina è classica, ma soprattutto impostata sul territorio. Rinomati i primi.

sulla strada statale 11-via Bresciana Ovest: 3,5 km

Park Hotel Elefante

cam,

strada Bresciana 27 ✉ 37139 Verona – ☎ 04 58 90 37 00 – www.hotelelefante.it – info@hotelelefante.it
11 cam – †65/100 € ††75/115 € – ½ P 60/75 €
Rist – *(chiuso dal 24 dicembre al 9 gennaio e dal 29 luglio 28 agosto) (chiuso a mezzogiorno)* Carta 24/35 €
♦ Sulla statale per il lago di Garda, una villetta di campagna trasformata in un piccolo albergo familiare, con atmosfera da casa privata; piacevole il giardino sul retro. Cucina regionale nella semplice sala ristorante dall'arredo ligneo, ricca di suppellettili.

a San Michele Extra per ② : 4 km – ✉ 37132

Holiday Inn Verona

cam,

via Unità d'Italia 346 – ☎ 04 58 95 25 01 – www.alliancealberghi.com – holidayinn.verona@alliancealberghi.com
112 cam – †49/335 € ††49/410 €, 15 € **Rist** – Menu 30/40 €
♦ Nella prima periferia cittadina, confort adeguati agli standard della catena cui appartiene in questa struttura funzionale, ideale per clientela d'affari e di passaggio. Gradevole dehors per servizio ristorante estivo.

Gardenia

via Unità d'Italia 350 – ☎ 0 45 97 21 22 – www.hotelgardeniaverona.it – info@hotelgardeniaverona.it – chiuso 24-25-26 dicembre
56 cam – †60/86 € ††75/150 €
Rist – *(chiuso dal 24 dicembre al 7 gennaio, luglio, agosto, venerdì, sabato e domenica) (chiuso a mezzogiorno)* Carta 23/40 €
♦ Moderna essenzialità, lineare e funzionale, negli interni di una risorsa in comoda posizione vicino al casello autostradale; confortevoli camere ben accessoriate. Raffinata cura della tavola nelle due sale da pranzo.

verso Novaglie Nord-Est: 6km

Agriturismo Delo senza rist

località Delo - Verona Novaglie ✉ 37141 Verona – ☎ 04 58 84 10 90 – www.agriturismodelo.it – info@agriturismodelo.it – chiuso dicembre e gennaio
10 cam – ††125/165 €
♦ Non lontano dalla città, ma già in aperta campagna, questa bella costruzione rurale – ristrutturata con l'impiego di materiali pregiati – ospita ambienti impreziositi da pezzi di antiquariato e camere "riscaldate" da tappeti persiani. La colazione è servita in raffinate porcellane con pasticceria fatta in casa.

VERRAYES – Aosta (AO) – 561 E4 – 1 344 ab. – alt. 1 017 m – ✉ 11020 34 B2

Roma 707 – Aosta 26 – Moncalieri 108 – Torino 97

a Grandzon Sud : 6 km – ✉ 11020 Verrayes

Agriturismo La Vrille

hameau du Grandzon 1 – ☎ 01 66 54 30 18 – www.lavrille-agritourisme.com – lavrille@gmail.com
6 cam – †55/80 € ††80/90 € – ½ P 55/70 €
Rist – *(chiuso a mezzogiorno)* (prenotazione obbligatoria) Menu 30/35 €
♦ Circondata da cime e vigneti, in posizione elevata e panoramica, una caratteristica baita di montagna con belle camere e mobili d'epoca. Atmosfera familiare e amichevole anche al ristorante, dove gustare la tradizione valdostana proposta anche attraverso prodotti e vini dell'azienda.

a Champagne – ✉ 11020

Antica Trattoria Champagne
località Champagne – ✆ *01 66 54 62 88*
Rist – Carta 23/33 €
♦ Da oltre un secolo stazione di posta, ma anche sala da ballo e negozio di alimentari, con l'attuale gestione la cucina ha preso il sopravvento. Valdostana d'adozione, piemontese d'origine, la cuoca propone i due filoni regionali in piatti semplici e sapidi.

VERUNO – **Novara (NO)** – **1 816 ab.** – **alt. 357 m** – ✉ **28010** **24** A3

Roma 650 – Stresa 23 – Domodossola 57 – Milano 78

L'Olimpia con cam cam,
via Martiri 3 – ✆ *03 22 83 01 38* – *www.olimpiatrattoria.it* – *info@olimpiatrattoria.it*
6 cam – †555 € ††90/110 €, ☕ 6 €
Rist – *(chiuso 3 settimane in gennaio e lunedì)* Carta 32/48 €
♦ E' il mare, il grande protagonista della cucina di questo locale, che dopo il recente *restyling* si presenta ancora più caldo ed accogliente. Piacevole tavernetta con volta di mattoni a vista e camino.

VESUVIO – **Napoli** – **564** E25 Italia

VETRIOLO TERME – **Trento** – **Vedere Levico Terme**

VEZZANO = VEZZAN – **Bolzano** – **Vedere Silandro**

VIADANA – **Mantova (MN)** – **561** H13 – **19 128 ab.** – **alt. 26 m** – ✉ **46019** **17** C3

Roma 458 – Parma 27 – Cremona 52 – Mantova 39

Europa
vicolo Ginnasio 9 – ✆ *03 75 78 04 04* – *www.hotelristeuropa.it* – *info@hotelristeuropa.it* – *chiuso dal 24 dicembre al 6 gennaio e agosto*
17 cam ☕ – †54/66 € ††81/95 € – ½ P 55/71 €
Rist *Simonazzi* – *(chiuso sabato a mezzogiorno, domenica sera, lunedì)* Carta 25/44 €
Rist *Osteria Caol Ila* – vicolo Quartierino 10 *(chiuso sabato a mezzogiorno, domenica sera, martedì)* Carta 19/31 €
♦ Nel centro della località, piccolo albergo a carattere familiare, che offre spazi comuni limitati, ma un confortevole settore notte rinnovato di recente negli arredi. Piatti di terra e specialità di mare s'incontrano al ristorante Simonazzi. Cucina regionale e ambiente rustico all'Osteria Caol Ila.

VIANO – **Reggio Emilia (RE)** – **562** I13 – **3 449 ab.** – **alt. 275 m** – ✉ **42030** **8** B2

Roma 435 – Parma 59 – Milano 171 – Modena 35

La Capannina
via Provinciale 16 – ✆ *05 22 98 85 26* – *www.capannina.net* – *info@capannina.net* – *chiuso dal 24 dicembre al 6 gennaio, dal 17 luglio al 23 agosto, domenica, lunedì*
Rist – Carta 27/32 €
♦ Sono trent'anni che la stessa famiglia gestisce questo locale, mantenendosi fedele ad una linea gastronomica che punta sulla tipicità delle tradizioni locali.

VIAREGGIO – **Lucca (LU)** – **563** K12 – **64 101 ab.** – ✉ **55049** Toscana **28** B1

Roma 371 – La Spezia 65 – Pisa 21 – Bologna 180

viale Carducci 10 ✆ 0584 962233, info@aptversilia.it, Fax 0584 47336
Stazione ferroviaria (Pasqua-settembre) ✆ 0584 46382, Fax 0584 430821

Località★

Pianta pagina seguente

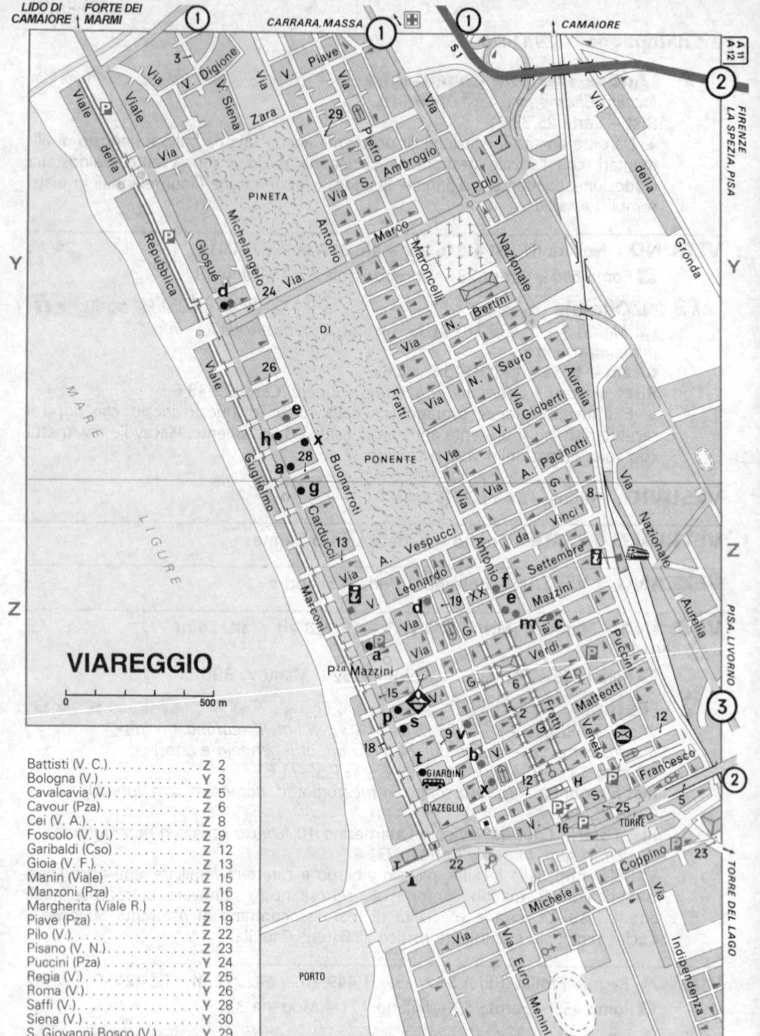

Grand Hotel Principe di Piemonte cam,

piazza Puccini 1 cam,
– ✆ 05 84 40 11 – *www.principedipiemonte.com*
– *info@principedipiemonte.com* Y**d**

87 cam – 149/800 € – 19 suites – ½ P 108/450 €
Rist Piccolo Principe – vedere selezione ristoranti
Rist – *(chiuso dal 1° novembre al 15 dicembre)* Carta 62/113 € (+10 %)
◆ Uno dei migliori alberghi della Versilia, rinnovato di recente offre camere raffinate ed accessoriate che presentano stili diversi: impero, coloniale, moderno, classico. Centro benessere di moderna concezione, non ampio ma personalizzato.

Grand Hotel Royal

viale Carducci 44 – ✆ 0 58 44 51 51 – www.hotelroyalviareggio.it – info@hotelroyalviareggio.it – 15 febbraio-15 novembre Z**g**

111 cam – 75/180 € 100/400 € – 3 suites – ½ P 75/225 €

Rist – *(chiuso a mezzogiorno)* Menu 30/35 €

♦ Sul lungomare, imponente costruzione degli anni 20' con atmosfere da Belle Epoque nelle signorili sale. Curato giardino e confortevoli camere. Elegante sala ristorante con suggestivi richiami allo stile Liberty.

Astor cam, cam, rist,

viale Carducci 54 – ✆ 0 58 45 03 01 – www.sinahotels.com – reservationsvi@sinahotels.com Y**h**

66 cam – 165/275 € 253/429 € – 11 suites **Rist** – Carta 30/80 €

♦ Totalmente rinnovato, gli spazi comuni e le camere brillano per la loro luminosità grazie alle ampie finestre. Ma è il solarium la star della struttura: costruito in modo da ricordare il ponte di una nave, è il punto più alto della città. Cucina mediterranea al ristorante e sulla terrazza con vista mare.

Plaza e de Russie

piazza d'Azeglio 1 – ✆ 0 58 44 44 49 – www.plazaederussie.com – info@plazaederussie.com Z**t**

51 cam – 102/299 € 158/346 € – ½ P 138/206 €

Rist *La Terrazza* – *(chiuso 2 settimane in novembre)* (consigliata la prenotazione) Carta 40/55 €

♦ Il primo albergo di Viareggio nel 1871, rimane ancora il luogo privilegiato di chi cerca fascino ed eleganza: preziosi marmi nelle sale comuni e belle camere. Grandi vetrate da cui contemplare il panorama nel raffinato *roof restaurant*.

President cam, rist,

viale Carducci 5 – ✆ 05 84 96 27 12 – www.hotelpresident.it – info@hotelpresident.it Z**a**

50 cam – 120/160 € 140/260 € – ½ P 110/160 €

Rist – *(aprile-ottobre) (chiuso a mezzogiorno) (solo per alloggiati)* Menu 25/45 €

♦ In un importante edificio sul lungomare, questa raffinata risorsa dispone di ambienti eleganti arredati con mobili originali e affascinanti lampadari. Confortevoli le camere.

London senza rist

viale Manin 16 – ✆ 0 58 44 98 41 – www.hotellondon.it – info@hotellondon.it

33 cam – 70/95 € 110/160 € Z**s**

♦ In una palazzina Liberty sul lungomare, arredi signorili negli spazi comuni e camere confortevoli; gradevole cortile interno e terrazze solarium per momenti di relax.

Villa Tina senza rist

via Aurelio Saffi 2 – ✆ 0 58 44 44 50 – www.villatinahotel.it – info@villatinahotel.it – febbraio-marzo e 15 aprile-15 ottobre Y**a**

14 cam – 50/140 € 70/200 €

♦ Edificio liberty del 1929, le vetrate e gli stucchi delle zone comuni nonché gli arredi delle camere al primo piano ne ripropongono i fastosi eccessi; sempre in stile ma più sobrie quelle al secondo.

Eden senza rist

viale Manin 27 – ✆ 0 58 43 09 02 – www.hoteleden-viareggio.it – info@hoteleden-viareggio.it Z**p**

38 cam – 65/110 € 100/160 €

♦ Struttura di taglio moderno e buona funzionalità - versatile in termine di clientela - dispone di camere modernamente accessoriate.

Arcangelo rist,

via Carrara 23 – ✆ 0 58 44 71 23 – www.hotelarcangelo.com – info@hotelarcangelo.com – febbraio e Pasqua-settembre Y**x**

19 cam – 70/85 € 70/100 €, 8 € – ½ P 90 €

Rist – *(chiuso sino a maggio) (solo per alloggiati)* Menu 20/26 €

♦ A due passi dal lungomare - piccolo hotel dalla giovane conduzione - si presenta con accoglienti spazi comuni e una graziosa corte interna rallegrata da molte piante. Camere non molto ampie, rinnovate in anni recenti, arredate con mobili dai colori pastello.

XXX **Romano** (Franca Checchi)

via Mazzini 120 – ✆ 0 58 43 13 82 – www.romanoristorante.it – info@romanoristorante.it – chiuso gennaio e lunedì, anche martedì a mezzogiorno in luglio-settembre Z**m**

Rist – Carta 62/96 €

Spec. Insalata di crostacei e molluschi. Linguine alla viareggina con pesce e frutti di mare. Sparnocchi (gamberi) al miele di castagno e carciofi fritti.

♦ Faro della ristorazione versiliese, la tradizionale gestione familiare non ha impedito al locale di rinnovarsi in forme moderne ed eleganti; il pesce più fresco e qualche piatto di carne.

XXX **Piccolo Principe** – Grand Hotel Principe di Piemonte

piazza Puccini 1 – ✆ 05 84 40 11 – www.ristoranteilpiccoloprincipe.com – info@principedipiemonte.com – chiuso lunedì e martedì esluso dal 15 al 31 dicembre e dal 15 maggio al 30 settembre

Rist – *(chiuso a mezzogiorno escluso inverno)* Menu 80/120 € – Carta 66/89 € (+10 %) Y**d**

Spec. Calamarata (pasta) di Gragnano cotta sotto vetro con calamari, frutti di mare e asparagi. Calamaretto arrostito ripieno di ricotta di bufala, servito con cime di rapa e pane croccante. Tartelletta al cocco, cuore di gelato caprino, lamponi e meringa flambata.

♦ Al quinto piano del Grand Hotel Principe di Piemonte, il panoramico roof garden accoglie una cucina creativa e sofisticata: buona tecnica ed ottime presentazioni. Ambiente sobrio con qualche accenno moderno.

XXX **Enoteca Henri**

via Antonio Fratti 316 – ✆ 0 58 44 98 77 – www.ristorantehenri.com – henriprosperi@tiscali.it – chiuso dal 18 ottobre al 15 novembre, lunedì e martedì a mezzogiorno, domenica Z**f**

Rist – (consigliata la prenotazione) Menu 85/120 € – Carta 75/155 €

Spec. Crema fredda di cavolfiore con scampo scottato, caviale beluga e olio al basilico. Bavette con arselle e calamaretti. Branzino su salsa Champagne, finocchi al vapore e filetti di mandorla.

♦ Pochi tavoli immersi in una romantica atmosfera, schermo tv sulle cucine e una celebrata enoteca: è la ricerca della qualità che sconfina con il lusso. Dai vini al pesce, nulla pare lasciato al caso.

XX **Pino**

via Matteotti 18 – ✆ 05 84 96 13 56 – www.ristorantepino.it – ristorantepino@hotmail.it – chiuso dal 7 gennaio al 7 febbraio, mercoledì, giovedì a mezzogiorno; in luglio-agosto aperto solo la sera Z**b**

Rist – Carta 46/80 €

♦ In una delle vie del centro, locale tradizionale composto da due sale di classica eleganza: la linea gastronomica è quella marinaresca, con predilezione per i crostacei.

XX **Da Remo**

via Paolina Bonaparte 47 – ✆ 0 58 44 84 40 – chiuso dal 5 al 25 ottobre e lunedì

Rist – Carta 40/66 € Z**x**

♦ Conduzione familiare e impostazione classica in un curato ristorante del centro, che propone tradizionali preparazioni di cucina ittica con predilezione per il pesce locale.

X **Cabreo**

via Firenze 14 – ✆ 0 58 45 46 43 – chiuso novembre e lunedì Y**e**

Rist – Carta 38/65 €

♦ Impostazione classica nelle due luminose sale di questo ristorante, a gestione familiare, che propone i suoi piatti secondo la disponibilità del pescato giornaliero.

X **Cicero**

Via Michele Coppino 319 – ✆ 05 84 39 30 89 – chiuso giovedì e venerdì a mezzogiorno

Rist – (consigliata la prenotazione la sera) Carta 40/55 €

♦ In prossimità della darsena, ristorante dall'ambiente semplice dove il protagonista assoluto è il pesce: esposto nell'apposita vetrinetta viene cucinato secondo le ricette della tradizione. Ampia e qualificata carta dei vini.

X **Ilmegliodijò**

via Paolina Bonaparte 215 – ✆ 0 58 44 83 37 – www.ilmegliodijo.com – jo@ilmegliodijo.com **Zd**

Rist – (consigliata la prenotazione) Menu 35/50 € – Carta 46/62 €

♦ Un moderno ristorante dalle linee pulite, caldo ed accogliente: pochi i coperti per meglio curare una cucina vocata ad una contemporaneità creativa, attenta però anche alla sostanza.

VIAROLO – **Parma (PR)** – **562** H12 – **alt. 41 m** – ✉ **43126** **8** A3

Roma 465 – Parma 11 – Bologna 108 – Milano 127

X **Gelmino**

via Cremonese 161 – ✆ 05 21 60 51 23 – gelmin1d@bacchigelmino.191.it – chiuso dal 3 agosto al 3 settembre, domenica sera, lunedì

Rist – Carta 25/39 €

♦ Ambiente familiare e cucina del territorio per questo rustico locale dove il sevizio sempre attento si accompagna, in estate, al piacere di mangiare all'aperto.

X **La Porta di Felino**

via Provinciale 103 – ✆ 05 21 83 68 39 – www.laportadifelino.it – paolacabassa@yahoo.it – chiuso domenica sera e mercoledì

Rist – Carta 25/35 €

♦ Trattoria storica con una piccola zona bar, dove si può mangiare anche un sandwich, e due sale rustiche. La cucina offre il meglio della regione: dalle paste rigorosamente fatte in casa, alle carni con funghi porcini, cercando di conservare un po' di appetito per la mousse di parmigiano e pere.

VIBO VALENTIA P (VV) – **564** K30 – **33 612 ab.** – **alt. 476 m** – ✉ **89900** **5** A2

Roma 613 – Reggio di Calabria 94 – Catanzaro 69 – Cosenza 98

piazza Diaz ✆ 0963 45300 info@prolocovibovalentia.it, Fax 0963 45300

Vecchia Vibo

via Murat-Srimbia – ✆ 0 96 34 30 46 – www.hotelvecchiavibo.com – info@hotelvecchiavibo.com

20 cam – †70 € ††100 € – ½ P 68 €

Rist – *(chiuso lunedì sera)* Carta 16/32 €

♦ Nella parte antica di Vibo, a poche centinaia di metri dal castello, recente risorsa ricavata da una vecchia casa padronale: sale e camere arredate con gusto e funzionalità. Ristorante e pizzeria nelle ex scuderie.

a Vibo Valentia Marina **Nord : 10 km** – ✉ **89811**

Cala del Porto

I Traversa via Roma – ✆ 09 63 57 77 62 – www.caladelporto.com – info@caladelporto.com

33 cam – †100 € ††140 €

Rist L'Approdo – vedere selezione ristoranti

♦ Albergo di raffinata atmosfera e confort moderno: spazi comuni ampi e ben curati, camere dotate dei migliori confort moderni. Se volete un soggiorno di qualità, *Cala del Porto* non vi deluderà.

XXX **L'Approdo** – Hotel Cala del Porto

via Roma 22 – ✆ 09 63 57 26 40 – www.lapprodo.com – info@lapprodo.com

Rist – Carta 57/87 €

♦ Ambiente elegante dai piacevoli arredi in stile marinaro: la cucina è rigorosamente a base di pesce, preparato secondo ricette locali, ma presentato con gusto moderno. Difficile non cedere alla tentazione di ritornarci.

VICCHIO – **Firenze (FI)** – **563** K16 – **8 200 ab.** – **alt. 203 m** – ✉ **50039** **29** C1

Toscana

Roma 301 – Firenze 32 – Bologna 96

XX **L'Antica Porta di Levante**
piazza Vittorio Veneto 5 – ✆ 0 55 84 40 50 – www.anticaportadilevante.it – info@anticaportadilevante.it – chiuso 10 giorni a gennaio e lunedì
Rist – *(chiuso a mezzogiorno escluso i giorni festivi)* Carta 29/36 €
◆ Cucina regionale in una storica locanda di posta, recentemente rinnovata: caratteristica saletta in pietra e gradevole veranda estiva con pergolato.

a Campestri Sud : 5 km – ✉ 50039 Vicchio

Villa Campestri Olive Oil Resort rist,
via di Campestri 19/22 – ✆ 05 58 49 01 07 – www.villacampestri.com – villa.campestri@villacampestri.it – aprile-ottobre
21 cam – †69/130 € ††109/210 € – 4 suites – ½ P 99/150 €
Rist – Carta 42/52 €
◆ La natura e la storia ben si amalgamano in questa villa trecentesca immersa in un parco con piscina. Raffinati interni d'epoca ed una ricca oleoteca, dove si organizzano corsi di degustazione dell'extra vergine. Piatti toscani ed un menu interamente dedicato all'oro giallo al ristorante.

VICENO – **Verbania** – **561** D6 – **Vedere Crodo**

VICENZA Ⓟ (VI) – **562** F16 – **115 012 ab.** – **alt. 39 m** – ✉ **36100** **37** A1
Venezia e ville venete

Roma 523 – Padova 37 – Milano 204 – Verona 51
via Fermi 134 ✆ 0444 994770, info@vicenzae.org, Fax 0444 994779
Colli Berici strada Monti Comunali 1, ✆ 0444 60 17 80
via Carpaneda 5/B, ✆ 044 34 04 48

Manifestazioni locali

15.01 - 20.01 : vicenzaoro first (mostra internazionale oreficeria ecc.)
21.05 - 25.05 : vicenzaoro charm (mostra internazionale oreficeria ecc.)
09.09 - 13.09 : vicenzaoro choice (mostra internazionale oreficeria ecc.)

Teatro Olimpico★★ BY **A**: scena★★★ – Piazza dei Signori★★ BYZ **34**: Basilica★★ BZ **B,** Torre Bissara★ BZ **C**, Loggia del Capitano★ BZ **D** – Museo Civico★ BY **M**: Crocifissione★★ di Memling – Battesimo di Cristo★★ del Bellini, Adorazione dei Magi★★ del Veronese, soffitto★ nella chiesa di Santa Corona BY **E** – Corso Andrea Palladio★ ABYZ – Polittico★ nel Duomo AZ **F**

Villa Valmarana "ai Nani"★★ : affreschi dei Tiepolo★★★ per ④ : 2 km – La Rotonda★★ del Palladio per ④ : 2 km – Basilica di Monte Berico★ : ✻★★ 2 km BZ

NH Vicenza rist,
viale S. Lazzaro 110, 2 km per ⑤ – ✆ 04 44 95 40 11 – www.nh-hotels.it – nhvicenza@nh-hotels.com
115 cam – ††60/290 €
Rist *Le Muse* – *(chiuso agosto, Natale)* Carta 31/55 €
◆ Inaugurata nel 2000, risorsa moderna di sobria eleganza, che coniuga funzionalità e confort ad alto livello; spazi comuni articolati e camere ottimamente insonorizzate. Una luminosa sala di signorile ambientazione moderna per il ristorante.

Da Porto senza rist
viale del Sole 142, 1 km per ⑥ – ✆ 04 44 96 48 48 – www.hoteldaporto.it – info@hoteldaporto.it
72 cam – †70/205 € ††80/235 €
◆ Edificati in una zona verde in una audace architettura, i due moderni edifici ospitano spazi confortevoli con corridoi in marmo ed arredi su misura nelle accoglienti camere.

Giardini senza rist
viale Giuriolo 10 – ✆ 04 44 32 64 58 – www.hotelgiardini.com – booking@hotelgiardini.com – chiuso dal 23 dicembre al 2 gennaio e dal 6 al 22 agosto
17 cam – ††50/250 € BY**a**
◆ Piccolo albergo che, dopo la ristrutturazione, offre soluzioni moderne di buon confort sia nelle zone comuni, ridotte, ma ben articolate, sia nelle lineari camere.

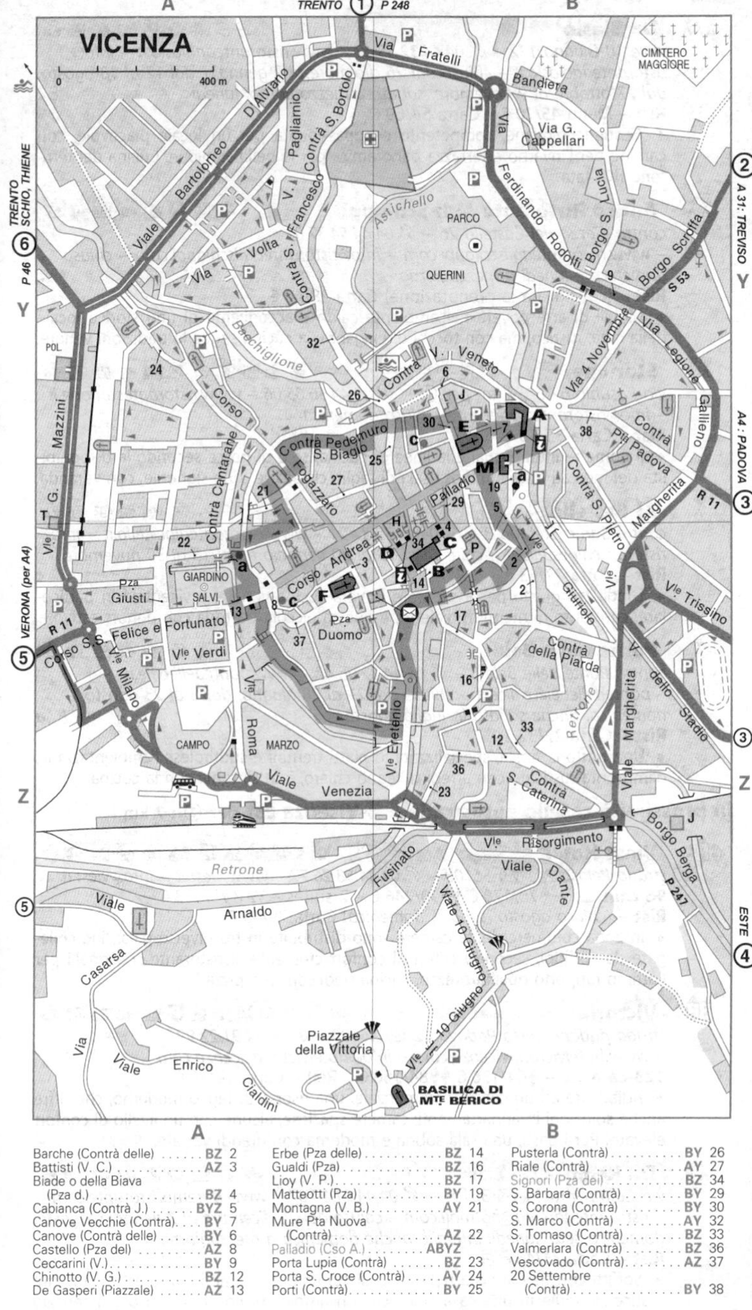

Street	Grid	No.
Barche (Contrà delle)	BZ	2
Battisti (V. C.)	AZ	3
Biade o della Biava (Pza d.)	BZ	4
Cabianca (Contrà J.)	BYZ	5
Canove Vecchie (Contrà)	BY	7
Canove (Contrà delle)	BY	6
Castello (Pza del)	AZ	8
Ceccarini (V.)	BY	9
Chinotto (V. G.)	BZ	12
De Gasperi (Piazzale)	AZ	13
Erbe (Pza delle)	BZ	14
Gualdi (Pza)	BZ	16
Lioy (V. P.)	BZ	17
Matteotti (Pza)	BY	19
Montagna (V. B.)	AY	21
Mure Pta Nuova (Contrà)	AZ	22
Palladio (Cso A.)	ABYZ	
Porta Lupia (Contrà)	BZ	23
Porta S. Croce (Contrà)	AY	24
Porti (Contrà)	BY	25
Pusterla (Contrà)	BY	26
Riale (Contrà)	AY	27
Signori (Pza dei)	BZ	34
S. Barbara (Contrà)	BY	29
S. Corona (Contrà)	BY	30
S. Marco (Contrà)	AY	32
S. Tomaso (Contrà)	BZ	33
Valmerlara (Contrà)	BZ	36
Vescovado (Contrà)	AZ	37
20 Settembre (Contrà)	BY	38

XXX **Da Biasio**
viale 10 Giugno 172 – ✆ 04 44 32 33 63 – www.ristorantedabiasio.it – info@ristorantedabiasio.it – chiuso dal 26 dicembre al 2 gennaio, dal 12 al 18 agosto, dal 27 ottobre al 9 novembre, sabato a mezzogiorno, lunedì BZ
Rist – Menu 45/70 € – Carta 54/69 €
◆ Gestione giovane, competente e appassionata per un locale piacevole, con camino per l'inverno e terrazza panoramica per la bella stagione. Cucina del territorio rivisitata.

XX **Antico Ristorante Agli Schioppi**
contrà piazza del Castello 26 – ✆ 04 44 54 37 01 – www.ristoranteaglischioppi.com – info@ristoranteaglischioppi.com – chiuso domenica e lunedì a mezzogiorno AZ**c**
Rist – (consigliata la prenotazione) Carta 28/40 €
◆ Mobili di arte povera nell'ambiente caldo e accogliente di uno storico locale della città, rustico, ma con tocchi di eleganza; la cucina segue le tradizioni venete.

XX **Storione**
via Pasubio 62/64, 2 km per ⑥ – ✆ 04 44 56 65 06 – www.ristorantestorione.it – info@ristorantestoriane.it – chiuso domenica
Rist – Carta 35/50 €
◆ Il nome fa intuire qual è la linea di cucina, solo di pesce secondo la disponibilità dei mercati ittici; luminosa sala di taglio classico e tono signorile, con veranda.

X **Al Pestello**
contrà Santo Stefano 3 – ✆ 04 44 32 37 21 – www.ristorantealpestello.it – info@ristorantealpestello.it – chiuso dal 15 al 30 gennaio e dal 15 al 30 novembre
Rist – Carta 27/43 € BY**c**
◆ L'indirizzo giusto per assaporare la vera cucina veneta, e vicentina in particolare, con tanto di menù in dialetto, è questa piccola trattoria con dehors estivo.

X **Ponte delle Bele**
contrà Ponte delle Bele 5 – ✆ 04 44 32 06 47 – www.pontedellebele.it – pontedellebele@alice.it – chiuso dal 21 al 28 giugno, dall'8 al 23 agosto, domenica, anche sabato in luglio-agosto AZ**a**
Rist – Carta 22/32 €
◆ Una trattoria tipica, specializzata in piatti trentini e sudtirolesi; l'ambientazione, d'impronta rustica e con arredi di legno chiaro, è in sintonia con la cucina.

in prossimità casello autostrada A 4-Vicenza Est per ③ : 7 km :

Viest Hotel
strada Pelosa 241 ✉ 36100 – ✆ 04 44 58 26 77 – www.viest.it – info@viest.it
96 cam – †70/176 € ††90/246 € – 2 suites – ½ P 75/153 €
Rist – *(chiuso agosto, sabato, domenica)* Carta 29/49 €
◆ In zona commerciale, le camere sono distribuite in tre diverse palazzine collegate da corridoi, secondo criteri di confort crescente. Il ristorante si segnala per l'ottimo rapporto qualità/prezzo, cucina tradizionale e pizza.

Victoria
strada padana verso Padova 52 ✉ 36100 – ✆ 04 44 91 22 99 – www.hotelvictoriavicenza.com – info@hotelvictoriavicenza.com
123 cam – †64/136 € ††84/186 € **Rist** – Carta 14/30 €
◆ Adiacente ad un centro commerciale, una risorsa di taglio moderno, che offre anche soluzioni in appartamenti; camere spaziose, alcune con un livello di confort elevato. Per i pasti, una sala sobria e moderna con grandi vetrate.

XX **Da Remo**
via Caimpenta 14 ✉ 36100 – ✆ 04 44 91 10 07 – www.daremoristorante.com – ristorantedaremo@hotmail.com – chiuso dal 25 dicembre al 7 gennaio, agosto, domenica sera, lunedì; in luglio anche domenica a mezzogiorno
Rist – Carta 31/46 €
◆ Soffitti con travi a vista nelle sale, di cui una con camino, in questo ristorante rustico-signorile in una casa colonica con ampio spazio all'aperto per il servizio estivo.

VICO EQUENSE - Napoli (NA) - **564** F25 - **20 813 ab.** - ✉ **80069** **6** B2

Napoli e la Campania

Roma 248 - Napoli 40 - Castellammare di Stabia 10 - Salerno 41

via Filangieri 98 ✆ 081 8015752, info@vicoturismo.it, Fax 081 8015752

Località★ - Centro storico★

Monte Faito★★: ❋★★★ dal belvedere dei Capi e ❋★★★ dalla cappella di S. Michele 14 km a est

Grand Hotel Angiolieri

via Santa Maria Vecchia 2, località Seiano, Sud-Est: 2 km – ✆ 08 18 02 91 61 – www.grandhotelangiolieri.it – info@grandhotelangiolieri.it – chiuso dal 7 gennaio al 28 febbraio

37 cam – 137/170 € 160/341 € – 2 suites – ½ P 130/221 €

Rist L'Accanto – vedere selezione ristoranti

♦ All'ombra del Vesuvio, un'antica villa è stata trasformata in un prestigioso albergo dotato di camere arredate con sobria eleganza. Dalla piscina è possibile ammirare un suggestivo panorama.

L'Accanto – Grand Hotel Angiolieri

via Santa Maria Vecchia 2, località Seiano, Sud-Est 2 km – ✆ 08 18 02 91 61 – www.grandhotelangiolieri.it – info@grandhotelangiolieri.it – aprile-2 novembre

Rist – Menu 50/110 € – Carta 57/96 €

Spec. Variazione di gamberi: millefoglie, carpaccio, ammollicato, salsiccia, zeppola, macaron's. Maialino e astice con insalata di rinforzo e sfogliatina di mela annurca. Cremoso di mandorla e cioccolato bianco con zupetta di ciliegie e gelato al caramello.

♦ Su una terrazza da cui sembra di spiccare il volo sul Golfo, la cucina adora combinare i prodotti campani, in declinazioni e variazioni d'infinita fantasia.

Antica Osteria Nonna Rosa (Giuseppe Guida)

via privata Bonea 4, località Pietrapiano, Est : 2 km – ✆ 08 18 79 90 55 – www.osterianonnarosa.it – info@osterianonnarosa.it – chiuso dal 1° giugno al 30 settembre, domenica sera e mercoledì

Rist – *(chiuso a mezzogiorno escluso sabato e domenica)* (consigliata la prenotazione) Menu 50/70 € – Carta 46/64 €

Spec. Tagliatelle di seppie al pan brioche, passatina di piselli, torrone salato (primavera). Caldo freddo di paccheri al crudo di mare. Crème brûlée di pastiera, gelato ai fiori d'arancio.

♦ In una dimora settecentesca, dallo stile vagamente provenzale, varie suppellettili di cucina creano un'atmosfera di genuina rusticità. Piatti della tradizione e ricette moderne.

a Marina d'Aequa Sud : 2,5 km – ✉ 80069 Vico Equense

Eden Bleu

rist,

via Murrano 17 – ✆ 08 18 02 85 50 – www.edenbleuhotel.com – edenbleuhotel@libero.it – aprile-2 novembre

24 cam – 70/120 € 90/175 € – ½ P 70/100 € **Rist** – Menu 18/24 €

♦ Piccola, ma graziosa risorsa, a gestione familiare, situata a pochi metri dal mare, dispone di stanze funzionali e pulite e di appartamenti per soggiorni settimanali. Ambientazione di stile moderno nell'accogliente sala da pranzo.

Torre del Saracino (Gennaro Esposito)

via Torretta 9 – ✆ 08 18 02 85 55 – www.torredelsaracino.it – info@torredelsaracino.it – chiuso dal 20 febbraio al 20 marzo, domenica sera, lunedì

Rist – (consigliata la prenotazione) Menu 60/100 € – Carta 64/89 €

Spec. Melanzane alla scapece, palamita e ostrica con profumo di limone e vaniglia. Variazione di ragù napoletano: le carni del ragù fra tradizione ed innovazione. Pralinato di mandorle e sorbetto di mandarini.

♦ La sobrietà e la linearità del locale esaltano i piatti intrisi di una seducente veracità napoletana. Per l'aperitivo o il caffè, è d'obbligo una visita nella torre con frantoio: affascinante contrapposizione di scenografie moderne ed architetture antiche.

sulla strada statale 145 Sorrentina

Capo la Gala
strada Statale Sorrentina 145 km 14,500 – 08 18 01 57 58 – www.hotelcapolagala.com – info@hotelcapolagala.com – marzo-novembre
23 cam – 210/445 € 250/495 € – ½ P 180/272 €
Rist Maxi – vedere selezione ristoranti
♦ Ben "mimetizzato" tra le rocce e la vegetazione, panoramico albergo sulla scogliera con ampi spazi esterni per godersi sole, mare e la splendida vista sul golfo. Mobili in stile mediterraneo nelle camere.

Mega Mare senza rist
località Punta Scutolo, Ovest : 4,5 km ✉ 80069 – 08 18 02 84 94 – www.hotelmegamare.com – info@hotelmegamare.com
29 cam – 100 € 160 €
♦ Splendidamente panoramico sulla baia di Sorrento, le camere sono semplici, ma con delle belle ceramiche di Vietri: tutte con un'impagabile vista.

Maxi – Capo la Gala Hotel
strada Statale Sorrentina 145 km 14,500 – 08 18 01 57 58 – www.hotelcapolagala.com – info@hotelcapolagala.com – aprile-novembre
Rist – *(chiuso lunedì) (chiuso a mezzogiorno da giugno a settembre)*
Carta 65/85 €
Spec. Pesce azzurro in diverse forme e consistenze. Fusilloni con tartufi di mare, bottarga di tonno e pane raffermo. Scorfano farcito con crostacei ed erbe di campo in zuppa di pesce e patate soffiate.
♦ Nella sala interna se il tempo è bizzoso o sulla terrazza con vista sul golfo nelle giornate più belle: dovunque si mangi, la cucina è un viaggio all'interno delle seduzioni campane, che il cuoco rivisita con estro e creatività.

VICOMERO – Parma – Vedere Torrile

VIDICIATICO – Bologna – 563 J14 – Vedere Lizzano in Belvedere

VIESTE – Foggia (FG) – 564 B30 – 13 777 ab. – ✉ 71019 Puglia 26 B1

Roma 420 – Foggia 92 – Bari 179 – San Severo 101
piazza Kennedy 0884 708806, iatvieste@viaggiareinpuglia.it, Fax 0884 704511
Località★
Strada panoramica★★ per Mattinata sud-ovest

Degli Aranci
piazza Santa Maria delle Grazie 10 – 08 84 70 85 57 – www.hotelaranci.it – info@hotelaranci.it – aprile-ottobre
121 cam – 65/166 € 98/242 € – ½ P 71/156 € **Rist** – Carta 26/36 €
♦ Poco distante dal mare, un hotel dalla calorosa accoglienza che dispone di ariosi e freschi spazi comuni e funzionali camere caratterizzate da differenti tipologie di arredo. Una ampia sala ristorante di tono classico propone piatti lievemente rivisitati ed è particolarmente adatta per allestire anche banchetti.

Seggio
via Veste 7 – 08 84 70 81 23 – www.hotelseggio.it – info@hotelseggio.it – aprile-ottobre
30 cam – 50/75 € 80/150 € – ½ P 55/90 €
Rist – *(chiuso a mezzogiorno)* Carta 23/33 €
♦ Sito sul costone di roccia ma contemporaneamente in pieno centro storico, l'hotel è stato realizzato tra le mura di vecchie case e propone camere dagli arredi lineari. Nella piccola sala ristorante, i piatti della tradizione italiana.

Bikini
via Massimo d'Azeglio 13/a – 08 84 70 15 45 – www.bikinihotelvieste.it – info@bikinihotelvieste.it – Pasqua-15 ottobre
32 cam – 55/115 € 70/145 € – ½ P 50/100 €
Rist – *(solo per alloggiati)*
♦ Contemporaneamente vicino alla spiaggia, al faraglione di Pizzomunno e al centro della città, una risorsa moderna di sobrie dimensioni con camere funzionali e luminose.

Svevo

via Fratelli Bandiera 10 – 08 84 70 88 30 – www.hotelsvevo.com – hotelsvevo@tiscali.it – 30 maggio-15 ottobre
30 cam – 80/150 € – ½ P 55/90 €
Rist – *(giugno-settembre) (chiuso a mezzogiorno) (solo per alloggiati)*
♦ In posizione tranquilla in prossimità dell'antica dimora di Federico II di Svevia, l'hotel dispone di camere semplici e funzionali e di un'ampia terrazza-solarium con piscina.

XX **Al Dragone**

via Duomo 8 – 08 84 70 12 12 – www.aldragone.it – troianopa@aliceposta.it – aprile-21 ottobre; chiuso martedì in aprile-maggio e ottobre
Rist – Carta 32/45 €
♦ Un ambiente caratteristico ricavato all'interno di una grotta naturale, dove lasciarsi andare ai piaceri della tavola: sapori regionali - tra piatti di carne o di pesce - ed una buona scelta enologica.

a Lido di Portonuovo Sud-Est : 5 km – ✉ 71019 Vieste

Portonuovo

litoranea Sud: 4 km ✉ 71019 Lido di Portonuovo – 08 84 70 65 20 – www.hotelportonuovo.it – info@hotelportonuovo.it – 21 maggio-15 settembre
56 cam – 85/155 € 95/180 € – ½ P 65/125 €
Rist – *(solo per alloggiati)*
♦ Abbracciato da una piacevole pineta, l'hotel si trova a pochi passi dal mare e propone spazi comuni ampi e discretamente eleganti, camere confortevoli dall'arredo ligneo.

VIGANÒ – Lecco (LC) – 561 E9 – 1 931 ab. – alt. 390 m – ✉ 23897 18 B1

Roma 607 – Como 30 – Bergamo 33 – Lecco 20

XXX **Pierino Penati** (Theo Penati)

via XXIV Maggio 36 – 0 39 95 60 20 – www.pierinopenati.it – ristorante@pierinopenati.it – chiuso dal 27 al 30 dicembre, domenica sera, lunedì e a mezzogiorno in agosto
Rist – Menu 65/75 € – Carta 61/85 €
Spec. Frittelle di parmigiano al rosmarino. La fabbrica dell'apetitt ...e l'amis del paes: coniglio disossato, galantina di gallina, flan di verdura, frittella di parmigiano, prosciutto. Manzo stracotto all'olio extravergine d'oliva.
♦ Una villa alle porte del paese con un grazioso giardino... e la cura prosegue all'interno nell'elegante sala con veranda. Piatti della tradizione e qualche proposta di pesce. Nei giorni feriali, a pranzo, disponibilità di un menu più economico.

VIGANO – Milano – 561 F9 – Vedere Gaggiano

VIGARANO MAINARDA – Ferrara (FE) – 562 H16 – 7 253 ab. – alt. 10 m – ✉ 44049 9 C1

Roma 424 – Bologna 52 – Ferrara 13 – Modena 65

Antico Casale

cam, rist,

via Rondona 11/1 – 05 32 73 70 26 – www.hotelanticocasale.it – info@hotelanticocasale.it
17 cam – 55/85 € 85/125 €
Rist – *(chiuso lunedì e martedì) (chiuso a mezzogiorno escluso domenica)*
Carta 25/44 €
♦ Il nome mantiene la promessa: si tratta di un casale ottocentesco riadattato ad albergo all'interno di un complesso comprensivo di centro benessere. Gli interni ripropongono una certa rusticità con travi a vista, cotto e testiere in ferro battuto. Echi etnici negli arredi provenienti dall'India.

VIGASIO – Verona (VR) – **562** G14 – **8 900 ab.** – ✉ **37068** 35 A3

Roma 500 – Venezia 131 – Verona 17 – Mantova 27

Montemezzi

via Verona 92 – ✆ 04 57 36 35 66 – www.hotelmontemezzi.it – info@hotelmontemezzi.it – chiuso dal 2 all'8 gennaio

97 cam – †50/210 € ††80/300 € – ½ P 60/175 €

Rist – *(chiuso a mezzogiorno)* Carta 26/36 €

♦ Lontana dai rumori e dal traffico del centro di Verona, struttura commerciale di recente apertura, dispone di ambienti arredati seguendo i dettami del moderno design. Nella moderna ed elegante sala ristorante, gustosi piatti di cucina mediterranea.

VIGEVANO – Pavia (PV) – **561** G8 – **62 035 ab.** – **alt. 116 m** – ✉ **27029** 16 A3

Italia Centro Nord

Roma 601 – Alessandria 69 – Milano 35 – Novara 27

c/o Proloco - via Merula 40 ✆0381 69069, iat@comune.vigevano.pv.it, Fax 0381 690269

via Chitola 49, ✆0381 34 66 28

Piazza Ducale★★

I Castagni (Enrico Gerli)

via Ottobiano 8/20, Sud : 2 km – ✆ 0 38 14 28 60 – www.ristoranteicastagni.com – info@ristoranteicastagni.com – chiuso 1 settimana in gennaio, 1 settimana in giugno, 2 settimane in agosto, domenica sera, lunedì

Rist – Menu 55 € – Carta 54/70 €

Spec. Zuppa pavese di asparagi, uovo fondente, grana padano e tartufo nero (primavera). Girandola di pasta al pomodoro ripiena di trota e barba dei frati, crema di zucchine, uova di trota e sugo di gamberi di fiume (estate). Piccione con raviolo ripieno di fegatini, radicchio tardivo alla piastra e pere speziate all'aceto (inverno).

♦ Ricavato da una casa di campagna con portico, gradevole ambiente con quadri e mobili in stile. Fantasia nei piatti sorretti da ottimi prodotti e coreografiche presentazioni.

Da Maiuccia

via Sacchetti 10 – ✆ 0 38 18 34 69 – www.damaiuccia.it – info@damaiuccia.it – chiuso dal 26 al 30 dicembre, agosto, domenica sera e lunedì

Rist – Carta 35/75 €

♦ Il pesce fresco in esposizione all'ingresso è una presentazione invitante per questo frequentato ristorante signorile. Rapporto qualità/prezzo ottimale.

VIGGIANELLO – Potenza (PZ) – **564** H30 – **3 294 ab.** – **alt. 500 m** – ✉ **85040** 4 C3

Roma 423 – Cosenza 130 – Lagonegro 45 – Potenza 135

via Gallizzi, (ex Edificio Scuola Media) ✆ 0973 666004 prolocoviggianello@gmail.com Fax 0973 666004

La Locanda di San Francesco

rist,

via San Francesco 47 – ✆ 09 73 66 43 84 – www.locandasanfrancesco.com – info@locandasanfrancesco.com

19 cam – †45 € ††70/80 € – ½ P 50 €

Rist – Carta 14/33 €

♦ Per gli amanti di trekking e rafting – attività sportive tra le più praticate all'interno del Parco Nazionale del Pollino - una locanda ricavata da un palazzo settecentesco sapientemente ristrutturato. Camere semplici ed accoglienti. La cucina propone i piatti tipici del territorio.

VIGNOLA – Modena (MO) – 562 I15 – 24 109 ab. – alt. 125 m – ✉ 41058 9 C2

Roma 398 – Bologna 43 – Milano 192 – Modena 22

La Cartiera

via Sega 2 – ☎ 0 59 76 70 89 – www.hotellacartiera.it – booking@hotellacartiera.it – chiuso 15 giorni in agosto

41 cam – 90/150 € 140/180 €

Rist *Bigarò* – *(chiuso domenica) (chiuso a mezzogiorno)* Carta 37/59 €

◆ Ricavato dalla ristrutturazione di una cartiera ottocentesca, propone delle camere funzionali e moderne non prive di tessuti ed arredi raffinati. Il nome del ristorante allude alle prime ciliegie di stagione di cui Vignola è capitale. La carta spazia dalla tradizione a proposte di pesce.

La Bolognese

via Muratori 1 – ☎ 0 59 77 12 07 – chiuso agosto, sabato e domenica

Rist – *(chiuso la sera)* (consigliata la prenotazione) Carta 19/26 €

◆ In pieno centro storico, all'ombra delle mura del castello, la trattoria è articolata su tre accoglienti salette arredate con gusto rustico; paste fresche e carni arrosto le specialità.

VIGO DI CADORE – Belluno (BL) – 562 C19 – 1 581 ab. – alt. 951 m – ✉ 32040 36 C1

Roma 658 – Cortina d'Ampezzo 46 – Belluno 57 – Milano 400

via Cardinal Piazza 14 ☎ 0435 77058 info@vigoturismo.it

Sporting

via Fabbro 32, a Pelos – ☎ 0 43 57 71 03 – www.sportinghotelclub.it – spotinghclub@yahoo.it – 15 giugno-15 settembre

20 cam – 50/80 € 60/90 €, 11 € – ½ P 45/75 € **Rist** – Carta 24/42 €

◆ Apre solo d'estate questo raccolto albergo a gestione familiare. All'esterno un curato e piacevole giardino in cui si trovano due piscine riscaldate, di cui una coperta. Piatti mediterranei nella sala da pranzo in stile montano, con pareti di perlinato chiaro e caminetto.

VIGO DI FASSA – Trento (TN) – 562 C17 – 1 162 ab. – alt. 1 382 m – Sport invernali : 1 393/2 000 m 1 4 (Comprensorio Dolomiti superski Val di Fassa) – ✉ 38039 Italia Centro Nord 31 C2

Roma 676 – Bolzano 36 – Canazei 13 – Passo di Costalunga 9

strada Rezia 10 ☎ 0462 609700, info@fassa.com, Fax 0462 764877

Splendida posizione★ nella Val di Fassa

Active Hotel Olympic

strada Dolomites 4, località San Giovanni, Est : 1 km – ☎ 04 62 76 42 25 – www.activehotelolympic.it – info@activehotelolympic.it – dicembre-maggio e 27 giugno-ottobre

30 cam – 144/190 € – ½ P 95/110 € **Rist** – Carta 22/28 €

◆ Lungo la statale che corre ai piedi della località, simpatica accoglienza ladina in una risorsa con spazi comuni ben distribuiti, centro relax e giardino. Belle camere di cui una decina - recentemente rinnovate - presentano elementi rustici e design moderno. Calda e piacevole sala da pranzo con stube in stile locale.

Carpe Diem senza rist

strada Neva 3 – ☎ 04 62 76 00 03 – www.carpediemhotel.it – info@carpediemhotel.it – chiuso dal 2 novembre al 3 dicembre e dal 27 marzo al 15 maggio

18 cam – 60/105 € 70/196 €

◆ E' una simpatica coppia emiliana ad aver "colto l'attimo" ed aperto questo grazioso albergo all'ingresso del paese: in larice con giardino d'inverno e panoramica terrazza-solarium.

Millennium rist,

strada Dolomites 6, località San Giovanni, Est : 1 km – ✆ 04 62 76 41 55 – www.starmillenio.com – hotel.millennium@tiscalinet.it – dicembre-marzo e maggio-ottobre

10 cam – 50 € 90 € – ½ P 40/60 €

Rist – *(chiuso a mezzogiorno)* Menu 15 €

♦ Sembra quasi una casetta delle fate questo grazioso hotel, nato nel 1998, con begli interni confortevoli, dove domina il legno antichizzato in tipico stile montano. Il ristorante offre piatti nazionali e locali in una sala rifinita in legno.

Catinaccio

piazza J.B.Massar 12 – ✆ 04 62 76 42 09 – www.albergocatinaccio.com – info@albergocatinaccio.com – dicembre-aprile e giugno-settembre

22 cam – 50/80 € 100/150 € – ½ P 65/92 €

Rist – *(chiuso a mezzogiorno in inverno)* Carta 19/25 €

♦ In posizione panoramica e centrale, squisita gestione familiare in una struttura dove il grazioso stile tirolese vivacizza sia le zoni comuni sia le camere. Confortevole sala ristorante con piatti classici e specialità ladine; ogni giorno ampia scelta di dolci appena sfornati.

a Vallonga Sud-Ovest : 2,5 km – ✉ 38039 Vigo Di Fassa

Millefiori

strada De la Vila 16 – ✆ 04 62 76 90 00 – www.hotelmillefiori.com – info@hotelmillefiori.com – chiuso dal 4 novembre al 4 dicembre

12 cam – 42 € 84 € – ½ P 45/60 € **Rist** – Carta 20/27 €

♦ La vista dei monti, la quiete e il sole certo non vi mancheranno in questa piccola risorsa in posizione dominante. Accoglienti camere con arredi di abete in stile montano. Sala da pranzo rustica; servizio estivo in terrazza con gazebo e panche in legno.

VILLA ADRIANA – Roma – 563 Q20 – Vedere Tivoli

VILLA BANALE – Trento – Vedere Stenico

VILLA BARTOLOMEA – Verona (VR) – 562 G16 – 5 804 ab. 35 B3

– alt. 14 m – ✉ 37049

Roma 466 – Verona 50 – Bologna 95 – Mantova 52

Agriturismo Tenuta la Pila cam,

via Pila 42, località Spinimbecco – ✆ 04 42 65 92 89 – www.tenutalapila.it – post@tenutapila.it

5 cam – 44/55 € 65/80 € – 4 suites – 89/150 €

Rist – *(solo per alloggiati)* Menu 20 €

♦ Agriturismo realizzato in un mulino dei primi del '700, la cui pila è ancora visibile in una delle sale comuni. Eleganti, spaziose e accoglienti, le camere si distinguono grazie al nome del frutto cui ciascuna è dedicata.

VILLABASSA (NIEDERDORF) – Bolzano (BZ) – 562 B18 – 1 457 ab. 31 D1

– alt. 1 158 m – Sport invernali : Vedere Dobbiaco (Comprensorio Dolomiti superski Alta Pusteria) – ✉ 39039

Roma 738 – Cortina d'Ampezzo 36 – Bolzano 100 – Brunico 23

via Stazione 3 ✆ 0474 745136, info@villabassa.it, Fax 0474 745283

Aquila-Adler rist,

piazza Von Kurz 3 – ✆ 04 74 74 51 28 – www.hoteladler.com – info@hoteladler.com – chiuso dal 10 ottobre al 2 dicembre e dal 4 aprile al 15 maggio

36 cam – 71/136 € 122/252 € – ½ P 120/220 € **Rist** – Carta 34/52 €

♦ Ambienti raffinati in questa storica struttura del centro - risalente al 1600 - con camere di differenti categorie: imperdibili, le recenti suite. Piccole sale tipo stube per gustare una cucina locale e stagionale.

VILLA D'ADDA - Bergamo (BG) - **561** E10 - **4 618 ab.** - **alt. 286 m** **19** C1 - ✉ **24030**

Roma 617 - Bergamo 24 - Como 40 - Lecco 22

XX **La Corte del Noce**

via Biffi 8 - ✆ 0 35 79 22 77
- www.lacortedelnoce.com - info@lacortedelnoce.com
- chiuso dal 16 agosto al 3 settembre

Rist - Carta 29/60 €

◆ Nel complesso rurale settecentesco trova posto la curata sala con caminetto. Fuori, il maestoso noce che ha segnato la storia del locale oggi non c'è più, ma all'ombra del suo ricordo si svolge il servizio estivo. Cucina classica completata da una buona scelta enologica.

VILLA D'ALMÈ - Bergamo (BG) - **561** E10 - **6 858 ab.** - **alt. 300 m** **19** C1 - ✉ **24018**

Roma 601 - Bergamo 14 - Lecco 31 - Milano 58

XX **Osteria della Brughiera** (Stefano Arrigoni)

via Brughiera 49 - ✆ 0 35 63 80 08
- www.osteriadellabrughiera.it - info@osteriadellabrughiera.it
- chiuso dal 10 al 31 agosto, lunedì, martedì a mezzogiorno

Rist - Carta 50/92 €

Spec. Crudità di mare. Testaroli di Pontremoli con ricotta, olive, pinoli, pesto e pecorino. Anatra all'arancia e spezie, sfoglia alla crema di marroni e porcini, indivia amara (autunno).

◆ Colori ed elegante rusticità, tappeti e fiori, in un locale dalla romantica atmosfera. Ma non c'è il tempo per abituarsi: lo stupore continua con la cucina creativa, a base sia di carne sia di pesce.

VILLA DI CHIAVENNA - Sondrio (SO) - **561** C10 - **1 076 ab.** **16** B1 - **alt. 633 m** - ✉ **23029**

Roma 692 - Sondrio 69 - Chiavenna 8 - Milano 131

XX **Lanterna Verde** (Andrea Tonola)

frazione San Barnaba 7, Sud-Est : 2 km
- ✆ 0 34 33 85 88 - www.lanternaverde.com
- ristorante@lanternaverde.com
- chiuso dieci giorni in giugno, venti giorni in novembre, mercoledì e martedì sera, solo mercoledì in luglio-agosto

Rist - Menu 56/70 € - Carta 50/65 €

Spec. Tartare di trota con cialde ai semi di papavero. Lasagnetta gratinata di grano saraceno con broccoli e acciughe, salsa di pomodoro piccante e radice di porro fritta. "Per te mi faccio in tre": ossobuco, capocollo e pancia di maialino.

◆ Nel verde di una tranquilla vallata, le sale ripropongono il tipico stile di montagna. Cucina giovane e creativa: il pesce d'acqua dolce tra i motivi di richiamo.

VILLAFRANCA DI VERONA - Verona (VR) - **562** F14 - **32 408 ab.** **35** A3 - **alt. 54 m** - ✉ **37069**

Roma 483 - Verona 19 - Brescia 61 - Mantova 22

località Casella 32-Pozzomoretto, ✆ 045 6 30 33 41

a Dossobuono Nord-Est : 7 km - ✉ **37062**

XX **Cavour**

via Cavour 40 - ✆ 0 45 51 30 38 - ristorantecavour@libero.it
- chiuso dal 1° al 7 gennaio, dal 13 al 16 agosto, domenica sera e mercoledì da settembre a maggio, sabato a mezzogiorno e domenica negli altri mesi

Rist - Carta 37/47 €

◆ E' un'insegna in ferro battuto ad indicare l'edificio storico. Varcata la soglia ci si accomoda in un'ampia sala per gustare le tipiche proposte del territorio, tra le quali non manca mai il carrello dei bolliti.

VILLAFRANCA IN LUNIGIANA – Massa Carrara (MS) – **563** J11 **28** A1
– 4 847 ab. – alt. 130 m – ✉ 54028

Roma 420 – La Spezia 31 – Parma 88

a Mocrone Nord-Est : 4 km – ✉ 54028 Villafranca In Lunigiana

Gavarini con cam cam,
via Benedicenti 50 – 01 87 49 55 04 – www.locandagavarini.it – info@locandagavarini.it
8 cam – 50/60 € 70/80 € – ½ P 60 €
Rist – Carta 24/37 €
◆ Piatti tipici della Lunigiana elaborati con gusto e semplicità in questo ristorante familiare dalle curate sale e con un bel giardino. Valide le camere arredate con un certo senso estetico.

VILLANDRO (VILLANDERS) – Bolzano (BZ) – **562** C16 – 1 904 ab. **31** C2
– alt. 880 m – ✉ 39040

Roma 679 – Bolzano 29 – Bassano del Grappa 177 – Belluno 132
piazza Defregger 6 0472 843121, info@villanders.info, Fax 0472 843347

Ansitz Zum Steinbock con cam
Vicolo F.V.Defregger 14 – 04 72 84 31 11 – www.zumsteinbock.com – info@zumsteinbock.com – chiuso dal 15 gennaio al 15 febbraio
18 cam – 43/53 € 80/110 € – 1 suite – ½ P 75/85 €
Rist – *(chiuso lunedì)* Carta 42/76 €
◆ E' romantica e particolare l'atmosfera nelle stube d'epoca e nelle graziose stanze di questo edificio del XVIII sec., con servizio estivo all'aperto; cucina locale e toscana.

VILLANOVA – Bologna – **563** I16 – Vedere Bologna

VILLANOVAFORRU – Medio Campidano (VS) – **366** O46 – 683 ab. **38** A3
– alt. 310 m – ✉ 09020

Cagliari 62 – Iglesias 71 – Nuoro 142 – Olbia 246

I Lecci
viale del Rosmarino, località Funtana Jannus Nord-Ovest : 1 km ✉ 09020 – 07 09 33 10 22 – www.hotelilecci.com – info@hotelilecci.com
40 cam – 55/65 € 75/105 € – ½ P 65/75 € **Rist** – Carta 18/45 €
◆ Isolato e raccolto tra le colline, al limitare di un viale di rosmarini, all'interno custodisce ambienti semplici e spaziosi. Ideale per la clientela turistica come per chi viaggia per lavoro. Un'unica grande sala per il ristorante per una cucina di carne e di pesce, piatti sardi e nazionali.

Le Colline senza rist
viale del Rosmarino, Nord-Ovest: 1 km, località Funtana Jannus – 07 09 30 01 23 – chiuso dal 3 al 17 gennaio
20 cam – 50/65 € 75/85 €, 5 €
◆ Immerso in un riposante paesaggio collinare e poco distante dai siti archeologici di epoca nuragica, dispone di camere semplici e confortevoli. Chiedete quelle con vista sulla vallata.

VILLA ROSA – Teramo – **563** N23 – Vedere Martinsicuro

VILLA SAN GIOVANNI – Reggio di Calabria (RC) – **564** M28 **5** A3
– 13 699 ab. – alt. 15 m – ✉ 89018 Italia

Roma 653 – Reggio di Calabria 14
per Messina – Società Caronte, 0965 793131, call center 800 627 414
Ferrovie Stato, piazza Stazione 0965 758241
Costa Viola★ a Nord per la strada S 18

Grand Hotel De la Ville rist,
via Umberto Zanotti Bianco 9 – 09 65 79 56 00 – www.bestwestern.it/delaville_rc – delaville.rc@bestwestern.it
56 cam – 98/125 € 110/140 € – 4 suites – ½ P 75/90 €
Rist – Carta 25/50 €
♦ Per una clientela per lo più d'affari, struttura di taglio moderno, che offre servizi e confort all'altezza della sua categoria; accessoriate camere di livello superiore. Ambiente signorile nel ristorante d'impostazione classica.

Al Vecchio Porto
lungomare Cenide 55 – 09 65 70 05 02 – www.ristorantevecchioporto.it – info@ristorantevecchioporto.it – chiuso dall'8 al 21 gennaio, mercoledì
Rist – Menu 30/50 € bc – Carta 30/51 €
♦ Sul lungomare della località, un semplice e gradevole locale apre le proprie porte per invitarvi a gustare del pesce freschissimo e ricette che esaltano le materie prime del territorio.

a Santa Trada di Cannitello Nord-Est : 5 km – ✉ 89018 Villa San Giovanni

Altafiumara rist,
– 09 65 75 98 04 – www.altafiumarahotel.it – info.altafiumara@montesanohotels.it
87 cam – 245/260 € 310/370 € – 41 suites – 320/510 € – ½ P 195/225 €
Rist *I Due Mari* – Carta 38/48 €
Rist *L'Accademia del Vino* – Carta 33/43 €
♦ Grande proprietà, a picco sul mare, in cui domina la fortezza borbonica di fine Settecento all'interno della quale sono state ricavate le camere. Esclusivo centro benessere. Ristorante elegante e wine-bar nella ex santa Barbara della fortezza.

VILLASIMIUS – Cagliari (CA) – **366** S49 – 3 537 ab. – alt. 41 m – ✉ 09049 **38** B3

Cagliari 49 – Muravera 43 – Nuoro 225 – Olbia 296
Tanka località Elmas, 070 7 95 32 50

Simius Playa cam, rist,
via Matteotti 91 – 07 07 93 11 – www.simiusplaya.com – info@simiusplaya.com – 25 aprile-25 ottobre
44 cam – 130/210 € 145/300 € – 5 suites – ½ P 220 €
Rist – *(10 maggio-15 ottobre)* Carta 37/78 € (+10 %)
♦ Cinta da un fresco giardino di fiori, al termine di una strada che conduce al mare, la nivea costruzione conserva nei suoi ambienti un'atmosfera che concilia gusto sardo e moresco. La carta propone piatti eleborati e fantasiosi, fuori dal solito cliché alberghiero. D'estate si cena in terrazza.

Cala Caterina
via Lago Maggiore 32, Sud : 4 km – 0 70 79 74 10 – www.hotelphilosophy.net – calacaterina@mobygest.it – 8 maggio-26 settembre
49 cam – solo ½ P 125/330 €
Rist – *(solo per alloggiati)* Menu 45 €
♦ Perfetta per una vacanza di silenzio e relax, nella semplice eleganza dell'isola, una bella costruzione ad arco in colori pastello che si ripeteranno anche all'interno. Rivolta verso il giardino, la raffinata sala ristorante.

a Solanas Ovest : 11 km – ✉ 09048 Villasimius

Da Barbara
strada provinciale per Villasimius – 0 70 75 06 30 – ristorante.dabarbara@hotmail.it – 15 marzo-settembre; chiuso mercoledì escluso da luglio a settembre
Rist – (consigliata la prenotazione la sera) Carta 27/45 €
♦ Tutto ruota intorno a tre elementi: la freschezza del pesce, testimoniata dall'espositore dove ci si ferma a scegliere, la griglia a legna e la passione per la ristorazione di un'intera famiglia.

VILLA VICENTINA – Udine (UD) – **562** D21 – **1 409 ab.** – **alt. 9 m** **11** C3
– ✉ 33059

▶ Roma 619 – Udine 40 – Gorizia 28 – Trieste 45

Ai Cjastinars con cam

borgo Pacco 1, strada statale 14, Sud : 1 km – ☎ 04 31 97 02 82 – www.hotelcjastinars.it – info@hotelcjastinars.it – chiuso dal 10 al 30 novembre

15 cam – 44/58 € 74/96 € – ½ P 48/73 €

Rist – *(chiuso venerdì)* Carta 19/32 €

◆ Particolarmente apprezzato per le sue specialità alla brace, il locale nasce come trattoria di famiglia lungo una delle vie principali della località. Dehors sotto il porticato. Dalle confortevoli camere potrete ammirare la basilica di Aquileia.

VILLETTA BARREA – L'Aquila (AQ) – **563** Q23 – **673 ab.** – **alt. 990 m** **1** B3
– ✉ 67030

▶ Roma 179 – Frosinone 72 – L'Aquila 151 – Isernia 50

Il Vecchio Pescatore

via Benedetto Virgilio – ☎ 0 86 48 92 74 – www.ilvecchiopescatore.net – info@ilvecchiopescatore.net

15 cam – 60/80 € – ½ P 50/75 €

Rist – *(chiuso martedì in bassa stagione)* Carta 21/35 €

◆ Albergo ospitato in un edificio d'epoca sulla strada principale del paese. Gestione familiare, camere semplici, gradevole giardino-solarium estivo. Al ristorante, i piatti della gastronomia regionale.

VILLNOSS = Funes

VILMINORE DI SCALVE – Bergamo (BG) – **561** DE12 – **1 540 ab.** **16** B1
– alt. 1 019 m – ✉ 24020

▶ Roma 617 – Brescia 69 – Bergamo 65 – Edolo 50

Brescia con cam

piazza della Giustizia 6 – ☎ 0 34 65 10 19 – www.vallescalve.it – albergo.brescia@toninellig.it

19 cam – 55 € 95 € – ½ P 55 € **Rist** – *(chiuso lunedì)* Carta 24/42 €

◆ Nel cuore delle Orobie, risorsa dei primi del '900, gestita dalla stessa famiglia da oltre 50 anni: sapori di montagna in una sala fresca e luminosa con al centro la griglia. Comode camere per passare la notte.

VILPIAN = Vilpiano

VILPIANO = VILPIAN – Bolzano – **562** C15 – Vedere Terlano

VIMERCATE – Monza e Brianza (MB) – **561** F10 – **25 601 ab.** **18** B2
– alt. 194 m – ✉ 20059

▶ Roma 582 – Milano 24 – Bergamo 36 – Como 45

Cosmo cam, rist,

via Torri Bianche 4, Centro Direzionale – ☎ 03 96 99 61 – www.hotelcosmo.com milano@hotelcosmo.com – chiuso dal 20 dicembre al 2 gennaio e dal 2 al 17 agosto

127 cam – 89/299 € 89/329 € – ½ P 70/190 €

Rist *San Valentino* – ☎ 03 96 99 67 06 *(chiuso a mezzogiorno sabato-domenica)* Carta 38/51 €

◆ Moderno, funzionale, con accessori dell'ultima generazione, ma anche personalizzato, con ricercati arredi di design e raffinata cura dei dettagli; belle le suite a tema. Originali soluzioni decorative negli eleganti ambienti interni del ristorante.

VIMODRONE – Milano (MI) – **561** F9 – **15 783 ab.** – **alt. 128 m** – ✉ 20090 **18** B2

▶ Roma 582 – Milano 15 – Bellinzona 115 – Lecco 50

Il Sorriso con cam cam,

via Piave 15 – ☎ 0 22 50 36 53 – www.ilsorrisoristorante.it – ilsorrisoristorante@gmail.com – chiuso dal 1° al 10 gennaio e dal 9 al 31 agosto

11 cam – 78/90 € 95/120 € – ½ P 150/170 €

Rist – *(chiuso sabato a mezzogiorno, lunedì)* Carta 42/57 €

◆ Ristorante moderno, discretamente elegante, molto ben attrezzato con proposte quasi esclusivamente di mare. Una dozzina di camere, molte delle quali con angolo cottura.

VINCI - Firenze (FI) - **563** K14 - **14 375 ab. - alt. 97 m - ✉ 50059** **28** B1
Toscana

Roma 304 - Firenze 40 - Lucca 54 - Livorno 72

via della Torre 11 ☎ 0571 568012, terredelrinascimento@comune.vinci.fi.it, Fax 0571 567930

Bellosguardo Vinci via Provinciale di Mercatale 25, Sud: 3 km, ☎ 0571 90 20 35

Località★ - Museo Leonardiano★

Alexandra

via Dei Martiri 82 - ☎ 0 57 15 62 24 - www.hotelalexandravinci.it - info@hotelalexandravinci.it

26 cam - †65/95 € ††85/120 €

Rist *La Limonaia* - ☎ 05 71 56 80 10 - Carta 18/40 €

♦ L'affidabile e pluriennale gestione di questo hotel situato nella città natale di Leonardo propone belle camere ben accessoriate (soprattutto quelle ospitate nella *dépendance*). Accogliente dehors sotto un fresco pergolato e sale di tono moderno al ristorante. In menu: i classici italiani e qualche piatto regionale.

VIOLE - Perugia - **563** M20 - **Vedere Assisi**

VIPITENO - Bolzano (BZ) - **562** B16 - **6 203 ab. - alt. 948 m - Sport invernali : 948/2 200 m** 1 3, - ✉ **39049** Italia **30** B1

Roma 708 - Bolzano 66 - Brennero 13 - Bressanone 30

piazza Città 3 ☎ 0472 765325, info@infovipiteno.com, Fax 0472 765441

Via Città Nuova★

Lilie

Città Nuova 49 - ☎ 04 72 76 00 63 - www.hotellilie.it - info@hotellilie.it - chiuso dal 14 giugno all'8 luglio

15 cam - †68/85 € ††110/148 € - ½ P 79/96 €

Rist - *(chiuso lunedì)* Carta 34/60 €

♦ Nel centro storico un bell'edificio tardo medioevale convive felicemente con l'hotel che, dopo la recente ristrutturazione, offre ambienti moderni e nobili tracce del passato. Al primo piano la sobria ed elegante sala ristorante.

Kleine Flamme (Bacher Burkhard)

via Cittanuova 31 - ☎ 04 72 76 60 65 - restaurant.kleineflamme@dnet.it - chiuso domenica sera, lunedì

Rist - (prenotazione obbligatoria) Carta 58/75 €

Spec. Vitello tonnato su sedano marinato con melone, lemon grass e olio d'oliva. Risotto con crema di scampi, gamberi e rapa bianca. Zuccotto con ciliegie, crema di nocciole e sorbetto di mandorla amara.

♦ Un "piccola fiamma" brilla nell'universo gastronomico altoatesino: piatti mediterranei e creativi con una predilezione per le spezie e le erbe aromatiche, romanticamente coltivate nella piccola corte interna. Ideale connubio tra Oriente ed Occidente.

in Val di Vizze (Pfitsch :)

Wiesnerhof

via Val di Vizze 98, località Prati, Est : 3 km ✉ 39049 Vizze - ☎ 04 72 76 52 22 - www.wiesnerhof.it - info@wiesnerhof.it - chiuso dal 19 aprile al 10 maggio e dal 1° novembre al 8 dicembre

36 cam - †68/88 € ††120/150 € - ½ P 80/110 €

Rist - *(chiuso lunedì)* Carta 33/45 €

♦ In posizione panoramica all'ingresso della valle, una struttura, completa di ogni confort, ideale per vacanze sia estive che invernali; giardino e bella piscina coperta. Grandi finestre affacciate sul verde rendono luminosa la sala ristorante.

Rose rist,

via Val di Vizze 119, località Prati, Est : 3 km ✉ 39049 Vizze - ☎ 04 72 76 43 00 - www.hotelrose.it - info@hotelrose.it - Natale-Pasqua e giugno-ottobre

23 cam - †45/70 € ††90/160 € - ½ P 55/90 €

Rist - *(chiuso a mezzogiorno) (solo per alloggiati)* Menu 20/30 €

♦ Un ex della "valanga azzurra" è il titolare di questo simpatico hotel, dove l'ospitalità è familiare e premurosa e non mancano proposte per lo sport e il relax.

Kranebitt rist,
località Caminata alt. 1441, Est : 16 km ✉ 39049 Vizze – ✆ 04 72 64 60 19 – www.kranebitt.com – info@kranebitt.com – 26 dicembre-Pasqua e 30 maggio-25 ottobre
28 cam – 41/60 € 80/100 € – ½ P 55/59 €
Rist – Carta 24/34 €
♦ Tranquillità, natura incontaminata, splendida vista dei monti e della vallata: godrete di tutto ciò soggiornando nell'ambiente familiare di questa comoda risorsa. Accogliente e calda atmosfera al ristorante.

XX **Pretzhof**
località Tulve alt. 1280, Est : 8 km ✉ 39040 Vizze – ✆ 04 72 76 44 55 – www.pretzhof.com – info@pretzhof.com – chiuso lunedì e martedì escluso festivi
Rist – Carta 25/55 €
♦ L'esposizione in sala di qualche strumento di vita contadina ammicca alla passione della famiglia di valorizzare la tipicità sudtirolese. Lo stesso interesse influenza la cucina: regionale e caratteristica.

VISERBA – **Rimini** – **563** J19 – **Vedere Rimini**

VISERBELLA – **Rimini** – **563** J19 – **Vedere Rimini**

VISNADELLO – **Treviso (TV)** – **562** E18 – **alt. 46 m** – ✉ **31027** **35** A1

Roma 555 – Venezia 41 – Belluno 67 – Treviso 11

XX **Da Nano**
via Gritti 145 – ✆ 04 22 92 89 11 – www.danano.it – info@danano.it – chiuso dal 1° al 7 gennaio e 3 settimane in agosto
Rist – *(chiuso domenica sera, lunedì)* Carta 47/63 €
♦ Il pesce fresco in bella vista all'ingresso chiarisce subito la scelta culinaria di questo locale in prossimità della strada statale; sale classiche, rivestite di legno.

VITERBO P (VT) – **563** O18 – **62 441 ab.** – **alt. 326 m** – ✉ **01100** **12** B1
Italia

Roma 104 – Chianciano Terme 100 – Civitavecchia 58 – Grosseto 123
via Romiti (stazione di Porta Romana) ✆ 0761 304795, Fax 761 220957
Piazza San Lorenzo★★ Z – Palazzo dei Papi★★ Z – Quartiere San Pellegrino★★ Z – Piazza del Plebiscito★ Y
Villa Lante★ a Bagnaia per ①: 5 km – Teatro romano★ di Ferento 9 km a Nord per viale Baracca Y – Lago di Vico★: 10 km sud

Niccolò V-Terme dei Papi
strada Bagni 12, 3 km per via Faul – ✆ 07 61 35 01 – www.termedeipapi.it – hotel@termedeipapi.it YZ
20 cam – 145/275 € 265/305 € – 3 suites – ½ P 148/168 €
Rist – *(chiuso a mezzogiorno)* Carta 29/52 €
♦ All'interno delle terme, quasi una clinica fra trattamenti offerti e personale specializzato. Camere classiche, ma diverse per ampiezza, spazi comuni raffinati.

Viterbo senza rist
via San Camillo de Lellis 6, 1 km per ④ ✉ 01100 Viterbo – ✆ 07 61 27 01 00 – www.hotelviterbo.com – info@hotelviterbo.com
54 cam – 85/250 €
♦ Ultimo nato in città, è pensato soprattutto per chi si muove per affari, alla quale garantisce ambienti dalle linee classiche e sobrie nei quali si incontrano tecnologie d'avanguardia.

VITERBO

Via/Piazza	Zona	N.
Ascenzi (V. F.)	Y	2
Caduti (Pza dei)	Y	3
Cardinale la Fontaine (V.)	Z	4
Carmine (V. del)	Z	6
Crispi (Pza F.)	Y	7
Fabbriche (V. delle)	Z	10
Gesù (Pza del)	Z	12
Italia (Cso)	Y	
Lorenzo da Viterbo (V.)	Z	13
Marconi (V. G.)	Y	
Maria SS. Liberatrice (V.)	Y	15
Matteotti (V. G.)	Y	
Meone (V. del)	Z	16
Mille (V. dei)	Z	17
Morte (Pza della)	Z	18
Orologio Vecchio (V.)	Y	19
Pace (V. della)	Z	20
Piaggiarelle (V. D.)	Z	23
Pianoscarano (V. di)	Z	24
Pietra del Pesce (V.)	Z	25
Plebiscito (Pza del)	Y	26
Roma (V.)	Y	27
Rosselli (V. Fratelli)	Y	28
Saffi (V.)	YZ	29
San Bonaventura (V.)	Y	32
San Carluccio (Pza)	Z	33
San Leonardo (V.)	Z	36
San Pellegrino (Pza)	Z	37
San Pellegrino (V.)	Z	39
Trinità (Pza della)	Y	40
Vallepiatta (V.)	Y	41
Verità (V. della)	Y	43

Circolazione regolamentata nel centro città

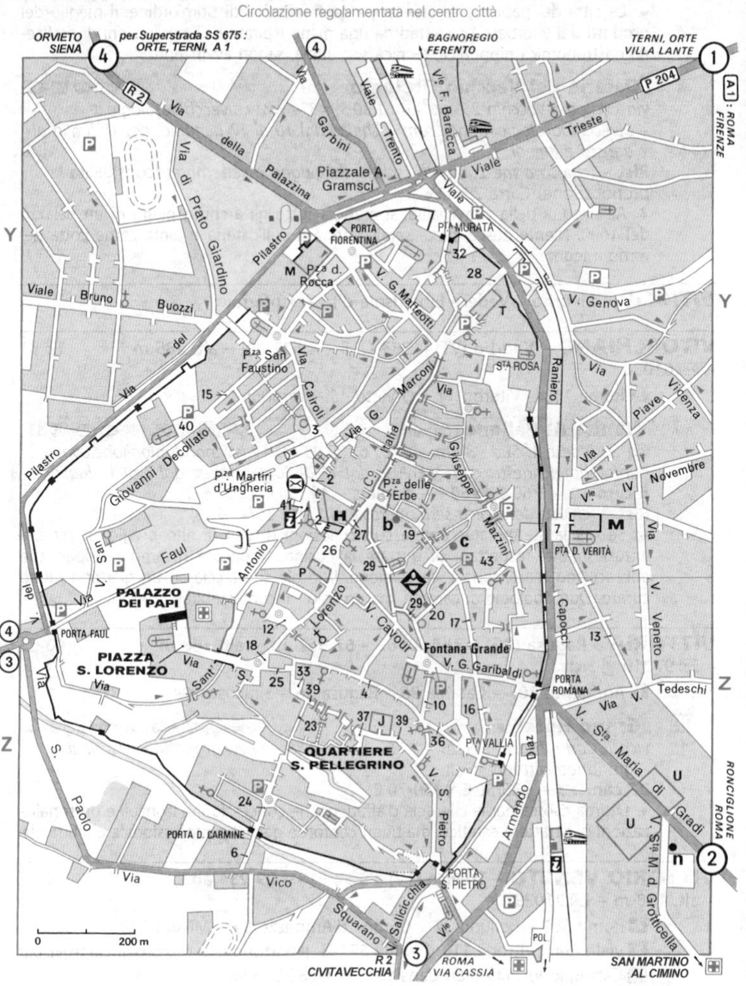

Mini Palace Hotel

cam, rist,

via Santa Maria della Grotticella 2 – 0761309742
– www.minipalacehotel.com – info@minipalacehotel.com Z**n**

40 cam – 66/80 € 92/120 € – ½ P 68/80 €

Rist – *(chiuso sabato, domenica) (chiuso a mezzogiorno)* Carta 25/29 €

◆ Spaziosa e raffinata la hall, in un piacevole stile minimalista le camere al primo piano: recentemente rinnovato, è un albergo all'insegna del confort e dell'eleganza.

XX **Enoteca La Torre**

via della Torre 5 – ☎ 07 61 22 64 67 – www.enotecalatorrevt.com – info@enotecalatorrevt.com – chiuso 1 settimana a gennaio, dal 1° al 20 agosto, martedì e mercoledì a mezzogiorno Yc

Rist – (consigliata la prenotazione) Carta 54/70 €

Spec. Fegato grasso marinato al tè verde con composta di pere e wasabi. Doppi ravioli farciti di baccalà mantecato e fagioli bianchi con vongole. Coniglio 4x4.

♦ La città dei papi ospita una tappa gastronomica di prim'ordine: il meglio dei prodotti del viterbese concertati da una mano ispirata da preparazioni di oreficeria gastronomica nipponica, tecnica sopraffina, sapori avvincenti.

X **Osteria del Vecchio Orologio**

via Orologio Vecchio 25 – ☎ 07 61 30 57 43 – www.alvecchioorologio.it – alvecchioorologio@gmail.com – chiuso dal 10 al 17 gennaio, dal 18 luglio al 2 agosto e lunedì Yb

Rist – *(chiuso a mezzogiorno escluso da giugno a settembre)* (consigliata la prenotazione) Carta 27/37 €

♦ All'insegna della convivialità, si mangia sotto gli archi in pietra di un palazzo del 1600. Niente pesce, pizze serali, antipasti dell'osteria e tanta carne cotta nel forno a legna.

VITICCIO – **Livorno** – **Vedere Elba (Isola d') : Portoferraio**

VITORCHIANO – **Viterbo (VT)** – **563** O18 – **4 532 ab.** – **alt. 285 m** – ✉ **01030** **12** B1

Roma 113 – Viterbo 11 – Orvieto 45 – Terni 55

XX **Nando Al Pallone** con cam

via Sorianese 1, Sud : 3 km – ☎ 07 61 37 03 44 – www.nandoalpallone.com – info@hotelcanestro.com – chiuso dal 15 al 30 gennaio e dal 7 al 13 luglio

8 cam – †60 € ††80 € – 4 suites – ††100 €

Rist – *(chiuso domenica sera, mercoledì)* Carta 35/47 €

♦ Se già la sterminata cantina con collezioni di vini di alto pregio, vi sembra entusiasmante, aspettate di gustare la cucina... Proposte di ampio respiro che abbracciano mare, terra e cacciagione. Il locale si affaccia su un giardino molto curato. Due tipologie di camere, ma un solo - incontestabile - confort.

VITTORIA – **Ragusa (RG)** – **365** AW62 – **62 362 ab.** – **alt. 168 m** – ✉ **97019** Sicilia **40** C3

Agrigento 107 – Catania 96 – Ragusa 26 – Siracusa 104

Grand Hotel senza rist

vico II Carlo Pisacane 53/B – ☎ 09 32 86 38 88 – www.grandhotelvittoria.it – grandhotelvittoria@tin.it

27 cam – †35/50 € ††50/70 €

♦ Ottima risorsa per la clientela d'affari: poche concessioni a fronzoli e personalizzazioni di carattere estetico, ma buon confort e gestione professionale e affidabile.

VITTORIO VENETO – **Treviso (TV)** – **562** E18 – **29 234 ab.** – **alt. 138 m** – ✉ **31029** **36** C2

Roma 581 – Belluno 37 – Cortina d'Ampezzo 92 – Milano 320

viale della Vittoria 110 ☎ 0438 57243, iatvittorioveneto@provincia.treviso.it

Cansiglio località Pian Cansiglio, ☎ 0438 58 53 98

Affreschi★ nella chiesa di San Giovanni

Terme

via delle Terme 4 – ☎ 04 38 55 43 45 – www.hotelterme.tv – info@hotelterme.tv

39 cam – †70 € ††95 € – ½ P 80 €

Rist – *(chiuso domenica sera, lunedì)* Carta 38/50 €

♦ Un tranquillo giardino sul retro e camere piacevolmente sobrie, recentemente rinnovate, in questo albergo del centro: ideale per una clientela commerciale. Accogliente sala ristorante con piatti di cucina locale e nazionale.

Agriturismo Alice-Relais nelle Vigne senza rist
via Gaetano Giardino 94, località Carpesica
– *04 38 56 11 73 – www.alice-relais.com – info@alice-relais.com*
10 cam – 90/130 € 120/165 €
♦ Nei pressi dell'uscita autostradale sud, ma immersa in un paesaggio da cartolina. Tra colline, vigneti e campanili, una risorsa dotata di ottime camere in legno.

VIVARO – **Pordenone (PN)** – **562** D20 – **1 352 ab.** – **alt. 138 m** **10** B2
– **33099**

Roma 614 – Udine 44 – Pordenone 26 – Venezia 110

Agriturismo Lataria dei Magredi
vicolo Centrico – 0 42 79 70 37 – www.gelindo.it – info@gelindo.it
10 cam – 55/65 € 90/100 € – ½ P 65/80 €
Rist – *(chiuso martedì, mercoledì e giovedì)* Carta 22/34 €
♦ In posizione centrale, questa bella struttura in pietra - ricavata dal restauro di un antico caseificio - ospita camere signorili e confortevoli. Al ristorante: piatti d'impronta moderna, elaborati partendo da prodotti del territorio e dell'azienda stessa.

VIVERONE – **Biella (BI)** – **561** F6 – **1 441 ab.** – **alt. 287 m** – **13886** **23** C2

Roma 661 – Torino 58 – Biella 23 – Ivrea 16

Marina
frazione Comuna 10 – 01 61 98 75 77 – www.hotelmarinaviverone.it – info@hotelmarinaviverone.it – chiuso dal 20 novembre al 25 febbraio
60 cam – 75/85 € 105/125 € – ½ P 78/88 €
Rist – *(chiuso venerdì escluso dal 15 maggio al 15 settembre)* Carta 38/57 €
♦ Circondata da un giardino in riva al lago, confortevole struttura di taglio moderno, con piscina, spiaggia e pontile privati: ideale per un soggiorno di completo relax. Estrema modularità negli spazi del ristorante.

VIZZOLA TICINO – **Varese (VA)** – **561** F8 – **544 ab.** – **alt. 196 m** **16** A2
– **21010**

Roma 619 – Stresa 42 – Como 55 – Milano 51

Villa Malpensa
via Sacconago 1 – 03 31 23 09 44 – www.hotelvillamalpensa.com – info@hotelvillamalpensa.com
65 cam – 100/160 € 150/230 € **Rist** – Carta 40/70 €
♦ Vicino all'aeroporto, dal 1991 una sontuosa residenza patrizia inizio '900 offre una curata ospitalità nei suoi raffinati interni; meno affascinanti ma confortevoli le camere. Signorile sala ristorante e salone con affreschi originali di inizio secolo.

VODO CADORE – **Belluno (BL)** – **562** C18 – **899 ab.** – **alt. 901 m** **36** C1
– **32040**

Roma 654 – Cortina d'Ampezzo 17 – Belluno 49 – Milano 392

Al Capriolo
via Nazionale 108 – 04 35 48 92 07 – www.alcapriolo.it – info@alcapriolo.it – chiuso dal 20 aprile al 10 luglio, dal 3 novembre al 5 dicembre, martedì e mercoledì a mezzogiorno da gennaio ad aprile
Rist – Menu 60/68 € – Carta 57/73 €
Spec. Sushi di montagna (tartare, guazzetto e affumicatura di trota salmerino). Crema di porcini, scaloppa di foie gras e tartufo nero. Passatina di pesche, pan brioche alla vaniglia e gelato allo yogurt.
♦ Un'elegante casa dall'atmosfera mitteleuropea fra trofei di caccia, orologi ed affreschi, gestita per più di un secolo dalla stessa famiglia. Creatività e piatti del territorio in cucina.

VÖLS AM SCHLERN = Fiè allo Sciliar

VOLASTRA – **La Spezia** – **561** J11 – **Vedere Manarola**

VOLTERRA – Pisa (PI) – **563** L14 – **11 172 ab.** – **alt. 531 m** – ✉ **56048** **28** B2
Toscana

▶ Roma 287 – Firenze 76 – Siena 50 – Livorno 73

i piazza dei Priori 20 ☎ 0588 87257, info@volterra.it, Fax 0588 86099

◉ Paesaggio★★ - Piazza dei Priori★★ – Duomo di S. Maria Assunta e battistero★ – ⩤★★ dal viale dei Ponti – Museo Etrusco Guarnacci★ – Porta all'Arco★

Park Hotel Le Fonti

via di Fontecorrenti – ☎ 0 58 88 52 19
– www.parkhotellefonti.com – info@parkhotellefonti.com
– chiuso dal 2 novembre al 26 dicembre e dal 6 gennaio al 15 marzo **g**

57 cam – 🚹49/175 € 🚹🚹59/250 €, ☕ 10 € – ½ P 153 € **Rist** – Carta 33/93 €

♦ Su una collina, poco distante dal centro storico, è una grande struttura in stile toscano con salotti arredati con gusto ed ampie camere, sala meeting e lettura. La cucina s'ispira alla tradizione e ai sapori toscani, da assaporare nelle sale o, durante la bella stagione, su una grande terrazza.

La Locanda senza rist

via Guarnacci 24/28 – ☎ 0 58 88 15 47 – www.hotel-lalocanda.com – staff@hotel-lalocanda.com **e**

17 cam ☕ – 🚹74/100 € 🚹🚹93/125 € – 1 suite

♦ A pochi passi da Piazza dei Priori, l'hotel è stato ricavato dal restauro di un monastero e vanta camere spaziose e raffinate e piccoli spazi comuni piacevolmente arredati.

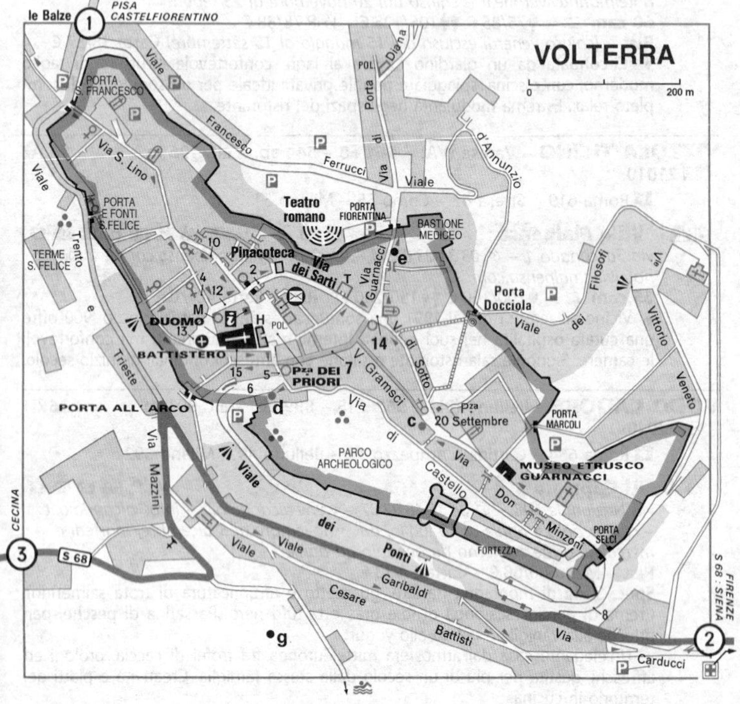

Circolazione regolamentata nel centro città

Buonparenti (V.)	2	Matteotti (V.)	7	S. Giovanni (Pza)	13
Franceschini (V.)	4	Porta Selci (V. di)	8	S. Michele (Piazzetta)	14
Marchesi (V.)	5	Ricciarelli (V.)	10	Turazza (V.)	15
Martiri della Libertà (Pza)	6	Roma (V.)	12		

Villa Rioddi senza rist
località Rioddi, 2 km per ③ – 0 58 88 80 53 – www.hotelvillarioddi.it – info@hotelvillarioddi.it – 11 marzo-2 novembre
13 cam – 60/87 € 75/97 €
◆ Una villa toscana medievale con pietre a vista offre raccolte e caratteristiche sale per il relax, camere confortevoli con arredi in legno e vista sulla val di Cecina.

Agriturismo Marcampo senza rist
località San Cipriano podere Marcampo, Nord: 5 km – 0 58 88 53 93 – www.agriturismo-marcampo.com – info@agriturismo-marcampo.com
3 cam – 70/120 €, 10 € – 3 suites – 125/160 €
◆ In posizione panoramica e tranquilla, un agriturismo nuovo di zecca con solo sei camere, di cui tre classiche e tre con angolo cottura, per offrire ai propri ospiti il meglio dell'ospitalità.

Enoteca Del Duca
via di Castello 2 angolo via Dei Marchesi – 0 58 88 15 10 – www.enoteca-delduca-ristorante.it – delduca@sirt.pisa.it – chiuso dal 23 gennaio al 6 febbraio e dal 13 al 26 novembre **d**
Rist – *(chiuso martedì)* Carta 27/45 €
◆ Vicino alla piazza principale e al Castello, il locale ospita una piccola enoteca per la degustazione dei vini ed una sala più elegante dove gustare piatti toscani.

Il Sacco Fiorentino
piazza 20 Settembre 18 – 0 58 88 85 37 – paolodondoli@virgilio.it – chiuso gennaio, giugno e mercoledì **c**
Rist – Carta 28/36 €
◆ In pieno centro, il ristorante è un piacevole e caratteristico locale con due sale che offre proposte stagionali ed un menù degustazione. Dehors su una pedana in legno.

sulla strada statale 439 per ② : 7,5 km:

Agriturismo Villa Montaperti cam,
località Montaperti ✉ 56048 Volterra – 0 58 84 20 38 – www.montaperti.com – info@montaperti.com – Pasqua-ottobre
11 cam – 80/113 € 120/176 €
Rist – *(chiuso a mezzogiorno) (solo per alloggiati)* Menu 30 € bc
◆ Circondata da un piccolo parco percorso da sentieri per le passeggiate, questa villa settecentesca offre ampie camere arredate con mobili antichi. Cucina regionale e casalinga nel ristorante dall'alto soffitto a volte, ospitato in quella che un tempo era la cantina.

VOLTIDO – **Cremona (CR)** – **561** G13 – **435 ab.** – **alt. 35 m** – ✉ **26034** **17** C3
Roma 493 – Parma 42 – Brescia 57 – Cremona 30

a Recorfano Sud : 1 km – ✉ 26034 Voltido

Antica Trattoria Gianna
via Maggiore 12 – 03 75 38 03 71 – www.anticatrattoriagianna.it – gianna@anticatrattoriagianna.it
Rist – *(chiuso lunedì sera, martedì)* Carta 20/30 €
◆ Salumi nostrani, risotti sempre diversi, i secondi tutti da scoprire: la storica trattoria offre una cucina semplice e genuina, al pari dell'accoglienza. Nelle belle giornate il servizio si sposta nel verde del giardino.

VOLTRI – **Genova** – **561** I8 – **Vedere Genova**

VOZE – **Savona** – **Vedere Noli**

VULCANO (Isola) – **Messina** – **365** AY53 – **Vedere Eolie (Isole)**

WELSBERG = Monguelfo

WELSCHNOFEN = Nova Levante

WOLKENSTEIN IN GRÖDEN = Selva di Val Gardena

ZADINA PINETA - Forlì-Cesena - Vedere Cesenatico

ZAFFERANA ETNEA - Catania (CT) - 365 AZ57 - 9 187 ab. - alt. 574 m - ✉ 95019 — 40 D2

Catania 24 - Enna 104 - Messina 79 - Palermo 231

Airone rist,

via Cassone 67, Ovest : 2 km – ☎ 09 57 08 18 19 – www.hotel-airone.it – info@hotel-airone.it

62 cam – †88/134 € ††126/253 € – ½ P 88/154 €

Rist – Carta 20/46 €

◆ E' stato recentemente ristrutturato questo raffinato hotel dal sapore rustico situato nella parte alta e panoramica della località. Tutt'intorno, un parco di alberi secolari. Il menu presenta un'ampia scelta di proposte della cucina tipica siciliana.

ZELARINO - Venezia - 562 F18 - Vedere Mestre

ZERO BRANCO - Treviso (TV) - 562 F18 - 10 609 ab. - alt. 18 m - ✉ 31059 — 36 C2

Roma 538 - Padova 35 - Venezia 29 - Milano 271

Ca' Busatti

via Gallese 26, Nord-Ovest : 3 km – ☎ 0 42 29 76 29 – www.cabusatti.com – info@cabusatti.com – chiuso 2 settimane in gennaio, domenica sera, lunedì

Rist – Carta 32/65 €

◆ Un piccolo angolo di signorilità cinto dal verde: un'elegante casa di campagna con una saletta interna e un dehors coperto, chiuso da vetrate. La cucina? Di terra e di mare, fantasiosa ed innovativa.

ZINZULUSA (Grotta) - Lecce - 564 G37 - Vedere Castro Marina

ZOAGLI - Genova (GE) - 561 J9 - 2 572 ab. - ✉ 16030 — 15 C2

Roma 448 - Genova 34 - La Spezia 72 - Massa 87

L'Arenella

lungomare dei Naviganti – ☎ 01 85 25 93 93 – www.ristorantearenella.it – chiuso martedì

Rist – (consigliata la prenotazione) Carta 47/60 €

◆ A pochi passi dal centro, nella splendida e caratteristica passeggiata, locale curato e specialità di pesce. Lettini e sdraio a disposizione per la spiaggia.

ZOGNO - Bergamo (BG) - 561 E10 - 9 133 ab. - alt. 334 m - ✉ 24019 — 19 C1

Roma 619 - Bergamo 18 - Brescia 70 - Como 64

ad Ambria Nord-Est : 2 km - ✉ 24019 Zogno

Da Gianni con cam rist,

via Tiolo 37 – ☎ 0 34 59 10 93 – www.albergodagianni.com – info@albergodagianni.com – chiuso dal 1° al 12 settembre

9 cam – †40/45 € ††60 € – ½ P 45 €

Rist – *(chiuso lunedì escluso agosto)* Carta 15/35 €

◆ Nel cuore della Val Brembana, a due passi dalle terme di San Pellegrino, un ristorante che fa della cucina casereccia il suo fiore all'occhiello: funghi porcini, selvaggina, formaggi vari prodotti da maestri casari della zona. E l'immancabile polenta! Camere semplici e confortevoli per momenti di relax.

ZOLA PREDOSA - Bologna (BO) - 562 I15 - 17 760 ab. - alt. 74 m - ✉ 40069 9 C3

Roma 378 - Bologna 12 - Milano 209 - Modena 33

via Masini 11 (Villa Garagnani) ☎ 051 752838, info@iatzola.it, Fax 051 752472

Admiral Park Hotel rist,

via Fontanella 3, Sud: 4 km – ☎ 0 51 75 57 68 – www.admiralparkhotel.com – info@admiralparkhotel.com

88 cam – 80/290 € 90/300 € – ½ P 70/180 €

Rist – *(chiuso a mezzogiorno) (solo per alloggiati)* Carta 27/49 €

♦ In posizione defilata - sulla sommità di una collinetta - nuova struttura a vocazione commerciale e congressuale. Camere di diversa tipologia, in stile minimalista e design.

Zolahotel senza rist

via Risorgimento 186 – ☎ 0 51 75 11 01 – www.hotelzola.it – info@hotelzola.it – chiuso dal 6 al 21 agosto

108 cam – 72/200 € 90/200 €

♦ Imponente edificio di non molte attrattive, che si rivela all'interno un albergo ben organizzato, con spaziosa hall e camere funzionali; ideale per chi viaggia per affari.

Masetti

via Gesso 70, località Gesso, Sud: 1 km – ☎ 0 51 75 51 31 – www.ristorantemasetti.it – chiuso dal 15 al 29 febbraio, dal 1° al 29 agosto, giovedì e venerdì a mezzogiorno

Rist – Carta 22/36 €

♦ Caseggiato nel verde sulle prime colline del bolognese: all'interno un'ampia e sobria sala con grande brace per le carni alla griglia; cucina del territorio.

ZOLDO ALTO - Belluno (BL) - 562 C18 - 1 228 ab. - alt. 1 177 m - Sport invernali : 1 388/2 100 m 2 23 (Comprensorio Dolomiti superski Civetta) - ✉ 32010 36 C1

Roma 646 - Cortina d'Ampezzo 48 - Belluno 40 - Milano 388

località Mareson viale Dolomiti 4 ☎ 0437 789145, zoldoalto@infodolomiti.it, Fax 0437 788878

Bosco Verde rist,

via bosco verde 5 localita' Pecol, alt. 1 375 – ☎ 04 37 78 91 51 – www.hotelboscoverde.it – info@hotelboscoverde.it – dicembre-aprile e giugno-settembre

22 cam – 45/75 € 80/130 € – ½ P 45/80 € **Rist** – Carta 23/39 €

♦ Immersa in una tranquilla zona verdeggiante, questa baita di montagna vanta ambienti curati e spaziosi, arredati nel classico stile montano, ed una piccola ma piacevole zona benessere. Cucina casalinga al ristorante.

ZORZINO - Bergamo - Vedere Riva di Solto

ZWISCHENWASSER = Longega

Ufficio di stato per il Turismo/San Marino

Alzabandiera

REPUBBLICA DI SAN MARINO

SAN MARINO – San Marino (SMR) – 4 386 ab. – alt. 675 m – ✉ 47890 **9** D2

▮ Italia Centro Nord

▶ Roma 392 – Bologna 134 – Rimini 26 – Venezia 286

ℹ contrada del Collegio 40 ✆ 0549 882914, informazioni.turismo@pa.sm, Fax 0549 882915

◉ Posizione pittoresca★★★ sulle pendici del monte Titano - Rocche: ≤★★★ sugli Appennini, Rimini e il mare fino alla costa dalmata

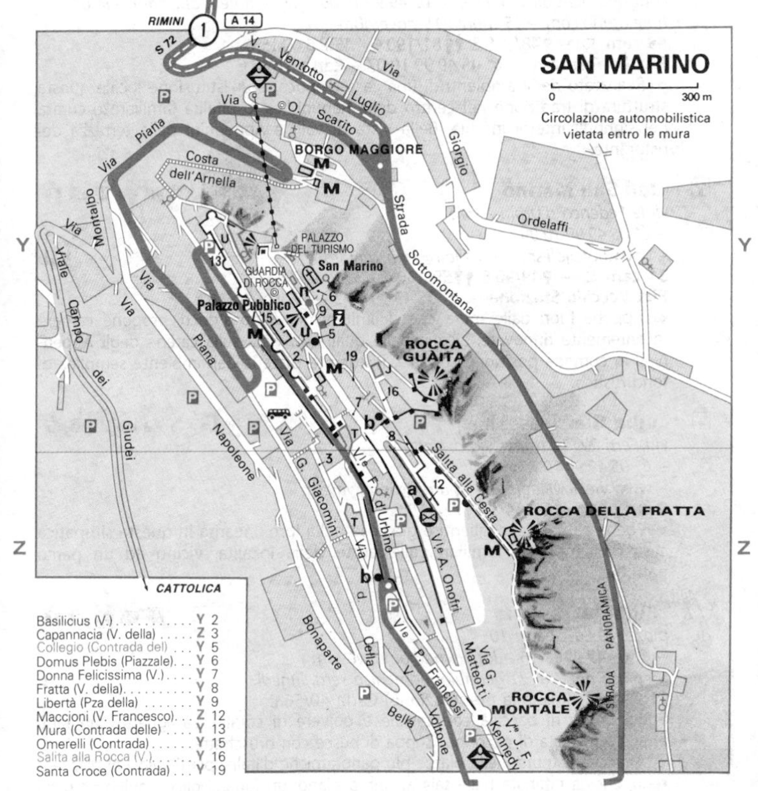

Grand Hotel San Marino

viale Antonio Onofri 31 – ✆ 05 49 99 24 00
– www.grandhotel.sm – info@grandhotel.sm
– chiuso dal 23 al 28 dicembre Z**a**
62 cam – 53/199 € 89/270 € – ½ P 70/155 €
Rist *L' Arengo* – Carta 34/52 €
◆ Il grande "classico" dell'hotellerie locale è ideale per un soggiorno dedicato al benessere e al relax. Particolare il "giardino del silenzio", una terrazza con vasca idromassaggio e piante aromatiche per una mezz'ora di meditazione. Omaggia un'antica istituzione il ristorante, cinto da vetrate che garantiscono la luce.

Cesare

salita alla Rocca 7 – ✆ 05 49 99 23 55 – www.hotelcesare.com – info@hotelcesare.com Y**b**
18 cam – 65/139 € 85/219 € – ½ P 60/130 €
Rist – Carta 32/95 €
◆ Il fascino di un antico edificio coniugato con i vantaggi delle moderne tecnologie in un nuovo, raffinato albergo. Alcune camere hanno il privilegio di essere invase dalla luce naturale, grazie alle grandi finestre. Nuovo look di elegante design contemporaneo nel ristorante.

Titano

contrada del Collegio 31 – ✆ 05 49 99 10 06 – www.hoteltitano.com – info@hoteltitano.com – 15 marzo-15 novembre Y**u**
48 cam – 48/125 € 81/190 € – ½ P 61/115 €
Rist *La Terrazza* – ✆ 05 49 99 10 07 – Carta 31/48 €
◆ Realizzato negli ambienti di una casa d'epoca, è un'istituzione locale questa struttura di tradizione nel centro della Repubblica; ospitalità familiare e curata nei signorili interni in stile. Bella vista di valli e Appennini dalla terrazza del ristorante.

Joli San Marino

viale Federico d'Urbino 36/b
– ✆ 05 49 99 10 09
– www.hoteljoli.sm – hoteljoli@omniway.sm Z**b**
31 cam – 49/90 € 59/130 € – ½ P 62/76 €
Rist *Vecchia Stazione* – ✆ 05 49 99 21 34 – Carta 30/36 €
◆ Appena fuori dalle mura che delimitano il centro storico, propone camere recentemente rinnovate, alcune delle quali con vista sulla catena degli Appennini. In comoda posizione stradale. Ristorante pizzeria dall'ambiente semplice di tono rustico.

Villa Giardi senza rist

via Ferri 22, 1 km per via d. Voltone
– ✆ 05 49 99 10 74
– www.wel.it/villagiardi – giardif@omniway.sm Z
8 cam – 50/84 € 72/110 €
◆ Poche camere accoglienti e graziose nella loro linearità in questa simpatica casa dall'ambiente familiare, alle porte della località, vicino ad un parco naturale.

Righi la Taverna

piazza della Libertà 10
– ✆ 05 49 99 11 96 – lataverna@omniway.sm
– chiuso dal 7 al 21 gennaio, domenica sera, lunedì Y**n**
Rist – (consigliata la prenotazione) Carta 40/56 €
Spec. Crudo di baccalà con caviale e polvere di corallo. Lasagnetta con ragù antico e fonduta di pecorino. Zuppa di pesce con bruschette.
◆ Affacciato su una delle piazze più panoramiche d'Italia, piatti veloci al pian terreno, cucina raffinata nella sala al primo piano: un funambolico equilibrismo fra tradizione e creatività.

a Dogana per ①: 13 km - ✉ 47891

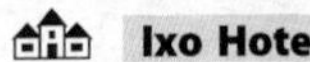

Ixo Hotel rist,

World trade center - palazzina A – ✆ *05 49 97 82 11* – *www.ixohotel.com*
– *info@ixohotel.com*
30 cam – †60/94 € ††90/149 € – ½ P 79/99 €
Rist – *(chiuso 20 giorni in agosto) (chiuso la sera)* Carta 22/40 €
◆ Modernità, confort e eleganza per questo recente hotel a vocazione commerciale inserito nel complesso del Word Trade Center. Le camere sono al quinto e al sesto piano della torre, arredate secondo il gusto contemporaneo. La caratteristica pianta detta la disposizione dei tavoli al ristorante, affacciato sulla corte.

- → *Scoprire la migliore tavola ?*
- → *Trovare l'albergo più vicino ?*
- → *Orientarsi sulle piante e le carte ?*
- → *Interpretare i simboli utilizzati nella guida...*

Seguite i Bib rossi !

I consigli del **Bib Chef** per aiutarvi al ristorante.

I suggerimenti e le informazioni del **Bib Ammiccante** per orientarsi dentro la guida...e in strada.

I consigli del **Bib Groom** per aiutarvi in albergo.

La Guida MICHELIN

Una collana da gustare!

Belgique & Luxembourg
Deutschland
España & Portugal
France
Great Britain & Ireland
Italia
Nederland
Portugal
Suisse-Schweiz-Svizzera
Main Cities of Europe

Ed anche:

Chicago
Hong Kong Macau
Kyoto Osaka Kobe
London
New York City
Paris
San Francisco
Tokyo

Indice delle località

Index of towns

Indice delle località

Index of towns

Località per regione, che possiede come minimo un albergo e /o un ristorante
Places with at least a hotel and/or a restaurant

Abruzzo Molise

Basilicata

Calabria

Località	Carta
Altomonte (CS)	5 **A1**
Amantea (CS)	5 **A2**
Amendolara (CS)	5 **A1**
Bagnara Calabra (RC)	5 **A3**
Belmonte Calabro (CS)	5 **A2**
Camigliatello Silano (CS)	5 **A2**
Capistrano (VV)	5 **A2**
Castrovillari (CS)	5 **A1**
Catanzaro (CZ)	5 **B2**
Cetraro (CS)	5 **A1**
Cirella (CS)	5 **A1**
Cirò Marina (KR)	5 **B1**
Cittadella del Capo (CS)	5 **A1**
Cittanova (RC)	5 **A3**
Cosenza (CS)	5 **A2**
Crotone (KR)	5 **B2**
Filandari (VV)	5 **A2**
Gambarie (RC)	5 **A3**
Gerace (RC)	5 **A3**
Gizzeria Lido (CZ)	5 **A2**
Joppolo (VV)	5 **A3**
Lamezia Terme (CZ)	5 **A2**
Marina di Gioiosa Ionica (RC)	5 **B3**
Marina di Nocera Terinese (CZ)	5 **A2**
Mesiano (VV)	5 **A2**
Mileto (VV)	5 **A3**
Montepaone Lido (CZ)	5 **B2**
Morano Calabro (CS)	5 **A1**
Palmi (RC)	5 **A3**
Parghelia (VV)	5 **A2**
Pianopoli (CZ)	5 **A2**
Pizzo (VV)	5 **A2**
Praia a Mare (CS)	5 **A1**
Reggio di Calabria (RC)	5 **A3**
Riace (RC)	5 **B3**
Roccella Ionica (RC)	5 **B3**
Rossano Stazione (CS)	5 **B1**
San Giovanni in Fiore (CS)	5 **B2**
Sangineto Lido (CS)	5 **A1**
Santa Trada di Cannitello (RC)	5 **A3**
Scalea (CS)	5 **A1**
Sellia Marina (CZ)	5 **B2**
Sibari (CS)	5 **A1**
Siderno (RC)	5 **B3**
Soverato (CZ)	5 **B2**
Strongoli (KR)	5 **B2**
Terme Luigiane (CS)	5 **A2**
Tiriolo (CZ)	5 **B2**
Tropea (VV)	5 **A2**
Vibo Valentia (VV)	5 **A2**
Villa San Giovanni (RC)	5 **A3**

Campania

Località	Carta
Agropoli (SA)	7 **C3**
Amalfi (SA)	6 **B2**
Anacapri (NA)	6 **B3**
Ariano Irpino (AV)	7 **C1**
Atena Lucana (SA)	7 **D2**
Atrani (SA)	6 **B2**
Atripalda (AV)	7 **C2**
Avellino (AV)	6 **B2**
Bacoli (NA)	6 **A2**
Baia Domizia (CE)	6 **A2**
Barano (NA)	6 **A2**
Battipaglia (SA)	7 **C2**
Benevento (BN)	6 **B1**
Brusciano (NA)	6 **B2**
Caggiano (SA)	7 **D2**
Campagna (SA)	7 **C2**
Capri (NA)	6 **B3**
Casal Velino (SA)	7 **C3**
Casamicciola Terme (NA)	6 **A2**
Caserta (CE)	6 **B2**
Castel Volturno (CE)	6 **A2**
Castellabate (SA)	7 **C3**
Castellammare di Stabia (NA)	6 **B2**
Castelnuovo Cilento (SA)	7 **C3**
Cava de' Tirreni (SA)	6 **B2**
Ceraso (SA)	7 **C3**
Cetara (SA)	6 **B2**
Citara (NA)	6 **A2**
Conca dei Marini (SA)	6 **B2**
Cuma (NA)	6 **A2**
Eboli (SA)	7 **C2**
Ercolano (NA)	6 **B2**
Fisciano (SA)	6 **B2**
Furore (SA)	6 **B2**
Gaiano (SA)	7 **C2**
Ischia (NA)	6 **A2**
Lacco Ameno (NA)	6 **A2**
Maiori (SA)	6 **B2**
Marigliano (NA)	6 **B2**
Marina Equa (NA)	6 **B2**
Marina Grande (NA)	6 **B3**
Marina di Ascea (SA)	7 **C3**
Marina di Camerota (SA)	7 **D3**
Marina di Casal Velino (SA)	7 **C3**
Massa Lubrense (NA)	6 **B2**
Melito Irpino (AV)	7 **C1**
Melizzano (BN)	6 **B1**
Mercato San Severino (SA)	6 **B2**
Mercogliano (AV)	6 **B2**
Minori (SA)	6 **B2**

Montesarchio (BN) 6 **B2**
Montoro Inferiore (AV) 6 **B2**
Napoli (NA) 6 **B2**
Nerano (NA) 6 **B2**
Nocera Superiore (SA) 6 **B2**
Nola (NA) 6 **B2**
Nusco (AV) 7 **C2**
Ospedaletto d'Alpinolo (AV) 6 **B2**
Ottaviano (NA) 6 **B2**
Paestum (SA) 7 **C3**
Palinuro (SA) 7 **D3**
Panza (NA) 6 **A2**
Pietravairano (CE) 6 **A1**
Pietrelcina (BN) 6 **B1**
Pisciotta (SA) 7 **C3**
Pompei (NA) 6 **B2**
Pontecagnano (SA) 7 **C2**
Positano (SA) 6 **B2**
Pozzuoli (NA) 6 **A2**
Praiano (SA) 6 **B2**
Procida (NA) 6 **A2**
Quarto (NA) 6 **A2**
Ravello (SA) 6 **B2**
Salerno (SA) 6 **B2**
San Cipriano Picentino (SA) 7 **C2**
San Marco (SA) 7 C 3
Sant' Agata de' Goti (BN) 6 **B1**
Sant' Agata sui Due Golfi (NA) 6 **B2**
Sant' Agnello (NA) 6 **B2**
Sant'Angelo (NA) 6 **A2**
Santa Maria Annunziata (NA) 6 **B2**
Santa Maria di Castellabate (SA) 7 **C3**
Sapri (SA) 7 **D3**
Serino (AV) 7 **C2**
Solofra (AV) 7 **C2**
Sorbo Serpico (AV) 7 **C2**
Sorrento (NA) 6 **B2**
Termini (NA) 6 **B2**
Torre Annunziata (NA) 6 **B2**
Torre del Greco (NA) 6 **B2**
Vairano Patenora (CE) 6 **A1**
Vallesaccarda (AV) 7 **C1**
Vallo della Lucania (SA) 7 **C3**
Vico Equense (NA) 6 **B2**

Emilia-Romagna

Agazzano (PC) 8 **A2**
Albareto (PR) 8 **A2**
Albinea (RE) 8 **B3**
Alseno (PC) 8 **A2**
Altedo (BO) 9 **D3**
Anzola dell'Emilia (BO) 9 **C3**
Argelato (BO) 9 **C3**
Argenta (FE) 9 **C2**
Bagnara di Romagna (RA) 9 **C2**
Bagno di Romagna (FC) 9 **D3**
Bagnolo in Piano (RE) 8 **B3**
Bazzano (BO) 9 **C3**
Bellaria Igea Marina (RN) 9 **D2**
Bentivoglio (BO) 9 **C3**
Berceto (PR) 8 **A2**
Bersano (PC) 8 **A1**
Bertinoro (FC) 9 **D2**
Besenzone (PC) 8 **A1**
Bettola (PC) 8 **A2**
Bobbio (PC) 8 **A2**
Bologna (BO) 9 **C3**
Bondeno (FE) 9 **C1**
Borgo Val di Taro (PR) 8 **A2**
Borgonovo Val Tidone (PC) 8 **A1**
Brescello (RE) 8 **B2**
Brisighella (RA) 9 **C2**
Budrio (BO) 9 **C2**
Busseto (PR) 8 **A1**
Cadeo (PC) 8 **A1**
Calderara di Reno (BO) 9 **C3**
Calderino (BO) 9 **C2**
Calestano (PR) 8 **B2**
Campegine (RE) 8 **B3**
Campogalliano (MO) 8 **B2**
Cangelasio (PR) 8 **A2**
Carpaneto Piacentino (PC) 8 **A2**
Carpi (MO) 8 **B2**
Carpineti (RE) 8 **B2**
Casalfiumanese (BO) 9 **C2**
Casola Valsenio (RA) 9 **C2**
Castel Guelfo di Bologna (BO) 9 **C2**
Castel Maggiore (BO) 9 **C3**
Castel San Pietro Terme (BO) 9 **C2**
Castel d'Aiano (BO) 9 **C2**
Castelfranco Emilia (MO) 9 **C3**
Castell'Arquato (PC) 8 **A2**
Castelnovo di Baganzola (PR) 8 **A3**
Castelnovo di Sotto (RE) 8 **B3**
Castelnovo ne' Monti (RE) 8 **B2**
Castelvetro di Modena (MO) 8 **B2**
Castiglione dei Pepoli (BO) 9 **C2**
Castrocaro Terme (FC) 9 **C2**
Cattolica (RN) 9 **D2**
Cento (FE) 9 **C2**
Cervia (RA) 9 **D2**
Cesena (FC) 9 **D2**
Cesenatico (FC) 9 **D2**
Codigoro (FE) 9 **D1**

Savignano sul Rubicone (FC) 9 **D2**
Savigno (BO) 9 **C2**
Scandiano (RE) 8 **B2**
Serramazzoni (MO) 8 **B2**
Sestola (MO) 8 **B2**
Soliera (MO) 8 **B2**
Soragna (PR) 8 **B2**
Sozzigalli (MO) 8 **B2**
Tabiano (PR) 8 **A2**
Tizzano Val Parma (PR) 8 **B2**
Tolè (BO) 9 **C2**
Torrechiara (PR) 8 **A3**
Torriana (RN) 9 **D2**
Torrile (PR) 8 **B1**
Trebbo di Reno (BO) 9 **C3**
Varano de Melegari (PR) 8 **A2**
Vedole (PR) 8 **B1**
Viano (RE) 8 **B2**
Viarolo (PR) 8 **A3**
Vicomero (PR) 8 **A3**
Vidiciatico (BO) 8 **B2**
Vigarano Mainarda (FE) 9 **C1**
Vignola (MO) 9 **C2**
Zola Predosa (BO) 9 **C3**

Friuli - Venezia Giulia

Aquileia (UD) 11 **C3**
Arta Terme (UD) 10 **B1**
Azzano Decimo (PN) 10 **B3**
Bagnaria Arsa (UD) 11 **C3**
Brugnera (PN) 10 **A3**
Budoia (PN) 10 **A2**
Buttrio (UD) 11 **C2**
Caneva (PN) 10 **A3**
Capriva del Friuli (GO) 11 **C2**
Casarsa della Delizia (PN) 10 **B3**
Cavazzo Carnico (UD) 10 **B1**
Cecchini di Pasiano (PN) 10 **A3**
Cervignano del Friuli (UD) 11 **C3**
Cividale del Friuli (UD) 11 **C2**
Codroipo (UD) 10 **B2**
Colloredo di Monte Albano (UD) 10 **B2**
Cormons (GO) 11 **C2**
Corona (GO) 11 **C2**
Dolegna del Collio (GO) 11 **C2**
Draga Sant' Elia (TS) 11 **D3**
Duino-Aurisina (TS) 11 **D3**
Fagagna (UD) 10 **B2**
Fanna (PN) 10 **B2**
Farra d'Isonzo (GO) 11 **C2**
Fiume Veneto (PN) 10 **B3**
Flaibano (UD) 10 **B2**
Fontanafredda (PN) 10 **A3**
Forni di Sopra (UD) 10 **A1**
Godia (UD) 11 **C2**
Gorizia (GO) 11 **D2**
Gradisca d'Isonzo (GO) 11 **C3**
Grado (GO) 11 **C3**
Latisana (UD) 10 **B3**
Lignano Sabbiadoro (UD) 11 **C3**
Malborghetto (UD) 11 **C1**
Maniago (PN) 10 **A2**
Marano Lagunare (UD) 11 **C3**
Mariano del Friuli (GO) 11 **C2**
Meduno (PN) 10 **B2**
Monfalcone (GO) 11 **C3**
Monrupino (TS) 11 **D3**
Muggia (TS) 11 **D3**
Opicina (TS) 11 **D3**
Osoppo (UD) 10 **B2**
Palmanova (UD) 11 **C3**
Pasiano di Pordenone (PN) 10 **A3**
Pesek (TS) 11 **D3**
Pocenia (UD) 10 **B3**
Porcia (PN) 10 **A3**
Pordenone (PN) 10 **B3**
Prata di Pordenone (PN) 10 **A3**
Pulfero (UD) 11 **C2**
Remanzacco (UD) 11 **C2**
Rivarotta (PN) 10 **A3**
Rivignano (UD) 10 **B3**
Ruda (UD) 11 **C3**
Ruttars (GO) 11 **C2**
Sacile (PN) 10 **A3**
San Daniele del Friuli (UD) 10 **B2**
San Giovanni al Natisone (UD) 11 **C2**
San Michele del Carso (GO) 11 **C3**
San Quirino (PN) 10 **A2**
San Vito al Tagliamento (PN) 10 **B3**
Sauris (UD) 10 **A1**
Savogna d'Isonzo (GO) 11 **C2**
Sesto al Reghena (PN) 10 **B3**
Sgonico (TS) 11 **D3**
Spilimbergo (PN) 10 **B2**
Stregna (UD) 11 **C2**
Sutrio (UD) 10 **B1**
Tarcento (UD) 11 **C2**
Tarvisio (UD) 11 **C1**
Tricesimo (UD) 11 **C2**
Trieste (TS) 11 **D3**
Udine (UD) 11 **C2**
Villa Vicentina (UD) 11 **C3**
Vivaro (PN) 10 **B2**

Lazio

Liguria

Lombardia

Marche

Molise

Piemonte

Puglia

Sardegna

Sicilia

Toscana

San Gimignano (SI)	29 **C2**
San Giovanni (LI)	28 **B3**
San Giovanni d'Asso (SI)	29 **C2**
San Giuliano Terme (PI)	28 **B1**
San Marcello Pistoiese (PT)	28 **B1**
San Martino (AR)	29 **D2**
San Miniato (PI)	28 **B2**
San Pietro a Cegliolo (AR)	29 **D2**
San Quirico d'Orcia (SI)	29 **C2**
San Vincenzo (LI)	28 **B2**
Sansepolcro (AR)	29 **D2**
Sant' Andrea (LI)	28 **B3**
Santa Regina (SI)	29 **C2**
Sarteano (SI)	29 **D2**
Sassetta (LI)	28 **B2**
Saturnia (GR)	29 **C3**
Scaglieri (LI)	28 **B3**
Scandicci (FI)	29 **D3**
Scansano (GR)	29 **C3**
Scarlino (GR)	28 **B3**
Scarperia (FI)	29 **C1**
Seggiano (GR)	29 **C3**
Segromigno in Monte (LU)	28 **B1**
Semproniano (GR)	29 **C3**
Seravezza (LU)	28 **B1**
Serravalle Pistoiese (PT)	28 **B1**
Siena (SI)	29 **C2**
Sinalunga (SI)	29 **C2**
Soci (AR)	29 **C1**
Sovana (GR)	29 **D3**
Sovicille (SI)	29 **C2**
Spartaia (LI)	28 **B3**
Stia (AR)	29 **C1**
Subbiano (AR)	29 **D2**
Suvereto (LI)	28 **B2**
Tavarnelle Val di Pesa (FI)	29 **C2**
Terranuova Bracciolini (AR)	29 **C2**
Tirrenia (PI)	28 **B2**
Torre del Lago Puccini (LU)	28 **B1**
Torrita di Siena (SI)	29 **D2**
Uliveto Terme (PI)	28 **B2**
Vada (LI)	28 **B2**
Vaggio (FI)	29 **C2**
Vagliagli (SI)	29 **D1**
Vaiano (PO)	29 **C1**
Valpiana (GR)	28 **B3**
Venturina (LI)	28 **B2**
Viareggio (LU)	28 **B1**
Vicchio (FI)	29 **C1**
Villafranca in Lunigiana (MS)	28 **A1**
Vinci (FI)	28 **B1**
Viticcio (LI)	28 **B3**
Volterra (PI)	28 **B2**

Trentino - Alto Adige

Aldino (BZ)	31 **D3**
Algund / Lagundo (BZ)	30 **B1**
Alpe di Siusi (BZ)	31 **C2**
Alta Badia (BZ)	31 **C1**
Andalo (TN)	30 **B2**
Appiano sulla Strada del Vino (BZ)	30 **B2**
Auer / Ora (BZ)	31 **D3**
Avelengo (BZ)	30 **B2**
Baselga di Pinè (TN)	30 **B3**
Bolzano (BZ)	31 **D3**
Bressanone (BZ)	31 **C1**
Brunico (BZ)	31 **C1**
Bulla (BZ)	31 **C2**
Calavino (TN)	30 **B3**
Caldaro sulla Strada del Vino (BZ)	31 **D3**
Caldonazzo (TN)	30 **B3**
Calliano (TN)	30 **B3**
Campitello di Fassa (TN)	31 **C2**
Campo Carlo Magno (TN)	30 **B2**
Campo Tures (BZ)	31 **C1**
Campo di Trens (BZ)	31 **C1**
Canazei (TN)	31 **C2**
Castel Toblino (TN)	30 **B3**
Castelbello Ciardes (BZ)	30 **B2**
Castelrotto (BZ)	31 **C2**
Cavalese (TN)	31 **D3**
Cembra (TN)	30 **B2**
Chiusa (BZ)	31 **C1**
Cimego (TN)	30 **A3**
Cleran (BZ)	31 **C1**
Cles (TN)	30 **B2**
Cogolo (TN)	30 **A2**
Colfosco (BZ)	31 **C2**
Collalbo (BZ)	31 **D3**
Collepietra (BZ)	31 **D3**
Comano Terme (TN)	30 **B3**
Commezzadura (TN)	30 **B2**
Condino (TN)	30 **A3**
Cornaiano (BZ)	31 **D3**
Cortaccia sulla strada del vino (BZ)	31 **D3**
Corvara in Badia (BZ)	31 **C2**
Costalovara (BZ)	31 **D3**
Dimaro (TN)	30 **B2**
Dobbiaco (BZ)	31 **D1**
Egna (BZ)	31 **D3**
Fai della Paganella (TN)	30 **B2**
Falzes (BZ)	31 **C1**
Fiera di Primiero (TN)	31 **C2**
Fiè allo Sciliar (BZ)	31 **D3**
Foiana (BZ)	30 **B2**

Umbria

Valle d'Aosta

Veneto

R. Mattès/Mauritius/Photononstop

Tipica facciata di una casa nel quartiere di Trastevere

Prefissi Telefonici Internazionali

Importante: per le comunicazioni internazionali, non bisogna comporre lo zero (0) iniziale del prefisso interurbano (escluse le chiamate per l'Italia)

da \ a	(A)	(B)	(CH)	(CZ)	(D)	(DK)	(E)	(FIN)	(F)	(GB)	(GR)
A Austria		0032	0041	00420	0049	0045	0034	00358	0033	0044	0030
B Belgio	0043		0041	00420	0049	0045	0034	00358	0033	0044	0030
CH Svizzera	0043	0032		00420	0049	0045	0034	00358	0033	0044	0030
CZ Rep. Ceca	0043	0032	0041		0049	0045	0034	00358	0033	0044	0030
D Germania	0043	0032	0041	00420		0045	0034	00358	0033	0044	0030
DK Danimarca	0043	0032	0041	00420	0049		0034	00358	0033	0044	0030
E Spagna	0043	0032	0041	00420	0049	0045		00358	0033	0044	0030
FIN Finlandia	0043	0032	0041	00420	0049	0045	0034		0033	0044	0030
F Francia	0043	0032	0041	00420	0049	0045	0034	00358		0044	0030
GB Gran Bretagna	0043	0032	0041	00420	0049	0045	0034	00358	0033		0030
GR Grecia	0043	0032	0041	00420	0049	0045	0034	00358	0033	0044	
H Ungheria	0043	0032	0041	00420	0049	0045	0034	00358	0033	0044	0030
I Italia	0043	0032	0041	00420	0049	0045	0034	00358	0033	0044	0030
IRL Irlanda	0043	0032	0041	00420	0049	0045	0034	00358	0033	0044	0030
J Giappone	00143	00132	00141	001420	00149	00145	00134	001358	00133	00144	00130
L Lussemburgo	0043	0032	0041	00420	0049	0045	0034	00358	0033	0044	0030
N Norvegia	0043	0032	0041	00420	0049	0045	0034	00358	0033	0044	0030
NL Olanda	0043	0032	0041	00420	0049	0045	0034	00358	0033	0044	0030
PL Polonia	0043	0032	0041	00420	0049	0045	0034	00358	0033	0044	0030
P Portogallo	0043	0032	0041	00420	0049	0045	0034	00358	0033	0044	0030
RUS Russia	81043	81032	810420	6420	81049	81045	*	810358	81033	81044	*
S Svezia	0043	00932	00941	009420	0049	00945	00934	009358	00933	00944	00930
USA	01143	01132	01141	001420	01149	01145	01134	01358	01133	01144	01130

** Selezione automatica impossibile*

International Dialling Codes

Note: When making an international call, do not dial the first (0) of the city codes (except for calls to Italy).

H	I	IRL	J	L	N	NL	PL	P	RUS	S	USA	
0036	0039	00353	0081	00352	0047	0031	0048	00351	007	0046	001	**A Autria**
0036	0039	00353	0081	00352	0047	0031	0048	00351	007	0046	001	**B Belgio**
0036	0039	00353	0081	00352	0047	0031	0048	00351	007	0046	001	**CH Svizzera**
0036	0039	00353	0081	00352	0047	0031	0048	00351	007	0046	001	**CZ Rep. Ceca**
0036	0039	00353	0081	00352	0047	0031	0048	00351	007	0046	001	**D Germania**
0036	0039	00353	0081	00352	0047	0031	0048	00351	007	0046	001	**DK Danimarca**
0036	0039	00353	0081	00352	0047	0031	0048	00351	007	0046	001	**E Spagna**
0036	0039	00353	0081	00352	0047	0031	0048	00351	007	0046	001	**FIN Finlandia**
0036	0039	00353	0081	00352	0047	0031	0048	00351	007	0046	001	**F Francia**
0036	0039	00353	0081	00352	0047	0031	0048	00351	007	0046	001	**GB Gran Bretagna**
0036	0039	00353	0081	00352	0047	0031	0048	00351	007	0046	001	**GR Grecia**
	0039	00353	0081	00352	0047	0031	0048	00351	007	0046	001	**H Ungheria**
0036		00353	0081	00352	0047	0031	0048	00351	*	0046	001	**I Italia**
0036	0039		0081	00352	0047	0031	0048	00351	007	0046	001	**IRL Irlanda**
00136	00139	001353		001352	00147	00131	00148	001351	*	01146	0011	**J Giappone**
0036	0039	00353	0081		0047	0031	0048	00351	007	0046	001	**L Lussemburgo**
0036	0039	00353	0081	00352		0031	0048	00351	007	0046	001	**N Norvegia**
0036	0039	00353	0081	00352	0047		0048	00351	007	0046	001	**NL Olanda**
0036	0039	00353	0081	00352	0047	0031		00351	007	0046	001	**PL Polonia**
0036	0039	00353	0081	00352	0047	0031	0048		007	0046	001	**P Portogallo**
81036	*	*	*	*	*	81031	81048	*		*	*	**RUS Russia**
00936	00939	009353	00981	009352	00947	00931	00948	00935	0097		0091	**S Svezia**
01136	01139	011353	01181	011352	01147	01131	01148	011351	*	011146		**USA**

** Direct dialing not possible*

Distanze

QUALCHE CHIARIMENTO

Nel testo di ciascuna località troverete la distanza dalle città limitrofe e da Roma. Le distanze fra le città della tabella accanto completano quelle indicate nel testo di ciascuna località.

La distanza da una località ad un'altra non è sempre ripetuta in senso inverso: guardate al testo dell'una o dell'altra. Utilizzate anche le distanze riportate a margine delle piante.

Le distanze sono calcolate a partire dal centro delle città e seguendo la strada più pratica, ossia quella che offre le migliori condizioni di viaggio ma che non è necessariamente la più breve.

Distances

COMMENTARY

The text on each town includes its distance from its immediate neighbours and from Rome. The kilometrage in the table completes that given under individual town headings for calculating total distances.

A town's distance from another is not necessarily repeated in the text under both town names, you may have to look, therefore, under one or the other to find it. Note also that some distances appear in the margins of the towns plans.

Distances are calculated from City-centre and along the best roads from a motoring point of view not necessarily the shortest.

Bergamo - Livorno 336 km

	Ancona	Bari	Bergamo	Bologna	Bolzano	Brescia	Brindisi	Catanzaro	Como	Cosenza	Ferrara	Firenze	Foggia	Genova	L'Aquila	La Spezia	Livorno	Milano	Modena	Napoli	Padova	Parma	Perugia	Pescara	Potenza	Ravenna	Reggio di Calabria	Roma	Salerno	S. Marino	Taranto	Torino	Trieste	Udine	Venezia
Bari	467																																		
Bergamo	468	909																																	
Bologna	227	668	247																																
Bolzano	508	949	235	287																															
Brescia	422	863	60	201	190																														
Brindisi	577	114	1020	780	1061	974																													
Catanzaro	834	362	1190	976	1231	1144	360																												
Como	498	938	83	276	311	129	1050	1219																											
Cosenza	741	270	1098	883	1138	1052	268	99	1125																										
Ferrara	275	716	220	53	260	173	827	1015	315	924																									
Firenze	288	676	346	131	386	299	814	861	373	769	171																								
Foggia	343	134	787	547	827	741	246	482	814	390	593	616																							
Genova	530	918	204	309	411	233	1056	1102	193	1011	349	258	849																						
L'Aquila	190	401	634	394	675	588	513	619	662	528	441	364	280	603																					
La Spezia	442	827	262	221	399	216	964	1011	279	919	261	167	762	115	520																				
Livorno	431	744	336	209	464	289	881	928	353	837	249	93	683	189	460	98																			
Milano	440	881	54	218	282	100	992	1161	54	1069	258	317	759	142	606	224	301																		
Modena	276	717	203	54	244	157	828	997	233	905	94	153	595	260	442	179	235	178																	
Napoli	395	265	802	588	843	756	377	407	830	315	628	474	178	713	239	630	541	775	606																
Padova	341	782	196	119	191	150	893	1081	271	990	77	237	660	364	508	335	320	244	157	694															
Parma	326	767	163	105	283	117	879	1047	180	956	145	203	646	208	493	127	204	125	63	661	213														
Perugia	141	566	479	245	519	433	677	760	506	668	292	151	444	390	180	299	240	451	283	373	360	336													
Pescara	174	314	618	378	658	572	425	651	645	559	424	456	192	673	107	600	545	590	422	246	492	475	274												
Potenza	462	131	940	725	980	894	221	351	967	259	765	611	115	850	377	768	678	912	744	157	833	797	509	310											
Ravenna	178	619	318	77	358	271	730	939	345	847	94	201	497	373	344	291	284	290	121	552	192	175	185	328	609										
Reggio di Calabria	925	454	1282	1067	1322	1236	452	161	1309	192	1108	953	573	1193	719	1110	1020	1254	1086	499	1175	1139	852	725	445	1032									
Roma	306	432	613	399	654	567	543	616	641	525	439	285	345	524	125	441	316	585	417	229	507	471	183	211	367	364	709								
Salerno	436	242	843	628	884	797	321	354	870	263	669	515	154	754	280	671	581	815	647	56	737	700	413	286	105	593	447	270							
S. Marino	137	578	375	135	416	329	690	947	403	856	182	259	457	430	304	357	341	348	179	534	250	233	214	287	616	85	1040	393	576						
Taranto	546	96	990	750	1031	944	73	294	1018	203	797	763	216	1002	482	919	829	963	794	309	865	848	647	395	155	700	387	518	258	659					
Torino	561	1002	183	339	411	229	1113	1260	170	1168	379	416	880	171	727	275	352	142	298	873	371	246	550	711	1010	410	1352	684	915	468	1083				
Trieste	518	964	369	296	410	323	1076	1264	444	1172	254	414	843	537	684	512	497	417	334	871	189	388	528	668	1015	290	1356	683	914	425	1046	547			
Udine	486	927	337	264	378	291	1038	1226	412	1134	222	382	805	505	652	480	464	385	302	839	157	356	496	636	977	258	1318	651	881	393	1008	515	75		
Venezia	379	820	230	156	271	184	931	1119	316	1026	115	275	698	398	545	366	357	276	195	732	49	248	389	529	870	148	1211	544	774	286	901	406	164	133	
Verona	373	814	120	152	155	74	926	1094	195	1003	111	250	693	288	540	272	333	168	108	708	84	148	385	523	845	223	1187	519	750	281	896	298	258	227	124

SICILIA

	Agrigento	Caltanissetta	Catania	Messina	Palermo	Siracusa
Caltanissetta	59					
Catania	165	111				
Messina	260	205	99			
Palermo	128	128	210	225		
Siracusa	214	159	66	163	258	
Trapani	176	237	319	334	113	367

SARDEGNA

	Nuoro	Olbia	Oristano	Sassari
Cagliari	182	265	97	216
Nuoro		105	89	122
Olbia			173	104
Oristano				123

La località possiede come minimo

- ● un albergo o un ristorante
- ✿ una delle migliori tavole dell'anno
- ☺ un ristorante « Bib Gourmand »
- ☺ un albergo « Bib Hotel »
- ✗ un ristorante molto piacevole
- ⌂ un albergo molto piacevole
- ⌂ un agriturismo molto piacevole
- ☼ un esercizio molto tranquillo

Place with at least

- ● a hotel or a restaurant
- ✿ a starred establishment
- ☺ a restaurant « Bib Gourmand »
- ☺ a hotel « Bib Hôtel »
- ✗ a particularly pleasant restaurant
- ⌂ a particularly pleasant hotel
- ⌂ a particularly pleasant agriturismo
- ☼ a particularly quiet hotel

L'Italia in 40 carte

Indice delle località per regione
Carta regionale delle località citate

Maps

Index of towns by region
Regional Map of listed towns

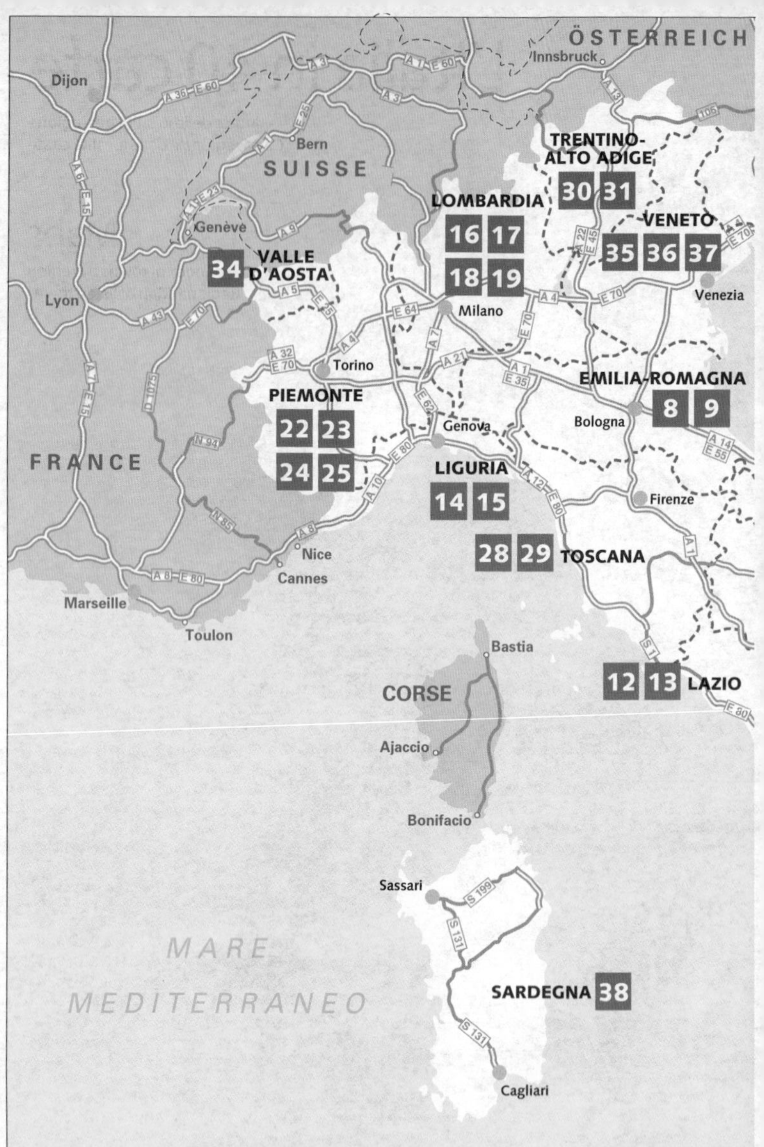

L'Italia in 40 carte

MAGYARORSZÁG
FRIULI-VENEZIA GIULIA
10 11
SLOVENIJA
Ljubljana
Zagreb
Pécs
HRVATSKA
Trieste
Rijeka
Beograd
BOSNA I HERCEGOVINA
Sarajevo
SRBIJA
Split
CRNA-GORA
Podgorica
Dubrovnik
Ancona
MARCHE 20 21
UMBRIA
32 33
Pescara
MARE ADRIATICO
ABRUZZO
1 2
MOLISE
PUGLIA 26 27
Tiranë
SHQIPËRIA
ROMA
Foggia
Bari
Potenza
Napoli
6 7 CAMPANIA
BASILICATA 3 4
CALABRIA 5
MARE TIRRENO
MARE IONIO
Messina
Reggio di Calabria
Palermo
Catania
39 40 SICILIA

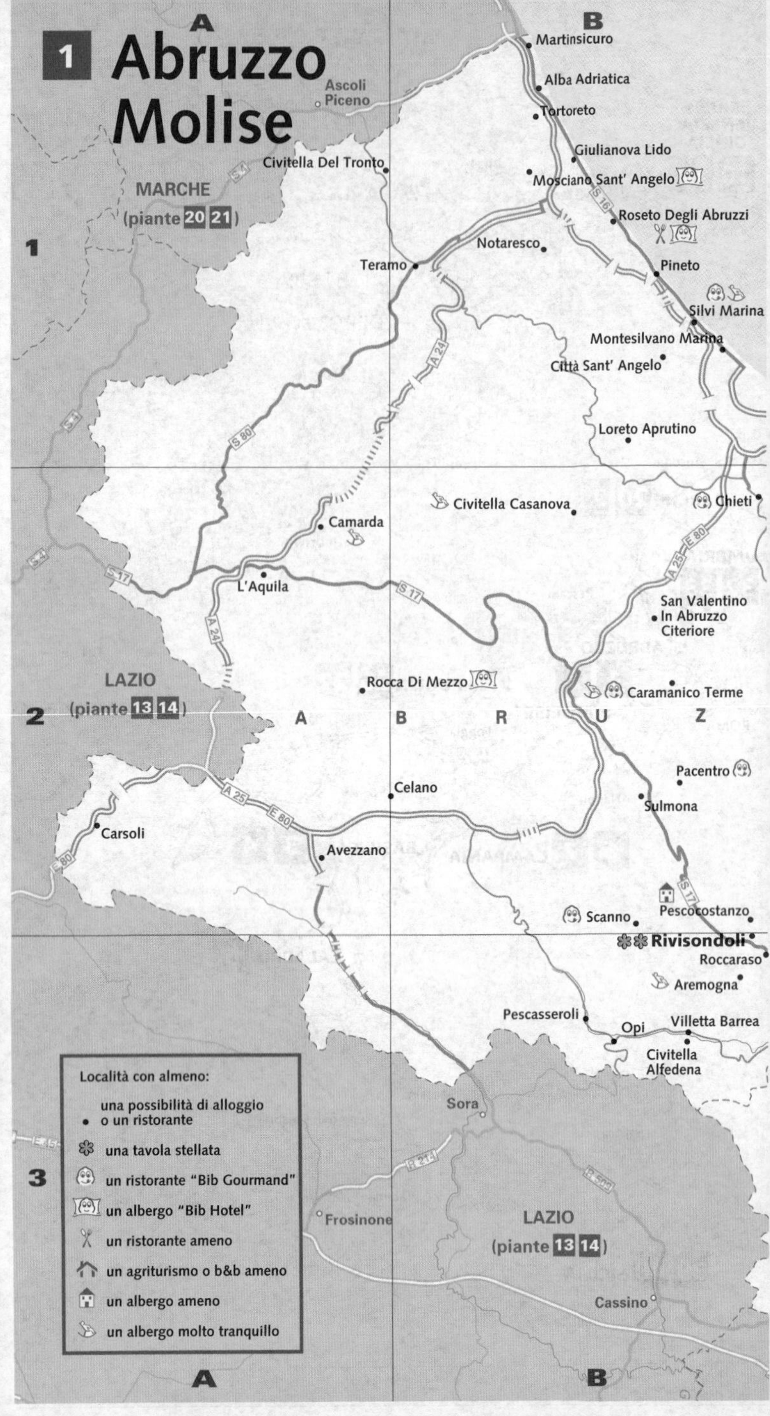

1 Abruzzo Molise
A
B
1
2
3
Ascoli Piceno
Martinsicuro
Alba Adriatica
Tortoreto
Giulianova Lido
Mosciano Sant' Angelo
Civitella Del Tronto
MARCHE
(piante 20 21)
Roseto Degli Abruzzi
Notaresco
Teramo
Pineto
Silvi Marina
Montesilvano Marina
Città Sant' Angelo
Loreto Aprutino
Civitella Casanova
Chieti
Camarda
L'Aquila
San Valentino In Abruzzo Citeriore
LAZIO
(piante 13 14)
Rocca Di Mezzo
Caramanico Terme
A B R U Z
Pacentro
Celano
Sulmona
Carsoli
Avezzano
Scanno
Pescocostanzo
Rivisondoli
Roccaraso
Aremogna
Pescasseroli
Opi
Villetta Barrea
Civitella Alfedena
Sora
Frosinone
LAZIO
(piante 13 14)
Cassino
S 4
S 16
S 80
A 24
A 25
E 80
S 17
R 214
R 509
Località con almeno:
una possibilità di alloggio o un ristorante
una tavola stellata
un ristorante "Bib Gourmand"
un albergo "Bib Hotel"
un ristorante ameno
un agriturismo o b&b ameno
un albergo ameno
un albergo molto tranquillo

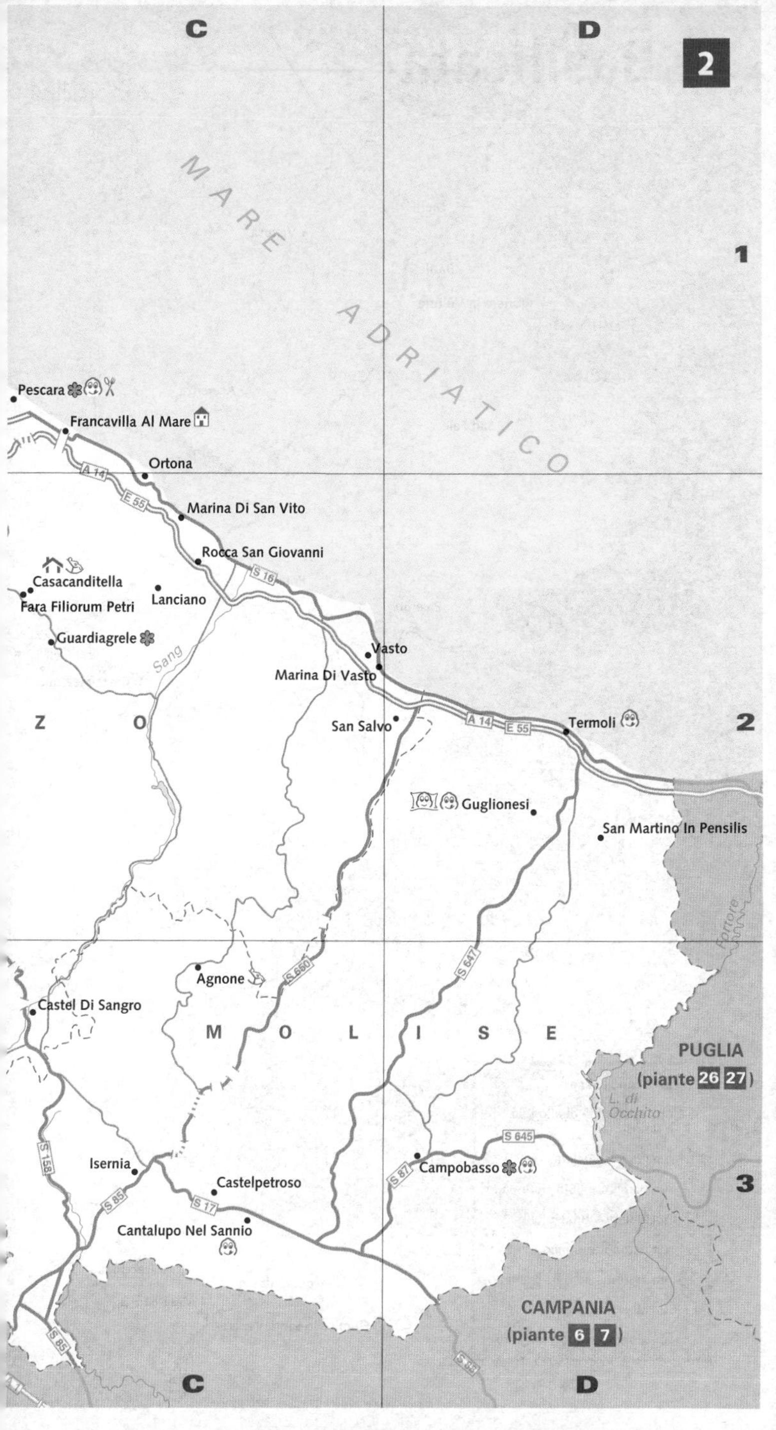
C
D
2
MARE ADRIATICO
1
Pescara
Francavilla Al Mare
Ortona
A 14
E 55
Marina Di San Vito
Rocca San Giovanni
S 16
Casacanditella
Fara Filiorum Petri
Lanciano
Guardiagrele
Sang
Vasto
Marina Di Vasto
San Salvo
Z
O
A 14
E 55
Termoli
2
Guglionesi
San Martino In Pensilis
Fortore
Agnone
S 650
S 647
Castel Di Sangro
M
O
L
I
S
E
PUGLIA
(piante 26 27)
L. di Occhito
S 645
S 158
Isernia
Campobasso
S 87
3
Castelpetroso
S 85
S 17
Cantalupo Nel Sannio
CAMPANIA
(piante 6 7)
S 85
C
D

3 Basilicata

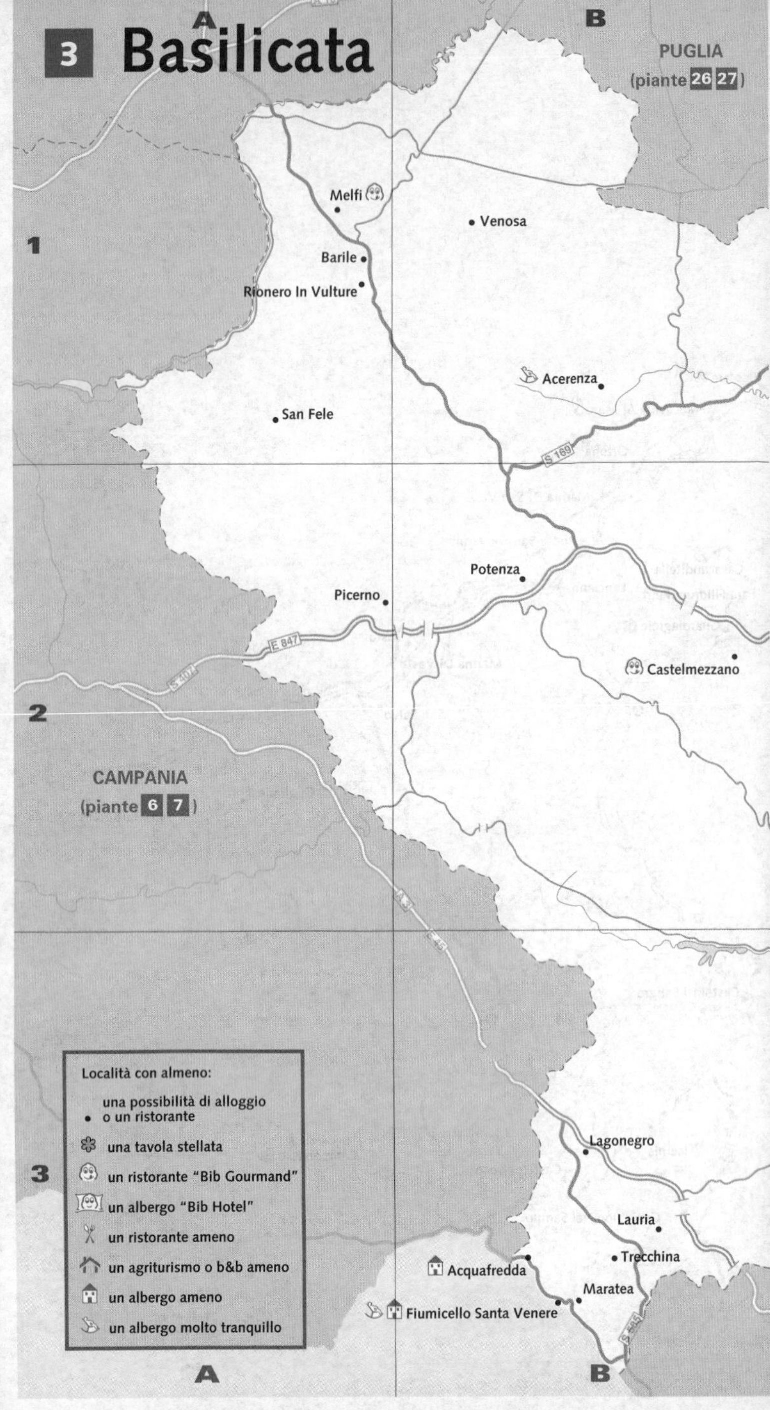

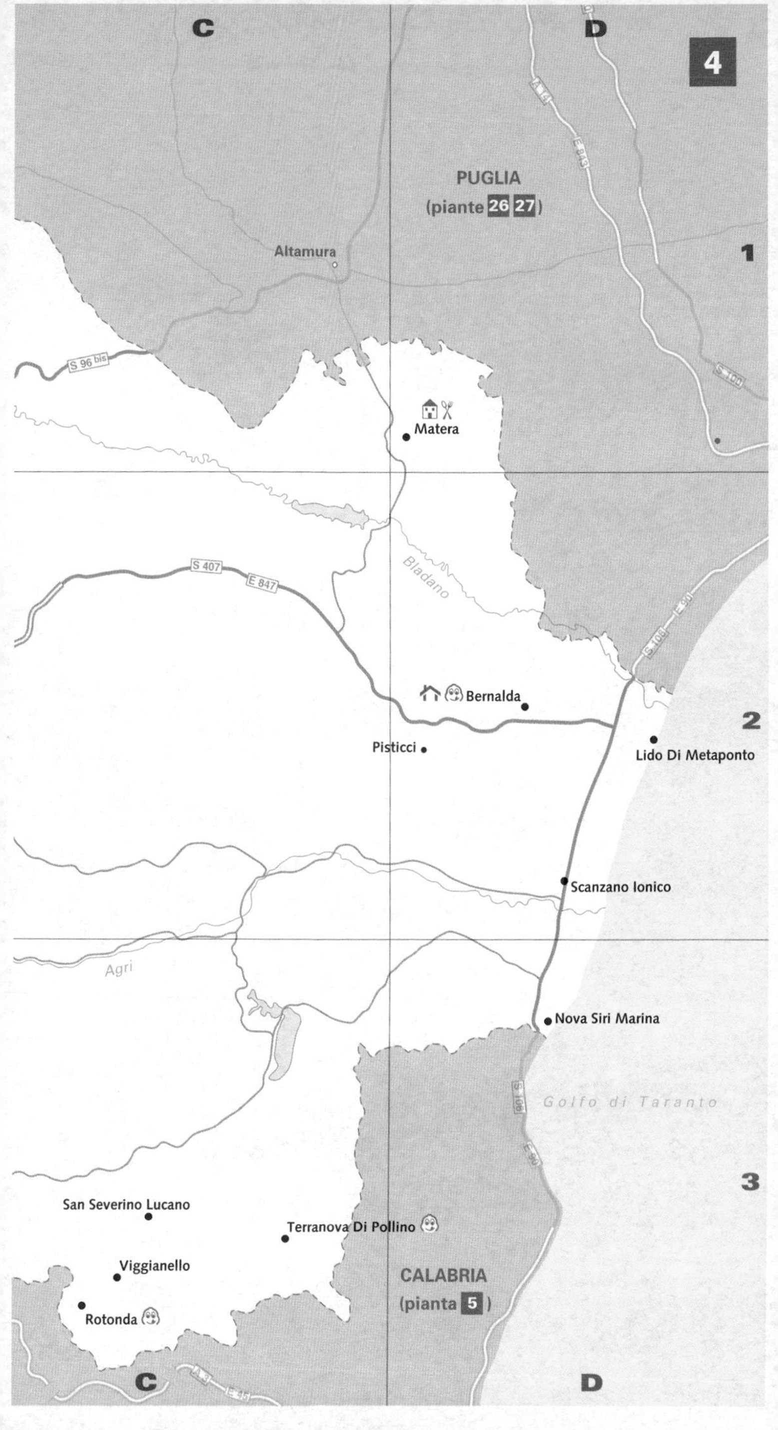
C
D
4
PUGLIA
(piante 26 27)
Altamura
1
S 96 bis
Matera
S 407
E 847
Bladano
S 108
E 90
Bernalda
2
Pisticci
Lido Di Metaponto
Scanzano Ionico
Agri
Nova Siri Marina
S 106
Golfo di Taranto
E 90
3
San Severino Lucano
Terranova Di Pollino
Viggianello
CALABRIA
(pianta 5)
Rotonda
C
D

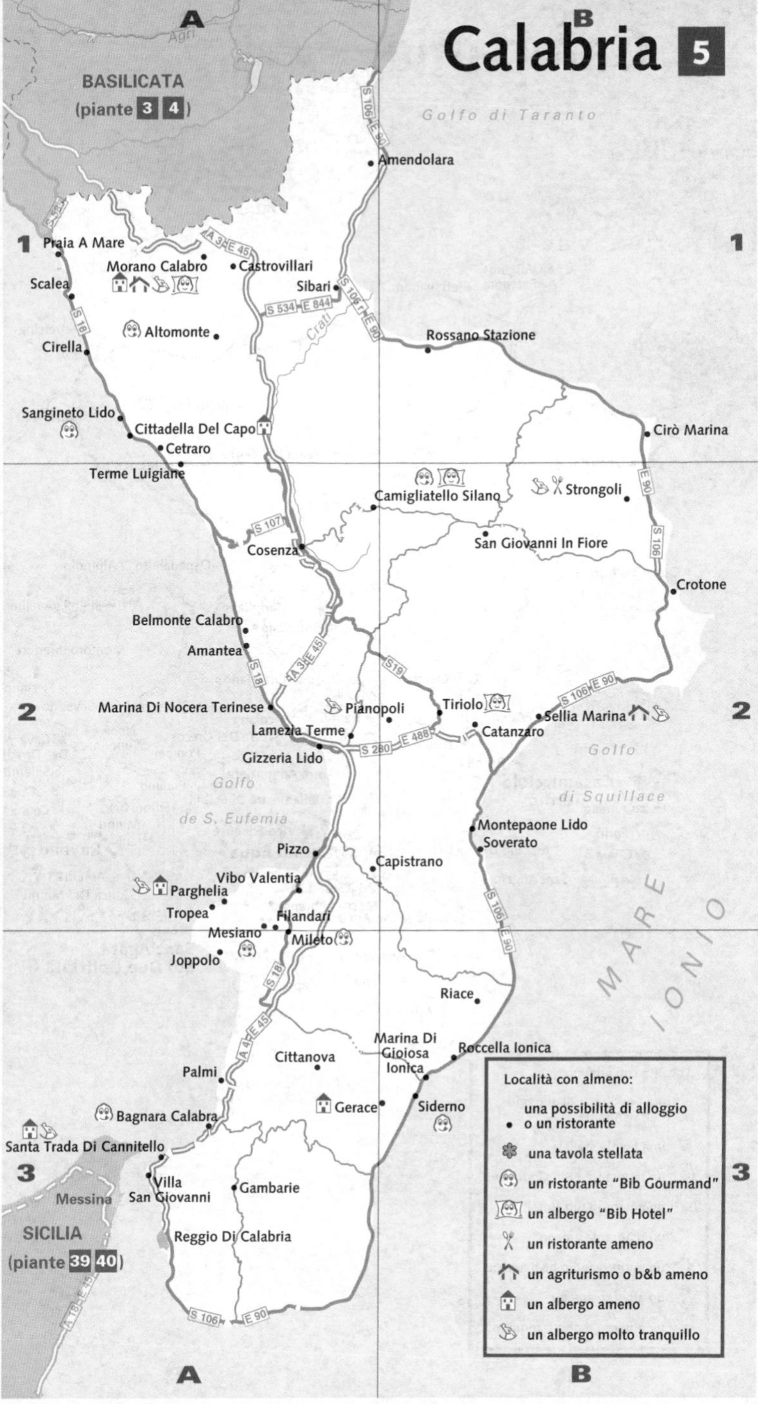

Calabria 5
A
B
BASILICATA
(piante 3 4)
Golfo di Taranto
Amendolara
Praia A Mare
Morano Calabro
Castrovillari
Scalea
Sibari
Altomonte
Cirella
Rossano Stazione
Sangineto Lido
Cittadella Del Capo
Cetraro
Terme Luigiane
Cirò Marina
Camigliatello Silano
Strongoli
Cosenza
San Giovanni In Fiore
Crotone
Belmonte Calabro
Amantea
Marina Di Nocera Terinese
Pianopoli
Tiriolo
Sellia Marina
Lamezia Terme
Catanzaro
Gizzeria Lido
Golfo de S. Eufemia
Golfo di Squillace
Montepaone Lido
Soverato
Pizzo
Capistrano
Vibo Valentia
Parghelia
Tropea
Filandari
Mesiano
Mileto
Joppolo
MARE IONIO
Riace
Marina Di Gioiosa Ionica
Roccella Ionica
Cittanova
Palmi
Siderno
Gerace
Bagnara Calabra
Santa Trada Di Cannitello
Villa San Giovanni
Gambarie
Messina
SICILIA
(piante 39 40)
Reggio Di Calabria
Località con almeno:
una possibilità di alloggio o un ristorante
una tavola stellata
un ristorante "Bib Gourmand"
un albergo "Bib Hotel"
un ristorante ameno
un agriturismo o b&b ameno
un albergo ameno
un albergo molto tranquillo

6 Campania

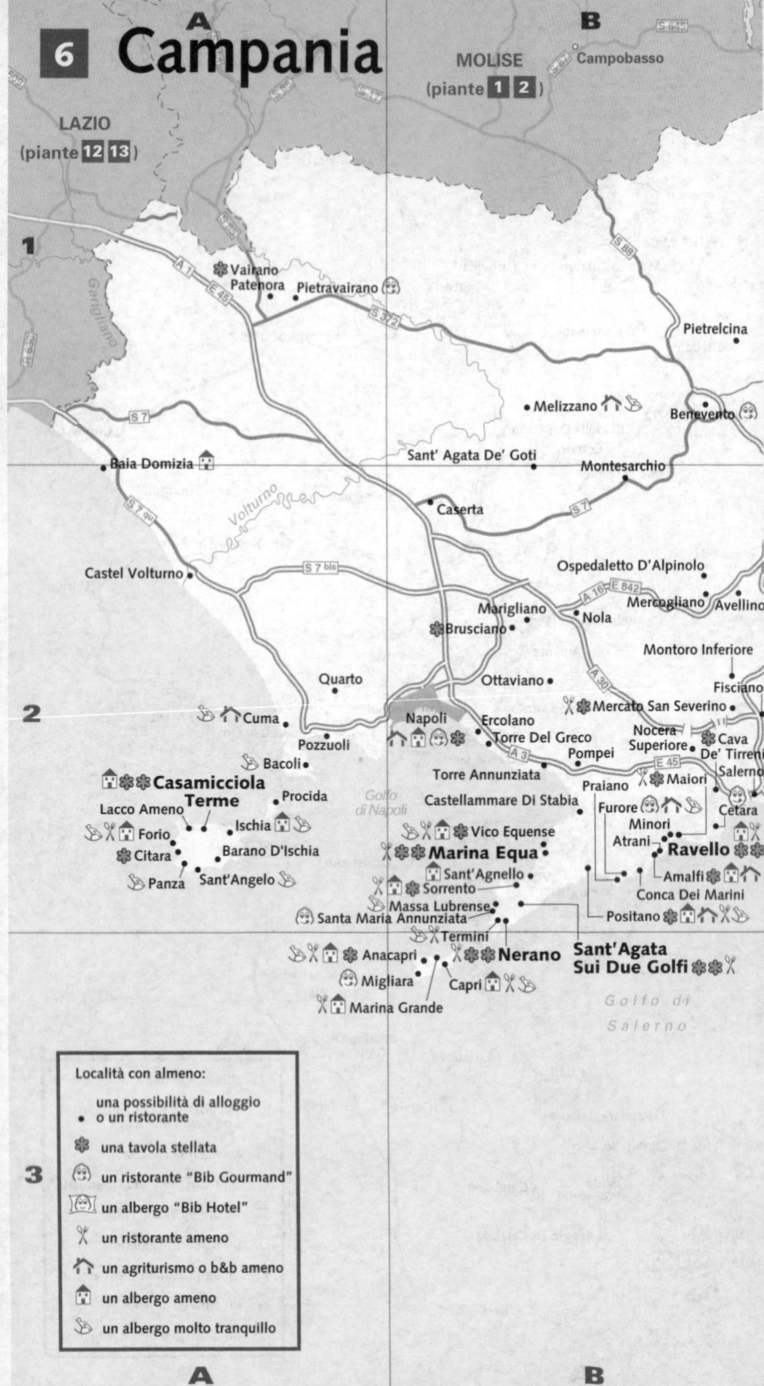

A
B
MOLISE
(piante 1 2)
Campobasso
LAZIO
(piante 12 13)
1
2
3
Vairano Patenora
Pietravairano
Pietrelcina
Melizzano
Benevento
Baia Domizia
Sant' Agata De' Goti
Montesarchio
Caserta
Volturno
Garigliano
Castel Volturno
Ospedaletto D'Alpinolo
Marigliano
Nola
Mercogliano
Avellino
Brusciano
Montoro Inferiore
Quarto
Ottaviano
Fisciano
Cuma
Napoli
Ercolano
Mercato San Severino
Pozzuoli
Torre Del Greco
Nocera Superiore
Cava De' Tirreni
Pompei
Bacoli
Torre Annunziata
Praiano
Maiori
Salerno
Casamicciola Terme
Procida
Golfo di Napoli
Castellammare Di Stabia
Furore
Cetara
Lacco Ameno
Ischia
Minori
Forio
Vico Equense
Atrani
Ravello
Citara
Barano D'Ischia
Marina Equa
Panza
Sant'Angelo
Sant'Agnello
Amalfi
Sorrento
Conca Dei Marini
Massa Lubrense
Santa Maria Annunziata
Positano
Termini
Anacapri
Nerano
Sant'Agata Sui Due Golfi
Migliara
Capri
Marina Grande
Golfo di Salerno
Località con almeno:
una possibilità di alloggio o un ristorante
una tavola stellata
un ristorante "Bib Gourmand"
un albergo "Bib Hotel"
un ristorante ameno
un agriturismo o b&b ameno
un albergo ameno
un albergo molto tranquillo

7
C
D
FOGGIA
S 17
A 14
E 55
PUGLIA
(piante 26 27)
S 90
A 16
E 842
Ofanto
1
Ariano Irpino
Melito Irpino
Vallesaccarda
Melfi
Atripalda
Nusco
Sorbo Serpico
Serino
Solofra
BASILICATA
(piante 3 4)
S 169
Gaiano
Sieti
Potenza
2
San Cipriano Picentino
Campagna
E 847
S 407
Pontecagnano
Eboli
Caggiano
A 3
E 45
Battipaglia
Atena Lucana
Paestum
Agropoli
S 18
Santa Maria Di Castellabate
Castellabate
San Marco
Vallo Della Lucania
Castelnuovo Cilento
Ceraso
Casal Velino
Marina Di Casal Velino
3
Sapri
Marina Di Ascea
Pisciotta
Palinuro
Marina Di Camerota
C
D

8 Emilia-Romagna

C
D
9
Vicenza
PADOVA
VENEZIA
GOLFO DI VENEZIA
VENETO
(piante 35 36)
ADIGE
PO
1
Porotto-Cassana
Bondeno
Vigarano Mainarda
Ferrara
Codigoro
Gorino Veneto
Gaibanella
Finale Emilia
Sant' Agostino
Gaibana
Ostellato
Cento
Malalbergo
Comacchio
Portomaggiore
B
Argenta
Valli di Comacchio
Reno
Budrio
Castel Guelfo Di Bologna
Fusignano
Bologna
Lugo
Ravenna
Vignola
Castel San Pietro Terme
Lido Di Savio
Milano Marittima
Calderino
Mordano
Russi
Sasso Marconi
Bagnara Di Romagna
Cesenatico
2
Pianoro
Savigno
Dozza
Imola
Gatteo A Mare
Tolè
Casalfiumanese
Cervia
Bellaria Igea Marina
Faenza
Savignano sul Rubicone
Santarcangelo Di Romagna
Monzuno
Loiano
Brisighella
Forlì
Rocca Di Roffeno
Castrocaro Terme
Rimini
Monghidoro
Casola Valsenio
Bertinoro
Cesena
Miramare Di Rimini
Castel D'Aiano
Meldola
Longiano
Misano Adriatico
Predappio
Roncofreddo
Castiglione Dei Pepoli
Riccione
Porretta Terme
Rocca San Casciano
Montalbano
Portico Di Romagna
Torriana
San Marino
Montefiore Conca
Santa Sofia
Corniolo
Novafeltria
San Leo
Saludecio
Cattolica
TOSCANA
(piante 28 29)
San Piero In Bagno
Montegridolfo
Bagno Di Romagna
Pennabilli
MARCHE (piante 20 21)
Pieve Di Cento
San Pietro In Casale
Altedo
Nonantola
Argelato
Bentivoglio
San Giovanni In Persiceto
Minerbio
Sala Bolognese
Castelfranco Emilia
Castel Maggiore
Calderara Di Reno
Anzola Dell'Emilia
Bologna
Bazzano
San Lazzaro Di Savena
Savignano Sul Panaro
Zola Predosa
Ozzano Dell'Emilia
Località con almeno:
una possibilità di alloggio o un ristorante
una tavola stellata
un ristorante "Bib Gourmand"
un albergo "Bib Hotel"
un ristorante ameno
un agriturismo o b&b ameno
un albergo ameno
un albergo molto tranquillo
3
Lago

10 Friuli-Venezia Giulia

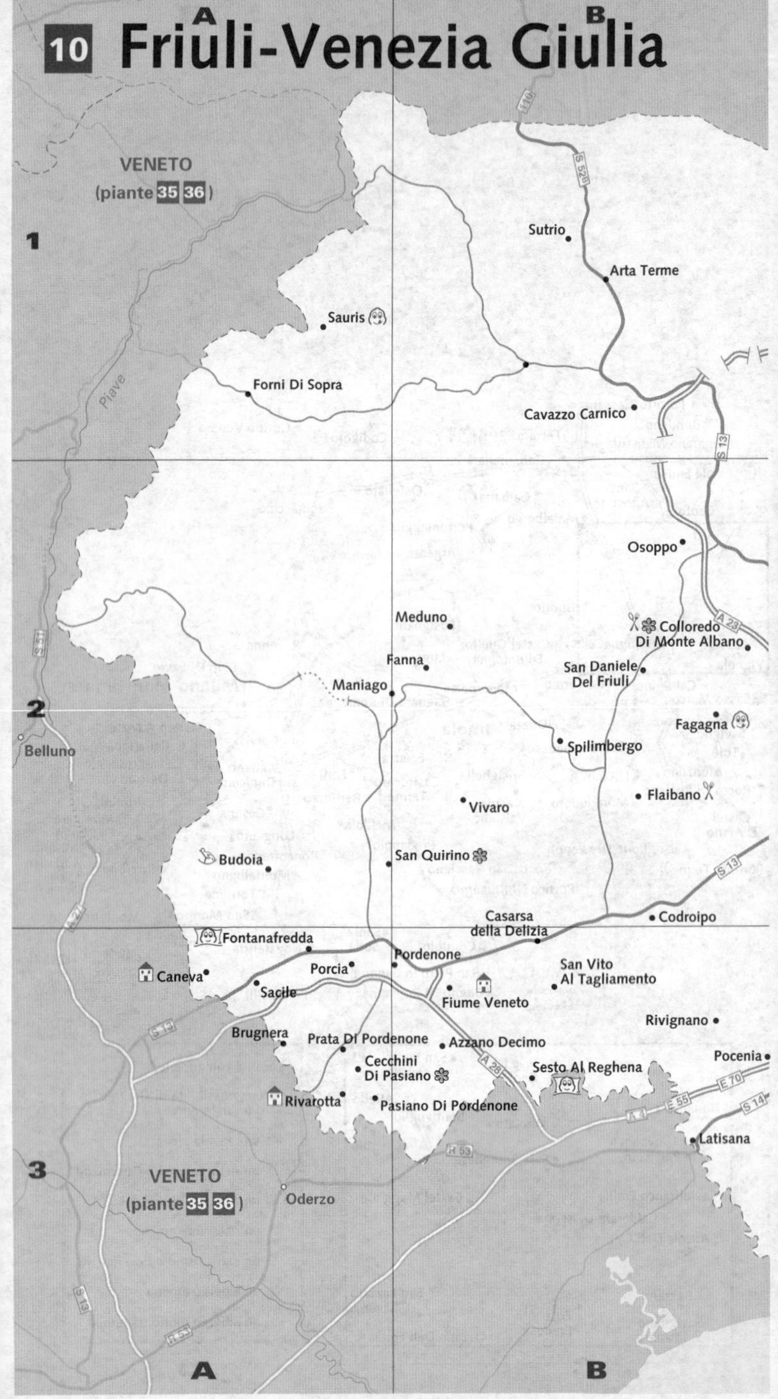

C
D
11
ÖSTERREICH
Località con almeno:
una possibilità di alloggio o un ristorante
una tavola stellata
un ristorante "Bib Gourmand"
un albergo "Bib Hotel"
un ristorante ameno
un agriturismo o b&b ameno
un albergo ameno
un albergo molto tranquillo
Tarvisio
Malborghetto
A 23
E55
A 2
206
102
103
1
2
3
SLOVENIJA
Tarcento
Pulfero
Tricesimo
Stregna
E 55
Godia
Cividale Del Friuli
Remanzacco
Udine
Dolegna Del Collio
Buttrio
Ruttars
San Giovanni Al Natisone
Capriva Del Friuli
Cormons
Gorizia
S 56
Corona
Mariano Del Friuli
Savogna D'Isonzo
Farra d'Isonzo
Palmanova
Gradisca D'Isonzo
San Michele Del Carso
Bagnara Arsa
Paradiso
Ruda
Monfalcone
Cervignano Del Friuli
Villa Vicentina
Duino-Aurisina
Sgonico
A 4
E 70
A 3
Monrupino
Aquileia
Marano Lagunare
S 14
Opicina
Trieste
Pesek
Draga Sant' Elia
Grado
Lignano Sabbiadoro
Muggia
S 15
Golfo di Trieste

12
A
B
Trevinano
Proceno
Acquapendente
UMBRIA
(piante 32 33)
Grotte Di Castro
TOSCANA
(piante 28 29)
Bolsena
Gradoli
Bagnoregio
L. di Bolsena
Terni
1
Colli sul Velino
Montefiascone
Orte
Vitorchiano
Bagnaia
Casperia
Tuscania
Viterbo
Vallerano
Magliano Sabina
TEVERE
Civita Castellana
L. di Vico
Montopoli Di Sabina
Fara In Sabina
Nepi
Sutri
Coltodino
Tarquinia
Bassano Romano
Fiano Romano
Trevignano Romano
Campagnano Di Roma
Sacrofano
L. di Bracciano
Anguillara Sabazia
Bracciano
Monterotondo
Civitavecchia
ROMA
Monte Porzio Catone
Ladispoli
2
Frascati
Grottaferrata
Ciampino
Marino
Spinaceto
Fiumicino
Castel Gandolfo
Casal Palocco
Lido Di Ostia
Albano Laziale
Pomezia
Torvaianica
Aprilia
Anzio
Località con almeno:
una possibilità di alloggio o un ristorante
una tavola stellata
3
un ristorante "Bib Gourmand"
un albergo "Bib Hotel"
un ristorante ameno
un agriturismo o b&b ameno
un albergo ameno
un albergo molto tranquillo
A
B

Lazio 13

C
D
Lazio 13
Pescara
Leonessa
Rivodutri
ABRUZZO
(piante 1 2)
1
Rieti
L'Aquila
Tivoli
Olevano
Romano
Fiuggi
Acuto
Fiuggi Fonte
San Donato
Val Di Comino
2
San
Cesareo
Labico
Anagni
Alatri
Veroli
Posta Fibreno
MOLISE
(piante 1 2)
Isola Del Liri
Ferentino
Arpino
Velletri
Frosinone
Castrocielo
Cassino
Sermoneta
Pastena
Priverno
Latina
Nettuno
Fondi
Garigliano
Formia
CAMPANIA
(piante 6 7)
Sabaudia
Terracina
Sperlonga
Gaeta
San Felice Circeo
Quarto Caldo
Golfo di Gaeta
3
Ponza
C
D

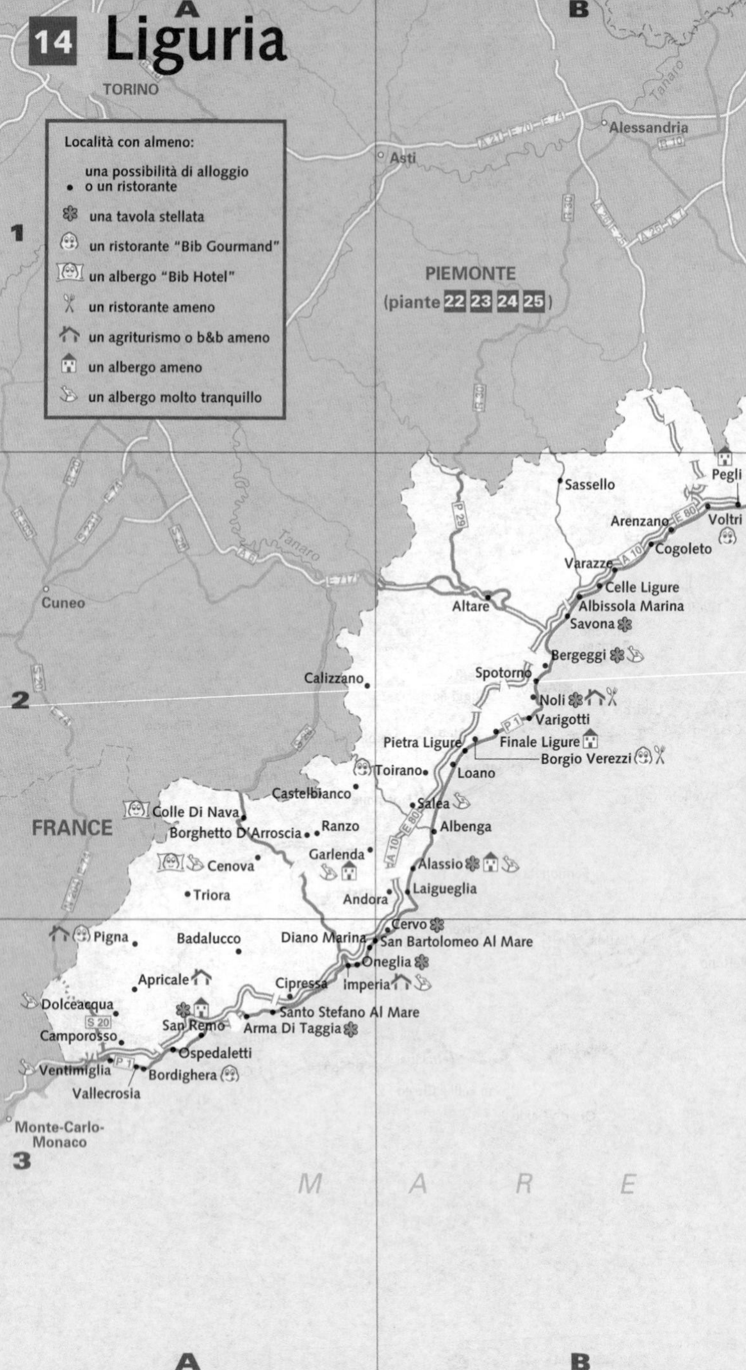

14 Liguria
A
B
TORINO
Località con almeno:
una possibilità di alloggio o un ristorante
una tavola stellata
un ristorante "Bib Gourmand"
un albergo "Bib Hotel"
un ristorante ameno
un agriturismo o b&b ameno
un albergo ameno
un albergo molto tranquillo
1
2
3
Asti
Alessandria
Tanaro
PIEMONTE
(piante 22 23 24 25)
Cuneo
FRANCE
Sassello
Pegli
Arenzano
Voltri
Cogoleto
Varazze
Celle Ligure
Albissola Marina
Altare
Savona
Bergeggi
Spotorno
Calizzano
Noli
Varigotti
Pietra Ligure
Finale Ligure
Borgio Verezzi
Toirano
Loano
Castelbianco
Salea
Colle Di Nava
Borghetto D'Arroscia
Ranzo
Albenga
Garlenda
Alassio
Cenova
Triora
Andora
Laigueglia
Cervo
Pigna
Badalucco
Diano Marina
San Bartolomeo Al Mare
Oneglia
Apricale
Cipressa
Imperia
Dolceacqua
Santo Stefano Al Mare
San Remo
Arma Di Taggia
Camporosso
Ospedaletti
Ventimiglia
Bordighera
Vallecrosia
Monte-Carlo-Monaco
M A R E

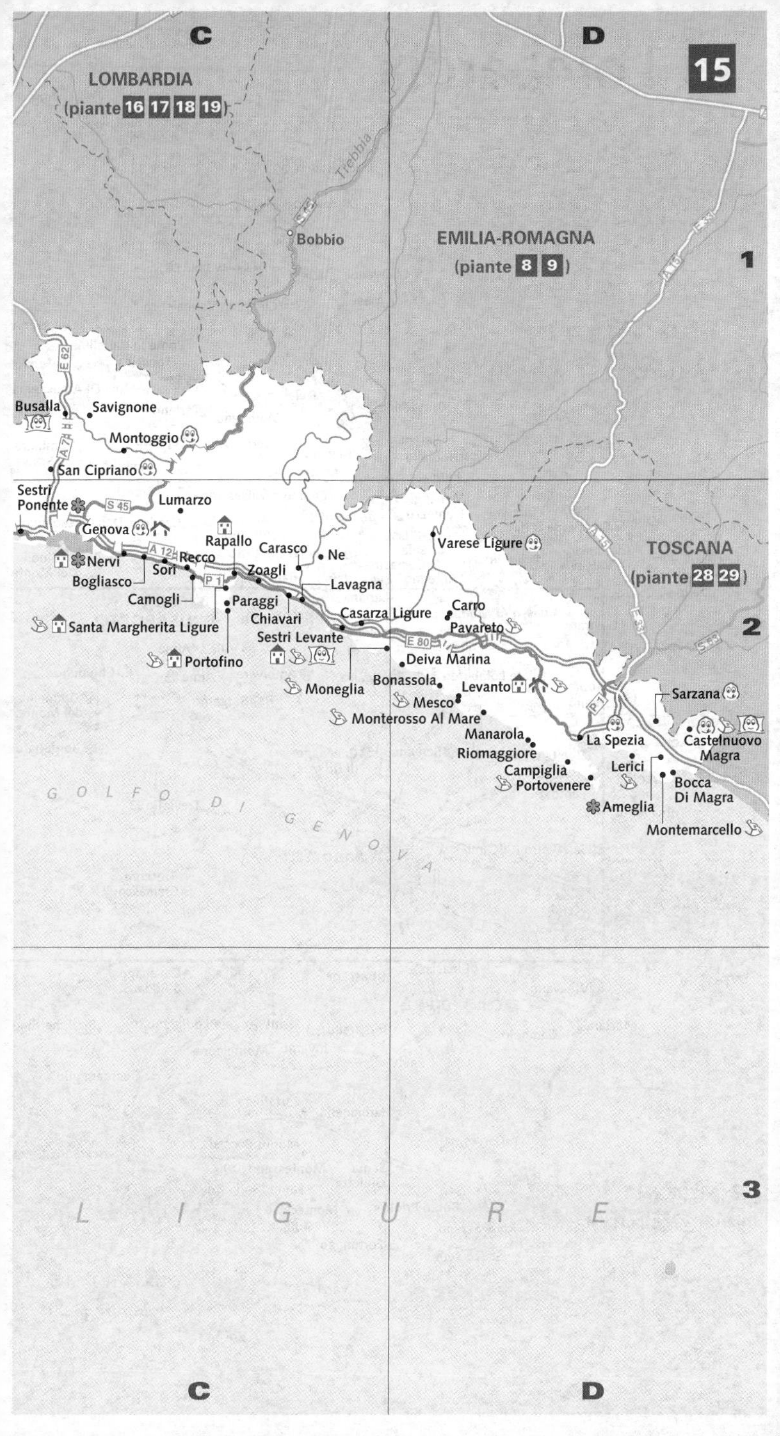

C
D
15
LOMBARDIA
(piante 16 17 18 19)
Trebbia
Bobbio
EMILIA-ROMAGNA
(piante 8 9)
1
Busalla
Savignone
Montoggio
San Cipriano
Sestri Ponente
Lumarzo
Genova
Rapallo
Carasco
Ne
Nervi
Recco
Sori
Bogliasco
Zoagli
Lavagna
Camogli
Paraggi
Chiavari
Santa Margherita Ligure
Casarza Ligure
Sestri Levante
Portofino
Varese Ligure
TOSCANA
(piante 28 29)
Carro
Pavareto
2
Deiva Marina
Moneglia
Bonassola
Levanto
Mesco
Monterosso Al Mare
Sarzana
La Spezia
Castelnuovo Magra
Manarola
Riomaggiore
Campiglia
Portovenere
Lerici
Bocca Di Magra
Ameglia
Montemarcello
GOLFO DI GENOVA
3
L I G U R E
C
D

16 Lombardia
A
B
1
2
3
SUISSE
SCHWEIZ
SVIZZERA
Livigno
Saint-Moritz
Montespluga
Madesimo
Ticino
Villa Di Chiavenna
Chiavenna
Mese
Chiesa In Valmalenco
Bianzone
Ponte In Valtellina
Sondrio
Teglio
Lago di Como
Adda
Moia Di Albosaggia
Gravedona
Delebio
Colico
Morbegno
Tartano
Lago Maggiore
Varenna
Nobiallo
Bellano
Gerola Alta
Foppolo
Carona
Vilminore Di Scalve
Porlezza
Margno
LUGANO
Menaggio
Tremezzo
Crandola Valsassina
Branzi
Lanzo D'Intelvi
Luino
Campione D'Italia
Bellagio
Lenno
Lierna
Cremeno
Castione Della Presolana
Rancio Valcuvia
Sala Comacina
Clusone
Fino Del Monte
Castelveccana
Pellio Intelvi
Mandello Del Lario
Ballabio
Laveno Mombello
Argegno
Abbadia Lariana
Cittiglio
Cuasso Al Monte
Lecco
BRUSAPORTO
Leggiuno
Gavirate
Ranco
Ispra
Como
Albavilla
Villa D'Almè
Almè
Angera
Comabbio
Corgeno
Galliate Lombardo
Viganò
Ambivere
Bergamo
Chiuduno
Grumello del Monte
Sesto Calende
Somma Lombardo
Olgiate Olona
Seregno
Cavenago di Brianza
Borgonato
Vizzola Ticino
Ferno
Tornavento
Treviglio
San Pietro All'Olmo
Milano
Novara
Trescore Cremasco
Vercelli
Vigevano
Binasco
Bascapè
Lodi
Cavenago d'Adda
Certosa Di Pavia
Mortara
Gambolò
Borgarello
Sant' Angelo Lodigiano
Pizzighettone
Inverno
Monteleone
Maleo
Pavia
Guardamiglio
Barbianello
Portalbera
Piacenza
Cervesina
Montù Beccaria
Santa Giuletta
Montescano
Casei Gerola
Santa Maria Della Versa
PIEMONTE
(piante 22 23 24 25)
Borgo Priolo
Montecalvo Versiggia
Rivanazzano
Fortunago
Salice Terme
Tanaro
Alessandria
Trebbia
EMILIA-ROMAGNA
(piante 8 9)
Varzi
Bobbio

TRENTINO-ALTO ADIGE
(piante 30 31)

Valdidentro
Pedenosso
Bagni Nuovi
Bormio
Santa Caterina Valfurva
Grosotto
Grosio
Ponte Di Legno
Tovo Di Santa Agata
Passo Del Tonale
Tirano
Aprica
Schilpario
Borno
Darfo-Boario Terme
Artogne

Concesio
Campiani
Collebeato
Serle
Botticino
Brescia
Carzago Riviera
Rezzato
Bedizzole
Lonato
Calcinato
Montichiari
Ghedi
Salò
Portese
San Felice Del Benaco
Manerba Del Garda
Soiano Del Lago
Moniga Del Garda
Padenghe Sul Garda
Sirmione
Desenzano Del Garda
Pozzolengo
Castiglione Delle Stiviere

Limone Sul Garda
Tremosine
Tignale
Idro
Lago di Garda
Gargnano
Fasano
Sarezzo
Serniga
Gardone Riviera
Concesio
Brescia
Manerba Del Garda
Moniga del Garda
Bedizzole
Sirmione
Desenzano Del Garda
Castiglione Delle Stiviere
Capriano Del Colle
VERONA

Località con almeno:
- una possibilità di alloggio o un ristorante
- una tavola stellata
- un ristorante "Bib Gourmand"
- un albergo "Bib Hotel"
- un ristorante ameno
- un agriturismo o b&b ameno
- un albergo ameno
- un albergo molto tranquillo

Calvisano
Scandolara Ripa D'Oglio
Pralboino
Corte De' Cortesi
Gambara
Drizzona
RUNATE
Grazie
Curtatone
Mantova
Isola Dovarese
Acquanegra sul Chiese
Castelverde
Cicognolo
Canneto Sull'Oglio
Castelfranco D'Oglio
Cremona
Cappella De' Picenardi
Piadena
Voltido
Rivarolo Mantovano
Recorfano
Casalmaggiore
San Giovanni In Croce
Dosolo
Viadana
Suzzara
Bagnolo San Vito
San Benedetto Po
Revere
Carbonara Di Po
Pieve di Coriano
Quistello

VENETO
(piante 35 36)

EMILIA-ROMAGNA
(piante 8 9)

PARMA
MODENA
BOLOGNA

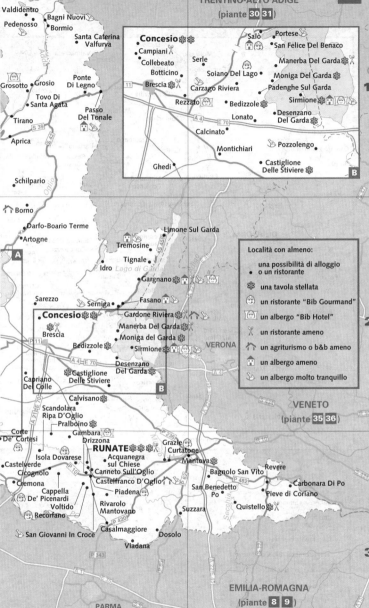

18 Lombardia

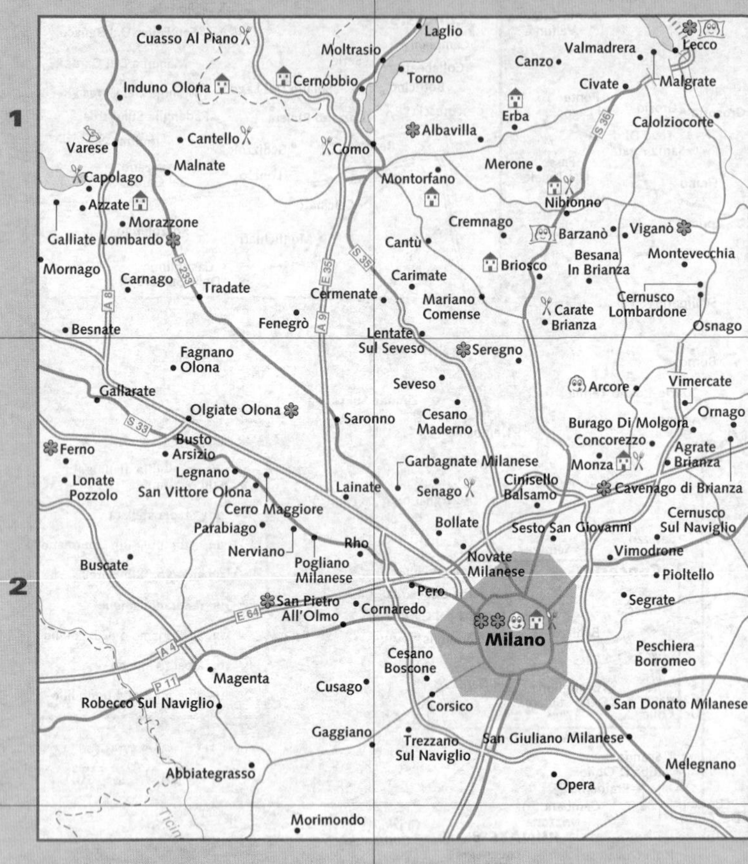

3

Località con almeno:

- una possibilità di alloggio o un ristorante
- una tavola stellata
- un ristorante "Bib Gourmand"
- un albergo "Bib Hotel"
- un ristorante ameno
- un agriturismo o b&b ameno
- un albergo ameno
- un albergo molto tranquillo

A B

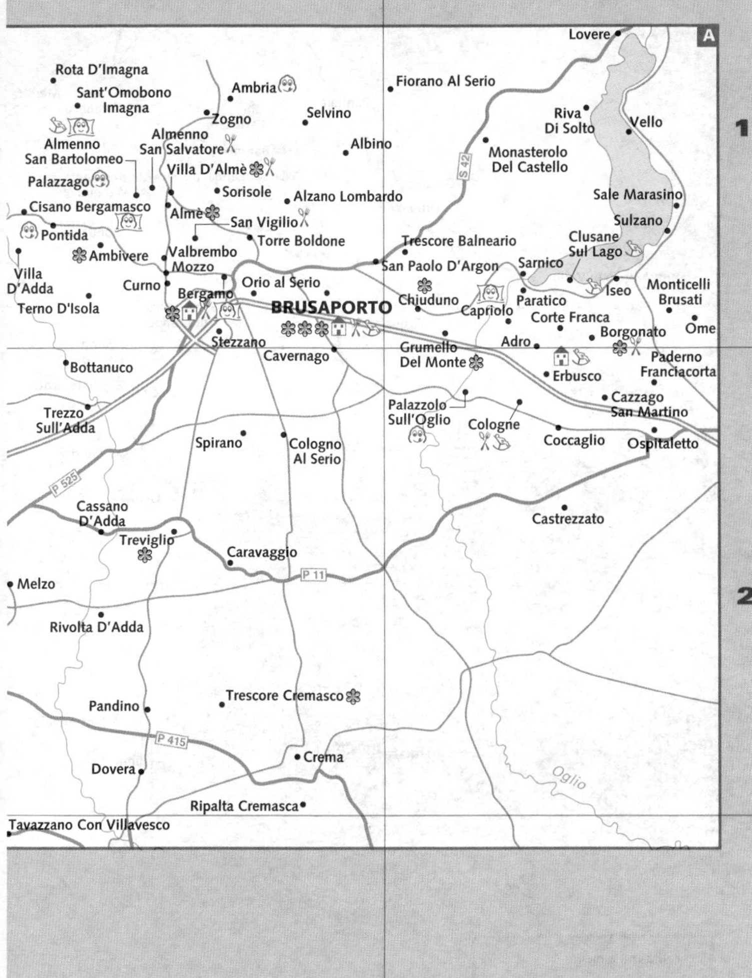
A
Lovere
Rota D'Imagna
Ambria
Fiorano Al Serio
Sant'Omobono Imagna
Zogno
Selvino
Riva Di Solto
Vello
Almenno San Salvatore
Almenno San Bartolomeo
Albino
Monasterolo Del Castello
S 42
Villa D'Almè
Palazzago
Sorisole
Alzano Lombardo
Sale Marasino
Cisano Bergamasco
Almè
San Vigilio
Sulzano
Pontida
Torre Boldone
Trescore Balneario
Clusane Sul Lago
Ambivere
Valbrembo
Mozzo
San Paolo D'Argon
Sarnico
Villa D'Adda
Curno
Orio al Serio
Monticelli Brusati
Bergamo
Iseo
Terno D'Isola
BRUSAPORTO
Chiuduno
Paratico
Capriolo
Corte Franca
Ome
Borgonato
Stezzano
Adro
Grumello Del Monte
Cavernago
Paderno Franciacorta
Bottanuco
Erbusco
Palazzolo Sull'Oglio
Cazzago San Martino
Trezzo Sull'Adda
Cologne
Coccaglio
Ospitaletto
Spirano
Cologno Al Serio
P 525
Cassano D'Adda
Castrezzato
Treviglio
Caravaggio
P 11
Melzo
Rivolta D'Adda
Trescore Cremasco
Pandino
P 415
Crema
Dovera
Oglio
Ripalta Cremasca
Tavazzano Con Villavesco

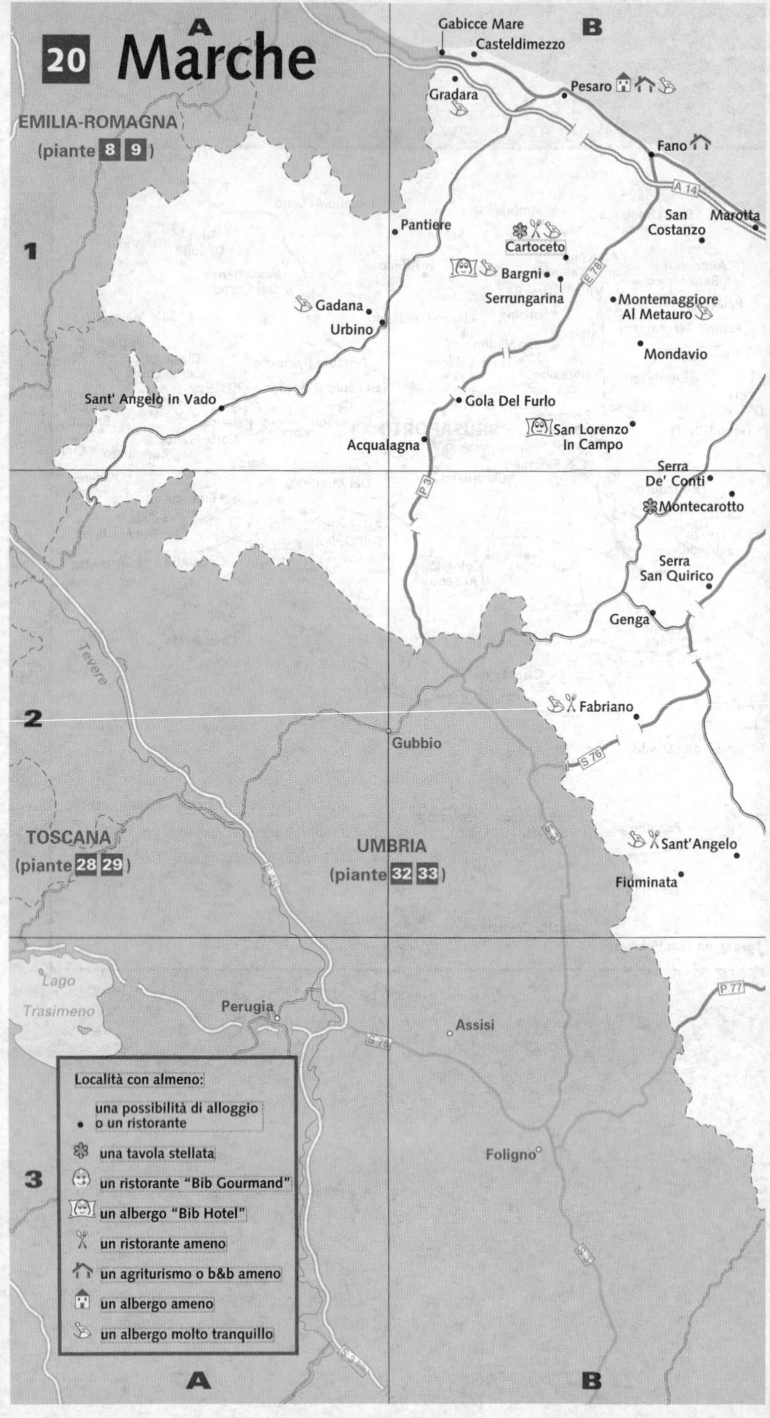
20 Marche
A
B
1
2
3
EMILIA-ROMAGNA (piante 8 9)
TOSCANA (piante 28 29)
UMBRIA (piante 32 33)
Gabicce Mare
Casteldimezzo
Gradara
Pesaro
Fano
Marotta
San Costanzo
Pantiere
Cartoceto
Bargni
Serrungarina
Montemaggiore Al Metauro
Gadana
Urbino
Mondavio
Sant' Angelo in Vado
Gola Del Furlo
San Lorenzo In Campo
Acqualagna
Serra De' Conti
Montecarotto
Serra San Quirico
Genga
Fabriano
Gubbio
Sant'Angelo
Fiuminata
Tevere
Lago Trasimeno
Perugia
Assisi
Foligno
A 14
E 78
P 3
S 76
E 45
S 75
P 77
Località con almeno:
una possibilità di alloggio o un ristorante
una tavola stellata
un ristorante "Bib Gourmand"
un albergo "Bib Hotel"
un ristorante ameno
un agriturismo o b&b ameno
un albergo ameno
un albergo molto tranquillo

C
D
21
MARE ADRIATICO
1
2
3
E 55
Scapezzano
Senigallia
Marzocca
Falconara Marittima
Ancona
Portonovo
Badia Di San Pietro
Camerano
Sirolo
Numana
Monte San Vito
Agugliano
S 16
S 76
Jesi
Osimo
Castelfidardo
Porto Recanati
Loreto
Recanati
Porto Potenza Picena
Cingoli
Appignano
Montecosaro
Civitanova Marche
Treia
Macerata
Porto Sant' Elpidio
Sant'Elpidio A Mare
A 14
San Severino Marche
Porto San Giorgio
Castelraimondo
Loro Piceno
Fermo
E 55
Montegiorgio
Piane di Montegiorgio
Sant' Angelo In Pontano
Camerino
Ripatransone
Grottammare
Sarnano
Montelparo
San Savino
San Benedetto Del Tronto
Offida
Montefortino
Colli Del Tronto
Castel Di Lama
Ascoli Piceno
S 4
ABRUZZO-MOLISE
(piante 1 2)
LAZIO
(piante 12 13)
Teramo

22 Piemonte

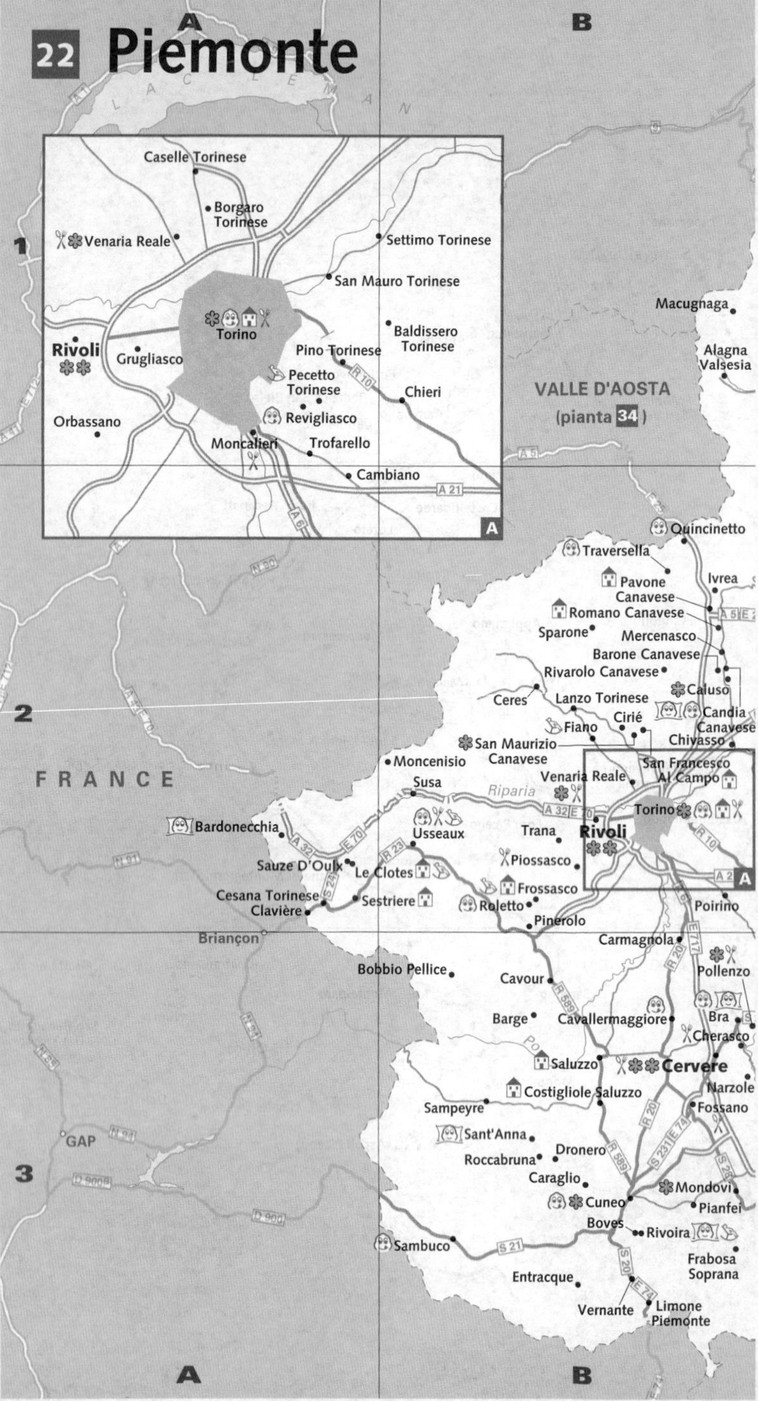

A
B
1
2
3
LAC LEMAN
Caselle Torinese
Borgaro Torinese
Venaria Reale
Settimo Torinese
San Mauro Torinese
Torino
Baldissero Torinese
Pino Torinese
Rivoli
Grugliasco
Pecetto Torinese
Chieri
Revigliasco
Orbassano
Moncalieri
Trofarello
Cambiano
A 21
A 6
R 10
A
Macugnaga
Alagna Valsesia
VALLE D'AOSTA
(pianta 34)
A 5
Quincinetto
Traversella
Ivrea
Pavone Canavese
Romano Canavese
Sparone
Mercenasco
Barone Canavese
Rivarolo Canavese
Caluso
Ceres
Lanzo Torinese
Candia Canavese
Fiano
Cirié
Chivasso
San Maurizio Canavese
San Francesco Al Campo
Moncenisio
Venaria Reale
FRANCE
Susa
Riparia
Torino
A 32
E 70
Bardonecchia
Usseaux
Trana
Rivoli
R 23
Sauze D'Oulx
Le Clotes
Piossasco
Frossasco
Cesana Torinese
Sestriere
Roletto
Poirino
Clavière
Pinerolo
Briançon
Carmagnola
Bobbio Pellice
Pollenzo
Cavour
R 20
E 717
R 589
Barge
Cavallermaggiore
Bra
Po
Cherasco
Saluzzo
Cervere
Costigliole Saluzzo
Narzole
Sampeyre
Fossano
Sant'Anna
GAP
N 91
N 94
N 85
Dronero
Roccabruna
D 900
Caraglio
Mondovi
Cuneo
S 231
E 74
Pianfei
Boves
Rivoira
Sambuco
S 21
Frabosa Soprana
Entracque
S 20
Vernante
Limone Piemonte

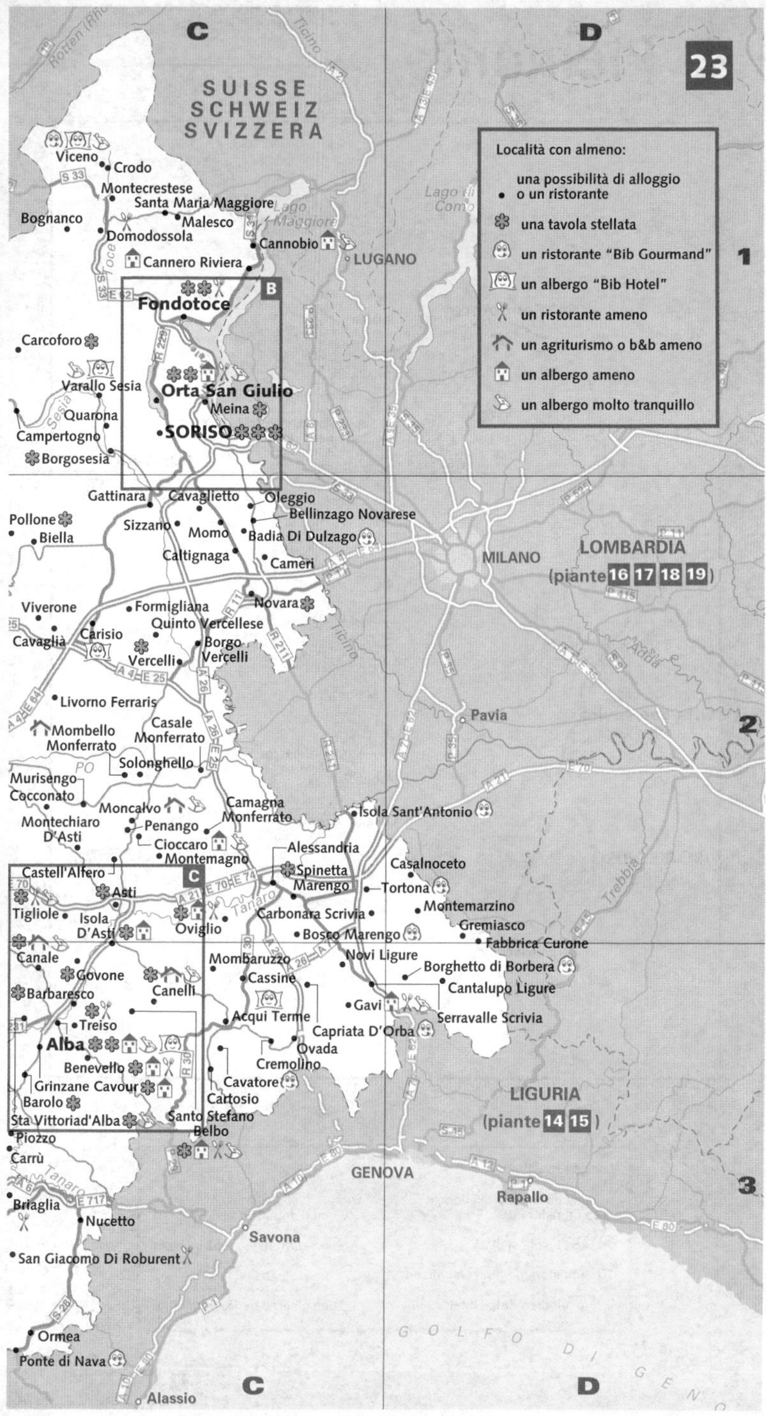

C
D
SUISSE
SCHWEIZ
SVIZZERA
Località con almeno:
una possibilità di alloggio o un ristorante
una tavola stellata
un ristorante "Bib Gourmand"
un albergo "Bib Hotel"
un ristorante ameno
un agriturismo o b&b ameno
un albergo ameno
un albergo molto tranquillo
1
2
3
Viceno
Crodo
Montecrestese
Santa Maria Maggiore
Malesco
Bognanco
Domodossola
Cannobio
LUGANO
Cannero Riviera
Lago Maggiore
Lago di Como
B
Fondotoce
Carcoforo
Varallo Sesia
Orta San Giulio
Meina
Quarona
Campertogno
SORISO
Borgosesia
Gattinara
Cavaglietto
Oleggio
Bellinzago Novarese
Pollone
Sizzano
Momo
Badia Di Dulzago
Biella
Caltignaga
Cameri
MILANO
LOMBARDIA
(piante 16 17 18 19)
Novara
Viverone
Formigliana
Quinto Vercellese
Carisio
Borgo Vercelli
Cavaglià
Vercelli
Livorno Ferraris
Pavia
Casale Monferrato
Mombello Monferrato
Solonghello
Murisengo
Cocconato
Moncalvo
Camagna Monferrato
Isola Sant'Antonio
Montechiaro D'Asti
Penango
Cioccaro
Montemagno
Alessandria
Castell'Alfero
Spinetta Marengo
Casalnoceto
Tortona
Asti
Tigliole
Isola D'Asti
Oviglio
Carbonara Scrivia
Montemarzino
Gremiasco
Bosco Marengo
Fabbrica Curone
Canale
Mombaruzzo
Novi Ligure
Govone
Canelli
Cassine
Borghetto di Borbera
Barbaresco
Cantalupo Ligure
Gavi
Treiso
Acqui Terme
Serravalle Scrivia
Capriata D'Orba
Alba
Ovada
Benevello
Cremolino
Grinzane Cavour
Cavatore
Barolo
Cartosio
LIGURIA
(piante 14 15)
Sta Vittoria d'Alba
Santo Stefano Belbo
Piozzo
Carrù
GENOVA
Rapallo
Briaglia
Nucetto
Savona
San Giacomo Di Roburent
Ormea
Ponte di Nava
Alassio
GOLFO DI GENO
Ticino
Tanaro
Sesia
Trebbia
Adda
PO

24 Piemonte

A B

1

2

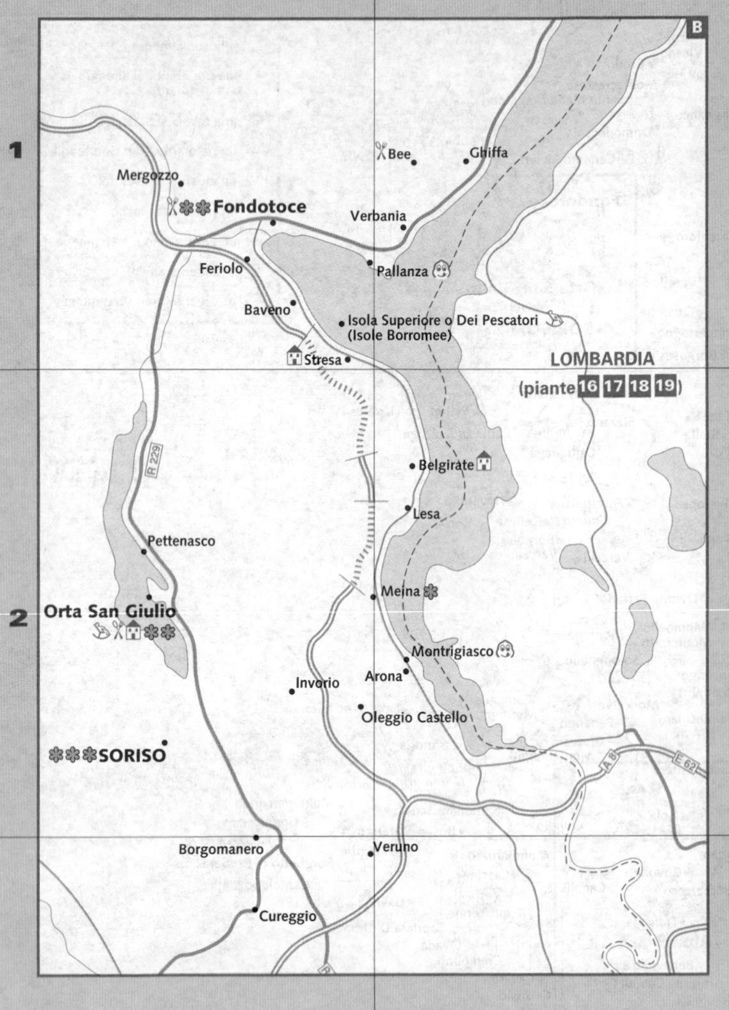

3

Località con almeno:

- una possibilità di alloggio o un ristorante
- una tavola stellata
- un ristorante "Bib Gourmand"
- un albergo "Bib Hotel"
- un ristorante ameno
- un agriturismo o b&b ameno
- un albergo ameno
- un albergo molto tranquillo

A B

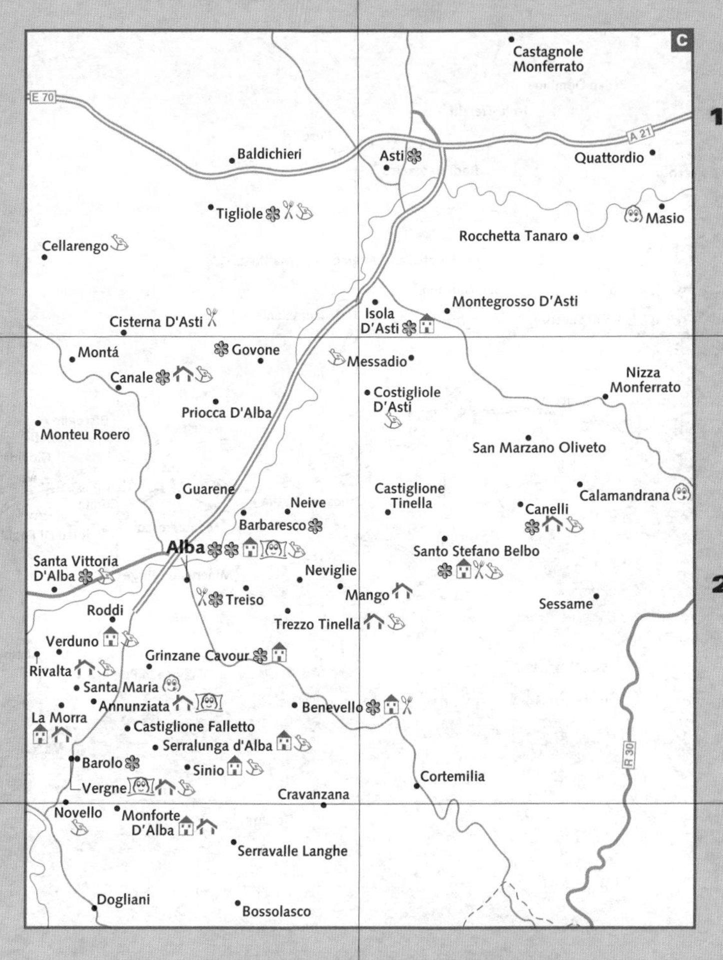
C
E 70
A 21
R 30
Castagnole Monferrato
Baldichieri
Asti
Quattordio
Tigliole
Masio
Rocchetta Tanaro
Cellarengo
Isola D'Asti
Montegrosso D'Asti
Cisterna D'Asti
Montá
Govone
Messadio
Canale
Costigliole D'Asti
Nizza Monferrato
Priocca D'Alba
Monteu Roero
San Marzano Oliveto
Guarene
Castiglione Tinella
Calamandrana
Neive
Canelli
Barbaresco
Alba
Santo Stefano Belbo
Santa Vittoria D'Alba
Neviglie
Mango
Treiso
Sessame
Roddi
Trezzo Tinella
Verduno
Grinzane Cavour
Rivalta
Santa Maria
Annunziata
Benevello
La Morra
Castiglione Falletto
Serralunga d'Alba
Barolo
Sinio
Cortemilia
Vergne
Cravanzana
Novello
Monforte D'Alba
Serravalle Langhe
Dogliani
Bossolasco

1
2
3

26 Puglia

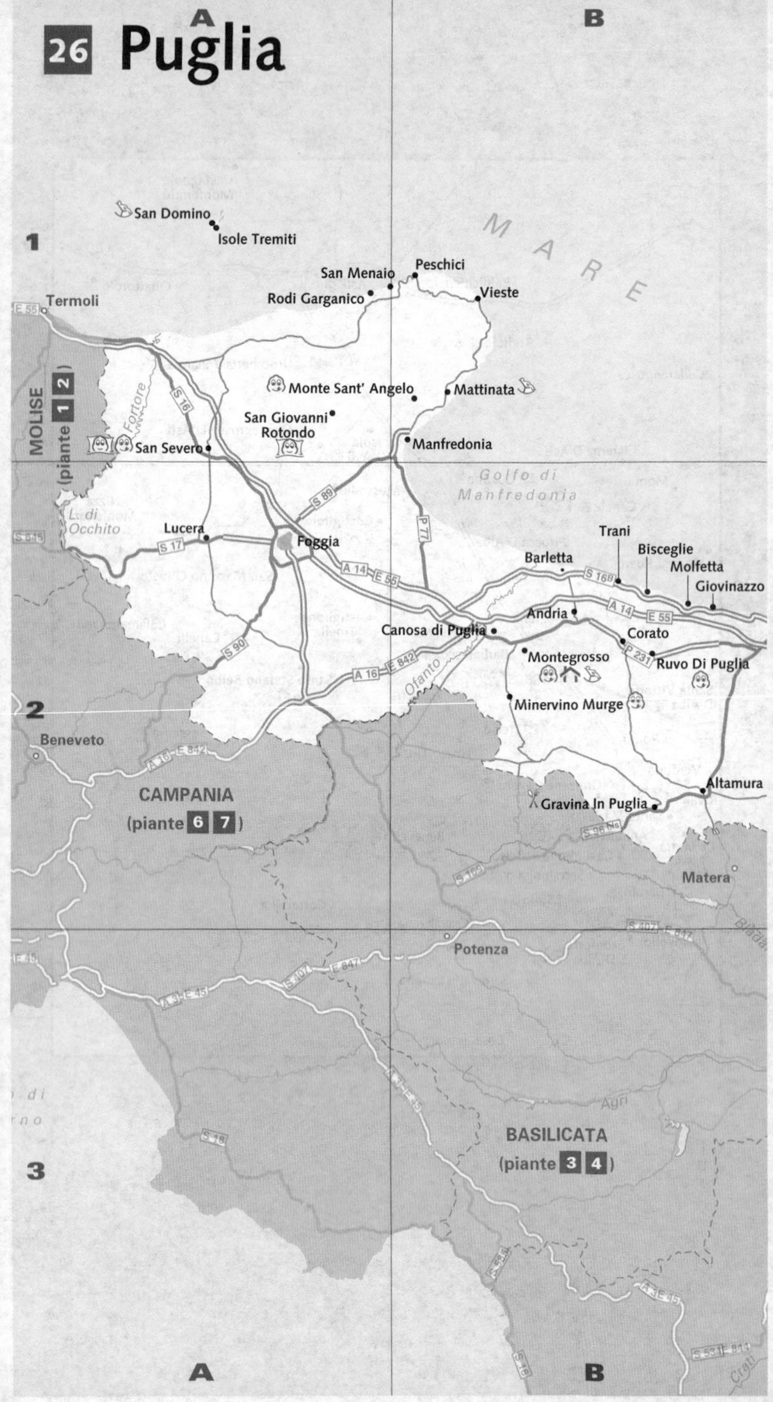
A
B
1
2
3
San Domino
Isole Tremiti
San Menaio
Peschici
Rodi Garganico
Vieste
Termoli
MARE
MOLISE (piante 1 2)
Monte Sant' Angelo
Mattinata
San Giovanni Rotondo
San Severo
Manfredonia
Golfo di Manfredonia
L. di Occhito
Lucera
Foggia
Trani
Bisceglie
Barletta
Molfetta
Giovinazzo
Andria
Canosa di Puglia
Corato
Montegrosso
Ruvo Di Puglia
Minervino Murge
Ofanto
Fortore
Beneveto
CAMPANIA (piante 6 7)
Altamura
Gravina In Puglia
Matera
Potenza
Agri
BASILICATA (piante 3 4)
S 16
S 89
P 77
S 17
A 14
E 55
S 168
S 90
A 16
E 842
P 231
S 96 bis
S 169
S 407
E 847
A 3
E 45
S 18
S 655
Crati

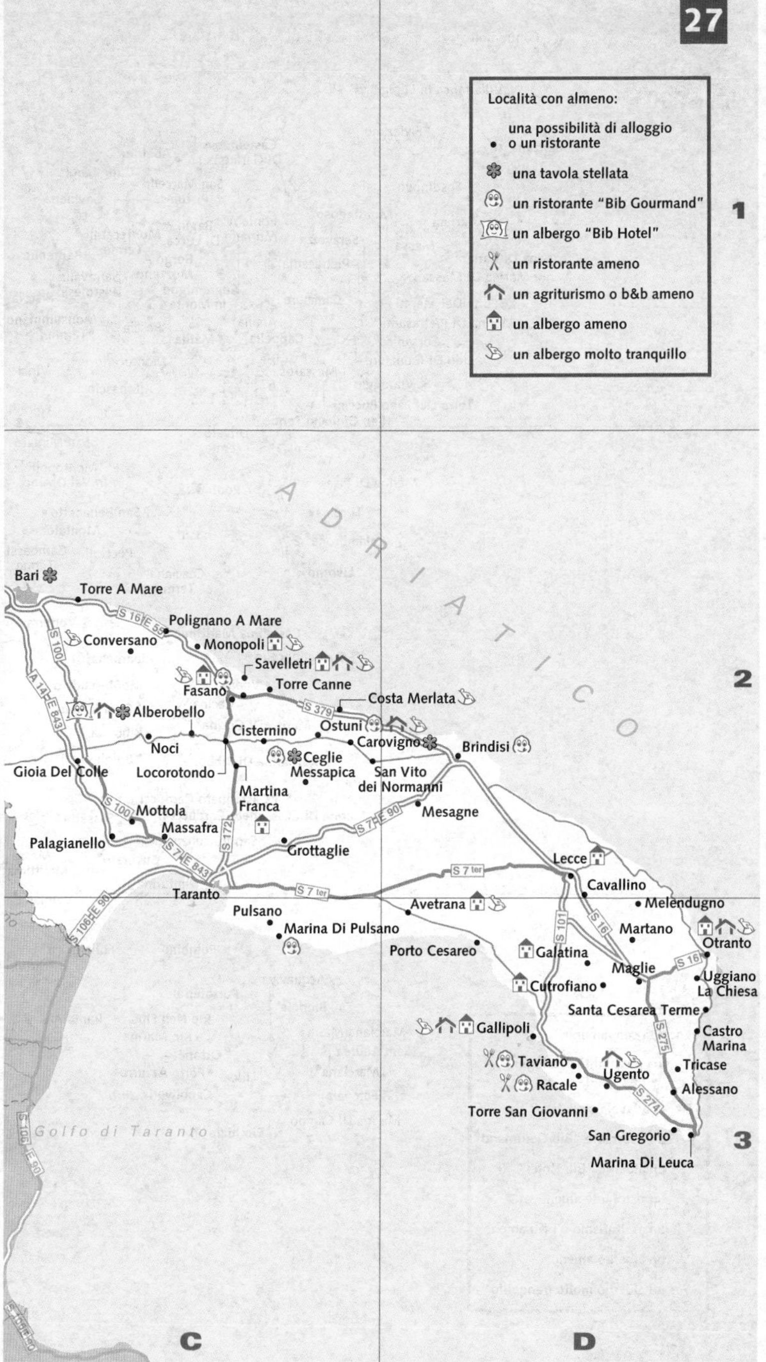
C
D
Località con almeno:
una possibilità di alloggio o un ristorante
una tavola stellata
un ristorante "Bib Gourmand"
un albergo "Bib Hotel"
un ristorante ameno
un agriturismo o b&b ameno
un albergo ameno
un albergo molto tranquillo
1
2
3
ADRIATICO
Bari
Torre A Mare
Polignano A Mare
Conversano
Monopoli
Savelletri
Fasano
Torre Canne
Costa Merlata
Alberobello
Ostuni
Cisternino
Carovigno
Brindisi
Noci
Ceglie Messapica
Gioia Del Colle
Locorotondo
San Vito dei Normanni
Martina Franca
Mottola
Mesagne
Massafra
Palagianello
Grottaglie
Lecce
Taranto
Cavallino
Pulsano
Avetrana
Melendugno
Marina Di Pulsano
Martano
Otranto
Porto Cesareo
Galatina
Maglie
Uggiano La Chiesa
Cutrofiano
Santa Cesarea Terme
Gallipoli
Castro Marina
Taviano
Tricase
Ugento
Racale
Alessano
Torre San Giovanni
San Gregorio
Marina Di Leuca
Golfo di Taranto
S 16/E 55
S 100
A 14 E 843
S 379
S 172
S 7/E 90
S 7/E 843
S 7 ter
S 106/E 90
S 101
S 16
S 275
S 274
C
D

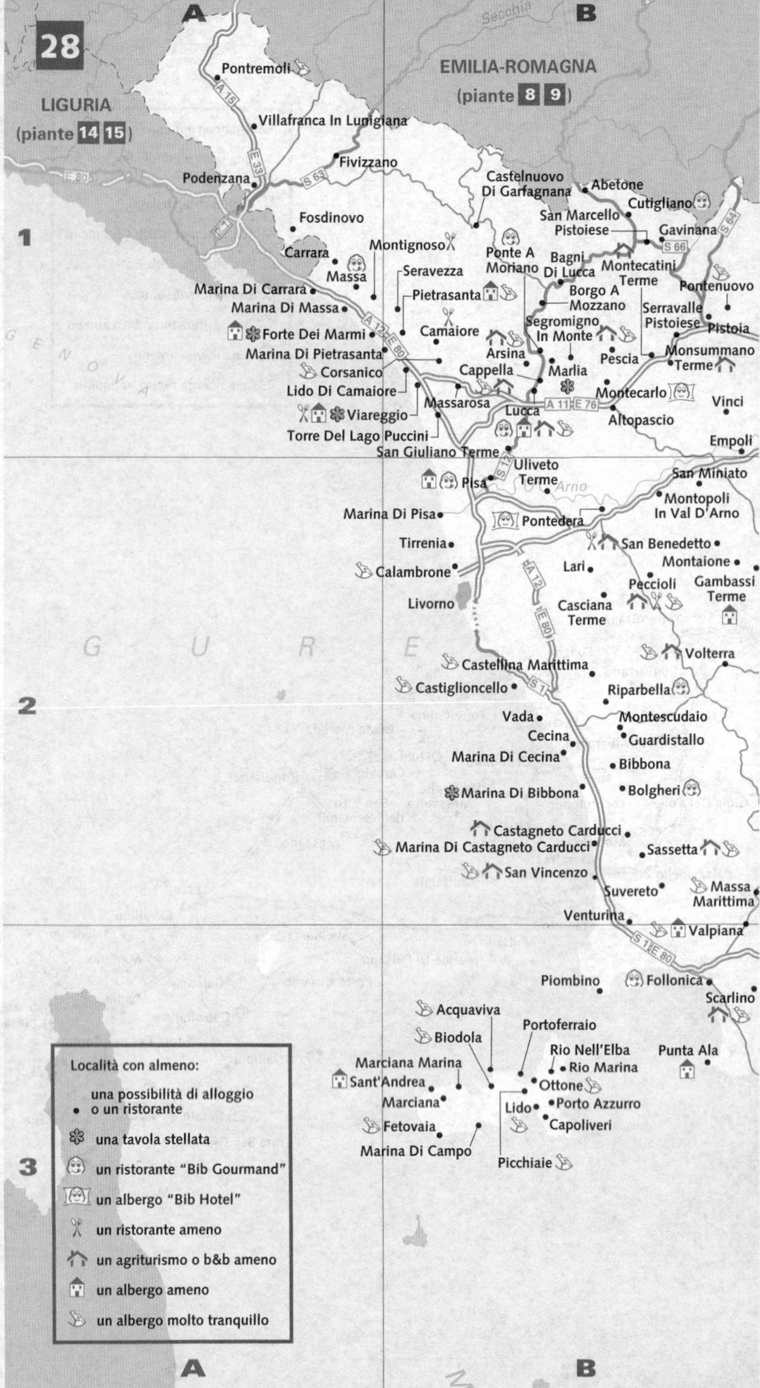

28
A
B
LIGURIA
(piante 14 15)
EMILIA-ROMAGNA
(piante 8 9)
Secchia
Pontremoli
Villafranca In Lunigiana
Fivizzano
Podenzana
Fosdinovo
Carrara
Massa
Montignoso
Marina Di Carrara
Marina Di Massa
Seravezza
Pietrasanta
Forte Dei Marmi
Camaiore
Marina Di Pietrasanta
Corsanico
Lido Di Camaiore
Viareggio
Torre Del Lago Puccini
Massarosa
Castelnuovo Di Garfagnana
Ponte A Moriano
Bagni Di Lucca
Borgo A Mozzano
Segromigno In Monte
Arsina
Cappella
Marlia
Lucca
Abetone
Cutigliano
San Marcello Pistoiese
Gavinana
Montecatini Terme
Pontenuovo
Serravalle Pistoiese
Pistoia
Pescia
Monsummano Terme
Montecarlo
Altopascio
Vinci
Empoli
San Giuliano Terme
Uliveto Terme
Pisa
Arno
San Miniato
Montopoli In Val D'Arno
Marina Di Pisa
Pontedera
Tirrenia
San Benedetto
Montaione
Calambrone
Lari
Peccioli
Gambassi Terme
Livorno
Casciana Terme
1
2
3
G U R E
Volterra
Castellina Marittima
Castiglioncello
Riparbella
Vada
Montescudaio
Cecina
Guardistallo
Marina Di Cecina
Bibbona
Marina Di Bibbona
Bolgheri
Castagneto Carducci
Marina Di Castagneto Carducci
Sassetta
San Vincenzo
Suvereto
Massa Marittima
Venturina
Valpiana
Piombino
Follonica
Scarlino
Acquaviva
Portoferraio
Biodola
Rio Nell'Elba
Punta Ala
Marciana Marina
Rio Marina
Sant'Andrea
Ottone
Marciana
Lido
Porto Azzurro
Capoliveri
Fetovaia
Marina Di Campo
Picchiaie
A 15
E 33
S 63
E 80
A 12
A 11
E 76
S 12
S 1
S 64
S 66
Località con almeno:
una possibilità di alloggio o un ristorante
una tavola stellata
un ristorante "Bib Gourmand"
un albergo "Bib Hotel"
un ristorante ameno
un agriturismo o b&b ameno
un albergo ameno
un albergo molto tranquillo

Toscana 29
C
D
EMILIA-ROMAGNA
(piante 8 9)
MARCHE
(piante 20 21)
UMBRIA
(piante 32 33)
LAZIO
(piante 12 13)
1
2
3
Covigliaio
Palazzuolo Sul Senio
Marradi
Galliano
Barberino Di Mugello
Gabbiano
Scarperia
Borgo San Lorenzo
Vaiano
Vicchio
Carmignano
Campestri
Prato
Calenzano
FIRENZE
Artimino
Montelupo Fiorentino
Cerbaia
Capraia E Limite
Montespertoli
Tavarnelle Val Di Pesa
Badia A Passignano
Certaldo
Panzano
Castellina In Ch.
San Gimignano
Colle Di Val D'Elsa
San Sano
Siena
Casole D'Elsa
Pievescola
Sovicille
Radicondoli
Monteroni D'Arbia
Monticiano
Montieri
Roccastrada
Ghirlanda
Civitella Marittima
Stia
Moggiona
Soci
Pelago
Poppi
Bibbiena
Reggello
Caprese Michelangelo
Vaggio
Alpe Faggeto
Terranuova Bracciolini
Loro Ciuffenna
Subbiano
Sansepolcro
Anghiari
Giovi
Montevarchi
Cavriglia
Pergine Valdarno
Montelucci
Arezzo
Moncioni
Gaiole In Ch.
Civitella In Val Di Chiana
Montebenichi
Polvano
Pieve Di Chio
Monte San Savino
Castiglion Fiorentino
Castelnuovo Berardenga
Gargonza
Badicorte
San Pietro A Cegliolo
Marciano Della Chiana
Cortona
Pozzo
San Martino
Santa Regina
Rapolano Terme
Foiano Della Chiana
Farneta
Asciano
Sinalunga
Torrita Di Siena
Lago Trasimeno
San Giovanni D'Asso
Montefollonico
San Quirico D'Orcia
Pienza
Montepulciano
Chianciano Terme
Montalcino
Bagno Vignoni
Castiglione D'Orcia
Chiusi
Sarteano
Poggio Alle Mura
Cetona
Bagni San Filippo
Seggiano
San Casciano Dei Bagni
Celle Sul Rigo
Gavorrano
Campagnatico
Caldana
Piancastagnaio
Badiola
Semproniano
Grosseto
Castiglione Della Pescaia
Sorano
Poggio Murella
Scansano
Sovana
Marina Di Grosseto
Saturnia
Montemerano
Pitigliano
Magliano In Toscana
Manciano
Fonteblanda
Albinia
Capalbio
Porto Santo Stefano
Orbetello
Cala Piccola
Giglio Campese
Giglio Castello
Giglio Porto
Porto Ercole
Ombrone
Tevere
B
Petrognano
Barberino Val D'Elsa
San Donato In Poggio
Ponzano
Radda In Ch.
Castellina In Ch.
Poggibonsi
Vagliagli
Monteriggioni
Colle Di Val D'Elsa
A
Campi Bisenzio
Fiesole
FIRENZE
Candeli
Scandicci
Arcetri
Galluzzo
Bagno A Ripoli
Mosciano
Impruneta
Cerbaia
San Casciano In Val Di Pesa
Mercatale In Val Di Pesa
Montefiridolfi
Greve In Ch.

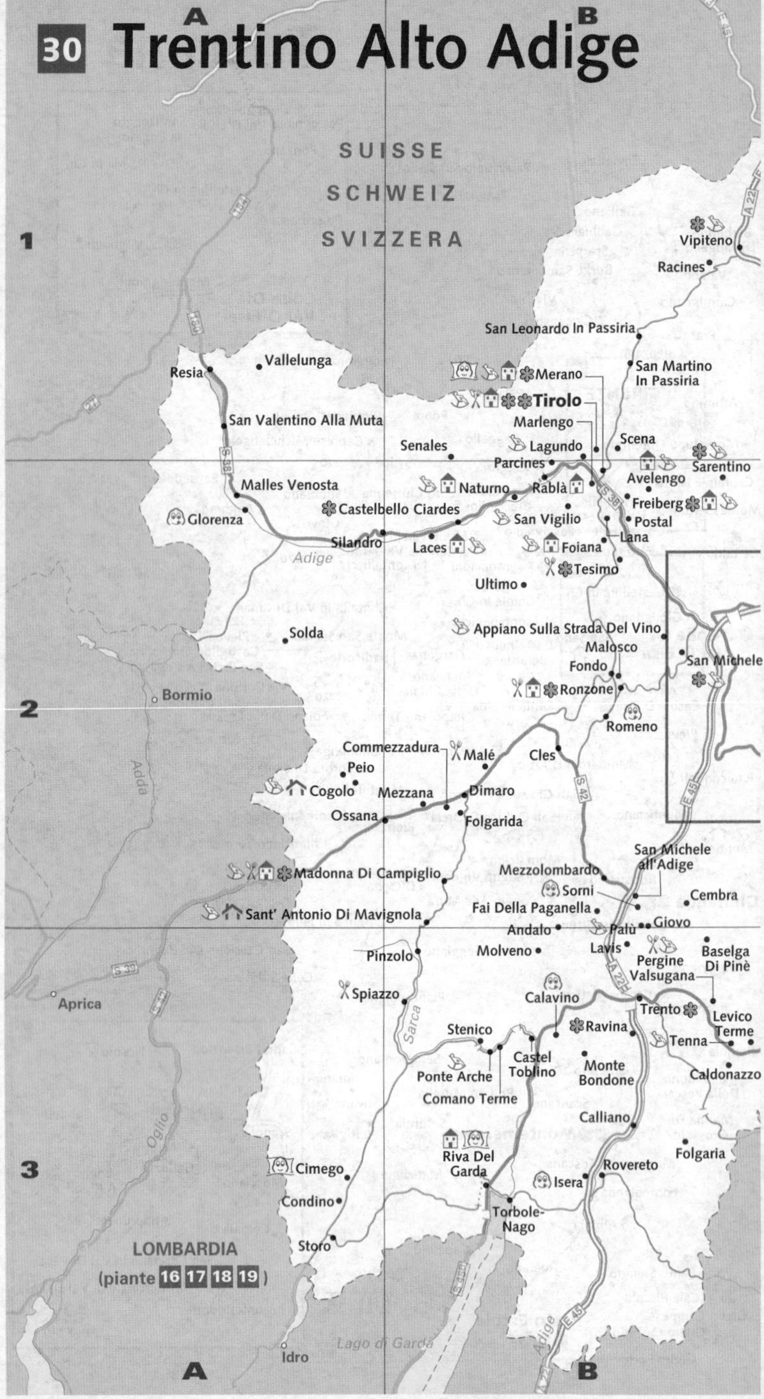

30
Trentino Alto Adige
A
B
SUISSE
SCHWEIZ
SVIZZERA
1
2
3
Vipiteno
Racines
San Leonardo In Passiria
San Martino In Passiria
Resia
Vallelunga
Merano
Tirolo
San Valentino Alla Muta
Marlengo
Scena
Senales
Lagundo
Parcines
Sarentino
Avelengo
Malles Venosta
Naturno
Rablà
Freiberg
Glorenza
Castelbello Ciardes
San Vigilio
Postal
Silandro
Laces
Lana
Foiana
Adige
Tesimo
Ultimo
Appiano Sulla Strada Del Vino
Solda
Malosco
San Michele
Fondo
Ronzone
Bormio
Romeno
Commezzadura
Malé
Cles
Peio
Cogolo
Mezzana
Dimaro
Ossana
Folgarida
Adda
San Michele all'Adige
Madonna Di Campiglio
Mezzolombardo
Sorni
Cembra
Fai Della Paganella
Sant' Antonio Di Mavignola
Andalo
Palù
Giovo
Pinzolo
Molveno
Lavis
Baselga Di Pinè
Pergine Valsugana
Aprica
Spiazzo
Calavino
Trento
Levico Terme
Sarca
Stenico
Ravina
Tenna
Castel Toblino
Monte Bondone
Ponte Arche
Caldonazzo
Comano Terme
Calliano
Oglio
Folgaria
Riva Del Garda
Cimego
Rovereto
Isera
Condino
Torbole-Nago
LOMBARDIA
(piante 16 17 18 19)
Storo
Lago di Garda
Idro
Adige
S 38
S 42
S 39
E 45
A 22

31
C
D
ÖSTERREICH
Valle Aurina
Campo Tures
Molini
Rasun Anterselva
Campo Di Trens
Mules
Valles
Falzes
Valdaora
Valle Di Casies
Brunico
Maranza
Vandoies
Tesido
Monte Rota
Dobbiaco
Rio Di Pusteria
Riscone
San Candido
Sorafurcia
Villabassa
Sesto
Moso
Novacella
Monguelfo
Bressanone
San Vigilio Di Marebbe
Cleran
Selva Di Val Gardena
San Genesio
Chiusa
Gudon
Pedraces
Alta Badia
La Villa
Villandro
Santa Cristina Valgardena
Ortisei
San Cassiano
Colfosco
Castelrotto
Renon
Bulla
Corvara In Badia
Siusi / Allo Sciliar
Alpe Di Siusi
Canazei
Campitello Di Fassa
Vigo Di Fassa
Pozza Di Fassa
Passo San Pellegrino
Soraga Di Fassa
Moena
Cavalese
Predazzo
San Martino Di Castrozza
Fiera Di Primiero
VENETO
(piante 35 36)
Località con almeno:
una possibilità di alloggio o un ristorante
una tavola stellata
un ristorante "Bib Gourmand"
un albergo "Bib Hotel"
un ristorante ameno
un agriturismo o b&b ameno
un albergo ameno
un albergo molto tranquillo
1
2
3
Roncegno
VENETO
(piante 35 36)
Bassano del Grappa
Collalbo
Terlano
Bolzano
Costalovara
Fiè Allo Sciliar
Missiano
Collepietra
Signato
Tires
Cornaiano
Pigeno
Nova Levante
San Michele
Nova Ponente
Monte
Caldaro sulla Strada del Vino
San Floriano
Termeno Sulla Strada Del Vino
Aldino
Redagno
Ora
Montagna
Varena
Tesero
Cavalese
Egna
Cortaccia Sulla Strada Del Vino
Panchià

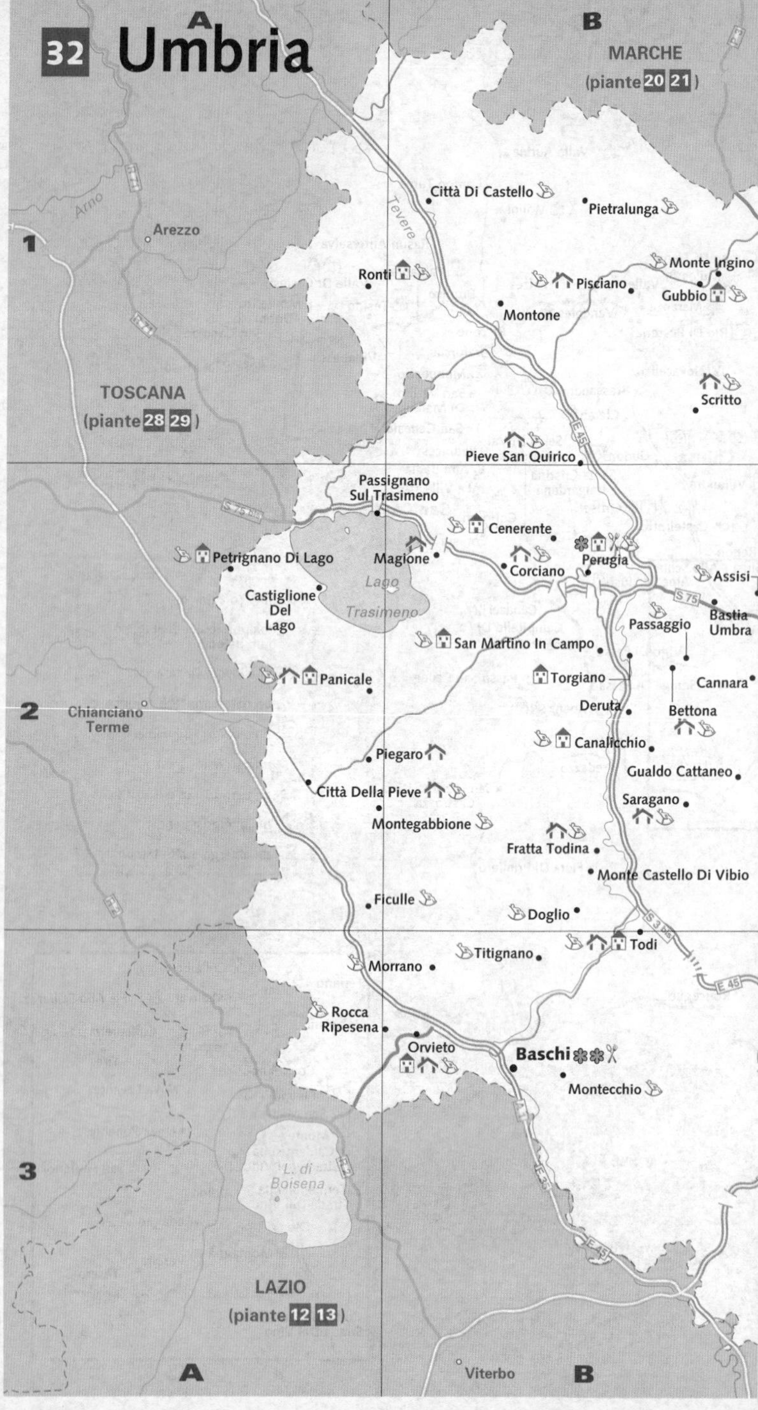

32 Umbria
A
B
MARCHE
(piante 20 21)
TOSCANA
(piante 28 29)
LAZIO
(piante 12 13)
1
2
3
Arezzo
Arno
Tevere
Città Di Castello
Pietralunga
Monte Ingino
Ronti
Pisciano
Gubbio
Montone
Scritto
Pieve San Quirico
Passignano
Sul Trasimeno
Cenerente
Perugia
Petrignano Di Lago
Magione
Corciano
Assisi
Lago
Trasimeno
Castiglione
Del
Lago
Bastia
Umbra
Passaggio
San Martino In Campo
Torgiano
Cannara
Panicale
Chianciano
Terme
Deruta
Bettona
Canalicchio
Piegaro
Gualdo Cattaneo
Città Della Pieve
Saragano
Montegabbione
Fratta Todina
Monte Castello Di Vibio
Ficulle
Doglio
Todi
Titignano
Morrano
Rocca
Ripesena
Orvieto
Baschi
Montecchio
L. di
Bolsena
Viterbo
S 75
E 45
S 3 bis
E 35
A 1

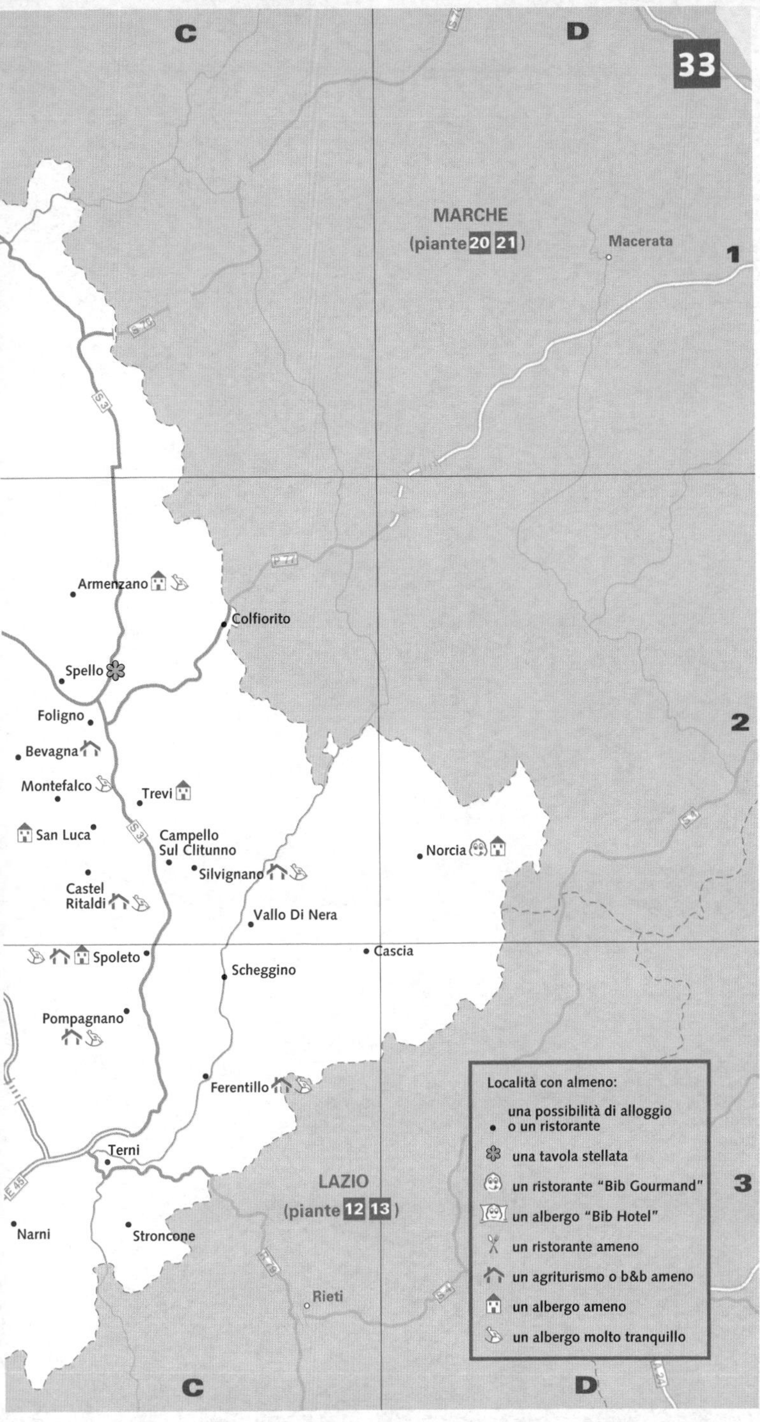

C
D
33
MARCHE
(piante 20 21)
Macerata
1
Armenzano
Colfiorito
Spello
Foligno
Bevagna
Montefalco
Trevi
San Luca
Campello
Sul Clitunno
Silvignano
Norcia
Castel
Ritaldi
Vallo Di Nera
2
Spoleto
Cascia
Scheggino
Pompagnano
Ferentillo
Terni
LAZIO
(piante 12 13)
Narni
Stroncone
Rieti
3
Località con almeno:
una possibilità di alloggio o un ristorante
una tavola stellata
un ristorante "Bib Gourmand"
un albergo "Bib Hotel"
un ristorante ameno
un agriturismo o b&b ameno
un albergo ameno
un albergo molto tranquillo
C
D

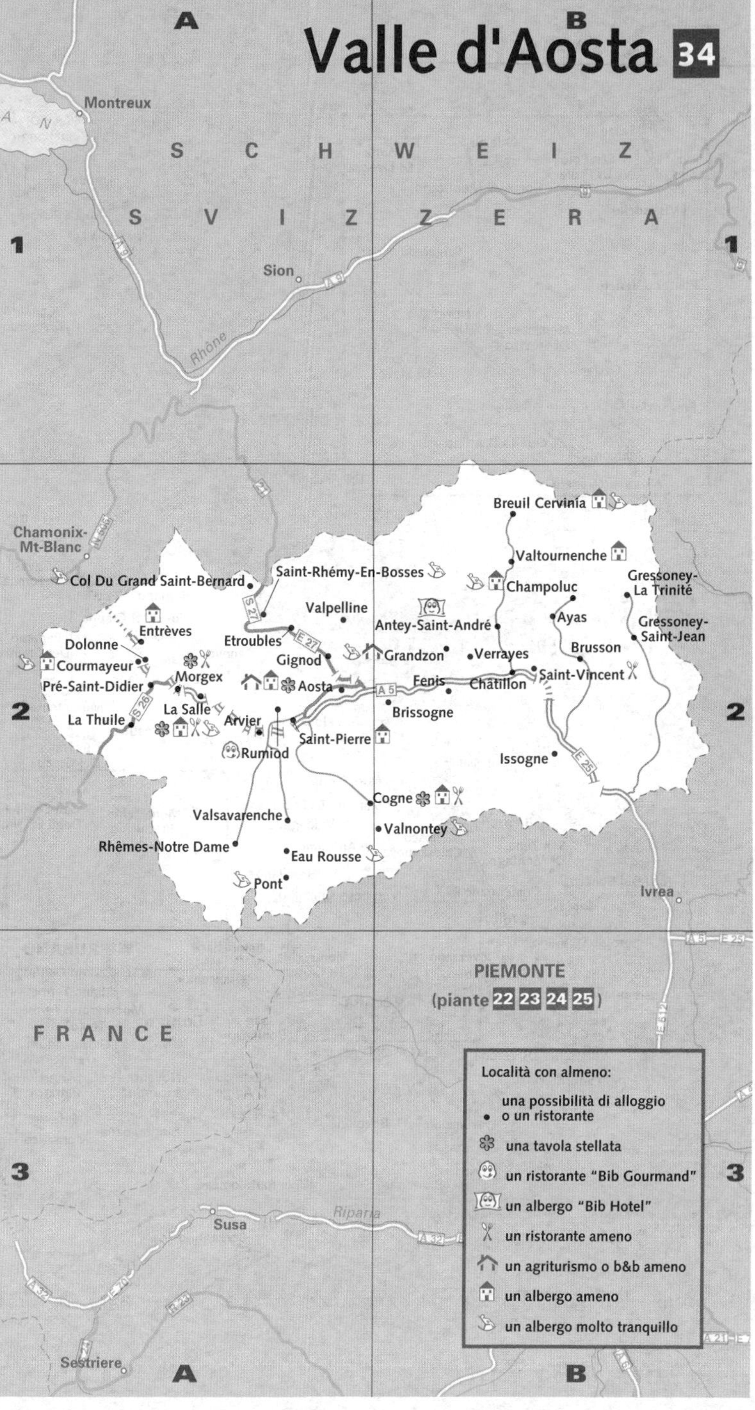

Valle d'Aosta
34
A
B
1
2
3
Montreux
SCHWEIZ
SVIZZERA
Sion
Rhône
Chamonix-Mt-Blanc
Col Du Grand Saint-Bernard
Saint-Rhémy-En-Bosses
Breuil Cervinia
Valtournenche
Champoluc
Gressoney-La Trinité
Valpelline
Antey-Saint-André
Ayas
Gressoney-Saint-Jean
Entrèves
Etroubles
Dolonne
Gignod
Grandzon
Verrayes
Brusson
Courmayeur
Morgex
Aosta
Fenis
Châtillon
Saint-Vincent
Pré-Saint-Didier
La Salle
Brissogne
La Thuile
Arvier
Saint-Pierre
Rumiod
Issogne
Cogne
Valsavarenche
Valnontey
Rhêmes-Notre Dame
Eau Rousse
Pont
Ivrea
PIEMONTE
(piante 22 23 24 25)
FRANCE
Susa
Riparia
Sestriere
Località con almeno:
una possibilità di alloggio o un ristorante
una tavola stellata
un ristorante "Bib Gourmand"
un albergo "Bib Hotel"
un ristorante ameno
un agriturismo o b&b ameno
un albergo ameno
un albergo molto tranquillo

35 Veneto

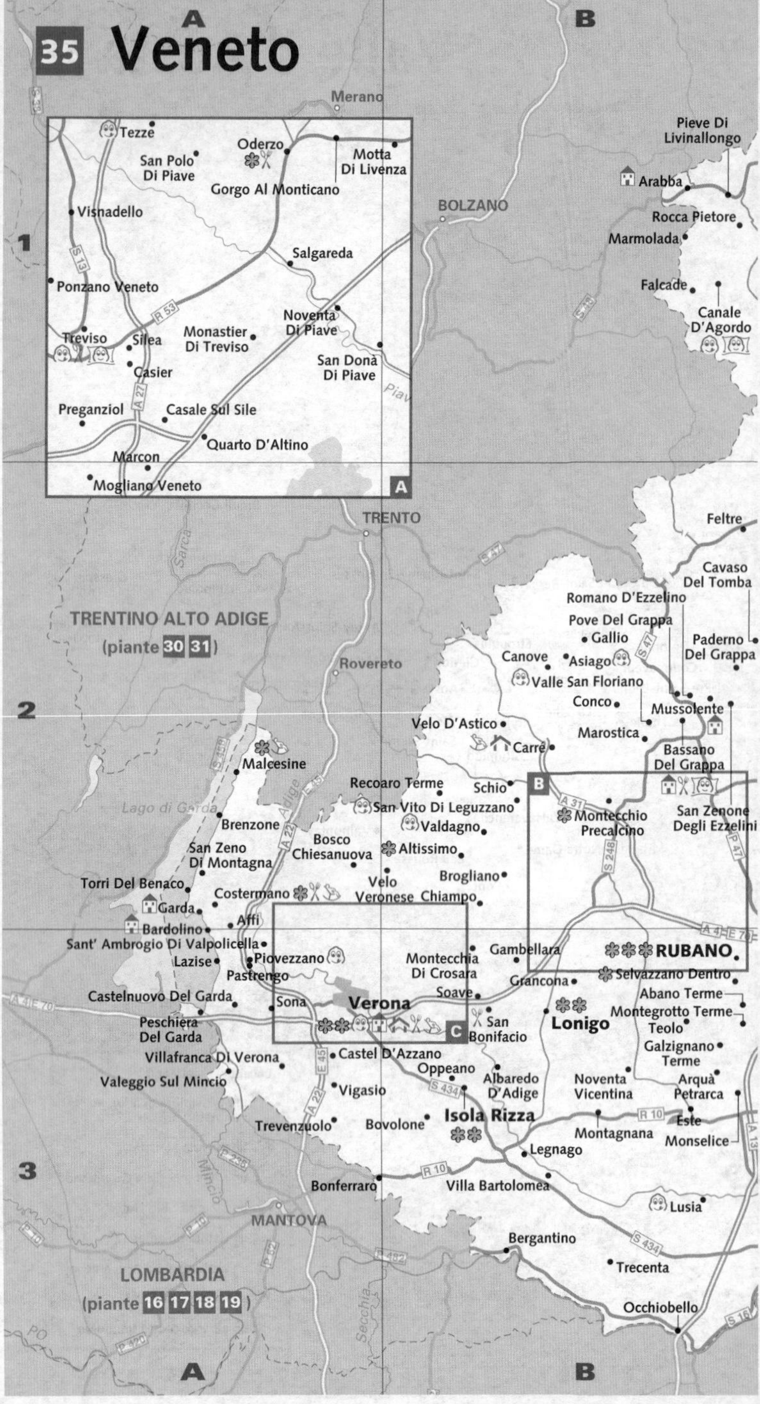

A
B
1
2
3
Merano
BOLZANO
TRENTO
Rovereto
MANTOVA
Tezze
San Polo Di Piave
Oderzo
Motta Di Livenza
Gorgo Al Monticano
Visnadello
Salgareda
Ponzano Veneto
Noventa Di Piave
Treviso
Silea
Monastier Di Treviso
San Donà Di Piave
Casier
Preganziol
Casale Sul Sile
Quarto D'Altino
Marcon
Mogliano Veneto
Pieve Di Livinallongo
Arabba
Rocca Pietore
Marmolada
Falcade
Canale D'Agordo
Feltre
Cavaso Del Tomba
Romano D'Ezzelino
Pove Del Grappa
Gallio
Paderno Del Grappa
Canove
Asiago
Valle San Floriano
Conco
Mussolente
Marostica
Velo D'Astico
Carrè
Bassano Del Grappa
Recoaro Terme
Schio
San Vito Di Leguzzano
Montecchio Precalcino
San Zenone Degli Ezzelini
Valdagno
Altissimo
Bosco Chiesanuova
Brogliano
Velo Veronese
Chiampo
TRENTINO ALTO ADIGE
(piante 30 31)
Lago di Garda
Malcesine
Brenzone
San Zeno Di Montagna
Torri Del Benaco
Costermano
Garda
Bardolino
Affi
Sant' Ambrogio Di Valpolicella
Lazise
Piovezzano
Pastrengo
Castelnuovo Del Garda
Sona
Verona
Peschiera Del Garda
Montecchia Di Crosara
Gambellara
RUBANO
Selvazzano Dentro
Grancona
Soave
Abano Terme
Montegrotto Terme
San Bonifacio
Lonigo
Teolo
Villafranca Di Verona
Castel D'Azzano
Galzignano Terme
Valeggio Sul Mincio
Oppeano
Albaredo D'Adige
Noventa Vicentina
Arquà Petrarca
Vigasio
Isola Rizza
Este
Trevenzuolo
Bovolone
Montagnana
Monselice
Legnago
Bonferraro
Villa Bartolomea
Lusia
Bergantino
Trecenta
LOMBARDIA
(piante 16 17 18 19)
Occhiobello

36
C
D
Comelico Superiore
Cima Sappada
Sappada
Auronzo Di Cadore
Misurina
Santo Stefano Di Cadore
Cortina D'Ampezzo
Vigo Di Cadore
San Vito Di Cadore
Borca Di Cadore
Selva Di Cadore
Vodo Cadore
Alleghe
Zoldo Alto
Forno Di Zoldo
Mezzocanale
Piave
FRIULI-VENEZIA GIULIA
(piante 10 11)
Funes
Pieve D'Alpago
Puos D'Alpago
Tambre
Belluno
San Gregorio Nelle Alpi
Castion
Limana
UDINE
Cison Di Valmarino
Revine
Vittorio Veneto
Pordenone
Follina
Miane
Solighetto
Conegliano
Valdobbiadene
Farra Di Soligo
Pieve Di Soligo
Codogne
Portobuffolé
Fener
Bigolino
Fontanelle
Annone Veneto
Pradipozzo
Susegana
Portogruaro
Pederobba
Monfumo
Oderzo
Asolo
Nervesa Della Battaglia
Caerano Di San Marco
Montebelluna
Golfo Trieste
Bibione
Castello Di Godego
Paderno Di Ponzano
Caorle
Morgano
Quinto Di Treviso
Castelfranco Veneto
Eraclea
Badoere
Zero Branco
A
Jesolo
Loreggia
Scorzè
Lido Di Jesolo
Noale
Mestre
Torcello
Tessera
Cavallino
Mirano
Pianiga
Mira
Venezia
Fiesso D'Artico
Dolo
Noventa Padovana
Lughetto
Padova
Legnaro
GOLFO DI VENEZIA
Campagna Lupia
Albignasego
Piove Di Sacco
Sottomarina
Chioggia
ADIGE
Rovigo
Adria
PO
Ariano Nel Polesine
San Basilio
1
2
3
Località con almeno:
una possibilità di alloggio o un ristorante
una tavola stellata
un ristorante "Bib Gourmand"
un albergo "Bib Hotel"
un ristorante ameno
un agriturismo o b&b ameno
un albergo ameno
un albergo molto tranquillo

37 Veneto

A B

1

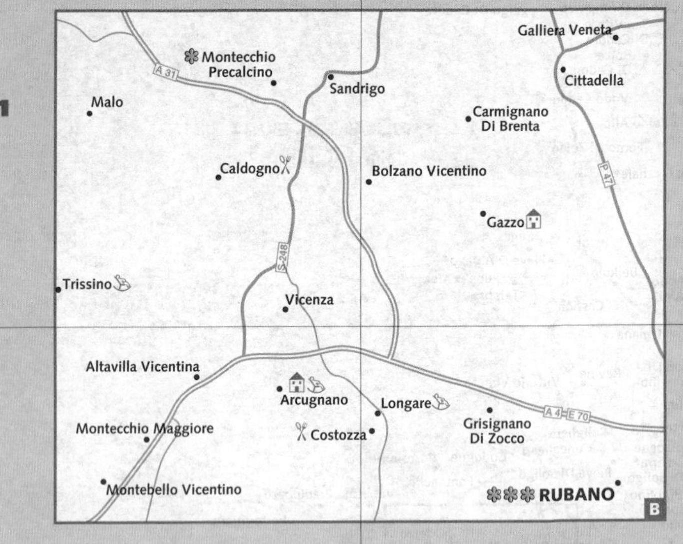

2

3

Località con almeno:

- una possibilità di alloggio o un ristorante
- una tavola stellata
- un ristorante "Bib Gourmand"
- un albergo "Bib Hotel"
- un ristorante ameno
- un agriturismo o b&b ameno
- un albergo ameno
- un albergo molto tranquillo

A B

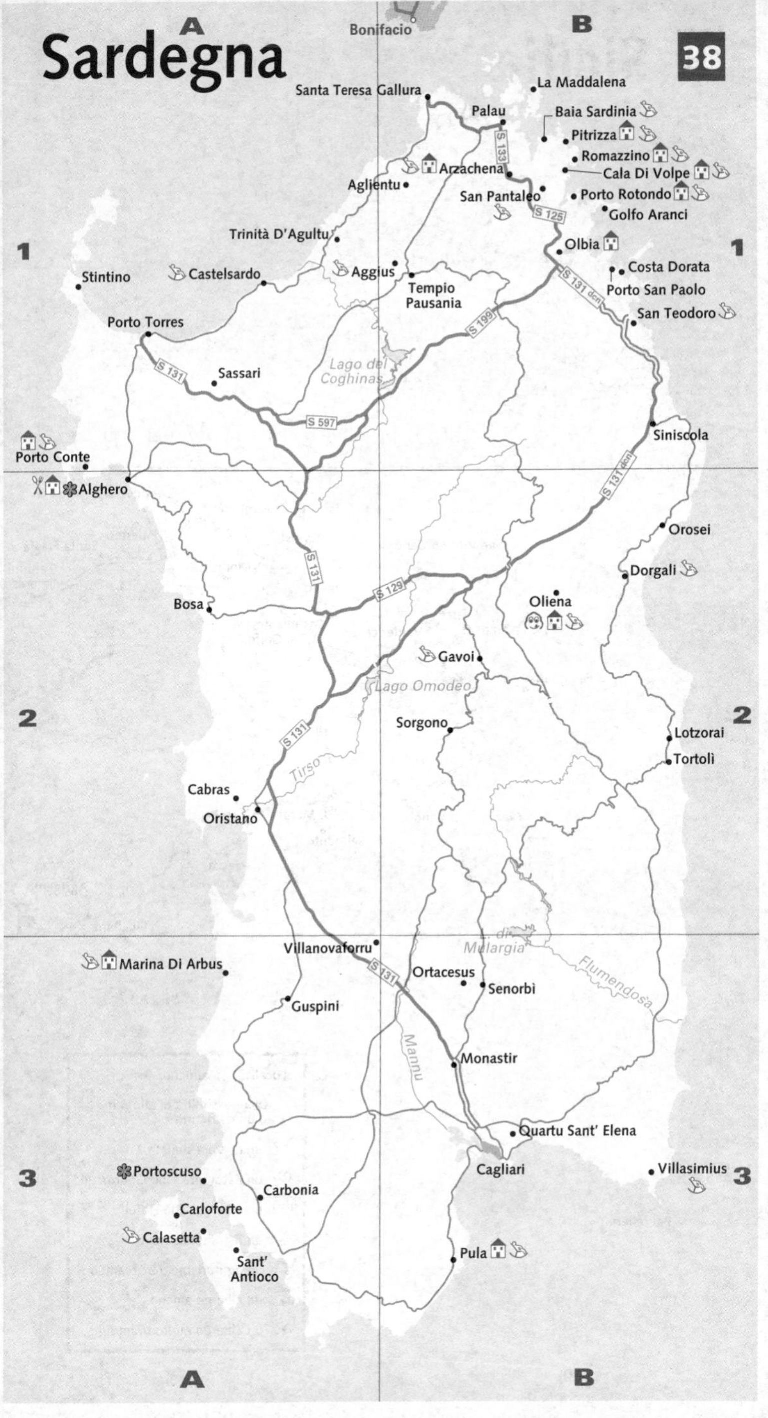
Sardegna
38
A
B
1
2
3
Bonifacio
Santa Teresa Gallura
La Maddalena
Palau
Baia Sardinia
Pitrizza
Romazzino
Cala Di Volpe
Arzachena
Aglientu
San Pantaleo
Porto Rotondo
Golfo Aranci
S 133
S 125
Trinità D'Agultu
Olbia
Costa Dorata
Porto San Paolo
San Teodoro
Stintino
Castelsardo
Aggius
Tempio Pausania
S 131 dcn
S 199
Porto Torres
Lago del Coghinas
S 131
Sassari
S 597
Siniscola
Porto Conte
Alghero
Orosei
Dorgali
S 129
Bosa
Oliena
Gavoi
Lago Omodeo
Sorgono
Lotzorai
Tortolì
Tirso
Cabras
Oristano
Villanovaforru
di Mulargia
Flumendosa
Marina Di Arbus
Ortacesus
Senorbì
Guspini
Mannu
Monastir
Quartu Sant' Elena
Cagliari
Villasimius
Portoscuso
Carbonia
Carloforte
Calasetta
Sant' Antioco
Pula

A B

39 Sicilia

1

2

MARE

3

Pantelleria

Località con almeno:

- una possibilità di alloggio o un ristorante
- una tavola stellata
- un ristorante "Bib Gourmand"
- un albergo "Bib Hotel"
- un ristorante ameno
- un agriturismo o b&b ameno
- un albergo ameno
- un albergo molto tranquillo

A B

C
D
40
Stromboli
CALABRIA
(pianta 5)
1
Panarea
Salina
Filicudi
Lipari
Vulcano
TIRRENO
Milazzo
Messina
Torregrotta
Terme
Vigliatore
Castroreale
Reggio
di Calabria
Capo D'Orlando
Capri Leone
Sinagra
S 106
A 20
E 90
A 18
E 45
Gallodoro
Forza D'Agro
Lido Di Spisone
Cefalù
Taormina
Mazzarò
Pettineo
Randazzo
Giardini-Naxos
Simeto
Linguaglossa
Castelbuono
Zafferana Etnea
Trecastagni
Acireale
Petralia
Sottana
Nicosia
Nicolosi
Valverde
A 19
Salso
Leonforte
San Giovanni La Punta
Aci Castello
2
121
E 932
Catania
A 19
E 932
Dittaino
Enna
Simeto
Caltanissetta
Brucoli
S 640
Piazza Armerina
S 417
S 194
Carlentini
Augusta
Canicattí
Salso
San Michele
Di Ganzaria
Caltagirone
A 18
E 45
Siracusa
Chiaramonte Gulfi
S 514
Gela
Licata
S 115
E 45
Comiso
Avola
Noto
Ragusa
Vittoria
Lido Di Noto
Modica
Rosolini
S 115
Marzamemi
Scicli
Pachino
Marina Di Ragusa
Portopalo
Di Capo Passero
3
MEDITERRANEO
Lampedusa
C
D

Manufacture française des pneumatiques Michelin
Société en commandite par actions au capital de 304 000 000 EUR
Place des Carmes-Déchaux – 63 Clermont-Ferrand (France)
R.C.S. Clermond-Fd B 855 200 507

Dépôt légal novembre 2010

Printed in Italy, 10-2010

Informazioni relative alle altitudini delle località citate nella guida:

ATKIS™; GN250, © Federal Agency for Cartography and Geodesy (BKG)

Informazioni relative agli abitanti delle località citate nella guida:
www. demo.istat.it

Carte e piante disegnate dall'Ufficio Cartografico Michelin

Fotocomposizione: JOUVE, Saran (France)

Stampa e Rilegatura: CANALE, Borgaro Torinese (Italia)